DICCIONARI ESCOLAR
VALENCIÀ - CASTELLÀ
I
CASTELLÀ - VALENCIÀ

14ª Edició

FRANCESC FERRER PASTOR

DICCIONARI ESCOLAR VALENCIÀ - CASTELLÀ I CASTELLÀ - VALENCIÀ

VALÈNCIA
2008

Edita:

denes COMERCIAL

Polígon industrial «Alqueria de Mina»
C/ Arts Gràfiques, 58 • 46200 PAIPORTA (València)
Tel. 96 397 44 66*
www.editorialdenes.com
denes@editorialdenes.com

I.S.B.N. 978-84-95802-65-1
Depòsit Legal: V. 2.255-2008

Imprimeix:
IMPREMTA GRAFISOM, S.L.

Polígon industrial «Alqueria de Mina»
C/. Arts Gràfiques, 58
Telèfon 96 397 44 66*
46200 PAIPORTA (València)
grafisom@teleline.es

A la meua filla Vicenta, col·laboradora incessant i afanyosa d'oferir als xiquets que alliçona cada dia aquest instrument de treball. Sense el seu interés i anònim esforç l'obra encara seria en període de gestació. El naiximent no és possible sense sementera. A ella, diguem-ho clar, es deu.

PRÒLEG

En la línia dels Joan Esteve (segle XV), Onofre Pou (segle XVI), Carles Ros (segle XVIII), Manuel Sanelo (segles XVIII-XIX), Josep Escrig (segle XIX), Lluís Lamarca (segle XIX), Martí Gadea (segles XIX-XX), Lluís Fullana (segle XX) apareix Francesc Ferrer Pastor el qual ens ha donat mostres reiterades, al llarg d'una ja dilatada vida, de la seua capacitat com a lexicògraf. Un seguit d'obres en aquest terreny —*Diccionari de la Rima, Vocabulari Valencià-Castellà Castellà-Valencià, Diccionari General*— reiteradament reeditades, ens diuen i mostren la seua capacitat de treball, la dedicació d'un home a la replega d'un lèxic que és la veu d'un poble disposat a no morir en l'expressió d'un parlar que ens identifica i caracteritza.

Escoltar, llegir i fer-ne inventari; matisar, definir i redactar paperetes a milers per a sintetitzar-les tot seguit; ordenar-les i revisar-les; comprovar la seua extensió a nivell de domini lingüístic; estudiar les variants per a triar la que més d'acord es troba estructuralment en el geni de la nostra llengua; afinar l'oïda per a percebre fònicament els sons sords i sonors, africats o fricatius, labials o dentals, etcètera, són labors que sols són capaços de fer els qui com Francesc Ferrer Pastor treballen fins l'obsessió per una causa, com és el redreçament cultural del nostre poble.

Clar és que Francesc Ferrer Pastor ha tingut compte també dels altres grans lexicògrafs germans nostres com Gabriel Busa (segle XVI), Pere Labèrnia —valencià-barcelonés—, del geni cabdal Pompeu Fabra i de l'esforç heroic de mossén Antoni Maria Alcover i Francesc de Borja Moll, així com del savi Joan Coromines, el primer romanista del món. Però no és només això, essent molt! Francesc Ferrer Pastor ens ha aportat la seua coneixença profunda del lèxic valencià total a través del despullament lexical dels millors texts valencians de la Renaixença i del segle XX i del seus afanys d'enquestador aciençat que l'han fet posseïdor d'un valuós cedulari recollit personalment.

Lluny dels tiris i dels troians de les batalletes lingüístiques i apartat de polèmiques populars no gens aclaridores, ha anat seguint tots els escriptors valencians sense discriminació de cap clase o grup per a agafar, quan ha calgut, la part més valuosa. No ha deixat de banda l'obra de Lluís Fullana, recollidor, com ell, de milers de vocables del Comtat-Alcoi i tota la Marina alacantina. Aquesta part, depurada, de les cèdules del pare franciscà també hi és recollida. Una magnífica labor que ha passat al seu *Diccionari General,* en període de reedició millorada i augmentada i de la qual aquest *Diccionari Valencià Escolar* és un resum pràctic per a l'ús escolar i literari normatiu. Solament s'ha alleugerit del primer l'excés de mots purament científics i tècnics del gran *Diccionari General.*

El lector valencià trobarà en aquest *Diccionari Valencià Escolar* allò que la societat valenciana necessita en el moment històric actual i l'obra d'un patriota no encapellat en cap discòrdia ni grup visceral discutidor, sinó realitzada per a servir humanament a tots els valencians.

Francesc Ferrer Pastor té una alta qualificació, una carrera de la vida que mostra a tots els valencians una línia de patriotisme exemplar, mereixedora de l'èxit pels seus afanys, i del reconeiximent i gratitud del nostre poble. Qui el coneix en el seu treball continuat de lexicògraf, i ha seguit la seua trajectòria en el temps, bé ho pot dir.

El *Diccionari Valencià Escolar* que tens a les mans, amic lector, esguarda'l amb respecte i joia i també mira'l com una lliçó permanent aclaridora de possibles dubtes. És un company en la teua formació, és el Ferrer Pastor que cada dia procura per tu, posant a l'abast del teu coneixement el producte resumit de quaranta anys de treball amorós d'un valencià aciençat i generós.

JOSEP GINER

Unes paraules liminars

Cal agrair, primerament, l'esforç de la Conselleria de Cultura, Educació i Ciència de la Generalitat Valenciana per fer conéixer als xiquets valencians la llengua del seu poble. Sense l'estudi de la llengua a l'escola difícilment hauries aquest diccionari *escolar* a les teues mans.

Aquest diccionari és un resum d'una riquesa lèxica que no es pot encabir amb poques pàgines. Però a tu, xiquet anònim, et serà suficient. La teua preparació, ara per ara, no demana més. Però això sí, el meu desig és que trobes tota aquella paraula que necessites en el quefer diari de la teua formació d'infant. Apartats els vocables tècnics de matèries que no vas a estudiar, les paraules de difícil aplicació en el parlar de cada dia, simplificades les famílies lèxiques per tal d'oferir-te la principal de la qual deriven, tens a les mans un instrument de formació que t'ha de ser profitós.

El mestre suplirà les deficiències que l'obligada compressió del treball genere, com resoldrà també els dubtes haguts ampliant la lliçó que has estudiat un dia determinat i tu mateix, en llegir definicions, ampliaràs el teu nivell cultural en trobar explicació a una frase o a una dita, construïda amb una paraula que no et resultava habitual.

Estàs fent el camí de la vida, de vegades plena d'entrebancs i problemes, d'altres gojosa i plena d'esperances. Ara, potser, l'estudi siga una dificultat, però les dificultats no hi són, ni els entrebancs barren el camí si un posa voluntat de véncer-los. No hi ha problema quan es resol, no hi ha dificultat quan la vences, no hi ha entrebanc si l'apartes. Així de senzill. Posa voluntat per a seguir el teu camí de la vida i comprovaràs els resultats. En l'estudi resoldràs tot el que ha de fer-te un home o dona dignes, pel seu coneiximent, del nostre poble.

Retrospectivament hi ha un passat despersonalitzador; en el present, un desig de ser qui som, lingüísticament parlant, i en el futur, que tu comences a construir, un goig d'esperança. No defraudes als qui treballen per oferir-te'l millor. L'aplicació escolar, l'amor a la llengua del nostre poble, matèria d'aquest llibre, és una necessitat. Si eres valencià de naiximent, per conseqüència; si ho eres d'adopció, perquè has triat una manera de ser.

FRANCESC FERRER PASTOR

LLISTA D'ABREVIATURES

adj.	adjectiu.
adv.	adverbi.
ant.	antic.
art.	article.
aux.	auxiliar.
conj.	conjunció.
conj. adv.	conjunció adversativa.
conj. dist.	conjunció distributiva.
cop.	copulatiu.
def.	defectiu.
dem.	demostratiu.
f.	femení.
fam.	familiarment.
fig.	en sentit figurat.
indef.	indefinit.
interj.	interjecció.
intr.	intransitiu.
loc. adj.	locució adjectival.
loc. adv.	locució adverbial.
loc. conj.	locució conjuncional.
loc. llat.	locució llatina.
loc. prep.	locució prepositiva.
m.	masculí.
pl.	plural.
prep.	preposició.
pron.	pronom.
s.	substantiu.
sing.	singular.
topon.	topònim.
tr.	transitiu.
v.	verb.

a a a a a a a a

a, (pl. **as**), f. Primera lletra de l'alfabet. *[a]* // Nom de la lletra a. // prep. Indica direcció, proximitat o terme i també la circumstància de lloc, temps o manera. *[a, en]*

àbac. m. Tauler amb rengles de boles usat en les escoles. *[ábaco]* // La part superior del capitell d'una columna. *[ábaco]*

abadessa. f. Superiora d'un monestir de monges. *[abadesa]*

abadia. f. Monestir amb territori propi, regit per un abat. *[abadía]* // Dignitat d'abat o d'abadessa. *[abadía].* // Habitació de l'abat. *[abadía]* // Rectoria, casa que habita el rector d'una parròquia. *[abadía]*

abaixar. v. tr. Fer descendir a un nivell més baix. *[bajar]* // Tallar i igualar amb les tisores el pèl d'un drap. *[tundir]* // **-se.** Inclinar-se, humiliar-se.

abalançar-se. v. pron. Tirar-se endavant de manera que el cos estiga a punt de donar la balançada. *[abalanzarse]* // Escometre impetuosament. *[abalanzarse]*

abaltir-se. v. pron. Endormiscar-se, ensopir se. *[adormecerse]*

abancalar. v. tr. Preparar un terreny en bancals conreables. *[abancalar]*

abanderar. v. tr. Registrar un vaixell sota la bandera d'una nació. *[abanderar]* // Proveir una nau dels documents que acrediten la seua bandera. *[abanderar]*

abandó. m. Acció i efecte d'abandonar o d'abandonar-se. *[abandono]*

abandonament. m. Acció i efecte d'abandonar o d'abandonar-se. *[abandonamiento]*

abandonar. v. tr. Desemparar una persona o cosa. *[abandonar]* // Deixar vacant una cosa. *[abandonar]* // **-se.** Deixar-se vèncer per les passions, vicis, etcètera. *[abandonarse]*

abandonat, ada. adj. Que abandona o no es cuida del que l'interessa, desidiós, negligent, malcurós. *[abandonado]* // A preu excessivament baix. *[abandonado]*

abans. adv. i prep. Denota prioritat de temps, de lloc, o bé preferència. *[antes]* // adj. Anterior.

abaratiment. m. Acció i efecte d'abaratir. *[abaratamiento]*

abaratir. v. tr. Abaixar el preu d'alguna cosa. *[abaratar]*

abargues. f. pl. Espècie de banc de fusta amb un mànec que serveix per a picar el cànem. *[agramaderas]*

abarloar. v. tr. Posar dues naus una al costat de l'altra. *[abarloar]*

abarrancar. v. tr. Fer la pluja regates i xaragalls. *[arroyar]*

abarrotar. v. tr. Assegurar o estrényer amb barrots. *[abarrotar]* // Omplir un espai aprofitant tots els buits. *[abarrotar]* // Atapeir d'articles, mercaderies, etc., un magatzem, mercat, etc. *[abarrotar]*

abast. m. Distància a la qual un pot arri bar a tocar o haver una cosa. *[alcance]* // Provisió de queviures per al sosteniment d'una població. *[abasto, abastecimiento]*

abastar. v. intr. i tr. Intr. Ser capaç per alçària, potència, etc., d'arribar a alguna cosa. *[alcanzar]* // Tr. Haver, allargant la mà o servint-se d'un instrument, una cosa que és en lloc alt o distant. *[alcanzar]* // Fornir de provisions. *[abastecer]*

abastir. v. tr. Proveir a algú de qualsevol cosa. *[abastecer]*

abat. m. Superior d'un monestir amb facultat de conferir órdens menors als seus subordinats. *[abad]*

abatoll. m. Acció i efecte d'abatollar. *[atrabanco, vareo]* // Soroll estrepitós. *[estrépito, estruendo]*

abatollar. v. tr. Fer caure les garrofes, olives, etc., dels arbres amb un pal o batolla. *[atrabancar, varear]* // Fer una cosa apressadament. *[atrabancar]*

abatre. v. tr. Tirar a terra amb un esforç violent alguna cosa que es té dreta. *[abatir, derribar]* // Véncer. // Caure el rumb per sotavent per efecte del vent excessiu o per anar mal amarinada una embarcació.

abdicar. v. tr. Renunciar a una dignitat sobirana, a funcions eminents. *[abdicar]* // Renunciar un càrrec o dignitat. *[abdicar]* // Abandonar una opinió professada. *[abdicar]*

abecé. m. Abecedari, beceroles, alfabet. *[abecé]* // Els primers rudiments d'una ciència o art. *[abecé]*

abecedari, ària. adj. Disposat per orde alfabètic. *[abecedario]* // m. Alfabet, col·lecció ordenada de les lletres d'una llengua. *[abecedario]*

abegot. m. Abella mascle. *[zángano]* // Borinot. *[abejorro, abejón]*

abella. f. Insecte himenòpter que viu en eixams i produeix la mel i la cera. *[abeja]*

abellerol. m. Ocell de color de canella al cap i dors, que menja abelles i vespes. *[abejaruco]*

abellir. v. intr. Venir de grat, despertar un desig o apetit. *[apetecer]* // **-se.** Tornar-se benevolent envers alguna cosa; endolcir la voluntat, fer-la cedir; endolcir-se. *[acceder, acomodarse]*

abellot. m. Abegot. *[zángano]*

aberració. f. Error de l'enteniment. *[aberración]* // En astronomia, desviament aparent dels astres que prové de la velocitat de la llum en combinació amb la de la terra. *[aberración]*

abeurador, ora. m. i f. Pica amb aigua per a beure el bestiar. *[abrevadero]* // m. Paratge on solen anar a beure els animals, especialment els ocells.

abeurar. v. tr. Donar a beure al bestiar. *[abrevar]* // Remullar abundantment, xopar. *[empapar, impregnar]*

abismar. v. tr. Enfonsar en un abisme. *[abismar]* // Destruir, anihilar. *[hundir, derribar]*

abisme. m. Profunditat insondable, immensa. *[abismo]* // Infern.

abjurar. v. tr. Renunciar amb jurament a una religió, creença o doctrina professada anteriorment. *[abjurar]*

ablanir. v. tr. Posar bla. *[ablandar]* // Mitigar, suavitzar. *[mitigar]* // Calmar, fer amainar, fer desaparéixer o minvar un estat d'agitació o violència, en algú o alguna cosa, dur a sentiments plàcids, suaus, etc. *[calmar]*

ablaürar. v. tr. Fer blaüres. *[acardenalar]*

abocar. v. tr. Buidar un recipient. *[verter]* // Ajuntar per les boques dos recipients, per a buidar el contingut d'un en l'altre. *[abocar]* // **-se.** Acudir, de colp, molta gent en un indret. // Fer caure boca a terra. // Inclinar la part superior del cos boca a terra, especialment per una obertura. *[asomarse]*

abonament. m. Acció d'abonar o acreditar de bo. *[abonamiento]* // Contracte pel qual un paga certa quantitat.

abonar. v. tr. Donar per bo. *[abonar]* // Prendre un abonament. *[abonar]* // Pagar una quantitat. *[abonar]*

aborronament. m. Acció i efecte d'aborronar o d'aborronar-se. *[estremecimiento]*

aborronar. v. tr. i intr. Tr. Produir aborronament pel fred, l'horror o la por. *[estremecer]* // Intr. Traure borrons el cep o la parra. *[pimpollecer]*

abraç. m. Acció d'abraçar. *[abrazo]*

abraçar. v. tr. Cenyir amb els braços, estrényer entre els braços. *[abrazar]* // Circumdar, rodejar. // Donar-se a una cosa, acceptar-la, seguir-la. *[abrazar]* // Contenir, incloure. *[abarcar]*

abrasir. v. tr. Convertir en brasa. *[abrasar]* // Cremar, produir dolor o ofec per l'escalfor o fortor excessiva. *[abrasar]* // Secar o mustigar les plantes el sol, el fred massa fort. *[mustiar]* // **-se.** Sentir ardor excessiva. *[abrasarse]*

abreujar. v. tr. Fer més breu una cosa. *[abreviar]*

abreviar. v. tr. Abreujar, acurtar, fer breu. *[abreviar]*

abreviatura. f. Representació de les paraules per una o alguna de les seues lletres. *[abreviatura]*

abric. m. Lloc o peça de roba que ens abriga. *[abrigo]*

abrigar. v. tr. Resguardar del fred. *[abrigar]* // Posar a cobert de les injúries del temps. *[abrigar]* // Posar a l'abric una nau.

abril. m. El quart mes de l'any. *[abril]*

abrusar. v. tr. Sotmetre a l'acció del foc. *[tostar, abrasar]* // Donar el sol una sensació de cremor. *[abrasar]* // Assecar les plantes l'ardor del sol. *[achicharrar]*

absència. f. Acció d'absentar-se. *[ausencia]* // El fet de trobar-se absent. *[ausencia]*

absent. adj. No present en un lloc. *[ausente]*

absenta. f. Licor fet amb les fulles del donzell. *[ajenjo]*

absentar. v. tr. Llevar de la presència, separar. *[ausentar]* // **-se.** Separar-se d'una persona o lloc. *[ausentarse]*

absoldre. v. tr. Eximir d'una pena, deure, obligació, etc., especialment perdonar els pecats. *[absolver]*

absorbir. v. tr. Fer penetrar i retenir a dins seu. *[absorber]*

absorció. f. Acció d'absorbir. *[absorción]*

abstenir-se. v. pron. Privar-se d'alguna cosa. *[abstenerse]*

abstindre's. v. pron. Infinitiu irregular del verb abstenir-se, extret analògicament del futur d'indicatiu: *abstindré, abstindràs, abstindrà*, abstindre.

abstinència. f. Acció d'abstenir-se. *[abstinencia]* // Privació de menjar carn segons precepte religiós. *[abstinencia]* // Virtut que consisteix a abstenir-se dels gaudiments materials *[abstinencia]*

abstracte, acta. adj. Que és el resultat de l'abstracció. *[abstracto]*

abstraure. v. tr. Aïllar amb la pensa, considerar separadament un atribut o qualitat, considerar una part separant-la del tot. *[abstraer]* // **-se.** Aïllar-se amb la pensa, no prestar cap interés o atenció a res exterior per a lliurar-se a la consideració d'allò que es té en la pensa. *[abstraerse]*

absurd, urda. adj. Contrari a la raó, al sentit comú. *[absurdo]*

abundància. f. Gran quantitat d'una cosa. *[abundancia]* // Liberalitat, llarguesa en el donar. *[abundancia]*

abundar. v. intr. Tenir, ser en abundància, en gran quantitat. *[abundar]*

abús. m. Acció i efecte d'abusar. *[abuso]*

abusar. v. intr. Usar amb excés. *[abusar]* // Aprofitar-se amb excés d'alguna cosa. *[abusar]*

acabalar. v. tr. Acumular riqueses, cabals. *[acaudalar]*

acaballes. f. pl. Acabament d'un espectacle, etc. *[postrimerías]* // Darrers moments de la vida. *[postrimerías]*

acabament. m. Acció d'acabar o d'acabar-se. *[acabamiento]* // Extrem d'una cosa, fi, conclusió. *[acabamiento]*

acabar. v. tr. i intr. Tr. Portar a fi, donar fi a una cosa començada, exhaurir una cosa. *[acabar]* // Intr. Arribar algú o alguna cosa a la seua fi. *[acabar]*

acaçar. v. tr. Perseguir, anar darrere d'algú insistentment. *[acosar]* // Córrer insistentment al darrere, encalçar. *[aco sar]* // Afanyar-se a aconseguir una cosa, afanyar-se a obtenir. *[rebuscar]*

acàcia. f. Arbre lleguminós de fusta dura i fulles compostes. *[acacia]*

acadèmia. f. Escola o lloc on s'estudia la pràctica de certes arts. *[academia]* // Junta d'acadèmics i establiment on són celebrades. *[academia]* // Dibuix o escultura d'una figura sencera i nua presa del natural. *[academia]*

acadèmic, èmica. adj. Relatiu o pertanyent a les acadèmies. *[académico]* // m. i f. Persona que forma part d'una acadèmia. *[académico]*

acalorar. v. tr. Donar calor. *[acalorar]* // **-se.** Enardir-se disputant. *[acalorarse]* // Enardir-se algú per calfament del cos per un treball, faena, exercici, baralla, etc. *[acalorarse]*

acamallar. v. tr. Eixancar, posar una

cama a cada costat d'un cavall, o altra cosa. *[esparrancarse, poner a horcajadas]*
acampada. f. Esport consistent en acampar a l'aire lliure en tendes de campanya, etc. *[acampada]*
acampar. v. tr. i intr. Tr. Establir-se en despoblat un exèrcit, etc. *[acampar]* // Salvar, fer escapar d'un perill, de la mort. *[acampar]* // Intr. Acampar-se o ser acampat. // Escapar d'un perill.
acantonar. v. tr. Distribuir les tropes en diferents punts d'un territori. *[acantonar]* // Fer cantons o angulositats a una cosa.
acaparar. v. tr. Retenir productes o mercaderies en excés. *[acaparar]*
acarar. v. tr. Passar la cara superior d'algunes llepolies (pastissos, rosques, etc.), per clara d'ou, retornant-les al forn.
acarassol. m. Lloc molt assolellat i abrigat del vent. *[solana]*
acariciar. v. tr. Fer carícies o afalacs, acaronar. *[acariciar]*
acaronar. v. tr. Acostar la cara d'un infant al pit; acostar algú amorosament a si com per a protegir-lo, emparar-lo. *[acariciar]*
acatament. m. Acció i efecte d'acatar. *[acatamiento]* // Inclinació del cos en senyal de respecte o veneració. *[reverencia]*
acatar. v. tr. Manifestar respecte i submissió. *[acatar]*
acatxar. v. tr. Inclinar una cosa cap a terra. *[agachar]* // **-se.** Ajupir-se. *[agacharse]*
accedir, v. intr. Consentir en allò que és sol·licitat. *[acceder]* // Convenir-se amb la idea d'altri. *[acceder]*
accelerar. v. tr. Fer més ràpid, més viu, un moviment, un procés, etc. *[acelerar]*
accent. m. Major intensitat amb què és pronunciada una síl·laba. *[acento]* // Signe escrit damunt una lletra vocal per a indicar que és accentuada. *[acento]* // Modulació de la veu. *[acento]*
accentuar. v. tr. Donar accent a una paraula, síl·laba o frase. *[acentuar]* // Escriure un accent gràfic sobre una vocal. *[acentuar]* // Fer més intensa i visible una cosa, remarcar. *[acentuar]*
accepció. f. Sentit en què és presa una paraula. *[acepción]*
acceptar. v. tr. Admetre els oferiments o els encàrrecs. *[aceptar]* // Comprometre's per escrit a pagar un lliurament.
accés, (pl. **essos**). m. Arribada fins a un lloc, fins a una persona. *[acceso]* // Escomesa d'una malaltia. *[acceso]*
accident. m. Esdeveniment desgraciat. *[accidente]* // Cas imprevist. *[accidente]* // Indisposició que ve sobtadament. *[accidente]* // Ondulació del terreny. *[accidente]*
accidentar-se. v. pron. Sofrir un accident, esser atacat sobtadament d'un mal. *[accidentarse]*
acció. f. Exercici d'una força o potència. *[acción]* // Facultat d'obrar. *[acción]* // Moviment del cos que manifesta un estat d'ànim, una intenció. *[acción]* // Assumpte d'una narració. *[acción]* // Fet d'armes. *[acción]* // Cada una de les parts que componen el fons d'una companyia industrial o mercantil. *[acción]*
acer. m. Ferro que ha estat fos amb un certa quantitat de carboni. *[acero]*
acerar. v. tr. Transformar el ferro en acer. *[acerar]*
ací. adv. En el lloc on és el qui parla. *[aquí]*
àcid, àcida. adj. Que té gust agrós. *[ácido]* // m. Aspror, sabor aspra. *[acidez]* // Nom de certs compostos químics. *[ácido]*
aclamació. f. Crit d'entusiasme d'una munió de persones. *[aclamación]*
aclamar. v. tr. Acollir amb aclamacions. *[aclamar]* // Elegir per aclamació. *[aclamar]* // **-se.** Dirigir-se, adreçar-se, de paraula, amb intenció de prec. *[aclamarse]*
aclapar. v. tr. Aclaparar, ajupir, arrufar. *[agachar, encoger]* // **-se.** Ajupir-se.
aclaparar. v. tr. Fer caure en un estat de postració física. *[postrar]* // Fer sucumbir, doblegar. *[aplastar, doblegar]*
aclariment. m. Acció i efecte d'aclarir. *[aclaración]* // Explicació que aclareix. *[aclaración]* // Fer més transparent, desenterbolir un líquid. *[clarificar]*
aclarir. v. tr. Fer menys fosc, fer menys

obscur. *[aclarar]* // Posar en clar una cosa; esvair l'ofuscació. *[aclarar]* // Fer claror. *[aclarar]* // Esbandir la roba. *[aclarar]* // Aclarir el cabell *[escarmenar]* // **-se.** Entendre's en una cosa embolicada. *[aclararse]* // Esdevenir seré el cel ennuvolat. *[aclararse]*

aclimatar. v. tr. Avesar a un clima o a un ambient distint del propi. *[aclimatar]*

aclucar. v. tr. Cloure, principalment els ulls. *[cerrar, acuñar]*

açò. pron. dem. Aquesta cosa. *[esto]*

acòlit. m. Ministre de l'Església que ha rebut les quatre órdens menors. *[acólito]* // Escolà, el qui serveix la missa. *[acólito]*

acollir. v. tr. Admetre algú a casa o en la pròpia companya. *[acoger]* // Donar protecció i ajut. *[acoger]* // **-se.** Emparar-se.

acollonar. v. tr. Acovardir. *[acojonar, acobardar]*

acollonir. v. tr. Acovardir. *[acojonar, acobardar]*

acomiadar. v. tr. Donar comiat, despedir, expulsar. *[despedir]* // **-se.** Prendre comiat. *[despedirse]*

acomodar. v. tr. Disposar alguna cosa o persona de manera que convinga a una altra. *[acomodar]* // Posar algú o alguna cosa en situació còmoda. *[acomodar]*

acompanyament. m. Acció d'acompanyar. *[acompañamiento]* // Conjunt d'acompanyants. *[acompañamiento]* // Allò que acompanya. *[acompañamiento]*

acompanyar. v. tr. Ajuntar-se a algú per a fer allò que ell fa o anar allà on ell va. *[acompañar]* // Fer l'acompanyament.

acomplir. v. tr. Executar, portar a terme, complir. *[cumplir]*

acondicionar. v. tr. Posar una cosa en una manera determinada. *[acondicionar]*

aconduir. v. tr. Disposar convenientment les coses que han de ser transportades. *[conducir]*

aconhortar. v. tr. Conhortar, fer passar la pena a algú dient-li paraules encoratjadores. *[consolar]* // **-se.** Conformar-se d'una desgràcia, dissort, pena, etc., superant-la amb ànim coratjós. *[consolarse]*

aconseguir. v. tr. Seguir a algú fins on es troba. *[conseguir]* // Obtenir allò que un desitja. *[conseguir]* // Arribar a ajuntar-se a una persona o cosa que va davant. *[alcanzar]* // Arribar al fi que un es proposa, a obtenir allò que un desitja. *[alcanzar]*

aconsellar. v. tr. Donar consell. *[aconsejar]* // **-se.** Prendre consell d'algú. *[aconsejarse]*

aconsolar. v. tr. Consolar, fer minvar la pena d'algú. *[consolar]*

acontentar. v. tr. Donar gust a algú satisfent els seus desigs. *[contentar]* // **-se.** Donar-se per content. *[contentarse]*

acoquinar. v. tr. Acovardir, descoratjar. *[acoquinar]*

acord. m. Unió, entre dues o més persones, que resulta d'una manera de sentir, de pensar, d'obrar. *[acuerdo]* // Resolució presa per una corporació o conjunt de persones. *[acuerdo]* // En música, conjunt de diferents sons simultanis acordats, harmònics. *[acorde]*

acordar. v. tr. Posar d'acord. *[acordar]* // Harmonitzar els colors. *[acordar]* // Afinar els instruments a fi que no dissonen. *[acordar]* // **-se.** Avenir-se dues o més persones. *[acordarse]*.

acordió. m. Instrument musical de vent, amb teclat, format per una caixa, amb una manxa i unes llengüetes. *[acordeón]* // Planta lleguminosa que sovinteja per terres de conreu i llocs herbosos. *[mielga de caracolillo]*.

acorralar. v. tr. Posar el bestiar en un corral. *[encorralar]* // Assitiar. *[acorralar]*

acorrucar-se. v. pron. Ajupir-se, encollir, encongir el cos. *[encogerse]*

acorruixar-se. v. pron. Tenir corruixes. // Donar-se pressa. *[apresurarse]*

acossar. v. tr. Exercitar a córrer un animal. // Perseguir obstinadament. *[acosar]*

acostar. v. tr. Apropar, aproximar, posar a menor distància. *[acercar]*

acostumar. v. tr. i intr. Tr. Fer prendre un costum. *[acostumbrar]* // Intr. Tenir un costum. *[acostumbrar]*

acotació. f. Anotació feta al marge d'un escrit. *[acotación]*

acotar. v. tr. Posar les cotes en un pla topogràfic, etc. *[acotar]* // Posar acotacions a un escrit. *[acotar]* // **-se.** Inclinar la part superior del cos endavant. *[agacharse]*

acovardir. v. tr. Fer perdre el coratge a algú. *[acobardar]*

acràcia. f. Teoria que nega el principi d'autoritat. *[acracia]*

acreditar. v. tr. Fer digna de crèdit una cosa o persona. *[acreditar]* // **-se.** Agafar crèdit. *[acreditarse]*

acréixer. v. tr. Fer augmentar, fer major o més intensa una cosa. *[acrecer]*

acrobàcia. f. Exercici efectuat per un acròbata. *[acrobacia]* // Acte o maniobra que presenta dificultats excepcionals. *[acrobacia]*

acròbata. m. i f. El qui dansa i fa habilitats sobre una corda, fa salts difícils i altres exercicis gimnàstics. *[acróbata]*

acta. f. Relació escrita de coses tractades o vistes. *[acta]*

acte. m. Acció o fet realitzat per l'home. *[acto]* // Funció o cerimònia pública. *[acto]*

actitud. f. Positura expressiva que correspon a una certa disposició de l'ànim. *[actitud]* // Disposició o manera de portar-se algú respecte de qualsevol persona o cosa. *[actitud]*

actiu, iva. adj. Que obra, que té la virtut d'obrar. *[activo]* // Que implica acció. *[activo]* // m. Import total dels valors efectius, crèdits i drets que una persona té al seu favor. *[activo]*

activar. v. tr. Fer més actiu, accelerar. *[activar]*

activitat. f. Qualitat d'actiu. *[actividad]* // Promptitud en l'obrar. *[actividad]*

actor. m. El qui representa en el teatre. *[actor]* // El qui demanda en judici. *[actor]*

actriu. f. Dona que representa en el teatre. *[actriz]*

actuació. f. Acció i efecte d'actuar. *[actuación]*

actual. adj. Que existeix en el moment present. *[actual]*

actualitzar. v. tr. Fer actual una cosa, posar al dia. *[actualizar]*

actuar. v. tr. i intr. Tr. Posar en acció. *[actuar]* // Intr. Exercir una persona actes propis de la seua naturalesa. *[actuar]* // Procedir judicialment. *[actuar]*

acudir. v. intr. Anar a un lloc on hom ha estat cridat o on l'atrau algun motiu. *[acudir]*

acudit. m. Ocurrència viva i sobtada. *[agudeza]*

acumular. v. tr. Apilar, aplegar en una massa. *[acumular]* // Imputar una culpa. *[acumular]*

acurtar. v. tr. Fer tornar curt. *[acortar]* // Vestir de curt un infant de bolquers. *[acortar]*

acusació. f. Acció d'acusar o d'acusar-se. *[acusación]*

acusar. v. tr. Assenyalar com a culpable. *[acusar]* // Revelar, manifestar. *[acusar]*

acusatiu. m. Cas de la declinació que indica el complement directe. *[acusativo]*

adagi. m. Sentència breu, clara i popular, que inclou un pensament o un consell moral. *[adagio, refrán]*

adaptar. v. tr. Acomodar una cosa fent-la apta a un fi. *[adaptar]* // **-se.** Acomodar-se, conformar-se a alguna cosa. *[adaptarse]*

addicció. f. Tendència, inclinació forta, a alguna cosa. *[adicción]*

addició. f. Acció d'afegir. *[adición]* // Cosa afegida a una altra. *[adición]* // Operació de sumar, suma. *[adición]*

addicionar. v. tr. Fer addicions o afegidures. *[adicionar]*

addicte, icta. adj. Molt inclinat a servir o afavorir alguna persona, idea, institució, etc., partidari. *[adicto]*

adduir. v. tr. Al·legar, presentar, una prova, raó o argument. *[aducir]*

adepte, epta. adj. i m. i f. Versat en alguna doctrina, art. etc. *[adepto]* // Partidari d'una persona o idea. *[adepto]*

adequar. v. tr. Fer venir bé o ajustada una cosa a una altra, adaptar, acomodar. *[adecuar]*

adequat, ada. adj. Apropiat a un objecte, adient, avingut. *[adecuado]*

adés. adv. Poc abans d'ara mateix, fa poc. *[poco ha]* // Indica un temps passat però molt pròxim al present. *[poco ha]* // **adés adés.** A cada moment, de quan en quan. *[de cuando en cuando.* // conj. dist. **adés... adés.** Ara... ara. *[ora... ora]*
adéu. m. Expressió de comiat i salutació. *[adiós]* // Comiat. *[adiós]*
adéu-siau. m. Expressió de comiat i salutació. *[adiós]* // Comiat. *[adiós]*
adherir. v. tr. Unir una cosa amb una altra. *[adherir]*
adhesió. f. Acció i efecte d'adherir o d'adherir-se. *[adhesión]*
adhesiu, iva. adj. Capaç d'adherir-se. *[adhesivo]*
adient. adj. Que s'adiu, adaptat, conforme. *[adecuado]*
adins. adv. i prep. A la part de dins. *[adentro]*
adir-se. v. pron. Harmonitzar, anar bé l'un amb l'altre, avenir-se, concordar-se. *[adirse]*
adjacent. adj. Al costat mateix, pròxim. *[adyacente]*
adjectiu, iva. adj. Que es refereix a una qualitat o accident. *[adjetivo]* // m. Nom adjectiu. *[adjetivo]*
adjectivar. v. tr. Convertir un substantiu en adjectiu. *[adjetivar]* // Aplicar adjectius. *[adjetivar]*
adjudicar. v. tr. Assignar una cosa a qui de dret pertoca. *[adjudicar]* // **-se.** Apropiar-se, assignar-se a si mateix alguna cosa.
adjuntar. v. tr. Incloure, acompanyar una cosa juntament amb una altra. *[adjuntar]*
admetre. v. tr. Rebre, donar entrada, en algun lloc. *[admitir]* // Acceptar.
administració. f. Acció d'administrar. *[administración]* // Càrrec i ofici d'administrador. *[administración]* // Oficina de l'administrador. *[administración]*
administrar. v. tr. Tenir cura de béns. *[administrar]* // Proveir o aplicar a algú allò que és útil. *[administrar]*
admiració. f. Sentiment de plaer i aprovació provocat per una persona o cosa que posseeix alguna qualitat extraordinària. *[admiración]* // Signe ortogràfic que es posa al darrere (...!) o bé al davant i al darrere (¡...!) d'una proposició exclamativa, d'una interjecció. *[admiración]*
admirar. v. tr. Contemplar, considerar amb admiració. *[admirar]* // Causar admiració. *[admirar]*
admissió. f. Acció i efecte d'admetre. *[admisión]*
adob. m. Acció i efecte d'adobar o d'adobar-se. *[compostura, remiendo]* // Ingredient per a adobar les carns, les pells, les terres, etc. *[condimento, adobo, abono]* // Afait, coloret.
adobar. v. tr. Preparar, aparellar, arreglar, en general. *[arreglar]* // Assaonar les carns, les pells, els cuirs, etc. *[sazonar, curtir]* // Preparar, amanir, condimentar, les viandes. *[adobar]* // Posar fems o altres adobs a les terres. *[abonar]* // Reparar, posar en bon estat una cosa rompuda o feta malbé, com ara la roba, calcer, mobles, les parets, teulades, cossis i llibrells o qualsevol objecte. *[componer, remendar]*
adoctrinar. v. tr. Instruir, ensenyar alguna cosa. *[adoctrinar]*
adolescència. f. Període de la vida que segueix la infància. *[adolescencia]*
adolorir. v. tr. Causar dolor, pena o sentiment. *[doler]* // **-se.** Sentir dolor, afligir-se. *[dolerse]*
adonar-se. v. pron. Advertir, no escapar a la seua atenció, percebre una cosa. *[advertir, notar, percatarse]* // Tenir compte, posar cura *[atender]* // Recordar-se'n, guardar memòria d'una persona o cosa.
adopció. f. Acció i efecte d'adoptar. *[adopción]*
adoptar. v. tr. Afillar. *[adoptar]* // Apropiar-se els pensaments i obres d'altri. *[adoptar]* // Admetre, seguir una opinió, prendre una resolució o acord després de previ examen o deliberació. *[adoptar]*
adoptiu, iva. adj. Fet o adquirit per adopció. *[adoptivo]*
adoració. f. Acció d'adorar. *[adoración]*
adorar. v. tr. Prestar cult a Déu, al Santíssim Sagrament de l'altar, a una cosa

divina. *[adorar]* // Donar honor i reverència. *[adorar]* // Amar granment. *[adorar]*

adormir. v. tr. Fer dormir. *[adormecer]* // Fer perdre la sensibilitat d'algun membre del cos. *[adormecer]*

adorn. m. Allò que serveix per a adornar. *[adorno]* // Acte d'adornar. *[adorno]*

adornar. v. tr. Guarnir alguna cosa d'ornaments. *[adornar]*

adossar. v. tr. Recolzar alguna cosa per la seua part posterior contra altra. *[adosar]*

adquirir. v. tr. Atényer o guanyar la possessió d'alguna cosa. *[adquirir]*

adreç. m. Acció i efecte d'adreçar. *[enderezo]* // Ornament, arreus. *[aderezo]* // Joc complet de joies d'una dona. *[aderezo]*

adreça. f. Indicació del lloc on hom habita. *[dirección, señas]*

adreçar. v. tr. Posar dret allò que és tort o corbat. *[enderezar]* // Obligar a algú a esmenar-se. *[enderezar]* // Dirigir, encaminar una persona o cosa. *[dirigir]*

adscriure. v. tr. Agregar algú al servei d'un cos o entitat. *[adscribir]* // Escriure al costat. *[adscribir]*

adular. v. tr. Afalagar algú servilment per a guanyar-se la seua voluntat. *[adular]*

adult, ulta. adj. Que ha arribat al terme de l'adolescència, de la creixença. *[adulto]*

adúlter, últera. adj. i m i f. Qui viola la fe conjugal, qui comet adulteri. *[adúltero]*

adulterar. v. tr. i intr. Tr. Sofisticar, contrafer una cosa. *[adulterar]* // Intr. Cometre adulteri. *[adulterar]*

adulteri. m. Violació de la fe conjugal. *[adulterio]*

adust, usta. adj. Sec, àrid. *[adusto]* // De geni aspre. *[adusto]*.

advent. m. Temps litúrgic predecessor de nadal, que comença quatre diumenges abans d'aquesta festa. *[adviento]*

adverbi. m. Part de l'oració que modifica el verb, l'adjectiu o un altre adverbi. *[adverbio]*

adverbial. adj. Relatiu a l'adverbi. *[adverbial]*

advers, ersa. adj. Contrari, desfavorable. *[adverso]* // Desgraciat, infaust. *[adverso]*

adversari, ària. m. i f. El qui va contra un altre en una lluita o plet. *[adversario]*

adversatiu, iva. adj. Que expressa oposició o antítesi. *[adversativo]*

adversitat. f. Qualitat d'advers. *[adversidad]* // Sort adversa. *[adversidad]*

advertència. f. Advertiment, acte d'advertir. *[advertencia]*

advertiment. m. Acció i efecte d'advertir. *[advertencia]* // En els escrits, nota d'atenció particular. *[advertencia]*

advertir. v. tr. Avisar, assabentar a algú d'alguna cosa que li convé saber. *[advertir]*

advocació. f. Acció d'advocar. *[advocación]* // Títol donat a un temple, capella, altar o imatge, per a distingir-los d'altres. *[advocación]*

advocat, ada. m. i f. Defensor, intercessor. *[abogado]* // Aquell que professa l'advocacia. *[abogado]*

aeri, èria. adj. Relatiu o pertanyent a l'aire. *[aéreo]*

aeròdrom. m. Tros gran de terreny pla on els aeroplans poden aterrar, etc. *[aeródromo]*

aeronau. f. Nau aèria. *[aeronave]*

aeroplà. m. Vehicle aeri, avió. *[aeroplano]*

aeroport. m. Aeròdrom amb estació per al tràfec aeri. *[aeropuerto]*

afable. adj. Agradable, bondadós en el tracte. *[afable]*

afaenar-se. v. pron. Carregar-se de faena, ocupar-se, tenir faena. *[atarearse]*

afait. m. Substància usada per a embellir-se el cutis. *[afeite]*

afaitar. v. tr. Raure la barba. *[afeitar]* // Arrasar el pèl del cos. *[afeitar]* // Embellir amb afaits. *[adornar]* // Ensinistrar, especialment els falcons destinats a la caça. *[avezar]*

afalac. m. Demostració d'afecte. *[halago, caricia]*

afalagar. v. tr. Demostrar amor i afecte. *[halagar, acariciar]* // Afectar d'una manera agradable. *[halagar]* // Delectar, agradar, causar plaer.

afamar. v. tr. Donar fama. *[afamar]*
afany. m. Anhel vehement. *[afán]* // Esforç treballós, ansiós. *[afán]*
afanyar. v. tr. Guanyar amb afany. *[afanar]* // **-se.** Treballar sol·lícitament. *[afanarse]* // Fer diligències actives per aconseguir alguna cosa. *[afanarse]*
afanyós, osa. adj. Que exigeix un esforç penós, que costa molt de treball. *[afanoso]* // Que s'afanya. *[afanoso]* // Diligent, sol·lícit, pressós. *[afanoso]*
afavorir. v. tr. Obrar a favor d'algú. *[favorecer]* // Ajudar al desenvolupament, a la creixença, a l'èxit, d'alguna cosa. *[favorecer]*
afeblir. v. tr. Fer tornar feble, debilitar. *[debilitar]*
afecció. f. Modificació o alteració produïda en una cosa per una altra. *[afección]* // Estat morbós. *[afección]* // Inclinació tendra, zelosa. *[afección]* // Estimació. *[afección]*
afeccionar. v. tr. Aficcionar. *[aficionar]*
afeccionat, ada. adj. i m. i f. Aficcionat. *[aficionado]*
afectació. f. Estudi exagerat en les maneres, accions i paraules. *[afectación]*
afectar. v. tr. Parlar o obrar amb afectació. *[afectar]* // Fer impressió. *[afectar]* // **-se.** Impressionar-se, commoure's. *[afectarse]*
afectat, ada. adj. Que pateix d'afectació. *[afectado]* // Presumit en excés.
afecte. m. Qualsevol sentiment que commou l'ànima: la ira, la compassió, l'odi, l'amor. *[afecto]* // Inclinació favorable vers alguna persona. *[afecto]*
afectiu, iva. adj. Relatiu o pertanyent a l'afecte. *[afectivo]*
afectuós, osa. adj. Que sent o mostra afecte. *[afectuoso]*
afegir. v. tr. Unir una cosa a una altra per a completar-la. *[añadir]* // Dir alguna cosa a més del que un ja ha dit. *[añadir]*
afegit. m. Efecte d'afegir. *[añadidura]* // Conjunt de dues coses afegides. *[añadido]* // Lloc d'unió de dues coses afegides.
afegitó. f. Cosa afegida a una altra. *[añadido, añadidura]*
afer. m. Quefer. *[quehacer]*
aferrar. v. tr. i intr. Tr. Agafar fortament, fixar, subjectar. *[aferrar]* // Unir, apegar amb matèria apegalosa o aglutinant. *[pegar]* // Intr. Arrelar les plantes. *[arraigar, prender]* // **-se.** Insistir tenaçment en una opinió. *[aferrarse]*
aferrissar-se. v. pron. Agafar una cosa amb molta força. *[aferrarse]*
afí. adj. Que té afinitat amb una altra cosa. *[afín]*
afiançar. v. tr. Donar fiança, garantir. *[afianzar]*
aficció. f. Tendència de la voluntat a una persona o cosa que li és agradable, especialment a un art, esport, etc. *[afición]*
aficcionar. v. tr. Comunicar aficció. *[aficionar]* // **-se.** Agafar afecte a una persona o cosa. *[aficionarse]*
aficcionat, ada. adj. i m. i f. Aquell que té aficció a alguna cosa. *[aficionado]* // m. i f. Persona que es dedica a un ofici, art, etc. que no és la seua professió. *[aficionado]*
afigat, ada. adj. Que té forma o l'aparença d'una figa. *[ahigado]* // Mancat de força o de caràcter enèrgic.
afilador, ora. m. i f. El qui afila. *[afilador]* // m. Corretja per a afilar les navalles d'afaitar. *[afilador]*
afilar. v. tr. Traure el tall o punta dels instruments tallants. *[afilar]*
afiliar. v. tr. Fer entrar algú com a membre d'una corporació o societat. *[afiliar]* // Lligar a una associació mare, fer entrar en una lliga d'associacions anàlogues. *[afiliar]*
afillar. v. tr. Adoptar com a fill. *[ahijar]* // Apadrinar en el baptisme. *[apadrinar]*
afillat, ada. adj. Fill adoptiu. *[ahijado]* // Fillol.
afinar. v. tr. Fer més fi, més delicat. *[afinar]* // Posar els instruments musicals a to. *[afinar]* // Posar les balances al fi. *[afinar]*
afinitat. f. Parentiu, per matrimoni, del marit amb els parents de la muller o viceversa. *[afinidad]* // Proximitat o acostament entre coses que concorden.

afirmar. v. tr. Donar per certa una cosa. *[afirmar]* // **-se.** Ratificar la pròpia opinió. *[afirmarse]*

afitorar. v. tr. Ferir amb la fitora. *[fisgar, hurgar]* // Mirar de fit a fit. *[atisbar]* // Veure de lluny. *[divisar]*

afix, ixa. adj. Unit o afegit a una cosa. // Aplicat a una partícula afegida a una paraula per a formar una altra paraula. *[afijo]*

afixar. v. tr. Posar afixos. *[afijar]*

aflaquir. v. tr. Fer tornar flac. *[enflaquecer]*

aflicció. f. Acte d'afligir o estat del qui està afligit. *[aflicción]*

afligir. v. tr. Colpir dolorosament un mal, una desgràcia. *[afligir]*

aflorar. v. intr. Apuntar, aparéixer a flor de terra una planta, etc. *[aflorar]* // fig. Començar a manifestar-se. *[aflorar]*

afluència. f. Acció i efecte d'afluir. *[afluencia]* // Abundància de paraules o expressions. *[afluencia]*

afluent. adj. Que aflueix. *[afluente]* // m. Riu que desemboca en un altre. *[afluente]*

afluir. v. intr. Córrer un fluid devers un indret. *[afluir]* // Acudir, concórrer en abundor. *[afluir]*

afluixar. v. tr. i intr. Tr. Posar fluixa una cosa. *[aflojar]* // Amollar. // Intr. Perdre força una cosa *[aflojar]* // Posar un menor esforç en una tasca, empresa, etc. *[aflojar]* // Esdevenir menys abundant, menys nombrós.

afoll. m. Mal part, avort. *[aborto]* // Allò nat abans de temps. *[aborto]*

afollar. v. tr. Fer malbé, malmetre, inutilitzar una cosa. *[estropear]* // Espatlar un membre. *[lastimar]* // **-se.** Avortar. *[abortar]* // Caure la flor sense haver fruita. *[abortar]* // Eixir a llum, produir-se les coses sense la deguda perfecció. *[abortar]* // Llançar-se a perdre una empresa o designi. *[malograrse]*

afollijó. m. Avort prematur. *[aborto]*

afonacases. m. i f. Dilapidador.

afonar. v. tr. Ficar en el fons, tirar a fons, enfonsar. *[hundir]* // **-se.** Caure una cosa desfent-se sobre sos fonaments. *[hundirse, derruirse, derrumbarse]*

afondir. v. tr. Fer més fondo. *[ahondar]*

afores. m. o f. pl. Voltants d'una població. *[afueras, alrededores]*

aforisme. m. Sentència breu i doctrinal. *[aforismo]*

aforrar. v. tr. Estalviar, estar-se de gastar alguna cosa. *[ahorrar]* // **-se.** Abstenir-se, defugir. *[abstenerse, evitar]*

afranquir. v. tr. Fer franc o lliure. *[enfranquecer, librar]*

africat, ada. adj. Dit d'un so produït per una oclusió seguida d'una fricció. *[africado]*

afront. m. Ofensa greu feta a la cara, públicament. *[afrenta]*

afusellar. v. tr. Matar amb una descàrrega de fusells. *[fusilar]*

agafar. v. tr. i intr. Tr. Subjectar una cosa amb la mà o un instrument adequat. *[asir]* // Intr. Arrelar. // Apegar, adherir.

agallinar-se. v. pron. Acoquinar-se, acovardir-se molt. *[acobardarse]*

agarrar. v. tr. Prendre una cosa amb la mà. *[coger]* // Prendre una cosa fortament amb les mans, agafar. *[coger, asir]* // Atrapar, agafar. *[coger, asir]*

agarrat, ada. adj. Aplicat a la persona excessivament estalviadora. *[agarrado]*

agarrotar. v. tr. Lligar fort amb una corda, passant un garrot perquè la corda se retorça i romanga més estreta. *[agarrotar]*

agavellar. v. tr. Fer gavelles. *[agavillar]* // Arreplegar sense deixar res per als altres. *[acaparar]*

agència. f. Ofici i càrrec d'agent. *[agencia]* // Oficina de l'agent. *[agencia]*

agenciar. v. tr. Fer diligències per a aconseguir alguna cosa. *[agenciar]*

agenda. f. Llibre que porta dades de caràcter pràctic per a l'exercici d'alguna professió i que serveix per a fer apuntacions a fi de no oblidar les coses que un ha de fer. *[agenda]*

agenollar-se. v. pron. Posar-se de genolls. *[arrodillarse]*

agent. adj. Que obra, que produeix algun efecte. *[agente]* // m. El qui té la missió d'obrar per algú. *[agente]*

agermanar. v. tr. Unir, ajuntar, prendre

alguna qualitat de germà. *[hermanar]* // Formar germania, unió fraterna. *[hermanar]*

àgil. adj. Que es mou amb facilitat i lleugeresa. *[ágil]*

agitar. v. tr. Moure amb llestesa o violència. *[agitar]* // Sacsejar. // Commoure, pertorbar. *[agitar]*

aglevar-se. v. pron. Formar-se gleves, coagular-se. *[cuajarse, coagularse]*

aglomerar. v. tr. Reunir en massa compacta, apilotar. *[aglomerar]*

aglòssia. f. Absència congènita de la llengua. *[aglosia]*

aglutinar. v. tr. Formar un conjunt compacte amb trossos o partícules. *[aglutinar]*

agnom. m. El quart nom dels romans que es posposava al cognom. *[agnombre]*

agonia. f. Angoixa de l'ànima. *[agonía, congoja]* // Darrera lluita de la vida contra la mort. *[agonía]*

agonitzar. v. intr. Patir l'agonia de la mort. *[agonizar]* // Estar a punt d'extingir-se. *[agonizar]*

àgora. f. Plaça pública en les ciutats de l'antiga Grècia on es celebraven les reunions polítiques i l'administració de justícia. *[ágora]*

agosarat, ada. adj. Audaç, gosat, atrevit, que no té por. *[osado, audaz]*

agost. m. El vuité mes de l'any. *[agosto]*

agraciar. v. tr. Concedir gràcia o mercé. *[agraciar]* // Donar certa gràcia. *[agraciar]*

agradable. adj. Que agrada. *[agradable]*

agradar. v. intr. Acontentar, complaure, ser de grat, fer una impressió grata, satisfer el gust. *[agradar]*

agradós, osa. adj. De tracte agradable, plaent. *[agradable]* // Afable, de bon tracte. *[cariñoso]*

agrair. v. tr. Correspondre amb gratitud als beneficis rebuts. *[agradecer]* // Demostrar reconeixença i estimació d'algun benefici. *[agradecer]*

agraït, ïda. adj. Que agraeix, que sent gratitud. *[agradecido]*

agranar. v. tr. Recollir del sòl, amb una granera, qualsevol cosa: gra, pols, brutícies, etc. *[barrer]*

agravi. m. Greuge, injúria. *[agravio]*

agre, agra. adj. Que té una acidesa desagradable. *[agrio]* // De mal tracte. *[agrio, áspero]* // Hàbit, costum. *[querencia]*

agredir. v. tr. Escometre a algú d'obra o de paraula. *[agredir]*

agredolç, olça. adj. Que té una sabor agra i dolça a la vegada. *[agridulce]*

agregar. v. tr. Unir unes coses a altres, afegir. *[agregar]*

agrella. f. Planta comestible i antiescorbútica, de gust àcid, usada en medicina. *[acedera, vinagrera]*

agremiar. v. tr. Agrupar gent formant gremi. *[agremiar]* // **-se.** Agrupar-se formant gremi. *[agremiarse]*

agrenc, enca. adj. Que tira a agre. *[agrio]*

agressió. f. Acció d'agredir. *[agresión]*

agressiu, iva. adj. Relatiu o pertanyent a l'agressió. *[agresivo]* // Propens a ofendre. *[agresivo]*

agret, eta. adj. Un poc agre. // m. Planta de la família de les poligoniàcies. *[acederilla, vinagrereta]*

agreujar. v. tr. Fer més greu del que era. *[agravar]* // **-se.** Empitjorar un malalt, etc. *[agravarse]*

agricultor, ora. m. i f. El qui conrea la terra. *[agricultor]*

agricultura. f. L'art de conrear la terra. *[agricultura, cultivo]*

agrir. v. tr. Fer tornar agre. *[agriar]*

agró. m. Nom de diferents ocells pertanyents a la família dels ardeids. *[garza]* // Ocell d'albufera i estanys gros i bell. *[garza real]*

agrònom, ònoma. m. i f. Entés en agronomia. *[agrónomo]*

agronomia. f. Conjunt de coneixements aplicables al conreu de la terra. *[agronomía]*

agror. f. Qualitat d'agre. *[agrura, acedía]*

agrós, osa. adj. Lleugerament agre. *[acetoso, agrillo]* // Aspre en el tracte. *[desabrido]*

agrumar-se. v. pron. Reunir en grums, aterrossar-se. *[agrumarse]*

agrupar. v. tr. Reunir en un grup o en grups. *[agrupar]*

aguait. m. Acció i efecte d'aguaitar. *[ace-*

cho, celada, emboscada] // fig. Parany. *[acecho]*

aguaitar. v. tr. Observar amb atenció, procurant no ser vist. *[acechar, poner asechanza]*

aguant. m. Fortalesa per a aguantar. *[aguante]*

aguantar. v. tr. Rebre, sense cedir, el pes d'una cosa o un esforç qualsevol. *[aguantar]* // Resistir les fatigues. *[aguantar]* // Suportar.

agudesa. f. Qualitat d'agut. *[agudeza]* // Dita aguda. *[agudeza, ocurrencia]*

aguditzar. v. tr. Fer més agut. *[agudizar]*

àguila. f. Ocell de rapinya diürn, notable per la seua força, grandària, vista penetrant i vol ràpid. *[águila]*

aguileta. f. Moneda antiga de cinc cèntims, gallet, monedeta. *[perra chica]*

aguiló. m. Aguila menuda, petit de l'aguila. *[aguilucho]*

agulla. f. Barreta fina de metall, per a assegurar la roba. *[aguja]* // La que té ull i serveix per a cosir i brodar. *[aguja]* // Tot allò que té forma d'agulla, com la d'un rellotge. *[aguja]* // Peix llarguerut i verdós. *[aguja]*

agullada. f. Bastó amb una punta de ferro per a guiar els bous. *[aguijada]* // Punxada d'agulla.

aguller. m. Canonet per a guardar agulles. *[alfiletero]* // Tros de fil que es posa a l'agulla per a cosir, etc. *[hebra]*

agulló. m. La punxa de l'agullada. *[aguijón]* // Fibló. // Estímul, motiu que impulsa a obrar. *[acicate]*

agullonar. v. tr. Punxar amb l'agulla. *[aguijonar]* // Estimular, incitar.

agut, uda. adj. Que acaba en punta. *[agudo]* // Subtil, perspicaç, graciós. *[agudo]* // Que produeix una sensació viva, penetrant. *[agudo]* // Aplicat al so i a la veu d'altura. *[agudo]* // Aplicat a l'accent que baixa de dreta a esquerra. *[agudo]*

agutzil. m. Oficial executor de manaments, etc., d'una autoritat. *[alguacil]*

ah! interj. Expressa dolor, alegria, indignació, sorpresa, plaer, etcètera. *[¡ah!]*

ahir. adv. El dia que precedeix immediatament aquell en què som. *[ayer]*

ahuc. m. Crit, cridòria. *[aullido, alarido, grito]*

ahucar. v. intr. i tr. Intr. Fer ahucs. *[aullar]* // tr. Escarnir a crits, mofar-se en públic amb crits i xiuladissa. *[rechiflar]*

ahuixar. v. tr. Fer fugir als animals amb crits i amb moviments d'amenaça llançant-los d'un lloc. *[espantar, ahuyentar]*

ai! interj. Expressa dolor, por, amenaça, admiració, plaer, oblit, etcètera. *[¡ay!]* // m. Gemec, sospir. *[¡ay!]*

aigua. f. Substància líquida sense color, olor ni sabor en son estat de puresa. *[agua]*

aiguacuit, ita. m. i f. Cola, pasta, que dissolta en aigua calenta, serveix per a apegar o aferrar fusta. *[cola]*

aiguafort. m. Àcid nítric diluït en aigua, usat en el gravat sobre coure. *[aguafuerte]* // Gravat obtingut per l'acció de l'aiguafort. *[aguafuerte]*

aigualir. v. tr. Posar aigua, barrejar amb aigua, fer més ric en aigua un líquid, com vi, licor, llet, etc. *[aguar]* // fig. Rebaixar de to, d'intensitat.

aiguallimó. m. Beguda gelada, feta amb aigua, sucre i llima.

aigualós, osa. adj. Que té massa aigua, saturat d'aigua, excessivament humit. *[aguanoso]*

aiguamarina. f. Pedra fina de color blau o verd marí. *[aguamarina]*

aiguamoll. m. Terra pantanosa. *[aguazal]*

aiguaneu. f. Barreja de pluja i neu. *[aguanieve]* // Neu que cau mig fosa. *[aguanieve]*

aiguardent. m. Licor espiritós obtingut per destil·lació del vi, etc., sovint aromatitzat. *[aguardiente]*

aiguarràs. m. Essència de trementina. *[aguarràs]*

aiguat. m. Avinguda forta de la pluja. *[aguacero, diluvio]* // adj. Que conté aigua. *[aguado]*

aiguavessant. m. Vessant d'una muntanya, d'una serralada, etc., per on s'escorren les aigües. *[vertiente]*

aigüera. f. Rec o raseta per on s'escorre l'aigua que va cap a una bassa. *[alba-*

ñal] // Conducte subterrani per on s'escorren les aigües. *[alcantarilla]* // Pica que té un albelló per on s'escorre l'aigua. *[fregadero]*

aiguós, osa. adj. Carregat d'aigua. *[acuoso, aguanoso]*

aïllar. v. tr. Separar alguna persona o cosa de totes les altres. *[aislar]*

aïna. f. Instrument manual per a treballs agrícoles o mecànics d'un ofici o professió. *[herramienta, utensilio de trabajo]* // Ocasió, mitjà oportú.

airada. f. Vent fort que dura poc. *[airazo, ventolera]* // Colp d'aire malsà.

aire. m. Fluid gasós transparent, invisible, inodor i insípid que envolta la terra. *[aire]* // Aire en moviment, vent. *[aire]* // Aparença, aspecte, actitud o posat d'una qualitat personal. *[aire]* // Manera de moure's, gràcia en fer les coses. *[garbo, aire]*

airejar. v. tr. Sotmetre a l'acció de l'aire. *[airear]*

airós, osa. adj. Aplicat al temps quan fa aire. *[ventoso]* // Aplicat a un lloc on fa molt aire. *[ventoso]* // Amb aire, gràcia, gentilesa. *[airoso]*

aixa. f. Instrument de treball per a desbastar la fusta. *[azuela]*

aixada. f. Instrument per a cavar la terra. *[azada]*

aixar. v. tr. Fer anar arrere una cavalleria, recular. *[retroceder, recular, cejar]*

aixecar. v. tr. Separar una cosa d'una altra sobre la qual descansa. *[alzar, levantar]* // Posar amunt una cosa que estava baixa. *[levantar]* // Fer cessar, retirar quelcom que pesa damunt algú, com una pena, un impost, una prohibició, etc. *[levantar]* // Posar dret qui està ajagut o assegut. *[levantar]* // **-se.** Alçar-se els núvols, aclarir-se el cel, asserenar-se; asserenar-se el temps. *[levantarse]*

aixella. f. Part inferior de la juntura del braç amb el cos. *[axila, sobaco]*

aixeta. f. Canó amb mecanisme de tancar i obrir, per a traure líquids amb comoditat. *[grifo]*

així. adv. D'aquesta manera. *[asi]*

això. pron. dem. Aqueixa cosa. *[eso]*

aixopluc. m. Lloc on posar-se a cobert de la pluja. *[cobijo]*

aixoplugar. v. tr. Posar a cobert de la pluja. *[guarecer, cobijar]*

aixovar. m. Quantitat en diners o altres béns que la dona aporta al matrimoni. *[ajuar, dote]* // El conjunt de la roba d'ús personal i la de casa que la dona aporta al matrimoni. *[ajuar, dote]*

ajocar-se. v. pron. Posar-se a jóc per a dormir. *[acostarse, recogerse]* // Anar-se'n a dormir els ocells. *[recogerse]*

ajornar. v. tr. Deixar per a un altre dia, diferir. *[aplazar]*

ajuda. f. Acció i efecte d'ajudar, ajut, socors, auxili. *[ayuda]* // Allò que serveix per a ajudar. *[ayuda]* // Llavativa.

ajudant, anta. m. i f. Persona que ajuda. *[ayudante]* // adj. Que ajuda. *[ayudante]*

ajudar. v. tr. i intr. Tr. Donar ajut o auxili en un afer, treball, etcètera, socórrer. *[ayudar]* // Intr. Prestar el seu concurs en un afer, etc. *[ayudar]*

ajuntament. m. Acció i efecte d'ajuntar o d'ajuntar-se. *[junta, unión]* // Corporació encarregada del govern d'una població. *[ayuntamiento]*

ajuntar. v. tr. Posar juntes diverses coses o persones. *[juntar]* // Tancar una porta sense passar el pany. *[entornar]*

ajupir. v. tr. Inclinar, dirigir cap avall una part del cos. *[agachar]* // **-se.** Inclinar-se, doblegar el cos inclinant el cap i l'esquena cap avall. *[agacharse, encorvarse]* // Arrufar-se doblegant els genolls i abaixant el cos fins que gairebé toque terra. *[agazaparse]*

ajust. m. Acció i efecte d'ajustar. *[ajuste]* // Conveni, acord. *[ajuste]* // Aplec, reunió de gent per a tractar alguna cosa. *[reunión]*

ajustar. v. tr. Posar una porta, finestra, etc. en posició de tancar-les, però sense passar el pany. *[ajustar, entornar]*

ajut. m. Ajuda, auxili. *[ayuda]*

al. Unió de la preposició «a» i de l'article «el» usada només davant un mot començat en consonant. *[al]*

ala. f. Part del cos de certs animals que els serveix per a volar. *[ala]* // Per extensió, part d'un edifici, etc., que surt enfora. *[ala]* // Element de sustentació d'un avió en vol. *[ala]* // f. pl. Llibertat, gosadia.

alabança. f. Lloança. *[alabanza]*

alabar. v. tr. Lloar. *[alabar]*

alabarda. f. Arma a manera de llança amb un travesser que té forma generalment de mitja lluna per una banda i de punxa per l'altra. *[alabarda]*

alabastre. m. Varietat de guix generalment blanc de què es fan ornaments, etc. *[alabastro]* // Varietat de marbre. *[alabastro]*

alacantí, ina. adj. i m. i f. Natural o propi d'Alacant. *[alicantino]*.

alacrà. m. Escorpí. *[alacrán, escorpión]*

aladre. m. Instrument agrícola per a llaurar la terra. *[arado]*

aladroc. m. Peix teleosti menut semblant a l'anxova. *[boquerón]*

alambí. m. Aparell per a destil·lar els líquids. *[alambique]*

alambor. m. Inclinació, desviació de la verticalitat. *[inclinación, sesgo]* // Revestiment de pedra i morter per a separar la paret del veí a fi que no done humitat. *[escarpa]*

alarb. m. Àrab. *[alarbe]*

alardo. m. Revista militar. *[alarde]* // Manifestació de molta gent. // Simulacre de combat en les festes de moros i cristians.

alarma. f. Inquietud causada per l'aproximació de l'enemic. *[alarma]* // Orde d'agafar les armes. *[alarma]*

alarmar. v. tr. Posar en alarma, donar alarma. *[alarmar]*

alba. f. Primera claror del dia. *[alba]* // Vestidura de tela blanca que el sacerdot es posa per a celebrar la missa. *[alba]* // Àlber o arbre blanc. *[álamo]*

albada. f. Temps que passa des del trenc de l'alba fins l'eixida del sol. *[alborada, albada, aurora]* // Música composta per a cantar a l'hora de l'alba. *[albada, alborada, serenata]*

albarà. m. Document públic o privat de debitori. *[albarán]* // Paper blanc que es posa a les cases per a indicar que es lloguen. *[albarán]*

albarda. f. Aparell de les bèsties de càrrega. *[albarda]*

albardar. v. tr. Posar l'albarda a una bèstia. *[albardar]* // Enganyar amb afalacs, amb bones paraules. *[engatusar]*

albat. m. Xiquet o xiqueta mort abans de l'ús de raó. // Soterrament d'un infant mort abans de l'edat de la raó.

albelló. m. Canal o conducte subterrani per a donar eixida a les aigües sobreres o brutes. *[albañal]* // Forat que comença un conducte de desaigüe, com el de les vores dels carrers, d'un safareig, piscina, abeurador, pica, etc. *[sumidero, cloaca]*

àlber. m. Arbre de ribera, de fulles fugisseres que s'eleva a gran altura. *[álamo, chopo]*

albercoc. m. Fruit de l'albercoquer. *[albaricoque]* // m. i adj. Irreflexiu, pocseny. *[necio]*

albercoquer. m. Arbre de la família de les rosàcies que es cultiva pels seus fruits comestibles. *[albaricoquero]*

albereda. f. Lloc plantat d'àlbers. *[alameda]*

alberg. m. Casa on es troba allotjament. *[albergue]* // Lloc de refugi, de sojorn. *[albergue]*

albergar. v. tr. i intr. Tr. Donar alberg. *[albergar]* // Intr. Prendre alberg. *[albergar]*

albergina. f. Fruit de l'alberginera. *[berenjena]* // La mateixa planta. *[berenjena]*

alberginera. f. Planta anual de la família de les solanàcies cultivada als horts pels seus fruits comestibles, carnosos, claviformes i de color morat. *[berenjenera]*

albí, ina. adj. Que té la pell, el pèl, l'iris, etc., més o menys blanc, per manca de pigment. *[albino]*

albir. m. Judici, facultat i acte de conéixer i comparar una cosa amb una altra. *[arbitrio]* // Manera subjectiva de veure una cosa, parer. *[juicio]* // Lliure voluntat. *[albedrío]* // Acte de mirar, acció d'albirar. *[mirada]*

albirar. v. tr. Veure de lluny una cosa sense distingir-la bé. *[vislumbrar, columbrar]* // Imaginar com és una cosa, com pot executar-se, etc. *[vislumbrar]* // Pensar, considerar.

albíxeres. f. pl. Bona notícia. *[albricias]* // Regal que es dóna al portador d'una bona nova. *[albricias]*

albor. f. Blancor. *[blancura]* // Llum de l'alba. *[albor]* // m. Peix teleosti d'aigua dolça, semblant a la carpa. *[albur, alburno]*

alboroc. m. Convit que fa el comprador o el venedor als qui intervenen en la venda. *[alboroque]*

albufera. f. Llacuna formada per l'aigua de mar en platges baixes. *[albufera]*

albuferenc, enca. adj. Pertanyent a l'albufera. // m. Barqueta sense carena, pròpia per a navegar dins l'Albufera de València.

àlbum. m. Llibre en blanc destinat a omplir-lo amb autògrafs, fotografies, segells, dibuixos, escrits, etc. *[álbum]*

alça. f. Acció i efecte d'alçar. *[alza]* // Augment, peça que s'aplica davall d'una cosa per a sostenir-la més amunt. *[alza]*

alçada. f. Acció d'alçar. *[alzada, altura]* // Apel·lació a un tribunal superior. *[alzada]*

alcaid. m. El qui tenia al seu càrrec la guarda d'un castell. *[alcaide]*

alcalde. m. Primer magistrat municipal d'una ciutat, vila, etcètera. *[alcalde]*

alcaldessa. f. Muller de l'alcalde. *[alcaldesa]* // Dona que presideix un municipi. *[alcaldesa]*

alcaldia. f. Càrrec i dignitat d'alcalde i territori de la seua jurisdicció. *[alcaldía]*

alçament. m. Acció i efecte d'alçar o d'alçar-se. *[alzamiento]*

alçaprem. m. Barra inflexible mòbil que serveix per a alçar coses pesants, palanca. *[alzaprima]*

alçaprémer. v. tr. Alçar alguna cosa amb l'alçaprem. *[alzaprimar]*

alçar. v. tr. Posar en lloc més alt. *[alzar, levantar]* // Portar a una condició o grau superior. // Posar dret qui està ajagut. // Posar una cosa al seu lloc on estiga ben guardada, guardar, desar. *[guardar]* // **-se.** Posar-se dret. *[levantarse]* // Llevar-se del llit. *[levantarse]* // Sobresortir atenyent una certa alçària. *[levantarse]*

alcaravà. m. Ocell camallarg de l'Albufera d'Elx i riberes i marjals, d'origen africà, de color rogenc i ales blanques i negres. *[alcaraván]*

alçària. f. Dimensió d'un cos en direcció vertical. *[altura]*

alcassaba. f. Castell fortificat. *[alcazaba]*

alcàsser. m. Palau reial; fortalesa. *[alcázar]* // En una nau, l'espai entre el pal major i l'entrada a la cambra. *[alcázar]*

alcavor. m. Revoltó del trespol del forn; cambreta dalt del forn. *[alcabor]* // Caliu íntim.

alcavot, ota. m. i f. Encobridor d'amors il·lícits. *[alcahuete]*

alcavotejar. v. intr. Fer actes d'alcavot, induir una dona a tenir comerç carnal amb un home. *[alcahuetear]*

alcohol. m. Esperit de vi, líquid, incolor, volàtil i inflamable. *[alcohol]*

alcoholitzar. v. tr. Intoxicar per l'alcohol. *[alcoholizar]* // Mesclar amb alcohol. *[alcoholizar]*

alcova. f. Cambra de dormir. *[alcoba, dormitorio]*

aldarull. m. Soroll, confusió, desorde. *[barullo, alboroto]*

aldea. f. Poblet sense jurisdicció pròpia, que depén d'un altre poble. *[aldea]*

alé. m. Aire expel·lit per la respiració. *[aliento]* // Força de la respiració. *[aliento]* // Bufada suau de vent. *[soplo]*

alegrar. v. tr. Causar alegria, fer tornar alegre. *[alegrar]*

alegre. adj. Que sent alegria, content, joiós. *[alegre]*

alegria. f. Sentiment de plaer que naix generalment d'una viva satisfacció de l'ànima. *[alegría]* // Ajonjolí. *[alegría, sésamo]*

alegrívol, ívola. adj. Que dóna alegria o fet amb alegria. *[alegre]*

alejar. v. intr. Moure les ales. *[alear, aletear]*

alemany, anya. adj. i m. i f. Natural o propi d'Alemanya. *[alemán]* // m. Llengua alemanya. *[alemán]*

alena. f. Instrument que usen els sabaters

i sellers per a fer els forats per on han de passar el fil de cosir. *[lezna]*

alenar. v. intr. Exhalar o tirar l'alé, respirar. *[respirar]*

alerta. m. Crit dels sentinel·les de nit. *[alerta]* // adv. Amb vigilància i atenció. *[alerta]* // Interjecció per a avisar a algú d'algun perill. *[alerta]*

alertar. v. tr. Posar en estat d'alerta; prevenir contra un perill. *[alertar]*

aleshores. adv. Llavors, en aquell moment, en aquell temps. *[entonces]*

aletejar. v. intr. Bellugar les ales sense volar. *[aletear, alear]*

alfàbega. f. Planta anual de la família de les labiades, molt olorosa. *[albahaca]*

alfabet. m. Sèrie de les lletres emprades en l'escriptura d'un idioma. *[alfabeto]*

alfabetitzar. v. tr. Ordenar alfabèticament. *[alfabetizar]* // Ensenyar de llegir i d'escriure o bé d'instruir, sobretot persones adultes. *[alfabetizar]*

alfals. m. Planta vivaç, herbàcia, cultivada per a farratge. *[alfalfa]*

alfange. m. Sabre curt i corbat, tallant sols d'un costat. *[alfanje]*

alfaquí. m. Doctor de la llei entre els mahometans. *[alfaquí]*

alfarràs. m. Avaluació feta a ull de la quantitat d'una collita. *[alfarraz]*

alfarrassar. v. tr. Calcular a ull la quantitat de fruita dels arbres d'un camp per a apreuar la collita. *[alfarrazar]*

alferes. m. Oficial de l'exèrcit que mana una secció. *[alférez]*

alficòs. m. Fruit de l'alficossera. *[cohombro serpentino, alficoz]*

alficossera. f. Planta herbàcia de flors fasciculades amb calze pelut i fruit llarguerut i cilíndric i comestible. *[cohombro serpentino, alficoz]*

alfil. m. Peça del joc d'escacs. *[alfil]*

alfòndec. m. Establiment per a la compra i venda de mercaderies o per a depòsit de grans. *[alhóndiga]*

alforí. m. Departament de l'almàssera on es depositen les olives. // Cadascun dels casells en els graners. *[alfolí]*

alforja. f. Sac cosit pels caps i obert pel mig per a dur provisions. *[alforja]*

alforrar. v. tr. Donar llibertat a l'esclau. *[manumitir.* // Estalviar, economitzar.

alforro. m. Acció i efecte d'alforrar, estalvi. *[ahorro]*

alga. f. Nom de diferents plantes tal·lòfites que es crien en l'aigua. *[alga]*

algaravia. f. Llengua aràbiga. *[algarabía]*

àlgebra. f. Part de les matemàtiques que tracta de l'estudi de les equacions. *[álgebra]*

algemia. f. Llenguatge vulgar, romanç no literari. *[aljamía]*

algeps. m. Sulfat de calci hidratat que, deshidratat parcialment per la calcinació, dóna una substància blanca, la qual, feta pasta amb aigua, s'endureix ràpidament. *[yeso]*

algepsar. m. Terreny on abunda l'algeps. *[yesar]* // Pedrera d'algeps. *[yesal, yesera]*

algepsó. m. Tros de paret, etc., d'algeps que s'aprofita per a una nova elaboració. *[yesón]*

algepsot. m. Algepsó, guixot. *[yesón]*

algerí, ina. adj. i m. i f. Natural o propi de l'Alger o de l'Algèria. *[argelino]*

àlgid, àlgida. adj. Acompanyat d'un fred intens. *[álgido]* // Període de màxima gravetat o importància en un negoci, en un procés evolutiu, etc. *[álgido]*

algorfa. f. Cambra en el pis més amunter de les cases, golfa. *[desván]* // Cambra sota el sostre de la teulada on es guarden les collites, els grans, aïnes, etc. *[granero]*

algú, una. Pronom i adjectiu indefinit que assenyala vagament una persona qualsevol. *[algún, alguno, alguien]*

alguerés, esa. adj. m. i f. Natural o propi de la ciutat d'Alguer. *[alguerés]*

algun, una. adj. Aplicat indeterminadament a una persona o cosa respecte a diverses. *[algún, alguno]* // En certa quantitat, ni poc ni molt. *[algún, alguno]*

algun, una. adj. indef. Alguna cosa. *[algo]*

algutzir. m. Agutzil. *[alguacil]*

alhora. adv. Al mateix temps. *[al mismo tiempo]* // En aquell temps, llavors. *[entonces]*

ali ali. adv. Molt prop o amb molt poca diferència.

aliacrà. m. Icterícia, absorció de la bilis. *[aliacán]*

aliacrà. m. Alacrà, escorpí. *[alacrán, escorpión]*

aliança. f. Acció d'aliar o aliar-se dos o més pobles o persones. *[alianza]* // Anell de casament. *[alianza, sortija]*

aliar. v. tr. Unir dos o més pobles per un tractat. *[aliar]* // Unir mitjançant un pacte. *[aliar]* // Unir coses dissemblants. // Combinar metalls. *[alear]*

aliatge. m. Combinació de dos o més metalls. *[allaje, aleación]*

alicates. f. pl. Tenalles d'acer amb puntes quadrangulars o còniques que serveixen per a tòrcer filferro o coses semblants. *[alicates]*

alié, ena. adj. Que no és propi, que pertany a altri. *[ajeno]*

alienació. f. Acció i efecte d'alienar o d'alienar-se. *[alienación]*

alienar. v. tr. Passar a altre el domini d'una cosa. *[alienar, enajenar]* // Fer perdre l'ús de la raó o dels sentits. *[alienar]*

alifac. m. Malaltia crònica o defecte habitual físic. *[alifafe, achaque]* // Tumor sinovial que surt als solípedes. *[alifafe]*

àliga. f. Àguila. *[águila]*

aligot. m. Ocell de rapinya diürn, menys robust que les àguiles, d'ales llargues i cua curta. *[aguilucho]* // Que fa les coses de pressa i sense mirament ni reflexió. *[gamberro]*

alimara. f. Foguera que es fa com a senyal en talaies i altres llocs elevats. *[alimara, ahumada]* // Lluminària. *[luminaria]*

aliment. m. Tot allò que proporciona el sosteniment o nutrició del cos o d'alguna altra cosa. *[alimento]* // Allò que fomenta algun afecte o passió o manté alguna cosa. *[pábulo]*

alimentació. f. Acció i efecte d'alimentar o d'alimentar-se. *[alimentación]*

alimentar. v. tr. Donar aliment, sustentar, mantenir. *[alimentar]*

alineació. f. Acció i efecte d'alinear o d'alinear-se. *[alineación]* // Conjunt de punts que formen una línia. *[alineación]*

alinear. v. tr. Posar en una línia determinada. *[alinear]*

alíquota. adj. Aplicat a la part continguda un nombre exacte de vegades dins un conjunt. *[alícuota]*

alisis. adj. Aplicat als vents que a la zona tropical bufen de nord-est a sud-oest o de sud-est a nord-oest. *[alisios]*

alitranca. f. Peça de cuiro que passa per damunt les anques de les cavalleries enganxades. *[ataharre]*

aljama. f. Junta, barri de moros o jueus. *[aljama]* // Sinagoga dels jueus. *[aljama]*

aljamia. f. Nom que donaren els moros a les llengües peninsulars romàniques. *[aljamía]* // Escrit dels moros espanyols en llengua hispànica i en caràcters aràbics. *[aljamía]*

aljup. m. Depòsit quadrangular, ample i de poca fondària, on és recollida l'aigua de pluja. *[aljibe]*

all. m. Planta hortícola vivaç, que fa unes cabeces usades com a condiment. *[ajo]*

allà. adv. i prep. En aquell lloc. *[allà, allí]*

allargador, ora. adj. Que allarga o fa allargar. *[alargador]*

allargar. v. tr. i intr. Tr. Fer més llarg. *[alargar]* // Ajornar, allongar. // Intr. Fer arribar a una distància major o menor un projectil. // Durar una cosa que es va consumint.

allargassar. v. tr. Allargar excessivament. *[estirar]* // **-se.** Ajaure's completament, ben allargat. *[tenderse a lo largo]*

allargavista. m. Ullera per a veure lluny. *[anteojo, catalejo]*

allau. f. Massa de neu que es desprén i es precipita muntanya avall. *[alud]*

al·legar. v. tr. Citar o retraure fets, exemples, testimonis, etc., per a provar o justificar una asserció. *[alegrar]*

al·legoria. f. Ús seguit de metàfores per a donar a entendre una cosa tot expressant-ne una altra. *[alegoría]* // Allò que representa una cosa per semblança suggestiva, emblema. *[alegoría]*

al·leluia. interj. Exclamació de lloança a

Déu. *[aleluya]* // m. Composició litúrgica que comença amb aquesta exclamació. *[aleluya]*

al·lèrgia. f. Sensibilitat de l'organisme a l'acció de certes substàncies. *[alergia]*

alletar. v. tr. Nodrir un infant amb llet. *[amamantar]*

alleugerir. v. tr. Fer més lleuger algú o alguna cosa. *[aligerar]*

alleujar. v. tr. Fer lleu, alleugerir. *[aligerar]* // Alliberar algú d'una part del seu sofriment físic o moral. *[aliviar]* // Mitigar, fer més lleu, més passador, més suportable, un sofriment físic o moral, un treball, una pena, un perill. *[aliviar]*

allí. adv. En aquell lloc. *[allí]*

alliberació. f. Alliberament, acció d'alliberar. *[liberación]*

alliberament. m. Acció i efecte d'alliberar o d'alliberar-se. *[liberación]*

alliberar. v. tr. Fer que algú esdevinga lliure. // Preservar de mals, perills, etc. *[libertar, librar, liberar]*

alliçonar. v. tr. Instruir en alguna matèria, assabentar. *[aleccionar]*

allioli. m. Salsa composta d'all i oli i sal amb clara d'ou emulsionats . *[ajoaceite]*

allipebre. m. Salsa composta d'all i pebre roig, oli, vitet i sal molt popular al País Valencià, sobretot a la Ribera Baixa, on es condimenta preferentment amb anguiles. *[ajipebre]*

allisar. v. tr. Fer llisa alguna cosa. *[alisar]*

allistar. v. tr. Posar en llista, especialment incorporar a un exèrcit, etc. *[alistar]*

allò. pron. dem. Aquella cosa. *[aquello, lo]*

allotjar. v. tr. Donar hostatge o lloc apte per a habitar-hi. *[alojar]*

al·lucinar. v. tr. Afectar amb visions o percepcions imaginàries. *[alucinar]* // Captivar irresistiblement. *[alucinar]*

al·ludir. v. intr. i tr. Intr. Referir-se a una persona o cosa sense esmentar-la. *[aludir]* // Tr. Parlar en un discurs, escrit, etc., dels fets, opinions, etc., d'una persona. *[aludir]*

allumenar. v. tr. Fer claror, il·luminar. *[alumbrar]*

allunyar. v. tr. Apartar lluny. *[alejar]*

al·lusió. f. Acció i efecte d'al·ludir. *[alusión]*

al·luvió. m. Avinguda d'aigua contra la riba. *[aluvión]* // Terreny transportat i depositat per les aigües. *[aluvión]*

almadrava. f. Filat per a pescar la tonyina. *[almadraba]* // Lloc on pesquen la tonyina. *[almadraba]*

almanac. m. Calendari acompanyat de dades astronòmiques, meteorològiques o d'altra matèria. *[almanaque]*

almanco. adv. Almenys, com a mínima cosa. *[al menos]*

almànguena. f. Òxid de ferro vermell, terrós, usat en pintura. *[almagre, almazarrón]*

almàssera. f. Trull o molí per a moldre oliva. *[almazara]*

almasserer. m. El qui té al seu càrrec una almàssera. *[almazarero]*

almenys. adv. Com a mínima quantitat. *[al menos, por lo menos]* // Com a mínima condició. *[al menos]*

almerç. m. Guany, negoci. *[ganancia]*

almirall. m. El qui té el grau més elevat en la marina de guerra. *[almirante]*

almívar. m. Sucre dissolt en aigua, cuit fins a prendre consistència de xarop. *[almíbar]*

almodí. m. Establiment destinat a la compra i venda de grans. *[almudín]* // Mesura equivalent a sis cafissos. *[almu-*

almogàver. m. Soldat d'una tropa especial destinada a fer incursions pels camps enemics. *[almogávare]*

almoina. f. Allò que un dóna al pobre, com diners, menjar, etc. *[limosna]*

almorzar. m. Menjada que es fa al matí. *[almuerzo]*

almotlada. f. L'espai voltat que hi ha entre biga i biga, revoltó. *[bovedilla]*

almud. m. Mesura per a grans de capacitat variable segons les comarques. *[almud]*

alna. f. Mesura de longitud que equivalia a la distància del colze a la mà. En el sistema valencià equival a 453 mm. o sia, mitja vara, ço es, dos pams. *[ana]* // Bastó que servia per a amidar segons la dita mida.

alosa. f. Ocell de color fosc, abundant als conreus i rostolls, on arriba en grans estols a l'octubre. *[alondra]* // Saboga. *[sábalo]*

alpaca. f. Animal de pèl llanós, llarg i fi, semblant a la llama. *[alpaca]* // Aliatge de coure, zinc i níquel. *[alpaca]*

alqueria. f. Casa de camp amb terra de conreu generalment de regadiu, horts annexos, i generalment situada en les immediacions de ciutat o població. *[alquería]*

alquímia. f. La ciència química medieval anterior a la moderna química. *[alquimia, química]* // Art medieval a què s'atribuïa pels moderns la pretensió no exacta de transformar tots els metalls en or. *[alquimia]*

alt, alta. adj. Que és d'una alçària considerable. *[alto]* // Que passa del nivell ordinari. *[alto]* // m. Dimensió d'un cos en direcció vertical. *[alto]* // adv. En veu forta. *[alto]* // En to agut. *[alto]* // A una altura considerable. *[alto]*

alta. f. Orde que declara guarit un malalt. *[alta]* // Entrada o inclusió en una associació, exèrcit, etc. *[alta]*

altar. m. Taula disposada per a oferir sacrificis als déus. *[altar]* // Taula sobre la qual es celebra el sacrifici de la missa, i també la taula ensems amb el retaule. *[altar]*

altària. f. Dimensió en sentit vertical, alçada. *[altura]*

altaveu. m. Aparell que reprodueix molt amplificats els sons captats per un micròfon. *[altavoz]*

altell. m. Menuda altura en un terreny. *[altozano]*

alter. m. Elevació petita del terreny. *[otero, altozano]*

alterar. v. tr. Mudar les coses d'estat. *[alterar]* // Falsificar, desnaturalitzar. *[alterar]* // Commoure vivament l'ànim.

altercar. v. intr. Disputar amb calor. *[altercar]*

alternar. v. tr. i intr. Tr. Fer que alternen dues o més coses. *[alternar]* // Intr. Tenir comunicació amistosa. *[alternar]*

alternativa. f. Successió de coses que alternen. *[alternativa]*

alteró. m. Petita elevació del terreny, pujolet. *[otero, altozano]*

altesa. f. Qualitat d'alt, d'elevat. *[altura]* // Títol donat als prínceps. *[alteza]*

altiplà. m. Meseta extensa i de molta altura. *[altiplano]*

altitud. f. Altura d'un punt de la terra respecte al nivell del mar. *[altitud]* // Elevació en poder, noblesa o dignitat. *[altitud]*

altiu, iva. adj. Que demostra altivesa, soberg, orgullós. *[altivo]*

altivesa. f. Qualitat d'altiu, sentiment o manifestació d'orgull. *[altivez]*

alto. Interjecció usada per a suspendre l'execució d'alguna cosa. *[alto]*

altre, altra. adj. i pron. Aplicat a la persona o cosa diferent d'aquella de què es parla. *[otro]*

altri. pron. Altra persona indeterminada diferent d'aquella de què es parla, un altre, els altres. *[otro]*

altruisme. m. Complaença en el bé d'un altre, inclús a costa del propi. *[altruismo]*

altura. f. Alçària, qualitat d'alt. *[altura]*

aluda. f. Pell d'ovella o de corder adobada, suau i prima, usada principalment per a fer guants. *[baldés]*

alumini. m. Metall semblant a l'argent, però molt lleuger. *[aluminio]*

alumne, umna. m. i f. El qui rep ensenyament amb relació a qui el dóna, a l'establiment docent o a la matèria que aprén. *[alumno]*

alzina. f. Arbre de la família de les fagàcies de fulla sempre verda i fusta dura i compacta. *[encina]*

ama. f. Femení d'amo, mestressa. *[ama, dueña]* // Criada principal d'una casa. *[ama]* // Dida. *[nodriza, ama de cría]*

amable. adj. Digne d'esser amat. *[amable]*

amagar. v. tr. Sostraure a la vista, posar en lloc retret, ocultar. *[esconder]* // **-se.** Guardar-se de dir o fer una cosa. *[esconderse]*

amagat, d'. loc. adv. D'una manera amagada, ocultament. *[a escondidas]*

amagatall. m. Lloc ocult per a amagar alguna cosa. *[escondrijo]*

amagrir. v. tr. Fer tornar magre, aflaquir. *[enflaquecer]*

amainar. v. tr. i intr. Tr. Plegar les veles d'una nau. *[amainar]* // Intr. Minvar la rigor d'una cosa. *[calmar, amainar]*

amaitinar. v. tr. Assegurar o subjectar una cosa perquè no ens la furten o es perda. *[sujetar]* // Atrapar una cosa. *[coger, alcanzar, sujetar]*

amalgama. f. Mescla de mercuri amb un altre metall. *[amalgama]* // Mescla d'elements heterogenis. *[amalgama]*

amalgamar. v. tr. Unir en un tot uniforme elements heterogenis. *[amalgamar]*

amanéixer. v. intr. Començar a ser de dia. *[amanecer]* // Aparéixer, fer-se visible. *[aparecer]*

amanida. f. Acte d'amanir. // Plat de verdures o altra vianda que cal amanir. *[ensalada]*

amanir. v. tr. Aparellar, preparar la vianda per a poder-la menjar. *[aderezar, preparar]* // Prevenir, posar o tenir a mà alguna cosa.

amanollar. v. tr. Disposar en manolls; fer manolls. *[amanojar]*

amanós, osa. adj. Fàcil de manejar, manejadís. *[manejable]*

amansir. v. tr. Fer perdre la feresa a un animal. *[amansar]* // Llevar la irritació excessiva. *[amansar]*

amant. m. i f. Que té afecció per una cosa. *[amante]* // adj. Que ama, especialment lligat per relacions sexuals il·lícites. *[amante]*

amar. v. tr. Tenir amor a una persona o cosa. *[amar]*

amarant. m. Planta de l'Índia, cultivada als jardins. *[amaranto]* // Matèria colorant purpúria. *[amaranto]*

amarar. v. intr. Baixar un hidroavió, etc., fins a posar-se en contacte amb la superfície del mar, d'un llac, etc. *[amarar]*

amarg, arga. adj. De sabor desagradable com el sèver, etc. *[amargo]* // Dolorós, penós. *[amargo]*

amargant. adj. Que amarga. amarg, que repugna al sabor. *[amargo]*

amargar. v. tr. i intr. Tr. Fer esdevenir amarga alguna cosa. *[amargar]* // Afligir moralment, llevar el goig. *[amargar]* // Intr. Tenir un gust amarg. *[amargar]*

amargor. f. Qualitat d'amarg. *[amargura, amargor]*

amargós, osa. adj. Que tira a amarg. *[amargoso]* // Que sent fonda aflicció. *[amargoso]*

amarguejar. v. intr. Ser més o menys amarg o tirar a amargant. *[amargar, amarguear]*

amargura. f. Aflicció de l'ànima. *[amargura]*

amarra. f. Cap de corda que serveix per a amarrar una embarcació. *[amarra]*

amarrar. v. tr. i intr. Tr. Subjectar alguna cosa. *[amarrar]* // Intr. Ser la nau fermada o subjectada. *[amarrar]*

amarrotar. v. tr. Fermar fort, amarrar. *[amarrar]*

amartellar. v. tr. Colpejar amb un martell. *[martillar, martillear]*

amassar. v. tr. Reunir una cosa en massa, pastar. *[amasar]* // Acumular.

amatent. adj. Ràpid, prompte, lleuger, en l'acció. *[pronto, ligero]* // Disposat, aparellat, a fer *[diligente]* // Afable, accessible al tracte. *[atento, afable]*

amb. prep. Denota el contacte, la concurrència a una acció, l'acompanyament, l'instrument, el mitjà, etc. *[con]*

ambaixada. f. Residència d'un ambaixador. *[embajada]* // Missió confiada a qualsevol agent. *[embajada]*

ambaixador, ora. m. i f. Agent diplomàtic amb caràcter de ministre públic. *[embajador]*

ambdós, ues. adj. i pron. Tots dos, l'un i l'altre. *[ambos, entrambos]*

ambició. f. Desig desordenat d'aconseguir honors, fama, poder o qualsevol cosa que afalaga l'amor propi. *[ambición]*

ambicionar. v. tr. Tenir ambició per alguna cosa. *[ambicionar]*

ambient. adj. Dit d'un fluid que circula al voltant. *[ambiente]* // m. Allò que envolta una cosa, especialment l'atmosfera. *[ambiente]* // Conjunt de circumstàncies que envolten una cosa. *[ambiente]*

àmbit. m. Contorn, perímetre d'una

cosa. *[ámbito]* // Espai circumscrit d'una casa, castell, etc. *[ámbito]*

ambre. m. Resina fòssil, groguenca, susceptible de poliment. *[ámbar]*

ambrosia. f. En la mitologia, menjar dels déus, que feia immortal al qui en menjava. *[ambrosía]*

ambulància. f. Hospital ambulant on es dóna la primera assistència i socors als ferits. *[ambulancia]* // Automòbil per a transportar malalts. *[ambulancia]*

amé, ena. adj. Que recrea, que entreté agradablement l'esperit. *[ameno]*

amelar. v. tr. Atraure, excitar el desig amb algun atractiu. *[engolosinar]* // **-se.** Prendre gust a una cosa, acostumar-s'hi. *[engolosinarse]* // Esdevenir dolç com la mel. *[amelarse]*

amenaça. f. Acció d'amenaçar. *[amenaza]*

amenaçar. v. tr. Manifestar amb accions o paraules la intenció de fer mal a algú. *[amenazar]*

amenitat. f. Qualitat d'amé. *[amenidad]*

amenitzar. v. tr. Fer amé, donar amenitat. *[amenizar]*

amerar. v. tr. Posar en remull una cosa fins que el líquid la penetre. *[empapar]* // Remullar, reblanir amb aigua, un cos ressec, sòlid o terrós, perquè l'aigua els penetre. *[empapar]* // Tenir en aigua una cosa perquè s'estove, deixe la substància, es macere; macerar, enriar. // Penetrar l'ànim un afecte, una idea, etc. // **-se.** Xopar-se d'aigua una persona o cosa per la pluja o altre incident. *[empaparse]*

americà, ana. adj. i m. i f. Natural o propi d'Amèrica. *[americano]*

ametla. f. Fruit de l'ametler i especialment la seua llavor. *[almendra]*

ametler. m. Arbre de la família de les amigdalàcies cultivat en la regió mediterrània. *[almendro]*

amfibi, íbia. adj. Que pot viure indistintament a l'aigua i en terra. *[anfibio]*

amfiteatre. m. Edifici de forma circular amb grades superposades per a presenciar un espectacle, etc. *[anfiteatro]*

amfitrió, ona. m. i f. El qui té convidats a menjar. *[anfitrión]*

àmfora. f. Gerra o recipient de cos ovalat i coll estret i cilíndric. *[ánfora]*

amiant. m. Varietat de l'asbest, de filaments brillants, incombustible. *[amianto]*

amic, iga. m. i f. Que sent amistat envers algú. *[amigo]* // Qui té afecció per algú o alguna cosa. *[amigo]* // adj. Que mostra afecció, no hostil, favorable, propici. *[amigo]*

amigar-se. v. pron. Fer-se amics. *[amigarse]* // Unir-se fora de matrimoni. *[amancebarse]*

amiguer, era. adj. Aquell a qui plau de tenir amics. *[amiguero]*

amistat. f. Afecte recíproc entre dues persones. *[amistad]*

amistós, osa. adj. Relatiu o pertanyent a l'amistat. *[amistoso]*

amitjanar. v. tr. Repartir una cosa en dues parts iguals. *[promediar]* // Fer nous els peus de les calces o calcetins.

amo. m. El qui té el domini d'alguna cosa. *[amo, dueño]* // El qui té potestat o domini sobre algú; el cap de casa, el senyor respecte als criats, el propietari d'una indústria o comerç respecte als seus obrers, etcètera. *[amo, dueño]*

amoblar. v. tr. Proveir una casa o habitació dels mobles necessaris. *[amueblar]*

amollar. v. tr. i intr. Tr. Deixar anar allò que un té. *[soltar, aflojar, ceder]* // Intr. Afluixar, perdre intensitat una cosa. *[aflojar]* // **-se.** Deixar l'atenció al govern d'una nau quan va vent en popa. // Desatracar.

amollonar. v. tr. Posar els límits d'una propietat amb mollons o fites. *[amojonar]*

amonestació. f. Acció i efecte d'amonestar. *[amonestación]* // Publicació en l'església durant la missa major dels noms i altres circumstàncies dels qui volen contraure matrimoni o dels qui han de rebre órdens sagrats. *[amonestación]*

amonestar. v. tr. Advertir severament a algú. *[amonestar]* // Publicar les amonestacions. *[amonestar]*

amoníac. m. Gas compost de nitrogen i hidrogen. *[amoníaco]*

amor. m. o f. Afecte o inclinació viva envers una persona o cosa. *[amor]*

amoral. adj. Que no té moralitat. *[amoral]*

amordassar. v. tr. Posar mordassa. *[amordazar]*

amoretes. f. pl. Paraules, amanyacs, etc., amb què es manifesta l'enamorament. *[amoricones, piropos]*

amorós, osa. adj. Que sent o expressa amor. *[amoroso]* // Aplicat a les coses, suau, bla, de bon treballar. *[suave, fino]*

amorosir. v. tr. Fer tornar amorosa alguna cosa. *[amorosir]*

amorrar. v. tr. Fer inclinar algú el cap a terra. *[amorrar]* // **-se.** Clavar-se la nau de proa en un banc de sorra o escull, embarrancar. *[amorrar]*

amortallar. v. tr. Embolcar un difunt amb la mortalla. *[amortajar]*

amortir. v. tr. Apaivagar, mitigar, esmortir. *[amortiguar]*

amortitzar. v. tr. Extingir un deute per pagaments successius. *[amortizar]* // Suprimir un càrrec per dimissió, defunció, etc. *[amortizar]*

amotinador, ora. adj. Que amotina, que provoca incidents. *[amotinador, provocador]*

amotinar. v. tr. Alçar en motí, avalotar, un poble, regne, exèrcit, etcètera, contra el seu superior. *[amotinar]*

ampit. m. Barana posada en llocs alts per a evitar caigudes. *[antepecho]* // Part inferior del marc d'obra d'una finestra per a recolzar-s'hi qui s'aboca a mirar. *[antepecho]*

amplada. f. Distància de costat a costat oposada a la llargària. *[anchura]*

amplària. f. Dimensió en sentit horitzontal o latitudinal. *[anchura, ancho]*

ample, ampla. adj. Que té una amplària considerable. *[ancho]* // Balder, folgat. *[ancho]* // No estret, no apinyat. *[ancho]* // m. Distància de costat a costat. *[ancho]*

ampli, àmplia. adj. De gran extensió o capacitat. *[amplio]* // No breu, no concís. *[amplio]*

ampliació. f. Acció i efecte d'ampliar. *[ampliación]*

ampliar. v. tr. Donar una major extensió, fer més ampli. *[ampliar]*

amplificar. v. tr. Ampliar, engrandir, especialment els microscopis, telescopis, etc., el volum aparent dels objectes. *[amplificar]* // Desenvolupar extensament una idea, escrit, discurs, projecte, assumpte, etc. *[ampliar]*

ampolla. f. Recipient de vidre o cristall, de coll estret. *[ampolla, botella]*

amprar. v. tr. Fer-se prestar una cosa. *[pedir prestado]*

amputar. v. tr. Tallar o separar del cos algun membre o porció d'ell. *[amputar]*

amunt. adv. En direcció de baix a dalt, d'un lloc a un altre de més alt. *[arriba]*

amuntonar. v. tr. Reunir en un munt, amuntegar. *[amontonar]*

amurgonar. v. tr. Enterrar sarments de manera que en naixen ceps nous. *[acodar]*

anacoreta. m. Religiós que fa penitència en lloc desert. *[anacoreta]*

anada. f. Acció d'anar. *[ida]*

anagrama. m. Transformació d'un mot o frase en un altre per la transposició de les seues lletres. *[anagrama]*

anàleg, àloga. adj. Que té analogia amb una altra cosa. *[análogo]*

analfabet, eta. adj. i m. i f. El qui no sap de lletra. *[analfabeto]*

anàlisi. f. Separació real o mental de les parts d'un total fins a conéixer la naturalesa dels seus components. *[análisis]*

analitzar. v. tr. Fer anàlisi d'alguna cosa. *[analizar]*

analogia. f Relació de semblança entre coses distintes. *[analogía]* // Part de la gramàtica que tracta dels accidents i propietats dels mots considerats aïlladament. *[analogía]*

anar. v. intr. Moure's passant d'un punt a l'altre. *[ir]* // Separar-se d'un lloc. *[ir]* // **-se'n.** Abandonar la vida, morir. // Escapar-se un líquid del recipient. // Esvair-se.

anarquia. f. Estat d'un país o corporació sense govern. *[anarquía]*

anarquisme. m. Teoria que proclama l'anarquia. *[anarquismo]*

anatema. m. Sentència pronunciada per

una autoritat eclesiàstica i acompanyada d'excomunió. *[anatema]* // Reprovació, execració. *[anatema]*

anatomia. f. Ciència que tracta de l'estructura dels animals i de les plantes. *[anatomía]* // Dissecció de les parts del cos per a estudiar-les. *[anatomía]* // Estructura o organització d'un animal o planta. *[anatomía]*

anca. f. Cadascuna de les dues parts posteriors del cos entre la cuixa i la cintura. *[nalga]*

ancestral. adj. Pertanyent o relatiu als avantpassats. *[ancestral]*

ancià, ana. adj. i m. i f. Persona que té molts anys, vell, antic. *[anciano]*

àncora. f. Instrument de ferro per a tenir fermes les embarcacions. *[áncora]*

ancorar. v. tr. i intr. Tr. Assegurar la nau amb l'àncora. *[ancorar]* // Intr. Tirar l'àncora o àncores. *[ancorar]*

anda. f. Efígie o custòdia que es porta en les processons. *[andas]* // Post amb dues barres per a transportar persones o coses. *[andas]*

andalús, usa. adj. i m. i f. Natural o propi d'Andalusia. *[andaluz]*

andami. m. Passadís per als guaites, situat a la part superior de la muralla. *[adarve]* // Bastiment, conjunt de taulons lligats horitzontalment, que acostat a una construcció serveix per a transitar-hi els obrers i fer faena a l'alçada convenient. *[andamio]*

andami. m. Manera de caminar una persona. *[andares]*

andana. f. Sèrie de coses en sentit horitzontal. *[hilera]* // Pis en la part superior de la casa destinat a guardar algunes collites. *[andana]* // Llenca de terra que, en fer la llaurada d'una peça, queda sense llaurar. // Voravia. *[acera, andén]* // Anunci d'una defunció fet per tota la població amb so de campaneta.

andoiar. v. intr. Anar d'ací i d'allà sense fer res de bo. *[mangonear]*

andola. f. Lloc indeterminat per on tresquen. *[andurrial]* // **córrer l'andola.** Anar d'ací i d'allà sense fer res de bo. // Embotit de cotnes de cansalada i un poc de magre.

andorrà, ana. adj. i m. i f. Natural o propi d'Andorra. *[andorrano]*

andròmina. f. Falòrnia, embolic. *[andrómina, trapacería]* // Cosa inútil o que fa nosa. *[cachivache]*

androna. f. Llenca estreta de terreny sense edificar entre dues cases contigües. *[androna]* // Conducte subterrani per on se'n van les aigües residuals, albelló.

ànec. m. Nom de diferents ocells d'aigua pertanyents a la família dels anàtids, de poca alçada, rabassuts, de potes grogues, curtes i palmejades i ales amb plomes de llustre metàl·lic. *[ánade]*

anècdota. f. Relació d'un succés curiós d'història o de la vida íntima d'algú. *[anécdota]*

anell. m. Peça de metall o altra matèria en forma de cércol per a ornament dels dits, etc. *[anillo]*

anella. f. Peça de metall, fusta, etcètera, en forma de cércol que serveix generalment per a retenir o agafar alguna cosa. *[anilla]* // La que serveix per a trucar a les portes. *[anilla]* // Agafador posat en els extrems de les caixes, etc. *[anilla]*

anellar. v. tr. Disposar en anelles. *[anillar]* // Posar anelles al morro dels porcs, als ocells, etc. *[anillar]*

anèmia. f. Empobriment de la sang. *[anemia]*

anestèsia. f. Pèrdua o disminució notable de la sensibilitat. *[anestesia]*

anestesiar. v. tr. Insensibilitzar per l'anestèsia. *[anestesiar]*

anganells. m. pl. Ormeig per a traginar cànters o altres coses trencadisses a esquena de bèstia. *[angarillas]*

àngel. m. Esperit celestial. *[ángel]* // Missatger sobrenatural de Déu; ésser espiritual intermediari entre Déu i l'home. *[ángel]*

àngelus. m. Oració per a honrar el misteri de l'Encarnació que es diu al matí, al migdia i al vespre. *[ángelus]*

angina. f. Afecció inflamatòria de la gola. *[angina]*

angle. m. Grau de separació de dues línies que es tallen en un pla. *[ángulo]* // Lloc on s'encontren dues línies o plans convergents. *[ángulo]*

anglés, esa. adj. i m. i f. Natural o propi d'Anglaterra. *[inglés]* // m. Llengua anglesa.

angoixa. f. Opressió, respir fatigós, ansietat. *[congoja]* // Xafogor.

angoixar. v. tr. Produir angoixa. *[acongojar]* // **-se.** Esdevenir angoixós. *[acongojarse]*

angoixós, osa. adj. Que dóna angoixa. *[congojoso, angustioso]* // Que té angoixa. *[acongojado, angustiado]*

anguila. f. Peix comestible, d'aigua dolça, de pell llisquent i cos cilíndric. *[anguila]*

anguilejar. v. intr. Moure's serpentejant com una anguila o una serp. *[culebrear, serpentear]*

angula. f. Peix de riu de cos aplatat i translúcid, forma larval de l'anguila. *[angula]*

angúnia. f. Malestar degut a una depressió de l'activitat del cor. *[angustia, congoja]* // Angoixa, aflicció de l'esperit. *[angustia, congoja]*

anguniar. v. tr. Donar angúnia. *[angustiar]*

anhel. m. Desig vehement. *[anhelo]*

anhelar. v. tr. i intr. Tr. Tenir ànsia d'una cosa. *[anhelar]* // Intr. Respirar amb dificultat, amb respiració curta i ràpida. *[anhelar]*

anihilar. v. tr. Reduir a no res, aniquilar, destruir del tot. *[aniquilar]* // Abatre completament. *[aniquilar]*

ànim. m Intenció, coratge, esperit, de fer una cosa. *[ánimo]* // L'ànima, en tant que és capaç de volença o activitat. *[ánimo]*

ànima. f. Principi vital de tot ser vivent. *[alma]* // Substància espiritual de l'home, creada per Déu, separada en naturalesa del cos. *[alma]* // Allò que és respecte a una cosa com l'ànima al cos. *[alma]* // Part interior de diferents objectes que els sosté, reforça, etcètera. *[alma]*

animació. f. Acció i efecte d'animar. *[animación]*

animal. adj. Relatiu a l'animal. *[animal]* // m. Ser vivent dotat de sensibilitat i moviment voluntari. *[animal]* // Animal irracional. *[animal]* // Persona incivil, grollera, ignorant. *[animal]*

animar. v. tr. Donar ànima al cos. *[animar]* // Infondre ànim, valor, coratge. *[animar]* // Donar vigor o energia a les coses inanimades. *[animar]* // **-se.** Prendre ànim, força, animació. *[animarse]*

animat, ada. adj. Que té ànima. *[animado]* // Que té moviment i expressió de vida. *[animado]* // Fort d'esperit, coratjut. *[animoso, corajudo]*

animeta. f. Ànima del purgatori. *[alma]* // Persona sense escrúpols i inclinada a fer mal. // Tros de tela blanca amb què es manté cobert el calze durant la missa. *[palio]* // Llum que sura en un vas d'oli usada generalment per a vetlar malalts. *[mariposa]*

animós, osa. adj. Ple d'ànim, coratjós, esforçat, valent. *[animoso]* // Que infon valor, coratge. *[animoso]*

aniquilar. v. tr. Reduir a no res, anihilar. *[aniquilar]*

anís, (pl. issos). m. Planta de la família de les umbel·líferes, de llavors aromàtiques. *[anís]* // Llavor d'aquesta planta. *[anís]* // Confits fets amb grans d'anís. *[anís]* // Licor aromatitzat amb anís. *[anís]*

anit. adv. La nit proppassada. *[anoche]*

anivellar. v. tr. Posar un pla en posició horitzontal perfecta. *[nivelar]* // Igualar diferències de rang, condició, etc. *[nivelar]*

aniversari. m. Dia en què es compleix anys d'algun fet. *[aniversario]* // Ofici o missa per l'ànima d'un difunt en fer anys de la mort. *[aniversario]*

annex, exa. adj. Unit a una altra cosa, annexat. *[anexo]*

annexar. v. tr. Fer una cosa annexa i dependent d'una altra. *[anexar]*

annexió. f. Acció d'annexar. *[anexión]*

annexionar. v. tr. Annexar un territori a un altre. *[anexionar]*

anodí, ina. adj. Que calma el dolor. *[anodino]* // Inofensiu i ineficaç, que no fa mal ni bé. *[anodino]*

anòmal, òmala. adj. Que presenta una anomalia. *[anómalo]*

anomalia. f. Irregularitat, manca de conformitat a una regla general. *[anomalía]* // En astronomia, irregularitat aparent en el moviment d'un planeta. *[anomalía]*

anomenar. v. tr. Posar nom a alguna cosa. *[nombrar]* // Designar, esmentar algú o alguna cosa pel seu nom. *[nombrar]*

anònim, ònima. adj. Que no té nom d'autor. *[anónimo]* // m. Carta o escrit sense nom. *[anónimo]*

anormal. adj. Contrari a una norma, no normal. *[anormal]*

anorrear. v. tr. Anihilar, reduir a no res. *[aniquilar, anonadar]*

anotar. v. tr. Prendre nota per escrit d'alguna cosa. *[anotar]* // Posar notes en un escrit. *[anotar]*

anou. m. Nou. *[nuez]*

anouer. m. Noguer. *[nogal]*

ans. adv. Abans. *[antes]* // conj. Sinó que. *[sino, antes, bien]*

ansa. f. Part sortint d'un objecte en forma d'arc, anell, etc., que serveix per a agafar-lo. *[asa]*

ànsia. f. Atenció zelosa, sol·lícita, afanyosa. *[ansia]* // Inquietud, angoixa. *[ansia, recelo, preocupación]* // Desig vehement. *[anhelo, ansia]*

ansiar. v. tr. Desitjar intensament. *[ansiar]*

ansietat. f. Viva inquietud a propòsit d'un esdeveniment futur o incert. *[ansiedad]*

ansiós, osa. adj. Que té ànsia. *[ansioso]* // Desitjós de saber o veure una cosa. *[ansioso]*

antagonista. adj. i m. i f. Que s'oposa a altre, que el contradiu *[antagonista]*

antany. adv. Qualsevol dels anys passats. *[antaño]* // En temps passat. *[antaño]*

antara. f. Llenca de terra que queda sense llaurar en els caps del bancal i que cal llaurar de través. *[cabecera]*

antecedent. adj. Que precedeix, que va abans. *[antecedente]* // m. Allò que antecedeix. *[antecedente]*

antecedir. v. tr. Anar una cosa davant d'una altra. *[anteceder]*

antecessor, ora. m. i f. El qui precedia a un altre en una família, nació, càrrec o dignitat. *[antecesor]*

antediluvià, ana. adj. D'abans del diluvi universal. *[antediluviano]*

antelació. f. Anticipació amb què en el temps s'esdevé una cosa respecte a una altra. *[antelación]*

antena. f. Pal molt llarg, al qual està assegurada la vela llatina. *[antena]* // Pal llarg clavat a terra per a bastir alguna cosa. *[antena]* // Pal de la bandera en les naus. *[antena]* // Fil o sistema de fils metàl·lics emprats en telegrafia sense fils. *[antena]* // Apèndix segmentat i mòbil situat al cap de certs insectes. *[antena]* // Dispositiu aeri format per un conductor, o per un conjunt de conductors, destinat a la recepció o a l'emissió d'ones radioelèctriques. *[antena]*

anteposar. v. tr. Posar davant. *[anteponer]*

anterior. adj. Que és abans en temps, en lloc. *[anterior]*

antesala. f. Peça que es troba immediatament abans de la sala. *[antesala]*

antic, iga. adj. Que existeix des d'una època anterior, que no és nou o recent. *[antiguo]* // Que existí en una època anterior. *[antiguo]* // Que pertany a la manera de viure d'una època anterior. *[antiguo]*

anticicló. m. Estat de l'atmosfera oposat a l'estat del cicló; àrea de pressions altes. *[anticiclón]*

anticipació. f. Acció i efecte d'anticipar. *[anticipación]*

anticipar. v. tr. Fer alguna cosa abans del temps degut. *[anticipar]*

anticonstitucional. adj. Contrari a la constitució. *[anticonstitucional]*

anticòs, (pl. ossos). Cos, en la sang, que obra antagònicament als cossos estranys perjudicials. *[anticuerpo]*

anticristià, ana. adj. Contrari al cristianisme. *[anticristiano]*

antífona. f. Versicle que resen o canten abans i després de cada salm. *[antífona]*

antigalla. f. Cosa molt antiga. *[antigualla]* // Temps antic. *[antigüedad]*

antigor. f. Antiguitat, temps antic. *[antigüedad]*

antiguitat. f. Qualitat d'antic. *[antigüedad]*

antihumà, ana. adj. Oposat a la humanitat o als sentiments humans. *[antihumano]*

antílop. m. Quadrúpede rumiant dels països càlids, intermedi entre la cabra i el cervo. *[antílope]*

antimoni. m. Cos simple d'aparença metàl·lica, d'un color plom clar, dur i trencadís. *[antimonio]*

antinatural. adj. Contrari a la naturalesa. *[antinatural]*

antinòmia. f. Contradicció entre dues lleis o principis. *[antinomia]*

antipapa. m. Papa elegit en oposició al papa legítim. *[antipapa]*

antipatia. f. Sentiment de repugnància envers una persona o cosa. *[antipatía]*

antípoda. m. i f. El qui ocupa en la terra un punt diametralment oposat respecte a un altre. *[antípoda]*

antipopular. adj. Contrari a la popularitat o a les coses populars. *[antipopular]*

antiquari, ària. m. i f. El qui es dedica a estudiar, col·leccionar o vendre coses antigues. *[anticuario]*

antiràbic, àbica. adj. Aplicat als remeis contra la ràbia. *[antirrábico]*

antireligiós, osa. adj. Contrari a la religió. *[antirreligioso]*

antònim, ònima. adj. Que té significat contrari. *[antónimo]* // m. Paraula que significa el contrari d'allò que significa una altra paraula. *[antónimo]*

antonomàsia. f. Figura retòrica per la qual hom posa el nom apel·latiu pel propi o a l'inrevés. *[antonomasia]*

antracita. f. Carbó fòssil sec, que crema amb dificultat. *[antracita]*

àntrax. m. Malaltia que es manifesta per una aglomeració de grans. *[ántrax]*

antre. m. Caverna, cova o altre amagatall de gent o de coses temibles. *[antro]*

antropòfag, òfaga. adj. i m. i f. Que es nodreix de carn humana. *[antropófago]*

antropofàgia. f. Habitud de menjar carn humana. *[antropofagia]*

antropologia. f. Ciència que tracta de l'home en son conjunt. *[antropología]*

antuixà. m. El tros de carrer, etc., de davant de la porta d'una casa. *[antuzano]*

antull. m. Desig viu i passatger. *[antojo]*

antuvi, d'. loc. adv. De primer moment, abans de tota altra cosa. *[de antuvión, por de pronto, de buenas a malas]*

anual. adj. Que es fa o s'esdevé cada any. *[anual]*

anuari. m. Publicació que conté les informacions corresponents a l'any. *[anuario]* // Llibre de notes per a tot l'any. *[anuario]*

anuència. f. Consentiment i aprovació. *[anuencia]*

anular. adj. Que té la forma d'un anell. *[anular]* // Aplicat al quart dit de la mà. *[anular]*

anul·lar. v. tr. Llevar valor o força a una llei, etc. *[anular]* // Rescindir.

anunci. m. Acció i efecte d'anunciar. *[anuncio]* // Avís donat al públic. *[anuncio]*

anunciar. v. tr. Donar notícia d'alguna cosa. *[anunciar]* // Fer saber, publicar, proclamar. *[anunciar]* // Donar notícia de l'arribada o de la presència d'algú. *[anunciar]*

anus. m. Orifici posterior del tub digestiu per on ixen els excrements. *[ano]*

anvers. m. Cara d'una moneda o medalla que porta la inscripció principal. *[anverso]*

anxova. f. Peix de mar semblant a la sardineta, seitó. *[anchoa]*

any. m. Temps transcorregut durant una revolució de la terra al voltant del sol. *[año]*

anyada. f. La collita d'un any. *[añada]* // Transcurs, durada, del temps d'un any. *[año]*

anyell, ella. m. i f. Fill de l'ovella fins a l'edat d'un any. *[cordero]*

anyívol, ívola. adj. D'un any. // Que dóna fruit solament un any per altre. *[vecero]* // Incert, que pot esser i pot no esser. *[incierto]*

aorta. f. Artèria principal del cos humà. *[aorta]*

apa! Interjecció per a excitar a executar alguna cosa. *[¡vamos!]*

apadrinar. v. tr. Fer de padrí d'algú. *[apadrinar]* // Patrocinar, protegir.

apagar. v. tr. Extingir el foc o la llum. *[apagar]* // Eclipsar. // Rebaixar la color massa viva. *[apagar]*

apaïsat, ada. adj. De figura rectangular amb la base més gran que la altura. *[apaisado]*

apaivagar. v. tr. Calmar, fer desaparéixer o minvar un estat d'excitació, agitació, violència o alguna cosa. *[apaciguar]*

apalissar. v. tr. Donar una palissa a algú. *[apalear]*

apanyar. v. tr. Adobar un objecte trencat. *[componer, remendar, arreglar]* // Posar qualque cosa en orde. *[arreglar]*

apanyussar. v. tr. Apedaçar una cosa, adobassar, apanyar grollerament. *[apañar]* // Adobar una cosa o un conflicte de qualsevol manera.

aparador. m. Armari en l'exterior de les botigues on s'exposen objectes de mostra. *[escaparate]* // Espècie d'armari per a tenir-hi vaixella. *[aparador]*

aparat. m. Conjunt de coses que fan pompós un acte. *[aparato]*

aparatós, osa. adj. Més abundós d'aparat exterior que de qualitats internes. *[aparatoso]*

aparaular. v. tr. Contractar de paraula. *[apalabrar]*

aparcar. v. intr. Deixar un vehicle en un lloc a propòsit. *[aparcar]*

aparedar. v. tr. Tancar entre quatre parets. *[emparedar]* // Tapar amb paret una porta, finestra, etc. *[tabicar]*

aparéixer. v. intr. Mostrar-se de colp una cosa a la vista. *[aparecer]* // Trobar-se una cosa que es donava com a perduda. *[aparecer]* // Mostrar-se, especialment un esperit o cosa de l'altre món sota forma visible. *[aparecer]*

aparell. m. Acció d'aparellar. *[aparejo]* // Conjunt d'objectes que serveixen per a un fi. *[aparato]* // Ormeig d'una embarcació. *[aparejo]* // Preparatius, aparellament. // pl. Guarniments de bèstia. *[arreos]*

aparellada. f. Acció i efecte d'aparellar. *[aparejamiento]* // Guarniments de bèstia de càrrega o de tir. *[arreos]*

aparellar. v. tr. i pron. Formar parella. *[emparejar]*

aparellar. v. tr. Preparar les coses necessàries. *[aparejar]* // Posar els aparells a les bèsties de càrrega. *[aparejar]* // Posar l'eixàrcia, arbre, veles, vergues, etcètera, a una nau, a fi que estiga en disposició de poder navegar. // Unir sexualment als animals. *[aparear]*

aparença. f. Aspecte exterior d'una persona o cosa. *[apariencia]* // Cosa que sembla i no és. *[apariencia]* // Rastre, vestigi.

aparent. adj. Que sembla ser allò que no és. *[aparente]* // Que es manifesta a la vista. *[aparente]*

aparentar. v. tr. Semblar per l'aspecte. *[aparentar]* // Fer veure allò que no és.

apart. adv. i prep. En una altra banda, separat d'altri. *[aparte]* // m. Allò que diu un personatge apart, especialment en una representació teatral. *[aparte]*

apartar. v. tr. Posar apart, separar. *[apartar]*

apartat. m. Operació d'apartar o posar apart. *[apartado]* // Fragment d'un escrit separat per un punt i apart. *[apartado]* // Lloc destinat a guardar allò que hom ha posat apart. *[apartado]*

apassionar. v. tr. Excitar, causar alguna passió. *[apasionar]* // **-se.** Agafar una passió. *[apasionarse]*

apatia. f. Estat d'una ànima que res no commou *[apatía]* // Indolència, falta d'energia o activitat. *[apatía]*

apedaçar. v. tr. Posar pedaços a la roba. *[apedazar]*

apedregar. v. tr. Tirar pedres contra alguna cosa. *[apedrear]*

apegalós, osa. adj. Que s'apega, que s'agafa amb facilitat. *[pegadizo, pegajoso]* // Que es fa enfadós per excés d'amabilitat, de familiaritat. *[pegajoso]*

apegar. v. tr. Unir fort per aglutinació, adherir. *[pegar]* // **-se.** Comunicar-se una malaltia, costum, etc. *[contagiar]*

apel·lar. v. intr. Recórrer al jutge o al tribunal superior perquè anul·le una sentència. *[apelar]* // Cercar remei en alguna necessitat.

apèndix. m. Cosa afegida a una altra. *[apéndice]* // Prolongació de l'intestí cec. *[apéndice]*

apercebre. v. tr. Rebre les impressions pels sentits. *[apercibir]* // Comprendre una cosa. *[apercibir]* // Advertir, amonestar. *[apercibir]* // **-se.** Adonar-se, haver esment. *[apercibirse]*

aperitiu, iva. adj. Que serveix per a obrir la gana de menjar. *[aperitivo]*

apersonat, ada. adj. Robust, corpulent. *[fornido]*

apesarar. v. tr. Donar disgust. *[apesarar, apesadumbrar]*

apetència. f. Ganes de menjar. *[apetencia]* // Moviment natural que inclina l'home a desitjar alguna cosa. *[apetencia]*

apetir. v. tr. Tendir envers allò que satisfà les inclinacions naturals. *[apetecer]*

apetit. m. Ganes de menjar. *[apetito]* // Desig vehement. *[apetito, antojo]* // Allò que excita el desig d'alguna cosa. *[apetito]*

apetitós, osa. adj. Que excita l'apetit, gustós, saborós. *[apetitoso]*

àpex. m. Extrem superior, cim, punta d'alguna cosa. *[ápice]*

api. m. Planta herbàcia, comestible, de la família de les umbel·líferes. *[apio]*

apiadar-se. v. pron. Tenir pietat, compadir-se. *[apiadarse]*

apilar. v. tr. Fer pila de coses, posar unes coses damunt de les altres, formant pila o munt. *[apilar]*

apilonar. v. tr. Fer piló de coses. *[apilar]*

apilotar. v. tr Fer pilot de coses. *[apelotonar, amontonar, apiñar]*

apitonar. v. intr. Arriscar, fer front a coses àrdues i difícils. *[arriesgar, apechugar]* // **-se.** Atrevir-se en coses difícils o perilloses. *[arriesgarse]*

apitjat, ada. adj. Dit de la pronunciació que ensordeix certes consonats sibilants sonores, espitjat.

aplacar. v. tr. Apaivagar, mitigar la irritació. *[aplacar]* // Fer que una cosa estiga ben plana sobre una altra, sense formar relleus.

aplaçar. v. tr. Contractar, donar treball a un operari. *[colocar]*

aplanar. v. tr. Posar plana la superfície d'una cosa. *[aplanar, allanar]*

aplaudiment. m. Acció d'aplaudir. *[aplauso]*

aplaudir. v. intr. i tr. intr. Batre de mans per a mostrar aprovació o entusiasme. *[aplaudir]* // tr. Demostrar a algú l'aprovació, l'entusiasme. *[aplaudir]*

aplec. m. Reunió de molta gent. *[reunión]* // Col·lecció, recull, conjunt. *[colección]*

aplegar. v. tr. Reunir, congregar. *[reunir]* // Arribar a un lloc determinat. *[llegar]* // Arribar fins un punt determinat. *[llegar]* // Arribar a tocar, assolir. *[alcanzar]* // Arribar fins cert temps o època una persona o cosa. *[llegar]*

aplic. m. Canelobre o llum de paret. *[aplique]*

aplicar. v. tr. Ajuntar o posar una cosa damunt d'una altra. *[aplicar]* // Fer obrar una acció, un esforç, etc., sobre algú o alguna cosa. *[aplicar]* // Aplicar, acomodar. // Destinar una cosa al seu ús degut. *[aplicar]* // **-se.** Posar esforç, atenció en l'estudi o treball. *[aplicarse]*

aplom. m. Seguretat impertorbable en les maneres, en les accions; possessió de si mateix. *[aplomo]*

aplomar. v. tr. Valer-se de la plomada en alçar una paret. *[aplomar]* // **-se.** Caure a plom, afonar-se. *[aplomarse]*

apocalipsi. m. Llibre del Nou Testament que conté les revelacions de sant Joan sobre la fi del món. *[apocalipsis]*

apocar. v. tr. Reduir a poc. *[apocar]* // **-se.** Abatre's, deprimir-se. *[apocarse]*

apocopar. v. tr. Acurtar una paraula per apòcope. *[apocopar]*

apòcope. f. Supressió de lletres al final d'una paraula. *[apócope]*

apòcrif, òcrifa. adj. Suposat, fingit, no autèntic. *[apócrifo]*

apoderat, ada. adj. De molt de poder. *[apoderado]* // m. El qui té poders d'un altre. *[apoderado]*

apogeu. m. Punt en què un planeta es troba a major distància de la terra. *[apogeo]* // Grau superior d'una cosa. *[apogeo]*

apòleg. m. Narració breu que conté una lliçó de moral pràctica. *[apólogo]*

apologia. f. Discurs, escrit, en defensa o lloança de persones o coses. *[apología]*

aponar-se. v. pron. Ajupir-se.

aportar. v. tr. Portar cadascú la part que li correspon a la societat de la qual és membre. *[aportar]* // Adduir arguments, raons, etc. *[aportar]*

aposentar. v. tr. Donar posada, albergar. *[aposentar]*

aposició. f. Acció de posar una cosa sobre una altra. *[aposición]* // En gramàtica, juxtaposició d'un substantiu a un altre, aquell fent d'adjunt explicatiu d'aquest. *[aposición]*

aposta. f. Acció i efecte de jugar-se alguna cosa. *[apuesta]*

apostar. v. tr. Posar a l'aguait. *[apostar]* // Jugar-se els diners. *[apostar]*

apostasia. f. Acció de negar la fe professada. *[apostasía]* // Acció de trencar els vots un religiós.

apostatar. v. intr. Cometre una apostasia, renegar de la seua religió. *[apostatar]*

apòstol. m. Cadascun dels dotze deixebles que reberen de Jesucrist la missió de predicar l'evangeli; nom donat també a altres, com sant Pau, iguals en ofici i dignitat. *[apóstol]* // El qui propaga la fe cristiana. *[apóstol]* // Propagandista d'una doctrina. *[apóstol]*

apòstrof. m. Signe ortogràfic (') usat ordinàriament per a indicar l'elisió d'una lletra. *[apóstrofo]*

apòstrofe. m. Figura oratòria que consisteix a interrompre el fil del discurs per a interpel·lar vivament a una persona present o absent. *[apóstrofe]*

apotecari, ària. m. i f. El qui exerceix la farmàcia. *[boticario, farmacéutico]*

apotecaria. f. Professió d'apotecari. // Botiga d'apotecari. *[botica, farmacia]*

apoteosi. f. Deïficació dels herois, entre els pagans. *[apoteosis]* // Glorificació d'una persona, ideal, etc. *[apoteosis]*

apreciar. v. tr. Determinar la valor d'una cosa. *[apreciar]* // Reconéixer la valor, el mèrit, etcètera, d'alguna cosa. *[apreciar]* // Tenir estimació a algú. *[apreciar]*

aprendre. v. tr. Adquirir la coneixença d'alguna cosa per mitjà de l'estudi. *[aprender]*

aprenent, enta. m. i f. El qui aprén algun ofici. *[aprendiz]*

aprenentatge. m. Acció d'aprendre un ofici. *[aprendizaje]*

aprés. adv. Després. *[después]*

apressar. v. tr. i intr. Tr. Donar pressa. *[apresurar]* // Intr. Ser urgent. *[apremiar]*

apretar. v. tr. Estrényer fort. *[apretar]* // Urgir, obligar amb insistència a fer una cosa. *[apretar]*

aprimar. v. tr. Fer tornar prim; fer prim. *[adelgazar]* // Reduir el gruix d'una cosa. *[adelgazar]* // **-se.** Tornar-se prim. *[adelgazarse]*

aprofitar. v. tr. i intr. Tr. Utilitzar, donar profit. *[aprovechar]* // Intr. Fer profit. *[aprovechar]* // **-se.** Traure profit. *[aprovecharse]*

aprofitat, ada. adj. Que s'aprofita. *[aprovechado]*

aprofundir. v. tr. Fer més profund, apregonar. *[profundizar]*

apropar. v. tr. Acostar, aproximar, posar a menor distància. *[acercar]*

apropiar. v. tr. Fer pròpia alguna cosa. *[apropiar]*

apropiat, ada. adj. Que s'adapta bé al fi a què és destinat. *[apropiado]*

aprovar. v. tr. Donar per bo. *[aprobar]*

aprovat. m. Qualificació d'apte en un examen. *[aprobado]*

aprovisionar. v. tr. Fornir de provisions. *[aprovisionar]*

aproximar. v. tr. Acostar, posar a menor distància. *[aproximar, acercar]*

apte, apta. adj. Bo, propi per a fer alguna cosa. *[apto]* // Hàbil, disposat. *[apto]*

aptitud. f. Qualitat d'apte. *[aptitud]*

apujar. v. tr. Donar a les coses un preu major del que tenien. *[subir]* // Fer que un llum done més claror.

apunt. m. Dibuix fet amb poques línies per a recordar una figura o disposició. *[apunte]* // pl. Notes preses ràpidament d'un discurs o d'una lectura per a recordar els conceptes. *[apuntes]*

apuntador, ora. adj. i m. i f. Que apunta. *[apuntador]*

apuntalar. v. tr. Sostenir amb un o més puntals alguna cosa. *[apuntalar]*

apuntar. v. tr. i intr. Tr. Prendre nota d'alguna cosa. *[apuntar]* // Assenyalar cap a un lloc o objecte determinat. *[apuntar]* // Intr. Començar a eixir, a manifestar-se. *[apuntar]*

aquarel·la. f. Pintura feta amb colors diluïts en aigua. *[acuarela]*

aquari. m. Depòsit artificial d'aigua on tenen peixos vius i plantes aquàtiques. *[acuario]*

aquàtic, àtica. adj. Que viu o està dins l'aigua. *[acuàtico]*

aqueix, eixa. Adjectiu i pronom demostratiu aplicat a assenyalar un objecte un poc distant del qui parla. *[ese, ése]*

aquell, ella. Adjectiu i pronom demostratiu aplicat a assenyalar un objecte distant dels interlocutors. *[aquel, aquél]*

aquest, esta. Adjectiu i pronom demostratiu aplicat a l'objecte més pròxim. *[este, éste]*

aquí. adv. En aqueix lloc. *[ahí]*

aquilí, ina. adj. Aguilenc. *[aguileño]*

ara. adv. En el temps present, en el moment actual. *[ahora]* // conj. Malgrat això.

ara. f. Altar en què s'ofereixen sacrificis. *[ara]* // Pedra consagrada de l'altar. *[ara]*

àrab. adj. Relatiu a l'Aràbia. *[árabe]* // m. Llengua aràbiga. // m. i f. Natural o propi de l'Aràbia.

arabesc, esca. adj. Aràbic. // Relatiu a l'estil d'ornamentació dit arabesc. *[arabesco]* // m. Ornament usat en les construccions, a base d'enllaços capriciosos de fulles, flors o elements geomètrics. *[arabesco]*

arada. f. Aladre. *[arado]*

aragonés, esa. adj. i m. i f. Natural o propi d'Aragó. *[aragonés]*

aram. m. Coure treballat en planxa. // «Fil d'aram». Fil metàl·lic d'aram o ferro, filferro. *[alambre]*

arandel·la. f. Volandera, peça en forma de corona circular que es posa al voltant de un eix. *[arandela]*

aranya. f. Aràcnid proveït de quatre parells de potes i sense ales. *[araña]* // Peix blanc i pla que té a la cua una punta que dóna punxades molt verinoses. *[araña]* // Planta de flors vistoses, conreada als jardins. *[arañuela, negrilla]*

aranzel. m. Tarifa oficial que determina els drets a pagar en diferents rams de l'administració. *[arancel]*

arbitrar. v. tr. Sentenciar com a àrbitre. *[arbitrar]* // Concebre. // **-se.** Procurar-se.

àrbitre, àrbitra. m. i f. El qui pot obrar sense dependència d'altri. *[árbitro]* // Jutge elegit acordadament per les parts litigants, per a decidir el litigi. *[árbitro]*

arbitri. m. Facultat de determinar-se per una cosa més que per una altra. *[albedrío]* // Judici, sentència d'àrbitre. *[arbitrio]* // Dret imposat en alguns pobles sobre certes matèries. *[arbitrio]*

arboç. m. Arbust ericaci de fruit esfèric i vermell, comestible. *[madroño]*

arbre. m. Vegetal de tronc elevat i llenyós. *[árbol]* // Cadascun dels pals fixats en una nau destinats al sosteniment de veles. *[árbol]* // Pal fix o giratori que fa d'eix d'una màquina. *[árbol]*

arbust. m. Planta llenyosa, de poca alçada en relació a l'arbre. *[arbusto]*

arc. m. Porció d'una línia corba. *[arco]* // Construcció en forma corbada. *[arco]* // Arma per a tirar sagetes. *[arco]*

arca. f. Caixa gran amb tapa plana que serveix per a guardar objectes. *[arca]* // Forn de recoure el vidre. *[arca]*

arca. f. Acció de barallar-se els xiquets llançant-se pedres o altres objectes contundents // **fer arca**. Fer balanç. *[hacer arqueo]*

arcabús, (pl. ussos). m. Arma de foc antiga semblant a una escopeta. *[arcabuz]*

arcada. f. Cada un dels arcs d'un pont. *[arcada]* // La part superior i central del peu. *[empeine]*

arcaic, aica. adj. Que té un caràcter d'antiguitat. *[arcaico]*

arcàngel. m. Esperit situat sobre els àngels en la jerarquia celestial. *[arcángel]*

ardent. adj. Que té ardor o que en causa. *[ardiente]* // Que crema o flameja. *[ardiente]*

ardiaca. m. Dignitat en els capítols de les catedrals. *[arcediano]*

ardit, ida. adj. Valent, atrevit, coratjós. *[denodado, ardido, atrevido]*

ardit. m. Estratagema, artifici, mitjà astuciós per a conseguir alguna cosa. *[ardid]*

ardor. m. i f. Qualitat d'ardent. *[ardor]*

ardu, àrdua. adj. Difícil de pujar. *[arduo]* // Molt difícil de realitzar. *[arduo]*

àrea. f. Mesura de superfície, equivalent a un decàmetre quadrat. *[área]* // Magnitud d'una superfície compresa dins un perímetre. *[área]*

aregar. v. tr. Ensenyar les bèsties per al treball. *[domar, desbravar]* // Instruir en algun treball o negoci. *[adiestrar]*

arena. f. Sorra molt fina, conjunt de partícules molt fines de pedra acumulades en el fons i les vores de la mar i dels rius. *[arena]* // Concrecions arenoses que es fan a la veixiga. *[arena]* // Lloc de combat. *[arena]*

areng. m. Peix teleosti abundantíssim a l'Atlàntic septentrional i mar del Nord. *[arenque]*

arenga. f. Discurs adreçat a qualsevol aplec de persones amb el fi d'encoratjar-les a fer alguna cosa. *[arenga]*

arengada. f. Sardina preparada amb salmorra. *[arenque]*

arengar. v. tr. Fer una arenga. *[arengar]*

arenós, osa. adj. Que té arena. *[arenoso]* // Semblant a l'arena. *[arenáceo]*

arèola. f. Cercle rogenc que envolta certes pústules. *[aréola]* // Cercle de color fosc que envolta el mugró. *[aréola]* // La porció d'iris que circumda la nina de l'ull. *[aréola]* // Espai comprés entre els feixos de fibres d'alguns teixits orgànics. *[aréola]*

aresta. f. Punta prima del boll d'alguns grans. *[arista]* // Línia d'intersecció de dos plans. *[arista]*

argamassa. f. Mescla de calç, arena i aigua usada en les construccions. *[argamasa]*

argelaga. f. Arbust espinós de flors grogues que serveix de pastura al bestiar. *[aliaga]*

argent. m. Metall preciós, blanc, usat en la fabricació de monedes, joies i objectes diversos. *[plata]*

argentar. v. tr. Cobrir d'una capa o bany d'argent. *[argentar, platear]* // Comunicar a alguna cosa el color de l'argent. *[argentar, platear]* // Donar l'esclat, la blancor de l'argent. *[argentar, platear]*

argila. f. Substància mineral terrosa que s'empra principalment en la terrisseria i construcció. *[arcilla]*

argilós, osa. adj. Que té argila. *[arcilloso]* // Semblant a l'argila. *[arcilloso]*

argolla. f. Anella gran i ampla. *[argolla]* // Anella de ferro unida a una cadena, que passaven pel coll dels captius o dels malfactors. *[argolla]* // Joc en què s'han de fer passar unes boles de fusta per una argolla clavada a terra. *[argolla]*

argúcia. f. Subtilesa, argument fals, formulats amb habilitat, per a enganyar. *[argucia]*

argue. m. Màquina per a moure o estirar grans pesos. *[árgano, cabrestante]*

àrguens. m. pl. Bastidor que, fermat al bast de l'animal, serveix per a transportar palla, garbes, etcètera. *[angarillas]*

argüir. v. intr. i tr. Intr. Donar raons a favor o en contra d'alguna proposició o afirmació. *[argüir]* // Tr. Deduir raonadament en defensa d'alguna cosa. *[argüir]*

argument. m. Raonament usat en defensa d'una proposició. *[argumento]* // Tema d'una obra dramàtica, etc.

argumentar. v. intr. Presentar arguments. *[argumentar]*

ariet. m. Màquina de guerra antiga per a abatre muralles. *[ariete]*

aristocràcia. f. Forma de govern en què el poder està en mans de la noblesa. *[aristocracia]* // Classe alta de la societat. *[aristocracia]*

aritmètica. f. Ciència dels números i de les quantitats que representen. *[aritmética]*

arma. f. Instrument destinat a atacar al contrari o defensar-se. *[arma]* // Cadascun dels principals instituts que constitueixen els exèrcits. *[arma]* // pl. Signe heràldic d'una família, d'una nació. *[armas]*

armar. v. tr. Proveir o equipar a algú d'armes. *[armar]* // Proveir a algú del necessari per a una empresa. *[armar]* // Ajuntar les parts d'un objecte. *[armar]* // Forjar, tramar.

armari. m. Moble per a guardar roba, llibres, etc. *[armario]*

armistici. m. Suspensió d'hostilitats pactada entre els bel·ligerants. *[armisticio]*

arna. f. Larva d'un insecte lepidòpter que es menja la roba. *[polilla]* // Foradets que aquells insectes fan a la roba. *[apolilladura]* // Aparell fet de canyes o fustes usat principalment per a guardar els arbres tendres. *[cestón]* // Buc d'abelles. *[colmena]*

arnadí. m. Pastís de carabassa cuit al forn, pastat amb sucre, ametles, pinyons i canyella i que és propi de la Setmana Santa.

arnar-se. v. pron. Fer-se malbé la roba per l'acció de les arnes. *[apolillarse]*

arnés. m. Guarniments del cavall, etcètera. *[arnés]* // Conjunt d'armes defensives que hom es posa al damunt. *[arnés]*

àrnica. f. Planta herbàcia medicinal de la família de les compostes. *[árnica]* // Tintura que es fa de les flors de la dita planta i s'empra molt per a curar colps. *[árnica]*

aroma. f. Perfum, olor molt agradable. *[aroma]* // Flor de l'aromer. *[aroma]*

aromàtic, àtica. adj. Que té aroma. *[aromático]*

arpa. f. Mà, proveïda d'urpes, de certs animals, sarpa. *[zarpa]*

arpa. f. Instrument musical de cordes i pulsació. *[arpa]*

arpar. v. tr. Donar arpades. *[arpar, arañar]* // Agafar amb les arpes. *[agarrar]*

arpillera. f. Teixit groller d'ordit molt clar, xarpellera. *[arpillera]*

arpó. m. Instrument amb punxes de ferro per a pescar peixos grossos. *[arpón]*

arponer. m. El qui fabrica arpons. *[arponero]* // El qui pesca amb arpó. *[arponero]*

arquebisbe. m. Bisbe d'una diòcesi que és el cap o autoritat suprema d'una província eclesiàstica. *[arzobispo]*

arqueig. m. Acció d'arquejar o mesurar la capacitat d'una embarcació. *[arqueo]* // Inventari dels diners i valors existents a la caixa d'alguna casa de comerç, etc. *[arqueo]*

arquejar. v. tr. Donar figura d'arc, arcar. *[arquear]*

arqueologia. f. Ciència de les coses antigues. *[arqueología]*

arquet. m. Arc, nom de diferents peces d'alguns instruments i aïnes, com la peça arquejada de ferro d'una serra, la que sosté les crins per a fer vibrar un instrument de corda, etc.

arquitecte. m. i f. El quí professa l'arquitectura. *[arquitecto]*

arquitectura. f. Art de projectar i construir edificis. *[arquitectura]*

arrabassar. v. tr. Traure les arrels i rabasses d'un terreny per a conrear-lo. *[arrancar]* // Arrancar una planta de soca i arrel. *[descuajar]* // Arrancar amb violència, prendre violentament alguna cosa a algú. *[arrancar]*

arracada. f. Ornament que porten les dones penjant de les orelles. *[pendiente, arracada]*

arraconar. v. tr. Posar en un racó, apartar a un costat. *[arrinconar]* // No fer cas d'una persona o cosa. *[arrinconar]* // Fer racó, guardar els estalvis. *[ahorrar, guardar]*

arramassar. v. tr. Aplegar amb ramassos allò que és escampat. *[recoger]* // Passar el ramàs.

arrambar. v. tr. Posar alguna cosa a un costat. *[arrimar]*

arramblar. v. tr. Endur-se'n una cosa per davant amb impuls violent. *[arramblar]* // Arramassar, arreplegar, arravatar. *[arramblar]*

arramellar. v. tr. Fer ramells. *[arracimar]*

arran. prep. i adv. Ben a la vora. *[junto, al lado]* // Prop de l'arrel. *[a raíz]* // Aproximadament al mateix nivell. *[a ras, a raíz]* // Immediatament després. *[a raíz]*

arranar. v. tr. Tallar arran. *[cortar a raíz, a cercén]*

arrancar. v. tr. Desprendre amb esforç una cosa d'allò que està adherida. *[arrancar]* // Començar a caminar. *[arrancar]*

arranjar. v. tr. Arreglar, aparellar, compondre, disposar en l'orde que convé, en la manera més adequada a un fi. *[arreglar]*

arrap. m. Ferida feta en la pell del cutis amb les ungles, urpes, etcètera, una agulla o instrument punxegut, etc. *[arañazo]*

arrapar. v. tr. Llevar, emportar-se, arrabassar. *[arrebatar]* // Aferrar, agafar-se fortament. // Ferir lleugerament la pell amb les ungles. *[arañar]* // Gratar o produir ratlles superficials en algunes coses llises. *[rayar]*

arrasar. v. tr. Enderrocar fins arran de terra. *[arrasar]* // Aplanar la superfície d'alguna cosa. *[allanar]* // Llevar el curull a les mesures. *[descolmar]*

arrasir-se. v. pron. Posar-se el cel ras. *[aserenarse, despejarse]*

arrastellar. v. tr. Disposar formant rastell o renglera. *[alinear]*

arraulir. v. tr. Ajupir, abatre. // **-se.** Arrupir-se. *[encogerse]*

arravatar-se. v. pron. Enfurir-se. *[arrebatarse]*

arrear. v. tr. Estimular una bèstia a seguir o accelerar la marxa. *[arrear]*

arrear. v. tr. Posar arreus, adornar, guarnir. *[ataviar, disponer, arrear]* // Donar un colp, pegar. *[arrear]*

arrebossar. v. tr. Tapar la cara amb la capa o amb una altra peça d'abric. *[rebozar]* // Cobrir les parets amb una capa de morter, algeps, etc. *[revocar]* // Cobrir la carn, peix, etc., amb una capa de farina i altres substàncies. *[rebozar]*

arrecerar. v. tr. Posar a recer. *[resguardar, guarecer, abrigar]*

arredolar. v. tr. Fer anar una cosa a redolons per terra, redolar. *[revolcar]*

arredonir. v. tr. Fer redona una cosa. *[redondear]* // Completar, deixar més ben acabat. *[redondear]*

arreglar. v. tr. Posar cada cosa on li pertoca. *[arreglar]* // Subjectar a una regla o norma. *[arreglar]*

arrel. f. Part inferior d'una planta, generalment enfonsada a terra. *[raíz]* // Origen o principi d'una cosa. *[raíz]* // Valor que resol una equació. *[raíz]* // Quantitat que cal elevar a una potència per a obtenir un nombre donat. *[raíz]*

arrelar. v. intr. Posar o criar arrels una planta. *[arraigar]* // **-se.** Establir-se, fixar-se, en un lloc. *[arraigarse]*

arrelum. m. Conjunt d'arrels. *[raigambre]*

arrematar. v. tr. Posar fi o acabar una cosa. *[rematar]*

arremetre. v. tr. i intr. Escometre amb fúria. *[arremeter]*

arremolinar. v. tr. Moure formant remolins, amuntegar en remolins. *[arremolinar]*

arrendador, ora. adj. i m. i f. El qui dóna alguna cosa en arrendament. *[arrendador]*

arrendament. m. Acció i efecte d'arrendar. *[arrendamiento, arriendo]* // Contracte d'arrendament. *[arrendamiento]* // Preu d'arrendament. *[arrendamiento]*

arrendar. v. tr. Donar a algú alguna cosa perquè en faça ús pel temps i preu convinguts. *[alquilar, arrendar]*

arrendatari, ària. adj. i m. i f. Que pren en arrendament alguna cosa. *[arrendatario]*

arreplega. f. Acció i efecte d'arreplegar, replega. *[recolección]*

arreplegar. v. tr. Agafar o recollir coses escampades, disperses, abandonades, per a aplegar les, guardar-les, apropiar-se'n. *[recoger]*

arrere. adv. En direcció a la banda que és darrere nostre; més o menys en aquesta direcció; la direcció oposada a avant. *[atrás]*

arres. f. pl. Quantitat donada en garantia del compliment d'un contracte, i especialment de la promesa de matrimoni. *[arras]*

arreu. m. Conjunt de peces d'una cosa principal, per a completar-la o adornar-la. *[arreo]* // Aïna o utensili en general, cosa que serveix per a un ús determinat. *[arreo, útil]*

arreu. adv. Consecutivament, successivament, l'un darrere de l'altre sense interrupció. *[arreo]* // Sense fer excepcions, sense triar o escollir una cosa formada de diferents unitats, successivament l'una darrere l'altra. *[arreo]* //

Sense curar l'acció, fent les coses successivament, de qualsevol manera, descuradament. // Pertot, per totes bandes.

arriar. v. tr. Abaixar una bandera, una vela, etc. *[arriar]*

arribar. v. intr. Entrar en un paratge venint d'un altre. *[llegar]* // Venir el temps assenyalat per a alguna cosa. *[llegar]* // Abastar. *[alcanzar]*

arrier. m. Traginer, home que tragina coses a esquena de bèstia. *[arriero]*

arrimar. v. tr. Disposar formant rima. *[arrimar]* // Posar una cosa tocant una altra. *[arrimar]* // Acollir-se a la protecció d'algú. *[arrimar]*

arriscar. v. tr. Exposar a un risc, posar en risc. *[arriesgar]* // Posar en perill. *[arriesgar]*

arriscat, ada. adj. Àgil, resolt, lliure en els posats o en la manera de presentar-se o de caminar, ben plantat, gallard. // Trempat, valent i llest. *[osado, temerario]*

arrissar. v. tr. Rullar, crespar. *[rizar]* // **-se.** Enrinxolar-se, encrespar-se. *[rizarse]*

arroentar. v. tr. Fer tornar roent. *[encandecer, enrojecer]*

arrogància. f. Qualitat d'arrogant. *[arrogancia]*

arrogant. adj. Que té arrogància. *[arrogante]*

arromangar. v. tr. Tirar amunt, replegant-les, les mànigues, les calces, etc. *[arremangar]*

arronsar. v. tr. Replegar una cosa cap enrere. *[encoger]* // Replegar una mànega o un vestit cap amunt. *[arremangar]* // **-se.** Arrupir-se, acovardir-se.

arrop. m. Most de raïm, bullit fins a prendre consistència de xarop. *[arrope]* // Confitura feta amb most concentrat i fruites. *[arrope]*

arròs, (pl. ossos). m. Planta gramínia, cultivada en climes càlids i terrenys humits. *[arroz]* // Fruit d'aquesta planta. *[arroz]* // Plat de guisat amb arròs. *[arroz]*

arrossegar. v. tr. i intr. Tr. Portar per terra alguna persona o cosa estirant-la. *[arrastrar]* // Intr. Penjar una cosa tocant part d'ella a terra. *[arrastrar]*

arrosser, era. adj. Relatiu o pertanyent a l'arròs. *[arrocero]* // m. i f. Que cultiva o ven arròs. *[arrocero]* // Aquell a qui agrada molt l'arròs. *[arrocero]*

arrova. f. Unitat de pes equivalent a un quart de quintar. En el sistema valencià l'arrova és de 36 lliures i equival a 12'78 Kgs. essent el quintar d'uns 51 Kgs. o sia que l'arrova ve a esser la vuitena part del quintar mètric de cent Kgs. *[arroba]*

arrufar. v. tr. Fer arrugues alguna part de la cara. *[fruncir]* // **-se.** Eriçar-se els cabells, estarrufar-se.

arruga. f. Doblec de la pell, de la roba o d'altra cosa flexible. *[arruga]*

arrugar. v. tr. Fer arrugues en alguna cosa. *[arrugar]*

arruïnar. v. tr. Destruir, malmetre, causar gran dany. *[arruinar]* // Reduir a la pobresa. *[arruinar]*

arruixadora. f. Recipient amb un canó que acaba en una cassoleta plena de foradets, i que serveix per a regar. *[regadera]*

arruixar. v. tr. Llançar un líquid de manera que caiga dividit en gotes. *[rociar]* // Regar les plantes llançant l'aigua a manera de pluja. *[regar]* // Escampar l'aigua sobre un terreny, sobre alguna cosa, llançant-la a dolls pel damunt. *[regar]*

arruixó. m. Pluja seguida i de poca durada. *[aguacero]*

arrupir-se. v. pron. Contraure i estrényer els músculs del cos. *[encogerse, acurrucarse, agazaparse]*

arsenal. m. Depòsit d'armes i altres articles de guerra. *[arsenal]*

art. m. i f. Sistema de preceptes o regles per a fer bé alguna cosa. *[arte]* // Destresa per a fer alguna cosa. *[arte]* // m. Filat de pescar en forma de sac. *[red]*

artefacte. m. Obra produïda pel treball de l'home. *[artefacto]*

artèria. f. Cadascun dels conductes tubulars que condueixen la sang del cor a totes les parts del cos. *[arteria]* // Via de comunicació. *[arteria]*

artesà, ana. m. i f. El qui exerceix una art manual. *[artesano]*

artesania. f. Conjunt dels artesans. *[artesanía]*

article. m. Cadacuna de les parts en què solen esser dividits els escrits. *[artículo]* // Escrit de certa extensió inserit en un periòdic. *[artículo]* // Cadascuna de les divisions d'un diccionari corresponents a un mot. *[artículo]* // Cosa comerciable. *[artículo]* // En gramàtica, partícula determinativa o indeterminativa del nom. *[artículo]*

articulació. f. Acció i efecte d'articular o d'articular-se. *[articulación]* // Unió d'un os amb un altre. *[articulación]* // Unió mòbil de dues peces d'una màquina o instrument. *[articulación]* // Nuc en algunes parts de certes plantes. *[articulación]* // Emissió de sons articulats.

articular. v. tr. Ajuntar, enllaçar, dues parts d'un cos, d'un tot, especialment no d'una manera fixa, sinó deixant-los un joc determinat. *[articular]* // Produir els sons, pronunciar clarament. *[articular]* // Enunciar, especificar, en articles separats. *[articular]*

artífex. m. i f. Aquell que executa una obra artística o mecànica. *[artífice]* // Aquell que fa i crea una cosa. *[artífice]*

artifici. m. Enginy, habilitat amb què és feta alguna cosa. *[artificio]* // Astúcia, dissimulació. *[artificio]*

artificial. adj. Fet per la mà de l'home, que no és natural. *[artificial]*

artiller. m. Soldat del cos d'artilleria. *[artillero]*

artilleria. f. Conjunt de canons, morters, obusos i altres màquines de guerra. *[artillería]* // Cos de tropa destinat al servei de l'artilleria. *[artillería]*

artista. m. i f. Persona que exerceix una bella art. *[artista]*

artístic, ística. adj. Relatiu o pertanyent a l'art o als artistes. *[artístico]*

arxiduc. m. Duc preeminent. *[archiduque]* // Títol dels prínceps de la casa d'Àustria. *[archiduque]*

arxiduquessa. f. Dona revestida de la dignitat d'arxiduc. *[archiduquesa]* // Muller d'un arxiduc. *[archiduquesa]*

arxiu. m. Col·lecció de documents públics o particulars. *[archivo]* // Lloc on són guardats documents. *[archivo]*

arxivar. v. tr. Guardar una cosa en un arxiu. *[archivar]*

arxiver, era. m. i f. El qui té al seu càrrec un arxiu. *[archivero]*

as. m. Cara del dau marcada amb un punt. *[as]* // Carta de joc que té el número u de cada coll. *[as]* // Persona preeminent en alguna professió o esport. *[as]* // Moneda romana, la dècima part del diner o denari. *[as]*

ascendència. f. Conjunt de parents de la línia ascendent. *[ascendencia]*

ascendent. adj. Que ascendeix o va cap amunt. *[ascendente]* // m. Parent de la línia ascendent que precedeix en la successió genealògica. *[ascendente]* // Predomini moral o influència. *[ascendiente]*

ascendir. v. intr. i tr. Intr. Pujar, anar cap amunt. *[subir, ascender]* // Avançar en un càrrec o dignitat. *[ascender]* // Tr. Concedir un ascens. *[ascender]*

ascens. m. Pujada o elevació natural. *[ascenso]* // Promoció a major dignitat o càrrec. *[ascenso]*

ascensor. m. Aparell per a traslladar-se d'un lloc a un altre de més alt. *[ascensor]*

ascla. f. Estella grossa de fusta o d'altra matèria sòlida. *[astilla]*

asclar. v. tr. Estellar. *[astillar]* // Trencar a bocins una cosa sòlida, fer-ne ascles.

ascle. m. Ocell semblant a l'ànec, però més petit, de color cendrós i carn molt estimada; és de pas en l'Albufera de València. *[ánade ridente]*

ase, (pl. **àsens**) m. Mamífer solípede usat com a bèstia de càrrega. *[asno, burro]* // Persona de poc coneiximent. *[burro, asno, zoquete]*

asfalt. m. Substància negrosa procedent de la resinificació del petroli. *[asfalto]* // Barreja d'asfalt, betum o quitrà amb sorra, calç, etc., usada per a fer paviments o ciment impermeable. *[asfalto]*

asfaltar. v. tr. Recobrir d'asfalt. *[asfaltar]*

asfíxia. f. Suspensió de la respiració. *[asfixia]*

asfixiar. v. tr. Produir l'asfíxia. *[asfixiar]*

asil. m. Establiment de caritat on es recull gent desvalguda. *[asilo]* // Protecció, refugi.

asilar. v. tr. Donar asil en un establiment de beneficència. *[asilar]*

asma. f. Sufocació intermitent deguda a la contracció espasmòdica dels bronquis. *[asma]*

aspa. f. Creu en figura de X. *[aspa]* // Conjunt de les quatres ales o braços d'un molí de vent, etc. *[aspa]*

aspecte. m. Manera de presentar-se o aparéixer a la vista d'una persona o cosa. *[aspecto]*

aspirar. v. tr. i intr. Tr. Pronunciar amb un soroll gutural una lletra. *[aspirar]* // Intr. Portar el seu desig a l'obtenció d'alguna cosa. *[aspirar]*

aspre, aspra. adj. Desplaent al tacte, al gust, etc. *[áspero]* // m. Pal que sosté els arbres tendres o plantes enfiladisses. *[rodrigón]*

assabentar. v. tr. Fer sabedor d'alguna cosa. *[enterar]*

assaborir. v. tr. Tastar lentament un menjar, una beguda per a sentir-ne bé el sabor. *[saborear]* // Fer més saborós el menjar. *[sazonar]*

assaciar. v. tr. Saciar, satisfer plenament la fam. *[saciar]* // Satisfer plenament el desig. *[saciar]*

assagador. m. Camí de pas per al ramat o per a traginar les collites. *[azagador, vereda]*

assagetar. v. tr. Disparar sagetes. *[asaetar, asaetear]* // Ferir o matar amb sagetes. *[asaetar, asaetear]*

assaig. m. Operació o prova d'alguna cosa. *[ensayo]* // Prova d'una fruita, una obra teatral, etc. *[ensayo]* // Anàlisi d'un mineral, d'una droga, etc., per a determinar la presència d'un o d'algun dels seus ingredients. *[ensayo]*

assajar. v. tr. Provar una cosa abans d'usar-la. *[ensayar]* // Fer l'assaig d'una obra teatral, concert, etc. *[ensayar]*

assalariar. v. tr. Assenyalar o donar un salari a algú. *[asalariar]*

assalt. m. Acció d'assaltar. *[asalto]* // Simulacre de lluita en certs jocs. *[asalto]*

assaltar. v. tr. Escometre bruscament. *[asaltar]* // Envair a viva força. *[asaltar]*

assaonar. v. tr. Donar a alguna cosa el punt corresponent. *[sazonar]* // Fer saborós el menjar. *[sazonar]* // Adobar les pells llevant-les el pèl. *[curtir, zurrar]* // Fényer, pastar la farina.

assaonat, ada. adj. Madur, arribat a la plenitud. *[carnoso]*

assassí, ina. adj. i m. i f. El qui assassina. *[asesino]*

assassinar. v. tr. Matar deliberadament. *[asesinar]*

assecar. v. tr. Fer tornar sec, llevar la humitat. *[secar]* // Perdre una planta la seua ufana. *[secar]* // **-se.** Quedar-se sense aigua una font, etc. *[secarse]* // Esdevenir sec, sense humitat, sense suc. *[secarse]*

assedegar. v. tr. Produir set. // Fer patir set.

assedegat, ada. adj. Que té molta set. *[sediento]*

assegurança. f. Seguretat, certesa, garantia. *[seguridad]* // Acció i efecte d'assegurar o d'assegurar-se. *[aseguramiento, seguridad]* // Contracte amb què són assegurats els béns o efectes que poden perdre's per qualsevol accident. *[seguro]* // Salconduit. *[salvaconducto]*

assegurar. v. tr. Donar fermesa a alguna cosa. *[asegurar]* // Afirmar com a cert. *[asegurar]* // Garantir contra determinats perills. *[asegurar]*

assemblar-se. v. pron. Tenir semblança dues o més persones o coses, semblar. *[asemejarse]*

assemblea. f. Aplec, reunió de persones congregades per a deliberar. *[asamblea]*

assentar. v. tr. Posar alguna cosa de manera que es mantinga ferma. *[asentar]* // Apuntar, anotar, inscriure. *[sentar]* // Asseure, posar algú de manera que el seu pes repose damunt les anques. *[sentar]* // **assentar-se la pilota.** Lesió que es produeix als ossos de la palma de la mà del jugador de pilota pel colp continu amb la mateixa.

assentir. v. intr. Convenir amb un altre en un juí. *[asentir]*

assenyalar. v. tr. Posar senyal. *[señalar]*

// Determinar, fixar un temps. *[señalar]* // **-se.** Fer-se remarcar, distingir-se. *[señalarse]*

assequible. adj. Que es pot aconseguir o assolir. *[asequible]*

asserció. f. Acció i efecte d'asserir, de donar com a cert. *[aserción]* // Proposició en què s'afirma o es dóna com a certa una cosa. *[aserto]*

asserenar. v. tr. Posar clar i seré. *[aserenar]*

asserir. v. tr. Afirmar o assegurar allò que un diu. *[aseverar, afirmar]*

assessor, ora. m. i f. Que assessora. *[asesor]*

assessorar. v. tr. Donar consell, aconsellar. *[asesorar]* // **-se.** Prendre consell. *[asesorarse]*

assestar. v. tr. Descarregar una arma contra algú o algun objecte. *[asestar]*

assetjar. v. tr. Posar setge. *[asediar, sitiar]*

asseure. v. tr. Posar algú en alguna cadira, banc, etc., per a seure. *[sentar]*

asseverar. v. tr. Afirmar o assegurar allò que un diu. *[aseverar]*

assibilar. v. tr. Fer sibilant; convertir en una sibilant. *[asibilar]*

assignar. v. tr. Assenyalar, destinar. *[asignar]*

assignatura. f. Tractat o matèria que durant el curs acadèmic ha d'explicar un professor als seus alumnes. *[asignatura]*

assimilar. v. tr. Fer semblant. *[asimilar]* // Apropiar-se els òrgans les substàncies que necessiten per a desenrotllar-se. *[asimilar]*

assistència. f. Acció d'assistir a un lloc. *[asistencia]* // Conjunt d'assistents. *[asistencia]*

assistent. adj. Que assisteix a un lloc. *[asistente]* // m. El qui ajuda o col·labora en treballs d'estudi, etc. *[asistente]* // El qui ajuda o assisteix a un superior. *[asistente]*

assistir. v. intr. i tr. Intr. Estar present. *[asistir]* // Tr. Estar prop d'algú per a prestar-li el nostre concurs. *[asistir]*

associació. f. Acció i efecte d'associar o d'associar-se. *[asociación]* // Conjunt de persones associades. *[asociación]*

associar. v. tr. Unir com a participant, company, soci, confederat. *[asociar]* // Ajuntar, encadenar, en el pensament. *[asociar]*

assolanar. v. tr. Posar a la solana. *[solear]*

assolar. v. tr. Tirar a terra, arrasar. *[asolar]* // **-se.** Aclarir-se un líquid deixant el solatge al fons del recipient. *[posarse]*

assolejar. v. tr. Exposar a l'acció del sol. *[solear]*

assolir. v. tr. Aconseguir. *[alcanzar, conseguir, coger, llegar]*

assonància. f. Repetició del mateix so. *[asonancia]* // Rima imperfecta entre dos mots. *[asonancia]*

assonant. m. Que fa assonància. *[asonante]* // adj. Que rima d'una manera imperfecta. *[asonante]*

assonantar. v. tr. Entremesclar versos assonants amb versos consonants. *[asonantar]*

assorrar. v. tr. i intr. Tr. Sorrar, posar sorra dins una embarcació. *[lastrar]* // Afermar una cosa carregant-la de pes. // Intr. Amorrar-se una nau per efecte de la molta càrrega. // **-se.** Submergir-se una cosa en algun líquid, anant al fons. *[hundirse]* // Desaparéixer una cosa sense poder saber on està. // Formar-se sediment al fons d'un líquid (oli, etc.), posant-se, assolant-se, les partícules sòlides, la part més feixuga, que estava en suspensió. *[posarse]* // Afonar-se una cosa pesadament, la xardor del sol dins l'atmosfera, etcètera. *[hundirse]* // Esbaltir-se per la pesantor del cap.

assortir. v. tr. Proveir algú d'alguna cosa. *[surtir]*

assossegar. v. tr. Tranquil·litzar, calmar, posar en pau. *[sosegar]*

assot. m. Instrument compost d'una o vàries corretges o altres matèries flexibles que serveix per a assotar. *[azote]*

assotar. v. tr. Donar assots. *[azotar]*

assumir. v. tr. Prendre sobre si mateix un honor, càrrec, obligació, etc. *[asumir]*

assumpció. f. Acció i efecte d'assumir. *[asunción]* // Emportament miraculós de la Mare de Déu al cel. *[asunción]* //

Festa anyal en celebració del dogma de l'Assumpció de la Mare de Déu. *[asunción]*

assumpte. m. Matèria de què es tracta. *[asunto]* // Tema o argument d'una obra. *[asunto]* // Qüestió per a tractar.

assumpte, umpta. adj. Emportat miraculosament al cel. *[asunto]*

assut. m. Presa en els rius per a conduir aigua a les séquies. *[azud, presa]*

assutzena. f. Planta liliàcia cultivada en els jardins per la bellesa i olor delicada de les seues flors, lliri blanc, lliri d'olor. *[azucena, lirio blanco]*

ast. m. Burja usada per a rostir carn. *[asador]* // Pal que usen els llenyaters per a portar un feix a l'espatla.

asta. f. Arma llarga com una llança. *[asta]* // Pal de bandera. *[asta]*

asterisc. m. Signe en forma d'estel usat en l'escriptura i en la impremta per a assenyalar una cita, una nota, o altres indicacions especials. *[asterisco]*

astigmatisme. m. Vici de la visió, que depén de la desigualtat de refracció dels raigs incidents. *[astigmatismo]*

astor. m. Ocell de presa que persegueix als ocells de corral. *[azor]*

astorar. v. tr. Causar espant. *[azorar, espantar]* // **-se.** Posar-se en guàrdia davant una amenaça franca o encoberta, un perill, etc.

astre. m. Cos celest. *[astro]* // Sort o destinació prefixada a la vida humana. *[astro, suerte]*

astrologia. f. Antiga ciència supersticiosa dels astres que, segons creença, servien per a pronosticar els esdeveniments. *[astrología]*

astronauta. m. i f. Viatger que va en astronau. *[astronauta]*

astronomia. f. Ciència que estudia les posicions i moviments dels astres. *[astronomía]*

astúcia. f. Enginy ben dispost per a enganyar o per a no esser enganyat. *[astucia]* // Qualitat d'astut. *[astucia]*

atabalar. v. tr. Fatigar el cervell, torbar els sentits, amb sorolls. *[aturdir]* // Fatigar, marejar, molestar, amb parlar insistent o crits. *[marear, aturdir]*

atabicar. v. tr. Prémer una cosa dins un espai reduït, encabir estrenyent dins un lloc tancat. *[apretar]*

atabollar. v. tr. Entrar en color la fruita en madurar, especialment les figues. // **-se.** Prendre color, entrar en color, per l'exposició al sol o per haver sofert una calor excessiva. // Astorar, torbar d'admiració. *[pasmar]*

atabuixar. v. tr. Animar, estimular, amb la veu o d'altra manera a animals o persones. *[atosigar]* // Fer perdre o pertorbar l'ús dels sentits. *[atontar]*

atac. m. Acció i efecte d'atacar. *[ataque]* // Envestida sobtada d'algun mal. *[ataque]*

atacar. v. tr. Escometre, envestir. *[atacar]* // Sobrevenir sobtosament un mal. *[atacar]*

ataconar. v. tr. Pitjar amb les mans, peus, etc., alguna cosa dins una altra. *[rellenar]* // Fer menjar i beure fins no poder més. *[atracar]*

atalbar. v. tr. Ensopir, pertorbar els sentits i les potències, principalment per l'excés de calor o per la violència dels colps. *[aturdir, atolondrar, amodorrar]*

atall. m. Drecera, camí més curt que l'ordinari. *[drechera]* // Acció i efecte d'atallar. *[atajo]*

atallar. v. tr. i intr. Tr. Sortir a l'encontre d'algú, anant per l'atall. *[atajar]* // Intr. Fer drecera.

atandar. v. tr. Assenyalar tanda o torn. *[atandar]* // **-se.** Posar-se en tanda o torn per a fer alguna cosa. *[atandarse]*

atapeir. v. tr. Fer més compacta alguna cosa tancant els seus intersticis. *[tupir, apretar, atiborrar, rellenar]*

atarantar. v. tr. Torbar l'ànim d'algú deixant-lo com esbalaït. *[aturdir]*

atemorir. v. tr. Infondre temor, intimidar, fer por. *[atemorizar]*

atemptar. v. intr. Cometre un atemptat contra alguna cosa. *[atentar]*

atemptat. m. Temptativa criminal contra algú. *[atentado]*

atenció. f. Acció i efecte d'atendre. *[atención]* // Demostració de gentilesa, cortesia. *[atención]*

atendre. v. tr. i intr. Tr. Tenir en compte,

en consideració alguna cosa. *[atender]* // Intr. Tenir cura i esguard d'alguna cosa. *[atender]* // En un establiment públic, prestar atenció a un client, servir-lo. *[atender]*

ateneu. m. Nom donat a algunes corporacions científiques i literàries. *[ateneo]*

atenir-se. v. pron. Ajustar-se a allò que un té com a més segur. *[atenerse]*

atent, enta. adj. Que posa atenció en alguna cosa. *[atento]* // Que té atencions, cortés. *[atento]*

atényer. v. tr. i intr. Tr. Assolir, aconseguir. *[alcanzar, llegar]* // Intr. Pertocar, correspondre. *[atañer]*

aterrar. v. tr. i intr. Tr. Fer caure en terra, abatre. *[aterrar]* // Intr. Prendre terra un aeroplà, una nau, etc. *[aterrizar]*

aterrir. v. tr. Causar temor. *[aterrorizar, aterrar]*

aterrossar. v. tr. Fer terrossos d'una matèria sòlida. *[aterronar]* // **-se.** Agrumollar-se, adherir-se formant terròs. *[aterronarse]*

atesorar. v. tr. Tesorejar, arreplegar tesor. *[atesorar]*

atestar. v. tr. Afirmar ser certa, autèntica, alguna cosa. *[atestar, testificar]* // Donar testimoniatge d'una cosa. *[testificar, atestar]*

atestat. m. Escriptura que atesta un fet. *[atestado]*

ateu, ea. adj. i m. i f. Que nega l'existència de Déu. *[ateo]*

atiar. v. tr. Avivar el foc, removent els tions, etc. *[atizar]* // Excitar les passions o afectes. *[atizar]* // Incitar de paraula o d'acció. *[atizar]*

atibacar. v. tr. Omplir tapidament, posar com dins d'un tabac. *[apretujar]*

atifell. m. Instrument de treball o d'utillatge. *[utensilio, enser, trebejo]*

atleta. m. i f. El qui té gran agilitat i força, persona vigorosa. *[atleta]*

atmosfera. f. Massa d'aire que envolta la terra. *[atmósfera]* // Massa gasosa que envolta un astre qualsevol. *[atmósfera]* // Porció d'aire continguda en un local. *[atmósfera]* // Unitat de pressió. *[atmósfera]*

àtom. m. Element material primari de la composició dels cossos. *[átomo]* // Partícula molt menuda d'una cosa. *[átomo]*

àton, àtona. adj. Sense accent tònic. *[átono]*

atònit, ònita. adj. Esbalaït d'estupor. *[atónito]* // Torbat de gran admiració. *[atónito]*

atonyar. v. tr. Cavar la terra fins a un pam de fondària com a mínim. *[cavar]*

atordir. v. tr. Pertorbar els sentits per efecte d'un colp, etc. *[aturdir]* // Fer perdre la serenitat. *[aturdir]*

atorgar. v. tr. Concedir alguna cosa a títol de favor, de gràcia. *[otorgar, conceder]* // Concedir alguna cosa que es demana. *[otorgar]* // Confessar, reconéixer com a ver. *[otorgar]*

atorrollar. v. tr. Torbar algú, atordir. *[aturrullar]*

atovó. m. Mena de rajola grossa i massissa. *[adobe, atobón]*

atracament. m. Acció i efecte d'atracar. *[atracada, acercamiento]*

atracar. v. tr. Acostar una nau a terra o a una altra nau. *[atracar]* // Escometre a algú obligant-lo a donar allò que li demanen. *[atracar]* // **-se.** Afartar-se, ataconar-se. *[atracarse]*

atracció. f. Acció i efecte d'atraure. *[atracción]* // Cosa que atrau. *[atracción]*

atrafegar-se. v. pron. Treballar adeleradament, afanyar-se en un treball. *[atarearse]*

atraient. adj. Que atrau. *[atrayente, atractivo]*

atrapar. v. tr. Agafar allò que fuig. *[atrapar, coger]* // Sorprendre a algú.

atraure. v. tr. Fer venir devers si mateix. *[atraer]*

atrevir-se. v. pron. Determinar-se a fer alguna cosa arriscada, gosar. *[atreverse]*

atrevit, ida. adj. Que s'atreveix, que no mira el perill. *[atrevido]* // Desvergonyit, descarat. *[atrevido]*

atri. m. Pati interior genèralment voltat de pòrtics. *[atrio]* // Espai cobert que serveix d'accés a alguns edificis. *[atrio]*

atribolar. v. tr. Produir un estat de pertorbació en l'ànim d'algú que no el deixa veure clar allò que ha de fer. *[atribular, atolondrar, aturdir]*

atribució. f. Acció d'atribuir. *[atribución]* // Funció atribuïda a algú. *[atribución]*

atribuir. v. tr. Aplicar, sense coneiximent fix, fets o qualitats a una persona o cosa. *[atribuir]* // **-se.** Prendre com a cosa pròpia. *[atribuirse]*

atribut. m. Cada una de les propietats o qualitats d'una cosa. *[atributo]* // Símbol o senyal que denota el caràcter i ofici de les figures. *[atributo]*

atroç. adj. Terriblement cruel, inhumà. *[atroz]*

atroncar-se. v. pron. Quedar-se dret i immòbil com un tronc. *[atroncarse]* // Adormir-se feixugament, ensopir-se.

atropellament. m. Acció i efecte d'atropellar o d'atropellar-se. *[atropellamiento, atropello]*

atropellar. v. tr. Envestir violentament a algú per a obrir-se camí. *[atropellar]* // Apressar vivament. *[apresurar]* // Maltractar. // **-se.** Apressar-se massa en les obres, en les paraules, etc. *[apresurarse, precipitarse]*

atrotinar. v. tr. Fer malbé, rebregar. *[ajar, estropear]* // Dir paraules afrontoses. *[denostar]*

atrotinat, ada. adj. Aquell que en els seus actes procedeix sense reflexió. *[atolondrado]*

atuir. v. tr. Deixar com a mort. *[rendir, abatir, debilitar]*

atur. m. Acció i efecte d'aturar o parar la marxa d'alguna cosa. *[paro]*

aturar. v. tr. i intr. Tr. Impedir de continuar un moviment. *[detener, parar]* // Intr. Detenir-se en un indret. *[detenerse, pararse]*

atzabeja. f. Varietat de lignit molt negre i susceptible de poliment. *[azabache]*

atzar. m. Casualitat, cas fortuït. *[azar]*

atzavara. f. Planta originària de Mèxic de fulles radicals grans, rígides i carnoses. *[pita]*

atzembla. f. Animal de càrrega. *[acémila]*

atziac, aga. adj. Malaurat, infaust, ple de desgràcia. *[aciago]*

atzucac. m. Carreró sense eixida. *[callejón sin salida]*

au. f. Ocell. *[ave]* // Interjecció amb què s'incita a posar en execució alguna cosa, etc. *[¡ea!]*

auca. f. Oca. // Conjunt d'estampes acompanyades cadascuna d'una llegenda les quals es refereixen als diferents episodis d'una història, etc. *[aleluya]*

aucell. m. Animal vertebrat, ovípar, de respiració pulmonar, cos cobert de plomes, bec corni i les extremitats toràciques en forma d'ales aptes generalment per al vol. *[ave]* // Au que vola. *[pájaro]*

audaç. adj. Que té audàcia, atrevit. *[audaz]*

audàcia. f. Coratge, atreviment extraordinari. *[audacia]*

audició. f. Acció i efecte d'oir. *[audición]* // Concert.

audiència. f. Acte d'oir. *[audiencia]* // Lloc on es reuneixen els tribunals de justícia, on tenen lloc les audiències. *[audiencia]*

auge. m. Apogeu. *[auge, apogeo]* // Grau molt alt i progressiu de la intensitat d'una cosa. *[auge]*

augment. m. Acció i efecte d'augmentar. *[aumento]*

augmentar. v. tr. i intr. Tr. Fer més gran, acréixer. *[aumentar]* // Intr. Esdevenir més gran. *[aumentar]*

àugur. m. El qui fa endevinaments i prediccions. *[augur]*

augurar. v. tr. Predir, presagiar, assenyalar una cosa futura. *[augurar]*

auguri. m. Acció i efecte d'augurar. *[augurio]*

aula. f. En les universitats i altres centres docents, sala on és donat algun ensenyament. *[aula]*

aupar. v. tr. Empényer cap amunt per a ajudar a pujar. *[aupar]*

aura. f. Vent suau i agradós. *[aura]*

aurèola. f. Cercle lluminós al cap de les imatges sagrades. *[aureola]* // Cercle lluminós que envolta un objecte. *[aureola]* // Glòria que aconsegueix una persona pels seus mèrits, virtuts, etc. *[aureola]*

aurífer, ífera. adj. Que porta o conté or. *[aurífero]*

auriga. m. Cotxer. *[auriga]*

aurora. f. Claror que precedeix l'eixida del sol. *[aurora]* // Començament d'una cosa.

ausades. adv. Certament, en veritat. *[seguro, seguramente]*

auscultar. v. tr. Escoltar els sorolls que es produeixen dins el pit per mitjà de l'estetoscopi. *[auscultar]*

aüssar. v. tr. Ajudar a anar amunt una cosa, apujar una cosa caiguda avall pel seu propi pes, com les calces, roba etc., un sac carregat al llom, una branca carregada de fruita, una persona caiguda o que s'enfila, etc. *[levantar, alzar, aupar]*

auster, era. adj. Que viu, obra, etc., d'una manera rígida, severa. *[austero]*

autarquia. f. Suficiència d'un mateix per a regir-se. *[autarquía]*

autèntic, èntica. adj. Acreditat de cert i positiu. *[auténtico]*

auto. m. Automòbil. *[automóvil]*

autobús. m. Òmnibus automòbil. *[autobús]*

autocar. m. Autobús, especialment el que no és de servei fix entre llocs determinats. *[autocar]*

autòcton, òctona. adj. Originari del mateix país en què viu. *[autóctono]*

autodidacte, acta. m. i f. Persona que s'ha instruït sense mestre. *[autodidacta]*

autogir. m. Vehicle aeri en el qual la sustentació es obtinguda mitjançant un rotor. *[autogiro]*

autògraf, ògrafa. adj. Escrit de la pròpia mà de l'autor. *[autógrafo]*

autòmat. m. Màquina que imita la figura i els moviments d'un ser animat. *[autómata]* // Persona que obra mecànicament, que segueix una rutina. *[autómata]*

automàtic, àtica. adj. Relatiu o pertanyent a l'autòmat. *[automático]* // Que funciona mecànicament sense ser dirigit per la mà de l'home. *[automático]*

automòbil. m. Que es mou per ell mateix. *[automóvil]* // m. Vehicle o mecanisme automòbil, especialment vehicle d'impulsió pròpia. *[automóvil]*

autònom, ònoma. adj. Que té autonomia. *[autónomo]*

autonomia. f. Qualitat d'autònom. *[autonomía]* // Facultat de governar-se per les seues pròpies lleis. *[autonomía]*

autopista. f. Carretera amb calçades separades, corbes de radi llarg, sense encreuaments a nivell, amb accessos i sortides adequats, etc., que facilita la intensitat, la rapidesa i la seguretat de la circulació. *[autopista]*

autor, ora. m. i f. El qui és la causa primera d'alguna cosa, especialment el qui ha fet o compost una obra intel·lectual, d'art. *[autor]*

autoretrat. m. Retrat d'algú fet per ell mateix. *[autorretrato]*

autoritat. f. Potestat legítima a què estan sotmesos els membres d'un cos social. *[autoridad]* // Persona revestida d'algun poder. *[autoridad]* // Persona que té o mereix autoritat. *[autoridad]*

autoritzar. v. tr. Donar facultat o autoritat per a fer alguna cosa. *[autorizar]*

autumne. m. Tercera estació de l'any, tardor, reravera. *[otoño]*

auxili. m. Ajut, socors prestat a algú posat en l'adversitat o en grans dificultats. *[auxilio]*

auxiliar. v. tr. Prestar, donar auxili. *[auxiliar]*

aval. m. Signatura al peu d'un document per a respondre del pagament. *[aval]*

avall. adv. En direcció de dalt a baix. *[abajo]*

avalot. m. Alçament popular, tumult sediciós. *[alboroto, tumulto]* // Crits o sorolls molt forts. *[alboroto]*

avalotar. v. tr. Fer avalot. *[alborotar]* // Alçar en avalot o motí una munió, un bàndol, un poble, etc. *[alborotar]* // Moure avalot.

avaluar. v. tr. Determinar la vàlua d'alguna cosa. *[evaluar, valuar]*

avanç. m. Acció i efecte d'avançar. *[avance]*

avançar. v. tr. i intr. Tr. Moure endavant alguna cosa. *[avanzar]* // Intr. Progressar, anar endavant. *[avanzar]*

avantatge. m. Acte i efecte de passar davant algú. *[ventaja]* // Allò que dóna una superioritat en qualsevol cosa. *[ventaja]*

avantbraç. m. Part del braç que va des del colze al puny. *[antebrazo]*

avantguarda. f. Part d'un exèrcit que va davant del cos principal. *[vanguardia]*

avantpassat. m. Antepassat, ascendent, antecessor. *[antepasado]*

avar, ara. adj. Que té avarícia, avariciós. *[avaro]* // Que plany el donar. *[avaro]*

avaria. f. Dany sofert per les mercaderies en el transport. *[avería]* // Qualsevol dany o desperfecte en un vehicle, mecanisme, etc. *[avería]*

avariar. v. tr. Causar avaria o avaries. *[averiar]*

avarícia. f. Desig excessiu i desordenat d'adquirir riqueses per a guardar-les. *[avaricia]*

avassallar. v. tr. Reduir a vassallatge. *[avasallar]*

avatar. m. Cadascun dels estats per què passa algú que canvia d'opinió, partit, etc. *[avatar]*

aveïnar. v. tr. Admetre algú entre els veïns d'un poble. *[avecindar]* // **-se.** Fer-se veí o domiciliat oficialment en una localitat. *[avecindarse]*

avellana. f. Fruit comestible de l'avellaner. *[avellana]*

avellaner. m. Arbust fruiter, de fusta dura i corretjosa. *[avellano]* // Home que ven avellanes. *[avellanero]*

avena. f. Civada. *[avena]*

avenc. m. Obertura natural de la terra formant una cavitat subterrània més o menys profunda. *[sima]*

avenir. v. tr. Coincidir en els gusts, etcètera. *[avenir]* // **-se.** Deixar de discrepar, de ser en discòrdia. *[avenir-se]*

aventar. v. tr. Fer aire artificialment a alguna cosa. *[aventar, abanicar]*

aventura. f. Fet que s'esdevé inesperadament, a algú. *[aventura]* // Empresa de dubtós reeixir. *[aventura]*

averany. m. Auguri, pronòstic, indici de l'avenir. *[agüero]*

avergonyir. v. tr. Causar vergonya a algú. *[avergonzar]* // **-se.** Sentir vergonya. *[avergonzarse]*

avern. m. Infern. *[averno, infierno]*

aversió. f. Repugnància envers algú o alguna cosa. *[aversión]*

avesar. v. tr. Acostumar, habituar. *[acostumbrar, avezar]*

avet. m. Arbre de la família de les coníferes, propi dels llocs elevats i frescs, alt, de copa piramidal i fulles persistents. *[abeto]*

avi, àvia. m. i f. Pare o mare del pare o de la mare. *[abuelo]*

aviació. f. Art o ciència de la locomoció per mitjà d'aparells més pesants que l'aire. *[aviación]*

aviador, ora. m. i f. El qui practica l'aviació. *[aviador]*

aviar. v. tr. Enllestir, preparar, arreglar. *[aviar]* // Deixar anar allò que estava detingut. *[soltar]*

aviat. adv. Dins poc temps, sense tardar, prompte. *[pronto]*

aviciar. v. tr. Tenir una condescendència excessiva. *[mimar]* // **-se.** Contraure un vici, un hàbit, una afecció excessiva a una cosa. *[enviciarse]*

àvid, àvida. adj. Que té un desig immoderat d'alguna cosa. *[ávido]*

avinença. f. Acció i efecte d'avenir-se o concordar-se. *[avenencia]*

avinentesa. f. Ocasió propícia, oportunitat. *[ocasión, oportunidad]*

avinguda. f. Via ampla, generalment vorejada d'arbres, que dóna accés a una plaça o lloc important. *[avenida]* // Crescuda d'un cabal d'aigua. *[avenida]*

avió. m. Aeronau amb propulsió pròpia i amb ales fixes durant el vol. *[avión]*

aviram. m. i f. Tota mena d'ocells de corral. *[pollería, volatería]*

avís. m. Acció i efecte d'avisar. *[aviso]* // Escrit, etc., amb què s'avisa. *[aviso]* // Vaixell de guerra menut i lleuger per a dur ordes. *[aviso]*

avisar. v. tr. Donar notícia, advertir. *[avisar]*

avituallar. v. tr. Proveir de vitualles. *[avituallar]*

avivar. v. tr. Fer més viu, donar vida o vivor a alguna cosa. *[avivar]* // Fer pujar de to els colors, fer-los més vius, més brillants. *[avivar]* // Fer que el foc augmente la flama i creme millor. *[avivar]* // Fer que la llum d'una falla, cresol, quinqué, etc., siga més viva, més clara.

[avivar] // Revifar, eixorivir. // **-se.** Prendre vida i vigor el foc, una foguera, el vent, una conversa, una discussió, etc. *[avivarse]* // Prendre vida les larves dels cucs o insectes i també les contingudes dins un cereal, planta, arbre, etc., o dins la farina, formatge, fruita, etc., criant-se cucs que els fan malbé. *[avivarse]*

avorriment. m. Odi, aversió. *[aborrecimiento]* // Tedi, desplaer de la vida. *[aborrecimiento]*

avorrir. v. tr. Tenir odi, aversió a algú o a alguna cosa. *[aborrecer]* // Agafar aversió. *[aborrecer]* // **-se.** Sentir tedi. *[aburrirse]*

avort. m. Part prematur, avortament. *[aborto]*

avortar. v. intr. Parir prematurament. *[abortar]* // Morir en germen. *[abortar]* // Fracassar, fer-se malbé. *[abortar]*

avui. adv. En el dia en què som, hui. *[hoy]* // En el temps present, actualment. *[hoy]*

axioma. m. Principi que, de tant evident, no necessita demostració. *[axioma]*

àzim. adj. Aplicat al pa sense llevat. *[ácimo]*

b b b b b b b b

b. f. Segona lletra de l'alfabet. *[be]*

babau. m. i f. Persona sense cap malícia. *[babieca, bolonio, babazorro]*

babel. f. Nom de la torre que els hòmens primitius provaren d'edificar. *[babel]*

babord. m. Costat esquerre de la nau mirant de popa a proa. *[babor]*

babutxa. f. Mena de xinel·la moresca, que no té tacó. *[babucha]*

bac. m. Colp fort donat en una caiguda. *[batacazo, baque]*

baca. f. Part superior dels cotxes diligències. *[baca]*

bacallà. m. Peix abundós en les mars del nord i que, premsat i salat, s'usa molt per a menjar. *[bacalao]*

bacallaneria. f. Botiga on es ven bacallà. *[bacaladería]*

bacanal. adj. Festa que els grecs i romans dedicaven a Bacus. *[bacanal]* // Orgia tumultuosa. *[bacanal]*

bací. m. Plat de metall amb una esmotxadura semicircular a la vora, que usaven els barbers per a remullar la barba. *[bacía]* // Vas que serveix per a rebre els excrements del cos humà, orinal. *[bacín]*

bacina. f. Plat de metall, etc., per a demanar almoina, portar aigua, etc. *[bacineta, bacina]*

baciner, era. adj. Que es fica allí on no el demanen. *[entrometido]*

bacinet. m. Peça de l'armadura que cobria el cap. *[bacinete]* // Platet per a recollir almoines.

bacó, ona. m. i f. Porc adult. *[puerco, cerdo]* // m. Penca de porc salada.

bacó, ona. m. i f. Persona que és bruta físicament o moralment. *[sucio, cochino]*

bacora. f. Primer fruit anyal de la figuera. *[breva]*

bacora. f. Peix semblant al bonyítol. *[albacora]*

bacteri. m. Microorganisme unicel·lular que es multiplica per partició simple. *[bacteria]*

bàcul. m. Crossa que usen els bisbes i que és símbol d'autoritat. *[báculo]*

badada. f. Acció i efecte de badar. *[distracción]* // Oblit d'una cosa important.

badall. m. Acció i efecte de badallar. *[bostezo]* // Clevill, fenedura. *[hendidura, rendija, grieta]* // Obertura incompleta. *[resquicio]*

badallar. v. intr. Obrir la boca amb un moviment espasmòdic. *[bostezar]* // Morir-se, fer el darrer badall. *[expirar]* // Pasar fam.

badana. f. Pell adobada d'ovella, d'anyell o de moltó. *[badana]*

badar. v. tr. i intr. Tr. Produir una fenedura. *[hender]* // Intr. Estar menys o més oberta una cosa, presentar una fenedura o clivella. // **-se.** Obrir-se una cosa per l'acció d'un colp o un fenomen intern. *[rajarse, agrietarse]*

badia. f. Entrada de la mar en la costa; tros de mar parcialment envoltat de terra. *[bahía]*

badoc. m. La flor del magraner i de la carabassera, especialment l'embrió del fruit. // Persona que badoqueja, insípida i d'enteniment fofo, buit, fàcil d'enganyar. *[babieca, bobo]* // El qui bada, mirant coses que li distrauen l'atenció. *[mirón, bobo, babieca]*

badomeria. f. Cosa de poca importància. *[fruslería, tontería]*

badomia. f. Badomeria, idea disbaratada. *[necedad, tontería, badomía]*

badoquejar. v. intr. Badar, mirar sense fixesa. *[mirotear]* // Fer el badoc.

baf. m. Vapor que es desprén d'un cos. *[vaho]* // Aire que s'expel·leix del cos en la respiració. *[aliento]* // Olor forta i desagradable. *[tufo, hedor]*

bafanejar. v. intr. Vantar-se, ponderar indegudament els propis mereixements, les pròpies riqueses. *[alardear]* // Donar-se importància sense motiu. *[vanagloriarse]*

baga. f. Llaçada en què un dels caps no es fa passar del tot i forma com una anella. *[lazo]*

bagassa. f. Dona de mala vida, prostituta. *[bagasa]* // Dona malfaenera.

bagatge. m. Allò que porta amb ell el qui va de viatge. *[bagaje]* // Impost o preu del transport. *[portes, acarreo]*

bah! interj. Expressa dubte, incredulitat, despreocupació, menyspreu, indiferència, etc. *[¡bah!]*

bai, aia. adj. Roig fosc; dit principalment dels cavalls. *[bayo]*

baieta. f. Teixit fluix cobert de pèl per una o per ambdues cares. *[bayeta]*

baina. f. Estoig de la fulla d'una espasa, daga, punyal, ganiveta, etcètera, i d'altres armes i de certs instruments tallants o punxants com tisores, punxons, etcètera. *[vaina]* // Bajoca de fava o d'altre llegum. *[vaina]*

baix, aixa. adj. De poca alçària. *[bajo]* // Menyspreable, groller, *[bajo]* // De qualitat inferior. *[bajo]*

baix. adv. A una altura poc considerable. *[bajo]* // A la part baixa (oposada a dalt). *[abajo]*

baix. m. Part inferior d'alguna cosa. *[bajo]* // Cantant que té la veu greu. *[bajo]* // En els mars, rius o llacs, elevació del fons. *[bajo]*

baixa. f. Disminució del valor d'alguna cosa. *[baja]* // Document en què consta l'absència d'un individu. *[baja]*

baixada. f. Acció i efecte de baixar. *[bajada]* // Paratge inclinat en descens, pendent. *[pendiente]*

baixamar. f. Minvant de la mar i temps de la seua durada. *[bajamar]*

baixar. v. tr. i intr. Tr. Portar algú o alguna cosa de dalt a baix. *[bajar]* // Intr. Pervenir a un nivell més baix, a un grau inferior d'intensitat. *[bajar]* // En el joc de pilota valenciana, passar els jugadors de la part de dalt, o del dau, a la part de baix o del rest.

baix-relleu. m. Relleu de poc gruix. *[bajorrelieve]*

bajà, ana. adj. Babau, beneitot, neci, ximple. *[bobo, necio]*

bajanada. f. Acció pròpia d'un bajà. *[sandez, bobería, majadería]*

bajoc, oca. m. i f. Babau. *[tonto, badulaque]*

bajoca. f. Tavella de les plantes lleguminoses que conté la llavor, especialment de la fesolera. *[vaina]* // Tavella de fesol tendra i comestible; fesol tendre, tot comestible. *[judía]*

bajoquera. f. La planta que fa bajoques.

bala. f. Fardell de mercaderies. *[bala]*// Conjunt de deu raimes. *[bala]* // Projectil de les armes de foc. *[bala]*

baladre. m. Arbust verinós de fulles perennes i flors vermelles o blanques. *[adelfa]*

baladrejar. v. intr. Cridar a crits descompassats, esvalotadament. *[vocear, vociferar]*

baladrer, era. adj. i m. i f. Que baladreja, que parla a crits o que crida immoderadament. *[vocinglero]*

baladró, ona. m. i f. Qui baladreja o braveja exageradament. *[baladrón]*

balafiar. v. tr. Dilapidar, malgastar, gastar supèrfluament. *[dilapidar, malgastar]*

balanç. m. Moviment d'oscil·lació. *[balance]* // Compte que fa el comerciant de l'estat dels seus cabals. *[balance]*

balança. f. Instrument per a pesar. *[balanza]*

balancejar. v. tr. i intr. Tr. Fer balancejar alguna cosa. *[balancear]* // Intr. Moure's oscil·lant a un costat i a l'altre. *[balancear]*

balancí. m. Peça d'una màquina que posseeix un moviment d'oscil·lació regular. *[balancín]*

balandra. f. Embarcació amb un arbre i una vela per a cabotatge. *[balandra]*

balandre. m. Embarcació d'esport aparellada com una balandra. *[balandro]*

balb, alba. adj. Que executa amb dificultat els moviments que li són propis. *[entumecido]* // Entumit per excés de fred. *[arrecido, aterido]*

balbotejar. v. tr. i intr. Tr. Pronunciar les paraules d'una manera incompleta. *[balbucear]* // Intr. Parlar amb una pronunciació imperfecta. *[balbucear]*

balbucejar. v. tr. i intr. Balbotejar. *[balbucear]*

balcó. m. Obertura gran en una habitació, des del sòl, amb barana. *[balcón]*

balda. f. Peça de ferro o fusta per a assegurar les portes després de tancades. *[falleba]* // Anella de trucar a la porta. *[aldaba]*

baldar. v. tr. Deixar tolit, deixar balder un membre o part del cos sense poder-lo utilitzar, deixar impedit o inútil. *[tullir]* // Deixar una malaltia, un treball penós, un exercici violent, etc. en estat malbé, con mig inútil o impedit. *[baldar, impedir]*

baldavelló. m. Baldelló. *[taravilla]*

baldelló. m. Baldó. *[aldabilla, pestillo]*

balder, era. adj. Dit d'una peça que ve fluixa dins d'una altra que la conté i no ajusta exactament, o també d'una peça que envolta o abraça de sobra sense ajustar com cal, com un calcer, una peça de roba, unes mànigues, etc; ample i sobrer per a allò que ha de contenir. *[holgado]* // Que es mou o menja per no ajustar bé. *[movedizo]*

baldó. m. Balda menuda. *[aldabilla, pestillo, tarabilla]*

baldraga, de. loc. adv. Menjar de baldraga, pagant altri. *[de mogollón]*

baldragues. f. pl. Calçons molt amples que duien els llauradors antics. // m. Home curt de coratge que se deixa comandar de la dona. *[calzonazos, bragazas]*

baldufa. f. Tros de fusta de forma cònica que els xiquets fan ballar amb un cordell. *[trompo]*

balear. adj. Propi relatiu o referent al País Balear (Mallorca, Menorca i Eivissa) o a la unitat de les tres illes balears, poble i institucions. *[balear]*

baleja. f. Granera feta de rames de bedoll, emprada per a balejar l'era. *[abaleadera]*

balejar. v. tr. Separar amb la baleja el gra dels residus. *[abalear]*

balena. f. Mamífer cetaci de molta grandària, que viu ordinàriament a les mars polars. *[ballena]*

balisa. f. Senyal, generalment flotant, per a guiar als navegants en un pas difícil. *[baliza]*

ball. m. Acció de ballar. *[baile]* // Successió de passos, etcètera, executats segons un orde determinat. *[baile]* // Reunió de persones per a ballar. *[baile]*

ballar. v. tr. i intr. Tr. Executar un ball. *[bailar]* // Intr. Executar sol o acompanyat d'altres una successió de passos. *[bailar]*

ballaruga. f. Gala del roure. *[agalla]* Joguet al qual s'imprimeix un ràpid moviment de rotació amb el polze i l'índex i balla com una baldufa. *[perinola]* // Ball públic o conjunt de balls en una festa. *[bailoteo]*

ballesta. f. Màquina de guerra antiga per a llançar pedres o sagetes grans. *[ballesta]* //Arc d'acer per a llançar sagetes. *[ballesta]* // Arc flexible d'acer que forma part de certs mecanismes, especialment la perxa d'un tren, tramvia elèctric. *[ballesta]*

ballet. m. Dansa escènica. *[ballet]*

balma. f. Cova més ampla que fonda oberta naturalment en la roca sovint no massa profunda. *[gruta, cueva]*

balneari, ària. adj. Relatiu o pertanyent als banys. *[balneario]* // Establiment de banys. *[balneario]*

baló. m. Pilota grossa de goma plena d'aire i coberta de cuir o altra pell. *[balón]* // Sac de goma destinat a contenir un gas. *[balón]* // Recipient de vidre de forma esfèrica. *[matraz]*

bàlsam. m. Substància resinosa aromàtica que flueix d'algunes plantes. *[bálsamo]* // Nom de diferents preparats farmacèutics d'ús extern. *[bálsamo]* // Qualsevol cosa que consola una pena, etc. *[bálsamo]*

baluard. m. Obra de fortificació de forma pentagonal en els angles d'un recinte emmurallat. *[baluarte]*

balustre. m. Columneta tornejada adornada amb motlures. *[balaustre]*

bambolina. f. Cadascuna de les bandes de

tela o paper que formen la part superior d'un escenari. *[bambalina]*

bambolla. f. Porció d'aire o d'un gas qualsevol envoltat d'un tel d'aigua o d'un altre líquid. *[burbuja]* // Glòbul d'aire o d'un gas en l'interior d'un líquid o d'un sòlid transparent. *[burbuja]* // Bufa que es forma per l'elevació de l'epidermis. *[ampolla]*

bambú, (pl. ús). m. Planta de l'Índia les canyes de la qual serveixen per a construccions diverses. *[bambú]*

ban. m. Edicte públic, crida, pregó. *[bando]* // Multa, pena pecuniària. *[multa]*

banal. adj. Que no té cap originalitat, vulgar. *[banal]*

banc. m. Seient llarg on caben algunes persones. *[banco]* // Taula de treball usada pels fusters, manyans, etc. *[banco]* // Establiment públic de crèdit. *[banco]* // Baix de molta extensió al mar, riu o estany. *[banco]*

banca. f. Seient de fusta sense respatler. *[banco]* // Comerç que fan els bancs. *[banca]*

bancal. m. Tros de terra de conreu amb límits precisos. *[bancal]* // Línia inferior d'imatges en els retaules de fusta. *[bancal]* // Caixabanc.

banda. f. Conjunt de gent armada. *[banda]* // Conjunt de músics d'instruments de vent i percussió. *[banda]* // Faixa o llista. *[banda]* // Costat. // Indret.

bandejar. v. tr. Desterrar, allunyar, proscriure, condemnar a algú a eixir d'un territori o lloc. *[desterrar, expulsar]*

bandera. f. Tros de roba que pels seus colors forma el distintiu d'una nació, ciutat, etc. *[bandera]*

bandit. m. Fugitiu de la justícia. *[bandido]* // Bandoler. *[bandolero]*

bàndol. m. Facció, parcialitat, partit. *[bando]*

bandoler. m. Lladre, saltejador de camins. *[bandolero]*

bandolera. f. Banda de cuiro que va des de l'espatla esquerra a la banda dreta de la cintura per a penjar-hi una arma de foc, etc. *[bandolera]*

bandositat. f. Bàndol. *[bando]* // Lluita entre partits. *[bandería, parcialidad]*

bandúrria. f. Instrument musical de corda semblant a la guitarra. *[bandurria]*

banquer. m. El qui té o dirigeix una casa de banca. *[banquero]* // El qui du la banca en el joc. *[banquero]*

banquet. m. Petit banc. *[banquillo]* // Pontet de pany o de balda. *[picolete]* // pl. Bancs menuts situats baix la corda en el joc de pilota valenciana a l'alt.

banquet. m. Gran menjar al qual concorren molts convidats. *[banquete]*

banqueta. f. Banc menut molt baix per a posar els peus. *[banqueta]* // Gran canelobre de forma piramidal que sosté una atxa. // Graó de llarg a llarg de les fortificacions. *[banqueta]*

banús, (pl. ussos). m. Arbre de fusta compacta, llisa i negra al centre. *[ébano]* // Fusta d'aquest arbre. *[ébano]*

bany. m. Acció de banyar o de banyar-se. *[baño]* // Recipient disposat per a banyar-se. *[baño]* // Capa d'una matèria estranya donada sobre una altra. *[baño]*

banya. f. Excrescència òssia que tenen certs animals al cap. *[cuerno]*

banyador, ora. m. i f. Persona que presta servei en un establiment de banys. *[bañador]* // Vestit per a banyar-se. *[bañador]*

banyar. v. tr. Ficar dins l'aigua. *[bañar]* // Xopar alguna cosa amb aigua o altre líquid. *[mojar]* // Fer que l'aigua o altre líquid toque la superfície d'alguna cosa, caiga sobre alguna cosa. *[mojar]* // Rebre la pluja.

banyer. m. Persona que té cura dels banys i serveix als qui es banyen. *[bañero]* // Treballador d'objectes de banya.

banyera. f. Pica per a prendre banys. *[bañera]* // Cavitat del centre de les barques sense coberta. *[bañera]*

banyeta. m. Nom popular del dimoni.

banyut, uda. adj. Que porta banyes. *[cornudo]* // m. Home al qual la seua dona és infidel. *[cornudo]*

baptisme. m. Sagrament de l'Església amb el qual es comunica la gràcia i el caràcter de cristià. *[bautismo]*

baquejar. v. tr. Donar un bac a alguna

cosa. *[baquear]* // Fer donar un bac, llançar violentament una cosa ocasionant-li un bac. *[baquear, derribar]*

baqueta. f. Barreta per a atacar les armes de foc. *[baqueta]* // Cadascuna de les manetes per a tocar els instruments musicals de percussió. *[baqueta]*

bar. m. Establiment de begudes on les consumicions són servides al taulell. *[bar]*

baralla. f. Acció de barallar-se. *[riña]* // El joc complet de cartes. *[baraja]*

barallar. v. intr. Mesclar les cartes d'una baralla abans de donar-les, fer. *[barujar]*

barallar. v. tr. Fer nàixer una enemistat, fer renyir. *[enemistar]* // **-se.** Tenir raons, qüestionejar.

barana. f. Construcció a l'alçada del pit que voreja un balcó, un terrat, un pou, un pont, una escala, etc., per a guardar de caure. *[baranda, barandilla]*

barandat. m. Paret feta de rajoles posades de cantó que separa dues habitacions. *[tabique]*

barat, ata. adj. o adv. A baix preu. *[barato]* // m. i f. Canvi, permuta. *[trueque]*

baratar. v. tr. Donar o rebre una cosa a canvi d'una altra, fer barates, canviar. *[trocar, cambiar]*

barb. m. Peix de riu, redó i negrenc, comestible. *[barbo]* // Cadascun dels grans que ixen a la cara com una erupció precursora de la barba. *[barro]*

barba. f. Extremitat inferior de la cara sota la boca. *[barba]* // Conjunt de pèls que naixen a la regió de la cara corresponent. *[barba]* // m. Actor dramàtic que fa papers de vell. *[barba]*

bàrbar, àrbara. adj. i m. i f. Individu d'un país incivilitzat. *[bárbaro]* // Incivil, rude, grosser. *[bárbaro]* // Cruel, ferotge. *[bárbaro]*

barbàrie. f. Crueltat extrema. *[barbarie]* // Absència de civilització. *[barbarie]*

barbarisme. m. Falta comesa contra la puritat del llenguatge. *[barbarismo]*

barbaritat. f. Qualitat de bàrbar. *[barbaridad]* // Crueltat, inhumanitat.

barber. m. El qui té per ofici afaitar la barba i tallar els cabells. *[barbero]*

barberia. f. Ofici i establiment de barber. *[barbería]*

barbut, uda. adj. Que té molta barba. *[barbudo]*

barca. f. Embarcació menuda. *[barca]* // Os del pit dels ocells. *[caballete]*

barcassa. f. Barca grossa per a transportar càrrega dels vaixells a terra o viceversa. *[barcaza]*

barcella. f. Mesura de capacitat per a grans, que en el sistema valencià equival a 16'75 litres; aproximadament és la sisena part de l'hectolitre. La barcella té quatre almuds i els seus múltiples són: la faneca que té dues barcelles i el cafís que té dotze barcelles. *[barchilla]*

barceloní, ina. adj. i m. i f. Pertanyent o natural de Barcelona.

bardissa. f. Tanca feta d'esbarzers, arços, etc. *[barda]* // A les rajoleries, revestiment de toves per a cobrir el curull del forn.

barem. m. Taula o conjunt de taules de comptes resolts. *[baremo]*

baríton. m. Veu mitjana entre la de tenor i la de baix. *[barítono]* // Persona que té aquesta veu. *[barítono]*

barja. f. Espècie de senalla d'espart o de palmes, on els treballadors del camp duen el menjar i les aïnes. *[barjuleta]* // Espècie de banasta de vímens més alta que ampla. *[espuerta]*

barjol. m. Senalleta d'espart o de palmes que duen penjada a l'esquena els treballadors del camp, per a portar-hi menjar. *[barjuleta]* // Panxa.

barjola. f. Sarró que duen a l'espatla els caminants. *[barjuleta]* // Cistell de vímets amb una ansa al mig. // Butxaca interior de la levita, gec, etc. // Panxa.

barnilla. f. Cadascuna de les làmines còrnies que la balena té a la mandíbula superior. *[ballena]* // Cadascuna de les varetes dels paraigües o altres instruments semblants. *[varilla]*

barnús, (pl. ussos). m. Capa amb caputxa que porten els moros del nord d'Àfrica. *[albornoz]* // Peça d'abric llarga, amb mànigues, especialment el que es posa hom sobre el vestit de bany. *[albornoz]*

baró. m. Home arribat a l'edat madura. *[varón]* // Títol nobiliari de dignitat inferior a la del vescomte. *[barón]* // Cadascun dels caps o cadenes que serveixen per a governar el timó quan s'ha perdut l'arjau.

baròmetre. m. Instrument per a mesurar la pressió atmosfèrica. *[barómetro]*

baronessa. f. Mulier d'un baró. *[baronesa]* // Títol nobiliari femení. *[baronesa]*

baronia. f. Dignitat i jurisdicció d'un baró. *[baronía]*

baronívol, ívola. adj. Viril o relatiu a l'home fet. *[varonil]* // Valent, coratjós.

barquer, era. m. i f. Persona que governa una barca. *[barquero]*

barra. f. Peça allargada de fusta o metall. *[barra]* // Banc d'arena, etc., que es forma a l'entrada d'un port o d'un riu. *[barra]* // Cadascuna de les llistes d'un escut. *[barra]* // Mandíbula. *[quijada]* // Atreviment, poca vergonya. *[caradura]*

barraca. f. Construcció rústica de materials lleugers. *[barraca, cabaña]* // Habitació de terra amb coberta de canyes i palla, pròpia de l'horta de València. *[barraca]*

barrada. f. Colp pegat amb una barra. *[trancazo, estacazo]*

barral. m. Nom de diferents atifells per a contenir líquids, porró, etc. *[barral, porrón, redoma]*

barranc. m. Excavació profunda que fan les aigües de pluja en la terra. *[barranco]*

barrar. v. tr. Tancar amb barres una porta, etc. *[barrear]*

barreja. f. Acció i efecte de barrejar o de barrejar-se. *[mezcla]* // Batussa.

barrejar. v. tr. i intr. Tr. Mesclar coses diverses. *[mezclar]* // Intr. Menjar carn i peix en un mateix dinar en dia prohibit per la santa Església.

barrera. f. Tanca, especialment llevadissa, que serveix per a impedir el pas. *[barrera]* // fig. Obstacle natural que impedeix o dificulta el pas. *[barrera]*

barret. m. Capell. *[sombrero]* // Peça de fusta redona que va sota la premsa d'oli en el lloc on han de ser pitjats els cofins.

barreta. f. Barra prima. *[varilla]* // Tira interior de la costura de la sabata.

barri. m. Cadascuna de les parts en què es divideix una ciutat o un poble. *[barrio]*

barriada. f. Barri gran. *[barriada]*

barril. m. Recipient per a líquids de diferents mides. *[barril]*

barrila. f. Gresca, soroll. *[gresca, jarana]*

barrina. f. Instrument de ferro per a foradar la fusta. *[barrena]* // Barra de ferro amb un tall al capdavall per a foradar penyes, etc. *[barrena]*

barrinar. v. tr. Foradar amb la barrina. *[barrenar]* // Fer barrinades. *[barrenar]* // Meditar, rumiar. *[rumiar]*

barró. m. Barra menuda de ferro o fusta per a diferents usos i assegurar finestres, penjar la roba, etc. *[barrote]*

barroc, oca. adj. Aplicat a un estil arquitectònic enfarfegat i extravagant per excés d'adornaments. *[barroco]*

barroer, era. adj. i m. i f. Poc mirat en la faena, que treballa malament; groller. *[chapucero, rudo]*

barrot. m. Barra gruixuda per a assegurar una porta, etc. *[barrote, barrón]*

barrut, uda. adj. Que té bones barres, que menja molt. *[tragón]*

basa. f. En el joc de cartes, les de cada jugada. *[baza]*

basar. m. Botiga gran en què es venen moltes menes d'articles. *[bazar]*

basar. v. tr. Assentar alguna cosa sobre la seua base. *[basar]*

basarda. f. Feredat, temor, espant, por intensa que pertorba l'esperit. *[pavor]*

basc, asca. adj. Natural o propi de Basconia. *[vasco]* // m. Llengua parlada en una gran part del País Basc i part de Navarra. *[vascuence]*

basca. f. Ànsia, inquietud. *[congoja, ansia]* // Angúnia, basqueig. *[ansias]* // Mareig produït per un malestar a l'estómac, per l'ardor del sol o del foc, etc. *[náuseas, mareo]*

bascós, osa. adj. Que té basca. // Que produeix basca, que causa opressió interna, convulsió, neguit, ànsia, malestar. *[bochornoso]* // Que basqueja, frissós, impacient. // Que fa basca.

bàscula. f. Aparell per a pesar. *[báscula]*
base. f. Allò sobre què alguna cosa descansa. *[base]* // Principi o fonament d'alguna cosa. *[base]*
basílica. f. Església que per la seua forma recorda la basílica romana. *[basílica]* // Església a la qual ha estat concedit aquest títol. *[basílica]*
basqueig. m. Neguit, desfici, que se sent quan es té ganes de vomitar. *[náuseas, bascas]*
basquejar. v. intr. Tenir ànsia per alguna cosa. *[anhelar]* // **-se.** Afanyar-se a alguna cosa. *[esforzarse]*
basquet. m. Espècie de cistell o caixa fruitera per a l'exportació de fruits, tomaques, etc. *[canasta, cuévano, cesto]*
basquetbol. m. Joc en què actuen dos equips de cinc jugadors i que consisteix a cercar d'introduir la pilota en una cistella. *[baloncesto]*
bassa. f. Qualsevol estany destinat a recollir aigua. *[balsa]* // Sot d'aigua que es fa quan plou. *[charco, laguna]*
bassó. m. Bassa menuda. // Bassa on els ollers desfan la terra que han de fer servir.
bast. m. Albarda curta que porten les bèsties de càrrega. *[baste]*
bast, asta. adj. Mancat de finor, delicadesa, poliment. *[basto]*
basta. f. Punt llarg amb què les cosidores igualen la roba per a cosir-la bé. *[hilván]*
bastant. adj. i adv. Que basta, suficient. *[bastante]* // No poc, prou, en quantitat regular. *[bastante]*
bastar. v. intr. Ser suficient. *[bastar]*
bastard, arda. m. i f. Fill de matrimoni il·legítim o concubinat, reconegut pel seu pare com a fill de provisió i certs drets hereditaris. *[bastardo]* // adj. Dit de certes substàncies no pures.
bastida. f. Construcció provisional feta amb taulons per a poder treballar a una alçada convenient. *[andamio]*
bastidor. m. Armadura de quatre llistons de fusta per a fixar les teles que cal pintar o brodar. *[bastidor]* // Aparell de fusta sobre el qual són esteses les parts laterals d'una decoració de teatre. *[bastidor]* // Estructura metàl·lica que suporta la caixa d'un vehicle o màquina. *[bastidor]*
bastiment. m. Acció i efecte de bastir. *[construcción, fortificación]* // Conjunt dels muntants on s'encaixa una porta o finestra. *[marco]* // Vaixell. *[bajel, navío, buque]* // Conjunt de taulons lligats acostat a un mur o construcció per a caminar els obrers. *[andamio]*
bastió. m. Baluard d'un recinte fortificat. *[bastión]*
bastir. v. tr. Construir, edificar. *[edificar]*
bastó. m. Vara de fusta, bambú, etcètera, disposada per a usos diversos. *[bastón]* // Un dels colls de les cartes de jugar. *[basto]* // Pal, palet; branquilló.
bata. f. Peça de vestir llarga amb mànigues. *[bata]*
batall. m. Peça de metall, os, etcètera, suspesa en el centre de les campanes o esquelles per a fer-les sonar. *[badajo]*
batalla. f. Acció en la qual dos exèrcits enemics es baten l'un contra l'altre. *[batalla]*
batallada. f. Colp de batall a la campana i so que produeix. *[badajada]*
batallar. v. intr. Combatre, lluitar, disputar. *[batallar, reñir, pelear]* // **-se.** Mostrar discòrdia violentament. *[pelearse, reñir]*
bataller. m. Que batalla, combatent. *[batallador]*
batalló. m. Unitat tàctica de la infanteria. *[batallón]*
batata. f. Mena de planta de tubercles comestibles. *[batata]* // Tubercles d'aqueixa planta. *[batata]*
batec. m. Cadascun dels colps que dóna el cor en bategar. *[latido]* // Peça de ferro que formava part de la mola.
bàtec. m. Xàfec, pluja forta. *[aguacero]*
batecul. m. Baticul. *[azotaina]*
bategar. v. intr. Executar el cor els seus moviments naturals de contracció i dilatació. *[palpitar, latir]* // Existir, agitar-se, en l'interior d'alguna cosa, un sentiment, un anhel, un propòsit, etc. *[latir]* // Lluitar, colpejar; fer esforços per a defensar-se. *[batir]*
bateig. m. Acte de batejar. *[bautizo]* //

Conjunt de persones que assisteixen al bateig. *[bautizo]* // Festa que es fa amb ocasió del bateig. *[bautizo]*

batejar v. tr. Administrar el sagrament del baptisme. *[bautizar]* // Posar nom a una cosa. *[bautizar]* // Posar aigua al vi, a la llet, etc. *[bautizar]*

batent. adj. Que bat, que topa seguidament o a intervals sobre un obstacle. *[batiente]* // m. Cadascuna de les fulles d'una porta. *[batiente]* // Lloc on bat el vent, la pluja, el sol, etc. *[resistero]*

bateria. f. Conjunt de peces d'artilleria disposades per a disparar. *[batería]* // Cada grup de canons d'un vaixell de guerra. *[batería]* // Conjunt d'aparells, màquines, depòsits, etc. *[batería]*

baticul. m. Colp donat al cul. *[azotaina]*

batle. m. President d'una corporació municipal. *[alcalde]* // Oficial encarregat d'administrar justícia a una vila o ciutat en nom del rei o del senyor feudal. *[baile]*

batolla. f. Instrument per a desgranar el blat o altre gra, a colps. *[mayal]*

batollar. v. tr. Batre els cereals o llegums amb les batolles. *[varear]*

batre. v. tr. i intr. Tr. Donar colps repetits sobre una cosa. *[batir, golpear]* // Desgranar els cereals i llegums. *[trillar]* // Fer caure el fruit dels arbres. *[varear]* // Véncer a algú. *[batir]* // Intr. Bategar. *[palpitar]*

batuda. f. Acció de batre els cereals o llegums. *[trilla]* // Estesa de garbes que es posa a l'era. *[parva]* // Acció d'alçar la caça per a fer-la anar a un lloc prèviament destinat. *[batida]*

batussa. f. Acte de batre's dos o més a colps, pedrades, etc. *[refriega, reyerta, pendencia]*

batussar. v. tr. Batre a colps, bastonejar. *[apalizar]* // Batre cigrons, fesols, llentilles, etc., a colps de vara. *[varear]*

batussó. m. Palissa, acció de batussar. *[paliza]*

batuta. f. Bastó amb què el director d'un conjunt musical marca el compàs als executants. *[batuta]*

batxiller, era. m. i f. Persona que posseeix el grau de l'ensenyament secundari. *[bachiller]* // Inclinat a batxillejar. *[bachiller, picotero]*

batxillerat. m. Grau de batxiller i conjunt d'estudis per a obtenir-lo. *[bachillerato]*

batzegada. f. Canvi brusc, moviment violent. *[sacudida]*

batzoles. f. pl. Matraca. *[matracas, carraca]*

baül. m. Caixa gran que té la tapadora exteriorment convexa i serveix per a guardar roba. *[baúl]* // Ventre. // Taüt. *[ataúd]*

baula. f. Cadascuna de les peces que formen una cadena. *[eslabón]* // **baula de porta,** picaporta.

bava. f. Saliva abundosa que cau de la boca. *[baba]* // Humor viscós que segreguen certs animals com el caragol. *[baba]*

bavar. v. intr. Bavejar, deixar caure baves. *[babear]*

baveig. m. Acte de bavejar. *[babeo, baboseo]*

bavejar. v. tr. i intr. Tr. Omplir de baves. *[babear]* // Intr. Traure bava, fer baves. *[babosear]*

bavós, osa. adj. Que baveja. *[baboso]*

be, (pl. es). f. Nom de la lletra «b». *[be]*

bé. adv. D'una manera recta i deguda. *[bien]* // D'una manera oportuna, còmoda o avinent. *[bien]* // Fórmula per a aprovar. *[bien]*

bé. m. Allò que fa la felicitat d'algú o li causa un benefici. *[bien]* // Allò que constitueix la perfecció, especialment la perfecció moral. *[bien]* // pl. Cabals, riquesa. *[bienes]*

be. m. Bel. *[balido]*

beat, ata. adj. Benaurat, feliç per la gràcia sobrenatural. *[beato]* // Persona molt devota. *[beato]* // m. i f. Beatificat per l'Església. *[beato]*

beateria. f. Condició de la persona de devoció i virtut afectades. *[beatería, gazmoñería]*

bec. m. Part de les mandíbules dels ocells revestida d'una baina còrnia que els serveix per a agafar els aliments, etc. *[pico]*

beca. f. Faixa usada pels col·legials a manera d'insígnia. *[beca]* // Pensió gratuïta per a seguir uns estudis. *[beca]*

becada. f. Colp de bec. *[picotazo]* // Moviment d'inclinació del cap que fa el qui s'adorm assegut. *[cabezada]* // Dormida de poca duració feta d'assegut. // Error per distracció. *[coladura]*

becada. f. Ocell de bec molt llarg i carn molt estimada. *[becada, chocha]*

becar. v. intr. Ferir amb el bec. *[picotear]* // Fer cabotades o inclinar el cap cap avant, quan algú, de peu o assegut, es va adormint. *[cabecear]* // Dormir sense jaure, assegut en una cadira, etc. *[dormitar]* // Sofrir una distracció o equivocació. *[errar]*

beceroles. f. pl. Llibre per a aprendre les lletres. *[silabario, abecedario]* // Primers rudiments d'una ciència, d'un art. *[abecé]*

befa. f. Burla injuriosa, escarni. *[befa]*

begònia. f. Planta de flors sense corol·la i calze rosat. *[begonia]*

beguda. f. Acte de beure. *[bebida]* // Qualsevol líquid que es beu. *[bebida]* // Lleugera col·lació dels treballadors al camp. // Mala nova, adversitat. *[trago]* // Vici de beure. *[bebida]*

beguí, ina. adj. i m. i f. Persona que pertany a certes associacions religioses. *[beguino]*

beguinot, ota. adj. Ximple, beneitó, curt d'enteniment. *[bobo, tonto]*

beina. f. Funda per a guardar armes o instruments. *[vaina]* // Doblec de la roba per on passa una veta. *[vaina, jareta]* // Baina.

bel. m. Crit de les cabres i ovelles. *[balido]*

belar. v. intr. Fer bels els animals. *[balar]*

bell, ella. adj. Que té les qualitats que constitueixen la bellesa. *[bello]*// Molt bo. *[bello]* // Gran, fort, intens.

bellesa. f. Conjunt de gràcies o qualitats que desperten en nosaltres un delit espiritual, un sentiment d'admiració. *[belleza]* // Allò que és bell. *[belleza]*

bel·licós, osa. adj. Inclinat a la guerra, amant de la guerra, guerrer. *[belicoso]*

bel·ligerància. f. Qualitat de bel·ligerant. *[beligerancia]* // Reconeiximent del dret d'algú a prendre part en una lluita, discussió, etc. *[beligerancia]*

bel·ligerant. adj. Aplicat al país que està en guerra, guerrejant, especialment, a qui s'ha reconegut la bel·ligerància. *[beligerante]* // m. Combatent.

bellota. f. Fruit de l'alzina o carrasca. *[bellota]*

belloter, era. m. i f. Carrasca o alzina que fa bellotes. *[bellotero]*

bellugar. v. tr. Fer moure una cosa desplaçant-la lleugerament. *[mover]* // Posar en moviment alguna cosa o la multiplicitat de coses, gents, etc. *[bullir, hormiguear]* // **-se.** Moure's desplaçant-se lleugerament, no estar quiet. *[menearse]* // Fer passos, diligències, etc., per a aconseguir alguna cosa. *[moverse]*

ben. adv. Forma que pren l'adverbi «bé» quan precedeix un adjectiu o adverbi. *[bien]*

bena. f. Tira de roba aplicada a subjectar els apòsits o a lligar o embolicar un membre. *[venda]*

benaurança. f. Felicitat completa. *[bienaventuranza]*

benaurat, ada. adj. Que té benaurança. *[bienaventurado]*

benaventurança. f. Glòria del cel. *[bienaventuranza]* // Felicitat, prosperitat. *[bienaventuranza]* // Cada una de les felicitats predicades per Jesús als seus deixebles. *[bienaventuranza]*

bencarat, ada. adj. Que té la cara ben feta, agradosa. *[agraciado]*

benedicció. f. Acció i efecte de beneir. *[bendición]*

benefici. m. Bé que algú fa a un altre. *[beneficio]* // Profit, utilitat. *[beneficio]*

beneficiar. v. tr. Fer bé a algú, fer beneficis, beneficiar. *[beneficiar]* // Treballar una cosa per què done millor benefici. *[beneficiar]* // Fer valer una terra treballant-la. // Extraure mineral d'una mina, reduir mineral. // **-se.** Traure una utilitat, un guany. *[beneficiarse]*

beneficiós, osa. adj. Profitós, útil, que dóna benefici. *[beneficioso]*

beneir. v. tr. Invocar la protecció divina sobre algun objecte. *[bendecir]* // Lloar,

exalçar algú o alguna cosa pels beneficis rebuts. *[bendecir]*
beneit, eita. adj. Que ha rebut benedicció, *[bendito]* // Lloat, glorificat. *[bendito]* // Aplicat malèvolament a una persona simple, ingènua i de curt enteniment. *[tonto]* // Ximple, babau.
beneït, ïda. adj. i m. i f. Persona molt bona. *[bendito]* // Curt d'enteniment. *[bendito, bobalicón]*
benestant. adj. Que viu còmodament, que està bé de recursos econòmics. *[acomodado]*
benestar. m. Estat del qui se sent bé. *[bienestar]* // Situació en la qual es troben satisfetes les necessitats de la vida.
benèvol, èvola. adj. Que és indulgent. *[benévolo]* // Que vol el bé. *[benévolo]*
benevolència. f. Qualitat de benèvol. *[benevolencia]*
benigne, igna. adj. Que té o mostra disposició a la benevolència. *[benigno]* // D'acció suau, saludable. *[benigno]*
benjamí. m. Fill més menut. *[benjamín]*
béns. m. pl. Riquesa, hisenda. *[bienes]*
benvingut, uda. adj. Que ve a propòsit, que és ben acollit. *[bienvenido]*
benvolença. f. Bona voluntat envers els altres. *[benevolencia]*
benvoler. v. tr. Voler bé, estimar. *[bienquerer]*// m. Benvolença, amor. *[bienquerer]*
benvolgut, uda. adj. Que és estimat. *[querido]*
benzina. f. Líquid incolor, volàtil, inflamable, derivat del petroli o de la destil·lació del quitrà de l'hulla. *[bencina]*
bequelló. m. Broc llarguer per on aboquen el líquid d'un cànter o d'altre recipient. *[pico]*
bequerol. m. Facilitat de paraula. *[palique, pico]* // Mena de granet o tall que es forma a la comissura dels llavis. *[boquera]*
bequerut, uda. adj. Proveït de bec, acabat en bec. *[picudo]* // m. i f. Becadell. *[becacina, chochín]*
berbena. f. Verbena. *[verbena]*
bérbol. m. Malaltia de la pell que produeix aspror i picor del lloc atacat. *[empeine]*
berenar. v. intr. Menjar a mitjan capvespre. *[merendar]* // m. Menjada que es fa a mitjan vesprada entre el dinar i el sopar. *[merienda]*
bergant, anta. m. i f. Pillet, mala persona. *[bribón, bergante, tunante]* // Astut. *[pícaro]* // Brètol, viciós. // Bordegàs, xicot.
berlina. f. Cotxe tancat de quatre rodes. *[berlina]*
berruga. f. Duresa que es fa a la pell. *[verruga]* // Bony que es fa als arbres. *[verruga]*
berrugós, osa. adj. Ple de berrugues. *[verrugoso]*
bes. m. Acte de besar. *[beso]*
besaculs. m. i f. Adulador. *[lameculos, adulador]*
besada. f. Acte de besar. *[beso]* // Senyal que resta en els pans que han estat tocant-se dins del forn. *[beso]*
besamà. m. Cerimònia o acte de besar la mà a una persona d'alta categoria. *[besamanos]*
besar. v. tr. Tocar una cosa amb els llavis en senyal d'amor o reverència. *[besar]* // Estar una cosa en contacte amb una altra. *[besar, tocar]*
besavi, àvia. m. i f. Pare o mare de l'avi o de l'àvia. *[bisabuelo]*
bescantar. v. tr. Malparlar d'algú o d'alguna cosa, difamar. *[denigrar, difamar]*
bescanvi. m. Acció de bescanviar. *[cambio]*
bescanviar. v. tr. Donar una cosa i rebre'n com equivalent una altra. *[trocar, cambiar]* // Donar i rebre, lliurar i prendre, trametre's o adreçar-se, recíprocament.
bescoll. m. Part posterior del coll. *[pescuezo, cogote]*
bescollada. f. Colp pegat amb la mà en el bescoll. *[pescozón]*
bescuit. m. Pa que es cou una segona vegada perquè es conserve millor. *[galleta, bizcocho]* // Massa de farina, ous i sucre, cuita al forn. *[bizcocho]* // Porcellana, pisa, etc., abans d'envernissar.
besllum. f. Claror que deixa pasar un cos translúcid. *[trasluz]* // Llum reflectida. *[vislumbre]*

besnét, éta. m. i f. Fill o filla del nét o de la néta. *[biznieto]*

bessó, ona. adj. Nat d'un mateix part amb un altre o altres. *[gemelo, mellizo]* // Dit de dos fruits que han nascut apegats.

bèstia. f. Animal irracional. *[bestia]* // Persona de poc coneiximent. *[bestia]*

bestial. adj. Propi de la bèstia. *[bestial]*

bestiar. m. Conjunt de bèsties que es crien per al servei i utilitat de l'home. *[ganado]* // Conjunt de bèsties que van juntes. *[ganado]*

bestiesa. f. Niciesa en el dir o en el fer. *[necedad]*

bestiola. f. Bèstia menuda. *[bestezuela]* // adj. Estúpid, beneitot. *[estúpido, bestia]*

bestraure. v. tr. Avançar diners a algú, pagar per endavant o abans del temps acordat. *[anticipar, adelantar]*

bestreta. f. Acció de bestraure. *[anticipo]* // Diner bestret o anticipat. *[anticipo]*

besuc. m. Peix blanquinós i pla, semblant al pagell. *[besugo]*

besucar. v. tr. Besar repetidament. *[besucar, besuquear]*

Betlem. m. Ciutat de la Judea on nasqué Jesucrist. *[Belén]* // Naiximent, representació en relleu i figuretes del naiximent de Jesús. *[belén, nacimiento]*

betum. m. Substància mineral combustible de color bru, asfalt. *[betún]* // Pasta feta amb diferents ingredients usada per a fer llustrós el calçat. *[betún]*

beuratge. m. Qualsevol líquid per a beure ordinàriament amb exclusió de l'aigua clara. *[bebida]* // Poció, beguda desagradable. *[brebaje]* // Refresc compost de segó, sal i aigua que es dóna al bestiar com a medicina. *[brebaje]* // Beguda per als porcs, composta d'aigua i segó que serveix com a refrescant.

beure. v. tr. Engolir un líquid. *[beber]* // Absorbir, penetrar-se d'un líquid. *[sorber]*

bevedor, ora. m. i f. Recipient on posen aigua per a abeurar animals. *[bebedero]*

biaix. m. Direcció obliqua en què està, es mou, és tallada, alguna cosa. // Obliqüitat, desviació de l'angle recte. *[sesgo]*

biberó. m. Ampolleta amb un broc de goma per a alletar artificialment els infants. *[biberón]*

bíblia. f. Conjunt dels llibres canònics del Vell i el Nou Testament. *[biblia]*

bibliografia. f. Descripció i coneiximent dels llibres. *[bibliografía]* // Llista dels llibres que tracten d'una matèria determinada. *[bibliografía]*

biblioteca. f. Lloc que conté una col·lecció de llibres. *[biblioteca]* // Col·lecció de llibres. *[biblioteca]* // Moble per a guardar llibres. *[biblioteca]*

bicarbonat. m. Sal carbònica amb radical en doble quantitat que en el carbonat. *[bicarbonato]*

bicicleta. f. Vehicle lleuger de dues rodes, la segona de les quals és motriu. *[bicicleta]*

biciclista. m. i f. Que va en bicicleta. *[ciclista]*. // m. El qui repara bicicletes.

bicoca. f. Plaça fortificada d'escassa importància. // Cosa de poca substància o menyspreable. *[bicoca]*

bidell. m. Empleat subaltern en les universitats i altres centres d'ensenyament. *[bedel]*

bidet. m. Banyereta per a certes ablucions íntimes. *[bidet, bidé]*

bidó. m. Recipient metàl·lic per a conduir líquids. *[bidón]*

biela. f. Barra que, en les màquines, transforma el moviment alternatiu en circular o viceversa. *[biela]*

bienni. m. Espai de dos anys. *[bienio]*

bifurcar-se. v. pron. Dividir-se en dos ramals o branques. *[bifurcarse]*

biga. f. Barra llarga i grossa, de fusta, ferro o acer usada principalment en la construcció de sostres i cobertes. *[viga]*

bigarrat, ada. adj. Que té diferents colors discordants. *[abigarrado]*

bigot. m. Pèl que naix sobre el llavi superior. *[bigote]* // Ornament tipogràfic format per dues ratlletes en figura de bigot. *[bigote]*

bijuteria. f. Fabricació i comerç de joies falses. *[bisutería]*

bilabial. adj. Dit de les consonants articulades amb els dos llavis. *[bilabial]*

bilió. m. Un milió de milions. *[billón]*

bilis. f. Suc segregat pel fetge, i que serveix per a la digestió. *[bilis]*
billar. m. Joc que es juga en una taula rectangular amb boles de vori impulsades per tacs. *[billar]*
billet. m. Papereta o cartó que dóna dret a entrar en alguna part, a fer un viatge, etc. *[billete]* // Paper subscrit per un banc de circulació, que representa una quantitat de diners. *[billete]* // Papereta que acredita participació en una rifa o loteria. *[billete]*
billó. m. Aliatge d'argent i coure amb què feien moneda. *[vellón]*
bimestre. m. Espai de dos mesos. *[bimestre]*
binar. v. tr. Celebrar un sacerdot dues misses el mateix dia. *[binar]* // Fer la segona llaurada dins el mateix any. *[binar]*
binocle. m. Instrument òptic format per un parell d'ulleres, una per cada ull. *[binóculo, gemelos]*
binomi, òmia. adj. Que consta de dos termes. *[binomio]* // m. Expressió de dos termes. *[binomio]*
biografia. f. Història de la vida d'algú. *[biografía]*
biplà. m. Aeroplà format per dos plans generalment superposats. *[biplano]*
birbar. v. intr. Arrancar les herbes dels sembrats, eixarcolar. *[escardar]*
birla. f. Peça de fusta tornejada més ampla de baix que de dalt perquè es tinga dreta en terra, bitla. *[bolo]*
birret. m. Barret de doctor o de prelat. *[birrete]*
bis. adv. Per segona vegada, indicant que una cosa està repetida. *[bis]*
bisar. v. tr. Repetir alguna cosa per segona vegada, un drama, una obra musical, etc. *[bisar]*
bisbe. m. Dignatari de l'Església, cap d'una diòcesi. *[obispo]*
biscaí, (pl. ïns), ïna. adj. i m. i f. Natural o propi de Biscaia. *[vizcaíno]*
bisell. m. Vora tallada de biaix, obliquament. *[bisel]*
bisellar. v. tr. Fer bisells. *[biselar]*
bisíl·lab, íl·laba. adj. Que consta de dues síl·labes. *[bisílabo]*
bisó. m. Mena de bou salvatge de l'Amèrica septentrional. *[bisonte]*
bisont. m. Animal mamífer de la família dels bous. *[bisonte]*
bistre. m. Matèria colorant d'un bru groguenc preparada amb sutja de llenya o pel biòxid de manganés. *[bistre]*
bitàcola. f. Caixa cilíndrica situada davant el timó en la qual va la brúixola i altres instruments de guia. *[bitácora]*
bitla. f. Cadascun dels trossos de fusta tornejats que són plantats a terra i formen la matèria d'un joc, que consisteix a fer-los caure. *[birlo]* // Tros de fusta per a enrotllar-hi el fil que cal ordir. *[birlo]*
bitllet. m. Billet. *[billete]*
bitlot. m. Tros de fusta per a fer caure les bitles. *[birlón]* // Bitla més grossa anomenada «rei» en el joc. *[birlón]*
biuló. m. Peça de ferro que serveix per a travar una porta, un pany o una finestra. *[pestillo, tarabilla]*
bivac. m. Campament al ras d'un cos militar. *[vivaque]*
bixest. adj. Dit de l'any que consta de 366 dies, any de traspàs. *[bisiesto]*
bizantí, ina. adj. i m. i f. Pertanyent o propi de l'imperi de Bizanci. *[bizantino]* // Propi de l'estil artístic que es desplegà a Bizanci. *[bizantino]* // Trivial. *[bizantino]*
bla, ana. adj. Tou, que cedeix fàcilment a la pressió. *[blando]* // Condescendent, dòcil. *[blando]* // Suau al tacte. *[blando]*
blanc, anca. adj. Del color de la neu. *[blanco]* // Clar de color, per comparació amb altres coses. *[blanco]* // m. Color blanc. *[blanco]* // Espai sense omplir. *[blanco]*
blancor. f. Qualitat de blanc. *[blancura]*
blanquejar. v. tr. i intr. Tr. Fer tornar blancs els teixits, etc. *[blanquear]* // Adobar pells. *[curtir]* // Intr. Mostrar alguna cosa la seua blancor, tornar-se blanc. *[blanquear]*
blanquer. m. El qui té per ofici adobar pells. *[curtidor]* // Terreny blanquinós. *[blanquizar, albarizo]*
blanqueria. f. Ofici de blanquer. *[tenería]* // Lloc on s'adoben i treballen les pells.

blanquinós, osa. adj. Que tira a blanc. *[blanquecino]*

blasfem, ema. adj. Que constitueix una blasfèmia. *[blasfemo]* // m. El qui blasfema. *[blasfemo]*

blasfemar. v. tr. i intr. Tr. Ultratjar amb blasfèmies. *[blasfemar]* // Intr. Proferir blasfèmies. *[blasfemar]*

blasfèmia. f. Paraula o expressió injuriosa contra Déu o els sants. *[blasfemia]*

blasmar. v. tr. Desaprovar, censurar, vituperar, parlar desfavorablement. *[vilipendiar, vituperar, censurar]*

blasme. m. Acció de blasmar. *[vituperio, censura]*

blasó. m. Conjunt de les armes d'un llinatge. *[blasón]* // Figura, senyal, peça que entra en l'escut d'armes. *[blasón]*

blat. m. Planta gramínia conreada per a la fabricació del pa. *[trigo]*

blau, ava. adj. De color semblant al del cel sense núvols. *[azul]* // m. Matèria colorant blava. *[azul]* // Senyal moradenca que resulta produïda damunt la pell de resultes d'una contusió. *[moradura]* // Color de la faixa dels jugadors d'un dels dos equips en les partides del joc de pilota valenciana. // pl. Números pintats a les muralles del trinquet per a dividir en parts la seua longitud.

blaüra. f. Clap o taca lívida, blavosa o negrenca de la pell o dels òrgans interns que resulta de la sufusió de la sang, d'un colp, d'una forta lligassa. *[moradura, equimosis, cardenal]*

blaürar. v. tr. Fer blaüres al cos. *[acardenalar]*

blavenc, enca. adj. Que tira a blau. *[azulado]*

blavons. m. pl. Pedra de riu molt dura i llisa, que amb contacte amb l'aigua de la mar adquireix un to gris blavós i és llançada després a les platges de la vora dels rius.

blavor. f. Qualitat de blau. *[azul]*

blavós, osa. adj. Que tira a blau. *[azulado]*

ble. m. Tira de cotó, etc., que es posa a l'interior dels ciris, etc. *[torcida, mecha]*

bleda. f. Planta quenopodiàcia conreada per les seues fulles comestibles. *[acelga]*

bledania. f. Qualitat de bledà. *[lozanía]*

blindatge. m. Acció i efecte de blindar. *[blindaje]* // Conjunt de planxes de ferro o d'acer amb què s'ha blindat un vaixell, etc. *[blindaje]*

bloc. m. Tros gros de pedra sense treballar. *[bloque]* // Reunió de coses considerades com a formant una massa única. *[bloque.* // Quadern o llibreta grossa. *[bloc]*

blonda. f. Punta de molt bona qualitat teixida entrellaçant i retorcent diversos fils. *[blonda]*

bloquejar. v. tr. Aïllar una ciutat, etcètera, privant-la de comunicació amb l'exterior. *[bloquear]*

bo, ona. adj. Que té bondat. *[bueno]* // Útil per a alguna cosa. *[bueno]* // Agradable, saborós. *[bueno]* // Que es conserva sense haver-se malmés. *[bueno]* // Interjecció per a indicar aprovació o sorpresa agradable. *[bueno]* // m. Contrasenya canviable per un objecte o cosa. *[bono]* // Abonaré // **va de bo!** Expressió amb què s'indica, en el joc de pilota valenciana, que la partida comença.

boa. f. Serp no verinosa d'una llargària, corpulència i força extraordinàries. *[boa]*

bòbila. f. Forn de courc obra, teules, rajoles, etc. *[ladrillería, tejar]*

bobina. f. Rodet o cilindre sobre el qual va debanat un fil de coure. *[bobina]* // Peça de fusta per a cabdellar. *[bobina]* // Roda de fus de retòrcer. // Tub ple de fil obtingut en màquina contínua de filar o de retòrcer. *[bobina, carrete]*

boc. m. Mascle de les cabres, cabró. *[macho cabrío]*

boç. m. Aparell fet de corretges, etc. que es posa als animals perquè no mosseguen. *[bozal]*

boca. f. Part de la persona o dels animals per on es reben els aliments i per on ix la veu. *[boca]* // Entrada d'algunes coses. *[boca]*

bocamoll, olla. m. i f. El qui xarra sense discreció coses que deuria de callar. *[boquirroto]* // Moll o bla de boca, dit d'un cavall, etc.

bocana. f. Boca d'un pou, d'un forn, etc. *[bocana]*

boçar. v. tr. Vomitar. *[arrojar]* // Vessar un líquid. *[rebosar]* // Dir allò que cal callar. *[revelar]* // Descobrir allò que era secret. // Donar, amollar diners o altra cosa que sap greu donar. *[aflojar]*

bocatge. m. Obertura superior d'un pou, sitja, etc. // Erupció que els ix als infants als angles de la boca. *[vaharera, ubrera, boquera]*

bocí. m. Porció de menjar que cap d'una vegada a la boca. *[bocado]* // Tros de qualsevol cosa. *[trozo, pedazo]*

bocinada. f. Colp pegat amb la mà a la cara. *[bofetón, revés, soplamocos]* // Allò que cap d'una vegada dins la boca. *[bocado]*

bocoi. m. Mena de barril que, a igualtat de diàmetre, té menys alçària que una bóta ordinària. *[bocoy]*

boda. f. Casament i festa per a celebrar-lo. *[boda]*

bodega. f. Cambra baixa o subterrània on es guarda el vi. *[bodega]* // Espai interior d'una nau des de la coberta inferior a la quilla. *[bodega]*

bodegó. m. Botigueta o taverna on guisen i serveixen menjar ordinari per poc preu. *[bodegón]* // Quadre on són pintades coses de menjar. *[bodegón]*

bòfega. f. Tumor o elevació convexa de la pell per efecte del foc, inflamació, etc. *[ampolla, flemón]* // Cavitat closa que es forma sota la capa que revesteix alguna cosa. *[ampolla]*

boga. f. Planta de la família de les tifàcies que creix als aiguamolls, les fulles de la qual s'empren per a fer seients de cadira, etc. *[enea, espadaña]*

bogeria. f. Estat del qui és boig. *[locura]* // Acte o paraula de boig. *[locura]* // Manicomi. *manicomio]*

boia. f. Cos flotant ancorat per a assenyalar un lloc perillós. *[boya]*

boig, oja. adj. Dit de la persona de curt enteniment, de caràcter poc viu, mancada de vivesa i de malícia que s'encanta nèciament, candorosa en extrem i despistada, càndid, babau, fava, totxo. *[bobo, tonto]* // Llunàtic, guillat. *[chiflado]* // Que ha perdut la raó, orat, dement, foll. *[loco]*

boina. f. Gorra redona i plana d'una sola peça. *[boina]*

boira. f. Vapor espés que es forma a l'atmosfera a poca alçada de terra. *[niebla]* // Confusió, obscuritat d'idees. *[cargazón]*

boirós, osa. adj. Cobert de boira, amb boira. *[nebuloso, brumoso]* // Confús, mancat de claredat, de luciditat. *[brumoso, confuso]*

boix. m. Arbust de fulles ovals i de fusta molt preada per la seua duresa. *[boj]* // Llenya del dit arbust. *[boj]* // Ocell aquàtic que habita per l'Albufera de València. *[ánade]*

boixar. v. tr. Tapar un forat amb la boixa. // Enganyar o sorprendre algú amb cosa que no esperava. *[chasquear]* // **-se.** Marcir-se certes plantes a causa d'una malura. *[marchitarse]*

boixet. m. Tros de boix tornejat per a fer puntes o randes. *[bolillo]*

bol. m. Acció de tirar el filat per a pescar, i pesca que se'n trau. *[lance, redada]* // Filat de corda de malles grosses.

bol. m. Escudella hemisfèrica destinada a contenir líquids, rentar-se els dits, etc. // El seu contingut.

bola. f. Cos esfèric. // Mentida *[bola]*

bolcar. v. tr. Posar els bolquers a les criatures. *[empañar]* // Tombar a un costat un vehicle, etcètera. *[volcar]*

bolero. m. Ball popular que d'Andalusia s'ha importat i aclimatat a Catalunya, València i les Balears. *[bolero]*

bolet. m. Planta tal·lòfita, formada per un casquet sostingut per un peu. *[hongo, bombín]* // Capell de feltre de forma bombada. *[hongo, bombín]* // Colp donat al cap d'algú amb la mà. *[mojicón]*

bolic. m. Conjunt de roba, papers, o altres objectes embolicats i posats dins un embolcall. *[envoltorio]* // Farcell. *[paquete]* // Coses embolicades en pilot. *[pelotón]* // Manyoc o pilot de cabells, fils, fibres, etc.

bòlid. m. Meteor igni que travessa l'atmosfera deixant un rastre lluminós i fent un tro. *[bólido]* // Per extensió, vehicle autonòmic que pot assolir una gran velocitat. *[bólido]*

bolígraf. m. Utensili manual emprat per a escriure tancat en un extrem per una bola d'acer. *[bolígrafo]*

bolig. m. Ormeig de la pesca del bou petit, que és una xarxa especial per a traure el peix menut. *[boliche]* // Peix pescat amb aquest ormeig, que sol ser peix menut. *[boliche]* // Bola menuda usada en el joc de botxes. *[boliche, bolín]*

bolla. f. Cos esfèric. *[bola]* // Marca que es posa a una mercaderia per indicar-ne la procedència o que ha estat reconeguda o despatxada en la duana. *[bolla, marchamo]*

bolleta. f. Papereta que dóna dret a entrar en algun lloc. *[boleto]* // Papereta que serveix per a donar algun avís, autorització, etcètera. *[papeleta]*

bolletí. m. Butlletí. *[boletín]*

bolquer. m. Peça de tela amb què s'embolca el cos i les cames de les criatures de pit. *[pañal, mantilla]*

bomba. f. Bola de ferro plena d'una substància explosiva. *[bomba]* // Màquina per a elevar aigua. *[bomba]*

bombar. v. tr. Fer que una cosa s'infle formant una curvatura. *[abombar, alabear]* // Fer funcionar una bomba d'aigua, etcètera. *[bombear]*

bombarda, f. Peça d'artilleria antiga. *[bombarda]*

bombardeig. m. Acció i efecte de bombardejar. *[bombardeo]*

bombardejar. v. tr. Llançar projectils d'artilleria o bombes. *[bombardear]*

bombeig. m. Acció i efecte de bombejar. *[bombeo, bombardeo]*

bombejar. v. tr. Fer lloances excessives. *[bombear]* // Bombardejar.

bomber. m. El qui forma part d'un cos organitzat per a extingir incendis. *[bombero]*

bombo. m. Instrument de percussió, com un tambor molt gros. *[bombo]* // El qui toca aqueix instrument. *[bombo]* // Lloança excessiva. *[bombo]* // Caixa que conté les boles d'una rifa. *[bombo]*

bombó. m. Dolç menut fi confeccionat amb diverses substàncies. *[bombón]*

bon. Forma que pren l'adjectiu «bo» davant el substantiu qualificatiu. *[buen]*

bonança. f. Estat tranquil de la mar. *[bonanza]* // Temps bo, de temperatura suau. *[bonanza]*

bondadós, osa. adj. De caràcter afable, ple de bondat. *[bondadoso]*

bondat. f. Qualitat del qui és bo. *[bondad]* // Suavitat de geni. *[bondad]*

bondó. f. Abundància, gran quantitat. *[abundancia]*

bonegada. f. Acció de bonegar, amonestació. *[reprensión]*

bonegar. v. tr. Reptar, sermonar, amonestar a algú, blasmant o desaprovant allò que ha dit o fet. *[reprender, reñir, regañar]*

bonegó. m. Bonegada, reprensió. *[reprensión]*

bonet. m. Capell de quatre puntes usat pels eclesiàstics. *[bonete]* // Arbust de flors blanques verdoses que es troba pels marges, boscs i torrenteres. *[bonetero]*

bonhomia. f. Condició del qui és un bon home; bondat i simplicitat de cor. *[bondad, hombría de bien]*

bonic, ica. adj. Que causa una impressió agradable per les seues belleses, gràcia, elegància, gentilesa, etc. *[bonito, lindo]*

bonicària. f. Boniquesa, qualitat de bonic, formosor, gràcia. *[hermosura]*

boniquesa. f. Qualitat de bonic. *[belleza, lindeza]*

bonítol. m. Peix teleosti semblant a la tonyina. *[bonito]*

bony. m. Protuberància especialment la produïda en alguna part del cos per una contusió. *[chichón]* // Senyal d'un colp en una peça metàl·lica. *[abolladura]* // Altell.

bonyegut, uda. adj. Que té bonys. *[abollado, boñonado]*

bonyítol. m. Bonítol. *[bonito]*

bonze. m. Sacerdot o monge budista. *[bonzo]*

boquejar. v. intr. Obrir i tancar la boca com el qui espira, espirar. *[boquear]* // Fer bosses alguna peça de roba. *[boquear]*

boquera. f. Depressió dels extrems dels

llavis. *[boquera]* // Nafres o petites úlceres que es formen en les comissures dels llavis. *[boquera]* // Fesa o obertura d'una sequiola feta en un marge, cavalló, etc., per a donar eixida a l'aigua de rec. *[boquera]*

boqueres. f. pl. Mal en les comissures dels llavis. *[boqueras]*

borboll. m. Porció d'un líquid que impulsada de dalt a baix produeix un inflament en la seua superfície lliure. *[borbollón]* // Embolic, confusió. *[embrollo, enredo]*

borbollar. v. tr. i intr. Tr. Parlar precipitadament i confús. *[barbullar, barbotear]* // Intr. Brollar un líquid. *[brotar]*

borbolló. m. Borboll d'un líquid. *[borbollón, borbotón]*

bord. m. Costat exterior de la nau i també tota ella. *[bordo]*

bord, orda. adj. Aplicat al fill nascut d'un pare i d'una mare que no estan casats. *[bastardo]* // Aplicat a l'arbret silvestre, no empeltat. *[silvestre]*

borda. f. Cantell superior del costat de les naus. *[borda]* // Pertinença supletòria d'una masia. *[borda]*

bordar. v. intr. Lladrar els gossos amenaçadorament. *[ladrar]*

bordegàs, assa. m. i f. Xicot de poca edat. *[rapazuelo]*

bordejar. v. intr. No ser de bona llei una planta, una persona. *[bastardear]*

bordell. m. Casa de prostitució. *[burdel, lupanar]* // Vora, contorn exterior. *[borde]*

borderia. f. Casa de beneficència on els bords són recollits. *[inclusa]* // Bastardia, qualitat de bord. *[bastardía]*

bordó. m. La corda més gruixuda i que dóna el so més greu en els instruments de corda. *[bordón]* // Espècie de ribot de tall corbat que serveix per a fer buits o canals semicirculars. *[bordón]*

boreal. adj. Relatiu al nord, septentrional. *[boreal]*

borina. f. Gresca, gatzara, soroll alegre de divertiment. *[algazara, jarana]*

borinot. m. Insecte himenòpter, que fa molta remor quan vola. *[abejorro]* // Home de poca formalitat. *[botarate]*

borinotejar. v. intr. Fer el borinot. *[revolotear]*

borla. f. Reunió de molts fils de seda, llana, etc., lligats per un de llurs extrems formant una bola o plomall. *[borla]* // Insígnia que els doctors porten damunt el barret. *[borla]*

borni, òrnia. adj. Mancat d'un ull. *[tuerto]*

borra. f. Part més curta i basta de la llana. *[borra]* // Pelussa de certs vegetals. *[borra]*

borradura. f. Conjunt de grans menudíssims que ixen a la pell. *[salpullido]*

borrall. m. Borralló. *[vellón]* // Poquíssima porció d'una cosa. *[pizca]* // Borra fina.

borralló. m. Pilotet de llana separat del velló. *[vedija, guedeja, vellón]* // Floc de neu. *[copo]*

borrasca. f. Tempestat de vent acompanyat de pluja, neu, etc. *[borrasca, tormenta, temporal]*

borrascós, osa. adj. Que causa borrasques, propens a borrasques. *[borrascoso]* // Ple d'esdeveniments desordenats, violents. *[borrascoso]*

borratxera. f. Embriaguesa. *[borrachera]*

borratxo, atxa. adj. Que s'embriaga habitualment. *[borracho, ebrio]*

borrec, ega. m. i f. Animal de llana d'un o dos anys. *[borrego]*

borrissol. m. Pelussa que fa la llana, el cotó, etc. *[flojel, borra]*

borró. m. Brot que apunta en els arbres. *[yema, botón]* // Pèl de drap, pelussa de roba, pèl moixí, borrissol. *[borrilla]* // Borradura produïda en la pell per l'acció del fred, d'una malaltia, etc. // Planta menuda paràsita. *[musgo]*// Pelussa que es forma davall dels mobles, borra. *[tamo]*

borronar. v. intr. Traure borrons les plantes. *[abotonar]* // Brotar les plantes eixint de terra. *[brotar]*

borsa. f. Lloc públic de contractació de valors comercials i financers. *[bolsa]*

borumballa. f. Cadascuna de les llenques de fusta primes i caragolades que trau el ribot o la garlopa planejant. *[viruta]*

bosc. m. Lloc poblat de molts d'arbres,

especialment dels que no són fruiters ni de cultiu. *[bosque]*

boscatge. m. Conjunt d'arbres espessos, bosc. *[boscaje]* // Lloc ombrat d'arbres espessos. *[bosque]* // En els segles XIII i XIV, dret del baró a percebre dels vassalls una part de la llenya, de la fusta i dels fruits silvestres recollits en els boscos baronials o comunals, o equivalent en metàl·lic. *[boscaje]*

boscós, osa. adj. Molt poblat de bosc.

bossa. f. Saquet per a portar diners. *[bolso, bolsa]* // Cadascuna de les arrugues que fa el vestit mal tallat. *[fuelle]* // Embolcall d'alguna cosa. *[bolsa]*

bosser, era. m. i f. El qui fa bosses. *[bolsero]* // En alguns monestirs, el qui fa de tesorer o encarregat de la custòdia dels cabals. *[cillerero]*

bosseria. f. Carrer o barri on hi havia l'obrador dels bossers. *[bolseria]*

bot. m. Salt d'un cos elàstic quan, en tocar terra, s'eleva en virtut de la seua elasticitat fins a tornar-la a tocar. *[bote, salto]* // Salt brusc d'una persona o animal. *[salto]* // **bot de braç.** Colp que el jugador de pilota valenciana connecta amb el braç plegat per dalt del cap, desplegant-lo fortament en el moment del contacte amb aquella // **de bot i volea.** Colp donat a la pilota en començar aquesta el bot, tot just després d'haver tocat terra.

bot. m. Embarcació menuda sense coberta amb taulons transversals. *[bote]*

bot. m. Pell adobada per a traginar líquids, cuiro. *[pellejo, cuero, odre]*

bota. f. Calçat que cobreix el peu i part de la cama. *[bota]* // Doblec en les mànigues del vestit. *[vuelta]*

bóta. f. Recipient de fusta, per a fermentar el most, guardar licors, etc. *[bota]* // Recipient de cuir per a vi. *[bota]*

botànica. f. Ciència que estudia les plantes. *[botánica]*

botar. v. intr. Saltar un cos elàstic després d'haver tocat a terra. *[saltar]* // Fer un bot algú. *[saltar]*

botar. v. tr. Encendre, inflamar, fer esclatar una substància explosiva. *[pegar fuego]*

botella. f. Recipient per a contenir líquids. *[botella]*

boter. m. El qui té l'ofici de fer bótes.

botí. m. Cosa presa pels soldats a l'enemic. *[botín]*

botifarra. f. Budell ple de carn de porc trinxada, de sang cuita, etcètera, condimentada diversament. *[morcilla]*

botifler, era. adj. Que té les galtes inflades. *[mofletudo]* // Partidari de Felip V de Castella durant la guerra de Successió. // Dit del qui col·labora amb els enemics del País Valencià.

botiga. f. Peça o pla de terreny que dóna al carrer, on es venen a la menuda un o més articles de comerç. *[tienda]* // Establiment mercantil per a la venda directa a la menuda. *[tienda]*

botiguer, era. m. i f. El qui té botiga de vendre. *[tendero]* // m. Ocell blavós que viu a les vores de la mar i dels rius. *[alción]*

botija. f. Recipient de terrissa de ventre gros i coll curt i estret, generalment amb una ansa en la part superior i dos brocs de diferent gruix, per a beure al gallet. *[botijo]*

botijós, osa. adj. Que parla dificultosament, pronunciant les paraules de forma incompleta, balbuç. *[tartamudo]*

bòtil. m. Pedra redonenca de torrent. *[peladilla]* // Gerra de ventre gros. *[botijón]* // Home menut i gros. *[recoquín, botijón]*

botinflar-se. v. pron. Inflar-se, embotornar-se. *[hincharse, abotargarse]*

botinflat, ada. adj. Que té la cara o una part del cos unflat. *[abotargado]*

botja. f. Enramada que es fa a les andanes on es cria el cuc de seda perquè aquest s'enfile a filar el capell. *[embojo]* // Apilotament excessiu de fibres que es produeix en la filatura. // Planta herbàcia composta, emprada com a vermífuga. *[abrótano]*

botó m. Peça de fusta, os, nacre, etcètera, que es posa als vestits. *[botón]* // La flor abans de badar-se. *[capullo, botón, yema]* // Peça central d'una roda on encaixen els raigs. *[cubo]* // Disgust gros, enrabiada d'un xiquet. *[berrinche]*

botorn. m. Aire calent, sufocant, que fa a vegades a l'estiu. *[bochorno]*

botxa. f. Bola de fusta per a jugar. *[bocha]* // Arruga que fa el vestit mal tallat que no s'ajusta bé al cos. *[fuelle, bocha]*

botxí. m. El qui executa les penes de mort i altres penes corporals. *[verdugo]* // Persona molt cruel. *[verdugo]* // Ocell de plomatge cendrós blavenc que ataca als ocells més febles. *[alcaudón]*

botzina. f. Mena de trompeta de llanda per a parlar de lluny. *[bocina]* // Receptacle per a reforçar un so. *[altavoz]* // Instrument de vent fet de banya, etcètera. *[bocina]*

bou. m. Mamífer remugant de la família dels bòvids, de cap gros, armat de banyes. *[buey]*

bou. m. Pesca en alta mar, entre dues barques que porten l'ormeig que van arrossegant dins l'aigua. *[bou]*

bova. f. Herba de la família de les tifàcies, semblant al jonc, que fa unes fulles llargues com espases, usades per a fer seients per a les cadires, boga. *[enea, espadaña]*

bovalar. m. Tros de terra tancada on pasturen els bous. *[dehesa, boyal]*

bovatge. m. Un dels drets que cobraven els reis en coronar-se, i que es computava sobre els parells de bous que els vassalls tenien, i solia esser de dotze diners per parell. *[bovaje]*

bòvid, òvida. adj. Aplicat als animals d'una família de remugants a la qual pertany el bou. *[bóvido]* // m. Un individu d'aquesta família. *[bóvido]* // m. pl. Família dels remugants que comprén el bou, la cabra, etcètera. *[bóvidos]*

bovo, ova. m. i f. Curt d'enteniment, beneitot. *[bobo]*

boxa. f. Lluita a colps de puny segons regles determinades. *[boxeo]*

boxeig. m. Lluita a punyades segons regles determinades. *[boxeo]*

boxejador. m. El qui es dedica a boxejar. *[boxeador]*

boxejar. v. intr. Batre's a colps de puny amb guants adequats *[boxear]*

braç. m. Membre de la persona que va des del muscle a la mà. *[brazo]* // Part llarguera d'una cosa que té analogia amb un braç de persona. *[brazo]* // Cada un dels tres estaments que tenien representació en les antigues corts.

braça. f. Distància que hi ha des de l'extrem d'una mà a l'extrem de l'altra amb els braços estirats. *[braza]* // Mesura de longitud de 9 pams, equivalent a 2 metres (2'0385). La braça anglesa o marina és només de 1'67 metres. *[braza]*

braçada. f. Cadascun dels moviments violents dels braços. *[brazada]* // Quantitat d'alguna cosa que cap dins dels braços. *[brazado]* // Mida longitudinal equivalent a una braça. *[braza]*

braçalet. m. Ornament en forma d'anell al voltant del braç. *[brazalete]*

braçat. m. Quantitat d'alguna cosa que cap dins els braços. *[brazado, brazada]*

bracejar. v. intr. Agitar, moure els braços. *[bracear]*

bracer, era. m. i f. Persona que treballa la terra a jornal. *[bracero]*

bràctea. f. Fulla de l'axil·la de la qual ix una flor o un eix floral. *[bráctea]*

braf. m. Baf. *[vaho]*

braga. f. Drap de tela que es posa als infants perquè no embruten els bolquers. *[braga]* // Obertura anterior dels pantalons. *[braga]*

bragat, ada. adj. Que té l'entrecuix de diferent color que la resta del cos. *[bragado]* // Home enèrgiç i decidit. // m. Mena d'ànec d'albufera, dit també cullereta.

braguer. m. Mamelles de les vaques, cabres, etc. *[braguero, ubre]* // Embenadura per als trencats. *[braguero]*

bragues. f. pl. Calces amples i llargues, usades antigament *[bragas]*.

bragueta. f. Obertura en la part del davant dels pantalons. *[bragueta]* // Drap que posen entrecuixat als infants de bolquers. *[culero]* // **de bragueta.** En el joc de pilota valenciana colp a la pilota realitzat, generalment en tornar rebots, que es connecta en posició lateral respecte a la trajectòria de la mateixa, de manera que sembla que el jugador es trau la pilota de la bragueta o de la butxaca.

bram. m. Crit d'ase i d'altres animals. *[rebuzno]* // Crit fortíssim, eixordador. *[bramido, rugido]* // Soroll intens del vent tempestuós o de la mar avalotada. *[rugido]* // Corrent impetuós d'aigua sortint d'algun lloc.

brama. f. Notícia que va de boca en boca; opinió, fama. *[fama, noticia, voz]* // Bromera de la llet. // Protesta tumultuosa.

bramar. v. intr. Fer brams, cridar els animals. *[rebuznar, bramar, rugir]* // Cridar molt fort les persones. *[berrear]* // Cantar a grans crits i desentonant. *[berrear, bramar]* // Plorar fort. // Fer soroll fort a la mar, l'aigua impetuosa o la tempesta. *[bramar, rugir]*

bramul. m. Crit del bou i animals afins. *[mugido, bramido, rugido]* // Soroll molt fort del vent o de la mar. *[rugido]* // Crit fort i ronc de persona. *[bramido]*

bramular. v. intr. Fer bramuls. *[rugir, bramar]*

branca. f. Cadascuna de les parts en què es divideix i es subdivideix el tronc dels arbres i que després es bifurquen en branquillons i rames. // Cada una de les famílies eixides d'un tronc comú.

brancal. m. Conjunt de les peces del muntant dels dos costats d'un portal. *[jamba]*

brancar. v. tr. i intr. Tr. Ramificar una conducció d'aigua. // Intr. Traure branques un arbre. *[ramar]*

brancatge. m. Conjunt de branques d'un arbre. *[ramaje]*

brandar. v. tr. i intr. Tr. Moure una espasa, etc., amenaçadorament, mostrant-la en l'aire. *[blandir]* // Fer tocar una campana. *[doblar]* // Intr. Balandrejar.

brandir. v. tr. Brandar. *[blandir]*

brandó. m. Atxa grossa de cera d'un sol ble. *[blandón]* // Torxa, tió encés. // Cirial.

brànquia. f. Òrgan de la respiració dels peixos. *[branquia]*

branquilló. m. Branca jove que és l'última ramificació del brancatge. *[ramilla]*

braó. m. Part del braç compresa entre l'espatla i el colze *[brahón, morcillo, muñón]* // La part més prima del braç, immediata a la mà. *[muñeca]* // Coratge, valor.

brasa. f. Tros de llenya o carbó encés. *[brasa]*

braser. m. Pila de brases. *[brasero]* // Recipient de metall on posen brases per a escalfar-se. *[brasero]*

brasilada. f. Munt, conjunt de brases.

brasiler, era. adj. Natural o propi del Brasil. *[brasileño]* // f. Brasilada.

brau, ava. adj. Valent davant el perill. *[bravo]* // Aplicat als animals, fer, salvatge. *[bravo]* // Aplicat a les persones, enutjat, enfurit, bàrbar. *[bravo, rudo]* // m. Toro brau. *[toro bravo]*

bravesa. f. Qualitat de brau o feroç. *[braveza]*

brea. f. Líquid viscós obtingut per destil·lació de la fusta, carbó mineral i altres matèries d'origen orgànic. *[brea]*

brega. f. Disputa, combat, lluita. *[brega, combate]*

bregar. v. tr. i intr. Tr. Batre el cànem o el lli per a separar-ne la fibra. *[agramar]* // Intr. Treballar amb afany; lluitar amb dificultats. *[bregar]*

bregós, osa. adj. Propens a moure bregues. *[buscarruidos, pendenciero]*

brell. m. Cant del verderol imitat amb reclam o amb la boca per a caçar ocells. *[reclamo]* // Trampa en forma de xàrcia per a caçar ocells o d'una post falsament sostinguda per a caçar animals. *[armadijo]*

breny. m. Terreny abrupte i ple d'arbusts i malesa. *[breña]* // Bri, tija prima que arranca de l'arrel d'una planta. *[brizna]*

bres, (pl. essos). m. Llit per a infants que es pot bressar. *[cuna]*

bresca. f. Conjunt de cel·les de cera que fan les abelles per a posar la mel. *[panal]*

brescar. v. tr. i intr. Tr. Traure la mel del buc de les abelles. *[castrar]* // Intr. Fabricar les abelles la bresca. *[melar]*

bresquilla. f. Varietat de préssec, primerenca i molt saborosa. *[melocotón]* // Préssec, en general les varietats de préssec de grandària més petita que el préssec comú, que és més gros que la bresquilla. *[durazno]*

bresquillera. f. Arbre que fa les bresquilles. *[durazno, melocotonero]*

bressar. v. tr. Fer moure el bressol. *[mecer]*

bressol. m. Llit per a infants, que es pot engrunsar. *[cuna]* // Lloc de naixença d'alguna cosa. *[cuna]*

bressolar. v. tr. Bressar, engrunsar en el bres. *[mecer]*

brètol. m. Home de mals fets. *[bribón]*

bretxa. f. Qualsevol obertura feta en un mur, etc. *[brecha]*

breu. adj. De curta durada. *[breve]* // m. Cert document pontifici. *[breve]*

breviari. m. Llibre que conté les oracions o lectures eclesiàstiques de tot l'any. *[breviario]*

bri. m. Cadascuna de les fibres primes que arranquen de l'arrel en plantes com el blat, el cànem, etcètera. *[hebra, brizna]* // Filament o part molt menuda d'una cosa. *[brizna, pizca]*

brial. m. Faldó de tela que porten les dones sota les faldes. *[brial]*

brida. f. Fre i regnes del cavall. *[brida]*

brigada. f. Colla d'hòmens que fan un mateix treball. *[brigada]* // Unitat de l'exèrcit. *[brigada]*

brill. m. Xiulet que serveix com a reclam. *[reclamo]*

brillant. adj. Que brilla, que fa claror. *[brillante]* // m. Diamant tallat en facetes damunt i davall. *[brillante]*

brillantor. f. Qualitat de brillant. *[brillantez]*

brillar. v. intr. Escampar una llum pròpia o reflectida. *[brillar]* // Cridar els ocells amb el reclam. *[reclamar]*

brindar. v. tr. i intr. Tr. Oferir voluntàriament alguna cosa. *[brindar, ofrecer]* // Intr. Beure a la salut d'algú. *[brindar]*

brinós, osa. adj. Que té brins o fibres. *[briznoso, fibroso, hebroso]*

brisa. f. Vent lleuger. *[brisa]*

brisa. f. Verema premsada, pinyolada del raïm. *[brisa, orujo]*

briu. m. Força de coratge, energia. *[brío]*

briva. f. Púrria, xusma. *[briba]* // Vida relaxada, de malfaeneria. *[briba, bribonería]*

brivall. m. Home de la briva; vagabund. *[bribón, tunante]* // Xic de poca edat. *[rapazuelo, rapaz]*

broc. m. Part d'un recipient en forma de bec o canó per a beure amb facilitat. *[pico, gollete]* // Bec d'una llum o llumenera. *[mechero]*

broca. f. Nom de diferents objectes o peces comparables per llur forma a un broc o tros de branqueta. *[broca, taladro]* // Mena de fus en què els brodadors recullen el fil. *[broca]* // Clau de cabota quadrada amb què els sabaters asseguren la sola a la forma. // Instrument dels carnissers per a afilar els tallants. *[eslabón]* // Peça perforadora en un filaberquí, torn mecànic, etc. *[broca, taladro]*

brocal. m. Barana que forma la boca del pou. *[brocal]* // Cércol de fusta o altra matèria que es posa al volt de la boca d'un atifell. *[brocal]* // Garrafa o ampolla de forma panxuda. *[garrafa]*

brocat, ada. adj. Amb brodats d'or o argent. *[brocado]* // m. Roba de seda teixida amb or o argent. *[brocado]*

brodar. v. tr. Fer ornaments amb fils diversos damunt la roba. *[bordar]*

brodat. m. Obra de brodar. *[bordado]*

bròfec, òfega. adj. Adust, aspre, malagradós en el tracte. *[rudo, áspero, arisco]* // De mal tracte, descortés, grosser. *[brusco]*

brogir. v. intr. Fer un soroll sord i confús. *[zumbar, rugir]*

brogit. m. Successió confusa de sorolls, remor, avalot. *[zumbido, fragor]*

broll. m. Raig d'algun líquid que surt amb força. *[borbotón, chorro]* // Brossa del bosc. *[maleza]*

brolla. f. Brossa i fullaca del bosc. *[maleza]*

brollar. v. intr. Sortir de terra l'aigua. *[manar]* // Sortir amb força, fluir l'aigua o un altre líquid. *[brotar]* // Produir-se sobtosament, surgir. *[brotar, saltar]*

broma. f. Soroll que fa la gent divertintse. *[bulla]* // Fet burlesc. *[broma]* // Boira, núvol. *[niebla, bruma]* // Bromera. *[espuma]*

bromejar. v. intr. Fer broma o facècia.

[bromear] // Estar cobert de broma, de boira.

bromera. f. Matèria lleugera que s'alça d'un líquid. *[espuma]* // Matèria blanca que llancen per la boca els animals irritats. *[espumajo]*

bromereig. m. Acció de bromerejar.

bromerejar. v. intr. Fer bromera. *[espumar, espumajear]*

bromerols. m. pl. Bromereig que fan els líquids gasificats. *[burbujas]*

bromós, osa. adj. Boirós, cobert de broma. *[brumoso]*

bronja. f. Pinzell gros. *[brocha]* // Borla de pèls finíssims, que serveix per a empolvorar. *[brocha]*

bronqui. m. Cadascun dels dos conductes que resulten de la bifurcació de la tràquea. *[bronquio]*

bronquitis. f. Inflamació dels bronquis. *[bronquitis]*

bronze. m. Cos metàl·lic vermellós, molt tenaç i sonor que resulta de la combinació del coure amb l'estany. *[bronce]*

bronzejar. v. tr. Donar l'aparença de bronze. *[broncear]*

bròquil. m. Varietat de la col, que té les fulles molt escampades, estretes i llargues, de color més fosc que la col comuna. *[brócoli]*

brossa. f. Tota mena d'herba silvestre que es cria als camps. *[broza]* // Conjunt de fulles i branquillons vegetals escampats, apilotats, etc. *[broza]* // Malesa, espessor de plantes que creixen en paratges incults. *[broza, maleza]* // Partícula despresa d'alguna cosa. *[mota]* // Despulles vegetals; residus inservibles d'una cosa; allò que s'arreplega amb la granera. *[basura, rampoina, desperdicios]*

brossa. f. Raspall de pèls forts i espessos usat per a netejar els motles d'impremta. *[bruza]*

brossar. v. tr. Netejar amb la brossa. *[bruzar]* // Coagular.

brossegar. m. Lloc ple de brossa o brolla. *[maleza]*

brosta. f. Part tendra, conjunt de brots, d'un arbre o arbust. *[ramojo]* // Fullatge tendre d'una planta.

brostada. f. Conjunt de brots d'un arbre o arbust. *[brotada]*

brot. m. Acte de brotar. *[brote]* // Ull tendre d'una planta. *[brote, vástago]* // Quantitat mínima. *[pizca]*

brotar. v. intr. Traure brots les plantes. *[brotar]* // Nàixer una planta. *[brotar]*

brotó. m. Brot que comença a sortir. *[ramito, capullo]* // Rebrot de la col verda.

brotxa. f. Pinzell gros per a donar capes de color, per a parets, etc. *[brocha]* // Pinzell per a escampar la sabonera en afaitar-se. *[brocha]*

brou. m. Líquid alimentós que resulta de coure un menjar amb aigua i espècies. *[caldo]*

bru, una. adj. Gris fosc tirant a negre. *[bruno, moreno, gris oscuro]*

bruc. m. Arbust de fulles medicinals, de la família de les ericàcies. *[brezo]*

bruel. m. Bramul, crit fort. *[rugido]*

bruix. m. Home que fa obres de màgia diabòlica. *[brujo]*

bruixa. f. Dona a la qual és atribuït un poder especial per a realitzar coses extraordinàries. *[bruja]*

brúixola. f. Agulla imantada que gira al voltant d'un eix vertical i assenyala el nord magnètic. *[brújula]*

bruixot. m. Home que realitza actes supersticiosos propis de les bruixes. *[brujo]*

brull. m. Mató, recuit, brossat, part caseosa de la llet. *[requesón]*

brumir. v. intr. Fer el vent una remor sorda. *[zumbar]*

brunyidor, ora. m. i f. El qui bruny. *[bruñidor]* // m. Instrument per a brunyir. *[bruñidor]*

brunyir. v. tr. i intr. Tr. Donar llustre a les pedres, metalls, etc. *[bruñir]* // Intr. Sonar amb un soroll continuat un cos en moviment rapidíssim o vibratori. *[vibrar, zumbar]*

brunzir. v. intr. Brumir. *[zumbar]*

brusa. f. Peça de vestir exterior en forma de túnica i amb mànigues, de llargària variable. *[blusa]*

brusc, usca. adj. Que es manifesta d'una manera sobtosa i violenta. *[brusco]*

brusent. adj. Abrusador, ardent, que crema. *[abrasador, ardiente]*

brusir. v. tr. Igualar amb el brusidor les puntes de vidre que no ha tallat bé el diamant. *[brugir]*

brusquedat. f. Qualitat de brusc. *[brusquedad]*

brut, uta. adj. Que conté substàncies impures. *[sucio]* // Que és deixat, poc net. *[sucio]* // Aplicat al pes en el qual va comprés el de l'embolcall. *[bruto]* // m. Animal irracional. *[bruto]*

brutal. adj. D'una violència salvatge. *[brutal]* // Propi d'una bèstia. *[brutal]*

brutedat. f. Qualitat de brut. *[suciedad]*

brutejar. v. intr. Mostrar-se, una cosa, bruta; ser més o menys plena de brutor o brutícia. *[ensuciar]* // Fer brutors. *[cochinear]*

brutícia. f. Allò que lleva la netedat, la puresa, d'alguna cosa. *[suciedad]*

bua. f. Pústula que es forma a la superfície de la pell. *[buba, pústula]* // Mal que es fan les criatures. *[pupa]*

buanya. f. Bua. // Gra purulent. *[pústula]* // Crosta que es fa en les plagues quan s'assequen. *[pústula]*

bubó. m. Tumor gros postermós. *[bubón]*

buc. m. Cabuda, capacitat, buit d'alguna cosa. *[buche, buque]* // Cos de la nau, amb exclusió dels arbres i eixàrcies. *[casco]* // Cova, nínxol. // Ventre, pap. // Llit del riu. // Cau de raons, embolic.

búcar. m. Terra argilosa i negra de què són fets molts vasos etruscs. *[búcaro]* // En alguns llocs catúfol.

bucle. m. Rull de cabells de forma cilíndrica. *[bucle]*

budell. m. Qualsevol de les parts en què es considera dividit el tub intestinal. *[intestino]*

budeller, era. m. i f. El qui ven budells. *[tripero]*

buf. m. Acció i efecte de bufar. *[soplo]*

buf, ufa. adj. Dit d'una obra de música, teatre, etc., de caràcter exageradament còmic. *[bufo]*

bufa. f. Bufeta. *[vejiga]* // Bossa que fa la roba. *[fuelle]* // Ventositat expel·lida sense soroll. *[follón, zullón]*

bufa. f. Bufetada, galtada. *[bofetón]*

bufa. f. Vanitat. *[vanidad]* // Embriaguesa. *[embriaguez]*

bufaculs. m. i f. Adulador. *[lamedor]*

búfal. m. Mamífer remugant semblant al bou. *[búfalo]*

bufanda. f. Peça de roba llarga que s'usa com a abrigall per al coll i la boca, mantí. *[bufanda]*

bufar. v. intr. i tr. Intr. Fer sortir de la boca l'aire vencent la resistència dels llavis closos. *[bufar, soplar]* // Córrer el vent fent-se sentir. *[soplar]* // Tr. Adreçar el buf sobre alguna cosa. *[soplar]* // **-se.** Fer bòfega, esponjar-se una pasta, la corfa del pa, la roba, un emblanquinat, etc. *[abollarse]* // Embriagar-se.

bufat, ada. adj. Inflat. *[hinchado, fofo]* // Satisfet de si mateix. *[entonado, engreído]* // Embriac, borratxo.

bufec. m. Acció i efecte de bufar el vent. *[soplo]* // Esbufec, respiració forta, generalment de fatiga. *[resoplido]*

bufera. f. Ganes de bufar. // Intensitat del buf. // Vanitat, ostentació exagerada.

bufeta. f. Òrgan on es va depositant l'orina que segreguen els ronyons. *[vejiga]* // Bossa plena d'un líquid o gas. *[ampolla]*

bufetada. f. Colp donat a la galta amb la mà oberta. *[bofetada]*

bufetejar. v. tr. Pegar bufetades. *[abofetear]*

bufó. m. Joglar que servia per a fer riure als palaus dels reis i grans senyors. *[bufón]*

bufó, ona. adj. Menut i graciós. *[lindo]* // Bravejador, jactanciós. *[bravucón]*

bugada. f. Conjunt de roba per a netejar o ja llavada. *[colada]*

bugaderia. f. Lloc on es fa la bugada.

bugia. f. Candela d'esperma o estearina. *[bujía]* // Unitat de mesura de la intensitat de la llum artificial. *[bujía]* // Mona, quadrumà molt abundant en el nord d'Àfrica. *[mona]*

buidar. v. tr. Deixar buit un receptacle o un lloc. *[vaciar]* // Fer buits en alguna cosa. *[vaciar]*

buidor. f. Qualitat de buit. *[vaciedad, vacío]*

buirac. m. Caixa per a dur les sagetes. *[carjaj, aljaba]*

buit, uida. adj. Mancat de contingut. *[vacío]* // Sense substància. *[huero]* // Presumptuós. // m. Espai sense aire ni altre gas. *[vacío]* // Interval de lloc o espai. *[vacío]*

bulb. m. Part sucosa i redona de l'arrel d'algunes plantes. *[bulbo]* // Protuberància arredonida que es troba en certs òrgans. *[bulbo]*

bulbós, osa. adj. Que té bulbs. *[bulboso]*

bull. m. Agitació d'un líquid que bull o fermenta. *[hervor]*

bullent. adj. Que bull. *[hirviente]* // Cremant, ardent.

bullir. v. intr. i tr. Intr. Moure's violentament un líquid per elevació de temperatura o fermentació. *[hervir]* // Tr. Fer bullir. *[hervir]*

bullit. m. Menjar compost de llegums i verdura tot bullit. *[hervido]* // Embolic, embroll, enrenou. *[fregado]*

bunyol. m. Massa de forma més o menys redona, feta de pasta de farina ben batuda i fregida amb oli. *[buñuelo]* // Cosa mal feta. *[buñuelo, chapuz, chapuza]*

bunyoleria. f. Lloc on fan i venen bunyols. *[buñolería]*

buós, osa. adj. Que té bues. *[buboso]*

burg. m. Carrer forà, raval. *[suburbio]* // Vila afranquida. *[burgo]*

burgés, esa. adj. i m. i f. Habitant d'un burg o ciutat, que gaudint de certs drets especials i bona posició econòmica vivia sense exercir ofici ni comerç. *[burgués]* // Persona benestant que no viu del treball de cada dia, que viu sense treballar. *[burgués]* // Malèvolament aplicat a l'amo d'un establiment industrial o comercial que ocupa obrers. *[burgués]*

burí. m. Instrument per a gravar metalls o altra matèria dura. *[buril]*

burla. f. Acció de burlar-se. *[burla]*

burlar-se. v. pron. Riure a l'espatla d'algú. *[burlarse]* // Abusar de l'excessiva confiança o de la bona fe d'algú. *[burlarse]*

burleta. m. i f. Home o dona molt donat a fer burles. *[burlón]*

burocràcia. f. Predomini o influència excessiva dels funcionaris públics. *[burocracia]*

burot. m. Funcionari municipal encarregat de cobrar els drets d'entrada de certs articles. *[consumero]* // Oficina del susdit funcionari. *[fielato]*

burra. f. Somera. *[burra]*

burrera. f. Qualitat d'estúpid. *[necedad, simpleza]*

burro. m. Ase. *[burro, asno]* // Aparell per a subjectar la fusta que cal serrar. *[burro]* // Cert joc de cartes en què sols es fan tres bases. *[burro]*

burxa. f. Instrument llarg de ferro per a moure i atiar el foc. *[hurgón]* // Vareta de ferro acabada en punxa. *[pincho, hurgón]* // Baqueta d'arma de foc. *[baqueta]*

burxar. v. tr. Clavar la burxa o altre instrument punxant. *[pinchar]* // Incitar, agullonar. *[espolear]* // Remoure alguna cosa. *[hurgar]*

bus, (pl. ussos). m. Home que baixa al fons de la mar, per a fer exploracions. *[buzo]*

busca. f. Volva, engruna, bri. *[brizna]* // Pal per a assenyalar alguna cosa. *[puntero]* // Agulla del rellotge. *[manecilla, aguja]*

buscar. v. tr. Fer diligències per a trobar alguna cosa, cercar. *[buscar]*

busquereta. f. Ocell molt menut de la família dels sílvids, insectívor, de color cendrós, més clar el pit i el ventre. *[curruca]*

bust. m. La part superior del tronc del cos humà. *[busto]* // Escultura de mig cos, sense braços. *[busto]*

bústia. f. Capsa en forma de cofrenet per a posar-hi diners, metàl·lic, metalls preciosos, joiells, valors, etc. // Caixeta de les ànimes per a recollir diners, almoines. *[cepillo]* // Pot de metall o fusta per a recollir diners, donatius, etc. // Capseta de cuir o metall on els correus antics duien la correspondència, documents, etcètera. // Caixa fixada a la paret d'un estanc, a la porta d'una casa, en una oficina de correus, etcètera, que té una obertura estreta on són depositades les cartes per al correu. *[buzón]*

butà. m. Hidrocarbur gasós inflamable. *[butano]*

butaca. f. Cadira de braços amb l'espatller, generalment inclinat cap arrere. *[butaca]*

butla. f. Distintiu que duien penjant al coll els fills dels nobles de la Roma antiga. *[bula]* // Segell de plom que s'afegia a les missives oficials i altres documents. *[bula]* // Document que porta aqueix segell. *[bula]* // Sumari dels privilegis i indulgències de la Santa Croada, en una fulla impresa. *[bula]*

butlletí. m. Publicació periòdica sobre una matèria determinada. *[boletín]* // Cèdula o billet acreditatiu. *[boletín]*

butllofa. f. Bufeta que es forma per l'elevació de l'epidermis, bambolla. *[ampolla]* // Elevació convexa d'una superfície. *[ampolla, pompa]*

butoni. m. Fantasma imaginària per a infondre por. *[coco, fantasma, bu]*

butxaca. f. Bosseta cosida als vestits per als objectes usuals. *[bolsillo]* // Quantitat de diners que forma el cabal d'algú. *[bolsillo]*

butza. f. Panxa voluminosa. *[panza]* // Conjunt de vísceres abdominals, ventresca. *[bandullo]*

c c c c c c C C

c. f. Tercera lletra de l'alfabet. *[c]*
ca. m. Gos. *[can, perro]*
ca. (pl. **as**) Nom de l'onzena lletra de l'alfabet. *[ca]*
ça. adv. Prop d'aquest lloc, cap ací. *[acá]*
cabal. m. Quantitat d'aigua que porta un riu, etc. *[caudal]* // Hisenda, tesor, quantitat de diners. *[capital, principal]*
càbala. f. Entre els hebreus, doctrina religiosa conservada per tradició. *[cábala]* // Càlcul supersticiós per a endevinar alguna cosa. *[cábala]*
cabalós, osa. adj. Que té molts cabals, acabalat. *[acaudalado]*
cabana. f. Cabanya. *[cabaña]*
cabanya. f. Caseta rústica per a arrecerar-se els qui han de passar la nit fora de poblat. *[cabaña]* // Ramat de bèsties de cabestre o d'ovelles transhumants. *[cabana, rebaño]*
cabàs, (pl. assos). m. Receptacle fet de llata o espart, palma, etc., amb dues anses a la vora. *[capazo, esportillo]*
cabassejar. v. tr. Omplir i buidar cabassos. *[capacear]* // Transportar amb cabassos la fruita collida dins l'hort fins la vora o lloc on es carrega. *[capacear]* // Trafegar dins cabassos d'un lloc a un altre qualsevol collita o matèria. *[capacear]*
cabdal. adj. Principal, eminent. *[capital, principal]*
cabdell. m. Pilot de fil debanat. *[ovillo]* // La part inferior i més apretada de la col i altres hortalisses. *[cogollo, repollo]*
cabdellar. v. tr. Fer cabdells. *[ovillar]*
cabeça. f. Bulb de les plantes. *[bulbo, cabeza, cebolleta]*
cabeçada. f. Arreu del cap dels animals de tir. *[cabezada]*
cabeçó. m. Conjunt de corretges que subjecten el cap de la bèstia per a estirar el carro. *[cabestro]* // Cap de corda lligat a una bèstia de tir, per a dirigir-la. *[cabestro]*
cabell. m. Cada un dels pèls del cap de l'home. *[cabello]* // Pèl de certes plantes.
cabellera. f. Conjunt dels cabells del cap. *[cabellera]* // Crinera. *[melena]* // Pelussa de les panolles.
caber. v. intr. Cabre. *[caber]*
cabestre. m. Corda que es lliga al cap d'una bèstia de tir per a fermar-la o dirigir-la. *[cabestro]*
cabestrell. m. Embenatge passat pel coll per a sostenir el braç o la mà. *[cabestrillo]* // Fusta amb claus que serveixen de brida als bous que llauren. *[cabestro]*
cabina. f. Cambra molt menuda. *[cabina, camarote]*
cabiró. m. Biga mitjana o menuda, travessera amb les principals. *[cabrio, bigueta]*
cabiscol. m. El qui té el càrrec de dirigir el cant del cor, xantre. *[capiscol, chantre, sochantre]*
cable. m. Corda gruixuda de cànem o filferro per a assegurar la nau o altres cosses. *[cable]* // Mida de longitud equivalent a 185 metres *[cable]*.
cabòria. f. Preocupació, cavil·lació, especialment sense fonament. *[preocupación, quebradero de cabeza]*
cabota. f. Cap de clau. *[cabeza]* // Cap gros, augmentatiu de cap. *[cabezón, cabezota]* // Tossut. *[tozudo]*
cabotada. f. Moviment d'inclinació del cap. *[cabezada]* // Colp pegat amb el cap. *[testarazo, cabezada, cabezazo]*

cabra. f. Mamífer rumiant de la família dels cavicornis, de pèl curt i aspre. *[cabra]*

cabre. v. intr. Poder ser continguda una cosa dins d'una altra. *[caber]*

cabrer. m. Pastor de cabres. *[cabrero, cabrerizo]* // Singló de raïm, cabrerot. *[carpa, gajo].*

cabrerot. m. Xanglot menut de raïm que resta sense collir a la vinya al temps de la verema, perquè encara està molt verd, per ser del repom. *[redrojo, cencerrón]*

cabrestant. m. Màquina per a pujar o estirar pesos, argue. *[cabrestante]*

càbria. f. Màquina per a alçar grans pesos. *[cabria]*

cabriola. f. Salt fet amb molta lleugeresa, especialment encreuant els peus en l'aire. *[cabriola]*

cabró. m. Mascle de la cabra. *[cabrón]* // El marit que consent l'adulteri de la seua muller. *[cabrón]*

cabronada. f. El fet d'aguantar una cosa intolerable. *[cabronada]*

cabuda. f. Espai o capacitat d'alguna cosa. *[cabida]* // Favor, bona acollida. *[valimiento]*

cabuderia. f. Actitud pròpia d'un cabut o tossut, tossuderia, entestament. *[tozudez]*

cabussar. v. tr. Afonar de cap dins l'aigua. *[zambullir, chapuzar]*

cabussó. m. Ocell palmípede, negre del cap i nuca, d'un bru vermellós al damunt, que viu als indrets aigualosos de la costa i els estanys. *[cormorán]*

cabut, uda. adj. Que té el cap gros. *[cabezudo]* // Tossut. *[tozudo]* // Peix de la família dels pèrcids. // Renoc, granota que encara conserva la cua, capgròs. *[renacuajo]*

caça. f. Acció de caçar. *[caza]* // Animals caçats o que es tracta de caçar. *[caza]*

caçador, ora. adj. Que es pot caçar. *[cazador]* // adj. i m. i f. Que caça. *[cazador]* // El qui caça per ofici o per entreteniment. *[cazador]*

cacao. m. Arbre menut de grans fulles persistents i flors vermelles la llavor del qual s'usa per a fer xocolate. *[cacao]*

caçar. v. tr. Perseguir als animals per a agafar-los o matar-los. *[cazar]* // Agafar o matar un animal caçant. *[cazar]* // Fer fermes les veles perquè es mantinguen ben tibants. *[cazar]*

cacau, aua. m. i f. Planta papilionàcia de fulles compostes de dos parells de folíoles i flors en espigues axil·lars. *[cacahuete]* // La llavor d'aquesta planta de la qual s'extrau un oli d'usos culinaris i industrials, comestible després de torrada. *[cacahuete]*

cacauar. m. Camp sembrat de cacau. *[cacaotal]* // Camp sembrat de cacauets o cacaues. *[cacaotal]*

cacauera. f. Planta que fa els cacaus. *[cacahuete]*

cacera. f. Acte de caçar. *[cacería]* // Abundància de caça.

cacic. m. Senyor de vassalls, en pobles indis. *[cacique]* // Persona important d'un poble que exerceixtant d'un poble que exerceix una influència excessiva en assumptes polítics i administratius. *[cacique]*

cacofonia. f. Repetició freqüent d'unes mateixes lletres o síl·labes. *[cacofonía]* // Associació de sons discordants. *[cacofonía]*

cactus. m. Nom de diverses plantes espinoses. *[cacto, cactus]*

cada. adj. Aplicat per a designar separadament tots els individus que formen part d'una col·lectivitat. *[cada]*

cadafal. m. Plataforma de taulons elevada, erigida en un lloc públic per a un espectacle, etcètera. *[catafalco, cadalso]* // Túmul funerari. *[catafalco]*

cadascú. pron. Tota persona sense distinció. *[cada uno, cada cual]*

cadascun, una. adj. Tota persona o cosa de les que formen part d'un grup o col·lectivitat. *[cada uno]*

cadastre. m. Registre estadístic de les finques urbanes i rústiques fet per l'estat. *[catastro]*

cadàver. m. Cos mort, especialment el de persona. *[cadáver]*

cadell. m. Fill menut de certs mamífers.

[cachorro] // Peça corba que pren, enganxa i deixa una dent d'una roda privant-la de recular. *[cítola, taravilla]* // Ribot de fulla estreta usat per a fer canals a la fusta. *[acanalador]* // Ocell camallarg de potes vermelles, dors negre i ventre blanc. *[zancudo, cigüeñuela]*

cadena. f. Sèrie d'anelles enllaçades. *[cadena]* // Sèrie o continuació de diverses coses semblants. *[cadena]* // Subjecció produïda per una obligació o passió violenta. *[cadena]*

cadenat. m. Pany que s'inclou entre dues anelles per a tancar portes, etc. *[candado]*

cadència. f. Repetició de sons o moviments que es succeeixen d'una manera regular. *[cadencia]* // Distribució agradable d'accents i paraules. *[cadencia]*

cadenciós, osa. adj. Que té cadència.

cadernera. f. Ocell granívor, cantador i de bells colors. *[jilguero]*

cadet. m. Alumne d'una acadèmia militar. *[cadete]*

cadí, (pl. ís). m. Jutge de causes civils en els pobles mahometans. *[cadí]*

cadira. f. Seient amb respatler per a una persona sola. *[silla]*

cadirer. m. El qui fa o ven cadires. *[sillero]*

cadireta. f. Seient format per les mans enllaçades de dues persones. *[silla de la reina]* // Suport dels coixinets d'un arbre de trasmissió.

cadireta. f. Post o portella per a aturar l'aigua d'un rec, séquia, etc. *[compuerta]*

cadolla. f. Clot natural en una pedra, penya, etc., on es conserva l'aigua de pluja, de mar, d'un riu formant un bassal menut. *[cucharro]* // Testa, testerola, cavitat craniana. *[cacumen]*

caduc, uca. adj. Decrèpit, molt vell. *[caduco]* // De poca durada. *[caduco]*

caducar. v. intr. Obrar o parlar amb poc seny a causa de la molta edat. *[chochear]* // Estar pròxim a caure, a desaparéixer. *[caducar]* // Perdre la seua força, validesa, etc., algun dret, llei o costum. *[caducar]*

caduf. m. Cadascun dels caixons lligats al llibant de la sénia. *[cangilón, arcaduz]* // Canonada d'obra que va per davall terra. *[arcaduz]*

caduquejar. v. intr. Obrar o parlar amb poc seny, a causa de la molta edat. *[chochear]*

café, (pl. és). m. Arbre originari d'Etiopia. *[café]* // La llavor d'aquest arbre. *[café]* // Beguda feta per infusió d'aquesta llavor torrada i mòlta. *[café]* // Establiment on serveixen aquesta beguda. *[café]*

cafetera. f. Recipient per a fer o servir el café. *[cafetera]*

cafetí. m. Establiment poc important de café i altres begudes. *[cafetín]*

càfila. f. Conjunt de persones, animals o coses. *[cáfila, caravana]*

cafís, (pl. issos). m. Mesura de capacitat per a grans que té dotze barcelles i en el sistema valencià equival a 2'01 hectolitres. *[cahíz]*

cafissada. f. L'extensió de terra que pot sembrar-se amb un cafís de gra, equival a sis fanecades. *[cahizada]*

cafre. adj. i m. i f. Indígena de l'Àfrica del Sud entre el Cap i Natal. *[cafre]*

cagacalces. m. Covard, poruc. *[cobarde, cagón, gallina]*

cagaferro. m. Escòries del ferro. *[cagafierro]* // Planta de la família de les umbel·líferes. *[cañerla, cicuta mayor]*

cagalló. m. Cadascuna de les parts de què es compon l'excrement. *[cagajón, cagarruta]* // Home covard.

cagamànecs. m. Ocell insectívor, de color verd d'oliva, amb el coll i pit roig groguenc. *[petirrojo, cagaestacas]*

cagandanes. m. Home que és fluix de caràcter i no fa res d'importància pero que es mou molt i aparenta energia. *[chisgarabís, cagandando]*

caganiu. m. L'ocellet darrer nascut d'una niuada. *[gurripato]* // El fill menut d'un matrimoni. *[benjamín, tato]*

cagar. v. intr. i tr. Intr. Evacuar el ventre, fer de cos. *[cagar]* // Tr. Fer malbé alguna cosa. *[cagar]*

cagó, ona. m. i f. El qui caga molt sovint. *[cagón]* // Persona molt covarda.

[cagón] // Xiquet o xiqueta molt menuda. *[cagón]*

caguera. f. Necessitat o ganes de cagar. // Diarrea.

cagueroles. f. pl. Diarrea. *[diarrea]*

caguetes. f. pl. Cagueroles, diarrea. // m. Cagacalces, home covard. *[miedoso, cobarde]*

càguila. f. Bocí de paper o de roba que els xiquets enganxen a l'esquena de les persones distretes, per a fer-ne burla.

caient. m. Manera de caure la roba, un vestit. *[aire]* // Cadascuna de les cares d'una vela. // Inclinació natural, caràcter. *[carácter]*

caiguda. f. Acció i efecte de caure. *[caída]* // Part penjant d'una peça de roba, etc. *[caída]*

caire. m. Aresta d'un angle polièdric. *[canto, arista]* // Aspecte.

cairell. m. Sageta més curta que les ordinàries i de punta quadrangular. *[cuadrillo]* // Tros de pedra cantelluda. *[cantal, canto]*

cairó. m. Rajola quadrada. *[baldosa, ladrillo]*

caixa. f. Receptacle d'una certa grandària, de forma rectangular, per a guardar-hi alguna cosa. *[caja]* // Caixa per a posar-hi un cadàver. *[ataúd]*

caixer, era. m. i f. L'encarregat de la caixa d'una casa de comerç, etcètera. *[cajero]* // m. Buc de l'escala. *[caja]* // Ull d'una lletra. *[ojo]* // Llit d'un riu, d'una séquia, etc. *[cauce, lecho]*

caixó. m. Caixa menuda dels armaris, taules, etc. *[cajón]*

cal. Contracció de «ca» (casa) i l'article «el».

cala. f. Entrada que fa el mar. *[cala, ensenada]* // Supositori que es posa al recte per procurar d'anar de ventre. *[cala]*

calabós, (pl. **ossos).** m. Lloc en una presó, castell, caserna, etc., a voltes llòbrec i subterrani, on es tenen presos incomunicats. *[calabozo]*

calafat. m. Fuster constructor d'embarcacions. *[calafate]* // Obrer que calafata. *[calafate]* // Aïna dels fusters. *[calador]*

calafatar. v. tr. Tapar les juntures de les posts o taules d'una nau, d'una bóta, etc., amb estopa i quitrà. *[calafatear, cazumbrar]*

calaguala. f. Rizoma d'una falguera peruana usada com a medicinal. *[calaguala]* // Infusió de calaguala emprada contra l'excitació nerviosa i altres usos casolans. *[calaguala]*

calaix. m. Caixó corredís d'un moble. *[cajón]* // Quantitat de diners que s'arreplega venent a la menuda en una unitat de temps.

calaixera. f. Moble amb un tauler i una sèrie de caixons superposats. *[cómoda]*

calamar. m. Mol·lusc cefalòpode comestible, que segrega un suc negre. *[calamar]*

calamitat. f. Fet advers, infortuni, desgràcia. *[calamidad]* // Persona molestosa. *[calamidad]*

calamitós, osa. adj. Que causa calamitats, fecund en calamitats. *[calamitoso]*

calar. v. tr. Fer entrar ben endins una cosa que es fica. *[calar]* // Mesurar la fondària d'un recipient. *[calar]* // Abaixar les veles, la bandera, etc. *[arriar]*

calavera. f. El cap de l'home o de l'animal reduït als seus ossos. *[calavera]* // Esquelet sencer de l'home. *[calavera]* // Home de vida dissipada. *[calavera]*

calb, alba. adj. Dit d'aquell que ha perdut en tot o en part els cabells del cap. *[calvo]*

calbesa. f. Qualitat de calb, calvície. *[calvicie]*

calbot. m. Colp pegat amb la mà closa al cap. *[cachete, tamborilada]* // **de calbot.** En el joc de pilota valenciana, colp potent de bot de braç que es connecta replegant el braç en espiral.

calc. m. Acció i efecte de calcar. *[calco]*

calç. f. Òxid de calci, substància blanca, lleugera, càustica i alcalina, que es troba sempre, en estat natural, combinada amb una altra. *[cal]*

calça. f. Peça de vestit que s'adapta al peu i a la cama, generalment fins més amunt del genoll. *[calza, media]*

calçada. f. Camí empedrat. *[calzada]* //

Part central d'un carrer, etc. *[calzada]*

calcar. v. tr. Copiar un dibuix, etc. *[calcar]* // Imitar més o menys servilment. *[calcar]*

calçar. v. tr. Posar el calçat a algú. *[calzar]* // Tenir el peu certa llargària. *[calzar]* // Guarnir la part inferior d'una cosa amb una altra. *[calzar]* // Colgar de terra una certa part d'una planta. *[aporcar]*

calçat. m. Calcer. *[calzado]*

calcer. m. Tot objecte que com les sabates, botes, espardenyes, etc., serveix per a cobrir i resguardar els peus. *[calzado]*

calcetí. m. Calça que cobreix el peu i només puja fins a mitja cama. *[calcetín]*

calci. m. Metall que, combinat amb l'oxigen, forma la calç. *[calcio]*

calcida. f. Mala herba, punxosa, molt comuna en els nostres camps pertanyent a la família de les compostes. *[cardo hemorroidal]*

calcigar. v. tr. Posar el peu sobre la terra o alguna cosa. *[pisar, hollar]* // Esclafar o pitjar una cosa amb el peu. *[pisar, pisotear]* // fig. Oprimir, humiliar o menysprear, amb els peus. *[hollar, pisotear]*

calcinar. v. tr. Reduir a calç els minerals calcaris. *[calcinar]*

calcinós, osa. adj. Que té molta calç. *[calcáreo]*

calçó. m. Peça de vestit que cobreix separadament les cames. *[calzón, pantalón]*

calcomania. f. Procediment de transportar una pintura feta sobre paper a un objecte de vidre, marbre, fusta, etc. *[calcomanía]*

calçotets. m. pl. Roba interior de llana, cotó, etc., per a portar dessota els pantalons. *[calzoncillos]*

càlcul. m. Acció de calcular. *[cálculo]* // Concreció sòlida formada en alguna part del cos, especialment en el fetge, en els ronyons i en la bufeta. *[cálculo]* // Conjectura. *[cálculo]*

calcular. v. tr. Fer càlculs matemàtics o conjectures. *[calcular]*

calda. f. Acció de caldejar o arroentar el ferro. *[calda]* // Calor forta. *[ardor, bochorno]*

caldejar. v. tr. Donar calda, arroentar el ferro al foc. *[caldear]* // Calfar el sol la terra, l'ambient. *[caldear]*

calder. m. Caldera menuda. *[caldero]*

caldera. f. Recipient gran que serveix per a fer bullir aigua, etc. *[caldera]*

caldo. m. Líquid que resulta de coure en aigua la vianda, brou. *[caldo]* // Qualsevol líquid extret de vegetals alimenticis. *[caldo]*

caldós, osa. adj. Que està cald o calent; delerós, ansiós, desitjós. *[caldoso]* // Qué conté brou calent, dit especialment de l'arròs cuinat en perol en què el brou calent no ha estat del tot absorbit; arròs caldós encara no empastrat, amb brou calent. *[caldoso]*

caldre. v. intr. Ser menester, caler. *[necesitar, ser necesario]*

calefacció. f. Acció i efecte de calfar o de calfar-se. *[calefacción]* // Conjunt d'aparells destinats a calfar un edifici, etc. *[calefacción]*

calenda. f. Lliçó del martirologi romà, que conté els noms i els fets dels sants. *[calenda]* // pl. El primer dia de cada mes segons el calendari romà antic. *[calendas]*

calendari. m. Sistema de divisió del temps per anys, mesos i dies. *[calendario]* // Taula que exposa la successió dels dies i mesos de l'any. *[calendario]*

calent, enta. adj. Que té una temperatura elevada. *[caliente]* // Que produeix una sensació de calor. *[caliente]*

calentor. f. Qualitat i sensació d'allò que és calent. *[calor]*

caler. v. intr. Caldre. *[necesitar, ser necesario]*

calessa. f. Carruatge de dues rodes obert per davant. *[calesa]*

calfacadires. m. i f. Persona que passa moltes hores asseguda. *[calientasillas]* // El qui va d'una casa a l'altra per a conversar i passar el temps. *[comadrero, calientasillas]*

calfar. v. tr. Donar o comunicar calor a alguna cosa, fer esdevenir calent. *[ca-*

lentar] // **-se.** Esdevenir calent, prendre calor, fer-se passar el fred.

calfor. f. Calor que fa o emet un cos que està a una temperatura superior a la del medi que l'envolta, calentor. *[calor]*

calfred. m. Sensació de calor i fred al mateix temps. *[escalofrío]*

calibrar. v. tr. Reconéixer el calibre d'una arma, etc. *[calibrar]* // Donar a un fil d'aram, a un projectil, a l'ànima d'una arma, etc., el calibre que es vol. *[calibrar]*

calibre. m. Diàmetre interior de les armes de foc, i diàmetre d'un projectil. *[calibre]*

càlid, àlida. adj. Habitualment calorós. *[cálido]* // Viu, ardent. *[cálido]*

calidoscopi. m. Instrument amb dos espills disposats de manera que multipliquen simètricament les imatges dels objectes que hi ha entre ells. *[calidoscopio]*

califa. m. Sobirà musulmà que reuneix el poder polític i el religiós. *[califa]*

calina. f. Calitja, calor bascosa, xafogor. *[bochorno]*

calitja. f. Vapor espés com una boira que sol formar-se a l'estiu i enterboleix lleugerament la transparència de l'aire. *[calima, niebla]*

caliu. m. Cendra calenta, amb algunes brases. *[rescoldo]*

call. m. Pas estret entre parets o roques. *[callizo]* // Antigament, barri de jueus. *[judería]* // Durícia en alguna part del cos. *[callo]*

callar. v. intr. i tr. Intr. No parlar, no dir res, guardar silenci. *[callar]* // Tr. Deixar de dir allò que hom sent o sap, servar silenci sobre alguna cosa. *[callar]*

cal·ligrafia. f. Art d'escriure amb un bell caràcter de lletra. *[caligrafía]*

callís, (pl. issos). m. Carrer o pas estret. *[callizo]* // Caminal.

calma. f. Absència d'agitació, de presses, etc. *[calma]* // Tranquil·litat de la mar o de l'atmosfera; falta de vent. *[calma]* // Planell dalt d'un cim de muntanya. *[meseta]*

calmar. v. tr. Fer cessar l'agitació, assossegar, posar en calma. *[calmar].*

calmós, osa. adj. Que està en calma o que té calma, que fa les coses sense gens de pressa. *[calmoso]*

calor. f. Força que es manifesta dilatant els cossos i fonent els sòlids. *[calor]* // Sensació d'un cos quan la seua temperatura és menor que la d'aquell amb què està en contacte. *[calor]*

caloria. f. La quantitat de calor requerida per a elevar un grau la temperatura d'un gram d'aigua. *[caloría]*

calorós, osa. adj. Que fa sentir calor o que té calor. *[caluroso]* // Que mostra, que manifesta calor, fet amb calor. *[caluroso]*

calostre. m. Flor de la llet, primera llet de la femella després d'haver parit. *[calostro]*

calúmnia. f. Acusació falsa. *[calumnia]*

calumniar. v. tr. Acusar falsament, dir una calúmnia o calúmnies contra algú. *[calumniar]*

calvari. m. Lloc de la crucifixió i mort de Jesucrist. *[calvario]* // Conjunt de penes i afliccions. *[calvario]* // Camí amb diverses estacions o capelletes en memòria dels passos de la pujada de Jesucrist al Calvari. *[calvario]*

calvície. f. Manca de cabells, calbesa. *[calvicie]*

calze. m. Copa sagrada en què el capellà consagra el vi quan diu la missa. *[cáliz]* // Coberta externa de les flors formada pels sèpals. *[cáliz]*

cama. f. Part de cadascun dels membres inferiors entre el peu i el genoll. *[pierna]* // Forc d'alls. *[ristra]* // Tronc prim d'una planta. *[tallo, pie]*

camafeu. m. Figura treballada en relleu en una pedra preciosa. *[camafeo]*

camal. m. Cada cama dels pantalons. *[pernera]* // Cadascuna de les branques majors de l'arbre que naixen de la mateixa soca. *[brazo]*

camaleó. m. Sauri, que en inflamar-se mostra per transparència distintes coloracions de la sang. *[camaleón]*

camàlic. m. Home que es lloga per a portar coses de pes al coll. *[faquín]*

camamirla. f. Composta radiada, medicinal i molt olorosa d'un pam d'alçada, de fulles menudes i flors blanques, en botó com una pometa. *[manzanilla]*
camarada. f. Aquell que tracta altres persones amb amistat. *[camarada]*
camarlenc. m. Un dels dignataris en les corts reials. *[camarlengo]* // Cardenal que presideix la cambra apostòlica. *[camarlengo]*
cama-roja. f. Mena d'ocell que va pels aiguamolls. *[bermejina]* // Planta urticàcia de flors verdoses emprada com a emol·lient. *[camarroya, parietaria]* // Planta de la família de les compostes. *[achicoria silvestre]*
cambra. f. Habitació, peça d'una casa, departament. *[cámara]* // Pis superior d'una casa, sota teulada, generalment destinat a guardar-hi grans, palla, aïnes, etc. *[desván]* // Sala de reunió per a deliberar. *[cámara]* // Cada un dels cossos col·legisladors d'un país. *[cámara]*
cambrer, era. m. i f. Persona que en les fondes té cura de les cambres. *[camarero]* // Persona que serveix a la taula en casa particular o establiment públic. *[camarero]* // Persona de gran dignitat com a servent en les cambres reials. *[camarero]*
cambril. m. Cambreta d'una imatge, elevada i accessible, situada darrere l'altar. *[camarín]*
camejar. v. tr. Moure, agitar les cames, acaminar contínuament, no parar d'usar les cames. *[pernear, patear]* // Fer moltes passes per a resoldre un assumpte. *[pernear, patear, patullar]*
camèlia. f. Flor de la cameliera. *[camelia]*
cameliera. f. Arbust de la família de les teàcies de flors molt estimades, però inodores. *[camelia]*
camell. m. Animal quadrúpede ruminant, amb un coll molt llarg i un o dos geps a l'esquena. *[camello]* // Depòsits de llast, etc, per a disminuir quan convinga el calat de la nau. *[camello]*
camerino. m. Cambreta dels actors en els teatres, per a vestir-se, reposar, etc. *[camerino]*
càmfora. f. Substància aromàtica, volàtil, extreta del camforer. *[alcanfor]*
camforer. m. Arbre de la família de les lauràcies del qual s'extrau la càmfora. *[alcanforero]*
camí. m. Espai a recórrer per a anar d'un indret a un altre. *[camino]* // Via construïda per a anar d'un lloc a un altre. *[camino]* // Mitjà o manera de fer alguna cosa. *[camino]* // Espai que una persona o cosa recorre en moure's. *[camino]*
caminal. m. Camí estret entre els bancals d'un hort o jardí. *[camino, sendero, senda]*
caminant. m. i f. Persona que va de camí. *[caminante]*
caminar. v. intr. Anar a peu d'un lloc a un altre. *[caminar]*
camió. m. Automòbil de càrrega. *[camión]*
camioner. m. El qui condueix un camió. *[camionero]*
camisa. f. Peça de vestir que es porta sobre la pell o sobre la camiseta. *[camisa]* // Embolcall d'alguna cosa. *[camisa]*
camiseria. f. Botiga on venen camises.
camp. m. Extensió de terra descoberta i aplanada, especialment dedicada al conreu. *[campo]* // Lloc on es lliura una batalla, un duel, etc. *[campo]*
campa. adj. Aplicat a la terra destinada a la sembra de cereals; a la terra sense arbres, per oposició a la plantada. *[campa]*
campament. m. Exèrcit acampat i el lloc que ocupa. *[campamento]*
campana. f. Instrument metàl·lic que es fa sonar amb un batall. *[campana]* // Tot allò que té forma acampanada. // Planta de flors grosses i oloroses. *[petunia]*
campanada. f. Colp del batall a la campana i so que produeix. *[campanada]* // Escàndol o novetat. *[campanada]*
campanar. m. Torre o extrem superior d'una església on posen les campanes. *[campanario]*

campaner, era. m. i f. El qui fa campanes. *[campanero]* // El qui té per ofici tocar les campanes. *[campanero]*

campaneta. f. Campana menuda o de mà. *[campanilla]* // Gargamelló. *[campanilla, úvula]* // Timpà de l'orella. // Planta de flors acampanades de colors vàries que s'enfila molt. *[enredadera]*

campanya. f. Temps durant el qual l'exèrcit és al camp per a batre's. *[campaña]* // Sèrie d'operacions que es fan dins un període determinat de temps. *[campaña]*

campar. v. intr. i tr. Passar la vida com se pot. *[campar]* // Escapar. // Tr. Salvar, guardar de la mort o d'altre perill. *[salvar]*

camper. m. El fons llis d'un objecte llistat, emmarcat, etc. *[campo]* // Espai damunt el qual es posa la divisa dins el blasó. *[campo]* // Camperol.

campestre. adj. Relatiu o pertanyent al camp. *[campestre]*

campetx. m. Arbre mexicà la fusta del qual té aplicació en tintoreria. *[campeche]*

campió, ona. m. i f. Aquell que entrava en camp clos per a combatre per la causa d'un altre en les antigues llices. *[campeón]* // El qui es consagra a la defensa d'una causa, de la fe, etc. *[campeón]* // El qui venç en l'exercici d'algun joc o esport. *[campeón]*

campionat. m. Concurs per a guanyar el títol de campió. *[campeonato]*

camús, usa. adj. Que té el nas curt i aplanat. *[chato, romo]*

can. Contracció del mot «ca» (casa) i l'article «en».

cana. f. Mesura de longitud de huit pams. En el sistema valencià equival a 1'812 metres, o sia, a dues vares, a quatre alnes, a huit pams o a sis peus. Equival també a dues iardes, aproximadament. *[cana]*

canal. f. Conducte per a donar pas a l'aigua o a qualsevol altre líquid. *[canal]*

canalera. f. Cadascuna de les canals que formen les teules d'una teulada, per on s'escorre l'aigua. *[canalera, canal]*

canalla. f. Fent menyspreable. *[gentuza]* // m. Home capaç de cometre els actes més reprovables. *[canalla]*

canaló. m. Canal menuda. *[canalón, canaleja]*

canana. f. Cartutxera que es porta cenyint la cintura. *[canana]*

canari, ària. adj. Natural o propi de les illes Canàries. *[canario]* // m. i f. Moixó granívor originari de les Canàries de cant molt estimat. *[canario].*

cancell. m. Armament de fusta per a privar l'aire i el soroll exterior a l'entrada de certs edificis. *[cancel]* // Reixat davant d'algunes cases per a privar l'entrada al públic. *[cancela]*

cancel·lar. v. tr. Anul·lar un document legal, mitjançant pagament, o inutilitzant-lo en una o altra forma. *[cancelar]* // Pagar un deute. *[cancelar]*

canceller. m. Secretari oficial del rei. *[canciller]* // Nom donat a diferents funcionaris importants. *[canciller]*

càncer. m. Tumor maligne, especialment el format per cèl·lules epitelials. *[cáncer]*

cançó. f. Composició per a cantar. *[canción]* // Gènere de poesia lírica sobre tema amorós. *[canción]* // pl. Falòrnies.

cançoneta. f. Cançó curta o delicada. // Entonació especial del parlar o del llegir. *[sonsonete]* // Repetició insistent i molesta d'alguna cosa. *[cantinela]*

candela. f. Metxa de cotó envoltada d'una capa de cera per a cremar. *[candela]* // Moc que penja del nas. *[mocarro]* // Rebrot del pi, de l'alzina, etc.

candeler. m. Atifell per a aguantar dreta la candela. *[candelero]* // Cerer.

càndid, àndida. adj. Ple de candor, ingenu. *[cándido]*

candidat. m. El qui pretén un càrrec o dignitat o és proposat pels altres. *[candidato]*

candir. v. tr. Adobar amb sucre cuit. *[almibarar]* // **-se.** Perdre forces, vitalitat, etc., per consumpció gradual, aflaquir-se. *[consumirse, desfallecer]*

candor. m. i f. Senzillesa, puritat d'esperit, absència de malícia. *[candor]*

canell. m. Puny de la mà. *[muñeca]*
canella. f. Part anterior de la cama sobre l'aresta de la tíbia i la part inferior i més prima d'aquesta. *[canilla]* // Os prim de l'avantbraç (canella del braç). *[canilla]* // Canó o aixeta per on ix l'aigua d'una font. *[grifo]* // Canyella. *[canela]*
canelobre. m. Candeler gros de dos braços o més. *[candelabro]*
cànem. m. Planta cannabàcia d'arrel robusta, tija dreta i rígida, fulles retallades en forma de dits i flors verdoses. *[cáñamo]* // Fibra tèxtil treta d'aquesta planta, usada per a fer cordes, cordells, teixits, etcètera. *[cáñamo]*
canemàs, (pl. **assos).** m. Roba feta amb l'estopa del cànem. *[cañamazo]* // Roba clara de cànem o cotó per a bordar-hi al damunt. *[cañamazo]* // Fons d'una matèria sobre el qual es fan desenvolupaments. *[cañamazo]*
cangur. m. Mamífer marsupial herbívor que camina a salts valent-se de les potes posteriors i de la cua. *[canguro]*
caníbal. m. Antropòfag. *[caníbal]*
canícula. f. Període que comprén una part del juliol i gran part de l'agost, durant el qual sol fer molta calor. *[canícula]*
canó. m. Peça d'artilleria destinada a llançar projectils. *[cañón]* // Nom de diferents objectes o parts de forma tubular. *[tubo, caño]* // Ploma d'ocell quan comença a nàixer. *[cañón]* // Estoig de guardar agulles. *[alfiletero]*
canoa. f. Embarcació lleugera per a passeig i esport. *[canoa]*
cànon. m. Decisió d'un concili eclesiàstic. *[canon]* // Regla o precepte. *[canon]* // Part de la missa. *[canon]* // Allò que es paga en reconeiximent del domini directe d'un terreny, etc. *[canon]*
canonada. f. Acció i efecte de disparar-se un canó. *[cañonazo]* // Conducte fet amb canons de ferro, etc. *[cañería]*
canonejar. v. tr. Atacar a canonades. *[cañonear]*
canoner, era. adj. Aplicat a les embarcacions armades amb canons. *[cañonero]*
canonet. m. Tubet de vidre emprat en treballs de passamaneria. *[canutillo]* // Tubet de fusta, metall, etc., per a guardar les agulles. *[alfiletero]* // Peça curta de canya per a jugar. *[chito, tángano]* // Tros de corfa de forma tubular que se separa d'un arbre per a fer un empelt.
canonge. m. Membre del capítol d'una església catedral o col·legiata. *[canónigo]*
canongia. f. Prebenda i dignitat de canonge. *[canonjía]* // Càrrec de poc treball i molt profit. *[canonjía]*
canonitzar. v. tr. Inscriure en el cànon o catàleg dels sants, fer sant. *[canonizar]* // Declarar canònic. *[canonizar]*
canós, osa. adj. Que té els cabells blancs o alguns cabells blancs. *[canoso]*
cansalada. f. Greix del porc, comprés entre la pell i la carn. *[tocino]*
cansaladeria. f. Botiga de cansalader. *[tocinería]*
cansament. m. Disminució de forces per excés de treball o exercici. *[cansancio]*
cansar. v. tr. Produir cansament. *[cansar]* // Molestar, embafar.
cansera. f. Cansament gran. *[cansancio]*
cant. m. Acció i efecte de cantar. *[canto]* // Composició musical destinada a ser cantada. *[canto]* // Cadascuna de les parts en què es divideix un poema èpic. *[canto]*
cantada. f. Acció i efecte de cantar. *[canto]*
cantal. m. Pedra de grossària variable, roc, cudol. *[guijarro, cantal]*
cantalada. f. Colp donat amb un cantal. *[pedrada]*
cantar. v. intr. Produir sons amb modulacions melodioses de la veu. *[cantar]*
cantarella. f. Acte de cantar. *[canturia]* // Modulació de la veu en parlar. *[tonillo, sonsonete]*
cantell. m. Cantó o vora d'alguna cosa. *[canto, esquina]*
cantellut, uda. adj. Que té cantells o caires. *[esquinado, anguloso]*
cànter. m. Recipient portàtil de terrissa, etc., per a posar aigua o altres líquids. *[cántaro]* // Mesura de vi, etc., que en

el sistema valencià equival a uns deu litres (10'17). *[cántaro]*

canterella. f. Morteret o tro gros que es dispara al final de l'engraellat o de la traca.

canterer, era. m. i f. El qui fa o ven cànters. *[alfarero]* // Banc de pedra o fusta per a posar els cànters, generalment en un entrant practicat en la paret de les cases. *[cantarero, zafariche]*

càntic. m. Cant de lloança. *[cántico]*

cantó. m. Extrem, punta d'alguna cosa. *[cornijal]*

cantó. m. Cadascuna de les parts en què es divideix un territori en certs països. *[cantón]* // Cantonada.

cantonada. f. Cantó d'un edifici o carrer. *[esquina]*

cantor, ora. m. i f. El qui canta per afició o per ofici. *[cantor]*

cantúria. f. Conjunt de cants. *[canturia]*.

cantussejar. v. intr. Cantar a mitja veu. *[canturrear]*

cànula. f. Tub de metall o goma per a desguassar líquids de l'organisme. *[cánula]*

canut. m. Part intermitja entre nuc i nuc de les canyes. *[cañuto, canuto]* // Canonet de fusta, metall, etc., emprat per a diversos usos. *[chito]* // Joc que es juga amb un canut. *[chito]*

canvi. m. Acció i efecte de canviar. *[cambio]* // Valor relatiu de les monedes. *[cambio]*

canviar. v. tr. i intr. Tr. Fer canvis o permutes. *[cambiar]* // Bescanviar. *[cambiar]* // Intr. Tornar-se diferent, sofrir una transformació. *[cambiar]* // Reemplaçar una cosa per altra.

canya. f. Tronc de les plantes gramínies. *[caña]* // Planta de tronc buit que es cria en llocs humits. *[caña]* // Llengüeta dels instruments de fusta. *[caña]* // Part més prima del rem. *[caña]*

canyamel. f. Planta gramínia de zones càlides que fa uns canyots grossos i durs dels quals s'extrau el sucre. Conreada a la zona valenciana de la Safor per a les exportacions valencianes de sucre, fou transplantada a Cuba. *[cañaduz]*

canyar. m. Lloc plantat de canyes. *[cañaveral, cañal]*

canyaret. m. Petit canyar. *[cañizal]* // Avalot, disputa de crits, etc. *[jaleo, bulla, marimorena]*

canyavera. f. Planta gramínia que viu a les vores dels rius, de tronc dret d'un metre d'alt. *[cañavera]*

canyella. f. Substància aromàtica extreta del canyeller. *[canela]* // Canella del peu. *[canilla]*

canyeller. m. Arbust de la família de les lauràcies conreat en els països tropicals per a l'extracció de la canyella. *[canelo]*

canyet. m. Lloc on es llancen o soterren les bèsties mortes. *[muladar]*

canyís, (pl. issos). m. Teixit reixat fet de canyes. *[cañizo]*

canyissada. f. Llit de canyes en què descansa la teulada. *[cañizada]*

canyot. m. Canya de la dacsa. // Canyavera. *[carrizo, cañete]*

canyota. f. Gramínia comuna com a mala herba en terres de conreu. *[cañota, millaca]*

caoba. f. Arbre tropical americà, d'una fusta molt estimada. *[caoba]* // Fusta d'aquest arbre, de color roig fosc, molt estimada en ebenisteria. *[caoba]*

caolí. m. Argila blanca molt pura usada per a fer la pasta de la porcellana. *[caolín]*

caos. m. Estat de confusió dels elements primitius del món. *[caos]* // Confusió, desorde. *[caos]*

caòtic, òtica. adj. Relatiu o pertanyent al caos. *[caótico]*

cap. m. Part superior del cos. *[cabeza]* // Superior en alguna corporació o comunitat. *[jefe, cabeza]* // Extrem d'una cosa. *[cabo, término]* // Punta de terra que entra mar endins *[cabo]* // Tros de corda. *[cabo]* // Capacitat, talent. *[cabeza]*

cap. adj. Algun, amb valor negatiu en oracions negatives o el·líptiques; amb valor positiu en oracions interrogatives o condicionals. *[algún, ningún]*

cap. prep. En direcció a. *[hacia]*

capa. f. Peça de roba llarga, oberta de

davant, sense mànigues. *[capa]* // Allò amb què s'envolten i cobreixen certes coses. *[capa]* // Extensió uniforme d'una substància que cobreix alguna cosa. *[capa]* // Cadascuna de les diverses zones superposades, amb què es divideix la superfície de la terra. *[capa]*

capaç. adj. Que té talent i instrucció. *[capaz]* // Espaiós. *[capaz]*

capacitar. v. tr. Fer a algú apte per a fer alguna cosa. *[capacitar]*

capar. v. tr. Extirpar els òrgans de la generació. *[capar, castrar]*

caparra. f. Aràcnid traqueal que viu arrapat a la pell de certs animals xuplant-los la sang. *[garrapata]*

capatàs, (pl. assos). m. El cap d'una colla de treballadors. *[capataz]*

capavall. m. Terreny que va en baixada. *[bajada]*

capbreu. m. Apuntament d'un reconeiximent de drets en una hisenda. *[cabreve, cabreo]*

capçal. m. Coixí del llit. *[cabecera, cabezal]* // Part del llit on es posa el coixí. *[cabecera, cabezal]*

capçalera. f. Part del capçal del llit per a sostenir els coixins o per a ornament. *[cabecera]* // Nota preliminar amb què s'encapçala un escrit. *[cabecera]*

capçana. f. Conjunt de corretges que subjecten el cap d'una cavalleria. *[cabezada]* // Rodella de drap que es posen al cap per a dur un pes. *[rodete, cabecil]* // Rodella que es posa davall d'una cosa, per a sostenir-la o evitar que embrute, com davall d'una paella a taula, etc. *[rucdo]*

capcingle. m. Anella de fusta o ferro de l'extrem de la cingla. *[vilorta de cinchu]* // Anella feta d'una rama verda d'un arbre que, després de seca, és usada com a vencill a l'extrem d'una corda o de la cingla. *[vilorta]*

capciós, osa. adj. Artificiós, enganyós, que conté raons especioses calculades arterosament per a enganyar. *[capcioso]*

capçot. m. Ocell blanquinós del cap que fa niu pels pinars i els carrascars. *[alcaudón]* // Persona obstinada. *[tozudo]*

capdamunt, al. loc. adv. A l'extrem superior. *[a la cumbre, a la cima, a la cabeza.*

capdavall, al. loc. adv. A l'extrem més baix, a la part inferior, al fons, d'una cosa.

capdavant, al. loc. adv. Al davant d'un grup, d'un moviment, etc. *[al delante]*

capdavanter, era. m. i f. El qui va davant d'un grup, moviment, etcètera. *[caudillo]*

capeig. m. Acte de capejar. *[capeo]*

capejar. v. tr. Resistir un temporal navegant a la capa. *[capear]* // Entretenir amb enganys i evasives. *[capear]*

capel. m. Capell vermell dels cardenals. *[capelo]* // Dignitat de cardenal.

capell. m. Peça de vestir que serveix per a cobrir el cap. *[sombrero]* // Coberta protectora de forma oval que les larves de molts insectes especialment del cuc de seda, es fabriquen amb un fil que segreguen i dins la qual es tanquen. *[capillo, capullo]* // Núvol o boira d'un cim de muntanya. *[cejo]*

capella. f. Departament d'una església amb advocació particular. *[capilla]* // Església menuda. *[capilla]* // Cos de músics d'una església. *[capilla]*

capellà. m. Sacerdot. *[capellán]* // Palaia. *[platija]*

capellà. m. Peix gadiforme espècie de mòllera. *[platija]*

capellanet. m. Ocell de plomatge fosc amb un plomall al cap, semblant a la cogullada, però més petit. // Palaia. *[platija]*

capelleta. f. Simulacre de capella que porten els ermitans per a la capta. *[capillita]* // fig. Reunió de persones que defensen i pregonen exclusivament allò que forma part de llur cercle. *[capillita]*

capficar. v. tr. Fer entrar de cap una cosa dins una altra. // Posar pensatiu, consirós. *[apesadumbrar]*

capgirar. v. tr. Girar una cosa de dalt a baix, pertorbar l'orde de les coses. *[transtornar]* // Fer cedir, fer canviar d'opinió a algú, canviar el curs d'alguna cosa. *[transtornar]*

cap-gros, (pl. ossos). m. Granota en la fase del seu desenvolupament. *[renacuajo]*

cap-i-coa. m. Cap-i-cua. *[capicúa]*

cap-i-cua. m. Dit del nombre que representa el mateix valor si s'inverteix l'orde de les xifres. *[capicúa]*

capil·lar. adj. Semblant pel seu gruix a un cabell. *[capilar]* // Relatiu als tubs capil·lars. *[capilar]*

capir. v. tr. Entendre, comprendre, concebre, veure la raó de les coses. *[comprender, concebir]*

capità. m. Oficial de l'exèrcit. *[capitán]* // Cap d'una banda. *[capitán]*

capital. m. Cabal que algú posseeix. *[capital]* // Població que és cap d'una nació, província, etc. *[capital]* // adj. Aplicat al pecat que és origen. *[capital]* // Principal o molt gran, que constitueix el cap, la part dominant o vital d'una cosa. *[capital]* // Que implica la pèrdua del cap, de la vida, mortal. *[capital]*

capitalisme. m. Règim econòmic de la producció, fundat en la propietat individual dels capitals. *[capitalismo]*

capitalitzar. v. tr. i intr. Tr. Convertir un valor en capital. *[capitalizar]* // Computar quin capital representa una renda, etc. *[capitalizar]* // Intr. Acumular capital. *[capitalizar]*

capitell. m. Part superior que corona la columna. *[capitel]* // Banc prim i lleuger per a sostenir una taula, llit, etc. *[banqueta]*

capítol. m. Junta de persones religioses i d'algunes altres corporacions. *[capítulo]* // Divisió feta per a major claredat en els llibres i escrits. *[capítulo]* // Cos de canonges d'una catedral. *[cabildo]*

capitost. m. El qui dirigeix i comanda, especialment cap d'un grup, partit, exèrcit o banda. *[capitoste]*

capitulació. f. Acció de capitular, especialment acta en la qual consten les condicions de una rendició. *[capitulación]*

capitular. v. tr. i intr. Tr. Posar per capítols, dividir en capítols. // Intr. Convenir els articles d'un tractat, especialment amb l'enemic, rendir-se. *[capitular]*

capó. m. Pollastre capat. *[capón]* // Cadena que enganxa l'àncora per l'argolla al costat de la nau. *[capón]*

capolar. v. tr. Tallar a trossos, trossejar. *[trocear, triturar, picar]*

capoll. m. La flor abans d'obrir-se. *[capullo]*

caporal. m. El qui fa de cap d'una colla, etc. *[caporal, cabo, jefe, cabeza]*

capot. m. Capa amb mànigues i captuxó. *[capote]*

capota. f. Coberta que porten alguns carruatges. *[capota]* // Capot.

caprici. m. Capritx. *[capricho]*

capritx. m. Propòsit vingut a algú sobtosament, sense motivació aparent, no subjecte a regla ni raó, caprici. *[capricho]*

capritxós, osa. adj. Que obra per capritx, que té capritxos. // Fet a capritx; que ofereix una certa gràcia estranya. *[caprichoso]*

capsa. f. Receptacle de cartó, fusta, etc., destinat a guardar-hi alguna cosa. *[caja]*

capsigrany. m. Ocell insectívor cendrós que imita el cant dels altres ocells. *[abejaruco, alcaudón]*

càpsula. f. Fruit sec que conté les llavors. *[cápsula]* // Embolcall de matèria insípida dins del qual es posen certs medicaments de mal gust. *[cápsula]* // Cilindre metàl·lic que conté un fulminant al fons. *[cápsula]*

captar. v. intr. Demanar almoina. *[mendigar, pedir limosna]*

capteniment. m. Manera de captenir-se, comportament, conducta. *[porte, proceder, continente]*

captenir-se. v. pron. Obrar de tal o tal manera en una circumstància donada. *[comportarse, proceder]*

captindre's. v. pron. Infinitiu irregular del verb *captenir-se*, extret per analogia del futur d'indicatiu: *captindré, captindràs, captindrà...* captindre's. *[comportarse, proceder]*

captiu, iva. adj. i m. i f. Caigut en poder d'algú que el priva de la seua llibertat. *[cautivo]*

captivar. v. tr. Fer presoner. *[cautivar]* // Tenir un fort ascendent sobre un altre, especialment per algun atractiu.

captura. f. Acció i efecte de capturar. *[captura]*

capturar. v. tr. Posar pres algú. *[capturar]*

caputxa. f. Peça del vestit generalment, de forma cònica i prou ampla, per a cobrir el cap. *[capucha]*

caputxó. m. Caputxa menuda. *[capuchón, capirote]* // Les primeres hores de la nit. *[atardecer]*

capvesprada. f. Les primeres hores de la nit. *[atardecer]*

capvespre. m. L'hora baixa de la vesprada quan el sol ja s'ha post, crepuscle. *[crepúsculo, anochecer]* // Espai de temps comprés entre el migdia i la posta del sol. *[tarde]*

caqui. m. Color d'oli agrisat. *[caqui]* // Teixit del dit color. *[caqui]* // Arbre fruiter, originari del Japó. *[caqui]*

car. conj. causal. Serveix per a introduir una proposició en què es dóna la raó a allò que s'ha dit en la proposició anterior. *[porque, pues que, ya que]*

car, ara. adj. Que té un preu elevat. *[caro]* // Que inspira una gran tendresa, afecte; estimat, benvolgut. *[caro]*

cara. f. Part anterior del cap de l'home i dels animals superiors. *[cara]* // Part davantera d'alguna cosa. *[cara]* // Cadascun dels costats d'una cosa. *[cara]* // Gosadia, manca de vergonya. *[descaro]*

carabassa. f. Fruit de la carabassera. *[calabaza]*

carabassera. f. Planta cucurbitàcia d'origen americà que és cultivada pels seus fruits. *[calabacera]*

carabassí. m. Llavor de carabassa. // Carabassa buida i seca usada per a posar vi, aigua, etc., per a trascolar líquids, etc. *[calabacín]* // Cap de poc seny, fofo. *[cabeza de chorlito]*

carabina. f. Arma de foc, més curta que el fusell. *[carabina]*

caràcter. m. Signe traçat o escrit. *[carácter]* // Manera de ser peculiar d'una persona. *[carácter]*

característic, ística. adj. Relatiu o pertanyent al caràcter. *[característico]*

característica. f. Qualitat o propietat per què una cosa es distingeix. *[característica]* // Part entera d'un logaritme. // Nota distintiva en una escala diatònica. *[característica]* // L'actriu que fa papers de dona d'una certa edat. *[característica]*

caracteritzar. v. tr. Posar de relleu el caràcter d'una persona o cosa. *[caracterizar]* // Representar un personatge amb prou expressió. *[caracterizar]*

caragol. m. Mol·lusc comestible amb conquilla espiral. *[caracol]* // Qualsevol conquilla espiral. *[caracol]* // Una de les tres cavitats que formen el laberint de l'orella. *[caracol]* // Cilindre amb rosca espiral. *[tornillo]* // Bucle dels cabells. *[rizo]*

caragolada. f. Menjada de caragols. *[caracolada]*

caragolar. v. tr. Fer caragols als cabells, etc. *[caracolar]* // Enrotllar, retòrcer un objecte flexible sobre ell mateix en espiral. *[arrollar, enrollar, enroscar]* // Endinsar un caragol de ferro en un forat imprimint-li un moviment de rotació al voltant del seu eix. *[atornillar]*

carall. m. Membre viril. *[carajo]* // Usat com a interjecció per a manifestar admiració, impaciència, etc., caram! *[caramba]*

caram! Interjecció que denota estranyesa, admiració, enuig, etcètera. *[caramba]*

carambola. f. Jugada de billar que consisteix a tocar, amb la bola que un tira, les altres boles. *[carambola]* // Casualitat, coincidència inesperada. *[carambola]*

caramel. m. Pasta de sucre endurida. *[caramelo]* // Pastilla, barreta, etc., feta de pasta de caramel a la qual s'ha afegit alguna essència. *[caramelo]*

caramella. f. Flabiol o flauta de pastor. *[caramillo]* // El canó de certs intruments de vent que s'aplica a la boca. *[boquilla, pipitaña]* // En els forns de vidre la canya per on bufa el fadrí. *[soplete]* // pl. Cançons que canten les colles la nit de pasqua florida. *[alborada]*

caramelo. m. Caramel. *[caramelo]*

caramull. m. Coromull. *[colmo]*

caramullar. v. tr. Coromullar. *[colmar]*

carantoines. f. pl. Afalacs, moixaines, afalagaments. *[carantoñas]*

carar. v. tr. Posar una carada de sucre. *[alcorzar]*

cara-sol. m. Lloc on hi dóna el sol. *[solana]*

carassa. f. Cara gran. *[caraza]* // Expressió lletja de la cara, adoptada per a fer por o per a fer riure. *[mueca]*

carasser, era. adj. Que acostuma a fer carasses o ganyotes. *[gestero, gesticulador]* // Dit de la dona a qui li plau fer bona cara a diferents festejadors, que es deixa fer l'amor per diferents galants. *[coqueta]* // m. El qui fa o fabrica carasses o carassetes. *[caratulero]*

carasseta. f. Tela o cartó per a cobrir la cara en carnaval. *[careta, máscara]* // Ganyota. *[mueca]*

caràtula. f. Careta postissa per a dissimular la vertadera fesomia. *[carátula]* // Senyal que com a marca de fàbrica solen posar els paperers damunt cada raima.

caravana. f. Colla de viatgers que s'apleguen per a fer junts un viatge al través del desert o països d'ambient hostil. *[caravana]*

caravela. f. Embarcació antiga llarga i estreta d'una sola coberta, tres arbres sense cofes i veles llatines. *[carabela]*

caravel·la. f. Caravela. *[caravela]*

carbó. m. Matèria que resulta de la combustió incompleta de la fusta i altres cossos orgànics. *[carbón]*

carbonada. f. Excrement de les criatures acabades de nàixer. *[meconio, alhorre, pez]* // Fornada de carbó. *[foya]* // Sitja de carbó. *[carbonera]*

carbonat. m. Qualsevol sal de l'àcid carbònic. *[carbonato]*

carbonera. f. Pila de llenya per a fer carbó. *[carbonera]* // Lloc de guardar carbó. *[carbonera]*

carboni. m. Cos simple que, en estat de puresa, constitueix el diamant. *[carbono]*

carbonitzar. v. tr. Reduir un cos orgànic a carbó. *[carbonizar]*

carbur. m. Combinació del carboni amb un radical simple o compost. *[carburo]*

carburar. v. tr. Impregnar de composts volàtils de carboni. *[carburar]*

carcaix. m. Caixa per a dur els trets d'arc o de ballesta, buirac. *[carcaj, aljaba]*

carcassa. f. Dit de tot allò de què ha fugit el principi vital o l'ànima. // Part interior d'una cosa que aguanta les altres parts. *[esqueleto]* // Mena de bomba incendiària. *[carcasa]* // Mena de coet gros. *[carcasa]*

carceller. m. El qui té cura de la presó. *[carcelero]*

càrcer. m. Presó, lloc on estan tancats els presos. *[cárcel]*

card. m. Planta de fulles grans que té una part carnosa comestible, la flor i la pelussa de la qual serveixen per a fer prendre la llet. *[cardo]*

carda. f. Instrument amb punxes de ferro per a cardar el cotó o la llana. *[carda]* // Màquina de cardar. *[carda]*

cardar. v. tr. Pentinar la llana o el cotó amb la carda. *[cardar]*

cardenal. m. Cadascun dels prelats que formen el consell del papa. *[cardenal]*

cardinal. adj. D'importància fonamental. *[cardinal]* // Aplicat als numerals que serveixen per a comptar. *[cardinal]* // Aplicat als punts principals de l'horitzó. *[cardinal]*

cardussar. v. tr. Batre, donar colps. *[golpear, pegar]*

carei. m. Tortuga de mar. *[carey]* // Matèria còrnia que extrauen de la closca d'aquesta tortuga. *[carey]*

carena. f. Proporció d'un cos que sobreïx per damunt de la superfície de la qual forma part. *[arista]* // Esquena o llom de les muntanyes; línia divisòria de dos vessants en una muntanya, serralada. *[cresta]* // Llom de terra entre solc i solc, cavalló. *[lobamellón, caballón]* // Filera de teules a la part superior de la teulada. *[caballete]* // Quilla, fonament de la nau que va de popa a proa. *[quilla]*

carenada. f. Conjunt de carenes d'una serralada. *[carenada]*.

carenar. v. tr. Reparar el buc d'una nau. *[carenar]*

carència. f. Manca o privació d'alguna cosa. *[carencia]*

carés. m. L'aspecte de l'atmosfera. // Aspecte, marxa, d'un afer. *[cariz]*
carestia. f. Manca, escassetat, d'alguna cosa. *[carestía]* // Preu excessivament elevat. *[carestía]*
careta. f. Part vertical dels escalons en els trinquets de pilota valenciana.
careta. f. Cara postissa de roba o de cartó amb què es tapen la cara en carnaval. *[careta]* // Filat espés de filferro que es posen els abellers i els qui fan esgrima. *[careta]*
carícia. f. Demostració d'afecte que es fa tocant suaument amb la mà. *[caricia]*
càries. f. Putrefacció d'un os, produïda per una substància corrosiva. *[caries]*
carilló. m. Joc de campanes amb una nota diferent per a cadascuna. *[carillón]*
carisma. f. Do extraordinari i transitori concedit per l'Esperit Sant als cristians. *[carisma]*
carir. v. intr. Tenir falta d'alguna cosa. *[carecer]*
caritat. f. Una de les virtuts teologals consistent en l'amor a Déu i al proïsme. *[caridad]* // Almoina, socors. *[caridad]*
caritatiu, iva. adj. Que té la virtut de la caritat. *[caritativo]*
carmanyola. f. Capsa de llanda per a portar vianda cuita. *[fiambrera]* // Gorra o barret de forma redona. *[carmañola]*
carmenar. v. tr. Netejar i pentinar la llana. *[cardar]*
carmesí, ina. adj. De color vermell fosc, tirant a blau. *[carmesí]*
carmí. m. Matèria colorant d'un vermell purpuri. *[carmín]*
carn. f. Els músculs del cos de l'home i dels animals. *[carne]* // Part molla i tendra del cos dels animals. *[carne]* // Un dels tres enemics de l'ànima, que inclina a la sexualitat. *[carne]*
carnal. adj. Relatiu a la carn. *[carnal]* // Propi de la sexualitat, luxuriós. *[carnal]*
carnassa. f. Abundor de carn. *[carnaza]*
carnaval. m. Carnestoltes. *[carnaval]*
carner. m. Sepultura, ossera, cementeri. *[carnero, osario]*
carnestoltes. f. pl. Període dels tres dies immediats anteriors al dimecres de cendra. *[carnestolendas]* // Ninot de palla que durant el carnaval es posa en finestres i balcons i es crema el darrer dia.
carnet. m. Llibre d'apuntaments que s'acostuma dur a la butxaca. *[carnet]* // Contrasenya acreditativa d'algun càrrec o professió. *[carnet]*
carnisser, era. adj. Que es nodreix de carn. *[carnicero]* // Cruel, que té l'instint de matar. *[carnicero]* // m. i f. El qui ven carn. *[carnicero]*
carnisseria. f. Lloc on venen la carn. *[carnicería]* // Mortaldat, destrossa, en una batalla. *[carnicería]*
carnistoltes. f. pl. Carnestoltes. *[carnaval]*
carnívor, ívora. adj. Que menja carn.
carnós, osa. adj. Que és de carn, que té carn. *[carnoso]*
carnús, (pl ussos). m. Carronya. // Carn mig corrumpuda. *[carronya]*
carota. f. Careta grotesca per a disfressar-se. *[careta, máscara]* // Gorret que porten els infants menuts.
carpeta. f. Cobertes per a guardar papers, documents, etc. *[carpeta]*
carpir-se. v. pron. Decandir-se, consumir-se, encollir-se, debilitar-se extraordinàriament, perdre el vigor per efecte de malaltia, de fred, etc. *[aniquilarse, arrecirse]*
carpó. m. Extremitat inferior de l'espina dorsal. *[rabadilla]*
carraca. f. Embarcació gran i pesada usada antigament. *[carraca]* // Cosa vella i pesada. *[carraca, trasto]*
carranc, anca. adj. Aplicat a aquell que coixeja. *[renco]* // m. Instrument de fusta amb una roda dentada per a fer soroll la nit de Nadal. *[matraca, carraca]* // Cranc. *[cangrejo]*
carrasca. f. Alzina. *[encina]* // Mena d'alzina petita. *[coscoja]*
carrascar. m. Lloc poblat de carrasques. *[encinar, carrascal]*
carrau. m. Instrument de fusta, format per una roda dentada que en voltar topa amb una llengüeta produint així un so desagradable. *[matraca, carraca]*
càrrec. m. Funció de què algú té la responsabilitat. *[cargo]* // Allò de què algú o alguna cosa és carregat. *[cargo]* // Acusació feta contra algú. *[cargo]*

càrrega. f. Acció de carregar. *[carga]* // Allò que es posa sobre alguna cosa per a ser transportada. *[carga]* // Quantitat de pólvora, etc., que porta una arma de foc o bomba explosiva. *[carga]* // Tribut, gravamen. *[carga]*

carregador, ora. adj. Que es pot carregar, que s'ha de carregar. // m. i f. El qui embarca mercaderies per raó de comerç. *[cargador]* // El qui té per ofici portar càrregues. *[cargador]* // m. Instrument per a carregar armes de foc. *[cargador]* // Lloc on carreguen i descarreguen les mercaderies que cal embarcar. *[cargadero]*

carregament. m. Acció i efecte de carregar. *[cargamiento]* // Conjunt de mercaderies que carrega una nau, carro, etc. *[cargamento]* // Sensació de pesadesa en alguna banda del cos. *[cargazón]*

carregar. v. tr. i intr. Tr. Posar alguna cosa que cal transportar sobre algú o alguna cosa. *[cargar]* // Posar una cosa sota el pes d'una altra. *[cargar]* // Introduir una càrrega en un forn, fusell, etc. *[cargar]* // Molestar, importunar. // Intr. Escometre a l'enemic. *[cargar]* // Recolzar, pesar.

carregós, osa. adj. Que constitueix una càrrega; que causa molèstia. *[gravoso, cargante, molesto]*

carrejadores. f. pl. Conjunt de quatre barres de fusta paral·leles que lliguen damunt el bast de les cavalleries, per a traginar garbes. *[acarreadoras]*

carrejar. v. tr. Traginar en carro o carreta. *[acarrear, carretear]*

carrell. m. Peça de fusta tornejada, moguda per la roda del corder. *[rodete]* // Rastellera, enfilall, sèrie de coses unides i posades en renglera. *[sarta]*

carrer. m. Camí vorejat de cases. *[calle]*

carrera. f. Camí veïnal que aboca en una població. *[carrera]* // Camí de l'extraradi d'una població que forma carrer i mena a un lloc. *[carrera]* // Volta que segueix una processó, cavalcada, etc. *[carrera]* // Camí que recorre un cos en moviment. *[carrera]* // Camí que hom fa durant la seua vida. // Professió on hi ha graus a recórrer, honors, etc. *[carrera]*

carreró. m. Carrer estret. *[callejón]*

carreta. f. Carruatge de transport més baix que el carro, llarg i estret. *[carreta]*

carreter. m. El qui fa carros. *[carretero, aperador]* // El qui mena carros o carretes. *[arriero]*

carretera. f. Camí públic, ample i espaiós, per on poden transitar tota mena de carruatges. *[carretera]*

carretó. m. Carro menut a guisa de caixó obert. *[carretón]* // Carro menut de mà amb una sola roda al davant. *[carretilla]*

carreu. m. Cada una de les pedres picades que serveixen per a una construcció. *[sillar]*

carril. m. Raïl. *[carril]* // Ferrocarril.

carrilada. f. Senyal que deixa a la terra la roda d'un carro. *[carril, rodada]*

carrincló, ona. adj. i m. i f. Mancat de distinció, de consistència, d'originalitat. *[carrinclón]*

carrís, (pl. issos). m. Planta aguda i duríssima semblant a l'espart d'un metre d'alt i tronc dret. *[carrizo]*

carrisquejar. v. intr. Cruixir els panys, frontisses, etc. *[crujir]*

carro. m. Vehicle de dues rodes unides per un eix per a transportar càrrega. *[carro]*

carronya. f. Carn corrompuda d'animal mort. *[carroña]* // Persona vella, inútil.

carrossa. f. Carruatge senyorívol de gran luxe, de quatre rodes i dos cavalls. *[carroza]*

carrosseria. f. Caixa d'un cotxe, d'un automòbil. *[carrocería]*

carta. f. Comunicació escrita que una persona envia a una altra. *[carta]* // Testimoni escrit d'alguna operació o contracte. *[carta]* // Cadascuna de les peces del joc de cartes. *[naipe]*

cartabó. m. Instrument en forma de triangle rectangle isòsceles, usat en el dibuix lineal. *[cartabón]*

cartapell. m. Paper que conté moltes coses inútils. *[cartapel]* // Conflicte, embolic de coses dificultoses o perjudicials. *[lío]*

cartejar-se. v. pron. Correspondre's mútuament per cartes. *[cartearse]*
cartela. f. Repeu per a aguantar alguna cosa. *[cartela]* // Ferro que sosté els balcons que ixen molt enfora. *[repisa]*
cartell. m. Paper que posen en lloc públic per a anunciar alguna cosa. *[cartel]*
cartellera. f. Aparell per a fixar cartells o anuncis públics. *[cartelera]*
carter. m. El qui reparteix les cartes trameses per correu. *[cartero]* // La pila de les cartes de jugar no distribuïdes entre els jugadors. *[baraja]*
cartera. f. Bossa de forma rectangular per a guardar cartes, documents, etc. *[cartera]* // Càrrec de ministre. *[cartera]* // Tapa d'una butxaca. *[cartera]*
carteria. f. Ofici de carter. *[cartería]* // Oficina de correus on reben i despatxen la correspondència pública. *[cartería]*
carterista. m. i f. El qui furta carteres. *[carterista]*
cartilla. f. Llibreta on s'anoten certes dades referents a una persona. *[cartilla]* // Llibret que conté els primers rudiments per a aprendre a llegir. *[cartilla]*
cartipàs, (pl. assos). m. Quadern de paper rallat o pautat en el qual els infants s'assagen a traçar les lletres. *[cartapacio]*
cartó. m. Substància feta amb pasta de drap i paper vell que presenten en fulles. *[cartón]*
cartoixa. f. L'orde religiosa de sant Bru. *[cartuja]* // Convent de cartoixans. *[cartuja]*
cartolina. f. Cartó prim i fi. *[cartulina]*
cartutx. m. Embolcall cilíndric de cartó, metall, etc., que conté una quantitat determinada d'una substància explosiva. *[cartucho]* // Embolcall cilíndric de monedes. *[cartucho]* // Embolcall per a pastes dolces. *[cartucho]*
cartutxera. f. Bossa de cuir per a portar els cartutxos. *[cartuchera]*
carussa. f. Cara pàl·lida o demacrada. *[carucha]*
carxofa. f. Pinya de la carxofera. *[alcachofa]*
carxofera. f. Planta de la família de les compostes, cultivada pels seus fruits.
carxot. m. Colp de mà al clatell, bascollada. *[cachete, cogotazo]*
cas. m. Esdeveniment, succés. *[caso]* // Relació que tenen uns amb els altres els elements declinables de l'oració. *[caso]*
casa. f. Nom genèric de tot edifici destinat a servir d'habitació humana. *[casa]* // La família des del punt de vista genealògic, llinatge, etc. *[casa]*
casaca. f. Vestidura cenyida amb faldons. *[casaca]*
casal. m. Casa de família distingida. *[casal]* // Casa gran.
casamata. f. Reducte amb volta en l'interior d'un massís de fortificació. *[casamata]*
casament. m. Acció i efecte de casar-se; la cerimònia de contraure matrimoni. *[casamiento]* // Punt de contacte de dues coses.
casar. v. tr. i intr. Tr. Unir en matrimoni. *[casar]* // Aparellar una cosa amb una altra. *[casar]* // Intr. Adaptar-se bé una cosa a una altra. *[casar]*
casat, ada. m. i f. Unit en matrimoni. *[casado]*
casc. m. Peça de l'armadura que cobreix el cap, elm. *[casco]*
casca. f. Pasta fina feta de sucre, farina i altres ingredients. *[casca]*
cascada. f. Caiguda d'un corrent d'aigua per un precipici. *[cascada]*
cascall. m. Planta herbàcia que fa un suc blanc i lletós d'on extrauen l'opi. *[adormidera]*
cascar. v. tr. Colpejar fins a produir contusió, masegar. *[magullar]*
cascàrria. f. Pilot d'excrement aferrat al pèl o a la llana del bestiar. *[cazcarrias]* // Fang que s'arreplega en la part baixa dels vestits. *[cazcarrias]*
cascavell. m. Boleta de metall buida amb un trosset de ferro o llautó al dins i que sona en bellugar-la. *[cascabel]*
cascú. pron. Cadascú. *[cada uno, cada cual]*
cascun, una. adj. Cadascun, cada un. *[cada uno]*
casella. f. Cada una de les divisions del paper rallat, etc. *[casilla]* // Caseta.
caseriu. m. El conjunt de cases d'una po-

blació. *[caserío]* // Grup de cases més menut que un poblet. *[caserío]*

caserna. f. Edifici destinat per a allotjament de tropes. *[cuartel]*

caseta. f. Casa menuda especialment la destinada a recer de guardaboscs, guardaagulles. *[caseta]* // Casella. *[casilla]*

casino. m. Societat recreativa que té un local on es reuneixen els socis per a conversar, llegir, jugar, etcètera. *[casino]*

casolà, ana. adj. Que pertany a l'interior de la casa, de la família. *[familiar, casero]*

caspa. f. Escametes que es formen al cap de l'arrel dels cabells. *[caspa]*

casporra. f. Part grossa d'una rabassa d'arbre. // Barra o garrot que a un cap té una bolla o regruix. *[cachiporra]*

caspós, osa. adj. Cobert, ple de caspa; que té caspa. *[casposo]*

cassar. v. tr. Anul·lar una sentència o un privilegi amb autoritat legal. *[casar]*

cassola. f. Recipient redó i de poca alçada per a cuinar. *[cazuela]*

cassoleta. f. Cassola menuda. *[cazoleta, cazuelita]* // Nom de diferents peces que tenen una forma semblant. *[cazoleta]* // Bolet negre comestible, en forma de cassola. // Ròtula.

cast, asta. adj. Que s'absté de tot plaer sexual il·lícit. *[casto]* // Conforme a la castedat. *[casto]*

casta. f. Generació, llinatge, descendència. *[casta]* // Espècie, mena, o qualitat, dit dels animals i, per extensió, dels fruits. *[casta]* // Conjunt de tribus o famílies de certs pobles antics. *[casta]*

castany, anya. adj. D'un color que recorda el de la castanya. *[castaño]*

castanya. f. Fruit del castanyer. *[castaña]* // Lligat del cabell de les dones en forma de castanya. *[castaña, moño, rodete]* // Colp donat al cap amb les mans plegades. *[castañetazo]*

castanyada. f. Menjada de castanyes.

castanyer. m. Arbre de la família de les fagàcies de llavor comestible. *[castaño]*

castanyera. f. Venedora de castanyes. *[castañera]* // Paella amb forats per a torrar castanyes.

castanyola. f. Planta herbàcia medicinal que es cria als llocs humits. *[juncia]* // Peix, pla, negrós, de 20 a 70 centímetres de llarg. *[castañola]* // pl. Instrument de percussió de dues peces còncaves de fusta, etc. *[castañuelas]*

castedat. f. Virtut oposada als apetits carnals. *[castidad]*

castell. m. Lloc fortificat voltat de muralles, baluards i valls. *[castillo]* // Part alçada de la coberta de les naus a popa. *[castillo]*

castellà, ana. adj. i m. i f. Natural o propi de Castella. *[castellano]* // m. La llengua castellana. *[castellano]* // Senyor d'un castell. *[castellano]*

castellanitzar. v. tr. Fer agafar costums de Castella. *[castellanizar]*

casteller. m. El qui fa castells humans a les festes públiques.

castelloner, era. adj. i m. i f. Natural o propi de Castelló de la Plana.

castic. m. Pena imposada a algú per a corregir-lo o per al manteniment de la disciplina, punició. *[castigo]*

castigar. v. tr. Imposar a algú una pena o aflicció, punir. *[castigar]* // Mortificar, afligir. *[castigar]*

castís, issa. adj. De bon origen i casta. *[castizo]* // Aplicat al llenguatge sense barreges de mots i girs estranys. *[castizo]*

castor. m. Mamífer rosegador, de pèl molt fi. *[castor]* // La pell d'aquest animal. *[castor]*

castrar. v. tr. Capar, privar a un animal dels òrgans de la generació. *[castrar]*

casual. adj. Que s'esdevé sense ser previst o esperat. *[casual]*

casualitat. f. Esdeveniment o cas imprevist. *[casualidad]*

casuística. f. Part de la teologia que tracta dels casos de consciència. *[casuística]*

casulla. f. Vestidura del sacerdot per a celebrar el sacrifici de la missa. *[casulla]*

cataclisme. m. Gros transtorn de la superfície de la terra produït per una inundació, un terratrèmol, etc. *[cataclismo]*

catacumbes. f. pl. Cementeri subterrani

format per galeries amb tombes a cada costat. *[catacumbas]*

català, ana. adj. i m. i f. Natural o propi de Catalunya. *[catalán]* // m. La llengua catalana. *[catalán]*

catalanisme. m. Mot català que ha penetrat en una altra llengua. *[catalanismo]* // Devoció a les característiques típiques catalanes. *[catalanismo]*

catalanitzar. v. tr. Fer agafar costums de Catalunya. *[catalanizar]*

catàleg. m. Llista ordenada de llibres, articles, etc. *[catálogo]*

catàlisi. f. Transformació química produïda per la presència d'una substància que roman aparentment intacta. *[catálisis]*

catalitzar. v. tr. Intervenir com a catalitzador en una reacció. *[catalizar]*

catalogar. v. tr. Formar un catàleg, registrar en catàleg. *[catalogar]*

cataplasma. m. Pegat posat com a medicament calmant o emol·lient. *[cataplasma]*

catapulta. f. Màquina militar antiga per a tirar pedres, sagetes, etcètera. *[catapulta]*

catarro. m. Afecció inflamatòria de les membranes mucoses. *[catarro]*

catarrós, osa. adj. Que pateix de catarro habitualment. *[catarroso]*

catàstrofe. f. Esdeveniment funest. *[catástrofe]* // Desenllaç funest o dolorós. *[catástrofe]*

catau. m. Cau, amagatall. *[escondrijo, guarida, madriguera]*

catecisme. m. Llibre que conté l'explicació de la doctrina cristiana. *[catecismo]*

catecumen, úmena. m. i f. El qui és instruït en la doctrina i misteris de la fe, per a rebre el baptisme. *[catecúmeno]*

càtedra. f. Cadira, seti o soli d'un bisbe, d'un professor o d'una alta autoritat. *[cátedra]*

catedral. f. Església principal d'una diòcesi. *[catedral]*

catedràtic, àtica. adj. Pertanyent o relatiu a la càtedra. // m. i f. Professor que posseeix una càtedra. *[catedrático]*

categoria. f. Cadascuna de les classes a què poden reduir-se els objectes del coneiximent. *[categoría]* // Condició social de cada individu respecte als altres. *[categoría]*

catequitzar. v. tr. Instruir en la doctrina catòlica. *[catequizar]* // Persuadir.

caterva. f. Multitud de persones o coses sense orde ni concert. *[caterva]*

catifa. f. Teixit amb què és cobert el paviment per a ornament o abric. *[alfombra]*

catòlic, òlica. adj. Que professa la religió catòlica. *[católico]* // Universal, especialment pertanyent a l'església universal que reconeix com a cap al papa. *[católico]* // Que és sa i perfet. *[católico]*

catorze. Adjectiu numeral, i conjunt de xifres amb què és representat el seu nombre. *[catorce]*

catorzé, ena. adj. Que, en una sèrie, en té tretze davant seu. *[catorceno, decimocuarto]* // Dit de cadascuna de les catorze parts iguals en què és dividida una cosa. *[catorzavo]*

catre. m. Llit lleuger, de tisora, per a una sola persona. *[catre]*

catret. m. Seient plegable que serveix per a seure les dones en l'església.

catúfol. m. Recipient per a traure aigua de les sénies. *[arcaduz, cangilón]*

catxalot. m. Cetaci molt gros, del qual s'extrau un oli de bona qualitat. *[cachalote]*

catxap. m. Conill novell. *[gazapo]*

catxapera. f. Cau de conills. *[gazapera]*

cau. m. Lloc per a recollir-se o amagar-se persones o bèsties. *[guarida, madriguera, escondrijo]*

caure. v. intr. Anar a terra alguna cosa. *[caer]* // Cometre alguna falta. *[caer]* // Complir-se un terme fixat. *[caer]* // Cedir a l'acció de la gravetat un objecte suspés. *[caer]* // Correspondre a algú una cosa per sort. *[tocar, caer]* // Encertar a comprendre o recordar alguna cosa. *[atinar]*

causa. f. Fonament o origen d'alguna cosa. *[causa]* // Procés criminal. *[causa]* // Qüestió o negoci en què un pren partit. *[causa]*

causar. v. tr. Ser la causa d'alguna cosa. *[causar]*

caut, auta. adj. Que procedeix amb precaució. *[cauto]*

cautela. f. Prudència i circumspecció davant un perill probable. *[cautela, precaución]*

cautxú, (pl. ús). m. Substància sòlida i flexible, extreta d'alguns vegetals tropicals que té grans aplicacions industrials. *[caucho]*

cava. f. Rasa de molta fondària. *[cava]* // Celler sota terra, bodega. // Nom de la vena major del cos. *[cava]*

cavalcada. f. Correguda o desfilada a cavall. *[cabalgada, cabalgata]*

cavalcar. v. intr. Muntar a cavall o anar a cavall. *[cabalgar, montar]*

cavall. m. Mamífer solípede de crinera llarga i espessa, emprat per a muntar i per a transport. *[caballo]*

cavaller. m. El qui va muntat a cavall. *[caballero]* // Individu d'algun orde de cavalleria. *[caballero]* // Persona distingida. *[caballero]* // pl. Tractament que, en el joc de pilota valenciana, els marxadors i jugadors donen al públic assistent.

cavalleria. f. Institució militar pròpia de la noblesa feudal. *[caballería]* // Cos de soldats de cavall. *[caballería]* // Cavalcadura. *[caballería]*

cavallerós, osa. *adj.* Que obra com un cavaller. *[caballeroso]*

cavallet. m. Nom de diferents objectes que serveixen de suport. *[caballete]* // Insecte de la família de les libèl·lules. *[libélula, caballito del diablo]*

cavalló. m. Llom de terra entre dos solcs. *[caballón, camellón]* // Carena de teulada. *[caballete]* // Feix de deu a setze garbes. *[tresnal]*

cavallonadora. f. Màquina que serveix per a fer cavallons d'hort.

cavar. v. tr. Treballar la terra amb l'aixada. *[cavar]* // Enfondir, furgar, penetrar. *[cavar]*

caverna. f. Cavitat natural en la terra o entre roques. *[caverna]* // Excavació ulcerosa en algun òrgan del cos. *[caverna]*

cavil·lar. v. tr. Fixar la consideració en alguna cosa amb excessiva subtilesa. *[cavilar]*

cavil·lós, osa. adj. Que cavil·la. *[caviloso]* // Preocupat per alguna idea. *[caviloso]* // Suspicaç, pensarós.

cavitat. f. Espai buit en un cos sòlid. *[cavidad]*

ce, (pl. es). f. Nom de la lletra «ce». *[ce]*

ceba. f. Planta de la família de les liliàcies conreada pel seu bulb comestible. *[cebolla]* // Dèria excessiva. *[chifladura]*

cebera. f. Mena de barraqueta molt llarga i ben airejada, construïda al mateix camp, on es posen les cebes d'una collita fins el moment de l'exportació. *[cebollera]*

cebollí. m. Planter de ceba. *[cebollino]* // Planter de pinyols de taronger, etc.

cec, ega. adj. Privat del sentit de la vista. *[ciego]* // Dominat per alguna passió vehement. *[ciego]* // Dit d'un forat, etc., obstruït. *[ciego]*

cedir. v. tr. i intr. Tr. Transferir, donar un dret. *[ceder]* // Intr. Renunciar a fer ús de la seua força, raó, etc. *[ceder]* // Minvar d'intensitat. *[ceder]*

cedre. m. Arbre de la família de les abietàcies, de fusta olorosa. *[cedro]*

cèdula. f. Paper escrit en què es notifica o anota alguna cosa. *[cédula]*

cegall, alla. adj. Cegallós. *[cegajoso]*

cegallós, osa. adj. Que té els ulls carregats i plorosos. *[cegajoso]*

cego, ega. m. i f. Cec. *[ciego]*

ceguesa. f. Privació de la vista. *[ceguera]* // Estat del qui és o està orb. *[ceguera]*

cel. m. Part de l'espai que ens apareix com una volta sobre nostre circumscrita per l'horitzó. *[cielo]* // Regió superior que l'home considera com estada de Déu i dels benaventurats. *[cielo]* // Part superior que serveix de coberta a algunes coses. *[cielo]*

celada. f. Part de l'armadura que defensava el cap. *[celada]* // Conjunt d'hòmens d'armes que esperen d'amagat i cautelosament l'ocasió de sorprendre l'enemic. *[celada]*

celar. v. tr. Amagar, encobrir, ocultar. *[celar]*

celebrar. v. tr. Lloar públicament, enaltir. *[celebrar]* // Fer solemnement alguna funció, etc. *[celebrar]*

cèlebre. adj. Que té nom i fama, famós. *[célebre]*
celest. adj. Relatiu o pertanyent al cel. *[celeste]*
celestial. adj. Relatiu al cel. *[celestial]*
celibat. m. Estat de solter. *[celibato]*
celístia. f. Claror dels estels. *[luz de estrellas]*
cella. f. Part coberta de pèl sobre la conca de l'ull. *[ceja]* // Part que sobresurt d'algunes coses. *[ceja]* // Núvol arquejat i prim. *[ceja]*
cel·la. f. Cambra o habitació d'un religiós, d'un estudiant, d'un pres, etc. *[celda]* // Cadascun dels compartiments d'una bresca, etc. *[celdilla]*
celler. m. Lloc on s'elabora el vi. *[bodega]* // Part de la casa, generalment petit subterrani o buit de l'escala, per a depòsit de vi, oli, viandes fresques, etc. *[bodega]*
cèl·lula. f. Element anatòmic microscòpic dels animals i vegetals. *[célula]* // Cel·la o cavitat menuda. *[célula]*
cel·luloide. m. Substància química, que es prepara amb nitrocel·lulosa i càmfora, de moltes aplicacions industrials. *[celuloide]*
cel·lulosa. f. Substància sòlida, insoluble en l'aigua, la qual forma les parets de les cèl·lules dels vegetals. *[celulosa]*
celobert. m. Pati interior d'alguns edificis per a donar llum i aire a les habitacions. *[deslunado]*
celta. m. i f. Individu d'un cert poble de la Gàl·lia antiga. *[celta]*
celtíber, íbera. m. i f. Natural de l'antiga Celtibèria. *[celtíbero]*
cement. m. Matèria mineral usada en la cementació. *[cemento]* // Capa òssia que envolta l'arrel de les dents. *[cemento]*
cementeri. m. Lloc descobert on soterren els morts. *[cementerio]*
cenacle. m. Sala on Jesucrist va celebrar el darrer sopar amb els apòstols. *[cenáculo]* // Colla literària, política o d'altre orde. *[cenáculo]*
cendra. f. Pols que resulta de la combustió d'un cos. *[ceniza]* // Residus d'un cadàver. *[ceniza]*
cendrer. m. Recipient o local on es deposita la cendra. *[cenicero]* // Drap en què es posa la cendra en passar bugada. *[cernedero]* // Plat on el fumador deixa la cendra. *[cenicero]*
cenobi. m. Casa on viuen en comunitat frares o monges. *[cenobio]*
cens. m. Llista de la població o de la riquesa d'un país, etc. *[censo]* // Contracte pel qual paga, un immoble, un tribut anyal. *[censo]*
censor. m. El qui per orde governativa examina els escrits a publicar per a permetre la publicació o la divulgació. *[censor]* // El qui en una comunitat, etcètera, té per encàrrec vetlar pel compliment del reglament i acords. *[censor]*
censura. f. Ofici de censor. *[censura]* // Dictamen sobre una obra científica o literària. *[censura]* // Correcció o reprovació d'alguna cosa. *[censura]*
censurar. v. tr. Formar juí d'una obra o acció. *[censurar]* // Reprovar, condemnar alguna cosa. *[censurar]*
cent. adj. Reunió de deu desenes. *[cien]*
centaure. m. Monstre fabulós, mig home, mig cavall. *[centauro]*
centé, ena. adj. El que fa cent. *[centésimo]* // Aplicat a cadascuna de les parts d'una quantitat dividida en cent. *[centésimo]*
centella. f. Espurna de foc que es desprén d'un cos. *[centella]*
centenar. m. Conjunt de cent unitats. *[centenar]* // Dia que es compleix una o més centúries. *[centenario]*
centèsim, èsima. adj. Dit de cadascuna de les parts d'una quantitat dividida en cent parts iguals. *[centésimo]* // Que fa cent. *[centésimo]*
centiàrea. f. Mida de superfície equivalent a la centèsima part d'una àrea. *[centiárea]*
centilitre. m. Unitat de capacitat, igual a la centèsima part del litre. *[centilitro]*
cèntim. m. Moneda real o imaginària que val la centèsima part de la unitat monetària. *[céntimo]*
centímetre. m. Unitat de longitud que val la centèsima part del metre. *[centímetro]*

centralitzar. v. tr. Reunir en un centre comú tots els elements de govern, etc. *[centralizar]*

centrar. v. tr. Col·locar una cosa al centre d'un cos. *[centrar]*

centre. m. Punt del cercle o de l'esfera equidistant de tots els punts del contorn. *[centro]* // La part d'una cosa més allunyada de la seua perifèria. *[centro]* // Lloc on es reuneixen els membres d'una societat o corporació. *[centro]*

centumvir. m. Membre d'un tribunal de la Roma antiga, compost de cent jutges. *[centunviro]*

centúria. f. Espai de cent anys. *[centuria]* // Companyia de cent hòmens de la milícia romana. *[centuria]*

centurió. m. Oficial de l'exèrcit romà que comanava una centúria. *[centurión]*

cenyidor. adj. Que cenyeix. *[ceñidor]* // m. Faixa, corretja, etc., que serveix per a cenyir. *[cinturón, ceñidor]*

cenyir. v. tr. Envoltar una part del cos, especialment la cintura amb una corretja, etc. *[ceñir]*

cep. m. Planta que fa el raïm. *[vid, cepa]* // Instrument per a tenir subjecte a algú o a alguna cosa. *[cepo]* // Peça fixada en creu a l'extrem de la canya d'una àncora. *[cepo]*

cepat, ada. adj. De constitució robusta, corpulent. *[fornido]*

cepell. m. Planta ericàcia, perenne, de dos peus d'alçada, de fulles ovalades, flors petites i rogenques pel damunt que fan per fruit una boleta vermella. *[brezo]*

ceptre. m. Insígnia de gran dignitat, consistent en una vara d'or o altra matèria preciosa. *[cetro]*

cera. f. Substància groguenca que segreguen les abelles i amb la qual fan la bresca dels ruscs. *[cera]* // Conjunt de ciris d'una processó, etc. *[cera]* // Nom d'algunes substàncies semblants a la cera. // Humor greixós que es cria en el conducte de l'orella. *[cerumen]*

cerç. m. Vent fred del nord-est. *[cierzo]*

cercadits. m. Inflamació flemonosa subepidèrmica al cap dels dits. *[panadizo]*

cercar. v. tr. Buscar, procurar de trobar.

cercavila. f. Acte de recórrer els carrers del poble amb la música abans de començar una funció o festa. *[pasacalle]*

cercet, eta. m. i f. Ocell de marjal, que és una espècie d'ànec aquàtic petit, com un colom, de color cendrós favat, amb plomes llustroses a les ales. *[cerceta]*

cercle. m. La porció d'un pla limitada per una circumferència. *[círculo]* // La circumferència mateix. *[circunferencia]* // Cércol. *[círculo]* // Associació de persones que tenen un local on poden reunir-se per a enraonar, etc. *[círculo]*

cércol. m. Rodell per a aguantar ferma una cosa. *[aro, llanta, cerco]* // Cosa que cenyeix o envolta. *[cerco]*

cercolar. v. tr. Posar cércols a les bótes, a les rodes d'un carro, etc.

cereal. adj. Dit de les plantes gramínies de llavors farinàcies. *[cereal]*

cerebel. m. Part de l'encèfal situada sota la part posterior del cervell. *[cerebelo]*

cerebral. adj. Relatiu al cervell. *[cerebral]*

cerfull. m. Planta herbàcia umbel·lífera cultivada per les seues fulles emprades com a condiment. *[perifollo]*

cerimònia. f. Acte exterior prescrit per llei o costum, de cult o reverència. *[ceremonia]* // Acte formal d'urbanitat, especialment afectat. *[ceremonia]*

cerndre. v. tr. Passar pel sedàs una matèria en pols. *[cerner]*

cernedor, ora. m. i f. Bastiment de fusta que sosté el sedàs de cerndre. *[cernedor]* // m. Departament d'un molí on se cern la farina. *[cernedero]*

cerol. m. Cera verge a la qual se li posa unes gotes d'oli i mesclada amb pega grega, és usada per a encerar fils, especialment el fil de cosir la sola de les sabates, corretges, etc. *[cerote]* // Brutícia de taques de cera, oli o greix sobre una roba o objecte qualsevol. *[mugre, saín]* // Por excessiva. *[canguelo]*

cerra. f. Pèl gruixut i aspre. *[cerda]* // Cadascun dels pèls d'un pinzell. *[cerda]*

cerro. m. Porció de cànem o lli, pentinat o net, a punt de filar. *[cerro, copo]*

cert, erta. adj. Dit d'allò que és veritat, indubtable. *[cierto]* // Aplicat a cosa o temps indeterminats. *[cierto]*

certamen. m. Concurs sobre matèries científiques o literàries. *[certamen]* // Concurs públic sobre un punt determinat. *[certamen]*

certesa. f. Coneiximent segur, clar i evident de les coses. *[certeza]*

certificar. v. tr. Garantir, donar una cosa per certa. *[certificar]* // Obtenir un certificat d'una carta o paquet postal per a acreditar que ha estat enviat. *[certificar]* // Trametre per correu amb garantia especial. *[certificar]* // Fer constar una cosa mitjançant instrument públic. *[certificar]*

certificat. m. Document de certificació. *[certificado]*

cerval. adj. Relatiu al cérvol. *[cerval]* // Aplicat a la por fora mida. *[cerval]*

cervell. m. Part superior i anterior de l'encèfal. *[cerebro]* // Saviesa, seny, prudència. *[cerebro]*

cervesa. f. Beguda fermentada, feta amb ordi grillat i aromatitzada amb llúpol. *[cerveza]*

cervo, erva. m. i f. Mamífer remugant, de pèl curt, aspre i de color roig fosc. *[ciervo]*

cérvol, érvola. m. i f. Cervo. *[ciervo]*

cèsar. m. Títol de dignitat dels emperadors romans. *[césar]*

cessar. v. tr. No continuar. *[cesar]*

cetaci. m. Un individu del grup dels cetacis. *[cetáceo]* // Grup de mamífers pisciformes, com el dofí, la balena, etc. *[cetáceo]*

cicatritzar. v. tr. Guarir una ferida de manera que quede ben tancada. *[cicatrizar]*

cicatriu. f. Senyal que queda després de guarida una ferida o nafra. *[cicatriz]*

cicle. m. Període de temps en què s'acompleix una sèrie d'esdeveniments fins a arribar a un des del qual tornen a produir-se en el mateix orde. *[ciclo]* // Conjunt de tradicions èpiques referents a un període de temps o a un personatge. *[ciclo]* // Cadascuna de les voltes espirals formades al voltant del tronc pels punts d'inserció de les fulles. *[ciclo]*

ciclisme. m. Esport dels aficcionats a la bicicleta. *[ciclismo]*

cicló. m. Vent de gran força que forma remolí. *[ciclón]*

ciclop. m. Cadascun dels gegants que segons la mitologia grega eren fills del cel i la terra. *[cíclope]*

ciència. f. Coneiximent cert d'un cert orde de coses. *[ciencia]* // Conjunt de coneixences resultant de l'estudi.

científic, ífica. adj. Relatiu o pertanyent a la ciència. *[científico]* // Que coneix alguna ciència. *[científico]*

cigala. f. Insecte d'uns quatre centímetres de llarg que a l'estiu fa un soroll estrident i monòton. *[cigarra]* // Crustaci macrur de color vermell fosc. *[cigarra de mar]*

cigarret. m. Tabac picat enrotllat en paper de fumar. *[cigarrillo]*

cigne. m. Ocell palmípede, aquàtic, de bell plomatge blanc o negre. *[cisne]*

cigonya. f. Ocell de pas, camallarg, de potes vermelles, blanc amb algunes plomes negres. *[cigüeña]* // Instrument per a traure aigua de pous de poca fondària. *[cigoñal]* // Colze en un arbre o eix. *[cigoñal]*

cigró. m. Planta lleguminosa conreada, que produeix un fruit globulós, redonenc, comestible i alimentós. *[garbanzo]*

cigronera. f. Planta lleguminosa que produeix els cigrons. *[garbanzo]*

cilici. m. Vestidura aspra de penitència. *[cilicio]* // Cinyell de cordes o cadenetes de ferro que hom porta damunt la pell per mortificació. *[cilicio]*

cilindre. m. Cos limitat per una superfície cilíndrica i dos plans paral·lels que tallen les seues generatrius perpendicularment. *[cilindro]* // Tub dins el qual es mou el pistó d'una màquina. *[cilindro]*

cim. m. El punt més elevat d'una cosa. *[cima, cúspide]* // El punt més elevat d'una muntanya. *[cima, cumbre]*

cimal. m. Cadascuna de les branques principals d'un arbre. *[brazo, leño, rama]*

cimbell. m. Allò que serveix per a atraure. *[señuelo, cimbel]* // Ocell que serveix de reclam als caçadors. *[cimbel]*

cimbori. m. Cos cilíndric que serveix de base a la cúpula i descansa damunt els arcs torals. *[cimborio]*

ciment. m. Calç hidràulica. *[cemento]* // Ribot usat per a fer galzes als cantells. *[juntera]*

cinc. Adjectiu numeral i xifra que el representa. *[cinco]*

cinca. f. Pedra llisa i redonenca de riu. *[guija, peladilla]*

cine. m. Cinema. *[cine]*

cinema. m. Cinematògraf. *[cinema]*

cinematògraf. m. Aparell que reprodueix una acció determinada pel pas successiu i ràpid de les imatges fotogràfiques. *[cinematógrafo]* // Local on es projecten pel·lícules cinematogràfiques. *[cinematógrafo]*

cinematografia. f. Art de reproduir el moviment per mitjà de la fotografia. *[cinematografía]*

cingla. f. Faixa, corda o corretja per a assegurar l'albarda o sella de les cavalleries. *[cincha]*

cinglar. v. tr. Assegurar l'albarda o la sella amb la cingla. *[cinchar]* // Pegar amb una corretja o altra cosa flexible. *[azotar]*

cingle. m. Espadat de roca que forma timba, al cim o en el pendent d'una muntanya. *[despeñadero, risco]*

cínic, ínica. adj. Aplicat al seguidor de l'escola filosòfica fundada per Antístenes, deixeble de Sòcrates. *[cínico]* // Impúdic, procaç. *[cínico]*

cinisme. m. Doctrina dels cínics. *[cinismo]* // Qualitat de cínic. *[cinismo]*

cinquanta. adj. Reunió de cinc desenes. *[cincuenta]*

cinquanté, ena. adj. El que fa cinquanta en una sèrie. *[quincuagésimo]* // Dit de cadascuna de les cinquanta parts iguals en què es divideix una cosa. *[cincuenteavo]*

cinqué, ena. adj. El que fa cinc en una sèrie. *[quinto]* // Dit de cadascuna de les cinc parts iguals en què es divideix una cosa. *[cincoavo]*

cinta. f. Teixit que forma una tira estreta. *[cinta]* // Vorada de fusta que volta tot el buc de l'embarcació per la seua part exterior i a l'altura de la coberta. *[cinta]*

cintra. f. Curvatura còncava d'una volta. *[cintra, cimbra]* // Bastida de fusta que sosté una volta, un arc en construcció, fins a estar posada la clau. *[cintra, cimbra]*

cintura. f. Part més estreta del cos per damunt de les anques. *[cintura]* // La part d'un vestit que correspon a la cintura. *[cintura]*

cinturó. m. Banda de roba, cuir, etcètera, que serveix per a cenyir el cos. *[cinturón]*

cinyell. m. Cordó, corretja, etc., que serveix per a cenyir. *[cinturón]*

cipra. f. Fruit del ciprer.

ciprer. m. Arbre alt, piramidal cònic, de fulles d'un verd fosc, el fruit del qual és la cipra, mena de pinya com una nou amb escames aspres, xiprer. *[ciprés]*

circ. m. En l'antiga Roma, lloc destinat a certs espectacles. *[circo]* // Lloc amb un espai circular al mig on s'executen exercicis gimnàstics, eqüestres, etcètera. *[circo]*

circuir. v. tr. Circumdar, encerclar. *[circuir, cercar]*

circuit. m. Terreny comprés dins un perímetre. *[circuito]* // Conjunt de l'aparell productor d'un corrent elèctric, del que el rep i dels fils conductors que van de l'un a l'altre. *[circuito]*

circular. adj. Relatiu o pertanyent al cercle. *[circular]* // f. Carta que s'adreça a diverses persones per a notificar-les alguna cosa. *[circular]*

circular. v. intr. Moure's talment una cosa que torna al seu punt de partida. *[circular]* // Anar i venir en tots sentits. *[circular]* // Passar una cosa d'unes mans a les altres. *[circular]*

circumcidar. v. tr. Tallar el prepuci a un mascle o els llavis interns de la vulva a una femella. *[circuncidar]*

circumcisió. f. Acció de circumcidar. *[circuncisión]*

circumdar. v. tr. Envoltar, encerclar, posar entorn. *[circundar, rodear]*

circumferència. f. Corba plana i tancada, que té tots els seus punts equidistants del centre. *[circunferencia]*

circumflex. adj. Aplicat a un signe o accent gràfic de forma angular que és usat per a indicar en els versos una contracció. *[circunflejo]*

circumloqui. m. Rodeig de paraules per a expressar una idea. *[circunloquio]*

circumscriure. v. tr. Reduir una cosa a certs límits. *[circunscribir]*

circumstància. f. Fet secundari que acompanya un esdeveniment. *[circunstancia]*

circumstant. adj. Que està al voltant d'una cosa. *[circunstante]* // m. i f. El qui està present en un fet. *[circunstante]*

circumval·lació. f. Acció de circumval·lar. *[circunvalación]* // Línia, camí o ronda que envolta una plaça o ciutat.

circumval·lar. v. tr. Envoltar, encerclar. *[circunvalar]*

cirera. f. Fruit del cirerer. *[cereza]*

cirerer. m. Arbre de la família de les rosàcies molt cultivat pels seus fruits. *[cerezo]*

ciri. m. Candela gran de cera. *[cirio]*

cirial. m. Candeler alt que porten els escolans en certs oficis religiosos. *[cirial]*

cirineu. m. El qui ajuda a un altre en un treball. *[cirineo]*

cirurgia. f. Part de la medicina que té per objecte guarir les malalties per mitjà d'operacions fetes amb instruments. *[cirugía]*

cirurgià. m. El qui es dedica a la cirurgia. *[cirujano]*

cisa. f. Acciófecte de cisar. *[sisa]*

cisalla. f. Tisores grans per a tallar metall o cartó. *[cizalla]* // Retalladures de metall, cartó, etcètera. *[cizalla]*

cisar. v. tr. Tallar tela, metall, etc., de les vores d'una peça perquè tinga la forma i dimensions indispensables per a un ajust perfecte. *[sisar]* // Fer cisa, llevar fraudulentament una part del pes o de la mesura de les coses que es venen. *[sisar]* // Llevar fraudulentament una part d'una quantitat del fi a què està destinada. *[sisar]*

cisell. m. Instrument per a treballar pedres i metalls a colps de martell. *[cincel]*

cisellar. v. tr. Treballar pedres o metalls amb el cisell. *[cincelar]*

cisma. m. Divisió entre els individus d'una comunitat. *[cisma]* // Desavinença, discòrdia.

cistell. m. Cistella amb ansa baixa i sense tapadora; panereta. *[cesto]*

cistella. f. Recipient portàtil fet de vímets, joncs, etc., de figura còncava amb una ansa semicircular travessera al mig i generalment amb dues tapadores. *[cesta, cesto]* // La que serveix per a introduir-hi la pilota en el joc del basquetbol. *[cesta]*

cisterna. f. Dèposit subterrani on és recollida l'aigua de pluja. *[cisterna]*

cita. f. Assenyalament de temps i lloc per a veure's i parlar-se dues o més persones. *[cita]*

citació. f. Acció i efecte de citar. *[citación]*

citar. v. tr. Donar o fer una cita. *[citar]* // Anomenar a algú o a alguna cosa com a digne d'atenció, d'admiració, etc. *[ci-*

cítara. f. Instrument de corda antic anàleg a la lira. *[cítara]*

citerior. adj. Situat de la part d'ací. *[citerior]*

citra. f. Instrument de corda, d'ús casolà, redó, més menut que la guitarra, i que es toca amb un plectre, cítara. *[cítara]*

ciutadà, ana. adj. i m. i f. Natural o veí d'una ciutat. *[ciudadano]*

ciutadella. f. Fortalesa bastida per a defensar una ciutat. *[ciudadela]*

ciutat. f. Població gran que antigament, tenia més privilegis que les viles. *[ciudad]*

civada. f. Planta gramínia el gra de la qual s'empra com aliment dels animals. *[avena]* // **aigua de civada.** Ordiat, decocció amb ordi torrat i altres grans

cívic, ívica. adj. Relatiu al ciutadà en l'orde polític, al zel pels interessos i institucions de la pàtria. *[cívico]*

civil. adj. Pertanyent o relatiu als ciutadans. *[civil]*

civilització. f. Acció i efecte de civilitzar. *[civilización]* // Avançament de la humanitat en l'orde intel·lectual, social, moral, etc. *[civilización]*

civilitzar. v. tr. Traure pobles o persones de l'estat salvatge. *[civilizar]*

civisme. m. Zel pels interessos i les institucions de la pàtria. *[civismo]*

clac. m. Mot onomatopeic d'un colp sec. *[clac]*

clam. m. Crit fort i continuat. *[clamor]* // Exclamació, veu llastimosa. *[clamor]* // Queixa, al·legació formal contra algú. *[queja, reclamación]*

clamar. v. tr. i intr. Tr. Demanar a crits alguna cosa. *[clamar]* // Intr. Llançar clams. *[clamar]*

clamor. m. i f. Crit sorollós, prolongat, especialment d'una multitud de persones. *[clamor]*

clamorós, osa. adj. Que llança clams repetits. *[clamoroso]* // Ple de clamor, sorollós, turbulent. *[clamoroso]* // Planyívol. *[quejoso, querelloso]*

clan. m. Grup de persones unides per un interés comú. *[clan]*

clandestí, ina. adj. Ocult, fet secretament. *[clandestino]*

clap. m. Cosa que es destaca d'altres per alguna qualitat especial. *[mancha, trozo]*

clapejar. v. tr. Fer claps. *[manchar]*

clapir. v. intr. Lladrar els gossos quan rastregen la caça. *[latir, gañir]*

clapit. m. Crit agut i penetrant del gos, el llop o la rabosa. *[gañido, ladrido]*

clapotejar. v. intr. Donar colps a un líquid de manera que esquitxe. *[chapotear]*

clar, ara. adj. Banyat de llum, transparent. *[claro]* // Aplicat a un líquid no espés. *[claro]* // Aplicat al color poc pujat de to. *[claro]* // Fàcil de comprendre, evident. *[claro]*

clar. adv. D'una manera clara. *[claro]*

clara. f. Matèria albuminosa que envolta el rovell de l'ou. *[clara]*

claraboia. f. Obertura amb cristalls, en el sostre o part alta de les parets per a donar llum. *[claraboya]*

claredat. f. Qualitat de clar. *[claridad]* // Distinció amb què percebem les sensacions i les idees. *[claridad]*

clarejar. v. intr. Tirar a clar. *[clarear]* // Fer-se de dia. *[clarear]* // Traspassar la llum un cos a causa de la seua primor. *[clarear]*

clarí. m. Instrument de vent semblant a la trompeta, però més agut de so. *[clarín]* // adj. Claret, transparent. *[clarión]*

clariana. f. Espai clar entre una extensió fosca o espessa. *[claro, rendija]*

claricia. f. Explicació que aclareix. *[aclaración]* // Dada, indici, notícia.

clarificar. v. tr. Purificar un líquid llevant-li el solatge o les substàncies que l'enterboleixen. *[clarificar]* // Donar claredat. *[clarificar, esclarecer]*

clarinet. m. Instrument de fusta i de vent. *[clarinete]* // Músic que toca el clarinet. *[clarinete]*

clarividència. f. Qualitat de clarivident. *[clarividencia]*

clarivident. adj. Que hi veu clar. *[clarividente]*

clar-obscur. m. Estil pictòric que empra només llum i ombra ometent els diversos colors. *[claroscuro]* // Distribució de les llums i de les ombres en un dibuix o pintura. *[claroscuro]*

claror. f. Efecte de la llum en il·luminar algun espai, claredat. *[claridad]*

clarura. f. Clariana. *[claro]*

classe. f. Orde de persones o coses d'un mateix grau o qualitat. *[clase]* // Lliçó que dóna el mestre als seus deixebles. *[clase]* // Cadascun dels grups o famílies zoològiques afins. *[clase]*

clàssic, àssica. adj. Dit de l'autor o de l'obra que es té com a model digne d'imitació en una literatura, en un art, etc. *[clásico]* // Relatiu a l'art o la literatura de l'antiguitat grega i llatina. *[clásico]*

classificació. f. Acció i efecte de classificar. *[clasificación]*

classificar. v. tr. Ordenar o disposar per classes. *[clasificar]* // Distribuir en classes o categories; distribuir en grups segons un sistema. *[clasificar]*

clatell. m. Part posterior del coll sobre la punta de l'espinada. *[cogote, pescuezo, colodrillo]*

clatellut, uda. adj. Que té el clatell gros. *[pescozudo]*

clau. f. Instrument per a obrir i tancar panys de portes. *[llave]* // Principi que facilita el coneiximent d'alguna cosa. *[clave]* // Signe escrit davant del pentagrama que determina el nom de les notes. *[clave]* // La pedra que clou l'arc. *[clave]* // El terç mig entre els trencanills de proa a popa.

clau. m. Peça de ferro amb cap i punta que serveix per a fixar dues peces, etc. *[clavo]*

clau. m. Dent aguda i forta, col·locada en cadascun dels costats de les fileres que formen les dents incisives dels mamífers i el primer queixal. *[colmillo]*

claudàtor. m. Cadascun dels signes [ ] usats per a incloure una cosa interpolada en un text, etc. *[claudátor]*

claudicació. f. Acció de claudicar. *[claudicación]*

claudicar. v. intr. Faltar al seu deure o als seus principis. *[claudicar]* // Faltar a un propòsit, a una promesa, a la paraula donada, a alguna cosa o circumstància. *[claudicar]* // Coixejar.

clauer, era. m. i f. Persona que té al seu càrrec les claus d'un lloc de confiança. *[clavero, clavario]* // Anella, bossa, penjador o cordó per a dur les claus. *[llavero]*

claustre. m. Passatge cobert que envolta el pati d'un convent, església o altre edifici gran. *[claustro]* // En les universitats, junta de professors. *[claustro]* // Convent o monestir. *[claustro]*

clàusula. f. Disposició especial d'una llei, tractat, contracte, etc. *[cláusula]* // Període d'un escrit que té sentit acabat per ell sol. *[cláusula]*

clausura. f. Lloc tancat o de retirament, especialment en els convents. *[clausura]* // Acció i efecte de clausurar. *[clausura]*

clausurar. v. tr. Donar per acabades les tasques d'una corporació, una tasca col·lectiva, etc. *[clausurar]*

clavar. v. tr. Introduir un clau o cosa aguda en algun cos. *[clavar]* // Fixar amb claus. *[clavar]*

clavari. m. Persona que exerceix el càrrec de tesorer o majordom d'una corporació. *[clavario]*

clavariessa. f. Dona encarregada de governar, dirigir o patrocinar una congregació, confraria, junta, etc., femenines, o unes festes religioses, patronals, etc., presidint-les, mantenint-les, etc. *[clavariesa, clavaria]*

claveci. m. Instrument musical de tecles i cordes, antecessor del piano modern. *[clavecín]*

claveguera. f. Conducte subterrani per on s'escorren les aigües brutes i les aigües plujanes d'una ciutat, androna. *[albañal, cloaca, alcantarilla]*

clavell. m. Flor de la clavellinera. *[clavel]* // Flor del claveller. *[clavo]*

clavellina. f. Planta que produeix flors de colors diversos i olor forta usades com a ornament. *[clavellina, clavel]*

clavellinera. f. Planta que fa els clavells, clavellina. *[clavellina]* // Pedrisset a cada banda de la finestra arran de l'ampit.

clavetejar. v. tr. Posar claus a una cosa, a una sola de sabata, una caixa de fruita, un objecte qualsevol. *[clavetear]* // Fixar una cosa amb claus. // Guarnir amb claus. *[clavetear]*

clavícula. f. Cadascun dels dos ossos llargs i prims dels costats de la part superior del pit. *[clavícula]*

clavilla. f. Tros de fusta, etc., en forma de clau que passa per un forat a fi d'afermar alguna cosa. *[clavija]*

clàxon. m. Botzina elèctrica d'alta freqüència. *[claxon]*

cleda. f. Lloc voltat d'una tanca, per a guardar-hi el bestiar. *[redil]*

clemència. f. Virtut que modera la rigor de la justícia. *[clemencia]*

clenxa. f. Ratlla que parteix els cabells. *[crencha, raya]*

clenxar. v. tr. Fer la clenxa, dividir els cabells amb la clenxa. *[crenchar]*

clepsa. f. Part alta del cap. *[mollera, testa, cráneo]*

cleptomania. f. Propensió patològica a robar. *[cleptomanía]*.

clergat. m. Clericat. *[clericato]*

clergue. m. El qui ha rebut les órdens sagrades. *[clérigo]*

clericat. m. Estat i honor del clergue. *[clericato]* // Cos dels eclesiàstics. *[clericato]*

clero. m. Clerecia, conjunt de clergues.

clevill. m. Obertura prolongada en un cos sòlid quan no arriba a dividir-lo del tot, produïda per l'acció del temps. *[hendidura, rendija]*

clevillar-se. v. pron. Fer-se clevills un cos per l'acció de la calor, fred, maduresa, etc. *[resquebrajarse]*

client, enta. m. i f. Aquell qui utilitza els serveis d'una persona que exerceix una professió. *[cliente]* // Aquell qui està sota la protecció d'altri. *[cliente]*

clientela. f. Conjunt de clients. *[clientela]*

clima. m. Conjunt de condicions atmosfèriques que caracteritzen una regió. *[clima]* // Tros de la terra comprés entre dos paral·lels determinats. *[clima]*

clínic, ínica. adj. Relatiu o pertanyent a l'ensenyament de la medicina. *[clínico]*

clínica. f. Part pràctica de l'ensenyament de la medicina i lloc adequat a tal ensenyament. *[clínica]* // Casa on hi ha llits destinats als malalts que hi van per sotmetre's a un tractament mèdic. *[clínica]*

clip. m. Objecte metàl·lic o d'altra matèria que serveix per a subjectar papers, cabells, roba, etc. *[clip]*

clítoris. m. Cos carnós erèctil en la part superior de la vulva. *[clítoris]*

clivell. m. Obertura llarga i estreta.

clivella. f. Obertura llarga i estreta com les que es fan en certs cossos en contraure's. *[grieta]*

clivellar. v. tr. Fer clivelles en alguna cosa. *[resquebrajar, rajar, hender]*

clixé, (pl. és). m. Planxa matriu d'un gravat; placa que conté la prova negativa amb què el fotògraf trau les positives. *[clisé]*

cloenda. f. Envà, paret de separació en un apartament, etc. // Part final d'una dissertació, etc. *[conclusión]*

clofolla. f. Corfa, embolcall dur de certs fruits. *[cáscara]*

cloïssa. f. Mol·lusc acèfal bivalve comestible. *[clóchina]*

cloquejar. v. intr. Cantar la gallina, especialment la lloca. *[cloquear]*

clor. m. Cos simple gasós, d'olor sufocant i de gran força tòxica. *[cloro]*

clorar. v. tr. Addicionar clor a l'aigua a fi d'esterilitzar-la. *[clorar]*

cloroform. m. Líquid volàtil usat com anestèsic. *[cloroformo]*

clos, osa. adj. Circuït, aïllat completament de l'exterior. *[cerrado]* // Retret, no gens comunicatiu. *[cerrado]* // Dit del temps clos: totalment nuvolat com per a anar a ploure, a nevar, etc. *[cerrado]* // Dit de l'ametla, nou, etc., que tenen encara tancada la corfa que hi ha damunt la clofolla o closca.

clos. m. Terreny circuït de parets, reixes, tanques, etc. *[cercado, recinto]*

closca. f. Coberta dura de certs animals com la tortuga, etc. *[concha, caparazón]* // Clofolla. *[cáscara]* // Crani. *[cráneo]*

clot. m. Concavitat feta en algunes superfícies sòlides. *[hoyo]* // Fossa per als morts.

clotxa. f. Closca, especialment dels mol·luscs. *[concha, caparazón]* // Petxina. *[almeja]* // Concavitat petita; clot de poca profunditat. *[hoyuelo, charco]*

clòtxina. f. Mol·lusc marí lamel·libranqui bivalve amb les dues clotxes convexes de forma un poc llargueruda i de color negre per fora i blavós per dins, d'uns quatre centímetres, molt estimat per a fer arròs en paella a la marinera. *[mejillón, molusco]*

cloure. v. tr. Tancar o fer cobrir l'obertura d'una cosa de manera que l'interior reste aïllat de l'exterior. *[cerrar]* // Terminar, acabar, concloure, acordar definitivament. *[cerrar]* // Esdevenir clos o tancat, fosc, dit del mal temps, de la llum, solar, etcètera.

cluc. adj. Es diu de l'ull clos o tancat. *[cerrado]*

ço. Pronom neutre usat en el relatiu neutre arcaic «ço que» equivalent a «allò que, lo que, el que», neutres, i en les expressions «ço és, per ço, ço del meu», etcètera.

coa. f. Extrem de la part posterior dels peixos, ocells i dels animals, cua. *[cola, rabo]* // Part posterior o final d'una cosa, extrem de certes coses. // Ròssec o ròssega. *[cola]* // Filera de persones que esperen el torn. *[cola]*

coacció. f. Acció de constrényer la voluntat d'algú a dir o a fer alguna cosa. *[coacción]*

coaccionar. v. tr. Fer coacció a algú. *[coaccionar]*

coadjutor, ora. m. i f. Persona que ajuda a una altra en certes coses. *[coadjutor, ayudante, auxiliar]* // m. Sacerdot ajudant del rector en les funcions del seu ministeri. *[coadjutor]*

coadjuvar. v. intr. Donar-se mútua ajuda, cooperar. *[coadyuvar]*

coàgul. m. Massa o grumoll extret d'una substància coagulada. *[coágulo]*

coagular. v. tr. Tornar sòlid un líquid. *[coagular, cuajar]*

coalició. f. Aliança temporal de persones o col·lectivitats per a un fi comú. *[coalición]*

coartar. v. tr. Restringir, limitar. *[coartar]*

coautor, ora. m. i f. Cadascun dels autors conjunts d'una obra, etc. *[coautor]*

cobdícia. f. Apetit desordenat de riqueses. *[codicia]*

cobdiciar. v. tr. Desitjar desordenadament. *[codiciar]*

cobdiciós, osa. adj. Que té cobdícia, excessivament desitjós de riqueses. *[codicioso]*

cobejança. f. Acció i efecte de cobejar. *[codicia, apetito]*

cobejar. v. tr. Desitjar la possessió d'una cosa o d'una persona; desitjar vivament o il·lícitament. *[codiciar, desear]*

cobejós, osa. adj. Que té cobejança, vivament o desordenadament desitjós d'haure, d'obtenir, de posseir. *[codicioso, anheloso]*

cobert. m. Lloc cobert rústicament, sopluig. *[cobertizo]* // El parament de taula per a cada un dels qui han de menjar. *[cubierto]* // Menjar que donen en una fonda per un preu determinat.

coberta. f. Allò que es posa sobre una cosa per a cobrir-la o resguardar-la. *[cubierta]* // Folro de paper o altra matèria d'un llibre. *[cubierta]* // Sostre superior de la nau. *[cubierta]*

cobertor. m. Peça de roba que serveix per a tapar alguna cosa. *[cobertor, cubrecama]*

cobla. f. Combinació mètrica o estrofa. *[copla]* // Composició poètica breu, que generalment serveix de lletra de les cançons populars. *[copla]* // Conjunt de músics.

cobrador, ora. adj. Que pot ser cobrat. *[cobradero]* // m. i f. L'encarregat de cobrar. *[cobrador]*

cobrament. m. Acció i efecte de cobrar. *[cobro, cobramiento]*

cobrança. f. Acció i efecte de cobrar. *[cobranza, cobro]*

cobrar. v. tr. Rebre un la quantitat que un altre li deu. *[cobrar]* // Rebre, obtenir; guanyar, adquirir. *[adquirir, obtener]*

cobrellit. m. Cobertor del llit. *[cubrecama, colcha]*

cobricel. m. Tàlem o dosser del llit, de l'altar, etc. *[tálamo, cielo]*

cobrir. v. tr. Amagar o tapar una cosa amb una altra. *[cubrir]* // Ajuntar-se el mascle amb la femella per a fecundar-la. *[cubrir]*

coça. f. Moviment violent de les cames de darrere d'una bèstia, guitza. *[coz]*

coca. f. Pasta de farina i diversos ingredients, cuita amb poc foc i generalment aplatada i ovalada o redona. *[torta]*

coca. f. Arbust de l'Amèrica del Sud, les fulles del qual són usades en infusió i forneixen la cocaïna. *[coca]*

cocaïna. f. Alcaloide obtingut de les fulles de la coca, molt usat com a anestèsic. *[cocaína]*

cocejar. v. tr. Tirar coces. *[cocear]*

coco. m. Fruit del cocoter. *[coco]* // Cap, testa.

cocodril. m. Rèptil sauri, molt gran i voraç, que nada i corre molt, i que viu en els rius intertropicals. *[cocodrilo]*

cocot. m. Coqueta de farina en forma de mitja lluna farcida de tonyina amb pimentó. *[empanada, tapa, pastel de pescado]*

còdex. m. Llibre manuscrit en què es conserven obres antigues. *[códice]*

codi. m. Cos de lleis, metòdic i sistemàtic. *[código]* // Recopilació de les lleis i estatuts d'un país. *[código]*

codicil. m. Document en què el testador

modifica o aclareix el testament. *[codicilo]*

codificar. v. tr. Reunir lleis, ordenances, costums, etc., en un codi. *[codificar]*

còdol. m. Fragment de roca dura, allisat i arredonit per l'acció de les aigües i el redolament, cudol. *[piedra, guijarro]*

codolada. f. Colp pegat amb un cudol. *[pedrada, cantalada]* // Forma mètrica usada pels antics poetes consistent en una sèrie indefinida de versos alternativament llargs i curts, que rimen per parells. *[codolada]*

codony. m. Fruit del codonyer. *[membrillo]* // Persona curta d'enteniment. *[zoquete]*

codonyat. m. Confitura de codony. *[carne de membrillo]*

codonyer. m. Arbre de la família de les rosàcies que fa un fruit astringent. *[membrillero, membrillo]*

coeficient. adj. Que obra ensems amb una altra cosa per a produir un efecte. // m. En matemàtiques, símbol o combinació de símbols. *[coeficiente]*

coent. adj. Que cou, que produeix una sensació anàloga a la d'una cremada. *[picante]* // Que fa coïssor o coentor, excessivament picant. *[picante]* // Ridícul per presumpció. *[cursi]*

coentor. f. Qualitat i efecte d'allò que està coent. *[picazón]* // Sensació coent excitada per algun colp, cremada o ferida. *[escozor]* // Qualitat de coent o cursi. *[cursilería]*

coercir. v. tr. Constrényer, reprimir. *[coercir]*

coet. m. Peça de pirotècnia consistent en un canonet ple de substància explosiva que, en inflamar-se, llança un doll de partícules en ignició. *[cohete]*

coetani, ània. adj. Dit de les persones o coses que viuen o coincideixen dins una mateixa època o temps. *[coetáneo]*

coeter. m. El qui fa o ven coets. *[pirotécnico, cohetero]*

coexistir. v. tr. Existir simultàniament. *[coexistir]*

cofí. m. Cabàs pla, d'espart, com l'usat per a posar l'oliva mòlta al temps de premsar-la. *[cofín, serijo]*

còfia. f. Gorra de dona, ajustada al cap. *[cofia]*

cofoi, oia. adj. Satisfet i envanit alhora. *[hueco, satisfecho, ufano, orondo]*

cofre. m. Caixa gran per a guardar-hi roba, amb tapa ordinàriament bombada. *[cofre]*

cognom. m. Nom de família. *[cognombre, apellido]*

cogombre. m. Fruit del cogombrer. *[cohombro, pepino]*

cogombrer. m. Planta herbàcia, cucurbitàcia, de fruit comestible. *[cohombral, pepinal]*

cogulla. f. Hàbit exterior de diversos religiosos monacals. *[cogulla]* // Caputxa.

cohabitar. v. intr. Habitar junt amb altres. *[cohabitar]* // Fer vida marital.

coherència. f. Connexió d'unes coses amb altres. *[coherencia]*

cohesió. f. Atracció que manté unides les molècules o partícules d'un cos. *[cohesión]*

cohibir. v. tr. Pesar sobre l'ànim d'algú retenint-lo d'obrar. *[cohibir]*

cohonestar. v. tr. Donar aparença de bona a una acció. *[cohonestar]*

cohort. f. En l'exèrcit romà, la desena part d'una legió. *[cohorte]* // Colla de combatents o d'altra gent que va junta. *[cohorte]*

coincidència. f. El fet de coincidir. *[coincidencia]*

coincidir. v. intr. Escaure's dues o més coses en un mateix temps. *[coincidir]* // Convenir una cosa amb una altra. *[coincidir]*

coïssor. f. Sensació anàloga a la que produeix una cremada. *[escozor, picazón]*

coit. m. Unió carnal de l'home amb la dona. *[coito]*

coix, oixa. adj. Aplicat a la persona o animal que coixeja, o que és mancat d'una cama o d'un peu. *[cojo]*

coixejar. v. intr. Anar coix. *[cojear]*

coixera. f. Coixesa. *[cojera]*

coixesa. f. Qualitat de coix. *[cojera]*

coixí. m. Saquet ple de llana, cotó, ploma o altres matèries que serveixen per a reposar el cap o altra part del cos. *[cojín]*

coixinera. f. Bossa o funda d'un coixí. *[almohada]* // Espècie de saquet per a dur pa o altra cosa. *[talega]*

coixinet. m. Peça de metall o de fusta sobre la qual descansa directament un eix de rotació, etc. *[cojinete]* // Coixí menut que serveix per a tenir-hi clavades les agulles de cosir o de cap. *[acerico]*

col. f. Hortalissa de la família de les crucíferes, de fulles amples, comestible. *[col]*

cola. f. Substància adhesiva emprada per a apegar, aiguacuit. *[cola]*

colador. m. Sedasset, drap, etc., per a colar un líquid. *[colador]* // Forat per on s'escorre l'aigua o altre líquid. *[sumidero]*

colar. v. tr. Passar algun líquid pel colador. *[colar]*

coleòpter. m. Grup d'insectes que tenen les ales anteriors dures i còrnies. *[coleóptero]*

còlera. m. Gastroenteritis aguda, caracteritzada per vòmits, evacuacions de ventre, rampa i fredor en les extremitats. *[cólera]*

còlera. f. Bilis. // Ira, enuig. *[cólera]*

colgar. v. tr. Posar alguna cosa dins un clot i cobrir-la amb la terra, cendra, etc. *[enterrar, soterrar]* // Posar dins el llit. *[acostar]*

còlic, òlica. adj. Relatiu o pertanyent al còlon. *[cólico]* // m. Dolor agut, exacerbant, a l'abdomen. *[cólico]* // Correnca, diarrea. *[cólico]*

col-i-flor. f. Varietat de col, amb els brots transformats en una massa carnosa i comestible de color blanquinós. *[coliflor]*

coll. m. Part del cos de l'home o de l'animal, que uneix el cap amb el tronc. *[cuello]* // Part més estreta de molts objectes. *[cuello]* // Part superior de certs vestits pròxima al coll o que el volta. *[cuello]*

coll. m. Depressió pronunciada a la carena d'una serra o d'un contrafort. *[colina, collado, garganta]* // Pas estret entre muntanyes degut a una depressió. *[collado, garganta]*

coll. m. Cadascuna de les quatre menes de cartes de la baralla: oros, copes, espases, i bastos o bastons. *[palo]*

colla. f. Reunió o aplec de diverses persones per a algun fi. *[cuadrilla, brigada, grupo]* // Conjunt, col·lecció.

col·laborar. v. intr. Treballar en comú amb algú. *[colaborar]*

col·lació. f. Acció de conferir un títol, un privilegi, etc. *[colación]* // Comparança, confrontació de dues o més coses o reproduccions. *[colación]* // Repetició d'una transmissió telegràfica, etc., per a assegurar la fidelitat d'un mot, signe o xifra. *[colación]* // Menjada lleugera. *[colación]*

col·lapsar. v. tr. Produir un col·lapse. *[colapsar]*

col·lapse. m. Depressió sobtosa i extrema de les forces vitals. *[colapso]*

collar. m. Corretja, cadena, etc., que es posa al voltant del coll. *[collar]*

collar. v. tr. Travar, roscar. // Junyir.

collaret. m. Ornament femenívol que es posa al voltant del coll. *[collar, collarín]*

col·lateral. adj. Situat lateralment amb relació a una altra cosa. *[colateral]*

col·lecció. f. Arreplega de coses d'una classe determinada. *[colección]*

col·leccionar. v. tr. Fer col·lecció d'alguna cosa. *[coleccionar]*

col·lecta. f. Acció de recollir donatius voluntaris. *[colecta]* // La quantitat recollida. *[colecta]* // Oració de la missa que es diu abans de l'epístola. *[colecta]*

col·lectiu, iva. adj. Dit d'una cosa que fan diferents persones conjuntament, que afecta a totes elles. *[colectivo]* // Aplicat al nom que, estant en singular, representa una col·lecció o agregat d'individus o coses. *[colectivo]*

col·lectivitat. f. Conjunt de persones reunides per a algun fi. *[colectividad]*

col·lega. m. Persona que és company d'una altra en la mateixa professió, etc. *[colega]*

col·legi. m. Establiment d'ensenyança. *[colegio]* // Comunitat de persones sotmeses a un reglament comú. *[colegio]* // Corporació de persones de la mateixa professió. *[colegio]* // Conjunt d'electors i lloc on es reuneixen per a votar.

col·legiata. f. Església que sense ser catedral es compon de dignitats o canonges seculars. *[colegiata]*

col·legir. v. tr. Deduir una cosa d'una altra. *[colegir]*

collera. f. Guarniment del coll de les bèsties de càrrega i de tir per a ornament o defensa. *[collera]*

colleró. m. Collera menuda. *[collerón]*

collidor, ora. adj. Que es pot collir. *[cogedizo]* // Que està a punt de collir. *[maduro]* // m. i f. El qui cull fruita. *[recogedor]*

collir. v. tr. Arrancar de la planta un fruit, una flor, etc. *[cosechar]* // Arreplegar els productes de la terra. *[cosechar]*

col·lisió. f. Colp violent de dos cossos que topen. *[colisión]*

collita. f. Conjunt de fruits recollits de la terra, i temporada en què els recullen. *[cosecha]*

colliter, era. m. i f. El qui fa o té collita d'alguna cosa. *[cosechero]*

colló. m. Testicle. *[cojón]*

col·locació. f. Acció i efecte de col·locar o de col·locar-se. *[colocación]* // Empleu o lloc que un ocupa. *[colocación]*

col·locar. v. tr. Posar alguna cosa en un lloc determinat. *[colocar]* // Posar algú en un estat o empleu. *[colocar, emplear]* // Destinar a algú a un servei públic. *[emplear, colocar]*

collons! Interjecció que denota enuig, admiració, estranyesa, etc. *[cojones, córcholis]*

col·loqui. m. Conversa entre dues o més persones, especialment de certa importància. *[coloquio]*

colltòrcer. v. intr. i pron. Tòrcer el coll, inclinar el cap a la part superior d'una cosa. // Tòrcer el coll, defallir, perdre els esperits. *[desmayar, desfallecer]*

coll-verd. m. Mena d'ànec salvatge que té el pit i el coll verd daurat i les ales amb llistes blaves.

colmena. f. Cavitat en forma de campana o columneta, amb un buc interior que serveix d'habitació a un eixam d'abelles, rusc. *[colmena]*

colofó. m. Anotació, al final dels llibres, del nom de l'impressor i de la data d'impressió. *[colofón]*

colom, oma. m. i f. Ocell domesticat, provinent del tudó. *[palomo]*

colombaire. m. El qui cria i ven coloms. *[colombicultor]* // El qui en el tir de coloms els amolla d'un en un.

colomer. m. Lloc on es recullen i crien els coloms. *[palomar]*

colomí. m. Colom molt jove. *[pichón, palomino]*

colon. m. El qui forma part d'una colònia, usat quasi sempre en plural. *[colono]*

colònia. f. Establiment fundat per un conjunt de persones que van d'un país a un altre per a conrear-lo o per a poblar-lo. *[colonia]* // País o lloc on s'estableixen aquestes persones. *[colonia]* // Territori a fora d'aquell on resideix el govern del primer. *[colonia]*

colonitzar. v. tr. Establir una colònia. *[colonizar]*

color. m. i f. Impressió que produeixen a la vista els raigs de llum reflectits en un cos. *[color]* // Substància colorant, emprada per a pintar o tenyir. *[color]*

coloraina. f. Combinació de colors vius i que no lliguen entre ells. *[colorines]*

colorar. v. tr. Donar color, acolorir. *[colorear, colorar]*

colorí. m. Color viu. *[colorín]*

colorir. v. tr. Donar color, acolorir, colorar. *[colorear, colorar]*

colós, (pl. ossos). m. Estàtua de dimensions gegantines. *[coloso]* // Home o animal de grandària enorme. *[coloso]* // Que té en grau extraordinari tal o tal qualitat. *[coloso]*

colossal. adj. De dimensions gegantines. *[colosal]*

colp. m. Encontre violent, brusc, de dos cossos. *[golpe]* // Ferida o contusió que resulta d'una pedrada, etc. *[golpe]* // Infortuni, desgràcia. *[golpe]*

colpejar. v. tr. Donar colps freqüents. *[golpear]*

colpir. v. tr. Donar o encertar un colp. *[pegar]* // Afectar d'una impressió forta, sobtada. *[impresionar]* // Afligir, impressionar.

colrar. v. tr. Emmorenir la pell el sol, la intempèrie. *[curtir, tostar, colorar]*
coltell. m. Ganivet, aïna de tall, consistent en una fulla d'acer relativament curta i posada al cap d'un mànec. *[cuchillo]*
columna. f. Pilar que serveix de sosteniment i també d'ornament d'edificis i mobles. *[columna]* // Allò que s'eleva en forma de columna. *[columna]* // Cadascuna de les parts en què solen dividir-se de dalt a baix les pàgines impreses. *[columna]* // Cos d'exèrcit de poc front i molt fons. *[columna]*
colzada. f. Colp donat amb el colze. *[codazo]* // Girada pronunciada que formen els carrers, camins, etc. *[recodo]* // Mida longitudinal equivalent a la distància entre el colze i el cap dels dits. *[codo]*
colze. m. Part posterior i convexa de la juntura del braç i de l'avantbraç. *[codo]* // Mesura antiga, presa de la distància entre el colze i l'extrem de la mà. *[codo]*
com. adj. De quina manera; de la mateixa manera que. *[como]* // conj. Puix que, car, ja que. *[como]* // m. Manera en què. *[como]*
coma. f. Signe ortogràfic usat per a indicar la divisió de les frases i dels seus membres i també per a separar en una fracció decimal la part decimal de la part entera. *[coma]* // Cada una de les cinc parts en què es divideix el to. *[coma]*
coma. m. Estat de profunda insensibilitat produït per una malaltia, del qual és difícil o impossible de refer-se. *[coma]*
coma. f. Depressió més o menys pregona i planera en terreny de muntanya. *[cañada, nava]*
comanar. v. tr. Encomanar, encarregar. *[encomendar]*
comanda. f. Acció de comanar o encomanar, encàrrec. *[encargo]*
comandament. m. Acció de comandar. *[mando]* // Facultat de comandar. *[mando]*
comandància. f. Càrrec de comandant. *[comandancia]* // Districte jurisdiccional i oficina del comandant.
comandant. m. Aquell qui comanda, especialment en l'exèrcit i en la marina. *[comandante]* // Cap militar de l'exèrcit espanyol entre el de capità i el de tinent coronel. *[comandante]*
comandar. v. tr. Dirigir, manar tropes, etc. *[comandar]*
comarca. f. Extensió de territori unit per un caràcter comú. *[comarca]*
comarcal. adj. Pertanyent o relatiu a la comarca. *[comarcal]*
comare. f. Padrina d'un infant en relació al padrí, al pare o a la mare. *[comadre]* // Persona que assisteix a la dona en l'acte del part. *[comadrona]* // Dit familiarment d'una veïna, amiga o també d'una dona xafardera. *[comadre]*
combat. m. Acció de batre's, lluita entre persones o animals o entre dos bàndols o exèrcits. *[combate]*
combatent. m. Soldat d'un exèrcit en lluita. *[combatiente]*
combatre. v. intr. i tr. Intr. Agitar l'esperit els afectes i passions. *[combatir]* // Tr. Lliurar combat contra algú. *[combatir]*
combinació. f. Acció i efecte de combinar. *[combinación]*
combinar. v. tr. Unir coses diverses en un compost. *[combinar]*
comboi. m. Reunió de soldats, de vaixells de guerra, etc., que escorten o guarden atzembles, carruatges, naus, etc., carregats de queviures, municions, etc.; la cosa escortada; tren. *[convoy]* // Acompanyament, munió de persones que acompanyen a una altra en pla alegre i bulliciós. *[jarana, lío]*
comboiar. v. tr. Escortar una sèrie de vehicles o d'atzembles per a vigilar-la i defensar-la dels enemics. *[convoyar]* // Aconduir una munió de gent a un fi determinat.
combregant, anta. m. i f. El qui combrega. *[comulgante]*
combregar. v. tr. i intr. Tr. Administrar el sagrament de l'Eucaristia als malalts. *[viaticar]* // Intr. Rebre la Sagrada Comunió. *[comulgar]*
combregar. m. Administració del sagrament de l'Eucaristia, comulgar, viati-

car. // Comitiva que porta la sagrada comunió als malalts. *[viático]*

combustible. adj. Que pot cremar amb flama. *[combustible]* // Que crema fàcilment. *[combustible]*

combustió. f. Acció i efecte de cremar. *[combustión]*

comèdia. f. Obra teatral de desenllaç generalment festós. *[comedia]*

comediògraf, ògrafa. adj. i m. i f. Autor de comèdies. *[comediógrafo]*

començ. m. Començament, principi. *[comienzo, principio]*

començament. m. Principi d'una cosa en el temps o en l'espai. *[comienzo, principio]*

començar. v. tr. Fer el començament d'una cosa. *[comenzar, empezar]*

comensal. m. i f. Cadascú dels qui mengen en una mateixa taula. *[comensal]*

comentar. v. tr. Fer comentari. *[comentar]*

comentari. m. Interpretació donada a alguna cosa. *[comentario]* // Conversació sobre persones o coses. *[comentario]*

comerç. m. Compra i venda, bescanvi, de productes naturals i industrials. *[comercio]* // Establiment comercial. *[comercio]*

comerciant. adj. Que es dedica al comerç. *[comerciante]* // m. Persona que es dedica al comerç. *[comerciante]*

comerciar. v. intr. Fer comerç, dedicar-se al comerç. *[comerciar]*

comesa. f. Encàrrec, missió. *[cometido]*

comestible. adj. Que és bo per a menjar. *[comestible]*

cometa. m. Cos celest que descriu òrbites molt excèntriques al voltant del sol. *[cometa]*

cometes. f. pl. Cadascun dels dos signes ortogràfics (« ») que es posen al principi i a la fi d'un passatge transcrit o d'una frase que es vol remarcar. *[comillas]*

cometre. v. tr. Fer una acció reprensible. *[cometer]* // Caure en falta, culpa, etc. *[cometer]*

comí. m. Planta oriental de la família de les umbel·líferes, cultivada pels seus fruits aromàtics. *[comino]*

comiat. m. Acció i efecte de separar-se d'algú. *[despedida]* // Acció i efecte de fer marxar un llogater de l'indret que ocupa. *[desahucio]*

còmic, òmica. adj. Relatiu o pertanyent a la comèdia. *[cómico]* // Que provoca la rialla. *[cómico]* // m. i f. Comediant. *[cómico]*

comicis. m. pl. Assemblea dels romans per a tractar dels negocis públics. *[comicios]* // Reunions i actes electorals. *[comicios]*

comissari. m. Nom que es dóna al qui és delegat per a certes funcions. *[comisario]*

comissaria. f. Càrrec i oficina del comissari. *[comisaría]*

comissariat. m. Comissaria. *[comisariado]*

comissió. f. Acció de cometre. *[comisión]* // Encàrrec donat a algú de fer alguna cosa. *[comisión]* // Reunió de persones delegades per a fer una cosa. *[comisión]* // Tant que cobra per les transaccions fetes un venedor per encàrrec d'altri. *[comisión]*

comité, (pl. és). m. Grup de persones delegades per a resoldre alguna qüestió. *[comité]*

comitiva. f. Reunió de persones que van juntes cap a algun lloc. *[comitiva]* // Acompanyament.

commemoració. f. Acció i efecte de commemorar un esdeveniment, etc. *[conmemoración]*

commemorar. v. tr. Fer memòria o commemoració. *[conmemorar]*

comminar. v. tr. Amenaçar a algú amb una pena especialment legal. *[conminar]*

commiseració. f. Compassió, sentiment de pietat pel mal d'altri. *[conmiseración]*

commoure. v. tr. Traure sobtosament d'un estat de repòs, de calma. *[conmover]* // Pertorbar, alterar, moure fortament. *[conmover]* // Excitar algun afecte, especialment el de la tendresa i compassió. *[conmover]*

commovedor, ora. adj. Que commou. *[conmovedor]*

commutador, ora. adj. Que commuta.

[conmutador] // m. Aparell per a invertir un corrent elèctric. *[conmutador]*

commutar. v. tr. Mudar una cosa per una altra. *[conmutar]*

còmoda. f. Moble que conté tres o més calaixos que ocupen tota la llargària del mateix. *[cómoda]*

còmode, òmoda. adj. Que es presta a l'ús que se'n fa sense oferir inconvenient ni molèstia, avinent, oportú, fàcil, proporcionat. *[cómodo]*

comodor. m. Capità de nau que mana una divisió de més de tres vaixells. *[comodoro]*

compacte, acta. adj. Que presenta una massa molt unida. *[compacto]*

compadir. v. tr. Sentir compassió per algú. *[compadecer]* // **-se.** Apiadar-se.

compaginar. v. tr. Ordenar en forma de pàgines les galerades d'impremta. *[compaginar]* // Ordenar unes coses amb altres. *[compaginar]*

companatge. m. Allò que es menja amb el pa o endemés del pa. *[companage, condumio, cundido]*

companejar. v. tr. Acompanyar amb pa una vianda. *[acompañar con pan]* // Compartir una cosa proporcionadament a una altra. *[compartir]*

company, anya. adj. Persona que n'acompanya una altra o està en la companyia d'una altra. *[compañero]* // m. i f. Cada individu d'una corporació, etcètera, en relació amb els altres. *[compañero]*

companyia. f. Presència d'una persona vora una altra perquè no estiga sola. *[compañía]* // Societat de persones unides per a un fi comú. *[compañía]* // Cos d'actors format per a representar en els teatres públics. *[compañía]* // Cert nombre de soldats a les órdens d'un capità. *[compañía]*

companyonia. f. Harmonia i solidaritat amb els companys. *[compañerismo]*

comparació. f. Acció i efecte de comparar. *[comparación]*

comparar. v. tr. Examinar dos o més objectes a fi de determinar llurs punts de semblança. *[comparar]*

compare. m. El padrí de batejar, amb relació a la padrina o als pares. *[compadre]* // Amic, company. *[compadre]*

compareixença. f. Acte de comparéixer una persona davant del jutge o superior. *[comparecencia]*

comparéixer. v. intr. Presentar-se un davant d'un altre, en virtut d'una crida, etc. *[comparecer]*

comparsa. m. i f. Persona que figura en l'acompanyament d'una cavalcada, representació teatral, etcètera. *[comparsa]*

compartició. f. Acció i efecte de compartir. *[compartimiento]*

compartiment. m. Cadascuna de les parts en què es divideix un edifici, etc. *[compartimiento]* // Compartició.

compartir. v. tr. Distribuir en parts iguals o proporcionades. *[compartir, repartir]*

compàs, (pl. assos). m. Instrument per a traçar arcs de circumferència, prendre distàncies, etc. *[compás]* // Cadascun dels períodes de temps d'igual valor en què es divideix un fragment musical. *[compás]*

compassió. f. Doldre's de la pena d'altri, sentir-ne llàstima. *[compasión]*

compatible. adj. Capaç de coexistir en harmonia amb un altre. *[compatible]*

compatriota. m. i f. El qui és de la mateixa pàtria que un altre. *[compatriota]*

compendi. m. Exposició succinta d'allò que conté de més substancial una obra, etc. *[compendio]*

compendiar. v. tr. Reduir a compendi. *[compendiar]*

compenetrar-se. v. pron. Penetrar dos cossos un dins de l'altre. *[compenetrarse]* // Avenir-se perfectament. *[compenetrarse]*

compensació. f. Acció i efecte de compensar. *[compensación]* // Canvi mutu de documents entre deutors que ho eren l'un de l'altre.

compensar. v. tr. Neutralitzar l'efecte d'una cosa amb el d'una altra. *[compensar]*

competència. f. Incumbència, pertinença. *[competencia]* // Rivalitat en l'exercici d'una professió. *[competencia]*

competició. f. Acció de competir.

competir. v. intr. Pertànyer en virtut d'un dret. *[competir]* // Lluitar, esforçar-se, dues o més persones, per a aconseguir el mateix objecte. *[competir]*

compilar. v. tr. Reunir en un sol cos d'obra matèries de diversos llibres o documents. *[compilar]*

complaença. f. Voluntat de complaure algú. *[complacencia]* // Satisfacció que resulta d'alguna cosa. *[complacencia]*

complànyer. v. tr. i intr. Tr. Compadir. *[compadecer]* // Intr. Acompanyar a un altre en el plor. *[compadecer]* // **-se.** Condoldre's. *[compadecerse]*

complaure. v. tr. i intr. Tr. Donar gust o plaer. *[complacer]* // Intr. Causar plaer a una persona. *[complacer]*

complement. m. Allò que cal afegir a una cosa perquè siga completa. *[complemento]* // Paraula que completa el sentit d'una altra. *[complemento]*

complementar. v. tr. Afegir a una cosa el complement que li manca. *[complementar]*

complet, eta. adj. Que conté tots els elements o parts de què ha d'estar constituït. *[completo]*

completar. v. tr. Acabar una cosa, fer-la completa i perfecta. *[completar]*

completes. f. pl. Darrera part de les hores canòniques. *[completas]*

complex, exa. adj. No simple, complicat. *[complejo]*

complex. m. Conjunt de coses o parts relacionades entre elles, de formes que compleixen o satisfan una condició. *[complejo]*

complexió. f. Naturalesa i relació dels sistemes i aparells orgànics, constitució física. *[complexión]*

complicar. v. tr. Fer complicat, fer difícil i embrollat. *[complicar]*

complicat, ada. adj. Que consta de parts combinades o associades intricadament. *[complicado]*

còmplice. m. i f. Que ajuda a algú a cometre un delicte. *[cómplice]*

compliment. m. Acció i efecte de complir o complir-se. *[cumplimiento]* // Expressió de cortesia, respecte, etc. *[cumplido]*

complimentar. v. tr. Posar en execució les òrdens superiors. *[cumplimentar]* // Donar enhorabona o felicitació. *[cumplimentar]*

complir. v. tr. i intr. Tr. Executar, realitzar. *[cumplir]* // Atényer en tal temps una edat determinada. *[cumplir]* // Intr. Finir una durada determinada. *[cumplir]*

complot. m. Confabulació d'unes persones contra una altra o unes altres. *[complot]*

compondre. v. tr. Formar un tot reunint o combinant diversos elements, parts, etc. *[componer]* // Produir obres d'art o de l'enteniment. *[componer]* // En tipografia, formar els motles d'un imprés. *[componer]*

comporta. f. Porta practicada en una resclosa, etc., per a retenir o deixar passar l'aigua. *[compuerta]*

comportar. v. tr. Sofrir o permetre podent evitar-la una cosa molesta, etc. *[comportar]*

compost, osta. adj. No simple. *[compuesto]* // Agregat de diverses coses que formen un tot. *[compuesto]*

compota. f. Preparació de fruita cuita amb sucre. *[compota]*

compra. f. Acció i efecte de comprar. *[compra]* // Qualsevol objecte comprat. *[compra]*

comprador, ora. adj. Que pot esser o ha d'esser comprat. *[comprador]* // m. i f. Persona que compra. *[comprador]*

comprar. v. tr. Adquirir alguna cosa per una suma convinguda. *[comprar]*

comprendre. v. tr. Contenir en si alguna cosa com a part d'un tot, d'un conjunt. *[comprender]* // Entendre, agafar el sentit, la raó d'alguna cosa. *[comprender]*

comprensió. f. Facultat, acte o procés de comprendre amb el pensament. *[comprensión]* // Conjunt de qualitats que integren una idea. *[comprensión]*

compresa. f. Tros de tela que s'aplica sobre una part malalta per a cobrir els apòsits, beure's la supuració, etc. *[compresa]*

compressió. f. Acció i efecte de comprimir. *[compresión]*

compressor, ora. adj. Que comprimeix. *[compresor]* // m. Aparell per a comprimir. *[compresor]*

comprimir. v. tr. Reduir el volum d'un cos exercint sobre ell una pressió. *[comprimir]* // Reprimir, contenir, impedir l'eixida.

comprometedor, ora. adj. Que compromet o pot comprometre a algú. *[comprometedor]*

comprometre. v. tr. Posar a algú en una situació crítica. *[comprometer]* // Prometre de donar, etcètera, alguna cosa. *[comprometer]*

compromís. m. Conveni entre litigants per a adherir-se al judici d'un àrbitre. *[compromiso]* // Obligació concreta per una promesa, paraula donada, etc. *[compromiso]* // Situació crítica. *[compromiso]*

compromissari, ària. m. i f. Àrbitre nomenat per a decidir una qüestió litigiosa. *[compromisario]* // Elector a qui els altres han conferit poder per a elegir. *[compromisario]*

comprovar. v. tr. Assegurar-se que alguna cosa està d'acord amb els fets. *[comprobar]*

comptabilitat. f. Acció de portar els comptes d'un negoci, etc. *[contabilidad]* // Art i manera de portar els comptes. *[contabilidad]*

comptable. adj. Que pot esser comptat. *[contable]* // m. Persona que té al seu càrrec les entrades i eixides dels cabals, que ret els comptes. *[contable]*

comptador, ora. m. i f. El qui en una gestió o administració porta i ajusta els comptes. *[contador]* // m. Aparell que compta automàticament el temps, la velocitat, etc. *[contador]* // adj. Que ha de ser comptat. *[contadero]*

comptafils. m. Aparell amb un vidre multiplicador, per a comptar els fils d'un teixit. *[cuentahilos]*

comptagotes. m. Aparell que fa vessar el líquid contingut de gota a gota. *[cuentagotas]*

comptar. v. tr. i intr. Tr. Determinar el número d'objectes d'un conjunt. *[contar]* // Intr. Dir els números enters seguons llur orde. *[contar]* // Calcular. // Tenir per segur. *[contar]*

compte. m. Acció i efecte de comptar. *[cuenta]* // Càlcul o operació aritmètica. *[cuenta]* // Cura, incumbència, obligació. *[cuenta]*

compulsar. v. tr. Comparar dos o més documents. *[compulsar]*

compunció. f. Sentiment o dolor de la falta comesa. *[compunción]*

compungir-se. v. pron. Tenir compunció. *[compungirse]*

còmput. m. Compte o càlcul. *[cómputo]*

computar. v. tr. Avaluar indirectament una quantitat per càlcul de certes dades. *[computar]*

comsevulla. adv. De qualsevol manera que siga. *[como quiera,*

comte. m. Títol nobiliari entre baró i marqués. *[conde]*

comtessa. f. Dona revestida de la dignitat de comte. *[condesa]* // Muller d'un comte. *[condesa]*

comú, una. adj. Compartit per dos o més a la vegada. *[común]* // Corrent, admés generalment. *[común]* // Ordinari, vulgar, de condició inferior. *[común]* // En gramàtica, aplicat al nom que escau a tots els objectes d'una mateixa espècie. *[común]* // m. La gent que forma una ciutat, vila o poble. *[común]* // m. i f. El lloc on es fan les defecacions, excusat. *[retrete]*

comunicació. f. Acció i efecte de comunicar o de comunicar-se. *[comunicación]* // Tracte o correspondència entre persones. *[comunicación]*

comunicar. v. tr. i intr. Tr. Fer participant a un altre d'allò que algú té. *[comunicar]* // Fer saber, manifestar. *[comunicar]* // Intr. Conversar, tractar amb algú de paraula o per escrit. *[comunicar]* // Estar en relació mitjançant un pas, tenir comunicació unes coses amb altres. *[comunicar]*

comunió. f. Participació en les coses comunes. *[comunión]* // Unió de persones que professen la mateixa fe o els mateixos ideals o sentiments. *[comunión]* // Participació en el sagrament de l'Eucaristia. *[comunión]*

comunisme. m. Sistema que tendeix a establir la comunitat de béns, i partit format a base d'aquest sistema social. *[comunismo]*

comunista. adj. Relatiu al comunisme. *[comunista]* // m. i f. Partidari del comunisme. *[comunista]*

comunitat. f. Qualitat de comú. *[comunidad]* // Congregació de persones que viuen juntes. *[comunidad]*

con. m. Cos redó i punxegut, limitat per un cercle. *[cono]*

conat. m. Començament d'una acció a realitzar la qual no arriba a consumarse. *[conato]*

conc. m. Pica de pedra que serveix per a donar menjar als porcs. *[gamella, dornajo]*

conca. f. Mena de llibrell sense vora. *[cuenco, lebrillo]* // Tros de terra voltat de muntanyes. *[cuenca]* // Conjunt de territoris les aigües del qual van a parar a un riu. *[cuenca]* // Bastiment de fusta que sosté el braser. *[brasero]* // Fadrina vella. *[solterona, doncellueca]*

concatenar. v. tr. Encadenar les unes coses amb les altres. *[concatenar]*

còncau, òncava. adj. Que té la superfície més deprimida al mig que a les vores. *[cóncavo]*

concavat, ada. adj. Còncau. *[cóncavo]*

concavitat. f. Qualitat de còncau. *[concavidad]* // Part còncava. *[concavidad]*

concebre. v. tr. Donar dins seu, per la fecundació, existència a un nou ser. *[concebir]* // Formar-se idea d'alguna cosa. *[concebir]*

concedir. v. tr. Donar, atorgar, fer una mercé. *[conceder]*

concelebrar. v. intr. Celebrar la missa junt a altres preveres. *[concelebrar]*

concentració. f. Acció i efecte de concentrar o de concentrar-se. *[concentración]*

concentrar. v. tr. Reunir en un punt comú. *[concentrar]* // Augmentar la força d'alguna cosa evitant-ne la dispersió. *[concentrar]* // **-se.** Fixar l'atenció o el pensament. *[concentrarse]*

concepte. m. Noció general que resulta d'una concepció de la ment. *[concepto]* // Pensament expressat amb paraules. *[concepto]* // Opinió, judici format sobretot per via d'observació. *[concepto]*

conceptuar. v. tr. Formar concepte d'una persona o cosa. *[conceptuar]*

concernir. v. tr. Correspondre, pertànyer. *[concernir]*

concert. m. Acord entre diverses persones, conveni. *[concierto]* // Sessió on són interpretades obres musicals. *[concierto]*

concertar. v. tr. Tractar del preu d'una cosa que un vol comprar. *[concertar]* // Preparar l'execució d'una obra musical. *[concertar]* // Convenir, concordar.

concessió. f. Acció i efecte de concedir. *[concesión]*

concili. m. Assemblea de bisbes per a deliberar i decidir sobre qüestions de doctrina o de disciplina eclesiàstica. *[concilio]*

conciliar. v. tr. Posar d'acord dos o més sobre un punt en litigi. *[conciliar]* // Posar d'acord, fer compatibles coses contradictòries o diverses. *[conciliar]* // Guanyar-se la benvolença d'algú, disposar favorablement. *[conciliar]*

concís, isa. adj. Que te concisió. *[conciso]*

concisió. f. Brevetat en la manera d'exposar els conceptes. *[concisión]*

concitar. v. tr. Excitar, agitar. *[concitar]*

conclave. m. Assemblea de cardenals per a elegir papa. *[conclave]* // Lloc on es reuneix aquesta assemblea. *[conclave]*

concloure. v. tr. Acabar una cosa, arribar a una solució definitiva. *[concluir]*

conclusió. f. Acció i efecte de concloure. *[conclusión]* // Deducció, judici raonat. *[conclusión]* // Acord.

conco. m. Solter d'una certa edat. *[solterón]* // Oncle. *[tío]*

concomitància. f. Concurrència d'una cosa amb una altra. *[concomitancia]*

concordança. f. Relació de conformitat d'una cosa amb una altra. *[concordancia]* // Correspondència dels accidents gramaticals entre dues o més paraules variables. *[concordancia]*

concordar. v. tr. i intr. Tr. Conciliar, estar d'acord. *[concordar]* // Intr. Estar en concordança. *[concordar]*

concòrdia. f. Estat d'harmonia que resulta de l'acord dels sentiments, de les idees, etc., entre dues o més persones. *[concordia]* // Conformitat, unió. *[concordia]* // Acord per estipulació o convinença. *[concordia]*

concórrer. v. intr. Trobar-se en un mateix lloc i temps diverses persones. *[concurrir]* // Prendre part en un concurs. *[concurrir]* // Cooperar a un fi. *[concurrir]* // Coincidir o convertir en un mateix punt. *[concurrir]*

concreció. f. Acció i efecte d'esdevenir concret. *[concreción]* // Acumulació de partícules per a formar masses. *[concreción]*

concret, eta. adj. Aplicat a qualsevol objecte considerat en ell mateix. *[concreto]* // Aplicat al nombre que expressa quantitat d'espècie determinada. *[concreto]*

concretar. v. tr. Precisar concretament. *[concretar]* // **-se.** Limitar-se a parlar d'una sola cosa. *[concretarse]*

concubina. f. Dona que fa vida marital amb un home. *[concubina]*

conculcar. v. tr. Trepitjar, no respectar, solament en sentit figurat. *[conculcar]*

concupiscència. f. Apetit desordenat dels plaers sensuals. *[concupiscencia]*

concurrència. f. Acció i efecte de concórrer. *[concurrencia]* // Reunió simultània de persones, coses o esdeveniments. *[concurrencia]*

concurs. m. Concurrència. *[concurso]* // Acció de contribuir amb d'altres a un resultat. *[concurso]* // Oposició que hom fa, per mitjà d'exercicis o al·legació de mèrits, a una càtedra, premi, etc. *[concurso]*

concursar. v. tr. i intr. Tr. Ordenar el jutge que els béns d'una persona es posen en concurs de creditors. *[concursar]* // Intr. Prendre part en un concurs. *[concursar]*

condecoració. f. Acció i efecte de condecorar. *[condecoración]* // Creu o altra insígnia d'honor i distinció. *[condecoración]*

condecorar. v. tr. Donar o imposar una condecoració a algú. *[condecorar]*

condemna. f. Sentència condemnatòria i la pena que per ella s'imposa. *[condena]*

condemnar. v. tr. Declarar a algú culpable per sentència imposant-li una pena. *[condenar]* // Declarar alguna cosa reprensible. *[condenar]*

condensar. v. tr. Fer més dens. *[condensar]*

condescendència. f. Acció i efecte de condescendir. *[condescendencia]* // Inclinació a condescendir. *[condescendencia]*

condescendir. v. intr. Dignar-se a concedir alguna cosa a algú. *[condescender]*

condició. f. Naturalesa o propietat de les coses. *[condición]* // Caràcter o geni de les persones. *[condición]* // Estat o situació d'una persona. *[condición]* // Circumstància d'un pacte. *[condición]*

condicional. adj. Que inclou una condició. *[condicional]* // m. Temps de la conjugació verbal que expressa una condició. *[condicional]*

condicionar. v. tr. Sotmetre a condicions. *[condicionar]* // Donar una certa condició o qualitat. *[condicionar]*

condiment. m. Allò que serveix per a assaonar el menjar i donar-li bon gust. *[condimento]*

condimentar. v. tr. Assaonar el menjar, amanir. *[condimentar]*

condol. m. Dol, llàstima per la pena d'un altre. *[duelo]*

condoldre's. v. pron. Doldre's amb algú de la pena que l'afligeix, de la desgràcia que sofreix. *[condolerse]*

condolença. f. Condol. *[condolencia]*

condolir-se. v. pron. Sentir-se, plànyer-se d'algun mal. *[condolerse]*

condonar. v. tr. Perdonar totalment o parcialment un deute, etc. *[condonar]*

còndor. m. Ocell de presa semblant al voltor. *[cóndor]*

conducció. f. Acció i efecte de conduir. *[conducción]* // Sèrie de conductes. *[conducción]*

conducta. f. Manera de conduir-se, d'obrar en l'orde moral. *[conducta]* // Contracte per assistència mèdica, i remuneració consegüent. *[iguala, conducta]*

conducte. m. Canal o tub que dóna pas a

certes matèries. *[conducto]* // Persona per qui és endreçada una qüestió o pretensió. *[conducto]*

conductor, ora. adj. Que condueix. *[conductor]* // m. i f. Conduïdor, el qui dirigeix la marxa d'un vehicle. *[conductor]*

conduïdor, ora. m. i f. El qui condueix, guia. *[conductor]*

conduir. v. tr. Dur una cosa o persona a algun lloc sota la nostra direcció i vigilància, menar, acompanyar. *[conducir]* // Guiar, dirigir. *[conducir]*

coneixença. f. Idea més o menys completa que hom té d'alguna cosa. *[conocimiento]* // Conjunt de persones conegudes, relacions socials. *[conocimiento]*

conéixer. v. tr. Haver o tenir una idea més o menys completa d'algú o d'alguna cosa. *[conocer]*

coneiximent. m. Facultat i acte de conéixer. *[conocimiento]* // Consciència de la pròpia existència. *[conocimiento]* // Examen judicial. // Coneixença.

conestable. m. Antic oficial de l'exèrcit. *[condestable]*

confabular. v. intr. Conversar, tractar familiarment. *[confabular]* // **-se.** Posar-se d'acord dues o més persones sobre una qüestió que interessa a un tercer.

confecció. f. Acció i efecte de confeccionar. *[confección]*

confeccionar. v. tr. Compondre qualsevol obra material. *[confeccionar]*

confederació. f. Acció i efecte de confederar. *[confederación]* // Conjunt de persones, corporacions o estats confederats. *[confederación]*

confederar. v. tr. Reunir en confederació. *[confederar]*

confegir. v. tr. Refer una cosa trencada ajuntant-ne les peces. *[juntar]* // Pronunciar separadament les lletres de cada síl·laba i les síl·labes de cada paraula, i després ajuntar-les. *[deletrear, silabear]*

conferència. f. Reunió en la qual es tracta d'un afer, d'un tema, en comú. *[conferencia]* // Dissertació en públic sobre una matèria qualsevol. *[conferencia]*

conferenciar. v. intr. Tenir una conferència o conversa. *[conferenciar]*

conferir. v. tr. i intr. Tr. Confrontar una cosa amb una altra. // Concedir alguna cosa a algú en virtut de la nostra autoritat. *[conferir]* // Intr. Conferenciar, tenir conversa amb algú. *[conferir, conferenciar]*

confessar. v. tr. Reconéixer pecats. *[confesar]* // Manifestar un els seus sentiments. *[confesar]* // Declarar una cosa. *[confesar]*

confessió. f. Acció i efecte de confessar o de confessar-se. *[confesión]* // Afirmació pública de la fe que un professa. *[confesión]*

confessionari. m. Seient del sacerdot des d'on escolta les confessions. *[confesionario]* // Llibre per a preparar a la confessió. *[confesionario]*

confessor, ora. m. i f. El qui confessa públicament la seua fe. *[confesor]* // m. Sacerdot que confessa als penitents. *[confesor]*

confiança. f. Seguretat ferma en una persona o cosa. *[confianza]* // Familiaritat, franquesa. *[confianza]*

confiar. v. tr. i intr. Tr. Encarregar a algú un negoci, comissió, etcètera. *[confiar]* // Fer saber en confiança. *[confiar]* // Intr. Posar o tenir confiança. *[confiar]*

confidència. f. Revelació secreta, notícia reservada. *[confidencia]*

configurar. v. tr. Donar a una cosa una figura determinada. *[configurar]*

confinar. v. tr. i intr. Tr. Tancar a algú dins un espai determinat. *[confinar]* // Exiliar. // Tenir dos països uns confins comuns. *[confinar]*

confirmació. f. Acció i efecte de confirmar. *[confirmación]* // Sagrament de l'Església, que confirma en la fe a aquell que el rep. *[confirmación]*

confirmar. v. tr. Corroborar, ratificar una cosa. *[confirmar]* // Administrar el sagrament de la confirmació. *[confirmar]*

confiscar. v. tr. Privar a algú dels seus béns i adjudicar-los al fisc. *[confiscar]*

confit, ita. adj. Confitat. *[confitado]* // Saturat, impregnat. *[impregnado]* // m. Pasta de sucre en forma de boles menudes. *[confite]*

confitar. v. tr. Coure fruites amb sucre.

[confitar] // Posar fruites amb algun suc que serveix per a conservar-les. *[confitar]*

confitat. m. Molt dolç, cosa confitada. *[confitado]*

confitura. f. Fruita o altra cosa confitada, especialment la que forma una pasta. *[confitura]*

conflicte. m. Combat i congoixa de l'esperit. *[conflicto]* // Situació desgraciada i d'eixida difícil. *[conflicto]*

confluència. f. Acció i efecte de confluir. *[confluencia]*

confluir. v. intr. Ajuntar-se dos o més rius o camins. *[confluir]*

confondre. v. tr. Barrejar desordenadament les unes coses amb les altres. *[confundir]* // Equivocar, pertorbar, desordenar alguna cosa. *[confundir]* // Desconcertar en la discussió deixant sense saber què dir. *[confundir]* // Identificar falsament. *[confundir]*

conformar. v. tr. Fer alguna cosa conforme a un model. *[conformar]* // **-se.** Resignar-se. *[conformarse]*

conforme. adj. Igual; convenient; com cal. *[conforme]* // D'un mateix parer, d'acord. *[conforme]*

confort. m. Acció i efecte de confortar. *[confortación]* // Benestar material, comoditat del viure.

confortar. v. tr. Aconhortar. *[confortar, aliviar]*

confraria. f. Associació de persones unides per a un fi de pietat, de caritat o de defensa i ajuda mútues. *[cofradía]*

confraternitzar. v. intr. Unir-se com a germans. *[confraternizar]* // Simpatitzar.

confrontar. v. tr. i intr. Tr. Comparar una cosa amb altra. *[confrontar]* // Intr. Ser contigu un territori, etc. *[confinar]* // Esser conforme, adient una cosa amb una altra. *[concordar]*

confusió. f. Manca d'orde i de claredat. *[confusión]* // Perplexitat, torbació. *[confusión]* // Afront, vergonya. *[confusión]*

congelar. v. tr. Fer passar un cos de l'estat líquid al sòlid. *[congelar]* // Endurir el fred una fruita, una substància sucosa, una carn, etc., congelant el líquid que l'embeu. *[congelar]*

congènere. adj. Del mateix gènere o origen. *[congénere]*

congeniar. v. intr. Avenir-se algú amb un altre o dues persones entre elles perquè tenen el mateix geni, les mateixes característiques o disposicions morals. *[congeniar]*

congènit, ènita. adj. Existent a la naixença o des de la naixença. *[congénito]*

congesta. f. Massa de neu apilada en un indret de muntanya. *[ventisquero]*

congestió. f. Afluència excessiva de sang en els vasos d'un òrgan. *[congestión]* // Acumulació excessiva de coses. *[congestión]*

congestionar. v. tr. Produir una congestió. *[congestionar]* // **-se.** Tenir una congestió. *[congestionarse]*

conglomerar. v. tr. Ajuntar formant una massa coherent. *[conglomerar]*

conglutinar. v. tr. Ajuntar els fragments d'un òrgan mitjançant una substància glutinosa. *[conglutinar]*

congoixa. f. Angoixa, opressió de l'esperit. *[congoja]*

congoixar. v. tr. Causar congoixa. *[acongojar]*

congost. m. Pas estret entre muntanyes. *[desfiladero, hocino]*

congraciar-se. v. pron. Captar-se la benvolença d'algú. *[congraciarse]*

congratular. v. tr. Felicitar, donar l'enhorabona. *[congratular]* // **-se.** Alegrar-se de la satisfacció d'algú. *[congratularse]*

congre. m. Peix de mar comestible, llarg i cilíndric. *[congrio]* // Persona peresosa o feixuga de moviments. *[congrio]*

congregar. v. tr. Convocar, reunir en assemblea. *[congregar]*

congrés, (pl. essos). m. Junta de moltes persones per a deliberar sobre una qüestió. *[congreso]* // Cos legislatiu d'un estat i lloc on celebra les seues sessions. *[congreso]*

congruent. adj. Que convé, que correspon bé. *[congruente]*

conhort. m. Acció i efecte de conhortar o de conhortar-se. *[consuelo]* // Allò que conhorta. *[consuelo]*

conhortar. v. tr. Donar conformitat o resignació, aconsolar, animar. *[confortar]* // **-se.** Conformar-se.

cònic, ònica. adj. Relatiu o pertanyent al con. *[cónico]* // Que té forma de con. *[cónico]*

conill. m. Mamífer rosegador, comestible, que viu dins caus i es domestica fàcilment. *[conejo]* // **en conill:** Completament nu, despullat de tota la roba. *[en cueros]*

conilla. f. Femella del conill. *[coneja]*

conjectura. f. Opinió fundada en probabilitats o aparences. *[conjetura]*

conjecturar. v. tr. Fer conjectures. *[conjeturar]*

conjugació. f. Acció i efecte de conjugar. *[conjugación]* // Sèrie de formes amb què són expressats els accidents del verb. *[conjugación]* // Fusió de dues cèl·lules per a produir-ne una de nova. *[conjugación]*

conjugal. adj. Pertanyent o relatiu als cònjuges. *[conyugal]*

conjugar. v. tr. Formar la sèrie constitutiva de la conjugació d'un verb. *[conjugar]*

cònjuge. m. i f. El marit o la muller l'un respecte a l'altre. *[cónyuge]*

conjuminar. v. tr. Posar d'acord diverses persones, coses, afers, circumstàncies, de manera que vinguen bé per al fi que es desitja; compondre, combinar, unir, arreglar, tramar. *[combinar]* // **-se.** Unir-se per a conspirar, sublevar-se. *[conjurarse]*

conjunció. f. Acció i efecte d'ajuntar-se o conjunyir-se. *[conjunción]* // Mot o locució que serveix per a enllaçar dues paraules o dues proposicions. *[conjunción]*

conjunt, unta. adj. Unit amb un altre. *[conjunto]* // m. Agregat de diversos elements. *[conjunto]* // Totalitat d'una cosa, sense atendre a les seues parts. *[conjunto]*

conjuntar. v. tr. Unir bé. *[conjuntar, ajustar]*

conjuntiu, iva. adj. Que ajunta o uneix. *[conjuntivo]*

conjuntura. f. Combinació fortuïta d'esdeveniments o circumstàncies. *[coyuntura]*

conjur. m. Acció i efecte de conjurar. *[conjuro]* // Súplica fervent. *[conjuro]*

conjuració. f. Conspiració premeditada contra l'estat o contra una autoritat. *[conjuración]*

conjurar. v. tr. Dir els exorcismes contra els mals esperits. *[conjurar]* // Allunyar, com amb un conjur. *[conjurar]* // **-se.** Fer una conjuració, conspirar. *[conjurarse]*

connectar. v. tr. Establir un lligam estret entre coses de la mateixa naturalesa. *[conectar]* // Establir contacte elèctric. *[conectar]*

connexió. f. Enllaç, lligament, entre coses de la mateixa espècie. *[conexión]*

connivència. f. Tolerància o dissimulació en el superior sobre les faltes dels subordinats. *[connivencia]* // Confabulació. // Complicitat.

connotar. v. tr. Fer relació o referència, indicar. *[connotar]*

conquerir. v. tr. Adquirir alguna cosa per la força de les armes. *[conquistar]* // Guanyar la voluntat d'una persona. *[conquistar]*

conquesta. f. Acció de conquerir. *[conquista]* // El país conquerit o conquistat. *[conquista]*

conquista. f. Acció de fer-se seua una persona inspirant-li amor. *[conquista]* // Conquesta.

conquistar. v. tr. Guanyar-se la voluntat d'algú. *[conquistar]* // Conquerir, per força d'armes. *[conquistar]*

conrear. v. tr. Sotmetre la terra a certs treballs per a fer-la fèrtil. *[cultivar]* // Fomentar el tracte i l'amistat. *[cultivar]* // Consagrar temps i cura especial a una cosa. *[cultivar]*

conreu. m. Acció i efecte de conrear. *[cultivo]* // Terra conreada. *[cultivo]*

consagrar. v. tr. Fer o declarar sagrada una cosa. *[consagrar]* // Dedicar una cosa a un fi determinat. *[consagrar]*

consanguinitat. f. Parentiu dels qui descendeixen d'un avantpassat comú. *[consanguinidad]*

consciència. f. Coneixença immediata i

directa que l'ànima té de la seua pròpia existència, condició, sensacions, actes, etc. *[conciencia]* // Coneiximent íntim del bé que havem de fer i del mal que ens cal evitar. *[conciencia]*

conscient. adj. Dit del qui té consciència de si mateix, de la seua condició, etc. *[consciente]*

consegüent. adj. Que segueix com un resultat, efecte natural o deducció. *[consiguiente]*

consell. m. Parer que un dóna a una persona sobre allò que ha de fer. *[consejo]* // Cos consultiu o directiu *[consejo]* // Corporació municipal. *[consejo]*

conseller, era. m. i f. Persona que aconsella. *[consejero]* // Membre d'un consell. *[consejero]*

consens. m. Consentiment. *[consenso]*

consentiment. m. Acció i efecte de consentir o permetre. *[consentimiento]*

consentir. v. tr. i intr. Tr. Permetre, tolerar. *[consentir]* // Intr. Rendir-se a un sentiment, a una obligació, etc. *[consentir]*

consentit, ida. adj. Permés, tolerat. *[consentido]* // Dit del qui tot ho consent. // Dit dels xiquets malcriats, aviciats. *[mimado]* // Badat, fes, sense trenc. *[cascado, hendido]* // Dolorit d'un membre del cos. *[consentido]*

conseqüència. f. Fet o esdeveniment que resulta d'un altre. *[consecuencia]* // Proposició que es dedueix lògicament d'un principi posat. *[consecuencia]*

conserge. m. Persona que té cura de la custòdia, neteja, etc., d'un palau, d'un establiment públic, etcètera. *[conserje]*

conserva. f. Qualsevol comestible preparat convenientment i tancat hermèticament dins d'un pot. *[conserva]*

conservar. v. tr. Guardar una cosa del perill de desaparéixer o de fer-se malbé. *[conservar]* // Continuar la pràctica dels costums, virtuts, etc. *[conservar]*

conservatori, òria. adj. Que serveix per a conservar. *[conservatorio]* // m. Establiment públic per a l'ensenyament de certes arts, especialment la música. *[conservatorio]*

considerar. v. tr. Meditar atentament una cosa. *[considerar]* // Fer cas d'una persona pels seus mèrits, qualitats, etc. *[considerar]*

consigna. f. Orde que es dóna al qui mana un lloc, a un sentinel·la, guarda, etc. *[consigna]*

consignar. v. tr. Fer esment d'alguna cosa en un escrit. *[consignar]* // Lliurar alguna cosa a un fi. *[consignar]*

consiliari. m. Conseller d'una corporació especialment de caràcter religiós. *[consiliario]*

consirós, osa. adj. Pensarós, capficat, absorbit per un pensament, preocupació, sentiment. *[pensativo, taciturno]*

consistència. f. Coherència entre les parts d'una cosa; solidesa. *[consistencia]* // Allò en què consisteix una propietat, herència, etc. *[consistencia]*

consistir. v. intr. Estar fundada o assentada, una cosa, en una altra. *[consistir]* // Ser efecte d'una causa. *[consistir]*

consistori. m. Consell del papa amb els cardenals. *[consistorio]* // Consell municipal, ajuntament. *[consistorio]*

consogre, ogra. m. i f. El pare o la mare d'un dels cònjuges respecte al pare o la mare de l'altre. *[consuegro]*

cònsol. m. Magistrat de la Roma antiga, que exercia l'autoritat suprema. *[cónsul]* // Representant d'un país encarregat oficialment de protegir els interessos dels compatriotes a l'estranger. *[cónsul]* // Director dels antics gremis. *[cónsul, cofrade mayor]*

consol. m. Allò que consola, conhort. *[consuelo]*

consola. f. Moble en forma de taula que generalment posen arrambat a la paret. *[consola]*

consolar. v. tr. Donar consol, aconsolar. *[consolar]* // **-se.** Rebre consol. *[consolarse]*

consolat. m. Dignitat i oficina del cònsol. *[consulado]*

consolessa. f. Muller d'un cònsol. *[consulesa]*

consolidar. v. tr. Donar solidesa a una cosa. *[consolidar]* // Reunir o tornar a ajuntar allò que abans s'havia esquerdat o trencat, a fi que quede ben fort.

[consolidar] // Assegurar del tot, enfortir una cosa, com l'amistat, l'aliança, etc. *[consolidar]*

consonància. f. Identitat de terminació de dos mots des de la vocal forta inclusivament. *[consonancia]* // Acord de sons més o menys perfecte. *[consonancia]*

consonant. adj. Que forma consonància, que rima d'una manera perfecta. *[consonante]* // m. Mot que consona amb un altre. *[consonante]* // f. Fonema que es pronuncia acompanyat d'una vocal. *[consonante]* // Lletra que representa una consonant. *[consonante]*

consonar. v. intr. Formar consonància. *[consonar]*

consorci. m. Unió de persones, societats, etc., que tenen un interés comú. *[consorcio]*

consort. m. i f. Company d'altre en la mateixa sort, especialment cònjuge. *[consorte]*

conspiració. f. Acció i efecte de conspirar. *[conspiración]*

conspirar. v. intr. Concórrer diverses coses a un mateix fi. *[conspirar]* // Fer conspiració. *[conspirar]*

constància. f. Qualitat de constant. *[constancia]*

constant. adj. Que té constància, perseverant, ferm. *[constante]* // No subjecte a canvi. *[constante]* // f. Quantitat constant, no variable. *[constante]*

constar. v. intr. Ser-nos certa i notòria una cosa. *[constar]* // Tenir, un tot, parts determinades. *[constar]*

constatar. v. tr. Comprovar amb certesa, compulsar. *[constatar]*

constel·lació. f. Conjunt d'estels fixos, batejat amb un nom especial. *[constelación]*

consternar. v. tr. Contorbar fortament i abatre l'esperit. *[consternar]*

constipació. f. Obstrucció d'un conducte del cos. *[constipación]*

constipar. v. tr. Causar constipació. *[constipar]* // **-se.** Agafar un constipat. *[constiparse]*

constipat. m. Refredat, especialment el caracteritzat per l'obstrucció de les vies respiratòries. *[constipado]*

constitució. f. Acció i efecte de constituir. *[constitución]* // El conjunt de lleis fonamentals de l'organització de l'estat. *[constitución]* // Complexió.

constituent. adj. Que constitueix. *[constituyente]*

constituir. v. tr. Establir, formar una institució política, social, etcètera. *[constituir]* // Ser part, element essencial d'un tot, d'un organisme. *[constituir]* // Establir a algú en una situació legal. *[constituir]*

constrényer. v. tr. Obligar a algú a fer alguna cosa contra la seua voluntat. *[constreñir]* // Estrényer, prémer. *[constreñir, estrechar]*

constricció. f. Acció de cloure estrenyent. *[constricción]*

construcció. f. Acció de construir. *[construcción]* // Manera d'estar construïda una cosa. *[construcción]* // La cosa construïda. *[construcción]*

construir. v. tr. Fabricar, erigir, edificar. *[construir]* // Ordenar les paraules d'acord amb les lleis de la construcció gramatical. *[construir]*

consular. adj. Relatiu o pertanyent al cònsol. *[consular]*

consulta. f. Acció i efecte de consultar. *[consulta]* // Parer o dictamen que hom demana o dóna. *[consulta]* // Conferència per a resoldre un cas determinat. *[consulta]*

consultar. v. tr. Demanar parer. *[consultar]* // Cercar informació en algun llibre, etc. *[consultar]*

consultori. m. Establiment mèdic per a la consulta de diverses menes de malalties. *[consultorio]*

consum. m. Acció i efecte de consumir. *[consumo]* // pl. Impost municipal sobre l'entrada de certs articles en una població. *[consumos]*

consumar. v. tr. Portar a terme definitiu una cosa. *[consumar]*

consumir. v. tr. Destruir a poc a poc alguna cosa per descomposició, dissipació, etc. *[consumir]* // Combregar, el sacerdot, a la missa. *[consumir]*

consumpció. f. Acció i efecte de consumir o de consumir-se. *[consunción]*

contacte. m. El fet de tocar-se els cossos. *[contacto]*

contagi. m. Trasmissió d'una malaltia d'un individu a un altre. *[contagio]*

contagiar. v. tr. Transmetre per contagi. *[contagiar]*

contalla. f. Allò que hom conta. *[cuento, relato]* // Conte curt, narració. *[cuento, relato]*

contaminar. v. tr. Infectar d'una malaltia contagiosa. *[contaminar]* // Impurificar, tacar. *[contaminar]*

contar. v. tr. Referir un succés, narrar. *[contar]*

conte. m. Gènere literari de narració relativament curta. *[cuento]* // Relació d'un succés fals o de pura invenció. *[cuento]*

contemplar. v. tr. Examinar atentament. *[contemplar]* // Donar a algú totes les satisfaccions. *[contemplar]* // Meditar les coses divines. *[contemplar]*

contemporani, ània. adj. Que és de la mateixa època d'un altre. *[contemporáneo]*

contemporitzar. v. intr. Acomodar-se al gust d'altri o a les circumstàncies del temps. *[contemporizar]*

contenció. f. Acció d'impedir que una cosa traspasse el seu límit. *[contención]*

contendir. v. intr. Contendre. *[contender]*

contendre. v. intr. Disputar, lluitar amb un altre, contendir. *[contender, disputar]*

contenir. v. tr. Tenir, incloure, dins seu alguna cosa. *[contener]* // Impedir que una cosa ixca dels seus límits. *[contener]*

content, enta. adj. Que no desitja res més del que té. *[contento]* // Alegre, satisfet, que sent goig viu. *[contento]*

contentar. v. tr. Acontentar. *[contentar]*

contesa. f. Acció de contendre, lluita, baralla. *[contienda]*

contesta. f. Acció de contestar. *[respuesta]* // Allò que hom contesta. *[respuesta]*

contestació. f. Acció i efecte de contestar, contesta. *[contestación]*

contestar. v. tr. i intr. Tr. Dir o escriure alguna cosa a algú en resposta al que ens ha dit o escrit. *[contestar]* // Intr. Dir mots de disconformitat, oposició, etc. *[contestar, replicar]*

context. m. La part d'un text que inclou, precedeix o segueix un mot o passatge. *[contexto]*

contextura. f. Compaginació, unió de les parts que componen un tot. *[contextura]* // Configuració corporal de l'home. *[contextura]* // Context.

contindre. v. tr. Infinitiu irregular del verb *contenir*, extret per analogia del futur d'indicatiu: *contindré, contindràs, contindrà...* contindre. *[contener]*

continència. f. Abstinència dels delits carnals. *[continencia]* // Acció de contenir-se en el menjar, beure, etc. *[continencia]*

continent. adj. Que observa la continença. *[continente]* // m. Gran extensió de terra ferma. *[continente]* // Moviment amb què es revela en algú la seua intenció de fer alguna cosa. *[ademán]*

contingència. f. Qualitat de contingent. *[contingencia]* // Allò que és contingent. *[contingencia]*

contingent. adj. Que pot esdevenir o no esdevenir. *[contingente]* // m. Part que posa cada un quan són molts els qui contribueixen a un mateix fi. *[contingente]*

continu, ínua. adj. Que obra sense interrupció. *[continuo]* // Aplicat a les coses que tenen unió entre elles. *[continuo]*

continuació. f. Acció i efecte de continuar, d'obrar sense interrupció. *[continuación]*

continuar. v. tr. i intr. Tr. Prosseguir allò que ha estat començat. *[continuar]* // Intr. Durar sense interrupció. *[continuar]*

continuïtat. f. Qualitat de continu. *[continuidad]*

contorbar. v. tr. Alterar l'ànim, l'orde, etc. *[conturbar]*

contòrcer-se. v. pron. Fer contorsions. *[contorcerse, contorsionarse]*

contorn. m. Línia que limita exteriorment una superfície o un cos. *[contorno]* // Voltants, paratge que envolta un lloc determinat. *[contorno]*

contornar. v. tr. Donar voltes; seguir el contorn. *[contornar, rodear]*

contorsió. f. Contracció irregular i convulsiva dels músculs. *[contorsión]*

contra. prep. Denota oposició d'una cosa amb una altra. *[contra]* // m. Concepte oposat o contrari a un altre. *[contra]* // Dificultat, inconvenient. *[contra]* // Pedal de l'orgue. *[contra]* // En nàutica, aparell per al maneig de certes veles.

contraatac. m. Atac que respon a un altre de l'enemic. *[contraataque]*

contraatacar. v. intr. Passar bruscament de la defensiva a l'ofensiva. *[contraatacar]*

contraban. m. Introducció furtiva de mercaderies prohibides o que no han pagat els drets d'entrada. *[contrabando]*

contrabandista. m. i f. El qui fa el contraban. *[contrabandista]*

contracció. f. Acció i efecte de contraure. *[contracción]*

contracor, a. loc. adv. Vencent un sentiment de repugnància, de mala gana. *[de mala gana, a regañadientes]*

contractar. v. tr. Fer contractes. *[contratar]*

contracte. m. Convinença o pacte entre dues o més persones. *[contrato]*

contrada. f. Divisió territorial determinada per límits naturals o polítics. *[comarca, vera, cercanías]*

contradicció. f. Acció i efecte de contradir o de contradir-se. *[contradicción]* // Oposició, contrarietat. *[contradicción]*

contradir. v. tr. Dir el contrari d'allò que diu un altre. *[contradecir]*

contraent. adj. Que contrau algun vincle. *[contrayente]*

contraespionatge. m. Organització, mètodes, etc., amb què una potència combat l'espionatge d'altres potències. *[contraespionaje]*

contrafer. v. tr. Imitar d'una manera il·lícita l'obra d'un altre. *[contrahacer]* // Imitar fraudulentament un objecte que té un caràcter autèntic. *[contrahacer]* // Contravenir, obrar contra una llei, una orde, etc. *[contrahacer]*

contrafet, eta. adj. Deforme, imitat, falsificat. *[contrahecho]*

contrafinestra. f. Porta que serveix per a tapar i resguardar els vidres d'una finestra. *[contraventana]*

contrafort. m. Reforç en el parament d'una paret. *[contrafuerte]* // Nom de diferents objectes que serveixen per a reforçar-ne un altre. *[contrafuerte]*

contrafur. m. Infracció del fur. *[contrafuero]*

contraindicar. v. tr. Indicar en contra. *[contraindicar]* // Indicar la inconveniència o inutilitat de l'ús d'un remei, medicament o tractament que per altra part pareixia convenient. *[contraindicar]*

contrallum. m. Posició en què l'objecte rep la llum del costat oposat al costat pel qual el mirem. *[contraluz]*

contralt. m. Veu entre la de soprano i tenor. *[contralto]* // m. i f. Home o dona que posseeixen la dita veu. *[contralto]*

contramestre. m. Cap dels oficials i obrers d'un taller o fàbrica. *[contramaestre]* // Oficial de mar que mana les maniobres d'un vaixell. *[contramaestre]*

contramuralla. f. Mur baix construït davant una muralla per a la seua defensa. *[contramuralla]*

contraorde. f. Orde que revoca la donada anteriorment. *[contraorden]*

contraparet. f. Paret que reforça una altra paret, alambor. *[contrapared]*

contrapartida. f. Assentada que en compensa una altra en un llibre de comptabilitat. *[contrapartida]*

contrapèl, a. loc. adv. En direcció contrària a la natural. *[a contrapelo]*

contrapés. m. Pes que obra contra un altre per a equilibrar-lo o moderar-lo. *[contrapeso]*

contrapesar. v. tr. Igualar amb un contrapés. *[contrapesar]*

contrapeu. m. Moviment que hom inicia en sentit contrari al que acabava d'insinuar. *[contrapié]*

contraposar. v. tr. Oposar, confrontar, posar una cosa contra una altra. *[contraponer]*

contrapunt. m. Concordança harmoniosa de veus contraposades. *[contrapunto]*

contrapuntar-se v. pron. Ressentir-se les persones, posar-se en rivalitat o competència una persona amb una altra. *[contrapuntarse]*

contrapunxó. m. Peça per a assenyalar en els metalls el punt on cal foradar. *[granete, contrapunzón]*

contrarèplica. f. Resposta a una rèplica. *[contrarréplica]*

contrarestar. v. tr. Anul·lar els efectes d'una acció, etc. *[contrarrestar]*

contrarevolució. f. Revolució en sentit contrari a una altra. *[contrarrevolución]*

contrari, ària. adj. Oposat a una cosa, oposat als nostres interessos o desigs. *[contrario]* // m. Antagonista, adversari.

contrariar. v. tr. Oposar-se a una intenció, propòsit, desig, etc. *[contrariar]* // Oposar-se a les intencions, etc., d'algú. *[contrariar]*

contrarietat. f. Oposició entre dues coses. *[contrariedad]* // Allò que s'oposa a les nostres intencions, propòsits, etc. *[contrariedad]*

contrasegell. m. Segon segell posat en un document cancelleresc. *[contrasello]*

contrasentit. m. Interpretació contrària al sentit natural o veritable. *[contrasentido]*

contrasenya. f. Senya que es dóna a una persona perquè en un moment donat, siga reconeguda o li siga permesa, etc., alguna cosa. *[contraseña]*

contrast. m. Oposició o dissemblança notable entre persones o coses. *[contraste]* // El qui té l'ofici públic de contrastar les monedes, metalls, etc. *[contraste]*

contrastar. v. tr. i intr. Tr. Comprovar el pes i llei de les monedes, l'exactitud dels pesos i mesures, etc. *[contrastar]* // Intr. Estar en contrast, mostrar una diferència o posició notables. *[contrastar]*

contratemps. m. Circumstància imprevista que obra contra una acció o un intent. *[contratiempo]*

contraure. v. tr. Establir amb algú un lligam que implica obligacions mútues. *[contraer]* // Adquirir amb algú una obligació. *[contraer]* // Reduir un cos a un volum menor sense reduir-ne la massa. *[contraer]*

contravenir. v. intr. Obrar en contra d'allò que és manat. *[contravenir]*

contribuent. m. i f. El qui té contribucions a pagar a l'estat. *[contribuyente]*

contribuir. v. intr. Tenir part, concórrer a una obra comuna. *[contribuir]*

contrició. f. Penediment del pecat, causat pel dolor d'haver ofés a Déu. *[contrición]*

contrincant. m. i f. El qui pretén una cosa en competència amb un altre. *[contrincante]*

control. m. Acció i efecte de controlar. *[control]*

controlar. v. tr. Inspeccionar, sotmetre a un examen minuciós. *[controlar]*

controvèrsia. f. Discussió llarga i minuciosa. *[controversia]*

controvertir. v. intr. Sostenir una controvèrsia. *[controvertir]*

contuberni. m. Unió de dues o més persones que viuen juntes en una mateixa habitació. *[contubernio]* // Cohabitació il·lícita. *[contubernio]*

contumaç. adj. Tenaç en el sosteniment d'una cosa. *[contumaz]*

contumàcia. f. Tenacitat en el manteniment d'una cosa. *[contumacia]*

contundent. adj. Que produeix contusió. *[contundente]* // Que produeix gran impressió en l'esperit. *[contundente]*

contusió. f. Dany produït per un colp que no causa ferida exterior. *[contusión]*

contusionar. v. tr. Produir contusions. *[contusionar]*

convalescència. f. Estat d'una persona que recobra gradualment el seu vigor i la seua salut després d'una malaltia. *[convalecencia]*

convalidar. v. tr. Declarar novament vàlid, confirmar. *[convalidar]*

conveí, (pl. ïns), ïna. adj. El qui amb un altre és veí d'un mateix poble. *[convecino]*

convéncer. v. tr. Obligar amb raons, amb arguments, al reconeixement d'alguna cosa o a un canvi d'opinió. *[convencer]* // **-se.** Adquirir la seguretat que una cosa és vera. *[convencerse]*

convenció. f. Acció de convenir o concórrer. *[convención]* // Assemblea nacional reunida extraordinàriament per a fer una constitució o modificar-la. *[convención]* // Conveni, avinença. *[convención]*

convencional. adj. Relatiu al conveni o a la convenció. *[convencional]*

conveni. m. Pacte, ajust, convinença. *[convenio]*

convenir. v. intr. i tr. Intr. Anar bé amb allò que requereix l'estat, la situació, etc., d'algú o d'alguna cosa. *[convenir]* // Tr. Ser d'un mateix parer amb un altre. *[convenir]*

convent. m. Casa on viu una comunitat religiosa. *[convento]*

convergir. v. intr. Dirigir-se dues o més línies a un mateix punt. *[converger]* // Concórrer diverses opinions o idees a un mateix fi. *[converger]*

convers, ersa. adj. Convertit a la nostra religió. *[converso]*

conversa. f. Acció de conversar, conversació. *[conversación]*

conversació. f. Conversa. *[conversación]*

conversar. v. intr. Tenir una conversa. *[conversar]*

conversió. f. Acció i efecte de convertir o de convertir-se. *[conversión]*

convertir. v. tr. Canviar una cosa en una altra. *[convertir]* // Portar a algú a un canvi de religió o a la pràctica dels bons costums. *[convertir]*

convex, exa. adj. Que té la superfície més prominent del mig que de les vores. *[convexo]*

convexitat. f. Qualitat de convex. *[convexidad]* // Part convexa d'una cosa. *[convexidad]*

convicció. f. Seguretat de la veritat. *[convicción]*

convicte, icta. adj. Dit del reu a qui s'ha provat el seu delicte. *[convicto]*

convidar. v. tr. Pregar una persona a una altra d'acompanyar-la a menjar, a beure, o a alguna festa, invitar. *[convidar, invitar]*

convincent. adj. Que convenç. *[convincente]*

convindre. v. intr. i tr. Infinitiu irregular del verb *convenir*, extret per analogia del futur d'indicatiu: *convindré, convindràs, convindrà...* convindre. *[convenir]*

convinença. f. Conveni; conveniència. *[conveniencia]*

convit. m. Acció de convidar. *[convite]* // Festa o menjada amb convidats. *[convite]*

conviure. v. intr. Viure en companyia d'un altre o d'uns altres. *[convivir]*

convivència. f. L'acció de conviure. *[convivencia]*

convocar. v. tr. Cridar a una reunió. *[convocar]*

convocatòria. f. Escrit amb què es convoca a un aplec. *[convocatoria]*

convuls, ulsa. adj. Atacat de convulsions. *[convulso]*

convulsió. f. Contracció espasmòdica dels músculs. *[convulsión]*

conxa. f. Cobertor de llit que serveix d'adorn i d'abric. *[colcha]*

cony. m. Vulva. *[coño]*

conyac. m. Licor obtingut amb esperit de vi, al qual se li dóna color i flaire posant-lo en bótes de roure. *[coñac]*

cooperar. v. intr. Obrar junt a altres per a un mateix fi. *[cooperar]*

cooperativa. f. Societat que té per objecte proporcionar avantatges econòmics als seus associats. *[cooperativa]*

coordinar. v. tr. Ordenar coses metòdicament. *[coordinar]*

cop. m. Porció de cànem, lli, cotó o llana, pentinat i net, a punt de filar, cerro, moixell. *[copo]* // Volva de neu. *[copo]* // Antiga mesura de capacitat. // Fulles interiors de la col i lletuga. *[cogollo]* // La part superior dels arbres de soca alta. *[copa]* // La part més espessa de la coa de la xàrcia del bou o del bolig. // Canya oberta per un extrem i subjectada d'aquesta forma per una telleta i que serveix per a abastar els fruits de la part alta dels arbres, especialment les figues. *[copo]*

copa. f. Got de beure amb peu, i el líquid que hi cap. *[copa]* // Conjunt de branques i fulles que formen la part superior de l'arbre. *[copa]* // Part del capell que entra en el cap. *[copa]* // Braser. *[brasero]* // pl. Un dels quatre colls de les cartes de jugar. *[copas]*

copar. v. tr. Envoltar una força enemiga, tallant-li la retirada. *[copar]* // Emportar-se tots els llocs en una elecció, etc *[copar]* // En els jocs d'atzar fer una posta equivalent a tots els diners amb què respon la banca. *[copar]*

copeig. m. Venda de vi per copes. *[copeo]*

copejar. v. tr. Beure copes de vi o licor. *[copear]*

còpia. f. Reproducció d'un escrit, d'una obra artística, etc. *[copia]* // Gran quantitat, abundància. *[copia]*

copiar. v. tr. Reproduir el text d'un escrit, una obra d'art, etc. *[copiar]* // Imitar servilment. *[copiar]*

copiós, osa. adj. Abundós, en gran quantitat. *[copioso]*

copista. m. i f. Persona que es dedica a copiar escrits d'un altre. *[copista]*

copó. m. Vas d'or o d'argent, en figura d'una copa gran, on és guardat el Santíssim Sagrament dins del sagrari. *[copón]*

copró. m. Extremitat inferior de l'espinàs formada pel sacre i el còccix. *[rabadilla]*

copsar. v. tr. Agafar al vol, empomar. *[alcanzar]* // Captar, aprehendre, una idea, una cosa immaterial, al vol. *[percibir]*

còpula. f. Terme que uneix el predicat amb el subjecte. *[cópula]*

copular. v. tr. Ajuntar una cosa amb una altra. *[copular, unir]*

copulatiu, iva. adj. Que lliga, uneix, una cosa amb una altra. *[copulativo]*

cor. m. Òrgan central de la circulació de la sang. *[corazón]* // Valor, ànim, coratge. *[corazón]* // Voluntat, amor. *[corazón]* // Part central d'alguna cosa.

cor. m. Conjunt de persones que canten plegades. *[coro]* // Tros de música destinada a ser cantada per un cor. *[coro]* // Part d'un temple on es reuneixen els sacerdots o els cantors per a cantar els oficis divins. *[coro]*

coral. adj. Que surt del cor, entranyable, cordial. *[cordial]*

coral. m. Corall. *[coral]*

corall. m. Secreció produïda dins la mar per certs zoòfits i emprada en joieria. *[coral]*

coratge. m. Fermesa del cor davant el perill, valor. *[coraje]*

corb, orba. m. i f. Ocell dentirostre carnívor, de plomatge negre amb matisos blavosos. *[cuervo]*

corb, orba. adj. Dit d'una línia que constantment es va apartant de la direcció dreta, sense formar angles. *[curvo]*

corba. f. Tros corb d'una cosa. *[curva]* // Línia que no és recta ni formada per trossos rectes. *[curva]* // Sofraja.

corbar. v. tr. Fer corba una cosa, doblegar. *[curvar]*

corbata. f. Tira de seda, etc., que es porta al voltant del coll, llaçada o nuada a la part del davant. *[corbata]*

corbella. f. Varietat de falç de fulla corba en pla distint del mànec, usada especialment per a segar herba i treballs d'horta. *[hoz, segadera]*

corbet. m. Covenet, mena de cistella menuda. // Cadascuna de les vèrtebres del porc amb la carn que porta adherida. *[vértebra]*

corbo. m. Recipient d'espart o vimens, a manera de cove bastant fondo, més ample de la boca que del cul. *[cuévano.*

corc. m. Larva de diferents insectes la qual rosega la fusta, els grans, etc *[carcoma, gorgojo]*

corca. f. Corc. *[carcoma, gorgojo]*

corcar. v. tr i intr. Tr. Rosegar el corc la fusta, els grans, etc. *[carcomer]* // Intr. Sofrir l'acció del corc. *[carcomer]* // **-se.** Ser rosegat o destruït pel corc. // Cariar-se.

corcer. m. Cavall que servia en els torneigs i batalles. *[corcel]*

corcó. m. Corc. *[carcoma, gorgojo]* // Persona que treballa en una cosa incansablement i porfidiosament. *[hormiguita]* // Rosec.

corcoll. m. Part posterior del cap en la seua unió amb el coll. *[nuca, colodrillo]*

corcomós, osa. adj. Que persisteix en els sentiments i idees que pretén realitzar. *[constante]*

corda. f. Conjunt retort de fils de cànem, espart, etc. *[cuerda]* // En geometria, línia recta que uneix dos punts d'una corba. *[cuerda]* // Fils de tripa o de metall per als instruments musicals. *[cuerda]* // Cadascun dels lligaments de la laringe, capaços de produir vibracions. *[cuerda]* // La part propulsora del mecanisme d'un rellotge. *[cuerda]*

cordada. f. Conjunt de persones que van lligades a una corda. *[cordada]* // Diversió en la nit d'una festa que consisteix a botar foc a diverses eixides d'enfilalls de coets que es desprenen encesos d'una corda penjada de banda a banda d'una plaça o carrer.

cordar. v. tr. Posar corda a una cosa, guarnir de corda. *[encordar, ensogar]* // Ajustar al cos una peça de roba per mitjà de botons, cordons, etc. *[abrochar]*

cordell. m. Fil gruixut d'espart, cànem, etc., retort a dos, tres o quatre caps. *[cordel]*

cordellar. v. intr. i tr. Intr. Fer cordell o fer corda. *[hacer cuerda]* // Tr. Lligar amb un cordell. *[encordelar]* // Lligar moralment, obligar a algú a fer una cosa.

corder. m. El fill de l'ovella fins que té un any, anyell. *[cordero]*

cordial. adj. Afectuós. *[cordial]* // Que reconforta el cor. *[cordial]* // m. Beguda que hom dóna als malalts per a confortar-los. *[cordial]*

cordialitat. f. Qualitat de cordial. *[cordialidad]*

cordó. m. Cordell de seda, lli, etc. *[cordón]* // Conjunt de soldats posats de renglera per a guardar un pas. *[cordón]*

cordovà. m. Pell de cabra adobada. *[cordobán]*

corejar. v. tr. Cantar alguna cosa en cor. *[corear]* // Acompanyar amb un cor una composició musical. *[corear]* // Assentir repetint les mateixes paraules que ha dit algú. *[corear]*

coreografia. f. Art de la dansa; art de compondre danses. *[coreografía]*

corfa. f. Coberta gruixuda i tendra de certs fruits, com la taronja, el meló, la coberta tendra de les ametles, nous, etc. *[corteza]* // Per extensió: escorça d'un arbre, crosta del pa, clofolladura de l'ametla, nou, avellana, etcètera. *[corteza]*

corfam. m. Conjunt de corfes.

corfar. v. tr. Formar corfa o crosta en un gra, plaga, nafra; fer-se corfa. *[apostillarse, encostrar]*

corferir. v. tr. Afligir pregonament. *[afligir]*

corfoll. m. Cadascuna de les corfetes, fulloles o capes que componen la ceba. *[túnica]*

corfondre's. v. pron. Fondre's íntimament una cosa o un sentiment amb un altre. *[fundirse]*

corifeu. m. El qui guiava el cor en les tragèdies gregues i romanes. *[corifeo]* // Cap d'una secta o partit. *[corifeo]*

corista. m. i f. El qui canta en un cor. *[corista]*

cormorà. m. Ocell marí de color fosc; corb marí. *[cormorán]*

corn. m. Banya, excrescència que tenen certs animals al cap, especialment la banya buidada i foradada a la punta, usada com a instrument de vent per a fer senyals, etc., i per extensió, nom de diferents instruments de vent semblants a una banya. *[cuerno]* // Cadascuna de les dues puntes o parts extremes que presenten algunes coses. *[cuerno]* // Caragol marí gran que en bufar al dins, fa un so com de botzina. *[caracola]* // pl. Arbust molt ramós de fusta molt dura i flors blaves. *[cornejo]*

cornaló. m. Cadascuna de les dues bosses d'una sària. *[cogujón]* // Les puntes del cul de sac; les puntes d'una manta de llaurador, etc. *[cogujón]* // Buit que resta en la part superior d'una volta d'un sostre.

cornamusa. f. Instrument compost d'un sac que s'ompli d'aire i diversos tubs per a pas de l'aire. *[cornamusa]*

cornejar. v. tr. Escometre a colps de corn. *[cornear]*

còrner. m. En el joc de futbol, colp lliure des d'un dels dos angles del camp més pròxim a la porta. *[saque de esquina, córner]*

corneta. f. Instrument músic de vent, de metall, propi de la milícia. *[corneta]* // m. El qui toca aquest instrument. *[corneta]*

corni, òrnia. adj. D'una textura semblant a la banya. *[córneo]* // f. Part transparent de l'embocall de l'ull que cobreix l'iris i la pupil·la. *[córnea]*

cornisa. f. Ornament sortint, que corona una façana, un pedestal, etcètera. *[cornisa]*

cornucòpia. f. Corn de l'abundància. *[cornucopia]* // Espill de marc ornamentat i daurat amb un o més braços per a llums. *[cornucopia]*

cornúpeta. adj. Dit de l'animal que envesteix amb les banyes. *[cornúpeta]*

cornut, uda. adj. Proveït de corns o banyes. *[cornudo]* // m. Marit enganyat per la muller. *[cornudo]*

corol·la. f. Coberta interior de la flor completa, que protegeix els òrgans de la reproducció. *[corola]*

corol·lari. m. Proposició que es dedueix per ella sola d'allò que ha estat demostrat anteriorment. *[corolario]*

coromull. m. La porció d'una substància solida que sobreïx de la mesura en rasar-la. *[colmo]* // La porció superior d'una substància sòlida, d'un gelat, etc., que per ventura sobreïx de les vores del recipient, copa, plat, mesureta, etc., formant un petit munt. *[colmo, copete]* // El complement final per excés d'una cosa abundosa per ventura, d'un dinar, menja, festa, diversió, etc.

coromullar. v. tr. Omplir una mesura de manera que el contingut sobrepasse la seua capacitat (que en les mesures legals ha d'estar rasa) i forme un coromull que sobreix de la mesura rasa. *[colmar]*

corona. f. Ornament honorífic que es cenyeix al cap. *[corona]* // Nom de diferents coses que recorden una corona. *[corona]* // Cercle lluminós que envolta a vegades el disc del sol o de la lluna. *[corona]* // Dignitat reial. *[corona]*

coronar. v. tr. Posar a algú una corona com a insígnia de dignitat. *[coronar]* // Completar una obra. *[coronar]*

coronel. m. Oficial que té al seu càrrec el comandament d'un regiment. *[coronel]*

corporació. f. Associació de persones lligades entre elles per una comunitat de regles, d'obligacions, etc. *[corporación]*

corporal. adj. Que té cos; que és material. *[corporal]* // Relatiu al cos. *[corporal]* // m. Drap blanc que s'estén damunt l'altar per a posar l'hòstia i el calze. *[corporal]*

corpori, òria. adj. Que té cos, corporal. *[corpóreo]*

corprendre. v. tr. Captivar el cor d'algú. *[cautivar]*

corpulent, enta. adj. Que té el cos gros. *[corpulento]*

corpus. m. Festa de la institució de l'Eucaristia. *[Corpus]* // Col·lecció autèntica de lleis. *[corpus]*

corral. m. Lloc tancat i descobert destinat a recollir el bestiar. *[corral]*

correcció. f. Acció i efecte de corregir. *[corrección]* // Canvi resultant d'una correcció. *[corrección]* // Qualitat de correcte. *[corrección]*

correcte, ecta. adj. Lliure d'errors o defectes. *[correcto]* // D'acord amb les bones maneres i formes urbanes. *[correcto]*

corredís, issa. adj. Dit de la part d'una màquina, etc., disposada perquè puga córrer sobre una altra de fixa. *[corredizo]*

corredor. m. Peça de pas, llarga i estreta, en un edifici, nau, etc. *[corredor]*

corredor, ora. adj. i m. i f. Que corre. *[corredor]* // m. El qui per ofici intervé en compres i vendes de tota mena. *[corredor]*

corregir. v. tr. Esmenar allò que és equivocat. *[corregir]* // Reprendre, advertir

correguda. f. Acció de córrer l'home o un animal. *[carrera]* // Acció de recórrer un país, amb devastació i saqueig. *[correría]* // Espectacle de córrer, torejar i matar bous braus. *[corrida]*

correlació. f. Relació recíproca entre dues o més coses. *[correlación]*

correligionari, ària. m. i f. Que professa la mateixa religió o opinió que un altre. *[correligionario]*

corrent. m. Que corre o fa el seu curs. *[corriente]* // Admés per l'ús i costum. *[corriente]* // Curs de les coses. *[corriente]* // Moviment de les aigües, d'un agent físic, etc. *[corriente]* // adj. Dit de l'aigua en moviment, de tot allò que passa ara, present, circulant, etc. *[corriente]*

corrents. adv. Molt de pressa. *[a prisa]*

córrer. v. intr. i tr. Intr. Caminar veloçment. *[correr]* // Estar exposat a contingències. *[correr]* // Moure's els líquids d'una banda a l'altra. *[correr]* // Transcórrer el temps. *[correr]* // Tr. Recórrer un país, etc. *[correr]* // Fer córrer una cosa sobre una altra. *[correr]*

correra. f. Acció de córrer en competició o sense. *[carrera]* // Ganes de córrer.

correspondència. f. Acció i efecte de correspondre o de correspondre's. *[correspondencia]*

correspondre. v. intr. Pagar amb igualtat d'afectes o beneficis. *[corresponder]* // Tenir, una cosa, proporció o conformitat amb una altra. *[corresponder]* // Pertocar a algú alguna cosa. *[corresponder]*

corresponsal. adj. Que té correspondència amb una persona o corporació. *[corresponsal]*

corretja. f. Llenca de cuir per a lligar o cenyir alguna cosa. *[correa]* // Paciència per a sofrir burles, etc.

corretjola. f. Planta de flors acampanades, blanques o rosades. *[correhuela]*

corretjós, osa. adj. Coriaci. // Que es doblega o s'estira fàcilment sense trencar-se. *[correoso]* // Dit d'una menja que per ser mal cuita, no té la tovor que cal. *[correoso]*

correu. m. El qui té per ofici portar la correspondència d'un lloc a un altre. *[correo]* // Servei públic per al transport de cartes i altres efectes. *[correo]* // Conjunt de cartes, etc., que es trameten o reben per correu. *[correo]*

correuer. m. Empleat del cos de correus. *[cartero]* // El qui reparteix les cartes trameses per correu. *[cartero]*

corrible. adj. Que corre fàcilment. *[corriente]*

corriol. m. Senderó, viarany. *[sendero]* // Ocell bru cendrós del damunt que a l'estiu s'estableix al nostre litoral. *[verdaula, hortelano]*

corriola. f. Roda mòbil al voltant d'un eix, que té una canal per on passa una corda o cadena amb la qual es fa pujar o baixar alguna cosa. *[garrucha, polea]*

corró. m. Cilindre que serveix per a xafar, aplanar o comprimir. *[cilindro, rodillo]*

corroborar. v. tr. Confirmar una opinió, un argument, etc. *[corroborar]* // Envigorir, donar més força. *[corroborar]*

corrompre. v. tr. Alterar una substància tornant-la putrescent, insana. *[corromper]* // Induir a obrar il·legalment, pervertir, subornar. *[sobornar]*

corronxet. m. Dit menut. *[meñique]*

corrosió. f. Acció i efecte de corroir o de corroir-se. *[corrosión]*

corroure. v. tr. Destruir lentament una cosa, especialment per una acció química. *[corroer]*

corrua. f. Colla de persones o de bèsties en renglera. *[hilera, recua]*

corrugar. v. tr. Formar arrugues en alguna cosa. *[arrugar, corrugar]*

corruixes. f. pl. Presses per a fer una cosa. *[aprieto, prisa]* // Afliccions, preocupacions.

corrupció. f. Acció i efecte de corrompre o de corrompre's. *[corrupción]*

corrupte, upta. adj. Que s'ha corromput. *[corrupto, corrompido]*

cors. m. Correguda o campanya que fa una nau mercant amb patent del seu govern contra les naus enemigues. *[corso]*

corsari, ària. m. i f. Vaixell armat en cors, i home que el comanda o tripula. *[corsario]*

corsecar. v. tr. Consumir, decandir, causar en un ser vivent una minva de la humitat interna que li cal per a viure ufanós. *[agostar, consumir, secar]* // Ferir d'una emoció intensa que lleva energies o vitalitat. // **-se.** Consumir-se de pena, de treball, d'enyor, etc. *[agotarse, consumirse]*

cort. f. Població on resideix el sobirà

d'un país. *[corte]* // Família i seguici del monarca. *[corte]* // Els qui envolten a algú afalagant-lo, cercant de plaure-li o retre-li honors; seguici, acompanyament d'una reina d'honor. *[corte]* // Assemblea legislativa de representants del país. *[corte]*

cort. f. Lloc tancat de paret, generalment adherit a una casa, en el qual es recullen els animals domèstics per a menjar i dormir. *[cuadra, caballeriza]* // Soll dels porcs, porquera. *[pocilga]*

cortés, esa. adj. Que té una urbanitat extremada. *[cortés]*

cortesà, ana. adj. Pertanyent o relatiu a la cort. *[cortesano]* // Cortés, molt urbà. *[cortesano]* // f. Prostituta. *[cortesana]*

cortesania. f. Capteniment propi d'un cortesà. // Qualitat de cortesà. *[cortesanía]*

cortesia. f. Qualitat de cortés. *[cortesía]* // Cortesania. *[cortesanía]*

cortina. f. Peça de roba penjant amb què es cobreix una porta, una finestra, etc. *[cortina]*

corts. f. pl. Assemblea legislativa dels representants del país, que en el Regne de València estava formada pels tres braços (popular, militar, i eclesiàstic) i representaven la sobirania del país. *[cortes]*

cos, (pl. ossos). m. Agregat de totes les parts materials que componen l'organisme de l'home o d'un animal. *[cuerpo]* // El tronc per oposició al cap i als membres, i també tota la persona, llevat el cap. *[cuerpo]* // Part del vestit, del coll a la cintura. *[cuerpo]* // Gruix de certes coses. *[cuerpo]* // Grandària dels caràcters d'impremta. *[cuerpo]* // Substància material. *[cuerpo]* // Conjunt de persones que formen com un organisme, que exerceixen una mateixa funció. *[cuerpo]*

cos. m. Forat de l'agulla de cosir. *[ojo de la aguja]*

cosa. f. Tot allò que té entitat. *[cosa]* // Allò que pot esser posseït en contraposició a les persones. *[cosa]* // **bona cosa.** adv. Força, gran quantitat, molt. *[mucho]*

coscoll. m. Arbre semblant a l'alzina, però més menut i rabassut. *[coscojo]*

cosí, ina. m. i f. Fill o filla d'un oncle o tia. *[primo]*

cosidor, ora. adj. i m. i f. Que cus. *[costurero]* // m. Obrador de cosir. *[costurería]* // Habitació o departament on treballen les cosidores. *[cosedor]* // Tauleta de cosir. *[cosedor]*

cosí-germà. m. Cosí carnal, fill del germà o germana del pare o de la mare. *[primo hermano]*

cosina-germana. f. Cosina carnal, filla del germà o germana del pare o de la mare. *[prima hermana]*

cosir. v. tr. Ajuntar amb el fil enfilat a l'agulla dos trossos de roba, cuir, etc. *[coser]* // Fer treballs d'agulla. *[coser]*

cosmopolita. adj. Que considera tot el món com a pàtria seua. *[cosmopolita]* // Que conté gent de tot el món. *[cosmopolita]*

cosmos. m. L'univers concebut com un tot ordenat (per oposició a «caos»). *[cosmos]*

cosquerelles. f. pl. Pessigolles. *[cosquillas]*

cosset. m. Cos de vestir, sense mànigues, que usen les dones. *[corpiño]*

cossi. m. Recipient gran de terrissa, de forma generalment tronco-cònica invertida, usat per a passar la bugada, banyar-se, etc. *[cuezo, cuenco]* // Nom d'altres recipients de terrissa més petits.

cossiol. m. Recipient més menut que el cossi. // Receptacle a vegades proveït d'un mànec que serveix per a trafegar vi, lleixiu, etcètera. *[cazo]* // Bací, orinal. // Test per a criar plantes. *[maceta]*

cost. m. Allò que costa una cosa; preu, valor. *[coste]*

costa. f. Ribera de la mar i tros de terra de prop seu. *[costa]* // Terreny pendent. *[cuesta]* // pl. Despesa que ocasiona alguna cosa. *[costas]*

costar. v. intr. Ser comprada una cosa per un preu determinat. *[costar]* // Ocassionar, una cosa, treball o neguit. *[costar]*

costat. m. La part dreta o la part esquerra del tronc o del cos de l'home o d'un animal. *[costado]* // Part dreta o esquerra d'alguna cosa. *[costado]* // Cadascuna de les cares oposades d'un objecte. *[lado]* // Cadascuna de les línies que limiten una figura plana. *[lado]* // Persona que ens presta el seu ajut o acompanya.

costejar. v. tr. i intr. Tr. Pagar el cost d'alguna cosa. *[costear]* // Intr. Anar pujant per una costa. *[costear]* // Navegar seguint la costa. *[costear]*

costell. m. Columna o pal on es lligava el qui era condemnat a la vergonya pública. *[picota]* // Embarrat dels filats de caçar.

costella. f. Cadascun dels ossos corbats que formen la caixa del pit. *[costilla]* // Nom donat familiarment a la muller pròpia. *[costilla]* // Tros de carn de moltó, etc., adherida a una costella destinada a l'alimentació de l'home, xulla. *[chuleta]*

coster, era. adj. Que fa costa o és pendent. *[costanero]* // m. Primer i darrer dels taulons serrats d'un tronc. *[costero]*

costera. f. Costa, litoral. *[ribera]* // Pendent d'un terreny montuós. *[cuesta, declive]*

costerut, uda. adj. Que fa costa o pendent. *[costanero]*

costum. m. Hàbit adquirit per la repetició d'actes anàlegs. *[costumbre]* // Pràctica que ha adquirit força de llei. *[costumbre]* // pl. Conjunt de qualitats que formen la manera de ser d'una persona o d'un poble. *[costumbres]*

costura. f. Art de cosir. *[costura]* // Tabac per a la cosida. *[costurero]* // Unió de dues peces cosides. *[costura]* // Escola de pàrvuls. *[escuela]* // Cicatriu.

cot, ota. adj. Encorbat, inclinat cap a terra. *[gacho, agachado]*

cota. f. Armadura del cos que s'usava antigament. *[cota]* // Nombre que en els plans topogràfics indica l'altura d'un punt sobre un pla pres per la base. *[cota]* // Bata, especialment la que usen els escolans. *[sotana]*

cotització. f. Acció i efecte de cotitzar. *[cotización]*

cotitzar. v. tr. Publicar en veu alta a la borsa el preu de les valors de curs públic. *[cotizar]* // Assignar preu a una cosa. *[cotizar]*

cotna. f. Pell grossa i dura, especialment la de la cansalada. *[bardo, corteza]* // Part externa de certes coses, més dura que la resta. *[corteza]* // fig. Desvergonya, carència de pudor. *[caradura]*

cotó. m. Planta malvàcia que té per fruit una càpsula plena d'una borra blanca i tèxtil. *[algodón]* // Aquesta mateixa borra. *[algodón]*

cotó-en-pèl. m. Cotó sense laborar, cotó fluix. *[algodón en rama]*

cotoner. m. Arbust de la família de les malvàcies que produeix el cotó. *[algodonero]*

cotorra. f. Ocell americà semblant al papagai. *[cotorra]*

cotxe. m. Vehicle de quatre rodes per al transport de persones. *[coche]*

coure. m. Metall de color vermell fosc. *[cobre]* // Conjunt d'atifells d'aquest metall.

coure. v. tr. i intr. Tr. Preparar els aliments per mitjà del foc. *[cocer]* // Tenir sotmeses certes coses a l'acció del foc. *[cocer]* // Digerir. // Intr. Sofrir una transformació una substància sotmesa a l'acció del foc i de la calor. *[cocer]* // Fer coïssor, alguna cosa. *[escocer]*

cova. f. Cavitat subterrània vasta i profunda. *[cueva]* // Cavitat buida per dins que es forma en una roca, muntanya, cingle, terreny, etc., natural o artificial.

covador. m. Lloc on la gallina o altre ocell pon els ous. *[ponedero, nidal]*

covar. v. tr. Calfar els ocells els ous per fer eixir els pollets. *[empollar, incubar]* // Mantenir latent fins el moment de traure a llum, d'esclatar, etc. *[incubar]*

covard, arda. adj. Que té por del perill. *[cobarde]*

cove. m. Cistella gran, de fondària major que l'amplària, més ampla de la boca que del fons i feta de vímets o canyes. *[cuévano, cesta]*

cranc. m. Crustaci comestible de mar o de riu. *[cangrejo]*

crani. m. Cavitat òssia en què està contingut l'encèfal. *[cráneo]*

cràter. m. Boca o obertura d'un volcà. *[cráter]*

creació. f. Acció i efecte de crear. *[creación]* // Conjunt de totes les coses creades. *[creación]* // Obra literària o artística original i d'un gran mèrit. *[creación]*

creador, ora. m. i f. El qui crea. *[creador]*

crear. v. tr. Fer una cosa de no-res. *[crear]* // Instituir un nou càrrec, etc. *[crear]* // Compondre obres literàries, artístiques, etc. *[crear]*

credencial. adj. Que acredita. *[credencial]* // f. Document en ús per a acreditar un càrrec. *[credencial]*

crèdit. m. Confiança que inspira la veracitat d'algú o d'alguna cosa. *[crédito]* // Dret que un té a rebre d'un altre alguna cosa. *[crédito]* // Confiança que inspira la solvència d'algú. *[crédito]*

creditor, ora. m. i f. Que té dret a demanar el pagament d'un deute. *[acreedor]*

credo. m. El símbol apostòlic que conté els articles fonamentals de la fe catòlica. *[credo]* // Creences i conviccions que un té. *[credo]*

crèdul, èdula. adj. Que creu massa fàcilment el que altri diu. *[crédulo]*

creença. f. El fet de creure. *[creencia]* // Allò que hom creu. *[creencia]*

creïlla. f. Tubercle comestible de la creïllera solanàcia d'origen americà, patata. *[patata]*

creïllera. f. Planta solanàcia de rizoma tuberculós i flors blanques i violades. *[patatera]*

creixença. f. Acció de créixer. *[crecimiento]*

creixent. adj. Que creix. *[creciente]* // m. Augment de l'aigua de la mar per efecte de les marees. *[creciente]* // Fase de la lluna durant la qual va augmentant la part il·luminada. *[creciente]* // Rent per a fer el pa. *[levadura]*

créixer. v. intr. Augmentar, un organisme viu, gradualment en virtut de la seua força vital. *[crecer]* // Augmentar de dimensions. *[crecer]*

creiximent. m. Acció de créixer. *[crecimiento]*

crema. f. Nata de la llet. *[crema]* // Menja feta de llet, ous i sucre. *[crema]* // Nom de certes pastes usades per a untar la pell, enllustrar el calçat, etc. *[crema]*

crema. f. Acció i efecte de cremar o de cremar-se. *[quema]*

cremada. f. Acció i efecte de cremar. *[quemada]* // Efecte del foc o d'una cosa molt calenta en un cos. *[quemadura]*

cremador, ora. adj. Que crema o causa enuig. *[irritante]* // m. Lloc destinat a cremar animals morts i altres despulles. *[quemadero]*

cremar. v. tr. i intr. Tr. Consumir una cosa per l'acció del foc. *[quemar]* // Calfar el sol fortament. *[abrasar]* // Mustiar el fred o calor excessius. *[abrasar]* // Intr. Consumir-se per l'acció del foc. *[quemar]*

cremor. f. Calor o picantor excessiva. *[ardor]*

crepitar. v. intr. Fer uns sorolls anàlegs als que fa la llenya quan crema. *[crepitar]*

crepuscle. m. Claror des de trenc d'alba fins a l'eixida del sol o des de la posta del sol fins que és fosc. *[crepúsculo]* // Temps que dura aquesta claror. *[crepúsculo]*

cresol. m. Recipient de metall, terrissa o llanda, amb bec i mànec, on es posa la cresoleta amb l'oli i el ble i serveix per a fer llum. *[candil]* // Recipient cònic d'argila refractària, grafit, metall, etc., per a fondre metalls, vidre o altres matèries, cresol de fondre. *[crisol]*

cresoleta. f. Cassoleta de l'oli en un cresol. *[candileja]*

cresp, espa. adj. Rull, retort formant ondes molt petites, dit especialment del cabell, fulles, etc. *[crespo, rizado, ensortijado]*

crespar. v. tr. Fer esdevenir cresps els cabells, ondular-los. *[encrespar, rizar, ondular]*

cresta. f. Excrescència carnosa que tenen damunt del cap el gall i altres gallinàcies. *[cresta]* // Part de certes coses que recorda per la seua forma i posició la cresta d'un gall. *[cresta]*

crestar. v. tr. i intr. Tr. Traure de les arnes les bresques amb la mel. *[castrar, escarzar]* // Capar. *[castrar]* // Intr. Traure la cresta els animals de ploma. *[crestar]*

cretí, ina. adj. i m. i f. Que pateix de cretinisme. *[cretino]* // Idiota, estúpid. *[cretino]*

cretinisme. m. Malaltia caracteritzada per una mena d'embrutiment i per un cert vici de conformació. *[cretinismo]* // Idiotesa, estupidesa extrema. *[cretinismo]*

creu. f. Figura de dos pals que es tallen perpendicularment. *[cruz]* // Senyal del cristià, en memòria del lloc on Jesucrist sofrí passió i mort. *[cruz]* // Pena, càrrega, aflicció. *[cruz]*

creuar. v. tr. Travessar un camí, carrer, etc., passant d'un costat a l'altre. *[cruzar]* // **-se.** Passar dues persones o coses en direcció oposada. *[cruzarse]*

creuer. m. El lloc en el qual s'encreuen dos camins. *[encrucijada]* // La part de l'església on s'encreuen la nau principal i la travessera. *[crucero]* // Mena de nau de guerra. *[crucero]*

creure. v. tr. i intr. Tr. Admetre alguna cosa com a certa. *[creer]* // Obedir. // Intr. Tenir fe en la realitat, en l'eficàcia, etcètera, d'una cosa. *[creer]*

cria. f. Acció i efecte de procrear, els animals. *[cría]* // Conjunt dels fills d'un animal. *[cría]* // Acció i efecte de criar als xiquets de pit. *[cría]*

criança. f. Acció de criar un infant. *[crianza]* // Educació, cortesia, urbanitat. *[crianza]*

criar. v. tr. Alletar, nodrir un infant, un cadell, etc. *[amamantar]* // Educar, instruir. *[criar]* // Produir, la terra, etcètera. *[criar]* // Parir les bèsties. *[criar]*

criat, ada. m. i f. El qui lloga els seus serveis mitjançant un salari. *[criado]*

criatura. f. Tota cosa creada. *[criatura]* // Nin nat de poc. *[criatura]*

criaturam. m. Conjunt de criatures. *[chiquillería]*

cric. m. Màquina formada d'un pinyó i una cremallera per a alçar grans pesos a poca altura. *[cric, gato]* // Soroll de cosa que cruix. *[cric]*

cric, ica. adj. Avar, mesquí, gasiu; que es resisteix a donar. *[avariento, mezquino]*

crida. f. Publicació d'alguna cosa en veu alta i en els llocs públics, perquè arribe a coneiximent de tota la població. *[pregón]* // Convocació.

cridar. v. intr. i tr. Intr. Fer crits. *[gritar]* // Clamar, fer sentir un clam. *[gritar]* // Tr. Fer una crida. *[pregonar]* // Publicar un pregó. *[vocear]* // Alçar la veu, dir en veu alta. *[gritar]* // Pronunciar el nom d'algú per a fer-lo venir. *[llamar]* // Atraure.

cridòria. f. Crits, esvalot. *[griteria, vocerío]*

crim. m. Qualsevol delicte greu. *[crimen]*

criminal. adj. Relatiu al crim. *[criminal]* // m. i f. Persona que ha comés un crim o crims. *[criminal]*

crin. m. i f. Pèls aspres i llargs que alguns animals tenen al bascoll i a la cua. *[crin]*

crinera. f. Cabellera d'animal. *[crines, melena]*

cripta. f. Lloc subterrani que serveix de sepultura o d'oratori. *[cripta]*

crisàlide. f. Estat d'un insecte lepidòpter posterior a l'estat de larva. *[crisálida]*

crisi. f. Canvi considerable i sobtat d'una malaltia. *[crisis]* // Fase greu que travessa la política, la indústria, el comerç, etcètera. *[crisis]*

crisma. m. i f. Oli consagrat emprat per a les uncions en certs sagraments de l'Església. *[crisma]* // f. Part superior del cap. *[crisma]*

crispació. f. Contracció sobtosa, espasmòdica, dels músculs, dels nervis. *[crispación]*

crispar. v. tr. Causar una contracció espasmòdica. *[crispar]*

cristall. m. Vidre molt transparent que resulta de la fusió de l'arena silícia, potassa i mini. *[cristal]* // Roba molt fina, amb reflexos tornassolats. *[cristal]*

cristalleria. f. Establiment on fabriquen o venen objectes de cristall. *[cristalería]* // Conjunt d'objectes de cristall. *[cristalería]*

cristal·lí, ina. adj. Relatiu o pertanyent al cristall, de la naturalesa del cristall.

cristal·litzar. v. tr. i intr. Tr. Fer que una substància prenga una forma cristal·litzada. *[cristalizar]* // Intr. Prendre una forma cristal·lina. *[cristalizar]*

cristià, ana. adj. Relatiu o pertanyent a la religió de Crist. *[cristiano]* // m. Persona, home en general. *[cristiano]* // Caragol de casta grossa.

cristiandat. f. Conjunt dels qui professen la religió cristiana. *[cristiandad]*

cristianitzar. v. tr. Convertir al cristianisme. *[cristianizar]*

cristina. f. Mena de coca de pasta fina i dura. *[cristina]*

crit. m. So penetrant llançat per l'home o un animal. *[grito]* // Paraules pronunciades en veu molt alta. *[grito]*

criteri. m. Norma per a jutjar d'una cosa. *[criterio]* // Juí o discerniment. *[criterio]*

crític, ítica. adj. Relatiu o pertanyent a la crisi. *[crítico]* // Pertanyent a la crítica. *[crítico]* // Greu, perillós. *[crítico]* // m. Aquell qui critica. *[crítico]*

crítica. f. Judici sobre les qualitats i els defectes d'una obra literària, artística, etc. *[crítica]* // Art de jutjar el valor de les coses. *[crítica]* // Censura.

criticar. v. tr. Examinar o jutjar com a crític una obra literària, artística, etc. *[criticar]* // Fer notar els defectes de les persones, de les coses. *[criticar]* // Censurar, vituperar les accions, la conducta d'algú, etc. *[criticar]*

crivell. m. Garbell. *[garbillo, criba, harnero]*

crivellar. v. tr. Fer molts forats en alguna cosa. *[acribillar]*

croada. f. Expedició militar contra heretges. *[cruzada]*

croat. m. El qui prenia part en una croada. *[cruzado]*

cromo. m. Estampa de mida menuda destinada a esser col·leccionada. *[cromo]*

crònic, ònica. adj. Aplicat als mals o malalties habituals, de llarga durada. *[crónico]*

crònica. f. Relació de fets històrics en l'orde del temps. *[crónica]* // En els diaris, la part consagrada a una determinada classe de notícies. *[crónica]* // Allò que es conta sobre persones o coses. *[crónica]*

cronista. m. i f. Autor d'una crònica. *[cronista]*

cronometrar. v. tr. Mesurar el temps d'un succés amb gran precisió. *[cronometrar]*

cronòmetre. m. Instrument per a mesurar el temps, especialment rellotge de gran precisió. *[cronómetro]*

croquis. m. Dibuix lleuger, fet a ull. *[croquis]*

crossa. f. Bastó amb el cap corbat, per a refermar-se sobre ell. *[cayado]* // Bastó pastoral signe de l'autoritat episcopal. *[báculo]* // Bastó amb un travesser al capdamunt per a sosteniment dels coixos. *[muleta]*

crosta. f. Capa exterior endurida sobre una cosa blana. *[crosta, corteza]* // Capa dura que queda en alguns mals que es van curant. *[costra, corteza]*

crostó. m. Cadascun dels extrems d'un pa de forma allargada. *[cantero, zoquete]*

cru, ua. adj. Dit del menjar que no és cuit o que no ho és prou. *[crudo]* // Aplicat al temps molt fred. *[crudo]* // Dit de l'aigua que no cou bé els llegums. // Aplicat a certes robes no preparades o tenyides. *[crudo]* // Aspre, rigorós, despiadat. *[áspero]*

crucial. adj. En forma de creu. *[crucial]* // Decisiu.

crucificar. v. tr. Clavar en creu. *[crucificar]*

crucifix. m. Imatge de Jesucrist crucificat. *[crucifijo]*

cruejar. v. intr. Ser mig cru. *[ser crudillo]*

cruel. adj. Que es plau a fer sofrir o fa sofrir. *[cruel]* // Que no es compadeix de la desgràcia d'altri. *[cruel]*

crueltat. f. Qualitat de cruel. *[crueldad]* // Acte propi d'una persona cruel. *[crueldad]*

cruïlla. f. Lloc on s'encreuen dos o més carrers o camins. *[encrucijada]*

cruiximent. m. Acció de cruixir. *[crujido]* // Estat d'allò que està cruixit. *[crujido]*

cruixir. v. intr. i tr. Intr. Fer un soroll agut dues coses que es freguen. *[crujir]*

// Fer soroll alguna cosa que es trenca. *[crujir]* // Tr. Fatigar, capolar extremament el cos. *[quebrantar]*

cruixit, ida. adj. Fatigat extremament, cansat. *[molido, quebrantado]*

crustaci, àcia. adj. Aplicat als animals que respiren per brànquies i van coberts d'una crosta dura. *[crustáceo]*

cu, (pl. **us**). f. Nom de la lletra «q». *[cu]*

cua. f. Part posterior del cos dels animals formant un apèndix més o menys llarg. *[cola]* // Apèndix prolongat unit a alguna cosa. *[cola]* // Rengle de persones que esperen tanda. *[cola]*

cub. m. Hexàedre regular. *[cubo]* // Tercera potència d'una quantitat. *[cubo]*

cubell. m. Recipient gran de terrissa, fusta, etc., més estret de baix que de dalt. *[cuenco]*

cúbic, úbica. adj. Relatiu o pertanyent al cub. // Que té forma de cub. *[cúbico]*

cubicar. v. tr. Elevar al cub o tercera potència. // Determinar el volum d'un cos o la capacitat d'un espai. *[cubicar]*

cuc. m. Nom de moltes espècies d'animals invertebrats amb el cos bla, cilíndric i anellat. *[gusano]*

cucanya. f. Espectacle de festa popular consistent en un pal untat de greix o sabó per on cal enfilar-se per a agafar un premi que hi ha al capdamunt. *[cucaña]* // Gran abundància de tot. *[cucaña]*

cucar-se. v. pron. Criar cucs, omplir-se de cucs. *[agusanarse]* // Rosegar els cucs alguna cosa. *[agusanarse]*

cucat, ada. adj. Ple de cucs. *[agusanado]* // Irònicament, molt bo, excel·lent.

cudol. m. Pedra redonenca allisada i arredonida per l'acció de les aigües i el redolament. *[guijarro]* // Fragment de roca dura arredonida. *[guijarro]* // Persona molt ignorant i incapaç d'aprendre. *[zoquete]*

cuidar. v. tr. Estar a punt d'ocórrer-li a algú una cosa. *[intentar]* // Pensar, creure, intentar. // Tenir esment, cura d'una cosa. *[cuidar]*

cuina. f. Peça de la casa on es fa el menjar. *[cocina]* // L'art de preparar el menjar. *[cocina]*

cuinar. v. tr. i intr. Tr. Coure i preparar el menjar. *[cocinar, guisar]* // Intr. Fer la cuina. *[cocinar]*

cuiner, era. m. i f. Persona que cuina per ofici. *[cocinero]*

cuir. m. Cuiro. *[cuero]*

cuirassa. f. Peça d'armadura que protegeix el bust. *[coraza]* // Revestiment de planxes de ferro o d'acer. *[coraza]*

cuirassat, ada. adj. Revestit de cuirassa. *[acorazado]* // m. Vaixell de guerra blindat. *[acorazado]*

cuiro. m. Pell del bou i altres animals adobada i preparada per a diferents usos. *[cuero]* // Odre. *[pellejo]*

cuit, ita. adj. Preparat o modificat profundament per l'acció del foc o del calor intens. *[cocido]* // Cansat en extrem d'alguna cosa que ens molesta, etc. *[cansado, harto]*

cuitar. v. tr. i intr. Tr. Instar vivament. *[instar, apresurar]* // Intr. No perdre temps en fer una cosa, donar-se pressa. *[apresurarse]*

cuixa. f. Part de la cama des de la seua articulació amb el tronc fins al genoll. *[muslo]* // Cadascun dels dos muntants d'una premsa. *[montante]*

cuixot. m. Peça de l'armadura que cobria la cuixa. *[quijote]* // Pernil.

cul. m. Part carnosa de la persona o de l'animal des de l'acabament de l'espinada fins al començament de les cuixes. *[culo]* // Fons, especialment d'un recipient. *[fondo, culo]*

culata. f. Part posterior dels canons i altres armes de foc. *[culata]* // Part de l'arbre d'una nau sota l'afogament. *[culata]*

culer. m. Drap que es posa sota el culet dels infants de pit per a recollir l'excrement. *[culero]*

culler. m. Cullera grossa per a la sopera. *[cucharón]*

cullera. f. Utensili de metall o de fusta format d'una pala còncava i un mànec, per a dur el menjar a la boca. *[cuchara]* // Qualsevol objecte que té aquesta mateixa forma. *[cuchara]*

cullerot. m. Cullera grossa, la qual serveix per a repartir, a taula, la sopa, un suc, etc. *[cucharón]* // Granota en la fase del seu desenvolupament. *[renacuajo]*

culminar. v. intr. Arribar una cosa al punt més alt. *[culminar]*

culpa. f. Falta més o menys greu, comesa voluntàriament. *[culpa]*

culpar. v. tr. Atribuir a algú la culpa d'una cosa. *[culpar, inculpar]*

cult. m. Honor, homenatge religiós. *[culto]* // Admiració afectuosa, veneració profunda. *[culto]*

cult, ulta. adj. Dotat de cultura. *[culto]* // Propi de la cultura. *[culto]*

culte. m. Cult. *[culto]*

cultiu. m. Acció i efecte de cultivar, conreu. *[cultivo]*

cultivar. v. tr. Conrear. *[cultivar]* // Freqüentar una amistat, una persona. *[cultivar]*

cultura. f. Acció de cultivar o conrear. *[cultivar]* // Coneixences científiques o literàries que hom té. *[cultura]*

cúmul. m. Conjunt de moltes coses, munt. *[cúmulo]*

cunyat, ada. m. i f. Germà d'un cònjuge respecte a l'altre. *[cuñado]*

cup. m. Recipient on cauen els raïms esclafats quan fan vi. *[lagar, tina]*

cupó. m. Cadascuna de les divisions de títols de renda. *[cupón]*

cúpula. f. Part de l'acabament d'alguns edificis monumentals, de base cilíndrica i coberta d'una volta hemisfèrica. *[cúpula]* // En botànica, involucre en forma de copa. *[cúpula]*

cura. f. Atenció a vetlar pel bé o pel bon estat d'algú o d'alguna cosa. *[cuidado]* // Acció d'aplicar a un malalt els remeis convenients. *[cura]* // Recobrament de la salut. *[cura]*

curació. f. Acció d'aplicar a un malalt els remeis convenients. *[curación]*

curar. v. tr. Tenir cura, esment, preocupar-se d'alguna cosa. *[curar]* // Aplicar al malalt els remeis convenients. *[curar]* // Guarir, tornar a la salut. *[curar]*

cúria. f. Entre els antics romans, fracció d'una tribu. *[curia]* // Tribunal de negocis eclesiàstics. *[curia]* // Conjunt d'escrivans, advocats i procuradors. *[curia]*

curiós, osa. adj. Que té curiositat o desig d'inquirir. *[curioso]* // Net, polit, endreçat. *[curioso]* // Rar, singular. *[curioso]*

curiositat. f. Qualitat de curiós. // Cosa estranya que desperta el desig de veure-la. *[curiosidad]*

curós, osa. adj. Que posa cura o es preocupa *[cuidadoso]*

curs. m. Camí que fa una cosa que es mou d'una manera progressiva. *[curso]* // Sèrie de lliçons que formen un ensenyament regular d'una matèria. *[curso]* // Deposició de ventre.

cursar. v. tr. Donar curs a una instància, etc. *[cursar]* // Assistir a un curs d'ensenyament. *[cursar]*

cursiu, iva. adj. Dit de l'escriptura manuscrita en la qual les lletres s'uneixen les unes amb les altres mitjançant prolongacions i nexes. *[cursiva]* // f. La lletra d'impremta un poc inclinada a la dreta com l'escriptura manuscrita. *[cursiva]*

curt, urta. adj. De poca llargària. *[corto]* // De poc talent o instrucció. *[corto]* // Apocat, mancat de paraules. *[pusilánime]*

curtedat. f. Qualitat de curt. *[cortedad]*

curtejar. v. intr. Ser escàs, curt, insuficient. *[escasear]*

curull. m. Coromull. *[colmo]*

curvilini, ínia. adj. Que es compon de línies corbes. *[curvilíneo]* // Que segueix una línia corba. *[curvilíneo]*

custòdia. f. Acció i efecte de custodiar. *[custodia]* // Receptacle on és exposat el Santíssim Sagrament. *[custodia]*

custodiar. v. tr. Guardar amb molta cura i vigilància. *[custodiar]*

cutis. m. Pell del cos humà. *[cutis]*

d d d d d d d d

d. f. Quarta lletra de l'alfabet. *[d]*

da. Segona persona singular de l'imperatiu del verb «dar».

dacsa. f. Planta gramínia que produeix unes panolles amb grans grocs o vermellosos. *[maíz]*

dacsar. m. Camp sembrat de dacsa. *[maizal]*

dacsó. m. Dacsa basta sembrada espessa que se sol segar tendra com a farratge. *[sorgo]*

dada. f. Antecedent necessari per a arribar al coneiximent exacte d'una cosa. *[dato]* // Fet conegut o admés com a real. *[dato]*

dador, ora. m. i f. Que dóna o porta una missiva. *[dador]* // m. Persona que signa una lletra de canvi. *[dador]*

daga. f. Arma blanca semblant a l'espasa, de fulla curta. *[daga]*

daina. f. Mamífer ruminant semblant al cérvol, però més menut. *[gamo]*

dàlia. f. Mena de flor cultivada en jardineria amb corol·la de molts pètals i coloracions vàries. *[dalia]*

dalla. f. Aïna corba, amb un mànec llarg, per a segar herba. *[guadaña, dalle]*

dallar. v. tr. Segar amb la dalla. *[segar, dallar]*

dalt. adv. A la part alta. *[arriba]*

daltabaix. adj. De dalt d'una cosa fins a baix. // m. Esdeveniment calamitós que capgira l'estat de les coses. *[cataclismo]*

dam. Primera persona del plural del present d'indicatiu del verb «dar».

dama. f. Dona noble o distingida. *[dama]* // Serventa d'honor de les grans senyores. *[dama]* // Actriu que fa els primers papers. *[dama]* // Peça determinada, en certs jocs d'escaquer anomenada també reina. *[dama, reina]*

damisel·la. f. Senyoreta, especialment de l'alta posició social. *[damisela]* // Libèl·lula.

damnar. v. tr. Condemnar a les penes eternes. *[condenar]*

damnificar. v. tr. Causar dany, perjudicar. *[damnificar, dañar]*

damunt. adv. En lloc superior. *[encima]*

dansa. f. Acció de ballar o de dansar. *[danza]* // L'art de dansar. *[danza]*

dansar. v. intr. Ballar, fer una sèrie de passes amb ritme i cadència. *[danzar]*

danseta. f. Ballet més mogut que la dansa, i que forma l'acabament d'aquesta. // Ballet d'infants en la processó del Corpus de València.

dany. m. Pèrdua o detriment causat a una persona o cosa en els seus interessos, salut, valor, estat. *[daño]*

danyar. v. tr. Causar dany. *[dañar]*

danyós, osa. adj. Que danya, nociu. *[dañoso]*

dar. v. tr. defectiu. Cedir en la mà, posar en mans; cedir una cosa per una altra; procurar una cosa a algú. *[dar]* // Donar. *[dar]*

dard. m. Arma llancívola, semblant a una llança petita i prima. *[dardo]*

darga. f. Escut de cuir. *[adarga]*

darrer, era. adj. Dit del qui és últim dins un orde. *[último, postrero]*

darrere. adv. i prep. Amb posteriotitat. *[detrás]* // m. La part posterior d'una cosa. *[detrás]*

dàrsena. f. Part més resguardada d'un port. *[dársena]*

data. f. Indicació del temps en què un fet s'ha realitzat o ha de realitzar-se. *[fecha]*

datar. v. tr. i intr. Tr. Inscriure la data a un escrit o altre document. *[datar]* //

intr. Existir des d'una certa data. *[datar]*

dàtil. m. Fruit de la palmera datilera.

datiler, era. adj. i m. i f. Dit de la palmera que fa dàtils. *[datilero]* // El qui ven dàtils. *[datilero]*

datiu, iva. adj. Aplicat al tutor nomenat judicialment i a la tutela que exerceix. // Cas de la declinació que expressa l'objecte indirecte de l'acció. *[dativo]*

dau. m. Peça de joc formant un cub, les cares del qual són marcades amb punts de l'u fins al sis. *[dado]* // Peça cúbica de les màquines per a servir de base a eixos, etc. *[dado, cubo]* // Enllosat quadrat de metre i mig a dos metres, situat a un extrem del trinquet, on rebota la pilota en ferir.

daurada. f. Peix de colors vius amb reflexos daurats. *[dorada]* // Ocell de pas, negrenc i insectívor. *[dorada, chorlito]*

daurar. v. tr. Cobrir d'or la superfície d'alguna cosa. *[dorar]* // Donar color d'or a una cosa. *[dorar]*

davall. adv. i prep. En lloc o posició inferior. *[debajo, bajo]* // La part més baixa d'un objecte. *[bajo]*

davallar. v. intr. i tr. Devallar. *[bajar, descender]*

davant. adv. i prep. Amb prioritat de lloc. *[delante]* // A la part de la cara o de l'endret, anterior. *[delante]* // Enfront. *[ante, delante]* // m. La part anterior d'una cosa. *[delante]*

davantal. m. Peça de vestir que resguarda el davant d'una persona. *[delantal]*

davanter, era. adj. Que va o està posat al davant. *[delantero]*

davantera. f. Conjunt dels davanters; avantguarda. *[delantera]*

de. prep. Indica possessió o pertinença, origen o procedència, natura o condició, matèria de què és feta una cosa, i diverses altres relacions. *[de]*

de, (pl. es). f. Nom de lletra «d». *[de]*

dea. f. Deessa. *[diosa]*

deambular. v. intr. Caminar sense objecte, passejar, rondar. *[deambular]*

debades. adv. En va, sense efecte, inútilment. *[en balde, en vano]* // Gratis, de franc. *[de balde, gratis]*

debanar. v. tr. Enrotllar el fil formant un cabdell. *[devanar]*

debat. m. Controvèrsia sobre alguna cosa. *[debate]*

debatre. v. tr. Discutir amplament amb un o més interlocutors. *[debatir, discutir]* // Remenar algun líquid. *[batir]*

debel·lar. v. tr. Véncer per les armes. *[debelar]*

dèbil. adj. Feble, especialment mancat de vigor o força física. *[débil]* // Mancat de força moral. *[débil]*

debilitar. v. tr. Disminuir les forces, afeblir. *[debilitar]*

debilitat. f. Feblesa, deficiència de força, de resolució, etc. *[debilidad]*

dèbit. m. Obligació recíproca dels cònjuges per a la propagació de l'espècie. *[débito]* // Deute. *[deuda, débito]*

debut. m. Primera presentació davant el públic. *[debut]*

debutar. v. intr. Presentar-se en públic per primera vegada. *[debutar]*

dècada. f. Sèrie de deu, especialment de deu dies o anys. *[década]* // Narració de fets històrics per períodes de deu anys. *[década]*

decadència. f. El fet de decaure. *[decadencia]*

decàedre. m. Políedre de deu cares. *[decaedro]*

decàgon. m. Polígon de deu costats. *[decágono]*

decagram. m. Pes de deu grams. *[decagramo]*

decaïment. m. Manca de forces en el cos o en l'ànim. *[decaimiento]*

decàleg. m. Conjunt dels deu manaments de la llei de Déu. *[decálogo]*

decalitre. m. Mesura de deu litres. *[decalitro]*

decàmetre. m. Mesura de deu metres. *[decámetro]*

decandir-se. v. pron. Perdre forces, aflaquir-se, decaure. *[ahilarse, debilitarse, descaecer]*

decantació. f. Acció de decantar un líquid. *[decantación]*

decantar. v. tr. Trascolar suaument un líquid. *[decantar]* // Inclinar lleugerament. *[ladear]* // Separar a un costat.

decantar. v. tr. Lloar en alt grau, ponderar. *[alabar]*
decapitar. v. tr. Tallar el cap. *[decapitar]*
decasíl·lab, íl·laba. adj. Que té deu síl·labes. *[decasílabo]*
decaure. v. intr. Perdre forces, valor o importància. *[decaer]*
decebre. v. tr. Enganyar amb falses aparences. *[defraudar, decepcionar]*
decemvir. m. Cadascun dels deu magistrats romans que componien la Llei de les Dotze Taules. *[decenviro]* // Magistrat menor que servia de conseller als pretors. *[decenviro]*
decència. f. Dignitat en els actes i en les paraules. *[decencia]* // Respecte exterior als bons costums, a les conveniències, a la vista. *[decencia]*
decenni. m. Espai de deu anys. *[decenio]*
decent. adj. Que té decència. *[decente]*
decepció. f. Desengany, desil·lusió. *[decepción]*
decepcionar. v. tr. Causar decepció. *[decepcionar]*
decés, (pl. essos). m. Mort d'una persona, defunció. *[defunción]*
deciàrea. f. Mesura superficial equivalent a la dècima part d'una àrea. *[deciárea]*
decidir. v. tr. Determinar, resoldre, portar a una conclusió definitiva una qüestió, controvèrsia, un combat, etc. *[decidir]*
decigram. m. Desena part d'un gram. *[decigramo]*
decilitre. m. Mesura de la desena part d'un litre. *[decilitro]*
dècim, ècima. adj. Desé. *[décimo]* // m. Cadascuna de les parts que resulten de dividir una cosa en deu parts iguals. *[décimo]*
dècima. f. Cada una de les deu parts iguals en què està dividit un tot. *[décima]* // Mena de combinació de deu versos octosíl·labs. *[décima]*
decimal. adj. Aplicat a cadascuna de les deu parts iguals en què és dividida una quantitat. *[decimal]*
decímetre. m. Mesura equivalent a la desena part d'un metre lineal. *[decímetro]*
decisió. f. Acció i efecte de decidir. *[decisión]* // Qualitat de decidit, fermesa de caràcter. *[decisión]*
decisiu, iva. adj. Que decideix o resol. *[decisivo]*
declamar. v. tr. Recitar marcant el sentit amb l'entonació convenient. *[declamar]*
declaració. f. Acció i efecte de declarar o de declarar-se. *[declaración]*
declarar. v. tr. Manifestar el testimoni o l'acusat allò que sap respecte a un fet. *[declarar]* // Manifestar obertament allò que es pensa. *[declarar]*
declinable. adj. Que pot esser declinat. *[declinable]*
declinació. f. Acció i efecte de declinar. *[declinación]* // Angle que forma la direcció de la brúixola amb la línia meridiana de cada lloc. *[declinación]* // Sèrie ordenada dels casos gramaticals. *[declinación]* // Decadència. // Refús.
declinar. v. tr. i intr. Tr. Recitar per orde els casos gramaticals. *[declinar]* // Intr. Caminar una cosa cap al seu terme.
decliu. adj. Inclinat, desviat del pla horitzontal. // m. Declivi. *[declive]*
declivi. m. Inclinació d'un terreny, d'una superfície, amb relació a un pla horitzontal. *[declive]*
decomís. m. Comís. *[decomiso, comiso]*
decomissar. v. tr. Comissar. *[decomisar]*
decor. m. Allò que serveix per a decorar un edifici. *[decoración]* // Art de decorar els edificis. *[decoración]*
decoració. f. Acció i efecte de decorar. *[decoración]* // Allò que, en el teatre, figura els llocs on passa l'acció. *[decoración]*
decorar. v. tr. Adornar una casa o un lloc. *[decorar]*
decréixer. v. intr. Disminuir gradualment. *[decrecer]*
decrèpit, èpita. adj. Arribat a un grau extrem de decadència física, deguda a la vellesa. *[decrépito]*
decrepitud. f. Vellesa extrema. *[decrepitud]* // Debilitació de les facultats mentals. *[decrepitud]*
decret. m. Resolució del cap de l'estat, o d'un jutge o tribunal. *[decreto]* // Resolució dictada pel papa. *[decreto]*

decretar. v. tr. Ordenar per un decret. *[decretar]*

dècuple, ècupla. adj. Que conté una quantitat deu vegades exactament. *[décuplo]* // m. Quantitat equivalent a deu vegades una altra. *[décuplo]*

decúria. f. Conjunt de deu persones. *[decuria]* // La desena part d'una centúria. *[decuria]*

decurió. m. Cap d'una decúria. *[decurión]*

decurs. m. Successió o continuació del temps. *[decurso]*

dedicació. f. Acció i efecte de dedicar alguna cosa al cult religiós, o a un altre fi. *[dedicación]* // Inscripció recordatòria de la consagració d'un temple, altar, etc. *[dedicación]*

dedicar. v. tr. Destinar una cosa al cult religiós o a un altre fi. *[dedicar]* // Oferir en homenatge o a guisa d'obsequi. *[dedicar]* // Aplicar, emprar a un fi determinat. *[dedicar]*

deducció. f. Acció i efecte de deduir. *[deducción]*

deduir. v. tr. Traure conseqüències d'un principi, proposició, etc. *[deducir]* // Rebaixar una partida d'alguna quantitat. *[deducir]*

deessa. f. Divinitat femenina dels gentils. *[diosa]*

defallença. f. El fet de perdre les forces físiques o morals. *[desfallecimiento]*

defallir. v. intr. Perdre el coratge o ànim, caure en feblesa. *[desfallecer]* // Fallir, morir. *[faltar]*

defecar. v. tr. i intr. Tr. Clarificar un líquid. // Intr. Expel·lir els excrements. *[defecar]*

defecció. f. Acció de separar-se deslleialment d'una causa, d'una persona. *[defección]*

defecte. m. Manca de les qualitats pròpies d'una cosa. *[defecto]* // Imperfecció natural o moral. *[defecto]*

defectiu, iva. adj. Defectuós. *[defectivo]* // Dit del verb no usat en tots els modes, temps o persones. *[defectivo]*

defectuós, osa. adj. Que té algun defecte. *[defectuoso]*

defendre. v. tr. Defensar. *[defender]*

defensa. f. Acció de defensar. *[defensa]* // Allò que és dit o escrit per a defensar algú o alguna cosa. *[defensa]* // Allò que defensa o protegeix. *[defensa]*

defensar. v. tr. Ajudar a algú contra allò que l'ataca. *[defender]* // Sostenir la innocència d'algú contra els qui l'acusen. *[defender]* // Emparar, protegir. *[defender]*

defensiva. f. Situació del qui es defén. *[defensiva]*

defensor, ora. adj. Que defensa o protegeix. *[defensor]* // El qui es dedica a defensar el dret d'algú. *[defensor]*

deferència. f. Acatament cortés i respectuós als desigs, a la voluntat d'altri. *[deferencia]*

deficiència. f. Estat o qualitat de deficient. *[deficiencia]*

deficient. adj. Mancat d'alguna qualitat, incomplet, defectuós. *[deficiente]*

dèficit. m. Excés, en un compte, de les despeses sobre els ingressos. *[déficit]*

definició. f. Explicació breu i ben aclarida de l'essència d'alguna cosa. *[definición]* // Descripció de la realitat concreta designada per una paraula. *[definición]*

definir. v. tr. Fixar amb claredat i exactitud la significació d'una paraula o la naturalesa d'una cosa. *[definir]*

definitiu, iva. adj. Que decideix, resol o conclou. *[definitivo]*

deformació. f. Alteració de la forma. *[deformación]*

deformar. v. tr. Fer deforme una cosa. *[deformar]* // Alterar una cosa en la seua forma. *[deformar]* // **-se.** Perdre la seua forma. *[deformarse]*

deforme. adj. Desfigurat, lleig, imperfet. *[deforme]*

defraudar. v. tr. Privar a algú amb engany d'allò que li toca per dret. *[defraudar]* // No correspondre alguna cosa a allò que un esperava. *[defraudar]*

defugir. v. tr. Esquivar la dificultat, eludir. *[eludir]*

degà. m. El més antic d'una corporació, o el qui la representa. *[decano, deán]*

deganat. m. Dignitat i jurisdicció del degà. *[decanato]*

degeneració. f. Acció i efecte de degenerar. *[degeneración]*

degenerar. v. intr. Perdre les bones qualitats de la seua pròpia espècie. *[degenerar]*

degolla. f. Degollament. *[degüello]* // Comparsa que representa la degollació dels Sants Innocents en la festa del Corpus de València.

degollador. m. Lloc disposat per a degollar, especialment el bestiar. *[degolladero]*

degollar. v. tr. Tallar el coll, matar tallant el coll. *[degollar]*

degradar. v. tr. Destituir una persona de les seues dignitats. *[degradar]* // Rebaixar. // Envilir.

deïcida. adj. Aplicat als qui van donar mort a Jesucrist, o que hi van contribuir. *[deicida]*

deïficar. v. tr. Considerar com déu, divinitzar. *[deificar]*

deix. m. Particularitat en la manera de parlar o en la manera com executen alguna cosa. *[dejo]* // Regust o sabor que es conserva d'una cosa. *[dejo, resto]*

deixa. f. Donació ordenada en disposició testamentària. *[manda, legado]* // Vestigi de coses passades. *[reliquia, resto]*

deixadesa. f. Qualitat de deixat, negligència. *[dejadez, abandono]*

deixament. m. Decaïment, abatiment.

deixar. v. tr. Desprendre's d'una cosa. *[dejar]* // Fer una deixa o llegat. *[dejar, legar]* // Permetre que es faça alguna cosa. *[dejar]* // Donar a algú una cosa amb obligació de tornar-la. *[prestar]* // Abandonar.

deixat, ada. adj. Negligent, que no posa cura en les seues coses. *[negligente, descuidado]* // Efecte persistent d'una cosa que ha cessat. *[restos, residuos]* // La manera com resta una cosa en deixar-la acabada. *[acabado]*

deixeble, ebla. m. i f. El qui rep l'ensenyament d'un mestre. *[discípulo]* // El qui segueix la doctrina d'algú. *[discípulo]*

deixuplina. f. Acció de deixuplinar o deixuplinar-se. *[disciplina]* // Instrument per a assotar. *[disciplina]*

deixuplinar. v. tr. Assotar amb deixuplines. *[disciplinar]*

dejorn. adv. De matí, a una hora no avançada del dia. *[temprano]*

dejú, una. adj. Que no ha menjat res des del començament del dia. *[ayuno, en ayunas]*

dejunar. v. intr. Abstenir-se de menjar. *[ayunar]* // Observar el dejuni eclesiàstic. *[ayunar]*

dejuni. m. Acció i efecte de dejunar. *[ayuno]*

del. Contracció de la preposició «de» i l'article «el». *[del]*

delació. f. Acció de delatar o acusar. *[delación]*

delatar. v. tr. Revelar un delicte. *[delatar]*

delegació. f. Acció i efecte de delegar. *[delegación]* // Càrrec i oficina del delegat. *[delegación]*

delegar. v. tr. Donar una persona a una altra les seues atribucions perquè el represente, la jurisdicció perquè obre en nom seu, etc. *[delegar]*

deler. m. Passió que es posa en una acció. *[ansia, anhelo]* // Desig vehement, anhel. *[anhelo]*

delerar. v. tr. i intr. Intr. Patir deler per una cosa, tenir deler d'una cosa. *[anhelar]* // Tr. Desitjar ardentment, amb moltes ganes, una cosa, anhelar. *[anhelar]*

deliberar. v. intr. Pesar les raons a favor o en contra d'una decisió a prendre. *[deliberar]* // Resoldre una cosa amb premeditació. *[deliberar]*

delicadesa. f. Qualitat de delicat. *[delicadeza]* // Mirament exquisit, finor.

delicat, ada. adj. Que és d'una finor extrema. *[delicado]* // Dèbil, malaltís. // Que procedeix amb gran cura. *[escrupuloso]*

delícia. f. Plaer molt intens i cosa que el causa. *[delicia]*

delicte. m. Infracció de la llei. *[delito]*

delimitar. v. tr. Fixar els límits d'alguna cosa. *[delimitar]*

delinear. v. tr. Traçar les línies d'una figura. *[delinear]*

delinqüent. m. i f. El qui delinqueix o comet un delicte. *[delincuente]*

delinquir. v. intr. Infringir la llei, cometre un delicte. *[delinquir]*

delirar. v. intr. Desvariejar per malaltia o per passió. *[delirar]* // Dir coses inconvenients o desraonades. *[delirar]*

deliri. m. Acció i efecte de delirar. *[delirio]*

delit. m. Plaer de l'ànima o dels sentits. *[deleite]* // Desig, vigor, ànim de fer allò que requereix esforç. *[ánimo, brío]*

dellà. adv. De l'altra banda. *[de allí, allende]*

delmar. v. tr. Separar-ne de cada deu un. *[diezmar]* // Castigar-ne un de cada deu. *[diezmar]* // Matar, com a castic, de cada deu un. *[diezmar]* // Causar gran mortaldat en un país una epidèmia, la guerra, les malalties, la fam o qualsevol altra calamitat. *[diezmar]*

delme. m. Dret del deu per cent del valor de les mercaderies que era pagat al rei i altres senyors. *[diezmo]* // Part dels fruits, regularment la desena, que pagaven els fidels a l'església. *[diezmo]*

delta. f. Nom de la quarta lletra de l'alfabet grec. *[delta]* // m. Espai de terra de configuració més o menys triangular que es forma a la desembocadura d'alguns rius. *[delta]*

demà. adv. En el dia que segueix a aquell en què hi som. *[mañana]* // El temps venider.

demagògia. f. Política consistent a afalagar la multitud *[demagogia]* // Estat polític en què el govern és lliurat a la multitud. *[demagogia]*

demanar. v. tr. Expressar a algú que desitgem obtenir d'ell alguna cosa. *[pedir, reclamar]* // Posar preu a una mercaderia. *[pedir]* // Exigir.

demanda. f. Acció de demanar allò que volem obtenir. *[demanda]* // Acció d'adreçar-se als tribunals per a obtenir una cosa a la qual pretenem tenir dret. *[demanda]* // Quantitat d'un article que els consumidors desitgen comprar. *[demanda]*

demandant. m. i f. El qui demanda. *[demandante]*

demandar. v. tr. Demanar un judici. *[demandar]*

demarcació. f. Acció i efecte de demarcar. *[demarcación]* // Terreny demarcat.

demarcar. v. tr. Assenyalar els límits d'un terreny. *[demarcar]*

demència. f. Pertorbació total o parcial de les facultats mentals. *[demencia]*

dement. adj. i m. i f. Malalt de demència. *[demente]*

demés. conj. A més d'això, encara. *[además]*

democràcia. f. Sistema de govern en què el poble exerceix la soberania. *[democracia]*

demografia. f. Estudi estadístic de la població. *[demografía]*

demolir. v. tr. Enderrocar, tirar a terra. *[demoler]*

demora. f. Acció de demorar. *[demora]* // Dilació. // Distància que separa una embarcació d'un punt determinat a la vista. *[demora]*

demostració. f. Raonament amb què es demostra o fa evident alguna cosa. *[demostración]* // Manifestació exterior de sentiments, intencions, etc. *[demostración]*

demostrar. v. tr. Fer evident per mitjà d'un raonament. *[demostrar]* // Manifestar, donar a conéixer exteriorment. *[demostrar]*

demostratiu, iva. adj. Que demostra o serveix per a demostrar. *[demostrativo]* // Aplicat a l'adjectiu o pronom que demostra o assenyala. *[demostrativo]*

dempeus. adv. Damunt els peus, dret. *[de pie]*

dena. f. Cadascuna de les parts en què es divideix un rosari, composta de deu avemaries. *[decenario]* // Gra més gros del rosari que marca les divisions. *[diez]* // Desena, especialment grup de deu persones per a diverses finalitats. *[decena]*

denegar. v. tr. No concedir allò que es demana o sol·licita. *[denegar]*

denigrar. v. tr. Ofendre el nom o fama d'una persona. *[denigrar]*

denominar. v. tr. Donar un nom a una persona o cosa. *[denominar]*

denotar. v. tr. Indicar o significar. *[denotar]*

denou. Adjectiu numeral i conjunt de xifres que el representen. *[diecinueve]*

dens, ensa. adj. Compacte, espés, que conté molta matèria en poc d'espai. *[denso]*

densitat. f. Qualitat de dens. *[densidad]* // Relació entre la massa i el volum d'un cos. *[densidad]*

dent. f. Cadascun dels ossos encastats a les genives i que formen els òrgans de la masticació. *[diente]* // Cadascuna de les puntes de certs objectes les quals recorden per llur forma una dent. *[diente]*

dental. adj. Relatiu a les dents. *[dental]* // Aplicat al so articulat acostant la punta de la llengua a les dents. *[dental]* // m. Fusta on s'encaixa la rella. *[dental]*

dentar. v. tr. i intr. Tr. Fer que una cosa forme dents. *[dentar]* // Intr. Posar les dents un infant. *[dentar, endentecer]*

dentista. m. i f. El qui té per professió tractar malalties dentals. *[dentista]*

dentol, ola. m. i f. Dent grossa. *[dentón]*

denúncia. f. Acció i efecte de denunciar. *[denuncia]*

denunciar. v. tr. Declarar oficialment l'estat il·legal d'una cosa. *[denunciar]* // Donar part a l'autoritat d'un fet o dany. *[denunciar]* // Avisar, donar notícia, notificar. *[denunciar]*

departament. m. Cadascuna de les parts d'un vehicle, caixa, establiment, oficina, etc. *[departamento]* // Divisió territorial *[departamento]* // Ministeri o ram de l'administració pública. *[departamento]*

departir. v. tr. i intr. Tr. Separar completament una cosa d'una altra. *[dividir]* // Intr. Conversar, comunicar-se mútuament els pensaments amb paraules. *[departir]*

depauperar. v. tr. Extenuar, afeblir. *[depauperar]*

dependent. adj. Que depén d'algú o d'alguna cosa. *[dependiente]* // m. El qui presta els seus serveis en una casa de comerç. *[dependiente]*

dependenta. f. Dona en condició de dependent. *[dependienta]*

dependre. v. intr. Ser una persona o cosa subordinada a una altra. *[depender]*

depilar. v. tr. Fer desaparéixer el pèl, arrancar els pèls o produir llur caiguda per mitjà de substàncies o medicaments externs depilatoris. *[depilar]*

deplorar. v. tr. Doldre's vivament d'una cosa. *[deplorar]*

deport. m. Recreació comunament a l'aire lliure. *[recreo, diversión]*

deposició. f. Acció de deposar. *[deposición]*

depòsit. m. Acció i efecte de depositar. *[depósito]* // La cosa depositada. *[depósito]* // Lloc on és depositada una cosa.

depositar. v. tr. Posar una cosa en lloc segur. *[depositar]*

depravar. v. tr. Viciar, corrompre, pervertir. *[depravar]*

depreciar. v. tr. Rebaixar o disminuir el preu o la valor d'una cosa. *[depreciar]*

depressiu, iva. adj. Que deprimeix. *[depresivo]*

depriment. adj. Depressiu, que deprimeix o humilia. *[deprimente]*

deprimir. v. tr. Disminuir el volum d'un cos per la pressió. *[deprimir]* // Produir una disminució de vitalitat o d'activitat funcional. *[deprimir]*

depuració. f. Acció i efecte de depurar o de depurar-se. *[depuración]*

depurar. v. tr. Llevar les impureses d'alguna cosa. *[depurar]*

dèria. f. Idea fixa que mena o incita persistentment a fer alguna cosa; l'objecte que la motiva. *[tema, obsesión]* // Deler.

deriva. f. Separació de la nau de son rumb veritable. *[deriva]*

derivar. v. intr. Sortir del seu llit l'aigua d'un corrent. *[derivar]* // Traure son origen una cosa d'una altra. *[derivar]*

derivar. v. intr. Desviar-se, una nau emportada pel vent o un corrent, del rumb que devia seguir. *[derivar]*

derivat. m. Mot derivat d'un altre. *[derivado]* // Cos derivat d'un altre. *[derivado]*

derogar. v. tr. Revocar, llevar qualque cosa de la llei. *[derogar]*

derramar. v. tr. Escampar, donar eixida a allò qué estava comprimit. *[derramar]* // Desviar els raigs de llum. *[esparcer]*

derramar. v. tr. Repartir entre diverses persones una contribució, etcètera. *[derramar]*

derringlar. v. tr. Malmetre l'espinàs d'una persona o animal. *[derrengar]* // Malmetre una cosa fent-li perdre allò que li dóna estabilitat o bona presència.

derrocar. v. tr. Tirar a terra, enderrocar. *[derrocar]*

derrota. f. Fugida desordenada d'un exèrcit vençut. *[derrota]* // El fet d'esser vençuda una persona, un partit, etc. *[derrota]*

derrotar. v. tr. Infligir una derrota, véncer completament. *[derrotar]*

derruir. v. tr. Enderrocar. *[derruir]*

des. prep. Denota el lloc o temps de què procedeix o cal començar a comptar alguna cosa. (Va seguida sempre de «de» o «què»). *[de]*

desabrigar. v. tr. Llevar l'abric. *[desabrigar]*

desacatar. v. tr. Faltar al respecte degut. *[desacatar]*

desacollir. v. tr. Acollir malament.

desacord. m. El fet de no estar d'acord, disconformitat. *[desacuerdo]*

desacordar. v. tr. Posar en desacord. *[desacordar]*

desacostar. v. tr. Apartar, separar coses que estaven acostades. *[apartar]*

desacostumar. v. tr. Fer perdre el costum a algú. *[desacostumbrar]*

desacreditar. v. tr. Disminuir la reputació d'una persona o la valor d'una cosa. *[desacreditar]*

desadornar. v. tr. Llevar els adornaments. *[desadornar]*

desafecció. f. Manca d'afecció. *[desafección]*

desafectar. v. tr. Llevar l'afectació. *[desafectar]*

desafecte, ecta. adj. Que no sent afecció envers algú o alguna cosa. *[desafecto]* // m. Mancança d'afecte. *[desafecto]*

desafiament. m. Acte de desafiar i combat concertat en desafiar-se. *[desafío]*

desafiar. v. tr. Provocar a un combat, a una lluita, a una competició. *[desafiar]* // Afrontar un perill, no témer la lluita amb alguna cosa. *[desafiar]*

desaficcionar-se. v. pron. Perdre l'afició a una persona o cosa. *[desaficionarse]*

desafinar. v. tr. Desviar-se de l'entonació perfecta. *[desafinar]*

desafur. m. Fet contrari a la llei, la raó o els bons costums. *[desafuero]*

desagradable. adj. No gens agradable. *[desagradable]*

desagrair. v. tr. No agrair el benefici rebut. *[desagradecer]*

desagraït, ïda. adj. Que no agraeix les coses que es fan per ell, ingrat, malagraït. *[desagradecido]* // Dit de la faena, treballs, etc., que donen poc rendiment.

desagravi. m. Acció de desagreujar. *[desagravio]*

desagreujar. v. tr. Reparar el greuge fet a algú. *[desagraviar]*

desaiguar. v. tr. i intr. Tr. Buidar de l'aigua que conté alguna cosa. *[enjugar, secar]* // Intr. Abocar les seues aigües un riu, un torrent, etc. *[desaguar]*

desairar. v. tr. Ofendre amb un menyspreu o indiferència. *[desairar]*

desaire. m. Demostració d'indiferència o menyspreu. *[desaire]*

desajustar. v. tr. Fer cessar d'estar ajustat. *[desajustar]*

desalinear. v. tr. Desfer l'alineament. *[desalinear]*

desallotjar. v. tr. Traure d'un lloc una persona o cosa. *[desalojar]* // Anar-se'n d'un lloc voluntàriament. *[desalojar]*

desamor. m. i f. Mancança d'amor, desafecció. *[desamor]*

desamortització. f. Acció i efecte de desamortitzar. *[desamortización]*

desamortitzar. v. tr. Alliberar béns amortitzats. *[desamortizar]*

desànim. m. Manca d'ànim, descoratjament. *[desánimo]*

desanimar. v. tr. Fer perdre l'ànim, descoratjar, acovardir. *[desanimar]* // **-se.** Perdre l'animació. *[desanimarse]*

desansiat, ada. adj. Lliure d'inquietuds. *[desansiado]*

desaparéixer. v. intr. Escapar a la nostra vista sobtosament o gradualment. *[desaparecer]*

desaparellar. v. tr. Llevar l'aparell. *[desaparejar]*

desaparició. f. Acció de desaparéixer. *[desaparición]*
desapassionar-se. v. pron. Alliberar-se d'una passió. *[desapasionarse]*
desaprensiu, iva. adj. Mancat d'escrúpols d'orde moral. *[desaprensivo]*
desaprofitar. v. tr. No emprar útilment una cosa, no aprofitar. *[desaprovechar]*
desapropiar. v. tr. Fer perdre a algú la propietat d'alguna cosa. *[desapropiar]*
desaprovació. f. Acció i efecte de desaprovar. *[desaprobación]*
desaprovar. v. tr. No donar assentiment a una cosa, no aprovar. *[desaprobar]*
desaqueferat, ada. adj. Sense quefers o ocupacions. *[desocupado]*
desar. v. tr. Alçar, posar alguna cosa en lloc segur. *[guardar]* // Apartar la vista d'alguna cosa. *[reiterar]*
desarmar. v. tr. Llevar o fer deixar les armes a algú. *[desarmar]* // Desajuntar les peces d'una cosa. *[desarmar]* // Aplacar la ira d'algú. *[desarmar]*
desarreglar. v. tr. Desordenar, desarranjar. *[desarreglar]*
desarrelar. v. tr. Arrancar d'arrel. *[desarraigar]* // Fer desaparéixer, extirpar una habitud, passió, creença, etc. arrelades. *[desarraigar]*
desarrugar. v. tr. Llevar les arrugues. *[desarrugar]*
desarticular. v. tr. Separar allò que estava articulat. *[desarticular]*
desassenyat, ada. adj. Mancat de seny. *[insensato, torpe]*
desassossec. m. Manca d'assossec. *[desasosiego]*
desastrat, ada. adj. Malastruc, desgraciat. *[malhadado]* // Desfargat, mal vestit, deixat en el vestir.
desastre. m. Gran desgràcia, dissort. *[desastre]*
desatenció. f. Manca d'atenció. *[desatención]*
desatendre. v. tr. No prestar l'atenció deguda a alguna persona o cosa. *[desatender]*
desatent, enta. adj. Que no és atent. *[desatento]*
desautorització. f. Acció i efecte de desautoritzar. *[desautorización]*
desautoritzar. v. tr. Llevar autoritat a algú. *[desautorizar]*
desavantatge. m. Condició d'inferioritat per a reeixir. *[desventaja]* // Perjudici.
desavenir-se. v. pron. No avenir-se. *[desavenirse]*
desavindre's. v. pron. Infinitiu irregular del verb *desavenir-se*, extret per analogia del futur d'indicatiu: *desavindré, desavindràs, desavindrà...* desavindre's. *[desavenir-se]*
desavinent. adj. Que no és a propòsit per a alguna cosa. *[inoportuno]* // Apartat, llunyà. *[apartado]*
desavingut, uda. adj. No avingut, manca d'avinença o concòrdia. *[desavenido]*
desballestat, ada. adj. Dit d'una cosa les parts de la qual són incongruents, mancades en absolut d'il·lació, etc. *[descompuesto, estropeado]*
desbancar. v. tr. Guanyar en el joc tots els diners de la banca. *[desbancar]* // Suplantar.
desbandar-se. v. pron. Fugir en desorde. *[desbandarse]*
desbaratar. v. tr. Posar en desorde. *[desordenar]* // Produir greus trastorns en el funcionament d'un aparell mecànic, òrgan, etc. *[descomponer]* // Posar en confusió als contraris, en fuita desordenada, un exèrcit, estol, etc. *[derrotar]*
desbaratat, ada. adj. Que fa les coses sense orde ni concert. *[desbaratado]*
desbarbar. v. tr. Llevar les barbes o desigualtats d'una cosa. *[desbarbar]*
desbarrar. v. tr. i intr. Tr. Fer cessar d'estar barrat. *[desatrancar]* // Dislocar les barres a algú. *[desquijarar]* // Intr. Perdre la contenció, dir inconveniències, desbocar-se. *[disparatar]*
desbast. m. Acció i efecte de desbastar. *[desbaste]*
desbastar. v. tr. Llevar les parts més bastes d'una cosa que cal treballar. *[desbastar]*
desbocar-se. v. pron. Perdre una cavalleria l'obediència al fre. *[desbocarse]* // Anar-se'n de la llengua dient paraules inconvenients. *[desbocarse]*
desbocat, ada. adj. Dit d'un cavall o haveria que no obedeix al fre. *[desbocado]*

// fig. Inclinat a dir males paraules, maldient. *[desbocado]*

desbolcar. v. tr. Llevar els bolquers a un infant. *[desempañar]*

desbordar. v. tr. Vessar un riu, etcètera, les seues aigües per damunt de les vores. *[desbordar]*

desbotifarrar. v. tr. Rompre una cosa fent-ne sortir el seu contingut. *[destripar, reventar]*

desbravar. v. tr. Amansir el bestiar. *[desbravar]* // Desfogar-se l'impuls de la còlera o d'un corrent. *[desbravar]*

desbudellar. v. tr. Llevar els budells. *[destripar]*

descabalar. v. tr. Fer perdre a algú els cabals. *[descabalar, empobrecer]*

descabdellar. v. tr. Desfer un cabdell. *[desovillar]* // Traure la seda dels capolls. *[descapullar]*

descabellar. v. tr. Desordenar els cabells. *[descabellar, desgreñar]*

descabellonat, ada. adj. Que du els cabells embullats, en desorde. *[desgreñado]*

descabotar. v. tr. Llevar la cabota a un clau, etc. *[descabezar]*

descalç, alça. adj. Que va amb els peus nuets. *[descalzo]*

descalçar. v. tr. Llevar el calçat. *[descalzar]* // Llevar la terra al voltant d'una cosa. *[descalzar]*

descamisat, ada. adj. El qui no té camisa. *[descamisado]* // m. i f. Facinerós, perdulari.

descans. m. El fet de descansar. *[descanso]* // Allò que ens descansa. *[descanso]*

descansar. v. intr. i tr. Intr. Cessar de fer un exercici, un treball, per a fer desaparéixer el cansament. *[descansar]* // Reposar. // Dormir. // Jaure en el sepulcre. // Cessar de ser turmentat per un mal, una preocupació, etcètera. // Tenir plena confiança en l'ajut d'algú. // Recolzar d'una manera estable. // Tr. Deixar de fer treballar alguna cosa. // Alleujar a algú en el treball, ajudar-lo.

descanviar. v. tr. Bescanviar una cosa per una altra. *[canviar]*

descarar-se. v. pron. Parlar o obrar sense vergonya. *[descararse]*

descarat, ada. adj. Que parla sense vergonya o respecte. *[descarado]* // Amb la cara descoberta.

descarnar. v. tr. Separar l'os de la carn. *[descarnar]*

descàrrec. m. El fet d'alliberar-se d'un càrrec que pesa sobre seu. *[descargo]* // Descompte amb què és satisfet un rebut. *[descargo]*

descarregar. v. tr. Llevar la càrrega de l'objecte (carro, vehicle, vagó, nau, etc.), persona o animal que la suportava. *[descargar]* // Alliberar o alleujar d'una càrrega, d'una molèstia, d'una importunitat, d'una culpa, d'una tensió elèctrica, de les obligacions d'un càrrec, etcètera. *[descargar]*

descarrerar. v. tr. Apartar a algú del camí que ha de seguir, o d'un bon propòsit. *[descaminar]*

descarrilar. v. intr. Eixir-se'n fora del carril. *[descarrilar]*

descartar. v. tr. Apartar d'un alguna cosa. *[descartar]* // **-se.** En certs jocs de cartes, desfer-se un jugador de les que considera inútils. *[descartarse]*

descasar. v. tr. Declarar nul un matrimoni. *[descasar]*

descastat, ada. adj. Que té poc o gens d'afecte als de la seua família o als qui hauria d'estimar. *[descastado]*

descavalcar. v. intr. Baixar del cavall o d'altra bèstia. *[descabalgar, apearse]*

descèndencia. f. El conjunt dels qui descendeixen d'algú. *[descendencia]*

descendent. adj. Que descendeix. *[descendente]* // m. i f. Persona que descendeix d'una altra. *[descendiente]*

descendir. v. tr. i intr. Tr. Baixar, devallar. *[descender]* // Procedir d'un mateix principi o persona. *[descender]* // Intr. Provenir una cosa d'una altra. *[descender]*

descens. m. Acció de descendir o devallar. *[descenso]*

descentrar. v. tr. Traure una cosa del seu centre. *[descentrar]*

desclavar. v. tr. Arrancar els claus. *[desclavar]* // Desprendre una cosa dels claus amb què és clavada. *[desclavar]*

descloure. v. tr. Obrir allò que era clos.

descoar. v. tr. Llevar la coa. *[desrabotar]*

descobert, erta. adj. No cobert. *[descubierto]* // Mancat de coberta. *[descubierto]*

descoberta. f. Acció de descobrir allò que estava amagat, que era amagat. *[descubrimiento]* // La cosa descoberta. *[descubrimiento]*

descobriment. m. Acció i efecte de descobrir. *[descubrimiento]*

descobrir. v. tr. Destapar allò que era tapat o cobert. *[descubrir]* // Trobar una cosa ignorada o amagada. *[descubrir]* // Albirar, veure, des d'un lloc. *[descubrir]*

descolgar. v. tr. Traure a la superfície allò que estava colgat. *[descubrir, desenterrar]*

descol·locar. v. tr. Traure a algú o a alguna cosa del lloc on estava col·locat. *[descolocar]*

descolorir. v. tr. Llevar o rebaixar el color a alguna cosa. *[descolorar]*

descomplaure. v. tr. Causar desgrat, disgustar, desagradar. *[desagradar]* // No plaure a algú deixant d'assentir als seus gusts, desigs, etcètera. *[desagradar]*

descompondre. v. tr. Desordenar, desbaratar. *[descomponer]* // Separar les diverses parts d'un tot. *[descomponer]*

descomposició. f. Acció i efecte de descompondre o de descompondre's. *[descomposición]*

descompost, osta. adj. Que ha perdut, en les paraules o en els actes, la circumspecció habitual, la serenitat. *[descompuesto]*

descomptar. v. tr. Rebaixar una quantitat en un compte. *[descontar]* // Donar per endavant com a segur. *[descontar]* // **-se.** Equivocar-se en fer un compte. *[descontarse]*

descompte. m. Acció i efecte de descomptar. *[descuento]* // Quantitat descomptada. *[descuento]*

descomunal. adj. D'unes dimensions, etcètera, fora del comú, extraordinari. *[descomunal]*

desconcert. m. El fet d'estar desconcertat. *[desconcierto]* // Desorde en les parts d'algun cos o màquina.

desconcertar. v. tr. Desbaratar l'orde o concert d'alguna cosa. *[desconcertar]* // **-se.** Desunir-se o eixir-se'n els ossos. *[desconcertar]*

desconcòrdia. f. Manca de concòrdia entre coses que haurien d'estar concordes. *[desconcordia]* // Desorde sorollós de molta gent que no s'entén. *[desbarajuste]*

desconéixer. v. tr. No conéixer. *[desconocer]* // No conservar la idea d'alguna cosa. *[desconocer]*

desconfiança. f. Manca de confiança. *[desconfianza]*

desconfiar. v. intr. No fiar-se, malfiar-se. *[desconfiar]* // Deixar de confiar. *[des-*

desconfiat, ada. adj. Inclinat a la desconfiança. *[desconfiado]*

desconhort. m. Estat del qui està desconhortat. *[desconsuelo, desolación]*

desconhortar. v. tr. Privar de conhort. *[desconsolar]* // **-se.** Perdre el conhort, sentir desconhort. *[desconsolarse]*

desconjuntar. v. tr. Desencaixar els ossos. *[desconjuntar, descoyuntar]* // Desunir les parts d'alguna cosa que han d'estar unides. *[descoyuntar]*

desconnectar. v. tr. Rompre la connexió entre dues coses. *[desconectar]*

desconnexió. f. Acció i efecte de desconnectar. *[desconexión]*

desconsiderat, ada. adj. Que no té consideració. *[desconsiderado]*

desconsol. m. Aflicció, per manca de consol. *[desconsuelo]*

desconsolar. v. tr. Privar de consol, afligir. *[desconsolar]*

desconsolat, ada. adj. Privat de consol. *[desconsolado]*

descontent, enta. adj. Malcontent, no content d'algú o d'alguna cosa. *[descontento]*

descontentar. v. tr. Fer descontent a algú, disgustar. *[descontentar]*

desconvenir. v. intr. No convenir, no ser convenient. *[desconvenir]*

desconvindre. v. intr. Infinitiu irregular del verb *desconvenir*, extret per analogia del futur d'indicatiu: *desconvindré, desconvindràs, desconvindrà...* desconvindre. *[desconvenir]*

descoratjar. v. tr. Fer perdre el coratge, acovardir. *[descorazonar, desanimar]*

descorfar. v. tr. Llevar la corfa a una fruita, etcètera. *[descortezar, descascarar]*

descórrer. v. tr. Fer córrer una cortina o vel, de manera que cesse d'estar tirada. *[descorrer]*

descortés, esa. adj. Mancat de cortesia. *[descortealcreído]*

descripció. f. Acció i efecte de descriure. *[descripción]*

descriure. v. tr. Representar alguna cosa amb paraules escrites o dites. *[describir]* // Delinear, dibuixar una cosa. *[describir]*

descuar. v. tr. Descoar. *[desrabotar]*

descuidar-se. v. pron. No recordar-se de fer una cosa, deixar-se-la. *[descuidarse]*

descuit. m. El fet de descuidar-se d'alguna cosa, oblit, negligència. *[descuido]*

descular-se. v. tr. Rompre el cul o fons d'una cosa. *[descular]*

desdejunar-se. v. pron. Prendre el desdejuni. *[desayunarse]*

desdejuni. m. Aliment lleuger que es sol prendre al matí. *[desayuno]*

desdentat, ada. adj. Que ha perdut les dents. *[desdentado]* // m. Orde de mamífers desproveïts de dents. *[desdenta-*

desdeny. m. Sentiment que ens fa desdenyar a algú o a alguna cosa. *[desdén]*

desdenyar. v. tr. Tractar amb desdeny. *[desdeñar]* // Refusar de fer o dir alguna cosa. *[desdeñar]*

desdir. v. intr. i tr. Intr. No ser adient alguna cosa del seu origen o educació. *[desdecir]* // Tr. Negar, dir el contrari d'allò que diu un altre, desmentir. *[desdecir]* // Refusar, no acceptar de fer una cosa. *[rehusar]* // **-se.** No mantenir algú allò que ha dit. *[desdecirse]*

desdir, a. loc. adv. En abundància, a manta, en quantitat extraordinària. *[a porrillo, en abundancia]*

desdoblar. v. tr. Fer dos d'un, desfer allò que és doble. *[desdoblar]* // Derivar en dues manifestacions una causa. *[desdoblar]*

desdoblegar. v. tr. Estendre una cosa que estava doblegada. *[desdoblar, desplegar]*

desé, ena. adj. Que fa deu en orde. *[décimo]* // Cadascuna de les parts d'una quantitat dividida en deu parts iguals. *[décimo]*

deseixir-se. v. pron. Desprendre's algú d'alguna cosa. *[desposeerse]* // Rompre les relacions. *[desprenderse]*

deseixit, ida. adj. Que sap eixir bé de les qüestions, llest, viu. *[desembarazado, listo]*

desembafar. v. tr. Llevar l'embafament. *[desempalagar]*

desembalar. v. tr. Llevar l'embalatge. *[desembalar]*

desembaràs, (pl. **assos**). m. Acció i efecte de desembarassar. *[desembarazo]*

desembarassar. v. tr. Llevar els obstacles. *[desembarazar]* // Evacuar, desocupar.

desembarc. m. Acció de desembarcar. *[desembarque, desembarco]*

desembarcar. v. tr. i intr. Tr. Traure de la nau allò que era embarcat. *[desembarcar]* // Intr. Sortir de l'embarcació. *[desembarcar]*

desembastar. v. tr. Desfer les embastes. *[deshilvanar]* // Desalbardar.

desembocadura. f. Lloc on desemboca un riu al mar, un carrer en una plaça, etcètera. *[desembocadura]*

desembocar. v. tr. Sortir per un lloc estret. *[desembocar]* // Entrar un riu, etc., en un altre, en el mar, etc. *[desembocar]*

desembolicar. v. tr. Desfer un bolic. *[desenvolver]* // Fer cessar d'estar embolicat. *[desenredar]* // Desfer un embolic. *[desenredar, desenmarañar]*

desemborsar. v. tr. Pagar, fornir una quantitat de diners. *[desembolsar]*

desembragar. v. tr. Isolar un mecanisme del seu propulsor. *[desembragar]*

desembre. m. El dotzé i darrer mes de l'any. *[diciembre]*

desembrollar. v. tr. Fer cessar d'estar embrollat. *[desenredar]*

desembruixar. v. tr. Desfer el malefici de les bruixes. *[deshechizar]*

desemmascarar. v. tr. Llevar la màscara o careta. *[desenmascarar]* // Donar a conéixer una persona tal com és moralment. *[desenmascarar]*

desempallegar-se. v. pron. Desembarassar-se, alliberar-se d'una persona o cosa. *[desembarazarse, deshacerse]*

desempaperar. v. tr. Llevar el paper amb què està empaperada una cosa. *[desempapelar]*

desemparar. v. tr. Deixar sense empar, abandonar. *[desamparar]*

desempat. m. Acció de desempatar. *[desempate]*

desempatar. v. tr. Desfer la paritat o empat entre el vots, punts, etcètera. *[desempatar]*

desempestar. v. tr. Desinfectar una cosa empestada. *[desinfectar]*

desempiular. v. tr. Desfer les coses que estaven empiulades. *[desapiolar]*

desempudegar. v. tr. Traure la pudor d'una cosa empudegada. *[desapestar]*

desena. f. Conjunt de deu unitats. *[decena]*

desencabotar. v. tr. Fer cessar d'estar encabotat. *[desaferrar, desencarar, desenquerenciar]*

desencadenar. v. tr. Llevar la cadena amb què una persona o cosa és lligada. *[desencadenar]* // Rompre el vincle.

desencaixar. v. tr. Traure una cosa del seu lloc o encaix. *[desencajar]*

desencallar. v. tr. Traure un vehicle, etcètera, del lloc on està encallat. *[desencallar, desatascar]*

desencaminar. v. tr. Apartar algú del bon camí. *[desencaminar, descarriar]*

desencant. m. Acció i efecte de desencantar o de desencantar-se. *[desencanto]*

desencantar. v. tr. Desfer l'encantament. *[desencantar]*

desencapritxar-se. v. pron. Cessar d'estar encapritxat. *[desencapricharse]*

desencarnar. v. tr. Descarnar. *[descarnar]*

desencarrilar. v. tr. Descarrerar, desencaminar. *[desencarrilar]*

desencauar. v. tr. Traure o fer eixir del cau. *[desencovar]*

desencegar. v. tr. Deixar d'estar encegat. *[descegar, desofuscar]*

desencert. m. El fet de no encertar. *[desacierto]*

desencís. m. Acció i efecte de desencisar.

desencisar. v. tr. Fer cessar d'estar encisat. *[deshechizar]* // **-se.** Cessar d'estar encisat. *[deshechizarse]*

desencollir. v. tr. Fer cessar d'estar encollit. *[desencoger]*

desencoratjar. v. tr. Descoratjar. *[descorazonar]*

desendreç. m. Malendreç, manca d'orde o d'arranjament. *[desorden, desaseo, dejadez]*

desendreçar. v. tr. Fer cessar d'estar endreçat. *[desenderezar]*

desenfadar. v. tr. Fer cessar d'estar enfadat. *[desenfadar]* // **-se.** Cessar d'estar enfadat. *[desenfadarse]*

desenfaenat, ada. adj. Que no té faena. *[desocupado]*

desenfilar. v. tr. Fer cessar allò que era enfilat. *[desensartar]* // Llevar el fil de l'agulla de cosir. *[desenhebrar]* // **-se.** Cessar d'estar enfilat. *[desenfilar]*

desenfitar. v. tr. Llevar l'enfit o empatx. *[desempachar, desahitar]*

desenfrenar. v. tr. Llevar el fre. *[desenfrenar]* // **-se.** Lliurar-se sense fre a les passions, etcètera. *[desenfrenarse]*

desenfundar. v. tr. Traure la funda a una cosa. *[desenfundar]*

desenfurir. v. tr. Fer cessar d'estar enfurit. *[desenfurecer]* // **-se.** Cessar d'estar enfurit. *[desenfurecerse]*

desengabiar. v. tr. Traure de la gàbia. *[desenjaular]*

desenganxar. v. tr. Separar una cosa que està enganxada. *[desenganchar, despegar, desenredar]*

desengany. m. Acció i efecte de desenganyar o de desenganyar-se. *[desengaño]* // Cosa que desenganya.

desenganyar. v. tr. Fer conéixer l'engany o error. *[desengañar]*

desenllaç. m. Solució d'una narració o d'un afer. *[desenlace]*

desenllaçar. v. tr. Desfer l'enllaç. *[desenlazar]* // Dur fins al desenllaç. *[desenlazar]*

desenquadernar. v. tr. Fer cessar d'estar enquadernat. *[desencuadernar]*

desenredrar. v. tr. Fer cessar d'estar enredrat; desembullar, aclarir una qüestió intricada. *[desenredar]*

desenrotllar. v. tr. Desplegar allò que està enrotllat. *[desarrollar]* // Donar increment. *[desarrollar]* // Explicar una tesi o teoria en tota l'extensió convenient. *[desarrollar]*

desentendre's. v. pron. No voler intervenir en alguna cosa. *[desentenderse]*

desenterrar. v. tr. Traure allò que és enterrat. *[desenterrar]*

desentonar. v. intr. Separar-se del to degut, no entonar. *[desentonar]*

desentranyar. v. tr. Arrancar les entranyes. *[desentrañar]* // fig. Obtenir amb esforç la coneixença d'una cosa. *[desentrañar]*

desentrenar. v. tr. Fer perdre l'entrenament. *[desentrenar]*

desenviscar. v. tr. Llevar el visc dels bastonets, rametes, esparts, etcètera, enviscats. *[desligar]* // Fer cessar d'estar enviscat, llevar els moixons de l'envisc amb què s'han agafat. *[desligar]* // **-se.** Cessar d'estar enviscat.

desenvolupar. v. tr. Fer cessar d'estar envolupat, desenrotllar. *[desenvolver]* // Desembolicar. *[desenredar]*

desequilibrar. v. tr. Fer perdre l'equilibri. *[desequilibrar]*

desequilibrat, ada. adj. Que no té en equilibri les facultats mentals. *[desequilibrado]*

desequilibri. m. Manca d'equilibri. *[desequilibrio]*

deserció. f. Acció de desertar. *[deserción]*

desert, erta. adj. Despoblat, inhabitat. *[desierto]* // m. Lloc inhabitat. *[desierto]*

desertar. v. tr. Abandonar un partit, una causa, etcètera. *[desertar]*

desertor, ora. adj. i m. i f. Que deserta. *[desertor]*

desesme. m. Manca d'esme. *[desatino]*

desesper. m. Estat del qui no té esperança, desesperació. *[desespero]*

desesperació. f. Estat del qui no té esperança: *[desesperación]*

desesperança. f. Manca d'esperança. *[desesperanza]*

desesperançar. v. tr. Fer perdre l'esperança. *[desesperanzar]*

desesperar. v. intr. i tr. Intr. No tenir cap esperança d'una cosa. *[desesperar]* // Tr. Causar desesperació. *[desesperar]*

desestimar. v. tr. No apreciar una cosa, no tenir l'estimació deguda a alguna cosa. *[desestimar]* // Denegar, rebutjar. *[desestimar].*

desfalc. m. Acció i efecte de desfalcar o sostraure fraudulentament. *[desfalco]*

desfamar. v. tr. Llevar bona fama, difamar. *[difamar]*

desfargat, ada. adj. Desendreçat, vestit desordenadament, descurós. *[desaliñado]*

desfasament. m. Diferència entre les fases de dues magnituds periòdiques de la mateixa freqüència, en un instant donat. *[desfase]* // fig. Desacord en el temps entre dos fets o dues situacions. *[desfase]*

desfasar. v. tr. Produir un desfasament. *[desfasar]*

desfer. v. tr. Destruir allò que és fet. *[deshacer]* // Deslligar un nuc, baga o llaçada. *[deshacer]* // Desbaratar els intents. *[burlar, frustrar]* // **-se.** Desapropiar-se d'una cosa. *[deshacerse]* // Fer una cosa amb gran deler. *[desvivirse]* // Descompondre's. // Fondre's.

desferra. f. Allò que resta d'una cosa destruïda, despulles. *[despojo]*

desferrar. v. tr. Llevar els ferros d'una cosa, les ferradures d'un animal. *[desherrar]*

desfeta. f. Derrota completa. *[derrota]*

desfetjar-se. v. pron. Fatigar-se en extrem per algun treball. *[extenuarse, tronzarse]*

desficaci. m. Cosa dita o feta contra la raó, fora de propòsit, disbarat. *[despropósito, disparate]*

desficaciat, ada. adj. De poc fons, destarifat, sense ficaci o enteniment. *[disparatado]*

desfici. m. Agitació deguda a un mal físic o moral que no ens deixa estar tranquils, a una cosa que ens despacienta fortament, a les punyides d'un desig violent; malestar, desassossec. *[desazón, desasosiego]*

desficiós, osa. adj. Que té desfici o que dóna desfici. *[desasosegado, impacien-*

te] // Que no troba gust en res. *[displicente]*

desfigurar. v. tr. Alterar la figura d'algú o d'alguna cosa. *[desfigurar]*

desfila. adj. Conjunt de fils provinents de desfilar un teixit que s'empra especialment per a curar plagues, ferides, etcètera. *[hilas, hilaza]*

desfilada. f. Acció de desfilar. *[desfile]*

desfilar. v. intr. Passar per davant d'algú ordenadament en files, l'un darrere l'altre. *[desfilar]* // Eixir diverses persones d'algun lloc l'una darrere de l'altra.

desflorar. v. tr. Llevar la flor d'una planta. *[desflorar]* // Llevar la virginitat a una donzella. *[desflorar]*

desfogar. v. tr. Manifestar una passió amb vehemència, donar pas lliure, una eixida al foc, a un sentiment, a una passió. *[desfogar, desahogar]* // **-se.** Esbravar-se, manifestar lliurement els sentiments o passions. *[desahogarse]*

desfullar. v. tr. Llevar les fulles d'una planta, etcètera. *[deshojar]*

desgana. f. Manca de gana, inapetència. *[desgana]* // desmai; pèrdua dels sentits per defalliment. *[desmayo, síncope]*

desganat, ada. adj. Que pateix de desgana. *[desganado]*

desgast. m. El fet de desgastar-se una cosa. *[desgaste]*

desgastar. v. tr. Consumir una matèria a poc a poc. *[desgastar]*

desgavell. m. Desorde complet. *[desbarajuste]*

desgelar. v. tr. i intr. Tr. Fer cessar d'estar gelat, fondre el gel, desglaçar. *[deshelar]* // Intr. Fondre's el gel, fer temps de desglaç. *[deshelar]*

desgotar. v. tr. Buidar d'aigua o d'altre líquid el recipient que el conté. *[desaguar, vaciar]*

desgràcia. f. Esdeveniment funest que cau sobre algú. *[desgracia]*

desgraciar. v. tr. Llevar la gràcia, l'aspecte agradós i atractiu d'una persona o cosa. *[desgraciar]* // Fer malbé, malmetre. *[desgraciar]*

desgraciat, ada. adj. Que té desgràcia o mala sort. *[desgraciado]* // Que no té gràcia.

desgrat. m. Disgust, desplaer, descontentament. *[desagrado]*

desgravar. v. tr. Alliberar d'un impost o gravamen. *[desgravar]*

desguarnir. v. tr. Fer cessar d'estar guarnit. *[desguarnecer]*

desguàs, (pl. assos). m. Acció de desguassar. *[desagüe]* // Conducte per a fer marxar l'aigua d'un lloc. *[desagüe]*

deshabitat, ada. adj. No habitat.

desheretar. v. tr. Excloure a algú de l'herència. *[desheredar]*

deshonest, esta. adj. Mancat d'honestedat. *[deshonesto]*

deshonor. m. i f. Privació de l'honor. *[deshonor]*

deshonra. f. Pèrdua de l'honra. *[deshonra]*

deshonrar. v. tr. Llevar l'honra i bona reputació. *[deshonrar]* // Violar l'honestedat d'una dona. *[deshonrar]*

deshonrat, ada. adj. Que ha perdut l'honra. *[deshonrado]* // Deshonest, indecent, descarat, insolent. *[sinvergüenza, granuja]*

deshora, a. loc. adv. Fora de temps, a una hora intempestiva. *[a deshora]*

desídia. f. Manca d'activitat per negligència o incúria. *[desidia]*

desig. m. Acció de desitjar. *[deseo]* // Taca a la pell, atribuïda a un caprici no satisfet de la mare durant l'embaràs. *[antojo]*

designar. v. tr. Destinar una persona o cosa per a un fi determinat. *[designar]*

designi. m. Pla ideat d'alguna cosa a acomplir, propòsit. *[designio]*

desigual. adj. Que no és igual. *[desigual]*

desil·lusió. f. Pèrdua de la il·lusió. *[desilusión]*

desimbolt, olta. adj. Que obra amb desembaràs, amb esparpall. *[desnvuelto, desembarazado]*

desimboltura. f. Desembaràs, esparpall. *[desenvoltura]* // Gosadia, desvergonyiment. *[desenvoltura]*

desincrustar. v. tr. Llevar les incrustacions. *[desincrustar]*

desinència. f. Terminació d'un mot, especialment la que expressa un accident gramatical. *[desinencia]*

desinfecció. f. Acció i efecte de desinfectar. *[desinfección]*

desinfectant. adj. Que desinfecta. *[desinfectante]* // m. Substància que serveix per a desinfectar. *[desinfectante]*

desinfectar. v. tr. Llevar la infecció. *[desinfectar]* // Netejar alguna cosa d'allò que pot esser una causa d'infecció. *[desinfectar]*

desinflar. v. tr. Llevar la inflor. *[desinflar, desinchar]*

desintegració. f. Acció i efecte de desintegrar o de desintegrar-se. *[desintegración]*

desintegrar. v. tr. Dividir una cosa en les seues parts integrants. *[desintegrar]*

desinterés (pl. **essos**). m. Manca d'interés per algú o alguna cosa. *[desinterés]*

desinteressar. v. tr. Fer perdre l'interés. *[desinteresar]*

desinteressat, ada. adj. No interessat. *[desinteresado]*

desistir. v. intr. Apartar-se d'una empresa o intent. *[desistir]*

desitjar. v. tr. Aspirar a una cosa, pretendre-la. *[desear]*

desjuïnar-se. v. pron. Perdre el juí, calfar-se el cap, esforçar-se per trobar o saber una cosa. *[descabezarse, descalabazarse]*

desjunyir. v. tr. Llevar el jou de les bèsties. *[desuncir]* // Separar, dividir.

desllavassar. v. tr. Aclarir massa un guisat o altre menjar per excés d'aigua, aigualir, esllavassar. *[deslavazar]*

desllavassat, ada. adj. Massa clar, aigualit. *[deslavazado]*

deslleial. adj. No lleial, mancat de lleialtat. *[desleal]*

deslleialtat. f. Manca de lleialtat. *[deslealtad]*

desllemenar. v. tr. Llevar les llémenes. *[deslendrar]*

desllepissar. v. tr. Desferrar, desprendre una cosa que està agafada amb una altra. *[desasir, desprender]* // **-se.** Deseixir-se'n, alliberar-se d'una cosa dificultosa, desfer-se amb esforç d'una cosa adherida fortament, posant molta cura i afany. *[desasirse, despizcarse, zafarse]* // Escapar-se hàbilment, escapolir-se. *[zafarse]* // Esllavissar-se, esvarar-se, relliscar. *[escurrirse]*

deslletar. v. tr. Cessar d'alletar. *[destetar]*

deslligar. v. tr. Desfer allò que era lligat. *[desligar, desatar]* // Despullar, llevar els vestits. *[desnudar]*

deslliurament. m. Acció i efecte de deslliurar o de deslliurar-se. *[libramiento]*

deslliurança. f. Acció i efecte de deslliurar o deslliurar-se. *[libramiento, liberación]*

deslliurar. v. tr. i intr. Tr. Alliberar, posar en llibertat. *[librar, libertar]* // Intr. Parir.

desllogar. v. tr. Deixar de tenir llogat un local, etc. *[desalquilar]*

deslluir. v. tr. Llevar el lluïment. *[deslucir]* // Llevar la lluentor. *[deslucir]*

desllunat. m. Espai tancat de paret i sense teulada. *[deslunado, patinillo]*

desmai. m. Defalliment temporal dels sentits. *[desmayo]* // Mena de salze de branques penjants. *[sauce llorón, desmayo]*

desmaiar. v. intr. Fer perdre l'ànim, acovardir. *[desmayar]* // **-se.** Perdre els sentits transitòriament. *[desmayarse]*

desmaiat, ada. adj. Mancat d'ànim o de forces vitals. *[desmayado]* // Poc viu, aplicat especialment als colors. *[apagado, desmayado]*

desmamar. v. tr. Deslletar, fer cessar de mamar. *[destetar]*

desmanegar. v. tr. Llevar el mànec d'una aïna, etcètera. *[desmangar]*

desmanegat, ada. adj. Que no té mànec. *[desmangado]* // Mal compost o coordinat. *[destartalado]*

desmanotat, ada. adj. Mancat de traça en les mans, inhàbil, que fa les coses arreu. *[manirroto]*

desmarcar. v. tr. Llevar la marca d'un objecte marcat. *[desmarcar]* // **-se.** En certs jocs, evitar un jugador de ser marcat pels jugadors contraris. *[desmarcarse]*

desmarxar. v. tr. Destruir el bon funcionament d'una cosa. *[descomponer, estropear]*

desmemoriat, ada. adj. Mancat de memòria. *[desmemoriado]*

desmenjar-se. v. pron. Perdre la gana de menjar o l'afecció envers una cosa. *[desganarse]*

desmentir. v. tr. Dir a algú que ment. *[desmentir]* // Sostenir la falsedat d'un fet o d'una dita. *[desmentir]*

desmeréixer. v. intr. Perdre una cosa part del seu mèrit o valor. *[desmerecer]* // Fer-se algú menys digne de premi o lloança. *[desmerecer]* // Ser una persona o cosa inferior a una altra. *[desmerecer]*

desmesura. f. Manca de mesura en alguna cosa; manca de mirament. *[desmesura, descomedimiento]*

desmesurat, ada. adj. De dimensions que passen de la mesura, excessiu. *[desmesurado]*

desmillorar. v. tr. Fer perdre la qualitat o perfecció. *[desmejorar]* // Fer que algú o alguna cosa no estiga tan bé, en tan bon estat com estava. *[desmejorar]* // **-se.** Sofrir alguna minva en el bon estat de salut, bon aspecte, bona aparença.

desmodat, ada. adj. Passat de moda. *[anticuado]* // Mancat de bons modos. *[maleducado]*

desmoralitzar. v. tr. Corrompre els costums, fer perdre la moral. *[desmoralizar]*

demorrellar. v. tr. Trencar una cosa pel cantell. *[descantillar]* // **-se.** Trencar-se les vores d'un objecte. *[descantillarse]*

desmunt. m. Part d'un terreny en la qual aquest ha estat rebaixat. *[desmonte]*

desmuntar. v. tr. Fer baixar d'una cavalleria o d'altra cosa. *[descabalgar]* // Desarmar una màquina. *[desmontar]*

desnatar. v. tr. Llevar la nata o tel de la llet. *[desnatar]*

desnaturalitzar. v. tr. Alterar una cosa fent-li perdre les seues qualitats característiques. *[desnaturalizar]*

desnivell. m. Diferència d'alçària entre dos llocs. *[desnivel]* // Manca de nivell *[desnivel]*

desnivellar. v. tr. Traure de nivell. *[desnivelar]*

desnonar. v. tr. Dir que no d'una cosa acordada. *[descomprometer]* // Donar un malalt per incurable. *[desahuciar]*

desnucar. v. tr. Rompre el coll, trencar la nuca. *[desnucar]*

desobediència. f. Acció i efecte de desobedir. *[desobediencia]*

desobedir. v. tr. No fer allò que és manat. *[desobedecer]*

desocupar. v. tr. Deixar de tenir ocupat un lloc, buidar. *[desocupar]* // Parir.

desoir. v. tr. No fer cas d'un prec, advertiment, etc. *[desoir]*

desolar. v. tr. Arruïnar un país destruint tot allò que hi ha. *[desolar]* // Afligir, colpir profundament. *[desolar]*

desorbitar. v. tr. Traure alguna cosa de la seua òrbita. *[desorbitar]* // **-se.** Sortir alguna cosa de la seua òrbita. *[desorbitarse]*

desorbitat, ada. adj. Que està fora de la seua òrbita. *[desorbitado]*

desorde. m. Absència d'orde. *[desorden]*

desordenar. v. tr. Posar en desorde. *[desordenar]*

desorganitzar. v. tr. Destruir l'organització d'alguna cosa. *[desorganizar]*

desori. m. Desorde, confusió. *[desbarajuste]* // Estat de desorde i confusió en què no hi ha manera d'entendre's. *[desconcierto, zipizape, zaragata]*

desorientació. f. Pèrdua d'orientació. *[desorientación]*

desorientar. v. tr. Fer perdre l'orientació. *[desorientar]*

despagar. v. tr. Fer malcontent a algú, descontentar. *[despagar, disgustar]*

despagat, ada. adj. Malcontent, disgustat. *[despagado]*

desparar. v. tr. Desfer una cosa que estava parada, com la taula, etcètera. *[levantar, quitar la mesa]*

despartir. v. tr. Separar una persona o cosa d'una altra. *[separar]*

despassar. v. tr. Passar una cosa en sentit invers, traent-la del lloc o forat per on l'havien passada. *[despasar]* // Desenfilar una agulla. *[deshenebrar]* // Llevar la corda d'una corriola, politja, etc., o eixir-se'n. // Passar en sentit invers un cordó, cinta, etc., que lligava o subjectava. *[desabrochar]* // Traure un botó, gafet, etc., del trau. *[desabotonar.* // Llevar la falleva, forrellat, etc., d'on són passats. // Rodar la clau d'un pany deixant-lo obert. *[abrir]*

despatx. m. Acció de despatxar. *[despacho]* // Lloc destinat a despatxar els negocis. *[despacho]* // Comunicació adreçada a algú per la via ràpida. *[despacho]*

despatxar. v. tr. Desfer-se d'algú quan no volem els seus serveis. *[despachar]* // Desfer-se d'un gènere, venent-lo. *[despachar]* // Concloure un negoci, etc. *[despachar]* // Trametre, un missatger, un propi, un correu. *[despachar]*

despeat, ada. adj. Molt cansat i dolorit dels peus per haver caminat massa. *[despeado]*

despectiu, iva. adj. Que expressa o indica menyspreu. *[despectivo]*

despedir. v. tr. Enviar, dir a algú que se'n pot anar, que no el necessiten més o no el volen més, llevar-li l'empleu, ocupació o càrrec. *[despedir]* // Deixar anar, amollar. // Acompanyar a algú que se'n va per dar-li comiat, acomiadar. *[despedir]* // **-se.** Separar-se d'algú saludant-lo. *[despedirse]*

despedregar. v. tr. Netejar la terra de pedres. *[despedregar]*

despellugar-se. v. tr. Traure's de damunt, desfer-se d'un compromís. *[quitarse, sacudirse]*

despendre. v. tr. Donar, emprar diners per a procurar-se alguna cosa. *[despender, gastar]*

despentinar. v. tr. Desfer el pentinat. *[despeinar]*

despenyar. v. tr. Espenyar, llançar de dalt una penya avall. *[despeñar]*

desperfecte. m. Deterioració o damnatge no greu. *[desperfecto]*

despert, erta. adj. No adormit. *[despierto]* // Espavilat, viu d'enteniment.

despertada. f. Acció de despertar. *[despertada]* // Toc de campana per a despertar la gent. // Diana a l'hora de la despertada que inicia la festa del dia, generalment amb música, trons, batallada, etc. *[alborada, despertada]*

despertador, ora. adj. i m. i f. Que desperta. *[despertador]* // m. Rellotge que a l'hora desitjada fa sonar un timbre per a despertar. *[despertador]*

despertar. v. tr. Interrompre el son. *[despertar]* // Espavilar.

despesa. f. Acció i efecte de despendre. *[gasto]* // Allò que es despén o es gasta. *[gasto]*

despietat, ada. adj. Mancat de pietat. *[despiadado]*

despistar. v. tr. Fer perdre la pista d'allò que es cerca. *[despistar]*

despit. m. Irritació que ens causa el desdeny que algú ens mostra, la preferència que mostra algú a un altre. *[despecho]* // **a despit.** Malgrat, contra la voluntat. *[a pesar]*

despitralat, ada. adj. Descobert de pits. *[despechugado]*

desplaçar. v. tr. Traure una cosa del seu lloc. *[desplazar]*

desplaer. m. Impressió desagradable que algú o alguna cosa produeix en nosaltres. *[desplacer, disgusto]*

desplantar. v. tr. Llevar una cosa d'allà on estava plantada. *[desplantar]*

desplaure. v. intr. No plaure, desagradar. *[desplacer, desagradar]*

desplegament. m. Acció de desplegar. *[desenvolvimiento]*

desplegar. v. tr. Estendre o desfer allò que estava plegat o doblegat. *[desplegar]* // Posar plenament en acció, en evidència. *[desplegar]*

desplomar. v. tr. Fer perdre a alguna cosa la posició vertical. *[desplomar]*

despoblar. v. tr. Llevar habitants d'un poblat o lloc. *[despoblar]*

despoblat, ada. adj. No poblat. *[despoblado]* // m. Fora de poblat. *[despoblado]*

despondre's. v. pron. Deixar de pondre les gallines. *[desponerse]*

desposseir. v. tr. Privar a algú de la possessió d'alguna cosa. *[desposeer]*

dèspota. m. i f. Monarca que governa arbitràriament. *[déspota]* // El qui tracta durament els seus súbdits. *[déspota]*

desprendre. v. tr. Separar alguna cosa d'allò que la té agafada. *[desprender]*

despreocupar-se. v. pron. Deslliurar-se d'una preocupació. *[despreocuparse]*

despreocupat, ada. adj. Que no té preocupacions. *[despreocupado]*

després, esa. adj. Separat d'allò amb què

estava agafat. *[desprendido]* // Que es desprén amb facilitat del que té, que és generós. *[desprendido]*

després. adv., prep. i conj. Denota posterioritat de temps, lloc, situació, rang. *[después]*

desprestigi. m. Acció i efecte de desprestigiar o de desprestigiar-se. *[desprestigio]*

desprestigiar. v. tr. Llevar el prestigi a algú, fer-li'l perdre. *[desprestigiar]*

desproporció. f. Manca de la proporció deguda. *[desproporción]*

despropòsit. m. Paraula o acte fora de lloc, sense sentit, inconvenient.

desproveir. v. tr. Llevar a algú allò de què s'havia proveït. *[desproveer]*

despulla. f. Ventre, cap, potes, ales i entranyes del bestiar mort per a l'alimentació. *[despojo]* // Allò que hom ha perdut pel temps, per la mort o altres accidents. *[despojo]* // Pell que deixa la serp en posar-ne de nova. *[camisa]*

despullar. v. tr. Llevar a algú el vestit o la roba. *[desnudar]* // Privar a algú d'allò que li pertany. *[despojar]* // Llevar a alguna cosa allò que la cobreix o adorna. *[desnudar]* // Extraure d'un document, llibre, text, etc., allò que ens convé d'examinar, citar, etc. *[extraer]*

despuntar. v. tr. Espuntar, llevar la punta. *[despuntar]*

despús-ahir. adv. En el dia anterior al d'ahir. *[anteayer]*

despús-anit. adv. La nit anterior a la darrera passada. *[anteanoche]*

despús-demà. adv. En el dia següent al de demà. *[pasado mañana]*

desqualificar. v. tr. Impedir legalment a algú de ser o de fer alguna cosa. *[descalificar]* // Llevar la qualificació, incapacitar. *[descalificar]*

desqueferat, ada. adj. Lliure de quefers. *[desocupado]*

dessaborir. v. tr. Llevar el sabor a un menjar. *[desazonar]*

dessagnar. v. tr. Llevar la sang a alguna persona o animal. *[desangrar]*

dessecar. v. tr. Llevar la humitat d'alguna cosa. *[desecar]*

desset. Adjectiu numeral i conjunt de xifres que el representen. *[diecisiete]*

dessocar. v. tr. Arrancar de soca i arrel. *[descepar]*

dessonillar. v. tr. Deixondir, llevar la son. *[desvelar, despabilar]* // **-se.** Perdre la son, no tenir son. *[desvelarse, despabilarse]*

dessota. adv. En lloc inferior, sota. *[debajo]*

dessuar. v. tr. Llevar, eixugar la suor. *[desudar]* // **-se.** Cessar d'estar suat. // Llevar-se, eixugar-se, perdre la suor. *[desudarse]*

dessubstanciar. v. tr. Llevar la substància. *[desustanciar]*

dessucar. v. tr. Llevar el suc d'alguna cosa. *[desucar, desjugar, deszumar]*

destacament. m. Grup de tropa destacada o separada del cos principal. *[destacamento]*

destacar. v. tr. Fer ressaltar els objectes d'una pintura, dibuix, etc. *[destacar]* // Separar del cos principal una porció de tropa. *[destacar]*

destapador, ora. m. i f. Que destapa. *[destapador]* // m. Instrument de ferro a manera de barrina que serveix per a destapar botelles. *[sacacorchos]*

destapar. v. tr. Descobrir alguna cosa llevant allò que la tapava. *[destapar, descobrir]*

destarifat, ada. adj. Desbaratat, que parla o obra en forma exagerada o desraonable, que diu o fa disbarats o despropòsits. *[alocado]*

destarotar. v. tr. Desconcertar, fer perdre la serenitat de judici. *[desatinar, desconcertar]*

destarotat, ada. adj. Confús, mancat de serenitat, de judici. *[desconcertado, desatinado]* // Que fa les coses sense orde ni concert. *[desatinado]*

destemps. m. Temps inoportú. *[destiempo]* // **a destemps.** loc. adv. Fora de temps. *[a destiempo]*.

destenyir. v. tr. Fer perdre el color a una cosa tenyida. *[desteñir]*

desterrament. m. Bandejament. *[destierro]*

desterrar. v. tr. Bandejar, exiliar. *[desterrar]*

destí. m. Potència sobrehumana que, segons els pagans, fixava per endavant el curs dels esdeveniments. *[destino]* // Sort reservada a cadascú. *[destino]*

destil·lació. f. Acció i efecte de destil·lar. *[destilación]*

destil·lar. v. tr. Separar una substància volàtil d'altres més fixes per escalfament i refredament successius. *[destilar]* // Degotar. *[destilar]*

destinació. f. Acció i efecte de destinar. *[destinación]* // Consignació d'una cosa per a un fi determinat. *[destino]*

destinar. v. tr. Assenyalar una persona o cosa per a algun fi. *[destinar]* // Decidir o determinar per endavant. *[destinar]*

destinatari, ària. m. i f. Persona a qui va destinada una cosa que s'envia. *[destinatario]*

destitució. f. Acció de destituir. *[destitución]*

destituir. v. tr. Desposseir a algú d'un càrrec, d'una col·locació. *[destituir]*

destorb. m. Acció i efecte de destorbar. *[estorbo]* // Allò que ens destorba. *[estorbo]*

destorbar. v. tr. Posar destorbs a l'execució d'alguna cosa. *[estorbar]* // Entretenir, fer perdre temps. *[entretener]*

destòrcer. v. tr. Fer cessar d'estar torçat. *[destorcer]* // Adreçar allò que és tort. *[destorcer]*

destraçat, ada. adj. Que té poca traça o no en té gens. *[destrazado]*

destral. f. Instrument de tall usat per a estellar llenya, format per una fulla acerada proveïda d'un mànec de fusta dins el mateix pla de la fulla. *[hacha, destral]*

destre, estra. adj. Hàbil, expert. *[diestro]* // m. Mesura de longitud.

destrellatat, ada. adj. Que té poc trellat. *[desatinado]*

destrempament. m. Acció i efecte de destrempar o de destrempar-se. *[destemplamiento]*

destrempar. v. tr. Fer cessar d'estar trempat. *[destemplar]*

destresa. f. Condició de destre, habilitat. *[destreza]*

destriar. v. tr. Separar alguna cosa que està barrejada amb altres. *[separar]* // Pervenir a la coneixença d'alguna cosa difícil de penetrar, d'esbrinar. *[discernir, distinguir]* // Distingir amb la vista alguna cosa llunyana. *[divisar, columbrar]*

destronar. v. tr. Llevar el regne o tron. *[destronar]* // Desposseir de la sobirania. *[destronar]* // Desposseir de la preeminència. *[destronar]*

destrossa. f. Acció i efecte de destrossar. *[destrozo]* // Derrota i matança gran. *[carnicería]*

destrossar. v. tr. Rompre i fer malbé una cosa deixant-la inservible. *[destrozar]* // Derrotar l'enemic deixant-lo completament malmés. *[destrozar]* // Fer malbé la salut, fortuna, etc. *[destrozar]*

destrucció. f. Acció i efecte de destruir. *[destrucción]*

destruir. v. tr. Desfer allò que està construït. *[destruir]* // Posar fi a l'existència d'alguna cosa. *[destruir]*

desullar. v. tr. Ofuscar per excés de llum. *[deslumbrar]* // Trencar l'ull d'una agulla, etc. *[desojar]* // **-se.** Fatigar en extrem els ulls. *[desojarse]*

desunflar. v. tr. Deixar d'estar unflat. *[desinflar]* // Llevar la unflor *[deshinchar]*

desunió. f. Acció i efecte de desunir. *[desunión]*

desunir. v. tr. Desfer una unió. *[desunir]*

desvalaït, ïda. adj. Desvalgut, abandonat. *[desvalido]*

desvanir-se. v. pron. Enorgullir-se, alegrar-se. *[envanecerse]*

desvari. m. Acció de desvariejar, deliri. *[desvarío]* // Pensament absurd.

desvariejar. v. intr. Dir coses fora de sentit comú, tenir desvaris. *[desvariar]*

desventura. f. Desgràcia, mala sort, dissort. *[desventura]*

desvergonyiment. m. Manca de vergonya. *[desvergüenza]* // Dita o fet insolent. *[desvergüenza]*

desvergonyit, ida. adj. Que parla o obra amb desvergonyiment, que no té vergonya. *[desvergonzado]*

desvetlar. v. tr. Llevar la son. *[desvelar]* // **-se.** Perdre la son. *[desvelarse]*

desviació. f. Acció i efecte de desviar o de desviar-se. *[desviación]*

desviament. m. Acció de desviar o de desviar-se. *[desviamiento]*

desviar. v. tr. Apartar o separar una cosa del seu camí, de la seua direcció normal. *[desviar]*

desvirgar. v. tr. Llevar la virginitat. *[desflorar]*

desvirtuar. v. tr. Llevar força o virtut a una cosa. *[desvirtuar]*

desviure's. v. pron. Sacrificar-se, privar-se del propi benestar en benefici d'altri o per a obtenir una cosa. *[desvivirse]*

desxifrar. v. tr. Interpretar allò que està obscur. *[descifrar]*

detall. m. Circumstància o particularitat d'un tot, minúcia. *[detalle]* // Relació o llista minuciosa. *[detalle]*

detallar. v. tr. Referir una cosa, etc., amb totes les particularitats. *[detallar]* // Vendre al detall, a la menuda. *[detallar]*

detectar. v. tr. Revelar la presència d'alguna cosa mitjançant un procediment físic. *[detector]*

detectiu. m. El qui té per ocupació de fer investigacions sobre fets amagats o obscurs. *[detective]*

detenció. f. Acció i efecte de detenir. *[detención]* // Arrest provisional. *[detención]*

detenir. v. tr. Posar a algú a la presó, arrestar. *[detener]* // Impedir d'anar endavant. *[detener]*

deteriorar. v. tr. Fer una cosa d'inferior qualitat o valor. *[deteriorar]*

determinació. f. Acció i efecte de determinar o de determinar-se. *[determinación]*

determinar. v. tr. Fixar els termes d'una cosa. *[determinar]* // Prendre una resolució. *[determinar]*

determini. m. Determinació, resolució de fer una cosa. *[determinación, decisión]* // Temps determinat, termini. *[término, plazo]*

detestar. v. tr. Tenir una aversió declarada a una cosa, avorrir. *[detestar]*

detindre. v. tr. Infinitiu irregular del verb *detenir*, extret per analogia del futur d'indicatiu: *detindré, detindràs, detindrà...* detindre. *[detener]*

detonant. adj. Que té la propietat de detonar. *[detonante]*

detonar. v. intr. Fer un soroll sobtat com un tro. *[detonar]* // Produir una impressió de desacord, de sorpresa, d'intemperància, etc. *[detonar]*

detriment. m. Dany, perjudici, material o moral, que es va operant lentament. *[detrimento]*

deturar. v. tr. Detenir, impedir d'anar avant. *[detener, parar]* // Fer cessar de moure's o d'obrar. *[detener, parar]*

Déu. m. L'Ésser Suprem, existent per si mateix, increat, etern, infinitament perfecte, esperit puríssim, creador i sostenidor del món, principi i fi de totes les coses. *[Dios]* // Cadascuna de les tres persones de la Santíssima Trinitat. *[Dios]* // Cadascuna de les falses divinitats dels gentils *[dios]*

deu. f. Naiximent d'aigua, ullal. *[manantial]*

deu. Adjectiu numeral i conjunt de xifres que el representen. *[diez]*

deure. v. tr. Haver de donar o pagar a algú alguna cosa. *[deber]*

deure. m. Allò que hom ha de fer per obligació moral. *[deber]*

deute. m. Obligació de pagar, satisfer o reintegrar alguna cosa. *[deuda]*

deutor, ora. adj. i m. i f. Que deu, o està obligat a satisfer un deute. *[deudor]*

devallar. v. intr. i tr. Intr. Anar, traslladar-se, moure's d'un punt a un altre de més baix. *[bajar]* // Tr. Recórrer de dalt a baix. *[descender]* // Portar de dalt a baix. *[bajar]*

devastar. v. tr. Arrasar, destruir.

devers. prep. En direcció a, cap a. *[hacia]*

devessall. m. Pluja forta i de poca durada. *[chaparrón, aguacero]* // Desfeta de pluja. *[turbión, aluvión.* // Abundor excessiva de paraules o altra cosa. *[cúmulo]*

devoció. f. Veneració i fervor religioses. *[devoción]* // Manifestació externa d'aquests sentiments. *[devoción]* // Inclinació, afecció especial. *[devoción]*

devolució. f. Acció de retornar una cosa a la persona que la posseïa primer. *[devolución]*

devorar. v. tr. Menjar àvidament. *[devorar]* // Consumir enterament. *[devorar]*

devot, ota. adj. Que té devoció. *[devoto]* // Que mou a devoció. *[devoto]*

devuit. Adjectiu numeral i conjunt de xifres que el representen. *[dieciocho]*

dia. m. Temps que dura la claror del sol sobre l'horitzó. *[día]* // Espai de temps que empra la terra a donar una volta completa sobre el seu eix. *[día]*

diabètic, ètica. adj. Relatiu o pertanyent a la diabetis. *[diabético]*

diabetis. f. Malaltia caracteritzada per una excessiva secreció d'orina carregada de glucosa. *[diabetes]*

diable. m. Esperit del mal, dimoni. *[diablo]*

diabòlic, òlica. adj. Relatiu o pertanyent al diable. *[diabólico]*

diaca. m. Eclesiàstic que ha rebut la segona de les órdens majors. *[diácono]* // Clergue que en les misses majors canta l'evangeli. *[diácono]*

diada. f. Dia assenyalat en què es celebra una festa. // El dia en quant es refereix al temps que fa o a la faena que hi està assignada. *[jornada]*

diadema. f. Adornament del cap, que consisteix ordinàriament en un cercle d'or, pedres precioses, etc. *[diadema]*

diàfan, àfana. adj. Aplicat al cos que deixa passar a través seu la llum, transparent. *[diáfano]*

diafragma. m. Múscul que separa el ventre del pit. *[diafragma]* // Disc perforat usat en instruments òptics per a regular el pas de la llum. *[diafragma]*

diagnosi. f. Coneiximent dels signes d'una malaltia. *[diagnosis]* // En botànica, descripció concisa d'una planta. *[diagnosis]*

diagnòstic, òstica. adj. Relatiu o pertanyent a la diagnosi. *[diagnóstico]* // m. Conjunt de signes que serveixen per a fixar el caràcter peculiar d'una malaltia. *[diagnóstico]*

diagnosticar. v. tr. Fer el diagnòstic d'una malaltia. *[diagnosticar]*

diagrama. m. Dibuix que serveix per a demostrar una proposició o resoldre un problema. *[diagrama]*

dialectal. adj. Relatiu a un dialecte. *[dialectal]*

dialecte. m. Cadascuna de les varietats lingüístiques d'un país o comarca. *[dialecto]*

diàleg. m. Conversa entre dues o més persones. *[diálogo]*

dialogar. v. tr. i intr. Tr. Escriure una cosa en forma de diàleg. *[dialogar]* // Intr. Conversar. *[dialogar]*

diamant. m. Pedra preciosa constituïda per carboni pur cristal·litzat, notable per la seua duresa. *[diamante]*

diàmetre. m. Corda de la circumferència que passa pel centre. *[diámetro]* // Amplària d'un cos redó mesurada d'un costat a l'altre passant pel mig. *[diámetro]*

diana. f. Toc militar a punta de dia. *[diana]* // L'estel de l'alba. *[lucero del alba]*

diari, ària. adj. Que correspon a cada dia *[diario]* // m. Periòdic que es publica cada dia. *[diario]* // Llibre on s'apunten dia per dia les transaccions realitzades, etc. *[diario]*

diarrea. f. Evacuació freqüent de matèries fecals clares. *[diarrea]*

diàspora. f. Dispersió, es diu especialment de la dels jueus des de la captivitat de Babilònia. *[diáspora]*

diàstole. f. Moviment de dilatació del cor i de les artèries quan hi entra la sang. *[diástole]* // Llicència poètica que consisteix a fer llarga una síl·laba breu. *[diástole]*

diatriba. f. Crítica violenta. *[diatriba]*

dibuix. m. Art de dibuixar. *[dibujo]* // Delineació o figura executada en clar i obscur. *[dibujo]*

dibuixant. m. i f. Persona que dibuixa. *[dibujante]*

dibuixar. v. tr. Traçar sobre una superfície la imatge d'un objecte amb un llapis, pinzell, etc. *[dibujar]*

dic. m. Terraplé o mur construït a les vores d'un riu, de la mar, etc., per a contenir les aigües. *[dique]* // Part d'una dàrsena, etc., amb comportes que permeten de mantenir-la plena d'aigua o buidar-la, destinada a la recepció de naus a netejar, etc. *[dique]*

dicció. f. Manera de parlar, o d'escriure, o de pronunciar. *[dicción]* // Mot, paraula.

diccionari. m. Llibre on es recullen tots els mots d'una llengua, els termes d'una ciència, etc. *[diccionario]*

dictador. m. Magistrat suprem revestit d'una autoritat absoluta. *[dictador]*

dictadura. f. Dignitat i càrrec de dictador. *[dictadura]* // Temps que dura aquest càrrec. *[dictadura]*

dictamen. m. Opinió o judici que s'emet sobre una cosa. *[dictamen]*

dictaminar. v. intr. Donar dictamen. *[dictaminar]*

dictar. v. tr. Dir una cosa perquè un altre la vaja escrivint. *[dictar]* // Formular, imposar lleis, etc. *[dictar]*

dictat. m. Acció i efecte de dictar. *[dictado]*

dida. f. Dona que cria als seus pits l'infant d'una altra. *[nodriza, ama de cría]*

didal. m. Peça tubular que serveix per a guarnir el dit dels qui cusen. *[dedal]* // En el joc de raspall, peça tubular de diferents materials, usada per a protegir els dits.

dièresi. f. Signe ortogràfic (¨) usat damunt la «i» i la «u» per a indicar certes particularitats de la pronunciació. *[diéresis]* // Llicència poètica que consisteix a pronunciar en dues síl·labes les vocals d'un diftong. *[diéresis]*

dieta. f. Règim en el menjar i el beure. *[dieta]* // Nom donat en diferents estats a certes assemblees polítiques. *[dieta]* // Sobresou diari que cobra un funcionari fora de la seua residència. *[dieta]*

dietari. m. Llibre en què s'anoten els ingressos i despeses diàries d'una cosa, els esdeveniments notables, etc. *[dietario]*

difamar. v. tr. Fer perdre la bona fama, desacreditar. *[difamar]*

diferència. f. Qualitat de diferent. *[diferencia]* // Excés d'una quantitat respecte a una altra. *[diferencia]* // Resultat d'una sostracció. *[diferencia]*

diferencial. adj. Relatiu a la diferència de les coses. *[diferencial]* // m. Engranatge de rodes dentades amb què s'engendra la rotació de les diferents marxes d'un automòbil. *[diferencial]*

diferenciar. v. tr. Conéixer la diversitat de les coses, fer distinció. *[diferenciar]* // Formar la diferencial d'una expressió o equació. *[diferenciar]* // **-se.** Tornar-se diferent. *[diferenciarse]* // Ser diferent, diferir. *[diferenciarse]*

diferent. adj. Que difereix en alguna cosa. *[diferente]*

diferir. v. tr. i intr. Tr. Perllongar, retardar. *[diferir]* // Intr. Ser diferent una cosa d'una altra. *[diferir]*

difícil. adj. Que un no pot entendre, executar o aconseguir sense un gran treball. *[difícil]*

dificultar. v. tr. Posar dificultats a una cosa, fer difícil. *[dificultar]*

dificultat. f. Qualitat de difícil. *[dificultad]* // Allò que fa difícil una cosa.

difondre. v. tr. Escampar amplament, estendre en totes direccions. *[difundir]* // Divulgar, propagar. *[difundir]*

diforme. adj. Irregular en la forma, mancat de conformitat o uniformitat en les seues parts. *[deforme, disforme]*

difracció. f. Desviació dels raigs lluminosos quan passen fregant les vores d'un cos opac. *[difracción]*

diftèria. f. Malaltia infecciosa, caracteritzada per la formació de falses membranes a les mucoses. *[difteria]*

diftong. m. Grup de dues vocals que formen una sola síl·laba. *[diptongo]*

diftongar. v. tr. Reduir a diftong dues vocals. *[diptongar]*

difunt, unta. adj. i m. i f. Mort, mancat de vida. *[difunto]*

difús, usa. adj. Ample, dilatat. *[difuso]* // Excessivament dilatat en paraules i expressions. *[difuso]*

difusió. f. Acció i efecte de difondre o de difondre's. *[difusión]* // Qualitat de difús. *[difusión]*

difusor, ora. adj. i m. i f. Que difon. *[difusor]*

digerir. v. tr. Transformar, dins l'aparell digestiu, els aliments en substància pròpia per a la nutrició. *[digerir]*

digestió. f. Acció i efecte de digerir. *[digestión]*

digestiu, iva. adj. Que ajuda o facilita la digestió. *[digestivo]*

dígit, ígita. adj. Aplicat al nombre que és expressat amb una sola xifra, és a dir, que no arriba a 10. *[dígito]*

dignar-se. v. pron. Condescendir a fer alguna cosa. *[dignarse]*

dignatari. m. Persona revestida d'una gran autoritat. *[dignatario]*

digne, igna. adj. Mereixedor d'alguna cosa. *[digno]* // Proporcionat al mèrit, a la condició d'una persona o cosa. *[digno]*

dignificar. v. tr. Fer digna una persona o cosa o presentar-la com a tal. *[dignificar]* // Investir de dignitat o honor, honorar una persona o cosa. *[dignificar]*

dignitat. f. Qualitat de digne. *[dignidad]* // Càrrec honorífic i d'autoritat. *[dignidad]*

dígraf. m. Grup de dues lletres que representen un so, com «ny, rr, tx». *[dígrafo]*

digressió. f. Part d'un discurs que es desvia de l'assumpte principal. *[digresión]*

dijous. m. Quart dia de la setmana. *[jueves]*

dilació. f. Acció de diferir o d'ajornar alguna cosa. *[dilación]*

dilapidar. v. tr. Desbaratar i escampar les pedres o béns d'un edifici, un monument, una heretat, etc. *[dilapidar]* // Dissipar els béns propis o els que un té al seu càrrec amb despeses desordenades. *[dilapidar]*

dilatació. f. Acció i efecte de dilatar o de dilatar-se. *[dilatación]*

dilatar. v. tr. Fer més gran el volum d'una cosa sense augmentar-ne la massa. *[dilatar]* // Diferir, deixar per a temps més tardà. *[dilatar]*

dilecció. f. Estimació, amor reflexiva. *[dilección]*

dilema. m. Argument format de dues proposicions contradictòries, de tal manera que si és concedida o negada una qualsevol s'arriba sempre a la mateixa conclusió. *[dilema]* // Estat de coses en què cal escollir forçosament una de dues propostes. *[dilema]*

diligència. f. Qualitat de diligent. *[diligencia]* // Cosa a fer que exigeix d'anar a algun indret més o menys apartat d'on hom es troba. *[diligencia]* // Carruatge gran que fa un servei periòdic de transport. *[diligencia]*

diligenciar. v. tr. Procurar una cosa fent les diligències necessàries per a obtenir-la. *[diligenciar]*

diligent. adj. Que mostra una activitat perseverant en l'acompliment d'una empresa, etc. *[diligente]*

dilluns. m. Primer dia de la setmana. *[lunes]*

dilucidar. v. tr. Aclarir i explicar una cosa, un assumpte, una qüestió, etc. *[dilucidar]*

diluir. v. tr. Desfer o dissoldre una substància en un líquid. *[diluir]*

diluvi. m. Inundació causada per grans pluges. *[diluvio]*

dimanar. v. intr. Provenir, tenir origen. *[dimanar]*

dimarts. m. Segon dia de la setmana. *[martes]*

dimecres. m. Tercer dia de la setmana. *[miércoles]*

dimensió. f. Mesura segons una línia: la llargària, l'alçària, l'amplària, el gruix d'un cos. *[dimensión]*

diminutiu, iva. adj. Que indica o expressa disminució. *[diminutivo]*

dimissió. f. Acció i efecte de dimitir. *[dimisión]*

dimitir. v. tr. Renunciar un càrrec. *[dimitir]*

dimoni. m. Cadascun dels àngels llançats a l'abisme. *[demonio, diablo]* // Persona molt astuta i sagaç. *[demonio, diablo]*

dinàmic, àmica. adj. Relatiu o pertanyent a les forces físiques o a l'energia, a les forces produint moviment. *[dinámico]* // f. Branca de la mecànica que estudia el moviment. *[dinámica]*

dinamita. f. Substància explosiva a base de nitroglicerina. *[dinamita]*

dinamo. f. Màquina usada per a produir electricitat mitjançant la transformació d'energia mecànica en energia elèctrica per inducció magneto-elèctrica. *[dínamo]*

dinar. m. Menjada que es fa al migdia. *[comida]*

dinar. v. intr. Fer la menjada principal del dia. *[comer]*

dinastia. f. Sèrie de prínceps sobirans d'una família. *[dinastía]*

diner. m. Moneda corrent. *[dinero]* // Antiga moneda romana d'argent que valia deu asos. *[denario]* // Antiga moneda, que en el sistema valencià era la dotzava part del sou i anàloga al penic anglés. *[dinero]* // pl. Moneda en general; suma de moneda de tota classe; riquesa en moneda. *[dinero, cuartos]*

dineral. m. Gran quantitat de diners. *[dineral]*

dinou. adj. Denou. *[diecinueve]*

dins. adv. i prep. En la part interior d'un espai o terme. *[dentro]*

dinyar-la. v. intr. Morir. *[diñarla]*

diòcesi. f. Districte o territori de la jurisdicció d'un bisbe. *[diócesis]*

diòptria. f. Unitat de mesura, usada pels oculistes. *[dioptría]*

diploma. m. Títol expedit per a acreditar un grau acadèmic, prerrogativa, premi, etc. *[diploma]*

diplomàcia. f. Art de conduir les negociacions entre diferents estats. *[diplomacia]* // Habilitat, astúcia, finor de tacte per a portar un afer delicat. *[diplomacia]*

diplomàtic, àtica. adj. Relatiu o pertanyent al diploma. // Relatiu o pertanyent a la diplomàcia. *[diplomático]*

díptic. m. Dues taules pintades, en baix relleu, etc. *[díptico]*

diputació. f. Acció de diputar. *[diputación]* // Conjunt o corporació dels diputats. *[diputación]* // Exercici del càrrec de diputat, i la seua durada. *[diputación]* // Comissió permanent de les corts valencianes, amb representants del tres braços, eclesiàstic, militar i popular.

diputat, ada. m. i f. Persona nomenada per un cos per a representar-lo. *[diputado]*

dir. v. tr. Manifestar amb paraules el propi pensament. *[decir]* // Anomenar. *[decir]* // m. Manera de dir o proferir. *[decir]*. // Allò que hom diu. *[decir]*

direcció. f. Acció i efecte de dirigir, guiatge. *[dirección]* // Camí d'un cos en son moviment. *[dirección]* // Oficina del director o de la direcció. *[dirección]*

directe, ecta. adj. Que va de dret al seu objecte o terme. *[directo]* // Que va d'un lloc a un altre sense deturar-se en els punts intermedis. *[directo]*

director, ora. m. i f. El qui dirigeix. *[director]*

directriu. f. Línia que guia el moviment d'una altra en la generació d'una superfície o corba. *[directriz]*

dirigible. adj. Que pot ser dirigit. *[dirigible]* // m. Nau aèria de grans dimensions i formada per alguns globus concèntrics plens d'un gas lleuger. *[dirigible]*

dirigir. v. tr. Adreçar una cosa cap al seu terme. *[dirigir]* // Governar, encaminar, conduir. *[dirigir]*

dirimir. v. tr. Acabar o resoldre una dificultat, una controvèrsia. *[dirimir]*

disbarat. m. Cosa dita o feta fora de raó o regla. *[disparate]* // Cosa enorme i extraordinària, quasi absurda de tan anormal. *[barbaridad]*

disbauxa. f. Excés condemnable. *[exceso]* // Ús immoderat d'alguna cosa. *[exceso]* // Llibertinatge. // Excés de diversió. *[orgía]*

disc. m. Cos cilíndric la base del qual és molt gran respecte a l'alçada. *[disco]* // Figura circular amb què apareixen els astres a la nostra vista. *[disco]* // Làmina circular de matèria plàstica per a l'enregistrament i la reproducció fonogràfics. *[disco]*

discent. adj. Que aprén. *[discente]*

discernir. v. tr. Distingir alguna cosa amb els sentits i especialment amb el pensament. *[discernir]*

disciplina. f. Regla de l'ensenyament imposada per un mestre als seus deixebles. *[disciplina]* // Matèria d'estudi i ensenyament . *[disciplina]* // Regla, orde, mètode en la manera de viure. *[disciplina]* // Deixuplina. *[disciplina]*

disciplinar. v. tr. Subjectar a la disciplina. *[disciplinar]* // Assotar amb disciplines. *[disciplinar]*

díscol, íscola. adj. De mal governar, no fàcilment corregible. *[díscolo]*

discordar. v. intr. No estar d'acord. *[discordar]*

discòrdia. f. Dissensió oberta, oposició de voluntats. *[discordia]* // Diversitat i contrarietat d'opinions .*[discordia]*

discórrer. v. intr. Desenvolupar una sèrie d'idees deduint les unes de les altres pel raonament. *[discurrir].* // Idear, inventar. *[discurrir]*

discoteca. f. Lloc que conté una col·lecció de dis. *[discoteca]* // Col·lecció de discs. *[discoteca]* // Sala de reunions on hom pot ballar al so de música enregistrada. *[discoteca]*

discreció. f. Rectitud per a formar juí i encert en el parlar i obrar. *[discreción]* // Do d'expressar-se amb agudesa, enginy i oportunitat. *[discreción]*

discrepar. v. intr. Desdir una cosa d'una altra; dissentir d'un parer, opinió, etc. *[discrepar]*

discret, eta. adj. Que té discreció. *[discreto]* // Discontinu.

discriminació. f. Acció i efecte de discriminar. *[discriminación]*

discriminar. v. tr. Marcar una distinció, diferenciar. *[discriminar]*

disculpa. f. Raó al·legada pęr a excusarse d'una culpa. *[disculpa]*

disculpar. v. tr. Declarar lliure de culpa. // **-se.** Donar disculpes. *[disculpar]*

discurs. m. Sèrie de paraules o coses amb què un manifesta allò que pensa o sent. *[discurso]* // Raonament extens adreçat a una persona o a diverses.

discussió. f. Acció i efecte de discutir. *[discusión]*

discutir. v. tr. Examinar i destriar atentament una matèria determinada. *[discutir]*

disert, erta. adj. Que parla bé i amb facilitat. *[diserto]*

disfressa. f. Vestit de màscara. *[disfraz]* // Persona disfressada. *[máscara]*

disfressar. v. tr. Desfigurar la forma natural de les persones o de les coses. *[disfrazar]*

disgregar. v. tr. Separar les parts integrants d'una cosa. *[disgregar]*

disgust. m. Fort desplaer que causa a algú un esdeveniment, el capteniment d'algú. *[disgusto]*

disgustar. v. tr. Causar disgust, donar un fort desplaer. *[disgustar]*

disjunció. f. Acció i efecte de separar o de desunir. *[disyunción]* // Figura retòrica que consisteix, en una enumeració, a suprimir les partícules conjuntives o a repetir les disjuntives. *[disyunción]*

dislocar. v. tr. Traure alguna cosa del seu lloc, especialment un os. *[dislocar]*

disminuir. v. tr. i intr. Tr. Fer més menut. *[disminuir]* // Intr. Esdevenir menut. *[disminuir]*

disparar. v. tr. Fer que una arma llance un projectil. *[disparar]*

disparitat. f. Mancança de paritat. *[disparidad]*

dispendi. m. Despesa gran. *[dispendio]*

dispensa. f. Privilegi, excepció concedida per gràcia. *[dispensa]*

dispensar. v. tr. Eximir d'una obligació. *[dispensar]* // Absoldre d'una falta comesa. *[dispensar]* // Distribuir, donar. *[dispensar]*

dispensari. m. Establiment hospitalari on són rebuts en consulta els malalts. *[dispensario]*

dispers, ersa. adj. Que està dispersat, separat en diverses direccions. *[disperso]*

dispersar. v. tr. Fer fugir un cos de tropes. *[dispersar]* // Espargir, disseminar. *[dispersar]*

dispesa. f. Allotjament i assistència. *[hospedaje]* // Quantitat que un paga per tal servei. *[hospedaje]* // Casa on presten dit servei. *[hospedería]*

dispeser, era. m. i f. La persona que té una dispesa o pensió. *[hospedero]*

displicent. adj. Que no troba gust en res, que no posa interés en res. *[displicente]*

disposar. v. tr. i intr. Tr. Posar les coses

en un cert orde. *[disponer]* // Preparar alguna cosa per a una circumstància. *[disponer]* // Intr. Fer allò que hom vol d'alguna cosa o algú. *[disponer]*

disposició. f. Acció i efecte de disposar o de disposar-se. *[disposición]* // Aptitud per a algun fi. *[disposición]* // Orde, manament. *[disposición]* // Distribució ordenada de les parts d'alguna cosa. *[disposición]*

dispositiu, iva. adj. Que disposa. *[dispositivo]* // m. Cosa disposada de manera que la fa apta per a un fi determinat. *[dispositivo]*

dispost, osta. adj. Que està en disposició, que té disposició. *[dispuesto]*

disputa. f. Acció i efecte de disputar. *[disputa]*

disputar. v. tr. i intr. Tr. Fer de la possessió d'alguna cosa un objecte de lluita. *[disputar]* // Intr. Defensar una conclusió o opinió contra un altre. *[disputar]*

dissabte. m. El sisé dia de la setmana. *[sábado]*

dissecar. v. tr. Separar les parts d'un animal o d'una planta per a examinar-los. *[disecar]* // Preparar un animal mort per a conservar-lo amb aparença de viu. *[disecar]*

dissecció. f. Operació de dividir en parts el cadàver d'un animal. *[disección]*

dissemblant. adj. Que no és semblant. *[desemejante]*

disseminar. v. tr. Espargir, escampar. *[diseminar]*

dissensió. f. Oposició o contrarietat d'opinions. *[disensión]*

dissentir. v. intr. Diferir en opinió, ser de parer o sentir divers. *[disentir]*

disseny. m. Acció i efecte de dissenyar, delineació d'una figura. *[diseño]*

dissenyar. v. tr. Fer el disseny d'alguna cosa. *[diseñar]*

dissertar. v. intr. Discórrer sobre alguna matèria. *[disertar]*

disset. adj. Desset. *[diecisiete]*

dissident. adj. Que es separa d'una doctrina o creença. *[disidente]*

dissimilació. f. Acció i efecte de dissimilar o de dissimilar-se. *[disimilación]* // Metabolisme destructiu. *[disimilación]*

dissimilar. v. tr. Produir una dissimilació. *[disimilar]*

dissimular. v. tr. Encobrir la intenció o l'afecte. *[disimular]* // Desfigurar les coses, disfressar-les. *[disimular]*

dissipar. v. tr. Esvanir les parts d'alguna cosa. *[disipar]* // Malbaratar la hisenda o els cabals. *[disipar]*

dissociar. v. tr. Desunir, separar una cosa d'una altra o coses unides per associació. *[disociar]*

dissoldre. v. tr. Desfer en un cos el lligam o cohesió que manté unides les seues parts integrants. *[disolver]*

dissolució. f. Acció i efecte de dissoldre o de dissoldre's. *[disolución]*

dissonar. v. intr. Sonar desagradablement. *[disonar]* // Discrepar. *[disonar]*

dissort. f. Mala sort, desgràcia, malaurança. *[desdicha]*

dissortat, ada. adj. Infortunat, desgraciat, malaurat. *[desdichado]*

dissuadir. v. tr. Induir a algú a canviar d'opinió o desistir d'un propòsit. *[disuadir]*

distància. f. Interval que hi ha entre dues coses o dos esdeveniments. *[distancia]*

distanciar. v. tr. Col·locar a distància, allunyar. *[distanciar]*

distant. adj. Que dista, apartat, allunyat. *[distante]*

distar. v. intr. Estar més o menys distant. *[distar]*

distendre. v. tr. Augmentar l'extensió d'un cos elàstic per una tensió que separa, sense ruptura, les parts que el componen. *[distender]*

distensió. f. Acció i efecte de distendre o de distendre's. *[distensión]*

distinció. f. Acció i efecte de distingir o de distingir-se. *[distinción]* // Qualitat de distingit. *[distinción]* // Prerrogativa, honor, concedit a algú. *[distinción]*

distingir. v. tr. Conéixer la diferència de les coses. *[distinguir]* // Veure clarament les coses des de lluny. *[distinguir]* // Fer particular estimació d'una persona amb preferència d'altres. *[distinguir]*

distint, inta. adj. De diversa classe o qualitat. *[distinto]* // Que es percep clarament. *[distinto]*

distorsió. f. Deformació produïda per una torsió. *[distorsión]*

distraure. v. tr. Donar a alguna cosa un altre ús que el que li era assignat. *[distraer]* // Apartar l'atenció d'una persona d'allò a què s'aplica o deuria aplicar-se. *[distraer]* // Apartar una persona d'allò que li preocupa. *[distraer]* // Divertir, alegrar.

distret, eta. adj. Que sol distraure's. *[distraído]* // Que distrau o diverteix. *[distraído]*

distribuïdor, ora. adj. i m. i f. Que distribueix. *[distribuidor]*

distribuir. v. tr. Dividir una cosa entre diferents persones, llocs, etc. *[distribuir]*

distributiu, iva. adj. Que té la virtut o facultat de distribuir. *[distributivo]*

districte. m. Cadascuna de les demarcacions d'un territori o població. *[distrito]*

disturbi. m. Interrupció d'un estat de pau, de tranquil·litat. *[disturbio]*

dit, ita. adj. Expressat amb paraules. *[dicho]* // Anomenat, ja indicat pel seu nom. *[dicho]* // m. i f. Allò que es manifesta amb paraules, i principalment si té caràcter sentenciós o de declaració dita. *[dicho]*

dit. m. Cadascuna de les cinc parts allargades en què acaben la mà i el peu de l'home i de molts animals. *[dedo]* // L'amplària d'un dit presa com a mida. *[dedo]*

dita. f. Acció i efecte de dir. *[dicho]* // Preu que posa el comprador a allò que és tret a venda, arrendament o subhasta. *[postura, puja]* // Frase, aforisme. *[dicho]*

ditada. f. Senyal fet amb el dit. *[dedada]*

ditejar. v. tr. i intr. Tr. Tocar amb els dits, especialment un instrument musical. // Intr. Moure els dits.

ditirambe. m. Lloança entusiasta exagerada. *[ditirambo]* // Poema líric entusiasta. *[ditirambo]*

diumenge. m. El seté dia de la setmana. *[domingo]*

diürn, ürna. adj. Relatiu o pertanyent al dia, per oposició a la nit. *[diurno]*

diva. f. Cantatriu de molta anomenada. *[diva]* // Deessa.

divagar. v. intr. Anar-se'n d'un costat a l'altre fora del lloc on caldria estar. *[divagar]* // Deixar anar la pensa, el discurs, allunyant-se de l'assumpte que es tracta. *[divagar]*

divendres. m. El cinqué dia de la setmana. *[viernes]*

divergència. f. Acció i efecte de divergir. *[divergencia]* // Diversitat d'opinions. *[divergencia]*

divergir. v. intr. Anar-se'n apartant successivament les unes de les altres, diverses línies o superfícies. *[divergir]* // Dissentir.

divers, ersa. adj. De diferent naturalesa, figura, etc. *[diverso]* // pl. Molts, alguns, diferents. *[diversos]*

diversificar. v. tr. Fer divers, diferenciar. *[diversificar]*

diversió. f. Acció i efecte de divertir o de divertir-se. *[diversión]*

divertició. f. Diversió. *[diversión]*

divertir. v. tr. Entretenir agradablement, recrear. *[divertir]* // Allunyar una cosa d'una banda fent-la anar a una altra banda. *[divertir]*

diví, ina. adj. Relatiu o pertanyent a Déu o als déus. *[divino]* // fig. Molt excel·lent, quasi sobrenatural. *[divino]*

dividir. v. tr. Fer dues o més parts d'un tot. *[dividir]* // Distribuir, repartir. *[dividir]* // Separar un conjunt de persones o coses. *[dividir]*

divinal. adj. Relatiu als déus o a Déu. *[divinal]*

divinitat. f. Naturalesa divina i essència de Déu. *[divinidad]* // Cadascun dels sers considerats com a divins pels gentils. *[divinidad]*

divinitzar. v. tr. Revestir de caràcter diví. *[divinizar]*

divisa. f. Senyal exterior per a distingir persones o coses. *[divisa]* // Lema d'un escut. *[divisa]*

divisar. v. tr. Fornir d'una divisa o senyals distintius. *[divisar]* // Veure de lluny o amb dificultat. *[divisar]*

divisió. f. Acció i efecte de dividir. *[división]* // Cadascuna de les parts en què es divideix una cosa. *[división]* // Cos de tropa de formació variable, que opera separadament. *[división]*

divisor. m. En la divisió d'una quantitat per una altra, la segona d'aquestes quantitats. *[divisor]* // Submúltiple.

divorç. m. Dissolució legal del matrimoni. *[divorcio]* // Ruptura del lligam que unia una cosa a una altra. *[divorcio]*

divorci. m. Divorç. *[divorcio]*

divuit. Adjectiu numeral i xifra que el representa. *[dieciocho]*

divulgar. v. tr. Estendre entre el públic una cosa. *[divulgar]*

do. m. Gràcia o bé sobrenatural rebut de Déu, quasi sempre usat en expressions del tipus «do de...: do de profecia, do de llengües, do d'encert, do de gents», etc.

do. m. Acció i efecte de donar; allò que es dóna, la cosa donada. *[don]* // Present, obsequi. *[don]*

do, (pl. **os**). m. Primera nota de l'escala musical. *[do]*

dobla. f. Moneda antiga d'or o de plata. *[doblón]* // Festa votiva amb missa cantada i sermó.

doblar. v. tr. i intr. Tr. Fer doble, augmentar una cosa fins al doble. *[doblar, duplicar]* // Intr. Esdevenir doble. *[doblar, duplicar]*

doblària. f. Gruix, qualitat de gruixut o doble. *[grueso]*

doble. adj. Que consta de dos. *[doble]* // Gruixut, de molt de cos. *[doble]* // m. Duple.

doblec. m. Part doblegada d'una cosa; la part per on una cosa ha estat doblegada. *[doblez, pliegue]*

doblegar. v. tr. Aplicar l'una sobre l'altra les parts d'una cosa flexible. *[doblar]* // Tòrcer o encorbar. *[doblegar]* // Obligar a algú a fer allò que es resistia a fer. *[doblegar]* // **-se.** Afluixar, cedir.

dobleta. f. Moneda antiga d'or. *[doblilla]*

docència. f. Qualitat de docent, labor d'ensenyament. *[docencia]*

docent. adj. Que ensenya, que serveix per a ensenyar. *[docente]*

dòcil. adj. Que fàcilment es deixa instruir, conduir. *[dócil]* // Que fàcilment obedeix i es sotmet. *[dócil]* // Dit també d'un material fàcil de treballar.

docte, octa. adj. Que té molta ciència, que ha adquirit extensos coneiximents. *[docto]* // Que pretén o fa ostentació de molt instruït. *[sabihondo]*

doctor, ora. m. i f. El qui ha rebut el més alt grau acadèmic en una facultat. *[doctor]* // El qui ensenya coses de doctrina. *[doctor]*

doctorar. v. tr. Graduar de doctor a algú. *[doctorar]*

doctorejar. v. intr. Donar-se aires de doctor o de savi. *[doctorear, chismorrear]*

doctoreria. f. Dita o acció pròpia del qui doctoreja. *[bachillería, pedantería]*

doctoria. f. Doctoreria. *[bachillería]*

doctrina. f. Allò que és objecte d'ensenyament. *[doctrina]* // Instrucció donada al poble sobre la fe i la llei del cristianisme. *[doctrina]*

doctrinar. v. tr. Ensenyar, donar doctrina. *[adoctrinar]*

document. m. Escrit, etc., amb què un prova o fa constar alguna cosa. *[documento]*

documentar. v. tr. Provar amb documents. *[documentar]* // Fornir a algú dels documents necessaris a un fi. *[documentar]*

dofí. m. Mamífer cetaci, de musell prim de set a tretze pams de llarg, freqüent al Mediterrani. *[delfín]*

doga. f. Cadascuna de les fustes que formen el cos d'una bóta, barril, etc. *[duela]*

dogal. m. Llaç escorredor per a penjar els reus. *[dogal, soga]* // Corda amb un llaç per a lligar el bestiar. *[dogal, ronzal]*

dogma. m. Punt de doctrina establert, proclamat autoritàriament, com a cert, incontestat, fonamental. *[dogma]*

dol. m. Aflicció o sentiment per la mort d'algú o per una gran desgràcia. *[duelo, dolor]* // Senyal exterior de pena o dolor. *[luto, duelo]* // Seguici fúnebre. *[duelo]*

doladora. f. Destral emprada pels boters, etc. per a dolar la fusta. *[doladera]*

dolar. v. tr. Treballar, polir la fusta, la pedra, etc., amb la doladora o altre instrument de tall. *[dolar]*

dòlar. m. Moneda d'argent dels Estats Units d'Amèrica. *[dólar]*

dolç, olça. adj. Que té una sabor com la del sucre o de la mel. *[dulce]* // m. Menja composta amb sucre o mel. *[dulce]*

dolçaina. f. Instrument musical de vent de notes agudes i vibrants i de caràcter popular valencià. *[dulzaina]*

dolçainer. m. El qui toca la dolçaina. *[dulzainero]*

dolcejar. v. intr. Tirar a dolç un menjar o beguda. *[dulcear]*

dolcesa. f. Qualitat de dolç, dolçor. *[dulzura]*

dolçor. f. Qualitat de dolç, dolcesa. *[dulzor, dulzura]*

doldre. v. intr. Causar sentiment, saber greu. *[doler]* // **'s.** Sentir aflicció, dolor; manifestar-la, lamentar-se. *[dolerse]*

dolent, enta. adj. Que no es troba bé de salut, malaltós. *[doliente]* // Afligit de dolor moral, de pena o sentiment greu. *[dolorido]*

dolent, enta. adj. Inclinat a fer mal. *[malo]* // Contrari a la llei moral. *[malo]* // Dit d'una cosa que no té les qualitats desitjables. *[malo]*

dolenteria. f. Condició del qui és dolent, acte propi d'una persona dolenta. *[maldad]* // Malaltia. *[dolencia, enfermedad]*

doler. v. intr. Doldre. *[doler]*

doll. m. Raig d'aigua o altre líquid que brolla amb força d'un orifici o obertura. *[chorro]* // Cànter gran, de terra cuita, envernissada, amb tres anses. // **a doll** o **a dolls.** En abundància.

dolor. m. i f. Sensació molesta i aflictiva, sofriment físic. *[dolor]* // Sentiment que experimenta l'ànima causat per la pèrdua d'un ser estimat, per un fort desengany, etc. *[dolor]*

dolorejar. v. intr. Fer dolor una part del cos. *[doler]* // Passar sofriments. *[padecer]*

domador, ora. m. i f. El qui doma animals. *[domador]*

domar. v. tr. Amansir i fer dòcil un animal feroç o salvatge. *[domar]*

domàs, (pl. **assos**). m. Teixit de seda, etc., amb dibuixos del mateix color que la roba, brillants o sense brillantor, segons el diferent lligat. *[damasco]*

domèstic, èstica. adj. Relatiu o pertanyent a la casa. *[doméstico]* // Aplicat a l'animal criat a casa. // m. i f. Persona que està al servei d'una casa o família. *[doméstico]*

domesticar. v. tr. Fer domèstic un animal salvatge. *[domesticar]* // Fer domèstic, fer perdre la feresa de caràcter o de costums. *[domesticar]*

domicili. m. Lloc de residència d'un individu o d'una família, d'una entitat, etc. *[domicilio]*

domiciliar. v. tr. Donar domicili, establir en un domicili. *[domiciliar]*

dominar. v. tr. i intr. Tr. Tenir sota el seu domini a algú o a alguna cosa. *[dominar]* // Posseir a fons una ciència, un art, etc. *[dominar]* // Intr. Ser, una cosa, la més aparent, la que té més força, entre altres. *[dominar]* // Tenir algú la supremacia, etc. *[dominar]*

domini. m. Acció de dominar o de dominar-se. *[dominio]* // Superioritat legítima sobre les persones. *[dominio]* // Territori que un govern o sobirà té sota la seua dominació. *[dominio]*

domínica. f. El diumenge, en llenguatge eclesiàstic. *[domínica]* // Texts i lliçons de la Sagrada Escriptura que, en l'ofici diví, corresponen a cada diumenge. *[domínica]*

dòmino. m. Mena de joc de taula i conjunt de les vint-i-vuit fitxes amb què es fa. *[dominó]*

dompedrer. m. Planta nictaginàcia les flors de la qual s'obrin en vesprejar el dia i es tanquen a l'eixida del sol. *[dondiego de noche]* // Planta convolvulàcia les flors de la qual s'obrin amb el dia i es tanquen a la posta del sol. *[dondiego de día]*

dona. f. Persona del sexe femení, especialment quan ha arribat a la pubertat. *[mujer]* // La muller respecte al marit. *[mujer]*

donació. f. Acció i efecte de donar. *[donación]*

donar. v. tr. Cedir a algú la possessió o propietat d'alguna cosa gratuïtament. *[dar]* // Posar alguna cosa a la disposició d'algú perquè se'n puga servir. *[dar]* // Fer sentir a algú els efectes d'una cosa o d'una acció. *[dar]*

donatiu. m. Allò que es dóna graciosament. *[donativo]*

doncs. conj. Denota la conseqüència o conclusió d'allò que precedeix. *[pues, luego]*

donejar. v. intr. Fer una nena coses de dona gran, semblar una dona. *[mujerear]*

donós, osa. adj. Que té dons naturals, que té virtuts i gràcies naturals; agradable. *[donoso]*

donyet. m. Esperit maliciós familiar que la superstició imagina que habita certes cases i pous, dit també «donyet de pou». *[duende]*

donzell. m. Jove noble que encara no era armat cavaller. *[doncel]* // Home jove, jovencell. *[doncel, mancebo]*

donzella. f. Dona que no ha conegut home, verge. *[doncella]* // Peix teleosti, vermell i menut, comú a les mars d'Espanya. *[budión, doncella]*

dormida. f. Acció de dormir i temps durant el qual un dorm. *[dormida, sueño]*

dormir. v. intr. Estar una persona o animal en aquell estat de repòs que consisteix en la suspensió dels sentits i de la voluntat. *[dormir]*

dormisquejar. v. intr. Estar mig adormit. *[dormitar]*

dormitori. m. Cambra destinada per a dormir. *[dormitorio]*

dors. m. L'esquena o el revés d'una persona o cosa. *[dorso]*

dorsal. adj. Pertanyent o relatiu al dors o esquena. *[dorsal]*

dos, ues. Adjectiu numeral i xifra que el representa, un més un. *[dos]*

dosi. f. Quantitat o porció d'alguna cosa determinada que entra en la composició d'una altra. *[dosis]* // Quantitat d'una medicina que és presa o prescrita per a esser presa d'una volta. *[dosis]*

dosificar. v. tr. Establir la dosi d'un medicament, etc. *[dosificar]* // Dividir en dosis. *[dosificar]*

dosser. m. Ornament, generalment de forma rectangular que es col·loca formant sostre sobre els llits de gran luxe, etc. *[dosel]*

dot. m. Béns que aporta la dona en prendre estat. *[dote]* // Qualitat amb què la naturalesa ha adornat algú. *[dote]*

dot. m. Cabal que la família d'una xica li dóna quan es casa, i que ella aporta al matrimoni. *[dote]*

dotació. f. Acció i efecte de dotar. *[dotación]* // Allò amb què una cosa és dotada. *[dotación]* // Conjunt de persones que formen la tripulació d'un vaixell de guerra. *[dotación]*

dotar. v. tr. Donar o assenyalar dot a una dona per a prendre estat. *[dotar]* // Assenyalar renda a una fundació. *[dotar]* // Adornar, la naturalesa, amb dots o qualitats. *[dotar]*

dotzau. m. Dotzena part d'un full de paper; s'aplica al format dels llibres. *[dozavo]*

dotze. Adjectiu numeral i conjunt de xifres que el representen. *[doce]*

dotzena. f. Conjunt de dotze coses. *[docena]*

dovella. f. Pedra treballada en figura de tascó, que forma part d'un arc o volta. *[dovela]*

drac. m. Animal fabulós amb figura de serp, amb peus i ales. *[dragón]*

dracma. f. Pes menut de diferents valors entre els grecs antics. *[dracma]* // Unitat monetària grega, equivalent aproximadament a una pesseta. *[dracma]*

draconià, ana. adj. D'una severitat excessiva. *[draconiano]*

draga. f. Aparell per a enfondir i netejar el fons de l'aigua. *[draga]*

dragar. v. tr. Enfondir i netejar els ports, rius, etc., amb la draga. *[dragar]*

dragó. m. Sauri de cos escatós, de color gris amb taques fosques, amb ventoses als dits. *[dragón]* // Soldat que fa el servei tant a peu com a cavall. *[dragón]* // Arbre del qual és obtinguda una resina medicinal dita «sang de dragó». *[drago]*

drama. m. Peça de teatre d'un gènere mixt entre la tragèdia i la comèdia. *[drama]* // Succés de la vida real, capaç d'interessar i commoure vivament. *[drama]*

dramàtic, àtica. adj. Relatiu o pertanyent al drama. *[dramático]*

dramatitzar. v. tr. Donar forma de drama. *[dramatizar]*

drap. m. Tros de tela de llana, lli, etc. *[paño]* // Qualsevol tros de roba per a usos diversos. *[paño]* // Tros de roba de rebuig. *[trapo]*

draper. m. i f. Fabricant de draps. *[pañero]* // El qui arreplega o compra draps vells. *[trapero]*

drassana. f. Lloc on es fan les embarcacions. *[atarazana]*

dreçar. v. tr. i intr. Tr. Posar dret allò que està inclinat. *[enderezar]* // Intr. Anar dret, un camí, a una banda. *[atajar]*

drecera. f. Senda o camí que porta dret a una banda. *[drechera]*

drenar. v. tr. Donar sortida a la humitat excessiva de les terres per mitjà de canals, etc. *[drenar]* // Deixar obert l'orifici d'una ferida per on puga desguassar-se. *[drenar]*

dret. m. Allò que és just. *[derecho]* // Facultat d'exigir allò que ens és degut, de fer allò que la llei no prohibeix, etc. *[derecho]* // Allò que l'estat, una ciutat, etc., tenen dret a cobrar. *[derecho]* // Col·lecció de preceptes a què estan sotmesos els hòmens d'una societat civil. *[derecho]*

dret, eta. adj. Recte, sense tòrcer a l'un costat ni a l'altre. *[derecho]* // Que cau o mira a la banda de la mà dreta. *[derecho]* // Que va en línia recta. *[derecho]* // En posició vertical. *[derecho]*

dreta. f. Banda o costat corresponent a aquell on tenim la mà dreta. *[derecha, diestra]* // Mà del costat dret. *[derecha, diestra]*

dretes, a. loc. adv. Deliberadament. *[adrede]*

dring. m. Soroll que fan en xocar els objectes de vidre o metall. *[tintineo, retintín]*

droga. f. Qualsevol substància emprada com a ingredient en química, farmàcia, etc. *[droga]*

drogar. v. tr. Administrar, fer prendre, molta droga. *[drogar]*

drogueria. f. Comerç de drogues i botiga on les venen. *[droguería]*

dromedari. m. Animal semblant al camell, però amb un sol gep. *[dromedario]*

dropejar. v. intr. Viure ociosament. *[haraganear]*

dropo, opa. m. i f. Peresós, poc donat al treball. *[haragán]* // Menyspreable pel seu mal comportament i qualitats. *[gandul]* // Malfaener astut i amb males arts. *[gandul, pícaro]*

drupa. f. Pericarpi carnós de certs fruits. *[drupa]*

dual. adj. Relatiu a dues persones o coses. *[dual]*

duana. f. Oficina pública encarregada de percebre els drets sobre els articles importats o exportats. *[aduana]* // Impost que es paga en dita oficina. *[aduana]*

dubtar. v. tr. i intr. Tr. No acabar de creure que alguna cosa siga veritat. *[dudar]* // Intr. Estar en dubte. *[dudar, vacilar]*

dubte. m. Suspensió de l'esperit entre dos judicis contradictoris. *[duda]* // Dificultat que causa el dubte. *[duda]*

dubtós, osa. adj. Que ofereix dubte, que deixa en el dubte. *[dudoso]* // Que està en el dubte. *[dudoso, perplejo]*

duc. m. Noble que ocupa el rang més elevat dins la jerarquia de títols nobiliaris. *[duque]* // Mena d'ocell, nocturn, de rapinya. *[búho, alucón]*

dúctil. adj. Capaç de ser estirat sense rompre's. *[dúctil]* // fig. Dòcil a la persuasió o a la instrucció. *[dúctil]*

duel. m. Combat entre dos, segons les normes del codi cavalleresc. *[duelo]*

duet. m. Composició per a dues veus o per a dos instruments. *[dueto]* // Parella d'artistes que s'exhibeixen cantant plegats, duo. *[dúo]*

dula. f. Conjunt de ramats de diversos veïns, guardat per un pastor comú.

dulcificar. v. tr. Endolcir. *[dulcificar]* // Mitigar l'acerbitat, l'agror, d'una cosa. *[dulcificar]*

duna. f. Munt de sorra amuntegada pel vent en els deserts i a les vores de la mar. *[duna]*

duo. m. Composició vocal o instrumental per a dos executants. *[dúo]*

duodé. m. Primer dels budells prims, que comunica directament amb l'estómac. *[duodeno]*

duple, upla. adj. Que conté un nombre dues vegades exactament, doble. *[duplo]*

duplicar. v. tr. Fer doble una cosa, multiplicar per dos. *[duplicar]*

duplicat. m. Segon exemplar o còpia d'un contracte, etc. *[duplicado]*

duquessa. f. Dona revestida de la dignitat de duc. *[duquesa]* // Muller d'un duc. *[duquesa]*

dur, ura. adj. Aplicat al cos que es resisteix a ser tallat, treballat o desfigurat. *[duro]* // Insensible als sentiments de bondat, d'humanitat. *[duro]* // Difícil d'acomplir, que provoca un esforç penós. *[duro]*

dur. v. tr. Anar amb una cosa al damunt, com a indument o ornament, dins si o dins el vestit o sostenint-la. *[llevar]* // Moure una cosa, menar-la, cap a un lloc. // Guiar, acompanyar, menar. *[llevar]* // Conduir al lloc on hom és. *[traer]*

durada. f. Acció i efecte de durar. *[duración]*

durador, ora. adj. Que dura. *[duradero]*

durant. prep. Dins l'espai de temps que dura una cosa. *[durante]*

durar. v. intr. Continuar existint, resistir les causes de destrucció. *[durar]* // Prolongar, resistir una acció. *[durar]*

durícia. f. Part endurida d'un cos tou. *[dureza]* // Enduriment de la pell en una part del cos. *[duricia, callo]*

duro. m. Moneda espanyola equivalent a cinc pessetes. *[duro]*

durulló. m. Grumoll que es fa en la llana o altra matèria comprimida. *[burujo, gorullo]* // Nuc o grumoll que es forma en els draps. *[mota]* // Tumor que es forma en el cos.

duta. f. Acció de dur, conducció.

dutxa. f. Raig d'aigua llançat sobre alguna part del cos per a efectes refrescants o medicinals. *[ducha]*

dutxar. v. tr. Donar una dutxa, aplicar una dutxa. *[duchar]*

duumvir. m. Nom de diferents magistrats de la Roma antiga. *[duunviro]*

e e e e e e e e

e, (pl. **es**). f. Quinta lletra de l'alfabet. *[e]* // Nom de la lletra «e». *[e]*
eben. m. Banús. *[ébano]*
ebenista. m. El qui treballa el banús o altres fustes fines. *[ebanista]*
ebullició. f. Acció de bullir. *[ebullición]*
eclesiàstic, àstica. adj. Relatiu o pertanyent a l'Església. *[eclesiástico]* // m. Clergue. *[clérigo]*
eclipsar. v. tr. Causar un astre l'eclipsi d'un altre. *[eclipsar]* // Obscurir, desslluir. *[eclipsar]* // **-se.** Ocórrer l'eclipsi d'un astre. *[eclipsarse]* // Escapar-se, absentar-se, desaparéixer. *[eclipsarse]*
eclipsi. m. Ocultació total o parcial d'un astre, per interposició d'un altre. *[eclipse]*
eclíptica. f. Cercle màxim de l'esfera celest que assenyala el curs aparent del sol. *[eclíptica]*
eclosió. f. Acció de descloure's o badar-se, principalment les flors. *[eclosión]* // Acció d'aparéixer o de manifestar-se. *[eclosión]*
eco. m. Repetició d'un so produïda per la reflexió de les ones sonores. *[eco]* // Persona o cosa que imita o repeteix allò que un altre ha dit. *[eco]*
ecologia. f. Ciència que estudia les relacions dels organismes amb el medi on viuen. *[ecología]*
ecònom. m. Sacerdot que regeix una parròquia per absència del rector. *[ecónomo]* // El qui està encarregat d'administrar, en certs establiments, cases importants. *[ecónomo]*
economat. m. Càrrec d'ecònom. *[economato]* // Magatzem d'articles de primera necessitat on poden ser comprats a més bon preu que en la botiga. *[economato]*
economia. f. Administració recta i prudent dels béns. *[economía]* // Bona distribució del temps i d'altres coses. *[economía]* // Allò que hom estalvia. *[economía]*
econòmic, òmica. adj. Relatiu o pertanyent a l'economia. *[económico]* // Estalviador.
economista. m. i f. Entés en economia política. *[economista]*
economitzar. v. tr. Estalviar, fer economies. *[economizar]*
ecs! Interjecció que denota fàstic o repugnància. *[¡puá!]*
ecumenisme. m. Moviment de renovació de l'actitud espiritual. *[ecumenismo]*
èczema. m. Malaltia de la pell caracteritzada per unes butllofes que en assecar-se produeixen crostes. *[eczema]*
edat. f. Temps transcorregut des què un home o un animal ha començat a viure. *[edad]* // Cadascun dels períodes en què es considera dividida la vida de l'home. *[vida]*
edén. m. Paradís terrestre. *[edén]* // Lloc molt delitós. *[edén]*
edició. f. Impressió i publicació d'una obra o escrit. *[edición]* // Conjunt d'exemplars d'una obra publicada. *[edición]*
edicte. m. Manament escrit promulgat per l'autoritat. *[edicto]*
edificar. v. tr. Construir un edifici. *[edificar]* // Bastir, formar sòlidament una doctrina, una entitat moral, una societat, etc. *[edificar]* // Infondre en els altres, amb el bon exemple, sentiments de pietat i de virtut. *[edificar]*
edifici. m. Obra construïda per a habitació o altres usos. *[edificio]*
editar. v. tr. Publicar per compte propi i

posar a la venda un llibre, etc. *[editar]*

editor, ora. adj. i m. i f. Que edita, que publica per compte propi. *[editor]*

editorial. adj. Relatiu o pertanyent a l'editor. *[editorial]* // m. Article de fons d'una publicació. *[editorial]* // f. Casa editorial. *[editorial]*

educar. v. tr. Formar un infant, etc., desenrotllant i dirigint les seues facultats físiques, morals i intel·lectuals. *[educar]*

efe. f. Nom de la lletra «f». *[efe]*

efecte. m. Allò que resulta de l'acció d'una causa. *[efecto]* // Impressió produïda sobre l'ànim per alguna cosa. *[efecto]* // pl. Béns mobles. *[efectos]*

efectiu, iva. adj. Que té ecte, real i veritable. *[efectivo]*

efectuar. v. tr. Portar a efecte, realitzar. *[efectuar]*

efeminar. v. tr. Fer perdre a algú l'energia baronívola. *[afeminar]*

efervescència. f. Despreniment de bambolles de gas a través d'un líquid. *[efervescencia]* // Agitació emocional, acalorament. *[efervescencia]*

eficaç. adj. Que té la virtut de produir l'efecte volgut. *[eficaz]*

eficient. adj. Que produeix realment un efecte. *[eficiente]*

efígie. f. Imatge, figura d'alguna cosa real. *[efigie]*

efímer, ímera. adj. Que només dura un dia. *[efímero]* // De molt curta durada.

eflorescència. f. Començament de la floració. *[eflorescencia]* // Conversió espontània en pols de diverses sals, en perdre l'aigua de cristal·lització. *[eflorescència]* // Exantema.

efluvi. m. Emissió de partícules finíssimes, exhalació molt subtil. *[efluvio]*

efusió. f. Acció d'escampar o d'escampar-se un líquid o un gas. *[efusión]* // Manifestació càlida dels nostres sentiments afectuosos. *[efusión]*

egipci, ípcia. adj. i m. i f. Natural o propi d'Egipte. *[egipcio]*

ègloga. f. Poema bucòlic. *[égloga]*

egoisme. m. Excessiu amor de si mateix en perjudici del proïsme. *[egoísmo]*

egòlatra. adj. Afectat d'egolatria. *[ególatra]*

egolatria. f. Cult, amor excessiu de si mateix. *[egolatría]*

egregi, ègia. adj. Insigne, il·lustre, distingit per damunt els altres. *[egregio]*

egua. f. Femella del cavall. *[yegua]*

eguinar. v. intr. Cridar el cavall, o l'egua, renillar, ahinar. *[relinchar]*

ei! Interjecció amb què es crida l'atenció a algú o bé es fa precedir una rectificació, objecció, etc., a allò que és acabat de dir. *[¡hola!]*

eina. f. Aïna. *[instrumento, utensilio, herramienta]*

eix. m. Peça que passa pel centre d'un cos giratori i li serveix de sosteniment. *[eje]* // Línia central d'un cos sobre la qual aquell giravolta. *[eje]*

eix, eixa. adj. i pron. Aqueix. *[ese]*

eixam. m. Colla d'abelles que volen juntes en grup, especialment quan emigren d'un buc seguint una reina per a formar una nova colònia. *[enjambre]* // Gran munió d'insectes, animals petits, etc. *[enjambre]* // Multitud d'animals, persones o coses. *[enjambre]*

eixamplar. v. tr. Fer més ample. *[ensanchar]*

eixample. m. Allò en què s'ha eixamplat alguna cosa. *[ensanche, ensanchamiento]*

eixancar. v. tr. Obrir les anques. *[derrengar]* // Eixamplar les cames. *[esparrancar]* // **-se.** Separar una cama de l'altra. *[despatarrarse]*

eixancarrar. v. tr. Eixancar molt. *[esparrancar]*

eixarcolar. v. intr. Arrancar les herbes dels sembrats, birbar. *[escardillar, escardar, sachar]*

eixarm. m. Pràctica supersticiosa per a guarir malalties. *[ensalmo]*

eixarment. m. Sarment. *[sarmiento]*

eixelebrat, ada. adj. Que obra sense reflexió. *[atolondrado, aturdido]*

eixem. m. Distància entre l'extrem dels dits polze i índex posats tan separats com siga possible, però sense pressió de la mà. *[jeme]* // Mesura de longitud igual a mig peu, que en el sistema valencià equival a 15 cm. (0'151 m.) i és la desena part de la passa, la sisena part de la vara, la tercera part de l'alna o dos terços del pam, ço és, sis polzades.

eixerir. v. tr. Revifar, animar, fer revenir d'un ensopiment, de la son, d'un decaïment qualsevol. *[animar, despejar]*

eixerit, ida. adj. Viu, despert. *[despabilado, vivo, listo]*

eixida. f. Acció i efecte d'eixir, sortida. *[salida]* // Pati a l'aire lliure que serveix d'esbargiment. *[salida]* // Acudit, ocurrència. *[ocurrencia]*

eixidor. m. Lloc per on s'ix. *[salida]*

eixir. v. intr. Anar de dins a fora d'un recinte, habitació o lloc en general. *[salir]* // **-se'n.** Escapar-se un líquid del recipient que el conté. *[salirse]*

eixorc, orca. adj. Que no dóna fruit, estèril, infecund. *[estéril]*

eixordar. v. tr. Deixar sord o com sord per la violència d'un soroll molt fort que no deixa sentir altra cosa. *[ensordecer, aturdir]*

eixugador, ora. adj. Que eixuga. *[secador]* // m. Drap per a eixugar.

eixugamans. m. Drap per a eixugar-se les mans. *[toalla, paño de manos]*

eixugar. v. tr. Assecar una cosa banyada fent que s'evapore la humitat que la impregna, l'aigua que la recobreix o l'amera. *[enjugar, secar]*

eixumorar. v. tr. Fornir una cosa de la humitat que la fa suau; impregnar poc a poc d'humitat un cos ressec. *[recalar]* // Rebaixar o atenuar la humitat de la roba o altra cosa, posant-la a la calor del foc o del sol. *[orear]*

eixut, uta. adj. Mancat d'humitat. *[seco, enjuto]* // Escàs de paraules, adust. *[seco]*

eixut. m. Sequedat en la terra per falta de pluja. *[sequía]*

eixutor. f. Qualitat d'eixut. *[sequedad]* // Sequedat en la terra per falta de pluja. *[sequedad]*

ejacular. v. tr. Expel·lir amb força un líquid. *[eyacular]*

el. Article definit, masculí i singular. *[el]* // Pronom de tercera persona, masculí i singular. *[le]*

elaborar. v. tr. Treballar, preparar una obra. *[elaborar]*

elàstic, àstica. adj. Aplicat al cos que és capaç de contraure's, dilatar-se, etc. *[elástico]* // m. Tira, cinta, etc., de teixit elàstic que serveix per a sostenir els pantalons. *[tirante]*

ele. f. Nom de la lletra «l». *[ele]*

elecció. f. Acció i efecte d'elegir. *[elección]*

elector, ora. m. i f. Que elegeix o té dret d'elegir. *[elector]* // m. Cadascun dels prínceps alemanys als quals corresponia elegir l'emperador. *[elector]*

elèctric, èctrica. adj. Relatiu o pertanyent a l'electricitat. *[eléctrico]* // Que conté o produeix electricitat. *[eléctrico]*

electricista. m. Expert en les aplicacions de l'electricitat. *[electricista]*

electricitat. f. Agent natural molt poderós, que es manifesta per atraccions i repulsions, per fenòmens lluminosos, per commocions en l'organisme animal i per efectes químics. *[electricidad]*

electrificar. v. tr. Fer elèctric. *[electrificar]* // Fer funcionar una fàbrica o ferrocarril per electricitat. *[electrificar]* // Aplicar l'electricitat com a font de força motriu o d'il·luminació a una regió, un mas, un immoble, etc. *[electrificar]*

electró. m. Cadascuna de les partícules que constitueixen els raigs catòdics, etc., les quals és suposat que són els últims constituents de tots els àtoms.

electrònic, ònica. adj. Relatiu o pertanyent a un electró o als electrons. *[electrónico]*

elefant, anta. m. i f. Mamífer paquiderm del grup dels proboscidis, el més gros dels animals terrestres. *[elefante]*

elegant. adj. Dit de les persones que presenten una distinció en les maneres, moviments, vestir, etc. *[elegante]*

elegia. f. Composició poètica d'assumpte trist o planyívol. *[elegía]*

elegir. v. tr. Escollir, triar. *[elegir]*

element. m. Principi físic i químic que entra en la composició dels cossos. *[elemento]* // Part integrant d'una cosa. *[elemento]* // pl. Primers principis de les ciències i arts. *[elementos]*

elemental. adj. Relatiu als elements o a un element. *[elemental]*

elevar. v. tr. Pujar a un nivell més alt. *[elevar]* // Fer més alt. *[elevar]*

elevat, ada. adj. Alt, que ateny una alçària considerable; que ocupa una alta posició; noble, gran, sublim. *[elevado]* // Abstret en la contemplació d'alguna cosa. *[extasiado]*

elidir. v. tr. Suprimir en la pronunciació o en l'escriptura un so o una lletra. *[elidir]*

eliminació. f. Acció i efecte d'eliminar. *[eliminación]*

eliminar. v. tr. Separar una cosa, excloure, fer desaparéixer. *[eliminar]*

elisió. f. Acció i efecte d'elidir. *[elisión]*

elixir. m. Licor compost de diferents substàncies medicinals dissoltes en alcohol. *[elixir]* // Substància que els alquimistes suposaven capaç de trasmudar els metalls en or, també, de prolongar la vida indefinidament. *[elixir]*

ell, ella. Pronom personal de tercera persona. *[él, ella]*

elle. f. Nom del dígraf «ll». *[elle]*

el·lipse. f. Corba que resulta de tallar un con per un pla que troba totes les generatrius a una mateixa banda del vèrtex. *[elipse]*

el·lipsi. f. Omissió de paraules que no afecten a la claredat de la proposició. *[elipsis]*

elm. m. Part de l'armadura antiga que cobria el cap. *[yelmo]*

elocució. f. Tria i col·locació dels mots amb els quals s'expressen els pensaments. *[elocución]*

elogi. m. Lloança, predicació de bones qualitats. *[elogio]*

elogiar. v. tr. Fer l'elogi d'alguna persona o cosa. *[elogiar]*

eloqüència. f. Facultat de parlar o escriure d'una manera capaç de convéncer i commoure. *[elocuencia]*

els. Article definit masculí plural. *[los]* // Acusatiu masculí plural del pronom «ell». // Datiu plural per als dos gèneres dels pronoms «ell» i «ella».

elucidar. v. tr. Posar en clar, explicar una cosa. *[elucidar]*

elucubrar. v. tr. Compondre una cosa d'enginy a força de treball. *[elucubrar]*

eludir. v. tr. Evitar una dificultat, obligació, etc., amb algun artifici o habilitat. *[eludir]*

em. Forma del pronom de primera persona, singular, que fa de complement directe o indirecte davant d'un verb començat en consonant. *[me]*

emanar. v. intr. Portar origen d'una causa, procedir. *[emanar]*

emancipació. f. Acció i efecte d'emancipar o d'emancipar-se. *[emancipación]*

emancipar. v. tr. Alliberar de la pàtria potestat, del servatge, etc. *[emancipar]*

embà. m. Paret prima feta de rajoles, canyissos, algepsats, etc., envà. *[tabique]*

embadaliment. m. Efecte d'embadalir o d' embadalir-se. *[embelesamiento]*

embadalir. v. tr. Suspendre l' ànim d' algú la contemplació d' una cosa; arravatar els sentits. *[embelesar, encantar]*

embadocar. v. tr. Embadalir. *[embelesar]*

embafar. v. tr. Una menja, esmussar l'apetit, fastiguejar, per massa dolça o greixosa. *[empalagar]* // Cansar, disgustar per l'excés o insistència d'una cosa.

embafós, osa. adj. Que embafa. *[empalagoso]*

embalar. v. tr. Posar en bala o caixes els objectes que han de transportar-se. *[embalar]*

embalar-se. v. pron. Córrer acceleradament. // fig. Raonar precipitadament, exaltar-se. *[embalarse]*

embalatge. m. Acció d'embalar. *[embalaje]* // Caixa o coberta amb què s'embala un objecte. *[embalaje]*

embalsamar. v. tr. Omplir de bàlsams un cos. *[embalsamar]* // Preparar amb bàlsams un cos per a preservar-lo de la corrupció. *[embalsamar]* // Escampar bàlsams, aromatitzar, perfumar amb bàlsams. *[embalsamar]*

embalum. m. Volum o grandària d'una cosa. *[volumen, bulto, balumba]* // Cosa que embarassa pel seu volum. *[balumba]*

embaràs, (pl. **assos**). m. Allò que embarassa, destorb. *[embarazo]* // Prenyat.

embarassar. v. tr. Impedir o retardar alguna cosa. *[embarazar]*

embarc. m. Acció d'embarcar. *[embarque]*
embarcació. f. Nau. *[embarcación]*
embarcament. m. Acció d'embarcar o d'embarcar-se. *[embarque]*
embarcar. v. tr. Pujar o posar en una barca o en una nau. *[embarcar]* // Incloure algú en un negoci. *[embarcar]*
embarg. m. Embargament, acte d'embargar o retenir una cosa. *[embargo]*
embargar. v. tr. Impedir, empatxar. *[embargar, estorbar]* // Retenir una cosa per manament del jutge. *[embargar]*
embarracar. v. tr. Ficar dins una barraca. *[abarracar]*
embarrancar. v. intr. i tr. Intr. Encallar-se una nau en un fons de roques, etc. *[embarrancar]* // Tr. Fer encallar una nau en un fons de roques, etc. *[embarrancar]*
embarrat. m. Arbre de transmissió. *[embarrado]*
embarronar. v. tr. Travessar amb barrons. *[apeinazar]*
embassar. v. tr. Ficar dins d'una bassa. *[embalsar]* // **-se.** Formar, l'aigua, bassa; estancar-se. *[embalsarse]*
embast. m. Efecte d'embastar, costura llarga amb què es senyala o subjecta un poc la roba abans de cosir-la definitivament. *[hilván, embaste]*
embasta. f. Basta, efecte d'embastar. *[hilván, embaste]*
embastar. v. tr. Assegurar amb bastes allò que cal cosir. *[hilvanar]*
embat. m. Colp que dóna l'onada a la riba, a la nau, etc. *[embate]* // Impuls del vent. *[embate]*
embeatat, ada. adj. Dedicat a la beateria.
embellir. v. tr. Fer bella alguna persona o cosa. *[embellecer]*
embenar. v. tr. Lligar amb benes. *[vendar]*
embeure. v. tr. Absorbir un cos sòlid un altre en estat líquid. *[embeber]* // **'s.** Xopar-se. // Encongir-se.
embigat. m. Conjunt de bigues d'un sostre. *[envigado]*
emblanquinar. v. tr. Donar una capa de calç o d'algeps diluïts en aigua a una paret, etc. *[enjalbegar, blanquear, emblancar]*
emblanquir. v. tr. Fer tornar blanc. *[emblanquecer, emblancar, blanquear]*
emblavir. v. tr. Fer tornar blau. *[azular]*
emblema. m. Qualsevol cosa que és representació simbòlica d'una altra. *[emblema]*
embocadura. f. Part d'un instrument de vent que es fica o s'aplica a la boca. *[embocadura]* // Lloc per on s'entra a un carrer, a un port, etc., especialment la part d'un riu per on les seues aigües desemboquen a la mar. *[embocadura]*
emboçar. v. tr. Posar el boç a un animal. *[embozalar]* // **-se.** Cobrir-se amb la capa, etc., la part inferior de la cara. *[embozarse]*
emboirar. v. tr. Omplir o cobrir de boira. *[nublar]* // fig. Torbar l'enteniment, l'esperit. *[turbar, nublar]*
èmbol. m. Pistó d'un cos de bomba o d'un cilindre de màquina. *[émbolo]*
embolcall. m. Capa exterior que cobreix una cosa. *[envoltura, envoltorio]* // Bolquers.
embolcallar. v. tr. Bolcar, cobrir una cosa envoltant-la de roba, etc. *[envolver]*
embolcar. v. tr. Cobrir una cosa envoltant-la de roba, etc. *[envolver]* // Bolcar. *[empañar]*
embòlia. f. Obstrucció d'un vas sanguini per un coàgul. *[embolia]*
embolic. m. Embull produït entre fils o coses flexibles. *[enredo]* // Mescla i confusió de diverses coses. *[lío]* // Complicació d'un negoci. *[enredo]* // Confusió enganyosa. *[enredo]*
embolicar. v. tr. Fer un bolic. *[envolver]* // Cobrir un objecte cenyint-lo de paper, roba, etc. *[envolver]* // Posar discòrdia. *[enredar]* // Barrejar una cosa entre altres de les quals amb dificultat es pot distingir o destriar. *[revolver]* // **-se.** Esdevenir intricat, embrollar-se. *[enredarse]*
embonyigar. v. tr. Embrutar de bonyigues. *[emboñigar]* // Fer una cosa de pressa o malament. *[atrabancar]*
embordonir. v. tr. Fer bord; fer corrompre, corrompre. *[bastardear]* // **-se.** Esdevenir bord, degenerar. *[bastardearse, corromperse]*

emborratxar. v. tr. Embriagar. *[emborrachar]*
emborregat, ada. adj. Cobert de núvols blancs, semblants a borrallons de llana. *[aborregado]*
embós, (pl. **ossos**). m. L'obstacle que embossa un conducte. *[atasco]* // Impediment, destorb. *[empacho]*
emboscar. v. tr. Ficar dins un bosc. *[emboscar]* // Posar a l'aguait per a sorprendre l'enemic. *[emboscar]*
embossar. v. tr. Obstruir un conducte, un obstacle, impedir el pas per un conducte. *[atascar]*
embotellar. v. tr. Posar dins d'una botella. *[embotellar]*
embotir. v. tr. Omplir alguna cosa amb palla, borra, etc. *[embutir, rellenar]* // Treballar amb martell figures de relleu. *[repujar]* // Incrustar. // Farcir.
embotit. m. Acció i efecte d'embotir. *[embutido]* // Budell farcit de carn capolada. *[embutido]*
embovar. v. tr. Guarnir o revestir de bova les cadires, etc.
embragar. v. tr. Connectar un mecanisme amb el seu propulsor. *[embragar]* // Lligar un fardell amb bragues o cordes. *[embragar]*
embragatge. m. Acció d'embragar. *[embrague]* // Mecanisme que permet d'embragar i desembragar. *[embrague]*
embrancar. v. intr. Ajuntar-se un camí, etc., amb un altre. // **-se.** Embolicar-se. *[enredarse]*
embranzida. f. Arrancada impetuosa. *[embestida, impulso, arranque]*
embravir. v. tr. Infondre bravura o valentia. *[embravecer, enfurecer, irritar]*
embriac, aga. adj. Que s'embriaga habitualment. *[ebrio, borracho]*
embriagar. v. tr. Causar embriaguesa. *[embriagar]*
embriaguesa. f. Torbació produïda per excés de beguda. *[embriaguez]*
embrió. m. Germen o rudiment d'un cos organitzat. *[embrión]* // Principi, encara poc definit, d'alguna cosa. *[embrión]*
embroll. m. Embolic, embull *[enredo, embrollo]* // Engany. *[embuste]*
embrollar. v. tr. Fer que una cosa esdevinga embrollada. *[embrollar, enredar]*
embruix. m. Acció i efecte d'embruixar, sortilegi. *[embrujo]*
embruixar. v. tr. Sotmetre a la influència d'un sortilegi. *[embrujar]* // Sotmetre a una influència estranya, inexplicable. *[embrujar]*
embrunir. v. tr. Fer tornar bru o més fosc. *[oscurecer]*
embrutar. v. tr. Omplir de brutícia, llevar la netedat. *[ensuciar]*
embrutir. v. tr. Fer tornar a algú com una bèstia. *[embrutecer]* // Embrutar. *[ensuciar]*
embull. m. Estat d'allò que està embullat. *[enredo, embrollo, maraña]*
embullar. v. tr. Embrollar, embolicar. *[embrollar]* // **-se.** Enredrar-se.
embús, (pl. **ussos**). m. Impediment que no permet el pas. *[atasco]*
embussar. v. tr. Embossar. *[atascar, obstruir]*
embut. m. Instrument de forma cònica per a transvasar líquids. *[embudo]*
embutxacar. v. tr. Posar a la butxaca. *[embolsar]*
eme. f. Nom de la lletra «m». *[eme]*
emergència. f. Acció i efecte d'emergir. *[emergencia]* // Esdeveniment que es preveu sense determinar quan. *[emergencia]* // Situació difícil que demana una ràpida actuació. *[emergencia]*
emergir. v. intr. Brollar, sortir de l'aigua. *[emerger]*
emèrit, èrita. adj. Que gaudeix d'algun premi pels seus bons serveis. *[emérito]*
emersió. f. Acció d'emergir. *[emersión]* // Emergència, especialment reaparició d'un astre després d'un eclipsi o ocultació. *[emersión]*
emetre. v. tr. Llançar fora de si. *[emitir]* // Posar en circulació valors. *[emitir]*
èmfasi. m. i f. Força d'expressió o entonació superior a la normal. *[énfasis]* // Afectació exagerada en l'expressió, en el to i en el gest. *[énfasis]*
emfàtic, àtica. adj. Que parla amb èmfasi. *[emfático]*
emigrant. adj. Que emigra. *[emigrante]*
emigrar. v. intr. Deixar el seu país per a anar a viure en un altre. *[emigrar]*

eminència. f. Qualitat d'eminent. *[eminencia]* // Altura o elevació del terreny. *[eminencia]* // Títol d'honor que es dóna als cardenals. *[eminencia]*
emir. m. Príncep àrab. *[emir]*
emissari, ària. m. i f. Agent encarregat d'una missió secreta, missatger. *[emisario]*
emissió. f. Acció i efecte d'emetre. *[emisión]*
emissora. f. Conjunt d'aparells i d'instal·lacions que serveix per a la transmissió a distància de sons i imatges. *[emisora]*
emmagatzemar. v. tr. Posar en un magatzem. *[almacenar]*
emmalaltir. v. intr. i tr. Intr. Agafar una malaltia. *[enfermar]* // Tr. Fer posar malalt. *[enfermar]*
emmaliciar. v. tr. Irritar, enfurismar.
emmallar-se. v. pron. Agafar-se un peix a la malla de la xarxa. *[enmallarse]*
emmandrir. v. tr. Fer agafar mandra. *[emperezar]*
emmanillar. v. tr. Posar manilles, fermar amb manilles. *[esposar]*
emmantar. v. tr. Cobrir amb mantes. *[enmantar, enmantillar]*
emmarar-se. v. pron. Adquirir excessiva afecció a la mare. *[enmadrarse]*
emmarat, ada. adj. Que no sap estar sense la mare. *[mimado, enmadrado]*
emmarcar. v. tr. Posar dins un marc. *[enmarcar]* // Servir de marc. *[enmarcar]*
emmascarar. v. tr. Mascarar. *[tiznar]*
emmerdar. v. tr. Embrutar de merda. *[ciscar, emporcar]* // fig. Fer perdre el bon nom, embrutar moralment. *[ensuciar]*
emmetzinar. v. tr. Infeccionar amb metzines. *[envenenar]*
emmidonar. v. tr. Impregnar de midó desfet en aigua. *[almidonar]*
emmirallar. v. tr. Reflectir. *[reflejar]* // **-se.** Mirar-se en un mirall. *[espejarse]*
emmordassar. v. tr. Posar mordassa. *[amordazar]*
emmorenir. v. tr. Fer tornar moré, embrunir. *[oscurecer]*
emmotlar. v. tr. Ajustar una cosa al motle. *[amoldar]* // Ajustar la conducta a una pauta determinada. *[amoldar]*
emmudir. v. tr. i intr. Tr. Fer callar. *[enmudecer]* // Elidir un fonema. // Intr. Quedar mut. *[enmudecer]*
emmurallar. v. tr. Guarnir amb muralla una fortalesa, etc. *[amurallar, murar]*
emoció. f. Agitació de l'ànim per un sentiment de plaer, pena, amor, etc. *[emoción]*
emocionar. v. tr. Produir emoció. *[emocionar]* // **-se.** Sentir emoció. *[emocionarse]*
emolument. m. Retribució d'un funcionari, empleat, etc. *[emolumento]*
emotiu, iva. adj. Relatiu o pertanyent a l'emoció. *[emotivo]* // Que implica emoció. *[emotivo]*
empadronar. v. tr. Inscriure en el padró. *[empadronar]*
empaitar. v. tr. Encalçar, perseguir. *[acosar, perseguir]*
empalar. v. tr. Clavar algú en un pal travessant-lo amb aquest de part a part. *[empalar]*
empalmar. v. tr. Unir pels extrems dues fustes, cordes, etc. *[empalmar]*
empalomar. v. tr. Cosir la ralinga al gràtil, la vela amb fil d'empalomar, de cànem, gros i fort. *[empalomar]*
empantanar. v. tr. Aturar l'aigua en un terreny convertint-lo en un pantà. *[empantanar]*
empaperar. v. tr. Embolicar amb un paper. *[empapelar]* // Recobrir de paper una paret, etc. *[empapelar]*
empapussar. v. tr. Ficar el menjar en la boca d'un infant, dels ocells menuts, etc. *[embuchar]*
empaquetar. v. tr. Arreglar les coses en paquets. *[empaquetar]*
emparar. v. tr. Posar algú sota la nostra protecció, protegir, afavorir. *[amparar]* // Retenir una cosa per manament del jutge. *[embargar]*
emparaular. v. tr. Convenir de paraula alguna cosa. *[apalabrar]*
emparellar. v. intr. i tr. Intr. Posar-se al mateix nivell, formant parella amb un altre. *[emparejar]* // Tr. Unir per a la procreació. *[aparear]*
emparentar. v. tr. Contraure parentiu per mitjà del matrimoni. *[emparentar]*

emparralar. v. tr. Emparrar. *[emparrar, enroscar]*
emparrar. v. tr. Formar emparrats. *[emparrar, enroscar]*
emparrat. m. Cobert fet amb barres, llistons, etc., que sostenen una o més parres o plantes enfiladisses. *[emparrado]*
empassar-se. v. pron. Fer passar alguna cosa gola avall. *[engullirse]* // Canviar de partit, etc.
empastar. v. tr. Cobrir de pasta alguna cosa. *[empastar]* // Convertir una substància pulverulenta en pasta afegint-li un líquid. *[empastar]*
empastifar. v. tr. Untar amb alguna substància apegalosa, viscosa, amb un tint. *[pringar, ensuciar]*
empastissar. v. tr. Empastar, untar de cosa pastosa. *[empastar]*
empastrar. v. tr. Untar de matèria pastosa o de líquid espés. *[embadurnar.* // Fer malbé, llançar a perdre una cosa. *[estropear]*
empastre. m. Acció i efecte d'empastrar. *[pringar, embadurnar]*
empat. m. Acció i efecte d'empatar. *[empate]*
empatar. v. intr. No guanyar ni perdre en un joc, votació, etc. *[empatar]*
empatollar-se. v. pron. Dir coses embrollades parlant. *[embrollarse]*
empatx. m. Obstacle, impediment. *[empacho]* // Enfit, indigestió. *[empacho]*
empatxar. v. tr. Causar empatx o indigestió. *[empachar]* // Posar obstacles, impedir. *[impedir, empachar]* // Embolicar.
empavesar. v. tr. Ornar amb pavesos. *[empavesar]*
empavonar. v. tr. Donar al ferro un color blau fosc. *[empavonar, pavonar]*
empedrar. v. tr. Cobrir el paviment de pedres, convenientment tallades i ajustades. *[empedrar]*
empeguntar. v. tr. Untar amb pega o altra matèria agafallosa. *[empeguntar]*
empelt. m. Acció i efecte d'empeltar. *[injerto]* // La part que es lleva d'un arbre per a empeltar-lo en un altre. *[injerto]* // Punt d'inserció d'un empelt. *[injerto]*
empeltar. v. tr. Inserir en una branca o tronc d'un arbre, una part d'un altre, proveïda d'una o més gemmes. *[injertar]* // Inserir un teixit viu en una lesió establint-se una unió orgànica. *[injertar]*
empenta. f. Pressió més o menys brusca exercida sobre alguna persona o cosa empenyent-la. *[empellón, empujón]*
empentar. v. tr. Donar empenta, força, energia, virior, per a moure's o per a actuar. *[empujar, impulsar]*
empenya. f. Part superior del peu, entre el turmell i el començament dels dits. *[empeine]* // Part corresponent del calçat. *[empella]*
empényer. v. tr. Moure o tractar de moure algú o alguna cosa exercint una pressió. *[empujar]* // Impel·lir, moure una facultat espiritual cap a una determinada activitat. *[impelir]*
empenyorar. v. tr. Donar alguna cosa en penyora. *[empeñar, pignorar]*
emperador. m. Cap suprem d'un imperi. *[emperador]* // Peix comestible cendrós amb la mandíbula superior en forma d'espasa. *[pez espada]*
emperadriu. f. Sobirana d'un imperi. *[emperatriz]* // Muller de l'emperador.
emperpalar. v. tr. Aplicar el perpal per a fer força. *[agarrotar, poner tieso]*
empescar-se. v. pron. Forjar un projecte, una excusa, etc. *[forjarse, idearse]*
empestar. v. tr. Infestar alguna cosa, causar pesta. *[apestar]* // Escampar mala olor. *[apestar, heder]* // Corrompre, viciar.
empilar. v. tr. Disposar coses formant piles. *[apilar]*
empinar. v. tr. Posar dret i més alt de la posició normal. *[empinar]* // **-se.** Alçar-se damunt les puntes dels peus. *[elevarse, empinarse]* // Pujar a un lloc elevat. *[encaramarse]*
empipar. v. tr. Enutjar. *[fastidiar, cargar, enojar]*
empiri, íria. adj. Aplicat a l'estada dels benaurats. *[empíreo]* // Celestial.
empisar. v. tr. Enrajolar. *[embaldosar]*
empitjorar. v. tr. i intr. Tr. Posar en estat pitjor. *[empeorar]* // Intr. Posar-se pitjor. *[empeorar]*

empiular. v. tr. Empalmar per llurs extrems o caps dues coses. *[empalmar]* // Enllaçar dues coses immaterials, dues accions, dos esdeveniments, etc. *[empalmar]* // Posar piules a les banyes d'un bou. // **-se.** Posar-se piules d'ornament, vestir o adornar-se amb refinament. *[emperejilarse]*

emplaçar. v. tr. Designar el lloc que ha d'ocupar un edifici, monument, etc. *[emplazar]*

emplafonar. v. tr. Encaixar els plafons en els muntants d'una porta, etc. *[atairar, emplafonar]*

emplastre. m. Medicament extern glutinós estés sobre un drap, etc., el qual s'adhereix a la part sobre la qual s'aplica. *[emplastro]*

empleat, ada. m. i f. El qui treballa a sou en un servei públic o en un comerç. *[empleado]*

empobrir. v. tr. Fer tornar pobre. *[empobrecer]*

empollastrir-se. v. pron. Envestir com un gall, escometre altivament. *[acometer]*

empolsegar. v. tr. Cobrir de pols. *[empolvar]*

empolvar. v. tr. Cobrir de pólvores. *[empolvar]*

empomar. v. tr. Agafar enlaire una cosa llançada, no deixant-la arribar en terra. *[aparar, coger al vuelo]*

empoquir. v. tr. Disminuir el nombre, fer tornar poc. *[empequeñecer]*

emporcar. v. tr. Embrutar. *[ensuciar]*

empori. m. Ciutat d'un comerç extens. *[emporio]* // Centre comercial d'un país. *[emporio]*

emportar-se. v. pron. Portar amb si alguna cosa. *[llevarse]*

empostissar. v. tr. Cobrir amb posts. *[entablar]*

emprar. v. tr. Fer servir alguna cosa a un fi, usar. *[emplear]* // Fer-se prestar una cosa, manllevar. *[tomar en préstamo]*

empremta. f. Marca, senyal que deixa una cosa en una altra. *[huella, impronta]*

empremtar. v. tr. Deixar una empremta sobre algun cos. *[imprimir, grabar]*

emprendre. v. tr. Començar, intentar alguna cosa. *[emprender]* // Escometre a algú per a dir-li alguna cosa. *[emprender]*

emprenyar. v. tr. Fer prenys, fer prenyada, fer concebre una dona o femella. *[empreñar]* // **-se.** Concebre, restar prenys, restar prenyada. *[empreñarse]*

emprenyar. v. tr. Molestar molt, fer enutjar. *[fastidiar, enojar]* // **-se.** Enfellonir-se, enutjar-se. *[enojarse]*

empresa. f. Cosa que un emprén. *[empresa]* // Societat industrial o mercantil. *[empresa]* // Ensenya o divisa d'un escut o blasó. *[empresa]*

empresari, ària. m. i f. Persona que té part en una empresa. *[empresario]*

empresonar. v. tr. Ficar a la presó. *[encarcelar]*

emprèstit. m. Acció d'emprestar. *[empréstito]* // Cosa emprestada.

emprovador, ora. m. i f. El qui emprova. *[provador]* // m. Cambra destinada a emprovar. *[provador]*

emprovar. v. tr. Posar a algú una peça de vestir per a veure si li cau bé. *[probar]*

empudegar. v. tr. Omplir de pudor, empestar. *[apestar]*

empudentir. v. tr. Empudegar. *[apestar]*

empunyar. v. tr. Agafar una cosa estrenyent-la amb la mà. *[empuñar]*

èmul, èmula. adj. El qui cerca d'igualar o superar a algú en alguna cosa. *[émulo]*

emular. v. tr. Cercar d'igualar o superar a algú en alguna cosa. *[emular]*

emulsió. f. Líquid que conté en suspensió partícules diminutes d'un altre líquid. *[emulsión]*

emulsionar. v. tr. Convertir en emulsió. *[emulsionar]*

en. prep. Indica l'indret on és o s'esdevé alguna cosa. *[en, a]* // El temps dins el qual s'esdevé alguna cosa. *[en, a]* // El punt d'arribada, darrere certs verbs de moviment. *[en, a]* // Diferents circumstàncies del verb.

en. pron. És usat indicant un nom complement directe, sense determinatiu o siga en sentit partitiu, anomenat ja en una proposició anterior. // Indicant un nom en acusatiu acompanyat d'un numeral cardinal, d'un quantitatiu o d'un indefinit.

en. pron. adv. És usat reemplaçant una determinació circumstancial de lloc introduïda amb la preposició «de». // Un complement preposicional introduït amb «de». // Per a indicar en certs verbs de moviment la forma reflexiva dinàmica: anar-se'n, eixir-se'n, etc.

en, n', na. Títol de cortesia que s'anteposa als noms propis de persona. *[don, doña]*

enagües. f. pl. Peça de vestir interior que porten les dones sota les faldes. *[enaguas]*

enaiguar. v. tr. Cobrir d'aigua. *[aguar]* // **-se.** Sofrir l'enaiguament. *[aguarse]*

enaltir. v. tr. Posar alt el mèrit d'algú o d'alguna cosa. *[enaltecer]*

enamorar. v. tr. Inspirar amor a algú. *[enamorar]* // Excitar en altra persona la passió amorosa. *[enamorar]* // Causar un viu plaer de veure, sentir, etc. *[enamorar]* // **-se.** Inflamar-se d'amor.

enamoriscar-se. v. pron. Enamorar-se lleument; mig enamorar-se. *[enamoriscarse]*

enarborar. v. tr. Posar alguna cosa dalt de tot d'un pal, torre, etc. *[enarbolar]*

enarcar-se. v. pron. Traure l'esquena enfora arquejant l'espinada. *[enarcarse, arquearse]*

enardir. v. tr. Excitar l'ànim d'algú a la lluita, a l'acció, etc. *[enardecer]*

enasprir. v. tr. Fer tornar aspre. *[encrespar]*

ençà. adv. De la banda d'ací. *[acá, aquende]*

encabassar. v. tr. Ficar dins d'un cabàs. *[encapachar]*

encabir. v. tr. Fer cabre, introduir. *[meter]*

encabironar. v. tr. Posar cabirons. *[encabriar]*

encaboriar-se. v. pron. Agafar cabòries. *[preocuparse]*

encabotar. v. tr. Ficar la cabota, d'un clau, etc. // **-se.** Entossudir-se, agafar una idea forta, obstinar-se. *[emperrarse]*

encabritar-se. v. pron. Alçar-se un cavall dreçant-se sobre les potes de darrere. *[encabritarse]*

encadenar. v. tr. Lligar, fermar alguna cosa amb cadenes. *[encadenar]*

encadufar. v. tr. Ficar un dins l'altre els cadufs que formen una canonada de conducció d'aigua. *[enchufar, entubar]*

encaix. m. Acció i efecte d'encaixar. *[encaje]*

encaixada. f. Acte d'encaixar. *[encajada]* // Acció d'estrényer-se les mans en senyal de salutació. *[apretón de manos]*

encaixar. v. intr. i tr. Intr. Entrar una cosa dins una altra ajustadament. *[encajar]* // Adaptar-se bé una cosa dins una altra. *[encajar]* // Estrényer la mà d'un altre en senyal d'amistat. // Tr. Fer entrar una cosa dins una altra. *[encajar]* // Posar una cosa en caixes. *[encajar]*

encaixonar. v. tr. Ficar dins d'un caixó. *[encajonar]*

encalar. v. tr. Llançar una cosa a un lloc alt d'on no cau per no tenir lliure l'eixida ni és fàcil aconseguir-la. *[encalar]*

encalbir. v. tr. Fer tornar calb. *[encalvecer]*

encalç. m. Acció d'encalçar. *[persecución, alcance]*

encalçar. v. tr. Anar perseguint aquell que fuig, córrer darrere algú per a atrapar-lo. *[acosar, perseguir]*

encalcinar. v. tr. Emblanquir amb una capa de calç. *[encalar]*

encallar. v. intr. Ser privat d'anar endavant per raó d'un obstacle que trava el seu moviment. *[encallar]*

encallir. v. tr. Endurir la pell fent-li un call. *[encallecer]*

encalmar. v. tr. Posar en calma. *[calmar]* // **-se.** Esdevenir la calma. *[encalmarse]*

encaminar. v. tr. Posar en camí, dirigir, adreçar. *[encaminar]* // **-se.** Posar-se en camí. *[encaminarse]*

encanalar. v. tr. Conduir l'aigua per canals. *[encanalar]*

encanar-se. v. pron. Perdre l'alé per excés de rialles o de plorar. *[envararse]*

encanonar. v. tr. Fer passar alguna cosa per un canó. *[encañonar]* // Dirigir el canó d'una arma envers un objecte. *[encañonar]* // Començar a traure plomes les aus.

encant. m. Poder d'encantament. *[encanto]* // La cosa que produeix l'encantament. *[encanto]*

encant. m. Venda pública d'objectes al qui en dóna més. *[subasta, almoneda]* // pl. Lloc on es venen coses velles. *[rastro, maulería, vendeja]*

encantament. m. Acció i efecte d'encantar o d'encantar-se. *[encantamiento]*

encantar. v. tr. Obrar com exercint un poder sobrenatural, fascinar, captivar, produir un dolç arravatament, plaure en alt grau. *[encantar, hechizar]* // Sotmetre a una influència irresistible. *[encantar]* // Embadalir. // Vendre a l'encant. *[subastar]*

encanyar. v. tr. Posar canyes per a sostenir alguna cosa. *[encañar]*

encanyissar. v. tr. Cobrir de canyes les bigues o revoltons d'una casa. *[encañizar, encañar]*

encaparrar. v. tr. Fer mal de cap. // **-se.** Capficar-se.

encapçalar. v. tr. Posar en el capçal o començament d'una cosa. *[encabezar]*

encapritxar-se. v. pron. Agafar un capritx, una idea forta i fora de raó. *[encapricharse]*

encaputxar. v. tr. Posar la caputxa a algú. *[encapuchar]*

encara. adv. Amb tot això; a més d'això. *[aún, además]* // Malgrat del temps transcorregut. *[aún, todavía]* // Després de tot l'esdevingut. *[aún, todavía]*

encarabassinar-se. v. pron. Entestar-se, entossudir-se en una cosa. *[empeñarse, encalabrinarse]*

encaradís, issa. adj. Que fàcilment s'encara, que agafa idees fortes o desitjos insistents. *[caprichoso, voluntarioso]*

encarar. v. tr. Posar algú cara a cara amb un altre. *[encarar]* // Apuntar amb una arma de foc, etc. *[encarar]*

encarcarar. v. tr. Fer perdre la flexibilitat. *[envarar]*

encarcarat, ada. adj. Rígid, mancat de flexibilitat. *[envarado]*

encarir. v. tr. Augmentar el preu d'una cosa; fer-la cara. *[encarecer]* // Lloar exageradament, ponderar. *[encarecer]* // **-se.** Tornar-se car. *[encarecerse]*

encarnar. v. tr. i intr. Tr. Revestir d'una forma corporal. *[encarnar]* // Intr. Posar carn nova una ferida. *[encarnar]*

encàrrec. m. Acció i efecte d'encarregar o d'encarregar-se. *[encargo]*

encarregar. v. tr. Encomanar alguna cosa a algú. *[encargar]*

encarregat, ada. m. i f. El qui té al seu càrrec alguna cosa. *[encargado]*

encarrellar. v. tr. Enrastellar. *[enristrar]* // Posar unes coses damunt les altres. *[amontonar, apilar]*

encarrilar. v. tr. Disposar o dreçar un vehicle pels carrils o camí que ha de seguir. *[encarrilar]* // Dirigir rectament, encaminar. *[encarrilar]* // Dirigir per la via més dreturera, o seguint els tràmits més conduents a arribar a terme, un assumpte o negoci que estava encallat. *[encarrilar]* // Dur a bon terme un subjecte que se separa del camí dreturer. *[encarrilar]*

encartar. v. tr. Posar en escrits. *[encartar]* // Incloure en un edicte o padró. *[encartar]*

encartonar. v. tr. Posar cartons. *[encartonar]* // Donar la consistència del cartó. *[acartonar]* // **-se.** Perdre la flexibilitat un membre o nervi. *[entumecerse]*

encasellar. v. tr. Posar o distribuir en caselles. *[encasillar]*

encast. m. Acció i efecte d'encastar. *[engaste]* // Cercle de metall que assegura una gemma, etc. *[engaste]*

encastar. v. tr. Encaixar i embotir una cosa en una altra. *[engastar]*

encauar. v. tr. Amagar alguna cosa dins un cau. *[encovar, amadrigar]*

encausar. v. tr. Formar causa a algú. *[encausar]*

encavalcar. v. tr. Posar una cosa a cavall d'una altra. *[encabalgar, montar]*

encavallada. f. Bastida feta amb posts, pals, etc. *[andamio, armadura]*

encavallar. v. tr. Encavalcar, posar una cosa a cavall damunt una altra. *[encabalgar]* // **-se.** Sortir una cosa del seu lloc sobreposant-se a una altra. *[encabalgarse]*

encavallonar. v. tr. Posar les garbes formant cavallons.

enceb. m. Matèria o pólvora usada per a comunicar a una càrrega explosiva. *[cebo]*

encebar. v. tr. Posar l'enceb necessari a una arma de foc. *[cebar]*

encèfal. m. Massa nerviosa continguda en el crani. *[encéfalo]*

encegar. v. tr. Privar momentàniament de l'ús de la vista. *[cegar]* // Ofuscar, privar de discerniment. *[ofuscar, obcecar, cegar]*

encenall. m. Cosa per a encendre. // Llenya menuda i fullaraca seca. *[támara, enjuto, fagina]* // Borumballa. *[viruta]*

encendre. v. tr. Fer que una cosa creme. *[encender]* // Incitar, enardir. *[encender]*

encenedor, ora. adj. Que encén. *[encendedor]* // m. i f. Aparell mecànic per a encendre. *[encendedor]*

encens. m. Resina aromàtica que, seca i cremada, fa molta olor. *[incienso]* // Lloança exagerada, adulació. *[lisonja]*

encensar. v. tr. Espargir el fum de l'encens amb l'encenser. *[inciensar]* // fig. Lloar excessivament.

encenser. m. Braseret suspés amb cadenetes que serveix per a cremar encens. *[incensario]*

encerar. v. tr. Untar amb cera. *[encerar]* // Enganyar amb bones paraules. *[engatusar]*

encerat. m. Tauler de roba o fusta envernissada usat a les escoles. *[encerado]* // Tela impermeabilitzada amb cera o una mescla de quitrà i sèu. *[hule]*

encerclar. v. tr. Tancar dins un cercle, envoltar. *[circuir, rodear]*

encert. m. Acció i efecte d'encertar. *[acierto]* // Casualitat, coincidència. *[azar, casualidad]*

encertar. v. tr. No errar, fer una cosa bé. *[acertar]*

encertir-se. v. pron. Assegurar-se de la veritat d'una cosa. *[cerciorarse]*

encés, esa. adj. Que crema, que està en combustió. *[encendido]* // Dit especialment de les galtes vermelles. *[encendido]*

encetar. v. tr. Tallar el primer tros d'una cosa. *[decentar, encentar]*

enciclopèdia. f. Conjunt de totes les ciències. *[enciclopedia]* // Obra que tracta moltes ciències. *[enciclopedia]*

encintar. v. tr. Adornar amb cintes. *[encintar]*

encís. m. Acció i efecte d'encisar. *[hechizo]* // Allò que encisa en una persona o cosa. *[hechizo]*

encisam. m. Conjunt de talls de les fulles d'algunes plantes hortícoles mengívoles com ara lletuga, escarola, endívia, créixens, etc., generalment amanides, etc. *[ensalada]* // Planta comestible usada habitualment com a encisam, lletuga. *[lechuga]*

encisar. v. tr. Embruixar. *[hechizar]* // Captivar per un atractiu poderós, la seua bellesa, gràcia, etc. *[embelesar]*

encistellar. v. tr. Ficar dins una cistella. *[encestar]* // En el joc de basquetbol, introduir la pilota dins la cistella. *[encestar]*

enclaustrar. v. tr. Tancar a algú en un claustre o convent. *[enclaustrar]*

enclavar. v. tr. Introduir una cosa dins una altra. *[enclavar]* // Ficar un clau fins a la carn en el peu d'un cavall, etc., en ferrar-lo. *[enclavar]*

encloure. v. tr. Posar una cosa dins una altra. *[encerrar, incluir]* // Contenir, comprendre, implicar. *[incluir, contener]*

enclusa. f. Instrument damunt el qual són treballats els metalls amb el martell. *[yunque]*

encobrir. v. tr. Ocultar una cosa o no manifestar-la. *[encubrir]*

encoentar-se. v. pron. Esdevenir-se, quedar-se, posar-se, sentir-se, algú interiorment coent, recremat, recremar-se. *[resquemarse]*

encofrat. m. Bastida de fusta a manera de cintra. *[encofrado]*

encoixar. v. tr. Fer coix a algú. *[encojar]*

encoixir. v. tr. Fer coix a algú, encoixar. *[encojar]* // **-se.** Tornar-se coix. *[encojarse]*

encolar. v. tr. Aferrar alguna cosa amb cola. *[encolar]*

encolerir-se. v. pron. Posar-se colèric. *[encolerizarse]*

encollir-se. v. pron. Minvar la llargària o amplària d'una cosa contraent-se. *[encoger]* // Aflaquir, l'ànim, el coratge d'algú. *[apocarse]*

encolomar. v. tr. Desempallegar-se de quelcom enutjós. *[endosar]* // Endossar.

encomanar. v. tr. Confiar a algú de fer alguna cosa. *[encomendar, encargar]*

encomanda. f. Acció i efecte d'encomanar. *[encargo, recomendación]*

encomiar. v. tr. Lloar calorosament, elogiar. *[encomiar]*

enconar. v. tr. Posar mel o altra cosa al paladar d'un nou nat per a fer-li prendre el gust de mamar. *[paladear]* // Donar la primera llet a un infant. *[hacer las entrañas]* // Ensenyar a mamar l'infant nou nat. // Ensenyar els primers principis d'una ciència, art, etc. *[imbuir]* // Fer prendre el gust, l'habitud d'una cosa.

encongir-se. v. pron. Encollir-se. *[encogerse]*

encontrar. v. tr. Trobar-se amb algú; sortir al pas d'algú. *[encontrar]* // **-se.** Topar, dues persones o coses, l'una contra l'altra. *[encontrarse]*

encontre. m. Acció i efecte d'encontrar o d'encontrar-se. *[encuentro]* // Combat imprevist, topada. *[encuentro]*

encoratjar. v. tr. Donar, infondre coratge. *[encorajinar, alentar, animar]*

encorbar. v. tr. Fer posar corb, doblegar. *[encorvar, curvar, doblar]*

encorcovir. v. tr. Encorbar, contraure. *[encorvar]*

encordar. v. tr. Posar cordes als instruments musicals. *[encordar]* // Lligar amb cordes. *[ensogar, encordar]*

encordellar. v. tr. Lligar amb cordells. *[encordelar]*

encordonar. v. tr. Posar cordons. *[encordonar]* // Subjectar amb cordons. *[encordonar, abrochar]*

encorfar-se. v. pron. Posar corfa els grans o altres fruits. // Posar crosta una ferida. *[apostillarse]*

encorralar. v. tr. Ficar al corral. *[encorralar, acorralar]*

encórrer. v. tr. Estar exposat a contingències, perills, etc.; posar-se en el cas d'haver de sofrir, de suportar, alguna cosa. *[correr, incurrir]*

encortinar. v. tr. Posar cortines. *[encortinar]*

encotonar. v. tr. Farcir de cotó. *[acolchar]*

encrespar. v. tr. Alçar onades en la mar. *[encrespar]* // Crespar. // **-se.** Exaltar-se, enardir-se. *[encresparse]*

encreuament. m. Acció i efecte d'encreuar o d'encreuar-se. *[cruzamiento]*

encreuar. v. tr. Travessar una cosa damunt una altra en forma de creu. *[cruzar]* // Acoblar dos individus de races diferents o d'espècies afins. *[cruzar]*

encrostar. v. tr. Cobrir de crosta. *[encostrar]*

encruelir. v. tr. Exacerbar, fer més cruel. *[encrudecer, encruelecer]*

encular. v. tr. Empantanar-se, aturar-se un negoci o assumpte. // **-se.** Inclinar-se un carruatge cap arrere a causa del pes. *[encularse]*

encuny. m. Peça gravada per a encunyar monedes o medalles. *[cuño]* // Impressió o segell que deixa l'acte d'encunyar. *[cuño]* // Encunyació.

encunyació. f. Acció i efecte d'encunyar. *[acuñación]*

encunyar. v. tr. Batre moneda, medalles, etc. *[encuñar]* // Imprimir i segellar per mitjà de l'encuny una peça de metall, etc. *[acuñar]*

encuriosir. v. tr. Despertar la curiositat d'algú.

endarrere. adv. Arrere, cap arrere, en direcció arrere. *[atrás]*

endarrerir. v. tr. Fer quedar endarrere.

endavant. adv. Davant. *[adelante]*

endegar. v. tr. Encarrilar. *[encauzar]*

endemés. adv. D'altra banda, a més, per afegitó. *[además]*

endenyar. v. tr. Irritar, produir inflamació. *[irritar]* // **-se.** Irritar-se una ferida, nafra, etc., per infecció, inflamació, supuració, o altre trastorn. *[infectarse]*

endergues. f. pl. Atifells, etc., que constitueixen un destorb. *[trastos]* // Embolics, romanços. *[enredos]*

enderiar-se. v. pron. Agafar una dèria. *[empeñarse]*

enderroc. m. Acció i efecte d'enderrocar. *[derribo]* // Conjunt de materials provinents d'un enderrocament. *[escombros, cascote]*

enderrocament. m. Acció i efecte d'enderrocar o d'enderrocar-se. *[derrocamiento]*

enderrocar. v. tr. Tirar a terra, desfer una construcció, casa, edifici, etc. *[derrocar, derribar]* // **-se.** Caure a terra, desplomar-se. *[derrumbarse]*

endeutar. v. tr. Fer contraure deutes. *[endeudar]* // **-se.** Contraure deutes. *[endeudarse]*

endeví, ina. m. i f. El qui endevina les coses futures o ocultes. *[adivino]*

endevinalla. f. Qualsevol enigma que es proposa per a endevinar-lo. *[adivinanza, acertijo]*

endevinar. v. tr. Encertar el significat d'un enigma. *[adivinar]* // Descobrir per mitjans sobrenaturals les coses futures o ocultes. *[adivinar]*

endiablar. v. tr. Endimoniar, fer posseir dels dimonis. *[endiablar, endimoniar]*

endimoniat, ada. adj. Posseït del dimoni. *[endemoniado]* // Aplicat a les criatures molt revoltoses. *[endiablado]*

endins. adv. En direcció a l'interior d'una cosa des de la perifèria. *[adentro]*

endinsar. v. tr. Ficar endins, introduir. *[internar, meter, introducir]*

endinyar. v. tr. Donar, clavar, un colp, etc. *[endilgar, endosar]* // Encolomar, endossar.

endívia. f. Composta liguliflora de flors blaves i fulles retallades en forma de lletuga que es menja com a encisam. *[escarola]*

endoblir-se. v. pron. Fer-se doble.

endogalar. v. tr. Posar el dogal. *[endogalar, encabestrar]* // Subjugar.

endolar. v. tr. Cobrir de dol, posar dol. *[enlutar]*

endolat, ada. adj. Vestit de dol. *[enlutado]*

endolcir. v. tr. Fer dolça una cosa. *[endulzar]*

endoll. m. Acció i efecte d'endollar. *[enchufe]* // Part d'un canó o tub que penetra en un altre. *[enchufe]*

endollar. v. tr. Adaptar el mànec a la dolla d'un instrument. *[enchufar]* // Ajuntar les boques de dos canons o tubs.

endormiscar-se. v. pron. Quedar-se mig adormit. *[adormitarse]*

endós, (pl. **ossos**). m. Acció i efecte d'endossar una lletra de canvi o un altre document de crèdit. *[endoso]*

endossar. v. tr. Passar a un altre una cosa no apetible. *[endosar]* // Cecir a un altre un document de crèdit. *[endosar]*

endrapar. v. tr. i intr. Tr. Revestir de drap. *[endrapar, forrar]* // Intr. Menjar amb avidesa. *[embuchar, tragar, engullir]*

endreç. m. Manera com hom arranja o disposa alguna cosa. *[aderezo, arreglo]*

endreça. f. Acció i efecte d'endreçar. *[aderezo, apresto, disposición]* // Dedicatòria. *[dedicatoria]*

endreçar. v. tr. Posar en bon orde. *[aderezar]* // Dedicar una obra a algú. *[dedicar]*

endurir. v. tr. Fer tornar dur. *[endurecer]* // Fer més dura una cosa. *[endurecer]*

endur-se. v. pron. Anar-se'n amb una cosa, dur amb si llevant-la d'un lloc. *[llevarse]*

ene. f. Nom de la lletra «n». *[ene]*

enemic, iga. m. i f. Que és contrari a algú. *[enemigo]* // El qui fa la guerra contra algú. *[enemigo]*

enemistar. v. tr. Fer perdre l'amistat. *[enemistar]*

energia. f. Potència activa d'un organisme. *[energía]* // Capacitat d'obrar o de produir un efecte. *[energía]*

enèrgic, èrgica. adj. Que té energia. *[enérgico]*

energumen. m. Persona posseïda del dimoni o molt furiosa i avalotada. *[energúmeno]*

enervar. v. tr. Privar de l'ús dels nervis. *[enervar]*

enfadar. v. tr. Enutjar, causar molèstia. *[enfadar]*

enfadós, osa. adj. Que causa enuig, enutjós. *[enfadoso, molesto]*

enfaenat, ada. adj. Que està fent una faena o faenes. *[atareado]*

enfaixar. v. tr. Faixar, cobrir o embolicar amb una faixa. *[enfajar]*

enfangar. v. tr. Embrutar de fang. *[enfangar, enlodar]*
enfardar. v. tr. Embolicar o reunir formant fardells. *[enfardar]*
enfarfegar. v. tr. Omplir massa i desordenadament, especialment d'adornaments, d'accessoris, d'elements subordinats, etc. *[recargar]*
enfarinar. v. tr. Omplir de farina. *[enharinar]* // Empolvar excessivament. *[empolvar]*
enfastidir. v. tr. Causar fàstic, tedi. *[fastidiar]*
enfavar-se. v. pron. Embadalir-se. *[encantarse, embobarse]*
enfebrar-se. v. pron. Agafar febre. *[acalenturarse]*
enfeixar. v. tr. Fer feixos de llenya, etc. *[hacinar]*
enfervorir. v. tr. Infondre fervor. *[enfervorizar]*
enfigar-se. v. pron. Sentir forta atracció carnal per una dona. *[encoñarse]*
enfilall. m. Conjunt de coses enfilades. *[sarta, ristra]* // fig. Sèrie de coses que vénen una darrere l'altra sense interrupció. *[sarta, retahíla]*
enfilar. v. tr. Fer passar un fil, etc., pel forat d'alguna cosa. *[enhebrar]* // Ajuntar diverses coses passant-les per un fil. *[ensartar]* // Adreçar, menar, encaminar amb orde. *[enfilar]* // Dirigir-se dretament cap a un punt, en una direcció. // **-se.** Pujar-se'n, posar-se en un lloc alt. *[trepar, subir]* // Pujar una planta caragolant-se al voltant d'un tronc d'un arbre o d'una cosa elevada. *[trepar]*
enfilat. m. Conjunt de fils entreteixits per a un ús determinat. // Entreteixit de cordes o fils per a caçar o pescar, filat. *[red]*
enfit. m. Indigestió o embaràs del ventrell. *[empacho]*
enfitar. v. tr. Causar enfit, empatxar excessivament. *[ahitar, empachar]*
enflaquir. v. tr. Fer esdevenir flac. *[enflaquecer]*
enflocar. v. tr. Adornar amb flocs, llaços, etc. *[emperifollar, enflecar, enjaezar]*
enfocar. v. tr. Fer que la imatge d'un objecte obtinguda en un aparell òptic vinga a produir-se exactament en un punt volgut. *[enfocar]*
enfollir. v. tr. Fer tornar foll. *[enloquecer]*
enfondir. v. tr. Afonar, fer anar al fons. *[hundir]*
enfonsar. v. tr. Fer anar cap al fons. *[hundir]* // Fer una obertura de fora endins, de dalt a baix. *[hundir]*
enfora. adv. i prep. Cap a la part exterior, cap a fora. *[hacia fuera, afuera]*
enforcall. m. Confluència de dos camins, etc. *[cruce]*
enforcar. v. tr. Penjar en la forca. *[ahorcar]* // Agafar amb la forca. *[enhorcar]* // Fer forcs d'alls, de cebes, etc. *[enristrar]*
enforfoguir. v. tr. Ofegar, sufocar, apagar el foc acumulant matèries que el priven d'airejament. *[ahogar, sofocar]* // Privar d'airejament un espai per excés de persones o coses acumulades. *[ahogar, sofocar]* // **-se.** Ofegar-se, acalorar-se, posar-se nerviós.
enformador. m. Instrument de fuster, de ferro amb mànec de fusta, rebaixat a l'extrem, puntacorrent. *[formón]*
enfornar. v. tr. Ficar al forn per a coure. *[enhornar]*
enfortir. v. tr. Donar força i vigor. *[fortalecer]* // Fer més fort o més dur. *[fortalecer]*
enfosquir. v. tr. Fer tornar fosc. *[oscurecer]*
enfranquir. v. tr. Cosir les peces de cuir o tela del calçat per a ajuntar-les després amb la sola. *[aparar]* // Afranquir, fer franc, alliberar. *[enfranquecer, liberar]*
enfredorir. v. tr. Fer agafar fred, refredar. *[enfriar, enfriolar]*
enfront. m. Davant, amb la cara oposada a algú o a alguna cosa. *[enfrente]* // Part anterior d'un edifici. *[frente, fachada]*
enfrontar. v. tr. Oposar front a front. *[enfrentar]*
enfugir-se. v. pron. Escapar-se, anar-se'n fugint. *[escaparse]*
enfurir. v. tr. Provocar la fúria, posar furiós. *[enfurecer]* // **-se.** Esdevenir furiós. *[enfurecer]*
engabiar. v. tr. Ficar dins una gàbia. *[enjaular]*

engalipar. v. tr. Enganyar amb afalacs, amb bones paraules. *[engatusar, embaucar]*

engallir-se. v. pron. Esdevenir altiu, arrogant. *[engallarse, entonarse]*

engaltar. v. tr. Posar a la galta o galtes. // Acostar a la galta una arma de foc per a apuntar-la. *[encarar]* // **-se.** Acarar-se, posar-se front a front per a barallar-se.

engalzar. v. tr. Ajustar dins un galze. *[ensamblar]*

enganx. m. Acció i efecte d'enganxar. *[enganche, enganchamiento]*

enganxar. v. tr. Agafar amb un ganxo o una altra cosa punxeguda. *[enganchar]* // Fermar les cavalleries als carruatges. *[enganchar]* // Comprometre algú amb habilitats. *[enganchar]*

enganxó. m. Acció i efecte d'enganxar o d'enganxar-se. *[enganchadura]* // Senyal produït per un enganxó. *[rasguño]*

engany. m. Acció i efecte d'enganyar o d'enganyar-se. *[engaño]* // Manca de veritat. *[engaño]*

enganyabovos. m. Qui enganya aprofitant-se de la ignorància dels altres. *[engañabobos]*

enganyar. v. tr. Fer caure en error amb una falsa aparença. *[engañar]* // Fer creure a un allò que no és. *[engañar]*

enganyifa. f. Objecte artificiós d'engany. *[engañifa]*

enganyós, osa. adj. Que enganya o dóna ocasió d'enganyar-se. *[engañoso]* // Que diu enganys o paraules enganyoses. *[mentiroso]*

engarjolar. v. tr. Ficar algú a la garjola, empresonar. *[encarcelar, enchiquerar, encerrar]* // Menjar molt, engaldir. *[engullir, tragar]*

engarrotar. v. tr. Posar ert com un garrot. *[engarrotar]* // Donar voltes amb un garrot o tros de fusta a una corda per comprimir allò que subjecta. *[agarrotar]*

engatjar. v. tr. Donar com a gatge, empenyorar. *[empeñar]*

engegar. v. tr. Deixar anar allò que estava detingut. *[soltar]* // Fer que una cosa comence a anar, a funcionar, a córrer; disparar, llançar. *[soltar, lanzar, disparar]*

engelosir. v. tr. Causar gelosia, posar gelós. *[encelar, dar celos]*

engendrar. v. tr. Propagar la pròpia espècie, procrear. *[engendrar]*

enginy. m. Habilitat, aptesa, a trobar els mitjans d'aconseguir o d'executar alguna cosa. *[ingenio]*

enginyar. v. tr. Inventar alguna cosa amb enginy. *[ingeniar, idear]* // **-se.** Proporcionar-se els mitjans per a conseguir alguna cosa. *[ingeniarse]*

enginyer. m. El qui té per professió de projectar i construir obres públiques, màquines, etc. *[ingeniero]*

enginyeria. f. Ciència i art pròpia de l'enginyer. *[ingeniería]*

enginyós, osa. adj. Que té enginy. *[ingenioso]* // Que és fet amb enginy.

engiponar. v. tr. Abrigar, cobrir de gipó o roba. *[enjubonar, arropar]* // Arreglar, disposar alguna cosa bé o malament.

englantina. f. Oleàcia arbustiva de la família de les jasmínies que fa unes flors grans, blanques, vermelloses per fora i molt aromàtiques. *[jazmín real]*

englobar. v. tr. Incloure dins un conjunt. *[englobar]*

engolir. v. tr. Fer passar alguna cosa per la gola de la boca a l'esòfag. *[engullir, tragar]*

engolosir. v. tr. Enllepolir. *[engolosinar]*

engomar. v. tr. Untar amb goma. *[engomar]*

engonal. m. Part del cos on s'ajunten les cuixes amb el ventre. *[ingle]*

engordir. v. tr. Fer esdevenir gord. *[engordar]*

engraellar. v. tr. Col·locar les fustes per a formar la coberta d'un edifici. *[encabriar]*

engraellat. m. Conjunt de barres que formen una graella o reixa. *[emparrillado]* // Conjunt de masclets disposats en línies paral·leles formant graella o reixa.

engranatge. m. Acció d'engranar. *[engranaje]* // Conjunt de peces que engranen. *[engranaje]*

engrandir. v. tr. Fer més gran. *[engrandecer, agrandar]*

engrapar. v. tr. Agafar fortament. *[engrapar, empuñar, agarrar]*

engravat. m. Capa de grava pitjada en l'afermat d'un carrer, etc. *[afirmado]*
engreixar. v. tr. Fer tornar gras. *[engordar]* // Untar amb greix. *[engrasar]*
engrescar. v. tr. Excitar a algú a fer alguna cosa, incitar. *[animar]*
engroguir. v. tr. Fer tornar groc. *[palidecer, enmarillecer]*
engronsar. v. tr. Engrunsar. *[mecer, columpiar, balancear]*
engròs, a l'. loc. adv. En gran quantitat. *[al por mayor]* **en gros:** a l'engròs.
engrossir. v. tr. Fer més gros. *[engrosar]*
engruixir. v. tr. Fer més gruixut. *[engrosar]*
engruna. f. Trosset molt menut d'alguna cosa. *[miaja, migaja, pizca]*
engrunsadora. f. Cadira per a engrunsarse. *[mecedora]* // Corda que puja pels dos caps a una biga, etc. a propòsit per a engrunsar-s'hi. *[columpio]*
engrunsar. v. tr. Imprimir un moviment de vaivé a un cos suspés, etc. *[mecer, columpiar]* // Moure un cos suspés, etc. d'una banda a l'altra. *[mecer, columpiar]*
engrut. m. Pastetes que serveixen per a unir i aferrar dues cosses. *[engrudo]* // Greix o porqueria que queda en els atifells. *[mugre]*
enguany. adv. L'any actual. *[hogaño, este año]*
enguerrar. v. tr. Posar, ficar, en guerra, en baralles, en enemistat activa, en lluita; fer estar en guerra o lluita, fer barallar. *[malquistar, enemistar]* // Fer renyir, enutjar, dues o més persones, bàndols, partits, etc. *[enemistar, malquistar]*
enguilopir-se. v. pron. Tornar-se guilopo. *[apicararse]*
enguixar. v. tr. Cobrir de guix, posar guix. *[enyesar]*
enhorabona. f. Felicitació. *[enhorabuena, parabién]*
enigma. m. Cosa difícil d'interpretar o de comprendre. *[enigma]*
enjamai. adv. Jamai, mai. *[nunca, jamás]*
enjardinar. v. tr. Adornar amb jardins, convertir en jardí. *[enjardinar]*
enjogassar-se. v. pron. Lliurar-se als jocs els infants o jóvens. *[retozar, juguetear]*
enjoiar. v. tr. Adornar amb joies, enjoiellar. *[enjoyar, ataviar]*
enjorn. adv. De bon matí, a una hora no avançada del dia, dejorn. *[temprano]* // Abans de pondre's el sol, no massa tard; oposat a tard referint-se al final de la jornada solar de treball, prompte. *[temprano]*
enjudiciar. v. tr. Sotmetre algú o alguna cosa a judici. *[enjuiciar]*
enlairar. v. tr. Alçar enlaire, elevar. *[elevar, alzar]* // Col·locar en lloc elevat, exalçar. *[elevar]*
enlaire. adv. A una distància més o menys gran de terra. *[en suspenso, en alto]*
enllà. adv. De la banda d'allà. *[allá]*
enllaç. m. Unió d'una cosa amb una altra. *[enlace]*
enllaçar. v. tr. Lligar, unir amb un llaç. *[enlazar]* // Establir un enllaç. *[enlazar]*
enllagrimar-se. v. pron. Omplir-se els ulls de llàgrimes. *[enlagrimarse]*
enllandar. v. tr. Cobrir de llanda, posar llanda. *[enlatar]*
enllardar. v. tr. Untar amb llard. *[lardar, enlardar, lardear]*
enllebit, ida. adj. Dit del tros de pa exteriorment gratellós a conseqüència de la dilatació de la pasta durant la cocció. // Terreny ressec i enfortit per haver-se banyat molt i després eixugat també excessivament. *[reseco]*
enllepolir. v. tr. Excitar el desig amb atractius. *[engolosinar]*
enllestir. v. tr. Concloure una cosa. *[concluir, despachar]* // Donar-se pressa, cuitar. *[despachar]*
enlletgir. v. tr. Fer tornar lleig. *[afear]*
enllobir. v. tr. Perseguir amb insistència. // Fer crits semblants a udols de llop, udolar. *[ahullar]* // **-se.** Escometre, envestir com un llop, contra un altre. *[arremeter, acometer]*
enlloc. adv. En cap banda. *[en ningún sitio]*
enllosar. v. tr. Cobrir amb lloses, pavimentar de lloses. *[enlosar]*
enlluernar. v. tr. Ofuscar la vista amb una llum massa viva. *[deslumbrar]* // Al·lucinar amb aparences o raons. *[deslumbrar]*

enllumenar. v. tr. Il·luminar, donar llum. *[iluminar]* // Fer claror una llum. // Posar llum o llums en un indret. *[alumbrar]*

enllumenat. m. Acció d'enllumenar. *[iluminación]* // Conjunt de llums. *[alumbrado]*

enllustrador, ora. m. i f. El qui enllustra, especialment el qui té per ofici enllustrar el calcer. *[enlustrador]*

enllustrar. v. tr. Donar llustre o lluentor. *[lustrar, abrillantar]*

enmig. prep. En el centre, dins un conjunt de coses. *[en medio]* // Indica situació dins una munió o ajust de persones o coses. *[en medio]*

ennegrir. v. tr. Fer tornar negre, tenyir de negre. *[ennegrecer]*

ennoblir. v. tr. Fer noble a algú o donar caràcter de noblesa. *[ennoblecer]*

ennuvolar-se. v. pron. Cobrir-se el cel de núvols. *[nublarse]*

ennuvolat. m. Conjunt de núvols que cobreixen el cel. *[nublado]*

enorgullir. v. tr. Omplir d'orgull, fer esdevenir orgullós. *[enorgullecer]*

enorme. adj. Fora mida, excessiu. *[enorme]*

enormitat. f. Qualitat d'enorme. *[enormidad]* // Cosa desmesurada. *[enormidad]*

enquadernador, ora. m. i f. El qui enquaderna llibres. *[encuadernador]*

enquadernar. v. tr. Ajuntar i cosir diversos quaderns i cobrir làmines i llom amb un tros de pell, etc. *[encuadernar]*

enquadrar. v. tr. Emmarcar. *[enmarcar]* // Donar figura de quadrat. *[encuadrar, cuadrear]*

enquesta. f. Recerca per a saber alguna cosa per interrogació, per recollir l'opinió, etc., de diferents persones sobre una qüestió. *[encuesta, indagación]*

enquimerar. v. tr. Fer agafar quimera a algú. *[encaprichar]* // **-se.** Agafar quimera. *[encapricharse]*

enquitranar. v. tr. Untar amb quitrà. *[alquitranar]*

enrabiar. v. tr. Provocar un fort enuig, exasperar. *[enrabiar, irritar]* // **-se.** Enutjar-se fortament. *[enojarse, irritarse]*

enrajolar. v. tr. Fer paviment amb rajoles. *[enladrillar, embaldosar]*

enramar. v. tr. Adornar amb rams o rames. *[enramar]* // Cobrir de ramatge. *[enramar]* // **-se.** Dispersar-se la llum.

enrampar. v. tr. Causar rampa. *[entumecer]* // **-se.** Agafar rampa. *[entumecerse, entumirse]*

enrancir. v. tr. Fer tornar ranci. *[enranciar]*

enraonar. v. intr. i tr. Intr. Passar l'estona parlant amb algú. *[charlar, hablar]* // Conversar. *[conversar]* // Tr. Discutir amicalment, examinar, considerar, parlar alguna cosa en conversa. *[hablar, razonar, tratar]*

enrarir. v. tr. Fer tornar rar, escàs o menys dens. *[enrarecer]*

enrasar. v. tr. Igualar dues coses en alçada. *[enrasar]*

enrastellar. v. tr. Passar els fils d'ordit per entre les pues d'un rastell. *[rastrillar]* // Fer rastells, posar una cosa damunt una altra. *[enristrar]*

enrastrar. v. tr. Fer un rastre o enfilall. *[enristrar]*

enravenar-se. v. pron. Endurir-se els llegums i verdures quan es refresquen abans d'acabar de coure's. *[envararse]*

enredrar. v. tr. Entrellaçar o entreteixir intricadament una cosa talment que no siga fàcil separar les parts, embullar, embolicar. *[enredar]* // Ficar algú en un embolic, enganyar, entrampar.

enregistrar. v. tr. Inscriure en un registre, registrar. *[registrar]*

enregistrament. m. Acció d'enregistrar. *[registro]*

enreixat. m. Conjunt de barres o llistons disposats com els d'una reixa. *[enrejado]*

enrellar. v. tr. Posar la rella al dental de l'aladre. *[enrejar]*

enrenou. m. Soroll, desorde, confusió. *[barullo, desorden]*

enretirar. v. tr. Tirar endarrere, retirar. *[retirar]*

enrevessat, ada. adj. Que presenta complicacions, dificultós. *[enrevesado]*

enrinxolar-se. v. pron. Caragolar-se en espiral. *[ensortijarse]*

enriquir. v. tr. Fer ric. *[enriquecer]*
enroc. m. Acció d'enrocar en el joc d'escacs. *[enroque]*
enrocar. v. intr. En el joc d'escacs, efectuar un canvi simultani de rei i torre. *[enrocar]* // **-se.** Enganxar-se un ham amb les roques del fons. *[enrocarse]*
enrogir. v. tr. Fer tornar roig o vermell. *[enrojecer]*
enrojolar-se. v. pron. Ruboritzar-se, fer-se vermell. *[sonrojarse, enrojecerse]*
enrolar. v. tr. Inscriure en la llista de persones que formen part d'una embarcació. *[enrolar]*
enrònia. f. Idea fixa pertinaç. // Mania, quimera. *[manía]*
enroscar. v. tr. Entortolligar, tòrcer donant una forma anular, encaragolar. *[enroscar]*
enrossinar-se. v. pron. Enardir-se una persona o animal en la passió amorosa. *[enardecerse]*
enrotllar. v. tr. Donar forma de rotlle. *[arrollar]* // Envoltar, enroglar. *[rodear]*
ens. m. Allò que existeix o pot existir. *[ente]* // Institució, organisme. *[ente]*
ens. Pronom de primera persona. *[nos]*
ensabonar. v. tr. Impregnar amb sabó. *[jabonar]* // Adular, fer compliments o elogis interessats. *[dar coba]*
ensacar. v. tr. Posar en sacs. *[ensacar, entalegar]*
ensaïmada. f. Pastís en forma d'espiral fet amb flor de farina, ou, sucre i greix. *[ensaimada]*
ensajar. v. tr. Assajar, provar. // Encetar un meló. *[probar]*
ensalada. f. Plat de verdures amanit amb oli, sal, vinagre, etc. *[ensalada]*
ensarronar. v. tr. Posar alguna cosa en un sarro o en sarrons. *[enzurronar]* // Posar a algú un vestit que no li cau bé. // Enganyar fent creure alguna cosa. *[embaucar]*
ensec, a l'. loc. adv. Sobtosament.
ensellar. v. tr. Posar la sella a un cavall, etc. *[ensillar]*
ensems. adv. Junts, juntament, l'un amb l'altre; alhora. *[juntamente, a la vez, al mismo tiempo]*
ensenya. f. Insígnia, bandera, estandard.
ensenyament. m. Acció i efecte d'ensenyar, ensenyança. *[enseñanza]* // Allò que algú ensenya. *[enseñanza]*
ensenyança. f. Ensenyament, acte i efecte d'ensenyar. *[enseñanza]*
ensenyar. v. tr. Instruir en alguna ciència o art. *[enseñar]* // Mostrar, indicar. *[enseñar]*
enseuar. v. tr. Untar de sèu. *[encebar, engrasar]*
ensinistrar. v. tr. Fer destre en algun art, etc. *[adiestrar]*
ensobinar-se. v. pron. Posar-se de sobines, amb els genolls doblegats i el cos ajupit. *[asobinarse]* // Caure de sobines, quedar una cavalleria en terra amb el cap entre les cames del davant. *[asobinar-se]*
ensofrar. v. tr. Untar o empolsar amb sofre. *[azufrar]*
ensomni. m. Somni. *[sueño]*
ensomniar. v. intr. i tr. Somniar. *[soñar]*
ensopegar. v. tr. i intr. Tr. Trobar per casualitat. *[encontrar]* // Encertar a trobar. *[acertar]* // Intr. Topar involuntàriament amb el peu contra un obstacle, entropessar. *[tropezar]*
ensopiment. m. Estat del qui està com mig adormit. *[sopor, amodorramiento]*
ensopir. v. tr. Posar a algú en un estat de mig adormiment. *[amodorrar]*
ensordir. v. tr. Fer tornar sord. *[ensordecer]*
ensorrar. v. tr. Enfonsar a la terra, ficar sota terra. *[hundir, encallar]*
ensucrar. v. tr. Endolcir amb sucre, posar sucre. *[azucarar]*
ensulsir-se. v. pron. Esfondrar-se terres, roques, parets, edificis, etc. *[derrumbarse]*
ensumar. v. intr. Aspirar amb força l'aire pel nas, flairar. *[husmear, oler]*
ensuperbir. v. tr. Fer tornar superbiós. *[ensoberbecer]* // **-se.** Esdevenir superbiós. *[ensoberbecerse]*
ensurt. m. Sobresalt. *[susto, sobresalto]*
entabanar. v. tr. Omplir el cap d'illusions, d'idees agradables, però enganyoses; enganyar amb bones paraules, marejar. *[embaucar]* // Induir a fer una cosa amb promeses enganyoses.

entabuixar. v. tr. Torbar el cap per l'acció d'un vapor, fum, baf o males olors. *[encalabrinar, desvanecer]* // Torbar o restar insensible el cap, els oïts, per una acció externa, vapor, etc., o un soroll estrident, un colp o altra cosa. *[embotar]* // **-se.** Desvanir-se, torbar-se el cap, la pensa, els sentits. *[marearse, desvanecerse]*

entaforar. v. tr. Ficar en un forat, racó, etc., amagar. *[esconder, meter, zampuzar]*

entapissar. v. tr. Cobrir amb tapissos. *[tapizar, entapizar]* // Guarnir de tapís, ornar. *[tapizar]*

entatxonar. v. tr. Farcir, reblir. *[mechar, rellenar]* // Clavar i subjectar amb tatxes. *[clavar, embrocar]*

entauladora. f. Post llisa o guarnida per davall de claus o tallants per a entaular la terra a fi que conserve millor la humitat i aplanar els terrossos. *[atabladera, grada]*

entaular. v. tr. Iniciar una discussió, qüestió, combat, etc. *[entablar]* // Posar les peces de certs jocs en el tauler. // **-se.** Asseure's a taula per a menjar.

entaular. v. tr. Treballar la terra amb l'entauladora, aplanar-la desfent els terrossos perquè conserve la humitat. *[entablar]*

entaulat. m. Convit solemne. *[convite]* // Empostissat, pis fet de posts. // Cadafal de fustes per a representacions teatrals, concerts, balls o altres espectacles. *[tablado]*

entaulellar. v. tr. Pavimentar de taulells, enrajolar. *[embaldosar]*

enteixinat. m. Entrecreuament de bigues i motlures en un sostre, etc. *[artesonado]*

entelar. v. tr. Recobrir d'un tel un objecte brillant, llustrós. *[empañar]* // Cobrir-se d'un tel els ulls dificultant la visió. // Guarnir de tela, posar la tela als paraigües, sedassos, etc.

entendre. v. tr. i intr. Tr. Tenir idea clara d'una cosa. *[entender]* // Tenir intenció de fer alguna cosa. *[entender]* // Intr. Intervenir en algun afer. *[entender]*

entendrir. v. tr. Fer tornar tendra alguna cosa. *[enternecer]*

entenedor, ora. adj. De bon entendre. *[inteligible]* // m. i f. El qui entén alguna cosa o en alguna cosa. *[entendedor]*

enteniment. m. Facultat de l'ànima d'entendre o comprendre. *[entendimiento]* // Seny, judici, prudència. *[cordura]*

enterbolir. v. tr. Posar tèrbola alguna cosa. *[enturbiar]* // Ofuscar l'enteniment. *[ofuscar]*

enterc, erca. adj. Rígid, encarcarat. *[yerto, tieso]* // Obstinat, pertinaç. *[testarudo]*

entercar-se. v. pron. Esdevenir terc. *[entercarse]*

enterrador. m. El qui enterra, fosser. *[enterrador, sepulturero]*

enterrament. m. Acció i efecte d'enterrar. *[enterramiento, entierro]* // Cerimònia de l'enterrament. *[entierro]* // Sepultura, lloc on estan enterrats cadàvers o llurs despulles. *[enterramiento]*

enterrar. v. tr. Colgar a terra, soterrar. *[enterrar]*

entés, esa. adj. Que té coneiximents notables d'una cosa. *[entendido]*

entestament. m. Estat del qui s'ha entestat en alguna cosa. *[empeño]*

entestar. v. tr. Ajuntar pels extrems dues peces. *[entestar]*

entestar-se. v. pron. Obstinar-se en una opinió, determinació, etc. *[entestarse]*

entitat. f. Essència d'un ser. *[entidad]* // Col·lectivitat considerada com una unitat. *[entidad]*

entonar. v. tr. Cantar ajustant el to. *[entonar]* // Tonificar l'organisme. *[entonar]*

entorn. m. Contorn, circuit, volt. *[contorno]*

entorn. prep. Al voltant; en l'espai que hi ha al volt d'una cosa. // A l'entorn: entorn, al voltant. *[alrededor]*

entornar. v. tr. Envoltar. *[rodear]* // Donar la segona llaurada a la terra. // Fer el segon cosit a les juntures de la roba blanca.

entornar-se. v. pron. Encongir-se la roba després de llavada. *[contraerse, encogerse, embeberse]*

entornet. m. Sanefa o fris de color diferent que es pinta en la part baixa de les parets emblanquinades. *[rodapié]*

entorpir. v. tr. Impedir el progrés, torbar

el funcionament d'una cosa. *[entorpecer]*

entortar. v. tr. Entortir. *[entortar, torcer]*

entortillar. v. tr. Fer torta una cosa rígida dreta, doblegar una cosa de manera que forme colze o angle el doblec. *[acodillar]* // Tòrcer allò que era dret, que no estava tort. *[retorcer]* // Corbar alguna cosa de manera que prenga la forma d'un cercle. *[entortijar, torcer]*

entortir. v. tr. Fer tort; privar de la dretura. *[torcer, entortar]*

entossudiment. m. Acció i efecte d'entossudir-se, obstinació. *[obstinación]*

entossudir-se. v. pron. Obstinar-se, entestar-se.

entrada. f. Accés en un lloc. *[entrada]* // Acció d'entrar. *[entrada]*

entrador, ora. adj. Penetrant, que entra fàcilment. // m. Lloc per on s'entra dins una finca rústica.

entrant. adj. Que entra. *[entrante]* // m. Cadascun dels plats que, després de la sopa o bullit, se serveixen a taula. *[principio]*

entranya. f. Cadascun dels òrgans situats a l'interior de les cavitats principals del cos. *[entraña]* // Allò més pregon i amagat. *[entraña]*

entrar. v. tr. i intr. Tr. Fer passar de fora a dins alguna cosa. *[entrar]* // Intr. Passar de fora a dins d'un lloc. *[entrar]* // Ser admés en una corporació, etc. *[entrar]*

entravessar. v. tr. Passar una cosa de banda a banda. *[atravesar]* // Posar de través. *[atravesar]* // **-se.** Posar-se de través, posar-se enmig interceptant o, també, intervenint en una disputa, baralla, etc. *[atravesarse]*

entre. prep. Denota situació o estat en mig de dues o més persones o coses. *[entre]*

entreacte. m. Espai de temps entre dos actes d'un espectacle. *[entreacto]*

entrebanc. m. Allò que destorba, obstacle. *[destorbo, traba, tropiezo]*

entrebancar. v. tr. Fer entropessar. *[trabar, entrepernar]* // Impedir d'obrar, de progressar. *[estorbar]*

entrecella. f. Espai que hi ha entre les celles. *[entrecejo]*

entreclaror. f. Reflex de llum, o claror tènue. *[vislumbre]*

entrecuix. m. Angle que formen les cuixes en llur començament. *[horcajadura]*

entredit. m. Prohibició de fer o dir alguna cosa. *[entredicho]*

entredós. m. Tira brodada o de puntes, pròpia per a ser cosida entre dues peces de roba. *[entredós, calado]*

entrellat. m. Trama, embolic. *[trama]* // Trellat. *[razón]*

entrellum. m. Llunyania on es veuen les coses boiroses o incompletes. *[lontananza]*

entremaliadura. f. Qualitat d'entremaliat. *[travesura, malicia]*

entremaliat, ada. adj. Inquiet i revoltós. *[travieso]*

entremés. m. Qualsevol dels plats que es posen a taula amb viandes lleugeres que serveixen com d'aperitiu. *[entremés]* // Comèdia lleugera i breu que serveix d'intermedi. *[intermedio, entremés]*

entremesclar. v. tr. Mesclar unes coses amb altres. *[entremezclar]*

entremetent. adj. Emprenedor, actiu en els quefers que emprén o on es fica. *[entrometido]* // Que s'entremet, aficadís. *[entrometido]* // Que es posa en afers d'altri, oportunament o importunament. *[entrometido]* // Festiu. *[chancero]*

entremetre. v. tr. Posar entre altres coses. *[interponer]* // Posar per intermediari. *[interponer]* // **'s.** Ficar-se, un, allà on no el demanen. *[entremeter]*

entremig. adv. Entre un i altre. *[en medio]* // m. Part central o situada enmig d'altres. *[intermedio, medio]*

entrenament. m. Acció i efecte d'entrenar o d'entrenar-se. *[entrenamiento, entrene]*

entrenar. v. tr. Preparar algú en un esport o treball. *[entrenar]*

entrenyor. m. Dolor, queixa, per causa d'absència, enyorança. *[nostalgia, sentimiento]*

entrenyorar-se. v. pron. Doldre's, entristir-se, afligir-se. *[dolerse]*

entreobrir. v. tr. Obrir a penes, mig obrir.

entreoir. v. tr. Mig oir, oir incompletament. *[entreoír]*
entrepà. m. Tall de carn, pernil, etc., dins un panet migpartit o entre dues llesques de pa. *[entrepán]*
entrepit. m. Carn de la part central del pit. *[entrepechuga]*
entresol. m. Pis a un nivell poc alt sobre el pla terreny. *[entresuelo]*
entresolat. m. Part superior de les dues en què un sostre fet a una certa altura del sòl divideix parcialment una cambra. *[altillo]*
entreson. m. Estat entre despert i dormit, son prim. *[entresueño]*
entresuar. v. intr. Suar lleugerament, suar un poc. *[trasudar]*
entresuor. f. Suor fina o lleu. *[trasudor]*
entretant. adv. En l'endemig. *[entretanto]*
entretela. f. Tros de roba que és col·locada a l'interior dels colls, punys, etc., per a donar-los gruix. *[entretela]*
entreteniment. m. Acció i efecte d'entretenir o d'entretenir-se. *[entretenimiento]*
entretenir. v. tr. Retenir, conservar. *[retener]* // Fer passar temps amb promeses, etc. *[entretener]* // Fer passar a algú agradablement el temps. *[entretener]*
entretindre. v. tr. Infinitiu irregular del verb *entretenir*, extret per analogia del futur d'indicatiu: *entretindré, entretindràs, entretindrà...* entretindre. *[entretener]*
entreveure. v. tr. Veure confusament, albirar. *[entrever]*
entrevill. m. Prolongació del peritoneu, que cobreix els intestins pel davant. *[entresijo, redaño, mesenterio]*
entrevista. f. Reunió concertada entre persones que han de parlar d'alguna cosa. *[entrevista]*
entrevistar-se. v. pron. Tenir una entrevista. *[entrevistarse]*
entristir. v. tr. Causar tristor, posar trist. *[entristecer]*
entroncament. m. Acció i efecte d'entroncar. *[entroncamiento, entronque]*
entroncar. v. tr. i intr. Tr. Establir la genealogia d'una persona. *[entroncar]* // Intr. Ajuntar dos camins, carrers, etc.
entronitzar. v. tr. Elevar al tron, a la cadira pontifical, etc. *[entronizar]*
entropessar. v. intr. Topar el peu contra un obstacle. *[tropezar]*
entrupedi. m. Cosa que va entre peus.
entumir. v. tr. Fer esdevenir túmid, per defecte de circulació. *[entumecer]*
entusiasmar. v. tr. Produir entusiasme. *[entusiasmar]* // **-se.** Encendre's d'entusiasme. *[entusiasmarse]*
entusiasme. m. Exaltació de l'ànima sota la inspiració divina. *[entusiasmo]* // Vehemència dels qui parlen o escriuen. *[entusiasmo]*
entusiasta. m. i f. Que sent entusiasme. *[entusiasta]*
enuig. m. Fort desplaer, contrarietat. *[enojo]* // Molèstia, destorb.
enumeració. f. Expressió successiva de diverses coses o parts. *[enumeración]* // Recapitulació breu de les raons exposades. *[enumeración]*
enunciar. v. tr. Expressar una idea en termes precisos fent-la conéixer netament. *[enunciar]*
enutjar. v. tr. Causar enuig. *[enojar, molestar]*
envà. m. Paret prima feta de rajoles, canyissos algepsats, etc., embà. *[tabique]*
envair. v. tr. Entrar per força en algun lloc. *[invadir]*
envalentir-se. v. pron. Acréixer-se en valentia, fer-se el valent. *[embravecerse]*
envanir. v. tr. Causar o infondre vanitat. *[envanecer]*
envàs. m. Recipient dins el qual es posen articles de comerç i altres efectes. *[envase]*
envasar. v. tr. Omplir de líquid un recipient. *[envasar]*
enveja. f. Desig d'allò que un altre posseeix. *[envidia]* // Pena que hom sent per la felicitat d'altri. *[envidia]* // Sentiment, especialment d'odi, envers aquell qui posseeix una cosa que nosaltres no posseïm. *[envidia]*
envejar. v. tr. Tenir enveja, sentir enveja. *[envidiar]*
envelar. v. tr. Cobrir alguna cosa amb vels. *[velar]* // Cobrir amb veles per a resguardar del sol, etc. *[entoldar]*

envelat. m. Cobert fet amb veles. *[entoldado]*

envellir. v. tr. i intr. Tr. Fer tornar vell. *[envejecer]* // Intr. Arribar a vell. *[envejecer]*

envergadura. f. Acció i efecte d'envergar. *[envergada]* // Ample d'una vela envergada. *[envergadura]* // Distància entre les puntes de les ales esteses d'un ocell. *[envergadura]* // Amplitud d'un concepte, d'una idea. *[envergadura]*

envergonyir. v. tr. Avergonyir, cobrir de vergonya. *[avergonzar, afrentar]*

enverinar. v. tr. Emmetzinar, infeccionar, amb verí. *[envenenar]*

envermellir. v. tr. Pintar o tenyir de vermell; fer vermell. *[enrojecer]* // **-se.** Esdevenir vermell. *[enrojecerse]*

envernissar. v. tr. Cobrir de vernís una cosa per a enlluentir-la. *[barnizar]*

envers. prep. Cap a la banda de, cap a, en direcció a. *[hacia]*

envestida. f. Acció i efecte d'envestir. *[embestida, acometida]*

envestir. v. tr. Escometre impetuosament. *[embestir]*

enviar. v. tr. Trametre, encarregar una persona d'anar a un lloc. // Trametre alguna cosa a un lloc. *[enviar, mandar]* // **-se.** Engolir-se. *[tragarse]*

enviat, ada. m. i f. Persona encarregada d'anar a un lloc determinat. *[enviado]*

envidar. v. intr. i tr. Intr. Fer envit en el joc. *[envidar]* // Tr. Convidar a fer un cosa. *[invitar]*

envigorir. v. tr. Donar vigor, fer vigorós. *[vigorizar]*

envilir. v. tr. Fer vil i menyspreable. *[envilecer]*

envisc. m. Matèria viscosa i apegalosa que es fa amb el suc fluid del llonge, espesseint-lo amb trementina i oli, usada per a enviscar vímets, joncs, esparts, etc., per a caçar ocells. *[liga]*

enviscar. v. tr. Untar amb visc. *[enviscar]* // **-se.** Restar agafats en el visc. *[enviscarse]*

envit. m. En certs jocs, aposta feta a una sort determinada. *[envite]*

enviudar. v. intr. Quedar viuda o viudo. *[enviudar]*

envolar-se. v. pron. Anar-se'n volant. *[despegar, alzar el vuelo]*

envoltar. v. tr. Posar persones o coses al voltant. *[envolver]* // Guarnir al voltant. *[rodear]*

enxiquir. v. tr. Fer més xic o menut. *[achicar, empequeñecer]*

enxubat, ada. adj. Dit d'un lloc tancat d'on l'aire es renova difícilment.

enye. f. Nom del dígraf «ny» que representa el so de «n» palatal, equivalent a la «ñ» castellana (abreviatura de l'antic dígraf castellà «nn»). *[eñe]*

enyor. m. Enyorança. *[nostalgia]*

enyorança. f. Pena o dolor per l'absència o la pèrdua d'alguna cosa o persona molt estimada. *[nostalgia]*

enyorar. v. tr. Tenir enyorança; sentir pena de ser absent d'un lloc o país, d'haver perdut algú o alguna cosa; estar trist per l'absència de persones o coses estimades. *[añorar, sentir nostalgia]* // Trobar a faltar alguna cosa o persona absent, desapareguda. *[añorar]* // Desitjar la presència o possessió d'una cosa, amb tristor per la seua absència o falta. *[desear, añorar]*

enze. m. Ocell de reclam en la caça amb teles. *[señuelo, reclamo]* // Provocador; persona o cosa que incita o provoca a fer alguna cosa. *[cebo, señuelo]* // Persona aturada, no gens deseixida, mancada d'iniciativa i d'enteniment. *[babieca, bobalicón, bobo]*

ep! Interjecció usada per a cridar a algú, per a cridar-li l'atenció. *[¡eh!, ¡ojo!, ¡hola!]*

epèntesi. f. Afegiment d'una lletra o síl·laba enmig d'un mot. *[epéntesis]*

èpic, èpica. adj. Relatiu o pertanyent a l'epopeia o que en té el caràcter. *[épico]*

epidèmia. f. Malaltia que escomet simultàniament un gran nombre de persones. *[epidemia]* // Cosa dolenta i molt propagada. *[epidemia]*

epidermis. f. Membrana exterior de la pell. *[epidermis]* // Pel·lícula que recobreix la superfície de les plantes.

epifania. f. Festivitat de l'adoració dels Sants Reis. *[epifanía]* // Aparició, manifestació. *[epifanía]*

epígraf. m. Resum, cita, sentència que va davant d'un capítol, d'una obra o d'un escrit. *[epígrafe]* // Escrit breu gravat en algun lloc per a conservar la memòria d'una persona o succés important. *[epígrafe]*

epigrama. m. Breu composició poètica, aguda, festiva o satírica. *[epigrama]*

epíleg. m. Recapitulació, conclusió, d'un discurs, d'una novel·la, etc. *[epílogo]*

epilogar. v. tr. Resumir, recapitular, allò que s'ha dit. *[epilogar]*

episcopat. m. Dignitat i càrrec de bisbe. *[episcopado]* // Duració del govern d'un bisbe. *[episcopado]* // Conjunt dels bisbes. *[episcopado]*

episodi. m. Acció secundària en un poema èpic o dramàtic, novel·la, etc. *[episodio]* // Esdeveniment enllaçat amb altres que formen un conjunt. *[episodio]*

epístola. f. Carta, especialment les dels apòstols. *[epístola]* // Part de la missa que és llegida o cantada abans del gradual. *[epístola]* // Comunicació escrita adreçada a una persona absent. *[epístola]*

epitafi. m. Inscripció sepulcral dedicada a un difunt. *[epitafio]*

epítet. m. Adjectiu que expressa la qualitat del substantiu amb el qual s'ajunta. *[epíteto]* // Nom aplicat a algú per a qualificar-lo elogiosament o despectivament. *[epíteto]*

epítom. m. Compendi d'una obra extensa en què es donen les nocions més elementals. *[epítome]*

època. f. Data memorable en què acaba un orde de fets i en comença un altre. *[época]* // Període de temps notable per alguna circumstància. *[época]* // Temporada d'una durada considerable. *[época]*

epònim, ònima. adj. Que dóna el seu nom a un poble, a una ciutat, a una època. *[epónimo]*

epopeia. f. Poema narratiu que refereix accions heroiques sovint tradicionals. *[epopeya]* // Conjunt de poemes que constitueixen la tradició èpica d'un poble. *[epopeya]*

equació. f. En matemàtiques, igualtat amb una incògnita, o més. *[ecuación]* // En astronomia, diferència entre el lloc o moviment mitjà i el veritable o aparent d'un astre. *[ecuación]*

equador. m. Cercle màxim, perpendicular a l'eix del món. *[ecuador]* // Paral·lel de radi major en una superfície de revolució. *[ecuador]*

eqüestre. adj. Relatiu al cavall. *[ecuestre]*

equí, ina. adj. Relatiu o pertanyent al cavall. *[equino]*

equidistar. v. intr. Ser igualment distants. *[equidistar]*

equilàter, àtera. adj. Que té tots els seus costats iguals. *[equilátero]*

equilibrar. v. tr. Posar una cosa en equilibri. *[equilibrar]*

equilibri. m. Estat de repòs d'un cos sollicitat per forces que es compensen. *[equilibrio]* // Estat d'un cos que es manté dret sobre el seu suport sense caure de cap costat. *[equilibrio]* // Contrapés, igualtat. *[equilibrio]* // Distribució ben ponderada de les coses.

equip. m. Acció i efecte d'equipar. *[equipo]* // Grup de persones organitzat per a un objecte determinat. *[equipo]*

equipar. v. tr. Proveir a algú o a alguna cosa de tot allò que és necessari al seu objecte. *[equipar]*

equiparar. v. tr. Comparar una cosa amb una altra, considerant-les iguals entre elles. *[equiparar]*

equipatge. m. Conjunt de coses que es porten en els viatges. *[equipaje]*

equitat. f. Propensió a jutjar pels impulsos de la consciència. *[equidad]* // Moderació en els preus, en les condicions imposades, etc. *[equidad]*

equivaler. v. intr. Ser una cosa igual a una altra en l'estimació o valor. *[equivaler]*

equívoc, ívoca. adj. Que es pot entendre o interpretar de diverses maneres. *[equívoco]* // m. Allò que pot ser entès o interpretat de diverses maneres. *[equívoco]*

equivocació. f. Acció i efecte d'equivocar-se. *[equivocación]*

equivocar. v. tr. Prendre una cosa per una altra. *[equivocar]* // **-se.** Errar en prendre una cosa. *[equivocarse]*

era. f. Espai aplanat on es baten les messes, o es fan diverses operacions en algunes indústries. *[era]*
era. f. Època determinada des de la qual comença a comptar-se una sèrie d'anys. *[era]* // Època, espai de temps caracteritzat per una sèrie d'esdeveniments determinada. *[era]*
eradicar. v. tr. Extirpar, especialment guarir radicalment una malaltia. *[erradicar]*
erari. m. Tesor públic d'un país. *[erario]* // Lloc on es guarda.
erecció. f. Acció i efecte d'erigir. *[erección]* // Acció i efecte de posar-se dur i dret un membre que normalment és fluix. *[erección]*
erecte, ecta. adj. En posició vertical, en erecció. *[erecto]*
eremita. m. El qui viu en soledat en un erm. *[eremita]*
erer. m. Garbell d'espart o jonc emprat a les eres en batre. *[juera, arel, zaranda]*
eriçar. v. tr. Dreçar i posar els cabells drets i rígids. *[erizar]*
eriçó. m. Mamífer insectívor que té el dors i els costats coberts de pues agudes. *[erizo]*
eriçonar. v. tr. Alçar i posar drets els pèls, els cabells com les pues d'un eriçó. *[erizar]* // Sembrar de punxes. *[erizar]*
erigir. v. tr. Fundar, instituir o fer construir. *[erigir]* // Alçar, posar dret.
erm, erma. adj. Inhabitat. // No conreat. *[yermo]* // m. Lloc no conreat, lloc desert, deshabitat. *[yermo]* // m. Terreny no conreat. *[yermo]*
ermini. m. Mamífer carnívor de pell molt suau i delicada, blanquíssima a l'hivern. *[armiño]* // La pell d'aquest animal. *[armiño]*
ermita. f. Capella situada ordinàriament en despoblat, en un erm. *[ermita]*
ermità, ana. m. i f. Persona que té cura d'una ermita. *[ermitaño]*
erosió. f. Depressió produïda a la superfície d'un cos pel fregadís d'un altre. *[erosión]*
erosionar. v. tr. Emportar-se l'aigua terres d'un terreny formant-hi una depressió. *[erosionar]*
eròtic, òtica. adj. Relatiu o pertanyent a l'amor sexual. *[erótico]*
errada. f. Acció i efecte d'errar. *[equivocación, yerro]*
errar. v. tr. i intr. Tr. No encertar, equivocar. *[errar]* // Intr. Anar vagant d'una banda a l'altra. *[errar]*
errata. f. Equivocació comesa en un imprés o manuscrit. *[errata]*
erro. m. Error, equivocació. *[yerro, error]*
error. m. i f. Concepte equivocat o juí fals. *[error]*
ert, erta. adj. Dret, rígid, encarcarat, enravenat. *[yerto, tieso, erguido]*
erudició. f. Conjunt de coneiximents sobre matèries diverses. *[erudición]*
eruga. f. Larva vermiforme d'una papallona i d'altres insectes. *[oruga]*
erupció. f. Projecció de matèries pel cràter d'un volcà. *[erupción]* // Aparició a la pell de grans, pústules, etc. *[erupción]*
es. pron. Forma del pronom reflexiu de tercera persona. *[se]*
esbalaïment. m. Acció i efecte d'esbalair o d'esbalair-se. *[pasmo, asombro, atontamiento]*
esbalair. v. tr. Deixar estupefacte, atònit. *[pasmar, atontar, asombrar]*
esbaldir. v. tr. Rentar la roba amb aigua clara després d'ensabonada. *[enjuagar]*
esbandir. v. tr. Escampar, estendre. *[esparcir]* // Desplegar la roba quan es llava estenent-la i escampant-la sobre la post o sobre l'aigua per a rentar-la. *[sacudir]* // Llançar, escampar una cosa, notícies, publicar defectes. *[esparcir]*
esbargiment. m. Acció i efecte d'esbargir-se. *[esparcimiento]*
esbargir. v. tr. Escampar, dissipar. *[dispersar]* // **-se.** Lliurar-se a entreteniments, esports, etc., que descansen, distraguen, del treball o preocupacions. *[solazarse, divertirse, recrearse]*
esbarriar. v. tr. Escampar coses que estaven aplegades. *[desparramar, esparcir]*
esbart. m. Multitud de persones o animals en moviment. *[bandada, manada, grupo]*
esbarzer. m. Arbust espinós de la família de les rosàcies amb troncs sarmentosos

i prismàtics. *[zarza]* // També altres espècies del mateix gènere. *[abrojo]*

esbatanar. v. tr. Obrir de bat a bat. *[abrir de par en par]*

esbategar. v. tr. Agitar violentament les ales un ocell, sense volar per això. *[sacudir, aletear]* // Bategar.

esbatussada. f. Acció i efecte d'esbatussar-se. *[pelea, zurra, zamarreo]*

esbatussar. v. tr. Colpejar, moure violentament i repetida d'una banda a l'altra. *[golpear, sacudir, zamarrear]* // **-se.** Batre's a colps. *[golpearse]*

esbatussó. m. Acció d'esbatussar o d'esbatussar-se. *[sacudida, zamarreo]*

esbellussar-se. v. pron. Eixir de la primera infància. // Arribar un ocell, gatet, etc., a entrar en l'edat que pren forces i vigor. // Donar-se manya per a obtenir alguna cosa difícil.

esberla. f. Tros d'una cosa que es desprén en esberlar-la, que resulta d'esberlar-la, estella. *[astilla]*

esberlar. v. tr. Esquerdar, trencar, fer una cosa a esberles. *[astillar]* // Obrir-se una nau o altra cosa per ruptura, fent-se a esberles. *[estrellar]*

esbiaixar. v. tr. i intr. Tr. Tallar al biaix. *[sesgar]* // Intr. Anar, travessar de biaix. *[sesgar]*

esbirro. m. Algutzir. *[alguacil]* // Persona mancada de compassió, que té duresa de cor. *[esbirro]*

esblanqueir-se. v. pron. Descolorir-se. *[emblanquecerse]*

esblanquir-se. v. pron. Descolorir-se, tirar a blanc. *[emblanquecerse]*

esbocinar. v. tr. Fer bocins. *[despedazar, desmenuzar]*

esbojarrat, ada. adj. Que fa coses pròpies d'un boig o que obra sense reflexió. *[atolondrado]*

esbombar. v. tr. Divulgar, propalar, estendre una notícia. *[divulgar, propalar, difundir]*

esborrador, ora. adj. Que esborra o fa desaparéixer l'escrit. *[borrador]* // m. Tros de drap, raspall, etc., amb què s'esborra. *[borrador]*

esborrany. m. Escrit de primera intenció. *[borrador]*

esborrar. v. tr. Fer desaparéixer allò que està escrit, etc. *[borrar]* // Llevar la borra als draps. *[desmotar]*

esborrifar. v. tr. Fer esdevenir esborrifat. *[erizar]* // **-se.** Eriçonar-se els cabells, etc. *[erizarse]*

esborrifat, ada. adj. Dit dels cabells o dels pèls, eriçats i estufats. *[erizado]*

esborronar. v. tr. Contraure la pell formant-hi com a borrons o gemmes per efecte del fred, de la febre, de la por, etc. *[espeluznar]* // Commoure, fer tremolar. *[estremecer]* // Causar terror, horroritzar. *[horripilar, horrorizar]*

esbós, (pl. **ossos**). m. La primera forma imperfecta d'una estàtua, d'una pintura, d'una composició. *[esbozo]*

esbossar. v. tr. Fer l'esbós d'una obra d'art, etc. *[esbozar]*

esbraonar. v. tr. Fer perdre el braó; fatigar en alt grau. *[desjarretar, extenuar]*

esbravar-se. v. pron. Perdre un líquid la seua fortalesa, olor, etc. *[desbravarse]* // Alleujar l'ànim donant sortida als sentiments que l'oprimeixen o satisfent un desig contingut. *[desahogarse]*

esbrinar. v. tr. Separar els brins d'una planta. *[deshebrar]* // Posar en clar una cosa. *[aclarar, desentrañar]*

esbroncar. v. tr. Retraure a algú els seus defectes, faltes, etc. *[abroncar]*

esbucar. v. tr. Demolir, enderrocar. *[demoler, derruir, derribar]*

esbufegar. v. intr. Respirar molt de pressa per efecte de la fatiga. *[jadear, resollar]*

esbullar. v. tr. Destriar, escampar, per exemple, els cabells. *[dispersar, desbaratar]*

esbutzar. v. tr. Traure la butza. *[despachorrar, destripar]* // Rompre violentament. *[reventar, escorchar]*

esca. f. Matèria seca i molt inflamable preparada perquè s'encenga fàcilment amb una simple espurna. *[yesca]* // Incentiu d'una passió; causa o ocasió d'una cosa. *[cebo, yesca]* // Menja que es posa a l'ham o a altre ormeig de pesca o caça. *[cebo]*

escabellar. v. tr. Desordenar els cabells, posar-los en desorde, despentinar. *[desgreñar, despeinar]*

escabellonar. v. tr. Escabellar, despentinar. *[desgreñar]*

escabetx. m. Salsa de vinagre, llorer i altres ingredients per a assaonar el peix, etc. *[escabeche]* // Peix escabetxat. *[escabeche]*

escabetxar. v. tr. Adobar en escabetx. *[escabechar]*

escabrós, osa. adj. Dificultós, trencat, desigual. *[escabroso]* // Aspre, dur, de mala mena. *[escabroso]* // Que es passa difícilment a causa de l'escabrositat. *[escabroso]* // Arriscat des del punt de vista de la decència. *[escabroso]*

escabussar-se. v. pron. Llançar-se de cap dins l'aigua. *[zambullirse]*

escabussó. m. El fet d'escabussar-se dins l'aigua. *[zambullida, chapuzón]* // Ànec d'albufera. *[somormujo]*

escac. m. Joc de càlcul damunt un tauler dividit en seixanta-quatre caselles. *[ajedrez]* // Cadascuna de les peces i quadrets del joc d'escacs. // Acte de moure una peça del dit joc posant-la en un quadret d'on pot matar el rei contrari en una sola jugada. *[jaque]*

escadusser, era. adj. Que no té parella, que queda solt. *[desparejado, suelto, sobrante]*

escafandre. m. Aparell hermèticament tancat que permet a la persona que el porta romandre i treballar sota l'aigua. *[escafandra]*

escafit, ida. adj. Que ve curt, estret o no arriba a la grandor, a la mida, deguda. *[corto, encogido, escatimado, raquítico]*

escagaixar-se. v. pron. Ensorrar-se, un edifici, un marge, etc. // Tenir diarrea.

escagarritar-se. v. pron. Cagar-se involuntàriament i sense treure's la roba. *[zurruscarse]*

escagassar-se. v. pron. Decandir-se per un excés d'anar de ventre. // Cedir una pilastra, etc., sota la pressió que suporta. *[desmoronarse]*

escaient. adj. Que escau bé, adequat, encertat, oportú. *[apropiado, gracioso]*

escaig. m. Part que excedeix a un nombre redó. *[pico, sobrante]* // Escapoló.

escaiola. f. Guix, alabastre cuit. *[escayola]*

escairar. v. tr. Disposar en escaire. *[escuadrar]* // Llevar els caires a una cosa. *[desbastar, descanterar]*

escaire. m. Instrument format per dos regles perpendiculars que formen un triangle rectangle. *[escuadra, cartabón]*

escala. f. Sèrie de graons per a pujar o baixar. *[escalera]* // Proporció entre les dimensions de les parts d'un dibuix i les corresponents de l'objecte que es representa. *[escala]* // Escalafó. // En els trinquets de pilota valenciana, graderia de quatre escalons, a l'esquerra del dau, on s'assenta el públic espectador.

escalafó. m. Llista dels individus d'una corporació, classificats segons llur grau, antiguitat o mèrit. *[escalafón]*

escalar. v. tr. Pujar a un lloc per mitjà d'escales llevadisses. *[escalar]*

escalat. m. Conjunt de tonalitats d'un mateix color disposades en gradació. *[difuminado]*

escaldar. v. tr. Sotmetre alguna cosa a l'acció de l'aigua bullent. *[escaldar]* // Produir una inflamació cutània la suor, etc. *[escaldar]* // **-se.** Abrusar-se els sembrats. *[agostarse]*

escaldufar. v. tr. Caure malament i de pressa. *[escaldar]*

escalè, ena. adj. Dit del triangle que no té cap costat igual. *[escaleno]* // Dit del con, piràmide, etc., que té l'eix oblic a la base. *[escaleno]* // Aplicat a cadascun dels tres músculs que hi ha a cada costat del coll. *[escaleno]*

escaler. m. Aplicat a l'animal que va a l'escala, o sia, entre els braços del carro.

escaleter. m. En el joc de pilota valenciana, el qui juga darrere fent el dau en els jocs de fer i el rest en els de restar.

escalf. m. Calor, ardor, zel, que alguna cosa comunica. *[ardor, ardimiento, calor]*

escalfador, ora. adj. i m. Calfador. *[calentador]*

escalfar. v. tr. Calfar. *[calentar]*

escalfor. f. Calor, calentor. *[calor]*

escalivar. v. tr. Coure al caliu; coure lleugerament una cosa al caliu calfant-la només per l'exterior. *[asar]* // **-se.** Sofrir els efectes d'una calor excessiva, d'un sol ardorós. *[agostarse]* // Fer agafar recel, desconfiança o por per una cosa, per l'experiència del castic o del mal resultat obtingut, escamar, escarmentar. *[escamar, escarmentar]*

escallola. f. Escaiola. *[escayola]*

escaló. m. Graó, especialment cadascun dels travessers d'una escala de mà. *[escalón, peldaño]*

escalonar. v. tr. Disposar en forma d'escala o a trossos de distàncies iguals. *[escalonar]* // Espaiar regularment dins un període de temps. *[escalonar]*

escama. f. Cadascuna de les petites plaques, rígides, imbricades, que formen part de la coberta externa del cos de certs peixos i rèptils i de les cames del ocells. *[escama]*

escama. f. Escàndol, soroll, mal exemple públic. *[escándalo]*

escamar. v. tr. Reprendre asprament. *[reñir]*

escambell. m. Seient menut de fusta sense braços ni respatler. *[escabel, taburete, banqueta]*

escamot. m. Ramat menut. *[hato]* // Conjunt de persones sense orde. *[cuadrilla]* // Grup reduït de persones que van plegades, especialment de tropa. *[pelotón]* // Tropa dispersa que, com en les partides carlines, actuaven com els guerrillers, escarotats. *[cuadrilla]* // Escarot.

escamotejar. v. tr. Fer desaparéixer alguna cosa sense que altri se n'adone. *[escamotear]*

escampabufa. f. Escampadissa de coses, especialment en certs jocs en què s'escampen cartes o diners.

escampar. v. tr. Espargir, dispersar, disseminar. *[esparcer]* // Vessar. *[derramar]* // Divulgar, propalar.

escandalitzar. v. tr. Causar escàndol, donar mal exemple. *[escandalizar]*

escandall. m. Sonda marítima. *[escandallo]* // Acció d'escandallar, determinació del valor d'una cosa agafant-ne mostres i calculant sobre elles. *[escandallo]*

escandallar. v. tr. Mesurar amb l'escandall. *[escandallar, sondear]*

escàndol. m. Acció o paraula que ofén la moral pública, que infama al qui la fa, mal exemple. *[escándalo]* // Acció blasmable que atrau l'atenció pública. *[escándalo]* // Ofensa causada als sentiments morals de la gent per una acció immoral. *[escándalo]* // Esvalot, soroll, tumult. *[escándalo]*

escantellar. v. tr. Rompre els cantells d'alguna cosa. *[descantillar, mellar]*

escanyapobres. m. i f. Usurer, que explota la misèria dels pobres. *[avaro, usurero]*

escanyar. v. tr. Matar algun animal, etc., per compressió o obstrucció de la gola. *[estrangular, ahogar]* // Comprimir, estrényer, fer estreta alguna cosa en un dels seus punts. *[apretar, estrechar, estrangular]* // **-se.** Esforçar-se a cridar. *[desgañitarse]*

escanyat, ada. adj. Flac, desvalgut, acayat. *[desmedrado]* // Amb la gola escanyada. *[atragantado]* // Afònic. *[afónico]*

escanyolit, ida. adj. Flac, magre, mancat del desenrotllament normal. *[escuálido, raquítico]*

escap. m. Acció d'escapar o d'escapar-se. *[escape]*

escapament. m. Acció d'escapar-se, escapada, fuga. // Tub d'escapament, tub per on són expel·lits els gasos cremats d'un motor de combustió interna. *[escape]*

escapar. v. intr. Fugir d'un perill o d'un lloc tancat. *[escapar]*

escaparate. m. Vitrina on s'exposen objectes per a la venda. *[escaparate]*

escaparrar. v. tr. Tallar la punta d'un brot, d'una rama, etc. *[decapitar]*

escaparrar. v. tr. Netejar de caparres. *[desgarrapatar]*

escapçar. v. tr. Llevar el cap a algú. *[decapitar, descabezar]* // Llevar la part superior d'alguna cosa. *[desmochar]*

escàpol, àpola. adj. Escapat d'un perill. *[salvo, libre, horro]*

escapolir-se. v. pron. Deixar una companyia sense que se n'adonen. *[escabullirse, escaparse]*

escapoló. m. Tros escadusser que queda d'una peça de roba. *[retal, retazo]*

escapulari. m. Tira de tela que es porta penjant sobre el pit, per devoció, o com a distintiu de certes órdens religioses, etc. *[escapulario]*

escarabat. m. Insecte coleòpter, negre per damunt, que sol criar-se pels femers. *[escarabajo]*

escarada. f. Treball a preu fet. *[destajo]*

escarafall. m. Demostració exagerada, insincera, d'un sentiment. *[aspaviento]*

escaramussa. f. Combat lleuger, sostingut per les avançades d'un exèrcit. *[escaramuza]* // Breu polèmica o discussió encara que forta. *[escaramuza]*

escarbar. v. tr. Gratar una cosa, la superfície de la terra, d'un femer, el foc, etc., tot removent-la i escampant les parts superficials. *[escarbar]* // fig. Procurar de saber o obtenir una cosa secreta. *[escarbar]*

escarbotar. v. tr. Llevar una part d'alguna cosa fregant, raspant, etc. *[derrubiar]*. // Rascar i fer caure la part de la llenya, del ble, etc., perquè la part que resta creme millor. *[descarnar, despabilar]* // Erosionar; llevar per fricció una part superficial d'una cosa. *[descostrar]*

escarcatar. v. tr. Llevar una cosa adherida a una altra, com la carn de l'os, la brutícia de les dents, allò que obstrueix un forat, etc., netejar. *[descarnar]*

escarceller. m. Guàrdia d'una presó, carceller. *[carcelero]*

escardalenc, enca. adj. Eixut de carns, molt prim de cos. *[cenceño, seco, flaco]* // Dit de la veu alta i prima. *[estridente]*

escardar. v. tr. Eixarcolar, birbar. *[escardar, sachar]*

escardussó. m. Reprensió aspra. *[fraterna, trepe]*

escarlatina. f. Roba de llana, de color escarlata. *[escarlatina]* // Malaltia aguda contagiosa caracteritzada per una erupció cutània de color escarlata. *[escarlatina]*

escarment. m. Acció i efecte d'escarmentar o d'escarmentar-se. *[escarmiento]*

escarmentar. v. tr. Fer que algú prenga recel, desconfiança o por d'alguna cosa per l'experiència obtinguda. *[escarmentar]* // **-se.** Prendre ensenyament d'allò que un ha vist i experimentat, per a no tornar a fer-ho. *[escarmentarse]*

escarnir. v. tr. Fer escarn o burla malèvola d'algú. *[escarnecer]*

escarola. f. Planta comestible, composta de fulles retallades, cultivada en els horts. *[escarola, endivia]*

escarot. m. Fracció de tropa o colla de soldats esbandits que se separen del seu cos desordenadament. *[cuadrilla]* // Porció de gent desordenada. *[cuadrilla]* // Grup d'animals d'un ramat escarotats, es diu més de l'aviram i també en les caceres. *[manada]* // Escamot. // Avalot desordenat, cridadissa. *[alboroto, ruido]*

escarotar. v. tr. Dispersar la caça, els animals, els ramats, l'aviram, etc., fent-los formar escarots o grups dispersos. *[dispersar, desbandar, ojear]* // Espantar, ahuixar, fer fugir, els animals, ocells, etc. // Avalotar o moure escarot. // **-se.** Desbandar-se.

escarpell. m. En una aixada, etc., part que es troba a la banda oposada del ferro principal. *[escarpelo]* // Instrument de fuster per a netejar i raspar. *[escarpelo]*

escarpidor, ora. adj. Que serveix per a escarpir. *[escarpidor]* // m. Pinta de pues clares i grosses, per a esclarir els cabells. *[escarpidor, peine]*

escarpir. v. tr. Esclarir, pentinar, els cabells, la llana, etc. *[carmenar, escarmenar]*

escarpre. m. Instrument de tall per a treballar la pedra, etc., a colps de martell. *[cortafrío, escoplo]*

escarransit, ida. adj. Mancat de la grossària o desenrotllament normal *[desmedrado, encanijado, raquítico]* // Mancat de generositat, avar, mesquí. *[mezquino]*

escarsella. f. Bosseta de cuiro o de roba que es portava penjant de la cintura. *[escarcela]* // Peça de l'armadura que cobria de la cinta fins a la cuixa. *[escarcela]*

escarxofar-se. v. pron. Estendre's damunt el seient amb tota comoditat. *[arrellanarse]*

escàs, assa. adj. En quantitat insuficient. *[escaso]* // Mesquí, avar, que dóna poc. *[avaro]*

escassejar. v. intr. i tr. Intr. Ser escàs. *[escasear]* // Tr. Donar escassament.

escat. m. Peix gran de cos cilíndric sense escates, de pell dura i boca dentada. *[lija]* // Pell d'escat per a allisar la fusta i altres usos. *[lija, zapa]*

escata. f. Escama dels peixos. *[escama]*

escatar. v. tr. Llevar les escates. *[escamar]* // Allisar gratant la superfície d'una cosa. *[lijar, frotar, bruñir]*

escatimar. v. tr. Avaluar, calcular minuciosament les despeses que es fan. // Estimar les existències per a desprendre-les amb parsimònia. *[escatimar]* // Domar amb mesquinesa d'allò que escasseja. *[escatimar]* // Rebaixar les despeses. *[escatimar]*

escatir. v. tr. Avaluar, determinar, encercar subtilment, una cosa o afer. *[averiguar]* // Dilucidar, discutir, mesurar sobre una cosa. // Retallar les puntes, podar escapçant les parts sobreres que fan nosa, esporgar les puntes seques. *[podar, despuntar]*

escatós, osa. adj. Que té escates, escamós. *[escatoso, escamoso]*

escaure. v. intr. Caure bé, venir bé, ser escaient. *[acaecer]* // **'s.** Esdevenir una cosa en tal o tal ocasió o indret. *[acaecer]*

escena. f. Lloc del teatre on és representada l'acció dramàtica. *[escena]* // Lloc on figura que passa l'acció dramàtica. *[escena]* // Cadascuna de les parts d'una obra en què intervenen els mateixos personatges. *[escena]*

escenari. m. Part del teatre on és representada l'acció dramàtica, etc. *[escenario]*

escenificar. v. tr. Posar en escena. *[escenificar]* // Adaptar a la forma escènica. *[escenificar]*

escenògraf. m. Pintor de decoracions escèniques. *[escenógrafo]*

escèptic, èptica. adj.Que professa l'escepticisme. *[escéptico]* // Que no creu i dubta respecte d'una cosa o de totes les coses. *[escéptico]*

escepticisme. m. Doctrina filosòfica, que consisteix a considerar la raó humana com a incapaç de conéixer la veritat. *[escepticismo]* // Qualitat d'escèptic.

escindir. v. tr. Separar per tallament o ruptura, dividir. *[escindir]*.

escissió. f. Acció i efecte d'escindir, desavinença, separació. *[escisión]*

esclafar. v. tr. Deformar una cosa per l'acció d'una pressió exterior. *[chafar, aplastar]* // Rompre una cosa per una pressió forta, etc. *[aplastar]* // **-se.** Xafar-se, cansar-se molt, consumir-se. *[quebrantarse]*

esclafaterrossos. m. Home rústic, camperol. *[destripaterrones]*

esclafir. v. intr. i tr. Intr. Fer un soroll sec com de cosa que esclata, que es trenca o es dispara amb força. *[estallar]* // Tr. Fer petar les xurriaques, etc. *[restallar, chasquear]*

esclafit. m. Soroll que fan les xurriaques, etc., quan es sacsegen violentament en l'aire. *[chasquido]* // Soroll brusc que produeix una cosa que rebenta, que es trenca o qualsevol moviment brusc, unes rialles fortes contingudes, etc. *[estallido]*

esclarir. v. tr. Desembrollar. *[aclarecer]* // Asserenar. *[aclarar]* // Escarpir.

esclat. m. Acció i efecte d'esclatar. *[estallido, reventón]*

esclatar. v. intr. Rebentar una cosa. *[estallar, reventar]* // Manifestar violentament una passió o afecte. *[estallar]* // **-se.** Sortir les rialles, el plor, els sentiments. // Obrir-se amb força una cosa.

esclata-sang. m. Bolet comestible, molt estimat, de cama grossa i capell rogenc. *[mízcalo, níscalo]*

esclau, ava. m. i f. El qui no és de condició lliure. *[esclavo]*

esclavitud. f. Qualitat o condició d'esclau. *[esclavitud]*

esclavitzar. v. tr. Reduir a l'esclavitud, fer esclau. *[esclavizar]*

esclavó. m. Cadascuna de les anelles que formen una cadena. *[eslabón]* // Peça de ferro, semblant a una anella de cadena que serveix per a pegar colps i traure foc de la pedra foguera. *[eslabón]*

escletxa. f. Tall o obertura estreta. *[grieta, hendidura, rendija]*
esclop. m. Calçat de fusta tot d'una peça. *[zueco, almadreña]* // Tros d'arrel, de rabassa, destinada a la reproducció.
escó. m. Banc llarg amb respatler ample. *[escaño, banco]*
escoda. f. Martell de doble tall usat pels pedrapiquers. *[escoda, pico]*
escodar. v. tr. Treballar una cosa amb l'escoda. *[escodar]*
escodrinyar. v. tr. Examinar alguna cosa minuciosament. *[escudriñar, escrutar, registrar]*
escòfia. f. Còfia. *[cofia]*
escola. f. Establiment d'ensenyança. *[escuela]* // Conjunt de professors i alumnes d'un mateix ensenyament. *[escuela]* // Doctrina, sistema d'un autor. *[escuela]*
escolà. m. Home o xiquet que assisteix als ministres de l'altar. *[sacristán, monaguillo]*
escolapi, àpia. adj. Relatiu o pertanyent a l'orde de les Escoles Pies. *[escolapio]* // m. i f. Membre de l'orde de les Escoles Pies. *[escolapio]*
escolar. v. tr. Fer sortir un líquid d'allà on és contingut fent-lo anar per un conducte a una altra part. *[escurrir, verter]* // Eixugar un recipient per escolament. *[escurrir]* // **-se.** Sortir un líquid d'un recipient, etc., passant per un forat, canal, etc. *[deslizarse]* // Córrer una cosa per damunt d'una altra. *[deslizarse]* // Passar, córrer el temps, la vida, etc.
escolar. adj. Relatiu o pertanyent a l'escola. *[escolar]* // m. i f. El qui va a una escola. *[escolar]*
escolaritzar. v. tr. Proporcionar a algú, especialment als infants ensenyament en una escola. *[escolarizar]*
escoli. m. Nota posada a un text per a explicar-lo. *[escolio]* // Remarca adjuntada a una demostració, a un teorema. *[escolio]*
escollar. v. tr. Llevar el coll a una peça de vestir. *[escotar]* // Llevar el coll a una botella. *[desgolletar]*
escollat, ada. adj. Acovardit. *[acobardado]*
escollir. v. tr. Triar una cosa o diverses entre altres. *[escoger, elegir]*
escollit, ida. adj. Triat, selecte, pres entre altres com a millor. *[escogido, selecto]*
escolta. f. Persona destinada a escoltar o a espiar. *[escucha]* // Acció d'escoltar. *[escucha]*
escolta. adj. Relatiu o pertanyent a l'escoltisme. // m. i f. Xic o xica enrolats en l'escoltisme. *[explorador]*
escoltar. v. tr. Posar atenció a allò que diu algú. *[escuchar]* // Fer cas d'allò que ens diuen. *[escuchar]*
escolteta. f. Acció de dir una cosa amb reserva. *[cuchicheo, escuchita]*
escoltisme. m. Organització que es proposa de desenvolupar, en contacte amb la natura, les qualitats físiques i morals dels adolescents. *[escultismo]*
escombra. f. Feix de botges o cosa semblant per a netejar. *[escoba]* // Acció d'escombrar. *[limpia]*
escombrador, ora. m. i f. Agranador, el qui escombra. *[barrendero]*
escombrar. v. tr. Desembarassar, netejar, un conducte o lloc dels destorbs, impediments, brutícies o coses inútils que s'hi troben. *[limpiar]* // Desembarassar la gola. *[carraspear]* // Netejar el forn amb l'escombrall. *[escobar]* // Netejar amb l'escombra. *[barrer]* // Agranar, netejar amb la granera. *[barrer, escobar]*
escomesa. f. Acció i efecte d'escometre. *[acometimiento]*
escometre. v. tr. Envestir impetuosament. *[acometer]* // Sortir a l'encontre d'algú per a saludar-lo, etc. *[saludar]*
escondir. v. tr. Amagar, ocultar. *[esconder]*
escopeta. f. Arma de foc, usada generalment per a caçar. *[escopeta]*
escopidora. f. Recipient de vidre, pisa, metall, etc., per a escopir-hi. *[escupidera]*
escopinyada. f. Saliva escopida. *[salivazo]*
escopinyar. v. tr. Llançar escopinyades, escopir. *[escupir]*
escopir. v. intr. i tr. Intr. Llançar saliva de la boca. *[escupir]* // Tr. Llançar a fora allò que hom té a la boca. *[escupir]*

escorç. m. Degradació d'una figura segons les regles d'una perspectiva. *[escorzo]*

escorça. f. Coberta o part exterior de l'arbre. *[corteza]*

escorçó. m Serp molt verinosa, grisa amb taques negres. *[víbora]* // Persona maligna. *[víbora]*

escorcoll. m. Acció i efecte d'escorcollar. *[registro, investigación, escrutinio]*

escorcollar. v. tr. Examinar minuciosament alguna cosa, algun lloc, els seus racons, amagatalls, etc., per a trobar coses amagades; perquisicionar; encercar minuciosament, examinar a fons, escrutar. *[escudriñar, registrar, rebuscar, investigar]*

escòria. f. Matèria de rebuig en la fosa dels metalls. *[escoria]* // Cosa menyspreable. *[escoria]*

escorpí. m. Aràcnid pulmonar amb vuit cames i una cua proveïda a la punta d'un fibló verinós. *[escorpión, alacrán]*

escorranc. m. Excavació que fa el corrent de l'aigua. *[arroyada]*

escorredor, ora. adj. Que s'escorre o llisca fàcilment. *[escurridizo, corredizo]* // m. Lloc disposat perquè s'hi escórrega un líquid. *[desaguadero]* // Aparell per a escórrer la roba, etc.

escorredora. f. Aparell per a posar a escórrer alguna cosa. *[coladero]* // Escorreplats. *[escurreplatos]*

escorrentia. f. Séquia per on l'aigua sobrera de la regada se'n va al riu o a la mar.

escórrer. v. tr. Fer anar-se'n, fer córrer un líquid d'un recipient, d'un lloc, fins a l'esgotament. *[escurrir]* // Córrer, lliscar una cosa damunt una altra. *[escurrir]* // Desfer els punts, bagues, etc., estirant el fil, cinta, etc.

escorrialles. f. pl. Darreres gotes d'un líquid que queden en un recipient.

escorrim. m. Escorrialles. *[escurriduras]*

escorta. f. Tropa que acompanya a algú d'un lloc a un altre per a curar de la seua seguretat, fer-li honor, etc. *[escolta]*

escortar. v. tr. Fer escorta a algú. *[escoltar]*

escorxador, ora. m. i f. El qui per ofici mata i escorxa el bestiar. *[matarife]* // m. Lloc destinat a matar i escorxar el bestiar, matador. *[matadero]*

escorxar. v. tr. Llevar la pell o escorxa. *[desollar, descortezar]*

escot. m. Part que toca pagar a cadascuna de dues o més persones que han fet una despesa en comú. *[escote]*

escot. m. Part del bust que l'escotat del vestit deixa descoberta. *[escote]*

escotiflat, ada. adj. Malaltís, xacrós. *[enfermizo, achacoso]*

escotilla. f. Cadascuna de les obertures en la coberta d'una nau. *[escotilla]*

escovilló. m. Mena de raspall cilíndric, que serveix per a netejar els canons o tubs. *[escobillón]*

escreix. m. Donació que fa el marit a la muller en casar-se. *[arras]* // Augment, excés, avantatge, allò que s'afegeix a la quantitat convinguda o deguda. *[creces]*

escrestar. v. tr. Llevar la cresta. *[descrestar]*

escriba. m. Doctor i intèrpret de la llei entre els jueus. *[escriba]*

escridassar. v. tr. Fer crits a algú reprenent-lo, etc. *[vociferar, regañar]* // **-se.** Esgargamellar-se cridant. // Parlar a crits.

escriptor, ora. m. i f. Persona que escriu llibres, que es dedica a la composició literària. *[escritor]*

escriptori. m. Sala d'escriure. *[escritorio]* // Moble amb calaixos per a guardar papers i els arreus d'escriure. *[escritorio]*

escriptura. f. Acció i efecte d'escriure. *[escritura]* // Art d'escriure. *[escritura]* // Instrument públic autoritzat per notari. *[escritura]* // Document escrit. *[escritura]*

escripturar. v. tr. Fer constar amb escriptura pública. *[escriturar]*

escrit. m. Cosa escrita, allò que és escrit en un paper, etc. *[escrito]* // Obra científica o literària. *[escrito]*

escriure. v. tr. Representar les paraules o les idees per lletres o altres signes. *[escribir]* // Compondre llibres o escrits. *[escribir]*

escrivà. m. El qui té per ofici fer escriptures i altres documents públics i en dóna fe. *[escribano, notario]*
escrivent. m. Persona que té per ofici escriure per compte d'altri. *[escribiente]*
escrot. m. Bossa dels testicles. *[escroto]*
escruixir. v. tr. Una pressió o torsió fortes consentir greument alguna cosa. *[crujir]* // Sobresaltar, esgarrifar. *[estremecer]*
escrúpol. m. Vint-i-quatrena part de l'onça; pesa 2 òbols, 6 garrofins o 24 grans o sia 1'2 grams. *[escrúpulo]* // Dubte o recel que inquieta la consciència. *[escrúpulo]*
escrupolejar. v. intr. Tenir escrúpols, mirar prim. *[escrupulear]*
escrupoló. m. Part molt menuda d'alguna cosa. *[brizna, retazo, pedacito]*
escrupolós, osa. adj. Que té escrúpols. *[escrupuloso]* // Que fa les coses amb escrupolositat. *[escrupuloso]*
escrupolositat. f. Qualitat d'escrupolós, minuciositat. *[escrupulosidad]*
escrutar. v. tr. Fer l'escrutini d'una votació. *[escrutar]* // Escodrinyar.
escrutini. m. Investigació profunda i minuciosa. *[escrutinio]* // Reconeiximent i recompte dels vots en una votació.
escudar. v. tr. Cobrir amb l'escut. *[escudar]* // Resguardar d'un perill. *[escudar]* // **-se.** Valer-se d'una cosa com a pretext, defensa, etc. *[escudarse]*
escudella. f. Recipient de forma de casquet esfèric per a prendre líquids. *[escudilla]* // Plat d'arròs, pasta o llegums cuits en brou o en aigua amb algun condiment. *[escudilla]*
escudellar. v. tr. Servir l'escudella de la sopera al plat. *[escudillar]* // Posar als plats o escudelles individuals el menjar contingut dins una olla, paella o qualsevol recipient gran. *[servir]* // **-se.** Servir-se al plat, d'una olla sopera, paella d'arròs, etc. *[servirse]*
escudeller. m. Prestatge on són posats els plats i escudelles. *[vasar, anaquel, poyata]* // El qui fa o ven escudelles. *[alfarero]*
escuder. m. El qui fabrica escuts. *[escudero]* // Noble jove no armat encara cavaller. *[escudero]*
escull. m. Roca a flor d'aigua o a molt poca distància de la superfície de l'aigua. *[escollo, arrecife]* // Obstacle greu, perillós. *[escollo]*
escullera. f. Obra feta amb grosses pedres o blocs tirats a l'aigua per a formar un dic de defensa contra les onades. *[escollera]*
esculpir. v. tr. Afaiçonar una estàtua, ornament o figura en relleu. *[esculpir]*
escultor, ora. m. i f. El qui professa l'art de l'escultura. *[escultor]*
escultura. f. Art d'esculpir. *[escultura]* // Obra feta per l'escultor. *[escultura]*
esculturar. v. tr. Fer obra d'escultura o adornar d'escultura. *[esculturar]*
escuma. f. Conjunt de bambolles que es formen en la superfície d'un líquid, bromera. *[espuma]* // Cosa menyspreable. *[hez]*
escurada. f. Acció d'escurar. *[limpia, fregado]* // Conjunt de plats, escudelles, olles, etc., usats en la cuina o en el menjador. *[loza, vajilla]*
escuradeta. f. Vaixella de joguet amb què juguen les xiquetes. // Fireta de vaixella i atifells de cuina de joguet.
escuradora. f. Pica per a escurar la vaixella. *[fregadero]*
escurar. v. tr. Llevar la brutor d'un receptacle, etc., especialment fregar i netejar els plats, escudelles, paelles, gots, etc., amb el fregall. *[limpiar, fregar]*
escurçar. v. tr. Fer més curta o breu una cosa. *[acortar]*
escurçó. m. Serp molt verinosa, grisa, amb taques negres. *[víbora]* // Persona maligna.
escut. m. Arma defensiva consistent en una làmina de metall, etc., que es portava al braç esquerre. *[escudo]* // Camp en forma d'escut en què es pinten els blasons d'un reialme, ciutat, etc. *[escudo]* // Moneda d'or o d'argent de diferents valors. *[escudo]*
escutir. v. tr. Examinar minuciosament i atentament. *[escudriñar]* // Soltar els diners que calen per a un fi determinat.
esdevenidor, ora. adj. Que ha d'esdevenir, futur. *[venidero]* // m. Succés, situació o temps futur. *[porvenir]*

esdeveniment. m. Allò que s'esdevé, fet d'alguna importància en la vida d'un poble, d'un home. *[acontecimiento, advenimiento]*

esdevenir. v. intr. Ocórrer, succeir. *[acaecer]* // Passar d'un estat a l'altre, adquirir un nou estat, caràcter, qualitat, manera d'esser. *[volverse, hacerse, pasar a ser]*

esdevindre. v. intr. Infinitiu irregular del verb *esdevenir*, extret per analogia del futur d'indicatiu: *esdevindré, esdevindràs, esdevindrà...* esdevindre. *[acaecer]*

esdolceït, ïda. adj. D'una dolçor embafadora. *[dulzarrón]*

esdrúixol, úixola. adj. Que té l'accent sobre l'antepenúltima síl·laba. *[esdrújulo]*

esfera. f. Sòlid la superfície tancada del qual té tots els seus punts equidistants d'un punt interior. *[esfera]* // Espai en el qual s'exerceix l'acció, la influència, etc., d'algú o d'alguna cosa. *[esfera]* // Rang, posició social.

esfereir. v. tr. Fer feredat, causar espant, esporuguir. *[asustar, espantar]*

esfèric, èrica. adj. Relatiu a l'esfera o que té figura d'esfera. *[esférico]*

esfínter. m. Múscul circular que obri i tanca un orifici del cos. *[esfínter]*

esfinx. m. i f. Animal fabulós amb cap i pit de dona i amb peus i cos de lleó. *[esfinge]* // Persona de caràcter enigmàtic.

esfondrar. v. tr. Fer anar a fons, afonar, destruir un edifici, etc. *[hundir, derribar]*

esforç. m. Acció d'esforçar-se. *[esfuerzo]*

esforçar-se. v. pron. Fer esforços, desplegar algú la seua força física o moral a véncer una resistència, dificultats, entrebancs, etc. *[esforzarse]*

esfreixurar. v. tr. Traure la freixura, matar. *[despachurrar]* // **-se.** Esfetgegar-se, fatigar-se molt. *[tronzarse, reventarse]*

esfumar. v. tr. Estendre un traç de llapis, etc., de manera que es vaja atenuant gradualment. *[esfumar, difuminar]* // **-se.** Anar-se atenuant. *[esfumarse]*

esfumí. m. Tros de pell suau o de paper estopat que serveix per a esfumar els tons d'un dibuix. *[esfumino, difumino]*

esfuminar. v. tr. Graduar els tons d'un dibuix amb l'esfumí, esfumar. *[difuminar]*

esganyar-se. v. pron. Esgargamellar-se. *[desgañitarse, despepitarse]*

esgargamellar-se. v. pron. Fer-se malbé la gola a força de cridar. *[desgañitarse, despepitarse]*

esgarip. m. So agut i aspre dels ocells nocturns, i crit que l'imita. *[alarido]*

esgarrall. m. Esgarrany. *[desgarro, desgarrón]*

esgarrany. m. Acció i efecte d'esgarranyar. *[rasguño, arañazo]* // Esquinç produït a la roba per un enganxó. *[jirón]*

esgarranyar. v. tr. Ferir amb les ungles o amb altra cosa incisiva, superficialment, esgarrapar. *[rasguñar, arañar]*

esgarrapar. v. tr. Ferir lleugerament la pell amb les ungles. *[arañar]*

esgarrar. v. tr. Tallar el muscle del garró. *[desjarretar]* // Mutilar, tallar, ferir amb efecte visible. *[lisiar]* // Esqueixar, esguellar, la carn, un membre, un cos. *[desgarrar]* // Esquinçar, estripar, una roba, teixit, cartó, paper, etc. *[rasgar, destrozar]* // Fer malbé. *[estropear]*

esgarriar. v. tr. Traure del camí; fer perdre el bon camí. *[descarriar, descaminar]* // **-se.** Perdre el camí, perdre's separant-se de la colla, del ramat, església, etc., de què forma part. *[descarriarse]*

esgarrifança. f. Tremolor amb sensació de fred que precedeix un accés de febre. *[escalofrío, espeluzno]* // Estremiment causat pel fred. *[escalofrío]* // Estremiment nerviós causat per una emoció. *[escalofrío]*

esgarrifar. v. tr. Causar estremiment, fer estremir, produir a algú una tremolor convulsiva per causa de la por, febre, una emoció intensa, etc. *[estremecer]* // Causar alteració o sobresalt a l'ànim una cosa extraordinària o imprevista. *[desazonar, desabrir]*

esgarrifós, osa. adj. Que esgarrifa. *[horripilante, espeluznante, horroroso]*

esgarronar. v. tr. Descobrir i baixar la part del calcer que cobreix el garró.

[descalcañar, destalonar] // Trencar el calcer pel garró. // Xafar amb la punta del peu el garró del qui va davant. *[destalonar]*

esglai. m. Por causada per la imminència d'un gros perill. *[espanto]*

esglaiar. v. tr. Produir esglai. *[espantar]* //**-se.** Ser pres d'esglai. *[sobresaltarse, espantarse, asustarse]*

església. f. Congregació de fidels que segueixen la religió de Jesucrist. *[iglesia]* // Congregació dels qui professen una mateixa religió cristiana. *[iglesia]* // Edifici consagrat al cult catòlic, a un cult cristià. *[iglesia]*

esgolar. v. tr. Deixar anar arrossegant per un sòl llis, escolar. *[deslizar]*

esgotar. v. tr. Buidar completament un recipient. *[agotar]* // Exhaurir.

esgrafiar. v. tr. Traçar dibuixos amb un estilet damunt una superfície disposada per a això. *[esgrafiar]*

esgrima. f. Art de jugar i manejar les armes blanques. *[esgrima]*

esgrimir. v. tr. Jugar les armes blanques segons l'art de l'esgrima. *[esgrimir]* // Usar d'una cosa a tall d'arma per a atacar o defensar-se. *[esgrimir]*

esgrogueir-se. v. pron. Tornar-se pàl·lid, groc o grogós, prendre un color groguenc. *[palidecer]*

esgroguir-se. v. pron. Tornar-se groc. *[amarillecer, palidecer]* // Descolorir-se el rostre, esdevenir groc. *[palidecer]*

esgroguit, ida. adj. Que s'ha tornat groguenc o groguinós, descolorit. *[amarillento]*

esguard. m. Mirada, ullada. *[mirada]* // Consideració, mirament. *[miramiento]* // Retirança, semblança. *[parecido]*

esguardar. v. tr. Mirar, observar. *[mirar]* // Considerar, tenir en compte. *[considerar]* // Pertànyer, pertocar.

esguell. m. Esqueix, esquinc, esgarrall. *[desgarrón, siete]*

esguellar. v. tr. Esqueixar, arrancar un esguell o esqueix d'una planta. *[desgarrar]* // Partir un cos segons la direcció de les seues fibres. *[desgarrar]* // Esgarrar.

esguit. m. Petita quantitat d'un líquid (aigua, oli, etc.) o matèria viscosa (fang, pasta, etc.) llançada a distància en agitar-la, premsar-la, etc., esquit, esquitx. *[salpicadura]*

esguitar. v. tr. i intr. Tr. Llançar gotes a distància un líquid agitat, colpejat, remogut, premsat, etc., o partícules d'una massa pastosa o semilíquida, etc., esquitar, esquitxar. *[salpicar, rociar]* // Intr. Llançar gotes a distància l'oli calfat d'una paella o cassola quan es frig una cosa. *[salpicar]*

esguitó. m. Esguit, esquitó, esquitx. *[salpicadura]*

esguitós, osa. adj. Que esguita, que fa esguits. *[salpicador]* // De mal geni; que s'aïra prompte. *[áspero]*

esllanguir-se. v. pron. Esdevenir esllanguit, esprimatxar-se. *[languidecer]*

esllanguit, ida. adj. Que no té la grossor que li correspon, prim, esprimatxat. *[delgado]* // Prim i llarg.

esllavassar. v. tr. Llavar excessivament. *[deslavazar]* // **-se.** Perdre la fruita la substància per l'acció de les pluges excessives.

esmalt. m. Vernís vitri aplicat per fusió al metall, porcellana, etc. *[esmalte]* // Peça o treball fet amb el dit vernís. *[esmalte]*

esmarrar-se. v. pron. Fer marrades, desviar-se del bon camí. *[descarriarse]* // Excedir-se en el parlar. *[deslizarse]*

esme. m. Estat conscient d'allò que ens passa. *[sentido]* // Ús de les facultats conscients, seny. *[conocimiento, sentido, seso]* // Força d'esperit. *[ánimo]* // Aptesa a fer instintivament, maquinalment, alguna cosa. *[tino, juicio]*

esmena. f. Acció i efecte d'esmenar o d'esmenar-se, correcció d'un error o defecte. *[enmienda]* // Satisfacció, compensació per un dany. *[compensación]*

esmenar. v. tr. Corregir, llevar defectes. *[enmendar]* // Reparar una cosa mal feta, millorar-la llevant-li les imperfeccions, defectes, errors. *[enmendar]*

esment. m. Coneixença, notícia o memòria d'una cosa. *[mención]* // Compte, cura, atenció. *[cuidado]* // Menció, al·lusió a una cosa recordant-la.

esmentar. v. tr. Fer esment d'alguna cosa. *[mentar, recordar]*

esmeperdut, uda. adj. Que ha perdut l'esme. *[desatinado, desconcertado]*

esmerar-se. v. pron. Anar-se gastant els metalls, les pedres, els teixits, etc., pel desgast natural de l'ús. *[escomerse]* // Fer-se vella la roba amb l'ús. *[desgastarse]* // Aplicar-se atentament a fer les coses. *[esmerarse]*

esmerç. m. Acció d'esmerçar, inversió, despesa. *[empleo, gasto]*

esmerçar. v. tr. Invertir diners en alguna cosa, emprar. *[emplear]* // Gastar, consumir, aplicar a un objecte. *[emplear]*

esmeril. m. Pedra ferruginosa, de color fosc, emprada per la seua duresa, per a polir metalls, treballar les pedres precioses, etc. *[esmeril]*

esmerilar. v. tr. Polir amb esmeril. *[esmerilar]*

esmicar. v. tr. Reduir a miques alguna cosa. *[desmenuzar, desmigajar]*

esmicolar. v. tr. Esmicar, desfer en miques, en bocinets menudíssims. *[desmenuzar]*

esmolar. v. tr. Fer agut o fi el tall d'una aïna. *[afilar, amolar]* // Consumir una cosa a una altra per fregadís. *[escomer]*

esmorrellar. v. tr. Esvorellar. *[desorillar, descantillar, desportillar, encentar]*

esmorteir. v. tr. Fer menys viva o intensa alguna cosa, esmortir. *[amortecer]*

esmortir. v. tr. Deixar com mort, esmorteir. *[amortecer]* // Perdre els sentits, desmaiar-se. *[desmayarse]* // Fer menys viva, menys intensa, una cosa, un dolor, minvar. *[amortiguar]*

esmorzar. m. Menjada que es fa al matí. *[almorzar, desayunar]*

esmorzar. v. intr. Menjar per primera vegada al dia. *[almorzar]*

esmunyir. v. tr. Munyir. *[ordeñar]* // Escórrer, lliscar per una estretor. *[escurrir, deslizar]* // **-se.** Anar-se'n una cosa insensiblement, esquillar-se. *[escurrirse]*

esmussar. v. tr. Fer menys agut, llevar agudesa al tall o a la punta d'una aïna. *[embotar]* // Causar una impressió desagradable a les dents pel contacte d'una cosa terrosa, o àcida, a l'oït per un soroll estrident, etc. *[dar dentera]*

esòfag. m. Conducte muscular per on els aliments passen de la faringe a l'estómac. *[esófago]*

esotèric, èrica. adj. Ocult, reservat, incomprensible per als no iniciats. *[esotérico]*

espacial. adj. Relatiu o pertanyent a l'espai. *[espacial]*

espadat, ada. adj. Extremadament rost. *[abrupto, escarpado]* // m. Penya-segat.

espai. m. Transcurs de temps. *[espacio]* // Interval entre dos o més objectes. *[espacio]* // Lloc on es troben tots els objectes sensibles coexistents. *[espacio]*

espai. adv. A poc a poc, lentament. *[despacio]*

espaiar. v. tr. Posar espai entre les coses. *[espaciar]* // Fer més freqüent.

espaiós, osa. adj. Que ofereix un bon espai, ampli, dilatat. *[espacioso]*

espalmar. v. tr. Netejar, llevar la pols i brutícia de la roba, sabates, etc., amb l'espalmador o raspall, espolsar. *[cepillar]* // Netejar i enquitranar el fons de les naus o embarcacions. *[despalmar]*

espant. m. Por intensa i sobtada, esglai, consternació. *[espanto]*

espantadís, issa. adj. Que s'espanta fàcilment. *[espantadizo]*

espantall. m. Allò que infon espant. *[espantajo]* // Ninot de palla, etc., per a espantar els ocells. *[espantajo, espantapájaros]*

espantar. v. tr. Causar espant. *[espantar, asustar]* // Fer fugir amb amenaces. *[espantar, ahuyentar]*

espantós, osa. adj. Que causa espant. *[espantoso]*

espanyar. v. tr. Fer saltar el pany d'una porta, etc. *[descerrajar]*

espanyol, ola. adj. i m. i f. Pertanyent o relatiu a Espanya o als seus naturals. *[espanyol]* // m. La llengua castellana segons l'ús dels estrangers. *[español]*

espaordir. v. tr. Fer por, fer prendre por. *[despavorir, aterrorizar]* // **-se.** Prendre por.

esparadrap. m. Teixit cobert d'una capa emplàstica. *[esparadrapo]*

espardalitzar. v. tr. Causar por profunda. *[espantar, azorar]*
espardenya. f. Calçat de sola de espart o cànem trenat, lligat amb vetes. *[alpargata]*
espardenyada. f. Colp donat amb una espardenya. *[alpargatazo]* // Paraula o frase incorrecta dels valencians en parlar castellà.
espardenyer, era. m. i f. El qui fa o ven espardenyes. *[alpargatero]*
espargir. v. tr. Escampar, disseminar, dispersar. *[dispersar]*
esparrac. m. Esquinç de la roba. *[desgarro, harapo, andrajo]*
esparracar. v. tr. Fer esparracs, fer malbé la roba. *[desgarrar, rasgar]*
esparralló. m. Peix roquer de la família dels espàrids i especialment el més petit. *[sargo, esparrayón]* // Persona molt magra.
espàrrec. m. Brot comestible de l'arrel de l'esparreguera. *[espárrago]*
esparreguera. f. Planta liliàcia de tronc herbaci que a la primavera trau unes tiges amb capciró comestible. *[esparraguera]*
espars, arsa. adj. Que no forma part d'un conjunt, no fa joc, solt. *[suelto, separado]* // Separat dels altres elements d'un conjunt. *[aislado]* // f. Estrofa isolada.
espart. m. Planta gramínia de fulles llargues, filiformes emprades en la indústria. *[esparto]*
esparver. m. Ocell de rapinya de la família de les falcònides. *[gavilán, halcón, cernícalo]* // Filat per a pescar en paratge de poca fondària. *[esparavel, tarralla]*
esparverar. v. tr. Esverar a algú la imminència d'un perill, causar por, esglaiar. *[azorar, espantar]*
espasa. f. Arma blanca, recta, aguda i tallant. *[espada]* // Persona apta al maneig de l'espasa. *[espada]* // Un dels quatre colls de les cartes de jugar. *[espada]*
espasme. m. Contracció involuntària dels músculs. *[espasmo]* // Espant molt fort, por convulsiva. *[pasmo, terror]*
espaterrar. v. tr. Posar eixancat, amb els braços o extremitats estesos. *[despatarrar]* // Meravellar, espaordir granment amb alguna cosa extraordinària, amenaçadora. *[despatarrar]*
espatla. f. Cada banda de la part superior i posterior del cos prop dels muscles. *[hombro, espalda]* // Gent que va darrere d'altra com a auxili o socors. *[espalda]*
espatlar. v. tr. Danyar algun membre del cos. *[lisiar]* // Produir alteracions per traumatisme en alguna part del cos humà o dels animals superiors. // Fer malbé, malmetre. *[estropear]*
espàtula. f. Paleta amb vores afinades i un mànec llarg. *[espátula]*
espaviladores. f. pl. Mena de tisores o estenalletes per a espavilar el llum. *[despabiladeras]*
espavilar. v. tr. Llevar el cremallot d'un llum. *[despabilar]* // Avivar l'enteniment o l'enginy d'algú. *[despabilar]* // Animar, avivar, despertar.
espavilat, ada. adj. D'enteniment viu, llest, despert. *[despabilado, avispado]*
especejar. v. tr. Fer peces o trossos d'una cosa. *[despedazar, destrozar]*
espècia. f. Qualsevol de les substàncies vegetals emprades per a assaonar els menjars. *[especia]*
especial. adj. Relatiu a una simple cosa o a una espècie de coses, particular, peculiar. *[especial]* // Que es distingeix per alguna qualitat individual, no comú. *[especial]*
especialitat. f. Qualitat d'especial. *[especialidad]* // Allò a què algú es consagra d'una manera especial. *[especialidad]*
especialitzar. v. tr. Restringir l'activitat, etc., a una especialitat. *[especializar]*
espècie. f. Conjunt de caràcters comuns pels quals unes coses s'assemblen a altres. *[especie]* // Imatge o idea d'un objecte. *[especie]* // Cadascun dels grups en què es divideixen els gèneres de la història natural, i que es componen d'individus de caràcters essencials idèntics. *[especie]*
específic, ífica. adj. Que caracteritza o distingeix una espècie d'una altra. *[específico]* // m. Medicament a propòsit

per a una malaltia determinada. *[específico]*

especificar. v. tr. Declarar d'una manera explícita, explicar en detall. *[especificar]*

espècimen. m. Part d'una cosa destinada a donar idea del restant. *[espécimen]*

espectacle. m. Funció o diversió pública. *[espectáculo]* // Cosa notable que s'ofereix a la vista. *[espectáculo]*

espectador, ora. m. i f. El qui mira amb atenció una cosa. *[espectador]* // El qui assisteix a un espectacle públic. *[espectador]*

espectre. m. Imatge d'un mort que s'apareix als ulls d'algú. *[espectro]* // Imatge formada quan un raig de llum es subjecta a dispersió. *[espectro]*

especular. adj. Que reflecteix la llum com un espill. *[especular]*

especular. v. tr. i intr. Tr. Mirar amb atenció una cosa. *[especular]* // Intr. Comerciar aprofitant-se de la fluctuació d'un preu. *[especular]*

espedaçar. v. tr. Fer peces o trossos d'alguna cosa. *[despedazar]*

espedregar. v. tr. Traure les pedres d'un camp, etc., despedregar. *[despedregar]*

espeleologia. f. Estudi científic de les coves i els avencs. *[espeleología]* // Exploració de les coves i els avencs. *[espeleología]*

espellifar. v. tr. Destrossar la roba, paper o cosa semblant. *[desgarrar, rasgar]*

espellofar. v. tr. Llevar les pellofes. *[despanochar, desvainar, deshojar]*

espelma. f. Candela de sèu o estearina d'ús domèstic, relativament curta i gruixuda. *[bujía, vela]*

espencar. v. tr. Fer penques d'una cosa, esqueixant-la longitudinalment. *[desgajar]* // Tallar el bacallà, etc., a penques, a bocins, etc. *[desgajar]* // Esqueixar una branca d'un arbre. *[desgajar]*

espenta. f. Pressió més o menys brusca exercida sobre alguna persona o cosa empenyent-la. *[empujón, empellón]*

espentar. v. tr. Donar espentes, empényer. *[empujar]*

espentejar. v. tr. Donar espentes, empényer. *[empujar]*

espenyar. v. tr. Estimbar, llançar cap avall d'un lloc elevat. *[despeñar]*

espényer. v. tr. Espentar, donar espentes. *[empujar]*

espera. f. Acció i efecte d'esperar. *[espera]* // Calma, paciència. *[espera]*

esperança. f. Confiança d'aconseguir una cosa. *[esperanza]* // Una de les tres virtuts teologals. *[esperanza]* // Persona o cosa que és objecte de l'esperança. *[esperanza]*

esperançar. v. tr. Donar esperança a algú. *[esperanzar]*

esperar. v. tr. Creure que s'ha de realitzar allò que es desitja. *[esperar]* // Romandre en un lloc fins a l'arribada d'algú o d'alguna cosa. *[esperar]*

esperesar-se. v. pron. Llevar-se la peresa. *[desperezarse]*

esperit. m. Ser immaterial dotat de raó. *[espíritu]* // Substància subtil que es considera com a principi de vida. *[espíritu]* // Emanació, substància que s'escapa de certs cossos sotmesos a la destil·lació. *[espíritu]* // Alcohol. *[alcohol]* // Líquid tret de la destil·lació del vi, dit pels químics alcohol etílic. *[alcohol]* // Ànim, principi de les nostres resolucions, valor, coratge. *[espíritu]*

esperitat, ada. adj. Posseït de l'esperit maligne. *[demoníaco, poseso]* // Extremadament excitat.

esperma. f. Líquid fecundant, semen, producte de la secreció dels testicles. *[esperma]*

espernegar. v. tr. Bellugar les cames o potes amb molta lleugeresa. *[pernear, patalear]*

esperó. m. Espiga de metall, amb una roda amb punxes ajustada al taló, per a punxar al cavall. *[espuela]* // Apòfisi òssia situada en la part posterior del tars dels mascles de les gallinàcies. *[espolón]* // Estímul, incentiu. *[acicate]*

esperonar. v. tr. Punxar el cavall amb els esperons. *[espolear]* // Incitar, estimular. *[espolear, estimular]*

espés, essa. adj. Que té una densitat relativament gran, condensat. *[espeso]*

espessir. v. tr. Fer espés o més espés. *[espesar]*

espessor. f. Qualitat d'espés. *[espesura]* // Paratge molt poblat d'arbres o mates. *[espesura]*

espetarrec. m. Cadascun dels sorolls que fa la llenya, etc., en espetarregar. *[chisporroteo]*

espetarregar. v. intr. Produir una successió de sorolls la llenya en cremar-se. *[chisporrotear, crepitar]*

espetec. m. Soroll sec que fa una cosa en esclatar o esberlar-se bruscament. *[chasquido, estallido]*

espetegar. v. intr. Fer espetecs o esclafits. *[crujir, chisporrotear]*

espeuar-se. v. pron. Fatigar-se els peus caminant. *[despearse]*

espia. m. i f. El qui és encarregat d'espiar a aquells de qui volem saber les intencions. *[espía]*

espiar. v. tr. Observar cautelosament i d'amagat. *[espiar]*

espiera. f. Forat fet per a poder guaitar des de l'interior d'una casa, etc. *[mirilla]* // Forat practicat al revestiment d'una pila de carbó per a avivar la combustió.

espifiar. v. tr. Errar el colp. *[pifiar, fallar, hacer pifia]*

espiga. f. Conjunt de flors o fruits sostinguts per un eix comú. *[espiga]* // Extremitat d'una fusta, en la qual va disminuint el gruix perquè encaixe en un buit. *[espiga]*

espigar. v. intr. Traure espiga els cereals. *[espigar]* // Traure l'espigó les plantes per haver passat llur tendror natural. *[envejecer]* // **-se.** Fer la creixença una planta, una persona. *[espigarse]*

espigó. m. Espiga on fan la llavor certes plantes. *[espigón]* // Panolla de dacsa després de desgranada. *[zuro]* // Massis sortint per a canviar un corrent o defensar un marge. *[espigón]* // Piu, eix.

espígol. m. Planta aromàtica de la família de les labiades de flors blavoses. *[espliego, alhucema]* // Les branquetes d'aquesta planta usades per a perfumar, fer essències, etc. *[espliego]* // La llavor d'aquesta planta. *[espliego]*

espigolar. v. tr. Arreplegar les espigues que han restat en un camp després de la sega. *[espigar]* // Collir els fruits que han quedat en el camp després de la collita general. *[rebuscar]* // Arreplegar allò que altres han deixat o triar allò que està barrejat entre altres coses.

espill. m. Làmina de vidre amb un bany d'argentviu a la part posterior la qual forma imàtgens per reflexió dels raigs de llum. *[espejo]*

espillar. v. tr. i intr. Tr. Reflectir com un espill. *[reflejar]* // Intr. Resplendir, centellejar. *[brillar]*

espillejar. v. intr. Lluir vivament com un espill. *[espejear]*

espillera. f. Obertura estreta en les muralles per a disparar des de dins. *[aspillera, tronera]* // Obertura feta en una porta, mur, etc., per a mirar. *[mirilla]* // Forat d'un buc d'abelles.

espina. f. Cadascun dels apèndixs durs i aguts que presenten algunes plantes. *[espina]* // Part dura del peix, que fa l'ofici de l'os. *[espina]*

espinac. m. Planta salsolàcia de fulles estretes, comestibles. *[espinaca]*

espinada. f. Columna vertebral. *[espinazo]*

espinal. adj. Relatiu a l'espina dorsal. *[espinal]* // m. Mena d'arç espinós que s'empra per a fer tanques. *[cambronera]*

espinàs. m. Espina dorsal de l'home i dels animals vertebrats. *[espinazo]*

espingarda. f. Canó d'artilleria usat antigament. *[espingarda]* // Escopeta molt llarga. *[espingarda]*

espinós, osa. adj. Que té espines. *[espinoso]* // Que presenta dificultats, ardu, difícil. *[espinoso]*

espionatge. m. Acció d'espiar. *[espionaje]*

espira. f. Cadascuna de les voltes d'una espiral, d'una hèlix al voltant del seu nucli. *[espira]* // Purna. *[pavesa, chispa]*

espiral. f. Línia corba que dóna voltes a un punt allunyant-se contínuament. *[espiral]*

espirall. m. Obertura per on pot passar i renovar-se l'aire d'un lloc. *[respiradero]*

espirar. v. intr. Bufar el vent lleugerament. *[espirar]* // Prendre i expel·lir l'aire vital, alenar, respirar. *[respirar]*

espiritisme. m. Teoria dels qui creuen que poden comunicar amb els esperits dels morts. *[esperitismo]*

espiritual. adj. Pertanyent o relatiu a l'esperit. *[espiritual]*

espiritualitzar. v. tr. Fer espiritual una persona per mitjà de la gràcia. *[espiritualizar]* // Considerar com a espiritual allò que és corporal. *[espiritualizar]*

espitjar. v. intr. Parlar caracteritzat per l'absència de palatals sonores, apitxar.

espitjar. v. tr. Espentar, empényer. *[empujar]*

espitjat, ada. adj. En lingüística subdialecte propi del País Valencià.

espitralat, ada. adj. Amb el pit descobert. *[despechugado]*

espixorrar-se. v. pron. Tenir flux d'orina. *[mearse]*

esplai. m. Acció d'esplaiar o d'esplaiar-se. *[expansión, diversión, desahogo]*

esplaiar. v. tr. Donar expansió a un sentiment. *[desahogar, expansionar]* // **-se.** Divertir-se. *[desahogarse, expansionarse]*

esplanissada. f. Espai gran de terreny esplanat. *[explanada]* // Colp de pla donat amb algun objecte. *[lapo, cintarazo]*

esplèndid, èndida. adj. Magnífic, ostentós, resplendent, que brilla vivament. *[espléndido]*

esplendor. f. Llustre, noblesa. *[esplendor]* // Magnificència, ostentació. *[esplendor]*

esplendorós, osa. adj. Ple d'esplendor, molt brillant. *[esplendoroso]*

esplet. m. Acció i efecte d'espletar, collita. *[cosecha]* // Abundor, plenitud. *[montón]*

espletar. v. tr. i intr. Tr. Traure tot el profit d'una cosa. *[esquilmar]* // Intr. Donar fruit en abundor. // Esclatar, rebentar.

esplugar. v. tr. Llevar les puces, polls, etc., d'un cap, d'un animal, d'un lloc, etc. *[espulgar, despiojar]*

espoleta. f. Aparell que fa explotar bombes. *[espoleta]*

espoli. m. Acció d'espoliar. *[espolio]* // Conjunt de béns que queden per mort dels prelats. *[espolio]*

espoliar. v. tr. Desposseir a algú d'allò que li pertany. *[expoliar]*

espollar. v. tr. Llevar els polls d'un animal, etc., esllemenar. *[despiojar]* // Llevar el poll dels arbres, netejar d'insectes paràsits (poll roig, poll negre, serpeta, etc.) els arbres i les plantes. // Esporgar els ceps.

espolsador, ora. adj. Que serveix per a espolsar. *[sacudidor]* // m. Instrument amb un mànec i tires de drap, pell, etc., per a espolsar. *[sacudidor]*

espolsar. v. tr. Llevar la pols. *[desempolvar, sacudir]*

espolsó. m. Acció i efecte d'espolsar. *[sacudida]*

espona. f. Cadascun dels dos costats del llit. // Marge de pedra per a sostenir les terres d'un bancal. *[margen]*

esponera. f. Ufana, exuberància. *[lozanía, ufanía]*

esponerós, osa. adj. Que presenta o cria molta esponera o ufana o gran verdor i frondositat en les plantes, bledà, frondós. *[lozano]*

esponja. f. Massa porosa marina, que serveix d'habitacle d'uns zoòfits, i que és emprada per a diversos usos domèstics. *[esponja]*

esponjar. v. tr. Fer més porosa, més flonja una cosa. *[esponjar]* // Eixugar amb una esponja.

esponjós, osa. adj. Elàstic i porós com una esponja. *[esponjoso]*

espontaneïtat. f. Qualitat d'espontani. *[espontaneidad]*

espontani, ània. adj. Que obra sense un estímul extern. *[espontáneo]*

espora. f. Corpuscle reproductor de les plantes criptògames i de certs protozous, desenvolupat asexualment o per la unió de dues cèl·lules sexuals. *[espora]*

esporàdic, àdica. adj. Dit de les malalties no epidèmiques. *[esporádico]*

esporgar. v. tr. Tallar les branques inútils dels arbres o plantes. *[podar, chapodar, escamondar]*

esport. m. Joc o exercici corporal en què es fa prova d'agilitat i destresa o de força. *[deporte]*

esporta. f. Senalla. *[espuerta]*
esportellar. v. tr. Obrir portell en un mur, etc. *[desportillar]* // Trencar la vora d'un recipient. *[desportillar]*
esportí. m. Esporta menuda, cofí. *[cofín]* // Cabàs d'espart molt pla, especialment petit. *[esportín, capacho, cofín]*
esportista. m. i f. Persona que practica algun esport. *[deportista]*
esportiu, iva. adj. Relatiu o pertanyent a l'esport. *[deportivo]*
esporuguir. v. tr. Fer agafar por. *[amedrentar, atemorizar]*
espòs, osa. m. i f. Persona unida en matrimoni a una altra. *[esposo]*
esposar. v. tr. Prendre per marit o per muller. *[casar, desposar]*
espremedora. f. Instrument per a esprémer. *[exprimidera]*
esprémer. v. tr. Prémer una cosa per a traure'n el suc. *[exprimir]* // Traure d'una cosa tot el profit possible. *[exprimir]*
esprimatxat, ada. adj. De cos prim, magre. *[delgaducho]*
espuçar. v. tr. Netejar de puces, llevar les puces. *[espulgar]*
espuntar. v. tr. Trencar la punta d'alguna cosa. *[despuntar]*
espuri, úria. adj. Bastard, no legítim. *[espúreo, espurio]*
espurna. f. Purna. *[chispa, pavesa]*
espurnar. v. intr. Llançar purnes. *[chisporrotear, chispar]* // Brillar com si es llançassen purnes. *[centellear]*
espurnejar. v. intr. Llampurnar. *[chispear]*
esquadra. f. Conjunt de vaixells de guerra. *[escuadra]* // Porció d'exèrcit. *[escuadra]*
esquadrar. v. tr. Posar a esquadra. *[escuadrar]*
esquadró. m. Cadascuna de les parts en què es divideix un regiment de cavalleria. *[escuadrón]* // Conjunt de gent armada i ordenada en batalla.
esquàlid, àlida. adj. Sec, molt magre. *[escuálido]*
esquallar. v. tr. Perdre el coratge, decréixer l'ànim, esglaiar. *[asustar, desmayar, acobardar]*
esquarterar. v. tr. Dividir un cos en quatre parts o quarters. *[descuartizar]* // Fer a trossos alguna cosa, especialment per a repartir-la. *[descuartizar]*
esqueix. m. Tros d'una cosa esqueixada. *[esqueje]* // Rama esqueixada d'una planta, que s'introdueix en terra perquè en forme una altra. *[esqueje]*
esqueixalar. v. tr. Llevar els queixals o dents laterals. *[descolmillar]*
esqueixar. v. tr. Arrancar una rama d'una planta, rompre una cosa estirant-la amb les dents, amb les mans, etc. *[desgajar]* // Esquinçar. *[desgarrar]*
esquela. f. Paper imprés en què és feta una invitació o donada una nova. *[esquela]*
esquelet. m. Ossada de qualsevol animal vertebrat. *[esqueleto]* // Armadura d'una cosa qualsevol. *[esqueleto]*
esquella. f. Campana tosca que solen penjar al coll dels animals que guien un ramat. *[esquila, cencerro]*
esquellola. f. Planta gramínia la llavor de la qual serveix d'aliment als moixons. *[alpiste]*
esquellot. m. Esquella llargueruda i gran de so greu. *[esquilón]* // pl. Esquellotada. *[cencerrada]*
esquellotada. f. Esvalot que es fa amb esquelles, llandes, etc., com a burla dels vidus que es casen. *[cencerrada]*
esquellots. m. pl. Avalot que es fa amb esquelles, etc., especialment davant la casa d'un vidu o vídua que es casen. *[cencerrada]*
esquema. m. Representació gràfica d'una teoria, d'un pla o d'una llei de variació. *[esquema]* // Forma sota la qual ens representem un concepte intel·lectual. *[esquema]*
esquematitzar. v. tr. Posar en forma d'esquema. *[esquematizar]*
esquena. f. Part posterior de la persona des dels muscles fins a la cintura. *[espalda]* // Part superior del cos dels animals des del coll a les anques. *[espalda]* // Part superior i convexa d'una cosa. *[lomo]*
esqueneta, fer. f. Parar l'esquena perquè un altre puge. *[aupar]*

esquer. m. Menjar que serveix per a atraure el peix, els ocells, etc. *[cebo]*

esquerda. f. Obertura en un cos que no queda dividit del tot. *[hendedura]* // Estella llarga i prima. *[astilla]* // Tros que salta de la pedra quan la treballen. *[rocalla, esquirla, rancajo]*

esquerdar. v. tr. Fer una esquerda en algun cos dur, estellar. *[hender, partir]*

esquerp, erpa. adj. Aplicat a la persona adusta o que fuig del tracte de la gent. *[huraño]* // Escarpat, poc accessible. *[áspero, quebrado]*

esquerrà ana. adj. Que usa més de la mà esquerra que no de la dreta. *[zurdo, izquierdo]*

esquerre, erra. adj. Que cau o mira a la banda de la mà esquerra. *[izquierdo]*

esquí, (pl. ís). m. Cadascuna de les llenques de fusta que es subjecten al peu i serveixen per a lliscar damunt la neu. *[esquí]*

esquiador, ora. m. i f. El qui va per la neu calçat amb esquís. *[esquiador]*

esquiar. v. intr. Anar per damunt la neu amb esquís. *[esquiar]*

esquifit, ida. adj. Que no té la grandor deguda, que no arriba a la mida. *[encogido, raquítico, escatimado]*

esquilar. v. tr. Tallar arran el pèl o la llana del bestiar. *[esquilar, trasquilar]*

esquillar-se. v. pron. Lliscar alguna cosa, anant-se'n d'esquill o de biaix, separant-se de l'indret o lloc, de les mans, etc., on volíem fixar-la o retenir-la. *[resbalar, deslizarse]* // Passar per un indret d'esquill, burlant la vigilància d'algú, tractant de no ser vist. *[escabullirse]*

esquimal. m. i f. Que forma part d'una raça que habita les regions àrtiques. *[esquimal]*

esquinç. m. Tros esquinçat de la roba. *[jirón, desgarro, rasgadura]*

esquinçar. v. tr. Fer a trossos la roba, el paper, etc. *[rasgar, desgarrar]* // Rompre, fer a trossos, separar les parts d'una cosa, estirant-la. *[romper]* // Dilatar, eixamplar, separant més els trossos d'una cosa esguellada.

esquirol. m. Mamífer rosegador molt inquiet i lleuger. *[ardilla]* // Obrer que quan els seus companys es declaren en vaga continua treballant o reemplaça un obrer en vaga. *[esquirol]*

esquit. m. Doll d'un líquid que salta impensadament. *[salpicadura]* // Gota o menuda porció d'un líquid que salta.

esquitar. v. tr. i intr. Espargir o saltar en gotes un líquid. *[salpicar]*

esquitx. m. Trosset menut, mica. *[mica]*

esquiu, iva. adj. Que esquiva el tracte de la gent, esquerp. *[esquivo]*

esquivador, ora. adj. Que esquiva. *[esquivador]* // m. Caçador que espanta la caça per a anar-la duent al lloc on són els altres caçadors. *[ojeador]*

esquivar. v. tr. Evitar, eludir. *[esquivar]* // Fer esquiu, espantar. *[esquivar, espantar]*

esse. f. Nom de la lletra «s». *[ese]*

essència. f. Naturalesa de les coses. *[esencia]* // Substància volàtil olorosa extreta d'una planta per destil·lació, infusió, etc. *[esencia]* // Gasolina.

essencial. adj. Pertanyent o relatiu a l'essència. *[esencial]* // Substancial, principal.

esser. v. intr. i cop. Ser. *[ser]*

esser. m. Ser. *[ser]*

ésser. v. intr. i aux. Ser. *[ser]*

ésser. m. Ser. *[ser]*

est. m. Punt de l'horitzó per on ix el sol en els equinoccis. *[este]*

est, esta. adj. i pron. Aquest. *[este, éste]*

estabilitzar. v. tr. Fer estable, durador. *[estabilizar]*

estable. m. Lloc cobert on s'allotja el bestiar. *[establo]*

estable. adj. Fermament establit, que no es mou de lloc o canvia de posició fàcilment; que tendeix a perseverar en el mateix estat. *[estable]*

establia. f. Lloc cobert on s'allotja el bestiar, estable. *[establo]*

establiment. m. Acció i efecte d'establir-se. *[establecimiento]* // La cosa establerta. // Tenda, botiga, etc. *[establecimiento]*

establir. v. tr. Fundar d'una manera estable, instituir. *[establecer]* // Decretar, ordenar. *[establecer]*

estabornir. v. tr. Fer perdre d'un colp els sentits. *[entontecer, atontar]*

estabular. v. tr. Criar i mantenir el bestiar a l'estable. *[estabular]*

estaca. f. Pal amb punta en un extrem per a clavar-lo a terra, en una paret, etc. *[estaca]*

estacar. v. tr. Lligar a una estaca. *[atar]* // Fermar un animal a una estaca. *[atar]* // Restar subjecte, fixar, encallar-se en un lloc. *[atascar]* // **-se.** Enfonsar-se en un terreny moll. *[atascarse]* // Trobar-se impedit d'avançar, de continuar una acció. *[atascarse]*

estació. f. Estat actual d'una cosa. *[estación]* // Cadascuna de les quatre parts o temps de l'any. *[estación]* // Acció de deturar-se en un dels llocs situats en el camí que hom recorre. *[estación]* // Lloc on fan parada els trens per a admetre passatgers o càrrega. *[estación]*

estacionar. v. tr. Fer estar estacionari. *[estacionar]* // **-se.** Deturar-se un determinat temps en un lloc; esdevenir estacionari. *[estacionarse]*

estacionari, ària. adj. Que no canvia d'estat, condició o situació. *[estacionario]*

estadant, anta. m. i f. Qui està habitualment en un lloc. *[habitante]* // Inquilí, llogater. *[inquilino]*

estadi. m. Lloc públic on són practicats correres i altres deports. *[estadio]*

estadista. m. Home entés en negocis d'estat, persona experta en l'art de governar. *[estadista]*

estadística. f. Ciència que té per objecte d'aplegar, classificar i comptar tots els fets del mateix orde. *[estadística]*

estafa. f. Acció i efecte d'estafar. *[estafa]*

estafador, ora. m. i f. El qui estafa.

estafar. v. tr. Traure d'algú diners o coses de valor amb artifici i engany, sense intenció de pagar. *[estafar]*

estaferm. m. Ninot de fusta giratori que el corredor fereix amb una llança i en girar dóna un colp al corredor inhàbil. *[estafermo]* // Babau.

estafeta. f. Correu ordinari a cavall. *[estafeta]* // Correu especial per al servei diplomàtic. *[estafeta]* // Oficina de correu. *[estafeta]*

estai. m. Corda que subjecta el cap d'un arbre de nau al peu del de més endavant. *[estay]* // Pal amb tres peus on els fusters penjaven el cresol durant la vetla hivernal de treball, que era de sant Miquel fins a sant Josep. *[estay]*

estalactita. f. Concreció calcària en forma de con irregular, que penja del sostre de les coves. *[estalactita]*

estalagmita. f. Estalactita invertida, que es forma en el sòl de les coves. *[estalagmita]*

estall. m. Treball a preu fet, escarada. *[destajo]*

estaló. m. Puntal bifurcat en un dels seus extrems que serveix per a sostenir les branques dels arbres. *[puntal, horca]*

estalonar. v. tr. Sostenir amb estalons, apuntalar. // Esgarronar. *[acalcar]* // Seguir alguna persona de ben prop darrere seu. *[pisar los talones]*

estalvi, àlvia. adj. Que ha escapat d'un perill. *[salvo, ileso, libre, horro]* // m. Acció i efecte d'estalviar. *[ahorro]*

estalviar. v. tr. No consumir, deixar de despendre. *[ahorrar]* // Reservar una part de diners sobre les despeses ordinàries. *[economizar]* // Salvar, preservar. // Evitar algun treball, risc, dificultat, etc. *[ahorrar]*

estalzí. m. Sutja. *[hollín]*

estam. m. Fil de llana pentinada. *[estambre]* // Òrgan sexual masculí de les plantes de llavors. *[estambre]*

estament. m. Classe, condició social.

estampa. f. Acte d'estampar o imprimir. *[estampación]* // Imatge o figura impresa. *[estampa]* // Figura total d'un home, d'un animal, etc. *[estampa]*

estampar. v. tr. Donar a l'estampa, imprimir. *[estampar, imprimir]*

estampidor. m. Instrument per a obrir forats en el ferro roent. *[rompedera]*

estampir. v. tr. Empényer o aguantar fort per la part contrària quan algú pica o ajusta una cosa per a assegurar l'eficàcia del colp. *[apretar]* // Marcar amb l'estampidor el forat de cada clau en la ferradura. *[estampir]*

estanc. m. Establiment on es venen articles estancats. *[estanco]*

estança. f. Habitació on s'està algú. *[estancia]* // Estrofa.
estancament. m. Acció i efecte d'estancar o d'estancar-se. *[estancamiento]*
estancar. v. tr. Deturar el curs d'alguna cosa. *[estancar]*
estància. f. Cadascuna de les parts habitables en què es divideix una casa. *[estancia]*
estandard. m. Bandera o insígnia de guerra dels cossos armats. *[estandarte]* // Ensenya d'una corporació. *[estandarte].*
estanquer, era. m. i f. Persona que té al seu càrrec la venda pública de coses estancades. *[estanquero]*
estant. adj. Que s'està o roman en un lloc. // m. Prestatge. *[estante]*
estanteria. f. Conjunt d'estants.
estany. m. Massa considerable d'aigua depositada en una depressió del terreny. *[estanque, laguna]*
estany. m. Metall blanc brillant usat per a fer soldadures. *[estaño]*
estanyar. v. tr. Convertir en estany; omplir d'aigua una gran extensió de terra. *[anegar, inundar]* // **-se.** Convertir-se en un estany d'aigua.
estanyar. v. tr. Recobrir d'estany. *[estañar]* // Soldar amb estany. *[estañar]*
estaquirot. m. Estaca, bastó curt. // Estaferm. *[estafermo]* // Persona aturada i de poca decisió. *[papanatas]* // Espantaocells, babarota. *[espantapájaros]*
estar. v. intr. i tr. Intr. Trobar-se en alguna condició o estat. *[estar]* // Estar apartada una cosa d'una altra. *[distar]* // Tr. Tardar cert temps a fer alguna cosa. *[estar]* // **-se.** Viure, habitar en un lloc.
estària. f. Estada, permanència en un lloc. *[estancia, parada]*
estarrufar. v. tr. Fer dreçar-se el pèl, les plomes, etc. *[engrifar, erizar]* // Fer posar content, envanir. *[engreir]*
estassar. v. tr. Netejar d'herbes i bardisses. *[desbrozar, talar]*
estat. m. Situació en què està una persona o cosa. *[estado]* // Cos polític d'una nació o país. *[estado]* // Resum de comptes. *[estado]*
estatge. m. Lloc que un habita. *[estancia]*
estatger, era. m. i f. Persona que viu en una estada, que té estatge en un lloc. *[habitante]* // Persona que habita en una casa, mas, heretat, etc., ocupant-la tota o part, respecte a l'amo, llogater o habitant de dret, i en concepte d'acollit, mitger, pareller, hostatger o rellogat. *[aperador]*
estàtua. f. Figura de ple relleu. *[estatua]*
estatuir. v. tr. Establir, ordenar. *[estatuir, establecer]*
estatura. f. Alçària d'una persona. *[estatura]*
estatut. m. Allò que és estatuït; regla que té força de llei. *[estatuto]*
estavellar. v. tr. Fer a trossos una cosa llançant-la amb violència contra una altra. *[estrellar, reventar]*
estel. m. Qualsevol dels astres que brillen al cel llevat del sol i de la lluna. *[estrella]* // Tros de tela, paper, etc., mantingut estés amb canyes, subjecte amb un fil, que s'eleva i s'aguanta enlaire per la pressió del vent. *[cometa]*
estela. f. Estel, astre. *[estrella]*
estelada. f. Conjunt dels estels del cel. *[cielo estrellado]*
estelar. v. tr. Poblar d'estels. *[estrellar]*
estella. f. Tros que es desprén de la fusta treballada i rompuda. *[astilla, raja]*
estellar. v. tr. Fer estelles, asclar. *[astillar]*
estel·lar. adj. Relatiu o pertanyent als astres o estels. *[estelar]*
estemordir. v. tr. Causar una gran temor. *[amedrentar]* // Deixar com a mort, fer perdre els sentits. *[atontar, desmayar]*
estenallar. v. tr. Agafar amb estenalles. *[tenaceur]*
estenalles. f. pl. Instrument de metall, format per dos braços que poden obrir-se i tancar-se. *[tenazas]*
estendard. m. Estandard. *[estandarte]*
estendre. v. tr. Posar tot llarg o pla allò que està plegat, contret, arronçat. *[extender]* // Desplegar una cosa. *[extender]* // Posar la roba a eixugar. *[tender]*
estenedor. m. Lloc on estenen alguna cosa perquè s'eixugue. *[tendedero]*
estepa. f. Vasta planura inculta o estèril, de poca vegetació. *[estepa]* // Nom de

diferents arbusts de la família de les cistàcies de fulles oposades i corol·les de cinc pètals. *[jara, estepa]*
estepar. m. Lloc o barranc on creixen moltes estepes. *[estepar, jaral]*
esteranyinar. v. tr. Llevar les teranyines. *[destelarañar]*
estergidor. m. Saquet ple de pols de carbó, que serveix per a estergir. *[cisquero]*
estergir. v. tr. Dibuixar amb l'estergidor, interposant el paper o la tela on és marcat el dibuix. *[estarcir]*
estèril. adj. Que no dóna fruit o que no produeix res. *[estéril]*
esterilitat. f. Qualitat d'estèril. *[esterilidad]*
esterilització. f. Acció i efecte d'esterilitzar. *[esterilización]*
esterilitzar. v. tr. Fer estèril o improductiu. *[esterilizar]* // Destruir els gèrmens patògens que hi ha en alguna cosa. *[esterilizar]*
esternudar. v. intr. Llançar amb estrèpit pel nas i per la boca l'aire espirat. *[estornudar]*
esternut. m. Acció d'esternudar. *[estornudo]*
esterrossar. v. tr. Esclafar els terrossos. *[desterronar]*
estesa. f. Conjunt de coses esteses. *[tendalera]*
esteta. m. El qui en art, posa per damunt de tot els principis estètics. *[esteta]*
estètica. f. Tractat de la bellesa i de la teoria fonamental de l'art. *[estética]*
esteva. f. Peça corba i posterior de l'aladre per on l'agafa el llaurador. *[esteva]*
estevat, ada. adj. Dit de la persona que té tortes les cames. *[estevado]*
estiba. f. Conjunt del llast i la càrrega d'una embarcació. *[estiba]* // Distribució i col·locació de la càrrega en una nau. *[estiba]* // Munt, pila de coses. *[rimero, montón]* // Conjunt de vaixells, barrils, etc., destinats a omplir-los de vi, etc. *[pipería]* // Senalla o cistell d'espart. *[capacha, sera]*
estibar. v. tr. Apilar, disposar mercaderies, etc., de manera que ocupen el menor lloc possible, especialment la càrrega d'una nau. *[estibar]*
estigma. m. Marca o senyal indeleble, especialment la feta amb ferro roent. *[estigma]* // La part del pistil de la flor que rep el pol·len. *[estigma]* // Òrgan exterior de la respiració dels insectes. *[estigma]*
estigmatitzar. v. tr. Marcar algú amb un ferro roent. *[estigmatizar]* // Inflamar, afrontar, blasmar. *[estigmatizar]*
estil. m. Punxó amb el qual escrivien els antics sobre tauletes encerades. *[estilo]* // Manera peculiar d'un escriptor, orador o artista. *[estilo]* // Agulla d'un rellotge de sol. *[gnomon]* // Part del pistil que sosté l'estigma. *[estilo]*
estilar-se. v. pron. Ser de costum. *[estilarse]*
estilet. m. Punyal de fulla molt estreta i punxeguda. *[estilete]* // Sonda metàl·lica que serveix per a explorar certes ferides. *[estilete]*
estilista. m. i f. Escriptor que es distingeix pel poliment del seu estil. *[estilista]*
estilitzar. v. tr. Donar estil a un objecte o obra d'art. *[estilizar]*
estilogràfica. f. Aparell per a escriure per mitjà d'un estil. *[estilográfica]*
estima. f. Avaluació d'una cosa. *[estimación]* // Bona opinió que es té del que val algú o alguna cosa. *[estima]* // Càlcul aproximatiu de la situació d'una nau en la mar. *[estima]*
estimació. f. Acció d'estimar. *[estimación]*
estimar. v. tr. Tenir estima o estimació. *[estimar]* // Determinar el valor d'alguna cosa. *[estimar, evaluar, calcular]* // Amar, tenir amor a una persona.
estimbar. v. tr. Fer caure daltabaix d'una timba. *[despeñar]*
estímul. m. Allò que estimula. *[estímulo]*
estimular. v. tr. Excitar a algú a l'execució d'una cosa, incitar, agullonar. *[estimular]*
estintolar. v. tr. Apuntalar, recolzar. *[apoyar]*
estipendi. m. Paga, retribució que es dóna a una persona pel seu treball. *[estipendio]*
estipular. v. tr. Convenir alguna cosa en fer un contracte. *[estipular]*

estirar. v. tr. Posar tirant una cosa. *[tirar, estirar]* // Fer força per a portar cap a si alguna cosa. *[tirar, estirar]* // **-se.** Estirar els membres per a desentumir-los. *[desperezarse]* // Créixer en alçada una persona. *[crecer]*
estireganyar. v. tr. Deformar alguna cosa estirant-la. *[estirejar]*
estirp. f. Soca d'una família, llinatge, raça, llengua, etc. *[estirpe]*
estisora. f. Tisora. *[tijeras]*
estiu. m. La més calorosa de les estacions de l'any, compresa entre els mesos de juny i de setembre. *[estío]*
estiueig. m. Acció d'estiuejar. *[veraneo]*
estiuejant. m. i f. El qui estiueja. *[veraneante]*
estiuejar. v. intr. Passar l'estiu en algun lloc distint de la residència usual. *[veranear]*
estival. adj. Relatiu o pertanyent a l'estiu. *[estival]*
estoc. m. Espasa estreta i llarga sense tall. *[estoque]*
estoc. m. Quantitat d'una mercaderia que hi ha en magatzem o en el mercat. *[estoc]* // Conjunt de mercaderies. *[estoc]*
estofa. f. Matèria de què és feta una cosa. *[estofa, materia, tela]*
estofar. v. tr. Coure a foc lent i amb l'olla tapada. *[estofar]*
estofat. m. Guisat de carn estofada. *[estofado]*
estoic, oica. adj. Relatiu o pertanyent a l'estoïcisme. *[estoico]* // m. i f. El qui professa l'estoïcisme. *[estoico]*
estoïcisme. m. Escola filosòfica de la Grècia antiga que fa consistir la felicitat a seguir la sola raó i menysprear el dolor. *[estoicismo]* // Qualitat d'estoic. *[estoicismo]*
estoig. m. Capsa per a guardar objectes delicats. *[estuche]*
estojar. v. tr. Posar dins d'un estoig. *[estuchar]*
estol. m. Conjunt de vaixells. *[flota]* // Multitud, grup o colla de gent, generalment en moviment o acció. *[bandada, multitud, grupo]* // Conjunt de guerrers, exèrcit. *[hueste]*
estola. f. Ornament sagrat que porta el sacerdot penjat al coll en certes funcions litúrgiques. *[estola]*
estòlid, òlida. adj. Mancat de coneixement, beneit. *[estólido, necio]*
estómac. m. Cavitat del cos que rep els aliments i on s'efectua la quimificació. *[estómago]*
estomordir. v. tr. Estabornir, pertorbar els sentits. *[aturdir, atontar]*
estona. f. Espai de temps d'alguna durada. *[rato]*
estontolar. v. tr. Apuntalar. *[apuntalar, apoyar]*
estopa. f. Part basta que es separa del lli o del cànem en pentinar-lo. *[estopa]* // Drap teixit amb aquesta matèria. *[estopa]*
estopar. v. tr. Posar estopa, principalment per a tapar forats. *[estopar]*
estopenc, enca. adj. Fet d'estopa. *[estopeño]* // Que té consistència d'estopa. *[estoposo]*
estopí. m. Canonet replé de substància inflamable que serveix per a prendre foc a un coet. *[estopín]*
estora. f. Peça feta de llates cosides d'espart, jonc o palma, per a cobrir el paviment de les habitacions. *[estera]*
estorar. v. tr. Cobrir el paviment amb estores. *[esterar]*
estorat. m. Conjunt d'estores. *[esterado]*
estornell. m. Ocell de pas, de plomatge negre amb reflexos verdosos i pigallat de blanc. *[estornino]*
estossec. m. Cadascun dels moviments d'expiració del qui estossega, colp de tos. *[carraspeo]*
estossegar. v. intr. Tossir per una nosa o irritació de les vies respiratòries. *[carraspear]*
estossolar-se. v. pron. Trencar-se el tos o la testa. *[desnucarse, estozolarse]*
estovalla. f. Tovalla. *[toalla]*
estovar. v. tr. Posar tou, ablanir. *[ablandar, mullir]* // **-se.** Esponjar-se, esdevenir tou. *[mullirse]* // Envanir-se, inflar-se de satisfacció. *[engreirse, hincharse]*
estrabisme. m. Desviació d'un dels dos ulls. *[estrabismo]*
estrada. f. Part d'una sala en què el sòl és més elevat que el de la resta. *[estrado]*

estrafer. v. tr. Imitar una cosa d'un altre. *[imitar, remedar]* // Canviar alguna cosa d'un mateix a fi de no ser reconegut. *[desfigurar]*
estrafolari, ària. adj. Extravagant, estrany fins a la ridiculesa. *[estrafalario]*
estrall. m. Gran dany, destrucció, mortaldat, causat per la guerra, una epidèmia, una calamitat. *[estrago]*
estrambot. m. Conjunt de versos afegits al final d'una combinació mètrica i especialment del sonet. *[estrambote]*
estrambòtic, òtica. adj. Extravagant, excèntric. *[estrambótico]*
estramp. m. Vers lliure o sense rima. *[verso libre]*
estranger, era. adj. i m. i f. Natural d'un país respecte als naturals d'un altre. *[extranjero]* // m. Conjunt de tots els països llevat del nostre. *[extranjero]*
estrangeritzar. v. tr. Fer adquirir costums estrangers. *[extranjerizar]*
estrangular. v. tr. Interceptar la comunicació d'un fluid per opressió del conducte. *[estrangular]* // Ofegar per compressió del coll. *[estrangular]*
estrany, anya. adj. D'un país, família, etc., diferent del nostre. *[extraño]* // Que no té part en una cosa. *[ajeno]* // Rar, singular, no freqüent o usual. *[extraño]*
estranyar. v. tr. Causar estranyesa. *[extrañar]* // Exiliar a un país estranger. *[expatriar]*
estranyesa. f. Qualitat d'estrany o rar. *[extrañeza]*
estraperlo. m. Negoci il·legal de coses intervingudes per l'estat, venudes a preus abusius. *[estraperlo].*
estrassa. f. Drap de roba basta de què fan una mena de paper. *[estraza]*
estrat. m. Cadascuna de les parts superposades dels terrenys. *[estrato]*
estratagema. m. Artifici emprat per a enganyar l'enemic. *[estratagema]*
estratègia. f. Art de projectar i dirigir grans moviments militars. *[estrategia]*
estratosfera. f. La capa superior de l'atmosfera en la qual la temperatura no decreix amb l'altura. *[estratosfera]*
estrebar. v. tr. i intr. Tr. Estirar amb força. *[tirar]* // Intr. Recolzar el pes d'una cosa en una altra. *[apoyar]*
estrela. f. Cadascun dels astres brillants del cel, llevat del sol i la lluna. *[estrella]* // Figura amb què es representa una estrela formada per raigs que parteixen d'un centre comú. *[estrella]*
estremir-se. v. pron. Tremolar fortament, agitar-se convulsivament. *[estremecerse]*
estrena. f. Acció i efecte d'estrenar o d'estrenar-se. *[estreno]* // pl. Regal donat a algú en senyal de favor, per a celebrar una festa, una commemoració, una diada, etc. *[aguinaldo]* // Ús o exhibició d'una cosa que es fa per primera vegada. *[estreno]*
estrenar. v. tr. Donar estrenes, gratificar en moneda o en espècie. *[estrenar]* // Fer ús per primera vegada d'una cosa. *[estrenar]* // Representar per primera vegada una obra teatral, etc. *[estrenar]*
estrényer. v. tr. Fer més estret, estretir. *[estrechar]* // Reduir una cosa a menor amplària o espai, comprimir. *[apretar]*
estrep. m. Cadascuna de les anelles on descansen els peus del genet. *[estribo]* // Graó que serveix per a pujar i baixar d'un cotxe. *[estribo]* // Branca menuda de muntanyes que arranca d'una serralada. *[estribación]*
estrèpit. m. Soroll molt fort. *[estrépito]*
estrepitós, osa. adj. Que fa estrèpit, o fet amb estrèpit. *[estrepitoso]*
estret, eta. adj. Que té poca amplària. *[estrecho]* // m. Braç de mar entre dues terres. *[estrecho]*
estretejar. v. intr. Venir estret, ser estret. *[resultar estrecho]*
estretir. v. tr. Fer més estret. *[estrechar]*
estretor. f. Qualitat d'estret. *[estrechez]* // Escassetat o necessitat de mitjans de vida. *[estrechez]*
estria. f. Canal o mitjacanya en el cos d'una columna. *[estría]* // Solc menut a la superfície d'una cosa. *[estría]*
estriar. v. tr. Fer estries. *[estriar]*
estribord. m. Costat dret de la nau mirant de popa a proa. *[estribor]*
estricte, icta. adj. Ajustat estretament a la llei. *[estricto]*

estridència. f. Qualitat d'estrident, cosa estrident. *[estridencia]*

estrident. adj. Que fa estridència, agut i aspre de so. *[estridente]*

estridor. m. i f. Soroll estrident. *[crujido, estridor, rechinamiento]*

estríjol. m. Raspail de ferro per a netejar el pèl de les bèsties cavallines o bovines. *[almohaza]*

estrinquet. m. Cadena de ferro que porten els carros per a frenar les rodes. *[estrinque]*

estrip. m. Efecte d'estripar, esquinç, esqueix. *[desgarro]*

estripar. v. tr. Traure les tripes o l'interior d'alguna cosa. *[destripar]* // Esquinçar. *[desgarrar, rasgar]*

estrofa. f. Cadascuna de les parts regulars de certes composicions poètiques. *[estrofa]* // En la poesia grega, primera part d'un cant líric. *[estrofa]*

estroncar. v. tr. Fer cessar el curs d'un líquid o humor, fer cessar de rajar, de fluir, d'escolar-se, un líquid. *[restañar, estancar]*

estropejar. v. tr. Posar en mal estat, fer malbé. *[estropear]*

estropellar. v. tr. Fer malbé una cosa. *[estropear]*

estropici. m. Acció d'estropejar. *[estropicio]*

estruç. m. Ocell corredor, de potes llargues i robustes amb dos dits a cada peu, que viu a l'Àfrica i a l'Aràbia. *[avestruz]*

estructura. f. Distribució i orde de les parts d'un total. *[estructura]* // Conjunt d'elements que constitueixen el llenguatge entés com una unitat orgànica. *[estructura]*

estructurar. v. tr. Donar estructura a alguna cosa. *[estructurar]*

estuari. m. Braç estret de mar que ve a ser com la prolongació de l'embocadura d'un riu. *[estuario]*

estuc. m. Pasta de calç i marbre polvoritzat, que serveix per a arrebossar les parets de les habitacions. *[estuco]*

estucar. v. tr. Revestir d'estuc. *[estucar]*

estucat. m. Operació d'estucar. *[estucado]* // Revestiment d'estuc. *[estucado]*

estudi. m. Acció d'estudiar. *[estudio]* // Treball, dissertació, assaig. *[estudio]* // Esbós o fragment d'una obra d'art. *[estudio]* // Habitació on hom estudia i treballa en les arts liberals. *[estudio]* // pl. Exercicis escolars graduats per a la instrucció de la joventut. *[estudios]*

estudiant, anta. m. i f. El qui estudia en una universitat, escola, etc. *[estudiante]*

estudiar. v. tr. Cursar algun estudi. *[estudiar]* // Exercitar l'enteniment per a arribar a comprendre alguna cosa, a adquirir la coneixença d'alguna cosa, a aprendre una cosa teòricament o pràctica. *[estudiar]* // Examinar atentament una cosa per a determinar-ne la naturalesa, el caràcter, la significació, la solució, etc., per a interpretar-la, reproduir-la, etc. *[estudiar]*

estudiós, osa. adj. Inclinat i aplicat a l'estudi. *[estudioso]*

estufa. f. Aparell per a calfar una habitació. *[estufa]* // Aparell per a desinfectar o assecar per mitjà de la calfor. *[estufa]*

estufar. v. tr. Fer ocupar més espai a una cosa, augmentar de volum. *[ahuecar, esponjar, mullir]* // Esquitar. // **-se.** Fer vana ostentació. *[pavonearse]*

estufat, ada. adj. Que ocupa molt d'espai per manca d'atapeïment. *[hinchado, esponjado, ahuecado]* // fig. Envanit, ostentós. *[hueco, hinchado]*

estufir. v. tr. Llançar per la boca una glopada de líquid. *[espurriar, rociar]*

estufit. m. Acte d'estufir. *[rociada, espurriada]* // Bufada forta que produeix un soroll. *[bufido]* // Resposta aspra. *[tarascada]*

estult, ulta. adj. Neci, toix, mancat de discerniment. *[estulto, necio]*

estupefacció. f. Admiració que voreja l'estupor. *[estupefacción]*

estupend, enda. adj. Capaç de causar estupefacció pel que té de meravellós, bell, etc. *[estupendo]*

estúpid, úpida. adj. Molt rude i estult, molt curt d'enteniment. *[estúpido]*

estupidesa. f. Qualitat d'estúpid. *[estupidez]*

estupor. m. i f. Disminució o suspensió de

les funcions intel·lectuals. *[estupor]* // Espant, per admiració o sorpresa molt gran. *[estupor]*

estupre. m. Acte de violar una verge. *[estupro]*

esturió. m. Peix de mar, comestible, del qual s'obté el caviar. *[esturión]*

esvaïda. f. Acció i efecte d'esvair o d' esvair-se. *[derrota]*

esvair. v. tr. Desfer, posar en confusió l'enemic, agredir. *[atacar]* // Assaltar, envair, un país, una ciutat, etc., barrejant-lo, devastant-lo. *[invadir]* // Dissipar. // **-se.** Defallir, desmaiar-se. *[desvanecerse]*

esvalot. m. Cridòria, avalot. *[alboroto]*

esvalotar. v. tr. i intr. Tr. Posar en estat d'agitació. *[alborotar]* // Intr. Moure esvalot. *[alborotar]*

esvanir-se. v. pron. Desaparéixer completament. *[desvanecerse]* // Perdre el coneiximent. *[desvanecerse]* // **-se.** Envanir-se, omplir-se de vanitat. *[envanecerse]*

esvarar. v. tr. Escórrer-se una cosa llenegadissa, especialment els peus damunt una superfície. *[deslizarse, resbalar]* // Escórrer-se una cosa de les mans, com el sabó, etc.

esvarós, osa. adj. Dit d'una superfície sobre la qual és fàcil d'esvarar, relliscós. *[resbaladizo]*

esvelt, elta. adj. Ben format i d'estatura alta i airosa. *[esbelto]*

esventar. v. tr. Escampar al vent alguna cosa. *[aventar]*

esveradís, issa. adj. Que s'esvera amb facilitat. *[espantadizo]*

esverar. v. tr. Llevar la serenitat. *[aturdir]* // Alarmar granment. *[espantar]*

esvoranc. m. Forat o espai buit per haver-se'n després o separat un tros superficial. *[hueco, desgarro]*

esvorancar. v. tr. Fer esvorancs. *[desgarrar, astillar]*

et. Forma del pronom de segona persona, singular, que fa de complement directe o indirecte del verb. *[te]*

etapa. f. Localitat on fan nit les tropes, etc., en marxa. *[etapa]* // Distància a recórrer per a arribar a l'etapa. *[etapa]*

etcètera. loc. llat. Paraula que supleix allò que queda per dir. *[etcétera]*

èter. m. Substància subtil, imponderable i elàstica, de la qual hom suposa que és ple l'espai. *[éter]* // Líquid volàtil, mòbil i inflamable, usat com a dissolvent dels greixos, resines, etc., i com a anestèsic. *[éter]*

etern, erna. adj. Que no té principi ni fi, de duració infinita. *[eterno]*

eternitat. f. Temps sense principi ni fi. *[eternidad]* // La vida futura. *[eternidad]* // Durada llarga de segles i edats. *[eternidad]*

eternitzar. v. tr. Perpetuar la durada d'una cosa. *[eternizar]*

ètic, ètica. adj. Relatiu o pertanyent a l'ètica o als costums. *[ético]*

ètica. f. Tractat de la moral i de les obligacions de l'home. *[ética]*

ètim. m. Forma originària d'un mot; paraula d'on una altra procedeix. *[étimo]*

etimologia. f. Origen i història dels mots. *[etimología]*

etiqueta. f. Cerimonial que s'ha d'observar en la cort i en els actes públics solemnes. *[etiqueta]* // Formes cerimonioses entre particulars. *[etiqueta]* // Indicació apegada a un objecte per a fer-ne conéixer el preu, etc. *[etiqueta]*

etiquetar. v. tr. Posar etiquetes a una cosa. *[etiquetar]*

ètnia. f. Agrupació natural d'individus amb unes característiques pròpies. *[etnia]*

etnologia. f. Estudi de les races i dels pobles en tots els seus aspectes i relacions mútues. *[etnología]*

etzibar. v. tr. Llançar violentament. *[arrojar, lanzar]* // Pegar un colp. *[pegar]*

eucaliptus. m. Arbre originari d'Austràlia, les fulles del qual són usades com a febrífug. *[eucalipto]*

eucaristia. f. Sagrament de la comunió. *[eucaristía]* // Santíssim Sagrament de l'altar. *[eucaristía]*

eufemisme. m. Manera d'expressar decorosament aquelles idees, l'expressió recta de les quals fóra dura o desagradable. *[eufemismo]*

eufonia. f. Grata harmonia dels sons i de les paraules. *[eufonía]* // Qualitat de sonar bé. *[eufonía]*

eufòria. f. Sensació de benestar del qui està perfectament bo. *[euforia]*

eunuc. m. Home castrat, destinat a guardar les dones de l'harem. *[eunuco]*

eurítmia. f. Disposició harmoniosa de les línies, dels sons, dels moviments. *[euritmia]* // Regularitat del pols.

europeisme. m. Qualitat d'europeu. *[europeísmo]* // Afecció, inclinació, a les coses característiques d'Europa. *[europeísmo]* // Moviment que tendeix a la creació de la unitat econòmica, política, etc., europea. *[europeísmo]*

europeïtzar. v. tr. Habituar als costums europeus. *[europeizar]*

europeu, ea. adj. i m. i f. Natural o propi d'Europa. *[europeo]*

euscar, euscara. adj. Relatiu o pertanyent a la llengua basca. *[éuscaro]* // La llengua basca.

eutanàsia. f. Mort dolça, sense dolor. *[eutanasia]*

eutrapèlia. f. Virtut que modera els divertiments. *[eutrapelia]*

evacuar. v. tr. Buidar. *[evacuar]* // Desocupar alguna cosa. *[evacuar]* // Expel·lir matèries acumulades en una part del cos. *[evacuar]*

evadir. v. tr. Evitar o esquivar un dany, perill o dificultat. *[evadir]* // **-se.** Escapar-se, fugir. *[evadirse]*

evangeli. m. Doctrina i llei de Jesucrist. *[evangelio]* // Cadascun dels llibres en què es consignen la vida, doctrina i miracles de Jesucrist. *[evangelio]* // Passatge dels evangelis que el sacerdot llig en la missa. *[evangelio]*

evangelitzar. v. tr. Instruir a algú en la doctrina de l'evangeli. *[evangelizar]*

evaporació. f. Acció i efecte d'evaporar o d'evaporar-se. *[evaporación]*

evaporar. v. tr. Convertir en vapor un líquid o un sòlid. *[evaporar]* // Fer desaparéixer, esvanir. *[evaporar]*

evasió. f. Acció d'evadir-se, fuga. *[evasión]*

evasiu, iva. adj. Que tendeix a evadir o defugir una dificultat. *[evasivo]*

evasiva. f. Mitjà emprat per a evadir alguna cosa. *[evasiva]*

eventual. adj. Subjecte a qualsevol contingència o eventualitat. *[eventual]*

evidència. f. Qualitat d'evident. *[evidencia]*

evidenciar. v. tr. Fer evident, fer palesa la certitud d'una cosa. *[evidenciar]*

evident. adj. Clar a la visió, clar a l'enteniment, en tal manera que no pot deixar lloc a dubtes. *[evidente]*

evitar. v. tr. Prevenir que no esdevinga alguna cosa. *[evitar]* // Alliberar d'un dany, perill o encontre. *[evitar]*

evitern, erna. adj. Que té principi, pero no fi. *[eviterno]*

evocar. v. tr. Cridar o citar els esperits i els morts. *[evocar]* // Portar alguna cosa a la memòria. *[evocar]*

evolució. f. Desenrotllament de les coses, per mitjà del qual passen d'un estat a un altre. *[evolución]* // Moviment d'un conjunt de tropes, de persones, d'una nau o conjunt de naus. *[evolución]*

evolucionar. v. intr. Fer evolucions. *[evolucionar]* // Sofrir una evolució. *[evolucionar]*

ex. Preposició que forma part d'algunes locucions llatines. *[ex]* // Prefix que quan precedeix un nom de dignitat o càrrec, indica que ha estat tal cosa i ara no ho és. *[ex]*

exabrupte. m. Cosa dita bruscament, sense preàmbul. *[exabrupto]*

exacció. f. Acció i efecte d'exigir imposts, multes, etc. *[exacción]* // Cobrament injust i violent. *[exacción]*

exacerbar. v. tr. Causar enuig, irritar. *[exacerbar]* // Agreujar una malaltia. *[exacerbar]*

exacte, acta. adj. Rigorosament conforme i ajustat a la veritat. *[exacto]*

exactitud. f. Qualitat d'exacte. *[exactitud]*

exagerar. v. tr. Donar proporcions excessives a una cosa. *[exagerar]*

exalçar. v. tr. Posar en alt els mèrits d'algú o d'alguna cosa, lloar en alt grau. *[ensalzar, exaltar]*

exaltar. v. tr. Elevar a major dignitat, etc. *[exaltar]* // Elevar un sentiment a un alt grau d'intensitat. *[exaltar]* // **-se.** Deixar-se portar per una passió. *[exaltarse]*

examen. m. Prova escrita o oral a què un és sotmés per a provar la seua aptitud. *[examen]* // Acció d'examinar. *[examen]*

examinand, anda. m. i f. Persona sotmesa a un examen per a demostrar la seua capacitat. *[examinando]*

examinar. v. tr. Reconéixer atentament una cosa. *[examinar]* // Sotmetre un candidat a examen. *[examinar]*

exànime. adj. Sense vida o sense senyal de vida. *[exánime]*

exasperar. v. tr. Fer irritar a algú. *[exasperar]* // Irritar una part adolorida.

excarcerar. v. tr. Traure de la presó. *[excarcelar]*

excavació. f. Acció i efecte d'excavar. *[excavación]*

excavar. v. tr. Fer cavitats a la terra. *[excavar]*

excedència. f. Qualitat d'excedent. *[excedencia]* // Situació d'excedent que l'administració atorga a un funcionari. *[excedencia]*

excedent. adj. Que excedeix, sobrant. *[excedente]*

excedir. v. tr. Ser més gran. *[exceder]* // Propassar allò que és lícit o raonable.

excel·lència. f. Qualitat d'excel·lent. *[excelencia]* // Tractament de gran respecte i cortesia. *[excelencia]*

excel·lent. adj. Que excel·leix, eminent en bones qualitats, etc. *[excelente]*

excel·lir. v. intr. Sobrepassar a tots els altres en bones qualitats, etc; distingir-se dels altres per la seua superioritat. *[sobresalir, descollar]*

excels, elsa. adj. D'excel·lència singular. *[excelso]* // Eminent, molt elevat. *[excelso]*

excèntric, èntrica. adj. Que es desvia o s'allunya del centre. *[excéntrico]* // Que no té el mateix centre que un altre. *[excéntrico]* // Extravagant en el seu pensar o en el seu obrar. *[excéntrico]*

excentricitat. f. Qualitat d'excèntric. *[excentricidad]* // Fet propi d'una persona excèntrica. *[excentricidad]* // Distància del centre de la figura d'un cos a l'eix al voltant del qual gira. *[excentricidad]*

excepció. f. Acció i efecte d'exceptuar o excloure. *[excepción]* // Contradicció amb què el demandat procura destruir o diferir la pretensió del demandant. *[excepción]*

excepcional. adj. Que fa excepció de la regla. *[excepcional]*

exceptuar. v. tr. Excloure de la generalitat o de la regla comuna. *[exceptuar]*

excés, (pl. **essos**). m. Allò en què una cosa excedeix a una altra. *[exceso]* // Acte d'excedir-se. *[exceso]*

excessiu, iva. adj. Que excedeix els deguts termes. *[excesivo]*

excipient. m. Substància que serveix per a incorporar o dissoldre certs medicaments. *[excipiente]*

excitació. f. Acció i efecte d'excitar o d'excitar-se. *[excitación]*

excitar. v. tr. Provocar, fer més viu, un sentiment, una activitat, etc. *[excitar]*

exclamar. v. tr. Proferir una exclamació. *[exclamar]* // **-se.** Queixar-se.

exclaustrar. v. tr. Permetre o ordenar a un religiós que abandone el claustre. *[exclaustrar]*

excloure. v. tr. Traure una persona o cosa del lloc que ocupava, privar-ne l'admissió, refusar-li la participació, etc. *[excluir]*

exclusió. f. Acció i efecte d'excloure. *[exclusión]*

exclusiu, iva. adj. Que té la virtut d'excloure. *[exclusivo]*

exclusiva. f. Privilegi pel qual una persona o corporació pot fer una cosa que a altres està prohibida. *[exclusiva]*

excomunicar. v. tr. Separar a algú de la comunió de l'Església. *[excomunicar]*

excomunió. f. Acció i efecte d'excomunicar. *[excomunión]*

excoriació. f. Acció i efecte d'excoriar. *[excoriación]*

excoriar. v. tr. Llevar la pell d'una part del cos. *[excoriar]*

excrement. m. Matèria que certs òrgans llancen fora del cos, merda. *[excremento, mierda]*

excrescència. f. Carnositat que altera la superfície d'un teixit animal o vegetal. *[excrecencia]*

excretar. v. tr. Expel·lir excrements de la sang o dels teixits del cos. *[excretar]*
exculpar. v. tr. Descarregar a algú d'una culpa. *[exculpar]*
excursió. f. Viatge breu de plaer, d'instrucció, d'exploració. *[excursión]*
excursionisme. m. L'esport de fer excursions. *[excursionismo]*
excusa. f. Acció i efecte d'excusar o d'excusar-se. *[excusa]* // Descàrrec o excepció. *[excusa]*
excusar. v. tr. Exposar raons per a disculpar a algú. *[excusar]* // Refusar fer una cosa. *[excusar]*
excusat. m. Lloc on es fan les defecacions. *[retrete]*
execrable. adj. Digne d'execració. *[execrable]*
execració. f. Acció i efecte d'execrar. *[execración]*
execrar. v. tr. Condemnar o maleir. *[execrar]* // Avorrir.
execució. f. Acció i efecte d'executar. *[ejecución]*
executant. adj. Que executa. *[ejecutante]* // m. i f. El qui pren part en l'execució d'un programa musical. *[ejecutante]*
executar. v. tr. Donar efecte a una cosa manada. *[ejecutar]* // Ajusticiar, donar compliment a una pena, a una sentència, etc. *[ejecutar]*
executòria. f. Títol en què consta la noblesa d'una persona o família. *[ejecutoria]*
exempció. f. Acció i efecte d'eximir. *[exención]*
exemplar. m. Cadascun dels escrits, impresos, etc., trets d'un mateix original. *[ejemplar]* // Cadascun dels objectes d'una col·lecció. *[ejemplar]* // adj. Que pot servir d'exemple. *[ejemplar]*
exemple. m. Manera d'obrar, de ser, d'algú que es considera digne d'imitació. *[ejemplo]* // Fet o text citat per a comprovar una afirmació. *[ejemplo]*
exemplificar. v. tr. Demostrar amb exemples alguna cosa. *[ejemplificar]* // Posar un exemple o exemples d'alguna cosa; servir com a exemple. *[ejemplificar]* // Ensenyar amb l'exemple. *[ejemplificar]*
exempt, empta. adj. Lliure d'una obligació, càrrega, cura, defecte, tribut, etc. *[exento]*
exèquies. f. pl. Cerimònies funerals.
exercici. m. Acció i efecte d'exercir. *[ejercicio]* // Treball que té per objecte la conservació d'una facultat activa, d'una aptesa, d'una habilitat. *[ejercicio]* // Temps durant el qual és vigent un pressupost. *[ejercicio]* // Conjunt d'evolucions i moviments de la instrucció militar. *[ejercicio]*
exercir. v. tr. Practicar els actes propis d'algun ofici, professió, etc. *[ejercer]*
exèrcit. m. Conjunt de les forces militars d'un país. *[ejército]* // Gent de guerra que forma un cos a les òrdens d'un general. *[ejército]*
exercitar. v. tr. Fer treballar d'una manera adequada alguna cosa o alguna facultat activa per a desenvolupar-la o conservar-la. *[ejercitar]* // Exercir, posar en pràctica una facultat, un dret, un càrrec, etc. *[ejercitar]*
exfoliar. v. tr. Dividir una cosa en làmines o escames. *[exfoliar]*
exhalar. v. tr. Emetre gasos o vapors. *[exhalar]* // Deixar sortir sospirs, queixes, etc. *[exhalar]*
exhaurir. v. tr. Traure d'un recipient tot el líquid que conté. *[agotar]* // Consumir completament una cosa. *[agotar]*
exhaust, austa. adj. Exhaurit, consumit, esgotat. *[exhausto, agotado]*
exhibició. f. Acció i efecte d'exhibir o d'exhibir-se. *[exhibición]*
exhibir. v. tr. Presentar una cosa davant altra persona o un públic adequat. *[exhibir]*
exhort. m. Demanda que fa un jutge a un altre perquè ordene el compliment d'allò que li demanen. *[exhorto]*
exhortar. v. tr. Induir amb paraules persuasives. *[exhortar]*
exhumar. v. tr. Descobrir coses perdudes o ocultes. *[exhumar]* // Desenterrar un mort. *[exhumar]*
exigència. f. Acció i efecte d'exigir. *[exigencia]*
exigir. v. tr. Demanar imperativament alguna cosa, en virtut d'un dret, d'una autoritat, etc. *[exigir]*

exigu, igua. adj. Escàs, insuficient a causa de la seua petitesa. *[exiguo]*
exigüitat. f. Qualitat d'exigu. *[exigüidad]*
exili. m. Pena que consisteix a expulsar a algú de la seua pàtria o del lloc on viu habitualment, amb prohibició d'entrar-hi. *[exilio]* // Sojorn obligat fora de la pàtria o lluny d'un lloc. *[exilio]*
exiliar. v. tr. Bandejar, condemnar algú a l'exili. *[exiliar, desterrar]*
eximi, ímia. adj. Excel·lent en alt grau. *[eximio]*
eximir. v. tr. Alliberar algú d'una obligació, càrrec, etc. *[eximir]*
existència. f. El fet d'existir. *[existencia]* // Vida, durada d'un esser. *[existencia]* // pl. Mercaderies que encara no han estat venudes. *[existencias]*
existir. v. intr. Tenir, una cosa, esser real i veritable. *[existir]* // Viure, subsistir. *[existir]*
èxit. m. Fi i bona sort d'alguna empresa. *[éxito]*
èxode. m. Emigració en massa. *[éxodo]*
exogen, ògena. adj. Que creix de dins a fora. *[exógeno]*
exonerar. v. tr. Alliberar d'alguna cosa onerosa. *[exonerar]*
exorbitant. adj. Que excedeix dels límits. *[exorbitante]*
exorcisme. m. Conjur contra l'esperit maligne. *[exorcismo]*
exorcitzar. v. tr. Fer exorcismes. *[exorcizar]*
exordi. m. Principi, introducció, especialment del discurs oratori. *[exordio]*
exòtic, òtica. adj. Introduït de l'estranger, estrany. *[exótico]*
expandir. v. tr. Causar l'expansió d'alguna cosa, difondre. *[expandir, esparcir]*
expansió. f. Acció i efecte d'expandir-se o d'escampar-se. *[expansión]*
expansionar-se. v. pron. Donar expansió als propis sentiments. *[expansionarse]*
expatriar. v. tr. Allunyar a algú de la seua pàtria. *[expatriar]*
expectació. f. Ànsia amb què és esperat un succés o cosa important. *[expectación]*
expectativa. f. Qualsevol esperança d'aconseguir una cosa. *[expectativa]*
expectorar. v. tr. Llançar per la boca les secrecions dels òrgans respiratoris. *[expectorar]*
expedició. f. Acció i efecte d'expedir. *[expedición]* // Ço que hom expedeix o tramet. *[expedición]*
expedient. adj. Convenient, oportú, que condueix a un fi. *[conducente]* // m. Conjunt de tots els papers referents a un assumpte o negoci. *[expediente]* // Mitjà emprat per a resoldre una dificultat. *[expediente]*
expedientar. v. tr. Sotmetre a expedient. *[expedientar]*
expedir. v. tr. Trametre alguna cosa, especialment mercaderies a una destinació. *[expedir]* // Despatxar un document, etc. *[expedir]*
expedit, ita. adj. Lliure de tot destorb, desembarassat. *[expedito]*
expel·lir. v. tr. Llançar a fora. *[expeler, expulsar]*
expendre. v. tr. Vendre per encàrrec d'altri. *[expender]* // Escampar moneda falsa o altra cosa de comerç il·lícit. *[expender]*
expenses. f. pl. Despeses. *[expensas]*
experiència. f. Conjunt de coneiximents que hom adquireix per la pràctica. *[experiencia]* // Experiment, observació.
experiment. m. Prova feta per a confirmar alguna cosa dubtosa, demostració pràctica, assaig. *[experimento]*
experimentar. v. tr. i intr. Tr. Sotmetre a l'observació alguna cosa. *[experimentar]* // Intr. Fer experiments. *[experimentar]*
expert, erta. adj. Entés i hàbil en una ciència o art. *[experto]* // m. Perit.
expiar. v. tr. Esborrar les culpes per mitjà d'un sacrifici. *[expiar]* // Patir el delinqüent la pena. *[expiar]*
expirar. v. tr. i intr. Tr. Expel·lir dels pulmons l'aire que ha servit per a la respiració. *[expirar]* // Intr. Fer el darrer alé, morir. *[expirar]* // Acabar, cessar.
explanar. v. tr. Fer intel·ligible una cosa poc clara, explicar. *[explanar]*
explicació. f. Acció i efecte d'explicar. *[explicación]*
explicar. v. tr. Exposar una doctrina difí-

cil amb paraules clares. *[explicar]* // Donar raó d'un fet. *[explicar]* // **-se.** Declarar algú el seu pensament. *[explicarse]* // Donar aclariments sobre accions o paraules que exigeixen ser justificades. *[explicarse]*

explicativa. f. Facilitat per a explicar-se, per a parlar. *[explicaderas]*

exploració. f. Acció i efecte d'explorar. *[exploración]*

explorador, ora. adj. i m. i f. Que explora, especialment qui recorre un país desconegut. *[explorador]*

explorar. v. tr. Reconéixer, inquirir, cercar de descobrir allò que hi ha en alguna cosa. *[explorar]* // Recórrer un país o comarca reconeixent allò que hi ha. *[explorar]*

explosió. f. Acció d'esclatar violentament i sorollosament. *[explosión]*

explosiu, iva. adj. Relatiu o pertanyent a l'explosió. *[explosivo]*

explotar. v. tr. i intr. Tr. Extraure de les mines la riquesa que contenen. *[explotar]* // Abusar d'algú en profit propi. *[explotar]* // Intr. Fer explosió, esclatar. *[explotar]*

exponent. m. Allò que serveix d'exemple d'una cosa. *[exponente]* // Nombre que indica el grau d'una potència. *[exponente]*

exportar. v. tr. Transportar i vendre en un país estranger els productes nacionals. *[exportar]*

exposar. v. tr. Posar en un lloc alguna cosa amb el fi d'exhibir-la. *[exponer]* // Explicar, manifestar. *[exponer]* // Fer que una cosa siga accessible a un atac, perill, etc. *[exponer]*

exposició. f. Acció i efecte d'exposar o d'exposar-se. *[exposición]*

expòsit, òsita. adj. i m. i f. Dit de l'infant deixat en un lloc públic perquè algú el reculla o posat al torn d'una casa de beneficència. *[expósito]*

exprés, essa. adj. Manifestat explícitament, formalment, distintament. *[expreso]* // m. Correu extraordinari. *[expreso]* // Tren que es deté solament en les estacions principals del trajecte. *[expreso]*

expressar. v. tr. Manifestar el pensament, el sentiment, etc., amb la paraula o qualsevol altre signe exterior. *[expresar]*

expressió. f. Acció i efecte d'expressar o d'expressar-se. *[expresión]*

exprimir. v. tr. Esprémer. *[exprimir]*

expropiar. v. tr. Desposseir legalment a algú de la propietat d'un bé. *[expropiar]*

expugnar. v. tr. Apoderar-se d'una ciutat, castell, etc., per la força de les armes. *[expugnar]*

expulsar. v. tr. Expel·lir. *[expulsar]* // Traure a algú d'un lloc on hom creu que no deu estar. *[expulsar]*

expurgar. v. tr. Netejar una cosa d'allò que conté d'erroni, noïble, etc. *[expurgar]*

exquisit, ida. adj. De sabor boníssim; que plau per la seua finor o excel·lència. *[exquisito]*

exsangüe. adj. Mancat de sang. *[exangüe]* // D'una pal·lidesa extrema. // Sense vida o sense forces. *[exangüe]*

exsudar. v. intr. Sortir a l'exterior un líquid a guisa de suor. *[exudar]*

èxtasi. m. Estat de l'ànima completament dominada per un sentiment d'admiració, etc., que li lleva per un moment la consciència d'ella mateixa. *[éxtasis]*

extasiar. v. tr. Fer quedar en èxtasi. *[extasiar]*

extemporaneïtat. f. Qualitat d'extemporani. *[extemporaneidad]*

extemporani, ània. adj. Fora del seu temps, sense previ estudi. *[extemporáneo]*

extens, ensa. adj. Que té extensió. *[extenso]*

extensió. f. Acció i efecte d'estendre. *[extensión]* // Mesura de l'espai ocupat per un objecte. *[extensión]* // Conjunt d'individus compresos en una idea. *[extensión]*

extenuar. v. tr. Exhaurir les forces, debilitar. *[extenuar]*

exterior. adj. Que és per la part de fora. *[exterior]* // m. La porció d'espai que comença on un cos acaba. *[exterior]* // La part d'un cos que mira enfora. *[exterior]*

exterioritzar. v. tr. Manifestar, descobrir, traure a l'exterior. *[exteriorizar]*
exterminar. v. tr. Destruir totalment, extirpar. *[exterminar]*
extermini. m. Acció d'exterminar, exterminació. *[exterminio]*
extern, erna. adj. Situat enfora; que obra o es manifesta per la part exterior. *[externo]*
extinció. f. Acció i efecte d'extingir o d'extingir-se. *[extinción]*
extingir. v. tr. Fer que una cosa cesse o s'acabe. *[extinguir]*
extint, inta. adj. Arribat a fi, extingit. *[extinto]*
extintor, ora. adj. Que extingeix. *[extintor]* // m. Aparell per a extingir incendis. *[extintor]*
extirpar. v. tr. Arrancar d'arrel, exterminar. *[extirpar]*
extorsió. f. Acció i efecte d'usurpar violentament, amb amenaces, etc. *[extorsión]* // Dany o perjudici qualsevol. *[extorsión]*
extra. adj. De qualitat superior. *[extra]* // m. Objecte de qualitat superior. *[extra]* // Cosa de més d'allò degut, esperat o acostumat. *[extra]*
extracte. m. Efecte o producte d'extraure la part més substanciosa o important d'un cosa. *[extracto]* // Resum d'un escrit, un discurs, etc. *[extracto]*
extractor, ora. adj. Que extrau. *[extractor]* // m. Aparell per a extraure alguna cosa. *[extractor]*
extradició. f. Acció de remetre un reu, refugiat en un país estranger, al govern del seu país. *[extradición]*
extralimitar-se. v. pron. Excedir-se en l'ús de les seues atribucions. *[extralimitarse]*
extramurs. adv. Fora del recinte d'una població. *[extramuros]*
extraordinari, ària. adj. Que està fora de l'orde o de la regla comunament seguida, no acostumat. *[extraordinario]* // m. Allò que és extraordinari.
extraradi. m. Part extrema d'una ciutat, fora del nucli urbà. *[extrarradio]*
extraterritorialitat. f. Privilegi pel qual els domicilis dels agents diplomàtics, etc., que són fora de llur nació, els vaixells de guerra, etc., són considerats com si formassen part del territori de llur nació. *[extraterritorialidad]*
extraure. v. tr. Traure alguna cosa d'una posició fixa per tracció, succió, etc. *[extraer]* // Separar, traure, d'una substància els seus elements. *[extraer]* // Traure d'un escrit, llibre, arxiu, etc., un passatge, text, etc. *[extraer]*
extravagància. f. Qualitat d'extravagant. *[extravagancia]*
extravagant. adj. Que està fora de certs límits. *[extravagante]*
extravasar-se. v. pron. Sortir un líquid del seu conducte normal. *[extravasarse]*
extraviar. v. tr. Fer eixir del camí. *[extraviar]* // Fer perdre el camí de la virtut, etc. *[extraviar]* // **-se.** Perdre el camí; perdre's una cosa; abandonar el camí de la virtut. *[extraviarse]*
extrem, ema. adj. Que en una direcció donada és a l'últim de tot. *[extremo]* // m. Part primera o darrera d'una cosa. *[extremo]*
extremar. v. tr. Portar alguna cosa a l'extrem. *[extremar]*
extremat, ada. adj. Que porta les coses a l'últim extrem. *[extremado]*
extremitat. f. Qualitat d'extrem. *[extremidad]* // Part extrema d'una cosa. *[extremidad]* // f. pl. Mans i peus de l'home. *[extremidades]* // Potes, cua, tentacles, etc., dels animals. *[extremidades]*
extremunciar. v. tr. Administrar l'extremunció. *[extremaunciar]*
extremunció. f. Sagrament que s'administra als malalts en perill de mort, untant-los d'oli diferents parts del cos. *[extremaunción]*
exuberància. f. Qualitat d'exuberant. *[exuberancia]*
exulcerar. v. tr. Ulcerar lleugerament. *[exulcerar]*
exultant. adj. Que exulta. *[exultante]*
exultar. v. intr. Demostrar gran goig o alegria. *[exultar]*
ex-vot. m. Ofrena feta en compliment d'un vot, en record d'un benefici rebut, etc. presentalla. *[exvoto]*

f f f f f f f

f. Sisena lletra de l'alfabet. *[f]*
fa, (pl. **as**). m. Quarta nota de l'escala musical. *[fa]*
fàbrica. f. Lloc on fabriquen alguna cosa. *[fábrica]*
fabricació. f. Acció i efecte de fabricar. *[fabricación]*
fabricant. m. El qui fabrica mercaderies i altres productes. *[fabricante]* // Amo d'una fàbrica. *[fabricante]*
fabricar. v. tr. Fer una cosa amb primeres matèries per mitjans mecànics. *[fabricar]* // Fer mercaderies i altres productes. *[fabricar]* // Construir un edifici, etc. *[fabricar]*
fabril. adj. Relatiu a les fàbriques o als seus obrers. *[fabril]*
fabulós, osa. adj. Fals, sense veritat històrica. *[fabuloso]* // Altament exagerat, increïble. *[fabuloso]*
faç. Primera persona singular del present d'indicatiu del verb fer. *[hago]*
faç. f. Rostre o cara. *[faz, cara]*
façana. f. Part anterior d'un edifici. *[fachada]*
facció. f. Acció i efecte de fer una cosa. *[facción]* // Grup de persones unides per a una acció política. *[facción]* // Acte del servei militar. *[facción]* // pl. Trets de la fisonomia. *[facciones]*
facècia. f. Broma o burla enginyosa, agudesa. *[chiste, agudeza]*
faceta. f. Cadascuna de les cares d'una figura polièdrica. *[faceta]*
facial. adj. Relatiu o pertanyent a la faç o rostre. *[facial]*
fàcil. adj. Que es fa amb poc treball o esforç. *[fácil]*
facilitar. v. tr. Fer fàcil o possible. *[facilitar]* // Proporcionar, donar oportunitat d'obtenir. *[facilitar]*
facilitat. f. Qualitat de fàcil. *[facilidad]* // Facultat de fer fàcilment alguna cosa. *[facilidad]*
facinerós, osa. adj. Delinqüent, malvat, cometedor habitual de delictes. *[facineroso]*
facsímil. m. Reproducció exacta d'un escrit, dibuix, etc. *[facsímil]*
factor, ora. m. i f. El qui fa alguna cosa. *[factor]* // m. En matemàtiques, quantitat que contribueix a formar un producte. *[factor]* // El qui en les estacions dels ferrocarrils està encarregat de la recepció, expedició, i remesa d'equipatges i mercaderies. *[factor]*
factoria. f. Càrrec i ofici de factor. // Oficina, establiment del factor. *[factoría]* // Establiment de comerç en país estranger o colonial. *[factoría]*
factòtum. m. El qui en una casa exerceix tots els ministeris. *[factótum]* // El qui ho fa tot en un afer, empresa, etc. *[factótum]*
factura. f. Acció i efecte de fer una cosa. *[factura]* // Forma que es dóna a les coses. *[factura]* // Compte del cost de mercaderies o de serveis realitzats. *[factura]*
facturar. v. tr. Estendre factures de les vendes fetes. *[facturar]* // Enregistrar en les estacions dels ferrocarrils els equipatges, mercaderies, etc., a fi de trametre'ls a llur destinació. *[facturar]* // Fabricar.
facultar. v. tr. Concedir facultats a algú per a fer alguna cosa. *[facultar]*
facultat. f. Poder, dret de fer alguna cosa. *[facultad]* // Poder natural d'exercir una funció. *[facultad]* // Cos de professors d'una ciència en una universitat. *[facultad]*

facultatiu, iva. adj. Relatiu o pertanyent a la facultat de fer alguna cosa. *[facultativo]* // m. El qui professa una facultat, especialment metge. *[facultativo]*

facúndia. f. Abundor i facilitat en el parlar. *[facundia]*

fada. f. Ser fantàstic representat en figura de dona i al qual és atribuït un poder sobrenatural. *[hada]*

fadrí, ina. m. i f. Jove, especialment en estat de casar-se, solter. *[mozo, mancebo]*

fadrinalla. f. Conjunt de fadrins.

faena. f. Allò que s'ha de fer, que es fa, treball o quefer en què hom s'ocupa. *[trabajo, quehacer]* // Treball. // Tasca. // Mas gran. *[cortijo]*

faenejar. v. intr. Ocupar-se en una faena. // Fer faena. // Anar d'un lloc a altre tot fent faena. *[ajetrear]*

faener, era. adj. Propi de la faena; dedicat a la faena. *[laborable]* // Sol·lícit i diligent en la faena; afeccionat a la faena. *[hacendoso]* // Treballador, aplicat al treball, laboriós. *[trabajador, laborioso]*

fagot. m. Instrument musical de vent, de veus baixes. *[fagot]*

faiçó. f. Acció de fer un objecte donant una certa forma a una matèria. *[hechura]* // Forma donada a un objecte. *[factura, hechura]* // pl. Trets de la fisonomia. *[facciones]*

faig. m. Arbre forestal de soca llisa i fusta lleugera i resistent. *[haya]*

faisà, ana. m. i f. Ocell comestible amb plomatge de colors brillants. *[faisán]*

faisó. f. Manera, estil, costum. *[guisa, modo]*

faixa. f. Peça de roba per a cenyir el cos. *[faja]* // Llista o tira més llarga que ampla. *[faja]* // Peça de roba roja o blava que se cenyeixen els jugadors de pilota valenciana a la cintura per tal de diferenciar els equips.

faixar. v. tr. Cenyir amb una faixa. *[fajar]*

faixí. m. Cenyidor de seda, de diferents colors, que usen com a insígnia certs funcionaris. *[fajín]*

falaguer, era. adj. Que atrau per les maneres agradoses, corteses. *[halagüeño]* // Que afalaga o adula. *[halagador, cariñoso]*

falange. f. Cos d'infanteria dels antics exèrcits grecs. *[falange]* // Cadascun dels ossos dels dits. *[falange]*

falç. f. Instrument amb fulla de ferro acerat, corba i dentada, per a segar. *[hoz]*

falca. f. Tascó o altre objecte emprat per a falcar. *[cuña, falca]*

falcar. v. tr. Posar falques. *[acuñar]*

falcat. m. Conjunt d'espigues o brins segats que agafa el segador amb la mà, manat. *[manojo, manada]* // Esbart, conjunt d'animals, persones o coses.

falcia. f. Moixó insectívor de plomatge negre, coll blanc, ales llargues i arquejades semblant a l'oroneta. *[vencejo]*

falçó. m. Mena de falç menuda, usada especialment per a tallar raïms. *[hocino, falce]*

falda. f. Part de la roba de la cintura per avall. *[falda]* // Part inferior de les muntanyes. *[falda]* // Conjunt dels brots d'un arbre els quals es dirigeixen cap a terra. *[falda]*

falder, era. adj. Aplicat a la criatura a la qual li agrada d'estar sempre a la falda d'algú. *[faldero]* // m. Dit de l'home que va sempre darrere de les dones o amb dones. *[mujeriego, faldero]*

faldeta. f. Part del vestit de la dona de la cintura en avall. *[falda, saya]* // Part de la falda que cobreix les cames o part d'elles. *[faldilla]* // Carn de la falda o ventre d'un animal.

faldó. m. Part que penja, solta, d'alguna peça del vestit. *[faldón]* // Part inferior de la camisa. *[faldón]*

falguera. f. Polipodiàcia de rizoma ramós que produeix frondes coriàcies de mig a dos metres de llargària. *[helecho]*

falla. f. Falta d'una cosa necessària. *[falla]*

falla. f. Estella que s'encén per a fer claror. *[hachón]* // Monument amb figures representatives fet per a diversió popular i destinat al foc. *[falla]*

falla. f. Rompiment d'un terreny. *[falla]*

fallada. f. Acció de fallar. *[fallo]*

fallar. v. tr. i intr. Tr. No encertar, errar. *[fallar]* // En el joc de cartes, guanyar la basa amb una carta de triumfo. *[fallar]* // Intr. No respondre alguna cosa en el moment en què la necessitem. *[fallar]*

fallega. f. Excrement de conill. *[sirle]*
faller, era. m. i f. El qui fa la falla o forma part de la comissió d'una falla. *[fallero]*
falleva. f. Barreta de ferro que es posa en una porta, etc., que en fer-la giravoltar amb una maneta es subjecta amb l'altra fulla o amb un punt del bastiment. *[falleba]*
fal·lible. adj. Capaç d'equivocar-se. *[falible]*
fallida. f. Situació d'un comerciant que cessa de fer els seus pagaments. *[quiebra]* // Acte de fallar a una obligació, llei, costum, etc. *[falta]*
fallir. v. intr. Fer falla alguna cosa en el moment en què la necessitem. *[fallar]* // Mancar algú a allò que hom esperava d'ell. *[faltar]* // Caure en falta. *[faltar]*
falòria. f. Idea errònia, raó feble, predicció gratuïta, etc., que hom dóna com a incontrovertible, com a decisiva, com a cosa segura, etc. *[faloria, falordia]*
falòrnia. f. Mentira, embolic, disbarat.
fals, alsa. adj. Que no és ver per error o engany. *[falso]* // Que pren l'aparença d'una cosa per tal d'enganyar, no real, no autèntic. *[falso]*
falsedat. f. Qualitat de fals. *[falsedad]* // Afirmació falsa. *[falsedad]*
falsejar. v. tr. Alterar una cosa tornant-la falsa. *[falsear]*
falsia. f. Engany, falsedat, impostura, qualitat del qui afecta sentiments que no té; l'acte o paraula propi de l'home fals. *[falsía]*
falsificar. v. tr. Fer una cosa falsa. *[falsificar]* // Alterar una cosa per tal d'enganyar. *[falsificar]* // Fer una cosa que tinga l'aparença d'una altra. *[falsificar]*
falt, alta. adj. Que no té, mancat. *[falto]*
falta. f. Defecte o privació d'una cosa útil o necessària. *[falta]* // El fet de mancar a un deure, obligació, regla, etc. *[falta]* // Caiguda de la pilota o colp que se li dóna fora dels límits assenyalats.
faltar. v. intr. Caure en falta. *[faltar]* // Fer actes contraris a alguna cosa. *[faltar]* // Mancar a la consideració deguda a un altre. *[faltar]*
falua. f. Mena d'embarcació menuda per al transport de provisions. *[falúa]*
falutx. m. Embarcació costanera amb una vela llatina. *[falucho]*
falzia. f. Herba que es cria en les boques dels ponts i altres llocs humits. *[culantrillo]*
fam. f. Ganes intenses de menjar. *[hambre]* // Desig ardent d'una cosa. *[hambre]* // Escassetat d'aliments. *[hambre]*
fama. f. Veu pública de lloança o blasme, reputació favorable, renom, notorietat d'una persona o cosa. *[fama]*
família. f. Conjunt de persones que viuen en una casa sota l'autoritat del cap d'ella. *[familia]* // Ascendència, descendència i parentela d'algú. *[familia]* // Grup de sers d'una condició comuna. *[familia]* // Grup d'animals o plantes que formen una categoria de classificació entre l'orde i el gènere. *[familia]*
familiar. adj. Relatiu o pertanyent a la família. *[familiar]* // Aplicat a allò que un té molt conegut. *[familiar]* // m. Cadascun dels qui componen una família. *[familiar]* // Eclesiàstic servidor i comensal d'un bisbe. *[familiar]*
familiaritzar. v. tr. Fer algú familiar amb una persona o amb una cosa. *[familiarizar]*
famolenc, enca. adj. Que té molta fam. *[famélico, hambriento]*
famós osa. adj. Que té fama i anomenada. *[famoso]*
fàmul, àmula. m. i f. Servent, criat, d'una comunitat o d'una casa. *[fámulo]*
fanal. m. Caixa transparent amb llum dins. *[fanal, farol, linterna]*
fanàtic, àtica. adj. i m. i f. Qui s'arrapa amb vehemència i intolerància a la seua creença o opinió. *[fanático]*
fanatitzar. v. tr. Fer tornar fanàtic. *[fanatizar]*
fancella. f. Recipient a manera de cistelleta molt menuda, dins el qual es posa una porció de formatge o brossat que roman emmotlat dins aquella. *[encella]* // fig. Semblança, manera de ser semblant amb una altra, faisó. *[manera, laya]*
faneca. f. Mesura de grans, equivalent a vuit almuds. *[fanega]*
fanecada. f. Tros de terra que es pot sem-

brar amb una faneca de gra. *[hanegada]* // Mesura agrària valenciana de 200 braces, equivalent a 8'31 àrees.

fanfàrria. f. Jactància, bravata, arrogància vana. *[fanfarria]*

fanfarró, ona. adj. Que es glorieja de valent, de sabut, de ric, etc., d'allò que és o que no és. *[fanfarrón]*

fanfarronada. f. Dita o fet propi d'un fanfarró. *[fanfarronada]*

fanfarronejar. v. intr. Dir o fer fanfarronades. *[fanfarronear]*

fang. m. Mescla pastosa de terra i aigua. *[barro, lodo]*

fanga. f. Instrument de ferro per a remoure la terra en forma de forqueta. *[laya]*

fangar. m. Lloc ple de fang. *[barrizal, fangal, lodazal]*

fangós, osa. adj. Ple de fang, brut de fang. *[fangoso]*

fanguejar. v. intr. Fer fang, convertir-se en fang. *[fanguear]* // Anar pel fang. *[chapotear, zancajear, fanguear]*

fantasia. f. Potència de l'ànima que forma les imàtgens de les coses. *[fantasía]* // Imatge il·lusòria, noció quimèrica. *[fantasía]* // Ficció enginyosa. *[fantasía]*

fantasiar. v. intr. Deixar córrer la fantasia. *[fantasear]*

fantasiejar. v. intr. Fantasiar. *[fantasear]*

fantasma. m. i f. Imatge il·lusòria d'un objecte. *[fantasma]* // Visió quimèrica. *[fantasma]* // f. Figura estranya per a fer por a les criatures. *fantasma]* // Persona simulant una aparició, un espectre. *[fantasma]*

fantasmal. adj. Propi dels fantasmes. *[fantasmal]*

fantàstic, àstica. adj. Relatiu o pertanyent a la fantasia. *[fantástico]* // Que es deixa dur de la fantasia. *[fantástico]*

fantotxe. m. Persona que és molt menys d'allò del que aparença. *[fantoche]*

faquir. m. Asceta o mendicant mahometà, que fa coses aparentment miraculoses. *[faquir]*

far. m. Torre alta en les costes amb llum a la part superior que serveix per a guiar de nit als navegants. *[faro]*

faralló. m. Cadascuna de les roques menudes escampades pel fons de la mar, generalment pròximes a la costa. *[farallón]*

faramalla. f. Cosa aparatosa i de poc fonament. *[faramalla]*

faràndula. f. Colla de comediants ambulants. *[farándula]*

faraó. m. Sobirà de l'antic Egipte. *[faraón]*

farbalà. m. Volant cosit per la part superior i a l'aire per la inferior. *[faralá]*

farcell. m. Embolic de roba o altra cosa envoltada amb un mocador o tros de drap qualsevol. *[lío, envoltorio]*

farcidura. f. Matèries alimentoses picolades amb què es farceixen els embotits. // pl. Pilotes, massa de ralladures de pa, amb clara d'ous, sang d'animals de ploma, conill, etc., carn picolada o desfeta, pinyons i espècies, pastada en forma de boles, que se sol posar a l'olla. *[pella, relleno, albóndigas]*

farciment. m. Acció i efecte de farcir o de farcir-se. *[relleno]*

farcir. v. tr. Omplir un ocell, un pastís, etc., de carn trinxada o altres ingredients. *[rellenar, embutir]*

farda. f. Conjunt d'objectes que es duen amb si en un viatge, etc. *[carga]* // Conjunt de coses que embarassen o fan nosa. // Alfarda. // Fardeta. *[ardilla]*

fardatxo. m. Rèptil terrestre de cos llarg i cilíndric, cua llarga, quatre potes curtes i pell amb escames acolorides, llangardaix. *[lagarto]*

fardell. m. Farcell o paquet gros. *[fardo, hato, fardel]*

fardoll. m. Fardell o bolic malgirbat, fet grosserament. *[rebujo]*

farfallejar. v. intr. Parlar pronunciant unes lletres per altres o articulant defectuosament. *[tartajear, tartamudear]* // Parlar amb ces interdentals. *[cecear]*

farfallós, osa. adj. Que té una locució poc clara a causa d'algun defecte d'articulació dels sons, que parla balbuç i articula defectuosament. *[tartajoso, tartamudo]* // Que canvia unes articulacions per unes altres. *[ceceoso]*

farga. f. Obrador on es treballen els metalls al foc i amb martell. *[fragua]*

farga. f. Soll que es forma dins les bótes de vi. *[poso, heces]* // Sedimentació del vi, que assecada i reduïda a pols té diversos usos.

farigola. f. Frígola, timó. *[tomillo]*

farina. f. Pols que resulta de moldre el blat o altre gra. *[harina]*

farinetes. f. pl. Menjar fet amb farina cuita amb aigua i sal. *[gachas, puches]*

faringe. f. Part del tub digestiu compresa entre la boca i l'esòfag. *[faringe]*

farinós, osa. adj. Que té molta farina. *[harinoso, farináceo]* // Que sembla farina. *[harinoso, farináceo]*

fariseu. m. Membre d'una secta judia que aparentava rigor i austeritat. *[fariseo]* // El qui afecta una pietat que no té observant rigorosament les pràctiques exteriors de la religió. *[fariseo]*

faristol. m. Moble que forma un pla inclinat on es posa el llibre, etc., per tal de llegir-lo amb més comoditat. *[facistol, atril]*

farmàcia. f. Art i professió de preparar els medicaments. *[farmacia]* // Oficina o botiga on es preparen i despatxen medicaments. *[farmacia]*

farmaciola. f. Armariet o estoig, amb medicaments, gases, etc., per a casos d'urgència. *[botiquín]*

farol. m. Caixa transparent amb llum dins. *[farol, linterna]* // Mena de planta campanulàcia d'ornament. *[farolillo]*

farola. f. Far de senyals marítimes. *[faro]*

farolejar. v. intr. Fer farols, exhibir-se per a donar-se importància. *[farolear]*

farratge. m. Herba que es dóna com a aliment al bestiar. *[forraje, herrén]* // Papilionàcia pratense de fulles trifoliades.

farsa. f. Comèdia burlesca. *[farsa]* // Cosa enganyosa que es pretén fer passar com a vera. *[farsa]*

farsant. m. i f. Que fingeix coses que pretén fer passar com a veres. *[farsante]*

fart, arta. adj. Que ha menjat fins a no poder més. *[harto]* // Satisfet d'una cosa fins a sentir-ne fàstic. *[harto]* // Molt menjador. *[tragón]* // m. Gran quantitat d'una cosa. *[atracón]* // Acte i efecte de menjar excessivament. *[hartazgo]*

fartar. v. intr. i tr. Intr. Menjar en abundància satisfent amb excés la fam. *[hartar]* // Tr. Fastidiar, cansar. *[cargar]*

fartera. f. Resultat d'haver menjat molt. *[hartura, hartazgo]* // Abundància de menjar, menjada abundant. *[comilona]*

fartó, ona. adj. Que farta molt, que menja molt. *[tragón, comilón, glotón]*

fascicle. m. Cadascuna de les divisions d'un llibre publicat en parts o quaderns. *[fascículo]*

fascinar. v. tr. Captivar irresistiblement a algú amb la mirada, etc. *[fascinar]*

fase. f. Cadascun dels diversos aspectes successius de la lluna i altres planetes. *[fase]* // Cadascun dels diversos aspectes d'una cosa. *[fase]*

fast. m. Luxe extraordinari. *[fausto]* // Ostentació de magnificència. *[fausto]*

fàstic. m. Sentiment desagradable que ens causa una cosa que ens repugna. *[asco]*

fastig. m. Sensació de cansament que produeix en l'ànim una cosa de què estem saciats. *[fastidio, hastío]*

fastiguejar. v. tr. Causar fàstic; molestar en extrem. *[fastidiar, asquear, hastiar]*

fastijós, osa. adj. Que causa fastig. *[fastidioso]*

fastuós, osa. adj. Ostentós, amic del fast. *[fastuoso]*

fat, ada. adj. Aplicat al menjar insípid per manca de sal. *[insulso]* // m. Destí ineludible. *[hado]* // Divinitat o força desconeguda que, segons els pagans, fixava per endavant l'encadenament dels esdeveniments. *[destino]*

fatal. adj. De greus conseqüències, desgraciat, funest. *[fatal]*

fatalitat. f. Qualitat de fatal. *[fatalidad]* // Adversitat, esdeveniment fatal.

fatiga. f. Molèstia per la respiració freqüent i dificultosa. *[fatiga]* // Cansament. *[cansancio]*

fatigar. v. tr. Causar fatiga, cansar. *[fatigar]*

fatu, àtua. adj. Ple de presumpció. *[fatuo]*

fatuïtat. f. Qualitat de fatu, cosa fàtua. *[fatuidad]*

fatxada. f. Part anterior d'un edifici, façana. *[fachada]*

fatxenda. f. Parenceria, presumpció, ostentació exagerada. *[fachenda]*

fatxendejar. v. intr. Fer fatxenda, gallejar, fer ostentació vana i excessiva. *[fachendear]*

faula. f. Narració falsa, de pura invenció. *[fábula]* // Composició en vers en què es dóna un ensenyament útil o moral per mitjà d'una ficció al·legòrica. *[fábula]* // Assumpte d'un poema o d'una novel·la. *[fábula]*

fauna. f. Conjunt dels animals d'un país o regió. *[fauna]*

faune. m. Divinitat mitològica campestre. *[fauno]*

faust, austa. adj. Sortós, afortunat. *[fausto]*

fava. f. Fruit i llavor de la favera. *[haba]* // Inflor a l'epidermis. *[roncha, habón]* // Clap o taca de color de la ploma o pell d'un animal. *[mota]* // m. i f. Persona beneitona, aturada, d'escassa agudesa. *[bobalicón]*

favat, ada. adj. Tacat de clapes redonenques de color, dit especialment dels pollastres i gallines. *[moteado]*

favera. f. Planta lleguminosa conreada per les propietats alimentoses de les seues llavors i dels seus llegums tendres. *[haba]*

favó. m. Fava més menuda que l'ordinària, i que serveix per a aliment del bestiar. *[habón, haba panosa]*

favor. m. i f. Socors, ajut, protecció. *[favor]* // Honrament, gràcia, benefici. *[favor]* // Parcialitat, afecte. *[favor]*

favorable. adj. Que és o va a favor d'algú. *[favorable]*

favorir. v. tr. Afavorir. *[favorecer]*

favorit, ita. adj. Que és estimat amb preferència. *[favorito]* // m. i f. Persona predilecta d'un rei, personatge, etc. *[favorito]*

fe, (pl. **es**). f. Creença ferma en la veritat, en la fidelitat, etc., d'alguna cosa. *[fe]* // Una de les tres virtuts teologals. *[fe]* // Paraula donada, promesa feta. *[fe]* // Certificació, testimoni. *[fe]*

feble. adj. Deficient en força física; d'escassa resistència; no fort, no ferm; no brillant. *[débil]*

feblesa. f. Qualitat de feble o acció pròpia de persona feble. *[debilidad]*

febra. f. Febre. *[fiebre]*

febre. f. Elevació de la temperatura del cos acompanyada d'una acceleració del pols. *[fiebre]* // Agitació viva i ardent produïda per alguna causa moral. *[fiebre]*

febrer. m. Segon mes de l'any. *[febrero]*

febril. adj. Relatiu o pertanyent a la febre. *[febril]* // Que manifesta una viva agitació. *[febril]*

febrós, osa. adj. Que té febre. *[calenturiento, febril]* // Ardorós.

fecal. adj. Relatiu als excrements. *[fecal]*

fècula. f. Substància extreta de les llavors i arrels de certes plantes. *[fécula]*

fecund, unda. adj. Que dóna fruit, especialment no escàs, abundant. *[fecundo]*

fecundar. v. tr. Fer fecunda una cosa. *[fecundar]*

federació. f. Acció i efecte de federar. *[federación]* // Unió d'estats formant un estat sobirà. *[federación]* // Unió de societats que tenen un fi comú. *[federación]*

federalisme. m. Principi federal d'organització nacional. *[federalismo]*

federar. v. tr. Organitzar en federació. *[federar]*

fefaent. adj. Que fa fe, que és digne de fe. *[fehaciente]*

feix. m. Porció lligada de tiges, branquillons, llenya, herba, etc. *[haz]*

feixina. f. Feix de llenya prima per a encendre. *[fajina]* // Feix de branques de què es serveixen els enginyers militars per a diversos usos. *[fajina]*

feixisme. m. Sistema polític, implantat a Itàlia per Mussolini i que tingué repercussions i imitacions en altres països. *[fascismo]*

feixuc, uga. adj. Difícil de moure, d'alçar a causa del seu pes. *[pesado]* // Que es mou amb dificultat, pesadament. *[pesado]* // Penós i difícil de resistir.

fel. f. Líquid amarg de color verdós segregat pel fetge, bilis. *[hiel]* // Sentiment amarg. *[hiel]*

feliç. adj. Que gaudeix de felicitat. *[feliz]* // Que ocasiona felicitat. *[feliz]* // Oportú, encertat. *[feliz]* // Tranquil, despreocupat. *[feliz]*

felicitació. f. Acció de felicitar. *[felicitación]* // Escrit en què es felicita a algú. *[felicitación]*

felicitar. v. tr. Manifestar satisfacció a alguna persona per algun esdeveniment feliç per a ella. *[felicitar]*

felicitat. f. Estat de l'ànim plenament satisfet. *[felicidad]* // Esdeveniment feliç. *[felicidad]*

feligrés, esa. m. i f. Persona que pertany a una parròquia determinada, parroquià, fidel. *[feligrés]*

felló, ona. adj. Irat, enutjat per la ira. *[iracundo, airado]*

feltre. m. Drap gruixut de llana o pèl, sense ordit ni trama. *[fieltro]*

fem. m. Excrement de qualsevol animal. *[fiemo]* // Conjunt de matèries brutes i residuals que s'apleguen pel carrer, per les cases, etc. *[basura]*

femar. v. tr. Adobar la terra amb fems. *[estercolar, abonar]*

fembra. f. Dona. *[mujer]*

femejar. v. tr. i intr. Tr. Femar. *[estercolar]* // Intr. Arreplegar fems pels camins, etc. *[recoger basura]*

femella. f. Animal del sexe femení. *[hembra]* // En les plantes de sexes distints, la que dóna fruit. *[hembra]* // Peça que té un forat per on una altra s'introdueix i encaixa. *[tuerca]*

femení, ina. adj. Propi de la dona. *[femenino]* // Relatiu o pertanyent a aquest sexe. *[femenino]* // Aplicat al gènere gramatical dels animals femelles. *[femenino]*

femer. m. Lloc on es tenen i guarden els fems. *[estercolero]*

feminisme. m. Doctrina social que concedeix a la dona capacitat i drets fins ara reservats als hòmens. *[feminismo]*

feminitat. f. Qualitat d'allò que és propi de la dona. *[feminidad]*

femta. f. Excrement de l'home i d'alguns animals. *[mierda, excremento, estiércol]*

fèmur. m. Os llarg i robust que va de dalt a baix de la cuixa. *[fémur]*

fenàs, (pl. **assos**). m. Planta gramínia de tija ramosa i espiguetes pedicel·lades. *[heno]* // Planta gramínia d'un metre d'alçària, de fulles llargues, que creix a les vores dels rius. *[heno blanco]*

fenc. m. Herba anual de la família de les papilionàcies conreada com a farratge. *[heno]*

fendre. v. tr. Esberlar, partir, dividir una cosa en dues o més parts. *[hender, rajar]* // Tallar l'aire, l'aigua, el vent, etc. *[hender]*

fenella. f. Excletxa, obertura llarga i molt estreta. *[rendija, hendidura]*

fènix. m. Ocell fabulós que passava per ser únic en la seua espècie i renàixer de les seues pròpies cendres. *[fénix]*

fenoll. m. Planta umbel·lífera, de flors menudes i grogues, aromàtica i dolça, usada com a condiment. *[hinojo]*

fenomen. m. Qualsevol aparença o manifestació. *[fenómeno]* // Cosa extraordinària i sorprenent. *[fenómeno]*

fenyedor, ora. m. i f. Home o dona que feny els pans o coques. *[amasador]* // m. Taula on es feny el pa. *[amasador, hintero]*

fényer. v. tr. Treballar la massa dins la pastera, maurant-la i sovant-la amb els punys i les mans o maquinaria de pastar el pa. *[heñir]*

fer, era. adj. Dit d'una bèstia salvatge, indòmita. *[fiero]*

fer. v. tr. i intr. Tr. Donar existència a alguna cosa, formar alguna cosa. *[hacer]* // Realitzar una acció, un moviment, etc. *[hacer]* // Ocasionar que alguna cosa s'esdevinga. *[hacer]* // Intr. Obrar en una certa manera. *[hacer]*

fera. f. Animal carnisser, especialment no domesticat. *[fiera]*

feraç. adj. Molt fèrtil, abundós de fruits. *[feraz]*

feredat. f. Por terrible, horror, esgarrifança. *[pavor, horror, miedo]*

feresa. f. Qualitat de fer, feredat. *[fiereza, ferocidad]*

ferest, esta. adj. Que causa horror, espantós, terrible. *[espantoso]* // Que viu al bosc. *[montaraz]*

feréstec, éstega. adj. Dit d'un animal indòmit. *[salvaje]* // Esquerp, retret del tracte dels hòmens. *[adusto, salvaje]* // Que fa feredat. *[terrible]*

fèretre. m. Caixa o baiard per a dur els morts a soterrar. *[féretro]*
ferida. f. Lesió produïda a la carn per un instrument o per efecte d'una topada. *[herida]* // Allò que afligeix i turmenta l'esperit. *[herida]* // Nuc amb què es lliga un ham.
feridor, ora. adj. Que fereix. *[heridor]* // m. El qui fereix. *[heridor]* // El qui en el joc de pilota fereix. *[saque]*
feridura. f. Acció i efecte de ferir. *[herida]* // Apoplexia. *[apoplejía]*
ferir. v. tr. i intr. Tr. Donar un colp que danya l'organisme. *[herir]* // Ofendre. *[herir]* // Afectar violentament o dolorosa. *[herir]* // Intr. Donar colps violents. *[herir]* // Colpejar la pilota, especialment posar-la en joc; traure, colpejant-la amb força el feridor contra la banda dels qui han de restar-la. *[sacar]* // Topar un objecte en moviment contra un altre que es mou o que està aturat. *[dar]* // **-se.** Tenir un atac de feridura, d'apoplexia.
ferit, ida. adj. i m. i f. Que ha sofert una ferida. *[herido]*
ferm, erma. adj. Que no cedeix sinó difícilment a un esforç exterior. *[firme]* // m. Punt d'una corda per on es fa ferma.
fermall. m. Allò amb què es ferma o lliga una cosa. *[broche, atadura]*
fermança. f. Penyora, seguretat, garantia d'una cosa. *[fianza]*
fermar. v. tr. Lligar, clavar alguna cosa en una altra perquè no se'n puga separar. *[afirmar, fijar]*
fermentació. f. Acció de fermentar. *[fermentación]*
fermentar. v. intr. i tr. Intr. Transformar-se un cos orgànic per l'acció d'un altre. *[fermentar]* // Tr. Fer o produir la fermentació. *[fermentar]*
fermesa. f. Qualitat de ferm, fermetat. *[firmeza]*
fermetat. f. Qualitat de ferm, fermesa. *[firmeza]* // Fermança, seguretat. *[garantía, fianza]*
feroç. adj. Que obra amb ferocitat. *[feroz]* // Cruel, inhumà, propi de feres. *[feroz]*
ferocitat. f. Qualitat de feroç. *[ferocidad]*
ferrada. f. Atifell compost de peces de fusta unides i subjectes amb cércols de ferro. *[cubo, herrada]* // Atifell metàl·lic de major diàmetre que fondària. *[herrada]*
ferrador. m. El qui té per ofici ferrar cavalleries. *[herrador]*
ferradura. f. Ferro que claven als unglots de les cavalleries. *[herradura]*
ferrament. m. Acció de ferrar. *[herrado]* // Ferramenta, aïna de ferro. *[herramienta]*
ferramenta. f. Conjunt d'instruments de ferro o d'acer. *[herramienta]* // Aïna metàl·lica. *[herramienta]* // Dentadura.
ferrar. v. tr. Guarnir alguna cosa de ferro. *[herrar]* // Subjectar amb cadenes o grillons. *[herrar, aherrojar]* // Posar les ferradures a un cavall, etc. *[herrar]*
ferrat, ada. adj. Guarnit de ferro. *[herrado]* // Subjectat amb cadenes o grillons. *[aherrojado]* // f. Recipient cilíndric de figura de con truncat per a contenir líquids. *[cubo, herrada]*
ferreny, enya. adj. De ferro, propi del ferro. *[férreo]* // De complexió, posat, caràcter, etc., fort, baronívol. *[férreo]* // Adust, sever. *[adusto]*
ferrer. m. El qui treballa el ferro. *[herrero]* // Ferrador. *[herrero]*
ferreria. f. Obrador de ferrer. *[herrería]*
ferreteria. f. Comerç d'objectes de ferro i altres metalls. *[ferretería]* // Botiga on es venen aquests objectes. *[ferretería]*
ferro. m. Metall blanc grisenc, malleable, dúctil i molt tenaç. *[hierro]* // Tros de ferro que forma part d'una arma, d'un objecte.
ferrocarril. m. Camí amb dos carrils de ferro paral·lels damunt els quals roden els trens. *[ferrocarril]*
ferrós, osa. adj. Dit dels composts de ferro.
ferroviari, ària. adj. Relatiu o pertanyent als ferrocarrils. *[ferroviario]* // m. i f. Empleat dels ferrocarrils. *[ferroviario]*
fèrtil. adj. Que produeix molt, fecund. *[fértil]*
fertilitat. f. Qualitat de fèrtil. *[fertilidad]*
fertilitzar. v. tr. Fer fèrtil o més fèrtil. *[fertilizar]*
fèrula. f. Palmeta, canya o bastó amb què el mestre castiga als alumnes. *[palmeta, férula]* // Domini, subjecció. *[férula]*

ferum. f. Olor forta que fan certs animals o la carn i altres substàncies quan comencen a passar-se. *[husmo, hedor, tufo, olor]*

ferumejar. v. intr. Fer ferum, deixar anar olor. *[husmear, oliscar]*

fervent. adj. Ple de fervor, zelós. *[ferviente]*

fervor. m. i f. Calor o zel vehement, intenció eficaç. *[fervor]*

fes, (pl. **essos**). m. Aïna consistent en un mànec llarg i fort i una peça d'acer que acaba en punta per un extrem i per l'altre en un tall, usada per a terrenys pedregosos o molt durs i també per a asclar llenya. *[piqueta, pico]*

fes. m. Mena de casquet de feltre o roba usat pels musulmans. *[fez]*

fesa. f. Acció i efecte de fendre. *[hendedura]* // Esquerda. // Cadascuna de les obertures que hi ha en una séquia mare o principal d'on arranquen séquies secundàries. *[sangradera]*

fesol. m. Llegum comestible de la fesolera. *[habichuela, alubia, judía]*

fesolera. f. Planta lleguminosa enfiladissa de fulles trifoliades, llegum amb bajoca, els fruits de la qual són els fesols. *[alubia, habichuela]*

fesomia. f. Fisonomia. *[fisonomía]*

festa. f. Solemnitat amb què l'Església celebra la memòria d'algun sant. *[fiesta]* // Dia en què no es treballa o en què els estudiants no tenen escola. *[fiesta]* // Afalac, carícia per a guanyar la voluntat d'algú. *[fiesta]*

festeig. m. Acció de festejar o fer l'amor. *[galanteo, cortejo]*

festejar. v. tr. Fer festes a algú, especialment fer l'amor a una dona. *[cortejar]* // Fer-se mútuament l'amor, enraonar els promesos o enamorats. *[festejar]* // Fer per obtenir alguna cosa. // Fer festes públiques. *[festejar]*

fester, era. adj. Propi de festa. *[festivo]* // Que va o assisteix a una festa. *[festero]* // m. i f. El qui és clavari d'una festa, el qui organitza i administra una festa pública. *[festero, clavario]* // Teiera.

festí. m. Festa, convit, diversió particular en honor d'algú o d'alguna. *[festín]*

festiu, iva. adj. Aplicat al dia de festa. *[festivo]* // Propi de la festa. *[festivo]* // Alegre en el dir, en les maneres.

festivitat. f. Festa o solemnitat. *[festividad]* // Dia festiu. *[festividad]*

fet. m. Acció i efecte de fer alguna cosa. *[hecho]* // Cas esdevingut. *[hecho]*

feta. f. Acció assenyalada, esdeveniment notable. *[acción]*

fetge. m. Òrgan glandular que segrega la fel i causa canvis importants en algunes substàncies contingudes en la sang que hi passa. *[hígado]*

fètid, ètida. adj. D'olor repugnant, pudent. *[fétido, hediondo]*

fetilla. f. Pràctica supersticiosa. *[hechizo]*

fetillar. v. tr. Causar dany amb pràctiques supersticioses. *[hechizar]* // Sotmetre algú o alguna cosa a la influència d'un malefici, d'un sortilegi, sotmetre a fetilles. *[hechizar]*

fetitxe. m. Objecte de cult superticiós entre els negres. *[fetiche]*

fetjut, uda. adj. Que té el fetge gros. // Excessivament calmós, insensible a les presses i impaciències. *[cachazudo]*

fetor. f. Pudor forta, olor molt desagradable. *[hedor]*

fetus. m. Producte de la concepció en els animals vivípars des què passa el període embrionari fins el part. *[feto]*

feu. m. Domini de què un senyor era investit pel sobirà amb obligacions i drets determinats. *[feudo]*

feudal. adj. Pertanyent o relatiu al feu o feudalisme. *[feudal]*

feudalisme. m. Sistema feudal de govern i d'organització de la propietat. *[feudalismo]*

feudatari, ària. m. i f. El qui era investit d'un feu. *[feudatario]*

fi. m. Finalitat, objecte, propòsit o motiu d'alguna cosa. *[fin]* // f. El punt o moment en què una cosa acaba; l'última part d'una cosa. *[fin]*

fi, ina. adj. Delicat i de bona qualitat. *[fino]* // D'una puresa extrema. *[fino]* // Cortés. // Bell. *[bonito]*

fiable. adj. Que és de confiança. *[fiable]*

fiador, ora. m. i f. El qui fa fiança o dóna seguretat. *[fiador, garante]*

fiança. f. Acció de fiar o de fiar-se, confiança. *[fianza, confianza]* // Penyora que es dóna en seguretat de complir una obligació. *[fianza]* // Obligació de pagar en lloc d'altri. *[fianza]*

fiançar. v. tr. Donar fiança. *[afianzar]*

fiar. v. tr. i intr. Tr. Lliurar alguna cosa a la fe d'algú comptant amb la seua fidelitat. *[fiar]* // Vendre sense cobrar al comptat. *[fiar]* // Comptar amb la fidelitat d'algú. // Intr. Confiar. // **-se.** Tenir confiança en algú o en alguna cosa.

fibla. f. Punxa, agulló. *[aguijón]* // Obertura que es fa a una séquia, presa, etc., per a traure'n aigua. *[sangradura]* // Punxó per a fiblar les bótes. *[punzón]*

fiblar. v. tr. Picar amb el fibló. *[picar]* // Punxar una bóta per a traure'n un poc de vi. *[sangrar]* // Agitar violentament una vara flexible; ferir amb un objecte flexible. *[sacudir]*

fibló. m. Agulló de les abelles i altres insectes. *[aguijón]* // Vent impetuós. *[torbellino, manga, tromba]*

fibra. f. Cadascun dels filaments dels teixits orgànics. *[fibra]* // Filament elemental de les matèries tèxtils. *[fibra]* // Vigor, energia, capacitat de resistència física o moral. *[fibra]*

fibrós, osa. adj. Constituït per fibres, o que té moltes fibres. *[fibroso]*

ficaci. m. Sentit, juí, que hom posa en una cosa o afer. *[juicio, sentido, conocimiento]*

ficar. v. tr. Fer entrar alguna cosa dins una altra. *[meter]* // Tancar, introduir o incloure una cosa dins una altra, o en alguna part. *[meter]* // Fer entrar o intervenir en una reunió, negoci o qualsevol assumpte.

ficció. f. Acció i efecte de fingir, cosa fingida. *[ficción]*

fideïcomís. m. Deixa feta a algú, encomanada a la seua bona fe, per a ser remesa a un altre. *[fideicomiso]*

fidel. adj. Que guarda la fe o la fidelitat. *[fiel]* // m. Cristià que segueix les normes de l'Església. *[fiel]*

fidelitat. f. Qualitat de fidel. *[fidelidad]*

fideu. m. Cadascun dels canonets prims, de pasta de farina per a sopa. *[fideo]*

figa. f. Fruit de la figuera. *[higo]* // m. Home fluix o excessivament delicat. *[ablandabrevas]*

figa. f. Vulva. *[coño]*

figuera. f. Arbre de la família de les moràcies conreat pels seus fruits. *[higuera]*

figuera de pala. f. Planta originària d'Amèrica que té el tronc format per un seguit de pales ovals i espinoses. *[nopal]*

figuereta. f. Posar les mans en terra i cames en l'aire. *[voltereta]* // Tombarella.

figura. f. Forma externa, visible d'un cos. *[figura]* // Representació d'una forma pel dibuix, la pintura, etc. *[figura]*

figurant, anta. m. i f. El qui en el teatre representa un personatge de comparsa. *[figurante]*

figurar. v. tr. i intr. Tr. Donar figura a alguna cosa. *[figurar]* // Intr. Formar part d'alguna cosa. *[figurar]* // Tenir representació, etc., en la societat. *[figurar]*

figuratiu, iva. adj. Que serveix de representació o figura d'una altra cosa. *[figurativo]*

figurí. m. Dibuix o model per als vestits. *[figurín]*

fil. m. Bri retort de seda, lli o cànem per a cosir o teixir. *[hilo]* // Metall estirat en forma de fil. *[hilo]* // Doll molt prim. *[hilo]* // Tall d'un instrument. *[filo]* // Il·lació entre les parts d'un discurs, etc. *[hilo, ilación]* // **fil d'empalomar.** Fil gros o cordell prim fet de cànem. *[bramante]*

fila. f. Conjunt de persones que van l'una al costat de l'altra formant una línia recta. *[fila]* // Ramal d'una séquia per a regar. *[hijuela]* // Quantitat d'aigua que es fixa com a unitat de mesura.

filaberquí. m. Instrument per a foradar consistent en una maneta semicircular o de doble colze. *[berbiquí]*

filada. f. Acció i efecte de filar. *[hilada]* // Sèrie de persones o coses posades en rengle. *[hilada]*

filament. m. Cos filiforme. *[filamento]*

filàntrop. m. El qui estima als seus semblants, al gènere humà. *[filántropo]*

filar. v. tr. i intr. Tr. Reduir qualsevol fibra tèxtil a fil. *[hilar]* // Traure el cuc de seda o altres insectes el fil per a formar el capell, tela, etc. *[hilar]* // Adonar-se de la presència d'algú, endevinar els seus propòsits, la seua intenció. *[atisbar, ver, descubrir]* // Intr. Discórrer, deduir per la reflexió o pel càlcul. *[meditar, descubrir]* // Anar bé.

filat. m. Resultat de l'operació de filar. *[hilado]* // Teixit de fil o corda amb malles per a caçar o pescar. *[red]*

filatèlia. f. Col·lecció i estudi dels segells postals. *[filatelia]*

filera. f. Sèrie de persones o coses disposades en línia recta *[fila, hilera]* // Instrument per a reduir a fil els metalls per tracció. *[hilera]*

filet. m. Part de la motlura, llarga i estreta. *[filete]* // Perfil d'alguna cosa. *[filete]* // Peça de metall que en les impremtes marca una ratlla, i la seua impressió. *[filete]* // Tros prim de carn sense ossos ni tendons. *[filete]*

filferro. m. Fil fet de ferro o d'altre metall; fil d'aram. *[alambre]*

filharmonia. f. Amor a la música. *[filarmonía]*

filharmònic, ònica. adj. Aficcionat a la música. *[filarmónico]*

filiació. f. Lligam de parentiu que uneix un fill als seus pares. *[filiación]*

filiar. v. tr. Prendre la filiació a algú. *[filiar]*

filibuster. m. Nom donat als pirates del mar de les Antilles. *[filibustero]*

filigrana. f. Obra d'una gran delicadesa. *[filigrana]* // Senyal transparent fet en el paper quan el fabriquen. *[filigrana]*

filigranar. v. tr. Adornar amb filigrana. *[afiligranar]* // Afaiçonar en filigrana.

filípica. f. Discurs violent contra algú, invectiva, represnsió dura. *[filípica]*

filisteu, ea. adj. i m. i f. Pertanyent a un poble antic que ocupava la part oriental de Palestina i sostingué llargues guerres amb els israelites. *[filisteo]*

fill, illa. m. i f. Persona o animal respecte del seu pare o de la seua mare. *[hijo]* // Persona amb relació a la nació, al poble, de què és natural. *[hijo]*

fillastre, astra. m. i f. Fill o filla d'un dels cònjuges, en un matrimoni anterior, respecte a l'altre. *[hijastro]*

fillol, ola. m. i f. Qualsevol persona respecte dels seus padrins. *[ahijado]* // m. Brot que ix al peu d'un arbre. *[renuevo, vástago, chupón]*

fil·loxera. f. Insecte hemípter que ataca les vinyes i les destrueix ràpidament. *[filoxera]* // Malaltia de la vinya causada per aquest insecte. *[filoxera]*

film. m. Pel·lícula que hom utilitza en fotografia i en cinematografia. *[film]*

filmar. v. tr. Impressionar un film. *[filmar]*

filó. m. Massa metal·lífera que ompli la fesa de les roques d'un terreny. *[filón]*

filòleg, òloga. m. i f. Entés en filologia. *[filólogo]*

filologia. f. Estudi de la transmissió, collació i addició dels texts. // Estudi científic de la llengua i dels seus texts. *[filología]*

filós, osa. adj. Que té fils, que fa fils.

filosa. f. Instrument format per una canya, en la part superior de la qual enrotllen la matèria que s'està filant. *[rueca]*

filòsof. m. Entés en filosofia. *[filósofo]* // El qui es pren la vida amb filosofia, amb saviesa. *[filósofo]*

filosofar. v. intr. Raonar filosòficament, sàviament. *[filosofar]*

filosofia. f. Ciència que tracta de l'essència, propietats, causes i efectes de totes les coses a la llum de la raó. *[filosofía]* // Saviesa del qui sap suportar les vicissituds de la vida. *[filosofía]*

filtració. f. Acció i efecte de filtrar o de filtrar-se. *[filtración]*

filtrar. v. tr. i intr. Tr. Fer passar un líquid o un gas per un filtre. *[filtrar]* // Intr. Passar a través d'un filtre, traspuar. *[filtrar]*

filtre. m. Cos porós a través del qual fem passar un líquid per a clarificar-lo. *[filtro]* // Beuratge al qual eren atribuïdes propietats misterioses. *[filtro]*

fimosi. f. Estretor de l'orifici del prepuci que no deixa eixir el gland. *[fimosis]*

final. adj. Que conclou una cosa. *[final]* // f. Última part d'una cosa. *[fin]*

finalitat. f. Objecte, propòsit o motiu d'alguna cosa. *[finalidad]*

finalitzar. v. tr. i intr. Tr. Donar fi a una cosa. *[finalizar]* // Intr. Tenir fi una cosa. *[finalizar]*

finança. f. Maneig d'afers monetaris. *[finanza]*

finançar. v. tr. Conduir les finances d'un afer. *[administrar]* // Proveir el capital per a un afer. *[financiar]*

financer, era. adj. Relatiu o pertanyent a les finances. *[financiero]* // m. El qui es dedica a operacions financeres. *[financiero]*

finar. v. tr. i intr. Tr. Posar fi a una activitat. *[acabar]* // Intr. Morir. *[finar]*

finca. f. Propietat immoble. *[finca]*

fincar-se. v. pron. Adquirir finques. *[fincarse]*

finesa. f. Qualitat de fi. *[fineza]* // Dita o present d'amistat i benvolença. *[fineza]*

finestra. f. Obertura elevada sobre el sòl practicada en la paret d'una construcció per a donar entrada a la llum i a l'aire. *[ventana]*

finestral. m. Finestra gran. *[ventanal]*

finestreta. f. Obertura menuda per al despatx de billets, documents, etc. al públic. *[ventanilla]*

finestró. m. Finestra menuda. *[ventanilla]* // Porteta d'una finestra. *[postigo]*

fingir. v. tr. Simular allò que no és cert. *[fingir]*

finir. v. tr. Donar fi, finalitzar, acabar. *[finir]*

finor. f. Qualitat de fi. *[finor]*

fins. prep. i conj. Expressa el terme de llocs, accions o quantitats. *[hasta]*

fira. f. Concurrència de negociants en un lloc públic i en dies assenyalats. *[feria]*

firar. v. tr. Comprar alguna cosa a la fira. *[feriar, mercar]*

firer, era. m. i f. El qui acudeix a la fira a vendre o comprar, mercader. *[feriante]*

fireta. f. Conjunt d'objectes de cuina en menut per a jugar les xiquetes.

firma. f. Acte de firmar. *[firma]* // Nom d'una persona que aquesta mateixa escriu al peu d'un escrit, etc., per a donar-li autenticitat. *[firma]*

firmament. m. Volta del cel, extensió immensa on es mouen els estels i planetes. *[firmamento]*

firmar. v. tr. Posar algú la seua signatura o firma. *[firmar]*

fisc. m. Tesor públic, especialment l'administració de la percepció d'imposts. *[fisco]*

fiscal. adj. Pertanyent o relatiu al fisc. *[fiscal]* // m. Ministre encarregat de promoure els interessos del fisc. *[fiscal]*

fiscalitzar. v. tr. Subjectar al control fiscal. *[fiscalizar]* // Investigar i denunciar les accions d'altri. *[fiscalizar]*

fiscorn. m. Instrument de vent, semblant a la trompeta, però de cos més gros. *[fiscorno]* // Músic que sona el dit instrument. *[fiscorno]*

físic, ísica. adj. Relatiu o pertanyent a la constitució i naturalesa corpòria. *[físico]* // Relatiu o pertanyent a la física. *[físico]* // m. Exterior d'una persona. *[físico]* // m. i f. El qui s'ocupa de física. *[físico]*

física. f. Estudi dels cossos i de les seues propietats i dels agents naturals. *[física]*

fisiocràcia. f. Doctrina que atribueix a la naturalesa l'origen de la riquesa. *[fisiocracia]*

fisiologia. f. Estudi de les funcions dels sers orgànics. *[fisiología]*

fisonomia. f. Conjunt de les faccions d'una persona. *[fisonomía]*

fisonomista. adj. Que té facilitat a recordar les fisonomies. *[fisonomista]*

fissió. f. Acció de fendre, en particular la desintegració provocada d'un nucli atòmic pesant, en dos nuclis lleugers de masses relativament semblants, amb alliberament de quantitats enormes d'energia. *[fisión]*

fissura. f. Fractura longitudinal d'un os. *[fisura]* // Fesa en una massa mineral, etc. *[fisura]*

fistó. m. Ornament en forma de garlanda de flors, fruites i fulles. *[festón]* // Sanefa brodada. *[festón]*

fistonar. v. tr. Adornar amb fistó. *[festonear]*

fístula. f. Conducte anormal ulcerat, que s'obri a la pell o a les membranes mucoses. *[fístula]*

fit, ita. adj. Aplicat als ulls o a la mirada, fixos en un indret. // **fit a fit.** loc. adv.

Fixament, de cara a cara. // **de fit a fit.** loc. adv. De punta a punta.

fita. f. Senyal de límit o terme. *[linde]*

fitar. v. tr. i intr. Tr. Posar fites. *[amojonar]* // Mirar de fit a fit; fixar la vista sobre una persona o cosa. *[fijar]* // Intr. Lladrar el gos d'una manera especial quan ha ensumat una peça de caça. *[latir]*

fitó. m. Punt que es tracta de tocar amb un projectil que hom llança. *[hito, blanco]*

fitora. f. Forca de tres dents, usada per a pescar. *[fisga, tridente]*

fitorar. v. tr. Clavar la fitora. *[fisgar, arponear]*

fitxa. f. Cadascuna de les cèdules o paperetes on consten les senyes d'una persona, etc. *[ficha]* // Cadascuna de les peces del joc del dòmino, parxís, etc. *[ficha]*

fitxar. v. tr. Fer la fitxa d'una persona o cosa. *[fichar]*

fitxer. m. Moble per a posar les fitxes. *[fichero]*

fix, ixa. adj. Ferm, assegurat. *[fijo]* // No exposat a moviment, canvi o alteració. *[fijo]*

fixador, ora. adj. Que fixa. *[fijador]* // m. Allò que serveix per a fixar. *[fijador]*

fixar. v. tr. Fer una cosa fixa o estable. *[fijar]*

fixedat. f. Qualitat de fix. *[fijeza]*

flabiol. m. Flauta rústica de sons molt aguts. *[caramillo]*

flac, aca. adj. De poques carns, magre, prim. *[flaco, delgado]*

flàccid, àccida. adj. Flac, sense consistència, mancat de força. *[fláccido]*

flagell. m. Assot. *[azote]* // Calamitat que s'abat sobre un poble. *[azote]*

flagel·lar. v. tr. Pegar amb flagell, assotar. *[flagelar, azotar]*

flairar. v. tr. i intr. Tr. Olorar, sentir olor. // Intr. Fer flaire. *[oler]*

flaire. f. o m. Olor. *[olor]*

flairejar. v. intr. Fer flaire, flairar. *[olorar]*

flairós, osa. adj. Que fa flaire, perfumat. *[oloroso, perfumado]*

flam. m. Pasta d'ou, llet i sucre cuita al bany Maria. *[flan]*

flama. f. Massa gasosa en forma de llengua lluminosa que es desprén generalment d'un cos en combustió. *[llama]* // Ardor apassionat.

flamejar. v. intr. Llançar flamerades, fer flama. *[flamear]* // Agitar-se en l'aire una bandera, un gallaret. *[flamear]*

flamenc, enca. adj. Natural o propi de Flandes. *[flamenco]* // Desimbolt i gitanesc. *[flamenco]* // Idioma germànic que es parla a Bèlgica. *[flamenco]*

flamenc. m. Au palmípeda de prop d'un metre d'alçada. *[flamenco]*

flamerada. f. Flama fugaç. *[llamarada]*

flàmula. f. Bandereta estreta i llarga. *[flámula]* // Flama minúscula. *[flámula]*

flanc. m. Costat d'un cos. *[flanco]*

flanquejar. v. tr. Protegir el flanc d'una força militar, etc. *[flanquear]* // Ser col·locat al flanc d'una cosa. *[flanquear]*

flaó, ona. m. i f. Bescuit farcit de crema. *[flaón, quesadilla]*

flaquedat. f. Flaquesa. *[flaqueza]*

flaquejar. v. intr. Anar perdent la força, debilitar-se. *[flaquear]* // Aflacar.

flaquesa. f. Qualitat de flac. *[flaqueza]* // Acció comesa per debilitat, especialment de la carn. *[flaqueza]*

flassada. f. Peça teixida de llana o de cotó que s'usa com a abrigall de llit. *[frazada, manta]*

flat. m. Escomesa impetuosa del vent o de la mar. *[embate]* // Acumulació molesta de gasos en el tub digestiu. *[flato]* // Rastre dels animals.

flato. m. Flat. *[flato]*

flatós, osa. adj. Que produeix gasos en el tub digestiu. *[flatoso]* // Que pateix de flat. *[flatoso]* // Vanitós, presumptuós, en mal sentit. *[vanidoso]*

flauta. f. Instrument musical de vent, construït generalment de fusta, en forma de tub. *[flauta]* // m. Músic que toca la flauta. *[flauta, flautista]*

flaüta. f. Flauta rústica, caramell. *[flauta]* // Mena de flauta amb llengüeta, que toquen les criatures. *[flauta]*

flautada. f. Extravagància, disbarat, despropòsit. *[despropósito]*

flautí. m. Flauta menuda de sons aguts. *[flautín]*

fleca. f. Barra de fusta redona per a fényer el pa, usada especialment pels flequers, aprimador. // Obrador de flequer on es fa el pa, sovint amb forn i tot. *[tahona]* // Botiga o forn on es ven el pa. *[panadería]*

flectir. v. tr. Fer doblegar-se o corbar-se a poc a poc alguna cosa. *[hincar, doblegar]*

flegma. f. El més fred i humit dels quatre humors del cos, segons els metges antics. *[flema]* // Temperament calmós, apàtic, calma excessiva. *[flema]*

flegmó. m. Inflamació purulenta del teixit cel·lular. *[flemón]*

fleix. m. Cèrcol de fusta flexible o altre material amb què es subjecten o estrenyen les dogues d'una bóta, les posts d'un embalatge, etc. *[fleje]*

fleix. m. Freixe. *[fresno]*

fletxa. f. Arma llancívola formada per una barra prima amb una punta afilada de ferro. *[flecha]* // Distància del punt mig d'un arc a la corda. *[flecha]*

flexibilitat. f. Qualitat de flexible. *[flexibilidad]*

flexible. adj. Que pot ser doblegat amb facilitat. *[flexible]* // Que s'acomoda fàcilment al dictamen d'altri. *[flexible]*

flexió. f. Acció i efecte de doblegar o de doblegar-se. *[flexión]* // Alteració que sofreixen les paraules conjugables i declinables. *[flexión]*

flingant. m. Verdanc, verga prima per a pegar als animals. *[vergajo, fusta]*

floc. m. Conjunt de fils o cordells entrellaçats. *[fleco]* // Porció de llana, seda, cabells, etc., separada d'un conjunt. *[mechón]* // Borralló de neu. *[copo]*

floca. f. Qualsevol fibra tèxtil en el seu estat natural. *[copo, vedija]*

flocar. v. tr. i intr. Tr. Guarnir de flocs. // Pegar. // Intr. Fer flocs els avellaners, etc.

flonjo, onja. adj. Tou i esponjós, mancat de duresa. *[fonje, blando, flojo]*

flonjor. f. Qualitat de flonjo. *[blandura, flojedad]*

flor. f. Part d'una planta que consta dels òrgans de reproducció i de les cobertes protectores d'aquests òrgans. *[flor]* // La part més triada d'una cosa. *[flor]* // Tel que es fa damunt el vi i altres líquids. *[flor]* // Paraula galant. *[piropo]*

flora. f. Conjunt de les plantes d'un país o regió. *[flora]* // Obra que tracta de les flors d'un país. *[flora]*

floreig. m. Acció i efecte de florejar. *[floreo]* // Vibració que es comunica a la punta de l'espasa. *[floreo]*

florejar. v. tr. i intr. Tr. Adornar amb flors. *[florear]* // Triar la flor, la part millor d'alguna cosa. *[florear]* // Intr. Florir una planta. *[florar]* // Fer vibrar la punta de l'espasa. *[florear]*

floret. m. Conjunt de persones o coses triades entre les millors. *[florete]* // Espasa d'esgrima. *[florete]*

floreta. f. Dita graciosa a una dona per a lloar els seus atractius. *[piropo, requiebro]*

floricol. f. Hortalissa cauliflora d'inflorescència carnosa blanca. *[coliflor]*

floridura. f. Capa de vegetacions criptogàmiques que es cria a la superfície dels cossos. *[moho]*

florilegi. m. Col·lecció de fragments literaris selectes. *[florilegio]*

florir. v. intr. Traure flor les plantes. *[florecer]* // Prosperar, estar en ple vigor. *[florear]* // **-se.** Cobrir-se de floridura. *[enmohecerse]*

florista. m. i f. El qui ven flors. *[florista]* // El qui fa i ven flors artificials. *[florista]*

florit, ida. adj. Que té flors. *[florido]* // Dit del llenguatge, estil, etc., granment adornat de gales retòriques. *[florido]* // Que ha pres floridura, ple de floridura. *[mohoso, enmohecido]*

flota. f. Conjunt de naus. *[flota, escuadra]* // Reunió de persones que van plegades o de coses de la mateixa naturalesa. *[multitud]*

flotar. v. intr. Surar, anar per damunt un líquid sense afonar-se. *[flotar]*

fluctuar. v. intr. Moure's com una onada. *[fluctuar]* // Vacil·lar en la resolució d'alguna cosa. *[fluctuar]* // Oscil·lar les cotitzacions. *[fluctuar]*

fluid, uida. adj. Fluent, que flueix. *[fluido]* // Aplicat a l'estil o llenguatge corrent i fàcil. *[fluido]* // m. Substància fluida.

fluïdesa. f. Qualitat de fluid. *[fluidez]*
fluir. v. tr. Córrer un líquid. *[fluir]*
fluix, uixa. adj. Poc tibant o que no estreny fort. *[flojo]* // De poca activitat, fortalesa o vigor. *[flojo]* // m. Vessament abundant d'un líquid. *[flujo]*
fluixedat. f. Qualitat de fluix. *[flojedad]*
fluorescència. f. Propietat que tenen certs cossos d'emetre llum quan són exposats a certs raigs de l'espectre. *[fluorescencia]*
fluvial. adj. Pertanyent o relatiu als rius. *[fluvial]*
flux. m. Moviment d'ascens de la marea. *[flujo]*
fòbia. f. Aversió apassionada, obsessiva. *[fobia]*
foc. m. Despresa de calor i llum produïda per la combustió d'un cos. *[fuego]* // Matèria en brasa o flama, foguera. *[fuego]* // Descàrrega d'una arma de foc. *[fuego]* // Ardor de les passions. *[fuego]* // Incendi. *[fuego]*
foca. f. Mamífer carnívor, de cos semblant al d'un peix, que viu a les neus polars i també al Mediterrani, vellmarí. *[foca, becerro de mar]*
focus. m. Punt on vénen a convergir els raigs de llum, de calor, etcètera, després de reflectits o refractats. *[foco]*
fofo, ofa. adj. Tou i de poca consistència. *[fofo]* // Buit per dins. *[hueco]*
fogar. v. tr. Fer foc d'alguna cosa. *[encender]* // m. Llar. *[hogar]*
fogassa. f. Peça grossa de pa. *[hogaza]*
fogata. f. Foguera. *[hoguera]* // Cavitat disposada per a inflamar una porció de pólvora. *[fogata]*
fogó. m. Lloc on fan foc per a cuinar. *[fogón]* // Foguer portàtil. *[fogón]* // Lloc de la recambra de les armes de foc que serveix per a comunicar el foc a la càrrega. *[fogón]*
fogonada. f. Porció de carbó que cap en un foguer. *[hornada, fogonada]* // Flama que fa la pólvora en inflamar-se. *[fogonazo]*
fogonejar. v. tr. Cremar superficialment, socarrar. *[chamuscar]*
fogós, osa. adj. Ardent, viu en excés, ple d'impuls vital. *[fogoso]*
fogueig. m. Acció de foguejar. *[fogueo]*
foguejar. v. tr. Acostumar al foc de les armes. *[foguear]* // Marcar o gravar amb foc. *[foguear]*
foguer. m. Lloc on es fa el foc per a guisar en les cuines. *[fogón]* // Buit fet en el massís del fogar, amb un engraellat per a sostenir el foc i una obertura lateral per a la combustió i traure la cendra. *[hornilla]* // Fogó portàtil de ferro, obra, algeps, etc. *[anafe, hornillo]*
foguer, era. adj. Que serveix per a fer foc. *[fogón]* // m. Tros d'acer que serveix per a traure purnes d'un tros de sílex o pedra foguera. *[eslabón]*
foguera. f. Porció de matèries combustibles cremant. *[hoguera]*
foia. f. Clotada entre muntanyes, part baixa entre muntanyes. *[hoya, hondonada]* // Vall redona, de fons més o menys pla. *[hoya]*
folc. m. Ramat, conjunt d'animals de profit. *[rebaño]*
folgar. v. intr. Fer festa, no treballar. *[holgar]* // Divertir-se. *[holgar]*
folgat, ada. adj. Que ve ample. *[holgado]* // Desenfaenat. *[desocupado]*
foli. m. Full d'un llibre o d'un manuscrit. *[folio]* // Número d'una pàgina. *[folio]*
foliar. v. tr. Numerar els folis d'un llibre, etc. *[foliar]*
foliar. adj. Pertanyent o relatiu a la fulla o fulles. *[foliar]*
folklore. m. Conjunt de tradicions, creences, llegendes i dites populars; llur estudi. *[folklore]*
foll, olla. adj. i m. i f. Buit de raó, que l'ha perduda del tot o que la té greument pertorbada. *[loco]* // Propi de persones mancades de l'ús de la raó. *[loco]* // Que obra irracionalment, contra el bon seny, boig. *[loco, vano]*
follet. m. Terbolí de vent, ventada impetuosa. *[torbellino]*
follet. m. Donyet. *[duende]*
follia. f. Estat del qui ha perdut la raó. *[locura]*
follia. f. Cançó popular curta, corranda. *[copla]*
folrar. v. tr. Cobrir alguna cosa amb funda o folro. *[forrar]*

folro. m. Allò amb què es folra un objecte. *[forro]*

foment. m. Acció i efecte de fomentar. *[fomento]* // Aplicació de medicaments a la part extrema del cos. *[fomento]*

fomentar. v. tr. Excitar, promoure. *[fomentar]* // Aplicar un foment. *[fomentar]*

fona. f. Trena d'espart o altra matèria per a tirar pedres amb força. *[honda]*

fonament. m. Part d'un edifici que queda sota terra. *[cimiento]* // Raó o motiu d'alguna cosa. *[fundamento]*

fonamental. adj. Que serveix de fonament o base. *[fundamental]*

fonamentar. v. tr. Posar els fonaments d'alguna cosa. *[fundamentar]*

fonda. f. Casa de menjars, restaurant. *[fonda]*

fondària. f. Profunditat. *[hondura]*

fondejar. v. tr. Ancorar. *[fondear, anclar]*

fondo, onda. adj. Pregon, profund. *[hondo, profundo]*

fondre. v. tr. i intr. Tr. Convertir en líquid o dissoldre per l'acció de la calor. *[fundir, derretir]* // Intr. Donar forma en motles al metall en fusió. *[fundir]*

fonedís, issa. adj. Que pot desaparéixer o fondre's fàcilment. *[deleznable]*

fonema. m. So articulat amb determinada significació dins el llenguatge. *[fonema]*

foneria. f. Fàbrica on es fonen metalls. *[fundición]*

fonètica. f. Part de la lingüística que estudia els sons. *[fonética]* // Conjunt de sons d'un llenguatge i estudi científic d'aquells. *[fonética]*

fònic, ònica. adj. Relatiu o pertanyent a la veu o al so. *[fónico]*

fons. m. Part inferior d'un recipient, d'una cavitat. *[fondo]* // Superfície sòlida damunt la qual hi ha l'aigua del mar, d'un riu, d'un estany, etc. *[fondo]* // La part més interna, oposada a l'entrada. *[fondo]* // El camp d'una tela, etc., damunt el qual ressalten els treballs brodats, pintats, etc. *[fondo]*

font. f. Raig d'aigua que brolla de la terra. *[fuente]* // Construcció de pedra, rajola, etc., amb una aixeta, canal, etc., per a fer rajar l'aigua. *[fuente]* // Incisió oberta expressament en el cos humà per a guarir una malaltia. *[fuente]* // Ferida d'un vegetal per on raja un suc més o menys aigualós. *[fuente]*

fontada. f. Aplec que es fa al peu d'una font per a menjar o divertir-se. *[gira]*

fontanella. f. Font menuda. *[fuentecilla]* // Espai membranós entre dos ossos del crani dels infants. *[fontanela]*

fontaner. m. El qui té cura de les fonts i de la distribució de l'aigua. *[fontanero]*

fontaneria. f. Art de la conducció i distribució de l'aigua de les fonts. *[fontanería]*

fora. adv. i prep. A la part exterior. *[fuera]* // Expressió per a avisar a la gent que se'n vaja d'algun lloc. *[fuera]*

forà, ana. adj. De fora, estrany. *[foráneo]*

foradada. f. Pas subterrani. *[túnel]*

foradar. v. tr. Fer un forat. *[horadar, agujerear]*

foragitar. v. tr. Llançar fora, expulsar, expel·lir. *[expulsar]*

foral. adj. Pertanyent o relatiu al fur. *[foral]*

foraster, era. adj. i m. i f. Que es troba accidentalment en un poble, en una localitat, que no són els seus. *[forastero]*

forat. m. Obertura que travessa un cos o s'hi fica endins. *[agujero, orificio]*

forc. m. Distància entre els extrems del dit polze a la de l'índex, separats entre ells tant com siga possible, eixem. *[jeme]* // Trena feta amb la cama o palla dels alls i de les cebes i que té dues cames. *[horco]*

forca. f. Pal amb pues per a apilar, alçar i remoure la palla i altres usos. *[horca]* // Aparell on pengen els condemnats a mort. *[horca]*

força. f. Vigor, capacitat per a moure un pes o resistència. *[fuerza]* // Acte d'obligar a algú. *[fuerza]* // Causa del moviment mecànic. *[fuerza]* // Gent d'armes. *[fuerza]*

forcada. f. Porció d'una cosa que s'agafa amb la forca d'una vegada. *[horconada]* // Colp donat amb una forca. *[horcazo]*

forçada. f. Esforç gran per a alçar, etc., un pes. *[forcejón]*

forcadura. f. Part del tronc dels arbres on

es divideix en branques. *[horcadura]* // Obertura en forma de forca. *[horcadura]* // Entrecuix. *[horcajadura]*

forçar. v. tr. Fer força o violència. *[forzar]* // Fer cedir a la força, constrényer per força. *[forzar]* // Portar a un grau excessiu, a fer un esforç extremat. *[forzar]*

forcasset. m. Collar o forca de fusta que es posa al coll de l'animal per a enganxar-lo al forcat o al carro. *[horcajo, horcate]*

forcat. m. Peça de fusta en forma de forca que es posa al bascoll de les cavalleries. *[horcajo]* // Aladre d'un sol animal proveït de dos pals en forma de forca. *[horcajo]* // Trena de dos braços d'on pengen alls o cebes, forc. *[horco]* // Part del tronc dels arbres on es divideix en branques. *[horcajadura]*

forcat, ada. adj. En forma de forca. *[horcajado]*

forçat, ada. adj. Constret per la força. *[forzado]* // Forçós, exigit per força. *[forzado]* // m. Condemnat a treballs forçats. *[forzado]*

forceig. m. Acció de forcejar. *[forcejeo]*

forcejar. v. intr. Fer força per a vèncer alguna cosa. *[forcejear]*

forçut, uda. adj. Que té molta força muscular. *[forzudo]*

forfollons, a. loc. adv. Amb desorde i confusió. *[a borbollones]*

forja. f. Obrador on es treballen els metalls al foc i amb martell. *[fragua]* // Acció i efecte de forjar. *[forja]* // fig. Manera d'estar fet, d'ésser. *[forja]*

forjador, ora. adj. Que forja. *[forjador]* // m. El qui forja. *[forjador]*

forjar. v. tr. Donar forma amb el martell a una peça de metall. *[forjar]* // Imaginar, idear en el pensament o en la fantasia. *[forjar]*

forma. f. Figura externa d'un cos. *[forma]* // Disposició de les parts d'un total. *[forma]* // Manera d'expressar el pensament. *[forma]* // Motle que serveix per a donar una certa figura. *[forma]* // Motle per a imprimir posat a la premsa. *[forma]* // Hòstia per a combregar. *[forma]*

formació. f. Acció i efecte de formar. *[formación]* // Reunió ordenada d'un cos d'exèrcit. *[formación]* // Conjunt de roques amb caràcters comuns. *[formación]*

formal. adj. Pertanyent o relatiu a la forma. *[formal]* // Que té formalitat. *[formal]* // Formulat amb precisió. *[formal]*

formalitat. f. Exactitud, puntualitat. *[formalidad]* // Serietat, seny. *[formalidad]* // Cadascuna de les circumstàncies d'un acte que exigeixen compliment. *[formalidad]*

formalitzar. v. tr. Donar la deguda forma a una cosa. *[formalizar]* // Concretar, precisar. *[formalizar]* // **-se.** Posar-se seriós. *[formalizarse]*

formar. v. tr. Donar forma a una cosa. *[formar]* // Ajuntar persones o coses de manera que formen un cos. *[formar]* // Educar.

format. m. Dimensió d'un llibre, periòdic, etc. *[formato]*

formatge. m. Massa alimentosa que s'obté coagulant la llet. *[queso]*

forment. m. Blat candial. *[trigo candeal]* // Blat, en tant que es considera com a matèria de mòlta, de producció de farina, d'aliment, al molí, a la fleca, etc. *[trigo]*

formiga. f. Insecte himenòpter, que viu en societat dins caus subterranis. *[hormiga]*

formigó. m. Mescla de grava i morter, usada en les construccions. *[hormigón]* // Formigueig.

formigor. f. Sensació molesta comparable a la produïda per les formigues en córrer sobre la pell. *[hormigueo]*

formigueig. m. Acció i efecte de formiguejar. *[hormigueo]* // Multitud de persones o animals en moviment. *[hormigueo]*

formiguejar. v. intr. Experimentar en alguna part del cos una sensació de formigueig. *[hormiguear]* // Bellugar-se una gran multitud de persones o bèsties.

formiguer. m. Cau de formigues. *[hormiguero]* // Gran moviment o concurs de gent. *[hormiguero]*

formó. m. Nom que reben les formes o

motles emprats en diferents oficis. *[formón, formillón]*

formós, osa. adj. De formes ben fetes, bell de forma o formes. *[hermoso]*

fórmula. f. Forma prescrita d'expressar, executar o resoldre alguna cosa amb paraules determinades. *[fórmula]* // En matemàtiques, regla, principi, expressat en símbols algèbrics. *[fórmula]* // En química, representació simbòlica de la composició d'un cos. *[fórmula]* // Recepta, prescripció facultativa. *[fórmula]*

formular. v. tr. Reduir una cosa a termes clars i precisos. *[formular]* // Expressar una cosa amb la precisió d'una fórmula. *[formular]*

forn. m. Obra de volta redona per a coure pa i altres coses. *[horno]* // Casa on hi ha un forn públic per a coure pa. *[panadería, tahona]*

fornal. f. Foguer dels ferrers i dels qui treballen el metall. *[fragua]*

fornejar. v. intr. i tr. Intr. Fer de forner. *[hornear]* // Tr. Passar pel forn, coure al forn les figues, prunes, o altres coses per a acabar-les de secar. *[hornear]*

forner, era. m. i f. El qui fa o ven pa. *[hornero, tahonero, panadero]*

fornicar. v. intr. Cometre un pecat carnal, tenir tracte sexual fora del matrimoni. *[fornicar]*

fornir. v. tr. Proveir una ciutat, comerç, etc., de les coses necessàries. *[abastecer, proveer, suministrar]*

fornit, ida. adj. Robust i de molta ossada. *[fornido]*

forqueta. f. Instrument de cuina i taula, de fusta o de metall, en forma de forca menuda el qual serveix per a agafar la vianda. *[tenedor]*

forqueta. f. Dit de diferents objectes en forma de forca. // Bastó llarg acabat en un extrem en dues puntes. *[horquilla]* // Forca de forner per a posar la llenya al forn. // La planta d'arròs quan té una fulla fora de la terra.

forquilla. f. Forqueta. *[tenedor]* // Ganxet per a subjectar el cabell de les dones.

forrellat. m. Barreta de ferro per a assegurar les portes que encaixa en un forat del bastiment. *[cerrojo]*

forret. m. Erupció que ix al cap en els xiquets nou-nats. *[alhorre]*

forro. m. Forret, inflamació, erupció, que els ix als infants de bolquerets a la boca, cul, etc., produïda pel foc o inflamació de l'estómac i intenstins. *[alhorre]*

fort, orta. adj. Que té força i resistència. *[fuerte]* // m. La part forta d'una cosa. *[fuerte]* // Defensa natural d'un lloc. *[fuerte]*

fortalesa. f. Qualitat de fort. *[fortaleza]* // Recinte fortificat. *[fortaleza]*

fortí. m. Menut fort o fortalesa. *[fortín]*

fortificació. f. Acció i efecte de fortificar. *[fortificación]* // Obra de defensa d'un paratge. *[fortificación]*

fortificar. v. tr. Construir obres de defensa. *[fortificar]* // Enfortir, fer més fort. *[fortificar]*

fortor. f. Força, intensitat. *[fuerza]* // Olor forta. *[husmo]*

fortuït, ïta. adj. Casual, imprevist. *[fortuito]*

fortuna. f. Divinitat mitològica que distribuïa cegament els béns i els mals. *[fortuna]* // Patrimoni, béns que hom posseeix. *[fortuna]* // Tempestat de mar. *[fortuna, temporal, tempestad]*

fòrum. m. Plaça on els romans tractaven els negocis públics. *[foro]* // Tot allò referent a l'exercici de l'advocacia i de la magistratura. *[foro]* // Part de l'escenari oposada a la boca. *[foro]*

fosa. f. Acció i efecte de fondre o de fondre's. *[fundición, derretimiento]*

fosc, osca. adj. Mancat de llum i claredat. *[oscuro]*

fosca. f. Manca de llum o claror. *[oscuridad]*

foscor. f. Qualitat de fosc, fosquedat, obscuritat. *[oscuridad]*

foscúria. f. Fosca, foscor, qualitat de fosc. *[oscuridad]*

fòsfor. m. Metal·loide d'aspecte com de cera, fosforescent, fàcilment inflamable i molt tòxic. *[fósforo]*

fosforejar. v. intr. Emetre llum un cos fosforescent, lluir com fa un cos fosforescent en la foscor. *[fosforecer]*

fosforescència. f. Propietat que tenen certs cossos d'emetre llum sense calor sensible com fa el fòsfor. *[fosforescencia]*

fosquedat. f. Foscor. *[oscuridad]*

fosquejar. v. intr. Fer-se fosc. *[anochecer]* // Tirar a fosc algun color. *[oscurecer]*

fosques, a. loc. adv. Sense llum; sense claror. *[a oscuras]*

fossa. f. Clot fet a terra per a enterrar-hi un mort. *[fosa, hoyo, huesa]* // Nom d'algunes cavitats del cos humà com fosses nasals, etc. *[fosa]*

fossar. m. Lloc on s'enterren els morts. *[cementerio]*

fossar. v. intr. Alçar o moure la terra amb el morro. *[hozar]*

fòssil. adj. Extret del si de la terra. *[fósil]* // Extraordinàriament antiquat. *[fósil]*

fotesa. f. Cosa de poca importància, bagatel·la. *[fruslería]*

fotja. f. Ocell de plomatge negre amb una placa còrnia al front, freqüent a les vores dels llacs. *[fúlica]*

foto. f. Fotografia. *[foto]*

fotocòpia. f. Còpia fotogràfica d'un llibre, etc. *[fotocopia]*

fotocopiar. v. tr. Obtenir fotocòpies de documents, llibres, etc. *[fotocopiar]*

fotògraf, ògrafa. m. i f. El qui practica la fotografia. *[fotógrafo]*

fotografia. f. Art de fixar i reproduir, en superfícies preparades convenientment, les imatges que recull la cambra fosca. *[fotografía]* // Estampa obtinguda per aquest mitjà. *[fotografía]* // Obrador de fotògraf. *[fotografía]*

fotografiar. v. tr. Reproduir la imatge d'alguna cosa per mitjà de la fotografia. *[fotografiar]*

fotogràfic, àfica. adj. Relatiu o pertanyent a la fotografia. *[fotográfico]*

fotogravat. m. Art de gravar en planxes per mitjà de la llum. *[fotograbado]* // Gravat fet per aquest procediment. *[fotograbado]*

fotre. v. tr. Fer l'acte carnal. *[joder, hoder]* // Enganyar, sorprendre desagradablement. *[fastidiar]*

fra. m. Tractament donat als frares. *[fray]*

frac. m. Vestit d'home per a vestir d'etiqueta. *[frac]*

fracàs, (pl. **assos**). m. Mal èxit d'una cosa. *[fracaso]* // Esdeveniment imprevist i funest. *[fracaso]*

fracassar. v. intr. No tenir èxit. *[fracasar]* // Frustrar-se una idea o projecte. *[fracasar]*

fracció. f. Acció de rompre, de dividir en parts. *[fracción]* // Cadascuna de les parts en relació al total. *[fracción]* // En matemàtiques, expressió d'una divisió indicada. *[fracción]*

fraccionar. v. tr. Dividir en parts o fraccions. *[fraccionar]*

fraccionari, ària. adj. Relatiu o pertanyent a les fraccions. *[fraccionario]*

fractura. f. Ruptura produïda violentament en un cos sòlid. *[fractura]*

fracturar. v. tr. Produir la fractura d'alguna cosa. *[fracturar]*

fragància. f. Qualitat de fragant. *[fragante, bien oliente]* // Olor suau, delitosa. // Perfum. *[fragancia]*

fragata. f. Vaixell de vela de tres pals. *[fragata]*

fràgil. adj. Que es trenca fàcilment. *[frágil]* // Que cau fàcilment en la temptació. *[frágil]*

fragment. m. Tros d'una cosa trencada. *[fragmento]* // Part d'un escrit, etc. *[fragmento]*

fragmentar. v. tr. Dividir en fragments. *[fragmentar]*

fragor. m. i f. Soroll fort, estrèpit. *[fragor]*

fragós, osa. adj. Dit d'un terreny o camí ple de maleses, roques, etc., abrupte. *[fragoso]*

franc, anca. adj. Lliure, exempt de certes càrregues. *[franco, libre]* // Gratuït, que es té sense pagar. *[franco, gratuito]* // Que expressa obertament el seu pensament. *[franco]* // Relatiu a la Germània Inferior o França. *[franco]* // m. Unitat monetària de diversos països. *[franco]*

francalet. m. Peça de carro que serveix per a posar la galga amb què es frenen les rodes. *[francalete]* // Corretja de la collera o forcasset.

francés, esa. adj. i m. i f. Natural o propi de França. *[francés]* // m. Llengua francesa. *[francés]*

francmaçó. m. El qui pertany a la francmaçoneria. *[francmasón]*

francmaçoneria. f. Associació secreta de persones unides per a propòsits fraternals. *[francmasonería, masonería]*

franela. f. Mena de teixit fi, de llana. *[franela]*

franja. f. Guarnició o voreta en forma de banda sobreposada. *[franja]* // Galó o serrell llis. *[franja]*

franqueig. m. Acció de franquejar allò que un envia per correu. *[franqueo]*

franquejar. v. tr. Travessar un pas. *[franquear]* // Afranquir, fer franc. // Tractar amb franquesa amb algú. // Pagar, mitjançant segells, el port d'un objecte tramés per correu. *[franquear]*

franquesa. f. Qualitat del qui és franc i obert de caràcter, sinceritat. *[franqueza]* // Franquícia.

franquícia. f. Excepció del pagament de certs drets o de certs serveis públics. *[franquicia]*

frare. m. Nom que es dóna als religiosos de certes ordens. *[fraile]* // Doblec del vestit o del full d'un llibre. *[fraile]* // Nom de diferents plantes de la família de les orobancàcies. // Antigament, germà agnat i germà espiritual. *[hermano]*

frase. f. Conjunt de paraules amb un sentit complet. *[frase]* // Període curt en una composició musical, amb individualitat rítmica. *[frase]*

frasejar. v. tr. i intr. Tr. Llegir, dir, destacant bé les frases. *[frasear]* // Intr. Formar frases de tal o tal manera. *[frasear]*

fratern, erna. adj. Relatiu o pertanyent als germans. *[fraterno]*

fraternitat. f. Unió entre germans, germanor. *[fraternidad]*

fraternitzar. v. intr. Tractar-se com a germans. *[fraternizar]*

fratricida. adj. i m. i f. Que mata a un germà. *[fratricida]* // Propi del fratricidi. *[fratricida]*

fratricidi. m. Mort violenta donada al germà. *[fratricidio]*

frau. m. Acció d'enganyar a algú. *[fraude]* // Contraban. *[contrabando]*

frau. m. Espai de terra que es deixa als camps entre dues fileres de plantes o arbres o entre dos arbres o plantes. *[almanta, entreliño]* // f. Pas estret entre muntanyes, congost. *[garganta, desfiladero, cañada]*

fraudulent, enta. adj. Que és fet amb frau; que empra el frau, enganyós. *[fraudulento]*

fre. m. Instrument de ferro que posen a la boca dels cavalls per a dominar-los. *[freno]* // Aparell per a moderar i deturar el moviment. *[freno]* // Plec membranós que limita els moviments d'un òrgan, com la llengua i el prepuci. *[frenillo]*

frec. m. Fregament. *[fregadura]*

fred. m. Sensació produïda per la pèrdua o manca de calor. *[frío]*

fred, eda. adj. Que té una temperatura sensiblement més baixa que la del cos humà. *[frío]* // Indiferent, que mostra poc interés. *[frío]*

fredejar. v. intr. Mostrar-se més o menys freda una cosa. // Fer fred, deixar sentir fred. *[hacer frío]*

fredolí. m. Esgarrifança de fred, calfred. *[escalofrío]*

fredolic, ica. adj. Molt sensible al fred. *[friolero]* // m. Bolet menut de barret groc grisenc.

fredor. f. Qualitat de fred. *[frialdad]* // Indiferència, esquivesa. *[frialdad]* // Temperatura freda, temps fred. *[frío]*

frega. f. Remei que es fa fregant una part del cos amb les mans, etc. *[friega]*

fregadís, (pl. **issos**). m. Acció i efecte de passar una cosa fregant-ne una altra. *[roce]* // Fregall. *[estropajo]*

fregador, ora. m. i f. Lloc on freguen els plats, etc. *[fregadero]* // Que frega. *[fregador]*

fregall. m. Porció d'espart que serveix per a fregar i escurar. *[estropajo]*

fregar. v. tr. i intr. Tr. Tocar, passant, la superfície d'una cosa. *[frotar]* // Netejar els plats, el paviment, etc. *[fregar]* // Intr. Moure's dues superfícies en contacte. *[rozar]*

fregir. v. tr. Coure un menjar amb oli, mantega, etc., bullents. *[freir]*

freix. m. Freixe. *[fresno]*

freixe. m. Arbre de la família de les oleàcies de fusta blanca i elàstica. *[fresno]*

freixura. f. Entranyes, especialment les dels animals i sobretot els pulmons d'un animal, el lleu. *[asadura, bofes]*
fremir. v. intr. Tremolar fortament, convulsivament. *[estremecerse]*
frenar. v. tr. Deturar el moviment d'un carruatge o màquina fent funcionar el fre. *[frenar]*
frenesí, (pl. **ís**). m. Deliri furiós; exaltació violenta de l'esperit. *[frenesí]*
freqüència. f. Qualitat de freqüent, repetició reiterada i a curts intervals d'un acte, d'un esdeveniment. *[frecuencia]*
freqüent. adj. Que es repeteix sovint. *[frecuente]*
freqüentar. v. tr. Concórrer amb freqüència a un lloc. *[frecuentar]*
fresa. f. Acció de pondre els peixos. *[freza, desove]*
fresa. f. Aïna amb una punta cònica d'acer, amb què s'eixampla l'entrada d'un forat en una fusta, metall, etc. *[fresa]*
fresar. v. intr. i tr. Intr. Refregar fent pressió. // Pondre els peixos. *[frezar]* // Llevar la pellofa als grans, com ara blat, ordi, dacsa o llegums molent-los en casa. *[mondar]* // Tr. Treballar una peça de metall amb la fresa. *[fresar]*
fresc, esca. adj. Moderadament fred. *[fresco]* // Acabat de fer. *[fresco]* // De bon color i bones carns. *[fresco]* // Que no s'immuta fàcilment. *[fresco]*
fresca. f. Fred moderat, temps fresc. *[frescor, fresco]*
frescor. f. Qualitat de fresc. *[frescura, fresco]*
fressa. f. Soroll, remor contínua. *[ruido]*
fressar. v. intr. Fer fressa, soroll. *[rumorear]* // Menjar els cucs de seda. *[frezar]* // Freqüentar sovint un camí, un terreny *[trillar]*
fretura. f. Necessitat, manca de cosa necessària. *[falta, carencia, necesidad]*
freturar. v. intr. Tenir necessitat d'una cosa. *[carecer]*
freu. m. Llenca de mar entre dues terres pròximes, estret. *[estrecho]* // Estret entre dues muntanyes o penyals. *[desfiladero, garganta]*
frèvol, èvola. adj. Flac de forces, sense vigor. *[endeble, débil]*
fricatiu, iva. adj. Dit dels sons bucals produïts per la fricció de l'aire. *[fricativo]*
fricció. f. Acció de fregar o fer fregues. *[fricción]*
friccionar. v. tr. Fer fregues o friccions. *[friccionar]* // Sotmetre a una fricció. *[friccionar]*
frígid, ígida. adj. Molt fred. *[frígido]*
frígola. f. Mata molt olorosa, usada com a condiment i com a medicament, timó. *[tomillo]*
frigorífic, ífica. adj. Que produeix fred. *[frigorífico]* // m. Aparell, generalment elèctric, per a la conservació de determinades substàncies a baixa temperatura. *[frigorífico]*
fris. m. Part de l'entaulament entre l'arquitrau i la cornisa. *[friso]* // Faixa que sol pintar-se a la part inferior de les parets. *[friso]* // Cadascun dels petits aglomerats esfèrics de fibres emprats en la fabricació de certs fils de fantasia.
frisar. v. intr. Fabricar els aglomerats anomenats frisos. *[frisar]* // Alçar o cardar el pèl de certs draps de llana. *[frisar]* // Fregar lleugerament; tocar de prop a una certa edat. *[frisar, rozar]*
frissar. v. tr. Impacientar-se vivament d'esperar una cosa que no ve, que ve massa lentament, que hauria de fer-se i no es fa, etc. *[concomerse]* // Tenir pressa a fer una cosa. // Apressar-se, anar de pressa; obrar ràpidament. *[apresurarse]*
frívol, ívola. adj. Lleuger, insubstancial. *[frívolo]*
frivolitat. f. Qualitat de frívol. *[frivolidad]*
fronda. f. Conjunt de fulles d'una planta. *[fronda]*
frondós, osa. adj. Abundós de fulles i branques. *[frondoso]*
front. m. Part superior de la cara, des de damunt dels ulls fins al començament del crani. *[frente]* // Part anterior o més avançada d'alguna cosa. *[frente]*
fronter, era. adj. Col·locat enfront, davant per davant. *[frontero]*
frontera. f. Límit d'un territori. // Paret anterior d'un edifici, façana. *[frontera]*
frontis. m. Façana o frontispici. *[frontis]*
frontispici. m. Cara principal d'un edifici.

[frontispicio] // La pàgina d'un llibre en la qual hi ha el títol. *[frontispicio]* // Il·lustració que ocupa la pàgina encarada amb la del títol. *[frontispicio]*

frontissa. f. Instrument format per dues planxetes de ferro, etc., que serveix per a fer girar les portes. *[bisagra]*

frontó. m. Acabament triangular d'una façana. *[frontón]* // Paret contra la qual juguen a pilota. *[frontón]* // Edifici disposat per a jugar a pilota contra una paret. *[frontón]* // En els trinquets de pilota valenciana, mur d'uns quatre metres d'altura que es correspon amb els dos costats més menuts del rectangle. // **frontó de dalt.** El de la part del dau. // **frontó de baix.** El de la part del rest.

fructificar. v. intr. Donar fruit. *[fructificar]*

frugal. adj. Moderat en el menjar. *[frugal]*

fruïció. f. Acció de fruir, goig que se sent del bé posseït. *[fruición]*

fruir. v. intr. Sentir un viu plaer per la consecució d'un cosa desitjada, gaudir. *[fruir, gozar, disfrutar]*

fruit. m. Producte de la fecundació de les plantes que conté les llavors. *[fruto]* // Qualsevol producte útil de la terra. *[fruto]* // Profit, utilitat que alguna cosa produeix. *[fruto]*

fruita. f. Fruit comestible. *[fruta]*

fruiter, era. adj. Que dóna fruit. *[frutero]* // m. i f. Persona que ven fruita. *[frutero]*

fruitera. f. Recipient per a la fruita. *[frutero]*

fruitós, osa. adj. Fèrtil, que dóna fruit. *[fructuoso]*

frunzir. v. tr. Fer plecs menuts a la roba. *[fruncir]*

frustració. f. Acció i efecte de frustrar. *[frustración]*

frustrar. v. tr. Deixar sense efecte un propòsit. *[frustrar]* // Privar algú d'allò que esperava. *[frustrar]*

fuet. m. Assot. *[látigo]* // Llonganissa llarga i molt prima. *[longaniza]*

fuetejar. v. tr. Donar colps de fuet. *[fustigar, azotar, zurriagar]*

fuga. f. Fugida. *[fuga]* // El fort d'una cosa passatgera. *[fuerte, fiebre]* // En música, composició fundada sobre un tema i la seua imitació periòdica en diferents veus o tons. *[fuga]*

fugaç. adj. De molt poca durada. *[fugaz]*

fugida. f. Acció de fugir. *[huida, fuga]*

fugir. v. intr. Apartar-se d'un lloc, escapar-se per a evitar un dany. *[huir, escapar]* // Allunyar-se alguna cosa ràpidament. *[huir]*

fulgència. f. Qualitat de fulgent *[fulgencia]*

fulgent. adj. Resplendent, lluent. *[fulgente]*

fúlgid, úlgida. adj. Lluent, resplendent, que fulgeix. *[fúlgido]*

fulgidesa. f. Qualitat de fúlgid. *[fulgor]*

fulgir. v. intr. Resplendir, brillar. *[fulgir]*

fulgor. m. i f. Esplendor d'un cos lluminós. *[fulgor]*

fulgurar. v. intr. Llançar raigs de llum. *[fulgurar]*

full. m. Tros de paper que es fabrica d'una vegada en el motle. *[pliego, hoja]* // Cadascuna de les fulles d'un llibre o quadern. *[hoja]* // Làmina molt prima que s'alça dels metalls en encunyar-los. *[hoja]*

fulla. f. Part plana i prima que naix en els brots dels vegetals. *[hoja]* // Pètal. // Làmina prima de metall, especialment d'una arma o aïna com la fulla d'una espasa, ganivet, etc. *[hoja]* // Part que talla en les armes de tall i aïnes. *[hoja]* // En una porta, finestra, etc., cadascuna de les parts mòbils que obrin o tanquen. *[hoja]*

fullaraca. f. Conjunt de fulles despreses dels arbres. *[hojarasca]*

fullejar. v. tr. Passar els fulls d'un llibre, etc., llegint-ne algun passatge, anotació, etc. *[hojear]*

fullet. m. Obra impresa d'un nombre de pàgines generalment no superior a una cinquantena. *[folleto]*

fulletó. m. En un periòdic, part reservada per a la publicació de novel·les, etc. *[folletín]* // Llibre de pocs fulls. *[folleto]*

fullós, osa. adj. Que té fulles, que fa fulles. *[hojoso, frondoso]*

fulminar. v. tr. i intr. Tr. Fer explotar una

matèria explosiva. *[fulminar]* // Llançar una condemnació. *[fulminar]* // Intr. Llançar llamps. *[fulminar]*

fum. m. Producte gasós que es desprén en una combustió. *[humo]* // pl. Vanitat, presumpció, altivesa. *[humos]*

fumador, ora. m. i f. El qui té costum de fumar. *[fumador]* // m. Lloc destinat per a fumar. *[fumadero]*

fumaguera. f. Fum abundós i espés. *[humareda]* // Gran quantitat de fum. *[humareda]*

fumar. v. tr. i intr. Tr. Exposar a l'acció del fum. *[ahumar]* // Ennegrir per l'acció del fum. *[ahumar]* // Aspirar el fum del tabac. *[fumar]* // Intr. Desprendre fum un cos en combustió, un líquid calent, etc. *[humear]* // Fer fum. *[humear]*

fumarell. m. Ocell de pas, blanc del baix ventre, que nia prop dels estanys i albuferes. *[golondrina de mar]*

fumejar. v. intr. Fer fum o baf semblant al fum. *[humear]*

fumeral. m. Conducte que dóna eixida al fum d'una cuina, forn, etc. *[chimenea]*

fumet. m. Petita vanitat.

fumigar. v. tr. Aplicar el fum o vapor de substàncies cremades o calfades a un objecte o lloc per a desinfectar-lo, per a netejar els arbres de paràsits, etc. *[fumigar]*

fumista. m. El qui té per ofici construir, posar, conservar, els aparells de calefacció. *[fumista]*

fumós, osa. adj. Que fa fum abundant. *[humoso]*

funàmbul, àmbula. m. i f. Persona que fa treballs d'equilibri sobre una corda estirada. *[funámbulo]*

funció. f. Acció pròpia d'un òrgan o d'un aparell d'un animal o planta. *[función]* // Exercici d'un càrrec. *[función]* // Cerimònia religiosa més o menys solemne. *[función]* // Diversió o espectacle, etc. *[función]*

funcionament. m. Manera de funcionar una cosa. *[funcionamiento]*

funcionar. v. tr. Acomplir la seua funció o funcions. *[funcionar]*

funcionari, ària. m. i f. El qui exerceix una funció pública. *[funcionario]*

funda. f. Coberta de roba, cuiro, etc., que hom usa per a embolicar o tenir guardada una cosa. *[funda]*

fundació. f. Acció i efecte de fundar. *[fundación]* // La cosa fundada. *[fundación]*

fundar. v. tr. Crear una institució, etc. *[fundar]* // Defensar o establir amb raons o motius. *[fundar]*

fúnebre. adj. Relatiu als morts. *[fúnebre]* // Molt trist i luctuós. *[fúnebre]*

funeral. adj. Relatiu o pertanyent a l'enterrament d'un difunt. *[funeral]* // m. Ofici religiós en sufragi d'un difunt. *[funeral]*

funest, esta. adj. Que causa pena o malvestat. *[funesto]* // Que porta la mort o una gran desgràcia. *[funesto]*

fungible. adj. Que es consum per l'ús. *[fungible]*

funicular. adj. Que funciona mitjançant una corda. *[funicular]* // m. Tramvia que segueix un camí pendent sostingut per un llibant. *[funicular]*

fur. m. Jurisdicció, poder. *[fuero]* // Privilegi, exempció. *[fuero]* // Llei, estatut o compilació de lleis. *[fuero]*

furga. f. Acció i efecte de furgar. *[escarbadura, hozadura]* // Instrument de ferro per a furgar el foc. *[hurgón]*

furgaestores. m. i f. Persona obstinada a fer el seu fet. *[obstinado]*

furgar. v. tr. Remoure alguna cosa ficant la mà, una furga, etc. *[hurgar, punzar]*

furgó. m. Vagó especial que en els trens de passatgers porta l'equipatge. *[furgón]* // Carro llarg i cobert per a transports. *[furgón]* // Bastó o barra punxeguda per a furgar. *[hurgón, guincho]*

fúria. f. Cadascuna de les tres divinitats infernals del paganisme. *[furia]* // Moviment violent d'ira; violència; impetuositat. *[furia]*

furibund, unda. adj. Ple de fúria, mogut d'ira violenta. *[furibundo]*

furó. m. Mamífer carnívor, de cos llarg flexible, utilitzat per a caçar conills. *[hurón]* // Persona que procura inquirir i saber les coses d'altri. *[hurón]*

furóncol. m. Tumor inflamatori, dur i punxegut, que es forma en el gruix de la pell. *[furúnculo, divieso]*

furor. m. i f. Agitació violenta. *[furia]* // Entusiasme o exaltació pública per alguna cosa. *[furor]*

furt. m. Acció i efecte de furtar. *[hurto]* // La cosa furtada. *[hurto]*

furtar. v. tr. Llevar una cosa contra la voluntat del seu amo. *[hurtar]* // Apoderar-se d'una cosa d'altri sense violència ni intimidació. *[hurtar]* // Apropiar-se les coses o escrits d'un altre.

furtiu, iva. adj. Fet d'amagat o que obra d'amagat. *[furtivo]*

fus. m. Instrument per a filar. *[huso]* // Instrument per a debanar la seda. *[huso]*

fusell. m. Arma de foc destinada a l'ús dels soldats d'infanteria. *[fusil]*

fusible. adj. Que es pot fondre. *[fusible]*

fusió. f. Acció i efecte de fondre o de fondre's. *[fusión]*

fusionar. v. tr. Fondre, unificar, fer la fusió de coses abans distintes o separades en una sola cosa. *[fusionar]*

fussar. v. tr. Furgar, fossar, alçar o remoure la terra amb el morro. *[hozar]*

fust. m. Tronc, tros de fusta. *[madero]* // Fonament d'una cosa no material. // Nervi, substància o entitat. *[fuste]* // Part de la columna entre la base i el capitell. *[fuste]*

fusta. f. Part sòlida dels arbres sota la corfa. *[madera]* // Fustam. *[maderaje, maderamen]*

fuster. m. El qui per ofici treballa la fusta. *[carpintero]*

fusteria. f. Ofici i obrador de fuster. *[carpintería]*

futbol. m. Joc de pilota amb el peu que es juga en un camp rectangular. *[fútbol, futbol]*

futbolista. m. Jugador de futbol. *[futbolista]*

fútil. adj. De poca importància, que no val la pena d'ocupar-se'n. *[fútil]*

futilitat. f. Qualitat de fútil. *[futilidad]*

futur, ura. adj. Que serà. *[futuro]* // m. Allò que serà. *[futuro]* // Temps d'un verb que indica una acció que ha de venir. *[futuro]*

g g g g g g g

g. f. Setena lletra de l'alfabet. *[g]*
gabella. f. Impost que es paga a l'estat. *[gabela]*
gàbia. f. Caixa feta amb llistons, filferro, etc., per a tancar-hi animals. *[jaula]*
gabinet. m. Cambra destinada a l'estudi, sala de treball d'un advocat, metge, etc. *[gabinete]* // Cos de ministres de l'estat. *[gabinete]*
gafa. f. Peça de metall per a ajuntar dues coses. *[grapa, laña, pinza, corchete]* // Agulla que serveix per a fermar. *[imperdible]*
gafar. v. tr. Treballar i unir amb gafes una cosa, posar gafes als cossis i llibrells. *[lañar]*
gafarró. m. Ocell conirostre de plomatge verdós, amb ratlles negres. *[gafarrón, pardillo, verdecillo]* // Borratxera.
gafet. m. Ganxet que serveix per a cordar. *[corchete, broche]* // Tanca metàl·lica d'un llibre. *[manecilla]* // Defecte del teixit consistent en bastes de fil d'ordit.
gai, aia. adj. Que dóna alegria. *[gayo, alegre]*
gaia. f. Tros de roba triangular que es posa en un vestit per a donar-li el vol necessari. *[nesga, jirón]*
gaiata. f. Bastó que usen els pastors encorbat en la seua part superior. *[cayado]* // Crossa. *[cayada, muleta]*
gaiatada. f. Colp donat amb una gaiata. *[garrotazo]*
gaiato. m. Bastó encorbat en la seua part superior. *[cayado]*
gaidó, de. loc. adv. Obliquament, de costat, de gairell. *[al soslayo, de lado]*
gairell, de. loc. adv. Obliquament, de costat. *[al soslayo, de lado, de canto]*
gaita. f. Instrument musical de vent. *[gaita]*
gala. f. Ostentació de pompa en una festa. *[gala]*
galà, ana. adj. Que ens captiva per les seues gràcies. *[galano]*
galania. f. Gràcia, gentilesa. *[galanura]*
galant. adj. Atent, cortesà, obsequiós, especialment amb les dones. *[galante]* // Amic de galanteigs. *[galante]*
galanteig. m. Acció de galantejar. *[galanteo]*
galantejar. v. tr. Ser galant envers una dona. *[galantear, cortejar]*
galanteria. f. Acció i expressió obsequiosa. *[galantería]* // Qualitat de galant.
galena. f. Sulfur natural de plom, gris i molt llustrós. *[galena]*
galera. f. Carro gran i cobert. *[galera]* // Vaixell antic, de vela i rem. *[galera]* // En les impremtes, planxa rectangular per a posar les línies de lletres. *[galera]* // Crustaci comestible semblant al llagostí. *[galera]*
galeria. f. Peça llarga, espaiosa i coberta. *[galería]* // Corredor descobert o amb vidrieres. *[galería]* // Camí subterrani, excavat en una mina, etc. *[galería]* // En els trinquets de pilota valenciana, grada situada a la part de dalt dels frontons.
galerna. f. Vent fort del nord-oest en el Cantàbric. *[galerna]*
galet. m. Gallet, campaneta del gargamell. *[galillo]* // Broc menut d'un cànter, etc. *[gollete]* // Tros de brot que sol deixar-se en podar una branca.
galga. f. Barra que es posa sota el botó de les rodes per a servir de fre. *[galga]*
gàlib. m. Arc de ferro per a comprovar si els vagons carregats poden passar pels túnels. *[gálibo]* // Motle de fusta o de ferro. *[gálibo]*

galifardeu. m. Algutzir. // Bordegàs. *[tunante, rufián]*

galileu, ea. adj. i m. i f. Natural o propi de Galilea. *[galileo]*

galimaties. m. Discurs, escrit, obscur i confós. *[galimatías]*

galió. m. Nau de vela, de gran port. *[galeón]*

gall. m. Mascle d'una espècie d'ocell de l'orde de les gallinàcies amb cresta i carúncules vermelles i plomatge abundant i llustrós. *[gallo]* // Nota falsa o desafinada d'un cantant. *[gallo]* // Broc d'un cànter o d'una botija. *[pico]*

galladura. f. Vinça blanquinosa que es troba en el rovell de l'ou fecundat. *[galladura]*

gallard, arda. adj. Dit d'una persona ben plantada d'aspecte sa i vigorós. *[gallardo]* // Valent, coratjós. *[bizarro]*

gallardejar. v. intr. Mostrar gallardia. *[gallardear]*

gallardet. m. Tira volant llarga i estreta, acabada en punta, posada com a senyal o ornament. *[gallardete]*

gallec, ega. adj. Natural o propi de Galícia. *[gallego]* // m. Llengua gallega.

gallejar. v. intr. Fer el valent; alçar la veu amb amenaces. *[gallear, pavonearse]*

gallet. m. Peça de les armes que serveix per a disparar. *[gatillo]* // Penell. *[veleta]* // Peça monetària de cinc cèntims. *[perra chica]*

gallet. m. Campaneta del gargamell, úvula, gargamelló. *[úvula]* // Broc menut d'un cànter, porró, etc. *[gollete, pico]*

galleta. f. Pa de munició sense llevat i recuit. *[galleta]* // Mena de pasta de farina dolça i seca. *[galleta]* // Bufetada. *[sopapo, soplamocos]*

gal·licisme. m. Paraula romànica d'origen gal, llengua cèltica de l'antiga Gàllia. *[galicismo]*

gallina. f. Femella del gall. *[gallina]* // Persona covarda. *[gallina]*

gallinassa. f. Femta de les gallines. *[gallinaza]*

galliner. m. Lloc on es crien les gallines. *[gallinero]* // El qui compra o ven gallines. *[gallinero]*

gallineta. f. Insecte coleòpter de la família dels coccinèl·lids. *[mariquita]* // Peix de l'orde dels pesciformes. *[lucerna]*

galló. m. Cadascuna de les divisions naturals interiors de la part comestible de certs fruits. *[gajo]* // Part quadrada del rem, oposada a la pala. // Gargamell. *[gollete, garganta]*

gallofa. f. Llibret en forma de calendari per a ús dels eclesiàstics que indica l'ofici de cada dia. *[añalejo, gallofa]* // Full o escrit d'un negociat d'una oficina que conté la relació de noms personals i llocs de treball assignats a cada torn i llur horari, alternances, etc., diàriament. *[gallofa]* // Escrit llarg i mancat d'interés. *[gallofa]*

gallòfol. m. Gandul, refractari al treball. *[gallofo, vago, haragán]*

galó. m. Cinta de seda o llana, o de fil d'or o argent, que serveix per a guarnir vestits o altres robes. *[galón]* // Mesura anglesa de capacitat. *[galón]*

galop. m. Marxa ràpida i a salts d'un cavall. *[galope]* // Mena de dansa, de moviment molt viu. *[galope]*

galopar. v. intr. Anar a galop. *[galopar]*

galotxa. f. Vara amb una punta de ferro en un extrem per a clavar-la i reste fixada. *[garrocha]* // Espècie de fletxa o bastó punxegut que els xiquets empren per a jugar tirant-la a les portes, als animals, etc. *[rehilete]* // Pal llarg punxegut per a picar els bous. *[garrocha]* // Joc de pilota valenciana en què la pilota s'ha de fer passar per damunt d'una corda o galotxa fixada a la paret a una certa altura. *[galocha]*

galta. f. Part de la cara que s'estén a cada costat des dels ulls fins a la barba. *[mejilla, carrillo]*

galtada. f. Colp donat a la galta amb la mà oberta. *[bofetada]*

galtejar. v. tr. Bufetejar, donar galtades. *[abofetear]*

galtera. f. Tumor entre l'orella i el coll. *[papera]* // Part alta del pal de les embarcacions de pesca abans d'arribar als galzers. // Cadascun dels taulons que es posen a cada costat de la biga d'una premsa, etc., per a augmentar-ne el pes. // Falda d'una muntanya.

galvana. f. Mandra, peresa, desgana de treballar o de moure's. *[pereza, galbana]*

galvanitzar. v. tr. Sotmetre a l'acció del corrent elèctric un animal viu o mort. *[galvanizar]* // Recobrir d'una lleugera capa de zinc. *[galvanizar]*

galzar. v. tr. Fer galzes, fer el galze a una peça de fusta. *[acanalar, rebajar]*

galze. m. Rebaix que es fa al llarg de la vora d'una peça de fusta, etc., per tal que unes peces encaixen amb les altres. *[rebajo, jable]*

gamarús, (pl. **ussos**). m. Ocell de presa nocturn. *[zumaya, zumacaya]* // Home ignorant i d'escassa aptitud. *[zafio, burro]*

gamba. f. Crustaci comestible semblant al llagostí. *[gamba, camarón]* // Cama de l'home o dels animals. *[pierna]*

gambal. m. Corretja que sosté l'estrep. *[ación]* // Cama. *[zanco, pierna]* // pl. Capacitat intel·lectual *[alcances]*

gambar. v. intr. Caminar, passejar, eixir a esbargir-se, a jugar, a prendre el sol. *[campar]*

gambirot. m. Persona entremaliada i bellugadissa. *[saltabarrancos, saltabardales]*

gambit. m. Certa obertura d'una partida d'escacs. *[gambito]*

gamma. f. Tercera lletra de l'alfabet grec. *[gamma]* // Sèrie de notes musicals; escala musical. *[gama]* // Sèrie de colors graduats. *[gama]*

gana. f. Voluntat de fer alguna cosa. *[gana]* // Desig de menjar, apetit. *[gana, apetito]*

ganga. f. Ocell semblant a la perdiu. *[ganga]* // Adquisició d'una cosa a un preu molt inferior al seu. *[ganga]* // Substància terrosa o pètria que acompanya a un mineral metal·lífer. *[ganga]*

gangli. m. Tumor que es forma als tendons o músculs. *[ganglio]* // Nuc que es troba als nervis o en els vasos limfàtics.

gangrena. f. Desorganització o privació de la vida de qualsevol part d'un cos animal o vegetal. *[gangrena]*

gangrenar-se. v. pron. Sofrir gangrena una part del cos. *[gangrenarse]*

gànguil. m. Embarcació amb què es porta allò que trauen de les màquines dragadores. *[gánguil]*

ganivet. m. Instrument de ferro acerat i d'un sol tall amb mànec. *[cuchillo, cuchilla]*

gansoner, era. adj. Que posa poca activitat en una cosa. *[remolón, cachazudo]*

ganussa. f. Gana de menjar, fam. *[cazuza]*

ganxet. m. Mena d'agulla grossa, amb la punta en forma de ganxo, per a fer treballs de punt. *[ganchillo]* // Treball fet amb aquest instrument. *[ganchillo]* // Agulla arquejada de dues puntes amb què les dones se subjecten el cabell. *[horquilla]*

ganxo. m. Instrument corbat i punxegut que serveix per a agafar alguna cosa. *[gancho]* // Simpatia atractiva. *[gancho]*

ganya. f. Cadascuna de les obertures de la respiració dels peixos. *[agalla]*

ganyada. f. Ferida o cicatriu a la cara. *[chirlo]* // Pinzellada mal donada. *[chafarrinada, pintarrajo]*

ganyota. f. Contracció del rostre o gest burlesc. *[mueca, visaje]*

garantia. f. Acció i efecte de garantir. *[garantía]*

garantir. v. tr. Respondre d'alguna cosa contra dany. *[garantir, garantizar]*

garatge. m. Lloc destinat a guardar els automòbils. *[garaje]*

garba. f. Feix d'espigues tallades i lligades. *[gavilla]*

garbejar. v. intr. Portar les garbes del camp a l'era. *[garbear, barcinar]*

garbell. m. Instrument ple de forats iguals que serveix per a separar grans o altres matèries de grandor desigual. *[criba]*

garbellar. v. tr. Passar grans, etc., pel garbell. *[aechar, cribar]*

garbera. f. Pila de garbes. *[hacina]* // Munt de coses. *[montón]*

garbí. m. Sud-oest, i vent que ve del sud-oest. *[garbino, lebeche]*

garbó. m. Feix de sarments, de branquillons de canyes, etc. *[gavilla, haz, fogote]*

gardènia. f. Arbust de la família de les rubiàcies que fa una flor blanca i molt

flairosa. *[gardenia]* // Flor d'aquesta planta. *[gardenia]*
garfir. v. tr. Agafar fortament amb la mà clavant les ungles. *[agarrar, arañar]*
gargall. m. Flema de la gola expel·lida per la boca. *[gargajo]*
gargallejar. v. intr. Escopir gargalls. *[gargajear]*
gargamell, ella. m. i f. Part superior de la tràquea. *[garganta]*
gargamelló. m. Úvula o vel del paladar. *[campanilla]*
garganxó. m. Laringe, nou del coll. *[garganchón, garganta]*
gàrgara. f. Acció de mantenir un líquid a la gola agitant-lo amb l'expulsió de l'aire dels pulmons. *[gárgara]*
gàrgola. f. Canal sortint per on raja l'aigua de les teulades, etc. *[gárgola]*
gargot. m. Traç imperfecte fet per una mà poc traçuda a escriure. *[garabato]* // Taca de tinta. *[mancha, borrón]*
garguilot. m. Colp donat amb el dit del mig fent-lo lliscar amb força sobre el polze. *[capirotazo, papirote]* // Gargot, ratlla mal feta.
garita. f. Caseta amb finestres llargues i estretes que serveix d'abric a un sentinella o vigilant d'alguna cosa. *[garita]*
garjola. f. Presó. *[cárcel]* // Panxa, ventre. *[panza]*
garlanda. f. Cadena de flors o de fullatge trenat, que es penja com a adorn. *[guirnalda]*
garlopa. f. Gros ribot amb un agafador per a la mà. *[garlopa]*
garnatxa. f. Mena de cep que fa els raïms negres, dolços i de molt bon gust. *[garnacha]* // Nom que es dóna al vi del dit raïm. *[garnacha]* // Vestit talar amb sobrecoll gran. *[toga]*
garneu. m. Peix teleosti de color rogenc. *[cachorrubio]*
garra. f. Muscle de la part posterior de la cama entre el genoll i el taló. // Cama, entre el genoll i el peu. *[pierna]* // Cama o punta d'un cuir. *[piezgo]*
garrafa. f. Ampolla grossa de coll curt. *[garrafa, damajuana]*
garramatxa. f. Tela de mossolina que es porta enrotllada a la cama per a defensar-se de les picades d'insectes i sangoneres el qui treballa a la marjal.
garranyeu. m. Persona o cosa que és la més menuda de la seua classe. *[benjamín]*
garrell, ella. adj. Que té les cames arquejades. *[estevado, patizambo, zancajoso]*
garreta. f. Part de la cama oposada al genoll, garra. *[corva]*
garrí, ina. m. i f. Porc molt jove. *[cochinillo, lechón]* // Últim porc nat d'una cria. *[guarín]*
garriga. f. Terra erma on creix tota mena de brolla. *[matorral]*
garrit, ida. adj. Dit de la persona que té bones garres, alta, esvelta i de moviments gallards que la fan de bon veure. *[apuesto, gallardo, galano]* // Galà.
garró. m. Part inferior de la garra de la cama, petit tendó de l'articulació del taló; extremitat del peu per la part de darrere. *[tendón de Aquiles, garrón]* // Tendó de la part inferior de la cama d'un quadrúpede. *[menudillo, cuartilla]* // Part inferior de la cama, d'un pernil, etc. *[pernil]*
garrofa. f. Fruit del garrofer. *[algarroba]*
garrofer. m. Arbre de la família de les papilionàcies, el fruit del qual serveix d'aliment a les cavalleries i altres bèsties. *[algarrobo]*
garrofí. m. Llavor o pinyol de la garrofa. *[garrubia]* // Varietat de veça de llavor blanca. *[arvejón, garrubia]*
garrofó. m. Fesol de garrofa, que és prim i molt ample.
garrot. m. Bastó gruixut. *[garrote]* // Suplici amb què el reu és escanyat amb una argolla de ferro. *[garrote]*
garrotar. v. tr. Estrényer fort per mitjà d'un garrot. *[agarrotar]* // Estrényer fort un vestit o un lligam. *[agarrotar]*
garrotejar. v. tr. Bastonejar, donar garrotades, pegar amb un garrot. *[bastonear]*
garrotxa. f. Terreny aspre, trencat, escabrós, de mala petja. *[breña, risco]*
garrut, uda. adj. Que té bones garres. *[garrudo]* // Arribat a total creiximent; fadrí, garrit. // Tort de cames. *[patizambo, desgarbado]*
garsa. f. Ocell camallarg de la família dels

còrvids, de plomatge negre iridescent amb el ventre i la punta de les ales blancs, dita en valencià la pica blanca i la blanca. *[pícara, urraca]* // Nom que es dóna a alguns ocells ardeids, com la ganta, la garsa roja o agró, la garsa de mar, la garsa reial o bernat pescaire, etc.

garsar-se. v. pron. Deformar-se per contracció, especialment la fusta, una porta, una post, un moble, etc. *[alabearse]*

garsejar. v. tr. Encorbar una fusta per contracció. *[alabear]* // **-se.** Encorbar-se, doblegar-se una fusta, per l'acció de la humitat, etc. *[alabearse]*

gas. m. Qualsevol fluid aeriforme a la temperatura i pressió ordinàries. *[gas]* // Mescla de productes gasosos obtinguda per destil·lació del carbó i que s'empra per a l'enllumenatge i calefacció. *[gas]*

gasa. f. Tela molt clara i subtil caracteritzada per la separació amb què estan col·locats els fils. *[gasa]*

gasejar. v. tr. Aplicar un gas, saturar de gas. *[gasear]* // Socarrimar el borrissol dels teixits i filats.

gasela. f. Antílop menut, molt àgil que viu a Pèrsia, Aràbia i nord d'Àfrica. *[gacela]*

gaseta. f. Publicació periòdica que dóna notícies polítiques, literàries, etc. *[gaceta]*

gasetilla. f. Part d'un periòdic, destinada a la publicació de notícies curtes. *[gacetilla]* // Cadascuna d'aquestes notícies.

gasificar. v. tr. Convertir en gas un cos. *[gasificar]*

gasiu, iva. adj. Que escatima allò que ha de donar, miserable, avar. *[tacaño]*

gasiveria. f. Qualitat de gasiu. *[tacañería]*

gasó. m. Terròs de terra compacta adherit a les arrels d'una planta, especialment quan és transplantada. *[terrón]* // Pella del tronc d'un arbre. // Herbei curt. *[césped]*

gasòfia. f. Menjar que són les sobres de diferents menjars. *[bazofia]*

gasolina. f. Líquid volàtil inflamable procedent de la primera destil·lació del petroli. *[gasolina]*

gasós, osa. adj. Que és de la naturalesa dels gasos. *[gaseoso]*

gaspatxo. m. Menjar de muntanya molt substanciós i nutritiu fet a base de llebre o conill de muntanya i altres carns en abundància. *[gazpacho]*

gast. m. Acció i efecte de gastar. *[gasto]*

gastament. m. Acció i efecte de gastar o de gastar-se. // Acte d'avortar, avort, avortament. *[aborto]*

gastar. v. tr. Consumir, deteriorar amb l'ús. *[gastar, estropear]* // Usar habitualment. *[gastar]* // Despendre diners o altra cosa. *[gastar]*

gàstric, àstrica. adj. Relatiu o pertanyent a l'estómac. *[gástrico]*

gat, ata. m. i f. Mamífer carnisser domèstic. *[gato]* // m. Peix selaci molt voraç. *[tollo]* // Màquina destinada a alçar a poca altura grans pesos. *[gato]* // Estrenyedor que empren els fusters. *[cárcel]*

gatada. f. Acció disbaratada. *[gazapatón, disparate]*

gatameus, a. loc. adv. De quatre grapes. *[a gatas]*

gatge. m. Senyal d'acceptació d'un desafiament. *[gaje]* // Penyora, garantia.

gatinyar-se. v. pron. Barallar-se de paraula o a tocs, sense fer-se quasi mal.

gatxull. m. Fang clar, xapull. *[lodazal]* // Part de la cort on els porcs deixen els excrements.

gatzara. f. Cridòria amb què una colla de gent manifesta la seua alegria. *[algazara]*

gatzoneta, a la. loc. adv. Posició del cos de manera que les natges toquen els talons. *[en cuclillas]*

gaudi. m. Moviment de l'esperit que es complau en la possessió o esperança d'algun bé. *[gaudio]* // Acció de gaudir, goig. *[goce]*

gaudir. v. intr. i tr. Intr. Posseir algun bé o alguna cosa, traient-ne profit, dignitat o avantatge. *[gozar, disfrutar]* // Tr. Sentir un viu plaer, especialment per la possessió d'una cosa desitjada, fruir. *[gozar, disfrutar]* // Sentir goig per la possessió d'una cosa. *[gozar, disfrutar]*

gavany. m. Peça d'abric amb mànigues. *[gabán]*

gavardina. f. Peça d'abric lleugera. *[gabardina]*

gavarra. f. Embarcació per a transportar càrrega de les naus a terra i viceversa. *[gabarra]*

gavarrot. m. Tatxa curta de cabota grossa. *[tachuela, gabarrón]*

gavell. m. Reunió de moltes coses. *[cúmulo]* // Garba, feix. *[haz]*

gavella. f. Feix menut de branquillons, etc. *[gavilla, haz, garbón]*

gaveta. f. Recipient menut per a pastar morter, etc., i també per a donar menjar als animals. *[cuezo, dornajo]*

gavina. f. Ocell palmípede d'ales grosses i plomes generalment blanques que viu a les costes i menja principalment peixos. *[gaviota]*

ge, (pl. es). f. Nom de lletra «g». *[ge]*

gec. m. Peça del vestit fins a la cintura amb mànigues. *[chaqueta]*

gegant, anta. m. i f. Persona d'una estatura extraordinària. *[gigante]*

gel. m. Aigua reduïda a l'estat sòlid pel fred. *[hielo]*

geladora. f. Atifell disposat per a gelar begudes. *[heladora]*

gelar. v. tr. i intr. Tr. Coagular l'acció del fred algun líquid. *[helar]* // Intr. Fer un fred intensíssim. *[helar]*

gelat, ada. adj. Fred com el gel. *[helado]* // m. Beguda o menjar gelat. *[helado]*

gelatina. f. Substància sòlida, incolora i transparent, treta dels ossos i altres parts dels animals. *[gelatina]*

gelea. f. Preparació alimentosa de consistència blana i elàstica. *[jalea]*

gelera. f. Lloc on la neu no es fon en tot l'any. *[helero, ventisquero]* // Lloc on es guarda la neu. *[nevera]*

gèlid, èlida. adj. Gelat o molt fred. *[gélido]*

gelós, osa. adj. Que té gelosia; que té un zel recelós per allò que estima. *[celoso]* // Que fa gel, molt fred, com el gel.

gelosia. f. Recel del qui tem que la persona estimada haja canviat l'objecte de la seua estimació. *[celos]* // Enreixat de llistons posat en una finestra, etc., per a poder veure sense ser vist. *[celosía]*

gema. f. Botó floral. *[yema]* // Rovell de l'ou. *[yema]* // Dolç sec compost de sucre i rovell d'ou. *[yema]*

gemat, ada. adj. Esclatant de verdor, ufà. *[lozano, exuberante]*

gemec. m. So planyívol, inarticulat que ens fa exhalar una pena, un dolor que ens afligeix. *[gemido]*

gemecar. v. intr. Fer gemecs, gemegar. *[gemir]*

gemegar. v. intr. Fer gemecs. *[gemir]* // Fer un soroll planyívol. *[gemir]*

geminar. v. tr. Repetir un fonema, especialment en la producció d'una consonant, pronunciar una consonant doble com la «l» de pal·li, la «n» d'innat o la «m» d'immortal. *[geminar]*

geminat, ada. adj. Disposat en parell. *[geminado]*

gemir. v. intr. Gemecar. *[gemir]*

gemma. f. Pedra preciosa i principalment la tallada i polida. *[gema]* // Botó floral. *[yema]*

gendre. m. Marit de la filla. *[yerno]*

genealogia. f. Sèrie de progenitors o ascendents d'un individu. *[genealogía]*

gener. m. El primer mes de l'any. *[enero]*

generació. f. Acció i efecte de generar. *[generación]* // Successió de descendents en línia recta. *[generación, descendencia]* // Conjunt de tots els vivents coetanis. *[generación]*

generador, ora. adj. Que genera. *[generador]* // m. En les màquines de vapor, caldera que el produeix. *[generador]*

general. adj. Que convé a la gran majoria dels casos. *[general]* // m. Prelat superior d'una orde religiosa. *[general]* // El qui comanda un exèrcit. *[general]*

generalitat. f. Qualitat de general. *[generalidad]* // Idea vaga, poc precisa. *[generalidad]* // Govern del País Valencià o de Catalunya. *[generalidad]*

generalitzar. v. tr. Aplicar allò que és cert en alguns casos a tots els casos. *[generalizar]*

generar. v. tr. Donar naixença a un ser semblant a si mateix. *[generar]* // Produir, formar per mitjà d'un procés científic. *[generar]* // Procrear, engendrar.

gènere. m. Grup natural d'essers que s'assemblen per certs caràcters essencials.

[género] // En gramàtica, accident que indica el sexe de les persones o animals o el que és atribuït a les coses. *[género]* // Qualsevol mercaderia. *[género]*

genèric, èrica. adj. Comú a moltes espècies. *[genérico]*

generós, osa. adj. De nobles sentiments, especialment inclinat al perdó, a no abusar de la força. *[generoso]* // Que recompensa llargament. *[generoso]*

generositat. f. Qualitat de generós i desinteressat. *[generosidad]*

gènesi. f. Origen o principi d'una cosa. *[génesis]* // Conjunt dels fenòmens que donen per resultat un fet. *[génesis]*

genet. m. Soldat de cavall que lluitava amb llança. *[jinete]* // El qui va a cavall. *[jinete]*

geneta. f. Mamífer carnisser de pèl fosc amb taques negres. *[garduña, gineta]*

geneta, a la. loc. adv. Manera de muntar a cavall amb estreps curts i les cames, des del genoll, en posició vertical. *[a la jineta]*

geni. m. Deïtat que segons els pagans presidia el destí d'una persona o lloc. *[genio]* // Caràcter peculiar de cadascú. *[genio]* // Força intel·lectual extraordinària o facultat de crear o inventar grans coses. *[genio]* // Persona dotada d'aquesta aptitud o poder. *[genio]*

genial. adj. Inspirat pel geni. *[genial]* // Dotat de geni. *[genial]*

genialitat. f. Qualitat de genial. *[genialidad]* // Singularitat pròpia del caràcter d'una persona. *[genialidad]*

genitiu. m. Cas de la declinació que denota relació de propietat, possessió o pertinença. *[genitivo]*

geniüt, üda. adj. Que té el geni molt fort o violent, irritable. *[geniudo]*

geniva. f. Carn que cobreix la barra i guarneix la dentadura. *[encía]*

genocidi. m. Destrucció premeditada d'un grup humà racial, nacional, lingüístic, religiós, etc. *[genocidio]*

genoll. m. Articulació de la cuixa amb la cama en la seua part anterior. *[rodilla]*

genollera. f. Qualsevol cosa que es posa per a defensa del genoll. *[rodillera]* // Convexitat que arriben a formar els pantalons en la part que cau damunt el genoll. *[rodillera]*

genollons, de. loc. adv. Amb els genolls a terra suportant el pes del cos. *[de hinojos, de rodillas]* // **a genollons.** En verbs de moviment, caminar amb els genolls a terra. *[de rodillas]*

gens. adv. Expressa quantitat o intensitat mínima. *[nada]*

gent. f. Pluralitat de persones. *[gente]* // Nom col·lectiu donat a cadascuna de les classes que hom distingeix en la societat. *[gente]*

gentada. f. Concurrència de molta gent. *[gentío]*

gentil. adj. Idòlatra o pagà, no cristià. *[gentil]* // De maneres delicades, cortés, afectuós. *[gentil]*

gentilesa. f. Qualitat de gentil. *[gentileza]* // Acte, paraula, propis d'una persona gentil. *[gentileza]*

gentilici, ícia. adj. Relatiu o pertanyent a les gents o pobles. *[gentilicio]*

gentola. f. Gent baixa, menyspreable.

genuflexió. f. Acció de doblar el genoll en senyal de reverència, d'adoració o submissió. *[genuflexión]*

genuí, (pl. ïns), ïna. adj. No fals, ver, llegítim. *[genuino]*

geògraf, ògrafa. m. i f. Entés en geografia. *[geógrafo]*

geografia. f. Ciència de la descripció de la terra. *[geografía]*

geogràfic, àfica. adj. Relatiu o pertanyent a la geografia. *[geográfico]*

geòleg, òloga. m. i f. Entés en geologia. *[geólogo]*

geologia. f. Ciència que tracta de la història de la terra, de l'estat actual dels materials que la componen i llur formació. *[geología]*

geometria. f. Tractat de les propietats i mesures de l'extensió. *[geometría]*

geomètric, ètrica. adj. Relatiu o pertanyent a la geometria. *[geométrico]*

gep. m. Protuberància deformadora sobre l'esquena o el pit, gepa. *[giba, joroba]*

gepa. f. Protuberància a l'esquena o al pit produïda per una desviació de la columna vertebral o de l'estèrnum, gep. *[giba, joroba]*

geperut, uda. adj. Que té un gep o diversos. *[jorobado, giboso]*

gerani. m. Planta molt conreada als jardins per la color viva de les seues flors. *[geranio]*

gerència. f. Càrrec i oficina del gerent. *[gerencia]*

gerent. m. El qui dirigeix els negocis i porta la firma d'una societat o empresa mercantil. *[gerente]*

germà, ana. m. i f. Persona o animal nat dels mateixos pares. *[hermano]* // Persona que respecte a l'altra té el mateix pare que ella en sentit moral. *[hermano]* // Cosa respecte a una altra que li és semblant o d'origen igual. *[hermano]*

germanastre, astra. m. i f. Fill d'un dels dos cònjuges respecte al fill de l'altre. *[hermanastro]*

germandat. f. Conjunt de germans d'una família. *[hermandad]* // Associació per a fins de pietat o beneficència mútua. *[hermandad]*

germani. m. Metall blanc grisenc. *[germanio]*

germania. f. Germanor. *[hermandad]* // En el dret foral valencià, comunitat i disposició de béns en igualtat de drets entre marit i muller, dit **matrimoni de germania.** // Cadascuna de les juntes formades pels qui, al principi del regnat de Carles V, s'alçaren a València i a Mallorca. *[germanía]*

germànic, ànica. adj. Relatiu o pertanyent a la Germània. *[germánico]* // m. Llenguatge indoeuropeu que parlaven els germànics. *[germano]*

germanor. f. Unió entre germans, fraternitat. *[hermandad, fraternidad]*

germen. m. Principi rudimentari d'un nou ser orgànic. *[germen]* // Part de la llavor de què es forma la planta. *[germen]* // Principi o origen d'una cosa material o moral. *[germen]*

germinar. v. intr. Començar a créixer les llavors. *[germinar]*

gerra. f. Recipient gran de terrissa, més ample del mig que del fons i la boca, per a tenir oli i altres líquids. *[tinaja]*

gerró. m. Gerra menuda per a usos casolans. *[jarro, cantarito]*

gerundi. m. Forma verbal invariable del mode infinitiu. *[gerundio]*

gesmil. m. Arbust de la família de les oleàcies, de flors blanques i oloroses. *[jazmín]* // La flor del gesmiler. *[jazmín]*

gesmiler. m. Arbust oleaci de tiges verdes cobertes de fulles oposades que fa la flor dita gesmil. *[jazmín]*

gespa. f. Herba menuda i espessa que cobreix la terra. *[césped]*

gest. m. Expressió del rostre segons els diversos sentiments de l'esperit. *[gesto]*

gesta. f. Acció memorable. *[gesta]* // Narració de fets memorables. *[gesta]*

gestar. v. tr. Elaborar una cosa per un procés de gestació. *[gestar]*

gesticular. v. intr. Fer gests, especialment parlant. *[gesticular]*

gestió. f. Acció de portar o dirigir els afers d'una societat, empresa, etc. *[gestión]* // Cadascuna de les diligències que es fan per a aconseguir alguna cosa. *[gestión]*

gestionar. v. tr. Fer gestions per a aconseguir alguna cosa. *[gestionar]*

gestor, ora. adj. i m. i f. El qui gestiona o administra. *[gestor]* // f. Entitat que gestiona o administra. *[gestora]*

gibositat. f. Protuberància òssia d'una part de la columna vertebral. *[gibosidad]*

gimnàs. m. Gimnasi. *[gimnasio]*

gimnasi. m. Establiment on es practica la gimnàstica. *[gimnasio]*

gimnàstica. f. Art de desenrotllar i enfortir el cos per mitjà d'exercicis adequats. *[gimnástica]*

ginebra. f. Licor alcohòlic aromatitzat amb ginebrons. *[ginebra]*

ginebre. m. Arbust conífer amb fulles blanquinoses del dret i verdes del revés i fusta forta i flairosa. *[enebro]*

ginebró. m. Fruit del ginebre. *[enebrina]* // Ginebre menut. *[enebro]*

ginesta. f. Planta de la família de les papilionàcies de rames verdes i flexibles i flors grogues molt flairoses. *[hiniesta, retama]*

gínjol. m. Fruit del ginjoler. *[azufaifa]* // fig. Colp donat al cap. *[coscorrón, cachete]*

ginjoler. m. Arbre de fruit comestible vermell de fora i groc de dins. *[azufaifo]*

giny. m. Agudesa d'enteniment. *[ingenio]* // Maquinació, estratagema. *[traza, maña]* // Artefacte, màquina. *[ingenio, máquina]*

gipó. m. Peça de vestir que cobreix el tronc des dels muscles fins a la cintura. *[jubón]*

gir. m. Estructura especial d'una frase o manera d'estar ordenades les paraules per a expressar un concepte. *[giro]* // Direcció que pren un negoci o qüestió. *[giro]* // Acció de girar una lletra, taló, etc. *[giro]* // Moviment de cabals per mitjà de lliuraments, etc. *[giro]*

gira. f. Acte de girar. *[vuelta]* // Roba sobreposada a les mànigues o a altres parts de les peces dels vestits. *[vuelta]* // Doblec del llençol per la part que toca la cara. *[vuelta]*

girada. f. Acció i efecte de girar o de girar-se. *[vuelta]*

girafa. f. Mamífer ruminant de coll molt llarg i les potes de davant més llargues que les posteriors. *[jirafa]*

giragonsa. f. Sinuositat. *[recoveco, rodeo, revuelta]*

girar. v. intr. i tr. Intr. Moure's un cos com una roda al voltant del seu eix. *[girar]* // Tr. Fer passar una cosa d'una posició a una altra mitjançant un moviment de rotació. *[girar, volver]* // Expedir órdens de pagament, etc. *[girar]*

gira-sol. m. Planta de la família de les compostes, de flors grogues. *[girasol]* // Varietat d'òpal. *[girasol]*

giravolt. m. Tomb o volta a l'aire. *[voltereta]*

giravoltar. v. intr. Moure's circularment o espiralment al voltant d'un eix. *[girar, rodar, voltear]*

girola. f. Prolongació de les naus laterals d'una església per darrere l'altar major. *[girola]*

gironí, ina. adj. i m. i f. Natural o propi de Girona.

gitano, ana. m. i f. Individu d'una raça errant que procedeix de l'Índia. *[gitano]*

gitar. v. tr. Llançar, tirar amb fort impuls. *[lanzar, echar, arrojar]* // Fer sortir d'un lloc. *[echar, lanzar, arrojar]* // Fer sortir de la boca, vomitar. *[arrojar, vomitar]* // Cobrir el foc amb cendra. // Ajaure, posar en posició horitzontal, sobre terra, una post, un jaç, un llit, etc. *[echar]* // Posar algú sobre un llit. // **-se.** Ajaure's, posar-se al llit. *[acostarse]*

glaç. m. Aigua reduïda a l'estat sòlid pel fred, gel. *[hielo]*

glaçar. v. tr. i intr. Tr. Causar un gran fred. *[helar]* // Llevar la transparència d'un vidre. *[esmerilar]* // Intr. Solidificar-se l'aigua de les basses, etc., pel fred. *[helar]*

glacial. adj. Pertanyent o relatiu al glaç. *[glacial]* // Extremadament fred. *[glacial]* // Que fa gelar; sense ardor, passió, entusiasme, amb molta fredor. *[glacial]* // Aplicat a les zones polars. *[glacial]*

gladiador. m. En l'antiguitat romana, el qui combatia amb un altre o amb una fera per a divertiment del poble. *[gladiador]*

glàndula. f. Qualsevol dels òrgans que serveixen per a la secreció o excreció de les humors. *[glándula]*

glatir. v. intr. i tr. Intr. Tenir i manifestar gran desig d'alguna cosa. *[anhelar, codiciar]* // Tr. Desitjar vivament alguna cosa que es fa esperar molt. *[anhelar, codiciar]* // Intr. Bategar fortament. *[palpitar, latir]*

gleva. f. Pa de terra que forma massa compacta amb les arrels de les herbes. *[gleba, terrón, tepe]* // Propietat d'un tros de terra. *[gleba, terrón, tebón]* // Porció de sang presa. *[gieba, coágulo]*

glevós, osa. adj. Que fa gleves; abundant de gleva. *[gleboso, terronoso]*

glicerina. f. Líquid incolor, espés i dolç, base de composició dels cossos grassos. *[glicerina]*

global. adj. En conjunt, total, sense discriminació de les parts. *[global]*

glòbul. m. Corpuscle de forma esfèrica o esferoïdal. *[glóbulo]*

globular. adj. Compost de glòbuls. *[globular]* // De forma esfèrica o esferoïdal. *[globular]*

globulós, osa. adj. Format de glòbuls, que té forma de glòbul. *[globuloso]*

globus. m. Cos de forma esfèrica o esferoïdal. *[globo]*

glop. m. Porció de líquid que hom beu d'una vegada. *[sorbo, trago]*

glopada. f. Cada porció que ix d'un colp per un orifici, pas estret, etc. *[bocanada, buche]* // Quantitat de líquid que cap dins la boca, o que es sorbeix d'una vegada. *[sorbo, trago]*

glopejar. v. tr. Tenir per un temps dins la boca agitant-lo un glop d'un líquid. *[enjuagar]*

glòria. f. Visió i possessió de Déu en el cel. *[gloria]* // Honor, distinció, fama, acordats pel consentiment general a una persona o cosa. *[gloria]* // Esplendor, esclat de la grandesa. *[gloria]*

gloriar-se. v. pron. Jactar-se. *[gloriarse]* // Complaure's, alegrar-se. *[gloriarse]*

gloriejar. v. tr. Glorificar, donar glòria. *[glorificar]* // **-se.** Vanar-se d'una cosa. *[gloriarse, vanagloriarse]*

glorieta. f. Placeta coberta en un jardí, generalment tancada per enreixats. *[glorieta]*

glorificar. v. tr. Fer gloriós, elevar a la glòria celestial. *[glorificar]* // Exalçar, donar glòria, conferir la glòria. *[glorificar]*

gloriós, osa. adj. Que dóna glòria. *[glorioso]* // Digne d'honor i lloança. *[glorioso]* // Relatiu a la glòria o benaurança. *[glorioso]* // Benaventurat.

glossa. f. Explicació o paraules aclaridores d'un mot o text obscur o difícil. *[glosa]* // Composició poètica en què cadascuna de les estrofes acaba amb un vers o grup de versos d'aquella estrofa; amplificació o variació sobre un tema. *[glosa]* // Cançó o composició en vers, generalment curta o improvisada. *[glosa]*

glossar. v. tr. Aclarir amb una glossa o comentari. *[glosar]*

glossari. m. Col·lecció de glosses o explicacions dels mots o passatges obscurs d'un autor o d'una obra. *[glosario]*

glotis. f. Obertura superior de la laringe. *[glotis]*

glucosa. f. Sucre del raïm i altres fruites. *[glucosa]*

glutinós, osa. adj. Viscós, adhesiu com gluten. *[glutinoso]*

gnom. m. Ser fabulós, en figura de nen. *[gnomon]*

gnòmon. m. Estil o tija que per la posició de la seua ombra serveix com un indicador. *[gnomon]*

gòbia. f. Desig immoderat, cobejança. *[codicia]*

gofrar. v. tr. Gravar en relleu, dibuixar sobre teixits, pells, etc. *[gofrar]*

goig. m. Emoció causada per la contemplació d'una cosa que ens plau granment, per l'adquisició del bé desitjat. *[gozo]* // pl. Composició poètica en llaor de la Mare de Déu o dels sants. *[gozos]*

gojar. v. intr. i tr. Intr. Gaudir. *[gozar]* // Tr. Fruir. *[gozar]*

gojós, osa. adj. Que sent goig; ple de satisfacció. *[gozoso]* // Alegre. *[alegre]*

gol. m. En futbol, mena de porta en els extrems del camp. *[gol]* // L'acte de fer passar la pilota per la porta o gol. *[gol]*

gola. f. Part anterior del coll. *[garganta]* // Part interior del coll entre el vel del paladar i l'esòfag. *[gaznate]* // Apetit desordenat de menjar i beure. *[gula]* // Entrada que fa un riu en la desembocadura. *[boca, embocadura]* // Ornament de puntes que duien les dones de l'escot per avall. *[bolillo]* // Cimaci.

golafre. adj. Dominat per la gola, que menja molt. *[glotón]*

goleta. f. Embarcació de bordes poc elevades, amb dos o tres pals. *[goleta]*

golf. m. Porció gran de mar que es fica molt endins de la terra. *[golfo]*

golfa. f. Part més alta d'una casa, que té per coberta la teulada, algorfa, porxe. *[desván, granero]*

golfo. m. Conjunt de dues peces de metall enllaçades per un piu que serveixen per a sostenir la fulla d'una porta, etc. *[gozne]*

golós, osa. adj. Que té un apetit desordenat; dominat pel vici de gola; que cerca menjar molt i de coses gustoses. *[goloso]*

gom, de gom a. loc. adv. Dit de l'avinguda d'un riu, etc., quan l'aigua cobreix el seu llit de banda a banda. *[de bote en bote]* // Dit d'un local, plaça, etc., completament plens. *[de bote en bote]*

goma. f. Substància viscosa que flueix d'algunes plantes, i té aplicacions diverses. *[goma]*

gomet. m. Ocell aquàtic que passa la primavera i part de l'estiu a l'Albufera.

gòmia. f. Desig immoderat, cobejança. *[codicia]*

gomós, osa. adj. Que és de la naturalesa de la goma. *[gomoso]*

gòndola. f. Embarcació llarga, estreta, de poc fons, usada principalment en els canals de Venècia. *[góndola]*

gong. m. Instrument musical de percussió format per un disc de metall que, colpejat, produeix un so fort i ressonant.

gord, orda. adj. Abundós de carns. *[gordo]* // Voluminós i corpulent. *[gordo]* // Dur, aplicat al pa, fusta, pedra. // Aspre, grosser, dit de la terra, materials, etc. *[gordo]*

gorg. m. Clot gran, on s'entolla l'aigua d'un riu o barranc. *[cadozo, hoya]* // Remolí que es forma en un corrent d'aigua a causa d'un clot pregon. *[gorgo]*

gorga. f. Gorg o lloc pregon d'un riu. *[cadozo, hoya]* // Gola, gargamell. *[garganta, gaznate]*

gori-gori. m. Expressió que fa al·lusió als cants funerals. *[gorigori]*

goril·la. m. Simi africà antropomorf, de color fosc i alçada com la de l'home i molt feroç. *[gorila]*

gorja. f. Gola, gargamell. *[garganta]* // Pas estret del pany, etc. // Bon humor; alegria festiva. *[juerga, jarana]*

gorra. f. Peça redona, de roba o de punt, per a cobrir el cap. *[gorra]* // Convit de que un s'aprofita i que paga un altre. *[gorra]*

gorrada. f. Salutació feta amb la gorra. *[gorrada, gorrazo]* // Acte de procurarse un plaer gratuïtament, a despeses d'altri. *[gorrada]*

gorrita. f. Grumoll, regruix que es forma en un teixit, pasta, etc., per adhesió i major compacitat de les parts components. *[gorullo]*

gos, (pl. **ossos**). m. Mamífer carnisser que serveix com a animal domèstic. *[perro]* // Home peresós. *[perro, holgazán, gandul]*

gosar. v. intr. Emprendre una cosa amb audàcia. *[osar]* // Tenir prou coratge per a fer una cosa. *[osar]* // Atrevir-se.

got. m. Recipient de vidre, sense peu, que serveix per a beure. *[vaso]* // Anella de ferro per a junyir el timó de la barca. *[vaso]*

got, oda. adj. i m. i f. Relatiu als individus d'un poble germànic que va envair alguns països de l'imperi romà i acabà establint-se a Espanya. *[godo]*

gota. f. Porció molt menuda d'un líquid. *[gota]* // Ornament cònic que imita una gota en desprendre's. *[gota]* // Malaltia que causa inflor i dolors aguts a les articulacions dels extrems del cos. *[gota]*

gotejar. v. intr. Plovisquejar, caure gotes. *[gotear]*

gotera. f. Seguit de gotes. *[gotera]* // Indret del sostre per on cauen. *[gotera]*

gòtic, òtica. adj. Relatiu o pertanyent als gots. *[gótico]* // Dit de l'estil artístic dominant a Europa durant els tres segles darrers de l'Edat Mitjana i que es distingeix per usar l'arc de punta d'ametla. *[gótico]*

gotim. m. Cabrerot. *[redrojo]*

govanella. f. Articulació de la mà amb l'avantbraç. *[muñeca]*

govern. m. Acció i efecte de governar o de governar-se. *[gobierno]* // Conjunt dels qui tenen la direcció política d'un estat. *[gobierno]*

governador, ora. adj. Que governa. *[gobernador]* // m. i f. El qui governa, especialment una província, ciutat, etc., en nom del sobirà. *[gobernador]*

governant. adj. Que governa. *[gobernante]* // m. i f. Aquell qui governa. *[gobernante]*

governar. v. intr. Manar amb autoritat o regir una cosa. *[gobernar]* // Guiar o dirigir. *[gobernar]*

gra. m. Fruit dels cereals. *[grano]* // Tumor menut que naix en alguna part del cos. *[grano]*

gràcia. f. Allò que plau i atrau. *[gracia]* //

Benefici, favor. *[gracia]* // Dita aguda. *[gracia]* // Do de Déu per a l'exercici del bé i l'abast de la benaurança. *[gracia]*

graciar. v. tr. Eximir a algú de la pena a què està condemnat. *[amnistiar, indultar, perdonar]*

gràcies. f. pl. Paraules o altra manifestació d'agraïment. *[gracias]*

gràcil. adj. Subtil i delicat, esvelt, prim. *[grácil]*

graciós, osa. adj. Que té gràcia o atractiu. *[gracioso]* // Que és donat de gràcia o de franc. *[gracioso]*

grada. f. Seient col·lectiu a manera d'escaló llarguer. *[grada]*

gradació. f. Augment o disminució per graus. *[gradación]*

graderia. f. Sèrie de grades o escalons llargs. *[gradería]*

graduació. f. Acció i efecte de graduar. *[graduación]* // Divisió d'una cosa en graus. *[graduación]*

gradual. adj. Que va de grau en grau. *[gradual]* // m. Part de la missa compresa entre l'epístola i l'evangeli. *[gradual]*

graduar. v. tr. Donar a una cosa el grau que li correspon. *[graduar]* // Concedir un grau o títol. *[graduar]* // Assenyalar en una cosa els graus en què es divideix. *[graduar]*

graella. f. Graelles. *[parrilla]* // Teiera.

graelles. f. pl. Instrument de ferro, amb un mànec per a posar al foc allò que cal rostir o torrar. *[parrillas]*

grafia. f. Escriptura d'un vocable en relació a les lletres que hi entren. *[grafía]*

gràfic, àfica. adj. Aplicat a allò que representa alguna cosa per mitjà del dibuix. *[gráfico]* // m. Traçat descrit per mitjà del dibuix. *[gráfico]*

gralla. f. Ocell semblant al corb, de plomatge negre i els peus vermells. *[grajo]* // Instrument musical de vent. *[chirimía]*

gram. m. Planta gramínia de prat, d'olor molt agradable. *[grama]*

gram. m. Unitat de pes; la mil·lèsima part d'un quilogram. *[gramo]*

grama. f. Gram, planta herbàcia de la família de les gramínies que es cria per dins els camps sembrats i és molt tenaç i mala d'eliminar. *[grama]*

gramalla. f. Vestidura llarga, fins els peus, molt usada antigament. *[gramalla, toga, túnica]*

gramàntol. m. Llomàntol. *[bogavante]* // Dit dels pollastres d'una certa mena. // adj. Gramantó, dit dels ocells o pollets amb les ales caigudes. *[alicaído, mantudo]*

gramàtic, àtica. adj. Relatiu o pertanyent a la gramàtica. *[gramatical]* // m. Entès en gramàtica. *[gramático]*

gramàtica. f. Tractat de les lleis que segueix una llengua en el seu ús parlat i escrit. *[gramática]*

gramatical. adj. Relatiu o pertanyent a la gramàtica, conforme a la gramàtica. *[gramatical]*

gramínies. f. pl. Família de plantes herbàcies amb el pericarpi soldat a la llavor. *[gramíneas]*

gramòfon. m. Instrument que reprodueix les vibracions de la veu humana o d'altres sons. *[gramófono]*

gramola. f. Gramòfon sense intervenció de trompa acústica. *[gramola]*

gran. adj. De dimensions considerables, que passen la mida ordinària o usual. *[grande]*

grana. f. Llavor vegetal. *[semilla]* // Porció de civada o altre gra que donen a les cavalleries. *[pienso]* // Matèria colorant vermella extreta de certs insectes. *[grana]* // El color de dita matèria. *[grana]* // Cotxinilla. *[cochinilla]*

granada. f. Acció i efecte de granar. *[granazón]* // Explosiu que llancen els granaders o artillers. *[granada]*

granar. v. tr. i intr. Tr. Reduir a grans. *[granar]* // Intr. Produir gra un cereal. *[granar, madurar]*

granat, ada. adj. Que té el gra ben format, arribat a la maduresa. *[granado]* // m. Pedra fina composta de silicat doble d'alumini i de ferro o altre metall. *[granate]*

grandària. f. Allò que té de gran una cosa, magnitud. *[grandor, tamaño, magnitud]*

grandesa. f. Grandor especialment en sentit figurat, elevació moral; cosa pròpia d'un home, d'un poble, puixants. *[grandeza]* // Dignitat de gran d'Espanya. *[grandeza]*
grandiloqüència. f. Eloqüència gran i elevada. *[grandilocuencia]*
grandiós, osa. adj. Que imposa per la seua grandor. *[grandioso]*
grandor. f. Qualitat de gran. *[grandeza]*
granejar. v. tr. Convertir una massa en gra, reduir a grans, a granalla; donar forma de gra. *[granear]* // Traure gra a una superfície llisa. *[granear]*
graner. m. Lloc on guarden el gra. *[granero]*
granera. f. Manoll de branquillons flexibles, palmes, etc., que serveix per a agranar i netejar el sòl. *[escoba]*
granerada. f. Colp donat amb una granera. *[escobazo]*
granger, era. m. i f. El qui té cura d'una granja. *[granjero]*
granís, (pl. **issos**). m. Llavor menuda d'algunes plantes. // Els grans caiguts a terra, que no s'aprofiten. // Calamarsa. *[granizo]*
granissar. v. tr. i intr. Tr. Fer que un líquid es prenga formant grumolls. *[garrapiñar]* // Intr. Caure graníssol, granissolar, calamarsejar, calabruixar. *[granizar]*
granissat. m. Beguda a mig glaçar. *[granizado, rozado]*
granίssol. m. Aigua congelada lleugera que cau dels núvols en grans. *[granizo]*
granissolar. v. intr. Caure granίssol. *[granizar]*
granit. m. Roca compacta i dura, composta de feldespat, quars i mica. *[granito]*
granívor, ívora. adj. Que s'alimenta de grans. *[granívoro]*
granja. f. Casa de conreu, masia. *[granja]* // Establiment on venen llet, ous i llurs productes. *[granja]*
granota. f. Batraci comestible que té el llom verd amb taques negres i tres ratlles grogues al llarg, i viu en aigua dolça. *[rana]*
grànul. m. Gra molt menut. *[gránulo]* // Boleta de goma i sucre amb una menuda dosi de medicament. *[gránulo]*
granular. v. tr. Reduir a grans. *[granular]* // Cobrir de grans. *[granular]*
graó. m. Pla o peça que ve a certa altura sobre un altre pla. *[peldaño, grada]*
grapa. f. Peça de ferro doblegada en les seues extremitats per a unir i assegurar dues coses. *[grapa]* // Urpa de l'animal. *[garra, zarpa]* // Plaga a la sofraja de les cavalleries. *[grapa]*
grapada. f. Acció d'agafar amb la grapa.
grapar. v. tr. Llevar terra o pedres amb les mans. *[escarbar]*
grapat. m. Acte d'agafar fortament amb la mà. *[zarpazo]* // Porció d'alguna cosa que cap dins el puny. *[puñado]*
grapejar. v. tr. Tocar repetidament alguna cosa. *[manosear, sobar]*
gras, assa. adj. Que conté greix. *[graso]* // m. La part grassa de la carn. *[graso]*
grassor. f. Qualitat de gras, abundància de greix. *[gordura]*
grat, ata. adj. Conforme als nostres gusts o sentiments, agradable. *[grato]* // m. Satisfacció que hom troba en algú o alguna cosa. *[agrado, gusto]*
gratacel. m. Edifici de molts pisos, d'alçada superior a l'ordinària. *[rascacielos]* // Vela menuda que s'hissa, en determinats moments, a la part més alta del pal major.
gratar. v. tr. Fregar amb força i amb una cosa aguda i aspra, generalment amb les ungles. *[rascar]* // Arrancar els animals, amb les grapes, la terra o altra cosa. *[escarbar]*
gratificació. f. Recompensa extraordinària a algú pel seu bon comportament, etc. *[gratificación]*
gratificar. v. tr. Recompensar pecuniàriament un treball, acció, etc. *[gratificar]*
gratinar. v. tr. Coure un menjar de manera que es forme tot al voltant d'ell una crosta. *[gratinar, tostar]*
gratis. adv. Gratuïtament, de franc, debades, sense paga. *[gratis]*
gratitud. f. Sentiment pel qual ens considerem obligats a estimar el benefici que havem rebut i a correspondre-hi. *[gratitud]*

gratuït, ïta. adj. Que es dóna de franc o de gràcia. *[gratuito]* // No motivat, arbitrari. *[gratuito]*

gratulació. f. Acció i efecte de gratular o de gratular-se. *[gratulación]*

gratular. v. tr. Donar l'enhorabona a algú. *[gratular]* // **-se.** Alegrar-se. *[congratularse]*

grau. m. Pas a través d'una costa abrupta. // Punt de la riba que serveix de desembarcador. *[grao]* // Títol i honor concedit a aquell que revalida un grup d'estudis. *[grado]* // Cadascuna de les generacions que marquen la distància d'un parent a un altre. *[grado]* // Cadascuna de les 360 parts iguals en què es considera dividida la circumferència. *[grado]*

grava. f. Pedretes menudes i redonenques de formació natural en les platges no arenoses, als caixers dels rius i barrancs, en el subsòl de certs terrenys, etc., usades sovint en edificació. *[grava]* // Pedra reduïda a trossos amb què s'afermen camins, carreteres. *[grava, casquijo]*

gravador, ora. m. i f. El qui té la professió de gravar. *[grabador]*

gravamen. m. Càrrega imposada sobre alguna cosa, obligació onerosa. *[gravamen]*

gravar. v. tr. Traçar una figura, una inscripció, etc., per mitjà del cisell, etc. *[grabar]* // Fixar en l'ànim una idea, un sentiment. *[grabar]* // Carregar amb un impost. *[gravar]*

gravat, ada. adj. Senyalat de la verola o pigota. *[picoso, picado]* // m. Acció de gravar. *[grabado]* // Art de gravar. *[grabado]* // Estampa obtinguda per mitjà d'una planxa gravada. *[grabado]*

gravetat. f. Qualitat de greu. *[gravedad]* // Gravitació. // Serietat, aspecte sever. *[gravedad]*

gràvida. adj. Que porta dins seu el ser que ha concebut, prenyat. *[grávido]*

gravidesa. f. Condició de gràvid. *[gravidez]*

gravitació. f. Acció i efecte de gravitar. *[gravitación]* // Efecte de l'atracció universal d'uns cossos sobre uns altres, i origen de la gravetat. *[gravitación]*

gravitar. v. intr. Descansar o fer força un cos damunt un altre. *[gravitar]* // Obedir a la gravitació. *[gravitar]*

grec, ega. adj. Natural o propi de Grècia. *[griego]* // m. Llengua dels grecs. *[griego]* // Gregal, nord-est.

greca. f. Ornament que consisteix en una sèrie de línies rectes que formen un traç continu d'angles rectes. *[greca]*

greda. f. Argila arenosa usada principalment per a llevar taques. *[greda, creta]*

gregal. m. Vent del nord-est. *[gregal]*

gregari, ària. adj. Que viu en ramats. *[gregario]* // Que va junt amb altres sense distinció. *[gregario]* // Mancat d'idees o iniciatives pròpies. *[gregario]*

greix. m. Matèria grassa dels animals. *[grasa]* // Brutícia que deixa la suor en els teixits. *[grasa]* // Obesitat.

greixar. v. tr. Untar amb greix. *[engrasar]*

greixonera. f. Atifell de cuina a propòsit per a rostir. *[grasera]* // Recipient on es posa el greix fos per a conservar-lo. *[grasera]* // Cassola on es fon el greix. *[grasera]* // Motle, a manera de barca, per a fer neules. *[barquilla]* // Diferents atifells de cuina per a guisar, rostir, etc.

greixor. f. Excés de greix, condició de greixós. *[grasura, gordura, grasa]*

greixós, osa. adj. Que és de la naturalesa del greix. *[grasoso, grasiento]* // Cobert, tacat de greix. *[grasiento, graso]*

greixum. m. Substància greixosa que es forma damunt una altra. *[grasa]* // Untor o brutícia de greix. *[mugre]* // Abundància de greix. *[gordura]*

gremi. m. Reunió o cos de persones del mateix ofici o professió i regides per les mateixes ordenacions. *[gremio]*

gremial. adj. Relatiu o pertanyent al gremi. *[gremial]*

grenxa. f. Cim de muntanya molt espadat. // La part de damunt del pa, crostosa i arrugada. // Crinera. // Grenya.

grenya. f. Floc de cabells embullats. *[greña, guedeja]*

gres. m. Roca quarsosa de textura granelluda. *[gres]*

gresca. f. Baralla renyina, avalot. *[riña, pendencia, motín]* // Bullici, gatzara. *[gresca, algazara, bulla]*

greu. adj. Pesant, feixuc físicament. *[grave]* // Aplicat a l'accent inclinat d'esquerra a dreta que es posa damunt de certes vocals. *[grave]*

greuge. m. Ofensa de fet o de paraula. *[agravio]* // Greu motiu de queixa. *[agravio]*

grévol. m. Arbre de fulla espinosa i corfa groguenca. *[agrifolio, acebo]* // Ocell gallinaci que viu als boscs de pins.

grifó. m. Canó de metall per a donar eixida a l'aigua, aixeta. *[grifo]* // Rebrot que surt a la soca d'una planta. *[retoño]*

grill. m. Insecte ortòpter d'uns tres centímetres de llarg, negre rogenc, caracteritzat pel so agut i monòtom que fa el mascle fregant entre ells els seus èlitres. *[grillo]*

grill. m. Cama o brot que trauen algunes llavors, bulbs i tubercles quan fermenten. *[grillo, lleta]* // Galló d'una fruita. *[gajo]*

grillar. v. intr. Traure grill les llavors o les plantes, germinar. *[germinar]*

grilló. m. Peça de ferro en forma d'arc per a tenir agafada una cadena al coll, a la cama d'un pres, etc. *[grillete]*

grimpar. v. intr. Enfilar-se ajudant-se de les mans. *[trepar]*

grinyol. m. Crit de dolor del gos i altres animals. *[gañido, aullido]* // Qualsevol so agut i desagradable. *[chirrido]*

grinyolar. v. intr. Fer grinyols. *[chirriar]* // Llançar crits de dolor o d'impaciència un gos o un llop. *[aullar, gañir]*

grip. f. Catarro epidèmic, influença. *[gripe]*

gripal. adj. Relatiu o pertanyent a la grip. *[gripal]*

gripau. m. Calàpet. *[sapo]*

gris, isa. adj. De color intermediari entre el blanc i el negre. *[gris]* // m. El color gris. *[gris]* // Aire fi i gelat no molt fort.

groc, oga. adj. Color semblant al de l'or o del sofre. *[amarillo]* // m. Color groc, matèria colorant groga. *[amarillo]*

grogor. f. Qualitat de groc. *[amarillez]*

groguejar. v. intr. Tirar a groc alguna cosa. *[amarillear]*

groguenc, enca. adj. Que tira a groc. *[amarillento]*

groguinós, osa. adj. Groguenc, que tira un poc a groc, d'un groc esvaït o envellit, suau, no massa fort. *[amarillento]*

groguís, issa. adj. Groguenc. *[amarillento]* // Que tira un poc a groc. *[amarillento]*

groller, era. adj. Poc fi, bast. *[burdo, grosero]*

grolleria. f. Qualitat de groller. *[grosería]* // Dita o fet groller. *[grosería]*

gronxador, ora. adj. Agrunsador. *[columpio]*

gronxar. v. tr. Engrunsar. *[mecer]*

grop. m. Nuc de la fusta. *[nudo]* // Xàfec. *[tormenta]*

gropa. f. Part posterior de l'esquena d'un quadrúpede. *[grupa]*

gros, ossa. adj. Que té un volum considerable. *[grueso, grande]* // m. La part principal i més forta d'un conjunt. *[grueso]*

grossa. f. Dotze dotzenes. *[gruesa]* // El premi major d'una rifa de diners. *[gordo]*

grossària. f. Qualitat de gros, gruix. *[grosor, gordura]* // Volum.

grosser, era. adj. Barroer, descortés. *[grosero, rudo]*

grotesc, esca. adj. Ridícul, extravagant, que fa riure per la seua estranyesa o lletjor. *[grotesco]*

grua. f. Ocell camallarg, de passada, de plomatge gris cendrós. *[grulla]* // Màquina per a alçar coses de molt de pes i carregar-les i descarregar-les. *[grúa]*

grufar. v. tr. Escarbotar la terra amb el morro com fa el porc. *[hozar]*

gruga. f. Eruga, especialment de les plantes cultivades, com la gruga de l'alfals. *[oruga]*

gruix. m. Corpulència o cos d'una cosa, la tercera i menor dimensió d'un cos. *[grueso, espesor]*

gruixa. f. Gruix. *[grueso, espesor]*

gruixut, uda. adj. Que té un gruix considerable. *[grueso]*

grum. m. Petita massa de substància pulverulenta aglomerada o de matèria líquida coagulada, grumoll. *[grumo]* // Cera blanca i ben purificada amb què els cerers donen la darrera capa a les candeles blanques. *[brumo]* // Conjunt de borrons incipients que tenen els arbres, especialment l'ametler, l'olivera, etc., quan van a moure o grumar.

grumar. v. tr. Fer els arbres grums en brotar. *[engrumecer]*

grumet. m. Mosso de la marineria. *[grumete]* // Raïm rogenc i dur que es guarda molt bé per a l'hivern.

grumoll. m. Part del líquid que es pren o coagula. *[grumo]*

grumós, osa. adj. Que forma o conté grums. *[grumoso]*

grunyir. v. intr. Fer grunys, fer crits el porc. *[gruñir]* // Grinyolar un objecte inanimat. *[chirriar, rechinar]*

grup. m. Conjunt de persones o coses unides. *[grupo]*

gruta. f. Cova entre roques. *[gruta]* // Lloc subterrani. *[gruta]*

guaita. f. Acció de guaitar. // m. El qui fa la guaita. *[vigía, centinela, guarda]*

guaitar. v. tr. i intr. Tr. Vigilar amb l'esguard un indret, el mar, un camí, etc. *[atisbar]* // Intr. Mirar, observar. // Considerar.

guaix. m. Conjunt de les tiges o cames que naixen d'un sol gra. *[macolla]*

guaixar. v. intr. Traure guaix una planta. *[amacollar, cuajar]*

gual. m. Paratge d'un riu de poca fondària que pot passar a peu el caminant. *[vado]*

gualdrapa. f. Manta llarga per a cobrir i adornar la gropa de les cavalleries. *[gualdrapa]*

guano. m. Substància molt rica en fosfats i nitrogen usada com a adob de les terres. *[guano]*

guant. m. Coberta de la mà que s'adapta a la seua forma. *[guante]* // Coberta dels artells i de la palma de la mà del jugador de pilota valenciana i que es lliga amb unes vetes.

guany. m. Acció i efecte de guanyar, allò que es guanya. *[ganancia]*

guanyador, ora. adj. i m. i f. Que guanya. *[ganador]*

guanyar. v. tr. Obtenir un profit, una recompensa, etc., com resultat d'un treball, una obra meritòria, etc. *[ganar]* // Véncer en una competició, etc. *[vencer]*

guarà. m. Ase destinat a semental. *[garañón]*

guaraner. m. Home que posseeix un guarà. // fig. Home inquiet que es posa on no el criden. *[entrometido]*

guarda. f. Acció de guardar. *[guarda]* // Cadascuna de les fulles que l'enquadernador posa entre el llibre i les cobertes. *[guarda]* // m. Persona encarregada de la guarda d'alguna cosa. *[guarda]*

guardacostes. m. Vaixell encarregat de guardar les costes. *[guardacostas]*

guardamà. m. Part que protegeix la mà en el puny d'una espasa o daga. *[guardamano]* // Utensili de treball per a protegir la mà. *[guardamano]*

guardapols. m. Qualsevol roba posada damunt d'alguna cosa per a guardar-la de la pols. *[guardapolvo]*

guardar. v. tr. Procurar posar esment i esforç per a conseguir o evitar una cosa. *[procurar, cuidar]* // Preservar, defensar de dany. *[guardar]* // Vigilar, tenir esment a algú o a alguna cosa. *[guardar]* // Posar atenció en una cosa. *[guardar]* // Esperar.

guarderia. f. Lloc on es guarden coses, especialment infants. *[guardería]*

guàrdia. f. Acció de guardar o custodiar. *[guardia]* // Conjunt de soldats o gent armada encarregats de la custòdia d'una persona o cosa. *[guardia]* // Servei de custòdia. *[guardia]* // m. Individu d'una guàrdia. *[guardia]* // **guàrdia civil.** Membre del cos creat per al manteniment de l'orde públic i la protecció de les persones i les propietats. *[guardia civil]*

guardiola. f. Vidriola. *[hucha]*

guardó. m. Premi o recompensa. *[galardón]*

guardonar. v. tr. Recompensar, donar guardó. *[galardonar]*

guaret. m. Terra de conreu que hom deixa sense sembrar durant un o més anys per a deixar-la reposar. *[barbecho]*

guarir. v. tr. Restituir a un la salut que havia perdut; alliberar d'una malaltia. *[curar]* // Fer cessar una malaltia, un mal físic o moral. *[curar]*

guarnició. f. Ornament que es posa als vestits, cortinatges, etc. *[guarnición]* // Tropa d'una plaça, castell, etc. *[guarnición]* // Defensa de les armes de tall per a guardar la mà. *[guarnición]*

guarniment. m. Acció i efecte de guarnir o de guarnir-se. *[guarnición, guarnecimiento]* // Conjunt d'arreus que es posen a un cavall, etc. *[guarnición, arreo]*

guarnir. v. tr. Posar guarnicions o ornaments a alguna cosa. *[guarnecer]* // Fornir alguna cosa de les persones, armes, etc., necessàries a la seua protecció. *[guarnecer]*

guatla. f. Ocell gallinaci migratori, comestible semblant a la perdiu. *[codorniz]*

gúbia. f. Enformador de làmina semicircular. *[gubia]*

guèiser. m. Brollador natural que llança intermitentment raigs d'aigua i de vapor. *[géiser]*

guenyo, enya. adj. Que torç la vista, guerxo, estràbic. *[bizco, bisojo]*

guerra. f. Lluita a mà armada entre dos o més exèrcits. *[guerra]*

guerrejador, ora. adj. i m. i f. Que guerreja, bel·licós. *[guerreador]*

guerrejar. v. intr. Fer o tenir la guerra. *[guerrear]*

guerrer, era. adj. i m. i f. Relatiu o pertanyent a la guerra. *[guerrero]* // Guerrejador. // Inclinat a la guerra. *[guerrero]*

guerrera. f. Jaca que porten el militars. *[guerrera]*

guerrilla. f. Grup de combatents, que lluiten per mitjà de sorpreses. *[guerrilla]*

guerx, erxa. adj. Guerxo. *[bizco, bisojo]*

guerxar. v. tr. i intr. Tr. Fer tornar guerxa una superfície. *[alabear]* // Intr. Ésser guerxo. *[bizquear]*

guerxo, erxa. adj. Guenyo. *[bizco, bisojo]* // Guerxat.

guia. m. i f. Persona que acompanya a algú per a ensenyar-li el camí. *[guía]* // f. Acció de guiar. *[guía]* // Document que porta el qui fa ús d'una arma, transporta alguns gèneres, etc., perquè no els hi detinguen. *[guía]* // Títol donat a certs manuals amb indicacions per a visitar una ciutat, etc. *[guía]*

guiar. v. tr. Acompanyar a algú per a ensenyar-li el camí. *[guiar]* // Dirigir, ensenyar. *[guiar]*

guiatge. m. Obra de guiar. *[guía]* // Salconduit. *[guía]* // Persona que guia.

guilla. f. Guineu, rabosa. *[zorra]*

guillar. v. intr. i tr. Intr. Fugir, anar-se'n com d'amagat. *[huir]* Tr. Fer perdre l'enteniment. *[chiflar]* // **-se.** Perdre l'enteniment. *[chiflarse]*

guillot. m. Mascle de la guilla o guineu, rabosot. *[raposo, zorro]*

guillotina. f. Màquina usada a França per a decapitar als condemnats a mort. *[guillotina]* // Instrument anàleg emprat per a tallar paper, cartó, etc. *[guillotina]*

guillotinar. v. tr. Tallar amb la guillotina. *[guillotinar]*

guilopo, opa. adj. Persona hàbil i astuta en fer passades, obrant amb mala intenció i poca vergonya. *[galopín, pícaro, travieso]* // Persona hàbil i astuta, deseixida i entramaliada, però de no bones intencions, en sentit condescendent o familiar. *[pillín, pícaro, travieso]*

guimbar. v. intr. Saltar i córrer com els infants, alegrement. *[retozar, saltar]*

guineu. f. Mamífer carnisser que corre de nit encalçant amb gran astúcia tota mena de caça, rabosa. *[zorra, raposa]*

guió. m. Senyera, estandard menut, d'una comunitat, confraria, etc., que serveix de guia o insígnia. *[guión]* // Signe ortogràfic consistent en una ratlla horitzontal com el que s'empra en els diàlegs per a separar allò que diu cada interlocutor. *[guión]* // La part estreta d'un rem entre el galló i la pala.

guionet. m. Guió que es posa a final de ratlla quan cal trencar un mot que no hi cap tot. *[guión]*

guipar. v. tr. Distingir de lluny, veure amb esforç una cosa. *[guipar, divisar, atisbar]* // Entreveure, veure confusament una cosa. *[entrever]*

guirigall. m. Confusió de molts que parlen alhora. *[guirigay]*

guisa. f. Manera. *[guisa]*

guisar. v. tr. Preparar els menjars per mitjà del foc, cuinar. *[guisar]*

guisat. m. Menjar cuinat. *[guisado]*
guit, ita. adj. Que tira guitzes. *[coceador]*
guitarra. f. Instrument músic compost d'una caixa de ressonància i sis cordes que vibren polsant-les. *[guitarra]*
guitarrista. m. i f. Sonador de guitarra.
guitarró. m. Guitarra menuda de quatre cordes. *[guitarrillo]*
guitza. f. Colp que dóna cap enrere una bèstia amb una o ambdues potes. *[coz]* // interj. Exclamació per a expressar enuig, sorpresa, entusiasme, etc. // **fer la guitza.** Importunar, fastiguejar, destorbar de reeixir. *[fastidiar]*
guix. m. Pedra molt tova, formada per sulfat càlcic. *[yeso]* // Tros d'argila terrosa usada per a escriure damunt d'una pissarra i per a altres objectes. *[tiza]* // Esteatita emprada pels sastres per a assenyalar les teles. *[jaboncillo]* // Algeps. *[aljez, yeso]*
guixa. f. Planta lleguminosa de flors morades i blanques i llavors comestibles. *[guija, almorta]* // Llavor d'aquesta planta. *[guija, almorta]*
guixar. v. intr. Marcar o dibuixar amb guix.
gumia. f. Daga llarga i encorbada que usen els moros. *[gumía]*
guspira. f. Purna. *[chispa]*
guspirejar. v. intr. Centellejar, espurnar, llançar purnes. *[centellear, chisporrotear, chispear]*
gust. m. Un dels cinc sentits corporals amb el qual percebem els sabors. *[gusto]* // Plaer o delit experimentat per qualsevol motiu. *[gusto]* // Facultat de discernir la bellesa i la lletgesa. *[gusto]* // Manera de realitzar l'obra artística en un país o temps determinat. *[gusto]* // Sentiment d'apreciació propi de cadascú. *[gusto]*
gustar. v. tr. Percebre el sabor d'alguna cosa. *[gustar]*
gustós, osa. adj. Saborós, plaent al gust. *[sabroso]* // Que fa una cosa amb gust o plaer. *[gustoso]*
gutural. adj. Relatiu o pertanyent a la gola. *[gutural]*

h h h h h h h h

h. f. Vuitena lletra de l'alfabet. *[h]*
hàbil. adj. Apte per a una cosa, capaç, intel·ligent, llest. *[hábil]*
habilitació. f. Acció i efecte d'habilitar. *[habilitación]* // Oficina de l'habilitat. *[habilitación]*
habilitar. v. tr. Declarar a algú apte per a una cosa. *[habilitar]* // Declarar hàbil una cosa que no ho és. *[habilitar]*
habilitat. f. Capacitat o disposició per a fer una cosa. *[habilidad]* // Destresa. // m. Oficial encarregat de recaptar els interessos d'una agrupació o de pagar els sous. *[habilitado]*
hàbit. m. Vestit que denota una professió o l'estat religiós. *[hábito]* // Costum. *[hábito]*
habitació. f. Acció i efecte d'habitar. *[habitación]* // Casa o part d'una casa habitada. *[habitación]*
habitacle. m. Casa on s'habita. *[habitáculo, habitación, vivienda]*
habitant. m. i f. Cadascuna de les persones que habiten un poble, una casa, etc. *[habitante]*
habitar. v. tr. Viure en una casa, poble, etc., sojornar. *[habitar]*
habitatge. m. Lloc on s'habita, habitació. *[habitación]*
habitual. adj. Que es fa per habitud. *[habitual]*
habituar. v. tr. Acostumar, avesar. *[habituar]*
habitud. f. Costum adquirit per la repetició d'un mateix acte. *[hábito, habitud, costumbre]*
hac. f. Nom de la lletra «h». *[hache]*
haca. f. Cavall vigorós, l'alçada del qual no passa de catorze decímetres. *[jaca]*
hala! interj. Usada per a encoratjar o per a donar pressa. *[¡hala!]*
hàlit. m. Alé, buf suau. *[hálito]*
ham. m. Ganxo de ferro, metall, etc., que serveix per a pescar. *[anzuelo]*
hamaca. f. Xarxa gruixuda que, suspesa horitzontalment, serveix com a llit. *[hamaca]*
harem. m. Habitació de les dones dels musulmans. *[harén]* // Conjunt d'aquestes dones. *[harén]*
harmonia. f. Unió i combinació de sons acordats. *[armonía]* // Perfecta proporció i correspondència entre les parts d'una cosa. *[armonía]* // Bona correspondència entre dues o més persones. *[armonía]* // Art de formar i combinar els sons musicals. *[armonía]*
harmònica. f. Instrument musical, format per làmines de vidre o metall de desigual longitud, cadascuna de les quals fa un so diferent. *[armónica]*
harmonitzar. v. tr. i intr. Tr. Posar en harmonia. *[armonizar]* // Intr. Estar en harmonia, adaptar-se perfectament entre elles les parts o coses que formen un tot. *[armonizar]*
harmònium. m. Orgue menut de forma de piano, al qual donen aire mitjançant una manxa moguda amb els peus. *[armonio]*
harpia. f. Esser mitològic amb cap i bust de dona i el restant del cos com un ocell de presa. *[harpía]*
haure. v. tr. Esdevenir posseïdor, tenidor, d'alguna cosa. *[haber]* // Obtenir, aconseguir, abastar, una cosa. *[alcanzar]* // Abastar una cosa de dalt. *[coger]* // **-les.** Tenir paraules amb algú, disputar.
havà, ana. adj. i m. i f. Natural o propi de l'Havana. *[habano]*
haver. v. tr. Posseir o tenir una cosa o obligació. *[haber]* // Obtenir. *[haber]* //

Ser o existir. // Verb auxiliar per a la formació dels temps composts. *[haber]* // m. Allò que hom posseeix. *[haber]*

hebraic, aica. adj. Pertanyent o relatiu als hebreus. *[hebraico]*

hebreu, ea. adj. Hebraic. // m. i f. Jueu, israelita. *[hebreo]* // m. Llengua hebraica. *[hebreo]*

hecatombe. f. En l'antiguitat, sacrifici de cent animals, que els pagans feien als seus déus. *[hecatombe]* // Gran matança. *[hecatombe]*

hectàrea. f. Mesura de superfície que equival a cent àrees. *[hectárea]*

hèctic, èctica. adj. Caracteritzat per una consumpció progressiva. *[hético]* // Tísic.

hectogram. m. Pes de cent grams. *[hectogramo]*

hectolitre. m. Mesura de capacitat, que equival a cent litres. *[hectolitro]*

hectòmetre. m. Mesura de longitud que equival a cent metres. *[hectómetro]*

hegemonia. f. Supremacia que exerceix un estat damunt uns altres. *[hegemonía]*

hègira. f. Era dels mahometans a comptar de l'any 622 després de Jesucrist en què Mahoma fugí de la Meca. *[hégira]*

hèlice. f. Corba que una recta traçada en un pla forma sobre la superfície d'un cilindre en enrotllar el pla sobre el cilindre. *[hélice]* // Aparell propulsor dels vapors i avions format per un eix amb ales corbades de superfície helicoïdal. *[hélice]*

helicoide. adj. En forma d'hèlice. *[helicoide]*

helicòpter. m. Aparell volador amb dues ales que volten en sentit invers. *[helicóptero]*

hèlix. f. Hèlice. *[hélice]* // Vora de l'orella externa.

hel·lenisme. m. Modisme propi de la llengua grega usat en una altra llengua. *[helenismo]* // Influència de la cultura grega en la civilització moderna. *[helenismo]*

hel·lenitzar. v. tr. i intr. Tr. Donar una forma, un caràcter, grec. // Intr. Usar la llengua grega. *[helenizar]*

hem! Interjecció que expressa la malfiança, el dubte. *[¡hum!]*

hematoma. m. Afecció deguda a l'expansió sanguínia o fibrosa en els teixits. *[hematoma]*

hemeroteca. f. Lloc on es guarden i col·leccionen publicacions periòdiques. *[hemeroteca]*

hemicicle. m. Lloc semicircular, amb graonades en forma d'amfiteatre. *[hemiciclo]*

hemisferi. m. Cadascuna de les dues parts en què divideix l'esfera un pla que passa pel seu centre. *[hemisferio]*

hemistiqui. m. Cadascuna de les dues parts d'un vers separades per la cesura. *[hemistiquio]*

hemofília. f. Predisposició a hemorràgies abundants. *[hemofilia]*

hemoptisi. f. Expectoració de sang deguda a l'hemorràgia dels pulmons. *[hemoptisis]*

hemorràgia. f. Fluix de sang de qualsevol part del cos. *[hemorragia]*

hendecàgon. m. Polígon d'onze costats. *[hendecágono]*

hendecasíl·lab, íl·laba. adj. Que té onze síl·labes. *[hendecasílabo]*

hepatitis. f. Inflamació del fetge. *[hepatitis]*

heptàedre. m. Políedre de set cares. *[heptaedro]*

heptàgon. m. Polígon de set costats. *[heptágono]*

heptasíl·lab, íl·laba. adj. Que té set síl·labes. *[heptasílabo]*

herald. m. Individu que en l'edat mitjana tenia la missió de dur missatges, ordenar les grans cerimònies i portar els registres de la noblesa. *[heraldo]* // fig. Missatger, capdavanter. *[heraldo]*

herba. f. Nom comú a tota planta menuda, la tija de la qual és tendra i mor després de donar llavor. *[hierba]*

herba-alfals. m. Alfals. *[alfalfa]*

herbaci, àcia. adj. Que té la naturalesa de l'herba. *[herbáceo]*

herba-sana. f. Planta labiada de fulles ruades fortament aromàtica que s'empra com a condiment. *[hierbabuena]*

herbasser, era. m. i f. El qui dóna o pren

en arrendament l'herba d'un prat. // El qui ven herba i la reparteix a domicili. *[herbajero]*

herbatge. m. Conjunt d'herbes dels prats i deveses. *[herbaje]* // Impost damunt el consum de l'herba dels prats. *[herbaje]*

herbei. m. Herba espessa que cobreix el sòl. *[césped]*

herbejar. v. intr. i tr. Intr. Pasturar l'herba dels prats. *[herbajar, pacer]* // Tr. Birbar, netejar d'herbes un camp. *[escardar, sachar]*

herber. m. Beguda feta amb herbes.

herbicida. adj. Que destrueix les herbes. *[herbicida]* // m. Producte utilitzat per a destruir les males herbes. *[herbicida]*

herbolari, ària. m. i f. El qui cull i ven herbes i plantes medicinals. *[herbolario]*

hèrcules. m. Home d'una extraordinària força física. *[hércules]*

herència. f. Dret d'heretar. *[herencia]* // Conjunt de béns i heretats. *[herencia]* // Transmissió de certes particularitats físiques o psíquiques dels ascendents als descendents. *[herencia]*

heretar. v. tr. Succeir en la propietat dels béns, dels drets, etc., d'un difunt. *[heredar]* // Contraure els fills les inclinacions, aptituds, etc., dels pares. *[heredar]*

heretat. f. Successió en la propietat d'un difunt. *[herencia]* // Propietat o finca rústica. *[heredad]*

heretatge. m. Herència o patrimoni. *[herencia]*

heretge. m. i f. Persona que defensa o segueix una heretgia. *[hereje]*

heretgia. f. Error contra el dogma catòlic, sostingut públicament. *[herejía]* // Opinió contra les veritats científiques immutables. *[herejía]*

hereu, eua o **eva.** m. i f. Persona a qui pertany una herència. *[heredero]*

hermètic, ètica. adj. Dit d'una cosa tancada o ajustada perfectament. *[hermético]*

hèrnia. f. Tumor produït per la dislocació total o parcial d'una víscera fora de la seua cavitat. *[hernia]*

heroi, oïna. m. i f. Semidéu. // Persona que es distingeix pel seu alt coratge. *[héroe]* // Personatge principal d'una llegenda, narració, etc. *[héroe]*

heroic, oica. adj. Relatiu o pertanyent a l'heroi. *[heroico]*

heroïcitat. f. Qualitat d'heroic. *[heroicidad]* // Acció heroica. *[heroicidad]*

heroïna. f. Derivat de la morfina, el consum del qual crea dependència. *[heroína]*

heterogeni, ènia. adj. De distinta naturalesa, no homogeni. *[heterogéneo]*

heura. f. Planta de fulles coriàcies i flors groguenques que s'enfila pels arbres i per les parets arrapant-se. *[yedra]*

heure. v. tr. Haure, haver. *[obtener]*

hexacord. m. Instrument musical de sis cordes. *[hexacordio]* // Sistema diatònic de sis tons. *[hexacordio]* // Interval de sexta en l'escala musical. *[hexacordio]*

hexàedre. m. Políedre de sis cares. *[hexaedro]*

hexàgon. m. Polígon de sis costats. *[hexágono]*

hexagram. m. Figura formada per sis triangles equilàters traçats sobre els sis costats d'un hexàgon regular. // Figura formada per sis rectes. *[hexagramo]*

hexasíl·lab, íl·laba. adj. Que té sis síl·labes. *[hexasílabo]*

hi. adv. i pron. És la forma que acompanya al verb haver intransitiu i altres verbs de percepció intransitius: veure, sentir, palpar. // Reemplaça un complement introduït amb «a, en o amb».

hiatus. m. Encontre de dues vocals sense formació de diftong. *[hiato]*

híbrid, íbrida. adj. Que resulta de la unió de dues espècies distintes. *[híbrido]* // Format per elements de diferent origen. *[híbrido]*

hidrat. m. Compost format per la unió de l'aigua i una altra substància. *[hidrato]*

hidratar. v. tr. Combinar un cos qualsevol amb aigua. *[hidratar]*

hidràulica. f. Estudi de l'equilibri i moviment dels fluids. *[hidráulica]* // Art de conduir, contenir i elevar l'aigua corrent. *[hidráulica]*

hidroavió. m. Avió proveït de flotadors que li permeten d'aguantar-se sobre l'aigua. *[hidroavión]*

hidrocarbur. m. Qualsevol compost de carboni i hidrogen. *[hidrocarburo]*

hidrofòbia. f. Horror a l'aigua. *[hidrofobia]* // Malaltia infecciosa que ataca principalment als gossos. *[hidrofobia]*

hidrogen. m. Gas incolor i inodor d'una gran lleugeresa i subtitilat. *[hidrógeno]*

hidrogenar. v. tr. Combinar amb l'hidrogen. *[hidrogenar]*

hidrosfera. f. Envoltant aquosa de la terra comprenent els oceans, mars, llacs, etc., i el vapor aquós de l'atmosfera. *[hidrosfera]*

hiena. f. Mamífer carnisser, de pell aspra i gris que s'alimenta especialment de carronyes. *[hiena]*

hieràtic, àtica. adj. Que pertany a les coses sagrades. *[hierático]*

higiene. f. Ciència de la preservació de la salut. *[higiene]* // Sistema de regles i de principis per a conservar la salut.

higienitzar. v. tr. Aplicar a alguna cosa els principis de la higiene. *[higienizar]*

hilaritat. f. Riure sorollós que excita allò que hom veu o sent. *[hilaridad]*

himen. m. Replec membranós que clou en part l'orifici extern de la vagina en la dona verge. *[himen]*

himeneu. m. Casament. *[himeneo]*

himne. m. Composició poètica o musical en lloança de la divinitat, o d'algun poble, ideal, etc. *[himno]*

hindú, (pl. **ús**). m. Membre d'una de les races de l'Indostan; que professa l'hinduisme. *[hindú]*

hipèrbaton. m. Figura de construcció que consisteix en una alteració de l'orde gramatical de les paraules. *[hipérbaton]*

hipèrbole. f. Figura de dicció en què l'expressió és una exageració evident. *[hipérbole]*

hípic, ípica. adj. Relatiu o pertanyent al cavall. *[hípico]* // f. Hipisme. *[hipismo]*

hipisme. m. Conjunt de coneiximents relatius a la cria i a l'ensinistrament dels cavalls. *[hipismo]* // Conjunt d'esports en els quals intervé el cavall com a protagonista principal. *[hipismo]*

hipnosi. f. Somni provocat per influència psíquica i generalment per suggestió. *[hipnosis]*

hipnotisme. m. Inducció a l'estat semblant al son anomenat hipnosi. *[hipnotismo]*

hipnotitzar. v. tr. Produir l'estat d'hipnosi. *[hipnotizar]*

hipocresia. f. Simulació de qualitats i sentiments que hom no té, i especialment de virtuts religioses. *[hipocresía]*

hipòcrita. adj. i m. i f. Que fingeix ço que no és o no és sentit. *[hipócrita]*

hipòdrom. m. Lloc destinat a les carreres de cavalls. *[hipódromo]*

hipopòtam. m. Mamífer paquiderm de pell gruixuda que viu vora els grans rius de l'Àfrica. *[hipopótamo]*

hipoteca. f. Dret donat per contracte a un creditor sobre una propietat del deutor. *[hipoteca]*

hipotecar. v. tr. Gravar una propietat amb una hipoteca. *[hipotecar]*

hipotenusa. f. El costat d'un triangle rectangle oposat a l'angle recte. *[hipotenusa]*

hipòtesi. f. Suposició d'una cosa per a traure'n alguna conseqüència. *[hipótesis]* // Teoria provisionalment adoptada per a explicar algun fet. *[hipótesis]*

hirsut, uta. adj. Cobert de pèls durs i aspres; dit del pèl dur i aspre. *[hirsuto]*

hisenda. f. Finca rural, heretat. *[hacienda]* // Conjunt de béns i riqueses que algú posseeix. *[hacienda]*

hisop. m. Planta labiada, molt olorosa, de flors blaves o blanquinoses. *[hisopo]* // Salpasset, instrument per a fer aspersions. *[hisopo]*

hispà, ana. adj. i m. i f. Natural o propi d'Hispània, espanyol. *[hispano]*

hispanisme. m. Idiotisme peculiar a la llengua castellana. *[hispanismo]* // Mot o gir d'aquesta llengua emprat en una altra llengua. *[hispanismo]*

hissar. v. tr. Fer pujar enlaire alguna cosa estirant la corda de la qual penja. *[izar]*

histèria. f. Malaltia nerviosa, pròpia de les dones, que produeix convulsions. *[histeria]*

histerisme. m. Histèria. *[histerismo]*

història. f. Narració i exposició d'esdeveniments passats. *[historia]* // Els esdeveniments que formen l'assumpte d'una història. *[historia]* // Conte, relació fingida. *[historia]*

historial. adj. Relatiu a la història. *[historial]* // m. Història d'una persona o d'una institució. *[historial]*

historiar. v. tr. Escriure, contar, la història d'algú o d'alguna cosa. *[historiar]*

histrió. m. Actor, especialment en sentit pejoratiu. *[histrión]*

hivern. m. Estació de l'any oposada a l'estiu i compresa entre les dues primaveres, que sol considerar-se entre el solstici de tardor i l'equinocci de primavera. *[invierno]*

hivernacle. m. Lloc cobert per a defensar les plantes del fred. *[invernáculo, invernadero]*

hivernar. v. intr. Passar l'hivern en un lloc determinat. *[invernar]*

ho. Pronom demostratiu neutre, usat com a complement d'un verb o reemplaçant certs adjectius o substantius indeterminats en funció de complement. *[lo]*

hola! Interjecció usada com a salutació familiar o d'estranyesa. *[hola]*

holocaust. m. Sacrifici que feien els hebreus a la divinitat. *[holocausto]*

hom. pron. Subjecte indeterminat d'una proposició gramatical. *[uno, se]*

home. m. Animal racional. *[hombre]* // Individu de l'espècie humana del sexe masculí. *[hombre]* // Home arribat a l'edat viril. *[varón]* // **home bo.** El qui actua d'amigable componedor. // En el joc de pilota valenciana el qui fa de jutge de la partida.

homenatge. m. Acte de veneració, de submissió, de respecte envers una persona. *[homenaje]*

homenatjar. v. tr. Retre homenatge. *[homenajear]*

homenejar. v. intr. Fer un infant l'home, semblar home. *[hombrear]*

homicida. adj. i m. i f. Que causa la mort d'una persona. *[homicida]*

homicidi. m. Mort causada a una persona per una altra persona. *[homicidio]*

homilia. f. Prèdica dirigida al poble per a explicar les veritats de la religió. *[homilía]*

homòfon, òfona. adj. Que té el mateix so, que es pronuncia de la mateixa manera. *[homófono]*

homogeneïtzar. v. tr. Fer homogeni. *[homogeneizar]*

homogeni, ènia. adj. De la mateixa espècie o naturalesa. *[homogéneo]*

homologar. v. tr. Estar conforme amb el contingut d'una sentència, especialment arbitral. *[homologar]*

homònim, ònima. adj. Que té el mateix nom. *[homónimo]* // Aplicat a paraules que essent diferents es pronuncien igual. *[homónimo].*

homosexual. adj. i m. i f. Que sent inclinació sexual envers els individus del mateix sexe. *[homosexual]*

honest, esta. adj. Que es conforma al que exigeix el pudor, la decència. *[honesto]* // Que no s'oposa als bons costums. *[honesto]*

honestedat. f. Qualitat d'honest. *[honestidad]*

honor. m. i f. Qualitat moral que imposa el compliment dels deures envers els altres i amb un mateix. *[honor]* // Distinció amb què es tracta a algú. *[honor]*

honorar. v. tr. Retre honor, enaltir una persona o els seus mèrits o virtuts, honrar. *[honrar]*

honorari, ària. adj. Dit del qui no exercint un càrrec, etc., en té els honors. *[honorario]* // m. pl. Remuneració d'un treball, sou. *[honorarios]*

honra. f. Amor de la pròpia dignitat. *[honra]* // Bona opinió, fama assolida per les virtuts d'una persona. *[honra]*

horadesa. f. Qualitat d'honrat. *[honradez]*

honrar. v. tr. Honorar, retre honor a algú o alguna cosa; enaltir, premiar, el seu mèrit. *[honrar]* // Ser motiu d'honor, d'orgull, de glòria, per a algú. *[honrar]* // **-se.** Tenir a honor. *[honrarse]*

honrat, ada. adj. Enaltit per honor. *[honrado]* // Que no fa accions deslleials, enganys, etc. *[honrado]* // Fet amb honradesa.

hoquei. m. Joc en què una pilota, petita i massissa, és impulsada colpejant-la amb bastons corbats en llur extrem. *[hoquey]*

hora. f. Cadascuna de les vint-i-quatre

parts en què és dividit el dia natural. *[hora]*

horabaixa. m. o f. Temps pròxim a la posta del sol. *[al anochecer]*

horari, ària. adj. Relatiu o pertanyent a les hores. *[horario]* // m. Conjunt i distribució de les hores del dia. *[horario]* // Maneta del rellotge que assenyala les hores. *[horario]*

horda. f. Tribu nòmada, errant. *[horda]* // Conjunt de guerrers mancats de disciplina i de moral. *[horda]*

horitzó. m. Línia que limita la part de superfície terrestre visible des d'un punt. *[horizonte]*

horitzontal. adj. Paral·lel a l'horitzó. *[horizontal]*

hormona. f. Substància formada per un òrgan i portada a un altre en el qual existeix un efecte estimulant. *[hormona]*

horòscop. m. Observació del cel que els astròlegs feien el dia del naiximent d'una persona de la qual volien endevinar la sort futura. *[horóscopo]*

horrible. adj. Que causa horror. *[horrible]*

horripilar. v. tr. Fer posar pell de gallina, esborronar. *[horripilar]*

horror. m. i f. Sensació produïda per una cosa terrible i espantosa. *[horror]*

horroritzar. v. tr. Causar horror. *[horrorizar]*

hort. m. Tros de terra en què es conreen verdures, llegums i especialment arbres fruiters, d'extensió limitada. *[huerto]* // Tros de terra plantat d'arbres fruiters, especialment el plantat de tarongers. *[huerto]* // Jardí adjacent a una casa. *[huerto]*

horta. f. Terreny de regar, on es conreen llegums, verdures i arbres fruiters. *[huerta]* // **terra d'horta.** Terra de conreu que es pot regar, per oposició al secà. *[huerta]* // Gran extensió de terreny de terres d'horta i nom apel·latiu de certes comarques valencianes com l'Horta de València, de Gandia, d'Alacant, d'Oriola, etc. *[huerta]* // Les terres d'horta d'un terme, d'un poble, d'una comarca, etc., que tenen rec assegurat i, generalment, permanent, per oposició a les altres partides de secà o de rec eventual o no assegurat. *[huerta]*

hortalissa. f. Verdures i altres plantes comestibles que es conreen en els horts. *[hortaliza]*

hortènsia. f. Planta exòtica de la família de les saxifragàcies que dóna flors rosades o blavoses. *[hortensia]*

horticultor, ora. m. i f. Persona que es dedica a l'horticultura. *[horticultor]*

horticultura. f. Art de conrear els horts i hortes. *[horticultura]*

hortolà, ana. m. i f. El qui conrea un hort. *[hortelano]* // Ocell de color terrós. *[hortelano]*

hospici. m. Casa on es recullen i mantenen els pobres o els orfes. *[hospicio]*

hospital. m. Establiment on per caritat pública o privada són curats malalts o ferits. *[hospital]*

hospitalitat. f. Virtut o acció d'albergar gratuïtament pobres, malalts, etc. *[hospitalidad]* // Bon acolliment que es fa als estranys. *[hospitalidad]*

hospitalitzar. v. tr. Admetre un malalt en un hospital. *[hospitalizar]*

host. f. Exèrcit en campanya. *[hueste]*

hostal. m. Casa on, pagant, donen a menjar i allotjament. *[hostal, posada]*

hostaler, era. m. i f. El qui té un hostal. *[hostalero, posadero]*

hoste, ostessa. m. i f. Persona allotjada en casa d'altri, admesa en hospitalitat, com de la pròpia família. *[huésped]* // Persona allotjada en un hostal, dispesa, etc., amb tracte familiar. *[huésped]*

hòstia. f. Víctima oferta en sacrifici a Déu. *[hostia]* // Partícula de pa àzim, que és consagrada pel sacerdot i oferta en el sacrifici de la missa. *[hostia]*

hostil. adj. Contrari o enemic, propi d'un enemic. *[hostil]*

hostilitzar. v. tr. Fer mal a l'enemic, fer objecte d'hostilitat. *[hostilizar]*

hotel. m. Fonda de luxe o de certa categoria. *[hotel]*

hui. adv. En el dia que som. *[hoy]* // En el temps present, actualment. *[hoy]*

huit. m. El número 8. *[ocho]* // adj. Set més un. *[ocho]* // adj. i m. i f. Que fa-huit, huité. *[octavo]*

huitanta. m. El número 80. *[ochenta]* // Huit vegades deu. *[ochenta]* // adj. i m. i f. Que fa huitanta, huitanté. *[ochentena]*

huitanté, ena. adj. Que fa huitanta. *[octogésimo]* // Dit de cadascuna de les parts d'una quantitat o d'un tot dividits en huitanta parts iguals. *[ochentavo]*

huitava. f. Espai de huit dies durant els quals celebra l'església una festa solemne. *[octava]* // El darrer dels dits huit dies. *[octava]*

huit-cents, entes. adj. Huit vegades cent. *[ochocientos]*

huité, ena. adj. Que fa huit en una sèrie. *[octavo]* // Cadascuna de les parts d'una quantitat dividida en huit parts iguals. *[octavo]*

hule. m. Tela pintada a l'oli i envernissada. *[hule]*

hulla. f. Carbó de pedra carregat de substàncies bituminoses. *[hulla]*

humà, ana. adj. Relatiu o pertanyent a l'home o a la humanitat. *[humano]*

humanisme. m. Cultiu i coneiximent de les lletres humanes. *[humanismo]*

humanitat. f. Naturalesa humana. *[humanidad]* // Conjunt dels éssers humans. *[humanidad]* // Compassió per les desgràcies d'altri. *[humanidad]*

humanitzar. v. tr. Fer humà, afable. *[humanizar]*

humil. adj. Que es té per menys del que val. *[humilde]* // Que es rebaixa voluntàriament davant els altres. *[humilde]* // Que revela humilitat. *[humilde]* // De condició inferior. *[humilde]*

humiliació. f. Acció i efecte d'humiliar o d'humiliar-se. *[humillación]*

humiliar. v. tr. Inclinar una part del cos en senyal d'acatament. *[humillar]* // Abatre l'orgull, l'arrogància d'algú, rebaixar d'una manera mortificant. *[humillar]* // **-se.** Fer actes d'humilitat. *[humillarse]*

humilitat. f. Qualitat d'humil. *[humildad]* // Submissió.

humit, ida. adj. Cosa lleugerament impregnada d'aigua. *[húmedo]*

humitat. f. Qualitat d'humit. *[humedad]*

humitejar. v. tr. Fer sentir a alguna cosa l'efecte de l'aigua. *[humedecer]*

humor. m. i f. Qualsevol dels líquids del cos animal. *[humor]* // Bona disposició per a fer una cosa. *[humor]* // Enginy, gràcia, jovialitat. *[humor]*

humorisme. m. Presentació de les coses destacant-ne el seu aspecte còmic o ridícul. *[humorismo]*

humorista. m. i f. El qui presenta les coses destacant el seu aspecte joiós, graciós, còmic, ridicul o incongruent. *[humorista]*

huns. m. pl. Poble nòmada, probablement de raça mongòlica. *[hunos]*

huracà. m. Vent d'una gran violència. *[huracán]*

hurí, (pl. **ís**). f. Dona de bellesa extraordinària. *[hurí]* // Cadascuna de les dones del paradís de Mahoma per a companyia deleitosa dels benaventurats. *[hurí]*

hússar. m. Soldat de cavalleria lleugera, vestit a l'hongaresa. *[húsar]*

i i i i i i i

i, (pl. **is**). f. Novena lletra de l'alfabet. *[i]* // Nom de la lletra «i». *[i]* // I grega. Nom de la lletra «y». *[y]*

Iai, aia. m. i f. Avi. *[abuelo]*

iber, era. adj. i m. i f. Natural o propi d'Ibèria. *[ibero]*

ibèric, èrica. adj. Relatiu o pertanyent a Ibèria o als ibers. *[ibérico]*

icona. f. Qualsevol imatge venerada de l'església grega. *[icono]*

iconoclasta. m. i f. Contrari al cult de les imatges sagrades. *[iconoclasta]*

iconografia. f. Descripció de retrats, pintures, estàtues, imatges o monuments. *[iconografía]* // Col·lecció de retrats o imatges. *[iconografía]*

icosàedre. m. Políedre de vint cares. *[icosaedro]*

icosàgon. m. Polígon de vint costats. *[icoságono]*

ics. f. Nom de la lletra «x». *[equis]*

icterícia. f. Malaltia deguda a la presència de la matèria colorant de la bilis en la sang. *[ictericia]*

ictiofàgia. f. Habitud de nodrir-se de peixos. *[ictiofagia]*

idea. f. Representació mental d'una cosa real o imaginària. *[idea]* // Propòsit o intenció de fer alguna cosa. *[idea]*

ideal. adj. Relatiu a la idea. *[ideal]* // m. Patró de perfecció, bellesa, excel·lència física o moral. *[ideal]*

idealisme. m. Convicció dels sistemes filosòfics que consideren la idea com a principi del ser i del coneiximent. *[idealismo]* // Aptitud de la intel·ligència per a idealitzar. *[idealismo]*

idealitzar. v. tr. Atribuir a alguna cosa característiques i excel·lències ideals. *[idealizar]*

idear. v. tr. Formar idea d'una cosa. *[idear]* // Concebre o inventar alguna cosa. *[idear]*

ídem. adv. Mot usat per a repetir les cites d'un mateix autor, o en les llistes o comptes per a denotar diferents partides d'una mateixa mena. *[ídem]*

identificar. v. tr. Provar la identitat d'una persona o cosa amb una altra, reconéixer com a idèntic. *[identificar]* // Reconéixer que una persona o cosa és realment la que hom suposa. *[identificar]* // **-se.** Esdevenir una mateixa cosa amb una altra; coincidir exactament en les idees, gusts, propòsits, etc. *[identificarse]*

identitat. f. Qualitat d'idèntic. *[identidad]* // Qualitat de ser una persona la mateixa que es suposa o busca. *[identidad]*

ideologia. f. Tractat de l'origen i classificació de les idees. *[ideología]* // Sistema d'idees. *[ideología]*

idil·li. m. Composició poètica que té per assumpte les coses del camp, els amors dels pastors. *[idilio]* // Episodi o incident amorós que podria ser l'assumpte d'un d'aquells poemes. *[idilio]*

idiolatria. f. Amor exagerat de si mateix. *[idiolatría]*

idioma. m. Llengua, especialment considerada com a pròpia d'una comunitat determinada.. *[idioma]*

idiosincràsia. f. Temperament i caràcter peculiar de cada individu. *[idiosincrasia]*

idiota. adj. i m. i f. Mancat d'enteniment a causa d'una anormalitat cerebral. *[idiota]*

idiotesa. f. Qualitat d'idiota. *[idiotez]* // Paraula, fet, propis d'un idiota. *[idiotez]*

idiotisme. m. Construcció o locució peculiar a una llengua. *[idiotismo]* // Idiotesa. *[idiotez]*

ídol. m. Imatge d'una falsa divinitat. *[ídolo]* // Persona o cosa que és objecte d'un cult, excessivament amada o estimada. *[ídolo]*

idolatrar. v. tr. i intr. Tr. Estimar alguna persona o cosa apassionadament. *[idolatrar]* // Intr. Adorar ídols. *[idolatrar]*

idolatria. f. Adoració d'ídols, de falses divinitats. *[idolatría]* // Cult, amor excessiu a una persona o cosa. *[idolatría]*

idoneïtat. f. Qualitat d'idoni. *[idoneidad]*

idoni, ònia. adj. Que té les qualitats necessàries. *[idóneo]*

ignomínia. f. Menyspreu públic. *[ignominia]* // Conducta, fet, que mereix el menyspreu públic. *[ignominia]*

ignorància. f. Qualitat d'ignorant. *[ignorancia]*

ignorant. adj. Que ignora una cosa. *[ignorante]* // Que no sap res en general o en relació a una cosa. *[ignorante]*

ignorar. v. tr. No saber alguna cosa, no tenir notícia d'una cosa. *[ignorar]*

igual. adj. Que és de la mateixa naturalesa, quantitat o qualitat que una altra cosa. *[igual]* // No diferent. *[igual]* // Molt semblant. // Llis, que no té alts ni baixos. *[igual]* // m. Signe de la igualtat. *[igual]*

iguala. f. Cotització individual que els metges rurals cobren amb la finalitat d'assistir als malalts. *[iguala]*

igualar. v. tr. Fer igual una cosa a una altra. *[igualar]* // Posar a nivell. *[igualar]*

igualtat. f. Condició d'igual. *[igualdad]* // Correspondència de moltes parts que uniformement fan un total. *[igualdad]* // En matemàtiques, expressió de ser iguals dues quantitats. *[igualdad]*

illa. f. Porció de terra voltada d'aigua per tots els costats. *[isla]* // Conjunt de cases contigües separades pels carrers, places, etc. *[manzana]*

il·legal. adj. Contrari o no conforme a la llei. *[ilegal]*

illegible. adj. Que no pot llegir-se. *[ilegible]*

il·legítim, ítima. adj. No legítim. *[ilegítimo]*

illenc, enca. adj. Pertanyent o natural d'una illa. *[isleño]*

il·lés, esa. adj. Que no ha rebut lesió o dany. *[ileso]*

il·lícit, ícita. adj. No lícit. *[ilícito]*

il·limitat, ada. adj. Que no té límits. *[ilimitado]*

illot. m. Illa molt menuda. *[islote]*

il·luminació. f. Acció i efecte d'il·luminar. *[iluminación]* // Ornament i disposició ordenada de moltes llums. *[iluminación]*

il·luminar. v. tr. Donar llum o claredat. *[iluminar]* // Adornar amb llums. *[iluminar]* // Donar color a les figures, lletres, etc. *[iluminar]*

il·lús, usa. adj. Que està enganyat per una il·lusió o il·lusions. *[iluso]*

il·lusió. f. Engany degut a una falsa aparença. *[ilusión]* // Esperança sense fonament real. *[ilusión]*

il·lusionar. v. tr. Causar il·lusió. *[ilusionar]* // **-se.** Fer-se una il·lusió o il·lusions. *[ilusionarse]*

il·lusionisme. m. Doctrina que considera que l'ésser no té valor real ni moral. *[ilusionismo]* // Art de l'il·lusionista. *[ilusionismo]*

il·lusionista. m. i f. Partidari de l'il·lusionisme. *[ilusionista]* // El qui fa jocs d'il·lusió com a espectacle. *[ilusionista]*

il·lusori, òria. adj. Capaç d'enganyar. *[ilusorio]* // Que no té valor o efecte, que és nul. *[ilusorio]*

il·lustració. f. Acció i efecte d'il·lustrar o d'il·lustrar-se. *[ilustración]* // Gravat, dibuix, etc., amb què s'il·lustra un llibre, etc. *[ilustración]*

il·lustrar. v. tr. Donar llum a l'enteniment. *[ilustrar]* // Aclarir un punt o una matèria. *[ilustrar]* // Adornar un llibre, etc., amb làmines o gravats. *[ilustrar]* // Ennoblir, fer il·lustre. *[ilustrar]* // **-se.** Instruir-se. *[ilustrarse]*

il·lustre. adj. De gran renom per les seues qualitats, els seus actes, el seu origen. *[ilustre]*

imaginació. f. Facultat de formar imatges mentals. *[imaginación]* // Allò que hom imagina. *[imaginación]*

imaginar. v. tr. Formar la imatge mental

d'alguna cosa. *[imaginar]* // Suposar, creure una cosa sense base suficient. *[imaginar]*

imant. m. Varietat de magnetita que té la propietat d'atraure el ferro. *[imán]* // Tros de ferro o d'acer que ha adquirit artificialment la propietat d'atraure el ferro. *[imán]* // Cosa que atrau fortament. *[imán]*

imantar. v. tr. Comunicar a un metall artificialment la propietat d'atraure el ferro. *[imantar]*

imatge. f. Aparença visible d'un objecte imitada pel dibuix, la pintura, l'escultura, etc. *[imagen]* // Representació d'alguna cosa en la ment o per mitjà del llenguatge. *[imagen]* // Semblança d'una cosa. *[imagen]*

imbècil. adj. Dèbil mentalment, estúpid. *[imbécil]* // Propi de dèbils mentals. *[imbécil]*

imbecil·litat. f. Qualitat d'imbècil. *[imbecilidad]* // Dita o fet propi de l'imbècil. *[imbecilidad]*

imbuïment. m. Acció d'imbuir. *[imbuimiento]*

imbuir. v. tr. Infondre. *[imbuir]* // Instruir a fons. *[imbuir]*

imitació. f. Acció i efecte d'imitar. *[imitación]*

imitar. v. tr. Fer la mateixa cosa que un altre. *[imitar]* // Prendre per model l'obra d'algú. *[imitar]* // Presentar l'aparença d'alguna cosa. *[imitar]*

immaterial. adj. Que no és material. *[inmaterial]*

immediat, ata. adj. Contigu o molt proper. *[inmediato]*

immemorial. adj. Tan antic que se n'ha perdut la memòria. *[inmemorial]*

immens, ensa. adj. Tan gran que no es pot mesurar; molt gran. *[inmenso]*

immergir. v. tr. Ficar alguna cosa dins un líquid. *[inmergir]*

immers, ersa. adj. Que està dins un líquid. *[inmerso]*

immersió. f. Acció i efecte d'immergir o d'immergir-se. *[inmersión]* // En astronomia, entrada d'un astre en el con de l'ombra que projecta un altre. *[inmersión]*

immigrant. adj. Que immigra. *[inmigrante]* // m. i f. Aquell qui immigra. *[inmigrante]*

immigrar. v. tr. Establir-se en un país aquells que estaven domiciliats en un altre. *[inmigrar]*

imminent. adj. Que amenaça o està per a succeir immediatament. *[inminente]*

immòbil. adj. Que no es mou, que no pot esser mogut. *[inmóvil]*

immobilitzar. v. tr. Fer esdevenir immòbil. *[inmovilizar]*

immoble. adj. Immòbil; especialment dit dels béns que consisteixen en terres i cases. *[inmueble]*

immodèstia. f. Manca de modèstia. *[inmodestia]*

immolar. v. tr. Oferir en sacrifici. *[inmolar]* // Sacrificar. *[inmolar]*

immoral. adj. Oposat a la moral. *[inmoral]*

immortal. adj. No mortal, que no pot morir. *[inmortal]* // Que perdura en la memòria dels hòmens. *[inmortal]*

immortalitzar. v. tr. Fer perpètua una cosa en la memòria dels hòmens. *[inmortalizar]*

immund, unda. adj. D'una gran brutor. *[inmundo]* // Impur, de gran baixesa moral. *[inmundo]*

immune. adj. No subjecte a una obligació, a una pena, a una autoritat. *[inmune]* // Inatacable per certes malalties. *[inmune]*

immunitzar. v. tr. Preservar l'organisme contra una malaltia. *[inmunizar]*

immutar. v. tr. Alterar o variar una cosa. *[inmutar]* // **-se.** Sentir una certa commoció que es manifesta en el semblant, posat, etc. *[inmutarse]*

impaciència. f. Manca de paciència. *[impaciencia]*

impacientar. v. tr. Fer esdevenir impacient. *[impacientar]*

impacte. m. Xoc amb penetració. *[impacto]* // Senyal que deixa. *[impacto]*

imparcial. adj. No parcial. *[imparcial]* // Que no és de cap partit o parcialitat. *[imparcial]*

imparell, ella. adj. Que no és parell. *[impar]*

impartir. v. tr. Repartir, comunicar. *[impartir]*

impassible. adj. Insensible al dolor físic o moral. *[impasible]* // Insensible a les emocions. *[impasible]*

impàvid, àvida. adj. Sense por, impertèrrit. *[impávido]*

impecable. adj. Que no té falta. *[impecable]*

impediment. m. Acció d'impedir; allò que impedeix, obstacle. *[impedimento]*

impedir. v. tr. Destorbar l'execució d'alguna cosa. *[impedir]*

impel·lir. v. tr. Empényer, comunicar impuls o moviment a una cosa. *[impeler]* // Incitar a algú a fer una cosa. *[impeler]*

impenetrable. adj. Que no pot esser penetrat. *[impenetrable]*

impensable. adj. Que no es pot pensar o concebre. *[impensable]*

imperar. v. intr. Exercir la dignitat d'emperador. *[imperar]* // Dominar, manar. *[imperar]*

imperatiu, iva. adj. Que impera o mana. *[imperativo]* // Aplicat al mode verbal, pel qual hom prega, mana, demana, exhorta, anima o dissuadeix. *[imperativo]*

imperceptible. adj. No perceptible, que no es pot percebre. *[imperceptible]*

imperdible. adj. Que no es pot perdre. // m. Agulla ganxuda que, després de clavada, la punta es fica en una cavitat que hi ha a l'altre extrem. *[imperdible]*

imperfecció. f. Manca de perfecció. *[imperfección]* // Defecte lleuger en la part moral. *[imperfección]*

imperfet, eta. adj. No perfet, imperfecte. *[imperfecto]* // En gramàtica, dit del temps de pretèrit i de futur no perfets. *[imperfecto]*

imperi. m. Acció d'imperar, de donar órdens. *[imperio]* // Estat sotmés a l'autoritat d'un emperador. *[imperio]*

imperial. adj. Relatiu o pertanyent a l'imperi. *[imperial]* // m. Lloc dalt d'un cotxe disposat per a passatgers. *[imperial]*

imperícia. f. Manca de perícia. *[impericia]*

impermeable. adj. Impenetrable a l'aigua o altre líquid. *[impermeable]* // m. Sobretot de roba impermeable. *[impermeable]*

impersonal. adj. No personal. *[impersonal]* // Aplicat al verb usat en les terceres persones del singular, quan expressa una acció sense atribuir-la a una persona determinada. *[impersonal]*

impertèrrit, èrrita. adj. Que res no l'intimida. *[impertérrito]*

impertinència. f. Qualitat d'impertinent; importunitat molesta i enutjosa. *[impertinencia]*

impertinent. adj. No pertinent, fora de propòsit. *[impertinente]*

impertorbable. adj. Que no es pertorba per res. *[imperturbable]*

impetrar. v. tr. Sol·licitar una gràcia amb insistència i encariment. *[impetrar]*

ímpetu. m. Força o violència amb què es mou una persona o cosa. *[ímpetu]*

impetuós, osa. adj. Que es mou, es llança, amb força i violència. *[impetuoso]*

impiu, ia. adj. Mancat de religió, o que la menysprea. *[impío]*

implacable. adj. Que no es pot aplacar. *[implacable]*

implantar. v. tr. Establir una institució, un costum, etc. *[implantar]* // Plantar sòlidament alguna cosa en una altra.

implicació. f. Contradicció, oposició de termes. *[implicación]* // Acció i efecte d'implicar. *[implicación]*

implicar. v. tr. Contenir com a conseqüència o inferència natural; incloure en essència encara que no dit explícitament. *[implicar]*

implícit, ícita. adj. Dit d'allò que s'entén inclòs sense ser expressat formalment. *[implícito]*

implorar. v. tr. Demanar suplicant. *[implorar]*

impol·lut, uta. adj. No tacat, immaculat. *[impoluto]*

imponent. adj. Que imposa. *[imponente]*

impopular. adj. Que no és grat al poble, a la multitud, no popular. *[impopular]*

import. m. Allò que costa una cosa que hom ha de pagar. *[importe]*

importància. f. Qualitat d'important. *[importancia]*

important. adj. Que té importància. *[importante]* // D'alta autoritat, posició o representació. *[importante]*

importar. v. tr. i intr. Tr. Pujar tal quantitat una cosa comprada o ajustada. *[importar]* // Introduir en un país gèneres estrangers. *[importar]* // Intr. Ser d'importància per a algú. *[importar]*

importunar. v. tr. Molestar amb sol·licitacions insistents. *[importunar]*

imposar. v. tr. Posar alguna cosa damunt una altra. *[imponer]* // Posar alguna obligació, pena o gravament. *[imponer]* // Disposar convenientment una forma d'impremta, etc. *[imponer]*

imposició. f. Acció i efecte d'imposar o d'imposar-se. *[imposición]* // Cadascuna de les peces rectangulars usades en la imposició d'una forma d'impremta.

impossibilitar. v. tr. Fer impossible una cosa. *[imposibilitar]*

impossible. adj. Que no és possible. *[imposible]*

impost. m. Part de la despesa pública imposada a cada ciutadà. *[impuesto]*

impostor, ora. m. i f. El qui fa falses imputacions. *[impostor]*

impostura. f. Imputació falsa o maliciosa. *[impostura]* // Fingiment o engany amb aparença de veritat. *[impostura]*

impotència. f. Qualitat d'impotent, carència de poder. *[impotencia]*

impotent. adj. Mancat de potència. *[impotente]* // Mancat del poder de procreació. *[impotente]*

imprecar. v. tr. Invocar, demanar un dany, mal, desgràcia, etc., contra algú. *[imprecar]*

impregnar. v. tr. Introduir entre les partícules d'una substància, partícules d'una altra. *[impregnar]*

impremta. f. Art d'imprimir. *[imprenta]* // Establiment on s'imprimeix. *[imprenta]*

imprés. m. Escrit estampat amb impremta. *[impreso]*

imprescindible. adj. Aplicat a allò de què no es pot prescindir. *[imprescindible]*

impressió. f. Acció i efecte d'imprimir. *[impresión]* // Moviment que les coses causen en l'esperit. *[impresión]*

impressionar. v. tr. Produir una impressió en l'ànim. *[impresionar]* // Fer que la llum obre sobre una placa fotogràfica. *[impresionar]*

impressionisme. m. Sistema artístic que consisteix a reproduir el natural sense finalitat ulterior. *[impresionismo]*

impressor. m. Amo d'una impremta. *[impresor]* // Obrer que treballa en una impremta. *[impresor]*

imprevisió. f. Manca de previsió. *[imprevisión]*

imprevist, ista. adj. No previst. *[imprevisto]*

imprimir. v. tr. Assenyalar en el paper o altra matèria les lletres o altres caràcters per mitjà d'una premsa. *[imprimir]* // Comunicar un moviment, una influència, etc. *[imprimir]*

improbable. adj. No probable. *[improbable]*

ímprobe, ímproba. adj. Mancat de probitat. *[ímprobo]* // Aplicat al treball excessiu i continuat. *[ímprobo]*

improcedent. adj. No procedent. *[improcedente]*

improductiu, iva. adj. Que no produeix. *[improductivo]*

improperi. m. Injúria, retret, ofensa de paraula. *[improperio]*

impropi, òpia. adj. Mancat de les qualitats convenients segons les circumstàncies. *[impropio]* // Estrany a una persona, cosa o circumstàncies. *[impropio]*

improvís, isa. adj. Que no és previst o no està previngut. *[improviso]*

improvisació. f. Acció i efecte d'improvisar. *[improvisación]*

improvisar. v. tr. Fer alguna cosa de sobte sense prèvia preparació o estudi. *[improvisar]*

imprudència. f. Manca de prudència; acte mancat de prudència. *[imprudencia]*

imprudent. adj. Mancat de prudència. *[imprudente]*

impúdic, údica. adj. Mancat de pudor, deshonest. *[impúdico]*

impugnable. adj. Que es pot impugnar. *[impugnable]*

impugnar. v. tr. Combatre, contradir, refutar. *[impugnar]*

impuls. m. Acció i efecte d'impulsar. *[impulso]* // Força, empremta, pressió. *[impulso]* // Moviment de l'ànim que determina una acció exterior. *[impulso]*
impulsar. v. tr. Impel·lir, fer moure empenyent. *[impulsar]*
impune. adj. Que queda sense castic o sense venjança. *[impune]*
impur, ura. adj. Que no és pur materialment o moralment. *[impuro]*
impuresa. f. Qualitat d'impur; mancat de puresa o castedat. *[impureza]*
imputable. adj. Que pot esser imputat. *[imputable]*
imputar. v. tr. Atribuir a algú la responsabilitat, la culpa, d'alguna cosa. *[imputar]* // Abonar en compte una partida.
inacabable. adj. Que no es pot acabar. *[inacabable]*
inacabat, ada. adj. No acabat. *[inacabado]*
inacceptable. adj. Que no es pot acceptar. *[inaceptable]*
inaccessible. adj. No accessible. *[inaccesible]*
inactiu, iva. adj. Sense acció o activitat, inert, ociós. *[inactivo]*
inactivitat. f. Manca d'activitat. *[inactividad]*
inadaptat, ada. adj. No adaptat. *[inadaptado]*
inadequat, ada. adj. No adequat. *[inadecuado]*
inadmissible. adj. Que no es pot admetre. *[inadmisible]*
inalienable. adj. Que no pot ser alienat. *[inalienable]*
inalterable. adj. Que no es pot alterar. *[inalterable]*
inamovible. adj. Que no és amovible. *[inamovible]*
inanició. f. Decaïment físic notable, per manca d'alimentació o no assimilació dels aliments. *[inanición]*
inanimat, ada. adj. Que no té ànima. *[inanimado]*
inapel·lable. adj. Que no admet apel·lació. *[inapelable]*
inapetència. f. Manca d'apetit. *[inapetencia]*
inapetent. adj. Mancat d'apetit.
inapreciable. adj. No apreciable. *[inapreciable]*
inassolible. adj. No assolible. *[inalcanzable]*
inaudit, ita. adj. Increïble, extraordinari en alt grau. *[inaudito]*
inaugurar. v. tr. Donar començament a una cosa amb certa solemnitat. *[inaugurar]* // Donar per primera vegada a la contemplació del públic un edifici, monument, etc. *[inaugurar]*
incandescència. f. Condició d'incandescent. *[incandescencia]*
incandescent. adj. Vivament lluminós a causa de la seua alta temperatura. *[incandescente]*
incansable. adj. Que no es cansa mai. *[incansable]*
incapaç. adj. Que no té capacitat per a una cosa. *[incapaz]*
incapacitar. v. tr. Fer o declarar incapaç. *[incapacitar]*
incaut, auta. adj. Que no té cautela. *[incauto]*
incendi. m. Foc gros que crema una casa, un bosc, etc. *[incendio]*
incendiar. v. tr. Calar foc, produir un incendi. *[incendiar]*
incentiu. m. Allò que mou o incita a una cosa. *[incentivo]*
incert, erta. adj. No cert o veritable. *[incierto]*
incest. m. Comunicació carnal entre parents dins els graus en què està prohibit el matrimoni. *[incesto]*
incestuós, osa. adj. Que comet incest. *[incestuoso]* // Relatiu o pertanyent a l'incest. *[incestuoso]*
incidència. f. Allò que sobrevé en el curs d'un afer, etc. *[incidencia]* // Caiguda d'una línia, d'un pla, d'un cos o d'un raig de llum sobre un cos, superfície, línia o punt. *[incidencia]*
incident. adj. Que sobrevé accessòriament. *[incidente]* // m. Allò que sobrevé en el curs d'un assumpte o negoci. *[incidente]*
incidir. v. intr. Fer incidència una cosa damunt una altra. *[incidir]*
incinerar. v. tr. Reduir una cosa a cendres. *[incinerar]*

incipient. adj. Que comença a ser, a mostrar-se. *[incipiente]*

incís. m. Grup de paraules que té un sentit en si, interposat en un període. *[inciso]*

incisió. f. Tall fet en un cos, amb un instrument. *[incisión]*

incisiu, iva. adj. Que és a propòsit per a tallar. *[incisivo]*

incitar. v. tr. Estimular a algú perquè faça alguna cosa. *[incitar]*

inclemència. f. Manca de clemència. *[inclemencia]* // Rigor del temps. *[inclemencia]*

inclinació. f. Acció i efecte d'inclinar o d'inclinar-se. *[inclinación]* // Reverència feta amb el cap o el cos. *[inclinación]* // Amor o afecte a una persona o cosa. *[inclinación]*

inclinar. v. tr. Desviar alguna cosa de la seua posició o direcció. *[inclinar]* // Persuadir a algú a obrar en algun sentit. *[inclinar]*

ínclit, ínclita. adj. Il·lustre, famós, gloriós. *[ínclito]*

incloure. v. tr. Posar una cosa dins una altra. *[incluir]* // Contenir una cosa a una altra. *[incluir]*

inclús, usa. adj. Comprés dins una cosa. *[incluso]*

inclusió. f. Acció i efecte d'incloure. *[inclusión]*

incoar. v. tr. Començar una cosa, un expedient, etc., forense. *[incoar]*

incoatiu, iva. adj. Que expressa el començament d'una acció. *[incoativo]*

incògnita. f. En matemàtiques, quantitat desconeguda que cal determinar en un problema, etc. *[incógnita]* // Causa o raó oculta d'un fet. *[incógnita]*

incoherència. f. Manca de coherència, qualitat d'incoherent. *[incoherencia]*

incoherent. adj. No coherent. *[incoherente]*

incomodar. v. tr. Causar incomoditat, molestar. *[incomodar]*

incòmode, òmoda. adj. Mancat de comoditat. *[incómodo]*

incompetència. f. Manca de competència o jurisdicció. *[incompetencia]*

incompetent. adj. No competent.

incomprensió. f. Manca de comprensió. *[incomprensión]*

incomunicar. v. tr. Privar de comunicació a persones o coses. *[incomunicar]*

inconcebible. adj. Que no pot esser concebut o comprés. *[inconcebible]*

incondicional. adj. No condicional. *[incondicional]* // m. i f. Persona addicta a algú o a alguna cosa. *[incondicional]*

incongruència. f. Manca de congruència. *[incongruencia]*

inconnexió. f. Manca de connexió. *[inconexión]*

inconsciència. f. Estat de l'ànima en què hom no té consciència dels seus actes. *[inconsciencia]*

inconscient. adj. No conscient. *[inconsciente]* // m. Allò que escapa enterament a la consciència. *[inconsciente]*

inconseqüència. f. Manca de conseqüència, qualitat d'inconseqüent. *[inconsecuencia]*

inconsistent. adj. Mancat de consistència. *[inconsistente]*

inconstància. f. Manca de constància. *[inconstancia]*

inconveniència. f. Qualitat d'inconvenient. *[inconveniencia]* // Acte, paraula inconvenient. *[inconveniencia]*

inconvenient. adj. No convenient. *[inconveniente]* // m. Dificultat per a fer una cosa o dany que resulta de fer-la.

incorporar. v. tr. Fer entrar una cosa com a part dins un tot. *[incorporar]* // Alçar el cos que estava ajagut. *[incorporar]*

incorrecte, ecta. adj. No correcte. *[incorrecto]*

incórrer. v. intr. Caure en falta o error. *[incurrir]*

incrèdul, èdula. adj. Que no creu fàcilment. *[incrédulo]* // Mancat de fe religiosa. *[incrédulo]*

increïble. adj. No creïble. *[increíble]*

increment. m. Augment en grandària, quantitat, valor, etc. *[incremento]*

incrementar. v. tr. Fer experimentar un increment. *[incrementar]*

increpar. v. tr. Reprendre amb duresa i severitat. *[increpar]*

incriminar. v. tr. Acusar d'algun crim, declarar culpable. *[incriminar]*

incrustar. v. tr. Embotir en una superfície llisa o dura, pedres, metalls o fustes formant dibuixos d'ornament. *[incrustar]* // Formar com una crosta a la superfície d'una cosa. *[incrustar]*

incubar. v. tr. Covar. *[incubar]*

inculcar. v. tr. Infondre en l'ànim una idea, un concepte, etc. *[inculcar]*

inculpar. v. tr. Acusar a algú com a culpable d'una cosa. *[inculpar]*

incult, ulta. adj. No conreat. *[inculto]* // Mancat de cultura. *[inculto]*

incultura. f. Manca de cultura o de conreu. *[incultura]*

incumbir. v. intr. Estar alguna cosa a càrrec i competència d'un. *[incumbir]*

incunable. adj. Que data dels principis de la impremta. *[incunable]*

incurable. adj. Que no es pot curar. *[incurable]*

incúria. f. Manca de cura, negligència. *[incuria]*

incursió. f. Entrada en un territori amb intenció hostil. *[incursión]*

indagar. v. tr. Inquirir o cercar una cosa. *[indagar]*

indecència. f. Manca de decència, qualitat d'indecent. *[indecencia]* // Expressió de mal gust. *[indecencia]*

indecís, isa. adj. No decidit o resolt. *[indeciso]* // Dubtós o indeterminat. *[indeciso]*

indefens, ensa. adj. Sense defensa o sense mitjans de defensa. *[indefenso]*

iindefinit, ida. adj. No definit. *[indefinido]* // Que no es pot limitar. *[indefinido]*

indeleble. adj. Que no es pot esborrar. *[indeleble]*

indemne. adj. Lliure o exempt de dany. *[indemne]*

indemnitzar. v. tr. Rescabalar a algú d'un dany o perjudici. *[indemnizar]*

independència. f. Condició del qui és independent. *[independencia]* // Enteresa de caràcter. *[independencia]*

independent. adj. No dependent. *[independiente]* // Aplicat a la persona que sosté els seus drets, opinions, etc., sense cedir al control dels altres. *[independiente]*

independitzar. v. tr. Concedir la independència, fer independent. *[independizar]* // **-se.** Obtenir independència. *[independizarse]*

indescriptible. adj. Que no es pot descriure. *[indescriptible]*

índex. m. El dit de la mà més pròxim al gros. *[índice]* // Llista o enumeració breu o ordenada de llibres, dels objectes d'una col·lecció, etc. *[índice]* // Nombre o lletra indicador del grau d'una arrel. *[índice]*

indi, índia. adj. i m. i f. Natural o propi de l'Índia. *[indio]* // Aborigen de les Índies occidentals d'Amèrica. *[indio]* // m. Metall semblant a l'estany però més fusible i volàtil. *[índigo]* // Colorant blau obtingut de l'anyil i d'altres plantes. *[índigo]*

indicació. f. Acció i efecte d'indicar. *[indicación]* // Allò que serveix per a indicar. *[indicación]*

indicar. v. tr. Donar a entendre o significar una cosa amb indicis i senyals, assenyalar. *[indicar]* // Advertir, ensenyar, aconsellar. *[indicar]* // Ser signe o senyal d'alguna cosa. *[indicar]* // Exposar breument. *[indicar]*

indicatiu, iva. adj. Que indica o serveix per a indicar. *[indicativo]* // Aplicat al mode del verb amb què es denota afirmació senzilla i absoluta. *[indicativo]*

indici. m. Acció o senyal que dóna a conéixer una cosa oculta. *[indicio]*

indiferència. f. Qualitat d'indiferent; manca de sentiment a favor o en contra d'alguna cosa. *[indiferencia]*

indiferent. adj. No inclinat a una cosa més que a una altra. *[indiferente]*

indígena. adj. i m. i f. Nat en el país on habita o es troba. *[indígena]*

indigència. f. Condició d'indigent, necessitat, penúria. *[indigencia]*

indigent. adj. i m. i f. Mancat de les coses més necessàries a la vida. *[indigente]*

indigest, esta. adj. Que no es digereix o es digereix difícilment. *[indigesto]*

indigestar. v. tr. Causar indigestió. *[indigestar]* // **-se.** Sofrir indigestió. *[indigestarse]* // No ser digerit. *[indigestarse]*

indigestió. f. Manca de digestió; digestió incompleta o anormal. *[indigestión]*

indigne, igna. adj. Que no és digne d'alguna cosa o d'algú. *[indigno]* // Vil, roí, mancat de tota dignitat. *[indigno]*
indignitat. f. Qualitat d'indigne. *[indignidad]* // Cosa indigna. *[indignidad]*
indirecte, ecta. adj. No directe. *[indirecto]* // Aplicat al complement verbal que indica l'objecte final de l'acció. *[indirecto]* // f. Paraula, mitjà indirecte de què hom es val per a donar a entendre una cosa. *[indirecta]*
indiscreció. f. Manca de discreció. *[indiscreción]* // Acció o dita indiscreta. *[indiscreción]*
indispensable. adj. Que ha d'esdevenir necessàriament. *[indispensable]*
indisposar. v. tr. Produir un lleuger desarreglament en la salut d'algú. *[indisponer]* // Posar enemistat o desavinença entre persones. *[indisponer]*
indisposició. f. Malestar o alteració passatgera de la salut. *[indisposición]* // Manca de disposició o preparació per a una cosa. *[indisposición]*
indissoluble. adj. No dissoluble, que no pot ser desunit, destruït. *[indisoluble]*
indistint, inta. adj. No distint. *[indistinto]*
individu, ídua. adj. Indivisible. // m. Cada ser organitzat respecte a la seua espècie. *[individuo]* // Mot amb què es designa una persona el nom, la condició, etc., de la qual s'ignora o no es vol dir. *[individuo]*
indivisible. adj. No divisible. *[indivisible]*
individualitzar. v. tr. Distingir una cosa d'altres per qualitats peculiars. *[individualizar]*
indocumentat, ada. adj. Mancat de documentació. *[indocumentado]* // Que no té o no porta cap document oficial que identifique la seua personalitat. *[indocumentado]*
índole. f. Condició i inclinació natural pròpia de cadascú. *[índole]*
indolència. f. Qualitat d'indolent. *[indolencia]*
indolent. adj. Que no es dóna ànsia de res. *[indolente]* // Que no causa dolor. *[indolente]*
indomable. adj. Que no pot esser domat. *[indomable]*
indòmit, òmita. adj. No domat. // Indomable. // Difícil de domar o subjectar. *[indómito]*
indo-xinés, esa. sadj. i m. i f. Natural o propi d'Indo-Xina. *[indochino]*
indret. m. Paratge, lloc. *[sitio, lugar]*
indubtable. adj. Que no es pot dubtar. *[indudable]*
inducció. f. Acció i efecte d'induir. *[inducción]* // Nombre de línies de força magnètica per centímetre quadrat. *[inducción]*
inductor, ora. adj. i m. i f. Que indueix, que produeix la inducció. *[inductor]*
induir. v. tr. Instigar, persuadir a algú. *[inducir]*
induït, ïda. adj. Produït per inducció. *[inducido]*
indulgència. f. Qualitat d'indulgent, facilitat de perdonar o dissimular les culpes. *[indulgencia]* // Remissió que fa l'Església de les penes degudes als pecats. *[indulgencia]*
indulgent. adj. Que fàcilment perdona o dissimula les faltes o errors. *[indulgente]*
indult. m. Remissió d'una pena, d'una obligació. *[indulto]* // Poder acordat pel papa de concedir certs beneficis eclesiàstics. *[indulto]*
indultar. v. tr. Concedir un indult. *[indultar]*
indumentària. f. Estudi dels vestits antics. *[indumentaria]* // El vestit que hom porta, vestidura. *[indumentaria]*
indústria. f. Destresa enginyosa a executar una cosa. *[industria]* // Activitat humana emprada en la producció de la riquesa. *[industria]*
industrial. adj. Relatiu o pertanyent a la indústria. *[industrial]* // m. i f. El qui es dedica a una indústria. *[industrial]*
industrialitzar. v. tr. Fer que una cosa siga objecte d'indústria o elaboració. *[industrializar]*
inèdit, èdita. adj. Que és escrit i no publicat. *[inédito]* // Que no s'ha donat a conéixer. *[inédito]*
inefable. adj. Que no pot esser explicat amb paraules. *[inefable]*
ineficaç. adj. Mancat d'eficàcia. *[ineficaz]*

ineficàcia. f. Qualitat d'ineficaç. *[ineficacia]*
ineludible. adj. Que no pot esser eludit. *[ineludible]*
inepte, epta. adj. Que no és apte. *[inepto]*
ineptitud. f. Manca d'aptitud per a fer una cosa. *[ineptitud]*
inèrcia. f. Qualitat d'inert. *[inercia]* // Manca d'activitat d'un òrgan. *[inercia]*
inerme. adj. Sense armes o sense defensa. *[inerme]*
inert, erta. adj. Que no manifesta cap activitat. *[inerte]* // Mancat del poder de moure's per si mateix. *[inerte]*
inescrutable. adj. Que no pot esser inquirit. *[inescrutable]*
inesperat, ada. adj. Que s'esdevé sense esperar-ho. *[inesperado]*
inexacte, acta. adj. Que no es exacte. *[inexacto]*
inexactitud. f. Manca d'exactitud. *[inexactitud]*
inexcusable. adj. Que no pot esser excusat. *[inexcusable]*
inexistent. adj. No existent. *[inexistente]*
inexorable. adj. Que no es deixa véncer pels precs. *[inexorable]*
inexpert, erta. adj. Mancat d'experiència. *[inexperto]*
infal·lible. adj. No fal·lible. *[infalible]*
infamació. f. Acció i efecte d'infamar. *[infamación]*
infamar. v. tr. Llevar la fama, l'honra, el bon nom, a una persona. *[infamar]*
infame. adj. Digne d'infàmia, detestable, notòriament deshonrós. *[infame]*
infàmia. f. Vilesa, deshonra, maldat. *[infamia]* // Acte que mereix el blasme públic. *[infamia]*
infància. f. Primer període de la vida de l'home. *[infancia]* // Estat primitiu d'una cosa. *[infancia]*
infant. m. Xiquet, que està en els primers anys de la vida. *[infante]* // Cadascun dels descendents reials, després del primogènit. *[infante]*
infantar. v. tr. Parir la dona. *[alumbrar, dar a luz]*
infanteria. f. Conjunt de soldats que van i combaten a peu. *[infantería]*
infantesa. f. Infància. *[infancia]*
infantessa. f. Infanta, filla del rei. *[infanta]*
infantil. adj. Relatiu o pertanyent a la infància. *[infantil]* // Propi d'un infant. *[infantil]*
infart. m. Obstrucció d'un òrgan o part del cos. *[infarto]*
infecció. f. Acció i efecte d'infectar o d'infectar-se. *[infección]*
infectar. v. tr. Contaminar alguna cosa amb els gèrmens d'una malaltia. *[infectar]*
infecte, ecta. adj. Corromput, infeccionat, pestilent, que exhala emanacions pudentes. *[infecto]*
infecund, unda. adj. No fecund. *[infecundo]*
infeliç. adj. No feliç, dissortat. *[infeliz]* // No gens maliciós; beneit. *[infeliz]*
inferència. f. Acció i efecte d'inferir. *[inferencia]*
inferior. adj. Situat més avall, més a prop del fons, de la base. *[inferior]* // Que és menys que una altra cosa en quantitat o qualitat. *[inferior]*
inferir. v. tr. Deduir, traure alguna conseqüència. *[inferir]* // Fer o causar una ofensa, ferida, etc. *[inferir]*
infermer, era. m. i f. Persona destinada a assistir als malalts. *[enfermero]*
infermeria. f. Casa o sala destinada per als malalts. *[enfermería]*
infern. m. Lloc destinat al castic etern dels damnats. *[infierno]*
infestar. v. tr. Causar dany i estralls amb incursions hostils. *[infestar]* // Infeccionar.
infidel. adj. Mancat de fidelitat o lleialtat. *[infiel]*
infidelitat. f. Manca de fidelitat. *[infidelidad]*
infiltrar. v. tr. Introduir un líquid entre els porus d'un cos sòlid. *[infiltrar]* // Infondre o imbuir idees, doctrines o opinions. *[infiltrar]*
ínfim, ínfima. adj. Que està molt avall que cap altre quant a mèrit, importància, etc. *[ínfimo]*
infinit, ita. adj. Que no té fi. *[infinito]* // Extraordinàriament gran. *[infinito]*
infinitat. f. Qualitat d'infinit. *[infinidad]*

infinitiu. m. Aquella forma del verb que anomena simplement l'acció. *[infinitivo]*

inflació. f. Acció i efecte d'inflar. *[inflación]* // Puja o alça d'alguna espècie. *[inflación]* // Increment generalitzat i persistent dels preus de les mercaderies i servicis. *[inflación]*

inflamable. adj. Que s'inflama fàcilment. *[inflamable]*

inflamació. f. Acció i efecte d'inflamar o d'inflamar-se. *[inflamación]* // Alteració morbosa d'una part de l'organisme, caracteritzada per transtorns de la circulació de la sang i, sovint, per escalfor, inflor i dolor. *[inflamación]*

inflamar. v. tr. Encendre una cosa que creme amb flama. *[inflamar]* // fig. Encendre l'ànim. *[inflamar]*

inflar. v. tr. Distendre un cos amb aire o un gas qualsevol. *[inflar, hinchar]* // Ensuperbir, envanir. // **-se.** Augmentar una part del cos per acumulació d'humors. *[hincharse]*

inflexible. adj. No flexible. *[inflexible]*

inflexió. f. Acció i efecte de corbar. *[inflexión]* // Modulació de la veu. *[inflexión]* // Canvi de curvatura de convexa a còncava o viceversa. *[inflexión]*

infligir. v. tr. Aplicar una pena, un castic. *[infligir]*

inflor. f. Condició d'inflat. // Efecte d'inflar-se. *[hinchazón]*

inflorescència. f. Disposició de les flors sobre la planta. *[inflorescencia]*

influència. f. Acció i efecte d'influir. *[influencia]* // Valiment o autoritat d'una persona sobre una altra. *[influencia]*

influenciar. v. tr. Exercir la seua influència sobre algú o alguna cosa. *[influenciar]*

influir. v. intr. Produir un efecte en algú o alguna cosa d'una manera insensible, indirecta. *[influir]*

infoli. m. Llibre gros en què el full d'impressió és plegat en dos. *[infolio]*

infondre. v. tr. Comunicar Déu, a l'ànima, una inspiració, do o coneiximent. *[infundir]* // Suscitar, produir en el cos, en l'ànim un efecte físic, afectiu, moral. *[infundir]*

informació. f. Acció i efecte d'informar o d'informar-se. *[información]* // La notícia o notícies que hom tracta de saber. *[información]*

informar. v. tr. i intr. Tr. Donar notícia d'alguna cosa. *[informar]* // Donar forma substancial a una cosa. *[informar]* // Intr. Emetre un informe. *[informar]*

informe. adj. Que no té la forma que li correspon. *[informe]* // De forma imprecisa. *[informe]* // m. Exposició oral que fa el lletrat o fiscal davant el tribunal que ha de fallar el procés. *[informe]*

infracció. f. Transgressió d'una llei o pacte. *[infracción]*

infringir. v. tr. Violar, trencar un pacte, llei, etc. *[infringir]*

ínfules. f. pl. Guarniment de llana blanca com una bena amb tires caigudes als costats, que portaven els sacerdots gentílics. *[ínfulas]* // Cintes que pengen de la mitra. *[ínfulas]* // Presumpció, vanitat. *[ínfulas]*

infusió. f. Acció de vessar aigua sobre alguna cosa. *[infusión]* // Acció d'extraure de les substàncies orgàniques les parts solubles. *[infusión]* // Producte líquid així obtingut. *[infusión]*

ingeni. m. Finca que conté una plantació de canya de sucre en explotació. *[ingenio]*

ingènit, ènita. adj. Que és connatural amb un mateix. *[ingénito]*

ingenu, ènua. adj. Sense mala fe, d'una franquesa innocent. *[ingenuo]*

ingenuïtat. f. Qualitat d'ingenu. *[ingenuidad]*

ingerir. v. tr. Introduir una cosa en una altra. *[ingerir]* // Introduir alguna cosa en l'estómac. *[ingerir]*

ingestió. f. Acció i efecte d'ingerir o introduir en l'estómac. *[ingestión]*

ingrat, ata. adj. No grat. *[ingrato]* // Que menysprea els beneficis rebuts, malagraït. *[ingrato]*

ingratitud. f. Oblit o menyspreu dels beneficis rebuts. *[ingratitud]*

ingredient. m. Part component d'una mescla. *[ingrediente]*

ingrés, (pl. **essos**). m. Acció i efecte d'ingressar o d'entrar. *[ingreso]*

ingressar. v. intr. i tr. Intr. Entrar una persona o cosa on n'hi ha d'altres de la mateixa espècie. *[ingresar]* // Tr. Entrar, una quantitat de diner, en poder d'algú. *[ingresar]*

inhàbil. adj. No hàbil, inepte. *[inhábil]*

inhabilitar. v. tr. Declarar algú inhàbil per a exercir o obtenir un càrrec. *[inhabilitar]* // Impossibilitar per a una cosa. *[inhabilitar]*

inhalació. f. Acció i efecte d'inhalar. *[inhalación]*

inhalar. v. tr. Aspirar un vapor, un gas, etc. *[inhalar]*

inherent. adj. Unit de tal manera a una altra cosa que no se'n pot separar. *[inherente]*

inhibir. v. tr. Impedir a algú d'intervenir en alguna cosa. *[inhibir]* // **-se.** Defugir d'intervenir en alguna cosa. *[inhibirse]*

inhumà, ana. adj. Mancat d'humanitat, cruel. *[inhumano]*

inhumació. f. Acció i efecte d'inhumar. *[inhumación]*

inhumar. v. tr. Enterrar un mort. *[inhumar]*

inic, iqua. adj. Mancat en absolut d'equitat, de justícia; que no detura la consideració del mal que fa; malvat, odiós. *[inicuo]*

inici. m. Començament, iniciació. *[inicio]*

iniciació. f. Acció i efecte d'iniciar o d'iniciar-se. *[iniciación]*

iniciar. v. tr. Començar una cosa. *[iniciar]* // Instruir a algú en els rudiments o principis d'una ciència, etc. *[iniciar]* // **-se.** Rebre les primeres órdens menors els qui segueixen la carrera eclesiàstica. *[iniciarse]*

iniciativa. f. Acció del qui és el primer a proposar, a organitzar, alguna cosa. *[iniciativa]* // Dret de fer una proposta. *[iniciativa]*

iniquitat. f. Qualitat d'inic. *[iniquidad]* // Cosa iniqua. *[iniquidad]*

iniquitós, osa. adj. Que es neguiteja o enutja per qualsevol cosa o posa raons neguitoses en dificultats o defectes de poca importància. *[quisquilloso, vidrioso]*

injecció. f. Acció i efecte d'injectar. *[inyección]* // Substància injectada. *[inyección]*

injectar. v. tr. Introduir un líquid en un cos. *[inyectar]*

injúria. f. Afront, ultratge d'obra o de paraula. *[injuria]* // Dita o fet contra raó i justícia. *[injuria]*

injuriar. v. tr. Fer injúria a algú, ofendre. *[injuriar]*

injust, usta. adj. Que és contra raó i justícia. *[injusto]*

injustícia. f. Acció contrària a la justícia; manca de justícia. *[injusticia]*

innat, ata. adj. Que és connatural a l'individu; que ja es porta de naixença. *[innato]*

innegable. adj. Que no es pot negar. *[innegable]*

innoble. adj. Mancat de noblesa o dignitat moral. *[innoble]*

innocent. adj. Que és lliure de culpa. *[inocente]* // m. Que ignora el mal.

innocu, òcua. adj. Que no causa dany. *[inocuo, inofensivo]*

innocuïtat. f. Qualitat d'innocu. *[innocuidad]*

innovació. f. Acció i efecte d'innovar. *[innovación]*

innovar. v. tr. Alterar les coses introduint novetats. *[innovar]*

inocular. v. tr. Comunicar per mitjans artificials un germen viu o un virus qualsevol a un organisme. *[inocular]*

inoperant. adj. Que no produeix efecte, que no obra. *[inoperante]*

inòpia. f. Indigència, escassetat, pobresa. *[inopia]*

inoportú, una. adj. No oportú. *[inoportuno]*

inoxidable. adj. Que no es pot oxidar. *[inoxidable]*

inquiet, eta. adj. Que no s'està quiet. *[inquieto]* // Desassossegat, agitat per anhels, dèries, etc. *[inquieto]*

inquietar. v. tr. Causar inquietud. *[inquietar]*

inquietud. f. Estat del qui està inquiet. *[inquietud]*

inquilí, ina. m. i f. El qui viu en una casa que no és seua pagant-ne lloguer. *[inquilino]*

inquirir. v. tr. Indagar, investigar, procurar saber. *[inquirir]*
inquisició. f. Acció i efecte d'inquirir, d'investigar. *[inquisición]* // Tribunal eclesiàstic, que servia per a descobrir i castigar els delictes contra la fe. *[inquisición]*
inrevés, a l'. loc. adv. En sentit oposat, el de dalt a baix, el de davant a darrere, etc. *[al revés, reverso]*
insà, ana. adj. No sa del cap, boig. *[insano]* // Malsà. *[insano, malsano]*
insacular. v. tr. Posar en un sac, urna, etc., cèdules amb noms de persones o coses a fi de traure'n alguna a la sort. *[insacular]*
insalubre. adj. No salubre, malsà. *[insalubre]*
insània. f. Alienació mental. *[insania]*
inscripció. f. Acció i efecte d'inscriure o d'inscriure's. *[inscripción]* // La cosa inscrita. *[inscripción]*
inscriure. v. tr. Gravar o escriure una llegenda sobre pedra, metall, etc. *[inscribir]* // Apuntar el nom d'una persona en una llista, un registre. *[inscribir]*
insecte. m. Animal invertebrat de respiració traqueal, amb el cos dividit en cap, tòrax i abdomen. *[insecto]*
insensat, ata. adj. Que obra sense seny. *[insensato]*
inseparable. adj. Que no pot esser separat. *[inseparable]*
insepult, ulta. adj. Dit del cadàver no sepultat. *[insepulto]*
inserció. f. Acció i efecte d'inserir. *[inserción]* // La unió d'un òrgan sobre un altre. *[inserción]*
inserir. v. tr. Fer que una cosa siga inclosa dins una altra. *[inserir, inseriar]*
insídia. f. Cosa que es diu arterosament per a fer mal a algú. *[insidia]*
insigne. adj. Remarcable entre tots, de gran mèrit. *[insigne]*
insígnia. f. Senyal o divisa que serveix per a indicar la dignitat, grau, rang, etc., d'una persona. *[insignia]*
insignificant. adj. Que no significa res, sense importància. *[insignificante]*
insinuar. v. tr. Infondre suaument en l'esperit un afecte, vici o virtut. *[insinuar]* // Donar a entendre una cosa. *[insinuar]* // Presentar un instrument públic davant el jutge competent perquè interpose la seua autoritat. *[insinuar]*
insípid, ípida. adj. Mancat de sabor. *[insípido]*
insistència. f. Acció i efecte d'insistir. *[insistencia]*
insistir. v. intr. Instar, mantenir-se ferm en una cosa. *[insistir]*
insociable. adj. Intractable, esquiu envers la societat. *[insociable]*
insolació. f. Exposició als raigs del sol. *[insolación]* // Malaltia cerebral, causada per l'ardència excessiva del sol. *[insolación]*
insolència. f. Atreviment desvergonyit. *[insolencia]* // Dita o fet insultant. *[insolencia]*
insolent. adj. Que usa paraules no respectuoses. *[insolente]* // Orgullós, desvergonyit. *[insolente]*
insòlit, òlita. adj. No acostumat, extraordinari. *[insólito]*
insolvent. adj. Que no té per a pagar allò que deu. *[insolvente]*
insomni. m. Manca de son, desvetlament en la nit. *[insomnio]*
inspecció. f. Acció i efecte d'inspeccionar. *[inspección]* // Càrrec d'inspector. *[inspección]*
inspector, ora. m. i f. Persona que té al seu càrrec la inspecció i vigilància d'una cosa. *[inspector]*
inspiració. f. Acció i efecte d'inspirar. *[inspiración]* // Il·luminació sobrenatural de l'esperit. *[inspiración]*
inspirar. v. tr. Fer entrar l'aire als pulmons. *[inspirar]* // Il·luminar Déu l'enteniment d'algú. *[inspirar]* // Infondre idees, afectes o designis. *[inspirar]*
instal·lació. f. Acció i efecte d'instal·lar o d'instal·lar-se. *[instalación]* // Conjunt de coses instal·lades. *[instalación]*
instal·lar. v. tr. Col·locar una cosa en el seu lloc convenient. *[instalar]* // Posar a algú en possessió d'un càrrec. *[instalar]*
instància. f. Acció i efecte d'instar. *[instancia]* // Sol·licitud escrita, demanda. *[instancia]* // Exercici de l'acció en ju-

dici després de la contestació fins a la sentència definitiva.

instant. adj. Que insta o urgeix. *[instante]* // m. Part brevíssima de temps. *[instante]*

instar. v. tr. Demanar insistentment. *[instar]* // Impugnar la resposta donada a un argument.

instaurar. v. tr. Establir de nou. *[instaurar]*

instigar. v. tr. Induir a algú a fer alguna cosa. *[instigar]*

instil·lar. v. tr. Tirar gota a gota un líquid en una cosa. *[instilar]* // Infondre insensiblement en l'esperit un afecte o opinió. *[instilar]*

instint. m. Impuls interior natural que no depén de la raó ni de la voluntat. *[instinto]*

institució. f. Acció i efecte d'instituir. *[institución]* // Cosa instituïda. *[institución]*

instituir. v. tr. Fundar, establir, donar principi a una cosa que ha de durar. *[instituir]*

institut. m. Regla que prescriu el mètode de vida d'un orde religiós constituït. *[instituto]* // Orde instituït per aquesta regla. *[instituto]* // Corporació científica, literària, artística. *[instituto]*

instrucció. f. Acció i efecte d'instruir o d'instruir-se. *[instrucción]* // pl. Advertiments donats a algú sobre la manera de conduir un afer. *[instrucciones]*

instruir. v. tr. Donar a algú coneiximents o informació, especialment d'una manera metòdica. *[instruir]* // Formalitzar un procés o expedient. *[instruir]*

instrument. m. Objecte fabricat (aïna, etc.) de què hom se serveix per a fer una operació, produir un objecte, etc. *[instrumento]* // Escriptura, paper o document amb què es justifica o prova alguna cosa. *[instrumento]*

instrumentar. v. tr. Escriure les parts d'una composició musical. *[instrumentar]*

insubordinació. f. Manca de subordinació o disciplina. *[insubordinación]*

insubstancial. adj. No substancial, de poca o gens de substància. *[insubstancial]*

insuflar. v. tr. Introduir bufant un gas, vapor, etc., en una cavitat o òrgan. *[insuflar]*

insular. adj. Illenc. // Pertanyent o relatiu a una illa. *[insular]*

insulina. f. Hormona que disminueix la concentració de sucre en la sang. *[insulina]*

insuls, ulsa. adj. Insípid, dit especialment d'una persona. *[insulso]*

insult. m. Acció i efecte d'insultar. *[insulto]*

insultar. v. tr. Ofendre amb actes o paraules ultratjosos. *[insultar]*

insurrecció. f. Alçament o sublevació d'un poble, grup de gent, etc. *[insurrección]*

intacte, acta. adj. No tocat; sencer, pur; que no ha patit cap deterioració. *[intacto]*

integrar. v. tr. Formar les parts d'un tot. *[integrar]*

íntegre, íntegra. adj. Sencer, no mancat de res, complet. *[íntegro]* // D'una probitat perfecta, incorruptible. *[íntegro]*

intel·lecte. m. Facultat de pensar. *[intelecto]*

intel·lectual. adj. Relatiu o pertanyent a la intel·ligència. *[intelectual]* // m. i f. Persona dedicada al cultiu de les lletres. *[intelectual]*

intel·ligència. f. Facultat d'entendre o de conéixer. *[inteligencia]* // Acord de sentiments entre diferents persones. *[inteligencia]*

intel·ligent. adj. Dotat d'intel·ligència. *[inteligente]* // Expert.

intempèrie. f. Inclemència o destemprança de les condicions atmosfèriques. *[intemperie]*

intenció. f. Determinació de la voluntat envers un fi, a obrar en un cert sentit. *[intención]*

intendència. f. Direcció, cura i administració d'una cosa. *[intendencia]* // Càrrec d'intendent. *[intendencia]* // Cos militar que té al seu càrrec l'administració i proveïment de l'exèrcit. *[intendencia]*

intens, ensa. adj. Que té intensitat; que implica un esforç, una activitat extrema. *[intenso]*

intensificar. v. tr. Fer més intensa alguna cosa. *[intensificar]*

intensitat. f. Qualitat d'intens. *[intensidad]* // Grau d'energia amb què obra un agent natural o mecànic. *[intensidad]*

intensiu, iva. adj. Que té intensitat. *[intensivo]*

intent. m. Acció d'intentar; cosa intentada. *[intento]*

intentar. v. tr. Obrar per a atényer la consecució d'un fi. *[intentar]*

intercalar. v. tr. Posar una cosa entre altres. *[intercalar]*

intercanvi. m. Reciprocitat de consideracions i serveis entre corporacions o països diversos, canvi mutu. *[intercambio]*

intercanviar. v. tr. Bescanviar, canviar mútuament. *[intercambiar]*

intercedir. v. intr. Mitjançar perquè un altre obtinga una gràcia o privilegi. *[interceder]*

interceptar. v. tr. Posar un obstacle al pas d'algú o d'alguna cosa. *[interceptar]*

intercessor, ora. adj. i m. i f. Que intercedeix. *[intercesor]*

interdicte. m. Acció legal per a demanar en judici l'efectivitat d'algun dret. *[interdicto]* // Entredit, sentència prohibitòria. *[interdicto]*

interdir. v. tr. Decretar una prohibició. *[interdecir]*

interés, (pl. **essos**). m. Profit, guany, utilitat. *[interés]* // Tendència o inclinació de l'esperit envers una persona o cosa. *[interés]*

interessar. v. tr. Associar a algú al profit d'un negoci. *[interesar]* // Ser útil, convenir. *[interesar]* // **-se.** Prendre interés. *[interesarse]*

interferència. f. Acció i efecte d'interferir. *[interferencia]* // Anul·lació mútua de dos raigs lluminosos. *[interferencia]*

interferir. v. intr. Produir interferència. *[interferir]* // Intervenir en la conversa. *[interferir]*

interí, ina. adj. i m. i f. Que supleix en el seu càrrec o funció una altra persona o cosa durant la seua absència o manca. *[interino]*

ínterim. adv. En l'endemig, temps intermedi. *[ínterin]*

interior. adj. Que està a la part de dins d'un cos. *[interior]* // m. La part de dins d'alguna cosa. *[interior]*

interjecció. f. Expressió que per ella sola forma una proposició el·líptica i expressa algun afecte sobtat. *[interjección]*

interlinear. v. tr. Separar amb interlínies les línies en una composició tipogràfica. *[interlinear]*.

interlínia. f. Planxeta metàl·lica que serveix per a separar les línies de la composició d'impremta. *[interlínea]*

interludi. m. Farsa, entreteniment, peça de música, etc., executats entre els actes d'un misteri, d'un drama, etc. *[interludio]*

intermedi, èdia. adj. Que està entre dos termes. *[intermedio]* // m. Espai de temps entre dos esdeveniments. *[intermedio]* // Interludi.

intermediari, ària. adj. i m. i f. Que intervé per a arreglar una qüestió, etc. *[intermediario]* // Situat entre dos termes. *[intermediario]*

intermitent. adj. Que a intervals cessa i recomença. *[intermitente]*

intern, erna. adj. Que és a la part de dins; que obra a l'interior. *[interno]* // m. i f. Alumne que viu dins l'establiment on estudia. *[interno]*

internacional. adj. Relatiu o pertanyent a dues o més nacions. *[internacional]*

internacionalitzar. v. tr. Donar a una cosa caràcter internacional. *[internacionalizar]*

internar. v. tr. Fer entrar a dins. *[internar]* // Obligar a residir en un lloc determinat. *[internar]*

interpel·lar. v. tr. Adreçar la paraula a algú per a demanar-li alguna cosa, perquè done explicacions sobre un fet, sobre els seus actes, etc. *[interpelar]*

interpolar. v. tr. Interposar una cosa entre altres. *[interpolar]*

interposar. v. tr. Posar una cosa entre mig d'altres. *[interponer]* // Formalitzar un recurs legal per mitjà d'una demanda. *[interponer]*

intèrpret. m. i f. Persona que interpreta. *[intérprete]* // Persona encarregada d'explicar a altres allò que una altra els diu en una llengua que elles no coneixen. *[intérprete]* // Allò que serveix per a donar a conéixer els efectes, etc., de l'ànim. *[intérprete]*

interpretar. v. tr. Cercar i explicar el sentit d'una cosa. *[interpretar]* // Donar a una cosa tal o tal significació. *[interpretar]*

interrogació. f. Acció i efecte d'interrogar. *[interrogación]* // Interrogant.

interrogant. adj. Que interroga. *[interrogante]* // m. Signe ortogràfic d'interrogació: (?) a la fi i, a vegades (¿), al començament. *[interrogante]*

interrogar. v. tr. Fer una o més preguntes a algú, especialment amb autoritat, formalment. *[interrogar]*

interrompre. v. tr. Suspendre, impedir o destorbar la continuació d'una cosa. *[interrumpir]*

interruptor, ora. adj. i m. i f. Que interromp a algú que parla. *[interruptor]* // m. Aparell destinat a interrompre el pas d'un corrent elèctric. *[interruptor]*

intersecció. f. El punt comú, la línia comuna a dues línies, a dues superfícies que es tallen. *[intersección]*

interstici. m. Buit, escletxa o espai menut entre dos cossos o entre les parts d'un cos. *[intersticio]*

interurbà, ana. adj. Que va d'una ciutat a una altra. *[interurbano]*

interval. m. Espai entre dues coses. *[intervalo]* // Diferència de to entre dos sons musicals. *[intervalo]*

intervenció. f. Acció i efecte d'intervenir. *[intervención]* // Oficina de l'interventor. *[intervención]*

intervenir. v. tr. i intr. Tr. Examinar i censurar comptes, etc. *[intervenir]* // Intr. Prendre part en alguna cosa. *[intervenir]*

interventor, ora. adj. i m. i f. Que intervé. *[interventor]* // m. Funcionari que fiscalitza certes operacions perquè es facen amb legalitat. *[interventor]*

intestí, ina. adj. Intern, especialment en el cos social, civil, domèstic. *[intestino]* // m. Conducte que forma part del tub digestiu, de l'estómac a l'anus. *[intestino]*

íntim, íntima. adj. Aplicat a allò que és més interior o intern. *[íntimo]* // Relatiu a una amistat molt estreta i confiada. *[íntimo]*

intimar. v. tr. i intr. Tr. Fer saber alguna cosa a algú. *[intimar]* // Ordenar algú autoritàriament. *[intimar]* // Intr. Introduir-se íntimament en l'afecte d'algú. *[intimar]*

intimidar. v. tr. Fer o causar por, fer agafar por. *[intimidar]*

intolerància. f. Manca de tolerància. *[intolerancia]*

intoxicació. f. Acció i efecte d'intoxicar o d'intoxicar-se. *[intoxicación]*

intoxicar. v. tr. Infeccionar amb metzines. *[intoxicar]*

intranquil·litzar. v. tr. Causar intranquil·litat. *[intranquilizar]*

intransigència. f. Condició del qui és intransigent. *[intransigencia]*

intransigent. adj. Que no transigeix o no està disposat a transigir. *[intransigente]*

intrèpid, èpida. adj. Que no tem els perills. *[intrépido]*

intricat, ada. adj. Amb les parts separades o confoses de manera que és difícil de separar-les o distingir-les. *[intrincado]*

intriga. f. Maneig ocult i astuciós per a aconseguir algun fi. *[intriga]*

intrigant. adj. Que intriga. *[intrigante]* // m. i f. Persona que intriga. *[intrigante]*

intrigar. v. intr. i tr. Intr. Maquinar intrigues. *[intrigar]* // Tr. Excitar en algú una curiositat inquieta. *[intrigar]*

intrínsec, ínseca. adj. Pertanyent a la natura essencial, a la constitució íntima d'una cosa. *[intrínseco]*

introducció. f. Acció i efecte d'introduir o d'introduir-se. *[introducción]* // Preparació o disposició per al fi proposat.

introduir. v. tr. Fer entrar una cosa en una altra. *[introducir]* // Fer que un siga admés o rebut en algun lloc. *[introducir]*

intromissió. f. Acció i efecte d'entremetre's. *[intromisión]*

introvertit, ida. adj. i m. i f. Que tendeix a retirar-se en ell mateix. *[introvertido]*

intrús, usa. adj. Que s'introdueix sense dret ni raó. *[intruso]*

intrusió. f. Acció d'introduir-se sense dret en una societat, en una funció. *[intrusión]*

intuïció. f. Percepció o coneiximent clar, íntim i instantani d'una idea o principi, sense auxili de la raó. *[intuïción]*

intuir. v. tr. Preveure clarament la veritat d'una cosa encara no realment manifestada. *[intuir]*

inundar. v. tr. Cobrir l'aigua un terreny. *[inundar]*

inútil. adj. No útil, que no dóna utilitat. *[inútil]*

inutilitzar. v. tr. Fer inútil una cosa. *[inutilizar]*

invàlid, àlida. adj. Que no té força ni vigor. *[inválido]* // No vàlid. *[inválido]*

invalidar. v. tr. Fer invàlida, nul·la o ineficaç alguna cosa. *[invalidar]*

invasió. f. Acció i efecte d'envair. *[invasión]*

invasor, ora. adj. i m. i f. Que envaeix. *[invasor]*

invectiva. f. Discurs, escrit violent contra una persona o cosa. *[invectiva]*

invencible. adj. Que no pot esser vençut. *[invencible]*

invenció. f. Acció d'inventar, de descobrir una cosa nova o no coneguda abans. *[invención]* // La cosa inventada. *[invención]* //Troballa.

invent. m. Invenció, acció i efecte d'inventar, cosa inventada. *[invento]*

inventar. v. tr. Trobar o descobrir alguna cosa no coneguda d'abans. *[inventar]* // Fingir fets que es donen com a reals. *[inventar]*

inventari. m. Enumeració dels béns pertanyents a una persona o societat. *[inventario]*

inventiva. f. Facultat i disposició per a inventar. *[inventiva]*

invers, ersa. adj. Que és invertit o col·locat a l'inrevés respecte a una altra cosa. *[inverso]* // Que obra en sentit contrari d'una altra cosa. *[inverso]*

inversemblant. adj. Que no sembla ver, que sembla impossible. *[inverosímil]*

inversió. f. Acció i efecte d'invertir. *[inversión]*

inversor, ora. adj. Que inverteix. *[inversor]* // m. Aparell que serveix per a canviar el sentit d'un corrent elèctric. *[inversor]*

invertir. v. tr. Col·locar en un orde oposat. *[invertir]* // Gastar o esmerçar diners, temps, etc. *[invertir]* // Posar alguna cosa a l'inrevés. *[invertir]*

investigar. v. tr. Fer diligències per a conéixer o descobrir alguna cosa. *[investigar]* // Cercar de descobrir o conéixer alguna cosa indagant i examinant atentament tot vestigi, tot indici, etc. *[investigar]* // Profunditzar assenyadament en algun gènere d'estudis. *[investigar]*

investir. v. tr. Conferir una dignitat o càrrec. *[investir]*

invicte, icta. adj. Sempre victoriós, mai vençut. *[invicto]*

invisible. adj. Incapaç d'esser vist. *[invisible]*

invitació. f. Acció i efecte d'invitar. *[invitación]* // Papereta impresa amb què s'invita. *[invitación]*

invitar. v. tr. Pregar a algú d'acudir a un lloc, una festa, etc. *[invitar]*

invocació. f. Acció i efecte d'invocar. *[invocación]* // Les paraules amb què s'invoca. *[invocación]*

invocar. v. tr. Demanar amb precs la protecció d'algú. *[invocar]* // Apel·lar al testimoni d'algú. *[invocar]*

involució. f. Complicació, embolicament. *[involución]* // En biologia, modificació regressiva d'una part de l'organisme o de tot ell. *[involución]*

involucrar. v. tr. Introduir en un escrit, discurs, etc., qüestions estranyes al seu objecte principal. *[involucrar]*

iode. m. Metal·loide de contextura laminar, de color gris fosc, que es volatilitza fàcilment. *[yodo]*

ioga. m. Disciplina d'origen hindú que té per objecte d'assolir el domini del cos i de l'esperit. *[yoga]*

iogurt. m. Substància semblant al quefir, preparada amb llet fermentada. *[yogurt]*

ira. f. Violenta irritació contra algú o alguna cosa. *[ira]*

iracund, unda. adj. Propens a la ira. *[iracundo]*

irascible. adj. Prompte a irritar-se, iracund. *[irascible]*

irat, ada. adj. Encés d'ira, irritat. *[airado]*

iréixer-se. v. pron. Aïrar-se, encendre's d'ira. *[airarse]*

iris. m. Arc amb els colors de l'espectre, que es forma per reflexió i refracció de la llum del sol en les gotes de la pluja, arc de Sant Martí. *[iris]* // Disc de diversos colors que envolta la nina de l'ull. *[iris]*

irisar. v. tr. Donar els colors de l'iris. *[irisar]*

ironia. f. Figura retòrica que consisteix a dir el contrari d'allò que hom vol donar a entendre. *[ironía]*

ironitzar. v. intr. Parlar o escriure amb ironia. *[ironizar]*

irradiar. v. tr. Difondre un cos raigs de llum o de calor en totes direccions sobre altres objectes. *[irradiar]*

irreal. adj. No real, mancat de realitat. *[irreal]*

irreflexiu, iva. adj. Que no reflexiona. *[irreflexivo]* // Que és fet o dit sense reflexionar. *[irreflexivo]*

irrefutable. adj. Que no es pot refutar. *[irrefutable]*

irregular. adj. Que no segueix la regla, no regular. *[irregular]*

irremeiable. adj. Que no té remei. *[irremediable]*

irresistible. adj. Que no pot esser resistit. *[irresistible]*

irrespirable. adj. Que no es pot respirar. *[irrespirable]*

irresponsable. adj. No subjecte a responsabilitat. *[irresponsable]*

irrevocable. adj. Que no es pot revocar. *[irrevocable]*

irrigació. f. Acció de fornir aigua a les terres per canals, séquies, etc. *[irrigación]*

irrigar. v. tr. Subjectar a irrigació, regar. *[irrigar]*

irrisió. f. Acció de riure's d'una persona o cosa. *[irrisión]*

irritació. f. Acció i efecte d'irritar o d'irritar-se. *[irritación]*

irritar. v. tr. Excitar en l'ànim d'algú un viu sentiment d'indignació, enuig, etc. *[irritar]* // Produir una excitació morbosa en un òrgan o part del cos. *[irritar]*

irrogar. v. tr. Causar un dany o perjuí. *[irrogar]*

irrompre. v. intr. Entrar sobtosament i violentament. *[irrumpir]*

irrupció. f. Invasió sobtada i violenta. *[irrupción]*

isard. m. Antílop semblant a la cabra que viu als Pirineus, Alps, etc. *[sarrio, gamuza]*

isard, arda. adj. Escabrós, feréstec. *[arisco]*

islam. m. Religió dels mahometans. *[islam]* // Conjunt de tots els mahometans. *[islam]*

isolar. v. tr. Deixar una persona o cosa separada d'altres, aïllar. *[aislar]*

istme. m. Llengua de terra que uneix dos continents, o una península amb un continent. *[istmo]*

italià, ana. adj. i m. i f. Natural o propi d'Itàlia. *[italiano]* // m. Llenguatge dels italians. *[italiano]*

ítem. adv. També, igualment. // S'usa per a introduir cada article, capítol, etc., en una escriptura, en una enumeració. *[ítem]*

itinerari, ària. adj. Relatiu o pertanyent als camins. *[itinerario]* // m. Indicació del camí a seguir. *[itinerario]*

iuca. f. Planta liliàcia de fulles rígides i flors blanques en panícula. *[yuca]*

ixent. adj. Que ix. *[saliente]* // Aplicat al sol quan ix. *[naciente]*

j j j j j J

j. f. Desena lletra de l'alfabet. *[j]*
ja. adv. o conj. Des d'abans d'un temps determinat. *[ya]*
jaç. m. Llit o cosa disposada per a dormir. *[yacija, cama]* // Palla del jaç de la quadra.
jaca. f. Jaqueta. *[chaqueta]*
jaciment. m. Lloc on es troba naturalment un mineral, un fòssil. *[yacimiento]*
jacint. m. Planta liliàcia de flors blanques, blaves, rosades o grogues, molt oloroses. *[jacinto]* // Flor d'aquesta planta. *[jacinto]*
jactància. f. Acció de jactar-se. *[jactancia]*
jactar-se. v. pron. Gloriar-se d'alguna cosa, lloar-se excessivament. *[jactarse]*
jaculatòria. f. Oració breu i fervorosa. *[jaculatoria]*
jai, aia. m. Vell, ancià. *[viejo]*
jaló. m. Bastó que es clava a terra per a indicar una alineació o determinar una direcció. *[jalón]*
jalonar. v. tr. Clavar jalons per a establir una alineació en un terreny. *[jalonar]*
japonés, esa. adj. i m. i f. Natural o propi del Japó. *[japonés]* // m. Llenguatge dels japonesos. *[japonés]*.
jaqueta. f. Peça exterior del vestit dels hòmens amb mànigues que no arriba als genolls. *[chaqueta]*
jardí. m. Terreny on són cultivades plantes ornamentals. *[jardín]*
jaspi. m. Pedra silícia, de granet fi, textura homogènia, opaca i de varietats i bellíssims colors, que admet poliment i llustre. *[jaspe]* // Marbre que fa vetes.
jàssena. f. Biga travessera sobre la qual es col·loquen les altres bigues. *[jácena, viga maestra]*
jaure. v. intr. Estar algú o algun animal estés ben llarg a terra, en un llit, sobre un suport qualsevol. *[yacer]* // Estar gitat. *[yacer]* // Estar un cadàver a la fosa, vas o sepulcre. *[yacer]*
javalí. m. Porc muntanyés, porc senglar. *[jabalí]*
javelina. f. Dard llarg i prim. *[jabalina]*
jerarca. m. Superior i principal en l'orde eclesiàstic. *[jerarca]*
jerarquia. f. Orde entre els diferents cors d'àngels. *[jerarquía]* // Orde i graus entre persones i coses. *[jerarquía]*
jeremiada. f. Lamentació exagerada o importuna. *[jeremiada]*
jeroglífic, ífica. adj. Relatiu o pertanyent a l'escriptura dels pobles antics que no usaven signes fonètics sinó símbols. *[jeroglífico]* // m. Cadascun dels caràcters o signes d'aquestes escriptures. *[jeroglífico]*
jersei. m. Peça de vestir exterior de punt. *[jersey]*
jesuïta. m. Religiós de la Companyia de Jesús, fundada per Sant Ignasi. *[jesuita]*
jeure. v. intr. Jaure. *[yacer]*
jo. Pronom de primera persona del singular. *[yo]* // m. La persona humana en tant que té consciència d'ella mateixa. *[yo]*
joc. m. Acció de jugar. *[juego]* // Diversió, exercici recreatiu, en el qual hom perd o guanya. *[juego]* // En certs jocs, cadascuna de les divisions del partit. *[juego]* // Conjunt dels objectes necessaris per a jugar un joc determinat. *[juego]* // Joguet, joguina. *[juguete]* // Disposició i moviment de dues coses unides que es poden moure sense separar-se. *[juego]* // pl. Festes públiques literàries o deportives. *[juegos]*
jóc, oca. adj. Ajocat. *[gacho, bajo]* // m. i

f. Joquer on dormen les gallines i altres ocells. *[cobijo]*

joca, a la. loc. adv. En la cacera d'ocells, a l'aguait, estant-se el caçador ajocat.

jocós, osa. adj. Graciós, divertit, rialler. *[jocoso]*

jocund, unda. adj. Alegre, plaent, agradable, d'una alegria plàcida. *[jocundo]*

joglar. m. El qui cantava i recitava cançons i versos dels trobadors. *[juglar]*

joglaresc, esca. adj. Pertanyent o relatiu als joglars. *[juglaresco]*

joguet. m. Petit joc o objecte de joc, especialment fet per a entretenir-se els infants i xiquets. *[juguete]*

joia. f. Goig, alegria. *[gozo]* // Objecte de matèria preciosa que serveix d'ornament a les persones, joiell. *[joya]* // Premi donat en un concurs. *[premio]*

joiell. m. Cosa menuda que té qualitat de joia. *[joyel]* // Peça preciosa d'or, d'argent, etc., especialment amb una o més gemmes, que serveix d'ornament a les persones. *[joya]*

joier, era. m. i f. El qui fa o ven joies o joiells. *[joyero]* // m. Estoig o capsa per a tenir-hi joies. *[joyero]*

joieria. f. Taller o botiga de joier. *[joyería]*

jolivert. m. Planta herbàcia umbel·lífera conreada pel seu ús com a condiment. *[perejil]*

jonc. m. Nom de diverses plantes amb molts brots, cilíndrics i flexibles, que es crien en indrets humits. *[junco]* // Cadascuna de les tiges llargues i primes d'aquestes plantes. *[junco]*

jonça. f. Planta herbàcia medicinal, que es cria als llocs humits. *[juncia, junquillo, castañuela]*

jònec, ònega. m. i f. Bou o vaca jove, no arribat a l'estat adult. *[novillo]*

joquei. m. Aquell qui munta els cavalls en les curses hípiques. *[joquey]*

joquer. m. Jóc, jaç. *[yacija, cama]* // Barra o embarrat on dormen les gallines. *[gallinero]*

jorn. m. Temps que dura la claredat del sol sobre l'horitzó. *[día]*

jornal. m. Allò que guanya un treballador pel treball d'un dia. *[jornal]* // Treball que fa o pot fer un treballador durant la jornada. *[jornal]* // Mesura agrària equivalent a l'extensió de terra que es llaura normalment amb una parella de mules. *[jornal]*

jota. f. Nom de la lletra «j». *[jota]* // Ball popular molt usat a Aragó, València i Mallorca. *[jota]*

jou. m. Peça de fusta per a junyir dos animals al carro, etc. *[yugo]* // Llei i domini superior que obliga a l'obediència. *[yugo]* // Càrrega, cosa pesada, lligam. *[yugo]* // Peça de fusta, que reforça la popa per la part de dins. *[yugo]*

jova. f. Parell de bous per a llaurar. *[yunta]* // Obligació feudal de llaurar la terra del senyor durant un dia amb un parell d'animals. // Prestació personal obligatòria a una faena d'utilitat pública. *[hacendera, prestación personal]*

jovada. f. Espai de terra que pot llaurar una parella de bous en un dia. *[yugada]*

jove. adj. De poca edat, que està en la seua joventut. *[joven]* // m. i f. Persona jove no arribada a la maduresa. *[joven]*

jovenalla. f. Conjunt de gent jove. *[juventud, mocerío]*

jovenejar. v. intr. Fadrinejar, començar a semblar un jove. *[pollear]*

jovent. m. Jovenalla; els jóvens, la joventut. *[juventud]*

joventut. f. Temps de la vida entre la infantesa i l'edat madura. *[juventud]* // Conjunt de gent jove. *[juventud]*

jovial. adj. De caràcter alegre. *[jovial]*

jovialitat. f. Qualitat de jovial. *[jovialidad]*

jubilació. f. Alegria expansiva. *[júbilo]* // Acció i efecte de jubilar o de jubilar-se. *[jubilación]* // Pensió que frueix la persona jubilada. *[jubilación]*

jubilar. v. tr. i intr. Tr. Eximir una persona d'un càrrec per raó d'ancianitat o impossibilitat física. *[jubilar]* // Intr. Experimentar una alegria viva, expansiva. // **-se.** Aconseguir la jubilació.

jubileu. m. Festa pública que celebraven els hebreus cada cinquanta anys, en la qual es tornaven a llurs antics propietaris les coses venudes i es donava llibertat als esclaus. *[jubileo]* // Indulgència plenària concedida pel papa en ocasions determinades. *[jubileo]*

judaic, aica. adj. Relatiu o pertanyent als jueus. *[judaico]*

judicar. v. tr. Fer juí, jutjar. *[juzgar]* // Criticar, formar judici desfavorable d'algú.

judici. m. Acció i efecte de judicar o jutjar. *[juicio]* // Operació de l'enteniment què estableix relacions entre dues idees. *[juicio]* // Coneiximent d'una causa en la qual el jutge ha de pronunciar la sentència. *[juicio]*

judicial. adj. Relatiu o pertanyent a l'administració de justícia. *[judicial]*

jueria. f. Barri o call habitat pels jueus. *[judería]*

jueu, eua o **eva.** m. i f. Persona de raça hebrea que professa la religió de Moïsés, israelita. // adj. Relatiu o pertanyent a Judea. *[judío]*

jugador, ora. adj. i m. i f. Que juga a algun joc. *[jugador]* // Que vol jugar molt, delitós de jugar. *[juguetón]*

jugar. v. intr. i tr. Intr. Fer alguna cosa per diversió o entreteniment. *[jugar]* // Prendre part en un joc. *[jugar]* // Fer un jugador un acte propi del joc. *[jugar]* // Tr. Arriscar al joc una quantitat. *[jugar]* // Fer ús d'una peça del joc. *[jugar]* // Manejar una arma, espasa, sabre, etc.

juguera. f. Ganes de jugar.

jugular. adj. Relatiu o pertanyent al coll o a la gola. *[yugular]*

juí. m. Judici. *[juicio]*

juliol. m. El seté mes de l'any. *[julio]*

julivert. m. Jolivert. *[perejil]*

jull. m. Planta que creix entre els blats, amb una espiga blanca i prima. *[joyo, borrachuela]*

junc. m. Jonc. *[junco]*

junça. f. Jonça. *[juncia]*

jungla. f. Selva molt espessa i impenetrable. *[jungla, manigua]*

junt, unta. adj. Unit, immediat, reunit, afegit. *[junto]* // m. Punt per on s'uneixen dues peces. *[juntura, coyuntura]*

junta. f. Reunió de persones per a tractar alguna qüestió. *[junta]* // Conjunt de persones nomenades per a dirigir els assumptes d'una col·lectivitat. *[junta]*

juntera. f. Corda per a fermar el jou a les banyes dels bous junyits, junyidora. *[coyunda]* // Ribot estret per a fer certs galzes.

juny. m. El sisé mes de l'any. *[junio]* // Jou de bous.

junyida. f. Acció i efecte de junyir. *[uncida]*

junyidor, ora. adj. Que junyeix, que serveix per a junyir. *[justador]*

ir. v. tr. Ajuntar, unir. *[juntar]* // Lligar els animals amb el jou. *[uncir]* // **-se.** Ajuntar les seues aigües dos rius. *[confluir]*

jupa. f. Part del vestit fins a la cintura, amb quatre faldons i amb mànigues ajustades. *[chupa]*

jupetí. m. Peça de vestir que cobreix el pit i l'esquena, sense mànigues, dessota de l'americana, la jupa, etc., guardapits. *[armilla, chaleco]*

jurament. m. Acció i efecte de jurar. *[juramento]*

jurar. v. tr. Afirmar, prometre alguna cosa apel·lant a Déu. *[jurar]*

jurat. m. Tribunal que determina i declara el fet en els processos penals sense tocar les qüestions de dret i cadascun dels individus que el componen. *[jurado]* // Comissió encarregada d'adjudicar els premis en una exposició, concurs, etc. *[jurado]* // Càrrec antic dins una corporació municipal. *[jurado]*

jurídic, ídica. adj. Que concerneix al dret; que es fa en justícia, segons les formes legals. *[jurídico]*

jurisconsult. m. Docte en qüestions de dret. *[jurisconsulto]*

jurisdicció. f. Poder per a governar i posar les lleis en acció. *[jurisdicción]* // Territori en què l'autoritat exerceix les facultats del càrrec. *[jurisdicción]*

jurisperit. m. Versat en jurisprudència. *[jurisperito]*

jurisprudència. f. Ciència del dret. *[jurisprudencia]* // Conjunt de sentències que han donat els tribunals en qüestions de dret. *[jurisprudencia]*

jurista. m. El qui professa la ciència del dret. *[jurista]*

just, usta. adj. Conforme a la justícia i raó. *[justo]* // Que obra segons justícia.

[justo] // Exacte, sense manca ni excés. *[justo]* // Que ve a la mida. *[justo]*

justa. f. Joc o lluita d'home a home, a cavall i amb llança. *[justa]*

justar. v. intr. Lluitar en una justa. *[justar]*

justícia. f. Virtut que consisteix a donar a cadascú allò que li pertany. *[justicia]* // Allò que és just i raonable. *[justicia]* // Allò que s'ha de fer segons dret i raó, el poder de fer-ho i l'exercici d'aquest dret. *[justicia]*

justificar. v. tr. Provar una cosa amb raons convincents. *[justificar]* // Fer justa una cosa. *[justificar]* // Donar Déu la gràcia, fer-lo just per l'acció de la gràcia.

jute. m. Fibra tèxtil procedent de diverses plantes conreades a l'Índia. *[yute]*

jutge. m. El qui té autoritat i potestat per a jutjar i sentenciar. *[juez]* // El qui és designat per a resoldre algun dubte, o per a donar veredicte en un concurs. *[juez]*

jutjar. v. tr. Pronunciar una decisió com a jutge sobre algú o alguna cosa. *[juzgar]* // Emetre una opinió amb què s'aprova o es blasma alguna cosa. *[juzgar]* // Judicar. *[juzgar]*

jutjat. m. Tribunal d'un sol jutge. *[juzgado]* // Lloc on es jutja. *[juzgado]*

juvenil. adj. Pertanyent a la joventut. *[juvenil]*

juxtaposar. v. tr. Posar una cosa al costat d'una altra sense interposició de cap lligam. *[yuxtaponer]*

k k k k k k k k

k, (pl. **as**). f. Onzena lletra de l'alfabet, usada únicament en certs mots estrangers; el seu nom és «ca». *[k]*

kàiser. m. Títol de l'emperador d'Àustria i d'Alemanya. *[káiser]*

kantià, ana. adj. Relatiu o pertanyent a Kant. *[kantiano]*

kantisme. m. Sistema filosòfic de Kant. *[kantismo]*

karate. m. Art d'atacar d'origen japonés. *[karate]*

karateka. m. i f. Persona que practica el karate. *[karateka]*

knut. m. Assot format amb tires de cuir retortes amb filferro, molt usat abans a Rússia com a instrument de suplici. *[knut]*

krausisme. m. Sistema o doctrina filosòfica de l'alemany Krause. *[krausismo]*

krausista. m. i f. Seguidor del krausisme. *[krausista]*

kyrieleison. m. Dit familiarment dels cants dels enterraments i dels oficis de morts. *[gori-gori]*

l l l l l l l

l. f. Dotzena lletra de l'alfabet. *[l]*
la, (pl. **as**). f. Sisena nota de l'escala musical. *[la]*
la, (pl. **es**). Article definit femení. *[la]* // Forma d'acusatiu del pronom de tercera persona. *[la]*
laberint. m. Clos amb caminals disposats de tal manera que és difícil sortir-ne. *[laberinto]* // Cosa confosa i embolicada. *[laberinto]* // Part més interna i essencial de l'orella. *[laberinto]*
labial. adj. Relatiu o pertanyent als llavis. *[labial]* // Dit de la consonant articulada principalment amb els llavis. *[labial]*
labor. f. Treball especialment prolongat i el resultat d'aquest treball. *[labor]* // Obra de cosir, brodar, etc. en què s'ocupen les dones. *[labor]*
laborable. adj. Que pot ésser treballat.
laborar. v. intr. Treballar prolongadament en una cosa. *[laborar]*
laboratori. m. Lloc on són realitzats experiments científics, on preparen productes, etc. *[laboratorio]*
laca. f. Substància resinosa, vermella, segregada per un insecte que viu en les branques de diversos arbres de l'Índia. *[laca]* // Vernís fet amb la dita substància. *[laca]*
lacai. m. Criat la principal missió del qual és acompanyar al seu amo. *[lacayo]*
lacerar. v. tr. Llacerar. *[lacerar]*
lacònic, ònica. adj. Que expressa el pensament amb molt poques paraules. *[lacónico]*
lacrar. v. tr. Segellar una cosa amb lacre. *[lacrar]*
lacre. m. Pasta sòlida composta de goma laca i trementina que es fon i serveix per a segellar documents. *[lacre]*
lactància. f. Alletament, acte d'alletar. *[lactancia]*
lactar. v. tr. Alletar, alimentar amb llet. *[lactar]*
lacustre. adj. Relatiu o pertanyent als llacs. // Que creix, habita, en els llacs. *[lacustre]*
laic, aica. adj. i m. i f. Aplicat a tot allò que no és religiós. *[laico]*
laïcisme. m. Qualitat de laic. *[laicismo]*
lama. m. Sacerdot budista del Tibet i la Mongòlia. *[lama]*
lament. m. Acció de lamentar o de lamentar-se. *[lamento]*
lamentar. v. tr. Doldre's d'una cosa amb planys o altres manifestacions de dolor. *[lamentar]*
làmina. f. Tros de metall o de qualsevol altra matèria, pla i molt prim. *[lámina]* // Imatge o figura impresa. *[lámina]*
laminar. v. tr. Reduir un metall a làmines fent-lo passar entre dos cilindres. *[laminar]*
lampista. m. i f. El qui fa o ven aparells d'il·luminació. *[lampista]*
lànguid, ànguida. adj. Mancat d'energia, de vigor. *[lánguido]*
làpida. f. Pedra plana on hi ha una inscripció o que està destinada a portar una inscripció. *[lápida]*
lapidar. v. tr. Matar a algú a pedrades. *[lapidar, apedrear]*
lapidari, ària. adj. Relatiu a les pedres o a les inscripcions gravades en pedra. *[lapidario]* // m. El qui té per ofici tallar pedres precioses. *[lapidario]*
lapse, apsa. adj. Que ha caigut en error. *[lapso]* // m. Porció de temps transcorregut. *[lapso]*
lapsus. m. Errada per inadvertència en el parlar o escriure. *[lapsus]*

laringe. f. Conducte en comunicació amb la boca i la tràquea i que és òrgan de la veu. *[laringe]*

larva. f. Insecte eixit de l'ou abans de tota metamorfosi. *[larva]*

las, assa. adj. Cansat, fatigat, abatut. *[laso]* // Mancat de força, fluix. *[laxo, flojo]*

lasciu, iva. adj. Inclinat als delits carnals. *[lascivo]*

lascívia. f. Habitud o tendència a plaers carnals. *[lascivia]*

lassar. v. tr. Exhaurir les forces, fatigar. *[lasar, cansar]* // **-se.** Fatigar-se molt. *[lasarse, cansarse]*

latent. adj. Que existeix sense manifestar-se a l'exterior. *[latente]*

lateral. adj. Aplicat a tot allò que està situat al costat d'una cosa. *[lateral]*

làtex. m. Líquid lletós que es troba en alguns vegetals. *[látex]*

latifundi. m. Finca rústica d'una gran extensió. *[latifundio]*

latitud. f. La més menuda de les dues dimensions d'una superfície. *[latitud]* // Distància que hi ha des d'un punt qualsevol de la superfície de la terra a l'equador comptant pels graus del meridià. *[latitud]*

latrina. f. Lloc de les cases destinat per a expel·lir immundícies i excrements. *[letrina]*

lauda. f. Pedra d'una sepultura generalment amb una inscripció o escut. *[lauda]*

laude. m. Decisió dictada pels àrbitres o amigables componedors. *[laudo]*

lava. f. Conjunt de matèries en fusió que brollen dels volcans. *[lava]*

lavabo. m. Moble amb recipient d'aigua propi per a llavar-se. *[lavabo]*

laxant. adj. Aplicat a allò que laxa. *[laxante]* // m. Substància que facilita l'evacuació dels excrements. *[laxante]*

laxar. v. tr. Disminuir la tensió d'alguna cosa, afluixar. *[relajar]*

lector, ora. m. i f. Persona que llig. *[lector]* // Professor adjunt en certes universitats estrangeres. *[lector]*

lectura. f. Acció i efecte de llegir. *[lectura]* // Obra o cosa llegida. *[lectura]*

legal. adj. Conforme a la llei. *[legal]*

legalitzar. v. tr. Certificar la legalitat d'un document, signatura, etc. *[legalizar]*

legar. v. tr. Deixar alguna cosa a algú per disposició testamentària. *[legar]*

legat. m. Persona que representa amb poders una altra, una corporació, etc. *[legado]*

legió. f. Cos de tropa de l'antiga Roma, compost d'infanteria i cavalleria. *[legión]* // Grup d'individus que persegueixen un mateix fi. *[legión]*

legislador, ora. adj. i m. i f. Que legisla. *[legislador]*

legítim, ítima. adj. Llegítim. *[legítimo]*

legitimar. v. tr. Fer legítim un fill que no ho és. *[legitimar]* // Donar valor legal a una cosa. *[legitimar]*

lema. m. Argument o tema d'una composició, que es posa al seu davant com a títol o introducció. *[lema]* // Proposició que cal demostrar abans d'establir-ne una altra. *[lema]* // Paraula o frase que serveix de contrasenya en els certàmens de treballs escrits. *[lema]*

lent. f. Vidre o altra substància transparent emprat en diversos instruments òptics. *[lente]*

lent, enta. adj. Que no va de pressa, que va poc a poc. *[lento]*

lentitud. f. Tardança amb què una cosa és executada, qualitat de lent. *[lentitud]*

lepra. f. Malaltia infecciosa caracteritzada per nòduls tuberculosos, ulceracions i insensibilitat de la pell. *[lepra]*

lesió. f. Dany fet a una part de l'organisme. *[lesión]* // Dany fet als drets, als interessos d'algú. *[lesión]*

lesionar. v. tr. Causar lesió. *[lesionar]*

letal. adj. Aplicat a tot allò que pot produir la mort, mortífer. *[letal]*

letargia. f. Son profund i continuat, anormal, del qual és difícil de despertar i durant el qual hom sembla com mort. *[letargía, letargo]*

leucèmia. f. Malaltia produïda per un excés de glòbuls blancs de la sang. *[leucemia]*

leucòcit. m. Glòbul blanc de la sang. *[leucocito]*

levita. m. Israelita de la tribu de Leví. *[le-*

vita] // f. Peça de vestir cenyida al cos, amb mànigues, i amb faldons llargs que envolten completament les cuixes. *[levita]*

lèxic. m. El conjunt de totes les paraules d'una llengua. *[léxico]*

lexicògraf, ògrafa. m. i f. El qui fa treballs de lexicografia. *[lexicógrafo]*

lexicografia. f. Art de compondre diccionaris o col·leccionar paraules cercant el sentit de cadascuna. *[lexicografía]*

lexicòleg, òloga. m. i f. Entés en lexicologia. *[lexicólogo]*

lexicologia. f. Ciència de l'origen i significació dels mots. *[lexicología]*

li. Datiu del pronom de tercera persona singular, representant d'un complement indirecte. *[le]*

libar. v. tr. Xuplar suaument el suc d'una cosa, beure un glopet. *[libar]*

libel. m. Escrit difamatori contra alguna persona o cosa. *[libelo]*

libèl·lula. f. Nom d'uns insectes neuròpters que viuen prop de l'aigua i tenen quatre ales llargues i estretes. *[libélula]*

liberal. adj. Que professa les doctrines del liberalisme polític, lliberal. *[liberal]*

liberalisme. m. Principis i teories dels partidaris de la llibertat política. *[liberalismo]*

liberalitzar. v. tr. Donar caràcter de liberal en l'orde polític. *[liberalizar]*

libertí, ina. adj. Aplicat a la persona lliurada al llibertinatge. *[libertino]*

liceu. m. Lloc d'Atenes on Aristòtil tingué la seua escola de filosofia. *[liceo]* // Nom que es dóna a institucions culturals. *[liceo]*

lícit, ícita. adj. Aplicat a tota cosa justa, permesa per la llei i per la raó. *[lícito]*

licitar. v. tr. Oferir preu per una cosa en subhasta o encant. *[licitar]*

licor. m. Líquid espirituós obtingut per destil·lació com l'aiguardent, el conyac, etc. *[licor]* // Solució en aigua d'una substància medicinal. *[licor]*

líder. m. Cap d'un partit polític, secta, etc. *[líder]*

lilà, (pl. **às**). m. Arbust de flors oloroses morades o blanques. *[lilá]*

lila. f. Lilà. *[lila]*

limbe. m. Làmina verda que constitueix la part terminal de la fulla. *[limbo]* // Part terminal lliure del sèpal. *[limbo]* // Part laminar del pètal. *[limbo]*

liminar. adj. Situat al llindar. // Posat al començament d'un llibre. *[liminar]*

límit. m. Terme, final o separació de dos territoris, regions, etc. *[límite]*

limitar. v. tr. Assenyalar el límit o límits d'alguna cosa. *[limitar]*

limítrof, ítrofa. adj. Aplicat a la regió o terreny que limita amb un altre, fronterís. *[limítrofe]*

límpid, ímpida. adj. Clar, pur, d'una transparència perfecta. *[límpido]*

lineal. adj. Relatiu o pertanyent a la línia. *[lineal]*

lingot. m. Barra de metall en brut. *[lingote]*

lingual. adj. Relatiu o pertanyent a la llengua. *[lingual]* // Dit de les consonants articulades amb la llengua.

lingüista. m. i f. Versat en lingüística. *[lingüista]*

lingüística. f. Ciència del llenguatge. *[lingüística]*

línia. f. Extensió contínua d'una sola dimensió. *[línea]* // Camí terrestre, marítim o aeri. *[línea]* // Sèrie de coses disposades d'una manera contínua en una direcció determinada. *[línea]*

liniment. m. Preparació farmacèutica, menys espessa que l'ungüent, per a friccions. *[linimento]*

linotip. f. Màquina de compondre que fon el metall en peces que contenen cadascuna de les lletres d'una línia. *[linotipia]*

linx. m. Mamífer carnisser, semblant al gat, que els antics creien que tenia una vista extraordinàriament aguda i penetrant. *[lince]*

linxar. v. tr. Executar a algú sense formació de procés, escometent-lo tumultuosament. *[linchar]*

lipotímia. f. Desmai, cobriment de cor. *[lipotimia]*

liquació. f. Acció i efecte de liquar; separació de substàncies fusibles per la diferència de temperatura de fusió. *[licuación]*

liquar. v. tr. Separar per liquació. *[licuar]*

líquid, íquida. adj. Aplicat als cossos la cohesió molecular dels quals fa que s'adapten facilíssimament a qualsevol recipient, tendint sempre a posar-se a nivell. *[líquido]* // m. Substància líquida. *[líquido]* // Quantitat que resulta de la comparació del càrrec i la data. *[líquido]*

liquidar. v. tr. Reduir a l'estat líquid, fer líquida una cosa. *[liquidar]* // Fer l'ajust formal d'un compte; sotmetre a una liquidació; pagar un deute. *[liquidar]* // Posar fi a una cosa o a un estat de coses. *[liquidar]*

lira. f. Instrument músic compost de diverses cordes en tensió i un marc. *[lira]* // Forma de combinació mètrica en la poesia. *[lira]* // Unitat monetària emprada a Itàlia i a Turquia. *[lira]*

líric, írica. adj. Relatiu a la lira o poesia pròpia del cant. *[lírico]* // Destinat a esser cantat. *[lírico]*

liró. m. Mamífer rosegador que viu en els arbres i es nodreix de fruita i passa tot l'hivern ocult i endormiscat. *[lirón]*

literal. adj. Conforme a la lletra d'un text. *[literal]*

literari, ària. adj. Relatiu o pertanyent a la literatura. *[literario]*

literatura. f. Conjunt de produccions literàries d'un poble, d'un període; conjunt d'escrits sobre una matèria. *[literatura]*

litigar. v. tr. Disputar en judici sobre una cosa, pledejar. *[litigar]*

litigi. m. Plet, discussió en judici. *[litigio]*

litografia. f. Art de reproduir caràcters, dibuixos, etc., gravant-los sobre pedra convenientment preparada. *[litografía]* // Obrador en què s'exerceix aquest art. *[litografía]*

litoral. adj. Relatiu o pertanyent a la costa o vora de la mar. *[litoral]* // m. Regió que és a la vora de la mar. *[litoral]*

litre. m. Mesura de capacitat equivalent a la capacitat d'un decímetre cúbic. *[litro]*

litúrgia. f. Forma de celebrar les cerimònies religioses. *[liturgia]*

litúrgic, úrgica. adj. Relatiu o pertanyent a la litúrgia. *[litúrgico]*

lívid, ívida. adj. D'un blau brut, com el que pren la pell per contusió. *[lívido]*

ll. f. Dígraf amb què es representa el so d'«elle». *[ll]*

llac. m. Gran extensió d'aigua que ocupa una concavitat de la terra. *[lago]*

llac. m. Llot, fang apegalós que es fa a les basses i depressions dels terrenys. *[lodo, lama, tarquín]* // Receptable fet d'obra, on es recull el most que ix del raïm trepitjat. *[tinillo]*

llaç. m. Baga o floc en una cinta o corda. *[lazo]* // Vincle. *[lazo]* // Llacera. *[lazo]*

llacada. f. Llot que deixa la riuada en retirar-se dels camps inundats. *[tarquín, ciénaga]* // Massa molt fina de calç amb mescla per a emblanquinar. *[lechada]* // Taca. *[mancha]*

llaçada. f. Baga feta de manera que es puga desfer. *[lazada]*

llacerar. v. tr. Esgarrar, esquinçar, la carn o teixits animals o vegetals. *[lacerar]* // fig. Afligir amb extrema pena, corruixar. *[afligir, lacerar]*

llacor. f. Suc vital, sia de les plantes o fruits, sia de la terra de conreu, sia dels animals. *[jugo, savia]* // Bon grau d'humitat d'una terra; estat de saó de la terra de conreu quan es troba tova i bona de treballar. // Sediment fi que depositen les aigües en repòs; llot.

llacuna. f. Extensió d'aigua de menors dimensions que un llac. *[laguna]* // Defecte o espai buit en un escrit o en una sèrie de coses. *[laguna]*

lladella. f. Insecte hemípter que viu paràsit en les parts peloses del cos humà. *[ladilla]*

lladrar. v intr. Fer un gos crits curts, forts i explosius. *[ladrar]*

lladre. m. i f. Persona que furta. *[ladrón]*

lladrera. f. Lladronici. *[latrocinio]* // Cau de lladres. *[ladronera]*

lladriola. f. Vidriola. *[hucha, alcancía]*

lladronici. m. Acte de lladre, robament, furt. *[ladronicio, latrocinio]*

lladruc. m. Crit usual del gos quan lladra. *[ladrido]*

llagosta. f. Insecte ortòpter, gris groguenc, que viu de vegetals i es multiplica molt. *[langosta, saltamontes]* //

Crustaci marí molt estimat com a comestible. *[langosta]*

llagostí. m. Crustaci marí, molt estimat com a comestible. *[langostino]* // Insecte ortòpter, de color terrós rogenc i cames molt llargues i potents, que li permeten saltar a gran distància. *[langosta, saltamontes]*

llagot. m. Afalac amb què s'adula a algú. *[lagotería, lisonja, halago]*

llagoter, era. adj. Que llagoteja, adulador. *[lagotero, adulador]*

llagoteria. f. Acció de llagotejar, adulació. *[lisonja, adulación]*

llàgrima. f. Cadascuna de les gotes segregades per la glàndula lacrimal per causes físiques o morals. *[lágrima]* // Qualsevol cosa que tinga la forma d'una llàgrima. *[lágrima]* // Gota d'humor que destil·len certs vegetals. *[lágrima]*

llagrimall. m. Extremitat de l'ull per on es vessen llàgrimes quan està obstruït el conducte lacrimal. *[lagrimal]*

llagrimeig. m. Acció i efecte de llagrimejar. *[lagrimeo]*

llagrimejar. v. intr. Vessar llàgrimes. *[lagrimear]*

llagut. m. Embarcació llarga i estreta que té un pal amb vela llatina. *[laúd]*

llama. m. Mamífer remugant, semblant al camell, propi de l'Amèrica del Sud. *[llama]*

llamborda. f. Pedra gran i plana. *[adoquín, losa, sillarejo]*

llambregada. f. Mirada ràpida. *[ojeada, mirada]*

llambregar. v. tr. i intr. Tr. Mirar amb atenció tot allò que abasta la mirada. *[mirar, atisbar]* // Intr. Donar llambregades ací i allà.

llambrejar. v. intr. Emetre raigs de llum, per reflexió les aigües, les pedres precioses, els metalls, etc. *[brillar, relucir]*

llambroix. m. Instrument de ferrer, per a tallar els unglots de les cavalleries, que consisteix en una pala de ferro acerat. *[pujavante]*

llaminadura. f. Menjar fi, delicat, fet més per a plaure el paladar que per a nodrir. *[golosina]*

llaminer, era. adj. Afeccionat a les llaminadures. *[goloso]* // Que convida a menjar per la finor, la delicadesa, del seu gust. *[goloso, exquisito]*

llamp. m. Descàrrega elèctrica entre un núvol i la terra. *[rayo]*

llampada. f. Esclat de llum viu i instantani. *[fulguración]*

llampant. adj. Lluent, com acabat de fer, d'estrenar. *[radiante]* // Fulgurant, resplendent. *[radiante]* // Dit d'un color excessivament viu, detonant. *[chillón]* // adv. Corrents, de pressa, com un llamp.

llampar. v. intr. i tr. Intr. Llampegar. *[relampaguear]* // Brillar, llançar claror. // Tr. Ferir com de llamp; cremar llevant vitalitat; es diu especialment de les plantes que s'assequen per l'excés de calor del sol, de certs vents, etc. *[agostar, requemar]*

llampec. m. Resplendor viva i instantània que es produeix en els núvols per una descàrrega elèctrica. *[relámpago]* // Llum viva que dura un instant. *[destello]*

llampegar. v. intr. Fer llampecs. *[relampaguear]* // Lluir amb viva claror, instantània. *[centellear, relucir]*

llampegueig. m. Acció i efecte de llampegar. *[relampagueo]*

llampejar. v. intr. Llampegar. *[relampaguear]*

llampuga. f. Peix teleosti de trenta centímetres a un metre de llarg. *[lampuga, dorado]*

llampugar. v. intr. Fer llampucs. *[chispear, relampaguear]*

llampurnar. v. intr. Espurnar, espurnejar. *[brillar]*

llampurnejar. v. intr. Llampurnar. *[brillar]*

llana. f. Pèl de les ovelles i corders. *[lana]* // Fibra tèxtil de dit pèl. *[lana]* // Teixit fet amb aquesta fibra. *[lana]*

llança. f. Arma ofensiva, formada per un pal llarg amb un ferro punxegut en un extrem. *[lanza]*

llançacaps. m. Aparell per a llançar caps de corda a gran distància, usat en casos de salvament de nàufrags. *[lanzacabos]*

llançaflames. m. Giny bèl·lic que dispara

un doll de líquid inflamat i el projecta a distàncies de trenta o més metres. *[lanzallamas]*

llançar. v. tr. Refilar, deixar anar amb fort impuls alguna cosa. *[lanzar, arrojar]* // Fer partir vivament en una direcció determinada. *[lanzar, arrojar]*

llançatorpedes. m. Aparell per a llançar torpedes. *[lanzatorpedos]*

llancejar. v. tr. Ferir amb la llança, donar llançades. *[lancear]*

llancer. m. El qui fabrica o ven llances. *[lancero]* // Soldat armat de llança.

llanda. f. Planxa de metall. // Planxa metàl·lica molt prima. *[hojalata]* // Llauna per a dur a coure al forn les pastes fines, torrar cacau, ametles, etc. *[tostadora]* // Cosa enutjosa per la seua excessiva llargària i monotonia. *[lata, tabarra]*

llanderol. m. Tros de llanda petit i redó, especialment l'usat com a ornament del vestit. *[lentejuela]* // Peça de metall de poca valor, joiell de llanda, etc.

llandós, osa. adj. Fastidiós, que dóna llanda. *[latoso]*

llangardaix. m. Fardatxo. *[lagarto]*

llangor. f. Estat de decaïment, físic o moral. *[languidez]*

llanguiment. m. Llangor, acció i efecte de llanguir. *[languidez, languidecimiento]*

llanguir. v. intr. Patir de llangor. *[languidecer]* // Afeblir-se, perdre l'esperit o vigor. *[languidecer]*

llanta. f. Cércol de ferro amb què s'envolten les rodes dels carruatges. *[llanta]*

llanterna. f. Fanal de mà. *[linterna]* // Taca de la roba. *[mancha]*

llanterner. m. El qui fa o ven llanternes. *[linternero]* // El qui fa tota mena d'u tensilis de llanda. *[hojalatero]*

llàntia. f. Aparell on es posa un líquid combustible i una metxa per a produir llum. *[lámpara]* // Taca, especialment d'oli o greix. *[mancha]*

llanxa. f. Embarcació menuda de rems, sense cap pal. *[lancha]*

llaor. f. Acció i efecte de lloar, lloança. *[loor, alabanza]*

llapassa. f. Planta herbàcia de tija gruixuda, fulles amples i peludes i flors purpurines. *[lampazo, bardana]*

llapis. m. Substància suau al tacte que serveix per a dibuixar. *[lápiz]* // Barreta d'alguna d'aquestes substàncies dins un prisma de fusta, etc., que serveix per a escriure o dibuixar. *[lápiz]*

llapissera. f. Instrument on és col·locat el llapis per a dibuixar o escriure. *[lapicero]* // Llapis.

llar. f. Lloc d'una casa on fan el foc. *[lar]* // La casa que un habita amb els seus. *[hogar]*

llard. m. Greix tret per fusió del sagí del porc. *[lardo, manteca]*

llarder. adj. Aplicat al dijous immediatament anterior al diumenge de carnestoltes. *[lardero]*

llarg, arga. adj. Que té una gran extensió d'un extrem a l'altre. *[largo]* // Expedit a fer una cosa, llest. *[largo]* // m. Llargària.

llargada. f. Extensió d'un extrem a l'altre d'una cosa, llargària. *[largo]*

llargària. f. Dimensió en sentit longitudinal. *[longitud, largo, largura]*

llarguejar. v. intr. Tenir una cosa una llargària major que la convenient. *[larguear]*

llarguerut, uda. adj. Molt llarg en comparació de la seua amplària. *[larguirucho, largón]*

llast. m. Pedres, trossos de ferro, etc., que es posen al fons d'una nau per a donarli estabilitat. *[lastre]* // Sacs de sorra que deixen anar els aeronautes quan volen elevar-se. *[lastre]* // Allò que dóna estabilitat al caràcter o a la conducta. *[lastre]*

llàstima. f. Compassió, pietat, tristor causada per la vista dels mals d'altri. *[lástima]* // Objecte que inspira la compassió. *[lástima]* // pl. Exclamacions de tristesa. *[lástimas]*

llastra. f. Llenca de terra; tros de terreny relativament llarguer. *[bancal]*

llata. f. Peça de fusta estreta travessera dels cabirons de les teulades. *[lata]* // Llenca d'espart, cànem, etc., en forma de trena. *[pleita]* // Estora grossa d'espart usada en la premsa del trull. *[briaga]*

llatí, ina. adj. Natural de l'antic Laci; pertanyent al Laci. *[latino]* // Relatiu a l'Església d'Occident. // Relatiu als països on són parlats idiomes derivats de la llengua llatina. *[latino]* // m. Llengua del Laci. *[latín]*

llatinitzar. v. tr. Donar forma llatina a paraules d'un altre idioma. *[latinizar]* // **-se.** Adoptar els costums i maneres dels llatins. *[latinizarse]*

llatzeret. m. Edifici fora de poblat destinat a fer-hi quarantena els qui vénen de llocs sospitosos de malaltia infecciosa. *[lazareto]*

llauna. f. Planxa de ferro estanyada a les dues cares. *[hojalata]*

llaurada. f. Acció i efecte de llaurar.

llaurador, ora. m. i f. El qui llaura o treballa la terra. *[labrador, payés]* // Pala acanalada per a agafar gra, sucre, etc., en menudes quantitats. *[librador]*

llaurar. v. tr. Fer solcs a la terra amb l'aladre o màquina de llaurar. *[labrar]*

llauró. f. Llaurada. *[labranza, aradura]* // Terra conreadissa. *[arada]* // m. Cadascuna de les operacions de llaurar que es donen a una terra. *[arada]*

llaüt. m. Instrument músic de pua, que forma una gran convexitat en la seua part inferior. *[laúd]* // Llagut.

llautó. m. Aliatge de coure i zinc de color groc pàl·lid. *[latón]*

llavador, ora. adj. Que serveix per a llavar. *[lavador]* // m. Bassa o pica per a llavar la roba bruta. *[lavador]* // Lloc on es llava, lloc públic per a llavar. *[lavadero]* // f. Aparell mecànic per a llavar roba. *[lavadora]* // La dona que llava, que fa la bugada.

llavaplats. m. Aparell mecànic per a llavar plats. *[lavaplatos]*

llavar. v. tr. Netejar la roba amb aigua i sabó. *[lavar]*

llavativa. f. Aparell amb xeringa per a netejar els budells. *[lavativa]*

llavi. m. Cadascun dels dos replecs carnosos mòbils que tanquen la boca i tapen la dentadura. *[labio]* // Vora o rebava d'algunes coses.

llaviejar. v. intr. i tr. Intr. Moure els llavis. *[labiear]* // Tr. Passar pels llavis. // Balbucitar, balbucir. *[balbucir]*

llavor. f. Gra de la planta, que la reprodueix, en condicions adequades. *[semilla, simiente]* // Qualsevol cosa que és causa o origen d'una altra.

llavoreta. f. Matafaluga, llavor d'anís. *[anís]*

llavors. adv. En aquell temps o ocasió, aleshores. *[entonces]*

llebeig. m. Vent del sud-oest, garbí. *[lebeche, ábrego]*

llebra. f. Llebre. *[liebre]*

llebre. f. Mamífer rosegador, de pèl lleonat, negrós al cap i llom, que constitueix objecte de caça a causa de la sabor de la seua carn. *[liebre]*

llebrer, era. adj. Dit del gos que serveix per a caçar llebres. *[lebrel]*

llec, ega. adj. Que no ha rebut órdens clericals. *[lego]* // Mancat d'estudis, de coneiximents, en una matèria. *[lego]* // m. Religiós profés, sense opció a rebre órdens sagrats. *[lego]*

lledó. m. Fruit del lledoner. *[almeza, lodoño, lirón]*

lledoner. m. Arbre de la família de les ulmàcies de tronc llis i negrós que fa un fruit comestible. *[almez]*

llefiscós, osa. adj. D'una viscositat enganxosa. *[viscoso, pegajoso]*

lleganya. f. Humor que segreguen els ulls i queda enganxat a les pestanyes i als llagrimals. *[legaña]*

lleganyós, osa. adj. Que té moltes lleganyes. *[legañoso]* // Dit del cel ple de lleganyes. *[legañoso, brumoso]*

llegar. v. tr. Deixar per disposició testamentària. *[legar]*

llegat. m. Cosa deixada en testament. *[legado]*

llegenda. f. Relació de successos que tenen més de tradicionals o meravellosos que d'històrics o veritables. *[leyenda]* // Inscripció gravada en una moneda, medalla, etc. *[leyenda]*

llegendari, ària. adj. Relatiu o pertanyent a les llegendes. *[legendario]* // m. Llibre que conté llegendes. *[legendario]*

llegir. v. tr. Distingir en un text escrit o imprés els sons figurats per les lletres fent-se càrrec d'allò que diu o significa. *[leer]*

llegítim, ítima. adj. Que és segons les lleis. *[legítimo]* // Genuí, no fals. *[legítimo]*

llegítima. f. Porció de l'herència de la qual el testador no pot disposar lliurement, perquè la llei l'assigna a determinades persones, i especialment als fills. *[legítima]*

llegó. m. Aixada menuda. *[legón, azadilla]*

llegona. f. Aixada de làmina prima i trapezoïdal amb un prolongament o dolla de ferro lleugerament encorbat on es fica el mànec, usada per a labors d'horta, fer cavallons, raure la brossa, etc. *[legona]*

llegua. f. Mesura itinerària antiga, que per a les distàncies terrestres equival a poc més de quatre quilòmetres, i per a les marines a 5.555 metres. *[legua]*

llegum. m. Tota mena de gra o llavor criat dins bajoques. *[legumbre]*

lleguminós, osa. adj. De la naturalesa dels llegums. *[leguminoso]* // f. pl. Grup de plantes que té el fruit en llegum. *[leguminosas]*

llei. f. Regla d'acció imposada per una autoritat superior. *[ley]* // Regla universal a la qual estan subjectes els fenòmens de la naturalesa. *[ley]* // Qualitat, pes i mesura que ha de tenir un objecte segons la llei. *[ley]*

lleial. adj. Que guarda escrupolosament la fidelitat deguda. *[leal]*

lleialtat. f. Qualitat de lleial. *[lealtad]*

lleidatà, ana. adj. i m. i f. Natural o propi de Lleida. *[leridano]*

lleig, etja. adj. Mancat de bellesa. *[feo]* // Que causa aversió. *[feo]*

lleixa. f. Relleix o prestatge fet d'obra i adossat a una paret, a la campana d'una llar, etc., escudeller. *[anaquel, vasar, leja]*

lleixiu. m. Aigua que té en dissolució sals alcalines i que serveix usualment per a fer la bugada. *[lejía]*

llémena. f. Ou del poll, que es troba entre els pèls dels mamífers. *[liendre]* // Ou d'abella.

llemosí, ina. adj. Natural de Limoges, ciutat francesa, o de l'antiga província francesa del seu nom, el qual ha estat usat a tort per alguns per a designar la llengua catalana, que no té res a veure amb la dita ciutat francesa. *[lemosín]*

llenç. m. Tela de lli o de cànem. *[lienzo]* // Tros de paret o de muralla, que s'estén de banda a banda d'un edifici. *[lienzo]*

llenca. f. Tros llarg i estret d'alguna matèria. *[tira, lonja]*

llença. f. Cordell que posen estirat horitzontalment els obrers de vila i que serveix per a pujar dreta la paret. *[tendel]* // Cordell o veta de lli. *[lienza, melgarejo]*

llenceria. f. Botiga de llencer. *[lencería]* // Conjunt de peces de roba blanca. *[lencería]*

llençol. m. Peça de llenç que es posa al llit per a abrigall immediat del cos. *[sábana]*

llenegar. v. intr. Escórrer-se, relliscar, esvarar. *[resbalar]*

llengua. f. Òrgan situat a la boca, que serveix per a degustar, engolir i articular els sons de la veu. *[lengua]* // Manera de parlar d'un poble o nació. *[lengua]* // **llengua d'oc.** f. La llengua occitana.

llenguat. m Peix pla, molt estimat per la finor de la seua carn, de 25 a 30 centímetres de llarg. *[lenguado]*

llenguatge. m. Llengua o idioma, d'un país. *[lenguaje]* // Capacitat pròpia de l'espècie humana per a comunicar-se per mitjà d'una llengua. *[lenguaje]* // Manera d'expressar-se cadascú. *[lenguaje]*

llengüeta. f. Nom de diferents objectes i apèndixs que recorden la forma de la llengua. *[lengüeta]* // Lamineta mòbil de certs instruments de vent. *[lengüeta]* // Part de la punta d'un ham, sageta, etc., per a impedir que ixca d'allà on ha entrat. *[lengüeta]* // Instrument d'acer dels relligadors per a tallar el paper. *[lengüeta]*

llentilla. f. Planta lleguminosa, de llavor molt nutritiva. *[lenteja]* // Fruit d'aquesta planta. *[lenteja]*

llentiscle, iscla. m. i f. Arbust terebintaci, de fusta vermellosa dura i aromàtica. *[lentisco]*

lleny. m. Embarcació antiga de vela i rem. *[leño, buque]*
llenya. f. Part dels vegetals que, tallada i feta a trossos, es destina a fer foc. *[leña]*
llenyater. m. El qui talla llenya del bosc. *[leñador]*
llenyera. f. Lloc on es guarda la llenya. *[leñera]*
llenyós, osa. adj. Semblant a la llenya; propi de la llenya. *[leñoso]* // Que consisteix en fusta. *[leñoso]*
lleó. m. Mamífer carnisser, d'una gran corpulència, originari d'Àfrica, de pèl entre roig i groc. *[león]*
lleona. f. Femella del lleó. *[leona]*
lleonera. f. Lloc on tenen tancats els lleons. *[leonera]* // Habitació desordenada. *[leonera]*
lleopard. m. Mamífer carnisser amb taques negres formant anells trencats, que viu als boscs d'Àsia i Àfrica. *[leopardo]*
llepacrestes. m. i f. Persona que té el costum de llepar o adular. *[adulador]*
llepaculs. m. i f. Adulador servil, llepacrestes. *[lameculos]*
llepafils. adj. Excessivament remirat i escrupolós. *[esquilimoso]* // Que mira massa prim, que veu tots els defectes. *[quisquilloso]*
llepar. v. tr. Passar la llengua per alguna cosa. *[lamer]* // Fregar lleugerament una cosa amb una altra. *[rozar]* // Adular baixament. *[lamer, halagar]*
llepassa. f. Senyal que deixa un fregall, pinzell, etc., quan es maneja amb poca traça. *[rastro]* // Tros de fusta amb què s'apedaça un tros de porta, etc. // Llapassa.
llepat, ada. adj. Extremadament acurat en la roba o de presentació en general. *[aliñado, acicalado]*
llepó, ona. adj. i m. i f. El qui llepa. *[lamedor, soplón]* // Adulador. *[zalamero]* // m. Llim, fang verd que es fa en els recipients i terrenys d'aigua aturada. *[légamo, tarquín, verdín]*
llépol, épola. adj. Afeccionat a les llepolies, llaminer. *[goloso]*
llepolejar. v. intr. Llaminejar, menjar llepolies. *[golosinear]*
llepolia. f. Qualitat de llépol. *[golosía]* // Menja molt dolça o agradable al paladar. *[golosina]*
llesca. f. Porció més o menys prima que es trau d'un pa tallant-lo de banda a banda. *[rebanada]*
llescar. v. tr. Fer llesques. *[rebanar, cortar]*
llest, esta. adj. Viu d'enteniment; prompte a comprendre les coses. *[listo]* // Diligent, expedit. *[listo]* // Dit d'una cosa a fer quan ja està acabada. *[listo]* // Eixerit.
llet. f. Fluid blanc o groguenc que es forma a les mamelles de les mares, que serveix per a nodriment dels fills. *[leche]* // Suc blanc que tenen algunes plantes i fruits. *[leche]*
lletania. f. Sèrie d'invocacions a la Mare de Déu, a Jesucrist, als sants. *[letanía]*
lleteria. f. Establiment on venen llet, mantega, formatge, ous, xocolat, etc. *[lechería]*
lleterola. f. Teixits blanquinosos dels músculs del coll dels animals. *[lechecillas, mollejas]* // Cos glandulós blanquinós format pel timus, pàncreas, etc., dels animals. *[mollejas, lechecillas]* // Planta euforbiàcia que fa un suc lletós, acre i mordicant. *[lechetrezna]*
lletjor. f. Qualitat de lleig, lletgesa. *[fealdad]*
lletós, osa. adj. Que conté o segrega llet; abundós de llet. *[lechoso]* // Semblant a la llet. *[lechoso]* // Que es fa pesat i molesta. *[latoso]*
lletra. f. Cadascun dels signes que representen els sons d'un llenguatge. *[letra]* // Manera de l'escriptura de cadascú. *[letra]* // Peça de metall que porta gravat un signe d'escriptura i serveix per a estampar-lo. *[letra]*.
lletrat, ada. adj. Versat en les lletres. *[letrado]* // m. Advocat. *[letrado]*
lletsó. m. Herba composta liguliflora de tronc fistulós, fulles pinnatífides i flors grogues, bona com a aperitiu i aliment dels conills i bestiar. *[cerraja, lechuguilla]*
lletuga. f. Planta composta, de tronc ramós, fulles radicals dretes i blanes, de la

qual es cultiven diverses varietats i es menja com encisam. *[lechuga]*

lleu. m. Pulmó. *[bofes, liviano, pulmón]*

lleu. adj. De poca importància. *[leve, ligero]* // De poc pes. *[leve]*

lleuger, era. adj. Que pesa poc. *[ligero]* // Àgil, veloç. *[ligero]* // Prim, de poc cos. *[ligero]*

lleugeresa. f. Qualitat de lleuger. *[ligereza]* // Dita o fet irreflexiu. *[ligereza]*

lleva. f. Barra de ferro per a tancar les portes i finestres. *[falleba]*

llevadís, issa. adj. Que pot ser llevat fàcilment. *[levadizo]*

llevador, ora. m. i f. El qui lleva o trau. *[quitador]* // El qui assisteix una dona en el part. *[comadrón]*

llevant. m. Punt de l'horitzó per on ix el sol; est, orient. *[levante]* // Vent que ve d'aquesta part. *[levante]* // Països de l'orient mediterrani: Turquia, Síria, Líban, Palestina, Xipre, Egipte, etc. *[levante]*

llevantejar. v. intr. Fer vent de llevant. *[levantear]* // Navegar en direcció a llevant. *[levantear]*

llevantí, ina. adj. Pertanyent a la part oriental de la mar Mediterrània, als països orientals, dit dels grecs, turcs, libanesos, palestins, egipcis, etc. *[levantino]* // m. Remer de les galeres turques. *[levantino]*

llevar. v. tr. i intr. Tr. Separar una cosa d'allò a què està aplicada, unida. *[quitar, separar]* // Furtar. *[quitar]* // Usurpar, desposseir, privar d'una cosa. *[quitar]* // Fer perdre la gana de menjar, dormir, parlar, etc. // Derogar alguna llei, sentència, etc. // Deslliurar algú d'una pena, càrrec, etc. // Calumniar, imputar, atribuir, un fals testimoni, una llevantança. // Desparar una taula parada. // Abandonar el camp, desistir d'un setge, etc., un exèrcit. *[levantar]* // Alçar, ajudar a algú a eixir del llit. *[levantar]* // Assistir la llevadora a l'infantament. *[partear]* // En nàutica, l'operació oposada a calar. *[levar]* // Intr. Esponjar-se una massa que fermenta. // **-se.** Eixir del llit, alçar-se. *[levantarse]* // Despertar els cucs de seda de les seues dormides periòdiques. // Apartar-se.

llevat. m. Massa fermentada que es mescla amb una altra per a fer-la fermentar. *[levadura]*

llevat. prep. Indica excepció, exclusió, etc. *[salvo, excepto, fuera de]*

lli. m. Planta herbàcia, amb flors blaves de la qual s'empren les fibres com a matèria tèxtil. *[lino]* // Fibra tèxtil, procedent d'aquesta planta. *[lino]*

llibant. m. Corda grossa d'espart o cànem. *[libán]*

lliberal. adj. Franc, generós, donador, que obra amb lliberalitat o llarguesa. *[liberal]* // Que és lliberal en política, que dóna llibertats, furs o lleis al poble, en el sentit tradicional, liberal. *[liberal]*

lliberar. v. tr. Alliberar. *[liberar]*

llibert, erta. m. i f. Esclau alliberat de l'esclavitud. *[liberto]*

llibertar. v. tr. Posar algú en llibertat. *[libertar]*

llibertat. f. Estat o condició del qui és lliure. *[libertad]* // Prerrogativa, privilegi.

llibre. m. Reunió ordenada de fulls impresos, cosits o relligats. *[libro]* // Obra científica o literària de prou extensió per a formar un volum. *[libro]* // Cadascuna de les parts de certes obres. *[libro]*

llibrell. m. Recipient d'argila per a fregar o escurar els plats i per a altres usos. *[lebrillo, barreño]*

llibrer, era. m. i f. Llibreter. *[librero]*

llibreria. f. Botiga i comerç de llibreter. *[librería]* // Moble per a guardar llibres. *[librería]*

llibret. m. Quadern de paper de fumar. *[librito]* // Tercera de les quatre cavitats en què es divideix l'estómac dels rumiants. *[libro]* // Obra dramàtica escrita per a ser posada en música. *[libreto]*

llibreta. f. Reunió de fulls de paper disposats com els d'un llibre que serveix per a fer anotacions, etc. *[libreta]*

llibreter, era. m. i f. El qui ven llibres. *[librero]*

lliça. f. Camp clos on es feien les justes i els torneigs. *[liza]* // Lluita, combat, disputa. *[lid]* // Clos que a les masies hi ha davant la porta.

llicència. f. Facultat o permís per a fer una cosa. *[licencia]* // Document en què consta aquest permís. *[licencia]*

llicenciar. v. tr. Eximir a algú del servei que prestava, especialment el militar. *[licenciar]* // Donar llicència o comiat. *[licenciar]* // Graduar o conferir a algú el grau de llicenciat. *[licenciar]* // **-se.** Prendre el grau de llicenciat. *[licenciar-se]*

llicenciat, ada. m. i f. El qui ha obtingut en una facultat el grau que l'habilita per a exercir-lo. *[licenciado]*

llicenciatura. f. Grau de llicenciat. *[licenciatura]* // Estudis necessaris per a obtenir-lo. *[licenciatura]*

lliçó. f. Allò que un alumne ha d'aprendre per a recitar-ho al mestre. *[lección]* // Ensenyament que dóna d'una vegada el mestre als seus deixebles. *[lección]* // Qualsevol amonestació o exemple que ens ensenya la manera de portar-nos. *[lección]*

llicsó. m. Herba composta liguliflora de tronc fistulós, fulles pinnatífides i flors grogues, bona com a aperitiu i aliment dels conills i bestiar. *[cerraja]*

lliga. f. Associació o aliança per a fer triomfar certs principis polítics, religiosos, etc. *[liga]* // Aliatge.

lligacama. f. Cinta amb què s'asseguren les calces, etc., a les cames. *[liga]*

lligada. f. Acció de lligar. *[ligadura]*

lligador, ora. adj. i m. i f. El qui lliga alguna cosa. *[atador]* // m. Moble amb tauleta i espill per a pentinar-se i arreglar-se. *[tocador]* // Juntura, articulació dels ossos.

lligall. m. Conjunt de coses lligades juntes. *[lío, legajo]*

lligam. m. Allò amb què es lliga o es té lligada alguna cosa. *[ligadura, atadura]*

lligament. m. Acció i efecte de lligar o de lligar-se. *[ligamiento, ligadura]* // Cordó de fibres que lliga els ossos de les articulacions o sosté algun òrgan del cos. *[ligamento]*

lligar. v. tr. i intr. Tr. Ajuntar, unir una cosa amb altra amb lligasses. *[ligar, atar]* // Assegurar un fardell amb cordes, cordells, etc. *[ligar, atar]* // Impedir el moviment, subjectar. *[atar, ligar]* // Intr. Concordar, tenir connexió. *[ligar, concordar]* // Unir diferents persones en relacions d'amistat, lliga, etc. *[ligar]* // **-se.** Pentinar-se una dona.

lligassa. f. Corda, cinta, etc., que serveix per a lligar o fermar; unió, enllaç, lligam de dues coses. *[atadura, ligadura]*

llima. f. Instrument d'acer estriat, per a polir i allisar els cossos durs. *[lima]* // Correcció i esmena de les obres de l'enteniment. *[lima]*

llima. f. Fruit de la llimera. *[limón]*

llimac. m. Mol·lusc que deixa per allà on passa una bava abundosa i fa mal a les hortalisses. *[limaza, babosa, limaco]* // Tel que es forma a la superfície de l'aigua. *[lapa, lama, verdín, tarquín]*

llimadures. f. pl. Partícules que es desprenen d'una cosa en llimar-la. *[limaduras]*

llimalla. f. Llimadures, partícules que es desprenen d'una cosa en llimar-la. *[limaduras]*

llimar. v. tr. Allisar un metall, etc., amb la llima. *[limar]* // Retocar, polir una obra. *[limar]*

llimb. m. Lloc on estaven les ànimes dels justs esperant la redempció del gènere humà. *[limbo]* // Lloc on van les ànimes dels infants morts sense baptisme. *[limbo]*

llimera. f. Arbre de la família de les rutàcies que fa les llimes. *[limonero]*

llimó. m. Fruit del llimoner. *[limón]* // Llima més grossa que la comuna, de molta corfa i poc suc. *[limón]*

llimonada. f. Beguda refrescant composta d'aigua, sucre i suc de llima. *[limonada]*

llimoner, era. m. i f. Arbre de la família de les rutàcies amb flors oloroses i fruits d'un groc pàl·lid, llimera. *[limonero]*

llinassa. f. Butomàcia d'un metre d'alçada de fulles junciformes i flors rosades en umbel·la. *[junco florido]*

llinatge. m. Ascendència o descendència d'una família. *[linaje]* // Nom de família, cognom. *[apellido]*

llinda. f. Pedra que descansa sobre els muntants per a formar la portalada. *[dintel]*

llindar. m. Part inferior de l'obertura d'una porta, especialment la de l'entrada d'una casa, temple, etc., formada per una pedra travessera. *[umbral]*

llir. m. Lliri. *[lirio]*

lliri. m. Planta liliàcia bulbosa de belles flors blanques i oloroses, dita també lliri blanc o assutzena. *[lirio blanco, azucena]*

llis, isa. adj. Que té una superfície tan igual que el tacte no hi percep la menor aspresa. *[liso]* // Tot igual i simple, sense adorns, tot d'un color. *[liso]*

lliscar. v. intr. Moure's sobre la superfície d'un cos suaument i amb escassa fricció. *[deslizar, resbalar]*

llissa. f. Peix de mar o de riu, comestible, amb escates grosses. *[liza, mújol]*

llista. f. Ratlla o faixa de color diferent o de relleu en una tela. *[lista]* // Paper que conté una sèrie de noms de persones o coses. *[lista]*

llistar. v. tr. Fer llistes en alguna cosa, adornar amb llistes. *[gayar, listar]* // Allistar, escriure en llista. *[alistar]*

llistat, ada. adj. Que forma llistes. *[listado]*

llistó. m. Tira prima de fusta i relativament estreta. *[listón, ripia]*

llit. m. Moble disposat per a dormir i descansar constituït per un suport de ferro, fusta, etc., on es posen un o més matalafs, llençols, etc. *[cama]* // Tota cosa sobre la qual hom s'ajeu. *[cama]* // Fons d'un carro, de la mar, etc. *[lecho]* // Terreny per on corren les aigües d'un riu, etc. *[lecho]* // Embolcall del fetus. *[placenta]*

llitera. f. Vehicle antic, format per una mena de cadira amb dos pals horitzontals davant i dos darrere per a ser portat a braços o per dues cavalleries. *[litera]*

lliura. f. Unitat de pes de 12 onces. En el sistema valencià equival a 355 grams o sia un poc més que la lliura romana clàssica. Divisors: la lliura té 12 onces, l'onça 16 argenços i l'argenç 36 grans. *[libra]* // **lliura grossa o carnissera:** la usada pels carnissers que valia 36 onces o 3 lliures o terces. // **lliura prima:** la usada pels argenters, apotecaris, etc., que basada en l'equivalència del gram igual a 20 grans dóna al gra 50 mgrs., a l'argenç 1'80 grs., a l'onça 28'80 grams i a la lliura prima 345'6 grams o sia uns grams inferior a la normal. // Antiga moneda valenciana que valia 20 sous i cada sou 12 diners. *[libra]*

lliurança. f. Acció i efecte de lliurar, lliurament. *[libranza, libramiento]*

lliurar. v. tr. Posar en mans, en poder o a la discreció d'algú alguna persona o cosa. *[entregar, librar]* // Expedir un document de crèdit o orde de pagament a càrrec d'una tercera persona sobre cabals de l'expedidor. *[librar]* // Donar o expedir una cosa, com un decret, una batalla, etc. // **-se.** Donar-se, posar-se en mans. *[entregarse]* // Aplicar-se, dedicar-se a alguna cosa. *[entregarse]*

lliure. adj. Que té facultat per a obrar o no obrar. *[libre]* // Que no és esclau ni pres. *[libre]* // Que no ofereix obstacles.

lliurea. f. Vestit d'uniforme i amb distintius, que porten els servents dels grans senyors. *[librea]*

lloa. f. Lloança. *[loa]*

lloança. f. Acció i efecte de lloar o de lloar-se. *[alabanza, loanza]*

lloar. v. tr. Celebrar amb paraules les bones qualitats com a inherents a una persona o cosa, elogiar. *[loar, alabar]*

llobarro. m. Peix teleosti, de mig a un metre de llarg, de carn molt estimada. *[lubina, lobarro, robalo]*

llòbrec, òbrega. adj. Fosc, tenebrós. *[lóbrego]*

lloc. m. Espai que ocupa o pot ocupar un cos. *[puesto]* // Paratge o indret. *[lugar]* // Ocasió, motiu, oportunitat. *[lugar]* // Càrrec, ofici que algú ocupa. *[puesto, lugar]*

lloca. f. Gallina que, després de la posta, esdevé en estat de covar. *[clueca]* // Home covard. // Encobridor.

llocada. f. Conjunt de pollets que naixen d'una covada. *[pollada, pollazón]*

lloctinent. m. Que té poder per a substituir a algú en un càrrec o ministeri. *[lugarteniente]*

llogador, ora. m. i f. El qui dóna o pren a lloguer. *[alquilador]*

llogar. v. tr. Donar a lloguer. *[alquilar]* // Prendre a lloguer. *[alquilar]*

llogaret. m. Població menuda. *[lugar, lugarejo, aldea]*

llogater, era. m. i f. El qui fa ús d'una casa, etc., pagant-ne lloguer. *[inquilino]*

llogrer. m. El qui presta amb usura. *[logrero]*

lloguer. m. Contracte de lloga. *[alquiler]* // Preu pagat en virtut de tal contracte.

llom. m. Part del tronc de l'home i dels quadrúpedes que s'estén a cada costat de la columna vertebral des de les falses costelles a l'os dels costats. *[lomo]* // Part del llibre oposada al tall de les fulles. *[lomo]*

lloma. f. Ondulació del terreny. *[loma]*

llombrígol. m. Llombric, cuc de terra o intestinal. *[gusano, lombriz]*

llombrígol. m. Melic. *[ombligo]*

llomello. m. Carn de porc que cobreix el llom de l'animal. *[lomo]*

llong, onga. adj. Llarg. *[largo]* // f. pl. Regnes amb què es governa l'animal que llaura. *[tirantes]*

llonganissa. f. Tros de budell llarg i prim ple de carn de porc picada i adobada amb pebre i altres espècies. *[longaniza]*

llonza. f. Tros de carn de moltó, etc., adherida a una falsa costella. *[lonja, loncha]*

llonze, onza. adj. Dit del qui, poc viu, no s'adona de res. *[tonto, bobo]*

llop. m. Mamífer carnisser, salvatge, de pèl gris fosc, cua llarga i peluda i molt voraç. *[lobo]*

llord, orda. adj. Brut, deixat. *[sucio]* // Lleig. *[feo]*

llorejar. v. tr. Coronar amb llorer; premiar. *[laurear]*

llorer. m. Arbre de la família de les lauràcies de fulles persistents. *[laurel]*

lloro. m. Ocell de l'Amèrica tropical de plomatge de colors virolats que aprén a repetir paraules i frases, pagagai americà. *[loro]*

llosa. f. Pedra plana rectangular, de poc gruix. *[losa]* // Trampa formada per lloses menudes per a agafar ocells o rates. *[losa]* // Durícia que es fa al volt d'un gra.

llosc, osca. adj. Molt curt de vista, que no s'hi veu bé, que s'hi veu molt poc. *[lusco, cegato]*

llosquejar. v. intr. Veure-hi malament. *[lusquear, cegatear]*

llossa. f. Cullera gran. *[cucharón]*

llostre. m. Claror crepuscular del matí o del vespre. *[crepúsculo]*

llostrejar. v. intr. Fer-se clar o de dia. *[clarear]* // Fer-se llostre o de nit. *[anochecer]*

llot. m. Fang tou que es forma on hi ha aigües estancades; que deixen les aigües d'un riu, etc. *[lodo]*

llotja. f. Lloc públic on es reuneixen els comerciants per a fer llurs tractes. *[lonja]* // Part d'un edifici oberta d'un o més costats on hi ha pilars, columnes.

lloure, a. loc. adv. En llibertat, lliurement, sense subjecció. *[a capricho]*

lluc. m. Brot nou que trau una planta. *[retoño, vástago]* // Seny, encert, enteniment. *[tuno, ojo]*

lluç. m. Peix teleosti que es fa d'un a dos peus de llarg, de cos redonenc, negrós per l'esquena i blanc pel ventre, de carn estimada. *[pescada, merluza, pescadilla]*

llúdria. f. Mamífer carnisser, de pèl espés i molt suau, que viu a la vora dels rius i es nodreix de peixos. *[nutria]*

lluent. adj. Que llueix. *[brillante, luciente]*

lluentejar. v. intr. Mostrar-se lluent. *[brillar, lucir]*

lluentó. m. Trosset lenticular de metall lluent que es fixa a la roba com a ornament. *[lentejuela]*

lluentor. f. Qualitat de lluent. *[brillantez, brillo]*

lluerna. f. Insecte coleòpter la femella del qual no te ales i fa una llum fosforescent. *[luciérnaga]* // Peix teleosti que salta per fora de l'aigua. *[lucerna, milano]* // Obertura a la part alta d'un lloc per a deixar passar la llum. *[claraboya, lumbrera]*

llufa. f. Tros de drap, de paper o de qualsevol cosa, que pengen, com a burla, darrere del vestit, càguila. *[virote, rabo]*

llufar-se. v. pron. Expel·lir ventositats sense soroll. *[zullarse]*

lluïment. m. Acció i efecte de lluir o de lluir-se. *[lucimiento]*

lluir. v. tr. Enrasar amb algeps les parets amb la paleta. *[enlucir]*

lluir. v. tr. Redimir un cens, pagar-ne el capital. *[quitar, amortizar]*

lluir. v. intr. i tr. Intr. Resplendir, emetre llum. *[lucir, brillar]* // Fer-se notar alguna cosa com correspon al seu mèrit, bondat, etc. *[lucir]* // Tr. Donar a conéixer, mostrar a la vista de la gent alguna cosa. *[lucir]* // **-se.** Quedar bé, reeixir. *[lucirse]*

lluïssor. f. Reflexos d'allò que lluu. *[brillo]*

lluita. f. Combat, baralla. *[lucha]* // Activitat forçada per a satisfer les necessitats morals i materials de la vida. *[lucha]*

lluitar. v. intr. Sostenir una lluita amb algú o alguna cosa. *[luchar]*

llum. f. Allò que il·lumina els objectes i els fa visibles. *[luz]* // Imitació de la llum en una pintura. *[luz]* // Inspiració de l'enteniment. *[luz]* // Amplada d'una obertura entre murs i pilastres. *[luz]* // Aparell d'il·luminació. *[luz]*

llumener. m. L'encarregat d'encendre i apagar les llums d'una església. *[alumbrador]* // Empleat de la companyia de la llum, electricista.

lluminària. f. Disposició de moltes llums ordenades. *[iluminación]* // f. pl. Llums posades als balcons i carrers en senyal de festa. *[iluminación, alumbrado]*

lluminós, osa. adj. Que dóna llum. *[luminoso]*

lluna. f. Astre que és un satèl·lit de la Terra, i que la il·lumina de nit. *[luna]* // Placa de vidre que forma un espill. *[luna]* // Variació en l'humor de les persones, o en l'estat del seny llur. *[luna]*

llunàtic, àtica. adj. Que té o sofreix a intervals follia o accessos de mal humor. *[lunático]*

lluny. adv. i prep. A una gran distància en l'espai o en el temps. *[lejos]*

llunyà, ana. adj. Apartat, situat a distància. *[lejano]*

llunyania. f. Qualitat de llunyà. *[lejanía]* // Conjunt d'allò que està lluny. *[lejanía]*

lluor. f. Claror, resplendor. *[claridad]*

llúpia. f. Tumor superficial que es forma en algunes parts del cos. *[lupia, lobanillo]*

llúpol. m. Planta perenne enfiladissa, usada per a aromatitzar i donar amargor a la cervesa. *[lúpulo, hombrecillo]*

llur. adj. Pertanyent a ells o elles. *[su, suyo]*

llustre. m. Brillantor d'un objecte brunyit. *[lustre]* // Brillantor, esplendor] // Llostre.

llustrós, osa. adj. Que té llustre. *[lustroso]*

lo. Pronom de tercera persona en acusatiu, masculí i singular. *[lo, le]* // Forma de l'article definit masculí, usada només en comptats casos. *[el]*

lòbul. m. Part sortint de forma arredonida. *[lóbulo]*

local. adj. Relatiu o pertanyent a un lloc determinat. *[local]* // m. Part d'un edifici que té una destinació determinada. *[local]*

localitat. f. Punt o part circumscrita d'una contrada o regió. *[localidad]* // Seient d'una sala d'espectacles. *[localidad]* // Propietat dels sers finits d'ocupar un lloc en l'espai. *[localidad]*

localitzar. v. tr. Circumscriure a un lloc determinat. *[localizar]*

loció. f. Preparació líquida per a banyar la pell o donar perfum. *[loción]*

locomoció. f. Acció de moure's d'un lloc a un altre. *[locomoción]*

locomotora. f. Màquina de vapor o elèctrica destinada a remolcar vehicles ferroviaris. *[locomotora]*

locomotriu. adj. Aplicat a la màquina locomotora. *[locomotriz]*

locució. f. Forma particular de llenguatge. *[locución]* // Frase, conjunt de mots que fan la funció d'un mot. *[locución]*

locutor, ora. m. i f. El qui parla. *[locutor]* // El qui, a la ràdio, a la televisió, etc. presenta les emissions, dóna les notícies, etc. *[locutor]*

logaritme. m. Exponent de la potència d'un nombre fix que iguala un nombre donat. *[logaritmo]*

lògia. f. Lloc on celebren les reunions els francmasons. *[logia]* // Assemblea de francmasons. *[logia]*

lògic, ògica. adj. Relatiu o pertanyent a la lògica. *[lógico]* // Aplicat a tot allò que és conseqüència natural i legítima dels fets o de les circumstàncies. *[lógico]*

lògica. f. Ciència de les lleis, maneres i formes del raonament. *[lógica]* // Manera rigorosa de raonar. *[lógica]*

lona. f. Tela molt forta per a veles de nau, tendes de campanya, etc. *[lona]*

longitud. f. La més gran de les dues dimensions d'una superfície. *[longitud]* // Llargària. // Arc de l'equador comprés entre els dos punts en què és intersectat pel meridià d'un lloc donat i el meridià primer. *[longitud]*

loquaç. adj. Que parla molt. *[locuaz]*

los. art. Plural de l'article masculí lo, equivalent a els. *[los]* // Plural del pronom personal de tercera persona masculí en acusatiu o complement directe. *[los]* // Plural del pronom personal de tercera persona per als dos gèneres, masculí i femení, en datiu o complement indirecte, ço és, plural de li. *[les]*. (La forma los del pronom és usada quan va darrere d'un verb acabat en consonant o u: dur-los, mireu-los, véncer-los, etc., i en els altres casos adopta la forma invertida els o 'ls.)

lot. m. Cadascuna de les parts en què es divideix un tot que cal repartir entre diverses persones. *[lote]*

loteria. f. Joc d'atzar. *[lotería]*

lubrificar. v. tr. Fer llisquívola una cosa, especialment aplicar un lubrificant. *[lubrificar]*

lúcid, úcida. adj. Resplendent, clar. *[lúcido]* // Que comprén clarament les coses. *[lúcido]*

lucidesa. f. Qualitat de lúcid. *[lucidez]*

lucrar. v. intr. Traure profit d'un afer, encàrrec, etc. *[lucrar]*

lucre. m. Guany o profit que es trau d'alguna cosa. *[lucro]*

luctuós, osa. adj. Que és ocasió de dol. *[luctuoso]*

lupa. f. Lent biconvexa emprada per a veure més grans els objectes. *[lupa, lente]*

lustre. m. Espai de cinc anys. *[lustro]*

luxació. f. Dislocació d'un os. *[luxación]*

luxe. m. Ornament excessiu, ostentació. *[lujo]* // Riquesa manifestada sense restricció. *[lujo]*

luxós, osa. adj. Relatiu o pertanyent al luxe. *[lujoso]*

luxúria. f. Vici consistent en l'ús il·lícit o apetit desordenat dels plaers carnals. *[lujuria]*

m m m m m m m m

m. f. Tretzena lletra de l'alfabet. *[m]*
mà. f. Part del cos unida a l'extremitat de l'avantbraç. *[mano]* // Cada direcció lateral en quant està en relació amb la mà dreta o esquerra d'algú. // Conjunt de vint-i-cinc fulls de paper. *[mano]*
ma, (pl. **es**). Adjectiu possessiu femení de primera persona. *[mi]*
mabre. m. Peix teleosti pla de la família del pagell, però un poc més menut, de color argentat amb reflexos daurats i amb faixes fosques verticals. *[breca, herrera]*
maça. f. Martell gros de fusta. *[maza]* // Arma antiga contundent. *[maza, porra]*
macabre, abra. adj. Aplicat a la part repulsiva i lletja de la mort. *[macabro]*
macar. v. tr. Causar alguna contusió per colp o compressió. *[magullar]*
macarró. m. Pasta alimentosa feta amb farina i en forma de canonets més gruixuts que els fideus. *[macarrón]*
macer. m. El qui porta la maça en una processó o davant les corporacions en senyal de dignitat. *[macero]*
macerar. v. tr. Mortificar el cos amb austeritats piadoses. *[macerar]* // Estovar alguna cosa tenint-la submergida per un temps en un líquid. *[macerar]*
maceta. f. Martell com l'usat pels obrers de vila. *[maceta]*
maçó. m. Francmaçó. *[masón]*
màcula. f. Taca fosca en la superfície del sol. *[mácula]* // Taca vergonyosa o ignominiosa. *[mácula]*
macular. v. tr. Tacar, embrutar, posar màcula. *[macular, manchar]*
madeixa. f. Fil tal com ix de l'aspi. *[madeja]* // Porció de fil enrotllada formant un conjunt més o menys ordenat. *[madeja]*
madona. f. Tractament de respecte que es donava a les senyores.
madrastra. f. Muller d'algú respecte dels fills que aquell té d'un matrimoni anterior. *[madrastra]*
madrigal. m. Composició poètica breu que inclou un pensament delicat o galant. *[madrigal]* // Composició musical vocal, sobre tema profà. *[madrigal]*
maduixa. f. Fruit de la maduixera. *[fresa]*
maduixera. f. Planta rosàcia de fruit àcid, flairós i molt saborós. *[fresera]*
madur, ura. adj. Que té el punt de saó convenient. *[maduro]* // Aplicat a la persona d'edat avançada. *[maduro]* // Prudent, assenyat. *[maduro]*
madurar. v. intr. i tr. Intr. Esdevenir madur. *[madurar]* // Tr. Portar a maduresa un fruit, etc. *[madurar]*
mag. m. Individu d'una casta religiosa de l'antiga Pèrsia. *[mago]* // El qui es dedica a la màgia. *[mago]* // Aplicat als tres reis d'Orient que anaren a adorar Jesús infant. *[mago]*
maga. f. Dona que es dedica a la màgia. *[maga]*
maganxa. f. Acció enganyosa, embull. *[trampa]*
maganya. f. Dany produït per un maganyament. *[tara, achaque]*
maganyar. v. tr. Colpejar lleugerament una part del cos, una fruita, etc., masegar. *[magullar]*
magarrufa. f. Mostra exagerada d'afecte, afalac enganyós. *[arrumaco, carantoña]*
magatzem. m. Local destinat a guardar mercaderies. *[almacén]*
magatzemar. v. tr. Posar dins el magatzem, emmagatzemar. *[almacenar]*
magdalena. f. Pasta dolça feta de farina, sucre i ou. *[madalena]*

magenc, enca. adj. De qualitat inferior, dolent.

magí. m. Imaginació, seny, enteniment. *[magín]*

màgia. f. Ciència oculta que pretén produir efectes meravellosos amb forces secretes de la naturalesa. *[magia]*

màgic, àgica. adj. Relatiu o pertanyent a la màgia, que produeix efectes meravellosos. *[mágico]* // m. i f. El qui es dedica a la màgia. *[mágico]*

magisteri. m. Càrrec o professió de mestre. *[magisterio]* // Conjunt de mestres d'un país, regió, etc. *[magisterio]*

magistral. adj. Fet amb mestria. *[magistral]* // Aplicat al canonge la missió del qual és predicar. *[magistral]*

magistrat. m. Superior en l'orde civil. *[magistrado]* // Ministre de justícia. *[magistrado]*

magistratura. f. Càrrec i dignitat de magistrat. *[magistratura]* // Temps que dura l'exercici d'aquest càrrec. *[magistratura]* // Conjunt dels magistrats. *[magistratura]*

magnanimitat. f. Grandesa d'ànim. *[magnanimidad]*

magnat. m. Persona molt principal pel seu càrrec i poder. *[magnate]*

magne, agna. adj. Notablement gran. *[magno]*

magnesi. m. Metall blanc, mal·leable, que crema amb una flama molt brillant. *[magnesio]*

magnèsia. f. Òxid de magnesi, el qual forma una substància terrosa i blanca, lleugerament alcalina i que és usada com a purgant. *[magnesia]* // Carbonat bàsic de magnesi, usat com a catàrtic. *[magnesia]*

magnet. m. Imant. *[imán, magneto]*

magnètic, ètica. adj. Relatiu o pertanyent a l'imant, o que en té les propietats. *[magnético]* // Relatiu o pertanyent al magnetisme animal. *[magnético]*

magnetisme. m. Força atractiva d'un imant. *[magnetismo]* // Conjunt de fenòmens produïts per certa mena de corrents elèctrics. *[magnetismo]* // Acció que una persona exerceix damunt el sistema nerviós d'una altra.

magnetitzar. v. tr. Comunicar a un cos la propietat magnètica. *[magnetizar]* // Sotmetre algú a la influència del magnetisme animal. *[magnetizar]* // Exercir sobre algú una atracció irresistible.

magnetòfon. m. Aparell d'enregistrament i de reproducció de sons. *[magnetófono]*

magnicidi. m. Assassinat d'un alt personatge de l'estat. *[magnicidio]*

magnífic, ífica. adj. D'una gran sumptuositat o esplendor. *[magnífico]* // Molt bell, admirable. *[magnífico]*

magnificar. v. tr. Exaltar la grandesa d'algú. *[magnificar]*

magnificència. f. Qualitat de magnífic; lliberalitat plena de grandor. *[magnificencia]*

magnitud. f. Grandor d'un cos. *[magnitud]* // Excel·lència o importància d'una cosa. *[magnitud]*

magnolier, era. m. i f. Arbre originari d'Amèrica, de fulles perennes i flors globoses molt blanques i flairoses. *[magnolio]*

magrana. f. Fruit del magraner. *[granada]*

magraner. m. Arbre de la família de les punicàcies de fulles llustroses i flors d'un vermell fosc. *[granado]*

magre, agra. adj. Que té poc greix. *[magro, flaco, delgado]* // De poca substància, no gras; mesquí, insuficient. *[escaso, flaco]* // m. Carn del llom del porc sense greix. *[magro]*

magrejar. v. intr. Tirar a magre. *[flaquear]*

mahometà, ana. adj. i m. i f. Relatiu o pertanyent a Mahoma i a la seua religió. *[mahometano]*

mai. adv. En cap temps, cap vegada. *[nunca]*

maig. m. El cinqué mes de l'any. *[mayo]*

mainada. f. Conjunt de criatures d'una casa. *[prole, familia]* // Antiga companyia de gent d'armes. *[mesnada]*

majestat. f. Dignitat o autoritat del poder sobirà. *[majestad]* // Títol honorífic donat a Déu i també als emperadors i als reis. *[majestad]*

majòlica. f. Pisa amb esmalt metàl·lic. *[mayólica]*

major. adj. Més gran. *[mayor]* // Que té l'edat exigida per la llei per a eixir de la tutela. *[mayor]* // Superior, cap, de certes comunitats, corporacions, etc. *[mayor]*

majoral, ala. m. i f. Cap d'una colla de jornalers. *[mayoral]* // Administrador de certes confraries. *[mayoral]* // Cadascun dels festers encarregats d'organitzar la festa del patró. *[mayoral]*

majordom. m. Criat principal al càrrec del qual està la direcció econòmica d'una casa o heretat. *[mayordomo]* // En les confraries, l'oficial nomenat per a satisfer les despeses, tenir cura de les funcions, etc. *[mayordomo]*

majoria. f. El més gran de dos o més nombres que es considera formant part d'un tot. *[mayoría]* // Qualitat de major. *[mayoría]* // Fracció d'una assemblea la qual reuneix habitualment el major nombre de vots. *[mayoría]*

majorista. m. i f. Comerciant a l'engròs. *[mayorista]*

majúscul, úscula. adj. Molt gran o gros. *[mayúsculo]* // f. Lletra més gran que les altres i sovint de forma diferent. *[mayúscula]*

mal. m. Negació del bé. *[mal]* // Dany material o moral. *[mal]* // Sofriment físic, malaltia. *[mal]*

mal. adv. No gens bé, malament. *[mal]*

mal, ala. adj. Mancat de bondat o de salut. *[malo, mal]*

malaconsellar. v. tr. Donar mals consells. *[malaconsejar]*

malagradós, osa. adj. Aspre en el tracte, poc afable, cixut. *[arisco, huraño, desabrido]*

malaguanyat, ada. adj. No aprofitat; perdut abans d'hora. *[malogrado]* // Mort prematurament. *[malogrado]*

malalt, alta. adj. i m. i f. Afectat de malaltia, mancat de salut. *[enfermo]*

malaltia. f. Alteració de la salut del cos animal o vegetal. *[enfermedad]*

malaltós, osa. adj. Que té poca salut, que s'emmalalteix sovint. *[enfermizo]* // Un poc malalt.

malament. adv. No gens bé, de mala manera. *[mal]*

malària. f. Malaltia febril deguda a la presència en la sang de paràsits animals. *[malaria]*

malastruc, uga. adj. Que té desgràcia, malaurat. *[malhadado]* // Que porta mal averany. *[desgraciado]*

malastrugança. f. Dissort, mala sort. *[infortunio, desgracia]*

malaurança. f. Sort adversa. *[infortunio]* // Esdeveniment advers, funest. *[desdicha, desgracia]*

malbaratar. v. tr. Malgastar o destruir els béns. *[malbaratar, malversar, derrochar, disipar]*

malbé, fer. loc. adv. Malmetre, dissipar, llançar a perdre. *[estropear, echar a perder]*

malcarat, ada. adj. Que té una cara repulsiva. *[malcarado, carantamaula]*

malcregut, uda. adj. Desobedient, que no obedeix. *[desobediente]*

malcriar. v. tr. Criar o educar malament els fills per massa condescendència. *[malcriar]*

malcriat, ada. adj. Mancat de bona educació, de cortesia. *[malcriado]*

maldar. v. intr. Esforçar-se per a obtenir alguna cosa. *[porfiar, bregar, procurar]*

maldat. f. Qualitat de pervers. *[maldad]* // Acció perversa. *[maldad]*

maldecap. m. Allò que pertorba i inquieta l'ànim, que preocupa molt. *[quebradero de cabeza]*

maledicció. f. Acció i efecte de maleir, paraules amb què es maleeix. *[maldición]*

malefici. m. Dany causat per art de bruixeria. *[maleficio]* // Sortilegi malèfic. *[maleficio]*

maleir. v. tr. Cridar la còlera divina, la malaurança, sobre algú o alguna cosa *[maldecir]* // Condemnar Déu a la reprovació eterna algú o alguna cosa. *[maldecir]*

maleït, ïda. adj. Pervers, de mala intenció i costums. *[maldito]*

malenconia. f. Tristesa vaga i duradera. *[melancolía]*

malendreç. m. Manca de bon arranjament en alguna cosa. *[desaliño, desorden, desaseo]*

malentés. m. La cosa no considerada o

conceptuada com és. *[malentendido]* // El fet de no entendre's dues o més persones.

malesa. f. Maldat. *[maldad]* // Espessor del bosc baix. *[maleza]* // Entremaliadura. *[travesura]*

malestar. m. Estat del qui se sent malament, d'aquell a qui no van bé les coses. *[malestar]*

maleta. f. Cofre de cuir o altra matèria, amb ansa, destinat a portar roba i altres efectes. *[maleta]*

malfactor, ora. adj. i m. i f. Que comet actes criminals. *[malhechor]*

malfaener, era. adj. Poc amic del treball, que no vol treballar. *[holgazán, haragán]*

malfamar. v. tr. Posar mala fama. *[difamar]*

malfardar. v. tr. Vestir malament, de qualsevol manera. *[malvestir]*

malfardat, ada. adj. Malcompost, mal arreglat, mal endreçat. *[desgalichado]*

malfatà. m. Malfactor. *[malhechor]* // Malfaener. *[holgazán, haragán]*

malfiar-se. v. pron. No fiar-se, pensar mal d'algú o d'alguna cosa. *[desconfiarse]*

malforjat, ada. adj. Malfardat. *[desgalichado]*

malgarbat, ada. adj. Malfardat. *[desgalichado]*

malgrat. prep. Sense que siga obstacle l'oposició d'algú o alguna cosa. *[a pesar de]*

malhumorat, ada. adj. Que està de mal humor. *[malhumorado]*

malícia. f. Inclinació a fer mal. *[malicia]* // Propensió a pensar mal; destresa a fer mal. *[malicia]* // Qualitat de maliciós. *[malicia]*

maliciós, osa. adj. Inclinat a pensar mal. *[malicioso]* // Fet amb malícia, que conté malícia. *[malicioso]* // Rabiós, irritable.

malifeta. f. Mala acció. *[fechoría]*

maligne, igna. adj. Propens a fer mal, d'índole perversa. *[maligno]*

mall. m. Martell gros i pesat, de mànec llarg. *[mazo]*

malla. f. Cadascuna de les obertures formades per cordes o fils entrecreuats. *[malla]*

mal·leable. adj. Que pot esser estés en planxes o làmines. *[maleable]*

mal·lèol. m. Protuberància de cadascun dels dos ossos de la cama en llur unió amb el peu. *[maléolo]*

mallol. m. Vinya novella. *[majuelo]* // Cep plantat de poc. *[majuelo]*

mallorquí, ina. adj. i m. i f. Natural o propi de Mallorca. *[mallorquín]*

malmenar. v. tr. Maltractar, malmetre, injuriar. *[maltraer, maltratar]*

malmenjar. v. tr. Menjar escassament i amb poc gust, per la qualitat del quemenjar. *[malcomer]*

malmetre. v. tr. Fer malbé, posar en mal estat. *[malparar]* // Malgastar. *[malmeter]*

malmirar. v. tr. Mirar amb mals ulls, tenir malvolença a algú. *[aojar, malmirar]*

malnom. m. Nom que solen donar a una persona, relatiu a algun defecte personal, vici, etc. *[apodo, mote]*

malparar. v. tr. Posar en mal estat. *[malparar]*

malparir. v. intr. Avortar, parir abans del temps. *[abortar]*

malparlar. v. intr. Parlar malament d'algú. *[hablar mal]* // Dir blasfèmies o paraules indecoroses. *[lenguaraz]*

malparlat, ada. adj. Desvergonyit en el parlar. *[malhablado]* // Que malparla. *[lenguaraz]*

malpart. m. Avort, part prematur. *[malparto]*

malpensar. v. intr. Pensar mal, recelar, maliciar. *[sospechar, maliciar]*

malsà, ana. adj. Danyós a la salut. *[malsano]*

malsofert, erta. adj. Que no sap sofrir amb resignació les contrarietats. *[malsufrido]*

malson. m. Son intranquil i angoixós. *[pesadilla]* // Persona o cosa que és motiu de continuades penes, fatics, etc. *[pesadilla]*

malsonant. adj. Que sona malament, que ofén els sentiments de les persones honestes. *[malsonante]*

malsonar. v. intr. Sonar mal una paraula o idea, ofendre els sentits piadosos i honests. *[malsonar]*
malt. m. Ordi germinat que s'empra en la fabricació de la cervesa. *[malta, malte]*
maltractar. v. tr. Donar mal tracte. *[maltratar]*
maltracte. m. Acció i efecte de maltractar. *[maltrato]*
maluc. m. Cadascun dels dos ossos que formen els costats de l'anca, en les persones i especialment en les bèsties. *[cía, cuadril]* // La regió tota, la regió carnosa corresponent. *[cadera]*
malura. f. Malaltia epidèmica, especialment de les plantes. *[plaga]*
malva. f. Planta de la família de les malvàcies, usada en medicina com a pectoral i sudorífer. *[malva]*
malvar. v. tr. Fer tornar roïn, minvar la bondat d'algú o d'alguna cosa. *[malear]*
malva-rosa. f. Planta geraniàcia de la qual s'obté una essència que recorda la de la rosa. *[geranio rosa]*
malvasia. f. Raïm blanc i molt dolç, del qual es fa un vi de molta graduació i aromàtic. *[malvasía]*
malvat, ada. adj. Pervers. *[malvado]*
malvendre. v. tr. Vendre malament, a baix preu. *[malvender]*
malversar. v. tr. Invertir il·lícitament els cabals d'un altre. *[malversar]*
malvestat. f. Maldat. *[maldad]*
malviure. v. intr. Viure malament. *[malvivir]* // m. El fet de viure malament, no com cal, deshonrosament. *[malvivir]*
malvolença. f. Que mostra mala voluntat envers algú. *[malevolencia]*
malvoler. v. tr. Tenir malvolença. *[malquerer]* // Fer-se de malvoler, enemistar-se, desavenir-se. *[malquistarse]*
mama. f. Mamella. *[mama]*
mamar. v. tr. Xuplar la llet de les mamelles. *[mamar]*
mamella. f. Cadascun dels òrgans glandulosos que tenen els animals mamífers i que serveixen en les femelles per a la secreció de la llet. *[mama, pecho]*
mamífer, ífera. adj. Que té mamelles. *[mamífero]* // m. pl. Classe de vertebrats que nodreixen llurs fills amb llet.
mamó, ona. adj. i m. i f. L'infant o animal que encara mama. *[mamón]* // m. Ull o rebrot que naix a mitjan soca d'un arbre. *[mamón]*
mampara. f. Paravent. *[mampara, biombo]* // Contraporta.
mamperlà. m. Barra o llistó de fusta que forma l'aresta del sòl de la llar, de la repisa d'un balcó, d'un escaló, etc. *[mamperlán]*
mamprendre. v. tr. Prendre, un, alguna cosa al seu càrrec, emprendre. *[emprender]* // Emprendre una persona dirigint-li paraules per a renyar-la, corregir-la, bonegar-la, etc., per a aclarir una qüestió, una falta, etc., menysprendre. *[emprender]*
manar. v. tr. Exercir una autoritat superior sobre algú. *[mandar]* // Imposar un precepte, ordenar una cosa. *[mandar]*
manat. m. Manoll, grapat. *[manojo]*
manc, anca. adj. Mancat d'una mà o braç. *[manco, zopo]*
manca. f. Absència, carència d'una cosa. *[carencia, falta]*
mancar. v. intr. Tenir manca d'alguna cosa, faltar, tenir privació o falta d'alguna cosa. *[carecer, estar falto]*
manco. adv. Menys. *[menos]*
mancomunar. v. tr. Unir cabals, persones, forces, etc., per a un fi. *[mancomunar]*
mandarina. f. Classe de taronja, més menuda que la comuna i molt aromàtica. *[mandarina]*
mandat. m. Cerimònia de llavar el sacerdot els peus a dotze pobres el dijous sant. *[mandato]* // Contracte pel qual una persona dóna a una altra el poder d'obrar en nom seu. *[mandato]* // Manament que un superior imposa als seus inferiors. *[mandamiento]* // Orde escrita de pagament postal o telegràfica. *[giro]*
mandíbula. f. Os on és encastada la dentadura. *[mandíbula]* // Barra o mandíbula inferior. *[mandíbula]*
mandonguilla. f. Bola de carn capolada pastada amb pa rallat i ous batuts. *[albóndiga]*
mandra. f. Peresa. *[pereza]*
mandró. m. Fona, bassetja. *[honda]* // **de**

mandró. Colp donat a la pilota descrivint el braç del jugador un moviment semicircular en el pla horitzontal.
manduca. f. Cosa que hom menja o que serveix d'aliment. *[comida]*
mànec. m. Part adaptada a un instrument per on s'agafa en servir-se'n. *[mango]* // Peduncle que sosté una fruita com una oliva, pera, cirera, etc. *[rabillo]* // Mol·lusc lamelibranqui que es troba en els deltes valencians.
mànega. f. Tub llarg i flexible de lona, cautxú, cuir, etc., per a conduir líquids. *[manga]* // Columna d'aigua que s'aixeca en la mar o d'un llac animat d'un ràpid moviment giratori. *[manga]* // Amplària d'una nau. *[manga]* // Mànìga, part del vestit que cobreix totalment o parcialment el braç. *[manga]*
maneig. m. Acció i efecte de manejar. *[manejo]*
manejar. v. tr. i intr. Tr. Fer funcionar un instrument amb les mans. *[manejar]* // Governar, dirigir negocis, etc. *[manejar]* // Intr. Moure les mans parlant. *[manejar]*
manera. f. Forma particular de fer alguna cosa, de procedir, de ser. *[manera]*
maneta. f. Nom que es dóna, en molts casos, a la peça o part d'una màquina que serveix per a manejar-la, dirigir-la o imprimir-li un moviment de rotació. *[manecilla]* // Agulla dels rellotges que assenyala les hores. *[manecilla]* // Manubri.
mania. f. Trastorn mental que fa fixar l'atenció en un sol objecte. *[manía]* // Desig o efecte desordenat d'alguna cosa.
manicomi. m. Hospital de folls. *[manicomio]*
manifassejar. v. intr. Manejar arbritràriament alguna cosa. *[mangonear]* // Entremetre's.
manifasser, era. adj. i m. i f. Que manifasseja. *[entrometido, mangoneador]*
manifest, esta. adj. Evident, palés. *[manifiesto]* // m. Escrit en què es manifesta alguna cosa. *[manifiesto]*
manifestació. f. Acció i efecte de manifestar o de manifestar-se. *[manifestación]* // Reunió popular. *[manifestación]*
manifestar. v. tr. Declarar algú els seus pensaments, els seus propòsits. *[manifestar]* // Exposar el Santíssim Sagrament. *[manifestar]* // **-se.** Donar-se a conéixer. *[manifestarse]*
màniga. f. Part del vestit que cobreix totalment o parcialment el braç. *[manga]*
manil. m. Drap de cuina; davantal; eixugamans. *[mandil]* // Peça de roba de llana amb què es cobreix el pa pastat, abans de dur-lo a coure al forn. *[mantel]*
manilla. f. Anell que porten les dones entorn del puny com a ornament. *[manilla, pulsera]* // Maneta d'un rem. // Mena de joc de cartes. *[malilla]*
manillar. m. Mànec giratori de les bicicletes, motocicletes, etc., que serveix per a fer els canvis de direcció. *[manillar]*
manilles. f. pl. Joc d'anelles de ferro amb què subjecten els presos pel puny. *[esposas]*
maniobra. f. Sèrie de moviments amb què la mà fa funcionar un instrument, etc. *[maniobra]* // Moviment o sèrie ordenada de moviments d'un cos de tropa, d'una esquadra, d'un ferrocarril, etc.
maniobrar. v. tr. i intr. Tr. Fer funcionar amb la mà un instrument, una màquina, etc. *[maniobrar]* // Intr. Fer maniobres o una maniobra. *[maniobrar]*
manipulació. f. Acció i efecte de manipular. *[manipulación]*
manipular. v. tr. Operar amb les mans. *[manipular]* // Manejar un aparell científic, un mecanisme telegràfic, etc. *[manipular]* // Manejar, triant-les, mesclant-les, substàncies químiques, farmacèutiques, etc. *[manipular]*
maniquí. m. Figura de persona que els sastres o modistes vesteixen per a servir de model en la confecció de vestits. *[maniquí]* // Persona que es deixa governar per altres. *[maniquí]*
manisa. f. Rajoleta envernissada, amb dibuixos o sense que serveix per a diversos usos. *[azulejo]*
maniseta. f. Manisa. *[azulejo]*
manlleu. m. Acció i efecte de manllevar. *[empréstito, préstamo]* // La cosa manllevada. *[empréstito, préstamo]*

manllevar. v. tr. Fer-se prestar. // Rebre un préstec. *[pedir prestado]*
mannà, (pl. **às**). m. Aliment miraculós amb què Déu alimentà el poble d'Israel en el desert. *[maná]*
manobre. m. Jornaler que ajuda a un oficial d'obrer de vila. *[peón de albañil]*
manoll. m. Feix de tiges, bastons, etc., que es pot agafar i dur amb la mà, manat. *[manojo]*
manotejar. v. intr. Moure les mans. *[manotear]*
manotes. m. i f. i adj. El qui treballa o fa les coses sense traça. *[chapucero]*
manró. m. Mandró, fona, bassetja. *[honda]* // **de manró.** Colp de mandró.
mans, ansa. adj. De condició suau, dòcil. *[manso]*
mansalva, a. loc. adv. Sense cap perill. *[a mansalva]*
mansarda. f. Pis sota una coberta inclinada. *[mansarda, buhardilla]*
mansió. f. Casa, lloc, on hom habita. *[mansión]*
mansuet, eta. adj. De condició suau. *[mansueto]* // Mans, dòcil. *[manso, suave]*
manta. f. Peça teixida de llana o cotó gruixuda usada com a abrigall en el llit, i també com a abrigall de viatge, de les averies, etc. *[manta]* // Mena de peix selaci, pla i ample. *[rayón]* // fig. m. Malfaener.
manta, a. loc. adv. Molt, en gran quantitat, en abundància. *[en abundancia]*
mantega. f. Substància grassa que s'obté de la llet o de certs fruits com el cacau. *[manteca, mantequilla]*
mantejar. v. tr. Fer anar en l'aire una persona, etc., posada sobre una manta estirant-la bruscament. *[mantear]*
mantell. m. Vestidura en forma de capa subjecta al cap o a les espatles. *[manto]* // Mocador gran d'abric. *[mantón]*
mantellina. f. Peça de seda o de randa, que les dones usen per a cobrir-se el cap. *[mantilla]*
mantenidor, ora. adj. i m. i f. Que manté o sosté. *[mantenedor]* // m. Cadascun dels qui formen el jurat d'un concurs literari. *[màntenedor]* // Cadascun dels cavallers que sostenien una lluita. *[mantenedor]*
mantenir. v. tr. Conservar una cosa en el seu esser. *[mantener]* // Defensar una opinió o sistema. *[mantener]* // Donar a algú els mitjans necessaris per a viure. *[mantener]*
manteu. m. Capa llarga que porten els eclesiàstics damunt la sotana. *[manteo]*
mantornar. v. tr. Donar a la terra la segona llaurada, la segona cavada, després del guaret. *[binar, arrejacar]* // Doblar i tornar a cosir una de les dues teles unides per costura, sobreposant l'una a l'altra.
manual. adj. Que es fa amb les mans. *[manual]* // m. Llibre que conté l'essencial d'una matèria. *[manual]*
manubri. m. Empunyadura d'algunes rodes o altres mecanismes per mitjà de la qual giravolten. *[manubrio]* // Piano de manubri. *[manubrio]*
manufactura. f. Obra feta a mà o amb auxili de màquina. *[manufactura]* // Lloc on fabriquen alguna cosa. *[manufactura]*
manuscrit, ita. adj. Escrit amb la mà. *[manuscrito]* // m. Obra escrita a mà. *[manuscrito]*
manutenció. f. Acció i efecte de mantenir o de mantenir-se. *[manutención]*
manxa. f. Instrument que serveix per a fer vent. *[fuelle]* // Cadascuna de les barres que, aplicades a un torn, molinet, etc., serveixen per a fer-lo voltar. *[palanca, bomba]*
manxar. v. tr. i intr. Tr. Avivar el foc bufant-lo amb una manxa. *[afollar, soplar]* // Intr. Fer vent, fornir aire amb una manxa. *[soplar]*
manya. f. Destresa, habilitat. *[maña]*
manyà. m. El qui fabrica i ajusta panys, claus i altres objectes de ferro. *[cerrajero]*
manyac, aga. adj. De condició dòcil. *[manso, suave]*
manyoc. m. Porció separada de fils, cabells, etc., que poden ser agafats amb la mà. *[mechón, manojo, macella]*
manyopla. f. Peça de l'armadura que protegia la mà. *[manopla]* // Peça de fusta

amb què els obrers prenen alguns materials que llastimen la carn i no poden prendre's amb la mà. *[manopla]*

manyós, osa. adj. Que té manya, enginyós. *[mañoso]*

maó. m. Bloc quadrangular d'argila endurit al sol o al foc, generalment més gruixut que les rajoles ordinàries. *[adobe]*

maonesa. f. Salsa feta amb ou, oli, sal i suc de llima. *[mayonesa]*

mapa. m. Representació sobre una superfície plana de la terra o d'una porció d'ella segons una escala donada. *[mapa]*

maqueta. f. Model esbossat d'una escultura, edifici, etc. *[maqueta]*

maquiavel·lisme. m. Teoria política de Maquiavel. *[maquiavelismo]* // Manera de procedir amb astúcia i mala intenció. *[maquiavelismo]*

maquillar. v. tr. Compondre o pintar la cara per caracterització o embelliment.

màquina. f. Artifici per a aprofitar, dirigir o regular alguna força per tal de fer un treball. *[máquina]*

maquinar. v. tr. Tramar alguna cosa artificiosament i oculta. *[maquinar]*

maquinària. f. Conjunt de màquines per a fer un fi determinat. *[maquinaria]* // Art de fabricar màquines. *[maquinaria]*

mar. m. i f. Massa d'aigua salada que cobreix la major part de la superfície de la terra. *[mar]* // Una part d'aquesta massa. *[mar]* // fig. Abundor extraordinària d'alguna cosa. *[mar]*

maragda. f. Pedra fina de color verd i de gran duresa. *[esmeralda]*

marasme. m. Llangor que acompanya la consumpció. *[marasmo]*

marató. f. Carrera pedestre que es fa al llarg de 42'195 quilòmetres. *[maratón]*

marbre. m. Pedra calissa de textura compacta, susceptible de poliment, de diversos colors. *[mármol]* // Obra artística treballada en dita pedra. *[mármol]*

marc. m. Bastiment que envolta algunes coses. *[marco]* // Límits que encerclen un espai. *[marco]* // Pes de mitja lliura emprat per a pesar l'or i l'argent. *[marco]* // Unitat monetària de diversos països. *[marco]*

març. m. Tercer mes de l'any. *[marzo]*

marca. f. Acció i efecte de marcar. *[marca]* // Senyal que una cosa deixa damunt una altra. *[marca]* // Regió o districte fronterer. *[marca]*

marcador, ora. adj. i m. i f. Que marca. *[marcador]* // m. Operari encarregat d'anar posant els fulls de paper a la màquina d'imprimir. *[marcador]* // Aparell que marca o assenyala els punts guanyats en el joc. *[marcador, tanteador]*

marcar. v. tr. Posar una marca en alguna cosa. *[marcar]* // Assenyalar en algú una qualitat digna d'esment. *[marcar]* // En certs jocs, vigilar els moviments d'un jugador contrari, seguir-lo de prop per a evitar la jugada del contrari. *[marcar]*

marcir. v. tr. Fer perdre la frescor, la ufana, a una flor, planta, fruit, etc. *[marchitar, mustiar]*

mardà. m. Mascle de llavor de l'ovella. *[morueco]*

mare. f. Dona o femella respecte als seus fills. *[madre]* // Títol que es dóna a certes religioses. *[madre]* // Terreny per on corren les aigües d'un riu. *[madre]* // Solatge del vi o vinagre. *[madre]* // Matriu.

marea. f. Moviment alternatiu d'ascens i de descens de les aigües de la mar. *[marea]*

mareig. m. Malestar amb ganes de vomitar i rodaments de cap com el que produeix el moviment d'una embarcació per les ones. *[mareo]* // Malestar produït per molt de soroll, crits, etc.

marejada. f. Mar agitada, maror. *[marejada]*

marejar. v. tr. Causar mareig. *[marear]* // Governar o dirigir una embarcació. *[marear]* // **-se.** Sofrir mareig. *[marearse]*

marejol. m. Marejada lleu. *[marejadilla]*

mareny. m. Terra baixa i pantanosa que s'inunda amb les aigües de la mar. *[marisma]*

mareselva. f. Lligabosc. *[madreselva]*

maresme. m. Costa baixa que s'inunda per les aigües de la mar. *[marisma]*

màrfega. f. Matalaf rústic de palla o espart. *[jergón]*

marfil. m. Vori. *[marfil]*

marga. f. Roca composta d'argila i carbonat de calci usada com adob de terres. *[marga]*

margall. m. Planta gramínia d'un a dos pams, amb espiga semblant a l'ordi, freqüent a les voreres de les parets, camins, camps, etc. *[vallico]*

margalló. m. Palmera autòctona litoral, de fulles palmatipartides, que s'empren per a fer graneres, estores, etc. *[margallón]* // Lluc tendre d'aquesta planta. *[margallón]*

margarida. f. Planta herbàcia, composta amb fulles oblongues fistonades i flors de color variable amb centre groc. *[margarida]* // Cadascun dels nucs que hi ha a la corda de l'escandall.

margarina. f. Substància que s'extrau del greix i de certs olis vegetals. *[margarina]*

marge, (pl. **àrgens**). m. Vora d'una cosa. *[margen]* // Espai en blanc a cada costat d'una pàgina escrita o impresa. *[margen]* // Vora entre terres de diferent pla. *[margen]*

margenar. v. tr. Fer màrgens. *[arribazar]*

marginal. adj. Que està situat al marge d'un escrit o imprés. *[marginal]*

marginar. v. tr. Estar en el marge. *[marginar]*

marí, ina. adj. Relatiu o pertanyent a la mar. *[marino]*

marí. m. El qui té per professió navegar. *[marino]*

marialluïsa. f. Verbenàcia llenyosa molt aromàtica. *[hierbaluisa]*

maridar. v. tr. Casar una dona. *[casar]* // **-se.** Prendre marit la dona. *[casarse]*

marina. f. Costa de la mar. *[marina]* // Conjunt de vaixells d'un país o estat. *[marina]*

mariner, era. adj. Dit de la nau que obedeix bé a les maniobres. *[marinero]* // m. Home de mar que serveix a les maniobres dels vaixells. *[marinero]*

marisc. m. Mol·lusc de mar de qualsevol espècie, principalment el comestible. *[marisco]*

mariscal. m. Oficial general superior de l'exèrcit, en certs països. *[mariscal]*

marit. m. Home casat respecte a la seua muller. *[marido]*

marítim, ítima. adj. Que té relació amb la mar, pertanyent a la mar. *[marítimo]*

marjal. f. Terreny moll cobert d'aigua i vegetació; prat moll o pantanós. *[marjal]* // Terres inundables dedicades al cultiu de l'arròs. *[marjal]*

marmessor. m. Persona encarregada de complir la voluntat del testador. *[albacea]*

maroma. f. Corda molt gruixuda. *[maroma]*

maror. f. Estat agitat de la mar. *[marejada]* // Avalot, disputes. *[alboroto]*

maroteta. f. Insecte arquípter amb quatre ales reticulars estretes i iguals i l'abdomen molt llarg. *[caballito del diablo, libélula]*

marqués, esa. adj. Títol d'honor i dignitat inferior al de duc i superior al de comte. *[marqués]*

marqueteria. f. Treball fet amb incrustacions de peces de fusta, nacre, vori, etc. *[marquetería]*

marrà. m. Mascle de l'ovella, mardà. *[morueco]*

marrada. f. Volta o camí més llarg que el dret. *[rodeo]*

marraixa. f. Recipient de vidre, molt ample, redonenc, que es sol folrar de vímens i serveix per a tenir líquids. *[damajuana, bombona, garrafa]*

marrar. v. intr. Fer marrada. *[errar]*

marrec. m. Cabrit que encara mama. *[choto]* // Xiquet menut, de no més de dotze anys. *[chico]*

marrir. v. tr. Afligir, entristir. *[afligir]*

marro. m. Residu de certes substàncies que hom fa bullir per a obtenir una infusió. // Joc infantil.

marró. m. De color castanya fosc. *[marrón]*

marroquineria. f. Art, comerç, del cuir treballat. *[marroquinería]*

martell. m. Instrument per a clavar claus, batre metalls, etc. *[martillo]*

martellejar. v. tr. Donar colps amb el martell. *[martillear]*

martingala. f. Trampa o engany astuciós. *[martingala, trampa]*

màrtir. m. i f. El qui pateix turments o la mort per no renegar la fe de Jesucrist. *[mártir]* // Persona que sofreix grans penes i treballs. *[mártir]*

martiri. m. Acció de patir turments o la mort per no renegar la fe de Jesucrist, d'una idea, etc. *[martirio]* // Qualsevol pena o sofriment intens. *[martirio]*

martiritzar. v. tr. Fer sofrir martiri a algú. *[martirizar]*

maruà. m. Estora que els llauradors posen damunt la taula de menjar, a manera d'estovalles. // Estorí redó de palla d'espart per a posar-hi els peus. *[esterilla]*

marxa. f. Acció de marxar. *[marcha]* // Grau de celeritat amb què camina un vehicle. *[marcha]* // Peça de música destinada a regularitzar el pas d'un cos de tropa, etc. *[marcha]* // Cant del resultat al final de cada quinze, en el joc de pilota valenciana.

marxador. m. El qui en el joc de pilota assenyala les marxes. *[chazador]*

marxamo. m. Senyal que es posa als fardells a les duanes en prova que estan despatxats o reconeguts, bolla. *[marchamo]*

marxar. v. intr. Caminar la tropa amb un cert pas, en cert orde. *[marchar]* // Anar un cotxe, una nau, una màquina. *[marchar]* // Partir d'un lloc. *[marchar]*

marxisme. m. Teories socialistes de Marx. *[marxismo]*

mas. m. Casa de camp i de conreu amb les seues terres, especialment en terreny de secà. *[predio, cortijo]*

màscara. f. Careta de fusta, cuiro, etc., folrada de metall, que els actors antics es posaven per a representar. *[máscara]* // Persona que porta la cara coberta amb una màscara, per carnestoltes. *[máscara]* // Empremta que es trau de la cara d'algú, especialment d'un cadàver. *[mascarilla]*

mascara. f. Taca de sutja o carbó. *[tiznón, tizne]*

mascarar. v. tr. Embrutar de mascara. *[tiznar]*

mascaró. m. Carassa usada com a adorn en certes obres d'arquitectura. *[mascarón]*

mascle. m. Animal del sexe masculí. *[macho]* // Individu racional masculí. *[varón]* // Nom de certes peces que es fiquen en el forat d'una altra. *[macho]*

masclejar. v. intr. i tr. Intr. Tenir una dona aires d'home, fer coses d'home. *[hombrear]* // Tr. Sacsejar les pales de les palmes mascles sobre les flors de les palmeres femelles.

masclet. m. Porció de pèl enmig del mentó. *[perilla]* // Morteret, canó curt de ferro que serveix per a disparar trons molt sorollosos en les festes populars. *[morterete]*

mascota. f. Persona o cosa que hom considera que porta sort. *[mascota]*

masculí, ina. adj. Relatiu o pertanyent al mascle. *[masculino]* // Gènere gramatical que comprén tots o la majoria dels noms d'animals mascles. *[masculino]*

masegar. v. tr. Sotmetre una cosa a pressions, fregadissos, etc., que tendeixen a emmatxucar-la. *[magullar, sobar, machucar]*

masia. f. Casa de camp i de conreu amb les seues terres. *[masía, predio, cortijo]*

masmorra. f. Presó subterrània. *[mazmorra]*

masoquisme. m. Perversió sexual en la qual el sofriment i el dolor físic fan arribar a l'orgasme. *[masoquismo]*

masover, era. m. i f. Persona que viu en un mas. *[masero]* // Estatger d'un mas. *[masadero]*

masoveria. f. Casa on viu el masover d'una finca. *[masada, cortijo]*

massa. f. Agregació de partícules o coses que formen un cos. *[masa]* // Quantitat de matèria que conté un cos. *[masa]* // Multitud, reunió considerable de persones o coses. *[masa]*

massa. adv. i adj. En excés, més que no cal. *[demasiado]*

massapà. m. Peça de pasta feta amb ametles mòltes i sucre. *[mazapán]*

massatge. m. Procediment terapèutic que consisteix en una sèrie de fregues, premudes, etc. *[masaje]*

massilla. f. Màstic usat per a tapar forats o esquerdes. *[masilla]*
massís, issa. adj. Que presenta una massa compacta. *[macizo]* // m. Grup espés d'arbres o altra cosa. *[macizo]*
massissar. v. tr. Fer massís, fer més compacte. *[macizar]*
mastegar. v. tr. Esmenussar el menjar amb les dents. *[mascar, masticar]* // Parlar entre dents. *[mascullar]*
mastegot. m. Colp donat a algú amb la mà. *[bofetón, sopapo, soplamocos]*
màstic. m. Resina groguenca, semitransparent, que s'obté per incisió del llentiscle. *[almáciga]* // Pasta feta d'ingredients diversos que serveix per a tapar forats, etc. *[masilla, almáciga]*
mastodont. m. Mamífer extingit semblant a l'elefant, però molt més gros. *[mastodonte]*
masurca. f. Dansa d'origen polonés i música que li és pròpia. *[mazurca]*
mat. adj. Sense brillantor, esmortit. *[mate]* // m. Jugada del joc d'escacs, que mata al rei. *[mate]*
mata. f. Planta de tronc curt que trau branques prop de terra. *[mata]* // Llentiscle. *[lentisco]* // Metall produït en la primera fosa del mineral i que no és encara pur. *[mata]*
matador, ora. adj. Que mata. *[matador]* // m. El qui té per ofici matar els animals. *[matarife]* // Lloc destinat a matar el bestiar. *[matadero]*
matalaf. m. Mena de sac rectangular de tela ple de llana, borra, etc., per a gitar-se. *[colchón]*
matalafer, era. m. i f. El qui fa o adoba matalafs. *[colchonero]*
matamón. m. Vent del nord-oest. *[noroeste]*
matança. f. Acció i efecte de matar. *[matanza]* // Mortaldat causada en una batalla, en una guerra, etc. *[matanza]* // Acció de matar els porcs i operacions subsegüents. *[matanza]*
matar. v. tr. Llevar la vida. *[matar]* // Extingir, llevar la lluïssor. *[matar]* // Jugar una carta superior a la que ha jugat el contrari. *[matar]*
mateix, eixa. adj. Demostratiu d'identitat. *[mismo]* // Igual o semblant. *[mismo]* // Fins i tot, precisament tal cosa. *[mismo]*
matemàtic, àtica. adj. Relatiu o pertanyent a les matemàtiques. *[matemático]* // m. i f. Versat en matemàtiques. *[matemático]*
matèria. f. Substància de què una cosa està feta; substància corpòria. *[materia]* // Assumpte d'una obra científica o literària. *[materia]* // Qualsevol assumpte o negoci de què hom tracta. *[materia]* // Pus.
material. adj. Relatiu o pertanyent a la matèria. *[material]* // m. Conjunt de coses emprades en un treball. *[material]*
materialitzar. v. tr. Considerar com a material una cosa que no ho és. *[materializar]*
matern, erna. adj. Relatiu o pertanyent a la mare. *[materno]*
maternitat. f. Qualitat de mare. *[maternidad]*
matí. m. Espai de temps des què ix el sol fins a migdia. *[mañana]*
matinada. f. Començament del dia. *[madrugada]* // Acció de matinar o matinejar. *[madrugón]*
matinar. v. intr. Llevar-se del llit de bon matí. *[madrugar]*
matinejar. v. intr. Llevar-se de bon matí. *[madrugar]* // Guanyar temps en una sol·licitud o empresa.
matís. m. Cadascuna de les gradacions d'un color o d'un so. *[matiz]* // Diferència de grau quasi insensible entre dos idees molt acostades. *[matiz]*
matisar. v. tr. Fer ressaltar els matisos que presenta una cosa. *[matizar]* // Pintar amb colors que harmonitzen els uns amb els altres. *[matizar]*
mató. m. Massa blanca i mantegosa que resulta de la coagulació de la part caseosa de la llet. *[requesón]*
matoll. m. Camp incult ple de mates i brolla. *[matorral]*
matraca. f. Instrument de fusta per a substituir les campanes el dijous i divendres sant. *[matraca, carraca]*
matràfola. f. Sofistificació. *[sofistifica-*

ción] // Engany dissimulat o sorneguer. *[engaño]*

matràs, (pl. **assos**). m. Receptacle de vidre de forma esfèrica i de coll llarg i estret. *[matraz]*

matriarcat. m. Forma d'organització social que dóna la màxima importància social i política a la mare. *[matriarcado]*

matricidi. m. Delicte de matar algú la seua mare. *[matricidio]*

matrícula. f. Inscripció en un registre de persones allistades o inscrites per a un fi particular. *[matrícula]* // El conjunt de la gent matriculada. *[matrícula]*

matricular. v. tr. Inscriure el nom d'algú en una matrícula. *[matricular]*

matrimoni. m. Unió legítima d'un home i una dona. *[matrimonio]* // Conjunt de marit i muller. *[matrimonio]* // Un dels sagraments de l'Església. *[matrimonio]*

matriu. f. Òrgan de la femella dels mamífers on és reclòs el fetus. *[matriz]* // Motle en què són fosos els objectes de metall que han de ser idèntics. *[matriz]* // Escriptura principal amb què poden comprovar-se les còpies. *[matriz]*

matrona. f. Senyora de molt de respecte. *[matrona]*

matusser, era. adj. Que treballa, que procedeix grollerament. *[chapucero]*

matutí, ina. adj. Relatiu o pertanyent al matí. *[matutino]*

matxet. m. Arma de tall més menuda que l'espasa, molt pesant i que talla només d'un cantó. *[machete]*

matxo. m. Mul. *[macho]*

matxucar. v. tr. Emmatxucar, rebregar, massegar. *[machacar, ajar, estrujar]*

maula. m. i f. Persona que sap dissimular les seues intencions. *[maula]* // f. Artifici enganyós. *[maula, socaliña, cancamusa]*

maular. v. intr. Fer el seu crit el mussol i altres animals de crit semblant. // Fer el gat la seua veu natural, especialment, forta. *[maullar, mayar]*

maulet. m. Nom satíric que es donava al Regne de València als partidaris del rei-arxiduc Carles III en la Guerra de Successió.

maurar. v. tr. Pastar, amassar. *[heñir]* // Fényer la pasta de ceràmica fins que està en condicions de treballar-la.

mausoleu. m. Sepulcre sumptuós. *[mausoleo]*

maxil·lar. adj. Relatiu a les barres o mandíbules. *[maxilar]*

màxim, àxima. adj. Major que qualsevol altre de la seua espècie. *[máximo]* // m. Extrem superior a què pot arribar una cosa. *[máximun]*

màxima. f. Veritat moral proposada com a regla de conducta. *[máxima]* // Sentència que conté un precepte moral o pràctic. *[máxima]*

me. Forma del pronom de primera persona, singular, que fa de complement directe o indirecte. *[me]*

mealla. f. Taca que tenen alguns ous damunt el rovell, galladura. *[meaja, galladura]* // Antiga moneda ínfima de valor de mig diner. *[meaja]* // Gota d'oli o d'altra matèria greixosa que sura visiblement damunt un altre líquid. *[ojo]*

mec, eca. m. i f. Vedell. *[ternero]* // adj. Barbamec, que no té pèl a la cara.

mecànic, ànica. adj. Que s'obté o es fa o obra amb màquina. *[mecánico]* // Relatiu o pertanyent al treball manual. *[mecánico]* // Obrer dedicat al maneig i muntatge de les màquines. *[mecánico]*

mecanisme. m. Artifici o estructura d'un cos i combinació de les seues parts constitutives. *[mecanismo]* // Maneig d'un instrument. *[mecanismo]*

mecanitzar. v. tr. Fer esdevenir mecànic. *[mecanizar]*

mecanografia. f. Art d'escriure amb màquina. *[mecanografía]*

mecenes. m. Persona rica que patrocina generosament les arts, les ciències, una empresa cultural, un artista, etc. *[mecenas]*

medalla. f. Peça de metall amb una figura o emblema. *[medalla]*

medalló. m. Joia circular o oval en la qual es col·loca un retrat, una relíquia, cabells, etc. *[medallón]* // Baix relleu de forma circular o oval. *[medallón]*

medi. m. Element en què viu o es mou una persona, animal o cosa. *[medio]*

mediació. f. Acció del qui intervé entre dues o més persones per a posar-les d'acord. *[mediación]*

mediatitzar. v. tr. Fer mediat. *[mediatizar]* // Annexar un estat a un altre el seu sobirà conservant el títol i certs drets. *[mediatizar]*

mèdic, èdica. adj. Relatiu o pertanyent a la medicina. *[médico]*

medicament. m. Substància emprada com a remei intern o extern a un malalt per a guarir-lo. *[medicamento]*

medicar. v. tr. Administrar medicines a un malalt. *[medicar]*

medicina. f. Ciència i art de prevenir i guarir les malalties del cos humà. *[medicina]* // Medicament.

medicinal. adj. Que serveix per a guarir. *[medicinal]*

medieval. adj. Relatiu o pertanyent a l'edat mitjana de la història. *[medieval]*

mediocre. adj. De qualitat mitjana. *[mediocre]*

meditabund, unda. adj. Que medita, cavil·la o reflexiona en el silenci. *[meditabundo]*

meditació. f. Acció i efecte de meditar. *[meditación]*

meditar. v. tr. Aplicar el pensament amb profunda atenció a la consideració d'alguna cosa. *[meditar]*

mediterrani, ània. adj. Dit d'un mar envoltat de terres. *[mediterráneo]* // Relatiu o pertanyent al mar Mediterrani. *[mediterráneo]*

medrar. v. intr. Progressar, millorar. *[medrar]*

medul·la. f. Substància grassa que hi ha dins els ossos dels animals. *[medula]* // Substància principal d'una cosa no material. *[medula]*

medusa. f. Animal marí, amb el cos en forma de campana o de casquet esfèric. *[medusa]*

megàfon. m. Aparell emprat per a reforçar els sons, especialment la veu. *[megáfono]*

megalomania. f. Mania o deliri de grandeses. *[megalomanía]*

meitat. f. Cadascuna de les dues parts iguals en què es divideix una cosa. *[mitad]* // Punt d'una cosa equidistant dels seus extrems. *[mitad]*

mel. f. Substància viscosa i molt dolça elaborada per les abelles. *[miel]*

melangia. f. Tristesa vaga, ombrívola i duradora. *[melancolía]*

melassa. f. Líquid consistent, fosc i dolç que queda com a residu de la cristal·lització del sucre. *[melaza]*

melic. m. Cicatriu que es forma al mig del ventre, després de rompre's i assecar-se el cordó umbilical. *[ombligo]* // Cordó que va des del ventre del fetus a la placenta. *[ombligo]*

melindre. m. Pasta de sucre, farina i ous. *[bizcocho]* // pl. Demostracions afectades de delicadesa. *[melindres, dengues]*

melis. m. Fusta de diverses espècies de pi, rica en resina. *[coraznada]*

melmelada. f. Conserva de fruita amb mel i sucre. *[mermelada]*

meló. m. Fruit comestible d'una planta de la família de les cucurbitàcies originària dels països meridionals. *[melón]* // **meló d'Alger:** síndria. *[melón de agua, sandía]* // **meló de tot l'any:** varietat de meló ovalat que es conserva molts mesos sense podrir-se.

melodia. f. Dolçor i suavitat de la música. *[melodía]*

melòdic, òdica. adj. Relatiu o pertanyent a la melodia. *[melódico]*

melodrama. m. Drama que tracta de commoure per la violència de les situacions o l'exageració dels sentiments. *[melodrama]*

melomania. f. Passió exagerada per la música. *[melomanía]*

melonera. f. Planta que fa melons. *[melonera]*

melsa. f. Glàndula vascular, situada a l'hipocondri esquerre entre el còlon i les costelles falses. *[bazo]* // Lentitud i indolència en les operacions.

melva. f. Peix teleosti de dors blavenc fosc i ventre platejat, de 30 a 40 cm. de llarg i carn més fina que la corbina. *[albacora]*

membrana. f. Pell prima i flexible de teixit orgànic animal o vegetal. *[membrana]*

membrar. v. tr. Recordar, fer esment. *[mentar]*

membre. m. Qualsevol de les extremitats de l'home i dels animals articulades al tronc del cos. *[miembro]* // Òrgan masculí de la generació. *[miembro]* // Individu que forma part d'una comunitat o corporació. *[miembro]* // Part d'un total, unida a ell. *[miembro]*

memorable. adj. Digne de memòria. *[memorable]*

memoràndum. m. Nota destinada a recordar alguna cosa. *[memorándum]* // Nota diplomàtica en què es recorden els fets o arguments referents a una qüestió. *[memorándum]*

memòria. f. Facultat de l'ànima per la qual retenim i recordem les coses passades. *[memoria]* // Recordança de les imatges de les coses apreses pels sentits o l'enteniment. *[memoria, recuerdo]* // Relació de despeses o de fets i motius referents a alguna qüestió. *[memoria]* // pl. Salutació afectuosa tramesa a una persona per mitjà d'una altra. *[memorias]*

memorial. m. Registre on són consignades les coses a recordar. *[memorial]* // Escrit on es fa història o recordança de fets, per a una demanda. *[memorial]*

mena. f. Mineral metal·lífer. *[mena]* // Classe a què pertany una persona o cosa, espècie. *[clase]*

menar. v. tr. Dur, conduir, guiar. *[conducir]* // Impulsar la roda d'un torn, d'una màquina; dur un volant, un vehicle o màquina. *[conducir]* // Guiar el ramat. // Dur un camí, senda, etc., a un paratge. *[llevar]* // Dirigir, indicar. // Portar a terme, treballar, etc.

menció. f. Esment que es fa d'una persona o cosa. *[mención]*

mencionar. v. tr. Fer menció, esmentar. *[mencionar]*

menejar. v. tr. Moure d'un costat a l'altre. *[menear, revolver]* // **-se.** Intervenir en un assumpte. *[menearse]*

menescal. m. El qui té per ofici curar les malalties de les bèsties. *[veterinario, albéitar]*

menester. m. Allò que hom necessita. *[menester]* // Ocupació, manera d'obrar. *[menester]*

menestral, ala. m. i f. El qui professa un ofici o art mecànic. *[menestral, artesano]*

mengívol, ívola. adj. Que es menja fàcilment o agradablement. *[apetitoso, gustoso]*

meninfot. m. El qui no es preocupa ni vol saber res de res, especialment de les coses espirituals o transcendents. *[despreocupado]*

menisc. m. Vidre que té una cara convexa i l'altra còncava. *[menisco]* // Superfície lliure, còncava o convexa, del líquid contingut en un tub molt estret. *[menisco]*

menja. f. Cosa bona per a menjar. *[manjar, comida]*

menjador, ora. adj. Que menja, que habitualment menja molt. *[comedor]* // Que és per a esser menjat. *[comedero]* // m. Lloc d'una casa destinat per a menjar. *[comedor]*

menjar. m. Allò que hom menja per a nodrir-se. *[comida]*

menjar. v. tr. Mastegar l'aliment i passarlo a l'estómac. *[comer]* // Consumir, corroir.

menjucar. v. intr. Menjar poc o amb poca gana. *[comiscar]*

menjussar. v. intr. Menjar a sovint de diverses coses amb petita quantitat. *[comiscar]* // Provar de menjar els infants quan els desmamen.

menopausa. f. Període de cessació natural de la menstruació. *[menopausia]*

menor. adj. Més menut. *[menor]* // Que no ha assolit l'edat exigida per la llei a una persona per a administrar els seus cabals. *[menor]* // De més baix grau o categoria. *[menor]*

menorquí, ina. adj. i m. i f. Natural o propi de Menorca

menovell. m. Dit més menut de la mà. *[meñique]*

menstru. m. Sang que cada mes evacuen naturalment les dones i les femelles de certs animals. *[menstruo]*

menstruació. f. Acció i efecte de menstruar. *[menstruación]*

menstruar. v. intr. Evacuar el menstru. *[menstruar]*
mensual. adj. Que s'esdevé o apareix cada mes. *[mensual]* // Que dura un mes. *[mensual]*
mensualitat. f. Qualitat de mensual. *[mensualidad]*
ment. f. Potència intel·lectual de l'ànima. *[mente]*
menta. f. Planta herbàcia, molt olorosa, conreada en els horts i usada com a condiment. *[menta]*
mental. adj. Relatiu o pertanyent a la ment. *[mental]*
mentider, era. adj. i m. i f. Mentirós. *[mentiroso]*
mentir. v. intr. Fer voluntàriament una asserció contrària a la veritat. *[mentir]* // Enganyar, no expressar la veritat. *[mentir]*
mentira. f. Expressió o manifestació contrària a la veritat. *[mentira]*
mentida. f. Mentira. *[mentira]*
mentirós, osa. adj. i m. i f. Que acostuma a mentir. *[mentiroso]* // Que ment. *[mentiroso]*
mentó. m. Prominència de la mandíbula inferior situada sota la boca. *[mentón, barbilla]*
mentor. m. El qui fa de conseller i de guia d'algú. *[mentor]*
mentre. adv. Durant el temps d'alguna cosa. *[mientras]*
mentres. adv. Mentre. *[mientras]*
mentrestant. adv. Durant el temps en què s'esdevé alguna cosa. *[mientras tanto]*
menúcies. f. pl. Menuts de gallina o altre animal. *[minucias]*
menudalla. f. Conjunt de coses menudes. // Conjunt d'infants o de gent menuda. *[chiquillería]* // Trossos de les vísceres d'un animal. *[menudillos]* // pl. Plat d'entremesos. *[entremeses]*
menut, uda. adj. De poc volum. *[menudo, pequeño]* // m. i f. Xiquet. *[chico]* // m. pl. Entranyes, ventre, potes, d'un animal. *[menudillos, minucias]*
menys. adv. i adj. Més poc, no tant. *[menos]* // m. Signe de la substracció. *[menos]*
menysprear. v. tr. Tractar desdenyosament. *[menospreciar, despreciar]* // Estimar algú o alguna cosa en menys del que val. *[menospreciar]*
menyspreu. m. Poca estima o desdeny. *[menosprecio, desprecio]*
mer, era. adj. Pur, sense mescla. *[mero]*
meravella. f. Cosa o esdeveniment extraordinari que causa admiració. *[maravilla]* // Balsamina.
meravellar. v. tr. Causar admiració o meravella per la seua bellesa, etc. *[maravillar]*
meravellós, osa. adj. Que causa meravella, admirable, extraordinari. *[maravilloso]*
mercaderia. f. Qualsevol article o gènere que pot esser objecte de tracte o venda. *[mercadería, comercio]*
mercantil. adj. Relatiu o pertanyent al comerç. *[mercantil]*
mercat. m. Lloc públic on es fan les transaccions comercials. *[mercado]* // Reunió de venedors en un lloc públic. *[mercado]*
mercé, (pl. **és**). f. Benefici graciós que es fa a algú. *[merced]* // Misericòrdia, perdó. *[merced]* // Orde religiosa per a la redempció de captius. *[merced]*
mercenari, ària. adj. Relatiu o pertanyent a l'orde religiosa de la Mercé. *[mercedario]* // m. i f. Que treballa per un salari o sou. *[mercenario]*
merceria. f. Comerç de coses menudes com cintes, botons, agulles, etc. *[mercería]* // Botiga on es venen. *[mercería]*
mercuri. m. Metall blanc argentat i brillant, molt pesant, líquid a la temperatura ordinària. *[mercurio]*
merda. f. Excrement de l'home i d'alguns animals. *[mierda]* // Brutícia
merdejar. v. tr. Tractar de fer coses sense saber-ne. *[chapucear]*
merdós, osa. adj. Brut de merda. *[merdoso]* // Ple de brutícia, brut. *[sucio, asqueroso]*
meréixer. v. tr. Fer-se digne de premi o de castic. *[merecer]*
merí, ina. adj. Dit d'una varietat de moltons, originaris d'Espanya, de llana molt fina i blanca. *[merino]* // Roba que es tix de la dita llana. *[merino]*

meridià, ana. adj. Relatiu o pertanyent al migdia. *[meridiano]* // m. Pla vertical que passa per l'eix de la terra. *[meridiano]*

meridional. adj. Relatiu o pertanyent al sud o migdia. *[meridional]* // m. i f. Habitant del sud. *[meridional]*

mèrit. m. Allò que fa digne de recompensa, d'estima. *[mérito]* // Allò que dóna valor a una cosa. *[mérito]*

meritori, òria. adj. Que constitueix un mèrit. *[meritorio]* // m. i f. El qui treballa sense sou i només per a fer mèrits. *[meritorio]*

merla. f. Ocell dentirostre de cant suau melangiós. *[mirlo]*

merlet. m. Cadascun dels prismes d'obra que per a defensa s'alcen al cim d'un mur, d'una torre, etc. *[almena]* // Tros de rajola, etc., que es posa a manera dels merlets per a aguantar alguna cosa. *[seso]*

mero. m. Peix teleosti de més de dos peus de llarg, de cos oval fosc i ventre blanc, de carn molt estimada. *[mero]*

mes. m. Cadascuna de les dotze parts en què es divideix l'any. *[mes]*

més. adv. i adj. Terme de comparació que denota superioritat en quantitat o qualitat. *[más]* // m. Signe de la suma o addició. *[más]*

mes. conj. Però. *[mas, pero]*

mesc. m. Substància molt olorosa, de sabor amargant, treta d'una bossa situada sota la pell de l'abdomen del mesquer. *[almizcle]*

mescla. f. Acció i efecte de mesclar o de mesclar-se. *[mezcla]* // Companatge.

mesclar. v. tr. Adjuntar unes coses amb altres. *[mezclar]*

mesell, ella. adj. Leprós. *[leproso]* // Insensible, que no se sent dels colps per la insensibilitat de la pell. *[insensible]*

mesquí, ina. adj. Miserable, avar. *[mezquino]*

mesquinejar. v. intr. Mostrar-se mesquí. *[mezquinear, cicatear, miserear]*

mesquinesa. f. Qualitat de mesquí, mesquineria. *[mezquindad, miseria]*

mesquita. f. Casa d'oració dels mahometans. *[mezquita]*

messes. f. pl. Sembrat de plantes segadores. *[mieses]* // Temps de la sega. *[mieses]*

mestral. m. Vent del nord-oest. *[mistral]* // Nord-oest.

mestre, estra. m. i f. El qui ensenya una ciència, art, etc., o té el títol per a ferho. *[maestro]* // El qui és pràctic i destre en una matèria. *[maestro]* // Superior d'alguna orde militar. *[maestre]*

mestressa. f. La qui té el domini d'alguna cosa. *[ama]* // La qui té algú sota el seu domini. *[ama]* // Mestra. *[maestra]*

mestria. f. Art i destresa en l'ensenyament o execució d'alguna cosa. *[maestría]*

mesura. f. Acció de mesurar; el resultat, quantitat d'alguna cosa determinada per mesurament. *[medida]* // Instrument per a mesurar líquids i àrids. *[medida]* // Recipient format per un paper enrotllat en forma de con, paperina. *[cucurucho]* // Proporció o disposició d'una cosa amb una altra. *[medida]* // Manera moderada d'obrar. *[mesura]*

mesurament. m. Acció i efecte de mesurar. *[medición]*

mesurar. v. tr. Avaluar la magnitud o extensió d'alguna cosa. *[medir]* // Tenir tal o tal dimensió. *[medir]* // Apreciar alguna cosa en el seu valor. *[medir]*

meta. f. Terme final d'una carrera. *[meta]* // Fi al qual es dirigeixen les aspiracions o els desigs d'una persona. *[meta]*

metafísica. f. Ciència dels principis primers i universals. *[metafísica]* // Ciència de la raó pura. *[metafísica]*

metàfora. f. Figura de dicció que es fa quan s'empra un sentit figurat per un altre recte. *[metáfora]*

metall. m. Nom donat a un gran nombre de substàncies sòlides a la temperatura ordinària les quals es distingeixen per una lluïssor especial. *[metal]* // Conjunt d'instruments de metall d'una orquestra. *[metal]*

metal·litzar. v. tr. Fer que un cos adquireixca propietats metàl·liques. *[metalizar]* // Portar algú a no tenir altre mòbil que l'amor al diner. *[metalizar]*

metal·lúrgia. f. Art d'extraure els metalls

dels minerals que els contenen. *[metalurgia]*

metal·lúrgic, úrgica. adj. Relatiu o pertanyent a la metal·lúrgia. *[metalúrgico]*

metamorfosi. f. Transformació o canvi pel qual una cosa perd la seua forma natural per a prendre'n una altra. *[metamorfosis]* // Canvi que fa una persona d'un estat a un altre. *[metamorfosis]* // Canvi de forma que experimenten els insectes i altres animals abans d'arribar a llur estat propi o perfet. *[metamorfosis]*

metatars. m. Part del peu situada entre el tars i els dits. *[metatarso]*

metàtesi. f. Transposició de sons dins un mot. *[metátesis]*

meteor. m. Fenomen atmosfèric. *[meteoro]*

meteorologia. f. Ciència que estudia l'atmosfera i els fenòmens atmosfèrics. *[meteorología]*

metge. m. El qui té autorització per a professar i exercir la medicina. *[médico]*

metgessa. f. Dona que exerceix la medicina. *[médica]*

meticulós, osa. adj. Excessivament curós, remirat. *[meticuloso]*

mètode. m. Camí que es segueix, manera ordenada de procedir, per a arribar a un fi. *[método]*

metòdic, òdica. adj. Fet amb mètode. *[metódico]* // Aplicat a aquella persona que té mètode. *[metódico]*

metonímia. f. Figura de dicció que consisteix a designar una cosa amb el nom d'una altra prenent l'efecte per la causa, el contingut pel continent, etc., o viceversa. *[metonimia]*

metralla. f. Trossos menuts de ferro, etc., amb què es carrega una peça d'artilleria. *[metralla]* // Conjunt de monedes de poca valor.

metralladora. f. Arma de foc que pot tirar successivament i ràpidament un gran nombre de projectils. *[ametralladora]*

metrallar. v. tr. Cobrir un objectiu amb la metralla disparada per l'artilleria; cobrir-lo amb les bales disparades per una arma metralladora. *[ametrallar]*

metralleta. f. Arma de foc automàtica i portàtil que pot disparar a ràfegues o a trets aïllats. *[metralleta]*

metre. m. Nombre, natura i disposició dels elements d'un vers. *[metro]* // Unitat de longitud, base del sistema mètric decimal. *[metro]*

metre. v. tr. Posar, col·locar, ficar. *[meter, poner]*

mètric, ètrica. adj. Relatiu o pertanyent al metre o a la mesura. *[métrico]*

mètrica. f. Art de la mesura o estructura dels versos i de llurs diverses combinacions. *[métrica]*

metro. m. Forma abreujada del mot «metropolità». *[metro]*

metròpoli. f. Ciutat principal, cap d'una província o regne. *[metrópolis]* // Ciutat que té una seu arxiepiscopal. *[metrópolis]*

metropolità, ana. adj. Relatiu o pertanyent a la metròpoli. *[metropolitano]* // m. Arquebisbe. *[arzobispo]*

metxa. f. Corda preparada per a cremar d'una manera uniforme. *[mecha]* // Tub de cotó, paper, etc., per a calar foc a una càrrega de pólvora. *[mecha]* // Feix de desfiles. *[mecha]* // Peça de fusta que encaixa en el buit d'una altra. *[almilla]*

metzina. f. Substància que ingerida produeix la mort o trastorns greus. *[veneno]* // Qualsevol cosa perjudicial a la salut. *[veneno]*

metzinós, osa. adj. Que conté metzina. *[ponzoñoso]*

meu, eua. Adjectiu i pronom possessiu de primera persona. *[mi, mío]*

meuca. f. Planta gramínia que es conrea com a planta farratgera. *[sorgo]*

mi, (pl. **is**). m. Tercera nota de l'escala musical. *[mi]*

mi. Pronom personal de primera persona, singular amb què el qui parla es designa a si mateix. *[mí]*

miasma. m. Partícules infeccioses que floten en l'aire. *[miasma]*

mica. f. Mineral format de fulloles lluentes, elàstiques i molt primes, que forma part de diferents roques. *[mica]*

mica. f. Quantitat molt menuda d'alguna cosa. *[migaja]* // Petita porció de pa o d'altra cosa. *[migaja, poco]* // pl. Trossets de pa cuinats amb oli, etc. *[migas]*

mico. m. Simi de cua llarga. *[mico]*

micró. m. Mesura de longitud equivalent a la mil·lèsima part d'un mil·límetre. *[micrón]*

microbi. m. Organisme microscòpic. *[microbio]* // Bactèria, especialment patogènica. *[microbio]*

microcosmos. m. Petit món, especialment l'home considerat com un resum de l'univers exterior o gran món. *[microcosmos]*

microfilm. m. Fotografia sobre film, de dimensió reduïda, utilitzada sobretot per a reproducció de publicacions i documents. *[microfilm]*

micròfon. m. Aparell per a augmentar la intensitat dels sons. *[micrófono]*

microscopi. m. Instrument òptic per a examinar objectes extremadament menuts. *[microscopio]*

mida. f. Mesura especialment lineal. *[medida]* // Unitat de mesurament, amb exclusió de les de pes; regle, cinta, etc., de llargària coneguda que serveix per a amidar. *[medida]* // Quantitats convingudes que entren en la composició d'una pasterada, d'una mescla, pastís, coques, etc. *[medida]* // Dimensió que ha de tenir una cosa per a l'ús a què està destinada. *[medida]* // Alçària humana. *[talla]* // Prudència, moderació. *[mesura]*

midó. m. Fècula blanca i lleugera, que extrauen de les llavors dels cereals i altres plantes. *[almidón]*

mig, itja. adj. Que forma la meitat d'un tot. *[medio]* // m. Meitat.

migdia. m. L'hora en què el sol és en el punt més alt damunt l'horitzó. *[mediodía]* // Sud, punt de l'horitzó oposat al nord. *[mediodía]*

migdiada. f. Temps al volt del migdia. // Dormida que es fa després de menjar. *[siesta]*

migjorn. m. Migdia, hora del migdia. *[mediodía]* // Sud.

migranya. f. Maldecap nerviós que dóna sovint mareig. *[jaqueca]* // Tristor causada per preocupació.

migrar. v. tr. Anar d'un país a un altre; passar periòdicament d'una regió o clima a un altre els ocells i altres animals. *[migrar]*

migrar-se. v. pron. Consumir-se, decandir-se d'impaciència, d'enyorament. *[requemarse, repudrirse]* // Consumir-se a poc a poc una cosa. *[consumirse]*

mil. adj. Deu vegades cent. *[mil]*

milà. m. Ocell de presa diürn de plomatge bru rogenc. *[milano]* // Peix de forma semblant a la ratjada, però més gros, de cap semblant al dragó. *[águila de mar]*

milanta. adj. Una gran quantitat indeterminada. *[muchísimos]*

milfulles. f. Planta de la família de les compostes, de propietats tòniques i amargants. *[milhojas, milenrama]*

milhòmens. m. Dit del qui es creu apte per a tot. *[arrancapinos]* // Persona o animal molt petit i amb pretensions o gest d'home gran o poderós. *[arrancapinos]*

milícia. f. Exercici o professió de les armes. *[milicia]* // Tropa o gent de guerra. *[milicia]*

milicià, ana. adj. Relatiu o pertanyent a la milícia. *[miliciano]* // m. i f. Home o dona que forma part d'una milícia. *[miliciano]*

milió. m. Mil millers. *[millón]*

milionari, ària. m. i f. i adj. Que posseeix un o més milions, molt ric. *[millonario]*

militar. v. intr. Servir en la guerra. *[militar]* // Prendre part activa en un partit polític, etc. *[militar]*

militar. adj. Relatiu o pertanyent a la milícia. *[militar]* // m. El qui professa la milícia. *[militar]*

militaritzar. v. tr. Reduir a condició o sistema militar. *[militarizar]*

mill. m. Planta gramínia, originària de l'Índia, la llavor de la qual serveix d'aliment als ocells. *[mijo]*

milla. f. Mesura itinerària, equivalent a la tercera part d'una llegua. *[milla]*

mil·leni. m. Període de mil anys. *[milenio]*

miller. m. Conjunt de mil unitats. *[millar]*

mil·lèsim, èsima. adj. Dit de cadascuna de les parts d'una quantitat dividida en mil parts iguals. *[milésimo]* // El que fa mil. *[milésimo]*

mil·ligram. m. Mil·lèsima part d'un gram. *[miligramo]*

mil·lilitre. m. Mil·lèsima part d'un litre. *[mililitro]*

mil·límetre. m. Mil·lèsima part d'un metre. *[milímetro]*

millor. adj. Més bo que una altra cosa. *[mejor]* // adv. Més bé. *[mejor]*

millora. f. El fet de millorar; allò en què alguna cosa millora. *[mejora]* // Alleujament d'un malalt, d'un mal. *[mejoría]*

millorar. v. tr. i intr. Tr. Fer ser millor una cosa. *[mejorar]* // Fer passar d'un estat a un altre de millor. *[medrar, mejorar]* // Intr. Esdevenir millor, alleujar-se un malalt, d'un mal. *[mejorar]*

milloria. f. Avantatge d'una cosa respecte a una altra. *[mejoría]* // Alleujament d'un malalt, d'un mal. *[mejoría]*

miloca. f. Ocell de rapinya nocturn de color roig fosc. *[miloca, buarro]* // Aligot.

milotxa. f. Estel volador, objecte de canyes i paper disposat per a volar-lo. *[cometa, cachirulo]* // Persona informal.

mim. m. En l'antiguitat, comèdia familiar lleugera i festiva. *[mimo]* // Actor que representava aquesta mena de comèdies. *[mimo]*

mimesi. f. Imitació, mimetisme. *[mimesis]*

mimetisme. m. Propensió a imitar. *[mimetismo]* // Semblança superficial que mostren alguns animals envers els objectes entre els quals viuen. *[mimetismo]*

mímica. f. Art de donar-se a entendre per mitjà de gests, actituds, etc. *[mímica]*

mina. f. Lloc abundós d'algun mineral. *[mina]* // Excavació feta per a traure algun mineral. *[mina]* // Galeria subterrània sota una fortificació, etc., per a fer-la volar amb un explosiu. *[mina]* Vora d'una xarxa on cusen els ploms.

mineral. m. Substància natural inorgànica. *[mineral]* // adj. Relatiu o pertanyent a les substàncies inorgàniques. *[mineral]*

mineralitzar. v. tr. Promoure la formació d'un mineral una substància obrant sobre una altra. *[mineralizar]* // **-se.** Carregar-se l'aigua de substàncies minerals. *[mineralizarse]*

mineria. f. Art d'explotar les mines. *[minería]*

mineta. f. Canaleta afermada sobre una rodeta de suro o cartó que sura sobre l'oli contingut en un vas, per a servir de llum o per a les ànimes dels difunts familiars. *[mariposa, lamparilla]*

mini. m. Òxid de plom, de color vermell, usat com a pintura. *[minio]*

miniatura. f. Pintura de menudes dimensions. *[miniatura]*

mínim, ínima. adj. El més menut. *[mínimo]* // Dit del religiós d'una orde fundada per sant Francesc de Paula. *[mínimo]* // m. Límit inferior o extrem a què es pot reduir una cosa. *[mínimo]*

ministeri. m. Ofici, funcions, del qui té el deure d'executar alguna cosa de noble i elevat. *[ministerio]* // Cos de ministres d'un estat. *[ministerio]* // Cadascun dels departaments en què es divideix la governació de l'estat. *[ministerio]*

ministre. m. El qui exerceix un ministeri. *[ministro]* // Cap suprem de departament del govern d'un estat. *[ministro]* // Representant diplomàtic. *[ministro]*

minorar. v. tr. Fer minvar una cosa, disminuir. *[minorar, aminorar]*

minoria. f. El més menut de dos nombres que es consideren formant part d'un tot. *[minoría]* // Fracció d'una assemblea que no forma part de la majoria. *[minoría]*

minso, insa. adj. De poc gruix i consistència, prim; escàs. *[endeble, desmedrado]*

minúcia. f. Detall menut, cosa d'una importància mínima. *[minucia]* // pl. Menudències, despulles de l'interior dels animals de ploma: morella, fetge, ouets, etc. *[menudillos]*

minuend. m. Quantitat de la qual una altra ha de ser restada. *[minuendo]*

minúscul, úscula. adj. Que és de dimensions molt menudes. *[minúsculo]* // f. Aplicat a la lletra d'un escrit o imprés, per a diferenciar-la de la majúscula. *[minúscula]*

minut. m. Cadascuna de les seixanta parts iguals d'una hora o d'un grau de cercle. *[minuto]*

minuta. f. Esbós, en brut, d'algun document. *[minuta]* // Compte que els advocats i curials presenten dels seus honoraris. *[minuta]* // Llista dels plats d'una menjada en una fonda. *[minuta]*

minutera. f. Maneta del rellotge, que assenyala els minuts. *[minutero]*

minva. f. Disminució que sofreix allò que minva. *[mengua]* // Descens del nivell de la mar. *[bajamar]* // Perjudici moral, desprestigi. *[mengua]*

minvant. adj. Que minva. *[menguante]* // m. Minva de les aigües d'un riu, etc. *[menguante]* // Quart minvant de la lluna. *[menguante]*

minvar. v. intr. i tr. Intr. Disminuir una cosa. *[menguar]* // Tr. Disminuir a algú la paga, allò que li és degut, etc. *[disminuir]*

minyó. m. Home jove. *[mozo]*

miol. m. Crit del gat. *[maullido]*

miolar. v. intr. Fer miols, cridar el gat. *[mayar, maullar]*

miop. adj. i m. i f. El qui per excés de refracció de la llum a l'ull té necessitat d'acostar-se molt als objectes per a veure'ls. *[miope]*

miopia. f. Defecte visual pel qual un té necessitat d'acostar-se molt als objectes per a veure'ls. *[miopía]*

miquel. m. Refús, menyspreu, etc., que ens deixa en mal lloc, ens mortifica, etc. *[chasco]*

miquelet. m. Nom donat als individus de certes milícies. *[miquelete]* // Nom del campanar de la catedral de València.

miques. f. pl. Pa desfet fregit amb oli i sal. *[migas]*

miqueta. f. Diminutiu de mica. *[migajita]*

miracle. m. Fet sobrenatural superior a les forces humanes. *[milagro]* // Representació dramàtica que es fa en uns altars posats a posta pels carrers de València en la festivitat de sant Vicent Ferrer. *[milagro]*

miraculós, osa. adj. Produït per un miracle. *[milagroso]* // Que obra o fa miracles. *[milagroso]*

mirada. f. Acció de mirar. *[mirada]*

miraguano. m. Matèria extreta d'una palmera d'Amèrica o d'Oceania semblant al cotó, però més fina, i emprada per a omplir coixins. *[miraguano]*

mirall. m. Espill. *[espejo]*

mirament. m. Circumspecció, reserva de què hom usa envers algú per consideració o interés. *[miramiento, atención]*

mirar. v. tr. i intr. Tr. Fixar la vista sobre un objecte. *[mirar]* // Observar amb els ulls. *[mirar]* // Atendre o estimar una cosa. *[mirar]* // Tenir cura d'algú o d'alguna cosa. *[mirar]* // Intr. Dirigir la mirada cap a un lloc. *[mirar]* // Estar situada una cosa enfront d'una altra.

miratge. m. Il·lusió òptica. *[espejismo]* // Qualsevol il·lusió enganyosa. *[espejismo]*

miriagram. m. Pes de deu mil grams. *[miriagramo]*

mirialitre. m. Mesura de capacitat de deu mil litres. *[mirialitro]*

miriàmetre. m. Mida de deu mil metres. *[miriámetro]*

mirinyac. m. Antic aparell que portaven les dones per a donar vol a les faldes. *[miriñaque, tontillo]*

mirra. f. Resina d'un gris fosc groguenc, aromàtica i amargant. *[mirra]*

misàntrop. m. Individu que té aversió al tracte amb les persones. *[misántropo]*

miscel·lània. f. Mescla de coses vàries, especialment, aplec d'escrits sobre coses vàries. *[miscelánea]*

míser, ísera. adj. Molt pobre, miserable. *[mísero]*

miserable. adj. Desgraciat, infeliç. *[miserable]* // Mesquí, avar. *[miserable]*

misèria. f. Pobresa extrema. *[miseria]* // Cosa de poca valor. *[miseria]* // Desgràcia, pena, dissort. *[miseria]*

misericòrdia. f. Virtut que ens inclina a compadir-nos de les penes i misèries d'un altre. *[misericordia]*

miseriós, osa. adj. Que sofreix misèria. *[mísero]* // Extraordinàriament curós en les despeses, mesquí, ronyós. *[tacaño]*

misògin, ògina. adj. Que té aversió a les dones. *[misógino]*

missa. f. Sacrifici incruent del cos i de la sang de Jesucrist que el sacerdot ofereix a Déu sota les espècies del pa i vi. *[misa]*
missal. m. Llibre que conté l'orde i manera de celebrar la missa. *[misal]*
missatge. m. Comunicació oral o escrita que una persona tramet a una altra. *[mensaje]* // Persona que porta un missatge. *[mensajero]*
missatger, era. adj. i m. i f. Que porta un missatge. *[mensajero]*
misser. m. Títol donat antigament a la gent de lletres. *[micer]*
missió. f. Obra que s'encarrega a algú d'anar a complir, encàrrec. *[misión]* // Peregrinació dels religiosos per a predicar l'evangeli. *[misión]* // Regió que uns missioners es dediquen a evangelitzar. *[misión]* // Conjunt dels qui són enviats en missió. *[misión]*
missionar. v. tr. i intr. Predicar en missió. *[misionar]*
missioner, era. m. i f. Persona enviada en missió religiosa. *[misionero]*
missiva. f. Escrit que conté un missatge, carta que s'envia a algú. *[misiva]*
mistela. f. Barreja de vi dolç amb aiguardent. *[mistela]*
mistera. f. Capsa de mistos. *[mistera]*
misteri. m. Cosa inaccessible a la raó i que ha de ser objecte de fe. *[misterio]* // Cadascun dels passos de la vida, passió i mort de Jesucrist. *[misterio]* // Cosa secreta que hom no pot comprendre ni explicar. *[misterio]*
misteriós, osa. adj. Que implica o inclou misteri. *[misterioso]* // Que es plau a fer misteri de les coses. *[misterioso]*
místic, ística. adj. Relatiu o pertanyent al misticisme. *[místico]*
mística. f. Tractat de la vida espiritual i contemplativa. *[mística]*
misticisme. m. Doctrina que posa la perfecció en una mena de contemplació i d'èxtasi que eleva l'home a una unió misteriosa amb Déu. *[misticismo]* // Qualitat de místic. *[misticismo]*
mistificar. v. tr. Abusar de la credulitat d'algú per a enganyar-lo; falsejar alguna cosa. *[mistificar]*
misto. m. Tigeta de fusta, cera o altra matèria combustible, inflamable pel fregadís. *[cerilla, fósforo]*
mite. m. Tradició fabulosa entorn dels déus, herois, orígens d'un poble, etc. *[mito]* // Narració fabulosa purament inventada. *[mito]* // Idea, figura, etc. presentades com a intocables, inqüestionables, absolutes. *[mito]*
mitger, era. adj. Aplicat a la cosa situada en mig d'altres dues. *[medianero]* // m. El qui va a mitges amb un altre en l'administració de terres, etc. *[mediero, aparcero]* // El qui fa mitges. *[calcetero]* // En el joc de pilota valenciana, jugador que se situa entre el punter i l'escaleter.
mitgeta. f. Mesura de capacitat per a líquids, especialment per a vi, que és la setzena part del cànter i en el sistema valencià equival a 0'673 litres. *[cuartillo]*
mitificar. v. tr. Fer d'alguna persona o cosa un mite. *[mitificar]*
mitigar. v. tr. Fer menys viu. *[mitigar]*
mitjà, ana. adj. Igualment lluny dels dos extrems. *[mediano, medio]* // m. Gra d'arròs migpartit. *[picón]*
mitjà. m. Allò que serveix per a arribar a un fi. *[medio]*
mitja. f. Calça. *[media]*
mitjacanya. f. Motlura còncava, de secció semicircular. *[mediacaña, troquillo]* // Puntacorrent que té la boca en forma de cercle. *[gubia]* // Filet d'impremta compost de doble ratlla, una d'elles més prima que l'altra. *[mediacaña]*
mitjan, a. loc. prep. Cap a la meitat d'un temps determinat. *[a mediados]*
mitjanar. v. intr. i tr. Intr. Estar en mig. // Tr. Arribar a la meitat. // Dividir per la meitat. *[mediar]* // Igualar dues quantitats posant a una allò que es lleva d'una altra. *[promediar]*
mitjançant. prep. Per mitjà de, a condició de. *[mediante]*
mitjançar. v. intr. Intervenir o servir de mitjancer o intermediari. *[mediar]* // Suplicar, com a mitjancer, per algú. *[mediar]*
mitjania. f. Qualitat de mitjà, mediocri-

tat. *[medianía]* // Terme mitjà entre dos extrems. *[medianía]*

mitjanit. f. El mig de la nit, les dotze de la nit. *[medianoche]*

mitologia. f. Conjunt de mites d'un poble. *[mitología]* // Història fabulosa dels déus d'un poble. *[mitología]*

mitra. f. Ornament del cap, que usaven els perses. *[mitra]* // Toca alta amb què en les grans solemnitats es cobreixen el cap els arquebisbes, bisbes i altres prelats. *[mitra]* // Dignitat de bisbe o arquebisbe. *[mitra]*

miular. v. intr. Miolar, cridar amb son crit el gat. *[maullar, mayar]*

mixorrer, era. m. i f. El beat que fa escrúpol de tot. *[mojigato, santurrón]* // Llagoter, adulador. // Acariciador.

mixorreria. f. Qualitat de mixorrer, acció pròpia de mixorrers. *[halago, caricia, cordialidad]*

mixt, ixta. adj. Compost de parts, elements, etc., diferents o dissemblants. *[mixto]*

mixtura. f. Mescla o incorporació de diverses coses. *[mixtura]*

mòbil. adj. Que es pot moure o transportar, no fix. *[móvil]* // Cos en moviment. *[móvil]* // m. Motiu, causa o intenció d'una cosa. *[móvil]*

mobila. f. Fusta de pi molt forta i estimada per a fer mobles procedent d'un arbre americà.

mobiliari, ària. adj. Relatiu o pertanyent als béns mòbils. *[mobiliario]* // m. Conjunt de mobles d'una casa. *[mobiliario]*

mobilitzar. v. tr. Posar en activitat o moviment. *[movilizar]*

moblar. v. tr. Proveir de mobles una casa, una habitació, etc. *[amueblar]*

moble. adj. Mòbil, dit especialment dels béns que es poden transportar. *[mueble]* // m. Objecte que serveix per a guarnir o adornar una casa. *[mueble]*

moc. m. Humor espés segregat pel nas. *[moco]* // Caramell d'un llum. *[moco]* // Nom de diferents coses que pengen com el moc d'un titot. *[moco]*

mocador. m. Tros de roba quadrat, d'una sola peça, que serveix per a mocar-se. *[pañuelo, moquero]* // Peça gran de roba que les dones porten damunt les espatles. *[pañuelo, mantón]* // Peça de roba amb què les dones es tapen el cap. *[serenero]*

mocar. v. tr. Netejar el nas de mocs. *[sonar]* // Tallar el moc d'una llum, esmocar. *[despabilar]* // Llevar la moca d'un animal mort. // Desairar o donar una sorpresa desagradable. *[burlar, chasquear]*

moció. f. Moviment, agitació, acció i efecte de moure. *[moción]* // Proposició feta en una assemblea deliberant. *[moción]*

mocós, osa. adj. Que té el nas ple de mocs. *[mocoso]* // Terme despectiu, per infant, criatura. *[mocoso]*

moda. f. Ús passatger de la manera de vestir-se. *[moda]*

mode. m. Forma variable i determinada que pot rebre un ser. *[modo]* // Forma o manera particular de fer una cosa. *[modo]* // En gramàtica, cadascuna de les maneres generals de manifestar-se la significació d'un verb. *[modo]* // En música, disposició dels sons que formen una escala musical. *[modo]*

model. m. Allò que ha de servir d'objecte d'imitació. *[modelo]* // Exemplar digne de ser imitat. *[modelo]*

modelar. v. tr. Formar una figura amb cera, argila o altra substància tova. *[modelar]*

moderar. v. tr. Allunyar de l'excés. *[moderar]*

modern, erna. adj. Que existeix de fa poc temps o que ha esdevingut fa poc. *[moderno]*

modernisme. m. Afecció excessiva a les tendències, gusts, etc., moderns. *[modernismo]*

modernitzar. v. tr. Donar forma o aspecte modern. *[modernizar]*

modest, esta. adj. Que té modèstia. *[modesto]*

modèstia. f. Virtut del qui no sent ni mostra una alta opinió de si mateix. *[modestia]* // Qualitat de modest. *[modestia]*

mòdic, òdica. adj. Moderat, poc considerable, especialment pecuniàriament. *[módico]*

modificació. f. Acció i efecte de modificar o de modificar-se. *[modificación]*

modificar. v. tr. Canviar alguna cosa sense alterar-ne la naturalesa essencial, canviar-ne alguna qualitat. *[modificar]*

modisme. m. Construcció o locució peculiar a una llengua. *[modismo]*

modista. m. i f. Persona que té per ofici fer vestits per a senyores. *[modista]*

modo. m. Manera, forma particular d'esser, de fer, d'obrar. *[modo]*

mòdul. m. Grandària del radi de la part inferior d'una columna presa com a unitat que regula les proporcions arquitectòniques. *[módulo]* // En matemàtiques, quantitat que serveix de tipus de comparació en certs càlculs. *[módulo]*

modular. v. tr. i intr. Tr. Regular la veu degudament. *[modular]* // Intr. En música, passar per progressió regular d'una tonalitat o clau a una altra. *[modular]*

mofa. f. Burla o befa que hom fa d'algú. *[mofa]*

moguda. f. Acció de moure d'un lloc. *[partida, marcha]* // Acció de moure o reprendre la seua activitat la saba de les plantes en arribar la primavera o després de plantada, quan trauen els primers brots. // Arranc d'un arc o volta.

moix, oixa. adj. Fals, enganyador, que afecta ximplesa i candidesa pèrfidament. *[zorro]* // Insuls, sense vivor ni gràcia. *[soso, zonzo]* // Trist, abatut, capbaix. *[alicaído]*

moixaina. f. Carícia que es fa passant la mà per la cara. *[mimo, caricia]*

moixama. f. Tonyina assecada a l'aire. *[mojama]*

moixó. m. Aucell menut, com el canari, el pardal, etc. *[pájaro]*

mola. f. Pedra de moldre. *[muela]* // Pedra d'esmolar. *[muela]* // Massa carnosa que es produeix dins la matriu i dóna aparença d'un prenyat. *[mola]* // Cosa de gran volum o aparença. *[mole]* // Tossal elevat i de difícil accés, en forma de planell. *[muela]*

moldre. v. tr. Reduir a pols amb la mola o el molinet. *[moler]*

molècula. f. Agrupació definitiva i ordenada d'àtoms, considerada com a primer element immediat de la composició dels cossos. *[molécula]* // Partícula molt menuda. *[molécula]*

molest, esta. adj. Que causa molèstia. *[molesto]*

molestar. v. tr. Causar molèstia. *[molestar]* // **-se.** Prendre's molèstia. *[molestarse]*

molèstia. f. Pertorbació del benestar material del cos o de la tranquil·litat de l'ànim. *[molestia]*

molí. m. Màquina de moldre gra. *[molino]* // Casa o edifici on hi ha una d'aquestes màquines. *[molino]*

moliner, era. adj. Relatiu o pertanyent als molins, al treball de moldre. *[molinero]* // m. i f. Qui té al seu càrrec un molí, el qui treballa en un molí. *[molinero]*

molinet. m. Instrument menut per a moldre. *[molinillo]* // Torn horitzontal que hi ha a proa de les naus, i serveix per a llevar les àncores. *[molinete]*

moll. m. Substància molla i greixosa que ompli l'interior dels ossos llargs dit el moll de l'os. *[meollo, tuétano]* // La part més substanciosa, més íntima, d'una cosa. *[meollo, medula]*

moll. m. Peix rogenc, d'escates grosses, molt estimat com a comestible pel seu gust delicat. *[salmonete]*

moll. m. Obra de pedra o de fusta construïda a la vora de la mar o d'un riu navegable, per a facilitar l'embarcament i desembarcament. *[muelle]* // Andana d'una estació ferroviària. *[andén]*

moll. m. Peça elàstica de metall, que recobra la seua forma primera quan cessa la força que la comprimia, usada en molts objectes i instruments. *[muelle]*

moll, olla. adj. Que no ofereix resistència a la pressió. *[muelle, blando]* // Que s'enfonsa sota la pressió, el pes, la força, sense oferir resistència suficient per al sosteniment estable. *[muelle]* // Fluix, sense oferir resistència, mancat de consistència, de força, d'aspror. *[muelle, flojo]* // Xopat d'humitat, d'aigua o altre líquid, humit, esdevingut tendre per la impregnació d'un líquid. *[mojado, húmedo]*

molla. f. Part blana interior que té el pa dins la crosta. *[miga]* // Partícula de pa que es desprén en partir-lo. *[migaja]* // Part més blana de la carn de l'home o dels animals. *[pulpa, carne]* // Part mengívola de les fruites. *[pulpa]*

mollar. adj. Fàcil de partir; dit especialment de la fruita seca com ametles, nous, etc. *[mollar]*

mòllera. f. Peix de mar argentat, comestible. *[alfaneca, escolana, barbada]*

mol·lície. f. Blanor. // Afecció envers la delicadesa i afalacs excessius. *[molicie]*

molló. m. Senyal o pedrís que serveix de fita o terme. *[mojón]*

mol·lusc. m. Animal de cos tou protegit o no per una closca calcària o silícia com el caragol, el polp, etc. *[molusco]*

molsa. f. Planta criptògama, que viu damunt les pedres, la corfa dels arbres o dins l'aigua en llocs ombrívols. *[musgo]* // La part blana, generalment comestible d'una fruita. *[carne, pulpa]*

molt, olta. adj. En gran quantitat. *[mucho, muy]* // pron. Una cosa considerable. *[mucho, muy]* // adv. En grau considerable. *[mucho, muy]*

mòlt, òlta. adj. Quantitat que s'ha molgut en una vegada. *[molienda]*

mòlta. f. Acció i efecte de moldre. *[moltura]* // Quantitat de gra, olives, cacau, etc., que es mol d'una vegada. *[moltura]*

moltó. m. El mascle de l'ovella castrat, estimat per la seua carn i per la seua llana. *[carnero]*

moltura. f. Acció de moldre. *[moltura]* // Dret pagat al moliner per la mòlta. *[moltura, maquila]*

moma. f. Figura de dona que representant la Gràcia presideix la comparsa i dansa dels moms en l'antiga processó del Corpus, entre altres dansetes i misteris.

moma. f. Allò que hom dóna o rep damunt allò que per llei li correspon. *[momio, ganga]*

moment. m. Espai mínim de temps. *[momento]* // Oportunitat que s'ofereix per a executar una cosa. *[momento]*

mòmia. f. Cadàver que naturalment o per preparació artificial es conserva sec sense podrir-se. *[momia]*

momificar. v. tr. Convertir un cadàver en mòmia. *[momificar]*

mon, (pl. **os**). Adjectiu possessiu masculí de primera persona singular. *[mi]*

món. m. Conjunt de totes les coses creades. *[mundo]* // El planeta que habitem. *[mundo]* // Vida secular, per contraposició a la monàstica. *[mundo]* // Un dels tres enemics de l'ànima. *[mundo]* // Part de la societat humana caracteritzada per alguna qualitat comuna a tots els seus individus. *[mundo]*

mona. f. Mamífer quadrumà que es cria a l'Àfrica i es domestica fàcilment. *[mona]* // Persona que fa les coses per esperit d'imitació. *[mona]* // Embriaguesa. *[borrachera]*

mona. f. Mena de coca que solen fer per pasqua florida. *[hornazo]*

monarca. m. Sobirà d'una monarquia. *[monarca]*

monarquia. f. Estat regit per un monarca. *[monarquía]* // Sistema de govern en què el poder suprem resideix en el príncep sobirà. *[monarquía]*

monàstic, àstica. adj. Relatiu o pertanyent al monestir o a l'estat monacal. *[monástico]*

moneda. f. Metall fet encunyar per l'autoritat reconeguda que serveix de mesura comuna del preu de les coses. *[moneda]*

moneder. m. El qui fabrica moneda. *[monedero]*

monestir. m. Casa on viuen en comunitat frares o monges. *[monasterio]*

monetari, ària. adj. Relatiu o pertanyent a la moneda. *[monetario]*

monge. m. Religiós de certes órdens monacals. *[monje]* // Peça de fusta vertical que va al mig d'una encavallada.

mongolisme. m. Afecció congènita que es caracteritza per un aspecte especial de la cara que recorda la dels individus de raça mongòlica. *[mongolismo]*

moniato. m. Mena de planta de tubercles comestibles. *[boniato]* // Tubercle d'aqueixa planta. *[boniato]*

monitor. m. El qui assisteix als altres amb els seus advertiments, amonestacions. *[monitor]* // Vaixell de guerra destinat principalment a la defensa de les costes.

monja. f. Dona lligada per vots solemnes dins una orde religiosa. *[monja]* // Rosa de dacsa, molla, molt blanca, que ix del gra de dacsa quan se'l fa esclafir al foc. *[cotufa, palomita]* // f. pl. Espurnes que fa un paper encés. *[pavesas]*

monjo. m. Monge. *[monje]*

monògam, ògama. adj. Casat amb una sola dona. *[monógamo]* // Que s'ha casat una sola vegada. *[monógamo]* // Aplicat als animals en què el mascle s'aparella només amb una femella. *[monógamo]*

monografia. f. Escrit sobre un punt especial d'història, ciència, etc. *[monografía]*

monòleg. m. Soliloqui. *[monólogo]* // Obra dramàtica en què parla un sol personatge. *[monólogo]*

monòlit. m. Monument de pedra d'una sola peça. *[monolito]*

monomania. f. Desvari o mania sobre una sola idea o un sol orde d'idees. *[monomanía]*

monopoli. m. Explotació exclusiva d'una indústria o comerç. *[monopolio]*

monopolitzar. v. tr. Adquirir el monopoli d'alguna cosa. *[monopolizar]*

monoritme. m. Cant o so que es repeteix amb ritme igual. *[monorritmo]*

monosíl·lab, íl·laba. adj. Que té una sola síl·laba. *[monosílabo]*

monosíl·làbic, àbica. adj. Que té una sola síl·laba. *[monosilábico]*

monot. m. Mena de nansa o bertrol usat per a pescar en l'Albufera de València.

monoteisme. m. Doctrina dels qui reconeixen un sol Déu. *[monoteismo]*

monòton, òtona. adj. Que té sempre el mateix to. *[monótono]* // Que cansa per la repetició de les mateixes coses. *[monótono]*

monotonia. f. Qualitat de monòton. *[monotonía]*

monsenyor. m. Títol donat als prelats, i a altres subjectes d'alta dignitat en diversos països. *[monseñor]*

monsó. m. Vent periòdic de l'Àsia tropical i mars adjacents que bufa sis mesos en una direcció i uns altres sis en la direcció oposada. *[monzón]*

monstre. m. Ser fabulós o real que presenta una conformació contrària a l'orde natural. *[monstruo]* // Cosa excessivament gran. *[monstruo]* // Persona molt lletja. *[monstruo]* // Persona molt cruel o perversa. *[monstruo]*

mont. m. Muntanya. *[monte]*

monticle. m. Muntanya menuda. *[montículo]*

monument. m. Obra edificada per a perpetuar el record d'una persona o d'una cosa memorables. *[monumento]* // Edifici notable. *[monumento]* // Altar que es disposa a les esglésies el dia de dijous sant. *[monumento]*

monumental. adj. Relatiu o pertanyent a un monument. *[monumental]*

monyica. f. El monyó de l'avantbraç que forma el carp, puny de la mà o canella del braç. *[muñeca, carpo]*

monyicot. m. Infant que mama, xiquet o xiqueta. *[chiquillo]* // Jove que té caràcter o accions d'infant. *[muchacho]*

monyo. m. Rogle de cabells enrevoltats, especialment el que duen les dones per a portar la cabellera recollida. *[moño]*

monyó. m. Part d'un membre amputat que queda adherit al cos, o d'una branca tallada. *[muñón]* // Peça cilíndrica a cada costat d'un cos de màquina per on descansa sobre el suport. *[muñón]*

moqueta. f. Teixit de vellut de llana, tramat de cànem, usat principalment per a catifes. *[moqueta]*

móra. f. Infrutescència de la morera. *[mora]* // Fruit comestible de l'esbarzer. *[mora]* // Peix blavós, d'un pam de llarg. *[garro]*

morabetí. m. El diner o moneda d'or dels almoràvits. // Impost que es pagava com a monedatge cada set anys en el regne de València. *[morabatín, maravedí]*

moral. adj. Que pertany als costums, actes i pensaments humans respecte a llur bonesa o malesa. *[moral]* // f. Ciència de la conducta de les accions humanes, quant a llur bonesa o malesa. *[moral]*

moralitat. f. Caràcter o qualitat de moral. *[moralidad]* // Màxima o lliçó moral. *[moraleja]*

moralitzar. v. tr. Reformar o corregir els costums, i ensenyar els bons. *[moralizar]*

morat, ada. adj. De color entre vermell i blau, com el suc de les móres. *[morado]* // m. Blaüra. *[cardenal]*

mòrbid, òrbida. adj. Propi de malaltia. *[mórbido]* // D'una blanor delicada, suau. *[mórbido]*

morbós, osa. adj. Que és indici o efecte de malaltia, malsà. *[morboso]*

morca. f. Solatge de l'oli. *[morga, amurca, alpechín, heces del aceite]*

mordaç. adj. Que malparla de la gent amb acritud, incisiu en el parlar. *[mordaz]*

mordassa. f. Instrument a manera de tenalles que posat a la boca impedeix de mossegar o de parlar. *[mordaza]*

moré, ena. adj. Moreno. *[moreno]*

morella. f. Segon estómac dels ocells, molt robust en els gallinacis i granívors. *[molleja]*

morella. f. Solanàcia de flors blanquinoses i baies negres. *[solano, hierba mora]* // Dulcamara. // Urticària medicinal de fulles ovalades fosques i flores petites en glomèruls axil·lars. *[parietaria, cañarroya]*

morena. f. Peix de mar llarguerut, negre amb taques grogues. *[morena]* // Hemorroide. *[almorrana]* // Mena de bolet comestible.

moreno, ena. adj. De color fosc bru, especialment referit al color de la pell. *[moreno]*

morera. f. Arbre monoic de la família de les moràcies cultivat per les seues fulles que són aliment del cuc de seda. *[morera]* // Arbre de la mateixa família, usat com a ornamental, que fa les móres (morera negra). *[moral]*

moreria. f. Terra, barri o carrer de moros. *[morería]* // Conjunt nombrós de moros. *[morisma]*

moresc. Morisc. // m. Dacsa. *[maíz]*

morfema. m. Element formatiu d'un mot que n'indica un accident gramatical. *[morfema]*

morfologia. f. Part de la història natural que tracta de la forma dels sers orgànics. *[morfología]* // Part de la lingüística, de la gramàtica, que tracta de la forma dels mots. *[morfología]*

morganàtic, àtica. adj. Dit del matrimoni contret per un príncep amb una dona de rang inferior. *[morganático]*

moribund, unda. adj. Que està a punt de morir. *[moribundo]*

morigerar. v. tr. Moderar els excessos en els costums, etc. *[morigerar]*

morir. v. intr. Cessar de viure. *[morir]* // Cessar alguna cosa en el seu curs o acció. *[morir]*

morisc, isca. adj. Propi dels moros. *[morisco]* // m. i f. Descendent dels moros indígenes que estava batejat. *[morisco]* // m. Vent del sud-oest.

morma. f. Colp donat amb la mà a algú, especialment a la cara. *[mojicón, revés, bofetón, soplamocos]*

mormolar. v. intr. Murmurar. // Donar mostres d'enuig amb paraules i gests. *[regañar]* // Parlar entre dents de manera que no es puga entendre allò que es diu. *[murmurar]*

mormoló. m. Mormol breu adreçat a una persona en tó de reptar-la. *[regaño, reprimenda]*

mornell. m. Mena de xarxa de pescar que serveix per a pescar anguiles i peixos menuts. *[manga, albéntola]*

moro, ora. adj. i m. i f. Nadiu de l'Àfrica septentrional, de sang àrab o bereber. *[moro]* // Mahometà. // Aplicat en l'edat mitjana als no batejats o als no sotmesos a les castes germàniques.

morós, osa. adj. Lent, mancat d'activitat o puntualitat, especialment per a complir allò degut. *[moroso]*

moroti. m. Fantasma imaginària per a infondre por, butoni. *[coco, fantasma, bu]*

morral. m. Bossa que es penja al morro dels cavalls, etc., per a donar-los menjar. *[morral]* // adj. Dit de les persones de tracte groller. *[morral]*

morralla. f. Peix menut que trau el bolig. *[morralla, boliche]*

morrió. m. Capell militar de copa alta i amb visera. *[morrión]* // Boç. *[morrión, bozal, morral]*

morro. m. Llavi de les bèsties. *[morro, hocico, befo]* // Llavi gros. *[morro]*

morrut, uda. adj. Que té els llavis grossos. *[bezudo, belfudo, morrudo]*

morsa. f. Mamífer marí carnívor semblant a la foca. *[morsa]*

mort. f. Cessació de la vida. *[muerte]* // Destrucció, anihilament. *[muerte]*

mort, orta. adj. Que s'ha mort, que ha estat mort. *[muerto]*

mortadel·la. f. Embutit gros de carn de porc capolada. *[mortadela]*

mortal. adj. Que està subjecte a la mort. *[mortal]*

mortaldat. f. Multitud de morts causades per la guerra, una epidèmia, etc. *[mortandad]*

mortalla. f. Vestidura amb què s'embolcalla el cadàver. *[mortaja]*

morter. m. Recipient de pedra, etc., per a esclafar espècies o altres substàncies. *[mortero]* // Peça d'artilleria curta, destinada a tirar bombes. *[mortero]* // Mescla de calç, sorra i aigua que usen els obrers de vila. *[mortero, argamasa]*

morteret. m. Peça menuda d'artilleria, usada per a fer salves. *[morterete]* // Peça cilíndrica de ferro closa en el fons que es carrega de pólvora i es dispara en senyal de festa, masclet. *[morterete]*

mortificar. v. tr. Causar molèstia o aflicció. *[mortificar]* // Castigar el cos per a dominar les passions. *[mortificar]*

mortuori, òria. adj. Relatiu o pertanyent al mort o a les honres que es fan per ell. *[mortuorio]*

mos. Plural masculí de l'adjectiu possessiu mon. *[mis]*

mos. (pl. **ossos**). m. Acció i efecte de mossegar. *[bocado, mordisco]* // Porció de menjar que es mossega i mastega d'una vegada. *[bocado]* // Porció d'una cosa que es lleva d'una altra mossegant-la. *[mordisco]* // Un poc de quemenjar. // Part del fre que entra dins la boca de la cavalleria. *[bocado]*

mosaic. m. Decoració feta amb incrustació de trossets de pedra, vidre, etc., de diferents colors. *[mosaico]* // Dibuix, obra o enrajolat fet amb rajoles menudes de diferents colors. *[mosaico]*

mosca. f. Insecte dípter bru fosc, amb ales transparents i una trompa amb la qual xupla les substàncies de què s'alimenta. *[mosca]* // **mosca tavana:** tave. *[tábano]*

moscarda. f. Espècie de mosca gran que s'alimenta de carn morta. *[moscarda]*

moscat, ada. adj. D'olor que recorda el mesc. *[almizcleño]*

moscatell. m. Varietat de raïm de grans grossos ovalats, molt dolç, i vi que produeix. *[moscatel]*

mosquejar. v. intr. i tr. Intr. Esquivar-se un animal les mosques amb la cua, sacsejant-se, etc. *[mosquear]* // Tr. Tacar o esguitar una cosa de pintetes fosques.

mosquer. m. Munió de mosques. *[mosquerío]* // Ventall per a esquivar les mosques. *[mosquero]* // Feix d'herba que es sol penjar al sostre per a agafar mosques. *[mosquero]* // Manta o mantell que es posa a les bèsties per a preservar-les de les mosques. *[mosquero]*

mosquetó. m. Mena de carabina curta. *[mosquetón]* // Peça de ferro a manera d'anella de forma ovalada, que s'obri i es tanca per mitjà d'un moll. *[mosquetón]*

mosquit. m. Insecte dípter de cos cilíndric, la femella del qual xupla la sang de les persones i dels animals de pell fina. *[mosquito]* // Qualsevol dels insectes dípters més o menys semblants al mosquit ordinari. *[mosquito]*

mossa. f. Xicota, minyona. *[moza]* // Peu de ferro que sosté la paella o l'ast. *[asnillo, trébedes]*

mossa. f. Buit produït en el tall d'un instrument, osca. *[mella, muesca]* // Buit que es fa en una cosa per encaixar-n'hi una altra. *[enclavadura]* // Fusta, tros de tronc, amb una mossa al mig.

mossàrab. adj. i m. i f. Mossàrabe.

mossàrabe. adj. i m. i f. Cristià que vivia entre els moros d'Espanya durant la dominació musulmana. *[mozárabe]* // adj. Dit de la litúrgia pròpia dels cristians de la península ibèrica abans de la introducció del ritu romà, anomenada també litúrgia visigòtica. // Cadascun dels dialectes romànics parlats a l'Espanya musulmana. *[mozárabe]*

mossegada. f. Acció de mossegar. *[mordedura, mordisco]*

mossegar. v. tr. Agafar i prémer amb les dents alguna cosa. *[morder]*

mossén. m. Títol donat als clergues. *[mosén]* // Títol abreviatiu de monsenyor que era donat antigament a persones de molt de respecte. *[monseñor]*

mosso, ossa. m. i f. Home o dona jove. *[mozo]* // El qui fa les faenes més humils d'un establiment. *[mozo]* // m. Puntal que sosté les barres del carro quan és parat. *[peón]*

most. m. Suc del raïm espremut abans de fermentar i esdevinga vi. *[mosto]*

mostassa. f. Planta crucífera amb les llavors negres i d'un gust picant usada en la medicina i com a condiment. *[mostaza]*

mostassaf. m. Funcionari municipal encarregat de comprovar els pesos i mesure. *[almotacén]*

mostela. f. Mamífer carnisser de pèl bru rogenc que destrueix les cries dels aucells. *[comadreja, mustela]*

mostós, osa. adj. Que forneix most; abundant de most. *[mostoso]* // Viscós, apegalós. *[viscoso]* // Com untat de most, brut; groller.

mostra. f. Acció i efecte de mostrar. *[muestra]* // Porció d'una mercaderia, etc., que es mostra per a fer-ne conéixer la qualitat. *[muestra]* // Exemplar que s'ha d'imitar, de copiar. *[modelo, muestra]* // Primer senyal del fruit que trauen les plantes. *[muestra]*. // Atur que fa el gos quan veu la caça. *[muestra]*

mostrar. v. tr. Exposar a la vista d'altri alguna cosa. *[mostrar, enseñar]* // Donar a conéixer, palesar. *[mostrar, enseñar]*

mostrari. m. Col·lecció de mostres. *[muestrario]*

mot. m. Vocable, dicció, paraula, terme gramatical. *[vocablo, palabra]*

mota. f. Eminència de terra natural o artificial. *[mota]* // Conjunt de flors o espigues que naixen d'un mateix peu. *[macolla]* // Escamot. // Cabal. // Conjunt de pèls o filaments a la superfície d'un òrgan. *[mota, fleco]*

motejar. v. tr. Posar a algú sobrenoms, qualificacions, etc. *[motejar, apodar]*

motet. m. Breu composició musical per a cantar a les esglésies. *[motete]*

motí. m. Moviment desordenat d'una multitud contra l'autoritat. *[motín]*

motiu, iva. adj. Que mou o té eficàcia per a moure. // m. Causa o raó que mou per a una cosa. *[motivo]* // Tema a desenrotllar en una obra d'art. *[motivo]*

motivar. v. tr. Ser motiu d'alguna cosa. *[motivar]*

motlada. f. Conjunt de peces obtingudes amb un mateix motle. // Volta que deixa el motle en el sostre entre biga i biga, revoltó. *[bovedilla]*

motle. m. Peça que té en buit la figura que un vol donar en sòlid a la matèria fosa. *[molde]* // Qualsevol instrument que serveix per a donar forma o cos a una cosa. *[molde]* // Conjunt de tipus d'impremta disposat per a imprimir alguna cosa. *[molde]*

motlura. f. Treball de perfil uniforme que serveix d'ornament. *[moldura]*

moto. f. Motocicleta. *[motocicleta, moto]*

motocicleta. f. Bicicle automòbil. *[motocicleta]*

motonau. m. Vaixell propulsat per motor de combustió interna. *[motonave]*

motor, ora. adj. Que posa en moviment alguna cosa. *[motor]* // m. Aparell generador de força que posa en moviment una màquina. *[motor]*

motoritzar. v. tr. Proveir d'un motor mecànic, dotar de mitjans de transport automòbil. *[motorizar]*

motriu. adj. Aplicat a una força o matèria motora. *[motriz]*

motxilla. f. Sac de tela, cuir, etc., que es porta a l'esquena penjat per mitjà de corretges quan un va de camí. *[mochila]*

moure. v. tr. Posar en moviment. *[mover]* // Donar començament a alguna cosa. *[mover]*

moviment. m. Acció i efecte de moure o moure's. *[movimiento]* // Primera manifestació d'un afecte, sentiment.

mucós, osa. adj. Que conté o produeix mucositats. *[mucoso]*

mucositat. f. Qualitat de mucós. *[mucosidad]* // Secreció viscosa de les membranes mucoses. *[mucosidad]*

muda. f. Acció de mudar o de mudar-se. *[muda]* // Conjunt de roba blanca que un es muda d'una vegada. *[muda]* // Acció de mudar els aucells llurs plomes. *[muda]*

mudar. v. tr. i intr. Tr. Reemplaçar una cosa per una altra de la mateixa espècie. *[mudar, cambiar]* // Intr. Sofrir un canvi. *[mudar, cambiar]* // **-se.** Canviar-se la roba. // Posar-se el vestit de les festes. *[mudarse]*

mudat, ada. adj. Que porta el vestit dels dies de festa. *[ataviado, bien vestido]*

mudèjar. adj. i m. Relatiu o pertanyent als moros que es quedaven a Espanya com a vassalls del reis cristians. *[mudéjar]*

muetzí. m. Musulmà que, de la torre de la mesquita estant, crida al poble a l'oració. *[almuecín]*

mugir. v. intr. Bramar les bèsties bovines o semblants al bou. *[mugir]*

mugró. m. Protuberància central de la mamella. *[pezón]*

mul, ula. m. i f. Quadrúpede nat d'ase i egua o de cavall i somera. *[mulo]*

muleta. f. Petit bastó que porta penjat tot al llarg un drap vermell i que serveix al torero per a enganyar al brau i fer-li abaixar el cap quan va a matar-lo amb l'espasa. *[muleta]*

mullador, ora. adj. El qui mulla, dit del que li plau de mullar al plat. *[mojador]* // m. La menja que es mulla, qualsevol menja sucosa que es pot menjar mullant. *[mojador]*

mullar. v. tr. Reblanir el pa en un líquid, sucar el pa en un líquid, en un mullador, etc. *[mojar]* // Xopar alguna cosa amb un líquid, sucar. *[mojar]*

muller. f. La dona respecte al seu marit. *[mujer, esposa]*

multa. f. Pena pecuniària imposada per una falta o contravenció. *[multa]*

multar. v. tr. Imposar una multa. *[multar]*

múltiple. adj. Compost de diverses parts. *[múltiple]*

múltiple, últipla. adj. Que conté exactament un cert nombre de vegades un altre nombre o quantitat. *[múltiplo]*

multiplicació. f. Acció i efecte de multiplicar o de multiplicar-se. *[multiplicación]* // Operació de multiplicar. *[multiplicación]*

multiplicand. m. El factor que s'ha de multiplicar per un altre. *[multiplicando]*

multiplicar. v. tr. Augmentar considerablement. *[multiplicar]* // Trobar o realitzar el producte de dos factors. *[multiplicar]*

multitud. f. Nombre gran de persones o coses. *[multitud]* // El comú de la gent popular. *[vulgo]*

multitudinari, ària. adj. Propi de la multitud. *[multitudinario]*

mundà, ana. adj. Relatiu o pertanyent al món. *[mundano]*

mundial. adj. Relatiu o pertanyent a tot el món. *[mundial]*

munició. f. Conjunt de materials de guerra, de mitjans de defensa i de subsistència, necessaris per a un cos de tropes. *[munición]* // Càrrega d'una arma de foc. *[munición]*

municipal. adj. Relatiu o pertanyent al municipi. *[municipal]*

municipalitzar. v. tr. Assignar al municipi un servei públic, una propietat, etc. *[municipalizar]*

municipi. m. Circumscripció administrativa regida per un ajuntament. *[municipio]* // Consell o corporació de govern municipal. *[municipio]*

munió. f. Gran nombre de persones o coses. *[multitud]*

munt. m. Puig o muntanya. *[pico]* // Pila de coses les unes damunt les altres. *[montón]* // Multitud de coses. *[pico]*

muntanya. f. Elevació del terreny prou alta. *[montaña, monte]* // Territori muntanyós d'una contrada. *[montaña, sierra]*

muntanyenc, enca. adj. Relatiu o pertanyent a la muntanaya. *[montañés]*

muntanyós, osa. adj. Que té moltes muntanyes. *[montañoso, muntuoso]*

muntar. v. intr. i tr. Intr. Pujar. *[montar, subir]* // Tr. Anar a cavall. *[montar]* // Cobrir el cavall, etc., a la femella. *[montar]* // Armar les peces d'un aparell o màquina. *[montar]*

muntatge. m. Operació de muntar una màquina, etc. *[montaje]* // Tribut pagat pel trànsit del bestiar per una muntanya. *[montazgo]*

muntijol. m. Pujol, muntanyola, monticle. *[altozano, colina]*

muntó. m. Munt de coses juntes. *[montón]*

muntura. f. Bèstia sobre la qual hom cavalca. *[montura]* // Allò sobre què està muntada una joia o altra cosa. *[montura]* // Operació de muntar, muntatge. *[montaje]*

munyir. v. tr. Traure la llet d'una femella prement-li repetidament la mamella. *[ordeñar]*

mur. m. Paret. // Muralla. *[muro]*

mural. adj. Relatiu o pertanyent al mur. *[mural]*

muralla. f. Conjunt de murs que envolten i defensen una plaça o lloc. *[muralla]* // Mur lateral del trinquet de pilota valenciana situat a la dreta del dau.

murgó. m. Sarment llarg que, sense tallarlo del cep, es colga a terra perquè arrele abans de tallar-lo. *[mugrón, acodo]*

murmuració. f. Acció i efecte de murmurar contra algú. *[murmuración]*

murmurar. v. intr. Fer un so suau l'aigua corrent o altres elements de la naturalesa. *[murmurar]* // Enraonar dient mal d'algú. *[murmurar]*

murmuri. m. Remor suau, confusa, que fa l'aigua corrent, les fulles mogudes pel vent, una conversa, etc. *[murmullo]*

murri, úrria. adj. i m. i f. Mancat de vergonya i maneres dignes. *[pillo]* // Guilopo. *[pícaro]* // Taciturn, esquerp. *[huraño, rispo]*

múrria. f. Taciturnitat produïda pel mal humor. *[murria]*

murta. f. Arbust de la família de les mirtàcies, olorós, de fulles d'un verd viu i llustroses. *[mirto, arrayán]*

musa. f. En la mitologia clàssica, cadascuna de les deïtats del Parnàs. *[musa]* // Numen o inspiració del poeta. *[musa]*

musaranya. f. Mamífer insectívor de pèl fi i espés que s'alimenta d'insectes. *[musgaño]*

muscle. m. Part superior i lateral del cos a cada costat del coll, en la unió del braç al tronc. *[hombro]*

musclera. f. Peça de l'armadura que cobria el muscle. *[hombrera]* // Reforç que es posa en els vestits en la part que correspon al muscle. *[hombrillo]*

musclo. m. Clòtxina. *[mejillón]*

múscul. m. Part del cos de l'animal compost de fibres carnoses, que és l'instrument immediat del moviment. *[músculo]*

muscular. adj. Relatiu o pertanyent als músculs. *[muscular]*

musculatura. f. Conjunt i disposició dels músculs. *[musculatura]*

musell. m. Morro sortint de certs mamífers i peixos on hi ha la boca i el forat del nas. *[hocico]*

museu. m. Lloc on es guarden col·leccions d'obres d'art, d'història natural, d'objectes d'interés, d'objectes històrics, curiositats, etc. *[museo]*

músic, úsica. adj. Musical. // Que té instint, sensibilitat, musical. *[músico]* // m. Persona versada en l'art musical, o que toca en un conjunt musical. *[músico]*

música. f. Successió de sons modulats per a delectança de l'orella. *[música]* // Obra musical. *[música]*

musical. adj. Relatiu o pertanyent a la música. *[musical]*

mussitar. v. intr. Parlar molt baix. *[musitar]*

mussol. m. Granet inflamatori que naix en una de les vores de les parpelles. *[orzuelo]*

mussol. m. Ocell de presa nocturn, petit, d'ulls grossos i redons. *[mochuelo]* // Persona que a penes parla. *[lechuzo, topo]*

mustiar. v. tr. Mustigar. *[mustiar]*

mustigar. v. tr. Perdre la ufana i virior una planta, una flor o altra cosa. *[ajar, marchitar, mustiar]* // Afeblir, llevar la vigoria.

musulmà, ana. adj. Relatiu o pertanyent a Mahoma, mahometà. *[musulmán]*

mut, uda. adj. i m. i f. Privat físicament de l'ús de la paraula. *[mudo]* // Que no diu paraula. *[mudo]*

mutació. f. Canvi, especialment de decoració en el teatre. *[mutación]*
mutilar. v. tr. Tallar un membre d'un cos o suprimir una part d'una cosa qualsevol. *[mutilar]*
mutis. m. Silenci, acte de callar. *[mutis]* // Acció de retirar-se un actor de l'escena. *[mutis]*
mutu, útua. adj. Recíproc, recíprocament donat i rebut entre dues o més persones. *[mutuo]*
mutual. adj. Mutu, recíproc. *[mutual]*
mutualitat. f. Sistema de solidaritat mútua. *[mutualidad]*

n n n n n n n

n. f. Catorzena lletra de l'alfabet. *[n]*
na. Forma femenina del títol honorífic «en». *[doña]*
nabab. m. Príncep musulmà de l'Índia. *[nabab]* // Nom donat a aquell que s'ha enriquit. *[nabab]*
nació. f. Conjunt d'habitants d'un país que constitueix una unitat natural o política. *[nación]*
nacional. adj. Relatiu o pertanyent a la nació. *[nacional]*
nacionalisme. m. Devoció a la pròpia nació, a la seua unitat, a la seua autonomia. *[nacionalismo]* // Conjunt de persones que senten i defensen aquesta devoció. *[nacionalismo]*
nacionalitat. f. Condició d'un poble que constitueix nació. *[nacionalidad]*
nacionalitzar. v. tr. Donar a alguna cosa caràcter nacional. *[nacionalizar]*
nacre. m. Substància dura, blanca i brillant, que forma l'interior de certes conquilles. *[nácar]*
nadal. m. Festa commemorativa del naiximent de Jesucrist. *[navidad]*
nadala. f. Cançó pròpia de la festa de nadal. *[villancico, navideña]* // Felicitació de nadal. // Planta de fulles llargues i flors oloroses amb la corol·la groga. *[narciso]*
nadar. v. intr. Sostenir-se i avançar dins l'aigua per mitjà de certs moviments dels membres. *[nadar]*
nadiu, iua. adj. Relatiu o pertanyent al país o lloc on un és nat. *[nativo]* // Fill de tal poble o país. *[natural]*
nadó. m. Infant o animal nat de poc. *[recién nacido, pequeño, recental]*
nafra. f. Ferida, especialment plaga en un teixit orgànic produïda per una ferida o causa morbosa. *[nafra, llaga, herida]* // Malura o malaltia del cos o de l'esperit. *[llaga]*
nafrar. v. tr. Causar nafra, ferir. *[llagar, herir]*
nafta. f. Líquid volàtil, més lleuger que l'aigua, obtingut per destil·lació del petroli. *[nafta]*
naftalina. f. Hidrocarbur sòlid, procedent del quitrà, molt usat com a antisèptic i desinfectant. *[naftalina]*
naia. f. Passadís porticat. // Replà llarg que va des del graó més alt d'una escala fins al portal, formant com una galeria. // Galeria porticada del riurau. *[galería, naya]*
naip. m. Cadascuna de les cartes de la baralla. *[naipe]*
naixença. f. Acció de nàixer, de venir al món, naiximent. *[nacimiento]* // Començament d'una cosa. *[nacimiento]* // Lloc on brolla una deu. *[nacimiento]*
nàixer. v. intr. Eixir del ventre matern o de l'ou, venir al món. *[nacer]* // Per analogia, sortir una planta de la seua llavor, el pèl, la ploma, l'aigua, etc. *[nacer]* // Brollar.
naiximent. m. Acció de nàixer. *[nacimiento]* // Representació de la naixença de Jesucrist. *[nacimiento]* // Lloc on naix o pren el seu origen una cosa. *[nacimiento]*
nan, ana. adj. Aplicat a allò que és extraordinàriament menut dins la seua espècie. *[enano]*
nansa. f. Bertrol. // Nom d'alguns ormeigs de pescar fets de malla de jonc, canya, vímet, en forma de gàbia o cistell. *[buitrón, nasa]*
nap. m. Planta crucífera d'arrel carnosa i comestible. *[nabo]*
nap-i-col. m. Planta crucífera, d'arrels

grosses molt carnoses, emprada com a aliment. *[nabicol, nabo gallego]*

naquera. f. Recipient que, en una sénia rep l'aigua que hi aboquen els catúfols. *[artesa de noria]*

narcís. m. Planta herbàcia, exòtica, de flors blanques o grogues i arrel bulbosa. *[narciso]*

narcissisme. m. Satisfacció excessiva de si mateix. *[narcisismo]*

narcòtic, òtica. adj. Que produeix sopor o adormiment. *[narcótico]*

narcotitzar. v. tr. Subministrar un narcòtic. *[narcotizar]*

nard. m. Planta liliàcia amb flors blanques i flairoses que és conreada als jardins. *[nardo]*

narració. f. Acció i efecte de narrar. *[narración]*

narrar. v. tr. Contar una cosa que ha esdevingut. *[narrar]*

narratiu, iva. adj. Relatiu o pertanyent a la narració. *[narrativo]*

nas, (pl. **assos**). Òrgan de l'olfacte que comunica amb l'aparell respiratori. *[nariz]*

nasalitzar. v. tr. Donar a la veu un so nasal. *[nasalizar]* // Transformar en so nasal. *[nasalizar]* // Inserir un so nasal.

nassejar. v. intr. Estar a l'aguait, vigilar. *[curiosear]*

nat, ada. adj. Participi passiu de nàixer, nascut. *[nacido]*

nata. f. Substància untosa d'un blanc groguenc, que forma una capa damunt la llet. *[nata]*

natació. f. Acció i efecte de nadar. *[natación]* // Art de nadar. *[natación]*

natalici, ícia. adj. Relatiu o pertanyent al dia del naiximent. // m. Dia del naiximent i cadascun dels aniversaris. *[natalicio]*

natja. f. Cadascuna de les dues parts carnoses que formen la part posterior del cos, immediatament sobre cada cuixa. *[nalga]*

natura. f. Conjunt de les coses creades, de les forces de la creació. *[natura]* // Essència, atributs, propis d'un ser. // Parts genitals, especialment de les femelles. *[natura]*

natural. adj. Relatiu o pertanyent a la naturalesa. *[natural]* // m. Geni, temperament, d'una persona. *[natural]*

naturalesa. f. Conjunt de les coses creades, de les forces de la creació. *[naturaleza]* // Origen d'una persona segons el lloc de la seua naixença. *[naturaleza]*

naturalitat. f. Qualitat de natural. *[naturalidad]* // Senzillesa en el tracte. *[naturalidad]*

naturalitzar. v. tr. Donar a un estranger el caràcter i drets dels naturals del país. *[naturalizar]* // Fer natural, menys artificial. *[naturalizar]* // **-se.** Adquirir els drets dels naturals d'un país.

natzaré, ena. adj. Natural de Natzaret. *[nazareno]* // m. Penitent que va a les processons de setmana santa amb hàbit de penitència. *[nazareno]*

nau. f. Embarcació gran. *[nave]* // Cadascun dels espais que entre murs s'estenen al llarg d'una església i altres edificis. *[nave]*

nàufrag, àufraga. adj. i m. i f. Que ha fet naufragi. *[náufrago]*

naufragar. v. intr. Anar a fons una embarcació o les persones que hi van. *[naufragar]*

naufragi. m. El fet de naufragar. *[naufragio]*

nàusea. f. Ganes de vomitar, ois. *[náusea]* // Fàstic que produeix alguna cosa, ois. *[náusea]*

navada. f. Cadascuna de les divisions d'un edifici entre jàssena i jàssena. *[nave]*

navaixa. f. Navalla. *[navaja]*

navalla. f. Ganivet que es plega ficant-se la fulla en una ranura que forma el mànec. *[navaja]*

navegable. adj. Aplicat a un riu o llac on es pot navegar. *[navegable]*

navegar. v. intr. Viatjar amb una nau. *[navegar]* // Anar d'una banda a l'altra. *[navegar]*

navili. m. Vaixell gran, especialment de guerra. *[navío]*

ne. Forma que revesteix el pronom feble «en» en certs casos.

nebot, oda. m. i f. Fill o filla d'un germà o germana, i també fill o filla d'un cosí o d'una cosina. *[sobrino]*

nebulosa. f. Massa de matèria còsmica que apareix formant una mena de boira lluminosa de la volta del cel i situada fora del sistema solar. *[nebulosa]*

necessari, ària. adj. Que és indispensable per a un fi. *[necesario]*

necesser. m. Capsa o estoig amb objectes diversos de tocador. *[neceser]*

necessitar. v. tr. Tenir necessitat d'una persona o cosa. *[necesitar]*

necessitat. f. Allò de què no es pot prescindir. *[necesidad]* // Manca de les coses necessàries per a viure. *[necesidad]*

neci, ècia. adj. Que no sap allò que hauria de saber. *[necio]* // Imprudent i mancat de raó. *[necio]* // Aplicat a la cosa executada amb ignorància o imprudència.

neciesa. f. Qualitat de neci. *[necedad]* // Dita o fet propis d'un neci. *[necedad]*

necrologi. m. Llibre o registre dels morts. *[necrologio]*

necrologia. f. Notícia biogràfica sobre una persona morta de poc. *[necrología]*

necròpolis. f. Cementeri, especialment antic. *[necrópolis]*

nèctar. m. En la mitologia clàssica, beguda dels déus. *[néctar]* // Líquid ensucrat segregat pels nectaris d'una planta. *[néctar]* // Beguda deliciosa. *[néctar]*

nefand, anda. adj. Indigne, execrable, abominable. *[nefando]*

nefast, asta. adj. Dit d'un dia de dol, de desgràcia, funest. *[nefasto]*

negació. f. Acció i efecte de negar. *[negación]* // En gramàtica, paraula que serveix per a negar. *[negación]*

negar. v. tr. Ofegar per immersió en un líquid. *[anegar]*

negar. v. tr. Negar allò que un altre diu. *[negar]* // No concedir allò que un demana. *[negar]* // No confessar un el delicte que li imputen. *[negar]*

negat, ada. adj. Curt d'intel·ligència, inepte. *[negado]*

negatiu, iva. adj. Que inclou o conté negació o contradicció. *[negativo]* // Aplicat a la imatge fotogràfica en què els negres del model donen blancs i els blancs, negres. *[negativo]* // f. Denegació o refús d'allò que un demana. *[negativa]*

negligència. f. Acció de negligir. *[negligencia]* Qualitat de negligent. *[negligencia]*

negligent. adj. Aplicat a la persona que té negligència. *[negligente]*

negligir. v. tr. Descuidar, oblidar, abandonar. *[dejar, descuidar]*

negoci. m. Qualsevol ocupació o treball. *[negocio]* // Tot allò que és objecte o matèria d'una ocupació lucrativa. *[negocio]* // Utilitat aconseguida en un afer. *[negocio]*

negociar. v. intr. i tr. Intr. Fer negoci comprant i venent mercaderies, valors, etc. *[negociar]* // Tr. Convenir el traspàs d'un efecte comercial. *[negociar]*

negociat. m. Cadascuna de les divisions en què, en certes oficines, es classifiquen els assumptes. *[negociado]*

negre, egra. adj. De color fosc, o siga que no reflecteix gens la llum. *[negro]* // Privat totalment de claror. *[negro]* // De pell embrunida, molt morena. *[negro]* // Dissortat, trist. // m. Matèria colorant negra. *[negro]* // Persona d'una raça que té la pell d'un color molt fosc, de raça etiòpica. *[negro]*

negrejar. v. intr. Tirar a negre. *[negrear]* // Mostrar-se negra una cosa. *[negrear]*

negrelló, ona. adj. Tirant a negre, un poc negre, bru o moreno. *[moreno]* // m. Malaltia que ataca el blat i altres gramínies. *[tizne, mangla]*

negrenc, enca. adj. Que tira a negre. *[negruzco]*

negrer, era. adj. Relatiu o pertanyent a l'antic tracte i comerç amb negres. *[negrero]* // m. El qui fa la tracta de negres. *[negrero]*

negror. f. Qualitat de negre. *[negrura]* // Cosa negra. *[negrura]*

neguit. m. Inquietud, molèstia, que dóna una forta excitació, una gran impaciència, desassossec. *[desazón]*

neguitejar. v. tr. i intr. Tr. Donar neguit. *[desazonar]* // Intr. Tenir neguit. *[desazonarse]*

nen, ena. m. Nin. *[nene]*

nenúfar. m. Planta aquàtica nimfeàcia comuna a les aigües de poc corrent. *[nenúfar]*

neoclàssic, àssica. adj. Dit dels estils moderns que segueixen els clàssics grecs i romans. *[neoclàsico]*

neoclassicisme. m. Qualitat de neoclàssic. *[neoclassicismo]*

neòfit, òfita. m. i f. El qui ha abraçat de poc una religió, o que acaba de ser admés en una corporació, etc. *[neófito]*

neollatí, ina. adj. Dit de les llengües romàniques com a derivades o representants actuals de la llengua llatina. *[neolatino]*

neologisme. m. Mot o gir nou dins una llengua. *[neologismo]*

nervi. m. Cadascun dels òrgans que escampats per totes les parts del cos serveixen per a transmetre les sensacions i les impulsions motrius. *[nervio]* // Feix fibrós al llarg de les fulles de les plantes. *[nervio]* // Cadascun dels cordells que es col·loquen al través en el llom d'un llibre en enquadernar-lo. *[nervio]* // Força, vigor. *[nervio]* // Cap que serveix per a envergar les veles. *[nervio]*

nerviós, osa. adj. Relatiu o pertanyent als nervis. *[nervioso]* // Que té nervis. *[nervioso]* // Que té els nervis fàcilment excitables. *[nervioso]*

nerviüt, üda. adj. Que té nervis robusts, vigorós. *[nervudo, vigoroso]*

nespra. f. Fruit del nesprer, comestible quan és passat. *[níspola]* // fig. Colp violent, especialment el que es dóna en agressió. *[bofetón]*

nesprer. m. Arbre de la família de les rosàcies, de flors blanques. *[níspero]*

net, eta. adj. Exempt de taca, de brutícia. *[limpio]* // Que no conté cap element estrany. *[limpio]* // Que resulta líquid de la valor d'una cosa, deduïdes càrregues o despeses. *[neto]*

nét, éta. m. i f. Fill o filla d'un fill o d'una filla. *[nieto]*

netedat. f. Qualitat de net. *[limpieza]*

neteja. f. Acció de netejar o de netejar-se. *[limpieza]*

netejar. v. tr. Llevar la brutícia d'alguna cosa. *[limpiar]* // Llevar d'una cosa els elements estranys que l'alteren.

neu. f. Aigua congelada que cau dels núvols en cristalls molt menuts. *[nieve]*

neula. f. Pasteta fina de farina cuita amb motle. *[oblea, hostia]* // Fulla prima de pasta feta de farina, sucre i alguna essència enrotllada en forma de canó. *[barquillo]* // Boira. *[niebla]* // Rovell del blat. *[añublo, tizón]*

neulir-se. v. pron. Decandir-se.

neuràlgia. f. Dolor viu al llarg d'un nervi i de les seues ramificacions. *[neuralgia]*

neurastènia. f. Debilitat nerviosa que produeix una depressió de les forces vitals. *[neurastenia]*

neurologia. f. Tractat dels nervis. *[neurología]*

neurosi. f. Malaltia funcional nerviosa. *[neurosis]*

neutral. adj. Que no és ni de l'un ni de l'altre de dos partits contendents. *[neutral]*

neutralitzar. v. tr. Fer neutral. *[neutralizar]* // Destruir els efectes d'alguna cosa contraposant una força, etc., contrària. *[neutralizar]*

neutre, eutra. adj. Que no té gènere gramatical determinat. *[neutro]* // Que no rep o no comunica acció. *[neutro]*

nevada. f. Quantitat de neu que cau d'una vegada. *[nevada]*

nevar. v. intr. Caure neu. *[nevar]*

nevassa. f. Quantitat de neu que cau d'una vegada. *[nevada]*

never. m. Pou de neu on es guarda per a l'estiu. *[nevero]*

nevera. f. Lloc on es guarda o conserva neu. *[nevera]* // Apartament gelat, molt fred. *[nevera]* // Frigorífic.

nexe. m. Connexió d'una cosa amb una altra. *[nexo]*

ni. Conjunció d'enllaç de dues proposicions o de dos termes negatius. *[ni]*

niar. v. intr. Fer niu. *[anidar]*

nicotina. f. Alcaloide que és el principi actiu del tabac. *[nicotina]*

nigromancia. f. Art supersticiosa de predir l'esdevenidor invocant i consultant els morts. *[nigromancia]*

nihilisme. m. Doctrina que consisteix en la negació de tota creença o principi. *[nihilismo]*

nimbe. m. Corona de llum o de glòria. *[nimbo]*

nimbus. m. Núvol baix, compacte i fosc que assenyala mal temps. *[nimbo]*
nimfa. f. Deïtat fabulosa dels boscs i de les aigües. *[ninfa]* // Insecte que ha passat de l'estat de larva. *[ninfa]*
nimi, ímia. adj. Excessiu, prolix, minuciós, que no té la importància que se li concedeix. *[nimio]*
nin, ina. m. i f. Infant, xiquet de bolquers; xiquet petit. *[niño]* // Xiquet no arribat a la pubertat. *[chiquillo]*
nina. f. Femení de nin. *[niña]* // Figureta de xiqueta de drap, cartó, etc., que serveix de joguet a les criatures. *[muñeca]* // Pupil·la. // Xiqueta.
nineta. f. La pupil·la de l'ull. *[pupila, niña]*
ningú. pron. i adj. indef. Cap persona. *[ninguno]*
ningun. pron. i adj. indef. Cap. *[ninguno]*
ninot. m. Figura d'home feta de draps, fusta, cartó, cera, etc. *[muñeco]* // Escultura, dibuix, caricatures d'un home, dona, animal, etc. *[moharracho, muñeco]*
ninxo. m. Nínxol. *[nicho, hornacina]*
nínxol. m. Concavitat practicada en un mur per a posar-hi una estàtua, etc. *[nicho, hornacina]* // Concavitat d'un cementeri que serveix de sepultura. *[nicho]*
níquel. m. Metall d'aspecte semblant a l'argent. *[níquel]*
niquelar. v. tr. Cobrir d'una capa de níquel un altre metall. *[niquelar]*
nissaga. f. Raça, casta, estirp. *[raza]*
nit. f. Part del dia natural compresa entre la posta i l'eixida del sol. *[noche]*
nítid, ítida. adj. D'una gran netedat i claredat; no gens confús. *[nítido]*
nitrat. m. Qualsevol sal de l'àcid nítric. *[nitrato]*
nítric, ítrica. adj. Que conté nitrogen. *[nítrico]*
nitrogen. m. Element gasós, incolor, inodor, insípid, que forma la major part de l'aire atmosfèric. *[nitrógeno]*
nitrogenar. v. tr. Combinar amb nitrogen. *[nitrogenar]*
niu. m. Construcció a manera de llit que es fabriquen els aucells o altres animals per a les seues cries. *[nido]* // fig. Lloc on algú es refugia o s'amaga. *[nido, madriguera, cubil]*
niuar. v. intr. Fer niu. *[anidar]*
nivell. m. Aparell per a comprovar l'horitzontalitat d'una línia o d'un pla. *[nivel]* // Grau d'elevació d'una línia o pla horitzontals. *[nivel]*
nivellar. v. tr. Posar a nivell. *[nivelar]*
no. Adverbi negatiu. *[no]*
noble. adj. Que per naixença o gràcia del sobirà pertany a una classe social privilegiada. *[noble]* // Incapaç de sentiments baixos. *[noble]*
noblesa. f. Qualitat de noble. *[nobleza]* // Acció noble. *[nobleza]* // Conjunt dels nobles d'un país. *[nobleza]*
noces. f. pl. Bodes, núpcies, festa amb què se celebra un casament. *[boda]*
noció. f. Coneiximent elemental d'una cosa. *[noción]*
nociu, iva. adj. Que fa mal, danyós. *[nocivo]*
nocturn, urna. adj. Relatiu o pertanyent a la nit, o que és fet durant la nit. *[nocturno]*
node. m. Cadascun dels dos punts en què l'òrbita d'un planeta talla l'eclíptica. *[nodo]* // En un cos en vibració, punt que no vibra. *[nodo]* // Tumor dur que es fa als ossos, tendons i lligaments i dificulta els jocs. *[nodo]*
nodrir. v. tr. Donar a un organisme vivent les substàncies que s'assimila i que són necessàries al seu creiximent o sosteniment. *[nutrir, alimentar, criar]*
nodrissa. f. Dida. *[nodriza]*
nòdul. m. Concreció de poc volum. *[nódulo]*
noguer. m. Noguera. *[nogal]*
noguera. f. Arbre de fusta dura molt estimada en l'ebenisteria. *[nogal]* // Fusta d'aquest arbre. *[nogal]*
noli. m. Preu estipulat per lloguer d'una nau o d'una part d'ella. *[flete]*
nòlit. m. Noli. *[flete]*
nom. m. Mot amb què una persona o cosa és coneguda o designada. *[nombre]* // Fama, anomenada. *[renombre]*
nòmada. adj. Que no té domicili fix en un territori determinat. *[nómada]*

nombre. m. Expressió de la quantitat en relació a la unitat. *[número]* // Quantitat de persones o coses d'una espècie determinada. *[número]* // En gramàtica, accident gramatical amb què es denota si una paraula es refereix a una sola persona o cosa, o a diverses. *[número]*

nombrós, osa. adj. Que és en gran nombre. *[numeroso]*

nomenar. v. tr. Dir el nom. *[nombrar]* // Designar a algú per a un càrrec o ministeri. *[nombrar]*

nomenclàtor. m. Llista o catàleg de noms. *[nomenclátor]*

nomenclatura. f. Conjunt de paraules tècniques pròpies d'un orde d'estudis. *[nomenclatura]*

només. adv. Solament, únicament. *[sólo, solamente]*

nòmina. f. Llista de noms de persones o coses, especialment relació dels noms dels individus que en una oficina han de percebre sous. *[nómina]*

nominatiu, iva. adj. Aplicat als títols i inscripcions que han de ser estesos precisament a nom d'algú. *[nominativo]* // m. Cas de la declinació que designa el subjecte de l'acció expressada pel verb. *[nominativo]*

nona. f. La darrera de les quatre parts iguals en què els romans dividien el dia. *[nona]* // Darrera de les hores menors de l'ofici eclesiàstic. *[nona]* // Son o dormida de les criatures. *[mu, sueño]*

nonat, ada. adj. Que no ha nascut naturalment sinó tret del claustre matern per una operació. *[nonato]*

nora. f. La muller del fill. *[nuera]*

noranta. adj. Conjunt de nou desenes. *[noventa]*

noranté, ena. adj. Que fa noranta en orde. *[noventeno]* // Cadascuna de les parts d'una quantitat dividida en noranta parts iguals. *[noventavo]*

nord. m. Un dels quatre punts cardinals, el que cau a l'esquerra mirant a llevant. *[norte]* // Lloc de la terra, regió, que cau a la banda del nord. *[norte]*

nord-americà, ana. adj. i m. i f. Natural o propi de l'Amèrica del Nord.

no-res. m. El no ser o manca absoluta de tot ser. *[nada]* // Pronom indefinit que indica l'absència total d'una cosa. *[nada]*

norma. f. Regla que cal seguir en fer alguna cosa. *[norma]*

normal. adj. D'acord amb una norma. *[normal]* // Que es troba en el seu estat natural. *[normal]*

normalitzar. v. tr. Posar en estat normal. *[normalizar]*

normatiu, iva. adj. Que estableix una norma o normes. *[normativo]*

nos. Forma del pronom de primera persona plural, que fa de complement directe o indirecte. *[nos]*

nós. Forma arcaica del pronom de primera persona plural, que encara s'usa com a plural majestàtic. *[nós]*

nosa. f. Cosa que embarassa o destorba. *[estorbo]*

nosaltres. Pronom personal de primera persona del plural. *[nosotros]*

nostàlgia. f. Desig obsessiu de retorn a la pàtria, al poble o a la llar familiar, enyor. *[nostalgia]*

nostàlgic, àlgica. adj. Relatiu o pertanyent a la nostàlgia. *[nostálgico]*

nostre, ostra. Adjectiu possessiu de primera persona, assenyalant pluralitat de posseïdors. *[nuestro]*

nota. f. Marca o senyal. *[nota]* // Advertiment, observació o comentari a un llibre o escrit. *[nota]* // Qualificació d'un tribunal d'examen, d'un mestre. *[nota]* // Indicació recollida escoltant una conferència, etc. *[nota]* // Comunicació diplomàtica, etc. *[nota]* // Signe d'un so musical. *[nota]*

notable. adj. Digne d'atenció, distingit, remarcable. *[notable]*

notar. v. tr. Assenyalar alguna cosa, fer esment. *[notar]* // Posar nota, qualificar. *[notar]*

notari. m. Funcionari públic autoritzat per a donar fe dels contractes, etc. *[notario]*

notícia. f. Coneixença que es té d'alguna cosa. *[noticia]* // Nova o esdeveniment que és comunicat. *[noticia]*

noticiari. m. Secció de notícies d'un diari

o revista, d'una projecció cinematogràfica o televisada, d'una emissió radiofònica, etc. *[noticiario]*

notificar. v. tr. Fer saber alguna cosa a algú, donar-li'n coneixença o notícia. *[notificar]*

notori, òria. adj. Que és públic o sabut, que no necessita esser notificat. *[notorio]*

nou. f. Fruit de la noguera. *[nuez]* // Prominència de la laringe que es manifesta exteriorment. *[nuez]*

nou. Adjectiu numeral i xifra que el representa. *[nueve]*

nou, ova. adj. Fet de poc. *[nuevo]* // Aplicat a allò que un veu o sent per primera vegada. *[nuevo]* // Que encara no ha servit o ha servit poc. *[nuevo]* // m. De poc.

nou-cents, entes. adj. Nou vegades cent. *[novecientos]*

nouera. f. Noguera. *[nogal]*

noure. v. tr. i intr. Tr. Causar dany o perjudici. *[dañar]* // Fer mal a algú.

nova. f. Notícia que encara no havia estat dita o oïda. *[nueva]*

nové, ena. adj. Que fa nou en orde. *[noveno, nono]* // Cadascuna de les parts iguals d'una quantitat dividida en nou parts iguals. *[nono, noveno]*

novell, ella. adj. Mancat d'experiència, principiant. *[novel, novato]* // Nou, recent, modern. *[novel, nuevo]* // Dit de la fruita o collita recent. *[noval]*

novel·la. f. Narració fictícia en prosa de llargària considerable. *[novela]* // Gènere literari constituït per les dites narracions. *[novela]*

novembre. m. L'onzé mes de l'any. *[noviembre]*

novena. f. Sèrie de nou dies dedicats a una devoció i cult. *[novena]* // Llibre que conté les oracions pròpies dels nou dies. *[novena]*

novenari. m. Exèquies celebrades generalment el nové dia després d'una defunció. *[novenario]* // Novena, especialment de devoció i cult especial.

novençà, ana. adj. Nou o principiant en qualsevol cosa. *[novato]* // m. i f. Novell casat. *[recién casado]*

novetat. f. Fet o nova recent. *[novedad]*

novici, ícia. adj. i m. i f. Religiós que encara no ha professat. *[novicio]* // Novençà, novell, principiant en un ofici, càrrec, etc. *[novicio]*

noviciat. m. Temps de prova que passa un religiós abans de la professió. *[noviciado]* // Casa on viuen els novicis. *[noviciado]*

noviluni. m. Conjunció de la lluna i el sol. *[novilunio]*

nu, ua. adj. No vestit, nuet. *[desnudo]* // No cobert; sense ornaments; sense vegetació. *[desnudo]*

nuar. v. tr. Unir o lligar fent un nuc, nugar. *[anudar]*

nuc. m. Entrellaçament estret de les parts d'un cos prim i flexible que amb dificultat es pot desnugar. *[nudo]* // Llaç tancat de tal manera que com més l'estiren d'un cap, més estret queda. *[nudo]* // Protuberància dels tendons, ossos o teixits d'una planta. // **nucs dels dits:** Juntura dels ossos dels dits. *[nudillos]* // **nucs de la cara:** Pòmuls. // **nuc en la gola:** Impediment en la gola que dificulta engolir, parlar, respirar. // Aflicció, angoixa que dificulta de parlar.

nuc. m. Mesura de velocitat de les naus que indica les milles per hora que fa. *[nudo]*

nuca. f. Part del bascoll on s'uneix la columna vertebral amb el cap. *[nuca]*

nuclear. adj. Relatiu o pertanyent al nucli. *[nuclear]*

nucli. m. Part o massa compacta que forma el centre de certes coses; la part més densa d'algunes coses. *[núcleo]* // Element al qual s'afegeixen d'altres per a formar un total. *[núcleo]*

nugar. v. tr. Fer un nuc o nucs. *[anudar]* // Fermar, lligar. *[atar]*

nugassa. f. Lligassa. *[ligadura, atadura]*

nul, ul·la. adj. Mancat de valor legal. *[nulo]* // Incapaç per a una cosa. *[nulo]*

nul·litat. f. Qualitat de nul. *[nulidad]* // El qui no val res. *[nulidad]*

numen. m. Deïtat dels pagans. *[numen]* // Inspiració d'un escriptor, orador, etc. *[numen]*

numeració. f. Acció i efecte de numerar. *[numeración]* // Llista dels números. *[numeración]*

numeral. adj. Relatiu o pertanyent al nombre o número. *[numeral]*

numerar. v. tr. Marcar amb números les coses d'una sèrie. *[numerar]*

número. m. Cadascun dels elements d'una sèrie numerada. *[número]*

numismàtica. f. Ciència de les monedes i medalles. *[numismática]*

nunci. m. Persona que porta un avís o nova per encàrrec d'una altra. *[nuncio]* // Oficial encarregat de fer les crides. *[pregonero]* // Representant diplomàtic del papa. *[nuncio]*

núpcies. f. pl. Casament, acte de contraure matrimoni. *[nupcias]*

nutrició. f. Acció i efecte de nodrir o de nodrir-se. *[nutrición]*

nutritiu, iva. adj. Relatiu o pertanyent a la nutrició. *[nutritivo]* // Que serveix per a nodrir. *[nutritivo]*

nuvi, úvia. m. i f. El qui està a punt de casar-se. *[novio]* // El qui és casat de nou. *[novio]*

nuviatge. m. Condició de nuvi o núvia i temps que dura. *[noviazgo]* // Conjunt de robes, mobles, etc., que porta la dona al matrimoni. *[ajuar]*

núvol. m. Massa de vapor aquós que roman suspesa a l'atmosfera. *[nube]* // adj. Dit del temps o dia ennuvolat. *[nuboso]*

nuvolós, osa. adj. Cobert de núvols. *[nuboso, nublado]*

nyespla. f. Colp violent, especialment el que es dóna en agressió. *[bofetón, puñetazo]*

nyicris. m. i f. Persona escarransida, malaltissa. *[enclenque, raquítico]*

nyítols. m. pl. Entranyes, vísceres. *[entrañas]*

nyofla. f. Figa esclafada fregida amb pasta de bunyol.

nyora. f. Varietat de vitet, pebre coent. *[guindilla, pebrina]*

nyoreta. f. Pebre de la classe més coenta i més curt que el vitet. *[guindilla, pebrina]*

o o o O O O O O

o, (pl. **os**). Quinzena lletra de l'alfabet. // Nom de la lletra «o». *[o]*
oasi. m. Lloc ple de vegetació dins un desert d'arena. *[oasis]*
obac, aga. adj. Aplicat a un lloc ombrívol. *[sombrío, umbrío]*
obcecar. v. tr. Ofuscar greument, encegar. *[obcecar]*
obediència. f. Acció i efecte d'obedir. // Qualitat d'obedient. *[obediencia]*
obedir. v. tr. Executar allò que mana algú; complir un manament. *[obedecer]* // Cedir una cosa inanimada, a l'esforç fet per a canviar-li la forma o l'estat. *[obedecer]*
obeir. v. tr. Obedir. *[obedecer]*
obelisc. m. Monument en forma de pilar quadrangular molt estirat i acabat en una piràmide de molt poca alçada. *[obelisco]*
obertura. f. Acció i efecte d'obrir. *[apertura]* // Peça d'orquestra posada al començament d'una òpera o drama. *[obertura]*
obés, esa. adj. Aplicat a la persona excessivament grossa. *[obeso]*
obesitat. f. Qualitat d'obés. *[obesidad]*
òbila. f. Òvila. *[lechuza]*
òbit. m. Defunció d'una persona, i el certificat de la mateixa defunció. *[óbito]*
objecció. f. Raó o dificultat presentada en contra d'una opinió o proposició. *[objeción]*
objectar. v. tr. Oposar una objecció. *[objetar]*
objecte. m. Cosa material en tant que s'ofereix als nostres sentits. *[objeto]* // Allò que serveix de matèria a l'exercici de les facultats mentals. *[objeto]* // Allò que es pren com a fi d'una acció. *[objeto]* // En gramàtica, paraula o grup de paraules que denota allò sobre què recau l'acció expressada pel verb. *[objeto]*
objectiu, iva. adj. Relatiu o pertanyent a l'objecte. *[objetivo]* // m. Finalitat a què es dirigeix una cosa. *[objetivo]* // Lent dels aparells d'òptica i de la part que mira cap als objectes. *[objetivo]*
objectivitat. f. Qualitat d'objectiu. *[objectividad]*
oblada. f. Peix teleosti, ovalat, amb taques negres i ulls grans, vidriada. *[mojarra, chopa]*
oblic, iqua. adj. Que no és perpendicular ni paral·lel a un pla, a una recta, etc., determinats. *[oblicuo]*
oblidar. v. tr. Perdre la memòria d'alguna cosa, no recordar-la, no tenir-la present en l'esperit. *[olvidar]* // No pensar en algú o en alguna cosa per negligència. *[olvidar]* // **-se.** No recordar-se. *[olvidarse]*
obligació. f. Vincle que constreny a executar una acció. *[obligación]* // Correspondència que cal tenir per als beneficis rebuts. *[obligación]* // Deure per raó de càrrec o ministeri. *[obligación]* // Títol que representa un préstec a l'estat o a una companyia. *[obligación]*
obligar. v. tr. Compel·lir a fer o complir alguna cosa. *[obligar]* // Guanyar la voluntat d'algú amb favors, beneficis, etc. *[obligar]* // **-se.** Comprometre's a complir una cosa. *[obligarse]*
obligatori, òria. adj. Que obliga, que és d'obligació. *[obligatorio]*
obliquar. v. intr. Donar a una cosa direcció obliqua en relació a altres. *[oblicuar]*
obliqüitat. f. Qualitat d'oblic. *[oblicuidad]* // Inclinació d'una línia o pla respecte a un altre. *[oblicuidad]*

oblit. m. Acció i efecte d'oblidar. *[olvido]* // Manca o cessació de memòria. *[olvido]*

oboé, (pl. **és**). m. Instrument de vent, de fusta. *[oboé]*

òbol. m. Pes i moneda d'argent, usada a la Grècia antiga com a sisena part de la dracma. *[óbolo]* // Quantitat exigua amb què es contribueix a un fi. *[óbolo]*

obra. f. Qualsevol cosa produïda per un agent. *[obra]* // Acció moral en profit o en perjudici d'un altre. *[obra]* // Treball que ha fet un operari. *[obra]* // Edifici en construcció. *[obra]*

obrador. m. Taulell o oficina on es fa un treball manual. *[obrador, taller, tienda]*

obrar. v. intr. i tr. Intr. Treballar en una cosa. *[obrar]* // Produir efecte una cosa. *[obrar]* // Tr. Donar una certa forma a una matèria, afaiçonar. *[obrar]*

obrer, era. m. i f. El qui fa obres, manobre, nom genèric de l'ofici dels mestres d'obra, oficials, jornalers, etc. *[albañil]* // Treballador. *[obrero]*

obridor, ora. m. i f. Que obri; que serveix per a obrir. *[abridor]* // Instrument o aïna per a destapar un tap d'una botella, etc. *[sacacorchos]* // adj. Que es pot obrir; que s'obri fàcilment. *[abridero]*

obrir. v. tr. Fer accessible allò que està tancat. *[abrir]* // Llevar o moure allò que intercepta l'entrada o l'eixida. *[abrir]* // Donar començament a un acte públic, etc. *[abrir]*

obriüll. m. Planta rastrera amb fruit espinós i quasi esfèric. *[abrojo]*

obscé, ena. adj. Que ofén el pudor. *[obsceno]*

obscur, ura. adj. Fosc, mancat de llum o claror. *[oscuro]* // Humil, no conegut.

obscurir. v. tr. Enfosquir, fer obscur. *[obscurecer]*

obsequi. m. Acció d'obsequiar. *[obsequio]* // Regal o present. *[obsequio]*

obsequiar. v. tr. Mostrar la deferència envers algú amb atencions, afalacs, fent-li presents, invitant-lo a festes, etc. *[obsequiar]*

observació. f. Acció i efecte d'observar allò que està prescrit. *[observación]* // Acció d'observar o mirar amb una atenció seguida. *[observación]* // Advertiment motivat per alguna cosa observada. *[observación]*

observar. v. tr. Mirar o examinar amb atenció. *[observar]* // Seguir exactament allò que està prescrit. *[observar]* // Advertir, notar.

observatori. m. Lloc apropiat per a fer-hi observacions, especialment astronòmiques o meteorològiques. *[observatorio]*

obsessió. f. Idea pertinaç que influeix la voluntat de l'home. *[obsesión]*

obsessionar. v. tr. Produir obsessió. *[obsesionar]*

obsessiu, iva. adj. Relatiu o pertanyent a l'obsessió, que obsessiona. *[obsesivo]*

obstacle. m. Allò que s'oposa al pas o a l'acompliment d'un propòsit. *[obstáculo]*

obstaculitzar. v. tr. Posar obstacles a l'acompliment d'alguna cosa. *[obstaculizar]*

obstant. adj. Que obsta. *[obstante]*

obstar. v. intr. Fer obstacle, destorbar, impedir. *[obstar]*

obstinació. f. Manteniment tenaç d'una resolució, propòsit, opinió, etc. *[obstinación]*

obstinar-se. v. pron. Mantenir-se ferm en una resolució, opinió, propòsit, etc. *[obstinarse]*

obstrucció. f. Acció i efecte d'obstruir o d'obstruir-se. *[obstrucción]*

obstruïble. adj. Que es pot obstruir. *[obstruible]*

obstruir. v. tr. Tancar el pas d'un conducte o camí amb un obstacle. *[obstruir]*

obtenció. f. Acció i efecte d'obtenir. *[obtención]*

obtenir. v. tr. Aconseguir allò que un mateix, sol·licita o pretén. *[obtener]*

obtindre. v. tr. Infinitiu irregular del verb *obtenir,* extret per analogia del futur d'indicatiu: *obtindré, obtindràs, obtindrà...* obtindre. *[obtener]*

obturar. v. tr. Tapar una obertura, un conducte. *[obturar]*

obtús, usa. adj. Que no té punta. *[obtuso]* // D'enteniment tardà per a comprendre. *[obtuso]* // Aplicat a l'angle major que un recte. *[obtuso]*

obús. m. Canó curt emprat per a tirar granades. *[obús]* // Explosiu que llancen els artillers. *[obús]*
obvi, òbvia. adj. Evident, que es veu o comprén fàcilment. *[obvio]* // Clar, sense cap dificultat. *[obvio]*
obviar. v. intr. Posar obstacle, oposar-se, a un efecte que un tem. *[obviar]*
obvindre. v. intr. Infinitiu irregular del verb *obvenir*, extret per analogia del futur d'indicatiu: *obvindré, obvindràs, obvindrà...* obvindre. *[obvenir]*
oc. Mot usat en l'expressió llengua d'oc per a designar la llengua occitana o occità o qualsevol dels seus dialectes (gascó, llemosí, provençal, etc.) que és una llengua romànica parlada en tot el sud de França, però diferent de la nostra i germana del castellà, francés, italià i altres llengües romàniques com la nostra. *[oc]*
oca. f. Ocell palmípede de plomatge gris cendrós i blanc del ventre, estimat per la seua carn. *[oca, ganso]* // Joc consistent en una sèrie de 63 caselles numerades i per on cada jugador avança la seua fitxa segons la sort dels daus. *[oca]*
ocàs. m. Posta d'un astre. *[ocaso]* // Decadència.
ocasió. f. Circumstància oportuna. *[ocasión]* // Circumstància que es presenta. *[ocasión]* // Circumstància que determina una cosa. *[ocasión]*
ocasionar. v. tr. Ser l'ocasió d'alguna cosa, causar, produir. *[ocasionar]*
occident. m. El punt de l'horitzó per on es pon el sol. *[occidente]* // La part de la terra que mira a ponent. *[occidente]*
occir. v. tr. Matar. *[matar]*
occisió. f. Acció d'occir, mort violenta *[occisión]*
oceà. m. La massa d'aigua que cobreix la major part de la terra. *[océano]*
ocell. m. Aucell. *[ave]*
oci. m. El fet d'estar sense fer res. *[ocio]*
ociós, osa. adj. Que s'està sense fer res, desocupat. *[ocioso]* // Que no dóna profit ni fruit, inútil. *[ocioso]*
oclusió. f. Tancament o obstrucció d'una obertura o conducte natural. *[oclusión]*
oclusiu, iva. adj. Relatiu o pertanyent a l'oclusió. *[oclusivo]* // Que produeix oclusió. *[oclusivo]*
ocórrer. v. intr. Venir una idea a la ment. *[ocurrir]* // Succeir, esdevenir. *[ocurrir]*
ocre. m. Mineral de ferro, terrós, de color groc fosc, emprat en pintura. *[ocre]*
octàgon. m. Polígon de vuit costats. *[octágono, octógono]*
octau. m. Vuitena part d'un full de paper de marca ordinària. *[octavo]*
octava. f. Combinació mètrica de vuit versos. *[octava]* // En música, interval que abraça vuit graus diatònics; nota separada per tal interval, etc. *[octava]* // Vuitava.
octavari. m. Festa celebrada durant els vuit dies d'una octava. *[octavario]*
octaveta. f. Octava part d'un full de paper de marca ordinària. *[octavilla]*
octògon. m. Octàgon, que té vuit angles. *[octógono]*
octosíl·lab, íl·laba. adj. Que té vuit síl·labes. *[octosílabo]*
octubre. m. El desé mes de l'any. *[octubre]*
òctuple, òctupla. adj. Que consta de vuit parts, repetit vuit vegades. *[óctuplo]* // Que conté una quantitat vuit vegades.
ocular. adj. Relatiu o pertanyent a l'ull. *[ocular]* // m. Lent o sistema de lents que tenen els aparells d'òptica de la banda de l'observador. *[ocular]*
ocult, ulta. adj. Amagat, no manifest, a la vista, a l'enteniment. *[oculto]*
ocultar. v. tr. Amagar. *[ocultar]*
ocultisme. m. Ciència de les coses misterioses o obtingudes per art màgica. *[ocultismo]*
ocupació. f. Acció i efecte d'ocupar o d'ocupar-se. *[ocupación]* // Allò en què hom està ocupat. *[ocupación]*
ocupar. v. tr. Prendre possessió d'un càrrec, etc. *[ocupar]* // Donar col·locació a altri. *[emplear]* // Omplir un lloc o espai. *[ocupar]* // Emprar un espai de temps a fer alguna cosa. *[ocupar]*
ocurrència. f. Esdeveniment casual. *[ocurrencia]* // Idea o dita aguda i original, acudit. *[ocurrencia]*
oda. f. Composició poètica del gènere líric i en general de gran elevació. *[oda]*

odalisca. f. Esclava blanca concubina dins l'harem. *[odalisca]*

odi. m. Sentiment profund de malvolença envers algú. *[odio]*

odiar. v. tr. Sentir odi contra algú o alguna cosa. *[odiar]*

odissea. f. Llarg anar d'uns llocs a altres abans d'aconseguir allò que hom es proposa. *[odisea]*

odorar. v. tr. Olorar, flairar. *[oler]*

odre. m. Bot de pell per a portar vi, oli, etc. *[odre, pellejo]*

oest. m. El punt de l'horitzó per on es pon el sol en els equinoccis. *[oeste]* // Vent que ve d'aquesta banda. *[oeste]*

ofec. m. Extrema dificultat de respirar. *[ahogo, sofocación]*

ofegar. v. tr. Fer morir privant la respiració. *[ahogar]* // Impedir de respirar. *[ahogar]* // Extingir el foc, etc., privant l'accés de l'aire. *[rehogar]* // Fer morir submergint en l'aigua. *[ofegar]* // Coure a foc lent i amb l'olla tapada. *[estofar, rehogar]*

ofegor. f. Condició d'un ambient on es fa difícil la respiració. *[ahogo]*

ofendre. v. tr. Causar dany físic. *[ofender]* // Ultratjar, injuriar. *[ofender]* // Causar enuig o desplaer. *[molestar]*

ofensa. f. Acció i efecte d'ofendre. *[ofensa]* // Acte o paraula que ofén. *[ofensa]*

ofensiu, iva. adj. Que ofén o pot ofendre. *[ofensivo]*

ofensiva. f. Situació d'aquell qui tracta d'ofendre o atacar. *[ofensiva]*

oferir. v. tr. Posar alguna cosa a la disposició d'algú. *[ofrecer]*

oferta. f. Acció i efecte d'oferir o d'oferir-se. *[oferta]* // Presentació de mercaderies amb proposició de venda. *[oferta]*

ofici. m. Ocupació habitual. *[oficio]* // Comunicació escrita referent a assumptes d'una oficina o corporació. *[oficio]* // Hores canòniques que els eclesiàstics han de dir cada dia. *[oficio]* // Funció sacra. *[oficio]*

oficial, ala. adj. Que és d'ofici, no particular o privat. *[oficial]* // m. i f. El qui en un ofici manual ha acabat l'aprenentatge. *[oficial]* // m. Militar amb un dels graus d'alferes o capità, inclusivament.

oficina. f. Lloc on és feta, ordenada o treballada, alguna cosa. *[oficina]* // Departament on treballen els empleats d'afers públics o privats. *[oficina]*

ofrena. f. Do que s'ofereix a Déu o als sants. *[ofrenda]* // Allò que s'ofereix a algú. *[ofrenda]*

ogre. m. Gegant que, segons les mitologies dels pobles del nord d'Europa, s'alimentava de carn humana. *[ogro]*

ogressa. f. Monstre femení, en qualitat d'ogre. *[ogra]*

oh! interj. Exclamació que serveix per a invocar, manifestar alegria, dolor, esglai o meravella, segons el to i manera de ser proferida. *[oh]*

oi! Interjecció de sorpresa, dolor, etc. // Interjecció afirmativa.

oïda! f. Acció d'oir. *[oído]* // Facultat d'oir. *[oído]*

oïdor, ora. adj. i m. i f. Que ou. *[oidor]* // Digne d'esser oït, que cal oir. // Que escolta al qui parla, perora, canta, etc. *[oidor, oyente]* // Dit del qui, sense ser alumne matriculat a una classe, hi assisteix. *[oidor, oyente]*

oient. adj. i m. i f. Que escolta al qui parla, canta, etc. *[oidor, oyente]* // Dit del qui, sense ser alumne matriculat a una classe, hi assisteix. *[oyente]*

oir. v. tr. Percebre els sons amb el sentit de l'oïda, sentir. *[oír]* // Escoltar, posar atenció a allò que es pot percebre. *[oír]* // Escoltar la missa. *[oír]*

ois. m. pl. Ganes de vomitar. *[náuseas, basca]* // Fàstic o disgust que causa una cosa. *[asco, náuseas]*

olfacte. m. Sentit amb el qual es perceben els olors. *[olfato]*

oli. m. Líquid untuós que s'extrau de l'oliva i també d'altres vegetals. *[aceite]*

òliba. f. Òvila. *[lechuza]*

oligarquia. f. Govern en què el poder és en mans de pocs individus. *[oligarquía]*

olimpíada. f. En l'antiguitat grega, període de quatre anys comprés entre dues celebracions consecutives dels jocs olímpics. *[olimpíada]* // Celebració de jocs olímpics d'una manera periòdica, en l'edat moderna. *[olimpíada]*

olímpic, ímpica. adj. Pertanyent o relatiu

a l'Olimp. *[olímpico]* // Relatiu a Olímpia o als jocs públics que eren celebrats en aquesta ciutat de la Grècia antiga. *[olímpico]*

oliós, osa. adj. Que conté o produeix oli. *[oleoso, aceitoso]* // Dit del menjar massa carregat d'oli. *[aceitoso, oleoso]*

oliva. f. Fruit de l'olivera. *[aceituna]* // Cadascuna de les bambolles negroses que es formen en el pa. *[ampolla]*

olivarda. f. Planta de flors grogues, usada com a astringent i per a cicatritzar. *[olivarda, pulguera valenciana]*

olivera. f. Arbre de la família de les oleàcies que fa un fruit ovoide i de la polpa del qual extrauen un oli que és el millor dels que són usats com a aliment. *[olivo]*

olla. f. Recipient redó, de metall, etc., de boca ampla, amb anses, per a coure el menjar. *[olla, puchero]* // Menjar compost de carn, llegums i verdura, tot bullit. *[cocido, olla, puchero]*

olor. f. Impressió que els efluvis dels cossos produeixen a l'olfacte. *[olor]* // Sospita de cosa oculta o esdevenidora. *[olor]*

olorar. v. tr. Aspirar l'aire amb el nas per a sentir l'olor d'alguna cosa. *[oler]* // Descobrir per algun indici una cosa oculta. *[oler]*

om. m. Arbre de la família de les ulmàcies de tronc robust i dret, amb fulles el·líptiques. *[olmo]*

ombra. f. Obscuritat produïda per manca de llum. *[sombra]* // Color fosc amb el qual s'assenyala el relleu dels objectes. *[sombra]*

ombrejar. v. tr. Fer o produir ombra. *[sombrear]* // Representar les ombres d'una pintura. *[sombrear]*

ombrel·la. f. Para-sol menut de senyora. *[sombrilla]*

ombria. f. Ombra, ombrívol. *[sombra]* // Lloc on no toca el sol. *[umbría]*

ombrívol, ívola. adj. Aplicat al lloc que té poca llum o bé on hi ha ombra. *[sombrío]* // fig. Mancat d'alegria, d'animació. *[sombrío]*

ometre. v. tr. Deixar de fer o de dir una cosa. *[omitir]*

omís, issa. adj. Deixat de banda, que comet omissió. *[omiso]*

omissió. f. Acció i efecte d'ometre. *[omisión]* // La cosa omesa. *[omisión]*

òmnibus. m. Carruatge públic molt gran, per a transport de persones dins una població. *[ómnibus]*

omnipotència. f. Poder de fer tot allò que hom vol. *[omnipotencia]* // Qualitat d'omnipotent. *[omnipotencia]*

omòplat. m. Os pla triangular que forma la part posterior de l'espatla i al qual s'articula l'húmer. *[omóplato]*

omplir. v. tr. Fer ocupar per alguna cosa la capacitat d'un receptacle, etc. *[llenar]*

on. adv. Lloc al qual, en el qual, o del qual. *[donde, adonde]*

ona. f. Cadascuna de les elevacions produïdes en la superfície d'un líquid agitat. *[ola]* // Conjunt de partícules dins un medi o un cos elàstic en la propagació d'un moviment vibratori. *[onda]*

onada. f. Ona d'una certa grandària. *[oleada, ola]*

onça. f. Unitat de pes, la dotzena part de la lliura, unça. *[onza]* // Unitat de pes monetal, que era la vuitena part del marc, essent el marc el patró ponderal emprat per a pesar monedes i metalls nobles: es dividia en 8 onces de 24 diners de 24 grans. *[onza]* // Moneda d'or que valia 80 pessetes d'argent. *[onza]*

oncle. m. Germà del pare o de la mare. *[tío]*

onda. f. Cadascuna de les corbes en forma d'esses que es formen en certes coses flexibles. *[onda]*

ondar. v. tr. Fer ondes. *[ondear]*

ondejar. v. tr. i intr. Tr. Ondar, fer ondes. *[ondear]* // Intr. Fer ondes el cabell, etc.

ondular. v. intr. i tr. Intr. Moure's formant ones. *[ondular]* // Tr. Fer que una cosa es moga formant ones. *[ondear]*

oneig. m. Acció d'onejar. *[ondeo]*

onejar. v. intr. Fer ones la superfície agitada d'un líquid. *[ondear]*

onerós, osa. adj. Que imposa càrregues, despeses, carregós. *[oneroso]*

onsevol. adv. Onsevulla, en qualsevol banda. *[doquier, dondequiera]*

onsevulla. adv. En qualsevol banda. *[dondequiera]*

onze. Adjectiu numeral cardinal i xifra que el representa. *[once]*

onzé, ena. adj. Que fa onze en orde. *[undécimo]* // Cadascuna de les parts d'una quantitat dividida en onze parts iguals. *[onceavo]*

opac, aca. adj. Que no permet el pas de la llum. *[opaco]*

òpal. m. Mineral silici de llustre resinós, dur i trencadís. *[ópalo]*

opció. f. Facultat d'optar o elegir. *[opción]* // Elecció d'una cosa. *[opción]* // Dret que un té a un ofici, dignitat, etc. *[opción]*

òpera. f. Poema dramàtic posat en música. *[ópera]*

operació. f. Acció i efecte d'operar. *[operación]* // Execució d'una cosa. *[operación]*

operar. v. tr. i intr. Tr. Acomplir un agent l'obra que li és pròpia, obrar. *[operar]* // Sotmetre a una operació. *[operar]* // Intr. Fer una operació o operacions. *[operar]*

operari, ària. m. i f. Treballador manual. *[operario]*

opereta. f. Obra teatral lleugera amb fragments musicats. *[opereta]*

opi. m. Suc extret del cascall tendre i deixat assecar, emprat com a narcòtic. *[opio]*

òpim, òpima. adj. Ric, abundant, fèrtil, copiós. *[ópimo]*

opinar. v. tr. i intr. Tenir opinió; enunciar la seua opinió. *[opinar]*

opinió. f. Concepte que hom té d'una cosa, parer. *[opinión]*

oportú, una. adj. Que ve a propòsit, que s'esdevé o actua en temps i ocasió convenient. *[oportuno]*

oportunitat. f. Qualitat d'oportú. *[oportunidad]*

oposar. v. tr. Posar una cosa davant d'una altra per a fer-li obstacle, combatre-la, etc. *[oponer]*

oposat, ada. adj. Posat enfront d'un altre. *[opuesto]*

oposició. f. Acció i efecte d'oposar o d'oposar-se. *[oposición]* // Contrarietat o repugnància entre les coses. *[oposición]* // Concurs de pretendents a una càtedra, càrrec, etc. *[oposición]*

opressió. f. Acció i efecte d'oprimir. *[opresión]*

oprimir. v. tr. Exercir pressió sobre una cosa. *[oprimir]* // Tiranitzar, causar vexació. *[oprimir]*

oprobi. m. Deshonor públic, ignomínia. *[oprobio]* // El qui causa deshonor o ignomínia. *[oprobio]*

optar. v. intr. Escollir entre diferents coses o camins a seguir. *[optar]*

òptic, òptica. adj. Relatiu o pertanyent als fenòmens de la llum. *[óptico]* // m. i f. El qui fabrica o ven instruments òptics. *[óptico]* // f. Estudi dels fenòmens de la llum. *[óptica]*

optimisme. m. Sistema filosòfic que atribueix al món una gran perfecció. *[optimismo]* // Propensió a veure i jutjar les coses sota l'aspecte més favorable. *[optimismo]*

optimista. adj. Relatiu o pertanyent a l'optimisme. *[optimista]* // m. i f. Que professa l'optimisme. *[optimista]*

opulència. f. Abundor de riqueses i béns. // Qualitat d'opulent. *[opulencia]*

opulent, enta. adj. Que té una gran riquesa. *[opulento]*

opuscle. m. Obra científica o literària de poca extensió. *[opúsculo]*

or. m. Metall groc, molt pesant, summament dúctil i mal·leable. *[oro]* // Diners, riqueses. *[oro]*

oració. f. Discurs, parlament pronunciat en públic. *[oración]* // Prec, súplica, que es fa a Déu o als sants. *[oración]* // En gramàtica, paraula o conjunt de paraules que són l'expressió d'un judici. *[oración]*

oracle. m. Opinió considerada infal·lible. *[oráculo]*

oral. adj. Dit parlant, no per escrit. *[oral]* // Relatiu a la boca. *[oral]*

orangutan. m. Simi antropoide de cos robust i braços molt desenrotllats. *[orangután]*

orar. v. intr. Fer oració a Déu o als sants. *[orar]*

oratge. m. Temps de ventades fortes.

[oraje] // Estat de l'atmosfera. *[oraje]* // Vent de l'oest, ponent, terral.

oratjol. m. Vent suau, especialment el de terra. *[aura]*

oratori, òria. adj. Relatiu o pertanyent a l'oratòria o a l'orador. *[oratorio]* // m. Lloc destinat per a recollir-se a fer oració. *[oratorio]* // Composició dramàtica i musical d'assumpte religiós. *[oratorio]*

oratòria. f. Art de parlar amb eloqüència. *[oratoria]*

orb, orba. adj. Privat d'ulls, privat de la vista, cec. *[ciego]* // Exorbitant. *[enorme, grandioso]* // m. Malaltia dels cereals produïda per un fong paràsit. *[añublado]*

orbe. m. Esfera celest o terrestre. *[orbe]* // La redonesa de la terra, la terra, el món. *[orbe]*

òrbita. f. Camí seguit per un cos celest en el seu moviment al voltant d'un altre. *[órbita]* // Conca de l'ull. *[órbita]*

orde. m. Concert i bona disposició de les coses. *[orden]* // Regla, mètode i manera de fer les coses. *[orden]* // Cadascun dels grups en què es divideixen les classes dels sers naturals. *[orden]* // En arquitectura, cadascun dels estils de construcció. *[orden]*

orde. f. Cadascun dels graus del ministeri sacerdotal. *[orden]* // Institut religiós aprovat pel papa. *[orden]* // Manament, prescripció que cal obedir.

ordenació. f. Acció i efecte d'ordenar o d'ordenar-se. *[ordenación]*

ordenança. f. Ordenació, ordenament en general. *[ordenanza]* // m. Subaltern que té el càrrec de portar órdens. *[ordenanza]*

ordenand. m. El qui està per a rebre alguna de les órdens sagrades. *[ordenando]*

ordenar. v. tr. Posar en orde. *[ordenar]* // Conferir órdens sagrades. *[ordenar]* // Manar l'execució d'alguna cosa. *[ordenar, mandar, disponer]*

ordi. m. Planta gramínia, que serveix principalment per a aliment dels animals. *[cebada]* // Llavor d'aquesta planta. *[cebada]*

ordinal. adj. Que indica el lloc dins un orde numèric. *[ordinal]*

ordinari, ària. adj. Mancat de distinció. *[ordinario]* // Poc estimat. *[ordinario]* // Que esdevé habitualment. *[ordinario]* // m. Autoritat eclesiàstica diocesana. *[ordinario]* // Aquell que va i ve regularment d'una localitat a una altra i fa les comissions que li encomanen. *[recadero]*

ordir. v. tr. Preparar els fils per a posar-los al teler. *[urdir]* // Preparar cautelosament una cosa per a un fi determinat. *[urdir]*

oreig. m. Vent suau i fresc. *[oreo]* // Oratge.

orella. f. Òrgan de l'oïda. *[oreja]* // Aparell de l'audició. *[oído]* // Part externa d'aquest òrgan. *[oreja]* // Nom de diferents coses semblants a les orelles d'un animal. *[oreja]*

orellal. m. Arracada, anella de metall amb què les dones s'adornen l'orella. *[zarcillo]*

orenga. f. Planta herbàcia aromàtica, usada com a condiment. *[orégano]*

orfandat. f. Condició d'orfe. *[orfandad]* // Pensió que cobren alguns òrfens. *[orfandad]*

orfe, (pl. òrfens) òrfena. adj. i m. i f. El qui és de menor edat i ha perdut el seu pare i la seua mare o algun dels dos. *[huérfano]*

orfebre. m. El qui fa treballs d'orfebreria, argenter. *[orfebre]*

orfebreria. f. Ofici d'orfebre. *[orfebrería]* // Obra d'orfebre. *[orfebrería]*

orfeó. m. Agrupació de cant coral. *[orfeón]*

òrgan. m. Qualsevol de les parts del cos animal o vegetal que exerceixen una funció específica. *[órgano]* // Conducte o mitjà que posa en comunicació dues coses. *[órgano]* // Instrument o mitjà que serveix per a realitzar una acció. *[órgano]*

orgànic, ànica. adj. Relatiu o pertanyent als òrgans. *[orgánico]* // Relatiu o pertanyent a una cosa constituïda convenientment. *[orgánico]*

organigrama. m. Esquema de l'organització d'una entitat, d'una empresa, etc. *[organigrama]*

organisme. m. Conjunt dels òrgans que constitueixen un ser viu. *[organismo]* // Conjunt de persones organitzat o constituït amb una finalitat concreta. *[organismo]*

organitzar. v. tr. Donar a alguna cosa una estructura orgànica; constituir alguna cosa de parts dependents entre elles destinada cadascuna a complir una funció, acte, etc., especials. *[organizar]*

orgasme. m. Erotisme, el grau més alt d'excitació, especialment el sexual. *[orgasmo]*

orgia. f. Festí on mengen i beuen desordenadament i es cometen altres excessos. *[orgía]*

orgue, (pl. **òrguens**) . m. Instrument musical de vent format per molts canons o tubs sonors. *[órgano]*

orgull. m. Excés d'estimació pròpia, arrogància, presumpció. *[orgullo]*

orí. m. Orina. *[orín]*

orient. m. El punt de l'horitzó per on ix el sol. *[oriente]* // La part de la terra que mira a llevant. *[oriente]*

orientar. v. tr. Col·locar alguna cosa en una posició determinada respecte als punts cardinals. *[orientar]* // Assabentar a algú de l'estat d'un assumpte. *[orientar]*

orifici. m. Obertura que forma l'entrada d'una cavitat, forat. *[orificio]*

origen. m. Allò de què alguna cosa procedeix o arranca. *[origen]* // Punt d'intersecció dels eixos coordinats. *[origen]*

original. adj. Relatiu o pertanyent a l'origen. *[original]* // m. Allò que serveix de model. *[original]* // Que no s'assembla als altres. *[original]* // No copiat, no imitat. *[original]*

originar. v. tr. Donar origen o començament a alguna cosa. *[originar]*

originari, ària. adj. Que té el seu origen en un lloc o cosa. *[originario]*

orina. f. Líquid excrementici grogós, secretat pels ronyons. *[orina]*

orinal. m. Atifell per a recollir l'orina. *[orinal]*

orinar. v. intr. Expel·lir l'orina. *[orinar, mear]*

oripell. m. Full de llautó molt prim, que imita l'or. *[oropel]* // Cosa de poc valor i molta aparença. *[oropel]*

oriünd, ünda. adj. Originari. *[oriundo]*

orla. f. Vora dels vestits amb algun ornament que la distingeix. *[orla]* // Ornament al voltant d'un escrit, imprés, etc. *[orla]* // Barana de l'embarcació que pel costat ultrapassa la coberta. *[orla]*

ormeig. m. Acció d'ormejar. *[aparejamiento]* // Conjunt dels instruments d'algun ofici o art. *[pertrechos]*

ornament. m. Allò que s'afegeix a alguna cosa per a embellir-la o adornar-la. *[ornamento]* // pl. Vestidures sagrades que usen els sacerdots quan celebren.

ornamentar. v. tr. Embellir amb ornaments, adornar. *[ornamentar]*

ornar. v. tr. Adornar. *[ornar]*

orni. m. Fer l'orni, fer el desentés. *[hacerse el tonto]*

oro. m. Carta d'un dels quatre colls de les cartes de jugar. *[oro]*

oró. m. Cofí. *[cofín]*

orografia. f. Descripció de les muntanyes. *[orografía]* // Sistema de muntanyes d'un país. *[orografía]*

oronella. f. Ocell insectívor de plomatge negre llustrós i ventre blanc, amb roig al cap i a la barba, que ve d'Àfrica pel març i abril i emigra a la tardor. *[golondrina]*

oroneta. f. Oronella. *[golondrina]*

orquestra. f. Conjunt de músics que toquen en un teatre o en un concert. *[orquesta]* // Part del teatre entre l'escena i les butaques on es posen els músics. *[orquesta]*

orquestrar. v. tr. Compondre o arranjar música per a orquestra. *[orquestar]*

orquídia. f. Planta d'una certa família, les espècies de la qual tenen flors de forma i coloració molt rares. *[orquídea]*

orri. m. Lloc on es munyen les ovelles i es fa el formatge. // **en orri.** A doll. // **a orri.** Sense orde ni compte, sense mesurar, dit de grans i coses menudes. *[a granel]*

orso, orsa. m. i f. Ós. *[oso]*

ortiga. f. Planta herbàcia de la família de les urticàcies que creix en conreus abandonats i entre runes. *[ortiga]*

ortografia. f. Part de la gramàtica que ensenya a escriure correctament els mots i a emprar degudament els signes auxiliars. *[ortografía]*

ortografiar. v. tr. Escriure segons les regles de l'ortografia. *[ortografiar]*

ortopèdia. f. Correcció o prevenció de les deformitats del cos per mitjà de certs aparells o per tractaments especials. *[ortopedia]*

orxata. f. Beguda ensucrada, feta amb aigua d'ametles, xufes o altres substàncies anàlogues. *[horchata]*

os, (pl. **ossos**). m. Part sòlida i més dura del cos animal. *[hueso]* // Cosa que és molt difícil i pesada i de poc lluïment per a qui la fa. *[hueso]*

ós, (pl. **óssos**). m. Mamífer carnisser, de pelatge abundós i cua molt curta, que viu en els boscs de regions fredes. *[oso]*

osca. f. Concavitat que resta en una cosa quan se li lleva una estelleta. *[mella]* // Mossa en el tall d'un instrument. *[mella]* // Tall o buit en una cosa per a enganxar-se una altra. *[muesca]* // Regata en la punta del fus per a enganxar el fil. *[hueca]*

oscil·lar. v. intr. Moure's alternativament de l'un costat a l'altre. *[oscilar]* // Presentar alternatives amb una certa regularitat. *[oscilar]*

ossa. f. Ossada. *[osamenta, osambre]*

óssa. f. Femella de l'ós. *[osa]*

ossada. f. Conjunt dels ossos que formen l'esquelet. *[osamenta, esqueleto]*

ostensible. adj. Que pot mostrar-se o manifestar-se. *[ostensible]*

ostensió. f. Manifestació d'una cosa. *[ostensión]*

ostentació. f. Acció i efecte d'ostentar. *[ostentación]* // Jactància i vanaglòria. *[ostentación]*

ostentar. v. tr. Mostrar o fer palesa una cosa. *[ostentar]*

òstia. f. Ostra, mol·lusc marí bivalve. *[ostia]* // Colp donat amb la mà plana. *[volea]* // interj. Exclamació gens delicada que es confon amb el mot «hostia», neula.

ostra. f. Mol·lusc marí de conquilla bivalva irregular, molt estimat com a comestible. *[ostra]*

ou. m. Cos de figura arredonida que engendren les femelles dels aucells per a la reproducció de l'espècie. *[huevo]* // L'ou emprat com a aliment. *[huevo]*

ouera. f. Ovari dels ocells. *[huevera, madrecilla]* // Vas de metall, etc., per a servir i prendre els ous bullits. *[huevera]*

oval. adj. Oblong i curvilini. *[oval, ovado]* // m. Qualsevol corba d'aquesta mena. *[óvalo]*

ovalat, ada. adj. Oval. *[ovalado]*

ovari. m. Òrgan de reproducció de les femelles que conté els òvuls. *[ovario]* // En les plantes, la part del pistil que conté els òvuls. *[ovario]*

ovella. f. Mamífer remugant que es cria per la seua carn i la llana. *[oveja]* // Persona confiada a la direcció d'un pastor espiritual. *[oveja]*

òvila. f. Aucell de presa nocturn, de cap gros, ulls dirigits endavant voltats de plomes radiades, plomatge molt suau, groguenc, favat de blanc, negre i gris, amb les parts inferiors blanques. *[lechuza]*

ovípar, ípara. adj. Dit dels animals les femelles dels quals ponen ous. *[ovíparo]*

òvul. m. Producte de l'ovari que, fecundat, esdevé l'embrió d'un nou esser. *[óvulo]*

ovular. adj. Relatiu o pertanyent a l'òvul. *[ovular]*

òxid. m. Cos resultant de la combinació de l'oxigen amb un radical, i que pot formar sals per reacció amb els àcids. *[óxido]*

oxidar. v. tr. Transformar un cos per l'acció de l'oxigen, combinar una substància amb oxigen. *[oxidar]*

oxigen. m. Cos simple gasós, incolor, inodor, insípid, que forma part de l'aire i entra en la composició de l'aigua. *[oxígeno]*

oxigenar. v. tr. Impregnar d'oxigen, tractar amb oxigen. *[oxigenar]*

p p p p p p p p

p. f. Setzena lletra de l'alfabet. *[p]*
pa. m. Massa feta de farina pastada amb aigua i cuita al forn. *[pan]*
pablanc. m. Pa de farina candial molt blanca, especial per a entrepans.
pàbul. m. Sosteniment d'alguna cosa. *[pábulo]*
paca. f. Fardell gros d'alguna matèria tèxtil, premsat i lligat. *[paca, fardo]*
paciència. f. Virtut de sofrir amb resignació totes les desgràcies i obstacles que es troben en la vida. *[paciencia]* // Virtut cristiana oposada a la ira. *[paciencia]* // Espera assossegada de les coses que un desitja. *[paciencia]* // Galleta dolça, molt menuda i dura. *[pasta de paciencia]*
pacient. adj. Que té paciència. *[paciente]* // m. i f. El qui pateix una malaltia, etc. *[paciente]*
pacificació. f. Acció i efecte de pacificar. *[pacificación]*
pacificar. v. tr. Establir la pau on hi ha guerra o discòrdia. *[pacificar]* // Calmar, assossegar, apaivagar.
pactar. v. intr. Fer un pacte. *[pactar]*
pacte. m. Conveni entre dues o més persones. *[pacto]*
padrastre. m. El marit de la mare respecte als fills d'aquesta haguts en un altre matrimoni. *[padrastro]*
padrastre. m. Trosset de pell que s'alça junt a les ungles, repeló. *[padrastro, respingón]*
padrí, ina. m. i f. El qui presenta un infant al baptisme. *[padrino]* // El qui assisteix una persona que rep el sagrament de la confirmació, del matrimoni, de l'ordenació, o una persona que professa en religió. *[padrino]* // El qui protegeix a un altre. *[padrino]*
padró. m. Llista d'habitants d'una població. *[padrón]*
paella. f. Aparell culinari de ferro que serveix per a coure i fregir. *[sartén]* // Dit per arròs en paella, com a denominació internacional de l'arròs cuinat en paella a la manera valenciana. // Joc de xiquetes en el qual cada jugadora té el nom dels ingredients de la paella valenciana.
paeller. m. Lloc on es guarden les paelles. *[paellero]* // Construcció en un pati, galeria, etc., al ras, adequada per a coure l'arròs en paella amb llenya o garbonets. *[paellero]* // El qui fa o adoba paelles. *[paellero]*
paga. f. Acció i efecte de pagar. *[paga]*
pagà, ana. adj. i m. i f. Que adora els falsos déus. *[pagano]*
pagament. m. Acció de pagar; allò que es dóna en pagament. *[pago]*
pagar. v. tr. Satisfer a algú allò que hom li deu. *[pagar]* // Satisfer un deute, el preu d'una compra. *[pagar]* // **-se.** Tenir en molt el nostre propi mèrit, un elogi, etc.
pagaré, (pl. **és**). m. Document en què un es compromet a pagar una quantitat en un temps determinat. *[pagaré]*
pagell. m. Peix teleosti de carn blanca i molt estimada com a comestible. *[pagel, breca, besuguete]*
pagés, esa. adj. i m. i f. Home, dona, del camp. *[payés, campesino]* // El qui es dedica al conreu de la terra, llauradór. *[campesino, labriego]* // adj. Rústic, propi de la gent del camp. *[campesino]*
pagesia. f. Conjunt de pagesos. *[payesía]* // Casa de camp per als pagesos. *[predio, masía]*
pàgina. f. Cadascuna de les dues cares del full d'un llibre o quadern. *[página]*

paginar. v. tr. Numerar les pàgines d'un llibre, etc. *[paginar]*

pagoda. f. Temple d'algunes religions orientals. *[pagoda]*

pair. v. tr. Digerir, assimilar els aliments. *[digerir, cocer]*

pairal. adj. Relatiu o pertanyent als pares. *[paterno, solariego]*

país, (pl. **ïsos**). m. Territori rural d'una comarca, contrada, etc. *[país]*

paisà, ana. adj. Que és del mateix país que un altre. *[paisano]* // Que no és militar.

paisatge. m. Vista d'un paratge natural. *[paisaje]* // Pintura d'un paisatge. *[paisaje]*

pal. m. Bastó llarg i gruixut. *[palo, bastón]* // Peça de fusta, vertical i lleugerament inclinada posada al centre de les embarcacions. *[mástil]*

pala. f. Instrument amb una fulla plana o trapezial adaptada a un mànec, usada per a enfornar i altres usos. *[pala]* // Part ampla i prima de diferents instruments. *[pala]*

paladar. m. Part superior de la cavitat bucal. *[paladar]* // Sabor que un troba en els menjars. *[paladar]*

paladejar. v. tr. Assaborir el gust d'una cosa. *[paladar]*

paladí. m. Home valent que es distingeix pels seus fets d'armes. *[paladín]* // Defensor a ultrança d'una persona o cosa. *[paladín]*

palafit. m. Habitació construïda dins un llac sobre pals o estaques. *[palafito]*

palafré. m. Cavall en què va muntat el criat que acompanya al seu amo quan va a cavall. *[palafrén]*

palaia. f. Peix de mar, aplanat, comestible, de color fosc, amb taques grogues. *[platija]* // Peix ovalat, asimètric, blanc per baix i groc per damunt, de carn molt apreciada. *[lenguado]*

palanca. f. Barra inflexible, amb un punt de suport per a alçar pesos. *[palanca]*

palangre. m. Corda gruixuda d'on pengen unes quantes cordetes amb hams i que serveix per a pescar. *[palangre, espinel]* // Fil retort de lli o de cànem especial per a pescar.

palanquejar. v. intr. Operar amb una palanca. *[palanquear, alzaprimar]* // Titubar, vacil·lar.

palastre. m. Ferro laminat. *[palastro]*

palatal. adj. Relatiu o pertanyent al paladar. *[palatal]* // So articulat en el paladar. *[palatal, paladial]*

palatalitzar. v. tr. Fer palatal un so. *[palatalizar]*

palau. m. Edifici majestuós i ric per a habitació d'un rei o d'un bisbe; també d'un govern del regne o de la ciutat. *[palacio]* // Casa sumptuosa i rica d'un noble o magnat. *[palacio]*

palejar. v. tr. Remoure amb la pala el gra, un líquid, etc. *[palear]* // Ficar i traure la pala dins el forn. *[palear]*

paleolític, ítica. adj. Relatiu o pertanyent a la primera cultura humana coneguda. *[paleolítico]*

paleozoic, oica. adj. Relatiu o pertanyent al primer període geològic sedimentari, que és el segon dins l'orde del temps. *[paleozoico]*

palés, esa. adj. Manifest, públic, evident, clar. *[patente, manifiesto]*

palesar. v. tr. Fer palesa alguna cosa, manifestar. *[patentizar]*

palestra. f. Lloc públic on es fan les lluites, exercicis gimnàstics, etc. *[palestra]* // Lloc públic on es celebren concursos literaris. *[palestra]*

palet. m. Pedra arredonida i molt llisa. *[guija]*

paleta. f. Pala menuda. *[paleta]* // Làmina triangular usada pels obrers de vila per a lluir. *[llana]* // m. Obrer de vila que usa la paleta. // Làmina prima de fusta de forma generalment ovalada on el pintor disposa els colors per a pintar. *[paleta]*

palissa. f. Sèrie de colps donats a algú amb la mà, amb un bastó, etc. *[paliza]*

palla. f. Tija de blat, ordi i altres grans seca i separada del gra. *[paja]* // Allò que en un discurs, llibre, etc., no té cap valor ni substància. *[paja]*

pallassada. f. Acte propi d'un pallasso. *[payasada]*

pallasso. m. Bufó que excita el riure amb vestits i gests ridículs. *[payaso, bufón]*

paller. m. Munt gran de palla. *[pajar, almiar]* // Lloc on es conserva la palla. *[pajar]*

pallera. f. Forca que serveix per a girar la palla. *[pajera]* // Lloc on es guarda la palla. *[henil]* // Paller gran de secció quadrangular. *[pajar]*

palleta. f. Bocí de palla. *[pajita]* // Cadascun dels troncs de palla, tiretes de paper, etc., de diferents llargàries que serveixen per a decidir alguna cosa a l'atzar. *[pajita]* // Granet d'or o altre metall tret de la naturalesa. *[pepita]*

pal·li. m. Insígnia pontifical que el papa dóna a alguns bisbes com a signe de jurisdicció. *[palio]* // Dosser sostingut amb quatre o més vares llargues que s'usa en les processons. *[palio]*

pal·liar. v. tr. Alleujar l'efecte de certes malalties. *[paliar]* // Amagar, amb excuses, la importància d'una falta.

pal·liatiu, iva. adj. Que té la virtut de pal·liar. *[paliativo]*

pàl·lid, àl·lida. adj. Deficient en color, en intensitat de color; no brillant. *[pálido]* // Esblaimat, descolorit. *[pálido]* // Desanimat, mancat d'expressió, parlant d'obres literàries. *[pàlido]*

pal·lidesa. f. Qualitat de pàl·lid. *[palidez]*

pallissa. f. Lloc on es guarda la palla. *[henil]*

pallola. f. Malaltia febril contagiosa que es manifesta singularment per l'aparició de menudes taques rogenques. *[sarampión]* // Beneitot.

pallús, (pl. **ussos**). m. La palla fina, molt menuda i polsosa que resulta en l'era per la mescla de la trituració de les arestes, el boll que cobreix el gra i aquelles parts extremament triturades de la tija, formant un conjunt que en la batuda se separa de la palla i del gra. *[tamo]* // **pallús de l'arròs:** les corfetes que cobreixen el gra. *[cáscara]*

palma. f. Fulla o ram de la palmera. *[palma]* // Nom de diferents plantes dels països càlids. // Insígnia de la victòria. *[palma]* // Palmell o cara còncava de la mà. *[palma]*

palmatòria. f. Llumener d'oli amb peu i ansa. *[palmatoria]*

palmell. m. Part de dins, lleugerament còncava, de la mà. *[palma de la mano]*

palmera. f. Arbre de la família de les palmàcies de fulles molt llargues i que té per fruit el dàtil. *[palmera]*

palmeta. f. Mena de paleta usada per a donar, com a castic, colps al palmell de la mà. *[palmeta]*

paló. m. Pala menuda. *[paleta]*

paloma. f. Papallona, especialment la del cuc de la seda. *[mariposa]*

palometa. f. Insecte lepidòpter de colors brillants amb quatre ales. *[mariposa]*

palota. f. **No saber palota** d'una cosa; no saber-ne res, no entendre-hi gens.

palpar. v. tr. Tocar amb les mans. *[palpar]* // Explorar, examinar, tocant amb les mans. *[palpar]* // Tenir coneixença clara i tangible d'alguna cosa.

palpejar. v. tr. Passejar la mà per damunt d'alguna cosa palpant-la. *[palpotear, manosear]*

palpentes, a les. loc. adv. Anant palpant, a la palpa. *[a tientas]*

palpes, a. loc. adv. A les fosques, sense veure-hi, però ajudant-se amb les mans per a no caure, no topar o no errar el camí. *[a tientas]*

palpís, (pl. **issos**). m. Tros de carn sense os. *[pulpa, tajada]* // Part carnosa i molsuda d'un membre. *[molledo]*

palpitar. v. intr. Contraure's o dilatar-se alternativament el cor, bategar, tenir palpitacions. *[palpitar]*

palpó, ona. adj. Que fa les coses massa a poc a poc, lent en l'obrar. *[tardo, remolón]*

paludisme. m. Malaltia febril produïda per mosquits que habiten a llocs d'aigües embassades. *[paludismo]*

pam. m. Distància que hi ha entre la punta del dit polze i la del dit menut tenint la mà oberta i els dits estesos. *[palmo]* // Mesura de longitud que, en el sistema valencià, equival a uns 22 centímetres i mig (226'5 mm.). *[palmo]*

pamfígol. m. Pa de figues.

pamflet. m. Llibre de molt poques planes generalment denigratori. *[panfleto]*

pàmpol. m. Fulla del cep, de la figuera, etc. *[pámpano, pámpana]*

pampolós, osa. adj. Que té molts pàmpols. *[pampanoso]*

pana. f. Vellut o pelfa amb pèl d'alçària mitjana. *[pana]*

pancarta. f. Pergamí que conté copiats diferents documents. *[pancarta]* // Cartell de roba, etc., sostingut per dos pals que es porta en una manifestació, etc. *[pancarta]*

pandereta. f. Instrument músic amb cascavells o sonalls. *[pandereta]*

pandorga. f. Simbomba. *[zambomba]*

panegíric. m. Discurs en elogi d'una persona, d'un sant. *[panegírico]*

paner. m. Cistell. *[cesto]*

paner, era. adj. El qui habitualment menja molt de pa. *[paniego]*

panera. f. Recipient còncau ovalat amb dues anses petites usat per a tenir-hi pa. *[cesto]* // Recipient de joncs, vímet, canya, etc., per a tenir-hi la roba o altres usos. *[cesto]*

panerola. f. Crustaci terrestre de cos gris, semicilíndric, que es pot enrotllar formant una boleta. *[cochinilla]* // Insecte ortòpter, nocturn, corredor, que s'amaga als llocs humits i foscs. *[cucaracha]*

pànic. m. Gran por agafada sobtadament. *[pánico]*

panificar. v. tr. Transformar en pa. *[panificar]*

panís, (pl. **issos**). m. Planta gramínia oriental de tija ferma i fulles amples. *[panizo]* // Gra d'aquesta planta, de color groc rogenc. *[panizo]* // Dacsa. *[maíz]*

panolla. f. Espiga de la dacsa. *[mazorca, panoja]* // Espiga que té els eixos laterals ramificats. *[panícula]*

panorama. m. Vista d'un horitzó molt extens. *[panorama]*

panou. m. Coca de farina, ou, oli, canella, sucre i llima que es fa per les festes de pasqua, mona. *[panquemado]*

pansa. f. Raïm escaldat i dessecat al sol. *[pasa]* // Erupció vesicular que apareix als llavis. *[pupa, escupidura]*

pansir. v. tr. Assecar una fruita o altra cosa al sol o amb lleixiu. *[pasar, secar]* // Arrugar a manera de pansa. *[mustiar, arrugar, avellanar]*

pantà. m. Aiguamoll. // Depòsit d'aigua en el fons d'una vall. *[pantano]*

pantaix. m. Respiració fatigosa. *[resuello, jadeo]*

pantaixar. v. intr. Respirar agitadament. *[resollar, jadear, acezar]*

pantalla. f. Làmina prima de llenç o altra matèria per a recollir la llum artificial, especialment la projecció cinematogràfica. *[pantalla]* // Superfície metàl·lica per a defensar contra el foc o una forta reverberació. *[pantalla]* // Pàmpol de certes menes de llum. *[pantalla]*

pantaló. m. Peça de vestir que cobreix el tronc de la cintura per avall i, separadament, cada cama fins als peus. *[pantalón]*

panteó. m. En l'antiguitat, temple consagrat a tots els déus. *[panteón]* // Monument funerari per a l'enterrament de diferents cadàvers. *[panteón]*

pantera. f. Lleopard amb les taques de la pell circulars i anellades. *[pantera]*

pantomima. f. Peça dramàtica en què els personatges no s'expressen sinó amb gests. *[pantomima]*

panxa. f. Cavitat que conté l'estómac i els intestins, ventre. *[panza, barriga, vientre]* // Part d'una superfície que surt enfora. *[panza]*

panxut, uda. adj. Que té molta panxa. *[panzudo, barrigudo]*

pany. m. Tancador usat en les portes, calaixos, etc. *[cerradura]* // Disparador de les armes de foc. *[llave, cerrojo]* // Ample d'una paret llisa, d'una paret entre obertura i obertura. *[hastial, lienzo de pared]* // Cadascuna de les bandes de paret d'un carrer.

pap. m. Bossa membranosa que tenen els ocells al final del coll on reben el menjar. *[buche]*

papa. m. Pontífex o cap suprem de l'església catòlica. *[papa]*

papagai. m. Ocell de plomatge de colors virolats, propi dels països tropicals. *[papagayo]* // Persona molt xarradora.

papallona. f. Insecte lepidòpter de colors brillants amb quatre ales tingudes verticalment sobre el llom quan reposen. *[mariposa]*

papar. v. tr. Empassar-se alguna cosa sense mastegar, engolir. *[papar]*

paper. m. Fulla prima que s'obté d'una pasta feta de draps de fil o de cotó o matèria fibrosa posada en remull i estesa en motles. *[papel]* // Part representada per un actor. *[papel]* // pl. Documents que proven la identitat, etc., d'una persona. *[papeles]*

papera. f. Tumor que es produeix en el coll i galtes. *[papera]*

paperejar. v. intr. Manejar papers. *[papelear]*

paperer, era. adj. Relatiu o pertanyent al paper. // f. Objecte per a tenir el paper d'escriure, etc. *[papelera]* // Cistell per a llançar-hi els papers que no serveixen. *[papelera]*

papereria. f. Fabricació o comerç del paper. *[papelería]* // Botiga on venen paper. *[papelería]*

papereta. f. Full menut de paper en què es notifica alguna cosa, etc., cèdula. *[papeleta]*

papir. m. Planta de la família de les ciperàcies amb les fibres de la qual els antics fabricaven làmines per a escriure-hi al damunt. *[papiro]* // Làmina formada amb les fibres d'aquesta planta.

papussa. f. Menjar, aliment. *[manduca]*

paquebot. m. Embarcació que porta la correspondència pública i també generalment passatgers. *[paquebote]*

paquet. m. Conjunt de coses lligades i embolicades juntes. *[paquete]* // Bolic no molt gros. *[paquete]*

paqueteria. f. Comerç de paquets de fil, cotó, etc. *[paquetería]* // Conjunt de paquets. *[paquetería]*

paquiderm. adj. i m. Dit dels animals de pell gruixuda dura, com elefants, hipopòtams, porcs, tapirs, etc. *[paquidermo]*

par, a la. loc. adv. Expressió d'igualtat entre el valor efectiu i el nominal d'un títol negociable. *[a la par]*

paràbola. f. Narració que conté un ensenyament moral. *[parábola]* // En geometria corba que resulta de tallar un con per un pla paral·lel a una de les seues generatrius. *[parábola]*

paracaigudes. m. Aparell en forma de gran paraigües usat pels aviadors per a limitar la velocitat del descens. *[paracaídas]*

parada. f. Acció i efecte de parar. *[parada]* // Lloc de venda. *[parada]* // Formació de tropes a les quals s'ha de passar revista. *[parada]*

paradigma. m. Exemple, mostra completa d'una cosa, especialment d'una conjugació o d'una declinació. *[paradigma]*

paradís. m. Jardí delitós en què Déu posà el primer home. *[paraíso]* // Estada dels sants i benaventurats. *[paraíso]* // Qualsevol lloc molt plaent i agradós.

parador. m. Lloc on un es para o va a parar. *[parador]* // Baixador de ferrocarril. *[apeadero]* // Hostal.

paradoxa. f. Espècie insòlita i aparentment falsa. *[paradoja]* // Asserció falsa o inexacta, que es presenta amb aparença de veritable. *[paradoja]*

parafang. m. Banda de vaqueta, llanda, etc., col·locada davant i damunt les rodes dels carruatges per a guardar-los dels esguits de fang. *[parafango, guardabarros]*

parafernal. adj. Béns que porta la muller al matrimoni ultra el dot, o els que adquireix durant el matrimoni per herència o donació. *[parafernal]*

paràfrasi. f. Amplificació explicativa d'un text. *[paráfrasis]*

paragoge. f. Addició d'una o més lletres al final d'un mot. *[paragoge]*

paràgraf. m. Cadascuna de les divisions d'un escrit o d'un discurs. *[párrafo]*

paraigües. m. Arreu que serveix per a defensar-se de la pluja, que consisteix en una tela cosida a unes barnilles d'acer articulades. *[paraguas]*

paràlisi. f. Pèrdua parcial o total de la sensibilitat o del moviment. *[parálisis]*

paralitzar. v. tr. Causar una paràlisi. *[paralizar]* // Impedir l'acció o moviment d'una cosa. *[paralizar]*

parallamps. m. Aparell metàl·lic que es col·loca al cim d'un campanar, d'un edifici, etc., per a guardar-los del llamp. *[pararrayos]*

paral·lel, ela. adj. Dit de les línies o plans que es mantenen constantment equidistants. *[paralelo]* // m. Comparació d'una cosa amb una altra. *[paralelo]*

parament. m. La cara d'un mur. *[paramento]*

parament. m. Allò amb què es para o adorna alguna cosa. *[paramento]*

paràmetre. m. Valor constant i invariable que entra en l'equació de certes corbes. *[parámetro]*

parangó. m. Comparació. *[parangón]*

parangonar. v. tr. Posar en comparació una cosa amb una altra. *[parangonar]* // En tipografia, justificar dins una línia lletres de cossos diferents. *[parangonar]*

paranimf. m. Sala d'actes en algunes universitats. *[paraninfo]* // El qui fa el discurs de començament de curs en les universitats. *[paraninfo]*

parany. m. Trampa per a caçar o agafar animals. *[armadijo, trampa]* // Trampa per a enganyar o seduir algú. *[lazo, zancadilla, asechanza]*

parapet. m. Terraplé de defensa de les fortificacions. *[parapeto]* // Paret o barana de defensa. *[parapeto]*

parapetar. v. tr. Defensar amb parapets. *[parapetar]*

parapeu. m. Insistir i mantenir-se ferm en la pròpia opinió o en la sol·licitud d'una cosa. *[hincapié]*

parar. v. tr. i intr. Tr. Impedir l'acció o moviment. *[parar]* // Posar alguna cosa en disposició de servir a un fi. *[aparar]* // Intr. Deturar-se un vehicle, etc., en un punt determinat. *[parar]*

parasíntesi. f. Formació de paraules per derivació i composició alhora. *[parasíntesis]*

paràsit, àsita. adj. i m. i f. Dit de la planta o animal que viu a despeses d'un altre. *[parásito]*

para-sol. m. Ombrel·la gran. *[quitasol, parasol, sombrilla]*

paratge. m. Lloc, indret. *[paraje]* // Operació de parar a adobar un ordit. *[paraje]*

paratge. m. Ascendència elevada, noblesa de llinatge. *[abolengo]*

paraula. f. Allò que és dit. *[palabra]* // Prometença verbal. *[palabra]*. // Mot en tant que serveix per a expressar el pensament. *[palabra]* // pl. Allò que hom diu per oposició a allò que hom fa. *[paraules]*

paravent. m. Mampara composta de bastidors diferents que serveix per a resguardar de l'aire, establir una separació, etc. *[biombo]*

parc. m. Extensió de terreny cercat amb jardins, bosc, etc. *[parque]*

parc, arca. adj. Moderat en l'ús de les coses, en el menjar, etc., sobri. *[parco]*

parca. f. Cadascuna de les tres deïtats clàssiques que filen el fil de la vida. *[parca]* // Nom donat a la mort. *[parca]*

parcel·la. f. Tros reduït de terreny. *[parcela]*

parcel·lar. v. tr. Dividir en parcel·les. *[parcelar]*

parcer, era. m. i f. El qui pren o arrenda la terra a parts. *[aparcero]* // El qui té part amb altres en una heretat, negoci, etc. *[quiñonero]*

parcial. adj. Aplicat a una part d'un tot. *[parcial]* // Que procedeix amb parcialitat. *[parcial]*

pardal. m. Aucell molt comú en els nostres climes de plomatge gris fosc. *[gorrión]* // Moixó o aucell petit en general. *[pájaro]* // Home astut, que obra en profit propi. *[pillastre, pájaro]*

pare. m. Baró o mascle respecte als seus fills. *[padre]* // Títol que es dóna a certs religiosos. *[padre]* // Creador d'alguna cosa. *[padre]*

paréixer. v. intr. Tenir una aparença o aspecte determinat, semblar. *[parecer]*

parell, ella. adj. Igual o semblant a un altre. *[par]* // Dit del nombre que és divisible per dos. *[par]* // m. Conjunt de dues coses de la mateixa espècie. *[par]*

parèmia. f. Sentència breu, proverbi, refrany. *[paremia]*

parença. f. Aspecte exterior d'una persona o cosa. *[apariencia, semblante, vista]*

parent, enta. m. i f. Dit del qui és de la mateixa família per raó de consanguinitat o afinitat. *[pariente]*

parèntesi. m. Oració incidental que trenca, sense alterar-lo, el paràgraf. *[parén-*

tesis] // Cadascun dels signes ortogràfics ( ) dins dels quals pot ser continguda una oració incidental. *[paréntesis]*

parer. m. Opinió d'un sobre allò que cal fer, pensar, d'alguna cosa, etc. *[parecer]*

paret. f. Obra de fàbrica edificada per a tancar un espai. *[pared]*

pària. m. Membre d'una casta baixa de l'Índia. *[paria]* // Persona que és tinguda per vil i exclosa del tracte comú. *[paria]*

parir. v. tr. Expel·lir al temps degut, la femella, el fruit de la concepció. *[parir]*

parla. f. Llenguatge o llengua, manera de parlar. *[habla]*

parlament. m. Discurs, raonament parlat. *[parlamento, discurso]* // Assemblea legislativa dels estats constitucionals. *[parlamento]* // Recitat llarg d'un actor en la representació teatral.

parlamentar. v. intr. Parlar o enraonar uns amb altres. *[parlamentar]* // Entrar en tractes cercant d'arribar a un acord. *[parlamentar]*

parlar. v. intr. Expressar allò que es pensa mitjançant el llenguatge articulat. *[hablar]* // Dirigir la paraula a algú. *[hablar]*

parlar. m. Acció de parlar, manera de pronunciar, d'expressar-se. *[habla, lenguaje]*

parnàs, (pl. **assos**). m. Conjunt de poetes d'un poble, d'un temps, determinat. *[parnaso]*

paròdia. f. Imitació burlesca d'una obra seriosa. *[parodia]* // Allò que vol semblar una cosa que no és. *[parodia]*

parodiar. v. tr. Fer una paròdia, imitar grotescament. *[parodiar]*

parònim, ònima. adj. Aplicat als mots que tenen relacions de forma, so, semblança o etimologia. *[parónimo]*

parot. m. Libèl·lula més gran que l'ordinària. *[caballito del diablo]*

parotet. m. Libèl·lula de diferents gèneres, molt coneguda entre els xiquets valencians. *[libélula, caballito del diablo]*

paroxisme. m. Màxim d'intensitat d'un accés. *[paroxismo]*

parpella. f. Membrana movible que cobreix l'ull. *[párpado]*

parpellejar. v. intr. Moure les parpelles reiteradament. *[parpadear, pestañear]*

parra. f. Cep que es deixa créixer i que s'estén en nombroses branques. *[parra]*

parrac. m. Pedaç de roba molt usada. *[andrajo, pingajo, harapo]*

parricidi. m. Mort violenta donada al pare o la mare. *[parricidio]*

parròquia. f. Església on són administrats els sagraments, i territori de la seua jurisdicció territorial. *[parroquia]* // Clientela d'un comerciant o industrial. *[parroquia]*

parrup. m. Cant dels coloms i les tórtores. *[arrullo]*

parrús, (pl. **ussos**). m. Parra borda i el raïm que produeix. *[parriza]* // Vulva.

part. f. Tros o porció d'alguna cosa. *[parte]* // Allò que toca a cadascú quan es distribueix una cosa. *[parte]* // Lloc, banda, costat. *[parte]*

part. m. Acció de parir. *[parto]*

parterre. m. Espai de jardí ornamentat de flors, amb els seus caminals, etc. *[parterre]*

partició. f. Acció i efecte de partir o dividir. *[partición]* // Distribució de les parts d'una cosa. *[partición]*

partícip. adj. i m. i f. Que té part en alguna cosa. *[partícipe]*

participar. v. tr. i intr. Tr. Donar notícia d'alguna cosa. *[participar]* // Intr. Prendre, tenir part en alguna cosa. *[participar]*

participi. m. Adjectiu verbal que admet els adjunts i la construcció del verb del qual deriva. *[participio]*

partícula. f. Part molt menuda d'un cos. *[partícula]* // En gramàtica, element del llenguatge que generalment és ajuntat a altres paraules. *[partícula]*

particular. adj. Propi o privatiu d'una cosa. *[particular]* // m. Persona privada. *[particular]* // Singular, individual. *[particular]*

partida. f. Acció i efecte de partir o anar-se'n. *[partida]* // Assentament o registre de naiximent, baptisme, matrimoni o defunció. *[partida]* // Cadascun dels articles parcials que conté un compte. *[partida]* // Quantitat d'un gènere.

[partida] // Nombre de punts necessari per a guanyar un joc. *[partida]* // Sessió de joc. *[partida]* // Conjunt de gent organitzada per a algun fi. *[partida]*

partidari, ària. adj. i m. i f. Addicte a algun partit, a una persona o cosa. *[partidario]*

partidor, ora. m. i f. El qui parteix alguna cosa. *[partidor]* // m. Nom d'alguns instruments, que serveixen per a partir. *[partidor]*

partir. v. tr. i intr. Tr. Trencar pel mig, fendre. *[partir]* // Dividir. // Intr. Anar-se'n. // Prendre un fet, una data, etc., com a base per a un raonament, un càlcul, etc. *[partir]* // **-se.** Separar-se.

partit. m. Conjunt de persones que segueixen o defensen una mateixa opinió, etc. *[partido]* // Divisió territorial subjecta a una jurisdicció o administració. *[partido]* // En certes competicions esportives, sèrie de jugades que dura fins a atényer un límit definit. *[partido]*

partitiu, iva. adj. Que designa una part d'un tot. *[partitivo]*

partitura. f. Reunió conjunta de totes les parts d'una composició musical. *[partitura]*

parva. f. Curta porció d'aliment que es pren al matí els dies de dejuni. *[parvedad]*

pàrvul, àrvula. m. i f. Infant, especialment en el llenguatge escolar. *[párvulo]*

parvulari. m. Escola de pàrvuls. *[parvulario]*

parxe. m. La part de tela o de pell d'una corretja o cinturó. *[parche]*

parxís. m. Joc que es practica en un tauler amb quatre eixides i quatre fitxes. *[parchís]*

pas, (pl. **assos**). m. Cadascun dels moviments que fa l'home quan camina. *[paso]* // Acció i efecte de passar. *[paso]* // Esdeveniment notable en la vida d'un home. *[lance]* // Passatge d'una relació. // Representació plàstica d'algun moment de la passió del Senyor. *[paso]*

pasqua. f. Festa que es celebra en recordança de la resurrecció de Jesucrist. *[pascua]* // Qualsevulla de les festes de nadal i pentecostés. *[pascua]*

pasquí. m. Escrit anònim fixat en un lloc públic. *[pasquín]*

passa. f. Pas, especialment en tant que es compta. *[paso]* // Mesura de longitud de la llargària d'un pas. *[paso]* // Malaltia epidèmica regnant en una localitat. *[epidemia]*

passadís, (pl. **issos**). m. Pas llarg i estret. *[pasadizo, pasillo]*

passador, ora. adj. Que pot passar, tolerable. *[pasador]* // m. Barreta de ferro que serveix per a tancar una porta. *[pestillo]* // Mena d'agulla usada per les dones per a aguantar el pentinat. *[pasador]* // Colador amb fons de tela metàl·lica. *[pasador]* // Garbell.

passamà. m. Galó per a ornamentar o guarnir. *[pasamano]* // Vora dels balcons o baranes. *[pasamano]*

passaport. m. Document en què és donat permís de pas a un país estranger. *[pasaporte]*

passar. v. intr. Portar una cosa d'un lloc a altre. *[pasar]* // Travessar. // Transcórrer el temps. *[pasar]* // Arribar més enllà del terme assenyalat. *[pasar]* // **-se.** Cloure l'obertura d'una peça de vestir, fent passar els botons, cordons, etc., pels traus. *[abrocharse]*

passarel·la. f. Pont menut, tauló, etc., que permet travessar un riu o torrent. *[pasarela]*

passat. m. Allò que ha tingut lloc en altre temps. *[pasado]*

passatemps. m. Entreteniment, cosa que ens ajuda a passar el temps. *[pasatiempo]*

passatge. m. Acció de passar. *[pasaje]* // Preu que es paga per un viatge. *[pasaje]* // Tros d'un llibre, discurs, etc. *[pasaje]*

passatger, era. adj. i m. i f. Que passa de pressa, o que dura poc. *[pasajero]* // Viatger.

passe. m. Contrasenya de lliure accés. *[pase]*

passeig. m. Acció de passejar. *[paseo]* // Lloc per a passejar-hi. *[paseo]*

passejar. v. intr. i tr. Intr. Anar d'un costat a l'altre per a prendre l'aire, etc. *[pasear]* // Tr. Portar a passejar. *[pasear]*

passera. f. Cadascuna de les pedres, etc., convenientment col·locades per a poder passar un riu, torrent, etc. *[pasera]*

passerell. m. Aucell de llom cendrós i blanc de ventre, fàcilment domesticable. *[pardillo]* // Persona viva, astuta o molt alegre. *[pájaro]*

passi. m. Cada part de l'evangeli que descriu la passió de Jesucrist. *[paso, pasión]*

passió. f. Acció de patir o sofrir, especialment el suplici de Jesucrist. *[pasión]* // Inclinació viva, vehement, envers una persona o cosa. *[pasión]* // Afecte desordenat de l'esperit. *[pasión]*

passiu, iva. adj. Que rep una acció. *[pasivo]* // Que deixa fer als altres sense ell fer res. *[pasivo]* // m. Conjunt dels dèbits d'una persona. *[pasivo]*

past. m. Herba que el bestiar menja al prat. *[pasto]* // Lloc on pastura el bestiar. *[pasto]*

pasta. f. Barreja de farina i aigua o d'altres aliments que serveix per a fer pa, fideus i tota mena de pastisseries. *[pasta]* // Pastís. *[pastel]* // Preparació pròpia per a la fabricació de paper o d'altres matèries. *[pasta]*

pastanaga. f. Umbel·lífera d'arrel fusiforme cultivada per a aliment del bestiar, safanòria. *[zanahoria]*

pastar. v. tr. Convertir en pasta; treballar la pasta per a fer pa, etc. *[amasar]*

pastera. f. Caixa rectangular de fusta que serveix per a pastar. *[artesa, amasadera]* // Nínxol. // Naquera.

pastilla. f. Porció menuda de pasta quadrangular o redona de sucre o medicinal. *[pastilla]*

pastís, (pl. **issos**). m. Massa de farina, sucre i mantega o altres ingredients i cuita al forn. *[pastel]*

pastisser, era. m. i f. El qui fa o ven pastissos. *[pastelero]*

pastisseria. f. Lloc on fan o venen pastissos. *[pastelería]* // Conjunt de pastissos. *[pastelería]*

pastó. m. Porció de pasta maurada i disposada per a prendre forma de pa o d'un altre objecte. *[pasta]*

pastor, ora. m. i f. El qui guarda i pastura els ramats. *[pastor]* // m. Eclesiàstic que té cura d'ànimes. *[pastor]* // Sacerdot protestant. *[pastor]*

pastoral. adj. Relatiu o pertanyent als pastors. *[pastoral, pastoril]* // f. Escrit episcopal. *[pastoral]*

pastós, osa. adj. Que forma com una pasta. *[pastoso]* // Semblant a la pasta.

pastura. f. Acció de pasturar el bestiar. // El lloc on pastura. // L'herba que pastura. *[pasto]*

pasturar. v. intr. i tr. Intr. Menjar el bestiar l'herba dels camps. *[pacer]* // Tr. Portar a pasturar. *[pacer]*

pataca. f. Planta solanàcia oriünda d'Amèrica, de tubercles feculents alimentosos. *[patatera]* // Cadascun dels dits tubercles, creïlla, patata. *[patata]* // Pa cuit que té forma de mitja lluna. *[pataca]* // Antiga moneda de billó que valia aproximadament un gallet o aguileta.

patacada. f. Colp donat amb la mà plana. *[palmada]*

patata. f. Tubercle, nutritiu i molt feculent, pataca, creïlla. *[patata]*

patena. f. Plat d'or o d'argent on el sacerdot posa l'hòstia durant la missa. *[patena]*

patent. adj. Evident, manifest. *[patente]* // f. Document en què és reconegut algun càrrec, dret o privilegi d'invenció. *[patente]*

patentar. v. tr. Concedir o registrar una patent. *[patentar]*

patern, erna. adj. Relatiu o pertanyent al pare. *[paterno]*

patge. m. Criat jove dels grans senyors. *[paje]* // Jove, generalment noble, que estava al servei d'un príncep, etc. *[paje]*

patí. m. Aparell que es fixa a la sola del calçat i que serveix per a lliscar sobre el gel o sobre una superfície llisa. *[patín]*

pati. m. Espai clos i descobert dels edificis. *[patio]* // Lloc cobert que hi ha a l'entrada d'una casa, immediat a la porta del carrer. *[zaguán, atrio]* // Lloc lliure o desocupat. *[solar]*

patíbul. m. Lloc, cadafal, en què s'executa la pena de mort. *[patíbulo]*

patilla. f. Porció de pèl o barba que es deixa créixer a cada galta. *[patilla]*

pàtina. f. Tel verdós que prenen els objectes de bronze per una llarga exposició a l'aire. *[pátina]* // To que amb el temps prenen les pintures i altres objectes antics. *[pátina]*

patinar. v. intr. Lliscar amb patins per qualsevol superfície llisa. *[patinar]* // Relliscar un vehicle sense funcionar les rodes. *[patinar]*

patir. v. tr. i intr. Tr. Rebre l'acció d'alguna cosa que ens causa un dany, dolor, etc. *[padecer, sufrir]* // Intr. Tenir un mal o defecte habitual. *[padecer, sufrir]*

patologia. f. Ciència que tracta de les malalties. *[patología]* // Condició d'un òrgan, teixit, etc., produïda per una malaltia. *[patología]*

patracol. m. Paper escrit molt voluminós. *[papelón, papelote]*

patri, àtria. adj. Relatiu o pertanyent a la pàtria. *[patrio]* // Patern.

pàtria. f. La terra o país on un és nat. *[patria]* // País al qual es pertany com a ciutadà. *[patria]*

patriarca. m. Cap de família. *[patriarca]* // Nom donat a certs personatges de l'antic testament. *[patriarca]* // Títol de dignitat concedit als bisbes d'algunes esglésies. *[patriarca]*

patrici, ícia. m. i f. En l'antiga Roma, el qui pertanyia a la classe noble. *[patricio]* // Persona que sobresurt pel seu origen o virtuts. *[patricio]*

patrimoni. m. Béns heretats dels pares o adquirits per qualsevol títol. *[patrimonio]*

patriota. m. i f. El qui ama la seua pàtria. *[patriota]*

patró, ona. m. i f. Sant titular d'una església, una congregació, etc. *[patrón]* // Amo d'un establiment comercial, industrial, respecte dels seus dependents, obrers, etc. *[patrono]* // Mostra que serveix de model. *[patrón]* // El qui comanda una embarcació. *[patrón]* // El qui té dret de patronat en alguna cosa.

patrocinar. v. tr. Defensar, protegir una empresa, etc. *[patrocinar]*

patrocini. m. Protecció o sosteniment atorgat a algú o a alguna cosa. *[patrocinio]*

patronat. m. Dret o títol de patró. *[patronato]* // Corporació formada pels patrons. *[patronato]*

patronímic, ímica. adj. Que es deriva del nom d'un antecessor. *[patronímico]*

patrulla. f. Partida de soldats o gent armada, poc nombrosa, que ronda per mantenir l'orde d'una ciutat, campament, etc. *[patrulla]*

patufet. m. Xiquet menut. *[pulgarcillo, chiquitín]*

patuleia. f. Soldadesca en desorde. *[patulea]* // Gent desbandada i de mala mena. *[patulea, canalla]*

pau. f. Estat de tranquil·litat o quietud d'un país o entre els membres d'una família, etc. *[paz]* // Cerimònia de la missa cantada en què el celebrant besa l'altar i després abraça al diaca i aquest al subdiaca. *[paz]* // Imatge o relíquia que donen a besar al poble durant la missa. *[paz]*

pausa. f. Interrupció momentània de l'acció. *[pausa]* // Lentitud.

pauta. f. Patró, norma. *[pauta]* // Ratlla horitzontal que serveix de guia; el conjunt d'aquestes ratlles. *[pauta]* // Pentagrama.

pavelló. m. Tenda de campanya de forma cònica. *[pabellón]* // Edifici aïllat que forma part d'un altre edifici. *[pabellón]* // Bandera nacional. *[pabellón]*

pavés. m. Escut llarg i oblong que cobria quasi tot el cos. *[pavés]*

paviment. m. Revestiment del sòl perquè siga sòlid i uniforme. *[pavimento]*

pavimentar. v. tr. Revestir de paviment. *[pavimentar]*

pavonar. v. tr. Revestir amb pavó la superfície d'un metall ferrós. *[pavonar]*

pe, (pl. **es**). f. Nom de la lletra «p». *[pe]*

peanya. f. Pedestal d'una figura o d'un altar. *[peana]*

peatge. m. Dret que es paga per passar un camí, pont, etc. *[peaje]*

pebre. m. Llavor del pebrer, usada com a condiment. *[pimienta]*

pebrella. f. Espècie de frígola de fulla ampla i gust picant, molt aromàtica, usada en l'adob de les olives. *[pipirela, tomillo salsero]*

pebrera. f. Fruit de la pebrerera, molt usat com a aliment pel seu sabor. *[pimiento]*

pebrerera. f. Planta solanàcia, conreada pels seus fruits. *[pimentera]*

pebrot. m. Fruit del pebroter, usat com a condiment. *[pimiento]*

pebroter. m. Planta solanàcia cultivada pels seus fruits o pebrots. *[pimiento]*

peça. f. Tros o part d'una cosa. *[pieza]* // Cadascuna de les coses que formen una col·lecció, etc. *[pieza]* // Obra teatral. *[pieza]* // Composició musical. *[pieza]*

pecar. v. intr. Cometre una falta contra la llei divina. *[pecar]* // Excedir-se en qualsevol obligació. *[pecar]*

pecat. m. Transgressió de la llei de Déu o d'un precepte de l'Església. *[pecado]*

peçó. m. Capoll de fruita. *[pezón]* // Mugró de la mamella. *[pezón]* // Extrem del fusell que ix fora del botó de la roda d'un vehicle. *[pezón]* // El tendrum de l'orella que resguarda el conducte auditiu. *[pezón]*

pècora. f. Ovella. *[pécora]* // Persona bèstia, molt curta d'enteniment. *[pécora]*

pectoral. adj. Relatiu o pertanyent al pit. *[pectoral]* // m. Creu que com a insígnia pontifical porten sobre el pit els bisbes i altres prelats. *[pectoral]*

peculi. m. Diner que particularment té cadascú. *[peculio]*

peculiar. adj. Propi o privatiu d'una persona o cosa. *[peculiar]*

pedaç. m. Tros de roba cosit a un vestit per a tapar un forat. *[remiendo, parche, pedazo]*

pedagogia. f. Art d'ensenyar i educar als xiquets. *[pedagogía]* // Ciència, principis i regles de l'ensenyament. *[pedagogía]*

pedal. m. Peça que mou un mecanisme pitjant-la amb el peu. *[pedal]*

pedalejar. v. intr. Moure els pedals. *[pedalear]*

pedani, ània. adj. Aplicat a l'alcaldia d'un poble o aldea que només pot resoldre qüestions de poca importància. *[pedáneo]*

pedant. adj. Que té pedanteria. *[pedante]* // m. i f. El qui fa ostentació inoportuna d'erudició o de saber sense tenir-ne. *[pedante]*

pedanteria. f. Qualitat de pedant. *[pedantería]* // Acte propi d'un pedant.

pedestal. m. Peu o suport d'una columna, estàtua, etc. *[pedestal]*

pedestre. adj. Que va a peu o que es fa a peu. *[pedestre]* // fig. Vulgar, mancat d'elevació espiritual. *[pedestre]*

pediatria. f. Branca de la medicina que tracta de les malalties dels xiquets. *[pediatría]*

pedra. f. Matèria mineral dura i compacta, que no és ni terrosa ni d'aspecte metàl·lic. *[piedra]* // Pedra o concreció que es forma en diferents parts del cos. *[cálculo]*

pedrapiquer. m. El qui treballa les pedres. *[picapedrero]*

pedrega. f. Acció d'apedregar o tirar pedres. *[pedrea, pedrisco]* // Baralla a pedrades. *[pedrea]*

pedregada. f. El fet de caure pedra. *[granizada]* // Acció i efecte de pedregar, de llançar pedres. *[pedrea]*

pedregar. v. tr. i intr. Tr. Llançar pedres, batre a colps de pedra. *[apedrear]* // Intr. Caure pedra. *[granizar]*

pedrera. f. Lloc d'on extrauen pedra. *[cantera]*

peduncle. m. En botànica, cama que aguanta la fulla, la flor o el fruit. *[pedúnculo]*

pega. f. Substància negra o de color molt fosc, extraordinàriament viscosa. *[pega, pez]*

pegar. v. tr. i intr. Tr. Donar un colp, una empenta, etc. *[pegar]* // Intr. Tocar un cos amb certa violència a un altre. *[pegar]*

pegat. m. Empastre amb ungüent o bàlsem, per a ser aplicat a algun mal. *[pegado, parche]*

pegot. m. Empastre de pega. *[pegote, empegadura]* // Cosa que no fa cap bon efecte, en el lloc on s'ha posat. *[pegote]*

pegunta. f. Substància negra o de color molt fosc, extraordinàriament viscosa. *[pez, pega]*

peiró. m. Creu de terme col·locada a l'entrada d'un poble. *[padrón]*

peita. f. Tribut que es pagava al rei o al senyor territorial pels béns seents que es posseïen. *[pecha, pecho]* // Cens que paga un llogater. *[carga, servidumbre]*

peix. m. Animal vertebrat o invertebrat que viu exclusivament a l'aigua. *[pez]* // Home astut i sagaç, que la sap llarga. *[pez, pieza]*

peixcar. v. tr. Agafar peix traent-lo de l'aigua. *[pescar]*

péixer. v. tr. i intr. Tr. Fornir d'aliment o pastura a algú o a alguna bèstia. *[apacentar]* // Intr. Pasturar. *[pacer, pastar]*

pejoratiu, iva. adj. Aplicat al sentit pitjor o menys noble en què pot ser pres un vocable o una frase. *[peyorativo]*

pel. Contracció de la preposició «per» i l'article «el». *[por el]*

pèl. m. Filament que creix a la pell de la major part dels mamífers. *[pelo]* // Conjunt d'aquests filaments. *[pelo]* // Cosa de poca importància.

pelada. f. Acció de pelar. *[mondadura]* // Erosió a la pell. *[rasguño, pelada]*

peladilla. f. Ametla ensucrada. *[peladilla]*

pelar. v. tr. Llevar el pèl. *[pelar]* // Llevar la pell, corfa, etc. *[pelar]*

pelatge. m. El pèl d'un animal. *[pelaje]*

pelegrí, ina. m. i f. El qui per vot o devoció visita un santuari. *[peregrino]*

pelegrinar. v. intr. Peregrinar. *[peregrinar]*

pelfa. f. Teixit que té pèl en una de les seues cares. *[felpa]* // Reprensió molt aspra. *[felpa, repasata, trepe, rabona]*

pelicà. m. Ocell aquàtic de plomatge blanc. *[pelícano]*

pell. f. Teixit exterior que cobreix el cos de l'home i dels animals. *[piel]* // Pell d'un animal separada del cos i preparada a algún ús. *[piel]* // Coberta exterior de certes fruites. *[piel]*

pellerenca. f. Tros de pell que es desprén del cos d'una persona o animal o d'una fruita. *[pellejo, piltrafa]* // fig. Persona poc recomanable. *[granuja]*

pelleringa. f. Tros de pell arrancada del cos d'un animal. *[pelleja, piltrafa]*

pel·lícula. f. Pell o membrana molt prima. *[película]* // Tira de cel·luloide amb una col·lecció d'imatges fotogràfiques per a ser reproduïdes al cinematògraf. *[película]* // Conjunt i argument de les dites imatges. *[película]*

pellingot. m. Parrac, tros de roba vella. *[harapo, mengajo, andrajo]*

pellissa. f. Vestit de pells o folrat de pells. *[pelliza, zamarra]*

pellofa. f. Pell d'una fruita o llegum, pellorfa. *[pellejo, perfolla, gallarofa]*

pellorfa. f. Pelleta d'un cereal. *[perfolla]*

pellucar. v. tr. Prendre una cosa en petites quantitats. *[pellizcar, picar]*

peluca. f. Cabellera postissa. *[peluca]*

peluquer, era. m. i f. El qui té per ofici tallar els cabells, pentinar la cabellera de les dones. *[peluquero]* // El qui fa o ven peluques. *[peluquero]*

pelut, uda. adj. Que té molt de pèl. *[peludo, velludo]* // m. Estora o catifa d'espart amb pèl. *[peludo]* // Peix de mar, d'aletes molt grosses, que salta per fora de l'aigua. *[lucerna]*

pena. f. Sofriment, castic imposat per una falta o delicte. *[pena]* // Dolor o aflicció gran. *[pena]* // Dificultat, treball. *[pena]* // En nàutica, part més prima de l'antena. *[pena]*

penal. adj. Relatiu o pertanyent a la pena. *[penal]* // m. Lloc on els penats compleixen penes superiors a les d'arrest. *[penal]* // Paret lateral que en un edifici sol quedar al descobert per no tenir cases al costat. *[hastial]*

penar. v. tr. i intr. Tr. Imposar una pena a algú. *[penar]* // Intr. Patir un dolor, un treball, etc. *[penar]*

penca. f. Tira ampla i gruixuda que es trau d'alguna cosa. *[penca]* // Fulla, branca, carnosa de certes plantes i hortalisses. *[penca]* // Card. *[cardo]*

pencar. v. intr. Treballar o esforçar-se molt, sense repòs. *[apencar]*

pendanga. f. Dona malfaenera. *[holgazana]* // Dona de mal viure. *[pendón, puta]*

pendent. adj. Que penja. *[pendiente]* // Que està per resoldre's. *[pendiente]* // m. Terreny que fa baixada. *[pendiente]*

pendó. m. Penó. // Persona malfardada. *[zarrapastroso]* // Pedaç, drap vell. *[pingajo, harapo, mengajo]*

péndol. m. Cos suspés que pot oscil·lar penjat d'un fil o d'una barreta. *[péndulo]*

pèndul, èndula. adj. Que penja. *[péndulo]*

penedir-se. v. pron. Sentir penediment d'haver fet o deixat de fer alguna cosa. *[arrepentirse]*

penell. m. Peça giratòria col·locada en llocs elevats per a assenyalar la direcció del vent. *[veleta]*

penelló. m. Inflamació produïda pel fred en certs òrgans del cos. *[sabañón]*

penetrar. v. tr. Entrar en una cosa. *[penetrar]*

penicil·lina. f. Substància obtinguda dels cultius d'alguns fongs, que evita el creiximent de múltiples microbis. *[penicilina]*

península. f. Terra voltada d'aigua unida a una extensió major de terra per un istme. *[península]*

penis. m. Membre viril. *[pene]*

penitència. f. Penediment d'haver pecat. *[penitencia]* // Sagrament pel qual són perdonats els pecats del pecador penedit. *[penitencia]* // Pena que imposa el confessor com a satisfacció del pecat.

penitent. adj. i m. i f. Que es penedeix d'haver pecat. *[penitente]* // Que fa penitència. *[penitente]*

penjador. m. Utensili que serveix per a penjar. *[percha, colgadero]*

penjament. m. Acció de penjar. *[suspensión]* // Cosa que s'imputa a algú. *[denuesto, dicterio]*

penjar. v. tr. i intr. Tr. Fer aguantar una cosa sense que toque terra. *[colgar]* // Donar mort a algú per estrangulació penjant-lo amb una corda. *[ahorcar]* // Intr. Estar una cosa aguantada per la seua part superior. *[pender]*

penja-robes. m. Penjador per a penjar-hi peces de roba. *[percha]*

penjoll. m. Grup de fruits o flors que pengen formant raïm. *[colgajo]* // Joia o ornament que una persona porta penjat. *[dije, colgante]*

penjollós, osa. adj. Carregat de penjolls.

penó. m. Bandera o estandard que era usat com a insígnia d'un cavaller, d'un regiment, etc. *[pendón]*

penombra. f. Ombra dèbil entre la llum i la foscor. *[penumbra]*

pensa. f. Facultat de pensar. *[pensamiento]* // Exercici de la facultat de pensar. *[pensamiento]*

pensament. m. Acció i efecte de pensar. *[pensamiento]* // Facultat de pensar. *[pensamiento]*

pensar. v. intr. i tr. Intr. Exercir l'esperit la facultat de concebre, de jutjar, d'inferir. *[pensar]* // Tr. Tenir el propòsit de fer alguna cosa. *[pensar]*

pensió. f. Renda anyal que produeix un capital o finca. *[pensión]* // Quantitat concedida a algú per servicis o mèrits extraordinaris. *[pensión]* // Casa on es dóna allotjament i menjar per un preu convingut. *[pensión]*

pentàgon. m. Polígon de cinc costats. *[pentágono]*

pentagrama. m. Les cinc ratlles paral·leles sobre les quals s'escriuen les notes musicals. *[pentagrama]*

pentecosta. f. Pasqua granada, festivitat de la vinguda de l'Esperit Sant esdevinguda cinquanta dies després de la pasqua de resurrecció. *[pentecostés]*

pentinador, ora. adj. i m. i f. Que pentina. *[peinador]* // m. Cos de tela lleugera que es posen les dones, especialment per a pentinar-se. *[peinador]*

pentinar. v. tr. Desembullar, netejar o compondre els cabells. *[peinar]* // Netejar el lli, un manyoc de fibres, etc. *[rastrillar]*

péntol. m. Tros d'una cosa que penja. *[triza, colgajo]* // Tros d'una cosa esqueixada, etc. // Parrac de roba que penja. *[pedazo, trocito]*

penúltim, última. adj. Immediatament abans de l'últim o darrer. *[penúltimo]*

penúria. f. Escassetat o manca de les coses més necessàries. *[penuria]*

penya. f. Gros bloc o massa de pedra al descobert. *[peña]* // Colla d'amics que es reuneixen sovint a un mateix lloc. *[peña]*

penyal. m. Penya gran i elevada. *[peñón, peñasco]* // Penya aïllada. *[peñón]*

penya-segat. m. Penya tallada a plom. *[acantilado]*

penyora. f. Objecte donat per garantia d'un deute o contracte. *[prenda]*

peó. m. El qui va a peu, especialment soldat a peu. *[peón, andador]* // Treballador a jornal en aquelles coses que no requereixen cap habilitat especial. *[peón]*

per. Preposició que indica les relacions de causa o motiu, mitjà, lloc, temps, manera i autor. *[por]* // Seguida de la preposició «a» indica la destinació, l'objecte. *[para]*

pera. f. Fruit de la perera. *[pera]* // Recipient de goma, etc., en forma de pera. *[perilla]* // Floquet de pèl que es deixa créixer a la punta de la barba. *[perilla]*

peralt. m. En algunes voltes, arcs, etc., allò que excedeix al semicercle. *[peralte]* // En una corba de carretera, via fèrria, etc., diferència d'alçada entre els costats. *[peralte]*

perbocar. v. tr. Expel·lir per la boca, vomitar. *[vomitar, arrojar]*

percaç. m. Acció i efecte de percaçar. *[busca]* // Profit eventual. *[percance]* // Contratemps, incident inesperat i desagradable. *[percance]*

percaçar. v. tr. Perseguir la consecució d'alguna cosa, cercar amb ardor. *[percanzar, buscar]*

percebre. v. tr. Rebre les impressions per mitjà dels sentits. *[percibir]* // Rebre alguna cosa. *[percibir]*

percepció. f. Acció i efecte de percebre. *[percepción]* // Sensació interna, resultat d'una impressió material. *[percepción]*

percudir. v. tr. Donar un colp, colpejar una cosa. *[percutir, sacudir]*

percussió. f. Acció i efecte de percudir. *[percusión]*

perdedís, issa. adj. Que es perd amb facilitat. *[perdedizo]* // Dit d'allò o d'aquell que es fingeix que es perd.

perdició. f. Ruïna moral o espiritual. *[perdición]*

perdiganya. f. Perdiu novella. *[perdigón, perdigana]*

perdigó. m. Cadascun dels grans de plom emprats com a munició de caça. *[perdigón]*

perdigot. m. El mascle de la perdiu. *[perdigón]*

perdiguer, era. adj. Relatiu o pertanyent a les perdius. *[perdiguero]* // Dit del gos bo per a caçar perdius. *[perdiguero]* // m. Sarró per a posar les perdius mortes. *[zurrón]*

perdis. m. Perdulari, home perdut, de mala conducta moral. *[perdulario, perdis, perdido]*

perdiu. f. Aucell gallinaci de grossària mitjana la carn de la qual és molt estimada com a comestible. *[perdiz]*

perdó. m. Acció i efecte de perdonar. *[perdón]*

perdonar. v. tr. Concedir perdó. // Deixar passar sense castic una falta. // No guardar cap malvolença per una ofensa rebuda. *[perdonar]* // Absoldre algú d'un castic. *[perdonar]* // Excusar.

perdonavides. m. Dit de l'home fanfarró que es glorieja de valent. *[perdonavidas]*

perdre. v. tr. Deixar de tenir una cosa que hom posseïa. *[perder]* // Ocasionar dany o ruïna espiritual o temporal. *[perder]* // Ser vençut en una contesa. *[perder]*

pèrdua. f. Acció i efecte de perdre. *[pérdida]*

perdulari, ària. m. i f. Negligent en els seus interessos o en la seua persona. *[perdulario]* // Molt viciós. *[perdulario]*

perdurar. v. intr. Durar molt de temps. *[perdurar]*

perdut, uda. adj. i m. i f. Persona de mala conducta moral. *[perdido, perdulario]*

peregrí, ina. adj. Rar, poques vegades vist. *[peregrino]*

peregrinar. v. intr. Viatjar per terres estranyes, de poble en poble. *[peregrinar]*

peremptori, òria. adj. Que no admet dilació. *[perentorio]*

perenne. adj. Sense cessació ni intermissió, perpetu, que dura sempre. *[perenne, perennal]*

perer. m. Perera. *[peral]*

perera. f. Arbre de la família de les rosàcies, de flors blanques, el fruit del qual és la pera. *[peral]*

peresa. f. Repugnància al treball, a l'acció. *[pereza]* // Lentitud a obrar. *[pereza]*

perfecció. f. Qualitat de perfecte. *[perfección]* // Cosa perfecta. *[perfección]*

perfeccionar. v. tr. Millorar una cosa acostant-la tant com se pot a la perfecció. *[perfeccionar]*

perfecte, ecta. adj. Que no té el més menut defecte. *[perfecto]*

perfet, eta. adj. Aplicat a allò que no manca res per a estar ben acabat. *[perfecto]* // m. Temps del verb que expressa una acció completament complida en el moment a què hom es refereix. *[perfecto]*

pèrfid, èrfida. adj. Traïdor, deslleial, envers el qui confia. *[pérfido]*

perfil. m. Contorn d'una figura plana, de la projecció d'un cos sobre la superfície, de la cara vista de costat, etc. *[perfil]* // Traç fi, especialment el que es fa amb la ploma escrivint o dibuixant. *[perfil]*

perfilar. v. tr. Dibuixar el contorn o perfil d'una cosa. *[perfilar]* // Afinar, acabar acuradament una cosa. *[refinar]* // **-se.** Posar-se de perfil, mostrar-se netament de perfil.

perforar. v. tr. Foradar de banda a banda, travessar foradant. *[perforar]*

perfum. m. Olor agradable. *[perfume, aroma]* // Substància usada per a perfumar.

perfumar. v. tr. Omplir, impregnar l'aire d'una habitació, d'un lloc, etc., d'un fum olorós cremant una herba o substància aromàtica. *[perfumar, sahumar]* // Aromatitzar una cosa cremant matèries que fan perfum. *[perfumar]* // Impregnar d'un perfum. *[perfumar]* // Escampar bona olor. *[perfumar]*

pergamí. m. Pell de cabra, ovella, vedell, adobada i estirada. *[pergamino]* // Document escrit en aquesta matèria. *[pergamino]*

pèrgola. f. Enreixat sostingut per pilastres, perquè s'hi enfilen plantes arrapadisses, etc. *[pérgola]*

pericarp. m. Part exterior del fruit que envolta la llavor, que pot ser membranós, carnós, etc. *[pericarpio]*

perícia. f. Habilitat i coneiximents en la pràctica d'una art, etc., pràctica. *[pericia]*

perifèria. f. Contorn d'una figura curvilínia. *[periferia]* // Part externa de les coses. *[periferia]*

perífrasi. f. Frase usada com a equivalent d'un mot, circumlocució. *[perífrasis]*

perill. m. Possibilitat imminent d'algun dany o pèrdua. *[peligro]*

perillar. v. intr. Estar en perill. *[peligrar]*

perímetre. m. Contorn d'una figura. *[perímetro]* // Àmbit, espai ocupat per una figura. *[perímetro]*

període. m. Porció de temps limitat i determinat per l'ocurrència d'algun fenomen. *[período]* // En gramàtica, conjunt de clàusules amb un sentit complet. *[período]* // En matemàtiques, xifra o grup de xifres que es repeteixen indefinidament en els quocients inexactes. *[período]*

periòdic, òdica. adj. Relatiu o pertanyent al període. *[periódico]* // Que s'esdevé a períodes de temps fixos o determinats. *[periódico]* // m. Publicació que apareix en certs dies o per temps determinat. *[periódico]*

periodista. m. i f. Persona que compon un periòdic o que hi escriu o l'edita. *[periodista]*

periple. m. Viatge de circumnavegació, o obra en què és descrit. *[periplo]*

perir. v. intr. Deixar d'existir. *[perecer]*

periscopi. m. Aparell de visió que porten els submarins. *[periscopio]*

perit, ita. adj. i m. i f. Expert, entés en una matèria determinada. *[perito]*

peritar. v. tr. Sotmetre a un peritatge. *[peritar]*

peritatge. m. Exercici o emoluments del perit. *[peritaje]* // Carrera de perit. *[peritaje]*

peritoneu. m. Membrana serosa que cobreix la part interna del ventre. *[peritoneo]*

perjudicar. v. tr. Causar perjudici. *[perjudicar]*

perjudici. m. Dany causat al bon estat, marxa, èxit d'algú o d'alguna cosa. *[perjuicio]*

perjuí, (pl. **ís**). m. Perjudici. *[perjuicio]*

perjur, ura. adj. i m. i f. Que jura en fals. *[perjuro]* // Que manca al jurament donat. *[perjuro]*

perjurar. v. intr. i tr. Intr. Jurar en fals. *[perjurar]* // Tr. Jurar insistentment.

perjuri. m. El fet de jurar en fals, de mancar al jurament donat. *[perjurio]*

perla. f. Concreció nacrada que es forma a l'interior de la conquilla d'alguns molluscs. *[perla]* // Cosa preciosa o exquisida comparable a una perla. *[perla]* // fig. Persona o cosa excel·lent. *[perla]*

perllongar. v. tr. Fer més llarga alguna cosa, afegint-hi una peça addicional. *[prolongar, alargar]* // Diferir, retardar, deixar per a més tard, ajornar. *[diferir, aplazar]*

permanent. adj. Que es manté en el mateix estat sense canvi, sense moure's. *[permanente]*

permeable. adj. Que pot esser penetrat per un líquid. *[permeable]*

permetre. v. tr. Donar llibertat, no impedir de fer alguna cosa. *[permitir]* // **'s.** Prendre's la llibertat. *[permitirse]*

permís, (pl. **issos**). m. Consentiment formal, llicència donada a algú de fer alguna cosa. *[permiso]*

permuta. f. Canvi d'una cosa que hom posseeix, d'un càrrec, d'un benifet, per un altre. *[permuta]*

permutar. v. tr. Canviar una cosa per una altra. *[permutar]*

pern. m. Peça cilíndrica de ferro, etc., que serveix per a fixar o fermar l'una a l'altra dues o més peces. *[perno, tornillo]* // Eix que posen per a fer girar una porta, etc. *[perno]*

pernet. m. Peça de ferro col·locada a la part superior d'una porta i que, en alçar-la i deixar-la caure serveix per a cridar. *[aldaba, picaporte]*

pernil. m. Cuixa d'un animal, especialment del porc. *[pernil, jamón]*

pernoctar. v. intr. Passar la nit en un lloc qualsevol fora de la pròpia llar. *[pernoctar]*

pernoliar. v. tr. Extremunciar, administrar els sants olis als malalts. *[olear, extremaunciar]*

però. conj. i adv. Marca l'oposició entre els dos membres que enllaça. *[pero]* // (pl. **òs**). m. Dificultat, defecte, objecció. *[pero]*

perol. m. Recipient de forma hemisfèrica per a cuinar. *[perol, caldero]* // Recipient de terrissa, com l'olla, però hemisfèric. *[perol]*

peroné, (pl. **és**). m. Os llarg i prim de la cama situat al costat extern de la tíbia. *[peroné]*

perorar. v. intr. Parlar molt i amb gran èmfasi. *[perorar]*

perpal. m. Barra de ferro o fusta per a alçaprémer. *[palanca, alzaprima]*

perpetrar. v. tr. Executar un delicte, etc. *[perpetrar]*

perpetu, ètua. adj. Que dura sempre o per temps indefinit. *[perpetuo]*

perpetuar. v. tr. Fer perpetu, fer durar constantment. *[perpetuar]*

perplex, exa. adj. Que no sap a quina part, etc., decantar-se, indecís, dubtós. *[perplejo]*

perquè. conj. Conjunció causal i final. *[porque]* // m. Raó per la qual. *[porqué]*

perquerir. v. tr. Indagar, escorcollar, inquirir, investigar. *[perquirir]*

perquisició. f. Escorcoll judicial, acció de perquirir. *[perquisición]*

persecució. f. Acció i efecte de perseguir. *[persecución]*

perseguir. v. tr. Seguir a algú que fuig per tal d'agafar-lo. *[perseguir, seguir]* // Sollicitar amb insistència. *[perseguir]* // Atacar en justícia. *[perseguir]* // Infligir penes als adeptes a una creença, etc. *[perseguir]*

perseverança. f. Acció de perseverar. *[perseverancia]* // Persistència en alguna cosa empresa. *[perseverancia]* // Ració de menjar que es dóna en els establiments de beneficència. *[pitanza]*

perseverar. v. intr. Persistir en una manera de ser, d'obrar. *[perseverar]*

persiana. f. Mena de gelosia movible feta amb planxetes de ferro, plàstic o fusta formant com una cortina. *[persiana]*

persignar. v. tr. Senyar algú o alguna cosa. *[persignar]* // **-se.** Fer tres creus amb el dit polze de la mà dreta, una al front, l'altra a la boca i la tercera al pit. *[persignarse]*

persistir. v. intr. Mantenir-se ferm en una cosa. *[persistir]* // Durar llarg temps. *[persistir]*

persona. f. Individu de l'espècie humana.

[persona] // Accident gramatical del verb que indica la condició del subjecte d'una proposició respecte a aquell qui la formula. *[persona]*

personal. adj. Relatiu o pertanyent a la persona. *[personal]* // m. Conjunt de persones que treballen en un mateix establiment. *[personal]*

personalitat. f. Allò que fa que un ser siga una persona i no una cosa o abstracció. *[personalidad]* // Allò que caracteritza cada persona. *[personalidad]*

personalitzar. v. tr. Referir-se a una persona determinada. *[personalizar]* // Fer personal un verb impersonal.

personar-se. v. pron. Anar en persona, presentar-se. *[personarse]*

personatge. m. Persona que ocupa una certa situació. *[personaje]* // Cadascun dels sers que intervenen en l'acció d'una obra literària. *[personaje]*

personificar. v. tr. Atribuir accions i qualitats pròpies d'una persona a un ser irracional, a coses inanimades o abstractes. *[personificar]* // Realitzar o representar algú en la seua persona una qualitat, defecte, doctrina, opinió, sistema, etc.

perspectiva. f. Art de representar sobre una superfície plana o corba els objectes tal com apareixen a la vista. *[perspectiva]* // Vista d'un conjunt d'objectes que dóna una impressió de distància. *[perspectiva]*

perspicaç. adj. De visió mental aguda. *[perspicaz]*

perspicàcia. f. Agudesa de l'ingeni, qualitat de perspicaç. *[perspicacia]*

persuadir. v. tr. Convéncer, induir a creure, a fer, alguna cosa. *[persuadir]*

persuasió. f. Acció i efecte de persuadir. *[persuasión]*

pertànyer. v. intr. Ser una cosa propietat d'algú. *[pertenecer]* // Formar part d'una cosa. *[pertenecer]* // Correspondre alguna cosa a algú perquè és ell qui té obligació de fer-la. *[pertenecer]*

pertinaç. adj. Obstinat en un propòsit, persistent en una opinió. *[pertinaz]*

pertinença. f. El fet de pertànyer a algú, a alguna cosa. *[pertenencia]*

pertinència. f. Pertinença. *[pertenencia]*

pertocar. v. intr. Correspondre alguna cosa a algú en un repartiment. *[corresponder, pertenecer]* // Pertànyer a algú de fer una cosa.

pertorbació. f. Acció i efecte de pertorbar o de pertorbar-se. *[perturbación]*

pertorbar. v. tr. Trastornar l'orde o el repòs de les coses. *[perturbar]*

pertot. adv. En tot lloc o en tota cosa. *[por todas partes, en todo]*

pertret. m. Conjunt d'instruments necessaris per a una operació. *[pertrechos]*

pervenir. v. intr. Passar de l'un a l'altre ús o domini d'alguna cosa. // Arribar al fi que ens havem esforçat a atényer. *[llegar]*

pervers, ersa. adj. Que ama el mal, sumament depravat. *[perverso]*

pervertir. v. tr. Desviar la rectitud, viciar. *[pervertir]*

pervindre. v. intr. Infinitiu irregular del verb *pervenir,* extret per analogia del futur d'indicatiu: *pervindré, pervindràs, pervindrà...* pervindre. *[llegar]*

perxa. f. Pal llarg i estret. *[percha, pértiga]* // Peça de fusta amb ganxos que serveix per a penxar robes, etc. *[percha]*

perxa. f. Mida de longitud agrària igual a dues passes o deu peus. En el sistema valencià equival a 3'02 metres, quasi braça i mitja.

perxa. f. Nom d'una classe del joc de pilota valenciana.

perxar. v. tr. i intr. Tr. Apelfar els teixits amb la perxa. *[perchar]* // Intr. Fer anar una embarcació exercint una pressió al fons de l'aigua per mitjà d'una perxa. *[perchar]*

pes. m. Acció i efecte de pesar. *[peso]* // Instrument per a pesar. *[peso]* // Allò que resulta de l'acció de la gravetat damunt totes les molècules d'un cos. *[peso]* // Cosa pesada que un fa servir per a equilibrar o subjectar alguna cosa. *[pesa]* // Càrrega, gravamen o molèstia. *[peso]* // fig. Importància, força qualitativa d'una persona o cosa.

pesar. v. tr. i intr. Tr. Mesurar el pes d'un cos. *[pesar]* // Intr. Tenir pes. *[pesar]* // Saber greu, donar disgust. *[pesar]*

pesar. m. Pena que sentim per alguna cosa de què ens penedim. *[pesar, pesadumbre]*

pesca. f. Acció de pescar. *[pesca]* // El peix pescat. *[pesca]*

pescador, ora. adj. Relatiu o pertanyent a la pesca. *[pescador]* // m. i f. Que pesca. *[pescador]*

pescar. v. tr. Agafar peix traent-lo de l'aigua. *[pescar]*

pesebre. m. Menjadora en forma de caixó situada a l'estable on mengen els animals superiors. *[pesebre]* // Betlemet. *[belén, nacimiento]*.

pésol. m. Pesolera, planta lleguminosa que fa unes llavors comestibles dins unes tavelles. *[guisante]* // Fruit de la pesolera. *[guisante]*

pesolera. f. Planta papilionàcia que fa els pésols. *[guisante]*

pesseta. f. Moneda que constitueix la unitat monetària espanyola. *[peseta]*

pessic. m. Premuda que es fa pessigant. *[pellizco]* // El senyal que deixa sobre la pell. *[pellizco]* // Porció d'alguna cosa que es pren amb els dits. *[pellizco]*

pessigar. v. tr. Prémer una porció de pell, carn, etc., d'algú o d'alguna cosa entre el dit polze i un altre dit. *[pellizcar]* // Picotejar. // Prendre amb els dits, la boca, etc., una petita quantitat d'alguna cosa, uns grans d'una fruita, etc. *[pellizcar]*

pessigolles. f. pl. Sensació experimentada per certes parts del cos en ser tocades ràpida i lleugerament i que provoca involuntàriament la rialla. *[cosquillas]*

pèssim, èssima. adj. Extremadament dolent. *[pésimo, malísimo]*

pessimisme. m. Propensió a veure i jutjar les coses per llur aspecte més desfavorable. *[pesimismo]* // Doctrina segons la qual tot, en la naturalesa, tendeix al mal. *[pesimismo]*

pesta. f. Malaltia contagiosa que causa una gran mortaldat. *[peste]* // Abundor excessiva d'una cosa. // Mala olor. *[pestilencia]* // Dit d'una persona, etc., que pot causar dany.

pestanya. f. Cadascun dels pèls que naixen a les vores de les parpelles. *[pestaña]* // Rebava a la vora d'una cosa. *[pestaña]*

pestell. m. Passador per a tancar una porta a guisa de forrellat. *[pestillo]* // Peça de ferro corredora d'un pany. *[pestillo, pasador]*

pet. m. Soroll que fa un cosa quan s'obri o es trenca. *[estallido]* // Ventositat evacuada per l'anus amb soroll. *[pedo, cuesco]* // fig. Embriaguesa.

petaca. f. Estoig de cuiro per a portar el tabac. *[petaca]*

pètal. m. Cadascuna de les fulles que formen la corol·la d'una flor. *[pétalo]*

petar. v. intr. i tr. Intr. Fer un soroll sec una cosa que es trenca, es bada, esclata, etc. *[estallar, restallar, chasquear]* // Tr. Trencar. // **-se.** Fer pets o ventositats una persona o animal. *[ventosearse]*

petard. m. Morteret destinat a produir una explosió. *[petardo]*

petarrellejar. v. intr. Fer un seguit de pets. *[crepitar, chisporrotear]*

petejar. v. intr. Fer pets, ventositats sorolloses. *[peer]*

petge. m. Peu o base damunt el qual es manté un moble o altre objecte. *[pie]* // Fonament i sosteniment d'alguna cosa.

petició. f. Acció de demanar. *[petición]* // Demanda escrita adreçada a una autoritat, etc., que té el poder de concedir. *[petición]*

petit, ita. adj. Curt d'extensió, limitat, que no té les dimensions ordinàries, menut. *[pequeño, chico]* // Insignificant, poca cosa. *[pequeño, chico]* // Xic, xiquet, xicotet. *[pequeño, chico]*

petitesa. f. Qualitat de petit. *[pequeñez]* // Cosa de poca importància, insignificant. *[pequeñez]*

petja. f. Rastre o senyal que deixa imprés el peu o altra cosa. *[huella]*

petjar. v. tr. Posar el peu damunt alguna cosa, especialment a terra caminant. *[pisar, hollar]*

petrificar. v. tr. Transformar alguna cosa en pedra. *[petrificar]*

petroler, era. adj. Relatiu al petroli. *[petrolero]* // m. Vaixell per a transportar petroli. *[petrolero]*

petroli. m. Líquid oliós, inflamable, que és trobat en els estrats subterranis de la terra. *[petróleo]*

petulància. f. Qualitat de petulant. *[petulancia]* // Insolència, gosadia.

petulant. adj. Que té petulància, d'una immodèstia arrogant, insolent. *[petulante]*

petúnia. f. Planta solanàcia de jardí, que fa flors acampanades de color blanc, morat o jaspiat. *[petunia]*

petxina. f. Closca de mol·lusc semicircular, de dues valves. *[pechina]* // Mol·lusc bivalve. *[almeja]*

peu. m. Part terminal de les extremitats abdominals de l'home que comprén el tars, el metatars i els dits. *[pie]* // Base o sosteniment d'alguna cosa. *[pie]* // Grup de síl·labes que es pren com a unitat mètrica del vers. *[pie]* // Mesura de la pasta d'oliva premsada en una volta. *[pie]* // Mesura de longitud de la llargària d'un peu, que en el sistema valencià és la tercera part de la vara, i correspon al «foot» anglés i equival a 0'302 metres. *[pie]*

peüc. m. Calçat de roba o de punt per a abrigar el peu. *[peúco, escarpín, peal]*

peülla. f. Pota de l'animal de peu forcat. *[pezuña]*

pevet. m. Encenser sostingut amb un peu *[pebete]* // El mateix perfum que s'hi crema. *[pebete]* // Pasta aromàtica que en cremar-se produeix una olor suavíssima. *[pebete]*

pi. m. Arbre conífer resinós sempre verd, de fulles estretes, que té per fruit la pinya i per llavor el pinyó. *[pino]*

pi. f. Nom de la lletra grega π equivalent a la nostra «p» i usada en matemàtiques com a símbol de la relació de la circumferència al diàmetre: $\pi = 3'141592...$

piadós, osa. adj. Inclinat a la pietat i a la commiseració. *[piadoso]*

piano. m. Instrument musical de teclat i percussió. *[piano]* // En veu baixa, amb so poc perceptible. *[piano]*

pic. m. Acció i efecte de picar, de donar un colp amb un instrument de punta i contundent. *[golpe]* // Colp donat a la porta amb l'argolla, a la campana amb el batall. *[aldabada]* // Forat fet amb una agulla o punxó en un paper. *[punto]* // Cim agut d'una muntanya. *[pico]* // Aïna formada per un mànec de fusta i una peça de ferro o acer acabada en punta pels seus extrems. *[piqueta]*

pica. f. Llança antiga, usada per la infanteria. *[pica]* // Garrotxa del picador de bous. *[pica]* // Peça de pedra, etc., amb una concavitat destinada a rebre aigua o altre líquid. *[pila]*

picamà. m. La maça amb què es pica i remena el que hi ha en el morter. *[maza]*

picapedrer. m. Pedrapiquer. *[picapedrero]*

picaplets. m. i f. Que mou fàcilment plets i disputes. *[picapleitos]* // Mot amb què es designa despectivament un advocat. *[picapleitos]*

picaporta. m. Anella, peça en forma de martell, penjada a una porta que serveix per a trucar. *[picaporte, aldaba, llamador]* // pl. El qui va demanant caritat de porta en porta. *[mendigo, pordiosero]*

picar. v. tr. Punxar, ferir amb un instrument de punxa. *[picar]* // Mossegar els aucells i alguns insectes. *[picar]* // Estimular vivament. *[picar]* // Tenir una cosa un preu molt alt. *[picar]* // Ensinistrar un cavall. *[picar]* // Mossegar el peix l'esquer de l'ham. *[picar]* // Donar colps amb una maça o martell. *[machacar]*

picardia. f. Condició de picardiós. *[picardía]* // Acte propi d'una persona picardiosa. *[picardía]* // Acció enganyosa. *[picardía]*

picó. m. Instrument de fusta, pesat i gros, en forma de con trencat, per a afermar una capa de terra, grava, etc. *[pisón]* // Pica menuda.

picola. f. Aïna semblant a un martell, però que té el ferro acabat en tall horitzontal per un extrem i en tall vertical per l'altre. *[piqueta, alcotana]*

picolar. v. tr. Tallar a trossets menuts, reduir una cosa a bocins. *[desmenuzar, trinchar, picar]*

picor. f. Molèstia que dóna una cosa que pica, especialment a la pell i que fa ganes de rascar-se. *[picor, picazón, comezón]*

picot. m. Aïna d'obrer de vila, els caps de la qual són, respectivament, l'un pla i l'altre agut. *[piqueta, zapapico]* // Magall. // Esquella grossa. *[cencerro]*

picota. f. Columna on exposaven els caps dels sentenciats, o els reus a la vergonya. *[picota]* // Destral.

pictòric, òrica. adj. Relatiu o pertanyent a la pintura. *[pictórico]*

pidolar. v. tr. Demanar humilment un favor, almoina, etc. *[mendigar, pedir]*

pietat. f. Devoció a les coses santes. *[piedad]* // Sentiment de dolor que suscita la desgràcia dels altres. *[piedad]*

pietós, osa. adj. Que sent o expressa pietat. *[piadoso]*

pífia. f. Colp en fals, espifiada, cosa desencertada. *[pifia]*

piga. f. Taca fosca produïda en la pell humana. *[peca]*

pigallós, osa. adj. Que té pigues, pigat.

pigat, ada. adj. Que té pigues. *[pecoso]*

pigment. m. Matèria colorant de les substàncies orgàniques. *[pigmento]*

pigmeu, ea. adj. i m. i f. Persona de molt poca alçària. *[pigmeo]*

pignorar. v. tr. Empenyorar. *[pignorar]*

pigós, osa. adj. Pigat, pigallós. *[pecoso]*

pigota. f. Malaltia aguda, febril i contagiosa, que es manifesta per una erupció de grans a la pell. *[viruela]*

pijama. m. Vestit de dormir que consisteix en una brusa curta i uns pantalons de tela fina. *[pijama]*

pila. f. Reunió d'objectes posats regularment els uns sobre els altres. *[pila]* // Recipient per a contenir aigua o un altre líquid. *[pila]* // Recipient on es té l'aigua beneïda. *[pila]*

pilar. m. Pilastra o columna que serveix de sosteniment o senyal. *[pilar]*

pilera. f. Munt d'objectes posats regularment els uns sobre els altres. *[pila]*

pillar. v. tr. Emparar-se violentament d'una cosa, furtar, robar. *[pillar]*

pillard, arda. m. i f. Que és de mals principis i mala intenció. *[pillastre]*

pillet, eta. m. i f. Murri, persona que obra amb mala intenció. *[pillo, pillete]*

pilma. f. Empastre confortant. *[bizma]*

piló. m. Tros de fusta gran on tallen la carn. *[tajo]* // Pedra grossa per a fer pes sobre la biga d'una premsa, etc. *[pilón]* // Contrapés de la romana. *[pilón]*

pilós, osa. adj. Que té pèls, pelut. *[piloso]*

pilot. m. Munt de coses en desorde. *[montón, pelotón]* // Massa unida de matèries formant una bola. *[pella, pelotón]* // Conjunt de cabells units, en massa compacta; grup de persones sense orde, etc.

pilot. m. El qui guia una nau en marxa. *[piloto]*

pilota. f. Bola de goma o d'alguna altra matèria usada per a jugar. *[pelota]* // Massa de pa rallat, carn capolada, etc., que se sol afegir al bullit per a fer-lo més substanciós. *[pelota]*// **pilota de vaqueta.** Bola esfèrica formada per huit gallons de pell de bascoll de bou, farcida de borra i que fa un diàmetre de quaranta-quatre milímetres, molt usada en el joc de pilota valenciana.

pilotar. v. tr. Fer de pilot d'una nau, d'un aeroplà, etc. *[pilotar]*

piloteig. m. Acció de pilotejar. *[peloteo]* // Moviments de la pilota fins a fer un punt del joc. *[peloteo]*

pilotejar. v. tr. i intr. Tr. Menar una embarcació, automòbil, aeroplà, etc. *[pilotar]* // Intr. Jugar a tirar la pilota per tal de calfar-se abans de començar la partida. *[pelotear]*

pimentó. m. Fruit de la pimentonera o pebrera. *[pimiento]*

pimentonera. f. Planta solanàcia que fa els pimentons o pebrots, pebrotera.

pinar. m. Indret plantat de pins. *[pinar, pinada]*

pinça. f. Instrument per a agafar coses menudes. *[pinzas]* // Plec cosit per a estrényer certes parts d'un vestit. *[pinzas]* // Pota anterior doble que tenen certs crustacis i que els serveix com a òrgan de prensió. *[pinza]*

pinçar. v. tr. Agafar amb les pinces. *[pinzar]*

píndola. f. Medicament barrejat amb excipient, afaiçonat en forma de boleta. *[píldora]*

pineda. f. Lloc plantat de pins. *[pinar]*
pingüí. m. Ocell aquàtic propi de les regions polars. *[pingüino]*
pinotxa. f. Ramulla de pi; fullac i branquetes de pi per a cremar als forns.
pinsà. m. Ocell blau verdós amb el ventre gris. *[pinzón, boyerillo]*
pinso. m. Ració d'aliment sec que donen al bestiar. *[pienso]*
pinta. f. Atifell que consisteix en una làmina de fusta, metall, vori, banya, etc. o altra matèria dura, amb moltes pues paral·leles espesses per a desembullar, aclarir i pentinar els cabells. *[peine]* // Peça arquejada que porten les dones al cap per a subjectar el cabell o com a ornament. *[peine]* // Senyal o mostra exterior amb què és coneguda la qualitat de les coses. *[pinta]* // m. i f. Persona capaç de fer malifetes o que en fa habitualment. *[pinta]*
pinta. f. Taca menuda en la pell, pèl o plomatge d'un animal o en la massa d'un mineral. *[pinta]*
pintamones. m. i f. Pintor de poca habilitat. *[pintamonas]*
pintar. v. tr. Cobrir amb una capa de color la superfície dels objectes. *[pintar]* // Representar alguna cosa en una superfície per mitjà de colors. *[pintar]* // Començar a mostrar-se la qualitat d'una cosa. *[pintar]* // En el joc de pilota valenciana apuntar en el marcador els punts del joc per a saber la marxa de la partida.
pintor, ora. m. i f. El qui serveix l'art o professió de la pintura. *[pintor]*
pintoresc, esca. adj. Que presenta una imatge vistosa i digna de ser pintada. *[pintoresco]* // Dit del llenguatge, estil, que pinta vivament les coses. *[pintoresco]*
pintura. f. Art de pintar. *[pintura]* // Obra pintada. *[pintura]* // Matèria colorant preparada per a pintar. *[pintura]*
pinxo. m. Aquell que tracta d'imposar-se per la seua valentia, infonent por. *[matón]* // Presumit, que pretén esser o semblar el millor. *[majo, guapo]*
pinya. f. Fruit del pi. *[piña]* // Fruit semblant d'algun altre arbre. *[piña]* // Conjunt de persones o coses unides estretament. *[piña]*
pinyata. f. Olla plena que pengen a una certa altura perquè hom procure rompre-la d'un colp de bastó anant amb els ulls tapats. *[piñata]* // Eixida festosa al camp per a berenar-hi.
pinyó. m. Llavor del pi. *[piñón]* // Roda menuda d'una màquina que engrana amb una altra de més gran. *[piñón]*
pinyol. m. Part interior i més compacta d'algunes fruites, on hi ha la llavor. *[hueso]* // Residu de l'oliva després de l'extracció de l'oli. *[orujo]* // Pedra introduïda per descuit a la rajola o teula i que es converteix en calç quan es cou. *[caliche]*
pinzell. m. Feix de pèls fixat a l'extrem d'un mànec de fusta que serveix als pintors per a estendre els colors. *[pincel]*
piolet. m. Bastó que usen els alpinistes. *[piolet]*
pioner, era. adj. i m. i f. Que va al davant obrint camí en el progrés, la ciència, etc., capdavanter. *[pionero]*
pipa. f. Instrument per a fumar tabac en fulla. *[pipa]* // Bóta de fusta amb cercles de ferro més petita que la bóta ordinària. *[pipa]*
pipa. f. Mesura de capacitat per a líquids (vi, etc.), equivalent a quaranta cànters o sia uns 430 litres. *[pipa]*
pipar. v. intr. Xuplar el fum d'un cigar, d'una pipa. *[pipar, chupar]*
piquet. m. Grup poc nombrós de soldats. *[piquete]*
pira. f. Foguera en què antigament cremaven els cadàvers i les víctimes dels sacrificis. *[pira]*
piragua. f. Embarcació llarga i estreta, generalment d'una sola peça. *[piragua]*
piràmide. f. Políedre que té per base un polígon i les cares laterals del qual són triangles que tenen un vèrtex comú. *[pirámide]*
pirata. m. Lladre de les mars. *[pirata]*
piratejar. v. intr. Fer el pirata. *[piratear]*
pirenaic, aica. adj. Relatiu o pertanyent als Pirineus. *[pirenaico]*
pirinenc, enca. adj. Relatiu o pertanyent al Pirineu. *[pirenaico]*

piròman, òmana. m. i f. El qui pateix de piromania. *[piromanía]*
piromania. f. Monomania incendiària. *[piromanía]*
pirotècnia. f. Art de fabricar focs artificials d'espectacle. *[pirotecnia]*
pirri. m. Embriac. // Aplec de cabells que les dones porten lligat damunt el cap. *[moño, castaña]*
pis. m. Paviment d'una habitació. *[piso]* // Cadascun dels sòls en què es divideix una casa. *[piso]* // Departament que serveix d'habitació a una família. *[piso]*
pisa. f. Terrissa fina. *[loza]*
pisar. v. tr. Prémer a colps de pic o de maça. *[pisar, apisonar]* // Trepitjar.
piscar. v. tr. Prendre d'un menjar a miquetes, en menudes quantitats, pellucar. *[pizcar]*
piscina. f. Recipient gran, amb aigua, per a prendre banys. *[piscina]* // Safareig o viver de peixos. *[piscina]*
pispar. v. tr. Furtar. *[hurtar]*
pissarra. f. Mineral negrós provinent de la compressió d'argiles i altres roques. *[pizarra]* // Taula destinada a escriure o dibuixar figures amb guix. *[encerado]*
pissarrí. m. Barreta de pissarra que serveix per a escriure sobre pisarra. *[pizarrín]*
pista. f. Lloc esplanat on corren els cavalls, etc. *[pista]* // Rastre o petja. *[pista]*
pistó. m. Èmbol de bomba. *[pistón]* // Clau que porten certs instruments musicals. *[pistón]* // Capsuleta amb pólvora que serveix per a disparar les armes de foc. *[pistón]*
pistola. f. Arma de foc curta que s'apunta i dispara amb una mà. *[pistola]*
pistoler. m. Terrorista armat de pistola. *[pistolero]*
pit. m. La part òssia i la interior del tòrax. *[pecho]* // Part del cos humà que s'estén des del coll al ventre i conté el cor i els pulmons. *[pecho]* // Part anterior del tronc dels animals. // Mamella. // Coratge, valor.
pita. f. Atzavara. *[pita]* // Fibra tèxtil procedent de les fulles d'atzavara. *[pita]*
pitera. f. Pita, atzavara. *[pita]*
pitera. adj. Aplicat a la dona ben cossada. *[retrechera]* // f. Pitrera.
pitet. m. Tros de tela, etc., que posen a les criatures penjant davant del pit perquè no s'embruten menjant. *[pechero, babadero]*
pitjar. v. tr. Exercir una pressió sense colp sobre una cosa amb el propòsit de moure-la, de comprimir-la. *[apretar]*
pitjor. adj. De qualitat inferior respecte a una altra cosa. *[peor]* // adv. Més malament. *[peor]*
pitjorar. v. intr. Esdevenir pitjor, anar de mal en pitjor. *[empeorar, deteriorar]*
pitjoria. f. Pitjora, empitjorament. *[peoría]*
pitó. m. Nom de diferents serps anàlogues a la boa. *[pitón]*
pitonissa. f. Sacerdotessa d'Apol·lo que donava els oracles en el temple de Delfos. *[pitonisa]* // Dona que prediu l'esdevenidor. *[pitonisa]*
pitral. m. Corretja de l'ensellament que passa pel pit de les bèsties. *[pitral]*
pitrera. f. La part anterior del pit. *[pechera]* // El pit dels animals. *[pechera]* // L'espai entre el pit i l'abrigall que el cobreix, el si. *[pechera]* // Pitral.
pit-roig. m. Aucell d'un color verd d'oliva amb el coll i pit roig groguenc. *[petirrojo]*
pituïta. f. Humor viscós que segreguen alguns òrgans, especialment les membranes del nas. *[pituita]*
pitxer. m. Recipient de terrissa, vidre, etc., sense peu i amb una ansa, per a contenir líquids, beure, etc. *[jarro]* // Gerronet per a posar flors. *[jarrón]*
piu. m. Peça sortint per a encaixar en un buit. *[espigón]* // Membre viril. *[pijo]*
piula. f. Rotle de paper ple de pólvora per a fer-lo detonar. *[tronera, triquitraque]* // Moixó de color terrós, blanquinós del ventre. *[bisbita, ánade silbón]*
piular. v. intr. Cridar com fan els polls dels aucells, els de la gallina, etc. *[piar]* Prorrompre en alguna veu, obrir la boca o fer intenció de parlar. *[chistar]* // Parlar, alçar la veu. *[chistar]*
piuleta. f. Aucell molt petit. *[aguzanieves]* // Pólvora embolicada en un paper

usat com a tronador, que es feia esclatar en la festa de sant Dionís. *[triquitraque]* // Pastisset de sucre en forma de piuleta que és costum de regalar a les xiques promeses en la diada de sant Dionís.

piuló. m. Ocell aquàtic. *[ánade silbón]*

pix. m. Acció o ganes de pixar, en llenguatge infantil. *[pipi, mea]*

pixar. v. tr. i intr. Evacuar l'orina, orinar. *[orinar]*

pixarrada. f. Orina que s'expel·leix d'una vegada. *[meada]*

pixaví, ina. adj. Aplicat a la persona molt presumida. *[pisaverde]* // Insecte arquípter de cos molt prim i llarguer, que habita per les séquies. *[libélula, caballito del diablo]*

pixera. f. Necessitat o ganes de pixar.

pixum. m. Orina expel·lida. *[orín]* // Humitat ocasionada pels orins. *[meado]*

pla. m. Terreny sense alts ni baixos. *[llano]* // Dibuix en què es representa la forma, distribució, etc., d'un edifici, màquina, etc., a construir. *[plano]* // Cosa, projecte, que hom intenta realitzar. *[plan]*

pla, ana. adj. Llis, ras. *[llano, plano]* // Senzill. *[llano, plano]*

placa. f. Làmina de metall o altra substància destinada a ser aplicada a una superfície plana. *[placa]*

plaça. f. Espai de molta amplària dins d'un poblat. *[plaza]* // Lloc destinat per a vendre, mercat. *[mercado]* // Lloc disponible, espai buit. *[plaza]*

placenta. f. En els mamífers, massa carnosa, esponjosa, adherida a l'úter i d'on naix el cordó umbilical. *[placenta]* // Part interna de l'ovari de la planta a la qual estan units els òvuls o llavors. *[placenta]*

plàcid, àcida. adj. Sense pertorbació, assossegat, que està en calma, en pau. *[plácido]*

plaent. adj. Que plau, agradable. *[placiente]*

plaer. m. Viva satisfacció dels sentits, de l'ànim. *[placer]*

plaga. f. Abundor d'alguna cosa nociva. *[plaga, peste]* // Malaltia ulcerosa a la superfície de la pell. *[llaga]* // m. Dit del qui en tot troba un motiu de broma. *[guasón]*

plagi. m. Acció i efecte de plagiar. *[plagio]*

plagiar. v. tr. Fer passar per pròpies obres, idees, etc., d'un altre. *[plagiar]*

plana. f. Porció extensa de terreny pla. *[plana, llano, llanura]* // Pàgina d'un full o llibre. *[página, plana]*

plana. f. Aïna de fuster semblant al ribot, usada per a planejar la fusta. *[cepillo]*

planar. v. tr. i intr. Tr. Fer pla o reduir a posició horitzontal, aplanar. *[allanar]* // Intr. Sostenir-se un aucell enlaire amb les ales esteses horitzontalment, sense moure-les. *[cernerse]*

plançó. m. Arbre menut que ha de ser trasplantat. *[plantón, pimpollo, retoño, vástago]*

plàncton. m. Conjunt de microorganismes vegetals o animals que viuen en suspensió en aigües dolces o marines. *[plancton]*

planejar. v. tr. Fer plana o llisa una superfície. *[aplanar]* // Fer el pla d'alguna cosa. *[planear]* // Treballar una fusta amb la plana o ribot. *[cepillar]*

planell. m. Indret pla i elevat. *[meseta]* // Part del ganivet oposada al tall. *[recazo]*

planer, era. adj. Que no és rost. *[llano]* // Pla, senzill. *[llano]* // Que ofereix dificultats. *[llano]*

planeta. m. Cadascun dels astres opacs que giren al voltant del sol. *[planeta]* // f. Destí.

planícia. f. Planura, gran extensió de terreny pla. *[planicie]*

planificar. v. tr. Formar el pla o projecte d'una activitat o d'un conjunt d'activitats. *[planificar]*

planisferi. m. Carta on és representada una porció de l'esfera terrestre o celest damunt un pla. *[planisferio]*

planissa. f. Extensió de terreny pla, plana, planura, generalment de poca extensió. *[llano, llanura]*

planissada. f. Extensió de terra gran, plana. *[planície]*

plànol. m. Aplicat a un pla geomètric

sense curvatura ni ondulacions. *[plano]* // Representació sobre un pla de la disposició d'una ciutat, d'un edifici, etc. *[plano]*

plant. m. Plor, plany, lamentació. *[planto]*

planta. f. Nom comú de tots els vegetals. *[planta]* // Conjunt dels fonaments d'un edifici. *[planta]* // Presència d'una persona. *[planta]* // Part d'alguna cosa que es posa a la vista. *[fachada]* // La part inferior del peu, des del taló fins als dits. *[planta]*

plantació. f. Acció i efecte de plantar. *[plantación]* // Conjunt d'allò que ha estat plantat. *[plantación]*

plantar. v. tr. Fixar a terra una planta, planço, esqueix, planter, etc., perquè hi arrele. *[plantar]* // Fixar a terra l'extrem d'un pal, etc., perquè s'hi mantinga dret. *[plantar]*

plantatge. m. Planta herbàcia amb flors verdoses comuna als llocs humits. *[llantén]*

planteig. m. Acció i efecte de plantejar. *[planteo]*

plantejar. v. tr. Suscitar un problema, qüestió, etc., a resoldre; posar-lo en condicions de resoldre'l. *[plantear]*

planter. m. Lloc on es crien les plantes menudes destinades a ser trasplantades. *[plantel]*

plantilla. f. La primera sola sobre la qual els sabaters armen les sabates. *[plantilla]* // Peça que cobreix interiorment la planta del calçat. *[plantilla]* // Peça que té la forma que cal donar a un objecte. *[plantilla]* // Pla que determina els diferents empleats d'una oficina, etc.

plantó. m. Arbre nou que ha d'esser trasplantat. *[pimpollo, vástago, retoño]*

plantofa. f. Sabata sense orelles ni taló, que s'usa per a estar per casa. *[pantufla]*

planura. f. Terreny pla i molt extens. *[llanura]*

planúria. f. Planura. *[llanura]*

planxa. f. Làmina més o menys grossa de metall. *[plancha]* // Instrument de ferro o acer que serveix per a planxar. *[plancha]* // Cosa que algú fa o diu i el deixa en una situació ridícula. *[plancha]*

planxar. v. tr. Passar la planxa calenta sobre la roba per a allisar-la. *[planchar]* // Revestir de plancha. *[planchar]*

plany. m. Acció de plànyer-se, lamentar-se. *[lamento]*

plànyer. v. intr. i tr. Intr. Plorar fort. *[plañir]* // Tr. Compadir, tenir llàstima. *[compadecer]* // Estalviar algun esforç, treball, etc. *[ahorrar]* // **-se.** Doldre's, queixar-se. *[plañirse]*

planyívol, ívola. adj. Dit d'una demostració de dolor que mou a compassió. *[plañidero]*

plasent. adj. Divertit, agradable, plaent. *[grato, agradable]*

plasma. m. Part líquida de certs teixits orgànics i sobretot de la sang. *[plasma]*

plasmar. v. tr. Donar forma a una cosa o a una idea. *[plasmar]*

plàstic. m. Matèria sintètica susceptible d'esser conformada per l'acció conjunta de la pressió i de la calor. *[plástico]* // Explosiu de consistència blana molt destructiu. *[plástico]*

plàstic, àstica. adj. Relatiu o pertanyent a la plàstica. *[plástico]* // Dúctil, que es deixa emmotlar. *[plástico]*

plàstica. f. Art de plasmar o formar coses o imatges en relleu. *[plástica]*

plastificar. v. tr. Recobrir una superfície amb plàstic. *[plastificar]*

plat. m. Recipient de fons pla i alçat tot al voltant que serveix per a posar-hi el menjar. *[plato]* // Menjar servit en aqueix recipient. *[plato]* // Cadascun dels plats preparats per a servir de nodriment. *[plato]*

plata. f. Plat gran i ovalat. *[fuente]*

plata. f. Argent en barra, laminat, amonedat o treballat artísticament. *[plata]*

plataforma. f. Superfície plana i horitzontal més elevada que el sòl circumdant. *[plataforma]* // Replà que forma part d'un vehicle. *[plataforma]* // Pretext, cosa que es fa servir per a recaptar adhesions. *[plataforma]*

plàtan. m. Arbre ornamental de fusta lleugera, blanca i fibrosa. *[plátano]* // Arbre musaci de fruit comestible, que es fa als països càlids. *[plátano]* // Fruit de tal arbre. *[plátano]*

platea. f. Planta baixa d'un teatre. *[platea]*
platejar. v. tr. Argentar. *[platear]*
plater, era. m. i f. L'argenter que treballa la plata o argent laminat. *[platero]*
plàtera. f. Plat gran i ovalat. *[fuente]*
plateresc, esca. adj. Dit d'un estil d'ornamentació emprat pels argenters espanyols del segle XVI. *[plateresco]*
platí. m. Metall preciós, de color d'argent, d'extrema densitat. *[platino]*
plàtica. f. Sermó curt per a exposar un punt de doctrina religiosa. *[plática]*
platicar. v. intr. Fer plàtiques, conversar. *[platicar]*
platja. f. Riba planera de la mar o d'un riu gran, formada per un areny. *[playa]*
platònic, ònica. adj. Relatiu o pertanyent a Plató, a la seua doctrina, a la seua escola. *[platónico]* // Relatiu o pertanyent a l'amor pur o no sexual. *[platónico]*
plaure. v. tr. Agradar, donar gust. *[placer]* // **'s.** Adelitar-se, prendre gust.
plausible. adj. Digne d'esser aplaudit. *[plausible]*
ple, ena. adj. Que conté d'alguna cosa tant com permet la seua capacitat. *[lleno]* // m. Reunió general d'una corporació. *[pleno]* // Concurrència que ocupa totes les localitats d'un teatre, etc. *[lleno]*
plebiscit. m. Resolució que pren un poble per majoria de vots. *[plebiscito]*
plebs. f. Gent socialment inferior, classe baixa del poble. *[plebe]*
plec. m. Arruga o doblec a la roba o paper. *[pliegue]* // Full de paper plegat pel mig. *[pliego]* // Conjunt de pàgines d'un llibre impreses en un full de paper. *[pliego]* // Documents on consten les condicions d'un contracte. *[pliego]*
plectre. m. Pua amb què els antics tocaven els instruments de corda. *[plectro]*
pledejar. v. tr. i intr. Disputar una cosa judicialment. *[pleitear]*
plega. f. Conjunt de coses plegades, lligades, juntes. *[colecta]* // Recolecció de terra dels fruits, com olives, garrofes, etc. *[recolección]* // Recapta, col·lecta, etc. *[cuestación]*
plegar. v. tr. Doblegar o fer plecs. *[plegar]* // Arreplegar alguna cosa de terra. *[coger]* // Deixar o suspendre un treball, etc. *[recoger, plegar]*
plegat, ada. adj. Junt l'un amb l'altre. *[plegado]* // m. Operació de plegar. *[plegadura]*
plegó. m. Plec al volt d'una faldeta o vestit talar. *[alforza]* // Plega d'una collita de garrofes, olives, etc., *[recogida]*
plèiade. f. Grup de persones il·lustres. *[pléyade]*
pleit. m. Plet. *[pleito]*
pleitejar. v. tr. i intr. Pledejar. *[pleitear]*
plenamar. f. La mar quan està al màxim del seu creixent. *[pleamar]*
plenari, ària. adj. Ple, complet, íntegre. *[plenario]*
plenipotenciari, ària. m. i f. i adj. El qui està revestit de plens poders d'un estat prop d'una cort estrangera. *[plenipotenciario]*
plenitud. f. Qualitat de ple. *[plenitud]*
pleonasme. m. Emprament de més mots que els necessaris per a expressar una idea. *[pleonasmo]*
plepa. f. Dit d'una persona o cosa carregosa. *[plepa]* // Mentida grossa. *[trola, bola]*
pleret, a. loc. adv. A poc a poc, sense pressa. *[despacito]*
plet. m. Disputa o litigi judicial. *[pleito]* // Contesa.
pleta. f. Lloc o clos on es recull el bestiar que pastura al camp o a la muntanya. *[redil, majada]*
pleura. f. Cadascuna de les membranes seroses que recobreixen la cavitat toràcica i els pulmons. *[pleura]*
plica. f. Plec tancat i segellat que cal obrir en un temps determinat. *[plica]* // Malaltia del cabell en què aquest s'embulla i aglutina. *[plica]*
pliocé. m. Dit de l'últim període del terciari. *[plioceno]*
plom. m. Metall blavenc i superficialment gris, molt pesant i poc dúctil. *[plomo]* // Peça de plom o altre metall, penjada al capdavall d'un cordell per a assenyalar la línia vertical. *[plomada]*
ploma. f. Peça còrnia del cos dels aucells. *[pluma]* // Peça metàl·lica per a escriure. *[pluma]*

plomada. f. Peça de plom unida a un cordell per a assenyalar la vertical. *[plomada]* // Ploms de la xarxa. // Porció de tinta que agafa la ploma en sucar-la. *[plumada]* // Acció i efecte de plomar.

plomall. m. Conjunt de plomes usat com a ornament. *[penacho, plumaje]* // Pom de plomes que tenen certs ocells damunt el cap. *[penacho, moño]*

plomar. v. tr. i intr. Tr. Llevar la ploma a un aucell. *[plumar]* // Intr. Posar ploma un aucell. *[emplumecer]*

plomatge. m. Conjunt de plomes que cobreixen el cos dels aucells. *[plumaje]*

plomell. m. Manyoc de plomes, amb un mànec que serveix per a traure la pols. *[plumero]*

plomer. m. El qui treballa o comercia en coses de plom. *[plomero]* // Plomall. *[plumero]* // Capsa on posen les plomes d'escriure. *[plumero]*

plor. m. Acció de plorar. *[lloro, llanto]*

plorador, ora. adj. Que plora molt o molt fàcilment. *[llorón]* // m. i f. Persona llogada per a plorar als enterraments. *[plañidera]* // m. Salze. *[sauce, llorón]*

ploraner, era. adj. i m. i f. Que té el costum de plorar. *[llorón]* // Plorador.

plorar. v. intr. i tr. Intr. Vessar llàgrimes. *[llorar]* // Tr. Ser vivament afligit per alguna cosa. *[llorar]*

plorera. f. Ganes de plorar. *[llorera]*

ploricar. v. intr. Gemecar mig plorant. *[lloriquear]*

ploriquejar. v. intr. Gemecar com aquell qui plora. *[lloriquear]*

plorós, osa. adj. Que té senyals d'haver plorat. *[lloroso]*

ploure. v. intr. Caure l'aigua dels núvols en gotes. *[llover]*

plovedor, ora. adj. Dit del temps en què plou freqüentment, del país en què són freqüents les pluges, plujós. *[lluvioso]*

ploviscar. v. intr. Plovisquejar. *[lloviznar]*

plovisquejar. v. intr. Ploure gotes menudes. *[lloviznar]*

plugim. m. Pluja menuda i suau. *[llovizna]*

pluja. f. Aigua que cau en gotes, provinent de la condensació de l'aigua de l'atmosfera. *[lluvia]*

plujós, osa. adj. Que porta pluja, abundant de pluja. *[lluvioso]*

plumífer, ífera. adj. Que porta plomes. *[plumífero]*

plural. adj. Que es refereix a més d'un. *[plural]*

pluralitzar. v. tr. Donar plural a un nom que no el té. *[pluralizar]* // Atribuir a dos o més una cosa que és peculiar d'una persona o cosa. *[pluralizar]*

plusperfet. m. Temps del verb que indica un temps anterior a un altre també passat. *[pluscuamperfecto]*

plusquamperfet. m. Plusperfet. *[pluscuamperfecto]*

plus-vàlua. f. Augment en el valor d'una cosa per causes estranyes sense que s'hi haja fet cap millora. *[plusvalía]*

plutocràcia. f. Forma de govern en què el poder està en mans dels rics. *[plutocracia]*

plutoni. m. Element químic derivat de l'urani. *[plutonio]*

pneumàtic, àtica. adj. Mogut per la pressió de l'aire. *[neumático]* // Disposat per a contenir aire comprimit. *[neumático]* // m. Tub de cautxú inflat d'aire al volt d'una roda per a esmorteir els xocs. *[neumático]*

pneumònia. f. Inflamació dels pulmons. *[neumonía]*

poagre. m. Malaltia que causa inflor i dolors aguts a les articulacions dels extrems del cos. *[podagra]*

poal. m. Atifell amb què es trau l'aigua del pou i per a altres usos. *[pozal]*

poar. v. tr. Traure aigua d'un pou o d'una font. *[pozar]* // En el joc de pilota valenciana alçar d'un colp de palma pilotes molt baixes i compromeses.

pobil, ila. adj. i m. i f. Fill únic d'un matrimoni. *[hijo único]* // Es diu també del fill o filla que no té altres germans del seu mateix sexe.

població. f. Acció i efecte de poblar. *[población]* // Nombre d'habitants d'un país, ciutat, vila, etc. *[población]* // Ciutat, vila o poble. *[población]*

poblar. v. tr. Proveir d'habitants. *[poblar]*

poblat. m. Lloc on hi ha cases i habitants, població, ciutat, vila o lloc. *[poblado]*

poble. m. Conjunt d'habitants d'un regne o país units per vincles naturals, socials i històrics que formen una nacionalitat. *[pueblo]* // Conjunt de persones d'un lloc, regió o país. *[pueblo]* // Població menuda. *[pueblo]*

pobletà, ana. adj. i m. i f. Natural o habitant d'un poble. *[pueblerino]*

pobre, obra. adj. Que manca del necessari per a viure. *[pobre]* // Escàs, migrat. *[pobre]* // m. i f. Persona mancada del necessari per a viure, especialment, mendicant. *[pobre]*

pobrejar. v. intr. Ser més o menys pobre, captenir-se com un pobre. *[pobrear]*

pobresa. f. Qualitat del pobre. *[pobreza]* // Escassetat d'allò que és necessari per a viure. *[pobreza]*

poc, oca. adj. En menuda quantitat. *[poco]* // m. Una menuda quantitat. *[poco]* // adv. En menuda quantitat.

poc, a. adv. Al poc de temps, a la poca estona. // **a poc a poc.** Amb gran precaució. *[poco a poco]*

poca-roba. m. i f. Miserable, pobre, indigent. *[desharrapado]*

poca-solta. m. i f. Beneit, ximple, que no té solta. *[mentecato, botarate, atolondrado]*

poca-traça. m. i f. El qui no té traça. *[desmañado]*

poca-vergonya. m. i f. Mancat de vergonya. *[sirvergüenza]*

poda. f. Acció de podar. *[poda]* // Temps en què poden els arbres. *[podazón]*

podar. v. tr. Tallar les branques supèrflues, malaltes, mortes, etc., d'un arbre per a deixar-lo en millors condicions de fructificar. *[podar]*

poder. v. tr. Tenir facultat de realitzar alguna cosa. *[poder]* // Ser possible que siga o esdevinga alguna cosa. *[poder]*

poder. m. Facultat per a manar o executar alguna cosa. *[poder]* // Autoritat del qui governa l'estat. *[poder]* // Força, vigor. *[poder]*

poderós, osa. adj. Que té poder, que té força per a obrar. *[poderoso]*

podrimer. m. Conjunt de coses podrides, corrompudes o molt brutes. *[estercolero, sentina, cohambrería]*

podrir. v. tr. Causar la putrefacció d'alguna cosa, corrompre. *[pudrir]*

poema. m. Composició poètica. // Obra en vers d'una certa extensió. *[poema]*

poesia. f. Art de compondre obres en vers. *[poesía]* // Expressió artística de la bellesa per mitjà de la paraula. *[poesía]*

poeta. m. El qui fa poesies. *[poeta]* // El qui està dotat per a fer poesies. *[poeta]*

poetitzar. v. intr. i tr. Intr. Fer versos. *[poetizar]* // Tr. Embellir una cosa amb l'encant de la poesia. *[poetizar]*

pol. m. Cadascun dels extrems de l'eix de rotació d'una esfera. *[polo]* // Qualsevol dels dos punts oposats d'un cos on s'acumula en major quantitat l'energia d'un agent físic. *[polo]*

polaina. f. Mitja o calça de drap o cuiro que cobreix la cama fins al genoll. *[polaina]*

polarització. f. Acció i efecte de polaritzar o de polaritzar-se. *[polarización]*

polaritzar. v. tr. Produir la polarització de la llum, etc. *[polarizar]*

polca. f. Ball de parelles i música d'aqueix ball. *[polca]* // Arracada amb tres penjolls de perles, que porten les llauradores valencianes. *[polca]*

polèmica. f. Controvèrsia, discussió, sobretot la que es té per escrit sobre alguna matèria. *[polémica]*

polemitzar. v. intr. i tr. Intr. Sostenir una polèmica. *[polemizar]* // Tr. Fer objecte de polèmica. *[polemizar]*

poliarquia. f. Govern repartit entre molts. *[poliarquía]*

policia. f. Organització i reglamentació internes d'un estat. *[policía]* // Cos de vigilància, encarregat de mantenir l'ordre públic. *[policía]* // m. Agent de policia. *[policía]*

policíac, íaca. adj. Relatiu a la policia. *[policíaco]*

policlínica. f. Consultori mèdic d'especialitats diverses. *[policlínica]*

policrom, oma. adj. De diferents colors. *[policromo]*

policromar. v. tr. Pintar de diferents colors. *[policromar]*

polidesa. f. Qualitat de polit. *[pulidez, pulcritud, belleza]*

políedre. adj. i m. Sòlid limitat per quatre o més cares planes. *[poliedro]*

polifonia. f. Composició musical en què es superposen parts melòdiques independents. *[polifonía]*

poliglot, ota. adj. Escrit o expressat en diferents llengües. *[políglota]* // m. i f. El qui parla diferents llengües. *[políglota]*

polígon. m. Porció de pla limitat per línies rectes, especialment per més de quatre. *[polígono]* // Lloc on els artillers s'exerciten en el tir de canó. *[polígono]*

polígraf, ígrafa. m. i f. Autor que escriu sobre matèries diverses. *[polígrafo]* // El qui professa la poligrafia. *[polígrafo]*

poligrafia. f. Art d'escriure en escriptures secretes i l'art de desxifrar-les. *[poligrafía]* // Qualitat de polígraf. *[poligrafía]*

poliment. m. Acció i efecte de polir. *[pulimento]* // Compost fet de resina i alcohol que serveix per a enllustrar la fusta.

polimentar. v. tr. Donar poliment. *[pulimentar]*

polinomi. m. Expressió algèbrica que consta de més d'un terme. *[polinomio]*

poliol. m. Planta herbàcia anual, molt olorosa, usada en infusió com a estomacal. *[poleo, zamarrilla]*

pòlip. m. Animal gelatinós, que té els nervis disposats al voltant d'un centre, i la boca voltada de tentacles. *[pólipo]* // Tumor pediculat que naix a les mucoses. *[pólipo]*

polir. v. tr. Fer llisa i lluent alguna cosa fregant-la. *[pulir]* // Llevar la rusticitat a algú. *[pulir]*

pòlissa. f. Document justificatiu d'un contracte d'assegurança, subministrament, etc. *[póliza]* // Segell amb què es satisfà l'import del timbre en determinats documents. *[póliza]*

polissó. m. El qui s'embarca clandestinament en un vaixell, etc. *[polizón]*

polissó. m. Peça de roba bombada que es posava sota les faldes, a la banda del darrere, sobre les natges. *[polisón]*

polit. m. Ocell camallarg, de plomatge bru fosc amb el ventre blanc clapat de gris. *[zarapito]* // Titot. *[pavo]*

polit, ida. adj. Endreçat. *[aliñado]* // Net, pulcre. *[pulido, fino]* // Galà.

polític, ítica. adj. Relatiu o pertanyent a la política. *[político]* // m. i f. El qui s'ocupa dels afers polítics. *[político]*

política. f. Ciència i art de governar. *[política]* // Manera de conduir un afer. *[política]*

politiquejar. v. intr. Ficar-se en coses de política. *[politiquear]*

politja. f. Roda massissa mòbil al voltant d'un eix i que té a la circumferència una canal per on passa una corda, corriola. *[polea]*

poll. m. Cria que ix de l'ou dels aucells i especialment de les gallines. *[pollo, polluelo]*

poll. m. Insecte paràsit dels mamífers, de la sang dels quals s'alimenta. *[piojo]* // Nom d'altres insectes petits, sense ales, paràsits dels vegetals (poll roig, poll negre, etc.).

poll. m. Arbre alt de la família de les salicàcies, que creix a les ribes i prats humits, de rames esteses i fulles dentades acuminades, pollanc, pollancre, xop. *[chopo]*

polla. f. Gallina jove. *[polla]* // Dona jove. *[polla]* // Peix comestible, vermellós, que viu a les costes. *[escorpina]*

pollanc. m. Arbre molt alt que creix a la vora dels rius, poll, xop. *[chopo]*

pollastre. m. Gall jove des que comença a tenir cresta fins que és capaç de criar. *[pollo]*

pollastrejar. v. intr. Fer un adolescent coses d'home gran. *[gallear]*

polleguera. f. Eix damunt del qual descansen i es mouen les portes, finestres, etc. *[quicio]*

pol·len. m. Pols fecundant continguda a l'antera de les flors. *[polen]*

pollera. f. Lloc on es crien els polls. *[pollera]* // Aparell de jonc, etc., amb què els xiquets menuts aprenen a caminar. *[pollera]* // Mena de gàbia de filferro que, posada damunt del braser, servia per a no cremar-se els peus. *[alambrera]*

pollet. m. Cria dels aucells i especialment de les gallines. *[pollito, polluelo]*

pollí, ina. m. Ase, cavall o mul jove. *[pollino]* // f. Nom de diferents suports emprats pels serradors, mestres d'aixa, etc.

pollós, osa. adj. Ple de polls. *[piojoso]* // Avar, mesquí, miserable. *[avaro]*

pol·lució. f. Acció i efecte de pol·luir. *[polución]* // Emissió del semen, voluntària o bé en somnis. *[polución]*

polonés, esa. adj. i m. i f. Natural o propi de Polònia. *[polaco]* // m. Llengua polonesa. *[polaco]* // f. Dansa originària de Polònia. *[polonesa]*

polp. m. Mol·lusc cefalòpode amb vuit tentacles proveïts de ventoses, molt voraç. *[pulpo]*

polpa. f. Part blana de les carns. *[carne]* // Carn de la fruita. *[pulpa]*

pols. m. Batec intermitent de les artèries que se sent a diverses parts del cos. *[pulso]* // Seguretat de la mà per a executar bé una acció. *[pulso]* // La part de la cara situada entre l'ull i l'orella, on se sent el batec arterial. *[sien]*

pols. m. pl. Porció que un pren amb els dits, d'una substància molt esmenussada. *[polvo]*

pols. f. Massa de partícules de terra seca i altres matèries tan diminutes que poden ser alçades i emportades pel vent. *[polvo]*

polsada. f. Acció de prendre un pols d'alguna substància amb els dits. *[pulgarada]*

polsar. v. tr. i intr. Tr. Prendre el pols a algú. *[pulsar]* // Tocar, sonar un instrument de corda. *[pulsar]* // Intr. Batre-li a algú el pols. *[pulsar, latir]*

polseguera. f. Gran quantitat de pols, sobretot la que s'alça moguda pel vent. *[polvareda]* // fig. Enrenou, brogit de discussions, de converses excitades.

polsera. f. Floc de cabells que cau damunt els polsos. *[aladar]* // Cércol que es porta entorn del puny com a ornament. *[pulsera, brazalete]*

polsera. f. Capsa o recipient destinat a tenir-hi la sorra per a eixugar l'escrit. *[salvadera]* // Capseta per a tenir-hi el rapé. *[caja de polvo]* // Eixida del jaç de joncs que cobreix la barraca valenciana, per fora de la façana.

polsós, osa. adj. Cobert de pols. *[polvoriento, polvoso]*

poltre, oltra. m. i f. Cavall o egua jóvens. *[potro]* // m. Aparell de fusta on turmentaven als reus per a fer-los declarar allò que volien ocultar. *[potro]*

poltrona. f. Cadira de braços. *[sillón]*

pólvora. f. Mescla de salnitre, sofre i carbó, dotada d'una gran força explosiva. *[pólvora]* // Substància sòlida reduïda a partícules molt fines, a pols. *[polvos]*

polvorí. m. Pólvora molt fina per a carregar armes de foc. *[polvorín]* // Lloc on és guardada la pólvora. *[polvorín]*

polvoritzar. v. tr. Reduir a pols. *[pulverizar]*

polzada. f. Mesura de longitud fundada en l'amplària del dit polze, és la dotzena part d'un peu i equival a 25 mil·límetres. *[pulgada]*

polze. m. Dit primer i més gros de la mà. *[pulgar]*

pom. m. Ornament en forma de bola que posen a les baranes. *[pomo, remate]* // Flascó de vidre per a guardar perfums. *[pomo]* // Ramellet de flors, fruits, etc. *[ramillete]* // Extrem de la guarnició d'una espasa, punyal, etc. *[puno]*

poma. f. Fruit de la pomera. *[manzana]*

pomada. f. Mescla d'una substància grassa i altres ingredients usada per a untures. *[pomada]*

pomell. m. Ramell o pom de flors, etc., *[ramo, ramillete]*.

pomer. m. Pomera. *[manzano]*

pomera. f. Arbre de la família de les rosàcies, de flors blanques, el fruit del qual és la poma. *[manzano]*

pompa. f. Ostentació de magnificència, aparell fastuós. *[pompa]*

pompós, osa. adj. Fet amb pompa, ple de pompa. *[pomposo]*

pòmul. m. Os de la galta. *[pómulo]*

poncell, ella. adj. i m. Infant. *[niño]* // f. Flor abans d'obrir-se. // Donzella, dona verge.

poncellar. v. intr. Traure poncelles una planta. *[botonar, pimpollecer]*

poncem. m. Fruit del poncemer. *[cidra]*

poncemer. m. Arbre de la família de les rutàcies, de fulles perennes i flors vermelles. *[cidro]*

ponderació. f. Acció i efecte de ponderar.

[ponderación] // Equilibri entre dues forces. *[ponderación]* // Bon equilibri entre les parts d'una obra. *[ponderación]*

ponderar. v. tr. Dir posant-les molt alt, exagerant-les, les qualitats d'alguna cosa o persona. *[ponderar]*

pondre. v. tr. Fer, deposar els ous un ocell o un altre animal ovípar. *[aovar]* // **'s.** Amagar-se els astres dessota l'horitzó. *[ponerse]*

ponedor, ora. adj. Que pon. *[ponedor]* // m. Lloc on la gallina i altres ocells domèstics ponen els ous. *[ponedero]*

ponència. f. Càrrec de ponent. *[ponencia]* // Informació donada pel ponent. *[ponencia]* // Conjunt de persones encarregades d'informar o dictaminar sobre algun assumpte. *[ponencia]*

ponent. m. Punt de l'horitzó per on es pon el sol en els equinoccis, occident. *[poniente]* // Vent que ve de la dita banda. *[poniente]*

ponent. adj. i m. i f. Funcionari, membre d'una corporació, etc., que ha de fer relació d'un assumpte. *[ponente]*

pont. m. Construcció feta sobre un riu, vall, etc., que serveix per a passar d'una vora a l'altra. *[puente]* // Plataforma estreta i amb barana sobre la coberta d'una nau, des d'on vigila l'oficial de guàrdia. *[puente]*

pontífex. m. Ministre que presidia les cerimònies religioses a l'antiga Roma. *[pontífice]* // Prelat suprem de l'Església, papa. *[pontífice]*

pontificar. v. intr. Parlar o obrar amb un to de mestratge màxim o de gran autoritat. *[pontificar]*

pontifici, ícia. adj. Relatiu o pertanyent al pontífex. *[pontificio]*

pontó. m. Embarcació de fons pla per a passar els rius o construir ponts. *[pontón]* // Pont de barques o de taulons. *[pontón]* // Pontona.

popa. f. Part posterior del buc d'una nau. *[popa]*

popular. adj. Relatiu o pertanyent al poble. *[popular]*

popularitat. f. Qualitat de popular. *[popularidad]*

popularitzar. v. tr. Fer popular. *[popularizar]*

populós, osa. adj. Molt poblat. *[populoso]*

poquejar. v. intr. Curtejar, escassejar. *[escasear]*

por. f. Torbament de l'ànim, produït per un perill real o imaginari. *[miedo]* // Recel o sospita. *[temor]*

porc, orca. m. i f. Mamífer ungulat, domèstic, de pell dura i coberta de cerres, molt estimat com a comestible. *[puerco]* // adj. El qui és brut física o moralment. *[puerco, cochino]*

porcada. f. Ramat de porcs. *[piara]* // Dita irracional o indecorosa. *[cochinada]*

porcatera. f. Corral de porcs. *[pocilga]*

porcell. m. Porc menut. *[cochinillo]*

porcellana. f. Terra cuita, molt fina i transparent, amb què fan objectes diversos. *[porcelana]* // f. pl. Tumor que es fa a la gola. *[lamparones]*

porció. f. Part d'alguna cosa, separada o no del tot. *[porción]* // Quantitat considerable i indeterminada de persones o coses. *[porción]*

poregós, osa. adj. Que fàcilment pren por, que tot li fa por, que té por, poruc. *[medroso, miedoso]*

porfía. f. Desafiament. *[desafio]*

porfídia. f. Obstinació i tenacitat posada a aconseguir alguna cosa. *[porfía]* // Disputa, discussió prolongada. *[porfía]*

porga. f. Acció de porgar. *[purga]* // Medicina que es pren per a anar de ventre. *[purga]*

porgar. v. tr. Llevar d'una cosa allò que l'embruta, la impurifica, li és inútil. *[purgar]* // Donar, receptar, administrar, prendre, etc., una porga un malalt. *[purgar]* // Netejar un gra, etc., amb el garbell, garbellar. *[cribar]* // Satisfer o complir una pena, expiar una culpa. *[purgar]*

pornografia. f. Tractat sobre la prostitució. *[pornografía]* // Caràcter obscé d'una obra literària, artística, etc. *[pornografía]*

porós, osa. adj. Que té porus. *[poroso]*

porpra. f. Matèria colorant vermella. *[púrpura]* // Vestit tenyit de porpra, especialment el portat com a emblema d'autoritat. *[púrpura]* // Malaltia caracteritzada per taques lívides a les membranes mucoses. *[púrpura]*

porquejar. v. intr. Fer porqueries. *[cochinear]* // Fer la matança del porc i faenes subsegüents.

porquera. f. Lloc on tanquen els porcs. *[porcatera]* // Lloc brut.

porqueria. f. Cosa pròpia de porcs. *[porquería]* // Brutícia, cosa bruta. *[suciedad, porquería]* // Cosa de poc valor.

porra. f. Bastó que té el cap gros i redó. *[porra, maza]* // **fer porra.** No aconseguir res en una acció de caça o pesca.

porrar. v. tr. En el joc de pilota valenciana fallar, no encertar en la tornada de la pilota.

porrat. m. Petita fira, principalment de llepolies, que se celebra, en determinades diades tradicionals, en localitats valencianes.

porreta, en. loc. adv. Despullat, sense roba. *[en cueros]*

porró. m. Recipient de vidre amb coll estret i un broc llarg per a beure-hi vi al gallet. *[porrón]* // Mesura de líquids igual a 94 centilitres. *[porrón]*

porro. m. **all porro.** Liliàcia, cultivada pels seus bulbs oblongs que són usats com a condiment. *[puerro]*

port. m. Lloc de refugi, en les costes, per a servir de recés a les naus i per a les operacions de tràfec i armament. *[puerto]*

port. m. Pas entre muntanyes. *[puerto]*

port. m. Manera de portar el cos. *[porte]* // pl. Preu pagat per portar alguna cosa. *[portes]*

porta. f. Obertura feta en una paret o tanca per on es pot entrar i eixir. *[puerta]* // Armadura de fusta o altra matèria clavada amb frontisses, que tapa l'entrada o eixida d'algun lloc. *[puerta]*

portada. f. Primera plana d'un llibre, on va el títol, autor, etc. *[portada]* // Acció de portar. *[llevada]* // Portalada, frontispici. // Colp donat amb la porta, tancant-la. *[portazo]*

portadella. f. Full que precedeix la portada d'un llibre i on sol posar-se solament el títol de l'obra. *[anteportada]*

portador, ora. adj. i m. i f. Que porta. *[portador, llevador]* // m. Persona que presenta per a cobrar-los títols del deute públic, bitllets de banc o altres efectes comercials, no nominatius. *[portador]*

portafirmes. m. Carpeta especial per a dur a firmar la correspondència. *[portafirmas]*

portal. m. Porta gran d'un edifici o d'una ciutat. *[portal]*

portalada. f. Entrada gran d'una casa o població. *[puerta, portada]*

portamantes. m. Parell de corretges fixades a un travesser usat per a portar a la mà una manta. *[portamantas]*

portamonedes. m. Bossa, cartereta, per a portar diners. *[portamonedas]*

portapau. m. Làmina metàl·lica amb què a les esglésies es dóna la pau als fidels. *[portapaz]*

portar. v. tr. Transportar, anar carregat amb alguna cosa per a deixar-la en un altre lloc, per a lliurar-la a algú; fer arribar una cosa a un lloc. *[llevar, traer]* // Anar carregat amb alguna cosa transportant-la. *[llevar]* // **-se.** Captenir-se.

portàtil. adj. Fàcil de transportar. *[portátil]*

portaveu. m. i f. El qui, per la seua autoritat, porta la veu d'un partit, etc. *[portavoz]*

portaviandes. m. Recipient usat per a portar el menjar. *[fiambrera, portaviandas]*

portent. m. Fet extraordinari que causa meravella. *[portento]*

porter, era. m. i f. Persona encarregada de guardar la porta o entrada d'una casa particular, etc. *[portero]*

porteria. f. Càrrec de porter. *[portería]* // Lloc on està instal·lat el porter. *[portería]*

pòrtic. m. Espai cobert i amb columnes, davant de qualsevol edifici. *[pórtico]* // Porxada.

porticó. m. Finestró. *[postigo, portillo]*

portugués, esa. adj. i m. i f. Natural o propi de Portugal. *[portugués]* // m. Llengua portuguesa.

poruc, uga. adj. Que fàcilment agafa por. *[medroso, miedoso]*

porus. m. Cadascun dels intersticis diminuts que presenten el teixit o l'estructura dels cossos. *[poro]*

porxada. f. Conjunt de porxes, galeria amb arcades sostingudes per columnes o pilars. *[pórtico, soportal]*

porxe. m. Lloc cobert amb columnes o pilars de sosteniment. *[pórtico, soportal, cobertizo]* // Pòrtic al davant d'un edifici. *[pórtico, atrio]* // Pis superior d'una casa, sota la teulada, utilitzat com a depòsit de trastos, lloc de treball dels menestrals (velluters, teixidors, etc.), depòsit de matèries diverses i que ara solen habitar-se. *[desván, zaquizamí, ático]*

posa. f. La quantitat que posa cada jugador en alguns jocs de cartes, posta. *[puesta]*.

posa. f. Actitud d'aquell que serveix de model. *[pose]* // Actitud afectada. *[pose]*

posada. f. Quantitat que es posa en alguns jocs, posa. *[puesta]* // Peça de roba que hom du. // Lloc on hom posa o s'estatja, especialment casa on s'estatja la gent pagant. *[posada]* // Lloc on es recull el bestiar. *[majada]*

posar. v. tr. i intr. Tr. Col·locar alguna cosa en algun lloc, situació o grau. *[poner]* // Intr. Tenir posada o estatge en algun lloc. *[posar]* // **-se.** Parar-se un aucell que volava. *[posarse]*

posat. m. Aire que hom afecta davant d'algú. *[continente, apostura.*

posat, ada. adj. Avesat. *[acostumbrado, avezado]*

posició. f. Manera d'estar posada una persona o cosa. *[posición]* // Fortificació militar. *[posición]* // Condició social de cada persona. *[posición]*

pòsit. m. Sediment o solatge d'un líquid. *[poso]*

positiu, iva. adj. Que es basa sobre alguna cosa segura; real, veritable. *[positivo]* // Afirmatiu, constructiu.

posposar. v. tr. Posar algú o alguna cosa darrere d'un altre en orde de preferència o apreuament. *[posponer]*

posseïdor, ora. adj. i m. i f. Que posseeix, *[poseedor]*

posseir. v. tr. Tenir alguna cosa per dret de propietat. *[poseer]* // Tenir coneiximent perfet d'alguna cosa. *[poseer]*

possessió. f. Acció de posseir. *[posesión]* // La cosa posseïda. *[posesión]*

possessiu, iva. adj. Que denota possessió. *[posesivo]*

possibilisme. m. Manera de actuar disposada a cedir a canvi d'obtenir objectius parcials. *[posibilismo]*

possibilitar. v. tr. Fer possible alguna cosa. *[posibilitar]*

possibilitat. f. Qualitat de possible. *[posibilidad]* // Allò que és possible. *[posibilidad]*

possible. adj. Que pot existir, esdevenir o ser executat. *[posible]*

post. m. Lloc ocupat per un cos de tropes per a una operació militar. *[puesto]*

post. f. Peça de fusta de certa llargària més ampla que gruixuda, de secció rectangular. *[tabla]* // Conjunt de peces de fusta formant una superfície plana i travessades per barrots a l'altre costat, formant una sola peça. *[tablero]* // **la post de fényer, de llaurar, del pa, de l'armari,** etc.: Nom de diferents peces de fusta en forma de post. // **la post del pit:** la regió de l'estèrnum.

posta. f. Lloc on hom es posa a l'aguait. *[puesto]* // Conjunt de cavalleries disposades per a dur el correu i lloc on paren. *[posta]* // La suma de diner que hom es juga en un joc. *[puesta]* // Acció de pondre o de pondre's. *[puesta]*

posta, a. loc. adv. Amb intenció deliberada, a cosa feta. *[adrede]*

postal. adj. Relatiu o pertanyent als correus. *[postal]*

postdata. f. Allò que s'afegeix a una carta després de signada i datada. *[posdata]*

postergar. v. tr. Fer sofrir endarreriment a una cosa. *[postergar]* // Perjudicar a algú deixant de donar-li una recompensa o ascens per donar-ho a un altre. *[postergar]*

posterior. adj. Que ve després, o que queda enrere. *[posterior]*

posteritat. f. Descendència o generació

venidora. *[posteridad]* // Fama pòstuma. *[posteridad]*

posterol. m. Porció final de l'intestí recte que surt a l'exterior per relaxació de l'esfínter. *[postifaz]*

postguerra. f. Període immediatament posterior a una guerra. *[postguerra]*

postic. m. Portella, porta falsa o la que està inserida dins una altra més gran. *[postigo, portilla]*

postís, issa. adj. Que reemplaça artificialment una cosa natural. *[postizo]*

postissa. f. pl. Instrument de fusta o vori format per dues peces còncaves en forma de castanya per a acompanyar certes danses, castanyetes, castanyola. *[castañuelas, postiza]*

postrem, ema. adj. Darrer en orde, últim. *[postrero]*

postres. f. pl. Darreries consistents en fruita, dolços, etc., que serveixen per a acabament d'una menjada. *[postres]*

postular. v. tr. Demanar amb instància càrrecs, beneficis, etc. *[postular]* // Acaptar. *[postular]* // Donar l'autoritat eclesiàstica la dispensa d'un impediment canònic per a una elecció. *[postular]*

postulat. m. Proposició que sense ser evident s'admet com a certa sense demostrar-la. *[postulado]*

pòstum, òstuma. adj. Nat després de la mort del pare. *[póstumo]* // Dit també de l'obra publicada després de la mort de l'autor. *[póstumo]*

posturejar. v. intr. Fer postures, gestos o moviments per a agradar o impressionar. *[remilgar, *hacer posturas]*

postverbal. adj. Dit del nom tret d'un verb sense l'ajuda d'un sufix. *[postverbal]*

pot. m. Recipient de llanda, terrissa, etc., generalment cilíndric, per a guardar-hi alguna cosa. *[bote, pote, tarro]*

pota. f. Peu de la bèstia, equina, bovina, etc. *[casco, pata]*

potable. adj. Que és bo per a beure. *[potable]*

potada. f. Colp de pota. *[patada]*

potassa. f. Substància alcalina, constituïda pel carbonat de potassi. *[potasa]*

potassi. m. Metall de color argenti, molt alterable a l'aire i que crema al contacte de l'aigua. *[potasio]*

potejar. v. intr. Donar colps de peus o de potes. *[patear]*

potència. f. Facultat de fer una cosa o produir un efecte. *[potencia]* // El fet de ser potent. *[potencia]* // Virtut generativa. *[potencia]* // El qui posseeix força per a imposar la seua autoritat. *[potencia]*

potenciar. v. tr. Fer esdevenir més potent, fomentar, impulsar. *[potenciar]*

potent. adj. Que té poder. *[potente]* // Poderós.

potentat, ada. m. i f. Persona opulenta i poderosa. *[potentado]*

potestat. f. Poder, facultat, que es té sobre alguna cosa. *[potestad]*

potinejar. v. tr. i intr. Tr. Manejar barroerament alguna cosa. *[manosear]* // Intr. Fer potineries. *[apañuscar]*

potiner, era. adj. Que fa coses que embruten. *[sucio, cochino, chapucero, puerco]* // Barroer.

potineria. f. Qualitat de potiner. *[porquería]* // Acte propi d'una persona potinera. *[porquería, cochinada]*

potra. f. Hèrnia escrotal, tumor herniós.

potrejar. v. tr. Maltractar, obrar amb algú desconsideradament. *[maltratar]*

potrós, osa. adj. Que pateix de potra, trencat. *[potroso]* // Que s'hi sent molest. *[potroso]*

potser. adv. Denota possibilitat d'un fet o acció. *[quizás, tal vez]*

pou. m. Clot fet en terra fins a trobar aigua. *[pozo]*

pràctic, àctica. adj. Experimentat, que té pràctica en una cosa. *[práctico]* // Que concerneix a la pràctica. *[práctico]*

pràctica. f. Exercici sistemàtic per a instruir-se en alguna cosa. *[práctica]* // Experiència adquirida. *[práctica]*

practicant. adj. Que practica. *[practicante]* // m. i f. El qui exerceix una professió sota la direcció d'un mestre. *[practicante]* // El qui té el títol per a l'exercici de la cirurgia menor. *[practicante]*

practicar. v. tr. Posar en pràctica alguna cosa. *[practicar]* // Exercir una professió. *[practicar]*

pragmàtica. f. Decret solemne emanat de l'autoritat sobirana. *[pragmática]*
pragmatisme. m. Doctrina segons la qual, en concebre alguna cosa, s'han de tenir solament en compte les seues conseqüències pràctiques. *[pragmatismo]*
prat. m. Tros de terra en què es conreada herba per a la pastura del bestiar. *[prado]*
praxi. f. Pràctica d'una professió. *[praxi]*
prear. v. tr. Avaluar. *[evaluar, justipreciar]* // Tenir en gran estima. *[apreciar]* // **-se.** Vanar-se.
prebenda. f. Renda annexa a una canongia o altra dignitat eclesiàstica. *[prebenda]* // Ofici o càrrec lucratiu i de poc treball. *[prebenda]*
prebost. m. Cap d'una comunitat. *[preboste]*
prec. m. Acció de pregar. *[ruego]*
precari, ària. adj. De poca estabilitat o durada. *[precario]* // Que sols és posseït com a préstec i a la voluntat de l'amo. *[precario]*
precaució. f. Reserva, cautela per a evitar o prevenir danys o inconvenients. *[precaución]*
precedent. adj. Que precedeix. *[precedente]* // m. Fet igual a un altre i anterior a ell. *[precedente]*
precedir. v. tr. Anar davant d'algú o d'alguna cosa. *[preceder]*
precepte. m. Orde o manament que es dóna com a regla d'acció o de conducta. *[precepto]* // Fórmula que ensenya allò que cal fer. *[precepto]*
preceptuar. v. tr. Dictar o manar com a precepte. *[preceptuar]*
precintar. v. tr. Posar precinte. *[precintar]*
precinte. m. Lligat segellat posat a l'entorn d'un paquet, etc., perquè no es puga obrir sinó per qui corresponga. *[precinto]*
preciós, osa. adj. De gran preu o valor. *[precioso]*
precipici. m. Terreny de superfície vertical o molt pendent. *[precipicio]*
precipitació. f. Acció i efecte de precipitar o de precipitar-se. *[precipitación]*
precipitar. v. tr. Fer caure daltabaix d'un lloc elevat. *[precipitar]* // Produir-se, en una dissolució, una matèria sòlida que queda al fons del recipient. *[precipitar]* // Accelerar, fer anar impetuosament.
precís, isa. adj. Necessari, indispensable. *[preciso]* // No equívoc ni vague. *[preciso]*
precisar. v. tr. Determinar amb precisió. *[precisar]*
precisió. f. Obligació o necessitat. *[precisión]* // Determinació exacta. *[precisión]* // Concisió i exactitud de llenguatge o estil. *[precisión]*
preclar, ara. adj. Il·lustre, insigne. *[preclaro]*
precoç. adj. Que madura abans del temps ordinari. *[precoz]* // Aplicat a la persona que demostra qualsevulla qualitat notable, des de la seua infantesa.
preconitzar. v. tr. Lloar públicament. *[preconizar]* // Aprovar el papa la designació d'una persona per a una dignitat eclesiàstica. *[preconizar]*
precursor, ora. adj. i m. i f. Que precedeix o va davant d'un altre. *[precursor]*
predestinar. v. tr. Destinar amb antelació alguna cosa. *[predestinar]*
predi. m. Heretat, hisenda o possessió immoble, i especialment la situada en el camp. *[predio]*
predic. m. Sermó. *[sermón]*
prèdica. f. Parlament amb què s'exhorta o es reprén algú, sermó. *[prédica]*
predicament. m. Acció de predicar. *[predicamento]* // Allò que és predicat o afirmat del subjecte. // Anomenada que un ha assolit pels seus mèrits. *[predicamento]*
predicar. v. tr. Anunciar, proclamar, ensenyar la paraula de Déu. *[predicar]* // Fer un sermó.
predicat. m. Allò que és afirmat del subjecte en una proposició gramatical. *[predicado]*
predicatiu, iva. adj. Que expressa predicació o afirmació. *[predicativo]* // m. Complement de certs verbs de predicació incompleta. *[predicativo]*
predicció. f. Acció i efecte de predir. *[predicción]* // La cosa predita. *[predicción]*
predilecció. f. Preferència en l'afecte, amor preferent. *[predilección]*

predir. v. tr. Anunciar alguna cosa que ha de succeir. *[predecir]*
predisposar. v. tr. Disposar amb anticipació l'esperit de les persones amb un fi determinat. *[predisponer]*
predominar. v. intr. Ser superior en força, autoritat, etc. *[predominar]*
predomini. m. Acció i efecte de predominar. *[predominio]*
predors. m. La part anterior del dors de la llengua. *[predorso]*
preeminent. adj. Superior en rang, posició, etc. *[preeminente]*
prefaci. m. Introducció, pròleg o discurs previ. *[prefacio]* // Part de la missa que precedeix al cànon. *[prefacio]*
prefecte. m. Persona encarregada de fer complir certs càrrecs. *[prefecto]*
prefectura. f. Càrrec, dignitat de prefecte. *[prefectura]* // Territori governat per un prefecte. *[prefectura]*
preferència. f. Acció i efecte de preferir. *[preferencia]* // La cosa preferida. *[preferencia]* // Qualitat de preferent.
preferir. v. tr. Posar algú o alguna cosa per damunt d'un altre o d'altres en estimació, favor, etc. *[preferir]*
prefix. m. Element afegit al davant d'un mot. *[prefijo]*
pregar. v. tr. Instar alguna cosa amb submissió i precs. *[rogar]*
pregària. f. Acció de pregar. *[plegaria]* // Oració a Déu o als sants. *[plegaria]* // pl. Oracions col·lectives per a demanar a Déu un favor o la cessació d'una calamitat. *[rogativas]*
pregó. m. Crida. *[pregón]*
pregon, ona. adj. D'una dimensió gran de la superfície avall, de la part exterior endins; a un nivell avall de la superfície general. *[hondo]* // Que té profunditat, que es fica molt endins. *[profundo]*
pregonar. v. intr. Fer la crida en un poble. *[pregonar]* // fig. Esbombar. *[pregonar]*
pregonesa. f. Qualitat de pregon, profunditat. *[profundidad]*
pregunta. f. Interrogació feta a fi que un altre diga allò que sap d'una qüestió. *[pregunta]*
preguntar. v. tr. Fer preguntes. *[preguntar]*
preguntat. m. Pregunta. *[pregunta]*
prehistòria. f. Història de les èpoques primitives. *[prehistoria]*
prejudici. m. Indici o opinió preconcebuts. *[prejuicio]* // Predilecció no raonada per alguna cosa. *[prejuicio]*
prejuí. m. Prejudici. *[prejuicio]*
prejutjar. v. tr. Jutjar abans de tenir coneiximent complet d'una cosa. *[prejuzgar]*
prelat, ada. m. i f. Superior d'un convent. *[prelado]* // m. Alt dignatari eclesiàstic.
preliminar. adj. Que serveix de preàmbul o proemi. *[preliminar]*
preludi. m. Allò que serveix d'entrada, preparació o principi d'una cosa. *[preludio]*
preludiar. v. intr. i tr. Intr. Servir com a preludi. *[preludiar]* // Assajar un instrument o la veu, mitjançant escales, arpegis, etc. *[preludiar]* // Tr. Servir de preludi a alguna cosa. *[preludiar]*
prematur, ura. adj. Que es presenta abans del temps, que encara no està al punt. *[prematuro]*
premeditar. v. tr. Pensar una cosa abans d'executar-la. *[premeditar]*
prémer. v. tr. Comprimir un cos entre altres dos. *[apretar, oprimir, prensar]*
premi. m. Recompensa o remuneració per un mèrit o servei. *[premio]* // Sort d'una rifa. *[premio]*
premiar. v. tr. Concedir a algú el premi que mereix. *[premiar]*
premissa. f. Cadascuna de les dues proposicions d'un sil·logisme d'on es dedueix una conclusió. *[premisa]* // Senyal o indici donat com a cert que serveix de base a un argument. *[premisa]*
premorir. v. intr. Morir primer que un altre. *[premorir]*
premsa. f. Màquina que serveix per a comprimir. *[prensa]* // Màquina d'imprimir. *[prensa]* // Conjunt de publicacions impreses. *[prensa]*
premsar. v. tr. Sotmetre a l'acció d'una premsa. *[prensar]*
prendre. v. tr. i intr. Tr. Agafar amb la mà. *[coger]* // Adoptar una determinació o estat. *[tomar]* // Emportar-se alguna cosa d'algú. *[coger]* // Intr. Arrelar.

prenom. m. Nom que entre els romans precedia el de família. *[prenombre]*

prènsil. adj. Que serveix per a agafar encerclant. *[prensil]*

prenyada. f. Femella prenys, que ha concebut. *[preñada, encinta, embarazada]*

prenyat. m. Estat de la femella prenyada i temps que dura. *[preñez]*

prenys. adj. Aplicat a la femella prenyada. *[preñada]* // m. Prenyat, embaràs.

preocupació. f. Acció i efecte de preocupar o de preocupar-se. *[preocupación]*

preocupar. v. tr. Ocupar abans que un altre una cosa. *[preocupar]* // Ocupar l'ànim d'algú un temor, etc., que dóna ànsia, etc. *[preocupar]*

preopinar. v. intr. Manifestar una opinió abans que un altre. *[preopinar]*

prepalatal. adj. Que s'articula a la part anterior del paladar. *[prepalatal]*

preparar. v. tr. Posar alguna cosa en estat de ser usada. *[preparar]*

preparatiu, iva. adj. Preparatori. *[preparativo]* // m. Allò que es fa per a preparar alguna cosa. *[preparativo]*

preparatori, òria. adj. Que prepara. *[preparatorio]*

preponderar. v. intr. Prevaler una opinió o una cosa respecte a una altra amb què és comparada. *[preponderar]*

preposar. v. tr. Posar al davant. *[preponer]*

preposició. f. Acció de preposar, de posar davant. *[preposición]* // En gramàtica, paraula que expressa el règim o relació de dos termes. *[preposición]*

prepositiu, iva. adj. Que es posa davant. *[prepositivo]* // Que fa l'ofici d'una preposició. *[prepositivo]*

prepuci. m. Prolongament de la pell del membre viril que cobreix el bàlan. *[prepucio]*

prerrogativa. f. Privilegi, gràcia o exempció annexa a una dignitat o càrrec. *[prerrogativa]*

pres, esa. adj. i m. i f. Tancat en presó, privat de llibertat. *[preso]* // Coagulat.

presa. f. Acció de prendre. *[toma]* // La cosa presa. // Quantitat d'un medicament, etc., que es pren d'una vegada. *[toma]* // Resclosa. *[presa]*

presagi. m. Senyal que indica un esdeveniment. *[presagio]* // Auguri.

presbiteri. m. Part de l'església on hi ha l'altar major, més elevada d'un o més graons que la resta de l'església. *[presbiterio]* // Reunió dels preveres amb el bisbe. *[presbiterio]*

prescindir. v. intr. Fer abstracció o omissió d'una cosa. *[prescindir]*

prescripció. f. Acció i efecte de prescriure. *[prescripción]* // Manera d'adquirir el domini d'una cosa per haver-la posseït un cert temps en certes condicions. *[prescripción]*

prescrit. adj. Escrit abans. *[prescrito]* // Adquirit o cessat per prescripció. *[prescrito]* // m. Orde, manament d'autoritat. *[prescrito, prescripción]*

prescrit, ita. adj. Rèprobe. *[prescrito]*

prescriure. v. tr. i intr. Tr. Ordenar, manar en virtut d'autoritat. // Adquirir per prescripció. *[prescribir]* // Intr. Extingir-se una càrrega o obligació per haver transcorregut un temps determinat. *[prescribir]*

presència. f. Estat del qui es troba present. *[presencia]* // Figura i disposició del cos. *[presencia]* // Serenitat d'esperit. *[presencia]*

presenciar. v. tr. Estar present en un esdeveniment, un fet, etc. *[presenciar]*

present. adj. Aplicat al temps en què un es troba quan explica una cosa. *[presente]* // Que està en presència d'un. *[presente]* // m. Temps del verb que denota el temps en què som. *[presente]*

present. m. Allò que s'ofereix en do a algú, regal. *[presente]*

presentar. v. tr. Posar alguna cosa davant d'algú perquè la veja, l'examine, etc. *[presentar]*

preservar. v. tr. Guardar d'un dany possible o probable. *[preservar]*

preservatiu, iva. adj. Que serveix per a preservar. *[preservativo]* // m. Medicament o objecte que preserva d'algun perill. *[preservativo]*

presidència. f. Càrrec o dignitat de president. *[presidencia]* // Acció de presidir. *[presidencia]* // Residència del president. *[presidencia]*

president, enta. m. i f. El qui presideix. *[presidente]*

presidi. m. Lloc on es tenen els delinqüents condemnats per delictes greus. *[presidio]*

presidir. v. tr. Dirigir les deliberacions, els treballs, d'una junta, tribunal, etc. *[presidir]*

presó. f. El fet d'estar detingut, privat de llibertat. *[prisión]* // Casa on són tancats i guardats els presos. *[prisión, cárcel]*

presoner, era. m. i f. Persona retinguda com a presa de guerra. *[prisionero]*

pressa. f. Ànsia de fer una cosa ràpidament. *[prisa]*

préssec. m. Fruit del presseguer. *[melocotón, albérchigo, durazno]*

presseguer. m. Arbre de la família de les rosàcies que fa un fruit comestible carnós. *[melocotonero, pérsico, durazno, albérchigo]*

pressentir. v. tr. Tenir la impressió o convicció que ha d'ocórrer alguna cosa. *[presentir]*

pressió. f. Acció i efecte de prémer o comprimir. *[presión]* // fig. Acció que obliga o indueix intensament a fer alguna cosa. *[presión]*

pressionar. v. tr. Fer pressió damunt algú o alguna cosa. *[presionar]*

pressuposar. v. tr. Suposar per endavant una cosa. *[presuponer]*

pressupost. m. Còmput anticipat d'allò que costarà una obra a fer, de les despeses i ingressos d'una entitat per un període de temps determinat. *[presupuesto]*

prest. adv. Prompte, de seguida. *[pronto, presto]*

prest, esta. adj. Disposat, preparat, per a executar alguna cosa. *[presto, pronto]* // Prompte, ràpid. *[presto, pronto]*

prestar. v. tr. Deixar una cosa a algú amb l'obligació de tornar-la. *[prestar]* // Posar a la disposició d'algú una cosa. *[prestar]*

prestatge. m. Cadascun dels taulers d'un armari o llibreria. *[estante, anaquel]*

prestatgeria. f. Conjunt o joc de prestatges. *[estantería]*

préstec. m. Acció i efecte de prestar. *[préstamo]*

prestidigitació. f. Art i acció del prestidigitador. *[prestidigitación]*

prestidigitador, ora. m. i f. El qui fa jocs de mans, d'escamoteig. *[prestidigitador]*

prestigi. m. Allò que colpeix l'esperit pel que té de meravellós. *[prestigio]* // Ascendent, influència, deguda a èxits anteriors, a la reputació adquirida. *[prestigio]*

prestigiar. v. tr. Donar prestigi. *[prestigiar]*

presumir. v. tr. i intr. Tr. Sospitar alguna cosa, tenir-ne indicis. *[presumir]* // Intr. Creure i donar-ho a entendre amb les seues paraules, etc., de posseir una qualitat, un mèrit. *[presumir]*

presumit, ida. adj. Que presumeix o té vanitat, presumptuós. *[presumido]*

presumpció. f. Acció i efecte de presumir d'alguna cosa. *[presunción]* // Sospita originada per algun indici. *[presunción]*

presumpte, umpta. adj. Que és objecte de suposició per indicis. *[presunto]*

presumptuós, osa. adj. Ple de presumpció. *[presuntuoso]*

pretendent, enta. m. i f. El qui pretén alguna cosa. *[pretendiente]*

pretendre. v. tr. i intr. Tr. Sol·licitar alguna cosa. *[pretender]* // Voler que alguna cosa siga reconeguda com a certa. *[pretender]* // Intr. Aspirar a l'obtenció d'alguna cosa. *[pretender]*

pretensió. f. Acció de pretendre. *[pretensión]* // Dret que un creu que té damunt alguna cosa. *[pretensión]*

pretensiós, osa. adj. Que té pretensions. *[presuntuoso]*

preterir. v. tr. Fer omissió d'una persona o cosa. *[preterir]*

pretèrit, èrita. adj. Que ja ha passat, anterior al temps present. *[pretérito]* // m. Temps d'un verb que indica una acció passada. *[pretérito]*

pretext. m. Raó o motiu que es dóna per a amagar la raó o motiu real d'una acció. *[pretexto]*

pretextar. v. tr. Valer-se d'un pretext, donar com a raó aparent. *[pretextar]*

pretor. m. Magistrat romà que exercia jurisdicció a Roma o a les províncies. *[pretor]*

preu. m. Valor en què és estimat un objecte qualsevol. *[precio]*

preuar. v. tr. Posar preu a una cosa, prear. *[evaluar]*

prevaler. v. intr. Emportar-se la victòria, la superioritat, etc., entre diferents coses concurrents, en competència, etc. *[prevalecer]*

prevaricar. v. intr. Desviar-se algú del seu deure, mancar a l'obligació del càrrec que exerceix. *[prevaricar]*

prevenció. f. Acció i efecte de prevenir o prevenir-se. *[prevención]* // Disposició presa anticipadament. *[prevención]* // Concepte desfavorable d'una persona o cosa. *[prevención]*

prevenir. v. tr. Preveure una cosa per a impedir-la, evitar el seu efecte, etc. *[prevenir]* // Advertir per endavant a algú d'alguna cosa. *[prevenir]*

preventori. m. Establiment sanitari que té per finalitat prevenir les malalties. *[preventorio]*

prevere. m. Sacerdot o clergue ordenat amb órdens majors i ordenat de missa. *[presbítero]*

preveure. v. tr. Veure amb anticipació, endevinar una cosa que encara ha de venir. *[prever]*

previ, èvia. adj. Que s'esdevé precedint alguna cosa, anterior. *[previo]*

previndre. v. tr. Infinitiu irregular del verb *prevenir,* extret per analogia del futur d'indicatiu: *previndré, previndràs, previndrà...* previndre. *[prevenir]*

previsió. f. Acció i efecte de preveure. *[previsión]*

prim, ima. adj. Que té relativament poc gruix. *[delgado]* // Flac.

prima. f. Primera de les quatre parts iguals en què els romans dividien el dia. *[prima]* // Primera hora canònica. *[prima]* // Corda més prima dels instruments musicals de corda. *[prima]*

prima. f. Quantitat que constitueix un sobrepreu, comissió, premi, etc. *[prima]*

primari, ària. adj. Que és primer en orde o grau. *[primario]* // f. Primor.

primat. m. Primer i més preeminent dels bisbes d'un país. *[primado]*

primavera. f. Estació de l'any compresa entre l'equinocci de març i el solstici de juny. *[primavera]* // **primavera d'hivern.** Estació de l'any que precedeix l'hivern, tardor. *[otoño]* // Prímula. // Totestiu.

primer, era. adj. Dit del que, en una sèrie, precedeix tots els altres. *[primero]* // adv. En primer lloc. *[primero, antes]*

primerenc, enca. adj. Que ve abans del temps regular. *[tempranero, primerizo]*

primícia. f. Fruit primer que dóna alguna cosa. *[primicia]* // Prestació de fruits o bestiar que era pagat a l'església ultra el delme. *[primicia]*

primigeni, ènia. adj. Primitiu, originari. *[primigenio]*

primitiu, iva. adj. Que és primer en la seua línia, o no pren origen d'altra cosa. *[primitivo]*

primmirar. v. tr. Que mira prim, que és molt observador i exigent. *[remirado]*

primmirat, ada. adj. Que mira prim. *[quisquilloso]* // Excessivament delicat en el tracte. *[remirado]*

primogènit, ènita. adj. i m. i f. El fill que naix primer. *[primogénito]*

primor. f. Qualitat de prim. *[delgadez]*

primordial. adj. Primitiu, fonamental. *[primordial]*

primparar. v. tr. Posar en perill de caure. *[poner en falso]*

primparat, ada. adj. Que està en perill de caure. *[caedizo]* // Inconsistent.

príncep. m. El fill primogènit del rei i hereu de la corona. *[príncipe]* // Individu de la família reial o imperial. *[príncipe]* // Sobirà d'un estat. *[príncipe]*

princesa. f. Muller d'un príncep. *[princesa]* // Dona amb dignitat de príncep. *[princesa]*

principal. adj. Que és el primer en autoritat, grau, importància, etc. *[principal]*

principat. m. Dignitat de príncep. *[principado]* // Territori subjecte a la sobirania d'un príncep. *[principado]*

principi. m. Començament. *[principio]* // Origen, raó fonamental. *[principio]* // Regla de conducta, norma per a obrar.

principiar. v. tr. i intr. Tenir principi una cosa, començar. *[principiar]*

prior. m. Superior d'un convent o orde militar. *[prior]*

priora. f. Prelada o superiora d'una comunitat de religioses. *[priora]*

priorat. m. Dignitat de prior o priora. *[priorato]* // Territori en què té jurisdicció un prior. *[priorato]*

priori, a. loc. adv. Amb anterioritat. *[a priori]*

prioritat. f. El fet de venir abans en l'orde o en el temps. *[prioridad]*

prisar. v. tr. Fer una sèrie de plecs a la roba o al paper. *[plisar, rizar]*

prisma. m. Cos limitat per dos polígons paral·lels i iguals, anomenats bases, i per tants paral·lelograms com costats tenen les bases. *[prisma]*

privació. f. Acció i efecte de privar o impedir. *[privación]* // Manca d'allò que un necessita o desitja. *[privación]*

privadesa. f. Primer lloc en la gràcia i confiança d'un príncep o alt personatge. *[privanza]*

privar. v. tr. i intr. Tr. Desposseir algú d'alguna cosa. *[privar]* // Intr. Privadejar. *[privar]* // **-se.** En el joc de pilota valenciana abstenir-se d'utilitzar un colp o de fer una jugada en particular.

privat, ada. adj. Que és executat en la intimitat i sense cerimònia. *[privado]* // m. El qui gaudeix de privadesa. *[privado]*

privilegi. m. Avantatge excepcional concedit a algú, alliberant-lo d'una càrrega, concedint-li una exempció, etc. *[privilegio]*

privilegiar. v. tr. Concedir un privilegi. *[privilegiar]*

pro. prep. A favor de. // m. Favor, profit. *[pro]* // La part favorable d'alguna cosa.

proa. f. Part davantera d'una embarcació. *[proa]*

probable. adj. Que és fàcil que s'esdevinga. *[probable]*

probitat. f. Rectitud d'intenció, honradesa. *[probidad]*

problema. m. Qüestió o dificultat a resoldre o aclarir. *[problema]*

procaç. adj. Desvergonyit, insolent, sobretot en el parlar. *[procaz]*

procedència. f. Principi o origen d'on naix o arranca una cosa. *[procedencia]* // Fonament legal, oportunitat, d'una demanda, recurs, etc. *[procedencia]*

procediment. m. Manera de procedir, d'obrar, per a conseguir un objecte. *[procedimiento]*

procedir. v. intr. Originar-se una cosa d'una altra. *[proceder]* // Posar una cosa en execució. *[proceder]* // Portar-se, un, bé o malament. *[proceder]*

pròcer. m. Persona d'alta distinció. *[prócer]* // adj. Distingit, eminent, propi de persones d'alta categoria. *[prócer]*

procés, (pl. **essos**). m. Conjunt d'escrits en qualsevol causa civil o criminal. *[proceso]* // Sèrie evolutiva per què passa una cosa. *[proceso]*

processar. v. tr. Sotmetre a procés, formar procés. *[procesar]*

processó. f. Acte religiós de desfilar ordenadament i solemnement els fidels, precedits d'una o més creus parroquials i amb l'autoritat eclesiàstica, portant el Santíssim Sagrament o algunes relíquies o imatges sagrades, per a donar-los cult i implorar el seu auxili. *[procesión]*

proclama. f. Al·locució militar o política feta de viva veu o per escrit. *[proclama]*

proclamar. v. tr. Anunciar o publicar solemnement una cosa. *[proclamar]*

procliu. adj. Propens a alguna cosa. *[proclive]*

procrear. v. tr. Produir per l'acte de la generació. *[procrear]*

procura. f. Poder donat legalment per algú a una persona per a obrar en nom seu. *[procura]*

procurar. v. tr. Fer diligències per a obtenir alguna cosa. *[procurar]* // Mirar que alguna cosa siga feta. *[procurar]*

pròdig, òdiga. adj. Dissipador, malgastador. *[pródigo]* // Molt després i generós. *[pródigo]*

prodigar. v. tr. Dissipar, despendre, donar amb prodigalitat. *[prodigar]*

prodigi. m. Fet que excedeix els límits naturals. *[prodigio]* // Persona o cosa extraordinària. *[prodigio]*

producció. f. Acció de produir. *[produc-*

ción] // Allò que és produït. *[producción]* // Conjunt dels productes de la terra o de la indústria. *[producción]*

producte. m. Cosa produïda. *[producto]* // Resultat d'una multiplicació. *[producto]*

produïble. adj. Que es pot produir. *[producible]*

produir. v. intr. Engendrar. // Donar o llevar fruit o rèdit. *[produir]* // Ocasionar. *[producir]*

proemi. m. Part d'un discurs, etc., que serveix d'introducció. *[proemio]*

proesa. f. Acció heroica o que inclou una gran valentia. *[proeza]*

profà, ana. adj. Que no és sagrat. *[profano]* // Contrari a la reverència deguda a les coses sagrades. *[profano]* // Que no té coneiximents especials d'una determinada matèria. *[profano]*

profanar. v. tr. Fer ús indigne de coses respectables. *[profanar]*

profecia. f. Predicció d'allò que ha d'esdevenir. *[profecía]*

proferir. v. tr. Pronunciar, dir alguna cosa. *[proferir]*

professar. v. tr. Ensenyar públicament una ciència, etc. *[profesar]* // Declarar obertament una creença, opinió, etc. *[profesar]* // Obligar-se a complir els vots d'un institut religiós. *[profesar]*

professió. f. Acció i efecte de professar. *[profesión]* // Ocupació que un exerceix públicament. *[profesión]*

professor, ora. m. i f. El qui exerceix o ensenya una ciència, un art, una disciplina. *[profesor]*

professorat. m. Càrrec de professor. *[profesorado]* // Cos de professors. *[profesorado]*

profeta. m. El qui prediu les coses que han d'esdevenir. *[profeta]*

profetitzar. v. tr. i intr. Predir les coses que han d'esdevenir. *[profetizar]*

profilaxi. f. Preservació, higiene, tractament que preserva de la malaltia. *[profilaxis]*

profit. m. Benefici que es trau d'alguna cosa. *[provecho]*

profitós, osa. adj. Que fa profit. *[provechoso]* // Que menja excessivament.

pròfug, òfuga. adj. i m. i f. Que fuig per escapar de l'acció de la justícia, per no servir en l'exèrcit. *[prófugo]*

profund, unda. adj. Que té profunditat, que es fica molt endins. *[profundo]*

profunditat. f. Qualitat de profund. *[profundidad]*

programa. m. Enunciació d'allò que un pensa fer. *[programa]* // Exposició de detalls, parts o condicions d'alguna cosa. *[programa]*

programació. f. Acció de formar un programa. *[programación]*

programar. v. tr. Establir un programa, efectuar una programació. *[programar]*

progrés, (pl. **essos**). m. Acció d'anar endavant, d'avançar d'un grau a un altre superior. *[progreso]*

progressar. v. intr. Fer progressos en una matèria. *[progresar]*

prohibir. v. tr. Impedir l'ús o execució d'una cosa. *[prohibir]*

prohom. m. Mestre que era elegit per a dirigir un gremi. *[prohombre]* // El qui frueix d'especial consideració entre els de la seua classe. *[prohombre]*

proïsme. m. Els nostres semblants. *[prójimo]*

projectar. v. tr. Llançar endavant a distància. *[proyectar]* // Fer el projecte d'alguna cosa. *[proyectar]*

projecte. m. Designi o pensament d'executar alguna cosa *[proyecto]* // Estudi detallat d'una cosa a realitzar. *[proyecto]*

projectil. m. Qualsevol cos que pot ser llançat per la impulsió d'una força. *[proyectil]* // Cos llançat per una arma de foc o de git. *[proyectil]*

projector. m. Dispositiu per a projectar un raig de llum. *[proyector]*

prole. f. Fills o descendència que un té. *[prole]*

pròleg. m. Discurs que precedia antigament al poema dramàtic. *[prólogo]* // Allò que serveix d'exordi o principi al cos d'una obra. *[prólogo]*

prolegomen. m. Escrit preliminar en què s'exposen els principis fonamentals de la matèria que es va a tractar. *[prolegómeno]*

proletari, ària. m. i f. Mancat de béns i que ha de viure d'un sou modest. *[proletario]* // adj. Pertanyent o relatiu als proletaris. *[proletario]*

proliferar. v. tr. Multiplicar-se ràpidament. *[proliferar]*

prolífic, ífica. adj. Que té la virtut de produir fruit. *[prolífico]* // Que té la virtut d'engendrar. *[prolífico]*

prolix, ixa. adj. Indegudament llarg, difús, escrivint o parlant. *[prolijo]*

prologar. v. tr. Posar pròleg a una obra. *[prologar]*

prolongar. v. tr. Fer més llarg en durada o extensió. *[prolongar]* // Diferir, fer esdevenir més tard. *[diferir, aplazar]*

promedi. m. Quantitat que resulta de dividir el producte d'una suma pel número de sumands. *[promedio]*

promès, esa. m. i f. Persona que ha donat paraula de casament. *[prometido, novio]* // f. Prometença, acció i efecte de prometre. *[promesa]*

prometatge. m. Promesa de casament i el temps que dura. *[noviazgo]*

prometença. f. Acció de prometre. *[promesa]* // Paraula donada de fer alguna cosa. *[promesa]*

prometre. v. tr. Obligar-se a fer, donar paraula de fer alguna cosa. *[prometer]*

prominent. adj. Que s'eleva sobre allò que té al voltant. *[prominente]*

promiscu, íscua. adj. Que és barrejat de coses molt diverses entre elles. *[promiscuo]* // Que té dos sentits equivalents.

promiscuar. v. intr. Barrejar coses de diferent mena. *[promiscuar]*

promiscuïtat. f. Qualitat de promiscu. *[promiscuidad]* // Barreja de coses molt diverses entre elles. *[promiscuidad]*

promoció. f. Acció i efecte de promoure. *[promoción]* // Conjunt d'individus que obtenen un grau o càrrec al mateix temps. *[promoción]*

promontori. m. Altura considerable de terra, especialment que avança dins el mar. *[promontorio]*

promoure. v. tr. Donar la primera impulsió a alguna cosa. *[promover]* // Elevar algú a un grau, a una dignitat. *[promover]*

prompte, ompta. adj. Disposat a fer alguna cosa, a punt. *[pronto, presto]* // Que posa poc temps a fer alguna cosa, que ho fa sense retard. *[rápido]* m. Moviment o impuls sobtat. *[pronto]*

prompte. adv. Dins poc temps, sense tardar, promptament, prest, tost, aviat. *[pronto]*

promptuari. m. Compendi de les regles principals d'una ciència o art. *[prontuario]*

promulgar. v. tr. Publicar una llei, un edicte, etc. *[promulgar]*

pronom. m. En gramàtica, mot que serveix per a suplir el nom. *[pronombre]*

pronòstic. m. Senyal pel qual és conjecturada alguna cosa. *[pronóstico]* // Calendari en què es pronostica el temps que farà en les diferents èpoques de l'any. *[pronóstico]*

pronosticar. v. tr. Conjecturar per certs indicis allò que ha d'esdevenir. *[pronosticar]*

pronúncia. f. Manera de pronunciar. *[pronuncia]*

pronunciació. f. Acció i efecte de pronunciar. *[pronunciación]*

pronunciar. v. tr. Articular sons per a parlar. *[pronunciar]* // Dir, proferir, fer sentir públicament. *[pronunciar]* // Declarar una decisió. *[pronunciar]* // **-se.** Rebel·lar-se les tropes contra el govern constituït. *[pronunciarse]*

prop. adv. prep. i adj. A una poca distància en l'espai o en el temps. *[cerca]* // A la vora. *[cerca]* // Aproximadament.

propaganda. f. Acció i efecte de propagar. *[propaganda]* // Treballs que es fan per a propagar alguna cosa. *[propaganda]*

propagar. v. tr. Multiplicar per reproducció, fer créixer en nombre o en extensió. *[propagar]*

propalar. v. tr. Divulgar, fer circular una notícia. *[propalar]*

propendir. v. intr. Tenir propensió a alguna cosa. *[propender]*

propens, ensa. adj. Que té propensió a alguna cosa. *[propenso]*

propensió. f. Qualitat de propens. *[propensión]*

proper, era. adj. Pròxim.

propi, òpia. adj. Que és d'una persona o cosa amb exclusió de tota altra. *[propio]* // Característic i peculiar de cadascú. *[propio]* // Convenient per a un fi determinat. *[propio]* // m. Persona enviada expressament per a una comanda. *[propio]*

propici, ícia. adj. Ben disposat a favor d'algú, favorable. *[propicio]*

propiciar. v. tr. Fer propici. *[propiciar]*

propietari, ària. m. i f. El qui té la propietat d'alguna cosa. *[propietario]*

propietat. f. Allò que és propi d'alguna cosa. *[propiedad]* // Domini i dret sobre alguna cosa que ens pertany. *[propiedad]* // Atribut o qualitat essencial. *[propiedad]*

propina. f. Gratificació donada per un servici. *[propina]* // En el joc de pilota valenciana, gratificació que els postors solen donar als jugadors.

proporció. f. Relació d'una part amb el tot. *[proporción]* // Avinentesa per a alguna cosa. *[proporción]* // En matemàtiques, igualtat de dues raons. *[proporción]*

proporcionar. v. tr. Fer que una cosa tinga la deguda proporció amb una altra. *[proporcionar]* // Posar a disposició d'algú allò que necessita, que li convé. *[proporcionar]*

proposar. v. tr. Fer una proposició. *[proponer]*

proposició. f. Acció i efecte de proposar. *[proposición]* // Enunciació d'un judici. *[proposición]*

propòsit. m. Acció de proposar-se fer alguna cosa, allò que hom es proposa. *[propósito]*

proposta. f. Proposició o idea proposada per a un fi determinat. *[propuesta]*

propugnar. v. tr. Esforçar-se porfidiosament. *[pugnar]* // Defensar combatent o discutint. *[propugnar]*

propulsar. v. tr. Impel·lir cap endavant. *[propulsar]*

propulsió. f. Acció i efecte de propulsar. *[propulsión]*

prorrata. f. Quota que pertoca per cap d'una quantitat repartida entre molts. *[prorrata]*

prorratejar. v. tr. Distribuir alguna cosa proporcionalment. *[prorratear]*

pròrroga. f. Continuació d'una cosa per un temps determinat. *[prórroga]*

prorrogar. v. tr. Allargar el temps acordat per a fer alguna cosa. *[prorrogar]* // Diferir, deixar per a més endavant.

prorrompre. v. intr. Sortir una cosa impetuosament. *[prorrumpir]*

prosa. f. Forma natural del llenguatge, no subjecta a la mesura i el ritme del vers. *[prosa]*

prosaic, aica. adj. Relatiu a la prosa. *[prosaico]* // Mancat d'idealitat o elevació. *[prosaico]*

prosàpia. f. Ascendència o llinatge d'una persona, estirp. *[prosapia]*

prosceni. m. Part de l'escenari més immediata al públic, en els teatres moderns. *[proscenio]*

proscriure. v. tr. Desterrar, bandejar. *[proscribir]* // Prohibir l'ús d'una cosa. *[proscribir]*

prosèlit. m. Nou adepte d'una religió, doctrina, partit, etc. *[prosélito]*

prosòdia. f. Part de la gramàtica que tracta de la pronunciació i de l'accentuació de les síl·labes i paraules. *[prosodia]*

prosopopeia. f. Figura que consisteix a atribuir qualitats personals, etc., a animals i coses inanimades. *[prosopopeya]* // Afectació de gravetat o esplendor. *[prosopopeya]*

prospecció. f. Conjunt d'operacions destinades a la localització de jaciments, exploració. *[prospección]*

prospecte. m. Exposició o anunci breu d'alguna cosa. *[prospecto]*

pròsper, òspera. adj. Que afavoreix el curs de les coses, favorable. *[próspero]* // En bon curs, en estat florent. *[próspero]*

prosperar. v. tr. i intr. Tr. Fer pròsper. *[prosperar]* // Intr. Esdevenir pròsper. *[prosperar]* // Créixer fàcilment. *[medrar]*

prosperitat. f. Curs favorable de les coses. *[prosperidad]* // Que és pròsper. *[prosperidad]*

prosseguir. v. tr. Continuar una cosa començada, seguir fent. *[proseguir]*

pròstata. f. Glàndula que tenen els mascles dels mamífers al coll de la veixiga. *[próstata]*

prosternar-se. v. pron. Inclinar el cos, agenollar-se, davant algú en senyal de respecte, de devoció. *[prosternarse]*

pròstesi. f. Afegiment d'una lletra o d'una síl·laba al començament d'una paraula. *[próstesis]*

prostíbul. m. Casa de prostitució. *[prostíbulo]*

prostitució. f. Acció i efecte de prostituir o de prostituir-se. *[prostitución]*

prostituïdor, ora. adj. i. m. i f. Que prostitueix. *[prostituidor]*

prostituir. v. tr. Corrompre una dona, lliurar-la a la pública deshonra. *[prostituir]*

prostituta. f. Dona prostituïda, que es dóna, per diner, al primer vingut. *[prostituta]*

prostració. f. Acció i efecte de prostrar o de prostrar-se. *[postración]*

prostrar. v. tr. Llevar les forces, el vigor a algú. *[postrar]* // **-se.** Agenollar-se als peus d'algú en senyal de reverència o adoració. *[postrarse]*

protagonista. m. i f. Personatge principal d'un drama, etc. *[protagonista]*

protagonitzar. v. tr. Representar el paper de protagonista. *[protagonizar]*

protecció. f. Acció i efecte de protegir. *[protección]*

protegir. v. tr. Defensar algú o alguna cosa contra allò que l'amenaça. *[proteger]* // Ajudar a la prosperitat d'algú o d'alguna cosa. *[proteger]*

pròtesi. f. Addició al cos humà d'una peça artificial que reemplaça un òrgan que manca, una dent, una cama, etc. *[prótesis]*

protest. m. Acció de protestar, d'afirmar solemnement. *[protesto]* // Acció de protestar una lletra. *[protesto]* // Escrit que n'és testimoni. *[protesto]*

protestant. adj. Que protesta. *[protestante]* // m. i f. Que pertany a qualsevol de les diverses sectes cristianes no adeptes a l'església catòlica ni a la cismàtica grega. *[protestante]*

protestantisme. m. Doctrina dels protestants. *[protestantismo]* // Qualitat de protestant. *[protestantismo]*

protestar. v. tr. i intr. Tr. Afirmar, testimoniejar. *[protestar]* // Intr. Fer un protestament formal contra un acte o mesura que es considera il·legítim. *[protestar]*

protocol. m. Sèrie d'escriptures matrius i altres documents que un escrivà custodia amb certes formalitats. *[protocolo]* // Memoràndum preliminar en les resolucions d'una conferència. *[protocolo]* // Formulari de l'etiqueta a observar en les cerimònies oficials. *[protocolo]*

protocol·litzar. v. tr. Incorporar una escriptura, etc., al protocol corresponent. *[protocolizar]*

prototip. m. El més perfecte exemplar d'una cosa. *[prototipo]*

protuberància. f. Prominència a la superfície d'un cos. *[protuberancia]*

prou. adj. Que és suficient. *[bastante]* // adv. Amb satisfacció, de bona gana. *[bastante]* // Expressió d'assentiment.

prova. f. Acció i efecte de provar. *[prueba]* // Operació per a determinar l'exactitud d'una altra. *[prueba]* // Primera mostra d'un treball tipogràfic, etc. *[prueba]*

provar. v. tr. Sotmetre a algú o alguna cosa a certes experiències per apreciar-ne el valor, etc. *[probar]* // Establir la veritat d'una cosa donant raons, adduint fets, etc. *[probar]*

provatura. f. Prova o assaig. *[probatura, prueba, tentativa]*

provecte, ecta. adj. Avançat en edat o en experiència. *[provecto]*

proveïdor, ora. adj. i m. i f. Que proveeix. *[proveedor]*

proveir. v. tr. i intr. Tr. Subministrar allò que és necessari per a un objecte. *[proveer]* // Intr. Prendre les mesures necessàries a un fi. *[proveer]*

proveït, ida. adj. No mancat. *[provisto]* // Providència judicial. *[proveído]*

provençal. adj. i m. i f. Natural o propi de Provença. *[provenzal]* // m. Llengua dels naturals de Provença. *[provenzal]*

provenir. v. intr. Procedir, originar-se una cosa d'una altra. *[provenir]*

proverbi. m. Màxima, dita, d'ús popular, que té un caràcter sentenciós o d'ensenyament, adagi. *[proverbio]*

proveta. f. Tub de vidre destinat a recollir o mesurar líquids o gasos. *[probeta]*

providència. f. Disposició anticipada o prevenció. *[providencia]* // Determinació o disposició de Déu com a regent del món. *[providencia]*

província. f. Cadascuna de les divisions d'un territori o estat subjecta comunament a una autoritat administrativa. *[provincia]* // Conjunt de cases religioses que depenen d'un mateix superior. *[provincia]*

provindre. v. intr. Infinitiu irregular del verb *provenir,* extret per analogia del futur d'indicatiu: *provindré, provindràs, provindrà...* provindre. *[provenir]*

provisió. f. Acció i efecte de proveir, especialment de reunir o aplegar una certa quantitat d'una cosa. *[provisión]* // Manament expedit pels tribunals. *[provisión]*

provisional. adj. No definitiu, ordenat per algun temps. *[provisional]*

provocar. v. tr. Induir a fer una cosa, incitar. *[provocar]* // Suscitar una cosa, produir-la. *[provocar]*

proxeneta. m. Alcavot. *[proxeneta]*

pròxim, òxima. adj. Que dista poc. *[próximo]* // Dit d'una cosa que és acostada o la més acostada a una altra en l'espai, en el temps, en l'orde lògic. *[próximo]*

prudència. f. Qualitat de prudent. *[prudencia]* // Virtut de ser prudent. *[prudencia]*

prudent. adj. El qui té prudència, que obra amb circumspecció. *[prudente]*

pruïja. f. Picor viva. *[comezón, prurito, picor]* // Desig vehement de fer alguna cosa. *[prurito]*

pruir. v. intr. Produir pruïja o picor. *[escocer, picar, dar comezón]*

pruna. f. Fruit de la prunera. *[ciruela]*

prunera. f. Arbre de la família de les rosàcies que fa un fruit comestible de pell molt llisa i fina. *[ciruelo]*

prunyó. m. Inflamació produïda pel fred, principalment a les mans, als peus i a les orelles. *[sabañón]*

pseudònim, ònima. adj. Dit de l'autor que amaga el seu nom sota un nom fals. *[seudónimo]* // m. Nom fals que un usa en lloc del seu. *[seudónimo]*

psicoanàlisi. f. Examen dels desajusts emocionals i mentals d'un malalt. *[psicoanálisis]*

psicologia. f. Part de la fisiologia que tracta de l'ànima. *[psicología]*

psicosi. f. Malaltia mental, desbaratament mental, especialment no degut a lesió orgànica o neurosi. *[psicosis]*

psiquiatria. f. Tractament o estudi de les malalties mentals. *[psiquiatría]*

psíquic, íquica. adj. Relatiu o pertanyent a l'ànima. *[psíquico]*

pua. f. Cos prim i rígid acabat en punta. *[púa]* // Fus de les màquines de filar.

púber. adj. Que ha arribat a la pubertat. *[púber]*

pubertat. f. Edat en què l'home i la dona esdevenen aptes per a la reproducció. *[pubertad]*

pubil, ila. m. i f. Infant, persona menor d'edat. *[pupilo]* // Fill únic o filla única d'una casa. *[hijo único]*

pubilla. f. Dona hereua única d'una casa. *[heredera]*

públic, ública. adj. Que no és privat o particular. *[público]* // Relatiu o pertanyent a tot el poble o tots els veïns. *[público]* // m. La gent en general. *[público]* // Els qui assisteixen a un espectacle. *[público]*

publicà. m. En l'antiguitat romana, arrendador dels impostos i rendes públiques. *[publicano]*

publicació. f. Acció de publicar. *[publicación]* // L'obra publicada. *[publicación]*

publicar. v. tr. Fer públic allò que era ocult, una obra literària, etc. *[publicar]*

publicitat. f. Qualitat de públic. *[publicidad]* // Divulgació d'alguna cosa per al públic. *[publicidad]*

puça. f. Insecte dípter de color negre rogenc, de potes llargues i fortes, que li permeten de fer grans salts. *[pulga]*

pudent. adj. Que put, que fa pudor. *[hediondo]* // fig. Que manifesta mal geni, malsofert, malhumorat. *[malhumorado]*

pudentina. f. Pudor forta. *[hedor]*
pudentor. f. Mala olor. *[hediondez]* // fig. Mal humor.
pudibund, unda. adj. Que mostra un gran pudor, pudorós. *[pudibundo]*
púdic, údica. adj. Honest, cast. *[púdico]* // Que respecta el pudor. *[púdico]*
pudir. v. intr. Fer pudor, fer mala olor. *[heder]* // Tenir aparença d'alguna cosa. *[oler]* // Ser enfadosa la repetició d'alguna cosa. *[empalagar, hartar]*
pudor. m. Vergonya, honestedat, modèstia dels actes. *[pudor]*
pudor. f. Mala olor. *[hedor]*
puerícia. f. Edat entre la infantesa i l'adolescència. *[puericia]*
puericultura. f. Higiene infantil, art de criar les criatures. *[puericultura]*
pueril. adj. Relatiu o pertanyent a l'infant, o propi de l'estat de la puerícia. *[pueril]*
púgil. m. Gladiador que combatia a colps de puny, boxejador. *[púgil]*
pugna. f. Baralla, lluita. *[pugna]* // Oposició entre persones o coses. *[pugna]*
pugnar. v. tr. Esforçar-se insistentment, combatre, lluitar. *[pugnar]*
pugó. m. Insecte hemípter, que viu paràsit damunt certes plantes. *[pulgón]*
puig. m. Elevació del terreny formant cim. *[cerro, altozano, colina]*
puix. conj. Del moment que, després. *[pues]*
puixança. f. Condició de puixant. *[pujanza]*
puixant. adj. Que té puixança, que excelleix en poder, força, vigoria, riquesa. *[pujante]* // Pervingut a un alt grau de prosperitat, florent. *[pujante]*
puja. f. Augment de preu d'alguna cosa. *[alza, aumento]* // Acció i efecte de pujar, els licitadors, el preu ofert per a la venda o arrendament d'una cosa. *[puja]* // Quantitat pujada. *[puja]* // Quantitat de pa que es paga al forner per la faena i materials. *[poya]*
pujada. f. Acció de pujar. *[subida]* // Camí que va pujant. *[subida]*
pujar. v. intr. i tr. Intr. Anar d'un punt a un altre situat a un nivell més alt. *[subir]* // Tr. Augmentar el preu de les coses. *[subir]* // Augmentar l'alçària d'una cosa que es construeix. *[subir]*
pujol. m. Puig menut. *[altozano, colina, montículo]*
pulcre, ulcra. adj. Dit del qui posa gran cura en l'endreçament de la seua persona, a executar polidament, delicadament, les coses. *[pulcro]* // Dit d'una cosa feta amb pulcritud. *[pulcro]*
pul·lular. v. intr. Abundar en un paratge persones o coses. *[pulular]* // Multiplicar-se abundantment. *[pulular]*
pulmó. m. Òrgan de la respiració de l'home i dels vertebrats que viuen o poden viure fora de l'aigua. *[pulmón]*
púlpit. m. Trona. *[púlpito]*
pulsació. f. Cadascun dels batecs arterials *[pulsación]*
pulverulent, enta. adj. Que és reduït a pols. *[pulverulento]* // Cobert de pols. *[polvoriento]*
puma. m. Mamífer carnisser americà, semblant al tigre. *[puma]*
punció. f. Acció de punxar. *[punción, punzada]* // Punxada que es fa per a evacuar el líquid format en una cavitat del cos. *[punción, punzada]*
punició. f. Acció de punir, castic. *[punición]* // Pena amb què es puneix o castiga algú. *[punición]*
punir. v. tr. Castigar, imposar i executar un castic. *[punir]*
punt. m. Menor entitat o quantitat que podem considerar. *[punto]* // Senyal poc perceptible, fet damunt una superfície. *[punto]* // Senyal ortogràfic (.) a la fi d'una clàusula. *[punto]* // Unitat de compte en molts jocs. *[punto]* // Pas de l'agulla enfilada per la roba. *[punto]* // Estat perfet i degut que arriben a tenir les coses. *[punto]* // Assumpte o matèria de què es tracta. *[punto]* // Part brevíssima de temps. *[punto]* // Lligat de fils que s'entrellacen en teixits i cosits. *[punto]* // To convenient d'un instrument musical. *[punto]*
punta. f. Extrem agut d'una cosa. *[punta]* // Nom de diferents objectes terminats en punta. *[punta]* // Cantó d'un matalaf o coixí. *[cogujón]* // Obra de fils entreteixits que serveix per a guarnir les pe-

ces de roba. *[encaje]* // Part mínima d'alguna cosa. *[punta]*

puntacorrent. m. Instrument de fuster, de ferro amb mànec de fusta, rebaixat a l'extrem. *[formón]*

puntada. f. Colp donat amb la punta d'una cosa. *[puntada]* // Cadascun dels forats fets amb una agulla per a cosir la tela. *[puntada]*

puntal. m. Pal, barra, tauló, etc., que es clava o recolza a terra i serveix per a evitar que caiga alguna cosa. *[puntal]* // fig. Cosa o persona principal que sosté una empresa, una institució, etc. *[puntal]*

puntejar. v. tr. i intr. Tr. Marcar punts en una superfície. *[puntear]* // Marcar els punts d'una dansa. *[puntear]* // Tocar les cordes d'una guitarra, etc., ferint les cordes cadascuna en un dit. *[puntear]* // Intr. Mostrar la punta, començar a deixar-se veure. *[puntear, despuntar]*

puntelletes, de. loc. adv. Tocant a terra, solament amb les puntes dels peus. *[de puntillas]*

puntelló. m. Colp donat amb la punta del peu. *[puntapié, puntillón]*

punter, era. adj. i m. i f. Que acaba en punta. *[puntero, de punta]* // La bèstia que va davant de les altres d'un mateix tir. *[delantero]* // m. En el joc de pilota valenciana, el jugador que ocupa el lloc de davant.

punteria. f. Acció i efecte d'apuntar una arma. *[puntería]* // Destresa a dirigir una arma al punt que volem tocar.

puntetes, de. loc. adv. De puntelletes. *[de puntillas]*

puntós, osa. adj. Que té punt, que fa les coses per punt. *[puntilloso]*

puntuació. f. Acció i efecte de puntuar. *[puntuación]* // Conjunt de tots els signes que serveixen per a puntuar. *[puntuación]*

puntual. adj. Que té la virtut de la puntualitat. *[puntual]*

puntualitat. f. Qualitat de puntual. *[puntualidad]*

puntualitzar. v. tr. Remarcar bé cadascun dels punts, circumstàncies, etc., d'alguna cosa. *[puntualizar]*

puntuar. v. tr. i intr. Tr. Col·locar convenientment els signes de puntuació. *[puntuar]* // Intr. Obtenir punts en una competició. *[puntuar]*

puntura. f. Perforació amb un objecte punxegut. *[puntura]* // Cadascuna de les puntes de ferro amb què es fixa el full de paper que ha d'imprimir-se. *[puntura]*

punxa. f. Punta molt aguda. *[pincha, pincho]* // Espina de les plantes. *[pincha]* // Estelleta que es clava a la carn. *[rancajo]* // Pena intensa i persistent. // Allò que la causa. // Agulló.

punxada. f. Dolor viu i de curta durada. *[punzada]* // Acció i efecte de punxar o de punxar-se. *[punzada, pinchazo]*

punxar. v. tr. Ferir amb una punxa. *[punzar, pinchar]* // Excitar a algú a fer alguna cosa. *[hostigar]*

punxegut, uda. adj. Que acaba en punxa. *[puntiagudo]*

punxó. m. Instrument acabat en punta per a obrir ullets i per a altres usos. *[punzón]* // Alena de sabater dreta i grossa. *[punzón]* // Burí.

punxós, osa. adj. Que té punxes, ple de punxes. *[espinoso]* // Que punxa, que acaba en punxa, punxegut. *[punzante]*

puny. m. Part que uneix la mà amb l'avantbraç. *[puño]* // La mà closa. *[puño]* // Part de la mànega de la camisa que envolta parcialment la mà. *[puño]* // Allò que cap dins la mà closa. *[puñado]*

punyent. adj. Que puny o causa dolor. *[compungivo, punzante]*

punyeta. f. Nom genèric que en llenguatge grosser es dóna a tota cosa que molesta o que no té utilitat. *[puñeta]*

punyir. v. tr. i intr. Tr. Punxar, compungir. *[compungir]* // Intr. Començar a eixir el sembrat o el pèl de la barba. *[apuntar]*

pupa. f. Mal, dolor físic, en llenguatge infantil. *[pupa]* // Cosa que molesta, que disgusta, que ix al contrari d'així com s'esperava o es desitjava. *[chasco]*

pupil, il·la. m. i f. Orfe menor respecte al seu tutor. *[pupilo]*

pupil·la. f. Obertura de l'iris a la seua part mitjana. *[pupila]*

pupitre. m. Moble de fusta amb la tapa formant un pla inclinat que serveix per a escriure còmodament. *[pupitre]*

pur, ura. adj. Lliure de mescla. *[puro]* // Cast, innocent. *[puro]* // Exempt d'imperfeccions. *[puro]*

puresa. f. Qualitat de pur. *[pureza]*

purga. f. Porga, medicament que hom pren per la boca per tal de descarregar el ventre. *[purga]*

purgar. v. tr. Purificar. *[purgar]* // Expiar una culpa. *[purgar]* // Porgar, donar un remei per a produir l'evacuació del ventre. *[purgar]*

purgatori. m. Lloc on les ànimes dels qui moren en gràcia acaben de purgar llurs pecats abans de pujar al cel. *[purgatorio]*

purificar. v. tr. Fer pur, llevar la part impura, deslliurar de tota impuresa, de tot element estrany o nociu. *[purificar]*

purista. m. i f. Que escriu, parla o obra amb puresa. *[purista]*

purità, ana. adj. i m. i f. Que practica o afecta una gran puresa en el seu capteniment. *[puritano]*

purna. f. Partícula inflamada que es desprén d'un cos en combustió o fortament rascat. *[chispa, pavesa]* // Penetració, vivesa d'enginy. *[chispa]* // Porció molt menuda d'una cosa. *[pizca, chispa]*

purpurina. f. Colorant vermell extret de la roja. *[purpurina]* // Pols de metalls per a daurar o argentar objectes diversos. *[purpurina]*

purulent, enta. adj. Que té pus. *[purulento]*

pus. adv. Més. *[más]*

pus, (pl. **pus**). m. Humor espés segregat accidentalment pels teixits inflamats. *[pus]*

pusil·lànime. adj. D'ànim feble i tímid. *[pusilánime]*

pústula. f. Crosta que fa una plaga quan s'asseca. *[pústula]*

puta. f. Prostituta. *[puta]*

putada. f. Acció pròpia de putes, de dones de mal viure. *[putada]* // Acció indecent, deslleial o mancada de serietat moral. *[putada]*

putejar. v. intr. Fer vida de puta, prostituir-se. *[putear]*

putput. f. Aucell insectívor de ploma daurada, vermella, blanca i negra, amb una cresta. *[abubilla]*

putrefacció. f. Acció i efecte de podrir o de podrir-se. *[putrefacción]*

putrefacte, acta. adj. En estat de putrefacció, podrit. *[putrefacto]*

putxinel·li. m. Ninot que es fa moure imitant els moviments de l'home. *[polichinela, títere]*

q q q q q q q q

q. f. Dessetena lletra de l'alfabet. *[q]*

quadern. m. Conjunt de fulls de paper cosits en forma de llibre. *[cuaderno]* // La cinquena part d'una mà de paper, conjunt de cinc fulles. *[cuadernillo]*

quadra. f. Estable de cavalls o muls.

quadrangular. adj. Que té quatre angles. *[cuadrangular]*

quadrant. m. Quarta part d'una circumferència. *[cuadrante]* // Rellotge solar traçat en un pla. *[cuadrante]* // Quarta part d'una herència. *[cuadrante]*

quadrar. v. tr. i intr. Tr. Donar figura quadrada a una cosa. *[cuadrar]* // Elevar un número al quadrat. *[cuadrar]* // Escairar. // Intr. Ajustar-se o conformar-se una cosa amb una altra.

quadrat, ada. adj. En forma de quadrat. *[cuadrado]* // m. Segona potència d'una quantitat. *[cuadrado]* // Quadrilàter que té els quatre costats iguals i angles rectes. *[cuadrado]*

quadre. m. Marc de forma rectangular. *[cuadro]* // Cada part d'una obra de teatre. *[cuadro]* // Taula o tela on hi ha pintada alguna cosa. *[cuadro]*

quadrejar. v. tr. Escairar un tronc, etc. *[escuadrar, cuadrear]*

quadrícula. f. Conjunt de quadrats que resulten de tallar-se perpendicularment dues sèries de rectes paral·leles. *[cuadrícula]*

quadricular. v. tr. Traçar línies que formen una quadrícula. *[cuadricular]*

quadrienni. m. Espai de quatre anys. *[cuadrienio]*

quadriga. f. Tir de quatre cavalls de front. *[cuadriga]* // Carro tirat per quatre cavalls de front. *[cuadriga]*

quadrilàter, àtera. adj. Que té quatre costats. *[cuadrilátero]*

quadrilla. f. Colla, especialment de toreros. *[cuadrilla]* // Mena de ball de saló.

quadrivi. m. Lloc on concorren quatre camins. *[cuadrivio]* // Antigament, el conjunt de les quatre arts liberals: geometria, aritmètica, música i astrologia.

quadro. m. Quadre. *[cuadro]*

quadrumà, ana. adj. Que té quatre mans. *[cuadrumano]*

quadrúpede, úpeda. adj. Que té quatre potes. *[cuadrúpedo]*

quàdruple. adj. Que consta de quatre parts. *[cuádruple]*

quàdruple, àdrupla. adj. Que és com quatre vegades un altre. *[cuádruple]* // m. El que resulta de multiplicar per quatre. *[cuádruplo]*

quadruplicar. v. tr. Fer quàdruple, multiplicar per quatre. *[cuadruplicar]*

qual. pron. i adj. Adjectiu relatiu que va sempre precedit de l'article definit formant la combinació «el qual, la qual», etc., equivalent a «que, qui» o «què». *[cual]*

qualcú. pron. indef. Algú, alguna persona. *[alguien]*

qualcun. pron. indef. Algun, alguna persona. *[alguno]*

qualificació. f. Acció i efecte de qualificar. *[calificación]*

qualificar. v. tr. Determinar les qualitats d'una persona o cosa. *[calificar]* // Aplicar a algú la nota que correspon a la seua capacitat. *[calificar]*

qualificatiu, iva. adj. Que qualifica o serveix per a qualificar. *[calificativo]*

qualitat. f. Propietat, caràcter o circumstància que distingeix una cosa de les altres. *[calidad]* // Allò que constitueix la naturalesa, estat o condicions que són exigits per a ocupar un càrrec. *[cuali-*

dad] // Importància d'una cosa. *[calidad]*

quall. m. Quart estómac dels ruminants. // La part quallada de la llet. *[cuajo]* // Coàgul, porció de llet o de sang quallada. *[coágulo]*

quallar. v. tr. Coagular, aglevar. *[cuajar]*

qualque. adj. Algun. *[algún]* // Qualsevol. *[cualquiera]*

qualsevol. adj. Un d'entre diferents persones o coses, siga la que siga, no importa quina. *[cualquiera, cualquier]* // pron. indef. No escollit, d'escassa importància, vulgar. *[cualquiera]*

qualsevulla. adj. i pron. indef. Qualsevol. *[cualquiera, cualquier]*

qualssevol. adj. pl. Forma plural de qualsevol. *[cualquiera, cualquier]*

qualssevulla. adj. pl. Qualssevol. *[cualquiera, cualquier]*

quan. adv. En un temps i ocasió determinats. *[cuando]*

quant, anta. adj. pron. i adv. Significació de quantitat indeterminada. *[cuanto]*

quantia. f. Importància o valor d'alguna cosa. *[cuantía, cantidad]*

quantitat. f. Tot allò que com la llargària, el pes, etc., és susceptible d'augment o disminució i pot mesurar-se i ser expressat per un nombre. *[cantidad]* // Porció major o menor d'alguna cosa. *[cantidad]*

quantitatiu, iva. adj. Relatiu o pertanyent a la quantitat. *[cuantitativo]*

quaranta. adj. Conjunt de quatre desenes. *[cuarenta]*

quaranté, ena. adj. Que fa quaranta en una sèrie. *[cuadragésimo]* // Cadascuna de les parts d'una quantitat dividida en quaranta parts iguals. *[cuarentavo]*

quarantena. f. Conjunt de quaranta unitats. *[cuarentena]*

quaresma. f. Període de temps entre el dimecres de cendra i pasqua i que l'Església dedica especialment a la penitència. *[cuaresma]*

quars. m. Òxid de silici llustrós i molt dur. *[cuarzo]*

quart, arta. adj. Que fa quatre en una sèrie ordenada. *[cuarto]* // Aplicat a cadascuna de les parts d'una quantitat dividida en quatre parts iguals. *[cuarto]* // m. La quarta part d'una hora. *[cuarto]* // Minvant o creixent de la lluna. *[cuarto]*

quartana. f. Febre que es repeteix cada quatre dies. *[cuartana]*

quartella. f. Quarta part d'un full de paper. *[cuartilla]*

quarter. m. Cadascuna de les quatre parts d'un escut, etc. *[cuartel]* // Cadascun dels llocs on s'allotgen les tropes. *[cuartel]* // Districte d'una població. *[cuartel]*

quarteró. m. Quarta part d'una arrova, equivalent a sis lliures i mitja. *[cuarterón]*

quarteró, ona. adj. i m. i f. Nat de mestís i blanca o de blanc i mestissa. *[cuarterón]*

quartet. m. Grup de quatre versos. *[cuarteto]* // Composició musical per a quatre veus o instruments. *[cuarteto]* // Conjunt d'aquestes quatre veus o instruments. *[cuarteto]*

quarteta. f. Grup de quatre versos octosíl·labs. *[cuarteta]*

quasi. adv. i conj. Amb poca diferència, aproximadament, faltant poc. *[casi, como]*

quaternari, ària. adj. Que consta de quatre unitats o elements. *[cuaternario]* // Dit del període geològic actual. *[cuaternario]*

quatre. adj. Adjectiu numeral i xifra que el representa. *[cuatro]*

quatré, ena. adj. Que fa quatre; quart. *[cuatro]*

quatre-cents, entes. adj. Quatre vegades cent. *[cuatrocientos]*

quatricromia. f. Estampació tipogràfica feta a quatre colors. *[cuatricromía]*

quatrimestre. m. Espai de quatre mesos. *[cuatrimestre]*

que. Pronom relatiu. *[que]* // Conjunció de subordinació. *[que]* // Quantitatiu ponderatiu. *[cuán]*

que. conj. Introdueix proposicions subjectives. *[que]*

què. pron. i adj. interr. Pronom interrogatiu neutre equivalent a «quina cosa». *[qué]*

qüè. m. Conjunt de quatre coses. // Moneda antiga que valia quatre diners. // pl. Diners, riquesa en moneda. *[cuartos]*

quebrassa. f. Clevill. *[grieta]* // Clevill que es fa a la pell de les mans o peus per la fredor de l'hivern. *[grieta]* // Clevill que es fa als unglots de les cavalleries. *[raza]*

quec, eca. adj. i m. i f. Que parla quequejant. *[tartamudo]*

queda. f. Hora de la nit o de descans, assenyalada per una campana. *[queda]*

quedar. v. intr. Restar, no moure's del lloc, subsistir // Mancar alguna cosa a fer. *[quedar]* // Romandre en algun lloc. *[quedar]* // Convenir en una cosa. *[quedar]*

quefer. m. Ocupació, treball, cosa a fer. *[quehacer]*

queferós, osa. adj. Ple de coses a fer. *[atareado]* // Impertinent.

queix. m. Cadascun dels dos extrems o angles laterals on s'uneixen els dos llavis. *[comisura]*

queixa. f. Expressió de dolor, pena o sentiment. *[queja]* // Acció de queixar-se. *[queja]*

queixal. m. Dent molar. *[muela]* // Ressalt, angle o punxa. *[adaraja, diente]*

queixalada. f. Conjunt de queixals. // Mossegada. *[mordizco]*

queixar-se. v. pron. Expressar una queixa o ressentiment. *[quejarse]*

queixera. f. Cadascuna de les cintes o corretges que serveixen per a subjectar el casc, etc., dessota la barba. *[barboquejo]*

quelcom. pron. indef. Alguna cosa. *[algo]* // adv. Un poc. *[algo]*

quemenjar. m. Allò que es menja, vianda, aliments.

qüens. m. pl. Qüerns, diners.

quequejar. v. intr. Parlar fent interrupcions i repeticions de sons. *[tartamudear]*

quer. m. Penya, roca gran. *[peñasco]*

quera. f. Pols que fa el corc. *[carcoma]* // Corc. // Pedra d'esmolar la dalla.

querar. v. tr. Produir queres o corcs. *[carcomer, apolillar]* // **-se.** Corcar-se. *[agorgojarse]*

querella. f. Discòrdia que porta queixes recíproques. *[querella]* // Demanda judicial. *[querella]*

querellar-se. v. pron. Presentar una querella. *[querellarse]*

qüern. m. Quadern. // Grup de quatre. // Moneda equivalent a quatre diners. // pl. Diners, suma de moneda en general. *[dineros]*

qüerna. f. Corda de quatre caps. // Mesura d'oli de quatre quartans. // Moneda de quatre diners. // Panet (del segle XV fins al XIX) que valia una qüerna, ço és quatre diners, i variava de pes segons els temps, originant la frase popular «cresca la qüerna».

querubí. m. Àngel, especialment el que, en la jerarquia celest, va després del serafí. *[querubín]*

qüestió. f. Punt a aclarir, a discutir, a tractar. *[cuestión, asunto]* // Brega, disputa. *[cuestión]*

qüestionar. v. intr. Controvertir un punt dubtós. *[cuestionar, discutir]*

qüestionari. m. Llista de preguntes o qüestions sobre una cosa determinada. *[cuestionario]*

qüestor. m. Magistrat romà encarregat de diverses funcions civils i militars. *[cuestor]*

quet, eta. adj. En repòs, en calma, tranquil, quiet. *[quieto]*

quetud. f. Qualitat de quet, absència de moviment, de soroll, d'agitació, quietud. *[quietud]*

queviures. m. pl. Allò que és necessari per a l'aliment de les persones. *[víveres]*

qui. Pronom interrogatiu representant una persona. *[quién]* // Pronom relatiu en funció de subjecte o de complement proposicional. *[quien, que]*

quid. m. Punt essencial d'una qüestió. *[quid]*

quiet, eta. adj. Mancat de moviment. *[quieto]* // No excitat, pacífic. *[quieto]*

quietud. f. Qualitat de quiet, absència d'agitació, d'excitació. *[quietud]*

quilla. f. Peça que va de proa a popa per la part inferior de l'embarcació i que constitueix el fonament de la construcció. *[quilla]*

quilo. m. Quilogram, unitat de pes del sistema mètric decimal equivalent al pes d'un decímetre cúbic d'aigua pura. *[quilo]*

quilogram. m. Unitat de pes del sistema mètric decimal: aproximadament el pes d'un decímetre d'aigua pura a la temperatura de quatre graus. *[quilogramo]*

quilolitre. m. Mesura de capacitat de mil litres. *[quilolitro]*

quilòmetre. m. Mesura de llargada de mil metres. *[quilómetro]*

quilovat. m. Unitat electromagnètica equivalent a mil vats. *[quilovatio]*

quimera. f. Monstre fabulós representat vomitant flames, el cap de lleó, el cos de cabra i la cua de dragó. *[quimera]* // Creació imaginària de l'esperit que es pren com una realitat. *[quimera]* // Malvolença contra algú. *[ojeriza]* // Idea fixa, mania, preocupació o desig intens. *[manía, deseo, ansia]*

quimèric, èrica. adj. Merament imaginari, mancat de realitat. *[quimérico]* // Inclinat a crear quimeres, visionari.

quimerós, osa. adj. Que té quimeres, preocupacions. *[manioso]* // Que té quimera, irritat, irós. *[rencoroso, irritado, airado]*

químic, ímica. adj. Relatiu o pertanyent a la química. *[químico]* // m. i f. Versat en química. *[químico]*

química. f. Ciència que estudia la composició íntima de les substàncies i llurs transformacions recíproques. *[química]*

quimono. m. Túnica llarga que porten els japonesos. *[quimono]*

quin, ina. pron. i adj. Un o uns d'un grup de persones o coses sobre el qual recau una interrogació directa o indirecta. *[cual, que]* // Adjectiu admiratiu. *[qué]*

quina. f. Escorça de la cincona, de la qual s'extrau la quinina. *[quina]* // Junta de cinc persones de certes confraries. *[quina]* // Quadern de cinc fulles. *[quina]* // Cara de cinc punts dels daus de jugar. *[quina]*

quinal. m. Conjunt de dos ternals combinats per a alçar pesos grossos. *[quinal]*

quincalla. f. Objectes de metall de poc valor. *[quincalla]*

quiniela. f. Travessa, aposta mútua de futbol. *[quiniela]*

quinina. f. Alcaloide extret de l'escorça de la cincona, les sals del qual són usades com a medicament. *[quinina]*

quinquagèsim, èsima. adj. Cinquanté. *[quincuagésimo]* // f. Domínica que precedeix la primera de quaresma. *[quincuagésima]*

quinqué. m. Llum de ble, ordinàriament de petroli, proveïda d'un tub de vidre i un pàmpol. *[quinqué]*

quinquenni. m. Espai de cinc anys. *[quinquenio]*

quint, inta. adj. Cinqué. *[quinto]*

quinta. f. Acció i efecte de quintar o traure a la sort. *[quinta]* // En música, interval format de tres tons i un semitò major. *[quinta]* // Reclutament de gent per al servei d'un estat. *[quinta]*

quintaessència. f. Quinta essència, refinat en alt grau. *[quintaesencia]*

quintaessenciar. v. tr. Reduir a la quinta essència. *[quintaesenciar]* // Refinar en alt grau. *[quintaesenciar]*

quintar. m. Mesura de pes, de quatre arroves, que en el sistema valencià equival a 51'12 quilograms. *[quintal]* // **quintar mètric.** Mesura de pes de cent quilograms.

quintar. v. tr. Traure per sort un de cada cinc. *[quintar]* // Traure per sort els jóvens que han d'esser soldats. *[quintar]*

quintet. m. Grup de cinc versos. *[quinteta]* // Composició musical per a cinc veus o instruments. *[quinteto]* // Conjunt d'aquestes cinc veus o instruments. *[quinteto]*

quinto. m. Soldat que acaba d'incorporar-se a la milícia. *[quinto]*

quíntuple. adj. Que val cinc vegades una quantitat donada. *[quíntuplo]*

quintuplicar. v. tr. Fer quíntuple, multiplicar per cinc. *[quintuplicar]*

quinze. Adjectiu numeral cardinal i xifra que el representa. *[quince]* // En el joc de pilota valenciana el primer dels quatre punts que fan guanyar el joc o cadascun dels dos primers punts que es guanyen. // **a quinzens.** Igualats a quinze.

quinzé, ena. adj. Que fa quinze en una sèrie. *[decimoquinto]* // Cadascuna de les parts d'una quantitat dividida en quinze parts iguals. *[quinceavo]*

quinzena. f. Conjunt de quinze unitats. *[quincena]* // Espai de quinze dies. *[quincena]*

quinzet. m. Moneda que era la quinzena part de la lliura valenciana i que ara val vint-i-cinc cèntims. *[real]*

quiosc. m. Pavelló obert de tots costats que es construeix en un jardí, etc. *[quiosco]* // Pavelló posat en un lloc públic per a venda de periòdics, flors, begudes, etc. *[quiosco]*

quíquera. f. Tassa menuda de terrissa o porcellana, xicra. *[jícara]*

quiquiriquic. m. Veu imitativa del cant del gall. *[quiquiriquí]* // Rosella.

quirat. m. Unitat de pes per a les perles i pedres precioses equivalent a 205 mil·ligrams. *[quilate]* // Cadascuna de les vint-i-quatrenes parts ponderals d'or que conté una lliga d'aquest metall. *[quilate]*

quiròfan. m. Departament de les clíniques quirúrgiques, dedicat a la pràctica de les operacions. *[quirófano]*

quisvulla. pron. Persona indeterminada, qualsevol que siga. *[quienquiera]*

quit. f. Joc d'amagar o de córrer.

quitar. v. tr. Fer quiti d'una obligació pecuniària, rescatar, desempenyorar. *[liberar, desempeñar, saldar]* // Restar quiti, alliberat. *[quedar libre, liberar]*

quiti, ítia. adj. Alliberat d'una obligació. *[quito, libre]*

quitrà. m. Líquid espés, viscós, obtingut per la destil·lació de la fusta i d'altres matèries. *[alquitrán]*

quixot. m. Home ridícul dins la seua gravetat, llançat a empreses temeràries. *[quijote]*

quocient. m. Resultat d'una divisió. *[cociente]*

quòrum. m. Nombre de membres presents necessari perquè una assemblea puga emetre un vot vàlid; mínim de vots favorables perquè una elecció siga vàlida. *[quórum]*

quota. f. Part de pagament que toca a cadascú dels interessats o obligats a pagar. *[cuota]*

quotidià, ana. adj. De cada dia. *[cotidiano, diario]*

r r r r r r r

r. f. Divuitena lletra de l'alfabet. *[r]*
rabadà. m. Ajudant d'un pastor. *[rabadán]*
rabassa. f. Part de la soca d'un arbre coberta per la terra. *[cepa]*
rabassut, uda. adj. De molt de gruix i volum respecte a la seua alçada. *[rechoncho, repolludo]*
rabasta. f. Corretja ampla que subjecta la sella, etc., per darrere passant per sota la cua de la cavalleria. *[ataharre]*
rabeig. m. Acció i efecte de rabejar o rabejar-se. // Lloc on una aigua corrent baixa amb força. *[rápido]*
rabejar. v. tr. Ficar i tenir un espai de temps alguna cosa dins l'aigua perquè reste ben mullada. *[bañar, remojar, enjuagar]* // **-se.** Lliurar-se a alguna cosa amb intensitat i eficàcia. *[cebarse]*
rabell. m. Instrument musical pastorívol de tres cordes. *[rabel]*
rabent. adj. Animat d'un moviment ràpid. *[raudo, veloz, rápido]*
rabera. f. Ramat d'ovelles, bous, cabres, etc. *[hato, rebaño]*
rabí. m. Entre els jueus, mestre o doctor de la llei. *[rabino]*
ràbia. f. Ira, fúria, enuig. *[rabia]* // Malaltia contagiosa que es transmet amb la mossegada dels gossos o altres animals que la pateixen, hidrofòbia. *[rabia, hidrofobia]*
rabiar. v. intr. Patir la ràbia, hidrofòbia. *[rabiar]* // Patir un dolor fort que obliga a cridar, estar rabiós. *[rabiar]*
rabinada. f. Impuls violent, enrabiada. *[arrebato]*
rabiós, osa. adj. Que pateix de ràbia o hidrofòbia. *[rabioso]* // Fortament irritat. // Que fàcilment s'enrabia, irascible. // Que manifesta ràbia, propi de la ràbia.
rabiüt, üda. adj. Propens a la ràbia o enuig, rabiós. *[sañudo, rabioso]*
rabosa. f. Mamífer carnisser de peus curts, cua llarga i grossa i pelatge rogenc. *[zorra]* // Peix teleosti de panxa negrenca. *[zorro de mar, torillo, rabosa]*
rabosejar. v. intr. Fer coses pròpies de la rabosa. *[raposear]*
raboseria. f. Astúcia, traïdoria, acció pròpia de raboses. *[zorrería, raposería]*
rabut, uda. adj. Rabiüt, irascible, que fàcilment s'enrabia. *[rabioso]*
raça. f. Casta o qualitat de l'origen o llinatge. *[raza]* // Poble o nació com a grup ètnic. *[raza]*
racial. adj. Relatiu o pertanyent a la raça. *[racial]*
ració. f. Porció d'aliment que es dóna d'una vegada a alguna persona o animal. *[ración]*
raciocinar. v. intr. Fer ús de la raó per a conéixer i jutjar. *[raciocinar]*
raciocini. m. Facultat de raciocinar. *[raciocinio]* // Acció i efecte de raciocinar. *[raciocinio]*
racional. adj. Relatiu o pertanyent a la raó. *[racional]*
racionalisme. m. Teoria filosòfica basada en l'omnipotència de la raó humana. *[racionalismo]* // Sistema que funda sobre la sola raó les creences religioses. *[racionalismo]*
racionalitzar. v. tr. Fer racional. *[racionalizar]*
racionar. v. tr. Distribuir racions. *[racionar]* // Posar a ració un quemenjar. *[racionar]*
racisme. m. Teoria política eugenèsica d'un poble que vol fer prevaler la seua raça sobre les altres. *[racismo]*
racó. m. Angle que formen dues parets

que es troben. *[rincón]* // Amagatall, lloc poc conegut. *[rincón]*

raconera. f. Prestatge de superfície triangular que es posa a un racó d'habitació. *[rinconera]*

rada. f. Badia apta per a arrecerar-se les embarcacions. *[rada]*

radi. m. Línia recta que va del centre a un punt de la circumferència. *[radio]* // Metall intensament radioactiu. *[radio]* // Os que junt al cúbit forma l'avantbraç. *[radio]*

radiació. f. Acció i efecte de radiar, d'emetre raigs de llum, calor, etc. *[radiación]*

radiador. m. Aparell metàl·lic destinat a augmentar la superfície de radiació d'un cos a fi d'obtenir major quantitat de calor o un major refredament, segons els casos. *[ra o un major refredament, segons els casos.* *[radiador]*

radiar. v. intr. i tr. Intr. Emetre raigs de llum, de calor, etc. *[radiar]* // Tr. Transmetre sons per ràdio. *[radiar]*

radical. adj. Relatiu a l'arrel. *[radical]* // m. i f. Partidari de reformes extremes. *[radical]*

radicar. v. tr. i intr. Tr. Arrelar. *[radicar, arraigar]* // Intr. Estar certes coses en un lloc determinat. *[radicar]*

ràdio. f. Abreviació del mot radiotelefonia. *[radio]* // Aparell radiotelefònic. *[radio]* // Radiograma, noticia radiotelegràfica. *[radio]*

radioactiu, iva. adj. Aplicat als cossos que emeten radiacions. *[radioactivo]*

radiodifusió. f. Difusió de sons, de notícies, etc., per radiotelefonia. *[radiodifusión]*

radiofonia. f. Tractat de la producció del so per l'energia radiant. *[radiofonía]*

radiografia. f. Imatge produïda sobre una superfície sensible pels raigs X. *[radiografía]*

radiografiar. v. tr. Fer la radiografia d'una cosa. *[radiografiar]*

radiograma. m. Notícia, avís transmés per radiotelegrafia. *[radiograma]*

radiotelefonia. f. Sistema de radiocomunicació per a la transmissió de la paraula o altres sons. *[radiotelefonía]*

radioteràpia. f. Tractament de les malalties per mitjà del radi o dels raigs X. *[radioterapia]*

raedor. m. Home que rau la terra amb la raedora. // Mena de ganivet amb què els adobadors de pells rauen els cuiros per a allisar-los. *[estira]*

rafal. m. Casa de camp amb un tros de terra no molt gran.

rafal. m. Cobert sostingut per pals o pilars adossat o no a la façana d'una casa. *[cobertizo]*

ràfec. m. Part de la teulada que ix fora de la façana, farol. *[alero, saledizo]* // Juliola. *[rubio]*

ràfega. f. Ventada curta i violenta. *[ráfaga, racha]* // Successió ràpida de trets d'una arma automàtica *[ráfaga]*

ràfia. f. Planta filamentosa amb fibres molt resistents, les quals són usades per a fer cabassos, lligasses, etc. *[rafia]*

ràfol. m. Part de la teulada que sobreïx fora de la façana. *[alero, saledizo]*

rai. m. Conjunt de bigues d'arbre fortament unides formant una plataforma flotant. *[armadía]*

raig. m. Resplendor d'algun cos lluminós. *[rayo]* // Barra que va del botó a la circumferència d'una roda. *[rayo]* // Massa líquida que brolla d'un orifici, doll. *[chorro]*

raïm. m. Fruit del cep o parra. *[racimo]*

raima. f. Conjunt de vint mans de paper. *[resma]*

raixa. f. Ardor passional, fúria.

rajada. f. Peix de mar, comestible, de forma romboïdal. *[raya]*

rajaploma, a. loc. adv. Tal com surt o va ocorrent-se-li al qui escriu. *[a vuela pluma, al correr de la pluma]*

rajar. v. intr. Fluir o brollar un líquid. *[manar]* // Sortir un líquid d'un orifici, canal, etc., formant raig o doll. *[manar, chorrear]*

rajol. m. Rajola. *[ladrillo]* // Raig molt prim d'un líquid. *[chorrito]*

rajola. f. Massa de terra cuita, emprada per a fer paviments, parets, etc. *[ladrillo]*

rajolar. m. Obrador o fàbrica de rajoles. *[ladrillería, alfarería]*

rajoleta. f. Rajola acolorida i envernissada. *[azulejo]*

rall. m. Xarxa de pescar de forma cònica. *[esparavel, manga]* // Acció i efecte de rallar. // Aïna per a rallar el pa, formatge, etc., ralladora. *[rallador]* // Xarrador.

rall. m. Raig d'un líquid. *[chorrito]*

ralla. f. Línia traçada sobre la superfície d'una cosa. *[raya]* // Límit d'una contrada, país, etc. *[raya]* // Sèrie de paraules en línia recta. *[raya]*

rallador, ora. adj. Que ralla. *[rayador]* // m. i f. Instrument de cuina per a rallar pa, formatge, etc. *[rallo, ralladera]*

rallar. v. tr. Assenyalar amb ralles. *[rayar]* // Reduir a trossets menuts amb un rallador. *[rallar]*

rallar. v. intr. Parlar excessivament o indiscretament, xarrar. *[charlar]*

ram. m. Branca tallada de l'arbre. *[ramo]* // Manoll de flors. *[ramillete, ramo]* // Començament d'una malaltia. *[ramo]* // Tros d'escala que va de replà a replà. *[tramo]*

rama. f. Cadascuna de les darreres branques de l'arbre o planta portadores de fulles. *[rama]* // Marc rectangular de ferro que subjecta el motle d'impremta.

ramadà. m. Nové mes de l'any dels mahometans, durant el qual celebren llur pascua i dejuni diürn cada dia. *[ramadán]*

ramaderia. f. Cria i comerç de bestiar. *[ganadería]*

ramal. m. Part que arranca de la línia principal d'un camí, séquia, serralada, etc. *[ramal]* // Corda lligada al cap de les bèsties per a tenir-les subjectes o guiar-les. *[ronzal, ramal]*

ramàs. m. Granera de botja. *[escoba]*

ramassar. v. tr. Arreplegar coses escampades amb un ramàs. *[recoger, barrer, abalear]*

ramat. m. Reunió d'un cert nombre de caps de bestiar. *[rebaño]* // Multitud de coses d'una mateixa espècie. *[montón]*

rambla. f. Llit de riu o de torrent per on corren les aigües pluvials. *[rambla]*

ramejat, ada. adj. Dit d'una roba, etc., en què el dibuix imita rams. *[rameado]*

ramell. m. Ram de flors; pom o penjoll de fruites. *[ramillete, ramo]*

ramificació. f. Acció i efecte de ramificar-se. *[ramificación]* // Divisió i extensió dels vasos i nervis que naixen d'un tronc comú. *[ramificación]*

ramificar-se. v. pron. Dividir-se alguna cosa en rames diverses. *[ramificarse]*

ramitxó. m. Ram petit. // Pluja menuda.

rampa. f. Terreny que fa pujada. *[rampa]* // Pla inclinat per on es puja i baixa. *[rampa]* // Paràlisi dolorosa i de poca durada de certs músculs. *[rampa]*

rampell. m. Rampa o dolor sobtada. *[pinchazo, retortijón]* // Desig sobtat i passatger de fer alguna cosa. *[arranque]*

rampinyar. v. tr. Furtar, robar coses menudes. *[hurtar]*

rampoina. f. Cosa de poc valor, inservible. *[zarandaja]* // Gent de baixa mena. *[populacho, purria]*

ramulla. f. Conjunt de branques primes. *[ramojo, escamojo]*

ran. prep. i adv. Arran, ben a la vora. *[junto, al lado, a la orilla, a ras, cercén]*

ranc, anca. adj. Rancallós, coix, que camina malament o tort. *[renco, cojo, derrengado]*

rancallós, osa. adj. Que té una o més cames ranques i camina coix. *[zancajoso, cojo]*

ranci, ància. adj. Substància greixosa desmerescuda per ser molt vella. *[rancio]* // Dit del vi envellit que adquireix un tast especial. *[rancio]* // Mesquí.

ranciejar. v. intr. Tirar a ranci. *[enranciarse]*

rancor. m. Ressentiment tenaç, odi. *[rencor]*

rancúnia. f. Rancor arrelada, mala voluntat. *[encono, rencor]*

randa. f. Punta de fil treballada amb agulla o teixida. *[randa, puntilla]* // Caient d'una vela.

ranera. f. Respiració fatigosa ronca i sibilant, que solen tenir els moribunds. *[estertor]* // Roncor. *[ronquera]*

rang. m. Condició social, grau jeràrquic. *[rango]*

ranquejar. v. intr. Caminar ranc. *[renquear]*

rantella. f. Mosquit que vola a eixams. *[mosquito]*
ranxer. m. El qui fa el ranxo per als soldats. *[ranchero]* // El qui governa un ranxo. *[ranchero]*
ranxo. m. Menjar cuit per a molts i en comú. *[rancho]* // Lloc fora de poblat on viuen diverses famílies i es crien cavalls, muls, etc. *[rancho]*
raó. f. Consideració que indueix a una creença, que la confirma, que mou a una determinació. *[razón]* // Allò que es diu per explicar, per justificar, alguna cosa. *[razón]* // Facultat de discórrer, de discernir la veritat. *[razón]* // En matemàtiques, quocient entre dues quantitats homogènies. *[razón]*
raonament. m. Acció de raonar. *[razonamiento]* // Seguit de conceptes que serveixen per a demostrar o justificar una cosa. *[razonamiento]*
raonar. v. intr. i tr. Intr. Fer ús de la raó. *[razonar, discurrir]* // Parlar, conversar, enraonar. *[hablar, razonar]* // Tr. Sotmetre al raonament alguna cosa, parlar sobre ella, adduir raons. *[razonar]*
raor. m. Navalla d'afaitar. *[navaja]* // Ganivet en general. *[cuchillo]* // Peix teleosti semblant al moll, però més pla. *[papagayo]*
rap. m. Peix teleosti comestible de cap molt ample i la boca molt grossa. *[pejesapo, diablo de mar]*
rapaç. adj. Àvid a agafar la presa. *[rapaz]* // Donat a rampinyar. *[rapaz]*
rapafuig, de. adv. De pressa, sense detenir-se, a corre-cuita.
ràpid, àpida. adj. Que té lloc amb una gran velocitat, veloç, rabent. *[rápido]* // m. Part d'un riu on l'aigua es mou amb molta velocitat. *[rápido]*
rapidesa. f. Qualitat de ràpid. *[rapidez]*
rapinya. f. Acció i efecte de rapinyar. *[rapiña]*
rapinyar. v. tr. Robar amb violència una cosa, com arrabassant-la. *[rapiñar]*
rapsode. m. Persona que recita poemes. *[rapsoda]*
rapsòdia. f. Fragment d'un poema. *[rapsodia]* // Peça de música formada de trossos d'aires populars, trossos d'altres obres, etc. *[rapsodia]*
raptar. v. tr. Emportar-se amb si per la violència, per seducció a algú, especialment a una dona. *[raptar]*
rapte. m. Acció d'emportar-se amb si, per la violència, una persona. *[rapto]*
raqueta. f. Pala reixada, per al joc de tennis. *[raqueta]*
raquític, ítica. adj. Relatiu o pertanyent al raquitisme. *[raquitico]* // Escàs, mesquí.
raquitisme. m. Malaltia caracteritzada per una deficiència de nutrició i el reblaniment i deformació dels ossos. *[raquitismo]*
rar, ara. adj. Molt poc freqüent. *[raro]* // Extravagant, que obra de manera anormal. *[raro]*
rarefer. v. tr. Rarificar, enrarir.
rarejar. v. intr. Esser rar, escassejar. *[escasear, ser raro]*
raresa. f. Qualitat de rar. *[rareza]* // Acció pròpia d'una persona rara o extravagant. *[rareza]*
rarificar. v. tr. Enrarir. *[rarificar]*
ras. m. El pla del nivell que ateny una cosa. *[raso]*
ras, asa. adj. Tallat arran. *[raso, rasurado]* // De superfície llisa. *[raso]* // Que no té cap distinció ni graduació. *[raso]* // Extensió plana en una serra, sense arbres. *[raso]*
rasant. adj. Que passa ras. *[rasante]* // f. Línia recta que marca el nivell d'un camí, carrer, etc. *[rasante]*
rasar. v. tr. i intr. Tr. Arrasar una mesura curulla. *[rasar]* // Intr. Passar a penes fregant.
rascada. f. Acció de rascar. *[rascadura]* // Pelada a la carn. *[descarnadura]*
rascany. m. Esdeveniment contrari a allò que s'esperava. *[chasco]*
rascar. v. tr. Gratar, raure. *[rascar]*
rascle. m. Nom de diferents instruments emprats per a arreplegar l'herba, la brossa, la palla o per a usos anàlegs. *[rastro, rastrillo]*
rasclet. m. Rascle menut per a igualar la terra etc. *[rastrillo]* // Ocell menut d'un negre verdós. *[polla de agua]*

rascló. m. Rascle menut. *[rastrillo]* // Ocell gamballut, de plomatge vermellós i verdós a les parts superiors que viu en llocs pantanosos. *[rascón]*

raser, era. adj. Ple a ras. *[raso]* // m. Rasadora de mesures. *[rasero]* // Nivell.

raspa. f. Llima aspra per a desbastar. *[escofina]* // Espina del peix. *[raspa]* // Rapa del raïm. *[raspajo, escobajo]*

raspall. m. Instrument format amb manolls de cerres, crins, brins rígids, etc., que serveix per a traure la pols. *[cepillo]* // Granera de botja, ginesta, etc. *[abaleadora]* // Modalitat del joc de pilota valenciana que es pot jugar raspant, estant la pilota en terra.

raspallar. v. tr. Netejar alguna cosa amb un raspall. *[cepillar]* // Afalagar.

raspallot. m. Joc de pilota en què aquesta es pot jugar raspant, estant la pilota en terra.

raspar. v. tr. Rascar lleugerament una cosa. *[raspar]* // En la modalitat del joc de raspall jugar la pilota que s'arrossega per terra.

raspós, osa. adj. Aspre, desagradable al tacte, que té la superfície plena d'asperitats. *[rasposo]*

rastell. m. Paleta de ferro fixada a l'extrem de l'agullada que serveix per a netejar la rella. *[arrejada]* // Barra, llistó, etc., que té tot al llarg una sèrie de pues o dents. *[rastrillo]* // Rastellera.

rastellera. f. Conjunt de coses posades en fila l'una al costat de l'altra. *[ringlera, hilera]*

rastre. m. Pista, vestigi. *[rastro]* // Enfilall. *[ristra, sarta]*

rastrejar. v. tr. Seguir el rastre. *[rastrear, husmear, ventear]*

rastrera. f. Sèrie de persones o coses posades una darrere l'altra, renglera, rastellera. *[ringlera, hilera, fila]*

rasurar. v. tr. Afaitar el pèl, raure. *[rasurar]*

rat. m. Rata. *[ratón]*

rata. f. Mamífer rosegador que viu a les cases i fa dany per les coses que rosega i malmet. *[rata]* // Nom d'altres rosegadors semblants a l'anterior. *[rata]* // m. Avar.

rata-penada. f. Mamífer d'ales membranoses, insectívor, que vola a la posta del sol o de nit. *[murciélago]*

ratar. v. tr. Mossegar les rates alguna cosa. *[roer]*

ratat, ada. adj. Com rosegat de rates. *[ratonado, raído]* // Picat de verola. *[picado de viruela]* // m. Malaltia produïda en l'olivera per l'aranyó.

ratera. f. Trampa per a caçar rates. *[ratonera]*

ratificar. v. tr. Confirmar una cosa que s'ha dit o s'ha fet, fer-la valedora. *[ratificar]*

ratlla. f. Ralla. *[raya]*

ratllar. v. tr. Rallar. *[rayar, rallar]*

ratolí. m. Rata menuda. *[ratoncito]*

ràtzia. f. Incursió en un territori enemic per a robar o destruir. *[razia]*

raucar. v. intr. Cridar la granota. *[croar]*

raure. v. tr. i intr. Tr. Passar un instrument tallant per la superfície d'una cosa per a llevar-li el pèl, el borrissol, l'herba que s'hi ha fet, les desigualtats, deixar ras, rasar. *[raer]* // Netejar la terra de brosses i brolla inútil. *[rozar]* // Llevar una idea del cap, no pensar-hi, oblidar-la. // Intr. Tenir tractes amb qui no voldríem. *[sufrir, roer]* // Anar una cosa a parar a un lloc, residir. *[parar]*

rauxa. f. Determinació sobtada, pensada original. *[genialidad, arranque]*

raval. m. Part d'una població situada fora o a l'extrem del seu recinte, o que ho estava abans. *[arrabal]*

rave, (pl. àvens). m. Planta crucífera amb arrel carnosa fusiforme i comestible. *[rábano]* // Arrel d'aquesta planta. *[rábano]*

raveníssia. f. Planta herbàcia, molt comuna pels sembrats semblant al rave, de flors grogues, blanques o liles. *[rabanillo]*

re, (pl. es). m. Segona nota de l'escala musical amb la clau de sol. *[re]*

reabsorbir. v. tr. Tornar a absorbir. *[reabsorber]*

reacció. f. Acció que un cos sotmés a l'acció d'un altre exerceix sobre aquest en direcció oposada. *[reacción]*

reaccionar. v. intr. Exercir, produir reacció; esforçar-se a resistir a una acció; respondre a un estímul, experimentar un canvi a l'acció d'un reactiu. *[reaccionar]*

reaccionari, ària. adj. Que tendeix a operar una reacció política. *[reaccionario]* // m. i f. Partidari de la reacció. *[reaccionario]*

reactància. f. Modificació de la resistència d'un circuit de corrent altern, deguda a l'autoinducció. *[reactancia]*

reactiu, iva. adj. Que produeix reacció. *[reactivo]* // m. Substància que produeix reacció. *[reactivo]*

reactivar. v. tr. Activar de nou. *[reactivar]*

reactor. m. Bobina que presenta una autoinducció molt forta. *[reactor]*

readmetre. v. tr. Tornar a admetre. *[readmitir]*

real. adj. Que té una existència efectiva. *[real]*

real. m. Moneda d'argent de diferents valors. *[real]*

real. m. o f. Conjunt de tendes on s'allotja un exèrcit en campanya. *[reales, campamento]*

realç. m. Acció i efecte de realçar, relleu. *[realce]*

realçar. v. tr. Fer que alguna cosa tinga un valor més alt que no tenia. *[realzar]* // Fer que aparega ben manifest el valor d'alguna cosa, que faça un efecte més intens. *[realzar]*

realisme. m. Sistema que considera com a reals els sers abstractes. *[realismo]* // En art i literatura, fidelitat a la naturalesa i a la vida real. *[realismo]*

realitat. f. Existència real d'una cosa. *[realidad]*

realitzar. v. tr. Fer real una cosa. *[realizar]*

realme. m. Règim jurídic propi i independent d'un territori històric. *[reino]*

reanimar. v. tr. Infondre ànim al qui està abatut. *[reanimar]* // Restablir les forces. *[reanimar]*

reaparéixer. v. intr. Tornar a aparéixer. *[reaparecer]*

reassumir. v. tr. Assumir de nou. *[reasumir]*

rebaix. m. Part de la vora d'alguna cosa en què s'ha disminuït el gruix. *[rebaje]*

rebaixa. f. Acció de rebaixar el preu d'una cosa. *[rebaja]*

rebaixar. v. tr. Fer minvar alguna cosa. *[rebajar]* // Humiliar.

reballar. v. tr. Refilar amb força, llançar una cosa en l'aire. *[arrojar]*

rebals. m. Aigua aturada, que forma toll o depòsit. *[embalse]* // fig. Provisió, quantitat de coses, que es tenen en previsió d'haver-les de necessitar. *[acopio]*

rebalsar. v. tr. Embassar, arreplegar aigua o altre líquid en un depòsit. *[rebalsar]* // fig. Arreplegar coses, fer-ne provisió. *[acopiar, hacer acopio]*

rebatre. v. tr. Repel·lir amb força. *[rebatir]* // Refutar una opinió. *[rebatir]* // Llançar violentament una cosa. *[arrojar]* // Picar un clau per la punta doblegant-la a colps. *[remachar]*

rebava. f. Porció de matèria que fa ressalt a les vores d'un objecte. *[rebaba, ceja, reborde]*

rebec, eca. adj. Dit d'una persona de difícil governar pel seu geni, tossut. *[rebeco, terco, tozudo, cascarrabias]*

rebecar. v. intr. Prendre ufana o esponera. // **-se.** Tòrcer-se o inclinar-se a un costat les persones i coses, especialment els fruits quan van assecant-se a l'arbre.

rebedor, ora. adj. i m. i f. Que rep. *[receptor]* // Que es pot rebre, acceptar, donar per bo, admetre. *[de recibo]* // m. Peça d'una casa que dóna entrada a les diverses habitacions d'un pis. *[recibidor]*

rebel. adj. i m. i f. Que refusa l'obediència a una autoritat legítima. *[rebelde]* // Que s'oposa a l'acció de la justícia. *[rebelde]*

rebel·lar-se. v. pron. Refusar l'obediència a una autoritat legítima. *[rebelarse]*

rebel·lia. f. Qualitat de rebel. *[rebeldía]* // Rebel·lió. *[rebelión]*

rebel·lió. f. Acció i efecte de rebel·lar-se. *[rebelión]*

rebentar. v. intr. i tr. Intr. Obrir-se una cosa cedint a una pressió interior. *[reventar, estallar]* // Tr. Fer que una cosa s'esclate. *[reventar, estallar]*

rebesavi, àvia. m. i f. El pare o la mare del besavi o de la besàvia. *[tatarabuelo]*
reblanir. v. tr. Fer tornar blana una cosa. *[reblandecer]*
reblar. v. tr. Aixafar la punta o el cap d'un clau, etc., per a fer-lo aguantar més fort. *[remachar]*
reble. m. Extrem d'un clau o d'un ferro eixamplat per percussió. *[remache]*
reble. m. Fragments de pedra, etc., barrejats amb morter amb què s'omplin els buits d'una paret, etc. *[cascajo]* // Paraula o frase inútil posada com a farciment d'un vers o per a donar-li la rima corresponent. *[ripio]*
reblir. v. tr. Omplir de reble un buit. *[llenar, rellenar]* // Farcir, omplir tapidament una cosa, un buit, un cos, d'altres coses. *[rellenar]*
rebló. m. Clau de ferro dolç o altre metall mal·leable destinat a ser reblat per a ajuntar unes peces. *[roblón, robladura]*
reblonar. v. tr. Fer cabota a una punta de ferro. *[remachar]*
rebolcar. v. tr. Fer donar tombs per terra a algú. *[revolcar]* // Véncer l'adversari en una controvèrsia. *[revolcar]* // **-se.** Tirar-se per terra, etc., donant tombs. *[revolcarse]*
rebolcó. m. Acció de rebolcar o de rebolcar-se. *[revolcón, revuelco]*
rebolicar. v. tr. Revolicar. *[revolver]*
reboll. m. Rebrot que ix de la soca del roure, de l'alzina i d'altres arbres. *[rebollo, retoño]* // Coscoll.
rebombori. m. Soroll que mou una colla de persones cridant, corrent, avalotant, etc. *[alboroto, zarabanda, tremolina]* // La remor que mou un avalot o tumult de gent. *[alboroto, jarana]*
rebordonir. v. tr. Fer perdre la pròpia virtut, adulterar, fer tornar com a bord. *[bastardear]* // **-se.** Esdevenir bord, bastard, degenerat. *[bastardearse]* // Restar una planta com aturada en el seu desenrotllament. *[desmedrarse]* // Abandonar els estudis començats, sobretot d'estudiant de capellà. *[colgar los hábitos]*
rebordonit, ida. adj. Degenerat, decaigut de la pròpia virtut. *[degenerado]*
rebost. m. Lloc d'una casa, d'una nau, etc., on es guarden els comestibles. *[despensa]*
rebot. m. Acció i efecte de rebotar. *[rebote]* // Retrocés d'un cos que es troba amb un altre de més resistència. *[rechazo]*
rebotar. v. intr. Botar repetidament. *[rebotar]* // Botar la pilota a la paret després d'haver botat a terra. *[rebotar]*
rebotiga. f. Peça o habitació darrere la botiga. *[rebotica]*
rebre. v. tr. Prendre, acceptar allò que ens és donat, oferit, etc., percebre. *[recibir]* // Admetre, acollir. *[recibir]*
rebrec. m. Acció i efecte de rebregar. *[estrujamiento]* // Rebuig o deixalla que va quedant d'una cosa. *[rezago, residuo, resto]*
rebregar. v. tr. Fer perdre la tesor a una cosa flexible. *[ajar, sobar, sobajar, estrujar]*
rebroll. m. Brot nou. *[renuevo, retoño]*
rebrollar. v. intr. Traure rebrolls les plantes. *[retoñar]*
rebrot. m. Rebroll. *[retoño]* // Brot que naix a la part inferior de l'arbre. *[vástago, mamón, jerpa, pitón]*
rebrotar. v. intr. Traure nous brots una planta, tornar a brotar. *[retoñar, renovarse]*
rebuig. m. Acció de rebutjar. *[rehusamiento, desechamiento]* // Cosa rebutjada. *[desecho]*
rebullir. v. tr. i intr. Tr. Bullir de nou. *[rehervir]* // Intr. Agitar-se la superfície de l'aigua per un corrent, etc. *[rebullir]*
rebut. m. Escrit signat en què es reconeix haver rebut d'algú diners o altra cosa. *[recibo]*
rebutjar. v. tr. No acceptar alguna cosa perquè la considera de mala qualitat. *[desechar, rehusar, rechazar]*
rec. m. Canal per on es condueixen les aigües per a regar, etc. *[acequia, regadera, reguero]*
rec. m. Acció i efecte de regar. *[riego, regadío]* // Irrigació.
recaiguda. f. Acció i efecte de recaure.
recalar. v. intr. Arribar una nau a la vista d'un punt conegut; anar l'embarcació

cap a terra. *[recalar]* // Acanalar, fer recalats. *[recalar]*

recalcar. v. tr. i intr. Tr. Dir un o més mots amb una gran força d'expressió, amb lentitud, etc. *[recalcar]* // Intr. Recolzar molt una cosa damunt una altra.

recalçar. v. tr. Apilonar terra al volt d'una planta. *[recalzar]* // Reforçar els fonaments d'una casa. *[recalzar]*

recalcitrant. adj. Que es resisteix obstinadament a obedir, a deixar d'actuar. *[recalcitrante]*

recalfar. v. tr. Tornar a calfar. *[recalentar]*

recambra. f. Peça al costat d'una cambra per a guardar els vestits, joies, etc. *[recámara]* // Part del canó d'algunes armes de foc. *[recámara]*

recança. f. Sentiment de tristesa per allò que es fa o es deixa de fer, o pel que s'ha fet o deixat de fer. *[pena, dolor]*

recanvi. m. Acció i efecte de recanviar. *[recambio]*

recanviar. v. tr. Canviar de nou, bescanviar. *[recambiar]*

recapitular. v. tr. Recordar sumàriament els principals punts d'un discurs, escrit, etc. *[recapitular]*

recaptar. v. tr. Arreplegar cabals o efectes. *[recaudar]* // Aconseguir una cosa a força de precs. *[percibir, recaudar]*

recapte. m. Provisió d'objectes necessaris per a algun objecte. *[recaudo]* // Provisió de vianda. *[recado, provisión]*

recaure. v. intr. Tornar a caure. *[recaer]* // Tornar-se a posar malalt. *[recaer]*

recel. m. Temença, desconfiança, sospita temerosa. *[recelo]*

recelar. v. intr. Tenir recel. *[recelar]*

recensió. f. Revisió o notícia crítica d'un text. *[recensión]*

recent. adj. Que fa poc que ha estat fet o que s'ha esdevingut. *[reciente]*

recepció. f. Acció i efecte de rebre, admetre o acollir. *[recepción]*

recepta. f. Nota explicativa de la manera de fer una cosa. *[receta]* // Prescripció facultativa. *[receta]*

receptacle. m. Cavitat que serveix per a rebre i contenir alguna cosa. *[receptáculo]*

receptar. v. tr. Prescriure un medicament. *[recetar]* // Emparar contra un perill, etc. *[receptar]*

receptiu, iva. f. Que rep o és capaç de rebre. *[receptivo]*

receptor, ora. adj. i m. i f. Que rep. *[receptor]* // m. Aparell en què el corrent elèctric es converteix en senyals visibles o sons. *[receptor]*

recer. m. Lloc abrigat dels vents, a cobert de les injúries del temps. *[abrigadero, abrigaño]*

recerca. f. Acció de cercar o inquirir, especialment de cercar amb tota cura, atenció, per a trobar o descobrir. *[busca, rebusca]*

recercar. v. tr. Buscar de nou. // Buscar amb tota atenció per a trobar o descubrir alguna cosa. *[investigar]*

recés, (pl. **essos**). m. Lloc de retraïment. *[retiro]* // Lloc on no arriba el vent o altra inclemència del temps. *[resguardo, abrigaño, abrigo]*

recessió. f. El fet de separar-se o desviar-se realment o en aparença. *[recesión]*

recialla. f. Dolor o xacra que resulta d'una malaltia. *[achaque, resto]*

recinte. m. Espai dins uns límits determinats. *[recinto]*

recipient. m. Depòsit per a rebre líquids, etc. *[recipiente]*

recíproc, íproca. adj. Igual en la correspondència mútua. *[recíproco]*

reciprocitat. f. Qualitat de recíproc. *[reciprocidad]*

recital. m. Execució per una sola persona d'una sèrie de peces musicals. *[recital]*

recitar. v. tr. Dir en veu alta un poema, etc. *[recitar]*

reclam. m. Acció de reclamar. *[reclamación]* // Anunci d'una cosa o producte. *[reclamo]* // Elogi interessat d'alguna cosa. *[reclamo]* // Allò que atrau o incita. *[reclamo]*

reclamació. f. Acció i efecte de reclamar. *[reclamación]*

reclamar. v. tr. i intr. Tr. Exigir una cosa a què tenim dret. *[reclamar]* // Demanar insistentment. *[reclamar]* // Intr. Protestar contra allò que creiem injust. *[reclamar]*

reclinar. v. tr. Decantar, recolzar una cosa damunt una altra. *[reclinar]*
reclinatori. m. Moble disposat per a agenollar-se i pregar. *[reclinatorio]*
reclot. m. Clotada // Petita comarca o extensió de terreny tancada entre serres i de forma arredonida.
recloure. v. tr. Tancar o posar en reclusió. *[recluir]*
reclusió. f. Acció i efecte de recloure o de recloure's. *[reclusión]*
recluta. f. Reclutament. *[recluta]* // m. Home allistat per al servei militar. *[recluta]*
reclutament. m. Acció i efecte de reclutar. *[reclutamiento]*
reclutar. v. tr. Allistar reclutes. *[reclutar]*
recobrar. v. tr. Tornar a adquirir allò que un havia perdut. *[recobrar, recuperar]*
recobrir. v. tr. Cobrir de nou. *[recubrir]*
recol·lecció. f. Acció i efecte de recollir, collita dels fruits. *[recolección]*
recol·lectar. v. tr. Fer collita d'alguna cosa. *[recolectar]*
recollir. v. tr. Aplegar persones o coses disperses. *[recoger]* // Acollir a algú que té necessitat de protecció. *[recoger]* // **-se.** Concentrar-se aïllant-se de les coses exteriors. *[recogerse]*
recolp. m. Sotragada, clot en el camí. *[bache]*
recolzar. v. intr. i tr. Intr. Descansar una cosa damunt una altra. *[recostar, apoyar]* // Tr. Posar una cosa de manera que descanse sobre un suport. *[recostar, apoyar]*
recolze. m. Angle o desviació d'un camí, carrer, etc. *[recodo]*
recomanar. v. tr. Designar particularment una persona a algú perquè l'atenga. *[recomendar]* // Aconsellar particularment alguna cosa a algú. *[recomendar]*
recompensa. f. Acció de recompensar. *[recompensa]* // Allò amb què es recompensa a algú. *[recompensa]*
recompensar. v. tr. Donar alguna cosa a algú en paga d'un servei prestat. *[recompensar]* // Premiar un fet reeixit, un mèrit, una virtut. *[recompensar]*
reconciliar. v. tr. Restablir la concòrdia o amistat. *[reconciliar]* // Restituir algú al si de l'Església. *[reconciliar]* // Beneir un lloc sagrat que ha estat violat. *[reconciliar]*
reconduir. v. tr. Prorrogar un contracte d'arrendament. *[reconducir]* // Conduir algú o alguna cosa al lloc d'on havia eixit. *[reconducir]*
reconéixer. v. tr. Examinar curosament una persona o cosa. *[reconocer]* // Acceptar un fet consumat. *[reconocer]* // Admetre una cosa que és negada, de què es dubtava, etc. *[reconocer]*
reconfortar. v. tr. Reanimar al qui està abatut. *[reconfortar]*
reconquerir. v. tr. Tornar a conquerir. *[reconquistar]*
reconquesta. f. Acció de reconquerir. *[reconquista]*
reconquista. f. Reconquesta. *[reconquista]*
reconquistar. v. tr. Tornar a conquistar, reconquerir. *[reconquistar]*
reconstituent. adj. Que reconstitueix. *[reconstituyente]*
reconstituir. v. tr. Constituir de nou; restablir en la seua constitució primitiva. *[reconstituir]*
reconstruir. v. tr. Construir de nou. *[reconstruir]*
reconvenir. v. tr. Fer càrrecs o retrets a algú. *[reconvenir]* // Fer una demanda judicial contra aquell qui el va demandar. *[reconvenir]*
reconvindre. v. tr. Infinitiu irregular del verb *reconvenir*, extret per analogia del futur d'indicatiu: *reconvindré, reconvindràs, reconvindrà...* reconvindre, *[reconvenir]*
record. m. El fet de recordar una cosa passada; la cosa que hom recorda. *[recuerdo]* // Salutació.
record. m. Resultat obtingut en una prova esportiva millor que tots el anteriors i degudament enregistrat per a recordança; record que perdura d'una plusmarca esportiva. *[record]*
recordança. f. Acció de recordar. *[recordanza, recuerdo]*
recordar. v. tr. Portar una cosa a la memòria. *[recordar]* // Fer venir a la memòria d'algú alguna cosa. *[recordar]*

recordatori. adj. Que serveix per a recordar. *[recordatorio]* // m. Avís o comunicació que fa recordar alguna cosa. *[recordatorio]*

recórrer. v. intr. i tr. Intr. Acudir a demanar un ajut, una informació a algú. *[recurrir]* // Tr. Anar d'una banda a l'altra d'un país, etc.; fer un trajecte determinat. *[recorrer]*

recoure. v. tr. Tornar a coure. *[recocer]* // Coure massa una cosa. *[recocer]*

recrear. v. tr. Crear de nou. *[recrear]* // Adelitar la vista, etc., amb alguna cosa agradable. *[deleitar, recrear]*

recremar. v. tr. Torrar excessivament. *[requemar]* // Perdre el suc els fruits i plantes. *[requemar]* // Encendre excessivament la sang del cos humà. *[requemar]*

recremat, ada. adj. Torrat amb excés. // Que està penedit d'haver fet o deixat de fer alguna cosa.

recreu. m. Acció i efecte de recrear o de recrear-se. *[recreo]*

recriar. v. tr. Continuar la cria d'un animal nascut en lloc diferent. *[recriar]*

recriminar. v. tr. Respondre amb càrrecs o acusacions a aquell qui abans n'ha formulat. *[recriminar]*

recruar. v. intr. Prendre nou increment un mal físic o moral. *[recrudecer, recaer]*

recrudescent. adj. Que recrua, que torna a augmentar o a agreujar-se. *[recrudescente]*

rectangle. m. Paral·lelogram que té els quatre angles rectes. *[rectángulo]*

rectangular. adj. Que té la figura d'un rectangle. *[rectangular]*

recte, ecta. adj. Dret, no corbat. *[recto]* // Just i ferm en les seues dites. *[recto]* // Aplicat a l'angle de 90 graus. *[recto]* // m. Darrera porció del budell gros entre el còlon i l'anus. *[recto]*

rectificar. v. tr. Fer recta alguna cosa. *[rectificar]* // Alliberar alguna cosa dels errors, falsedats, etc., que inclou. *[rectificar]* // Fer exacte corregint; esmenar els errors, falsedats, etcètera. *[rectificar]* // Purificar un líquid per a una nova destil·lació. *[rectificar]*

rectilini, ínia. adj. Format per línies rectes o que va en línia recta. *[rectilíneo]*

rectitud. f. Qualitat de recte o just. *[rectitud]*

rector, ora. ad. Que regeix. *[rector]* // m. i f. Superior que té al seu càrrec el govern d'una comunitat, parròquia, etc. *[rector]*

rècua. f. Colla d'animals de càrrega que serveixen per a traginar. *[recua]* // Munió de coses que van unes darrere les altres. *[cáfila, retahíla]*

recular. v. intr. i tr. Intr. Caminar a recules, retrocedir. *[recular]* // Cedir un de la seua opinió. *[cejar]* // Tr. Retardar.

recull. m. Aplec o col·lecció de coses. *[colección, recogida]*

recuperar. v. tr. Tornar a entrar en possessió d'una cosa, recobrar. *[recuperar]*

recurrent. adj. Que torna al seu punt d'origen. *[recurrente]* // m. i f. Persona que recorre, que dirigeix un recurs. *[recurrente]*

recurs. m. Acció i efecte de recórrer. // Sol·licitud o demanda per escrit. *[recurso]* // Mitjà de reeiximent, especialment de subsistència. *[recurso]*

recusar. v. tr. No admetre o no acceptar una cosa. *[recusar, rehusar]*

redacció. f. Acció i efecte de redactar. *[redacción]* // Conjunt de redactors d'una publicació periòdica. *[redacción]* // Oficina on redacten alguna cosa. *[redacción]*

redactar. v. tr. Posar en escrit alguna cosa en una forma convenient a un propòsit determinat. *[redactar]*

redactor, ora. adj. i m. i f. Que redacta. *[redactor]* // m. i f. El qui treballa en la redacció d'una publicació periòdica. *[redactor]*

redempció. f. Acció i efecte de redimir. *[redención]*

redimir. v. tr. Obtenir l'alliberament d'un captiu pagant un preu. *[redimir]* // Tornar a comprar una cosa que un havia posseït abans. *[redimir]*

rèdit. m. Utilitat que dóna un capital. *[rédito]*

redó, ona. adj. De figura circular o esfèrica. *[redondo]* // fig. Complet i exacte,

sense que hi manque ni hi sobre res. *[redondo]*
redoblar. v. tr. i intr. Tr. Fer doble. *[duplicar]* // Intr. Esdevenir doble. *[duplicar]* // Tocar el tambor, etc., batent-lo ràpidament amb les baquetes. *[redoblar]*
redolar. v. intr. Caure per un pla inclinat donant voltes sobre si mateix. *[rodar]*
redolí. m. Cercle contingut dins una circumferència. *[redondel]* Dibuix redó. *[aleluya]* // Paperet que conté el nom d' una persona, usat per a les eleccions de càrrecs. *[bola]*
redòs, (pl. **òssos**). m. Recer.
redossar. v. tr. Posar a redòs d'algun dany o perill. *[guarecer, resguardar]*
redreçar. v. tr. Tornar a posar dret allò que s'havia corbat. *[enderezar de nuevo]*
reducció. f. Acció i efecte de reduir o de reduir-se. *[reducción]*
reducte. m. Obra de fortificació completament tancada. *[reducto]*
reduir. v. tr. Tornar una cosa al seu estat o lloc anterior. *[reducir]* // Disminuir, minvar, estrényer. *[reducir]*
redundància. f. Abundància excessiva de mots parlant o escrivint. *[redundancia]*
redundar. v. intr. Sobreeixir una cosa dels seus límits naturals. *[redundar]* // Anar a parar una cosa en benefici o dany d'algú. *[redundar]*
reeditar. v. tr. Editar de nou. *[reeditar]*
reeixir. v. intr. Eixir bé d'una cosa, obtenir un bon resultat. *[salir bien, resultar bien, destacarse, resaltar]*
reelegir. v. tr. Tornar a elegir. *[reelegir]*
reembossable. adj. Que es pot reembossar. *[reembolsable]*
reembossament. m. Acció i efecte de reembossar. *[reembolso]*
reembossar. v. tr. Cobrar o pagar una quantitat que s'havia donat, prestat o bestret. *[reembolsar]*
reemplaçar. v. tr. Ocupar la plaça o lloc que ocupava un altre. *[reemplazar]* // Substituir una cosa per una altra. *[reemplazar]*
reemprendre. v. tr. Tornar a emprendre. *[reemprender]*
reexpedir. v. tr. Tornar a expedir. *[reexpedir]*
refecció. f. Acció de refer, de reconstruir o restaurar. *[restauración]* // Aliment que es pren per a reparar les forces. *[refección]*
refectori. m. Menjador de les comunitats. *[refectorio]*
refegir. v. tr. Tornar a afegir. *[reañadir, añadir de nuevo]*
refer. v. tr. Tornar a fer. *[rehacer]* // Afegir pes o quantitat. *[rehacer]* // Compensar un dany, etc. *[resarcir]* // Restablir.
referència. f. Acció i efecte de referir o de referir-se. *[referencia]* // Informe o relació d'alguna cosa. *[referencia]*
referèndum. m. Plebiscit o consulta feta al poble sobre una qüestió. *[referéndum]*
referent. adj. Que fa referència, que es refereix. *[referente]*
referir. v. tr. Explicar o donar a conéixer un fet. *[referir]* // Atribuir una cosa a una causa, motiu, etc. *[referir]*
refermar. v. tr. i intr. Tr. Fer més ferm. *[consolidar]* // Intr. Fer-se més ferm. *[consolidarse]* // **-se.** Fer-se ferm assegurant-se sobre una cosa. *[apoyarse]* // Ratificar-se.
refiar-se. v. pron. Confiar en alguna persona o cosa. *[confiarse, fiarse]* // Comptar amb algú o alguna cosa com a mitjà. *[confiarse, fiarse]*
refilar. v. tr. i intr. Tr. Llançar enlaire arreu, successivament, una sèrie de coses, etc. *[lanzar, tirar, arrojar]* // Intr. Fer refilets, cantar certs ocells, llançar les notes del seu cant. *[gorjear]* // Cantar com un ocell. *[trinar]*
refilar. v. tr. Fer acabar en punta; recaragolar les puntes del bigot fent-les ben primes i punxegudes. *[afilar, aguzar]*
refilet. m. Ornament de notes lleugeres i gracioses en el cant. *[gorgorito, gorjeo, trino]*
refinar. v. tr. Fer més fina alguna cosa llevant-ne allò que la impurifica. *[refinar]*
reflectir. v. tr. Retrocedir o canviar de direcció, els raigs de llum o de calor o les vibracions sonores per raó de topar

amb una superfície que els priva del pas. *[reflejar]* // Deixar-se veure una cosa en una altra. *[reflejar]*

reflector, ora. adj. Que reflecteix. *[reflector]* // m. Aparell per a reflectir la llum o calor en una direcció determinada. *[reflector]*

reflex, exa. adj. Reflectit. *[reflejo]* // Dit dels actes que obedeixen a excitacions no percebudes per la consciència. *[reflejo]* // m. Llum reflectida. *[reflejo]*

reflexar. v. tr. Reflectir. *[reflejar]*

reflexió. f. Acció i efecte de reflectir. *[reflexión]* // Acció de reflexionar. *[reflexión]*

reflexionar. v. tr. Considerar detingudament una cosa. *[reflexionar]*

reflexiu, iva. adj. Que sol obrar o parlar amb reflexió. *[reflexivo]* // Aplicat al verb l'acció del qual recau sobre la mateixa persona agent. *[reflexivo]*

reflux. m. Moviment de descens de la marea. *[reflujo]*

reforç. m. Allò que serveix per a reforçar. *[refuerzo]* // Cosa sobreposada a una altra per augmentar-ne la resistència. *[refuerzo]*

reforçar. v. tr. Fer més fort. *[reforzar]* // Donar noves forces, envigorir. *[reforzar]*

reforma. f. Acció i efecte de reformar o de reformar-se. *[reforma]* // Protestantisme.

reformar. v. tr. Tornar a formar. *[reformar]* // Restituir una orde religiosa a la seua forma o disciplina primitiva. *[reformar]* // Restaurar.

reformatori, òria. adj. Que reforma, arregla o corregeix. *[reformatorio]* // m. Establiment per a reformar costums. *[reformatorio]*

refracció. f. Canvi de direcció d'un raig de llum, etc., que passa obliquament d'un medi a un altre de densitat distinta. *[refracción]*

refractari, ària. adj. Que no es sotmet a una autoritat, dictamen o costum. *[refractario]* // Que resisteix el foc sense fondre's ni sofrir descomposició.

refrany. m. Dita sentenciosa, proverbi. *[refrán]*

refredar. v. tr. Fer esdevenir fred. *[enfriar]* // **-se.** Agafar un refredat. *[resfriarse]*

refredat. m. Inflamació de la mucosa del nas o de la gola produïda per un colp d'aire o per una interrupció de la transpiració. *[resfriado]*

refregar. v. tr. Tornar a fregar. *[refregar]* // Fregar molt fort. *[refregar]*

refrenar. v. tr. Posar fre, contenir. *[refrenar]*

refresc. m. Acció de refrescar. *[refresco]* // Beguda fresca. *[refresco]*

refrescar. v. tr. i intr. Tr. Fer esdevenir fresc. *[refrescar]* // Intr. Prendre una beguda refrescant. *[refrescar]*

refrigerar. v. tr. Fer esdevenir fred, més fred. *[refrigerar]*

refrigeri. m. Alleujament que se sent amb la frescor. *[refrigerio]* // Alleujament d'una incomoditat, molèstia, etc. // Curt aliment que es pren per a reparar les forces. *[refrigerio]*

refugi. m. Lloc on hom es pot posar en seguretat. *[refugio]*

refugiar. v. tr. Donar refugi a algú. *[refugiar]* // **-se.** Posar-se en lloc segur, trobar refugi. *[refugiarse]*

refús. m. Acció i efecte de refusar. *[negativa, rehusamiento]*

refusar. v. tr. No acceptar o no voler una cosa. *[rehusar, recusar]*

refutar. v. tr. Impugnar amb arguments o raons, refusar. *[refutar]*

reg. m. Acció de fornir aigua a les terres, irrigació. *[riego]*

regador, ora. adj. i m. i f. Que rega. *[regador]* // m. Aquell que té dret a l'aigua per a regar les terres. *[regador]* // El qui distribueix l'aigua de regar. *[regador]*

regadora. f. Recipient portàtil a propòsit per a regar. *[regadera]* // Rasa a manera de sequiola secundària dins l'interior d'un camp per a regar les diferents taules en què està sembrat o dividit. *[regadora, reguera]*

regal. m. Present que es fa a algú. *[regalo]* // Gust donat als sentits. *[regalo]*

regalar. v. tr. Tractar regaladament. *[regalar]* // Fer un regal o present. *[regalar]*

regalim. m. Regallim. *[chorrillo]*

regalimar. v. intr. Regallar. *[chorrear]*
regalíssia. f. Planta herbàcia, de flors menudes i blaves, amb una arrel llarga, que fa un suc dolç. *[regaliz]*
regall. m. Porció prima d'un líquid que corre o cau per la superfície d'un cos. *[chorrito, hilo, reguero]* // Solc per on passa l'aigua per a regar. *[regajo]* // Senyal que deixa un líquid que regalla. *[regato, regajal]*
regallar. v. intr. Córrer, un líquid que es vessa o se n'ix, deixant un regueró o regall per on s'escola. *[chorrear]* // Vessar gota a gota un líquid. *[chorrear]* // Caure regalls dels ciris, candeles, etc., encesos. *[chorrear]*
regallim. m. Doll molt prim. *[chorrito]*
regar. v. tr. Tirar aigua damunt una superfície per a netejar-la, refrescar-la o fornir-la d'humitat. *[regar]*
regata. f. Lluita esportiva entre embarcacions. *[regata]* // Solc, canal menuda. *[regata, reguero]* // Juntura de les rajoles, etc. // Part de la cama oposada al genoll. *[corva]*
regatejar. v. tr. Debatre el comprador i el venedor el preu d'una cosa. *[regatear]* // Fer regates en un objecte. *[regatear]* // Escatimar.
regència. f. Acció de regir o governar. *[regencia]* // Càrrec de regent. *[regencia]* // Govern d'un estat durant la menor edat, absència o incapacitat del príncep sobirà. *[regencia]*
regenerar. v. tr. Generar o produir de nou. *[regenerar]* // Renovar moralment. *[regenerar]*
regent, enta. adj. i m. i f. Que regeix o governa. *[regente]* // Que governa un estat durant la menor edat o absència del príncep. *[regente]* // Aquell qui dirigeix, sense ser l'amo, una impremta, etc. *[regente]*
regi, ègia. adj. Relatiu o pertanyent al rei o a la reina. *[regio]* // Sumptuós.
regicidi. m. Assassinat d'un rei o reina. *[regicidio]*
regidor, ora. adj. Que regeix o governa. *[regidor]* // m. i f. Individu d'un ajuntament. *[concejal, regidor]*
règim. m. Manera de regir una cosa. *[régimen]* // Forma de govern. *[régimen]* // Mètode de vida segons l'estat de la persona. *[régimen]* // En gramàtica, relació sintàctica entre mots, especialment de dependència.
regiment. m. Règim, estat i forma de govern. *[régimen]* // Cos de tropes a les órdens d'un coronel. *[regimiento]*
regina. f. Reina. *[reina]*
regió. f. Tros d'una superfície terrestre de determinades característiques. *[región]* // Part determinada del cos de l'home o animals superiors. *[región]*
regional. adj. Relatiu o pertanyent a una regió. *[regional]*
regir. v. tr. Tenir sota la seua direcció, governar. *[regir]*
regirar. v. tr. Remoure una cosa de dalt a baix. *[revolver, remover]* // Escorcollar.
registrar. v. tr. Inscriure en un registre, enregistrar. *[registrar]*
registre. m. Acció de registrar. *[registro]* // Padró o llista de noms de les persones d'una condició determinada. *[registro]* // Oficina on registren. *[registro]* // Peça de rellotge per a accelerar o retardar el moviment. *[registro]* // Cada regió de la gamma d'una veu humana o instrument musical. *[registro]*
regla. f. Llei, ordenança. *[regla]* // Principi, precepte d'una cosa. *[regla]* // Orde que serven les coses naturals. *[regla]* // Menstruació.
reglament. m. Conjunt de regles o disposicions per a un objecte determinat. *[reglamento]*
reglamentar. v. tr. Sotmetre una institució a un reglament. *[reglamentar]*
reglar. v. tr. Traçar ralles amb un regle. *[reglar]* // Sotmetre a regla. *[reglar]*
regle. m. Instrument de fusta, metall o altra matèria dura per a dirigir el traçat de les ralles rectes. *[regla, reglón]*
regló. m. Cadascuna de les ralles paral·leles d'un paper per a escriure. *[renglón]* // Cadascuna de les línies escrites o impreses en un escrit o pàgina. *[renglón]* // Pedra giratòria de forma troncocònica, del molí d'oli. *[ruello]*
reglotar. v. intr. Eructar, rotar. *[eructar, regoldar]* // Sortir a glopades. *[regoldar]*

regna. f. Corretja lligada al fre del cavall per a poder-lo dirigir. *[rienda]*
regnar. v. intr. Governar un regne, esser rei. *[reinar]* // Prevaler, dominar.
regne. m. Realme. *[reino]*
regne. m. Cadascun dels tres grans grups en què es consideren dividits tots els sers naturals. *[reino]*
regolf. m. Remolí de vent o d'aigua, etc., que regolfa. *[regolfo, remolino, rebalaje, torbellino]*
regolfar. v. intr. Retrocedir l'aigua contra el seu corrent. *[regolfar]* // Remolinar el vent. *[remolinar]*
regomello. m. Recel, aprensió d'algun fet desagradable, temor d'un perill. *[recelo]* // Escrúpol.
regraciar. v. tr. Expressar la nostra gratitud a algú per un servei rebut. *[regraciar, agradecer]* // Donar gràcies, mostrar agraïment. *[regraciar, agradecer]* // **-se.** Tornar a l'amistat. *[reconciliarse]*
regrés, (pl. **esso essos**). m. Acció de regressar. *[regreso]*
regressar. v. intr. Tornar al lloc de partida. *[regresar]*
regruix. m. Cosa que s'aplica a una altra per augmentar-ne el gruix. *[abultamiento]*
regruixar. v. tr. Fer un regruix a les motlures per a cornises, marcs, etc.
regueró. m. Sequiola, solc per a conduir l'aigua, especialment per a regar. *[reguera, regato]* // Canal entre dues fileres de teules. *[canalera]*
reguiny. m. Molèstia causada per la continuïtat o repetició d'una cosa que no ens interessa. *[fastidio, tedio]*
reguinyar. v. intr. Mostrar enuig, malcontentament, avorriment, amb paraules de reguiny, retrets, etcètera. *[regañar]*
regular. adj. De conformitat amb una regla. *[regular]* // Dit de la persona sotmesa a una orde religiosa. *[regular]* // Aplicat a la figura en què tots els elements de la mateixa categoria són iguals entre ells. *[regular]* // Mediocre.
regular. v. tr. Sotmetre a una regla. *[regular]* // Mesurar o computar una cosa per comparació o deducció. *[regular]*
regularitat. f. Qualitat de regular. *[regularidad]* // Observança exacta d'una regla. *[regularidad]*
regularitzar. v. tr. Fer regular. *[regularizar]*
regust. m. Sabor desagradable que deixa una cosa. // Deix que percep el paladar d'algunes coses. *[regusto]*
rehabilitar. v. tr. Restablir una persona o cosa en el seu antic estat o estima. *[rehabilitar]*
rehens. f. pl. Persona o cosa donada a l'enemic com a fiança o penyora. *[rehenes]*
rei, eina. m. i f. Monarca o príncep sobirà d'un regne. *[rey]*
reial. adj. Relatiu o pertanyent al rei. *[real]*
reialme. m. Realme. *[reino]*
reig. m. Peix de mar comestible abundós al Mediterrani. *[corvina]*
reimprimir. v. tr. Tornar a imprimir. *[reimprimir]*
reina. f. Dona que exerceix el poder reial. *[reina]* // Muller del rei. *[reina]* // Persona, animal o cosa del gènere femení que excel·leix entre totes les altres de la seua classe, etc. *[reina]*
reincidir. v. intr. Incórrer novament en un error, falta, etc. *[reincidir]*
reingressar. v. intr. Tornar a ingressar. *[reingresar]*
reintegrar. v. tr. Restituir íntegrament alguna cosa. *[reintegrar]* // Tornar a posar a algú en possessió d'alguna cosa. *[reintegrar]*
reiterar. v. tr. Repetir un acte, tornar a fer o dir. *[reiterar]*
reivindicar. v. tr. Reclamar algú per a si allò que li pertany. *[reivindicar]* // Alliberar d'una injustícia. *[reivindicar]*
reixa. f. Tanca de barres de ferro o fusta paral·leles o entrecreuades que deixen intersticis entre elles. *[reja]*
rejovenir. v. tr. Retornar a algú el vigor de la joventut. *[rejuvenecer]*
rejuntar. v. tr. Tornar a ajuntar. *[rejuntar]*
rel. f. Arrel. *[raíz]*
relació. f. Acció i efecte de relatar allò que un ha sentit, vist, etc. *[relación]* // Connexió, lligam, entre dues o més coses.

[relación] // Coneixença o tracte d'una persona amb una altra. *[relación]*
relacionar. v. tr. Posar en relació persones o coses. *[relacionar]*
relat. m. Relació, cosa relatada, contada. *[relato]*
relatar. v. tr. Referir de paraula o per escrit alguna cosa. *[relatar]*
relatiu, iva. adj. Que fa relació a una cosa. *[relativo]* // Que no és absolut. *[relativo]*
relaxar. v. tr. Fer menys rigorosa l'observança d'una regla. *[relajar]* // Afluixar, disminuir la tensió. *[relajar, aflojar]*
relegar. v. tr. Deixar de banda, arraconar. *[relegar]* // Exiliar a algú sense privar-lo dels seus drets cívics.
religió. f. Conjunt de creences i pràctiques que tenen per objecte retre cult a Déu. *[religión]* // Observança d'aquestes creences i pràctiques. *[religión]*
religiós, osa. adj. Relatiu o pertanyent a la religió o als qui la professen. *[religioso]* // m. i f. El qui forma part d'un institut de religió. *[religioso]*
relíquia. f. Vestigi d'una cosa passada, recialla. *[reliquia]* // Allò que resta del cos d'un sant, del seu vestit, etc.
rella. f. Peça de ferro tallant fixada a l'aladre que serveix per a obrir el solc. *[reja]* // Acció i efecte d'aplicar la rella a un camp. *[reja, aradura]*
relleu. m. Treball que sobresurt d'un pla. *[relieve]* // Volum que aparenten tenir algunes coses. *[relieve]* // Acció de rellevar. *[relevo]*
rellevar. v. tr. Alliberar algú d'un càrrec, d'una obligació, servei, etcètera. *[relevar]* // Rebaixar o llevar part d'alguna cosa. *[rebajar, cercenar]* // Rebaixar del preu d'alguna cosa. *[rebajar]* // Fer en relleu; posar en relleu; exaltar.
relligar. v. tr. Tornar a lligar. // Enquadernar.
relliscar. v. intr. Escórrer-se els peus damunt una superfície llisa, mullada, etc., esvarar. *[resbalar]* // Caure en una flaquesa. *[deslizarse]*
rellogat, ada. m. i f. El qui viu en un apartament d'una casa de la qual és llogater un altre pagant a aquest un lloguer. *[realquilado]*
rellotge. m. Instrument que serveix per a mesurar el temps i assenyalar les hores del dia. *[reloj]*
rellotger, era. m. i f. El qui fa, ven o adoba rellotges. *[relojero]* // f. Capsa per a guardar un rellotge. *[relojera]*
relluir. v. intr. Resplendir. *[relucir]*
rem. m. Barra llarga, de fusta, en forma de pala a l'extrem que serveix per a fer avançar una embarcació. *[remo]*
remar. v. intr. Servir-se dels rems per a fer avançar una embarcació. *[remar]*
remarcar. v. tr. Tornar a marcar. *[remarcar]* // Portar l'atenció sobre una cosa. *[notar, observar]*
remat. m. Última part d'una cosa. *[remate]* // Que acaba o clou una cosa.
rematar. v. tr. Posar fi a la vida d'una persona o animal que s'està morint. *[rematar]* // Acabar una cosa. *[rematar]*
remei. m. Allò que serveix per a guarir o alleujar una malaltia, un mal. *[remedio]* // Mitjà o manera d'evitar o de fer desaparéixer un mal. *[remedio]*
remeiar. v. tr. Posar remei. *[remediar, curar]*
remels. m. Detenció del corrent de l'aigua d'un riu o un torrent. *[remanso]*
remembrar. v. tr. Recordar, fer venir a la memòria. *[rememorar]*
rememorar. v. tr. Recordar, remembrar, evocar la memòria d'una cosa. *[rememorar]*
remenar. v. tr. Moure una cosa d'una banda a l'altra. *[menear, remover]* // Sacsejar els líquids continguts en un recipient. *[bazucar, agitar]*
remesa. f. Acció i efecte de remetre. *[entrega]* // Remissió, salari del banquer per al transport del diner. *[remisión]*
remetre. v. tr. i intr. Tr. Perdonar una falta, una pena. *[remitir]* // En un escrit deixar d'explicar alguna cosa indicant al lector el lloc del mateix escrit o d'un altre on la cosa és explicada. // Trametre. // Intr. Perdre part de la seua intensitat la febre, etc. *[remitir]*
reminiscència. f. Record d'una cosa quasi oblidada. *[reminiscencia]* // Allò que sobreviu d'una cosa i serveix per a recordar-la. *[reminiscencia]*

remís, isa. adj. Entretingut en la resolució d'una cosa, peresós, deixat. *[remiso]*
remitjó. m. Escassa porció de llana o lli que resta sense filar a la filosa. // Cosa escadussera, porció menuda o part mínima d'una cosa que resta com a sobrant o escadussera, escadús. *[repunta]*
remolatxa. f. Planta herbàcia anual conreada per la seua arrel fusiforme, molt grossa i carnosa de la qual extrauen el sucre. *[remolacha]*
remolc. m. Acció de remolcar. *[remolque]* // Vehicle que va remolcat. *[remolque]*
remolcar. v. tr. Conduir una embarcació o carruatge estirant-la amb una corda o cadena. *[remolcar]*
remolí. m. Moviment giratori molt ràpid de l'aire, de l'aigua, del fum, etc. *[remolino, torbellino]*
remor. f. Soroll confús com el que s'alça d'una tempestat, del mar, etc. *[rumor]*
rèmora. f. Peix teleosti amb una placa oval damunt el cap, la qual s'agafa als objectes flotants. *[rémora]* // Obstacle que s'oposa a l'avançament d'alguna cosa. *[rémora]*
remordiment. m. Pena que se sent pel fet de sentir-nos culpables d'haver fet una mala acció. *[remordimiento]*
remorejar. v. intr. Fer remor. *[susurrar, remorear]*
remot, ota. adj. Llunyà, apartat, distant. *[remoto]*
remoure. v. tr. Tornar a moure. *[remover, agitar]* // Mudar una cosa de lloc. *[remover]* // Regirar. *[remover]* // Separar a algú d'un càrrec o comissió. *[remover, apartar, quitar]*
remugant. adj. Que remuga. *[rumiante]* // m. pl. Grup de mamífers que remuguen els aliments com el bou, l'ovella, etc.
remugar. v. tr. Tornar a mastegar els aliments els animals herbívors. *[rumiar]* // Parlar entre dents en senyal d'enuig. *[refunfuñar, rezongar]*
remull. m. Acció de remullar. *[remojo]* // Persona, animal o cosa remullada, xopada d'aigua. *[remojado, calado]*
remullar. v. tr. Posar alguna cosa en remull. *[remojar]* // Beure, per a celebrar una cosa. *[remojar]*
remunerar. v. tr. Pagar a algú el treball que ha fet, recompensar. *[remunerar]*
remunta. f. Acció i efecte de remuntar. *[remonta]* // Compra, cria i cura dels cavalls de l'exèrcit. *[remonta]* // Conjunt dels cavalls de l'exèrcit. *[remonta]*
remuntar. v. tr. Tornar a muntar o bastir. *[remontar]* // Proveir de nous cavalls una cavallerissa, etc. *[remontar]* // Fer un aucell més alt el seu vol. // Repassar les juntures d'una cosa. *[mampostear]* // Recórrer un riu, etc., en direcció al seu origen. *[remontar]*
ren. m. Animal semblant al cérvol propi dels països septentrionals. *[reno]*
renaixença. f. Acció de renàixer, renaiximent. *[renacimiento]*
renàixer. v. intr. Tornar a nàixer. *[renacer]* // Adquirir la vida de la gràcia per mitjà del baptisme. *[renacer]*
renaiximent. m. Acció de renàixer, renaixença. *[renacimiento]* // Moviment de transició entre el món medieval i el modern. *[renacimiento]*
renda. f. Benefici que produeix periòdicament una cosa. *[renta]* // Diners o fruits que paga l'arrendatari. *[renta]*
rendir. v. tr. Retre. *[rendir]* // Cansar, fatigar en alt grau. *[rendir]* // Produir, alguna cosa, benefici o utilitat. *[rendir]*
rengle. m. Orde que guarden diverses persones o coses posades en línia. *[hilera, fila]*
renglera. f. Línia de coses en fila. *[ringlera, hilera]*
renill. m. Crit del cavall. *[relincho]*
renillar. v. intr. Cridar el cavall. *[relinchar]*
renoc. m. Granota en la seua fase adulta, de respiració branquial, cap-gros. *[rana de zarzal, renacuajo]* // Sapo, calàpet. *[sapo, escuerzo]*
renom. m. Fama, anomenada. *[renombre]* // Sobrenom. *[apodo]*
renou. m. Brot que dóna l'arbre després de podat. *[renuevo, serpollo]*
renou. m. Soroll o moviment gran i desusat. *[bullicio, alboroto]*
renovació. f. Acció i efecte de renovar o de renovar-se. *[renovación]*
renovar. v. tr. Fer de nou alguna cosa, re-

novellar. *[renovar]* // Donar nou vigor i vitalitat. *[renovar]*

renovellar. v. tr. Donar nova vigor, fer reviure. *[renovar]*

rent. m. Llevat, farina amassada sense sal i fermentada. *[levadura]* // Porció de llevat que es reserva per a fermentar una altra massa. *[recentadura]*

rentar. v. tr. Aclarir i netejar amb aigua allò que s'ha ensabonat, escurat, fregat, llavat, etc. siga roba, escurada o altra cosa. *[enjuagar]* // Netejar la boca i la dentadura amb aigua, vi o altre licor.

renúncia. f. Acció de renunciar un càrrec o el dret que un posseeix. *[renuncia]*

renunciar. v. tr. i intr. Tr. Desposseir-se voluntàriament d'alguna cosa o dret. *[renunciar]* // Intr. No voler admetre o acceptar alguna cosa que ens ofereixen. *[renunciar]* // Abandonar definitivament, cessar de pretendre. *[renunciar]*

renyar. v. tr. Corregir per una falta comesa, reptar. *[regañar, reñir, reprender]*

renyir. v. intr. Barallar-se // Rompre l'amistat, les relacions, etc., amb algú. *[reñir]*

reordenar. v. tr. Ordenar de nou. *[reordenar]*

reorganitzar. v. tr. Organitzar de nou. *[reorganizar]*

repantigar-se. v. pron. Assentar-se amb tota la comoditat. *[repantigarse]*

reparació. f. Acció de reparar. *[reparación]*

reparar. v. tr. Tornar a posar en bon estat allò que ha sofert un dany. *[reparar]* // Desagreujar.

repartiment. m. Acció de repartir. *[repartimiento]*

repartir. v. tr. Fer parts d'alguna cosa atribuint a cadascú la part que li pertoca, distribuir. *[repartir]*

repàs, (pl. **assos**). m. Acció i efecte de repassar. *[repaso]*

repassar. v. tr. Tornar a passar per un lloc. *[repasar]* // Examinar alguna cosa per a corregir les imperfeccions. *[repasar]*

repatriar. v. tr. Restituir a la pàtria o país d'origen. *[repatriar]* // **-se.** Tornar a la pàtria. *[repatriarse]*

repèl. m. Pèl que creix en sentit contrari. *[repelo]* // Llenqueta d'alguna cosa que s'alça contra l'orde natural. *[repelo, redopelo]* // Fibra o conjunt de fibres que s'alcen de la pell, d'una fusta, etc., i que no segueixen la línia recta. *[repelo]* // Reveixí de pèl que s'alça prop de l'ungla del dit de la mà. *[repelón, padrastro]*

repelar. v. tr. Pelar per segona vegada. *[repelar]*

repel·lir. v. tr. Resistir alguna cosa obligant-la a retrocedir, allunyar-la violentament de si. *[repeler]* // Rebutjar.

repeló. m. Llenqueta de pell que queda alçada a la vora d'una ungla. *[padrastro, repelón]* // fig. Porció molt petita, trosset. *[cachito]*

repensar. v. tr. Tornar a pensar amb detenció, reflexionar. *[repensar]* // **-se.** Mudar d'intenció per haver reflexionat de nou. *[cambiar de idea]*

repercutir. v. intr. i tr. Intr. Produir eco un so. *[repercutir]* // Fer sentir el seu efecte en una cosa ulterior. *[repercutir]* // Tr. En medicina, repel·lir un humor, fer-lo retrocedir. *[repercutir]*

repertori. m. Índex, registre, en què les matèries estan ordenades de manera que puguen ser trobades fàcilment. *[repertorio]* // Conjunt de les obres teatrals que una companyia té estudiades i està preparada per a representar o executar. *[repertorio]*

repetició. f. Acció i efecte de repetir o de repetir-se. *[repetición]*

repetir. v. tr. Tornar a fer o dir allò que ja era fet o dit. *[repetir]* // Dir allò que un altre ha dit. *[repetir]*

repeu. m. Base, peanya, pedestal. *[repisa]*

repic. m. Acció de repicar, el so produït en repicar. *[repique]*

repicar. v. tr. i intr. Tr. Picar de nou, especialment una pedra que ha esdevingut massa llisa o altra cosa. *[repicar]* // Intr. Tocar una campana, etc., a tocs vius i repetits en senyal de festa. *[repicar]* // En una escaleta, tocar una sèrie de tocs repetits per a indicar el pis corresponent. *[repicar]*

repintar. v. tr. Pintar sobre pintat. *[repintar]* // Marcar, la lletra d'una pàgina, una altra pàgina, per raó de ser fresca la tinta. *[repintar]*

repiquejar. v. tr. o intr. Repicar insistentment. *[repiquetear]*

repixar. v. intr. Deixar traspuar la humitat a gotes, a regallims. *[gotear, rezumar, destilar]*

replà. m. Tros pla i horitzontal en un terreny que fa pendent. *[rellano]* // En una escala, cadascuna de les plataformes que hi ha al cap d'un ram o sèrie d'escalons. *[rellano]*

replaça. f. Lloc espaiós que forma al costat o al darrere d'una plaça o carrer una placeta adjunta. *[replaza]*

replanell. m. Replà menut. // Replà d'una escala, d'una entrada, etc. *[descansillo]*

replantejar. v. tr. Traçar la planta d'una obra ja projectada damunt el pla dels fonaments. *[replantear]*

replé, ena. adj. Molt ple. *[repleto, relleno]*

replega. f. Acció i efecte de replegar, arreplega. *[recolección, recogida, acopio]*

replegar. v. tr. Arreplegar. *[replegar]* // Aplegar. *[reunir]*

rèplica. f. Acció de replicar, paraules amb què es replica. *[réplica]* // Reproducció d'una pintura, d'una escultura, etc. *[réplica]*

replicar. v. intr. Argüir contra una resposta o argument, contradir. *[replicar]*

repoblar. v. tr. Poblar de nou. *[repoblar]*

repom. m. Pom de segona flor, dit especialment de les taronges, pomes, peres, etc., de flor endarrerida, que es cullen després de la recolecció normal.

report. m. Acció i efecte de reportar. *[reporte]* // Notícia d'alguna cosa. *[reporte, informe, relación]*

reportar. v. tr. Portar de nou. *[reportar]* // Reprimir una passió, etc. *[reportar]* // Portar una nova, referir. *[reportar]*

reporter. m. Que porta reports o noves. *[reportero]* // El qui té al seu càrrec fornir notícies a un diari. *[reportero]*

repòs. m. Acció i efecte de reposar o descansar. *[reposo]*

reposar. v. tr. i intr. Tr. Tornar a posar. *[reponer]* // Intr. Descansar del treball, etc. *[reposar]*

reprendre. v. tr. Continuar alguna cosa que havia estat interrompuda. *[reprender]* // No ser ben rebut un aliment a l'estómac. *[reprender]* // Adreçar a algú paraules de censura, de blasme, etc.

reprensible. adj. Que mereix reprensió. *[reprensible]*

reprensió. f. Acció de reprendre. *[reprensión]*

represa. f. Acció i efecte de reprendre o tornar a començar. *[reposición]* // Recuperació d'allò que s'havia perdut. *[recobro]* // Malaltia dels pits de les dones, per obturació dels conductes lactífers. *[pelo]*

represàlia. f. Acció de tornar a algú dany per dany. *[represalia]*

representació. f. Acció i efecte de representar. *[representación]*

representar. v. tr. Fer present una cosa amb paraules o figures. *[representar]* // Recitar o executar en públic una obra dramàtica, etc. *[representar]*

repressió. f. Acció de reprimir. *[represión]*

repretar. v. tr. Estrényer, pitjar. *[apretar]*

repretó. m. Acció de repretar. *[apretón]*

reprimir. v. tr. Contenir, refrenar, temperar. *[reprimir]*

rèprobe, èproba. adj. i m. i f. Condemnat per Déu, reprovat. *[réprobo]*

reproducció. f. Acció i efecte de reproduir o de reproduir-se. *[reproducción]*

reproductor, ora. adj. i m. i f. Que reprodueix. *[reproductor]*

reproduir. v. tr. Tornar a produir o produir novament. *[reproducir]*

repropi, òpia. adj. De mal domar o conduir, rebec. *[rebelón, receloso, repropio]* // m. Gest involuntari que denota por, sorpresa, etc.

reprotxar. v. tr. Reconvenir, censurar, declarar a algú caigut en falta. *[reprochar]*

reprotxe. m. Retret, acció de reprotxar. *[reproche]*

reprovar. v. tr. Condemnar un acte, etc., desaprovar. *[reprobar]*

reptar. v. tr. Reprendre a algú tirant-li en cara una falta, etc. *[reprender]* // Desafiar. *[retar, desafiar]*

repte. m. Acció de reptar. *[reprensión]* // El fet de provocar a algú a un combat, etc. *[reto]*
rèptil. adj. Que camina arrossegant el ventre per terra. *[reptil]* // m. pl. Grup d'animals vertebrats de sang freda i respiració pulmonar que comprén les serps, etc. *[reptiles]*
república. f. Cos polític d'una nació. *[república]* // Estat polític governat sense monarca. *[república]*
republicà, ana. adj. Relatiu o pertanyent a la república. *[republicano]* // m. i f. Partidari d'aquest sistema de govern. *[republicano]*
repugnància. f. Acció i efecte de repugnar. *[repugnancia]* // Aversió a les persones o coses. *[repugnancia]*
repugnar. v. intr. Produir aversió. *[repugnar]* // Sentir una aversió invencible de fer alguna cosa. *[repugnar]*
repujar. v. tr. Embotir. *[repujar]*
repulsa. f. Reprensió forta. *[repulsa]*
repulsió. f. Acció i efecte de repel·lir. *[repulsión]*
repunt. m. Treball de costura de punts units. *[pespunte]*
repuntar. v. tr. Fer repunts en una roba. *[pespuntar, pespuntear]*
repussar. v. tr. Fer a colps de martell un dibuix en relleu en una placa metàl·lica, etc. *[repujar]* // Rebutjar.
reputació. f. Bona opinió, crèdit o fama d'algú o d'alguna cosa. *[reputación]*
reputar. v. tr. Tenir a algú o a alguna cosa en tal o tal opinió. *[reputar]*
requerir. v. tr. Intimar, avisar o fer saber una cosa amb autoritat pública. *[requerir]* // Exigir.
requestar. v. tr. Requerir, sol·licitar.
requeté, (pl. **és**). m. Escamot de gent jove, que duien les partides carlines. *[requeté]*
rèquiem. m. Oració en sufragi de difunts. *[réquiem]*
requint. m. Clarinet menut de to més agut que l'ordinari. *[requinto]*
requisa. f. Acció de requisar. *[requisa]*
requisar. v. tr. Posar l'autoritat persones o coses a la seua disposició per a un servei públic. *[requisar]*
requisit. m. Condició exigida o necessària per a una cosa. *[requisito]* // Plat delicat, exquisit, que es fa per a una persona desganada, per a un convidat, etc. *[comidilla, guisadillo, gollería]*
reraguarda. f. Part d'un exèrcit que va darrere del cos principal. *[retaguardia]*
rere. adv. i prep. Darrere. *[detrás]*
res. pron. Cap cosa. *[nada]* // Alguna cosa. *[algo]*
res. m. Animal boví, de llana o cabrum. *[res]*
rés. m. Acció de resar. *[rezo]* // Ofici eclesiàstic que es diu diàriament. *[rezo]*
resar. v. tr. Dir una oració. *[rezar]* // Dir oracions. *[rezar]*
rescabalar. v. tr. Compensar la pèrdua que s'ha sofert. *[resarcir, compensar]*
rescaldar. v. tr. Recobrir de terra la pila de carbó en la part que ja ha caigut, per a ofegar el foc.
rescalfar. v. tr. Tornar a calfar. *[recalentar]*
rescat. m. Acció de rescatar. *[rescate]* // El preu del rescat. *[rescate]*
rescatar. v. tr. Recobrar allò que havia caigut en mans d'altri. *[rescatar]* // Alliberar d'un esclavatge o vexació. *[rescatar]*
rescindir. v. tr. Invalidar un contracte o obligació. *[rescindir]*
rescissió. f. Acció i efecte de rescindir. *[rescisión]*
resclosa. f. Muralla que es fa dins un riu, canal, etc., per a alçar el nivell de l'aigua i portar-la a un lloc convenient. *[esclusa, presa, azud]*
resclosit, de. loc. adj. Dit de l'olor especial que agafen les coses que han estat llarg temps tancades en un lloc no ventilat i poc sec. *[tufo]*
rescripte. m. Resposta escrita del papa o de qualsevol sobirà per a resoldre una consulta o respondre a una demanda. *[rescripto]*
reserva. f. Acció i efecte de reservar. *[reserva]* // Cautela a no descobrir allò que se sap o es pensa. *[reserva]* // Allò que és reservat. *[reserva]* // Part de l'exèrcit d'un país que no està de servei actiu. *[reserva]*

reservar. v. tr. Guardar alguna cosa per a quan siga necessària. *[reservar]* // Callar alguna cosa. *[reservar]*

reservat, ada. adj. Que guarda reserva. *[reservado]* // Lloc reservat a determinades persones, etcètera. *[reservado]* // Cautelós en el parlar. *[reservado]*

resguard. m. Guarda i seguretat posada a una cosa. *[resguardo]* // Document en què consta la seguretat d'un deute o contracte. *[resguardo]* // Salvaguarda.

resguardar. v. tr. Defensar contra un dany o perill. *[resguardar]*

residència. f. Acció de residir. *[residencia]* // Lloc on un resideix. *[residencia]* // Edifici on una autoritat o corporació té el seu domicili o exerceix les seues funcions. *[residencia]*

residir. v. intr. Habitar permanentment o per un temps considerable en un lloc. *[residir]*

residu. m. Part que queda del conjunt d'una cosa. *[residuo]* // Allò que queda d'un cos per combustió o evaporació. *[residuo]*

resignar. v. tr. Abandonar voluntàriament en favor d'algú un benefici, un càrrec, el comandament, etc. *[resignar]* // **-se.** Conformar-se, sotmetre's a la voluntat de Déu. *[resignarse]* // Acceptar amb resignació una desgràcia, contrarietat, malaltia, etc. *[resignarse]*

resina. f. Substància sòlida o pastosa que flueix de certes plantes i que també és obtinguda per destil·lació de la trementina. *[resina]*

resinificar. v. tr. Convertir en resina. *[resinificar]*

resistència. f. Acció i efecte de resistir o de resistir-se. *[resistencia]* // Causa oposada a l'acció d'una força. *[resistencia]*

resistir. v. intr. i tr. Intr. Oposar-se a l'acció d'una força. *[resistir]* // Tr. Aguantar, suportar, sense cedir, sense flaquejar, etc. *[resistir]*

resoldre. v. tr. Tenir una intenció, prendre un determini. *[resolver]* // Trobar una solució. *[resolver]*

resolució. f. Acció i efecte de resoldre o de resoldre's. *[resolución]*

respatler, era. m. i f. Part d'una cadira, etcètera, on descansen les espatles. *[respaldo]*

respectar. v. tr. i intr. Tr. Tenir respecte a algú o a alguna cosa. *[respetar]* // Intr. Concernir.

respecte. m. Relació d'una cosa amb una altra. *[respecto]* // Veneració, mirament, consideració. *[respeto]*

respectiu, iva. adj. Que pertany o es refereix a una persona o cosa determinada. *[respectivo]*

respir. m. Acció de respirar. *[respiro]*

respirar. v. intr. i tr. Intr. Absorbir l'aire els sers vius per tal de mantenir la vitalitat de la sang. *[respirar]* // Descansar d'una pena, etc. *[respirar]* // Tr. Inhalar, atraure als pulmons. *[respirar]*

respit. m. Temps concedit per a diferir l'execució d'alguna cosa, per a prolongar una cosa més enllà del que s'havia convingut.

resplendir. v. intr. Emetre raigs de llum, o lluir molt. *[resplandecer]*

resplendor. f. Llum que emet un cos lluminós. *[resplandor]*

respondre. v. tr. i intr. Tr. Satisfer una pregunta. *[responder]* // Contestar a aquell qui ens crida, ens escriu. *[responder]* // Replicar a una demanda o al·legat. *[responder]* // Intr. Mostrar-se amb relació a algú o a alguna cosa tal com era d'esperar; correspondre.

responsabilitat. f. Qualitat de responsable. *[responsabilidad]* // Obligació de respondre d'una cosa. *[responsabilidad]*

responsable. adj. Obligat a respondre d'alguna cosa. *[responsable]*

resposta. f. Acció i efecte de respondre, allò amb què es respon a una pregunta, acusació, etc. *[respuesta]*

respostejar. v. intr. Replicar o instar contra allò que manen. *[responder, replicar]*

resquit. m. Acció de resquitar-se. *[desquite]*

resquitar. v. tr. Rescatar, recobrar. *[rescatar]* // **-se.** Haver reparació d'una pèrdua, dany, ofensa, etc. // Rescabalar-se.

ressaca. f. Moviment de retrocés de l'aigua després de topar amb un obstacle. *[resaca]*

ressagar-se. v. pron. Restar endarrere en una marxa. *[rezagarse]*

ressaltar. v. intr. Sobresortir una part d'un cos d'alguna cosa. *[resaltar]*

ressanar. v. intr. Reproduir-se de nou algun mal o cosa perjudicial o nociva.

ressecar. v. tr. Fer tornar sec, assecar del tot, deixar sense gota d'humitat o de suc. *[resecar]*

resseguir. v. tr. Cercar i triar amb cura unes coses d'entre unes altres. *[rebuscar]* // Examinar i retocar alguna cosa. *[repasar]*

ressentir-se. v. pron. Ser afectat el bon estat, el bon funcionament d'una cosa per l'acció d'una altra. *[resentirse]* // Sentir-se d'algun mal o d'alguna pèrdua. *[resentirse]* // Sentir disgust, irritació, per una ofensa, etcètera.

ressenya. f. Descripció breu d'una cosa per a donar-la a conéixer. *[reseña]*

ressenyar. v. tr. Fer la ressenya d'alguna cosa. *[reseñar]*

ressò. m. So degut a una ressonància. *[eco]* // So repercutit. *[resón]*

ressonància. f. Prolongament d'un so degut a la reflexió o al fet de posar-se en vibració algun cos. *[resonancia]*

ressonar. v. intr. Produir una ressonància. *[resonar]* // Sonar molt. *[resonar]*

ressopó. m. Sopar que es fa després d'haver sopat, quan hom vetla. *[resopón]*

ressort. m. Peça elàstica que serveix per a donar impulsió a alguna cosa. *[resorte]* // Mitjà de què hom es val per a aconseguir un fi. *[resorte]*

ressuscitar. v. tr. i intr. Tr. Tornar la vida a un mort. *[resucitar]* // Intr. Tornar a la vida. *[resucitar]*

rest. m. Peça de ferro de l'armadura on s'encaixava l'aristol de la llança. *[ristre]* // Corda gruixuda d'espart o de cànem. *[maroma]* // Filera de coses. *[ristra, sarta]* // En el joc de pilota valenciana el qui juga darrere.

resta. f. Operació de restar. *[resta]* // Resultat d'aquesta operació. *[resta]* // Allò que resta d'una cosa. *[resto]*

restablir. v. tr. Tornar a establir o posar les coses en llur estat anterior. *[restablecer]* // **-se.** Refer-se d'una malaltia, etc. *[restablecerse]*

restar. v. intr. i tr. Intr. No moure's del lloc on hom és, romandre. *[quedar]* // Subsistir en el mateix estat d'abans. *[quedar]* // En el joc de pilota valenciana, jugar-la tornant-la al qui trau o fereix. // Tr. D'una quantitat llevar una part. *[restar]*

restaurant. adj. Que restaura. *[restaurante]* // m. Establiment on se serveixen menjars. *[restaurante]*

restaurar. v. tr. Tornar a posar en bon estat un edifici, una obra d'art, etc. *[restaurar]*

restituïble. adj. Que es pot restituir. *[restituible]*

restituir. v. tr. Tornar una cosa a aquell que la tenia abans. *[restituir]* // Tornar una cosa a l'estat que tenia abans. *[restituir]*

restoll. m. Residu de les canyes o tiges dels cereals que queden al camp després de segar. *[rastrojo]* // El camp després de la sega. *[rastrojera]*

restrényer. v. tr. Causar restrenyiment. *[restriñir]* // Restringir. *[restriñir]*

restricció. f. Acció i efecte de restringir, de limitar. *[restricción]*

restringir. v. tr. Reduir a límits més estrets. *[restringir]*

resultar. v. intr. Produir-se com a efecte o conseqüència d'alguna cosa. *[resultar]*

resultat. m. Allò que resulta d'un fet o operació. *[resultado]*

resum. m. Exposició resumida d'un assumpte, matèria, etc. *[resumen]*

resumir. v. tr. Reduir a termes breus allò que ha estat dit o escrit. *[resumir]*

resurrecció. f. Acció de ressuscitar. *[resurrección]*

ret. f. Filat o xarxa per a pescar o caçar. *[red]* // m. i f. Bossa de malla que es posa al cap per a recollir els cabells. *[redecilla]*

retall. m. Qualsevol tros sobrant que queda després d'haver tallat alguna cosa. *[retal, retazo, recorte]*

retallar. v. tr. Fer retalls d'una cosa. *[re-*

cortar] // Tallar allò que sobra. *[recortar, cercenar, atusar]*

retard. m. El fet de retardar-se alguna cosa. *[retraso, retardo]*

retardar. v. tr. Fer que una cosa esdevinga més tard, diferir, perllongar. *[retardar]*

retaule. m. Obra d'arquitectura amb escultures i pintures que componen l'ornament d'un altar. *[retablo]*

retenció. f. Acció de retenir o de retenir-se. *[retención]*

retenir. v. tr. No deixar que alguna cosa se'ns en vaja. *[retener]* // Conservar una cosa en la memòria. *[retener]* // Dominar els impulsos. *[retener]*

retentiva. f. Facultat de recordar, memòria. *[retentiva]*

reticència. f. Efecte de no expressar completament una cosa, deixant-la, però, entendre. *[reticencia]*

retícula. f. Conjunt de dos o més fils posats al focus de certs instruments òptics, per a precisar les visuals. *[retícula]*

retina. f. Membrana sensitiva situada al fons de l'ull, que rep les imatges formades pel cristal·lí i està en connexió amb el cervell per mitjà del nervi òptic. *[retina]*

retindre. v. tr. Infinitiu irregular del verb *retenir*, extret per analogia del futur d'indicatiu: *retindré, retindràs, retindrà...* retindre. *[retener]*

retir. m. Acció de retirar-se de la vida activa o mundana. *[retiro]* // Lloc on un es retira. *[retiro]*

retirar. v. tr. i intr. Tr. Separar o apartar algú o alguna cosa del lloc on havia estat. *[retirar]* // Estampar una cara d'un full que ja està estampat per l'altra. *[retirar]* // Intr. Assemblar-se.

retoc. m. Cadascuna de les esmenes que es fan en retocar una obra. *[retoque]*

retocar. v. tr. Corregir amb retocs, esmenar. *[retocar]* // Tornar a tocar. *[retocar]*

rètol m. Cartell o inscripció en un lloc públic per a avís o anunci d'alguna cosa. *[rótulo]* // Etiqueta que es posa a un objecte. *[rótulo]* // Inscripció posada en llibres, etc., per a donar a conéixer la matèria de què tracten. *[título]*

retolar. v. tr. Posar rètol o títol a una cosa. *[rotular]*

retop. m. Acció i efecte de retopar, rebot. *[rebote, rechazo, réplica]*

retòrcer. v. tr. Tòrcer molt una cosa. *[retorcer]* // Endreçar un argument contra el mateix que l'ha fet.

retorciment. m. Acció i efecte de retòrcer. *[retorcimiento, retorcedura]*

retorçó. m. Retorciment, sobretot el de budells o el dolor que sembla efecte de retorciment de budells. *[retortijón, retorcimiento]*

retòrica. f. Art de ben dir. *[retórica]* // pl. Raons que no són del cas. *[retóricas]*

retorn. m. Acció de retornar. *[retorno, regreso, vuelta]* // Acció de tornar a algú allò que li havia estat pres. *[retorno, devolución, restitución]*

retornar. v. tr. i intr. Tr. Tornar alguna cosa, restituir. *[devolver]* // Fer recobrar els sentits a algú. *[reanimar]* // Intr. Tornar del lloc on s'ha anat. *[retornar]*

retractar. v. tr. Retirar allò que un havia dit o fet, desdir-se'n. *[retractar]*

retracte. m. Dret que té algú de quedar-se pel mateix preu la cosa venuda a un altre. *[retracto]*

retranca. f. Alitranca. *[ataharre]*

retransmetre. v. tr. Tornar a transmetre. *[retransmitir]*

retransmissor, ora. adj. Que retransmet. *[retransmisor]* // m. Repetidor.

retrat. m. Representació gràfica d'una persona o cosa. *[retrato]* // Descripció molt precisa o exacta d'una persona, d'una cosa. *[retrato]*

retratar. v. tr. Traure la imatge d'una persona o cosa. *[retratar]*

retraure. v. tr. Recordar, esmentar alguna cosa que volem que es recorde, que es tinga en consideració. *[retraer]* // Tirar arrere o endins, retractar. *[retraer]* // **'s.** Retirar-se; cessar d'intervenir en alguna cosa; allunyar-se temporalment de les seues funcions pròpies. *[retraerse]*

retre. v. tr. Tornar a algú allò de què havia estat desposseït, restituir, retornar. *[devolver]*

retret. m. Cambra menuda i apartada d'una casa, destinada per a diferents usos. *[retrete]* // Acció de retraure; imputació d'alguna cosa com a falta. *[reproche]*

retreta. f. Toc militar per a assenyalar la retirada o l'hora de recollir-se. *[retreta]* // Festa o cavalcada militar. *[retreta]*

retriar. v. tr. Fer una nova tria, triar amb molta atenció. *[seleccionar, reescoger]*

retribució. f. Acció i efecte de retribuir. *[retribución]* // Allò amb què es retribueix. *[retribución]*

retribuir. v. tr. Pagar o recompensar una cosa rebuda amb una altra cosa. *[retribuir]*

retrò. m. Repercussió del tro. *[retumbo]* // Ressò comparable a un tro. *[retumbo]*

retrobar. v. tr. Tornar a trobar. *[reencontrar]* // Trobar una qualitat, etc., d'alguna persona o cosa en una altra. *[reencontrar]*

retrocedir. v. intr. Tornar arrere, recular. *[retroceder]*

retrocés, (pl. **essos**). m. Acció i efecte de retrocedir. *[retroceso]*

retrògrad, ògrada. adj. Que va o es mou endarrere. *[retrógrado]* // Que va contra el progrés. *[retrógrado]*

retronar. v. intr. Fer un soroll fort que ressona com un tro. *[retronar, retumbar]*

retrotraure. v. tr. Fingir que una cosa ha passat en un temps anterior a aquell en què esdevingué. *[retrotraer]*

retrovendre. v. tr. Tornar la cosa comprada al seu venedor pel mateix preu de venda. *[retrovender]*

retrovertir. v. tr. Portar cap arrere. *[retroverter]*

retruc. m. Acció de retrucar. *[retruque]* // Colp repetit.

retrucar. v. intr. Fer un retruc. *[retrucar]* // En el joc del truc, tornar a trucar. *[retrucar]* // Replicar, contradir.

retrunyir. v. intr. Un soroll fort ressonar a la manera d'un tro. *[retumbar]*

reu, ea. adj. i m. i f. Que ha comés una culpa, culpable. *[reo]*

reüll, de. loc. adv. Manera de mirar dissimuladament, bo i dirigint la vista per damunt del muscle. *[de reojo]*

reuma. m. Fluxió d'humors en alguna part del cos. *[reuma]*

reunió. f. Acció i efecte de reunir o de reunir-se. *[reunión]* // Conjunt de persones reunides. *[reunión]*

reunir. v. tr. Tornar a unir, aplegar, congregar. *[reunir]*

revacunar. v. tr. Vacunar de nou. *[revacunar]*

revàlida. f. Acció de ratificar la validesa d'alguna cosa. *[reválida]*

revalidar. v. tr. Ratificar la validesa d'alguna cosa. *[revalidar]* // Ser rebut en una facultat davant un tribunal superior. *[revalidar]*

revelador, ora. adj. i m. i f. Que revela. *[revelador]* // m. Líquid amb què es revela la imatge impresa en una placa fotogràfica. *[revelador]*

revelar. v. tr. Descobrir o manifestar un secret. *[revelar]* // Fer conéixer Déu alguna cosa als hòmens per una inspiració sobrenatural. *[revelar]* // Fer visible la imatge d'una placa fotogràfica. *[revelar]*

revellir. v. tr. Fer vella o antiga una cosa. *[envejecer]* // **-se.** Tornar-se vell abans de temps. *[envejecerse]*

revenda. f. Acció i efecte de revendre. *[reventa]*

revendre. v. tr. Vendre allò que s'ha comprat. *[revender]*

revenir. v. intr. Créixer un riu, font, etc. *[crecer]* // Augmentar de volum o reinflar-se per raó de la humitat. *[crecer]*

revenja. f. Acció de revenjar-se, venjança. *[desquite]*

revenjar-se. v. pron. Prendre's una revenja. *[desquitarse]*

reverberar. v. intr. i tr. Intr. Reflectir-se la llum, la calor, en una superfície. *[reverberar]* // Tr. Reflectir una superfície la llum, etc. *[reverberar]*

reverdir. v. intr. Tornar a esdevenir verd. *[reverdecer]*

reverència. f. Respecte profund i afectuós. *[reverencia]* // Acatament o inclinació del cos en senyal de respecte. *[reverencia]* // Tractament que es dóna a certs religiosos. *[reverencia]*

reverend, enda. adj. Tractament aplicat

als eclesiàstics o religiosos. *[reverendo]*

reverent. adj. Que mostra reverència. *[reverente]*

revers. m. Cara oposada a l'anvers. *[reverso]* // Dors d'una moneda o medalla. *[reverso]*

revertir. v. intr. Tornar una cosa a la propietat del qui n'havia disposat abans. *[revertir]*

revés, (pl. essos). m. Part oposada al dret. *[revés]* // Part d'alguna cosa oposada a aquella que un té a la vista. *[revés]*

revestir. v. tr. Posar a algú un vestit especial. *[revestir]* // Cobrir una superfície amb capa d'alguna cosa. *[revestir]*

revetla. f. Festa que es fa la nit que precedeix certes diades. *[vigilia]*

revifalla. f. Acció i efecte de revifar. *[reacción, reviviscencia, revivamiento, mejoría]*

revifar. v. tr. Fer adquirir nou vigor a una cosa decandida, que semblava pròxima a finar. *[revivificar]* // **-se.** Redreçar-se, reanimar-se, tornar en si allò que semblava mort. *[revivificar]*

revinclada. f. Acció i efecte de revinclar o de revinclar-se. *[retorcimiento, retorcida]*

revinclar-se. v. pron. Sofrir una revinclada. *[retorcerse]*

revindre. v. intr. Infinitiu irregular del verb *revenir*, extret per analogia del futur d'indicatiu: *revindré, revindràs, revindrà*... revindre. *[crecer]*

revingut, uda. adj. Que ha pres més volum o noves formes. *[revenido, rehecho, crecido]* // Que té bon gruix, robust. *[recio, robusto, grueso]*

revisar. v. tr. Examinar curosament, comprovar. *[revisar]*

reviscolar. v. intr. Fer reviure, recobrar el vigor. *[reanimar, reavivar]*

revisió. f. Acció i efecte de revisar. *[revisión]*

revista. f. Acció d'examinar de nou, amb tota cura. *[revista]* // Inspecció que fa un cap de servei de les persones o coses sotmeses a la seua autoritat. *[revista]* // Formació de tropes perquè un cap les inspeccione. *[revista]* // Publicació periòdica per quaderns amb escrits varis. *[revista]* // Espectacle teatral que consisteix en una sèrie de quadres solts. *[rèvista]*

reviure. v. intr. Tornar a la vida, ressuscitar. *[revivir]* // Renovar-se una cosa; tornar a la seua vivacitat primera. *[revivir]*

revivar. v. intr. Revifar, reviscolar, tornar a estar viu, animat, una cosa, persona o animal somort. *[reavivar, reanimar]*

revocar. v. tr. Deixar sense efecte allò que era concedit o ordenat. *[revocar]*

revolar. v. intr. Fer un segon vol o volar insistentment. *[revolar, revolotear]*

revolica. f. Acció i efecte de revolicar. *[revoltijo]* // Desorde introduït en una cosa ordenada. *[revoltijo, revuelo]* // Revolta, avalot. *[alboroto]* // Bullici, desorde.

revolicar. v. tr. Desordenar, desbaratar, desgavellar una cosa movent i separant els seus elements, les seues parts, desfent els seus bolics ordenats o la disposició establida. *[revolver]* // Moure avalot, causar desorde, renou, aldarull. // **-se.** Canviar el temps, desbaratar-se, remoure's els núvols.

revolt, olta. adj. Agitat, desordenat. *[revuelto]* // Girada, canvi de direcció d'un camí, carrer, etc. *[revuelta]*

revolta. f. Girada, canvi de direcció, desviació de la línia recta. *[revuelta]* // Revolució, rebel·lió. *[revuelta]*

revoltar. v. intr. i tr. Intr. Donar voltes. *[voltear, girar]* // Tr. Fer donar una volta o voltes. *[voltear, girar]*

revoltó. m. Volta menuda entre biga i biga d'un sostre. *[bovedilla]*

revoltós, osa. adj. i m. i f. Que està en revolta. *[revoltoso]* // Prompte a revoltar-se. *[revoltoso]* // Inquiet, propens a moure soroll. *[travieso, bullicioso]*

revolució. f. Acció i efecte de trastornar o capgirar. *[revolución]* // Canvi fonamental en les institucions polítiques d'un estat. *[revolución]* // Alçament encaminat a aconseguir aquest canvi. *[revolución]*

revolucionar. v. tr. Produir una transformació radical. *[revolucionar]* // Provocar en un poble, etc., un moviment revolucionari. *[revolucionar]*

revolucionari, ària. adj. Relatiu o pertanyent a la revolució. // m. i f. Partidari de la revolució. *[revolucionario]*

revòlver. m. Pistola d'un o dos canons i cilindre giratori, amb diverses cambres. *[revólver]*

revulsió. f. Producció forçada de congestions a la superfície de la pell com a mitjà terapèutic. *[revulsión]*

revulsiu, iva. adj. Que produeix una revulsió. *[revulsivo]*

rialla. f. Acció de riure. *[risa]*

riallada. f. Rialla estrepitosa. *[risotada]*

riba. f. Marge o vora de la mar o del riu. *[ribera]* // Marge, cinglera. *[ribazo]*

ribald, alda. adj. Brivall, bergant. *[ribaldo]*

ribera. f. Terra pròxima a un riu, al mar o d'una altra gran extensió d'aigua. *[ribera, orilla]*

ribot. m. Instrument per a allisar la fusta. *[cepillo]*

ric, ica. adj. Que té molts diners, que posseeix grans béns. *[rico]* // Abundós. // Sumptuós, de materials costosos. *[rico]*

ricí. m. Planta de la família de les euforbiàcies de les llavors de la qual s'extrau un oli emprat com a purgant. *[ricino]*

rictus. m. Gest del rostre que correspon a l'acte d'obrir la boca. *[rictus]*

ridícul, ícula. adj. Que mou a riure-se'n per grotesc, extravagant, etcètera. *[ridículo]* // Escàs, curt, de poca valor i estima. *[ridículo]* // m. Situació que fa riure. *[ridículo]*

ridiculitzar. v. tr. Posar en ridícul. *[ridiculizar]*

riell. m. Barra menuda de metall sense treballar. *[riel]* // Regallim. *[hilo, reguero]*

riera. f. Camí per on s'escorre l'aigua en temps de pluges fortes. *[rambla]*

rifa. f. Acció de rifar un objecte. *[rifa]*

rifar. v. tr. Fer una rifa. *[rifar]*// **-se.** Burlarse d'algú. *[burlarse]*

rifle. m. Fusell acanalat perquè el projectil prenga un moviment de rotació. *[rifle]*

rígid, ígida. adj. No flexible, rigorós. *[rígido]* // Encarcarat.

rigor. m. i f. Severitat inflexible: exactitud extrema. *[rigor]* // Cruesa o inclemència del temps. *[rigor]*

rigorós, osa. adj. Que té rigor. *[riguroso]*

rima. f. Entre dos o més mots, identitat fonètica de llurs terminacions a partir de la vocal accentuada. *[rima]* // Consonància dels versos de la mateixa rima. *[rima]* // pl. Composició en versos rimats. *[rima]*

rima. f. Conjunt de coses posades les unes sobre les altres, rimera, pila. *[montón, rimero]*

rimall. m. Munt de pedra o terra al peu d'una muntanya, etcètera. *[rimero]*

rimera. f. Conjunt de coses posades unes sobre les altres, pila. *[montón, rimero]*

rinoceront. m. Mamífer paquiderm molt gros que viu a la zona equatorial d'Àsia i Àfrica. *[rinoceronte]*

rínxol. m. Floc de cabells corbats en espiral. *[tirabuzón, rizo, guedeja]*

riota. f. Persona que per les seues ridiculeses és objecte de burla i diversió. *[hazmerreír]*

riquesa. f. Abundor de cabals i béns. *[riqueza]*

ris, (pl. **issos**). m. Rull, rínxol. *[rizo]* // Teixit en el qual un segon ordit forma baguetes com en les tovalloles russes. // Cadascun dels cordells que serveixen per a escurçar les veles quan fa molt de vent. *[rizo]*

risc. m. Contingència a la qual està exposat algú o alguna cosa. *[riesgo]*

risible. adj. Capaç de riure. *[risible]* // Que pot excitar el riure. *[risible]*

ritme. m. Harmoniosa combinació i successió de paraules, clàusules i pauses en el llenguatge. *[ritmo]* // En música, proporció deguda entre els temps de dos moviments. *[ritmo]*

ritu. m. Cerimònies d'un cult. *[rito]*

ritual. adj. Relatiu o pertanyent al ritu. *[ritual]* // m. Llibre que ensenya els ritus d'un cult. *[ritual]*

riu. m. Corrent natural d'aigua que va a parar a la mar o a un altre riu. *[río]*

riurau. m. Sopluig on s'arreplega, quan plou, el raïm de què es fa la pansa. *[cobertizo]* // Construcció rural proveïda de cobertes en forma de riuraus.

riure. v. intr. Manifestar l'alegria interior amb moviments del rostre. *[reír]*
riure. m. Acció de riure, rialla. *[risa]*
rival. adj. Competidor, contendent, que aspira a igualar o ultrapassar a algú. *[rival]*
rivalitzar. v. tr. Ser rival, emular. *[rivalizar]*
rivet. m. Cinta o doblec que es posa a la vorera d'una peça de vestit o altra roba com a ornament o com a reforç. *[ribete]*
rizoma. m. Tronc horitzontal subterrani, que trau tanys amb fulles per la superfície superior i arrels per la inferior. *[rizoma]*
roba. f. Qualsevol drap o tela que serveix per a vestits o per a altres usos. *[ropa, tela, paño]*
robar. v. tr. Furtar amb violència. *[robar]* // Apropiar-se d'alguna cosa indegudament. *[robar]* // En el joc de cartes prendre'n del munt una o més. *[robar]*
robatori. m. Acció i efecte de robar. *[robo, latrocinio]*
rober, era. m. i f. Venedor de roba, sobretot l'ambulant. *[ropero]* // m. Moble o lloc on es guarda la roba. *[ropero]* // Gran quantitat de roba. *[ropero]*
robí. m. Mineral cristal·litzat molt dur, vermell i lluent, i que constitueix una pedra preciosa molt estimada. *[rubí]*
robot. m. Màquina que produeix automàticament diversos treballs. *[robot]*
robust, usta. adj. Que té una constitució forta, vigorosa. *[robusto]*
roc. m. Tros de pedra no treballada. *[canto, guijarro]*
roca. f. Massa considerable de matèria pètria. *[roca]*
rococó, (pl. ós). m. Estil d'ornamentació, evolució del barroc, que estigué molt de moda a França i Alemanya en el segle XVIII. *[rococó]*
roda. f. Peça circular i de poc gruix que pot girar al voltant d'un eix. *[rueda]* // Cercle format per persones o coses. *[rueda]*
rodament. m. Acció i efecte de rodar. *[rodamiento, vuelta, giro]*
rodanxa. f. Peça circular de qualsevol matèria. *[rodaja]*
rodar. v. intr. i tr. Intr. Donar voltes, girar una cosa al voltant del seu eix. *[rodar, girar]* // Tr. Fer rodar alguna cosa. *[rodar, girar]* // Tancar un pany donant volta a la clau.
rodeig. m. Acció i efecte de rodejar. *[rodeo]* // Manera de dir una cosa emprant més paraules que les necessàries. *[rodeo]*
rodejar. v. tr. Posar-se al voltant d'algú o d'alguna cosa, encerclar, voltar. *[rodear]*
roder. m. Perseguit en rebel·lió de l'autoritat legal // Fugitiu de la justícia. *[bandido, bandolero]*
rodet. m. Cilindre de fusta per a cabdellar. *[carrete]* // Roda de molí que, impel·lida per l'aigua, fa rodar la mola. *[volandera]* // Rosca que fan les dones amb les trenes dels seus cabells per a recollir-los. *[moño]*
roent. adj. Calent fins a esdevenir lluminós. *[candente, ardiente]*
roentor. f. Qualitat de roent. *[candencia, ardencia]*
rogatives. f. pl. Sèrie d'oracions públiques fetes a Déu en un temps de calamitat. *[rogativas]*
rogenc, enca. adj. Que tira a roig. *[rojizo]*
roger. m. Moll, peix vermellós, abundós al Mediterrani, molt estimat com a comestible. *[salmonete]*
rogle. m. Cercle format per una sèrie de coses, plantes, persones, campanetes, etc. // Grup de persones format al voltant d'algú, d'alguna cosa, o posades en cercle, rotlle. *[corro]*
roí, ïna. adj. De baixa qualitat, menyspreable, vil *[ruín, mezquino]*
roig, oja. adj. Un dels set colors del prisma, que és el de la sang, les roselles, etc., i té diverses gradacions des del vermell encés al vermell tirant un poquet a groc. *[rojo]* // De color vermell encés. *[encarnado]* // De color vermell tirant a groc. *[encarnado]* // Dit de la persona, etc., de pèl roig, d'un ros rogenc més o menys encés o suau. *[pelirrojo]*
roín, ïna. adj. Roí. *[ruín]*
roll. m. Raig de líquid. *[chorro]* // Obertura de la séquia gran, per on es dóna ei-

xida a l'aigua. *[boquera]* // Abundància de coses en moviment. *[raudal]*

rom, oma. adj. Truncat, amb la punta trencada, mancat d'agudesa. *[romo]*

romà, ana. adj. i m. i f. Natural o propi de Roma. *[romano]*

romana. f. Balança de braços desiguals en què el cos que es pesa s'equilibra amb un pes que es fa córrer al llarg del braç major. *[romana]*

romanç. m. Llengua romànica. *[romance]* // Composició amb els versos parells assonantats. *[romance]* // Narració de les aventures d'un heroi. *[romance]*

romança. f. Composició lírica i música que li és apropiada. *[romanza]*

romanços. m. pl. Històries, dilacions. *[romances]*

romandre. v. intr. Restar, no anar-se'n d'un lloc, no sortir d'un estat, no deixar de ser alguna cosa. *[quedar]* // Mantenir-se en el mateix lloc, estat o condició. *[permanecer]*

romanent. adj. Que roman, restant. *[remanente]* // m. Resta, residu. *[resto]*

romanés, esa. adj. i m. i f. Natural o propi de Romania. *[rumano]* // m. Llengua romànica parlada a Romania. *[rumano]*

romaní. m. Mata de la família de les labiades, de flors blaves i molt aromàtica, usada com a medicinal, romer. *[romero]*

romànic, ànica. adj. Relatiu o pertanyent als pobles conquerits pels romans. *[románico]* // Relatiu o pertanyent a cada una de les llengües derivades del llatí. *[románico]*

romanística. f. Ciència que estudia la llengua i la literatura romàniques. *[romanística]*

romanitzar. v. tr. Llatinitzar, difondre en un país la civilització, lleis, costums, dels romans. *[romanizar]*

romàntic, àntica. adj. Fàcil a l'exaltació del sentiment, de la fantasia. *[romántico]* // Relatiu al romanticisme. *[romántico]* // m. Partidari del romanticisme.

romanticisme. m. Qualitat de romàntic. *[romanticismo]* // Sistema dels escriptors o artistes que no s'ajusten a les regles i maneres dels clàssics. *[romanticismo]*

romanx. m. La llengua dels romanxos o rètics. *[romanche, rético]*

rombe. m. Paral·lelogram que té els costats iguals i els angles oblics. *[rombo]*

romeria. f. Romiatge, peregrinació devota. *[romería]*

romesco. m. Salsa feta amb nyores i d'altres ingredients, que se serveix com a condiment d'un plat, principalment de peix.

romiatge. m. Peregrinació especialment la que es fa per devoció a un santuari. *[romería]*

rompre. v. tr. Dividir, destruir, una cosa en parts o fragments per l'acció d'una força. *[romper]* // Separar per una força la unió o continuïtat d'un cos. *[romper]* // Desfer-se les onades de la mar contra la costa. *[romper]* // Llaurar per primera vegada una terra per a conrear-la. *[roturar]*

ronc, onca. adj. Que té ronquera. *[ronco]* // Que té un so aspre. *[ronco]*

roncar. v. intr. Respirar quan un dorm fent un soroll ronc degut a la vibració del vel del paladar. *[roncar]*

ronda. f. Acció de rondar. *[ronda]* // Grup de persones que ronden. *[ronda]* // Camí de circumval·lació d'un poble. *[ronda]* // Volta o successió de tots els jugadors en el joc de cartes. *[ronda]* // Conjunt de dues cartes de la mateixa figura en certs jocs. *[ronda]* // Distribució de copes, etc., a un conjunt de persones. *[ronda]*

rondalla. f. Conte popular. *[conseja, rondalla]* // Grup de jóvens que fan la ronda de nit per a divertir-se. *[ronda, rondalla]*

rondar. v. intr. i tr. Intr. Anar recorrent els carrers d'una població a fi d'exercir la vigilància. *[rondar]* // Tr. Donar voltes entorn d'algú o d'alguna cosa. *[rondar]*

rondinar. v. intr. Murmurar algú manifestant el seu desgrat. *[gruñir, rezongar, murmurar]*

rònec, ònega. adj. Dit d'una cosa que és ella tota sola, pelada, sense acompanyament de res més. *[sólo, seco, escueto, a secas]* // Dit d'una cosa abandonada, desusada, vella. *[yermo, abandonado, perdido]*

ronquera. f. Afecció de la laringe que fa fer una veu ronca. *[ronquera]*

ronsa. m. i f. Que ronseja. *[roncero]*

ronsejar. v. intr. Anar diferint l'execució d'alguna cosa que es fa de mala gana. *[roncear]*

ronya. f. Malaltia cutània contagiosa, comuna a l'home i diferents animals. *[roña, sarna]* // Brutícia agafada al cos. *[roña]*

ronyó. m. Cadascun dels dos cossos glandulosos que segreguen i filtren l'orina. *[riñón]* // Centre o part interior d'una cosa o territori. *[riñón]*

ronyós, osa. adj. Que té ronya. *[sarnoso]* // Cobert de brutícia. *[roñoso]* // Mesquí, miseriós, avar. *[roñoso]*

ronyosa. f. Ametla o avellana coberta d'una capa de sucre a punt de caramel. *[almendra o avellana garapiñada]*

roquissar. m. Lloc abundant en roques. *[roqueda, roquedal]*

ros, ossa. adj. De color entre el castany daurat i el roig clar. *[rubio]*

rosa. f. Flor del roser. *[rosa]* // Nom de diferents objectes en forma de rosa. *[rosa]* // Color vermell clar com el de la rosa. *[rosa]* // Erupció cutània caracteritzada per l'aparició de taques rosàcies. *[roséola]*

rosada. f. Humitat de l'atmosfera que es condensa en forma de gotes a la superfície dels cossos freds. *[rocío]* // Rosada blanca. *[escarcha]*

rosari. m. Acte de devoció en què es commemoren els quinze misteris de la Mare de Déu. *[rosario]* // Enfilall de grans separats de deu en deu el qual es fa servir per a comptar les avemaries que es van recitant en dir el rosari. *[rosario]*

rosat, ada. adj. De color de rosa. *[rosado]* // Compost amb roses. *[rosado]*

rosca. f. Volta circular o espiral d'una cosa. *[rosca]* // Tros de pasta seca a la qual s'ha donat una forma anular. *[rosca]* // Cadascuna de les voltes d'una cosa enrotllada en espiral. *[rosca, espira]*

roscar. v. tr. Fer un ressalt helicoïdal en un cilindre convex o còncau. *[atarrajar]*

rosegador, ora. adj. Que rosega. *[roedor]*

rosegar. v. tr. Tallar amb les dents alguna cosa dura, esmicar-la poc a poc. *[roer]* // Descarnar els ossos amb les dents. *[roer]*

rosegó. m. Bocí de pa que es deixa després d'haver-lo començat a menjar. *[mendrugo]* // fig. Persona que parla molt i confusament. *[rezongón]*

rosella. f. Planta papaveràcia, de flors vermelles i llavors negres que creix en els sembrats. *[amapola]*

roser. m. Arbust de la família de les rosàcies amb tiges plenes de punxes i flors molt oloroses. *[rosal]*

rosetó. m. Finestra circular, generalment envidrada de colors, practicada al mur d'una església. *[rosetón]*

rosquilleta. f. Panet llarguer, sovint barrejat amb anís i oli. *[rosquilleta]*

ròssec. m. La part d'una cosa que arrossega per terra. *[cola, arrastre]* // Residu o cosa que queda endarrerida. *[rezago, rastra]*

ròssega. f. La punta prolongada de les robes que arrosseguen. *[cola, rastra]* // Paga o renda vençuda i no cobrada. *[atraso, rezago]*

rossegons, a. loc. adv. Arrossegant-se. *[a la rastra, a rastras]*

rossejar. v. intr. Tirar a ros, ser més o menys ros. *[dorar, enrubiar]* // Torrar lleugerament una cosa. *[dorar, rehogar]*

rossejat, ada. adj. De color ros. // m. Guisat d'arròs, carn i altres ingredients, cuit a casa i torrat al forn.

rossí. m. Cavall de treball, especialment de mala mena. *[rocín]*

rossinyol. m. Ocell bru rogenc de l'esquena i ventre blanquinós, notable per la bellesa del seu cant. *[ruiseñor]* // Ferro llarg, amb una punta torta, que serveix per a obrir les portes. *[ganzúa]*

rost, osta. adj. Que fa pendent. *[pendiente, escarpado]* // m. Terreny que té un pendent considerable.

rostària. f. Qualitat de rost o pendent d'un terreny. *[pendiente]* // Pendent d'un terreny, d'una superfície, d'una teulada, etcètera. *[declive]*

rostir. v. tr. Coure carn sotmetent-la en un ast, forn, etc., a un foc viu. *[asar]* // Fer tornar morena una persona, el sol. *[curtir]* // Assecar les plantes l'ardència del sol o el fred. *[requemar]*

rostoll. m. Restoll. *[rastrojo]*

rostre. m. Cara de les persones. *[rostro]* // Bec de l'ocell. *[rostro]*

rot. m. Expulsió violenta per la boca dels gasos de l'estómac. *[eructo, regüeldo]*

rotació. f. Acció de rodar al voltant d'un punt central del mateix objecte. *[rotación]*

rotar. v. intr. Fer rots. *[regoldar, eructar]*

rotatiu, iva. adj. Que roda. *[rotativo]* // m. Periòdic imprés amb una màquina rotativa. *[rotativo]*

rotija. f. Aspror a la laringe causada per l'acumulació de mucositats.

rotllar. v. tr. Fer rotlle al voltant d'algú o d'alguna cosa. *[enrollar, arrollar]*

rotlle. m. Qualsevol cosa enrotllada. *[rollo]*. // Qualsevol cosa de forma circular. *[ruedo]* // Cércol que formen algunes coses, rogle. *[rolde]*

rotllo. m. Rotlle, rogle. *[rollo]*

ròtula. f. Os pla, prim, movible, que forma la part anterior del genoll. *[rótula]*

rotund, unda. adj. Que té forma circular o esfèrica. *[redondo]* // Clar, precís, terminant. *[rotundo]* // Aplicat al llenguatge ple, fluid. *[rotundo]*

roure. m. Arbre de la família de les cupulíferes de tronc gruixut i fulles perennes. *[roble]* // Fusta d'aquest arbre.

rovell. m. Capa d'òxid que es forma damunt del ferro i altres metalls. *[herrumbre, orín]* // Porció groga del centre de l'ou. *[yema]* // Nom d'algunes malalties dels cereals. *[roya]* // Dificultat de treballar ocasionada per inacció prolongada, per falta d'exercici, etc. *[moho]*

rovellar. v. tr. Contraure rovell alguna cosa. *[enmohecer, aherrumbrar]*

rovelló. m. Bolet comestible, que sol fer-se pels llocs on hi ha pins. *[mízcalo, níscalo]*

rubescent. adj. Que s'envermelleix o comença a envermellir-se. *[rubescente]*

rubor. m. i f. Color vermell que la vergonya, confusió o modèstia fa aparéixer a les galtes, a la cara. *[rubor]*

ruboritzar. v. tr. Produir rubor. *[ruborizar]* // **-se.** Tornar-se a algú la cara vermella de vergonya. *[ruborizarse]*

rúbrica. f. Traç o conjunt de traços que un posa en la seua signatura. *[rúbrica]* // Títol o epígraf dels llibres de dret civil o canònic. *[rúbrica]* // Cadascuna de les regles o aclariments de les cerimònies i ritus litúrgics. *[rúbrica]*

rubricar. v. tr. Posar un la seua rúbrica. *[rubricar]* // Donar testimoni d'una cosa. *[rubricar]*

ruc. m. Ase. *[asno, burro]* // Ase jove. *[pollino]* // Persona ruda, intractable; que fa les coses amb torpor; poc intel·ligent. *[burro]*

ruca. f. Somera. *[burra, pollina]*

rucada. f. Bestiesa, burrada.

ruda. f. Planta de la família de les rutàcies, amb flors grogues, usada en medicina. *[ruda]*

rude. adj. Tosc, sense polir. *[rudo]* // Descortés, aspre, groller. *[rudo]* // Que té dificultat d'entendre les coses o d'aprendre. *[rudo]*

rudiment. m. Primera noció o estudi d'un art, ciència o professió. *[rudimento]* // Embrió o estat primordial d'un ser orgànic. *[rudimento]*

rufià. m. Corruptor de joventut, alcavot. *[rufián]* // Home pervers, sense honor.

rugir. v. intr. Cridar el lleó. *[rugir]*

rugós, osa. adj. Que fa arrugues o és arrugat. *[rugoso]*

ruïna. f. El fet de caure, de desfer-se, una construcció. *[ruina]* // Pèrdua grossa dels béns materials. *[ruina]*

ruixar. v. tr. Llançar un líquid de manera que caiga dividit en gotes. *[rociar]* // Tirar un doll d'aigua damunt algú o alguna cosa. *[rociar]*

rull, ulla. adj. Encrespat, rullat. *[rizado, ensortijado]*

rullat, ada. adj. Formant rulls, caragolat, arrissat. *[rizado]*

rumb. m. Direcció considerada en el pla

de l'horitzó. *[rumbo]* // Camí o direcció que un pren. *[rumbo]* // Direcció que porta una nau. *[rumbo]* // Forat que travessa de banda a banda l'obra viva del buc d'una embarcació a proa o a popa. // Pompa, ostentació. *[rumbo]*

rumbós, osa. adj. Que en allò que fa és esplèndid, generós, ostentós. *[rumboso]*

rumiant. adj. Que rumia, remugant. *[rumiante]*

rumiar. v. tr. Meditar o considerar atentament i amb reflexió una cosa. *[recapacitar, rumiar]* // Remugar.

rumor. m. i f. Notícia que corre de boca en boca, remor. *[rumor]*

runa. f. Enderroc. *[escombro, cascote]* // Conjunt de materials d'arena, terres, pedres, etcètera, que s'enderroquen. // Pedra que es desprén per l'erosió dels talussos en les muntanyes. // Conjunt de materials de llot, sorra, grava, pedres, brosses, etc., que van cobrint el fons i els costats d'una séquia, canal, etcètera, i cal escombrar i netejar. // Brutedat que es va acumulant en un lloc, en objectes, vestits, etc. *[mugre]*

rupestre. adj. Dibuixat o pintat sobre la roca. *[rupestre]*

ruptura. f. Acció de rompre o rompre's. *[ruptura]*

ruquejar. v. intr. Dir o fer rucades. *[bobear, burrear]*

rural. adj. Relatiu o pertanyent al camp. *[rural]*

rus, ussa. adj. i m. i f. Natural o propi de Rússia. *[ruso]* // m. Llengua russa.

rusc. m. Lloc que serveix d'habitació de les abelles i on depositen la cera i la mel que fabriquen. *[colmena]*

rústec, ústega. adj. Aspre al tacte, no polit. *[rústico, rudo, áspero]*

rústic, ústica. adj. Propi de les persones o coses del camp. *[rústico]* // Dit d'un treball, fet amb pedres, fustes, etc., poc o no gens treballades. *[rústico]*

ruta. f. Camí, direcció o itinerari d'un viatge o excursió. *[ruta]*

rutilar. v. intr. Llançar raigs de llum. *[rutilar]* // Brillar com l'or.

rutina. f. Costum pres de fer una cosa d'una certa manera. *[rutina]*

rutlar. v. tr. i intr. Tr. Enrotllar, caragolar. *[arrollar, rizar]* // Intr. Rodar o funcionar un mecanisme. *[rodar]* // Fer una cosa el seu curs. *[rodar]*

rutló. m. Pedra tronco-cònica que roda damunt la sotamola del trull i esclafa les olives. *[volandera, galga]* // Peça tronco-cònica, que serveix per a esclafar les espigues damunt l'era i separar el gra de la palla. *[trillo]*

s s S S S S S

s. f. Dinovena lletra de l'alfabet. *[s]*
sa, (pl. **es**). Femení de l'adjectiu possessiu «son». *[su]* // Femení de l'article definit «es», usat a les Balears, a la zona nord-est de Catalunya i a una menuda comarca del País Valencià. *[la]*
sa, ana. adj. Que té salut. *[sano]* // Bo per a la salut. *[sano]*
saba. f. Líquid que nodreix les plantes. *[savia]* // fig. Allò que dóna vida, suc vital. *[savia]*
sàbat. m. Descans religiós dels jueus. *[sábado]* // Reunió nocturna de bruixes. *[aquelarre]*
sabata. f. Calcer de peu fet de pell adobada. *[zapato]*
sabater, era. m. i f. El qui fa o ven sabates. *[zapatero]*
sabateta. f. Sabata menuda. *[zapatilla]*
sabatilla. f. Sabata lleugera de sola molt prima que es sol portar per casa. *[zapatilla]*
sabedor, ora. adj. Que té coneiximent d'una cosa. *[sabedor]*
saber. v. tr. i intr. Tr. Tenir coneixença o notícia d'una cosa. *[saber]* // Posseir la ciència, l'art, etc., d'alguna cosa. *[saber]* // Intr. Tenir tal o tal sabor. *[saber]*
saber. m. Conjunt de coneixements adquirits per l'estudi. *[saber]*
saberut, uda. adj. Que es dóna aires de savi. *[sabihondo]*
sabó. m. Pasta obtinguda per la combinació dels àcids grassos amb un àlcali que es dissol amb aigua i serveix per a llavar. *[jabón]*
sabonera. f. Bromera que fa el sabó amb l'aigua. *[jabonera]* // Capseta per a guardar el sabó. *[jabonera]* // Planta herbàcia que viu en terres humides, el suc i l'arrel de la qual fan bromera amb l'aigua i poden servir per a llavar com el sabó. *[jabonera]*
sabor. m. i f. Gust que troba el paladar a les coses. *[sabor, gusto]* // Gust de l'esperit en alguna cosa. *[sabor, gusto]*
saborós, osa. adj. De sabor agradable. *[sabroso]*
sabre. m. Arma blanca semblant a l'espasa d'un sol tall i un poc corba. *[sable]*
sac. m. Receptacle de roba per a contenir alguna cosa. *[saco]*
sacarina. f. Substància blanca, cristal·lina, notable per la seua dolçor, obtinguda per transformació de certs productes de la brea. *[sacarina]*
sacerdot. m. Home consagrat a celebrar i oferir sacrificis a Déu. *[sacerdote]* // Home consagrat a Déu, ungit i ordenat per a celebrar el sacrifici de la missa. *[sacerdote]*
sacerdotal. adj. Relatiu o pertanyent al sacerdot. *[sacerdotal]*
saciar. v. tr. Sadollar. *[saciar]*
sacietat. f. Estat del qui està saciat, satisfet. *[saciedad]*
sacre, acra. adj. Sagrat. *[sacro]*
sacre. m. Rèptil semblant a l'escurçó, molt verinós, amb una pinta negra al llom. // Persona astuta i poc digna de confiança *[taimado, zorro]*
sacrificar. v. tr. Oferir o fer sacrificis. *[sacrificar]*
sacrifici. m. Oferiment a una deïtat en senyal d'homenatge o d'expiació. *[sacrificio]* // Acte d'abnegació inspirat per la força de l'afecte. *[sacrificio]*
sacríleg, ílega. adj. Que comet un sacrilegi. *[sacrílego]* // Propi del sacrilegi. *[sacrílego]*
sacrilegi. m. Profanació d'una cosa sagrada. *[sacrilegio]*

sacristà, ana. m. i f. Sagristà. *[sacristán]*
sacsar. v. tr. Sacsejar. *[zarandear]*
sacsejar. v. tr. Agitar bruscament alguna cosa, sacsar. *[zarandear]*
sàdic, àdica. adj. Pertanyent o relatiu al sadisme. *[sádico]*
sadisme. m. Perversió sexual, acompanyada de crueltat i violència. *[sadismo]*
sadollar. v. tr. Satisfer plenament la gana o el desig d'algú. *[saciar]*
safa. f. Atifell o recipient de terrissa esmaltada o actualment de porcellana, de gran diàmetre i poca fondària. *[palangana, jofaina]*
safanòria. f. Planta umbel·lífera cultivada l'arrel de la qual és de color rosat i serveix per a l'alimentació del bestiar. *[zanahoria]*
safareig. m. Bassa feta a propòsit per a tenir aigua. *[alberca, estanque]* // Depòsit d'aigua on llaven la roba. *[lavadero]*
safata. f. Peça plana de forma rectangular, ovalada, etc., per a portar alguns objectes de servei domèstic. *[bandeja]*
safir. m. Pedra preciosa, varietat blava del corindó. *[zafiro]*
safor. m. Conjunt de moltes coses en desorde. *[revoltillo]*
saforejar. v. tr. Remoure el contingut d'un plat, safa, calaix, etc., capgirant les parts. *[revolver]*
safrà. m. Planta iridàcia l'estigma de la qual és usat com a condiment. *[azafrán]*
sagaç. adj. Astut a descobrir les coses. *[sagaz]*
sageta. f. Arma ofensiva que hom llança amb un arc o ballesta, fletxa. *[saeta]*
sagí. m. Greix de qualsevol animal. *[saín, enjundia]* // Prolongació del peritoneu que cobreix per davant els budells. *[redaño, entresijo]*
sagnar. v. tr. i intr. Tr. Traure sang a algú obrint-li una vena. *[sangrar]* // Intr. Desprendre, perdre, degotar, etc., sang. *[sangrar]*
sagnia. f. Efecte de sagnar. *[sangría]* // El fet de donar eixida a un líquid contingut en un receptacle, vena, etc. *[sangría]*
sagrament. m. Signe sensible d'un efecte que obra Déu en les ànimes. *[sacramento]* // Crist sagramentat en l'hòstia consagrada. *[sacramento]*
sagramentar. v. tr. Administrar els darrers sagraments a un malalt. *[sacramentar]*
sagrari. m. Part interior del temple on guarden les coses sagrades. *[sagrario]* // Lloc on es posa i guarda Crist sagramentat. *[sagrario]*
sagristà. m. El qui té cura de la sagristia i de l'endreçament de l'església. *[sacristán]*
sagristia. f. Lloc en les esglésies on es custodien els ornaments i es revesteixen els sacerdots. *[sacristía]*
saig. m. Agutzil que en altre temps feia les citacions i executava les penes. *[sayón]*
saïm. m. Sagí. *[saín, manteca]*
sainet. m. Peça teatral generalment en un acte, d'estil jocós. *[sainete]*
sajolida. f. Planta labiada, molt flairosa, de fulles estretes d'un verd molt fosc. *[ajedrea]* // Varietat d'aquesta planta, emprada com a condiment i remeiera. *[ajedrea de monte]*
sal. f. Substància blanca, formada pel clorur de sodi. *[sal]* // Gràcia i enginy en el parlar. *[sal]*
sala. f. Peça principal d'una casa on es reben les visites. *[sala]* // Peça on es constitueix un tribunal de justícia per a rebre audiència i donar veredictes. *[sala]*
salabre. m. Instrument de pescar que consisteix en una bossa de xarxa fixada a l'extrem d'una canya o pal. *[salabre]*
salamandra. f. Batraci urodel, de cos tou i pell llisa, negra amb taques grogues. *[salamandra]* // Estufa en què sol cremar-se antracita. *[salamandra]*
salar. v. tr. Assaonar els menjars amb sal. *[salar]* // Impregnar de sal la carn, etc., per a conservar-los. *[salar]*
salar. v. intr. Emprar en el seu parlar «es» i «sa» com a articles.
salari. m. Sou o jornal del treballador. *[salario]*
salat, ada. adj. Impregnat de sal, que conté sal; que en conté en demesia. *[salado]*
salconduit. m. Document lliurat per una

autoritat i que permet circular sense destorb per un lloc assenyalat. *[salvoconducto]*

saldar. v. tr. Satisfer allò que resta d'un compte. *[saldar]* // Vendre amb rebaixa una mercaderia per a esgotar-la. *[saldar]*

saldo. m. Diferència en un compte a favor o en contra. *[saldo]* // Allò que resta d'una mercaderia i es ven amb rebaixa per a esgotar-la. *[saldo]*

salfumant. m. Solució aquosa d'àcid clorhídric. *[salfumán]*

saliva. f. Líquid segregat per unes glàndules bucals, que serveix per a humitejar la membrana mucosa i estovar els aliments per a engolir-los. *[saliva]*

salival. adj. Relatiu o pertanyent a *[salivar]*

salivera. f. Bromera que trauen les persones o bèsties quan estan molt fatigades o irritades. *[espumarajo]*

salm. m. Composició o càntic en lloança de Déu. *[salmo]*

salmó. m. Peix teleosti de carn molt saborosa que viu prop de les costes i remunta els rius. *[salmón]*

salmòdia. f. Cant dels salms. *[salmodia]*

salmorra. f. Aigua saturada de sal. *[salmuera]*

salnitre. m. Nitrat de potassi que s'empra en la fabricació de pólvora i altres explosius. *[salnitre]*

saló. m. Sala gran d'algunes societats, teatres, etc. *[salón]*

salobre. m. Capa de sal que deixa sobre la superfície d'un cos l'evaporació de l'aigua salada; eflorescència salina. *[salobre]* // adj. Que té sal. *[salobre]*

salpar. v. tr. i intr. Tr. Llevar una àncora. *[levar, zarpar]* // Intr. Partir una nau, llevar àncores. *[zarpar]*

salpàs, (pl. **assos**). m. Cerimònia d'anar per les cases un sacerdot aspergint aigua beneïda i sal, salpassa.

salpassa. f. Benedicció pasqual amb el salpasser.

salpasser. m. Instrument per a fer aspersions d'aigua beneïda. *[hisopo, aspersorio]*

salsa. f. Mescla líquida o pastosa de diferents ingredients comestibles que és afegida a certs menjars per a fer-los més saborosos. *[salsa]* // pl. Espècies.

salsir. v. tr. Dessecar, rostir excessivament. *[requemar, achicharrar]*

salsitxa. f. Mena de botifarra menuda de budell prim. *[salchicha]*

salt. m. Acció de saltar. *[salto]* // Emoció sobtada. // Moviment ràpid per a passar d'un punt a un altre. *[salto]* // Saltant d'aigua. *[salto]*

saltamartí. m. Ninot lleuger amb un pes al fons de manera que tombant-lo sempre torna a quedar dret. *[dominguillo]* // Llagosta dels camps, verda i molt saltadora. *[saltamontes]*

saltar. v. tr. i intr. Tr. Salvar un obstacle fent un salt. *[saltar]* // Intr. Tirar-se de dalt a baix. *[saltar]*

saltejar. v. tr. Robar a un vianant sortint-li al camí. *[saltear, asaltar]*

salteri. m. Recull de salms, especialment dels 150 que conté el llibre dels salms de l'Antic Testament. *[salterio]* // Part del breviari que conté les hores canòniques de tota la setmana llevat de les lliçons i oracions. // Rosari de la Mare de Déu, que es compon de 150 avemaries. // Instrument de corda anàleg a la cítara que es tocava amb un plectre. *[salterio]*

saltimbanqui. m. El qui es guanya la vida fent jocs d'habilitat gimnàstica davant del públic. *[saltimbanqui]*

saltiró. m. Salt menut. *[brinco, saltito]*

saltironar. v. intr. Fer saltirons. *[brincar, saltar]*

salubre. f. Favorable a la salut. *[salubre]*

saludar. v. tr. Adreçar a algú paraules o un gest, etc., convinguts pel costum, que expressen afecte, respecte, etc. *[saludar]* // Donar la salut. *[curar]*

salut. f. Estat de l'organisme lliure de malalties, que exerceix normalment totes les seues funcions. *[salud]*

salutació. f. Acció de saludar. *[salutación, saludo]*

salv, alva. adj. Preservat de destrucció o perill. *[salvo, salvado]*

salva. f. Descàrrega d'armes de foc en senyal de festa o salutació. *[salva]*

salvar. v. tr. Alliberar d'un perill. *[salvar]* // Donar Déu la glòria eterna. *[salvar]* // Evitar un inconvenient o dificultat. *[salvar]*

salvatge. m. Aplicat a les plantes silvestres o sense cultiu. *[silvestre]* // Que viu fora de les societats civilitzades. *[salvaje]* // Brutal, rude. *[salvaje]*

salvatjada. f. Acte propi d'una persona salvatge. *[salvajada]*

salvavides. m. Aparell amb què pot salvar-se un nàufrag. *[salvavidas]*

salve. f. Oració de salutació a la Mare de Déu. *[salve]* // Exclamació emprada per a saludar emfàticament. *[salve]*

sàlvia. f. Planta de la família de les labiades, de fulles molt aromàtiques, pròpia de terrenys àrids. *[salvia]*

salze. m. Arbre de rames dretes i flexibles i fulles amb pèls sedosos. que creix a les vores dels rius. *[sauce]*

samarreta. f. Peça de roba que hom porta dessota la camissa. *[camiseta]*

samarro, arra. adj. Astut, reservat i difícil d'enganyar. *[martagón]*

samaruc. m. Peix molt menut. *[jaramugo]*

sambori. m. Joc en què es tracen en terra una sèrie de caselles numerades, generalment formant una figura acabada en línia corba. *[infernáculo]*

samfaina. f.. Salsa feta amb trossets de tomaca, albergina, etc. *[alboronia, chanfaina]*

samuga. f. Aparell de dos pals units per cordes entrellaçades que es posa sobre l'albarda per a carregar en les cavalleries els feixos de les messes, herba, alfals, llenya, etc. // Mena d'anganells. *[angarillas]* // Cadiretes, per a muntar. *[jamugas]*

sanar. v. tr. i intr. Tr. Castrar. // Intr. Recobrar la salut, guarir. *[curar]*

sanatori. m. Establiment on els malalts són sotmesos a un règim curatiu basat principalment en les condicions de la localitat i el clima. *[sanatorio]*

sanció. f. Autorització o aprovació que es dóna a un acte, ús o costum. *[sanción]* // Pena que la llei estableix per a aquell que la infringeix. *[sanción]*

sancionar. v. tr. Donar la sanció a una llei. *[sancionar]* // Donar l'autorització o l'aprovació a un acte, ús, costum. *[sancionar]* // Penar.

sàndal. m. Arbre semblant a la noguera, de fusta olorosa, emprada en ebenisteria. *[sándalo]*

sandàlia. f. Calçat que té una sola assegurada al peu amb corretges, cordes, etc. *[sandalia]*

sanefa. f. Adorn teixit o sobreposat arran de les vores dels mocadors, dossers, etc. *[cenefa]*

sanejar. v. tr. Donar condicions salubres a una cosa. *[sanear]*

sang. f. Líquid vermell que circula per les artèries i venes del cos. *[sangre]*

sanglot. m. Mena de gemec espasmòdic que interromp i acompanya al plor. *[sollozo]* // Singlot.

sanglotar. v. intr. Plorar fent sanglots. *[sollozar]* // Tenir singlot. *[hipar]*

sangolejar. v. intr. Moure's repetidament d'un costat a l'altre, balancejar. *[bambolearse]*

sangonella. f. Sangonera. *[sanguijuela]*

sangonera. f. Insecte anèlid de cos aplanat, que s'alimenta de la sang que xupla dels animals als quals s'arrapa. *[sanguijuela]* // Persona que viu, que s'enriqueix, a despeses d'altri. *[sanguijuela]* // Cosa que exhaureix.

sangós, osa. adj. Que sagna, brut de sang. *[sangriento, sanguíneo]*

sanguina. f. Varietat d'hematites barrejada amb argila fina, utilitzada per a fabricar llapis vermells. *[sanguina]* // Dibuix fet amb aquest llapis. *[sanguina]*

sanguini, ínia. adj. Relatiu o pertanyent a la sang, que conté sang. *[sanguíneo]*

sanitari, ària. adj. Relatiu o pertanyent a la sanitat. *[sanitario]* // m. Individu del cos de sanitat militar. *[sanitario]*

sanitat. f. Qualitat de sa o salubre. *[sanidad]* // Conjunt de serveis que tenen per objecte la preservació i restauració de la salut pública o d'una comunitat. *[sanidad]*

sant, anta. adj. S'aplica a Déu i a tot allò que és consagrat o dedicat a Déu. *[santo]* // Que per algun motiu de religió és venerable. *[santo]* // Que implica perfecció espiritual. *[santo]* // Perfet i net de culpa. *[santo]* // m. i f. Persona canonitzada per l'Església. *[santo]*

santedat. f. Qualitat de sant. *[santidad]* // Tractament donat al papa. *[santidad]*

santificar. v. tr. Declarar sant, fer sant. *[santificar]* // Celebrar com a consagrat a Déu. *[santificar]*

santoral. m. Llibre que conté vides de sants. *[santoral]* // Llista dels sants. *[santoral]*

santuari. m. La part més santa d'un temple. *[santuario]* // Església on es venera la imatge o relíquia d'un sant. *[santuario]*

saó. f. Estat de perfecció o maduresa de les coses. *[sazón]* // Ocasió o temps oportú. *[sazón]* // Estat de la terra, resultat de la pluja o del reg, que la fa apta per a treballar-la. *[tempero, sazón]*

sapa. f. Pala de tall acerat. *[zapa]* // Excavació que es fa sota una construcció. *[zapa]*

sapastre. m. El qui fa la faena malament. *[chapucero]*

sapiència. f. Saviesa. *[sapiencia]*

sapo. m. Amfibi anàleg a la granota, de cos gruixut, de pell aspra, coberta de berrugues que segreguen un líquid aspre. *[escuerzo]*

saque. m. Jugador que es dedica a ferir i no participa en la resta del joc.

saquejar. v. tr. Entrar en un lloc robant tot allò que hi ha de valor. *[saquear]*

saragüells. m. pl. Calçons amples i amb plecs que no arriben més avall dels genolls. *[zaragüelles, greguescos]*

sarampió. m. Malaltia febril que es manifesta singularment per multitud de menudes taques vermelles, pallola. *[sarampión]*

sarau. m. Reunió de persones que es diverteixen ballant. *[sarao]* // Baralles, renyines. *[marimorena]*

sarcasme. m. Ironia mordaç. *[sarcasmo]*

sarcir. v. tr. Sargir. *[zurcir]*

sarcòfag. m. Sepulcre. *[sarcófago]*

sarcoma. m. Tumor maligne que naix als teixits musculars i creix molt de pressa. *[sarcoma]*

sardana. f. Dansa tradicional catalana que ballen agafats per les mans i formant una redona. *[sardana]*

sardina. f. Peix teleosti comestible, negre i blau pel damunt i argentat pel ventre. *[sardina]*

sardònic, ònica. adj. Relatiu o pertanyent al gest com de rialla que produeix la convulsió i la contracció dels músculs de la cara. *[sardónico]*

sargantana. f. Rèptil que viu entre les pedres, de color verdosenc per damunt. *[lagartija]*

sargir. v. tr. Refer amb l'agulla el teixit d'una roba foradada o aclarida. *[zurcir]*

sària. f. Sàrria. *[serón]*

sarja. f. Roba de seda o cotó, el teixit de la qual fa un cordonet. *[sarga]*

sarment. m. i f. Branca de cep. *[sarmiento]*

sarna. f. Malaltia cutània contagiosa comuna a l'home i diferents animals, ronya. *[sarna]*

sarnatxo. m. Bossa que usen els caçadors per a portar la cacera. *[cenacho, zurrón]*

sarpa. f. Mà, proveïda d'urpes o ungles corbes, de certs animals, com el lleó, el tigre, el gat. *[zarpa]*

sarraí, (pl. **ïns**), **ïna.** adj. i m. i f. Moro descendent de l'Aràbia. *[sarraceno]*

sàrria. f. Recipient llarg d'espart que serveix per a traginar terra, fem, etc., posant-lo entravessat damunt les cavalleries. *[serón]*

sarró. m. Bossa de pell que usen els pastors per a portar principalment el menjar. *[zurrón]*

sarsuela. f. Obra teatral en què hom declama i canta alternativament. *[zarzuela]* // Plat de peix variat amb crustacis i mol·luscs. *[zarzuela]*

sarvatxo. m. Fardatxo. *[lagarto]*

sastre. m. El qui té per ofici fer vestits d'home. *[sastre]*

satèl·lit. m. Cos celest que gira al voltant d'un planeta. *[satélite]* // Persona que depén d'una altra i l'acompanya sempre. *[satélite]*

sàtir. m. Monstre ideat pels gentils, mig home i mig boc, donat a la lascívia. *[sá-*

tiro] // Home morbós, d'instints luxuriosos. *[sátiro]*

sàtira. f. Discurs, obra, etc., en què l'autor censura i ridiculitza els defectes dels hòmens. *[sátira]*

satisfacció. f. Acció i efecte de satisfer. *[satisfacción]* // Acte pel qual s'obté la reparació d'una ofensa. *[satisfacción]*

satisfer. v. tr. Saciar una passió o desig. *[satisfacer]* // Pagar allò que és degut. *[satisfacer]* // Desfer un greuge o ofensa fet a algú. *[satisfacer]* // Acontentar a algú. *[satisfacer]* // Donar solució a un dubte o dificultat. *[satisfacer]*

satisfet, eta. adj. Saciat. *[satisfecho]* // Content, alegre. *[contento]* // Pagat de si mateix, orgullós. *[satisfecho]*

sàtrapa. m. Governador d'una província en l'antiga Pèrsia. *[sátrapa]* // Home astut, sagaç. *[sátrapa]*

saturar. v. tr. Fer que alguna cosa esdevinga completament penetrada o impregnada per una altra. *[saturar]* // Saciar.

saüc. m. Arbust de medul·la blanca i abundosa i flors blanques flairoses, usades com a medicament. *[saúco]*

sauna. f. Bany de vapor. *[sauna]*

sauri, àuria. adj. Dit dels rèptils semblants al fardatxo. *[saurio]* // m. Orde de rèptils al qual pertany el fardatxo. *[saurio]*

saurí. m. El qui amb una vareta a la mà o altre mitjà, endevina o pretén endevinar l'existència d'aigües subterrànies o altra cosa oculta sota terra. *[zahorí]*

savi, àvia. adj. Aplicat a allò que conté saviesa. *[sabio]* // m. i f. Persona que posseeix el do de la saviesa. *[sabio]*

saviesa. f. Coneiximent pregon d'alguna branca del saber. *[sabiduría]* // Prudència, expertesa. *[cordura, sensatez]*

savina. f. Arbust de la família de les cupressàcies, sempre verd i de fusta vermella i flairosa. *[sabina]*

saxó. adj. i m. i f. Individu d'un antic poble germànic. *[sajón]* // Que és de Saxònia o que s'hi refereix. *[sajón]*

saxofó. m. Instrument musical de vent amb embocadura de fusta i canya. *[saxófono]*

se. Pronom reflexiu. *[se]*

sec, eca. adj. Mancat d'humitat, sense suc. *[seco]* // Magre, de poques carns. *[seco]* // Poc afectuós. *[seco]* // Aplicat al temps en què no plou. *[seco]*

séc. m. Senyal que queda a la part per on es doblega la roba, etc. *[doblez, pliegue]* // Senyal que deixa en una cosa una corda, filferro, etc. *[surco]* // Os del davant de la cama. *[espinilla]*

seca. f. Casa on encunyen la moneda. *[ceca]* // Motle de batre moneda. *[ceca]*

secà. m. Terra que no rep aigua sinó quan plou. *[secano]*

secada. f. Temporada llarga de temps sec. *[sequía]*

secall. m. Conjunt de les rames seques d'un arbre. *[reseco, reviejo]* // Persona molt seca.

secallós, osa. adj. Magre, escàs de carn. *[seco]* // Allò que tira a secar-se. *[requizo]* // Dit d'un fruit, rama, etc., a mig assecar-se. *[verdiseco]* // Dit d'un arbre que té molt de secall.

secant. adj. Aplicat a la línia o superfície que en talla una altra. *[secante]* // f. La dita línia o superfície. *[secante]* // m. Paper porós que serveix per a absorbir la tinta. *[secante]*

secar. v. tr. Fer tornar sec, llevar la humitat. *[secar]* // Perdre una planta la seua ufana *[secar]* // **se.** Quedar-se sense aigua una font, etc. *[secarse]* // Esdevenir sec, sense humitat, sense suc. *[secarse]*

secció. f. Acció de tallar o separar. *[sección]* // Cadascuna de les parts en què es considera dividida una cosa. *[sección]* // Figura que resulta de tallar un cos per un pla. *[sección]*

seccionar. v. tr. Dividir una cosa en seccions. *[seccionar]*

secessió. f. Acció de separar-se d'una agrupació, especialment d'una nació una part del seu poble. *[secesión]*

secreció. f. Acció i efecte de secretar. *[secreción]*

secret, eta. adj. Que resta ignorat de la gent. *[secreto]*

secretar. v. tr. Elaborar i emetre certs òrgans dels animals i de les plantes determinades substàncies. *[secretar]*

secretari, ària. m. i f. Escrivent a les ordens d'una altra persona. *[secretario]* // Aquell qui està encarregat d'estendre les actes, donar fe dels acords, etc., d'una corporació, etc. *[secretario]*

secretaria. f. Càrrec i oficina del secretari. *[secretaría]*

secta. f. Conjunt de persones que professen una doctrina particular religiosa, filosòfica, etc. *[secta]*

sector. m. Part de cercle compresa entre dos radis. *[sector]* // Part o indret d'alguna cosa. *[sector]*

secular. adj. Que s'esdevé una vegada cada segle. *[secular]* // Que té una durada d'un segle, de més d'un segle. *[secular]* // Que viu en el segle, dit especialment del clericat (per oposició al qui viu en clausura). *[secular]*

secularitzar. v. tr. Fer secular allò que era eclesiàstic. *[secularizar]* // Autoritzar un religiós perquè puga viure fora del claustre. *[secularizar]*

secundar. v. tr. Ajudar a algú en l'acompliment d'una empresa, afer, etc. *[secundar]*

secundari, ària. adj. Que ocupa un segon lloc en orde d'importància o categoria. *[secundario]*

seda. f. Fibra llustrosa i flexible amb què uns certs cucs formen el seu capell. *[seda]* // Fil fet amb dita fibra. *[seda]* // Roba teixida amb dit fil. *[seda]*

sedalina. f. Cotó merceritzat, i el teixit fabricat amb aquest cotó. *[sedalina]*

sedant. adj. Que calma. *[sedante]* // m. Medicament que modera l'acció d'un òrgan. *[sedante, calmante]*

sedàs, (pl. **assos**). m. Instrument format d'un cercle de fusta amb un fons de fil de seda o metàl·lic més o menys clarer, que serveix per a passar farina, etc. *[cedazo]*

sedatiu, iva. adj. Que té la virtut de calmar els dolors. *[sedativo]*

sedentari, ària. adj. Aplicat a la professió o mena de vida de poc moviment. *[sedentario]*

sedició. f. Alçament del poble contra l'autoritat. *[sedición]*

sediment. m. Pòsit, solatge, matèria que un líquid portava en suspensió i que s'ha depositat al fons. *[sedimento]*

sedimentar. v. tr. Formar sediment un líquid. *[sedimentar]*

seducció. f. Acció i efecte de seduir. *[seducción]*

seduir. v. tr. Exercir una influència forta per mitjà d'un atractiu físic o moral. *[seducir]* // Conduir suaument i enganyosament cap al mal. *[seducir]*

sega. f. Acció de segar i temps en què és efectuada. *[siega]*

segada. f. Acció i efecte de segar. *[siega, segazón]*

segar. v. tr. Tallar amb la falç o instrument semblant les messes, etc. *[segar]*

segell. m. Instrument de metall o cautxú per a empremtar sobre el paper, etc., xifres o marques. *[sello]* // Trosset de paper estampat i destinat a esser aplicat a un document, al sobre d'una carta, etc. *[sello]* // Caràcter distintiu d'alguna cosa. *[sello]*

segellar. v. tr. Estampar un segell o marca. *[sellar]* // Marcar amb l'empremta d'un segell, per a garantir la validesa o autenticitat d'un document, per a cloure un plec, etc.; tancar amb segell. *[sellar]* // Comunicar un determinat caràcter a una obra.

seglar. adj. Relatiu al segle, a la vida laica. *[seglar]*

segle. m. Espai de temps de cent anys. *[siglo]* // La vida del món, per oposició a la vida religiosa. *[siglo]*

segment. m. Tros tallat d'una cosa. *[segmento]* // Part de cercle comprés entre un arc i la seua corda. *[segmento]*

segmentar. v. tr. Separar en segments. *[segmentar]*

segó. m. Pell del blat mòlt. *[salvado]*

sègol. m. Gramínia semblant al blat, de qualitat inferior. *[centeno]*

segon, ona. adj. Que segueix immediatament al primer. *[segundo]* // m. La seixantena part d'un minut. *[segundo]*

segons. prep. i conj. De conformitat amb una cosa determinada. *[según]*

segregar. v. tr. Separar una cosa de les altres. *[segregar]* // Secretar.

segrest. m. Acció i efecte de segrestar.

[secuestro] // Cosa segrestada. *[secuestro]*

segrestar. v. tr. Apoderar-se d'una persona contra la seua voluntat. *[secuestrar]* // Depositar judicialment una persona o objecte en poder d'un tercer fins que s'haja decidit a qui ha de pertànyer. *[secuestrar]*

següent. adj. Que segueix o ve després d'una altra cosa. *[siguiente]*

seguici. m. Acte de seguir. *[seguimiento]* // Conjunt de persones que en condició de companyia o obsequi n'acompanyen una altra. *[séquito]*

seguir. v. tr. Anar darrere d'algú. *[seguir]* // Anar per un camí sense deixar-lo. *[seguir]* // Guardar una direcció, una línia de conducta. *[seguir]*

seguit, ida. adj. Continu, sense interrupció. *[seguido]* // m. Sèrie o reunió de coses que es succeeixen. *[serie, rueda, cadena]* // **tot seguit.** loc. adv. Immediatament després, com a conseqüència natural. *[enseguida]*

segur, ura. adj. Lliure de dany i perill. *[seguro]* // Cert, indubtable. *[seguro]* // Ferm, constant. *[seguro]*

seguretat. f. Qualitat de segur. *[seguridad]*

seient. m. Lloc o moble que serveix per a seure. *[asiento]*

seixanta. adj. Conjunt de sis desenes. *[sesenta]*

seixanté, ena. adj. Que fa seixanta en una sèrie. *[sexagésimo]* // Cadascuna de les parts d'una quantitat dividida en seixanta parts iguals. *[sesentavo]*

selecció. f. Acció d'escollir les millors d'un conjunt de coses. *[selección]*

seleccionar. v. tr. Escollir les millors d'un conjunt de coses. *[seleccionar]*

selecte, ecta. adj. Dit de les coses millors entre les de la seua espècie. *[selecto]* // f. Col·lecció d'obres selectes.

sella. f. Seient de cuiro que s'adapta a l'esquena del cavall per a seure-hi el qui cavalca. *[silla de montar]*

selló. m. Sella amb respatler. *[jamuga]* // Seient de bicicleta, de motocicleta. *[sillín]* // Cadascun dels feixos d'herba que van posats als costats del bast d'un animal. // Cànter, botija. *[botijo]*

selva. f. Vasta extensió de terreny sense conrear i molt poblada d'arbres. *[selva]*

sem, ema. adj. Pansit, neulit, mustigat, per pèrdua o disminució de la saba, suc, vigoria interna, etcètera. *[marchito]*

semàfor. m. Telègraf òptic de la costa per a l'intercanvi de comunicacions amb les naus. *[semáforo]* // Senyalitzador del pas en els encreuaments dels carrers. *[semáforo]*

semàntica. f. Ciència que estudia la significació dels mots. *[semántica]*

semar. v. tr. Mustigar, neulir, per manca de saba, suc o vida interior. *[marchitar]* // **-se.** Prendre una fruita, una planta o altra cosa l'aspecte del suro, esdevenint fofa, perdent el seu suc, saba o líquid intern vital, sabor, flaire o disminuint la seua consistència, vigor o vitalitat. *[marchitarse]*

semblança. f. Qualitat de semblant. *[semejanza]* // Aparença. *[apariencia]* // Esbós biogràfic. *[semblanza]*

semblant. adj. Que s'assembla. *[semejante, parecido]* // m. Cara, aspecte. *[semblante]*

semblar. v. intr. Tenir una persona determinada semblança a una altra. *[asemejar, parecer]* // Tenir una persona o cosa, conformitat, similitud, afinitat, amb una altra o la seua aparença. *[semejar]* // Tenir una determinada aparença o aspecte, ser en aparença, paréixer. *[parecer]*

sembra. f. Acció de sembrar. *[siembra]* // Temps en què es fa aquesta operació. *[siembra]*

sembrada. f. Acció de sembrar. *[siembra]*

sembrar. v. tr. Escampar, plantar en la terra preparada per a rebre-la la llavor perquè germine. *[sembrar]*

semen. m. Substància que per a la generació tenen els animals mascles. *[semen]*

semental. adj. Relatiu o pertanyent a la sembra. *[semental]* // Llavorer, aplicat a l'animal mascle destinat a la reproducció. *[semental]*

sementera. f. Sembra. *[sementera]*

semestral. adj. Que té lloc cada semestre. *[semestral]* // Que dura un semestre.

semestre. m. Espai de sis mesos. *[semestre]*

semicircumferència. f. Cadascuna de les meitats d'una circumferència. *[semicircunferencia]*

semiconsonant. f. So vocàlic dèbil que forma diftong amb una altra vocal forta. *[semiconsonante]*

semidéu, eessa. m. i f. Heroi que pels seus grans fets era considerat digne de ser posat entre els déus. *[semidiós]*

semifinal. adj. Dit dels partits de la penúltima ronda en una competició per eliminació, els vencedors dels quals seran els qui jugaran el partit final. *[semifinal]* // f. Un partit semifinal. *[semifinal]*

seminari. m. Institut eclesiàstic on s'instrueixen els qui estudien per a capellà. *[seminario]* // Institució universitaria on es fan estudis sota la guia d'un mestre. *[seminario]*

semivocal. f. So intermedi entre una vocal i una consonant. *[semivocal]*

sèmola. f. Pasta de farina feta a granets molt menuts, usada per a fer sopa. *[sémola]*

sempitern, erna. adj. De durada infinita. *[sempiterno]*

sempre. adv. En tot temps o ocasió. *[siempre]*

sempreviva. f. Planta composta que té bràctees d'un groc daurat que conserven molt de temps llur color. *[siempreviva]*

senabre. m. Mostassa borda. *[ajenabo]*

senalla. f. Cabàs d'espart o palma. *[espuerta, cenacho]*

senar. adj. Imparell. *[impar]*

senat. m. Assemblea de patricis que formava el consell suprem de l'antiga Roma. *[senado]* // Un dels cossos legisladors de certs estats moderns. *[senado]*

sencer, era. adj. Que conserva la seua integritat, no encetat. *[entero]* // No alterat, no corromput, integre. *[entero]* // Que no s'ha llevat res, que té totes les seues parts. *[entero]*

senda. f. Camí estret per als vianants. *[senda]* // L'espai que tot retorcent la corda recorre el corder. *[senda]*

sendera. f. Camí estret per als vianants. *[sendero]* // Xarxa per a caçar animals al moment d'eixir del cau. *[albánega, capillo]*

senderi. m. Familiarment judici, discerniment. *[seso]*

senectut. f. Edat de la vellesa. *[senectud]*

senescal. m. Majordom major de la casa reial. *[senescal]*

senglar. m. Mena de porc salvatge de cap llarguerut, pèl fosc molt espés i fort i claus grossos i sortints. *[jabalí]*

sengles. adj. pl. Un per a cadascuna de diverses persones o coses. *[sendos]*

sénia. f. Pou del qual s'extrau l'aigua mitjançant un sistema de dues rodes engranades, l'una vertical i l'altra horitzontal, que eleven l'aigua a un safareig. *[noria]*

senil. adj. Relatiu o pertanyent als vells o a la vellesa. *[senil]*

senill. m. Gramínia que creix a la vora de rius, fonts, ullals, etc., amb un tronc llarg de més d'un metre d'alt, fulles cendroses, dentades i punxegudes i panícula violeta, canyís. *[chamiza, carrizo]*

sens. prep. Sense. *[sin]*

sensació. f. Impressió que les coses produeixen per mitjà dels sentits. *[sensación]* // Emoció produïda per un esdeveniment o nova important. *[sensación]*

sensat, ata. adj. Que té bon sentit, assenyat, prudent. *[sensato]*

sense. prep. Denota exclusió, mancança, privació absoluta. *[sin]*

sensibilitat. f. Facultat de sentir. *[sensibilidad]* // Facilitat a ser afectat per les menors impressions físiques o morals. *[sensibilidad]* // Facilitat d'una cosa a ser afectada per un agent natural, una influència física. *[sensibilidad]*

sensibilitzar. v. tr. Fer sensible. *[sensibilizar]*

sensible. adj. Capaç de ser percebut pels sentits. *[sensible]* // Dotat de sensibilitat. *[sensible]*

sensitiu, iva. adj. Relatiu o pertanyent als sentits corporals. *[sensitivo]* // Que té facultat de sentir. *[sensitivo]*

sensori, òria. adj. Relatiu o pertanyent als sentits. *[sensorio]* // m. Part del cervell que es suposa esser el centre de les sensacions. *[sensorio]*

sensual. adj. Relatiu o pertanyent als plaers dels sentits. *[sensual]*

sensualitat. f. Qualitat de sensual. *[sensualidad]*

sentència. f. Dita breu sobre una veritat d'índole moral. *[sentencia]* // Decisió formulada pel jutge d'una causa. *[sentencia]*

sentenciar. v. tr. Donar una sentència en un judici, prescriure la pena. *[sentenciar]*

sentiment. m. Estat de l'ànim afligit per un esdeveniment trist, dolorós. *[sentimiento]* // Impuls de l'ànima produït per causes espirituals. *[sentimiento]*

sentinel·la. m. Soldat encarregat de la guarda d'un lloc. *[centinela]*

sentir. v. tr. Percebre amb els sentits les impressions dels objectes. *[sentir]* // Patir un dany físic. *[sentir]* // Tenir compassió, doldre's. *[sentir]* // Percebre per mitjà de l'orella. *[oír]*

sentit. m. Cadascuna de les facultats dels animals per a rebre impressions. *[sentido]* // Facultat de discernir. *[sentido]* // El sentiment de si mateix, el coneiximent. *[sentido]* // Significació, manera com s'ha d'entendre una cosa. *[sentido]* // Direcció.

sentit, ida. adj. Que se'n sent molt dels retrets, desconsideracions, etcètera. *[sentido, sensible]* // Que se sent el salat.

sentor. f. Olor, flaire, especialment olor o gust que comunica a un menjar, etc., una substància. *[regusto, olor, aroma]*

seny. m. Ponderació mental, enteniment; bon sentit, bon juí, que és penyora d'una justa percepció o apreciació de la bona direcció o camí a seguir. *[juicio, seso, sentido]*

senya. f. Caràcter, etc., la coneixença del qual pot servir per a reconéixer un individu o objecte. *[seña]*

senyal. m. Marca, cicatriu, vestigi o impressió que queda d'alguna cosa. *[señal]* // Part d'un preu que s'avança com a penyora. *[señal]* // Signe.

senyalar. v. tr. Fer o posar un senyal en alguna cosa. *[señalar]* // Fer una ferida que deixe un senyal. *[señalar]*

senyalitzar. v. tr. Proveir una pista, un camí, etc., d'un conjunt de senyals o indicacions per a orientació dels qui hi transiten. *[señalizar]*

senyar. v. tr. Fer el senyal de la creu sobre alguna cosa. *[santiguar]*

senyera. f. Bandera, guió, etc., que serveix d'ensenya d'un rei, d'una corporació. *[señera, bandera, pendón]*

senyor, ora. m. i f. Amo d'una cosa. *[señor]* // El qui té autoritat sobre un territori, sobre una persona. *[señor]* // Terme de cortesia que s'aplica a qualsevol persona. *[señor]*

senyoret, eta. m. i f. Fill d'un senyor o persona de representació. *[señorito]* // f. Terme de cortesia aplicat a la dona fadrina. *[señorita]* // Libèl·lula. // Peix roquer comú a les mars d'Espanya.

senyoria. f. Autoritat, domini, del senyor. *[señoría]* // Tractament honorífic donat a certes persones d'alt rang. *[señoría]*

senzill, illa. adj. Que no és complicat, fàcil. *[sencillo]* // Que es capté amb naturalitat, sense artificis, ostentació, etc. *[sencillo]* // Que no és doble. *[sencillo]*

senzillesa. f. Qualitat de senzill. *[sencillez]*

separar. v. tr. Posar una persona o cosa fora del contacte o proximitat d'una altra. *[separar]* // Triar. // Dividir.

sepeli. m. Inhumació, enterrament dels morts en terra sagrada. *[sepelio]*

sépia. f. Mol·lusc cefalòpode amb deu tentacles, i al qual dóna consistència una pedra calissa que té sota la pell. *[jibia]* // Matèria colorant extreta de la sépia, usada en pintura. *[sepia]*

septenni. m. Espai de set anys. *[septenio]*

septentrió. m. Constel·lació de set estels, dita també óssa major. *[septentrión]* // Nord de la terra. *[septentrión]*

sèptuple, èptupla. adj. Set vegades tant com una altra quantitat. *[séptuplo]*

sepulcre. m. Vas, cavitat per a sepultar-hi un mort. *[sepulcro]*

sepultar. v. tr. Enterrar un mort, soterrar. *[sepultar]*

sepultura. f. Acció d'enterrar un mort. *[sepultura]* // Lloc on un mort és enterrat. *[sepultura]*

sequedat. f. Qualitat de sec. *[sequedad]*

seqüela. f. Conseqüència d'una cosa, o cosa que en segueix o resulta. *[secuela]*

sequelló. m. El fruit que es seca abans de madurar i cau de l'arbre.

seqüència. f. Text que es diu en certes misses després del gradual. *[secuencia]*

sequer. m. Lloc a propòsit per a secar fruites. *[almijar, secadero]*

séquia. f. Canal o rasa que condueix l'aigua, principalment per a regar. *[acequia]*

sequiatge. m. Contribució que es paga per raó de les séquies de regar. *[cequiaje, acequiaje]*

sequió. m. Séquia molt menuda. *[hijuela]*

ser. v. intr. Existir, tenir realitat, tenir lloc com a fet. *[ser]* // Trobar-se en un lloc. *[estar]* // Verb auxiliar per a la veu passiva. *[ser]*

ser. m. El fet d'existir. *[ser]* // Allò que és, que existeix. *[ser]*

serafí. m. Cadascun del àngels del segon cor d'esperits benaventurats caracteritzats per la força de llur amor a Déu. *[serafín]* // Persona d'una gran bellesa. *[serafín]*

seré, ena. adj. Dit del cel sense núvols. *[sereno]* // Tranquil, assossegat, sense torbació. *[sereno]* // m. Vent de ponent.

serena. f. Humitat de l'atmosfera durant certes nits serenes. *[sereno, relente]* // Clap de cel blau entre núvols. *[claro]*

serenata. f. Cant, música a l'aire lliure, durant la nit, per a festejar a una persona. *[serenata]* // Audició musical a l'aire lliure. *[serenata]*

serenitat. f. Qualitat de seré o exempt de torbació. *[serenidad]*

serf, erva. m. i f. El qui no és de condició lliure. *[siervo]* // Aquell damunt el qual tenia certs drets el senyor feudal. *[siervo]*

sergent. m. Individu de la classe de tropa que té al seu càrrec l'orde d'una companyia o part d'una companyia. *[sargento]*

sèrie. f. Seguit de coses que es succeeixen les unes a les altres relacionades d'alguna manera. *[serie]*

seriós, osa. adj. Que no obra sense reflexió o coneiximent. *[serio]* // Important, de consideració, que és per a preocupar-se'n. *[serio]*

sermó. m. Discurs pronunciat en públic per un sacerdot per a instrucció religiosa o edificació dels assistents. *[sermón]* // Exhortació, amonestació insistent. *[sermón]*

sermonar. v. intr. i tr. Intr. Fer sermons, predicar. *[sermonar]* // Tr. Bonegar amb paraules. *[sermonear]*

sermonejar. v. tr. Reprendre a algú amb sermons. *[sermonear]*

serp. f. Nom comú dels rèptils mancats de potes, que constitueixen el grup dels ofidis. *[serpiente]*

serpejar. v. intr. Anar-se movent a l'un costat i a l'altre com fan les serps. *[serpear, serpentear]*

serpent. f. Serp. *[serpiente]*

serpentejar. v. intr. Serpejar. *[serpentear, serpear]*

serpentí, ina. adj. Relatiu a la serp o serpent. *[serpentino]* // Que serpenteja. *[serpentino]* // m. Canó que va serpentejant dins l'alambí. *[serpentín]* // Peça de la clau d'un arcabús de metxa. *[serpentín]* // f. Tira estreta i molt llarga de paper enrotllada i que es desenrotlla quan es llança. *[serpentina]*

serra. f. Fulla d'acer llarga i estreta amb dents inclinades per a dividir o tallar la fusta o altres matèries. *[sierra]* // Cadena de muntanyes. *[sierra]*

serrà, ana. adj. Relatiu o pertanyent a la serra. *[serrano]* // m. i f. Natural o propi de la comarca valenciana dels Serrans. *[serrano]*

serradura. f. Acció i efecte de serrar. *[aserradura]* // Tall que fa la serra. *[aserradura]* // Partícules que es desprenen de la fusta en serrar-la. *[serrín, aserraduras]*

serralada. f. Cadena gran de muntanyes. *[cordillera]*

serrall. m. Lloc tancat on els musulmans tenen llurs dones i concubines. *[serrallo]*

serrar. v. tr. Tallar amb una serra. *[aserrar]*

serreig. m. Gramínia de tija colzada o aspra, fulles alternes, flors roges i panícula ampla i dreta. *[cadillo, mijera, panicello, cola de caballo]*

serrell. m. Tira de fil o cordonets penjants per a ornament d'una vora de roba, etc. *[fleco, cairel]*

serretó. m. Peça de ferro semicircular amb una vora dentada, on van unides les regnes, que se subjecta sobre el morro d'una bèstia de tir, perquè l'animal es deixe guiar. *[perrillo, cabezón]*

sèrum. m. Part aquosa de la sang i altres líquids animals que resta després de la coagulació. *[suero]* // Sèrum de la sang preparat per a immunitzar per inoculació l'organisme contra determinades malalties. *[suero]* // Xerigot.

serv, erva. m. i f. Serf. *[siervo]*

servar. v. tr. Guardar, observar alguna llei o precepte; complir exactament allò a què un està obligat. *[cumplir, guardar]* // Guardar intacte allò que un té el deure de conservar. *[conservar]* // Sostenir, mantenir una cosa en un determinat estat o posició. *[sostener]*

servei. m. Servici. *[servicio]*

servent, enta. m. i f. Persona dedicada al servei domèstic. *[sirviente]* // f. Barreta de ferro acabada amb puntes o amb ganxo, que serveix per a atiar el foc de la forna. *[espetón]* // Servidor. // m. i f. Persona serva, esclava.

servici. m. Acció de servir o ser útil a algú o a algún ús. *[servicio]* // Conjunt de treballs, atifells, etc., que serveixen a un ús determinat. *[servicio]* // Conjunt de deures d'algú envers el seu senyor. *[servicio]*

servicial. adj. Disposat a complaure i servir als altres. *[servicial]*

servidor, ora. adj. Dit de la persona que presta servei. *[servidor]* // m. i f. El qui està al servei d'algú. *[servidor]*

servil. adj. Pertanyent o relatiu al serf, a l'esclau. *[servil]* // Baix d'intenció. *[servil]*

servir. v. intr. i tr. Intr. Ser útil a algú. *[servir]* // Ser apte o propi a un ús. *[servir]* // Tr. Complir els deures que hom té envers algú. *[servir]*

servitud. f. Condició de serf, subjecció a un amo. *[servidumbre]* // Dret o ús que una cosa o heretat té damunt una altra. *[servidumbre]*

ses, (pl. **essos**). m. Part inferior de l'intestí recte. *[sieso, culo]*

sessió. f. Cadascuna de les reunions dels membres d'una junta, corporació, etc. *[sesión]* // Conferència o consulta entre diverses persones. *[sesión]*

sesta. f. Migdiada. // Primera hora després del migdia. *[siesta]* // Dormida que es fa després de dinar. *[siesta]*

sestejar. v. intr. Fer la sesta. *[sestear]*

set. Adjectiu numeral i xifra que el representa. *[siete]* // Estrip en figura d'angle fet a una peça de vestit o a altra roba. *[siete]*

set. f. Ganes i necessitat de beure. *[sed]* // Desig ardent d'alguna cosa. *[sed]* // Necessitat d'aigua que tenen les terres. *[sed]*

setanta. adj. Conjunt de set desenes. *[setenta]*

setanté, ena. adj. Que fa setanta en una sèrie. *[septuagésimo]* // Cadascuna de les parts d'una quantitat dividida en setanta parts iguals. *[setentavo]*

set-cents, entes. adj. Set vegades cent. *[setecientos]*

set-ciències. m. i f. Que presumeix de saber molt. *[sabelotodo]*

seté, ena. adj. Que fa set en una sèrie. *[séptimo]* // Cadascuna de les parts d'una quantitat dividida en set parts iguals. *[sieteavo]*

setembre. m. El nové més de l'any. *[septiembre]*

setge. m. Acció i efecte d'assetjar. *[sitio]* // Escrofulària.

setí. m. Roba fina amb llustre sedós. *[satén]* // Fusta de noguera americana.

seti. m. Lloc ocupat per algú o alguna cosa o que pot ser ocupat. *[sitio]*

setial. m. Seient de cerimònia, sitial. *[sitial]*

setinar. v. tr. Donar al paper o a la roba l'aspecte i consistència del setí. *[satinar]*

setinat, ada. adj. Llis i fi com el setí. *[satinado]*

setmana. f. Període de set dies naturals que acaba en dia festiu. *[semana]*

setmanal. adj. Que dura una setmana. *[semanal]* // Que esdevé cada setmana. *[semanal]*

setmanari. m. Periòdic setmanal. *[semanario]* // adj. Setmanal.

setmesó, ona. adj. i m. i f. Dit de la persona nada al cap de set mesos d'engendrada. *[sietemesino]*

setrill. m. Recipient per a l'oli d'ús diari, generalment de llanda. *[alcuza, aceitera]* // Ampolleta de vidre per a servir a taula l'oli per a amanir. *[aceitera, alcuza]*

setrilleres. f. pl. Peça de metall, etcètera, que porta dos setrills l'un per a l'oli i l'altre per al vinagre. *[vinajeras]*

setze. Adjectiu numeral i conjunt de xifres que el representen. *[dieciséis]*

setzé, ena. adj. Que fa setze en una sèrie. *[decimosexto]* // Cadascuna de les parts d'una quantitat dividida en setze parts iguals. *[dieciseisavo]*

seu. f. El centre d'un poder o autoritat. *[sede]* // Jurisdicció i potestat del Sant Pare. *[sede]* // Església catedral. *[seo]*

sèu. m. Greix sòlid i dur que trauen dels animals herbívors i que serveix per a fer sabons, etc. *[sebo]*

seu, eua. Adjectiu o pronom possessiu de tercera persona. *[suyo]*

seure. v. intr. Estar algú sobre un suport qualsevol de manera que el seu cos descanse sobre l'extremitat inferior del tronc, estar assegut. *[estar sentado]*

sever, era. adj. Exacte i rígid en el compliment d'una llei, rigorós. *[severo]*

sèver. m. Suc resinós i amargant, de propietats medicinals que extrauen de les fulles de l'àloe. *[acíbar]*

sevícia. adj. Crueltat excessiva. *[sevicia]* // Acte de brutalitat envers algú. *[sevicia]*

sexe. m. Condició orgànica que distingeix el mascle de la femella. *[sexo]* // Conjunt dels individus de l'un o de l'altre sexe. *[sexo]*

sexenni. m. Espai de sis anys. *[sexenio]*

sexta. f. Tercera part de les quatre en què els romans dividien el dia. *[sexta]* // Una de les hores menors de l'ofici eclesiàstic, que segueix la tèrcia. *[sexta]* // Interval d'una nota a la sisena de l'escala ascendent o descendent. *[sexta]*

sèxtuple, èxtupla. adj. Sis vegades tant com una altra quantitat. *[séxtuple]*

sexual. adj. Relatiu o pertanyent al sexe. *[sexual]* // Que té sexe, que és mascle o femella. *[sexual]*

si. m. Concavitat o buit d'una cosa encorbada. *[seno]* // Part anterior del pit.

si, (pl. **is**). m. La setena nota de l'escala musical. *[si]*

si. Forma reflexiva del pronom de tercera persona. *[sí]*

si. conj. Indicació d'una condició o suposició en virtut de la qual un concepte depén d'un altre. *[si]* // Indicació de circumstància dubtosa. *[si]*

sí. adv. Afirmació que un fa responent a una pregunta. *[sí]* // m. Permís o consentiment. *[sí]* // Concedir allò que ens demanen. *[sí]*

sia. conj. Assenyala alternativa. *[sea]*

sibarita. adj. i m. i f. Persona molt donada a plaers i gusts. *[sibarita]*

sibilant. adj. Xiulant, dit especialment dels fonemes: s, z, x, j. *[sibilante, silbante]*

sibil·la. f. En l'antiguitat, dona a la qual era atribuït el do de profecia. *[sibila]*

sic. adv. Indicació d'exactitud i fidelitat en la transcripció d'un mot o frase. *[sic]*

sideral. adj. Relatiu o pertanyent als astres. *[sideral]*

siderúrgia. f. Art d'extraure el ferro i de treballar-lo. *[siderurgia]*

sífilis. f. Malaltia venèria, transmissible, caracteritzada per diferents lesions estructurals. *[sífilis]*

sifó. m. Canó encorbat que serveix per a extraure líquid d'un depòsit, passant-lo a un nivell més baix. *[sifón]* // Canal tancat per a fer passar l'aigua d'un extrem a l'altre per un lloc inferior. *[sifón]*

sigil·lar. v. tr. Segellar. *[sigilar]*

sigla. f. Lletra o lletres inicials d'una o més paraules, o altre signe usat com a abreviatura. *[sigla]*

signant. m. i f. El qui signa o firma un document. *[signante]*

signar. v. tr. Assenyalar algú o alguna cosa. *[señalar]* // Expressar algun desig, pensament, orde, etc., amb un moviment, acció o gest. *[señalar]* // Posar la signatura autògrafa al peu d'un escrit. *[firmar]*

signatari, ària. adj. i m. i f. Signant, especialment d'un contracte o escrit col·lectiu. *[signatario]*

signatura. f. Nom d'una persona que aquesta escriu al peu d'un document per a donar-li autenticitat. *[signatura]* // Senyal que es posa en un llibre, etc., per a indicar la seua col·locació en una biblioteca o arxiu. *[signatura]* // Senyal que es posa al peu de la primera pàgina de cada plec d'un llibre per a indicar el seu orde a l'enquadernador. *[signatura]*

signe. m. Nota o senyal amb què és representada alguna cosa. *[signo]* // Cadascuna de les dotze parts en què considerem dividit el zodíac. *[signo]* // Moviment, gest, etc., amb què assenyalem un objecte, expressem un pensament, etc. *[signo]*

significació. f. Acció i efecte de significar. *[significación]* // Sentit d'un mot o frase. *[significación]* // Valor, importància. *[significación]*

significar. v. tr. Tenir significació o sentit. *[significar]* // Ser una cosa senyal d'una altra. *[significar]*

silenci. m. El fet de no parlar. *[silencio]* // Manca de soroll. *[silencio]*

silenciar. v. tr. No manifestar, callar. *[silenciar]*

sílex. m. Pedra molt dura constituïda essencialment per la sílice. *[sílex]*

sílfide. f. Ser imaginari que habita l'aire, esperit elemental de l'aire. *[sílfide]*

sílice. f. Òxid silici. *[sílice]*

silici. m. Element químic metal·loide, quiímicament anàleg al carboni. *[silicio]*

síl·laba. f. Lletra vocal o conjunt de lletres pronunciades amb un sol impuls de la veu. *[sílaba]*

silueta. f. Dibuix fet seguint el contorn de l'ombra. *[silueta]* // Forma que presenta a la vista la massa d'un objecte llunyà. *[silueta]*

silva. f. Composició poètica en què alternen versos de diferents mesures. *[silva]*

silvestre. adj. Que es cria naturalment als boscs i camps. *[silvestre]*

simbiosi. f. El fet de viure dos animals o plantes diferents associats o units més o menys íntimament. *[simbiosis]*

símbol. m. Expressió, per mitjans sensibles, d'una cosa moral o intel·lectual. *[símbolo]*

simbolitzar. v. tr. Representar una cosa simbòlicament. *[simbolizar]*

simbomba. f. Instrument musical que consisteix en una pell tibant i una canya subjecta al mig de la pell, la qual canya és fregada amb la mà humida. *[zambomba]*

simetria. f. Proporció deguda de les diferents parts d'una cosa entre elles i amb el conjunt. *[simetría]* // Correspondència regular de posició, forma i dimensions de les parts d'un cos. *[simetría]*

simfonia. f. Composició musical en forma de sonata escrita per a tota orquestra. *[sinfonía]*

simi. m. Nom comú a tots els mamífers quadrumans. *[simio, mono]*

símil. m. Comparança d'una cosa amb una altra per a fer ressaltar el caràcter d'una d'elles. *[símil]*

similitud. f. Qualitat de similar, semblança. *[similitud]*

simitarra. f. Sabre de fulla molt corbada que usen els turcs. *[cimitarra]*

simpatia. f. Convinença d'afectes o inclinació mútua entre dues persones. *[simpatía]* // Tendència de dues coses a unir-se o actuar l'una sobre l'altra.

simpàtic, àtica. adj. Que inspira simpatia. *[simpático]* // Aplicat a la tinta invisible, però que es pot fer després visible per l'acció d'un reactiu. *[simpático]*

simpatitzar. v. intr. Tenir simpatia amb algú o alguna cosa. *[simpatizar]*

simple. adj. Que no té parts, no compost. *[simple]* // Senar, no doble o múltiple, sense subdivisió. *[simple]* // Exempt de complexitat, no complicat, no gens artificiós. *[simple]* // Senzill.

simple, impla. adj. Ximple.

simplificar. v. tr. Fer més senzilla o menys complicada alguna cosa. *[simplificar]*

simplista. adj. Aplicat a la persona donada a considerar les coses com a més simples del que són. *[simplista]*

simposi. m. Banquet col·lectiu i de certa solemnitat. *[simposio]* // Convenció, reunió de professionals per a estudiar i discutir aspectes diversos relacionats amb llur camp de treball. *[simposio]*

símptoma. m. Senyal o indici d'una cosa. *[síntoma]* // Fenomen propi d'una malaltia. *[síntoma]*

simulació. f. Acció de simular. *[simulación]*

simular. v. tr. Fingir allò que no és. *[simular]*

simultani, ània. adj. Que s'esdevé al mateix temps que una altra cosa. *[simultáneo]*

simun. m. Vent molt calent, que ve dels deserts d'Àfrica i Aràbia. *[simún]*

sina. f. Cavitat anterior del pit, si. *[seno]*

sinagoga. f. Assemblea religiosa dels jueus, i lloc on es celebra. *[sinagoga]*

sinagües. f. pl. Faldetes de davall. // m. Home fluix i condescendent. *[calzonazos]*

sinalefa. f. Fusió en una sola síl·laba de les vocals de dues síl·labes posades en contacte. *[sinalefa]*

sincer, era. adj. Exempt de simulació, no fals. *[sincero]*

sincerar. v. tr. Justificar la inculpabilitat d'algú, disculpar. *[sincerar]*

síncope. f. Supressió d'alguna lletra en mig d'una paraula. *[síncope]* // En música, nota començada a la fi d'un moviment i continuada al principi del següent. *[síncopa]* // Suspensió sobtada i momentània del ritme del cor. *[síncope]*

sincronia. f. Estudi dels fenòmens sincrònics. *[sincronía]*

sincrònic, ònica. adj. Aplicat als fets que tenen lloc al mateix temps. *[sincrónico]*

sincronitzar. v. tr. Fer que dos o més fets esdevinguen al mateix temps. *[sincronizar]*

sindèresi. f. Capacitat natural per a jutjar rectament. *[sindéresis]*

síndic. m. El qui és encarregat dels interessos d'una reunió de creditors, d'una corporació, etc. *[síndico]*

sindicar. v. tr. Organitzar en forma de sindicat. *[sindicar]* // Fer algú un sindicat. *[sindicar]*

sindicat. m. Associació formada per a la defensa d'interessos econòmics comuns a tots els associats. *[sindicato]* // Junta de síndics. *[sindicato]* // Càrrec de síndic.

síndria. f. Planta de la família de les cucurbitàcies, de tronc rastrer, flors grogues i fruit gros i comestible, meló d'Alger, meló d'aigua. *[sandía]* // Fruit d'aquesta planta. *[sandía]*

síndrome. f. Conjunt de símptomes d'una malaltia. *[síndrome]*

sinèresi. f. Diftongació de vocals pertanyent a síl·labes distintes. *[sinéresis]*

sinergia. f. Acció combinada de diferents òrgans per a realitzar una funció. *[sinergía]*

singló. m. Porció d'un raïm que conté alguns grans. *[redrojo]*

singlot. m. Moviment convulsiu del diafragma, que produeix una respiració interrompuda, violenta i amb soroll. *[hipo]*

singular. adj. Que es refereix solament a un. *[singular]* // Que es distingeix per alguna cosa inusitada. *[singular]*

singularitzar. v. tr. Fer algú o alguna cosa singular. *[singularizar]* // Distingir o particularitzar una cosa entre altres. *[singularizar]* // **-se.** Distingir-se, apartar-se de la regla comunal. *[singularizarse]*

sinistre, istra. adj. Esquerre. *[siniestra]* // Funest, que du o presagia desgràcia. *[siniestro]* // Mal intencionat. *[siniestro]* // m. Greu dany o pèrdua. *[siniestro]*

sinó. conj. Contraposició d'un concepte afirmatiu a un de negatiu. *[si no]* // Indicació d'excepció. *[sino]* // Solament, no altra cosa. *[sino]*

sínode. m. Reunió de sacerdots per a tractar d'assumptes eclesiàstics. *[sínodo]* // En astronomia, conjunció.

sinònim, ònima. adj. Aplicat als mots de

significat igual o molt semblant. *[sinónimo]*

sinopsi. f. Resum d'un orde de coneiximents, en forma breu i clara. *[sinopsis]*

sintaxi. f. Coordinació dels mots per a expressar els conceptes. *[sintaxis]*

síntesi. f. Unió de parts per a formar un total. *[síntesis]* // Suma o compendi d'una matèria o cosa. *[síntesis]*

sintètic, ètica. adj. Relatiu o pertanyent a la síntesi; obtingut per síntesi. *[sintético]*

sintetitzar. v. tr. Fer la síntesi d'una matèria, etc. *[sintetizar]* // Produir sintèticament. *[sintetizar]*

sintonia. f. El fet d'estar ajustats a una mateixa longitud d'ona un aparell emissor d'oscil·lacions elèctriques i l'aparell receptor. *[sintonía]*

sintonitzar. v. tr. Posar un aparell en sintonia amb un altre. *[sintonizar]*

sinuós, osa. adj. Ple de cavitats i revoltes. *[sinuoso]*

sirena. f. Nimfa marina amb mig cos de dona i mig de peix que segons les llegendes atrau als navegants amb la dolçor dels seus cants. *[sirena]* // Xiulet de vapor, etc., per a fer senyals. *[sirena]*

sis. Adjectiu numeral i xifra que el representa. *[seis]*

sisca. f. Planta gramínia, que creix a llocs aigualosos i és a manera de canyes primes i flonges. *[cañiza, carrizo]*

sis-cents, entes. adj. Sis vegades cent. *[seiscientos]*

sisé, ena. adj. Que fa sis en una sèrie. *[sexto]* // Cadascuna de les parts d'una quantitat dividida en sis parts iguals. *[seisavo]*

sismògraf. m. Instrument que durant els terratrèmols assenyala la duració de les oscil·lacions. *[sismógrafo]*

sisó. m. Ocell camallarg de plomatge bru amb ralles negres i amb el ventre blanc. *[sisón]* // Moneda antiga que valia sis diners. *[seisén]*

sistema. m. Conjunt i enllaç de principis relatius a una matèria, objecte o fi. *[sistema]* // Conjunt de coses ordenades i relacionades que contribueixen a un objecte. *[sistema]*

sistematitzar. v. tr. Reduir a sistema. *[sistematizar]*

sístole. f. Ús d'una síl·laba llarga com a breu en els versos grecs i llatins. *[sístole]* // Moviment de contracció del cor i de les artèries que dóna impuls a la sang. *[sístole]*

sit. m. Moixó granívor més gros que el pardal. *[chilla, linacero, frailecillo, moscarete, aletillo]*

siti. m. Seti, objecte o lloc destinat a seure-hi. *[asiento]* // Setge militar. *[sitio]* // Lloc que una persona o cosa ocupa. *[lugar, sitio]*

sitja. f. Lloc sota terra per a guardar blat i altres grans. *[silo]* // Masmorra, presó subterrània. *[mazmorra]* // Pila de carboner.

situació. f. Acció i efecte de situar. *[situación]* // Estat que tenen les persones o coses. *[situación]*

situar. v. tr. Posar una persona o cosa en situació, en un indret. *[situar]*

sivella. f. Peça de metall o d'altra matèria dura per a subjectar els dos caps d'una corretja, etc. *[hebilla]*

siverd. m. Ànec bec-vermell de l'Albufera de València. *[ánade silbador crestado]*

so. m. Sensació produïda en l'orella pel moviment vibratori dels cossos. *[sonido, son]*

sobarba. f. Corretja del fre del cavall, que abraça la barba i el morro.

sobarbada. f. Reprensió forta. *[sofrenada, soflón]*

soberg, erga. adj. Que excel·leix pel seu poder, alçària, etc. *[soberbio, gallardo]* // Que es capté altivament, tirànicament. *[soberbio]*

sobines, de. loc. adv. Ajagut boca amunt. *[de espaldas, supino]*

sobirà, ana. adj. Que té l'autoritat suprema. *[soberano]* // m. i f. El qui té l'autoritat suprema dins l'estat. *[soberano]* // adj. Situat més amunt que uns altres. *[superior, más alto]*

sobirania. f. Qualitat de sobirà. *[soberanía]* // Autoritat sobirana. *[soberanía]*

sobra. f. Allò que sobra, excés, que no és necessari. *[sobra]*

sobrant. adj. Que sobra. *[sobrante]* // m. Allò que sobra. *[sobrante]*

sobrar. v. tr. i intr. Tr. Sobrepujar. *[sobrar]* // Intr. Ser de més d'allò que cal. *[sobrar]* // Estar de massa en un lloc, reunió, etc. *[sobrar]*

sobrassada. f. Embotit de carn de porc capolada, adobada amb sal i pebre roig. *[sobrasada]*

sobre. m. Part superior d'una cosa. *[sobre]* // Coberta de paper per a ficar-hi una carta, etc. *[sobre]*

sobre. prep. i adv. Damunt, a la part superior d'una cosa. *[sobre, encima]* // A propòsit de, referent a, tocant a. *[sobre]*

sobrecoberta. f. Segona coberta, que es posa sobre una primera coberta. *[sobrecubierta]* // Coberta alta d'un vaixell.

sobredit, ita. adj. Dit o anomenat més amunt. *[sobredicho]*

sobreeixir. v. intr. Eixir per damunt. *[sobresalir]* // Vessar-se un líquid per les vores d'un recipient que no el pot contenir. *[rebosar, derramarse]*

sobreentendre. v. tr. Entendre una cosa no expressada. *[sobreentender]*

sobrenatural. adj. Que excedeix les lleis de la naturalesa. *[sobrenatural]*

sobrenom. m. Nom afegit al nom d'una persona, a fi de distingir-la d'altres del mateix nom. *[sobrenombre]*

sobrepellís, (pl. **issos**). m. Vestidura eclesiàstica blanca, amb mànigues molt amples i llarga fins a la cintura. *[sobrepelliz]*

sobreposar. v. tr. Posar una cosa damunt una altra. *[sobreponer]* // Afectar, una persona, superioritat sobre una altra. *[sobreponer]* // **-se.** Fer-se superior a les adversitats, etc. *[sobreponerse]*

sobrepujar. v. tr. Ser superior a algú o a alguna cosa en algun concepte. *[sobrepujar, dominar]*

sobrer, era. adj. Que sobra. *[sobrero, sobrante]*

sobres. f. pl. Excés, abundància excessiva. *[exceso]* // Excés comés contra algú; abús de força. *[desmán, demasía]*

sobresalt. m. Commoció brusca produïda per una impressió sobtada. *[sobresalto]*

sobresaturar. v. tr. Fer que una solució continga una quantitat de cos dissolt superior a la necessària per a saturar-la. *[sobresaturar]*

sobresou. m. Sou especial que s'afegeix a l'ordinari. *[sobresueldo]*

sobretaula. m. Peça de roba, de tela encerada, etc., amb què es cobreix la taula. *[tapete, cubremesa]* // Temps que els comensals queden a taula després de menjar. *[sobremesa]*

sobretot. m. Peça de vestir llarga i amb mànigues que es porta sobre el vestit ordinari. *[sobretodo]*

sobretot. adv. Per damunt de tot, principalment. *[sobretodo]*

sobrevenir. v. intr. Esdevenir-se d'improvís. *[sobrevenir]*

sobrevindre. v. intr. Infinitiu irregular del verb *sobrevenir* extret per analogia del futur d'indicatiu: *sobrevindré sobrevindràs sobrevindrà...* sobrevindre. *[sobrevenir]*

sobreviure. v. intr. Romandre viu després de la mort d'un altre, després d'un fet qualsevol. *[sobrevivir]*

sobtar. v. tr. Sorprendre a algú alguna cosa que esdevé d'improvís. *[sorprender]* // Malmetre els sembrats el xaloc. *[asolanar]* // **-se.** Recremar-se el menjar que es cou per falta de suc. *[arrebatarse]*

sobte. m. Impressió sobtosa que rep l'ànim. *[sobresalto, susto]*

sobte, de. loc. adv. Que es produeix d'improvís. *[súbitamente, en seguida]*

soc. m. Tros de soca separat de l'arbre, rabassa. *[cepa, leño, tocón]*

soc. m. Calcer format per un sol tros de fusta buidat perquè s'hi puga ficar el peu. *[zueco]*

soca. f. Tronc dels arbres, des de terra fins als braços. *[tronco]* // Principi comú d'una família. *[tronco]*

soca-rel, de. loc. adv. Del tot, íntegrament. *[de raiz]*

socarrar. v. tr. Cremar o rostir lleugerament. *[achicharrar, chamuscar, tostar]*

socarrat. m. En ceràmica, rajoles emprades per a cobrir l'entabacat o espai entre les bigues del sostre.

socarrim. m. Cremat d'una cosa cremada superficialment. *[socarrina, chamusquina]* // Flaire de les coses que es socarrimen. *[chamusquina]*
socarrimar. v. tr. Socarrar lleument.
soci, òcia. m. i f. Persona associada amb altres per a algun fi. *[socio]* // El qui forma part d'una associació. *[socio]*
social. adj. Relatiu o pertanyent a la societat. *[social]*
socialitzar. v. tr. Transferir a l'estat o altre òrgan col·lectiu les propietats o indústries particulars. *[socializar]*
societat. f. Reunió de persones aplegades per a perseguir un fi comú. *[sociedad]* // Companyia o comunitat de persones o pobles. *[sociedad]*
sociologia. f. Ciència que tracta de la constitució i desenvolupament de les societats humanes. *[sociología]*
sòcol. m. Cos inferior d'un edifici o d'un pedestal. *[zócalo]*
socolada. f. Basament o sòcol ample d'alguna cosa. *[zocalada]*
socórrer. v. tr. Remeiar alguna necessitat, donar ajut i auxili a algú en un perill o necessitat. *[socorrer]*
socors. m. Acció i efecte de socórrer. *[socorro]* // Ajut donat a algú en un perill, en una necessitat. *[socorro]*
soda. f. Beguda refrescant a base de xarop de fruites i aigua carbònica. *[soda]*
sodi. m. Metall blanc argentí, molt lleuger que extrauen de la sosa. *[sodio]*
sodomia. f. Copulació carnal contra l'orde natural. *[sodomía]*
sofà, (pl. **às**). m. Seient per a dues o més persones, amb respatler i braços, sobretot si és encoixinat. *[sofá]*
sofert, erta. adj. Que sap sofrir amb resignació. *[sufrido]* // fig. Que es conserva llarg temps, resistent.
sofisma. m. Argument aparent en defensa d'una cosa falsa. *[sofisma]*
sofisticar. v. intr. i tr. Intr. Usar sofismes. *[sofisticar]* // Tr. Adulterar donant aparença de cosa bona. *[sofisticar]*
soflama. f. Enrojolament i ardor de la cara per excés de calor o per vergonya. *[bochorno]* // Discurs exaltat, més retòric que sòlid de conceptes. *[soflama]*
soflimar. v. tr. Socarrar, especialment el pèl o el plomissol d'un animal. *[sollamar, chamuscar]*
sofraja. f. Part de la cama oposada al genoll. *[corva]*
sofre. m. Cos simple, groc clar, que en cremar fa una llumeneta blava. *[azufre]*
sofregir. v. tr. Fregir lleugerament. *[sofreír]*
sofrimar. v. tr. Soflimar.
sofriment. m. El fet d'experimentar un dolor físic o moral més o menys prolongat. *[sufrimiento]*
sofrir. v. tr. i intr. Tr. Saber suportar, tolerar. *[sufrir]* // Ser sotmés a una prova, interrogatori, etc. *[sufrir]* // Intr. Sentir un dany físic o moral. *[sufrir]*
soga. f. Corda gruixuda. *[soga]*
sogre, ogra. m. i f. El pare, la mare, del marit o de la muller respecte a l'altre cònjuge. *[suegro]*
soguer. m. Corder. *[soguero]*
sojorn. m. Acció de sojornar. // Lloc on hom sojorna. *[estancia]*
sojornar. v. intr. Estar-se en un lloc un cert temps. *[permanecer]*
sol. m. Astre lluminós al voltant del qual gira la terra. *[sol]* // Llum d'aquest astre.
sol. m. Cinquena nota de l'escala musical. *[sol]*
sòl. m. Superfície del terreny o d'altra cosa sobre què es camina. *[suelo]* // El terreny considerat en relació amb el conreu. *[suelo]* // Superfície inferior o fons d'algunes coses. *[suelo]*
sol, ola. adj. Sense companyia, sense ningú més. *[solo]*
sola. f. Part del calçat, corresponent a la planta del peu. *[suela]* // Pell de bou adobada. *[suela]* // Cara inferior d'un pa.
solaç. m. Alleujament d'una pena o quefer, divertiment, entreteniment agradable. *[solaz]*
solaçar. v. tr. Donar solaç. *[solazar]* // **-se.** Prendre solaç. *[solazarse]*
solament. m. Fonament. *[fundamento, cimiento]*
solana. f. Lloc on el sol bat de ple. *[solana, solano, resolana]* // Sol molt fort.

solapa. f. Part del vestit que es doblega cap enfora damunt del pit. *[solapa]* // Fusta que forma la part superior del costat d'un buc. *[solapa]*

solar. v. tr. Assentar un ormeig al fons per mitjà de pedres, ploms, etcètera, per a evitar que el corrent se l'emporte. *[fondear]* // Revestir el paviment amb rajoles, lloses, etc. *[solar]*

solar. m. Casa d'on prové una família. *[solar]* // Porció de terreny destinat a edificar-hi, on s'ha bastit un edifici. *[solar]*

solatge. m. Pòsit que deixa un líquid. *[poso, heces, zurrapas]*

solc. m. Senyal o rec que deixa l'aladre a la terra. *[surco]* // Senyal que deixa una cosa en passar damunt d'una altra. *[surco]*

solcar. v. tr. Fer solcs a la terra. *[surcar]* // Fer o formar ralles a la manera de solcs. *[surcar]*

soldà. m. Sobirà d'un estat mahometà. *[sultán]*

soldar. v. tr. Ajuntar dues peces de metall per mitjà d'un aliatge metàl·lic quan és fos. *[soldar]*

soldat. m. El qui serveix en un exèrcit a sou d'un príncep, d'un govern, militar; especialment el militar sense graduació. *[soldado]*

solecisme. m. Falta contra les regles de la sintaxi d'una llengua. *[solecismo]*

soledat. f. Manca de companyia. *[soledad]* // Indret solitari. *[soledad]*

soleguera. f. Sol fort i ardent que calfa molt. *[solana, solazo]* // Temps que s'ha rebut fortament el sol. *[solana, solazo]*

solejada. f. Claror i ardor directa del sol. *[solcada]*

solejar. v. tr. Sotmetre un temps a l'acció del sol. *[solear]*

solemne. adj. Celebrat amb gran pompa i cerimònia. *[solemne]* // Majestuós. // D'una seriositat que imposa. *[solemne]*

solemnitat. f. Qualitat de solemne. *[solemnidad]* // Festa solemne. *[solemnidad]*

solemnitzar. v. tr. Celebrar amb solemnitat. *[solemnizar]*

soler. v. intr. Ser freqüent una cosa. *[soler]*

soler. m. Part baixa d'una casa, sòl. *[suelo]*

solera. f. Peça plana posada horitzontalment per a sostenir altres peces verticals, inclinades, etcètera. *[solera, dintel]* // Mola inferior d'un molí. *[solera]* // Sòl d'un forn, etc. // Sostre pla, no fet amb revoltons.

soles, a. loc. adv. Sol, en solitud, sense companyia. *[solo]*

solfa. f. Art de llegir i entonar els signes de la música. *[solfeo]* // Conjunt de signes musicals. *[solfeo]* // Taca a la roba. *[mancha, lamparón]*

solfeig. m. Acció de solfejar. *[solfeo]* // L'art de solfejar. *[solfeo]*

solfejar. v. tr. Cantar la solfa escrita. *[solfear]*

soli. m. Cadira amb dosser o tron. *[solio]*

sòlid, òlida. adj. Ferm, massís, fort. *[sólido]* // Aplicat al cos que té un gran poder de cohesió. *[sólido]* // m. Cos geomètric. *[sólido]*

solidari, ària. adj. Que té els mateixos deures i drets que altres en un assumpte. *[solidario]* // Lligat a altres per un pacte de solidaritat. *[solidario]*

solidaritat. f. Adhesió a la causa o empresa d'altri. *[solidaridad]*

solidaritzar. v. tr. Fer solidari. *[solidarizar]*

solideu. m. Casquet que porten els eclesiàstics per a tapar la coroneta. *[solideo]*

solidificar. v. tr. Fer tornar sòlid un fluid. *[solidificar]*

soliguer. m. Soriguer. *[cernícalo]*

soliloqui. m. El fet de parlar sol amb si mateix, monòleg *[soliloquio]*

solípede. adj. Que té un sol dit ungulat a cada peu. *[solípedo]*

sòlit, òlita. adj. Acostumat, que sol fer-se o esdevenir-se. *[sólido, acostumbrado]*

solitari, ària. adj. i m. i f. Amant de la soledat o que viu en soledat. *[solitario]* // m. Diamant muntat tot sol en una joia. *[solitario]* // Joc de cartes que juga una sola persona. *[solitario]*

soll. m. Porció d'un líquid, llavor, etcètera, que se n'ix o cau per defora i resta per terra. // Residus d'una cosa que resta sense aprofitar. // Solatge. // Bocinalles d'una cosa. // Brutedat, residus llançats a perdre. *[chorreadura, bahorrina, barrizal]*

sollar. v. tr. Embrutar. *[ensuciar]*

sol·lícit, ícita. adj. Delerós de servir, diligent. *[solícito]*

sol·licitar. v. tr. Mirar d'obtenir alguna cosa demanant-la, fent diligències necessàries. *[solicitar]* // Instar, incitar a algú a fer alguna cosa. *[incitar]*

sol·licitud. f. Qualitat de sol·lícit. *[solicitud]* // Document en què és sol·licitada una cosa. *[solicitud]*

solo. m. Composició musical que toca o canta una persona sola. *[solo]* // Joc de cartes en què un jugador juga contra els altres dos. *[solo]*

sols. adv. Sense altre, solament. *[sólo, solamente]*

solsir. v. tr. Abrusar, salsir, socarrar. *[achicharrar]* // **-se.** Consumir-se, aflaquir-se, extenuar-se. // Torrar-se un menjar fins que no li reste suc. *[rehogarse]* // Desfer-se i caure una massa de terra, de pedres, un mur, un edifici, etc. *[desmoronarse, derrumbarse]*

solsir. v. tr. Refer amb l'agulla el teixit d'una tela o roba aclarida, consumida, esgarrada. *[zurcir]* // **-se.** Gastar-se, esmerar-se, la roba, els teixits, les parets, els terrenys, màrgens, etc.

solstici. m. Època en què el sol es troba en un dels dos tròpics. *[solsticio]*

solt, olta. adj. Deslligat d'altres coses semblants, lliure. *[suelto]* // Expedit en l'execució d'una cosa. *[suelto]* // Que no fa joc o no és apariat amb altra cosa. *[suelto]*

soltar. v. tr. Deixar anar allò que estava agafat, retingut. *[soltar]*

solter, era. adj. Solt, lliure. *[soltero]* // Dit del colom i altres ocells quan no formen parella. // Fadrí, que no ha contret matrimoni. *[soltero]*

soluble. adj. Que es pot dissoldre en un líquid. *[soluble]* // Que pot ser resolt. *[soluble]*

solució. f. Acció i efecte de dissoldre una substància en un líquid. *[solución]* // Resposta satisfactòria a un dubte, una qüestió, etc. *[solución]*

solucionar. v. tr. Donar solució, resoldre. *[solucionar]*

solvència. f. Qualitat de solvent. *[solvencia]*

solvent. adj. Que paga els seus deutes o és capaç de fer-ho. *[solvente]*

somer. m. Ase mascle. *[asno]*

somera. f. Femella de l'ase. *[burra]*

sometent. m. Cos de gent armada que es reuneix en un moment donat per a perseguir als criminals o defensar-se dels enemics. *[somatén]*

somiar. v. intr. i tr. Somniar. *[soñar]*

somic. m. Gemec suau, ploricó.

somicar. v. intr. Ploriquejar amb gemecs. *[sollozar, lloriquear]*

somier. m. Tela metàl·lica elàstica que es posa sota els matalafs del llit. *[somier]*

somnàmbul, àmbula. m. i f. Persona que estant adormida camina i fa actes propis d'una persona desperta. *[sonámbulo]*

somni. m. Sèrie de pensaments, imàtgens, emocions, que ocorren durant el son. *[sueño]* // Imaginació vana de coses impossibles. *[sueño]*

somniar. v. intr. i tr. Intr. Tenir un somni o somnis. *[soñar]* // Tr. Veure en somni alguna cosa. *[soñar]* // Imaginar com a possible i realitzable alguna cosa de molt difícil realització o que no és d'esperar. *[soñar]*

somnolència. f. Pesantor dels sentits causada per la son. *[somnolencia]*

somordir. v. tr. Ensopir. *[amodorrar]*

somort, orta. adj. Mig apagat, sense vigoria, mancat de vitalitat. *[mortecino, apagado]*

somoure. v. tr. Moure lleument una cosa que descansa feixugament sobre una altra. *[remover]* // Moure l'esperit de les persones per a induir-les a buscar alguna novetat. *[remover]*

sompo, ompa. adj. Aplicat a la persona lenta i indeferent a reaccionar, poc atenta i advertida, que se substrau a les coses exteriors i fa poc cas del que li diuen. Mancat de vivesa i de gràcia. *[zonzo, soso]*

somriure. v. intr. Riure lleument, sense soroll, amb un simple moviment de llavis. *[sonreír]*

somriure. m. Acció de somriure. *[sonrisa]*

son. m. Acte de dormir. *[dormida, sueño]* // f. Ganes de dormir. *[sueño]*

son, (pl. **sos**). Adjectiu possessiu masculí de tercera persona singular. *[su]*

sonall. m. Conjunt de dues planxetes de metall passades per un filferro que sonen quan es belluguen. *[sonajero]* // Batall de campana. *[badajo]* // Joguet per a infants menuts que conté boletes o granets que, en sacsejar-lo, produeix un soroll insistent. *[sonajero]*

sonalla. f. Sonall. *[sonajero]*

sonar. v. intr. i tr. Intr. Produir un so. *[sonar]* // Tr. Fer sonar un instrument. *[sonar]*

sonata. f. Peça de música instrumental, amb fragments de divers caràcter i moviment. *[sonata]*

sonda. f. Corda amb un pes al capdavall per a explorar la profunditat de l'aigua. *[sonda]* // Instrument de cirurgia per a explorar cavitats i conductes naturals, la profunditat i direcció de les ferides, etc. *[sonda]*

sondar. v. tr. Explorar amb la sonda. *[sondar]* // Tractar de penetrar les intencions d'algú. *[sondear]*

sondejar. v. tr. Inquirir una cosa cautelosament. *[sondear]* // Sondar.

soneguera. f. Son forta i irresistible; durada d'una dormida forta. *[soñera, sueño]* // Ganes irresistibles de dormir. *[sueño, sonarrera]*

sonera. f. Ganes de dormir, son. *[soñera, sueño]*

sonet. m. Composició poètica de catorze versos, distribuïts en dos quartets i dos tercets. *[soneto]*

sonor, ora. adj. Que sona o pot sonar. *[sonoro]* // Que sona agradablement. *[sonoro]* // Que facilita la propagació del so. *[sonoro]* // En gramàtica, dit d'un fonema en la producció del qual vibren les cordes vocals. *[sonoro]*

sonoritzar. v. tr. Fer sonor, convertir en sonor. *[sonorizar]*

sonso, onsa. adj. i m. i f. Mancat de vivor, d'activitat, de gràcia. *[zonzo]* // m. Peix prim i llarguerut, de color blanquinós i blavenc.

sopa. f. Tros de pa embegut en un líquid. *[sopa]* // Plat fet amb pa tallat a llesques, bullit o escaldat amb llet, etc. *[sopa]*

sopar. m. Menjada principal del vespre. *[cena]*

sopar. v. intr. Fer la menjada pròpia del vespre. *[cenar]*

soper, era. adj. Aplicat al plat més pregon que els ordinaris que serveix per a menjar la sopa. *[sopero]*

sopera. f. Escudella en què se serveix la sopa a taula. *[sopera]*

sopluig. m. Aixopluc. *[cobijo]*

soplujar. v. tr. Aixoplugar. *[guarecer]* // **-se.** Aixoplugar-se. *[guarecerse]*

sopor. m. i f. Son molt pesat. *[sopor]*

soporar. v. tr. Donar sopor. *[aletargar, turbar]*

sor. f. Títol equivalent al de germana, molt usat precedint el nom de les religioses. *[sor]*

sord, orda. adj. Privat totalment o parcialment del sentit de l'oïda. *[sordo]* // Que té un so apagat. *[sordo]* // En gramàtica, dit d'un fonema en la producció del qual no vibren les cordes vocals. *[sordo]*

sordària. f. Privació o disminució de la facultat d'oir. *[sordera, sordez]*

sordejar. v. intr. Ser més o menys sord. *[sordear, ser duro de oído]*

sordesa. f. Qualitat de sord, sordària. *[sordez]*

sòrdid, òrdida. adj. Mesquí, avar, mesquí. *[sórdido]* // Brut, deixat. *[sórdido]*

sordina. f. Peça que s'ajusta a un instrument musical per a disminuir-ne el so. *[sordina]* // fig. Mitigació del soroll de la veu, de l'expressió. *[sordina]*

sord-mut, sorda-muda. adj. i m. i f. Mancat de la paraula per ser sord de naixença. *[sordomudo]*

sorell. m. Peix teleosti que té una serra d'espines a cada costat de la cua. *[jurel, saurel, chicharro]*

sorgir. v. intr. Aparéixer, manifestar-se. *[surgir]* // Ancorar, fondejar.

sorgo. m. Planta gramínia la llavor de la qual és emprada per a aliment dels aucells i per a fer pa. *[sorgo, zahína]* // Llavor d'aquesta planta. *[sorgo, zahína]*

soriguer. m. Aucell de presa de la família dels falcònids, de cap gros i cua llarga, que estén en forma de ventall. *[cernícalo]*

sorna. f. Ironia malèvola, burleta. *[sorna]*

sorneguer, era. adj. Que obra o parla calmosament. *[calmoso, cachazudo]* // Que dissimula la seua mala intenció. *[taimado, irónico]*

soroll. m. So inarticulat, confós a l'orella. *[ruido]* // Bullici, estrèpit.

sorolla. f. Fruit del soroller. *[acerola]*

soroller, era. m. i f. Atzeroler. *[acerolo]*

sorollós, osa. adj. Que fa soroll. *[ruidoso]* // Ple de soroll. *[ruidoso]*

sorprendre. v. tr. Agafar desprevingut, sobtar. *[sorprender]* // Commoure amb alguna novetat o raresa. *[sorprender]* // Causar meravella. *[sorprender]*

sorpresa. f. Acció i efecte de sorprendre o sorprendre's. *[sorpresa]* // Cosa que sorprén. *[sorpresa]*

sorra. f. Arena un poc grossa provinent de la disgregació de les roques. *[sorra, arena]*

sorra. f. Cadascun dels costats del ventre de la tonyina. *[hijada de atún]* // La part inferior del carro formada generalment per una post dessota de la caixa, subjectada per unes cadenes que poden col·locar-se de manera que la post inferior estiga més alta o més baixa.

sorregar. v. tr. Regar un tros de bancal l'aigua que se n'ix d'un altre, d'una séquia, etc. *[sorregar]*

sorrut, uda. adj. Eixut de paraules. *[cazurro, ceñudo]*

sort. f. Encadenament casual dels successos. *[suerte]* // Atzar a què és fiada la resolució d'alguna cosa. *[suerte]* // Tros de terra menut.

sorteig. m. Acció de sortejar. *[sorteo]*

sortejar. v. tr. Sotmetre persones o coses al resultat d'una resolució de la sort. *[sortear]* // Classificar en sorts o classes una mercaderia. *[sortear]*

sortida. f. Eixida. *[salida]* // Erupció cutània. *[salpullido]* // Acudit, ocurrència. *[salida]*

sortilegi. m. Endevinament superticiós per mitjà de sorts. *[sortilegio]*

sortir. v. intr. Eixir. *[salir]* // Brollar amb força l'aigua d'un lloc, d'un ullal. *[salir]* // Eixir la sang violentament d'una ferida. *[salir]* // Eixir un cos ràpidament del lloc on s'està. *[salir]* // Eixir una paraula, un sospir, un sentiment, un pensament, etc., de la boca, del pit, del cor, del cervell, etc. *[salir]*

soscavar. v. tr. Excavar per dessota alguna cosa deixant-la en fals. *[socavar]*

sospesar. v. tr. Alçar una cosa per fer prova del seu pes. *[sopesar]* // Tenir en compte el pes o valor d'una idea o argument. *[sopesar]*

sospir. m. Aspiració prolongada en demostració de pena, ànsia, fatiga, etc. *[suspiro]*

sospirar. v. intr. Fer sospirs. *[suspirar]* // Desitjar una cosa amb deler. *[suspirar]*

sospita. f. Desconfiança, temor o recel d'un engany. *[sospecha]* // Aparença, indici, que fa sospitar alguna cosa. *[sospecha]*

sospitar. v. intr. Tenir sospita, recelar, desconfiar. *[sospechar]*

sostenidor, ora. adj. i m. i f. Que sosté. *[sostenedor]* // m. pl. Mena de faixa per a sostenir els pits. *[sostenes]*

sostenir. v. tr. Resistir totalment o parcialment el pes, a la tendència a desplaçar-se d'alguna cosa. *[sostener]*

sostindre. v. tr. Infinitiu irregular del verb *sostenir,* extret per analogia del futur d'indicatiu: *sostindré, sostindràs, sostindrà...* sostindre. *[sostener]*

sostracció. f. Acció i efecte de sostraure o de sostraure's. *[substracción]*

sostraure. v. tr. Traure part d'una cosa perquè en minve la quantitat. *[sustraer, restar]* // Emparar-se d'una cosa d'altri perquè no puga servir-se'n o exercir una acció. *[sustraer]* // Llevar una cosa fraudulentament. *[sustraer]*

sostre. m. Part interior i superior d'un edifici o d'una habitació. *[techo]* // Cadascuna de les capes de coses posades les unes damunt les altres. *[capa, lecho]*

sot. m. Clot. *[hoyo]* // Petita depressió que s'entolla quan plou. *[hondonada]* // Vall menuda.

sota. f. Desena carta de cada coll del joc de cartes. *[sota]* // Acció de submergir-se totalment en l'aigua. *[somorgujo, chapuzón, zambullida]*

sota. prep. i adv. Davall. *[bajo, debajo]* // Amb subjecció o submissió a persones o coses. *[bajo]*

sotana. f. Vestidura talar pròpia dels eclesiàstics. *[sotana]* // Mola inferior, fixa, d'un molí. *[piedra de asiento]* // Cara inferior d'una alforja.

sotascrit, ita. adj. i m. i f. Infrascrit, signatura o firma d'un escrit. *[infrascrito]*

sotasignat, ada. m. i f. El qui ha posat la seua signatura al peu d'un escrit. *[infrascrito, abajo firmado]*

sotavent. m. Banda oposada a aquella d'on ve el vent. *[sotavento]*

soterrar. v. tr. Colgar sota terra. *[enterrar, sepultar]*

soterrar. m. Enterrament. *[entierro]*

sotil. adj. De condició inferior. *[bajo, sutil]* // Que és poca cosa, insignificant. *[sutil]*

sotjar. v. tr. Espiar, observar amatent. *[acechar, atisbar, vigilar]*

sotmetre. v. tr. Posar a algú o a alguna cosa sota l'autoritat d'un mateix o d'altri. *[someter]*

sotrac. m. Moviment que experimenta un vehicle en trobar una desigualtat del terreny. *[traqueteo, sacudida]*

sotragada. f. Colp fort produït per una ensopegada. *[vaivén]*

sotragar. v. tr. Commoure amb una sotragada. *[traquetear, sacudir]*

sotraguejar. v. intr. Fer sotracs, sacsejar. *[traquear, traquetear]*

sots. prep. Sota, davall. *[bajo]*

sots-arrendar. v. tr. Prendre en arrendament una cosa del qui n'és arrendatari. *[subarrendar]* // Arrendar una cosa un arrendatari a un tercer. *[subarrendar]*

sotsobrar. v. tr. i intr. Tr. Fer caure algú a terra i subjectar-lo sota seu. *[tumbar]* // Intr. Tombar-se una nau de costat donant mitja volta. *[zozobrar]*

sou. m. Moneda antiga de diferent valor segons els temps i els països. En el sistema valencià valia dotze diners i era la vintena part d'una lliura. *[sueldo]* // Estipendi, salari, paga. *[sueldo]*

sovint. adj. Amb freqüència, moltes vegades. *[a menudo]*

sovintejar. v. tr. i intr. Tr. Fer sovint alguna cosa. *[menudear]* // Visitar sovint. *[frecuentar]* // Intr. Esdevenir sovint una cosa. *[menudear]*

suar. v. intr. i tr. Intr. Expel·lir la suor. *[sudar]* // Tr. Excretar suor pels porus de la pell. *[sudar]* // Guanyar amb la suor del treball, afanyar alguna cosa. *[sudar]*

suara. adv. Ara mateix, ara fa un poc.

suarda. f. Substància greixosa excretada per la pell dels moltons i que impregna la llana. *[juarda]*

suau. adj. Bla al tacte. *[suave]* // Agradable als sentits. *[suave]* // Que obra moderadament. *[suave]*

suavitzar. v. tr. Fer suau. *[suavizar]*

subcomissió. f. Grup d'individus d'una comissió que tenen una comesa especial dins aquesta. *[subcomisión]*

subconscient. adj. Aplicat als fets o actes de què el subjecte no té veritable o plena consciència. *[subconsciente]*

subdelegar. v. tr. Delegar un delegat la seua jurisdicció a una altra persona. *[subdelegar]*

súbdit, úbdita. adj. i m. i f. Sotmés a una autoritat sobirana. *[súbdito]*

subdividir. v. tr. Dividir una part d'aquelles en què una cosa era ja dividida. *[subdividir]*

subdivisió. f. Acció i efecte de subdividir o de subdividir-se. *[subdivisión]*

subestimar. v. tr. Estimar en menys del que val. *[subestimar]*

subgènere. m. Categoria d'una classificació compresa entre el gènere i l'espècie. *[subgénero]*

subgrup. m. Subdivisió d'un grup, grup subordinat. *[subgrupo]*

subhasta. f. Venda pública al millor postor. *[subasta]* // Adjudicació de l'execució d'una obra, etc., al concurrent que ofereix millors condicions. *[subasta]*

subhastar. v. tr. Vendre, adjudicar en subhasta. *[subastar]*
subjacent. adj. Situat sota, més avall. *[subyacente]*
subjecció. f. Acció i efecte de subjectar. *[sujeción]* // Servitud, dependència.
subjectar. v. tr. Tenir subjecte a algú o a alguna cosa. *[sujetar]*
subjecte, ecta. adj. Dit d'una cosa sotmesa a l'acció d'una altra que la priva de separar-se'n. *[sujeto]* // Sotmés al poder o domini d'un altre. *[súbdito]* // m. Matèria de què un parla o escriu. *[sujeto]* // Qualsevol persona indeterminada. *[sujeto]* // En gramàtica, la paraula o grup de paraules damunt el qual hom fa una afirmació. *[sujeto]*
subjectiu, iva. adj. Relatiu o pertanyent al subjecte. *[subjetivo]*
subjugar. v. tr. Conquerir per la força, dominar violentament. *[subyugar]*
subjuntiu, iva. adj. Adjuntat com a terme subordinat. // Aplicat al mode del verb que generalment ha de dependre d'un altre verb per a tenir una significació determinada. *[subjuntivo]*
sublevar. v. tr. Alçar contra una autoritat, contra un poder. *[sublevar]*
sublim. adj. Que desperta una emoció pregona per la seua altíssima bellesa, immensa grandesa, etc. *[sublime]*
sublimar. v. tr. Exaltar, elevar a una altura excelsa. *[sublimizar]* // Fer passar un cos sòlid a l'estat de gas o a l'inrevés. *[sublimar]*
submarí, ina. adj. Que està o va sota la superfície de la mar. *[submarino]* // m. Nau que pot navegar sota la superfície de l'aigua. *[submarino]*
submergir. v. tr. Posar alguna cosa sota un líquid. *[sumergir]*
submersió. f. Acció i efecte de submergir o de submergir-se. *[sumersión]*
subministrar. v. tr. Proveir a algú d'allò que necessita. *[suministrar]*
submís, isa. adj. Que mostra submissió. *[sumiso]*
submissió. f. Acció i efecte de sotmetre o de sotmetre's. *[sumisión]* // Obediència, docilitat envers el superior. *[sumisión]*
subordinar. v. tr. Subjectar persones o coses a la dependència d'altres. *[subordinar]* // Classificar com d'orde inferior.
subordinat, ada. m. i f. El qui està sota la dependència jeràrquica d'algú. *[subordinado]*
suborn. f. Acció de subornar. *[soborno]*
subornar. v. tr. Induir a algú amb una recompensa a fer alguna cosa contrària al seu deure. *[sobornar]*
subratllar. v. tr. Assenyalar una lletra, paraula o frase amb una ratlla al dessota. *[subrayar]*
subrepció. f. Ocultació d'un fet o circumstància com a ardit en la pràctica forense. *[subrepción]*
subrogar. v. tr. Posar una persona en el lloc d'una altra. *[subrogar]*
subscripció. f. Acció i efecte de subscriure o de subcriure's. *[subscripción]*
subscriure. v. tr. Signar al peu d'un escrit. *[suscribir]* // Convenir amb el dictamen d'altri. *[suscribir]* // **'s.** Contribuir amb altres al pagament d'una quantitat per a una obra. *[suscribirse]* // Abonar-se a una publicació. *[suscribirse]*
subsidi. m. Diner donat en socors o auxili d'algú o d'alguna cosa. *[subsidio]*
subsistència. f. El fet de subsistir. *[subsistencia]* // Allò que és necessari per al sosteniment de la vida humana. *[subsistencia]*
subsòl. m. Capa de terreny sota la capa de terra laborable. *[subsuelo]*
substància. f. Suc extret de certs aliments. *[sustancia]* // Part essencial d'una cosa. *[sustancia]* // Essència, naturalesa de les coses. *[substancia]*
substanciar. v. tr. Establir la veritat d'una cosa amb proves. *[sustanciar]* // Fer real o existent. *[sustanciar]*
substanciós, osa. adj. Que té molta substància. *[sustancioso]*
substantiu, iva. adj. Que té existència real i independent. // Aplicat al nom amb què són donades a conéixer les persones o coses per llur substància o essència. *[sustantivo]*
substantivar. v. tr. Convertir en substantiu una altra part de l'oració. *[sustantivar]*

substitució. adj. Acció de substituir. *[sustitución]*
substituir. v. tr. Posar una persona o cosa en lloc d'una altra, reemplaçar. *[sustituir]*
substracció. f. Operació de restar. *[sustracción]*
substrat. m. Substància considerada com el suport dels accidents o atributs. *[sustrato]* // Elements pertanyents a una llengua desapareguda i que es conserva en la llengua sobrevinguda. *[sustrato]*
subterfugi. m. Excusa artificiosa. *[subterfugio]*
subterrani, ània. adj. Que està sota terra. *[subterráneo]*
subtil. adj. D'una tenuïtat extrema. *[sutil]* // Que revela una gran agudesa mental.
subtilitzar. v. tr. i intr. Tr. Fer subtil. *[sutilizar]* // Intr. Fer distincions, observacions, etc. *[sutilizar]*
subtrahend. m. Quantitat que cal restar d'una altra. *[sustraendo]*
suburbi. m. Raval d'una ciutat, barri exterior d'una ciutat o vila. *[suburbio]*
subvenció. f. Acció i efecte de subvenir. *[subvención]* // Quantitat amb què una cosa és subvinguda. *[subvención]*
subvencionar. v. tr. Gratificar amb una subvenció. *[subvencionar]*
subvenir. v. intr. Ajudar, socórrer. *[subvenir]*
subversió. f. Acció i efecte de subvertir. *[subversión]*
subvertir. v. tr. Trastornar, capgirar. *[subvertir]*
subvindre. v. intr. Infinitiu irregular del verb *subvenir*, extret per analogia del futur d'indicatiu: *subvindré, subvindràs, subvindrà...* subvindre. *[subvenir]*
suc. m. Part líquida extreta de les substàncies animals i vegetals. *[jugo, zumo]* // Salsa dels cuinats. *[jugo]* // Substància o part més important d'una cosa física o moral. *[meollo]* // Seny, coneixement, juí. *[caletre]*
sucar. v. tr. Fer que certa quantitat d'un suc o líquid qualsevol penetre alguna cosa que s'hi fica o trau. *[mojar, untar]* // Mullar el pa o altra menja en un líquid. *[mojar, untar]*
succedani, ània. adj. Dit d'una cosa que és usada en lloc d'una altra. *[sucedáneo]*
succeir. v. intr. Entrar una persona o cosa en lloc d'una altra en un càrrec, dignitat, etc., en la possessió d'alguna cosa. *[suceder]* // Esdevenir un fet. *[suceder]*
succeït. m. Succés, esdeveniment. *[suceso, sucedido]*
succés, (pl. **essos**). m. Esdeveniment, sobretot si és de certa importància o fora del cas ordinari. *[suceso]*
successió. f. Acció i efecte de succeir. *[sucesión]* // Descendència directa d'un tronc familiar. *[sucesión]*
successiu, iva. adj. Dit de les coses que es succeeixen les unes a les altres. *[sucesivo]*
succió. f. Acció de xuplar. *[succión]*
sucós, osa. adj. Que té suc. *[sucoso, jugoso]*
sucre. m. Substància dolça que extrauen de la remolatxa, de la canya dolça o d'altres vegetals. *[azúcar]*
sucrer, era. adj. Relatiu o pertanyent al sucre. *[azucarero]* // m. i f. Fabricant o comerciant de sucre. *[azucarero]* // El qui fa dolços i confitures. *[confitero]*
suculent, enta. adj. Sucós, nutritiu, substanciós. *[suculento]*
sucumbir. v. intr. Cedir a una cosa a la qual hom no pot resistir més. *[sucumbir]*
sucursal. adj. Dit d'un establiment que depén d'un altre. *[sucursal]*
sud. m. El punt cardinal oposat al nord. *[sud, sur]* // Part de la terra, regió, situada a la banda del sud. *[sud, sur]*
sudari. m. Llenç amb què s'embolcalla un mort. *[sudario]*
sud-est. m. Punt de l'horitzó a igual distància del sud que de l'est. *[sudeste]*
sud-oest. m. Punt de l'horitzó a igual distància del sud que de l'oest. *[sudoeste]*
suficiència. f. Qualitat de suficient. *[suficiencia]* // Confiança en si mateix. *[suficiencia]*
suficient. adj. Que té suficiència. *[suficiente]* // Que és prou per a allò que cal. *[suficiente]*
sufix, ixa. adj. Element que s'afegeix a la fi d'un mot. *[sufijo]*

sufixar. v. tr. Afegir un sufix a un mot o al seu radical. *[sufijar]*
sufocar. v. tr. Impedir la respiració a algú. *[sofocar]* // Fer sortir els colors a algú avergonyint-lo. *[sofocar]* // Apagar, extingir. *[sofocar]* // Reprimir un sentiment, un alçament passional, etc.
sufragar. v. tr. Prestar ajut a alguna cosa. *[sufragar]*
sufragi. m. Obra que s'aplica a la salvació de les ànimes dels difunts. *[sufragio]* // Vot donat amb motiu d'una elecció. *[sufragio]*
suggerència. f. Acció de suggerir. *[sugerencia]*
suggerir. v. tr. Insinuar o fer recordar una cosa. *[sugerir]* // Inspirar a algú allò que ha de dir o fer. *[sugerir]*
suggestió. f. Acció de suggerir. *[sugestión]* // La cosa suggerida. *[sugestión]* // Acció i efecte de suggestionar. *[sugestión]*
suggestionar. v. tr. Produir en algú una suggestió. *[sugestionar]*
suïcida. m. i f. El qui es mata a si mateix. *[suicida]*
suïcidar-se. v. pron. Llevar-se la vida, matar-se a si mateix. *[suicidarse]*
suïcidi. m. Acció i efecte de suïcidar-se. *[suicidio]*
suís, ïssa. adj. i m. i f. Natural o propi de Suïssa. *[suizo]*
sulfurar. v. tr. Combinar un cos amb el sofre. *[sulfurar]*
sulsir. v. tr. Abrusar, salsir, socarrar, solsir. *[achicharrar]*
sultà. m. Sobirà d'un estat mahometà, soldà. *[sultán]*
suma. f. Resultat de l'operació de sumar. *[suma]* // Agregat de moltes coses. *[suma]* // Acció de sumar. *[suma]*
sumand. m. Cadascuna de les quantitats d'una suma. *[sumando]*
sumar. v. tr. Penetrar a poc a poc un líquid pels porus d'un cos sec, deixant-lo banyat. *[recalar]* // Eixir-se'n el líquid d'un recipient a través dels porus, restant humida la paret exterior. *[rezumar]*
sumar. v. tr. Reunir diverses quantitats en una sola. *[sumar]*
sumari, ària. adj. Reduït a compendi breu, succint. *[sumario]* // m. Conjunt d'actuacions judicials encaminades a preparar un judici. *[sumario]* // f. Procés escrit. *[sumaria]*
summa. f. Recopilació de totes les parts d'una ciència. *[suma]*
súmmum. m. El grau més alt al qual arriba alguna cosa. *[súmmum]*
sumptuós, osa. adj. Que és d'una gran magnificència, molt luxós. *[suntuoso]*
suny. m. Arrufament del front i de les celles en senyal d'enuig. *[ceño]* // Aspecte amenaçador que prenen les coses. *[ceño]*
suor. f. Líquid secretat per les glàndules sudorípares del cos de l'animal i que es compon principalment d'aigua, urea, greix i àcid carbònic. *[sudor]*
supeditar. v. tr. Fer dependre una cosa d'una altra. *[supeditar]*
superar. v. tr. Véncer un obstacle, dificultat, etc. *[superar]*
superàvit. m. Excés dels ingressos sobre les despeses. *[superávit]*
superb, erba. adj. D'una magnificència, d'una bellesa que imposa. *[soberbio]* // Superbiós, que té o manifesta supèrbia.
supèrbia. f. Excessiva estima de si mateix amb menyspreu dels altres. *[soberbia]* // Desig immoderat de la pròpia exaltació. *[soberbia]*
superbiòs, osa. adj. Que té supèrbia. *[soberbioso]* // Que revela supèrbia. *[soberbioso]*
superfície. f. La part externa d'un cos que el limita per tots els costats. *[superficie]* // La cara superior d'una massa líquida. *[superficie]*
superior. adj. Situat més amunt. *[superior]* // m. El qui té autoritat sobre un altre. *[superior]* // Director o governador d'una comunitat. *[superior]*
superioritat. f. Qualitat de superior. *[superioridad]* // Persona o conjunt de persones d'autoritat superior. *[superioridad]*
superlatiu, iva. adj. Molt gran i excel·lent entre els de la seua espècie. *[superlativo]* // Aplicat a l'adjectiu que expressa el grau suprem d'una qualitat. *[superlativo]*

superposar. v. tr. Posar una cosa sobre l'altra. *[superponer]*

superstició. f. Creença que no és de fe i que és contra la raó. *[superstición]*

supervivència. f. Acció i efecte de sobreviure. *[supervivencia]* // Donació estipulada a favor del qui sobreviu. *[supervivencia]*

suplantar. v. tr. Ocupar amb males arts el lloc d'una altra persona. *[suplantar]*

suplement. m. Allò que s'afegeix a una cosa per a fer-la més completa. *[suplemento]*

súplica. f. Acció de suplicar. *[súplica]* // Escrit en què es suplica alguna cosa. *[súplica]*

suplicar. v. tr. Demanar amb submissió i humilitat. *[suplicar]*

suplici. m. Pena corporal greu. *[suplicio]* // Patiment atroç. *[suplicio]*

suplir. v. tr. Proveir amb una cosa a la manca d'una altra. *[suplir]* // Posar-se un en lloc d'un altre. *[suplir]*

suport. m. Peça de sosteniment. *[soporte]* // Cosa que en sosté una altra. *[soporte, sostén]*

suportar. v. tr. Rebre el pes, l'esforç d'una cosa sense cedir. *[soportar]* // Sofrir, tolerar. *[soportar]*

suposar. v. tr. Admetre com a cert o real allò que un imagina com a tal. *[suponer]* // Sobreentendre alguna cosa no expressada. *[suponer]*

suposició. f. Acció i efecte de suposar. *[suposición]*

supòsit. m. Allò que hom suposa o admet com a real o cert. *[supuesto, suposición]*

supositori. m. Cilindre o con d'una substància medicamentosa per a introduir en l'anus, etc. *[supositorio]*

suprem, ema. adj. Superior a tots els altres, que ateny el grau màxim. *[supremo]* // Darrer dins la vida d'algú. *[supremo]*

supressió. f. Acció i efecte de suprimir. *[supresión]*

suprimir. v. tr. Fer desaparéixer, abolir, extingir. *[suprimir]*

supurar. v. intr. Produir pus, secretar amb pus. *[supurar]*

surar. v. intr. Sostenir-se un cos a la superfície d'un líquid, sense afonar-se. *[flotar]* // Prosperar. *[medrar]*

suro. m. Part exterior de l'escorça de l'alzina surera. *[corcho]* // Surera.

suscitar. v. tr. Promoure, fer sorgir. *[suscitar]*

susdit, ita. adj. Dit anteriorment, esmentat més amunt. *[susodicho]*

suspendre. v. tr. Tenir alguna cosa en l'aire, de manera que penge. *[suspender]* // Parar una obra o acció temporalment. *[suspender]* // Privar a algú del seu càrrec o del seu sou. *[suspender]* // Negar l'aprovació a un examinand. *[suspender]*

suspens, ensa. adj. Que és suspés. *[suspenso]* // m. Nota de desaprovació d'un examen. *[suspenso]*

suspensió. f. Acció i efecte de suspendre. *[suspensión]* // En música, prolongació d'una nota d'un acord damunt l'acord següent. *[suspensión]*

suspicaç. adj. Propens a la desconfiança. *[suspicaz]*

sustentar. v. tr. Defensar una tesi o dictamen. *[sustentar]* // Mantenir, donar aliment. *[sustentar]*

sutge. m. Sutja. *[hollín]*

sutja. f. Substància negra que prové de la combustió incompleta de les matèries orgàniques i que es deposita en els tubs que condueixen el fum. *[hollín]*

sutura. f. Cosidura, especialment la que es fa per a unir els llavis d'una ferida. *[sutura]* // Línia d'unió dels ossos del crani. *[sutura]* // En botànica, línia d'unió de dos marges adjacents. *[sutura]*

t t t t t t t t

t. f. Vintena lletra de l'alfabet. *[t]*
ta, (pl. **es**). Femení de l'adjectiu possessiu ton. *[tu]*
taba. f. Un dels ossos del taló. *[astrágalo]* // Joc que es juga amb aquest os. *[taba]* // Conversa insistent d'assumpte incoherent. *[taba]* // Plec de condicions d'una venda, arrendament, etc. *[taba]*
tabac. m. Panereta, especialment per a posar pa, fruita, flors, fils i utensilis de la costura, etc. *[tabaque, canastilla]*
tabac. m. Planta solanàcia les fulles de la qual s'usen per a ser fumades. *[tabaco]*
tabal. m. Instrument musical de percussió. *[atabal, timbal]*
tabaler. m. El qui toca el tabal. *[tamborilero]* // El qui fa tabals.
tabalet. m. Tabal menut que se sona en les festes populars i sol acompanyar la dolçaina. *[atabalejo]*
tabaquet. m. Cistelleta per a tenir coses de cosir. *[cestita]*
tabarra. f. Conversa llarga i enutjosa, llanda. *[tabarra]*
tabernacle. m. Sagrari de l'altar on es guarda l'hòstia consagrada. *[tabernáculo]* // Tenda on els hebreus tenien posada l'Arca de l'Aliança. *[tabernáculo]*
tabola. f. Acció de divertir-se sorollosament. *[tabaola, batahola, zambra, broma]* // Home avalotat i de poc seny. *[tronera]*
taboll, olla. adj. Grosser, estúpid. *[zafio, torpe]*
taboll. m. La figa o bacora no madura, però entrada ja en color. // adj. Mig madur, aplicat a certes fruites, quan encara no estan per a menjar per verdenques.
tabú, (pl. **ús**). m. Interdicció supersticiosa sobre l'ús de certes coses o paraules o l'acompliment de certes accions. *[tabú]*
tabular. adj. Que presenta una superfície plana. *[tabular]* // Disposat formant una taula, que figura en una taula. *[tabular]*
tac. m. Tros de fusta o cuir que s'ajusta a algun forat. *[taco]*
taca. f. Senyal visible d'alguna substància que enlletgeix una cosa. *[mancha]*
tacany, anya. adj. De baixa moralitat. *[tacaño]* // Avar, mancat de generositat. *[tacaño]*
tacar. v. tr. Fer taques. *[manchar]*
tàcit, àcita. adj. Que es deixa endevinar sense ser expressat. *[tácito]*
taciturn, urna. adj. Habitualment silenciós, que defuig de conversar. *[taciturno]*
tacó. m. Taló de les sabates. *[tacón]*
tacte. m. Sentit amb el qual es percep la suavitat o aspror de les coses. *[tacto]*
tàctica. f. Conjunt de regles que regeixen les operacions militars. *[táctica]* // fig. Camí més o menys hàbil; procediment adoptat per a un resultat determinat. *[táctica]*
tafanejar. v. tr. Exercir algú la seua curiositat en coses que no li importen. *[curiosear]*
tafaner, era. adj. Amic de tafanejar. *[curioso]*
tafarra. f. Corretja ampla que subjecta la sella passant per sota la cua de les cavalleries. *[ataharre]* // Vanitat, presumpció. // adj. Presumit.
tafulla. f. Mesura agrària meridional, quadrat de 16 braces o sia 256 braces quadrades, equivalent a 10'64 àrees. *[tahúlla]*
tafur. m. El qui freqüenta les cases de joc, jugador d'ofici. *[tahúr]*
tafurer, era. m. i f. Freqüentador de cases de joc. *[tahúr]*

taifa. f. Bàndol, estol indisciplinat, partit subversiu, conjunt menyspreable. *[taifa]*

taina. f. Dansa popular valenciana que es balla acompanyada de tabal i dolçaina. // Gatzara, tabola. *[bulla, gresca]*

tal. adj. Semblant. *[tal]* // m. i f. Mot que s'empra per a designar el nom d'una persona que un no sap o no vol dir. *[fulano]*

talaia. f. Torre des d'on s'albira un gran espai de terra o de mar. *[atalaya]*

talar. v. tr. Tallar arran de terra una arbreda. *[talar]* // Arrasar poblats, camps, etc. *[talar]*

talc. m. Mineral suau al tacte, constituït per un silicat magnèsic. *[talco]*

taleca. f. Mesura de quatre barcelles. *[talega]* // Sac que li caben quatre barcelles. *[talega]* // Saquet o bossa ampla i curta de roba basta per a portar-hi el pa i altres coses. *[talega]*

taleia. f. Deler, costum, fal·lera. *[anhelo, obsesión]*

tàlem. m. Cambra i llit nupcials. *[tálamo]* // Dilatació terminal d'un peduncle que sosté els verticals florals. *[tálamo]* // Dosser per a cobrir a algú i defensar-lo del sol. *[tálamo, dosel]*

talent. m. Antiga unitat de pes, usada especialment com a múltiple monetari. Entre els grecs valia 60 mines o 6.000 dracmes. En el sistema valencià valia 72 lliures, equivalents a 6.912 dracmes de dos argenços cadascun; era el pes de dues arroves, ço és 25'56 kgs. *[talento]*

talent. m. Capacitat natural o adquirida per a certes coses. *[talento]*

talió. m. Pena que consisteix a fer sofrir al delinqüent un dany igual al que ell ha causat. *[talión]*

talismà. m. Pedra, anell, etc., al qual s'atribueix una virtut sobrenatural. *[talismán]*

tall. m. Vora tallant d'una espasa, ganivet o altre instrument de tallar. *[corte]* // Incisió. // Allà on sega, etc., una colla de treballadors. *[tajo]* // Acció i efecte de tallar. *[corte]*

talla. f. Estatura o alçada d'un home. *[talla]* // Acció i efecte de tallar segons una forma determinada. *[talla]* // Obra d'escultura en fusta. *[talla]* // Repartició d'un tribut o impost. *[talla]*

tallament. m. Acció i efecte de tallar. *[cortadura]*

tallant. adj. Que talla. *[cortante, cuchilla]* // m. Nom de diferents instruments emprats per a tallar. *[cuchilla]*

tallar. v. tr. Fer talls o incisions. *[cortar]* // Fer obres de talla. *[tallar]* // En el joc de pilota valenciana, acció de pegar a la pilota de forma que passe molt forta i ajustada a la corda.

tallaruca. f. Retall, talladura. *[recorte, retazo]*

taller. m. Obrador d'un industrial o artista. *[taller]*

taló. m. La part posterior del peu, i part del calçat que la cobreix. *[talón]* // Document format per una pàgina d'un llibre, on queda la matriu en arrancar-lo. *[talón]*

talonari. m. Llibre que conté talons per a rebuts, lliurances o altres documents. *[talonario]*

talòs, ossa. adj. i m. i f. Tros de fusta gruixut. *[zoquete]* // Dit d'una persona obtusa, mancada de vivor.

talp. m. Mamífer insectívor, semblant a una rata. *[topo]*

talpó. m. Mamífer insectívor petit que habita en galeries que fa sota la terra, talp.

talús, (pl. **ussos**). m. Inclinació del parament d'un mur, d'un tallat del terreny, etc. *[talud]*

tamariu. m. Arbust de la família de les tamaricàcies de fulles escamoses que viu a les vores dels rius. *[tamariz]*

també. adv. De la mateixa manera, igualment, a més. *[también]*

tambor. m. Tabal i persona que el toca. *[tambor]* // Cercle de fusta damunt el qual estenen la roba per a brodar-la. *[tambor]* // Timpà de l'orella.

tamborí. m. Tambor menut penjat del braç esquerre, que toquen amb una sola baqueta. *[tamboril]* // En el joc de pilota valenciana, xamfrà de pocs centímetres d'altura que, tant a la banda del rest com a la del dau, mata l'angle que fan els frontons amb el sòl del trinquet.

tamborinada. f. Tronada lleugera. // Colp d'aigua. // Colp fort donat amb la mà. *[trompazo]* // Caiguda violenta. *[batacazo]* // Colp o so de tamborí. *[tamborilazo, tamborinada]*

tamís. m. Sedàs molt fi, generalment de seda. *[tamiz]*

tamisar. v. tr. Passar pel tamís. *[tamizar]*

tampó. m. Feltre xopat de tinta amb què hom suca la superfície d'un segell, etc. *[tampón]*

tampoc. adv. Negació d'una cosa després d'haver-ne negada una altra. *[tampoco]*

tan. adv. Indicació d'equivalència o igualtat, usada davant un adjectiu o adverbi. *[tan]*

tanc. m. Manera de tancar-se alguna cosa. *[cierre]* // Automòbil cuirassat i artillat. *[tanque]* // Recipient metàl·lic destinat a contenir gran quantitat d'un líquid. *[tanque]*

tanca. f. Reixa, estacada, etc., amb què es circumda un espai de terreny. *[cercado, cerca]* // Balda amb què es tanca una porta, etc. *[cierre]*

tancar. v. tr. Privar l'entrada en un lloc. *[cerrar]* // Fer córrer el pestell d'un pany. *[cerrar]* // Tapar un conducte. *[cerrar]*

tanda. f. Cadascun dels grups de persones que alternen en un treball. *[tanda]* // Moment d'acomplir l'acció en una sèrie de coses o accions alternatives o successives. *[tanda]* // Sèrie. // El cap, en llenguatge familiar. *[calabaza]*

tàndem. m. Bicicleta per a dues o més persones. *[tándem]* // Tir de cavalls posats l'un darrere l'altre. *[tándem]*

tangent. adj. Que toca en un sol punt a una línia, a una superfície. *[tangente]* // f. Recta que té algun punt comú amb una corba o una superfície sense tallar-la. *[tangente]*

tangible. adj. Que es pot tocar. *[tangible]* // Perceptible al tacte. *[tangible]*

tanmateix. adv. Expressa que una cosa és lògic que ocórrega, malgrat allò que semblava oposar-se. *[desde luego, así y todo, con todo]*

tanoca. adj. i m. i f. Babau, curt d'enteniment. *[tonto, babieca, majadero]*

tant, anta. adj., pron. i adv. En gran quantitat. *[tanto]* // m. Quantitat determinada d'una cosa. *[tanto]*

tanto. m. En el joc de pilota valenciana cadascun dels punts que es guanyen en la partida.

tantost. adv. Tot seguit, immediatament. *[en seguida]* // Tan prompte. *[tan pronto]*

tany. m. Brot novell d'un arbre. *[renuevo, vástago, pimpollo]*

tanyar. v. intr. Traure tanys una planta. *[rebrotar]*

tap. m. Peça de suro, etc., per a tapar una obertura. *[tapón]* // Dificultat, inconvenient.

tapa. f. Peça que tanca per la part superior una capsa, caixa, etc. *[tapa]* // Coberta còrnia de la peüngla d'un cavall. *[tapa]* // Cadascuna de les peces de sola que componen el taló de la sabata. *[tapa]*

tapador, ora. adj. i m. i f. Que tapa. *[tapador]* // m. Peça per a tapar que encaixa en una boca o obertura. *[tapador, tapa]* // f. Peça que s'aplica a la boca d'una olla, cassola, perol, etc. *[tapadera]*

tapall. m. Qualsevol cosa que priva la vista d'una altra. *[cobertura]*

tapar. v. tr. Posar el tap a una ampolla, etc. *[tapar]* // Posar en un forat o cavitat alguna cosa per a cloure'l, tancar-lo, obstruir-lo, impedir la comunicació. *[tapar]* // Posar alguna cosa damunt una altra, abrigant-la, defensant-la de la pols, etc. *[tapar]* // Un cos opac interceptar la vista d'alguna cosa. *[tapar]*

taper, era. adj. Relatiu o pertanyent a la fabricació dels taps. *[taponero]* // m. El qui fa taps. *[taponero]*

tàpera. m. Botó floral comestible de la taperera. *[alcaparra]* // Taperera.

taperera. m. Arbust ramós de tronc espinós i flors blanques i grosses, que fa les tàperes. *[alcaparra]*

tapeta. f. Llenca de roba cosida a la boca d'una butxaca per a tapar-la o per pur ornament. *[cartera, pata]*

tapí. m. Mena de sandàlia que usaven les dones. *[chapín]*

tàpia. f. Tros de paret fet de terra pastada

i premsada i assecada a l'aire. *[tapia]* // Paret prima que clou un espai descobert. *[tapia]*

tapiar. v. tr. Tancar amb tàpia. *[tapiar]* // Tancar una obertura amb una paret o embà. *[tabicar, tapiar]*

tapiner, era. m. i f. El qui feia o venia tapins. *[chapinero]*

tapineria. f. Ofici de tapiner. *[chapinería]* // Botiga o barri on venien tapins. *[chapinería]*

tapioca. f. Fècula blanca, en gra, que extrauen de l'arrel de la mandioca. *[tapioca]*

tapir. v. tr. Fer compacta, fer que esdevinga espessa, comprimir una cosa, una tela, sedàs, disminuint o fent desaparéixer els intersticis, atapeir. *[tupir, apretar]*

tapís, (pl. **issos**). m. Peça de roba amb grans dibuixos que serveix per a ornament de les parets. *[tapiz]*

tapó. m. Tap. *[tapón]*

taponar. v. tr. Obstruir amb un tap o tapó *[taponar]*

taquígraf, ígrafa. m. i f. El qui practica la taquigrafia. *[taquígrafo]*

taquigrafia. f. Art d'escriure per mitjà de signes abreujats. *[taquigrafía]*

taquilla. f. Lloc on es despatxen els billets per a un ferrocarril o un espectacle, finestreta. *[taquilla]*

tara. f. Part del pes rebaixada de les mercaderies per raó de l'embalatge. *[tara]* // Imperfecció que disminueix el valor d'una cosa. *[tara]*

taral·lejar. v. tr. Cantar sense dir paraules. *[tararear]*

tarambana. f. Que obra sense seny, sense preocupació per la serietat o formalitat. *[tarambana]*

tarannà, m. Manera de procedir, caràcter. *[talante, carácter]*

tarara. f. Nom d'un cant i ball propi dels dies de Pasqua que es balla formant rogles agafant-se per les mans i voltant molt de pressa. *[tarara]*

tararot. m. Persona bulliciosa, inquieta, de poc coneiximent, que fa les coses amb lleugeresa i poca formalitat. *[atarantado, majadero, tonto]*

tard. adv. A una hora avançada. *[tarde]* // Passat el temps oportú. *[tarde]*

tard, arda. adj. Tardà, lent, que obra menys de pressa del que cal, que arriba després del que cal. *[tardo]*

tarda. f. Part del dia compresa entre el migdia i el vespre, vesprada. *[tarde]*

tardà, ana. adj. Que tarda a fer qualsevol cosa. *[tardío]*

tardar. v. intr. Venir tard. *[tardar]* // Posar-se tard a fer alguna cosa. *[tardar]*

tardejar. v. intr. Ser més o menys tard o tardà. *[tardear]*

tardor. f. Estació de l'any que segueix l'estiu, la primavera d'hivern, autummne.

targeta. f. Tros rectangular de cartolina que porta imprés o escrit els noms d'una persona, adreça, etc. *[tarjeta]*

tarifa. f. Llista dels preus o imposts que cal pagar per les coses o treballs. *[tarifa]*

tarima. f. Empostissat movible que forma una plataforma un poc més elevada que el paviment d'una sala. *[tarima]*

tarja. f. Escut militar medieval de forma rectangular. *[tarja]* // Obertura rectangular damunt d'una porta. *[claraboya]* // Placa rectangular on hi ha escrit un nom, una indicació. *[tarja]* // Targeta.

taronger, era. adj. Relatiu o pertanyent a les taronges o al conreu de les taronges. *[naranjero]* // m. Arbre de la família de les rutàcies de fulles molt verdes i llustroses, flors blanques i molt flairoses i fruits comestibles. *[naranjo]*

taronja. f. Fruit del taronger. *[naranja]*

tarquim. m. Llot, solatge que les aigües estancades depositen en el fons. *[tarquín, lodo]*

tarragoní, ina. adj. i m. i f. Natural o propi de Tarragona. *[tarraconense]*

tars. m. Part posterior del peu entre el metatars i la cama. *[tarso]*

tartana. f. Barca de pescar amb la mena d'eixarria dita tartana // Embarcació de cabotatge de vela llatina i d'un sol pal. *[tartana]* // Carruatge de dues rodes cobert de vela, que, inicialment, feia el servici de la Ciutat al Grau de València, menat pels primers tartaners valencians que eren pescadors vells retirats de la pesca. *[tartana]*

tàrtar, àrtara. adj. Relatiu o pertanyent a Tartària. *[tártaro]* // m. Substància que el most deposita en el fons i les parets del cup, bótes, etc. *[tártaro]*

tarús, (pl. **ussos**). m. Inclinació d'un terreny, rampa; caient inclinat del costat d'una muntanya escarcatada per les runes, erosió, etc.; talús. *[declive]* // **a tarús.** Formant tarús. *[en declive]*

tas. m. Peça de ferro que serveix com a motle per a donar forma a objectes metàl·lics. *[tas]*

tasca. f. Treball que cal acabar dins un temps determinat. *[tarea]* // Treball que hom té l'obligació de fer, que és la seua faena habitual. *[tarea]*

tascó. m. Tros de fusta, ferro, etc., acabat en tall que serveix per a esberlar fusta, pedra, etc., fer forta una cosa dins una altra introduint-lo en un interstici, etc. *[cuña]*

tassa. f. Escudella de diferents matèries per a prendre café, te, etc. *[taza]* // El contingut d'una tassa. *[taza]*

tassall. m. Tros de carn assecada. *[tasajo]* // Cosa feta a trossos.

tassó. m. Tassa de terrissa, de porcellana, etc., més gran que la tassa ordinària, amb anses o sense. *[tazón, escudilla]*

tast. m. Acció i efecte de tastar. *[cata]* // Porció d'un menjar o beguda que hom pren per a saber si és al punt. *[cata, prueba]*

tastar. v. tr. Provar alguna cosa per saber el gust que té. *[catar, probar]* // Menjar per primera vegada d'una cosa. *[probar]*

tatuar. v. tr. Gravar dibuixos indelebles a la pell humana. *[tatuar]*

tatxa. f. Clau mitjà de ferro usat preferentment en la confecció de caixes per a fixar els elements de fusta que la componen. *[clavo]* // f. Taxa. *[tasa]*

tatxar. v. tr. Tallar un tros d'una fruita per a provar-la, assajar. *[calar, probar]* // Taxar. *[tasar]*

taujà, ana. adj. Persona inculta i rústica. *[paleto, patán, palurdo, babazorro]*

taula. f. Peça de fusta llarga, prima i plana. *[tabla]* // Llista de coses posades per orde. *[índice]* // Moble que consisteix en una peça llisa i plana sostinguda per un o més petges que serveix per a menjar, etc. *[mesa]* // Pintura feta damunt una post. *[tabla]*

taulat. m. Empostissat, sostre o guarniment de posts. *[tablado]*

taulell. m. Taula estreta i llarga damunt la qual els botiguers mostren les mercaderies. *[mostrador]* // Rajoleta fina quadrada. *[baldosa, azulejo]*

tauler, era. m. i f. El qui té una taula de vendre llet, carn, etc.

tauler. m. Conjunt de peces de fusta que formen una superfície plana i llisa. *[tablero]*

tauló. m. Post gruixuda. *[tablón]*

taumaturg. m. Faedor de miracles, de coses prodigioses. *[taumaturgo]*

tauró. m. Peix selaci, molt gros, molt corredor i extremadament voraç. *[tiburón]*

taüt. f. Caixa on es posa un cadàver per a portar-lo a enterrar. *[ataúd]*

tavà. m. Tave. *[tábano]*

tave. m. Insecte dípter semblant a la mosca proveït d'un fibló que li permet travessar la pell i xuplar la sang dels animals. *[tábano]* // Colp violent. *[tortazo, puñetazo]*

tàvec. m. Tave.

tavella. f. Baina que serveix d'embolcall del gra dels llegums, bajoca. *[vaina]* // Doblec de la roba fet per adornament. *[pliegue, doblez]*

taverna. f. Establiment o botiga on venen al detall vi i altres begudes espiritoses. *[taberna]*

taxa. f. Acció i efecte de taxar. *[tasa]* // Preu fix posat per l'autoritat a les coses que són objecte de venda. *[tasa]* // Mesura.

taxar. v. tr. Posar preu a una cosa. *[tasar]*

taxi. m. Automòbil proveït d'un taxímetre. *[taxi]*

taxímetre. m. Instrument que assenyala la distància recorreguda per un vehicle, emprat especialment en els automòbils de lloguer. *[taxímetro]*

te, (pl. **es**). Nom de la lletra «t». *[te]*

te. Forma del pronom de segona persona, singular, que fa de complement directe o indirecte. *[te]*

te, (pl. **es**). m. Arbret de la família de les teàcies. *[té]* // Infusió que s'obté de les fulles d'aquest arbust amb aigua bullent. *[té]* // Reunió de persones durant la qual es serveix aquesta infusió. *[té]*

teatre. m. Lloc destinat a la representació d'espectacles escènics. *[teatro]* // Literatura destinada a ser representada. *[teatro]* // Lloc on s'acompleix un fet. *[teatro]*

tebi, èbia. adj. Ni fred ni calent. *[tibio]* // Moderadament calent. *[tibio]*

tec. m. Menjada abundosa i bona. *[comilona, guateque]* // Qualitat de la pilota en la qual pren part el tacte i el so que fa quan bota.

tecla. f. En un piano, orgue, etc., cadascuna de les barretes de fusta i vori que, premudes pels dits de l'executant, actuen sobre el mecanisme que produeix els sons. *[tecla]*

teclat. m. Conjunt de tecles d'un instrument. *[teclado]*

teclejar. v. intr. Moure les tecles d'un instrument prement-les amb els dits. *[teclear]*

teclós, osa. adj. Minuciós, massa remirat, carregat de romanços. *[quisquilloso]*

tècnic, ècnica. adj. Relatiu o pertanyent a les aplicacions de les ciències i les arts. *[técnico]* // Aplicat a les paraules pròpies d'un art, ciència o ofici. *[técnico]* // m. i f. Versat en una tècnica. *[técnico]*

tècnica. f. Conjunt de coneiximents i regles d'un art o ciència. *[técnica]*

tedi. m. Molèstia causada per la continuïtat o repetició d'una cosa que no ens interessa. *[tedio]*

tediós, osa. adj. Que dóna tedi. *[tedioso]*

tegell. m. Cadascuna de les peces de fusta curtes que es col·loquen de biga a biga, en sentit perpendicular a aquestes, i serveixen per a sostenir la teulada. *[ripia]*

teia. f. Fusta resinosa del pi, que crema amb molta facilitat. *[tea]* // Estella d'aquesta fusta. *[tea]*

teixir. v. tr. Passar la trama per entre els fils d'ordit, a fi de formar la peça de roba. *[tejer]* // Enllaçar o entrecreuar fils o cordons. *[tejer]*

teixit. m. Entrellaçament del fil o fils que formen una tela o treball anàleg. *[tejido]* // Cadascun dels diferents elements anatòmics que formen les parts sòlides dels cossos organitzats. *[tejido]*

teixó. m. Mamífer carnisser molt apreciat per la seua pell i pèls, dels quals es fan pinzells i bronges. *[tejón]*

tel. m. Coberta membranosa tenuíssima. *[membrana, brizna.* // Capa que formen alguns líquids a la superfície i lleva la transparència. *[capa, paño]* // Allò que lleva la visió clara d'una cosa. *[velo]*

tela. f. Treball fet amb fils entrellaçats. *[tela]* // Teranyina.

telèfon. m. Instrument per a transmetre a distància els sons. *[teléfono]*

telefonar. v. tr. Parlar o comunicar per telèfon. *[telefonear]*

telefònic, ònica. adj. Relatiu o pertanyent al telèfon. *[telefónico]*

telègraf. m. Sistema de transmissió i recepció de signes, senyals o escrits per fil mitjançant dispositius electromagnètics, telegrafia. *[telégrafo]* // Aparell d'un determinat sistema telegràfic. *[telégrafo]* // pl. Administració o oficina de telegrafia. *[telégrafos]*

telegrafia. f. Art de construir, instal·lar i manejar telègrafs. *[telegrafía]*

telegrafiar. v. tr. Transmetre per telègraf.

telegràfic, àfica. adj. Relatiu o pertanyent a la telegrafia. *[telegráfico]*

telegrama. m. Comunicació transmesa pel telègraf. *[telegrama]*

teleosti. adj. Aplicat als peixos d'esquelet ossi. *[teleósteo]*

telepatia. f. Percepció d'un fenomen que no és a l'abast dels sentits. *[telepatía]*

teler. m. Aparell o màquina per a teixir. *[telar]*

telescopi. m. Instrument òptic, usat per a observar els astres. *[telescopio]*

teletip. m. Aparell telegràfic arítmic, transmissor, amb un teclat com les màquines d'escriure. *[teletipo]*

televisar. v. tr. Difondre per televisió. *[televisar]*

televisió. f. Radiodifusió simultània d'imatges i de sons. *[televisión]*

televisor. adj. i m. i f. Aparell receptor dels sons i les imatges emeses per televisió. *[televisor]*

tell. m. Mata de fulles persistents i corretjoses, l'escorça de la qual serveix per a cauteris. *[torvisco]* // Tília. *[tilo]*

tella. f. Tros redó de teula, test o altra matèria semblant amb què juguen els xiquets. *[tejo]* // Qualsevol fragment de matèria sòlida caigut de dalt, d'una teulada, etc., o llançat violentament contra algú.

tellós, osa. adj. Endurit, que té la consistència d'una tella o terrissa. *[duro, endurecido]* // Ressec, dit del bacallà, etc. *[áspero]*

teló. m. Tela pintada, que serveix de cortina d'un escenari o com a fons d'un decorat. *[telón]*

tema. m. Proposició o text que un pren per argument o matèria d'un discurs, d'un escrit, etc. *[tema]* // Motiu melòdic d'una composició musical. *[tema]* // Paraula desproveïda de la seua desinència o flexió. // f. Entema, idea fixa obsessionant.

temàtica. f. Conjunt de temes literaris, artístics, històrics, etc. *[temática]*

temença. f. Temor. *[temor]*

témer. v. tr. i intr. Tr. Tenir amor o respecte per algú o alguna cosa. // Intr. Sentir temor. *[temer]*

temerari, ària. adj. Que s'exposa al perill audaciosament, imprudent. *[temerario]*

temor. m. i f. Moviment de l'ànim del qui tem a algú o a alguna cosa, el fet de témer. *[temor]*

temorenc, enca. adj. Temorós, poregós, poruc. *[miedoso]*

temorós, osa. adj. Ple de temor, que es fa amb temor. *[temeroso]*

temperament. m. Disposició per a obviar dificultats o arreglar alguna cosa. *[temperamento]*

temperar. v. tr. Moderar, assuavir. *[temperar]* // **-se.** Acomodar-se a les circumstàncies. *[atemperarse]*

temperatura. f. Grau de calor dels cossos. *[temperatura]* // Estat sensible de l'aire. *[temperatura]*

tempesta. f. Pertorbació de l'atmosfera acompanyada de vent, pluja, llamps i trons. *[tempestad]* // Forta agitació de la mar causada per la violència dels vents. *[tempestad]*

tempestat. f. Tempesta, mal temps atmosfèric. *[tempestad]*

tempir. m. Bona disposició que adquireix la terra de conreu amb l'aigua de pluja. *[tempero]*

temple. m. Edifici destinat al cult religiós. *[templo]* // Orde dels templers. *[Temple]*

templer. m. Individu d'un orde religiós i militar establert al segle XII per a protegir al Sant Sepulcre i als pelegrins. *[templario]*

temporada. f. Espai de temps d'una certa durada. *[temporada]*

temporal. adj. Que passa amb el temps. *[temporal]* // Relatiu o pertanyent al temps. *[temporal]* // Pertanyent o relatiu a les temples o polsos. *[temporal]* // m. Tempesta, pluja o nevada produïda per una depressió de gran amplitud que tarda uns dies a passar. *[temporal]*

temporalitzar. v. tr. Fer temporal allò que és etern. *[temporalizar]*

temporitzar. v. intr. Diferir per a esperar un moment més favorable. *[contemporizar]*

temprança. f. Subjecció dels sentits i apetits a la raó. *[templanza]*

temprar. v. tr. Donar a una matèria el punt de duresa o elasticitat que necessita. *[templar]* // Disposar un instrument músic en condicions de produir els seus sons propis. *[templar]*

temps. m. Estat de l'atmosfera. *[tiempo]* // Durada dels sers subjectes a mudances de la natura llur. *[tiempo]* // Època en què esdevé alguna cosa. *[tiempo]* // Espai de temps destinat a fer alguna cosa. *[tiempo]* // Variació de la conjugació verbal segons l'època de l'acció del verb. *[tiempo]*

temptació. f. Acció de temptar, allò que ens tempta. *[tentación]*

temptar. v. tr. Posar a prova. *[tentar]* // Instigar, induir o tractar d'induir algú a alguna cosa. *[tentar]*

temptativa. f. Acció de temptar alguna

cosa. *[tentativa]* // Principi d'execució d'un delicte que no s'ha realitzat.

tempteig. m. Acció de temptejar. *[tanteo]*

temptejar. v. tr. Fer indagacions o exploracions, fer provatures, abans d'emprendre l'execució d'una cosa. *[tantear]*

tenaç. adj. Que oposa molta resistència a una cosa. *[tenaz]*

tenalles. f. pl. Estenalles. *[tenazas]*

tenca. f. Peix teleosti que viu a les basses i estanys. *[tenca]*

tenda. f. Coberta o vela per a guardar de la intempèrie. *[tienda]* // Botiga on revenen comestibles i, a vegades, merceria i altres gèneres. *[tienda]* // Taverna.

tendència. f. Inclinació a un fi determinat. *[tendencia]*

tendir. v. intr. Tenir una tendència conscient o inconscient. *[tender]*

tendó. m. Feix de fibres, blanc i brillant, que uneix els músculs als ossos i altres òrgans. *[tendón]*

tendral. adj. Novell, tendre, molt jove. *[tierno]*

tendre, endra. adj. Que es deixa fàcilment encetar, mastegar, etc. *[tierno]* // Novell, fresc. *[tierno]* // Que cedeix fàcilment a les impressions, als sentiments afectuosos. *[tierno]*

tendrejar. v. intr. Ser més o menys tendre.

tendresa. f. Qualitat de tendre, tendror. *[ternura, blandura]*

tendur. m. Tauleta generalment redona de quatre petges sota la qual es posa un braser i sovint una peça d'abric fins al sòl de terra per a conservar la calor. *[mesa camilla]*

tenebra. f. Obscuritat profunda. *[tiniebla]* // Matines dels tres dies de setmana santa. *[tinieblas]* // Matraca que es toca en lloc de les campanes el dijous i divendres sant. *[matraca]*

tenebrós, osa. adj. Cobert, ple de tenebres. *[tenebroso]*

tènia. f. Cuc intestinal blanquinós, de cap molt menut i cos format d'anells plans. *[tenia]*

tenir. v. tr. Posseir, fruir. *[tener]* // Ocupar un espai. *[tener]* // Agafar o mantenir agafada una cosa. *[tener]* // Guardar.

tennis. m. Joc de pilota que es juga en una pista rectangular entre dues o quatre persones i amb raqueta. *[tenis]*

tenor. m. Caràcter general, tendència d'un discurs, escrit, etc. *[tenor]* // En música, veu més alta pròpia de l'home; cantant que té aquesta veu. *[tenor]*

tens, ensa. adj. Estirat fins a la rigidesa, tesat. *[tenso]*

tensió. f. Acció i efecte d'estirar fins a la rigidesa. *[tensión]* // Intensitat de la força expansiva dels gasos. *[tensión]* // Tendència d'una càrrega elèctrica a descarregar-se. *[tensión]*

tentacle. m. Apèndix mòbil de certs animals que els serveix com a òrgan del tacte i de prensió. *[tentáculo]*

tentinejar. v. intr. Fer tentines. *[tambalearse, hacer pinitos]*

tentines. f. pl. Passos incerts com els d'una criatura. *[pinitos]*

tènue. adj. D'una primor, finesa, petitesa, extremes. *[tenue]* // Molt rarificat.

tenyir. v. tr. Donar a una roba un color diferent del que tenia. *[teñir]*

teologia. f. Ciència que tracta de Déu i de la fe i vida cristianes. *[teología]*

teorema. m. Proposició que afirma una veritat demostrable. *[teorema]*

teoria. f. Coneiximent especulatiu, principis generals d'un art, matèria. *[teoría]* // Sèrie de lleis que relacionen tot un orde de fets. *[teoría]*

teòric, òrica. adj. Relatiu o pertanyent a la teoria. *[teórico]* // m. i f. Entés en la teoria d'algun art, etc. *[teórico]*

teranyina. f. Teixit que forma l'aranya. *[telaraña]* // Ormeig de pesca que consisteix en una xarxa, la qual en estirar-se un cap, es converteix en una bossa. *[boliche de lisos]*

tèrbol, èrbola. adj. Que té alguna cosa que li lleva la claredat i transparència natural. *[turbio]* // Poc clar, confús, poc clar per a l'enteniment. *[turbio]*

terç, erça. adj. Tercer. *[tercero]* // m. Cadascuna de les tres parts iguals en què es divideix un total. *[tercio]*

terça. f. Pes d'una lliura aplicat a la carn. // adj. Tercera hora del dia en la divisió romana del temps. *[Tercia]*

terçana. f. Febre que es repeteix al cap de tres dies. *[terciana]*

tercer, era. adj. Que ocupa el lloc que fa tres en una sèrie ordenada. *[tercero]* // Cadascuna de les parts d'una quantitat dividida en tres parts iguals. // m. Mitjancer entre dos. *[tercero]* // Que no es cap de les dues persones que intervenen en un negoci. *[tercero]*

tercet. m. Composició musical per a tres instruments o veus. *[terceto]* // Conjunt d'aquests tres instruments o veus. *[terceto]* // Estrofa de tres versos. *[terceto]*

terciana. f. Terçana. *[terciana]*

tergiversar. v. tr. Contar deformats els fets, les paraules, etc. *[tergiversar]*

terme (pl. **érmens**). m. Límit o fi d'alguna cosa. *[término]* // Cadascuna de les fites que assenyalen els límits d'una heretat, etc. *[término]* // Temps determinat fixat per a alguna cosa. *[término]* // Objecte d'alguna operació. *[término]* // Dicció. // pl. Manera de procedir en un tracte. *[términos]*

terminació. f. Acció i efecte de terminar o acabar-se. *[terminación]* // La darrera de les parts en què es considera dividida alguna cosa. *[terminación]*

terminal. adj. Que posa terme o fi. *[terminal]*

terminar. v. tr. i intr. Tr. Posar terme a alguna cosa. *[terminar]* // Intr. Tenir terme. *[terminar]*

termini. m. Terme o temps assenyalat per a alguna cosa. *[término, plazo]*

termòmetre. m. Instrument per a mesurar la temperatura per mitjà de la dilatació d'una columna líquida. *[termómetro]*

terna. f. Conjunt de tres persones proposades a la superioritat per què designe una d'entre elles per a l'exercici d'un càrrec. *[terna]*

terra. f. El planeta en què vivim i la seua part superficial no ocupada per la mar. *[tierra]* // El material més bla dels que formen la crosta terrestre. *[tierra]* // Regió o país. *[tierra]*

terrabastall. m. Estrèpit que fa una cosa en caure. *[ruido, estruendo, zaparrazo]*

terraplé. m. Plataforma feta amb terra sobreposada. *[terraplén]*

terraplenar. v. tr. Formar un terraplé. *[terraplenar]*

terrassa. f. Espai de terreny pla i elevat en un jardí, etc. *[terraza]* // Terrat, pis descobert sobre una casa. *[terrado, azotea]*

terrat. m. Coberta plana d'un edifici destinada a poder caminar. *[azotea, terrado]*

terratrèmol. m. Sacsejament o tremolor de la superfície de la terra ocasionat per les forces del seu interior. *[terremoto]*

terreny. m. Extensió de terra. *[terreno]* // Esfera d'acció dins la qual certes qualitats es mostren amb major eficàcia. *[terreno]* // Territori o comarca. *[territorio]*

terrer. m. Terra o país on un viu o s'ha criat. *[terruño]* // Lloc d'on trauen la terra per als terrissers. *[barrera]* // Munt de terra treta d'una banda, d'una neteja. *[terrero]* // Depòsit de terra acumulat per les aigües. *[terrero]*

terrestre. adj. Relatiu o pertanyent a la terra o esfera terràqüia. *[terrestre]*

terrible. adj. Que causa terror o és capaç de causar-ne. *[terrible]* // Molt gran, excessiu. *[terrible]*

terrissa. f. Terra cuita. *[barro cocido]* // Objecte o conjunt d'objectes de terra cuita. *[cerámica, loza]*

territori. m. Extensió de terra que forma una circumscripció política. *[territorio, distrito]*

terror. m. i f. Por extrema, que fa tremolar. *[terror]*

terrorisme. m. Règim d'intimidació per mitjà de violències, etc. *[terrorismo]*

terròs, (pl. **ossos**). m. Massa menuda i compacta de terra o d'alguna altra substància. *[terrón]*

terrós, osa. adj. Que és de la naturalesa de la terra. *[terroso]* // Que conté terra.

tertúlia. f. Reunió habitual de persones per a fer conversa o per passatemps. *[tertulia]*

tes, esa. adj. Rígid, tibant. *[tenso, tieso]* // Que es manté dret i tibant. *[tieso]*

tesar. v. tr. Posar tesa una cosa. *[atiesar]*

tesi. f. Proposició o afirmació que un defensa. *[tesis]*

tesina. f. Treball de final de carrera que en algunes facultats universitàries és exigit per a l'obtenció del grau de llicenciat. *[tesina]*

tesor. m. Conjunt de diners o objectes preciosos. *[tesoro]*

tesorer, era. m. i f. El qui guarda els cabals d'una entitat o corporació. *[tesorero]*

tessitura. f. En música, extensió pròpia de cada veu humana o instrument. *[tesitura]*

test. m. Bocí d'un objecte de terrissa trencat. *[tiesto, tejoleta]* // Objecte de terrissa amb la boca més ampla que el fons el qual, ple de terra, serveix per a criar una planta. *[maceta, tiesto]*

test. m. Testa, testerola, cavitat òssia del crani. *[cráneo, cabeza]*

test. m. Subjecció a condicions, proves, exercicis, etc., que mostren el caràcter real d'una persona o cosa en un punt determinat; prova o exercici psicotècnic. *[test]*

testa. f. Cavitat òssia del crani; cap d'una persona. *[testa]* // Cadascun dels dos caps o extrems d'una post, tauló, etc.

testador, ora. m. i f. El qui fa testament. *[testador]*

testaferro. m. El qui deixa posar el seu nom en un contracte o negoci d'altri. *[testaferro]*

testament. m. Declaració de la darrera voluntat que fa una persona respecte als seus béns. *[testamento]* // Document on consta aquesta voluntat. *[testamento]* // Cadascuna de les dues grans parts en què es divideix la bíblia. *[testamento]*

testar. v. intr. Fer testament. *[testar]*

testarrut, uda. adj. Porfidiós, tossut, enterc. *[testarudo]*

testerola. f. Crani, testa, la cavitat craniana que conté el cervell; per extensió, el cap, i especialment en sentit irònic. *[cholla, çasco]*

testicle. m. Cadascuna de les dues glàndules genitals de l'home i gran nombre d'animals secretores del semen. *[testículo]*

testificar. v. tr. Provar una cosa amb testimonis o documents autèntics. *[testificar]* // Declarar com a testimoni. *[testificar]*

testimoni. m. Persona que declara allò que ha vist o sentit, o que compareix a certificar alguna cosa. *[testigo]* // Persona que ha vist o sentit alguna cosa. *[testigo]* // Qualsevol cosa per la qual s'infereix la veritat d'un fet. *[testimonio]*

testimoniatge. m. Declaració del testimoni. *[testimonio]* // Justificació o prova de la certesa d'una cosa. *[testimonio]*

tètan. m. Malaltia infecciosa caracteritzada per la contracció convulsiva permanent dels músculs voluntaris. *[tétanos]*

tetrarca. m. Governador de la quarta part d'un territori. *[tetrarca]*

tètric, ètrica. adj. D'una tristesa llòbrega. *[tétrico]*

teu, eua. Adjectiu i pronom possessiu de segona persona. *[tuyo]*

teula. f. Peça de terra cuita, en forma de canal, un poc més ampla d'un cap que d'un altre. *[teja]*

teulada. f. Coberta feta amb teules posades ordenadament. *[tejado]*

teuladí. m. Pardal. *[gorrión]*

teular. m. Teuleria, fàbrica de teules. *[tejar]*

teular. v. tr. Cobrir un edifici amb teules. *[tejar]*

teulat. m. Teulada. *[tejado]* // Teuladí. *[gorrión]*

text. m. Cosa original dita o escrita. *[texto]* // Passatge citat d'una obra literària. *[texto]*

tèxtil. adj. Propi per a ser teixit. *[textil]* // Relatiu a la textura. *[textil]*

textura. f. Disposició dels fils d'una peça de roba. *[textura]* // Manera com estan disposades les partícules d'un cos o substància. *[textura]*

tia. f. Germana del pare o de la mare. *[tía]* // Cosina del pare o de la mare i, en general, parenta transversal superior en algun grau. *[tía]*

tiara. f. Lligadura alta que usaven els antics perses. *[tiara]* // Mitra alta cenyida per tres corones i amb una creu al capdamunt que porta el papa. *[tiara]*

tibant. adj. Que tiba; aplicat a un cos flexible que ha esdevingut rígid per l'acció de les forces que l'estiren. *[tirante, tenso]* // Dit de les relacions d'amistat, etc., que estan a punt de trencar-se. *[tirante, tenso]*

tibantor. f. Qualitat de tibant, tensió. *[tirantez, tensión]*

tibar. v. tr. Estirar alguna cosa, fer-la posar en tensió. *[tirar]* // Mantenir en tensió una cosa sobre la qual s'exerceix una pressió. *[estirar]* // Rebre el colp per la part oposada d'una fusta, post, etc. en la qual es clava una ferramenta, un clau, etc. mantenint-la ferma. *[su-*

tibat, ada. adj. Dit d'una persona orgullosa, entonada. *[erguido]*

tíbia. f. Os principal i anterior de la cama. *[tibia]*

tic. m. Moviment convulsiu habitual de certs músculs, especialment de la cara i les mans. *[tic]*

tic-tac. m. Soroll acompassat d'un mecanisme de rellotgeria. *[tictac]*

tifa. adj. i m. i f. Persona sense formalitat i opinió. *[necio, badulaque]*

tifell. m. Recipient concavat de capacitat per a diferents usos, o bé de cuina com olles, setrills, etc. *[trebejo, utensilio]*

tifó. m. Cicló en els mars de la Xina. *[tifón]*

tifus. m. Malaltia amb febre aguda i transtorns de la majoria de les funcions corporals. *[tifus]*

tigre, essa. m. i f. Mamífer carnisser de l'Índia, de pelatge blanc en el ventre i groguenc amb ratlles negres en el llom i cua. *[tigre]*

tija. f. Òrgan de les plantes que serveix de sustentacle a les fulles, flors i fruites. *[tallo]* // Barreta llarga i prima que sosté alguna cosa. *[varilla, tija, vástago]*

tília. f. Arbre de flors blanques o grogues, flairoses i medicinals. *[tilo, tilia]*

til·la. f. Tell. *[tilo, tilia]* // Flor de la tília. *[tila]* // Infusió que es prepara amb aquesta flor. *[tila]*

til·ler. m. Tília. *[tilo, tilia]*

timba. f. Precipici, avenc. *[despeñadero, precipicio]* // Casa de joc. *[timba]*

timbal. m. Instrument musical de percussió. *[timbal, bombo]*

timbrar. v. tr. Posar un timbre o segell. *[timbrar]*

timbre. m. Insígnia posada damunt l'escut d'armes per a distingir el grau de noblesa. *[timbre]* // Segell que hom estampa en algun document en qualitat de drets o imposts. *[timbre]* // Aparell per a avisar o cridar algú. *[timbre]* // Manera pròpia i característica de sonar la veu d'una persona o d'un instrument musical. *[timbre]*

tímid, ímida. adj. Temorós, poc animós, no gens agosarat, per una manca de confiança en si mateix. *[tímido]*

timó. m. Llança d'un carro o d'un aladre. *[pértigo]* // Peça de fusta o metall posada a l'extrem de popa d'una embarcació que gira a dreta o esquerra i serveix per a governar la seua direcció. *[timón]*

timó. m. Mata molt menuda i aromàtica de la qual s'obté una essència rica en timol, frígola.*[tomillo]*

timol. m. Substància extreta de l'oli de timó, usada com a desinfectant. *[timol]*

timoner. m. El qui mena el timó d'una embarcació. *[timonero]*

timonet. m. Planta semblant a la frígola, però de fulles més estretes. *[tomillo]*

timpà. m. Membrana tensa que separa el conducte auditiu de l'orella mitjana. *[tímpano]*

tindre. v. tr. Infinitiu irregular del verb *tenir,* extret per analogia del futur d'indicatiu: *tindré, tindràs, tindrà...* tindre. *[tener]*

tinell. m. Moble de luxe que servia d'aparador de les vaixelles dels grans senyors i que es posava a les sales de recepció. *[aparador, ábaco]* // Escudeller.

tinença. f. Acció de tenir o posseir una cosa. *[tenencia]* // Territori tingut en feu. *[tenencia]*

tinent. m. Grau de l'exèrcit immediatament inferior al de capità. *[teniente]*

tint. m. Acció i efecte de tenyir. *[tinte]* // Color amb què es tiny. *[tinte, tintura]*

tinta. f. Substància fluida o viscosa de diferents colors, usada per a escriure, dibuixar o imprimir. *[tinta]* // Color dominant d'una pintura. *[tinta]* // Secreció protectora negra d'un cefalòpode.

tintar. v. tr. Posar tinta a un corró d'estampar. *[tintar]* // Tenyir.
tinter. m. Recipient per a la tinta d'escriure. *[tintero]*
tintorer, era. m. i f. Persona que tiny per ofici. *[tintorero]*
tintura. f. Acció i efecte de tenyir, tint. *[tinte]* // Solució d'una substància colorada en aigua, alcohol, etc. *[tintura]*
tinya. f. Erupció de la pell del crani, que va rosegant o criant crostes. *[tiña]* // Larva d'un insecte que es menja la roba, arna. *[polilla]*
tinyós, osa. adj. Que té tinya. *[tiñoso]*
tió. m. Branca de llenya començada a cremar. *[tizón, leño]*
típic, ípica. adj. Que té representació o caràcter propi. *[típico]*
tiple. m. i f. Soprano, la veu humana més aguda. *[tiple]*
tipògraf, ògrafa. m. i f. El qui exerceix l'art de la impremta. *[tipógrafo]*
tipus. m. Model, mostra exemplar. *[tipo]* // Lletra d'impremta i cadascuna de les seues menes o caràcters. *[tipo]* // Cadascun dels grans grups en què es consideren dividits els regnes de la naturalesa. *[tipo]*
tir. m. Acció i efecte de tirar. *[tiro]* // Senyal que queda per efecte de tirar. *[tiro]* // Quantitat de munició per a carregar una vegada una arma de foc. *[tiro]* // Conjunt de cavalls, muls, etc., que mouen un carruatge. *[tiro]*
tira. f. Tros llarg i estret de roba, paper, etc. *[tira]* // Filera, renglera. *[tira]*
tirà, ana. m. i f. Aquell que abusa del seu poder o superioritat. *[tirano]*
tirabuixó. m. Rull llarg i en espiral. *[tirabuzón, bucle]* // Instrument per a traure els taps de les ampolles. *[sacacorchos]*
tirada. f. Acció i efecte de tirar. *[tirada]* // Inclinació, tendència. *[querencia]* // Distància d'un lloc a un altre. *[tirada]*
tiralínies. m. Instrument de metall en forma de pinces, d'obertura graduable, per a traçar línies de tinta. *[tiralíneas]*
tirallonga. f. Sèrie llarga de coses que es diuen, s'esdevenen, etc. *[retahíla, hile-*
tirania. f. Govern despòtic. *[tiranía]* // Abús de força o superioritat. *[tiranía]*
tirar. v. tr. i intr. Tr. Fer força un home, cavall, etc., per a moure alguna cosa en la mateixa direcció que ell es mou. *[tirar]* // Deixar anar amb cert impuls alguna cosa. *[tirar]* // Estampar. // Intr. Agafar una direcció determinada. *[tirar]* // Un conducte permetre l'aspiració d'un fluid a través d'ell. *[tirar]*
tiratge. m. Corrent d'aire que s'estableix al llarg d'un conducte. *[tiro]* // Acció i efecte de tirar un treball d'impremta. *[tiraje, tirada]* // Nombre d'exemplars d'una edició. *[tiraje, tirada]*
tireta. f. Tira estreta. *[tirilla]* // Cordó capçat de cada punta per a cordar alguna peça de vestit. *[agujeta]* // Tira repuntada que serveix de coll de la camisa. *[tirilla]*
tírria. f. Mania o quimera contra algú o alguna cosa. *[tirria, inquina]*
tisana. f. Cocció de substàncies medicinals en aigua per a servir de beguda. *[tisana]*
tisi. f. Malaltia en què hi ha consumpció d'un teixit, especialment tuberculosi pulmonar. *[tisis]*
tisora. f. Cadascuna de les fulles d'unes tisores. *[tijera]*
tisores. f. pl. Instrument format per dues fulles tallants, que es mouen sobre un eix, i que serveix per a tallar paper, roba, etc. *[tijeras]*
tità. m. Home d'una gran potència física o intel·lectual. *[titán]*
titella. m. Putxinel·li. *[polichinela]* // Subjecte ridícul o neci. *[títere]*
titil·lar. v. intr. Agitar-se amb un lleu tremolor. *[titilar]*
titla. f. Ratlleta posada damunt una lletra per a indicar una abreviatura o marcar un accent. *[tilde]* // Nota desfavorable. *[tacha]*
titlar. v. tr. Posar una titla sobre una lletra. *[tildar]* // Assenyalar a algú amb una nota denigrant, desfavorable. *[tildar]*
tito. m. Titot. *[pavo]*
títol. m. Designació distintiva d'una obra escrita o impresa. *[título]* // Designació honorífica que expressa una dignitat o distinció hereditària o adquirida. *[títu-*

lo] // Document que estableix un dret, que fa fe d'un crèdit envers l'estat, una societat comercial, etc. *[título]*

titot. m. Aucell de l'orde de les gallinàcies, de mig metre de llarg i plomatge negrós. *[pavo]*

titubar. v. intr. Estar o caminar oscil·lant com si hom anara a caure. *[titubear, vacilar]* // Mostrar-se dubtós en l'execució d'alguna cosa. *[titubear, vacilar]* // Vacil·lar en l'elecció dels mots, en llur pronunciació. *[titubear, vacilar]*

titubejar. v. intr. Titubar, vacil·lar. *[titubear]*

titular. v. tr. Posar títol a alguna cosa, proveir de títol. *[titular]*

to. m. Grau d'elevació d'un so, produït per la freqüència de les vibracions. *[tono]* // Grau d'intensitat d'un color. *[tono]* // Timbre de la veu. *[tono]* // En música, interval entre dues notes contigües de l'escala diatònica. *[tono]* // En medicina, estat del cos o d'una part del cos quan acompleix les seues funcions amb el degut vigor. *[tono]*

tobogan. m. Trineu llarg a propòsit per a escolar-se per una baixada. *[tobogán]*

toc. m. Acció i efecte de tocar o palpar. *[toque]* // El fet de tocar certs instruments com les campanes, cornetes, etc. *[toque]* // Qualitat observada a la superfície dels cossos quan un els toca o palpa. *[tacto]*

toca. f. Peça de roba per a ornar i cobrir el cap de les dones. *[toca]*

tocador, ora. adj. i m. i f. Que toca. *[tocador]* // m. Moble amb tauleta i espill per a pentinar-se i arreglar-se. *[tocador]*

tocar. v. tr. i intr. Tr. Exercitar el sentit del tacte. *[tocar]* // Entropessar lleugerament una cosa amb una altra. *[tocar]* // Tractar lleugerament un punt o matèria. *[tocar]* // Fer sonar un instrument musical. *[tocar]* // Trucar. // Intr. Estar una cosa en contacte amb una altra. *[tocar]* // Pertànyer a algú alguna cosa per dret, etc. *[tocar]* // Escaure-li en sort. *[tocar]*

tocat, ada. adj. Que malalteja d'alguna part del cos. *[tocado]*

tocata. f. Composició breu per a orgue, piano, etc. *[tocata]* //Cadascuna de les peces de música que componen un programa musical. *[tocata]*

tòfona. f. Mena de bolet que es fa sota terra i és molt saborós. *[trufa, criadilla]*

toga. f. Vestidura exterior que es posaven els romans sobre la túnica. *[toga]* // Peça llarga fins als peus de drap negre que es posen els magistrats, advocats, catedràtics, etc. *[toga]*

toia. f. Ram de flors. *[ramo, ramillete]*

toisó. m. Orde de cavalleria i insígnia d'aquest orde. *[toisón]*

toix, oixa. adj. Esmussat, mancat de tall, d'agudesa. *[embotado, romo]* // D'escassa intel·ligència, obtús. *[tocho, tosco, rudo]*

toixarrut, uda. adj. De poca comprensió, tossut. *[torpe, tosco]*

toldre. v. tr. Llevar. *[quitar]* // Toldre un pecat, perdonar-lo.

tolerar. v. tr. Suportar en els altres alguna cosa que desaprovem, no prohibint-la o impedint-la. *[tolerar]* // Permetre, deixar passar, etc., sense consentiment.

tolir-se. v. pron. Perdre l'ús i moviment del cos o d'algun dels seus membres. *[tullirse]*

tolit, ida. adj. Mancat de l'ús o moviment del cos o d'algun membre, paralitzat. *[tullido, baldado]*

toll. m. Sot ple d'aigua. *[tollo, charco]*

tom. m. Cadascuna de les parts amb paginació pròpia en què es divideix una obra voluminosa, volum. *[tomo]*

tomaca. f. Fruit comestible de la tomaquera, globulós, sucós i vermell. *[tomate]*

tomaquera. f. Planta herbàcia oriünda de l'Amèrica del Sud cultivada als horts pel seu fruit que és la tomaca. *[tomatera]*

tomata. f. Tomaca. *[tomate]*

tomb. m. Mitja volta, volta, girada. *[tumbo, voltereta]* // Canvi que experimenta en la seua marxa alguna cosa. *[vuelta]* // Direcció que pren una conversa, afer, etc. *[giro]* // Curta passejada tornant al punt de partida. *[paseo]*

tomba. f. Lloc de sepultura d'un o més morts. *[tumba]*

tomballons, de. loc. adv. Donant tombs per terra. *[a trompicones]*

tombar. v. tr. Fer donar una volta o part de volta a una cosa. *[voltear]* // Fer caure. *[tumbar]*

tombarella. f. Volta lleugera, feta a l'aire. *[voltereta, tumbo]*

tombet. m. Guisat de carn amb salsa que es sacseja sovint en coure'l.

tómbola. f. Rifa d'objectes en què a cada número correspon un objecte numerat prèviament. *[tómbola]*

tomello. m. Timó, frígola. *[tomillo]*

ton, (pl. **tos**). Adjectiu possessiu masculí de segona persona singular, usat només atributivament i anteposat al nom. *[tu]*

tona. f. Pes de mil quilos. *[tonelada]* // Unitat per a mesurar la capacitat interna d'una nau: equivalent a 2'83 metres cúbics o 100 peus cúbics. *[tonelada]*

tonada. f. Melodia d'una cançó o d'un parlar. *[tonada]*

tonalitat. f. Sistema de sons que serveix de fonament a una composició musical. *[tonalidad]* // Relació de tons en una pintura. *[tonalidad]*

tondre. v. tr. Llevar el pèl a les robes de llana. *[tundir, pelar, trasquilar]* // Tallar el pèl o la llana dels animals. *[esquilar]*

tonedor, ora. adj. Que ton. *[tundidor, esquilador]* // m. El qui ton les ovelles. *[trasquilador]*

tonell. m. Bóta gran de fusta per a tenir-hi líquids. *[tonel]*

tongada. f. Sèrie de fets anàlegs que ocorren durant un període de temps. *[tanda]*

tònic, ònica. adj. Que envigoreix l'organisme. *[tónico]* // Dit de la vocal o de la síl·laba d'un mot pronunciada amb major intensitat. *[tónica]* // f. Primera nota d'una escala musical. *[tónica]*

tonificar. v. tr. Donar tensió i vigor, fortificar l'organisme. *[tonificar]*

tonsura. f. Acció i efecte de tallar o afaitar una porció de cabell a la coroneta del cap. *[tonsura]* // Cerimònia per la qual el bisbe confereix a algú el primer grau del sacerdoci. *[tonsura]*

tonya. f. Coca redona feta de farina, ous, oli i sucre, i que es menja principalment per les festes de pasqua.

tonyar. v. tr. Atonyar. *[cavar]*

tonyina. f. Peix teleosti, comestible, d'un a dos metres de llarg. *[atún]* // Forta sèrie de colps violents. *[paliza, sumanta]*

topada. f. Acció de topar, de topar-se.

topall. m. Sortint d'un vagó, carruatge, etc., proveït d'un moll per a poder topar amb un altre vehicle. *[tope]*

topar. v. intr. i tr. Intr. Entropessar una cosa amb una altra. *[topar]* // Tr. Trobar algú o alguna cosa per atzar. *[topar]*

topazi. m. Pedra fina, de color groc, que és un fluosilicat d'alumini. *[topacio]*

topet. m. Adorn dels cabells de les dones.

topetar. v. tr. Entropessar una cosa amb una altra, de manera que no puga passar avant. *[topar]*

tòpic, òpica. adj. Relatiu o pertanyent a un lloc determinat. *[tópico]* // m. Argument general que s'aplica a tots els casos anàlegs. *[tópico]* // Medicament extern. *[tópico]*

topografia. f. Descripció i delineació d'un lloc. *[topografía]* // Conjunt de particularitats que presenta la superfície d'un lloc. *[topografía]*

topònim. m. Nom de lloc. *[topónimo]*

toponímia. f. Conjunt dels noms de lloc d'un país o comarca. *[toponimia]*

toquejar. v. tr. Tocar reiteradament una cosa. *[manosear]*

torb. m. Tremolí produït pel vent. *[torbellino, ventisca]* // Desori, confusió, torbació. *[desconcierto, turbación]*

torba. f. Matèria combustible d'aspecte terrós que es forma per la descomposició !e residus vegetals. *[turba]*

torba. f. Torbament, torbació, confusió. *[turbación]* // Torbació breu del sentit, rodament de cap. *[vahído, vértigo]*

torbació. f. Acció i efecte de torbar o de torbar-se. *[turbación]* // Estat del qui està torbat. *[turbación]*

torbar. v. tr. Alterar l'orde o estat natural d'una cosa. *[turbar]* // Causar inquietud o confusió. *[turbar]* // **-se.** Quedar-se confús sense poder parlar. *[turbarse]*

torçada. f. Acció i efecte de torçar o de torçar-se. *[torcida]*

torcar. v. tr. Assecar una cosa mullada passant-hi un drap, tela, paper, etc., que s'emporte la humitat. *[secar, limpiar]* // Llevar la humitat, pols, brutícia, etc., d'una cosa passant-hi un drap, etc. *[limpiar]* // Netejar, eixugar amb un drap, paper, etc., fregant-lo. *[secar, limpiar]*

tòrcer. v. tr. Donar voltes a una cosa damunt ella mateixa, de manera que prenga forma helicoïdal. *[torcer]* // Girar, desviar la direcció o el sentit. *[torcer]*

torçó. m. Dolor breu i molt viu de ventre. *[retortijón]* // Malaltia del cor produïda per un gran disgust, una acalorada, etc.

torçuda. f. Metxa, ble. *[mecha, torcida]*

tord. m. Aucell de pas, de llom gris i ventre blanc grogós que s'alimenta principalment d'olives. *[tordo]*

toreig. m. Acció de torejar. *[toreo]*

torejar. v. tr. i intr. Lluitar amb els toros o bous reals a la plaça, esquivant les seus escomeses, segons les regles de la tauromàquia. *[torear]*

torero. m. El qui toreja per ofici. *[torero]*

tormo. m. Penyal isolat. *[tormo]* // Pedra solta i grossa. *[guijarro]*

torn. m. Màquina simple, construïda per un cilindre giratori i que actua sobre la resistència per mitjà d'una corda enrotllada al cilindre. *[torno]* // Qualsevol màquina constituïda essencialment per una corda que es mou sobre el seu eix, i serveix per a usos diversos com filar, passar farina, etc. *[torno]* // En una sèrie d'actes que s'han de fer per diferents persones, moment en què cada acte és realitzat per aquell a qui toca. *[turno]*

torna. f. Canvi de diners en compensació de la moneda de major valor que un dóna. *[vuelta]* // Porció d'alguna cosa afegida per a fer el pes degut. *[contrapeso]*

tornada. f. Acció de tornar al punt de partida. *[retorno, regreso, vuelta]* // Repetició d'un conjunt de versos després de cada estrofa en certes composicions. *[vuelta, refrán, estribillo]*

tornar. v. intr. i tr. Intr. Anar al lloc d'on un abans havia eixit. *[volver]* // Fer o esdevenir de nou alguna cosa. *[volver]* // Tr. Fer passar de nou alguna cosa al seu lloc d'abans. *[volver]*

tornassol. m. Canvis o reflexos varis que fa la llum en certes matèries. *[tornasol, viso]* // Colorant blau vegetal la tintura del qual serveix de reactiu per a reconéixer els àcids. *[tornasol]*

tornassolat, ada. adj. Que fa reflexos de tornassol. *[tornasolado]*

tornaveu. m. Dispositiu que reflectint la veu del qui parla, permet de sentir-lo millor. *[tornavoz]*

tornavís. m. Aïna que colla un caragol. *[destornillador]*

torneig. m. Festa en què combatien amb armes corteses dues colles de cavallers. *[torneo]*

tornejar. v. tr. Afaiçonar alguna cosa treballant-la en el torn. *[tornear]* // Circuir, enrevoltar. *[rodear]*

tornejar. v. intr. Combatre en un torneig. *[tornear]*

torniquet. m. Mena de torn horitzontal, en forma de creu que serveix per a guardar les portes per on les persones han d'entrar d'una en una. *[torniquete]* // Instrument quirúrgic per a contenir l'hemorràgia de les extremitats. *[torniquete]*

toro. m. Mamífer rumiant, de cap gros proveït de dues fortes banyes, i de caràcter brau, bou no castrat, bou destinat a la reproducció, bou brau. *[toro]*

torpede. m. Rajada que té dos òrgans elèctrics entre el cap i les aletes pectorals. *[torpedo]* // Aparell format per un recipient metàl·lic carregat d'una substància explosiva usat per la marina de guerra com a element d'atac. *[torpedo]* // Mina submarina.

torpor. f. Pèrdua o afebliment de la llestesa en els moviments o de la sensibilitat en l'organisme. *[torpor, torpeza]*

torrar. v. tr. Cremar superficialment una substància orgànica. *[tostar]* // Posar alguna cosa al foc perquè es vaja coent fins a agafar color. *[tostar]*

torrat. m. Efecte de torrar. *[tostado, tueste]* // Fira en què es venen avellanes, cigrons, etc., torrats. // Cigrons torrats.

torre. f. Construcció cilíndrica o prismàtica per a defensa contra els enemics. *[torre]* // Peça del joc d'escacs que es posa als cantons del tauler en començar. *[torre]* // Clos cuirassat sobre la coberta d'un vaixell de guerra guarnit amb canons. *[torre]*

torrelló. m. Torre menuda. *[torreón]* // Gros cúmulus, núvol compacte i amenaçador. *[torre]*

torrent. m. Corrent d'aigua impetuós. *[torrente]* // Llarga depressió del terreny per on, en temps de pluges, passa un corrent d'aigua. *[torrente]*

tòrrid, òrrida. adj. Molt calent, abrusador. *[tórrido]*

torró. m. Massa torrada feta d'ametles, avellanes, pinyons o nous amb mel i a vegades amb sucre, blanc d'ou, etc., i cuita fins a un punt variable de consistència. *[turrón]* // Oliva que cau de l'arbre abans de madurar, i que té poc oli. *[agracejo]*

tors. m. Tronc o cos d'una estàtua o figura humana. *[torso]*

torsimany. m. Intèrpret que serveix d'intermediari entre persones que parlen llengües diferents. *[trujamán, intérprete]*

torsió. f. Acció i efecte de tòrcer. *[torsión]*

tort, orta. adj. Que fa corba o s'inclina més a un costat que a l'altre; no dret, torçut. *[tuerto, torcido]*

tort, orta. adj. D'ulls de mirada torta, guerxo. *[tuerto]* // Borni. *[tuerto]*

tort. m. Dany causat indegudament a algú. *[entuerto, injuria]*

tortell. m. Massa de pasta dolça, amb confitura, en forma redona. *[rosca]*

torticoli. m. Dolor dels músculs del coll que obliga a tenir-lo tort. *[torticolis]*

tórtora. f. Ocell semblant al colom de plomatge gris vermellós. *[tórtola]*

tortuga. f. Rèptil terrestre o aquàtic que té el tronc tancat dins una closca convexa per dalt i plana per baix. *[tortuga]*

tortura. f. Acció d'infligir un sofriment cruel a algú. *[tortura]* // Sofriment físic o moral intolerable. *[tortura]*

torturar. v. tr. Donar o causar tortura. *[torturar]*

torxa. f. Manoll retort d'espart o altra matèria per a fer llum. *[antorcha, hacha]* // Ciri gran de cera generalment de figura prismàtica i amb quatre blens. *[hacha, antorcha]*

tos. f. Expulsió violenta i sorollosa de l'aire del pit. *[tos]*

tos, (pl. **ossos**). m. Testa o front, d'alguns animals, com el bou. *[testuz]* // Occípit; la part posterior del cap, entre la coroneta i el bascoll. *[nuca, colodrillo]*

tosc, osca. adj. Mancat de poliment. *[tosco]*

toscar. v. tr. Fregar amb la pedra tosca. *[toscar]* // Traure la tosca del suro. *[desbastar]*

tosquedat. f. Qualitat de tosc. *[tosquedad]*

tossal. m. Elevació del terreny de pendent no molt rosta, damunt una terra plana, en una serralada. *[cerro, otero, loma, colina]*

tossegós, osa. adj. Que tus o estossega sovint. *[tosigoso]*

tossir. v. intr. Expel·lir d'una manera violenta i sorollosa l'aire dels pulmons. *[toser]*

tossoló. m. Colp violent al cap. *[topetada, testarada, tozalada]*

tossuderia. f. Qualitat de tossut. *[tuzudez]* // Fet propi d'un tossut. *[tozudería]*

tossut, uda. adj. Obstinat en les seues opinions, determinacions, etc. *[tozudo]*

tost. adv. Prest, prompte. *[pronto]*

tot, ota. adj. i pron. Que és considerat, sense exceptuar-ne res. *[todo]* // m. Conjunt de parts integrants. *[todo]*

total. adj. i m. Que comprén totes les parts d'un tot. *[total]*

totalitari, ària. adj. Pertanyent o relatiu al totalitarisme. *[totalitario]* // Dit del règim polític basat en el totalitarisme. *[totalitario]*

totalitarisme. m. Sistema polític en què l'estat assumeix tots els poders sense adaptar-se a la voluntat popular. *[totalitarismo]*

totalitat. f. Reunió total de les parts d'un conjunt. *[totalidad]*

totalitzar. v. tr. Formar un total, reunir en un conjunt total. *[totalizar]*

tòtem. m. Classe de fenòmens que hom

suposa existents entre algun animal o objecte i un grup d'hòmens, els quals, per raó d'aquells fenòmens no poden menjar o destruir aquell animal o objecte. *[tótem]* // Símbol o representació d'un tòtem. *[tótem]*

tothom. pron. indef. Tota la gent, totes les persones. *[todos, todo el mundo]*

totpoderós, osa. adj. Que tot ho pot. *[todopoderoso]*

totxo, otxa. adj. i m. i f. D'enteniment obtús, tosc, neci. *[tocho, tonto]* // m. Maó molt gruixut i aspre, fet d'argila i arena i cuit al forn. *[ladrillo]* // Bastó gruixut. *[tocho, garrote, palo]*

tou, ova. adj. Dit de les coses de consistència porosa i esponjosa que permet de treballar-les amb relatiu esforç. *[mullido, esponjado, hueco]* // Que presenta buits interiors, que està estovat i la superfície esdevé estesa i dilatada. *[mullido, hueco]* // Buit de dins, que forma concavitats interiors, no massís, no gens ferm. *[hueco, vacío, vano]* // Buit, que no està ple per dins. *[hueco, vacío]* // Estovat, estufat, unflat per dins, envanit, satisfet. *[ufano, hinchado, hueco]* // Bla. *[blando]* // fig. Que cedeix fàcilment, no gens ferm. *[hueco, blando]*

tova. f. Pedra tosca, esponjosa i de poc pes. *[adobe]* // Rajola o maó sense coure, secat al sol. *[adobe]*

tovalla. f. Drap de lli o cotó que es posa estés sobre la taula en parar-la per a servir el menjar. *[mantel]* // Tovallola.

tovallola. f. Peça rectangular de roba per a eixugar-se les mans i la cara. *[toalla]*

tòxic, òxica. adj. Aplicat a les substàncies metzinoses. *[tóxico]* // m. Metzina, cosa metzinosa. *[tósigo, tóxico]*

toxina. f. Substància tòxica secretada per un organisme animal o vegetal. *[toxina]*

trabuc. m. Acció i efecte de trabucar. *[vuelco]* // Arma de foc portàtil, de canó curt i ample i boca acampanada. *[trabuco]* // Màquina antiga de guerra que servia per a tirar pedres grosses. *[trabuco]*

trabucar. v. tr. Capgirar, girar el de damunt davall. *[trabucar]* // Alterar, confondre. *[trabucar]* // **-se.** Equivocar-se en parlar, dient unes paraules o lletres per altres. *[trabucarse]*

trabuquet. m. Balances menudes per a pesar monedes. *[pesillo]* // Màquina antiga de guerra destinada a llançar pedres. *[trabuquete, trabuco]*

traç. m. Senyal o perfil d'un dibuix. *[trazo]*

traca. f. Sèrie de trons que van explotant l'un darrere de l'altre col·locats al llarg d'una corda. *[traca]*

traça. f. Aparença d'una cosa. *[traza]* // Manya, enginy, bona disposició per a fer alguna cosa. *[traza]*

traçar. v. tr. Senyalar sobre una superfície una línia. *[trazar]* // Dibuixar les línies d'una figura. *[trazar]* // Fer traços o ratlles. *[trazar]*

traçat. m. Acció i efecte de traçar. *[trazado]*

tracció. f. Acció d'estirar o arrossegar per un lloc determinat. *[tracción]*

tracetes. m. i f. i adj. Persona que té molta traça per a conseguir allò que vol. *[tracitas]*

tractament. m. Tracte o manera de tractar. *[tratamiento]* // Títol de cortesia que es dóna a una persona. *[tratamiento]*

tractant. m. El qui tracta o comercia en alguna cosa. *[tratante]*

tractar. v. tr. i intr. Tr. Sotmetre a un sistema curatiu. *[tratar]* // Donar a algú un títol de cortesia. *[tratar]* // Procedir envers algú de certa manera. *[tratar]* // Intr. Concloure amb algú un conveni polític, comercial, etc. *[tratar]* // Prendre alguna cosa com a objecte d'estudi, discussió, etc. *[tratar]* // Comerciar.

tractat. m. Conveni que clou un tracte o discussió. *[tratado]* // Obra que tracta d'una matèria determinada. *[tratado]*

tracte. m. Acció i efecte de tractar o de tractar-se. *[trato]*

tractor. m. Màquina o altre instrument que produeix tracció. *[tractor]*

traçut, uda. adj. Que té traça, hàbil. *[mañoso]*

tradició. f. Transmissió per generacions successives de fets històrics, creences, etc. *[tradición]*

tradicional. adj. Relatiu o pertanyent a la tradició. *[tradicional]*

traducció. f. Acció i efecte de traduir. *[traducción]* // Obra traduïda. *[traducción]*

traductor, ora. m. i f. El qui tradueix. *[traductor]*

traduir. v. tr. Expressar en un llenguatge allò que és expressat en un altre. *[traducir]*

traedor. m. Home que trau. *[saque]* // Instrument per a traure alguna cosa.

tràfec. m. Acció de trafegar, de remoure coses. *[trasiego, tráfago]*

trafegar. v. tr. i intr. Tr. Mudar alguna cosa d'un lloc a un altre. *[trasegar, trasvasar]* // Intr. Ocupar-se activament en un treball. *[trajinar, trafagar]*

tràfic. m. Moviment i densitat de comerç i negoci entre els individus, etc. *[tráfico]*

traficar. v. intr. Fer tractes comercials. *[traficar]*

tragèdia. f. Obra dramàtica de desenllaç funest i commovedor. *[tragedia]* // Esdeveniment funest. *[tragedia]*

tragella. f. Recollidor o caixó que serveix per a igualar les terres fluixes. *[traílla]*

tragí. m. Acció de traginar. *[trajín, transporte]* // Treball extraordinari en una casa, etc., que exigeix remoure els mobles, etcètera. *[trajín]*

tràgic, àgica. adj. Relatiu o pertanyent a la tragèdia. *[trágico]* // m. i f. Autor o actor de tragèdies. *[trágico]*

traginar. v. tr. Transportar mercaderies d'un indret a un altre, carretejar. *[trajinar, transportar]*

traginer. m. El qui té per ofici traginar mercaderies. *[arriero, trajinero]*

traguejar. v. intr. Beure a glops. *[beborrotear, traguear]* // Beure molt i de pressa. *[chiflar]*

traguet. m. Quantitat d'aigua, vi, etcètera, que es beu d'una vegada. *[trago]*

traïció. f. Acció de trair, violació de la fidelitat o lleialtat degudes. *[traición]*

traïdor, ora. adj. i m. i f. Que traeix. *[traidor]*

traïdoria. f. Cautela per a assegurar-se la impunitat d'una mala acció, traïció. *[traidoría, traicionería]*

trair. v. tr. Fer traïció, violar la fidelitat que devem a algú o a alguna cosa. *[traicionar]*

trajecte. m. Camí que recorre algú en anar d'un punt a un altre. *[trayecto]*

trajectòria. f. Corba que descriu a l'espai un punt que es mou. *[trayectoria]* // Direcció que es desplega en una activitat. *[trayectoria]*

tralla. f. Fuet llarg amb una treneta de corda al capdamunt. *[tralla]*

tram. m. Ram d'escala compresa entre dos replans. *[tramo]*

trama. f. Conjunt de fils que van de vora a vora d'un teixit entrellaçats i encreuats amb els fils d'ordit. *[trama]* // Disposició o lligam entre les parts d'una cosa. *[trama]* // Maquinació secreta, intriga. *[trama]*

tramar. v. tr. Disposar la trama d'un teixit. *[tramar]* // Maquinar, procurar una cosa per mitjans ocults o fraudulents. *[tramar]*

tramesa. f. Acció i efecte de trametre alguna cosa. *[envío]* // La cosa tramesa. *[envío]*

trametre. v. tr. Enviar, fer anar algú o alguna cosa a la seua destinació. *[enviar, transmitir]*

tràmit. m. Pas d'una cosa a una altra. *[trámite]* // Diligència que exigeix un afer perquè avance fins a la seua conclusió. *[trámite]*

tramitar. v. tr. Fer passar uns afers pels seus tràmits. *[tramitar]*

tramoia. f. Mitjà o conjunt de mitjans mecànics que tenen els teatres per a transformacions d'escena. *[tramoya]* // Embolic tramat amb enginy. *[tramoya]*

trampa. f. Artifici o enginy per a caçar animals. *[trampa]* // Cosa enginyada per a enganyar a algú. *[trampa]*

trampejar. v. intr. Fer trampes. *[trampear]*

trampolí. m. Post flexible que dóna impuls per a fer salts d'altura. *[trampolín]*

trampós, osa. adj. Que fa trampes. *[tramposo]*

tramuntà, ana. adj. De l'altra part de les muntanyes. *[tramontano]*

tramuntana. f. Nord. // Vent del nord. *[tramuntana, norte]*

tramús, (pl. **ussos**). m. Planta lleguminosa, de flors blanques i fruit de gra aplanat. *[altramuz]* // Fruit d'aquesta planta. *[altramuz]* // Mena de granet o tall que es forma a la comissura dels llavis. *[boquera]*

tramvia. m. Cotxe de servei públic sobre vies per l'interior de les poblacions o per camins carreters. *[tranvía]*

tràngol. m. Mar moguda. *[marejada, marullo]*

tranquil, il·la. adj. Lliure d'inquietud. *[tranquilo]* // Assossegat, no agitat. *[tranquilo]*

tranquil·litat. f. Qualitat de tranquil. *[tranquilidad]*

tranquil·litzar. v. tr. Llevar la inquietud, assossegar. *[tranquilizar]*

transacció. f. Acció i efecte de transigir. *[transacción]* // Tracte, especialment de compra i venda. *[transacción]*

transbord. m. Acció de transbordar. *[transbordo]*

transbordar. v. tr. Traslladar persones o coses d'una embarcació a una altra. *[transbordar]*

transcendental. adj. Que és de molta importància. *[transcendental]*

transcendir. v. tr. i intr. Tr. Ultrapassar. // Intr. Començar a esser coneguda una cosa que no ho era. *[trascender]*

transcórrer. v. tr. Passar, dit especialment del temps. *[transcurrir]*

transcripció. f. Acció i efecte de transcriure. *[transcripción]*

transcriure. v. tr. Escriure una còpia d'un text. *[transcribir]* // Arreglar per a uns instruments la música escrita per a un altre o d'altres. *[transcribir]*

transcurs. m. Pas o curs del temps. *[transcurso]*

transeünt. adj. Aplicat a la persona que passa o està de pas. *[transeúnte]* // m. i f. El qui transita o va per la via pública. *[transeúnte]*

transferència. f. Acció i efecte de transferir. *[transferencia]*

transferir. v. tr. Transportar la seu, el domicili, etc., d'un lloc a un altre. *[transferir]* // Destinar una quantitat d'un pressupost, etc., a un altre objecte que aquell a què estava destinada. *[transferir]*

transfigurar. v. tr. Fer canviar de figura una persona o cosa. *[transfigurar]*

transfondre. v. tr. Fer passar la sang d'una persona o animal a un altre. *[transfundir]*

transformar. v. tr. Fer passar alguna cosa d'una forma a una altra. *[transformar]*

trànsfuga. m. i f. El qui abandona el seu partit per a passar al partit contrari. *[tránsfuga]*

transfusió. f. Acció i efecte de transfondre o de transfondre's. *[transfusión]*

transgredir. v. tr. Violar una llei, precepte, etc. *[transgredir]*

transhumància. f. Acció de transhumar. *[trashumancia]*

transhumar. v. intr. Passar els ramats, etc, d'una terra a una altra. *[trashumar]*

transició. f. Acció de passar més o menys ràpidament d'un estat a un altre, o d'una idea a una altra. *[transición]*

transigir. v. intr. Fer concessions en allò que és objecte de litigi, etc, a fi d'arribar a un acord. *[transigir]*

transir. v. intr. Passar d'aquesta vida a l'altra. *[transir]* // **-se.** Consumir-se de pena. *[transirse]*

transistor. m. Aparell que s'empra per a amplificar oscil·lacions elèctriques. *[transistor]*

trànsit. m. Acció de passar per un lloc, per una via pública i l'anar i venir de les persones i vehicles. *[tránsito]* // Pas o canvi d'un estat a un altre. *[tránsito]*

transit, ida. adj. Consumit, especialment per una pena o dolor. *[transido]*

transitar. v. intr. i tr. Intr. Anar per una via pública. *[transitar]* // Tr. Recórrer passant d'un lloc a un altre. *[transitar]*

transitiu, iva. adj. Que passa o es transfereix de l'un a l'altre. *[transitivo]* // Aplicat al verb l'acció del qual pot recaure en la persona o cosa que és el seu objecte o complement directe. *[transitivo]*

translació. f. Acció i efecte de traslladar. *[traslación]* // Metàfora.

translúcid, úcida. adj. Que deixa passar la llum, però no veure distintament els objectes a través seu. *[translúcido]*

transmetre. v. tr. Deixar passar a través seu. *[transmitir]* // Transferir.

transmigració. f. Acció i efecte de transmigrar. *[transmigración]* // Suposat pas de l'ànima d'un cos a un altre. *[transmigración]*

transmigrar. v. intr. Passar un poble del país que habitava a un altre. *[transmigrar]* // Sofrir transmigració.

transmissió. f. Acció i efecte de transmetre. *[transmisión]*

transmissor, ora. adj. i m. i f. Que transmet o serveix per a transmetre. *[transmisor]*

transmudar. v. tr. Fer canviar una persona o cosa de manera que en semble una altra. *[trasmudar]* // Mudar d'un lloc a altre. *[trasegar, trasladar]* // Sentir certa commoció sobtada de l'ànim manifestant-la exteriorment. *[inmutarse]*

transoceànic, ànica. adj. Que passa d'una banda a l'altra de l'oceà. *[transoceànico]*

transparent. adj. Aplicat al cos a través del qual podem veure els objectes. *[transparente]* // Tros de roba, etc., posat al buit d'una finestra que serveix per a temperar la llum. *[transparente]*

transparentar. v. tr. Deixar un cos passar la llum a través seu. *[transparentar]*

transpirar. v. intr. Passar les humors del cos, a l'exterior a través de la pell. *[transpirar]*

transplantar. v. tr. Mudar una planta del lloc on està plantada a un altre. *[transplantar]*

transport. m. Acció i efecte de transportar. *[transporte]* // Moviment de l'ànima que ens transporta. *[transporte]*

transportar. v. tr. Portar una cosa d'un lloc a un altre. *[transportar]* // Posar fora de si, fer perdre la raó. *[transportar]*

transposar. v. tr. Invertir l'orde d'unes coses respecte a unes altres. *[transponer]* // Canviar l'orde gramatical dels membres d'una proposició. *[transponer]*

transsubstanciació. f. Conversió total d'una substància en una altra. *[transubstanciación]*

transsubstanciar. v. tr. Convertir totalment una substància en una altra, especialment el pa i el vi en cos i sang de Jesucrist en l'Eucaristia. *[transubstanciar]*

transsudar. v. tr. Passar un líquid a través dels porus d'un cos. *[trasudar]*

transvasar. v. tr. Fer passar un líquid d'un vas o recipient a un altre. *[transvasar]*

transvers, ersa. adj. Col·locat de través. *[transverso]*

tranuitar. v. intr. Passar la nit o gran part de la nit sense anar a dormir. *[trasnochar]* // Pernoctar.

trapa. f. Porta que tanca una obertura practicada en un sostre o trespol. *[trapa]* // La mateixa obertura. *[trapa]* // Obertura d'una androna o altra conducció subterrània; la tanca de ferro, etc., de dita obertura. *[trapa]*

trapatroles. m. i f. Persona que obra sense reflexió, persona eixelebrada. *[atolondrado, aturdido]*

trapezi. m. Barra horitzontal, penjada amb dues cordes del sostre per a exercicis gimnàstics. *[trapecio]* // Quadrilàter que té un sol parell de costats paral·lels. *[trapecio]* // Un dels dos ossos del carp. // Cadascun dels dos músculs situats a la part posterior del coll i superior de l'espatla de l'home. *[trapecio]*

tràquea. f. Conducte cilíndric i cartilaginós que continuant en la laringe es bifurca en el seu extrem inferior formant els dos bronquis. *[tráquea]*

trasbals. m. Acció de trasbalsar; el tràfec que porta. *[trasiego]* // Acció de canviar coses de lloc. *[tráfago]* // Pertorbació intensa de la calma, de la quietud, de l'estat normal. *[trastorno]*

trasbalsar. v. tr. Canviar les coses d'un lloc a un altre. *[trasegar, trasladar]* // Afectar pregonament. *[trastornar]*

trascolar. v. tr. Transfondre, trafegar. *[transfundir]* // Beure molt de vi. *[colar]*

traslladar. v. tr. Mudar una cosa d'un lloc a un altre. *[trasladar]* // Traure una còpia exacta d'un document. *[trasladar]*

trasllat. m. Acció i efecte de traslladar. *[traslado]* // Comunicació a una de les parts litigants de les pretensions de l'altra. *[traslado]* // Còpia treta fidelment d'un original.

trasmudar. v. tr. Fer passar d'una banda a l'altra, canviar de lloc. *[trasladar, trasegar]*

traspàs, (pl. **assos**). m. Acció de traspassar. *[traspaso]*

traspassar. v. tr. i intr. Tr Passar d'una part a una altra. *[traspasar]* // Intr. Passar d'aquesta vida a una altra, morir.

trasplantar. v. tr. Mudar una planta del lloc on està plantada a un altre. *[trasplantar]*

traspuar. v. tr. Passar un líquid a través de les porositats d'un cos. *[rezumar, trascolar]* // Transparentar.

trast. m. Cadascuna de les divisions o distàncies d'una cosa. *[traste]* // Les faenes d'una casa. // Mobles o utensilis inservibles que hi ha en una casa. *[trasto]* // Banc dels remers.

trastejar. v. tr. Traslladar, transportar, remoure coses, especialment mobles, objectes, etc., d'una part a altra. *[trastear]* // Dotar o guarnir una embarcació de trasts o bancs de remer. // Intr. Anar d'un lloc a l'altre faenejant. *[trastear]*

trastocar. v. tr. Fer estar de manera diferent de com estava. *[trastocar]* // Trastornar el cap, fer tornar boig. *[enloquecer]*

trastorn. m. Acció i efecte de trastornar o de trastornar-se. *[trastorno]*

trastornar. v. tr. Invertir l'orde natural o regular de les coses. *[trastornar]* // Torbar l'ànim d'algú una aflicció, etc. *[trastornar]*

tratge. m. Vestit complet d'una persona, especialment d'home. *[traje]*

trau. m. Tall fet a una peça de roba i guarnit amb passades de fil per a botonar-la. *[ojal]* // Forat que travessa de part a part algunes coses. *[agujero]* // Ferida feta al cap. *[agujero]*

trauma. m. Ferida, lesió interna o externa determinada per una violència exterior. *[trauma]*

traure. v. tr. Posar una cosa fora d'una altra en què estava ficada. *[sacar]* // Fer eixir una cosa fora del lloc on estava dins. *[sacar]* // Obtenir diners, favors, etc., d'algú o d'alguna cosa. *[sacar]* // Fer eixir a algun fi. // Llançar fora de si, expel·lir. *[sacar]* // Fer eixir per una obertura,fer eixir a l'exterior. *[sacar]* // En el joc de pilota valenciana, acció que comença cada quinze i que consisteix a impulsar la pilota d'un colp de mà amb força.

trava. f. Instrument amb què és ajuntada o travada una cosa amb una altra. *[traba]* // Llenca de drap que uneix les dues parts de l'escapulari. *[traba]* // Barra per a retardar el moviment de les rodes dels carruatges a les baixades. *[traba]* // Pedra que posen sota la roda dels cartages, per a tenir-los ferms. *[calza]* // Bastó que es penja al coll d'un animal perquè no puga abaixar el cap. *[torga]*

travada. f. Acció i efecte de travar.

travar. v. tr. Unir o ajustar una cosa a una altra. *[trabar]* // Posar traves a les cavalleries, etc. *[trabar]*

través, (pl. **essos**). m. Dimensió d'un cos en sentit perpendicular a la llargària. *[ancho]* // Direcció que es desvia de la bona. *[través]*

travessa. f. Cadascuna de les barres de fusta o altra matèria sobre la qual s'assenten les vies del ferrocarril. *[traviesa]* // Aposta sobre alguna cosa incerta a endevinar. *[apuesta]* // Camí o carrer transversal entre altres dos. *[travesía]* // Drecera, camí lateral més curt que el camí principal. *[atajo]* // Aposta que es fa a favor d'un dels dos equips en el joc de pilota valenciana. *[apuesta]*

travessanya. f. Barra que subjecta per darrere les baranes del carro. *[puente]*

travessar. v. tr. Passar a través d'alguna cosa. *[atravesar]* // Traspassar de part a part. *[traspasar]* // Jugar una quantitat de diners en una travessa o travesses. *[apostar]*

travesser, era. adj. Posat de través. *[travesero]* // m. Llistó o barra que va d'una banda a una altra travant dues coses. *[travesaño]*

travessera. f. Camí transversal o que uneix de través dos altres camins. *[camino travesero, traviesa]*

traveta. f. Llenca de drap, etc., que passa per sota el peu i manté els pantalons tibants. *[trabilla]* // Acció de posar el peu entre les cames d'algú per a fer-lo caure. *[zancadilla]*

treball. m. Acció i efecte de treballar. *[trabajo]* // Esforç sostingut. *[trabajo]* // Allò en què hom treballa. *[trabajo]* // Accident morbós que sobrevé sobtadament. *[accidente, ataque, desmayo]*

treballador, ora. adj. Que treballa. *[trabajador]* // m. i f. El qui treballa. *[trabajador]*

treballar. v. intr. i tr. Intr. Emprar-se físicament o també mentalment amb un esforç sostingut i penós en l'execució d'alguna cosa feta per obligació, per necessitat, pel guany, etc. *[trabajar]* // Ocupar-se en algun exercici o obra. *[trabajar]* // Sotmetre una cosa a una manipulació. *[trabajar]*

trellat. m. Judici, enteniment per al govern i direcció d'un afer. // Raó, fonament lògic, claricia. *[razón]* // Profit, resultat pràctic d'una acció, d'un esforç. *[provecho]* // Còpia, trasllat d'un escrit. // Fermesa, enteresa de caràcter. // Notícia o coneiximent clar d'una cosa. *[intríngulis]*

tremebund, unda. adj. Que fa tremolar de por. *[tremebundo]*

tremend, enda. adj. Que fa por, que meravella per la seua magnitud, violència, etc., formidable, terrible. *[tremendo]*

trement. adj. Que trem o tremola. *[tembloroso]*

trèmer. v. intr. Tremolar. *[temblar]*

tremir. v. intr. Tremolar. *[temblar]*

trémol. m. Arbre de la família de les salicàcies, de fulles menudes i pecíol llarg. *[álamo temblón]*

tremolar. v. intr. i tr. Intr. Agitar-se amb moviments freqüents. *[temblar]* // Tr. Tenir molta por d'alguna cosa. *[temblar]*

tremolí. m. Lleugera tremolor. *[temblorcillo]*

tremoló. m. Agitació formada per menudes oscil·lacions ràpides i repetides. *[temblor]*

tremolor. f. Sèrie de petites oscil·lacions que agiten un cos o una part del cos. *[temblor]*

tremp. m. Acció de trempar. *[corte, tajo]* // Punt de duresa i elasticitat que es dóna a una matèria. *[temple]* // Tall que es fa al canó d'una ploma d'aucell per a fer-la servir per a escriure. *[corte, tajo]* // Pintura amb colors preparats amb líquids glutinosos. *[temple]* // Fermesa del caràcter. *[temple, temperamento]*

trempar. v. tr. Temprar. // Tallar una ploma de manera que puga servir per a escriure. *[tajar]*

tremuja. f. Caixa en forma de piràmide truncada invertida, posada damunt el molí i per on fan caure el gra. *[tolva]* // Capçal de la campana que li serveix de contrapés. *[cabeza, armazón]*

trèmul, èmula. f. Tremolós, que tremola. *[trémulo]*

tren. m. Sèrie de carruatges enganxats i disposats per al transport de persones o mercaderies. *[tren]* // Conjunt d'instruments que s'empren per a una mateixa operació. *[tren]* // Manera de viure amb més o menys luxe. *[tren]*

trena. f. Enllaç de tres o més caps de fils, de cabells, etc. *[trenza]*

trenar. v. tr. Fer trenes. *[trenzar]*

trenc. m. Acció i efecte de trencar, trencament, especialment d'una muralla, mur, etc., per a produir una eixida, etc. *[quebradura]* // Esquerda, solució de continuïtat, produïda per contussió en un cos dur. *[quebradura]* // Esvoranc o colp al cap. *[chirle, descalabro]* // Obertura al cap d'un solc o a la vora d'un rec per a encaminar l'aigua. *[torna]* // Plec de la roba. *[pliegue]*

trencacaps. m. Cosa de difícil solució, que fa cavil·lar. *[rompecabezas]*

trencaclosques. m. Trencacaps, problema o endevinalla difícil de resoldre. *[rompecabezas]*

trencacor. m. Sobresalt, impressió intensa, que fa batre intensament el cor. *[sobresalto]*

trencadura. f. Obertura o esvoranc d'alguna cosa trencada. *[quebradura, rotura]* // Fractura. // Hèrnia.

trencall. m. Camí travesser. *[travesía, sendero]* // Trencadura en un cos sòlid. *[rotura, quiebra]*

trencament. m. Acció i efecte de trencar. *[ruptura, quebradura]*

trencanous. m. Instrument per a trencar nous. *[cascanueces]*

trencar. v. tr. i intr. Tr. Fer trossos d'alguna cosa. *[romper]* // Esquerdar una cosa. *[quebrantar]* // Véncer algun destorb o dificultat. *[quebrantar]* // Rompre l'amistat amb algú. *[romper]* // Intr. Canviar bruscament de direcció. *[doblar]*

trencat. m. Fractura. // Quantitat fraccionària. *[quebrado]* // adj. Herniat. *[herniado]*

trenella. f. Galonet de seda, etc., que serveix com a ornament de passamaneria. *[trencilla]* // Trena de budells de moltó que fan per a donar menjar als gats. *[cordilla]* // Corda prima formada a manera de trena. *[trencilla]*

trenta. adj. Conjunt de tres desenes. *[treinta]*

trenté, ena. adj. Que fa trenta en una sèrie. *[trigésimo]* // Cadascuna de les parts d'una quantitat dividida en trenta parts iguals. *[treintavo]*

trenyella. f. Cinta estreta en què els fils que formen el teixit tenen una direcció obliqua. *[trencilla]*

trepa. f. Cadascun dels trossos de roba de diferent color posada com a adorn als vestits. // Colla de gent menyspreable. *[gentuza]* // Full de paper, de tela, de planxa metàl·lica, etc. que està foradat amb incisions i serveix de pauta per a estargir un dibuix. *[picado, modelo]*

trepador, ora. adj. Que trepa. *[trepador]* // m. Instrument per a trepar o perforar. *[trepador, taladrador]*

trepidar. v. intr. Ser sacsejat per moviments curts, ràpids i repetits. *[trepidar]*

trepig. m. Acció de trepitjar o posar els peus a terra en caminar. *[pisoteo, pisadas]* // Molí per a moldre la canya de sucre.

trepitjada. f. Acció i efecte de posar el peu sobre alguna cosa. *[pisotón, pisada]*

trepitjar. v. tr. Esclafar una cosa amb el peu. *[pisar, pisotear]* // Posar el peu damunt d'alguna cosa. *[pisar]* // Menysprear l'honor i dignitat d'alguna persona, tractar a algú amb el més gran menyspreu. *[pisotear]*

tres. adj. Adjectiu numeral i xifra que el representa. *[tres]*

trescar. v. intr. Anar i venir les abelles del rusc a les plantes per a fer la mel. *[triscar]* // Anar i venir sense concert. *[triscar]* // Caminar, trafegar, treballar, fer coses, afanyosament, amb vivor, avalotadament. *[triscar]*

trescor. f. Angúnia, angoixa, inquietud.

trespeus. m. Cercle o triangle de ferro que serveix per a posar al foc perols, paelles, etc. *[trébedes, trípode]*

trespol. m. Sostre d'una habitació. *[techo, techumbre]*

tresullar-se. v. pron. Esdevenir amb els ulls fatigats, ullerosos, per decaïment o fatiga del cos.

tresullat, ada. adj. Amb els ulls afonats, tèrbols, cansats, com els que presenten els febrosos i els debilitats, ullerós. *[ojeroso]*

tret. m. Descàrrega d'una arma de foc. *[tiro]* // Distància que separa dos punts. *[trecho]* // Qualitat significativa, característica. *[rasgo]*

tret, eta. adj. Pràctic, acostumat, destre, avesat a una cosa. *[ducho, diestro]*

tretze. Adjectiu numeral cardinal i xifra que el representa. *[trece]*

tretzé, ena. adj. Que fa tretze en una sèrie. *[decimotercero]* // Cadascuna de les parts d'una quantitat dividida en tretze parts iguals. *[treceavo]*

treva. f. Suspensió d'hostilitats per un cert temps. *[tregua]*

trévol. m. Planta herbàcia anual de fulles redones de tres en tres i flors blanques o morades molt estimada com a farratge. *[trébol]*

tria. f. Acció i efecte de triar. *[selección, elección]*

triangle. m. Figura formada per tres línies que s'intersecten mútuament. *[triángulo]* // Instrument músic que consisteix en una barreta de metall doblegada en forma triangular. *[triángulo]*

triangular. adj. Que té figura de triangle. *[triangular]*

triar. v. tr. Escollir una cosa entre altres. *[escoger]* // Separar una cosa d'entre altres; d'un conjunt de coses de la mateixa naturalesa, separar-ne una o algunes atenent a la seua qualitat. *[separar, apartar]* // Netejar gra, llegums, arròs, etc., separant els cossos estranys que l'acompanyen. *[escoger]* // **-se.** Separar-se la part mantegosa de la llet, els components de l'allioli que es pretenen emulsionar, etc. *[cortarse]*

triat, ada. adj. Separat, apartat. // Escollit, pres com a millor o com a diferent dels altres d'un conjunt. *[escogido]* // Que tria molt, difícil de contentar, exigent. *[quisquilloso]*

triba. f. Barrina grossa de fuster, d'escloper, de selleter, etc.

tribú. m. En l'antiguitat romana, cap o representant d'una tribu; després, nom de certs oficials o magistrats. *[tribuno]* // Orador polític, especialment popular. *[tribuno]*

tribu. f. Cadascuna de les agrupacions en què estaven dividits alguns pobles antics. *[tribu]* // Conjunt de famílies nòmades manades per un cap. *[tribu]*

tribuna. f. Lloc elevat amb ampit des d'on els oradors parlen en una assemblea deliberant, etc. *[tribuna]* // Galeria destinada als espectacles en una assemblea. *[tribuna]*

tribunal. m. Lloc destinat als jutges per a administrar justícia. *[tribunal]* // Conjunt dels qui jutgen una causa, examen o concurs. *[tribunal]*

tribut. m. Contribució que una nació paga a una altra segons conveni. *[tributo]* // Impost. *[impuesto, tributo]*

tributar. v. tr. Pagar tribut. *[tributar]*

tricicle. m. Vehicle de tres rodes. *[triciclo]*

triclini. m. Llit capaç per a tres persones en què els romans es reclinaven per a menjar i que s'estenia al voltant de tres costats de la taula. *[triclinio]* // Menjador dels antics romans. *[triclinio]*

tricorni. m. Capell originàriament de base triangular usat per la guàrdia civil espanyola. *[tricornio]*

tricromia. f. Estampació tipogràfica feta amb tres colors superposats. *[tricromía]*

trident. m. Forca de tres dents. *[tridente]*

tridu. m. Exercici religiós que dura tres dies. *[tríduo]*

trienni. m. Espai de tres anys. *[trienio]*

triftong. m. Grup de tres vocals que formen una sola síl·laba. *[triptongo]*

trifulga. f. Situació penosa. *[trifulca]* // Situació de desorde, d'avalot. *[trifulca, zaragata]*

trifurcar. v. tr. Dividir en tres branques o ramals. *[trifurcar]*

trigar. v. intr. Fer una cosa més tard d'allò que era d'esperar, de l'hora convinguda, etc., tardar a fer una cosa. *[tardar]*

trilogia. f. Conjunt de tres obres dramàtiques amb una unitat de pensament o enllaç successiu. *[trilogía]*

trimestre. m. Espai de tres mesos. *[trimestre]*

trinca. f. Conjunt de tres coses o persones de la mateixa naturalesa. *[trinca]* // Conjunt de tres persones designades per a contendre entre elles en unes oposicions. *[trinca]* // Corda que serveix per a subjectar alguna cosa. *[trinca]* // **nou de trinca.** Completament nou, acabat de fer, flamant. *[flamante]*

trineu. m. Vehicle sense rodes, per a anar per damunt el gel o la neu. *[trineo]*

trinitat. f. Reunió en un sol Déu de les tres persones divines. *[trinidad]* // Conjunt de tres persones o coses. *[trinidad]*

trinquet. m. Lloc clos per a jugar a pilota de forma rectangular i mides variables. *[trinquete]* // En una nau de dos o més pals, el més pròxim a la proa. *[trinquete]*

trinqueter. m. Encarregat d'administrar el trinquet de jugar a pilota. // El qui subministra les pilotes i cobra els drets de les pilotes. *[pelotero]*

trinxa. f. Llenca de roba, posada al jupetí, bragues, etc., per a ajustar-les al cos per mitjà de sivelles o botons. *[pretina]*

trinxant. m. El qui trinxa. *[trinchante]* // El qui servia i trinxava la vianda en la taula d'un senyor. *[trinchante]* // Forqueta grossa amb què es subjecta el menjar que hom trinxa. *[trinxante]* // Moble de menjador, en el qual es posen les viandes que hom ha de trinxar o preparar abans de servir-les a taula.

trinxar. v. tr. Fer a trossos el menjar per a servir-lo. *[trinchar]* // Capolar, esbocinar, fer a trossos petits una cosa. *[trinchar, desmenuzar]*

trinxera. f. Defensa militar, oberta a la terra. *[trinchera]* // Gavardina del tipus que usaven els militars en la primera guerra mundial. *[trinchera]*

trinxet. m. Ganivet menut. *[tranchete]* // Trenc al cap, ferida com de ganivet. *[chirlo, descalabradura]*

trio. m. Composició musical per a tres veus o instruments. *[trío]* // Conjunt de tres coses d'igual valor. *[trío]* // Colla de tres. *[trío]*

triomf. m. Triumf. *[triunfo]*

triomfar. v. intr. Triumfar. *[triunfar]*

tripa. f. Budell. *[tripa]* // Ventre animal, panxa. *[tripa]*

tripijoc. m. Cosa que ens du trastorn o dificultat sense profit. *[pejiguera]* // Avalot, confusió. *[triquitraque]* // Embolic, embull.

triple. adj. Format per tres. *[triple]*

triple, ipla. adj. Que val tres vegades una quantitat donada. *[triple]*

triplicar. v. tr. Fer triple, multiplicar per tres. *[triplicar]*

trípode. m. Suport de tres cames. *[trípode]* // Taula, banc, etcètera, de tres peus o petges. *[trípode]*

tríptic. m. Pintura dividida en tres compartiments dels quals els dos laterals poden plegar-se sobre el central. *[tríptico]*

tripulació. f. Personal de servei i maniobra d'una embarcació. *[tripulación]*

tripular. v. tr. Proveir de tripulació una nau. *[tripular]* // Anar a bord d'una nau com a tripulant. *[tripular]*

triquina. f. Cuc que, en estat de larva, viu paràsit en els músculs dels animals vertebrats. *[triquina]*

trisagi. m. Himne o exercici pietós en què es repeteix tres vegades la paraula sant en honor de la Santíssima Trinitat. *[trisagio]*

triscar. v. intr. Trescar, moure's treballant. *[triscar]*

trisíl·lab, íl·laba. adj. De tres síl·labes. *[trisílabo]*

trist, ista. adj. Mancat d'alegria. *[triste]* // No gens alegre. *[triste]* // Dolorós, enutjós.

tristesa. f. Qualitat o condició de trist. *[tristeza]*

trit, ita. adj. Triturat, esmicolat. *triturado, molido]* // m. Farina grossa però no tant, com el segó, prima. *[moyuelo]*

tritó. m. Deïtat marina representada en una figura que és d'home de la cintura per amunt i de mig cos en avall. *[tritón]* // Batraci semblant a la salamandra.

triturar. v. tr. Reduir una substància sòlida a trossos petitíssims. *[triturar]*

triumf. m. Acció de triumfar o véncer. *[triunfo]*

triumfar. v. tr. i intr. Tr. Obtenir un triumf. *[triunfar]* // Intr. Viure ostentosament, en abundància i amb molta despesa. *[triunfar]*

triumvir. m. Cadascun dels magistrats d'un triumvirat. *[triunviro]*

triumvirat. m. Associació de tres per a governar. *[triunvirato]*

trivial. adj. Que es trifurca en tres camins. *[trivial]* // Vulgar, conegut de tothom. *[trivial]*

trò. m. Soroll que segueix al llamp. *[trueno]* // Receptacle de paper ple de pólvora que fa explosió en cremar-se una metxa que porta. *[trabuca]* // Soroll fort produït per una explosió. *[trueno, estampido]*

trobada. f. Acció de trobar. *[encuentro, hallazgo]*

trobador, ora. adj. i m. i f. Que troba alguna cosa perduda. *[hallador]* // m. Poeta medieval de llengua provençal *[trovador]*

troballa. f. Cosa trobada per un atzar o en el curs d'unes recerques, d'una investigació. *[hallazgo]*

trobar. v. tr. i intr. Tr. Encontrar alguna persona o cosa que un busca o que es presenta casualment. *[encontrar, hallar]* // Versificar. *[trovar]*

trobo. m. Troballa. // Composició en vers

de caràcter vulgar, sobretot de tema narratiu. *[romance]*
troca. f. Madeixa. *[madeja, cadejo]*
trofeu. m. Insígnia o senyal de victòria. *[trofeo]*
troglodita. adj. i m. i f. Que viu en coves. *[troglodita]*
tròlec. m. Mena de carret que es fa passar damunt la terra d'arròs per a portar la terra i colgar bé la femada. // adj. De poc coneiximent, desassenyat.
tromba. f. Màniga d'aigua. *[tromba]*
trombó. m. Instrument músic de metall de tub llarg i doblat, de to greu. *[trombón]* // El músic que toca el trombó. *[trombón]*
trompa. f. Instrument musical de vent, format per un tub de llautó caragolat. *[trompa]* // m. Músic que toca aquest instrument. *[trompa]* // f. Prolongació muscular del nas d'alguns animals, com l'elefant. *[trompa]* // Aparell xuplador contràctil d'alguns insectes. *[trompa]* // m. i f. Persona inepta o de poca substància.
trompa. f. Baldufa per a jugar els xiquets. *[trompo, trompa, peonza]*
trompellot. m. Trompa, baldufa. *[peonza, trompa]* // Persona ruda, toixarruda. *[alcornoque, mastuerzo]*
trompeta. f. Instrument músic de vent format per un tub llarg de metall. *[trompeta]* // m. Persona que toca la trompeta. *[trompeta]* // Persona que tot ho divulga.
trompitxol. m. Tros de fusta tornejat que és fa rodar amb els dits. *[trompa, pipirigallo]*
tron. m. Seient amb grades i dosser per a sobirans o persones d'alta dignitat en les reunions solemnes. *[trono]*
trona. f. Plataforma o tribuna a les esglésies que serveix per a predicar. *[púlpito]*
tronada. f. Tempestat de trons. *[tronada]*
tronadissa. f. Tronada insistent.
tronador, ora. adj. Que trona. *[tella, tronador, tonante]* // Pastisset de dolç en forma de coet tronador.
tronar. v. intr. Fer trons. *[tronar]*
tronat, ada. adj. Fet malbé per l'ús. *[tronado]* // Arruïnat, pobre. *[arruinado]*
tronc. m. La part d'un arbre o arbust compresa entre les arrels i les branques. *[tronco]* // Cos de l'home o de l'animal, amb excepció del cap i les extremitats. *[tronco]* // Cos principal d'una columna. *[tronco]* // Parell de cavalleries de tir enganxades de costat a un carruatge.
tronera. f. Obertura practicada en la paret d'una fortificació per on poden disparar-se els canons, etcètera, a cobert del foc enemic. *[tronera]*
trontoll. m. Moviment d'una cosa que trontolla. *[traqueteo, sacudida]*
trontollar. v. intr. Moure's amb un ràpid moviment de vaivé. *[oscilar, traquear, traquetear]*
tronxo. m. Tronc de les hortalisses. *[troncho]* // Curt d'enteniment. *[zoquete]*
tropa. f. Conjunt de gent d'armes. *[tropa]*
tropell. m. Moviment accelerat de diferents persones o coses. *[tropel]* // Greu pertorbació. *[accidente, ataque]*
tròpic. m. Cadascun dels cercles menors de l'esfera celest o de l'esfera terrestre paral·lels a l'Equador. *[trópico]*
tros, (pl. **ossos**). m. Part d'una cosa separada del total. *[trozo, pedazo]* // Distància d'un lloc a un altre. *[trecho, trozo]*
trossar. v. tr. Ajustar al cos una peça de vestir amb cordons o vetes. *[atar, abrochar]* // Fer un bolic amb la roba i altres objectes. *[envolver, empaquetar]* // Arromangar. *[arremangar]*
trossejar. v. tr. Fer trossos d'alguna cosa. *[destrozar, despedazar, trinchar]*
trot. m. Manera ràpida de caminar el cavall i altres quadrúpedes consistent a moure a l'ensems una pota del davant i la contraposada del darrere. *[trote]*
trotar. v. intr. Anar un cavall, etc., al trot. *[trotar]* // Cavalcar en un cavall, etc., que va al trot. *[trotar]*
truà. m. Home enganyador, de males arts. *[truhán]* // Home pagat per a fer riure, bufó.
truc. m. Colp, especialment el que una bola dóna a una altra amb què ve a topar. *[truque]* // Recurs enginyós. *[truco]* // Mena de joc de cartes, amb envit. *[truque]* // Canvi d'una cosa per una altra, barata. *[trueque]*

trucar. v. intr. i tr. Intr. Picar a la porta. *[llamar]* // Fer el primer envit al joc del truc. *[trucar]* // Tr. Donar colps. *[golpear]*

trucatge. m. Acció de donar a un objecte modern l'aparença d'antic; emprament de trucs. *[impostura, trucaje]*

truculent, enta. adj. Atroç, feroç, que expresa gran crueldat, que produeix horror. *[truculento]*

trufa. f. Burla, engany. // Tòfona. *[trufa]*

truita. f. Menja feta amb ous batuts i fregits o amb altres substàncies, i que queda sota l'aspecte d'una coca. *[tortilla]* // Peix teleosti comestible d'aigua dolça, de cos fusiforme i de color fosc. *[trucha]*

truja. f. Femella del porc. *[cochina, puerca, cerda]* // Braç de campana. *[cabeza, armazón]*

trull. m. Molí o premsa d'oli o de vi. *[trujal]* // Roleu o mola per a esclafar. *[rodillo, trillo]* // Recipient subterrani, cavat a la pedra per a guardar l'oli. *[lagar, jaraiz]* // Cup.

trumfa. f. Creïlla. *[patata]*

trumfar. v. tr. Tirar un trumfo en una jugada de cartes. *[triunfar]*

trumfo. m. Cadascuna de les cartes del pal que domina el joc. *[triunfo]*

truncar. v. tr. Tallar una cosa separant ne una part. *[truncar]*

trust. m. Unió de comerciants o industrials per a monopolitzar un negoci. *[trust]*

tsar. m. Títol que donaven a l'emperador de Rússia o de Bulgària. *[zar]*

tsarevitx. m. Fill primogènit d'un tsar. *[zarevich]*

tu. Pronom personal de segona persona singular. *[tú]*

tub. m. Cilindre buit més llarg que ample. *[tubo]*

tubercle. m. Part grossa i feculenta de l'arrel de certes plantes. *[tubérculo]* // Producte morbós de color groguenc, que en reblanir-se adquireix la consistència del pus. *[tubérculo]*

tuberculós, osa. adj. Relatiu o pertanyent al tubercle. *[tuberculoso]* // Que té tubercles o sofreix tuberculosi. *[tuberculoso]*

tuberculosi. f. Malaltia consistent en la tuberculització dels teixits o òrgans. *[tuberculosis]*

tubular. adj. Relatiu o pertanyent al tub. *[tubular]*

tudó. m. Espècie de colom silvestre, més gros que el domèstic, de plomatge gris blavenc, el pit verdós amb un collar blanquinós i ales fortes. *[paloma torcaz]*

tuf. m. Emanació forta i desagradable d'alguna cosa. *[tufo]* // Ferum.

tufar. v. intr. Fer tuf. *[apestar]* // **-se.** Fer mala olor. *[atufarse]*

tufejar. v. intr. Desprendre tuf, fer mala olor. *[oliscar, heder]*

tuguri. m. Habitació menuda i pobra. *[tugurio]*

túixec. m. Substància que té qualitats mortíferes o perjudicials per a la salut. *[tósigo, veneno]*

tul. m. Roba que forma malla reixada, usada per a peces de vestir. *[tul]*

tulipà. f. Planta herbàcia de la família de les liliàcies, de flor única, gran i globosa. *[tulipán]* // Flor d'aquesta planta. *[tulipán]* // Pàmpol de llum que té la forma d'aquesta flor. *[tulipa]*

tumefacció. f. Inflor morbosa produïda en algun lloc del cos. *[tumefacción]*

tumor. m. Inflor voluminosa que es forma en alguna part de l'organisme. *[tumor]*

túmul. m. Muntanyeta de terra que es posava sobre el lloc on estava enterrada una persona. *[túmulo]* // Monument sepulcral. *[túmulo]* // En una cerimònia funerària, cadafal cobert de draps de dol. *[túmulo]*

tumult. m. Avalot, confusió produïda per una reunió de persones. *[tumulto]*

tundra. f. Extensió de terreny, a les regions àrtiques, coberta de liquen i molses. *[tundra]*

túnel. m. Pas subterrani que estableix una comunicació. *[túnel]*

túnica. f. Vestit interior que duien els antics i que servia de camisa. *[túnica]* // Membrana o capa de teixit envoltant. *[túnica]* // Pel·lícula que envolta una llavor. *[túnica]*

turar. v. tr. Aturar.

turba. f. Multitud confusa i desordenada de gent. *[turba]*

turbant. m. Ornament de cap propi dels països orientals. *[turbante]*

turbina. f. Roda moguda per la força de l'aigua corrent. *[turbina]*

turbulent, enta. adj. Agitat violentament. *[turbulento]* // Inclinat a torbar l'orde, a la insubordinació. *[turbulento]*

turgent. adj. Dit de l'humor que infla alguna part del cos. *[turgente]* // Inflat de tant ple. *[turgente]*

turisme. m. Aficció a viatjar per recreació. *[turismo]*

turista. m. i f. El qui viatja per recreació. *[turista]*

turístic, ística. adj. Pertanyent o relatiu al turisme. *[turístico]*

turma. f. Testicle d'animal. *[criadilla]* // Bolet comestible molt estimat. *[criadilla de tierra]*

turmell. m. Protuberància òssia dels costats del coll de la cama. *[tobillo]* // Part inferior de la cama. *[tobillo]*

turment. m. Inflicció de tortura, martiri, suplici. *[tormento]* // Gran pena o sofriment corporal o moral. *[tormento]*

turmenta. f. Tempesta violenta, amb llamps, trons i pedra, però de poca durada, tempestat. *[tempestad]*

turmentar. v. tr. Donar o causar turment. *[atormentar]*

turó. m. Elevació rosta del terreny. *[otero, altozano, colina]*

tustar. v. tr. Colpejar, pegar, donar colps. *[golpear]*

tutejar. v. tr. Tractar de tu. *[tutear]*

tutela. f. Càrrec de tutor. *[tutela]* // Emparança, defensa, protecció. *[tutela]*

tutelar. v. tr. Protegir, defensar. *[tutelar]*

tutelar. adj. Que té algú sota la seua tutela. *[tutelar]*

tuti. m. Joc de cartes d'origen italià, en què pot guanyar la partida el qui arriba a reunir els quatre reis o els quatre cavalls. *[tute]* // Reunió dels quatre reis o dels quatre cavalls de les cartes. *[tute]*

tutor, ora. m. i f. Persona encarregada de la tutela d'algú. *[tutor]*

txec, eca. adj. i m. i f. Natural o propi de Txecoslovàquia. *[checo]* // Llengua de Bohèmia i Moràvia. *[checo]*

txecoslovac, aca. adj. i m. i f. Natural o propi de Txecoslovàquia. *[checoslovaco]*

u u u u u u u u

u, (pl. **ús**). f. Nom de la lletra u. *[u]*
u. Adjectiu numeral ordinal amb què es designa el primer terme d'una sèrie numerada. *[uno]*
ubèrrim, èrrima. adj. Molt fèrtil. *[ubérrimo]*
ubiqüitat. f. El fet d'estar present pertot arreu. *[ubicuidad]*
udol. m. Crit allargat i planyívol del gos, el llop i altres animals. *[aullido]* // Crit de dolor prolongat i fort. *[aullido]*
udolar. v. intr. Fer udols. *[aullar]*
ufà, ana. adj. Satisfet d'ell mateix, ostentós, superb. *[ufano]*
ufana. f. Verdor i frondositat de les plantes. *[lozanía]* // Ostentació, vanaglòria. *[ufanía, boato, arrogancia]*
ufanós, osa. adj. Aplicat a les plantes que tenen ufana i a la vegetació verda i frondosa. *[lozano]* // Satisfet, envanit. *[ufano, engreído]*
ui! Interjecció que expressa dolor, o sorpresa gran. *[¡uy!]*
uix. m. Forat gran d'una bóta.
uix! Interjecció que expressa repugnància. // Crit per a fer fugir els animals.
uixer. m. Porter o ordenança d'un palau, d'un tribunal, etc. *[ujier]*
úlcera. f. Plaga o nafra, amb secreció de pus. *[úlcera]*
ulcerar. v. tr. Causar una úlcera. *[ulcerar]*
ull. m. Òrgan de la visió. *[ojo]* // Arc del pont. *[ojo]* // Cavitat del pa, del formatge i d'altres substàncies esponjoses. *[ojo]* // Forat que tenen algunes coses que recorden un ull per llur forma. *[ojo]* // Obertura de desguàs d'una séquia. *[sangradera]*
ullal. m. Clau de la boca, dent puntada col·locada entre les incisives i els queixals. *[colmillo]* // Lloc on surt l'aigua a la superfície. *[manantial]* // Obertura per on surt aigua d'una séquia.
ullar. v. tr. i intr. Tr. Guaitar o observar amb atenció. *[avizorar, ojear, observar]* // Intr. Traure ulls les plantes. *[pulular, echar yemas]*
ullastre. m. Olivera borda, no empeltada. *[acebuche]*
ull-de-poll. m. Call redó i un poc còncau cap al centre, que sol formar-se en els dits dels peus. *[ojo de pollo]*
ullera. f. Instrument òptic, usat per a mirar objectes llunyans. *[catalejo, anteojo]* // Taca moradenca que se forma al voltant de l'ull. *[ojera]*
ulleres. f. pl. Instrument òptic format per dos vidres graduats per a facilitar la visió. *[anteojos]* // Clapa moradenca que es forma al voltant dels ulls. *[ojeras]* // Cadascuna de les peces d'espart, cuiro, etc., que es posen davant dels ulls de les cavalleries que volten la sénia, l'era, etc. *[anteojos]*
ullet. m. Foradet redó ordinàriament reforçat per un anellet de metall, un cordó, etc. *[ojete]* // Brot tendre d'una planta. *[renuevo]*
ulterior. adj. Situat a la banda d'enllà. *[ulterior]* // Que s'ha de fer després d'una altra cosa. *[ulterior]*
últim, última. adj. Darrer. *[último]*
ultimar. v. tr. Enllestir, acabar, posar fi a una cosa. *[ultimar]*
ultimàtum. m. Intimidació o resolució terminant i definitiva. *[ultimátum]*
ultra. prep. De més de, en addició a, sobre. *[además de]*
ultramar. m. A l'altra part del mar d'on som. *[ultramar]*
ultrança, a. loc. adv. Més enllà de tot límit. *[a ultranza]*

ultrapassar. v. tr. Anar més enllà d'un límit. *[sobrepasar]*

ultratge. m. Injúria greu d'obra o de paraula. *[ultraje]*

ultratjar. v. tr. Fer ultratge. *[ultrajar]*

ultratomba. f. Més enllà de la tomba o de la mort. *[ultratumba]*

umbel·la. f. Conjunt de flors o de fruits que naixen d'un mateix punt i s'eleven a igual altura. *[umbela]*

umbracle. m. Lloc per a resguardar les plantes dels raigs del sol. *[umbráculo]*

un, una. Adjectiu numeral cardinal que indica singularitat. *[un]* // Article indefinit. *[un]* // m. Subjecte indeterminat. *[uno]*

unànime. adj. Dit de les persones que convenen en un mateix parer o sentir. *[unánime]*

unça. f. Mesura de pes que val la dotzena part de la lliura. *[onza]* // Moneda d'or antiga que pesava una mica i valia setze duros. *[onza, doblón de a ocho]*

unció. f. Acció d'ungir. *[unción]* // Gràcia i consolació divines que mouen l'ànima a la virtut i a la perfecció. *[unción]*

unflar. v. tr. Distendre un cos amb aire o un gas qualsevol. *[inflar]* // Fer augmentar de volum un cos, un corrent d'aigua, etc. *[hinchar]* // Envanir. // Una causa morbosa fer augmentar el volum d'un cos o una part d'ell. *[hinchar]*

ungir. v. tr. Senyar amb els sants olis una persona per a la recepció d'un sagrament. *[ungir]* // Fregar alguna cosa amb oli. *[ungir]*

ungla. f. Làmina dura, còrnia, que creix a les extremitats dels dits de l'home i dels animals. *[uña]* // Nom d'algunes coses que recorden més o menys l'ungla. *[uña]* // Punta de cada braç de l'àncora. *[uña]* // Peüngla. *[pezuña]*

unglar. v. tr. Assenyalar amb l'ungla, unglejar. *[arañar]*

unglejar. v. tr. Esgarrapar, ferir amb les ungles. *[arañar]*

unglot. m. Ungla del porc i dels altres animals de pota partida. *[pezuña]*

ungüent. m. Medicament usat com a untura, més compacte que un liniment.

únic, única. adj. Sol en el seu gènere. *[único]* // Especial, excel·lent damunt de tots els altres de la seua espècie. *[único]*

unificar. v. tr. Fer ser un o uniforme. *[unificar]*

uniformar. v. tr. Fer uniforme alguna cosa. *[uniformar]* // Vestir algú amb uniforme. *[uniformar]*

uniforme. adj. Que té la mateixa forma en tota la seua extensió. *[uniforme]* // Aplicat a coses consemblants o que tenen la mateixa forma. *[uniforme]* // m. Vestit peculiar o distintiu d'un cos.

unió. f. Acció i efecte d'unir o d'unir-se. *[unión]*

unipersonal. adj. Que consta d'una sola persona. *[unipersonal]*

unir. v. tr. Formar amb dues o més coses un tot. *[unir]* // Lligar, enllaçar. *[unir]*

uníson, ísona. adj. Dit de dos sons que tenen el mateix to. *[unísono]* // m. Tros de música en què tots els sons simultanis són iguals. *[unisón]*

unitari, ària. adj. Relatiu o pertanyent a la unitat. *[unitario]* // m. i f. Partidari d'un sistema unitari. *[unitario]*

unitat. f. Qualitat d'allò que constitueix un tot. *[unidad]* // Qualitat d'allò que és únic. *[unidad]* // Unió o conformitat. *[unidad]* // Quantitat elegida com a terme de comparació amb les altres que cal mesurar. *[unidad]* // Fracció d'exèrcit que pot obrar independentment sota les órdens d'un cap. *[unidad]*

univers. m. El conjunt de totes les coses creades. *[universo]*

universal. adj. Relatiu o pertanyent a l'univers. *[universal]* // Dit d'una màquina, etc., adaptable a tots els usos, formes i grandàries. *[universal]*

universalitzar. v. tr. Fer universal. *[universalizar]*

universitari, ària. adj. Relatiu o pertanyent a la universitat. *[universitario]* // m. i f. Persona que estudia o ha estudiat a la universitat. *[universitario]*

universitat. f. Centre d'ensenyament superior amb facultat per a conferir graus. *[universidad]* // Edifici destinat a una universitat. *[universidad]* // Univers.

untar. v. tr. Recobrir d'oli o altra matèria greixosa o viscosa alguna cosa. *[untar]* // Corrompre o subornar amb diners, presents, etc. *[untar]*

untura. f. Acció i efecte d'untar. *[untura]* // La cosa amb què s'unta. *[untura]*

urani. m. Metall dur, pesat, d'un color blanc de níquel. *[uranio]*

urbà, ana. adj. Relatiu o pertanyent a la ciutat, a la urbs. // Civilment cortés. // m. Individu de la guàrdia urbana. *[urbano]*

urbanitat. f. Cortesia en les maneres, finor i discreció en el tracte. *[urbanidad]*

urbanitzar. v. tr. Fer carrers, establir serveis urbans, etc., en un lloc. *[urbanizar]*

urbs. f. Ciutat gran. *[urbe]*

urea. f. Substància nitrogenada que constitueix la major part de la matèria orgànica de l'orina. *[urea]*

uretra. f. Conducte per on s'expel·leix l'orina. *[uretra]*

urgència. f. Qualitat d'urgent. *[urgencia]* // Necessitat urgent. *[necesidad, apuro]*

urgent. adj. Que urgeix. *[urgente]*

urgir. v. intr. Exigir, una cosa, execució o remei prompte. *[urgir]*

urna. f. Caixa de metall, pedra, terrissa o altra matèria on els antics guardaven coses diverses, especialment les cendres d'un mort després de la cremació. *[urna]* // Caixa per a depositar-hi les paperetes d'una votació, les boles d'una rifa, etc. *[urna]*

urpa. f. Ungla aguda i encorbada com la dels gats o dels ocells. *[garra]*

urticària. f. Afecció cutània caracteritzada per l'aparició de pàpules rosades acompanyades d'una intensa pruïja. *[urticaria]*

us. pron. Vos. *[vos, os]*

ús. m. Acció i efecte d'usar. *[uso]* // Esmerç habitual d'una cosa. *[uso]*

usança. f. Pràctica habitual d'una cosa, ús, costum. *[usanza]*

usar. v. tr. Fer ús d'una cosa. *[usar]*

usdefruit. m. Dret d'aprofitar-se dels productes d'una cosa que és propietat d'altri. *[usufructo]* // Profit o producte que un trau d'alguna cosa. *[usufructo]*

usual. adj. Que serveix per a ser usat, per a practicar. *[usual]* // D'ús comú, freqüent. *[usual]*

usuari, ària. adj. i m. i f. El qui té dret d'usar una cosa d'altri. *[usuario]*

usufructe. m. Usdefruit. *[usufructo]*

usura. f. Interés excessiu d'un préstec. *[usura]*

usurer, era. m. i f. Persona que fa préstecs amb interés excessiu. *[usurero]*

usurpar. v. tr. Apropiar-se sense dret d'una dignitat, ofici, domini, etc. *[usurpar]*

utensili. m. Objecte, aïna, tot allò que serveix per a l'ús manual i freqüent. *[utensilio]*

úter. m. En les femelles dels mamífers, òrgan destinat a contenir el fetus fins al moment del part, matriu. *[útero]*

útil. adj. Que pot servir per a un fi o objecte. *[útil]*

utilitari, ària. adj. Que anteposa la utilitat a tot. *[utilitario]*

utilitat. f. Qualitat d'útil. *[utilidad]* // Guany que es trau d'una cosa. *[utilidad]*

utilitzar. v. tr. Aprofitar-se de l'ús d'una cosa. *[utilizar]*

utopia. f. Concepció d'un ideal irrealitzable. *[utopía]*

utòpic, òpica. adj. Relatiu o pertanyent a la utopia. *[utópico]*

úvula. f. Lòbul carnós que penja al mig de la vora posterior del vel del paladar, gargamell. *[úvula]*

V

v. f. Vint-i-dosena lletra de l'alfabet. *[v]*
va, ana. adj. Mancat de realitat. *[vano]* // Inútil, mancat d'eficàcia. // Presumptúos. *[vanidoso]*
vaca. f. Femella adulta del bou. *[vaca]*
vacança. f. Estat d'un càrrec o d'una plaça vacants. *[vacación]* // pl. Temps de repòs durant el qual cessen els treballs d'un tribunal, els estudis d'una escola, etc., o temps de repòs concedit a un funcionari, a un empleat, a un treballador. *[vacaciones]*
vacant. adj. Que vaca. *[vacante]* // f. Càrrec que està per proveir. *[vacante]*
vacar. v. tr. Quedar un càrrec, una plaça, una dignitat, sense persona que l'ocupe. *[vacar]*
vacil·lació. f. Acció de vacil·lar. *[vacilación]*
vacil·lar. v. intr. Moure's indeterminadament una cosa. *[vacilar]* // Estar perplex. *[vacilar]*
vacu, àcua. adj. Buit, sense contingut. *[vacuo]*
vacuna. f. Tota substància que, inoculada a un individu l'immunitza contra una malaltia determinada. *[vacuna]*
vacunar. v. tr. Inocular una vacuna. *[vacunar]*
vaga. f. Cessació en el treball entre els operaris per a conseguir per tal mitjà alguna millora. *[huelga]*
vagabund, unda. adj. Que va errant d'una banda a l'altra. *[vagabundo]* // Gandul, ociós. *[vagabundo]*
vagància. f. El fet de no estar ocupat en res. *[vagancia]*
vagar. v. intr. Errar a la ventura. *[vagar]* // Vacar, no estar ocupat.
vagina. f. Canal que va de l'úter a la vulva en les femelles dels mamífers. *[vagina]*
vagit. m. Gemec o plor de l'infant nou nat. *[vagido]*
vagó. m. Vehicle de passatgers o de mercaderies d'un ferrocarril. *[vagón]*
vague, aga. adj. No clarament definit. *[vago]* // Errant, donat a la vagància. *[vago]*
vailet. m. Xiquet que sol servir per a dur missatges. *[muchacho, chico]*
vainilla. f. Planta de la família de les orquídies de càpsules aromàtiques usades com a condiment. *[vainilla]*
vaitot. m. El fet d'arriscar un jugador en una jugada tot el diner que té davant seu. *[jugar el resto]*
vaivé. m. Moviment alternatiu en dos sentits oposats d'una mateixa línia. *[vaivén]*
vaixell. m. Nau, navili, especialment, de guerra. *[buque]* // Atifell o receptacle per a líquids, especialment els grossos com cuiros per a vi i oli, bótes grosses, gerres grans. *[vasija, vasijo]*
vaixella. f. Conjunt de plats, tasses, pitxers, etc., destinats al servei de taula. *[vajilla]*
val. m. Paper on consta el dret que un té de rebre diners o un altre benefici. *[vale]* // Comptabilitat del joc de pilota valenciana a la qual s'aplega quan un equip té tres quinzes.
valedor, ora. adj. Que és ferm i subsistent, que dóna dret. *[valedero]* // m. i f. Persona que protegeix una altra. *[valedor]*
valencià, ana. adj. i m. i f. Natural o propi de València. *[valenciano]* // m. Parlar dels valencians. *[valenciano]*
valencianitzar. v. tr. Fer agafar costums de València. *[valencianizar]*
valent, enta. adj. Que té valor, coratjós. *[valiente]*

valer. v. intr. Tenir alguna cosa o persona una qualitat o conjunt de qualitats que la fan ser preuada. *[valer]* // Ser estimat a un cert preu. *[valer]* // m. Conjunt de qualitats que fan que algú o alguna cosa siga bo. *[valer]*

valí, (pl. **ís**). m. Governador d'una ciutat o d'una demarcació sarraïna. *[valí]*

vàlid, àlida. adj. Que té plena eficàcia lògica o legal. *[válido]* // Que té íntegres les forces. *[válido]*

validesa. f. Qualitat de vàlid. *[validez]*

valisa. f. Sac de mà tancat amb clau on porten la correspondència els correus. *[valija]*

vall. m. Excavació llarga i estreta per a plantar uns fonaments o per a altres objectes. *[zanja, foso]*

vall. f. Planura o espai de terreny entre dos contraforts d'una serralada. *[valle]* // Conca d'un riu. *[valle]*

valor. m. i f. Qualitat que fa que una cosa o persona siga preuada, valga; el grau d'aquesta qualitat; abast de la significació d'una cosa. *[valor]* // Coratge per a superar els perills sense por. *[valor]* // En música, durada relativa d'una nota. *[valor]* // pl. Signes representatius d'una porció de riquesa negociable.

valorar. v. tr. Avaluar, determinar el valor d'una cosa. *[valorar]*

vals. m. Ball de parelles i en moviment giratori i de translació. *[vals]*

vàlua. f. Valor, preu o estima d'una persona o cosa. *[valua, valor, valía]*

valuós, osa. adj. Que té molta vàlua. *[valioso]*

valva. f. Cadascuna de les dues peces que formen la closca dels mol·luscs acèfals. *[valva]* // Cadascuna de les parts susceptibles d'obrir-se en els fruits secs de certes plantes. *[valva]*

vàlvula. f. Peça posada a l'obertura d'un instrument o màquina per a interrompre o permetre el pas. *[válvula]*

vampir. m. Espectre que, segons una certa creença popular, va de nit a xuplar la sang dels qui dormen. *[vampiro]* // Mena de rat-penat americà que xupla la sang de les persones i animals que dormen. *[vampiro]*

vanaglòria. f. Glòria més aparent que real, jactància del propi valer. *[vanagloria]*

vanar-se. v. pron. Lloar-se d'alguna cosa, gloriejar-se. *[envanecerse, vanagloriarse]*

vàndal, àndala. m. i f. Individu d'un poble germànic, assenyalat per la furor amb què destruïa els monuments de la civilització. *[vándalo]* // fig. Persona que, pel gust de fer mal, destrueix o malmet coses belles de l'art o de la naturalesa. *[vándalo]*

vanitat. f. Qualitat de va. *[vanidad]* // Orgull inspirat per un alt concepte de les pròpies qualitats. *[vanidad]* // Presumpció; pompa vana; ostentació. *[vanidad]*

vanitós, osa. adj. Que té molta vanitat. *[vanidoso]*

vànova. f. Cobrellit d'abric i ornament, generalment fet de punt. *[vánova, colcha]*

vapor. m. Gas en què es converteixen certs cossos per l'acció de la calor. *[vapor]* // Vaixell mogut per la força d'aquest gas. *[vapor]* // pl. Trastorns produïts per accessos histèrics. *[vapores]*

vaporitzar. v. tr. Convertir en vapor. *[vaporizar]*

vaporós, osa. adj. Que llança o emet vapors. *[vaporoso]* // Molt tènue, lleuger, per semblança amb el vapor. *[vaporoso]*

vaquer, era. m. i f. Pastor de vaques. *[vaquero]* // El qui té una vaqueria. *[vaquero]*

vaqueria. f. Lloc on tenen vaques. *[vaquería]*

vara. f. Rama dreta, prima i llarga, neta de fulles, emprada com a bastó. *[vara]* // Bastó usat com a insígnia d'autoritat, sobretot pels funcionaris civils. *[vara]*

vara. f. Mesura de longitud que en el sistema valencià equival a 0'906 metres o sia una iarda aproximadament. La vara té quatre pams, o també tres peus o trenta-sis polzades. *[vara]*

varal. m. Vara molt llarga i grossa. *[varal]* // Barra horitzontal dins la qual van ficats els caps superiors de les estaques de la barana del carro. *[varal]*

varar. v. tr. Posar en mar una nau, avarar; posar en mar el buc d'una nau en construcció. *[varar]*

vari, ària. adj. Que es mostra diferent d'un temps a un altre. *[vario]* // Mudable. // Que és variat. *[variado]*

variable. adj. Que varia sovint, que pot variar. *[variable]*

variació. f. Acció i efecte de variar, canvi parcial en la forma, posició, estat o qualitats d'una cosa. *[variación]*

variant. adj. Que varia. *[variante]* // f. Varietat que hi ha entre les diferents còpies d'un mateix text, etc. *[variante]*

variar. v. tr. i intr. Tr. Fer que una cosa siga diferent de com era abans. *[variar]* // Modificar. // Sotmetre un orde de fets a canvis successius. *[variar]* // Diversificar. // Intr. Sofrir un canvi parcial, esdevenir diferent, modificar-se. *[variar]*

variat, ada. adj. Que té varietat. *[variado]*

variça. f. Dilatació permanent d'una vena, generalment de la cama, produïda per l'acumulació de la sang. *[varice]*

varicel·la. f. Malaltia contagiosa semblant a la verola, però sense supuració. *[varicela]*

variejar. v. intr. Anar algú pensant sense ser amo de deturar el curs dels seus pensaments. *[fantasear]* // Desvariejar o delirar un malalt. *[desvariar]*

varietat. f. Qualitat de vari en si o respecte d'altres. *[variedad]* // Cadascun dels grups que es poden formar amb els animals o plantes d'una mateixa espècie. *[variedad]*

vas. m. Sepulcre, tomba. //Qualsevol dels conductes per on circula la sang o altre fluid dels sers orgànics. *[vaso]*

vaselina. f. Substància translúcida, extreta de la parafina i olis densos del petroli. *[vaselina]*

vassall, alla. m. i f. El qui depenia d'un senyor a causa d'un feu. *[vasallo]* // Súbdit.

vassallatge. m. Condició de vassall; servitud. *[vasallaje]*

vast, asta. adj. De gran extensió. *[vasto]*

vat. m. Unitat de potència capaç de fer un treball d'un joul en un segon. *[vatio]*

vaticà, ana. adj. Pertanyent o relatiu a la cort pontifícia o al papa. *[vaticano]* // m. La cort del papa. *[vaticano]*

vaticinar. v. tr. Fer vaticinis, pronosticar el que ha de succeir. *[vaticinar]*

vaticini. m. Pronòstic, predicció. *[vaticinio]*

ve, (pl. **es**). f. Nom de la lletra «v». *[ve]*

veça. f. Planta papilionàcia cultivada com a farratge. *[veza, arveja]* // Llavor de la veça emprada com a aliment dels coloms, erb, edro. *[arveja, veza]*

vectigal. m. Tribut imposat damunt el transport de mercaderies. *[vectigal]* // Molèstia feixuga. *[carga]*

vector. adj. Aplicat a una línia recta que va des d'un punt de referència a un punt variable. *[vector]* // m. Recta que assenyala una direcció. *[vector]*

veda. f. Acció de vedar o prohibir. *[veda, veto]* // Temps durant el qual és prohibida la caça o la pesca. *[veda]*

vedar. v. tr. Prohibir alguna cosa, especialment per llei o manament. *[vedar]*

vedell, ella. m. i f. Bou, vaca, que no té més d'un any d'edat. *[becerro, ternero]*

vegada. f. Temps o ocasió en què s'executa una cosa. *[vez]*

vegetació. f. Acció i efecte de vegetar. *[vegetación]* // Conjunt de plantes que creixen en un lloc o comarca. *[vegetación]* // En medicina, excrescència morbosa exuberant que es forma en una part del cos. *[vegetación]*

vegetal. adj. Relatiu o pertanyent a les plantes. *[vegetal]* // m. Ser orgànic que viu i creix, però mancat de moviment voluntari; planta. *[vegetal]*

vegetar. v. intr. Créixer a la manera de les plantes. *[vegetar]* // Passar una vida tranquil·la sense treballar ni preocupar-se. *[vegetar]*

vegetarià, ana. adj. Dit de la persona que s'alimenta exclusivament de vegetals. *[vegetariano]*

veguer. m. Jutge ordinari territorial que hi havia antigament. *[veguer]*

vehicle. m. Allò que serveix per a transportar persones o coses d'un lloc a un altre. *[vehículo]* // Allò que serveix per a transmetre. *[vehículo]*

veí, (pl. **ïns), ïna.** adj. Que està situat a prop. *[vecino]* // m. i f. El qui habita en un mateix poble, barri o casa que un altre. *[vecino]*

veïnat. m. Conjunt de veïns d'un poble, d'un barri, etc. *[vecindario]*

veixiga. f. Bufeta. // Abscés que es fa a la nafra d'una cavalleria. *[ardínculo]*

vel. m. Tros de roba que tapa alguna cosa. *[velo]* // Roba molt fina amb què les dones es cobreixen el cap i la cara. *[velo]* // Part del vestit de les religioses que cobreix el cap. *[velo]* // Allò que lleva la visió clara d'una cosa. *[velo]*

vela. f. Tros de lona o tela forta que lligada a l'arbre i desplegada al vent dóna impuls a l'embarcació. *[vela]* // Coberta de lona o tela forta que es posa per a fer ombra, etc. *[toldo]*

velar. v. tr. Cobrir amb un vel. *[velar]* // Enfosquir la claredat, l'esclat, la sonoritat, etc. *[velar]*

velar. adj. Relatiu o pertanyent al so de la veu en la producció del qual intervé el vel del paladar. *[velar]*

velaritzar. v. tr. Transformar un so de la veu en velar. *[velarizar]*

veler. m. El qui fa veles per a les naus. *[velero]* // Teixidor de seda a mà. *[velero]* // Embarcació de vela. *[velero]* // adj. Que navega a la vela. *[velero]*

vell, ella. adj. De molta edat. *[viejo]* // Que no és nou. *[viejo]* // Antic, del temps passat. *[viejo]* // Deslluït per l'ús.

vel·leïtat. f. Voluntat feble, inconstància. *[veleidad]*

vellesa. f. Qualitat de vell, edat avançada. *[vejez]*

vellut. m. Roba peluda de seda, o d'una altra mena de fil. *[terciopelo, velludo]*

velluter. m. Teixidor o fabricant de velluts. *[terciopelero]*

veloç. adj. Animat d'una velocitat considerable. *[veloz]*

velocípede. m. Vehicle lleuger de dues o tres rodes que volten mogudes pels peus d'aquell qui munta. *[velocípedo]*

velocitat. f. Rapidesa en el moviment. *[velocidad]* // Relació entre l'espai recorregut i el temps emprat a recórrer-lo. *[velocidad]*

velòdrom. m. Lloc destinat a les carreres de velocípedes. *[velódromo]*

vena. f. Cadascun dels vasos que porten la sang al cor. *[vena]* // Filó o veta d'un metall. *[vena]* // Nervi de les plantes. *[vena]* // Fil d'aigua subterrani. *[vena]* // Veta o llista de color de certes pedres. *[vena]* // Inspiració. *[vena]*

vencedor, ora. adj. i m. i f. Que venç. *[vencedor]*

véncer. v. tr. i intr. Tr. Retre o subjectar l'enemic. *[vencer]* // Superar algun obstacle o dificultat. *[vencer]* // Subjectar els afectes o passions a la raó. *[vencer]* // Intr. Complir-se un terme prèviament assenyalat. *[vencer]*

vencill. m. Lligam d'alguna cosa, especialment el que serveix per a feixos de blat i altres plantes. *[vencejo, tramojo]*

venda. f. Acció de vendre. *[venta]*

vendaval. m. Vent molt fort. *[vendaval]*

venderia. f. Negoci de vendre, operació de venda. *[vendería]* // Lloc públic on es venen coses. *[vendería]*

vendre. v. tr. Transferir alguna cosa a un altre per un preu convingut. *[vender]* // Fer traïció a algú. *[vender]*

venedor, ora. adj. i m. i f. Que ven. *[vendedor]*

verinós, osa. adj. Tòxic que conté metzina. *[venenoso]*

veneració. f. Acció de venerar. *[veneración]*

venerar. v. tr. Donar cult a Déu, als sants o a les coses sagrades. *[venerar]* // Respectar en gran reverència una persona. *[venerar]*

veneri, èria. adj. Aplicat al comerç sexual i a les malalties de què és causa. *[venéreo]* // m. Malaltia venèria.

vènia. f. Llicència o permís per a executar alguna cosa. *[venia]* // Remissió d'una culpa. *[venia]*

venial. adj. Que infringeix lleument la llei. *[venial]* // Capaç de ser perdonat. *[venial]*

venir. v. intr. Anar o arribar cap a la part d'ençà. *[venir]* // Succeir, presentar-se l'ocasió. *[venir]* // Procedir, tenir origen. *[venir]*

vènit. m. Acabament, conclusió, la final

d'una cosa o acció, arribar a bon terme. *[término, éxito, cima]*

venjança. f. Punició, ultratge, dany, greuge, etc., causat per a satisfer un ressentiment, per un dany, greuge, etc., inferit. *[venganza]*

venjar. v. tr. Prendre venjança d'una ofensa, dany, etc. *[vengar]*

vent. m. Corrent de l'aire degut a causes naturals o artificials. *[viento]* // Corda lligada a un pal, etc., que serveix per a evitar que caiga, que es decante a un costat.

ventafocs. m. Cércol d'espart o palma per a ventar el foc a fi d'avivar-lo. *[aventador]* // f. Criada d'una casa. *[criada]*

ventall. m. Instrument que serveix per a fer aire o esquivar les mosques. *[ventalle, aventador]*

ventalla. f. Porta amb vidrieres a guisa de paravent. // Gelosia. // Cadascuna de les fulles o batents d'una porta. *[hoja]*

ventar. v. intr. i tr. Intr. Fer vent, bufar el vent. // Tr. Fer artificialment vent que vaja a donar contra algú o alguna cosa. *[ventear]* // Tirar a l'aire el gra per a separar-lo de la palla. *[ventear]*// Jugar amb gran potència la pilota.

ventejar. v. tr. i intr. Tr. Sotmetre alguna cosa a l'acció del vent. *[ventear]* // Intr. Fer vent. *[ventear]*

ventilar. v. tr. Fer córrer l'aire per algun indret. *[ventilar]* // Renovar l'aire d'un lloc tancat. *[ventilar]* // Examinar, sotmetre a discussió, una qüestió, un dubte. *[ventilar]*

ventós, osa. adj. Que conté vent o aire. *[ventoso]* // Aplicat als dies de vent fort. *[ventoso]* // Flatulent.

ventosa. f. Òrgan que tenen certs animals per a agafar-se fort a un objecte. *[ventosa]* // Vas en forma de campana que s'aplica a una part del cos per a produir una succió. *[ventosa]*

ventositat. f. Qualitat de ventós o flatulent. *[ventosidad]* // Gas produït als intestins. *[ventosidad, pedo]*

ventre. m. Cavitat del cos que conté l'estómac i els intestins. *[vientre]* // Part més ampla i convexa d'una ampolla o altra cosa. *[vientre]*

ventrell. m. Estómac. *[estómago]*

ventrera. f. Faixa que manté el ventre ben cenyit. // Peça de l'armadura que cobria el ventre. *[ventrera]* // Corretja que va de braç a braç del carro per sota del ventre de l'animal. *[barriguera]*

ventríloc, íloqua. adj. i m. i f. Dit de la persona que sap modificar la veu de manera que sembla que vinga d'un altre. *[ventrílocuo]*

ventura. f. Bona sort, cas favorable. *[ventura]* // Contingència, casualitat, sort. *[ventura]*

ventureta. f. Joguet de fusta que es fa voltar amb els dits. *[perinola]*

venust, usta. adj. D'una gran bellesa. *[venusto]*

venut, uda. adj. Desorientat, mancat d'experiència en una qüestió. *[vendido]*

ver, era. adj. Conforme a la veritat, que expressa veritat. *[verdadero]* // Fi, de bona qualitat, parlant d'arbres o plantes.

verals. m. pl. Paratge extraviat, fora de camí. *[andurriales]*

verat. m. Peix teleosti de color blavós amb ratlles negres. *[caballa]*

verb. m. Segona persona de la Santíssima Trinitat. *[verbo]* // Mot d'una certa categoria variable per accidents, que designa essència, acció, passió o estat. *[verbo]*

verbal. adj. Relatiu o pertanyent al verb. *[verbal]* // Relatiu o pertanyent a la paraula. *[verbal]*

verbena. f. Planta herbàcia de flors de diversos colors, i d'aplicacions medicinals. *[verbena]* // Vetlada de ball, fira i altres diversions. *[verbena]*

verd, erda. adj. Del color de l'herba tendra, resultat de la mescla dels colors fonamentals blau i groc. *[verde]* // Que no és madur. *[verde]* // Dit dels arbres, llenya, etc., encara no secs. *[verde]* // m. Herba fresca que donen al bestiar. *[verde]* // Substància colorant verda. *[verde]*

verdanc. m. Senyal que deixa en el cos un colp de verga o vara. *[verdugón, roncha]* // Renou d'arbre. *[vástago]*

verdejar. v. intr. Tirar a verd. *[verdear]* //

Començar a cobrir-se les plantes de fulles. *[verdear]*

verderol. m. Aucell cantador de plomatge verdós. *[verderón]* // Bolet comestible de color groc verdós o groc cendrós al damunt.

verderola. f. Aucell semblant al sit, amb el cap i les parts inferiors groguenques. *[ave tonta, triguero]*

verdet. m. Matèria verdosa i metzinosa que es forma damunt els objectes de coure, bronze o llautó. *[cardenillo, verdete]*

verdolaga. f. Planta herbàcia de flors grogues cultivada com a verdura. *[verdolaga]*

verduc. m. Rebrot d'un arbre. *[renuevo, vástago]* // Vareta prima usada per a castigar. *[verdasca, verdugón]* // Senyal que deixa en el cos una contusió, verdanc. *[cardenal, verdugo]*

verdum. m. Sabor verd que té una fruita, etc., encara verda. *[verdino]* // Color verd que es forma en les aigües aturades i en les parets i llocs humits per l'acció de fongs i molses verdes, verdet. *[verdín]*

verdura. f. Hortalissa, especialment la que es menja cuita. *[verdura]* // Fullam de les plantes. *[verdura]*

vereda. f. Orde o avís per a fer saber una cosa a uns quants pobles propers. *[vereda]* // Camí estret. *[vereda]*

veredicte. m. Parer, judici, etc., emés per un jurat. *[veredicto]*

verema. f. Collita dels raïms, i temps en què es fa. *[vendimia]*

veremar. v. tr. Collir els raïms. *[vendimiar]*

veres, de. loc. adv. En veritat. *[de verdad]*

verga. f. Vara, rama prima neta de fulles i llisa. *[verga]* // Barra de fusta on asseguren la vela, penjada a qualsevol dels arbres. *[verga]* // Membre genital dels mamífers. *[verga]*

vergassejar. v. tr. Batre la llana amb una vara o verga per a estovar-la. *[varear, azotar]*

verge. f. Dona que no ha tingut tracte carnal amb cap home. *[virgen]* // adj. Aplicat a la terra no conreada. *[virgen]* // Produït naturalment o sense artifici. *[virgen]*

verger. m. Hort amb varietats de flors i arbres fruiters. *[vergel]*

vergonya. f. Torbació de l'esperit per una falta comesa, per una humiliació rebuda. *[vergüenza]* // Estimació de l'honra pròpia. *[vergüenza]* // Rubor, pudor. *[vergüenza]* // pl. Parts de la generació. *[vergüenzas]*

vergonyós, osa. adj. Que causa vergonya. *[vergonzoso]* // Que sent vergonya. *[vergonzoso]*

verguer. m. Oficial, etc., que portava una verga como a insignía. *[macero, porrero,algualcil]* // Sarment llarg que deixen en cep generalment per a enterrar-lo. *[serpa]*

verí. m. Substància que, introduïda o aplicada al cos en poca quantitat, causa la mort o greus pertorbacions de la salut. *[veneno, ponzoña]*

verídic, ídica. adj. Que és amic de la veritat, o que la inclou. *[verídico]*

verificar. v. tr. Provar o comprovar la veritat o exactitud d'una cosa. *[verificar]*

verinós, osa. adj. Que té, que porta verí. *[venenoso]* // Que té mal geni, caràcter irritable i aspriu.

veritable. adj. Que conté veritat. *[verdadero]*

veritat. f. Conformitat amb allò que és, ha estat o serà. *[verdad]* // Proposició que no es pot negar racionalment. *[verdad]*

vermell, ella. adj. De color de la sang arterial. *[bermejo, rojo, encarnado]*

vermellor. f. Qualitat de vermell. *[rojez]*

vermut. m. Licor aperitiu fet amb vi blanc, aromatitzat amb donzell i altres herbes. *[vermut]*

vernacle, acla. adj. Relatiu o pertanyent al nostre país nadiu; es diu generalment del llenguatge. *[vernáculo]*

vernacular. adj. Vernacle. *[vernáculo]*

vernís, (pl. **issos**). m. Solució de certes substàncies resinoses dins un líquid volàtil, usada per a donar llustre a un objecte o a una pintura. *[barniz]* // Substància vitrificable transparent amb què es recobreix la terrissa o porcellana i es vitrifica per la cocció. *[barniz]*

verola. f. Malaltia contagiosa, constitucional, febril, caracteritzada per una erupció cutània de pústules que fan crostes, les quals, en caure, deixen ordinàriament un sot, pigota. *[viruela]*
verònica. f. Representació de la faç de Jesucrist. *[Santa Faz]* // Planta herbàcia, pròpia de llocs humits i alts. *[verónica]* // Sort de capa en què el torero espera l'envestida del bou amb la capa estesa. *[verónica]*
verro. m. Porc mascle destinat a la reproducció. *[verraco]*
vers. m. Conjunt de paraules subjectes a mesura i ritme determinats. *[verso]*
vers. prep. Devers, envers, cap a, en direcció a. *[hacia]*
versal. adj. Aplicat a la lletra majúscula, en termes de tipògraf. *[versal]*
versaleta. adj. Dit de la lletra d'impremta majúscula de la mateixa grandària que la minúscula corresponent. *[versalita]*
versar. v. intr. Tractar o parlar d'una matèria. *[versar]* // Versejar.
versejar. v. intr. Compondre versos. *[versificar]*
versemblança. f. Qualitat de versemblant. *[verosimilitud]*
versemblant. adj. Que té l'aparença de veritat. *[verosímil]*
versicle. m. Cadascuna de les breus divisions de certs llibres, especialment de les Sagrades Escriptures. *[versículo]* // Part del responsori que es diu ordinàriament abans de l'oració. *[versículo]*
versificar. v. intr. i tr. Intr. Fer versos. *[versificar]* // Tr. Posar en vers.
versió. f. Traducció. // Manera que té cadascú de referir un succés determinat. *[versión]* // En medicina, operació per a canviar la posició del fetus, que es presenta malament. *[versión]*
vertader, era. adj. Conforme a la veritat, a allò que realment és; no fingit, contrafet, pretés o mera imitació; ver, veritable. *[verdadero]*
vèrtebra. f. Cadascun dels ossos que componen la columna vertebral o espinada. *[vértebra]*
vertebral. adj. Relatiu o pertanyent a les vèrtebres. *[vertebral]*
vertebrar. v. tr. Articular unes coses amb altres. *[vertebrar]*
vèrtex. m. Punt on concorren els dos costats d'un angle. *[vértice]* // Punt de concurrència de tres o més plans. *[vértice]* // Cim o punt més alt d'una muntanya o altra cosa. *[vértice]*
vertical. adj. Perpendicular al pla de l'horitzó. *[vertical]*
vertigen. m. Rodament de cap. *[vértigo]*
vèrtula. f. Tumor o durelló que es fa sota la pell, especialment al coll. *[glándula, ganglio, landrecilla]* // Infart ganglionar. *[golondrino, lamparón]*
vesània. f. Alienació mental, fúria. *[vesania]*
vesc. m. Planta medicinal sempre verda, amb flors grogues i una baia plena d'un líquid apegalós, visc. *[muérdago]* // Matèria apegalosa treta d'aquesta planta. *[liga]*
vescomte. m. Títol d'honor i dignitat inferior al de comte. *[vizconde]*
vescomtessa. f. Dona amb el títol de vescomte. *[vizcondesa]* // La muller del vescomte. *[vizcondesa]*
vesícula. f. Bambolla menuda a la pell, que conté un líquid aigualós. *[vesícula]* // Veixiga menuda.
vespa. f. Insecte himenòpter groc amb faixes negres que té un fibló a la part posterior amb el qual dóna picades molt doloroses. *[avispa]*
vesper. m. Niu o munió de vespes. *[avispero]* // Munió de persones perilloses en algun concepte. *[avispero]* // Malaltia que es manifesta per una aglomeració de grans amb diferents focus de supuració. *[ántrax]*
vespra. f. Dia que precedeix immediatament a un altre determinat, dia anterior a una festa determinada, vigília. *[víspera]*
vesprada. f. Part del dia entre la migdiada i el vespre. *[tarde]* // Darreres hores del dia incloent-hi el crepuscle vespertí. *[anochecer]*
vespre. m. Les primeres hores de la nit. *[anochecer]* // Les darreres hores de la vesprada, a l'entrada de fosc. *[anochecer]*

vespres. f. pl. Una de les hores canòniques que es diuen després de la nona. *[vísperas]*

vessant. adj. Que vessa. *[rebosante]* // m. i f. Declivitat per on s'escorre l'aigua. *[vertiente]*

vessar. v. intr. i tr. Intr. Eixir un líquid o altra cosa del seu recipient. *[derramar, verterse]* // Tr. Deixar caure, escapar, el líquid, etc., contingut en un recipient. *[derramar]*

vesta. f. Túnica llarga, usada com a vestit de penitència. *[vesta, túnica]*

vestíbul. m. Entrada o atri d'un edifici. *[vestíbulo]* // Peça d'una casa situada a l'entrada i que dóna accés a les peces interiors. *[vestíbulo]* // Cavitat central del laberint ossi de l'orella interna.

vestigi. m. Senyal o indici que queda d'alguna cosa. *[vestigio]*

vestir. v. tr. Posar robes, etc., adaptades al cos d'algú per a cobrir la seua nuesa, resguardar-lo de la intempèrie. *[vestir]*

vestit. m. Peça o peces de roba que serveixen per a cobrir el cos amb exclusió de la roba interior. *[vestido]*

vestuari. m. Conjunt dels vestits que té una persona. *[vestuario]* // Lloc destinat a guardar els vestits d'una comunitat. *[vestuario]*

vet. m. Dret que té una persona d'impedir una cosa no sancionant-la. *[veto]*

veta. f. Cinta de fil, seda, etc., per a lligar o reforçar alguna cosa. *[cinta]* // Filó o vena en una pedra, etc. *[vena]*

veterà, ana. adj. Antic en una professió, exercici, etc. *[veterano]*

veterinari, ària. m. i f. El qui professa la veterinària. *[veterinario]*

veterinària. f. Art de curar la salut del animals. *[veterinaria]*

vetla. f. Acció de vetlar i temps en què es practica. *[vela]* // Vigília.

vetlada. f. Reunió que es fa durant la vetla. *[velada]* // Acció i efecte de vetlar. *[velada]*

vetlar. v. intr. i tr. Intr. Passar la nit sense dormir. *[velar]* // Estar de guàrdia durant la nit, treballar de nit. *[velar]* // Tr. Passar la nit prop d'un malalt, d'un mort, etc. *[velar]*

veu. f. So que forma l'aire expel·lit pels pulmons en passar per la laringe. *[voz]* // Músic cantant. *[voz]* // Facultat de parlar dins una assemblea. *[voz]* // Rumor. // Accident gramatical que expressa si el subjecte del verb és agent o pacient. *[voz]*

veu, a sota. loc. adv. Parlant en veu baixa. *[en voz baja]*

veure. v. tr. Percebre els objectes posats a l'acció de la llum. *[ver]* // Observar o considerar alguna cosa. *[ver]* // Reconéixer amb atenció. *[ver]* // Visitar a algú o a alguna cosa. *[ver]*

vexar. v. tr. Mortificar greument per abús de poder, etc., maltractar. *[vejar]*

vi. m. Suc de raïm fermentat. *[vino]*

via. f. Porció de terreny transitable d'una certa amplària. *[vía, camino]* // Espai entre les dos vies del camí d'un ferrocarril. *[vía]* // Qualitat de l'estat o exercici que cadascú tria per a la seua vida. // Manera general de procedir en una operació o judici. *[vía]* // Direcció determinada que han de seguir els correus. *[vía, camino]* // Llista, ratlla o veta que presenta alguna cosa. *[lista]* // Camí, direcció.

viacrucis. m. Exercici religiós que consisteix a resseguir pregant les catorze estacions de la passió de Jesucrist. *[viacrucis]*

viaducte. m. Pont elevat per al pas d'un camí damunt una fondalada. *[viaducto]*

vianant. m. i f. El qui fa camí per una via. *[viandante, caminante]*

vianda. f. Nom genèric de tot allò que es menja. *[vianda, víveres, comida]*

viarany. m. Camí estret, sendera. *[vericueto]*

viatge. m. Anada d'un indret a un altre per terra, mar o aire. *[viaje]*

viatger, era. m. i f. El qui viatja. *[viajero]*

viàtic. m. Subvenció o provisió per a un viatge. *[viático]* // Sagrament de l'Eucaristia que s'administra als malalts en perill de mort. *[viático]*

viatjant. m. Agent comercial que fa viatges per a fer transaccions. *[viajante]*

viatjar. v. intr. Anar de viatge, fer viatge. *[viajar]*

vibració. f. Moviment vibratori d'un cos i especialment el d'una partícula durant un període. *[vibración]*

vibrar. v. intr. Estar un cos en vibració. *[vibrar]* // Produir un so en què es percep com una tremolor. *[vibrar]*

vicari. m. Persona que assisteix a un superior en les seues funcions, que el substitueix en cas d'absència, etc. *[vicario]*

vice-almirall. m. Càrrec de l'armada immediatament inferior a l'almirall. *[vicealmirante]*

vice-canceller. m. El qui substitueix al canceller. *[vicealmirante]*

vice-cònsol. m. El qui substitueix el cònsol. *[vicecónsul]*

vice-president, enta. m. i f. El qui substitueix al president o presidenta. *[vicepresidente]*

vice-rector. m. Suplent del rector. *[vicerrector]*

vice-secretari, ària. m. i f. Suplent del secretari. *[vicesecretario]*

viceversa. adv. Invertint l'orde de dos termes. *[viceversa]*

vici. m. Hàbit d'obrar malament. *[vicio]* // Gust excessiu que porta a l'abús d'alguna cosa. *[vicio]* // Torciment o declinació de la línia recta de les coses. *[vicio]*

viciar. v. tr. Fer tornar viciós. *[viciar]* // Fer contraure un vici, una imperfecció que altera l'essència d'una cosa i li trau la validesa o força. *[viciar]* // Corrompre, alterar, malmetre. // **-se.** Donar-se als vicis. *[viciarse]*

víctima. f. Persona o animal ofert en sacrifici a la divinitat. *[víctima]* // Persona que sacrifica voluntàriament la seua vida, la seua felicitat, per algú o alguna cosa. *[víctima]* // Persona sacrificada a l'odi, a la venjança d'algú. *[víctima]*

víctor. m. Crit de joia amb què s'aclama algú. *[víctor]*

victorejar. v. tr. Clamar amb víctors una persona o acció. *[vitorear]*

victòria. f. Superioritat i avantatge damunt el contrari, que hom obté d'una lluita o disputa. *[victoria]* // Personificació de la victòria. *[victoria]*

vida. f. Estat d'activitat dels sers orgànics. *[vida]* // Estat d'unió de l'ànima i el cos. *[vida]* // Temps que passa des del naiximent d'un ser orgànic fins a la seua mort. *[vida]* // Durada de les coses. *[vida]* // Manera de viure en orde a les circumstàncies, ocupació, caràcter, etc. *[vida]* // Mitjans de subsistència. *[vida]*

vident. adj. Que veu. *[vidente]* // m. i f. Profeta.

vidre. m. Substància transparent dura i fràgil, formada per pedra silícia amb potassa, sosa i altres matèries, cuites a altes temperatures. *[vidrio]* // Objecte de vidre. *[vidrio]*

vidrer, era. m. i f. Vidrier. *[vidriero]*

vidrier, era. adj. Relatiu o pertanyent al vidre. // m. i f. El qui fa o ven vidre o objectes de vidre. *[vidriero]*

vidriol. m. Sulfat de coure, de ferro o de zinc. *[caparrosa, vitriolo]* // **oli de vidriol.** Sulfat sulfúric comercial. *[aceite de vitriolo]*

vidriola. f. Recipient de terrissa, sense altra obertura que un tall per a ficar-hi diners sense poder-los traure. *[hucha]*

vidu, ídua. adj. i m. i f. Dit de la persona que, per mort, ha perdut al seu cònjuge i no s'ha tornat a casar. *[viudo]*

viduïtat. f. Estat de vidu. *[viudez]*

vigència. f. Qualitat de vigent. *[vigencia]*

vigent. adj. Aplicat a les lleis i costums que estan en vigor. *[vigente]*

vigèsim, èsima. adj. Vinté. *[vigésimo]*

vigilància. f. Acció de vigilar. *[vigilancia]*

vigilant. adj. Que vigila. *[vigilante]* // m. i f. Persona encarregada de vigilar. *[vigilante]*

vigilar. v. tr. Exercir una vigilància. *[vigilar]*

vigília. f. Vespra, dia immediatament anterior al d'una festa. *[vigilia]* // Ofici litúrgic que se celebra en la nit abans d'una festivitat. *[vigilia]* // Dejuni que es fa el dia abans d'una festa. *[vigilia]* // Acció d'estar despert per manca de son. *[vigilia]*

vigor. m. i f. Força activa del cos, de l'esperit. *[vigor]*

vigoria. f. Vigor gran. *[vigorosidad]*

vigoritzar. v. tr. Donar vigor. *[vigorizar]*

vigorós, osa. adj. Que té vigor. *[vigoroso]*

vil. adj. De molt baixa condició, menyspreable, infame. *[vil]*

vila. f. Població amb certs privilegis especials que li donen una distinció entre els altres pobles d'una contrada. *[villa]*

vilesa. f. Qualitat de vil. *[vileza]* // Acció pròpia d'una persona vil. *[vileza]*

vilipendi. m. Menyspreu de què és objecte una persona o cosa. *[vilipendio]*

vil·la. f. Casa de recreu al camp. *[villa, quinta]*

vim. m. Branca de la vimetera. *[mimbre]*

vímet. m. Branca de la vimetera, vim. *[mimbre]*

vimetera. f. Arbust de la família de les salicàcies que creix a les vores dels rius i que produeix els vims. *[mimbrera]*

vinader, era. adj. Pertanyent o relatiu al vi. // m. i f. Que ven vi. *[vinatero]*

vinagre. m. Líquid que prové de la fermentació acètica del vi. *[vinagre]*

vinagrera. f. Setrill per a tenir vinagre.

vinça. f. Llavor de pebre o de tomaca. *[semilla]* // Veta, porció d'una cosa de color o forma distinta de la resta, com vinça de sang, de cansalada, de fusta, de terreny, etc. *[veta, vena]*

vinçar. v. tr. Marcar amb vinces o ratlles de color diferent. *[rayar]*

vinclar. v. tr. Corbar una cosa flexible. *[doblegar, encorvar]* // Vincular, lligar amb un vincle. *[vincular]*

vincle. m. Unió o lligam d'una cosa amb una altra. *[vínculo]*

vincular. v. tr. Subjectar amb un vincle legal o moral. *[vincular]*

vindicar. v. tr. Defensar a algú contra una imputació falsa, contra un greuge, contra una ofensa. *[vindicar]* // Fer valer algú el seu dret a una cosa. *[vindicar]*

vindre. v. intr. Infinitiu irregular del verb *venir,* extret per analogia del futur d'indicatiu: *vindré, vindràs, vindrà...* vindre. *[venir]*

vinent. adj. Que ve, pròxim. *[próximo]*

vinguda. f. Acció de venir. *[venida]* // Cada vegada que la llet d'una mamella acudeix abundosament al mugró. *[venida]*

vint. adj. Conjunt de dues desenes. *[veinte]*

vinté, ena. adj. Que fa vint en una sèrie. *[vigésimo]* // Cadascuna de les parts d'una quantitat dividida en vint parts iguals. *[veinteavo]*

vinya. f. Conjunt de ceps plantats i tros de terra plantada de ceps. *[viña]*

vinyeta. f. Dibuix estampat com a ornament a la capçalera d'un capítol, a les vores d'una plana, etcètera. *[viñeta]*

viola. f. Instrument de corda de la família del violí, intermediari entre el violí i el violoncel. *[viola]*

violació. f. Acció de violar. *[violación]*

violar. v. tr. Transgredir una llei o precepte. *[violar]* // Gojar per força d'una dona. *[violar]* // Profanar un lloc sagrat. *[violar]*

violència. f. Força o energia desplegada violentament. *[violencia]*

violent, enta. adj. Que té o implica violència. *[violento]*

violeta. f. Planta herbàcia de la família de les violàcies amb flors de color morat clar. *[violeta]*

violí. m. Instrument de corda i arc, que és el més menut i de veus més agudes entre els de la seua mena. *[violín]*

violó. m. El baix dels instruments de la família del violí. *[violón, contrabajo]*

violoncel. m. Instrument musical de corda semblant al violí. *[violoncelo]*

virada. f. Acció de virar. *[virada, vuelta]*

virar. v. intr. i tr. Intr. Canviar de posició un objecte. *[virar, volver]* // Canviar de rumb. *[virar]* // Fer prendre un altre color, sota l'acció d'un agent. // Posar vires a les sabates.

viratge. m. Virada que es fa fer a un cotxe, etc. *[viraje]* // Lloc d'un camí on cal fer una virada. *[viraje]*

virginitat. f. Estat d'una persona que és verge. *[virginidad]*

viril. adj. Aplicat a cosa pròpia d'home o baró. *[viril]* // Que té energia baronívola. *[viril]*.

virolla. f. Canó dels canelobres on es fica el ciri. *[mechero]* // Peça de metall que posen a la punta d'un bastó, etc., per a major fermesa i seguretat. *[virola]*

virrei. m. Aquell qui governa en nom i amb autoritat del rei. *[virrey]*

virreina. f. Muller del virrei o dona que exerceix l'ofici de virrei. *[virreina]*

virtual. adj. Que no és sinó en potència. *[virtual]*

virtuós, osa. adj. Que practica la virtut. *[virtuoso]* // m. i f. El qui mostra disposicions extraordinàries per a l'exercici del seu art. *[virtuoso]*

virtuositat. f. Habilitat extraordinària en la tècnica del seu art. *[virtuosidad]*

virtut. f. Capacitat de produir un efecte donat, potència, eficàcia. *[virtud]* // Pràctica habitual del bé; manera recta de procedir. *[virtud]* // Potestat d'obrar. *[virtud]*

virulent, enta. adj. Que conté virus, extremadament metzinós. *[virulento]*

virus. m. Desenrotllament dels microbis que són causa de malalties. *[virus]* // Humor maligne. *[virus]*

visar. v. tr. Reconéixer o examinar un document, etc. *[visar]* // Posar la conformitat a un certificat, etc. *[visar]*

visat. m. Fórmula de conformitat posada en documents públics o oficials per un funcionari competent. *[visado]*

visc. m. Planta lorantàcia, paràsita dels troncs dels arbres, les baies de la qual són usades per a fer envisc. *[visco, muérdago]* // Envisc. *[liga, visco]*

visca. m. Expressió per a aclamar alguna persona o cosa. *[viva]*

víscera. f. Cadascun dels òrgans continguts a les cavitats principals del cos. *[víscera]*

viscor. f. Qualitat de viscós; matèria viscosa. *[viscosidad]*

viscós, osa. adj. Apegalós, llefiscós. *[viscoso]* // Que es transmet fàcilment, contagiós. *[pegadizo]*

visera. f. Part anterior de l'elm que cobria la cara. *[visera]* // Ala de lagorra per a guardar la vista. *[visera]*

visible. adj. Que pot esser vist. *[visible]* // Perceptible per la vista. *[visible]*

visigot, oda. adj. i m. i f. Relatiu o pertanyent als individus d'un poble germànic que a l'època de les invasions, s'establí en Espanya on fundà una monarquia germànica. *[visigodo]*

visió. f. Acció i efecte de veure. *[visión]* // Il·lusió de la fantasia o imaginació. *[visión]*

visir. m. Ministre d'un sobirà musulmà. *[visir]*

visita. f. Acció i efecte de visitar. *[visita]* // Persona que visita. *[visita]*

visitant. adj. Que visita. // m. i f. Persona que fa visita. *[visitante]*

visitar. v. tr. Fer una visita a algú o alguna cosa. *[visitar]*

vista. f. Sentit o facultat de veure. *[vista]* // Allò que es veu des d'un punt. *[vista]* // Representació pictòrica, gràfica, d'un lloc. *[vista]* // m. Funcionari de duanes que té al seu càrrec el registre dels gèneres. *[vista]*

vistós, osa. adj. De bell aspecte. *[vistoso]* // Que fa goig de veure, que atrau la mirada pel seu bell aspecte, color, etc. *[vistoso]*

visual. adj. Relatiu o pertanyent a la visió. *[visual]* // f. Línia recta que va des de l'ull del qui mira fins al punt mirat. *[visual]*

vit. m. Membre viril dels animals superiors. *[verga, vergajo]*

vit. m. Vitet, fruit d'una solanàcia que fa unes baies primes, llarguetes i de sabor molt fort. *[guindilla]*

vital. adj. Relatiu o pertanyent a la vida. *[vital]* // Que és d'una gran transcendència. *[vital]*

vitalitat. f. Qualitat de vital *[vitalidad]* // Força vital. *[vitalidad]*

vitalitzar. v. tr. Donar vida, vitalitat. *[vitalizar]*

vitamina. f. Nom de certes substàncies a les quals s'atribueix la virtut de prevenir certes malalties. *[vitamina]*

vitel·la. f. Pell de vaca o vedell adobada i preparada per a poder escriure o pintar. *[vitela]*

vitet. m. Espècie de solanàcia que fa unes baies primes i llargues molt picants, vitxo, vit. *[pimiento picante, guindilla]*

vitigal. m. Vectigal. *[vectigal]*

vítol. m. Crit de joia, víctor per a aclamar a algú. *[víctor]*

vitrificar. v. tr. Convertir en vidre o en una substància que té l'aparença del vidre. *[vitrificar]*

vitrina. f. Armari amb tapes de vidre per a tenir exposat algun objecte. *[vitrina]*

vitualla. f. Aliment necessari, especialment en els exèrcits. *[vitualla]*

vituperar. v. tr. Parlar malament d'una persona, blasmar. *[vituperar]*

vituperi. m. Paraula o frase injuriosa. *[vituperio]*

vitxo. m. Vit, vitet. *[guindilla]*

viu, iva. adj. Que té vida. *[vivo]* // Agut, enginyós. *[vivo]* // Aplicat a la pedra o roca profundament arrelada dins la terra. *[vivo]* // Dit d'una cosa feta amb calor i ímpetu. *[vivo]* // m. Vora o cantell d'alguna cosa. *[vivo]* // Cordonet o rivet que posen a les vores d'una peça de vestir o de calçar com a ornament. *[vivo]*

viudo, iuda. adj. i m. i f. Home o dona que han perdut, per mort, el seu marit o muller, vidu, vídua. *[viudo]*

viure. v. intr. Tenir vida. *[vivir]* // Seguir un mètode de vida en orde a la raó. *[vivir]* // Habitar algun indret. *[vivir]* // m. Vida, existència. *[vivir]*

vivaç. adj. Que té una gran vitalitat. *[vivaz]*

vivent. adj. Que viu, amb vida. *[viviente]* // m. Temps que dura la vida d'algú. *[vida]*

viver. m. Lloc destinat a criar peixos o altres animals. *[vivero]*

vividor, ora. adj. De vida duradora. *[vividor]* // m. i f. El qui sap viure a costes dels altres. *[vividor]*

vivificar. v. tr. Dotar de vida. *[vivificar]* // Fer més viu, més animat. *[vivificar]*

vivor. f. Qualitat de viu en sentit figurat. *[viveza]*

vocable. m. Paraula, mot, dicció. *[vocablo]*

vocabulari. m. Col·lecció de mots disposats per orde alfabètic i amb definició, traducció o explicació succinta d'aquells. *[vocabulario]* // Conjunt de mots d'un llenguatge, d'una ciència, etc. *[vocabulario]*

vocació. f. Inclinació a un estat o professió. *[vocación]*

vocal. adj. Relatiu o pertanyent a la veu. *[vocal]* // Aplicat al so que es pronuncia amb una mera expiració que fa vibrar les cordes vocals. *[vocal]* // m. i f. Persona que pertany a una junta i que no té un càrrec especial. *[vocal]*

vocalitzar. v. intr. i tr. Intr. Proferir sons vocals, especialment cantant. *[vocalizar]* // Tr. Canviar en una vocal. *[vocalizar]*

vocatiu. m. Cas de la declinació que serveix per a invocar o cridar a algú. *[vocativo]*

vociferar. v. intr. Parlar a grans crits. *[vociferar]*

voga. f. Acció de vogar o remar. *[boga]*

vogar. v. intr. i tr. Intr. Remar. *[bogar]* // Tr. Engrunsar, brandar.

vogir. v. tr. Retallar els fusters la fusta fent diverses figures. *[desbastar, recortar]* // Recórrer la perifèria d'alguna cosa. *[dar vueltas]* // Fer moure alguna cosa amb un moviment de rotació. *[voltear]* // Tenir com a mesura de la circumferència.

vol. m. Acció de volar d'un punt a un altre. *[vuelo]* // Conjunt d'aucells que volen junts. *[bandada]*

volada. f. Acció de volar d'un punt a un altre. *[volada]* // Part de la teulada que ix fora del mur que la sosté. *[alero]*

volander. adj. Que es mou per l'aire. *[volandero]* // Que va d'un lloc a un altre sense fer aturada llarga enlloc.

volant. adj. Volander. // m. Peça frunzida sobreposada al vestit femení. *[volante]* // Guarnició de puntes. *[volante]* // Roda grossa i molt pesant d'una màquina. *[volante]* // Avís que es tramet a un per escrit. *[volante]*

volar. v. intr. i tr. Intr. Alçar-se una cosa en l'aire i sostenir-se poc o molt. *[volar]* // Sostenir-se i moure's en l'aire un animal alat. *[volar]* // Tr. Córrer ràpidament. *[volar]* // Desaparéixer una cosa del lloc on s'havia posat. *[volar]*

volàtil. adj. Que vola o pot volar. *[volátil]* // Voluble, inconstant. // Que es volatilitza. *[volátil]*

volatilitzar. v. tr. Transformar un cos sòlid o líquid en vapor o gas. *[volatilizar]*

volcà. m. Obertura de la terra que vomita o pot vomitar flames o substàncies incandescents. *[volcán]*

volea. f. Colp que el jugador dóna a la pilota sense esperar que toque terra. *[volea]* // Colp violent amb la mà. *[volea, revés]*

volença. f. Inclinació, estimació, voluntat envers una cosa. *[querencia, voluntad]*

voler. v. tr. Tenir la intenció determinada de fer alguna cosa. *[querer]* // Exercir la potència de l'ànima que mou a fer o a no fer una cosa. *[querer]* // Tenir desig o voluntat d'una cosa. *[querer]* // Amar, com a expressió de la voluntat feta passió vital humana. *[amar, querer]*

volt. m. Unitat de força electromotriu: la força electromotiu. *[voltio]*

volt. m. Circumferència o perímetre d'un lloc. *[vuelta, ruedo]* // Tanda, torn. *[turno]* // pl. Voltants.

volta. f. Moviment d'una cosa al voltant d'una altra. *[vuelta]* // Recolze d'una línia o del camí recte. *[vuelta]* // Sostre arquejat. *[bóveda]* // Vegada.

voltant. m. Contorn. *[contorno]*

voltar. v. intr. i tr. Intr. Donar voltes. *[girar]* // Apartar-se del camí recte o més curt que va d'un punt a un altre. *[rodear]* // Tr. Fer voltar o girar alguna cosa. *[girar]* // Donar voltes a l'entorn d'alguna cosa. *[rodear]* // Encerclar.

volteig. m. Acció de voltejar. *[volteo]*

voltejar. v. intr. i tr. Intr. Donar voltes. *[voltear]* // Tr. Fer sonar les campanes donant-les voltes. *[voltear]* // Fer donar la volta a una cosa. *[voltear]*

voltor. m. Aucell gros de presa, de coll nu voltat d'un collar de plomes llargues, i que s'alimenta de carn morta. *[buitre]*

volum. m. Espai ocupat per un cos. *[volumen]* // Cos material d'un llibre. *[volumen]* // Plenitud o quantitat de veu. *[volumen]*

voluntari, ària. adj. Que naix de la voluntat. *[voluntario]* // m. Soldat que s'allista a l'exèrcit per pròpia voluntat. *[voluntario]*

voluntat. f. Potència de l'ànima que ens mou a fer o a no fer una cosa. *[voluntad]* // Acte d'aquesta potència. *[voluntad]* // Afecte, inclinació. *[voluntad]*

voluptat. f. Complaença en els plaers sensuals. *[voluptuosidad]* // Plaer de l'ànima. *[voluptuosidad]*

volva. f. Borralló de neu. *[copo]* // Bossa membranosa que embolcalla certes espècies de bolets quan naixen. *[volva]* // Pell menuda o bri d'alguna cosa. *[brizna, tamo]* // Cosa sense cos, lleu, com volva de cendra, de segó, de neu, etc.

vòmit. m. Acció i efecte de vomitar. *[vómito]*

vomitar. v. tr. Traure convulsivament per la boca, les matèries contingudes en l'estómac, perbocar. *[vomitar]*

vomitiu, iva. adj. Dit d'un medicament que provoca el vòmit. *[vomitivo]*

vomitori, òria. adj. i m. Vomitiu. *[vomitorio]*

vora. f. Extremitat, terme de qualsevol cosa. *[orilla, borde, margen]* // Part extrema d'una peça de roba doblegada i cosida. *[orilla, orillo]*

voraç. m. Que menja desmesuradament. *[voraz]*

voravia. f. Vorera de carrer. *[acera]*

voraviu. m. Vora de la roba, teixida especialment perquè no es desfile. *[vivo]*

vorejar. v. tr. Anar per les vores d'un riu, bosc, etc. *[orillar, bordear]*

vorer, era. adj. Que està a la vora, pròxim. *[cercano]*

vorera. f. Vora. *[orilla, margen, borde]* // Part lateral d'un carrer, d'una via pública, destinada al pas de la gent que va a peu. *[acera]*

voretar. v. tr. Fer vores, enrivetar. *[ribetear]* // Fer les vores en les peces de costura, revetar. *[orillar, ribetear]* // Vorejar, envoltar. *[rodear, bordear]*

vori. m. Substància blanca, dura, compacta, de què són formats els dos grossos ullals dels elefants. *[marfil]* // Part dura de les dents coberta per l'esmalt. *[marfil]*

vós. Tractament de respecte donat a una persona a qui no tutegem però no donem el tractament més cerimoniós i emfàtic de vosté. *[vos]* // En les oracions és també el tractament tradicional amb què ens adrecem a Déu, la Verge i els sants. *[vos]*

vos. Forma de pronom de segona persona, plural que fa de complement acusatiu i datiu. *[os]*

vosaltres. Pronom personal de segona persona del plural. *[vosotros]*

vosté, (pl. **és**). Pronom de segona persona emprat quan ens adrecem a una persona que no tractem de «tu» o de «vós». *[usted]*

vostre, ostra. Adjectiu possessiu de segona persona, assenyalant pluralitat de posseïdors. *[vuestro]*

vot. m. Prometença feta a Déu o a un sant. *[voto]* // Parer que hom expressa dins una junta o col·lectivitat per a eleccions o altre objecte. *[voto]*

votació. f. Acció de votar. *[votación]* // Conjunt de vots emesos en unes eleccions. *[votación]*

votar. v. intr. i tr. Intr. Donar el seu vot. *[votar]* // Tr. Fer un vot o promesa a Déu, etc. *[votar]*

vuit. Adjectiu numeral i xifra que el representa. *[ocho]*

vuitanta. adj. Conjunt de vuit desenes. *[ochenta]*

vuitanté, ena. adj. Que fa vuitanta en una sèrie. *[octogésimo]* // Cadascuna de les parts d'una quantitat dividida en vuitanta parts iguals. *[ochentavo]*

vuitava. f. Espai de vuit dies durant els quals celebra l'Església una festa solemne. *[octava]* // El darrer dels dits vuit dies. *[octava]*

vuité, ena. adj. Que fa vuit en una sèrie. *[octavo]* // Cadascuna de les parts d'una quantitat dividida en vuit parts iguals. *[octavo]*

vulgar. adj. Que pertany al comú dels hòmens, que és admés pel comú dels hòmens. *[vulgar]* // Comú, mancat de distinció. *[vulgar]*

vulgaritat. f. Qualitat de vulgar. *[vulgaridad]* // Dita que manca de novetat o importància. *[vulgaridad]*

vulgaritzar. v. tr. Fer vulgar una cosa. *[vulgarizar]* // Traduir en llengua vulgar. *[vulgarizar]* // Fer accessible una cosa al vulgar. *[vulgarizar]*

vulnerar. v. tr. Ferir, danyar, perjudicar. *[vulnerar]*

vulva. f. Parts externes dels òrgans genitals de la femella. *[vulva]*

w w w w w w W W

w. f. Vint-i-tresena lletra de l'alfabet, anomenada *uve* o *ve doble,* per ésser representada amb dues *vv* entrellaçades *w.* Compareix sols en vocables manllevats d'altres llengües. *Washington, wàter, Weimar, whisky,* etc. *[w]*

W

x x X X X X X X

x. f. Vint-i-quatrena lletra de l'alfabet. *[x]*
xa, (pl. **as**). m. Sobirà de Pèrsia. *[chah, sa]*
xacal. m. Mamífer carnisser semblant al llop. *[chacal]*
xacar. v. tr. Esclafar la corfa d'una ametla, nou, cacau, etc., esberlar, fer a trossos. *[aplastar]*
xacra. f. Mal físic que deixa una malaltia o propi de la vellesa. *[achaque]*
xacrós, osa. adj. Que té xacres. *[achacoso]*
xafada. f. Acció i efecte de xafar. *[chafadura]*
xafallós, osa. adj. Que parla confús, substituint el so de «s» alveolar per un d'interdental com el de la «z» castellana. *[ceceoso]*
xafar. v. tr. Exercir una pressió forta. *[aplastar, estrujar]* // Esclafar amb el peu. *[pisar, chafar]* // Petjar, trepitjar, calcigar. *[pisar]* // Deixar a algú sense saber què dir. *[chafar]*
xafardejar. v. intr. Portar notícies d'una banda a l'altra per passatemps o malvolença. *[chismear, chismorrear]*
xafarder, era. adj. i m. i f. Que es plau a xafardejar. *[chismoso, entrometido]*
xafarot. m. Sabre curt i encorbat de la punta. *[chafarote]* // Persona tafanera. *[chismoso, entrometido]*
xafarranxo. m. Desembarassament d'una part de l'embarcació a fi de deixar-la a punt per al combat, maniobra o altra faena. *[zafarrancho]* // Esvalot, rebombori. *[alboroto, revoltijo]*
xàfec. m. Pluja forta. *[aguacero]*
xafigar. v. tr. Xafar, trepitjar, esclafar. *[pisotear, pisar, chafar]*
xafogor. f. Calor sufocant. *[bochorno]*
xal. m. Peça quadrangular de llana o seda que usen les dones i que els tapa les espatles. *[chal]*
xala. f. Esbargiment bulliciós de moltes persones, especialment al camp o la muntanya. *[jolgorio, juerga, jira]*
xalefa. f. Bacora o figa secada al sol.
xalest, esta. adj. Alegre, vivaç, que fa xala. *[placentero, alegre, animado]*
xalet. m. Casa de camp que recorda els xalets suïssos. *[chalet, quinta]*
xalina. f. Corbata llarga i ampla usada per a abrigar-se el coll. *[chalina]*
xaloc. m. Vent del sud-est. *[jaloque, siroco, sudeste]*
xamar. v. tr. Xumar. *[mamar, chupar]*
xamba. f. Atzar favorable. *[chamba]*
xamberg. m. Capell redó, d'ala ampla alçada d'un costat. *[chambergo]*
xambra. f. Brusa curta que es posen les dones damunt la camisa per a estar per casa. *[chambra]*
xamfrà. m. Cara que resulta de tallar un pla al llarg d'una aresta. *[chaflán]*
xamós, osa. adj. Atractívol per les seues gràcies, maneres, etc. *[donoso, garboso,*
xampany. m. Vi blanc espumós. *[champán]*
xampú. m. Loció per a llavar-se el cap. *[champú]*
xampurrar. v. intr. Parlar un llenguatge barrejat de dues o més llengües. *[chapurrear]*
xampurreig. m. Acció i efecte de xampurrejar. *[chapurreo]*
xampurrejar. v. intr. i tr. Parlar enxampurradament. *[chapurrear]*
xanca. f. Excavació llarga i estreta que es fa en terra. *[zanja]*
xanca. f. Cadascuna de les fustes que serveixen per a caminar per llocs pantanosos muntat en elles. *[zanco]*
xanglot. m. Porció d'un raïm que conté alguns grans. *[redrojo]*

xano-xano. adv. Caminant a poc a poc. *[despacito]*

xantatge. m. Coacció que es fa damunt d'algú amenaçant-lo amb manifestar coses falses o veres. *[chantaje]*

xantre. m. El qui, en les esglésies catedrals exerceix el govern i direcció del cant en el cor i té cura de la capella de música. *[chantre]*

xapa. f. Planxa prima de metall o fusta. *[chapa]*

xapar. v. tr. Cobrir o guarnir amb xapes. *[chapar]* // Esberlar, fendre. *[hender, partir]*

xaparro, arra. adj. i m. i f. De baixa estatura, feixuc i fornit; mancat d'esveltesa, massís i baixet.

xapat, ada. adj. Cobert de rajoles o manisetes. *[chapado]* // Obra de rajoles o manisetes posades de cantell en una paret o mur. *[chapado]*

xapull. m. Terreny humit o amb aigua. // Terreny fangós. *[lodazal]*

xàquera. f. Dansa popular valenciana de caràcter cerimoniós i solemne. // Música que acompanya aquesta dansa.

xaragall. m. Regueró que forma el corrent de l'aigua. *[arroyada, badén]*

xaranga. f. Música militar que consta solament d'instruments de vent. *[charanga]*

xarbotar. v. intr. Agitar-se la superfície d'un líquid sacsejat. *[bazucar, barbotear]*

xàrcia. f. Sàrcia, xarxa. *[jarcia, red]*

xarlatà. m. El qui xarrant explota la credulitat pública o la curiositat de la gent. *[charlatán]*

xarnego, ega. m. i f. Gos per a caçar conills de nit. *[lucharniego]*

xaró, ona. adj. De mal gust, mancat de gràcia, de distinció. *[chabacano]*

xarol. m. Vernís molt llustrós i permanent. *[charol]* // Cuir amb capa d'aquest vernís. *[charol]*

xarop. m. Beguda feta d'aigua, sucre i sucs refrescants o substàncies medicinals amb consistència d'almívar. *[jarabe]*

xarpa. f. Mena de faixa o pitral per a dur alguna arma, etc. *[charpa, tahalí]* // Cabestrell per a descansar-hi un braç o una mà. *[cabestrillo]*

xarpellera. f. Teixit groller de cànem o jute per a embolicar fardells. *[arpillera]*

xarrar. v. intr. i tr. Intr. Parlar sense substància pel sol gust de parlar, fora de propòsit. *[charlar]* // Tr. Dir, contar alguna cosa, indiscretament, mancant a la reserva deguda. *[charlar]*

xarrera. f. Ganes de xarrar, el fet mateix de xarrar molt. *[charlería, trápala]*

xarrupar. v. tr. Mamar o beure paladejant. *[churrupear]*

xaruc, uga. adj. Que caduqueja. *[chocho, caduco, vetusto]*

xaruga. f. Aladre de rella ampla i corbada usat per a labors profundes com les del cultiu de l'arròs i altres que requereixen guaret pregon. *[arado de vertedera]*

xarxa. f. Aparell fet de malla per a pescar o per a altres usos. *[red]*

xarxet. m. Mena d'ànec d'aigua menut, cercet. *[cerceta]*

xassis. m. Bastiment que sosté el motor i la carrosseria d'un carruatge automòbil. *[chasis]* // Bastiment en certs dispositius. *[chasis]*

xato, ata. adj. Camús. *[chato]*

xauxa. f. País imaginari on hom té tot allò que desitja. *[jauja]*

xavalla. f. Moneda de coure o d'altre metall no preciós. *[calderilla]*

xàvega. f. Xarxa de corda de malles grosses per a portar palla. *[jábega]* // Tros de fusta amb puntes clavades per a pescar coses perdudes al fons del mar.

xe! Interjecció pròpia del País Valencià usada per a cridar l'atenció d'algú i en altres casos amb què s'expressa familiaritat en el tracte. *[¡che!]*

xec. m. Document en forma d'orde de pagament pel qual una persona pot retirar diners dels que el signant té disponibles en un banc. *[cheque]* // Veu amb què un jugador d'escacs adverteix a l'adversari que el rei d'aquest està en escac. *[jaque]* // Sobirà àrab que governa una regió. *[jeque]* // Onomatopeia que imita el soroll d'un colp.

xeix. f. Nom de la lletra «x» i del seu so simple fricatiu palatal. *[equis]*

xera. f. Flamerada que es fa tirant al foc un manat de branquillons secs, palla, fullaraca, etcètera. // Gatzara, demostració sorollosa d'alegria. *[algazara, gresca]*

xera. f. Aucell molt menut, cendrós, que viu d'insectes i fa el niu per les argelagues, brosses, camps de blat, etc.

xeremia. f. Instrument musical de fusta, de so agut. *[chirimia]*

xerés, (pl. **essos**). m. Vi de Xerés. *[jerez]*

xerif. m. Príncep àrab. *[jerife]* // Cap superior de la ciutat de la Meca. *[jerife]*

xeringa. f. Instrument per a donar injeccions. *[jeringa]*

xerinola. f. Gresca, tabola. *[tararira, juerga, farra]*

xerocòpia. f. Còpia obtinguda per xerografia. *[xerocopia]*

xeu. m. Teuladí, pardal. *[gorrión]*

xic, ica. adj. Que no ateny les dimensions ordinàries entre les coses de la mateixa espècie. *[chico, pequeño]* // Menut. *[chico]* // m. Home o dona en l'edat de la infància. *[chico]* // Minyó, fadrí. *[muchacho]*

xicalla. f. Conjunt de xiquets. *[chiquillería]*

xiclet. m. Goma perfumada extreta de l'arbre del mateix nom, emprada com a masticatori. *[chiclé]*

xicon, ona. m. i f. Xiquet de pocs anys. *[chicuelo]* // Xic molt jove. *[muchacho]*

xicot, ota. m. i f. Home o dona jóvens. *[joven, chico, muchacho]* // Promés.

xicotet, eta. adj. Molt menut. *[chiquito]*

xifra. f. Signe amb què és representat un nombre. *[cifra]* // Escriptura de signes convencionals segons una clau. *[cifra]* // Monograma.

xifrar. v. tr. Escriure emprant un alfabet privat o xifra. *[cifrar]* // Numerar, indicar amb xifres. *[cifrar]*

xillar. v. intr. Xisclar, fer xillits. *[chillar]*

xillit. m. So inarticulat de la veu, agut i desplaent. *[chillido]*

ximenera. f. Fumeral, especialment elevat, d'una fàbrica, etc. *[chimenea]*

ximpanzé, (pl. **és**). m. Simi antropoide que habita al centre de l'Àfrica. *[chimpancé]*

ximple, impla. adj. De poc seny. *[sandio, necio, bobo]*

ximpleria. f. Condició de ximple. *[tontería]* // Ximplesa. *[tontería, bobería]*

ximplesa. f. Dita o fet propis d'un ximple, ximpleria. *[sandez, tontería, bobería]*

xinel·la. f. Sabata de sola lleugera, sense taló, per a estar per casa. *[chinela, zapatilla]*

xinés, esa. adj. i m. i f. Natural o propi de Xina. *[chino]*

xinxa. f. Insecte hemípter, de color vermell fosc, que xupla la sang de l'home produint picades irritants. *[chinche]*

xinxer. m. Teixit fet de vímets o llistons de fusta, etc., que posaven al costat dels llits per a recollir les xinxes. *[chinchero]*

xinxeta. f. Clauet de cap circular i punta fina que serveix per a clavar el paper al tauler de dibuixar, etc. *[chincheta]* // Flotador de suro, etc., amb un ble destinat a esser posat en un recipient d'oli per a tenir llum encés davant una imatge, etc. *[mariposa]*

xipollejar. v. intr. Xipollar. *[chapotear]*

xiprer. m. Ciprer. *[ciprés]*

xíquera. f. Tassa menuda de terra cuita o porcellana, per a posar quantitats de xocolate, ungüent, oli, etc. *[jícara]*

xiquet, eta. adj. Menut. *[chiquito, chiquillo]* // m. i f. Infant, nen. *[chico, niño]*

xirimoia. f. Fruit del xirimoier. *[chirimoya]*

xirimoier. m. Arbre de la família de les annonàcies que fa la xirimoia. *[chirimoyo]*

xirivia. f. Planta umbel·lífera, d'arrel fusiforme, usada com a condiment i com a medicina. *[chirivía]*

xisclar. v. intr. Fer xiscles. *[chillar]*

xiscle. m. So de veu agut i desagradable. *[chillido]*

xisclet. m. Xiscle. *[chillido]*

xiular. v. intr. i tr. Intr. Produir un so o una sèrie de sons musicals expel·lint amb força l'aire per la boca. *[silbar]* // Tr. Cantar un aire xiulant. *[silbar]*

xiulet. m. Instrument per a xiular. *[silbato]* // So que es produeix xiulant. *[silbido]*

xiulit. m. Xiulet. *[silbido]*

xiu-xiu. m. Xiuxiueig. *[cuchicheo]*

xiuxiueig. m. Acció de xiuxiuejar. *[cuchicheo]*

xiuxiuejar. v. intr. Parlar en veu baixa a l'orella d'algú. *[cuchichear, bisbisear]*

xivarri. m. Rebombori.

xoc. m. Topada de dos cossos que s'encontren. *[choque]* // Soroll de cosa que topa.

xoc. m. Síndrome produïda per la insuficiència circulatòria perifèrica.

xocant. adj. Que xoca, que sorprén vivament. *[chocante]*

xocar. v. intr. Topar violentament una cosa amb una altra. *[chocar]* // Sorprendre vivament, venir de nou una cosa. *[chocar]* // Fer gràcia una cosa, agradar. *[agradar, gustar, chocar]*

xocolate. m. Pasta composta de cacau, sucre i canyella, i beguda que es fa dissolent i bullint la dita pasta. *[chocolate]*

xofer. m. Conductor d'automòbils. *[chófer]*

xoll. m. Toll. *[tollo, charco]*

xona. f. Caragol de muntanya, de closca blanquinosa, molt estimat. // Vulva.

xop. m. Arbre molt gran que es fa a les vores dels rius i rieres i creix molt de pressa, poll, pollanc. *[chopo]*

xop, opa. adj. Completament amerat, xopat. *[calado, empapado]*

xopar. v. tr. Mullar alguna cosa. *[remojar]* // Embeure alguna cosa amb un drap, etc. *[remojar]*

xoriç. m. Mena de llonganissa farcida de carn magra amb pebre, que es menja crua. *[chorizo]*

xorrar. v. intr. i tr. Rajar líquid. *[chorrear]*

xot, ota. m. i f. Cabrit que encara mama. *[choto]*

xufa. f. Tubercle dolç, produït per una mena de jonça, el qual serveix per a preparar orxata. *[chufa]*

xulla. f. Costella de porc, de corder, de cabra o de boví, amb una porció de carn adherida, que es menja torrada o fregida. *[chuleta]*

xumar. v. tr. Beure a morro. *[beber a morro]* // Traspuar. *[rezumar, recalar]*

xuplar. v. tr. Extraure amb els llavis el suc o substància d'una cosa. *[chupar]* // Absorbir els vegetals l'aigua o humitat. *[chupar]*

xuplit. m. Cadascuna de les aspiracions que es fan en xuplar, acció de xuplar. *[chupada]*

xurra. f. Classe d'ovelles robustes i de carn greixosa, de llana basta especial per a robes d'abric. *[churra]*

xurriaques. f. pl. Fuet per a pegar a les bèsties. *[zurriaga]*

xurro, urra. adj. Dit dels serrans de la zona del Guadarrama pel vestit de llana xurra de les ovelles del país. // Per extensió, serrà. // Dit impròpiament dels serrans valencians de parla castellana; per extensió s'entén també, en general, els de parla castellana. *[churro, serrano]* // f. Minyona de servei. *[churro, criada]* // Tossut.

xusma. f. Conjunt de gent baixa, vil. *[chusma]* // Xurma. *[chusma]*

xut. m. Colp donat al baló amb el peu, en el joc de futbol. *[chut]*

xutar. v. intr. En el joc de futbol, pegar amb el peu al baló. *[chutar]*

y y y y y y y y

y. Vint-i-cinquena lletra de l'alfabet, anomenada *i grega.* Tal grafia no correspon a cap so diferenciat. La trobareu en casos aïllats i sempre en vocables pertanyents a altres llengües: *Yucatan, Nova York,* etc. En canvi, forma part de la grafia *ny*, amb què es representen noms com *nyora, bany, canya,* etc. *[y]*

z z z z z z z Z Z

z. f. Vint-i-sisena i darrera lletra de l'alfabet. *[z]*

zebra. f. Solípede semblant a l'ase amb ratlles brunes o negres que habita l'Àfrica meridional. *[cebra]*

zebú, (pl. **ús**). m. Mamífer remugant de l'Índia, semblant al bou. *[cebú]*

zèfir. m. Vent suau. *[céfiro]* // Vent de ponent. *[céfiro]* // Teixit de cotó, en colors suaus, per a vestits de dona i camises d'home. *[céfiro]*

zel. m. Interés ardent i actiu per una causa o persona. *[celo]* // Apetit dels animals per a la generació. *[celo]* // pl. Gelosia.

zelar. v. tr. Tenir cura que un inferior o algú faça els seus deures, observe les lleis, etc. *[celar]*

zelós, osa. adj. Que té zel, ple de zel. *[celoso]*

zenit. m. Punt de l'esfera celest que cau verticalment sobre el punt de la terra on som. *[cenit]* // Punt culminant d'una cosa, d'una institució. *[cenit]*

zero. m. Nom de la xifra 0, emprada per a denotar una quantitat nul·la. *[cero]*

zeta. f. Nom de la lletra «zeta». *[ceda, ceta]*

zig-zag. m. Línia trencada en forma de z. *[zigzag]*

zinc. m. Metall de color gris blavenc bastant tou i d'estructura laminar. *[zinc]*

zitzània. f. Discòrdia posada entre la gent. *[cizaña]* // Jull, cogula gramínia que creix dins els camps de cereals i perjudica la creixença d'aquests. *[cizaña]*

zodíac. m. Zona o faixa celest pel centre de la qual passa l'eclíptica. *[zodíaco]*

zona. f. Faixa gran o extensió considerable de terra. *[zona]* // Cadascuna de les cinc divisions de la superfície de la terra. *[zona]* // Part de superfície esfèrica entre dos plans paral·lels. *[zona]*

zoòfit. m. Animal que té aspecte de planta com els corals, esponges, etc. *[zoófito]*

zoologia. f. Tractat dels animals. *[zoología]*

zoològic, ògica. adj. Relatiu o pertanyent a la zoologia. *[zoológico]*

zumzeig. m. Soroll de les coses que zumzegen. *[zumbido]*

zumzejar. v. intr. Oscil·lar com un cos animat d'un moviment de zumzeig. *[cimbrear, oscilar]* // Bonir, fer zumzum. *[zumbar, susurrar]*

APÈNDIX VERBAL

Verbs auxiliars

(Verb Auxiliar) **HAVER**

INFINITIU	GERUNDI	PARTICIPI
Simple: haver *Compost:* haver hagut	*Simple:* havent *Compost:* havent hagut	*Singular:* hagut, haguda *Plural:* haguts, hagudes

INDICATIU				SUBJUNTIU	
Present		**Pretèrit indefinit**		**Present**	
jo	he/haig	jo	he hagut	jo	haja
tu	has	tu	has hagut	tu	hages
ell	ha	ell	ha hagut	ell	haja
nos.	hem/havem	nos.	hem hagut	nos.	hàgem
vos.	heu/haveu	vos.	heu hagut	vos.	hàgeu
ells	han	ells	han hagut	ells	hagen
Pretèrit imperfet		**Pret. plusquamperfet**		**Pretèrit perfet**	
jo	havia	jo	havia hagut	jo	haja hagut
tu	havies	tu	havies hagut	tu	hages hagut
ell	havia	ell	havia hagut	ell	haja hagut
nos.	havíem	nos.	havíem hagut	nos.	hàgem hagut
vos.	havíeu	vos.	havíeu hagut	vos.	hàgeu hagut
ells	havien	ells	havien hagut	ells	hagen hagut
Pret. perfet simple		**Pret. anterior simple**		**Pretèrit imperfet**	
jo	haguí	jo	haguí hagut	jo	hagués/haguera
tu	hagueres	tu	hagueres hagut	tu	haguesses/hagueres
ell	hagué	ell	hagué hagut	ell	hagués/haguera
nos.	haguérem	nos.	haguérem hagut	nos.	haguéssem/haguérem
vos.	haguéreu	vos.	haguéreu hagut	vos.	haguésseu/haguéreu
ells	hagueren	ells	hagueren hagut	ells	haguessen/hagueren
Pret. perfet perifràstic		**Pret. anterior perifràstic**		**Pretèrit plusquamperfet**	
jo	vaig haver	jo	vaig haver hagut	jo	hagués hagut
tu	vas haver	tu	vas haver hagut	tu	haguesses hagut
ell	va haver	ell	va haver hagut	ell	hagués hagut
nos.	vam haver	nos.	vam haver hagut	nos.	haguéssem hagut
vos.	vau haver	vos.	vau haver hagut	vos.	haguésseu hagut
ells	van haver	ells	van haver hagut	ells	haguessen hagut
Futur simple		**Futur compost**		**Pret. perfet perifràstic**	
jo	hauré	jo	hauré hagut	jo	vaja haver
tu	hauràs	tu	hauràs hagut	tu	vages haver
ell	haurà	ell	haurà hagut	ell	vaja haver
nos.	haurem	nos.	haurem hagut	nos.	vàgem haver
vos.	haureu	vos.	haureu hagut	vos.	vàgeu haver
ells	hauran	ells	hauran hagut	ells	vagen haver
Condicional simple		**Condicional compost**		**IMPERATIU**	
jo	hauria/haguera	jo	hauria/haguera hagut		- -
tu	hauries/hagueres	tu	hauries/hagueres hagut		hages tu
ell	hauria/haguera	ell	hauria/haguera hagut		haja ell
nos.	hauríem/haguérem	nos.	hauríem/haguérem hagut		hàgem nos.
vos.	hauríeu/haguéreu	vos.	hauríeu/haguéreu hagut		hàgeu vos.
ells	haurien/hagueren	ells	haurien/hagueren hagut		hagen ells

SER (Verb Auxiliar)

INFINITIU	GERUNDI	PARTICIPI
Simple: ser *Compost:* haver estat	*Simple:* essent/sent *Compost:* havent estat	*Singular:* estat, estada *Plural:* estats, estades

INDICATIU		SUBJUNTIU
Present	**Pretèrit indefinit**	**Present**
jo sóc	jo he estat	jo siga
tu ets	tu has estat	tu sigues
ell és	ell ha estat	ell siga
nos. som	nos. hem estat	nos. siguem
vos. sou	vos. heu estat	vos. sigueu
ells són	ells han estat	ells siguen
Pretèrit imperfet	**Pret. plusquamperfet**	**Pretèrit perfet**
jo era	jo havia estat	jo haja estat
tu eres	tu havies estat	tu hages estat
ell era	ell havia estat	ell haja estat
nos. érem	nos. havíem estat	nos. hàgem estat
vos. éreu	vos. havíeu estat	vos. hàgeu estat
ells eren	ells havien estat	ells hagen estat
Pret. perfet simple	**Pret. anterior simple**	**Pretèrit imperfet**
jo fon/fui	jo haguí estat	jo fos/fóra
tu fores	tu hagueres estat	tu fosses/fores
ell fou	ell hagué estat	ell fos/fóra
nos. fórem	nos. haguérem estat	nos. fóssem/fórem
vos. fóreu	vos. haguéreu estat	vos. fósseu/fóreu
ells foren	ells hagueren estat	ells fossen/foren
Pret. perfet perifràstic	**Pret. anterior perifràstic**	**Pretèrit pluscuamperfet**
jo vaig ser	jo vaig haver estat	jo hagués estat
tu vas ser	tu vas haver estat	tu haguesses estat
ell va ser	ell va haver estat	ell hagués estat
nos. vam ser	nos. vam haver estat	nos. haguéssem estat
vos. vau ser	vos. vau haver estat	vos. haguésseu estat
ells van ser	ells van haver estat	ells haguessen estat
Futur simple	**Futur compost**	**Pret. perfet perifràstic**
jo seré	jo hauré estat	jo vaja ser
tu seràs	tu hauràs estat	tu vages ser
ell serà	ell haurà estat	ell vaja ser
nos. serem	nos. haurem estat	nos. vàgem ser
vos. sereu	vos. haureu estat	vos. vàgeu ser
ells seran	ells hauran estat	ells vagen ser
Condicional simple	**Condicional compost**	IMPERATIU
jo seria/fóra	jo hauria estat	- -
tu series/fores	tu hauries estat	sigues tu
ell seria/fóra	ell hauria estat	siga ell
nos. seríem/fórem	nos. hauríem estat	siguem nos.
vos. seríeu/fóreu	vos. hauríeu estat	sigueu vos.
ells serien/foren	ells haurien estat	siguen ells

Verbs regulars

(Primera conjugació) **PARLAR**

INFINITIU	GERUNDI	PARTICIPI
Simple: parlar	*Simple:* parlant	*Singular:* parlat, parlada
Compost: haver parlat	*Compost:* havent parlat	*Plural:* parlats, parlades
INDICATIU		**SUBJUNTIU**
Present	**Pretèrit indefinit**	**Present**
jo **parle**	jo **he parlat**	jo **parle**
tu **parles**	tu **has parlat**	tu **parles**
ell **parla**	ell **ha parlat**	ell **parle**
nos. **parlem**	nos. **hem parlat**	nos. **parlem**
vos. **parleu**	vos. **heu parlat**	vos. **parleu**
ells **parlen**	ells **han parlat**	ells **parlen**
Pretèrit imperfet	**Pret. plusquamperfet**	**Pretèrit perfet**
jo **parlava**	jo **havia parlat**	jo **haja parlat**
tu **parlaves**	tu **havies parlat**	tu **hages parlat**
ell **parlava**	ell **havia parlat**	ell **haja parlat**
nos. **parlàvem**	nos. **havíem parlat**	nos. **hàgem parlat**
vos. **parlàveu**	vos. **havíeu parlat**	vos. **hàgeu parlat**
ells **parlaven**	ells **havien parlat**	ells **hagen parlat**
Pret. perfet simple	**Pret. anterior simple**	**Pretèrit imperfet**
jo **parlí**	jo **haguí parlat**	jo **parlàs/parlara**
tu **parlares**	tu **hagueres parlat**	tu **parlasses/parlara**
ell **parlà**	ell **hagué parlat**	ell **parlàs/parlara**
nos. **parlàrem**	nos. **haguérem parlat**	nos. **parlàssem/parlàrem**
vos. **parlàreu**	vos. **haguéreu parlat**	vos. **parlàsseu/parlàreu**
ells **parlaren**	ells **hagueren parlat**	ells **parlassen/parlaren**
Pret. perfet perifràstic	**Pret. anterior perifràstic**	**Pretèrit plusquamperfet**
jo **vaig parlar**	jo **vaig haver parlat**	jo **hagués parlat**
tu **vas parlar**	tu **vas haver parlat**	tu **haguesses parlat**
ell **va parlar**	ell **va haver parlat**	ell **hagués parlat**
nos. **vam parlar**	nos. **vam haver parlat**	nos. **haguéssem parlat**
vos. **vau parlar**	vos. **vau haver parlat**	vos. **haguésseu parlat**
ells **van parlar**	ells **van haver parlat**	ells **haguessen parlat**
Futur simple	**Futur compost**	**Pret. perfet perifràstic**
jo **parlaré**	jo **hauré parlat**	jo **vaja parlar**
tu **parlaràs**	tu **hauràs parlat**	tu **vages parlar**
ell **parlarà**	ell **haurà parlat**	ell **vaja parlar**
nos. **parlarem**	nos. **haurem parlat**	nos. **vàgem parlar**
vos. **parlareu**	vos. **haureu parlat**	vos. **vàgeu parlar**
ells **parlaran**	ells **hauran parlat**	ells **vagen parlar**
Condicional simple	**Condicional compost**	**IMPERATIU**
jo **parlaria**	jo **hauria parlat**	- -
tu **parlaries**	tu **hauries parlat**	parla tu
ell **parlaria**	ell **hauria parlat**	parle ell
nos. **parlaríem**	nos. **hauríem parlat**	parlem nos.
vos. **parlaríeu**	vos. **hauríeu parlat**	parleu vos.
ells **parlarien**	ells **haurien parlat**	parlen ells

TÉMER (Segona conjugació)

INFINITIU	GERUNDI	PARTICIPI
Simple: témer *Compost:* haver temut	*Simple:* tement *Compost:* havent temut	*Singular:* temut, temuda *Plural:* temuts, temudes

INDICATIU		SUBJUNTIU
Present jo tem tu tems ell tem nos. temem vos. temeu ells temen	**Pretèrit indefinit** jo he temut tu has temut ell ha temut nos. hem temut vos. heu temut ells han temut	**Present** jo tema tu temes ell tema nos. temem vos. temeu ells temen
Pretèrit imperfet jo temia tu temies ell temia nos. temíem vos. temíeu ells temien	**Pret. plusquamperfet** jo havia temut tu havies temut ell havia temut nos. havíem temut vos. havíeu temut ells havien temut	**Pretèrit perfet** jo haja temut tu hages temut ell haja temut nos. hàgem temut vos. hàgeu temut ells hagen temut
Pret. perfet simple jo temí tu temeres ell temé nos. temérem vos. teméreu ells temeren	**Pret. anterior simple** jo haguí temut tu hagueres temut ell hagué temut nos. haguérem temut vos. haguéreu temut ells hagueren temut	**Pretèrit imperfet** jo temés/temera tu temesses/temeres ell temés/temera nos. teméssem/temérem vos. teméssseu/teméreu ells temessen/temeren
Pret. perfet perifràstic jo vaig témer tu vas témer ell va témer nos. vam témer vos. vau témer ells van témer	**Pret. anterior perifràstic** jo vaig haver temut tu vas haver temut ell va haver temut nos. vam haver temut vos. vau haver temut ells van haver temut	**Pretèrit plusquamperfet** jo hagués temut tu haguesses temut ell hagués temut nos. haguéssem temut vos. haguésseu temut ells haguessen temut
Futur simple jo temeré tu temeràs ell temerà nos. temerem vos. temereu ells temeran	**Futur compost** jo hauré temut tu hauràs temut ell haurà temut nos. haurem temut vos. haureu temut ells hauran temut	**Pret. perfet perifràstic** jo vaja témer tu vages témer ell vaja témer nos. vàgem témer vos. vàgeu témer ells vagen témer
Condicional simple jo temeria tu temeries ell temeria nos. temeríem vos. temeríeu ells temerien	**Condicional compost** jo hauria temut tu hauries temut ell hauria temut nos. hauríem temut vos. hauríeu temut ells haurien temut	**IMPERATIU** - - tem tu tema ell temem nos. temeu vos. temen ells

(Segona conjugació) **BATRE**

INFINITIU	GERUNDI	PARTICIPI
Simple: batre	*Simple:* batent	*Singular:* batut, batuda
Compost: haver batut	*Compost:* havent batut	*Plural:* batuts, batudes

INDICATIU		SUBJUNTIU
Present	**Pretèrit indefinit**	**Present**
jo **bat**	jo **he batut**	jo **bata**
tu **bats**	tu **has batut**	tu **bates**
ell **bat**	ell **ha batut**	ell **bata**
nos. **batem**	nos. **hem batut**	nos. **batem**
vos. **bateu**	vos. **heu batut**	vos. **bateu**
ells **baten**	ells **han batut**	ells **baten**
Pretèrit imperfet	**Pret. plusquamperfet**	**Pretèrit perfet**
jo **batia**	jo **havia batut**	jo **haja batut**
tu **baties**	tu **havies batut**	tu **hages batut**
ell **batia**	ell **havia batut**	ell **haja batut**
nos. **batíem**	nos. **havíem batut**	nos. **hàgem batut**
vos. **batíeu**	vos. **havíeu batut**	vos. **hàgeu batut**
ells **batien**	ells **havien batut**	ells **hagen batut**
Pret. perfet simple	**Pret. anterior simple**	**Pretèrit imperfet**
jo **batí**	jo **haguí batut**	jo **batés/batera**
tu **bateres**	tu **hagueres batut**	tu **batesses/bateres**
ell **baté**	ell **hagué batut**	ell **batés/batera**
nos. **batérem**	nos. **haguérem batut**	nos. **batéssem/batérem**
vos. **batéreu**	vos. **haguéreu batut**	vos. **batésseu/batéreu**
ells **bateren**	ells **hagueren batut**	ells **batessen/bateren**
Pret. perfet perifràstic	**Pret. anterior perifràstic**	**Pretèrit plusquamperfet**
jo **vaig batre**	jo **vaig haver batut**	jo **hagués batut**
tu **vas batre**	tu **vas haver batut**	tu **haguesses batut**
ell **va batre**	ell **va haver batut**	ell **hagués batut**
nos. **vam batre**	nos. **vam haver batut**	nos. **haguéssem batut**
vos. **vau batre**	vos. **vau haver batut**	vos. **haguésseu batut**
ells **van batre**	ells **van haver batut**	ells **haguessen batut**
Futur simple	**Futur compost**	**Pret. perfet perifràstic**
jo **batré**	jo **hauré batut**	jo **vaja batre**
tu **batràs**	tu **hauràs batut**	tu **vages batre**
ell **batrà**	ell **haurà batut**	ell **vaja batre**
nos. **batrem**	nos. **haurem batut**	nos. **vàgem batre**
vos. **batreu**	vos. **haureu batut**	vos. **vàgeu batre**
ells **batran**	ells **hauran batut**	ells **vagen batre**
Condicional simple	**Condicional compost**	**IMPERATIU**
jo **batria**	jo **hauria batut**	- -
tu **batries**	tu **hauries batut**	bat tu
ell batria	ell hauria batut	bata ell
nos. batríem	nos. hauríem batut	batem nos.
vos. batríeu	vos. hauríeu batut	bateu vos.
ells batrien	ells haurien batut	baten ells

PATIR (Tercera conjugació)

INFINITIU	GERUNDI	PARTICIPI
Simple: patir *Compost:* haver patit	*Simple:* patint *Compost:* havent patit	*Singular:* patit, patida *Plural:* patits, patides

INDICATIU		SUBJUNTIU
Present jo patesc/patisc tu pateixes/patixes ell pateix/patix nos. patim vos. patiu ells pateixen/patixen	**Pretèrit indefinit** jo he patit tu has patit ell ha patit nos. hem patit vos. heu patit ells han patit	**Present** jo patesca/patisca tu patesques/patisques ell patesca/patisca nos. patim vos. patiu ells patesquen/patisquen
Pretèrit imperfet jo patia tu paties ell patia nos. patíem vos. patíeu ells patien	**Pret. plusquamperfet** jo havia patit tu havies patit ell havia patit nos. havíem patit vos. havíeu patit ells havien patit	**Pretèrit perfet** jo haja patit tu hages patit ell haja patit nos. hàgem patit vos. hàgeu patit ells hagen patit
Pret. perfet simple jo patí tu patires ell patí nos. patírem vos. patíreu ells patiren	**Pret. anterior simple** jo haguí patit tu hagueres patit ell hagué patit nos. haguérem patit vos. haguéreu patit ells hagueren patit	**Pretèrit imperfet** jo patís/patira tu patisses/patires ell patís/patira nos. patíssem/patírem vos. patísseu/patíreu ells patissen/patiren
Pret. perfet perifràstic jo vaig patir tu vas patir ell va patir nos. vam patir vos. vau patir ells van patir	**Pret. anterior perifràstic** jo vaig haver patit tu vas haver patit ell va haver patit nos. vam haver patit vos. vau haver patit ells van haver patit	**Pretèrit plusquamperfet** jo hagués patit tu haguesses patit ell hagués patit nos. haguéssem patit vos. haguésseu patit ells haguessen patit
Futur simple jo patiré tu patiràs ell patirà nos. patirem vos. patireu ells patiran	**Futur compost** jo hauré patit tu hauràs patit ell haurà patit nos. haurem patit vos. haureu patit ells hauran patit	**Pret. perfet perifràstic** jo vaja patir tu vages patir ell vaja patir nos. vàgem patir vos. vàgeu patir ells vagen patir
Condicional simple jo patiria tu patiries ell patiria nos. patiríem vos. patiríeu ells patirien	**Condicional compost** jo hauria patit tu hauries patit ell hauria patit nos. hauríem patit vos. hauríeu patit ells haurien patit	**IMPERATIU** - - pateix/patix tu patesca/patisca ell patim nos. patiu vos. patesquen/patisquen ells

(Tercera conjugació) SENTIR

INFINITIU	GERUNDI	PARTICIPI
Simple: sentir	*Simple:* sentint	*Singular:* sentit, sentida
Compost: haver sentit	*Compost:* havent sentit	*Plural:* sentits, sentides

INDICATIU		SUBJUNTIU
Present	**Pretèrit indefinit**	**Present**
jo **sent**	jo he sentit	jo senta
tu **sents**	tu has sentit	tu sentes
ell **sent**	ell ha sentit	ell senta
nos. **sentim**	nos. hem sentit	nos. sentim
vos. **sentiu**	vos. heu sentit	vos. sentiu
ells **senten**	ells han sentit	ells senten
Pretèrit imperfet	**Pret. plusquamperfet**	**Pretèrit perfet**
jo sentia	jo havia sentit	jo haja sentit
tu senties	tu havies sentit	tu hages sentit
ell sentia	ell havia sentit	ell haja sentit
nos. sentíem	nos. havíem sentit	nos. hàgem sentit
vos. sentíeu	vos. havíeu sentit	vos. hàgeu sentit
ells sentien	ells havien sentit	ells hagen sentit
Pret. perfet simple	**Pret. anterior simple**	**Pretèrit imperfet**
jo sentí	jo haguí sentit	jo sentís/sentira
tu sentires	tu hagueres sentit	tu sentisses/sentires
ell sentí	ell hagué sentit	ell sentís/sentira
nos. sentírem	nos. haguérem sentit	nos. sentíssem/sentírem
vos. sentíreu	vos. haguéreu sentit	vos. sentísseu/sentíreu
ells sentiren	ells hagueren sentit	ells sentissen/sentiren
Pret. perfet perifràstic	**Pret. anterior perifràstic**	**Pretèrit plusquamperfet**
jo vaig sentir	jo vaig haver sentit	jo hagués sentit
tu vas sentir	tu vas haver sentit	tu haguesses sentit
ell va sentir	ell va haver sentit	ell hagués sentit
nos. vam sentir	nos. vam haver sentit	nos. haguéssem sentit
vos. vau sentir	vos. vau haver sentit	vos. haguésseu sentit
ells van sentir	ells van haver sentit	ells haguessen sentit
Futur simple	**Futur compost**	**Pret. perfet perifràstic**
jo sentiré	jo hauré sentit	jo vaja sentir
tu sentiràs	tu hauràs sentit	tu vages sentir
ell sentirà	ell haurà sentit	ell vaja sentir
nos. sentirem	nos. haurem sentit	nos. vàgem sentir
vos. sentireu	vos. haureu sentit	vos. vàgeu sentir
ells sentiran	ells hauran sentit	ells vagen sentir
Condicional simple	**Condicional compost**	**IMPERATIU**
jo sentiria	jo hauria sentit	- -
tu sentiries	tu hauries sentit	sent tu
ell sentiria	ell hauria sentit	senta ell
nos. sentiríem	nos. hauríem sentit	sentim nos.
vos. sentiríeu	vos. hauríeu sentit	sentiu vos.
ells sentirien	ells haurien sentit	senten ells

NOCIONS D'ORTOGRAFIA

Quan escrivim o llegim un idioma, seguim unes normes senzilles i fàcils d'aprendre. Heus-ne ací les més importants.

L'ALFABET

L'alfabet es compon de cinc signes vocàlics:

a, e, i, o, u

i vint signes consonàntics:

> *b* (be), *c* (ce), *ç* (ce trencada), *d* (de), *f* (efe), *g* (ge), *h* (hac), *j* (jota), *l* (ele), *m* (eme), *n* (ene), *p* (pe), *q* (cu), *r* (erre), *s* (esse), *t* (te), *v* (ve), *x* (ics o xeix), *y* (i grega), *z* (zeta).

Els signes *k*, *w* i *y* s'empren només en mots estrangers que han conservat la grafia originària en incorporar-se a la nostra llengua: *kòdak*, *wàter*, *whisky*.

El signe *y* s'usa només formant part del dígraf *ny*.

La *h* té un valor purament ortogràfic i no representa cap so. És una lletra muda. Així mateix és muda la *u* en les combinacions *que*, *qui*, *gue*, *gui*.

> *hora, subhasta; tràquea, butxaques; caqui, màquina, obsequi; bregues, figues; guitza, guisar.*

Les vocals són vibracions laríngies sense soroll en el ressonador format pels òrgans articulatoris, mentre que les consonants són sorolls en el ressonador amb vibracions laríngies o sense.

La *i* en posició inicial de paraula, precedida o no de *h* seguida d'una altra vocal, és una veritable consonant:

> *iogurt, iode, ion; hialí, hiatus, hiena, hieràtic.*

Així mateix tenen valor consonàntic la *i* i la *u* quan es troben en posició intervocàlica i, per tant, formen part de la mateixa síl·laba de la vocal següent:

> *joia, esglaiar, al·leluia, encauar, encreuar, meua, mouen, Alboraia, Alfauir, Foios.*

En les combinacions *gua, güe, güi, guo; qua, qüe, qüi, quo*, la *u* és pronunciada formant síl·laba amb la vocal següent i té valor de semiconsonant.

> *guanyar, guatla, llengua, aigüera, lingüístic, següent, aiguós, pasqual, quatre, qüestió, obliqüitat, quota.*

Les vocals *e* i *o* són adés obertes, adés tancades.

e oberta: *guerra, tendra, crèdul, pèrdua, deu.*
e tancada: *dent, tenca, pressa, gepa, res, Déu.*
o oberta: *roda, groc, nom, arròs, això, escola.*
o tancada: *sopa, gola, forn, cançó, envejós.*

En posició àtona la *e* i *la o* sempre són tancades i convé no oblidar que les vocals obertes quan perden la tonicitat perden també llur obertura en paraules derivades de la mateixa arrel:

De *melsa, melsut;* de *groc, groguenc;* de *pèl, peluda;* de *sòcol, socolada;* de *bou, bovalar;* de *flor, floreta.*

ELS DÍGRAFS

Sovint un so simple pot ser representat per un grup de dos lletres. Aquest acoblament rep el nom de dígraf i n'usem els següents:

ll: *fullós, fenoll, lladre, fillol, trull.*
ny: *vinya, bony, ganya, mareny, seny.*
rr: *sorra, porra, descàrrec.*
ss: *pessic, passa, mossa, malaltissa, travessa.*
ig: *lleig, goig, puig, raig, assaig.*
qu: *boques, roques, quitrà, esquinç.*
gu: *bagues, guerra, guitarra, guit, guilopo, guió.*
ix: *caixó, fluix, madeixa.*
l·l: s'escriu amb un punt alçat per tal d'evitar que siga llegit com una *l* palatal la qual és grafiada *ll* (*palla, llibre, vedell*): *il·legal, aquarel·la, col·lecta, al·leluia, novel·la, col·laborar, idil·li, pàl·lid.*

Quan una *u*, situada entre *q* o *g* i una de les vocals *e* i *i*, no és muda és marcada amb dièresi:

freqüent, qüestió, obliqüitat, següent, lingüísta, llengües, ambigüitat.

La lletra *t* entra com a primer element d'alguns dígrafs: en els *tl, tll, tm, tn,* indicant una geminació o pronunciació doble de la consonant següent.

tl: *espatla, guatla, ametler* (pronunciats *espal-la, gual-la, amel-ler*).
tll: *ratlla, bitllet, rotllo* (pronunciats *rall-lla, bill-llet, roll-llo*).
tm: *setmana, setmanari, setmaner* (pronunciats *sem-mana, sem-manari, sem-maner*).
tn: *cotna, cotnar,* (pronunciats *con-na, con-nar*).

En els dígrafs *tj, tg, tx, tz, ts* representa el començament oclusiu d'articulacions africades.

tj: *sutja, platja, encoratjar* (pronunciats *sut-ja, plat-ja, encorat-jar*).
tg: *metge, fetge, jutge* (pronunciats *met-ge, fet-ge, jut-ge*).
tx: *batxiller, despatxar, cotxe* (pronunciats *bat-xiller, despat-xar, cot-xe*).
tz: *dotze, setze, guitza* (pronunciats *dot-ze, set-ze, guit-za*).
ts: *potser, lletsó, sotsobrar* (pronunciats *pot-ser, llet-só, sot-sobrar*).

ARTICULACIÓ DE LES SÍL·LABES

Síl·laba és un so o aplec de sons que conté un nucli que té com a centre una vocal. En general una paraula té tantes síl·labes com vocals: *got, dit,* una; *dia, roda,* dos; *cilindre, conductor,* tres; *alabastre, història,* quatre; *paciència, oposició,* cinc, etc.

Els vocables d'una síl·laba s'anomenen monosíl·labs: *pi, bo, ull, braç.* Els de més d'una síl·laba, polisíl·labs: *oli, cadena, emblanquinar.* En els polisíl·labs hi ha sempre una síl·laba que és pronunciada amb més força que les altres. Aquesta major força de pronunciació s'anomena accent prosòdic. La vocal o la síl·laba que rep l'accent prosòdic s'anomena *tònica*; les altres es diuen *àtones.*

En el mot *força* la síl·laba *for-* és la tònica o forta i la síl·laba *-ça* és l'àtona o feble. En el mot *cadira* la síl·laba *-di-* és la tònica i en el mot *òbila* ho és la síl·laba *o-*; les altres síl·labes que els componen són febles.

La vocal tònica té un emplaçament variable. Pot ser la darrera d'un vocable, *matalaf*; la penúltima, *dejuni* o l'antepenúltima, *màquina.* En el primer cas es diu que el vocable és agut; en el segon cas, que és pla, i en el tercer, que és esdrúixol.

Aguts: *hivern, cabdell, dogal, conill, virtut.*
Plans: *mare, barana, fornada, bassa, puça.*
Esdrúixols: *màrfega, època, gàrgola, ànima.*

L'ACCENTUACIÓ GRÀFICA

En determinats polisíl·labs es marca la síl·laba forta escrivint un accent sobre la vocal d'aquesta síl·laba.

L'accent té dos representacions: l'una dita accent agut (´) traçat de dreta a esquerra i l'altra dita accent greu (`) traçat d'esquerra a dreta. El primer marca les vocals tancades i el segon les vocals obertes.

Vocals tancades: *é, ó, í, ú.*
Vocals obertes: *à, ò, è.*

REGLES DE L'ACCENTUACIÓ GRÀFICA

S'accentuen els mots aguts que acaben en una de les dotze terminacions següents: *a, as, e, es, i, is, o, os, u, us, en, in.*

a: *demà, germà, escolà, cristià, valencià, manyà.*
as: *domàs, canemàs, escàs, cabàs, sedàs, ramàs.*
e: *puré, també, convé, malbé, ximpanzé.*
es: *congrés, progrés, revés, adés, excés, través.*
i: *botxí, cofí, garrofí, bocí, garbí, jardí, ratolí.*
is: *avís, cafís, permís, matís, país, mestís, vernís.*
o: *braó, acció, baró, afegitó, bondó, allò, ressò.*
os: *fangós, perillós, caldós, boirós, alficòs, arròs.*
u: *algú, oportú, dejú, cadascú, ningú, tribú.*
us: *abús, confús, obtús, inclús, refús, tramús.*
en: *amén, encén, entén, edén, mossén, epicén.*
in: *roín, esplín, Aín, Berlín, Dublín.*

S'accentuen els mots plans que no acaben en cap de les dites terminacions.

Àrab, tràfec, àcid, pròleg, llépol, cànem, diàfan, príncep, apèndix, cànon, orígens.

S'accentuen tots els mots esdrúixols.

Càtedra, xàvega, llémena, dècima, íntegre, física, còlera, pólvora, església, pràctica, càrrega, pèrdua, pàtria.

LA DIÈRESI

Quan la vocal *u* es troba entre una consonant representada per *g* o *q* i una de les dos vocals *e* o *i*, la lletra *u* amb què s'escriu aquella vocal es marca posant damunt de la *u* una dièresi *(ü).*

Llengües, següent, qüestió, pasqües, ambigüitat, lingüístic, obliqüitat, exigüitat.

Quan una *i* o una *u* no s'ha de pronunciar en la mateixa emissió de veu que la vocal anterior s'escriuen *ï* o *ü*, si no han de dur un accent segons les regles d'accentuació gràfica.

Veïns, veïna, veïnes (però veí).
Suïssos, suïssa, suïsses (però suís).
Coïa, coïes, coïen (però coíem, coíeu).
Raïm, heroïna, contribuïa, reüll, abriülls, peüc, saüc, taüt, llaüt, nerviüt, ataüllar.

Per adonar-vos de la funció de la dièresi en la correcta separació sil·làbica compareu la pronunciació dels següents vocables:

Excloïa (del verb excloure)	*foia*
Reduïa (del verb reduir)	*al·leluia*

Reïxes (del verb reeixir)	*reixes*
Lluït (del verb lluir)	*bescuit*
Peüc	*peu*

Cal no usar dièresi en les terminacions de l'infinitiu, el gerundi, el futur i el condicional de certs verbs en *-ir* que presenten una vocal davant la *i* de la terminació:

agrair, agraint, agrairé, agrairia.

En els sufixos *-isme, -ista:*

Altruisme, egoisme, heroisme, leista, hebraista, panteista, altruista, egoista.

Darrere certs prefixos acabats en vocal com: *re, co, contra,* etc.

Reintegrar, coincidir, contraindicat.

En les terminacions llatines *-us* i *-um:*

Màrius, Pius, harmònium, linòleum.

RECTE ÚS DE LES LLETRES A, E, O, U

La recta escriptura de *a, e, o,* i *u,* ens la indica la pronúncia: *dona, dones, rave, cove, canta, cantes, pobre, pobra, mestre, mestra,* etc.; *ànec, cánem, sèver, tàlem, tràfec, setí, vernís, estella, bàlsem,* etc.; *tossir, collir, corriola, mullar, brunyir, muller, cobrir, complir, brúixola, cartolina, escrúpol, turment, turmenta, saurí, muntanya, escurçó, robí, polir, porgar, sospir, monyó, joventut,* etc.

Únicament pot haver equivocació per part d'algú en el cas de paraules poc conegudes sota la influència del mot castellà corresponent:

alcàsser	*alcázar*	*emparar*	*amparar*
ambaixada	*embajada*	*enyorança*	*añoranza*
ametista	*amatista*	*ermini*	*armiño*
arravatar	*arrebatar*	*escrúpol*	*escrúpulo*
assassí	*asesino*	*estella*	*astilla*
assemblea	*asamblea*	*estendart*	*estandarte*
atordir	*aturdir*	*joventut*	*juventud*
avaria	*avería*	*maragda*	*esmeralda*
brúixola	*brújula*	*meravella*	*maravilla*
bufetada	*bofetada*	*monestir*	*monasterio*
cartolina	*cartulina*	*monyó*	*muñón*
cònsol	*cónsul*	*muntanya*	*montaña*
ebenista	*ebanista*	*polir*	*pulir*
efeminat	*afeminado*	*ràfega*	*ráfaga*

rancor	*rencor*	*subornar*	*sobornar*
resplendir	*resplandecer*	*sufocar*	*sofocar*
robí	*rubí*	*suportar*	*soportar*
sanefa	*cenefa*	*tàlem*	*tálamo*
Sardenya	*Cerdeña*	*treball*	*trabajo*
saurí	*zahorí*	*turment*	*tormento*
sometent	*somatén*	*turmenta*	*tormenta*
sospir	*suspiro*	*vernís*	*barniz*

B - V

La diferència de pronunciació entre la *b* i la *v* sols es conserva, malauradament, en algunes zones del domini lingüístic. La *b* és bilabial i la *v* labiodental. Són dos fonemes distints. Però a la zona central de València i al Maestrat el fonema de *v* no existeix en la pronunciació de molta gent, com no existeix en castellà. Això fa que molt sovint aquests dubten en l'ús de *b* i *v*.

Heus ací unes regles pràctiques per a distinguir *b* i *v*.

Davant *l* i davant *r* s'escriu sempre *b*.

Blanc, blau, bleda, poble, reblanir, problema, braç, cabra, pobre, obrer, abril.

Dins els mots d'una mateixa família la fonètica dels uns ens pot guiar per escriure correctament els altres, recordant que a una *u* correspon sempre una *v*, i a una *p* o una *b* (pronunciada p) correspon una *b*.

Blau: blava, blavenc, blavor, blavós, blavejar, emblavir.
brau: brava, bravejar, bravesa, bravura, embravir.
deure: devent, devem, deveu, devia.
escriure: escrivà, escrivent, escrivia, escrivania.
moure: movent, movem, moveu, movia, moviment.
ploure: plovent, plovia, plovisquejar, plovisqueig.
neu: nevar, nevat, nevada, nevera.
nou: nova, novell, novet, novetat.
tou: tova, tovar, estovar.
cap: cabota, cabet, cabut, acabar.
corb: corba, encorbat.
llop: lloba, llobada, llobató.
sap: saber, sabia, sabent, sabut.
estrep: estrebada, estrebar.

Cal notar que dins aquestes famílies de paraules n'hi ha algunes derivades cultistes que trenquen la regla.

corb, corba, però *curvatura, curvilínia; calb, calba,* però *calvície; prova, provar* però *probable; llavi,* però *labial; deure, devia,* però *dèbit; moure, moviment, movible,* però *mòbil; savi,* però *saber.*

En els verbs de la primera conjugació totes les formes de l'imperfet d'indicatiu acaben en *-ava, -aves, -ava, -àvem, -àveu, -aven,* mentre que en castellà ara s'escriuen en *-aba: parlava, parlaves, parlava, parlàvem, parlàveu, parlaven.*

Totes les formes del verb *haver* s'escriuen amb *v* mentre que en castellà s'escriuen amb *b.*

haver, havent, havia, havies, havíem, havíeu, havien.

Com a complement es pot afegir:
En l'ús de *b* i *v* en castellà i la nostra llengua sol haver-hi analogia:

bo (cast. *bueno*), *ball* (cast. *baile*), *bossa* (cast. *bolsa*), *sabó* (cast. *jabón*), *treball* (cast. *trabajo*), *vi* (cast. *vino*), *vent* (cast. *viento*), *valdre* (cast. *valer*), *favor* (cast. *favor*).

Emperò hi ha moltes divergències, que cal recordar:

advocat	*abogado*	*bovo*	*bobo*
alcova	*alcoba*	*calb*	*calvo*
almadrava	*almadraba*	*canvi*	*cambio*
almívar	*almíbar*	*caravel·la*	*carabela*
arravatar	*arrebatar*	*cascavell*	*cascabel*
arrova	*arroba*	*cavalcar*	*cabalgar*
automòbil	*automóvil*	*comboi*	*convoy*
avarca	*abarca*	*corb*	*cuervo, curvo*
avet	*abeto*	*Córdova*	*Córdoba*
avi	*abuelo*	*covard*	*cobarde*
avorrir	*aburrir*	*debanar*	*devanar*
avortar	*abortar*	*desimbolt*	*desenvuelto*
baf	*vaho*	*envestir*	*embestir*
baina	*vaina*	*espavilat*	*despabilado*
baró	*varón*	*Esteve*	*Esteban*
bava	*baba*	*esvelt*	*esbelto*
bona	*venda*	*falleva*	*falleba*
berbena	*verbena*	*fava*	*haba*
berruga	*verruga*	*galvana*	*galbana*
besllum	*vislumbre*	*Gavarda*	*Gabarda*
biga	*viga*	*gavarra*	*gabarra*
bivac	*vivaque*	*gavatx*	*gabacho*
bolcar	*volcar*	*gleva*	*gleba*

govern	*gobierno*	*rave*	*rábano*
governar	*gobernar*	*rebentar*	*reventar*
gravar	*grabar*	*rebolcar*	*revolcar*
Havana	*Habana*	*sèver*	*acíbar*
haver	*haber*	*sivella*	*hebilla*
immòbil	*inmóvil*	*taverna*	*taberna*
llavi	*labio*	*traveta*	*trabilla*
núvol	*nube*	*vernís*	*barniz*
prova	*prueba*	*voltor*	*buitre*
raval	*arrabal*		

B - P

A l'acabament d'una síl·laba, la pronunciació no ens indica quan cal escriure *b* o *p*.

Al començament d'un mot s'escriu generalment *ab, ob, sub.*

Exemples:

abdomen, abdicar, abjecte, abjurar, absència, abstraure, absorbir, abstemi, absurd; objecte, obscur, observar, obtenció, obtús, obcecació, obstinar, obstrucció; subtil, subdivisió, subjecte, submissió, subsistir, substància, subvenció.

Excepcions:

Apnea, apte, optar, opció, òptica, òptim, optimisme.

Fora del cas anterior, s'escriu generalment *p.*

reptar, recaptar, capçal, concepte, percepció, capsa, capgirar, capficar, etc.

Excepcions:

dissabte, dubte, sobtar, cabdal, cabdeil, cabdill.

En fi de paraula, s'escriu per regla general *p.*

cap, cep, cup (recipient), *glop, llop, pap, rep, estrep, macip, colp, palp, polp, serp, camp, tremp, Asp, Calp.*

Excepcions:

1. Darrere consonant s'escriuen amb *b* aquells mots, els femenins o derivats dels quals tenen *b*:

balb (balba), calb (calba), corb (corba, encorbar), verb (verbal), superb (superba, ensuperbir), destorb (destorbar), tomb (tombar), Alfarb (alfarbí), Sogorb (sogorbí), etc.,

2. Darrere vocal, s'escriuen amb *b* els mots *adob, aljub, tub, club, cub* (hexàedre regular), *àrab* i els acabats en *-síl·lab* com *bisíl·lab, monosíl·lab,* etc., i *-fob* com *hidròfob, xenòfob.*

3. S'escriu *amb* la preposició corresponent a la castellana *con.*

C - Q - QU

El so que s'escriu *c* davant de les vocals *a, o, u (cap, colp, cup)*, és representat per *qu* davant de les vocals *e* i *i (que, qui)*, i sovint per *q* davant dels nexes monosil·làbics *ua, ue, ui* i *uo.* Quan la *u* no és muda en els nexes *ue* i *ui* s'escriu llavors *üe* i *üi.*

quan, quota, alíquota, qüerna, freqüent, obliqüitat.

Davant d'una *u* seguida de vocal, formant una sola síl·laba s'escriu generalment *q.*

quan, quatre, quaranta, pasqua, equador, equànime, obliqua, freqüent, qüestió, quotidià, quadern, quota, quocient, aquós.

En aquests mots la *u* i la vocal següent són pronunciades dins d'una mateixa síl·laba: *quan* té una síl·laba, *quatre* en té dos, *equador* en té tres.

No s'escriu *q* sinó *c* en alguns mots en els quals la pronunciació correcta dels grups *ua, ue, ui,* i *uo* és *u-a, u-e, u-i, u-o* (en dos síl·labes): *cua* (i els seus derivats, *cueta, cuassa, cuota, cuejar,* etc.), *promiscuar, evacuar, acuïtat, innòcua, innocuïtat, conspícua, conspicuïtat, perspícua, perspicuïtat, promíscua, promiscuïtat, vàcua, vacuïtat,* etc.

S'escriu igualment *c* davant de *ui* diftong decreixent: *cuina, cuiner, cuiro, cuit, bescuit, cuitar.*

D -T

A l'acabament d'una síl·laba, la pronunciació no ens indica quan cal escriure *d* o *t.*

Al començament d'un mot s'escriu generalment *ad.*

addició, adduir, adjacent, adjectiu, adjudicar, admetre, adscriure, admirar, adquirir, adventici, adverbi, advers, advocat.

Però: *atlas, atlàntic, atleta, atmosfera* i *sempre davant z: atzavara, atzar, atzembla, atzerola, atzur, Atzeneta.*

Fora d'aquests casos s'escriu generalment *t.*

ètnic, ritme, logaritme, aritmètica, sotmetre, sotsobrar, etc.

En fi de paraula s'escriu generalment *t.*

paret, brot, mut, xiquet, florit, net, nebot, cert, curt, alt, fort, malalt, front, sant, vint, pont, evident, text.

Excepcions:

1. S'escriu *d* darrere consonant en aquells mots aguts els femenins i derivats dels quals presenten una *d:*

bord (borda, rebordonir), esguard (esguardar), tard (tardà, tardar, tardor), verd (verda, verdós, verdejar), sord (sorda), record (recordar), absurd (absurditat), cald (calda, caldós, caldejar), herald (heràldica), estupend (estupenda), fecund (fecunda), profund (profunda), nefand (nefanda), nord (nòrdic), Bellreguard (bellreguardí).

També s'escriuen amb *d* final els mots:

bard, nard, dard, baluard, isard, lleopard, babord, estribord, lord, nord, tord (ocell), *multiplicand, dividend, sumand, minuend, subtrahend.*

2. S'escriu *d* darrere vocal en els mots plans els femenins i derivats dels quals presenten una *d:*

àcid (àcida), càndid (càndida), òxid (oxidar), retrògrad (retrògrada), líquid (líquida).

i també en els mots:

àspid, bòlid, anhídrid, anèlid, aràcnid, lepòrid, lemúrid.

3. S'escriu *d* darrere vocal en els mots aguts d'origen erudit acabats en *-etud* o *-itud*, com ara:

consuetud, quietud, inquietud, actitud, altitud, beatitud, exactitud, fortitud, gratitud, longitud, multitud, etc.

I també en els mots: *fred, sud, quid, alcaid, caid, aldehid, sed, almud, fluid, Alfred, David, Conrad.*

G - C

A l'acabament d'una síl·laba, la lletra *g* sona sovint *c* i la *c* alguna volta *g.*

En l'interior d'un mot són freqüents els nexes *ct* i *cc*, i menys freqüents *gm* i *gn.*

ct: acte, pacte, tracte, recte, docte, producte, sector, octubre, nocturn, olfacte, delicte, districte.
cc: acció, occident, dicció, cocció, conducció, projecció, accent, acceptar.
gm: dogma, fragment, diafragma, segment, augment (però: *dracma, acme*).
gn: regne, regnar, digne, benigne, signar, cigne, cognom, sagnar (però: *tècnic, aràcnid, estricnina*).

D'altres nexes: *sacsar, dacsa, facsímil; maragda, amígdala, anècdota.*

En fi de paraula, s'escriu per regla general *c.*

sac, pessic, suc, doblec, ric, amic, poc, groc, manyoc, arc, blanc, fresc, públic, càrrec, préssec, barranc, drac, lloc, feixuc.

Excepcions:

Darrere consonant s'escriu *g* i no *c*, en aquells mots els femenins i els derivats dels quals presenten una *g: sang (sangonós), fang (fangar, fangós), amarg (amarga), llarg (llarga), alberg (albergar), soberg (soberga), dramaturg (dramatúrgia),* etc.

Darrere vocal, s'escriuen amb *-g* final, els mots en *-fag*, com *zoòfag, sarcòfag,* els mots en *-fug*, com *centrífug, febrífug,* els mots en *-leg*, com *pròleg, diàleg, anàleg, sacríleg,* i els mots *demagog, pedagog, estrateg, nàufrag, cartílag, aeròpag, pròdig, pèlag, càstig.*

G - J

El so representat per la *j* de *jove* s'ha d'escriure segons aquestes regles:

Davant *a, o, u,* s'escriu sempre *j:*

ajudar, bajoca, enveja, esponja, enjorn, botija, jardí, jaspi, joc, just, junyir, justiprear, barreja, monja, pluja, passeja, jugar, roja, truja.

S'escriu *g* davant *e, i:*

gelar, germà, gerani, genoll, geni, gent, geografia, general, ginesta, girar, marge, dirigir, enveges, passeges, àngel, argent, neuràlgia, astrologia, restringir, infringir.

Les úniques excepcions són les paraules que contenen el nexe llatí *-jecc, -ject:*

injecció, interjecció, subjecció, projecció, objecte, subjecte, trajecte, projecte, abjecte, adjectiu, etcètera, i els mots *majestat, jerarquia, jeroglífic, jersei, jeure, jeia,* i en alguns noms propis, com *Jesús, Jeroni, Jeremies, Jerusalem, Jehovà* i llurs derivats.

M - MP - N

En alguns casos davant una consonant, la pronunciació pot fer-nos vacil·lar si cal escriure una *m* o una *n:*

Davant *b, p* o *m* s'escriu *m*:

ambició, embenar, combatre, tomba, rambla, ombra, ample, empelt, imperi, company, exemple, immens, immortal, commoure, emmalaltir.

Excepcions:

granment, tanmateix, enmig, benmereixent i *benparlat.*

Davant *f* s'escriu generalment *m:*

àmfora, nimfa, limfa, paranimf, amfiteatre, amfibi, simfonia, emfàtic, triomf, etc.

S'exceptuen els prefixos *con-*, *en-*, *in-:*

confessar, confiança, confecció, enfitar, enfornar, enfonsar, infinit, inferior, infeliç i casos com *fanfàrria, gonfanó, anfractuositat,* però *èmfasi, emfisema, emfiteusi, emfraxi.*

Davant de *n*, s'escriu adés *m*, adés *n* d'acord amb la pronunciació.

amnistia, columna, solemne, himne, innat, ennegrir.

Davant les altres consonants s'escriu generalment *n.*

encomanar, incomplet, concurs, branca, trencar; encetar, incert, concepte, vèncer, encisam; pinça, vinça, balança, creença; indici, renda, condició; orenga, ungla, congre; angina, enginyer, congesta, àngel; enjoiar, injust, venjar, esponja; enlairar; enllaçar, enlluernar, enllà; enquitranar, conquilla, inquietud; enrabiar-se, conreu, honra; ensabonar, insà, consell, ansa, pensar; entendir, interval, contenir, untar; envestir, envà, invitar, canvi, convit; enxiquir, planxa, punxa, anxova; benzina, onze, bronze, conte (narració curta).

Excepcions:

comte (títol nobiliari), *femta, impremta, domtar; premsa, somriure, tramvia, triumvir,* i les paraules compostes amb el prefix *circum-: circumferència, circumstàcia, circumval·lació,* etc.

El nexe *mp* és emprat en alguns mots davant de *t* i *c:*

assumpt o *assumpte, exempt, assumpció, presumpte, presumpció, consumpció, sumpció, sumptuós, redempció, redemptor, exempció, peremptori, prompte, promptitud, compte* (operació aritmètica), *comptar, temps, temptar, temptativa, atemptar, símptoma, asímptota, impromptu, metempsicosi, transsumpte.*

S - Z, SS, C - Ç, i SC

La lletra *s* representa dos sons distints: el que se sent en el mot *savi* (*s* sorda) i el que se sent en el mot *cosa* (*s* sonora).

El so de *s* sorda s'escriu generalment *s* en principi de paraula:

savi, son, suro, sec, símbol, salat, segar, silenci, suar, subtil, suplicar,

i darrere de consonant:

ansa, bàlsem, falsa, farsa, conversa, melsa, molsa.

El so de *s* sonora entre vocals es representa amb una sola *s:*

casa, cosa, cosir, espasa, base, brasa, brusa, Almiserà, Xeresa, Josep, Teresa.

Quan cal representar el so de *s* sorda entre vocals, s'escriu doble *(ss)* i així el dígraf *ss* representa entre vocals la *s* sorda d'un mot com *savi* o *melsa:*

alcàsser, almàssera, assot, apressa, bossa, Guaduassuar, Massalavés.

En alguns casos es troba el so de *s* sonora en principi de paraula i darrere de consonant. Llavors s'escriu z.

zero, zèfir, zinc, zenit, zodíac, zebra, zona, zoologia, zel, colze, salze, alzina, polze, galze, estalzí, calze, catorze, almorzar, albarzer, onze.

Per excepció s'escriuen amb *s* (encara que sona sonora) els mots *endinsar, enfonsar*, i els composts amb el prefix *trans-: transit, transigir, transacció*, etc.

Excepcionalment s'escriuen amb *z* intervocàlica alguns mots d'origen grec, com ara:

amazona, topazi, trapezi, ozon, bizantí, rizòfag.

Hi ha un nombre considerable de paraules d'origen llatí i grec en les quals el so de *s* sorda és representat per *c* davant *e, i.* Així, doncs, en les síl·labes *ce, ci* la *c* té el mateix so que la *s* sorda.

ceba, cel, celler, cendra, cep, cera, cervell, cigala, cigró, cinyell, cirera, civada, cigonya, ciment, cingle, ciutat, acer, sincer, drecera, vèncer, tòrcer, concert, concepte, bocí, etcètera.

Notem els grups:

cc: accedir, accelerar, accent, accepció, acceptar, accessible, accident, occident, occir, succedani, succeir, succés, succint, còccix.
xc: excedir, excel·lent, excèntric, excepte, excés, excisió, excitar, etc.
sc: ascenció, asceta, discernir, disciplina, escena, escèptic, susceptible, suscitar, abscissa, fascicle, ressuscitar, conscient.

Quan per raons etimològiques cal escriure *c* (amb el so de *s* sorda, el mateix de *ce, ci*) davant *a, o, u* o en final de mot, llavors la *c* s'escriu amb un diacrític i resulta la lletra modificada *ç* (dita *c* trencada, la qual en l'ordre alfabètic ocupa el mateix lloc que la *c*).

S'escriuen amb *ç* trencada els següents mots:

1. El derivats formats amb els sufixos *-ança* i *-ença.*

esperança, confiança, enyorança, naixença, temença, creença, tinença, etc., però *ansa, pansa, cansa, dansa, pensa, defensa*, que no són paraules derivades.

2. Els adjectius d'una sola terminació acabats en el so de *s:*

audaç, capaç, contumaç, eficaç, ineficaç, fal·laç, feraç, fugaç, incapaç, ineficaç, loquaç, mordaç, perspicaç, pertinaç, procaç, rapaç, sagaç, salaç, infeliç, atroç, feroç, precoç, veloç, etc.

3. Certes paraules i llurs derivades, de les quals les més usuals són:

Alçar, calçar, avançar, començar, llançar, balança, llança, pinça, llençol, novençà, jonça, cançó, escurçar, esmerçar, escurçó, força, capçal, capçana, açò, amenaçar, caçar, adreçar, jaç, llaç, boç, lluç, març, terç, comerç, divorç, falç, llenç, acaçar, acunçar, adreç, agençar, alerç, arboç, arç, arçó, arronçar, avenç, balbuç, braç, calç, cançó, capçal, eriçó, escapçar, Puçol, França, Llorenç.

4. Dins les diferents formes d'un mateix mot i dins els mots d'una mateixa família, *c* pronunciada *s* alterna amb *ç* (no amb *s* o *ss*) i viceversa.

vèncer, vencedor, venciment	*venç, vençut.*
tòrcer, torcem, torcedor	*torç.*
comerciar, comerciant	*comerç.*
divorciar, divorciat	*divorç*
dolç, dolça, dolçor	*dolces, dolcesa, endolcir.*
balanç	*balances, balancejar.*
caçar, caça, caçador	*cacem, cacera.*
dreçar	*drecera.*

En general, a *c* i *ç* de la nostra llengua corresponen *c* i *z* castellanes.

cel (cielo), cent (ciento), encendre (encender), ciutat (ciudad), dolç (dulce), braç (brazo).

La *ç* no s'usa mai davant les vocals *e, i.*

Són moltes les paraules en les quals a una *c* o *z* castellana correspon en la nostra llengua *s* o *ss:*

1. S'escriuen sempre *s, ss,* els sufixos de derivació *-as, -assa, -is, -issa, -ús, -ussa:*

Canemàs, grandàs, cuirassa, bagassa, manassa, canyís, pedrís, fonedís, cridadissa, hortalissa, pallissa, pallús, pobrús, malaltús, gentussa, batussa, etc.

i així mateix

carabassa, fogassa, mostassa, terrassa, panís, pastís, vernís, mestís, callís, bardissa, llonganissa, vergassada, enjogassat, allargassar, carnisser, bordissenc, pellisser, fanguissar, etc.

2. En les paraules d'origen aràbic s'escriu *s* o *ss* i no *ce, ci* ni *ç.*

alcàsser, almàssera, alferes, cafís, drassana, mesquí, sabata, safareig, safrà, safa, safata, sanefa, saragüells, sarró, sarsa, saurí, séquia, sénia, sucre, tassa, tramús, etc.

3. No coincideix l'ús de *s, ss*, en la nostra llengua amb l'ús de *z, c* en castellà en casos com els següents:

cassola (cazuela), sedàs (cedazo), corser (corcel), hissar (izar), massís (macizo), pinsà (pinzón), sòcol (zócalo), salpar (zarpar), safir (zafiro), mosso (mozo), mesclar (mezclar), assut (azud), etc.

S'escriuen amb *ss* (*s* sorda):

1. Mots en *-assa* com ara:

argamassa, bagassa, bassa, carabassa, estrassa, rabassa, salpassa, tassa.

en *-essa* com ara:

abadessa, baronessa, clavariessa, poetessa, comtessa, calessa, deessa, disfressa, duquessa.

en *-issa* com ara:

bardissa, clapissa, codissa, frontissa, missa, voladissa, hortalissa, llonganissa, postissa, palissa, pallissa, pellissa.

2. Mots com *bessó, classe, massa, bossa, brossa, tossir, vessar*, etc., i llurs derivats; *clàssic; classificar, massatge, amassar, argamassa; embossar, brossalla, tossidor*, etc.

3. Els derivats de noms acabats en *-às, -és, -ís, -ós, -ús* que en formar el plural doblen la *ss.*

nas, nassos, nassut; pas, passos, passar, despassar, passable, passadís, passador, passat; domàs, domassos, endomassar; bres, bressos, bressol, bressolar, bressoleig; vernís, vernissos, envernissar; pastís, pastissos, pastisser, pastisseria; os, ossos, ossamenta, ossificar; tros, trossos, destrossar; gos, gossos, gossel; tramús, tramussos, tramusser; gros, grossa, engrossir, grosser; ros, rossa, rossor, rossejar; espés, espessa, espessor, espessir, etc.

4. La terminació *-íssim, -íssima* dels superlatius:

caríssim, planíssim, abundantíssim, suavíssim, prudentíssim, amabilíssim, reverendíssim.

5. Una sèrie de mots erudits presos directament del llatí, on tenen *ss*, la qual *ss* és conservada en totes les llengües modernes llevat del castellà. Tals mots provenen de participis passats llatins en *-assu, -essu, -issu*, que indiquem al davant de cada família de mots:

Passu (de *passar*)*: passar, passejar, passible, compassiu, compassos, despassar, descompassat, transpassar, repassar,* etc.
Gressu: *agressor, agressió, agressiu, congressos, congressista, digressió, ingressos, ingressar,* etcètera.
Fessu: *confessar, confessor, confessional; professar, professor, professió, professional,* etc.
Cessu (de *cedir*)*: cessió, cessar, cessant, accessible, accessori, accèsit, inaccessiu, decessor, successor,* etc.
Sessu (de *seure*)*: sessió, obsessió, obsessionar,* etcètera.
Pressu (de *prémer*)*: pressió, compressió, compressiu, compressor, depressió, depressor, expressió, impressionar, opressió, supressió,* etc.
Missu: *missa, missal, missió, missioner, missiva, remissió, transmissió, submissió, irremissible, transmissiu,* etc.
Fossu (de *fondre*): *fossa, fossar, fòssil, fossilitzar.*

6. En les paraules començades amb *a* seguida de *s* i qualsevol vocal:

asserenar, asseverar, assiduïtat, assignar, assistir, associar, assolar, assonància, assumir, assumpció, etc.

Són excepcions el mots: *ase, aseïtat, Àsia, asil* i els formats amb el prefix negatiu *a-* com ara: *asèpsia* (que evita la putrefacció), *asexual* (que no té sexe), *asil·làbic* (que no constitueix síl·laba), *asimetria* (que no té *simetria*), *asímptota* (que no coincideix).

7. En les paraules compostes amb el prefix *des-* i un mot començat amb *s:*

dessabor, dessagnar, dessalar, dessecar, dessegellar, desservir, dessolar (llevar la sola), *dessolcar, dessoldar, dessoterrar, dessuar, dessucar,* etcètera, i a més en els adverbis *dessobre* (damunt), *dessota* (davall) i *dessús.* Notem: *desacalorar-se, desacollir, desafiar, desarmar, desatendre, desé, desembarcar, desembre, desentendre's, desert, desertar, desideràtum, desídia, desolar* (arruïnar un país; afligir), *desori* i *desús* (cessació d'ús), etc.

8. En les paraules començades per *dis-:*

dissabte, dissecar, dissemblança, disseminar, dissensió, dissenyar, dissertar, dissident, dissimular, dissipar, dissoldre, dissolut, dissonar, dissortar, dissuadir.

Són excepcions: *disert,* i els mots composts amb el prefix grec *dys* (mal), com ara: *disenteria* (mal del budell), *disúria* (mal de l'orina), etc., o el prefix llatí *dys* (dos), com ara: *disèpal* (de dos sèpals), *disíl·lab* (de dos síl·labes), etc.

9. En els derivats del verd llatí *esse* (ésser o ser):

essència, essencial; interessar, desinteressar; necessari, necessitar, necessitat, innecessari, i *posse* (poder):

possible, possibilitat, impossible, posseir, possessió, desposseir, desposseïdor, etc.

R - RR

El so que se sent al començament del mot *raó*, és escrit *r* en general i *rr* entre dos vocals.

rata, rec, rosa, runa, ric, regle, honra, enraonar, conreu, colrat, carro, serra, sorra, porra, parra, arreglar, córrer, carreu, parrac.

No es dobla la *r* darrere certs prefixos llatins (*contra, supra, bi, tri*) i grecs, (*a, anti, mono,* etc.) i se sol escriure: *contrarevolució, suprarenal, birectangle, trirem, aritmia, antireligiós, monorítmic,* etc.
S'escriuen amb guionets mots com *penja-robes, salta-regla, busca-raons, cama-roja, cua-roja, pell-roja,* etc.
Anàlogament no es dobla la *s* en els mateixos casos:

contrasignar, suprasensible, bisectriu, bisulfat, asimètric, asèptic, antisèptic, antisocial, monosèpal, monosil·làbic, etc., i s'escriuen amb guionet mots com *para-sol, esclata-sangs, penya-segat, roda-soques,* etc.

GRUPS CULTES

Dins l'interior d'un mot pres del grec o del llatí ocorren sovint nexes consonàntics que no són habituals en els mots populars. Així tenim nexes consonantics interiors, com *bd (abdomen), bst (abstracte), pt (procopte, ceptre), pn (hipnòtic), cc (acció, accent, dicció, succés, succint), ct (pacte, acte, tracte, dilecte), cz (èczema), gm (estigma),* etc. En general la nostra llengua conserva millor que el castellà els nexes erudits i així mots com *tracte, tractar, respecte, subjecte, succés, succeir, ceptre, recapte, cabdal,* etc., són esdevinguts formes populars en la nostra llengua, mentre que el castellà presenta, respectivament, formes deformades vulgarment: *trato, tratar, respeto, sujeto, suceso, cetro, recaudar, caudal,* etc. Això explica que la nostra llengua manté nexes erudits com *bs (absent), ct (districte), mp (redempció,* anàlegs en tot als citats i altres nexes on es troben certes consonants dobles, l'una d'una síl·laba i l'altra començament de la síl·laba següent:

mm: immortal, immensitat, gemma, summe.
nn: innoble, innocent, innòcua, connexió.
gg: suggerir, suggestió.
dd: addició, addenda, addicte, adduir.

L - LL

Anàlogament, en mots presos del grec o del llatí, poden ocórrer en l'interior del mot, dos *l*, l'una final de síl·laba i l'altra inicial de la síl·laba immediata. Aquestes dos *l* s'escriuen amb un punt volat enmig, per a evitar que siguen llegides com una *l* palatal (la qual és grafiada *ll: palla, llibre, vedell*). Un mot com *il·legal* és tan natural que tinga *l* doble com *immortal* té *mm* o com *innoble* té *nn.* La mateixa raó hi ha per escriure *ilegal* que *imortal, inoble*, etc. Això fa que hi haja una llista de paraules que tenen *l* doble en la nostra llengua i en totes les llengües cultes.

Tenen *l·l* mots formats amb el prefix *in* reduït en llatí a *il* davant *l* inicial, com ara:

il·lació, il·legal, il·legible, il·legítim, il·lés, il·liberal, il·lícit, il·limitat, il·literari, il·lògic, il·luminar.

Mots en *al·l-* com ara:

al·legar, al·legoria, al·legro, al·leluia, al·licient.

Mots en *col·l-* formats de *con-* reduït en llatí a *col* com ara:

col·laboració, col·laborar, col·lació, col·lapse.

Mots en *-el·la* com ara:

aquarel·la, bagatel·la, caravel·la, carretel·la, cel·la, damisel·la, escarapel·la, franel·la, fumarel·la.

Mots diversos com ara:

anul·lar, ampul·lós, apel·lació, apel·lar, armil·lar, axil·lar, bèl·lic, bel·ligerància, cal·ligrafia, cancel·lar, capil·lar, cavil·lar, cèl·lula, cel·luloide, cel·lulosa, circumval·lació, compel·lir, constel·lació.

Quan s'ha de trencar el nexe *l·l* a final de ratlla, se separen les dos *l: intel·lectual*, etc.

Allò que no s'ha de fer és escriure un guionet, com fan alguns, entre les dos *l·l: il-legal,* en lloc *d'il·legal.*

X - TX

Per representar el so palatal africat sord corresponent a la sonora *j, g* s'empra la *x* en principi de paraula i darrere consonant i el dígraf *tx* entre vocals i excepcionalment al final. Aquest so sord (*ch* castellana) realment no apareix només que en comptats mots:

1. En principi de paraula:

xal, xala, xalet, xalina, xalupa, xamba, xapa, xarlatà, xarol, xarrar, Xert, xavo, xec, xic, ximpanzé, xiquet, Xiva, xoc, xocar, Xodos, xop, xopar, xufa, xusma, xutar.

Per excepció, té un so dental africat sord anomenat *xeix*, en alguns mots d'origen aràbic i topònims. *xarop, xàvega, xeringa, xanca* (cast. zanja), *Xàtiva, Xixona, Xàbia, Xaló, Xauxa, Xeresa, Xeraco.*

2. Darrere d'una consonat, en molt poques paraules:

panxa, manxa, planxa, punxa, perxa, porxe, arxiu, l'Orxa, Barxeta, Barx, Elx, Alborx.

3. Entre vocals s'empra el dígraf *tx*, en molt poques paraules d'origen divers:

despatxar, empatxar, cartutxera, metxa, batxiller, borratxo, capritxós, catxap, botxí, cotxe, clòtxina, fletxa, pitxer, fitxa, etc.

4. Excepcionalment el dígraf *tx* es troba a final de paraula en casos com:

despatx, empatx, gavatx, capritx.

IX - X

El so fricatiu sord que té la *x* en mots com *baix, feix, ix, boix, fluix, faixa, eixir, cuixa*, etc., so que es troba sempre darrere vocal i precedit d'una *i*, correspon exactament a la *ch* francesa i a la *sh* de l'anglés.

En els mots erudits la *x* té valor de *cs (anexió, convex)* o de *gz (examen, exhortar).*

L'APÒSTROF

Anomenem *apòstrof* el signe (') amb el qual indiquem la supressió d'una vocal en certs monosíl·labs la qual ha estat absorbida per una altra vocal contigua.

L'ús de l'apòstrof queda limitat als casos següents:

Els articles definits del singular *el* i *la* prenen apòstrof quan van davant paraula començada en vocal o *h* i s'escriuen *l'*.

l'alqueria, l'amic, l'ànima, l'ansa, l'any, l'astre, l'avi, l'habilitat, l'habitació, l'electricitat, l'elefant, l'incendi, l'hidra, l'hidroavió, l'odi, l'olor, l'operació, l'orella, l'home, l'hora, l'horitzó, l'hort, l'ull, l'ungla, l'urna, l'hulla, l'humor.

S'exceptuen aquells casos en què l'article femení *la* va seguit de paraula començada amb *i* o *u* àtones precedides o no d'una *h:*

la ignorància, la inèrcia, la influència, la història, la unió, la universitat, la usura, la humanitat.

La preposició *de* pren la forma *d'* davant de qualsevol paraula començada en vocal, precedida o no d'una *h:*

pa d'ahir, vi d'un any, novel·la d'humor, ferit d'amor, malalta d'hidropesia.

Davant un verb començant en vocal precedida o no d'una *h* els pronoms personals àtons *me, te, le, se,* i l'adverbial *en,* s'escriuen respectivament *m', t', l', s',* i *n'.*

m'alça, m'agafa, t'escolta, t'encén, l'infla, l'inventa, s'estova, s'acaba, n'ha tornat, n'he volgut.

Darrere un verb que acaba en vocal les formes invertides dels pronoms personals àtons *em, ens, et, el, els, es* i l'adverbial *en* s'escriuen *'m, 'ns, 't, 'l, 'ls, 's,* i *'n* respectivament:

alça'm, encendre'ns, estova't, acaba'l, posa'ls, moure's, parla'n.

També intervé l'apòstrof en la coincidència de dos pronoms febles: *me'l, me'ls, te'l, te'ls, te'n, te'm, se'm, se't, se'l, se'ls, se'n, se'ns, l'en, li'n, m'hi, n'hi, s'hi, t'hi, s'ho, m'ho.*

me'l va donar, me'ls demana, te'l tragué, te'ls oferí, te'n doldràs, te'm declares, se'm dessagna, se't falseja, se'l tempta, se'ls beu, se'n menja, se'ns dosifica, l'en durà, li'n facilitarà, m'hi decidiré, n'hi troba, s'hi rebenta, t'hi trobaràs, t'ho trauré, s'ho inventa, m'ho dius.

Noteu com llevat del conjunt *l'en* en tots els altres és el primer pronom el que conserva la *e*. És incorrecte escriure *m'el, m'els*, etc.

L'article personal *En* o *Na* també s'escriu amb apòstrof davant nom començat en vocal:

N'Andreu, N'Eduard, N'Emilia, N'Isabel.

Que, siga pronom o siga conjunció, no pren mai la forma apostrofada *qu'*. S'ha d'escriure sempre *que*.

EL GUIONET

Del signe auxiliar que anomenem *guionet* (-) ens servim per a enllaçar els dos elements d'una paraula composta en els casos següents:

Quan el primer element acaba en vocal i el segon comença en *r, s* o *x*, com ara:

busca-raons, mata-rates, esclata-sangs, gira-sol.

En els formats per dos adjectius com ara:

hispano-americà, político-econòmic.

En les paraules compostes amb els prefixos *pseudo-*, *sots-*, *vice-* i *ex-* significant cosa pretèrita.

pseudo-revolucionari, pseudo-derivat, sots-arrendatari, sots-inspector, vice-president, vice-rector, ex-rei, ex-ministre.

En alguns casos especials com ara:

poca-vergonya, poca-traça, cap-i-cua, ex-vot.

Entre una forma verbal acabada en consonant o en *u* per enllaçar aquests dos elements (verb i pronom) o entre els diversos pronoms sempre que no calga l'apòstrof com s'exposa en l'apartat d'aquest signe gràfic:

llavar-se, tira-li, agafeu-lo, aparteu-vos, mirar-se-la.

Entre les desenes i les unitats quan escrivim adjectius numerals, a partir de *vint-i-u* i entre les centenes i les unitats de centena:

vint-i-set, trenta-tres, setanta-sis, tres-cents, cinc-cents, nou-cents.

No s'han de separar els dígrafs *ll, ny, qu, gu:*

mu-ller, ba-nya, be-queruda, formi-guer.

Emperò els dígrafs l·l, tl, rr, ss, tj, tg, tx, i *tz* cal separar-los com si pertanyessen a síl·labes diferents:

novel-la, guat-la, ger-ra, bos-sa, plat-ja, polit-ges, cot-xe, guit-za.

Els prefixos *an, con, des, en, ex, in, sub, trans* i *ad* (davant *h*) conserven també la seua integritat en efectuar una partició. Així:

an-alfabet, con-hort, des-aplicat, en-amorat, ex-acerbar, in-estable, sub-arrendar, trans-acció, ad-hesió.

NOMENCLATOR GEOGRÀFIC DE LES COMARQUES VALENCIANES

COMARCA	CAPITAL DE COMARCA	PROVÍNCIA
Alacantí	Alacant	Alacant
Alcalatén	l'Alcora	Castelló
Alcoià	Alcoi	Alacant
Alt Maestrat	Albocàsser	Castelló
Alt Millars	Cirat	Castelló
Alt Palància	Sogorb	Castelló
Alt Vinalopó	Villena	Alacant
Baix Maestrat	Vinaròs	Castelló
Baix Segura	Oriola	Alacant
Baix Vinalopó	Elx	Alacant
Camp de Morvedre	Sagunt	València
Camp de Túria	Llíria	València
Canal de Navarrés	Énguera	València
Comtat	Cocentaina	Alacant
Costera	Xàtiva	València
Foia de Bunyol	Xiva de Bunyol	València
l'Horta	València	València
Marina Alta	Dénia	Alacant
Marina Baixa	la Vila Joiosa	Alacant
Plana Alta	Castelló de la Plana	Castelló
Plana Baixa	Borriana	Castelló
Plana d'Utiel	Requena	València
Ports	Morella	Castelló
Racó d'Ademús	Ademús	València
Ribera Alta	Alzira	València
Ribera Baixa	Sueca	València
Safor	Gandia	València
Serrans	Xelva	València
Vall d'Albaida	Ontinyent	València
Vall de Cofrents	Aiora	València
Valls del Vinalopó	Novelda	Alacant
Vinalopó Mitjà	Asp	Alacant

NOMENCLATOR GEOGRÀFIC DELS MUNICIPIS VALENCIANS

BAIX SEGURA
Albatera
Algorfa
Almoradí
Benejússer
Benferro
Benijòfar
Bigastre
Callosa de Segura
Catral
Coix
Daia Nova
Daia Vella
Dolores
Formentera de Segura
la Granja de Rocamora
Oriola
la Pobla de Rocamora
Rafal
Redovà
Rojals
Sant Fulgenci
Sant Miquel de les Salines
Torrevella
Xacarella

BAIX VINALOPÓ
Crevillent
Elx
Guardamar
Santa Pola

VINALOPÓ MITJÀ
Asp
Montfort

LES VALLS DEL VINALOPÓ
l'Alguenya
el Fondó de les Neus
el Fondó dels Frares
Monòver
Novelda
Petrer
el Pinós
la Romana de Tarafa

ALT VINALOPÓ
Elda
les Salines
Sax
Villena

L'ALACANTÍ
Agost
Aigües de Busot
Alacant
Busot
el Campello
Mutxamel
Sant Joan d'Alacant
Sant Vicent del Raspeig
la Torre de les Maçanes
Xixona

L'ALCOIÀ
Alcoi
Banyeres de Mariola
Beneixama
Benifallim
Biar
el Campet
la Canyada de Biar
Castalla
Ibi
Onil
Penàguila
Tibi

LA MARINA BAIXA
l'Alfàs
Altea
Beniardà
Benidorm
Benifato
Benimantell
Benissa
Bolulla
Callosa d'En Sarrià
Calp
el Castell de Guadalest
Confrides
Finestrat
la Nucia
Orxeta
el Poblenou de Benitatxell
Polop
Relleu
Sella
Senija
Tàrbena
Teulada
la Vila Joiosa

LA MARINA ALTA
Alcalà de la Jovada
Alcanalí
l'Atzúvia
Beniarbeig
Benidoleig
Benigembla
Benimeli
Castells de Serrella

Dénia
Ebo
Gata
Llíber
Miraflor
Murla
Ondara
Orba
Parcent
Pedreguer
Pego
el Ràfol d'Almúnia
Sagra
Sanet i els Negrals
Setla i Mira-rosa
Tormos
la Vall de Gallinera
la Vall de Laguar
el Verger
Xàbia
Xaló

EL COMTAT
Agres
Alcoleja
Alcosser
Alfafara
Almudaina
l'Alqueria d'Asnar
Balones
Benasau
Beniarrés
Benilloba
Benillup
Benimarfull
Benimassot
Billeneta
Cocentaina
Fageca
Famorca
Gaianes
Gorga
Muro del Comtat
l'Orxa
Planes de la Baronia
Quatretondeta
Tollos

LA VALL D'ALBAIDA
Agullent
Aielo de Malferit
Aielo de Rugat
Albaida
Alfarrasí
l'Alforí
Atzeneta d'Albaida
Bèlgida
Bellús
Beniatjar
Benicolet
Benigànim
Benissoda
Benissuera
Bocairent
Bufali
Carrícola
Castelló de les Gerres
Guadasséquies
Llutxent
Montaverner
Montitxelvo
l'Olleria
Ontinyent
Otos
el Palomar
Pinet
la Pobla del Duc
Quatretonda
el Ràfol de Salem
Rugat
Salem
Sant Pere d'Albaida
Terrateig

LA COSTERA
l'Alcúdia de Crespins
Barxeta
Canals
Cerdà
Estubeny
la Font de la Figuera
el Genovés
la Granja de la Costera
Llanera de Ranes
Llocnou d'En Fenollet
la Llosa de Ranes
Moixent
Montesa
Novetlè
Rotglà i Corberà
Torrella de la Costera
Vallada
Vallés de la Costera
Xàtiva

LA SAFOR
Ador
Alfauir
Almiserà
Almoines
l'Alqueria de la Comtessa
l'Alquerieta de Guardamar
Barx
Bellreguard
Beniarjó
Benifairó de la Valldigna
Beniflà
Benirredrà
Castellonet
Daimús
la Font d'En Carròs
Gandia
Llocnou de Sant Jeroni
Miramar
Oliva
Palma de Gandia

Palmera
Piles de Mar
Potries
Rafelcofer
el Real de Gandia
Ròtova
Simat de la Valldigna
Tavernes de la Valldigna
Vilallonga de la Safor
Xeraco
Xeresa

LA RIBERA BAIXA
Albalat de la Ribera
Almussafes
Corbera de la Ribera
Cullera
Favara de la Ribera
Fortaleny
Llaurí
Polinyà de la Ribera
Riola
Sollana
Sueca

LA RIBERA ALTA
Alberic
Alcàntera
l'Alcúdia
Alfarb
Algemesí
Alginet
Alzira
Antella
Beneixida
Benifaió
Benimodo
Benimuslem
Carcaixent
Càrcer
Carlet
Castelló de la Ribera
Catadau
Cotes
l'Ènova
Gavarda
Guadassuar
Llombai
Manuel
Massalavés
Montroi
Montserrat d'Alcalà
la Pobla Llarga
Rafelguaraf
Real de Montroi
Sallent de Xàtiva
Sant Joan de l'Ènova
Senyera
Sumacàrcer
Torís

LA CANAL DE NAVARRÉS
Anna
Bicorb
Bolbait
Ènguera
Millars
Navarrés
Quesa
Tous
Xella

LA VALL DE COFRENTS
Aiora
Cofrents
Cortes de Pallars
Teresa de Cofrents
Xalans
Xarafull
Zarra

L'HORTA
Alaquàs
Albal
Albalat dels Sorells
Alboraia
Albuixec
Alcàsser
Aldaia
Alfafar
Alfara del Patriarca
Almàssera
Banetússer
Beniparrell
Bonrepòs i Mirambell
Burjassot
Catarroja
Foios
Godella
Llocnou de la Corona
Manises
Massalfassar
Massamagrell
Massanassa
Meliana
Mislata
Montcada de l'Horta
Museros
Paiporta
Paterna
Picanya
Picassent
la Pobla de Farnals
Puçol
el Puig de Santa Maria
Quart de Poblet
Rafelbunyol
Rocafort de Campolivar
Sedaví
Silla
Tavernes Blanques
Torrent de l'Horta
València
la Venta d'Emperador
Vinalesa
Xirivella

LA FOIA DE BUNYOL
Alboraig
Bunyol
Dosaigües
Godelleta
Iàtova
Macastre
Setaigües
Xest
Xiva de Bunyol

LA PLANA D'UTIEL
Camporrobles
Caudete de las Fuentes
Fuenterrobles
Requena
Sinarques
Utiel
Venta del Moro
Villargordo del Cabriel

EL CAMP DE MORVEDRE
Albalat dels Tarongers
Alfara de la Baronia
Algar
Algímia de la Baronia
Benavites
Benifairó de les Valls
Canet d'En Berenguer
Estivella
Faura
Gilet
Petrés
Quart de les Valls
Quartell
Sagunt
Segart
Torres Torres

EL CAMP DE TÚRIA
Benaguasil
Benissanó
Bétera
Casinos
l'Eliana
Llíria
Nàquera
Olocau de Carraixet
la Pobla de Vallbona
Riba-roja de Túria
Serra de Portaceli
Vilamarxant

ELS SERRANS
Alpont
Andilla
Ares d'Alpont
Benaixeve
Bugarra
Calles
Domenyo
Higueruelas
la Iessa
Loriguilla
la Llosa del Bisbe
Pedralba
Sot de Xera
Titagües
Toixa
el Villar del Arzobispo
Xelva
Xera
Xestalgar
Xulilla

LA PLANA BAIXA
Aín
l'Alcúdia de Veo
Almenara
Artana
Betxí
Borriana
Eslida
Fondeguilla
la Llosa de la Plana
Moncofa
Nules
Onda
Ribesalbes
Suera
Tales
la Vall d'Uixó
Vila-real
la Vilavella
Xilxes

LA PLANA ALTA
Almassora
Bell-lloc del Pla
Benicàssim
Borriol
Cabanes de l'Arc
Castelló de la Plana
les Coves de Vinromà
Orpesa
la Pobla Tornesa
la Serra d'En Galceran
Torreblanca
la Torre dels Domenges
la Vall d'Alba
Vilafamés
Vilanova d'Alcolea

ALT PALÀNCIA
les Alcubles
Algímia d'Almonesir
Almedíxer
Altura
Assuévar
Barraques
Begís
Benafer
Castellnou
Caudiel
Figueres
Gaibiel
Gàtova
Geldo

Marines
Matet
Navaixes
Pavies
Pina
Sacanyet
Sogorb
Soneja
Sot de Ferrer
Teresa de Begís
Toràs
el Toro
la Vall d'Almonesir
Viver
Xèrica
Xóvar

RACÓ D'ADEMÚS
Ademús
Cases Altes
Cases Baixes
Castielfabib
la Pobla de Sant Miquel
Torre Baixa
Vallanca

ALT MILLARS
Aiòder
Aranyel
Argeleta
Campos d'Arenós
El Castell de Vilamalefa
Cirat
Cortes d'Arenós
Espadella
Fanzara
la Font de la Reina
les Fonts d'Aiòder
Lludient
Montant
Montanejos
la Pobla d'Arenós
Sucaina
Toga
Torralba
Torre-xiva
Vallat
Vilafermosa
Vilamalur
Vilanova de la Reina

L'ALCALATÉN
l'Alcora
Atzeneta del Maestrat
Benafigos
Costur
Figueroles d'Alcalatén
Llucena
les Useres
Vistabella del Maestrat
Xodos

EL BAIX MAESTRAT
Alcalà de Xivert
Bel
el Bellestar
Benicarló
el Boixar
Càlig
Canet lo Roig
Castell de Cabres
Cervera del Maestrat
Coratxà
Fredes
la Jana
Peníscola
la Pobla de Benifassà
Rossell
la Salzedella
Santa Magdalena de Polpís
Sant Jordi del Maestrat
Sant Mateu del Maestrat
Sant Rafel del Maestrat
Traiguera
Vinaròs
Xert

L'ALT MAESTRAT
Albocàsser
Ares del Maestrat
Benassal
Catí
Culla
la Serratella
Tírig
la Torre d'En Besora
Vilafranca del Maestrat
Vilar de Canes

ELS PORTS
Castellfort
Cinctorres
Forcall
Herbers
Ortells
la Mata de Morella
Morella
Olocau del Rei
Palanques
Portell de Morella
Sorita
la Todolella
Vallibona
Villores
Xiva de Morella

DICCIONARI ESCOLAR
CASTELLÀ - VALENCIÀ

PRÒLEG

Ara fa uns quatre anys vaig dedicar un «Diccionari Valencià Escolar» i ara mogut per la necessitat que un gran nombre d'alumnes de parla castellana i s'els fa imprenscindible m'he decidit a fer-ne un castellà-valencià. No és un complement de l'altre, és només un altre inventari de paraules que es donen a entendre com d'una paraula castellana n'hi ha una altra de valenciana, si volem no massa exhautisva en la relació del concepte però si d'un summe interés.

Als qui contemplen la realització del desig d'aprendre amb una certa correcció ortogràfica del valencià cal aconsellar-los que l'aprentatge de les regles gramaticals ha d'anar unit a la lectura que d'una forma inconscient els convertirà en cosa propia la regla gramatical moltes vegades massa àrides. Una lectura dels bons autors de l'actualitat desitjosament abundants.

En quant a l'ortografia que millor cosa que la que vos ensenyen els mestres de valencià. Una cosa vos vull dir en quant a les vocals: la *e* oberta i la *e* tancada; la *o* oberta i la *o* tancada.

La *e* tónica valenciana sol ser tancada en els casos següents:

a) Davant labial: *blasfem, eixem, extrem, fem, sem, suprem; crema, esquema, poema, sistema, tema, verema; desembre, membre, novembre, setembre; llémena, passatemps, temps; febre, llebre, orfebre, pebre; lleu, seu, meu, neu, deute.*

Empero és oberta en: *Salem, Josep* i *Pep.*

Així mateix és tancada davant *r*, seguida de labial: *herba, verba, serf, erm, ferm, paquiderm, verm, esquerp, serp, caterva, conserva, serva.*

b) Davant dental: *calfret, fred, Wifred; bleda, moneda, seda, veda, vereda; net* (sense taca), *estret; ganivet, nét* (fill del fill); *pataqueta, pesseta, dieta; setze, tretze; Morvedre.*

c) Davant el so de *s*: *adreça, peça; adés, pes; marquesa, princesa; pésol; vespa, gespa; abadessa, comptessa, duquessa; cresta, festa, ginesta.*

Empero és oberta en: *pesta, tempesta* i *vesta.*

d) Davant de *n*: *vena, cadena, huitena, pena; llenca, penca; hisenda, tenda; diumenge; llengua, menja, penja; defensa, ofensa, pensa; dent, docent, ventre.*

No obstant tenim: *Vicent, llenç* i *Llorens.*

Hi ha diversitat davant el grup romànic *nds* és pronuncia amb *e* tancada els verbs: *estendre, ofendre, prendre* i *vendre,* però amb *e* oberta els noms i adjectius *cendra, divendres, gendre* i *tendra.*

e) Davant de *r* no seguida d'altra consonant: *acer, mer, ferrer, fonter,* etc., *bledera, cera, pera, quera; darrere, prevere.*

Però és oberta: *zero* i *clero.*

f) Davant palatal: *bateig, estiueig, festeig, lleig,* etc., *créixer, reconeixer,* etc., *enveja, neteja,* etc., *heretge, fetge, metge, petge,* etc., *lletja, corretja,* etc., *llei, rei, remei,* etc., *anell, aparell, vell, budell, cabell, castell, gargamell, pell, orella,* etc., *ensenya, llenya, penya, senya,* etc.

g) Davant velar: *gemec, plec, sec,* etc., *dimecres, bodega, cega, prega,* etc., *alegre, negre,* etc., *egua, llegua.*

I aixi mateix davant *r* seguida de velar: *alberg, soberg* i *verga.*

h) Formant diftong amb *u* semivocal següent procedent d'una labial llatina: *Andreu, Bartomeu, breu, déu* (divinitat), *deu* (adjectiu numeral ordinal), *jueu, lleu, meu, neu, seu, neula, teula, deute, viure.*

I així mateix: *creu,* i *veu.*

Però és oberta: *sèu* (greix).

i) En posició final de paraula: *vé, café, fe, fre, ple, vinté, bé, ell té.*

Però per excepció tenim: *qüè (*singular analògic de *qüerns* certa moneda antiga que valia quatre diners*), Novetlè.*

j) En hiatus és a dir en concurrencia amb una altra vocal sense formar diftong: *quiet, poeta, paella, Sueca, Altea.*

La *e* oberta valenciana té un extrem grau d'obertura. Els principals casos en que normalment es oberta la *e* tónica valenciana son:

a) Davant de *rr*: *gerra, guerra, serra, terra, ferro, testaferro, verro,* etc.

b) Davant de *r*: seguida de consonant no labial ni velar: *cert, terç, perdre; coll-verd, verd; conserge, verge; mareperla, merla, perla; govern,* *infern, matern, qüerns* (certa moneda antiga que valia quatre diners); *dispers, invers, vers, conversa; gutaperxa, perxa.*

c) Davant de *l*: *arrel, cel, estel, gel, mel, pèl, rebel, tel, vel; candela, estrela, mustela, tela, vela; espelma, melsa, empelt, esvelt, celta, delta, espelta, melva, ametla, revetla, vetla, Beselga, Elx.*

d) En les paraules cultes en què hi ha *i* en la síl·laba que va darrere de la vocal tònica: *tebi, dèbil, dèbit, ebri, neci, facècia, perifèria, espècie, dècima, espècimen, pirotècnia, tècnic, dialèctic, herèctil, elèctric, intermedi, medi, predi, tedi, comèdia, tragèdia, mèdic, prèdica, crèdit, inèdit, trièdric, benèfic, dèficit, zèfir, col·legi, regi, sacrilegi, entratègia, ègida, règim, hègira, evangeli, sepeli, camèlic, filatèlia, angèlic, famèlic, hèlice, fèlid, mustèlid, prosèlit, èlitre, bèl·lic, maquiavèl·lic, satèl·lit, cèltic, pelvis, abstemi, gremi, geni, premi, tesi, acadèmia, blasfèmia, polèmic, rèmige, trigemin, silenci, agència, audiència, ciència, consciència, diferència, essència, herència, indiferència, llicència, prudència, negligència, obediència, potència, referència, sentència, truculència, València, valència, incendi, vilipendi, esplèndid, apèndix, geni, conveni, neurastènia, arsènic, progènia, congènit, vènit, fènix, bienni, cèntim, excèntric, inèpcia, èpic, intrèpid, quepis, estrepit, rèplica, prolèpsi, asèpsia, èpsilon, escèptic, rèptil, sèptima, obsequi, entelèquia, èquids, rèquiem, exèquies, adverbi, supèrbia, tèrbic, sesterci, inèrcia, exèrcit, perdis, enèrgic, adulteri, hemisferi, imperi, misteri, astèria, misèria, colèric, quimèric, Xèrica, efemèrides, intempèrie, sèrie, estèril, pretèrit, taxidèrmia, tèrmic, epidèrmis, contuberni, hèrnia, ferri, xerri, acèrrim, impertèrrit, èrtic, fèrtil, nervi, protèrvia, cèrvid, catequesi, magnèsia, geodèsic, centèsim, septuagèsima, regalèssia, pèssim, accèssit, bèstia, molèstia, domèstic, seti, estètic, emprèstit, ètic, aritmètica, fètid, ètim, tècnic, petri, mètric, mètrica, confetti, anèuria, terapèutic, praxi, caquèxia, lèxic, èxit, èxtasi, tèxtil, trapezi.*

S'exceptuen les paraules següents: *església, sénia, sépia, séquia* i *Dénia.*

e) En les paraules terminades en *-ecta, -ecte* i *-epta, -epte*: *col·lecta, secta, perfecta; efecte, aspecte, correcte, directe, objecte, recte, selecte, trajecte; inepta, recepta; accepte, concepte, inepte, repte,* etc.

f) Formant diftong amb *u* semivocal següent: *peu, seu, deu,* (adjectiu numeral ordinal), *preu.*

g) En totes les paraules en què hi ha una *u* en la síl·laba que va darrere la vocal tònica: *rècua, fècula, molècula, espèculum, vademècum, dècuple, crèdul, cèdula, règul, tègula, èmul, trèmul, fèmur, oremus, pèrdua, cèntuple, ingenu, estrenu, tènue, èmula, venus, sèptuple, glomèrul, fèrula, perpetu, fetus, sextuple.*

En el valencià, la *o* oberta i la *o* tancada són també fonemes amb distinta funció semàntica: *dona* (femella de l'home) *i ell dóna* (del verb donar), *fora,* (al exterior) *i ell fóra,* (del verb ser), *son,* (ganes de dormir) *i ells són,* (del ver *ser*), etc.

En general la *o* oberta valenciana apareix en: *cor, contracor, decor, entrecor, figa-flor, flor, geminiflor, grandiflor, Miraflor, or, plor, sempre-en-flor, sobrecor, sotacor, tesor, trencacor, pou, poc, groc, fillol, escola, pont, cosa, nom, porta, dorm, pobre, rosa, roda, nou, poble,* etc.

Emperò cal advertir que la *o* tònica és sempre oberta quan hi ha *i* a la síl·laba que la segueix: *alcohòlic, bucòlic, catòlic, còlic, diabòlic, hiperbòlic, simbòlic,* etc., *còdic, melòdic, mòdic, periòdic,* etc., *anatòmic, còmic, econòmic,* etc., *biològic, lògic,* etc.

Vos he parlat de les vocals tancades i obertes i vos he donat quan són des del punt de vista de les vocals tòniques. Una mostra per als que siguen castellano-parlants i per als valenciano-parlants no fa falta com cal obrir i tancar les vocals. Una llegida d'aquest pròleg, i un estudi una mica seriós, els serà prou.

El nostre idioma, el valencià, té les sues característiques determinades que cal complir, si el voleu parlar bé. Ara potser, que l'estudi siga una dificultat determinada, quan la vencés. Vençuda cal parlar d'una victòria i això és el que pretenem.

FRANCESC FERRER PASTOR

LISTA DE ABREVIATURAS

adj.	adjetivo.
adv.	adverbio.
ant.	antiguo.
art.	artículo.
aux.	auxiliar.
conj.	conjunción.
conj. adv.	conjunción adversativa.
conj. dist.	conjunción distributiva.
cop.	copulativo.
def.	defectivo.
dem.	demostrativo.
f.	femenino.
fam.	familiarmente.
fig.	en sentido figurado.
indef.	indefinido.
interj.	interjección.
intr.	intransitivo.
loc. adj.	locución adjetival.
loc. adv.	locución adverbial.
loc. conj.	locución conjuncional.
loc. lat.	locución latina.
loc. prep.	locución prepositiva.
m.	masculino.
pl.	plural.
prep.	preposición.
pron.	pronombre.
s.	sustantivo.
sing.	singular.
topon.	topónimo.
tr.	transitivo.
v.	verbo.

a a a a a a a a a

a. f. Primera letra del abecedario. *[a]* // Nombre de la letra a.
a. prep. Indica dirección, proximidad o término y también la circunstancia de lugar, tiempo o manera. *[a]*
ababol. m. Amapola. *[rosella]*
abacial. adj. Perteneciente o relativo al abad, a la abadesa, o a la abadía. *[abacial]*
ábaco. m. Tabla con hileras de bolas usada en las escuelas para enseñar a contar a los niños. *[àbac]* // Parte superior del capitel de una columna. *[àbac]*
abad. m. Superior de un monasterio con facultad de conferir órdenes menores a sus subordinados. *[abat]*
abadejo. m. Bacalao. *[bacallà]*
abadesa. f. Superiora de un monasterio de monjas. *[abadessa]*
abadía. f. Monasterio con territorio propio, regido por un abad. *[abadia]* // Dignidad de abad o abadesa. *[abadia]* // Rectoría, casa donde vive el rector de una parroquia. *[abadia]*
abadiado, o **abadiato.** m. Territorio de la abadía. *[abadiat]* // Tiempo que dura el gobierno de un abad. *[abadiat]*
abajo. adv. En dirección a un lugar o parte inferior. *[avall]*
abalanzar. v. tr. Poner la balanza en el fiel. *[abalançar]* // **-se.** Echarse hacia delante de manera que el cuerpo se incline con brusquedad. *[abalançar-se]* // Acometer impetuosamente. *[abalançar-se]*
abaleadera. f. Escoba hecha de ramos de abedul, usada para abalear la era. *[balejadora, ramàs]*
abalear. v. tr. Separar con la abaleadera el grano de los residuos. *[balejar]*
abaleador, ora. m. y f. Persona que abalea. *[balejador]*
abaleaduras. f. pl. Granzas que quedan después de abalear. *[balejadures, baleigs]*
abaleo. m. Acción de abalear. *[baleig]* // Escoba con que se abalea. *[baleig, ramàs]*
abancalar. v. tr. Preparar un terreno en bancales para ser cultivados. *[abancalar]*
abanderar. v. tr. Registrar o matricular un barco bajo la bandera de una nación. *[abanderar]* // Proveer a una embarcación de los documentos que acreditan su bandera. *[abanderar]*
abandonado, ada. adj. Que no cuida de sus intereses, negligente. *[abandonat]*
abandonamiento. m. Abandono. *[abandonament]*
abandonar. v. tr. Desamparar a una persona o cosa. *[abandonar]* // Dejar vacante una cosa. *[abandonar]* // **-se.** Dejarse vencer por las pasiones, vicios, etc. *[abandonar-se]*
abandono. m. Acción y efecto de abandonar o de abandonarse. *[abandó]*
abanicar. v. tr. Hacer aire artificialmente a algo o alguien con el abanico. *[aventar]*
abanico. m. Instrumento para hacer o hacerse aire. *[ventall]*
abaratamiento. m. Acción y efecto de abaratar. *[abaratiment]*
abaratar. v. tr. Rebajar el precio de alguna cosa. *[abaratir]*
abarca. f. Calzado rústico de cuero que se ata con cuerdas o correas. *[avarca]*
abarcar. v. tr. Contener, incluir. *[abraçar]*
abarloar. v. tr. Poner dos naves una al lado de la otra o del muelle. *[abarloar]*
abarrotar. v. tr. Asegurar o estrechar con barrotes. *[abarrotar]* // Llenar un espacio aprovechando todos los huecos. *[abarrotar]* // Atiborrar de artículos, mercancías, etc., un almacén, mercado, etc. *[abarrotar]*
abastecer. v. tr. Proveer a alguien de

cualquier cosa. *[abastir, proveir]*

abastecimiento. m. Acción o efecto de abastecer. *[abast, proveïment]*

abasto. m. Provisión de víveres para el mantenimiento de una población. *[abast]*

abatir. v. tr. Derribar, echar por tierra alguna cosa que estaba vertical. *[abatre]* // Vencer, humillar. *[abatre]* // Desviarse una nave de su rumbo a impulso del viento o de una corriente marina. *[derivar]*

abdicar. v. tr. Renunciar a una dignidad soberana, a funciones eminentes. *[abdicar]* // Abandonar una opinión ya manifestada. *[abdicar]*

abdomen. m. Vientre, la parte del cuerpo entre el tórax y la pelvis. *[abdomen]*

abducción. f. Movimiento por el cual un miembro o un órgano cualquiera se aleja del plano medial del cuerpo. *[abducció]*

abecé. m. Abecedario, silabario, alfabeto. *[abecé]* // fig. Los primeros rudimentos de una ciencia o arte. *[abecé, beceroles]*

abecedario. m. Alfabeto, colección ordenada de las letras de una lengua. *[abecedari]* // Cartel o librito para enseñar a leer. *[abecedari]*

abeja. f. Insecto himenóptero que vive en un enjambre y produce miel, cera y otros productos. *[abella]*

abejaruco. m. Pájaro del suborden de los sindáctilos, de unos quince centímetros de longitud, de color canela en la cabeza y en el dorso, que come abejas y avispas. *[abellerol]*

abejorro. m. Insecto himenóptero, que hace un gran zumbido cuando vuela. *[borinot]*

aberración. f. Error del pensamiento. *[aberració]* // En astronomía, desviación aparente de los astros que proviene de la velocidad de la luz en combinación con la de la tierra. *[aberració]*

abertura. f. Efecto de abrir o de abrirse. *[obertura]* // Boca, hendidura, grieta. *[obertura]*

abeto. m. Árbol de la familia de las coníferas, propio de los lugares elevados y frescos, alto, de copa piramidal, y hojas persistentes. *[avet]*

abigarrado, ada. adj. Que tiene varios colores mal combinados. *[bigarrat, virolat]*

abismal. adj. Perteneciente al abismo. *[abismal]*

abismar. v. tr. y pron. Hundir en un abismo. *[abismar]* // **-se.** Entregarse del todo a la contemplación, al dolor, etc. *[abismar-se, capficar-se]*

abismo. m. Profundidad inmensa, insondable. *[abisme]* // Infierno. *[infern]*

abjurar. v. tr. Renunciar con un juramento a una religión, creencia o doctrina profesada anteriormente. *[abjurar]*

ablandabrevas. m. Hombre inútil, flojo o excesivamente delicado. *[figa]*

ablandar. v. tr. Poner blanda una cosa. *[ablanir]* // Mitigar, suavizar. *[mitigar]* // Calmar, hacer desaparecer un estado de agitación o violencia en alguien o alguna cosa, llevar a sentimientos plácidos, suaves, etc. *[calmar]*

ablativo. m. Caso de la declinación indoeuropea que expresa complementos circunstanciales. *[ablatiu]*

ablución. f. Ceremonia de purificar el cáliz y lavarse los dedos el sacerdote después de consumir. *[ablució]*

abnegación. f. Sacrificio que uno hace de su voluntad, afectos, etc., en servicio de Dios o por el bien del prójimo. *[abnegació]*

abocamiento. m. Acción y efecto de abocar o de abocarse *[abocament]*

abocar v. tr. Vaciar un recipiente. *[verter]* // Juntar las bocas de dos recipientes, para vaciar el contenido de uno en el otro. *[abocar]* // **-se.** Acudir de repente, mucha gente a un lugar. *[abocar-se]*

abofetear. v. tr. Dar bofetadas. *[bufetejar, galtejar]*

abogacía. f. Profesión, ejercicio del abogado. *[advocacia]*

abogado, ada. m. y f. Licenciado en derecho. *[advocat]* // Defensor, intercesor. *[advocat]* // Quien profesa la abogacía. *[advocat]*

abogar. v. tr. Defender en un juicio, hablar en favor de alguien. *[advocar]*

abolengo. m. Ascendencia de abuelos o antepasados. *[llinatge]*

abolir. v. tr. Derogar, dejar sin vigor un precepto o costumbre. *[abolir]*

abollado, ada. adj. Que tiene abolladuras. *[bonyegut]*
abolladura. f. Señal de un golpe en una pieza metálica. *[bony]*
abollar. v. tr. Producir una depresión o bollo con un golpe. *[abonyegar]* // **-se.** Esponjarse una pasta, la corteza del pan, la ropa, un enlucido, etc. *[bufar-se]*
abombar. v. tr. Hacer que una cosa se hinche formando una curvatura. *[bombar]*
abonamiento. m. Acción y efecto de abonar o abonarse. *[abonament]*
abonar. v. tr. Acreditar o calificar de bueno. *[abonar]* // Tomar un abono. *[abonar]* // Pagar una cantidad. *[abonar]* // Echar estiércol u otros abonos a la tierra. *[adobar]*
abonaré. m. Documento que equivale a una partida de cargo sentada en cuenta o de un saldo anterior. *[abonaré]*
abono. m. Fianza, garantía. *[abonament]* // Derecho para asistir a un lugar o recibir un servicio. *[abonament]* // Ingredientes para adobar las carnes, las pieles o para mejorar la calidad de las tierras, etc. *[adob]*
abordar. v. tr. e intr. Rozar o chocar una embarcación con otra. *[abordar]*
aborigen. adj. y s. Originario del país en que vive *[aborigen]*
aborrecer. v. tr. Tener aversión a alguien o algo. *[avorrir]* // Abandonar algunos animales, y en especial las aves, el nido, huevos o crías. *[avorrir]*
aborrecimiento. m. Odio, aversión. *[avorriment]* // Tedio, disgusto por la vida. *[avorriment]*
aborregado, ada. adj. Cubierto de nubes blancas, parecidas a vellones de lana. *[emborregat]*
abortar. v. intr. y tr. Intr. Parir prematuramente. *[avortar]* // Morir en germen. *[avortar]* // Caer la flor sin haber fruta. *[afollar-se]* // Salir a la luz, producirse las cosas sin la debida perfección. *[afollar-se]* // Perderse una empresa o designio. *[malograr-se]* // Tr. Hacer mal, malparar, inutilizar una cosa, estropear. *[avortar]*
aborto. m. Interrupción del proceso de embarazo por causas naturales o medios artificiales, que ocasiona la expulsión del feto antes de las veintiocho semanas. *[afoll, avort]* // fig. Lo que nace antes de tiempo *[afoll]* // Parto prematuro *[afollijó]*
abotargado, ada. adj. Que tiene la cara o una parte del cuerpo hinchado *[botinflat]*
abotonar. v. intr. y tr. Intr. Sacar brotes, yemas, las plantas *[borronar]* // Tr. Ajustar un vestido con botones. *[botonar]*
abrahonar. v. tr. Abrazar con fuerza a otro por los brahones. *[abraonar]*
abrasador, ora. adj. Que quema, que abrasa. *[brusent]*
abrasar. v. tr. Someter a la acción del fuego. *[abrusar]* // Dar el sol una sensación de quemazón. *[abrusar]* // Convertir en brasa. *[abrasir]* // Quemar, producir dolor o ahogamiento por el calor o la excesiva fuerza calorífica. *[abrasir]* // Secar o marchitar las plantas al sol, o al frío demasiado fuerte *[mustiar]* // **-se.** Sentir ardor excesivo. *[abrasir-se]*
abrazar. v. tr. Ceñir con los brazos, apretar o sujetar entre los brazos. *[abraçar]* // Rodear, circundar. *[abraçar]* // fig. Darse a alguna cosa, aceptarla, seguirla. *[abraçar]* // Contener, incluir. *[abraçar]*
ábrego. m. Viento del sudoeste. *[llebeig]*
abrevadero. m. Estanque, pilón, etc., donde se abreva el ganado. *[abeurador]*
abrevador, ora. adj. y s. Que abreva. *[abeurador]* // Abrevadero. *[abeurador, bevedor]*
abrevar. v. tr. Dar de beber a los animales. *[abeurar]*
abreviar. v. tr. Hacer más breve una cosa. *[abreujar, abreviar]*
abreviatura. f. Representación de las palabras por una o varias de sus letras. *[abreviatura]*
abridero, era. adj. Que se puede abrir, que se abre fácilmente. *[obridor]*
abridor, ora. m. y f. Que abre, que sirve para abrir. *[obridor]*
abrigar. v. tr. Resguardar del frío. *[abrigar]* // Auxiliar, amparar. *[emparar]* // Poner al abrigo una nave. *[abrigar]* //

Poner a cubierto, resguardar, guarecer. *[arrecerar]*

abrigo. m. Lugar o pieza de ropa que nos abriga y cobija. *[abric]*

abril. m. El cuarto mes del año. *[abril]*

abrillantar. v. tr. Labrar en facetas como un brillante. *[abrillantar]* // Dar brillantez. *[abrillantar]*

abrir. v. tr. Hacer accesible lo que está cerrado u oculto. *[obrir]* // Separar del marco la hoja u hojas de la puerta, haciéndolas girar sobre sus goznes. *[obrir]*

abrochar. v. tr. y pron. Ajustar al cuerpo una pieza de ropa por medio de botones, cordones, etc. *[cordar, passar]*

abrogar. v. tr. Abolir o revocar una ley, un decreto, etc. *[abrogar]*

abrojo. m. Planta cigofilácea, de tallos largos y rastreros con fruto espinoso y casi esférico. *[obriüll]*

abrótano. m. Planta herbácea compuesta, de hojas finas y blanquecinas y flores de olor suave en cabezuelas amarillas, cuya infusión se usa para fortalecer el cabello y como vermífugo. *[botja]*

abrupto, upta. adj. Que tiene desniveles y pendientes muy rápidas, cortado a pico. *[espadat, abrupte]*

absceso. m. Acumulación de pus en un tejido orgánico *[abscés]*

absolver. v. tr. Eximir de una pena, deuda, obligación, etc., especialmente perdonar los pecados. *[absoldre]*

absorber. v. tr. Hacer penetrar y retener dentro de sí mismo. *[absorbir]*

absorción. m. Acción de absorber. *[absorció]*

absorto, orta. adj. Admirado, pasmado. *[absort]*

abstención. f. Acción de abstenerse. *[abstenció]*

abstenerse. v. pron. Privarse de alguna cosa. *[abstenir-se, estar-se]*

abstinencia. f. Acción de abstenerse, de privarse. *[abstinència]* // Privación de comer carne, según precepto religioso. *[abstinència]* // Virtud que consiste en abstenerse de los placeres materiales. *[abstinència]*

abstracción. f. Acción de abstraer o de abstraerse. *[abstracció]*

abstracto, acta. adj. Resultado de la abstracción. *[abstracte]*

abstraer. v. tr. Aislar con el pensamiento, considerar separadamente un atributo o cualidad, considerar una parte separándola del todo. *[abstraure]* // **-se.** Aislarse con el pensamiento, no prestar ningún interés o atención a nada exterior para librarse a la consideración de aquello que se tiene en el pensamiento. *[abstraure's]*

absurdo, urda. adj. Contrario a la razón, al sentido común. *[absurd]*

abubilla. f. Pájaro insectívoro de plumas doradas, rojas, blancas y negras, con una cresta. *[puput]*

abuchear. v. tr. Manifestar ruidosamente el público su desagrado o protesta. *[ahucar, escridassar]*

abuelo, ela. m. y f. Padre o madre del padre o de la madre. *[avi]*

abulia. f. Falta de voluntad. *[abúlia]*

abundancia. f. Gran cantidad de una cosa. *[abundància, bondó, abundor]*

abundar. v. intr. Haber en abundancia, en gran cantidad. *[abundar]*

abusar. v. intr. Usar con exceso. *[abusar]* // Aprovecharse con exceso de alguna cosa o de alguien. *[abusar]*

abuso. m. Acción y efecto de abusar. *[abús]*

acá. adv. Aquí, cerca de este lugar, hacia aquí, a esta parte. *[ençà, ça]*

acabado, ada. adj. Perfecto, consumado. *[acabat]* // m. La manera como queda una cosa cuando se deja terminada. *[acabat]*

acabamiento. m. Acción de acabar o de acabarse. *[acabament]* // Extremo de una cosa, final, conclusión. *[acabament]*

acabar. v. tr. e intr. Tr. Llevar a término, dar fin a una cosa empezada, agotar una cosa. *[acabar]* // Intr. Arribar alguien o alguna cosa a su fin *[acabar-se]*

acacia. f. Árbol leguminoso de madera dura y hojas compuestas. *[acàcia]*

academia. f. Escuela o lugar donde se estudia la práctica de ciertas artes. *[aca-*

dèmia] // Junta de académicos y establecimiento donde se celebran. *[acadèmia]* // Estudio de una figura entera y desnuda tomada del natural sin formar parte de una composición. *[acadèmia]*

académico, émica. adj. Relativo o perteneciente a las academias. *[acadèmic]* // m. y f. Persona que forma parte de una academia. *[acadèmic]*

acaecer. v. intr. Ocurrir, suceder. *[esdevenir]*

acalenturarse. v. pron. Coger fiebre. *[enfebrar-se]*

acalorar. v. tr. Dar o causar calor. *[acalorar]* // **-se.** Excitarse al discutir. *[acalorar-se]* // Excitarse alguien al calentarse el cuerpo a causa de un trabajo, ejercicio, pelea, etc. *[acalorar-se]*

acampada. f. Deporte consistente en permanecer al aire libre con tiendas de campaña. *[acampada]*

acampar. v. tr., intr. y pron. Detenerse y permanecer en despoblado, alojándose en tiendas o barracas. *[acampar]*

acanalador. m. Cepillo de hoja estrecha usado para hacer canales en la madera. *[cadell, galzador]*

acanalar. v. tr. Rebajar una pieza de madera en forma de canal. *[galzar]*

acantilado. m. Peña cortada a plomo. *[penya-segat]*

acanto. m. Planta acantácea, de hojas largas, rizadas y espinosas. *[acant]*

acantonar. v. tr. Hacer cantones o angulosidades a una cosa. *[acantonar]* // Distribuir las tropas en diferentes puntos de un territorio. *[acantonar]*

acaparar. v. tr. Retener productos o mercancías en exceso. *[acaparar]* // Recoger sin dejar nada para los otros. *[aguavellar]*

acardenalar. v. tr. Hacer moraduras, cardenales, en el cuerpo. *[blaürar]*

acariciar. v. tr. Hacer caricias o halagos. *[acariciar]* // Demostrar amor y afecto. *[afalagar]*

acarreador, ora. adj. y s. Que acarrea. *[carrejador]* // m. El que conduce la mies desde el rastrojo a la era. *[carrejador]* // f. pl. Conjunto de cuatro barras de madera paralelas que se unen encima del baste de las caballerías para transportar gavillas. *[carrejadores]*

acarrear. v. tr. Transportar en carro o carreta. *[carrejar]*

acartonar. v. tr. y pron. Dar la consistencia del cartón. *[encartonar]*

acatamiento. m. Acción y efecto de acatar, de obedecer. *[acatament]* // Inclinación del cuerpo en señal de respeto o de veneración. *[reverència]*

acatar. v. tr. Manifestar respeto y sumisión. *[acatar]*

acatarrarse. v. pron. Contraer un catarro. *[acatarrar-se]*

acaudalado, ada. adj. Rico, que posee mucho dinero o bienes. *[acabalat, cabalós]*

acaudalar. v. tr. Acumular riquezas, caudales. *[acabalar]*

acceder. v. tr. e intr. Tr. Volverse benevolente hacia alguna cosa. *[abellir-se]* // fig. Endulzar la voluntad, hacerla ceder, endulzarse. *[abellir-se]* // Intr. Consentir en aquello que se ha solicitado. *[accedir]* // Estar de acuerdo con la idea de otro. *[accedir]*

acceso. m. Llegada hasta un lugar, hasta una persona. *[accés]* // Acometimiento de una enfermedad. *[accés]*

accidentarse. v. pron. Sufrir un accidente, ser atacado repentinamente por un mal. *[accidentar-se]*

accidente. m. Acontecimiento desagradable. *[accident]* // Caso imprevisto. *[accident]* // Indisposición que viene repentinamente. *[accident]* // Ondulación del terreno. *[accident]*

acción. f. Ejercicio de una fuerza o potencia. *[acció]* // Facultad de obrar. *[acció]* // Movimiento del cuerpo que manifiesta un estado de ánimo, una intención. *[acció]* // El asunto de una narración. *[acció]* // Hecho de armas. *[acció]* // Cada una de las partes que compone el fondo de una compañía industrial o mercantil. *[acció]*

acebo. m. Árbol de hoja espinosa y corteza amarillenta. *[grévol]*

acebuche. m. Olivo silvestre. *[ullastre]*

acechar. v. tr. Observar con atención procurando no ser visto. *[aguaitar]* //

Espiar, observar con atención, atisbar, vigilar. *[sotjar]*

acecho. m. Acción y efecto de esperar. *[aguait]* // fig. Trampa para engañar o seducir a alguien. *[aguait]*

acedera. f. Planta comestible y antiescorbútica, de gusto ácido, que se usa en medicina. *[agrella]*

acedía. f. Calidad de acedo. *[coragre, agror]*

acedo, eda. adj. Áspero, desapacible. *[agre]*

aceite. m. Líquido graso de color verde amarillento que se extrae de la aceituna. *[oli]*

aceitera. f. Alcuza, recipiente para el aceite de uso diario, generalmente de latón. *[setrill]* // Botellita de cristal para servir el aceite de aliñar la ensalada en la mesa. *[setrill]*

aceitoso, osa. adj. Que contiene o produce aceite. *[oliós]* // Dícese de la comida que contiene demasiado aceite. *[oliós]*

aceituna. f. Fruto del olivo. *[oliva]*

acelerar. v. tr. Hacer más rápido, más vivo, un movimiento, un proceso, etc. *[accelerar]*

acelga. f. Planta quenopodiácea cultivada por sus hojas comestibles. *[bleda]*

acémila. f. Animal de carga. *[atzembla]*

acento. m. Mayor intensidad con que se pronuncia una sílaba. *[accent]* // Signo escrito encima de una vocal para indicar que está acentuada. *[accent]* // Modulación de la voz. *[accent]*

acentuar. v. tr. Dar acento a una palabra, sílaba o frase. *[accentuar]* // Escribir un acento gráfico sobre una vocal. *[accentuar]* // fig. Hacer más intensa y visible una cosa, recalcar. *[accentuar]*

acepción. f. Sentido que se le da a una palabra. *[accepció]*

aceptar. v. tr. Admitir los ofrecimientos o los pedidos. *[acceptar]* // Comprometerse por escrito a pagar una entrega o libramiento. *[acceptar]*

acequia. f. Canal por donde se conducen las aguas para regar, etc. *[séquia]*

acequiero. m. El que rige el uso de las acequias o cuida de ellas. *[sequier]*

acera. f. Lugar reservado para el paso de peatones en los lados de una calle. *[andana, vorera, voravia]*

acerar. v. tr. Transformar el hierro en acero. *[acerar]*

acerbo, erba. adj. Áspero al paladar. *[àcid]* // Cruel, riguroso. *[acerb]*

acercar. v. tr. y pron. Aproximar, poner a menor distancia. *[apropar, acostar]*

acerico. m. Cojín pequeño que sirve para tener clavadas en él las agujas de coser o alfileres. *[coixinet]*

acero. m. Hierro que ha estado fundido con una cierta cantidad de carbono. *[acer]*

acertar. v. tr. No errar, hacer una cosa bien. *[encertar]* // Encontrar, hallar *[encertar]*

acetoso. adj. Ácido, agrio. *[agrós]*

aciago, aga. adj. Desgraciado, lleno de desgracia, de mala suerte. *[atziac]*

acíbar. m. Jugo concentrado del áloe. *[sèver]*

acicalado, ada. adj. Extremadamente cuidadoso con la ropa o con la presentación en general. *[llepat, polit]*

acicate. m. Estímulo, incentivo. *[esperó]*

acidez. m. Aspereza, sabor áspero. *[acidesa]*

ácido, ácida. adj. Que tiene un gusto agrio. *[àcid]* // Nombre de ciertos compuestos químicos. *[àcid]*

acierto. m. Acción y efecto de acertar. *[encert]* // Casualidad, coincidencia. *[casualitat]*

ácimo o **ázimo.** adj. Aplicado al pan sin levadura. *[àzim]*

ación. m. Correa que sujeta el estribo. *[gambal]*

aclamación. f. Grito de entusiasmo de muchas personas. *[aclamació]*

aclamar. v. tr. Acoger con aclamaciones. *[aclamar]* // Elegir por aclamación. *[aclamar]* // **-se.** Dirigirse con la palabra, con intenciones de ruego. *[aclamar-se]*

aclaración. f. Poner las cosas más claras y entendibles. *[aclariment]* // Explicación que clarifica. *[aclariment]*

aclarar. v. tr. Hacer menos oscuro. *[aclarir]* // Poner en claro una cosa, deshacer la ofuscación. *[aclarir]* // Aclarar la ropa. *[esbaldir]* // **-se.** Entenderse con una cosa liada. *[aclarir-se]* // Volverse claro el cielo de nubes. *[aclarir-se]*

aclimatar. v. tr. Habituar a un clima o a un ambiente distinto del propio. *[aclimatar]*

acné. f. Afección de la piel caracterizada por pequeñas pústulas. *[acne]*

acobardar. v. tr. y pron. Amedrentar, causar miedo. *[acovardir, acollonar, acollonir],* // Hacer perder el coraje a alguien *[acovardir]*

acodar. v. tr. y pron. Apoyar el codo sobre algo. *[recolzar]* // Enterrar un sarmiento o vástago sin separarlo del tronco para que nazca una nueva planta. *[amurgonar]*

acodillar. v. tr. Hacer torcida una cosa rígida, desecha, doblar una cosa de manera que forme codo o ángulo el pliegue. *[entortillar, colzar]*

acoger. v. tr. Admitir a alguien en casa o en la propia compañía. *[acollir]* // Dar protección y ayuda. *[acollir]* // **-se.** Ampararse. *[acollir-se]*

acolchar. v. tr. Rellenar de algodón. *[encotonar]*

acólito. m. Ministro de la Iglesia que ha recibido las cuatro órdenes menores. *[acòlit]* // Monaguillo, quien sirve la misa. *[acòlit, escolà]*

acometer. v. tr. Embestir, venir con ímpetu sobre una persona o cosa. *[escometre]*

acometimiento. m. Acción y efecto de acometer. *[escomesa]*

acomodado, ada. adj. Conveniente, oportuno. *[oportú]* // Que está cómodo. *[acomodat]* // Que dispone de suficientes recursos económicos. *[benestant]*

acomodar. v. tr. Disponer alguna cosa o persona de manera que convenga a otra. *[acomodar]* // Poner a alguien o alguna cosa en una situación cómoda. *[acomodar]* // **-se.** Mostrarse benevolente hacia alguna cosa. *[abellir-se]*

acompañamiento. m. Acción de acompañar. *[acompanyament]* // Conjunto de acompañantes. *[acompanyament]*

acompañar. v. tr. Juntarse con alguien para hacer aquello que aquél hace o ir allá donde aquél va. *[acompanyar]* // Hacer el acompañamiento. *[acompanyar]*

acompasar. v. tr. Medir con el compás. *[compassar]* // Arreglar, proporcionar las cosas de modo que no sobren ni falten. *[compassar]*

acondicionar. v. tr. Poner una cosa de una manera determinada. *[acondicionar]*

acongojar. v. tr. y pron. Causar o producir congoja, afligir. *[angoixar(-se)]*

aconsejar. v. tr. Dar consejo. *[aconsellar]* // **-se.** Tomar consejo de alguien. *[aconsellar-se]*

acontecer. v. intr. Suceder, ocurrir. *[esdevenir]*

acontecimiento. m. Aquello que acontece, hecho de alguna importancia en la vida de un pueblo, de un hombre. *[esdeveniment]*

acopiar. v. tr. Recoger cosas, hacer provisiones de algo. *[rebalsar]*

acopio. m. Acción y efecto de recoger. *[replega]* // fig. Cantidad de cosas que se prevén necesarias. *[rebals]*

acoquinar. v. tr. Acobardar, descorazonar. *[acoquinar]*

acorazado, ada. adj. Revestido de coraza *[cuirassat]* // m. Barco de guerra blindado. *[cuirassat]*

acorazar. v. tr. Revestir con planchas de hierro o acero buques de guerra, fortificaciones, etc. *[cuirassar]*

acordar. v. tr. Poner de acuerdo *[acordar]* // Armonizar los colores *[acordar]* // Afinar los instrumentos con el fin de que no desafinen *[acordar]* // **-se.** Avenirse dos o más personas *[acordar-se]* // Recordar, traer una cosa a la memoria. *[recordar-se]*

acorde. m. En música, conjunto de diferentes sonidos simultáneos; armonía y consonancia. *[acord]*

acordeón. m. Instrumento musical de viento con teclado, formado por una caja con un fuelle y unas lengüetas. *[acordió]*

acorralar. v. tr. Sitiar. *[acorralar]* // Poner el ganado en un corral *[acorralar]*

acortar. v. tr. Disminuir la longitud, la duración o cantidad de alguna cosa. *[acurtar, escurçar]* // Vestir de corto a un niño recién nacido, a un bebé. *[acurtar]*

acosar. v. tr. Perseguir, ir detrás de alguien insistentemente. *[empaitar, acaçar, encalçar]* // Correr insistentemente detrás, persiguiéndole. *[acaçar]* // Perseguir obstinadamente *[acossar]* // Ejercitar o correr tras un animal *[acossar]*

acostar. v. tr. Echar o tender a uno para que descanse, especialmente en la cama. *[gitar]* // **-se.** Inclinarse hacia un lado, especialmente los edificios *[acostar]*

acostumbrado, ada. adj. Que tiene un hábito adquirido, avezado. *[avesat, posat]*

acostumbrar. v. tr. e intr. Tr. Hacer tomar una costumbre. *[acostumar]* // Intr. Tener una costumbre. *[acostumar]*

acotación. f. Anotación hecha al margen de un escrito. *[acotació]*

acotar. v. tr. Reservar el uso y aprovechamiento de un terreno por medio de cotos en sus lindes. *[acotar]* // Poner las cotas en un plano topográfico. *[acotar]* // Poner acotaciones a un escrito. *[acotar]*

acracia. f. Teoría que niega el principio de autoridad. *[acràcia]*

acre. adj. Áspero y picante al gusto y al olfato. *[acre]* // m. Medida agraria en las Islas Británicas y en los EE. UU. *[acre]*

acrecentar. v. tr. Aumentar. *[acréixer]*

acrecer. v. tr. Hacer aumentar, hacer mayor o más intensa una cosa. *[acréixer]*

acreditar. v. tr. Confirmar la calidad de alguien o algo. *[acreditar]* // **-se.** Hacerse digno de crédito. *[acreditar-se]*

acreedor, ora. adj. y s. Que tiene derecho a pedir el pago de una deuda. *[creditor]*

acribillar. v. tr. Hacer muchos agujeros en algo. *[crivellar]*

acritud. f. Calidad de acre. *[acritud]*

acrobacia. f. Ejercicio efectuado por un acróbata. *[acrobàcia]* // Acto o maniobra que presenta dificultades excepcionales. *[acrobàcia]*

acróbata. m. y f. Persona que baila y hace habilidades sobre una cuerda, saltos difíciles y otros ejercicios gimnásticos. *[acròbata]*

acrópolis. f. La parte más alta y fortificada de una ciudad griega. *[acròpolis]*

acta. f. Relación escrita de cosas tratadas o vistas en una junta. *[acta]*

actitud. f. Postura expresiva que corresponde a una cierta disposición del ánimo. *[actitud]* // Disposición o manera de comportarse alguien respecto de cualquier persona o cosa. *[actitud]*

activar. v. tr. Hacer más activo, acelerar. *[activar]*

actividad. f. Calidad de activo. *[activitat]* // Prontitud en el obrar. *[activitat]*

activo, iva. adj. y s. Que obra, que tiene la virtud de obrar. *[actiu]* // Que implica acción. *[actiu]* // m. Importe total de los valores efectivos, créditos y derechos que una persona tiene a su favor. *[actiu]*

acto. m. Acción o hecho realizado por el hombre *[acte]* // Función o ceremonia pública. *[acte]*

actor. m. Quien representa en el teatro. *[actor]* // El que demanda en juicio. *[actor]*

actriz. f. Mujer que representa en el teatro. *[actriu]*

actuación. f. Acción y efecto de actuar. *[actuació]*

actual. adj. Que existe en el momento presente. *[actual]*

actualidad. f. Tiempo presente. *[actualitat]*

actualizar. v. tr. Poner al día una cosa. *[actualitzar]*

actuar. v. tr. e intr. Tr. Poner en acción. *[actuar]* // Intr. Ejercer una persona actos propios de su naturaleza. *[actuar]* // Proceder judicialmente. *[actuar]*

acuarela. f. Pintura hecha con colores disueltos en agua. *[aquarel·la]*

acuario. m. Depósito artificial de agua donde se tienen peces vivos y plantas acuáticas. *[aquari]*

acuático, ática. adj. Que vive o está dentro del agua. *[aquàtic]*

acuciar. v. tr. Estimular, dar prisa. *[acuitar, cuitar]* // Desear con vehemencia. *[delerar]*

acudir. v. intr. Ir a un lugar donde alguien ha sido llamado o donde es atraído por algún motivo. *[acudir]*

acueducto. m. Conducto artificial subterráneo o elevado sobre arcos para conducir el agua. *[aqüeducte]*

acuerdo. m. Unión que resulta entre dos o más personas debido a una manera de sentir, pensar, obrar, etc., en común. *[acord]* // Resolución tomada por una corporación o conjunto de personas. *[acord]*

acumular. v. tr. Apilar, recoger en una masa. *[acumular]* // Imputar una culpa *[acumular]*

acunar. v. tr. Mecer al niño en la cuna. *[bressar, bressolar]*

acuñación. f. Acción y efecto de acuñar. *[encunyació]*

acuñar. v. tr. Imprimir y sellar por medio del cuño, una pieza de metal, etc. *[encunyar]*

acuoso, osa. adj. Cargado de agua. *[aigüós]*

acurrucarse. v. pron. Contraerse, encoger los músculos del cuerpo. *[arrupir-se]*

acusación. f. Acción de acusar o de acusarse. *[acusació]*

acusar. v. tr. Señalar como culpable. *[acusar]* // Revelar, manifestar. *[acusar]* // **-se.** Confesar uno sus culpas. *[acusar-se]*

acusativo. m. Caso de la declinación latina que indica el complemento directo. *[acusatiu]*

acústica. f. Parte de la física que trata del sonido. *[acústica]*

achacar. v. tr. Atribuir, imputar. *[atribuir]*

achacoso, osa. adj. Que tiene achaques. *[xacrós]*

achaque. m. Enfermedad crónica o defecto físico habitual. *[alifac]* // Tumor sinovial que sale a los solípedos. *[alifac]*

achicar. v. tr. Hacer más pequeño o menudo. *[enxiquir]*

achicoria. f. Planta de hojas y raíces amargas que se usan como febrífugo y estomacal. *[xicoira]*

achicharrar. v. tr. Secar las plantas excesivamente por el ardor del sol. *[abrusar]* // Quemar la comida, calentar demasiado. *[cremar, socarrar]* // **-se.** Quemarse por el excesivo calor transmitido por un agente exterior, como el sol, el fuego, etc. *[abrusar-se, cremar-se, socarrar-se]*

achuchar. tr. Azuzar. *[aquissar, aguissar]*

adagio. m. Sentencia breve, clara y popular que incluye un pensamiento o un consejo moral. *[adagi]*

adalid. m. Caudillo de gente de guerra. *[adalil]*

adamascar. v. tr. Labrar telas con labores parecidas al damasco. *[adomassar]*

adaptar. v. tr. Acomodar una cosa haciéndola apta para un fin. *[adaptar]* // **-se.** Acomodarse, conformarse a alguna cosa. *[adaptar-se]*

adaraja. f. Resalto, ángulo o pincho. *[queixal, lligada]*

adarga. f. Escudo de cuero. *[darga]*

adarve. m. Pasadizo para los centinelas, situado en la parte superior de la muralla. *[andador, caminal]*

adecuado, ada. adj. Que se adhiere, adaptado, confortable. *[adient]* // Apropiado a un objeto, adaptable. *[adequat]*

adecuar. v. tr. Proporcionar, ajustar una cosa a otra, adaptar, acomodar. *[adequar]*

adelantar. v. tr. Mover o llevar hacia adelante una cosa. *[avançar]* // Ganar la delantera a otro. *[contrapassar]*

adelante. adv. Más allá. *[avant]*

adelfa. f. Arbusto venenoso de hojas perennes y flores amarillas, rojas o blancas. *[baladre]*

adelgazar. v. tr. Poner delgado. *[aprimar]* // Reducir la grasa de una cosa. *[aprimar]* // **-se.** Volverse delgado, fino. *[aprimar-se]*

ademán. m. Movimiento con que se revela en alguien su intención de hacer algo. *[continent]*

además. adv. Por otra parte, además, por añadidura. *[endemés]*

adentrar. v. tr. Penetrar en el interior de una cosa o de un asunto. *[endinsar]*

adentro. adv. En la parte de dentro, hacia el interior. *[endins, a dins]* // m. pl. Interior, en sus adentros, para sus adentros. *[dins seu]*

adepto, epta. adj. y s. Versado en alguna doctrina, arte, etc. *[adepte]* // Partidario de una persona o idea. *[adepte]*

aderezar. v. tr. Preparar manjares para poder comerlos. *[amanir]*

aderezo. m. Acción y efecto de aderezar.

[adreç] // Ornamento, atavío. *[adreç]* // Juego completo de joyas de una mujer. *[adreç]*

adeudar. v. tr. Deber dinero. *[deure]*

adherencia. f. Acción de adherir o de adherirse. *[adherència]*

adherir. v. tr. Unir una cosa con otra. *[adherir]*

adhesión. f. Acción y efecto de adherir o de adherirse. *[adhesió]*

adhesivo, iva. adj. y s. Capaz de adherirse o pegarse. *[adhesiu]* // m. Sustancia que sirve para pegar dos cuerpos o fragmentos en contacto. *[adhesiu]* // Objeto dotado de sustancia pegajosa que se destina a ser adherido en una superficie. *[adhesiu]*

adicción. f. Tendencia, inclinación fuerte a alguna cosa. *[addicció]*

adición. f. Acción de añadir. *[addició]* // Cosa añadida a otra. *[addició]* // Operación de sumar. *[addició]*

adicionar. v. tr. Hacer adiciones o añadiduras. *[addicionar]*

adicto, icta. adj. y s. Muy inclinado a servir o favorecer a una persona idea, institución, etc., partidario. *[addicte]*

adiestrar. v. tr. Instruir en algún trabajo o negocio. *[ensinistrar]* // Hacer diestro en algún arte, etc. *[ensinistrar]*

adiós. m. Expresión de despedida. *[adéu, adéu-siau]* // Despedida. *[adéu]*

adivinanza. f. Cualquier enigma que se propone para adivinarlo. *[endevinalla]*

adivinar. v. tr. Acertar el significado de un enigma. *[endevinar]* // Descubrir por medio de agüeros o sortilegios las cosas futuras u ocultas. *[endevinar]*

adivino, ina. m. y f. El que adivina las cosas futuras u ocultas. *[endeví]*

adjetivar. v. tr. Convertir un sustantivo en adjetivo. *[adjectivar]* // Aplicar adjetivos. *[adjectivar]*

adjetivo, iva. adj. Que se refiere a una cualidad o accidente. *[adjectiu]* // m. gram. Una clase de palabras. *[adjectiu]*

adjudicar. v. tr. Asignar una cosa a quien le corresponde por derecho. *[adjudicar]* // **-se.** Apropiarse, asignarse a sí mismo alguna cosa. *[adjudicar-se]*

adjuntar. v. tr. Incluir, acompañar una cosa juntamente con otra. *[adjuntar]*

adjunto, unta. adj. Unido con otra cosa. *[adjunt]* // adj. y s. Dícese de la persona que acompaña o auxilia a otra para algún trabajo. *[adjunt]*

administración. f. Acción de administrar. *[administració]* // Cargo y oficio de administrador. *[administració]* // Oficina del administrador. *[administració]*

administrar. v. tr. Cuidar de los bienes. *[administrar]* // Proveer o aplicar a alguien aquello que es útil. *[administrar]*

admirable. adj. Digno de admiración. *[admirable]*

admiración. f. Sentimiento de placer y aprobación provocado por una persona o cosa que posee alguna cualidad extraordinaria. *[admiració]* // Signo ortográfico que se pone delante y detrás (¡...!) de una proposición exclamativa o de una interjección. *[admiració]*

admirar. v. tr. Contemplar, considerar con admiración. *[admirar]* // Causar admiración. *[admirar]*

admisión. f. Acción y efecto de admitir. *[admissió]*

admitir. v. tr. Recibir, dar entrada en algún sitio. *[admetre]* // Aceptar. *[admetre]*

adobar. v. tr. Preparar, aderezar, arreglar en general. *[adobar]* // Sazonar la carne para conservarla. *[adobar]* // Curtir las pieles. *[adobar]*

adobe. m. Especie de ladrillo grueso y macizo. *[atovó]*

adobo. m. Acción y efecto de adobar o de adobarse. *[adob]* // Mezcla de ingredientes para adobar las carnes, las pieles, las tierras, etc. *[adob]* // Afeite, colorete. *[afait]*

adocenar. v. tr. Ordenar o dividir por docenas. *[adotzenar]* // Confundir a uno entre gentes de calidad inferior. *[adotzenar]*

adoctrinar. v. tr. Instruir, enseñar alguna cosa. *[adoctrinar]*

adolescencia. f. Período de la vida que sigue a la infancia. *[adolescència]*

adolescente. adj. y s. Que está en la adolescencia. *[adolescent]*

adopción. f. Acción y efecto de adoptar. *[adopció]*

adoptar. v. tr. Ahijar. *[afillar]* // Apro-

piarse de los pensamientos y obras de otro. *[adoptar]* // Admitir, seguir una opinión, tomar una resolución o acuerdo después de un examen previo o una deliberación. *[adoptar]*
adoptivo, iva. adj. Hecho o adquirido para la adopción. *[adoptiu]*
adoquín. m. Piedra en forma de prisma rectangular. *[llamborda]*
adoración. f. Acción de adorar. *[adoració]*
adorar. v. tr. Prestar culto a Dios, al Santísimo Sacramento del altar, a una divinidad. *[adorar]* // Dar honor y reverencia. *[adorar]* // Amar grandemente. *[adorar]*
adormecer. v. tr. Hacer dormir. *[adormir]* // Hacer perder la sensibilidad de algún miembro del cuerpo. *[adormir]* // **-se.** Empezar a dormirse. *[adormir-se]*
adormilarse. v. pron. Quedarse medio dormido. *[endormiscar-se, abaltir-se]*
adormidera. f. Planta herbácea que produce un jugo blanco y lechoso de donde se extrae el opio. *[cascall]*
adornar. v. tr. Guarnecer alguna cosa de ornamentos. *[adornar]* // Embellecer con afeites. *[afaitar]*
adorno. m. Lo que sirve para adornar. *[adorn]* // Acto de adornar. *[adorn]*
adosar. v. tr. Apoyar algo por la parte posterior contra otra. *[adossar]*
adquirir. v. tr. Alcanzar la posesión de algo por compra, ganancia, etc. *[adquirir, cobrar]*
adrede. adv. Con intención deliberada. *[a posta]*
adscribir. v. tr. Asignar, atribuir. *[adscriure]* // Agregar a alguien al servicio de un cuerpo o entidad. *[adscriure]*
aduana. f. Oficina pública donde se registran las mercaderías que se importan o exportan y se cobran los derechos que se adeudan. *[duana]*
aducir. v. tr. Alegar, presentar prueba, razón o argumento. *[adduir]*
adueñarse. v. pron. Apoderarse de una cosa. *[apropiar-se]*
adulador, ora. adj. y s. Persona que tiene la costumbre de adular. *[adulador, llepacrestes]*
adular. v. tr. Halagar a alguien servilmente para ganarse su confianza, su voluntad. *[adular]*
adulterar. v. tr. e intr. Tr. Sofisticar, contrahacer una cosa. *[adulterar]* // Intr. Cometer adulterio. *[adulterar]*
adulterio. m. Violación de la fe conyugal. *[adulteri]*
adúltero, últera. adj. y s. Quien viola la fe conyugal, quien comete adulterio. *[adúlter]*
adulto, ulta. adj. y s. Que ha llegado al término de la adolescencia, del crecimiento. *[adult]*
adusto, usta. adj. Seco, árido. *[adust]* // fig. De genio áspero. *[adust]*
advenedizo, iza. adj. y s. Extranjero o intruso. *[adventici, venturer]*
adverar. v. tr. Dar por cierta una cosa, o por auténtico un documento. *[adverar]*
adverbial. adj. Relativo al adverbio. *[adverbial]*
adverbio. m. Parte de la oración que modifica al verbo, al adjetivo o a otro adverbio. *[adverbi]*
adversario, aria. adj. y s. Quien va contra otro en lucha o pleito. *[adversari]*
adversativo, iva. adj. Que expresa oposición o antítesis. *[adversatiu]*
adversidad. f. Calidad de adverso. *[adversitat]* // Suerte adversa. *[adversitat]*
adverso, ersa. adj. Contrario, desfavorable. *[advers]* // Desgraciado, infausto. *[advers]*
advertencia. f. Acción y efecto de advertir. *[advertiment]* // En los escritos, nota de atención particular. *[advertència]*
advertir. v. tr. Avisar, hacer saber a alguien alguna cosa que le conviene conocer. *[advertir]*
adviento. m. Tiempo litúrgico anterior a la Navidad, que empieza cuatro domingos antes de esta fiesta. *[advent]*
advocación. f. Título dado a un templo, capilla, altar o imagen, por estar dedicados al Señor, a la Virgen, a un santo, etc. *[advocació]*
adyacente. adj. Al lado mismo, próximo. *[adjacent]*
aéreo, érea. adj. Relativo o perteneciente al aire. *[aeri]*

aeródromo. m. Extensión grande de terreno llano donde los aeroplanos pueden aterrizar, etc. *[aeròdrom]*
aerolito. m. Fragmento de un bólido que cae sobre la tierra. *[aeròlit]*
aeronave. f. Nave aérea. *[aeronau]*
aeroplano. m. Vehículo aéreo, avión. *[aeroplà]*
aeropuerto. m. Aeródromo con estación para el tráfico aéreo. *[aeroport]*
afable. adj. Agradable, bondadoso en el trato. *[afable, amatent]*
afamar. v. tr. Dar fama. *[afamar]*
afán. m. Anhelo vehemente. *[afany]* // Esfuerzo trabajoso, ansioso. *[afany]*
afanar. v. tr. Ganar con afán. *[afanyar]* // **-se.** Trabajar solícitamente. *[afanyar-se]* // Hacer diligencias activas para conseguir algo. *[afanyar-se]*
afanoso, osa. adj. Que exige un esfuerzo penoso, que cuesta mucho trabajo. *[afanyós]* // Que se da prisa. *[afanyós]* // Diligente, solícito, presuroso. *[afanyós]*
afear. v. tr. Hacer volver feo. *[enlletgir]*
afección. f. Modificación o alteración producida en una cosa por otra. *[afecció]* // Estado morboso. *[afecció]* // Inclinación tierna celosa. *[afecció]* // Estimación. *[afecció]*
afectación. f. Exageración estudiada en las maneras, acciones y palabras. *[afectació]*
afectado, ada. adj. Que padece de afectación. *[afectat]* // Presumido en exceso. *[afectat]*
afectar. v. tr. Hablar u obrar con afectación. *[afectar]* // Hacer impresión. *[afectar]* // **-se.** Impresionarse, conmoverse. *[afectar-se]*
afectivo, iva. adj. Relativo o perteneciente al afecto. *[afectiu]*
afecto. m. Cualquier sentimiento que conmueve el alma: la ira, la compasión, el odio, el amor. *[afecte]* // Inclinación favorable hacia alguna persona. *[afecte]*
afectuoso, osa. adj. Que siente o muestra afecto. *[afectuós]*
afeitar. v. tr. Rasurar la barba, cabeza, etc. *[afaitar]* // Adornar. *[afaitar]*
afeite. m. Sustancia usada para embellecer el cutis, en especial la cara. *[afait]*
afeminar. v. tr. Hacer perder a alguien la energía varonil. *[efeminar]*
aféresis. f. Supresión de una o más letras al principio de un vocablo. *[afèresi]*
aferrar. v. tr. Coger fuertemente, fijar, sujetar. *[aferrar]* // **-se.** Insistir tenazmente en una opinión. *[aferrar-se]*
afianzar. v. tr. Dar fianza, garantizar. *[fiançar]* // Afirmar, asegurar. *[afermar]*
afición. f. Tendencia de la voluntad a una persona o cosa que le es agradable, especialmente en arte o deporte, etc. *[afició]*
aficionado, ada. adj. y s. Que cultiva o es amante de algún arte o deporte. *[afeccionat, aficcionat]* // m. y f. Persona que se dedica a un oficio, arte, etc., que no es su profesión. *[aficcionat]*
aficionar. v. tr. Despertar en alguien gusto por algo. *[afeccionar, aficcionar]* // **-se.** Coger cariño a una persona o cosa. *[aficcionar-se]*
afijar. v. tr. Poner afijos. *[afixar]*
afijo, ija. adj. y s. Unido o añadido a una cosa. *[afix]* // Aplicado a una partícula añadida a una palabra para formar otra derivada. *[afix]*
afilador, ora. adj. y s. Quien saca filo o punta a un instrumento cortante o a un lapicero. *[afilador]* // m. Correa para afilar las navajas de afeitar. *[afilador]*
afilar. v. tr. Sacar filo a objetos cortantes. *[afilar]*
afiliar. v. tr. Hacer entrar a alguien como miembro de una corporación o sociedad. *[afiliar]* // Ligar a una asociación madre, hacer entrar en una liga de asociaciones análogas. *[afiliar]*
afiligranar. v. tr. Adornar con filigrana. *[filigranar]* // Dar forma en filigrana. *[filigranar]*
afín. adj. Que tiene afinidad con otra cosa. *[afí]*
afinar. v. tr. Hacer más fino, delicado. *[afinar]* // Poner los instrumentos musicales a tono. *[afinar]* // Poner las balanzas al filo. *[afinar]*
afinidad. f. Parentesco por matrimonio, del marido con los parientes de la mujer o viceversa. *[afinitat]* // Proximi-

dad o acercamiento entre cosas que concuerdan. *[afinitat]*

afirmación. f. Acción y efecto de afirmar. *[afirmació]*

afirmado. m. Capa de grava apretada en el firme de una calle, etc. *[engravat]*

afirmar. v. tr. Dar por cierta una cosa. *[afirmar]* // Atar, clavar alguna cosa en otra para que no se pueda separar. *[fermar]* // **-se.** Ratificar la propia opinión. *[afirmar-se]*

aflicción. f. Acto de afligir, estado de quien está afligido. *[aflicció]* // Congoja, tristeza. *[aflicció]*

afligir. v. tr. Afectar dolorosamente un mal, una desgracia. *[afligir, colpir]*

aflojar. v. tr. e intr. Tr. Poner floja una cosa. *[afluixar]* // Soltar. *[afluixar]* // Intr. Perder fuerza una cosa. *[afluixar]* // Poner un menor esfuerzo en el trabajo. *[afluixar]* // Volverse menos abundante, menos numeroso. *[afluixar]* // Dejar ir aquello que uno tiene. *[amollar]* // Perder intensidad una cosa. *[amollar]* // Soltar o entregar de mala gana. *[amollar]*

aflorar. v. intr. Apuntar, aparecer a ras de tierra una planta, etc. *[aflorar]* // fig. Empezar a manifestarse. *[aflorar]*

afluencia. f. Acción y efecto de afluir. *[afluència]* // Abundancia de palabras o expresiones. *[afluència]*

afluente. adj. Que afluye. *[afluent]* // m. Río que desemboca en otro. *[afluent]*

afluir. v. intr. Correr un líquido hacia un lugar. *[afluir]* // Acudir, concurrir en abundancia. *[afluir]*

afonía. f. Privación del uso de la voz, debida a una afección de las cuerdas vocales. *[afonia]*

afónico, ónica. adj. Falto de voz. *[afònic]*

aforismo. m. Sentencia breve y doctrinal. *[aforisme]*

afortunado, ada. adj. Que tiene fortuna o buena suerte. *[afortunat]*

afrenta. f. Ofensa grave hecha a la cara, públicamente. *[afront]*

africado, ada. adj. Se dice de un sonido producido por una oclusión seguida de una fricción. *[africat]*

afrodisíaco, íaca. adj. Que excita o estimula el apetito venéreo. *[afrodisíac]*

afrontar. v. tr. Poner una cosa enfrente de otra. *[afrontar]* // Hacer frente, arrostrar, resistir. *[afrontar]*

afuera. adv. En la parte exterior, fuera del sitio donde se está. *[fora]* // f. pl. Alrededores de una población. *[afores]*

agachado, ada. adj. Encorvado, inclinado hacia abajo. *[cot]*

agachar. v. tr. Inclinar una cosa hacia el suelo. *[acatxar]* // Inclinar, dirigir hacia abajo una parte del cuerpo. *[ajupir]* // Inclinar la parte superior del cuerpo hacia adelante. *[acotar]* // **-se.** Inclinarse, doblegar el cuerpo inclinando la cabeza y la espalda hacia abajo. *[ajupir-se]*

agalla. f. Excrecencia que se forma en el roble u otros árboles, por la picadura de insectos. *[ballaruga]* // Cada una de las aberturas de la respiración de los peces. *[ganya]*

ágape. m. Convite de caridad entre los primeros cristianos. *[àgape]* // Banquete. *[àgape]*

agarrado, ada. adj. Aplicado a la persona excesivamente ahorradora. *[agarrat]*

agarrar. v. tr. Coger una cosa con la mano. *[agafar]* // Coger una cosa fuertemente con las manos. *[agarrar]* // Atrapar, asir. *[agarrar, agafar]*

agarrotar. v. tr. Estrangular por medio de un garrote. *[garrotar]* // Estrechar, ceñir con una ligadura. *[garrotar]*

agasajar. v. tr. Tratar con atención expresiva y cariñosa. *[afalagar]*

agasajo. m. Acción de agasajar. *[afalac]*

ágata. f. Variedad de cuarzo duro, translúcido, de colores en franjas. *[àgata]*

agavillar. v. tr. Hacer gavillas. *[agavellar]* // Recoger sin dejar nada para los otros. *[acaparar]*

agazaparse. v. pron. Inclinarse doblando las rodillas y bajando el cuerpo hasta casi tocar el suelo. *[ajupir-se]* // Contraerse, encoger los músculos del cuerpo. *[arrupir-se]*

agencia. f. Oficio y cargo de agente. *[agència]* // Oficina del agente. *[agència]*

agenciar. v. tr. Hacer diligencias para conseguir alguna cosa. *[agenciar]*

agenda. f. Libro de carácter práctico para apuntar datos, para el ejercicio de alguna profesión y que sirve para anotar con el fin de no olvidar las cosas que uno ha de hacer. *[agenda]*
agente. adj. Que obra, que produce algún efecto. *[agent]* // m. Quien tiene la misión de obrar por alguien. *[agent]*
ágil. adj. Que se mueve con ligereza y facilidad. *[àgil]*
agilidad. f. Calidad de ágil. *[agilitat]*
agitar. v. tr. Mover con rapidez o violencia. *[agitar]* // Zarandear. *[agitar]* // Conmover, perturbar. *[agitar]*
aglomerar. v. tr. Reunir en masa compacta, amontonar. *[aglomerar]*
aglosia. f. Ausencia congénita de lengua. *[aglòssia]*
aglutinar. v. tr. Formar un conjunto compacto con trozos o partículas. *[aglutinar]*
agnombre. m. El cuarto nombre de los romanos que se ponía en el apellido. *[agnom]*
agobiar. v. tr. Hacer que se doble o incline una cosa por el mucho peso. *[aclaparar]* // Causar gran fatiga. *[afeixugar]*
agobio. m. Acción y efecto de agobiar o de agobiarse. *[afeixugament]* // Sofoco, angustia. *[angoixa]*
agonía. f. Angustia del alma. *[agonia]* // Última lucha de la vida contra la muerte. *[agonia]*
agonizar. v. intr. Sufrir la agonía de la muerte. *[agonitzar]* // Estar a punto de morir. *[agonitzar]*
ágora. f. Plaza pública en las ciudades de la antigua Grecia donde se celebraban las reuniones políticas y se administrataba justicia. *[àgora]*
agorgojarse. v. pron. Carcomerse las semillas. *[querar-se]*
agostar. v. tr. Consumir, decaer, causar en un ser vivo una disminución de la humedad interna que necesita para vivir lozano. *[corsecar]* // **-se.** Abrasarse los sembrados. *[escaldar-se]*
agosto. m. El octavo mes del año. *[agost]*
agotar. v. tr. Vaciar completamente el líquido de un recipiente. *[esgotar]* // Consumirse de pena, de trabajo, de nostalgia, etc. *[esgotar-se, corsecar-se]*
agracejo. m. Uva que no llega a madurar. *[agrassot]* // Oliva que cae del árbol antes de madurar, y que tiene poco aceite. *[torró]*
agraciado, ada. adj. Que es bien parecido, tiene la cara bien hecha, agradable. *[bencarat]*
agraciar. v. tr. Conceder gracia o merced. *[agraciar]* // Dar gracia y buen parecer. *[agraciar]*
agradable. adj. Que complace, contenta. *[agradable]* // De trato placentero. *[agradós]*
agradar. v. intr. Contentar, complacer, ser grato, dar buena impresión, satisfacer el gusto. *[agradar]*
agradecer. v. tr. Corresponder con gratitud los beneficios recibidos. *[agrair]* // Demostrar reconocimiento y estimación por algún beneficio. *[agrair]*
agradecido, ida. adj. Que agradece, que siente gratitud. *[agraït]*
agrado. m. Satisfacción que se encuentra con alguien o algo. *[grat]*
agramaderas. f. pl. Especie de banco de madera con un mango que sirve para picar el cáñamo. *[abargues]*
agramar. v. tr. Batir el cáñamo o el lino para separar la fibra. *[abargar, bregar]*
agrandar. f. Hacer más grande. *[engrandir]*
agrario, aria. adj. Perteneciente o relativo al campo. *[agrari]*
agravar. v. tr. Hacer más grave de lo que era. *[agreujar]* // **-se.** Empeorar un enfermo, etc. *[agreujar-se]*
agraviar. v. tr. Hacer agravio a uno. *[agreujar]*
agravio. m. Ofensa de hecho o de palabra. *[greuge]* // Grave motivo de queja. *[greuge]*
agredir. v. tr. Acometer a alguien de obra o de palabra. *[agredir]*
agregar. v. tr. Unir unas cosas con otras. *[agregar]*
agremiar. v. tr. Agrupar gente formando gremios. *[agremiar]* // **-se.** Agruparse formando grupo, gremio. *[agremiar-se]*
agresión. f. Acción y hecho de agredir. *[agressió]*
agresivo, iva. adj. Que implica provoca-

ción o ataque. *[agressiu]* // Propenso a ofender. *[agressiu]*
agresor, ora. adj. y s. Que comete agresión. *[agressor]*
agreste. adj. Campesino o perteneciente al campo. *[agrest]*
agriar. v. tr. Hacer que se vuelva agrio. *[agrir]*
agricultor, ora. m. y f. Quien trabaja la tierra. *[agricultor]*
agricultura. f. El arte de trabajar la tierra. *[agricultura]*
agridulce. adj. Que tiene un sabor agrio y dulce a la vez. *[agredolç]*
agrifolio. m. Árbol de hoja espinosa y corteza amarillenta, acebo. *[grévol]*
agrillo. adj. Ligeramente agrio. *[agrós]*
agrio, agria. adj. Que tiene una acidez desagradable. *[agre]* // fig. De mal trato. *[agre]* // Que tiende a ser ácido. *[agrenc]*
agronomía. f. Conjunto de conocimientos aplicables al cuidado de la tierra. *[agronomia]*
agrónomo, ónoma. adj. y s. Entendido en agronomía. *[agrònom]*
agrumarse. v. pron. Reunir en grumos, aterronarse. *[agrumar-se]*
agrupar. v. tr. Reunir en un grupo o en grupos. *[agrupar]*
agrura. f. Calidad de agrio. *[agror]* // Sabor ácido. *[agrura]*
agua. f. Sustancia líquida sin color, olor, ni sabor en su estado de pureza. *[aigua]*
aguacero. m. Lluvia fuerte, abundante y rápida. *[bàtec, xàfec]*
aguado, ada. adj. Que contiene agua. *[aiguat]*
aguafuerte. m. Ácido nítrico diluido en agua. *[aiguafort]* // Grabado obtenido por la acción del aguafuerte. *[aiguafort]*
agualimón. m. Bebida helada, hecha con agua, azúcar, limón y canela. *[aiguallimó]*
aguamarina. f. Piedra fina de color azul o verde marino. *[aiguamarina]*
aguanieve. f. Mezcla de lluvia y nieve. *[aiguaneu]* // Nieve que cae medio fundida. *[aiguaneu]*
aguanoso, osa. adj. Que tiene exceso de agua, saturado de agua, excesivamente húmedo. *[aigualós]* // Cargado de agua. *[aiguós]*
aguantar. v. tr. Recibir, sin ceder, el peso de una cosa o un esfuerzo cualquiera. *[aguantar]* // Resistir las fatigas. *[aguantar]* // Soportar. *[aguantar]*
aguante. m. Fortaleza para aguantar. *[aguant]*
aguar. v. tr. Poner agua, mezclar con agua, hacer más rico en agua un líquido como el vino, licor, leche, etc. *[aigualir]* // fig. Rebajar de tono, de intensidad. *[aigualir]*
aguardiente. m. Licor espirituoso obtenido por destilación del vino, etc., a menudo aromatizado. *[aiguardent]*
aguarrás. m. Esencia de trementina. *[aiguarràs]*
aguazal. m. Tierra pantanosa. *[aiguamoll]*
agudeza. f. Ocurrencia viva y producida de improviso. *[acudit]* // Calidad de agudo. *[agut]* // Dicho, ocurrencia. *[agudesa]*
agudo, uda. adj. Que acaba en punta. *[agut]* // Sutil, perspicaz, gracioso. *[agut]* // Que produce una sensación viva, penetrante. *[agut]* // Aplicado al sonido y a la voz altos. *[agut]* // Aplicado al acento que baja de derecha a izquierda. *[agut]*
agüero. m. Augurio, pronóstico, indicio del porvenir. *[averany]*
aguijada. f. Bastón con una punta de hierro para picar a los toros. *[agullada]*
aguijar. v. tr. Aguijonear. *[agullonar]*
aguijón. m. Pincho. *[fibla]* // Púa en el abdomen de las abejas y otros insectos. *[fibló]*
aguijonar o **aguijonear.** v. tr. Pinchar con la aguijada. *[agullonar]* // fig. Estimular, incitar. *[agullonar]*
águila. f. Pájaro de rapiña diurno, notable por su fuerza, su vista penetrante y vuelo rápido. *[àguila]*
aguilucho. m. Pájaro de rapiña diurno, menos robusto que las águilas, de alas largas y cola corta. *[aligot]* // Águila menuda, cría del águila. *[aguiló]*
aguinaldo. m. Regalo dado a alguien en Navidad, Epifanía, o también en otra

fiesta u ocasión *[estrena]* // Villancico de Navidad. *[nadala)*

aguja. f. Barrita fina de metal para asegurar la ropa. *[agulla]* // Aquella que tiene ojo y sirve para coser y bordar. *[agulla]* // Todo aquello que tiene forma de aguja, como la manecilla de un reloj. *[agulla]* // Pez larguirucho y verdoso. *[agulla]*

agujerear. v. tr. Hacer un agujero. *[foradar]*

agujero. m. Abertura que atraviesa un cuerpo o se mete dentro. *[forat]*

agusanado, ada. adj. Lleno de gusanos. *[cucat]*

agusanarse. v. pron. Criar gusanos, llenarse de gusanos. *[cucar-se]*

aguzanieves. f. Pájaro muy pequeño que vive en parajes húmedos. *[piuleta]*

aguzar. v. tr. Hacer que acabe en punta algo, o adelgazar la que ya tiene. *[afuar, agusar]*

¡ah! interj. Expresa dolor, alegría, indignación, sorpresa, placer, etc. *[ah!]*

aherrojado, ada. adj. Sujetado con cadenas o grilletes. *[ferrat]*

aherrojar. v. tr. Sujetar con cadenas o grilletes. *[ferrar]*

aherrumbrar. v. tr. Dar a una cosa color o sabor de hierro. *[rovellar]*

ahí. adv. En ese lugar. *[aquí]*

ahigado, ada. adj. Que tiene forma o apariencia de un higo. *[afigat]* // fig. Falta de fuerza o de carácter enérgico. *[afigat]*

ahijado, ada. adj. y s. Hijo adoptivo. *[afillat]* // Cualquier persona respecto de sus padrinos. *[fillol]*

ahijar. v. tr. Adoptar como hijo. *[afillar]* // Apadrinar en el bautismo. *[apadrinar]*

ahitar. v. tr. Causar empacho, empachar excesivamente. *[enfitar]*

ahogar. v. tr. Sofocar, apagar el fuego acumulando materias que lo priven de aireamiento. *[enforfoguir]* // Privar de aire un espacio por exceso de personas o cosas acumuladas. *[enforfoguir, ofegar]* // **-se.** Ahogarse, acalorarse, ponerse nervioso. *[enforfoguir-se, ofegar-se]*

ahogo. m. Opresión en el pecho, que impide respirar con libertad. *[ofec]*

ahondar. v. tr. Hacer más hondo. *[afondir]*

ahora. adv. En el tiempo presente, en el tiempo o momento actual. *[ara]* // conj. A pesar de ello. *[ara]*

ahorcar. v. tr. Colgar a la fuerza. *[enforcar]*

ahorrar. v. tr. No consumir, dejar de gastar. *[estalviar]* // Evitar algún trabajo arriesgado, dificultad, etc. *[estalviar]* // Economizar, privarse de gastar alguna cosa. *[alforrar]*

ahorro. m. Acción y efecto de ahorrar, de economizar. *[estalvi]*

ahuecar. v. tr. Poner hueca o cóncava una cosa. *[estufar]* // Mullir, hacer menos compacta una cosa. *[estufar, esponjar]*

ahumada. f. Hoguera que se hace como señal en atalayas y otros lugares elevados. *[alimara]*

ahumar. v. tr. Exponer a la acción del humo. *[fumar]* // Ennegrecer por la acción del humo. *[fumar]*

ahuyentar. v. tr. Hacer huir de un lugar a los animales con gritos y con movimientos de amenaza. *[ahuixar]*

airado, ada. adj. Encendido de ira, irritado. *[airat]*

airar. v. tr. y pron. Irritar, enojar. *[irritar, aïrar]*

aire. m. Fluido gaseoso transparente, invisible, inodoro e insípido, que envuelve la tierra. *[aire]* // Viento, aire en movimiento. *[aire]* // fig. Apariencia, aspecto, actitud de una cualidad personal. *[aire]* // Manera de moverse, gracia en hacer las cosas. *[aire]*

airear. v. tr. Someter a la acción del aire. *[airejar]*

airoso, osa. adj. Aplicado al tiempo cuando hace aire. *[ventós]* // Aplicado al lugar donde hace aire. *[ventós]* // Con aire, gracia, gentileza. *[airós]*

aislado, ada. adj. Separado de los otros elementos de un conjunto. *[espars, aïllat]* // f. Estrofa aislada. *[esparsa]*

aislar. v. tr. Separar una persona o cosa de todas las demás. *[isolar, aïllar]*

ajar. v. tr. Quitar a algo su aspecto de nuevo o su lozanía, con el uso, con el mal trato, manoseándola, etc. *[atrotinar]*

ajedrea. f. Planta labiada muy olorosa; la de monte se usa como condimento y en infusión como estomacal. *[sajolida]*

ajedrez. m. Juego de cálculo, encima de un tablero dividido en sesenta y cuatro casillas. *[escacs]* // Cada una de las piezas y cuadros del juego del ajedrez. *[escac]*

ajenjo. m. Licor hecho con hojas de doncel. *[absenta]*

ajeno, ena. adj. Que no es propio, que pertenece a otro. *[alié]*

ajetrearse. v. pron. Fatigarse con algún trabajo o yendo y viniendo. *[esfreixurar-se]*

ajipebre. m. Salsa compuesta de ajo, pimienta roja, aceite, guindilla y sal, muy popular en el País Valenciano, sobretodo en la Ribera Baixa, donde se condimenta preferentemente con anguilas. *[all-i-pebre]*

ajo. m. Planta hortícola vivácea, que produce un bulbo con dientes que se usa como condimento. *[all]*

ajoaceite. m. Salsa compuesta de ajo, aceite y sal con clara de huevo emulsionado. *[all-i-oli]*

ajuar. m. Cantidad de dinero u otros bienes que la mujer aporta al matrimonio. *[aixovar]* // Conjunto de ropa de uso personal y de la casa que la mujer aporta al matrimonio. *[aixovar]*

ajustar. v. tr. Poner una puerta, ventana, etc., en posición de cerrarlas, pero sin pasar el cerrojo. *[ajustar]* // Unir bien. *[conjuntar]*

ajuste. m. Acción y efecto de ajustar. *[ajust]* // Convenio, acuerdo. *[ajust]*

ajusticiar. v. tr. Castigar a un reo con la pena de muerte. *[ajusticiar]*

al. Contracción de la preposición «a» y el artículo «el». *[al]*

ala. f. Parte del cuerpo de ciertos animales que les sirve para volar. *[ala]* // Por extensión, parte de un edificio, etc., que sobresale hacia afuera. *[ala]* // Elemento de sustentación de un avión en vuelo. *[ala]* // fig. f. pl. Libertad, osadía. *[ales]*

alabanza. f. Acción y efecto de loar, de alabar. *[llaor]*

alabar. v. tr. Celebrar con palabras las buenas cualidades de una persona o cosa, elogiar. *[lloar]*

alabarda. f. Arma en forma de lanza con un travesero que tiene forma generalmente de media luna por una parte y en punta por la otra. *[alabarda]*

alabastro. m. Variedad de yeso generalmente blanco, del cual se hacen adornos, ornamentos, etc. *[alabastre]* // Variedad de mármol. *[alabastre]*

alabearse. v. tr. Dar forma alabeada a una superficie. *[guerxar]* // **-se.** Deformarse por contracción, especialmente la madera, una puerta, un mueble, etc. *[garsar-se]*

alacrán. m. Escorpión. *[alacrà]*

aladar. m. Mechón de cabellos que cae sobre las sienes. *[polsera]*

alambique. m. Aparato para destilar los líquidos. *[alambí]*

alambre. m. Cobre trabajado en plancha. *[aram, fil d'aram]* // Hilo metálico de alambre o hierro. *[aram, fil d'aram]*

alambrera. f. Especie de jaula de alambre que, puesta sobre el brasero, servía para no quemarse los pies. *[pollera]*

alameda. f. Lugar plantado de álamos. *[albereda]*

álamo. m. Árbol de ribera, de hojas caducas, que se eleva a gran altura. *[àlber]* // Árbol blanco. *[àlber]*

alarbe. adj. y s. Árabe. *[alarb]* // m. fig. Hombre inculto y brutal. *[alarb]*

alarde. m. Revista militar. *[alardo]* // Manifestación de mucha gente. *[alardo]* // Simulacro de combate de las fiestas de moros y cristianos. *[alardo]*

alardear. v. intr. Vanagloriarse, valorar indebidamente los propios merecimientos, las propias riquezas. *[gloriar-se]*

alargador, ora. adj. Que alarga o hace alargar. *[allargador]*

alargar. v. tr. e intr. Tr. Hacer más largo. *[allargar]* // Aplazar. *[allargar]* // Intr. Hacer llegar a una distancia mayor o menor un proyectil. *[allargar]* // Durar una cosa que se va consumiendo. *[allargar]*

alarido. m. Grito, vocerío. *[ahuc]* // Grito lastimero o de alegría. *[ahuc]* // Sonido agudo y áspero de los pájaros nocturnos y grito que lo imita. *[esgarip]*

alarma. f. Inquietud causada por la aproximación del enemigo. *[alarma]*

// Orden de coger las armas. *[alarma]*
alarmar. v. tr. Poner sobre aviso, dar la alarma. *[alarmar]*
alba. f. La primera luz del día. *[alba]* // Vestidura de tela blanca que el sacerdote se pone para celebrar misa. *[alba]*
albacea. m. y f. Persona nombrada por el testador para asegurar el cumplimiento de su última voluntad. *[marmessor]*
albacora. f. Pez parecido al bonito. *[bacora]*
albada. f. Tiempo que transcurre desde el comienzo del alba hasta la salida del sol. *[albada]* // Música compuesta para ser cantada a la hora del alba. *[albada]*
albahaca. f. Planta anual de la familia de las labiadas, muy olorosa. *[alfàbega]*
albañal. m. Riego o regadora por donde se escurre el agua que va hacia una balsa. *[aigüera]* // Canal o conducto subterráneo para dar salida a las aguas sobrantes o sucias. *[albelló]*
albarán. m. Recibo que firma el destinatario de una mercancía cuando la recibe. *[albarà]* // Papel blanco que se pone en las casas para indicar que se alquila. *[albarà]*
albarda. f. Pieza del aparejo de las bestias de carga. *[albarda]*
albardar. v. tr. Poner la albarda a una bestia. *[albardar]*
albaricoque. m. Fruto del albaricoquero. *[albercoc]*
albaricoquero. m. Árbol de la familia de los rosáceos que se cultiva por sus frutos comestibles. *[albercoquer]*
albedrío. m. Facultad de determinarse por una cosa más que por otra. *[arbitri]* // Manera subjetiva de ver una cosa, juicio. *[arbitri]* // Libre voluntad. *[albir]*
albellón. m. Desaguadero de estanques y corrales. *[desguàs]*
alberca. f. Depósito artificial de agua. *[bassa]*
albérchigo. m. Árbol de la familia de las rosáceas que produce un fruto comestible carnoso. *[presseguer]*
albergar. v. tr. e intr. Tr. Dar albergue. *[albergar]* // Intr. Tomar albergue. *[albergar]*
albergue. m. Casa donde se encuentra alojamiento. *[alberg]* // Lugar de refugio, de estancia. *[alberg]*
albino, ina. adj. Que tiene la piel, el pelo, el iris, etc., más o menos blanco por falta de pigmento. *[albí]*
albóndiga. f. Bola de carne o pescado picado y trabajado con ralladuras de pan, huevos y especias. *[mandonguilla]*
albor. m. Luz del alba. *[albor]*
alborada. f. Tiempo que transcurre desde el comienzo del alba hasta la salida del sol. *[albada]* // Música al amanecer para festejar a alguien. *[albada]*
albornoz. m. Capa con capucha que llevan los moros del norte de África. *[barnús]* // Pieza de abrigo larga, con mangas, especialmente el que se pone sobre el vestido de baño. *[barnús]*
alboroque. m. Convite que hace el comprador o el vendedor a los que intervienen en la venta. *[alboroc, alifara]*
alborotar. v. tr. Hacer tumulto. *[avalotar]* // Alzarse en levantamiento o motín un grupo, un bando, un pueblo, etc. *[avalotar]*
alboroto. m. Ruido, confusión, desorden. *[aldarull]* // Alzamiento popular, tumulto. *[avalot]* // Gritos o sonidos muy fuertes. *[avalot]*
albricias. f. pl. Buena noticia. *[albíxeres]* // Regalo que se da al portador de buenas noticias. *[albíxeres]*
albufera. f. Laguna formada por agua de mar en playas bajas. *[albufera]*
álbum. m. Libro en blanco destinado a llenarlo con autógrafos, fotografías, sellos, dibujos, escritos, etc. *[àlbum]*
albur. m. Pez teleósteo de agua dulce, parecido a la carpa. *[albor]* // Azar. *[atzar]*
albura. f. Blancura perfecta. *[blancúria]*
alburno. m. Pez teleósteo de agua dulce, parecido a la carpa. *[albor]*
alcabor. m. Bovedilla del techo del horno; cámara arriba del horno. *[alcavor]* // Calor íntimo. *[alcavor]*
alcachofa. f. Piña de la alcachofera. *[carxofa]*
alcachofera. f. Planta de la familia de las compuestas, cultivada por sus frutos. *[carxofera]*

alcahuete, eta. m. y f. Encubridor de amores ilícitos. *[alcavot]*
alcahuetear. v. intr. Hacer actos de alcahuete, inducir a una mujer a tener comercio carnal con un hombre. *[alcavotejar]*
alcaide. m. Quien tiene a su cargo la guarda, el mando de un castillo. *[alcaid]*
alcalde. m. Primer magistrado municipal de una ciudad, villa, etc. *[alcalde]*
alcaldesa. f. Mujer del alcalde. *[alcaldessa]* // Mujer que preside un municipio. *[alcaldessa]*
alcaldía. f. Cargo y dignidad de alcalde y territorio de su jurisdicción. *[alcaldia]*
álcali. m. Parte soluble de las cenizas de ciertas plantas. *[àlcali]*
alcance. m. Distancia a que llega el brazo o el tiro de un arma *[abast]* // fig. Trascendencia, consecuencia importante de una obra del espíritu humano. *[importància, trascendència]* // En una cuenta o negocio, saldo deudor. *[dèficit]* // Usado generalmente en plural y sólo en frases de sentido negativo. *[talent, capacitat]*
alcanfor. m. Sustancia aromática, volátil, extraída del alcanforero. *[càmfora]*
alcanforero. m. Árbol de la familia de la lauráceas del que se extrae el alcanfor. *[camforer]*
alcantarilla. f. Conducto subterráneo por donde se escurren las aguas. *[androna, claveguera]*
alcanzar. v. intr. i tr. Intr. Ser capaz por altura, potencia, etc., de llegar a alguna cosa. *[abastar]* // Tr. Tener, alargando la mano o sirviéndose de un instrumento, alguna cosa que está en lugar alto y distante. *[abastar]* // Llegar a juntarse con una persona o cosa que va delante. *[aconseguir]* // fig. Llegar al objetivo que uno se propone, a obtener aquello que uno desea. *[aconseguir]* // Atrapar una cosa. *[amaitinar]* // Llegar a tocar, conseguir. *[aplegar]* // Abastar, abastecer. *[arribar]*
alcaparra. f. Mata de la familia de las caparidáceas, ramosa, de tallos espinosos y flores blancas y grandes cuyo fruto son las alcaparras. *[taperera]* // Botón floral comestible de la alcaparra. *[tàpera]*
alcaraván. m. Pájaro de piernas largas de la Albufera de Elche, riberas y márgenes, de origen africano, de color rojizo y alas blancas y negras. *[alcaravà]*
alcaudón. m. Pájaro de plumaje ceniciento y azulado que ataca a los pájaros más débiles. *[botxí]*
alcazaba. f. Castillo fortificado. *[alcassaba]*
alcázar. m. Palacio real, fortaleza. *[alcàsser]* // En un barco, el espacio que hay entre el palo mayor y la entrada al camarote. *[alcàsser]*
alcoba. f. Habitación para dormir. *[alcova]*
alcohol. m. Esencia del vino, líquido, incoloro, volátil e inflamable. *[alcohol]*
alcoholizar. v. tr. Intoxicar por el alcohol. *[alcoholitzar]* // Mezclar con alcohol. *[alcoholitzar]*
alcornoque. m. Árbol cupulífero cuya corteza constituye el corcho. *[surera]*
alcorzar. v. tr. Cubrir con un baño de azúcar y almidón o clara de huevo. *[carar]*
alcotana. f. Herramienta parecida a un martillo, pero que tiene el hierro acabado en corte horizontal por un extremo y en corte vertical por el otro. *[picola]*
alcuza. f. Vasija de forma cónica en que se tiene el aceite. *[setrill]*
aldaba. f. Anilla de llamar a la puerta. *[balda]*
aldabada. f. Golpe dado en la puerta con la argolla, o en la campana con el badajo. *[pic]*
aldabilla. f. Pasador que asegura puertas y ventanas. *[baldelló]*
aldea. f. Pueblecito sin jurisdicción propia, que depende de otro pueblo. *[aldea]*
aleación. f. Mezcla de metales obtenidos por fusión. *[aliatge, lliga]*
alear. v. tr. e intr. Tr. Combinar metales. *[aliar]* // Intr. Mover, agitar las alas sin volar. *[aletejar]* // Mover los brazos como alas. *[aletejar, alejar]*
aleccionar. v. tr. Instruir en alguna materia, enterarse. *[alliçonar]*
alegar. v. tr. Citar o retraer hechos, ejemplos, testimonios, etc., para probar o justificar lo que se dice. *[al·legar]*

alegato. m. Exposición de las razones en que se fundamenta alguna cosa. *[al·legat]*

alegoría. f. Uso seguido de metáforas para dar a entender una cosa expresando otra. *[al·legoria]* // Lo que representa una cosa por semejanza sugestiva, emblema. *[al·legoria]*

alegre. adj. Que siente alegría, que está contento, gozoso. *[alegre]* // Que da alegría o hecho con alegría. *[alegrívol]*

alegría. f. Sentimiento de placer que nace generalmente de una viva satisfacción del alma. *[alegria]*

alejar. v. tr. Apartar lejos. *[allunyar]*

aleluya. interj. Exclamación de alabanza a Dios. *[al·leluia]* // Expresión de gran alegría. *[al·leluia]* // m. Composición litúrgica que empieza con esta exclamación. *[al·leluia]* // f. Planta de Pascua. *[al·leluia]* // f. Conjunto de estampas acompañadas cada una de una leyenda, las cuales se refieren a los diferentes episodios de una historia, etc. *[auca]*

alemán, ana. adj. y s. Natural o propio de Alemania. *[alemany]* // m. Lengua alemana. *[alemany]*

alentar. v. intr. y tr. Intr. Respirar. *[respirar]* // Tr. Animar, infundir aliento, dar vigor. *[encoratjar]*

alergia. f. Sensibilidad del organismo por la acción de ciertas sustancias. *[al·lèrgia]*

alero. m. Parte inferior del tejado, que sale fuera de la pared. *[ràfec, volada]*

alerta. f. Grito de los centinelas de noche. *[alerta]* // adv. Con vigilancia y atención. *[alerta]* // Interj. Para avisar a alguien de algún peligro. *[alerta]*

alertar. v. tr. Poner en estado de aviso; prevenir contra un peligro. *[alertar]*

aletargar. v. tr. Causar letargo, turbar. *[ensopir]*

aletear. v. intr. Mover, agitar las alas sin volar. *[aletejar, alejar]*

alevosía. f. Cautela con que el delincuente asegura la comisión de un delito contra personas, evitando el riesgo de la defensa del ofendido. *[traïdoria]*

alfabetizar. v. tr. Ordenar alfabéticamente. *[alfabetitzar]* // Enseñar a leer y a escribir, o bien instruir, sobre todo a personas adultas. *[alfabetitzar]*

alfabeto. m. Serie de letras utilizadas en la escritura de un idioma. *[alfabet]*

alfalfa. f. Planta vivácea, herbácea cultivada para forraje. *[alfals]*

alfanje. m. Sable corto y curvo, con filo sólo de un lado. *[alfange]*

alfaquí. m. Doctor de la ley entre los mahometanos. *[alfaquí]*

alfarería. f. Arte de fabricar vasijas de barro. *[olleria]*

alfarero. m. El que hace o vende escudillas. *[escudeller, oller]*

alfarraz. m. Evaluación hecha a ojo de la cantidad de una cosecha. *[alfarràs]*

alfarrazar. v. tr. Calcular a ojo la cantidad de fruta de los árboles de un campo para evaluar la cosecha. *[alfarrassar]*

alférez. m. Oficial del ejército que manda una sección. *[alferes]*

alficoz. m. Fruto del cohombro. *[alficòs]* // Planta herbácea de flores fasciculadas con un cáliz peludo y fruto alargado, cilíndrico y comestible. *[alficossera]*

alfil. m. Pieza del ajedrez que camina diagonalmente. *[alfil]*

alfiler. m. Clavillo, generalmente de metal, con punta en uno de sus extremos y una cabecilla en el otro, que sirve para sujetar partes del vestido. *[agulla]*

alfiletero. m. Estuche o tubito de madera, metal, etc., para guardar las agujas. *[canó, canonet]*

alfolí. m. Apartamento de la almácera donde se depositan las aceitunas. *[alforí]* // Cada una de las casillas de un granero. *[alforí]*

alfombra. f. Tejido con que se cubre el pavimento para ornamento o abrigo. *[catifa]*

alforja. f. Saco cosido por los cabos y abierto por el medio para llevar provisiones. *[alforja]*

alforza. f. Pliegue alrededor de una falda o vestido talar. *[plegó]*

alga. f. Nombre de diferentes plantas talófitas que se crían en el agua. *[alga]*

algarabía. f. Lengua arábiga. *[algaravia]*

algarroba. f. Planta leguminosa cuya semilla se da de comer a los animales. *[garrofa]*

algarrobo. m. Árbol de la familia de las palionáceas, cuyo fruto sirve de alimento a las caballerías y otras bestias. *[garrofer]*

algazara. f. Griterío con que un grupo de gente manifiesta su alegría. *[gatzara]*

álgebra. f. Parte de las matemáticas que tratan del estudio de las ecuaciones. *[àlgebra]*

álgido, álgida. adj. Enfermedad que va acompañada de un frío intenso. *[àlgid]* // Período de máxima gravedad o importancia en un negocio, en un proceso evolutivo, etc. *[àlgid]*

algo. pron. indef. Expresa el concepto general de *cosa* en contraposición a *nada*. *[res, alguna cosa]* // adv. Un poco, no del todo, hasta cierto punto. *[un poc]*

algodón. m. Planta malvácea que tiene por fruto una cápsula llena de una borra blanca y textil. *[cotó]* // Esta misma borra. *[cotó]* // **algodón en rama.** Algodón sin elaborar, algodón flojo. *[cotó-en-pèl]*

algodonero. m. Arbusto de la familia de las malváceas que produce el algodón. *[cotoner]*

alguacil. m. Oficial ejecutor de órdenes, etc., de una autoridad. *[agutzil]*

alguerés, esa. adj. y s. Natural o propio de la ciudad del Alguer. *[alguerés]*

alguien. pron. indef. Una persona cualquiera, no determinada. *[algú, qualcú]*

algún. adj. Apócope de alguno, que se emplea sólo ante nombres masculinos. *[algun]*

alguno, una. adj. Se aplica, entre varios, a una persona o cosa indeterminada. *[algun]* // En cierta cantidad, ni poco ni mucho. *[algun]* // pron. indef. Alguna persona, alguien. *[algú, qualcú]*

alhaja. f. Joya. *[joia, joiell]*

alharaca. f. Demostración excesiva de la vehemencia de algún sentimiento. *[escarafall]*

alhelí. m. Planta crucífera de jardín, de flores sencillas o dobles, de varios colores y agradable olor. *[viola]*

alhóndiga. f. Establecimiento para la compra y venta de mercancías o para depositar grano. *[alfòndec]*

alhorre. m. Erupción, inflamación que sale a los niños recién nacidos en la boca, culo, etc., producida por el fuego o inflamación del estómago e intestinos. *[forret, forro]* // Excremento de las criaturas recién nacidas. *[carbonada]*

aliacán. m. Absorción de la bilis. *[aliacrà]*

aliaga. f. Arbusto espinoso de flores amarillas que sirve de pasto para el ganado. *[argelaga]*

aliaje. m. Combinación de dos o más metales. *[aliatge]*

alianza. f. Acción de aliar o de aliarse dos o más pueblos o personas. *[aliança]* // Anillo de matrimonio. *[aliança]*

aliar. v. tr. Unir dos o más pueblos a través de un tratado. *[aliar]* // Unir mediante un pacto. *[aliar]* // Unir cosas dispares. *[aliar]*

alicaído, ída. adj. Triste, abatido, cabizbajo. *[moix]*

alicantino, ina. adj. y s. Natural o propio de Alicante. *[alacantí]*

alicates. m. pl. Tenacillas de acero con puntas cuadrangulares o cónicas que sirven para coger objetos menudos o torcer alambres, chapitas o cosas parecidas. *[alicates]*

aliciente. m. Aquello que atrae. *[al·licient]*

alícuota. adj. Aplicado a la parte contenida un número exacto de veces dentro de un conjunto. *[alíquota]*

alienación. f. Acción y efecto de alienar o alienarse. *[alienació]*

alienar. v. tr. Pasar a otro el dominio de una cosa. *[alienar]* // Hacer perder el uso de la razón o de los sentidos. *[alienar]*

aliento. m. Aire expelido por la respiración. *[alé]*

alifafe. m. Enfermedad crónica o defecto habitual físico. *[alifac]* // Tumor sinovial que sale a los solípedos. *[alifac]*

aligerar. v. tr. Hacer más ligero a alguien o a alguna cosa. *[alleugerir]* // Quitar peso, hacer ligero. *[alleujar]*

alijo. m. Conjunto de géneros de contrabando. *[transbord]*

alimara. f. Hoguera que se hace como señal en atalayas y otros lugares elevados. *[alimara]*

alimentación. f. Acción y efecto de alimentar o alimentarse. *[alimentació]*

alimentar. v. tr. Dar alimento, sustentar, mantener. *[alimentar]*

alimento. m. Todo lo que proporciona el sostenimiento o nutrición del cuerpo o de alguna otra cosa. *[aliment]*

alinear. v. tr. Poner en una línea determinada. *[alinear]* // Colocar en línea recta. *[alinear, arrastellar]*

aliñado, ada. adj. Extremadamente cuidado en la ropa o en la presentación en general. *[llepat, amanit]*

aliñar. v. tr. Aderezar, condimentar. *[amanir]*

alisar. v. tr. Hacer lisa alguna cosa. *[allisar]*

alisios. adj. y s. Aplicado a los vientos que soplan en la zona tropical en dirección nordeste a sudoeste o de sudeste a nordeste. *[alisis]*

alistar. v. tr. Poner en lista, especialmente incorporar a un ejército, etc. *[allistar]*

aliviar. v. tr. Hacer ligero. *[alleugerir]* // Liberar a uno de una parte de su sufrimiento físico o moral. *[alleujar]* // Mitigar, hacer más leve, más pasable, más soportable, un sufrimiento físico o moral, un trabajo, una pena, un peligro, etc. *[alleujar]*

alivio. m. Acción de aliviar o de aliviarse. *[alleujament]*

aljaba. f. Caja para llevar las flechas. *[carcaix, buirac]*

aljama. f. Junta, barrio de moros o judíos. *[aljama]* // Sinagoga de los judíos. *[aljama]*

aljamía. f. Nombre que dan los moros a las lenguas peninsulares románicas. *[aljamia]* // Escritos de los moros españoles en lengua hispánica y con caracteres arábigos. *[aljamia]* // Lenguaje vulgar, romance, no literario. *[algemia]*

aljibe. m. Depósito cuadrangular ancho y de poca profundidad, donde se recoge el agua de lluvia. *[aljub]*

alma. f. Principio vital de todo ser viviente. *[ànima]* // Sustancia espiritual del hombre, creada por Dios, separada en naturaleza del cuerpo. *[ànima]* // Lo que es respecto a una cosa con lo que es el alma al cuerpo. *[ànima]* // fig. Parte interior de diferentes objetos que los sostiene, refuerza, etc. *[ànima]* // Alma del purgatorio. *[animeta]* // Persona sin escrúpulos inclinada a hacer el mal. *[animeta]*

almacén. m. Casa o edificio donde se guardan géneros de cualquier clase. *[magatzem]*

almacenar. v. tr. Poner en un almacén. *[emmagatzemar]*

almáciga. f. Resina amarillenta, semitransparente, que se obtiene por incisión del lentisco. *[màstic]*

almadraba. f. Red para pescar el atún. *[almadrava]* // Lugar donde pescan el atún. *[almadrava]*

almagre. m. Óxido de hierro rojo, terroso, usado en pintura. *[almànguena]*

almanaque. m. Calendario que comprende datos astronómicos, meteorológicos, o de otra materia. *[almanac]*

almanta. m. Espacio de tierra que se deja en los campos entre dos hileras de plantas o árboles o entre dos árboles o plantas. *[frau, bancada]*

almazara. f. Trujal o molino para moler aceitunas. *[almàssera]*

almazarero. m. Quien tiene a su cargo una almazara. *[almasserer]*

almazarrón. m. Óxido de hierro rojo, terroso, usado en pintura. *[almànguena]*

almeja. f. Molusco bivalvo. *[petxina, clotxa]*

almena. f. Cada uno de los prismas, generalmente rectangulares, que coronan los muros de las antiguas fortalezas. *[merlet]*

almendra. f. Fruto del almendro, y especialmente su semilla. *[ametla]*

almendro. m. Árbol de la familia de la amigdaláceas, cultivado en la región mediterránea. *[ametler]*

almez. m. Árbol de la familia de las ulmáceas, de tronco liso y negruzco, cuyo fruto comestible es la almeza. *[lledoner]*

almeza. f. El fruto del almez. *[lledó]*
almiar. m. Montón grande de paja al aire libre. *[paller]*
almíbar. m. de Azúcar disuelto en agua, cocido hasta llegar a la consistencia de un jarabe. *[almívar]*
almibarar. v. tr. Cubrir de azúcar. *[candir]* // Suavizar las palabras para conseguir lo que se desea. *[almivarar]*
almidón. m. Fécula blanca y ligera, que se extrae de las semillas de los cereales y otras plantas. *[midó]*
almidonar. v. tr. Impregnar de almidón disuelto en agua. *[emmidonar]*
almilla. f. Pieza de madera que encaja en el vacío de otra. *[metxa]*
almirante. m. Segundo grado militar, después del capitán general, en la marina de guerra. *[almirall]*
almizcle. m. Sustancia muy olorosa que se saca del almizclero y se usa en medicina y perfumería. *[mesc]*
almizcleño, eña. adj. Que huele a almizcle. *[moscat]*
almizclero. m. Rumiante asiático parecido al cabrito, con una especie de bolsa en el vientre donde segrega el almizcle. *[mesquer]*
almogávar. m. Soldado de una tropa especial destinada a hacer incursiones por los campos enemigos. *[almogàver]*
almohada. f. Colchoncillo para reclinar la cabeza en la cama o sentarse sobre él. *[coixí]*
almohaza. f. Cepillo de hierro para limpiar la piel de las caballerías. *[estríjol]*
almoneda. f. Venta pública de bienes muebles con licitación y puja. *[subhasta, encant]*
almorrana. f. Tumorcillo sanguíneo en la parte exterior del ano. *[morena]*
almorta. f. Planta leguminosa de flores moradas y blancas, y semillas comestibles. *[guixa]* // Semilla de esta planta. *[guixa]*
almorzar. v. tr. Tomar el almuerzo. *[esmorzar]*
almotacén. m. Funcionario municipal encargado de comprobar los pesos y medidas. *[mostassaf]*
almud. m. Medida de capacidad variable para granos, según las comarcas. *[almud]*
almudín. m. Establecimiento destinado a la compra y venta del grano. *[almodí]* // Medida equivalente a seis cahíces. *[almodí]*
almuerzo. m. Comida que se hace por la mañana. *[esmorzar]*
alocado, ada. adj. Que habla u obra de forma exagerada o irrazonable, que dice o hace disparates. *[destarifat]*
alocución. f. Discurso dirigido por un superior a sus inferiores. *[al·locució]*
alojar. v. tr. y pron. Hospedar. *[allotjar]*
alondra. f. Pájaro de color oscuro, abundante en los rastrojos y cultivos, donde llega en grandes bandadas. *[alosa]*
alpaca. f. Animal de pelo lanoso, largo y fino, parecido a la llama. *[alpaca]* // Paño hecho de este pelo. *[alpaca]*
alpargata. f. Calzado de suela de esparto o cáñamo trenzado, que se ata con cintas. *[espardenya]*
alpargatazo. m. Golpe dado con una alpargata. *[espardenyada]* // Palabra o frase incorrecta de los valencianos al hablar castellano. *[espardenyada]*
alpargatero, era. m. y f. El que hace o vende alpargatas. *[espardenyer]*
alpiste. m. Planta gramínea, cuya semilla sirve de alimento a los pájaros. *[esquellola]*
alquería. f. Casa de campo con tierra de cultivo generalmente de regadío, huertos anexos y generalmente alejada de la población. *[alqueria]*
alquilador, ora. m. y f. Quien da o toma en alquiler. *[llogador]*
alquilar. v. tr. Dar a alguien, o tomar, algo para usarlo durante el tiempo y por el precio convenidos. *[llogar]*
alquiler. m. Contrato de alquiler. *[lloguer]* // Precio pagado en virtud de dicho contrato. *[lloguer]*
alquimia. f. La ciencia química medieval anterior a la moderna química. *[alquímia]* // Arte medieval que los modernos atribuían a la pretensión no exacta de transformar todos los metales en oro. *[alquímia]*
alquitrán. m. Sustancia untuosa, de color oscuro, olor fuerte y sabor amargo,

que se obtiene de la destilación de la madera o de la hulla. *[quitrà]*

alquitranar. v. tr. Untar con alquitrán. *[enquitranar]*

alrededor. adv. Situado en el espacio que hay en el contorno de una cosa. *[al voltant]* // Con aproximación, sobre poco más o menos. *[al voltant de, poc més o menys]* // m. Contorno de un lugar, de una población. *[entorn, contorn, afores, voltants]*

alta. f. Orden que declara curado a un enfermo. *[alta]* // Entrada o inclusión en una asociación, ejército, etc. *[alta]*

altar. m. Mesa dispuesta para ofrecer sacrificios a los dioses. *[altar]* // Mesa sobre la cual se celebra el sacrificio de la misa, y también la mesa junto con el retablo. *[altar]*

altavoz. m. Aparato que reproduce, muy amplificados, los sonidos captados por un micrófono. *[altaveu]*

alterar. v. tr. Mudar las cosas de estado. *[alterar]* // Falsificar, desnaturalizar. *[alterar]* // Conmover vivamente el ánimo. *[alterar]*

altercar. v. intr. Discutir acalorándose. *[altercar]*

alternar. v. tr. e intr. Tr. Hacer que se sucedan por turno dos o más cosas. *[alternar]* // Intr. Tener comunicación amistosa. *[alternar]*

alternativa. f. Sucesión de cosas que alternan. *[alternativa]* // Opción. *[alternativa]*

alterno, erna. adj. Que acontece un día sí y otro no. *[altern]*

alteza. f. Título dado a los príncipes. *[altesa]* // Elevación, excelencia. *[altesa]*

altillo. m. Parte superior de las dos en que un techo, a una cierta altura del suelo, divide parcialmente una habitación. *[entresolat]*

altiplano. m. Meseta extensa y de mucha altura. *[altiplà]*

altitud. f. Altura de un punto de la tierra respecto del nivel del mar. *[altitud]* // Elevación en poder, nobleza o dignidad. *[altitud]*

altiveza. f. Calidad de altivo, sentimiento o manifestación de orgullo. *[altivesa]*

altivo, iva. adj. Que demuestra altiveza, soberbia, orgullo. *[altiu]*

alto, alta. adj. Que es de una altura considerable. *[alt]* // Que pasa del nivel ordinario. *[alt]* // m. Dimensión de un cuerpo en dirección vertical. *[alt]* // adv. En voz alta. *[alt]* // En tono agudo. *[alt]* // A una altura considerable. *[alt]* // Interj. Se usa para suspender la ejecución de algo. *[alt]*

altozano. m. Altura pequeña en un terreno. *[altell]* // Elevación pequeña del terreno. *[alter, alteró]*

altramuz. m. Planta leguminosa de semillas comestibles después de remojadas en agua. *[tramús]* // Fruto de esta planta. *[tramús]*

altruismo. m. Complacencia, satisfacción, en el bien de otro, incluso a costa del propio. *[altruisme]*

altura. f. Dimensión de un cuerpo en dirección vertical. *[alçària]* // Acción de alzar. *[alçada]* // Calidad de alto, elevado. *[altesa, altura]*

alubia. f. Legumbre comestible de la planta del mismo nombre. *[fesol]* // Planta leguminosa trepadora, de hojas trifoliadas, legumbre con vaina, cuyos frutos son las habichuelas. *[fesol]*

alucinar. v. tr. Afectar con visiones o percepciones imaginarias. *[al·lucinar]*

alud. m. Masa de nieve que se desprende y se precipita montaña abajo. *[allau]*

aludir. v. tr. e intr. Tr. Referirse a una persona o cosa sin nombrarla. *[al·ludir]* // Intr. Hablar en un discurso, escrito, etc., de los hechos, opiniones, etc., de una persona. *[al·ludir]*

alumbrado. m. Luces puestas en balcones y calles en señal de fiesta. *[lluminària]*

alumbrador, ora. m. y f. El encargado de encender y apagar las luces de una iglesia, etc. *[llumener]* // Empleado en la compañía de luz, electricista. *[llumener]*

alumbrar. v. tr. Hacer luz, iluminar. *[allumenar]*

aluminio. m. Metal parecido a la plata, pero muy ligero. *[alumini]*

alumno, umna. m. y f. Quien recibe enseñanza en relación a quien la da. *[alumne]*

alusión. f. Acción y efecto de aludir. *[al·lusió]*
aluvión. m. Avenida de agua contra la ribera. *[al·luvió]* // Terreno transportado y depositado por las aguas. *[al·luvió]*
alza. f. Aumento de precio. *[alça]* // Regla graduada para precisar la puntería de un arma de fuego. *[alça]*
alzada. f. Estatura del caballo. *[alçada]* // Apelación a un tribunal superior. *[alçada]*
alzamiento. m. Acción y efecto de alzar o de alzarse. *[alçament]*
alzaprima. f. Barra de hierro o madera para alzaprimar. *[perpal, alçaprem]*
alzaprimar. v. tr. Levantar alguna cosa con alzaprima. *[alçaprémer]*
alzar. v. tr. Poner en sitio más alto. *[alçar]* // Llevar a una condición o grado superior. *[alçar]* // Poner derecho a quien está agachado. *[alçar]* // Separar una cosa de otra sobre la cual descansa. *[aixecar]* // **-se.** Levantarse de la cama. *[alçar-se]*
allá. adv. En aquel lugar. *[allà]* // Lugar lejano indeterminado. *[allà]*
allanar. v. tr. Poner plana la superficie de una cosa. *[aplanar]*
allende. adv. De allí, de la otra parte, lugar, sitio, etc. *[dellà]*
allí. adv. En aquel lugar. *[allà, allí]*
ama. f. Femenino de amo, ama de casa, maestra. *[ama]* // Criada principal de una casa. *[ama]* // Nodriza, ama de cría. *[ama]*
amable. adj. Digno de ser amado. *[amable]*
amacollar. v. intr. Sacar macollas una planta. *[guaixar]*
amaestrar. v. tr. Adiestrar, domar, enseñar a los animales. *[ensinistrar, aregar]*
amagar. v. tr. Fingir que se va a hacer o decir alguna cosa. *[amagar]*
amainar. v. tr. e intr. Tr. Plegar las velas de una nave. *[amainar]* // Intr. Disminuir el rigor de una cosa. *[amainar]*
amalgama. f. Mezcla de mercurio con otro metal. *[amalgama]* // Mezcla de elementos heterogéneos. *[amalgama]*
amalgamar. v. tr. Unir en un todo uniforme elementos heterogéneos. *[amalgamar]*
amamantar. v. tr. Nutrir un niño con leche materna. *[alletar]*
amancebarse. v. pron. Unirse fuera del matrimonio. *[amigar-se]*
amanecer. v. intr. Empezar a aparecer la luz del día. *[amanéixer]* // Aparecer, hacerse visible. *[amanéixer]*
amanojar. v. tr. Disponer en manojos. *[amanollar]* // Hacer manojos. *[amanollar]*
amansar. v. tr. Hacer perder la ferocidad a un animal. *[amansir]* // Quitar la excesiva irritación. *[amansir]*
amante. m. y f. Que tiene afición por una cosa. *[amant]* // Que ama, especialmente ligado por relaciones sexuales al margen del matrimonio. *[amant]*
amapola. f. Planta papaverácea de flores rojas y semilla negruzca. *[rosella]*
amar. v. tr. Tener cariño a una persona o cosa. *[amar]*
amaranto. m. Planta de la India, cultivada en los jardines. *[amarant]* // Materia colorante purpúrea. *[amarant]*
amarar. v. intr. Bajar un hidroavión, etc., hasta ponerse en contacto con la superficie del mar, de un lago, etc. *[amarar]*
amargar. v. tr. e intr. Tr. Hacer que se convierta en amarga una cosa. *[amargar]* // Intr. Tener gusto amargo. *[amargar]* // **-se.** Afligirse moralmente. *[amargar-se]*
amargo, arga. adj. De sabor desagradable, como el acíbar, etc. *[amarg]* // Doloroso, penoso. *[amarg]* // Que amarga, que repugna el sabor. *[amargant]*
amargor. m. Sabor o gusto amargo. *[amargor]*
amargoso, osa. adj. Que amarga. *[amargós]* // Que siente una profunda aflicción. *[amargós]*
amarguear. v. intr. Ser más o menos amargo o que produce amargor. *[amarguejar]*
amargura. f. Calidad de amargo. *[amargor]* // Aflicción del alma. *[amargura]*
amarillear. v. intr. Mostrar alguna cosa

la amarillez que en sí tiene. *[groguejar]*

amarillecer. v. intr. Volverse amarillo. *[engroguir-se]*

amarillento, enta. adj. Que tira a amarillo. *[groguenc]* // Un amarillo suave, débil. *[groguinós, groguís]*

amarillez. f. Calidad de amarillo. *[grogor]*

amarillo, illa. adj. De color parecido al del oro o del azufre. *[groc]* // m. Color amarillo, materia colorante amarilla. *[groc]*

amarra. f. Cabo de cuerda que sirve para amarrar una embarcación. *[amarra]*

amarrar. v. tr. e intr. Tr. Fijar fuerte. *[amarrotar]* // Sujetar algo. *[amarrar]* // Intr. Estar la nave sujetada, fijada. *[amarrar]*

amarre. m. Acción y efecto de amarrar. *[amarrament, amarradura]*

amasador, ora. adj. y s. Hombre o mujer que amasa los panes o las tortas. *[fenyedor]* // m. Mesa donde se amasa el pan. *[fenyedor]*

amasar. v. tr. Hacer masa mezclando harina, yeso, etc., con agua u otro líquido. *[amassar]* // Acumular. *[amassar]*

amasijo. m. Mezcla de cosas heterogéneas. *[amàs]*

amatista. f. Variedad de cuarzo de color violeta. *[ametista]*

amazona. f. Mujer guerrera. *[amazona]* // Mujer que monta a caballo. *[amazona]*

ambages. m. pl. Circunloquios, rodeos. *[ambages]*

ámbar. m. Resina fósil amarillenta, susceptible de pulimento. *[ambre]*

ambición. f. Deseo desordenado de conseguir honores, fama, poder o cualquier cosa que halague el amor propio. *[ambició]*

ambicionar. v. tr. Tener ambición por algo. *[ambicionar]*

ambiente. adj. Se dice de un fluido que rodea los cuerpos. *[ambient]* // m. Lo que envuelve una cosa, especialmente la atmósfera. *[ambient]* // Conjunto de circunstancias que influyen en la vida material y psicológica del hombre. *[ambient]*

ámbito. m. Contorno, perímetro de una cosa. *[àmbit]* // Espacio circunscrito de una casa, castillo, etc. *[àmbit]*

ambos. adj. pl. Los dos, el uno y el otro. *[ambdós]*

ambrosía. f. En la mitología, comida de los dioses, que hacía inmortal a quien comía de ella. *[ambrosia]*

ambulancia. f. Hospital ambulante donde se da la primera asistencia y socorro a los heridos. *[ambulància]* // Automóvil para transportar enfermos. *[ambulància]*

ambulante. adj. El que va de un lugar a otro. *[ambulant]*

amedrentar. v. tr. Causar un gran temor. *[estemordir]*

amelar. v. intr. Fabricar las abejas su miel. *[amelar]*

amén. m. Voz que se dice al fin de las oraciones para manifestar aquiescencia. *[amén]*

amenaza. f. Acción de amenazar. *[amenaça]*

amenazar. v. tr. e intr. Tr. Manifestar con acciones o palabras la intención de hacer daño a alguien. *[amenaçar]* // Intr. Anunciar, presagiar la inminencia de algún mal. *[amenaçar]*

amenidad. f. Calidad de ameno. *[amenitat]*

amenizar. v. tr. Hacer ameno algo o algún sitio. *[amenitzar]*

ameno, ena. adj. Que recrea, que entretiene agradablemente el espíritu. *[amè]*

amerarse. v. pron. Recalarse la humedad en la tierra, un edificio, etc. *[amerar-se]*

americano, ana. adj. y s. Natural o propio de América. *[americà]*

ametralladora. f. Especie de fusil que puede disparar sucesiva y rápidamente gran número de proyectiles. *[metralladora]*

ametrallar. v. tr. Cubrir un objetivo con la metralla disparada por la artillería; cubrirlo con las balas disparadas por un arma ametralladora. *[metrallar]*

amianto. m. Variedad del asbesto, de filamentos brillantes, incombustible. *[amiant]*

amigarse. v. pron. Hacerse amigos. *[ami-*

gar-se] // Amarse fuera de matrimonio. *[amancebar-se]*

amigo, iga. adj. y s. Que tiene amistad con alguien. *[amic]* // Aquél que tiene afección por alguien o algo. *[amic]* // adj. Que muestra afección, no hostil, favorable, propicio. *[amic]*

amiguero, era. adj. Aquél a quien le place tener amigos. *[amiguer]*

amilanar. v. tr. Causar tal miedo a uno que quede aturdido y sin acción. *[acovardir]*

amistad. f. Afecto recíproco entre dos personas. *[amistat]*

amistoso, osa. adj. Relativo o perteneciente a la amistad. *[amistós]*

amnistía. f. Perdón general, especialmente acto del poder soberano que otorga el olvido o el perdón de toda una categoría de delitos. *[amnistia]*

amnistiar. v. tr. Eximir a alguien de la pena a la cual se le ha condenado. *[graciar, amnistiar]*

amo. m. El que tiene el dominio de algo. *[amo]* // El que tiene la potestad o el dominio sobre alguien, el cabeza de familia, el señor respecto del criado, el propietario de una industria o comercio respecto de sus obreros, etc. *[amo]*

amodorrar. v. tr. y pron. Perturbar los sentidos y las potencias, principalmente por el exceso de calor o por la violencia de los golpes. *[ensopir]* // Poner a alguien en un estado de medio dormido. *[ensopir]*

amohinar. v. tr. No dejar estar tranquilo, inquietar, preocupar. *[amoïnar]*

amojonar. v. tr. Poner los límites de una propiedad con mojones o lindes. *[amollonar]*

amoldar. v. tr. Ajustar una cosa al molde. *[emmotlar]* // Ajustar la conducta a una pauta determinada. *[emmotlar]*

amonedar. v. tr. Reducir a moneda un metal. *[amonedar]*

amonestación. f. Acción y efecto de amonestar. *[amonestació]* // Publicación en la iglesia, durante la misa mayor, de los nombres y otras circunstancias de los que quieren contraer matrimonio, o de los que han de recibir órdenes sagradas. *[amonestació]*

amonestar. v. tr. Advertir severamente a alguien. *[amonestar]* // Publicar las amonestaciones. *[amonestar]*

amoníaco. m. Gas compuesto de nitrógeno e hidrógeno. *[amoníac]*

amontonar. v. tr. Reunir en un montón. *[amuntonar]* // Poner unas cosas encima de otras. *[encarrellar]* // Hacer un montón apiñado de cosas. *[apilotar]*

amor. m. Afecto o inclinación viva hacia una persona, o hacia una cosa. *[amor]*

amoral. adj. y s. Que no tiene moralidad. *[amoral]*

amordazar. v. tr. Poner mordaza. *[amordassar]*

amoricones. m. pl. Palabras con las que se manifiesta el enamoramiento. *[amoretes]*

amoroso, osa. adj. Que siente o expresa amor. *[amorós]*

amorrar. v. tr. Hacer inclinar a alguien la cabeza hacia el suelo. *[amorrar]* // **-se.** Meterse la nave de proa en un banco de arena, embarrancar. *[amorrar]*

amortajar. v. tr. Envolver un difunto con la mortaja. *[amortallar]*

amortecer. v. tr. Hacer menos viva o intensa alguna cosa, amortiguar. *[esmortir]* // tr. y pron. Quedar como muerto. *[esmortir]*

amortiguar. v. tr. Hacer menos viva, o intensa, una cosa, un dolor; menguar. *[esmortir]*

amortizar. v. tr. Extinguir una deuda con pagos sucesivos. *[amortitzar]* // Suprimir un cargo por defunción, dimisión, etc. *[amortitzar]*

amotinador, ora. adj. y s. Que amotina, que provoca incidentes. *[amotinador]*

amotinar. v. tr. Levantar un motín, alborotar un pueblo, reino, ejército, etc., contra su superior. *[amotinar]*

amparar. v. tr. Poner a alguien bajo protección, proteger, favorecer. *[emparar]*

ampliación. f. Acción y efecto de ampliar. *[ampliació]*

ampliar. v. tr. Dar mayor extensión, hacer más amplio. *[ampliar]* // Desarrollar extensamente una idea, escrito, discurso, proyecto, asunto, etc. *[ampliar]*

amplificar. v. tr. Ampliar, engrandecer, especialmente los microscopios, telescopios, etc., el volumen aparente de los objetos. *[amplificar]*

amplio, amplia. adj. De gran extensión o capacidad. *[ampli]* // No breve, ni conciso. *[ampli]*

ampolla. f. Recipiente de vidrio o cristal de cuello estrecho. *[ampolla]* // Tumor o elevación convexa de la piel por efecto del fuego, inflamación, etc. *[bòfega]*

ampuloso, osa. adj. Hinchado y redundante. *[ampul·lós]*

amputar. v. tr. Cortar o separar del cuerpo algún miembro o porción del mismo. *[amputar]*

amueblar. v. tr. Proveer a una casa o habitación de los muebles necesarios. *[amoblar]*

amurallar. v. tr. Guarnecer con muralla una fortaleza. *[emmurallar]*

ana. f. Medida de longitud que equivalía a la distancia que hay del codo a la mano. En el sistema valenciano equivale a 453 mm., o sea, media vara, esto es, dos palmos. *[alna]* // Bastón que servía para medir según dicha medida. *[alna]*

anacoreta. m. Religioso que hace penitencia en un lugar desierto. *[anacoreta]*

anacronismo. m. Error consistente en atribuir a sucesos, costumbres, etc., una fecha o época que no les corresponde. *[anacronisme]*

ánade. m. Nombre de diferentes pájaros de agua pertenecientes a la familia de los anátidos, de poca altura, rechonchos, de patas amarillas, cortas y palmeadas, y alas con plumas de lustre metálico. *[ànec]*

anagrama. m. Transformación de una palabra o frase en otra por la transposición de sus letras. *[anagrama]*

anales. m. pl. Relaciones de sucesos por años. *[annals]*

analfabeto, eta. adj. y s. Quien no sabe leer ni escribir. *[analfabet]*

análisis. m. Separación real o mental de las partes de un todo hasta conocer la naturaleza de sus componentes. *[anàlisi]*

analizar. v. tr. Hacer análisis de alguna cosa. *[analitzar]*

analogía. f. Relación de semblanza entre cosas distintas. *[analogia]* // Parte de la gramática que trata de los accidentes y propiedades de las palabras consideradas aisladamente. *[analogia]*

análogo, áloga. adj. Que tiene analogía con otra cosa. *[anàleg]*

anaquel. m. Estantería hecha de obra y adosada a una pared, a la campana de una chimenea, etc. *[lleixa]*

anarquía. f. Estado de un país o corporación sin gobierno. *[anarquia]*

anarquismo. m. Teoría que proclama la anarquía. *[anarquisme]*

anatema. m. Sentencia pronunciada por una autoridad eclesiástica, y acompañada de excomunión. *[anatema]* // Reprobación, execración. *[anatema]*

anatomía. f. Ciencia que estudia la estructura de los animales y de las plantas. *[anatomia]* // Disección de las partes del cuerpo para estudiarlas. *[anatomia]* // Estructura u organización de un animal o planta. *[anatomia]*

ancestral. adj. Perteneciente o relativo a los antepasados. *[ancestral]*

anciano, ana. adj. y s. Persona que tiene muchos años, viejo, antiguo. *[ancià]*

áncora. f. Instrumento de hierro para tener firmes las embarcaciones. *[àncora]*

ancorar. v. tr. e intr. Tr. Asegurar la nave con el áncora. *[ancorar]* // Intr. Tirar el áncora, o áncoras. *[ancorar]*

ancho, ancha. adj. Que tiene una anchura considerable. *[ample]* // Holgado. *[ample]* // No estrecho, no apiñado. *[ample]* // m. Dimensión en sentido horizontal o latitudinal. *[amplària]* // Distancia de lado a lado. *[ample]*

anchoa. f. Pez de mar parecido a la sardineta. *[anxova]*

anchura. f. Distancia de lado a lado, opuesta a la longitud. *[amplada]* // Dimensión en sentido horizontal o latitudinal. *[amplària]*

andaluz, uza. adj. y s. Natural o propio de Andalucía. *[andalús]*

andamio. m. Conjunto de tablas o tablones unidos horizontalmente, que, arrimados a una construcción, sirven para transitar los obreros y hacer trabajos a la altura conveniente. *[andami, bastiment]*

andana. f. Piso en la parte superior de la casa destinado a guardar algunas cosechas. *[andana]*

andar. v. intr. Trasladarse o moverse de un lugar a otro un ser animado o inanimado. *[anar, caminar]* // m. pl. Manera de caminar una persona. *[andamis]*

andas. f. pl. Tablero con dos barras en forma de angarillas para transportar imágenes, la custodia, personas o cosas. *[andes, baiard]*

andén. m. Acera a lo largo de la vía en una estación ferroviaria. *[moll]*

andorrano, ana. adj. y s. Natural o propio de Andorra. *[andorrà]*

andrajo. m. Harapo, trozo de ropa vieja. *[pellingot]*

andrómina. f. Cuento, lío, disparate. *[andròmina]*

andurrial. m. Lugar indeterminado por donde se anda. *[andola]* // Paraje alejado y de difícil tránsito. *[andola]*

anécdota. f. Relación de un suceso curioso de la historia, o de la vida íntima de alguien. *[anècdota]*

anegar. v. tr. Inundar, llenar de agua una gran extensión de tierra. *[embassar]* // **-se.** Convertirse en un estanque de agua. *[estanyar-se]*

anemia. f. Empobrecimiento de la sangre. *[anèmia]*

anestesia. f. Pérdida o disminución notable de la sensibilidad. *[anestèsia]*

anestesiar. v. tr. Insensibilizar por la anestesia. *[anestesiar]*

anexar. v. tr. Unir una cosa a otra con dependencia de ella. *[annexar]*

anexión. f. Acción de anexar. *[annexió]*

anexionar. v. tr. Agregar, hacer depender un territorio de otro. *[annexionar]*

anexo, exa. adj. y s. Unido a otra cosa. *[annex]*

anfibio, ibia. adj. Que puede vivir indistintamente en el agua o en la tierra. *[amfibi]*

anfiteatro. m. Edificio en forma circular con gradas superpuestas para presenciar un espectáculo, etc. *[amfiteatre]*

anfitrión, ona. m. y f. El que tiene invitados a comer. *[amfitrió]*

ánfora. f. Jarra o recipiente de cuerpo ovalado, cuello estrecho y cilíndrico. *[àmfora]*

angarillas. f. pl. Aparejos necesarios para transportar cántaros u otras cosas frágiles a las espaldas de los animales. *[anganells]*

ángel. m. Espíritu celestial. *[àngel]* // Mensajero sobrenatural de Dios; ser espiritual intermediario entre Dios y el hombre. *[àngel]*

ángelus. m. Oración para honrar el misterio de la Encarnación, que se reza por la mañana, al mediodía y por la tarde. *[àngelus]*

anginas. f. pl. Afección inflamatoria de las amígdalas. *[angina]*

angosto, osta. adj. Dícese de un paso muy estrecho. *[angost]*

anguila. f. Pez comestible de agua dulce, de piel deslizante y cuerpo cilíndrico. *[anguila]*

angula. f. Pez de río de cuerpo aplanado y traslúcido, forma larval de la anguila. *[angula]*

ángulo. m. Grado de separación de dos líneas que se cortan en un plano. *[angle]* // Lugar donde se cortan dos líneas o planos convergentes. *[angle]*

anguloso, osa. adj. Que tiene ángulos. *[cantellut]*

angustia. f. Malestar debido a una depresión de la actividad del corazón. *[angúnia]* // Congoja, aflicción del espíritu. *[angúnia]*

angustiar. v. tr. Dar angustia. *[anguniar]*

angustioso, osa. adj. Que da congoja. *[angoixós]* // Que tiene congoja. *[angoixós]*

anhelar. v. intr. y tr. Intr. Tener y manifestar gran deseo por algo. *[glatir]* // Tr. Desear fervientemenete algo que se hace de rogar mucho. *[glatir]*

anhelo. m. Deseo ferviente. *[anhel]*

anheloso, osa. adj. Que tiene codicia; viva o desordenadamente deseoso de tener, de obtener, de poseer. *[cobejós]*

anidar. v. intr. Hacer nido. *[niar, niuar]*

anilla. f. Pieza de metal, madera, etc., en forma de círculo, que sirve generalmente para retener o coger algo. *[anella]* // Aquélla que sirve para llamar a las puertas. *[anella]* // Agarrador puesto en los extremos de las cajas, etc. *[anella]*

anillar. v. tr. Disponer en anillas. *[anellar]* // Poner anillas en el morro de los cerdos, pájaros, etc. *[anellar]*

anillo. m. Pieza de metal o de otra materia en forma de círculo para adornar los dedos, etc. *[anell]*

ánima. f. Principio vital de las personas vivientes. *[ánima]*

animación. f. Acción y efecto de animar. *[animació]*

animado, ada. adj. Que tiene alma. *[animat]* // Que tiene movimiento y expresión de vida. *[animat]*

animal. adj. Relativo al animal. *[animal]* // m. Ser viviente dotado de sensibilidad y movimiento voluntario. *[animal]* // Animal irracional. *[animal]* // fig. Persona incivil, grosera, ignorante. *[animal]*

animar. v. tr. e intr. Tr. Dar alma al cuerpo. *[animar]* // Infundir ánimo, valor, coraje. *[animar]* // Dar vigor o energía a las cosas inanimadas. *[animar]* // Intr. Vivir, habitar. *[animar]* // **-se.** Tomar ánimo, fuerza, animación. *[animar-se]*

ánimo. m. Intención, coraje, espíritu, de hacer algo. *[ànim]* // El espíritu, el alma capaz de querer. *[ànim]*

animoso, osa. adj. Fuerte de espíritu, corajudo. *[animós]* // Valiente, que se esfuerza, lleno de ánimo. *[animós]* // Que infunde valor, coraje. *[animós]*

aniquilar. v. tr. Reducir a nada, destruir del todo. *[anihilar]* // Abatir completamente. *[anihilar]*

anís. m. Planta de la familia de las umbelíferas de semillas pequeñas y aromáticas. *[anís]* // Semilla de esta planta. *[anís]* // Confites hechos con granos de anís. *[anís]* // Licor aromatizado con anís. *[anís]*

aniversario. m. Día en que se cumplen años de algún hecho. *[aniversari]* // Oficio o misa por el alma de un difunto cuando se cumplen años de su muerte. *[aniversari]*

ano. m. Orificio posterior del tubo digestivo por donde salen los excrementos. *[anus]*

anoche. adv. En la noche de ayer. *[anit]*

anochecer. v. intr. Empezar a faltar la luz del día. *[fosquejar]* // Hacer oscuro algún color. *[fosquejar]* // m. Tiempo durante el cual anochece. *[horabaixa]* // Las primeras horas de la noche. *[vespre]* // Las últimas horas de la tarde, a la entrada de la noche. *[vespre]*

anodino, ina. adj. Que calma el dolor. *[anodí]* // Inofensivo e ineficaz, que no hace daño ni bien. *[anodí]*

anomalía. f. Irregularidad, falta de conformidad con una regla general. *[anomalia]* // En astronomía, irregularidad aparente en el movimiento de un planeta. *[anomalia]*

anómalo, ómala. adj. Que presenta una anomalía. *[anòmal]*

anonadar. v. tr. Aniquilar. *[anihilar]*

anónimo, ónima. adj. Que no tiene nombre de autor. *[anòmin]* // m. Carta o escrito sin nombre. *[anònim]*

anormal. adj. Contrario a una norma, no normal. *[anormal]*

anotar. v. tr. Tomar nota por escrito de algo. *[anotar]* // Poner notas en un escrito. *[anotar]*

anquilosis. f. Imposibilidad de movimiento en una articulación móvil. *[anquilosi]*

ansia. f. Atención celosa, solícita, afanosa. *[ànsia]* // Inquietud, congoja. *[ànsia]* // Deseo vehemente. *[ànsia]*

ansiar. v. tr. Desear intensamente. *[ansiar]*

ansiedad. f. Viva inquietud a propósito de un acontecimiento, futuro o incierto. *[ansietat]*

ansioso, osa. adj. Que tiene ansia. *[ansiós]* // Deseoso de saber o ver una cosa. *[ansiós]*

antagonista. adj y s. Que se opone a otro, que lo contradice. *[antagonista]*

antaño. adv. Cualquiera de los años pasados. *[antany]* // En tiempo pasado. *[antany]*

anteanoche. adv. La noche anterior a la última pasada. *[despús-anit]*

anteayer. adv. En el día anterior al de ayer. *[despús-ahir]*

antebrazo. m. Parte del brazo que va desde el codo hasta el puño. *[avantbraç]*

antecedente. adj. Que precede, que va delante. *[antecedent]* // m. Lo que antecede. *[antecedent]*

anteceder. v. tr. Ir una cosa delante de otra. *[antecedir]*

antecesor, ora. m. y f. Quien precede a otro en una familia, nación, cargo o dignidad. *[antecessor]* // Antepasado. *[avantpassat]* // adj. Anterior en tiempo. *[antecessor]*

antediluviano, ana. adj. Anterior al diluvio universal. *[antediluvià]* // Antiquísimo. *[antediluvià]*

antelación. f. Anticipación de una cosa sobre otra, que se da en el tiempo. *[antelació]*

antena. f. Palo muy largo, al que se asegura la vela latina. *[antena]* // Palo largo clavado en tierra para construir algo. *[antena]* // Palo de la bandera en los barcos. *[antena]* // Hilo o sistema de hilos metálicos utilizados en la telegrafía sin hilos *[antena]* // Apéndice segmentado y móvil situado en la cabeza de ciertos insectos. *[antena]* // Dispositivo aéreo destinado a la recepción o a la emisión de ondas radioeléctricas. *[antena]*

anteojo. m. Instrumento óptico que sirve para ver los objetos desde lejos. *[allargavista, ullera]* // pl. Armazón con dos cristales para ponerlo delante de los ojos sobre la nariz. *[ulleres]* // Piezas de esparto, cuero, etc., que se ponen ante los ojos de las caballerías para que no se espanten. *[ulleres]*

antepasado. m. Antecesor, ascendente lejano. *[antecessor, avantpassat]*

antepecho. m. Baranda puesta en lugares altos para evitar caídas. *[ampit]* // Parte inferior del marco de la obra de una ventana. *[ampit]*

anteponer. v. tr. Poner delante. *[anteposar]*

anteportada. f. Hoja que precede a la portada de un libro y donde suele ponerse solamente el título de la obra. *[portadella, anteportada]*

anterior. adj. Que es antes en el tiempo y en el espacio. *[anterior]*

antes. adv. y prep. Denota prioridad en el tiempo, en el espacio, o bien una preferencia. *[abans, ans]* // adj. Anterior. *[abans]* // El día anterior. *[el dia d'abans]* // conj. Por el contrario. *[ans]*

antesala. f. Pieza que se encuentra inmediatamente antes de la sala. *[antesala]*

anticiclón. m. Estado de la atmósfera opuesto al estado del ciclón; área de presiones altas. *[anticicló]*

anticipación. f. Acción y efecto de anticipar. *[anticipació]*

anticipar. v. tr. Hacer alguna cosa antes del tiempo debido. *[anticipar]*

anticonstitucional. adj. Contrario a la constitución. *[anticonstitucional]*

anticristiano, ana. adj. Contrario al cristianismo. *[anticristià]*

anticuado, ada. adj. Pasado de moda. *[desmodat]*

anticuario, aria. m. y f. Quien se dedica a estudiar, coleccionar o vender cosas antiguas. *[antiquari]*

anticuerpo. m. Cuerpo, en la sangre, que obra antagónicamente a los cuerpos extraños perjudiciales. *[anticòs]*

antífona. f. Versículo que se reza o canta antes y después de cada salmo. *[antífona]*

antigüedad. f. Calidad de antiguo. *[antiguitat, antigor]* // Monumentos u objetos artísticos de tiempo antiguo. *[antiguitats]* // Tiempo, personas o cosas antiguos. *[antigalla]*

antiguo, igua. adj. Que existe desde una época anterior, que no es nuevo ni reciente. *[antic]* // Que existió o pertenece a una época anterior. *[antic]*

antihumano, ana. adj. Opuesto a la humanidad o a los sentimientos humanos. *[antihumà]*

antílope. m. Cuadrúpedo rumiante de los países cálidos, intermedio entre la cabra y el ciervo. *[antílop]*

antimonio. m. Cuerpo simple de apariencia metálica, de un color plomo claro, duro y rompedizo. *[antimoni]*

antinatural. adj. Contrario a la naturaleza. *[antinatural]*

antinomia. f. Contradicción entre dos leyes o principios. *[antinòmia]*

antipapa. m. Papa elegido en oposición al papa legítimo. *[antipapa]*

antipatía. f. Sentimiento de repugnancia hacia una persona o cosa. *[antipatia]*

antípoda. adj. y s. El que ocupa en la tierra un punto diametralmente opuesto respecto a otro. *[antípoda]*

antipopular. adj. Contrario a la popularidad o a las cosas populares. *[antipopular]*

antirrábico, ábica. adj. Aplicado a los remedios contra la rabia. *[antiràbic]*

antirreligioso, osa. adj. Contrario a la religión. *[antireligiós]*

antojo. m. Deseo vivo y pasajero. *[antull]* // Mancha en la piel atribuida a un capricho no satisfecho de la madre durante el embarazo. *[desig]*

antónimo, ónima. adj. Que tiene significado contrario. *[antònim]* // Palabra que significa lo contrario de lo que significa otra palabra. *[antònim]*

antonomasia. f. Figura retórica por la que se pone el nombre apelativo por el propio o al revés. *[antonomàsia]*

antorcha. f. Hacha para alumbrar. *[torxa]*

antracita. f. Carbón fósil seco, que se quema con dificultad. *[antracita]*

ántrax. m. Enfermedad que se manifiesta por una aglomeración de granos. *[àntrax]*

antro. m. Caverna, cueva, u otro escondite de gente o de cosas temibles. *[antre]*

antropofagia. f. Hábito de comer carne humana. *[antropofàgia]*

antropófago, ófaga. adj. y s. Que se nutre con carne humana. *[antropòfag]*

antropología. f. Ciencia que trata del hombre en general y de las razas humanas. *[antropologia]*

antuzano. m. El trozo de calle, etc., de delante de la puerta de una casa. *[antuixà]*

anual. adj. Que se hace o pasa cada año. *[anual]*

anuario. m. Publicación que contiene las informaciones correspondientes al año. *[anuari]* // Libro de notas para todo el año. *[anuari]*

anudar. v. tr. Unir o ligar haciendo un nudo, atar. *[nuar, nugar]*

anuencia. f. Consentimiento y aprobación. *[anuència]*

anular. adj. Que tiene forma de un anillo. *[anular]* // Aplicado al cuarto dedo de la mano. *[anular]* // v. tr. Quitar valor o fuerza a una ley, etc. *[anul·lar]* // Rescindir. *[anul·lar]*

anunciar. v. tr. Dar noticia de alguna cosa. *[anunciar]* // Hacer saber, publicar, proclamar. *[anunciar]* // Dar noticia de la llegada o presencia de alguien. *[anunciar]*

anuncio. m. Acción y efecto de anunciar. *[anunci]* // Aviso dado al público. *[anunci]*

anverso. m. Cara de una moneda o medalla donde lleva la inscripción principal. *[anvers]*

anzuelo. m. Gancho de hierro, metal, etc., que sirve para pescar. *[ham]*

añada. f. La cosecha de un año. *[anyada]* // Transcurso, duración del tiempo de un año. *[any]*

añadido. m. Lugar de unión de dos cosas añadidas. *[afegit]* // Lo que se agrega a algo. *[afegitó]*

añadidura. f. Lo que se agrega a algo. *[afegitó]*

añadir. v. tr. Unir una cosa a otra para completarla. *[afegir]* // Decir algo además de lo que uno ya ha dicho. *[afegir]*

añalejo. m. Libro en forma de calendario para uso de los eclesiásticos que indica el oficio de cada día. *[gallofa]*

añejo, eja. adj. Que tiene mucho tiempo. *[ranci, vell]*

año. m. Tiempo transcurrido durante una revolución de la tierra alrededor del sol. *[any]* // Transcurso, duración del tiempo de un año. *[anyada]*

añoranza. f. Tristeza o soledad por algo que se perdió. *[enyorança]*

añorar. v. tr. Tener añoranza, sentir pena de estar ausente de un lugar o país, de haber perdido a alguien o alguna cosa; estar triste por la ausencia de personas o cosas amadas. *[enyorar]* // Echar a faltar alguna cosa o persona ausente, desaparecida. *[enyorar]*

añublado. m. Enfermedad de los cereales producida por un hongo (parásito). *[orb]*

añublo. m. Roya del trigo. *[neula]*

aojar. v. tr. Mirar con malos ojos, tener malevolencia a alguien. *[malmirar]*

aorta. f. Arteria principal del cuerpo humano. *[aorta]*

aovar. v. tr. Depositar los huevos un ave u otro animal ovíparo. *[pondre]*

apabullar. v. tr. Dejar a uno confuso, avergonzado. *[aplastar]*

apacentar. v. tr. Dar pasto al ganado. *[pasturar]*

apaciguar. v. tr. Calmar, hacer desaparecer o rebajar un estado de excitación, agitación, violencia o alguna cosa. *[apaivagar]*

apadrinar. v. tr. Hacer de padrino de alguien. *[apadrinar]* // Patrocinar, proteger. *[apadrinar]* // Ser padrino de alguien en el bautismo. *[afillar]*

apagar. v. tr. Extinguir el fuego o la luz. *[apagar]* // Eclipsar. *[apagar]* // Rebajar el calor muy vivo. *[apagar]*

apaisado, ada. adj. De figura rectangular con la base más larga que la altura. *[apaïsat]*

apalabrar. v. tr. Contratar de palabra. *[aparaular]* // Convenir de palabra alguna cosa. *[emparaular]*

apalear. v. tr. Dar una paliza a alguien. *[apallissar]*

apañar. v. tr. Arreglar un objeto roto. *[arreglar]* // Poner alguna cosa en orden. *[arreglar]* // Apedazar algo, arreglar groseramente. *[apanyussar]* // Arreglar algo o un conflicto de cualquier manera. *[apanyussar]*

aparador. m. Armario en el exterior de las tiendas donde se exponen objetos de muestra. *[escaparate]* // Especie de armario para poner la vajilla. *[aparador]*

aparar. v. tr. Coser las piezas de cuero o tela del calzado para juntarlas después con la suela. *[enfranquir]* // Coger en alto una cosa lanzada sin dejar que llegue al suelo. *[empomar]* // Poner algo en disposición de servir a un fin. *[parar]*

aparato. m. Conjunto de objetos que sirven para un fin. *[aparell]* // Conjunto de cosas que hacen pomposo un acto. *[aparat]*

aparatoso, osa. adj. Más abundante de aparato exterior que de cualidades internas. *[aparatós]*

aparcar. v. intr. Dejar un vehículo en un lugar a propósito. *[aparcar]*

aparcero, era. m. y f. El que toma o alquila la tierra a partes. *[parcer]*

aparear. v. tr. Unir para la procreación. *[emparellar]*

aparecer. v. intr. Mostrarse de golpe una cosa a la vista. *[aparéixer]* // Encontrarse una cosa que se daba por perdida. *[aparéixer]* // Mostrarse, especialmente un espíritu o cosa del otro mundo, bajo forma visible. *[aparéixer]*

aparejamiento. m. Acción y efecto de aparejar. *[aparellament]*

aparejar. v. tr. Preparar las cosas necesarias. *[aparellar]* // Poner los aparejos a las bestias de carga. *[aparellar]* // Poner la jarcia, árbol, velas, vergas, etc. a una nave, con el fin de que esté en condiciones de poder navegar. *[aparellar]*

aparejo. m. Acción de aparejar. *[aparell]* // Arreos necesarios de una embarcación. *[aparell]* // Conjunto de objetos que sirven para un fin. *[aparell]* // pl. Conjunto de arreos de una bestia. *[arreus]*

aparentar. v. tr. Parecer por el aspecto. *[aparentar]* // Hacer ver lo que no es. *[aparentar]*

aparente. adj. Que parece ser lo que no es. *[aparent]* // Que se manifiesta a la vista. *[aparent]*

aparición. f. Acción y efecto de aparecer. *[aparició]*

apariencia. f. Aspecto exterior de una persona o cosa. *[aparença]* // Cosa que parece y no es. *[aparença]* // Verosimilitud, probabilidad. *[aparença]*

apartado, ada. adj. Alejado, separado. *[apartat]* // m. Operación de apartar o poner de lado. *[apartat]* // Fragmento de un escrito separado por un punto y aparte. *[apartat]* // Lugar destinado a guardar lo que se ha puesto aparte. *[apartat]*

apartar. v. tr. Poner aparte, separar. *[apartar]*

aparte. adv. i prep. En otro lugar, separado de otro. *[apart]* // m. Lo que dice un personaje aparte, especialmente en una representación teatral. *[apart]*

apasionar. v. tr. Excitar, causar alguna pasión. *[apassionar]* // **-se.** Aficionarse con exceso a una persona o cosa. *[apassionar-se]*

apatía. f. Estado del alma de quien no se conmueve por nada. *[apatia]* // Indolencia, falta de energía o actividad. *[apatia]*

apeadero. m. Sitio donde pueden bajar o subir al tren los viajeros, pero sin estación. *[parador, baixador]*

apear. v. tr. Bajar de una caballería o carruaje. *[desmuntar]*

apechugar. v. intr. Hacer frente a cosas arduas y difíciles. *[apitrar]* // Empujar con el pecho. *[empitrar]* // Hacer algo que repugna. *[apitrar]*

apedazar. v. tr. Poner pedazos, trozos de tela, en la ropa. *[apedaçar]*

apedrear. v. tr. Tirar piedras contra alguien o contra alguna cosa. *[apedregar]* // Matar a alguien a pedradas. *[lapidar]*

apelar. v. intr. Recurrir al juez o al tribunal superior para anular la sentencia. *[apel·lar]* // Recurrir a alguien en busca de remedio en alguna necesidad. *[apel·lar]*

apelotonar. v. tr. Hacer un montón apiñado de cosas. *[apilotar]*

apellido. m. Nombre de familia con que se distinguen las personas. *[cognom, llinatge]*

apenas. adv. Casi no, con dificultad. *[a penes]*

apencar. v. intr. Trabajar sin reposo, apechugar. *[pencar]*

apéndice. m. Cosa añadida a otra. *[apèndix]* // Prolongación del intestino ciego. *[apèndix]*

aperador. m. Persona que habita en una casa, masía, heredad, etc., ocupándola toda o parte, respecto al dueño, inquilino o habitante de derecho, y en concepto de acogido, mediador, pareja, huésped o realquilado. *[estatger]* // El que hace carros. *[carreter]*

apercibir. v. tr. Recibir las impresiones por los sentidos. *[apercebre]* // Comprender algo. *[apercebre]* // Advertir, amonestar. *[apercebre]* // **-se.** Darse cuenta. *[apercebre's]*

apergaminarse. v. pron. Volverse una persona seca como un pergamino. *[apergaminar-se]*

aperitivo, iva. adj. y s. Que sirve para abrir la gana, el apetito. *[aperitiu]*

apertura. f. Acción de abrir. *[obertura]*

apesadumbrar. v. tr. Poner pensativo, meditabundo, triste, afligir. *[capficar]* // Dar disgusto. *[apesarar]*

apestar. v. tr. Infestar alguna cosa, causar peste. *[empestar]* // Esparcir mal olor. *[empestar]* // Corromper, viciar. *[empestar]*

apetecer. v. tr. Tener gana de alguna cosa o desearla. *[abellir]* // Tender hacia aquello que satisface las inclinaciones naturales. *[apetir]*

apetencia. f. Ganas de comer. *[apetència]* // Movimiento natural que inclina al hombre a desear algo. *[apetència]*

apetito. m. Ganas de comer. *[apetit]* // Lo que excita el deseo de alguna cosa. *[apetit]* // Deseo vehemente. *[apetit]*

apetitoso, osa. adj. Que excita el apetito, gustoso, sabroso. *[apetitós]* // Que se come fácil o agradablemente. *[mengívol]*

apiadar. v. tr. Causar piedad. *[apiadar]* // **-se.** Tener piedad, compadecerse. *[apiadar-se]*

ápice. m. Extremo superior, cima, punta de algo. *[àpex]*

apilar. v. tr. Hacer una pila de cosas, poner unas cosas encima de otras, formando un montón. *[apilar]* // Hacer una pila de cosas. *[apilonar]*

apiñar. v. tr. Juntar o agrupar estrechamente personas o cosas. *[apilotar]*

apio. m. Planta herbácea, comestible, de la familia de las umbelíferas. *[api]*

apisonar. v. tr. Apretar a golpes de pico o de maza. *[pisar, trepitjar]*

aplacar. v. tr. Apaciguar, mitigar la irritación. *[aplacar]*

aplanamiento. m. Acción y efecto de aplanar o aplanarse. *[aplanament]*

aplanar. v. tr. Poner plana la superficie de una cosa. *[aplanar]*

aplastar. v. tr. Romper una cosa por una presión fuerte, etc. *[esclafar, xafar]* // Hacer sucumbir. *[aclaparar]*

aplaudir. v. tr. e intr. Tr. Demostrar a alguien la aprobación, el entusiasmo. *[aplaudir]* // Intr. Batir las manos para mostrar aprobación o entusiasmo. *[aplaudir]*

aplauso. m. Acción de aplaudir. *[aplaudiment]*

aplazar. v. tr. Dejar para otro día. *[ajornar]*

aplicar. v. tr. Juntar o poner una cosa encima de otra. *[aplicar]* // Hacer obrar una acción, un esfuerzo, etc., sobre alguien o alguna cosa. *[aplicar]* // Acomodar. *[aplicar]* // Destinar una cosa a su uso propio. *[aplicar]* // **-se.** Poner esfuerzo, atención en el estudio o trabajo. *[aplicar-se]*

aplique. m. Candelabro o luz de pared. *[aplic]*

aplomar. v. tr. Utilizar la plomada para levantar una pared. *[aplomar]* // **-se.** Hundirse, caerse hasta el fondo. *[desplomar-se]*

aplomo. m. Seguridad imperturbable en las maneras, en las acciones, posesión de uno mismo. *[aplom]*

apocalipsis. m. Libro del Nuevo Testamento que contiene las revelaciones de san Juan sobre el fin del mundo. *[apocalipsi]*

apocar. v. tr. Reducir a poco. *[apocar]* // **-se.** Abatirse, deprimirse. *[apocar-se]*

apocopar. v. tr. Acortar una palabra por apócope. *[apocopar]*

apócope. f. Supresión de una o varias letras al final de una palabra. *[apòcope]*

apócrifo, ócrifa. adj. Supuesto, fingido, no auténtico. *[apòcrif]* // Dícese del libro sagrado no aceptado como auténtico por la Iglesia. *[apòcrif]*

apodar. v. tr. Poner o decir apodos a uno. *[motejar]*

apoderado, ada. adj. y s. Quien tiene poderes de otro para que lo represente. *[apoderat]*

apoderar. v. tr. Dar poder de representación a otra persona. *[apoderar]*

apodo. m. Nombre que se da a una persona tomado de sus defectos o de otra circunstancia. *[malnom]*

apogeo. m. Punto en el que un planeta se encuentra a mayor distancia de la tierra. *[apogeu]* // Grado superior de una cosa. *[apogeu]*

apolilladura. f. Agujeros que hacen las larvas de un insecto lepidóptero en la ropa. *[arna]*

apolillar. v. tr. Deteriorar las cosas la polilla. *[querar]* // **-se.** Estropearse la ropa por la acción de la polilla. *[arnar-se]*

apología. f. Discurso escrito en defensa o alabanza de personas o cosas. *[apologia]*

apólogo. m. Narración breve que contiene una lección de moral práctica. *[apòleg]*

apoplejía. f. Hemorragia cerebral que priva de sentido y movimiento. *[apoplexia, feridura]*

aporcar. v. tr. Enterrar los tallos de ciertas hortalizas para que se pongan tiernos. *[calçar]*

aporrear. v. tr. Golpear, especialmente con porra. *[bastonejar, colpejar]*

aportar. v. tr. Llevar cada uno la parte que le corresponde de la sociedad a la cual pertenece y de la que es miembro. *[aportar]* // Aducir argumentos, razones, etc. *[aportar]*

aposentar. v. tr. Dar posada, albergar. *[aposentar]*

aposición. f. En gramática, yuxtaposición de dos sustantivos. *[aposició]*

apostar. v. tr. Poner al acecho. *[apostar]* // Jugarse el dinero. *[apostar]*

apostasía. f. Acción de negar la fe profesada. *[apostasia]*

apostatar. v. intr. Cometer apostasía, renegar de su religión. *[apostatar]*

apostillarse. v. pron. Formar corteza o costra en un grano, llaga, herida; hacerse corteza. *[corfar]*

apóstol. m. Cada uno de los doce discípulos que recibieron de Jesucristo la misión de predicar el evangelio; nombre dado a otros como a san Pablo, iguales en oficio y dignidad. *[apòstol]* // Quien propaga la fe cristiana. *[apòstol]* // Propagandista de una doctrina. *[apòstol]*

apóstrofe. m. Figura oratoria que consiste en interrumpir el hilo del discurso para interpelar vivamente a una persona presente o ausente. *[apòstrofe]*

apóstrofo. m. Signo ortográfico (') usado generalmente para indicar la elisión de una letra. *[apòstrof]*

apostura. f. Aire que uno adopta delante de alguien. *[posat]*

apoteosis. f. Divinización de los héroes entre los paganos. *[apoteosi]* // Glorificación de una persona, un ideal, etc. *[apoteosi]*

apoyar. v. intr. y tr. Intr. Descansar una cosa encima de otra. *[recolzar]* // Tr. Poner una cosa de manera que descanse sobre un soporte. *[recolzar]* // Confirmar una opinión o doctrina. *[recolzar]* // **-se.** Servirse de una persona o cosa como apoyo. *[refermar-se, ratificar-se]*

apoyo. m. Lo que sirve para sostener. *[suport, descans]*

apreciar. v. tr. Determinar el valor de una cosa. *[apreciar]* // Reconocer el valor, el mérito, etc., de algo. *[apreciar]* // Tener estima, aprecio por alguien. *[apreciar]*

apremiar. v. tr. e intr. Tr. Dar prisa. *[apressar]* // Intr. Ser urgente. *[apressar, urgir]*

apremio. m. Acción de apremiar. *[urgència]*

aprender. v. tr. Adquirir el conocimiento de algo por medio del estudio. *[aprendre]*

aprendiz, iza. m. y f. Quien aprende algún oficio. *[aprenent]*

aprendizaje. m. Acción de aprender un oficio. *[aprenentatge]*

apresurar. v. tr. Dar prisa, acelerar. *[apressar]* // **-se.** Ir demasiado deprisa en las obras o las palabras, precipitarse. *[atropellar-se, apressar-se]*

apretar. v. tr. Hacer más compacta alguna cosa cerrando sus intersticios. *[atapeir]* // Estrechar fuertemente. *[apretar, estrényer]* // Obligar con insistencia a hacer algo. *[apretar]*

apretón. m. Acción de apretar. *[repretó]*

apretujar. v. tr. Apretar. *[estrényer]* // **-se.** Oprimirse varias personas en un recinto demasiado estrecho. *[pitjar-se]*

aprieto. m. Apretura de la gente. *[estrenyor, estretor]* // Prisas para hacer una cosa. *[corruixes]* // Conflicto, apuro. *[destret]*

aprisco. m. Lugar para resguardar el ganado de la intemperie. *[mallada, pleta]*

aprisionar. v. tr. Poner en prisión. *[empresonar]*

aprobado. m. Calificado de apto en un examen. *[aprovat]*

aprobar. v. tr. Dar por bueno. *[aprovar]*

apropiado, ada. adj. Que se adapta bien al fin al que es destinado. *[apropiat, escaient]*

apropiar. v. tr. Hacer propia alguna cosa. *[apropiar]*

aprovechado, ada. adj. Que se aprovecha. *[aprofitat]*

aprovechar. v. intr. y tr. Intr. Servir de provecho una cosa. *[aprofitar]* // Tr. Utilizar algo. *[aprofitar]* // **-se.** Sacar provecho de algo. *[aprofitar-se]*

aprovisionar. v. tr. Abastecer de provisiones. *[aprovisionar]*

aproximar. v. tr. Acercar, poner a menor distancia. *[aproximar]*

aptitud. f. Calidad de apto. *[aptitud]*

apto, apta. adj. Bueno, propio para hacer algo. *[apte]* // Hábil, dispuesto. *[apte]*

apuesta. f. Acción y efecto de jugarse una cosa. *[travessa]*

apuesto, esta. adj. Se dice de las personas que tienen buenas piernas, son altas y esbeltas y de movimientos gallardos que la hacen de buen ver. *[garrit]* // Galán. *[garrit]*

apuntador, ora. adj. y s. Que apunta. *[apuntador]*

apuntalar. v. tr. Sostener con uno o más puntales algo. *[apuntalar]*

apuntar. v. tr. e intr. Tr. Dirigir un arma hacia su objetivo. *[apuntar]* // Tomar nota de algo. *[apuntar]* // Señalar hacia un lugar u objeto determinado. *[apuntar]* // Sacar punta. *[apuntar]* // Coser ligeramente. *[apuntar]* // Sugerir, aconsejar. *[apuntar]* // Intr. Comenzar algo a manifestarse. *[apuntar]*

apunte. m. Dibujo hecho con pocas líneas para recordar una figura o disposición. *[apunt]* // pl. Notas breves de un discurso o lectura para recordar los conceptos. *[apunts]*

apuñalar. v. tr. Dar puñaladas. *[apunyalar]*

apurar. v. tr. Agotar, consumir. *[esgotar]* // Extremar. *[extremar]* // Apresurar. *[apressar]* // **-se.** Afligirse, inquietarse. *[inquietar-se, amoïnar-se]*

apuro. m. Situación angustiosa. *[destret]* // Aprieto, escasez. *[estretor]*

aquejar. v. tr. Fatigar, molestar. *[fatigar]* // Afligir. *[afligir]*

aquel, ella, ello, ellos, ellas. Adj. y pron. dem. Se aplica para señalar un objeto distante de los interlocutores. *[aquell]*

aquelarre. m. Reunión nocturna de brujas. *[sàbat]*

aquí. adv. En el lugar donde está el que habla. *[ací]*

aquiescencia. f. Consentimiento. *[aquiescència]*

aquietar. v. tr. Apaciguar. *[aquietar]*

aquilatar. v. tr. Medir los quilates del oro, perlas o piedras preciosas. *[avaluar, apreuar]* // Valorar el mérito de alguien. *[apreuar]*

ara. f. Altar en que se ofrecen sacrificios. *[ara]* // Piedra consagrada del altar. *[ara]*

árabe. adj. Relativo a la Arabia. *[àrab]* // m. Lengua arábiga. *[àrab]* // m. y f. Natural o propio de Arabia. *[àrab]*

arabesco, esca. adj. Arábigo. *[arabesc]* // Relativo al tipo de ornamentación llamado arabesco. *[arabesc]* // m. Adorno usado en las construcciones, a base de enlaces caprichosos de hojas, flores o elementos geométricos. *[arabesc]*

arada. f. Acción y efecto de arar. *[llaurada]* // Tierra trabajada. *[llauró]* // Cada una de las operaciones de labrar que se le dan a una tierra. *[llauró]*

arado. m. Instrumento agrícola para labrar la tierra. *[aladre]*

aragonés, esa. adj. y s. Natural o propio de Aragón. *[aragonés]*

arancel. m. Tarifa oficial que determina los derechos que se han de pagar en diferentes ramos de la administración. *[aranzel]*

arandela. f. Pieza en forma de corona circular que se pone alrededor de un eje. *[arandel·la, virolla]*

araña. f. Arácnido provisto de cuatro pares de patas y sin alas. *[aranya]* // Pez blanco y plano que tiene en la cola una punta que da pinchazos muy venenosos. *[aranya]* // Planta de flores vistosas, cuidada en los jardines. *[aranya]*

arañar. v. tr. Rasgar ligeramente con las uñas, un alfiler, etc. *[arrapar]* // Recoger poco en varios sitios. *[arrapar]*

arañazo. m. Herida hecha en la piel del cutis con las uñas, las garras, una aguja o instrumento puntiagudo, etc. *[arrap]*

arar. v. tr. Abrir surcos en la tierra con el arado. *[llaurar]*

arbitrar. v. tr. Decidir uno libremente. *[arbitrar]* // Sentenciar como árbitro. *[arbitrar]* // Concebir. *[arbitrar]* // **-se.** Procurarse, ingeniarse. *[arbitrar-se]*

arbitrio. m. Facultad de determinarse por una cosa o por otra. *[arbitri]* // Juicio, sentencia de árbitro. *[arbitri]* // Derecho impuesto en algunos pueblos sobre ciertas materias. *[arbitri]*

árbitro, árbitra. m. y f. Quien puede obrar sin depender de otro. *[àrbitre]* // Juez elegido por acuerdo de las partes interesadas para decidir el litigio. *[àrbitre]*

árbol. m. Vegetal de tronco elevado y leñoso. *[arbre]* // Cada uno de los palos fijados en una nave destinados al sostenimiento de las velas. *[arbre]* // Palo fijo o giratorio que hace de eje de una máquina. *[arbre]*

arbusto. m. Planta leñosa, de poca altura con relación al árbol. *[arbust]*

arca. f. Caja grande con tapa plana que sirve para guardar objetos. *[arca]* // Horno para calentar y cocer el vidrio. *[arca]*

arcabuz. m. Arma de fuego antigua parecida a una escopeta. *[arcabús]*
arcada. f. Cada uno de los arcos de un puente. *[arcada]* // Movimiento del estómago que excita al vómito. *[tragit]*
arcaduz. m. Cada uno de los cangilones atados al libán de la noria. *[caduf, catúfol]* // Cañería de obra que va bajo tierra. *[caduf]*
arcaico, aica. adj. Que tiene carácter de antiguo. *[arcaic]*
arcángel. m. Espíritu situado por encima de los ángeles en la jerarquía celestial. *[arcàngel]*
arcediano. m. Dignidad en los capítulos de las catedrales. *[ardiaca]*
arcilla. f. Sustancia mineral terrosa que se utiliza principalmente en la construcción y confección de cazuelas. *[argila]*
arcilloso, osa. adj. Que tiene arcilla. *[argilós]* // Parecido a la arcilla. *[argilós]*
arco. m. Porción de una línea curva. *[arc]* // Construcción de forma curvada. *[arc]* // Arma para tirar flechas. *[arc]*
archiduque. m. Duque preeminente. *[arxiduc]* // Título de los príncipes de la casa de Austria. *[arxiduc]*
archiduquesa. f. Mujer revestida de la dignidad de archiduque. *[arxiduquessa]* // Mujer de un archiduque. *[arxiduquessa]*
archivar. v. tr. Guardar una cosa en un archivo. *[arxivar]*
archivero, era. m. y f. Quien tiene a su cargo un archivo. *[arxiver]*
archivo. m. Colección de documentos públicos o particulares. *[arxiu]* // Lugar donde se guardan documentos. *[arxiu]*
ardentía. f. Ardor. *[ardor, cremor]* // Reverberación marina. *[ardència]*
ardid. m. Estratagema, artificio para conseguir algo. *[ardit]* // adj. Mañoso, astuto. *[astut]*
ardido, ida. adj. Valiente, atrevido, que tiene coraje. *[ardit]*
ardiente. adj. Que tiene o causa ardor. *[ardent]* // Que quema o flamea. *[ardent]*
ardilla. f. Mamífero roedor muy inquieto y ligero. *[esquirol]*
ardínculo. m. Vejiga, ampolla en la piel. *[veixiga]* // Absceso que se hace en la herida de una caballería. *[veixiga]*
ardor. m. Calor grande. *[cremor]* // Brillo, resplandor. *[lluentor]* // Apasionamiento, anhelo. *[deler]* // Valentía, intrepidez. *[valentia]*
arduo, ardua. adj. Difícil de subir. *[ardu]* // Muy difícil de realizar. *[ardu]*
área. f. Medida de superficie, equivalente a un decámetro cuadrado. *[àrea]* // Magnitud de una superficie comprendida dentro de un perímetro. *[àrea]*
arena. f. Conjunto de partículas muy finas de piedra acumuladas en el fondo y en las orillas del mar y de los ríos. *[arena]* // Concreciones arenosas que se hacen en la vejiga. *[arena]* // Lugar de combate. *[arena]*
arenáceo, ácea. adj. Parecido a la arena. *[arenós]*
arenga. f. Discurso dirigido a cualquier grupo de personas con el fin de animarlas a hacer algo. *[arenga]*
arengar. v. tr. Hacer una arenga. *[arengar]*
arenoso, osa. adj. Que tiene arena. *[arenós]*
arenque. m. Pescado muy abundante en el Atlántico septentrional y el mar del Norte. *[areng]*
aréola. f. Círculo rojizo que envuelve ciertas pústulas. *[arèola]* // Círculo de color oscuro que envuelve el pezón. *[arèola]* // La porción de iris que rodea la niña del ojo. *[arèola]* // Espacio comprendido entre los haces de fibras de algunos tejidos orgánicos. *[arèola]*
argamasa. f. Mezcla de cal, arena y agua usada en las construcciones. *[argamassa]*
árgano. m. Máquina para mover o levantar grandes pesos. *[argue]*
argelino, ina. adj. y s. Natural o propio de Argelia. *[algerí]*
argentar. v. tr. Cubrir de una capa o baño de plata. *[argentar]* // Comunicar a algo el color de la plata. *[argentar]* // Dar la claridad, la blancura de la plata. *[argentar]*
argolla. f. Anilla grande y ancha. *[argolla]* // Anilla de hierro unida a una cadena, que se ponía en el cuello de los

cautivos o de los malhechores. *[argolla]* // Juego en que han de pasar unas bolas de madera a través de una argolla clavada en tierra. *[argolla]*

argucia. f. Sutileza, argumento falso, formulado con habilidad, para engañar. *[argúcia]*

argüir. v. tr. e intr. Tr. Deducir razonadamente en defensa de algo. *[argüir]* // Intr. Refutar, dar razones en contra de alguna proposición o afirmación. *[argüir]*

argumentar. v. intr. Presentar razones, argumentos, argüir. *[argumentar]*

argumento. m. Razonamiento usado en defensa de alguna proposición. *[argument]* // Tema de una obra dramática, asunto de que trata. *[argument]*

árido, árida. adj. Seco, estéril. *[àrid]*

ariete. m. Máquina de guerra antigua para abatir murallas. *[ariet]*

arisco, isca. adj. Áspero, intratable, huidizo. *[bròfec, esquerp]*

arista. f. Punta delgada del cascabillo de algunos granos. *[aresta]* // Línea de intersección de dos planos. *[aresta]* // Ángulo poliédrico. *[caire]* // Proporción de un cuerpo que sobresale por encima de la superficie de la que forma parte. *[carena]*

aristocracia. f. Forma de gobierno en que el poder está en manos de la nobleza. *[aristocràcia]* // Clase alta de la sociedad. *[aristocràcia]*

aritmética. f. Ciencia de los números y de las cantidades que representan. *[aritmètica]*

arma. f. Instrumento destinado a atacar al contrario o para defenderse. *[arma]* // Cada uno de los principales institutos que constituyen los ejércitos. *[arma]* // pl. Blasones del escudo, signo heráldico de una familia, de una nación, etc. *[arma]*

armada. f. Conjunto de fuerzas navales de un estado. *[armada]*

armadía. f. Conjunto de vigas de árbol, fuertemente unidas que forman una plataforma flotante. *[rai]*

armadijo. m. Trampa en forma de red para cazar pájaros, o de una tabla falsamente sostenida para cazar animales. *[brell, parany]*

armadura. f. Conjunto de armas defensivas que protegían el cuerpo. *[armadura]* // Armazón, montura. *[armadura]* // Esqueleto. *[armadura]*

armar. v. tr. Proveer o equipar a alguien de armas. *[armar]* // Proveer a alguien de todo lo necesario para una empresa. *[armar]* // Juntar las partes de un objeto. *[armar]* // Forjar, tramar. *[armar]*

armario. m. Mueble para guardar ropa, libros, etc. *[armari]*

armazón. m y f. Pieza o conjunto de piezas que sostienen a otra. *[armadura]* // Esqueleto. *[esquelet, armadura]*

armiño. m. Mamífero carnívoro, de piel muy suave y delicada, blanquísima en el invierno. *[ermini]* // La piel de este animal. *[ermini]*

armisticio. m. Suspensión de hostilidades pactada entre los beligerantes. *[armistici]*

armonía o harmonía. f. Unión y combinación de sonidos. *[harmonia]* // Perfecta proporción y correspondencia entre las partes de una cosa. *[harmonia]* // Buena correspondencia entre dos o más personas. *[harmonia]* // Arte de combinar los sonidos musicales. *[harmonia]*

armónica. f. Instrumento musical, formado por láminas de vidrio o metal de desigual longitud, cada una de las cuales da un tono diferente. *[harmònica]*

armonio. m. Órgano pequeño en forma de piano, al cual se le da aire mediante un fuelle movido con los pies. *[harmònium]*

armonizar. v. tr. e int. Tr. Poner en armonía. *[harmonitzar]* // Intr. Estar en armonía, adaptarse perfectamente entre sí las partes o cosas que forman un todo. *[harmonitzar]*

arnadí. m. Pastel de calabaza cocida al horno, amasado con azúcar, almendras, piñones y canela, propio de la Semana Santa. *[arnadí]*

arnés. m. Guarniciones del caballo, etc. *[arnés]* // Conjunto de armas defensivas que se ponían encima de uno. *[arnés]*

árnica. f. Planta herbácea medicinal, de

la familia de las compuestas. *[àrnica]* // Tintura que se hace de las flores de dicha planta y se utiliza para curar golpes. *[àrnica]*

aro. m. Pieza de materia dura en forma de circunferencia. *[anell, anella]*

aroma. m. Perfume, olor muy agradable. *[aroma]*

aromático, ática. adj. Que tiene aroma. *[aromàtic]*

arpa. f. Instrumento musical de cuerdas que se pulsan con los dedos. *[arpa]*

arpar. v. tr. Dar arañazos. *[arpar]*

arpillera o harpillera. f. Tejido grueso de urdimbre muy clara para embalajes. *[arpillera]*

arpón. m. Instrumento con punzas de hierro para pescar peces grandes. *[arpó]*

arponear. v. tr. Clavar el arpón. *[arponar, fitorar]*

arponero. m. Quien fabrica arpones. *[arponer]* // Quien pesca con el arpón. *[arponer]*

arquear. v. tr. Dar figura de arco. *[arquejar]*

arqueo. m. Acción de arquear o medir la capacidad de una embarcación. *[arqueig]* // Inventario del dinero y valores existentes en la caja de alguna casa de comercio, etc. *[arqueig]*

arqueología. f. Ciencia que estudia los restos artísticos de la antigüedad. *[arqueologia]*

arquitecto, ecta. m. y f. Quien profesa la arquitectura. *[arquitecte]*

arquitectura. f. Arte de proyectar y construir edificios. *[arquitectura]*

arrabal. m. Parte de una población situada fuera de su recinto. *[raval]*

arracada. f. Ornamento que llevan las mujeres colgando de las orejas. *[arracada]*

arracimar. v. tr. Hacer ramos. *[arramellar]*

arraigar. v. intr. y tr. Intr. Echar o criar raíces una planta. *[arrelar]* // Tr. Fijar firmemente una cosa. *[arrelar]* // **-se.** Establecerse en un lugar, afincarse. *[arrelar-se]*

arraigo. m. Acción y efecto de arraigar o de arraigarse. *[arrelament]*

arramblar. v. tr. Llevarse algo por delante con un impulso violento. *[arramblar]* // Arrastrarlo todo atropelladamente. *[arramblar]*

arrancapinos. m. Dicho de quien se cree apto para todo. *[milhòmens]* // Persona o animal muy pequeño y con pretensiones o gestos de hombre grande o poderoso. *[milhòmens]*

arrancar. v. tr. Sacar las raíces y las cepas de un terreno para cultivarlo. *[arrabassar]* // Extraer con violencia, tomar violentamente algo a alguien. *[arrabassar]*

arranque. m. Determinación precipitada, pensamiento original. *[rauxa]* // fig. Deseo repentino y pasajero de hacer algo. *[rampell]*

arras. f. pl. Cantidad dada en garantía del cumplimiento de un contrato, y especialmente de la promesa de matrimonio. *[arres]*

arrasar. v. tr. Destruir, asolar. *[arrasar]*

arrastrar. v. tr. e int. Tr. Llevar por tierra algo o alguna persona tirando de ella. *[arrossegar]* // Intr. Colgar una cosa tocando parte de ella el suelo. *[arrossegar]*

arrastre. m. Acción de arrastrar. *[arrossegament]*

arrear. v. tr. Poner arreos, adornar, guarnecer. *[arrear]* // Dar un golpe, pegar. *[arrear]* // Estimular una bestia a seguir o a acelerar la marcha. *[arrear]*

arrebatar. v. tr. Quitar, llevarse, arrancar. *[arrapar]* // Arrobar el espíritu. *[embadalir, extasiar]* // **-se.** Enfurecerse. *[arravatar-se]*

arrebato. m. Impulso violento, furor. *[rabinada]* // Enajenamiento. *[embadaliment, èxtasi]*

arrecido, ida. adj. Entumecido por exceso de frío. *[balb]*

arrecirse. v. pron. Decaer, consumirse, encogerse, debilitarse extraordinariamente, perder el vigor por efecto de una enfermedad, de frío, etc. *[balbar-se, carpir-se]*

arreglar. v. tr. Poner cada cosa en su sitio correspondiente. *[arreglar]* // Sujetar a una regla o norma. *[arreglar]*

arrejada. m. Paleta de hierro fija al extremo de la aguja que sirve para limpiar la reja. *[rastell]*

arrellanarse. v. pron. Extenderse encima del asiento con toda comodidad. *[arrepapar-se, escarxofar-se]*

arremangar. v. tr. Recoger hacia arriba replegándolas, las mangas, las medias, el vestido, etc. *[arromangar]*

arremeter. v. tr. Acometer, embestir como un lobo contra otro. *[arremetre, envestir]*

arremolinar. v. tr. Mover formando remolinos, amontonar en remolinos. *[arremolinar]*

arrendador, ora. adj. y s. Quien da algo en arrendamiento. *[arrendador]*

arrendamiento. m. Acción y efecto de arrendar. *[arrendament]* // Contrato de arrendamiento. *[arrendament]* // Precio de arrendamiento. *[arrendament]*

arrendar. v. tr. Dar a alguien algo para que haga uso durante el tiempo y por el precio convenido. *[arrendar]*

arrendatario, aria. adj. y s. Que toma en arrendamiento algo. *[arrendatari]*

arreo. m. Conjunto de piezas de una cosa principal, para completarla o adornarla. *[arreu]* // Herramienta o utensilio en general, cosa que sirve para un uso determinado. *[arreu]* // m. pl. Guarnición de animales de carga o de tiro. *[aparell]* // adv. Consecutivamente, sucesivamente el uno detrás del otro sin interrupción. *[arreu]* // Sin hacer excepciones, sin escoger o elegir una cosa formada por diferentes unidades, sucesivamente una detrás de otra. *[arreu]* // Sin cruzar acción, haciendo las cosas sucesivamente, de cualquier manera, descuidadamente. *[arreu]* // Por todas partes. *[arreu]*

arrepentirse. v. pron. Sentir arrepentimiento de haber hecho o dejado de hacer algo. *[penedir-se]*

arrestar. v. tr. Poner preso a alguno. *[arrestar]*

arriar. v. tr. Bajar una bandera, una vela, etc. *[arriar]*

arriba. adv. En dirección hacia lo alto, de un lugar a otro más alto. *[amunt]*

arriero. m. Hombre que transporta cosas a las espaldas de los animales. *[arrier]*

arriesgar. v. tr. Hacer frente a cosas arduas y difíciles, exponiéndose en ello. *[arriscar]* // **-se.** Atreverse con cosas difíciles o peligrosas. *[arriscar-se]*

arrimar. v. tr. Poner una cosa junto a otra de manera que se toquen. *[arrimar]* // Apartar algo que estorba. *[arrambar]* // **-se.** Acogerse a la protección de alguien. *[arrimar-se]*

arrinconar. v. tr. Poner en un rincón, apartar a un lado. *[arraconar]* // fig. No hacer caso de una persona o cosa. *[arraconar]*

arroba. f. Unidad de peso equivalente a un cuarto de quintal. En el sistema valenciano la arroba es de 36 libras y equivale a 12'78 kgs., siendo el quintal de unos 51 kgs., o sea, que la arroba viene a ser la octava parte del quintal métrico de cien kgs. *[arrova]*

arrocero, era. adj. Relativo o perteneciente al arroz. *[arrosser]* // m. y f. Que cultiva o vende arroz. *[arrosser]* // Aquel a quien le gusta mucho el arroz. *[arrosser]*

arrodillarse. v. pron. Ponerse de rodillas. *[agenollar-se]*

arrogancia. f. Presunción, altanería, insolencia, orgullo. *[arrogància]*

arrogante. adj. Que tiene arrogancia. *[arrogant]*

arrogarse. v. pron. Atribuirse algo indebidamente. *[arrogar-se]*

arrojar. v. tr. Lanzar con fuerza algo. *[llançar]* // Dirigir vivamente en una dirección determinada. *[llançar]* // Vomitar. *[boçar]* // Lanzar violentamente. *[etzibar]*

arrollar. v. tr. Enrollar, retorcer un objeto flexible sobre él mismo en espiral. *[caragolar]* // Llevarse por delante, atropellar. *[arronsar, desfer]*

arrope. m. Mosto de uva, hervido hasta tomar consistencia de jarabe. *[arrop]* // Confitura hecha con mosto concentrado y frutas. *[arrop]*

arroyada. f. Excavación que hace la corriente de agua. *[escorranc]*

arroyar. v. tr. Efecto de la lluvia al hacer regatas y badenes. *[escorrancar]*

arroz. m. Planta gramínea, cultivada en climas cálidos y terrenos húmedos. *[arròs]* // Fruto de esta planta. *[arròs]* // Plato de guisado con arroz. *[arròs]*

arruga. f. Pliegue de la piel, de la ropa o de otra cosa flexible. *[arruga]*

arrugar. v. tr. Hacer arrugas en alguna cosa. *[arrugar]*

arruinar. v. tr. Destruir, causar gran daño. *[arruïnar]* // Reducir a la pobreza. *[arruïnar]*

arrullo. m. Canto de los palomos y las tórtolas. *[parrup]*

arrumaco. m. Muestra exagerada de afecto, halago engañoso. *[magarrufa]*

arsenal. m. Depósito de armas y otros artículos de guerra. *[arsenal]*

arte. m. y f. Sistema de preceptos o reglas para hacer bien algo. *[art]* // Destreza para hacer algo. *[art]*

artefacto. m. Obra producida por el trabajo del hombre. *[artefacte]*

arteria. f. Cada uno de los conductos tubulares que conducen la sangre del corazón a todas las partes del cuerpo. *[artèria]* // Vía de comunicación. *[artèria]*

artero, era. adj. Astuto, malintencionado. *[arter]*

artesa. f. Caja rectangular de madera que sirve para amasar. *[pastera]*

artesanía. f. Trabajo de los artesanos. *[artesania]* // Conjunto de los artesanos. *[artesania]*

artesano, ana. m. y f. Quien ejerce un arte manual. *[artesà]*

artesonado. m. Entrecruzamiento de bigas y molduras de un techo, etc. *[enteixinat]*

articulación. f. Acción y efecto de articular o de articularse. *[articulació]* // Unión de un hueso con otro. *[articulació]* // Unión móvil de dos piezas de una máquina o instrumento. *[articulació]* // Nudo en algunas partes de ciertas plantas. *[articulació]* // Emisión de sonidos articulados. *[articulació]*

articular. v. tr. Juntar, enlazar, dos partes de un cuerpo, de un todo, especialmente no de una manera fija, sino dejándoles un juego determinado. *[articular]* // Producir sonidos, pronunciar claramente. *[articular]* // Enunciar, especificar, en artículos separados. *[articular]*

artículo. m. Cada una de las partes en que se suelen dividir los escritos. *[article]* // Escrito de cierta extensión inserido en un periódico. *[article]* // Cada una de las divisiones de un diccionario correspondientes a una palabra. *[article]* // Cosa comerciable. *[article]* // En gramática, partícula que indica si el nombre al que acompaña es conocido o no. *[article]*

artífice. m. y f. Aquel que ejecuta una obra artística o mecánica. *[artífex]* // Aquel que hace y crea algo. *[artífex]*

artificial. adj. Hecho por la mano del hombre, que no es natural. *[artificial]*

artificio. m. Ingenio, habilidad con que se hace algo. *[artifici]* // Astucia, disimulación. *[artifici]*

artillería. f. Conjunto de cañones, morteros, obuses y otras máquinas de guerra. *[artilleria]* // Cuerpo de tropa destinado al servicio de artillería. *[artilleria]*

artillero. m. Soldado del cuerpo de artillería. *[artiller]*

artista. m. y f. Persona que ejerce alguna bella arte. *[artista]*

artístico, ística. adj. Relativo o perteneciente al arte o a los artistas. *[artístic]*

arveja. f. Planta leguminosa cultivada como forraje. *[veça]* // Semilla de la arveja utilizada como alimento de los palomos. *[veça]* // Algarroba, veza. *[veça]*

arzobispo. m. Obispo de una diócesis que es cabeza o autoridad suprema de una provincia eclesiástica. *[arquebisbe]*

as. m. Cara del dado marcado con un punto. *[as]* // Carta de juego que tiene el número uno de cada palo. *[as]* // Persona preeminente en alguna profesión o deporte. *[as]* // Moneda romana de bronce, la décima parte del denario. *[as]*

asa. f. Parte saliente de un objeto en forma de arco, anillo, etc., que sirve para cogerlo. *[ansa]*

asado. m. Carne asada. *[rostit]*

asador. m. Hurgón usado para asar carne. *[ast]* // Aparato para igual fin. *[ast]*

asadura. f. Entrañas de los animales, en especial los pulmones, hígado, etc. *[freixura]*
asaetear. v. tr. Disparar flechas. *[assagetar]* // Herir o matar con flechas. *[assagetar]*
asalariar. v. tr. Señalar o dar un salario a alguien. *[assalariar]*
asaltar. v. tr. Acometer bruscamente. *[assaltar]* // Invadir una fortaleza, etc. *[assaltar]*
asalto. m. Acción y efecto de asaltar. *[assalt]* // Combate simulado. *[assalt]* // Cada tiempo en un combate de boxeo. *[assalt]*
asamblea. f. Reunión de personas congregadas para deliberar. *[assemblea]*
asar. v. tr. Tostar un manjar al fuego. *[rostir]* // Cocer ligeramente una cosa al rescoldo, calentándola sólo por el exterior. *[escalivar]*
ascendencia. f. Conjunto de parientes de la línea ascendente. *[ascendència]*
ascendente. adj. Que asciende o va hacia arriba. *[ascendent]*
ascender. v. intr. y tr. Intr. Subir, ir hacia arriba. *[ascendir]* // Avanzar en un cargo o dignidad. *[ascendir]* // Tr. Conceder un ascenso. *[ascendir]*
ascendiente. m. y f. Pariente de la línea ascendente que precede en la sucesión genealógica. *[ascendent]* // Predominio moral o influencia. *[ascendent]*
ascenso. m. Subida o elevación natural. *[ascens]* // Promoción a una mayor dignidad o cargo. *[ascens]*
ascensor. m. Aparato para trasladar personas de unos pisos a otros. *[ascensor]*
asco. m. Sentimiento desagradable que causa una cosa que nos repugna. *[fàstic]*
asear. v. tr. Adornar, componer con aseo. *[endreçar]*
asechanza. f. Trampa para engañar o seducir a alguien. *[parany]*
asediar. v. tr. Importunar incesantemente, atosigar. *[assetjar]* // Poner sitio. *[assetjar]*
asedio. m. Acción y efecto de asediar. *[setge]*
aseguramiento. m. Acción y efecto de asegurar o de asegurarse. *[assegurança]*
asegurar. v. tr. Dar firmeza a algo. *[assegurar]* // Afirmar como cierto. *[assegurar]* // Garantizar contra determinados peligros. *[assegurar]*
asemejar. v. intr. Tener una persona o cosa un parecido con otra, parecer. *[semblar]* // **-se.** Mostrarse semejante, tener parecido dos o más personas o cosas. *[assemblar-se]*
asentar. v. tr. Poner algo de manera que se mantenga firme. *[assentar]* // Apuntar, anotar, inscribir. *[assentar]*
asentir. v. intr. Dar algo por cierto. *[assentir]*
aseo. m. Limpieza, curiosidad. *[endreç]*
asequible. adj. Que se puede conseguir. *[assequible]*
aserción. f. Acción y efecto de afirmar, de dar como cierto; aserto. *[asserció]*
aserenar. v. tr. Serenar, poner claro y sereno. *[asserenar]* // Ponerse al cielo raso. *[arrasir-se]*
aserradura. f. Acción y efecto de serrar. *[serradura]* // Corte que hace la sierra. *[serradura]* // Partículas que se desprenden de la madera al serrarla; serrín. *[serradura]*
aserrar. v. tr. Cortar con una sierra. *[serrar]*
aserto. m. Proposición en que se afirma o se da como cierto algo. *[asserció]*
asesinar. v. tr. Matar deliberadamente. *[assassinar]*
asesino, ina. adj. y s. Quien asesina. *[assassí]*
asesor, ora. adj. y s. Que asesora. *[assessor]*
asesorar. v. tr. Dar consejo, aconsejar. *[assessorar]* // **-se.** Tomar consejo. *[assessorar-se]*
asestar. v. tr. Descargar un arma contra alguien, golpear con un objeto. *[assestar]*
aseverar. v. tr. Afirmar, asegurar lo que uno dice. *[asserir, asseverar]*
asfaltar. v. tr. Recubrir de asfalto. *[asfaltar]*
asfalto. m. Sustancia negra procedente de la destilación del petróleo. *[asfalt]* // Mezcla de asfalto, betún o alquitrán con arena y yeso, etc., usada para ha-

cer pavimentos o cemento impermeable. *[asfalt]*

asfixia. f. Suspensión de la respiración. *[asfíxia]*

asfixiar. v. tr. Producir asfixia. *[asfixiar]*

así. adv. De esta manera. *[així]*

asibilar. v. tr. Hacer sibilante, convertir en sibilante. *[assibilar]*

asiento. m. Cualquier mueble destinado para sentarse en él. *[seient]*

asignar. v. tr. Señalar, destinar. *[assignar]*

asignatura. f. Tratado o materia que durante el curso académico ha de explicar un profesor a sus alumnos. *[assignatura]*

asilar. v. tr. Dar asilo en un establecimiento de beneficencia. *[asilar]*

asilo. m. Establecimiento de caridad donde se recoge gente desvalida. *[asil]* // Protección, refugio. *[asil]*

asimilar. v. tr. Asemejar. *[assimilar]* // Apropiarse los órganos de las sustancias que necesitan para desarrollarse. *[assimilar]*

asir. v. tr. e intr. Tr. Sujetar una cosa con la mano o con un instrumento adecuado. *[agafar]* // Atrapar, coger. *[agarrar]* // Intr. Arraigar las plantas. *[arrelar]* // **-se.** Agarrarse de alguna cosa. *[agafar-se]* // Valerse de un pretexto. *[valer-se]*

asistencia. f. Acción de asistir a un lugar. *[assistència]* // Conjunto de asistentes. *[assistència]*

asistente, enta. adj. y s. Que asiste a un lugar. *[assistent]* // m. y f. El que ayuda o colabora en trabajos de estudio, etc. *[assistent]* // El que ayuda o asiste a un superior. *[assistent]*

asistir. v. tr. e intr. Tr. Prestar ayuda o socorro a alguien. *[assistir]* // Intr. Acudir, estar presente. *[assistir]*

asma. f. Sofocación intermitente debida a la contracción espasmódica de los bronquios. *[asma]*

asnillo. m. Pie de hierro que sostiene la paella o el asador; trébedes. *[mossa]*

asno. m. Mamífero solípedo usado como bestia de carga. *[ase, somer]* // fig. Persona de poco conocimiento. *[ase]*

asobinarse. v. pron. Caer boca arriba, quedar una caballería en el suelo con la cabeza entre las patas de delante. *[ensobinar-se]* // Ponerse boca arriba, con las rodillas y el cuerpo doblados. *[ensobinar-se]* //

asociación. f. Acción y efecto de asociar o asociarse. *[associació]* // Conjunto de personas asociadas. *[associació]*

asociar. v. tr. Dar por compañero a alguien que ayude en un trabajo, etc. *[associar]* // Juntar, encadenar ideas en el pensamiento. *[associar]* // **-se.** Reunirse para algún fin. *[associar-se]*

asolar. v. tr. Destruir, arrasar. *[assolar]* // **-se.** Posarse los líquidos. *[assolar-se]*

asomarse. v. pron. Inclinar hacia adelante la parte superior del cuerpo, especialmente por una abertura. *[abocar-se]*

asombro. m. Susto, espanto. *[sorpresa]*

asonancia. f. Correspondencia entre dos sonidos. *[assonància]* // Rima imperfecta entre dos palabras. *[assonància]*

asonantar. v. tr. Emplear versos que rimen en asonante. *[assonantar]*

asonante. m. Que hace asonancia. *[assonant]* // adj. Que rima de una manera imperfecta. *[assonant]*

aspa. f. Cruz en forma de X. *[aspa]* // Conjunto de brazos o alas de un molino de viento, etc. *[aspa]*

aspaviento. m. Demostración exagerada de un sentimiento. *[escarafall]*

aspecto. m. Manera de presentarse o aparecer a la vista una persona o cosa. *[aspecte]*

áspero, áspera. adj. Desagradable al tacto, al gusto, etc. *[aspre]* // Riguroso, despiadado. *[cru, aspre]* // Mal genio. *[esquitós]*

aspillera. f. Abertura estrecha en las murallas para disparar desde dentro. *[tronera, espitllera]*

aspirar. v. tr. Llenar los pulmones de aire. *[aspirar]* // Pronunciar con un sonido gutural una letra. *[aspirar]* // Pretender un cargo, honor o título. *[aspirar]*

asquear. v. tr. Causar o sentir asco, malestar en extremo. *[fastiguejar]*

asta. f. Arma arrojadiza. *[asta]* // Cuerno. *[banya]* // Palo de bandera. *[asta]*
asterisco. m. Signo en forma de estrella usado en la escritura y en la imprenta para señalar una cita, una nota, u otras indicaciones especiales. *[asterisc]*
astigmatismo. m. Defecto de la visión, que depende de la desigualdad de refracción de los rayos incidentes. *[astigmatisme]*
astilla. f. Trozo grueso de madera o de otro material sólido. *[ascla]* // Fragmento irregular que queda al romper la madera. *[estella]*
astillar. v. tr. Romper en trozos grandes una cosa sólida. *[asclar, estellar]* // Hacer astillas una cosa. *[asclar, estellar]*
astillero. m. Conjunto de talleres donde se construyen y reparan buques. *[drassana]*
astro. m. Cuerpo celeste. *[astre]* // Persona que sobresale por méritos, cualidades, etc. *[astre]*
astrología. f. Antigua ciencia supersticiosa de los astros que, según creencia, servía para pronosticar los acontecimientos. *[astrologia]*
astronauta. m. y f. Viajero que va en una nave espacial. *[astronauta]*
astronomía. f. Ciencia que estudia las posiciones y los movimientos de los astros. *[astronomia]*
astucia. f. Ingenio bien dispuesto para engañar o para no ser engañado. *[astúcia]* // Calidad de astuto. *[astúcia]*
astuto, uta. adj. Hábil para engañar o evitar el engaño. *[astut]*
asumir. v. tr. Tomar sobre uno mismo un honor, un cargo, una obligación, etc. *[assumir]*
asunción. f. Acción y efecto de asumir. *[assumpció]* // Subida milagrosa de la Virgen al cielo. *[assumpció]* // Fiesta anual en celebración del dogma de la Asunción de la Virgen. *[assumpció]*
asunto. m. Materia de que se trata. *[assumpte]* // Tema o argumento de una obra. *[assumpte]* // Cuestión, punto por tratar, aclarar, discutir. *[assumpte, qüestió]* // Negocio. *[afer]*
asunto, unta. adj. Llevado milagrosamente al cielo. *[assumpte]*
asustar. v. tr. y pron. Dar o recibir susto. *[esfereir, esglaiar]*
atabalejo. m. Timbal pequeño que se toca en las fiestas populares y suele acompañar a la dulzaina. *[tabalet]*
atabladera. f. Tabla de madera lisa o guarnecida, por debajo, de clavos o cortantes para allanar la tierra tras la siembra, a fin de que conserve mejor la humedad. *[entauladora]*
atacar. v. tr. Embestir, acometer. *[atacar]* // Sobrevenir repentinamente un mal. *[atacar]*
atador, ora. adj. y s. Quien ata o liga algo. *[lligador]* // Entre los segadores, el que ata las gavillas. *[lligador]*
atadura. f. Acción y efecto de atar. *[lligament]* // Unión, enlace. *[fermall, lligadura]*
ataharre. m. Correa ancha que se pasa bajo el rabo de las caballerías para impedir que el aparejo se corra hacia adelante. *[alitranca, tafarra]*
atairar. v. tr. Encajar las molduras en los montantes de una puerta. *[emplafonar]*
atajar. v. tr. e intr. Tr. Salir al encuentro de alguien por el atajo. *[atallar]* // Intr. Hacer camino por un atajo. *[atallar]*
atajo. m. Acción y efecto de atajar. *[atall]* // Camino más corto que el habitual. *[travessa]*
atalaya. f. Torre desde donde se divisa un espacio grande de tierra o de mar. *[talaia]*
atandar. v. tr. Señalar la vez o el turno. *[atandar]* // **-se.** Ponerse en la vez o el turno para hacer algo. *[atandar-se]*
atañer. v. intr. Corresponder, pertenecer. *[pertocar, pertànyer]*
ataque. m. Acción y efecto de atacar. *[atac]* // Indisposición repentina de algún mal. *[atac]*
atar. v. tr. Juntar, unir una cosa con otra mediante ataduras. *[lligar]* // Asegurar un fardo con cuerdas. *[lligar]* // Impedir el movimiento, sujetar. *[lligar]*
atarantado, ada. adj. Persona bulliciosa, inquieta, de poco conocimiento, que hace las cosas con ligereza y poca formalidad; majadero, tonto. *[tararot]*

atarantar. v. tr. y pron. Aturdir. *[atordir]*

atarazana. f. Lugar donde se construyen o reparan las embarcaciones. *[drassana]*

atardecer. m. Las primeras horas de la noche. *[capvesprada]*

atareado, ada. adj. Que está haciendo una tarea o tareas. *[enfaenat]* // Con muchas cosas por hacer. *[aqueferat]*

atarear. v. tr. Poner o señalar tarea. *[assenyalar una tasca]* // **-se.** Afanarse mucho en el trabajo u ocupaciones *[atrafegar-se]* // Trabajar aceleradamente, darse prisa en algo. *[atrafegar-se]*

atarrajar o **aterrajar.** v. tr. Hacer un resalto helicoidal en un cilindro convexo o cóncavo. *[roscar]*

atascar. v. tr. Quedar sujeto, fijar, encallarse en un lugar. *[estacar]* // Obstruir un conducto, un obstáculo; impedir el paso por un conducto. *[embossar]* // **-se.** Hundirse en un terreno blando. *[estacar-se]* // Encontrarse impedido de avanzar, de continuar una acción. *[estacar-se]*

atasco. m. Impedimento, que no permite el paso. *[embús]* // Obstrucción de un conducto. *[embús]*

ataúd. m. Caja donde se pone un cadáver para llevarlo a enterrar. *[taüt, caixa]*

ataviado, ada. adj. Que lleva el vestido de los días de fiesta. *[mudat]*

ataviar. v. tr. y pron. Poner arreos, adornar, guarnecer. *[arrear, abillar]*

atemorizar. v. tr. Infundir temor, intimidar, dar miedo. *[atemorir]*

atemperar. v. tr. y pron. Moderar, templar. *[temperar]* // Concertar dos cosas entre sí. *[temperar]*

atención. f. Acción y efecto de atender. *[atenció]* // Demostración de gentileza, cortesía. *[atenció]*

atender. v. tr. e intr. Tener en cuenta, en consideración. *[atendre]* // Tener cuidado y miramiento por algo. *[atendre]* // Prestar atención a un cliente, servirlo. *[atendre]*

ateneo. m. Nombre que se da a algunas corporaciones científicas y literarias. *[ateneu]* // Local donde se reúnen. *[ateneu]*

atenerse. v. pron. Ajustarse a lo que uno tiene como más seguro. *[atenir-se]*

atentado. m. Delito contra el Estado o alguna autoridad. *[atemptat]*

atentar. v. tr. e intr. Tr. Actuar en contra de la ley. *[atemptar]* // Intr. Cometer atentado contra alguna cosa o alguien. *[atemptar]*

atento, enta. adj. Que pone atención en algo. *[atent]* // Que tiene atenciones, cortesías con alguien. *[atent]*

ateo, ea. adj. y s. Que niega la existencia de Dios. *[ateu]*

aterrar. v. tr. e intr. Tr. Hacer caer a tierra, abatir. *[aterrar]* // Causar terror, asustar. *[aterrir]* // Intr. Tomar tierra un aeroplano, una nave, etc. *[aterrar]*

aterrizar. v. intr. Tomar tierra un avión, etc. *[aterrar]*

aterronar. v. tr. Hacer trozos de una materia sólida. *[aterrossar, apilotar]* // **-se.** Hacerse grumos, adherirse formando grumos. *[aterrossar-se]*

aterrorizar. v. tr. Causar terror. *[aterrir]*

atesorar. v. tr. Recoger, guardar tesoros. *[atesorar]* // Tener virtudes, perfecciones, gracias, etc. *[atesorar]*

atestado. m. Documento oficial donde se hace constar la verdad y pormenores de un hecho. *[atestat]*

atestar. v. tr. Afirmar ser cierta alguna cosa. *[atestar]* // Dar testimonio de algo. *[atestar]*

atestiguar. v. tr. Declarar, afirmar como testigo. *[testimoniar]*

atiborrar. v. tr. Rellenar una cosa de borra. *[atapeir]* // v. tr. y pron. Hartar. *[farcir]*

ático. m. Piso superior de una casa utilizado como depósito de trastos, lugar de trabajo de los menestrales, depósito de materias diversas; actualmente se usa como habitáculo. *[porxe]*

atiesar. v. tr. Poner tiesa una cosa. *[tesar]*

atinar. v. tr. Acertar a comprender o recordar algo. *[caure]* // Dar en el blanco. *[encertar]*

atisbar. v. tr. Vigilar con cuidado, recatadamente, un lugar, un camino, etc. *[guaitar]* // Mirar, considerar. *[guaitar]*

atizar. v. tr. Avivar el fuego, removiendo las brasas. *[atiar]* // Excitar las pasiones o afectos. *[atiar]* // Incitar de palabra o acción. *[atiar]*

atleta. m. y f. El que participa en competiciones deportivas. *[atleta]* // Hombre fuerte. *[atleta]*

atmósfera. f. Masa de aire que envuelve la tierra. *[atmosfera]* // Masa gaseosa que envuelve un astro cualquiera. *[atmosfera]* // Porción de aire contenida en un local. *[atmosfera]* // Unidad de presión. *[atmosfera]*

atobón. m. Especie de ladrillo grueso y macizo. *[atovó]*

atolondrado, ada. adj. y s. Quien en sus actos procede sin reflexión. *[atrotinat]*

atolondrar. v. tr. y pron. Producir un estado de perturbación en el ánimo de alguien que no le deja ver con claridad lo que ha de hacer. *[atordir]*

átomo. m. Elemento material primario de la composición de los cuerpos. *[àtom]* // Partícula muy pequeña de una cosa. *[àtom]*

atónito, ónita. adj. Asombrado, pasmado de estupor. *[atònit]* // Turbado por una gran admiración. *[atònit]*

átono, átona. adj. Sin acento prosódico. *[àton]*

atontar. v. tr. y pron. Dejar como muerto, hacer perder el sentido *[estemordir]*

atornillar. v. tr. Introducir un tornillo imprimiéndole un movimiento de rotación alrededor de su eje. *[caragolar]*

atosigar. v. tr. Apremiar, meter mucha prisa a los animales o a las personas. *[atabuixar]* // Envenenar. *[enverinar]*

atrabancar. v. tr. Hacer caer las algarrobas, las aceitunas, etc., de los árboles con un palo o mayal. *[abatollar]* // fig Hacer una cosa apresuradamente. *[abatollar]* // Hacer una cosa deprisa o mal. *[embonyigar]*

atracada. f. Acción y efecto de atracar. *[atracament]*

atracar. v. tr. Acercar una nave a tierra o a otra nave. *[atracar]* // Asaltar a alguien obligándolo a entregar lo que se le pide. *[atracar]* // **-se.** Hartarse de comer. *[atracar-se]*

atracción. f. Acción y efecto de atraer. *[atracció]* // Cosa que atrae. *[atracció]*

atraco. m. Acción de atracar o saltear. *[atracament]*

atracón. m. Gran cantidad de una cosa. *[fart]* // Hartazgo. *[fartada]*

atractivo, iva. adj. Que atrae. *[atractiu]*

atraer. v. tr. Hacer ir hacia uno mismo. *[atraure]* // Conseguir la adhesión de otros. *[atraure]*

atragantar. v. tr. Tragar con dificultad. *[ennuegar]* // v. tr. y pron. Atravesarse algo en la garganta. *[ennuegar-se]*

atrancar. v. tr. Asegurar la puerta o ventana con una tranca. *[barrar]*

atrapar. v. tr. Coger al que huye. *[atrapar]* // Sorprender a alguien. *[atrapar]*

atrás. adv. En dirección al lado que está a las espaldas de uno; más o menos en esa dirección, la opuesta a la de enfrente. *[arrere]*

atrasar. v. tr. Retardar, retrasar. *[endarrerir]* // **-se.** Llegar más tarde. *[endarrerir-se]*

atraso. m. Efecto de atrasar o de atrasarse. *[endarreriment]*

atravesar. v. tr. Pasar una cosa de parte a parte. *[travessar]* // Poner de través. *[entravessar]* // **-se.** Ponerse de través, ponerse enmedio interceptando o, también, interviniendo en una disputa, pelea, etc. *[entravessar-se]*

atrayente. adj. Que atrae. *[atraient, atractiu]*

atreverse. v. pron. Determinarse a hacer algo arriesgado, osar. *[atrevir-se]*

atrevido, ida. adj. Que se atreve, que no mira el peligro. *[atrevit]* // Desvergonzado, descarado. *[atrevit]*

atribución. f. Acción de atribuir. *[atribució]* // Función atribuida a alguien. *[atribució]*

atribuir. v. tr. Aplicar, sin conocimiento fijo, hechos o cualidades a una persona o cosa. *[atribuir]* // **-se.** Tomar algo como cosa propia. *[atribuir-se]*

atribular. v. tr. Producir un estado de perturbación en el ánimo de alguien. *[atribolar]* // **-se.** Padecer tribulación. *[atribolar-se]*

atributo. m. Cada una de las propiedades

o cualidades de una cosa. *[atribut]* // Símbolo o señal que denota el carácter y oficio de las figuras. *[atribut]*

atril. m. Mueble que forma un plano inclinado donde se pone el libro, etc., para leerlo con más comodidad. *[faristol]*

atrio. m. Patio interior generalmente rodeado de pórticos. *[atri]* // Espacio cubierto que sirve de acceso a algunos edificios. *[atri]*

atrocidad. f. Crueldad grande. *[atrocitat]*

atronar. v. tr. Asordar a uno con ruido. *[eixordar]*

atropellamiento. m. Atropello. *[atropellament]*

atropellar. v. tr. Embestir violentamente a alguien para abrirse camino. *[atropellar]* // Agraviar. *[agreujar]* // **-se.** Darse demasiada prisa en las palabras, etc. *[apressar-se, precipitar-se]*

atropello. m. Acción y efecto de atropellar o de atropellarse. *[atropellament]*

atroz. adj. Cruel, inhumano. *[atroç]*

atún. m. Pez acantopterigio comestible, de dos a tres metros de largo. *[tonyina]*

aturdir. v. tr. Perturbar los sentidos y las potencias principalmente por el exceso de calor o por la violencia de los golpes. *[atalbar, atabalar]* // **-se.** Perder la serenidad. *[atordir-se]*

aturrullar. v. tr. Turbar, confundir a alguien. *[atorrollar]*

atusar. v. tr. Alisar el pelo. *[allisar]*

audacia. f. Coraje, atrevimiento extraordinario. *[audàcia]*

audaz. adj. Que tiene audacia, atrevido, que no tiene miedo. *[audaç]*

audición. f. Acción de oír. *[audició]* // Concierto. *[audició]*

audiencia. f. Acto de oír una autoridad a quien acude a ella. *[audiència]* // Tribunal de justicia de un territorio y lugar donde se reúne. *[audiència]*

auge. m. Apogeo. *[auge]* // Grado muy alto y progresivo en dignidad, fortuna, etc. *[auge]*

augur. m. Sacerdote romano que hacía adivinaciones interpretando signos. *[àugur]*

augurar. v. tr. Predecir, presagiar, señalar una cosa futura. *[augurar]*

augurio. m. Presagio, anuncio, indicio de algo futuro. *[auguri]*

aula. f. En las universidades y otros centros docentes, sala donde se enseña. *[aula]*

aullar. v. intr. Lanzar aullidos un perro o un lobo. *[grinyolar, udolar]*

aullido. m. Grito lastimero de algunos animales. *[udol]*

aumentar. v. tr. e intr. Tr. Hacer más grande. *[augmentar]* // Intr. Volverse más grande. *[augmentar]*

aumento. m. Acción y efecto de aumentar. *[augment]*

aún. adv. A pesar del tiempo transcurrido. *[encara]* // Después de todo lo acontecido. *[encara]* // Con todo eso, además de eso. *[encara]*

aunar. v. tr. Unir para algun fin. *[unir]*

aunque. conj. Introduce una objección real o posible a pesar de la cual puede ser, ocurrir o hacerse una cosa. *[encara que]*

aupar. v. tr. Empujar hacia arriba para ayudar a subir. *[aüpar, pujar]* // Ayudar a subir hacia arriba algo, subir una cosa caída por su propio peso como los calcetines, las medias, etc., un saco cargado al hombro, una rama cargada de fruta, etc. *[aüssar, pujar]*

aura. f. Viento suave y agradable. *[aura]*

aureola o **auréola.** f. Círculo luminoso situado en la cabeza de las imágenes sagradas. *[aurèola]* // Círculo luminoso que envuelve un objeto. *[aurèola]* // Gloria que consigue una persona por sus méritos, virtudes, etc. *[aurèola]*

aurífero, ífera. adj. Que lleva o contiene oro. *[aurífer]*

auriga. m. Cochero, el que conduce un carruaje. *[auriga]*

aurora. f. Claridad que precede a la salida del sol. *[aurora]* // Principio de una cosa. *[aurora]*

auscultar. v. tr. Escuchar los ruidos que se producen dentro del pecho por medio del estetoscopio. *[auscultar]*

ausencia. f. Acción y efecto de ausentarse. *[absència]* // Tiempo en que uno está ausente. *[absència]*

ausentarse. v. pron. Irse uno de un lugar, sobre todo de la población donde reside. *[absentar-se]*

ausente. m. Que está separado de alguna persona o lugar. *[absent]*

austero, era. adj. Que vive, obra, etc., de una manera rígida, severa. *[auster]*

autarquía. f. Suficiencia de uno mismo para regirse. *[autarquia]*

auténtico, éntica. adj. Acreditado de cierto y positivo. *[autèntic]*

autobús. m. Gran automóvil para el transporte de viajeros. *[autobús]*

autocar. m. Autobús, especialmente el que no es de servicio fijo entre lugares determinados. *[autocar]*

autóctono, óctona. adj. Originario del mismo país en que vive. *[autòcton]*

autodidacto, acta. adj. Persona que se instruye sin maestro. *[autodidacte]*

autogiro. m. Vehículo aéreo cuya sustentación se obtiene mediante un rotor. *[autogir]*

autógrafo, ógrafa. adj. Escrito de la propia mano del autor. *[autògraf]*

autómata. m. Máquina que imita la figura y los movimientos de un animal. *[autòmat]* // Persona que obra mecánicamente, que sigue una rutina. *[autòmat]*

automático, ática. adj. Relativo o perteneciente al autómata. *[automàtic]* // Que funciona mecánicamente sin ser dirigido por la mano del hombre. *[automàtic]*

automóvil. m. Que se mueve por sí mismo. *[automòbil]* // m. Vehículo de impulso propio. *[automòbil, auto]*

autonomía. f. Condición del que no depende de nadie bajo ciertos aspectos. *[autonomia]* // Facultad de gobernarse por sus propias leyes. *[autonomia]*

autónomo, ónoma. adj. Que tiene autonomía. *[autònom]*

autopista. f. Carretera con calzadas separadas, curvas de radio largo sin cruces a nivel, con accesos y salidas adecuadas, etc., que facilita la intensidad, la rapidez, y la seguridad de la circulación. *[autopista]*

autopsia. f. Disección de un cadáver para investigar las causas de la muerte. *[autòpsia]*

autor, ora. m. y f. El que es causa de algo, especialmente quien ha hecho o compuesto una obra intelectual, de arte, etc. *[autor]*

autoridad. f. Potestad legítima a que están sometidos los miembros de un cuerpo social. *[autoritat]* // Persona revestida de algún poder. *[autoritat]* // Persona que goza de crédito en alguna materia. *[autoritat]*

autorizar. v. tr. Dar facultad para hacer algo. *[autoritzar]*

autorretrato. m. Retrato de alguien hecho por él mismo. *[autoretrat]*

auxiliar. v. tr. Prestar ayuda, dar auxilio. *[auxiliar]*

auxilio. m. Ayuda, socorro prestado a alguien que se encuentra en dificultades. *[auxili]*

aval. m. Firma al pie de un documento para responder de su pago. *[aval]*

avance. m. Acción y efecto de avanzar. *[avanç]* // Anticipo de dinero. *[bestreta]*

avanzar. v. tr. e intr. Tr. Mover hacia adelante algo. *[avançar]* // Intr. Progresar, ir hacia adelante. *[avançar]*

avaricia. f. Deseo excesivo y desordenado de adquirir riquezas para guardarlas. *[avarícia]*

avariento, enta. adj. Avaro, mezquino, tacaño, que se resiste a dar. *[cric, mesquí]*

avaro, ara. adj. Que tiene avaricia. *[avar]* // Que escatima algo. *[avar]*

avatar. m. Cada uno de los estados por el que pasa alguien que cambia de opinión, partido, etc. *[avatar]*

ave. f. Pájaro, animal vertebrado, ovíparo, de respiración pulmonar, cuerpo cubierto de plumas, pico curvo, y las extremidades torácicas en forma de alas aptas generalmente para el vuelo. *[au, aucell]*

avecindar. v. tr. Admitir a alguien entre los vecinos de un pueblo. *[aveïnar]* // **-se.** Hacerse vecino o domiciliarse oficialmente en una localidad. *[aveïnar-se]*

avellana. f. Fruto comestible del avellano. *[avellana]*

avellanero, era. m. y f. Persona que vende avellanas. *[avellaner]*

avellano. m. Árbol frutal, de madera dura y correosa. *[avellaner]*

avena. f. Planta gramínea cuyo grano se emplea como alimento de los animales. *[civada]*

avenencia. f. Acción y efecto de avenirse o concordar. *[avinença]*

avenida. f. Vía ancha, generalmente bordeada de árboles, que da acceso a una plaza o lugar importante. *[avinguda]* // Crecida de un caudal de agua. *[avinguda]*

avenir. v. tr. Conciliar a los que estaban enemistados. *[avenir]* // **-se.** Ponerse de acuerdo. *[avenir-se]*

aventador. adj. Se dice del que avienta y limpia los granos. *[ventador]* // Abanico de esparto o palma para avivar el fuego. *[ventafocs]*

aventar. v. tr. Hacer aire artificialmente a algo o a alguien. *[aventar]* // Echar granos al viento para limpiarlos de la paja. *[ventar]*

aventura. f. Hecho que sucede inesperadamente a alguien. *[aventura]* // Empresa arriesgada. *[aventura]*

avergonzar. v. tr. Causar vergüenza a alguien. *[avergonyir]* // **-se.** Sentir vergüenza. *[avergonyir-se]*

avería. f. Daño sufrido por las mercancías en el transporte. *[avaria]* // Cualquier daño o desperfecto en un vehículo, mecanismo, etc. *[avaria]*

averiar. v. tr. y pron. Causar averías. *[avariar]*

averiguar. v. tr. Dilucidar, discutir, tantear sobre una cosa. *[escatir]* // Inquirir, descubrir la verdad. *[esbrinar]*

averno. m. Infierno. *[avern]*

aversión. f. Repugnancia hacia alguien o algo. *[aversió]*

avestruz. m. Pájaro corredor, de patas largas y robustas con dos dedos en cada pie, que vive en África y en Arabia. *[estruç]*

avezado, ada. adj. Que tiene un hábito adquirido, acostumbrado. *[avesat, posat]*

avezar. v. tr. Habituar, acostumbrar. *[avesar]* // Adiestrar especialmente los halcones destinados a la caza. *[avesar]*

aviación. f. Locomoción aérea por medio de aeroplanos. *[aviació]* // Cuerpo militar que utiliza aviones. *[aviació]*

aviador, ora. m. y f. El que tripula un avión. *[aviador]*

aviar. v. tr. Preparar, arreglar algo para un viaje, etc. *[aparellar, aviar]* // Avivar la ejecución de algo. *[apressar]*

ávido, ávida. adj. Que tiene un deseo inmoderado de algo. *[àvid]*

avión. m. Aeronave con propulsión propia y con alas fijas durante el vuelo. *[avió]*

avisar. v. tr. Dar noticia, advertir. *[avisar]*

aviso. m. Acción y efecto de avisar. *[avís]* // Escrito, etc., con que se avisa. *[avís]* // Barco de guerra pequeño y ligero para llevar órdenes. *[avís]*

avispa. f. Insecto himenóptero, de cuerpo amarillo con fajas negras, provisto de un aguijón. *[vespa]*

avispero. m. Panal que fabrican las avispas. *[vesper]* // Nido o multitud de avispas. *[vesper]* // Multitud de personas peligrosas en algún concepto. *[vesper]* // Enfermedad que se manifiesta por una aglomeración de granos con diferentes focos de supuración. *[vesper]*

avituallar. v. tr. Proveer de vituallas. *[avituallar]*

avivar. v. tr. Hacer más vivo, dar vida o vigor a alguien o alguna cosa. *[avivar]* // Hacer subir de tono los colores, hacerlos más vivos, más brillantes. *[avivar]* // Hacer que el fuego aumente la llama y queme mejor. *[avivar]* // Hacer que la luz de una falla, lámpara, candil, quinqué, etc., sea más viva, más clara. *[avivar]* // **-se.** Tomar vida y vigor el fuego, una hoguera, el viento, una conversación, una discusión, etc. *[avivar-se]* // Tomar vida las larvas y gusanos o insectos y también las contenidas en un cereal, planta, árbol, etc., o dentro de la harina, queso, fruta, etc., criándose gusanos que los pudren. *[avivar-se]*

avizorar. v. tr. Acechar, otear. *[vigilar]*

axila. f. Ángulo formado por la articulación de una rama con el tronco, de la hoja con la rama, etc. *[axil·la]* // Sobaco. *[aixella]*

axioma. m. Principio que, de tan evidente, no necesita demostración. *[axioma]*

¡ay! interj. Expresa dolor, miedo, amenaza, admiración, placer, olvido, etc. *[ai!]* // m. Gemido, suspiro. *[ai!]*

ayer. adv. El día anterior al que estamos. *[ahir]* // m. Tiempo pasado. *[ahir]*

ayuda. f. Acción y efecto de ayudar. *[ajuda]* // Lo que sirve para ayudar. *[ajuda]* // Lavativa. *[ajuda]* // El hecho de cooperar con otro, socorriéndole. *[ajut]* // Auxiliar. *[auxiliar]*

ayudante. adj. y s. Persona que ayuda a otra en ciertas cosas. *[ajudant]*

ayudar. v. tr. e intr. Tr. Dar ayuda, auxilio en un trabajo, etc., socorrer. *[ajudar]* // Intr. Participar en un trabajo, etc. *[ajudar]*

ayunar. v. intr. Abstenerse de comer. *[dejunar]* // Observar el ayuno eclesiástico. *[dejunar]*

ayuno. m. Acción y efecto de ayunar. *[dejuni]* // Mortificación por precepto eclesiástico o por devoción, consistente en reducir las comidas en número y cantidad, y que suele ir acompañado de la abstinencia de ciertos manjares. *[dejuni]*

ayuno, una. adj. En ayunas, que no ha comido nada desde el comienzo del día. *[dejú]* // **en ayunas.** loc. adv. *[en dejú]*

ayuntamiento. m. Acción y efecto de juntar o de juntarse. *[junta, unió]* // Corporación encargada del gobierno de una población. *[ajuntament]*

azabache. m. Variedad de lignito muy negro, duro y compacto. *[atzabeja]*

azada. f. Instrumento para cavar la tierra. *[aixada]*

azadilla. f. Azada pequeña. *[llegó]*

azafrán. m. Planta iridácea, cuyo estigma se usa como condimento. *[safrà]*

azagador. m. Camino de paso para el ganado o para trajinar o transportar las cosechas. *[assagador]*

azar. m. Casualidad, caso fortuito. *[atzar]*

ázimo. m. Ácimo. *[àzim]*

azor. m. Pájaro de presa que persigue a los pájaros de corral. *[astor]*

azoramiento. m. Acción y efecto de azorar o azorarse. *[astorament]*

azorar. v. tr. y pron. Causar espanto, conturbar. *[astorar]*

azotaina. f. Zurra de azotes. *[surra, bateculs]*

azotar. v. tr. Dar golpes con una correa u otra cosa flexible. *[assotar]*

azote. m. Instrumento compuesto de una o varias correas, u otros materiales flexibles, que sirve para azotar. *[assot]*

azotea. f. Cubierta plana, pisable, de un edificio. *[terrassa]*

azúcar. m. Sustancia formada por hidrato de carbono, blanca, cristalizable, muy dulce, que se encuentra en el jugo de muchas plantas. *[sucre]*

azucarar. v. tr. Endulzar con azúcar, poner azúcar. *[ensucrar]*

azucarero, era. adj. Relativo o perteneciente al azúcar. *[sucrer]* // m. y f. Fabricante o comerciante de azúcar. *[sucrer]* // El que hace dulces o confituras. *[sucrer]*

azucena. f. Planta liliácea cultivada en los jardines por la belleza y el olor delicado de sus flores. *[assutzena]*

azud. m. Presa en los ríos para conducir agua a las acequias. *[assut]*

azuela. f. Instrumento de trabajo para desbastar la madera. *[aixa]*

azufaifa. m. Fruto del azufaifo. *[gínjol]*

azufaifo. m. Árbol de fruto comestible rojizo por fuera y amarillo por dentro. *[ginjoler]*

azufrar. v. tr. Echar o impregnar de azufre alguna cosa. *[ensofrar]*

azufre. m. Metaloide amarillo, quebradizo, insípido, que por frotación se electriza fácilmente, y que da un olor característico. *[sofre]*

azul. adj. De color parecido al del cielo sin nubes. *[blau]* // m. Materia colorante entre el verde y el violeta. *[blau]* // Color de la faja de los jugadores de uno de los equipos en las partidas del juego de pelota valenciana. *[blau]* // pl. Números pintados en los muros del trinquete para dividir en partes su longitud. *[blaus]*

azulado, ada. adj. Que tira a azul. *[blavenc]*

azular. v. tr. Hacer volver azul. *[emblavir]*

azulejo. m. Ladrillo pequeño, vidriado, de varios colores. *[taulellet, maniseta]*

azuzar. v. tr. Incitar a los perros para que acometan. *[aquissar, aguissar]*

b b b b b b b b b

b. f. Segunda letra del abecedario. *[b]*
baba. f. Saliva abundante que cae de la boca *[bava]* // Humor viscoso que segregan ciertos animales como el caracol. *[bava]*
babadero. m. Babador. *[pitet]*
babador. m. Babero. *[pitet]*
babear. v. intr. Echar baba. *[bavar]* // fig. Galantear a una mujer con excesivo rendimiento. *[fer l'aleta]*
babel. f. Nombre de la torre que los hombres primitivos intentaron edificar. *[babel]* // Desorden y confusión. *[babel, guirigall]*
babeo. m. Acción de babear. *[baveig]*
babero. m. Pedazo de lienzo que se pone a los niños en el pecho para que no se ensucien el vestido. *[pitet]*
babieca. adj. y s. Persona sin malicia. *[babau]*
babor. m. Lado izquierdo de la nave mirando de popa a proa. *[babord]*
baboso, osa. adj. Que babea. *[bavós]*
babucha. f. Especie de zapatilla morisca que no tiene talón. *[babutxa]*
baca. f. Parte superior de los coches y diligencias donde se colocan los equipajes. *[baca]*
bacaladería. f. Tienda en la que se vende bacalao. *[bacallaneria]*
bacalao. m. Pez abundante en los mares del norte que, prensado y salado, se usa mucho para comer. *[bacallà]*
bacanal. adj. Relativo al dios Baco. *[bacanal]* // f. Fiesta que los griegos y romanos dedicaban a Baco. *[bacanal]* // Orgía tumultuosa. *[bacanal]*
bacía. f. Plato de metal con una desmochadura semicircular en el borde, que usaban los barberos para remojar la barba. *[bací]*
bacín. m. Vasija que sirve para depositar o recibir los excrementos del cuerpo humano, orinal. *[bací]* // Hombre despreciable y vil. *[baina]*
bacina. f. Plato de metal, etc., para pedir lismosna, llevar agua, etc. *[bacina]*
bacinete. m. Pieza de la armadura que cubría la cabeza. *[bacinet]*
bacteria. f. Microorganismo unicelular que se multiplica por partición simple. *[bacteri]*
báculo. m. Palo o cayado. *[bàcul]* // El que usan los obispos. *[bàcul]*
bache. m. Hoyo en el camino. *[sot]*
bachiller, era. m. y f. Persona que posee el grado de enseñanza secundaria. *[batxiller]* // Que habla mucho y con impertinencia. *[batxiller]*
bachillerato. m. Grado de bachiller. *[batxillerat]* // Conjunto de estudios para conseguirlo. *[batxillerat]*
bachillería. f. Verbosidad impertinente, dicho sin fundamento. *[doctoreria]*
badajada. f. Golpe de badajo en la campana y sonido que produce. *[batallada]*
badajo. m. Pieza de metal, suspendida en el interior de las campanas para hacerlas sonar. *[batall]*
badana. f. Piel curtida de oveja, carnero o cordero. *[badana]*
badén. m. Zanja que forman las aguas llovedizas. *[gual, escorranc]*
bagaje. m. Aquello que lleva consigo quien va de viaje. *[bagatge]*
bagasa. f. Mujer de mala vida, prostituta. *[bagassa]* // Mujer poco trabajadora. *[bagassa]*
¡bah! interj. Expresa duda, incredulidad, despreocupación, menosprecio, indiferencia, etc. *[bah!]*

bahía. f. Entrada del mar en la costa; trozo de mar parcialmente rodeado de tierra. *[badia]*

bailar. v. intr. y tr. Mover el cuerpo, los pies y brazos con orden y al compás de la música. *[ballar]*

baile. m. Acción de bailar. *[ball]* // Maneras de ejecutar esta acción: jota, vals, etc. *[ball]* // Local para bailar. *[ball]* // Reunión de personas para bailar. *[ball]*

baile. m. Oficial encargado de administrar justicia en un pueblo o ciudad, en nombre del rey o del señor feudal. *[batle]*

bailía. f. Territorio jurisdiccional del baile. *[batlia]*

bailotear. v. tr. Bailar mucho y sin gracia. *[ballotejar]*

bailoteo. m. Acción y efecto de bailotear. *[ballaruga]*

baja. f. Disminución del valor de alguna cosa. *[baixa]* // Documento en que consta la ausencia de un individuo. *[baixa]*

bajada. f. Acción de bajar. *[baixada]* // Paraje inclinado en descenso. *[baixada, pendent]*

bajamar. f. Fin del reflujo de la marea y tiempo que éste dura. *[baixamar]*

bajar. v. tr. e intr. Tr. Llevar a alguien o alguna cosa de arriba a abajo. *[baixar]* // Intr. Ir a un nivel más bajo, a un grado inferior de intensidad. *[baixar]* // En el juego de pelota valenciana, pasar los jugadores de la parte de arriba, o del «dau», a la parte baja o del resto. *[baixar]*

bajel. m. Navío, buque, carabela. *[bastiment, vaixell]*

bajo, aja. adj. De poca altura. *[baix]* // Menospreciable, grosero. *[baix]* // De calidad inferior. *[baix]* // m. Parte inferior de alguna cosa. *[baix]* // Cantante que tiene la voz grave. *[baix]* // En los mares, ríos o lagos, elevación del fondo; bajío, escollo. *[baix]*

bajorrelieve. m. Relieve de poco grosor. *[baix-relleu]*

bala. f. Fardo de mercancías. *[bala]* // Conjunto de diez resmas. *[bala]* // Proyectil de las armas de fuego. *[bala]*

baladrón, ona. adj. Quien vocea o bravea exageradamente. *[baladró]*

balance. m. Movimiento de oscilación. *[balanç]* // Cuenta que hace el comerciante del estado de sus caudales. *[balanç]*

balancear. v. tr., intr. y pron. Tr. Igualar o poner en equilibrio. *[afinar]* // Intr. y pron. Moverse oscilando a un lado y al otro. *[balancejar]*

balancín. m. Pieza de una máquina que posee un movimiento de oscilación. *[balancí]* // Mecedora. *[balancí]*

balandra. f. Embarcación con un árbol y una vela para el cabotaje. *[balandra]*

balandro. m. Embarcación deportiva aparejada como una balandra. *[balandre]*

balanza. f. Instrumento para pesar equilibrando con pesos conocidos al del cuerpo que se pesa. *[balança]*

balaustre. m. Columna pequeña torneada con molduras. *[balustre]*

balbucear. v. tr. e intr. Tr. Pronunciar las palabras de una manera incompleta. *[balbotejar]* // Intr. Hablar con una pronunciación imperfecta. *[balbotejar]*

balcón. m. Abertura grande de una habitación desde el suelo en la pared exterior, con barandilla saliente. *[balcó]*

baldar. v. tr. Tullir o impedir una enfermedad, un trabajo penoso, un ejercicio violento, etc., el uso de un miembro o de todos ellos. *[baldar]*

baldés. m. Piel de oveja o cordero adobada, suave y delgada, usada principalmente para hacer guantes. *[aluda]*

baldío, ía. adj. Dícese del terreno sin labrar, o abandonado. *[erm]*

baldosa. f. Ladrillo cuadrado para pavimentar. *[cairó, rajola]*

balear. adj. Propio, relativo o referente al País Balear (Mallorca, Menorca e Ibiza) o a la unidad de las tres islas baleares, pueblo e instituciones. *[balear]*

balido. m. Grito de las cabras y ovejas. *[bel, be]*

baliza. f. Señal fija o flotante para guiar a los navegantes en un paso difícil. *[balisa]*

balneario, aria. adj. Relativo o perteneciente a los baños públicos. *[balneari]* // m. Establecimiento de baños. *[balneari]*

balón. m. Pelota grande de goma, llena de aire y cubierta de cuero u otra piel. *[baló]* // Saco de goma destinado a contener un gas. *[baló]*

baloncesto. m. Juego en que actúan dos equipos de cinco jugadores y que consiste en tratar de introducir la pelota en un cesto. *[basquetbol]*

balsa. f. Cualquier estanque destinado a recoger agua. *[bassa]* // Conjunto de maderos con que se forma una plataforma flotante. *[rai]*

bálsamo. m. Sustancia resinosa aromática que fluye de algunas plantas. *[bàlsam]* // Nombre de diferentes preparados farmacéuticos de uso externo. *[bàlsam]* // Cualquier cosa que consuela una pena, etc. *[bàlsam]*

baluarte. m. Obra de fortificación de forma pentagonal en los ángulos de un recinto amurallado. *[baluard]*

balumba. f. Cosa que embaraza por su volumen. *[embalum]*

ballena. f. Mamífero cetáceo de gran tamaño, que vive ordinariamente en los mares polares. *[balena]* // Cada lámina córnea que la ballena tiene en la mandíbula superior. *[barnilla]*

ballesta. f. Máquina de guerra antigua para lanzar piedras o saetas grandes. *[ballesta]* // Arco de acero para lanzar saetas. *[ballesta]* // Arco flexible de acero que forma parte de ciertos mecanismos, especialmente la percha de un tren, tranvía eléctrico. *[ballesta]*

ballet. m. Danza escénica. *[ballet]*

bambalina. f. Cada una de las bandas de tela o papel que forman la parte superior de un escenario. *[bambolina]*

bambolear. v. intr. y pron. Moverse repetidamente de un lado a otro, balancear. *[sangolejar]*

bambú. m. Planta de la India cuyas cañas sirven para diversas construcciones. *[bambú]*

banal. adj. Que no tiene ninguna originalidad, vulgar. *[banal]*

banca. f. Asiento de madera sin respaldo y a modo de mesilla baja. *[banca]* // Comercio consistente en operaciones de giro, cambio y descuentos, en abrir créditos, llevar cuentas corrientes, etc., que hacen los bancos. *[banca]* // Cantidad de dinero que pone el que lleva el naipe. *[banca]*

bancal. m. Trozo de tierra de cultivo en una pendiente o en forma de escalones. *[bancal]* // Tapete de banco para adorno. *[cobribanc]*

banco. m. Asiento largo donde caben algunas personas. *[banc]* // Mesa de trabajo usada por los carpinteros, cerrajeros, etc. *[banc]* // Establecimiento público de crédito. *[banc]* // Bajo de mucha extensión en el mar, río o estanque. *[banc]*

banda. f. Conjunto de gente armada. *[banda]* // Conjunto de músicos de instrumentos de viento y percusión. *[banda]* // Faja o lista. *[banda]* // Lado. *[costat]*

bandada. f. Grupo de aves que vuelan juntas. *[esbart]* // Grupo de gente bulliciosa. *[estol]*

bandeja. f. Pieza plana de forma rectangular, ovalada, etc., para llevar algunos objetos de servicio doméstico. *[safata]*

bandera. f. Trozo de tela que por sus colores forma el distintivo de una nación, ciudad, etc. *[bandera]*

bandería. f. Bando o parcialidad. *[bandositat]*

bandido, ida. adj. y s. Fugitivo de la justicia, reclamado por bando. *[bandoler]*

bando. m. Edicto público, comunicación, pregón. *[ban]* // Facción, parcialidad, partido. *[bàndol]*

bandolera. f. Banda de cuero que va desde el hombro izquierdo a la cadera derecha y sirve para colgar un arma de fuego, etc. *[bandolera]*

bandolero, era. m. Ladrón, salteador de caminos. *[bandoler, roder]*

bandullo. m. Conjunto de vísceras abdominales. *[butza]*

bandurria. f. Instrumento musical de cuerda parecido a la guitarra. *[bandúrria]*

banquero. m. Quien tiene o dirige una

entidad bancaria. *[banquer]* // Quien tiene la banca en el juego. *[banquer]*

banqueta. f. Banco pequeño muy bajo para poner los pies. *[banqueta]* // Gran candelabro de forma piramidal que sostiene un hacha. *[banqueta]* // Escalón desde el que disparan los soldados en las fortificacions. *[banqueta]*

banquete. m. Comida importante a la que concurren muchos invitados. *[banquet]*

banquillo. m. Asiento del acusado ante el tribunal de justicia. *[banquet]*

bañador, ora. m. y f. Persona que presta servicio en un establecimiento de baños. *[banyador]* // Vestido para bañarse. *[banyador]*

bañar. v. tr. y pron. Meter durante un espacio de tiempo algo dentro del agua para remojarlo. *[banyar]*

bañera. f. Pila para tomar los baños. *[banyera]* // Cavidad del centro de las barcas sin cubierta. *[banyera]*

bañero, era. m. y f. Persona que tiene el cuidado de los baños y servicios a los que se bañan. *[banyer]*

baño. m. Acción de bañar o de bañarse. *[bany]* // Recipiente dispuesto para bañarse. *[bany]* // Capa de una materia extraña puesta sobre otra. *[bany]*

baqueta. f. Varilla para atacar las armas de fuego. *[baqueta]* // Palillos para tocar el tambor. *[baqueta]*

baquetazo. m. Golpe dado con la baqueta. *[baquetada]*

báquico, áquica. adj. Relativo o perteneciente a Baco, o a la borrachera. *[bàquic]*

bar. m. Establecimiento de bebidas donde las consumiciones son servidas en el mostrador. *[bar]*

baraja. f. El juego completo de cartas de jugar. *[baralla]*

barajar. v. intr. Mezclar las cartas de un baraja antes de repartirlas. *[barallar]*

baranda. f. Construcción a la altura del pecho que bordea un balcón, una terraza, un pozo, un puente, una escalera, etc., para evitar la caída. *[barana]*

barandilla. f. Baranda. *[barana, parabanda]*

barato, ata. adj. Vendido o comprado a bajo precio. *[barat]* // adv. A bajo precio. *[barat]*

barba. f. Extremidad inferior de la cara bajo la boca. *[barba]* // Conjunto de pelos que nacen en la región correspondiente de la cara. *[barba]* // m. Actor dramático que hace papeles de viejo. *[barba]*

barbaridad. f. Calidad de bárbaro. *[barbaritat]* // Crueldad, inhumanidad. *[barbaritat]*

barbarie. f. Crueldad extrema. *[barbàrie]* // Ausencia de civilización. *[barbàrie]*

barbarismo. m. Falta cometida contra la pureza del lenguaje. *[barbarisme]*

bárbaro, árbara. adj. y s. Perteneciente a los pueblos que invadieron el Imperio romano. *[bàrbar]* // Cruel, feroz. *[bàrbar]*

barbecho. m. Tierra de cultivo que se deja sin sembrar durante un año o más para dejarla reposar. *[guaret]*

barbería. f. Oficio y establecimiento del barbero. *[barberia]*

barbero. m. Quien tiene por oficio afeitar la barba y cortar los cabellos. *[barber]*

barbo. m. Pez de río, redondo y oscuro, comestible. *[barb]*

barboquejo. m. Cada una de las cintas o correas que sirven para sujetar el casco, etc., bajo la barba. *[queixera]*

barbudo, uda. adj. Que tiene mucha barba. *[barbut]*

barbullar. v. tr. e intr. Hablar precipitada y confusamente. *[barbollar]*

barca. f. Embarcación pequeña. *[barca]*

barcaza. f. Barca grande para transportar carga de barcos a tierra o viceversa. *[barcassa]*

barcelonés, esa. adj. y s. Perteneciente o natural de Barcelona. *[barceloní]*

barcinar. v. intr. Llevar las gavillas del campo a la era. *[garbejar]*

barchilla. f. Medida de capacidad para granos, que en el sistema valenciano equivale a 16'75 litros; aproximadamente es la **sexta** parte del hectolitro. La barchilla tiene cuatro *almuts* y sus múltiplos son: la *fanecada* que tiene dos barchillas y el *cafís* que tiene doce barchillas. *[barcella]*

barda. f. Armadura antigua de los caballos. *[armadura d'un cavall)* // Cubierta de ramajes, etc., sobre las tapias de los corrales, etc., para su resguardo. *[capterrera]* // Cerca hecha de cambrones, arzones, etc. *[bardissa]*

bardana. f. Planta herbácea de tallo grueso, hojas anchas y peludas y flores purpurina. *[llapassa]*

bardo. m. Poeta de los antiguos celtas. *[bard]* // Por extensión, poeta heroico o lírico de cualquier época o país *[bard]*

baremo. m. Tabla o conjunto de tablas de cuentas resueltas. *[barem]* // Escala de méritos objetivos para valorar a los pretendientes de alguna cosa. *[barem]*

barítono. m. Voz mediana entre la del tenor y la de bajo. *[baríton]* // Persona que tiene esta voz. *[baríton]*

barjuleta. f. Especie de espuerta de esparto o de palmas, donde los trabajadores del campo llevan la comida y las herramientas. *[barja, sarró]*

barniz. m. Solución de ciertas sustancias resinosas en un líquido volátil para dar lustre a un objeto. *[vernís]* // Sustancia vitrificable transparente con que se recubre el barro o porcelana, y se vitrifica por la cocción *[vernís]*

barnizar. v. tr. Cubrir de barniz una cosa para abrillantarla. *[envernissar]*

barómetro. m. Instrumento para medir la presión atmosférica. *[baròmetre]*

barón. m. Título nobiliario de dignidad inferior a la del vizconde. *[baró]*

baronesa. f. Mujer de un barón. *[baronessa]* // Título nobiliario femenino. *[baronessa]*

baronía. f. Dignidad y jurisdicción de un barón. *[baronia]*

barquero, era. m. y f. Persona que gobierna una barca. *[barquer]*

barquillo. m. Hoja delgada de pasta de harina, azúcar y una esencia, a la que se da forma convexa o de canuto. *[neula]*

barra. f. Pieza alargada de madera o metal. *[barra]* // Banco de arena, etc., que se forma a la entrada de un puerto o de un río. *[barra]* // Cada una de las listas de un escudo. *[barra]*

barraca. f. Construcción rústica de materiales ligeros. *[barraca]* // Vivienda de tierra con cubierta de cañas y paja, propia de la huerta de Valencia. *[barraca]*

barral. m. Nombre de diferentes cacharros para contener líquidos, porrón, etc. *[barral, porró]*

barranco. m. Excavación profunda que hacen las aguas de lluvia en la tierra. *[barranc]*

barrear. v. tr. Cerrar con barras una puerta, etc. *[barrar]* // Cruzar con barras un cheque de banco. *[barrar]*

barrena. f. Instrumento de hierro para taladrar la madera. *[barrina]* // Barra de hierro con un corte en la punta baja para agujerear peñas, etc. *[barrina]*

barrenar. v. tr. Agujerear con la barrena. *[barrinar]* // Malograr la pretensión de alguien. *[espanyar]*

barrendero, era. m. y f. El que barre. *[agranador, escombrador]*

barreño. m. Recipiente de arcilla para fregar platos y otros usos. *[llibrell]*

barrer. v. tr. Recoger del suelo, con una escoba, cualquier cosa: grano, polvo, suciedad, etc. *[agranar, escombrar]*

barrera. f. Cerca, especialmente levadiza, que sirve para impedir el paso. *[barrera]* // fig. Obstáculo natural que impide o dificulta el paso. *[barrera]* // Lugar de donde sacan la tierra para los alfareros. *[terrer]*

barriada. f. Barrio, o parte del mismo. *[barriada]*

barriga. f. Cavidad que contiene el estómago y los intestinos, vientre. *[panxa]*

barrigudo, uda. adj. Que tiene mucha barriga. *[panxut]*

barriguera. f. Correa que va de brazo a brazo del carro por debajo del vientre del animal. *[ventrera]*

barril. m. Recipiente para líquidos de diferentes medidas. *[barril]*

barrio. m. Cada una de las partes en que se divide una ciudad o un pueblo. *[barri]*

barro. m. Mezcla pastosa de tierra y agua. *[fang]* // Grano que sale en la cara como una erupción, precursora de la barba. *[barb]*

barroco, oca. adj. y s. Aplicado a un estilo arquitectónico recargado y extravagante por exceso de adornos. *[barroc]*

barrote. m. Barra gruesa de hierro o de madera para diferentes usos como asegurar ventanas, colgar ropa, etc. *[barrot]*

barruntar. v. tr. Prever, presentir. *[pressentir]*

barullo. m. Ruido, confusión, desorden. *[aldarull]*

basar. v. tr. y pron. Asentar algo sobre una base. *[basar]* // fig. Fundar, apoyar. *[basar-se]*

basca. f. Molestia, inquietud, agitación interior que se siente cuando alguien tiene ganas de vomitar. *[basqueig]*

báscula. f. Aparato para pesar. *[bàscula]*

base. f. Aquello sobre lo que alguna cosa descansa. *[base]* // Principio o fundamento de alguna cosa. *[base]*

basílica. f. Iglesia que por su forma recuerda la basílica romana. *[basílica]* // Iglesia a la que se le ha concedido este título. *[basílica]*

basta. f. Hilván. *[basta]* // Cada una de las puntadas o ataduras que tienen a trechos los colchones de lana para que ésta no se desplace. *[basta]*

bastante. adj. Que basta. *[bastant]* // adv. No poco, suficiente, en cantidad regular. *[bastant]*

bastar. v. intr. y pron. Ser suficiente. *[bastar]*

bastardear. v. tr. Hacer perder la propia virtud, adulterar. *[rebordonir]* // **-se.** Volverse borde, bastardo, degenerado. *[rebordonir]*

bastardía. f. Calidad de bastardo. *[borderia]*

bastardo, arda. adj. y s. Hijo de matrimonio ilegítimo o de concubinato, reconocido por su padre como hijo de provisión y ciertos derechos hereditarios. *[bastard]* // adj. Dicho de ciertas sustancias impuras. *[bastard]*

baste. m. Basta, hilván. *[basta]* // Cada una de las almohadillas que lleva la silla de montar o la albarda en su parte inferior, para evitar rozaduras y molestias a la caballería. *[bast]*

bastidor. m. Armadura de cuatro listones de madera para fijar las telas que se van a pintar o bordar. *[bastidor]* // Aparato de madera sobre el cual son extendidas las partes laterales de una decoración de teatro. *[bastidor]* // Estructura metálica que soporta la caja de un vehículo o máquina. *[bastidor]*

bastión. m. Baluarte de un recinto fortificado. *[bastió]*

basto. m. Uno de los palos de la baraja de cartas. *[bastó]*

basto, asta. adj. Falta de finura, delicadeza, pulimento. *[bast]*

bastón. m. Vara de madera, bambú, etc., dispuesta para usos diversos. *[bastó]*

bastonear. v. tr. Dar garrotazos, golpear con un garrote. *[garrotejar]*

basura. f. Despojos vegetales, residuos inservibles de una cosa; aquello que se recoge con la escoba. *[brossa]* // Conjunto de materias sucias y residuales que se recogen por la calle, por las casas, etc. *[fem]*

bata. f. Pieza de vestir larga con mangas. *[bata]*

batacazo. m. Golpe fuerte dado en una caída. *[bac]*

batalla. f. Acción en la que dos ejércitos enemigos se baten el uno contra el otro. *[batalla]*

batallador, ora. adj. y s. Que batalla, combativo, luchador. *[bataller]*

batallar. v. intr. Combatir, luchar, disputar. *[batallar, renyir]*

batallón. m. Unidad táctica de la infantería. *[batalló]*

batata. f. Especie de planta de tubérculos comestibles. *[batata]* // Tubérculos de esa planta. *[batata]*

batería. f. Conjunto de piezas de artillería dispuestas para disparar. *[bateria]* // Cada grupo de los cañones que hay en cada cubierta de un barco de guerra. *[bateria]* // Conjunto de aparatos, máquinas, depósitos, etc. *[bateria]*

batida. f. Acción de levantar la caza para hacerla ir a un lugar previamente elegido. *[batuda]*

batiente. adj. Que bate. *[batent]* // Parte del marco donde golpean las puertas al cerrarse. *[batent]*
batir. v. tr. Dar golpes repetidos sobre una cosa. *[batre]* // Vencer a alguien. *[batre]* // **-se.** Combatir, pelear. *[batre's, lluitar]*
batuta. f. Bastón con que el director de un conjunto musical marca el compás a los ejecutantes. *[batuta]*
baúl. m. Caja grande que tiene la tapadera exteriormente convexa y sirve para guardar ropa. *[baül]*
bautismo. m. Primer sacramento de la Iglesia mediante el que se comunica la gracia y el carácter de cristiano. *[baptisme]*
bautizar. v. tr. Administrar el sacramento del bautismo. *[batejar]* // Poner nombre a una cosa. *[batejar]* // Poner agua al vino, a la leche, etc. *[batejar]*
bautizo. m. Acto de bautizar. *[bateig]* // Conjunto de personas que asisten al bautizo. *[bateig]* // Fiesta que se hace con ocasión del bautizo. *[bateig]*
bayeta. f. Tejido flojo cubierto de pelo por una o ambas caras. *[baieta]*
bayo, aya. adj. y s. Blanco amarillento, aplicado principalmente a los caballos. *[bai]*
baza. f. En el juego de cartas, las de cada jugada. *[basa]*
bazar. m. Tienda grande en la que se venden muchos artículos diferentes. *[basar]*
bazo. m. Glándula vascular, situada en el hipocondrio izquierdo entre el colon y las costillas falsas. *[melsa]*
bazofia. f. Comida que son las sobras de diferentes comidas. *[gasòfia]*
bazucar. v. tr. Agitar los líquidos contenidos en un recipiente. *[remenar]*
be. f. Nombre de la letra «b». *[be]*
beatería. f. Condición de la persona de devoción y virtud afectadas. *[beateria]*
beato, ata. adj. y s. Bienaventurado, feliz por la gracia sobrenatural. *[beat]* // Persona muy devota. *[beat]* // m. y f. Beatificado por la Iglesia. *[beat]*
bebedero, era. adj. Que se puede beber. *[bevible]* // m. Recipiente donde se pone agua para beber los animales. *[bevedor]*
beber. v. tr. Hacer que un líquido pase de la boca al estómago. *[beure]*
bebida. f. Acto de beber. *[beguda]* // Cualquier líquido que se bebe. *[beguda]* // Vicio de beber. *[beguda]*
beca. f. Faja utilizada por los colegiales a manera de insignia. *[beca]* // Pensión gratuita o ayuda para seguir unos estudios. *[beca]*
becada. f. Pájaro o ave de pico muy largo y carne muy apreciada. *[becada]*
becerro, erra. m. y f. Toro menor de un año. *[vedell]*
bedel. m. Empleado subalterno en las universidades y otros centros de enseñanza. *[bidell]*
befa. f. Burla injuriosa, escarnio. *[befa]*
begonia. f. Planta de flores sin corola y cáliz rosado. *[begònia]*
beguino, ina. adj. y s. Persona que pertenece a ciertas asociaciones religiosas de tipo herético. *[beguí]*
beldad. f. Belleza, especialmente de la mujer. *[bellesa]*
belén. m. Nacimiento, representación en relieve y figuritas del nacimiento de Jesús. *[betlem]* // Lugar donde hay mucho desorden. *[olla de grills]*
bélico, élica. adj. Relativo o perteneciente a la guerra. *[bèl·lic]*
belicoso, osa. adj. Inclinado a la guerra, amante de la guerra, guerrero. *[bel·licós]*
beligerancia. f. Calidad de beligerante. *[bel·ligerància]* // Reconocimiento del derecho de alguien a tomar parte en una lucha, discusión, etc. *[bel·ligerància]*
beligerante. adj. Aplicado al país que está en guerra, especialmente, a quien se le ha reconocido la beligerancia. *[bel·ligerant]* // m. Combatiente. *[bel·ligerant]*
belleza. f. Conjunto de gracias o cualidades que despiertan en nosotros un deleite espiritual, un sentimiento de admiración. *[bellesa]* // Aquello que es bello. *[bellesa]*
bello, ella. adj. Que posee las cualidades que constituyen la belleza. *[bell]*

bellota. f. Fruto de la encina o carrasca. *[bellota]*

bellotero, era. m. y f. Persona que recoge o vende bellotas. *[belloter]* // Carrasca o encina que produce bellotas. *[belloter]*

bencina. f. Líquido incoloro, volátil, inflamable, derivado del petróleo. *[benzina]*

bendecir. v. tr. Invocar la protección divina sobre algún objeto. *[beneir]* // Alabar, ensalzar a alguien o a alguna cosa por los beneficios recibidos. *[beneir]*

bendición. f. Acción y efecto de bendecir. *[benedicció]*

bendito, ita. adj. y s. Que ha sido bendecido, alabado, glorificado. *[beneït]* // Dichoso, feliz. *[beneït]* // m. y f. Persona muy buena. *[beneït]* // Corto de entendimiento. *[beneit]*

beneficiar. v. tr. Hacer bien a alguien, hacer beneficios. *[beneficiar]* // Trabajar una cosa para que dé mejor beneficio. *[beneficiar]* // Mejorar una tierra trabajándola. *[beneficiar]* // Extraer mineral de una mina. *[beneficiar]* // **-se.** Sacar una utilidad, una ganancia. *[beneficiar-se]*

beneficio. m. Bien que alguien hace a otro. *[benefici]* // Provecho, utilidad. *[benefici]*

beneficioso, osa. adj. Provechoso, útil, que da beneficio. *[beneficiós]*

benevolencia. f. Buena voluntad hacia los demás. *[benevolència]*

benévolo, évola. adj. Que es indulgente. *[benèvol]* // Que desea el bien. *[benèvol]*

benigno, igna. adj. Que tiene o muestra disposición a la benevolencia. *[benigne]* // De acción suave, saludable. *[benigne]*

benjamín. m. Persona o cosa que es la más pequeña de su clase. *[garranyeu]* // Hijo menor. *[benjamí]*

berbiquí. m. Instrumento para agujerear consistente en un manubrio semicircular o dos veces acodado. *[filaberquí]*

berenjena. f. Fruto de la berenjenera. *[albergina]* // La misma planta. *[albergina]*

berenjenera. f. Planta anual de la familia de las solanáceas cultivada en los huertos por sus frutos, carnosos, claviformes y de color morado. *[albergina]*

berlina. f. Coche cerrado de cuatro ruedas. *[berlina]*

bermejina. f. Especie de pájaro que va por los aguazales. *[cama-roja]*

bermejo, eja. adj. Rojo, encarnado, del color de la sangre arterial. *[vermell]*

berrear. v. intr. Dar berridos. *[mugir]* // Gritar o cantar de manera desentonada. *[bramar]*

berrinche. m. Disgusto serio, rabieta de un niño. *[botó]*

besamanos. m. Ceremonia o acto de besar las manos a una persona de alta categoría. *[besamà]*

besar. v. tr. Tocar una cosa con los labios en señal de amor o reverencia. *[besar]* // Estar una cosa en contacto con otra. *[besar]*

beso. m. Acto de besar. *[bes, besada]* // Señal que queda en los panes que han estado tocándose dentro del horno. *[besada]*

bestezuela. f. Bestia pequeña. *[bestiola]*

bestia. f. Animal irracional. *[bèstia]* // Persona de poco conocimiento. *[bèstia]*

bestial. adj. Propio de la bestia. *[bestial]* // De grandeza excesiva. *[bestial]*

besucar. v. tr. Besar repetidamente. *[besucar, besotejar]*

besugo. m. Pez blanquecino y plano, parecido al pagel. *[besuc]*

besuguete. m. Pez teleósteo de carne blanca y muy apreciada como comestible. *[pagell]*

betún. m. Sustancia mineral combustible, de color moreno; asfalto. *[betum]* // Pasta hecha con diferentes ingredientes usada para dar lustre a los zapatos. *[betum]*

bezudo, uda. adj. Que tiene los labios gruesos. *[morrut]*

biberón. m. Botella con un pico de goma para dar leche artificialmente a los niños pequeños. *[biberó]*

biblia. f. Conjunto de los libros canónicos del Antiguo y Nuevo Testamento. *[bíblia]*

bibliografía. f. Descripción y conocimiento de los libros. *[bibliografia]* // Lista de los libros que tratan de una materia determinada. *[bibliografia]*
biblioteca. f. Lugar que contiene una colección de libros. *[biblioteca]* // Colección de libros. *[biblioteca]* // Mueble para guardar libros. *[biblioteca]*
bicarbonato. m. Sal carbónica con radical en doble cantidad que en el carbonato. *[bicarbonat]*
bicicleta. f. Vehículo ligero de dos ruedas, la segunda de las cuales es motriz. *[bicicleta]*
bicoca. f. Plaza fortificada de escasa importancia. *[bicoca]* // Cosa de poca estima o menospreciable. *[bicoca]*
bicho. m. Cualquier animal pequeño. *[bestiola]*
bidé. m. Bañera pequeña para ciertas abluciones íntimas. *[bidet]*
bidón. m. Recipiente metálico para transportar líquidos. *[bidó]*
biela. f. Barra que, en las máquinas, transforma el movimiento alternativo en circular o viceversa. *[biela]*
bien. m. Aquello que hace la felicidad de alguien o le causa un beneficio. *[bé]* // Aquello que constituye la perfección, especialmente la perfección moral. *[bé]* // pl. Caudales, riqueza, hacienda. *[béns]* // adv. De una manera correcta y debida. *[bé]* // De una manera oportuna y accesible. *[bé]* // Fórmula para aprobar algo. *[bé]*
bienaventurado, ada. adj. y s. Que goza de la bienaventuranza eterna. *[benaurat]* // Afortunado, feliz. *[benaurat]*
bienaventuranza. f. Gloria del cielo. *[benaventurança]* // Felicidad, prosperidad. *[benaventurança]* // Cada una de las felicidades predicadas por Jesús a sus discípulos. *[benaventurança]*
bienestar. m. Estado de quien se siente bien. *[benestar]* // Situación en que están cubiertas las necesidades de la vida. *[benestar]*
bienio. m. Espacio de dos años. *[bienni]*
bienquerer. v. tr. Querer bien, estimar. *[benvoler]* // m. Benevolencia, amor. *[benvoler]*
bienvenido, ida. adj. Que viene a propósito, que es bien acogido. *[benvingut]* // f. Parabién que se da al que ha llegado con felicidad. *[benvinguda]*
bies. m. Sesgo. *[biaix]*
bifurcarse. v. pron. Dividirse en dos ramales o brazos. *[bifurcar-se]*
bigote. m. Pelo que nace y crece sobre el labio superior. *[bigot]* // Ornamento tipográfico formado por dos rayas pequeñas en forma de bigote. *[bigot]*
bilabial. adj. Dicho de las consonantes articuladas con los dos labios. *[bilabial]*
bilis. f. Jugo segregado por el hígado, y que sirve para la digestión. *[bilis]*
billar. m. Juego que se efectúa en una mesa rectangular con bolas de marfil impulsadas por tacos. *[billar]*
billete. m. Papeleta o cartón que da derecho a entrar en alguna parte, a hacer un viaje, etc. *[bitllet]* // Papel suscrito por un banco emisor, que representa una cantidad de dinero. *[bitllet]* // Papeleta que acredita participación en una rifa o lotería. *[bitllet]*
billón. m. Un millón de millones. *[bilió]*
bimestre. m. Espacio de dos meses. *[bimestre]*
binar. v. tr. e intr. Tr. Hacer la segunda labranza dentro del mismo año. *[binar]* // Intr. Celebrar un sacerdote dos misas el mismo día. *[binar]*
binóculo. m. Instrumento óptico formado por un par de lentes, una para cada ojo. *[binocle]*
binomio. m. Expresión algebraica formada por la suma o resta de dos términos. *[binomi]*
biografía. f. Historia de la vida de alguien. *[biografia]*
biombo. m. Mampara compuesta de varios bastidores que sirve para resguardar del aire, establecer una separación, etc. *[paravent]*
biplano. m. Avión cuyas alas están formadas por dos planos superpuestos. *[biplano]*
birla. f. Bolo. *[bitla]*
birlo. m. Bolo. *[bitla]* // Trozo de madera

para enrollar el hilo para urdir. *[bitla]*
birlón. m. Esfera de madera para hacer caer las birlas. *[bitlot]* // Bolo más grande denominado *rey* en el juego de bolos. *[bitlot]*
birrete. m. Gorro de doctor o de prelado. *[birret]*
bis. adv. Por segunda vez, indicando que una cosa está repetida. *[bis]*
bisabuelo, ela. m. y f. Padre o madre del abuelo o de la abuela. *[besavi]*
bisagra. f. Instrumento formado por dos planchitas de hierro, etc., que sirve para hacer girar las puertas. *[frontissa]*
bisar. v. tr. Repetir alguna cosa por segunda vez: un drama, una obra musical, etc. *[bisar]*
bisbita. f. Pájaro de color terroso, blanquecino en el vientre. *[piula]*
bisel. m. Borde cortado de bies, de sesgo, oblicuamente. *[bisell]*
biselar. v. tr. Hacer biseles. *[bisellar]*
bisiesto. adj. y s. Dicho del año que consta de 366 días. *[bixest]*
bisílabo, ílaba. adj. Que consta de dos sílabas. *[bisíl·lab]*
bisojo, oja. adj. Que tuerce la vista, bizco. *[guenyo, guerxo, guerx]*
bisonte. m. Especie de toro salvaje de la América septentrional. *[bisó]*
bistre. m. Materia colorante de un moreno amarillento preparada con hollín de leña o por el bióxido de manganeso. *[bistre]*
bisutería. f. Fabricación y comercio de joyas falsas. *[bijuteria]*
bitácora. f. Caja cilíndrica situada delante del timón en la cual va la brújula y otros instrumentos de guía. *[bitàcola]*
bizantino, ina. adj. y s. Perteneciente o propio del imperio de Bizancio. *[bizantí]* // Propio del estilo artístico que se desarrolló en Bizancio. *[bizantí]* // Trivial. *[bizantí]*
bizarro, arra. adj. Valiente, que tiene coraje. *[gallard]*
bizco, izca. adj. Que tuerce la vista. *[guenyo, guerxo, guerx]*
bizcocho. m. Pan que se cuece por segunda vez para que se conserve mejor, galleta. *[bescuit]* // Masa de harina, huevos y azúcar, cocida al horno. *[bescuit]* // Porcelana, loza, etc., antes de ponerle barniz. *[bescuit]*
bizma. f. Emplasto confortante. *[pilma]*
biznieto, eta. m. y f. Hijo o hija del nieto o de la nieta. *[besnét]*
bizquear. v. intr. Torcer la vista el bisojo. *[guerxar]*
blanco, anca. adj. Del color de la nieve. *[blanc]* // De color claro, en comparación con otras cosas. *[blanc]* // m. Color blanco. *[blanc]* // Espacio sin llenar. *[blanc]* // Punto que se trata de tocar con un proyectil que se lanza. *[blanc]*
blancura. f. Calidad de blanco. *[blancor]*
blandir. v. tr. Mover una espada, etc., amenazadoramente, mostrándola en el aire. *[brandar, brandir]*
blando, anda. adj. Que no ofrece resistencia a la presión. *[bla]* // Que se hunde bajo la presión, el peso, la fuerza, sin ofrecer resistencia suficiente para sostenerse. *[bla]* // Flojo, falto de consistencia, de fuerza, de aspereza. *[bla]*
blandón. m. Hacha grande de cera de una sola tira de algodón. *[brandó]* // Candelero donde se ponen estas hachas. *[brandonera]*
blandura. f. Calidad de blando. *[flonjor]*
blanquear. v. tr. e intr. Tr. Hacer volver blancos los tejidos, etc. *[blanquejar]* // Intr. Mostrar alguna cosa su blancor, parecer blanco. *[blanquejar]*
blanquecino, ina. adj. Que tira a blanco. *[blanquinós]*
blanquizal. m. Terreno abundante en greda. *[blanquer, gredar]*
blasfemar. v. intr. Proferir blasfemias. *[blasfemar]* // Maldecir, vituperar. *[bescantar]*
blasfemia. f. Palabra o expresión injuriosa contra Dios o los Santos. *[blasfèmia]* // Injuria grave. *[blasfèmia]*
blasfemo, ema. adj. Que constituye una blasfemia. *[blasfem]* // adj. y s. Quien blasfema. *[blasfem]*
blasón. m. Conjunto de las armas de un linaje. *[blasó]* // Figura, señal, pieza que entra en el escudo de armas. *[blasó]*
blinda. f. Viga gruesa para construir cobertizos defensivos. *[biga]*

blindaje. m. Cobertizo defensivo construido con blindas. *[blindatge]* // Conjunto de planchas de hierro o de acero con el que se ha blindado un barco, etc. *[blindatge]*

blindar. v. tr. Proteger con planchas metálicas contra los efectos de las balas, el fuego, etc. *[blindar]*

bloc. m. Cuaderno o libreta gruesa. *[bloc]*

blonda. f. Puntilla de muy buena calidad tejida entrelazada y retorciendo diversos hilos. *[blonda]*

bloque. m. Trozo grande de piedra sin trabajar. *[bloc]* // Manzana de casas. *[bloc de cases]*

bloquear. v. tr. Aislar una ciudad, etc., privándola de comunicación con el exterior. *[bloquejar]* // Inmovilizar una cuenta. *[bloquejar]*

blusa. f. Pieza exterior de vestir en forma de túnica y con mangas, de longitud variable. *[brusa]*

boa. f. Serpiente no venenosa, de una largura, corpulencia y fuerza extraordinarias. *[boa]*

boato. m. Ostentación en el porte. *[ostentació]*

bobalicón, ona. adj. Persona tonta, simple, de escasa agudeza. *[fava]*

bobear. v. intr. Decir o hacer boberías. *[beneitejar]*

bobería. f. Dicho o hecho necio. *[beneiteria]*

bobina. f. Carrete, cilindro sobre el cual se va enrollando un hilo de cobre. *[bobina]* // Pieza de madera para ovillar. *[bobina]*

bobo, oba. adj. y s. Dicho de la persona de corto entendimiento, de carácter poco vivo, falto de viveza y de malicia que se encanta neciamente, candorosa en extremo y despistada, cándida. *[beneit, ximple]*

boca. f. Parte de la persona o de los animales por donde se reciben los alimentos y por donde sale la voz. *[boca]* // Entrada de algunas cosas. *[boca]*

bocadillo. m. Alimento que se toma entre almuerzo y comida. *[entrepà]* // Panecillo relleno. *[entrepà]*

bocado. m. Porción de comida que se muerde y mastica de una vez. *[mos]* // Un poco de comida. *[mos]* // Parte del freno que entra dentro de la boca de la caballería. *[mos]*

bocana. f. Boca de un pozo, de un horno, etc. *[bocana]*

bocanada. f. Cada porción de líquido, humo, etc., que sale de un golpe por un orificio, un paso estrecho, etc. *[glopada]*

bocel. m. Moldura lisa de forma cilíndrica. *[bosell]*

bocina. f. Especie de trompeta de hojalata para hablar de lejos. *[botzina]* // Instrumento de viento hecho de cuerno, etc. *[botzina]*

bocoy. m. Especie de barril que a igualdad de diámetro, tiene menos altura que una cuba ordinaria. *[bocoi]*

bocha. f. Bola de madera para el juego de bochas. *[botxa]*

bochorno. m. Aire caliente, sofocante, que sopla algunas veces durante el verano. *[botorn]*

bochornoso, osa. adj. Que produce bochorno, que causa opresión interna, convulsión, inquietud, malestar. *[bascós]*

boda. f. Nupcias, fiesta con que se celebra un casamiento. *[noces]*

bodega. f. Cámara baja o subterránea donde se guarda el vino. *[bodega, celler]* // Espacio interior de una nave desde la cubierta inferior a la quilla. *[bodega]*

bodegón. m. Tienda o taberna donde se cocina y sirve comida ordinaria por precio módico. *[bodegó]* // Cuadro donde están pintadas cosas de comida. *[bodegó]*

bofetada. f. Golpe dado en la mejilla con la mano abierta. *[bufetada]*

bofetón. m. Bofetada. *[bufa]*

boga. f. Acción de bogar o remar. *[voga]* // Fama, popularidad. *[voga]*

bogar. v. intr. Remar. *[vogar]*

boina. f. Gorra redonda y plana de una sola pieza. *[boina]*

boj. m. Arbusto de hojas ovaladas y de madera muy apreciada por su dureza.

[boix] // Leña de dicho arbusto. *[boix]*

bola. f. Cuerpo esférico. *[bola]* // Mentira. *[bola]*

bolero. m. Baile popular que de Andalucía se ha importado y aclimatado en Cataluña, Valencia y las Baleares. *[bolero]*

boletín. m. Publicación periódica sobre una materia determinada. *[butlletí, bolletí]* // Cédula o billete de suscripción a una obra. *[butlletí, bolletí]*

boleto. m. Papeleta que da derecho a entrar en algún lugar. *[bolleta]*

boliche. m. Aparejo de la pesca que consiste en una red especial para sacar peces pequeños. *[bolig]* // Bola pequeña. *[bolig]*

bólido. m. Meteoro ígneo que atraviesa la atmósfera dejando un rastro luminoso y que suele estallar en pedazos. *[bòlid]* // Por extensión, vehículo que puede conseguir gran velocidad. *[bòlid]*

bolígrafo. m. Utensilio manual empleado para escribir, cerrado en un extremo por una bola de acero. *[bolígraf]*

bolillo. m. Adorno de puntas que llevaban las mujeres desde el escote hacia abajo. *[gola]* // Trozo de boj torneado para hacer puntillas. *[boixet]*

bolo. m. Pieza de madera torneada más ancha de bajo que de arriba para que se mantenga derecha en tierra. *[birla, bitla]*

bolsa. f. Lugar público de contratación de valores comerciales y financieros. *[borsa]*

bolsería. f. Oficio de hacer bolsas. *[bosseria]* // Fábrica de bolsas. *[bosseria]* // Lugar o barrio donde se venden. *[bosseria]*

bolsero, era. m. y f. Quien hace o vende bolsos. *[bosser]*

bolsillo. m. Bolsita cosida a los vestidos para los objetos usuales. *[butxaca]* // Cantidad de dinero que forma el caudal de alguien. *[butxaca]*

bolso, olsa. m. y f. Saco pequeño para llevar dinero. *[bossa]* // f. Envoltorio de alguna cosa. *[bossa]*

bolla. f. Marca que se pone a una mercancía para indicar la procedencia, o que ha estado reconocida o despachada en la aduana. *[bolla, marxamo]*

bollo. m. Panecillo de harina amasado con leche, huevos, etc. *[cóc]*

bomba. f. Bola de hierro llena de una sustancia explosiva. *[bomba]* // Máquina para elevar agua. *[bomba]*

bombarda. f. Pieza de artillería antigua. *[bombarda]*

bombardear. v. tr. Lanzar proyectiles de artillería o bombas. *[bombardejar]*

bombardeo. m. Acción y efecto de bombardear. *[bombardeig]*

bombear. v. tr. Sacar agua con una bomba. *[bombejar]* // Hacer alabanzas excesivas. *[bombejar]* // Tr. e Intr. Lanzar bombas. *[bombejar]*

bombeo. m. Acción y efecto de bombardear. *[bombeig, bombardeig]*

bombero. m. Quien forma parte de un cuerpo organizado para extinguir incendios. *[bomber]*

bombo. m. Instrumento de percusión, con un tambor muy grueso. *[bombo]* // Quien toca este instrumento. *[bombo]* // Alabanza excesiva. *[bombo]* // Caja que contiene las bolas de una rifa o sorteo. *[bombo]*

bombón. m. Dulce pequeño y fino, confeccionado con diversas sustancias. *[bombó]*

bonanza. f. Estado tranquilo del mar. *[bonança]* // Tiempo bueno, de temperatura suave. *[bonança]*

bondad. f. Calidad de bueno. *[bondat]* // Suavidad de genio. *[bondat]* // Inclinación natural a hacer el bien. *[bondat]*

bondadoso, osa. adj. De carácter afable, lleno de bondad. *[bondadós]*

bonete. m. Gorro de cuatro puntas usado por los eclesiásticos. *[bonet]*

bonetero. m. Arbusto de flores blancas verdosas que se encuentra en los márgenes, bosques y torrenteras. *[bonet]*

boniato. m. Especie de planta de tubérculos comestibles. *[moniato]* // Tubérculo de esa planta. *[moniato]*

bonito, ita. adj. Que causa una impresión agradable por su belleza, gracia, elegancia, gentileza, etc. *[bonic]*

bonito. m. Pez teleósteo parecido al atún. *[bonítol]*

bono. m. Contraseña cambiable por un objeto o cosa. *[bo]* // Título de deuda pública. *[bo]*

bonzo. m. Sacerdote budista. *[bonze]*

boquear. v. intr. Abrir y cerrar la boca. *[boquejar]* // Estar próximo a morir. *[expirar]* // Estar una cosa próxima a su fin. *[estar a les acaballes]*

boquera. f. Llagas o pequeñas úlceras que se forman en las comisuras de los labios. *[boquera, bocatge]* // Hendidura o abertura de una acequia hecha en un margen, caballón, etc., para dar salida al agua de riego. *[boquera]*

boquerón. m. Pescado pequeño parecido a la anchoa. *[aladroc]*

boquilla. f. El tubo de ciertos instrumentos de viento que se aplica a la boca. *[caramella]*

boquirroto, ota. adj. y s. Quien habla sin discreción, o dice cosas que debería de callar. *[bocamoll]*

borbollón. m. Porción de un líquido que, impulsado de abajo para arriba produce un inflamiento en su superficie libre. *[borboll]* // **a borbollones.** loc. adv. Con desorden y confusión, atropelladamente. *[a borbollons]*

borbotón. m. Chorro de algún líquido que surge con fuerza; borbollón. *[broll]*

borda. f. Borde superior del costado de las naves. *[borda]* // Casa rústica, sucursal de una masía. *[borda]*

bordado, ada. adj. Perfecto. *[acabat, brodat]* // Acción y efecto de bordar. *[brodat]*

bordar. v. tr. Hacer ornamentos con hilos diversos sobre la ropa. *[brodar]* // Ejecutar con perfección alguna cosa. *[polir, brodar]*

borde. m. Contorno exterior, margen, dobladillo. *[bordell]* // adj. Se dice de las plantas silvestres. *[bord]* // adj. y s. Bastardo. *[bord]*

bordo. m. Lado exterior de la nave, y también toda ella. *[bord]*

bordón. m. La cuerda más gruesa y que da el sonido más grave en los instrumentos de cuerda. *[bordó]* // Especie de cepillo de corte curvo que sirve para hacer huecos o canales semicirculares. *[bordó]*

boreal. adj. Relativo al norte, septentrional. *[boreal]*

borla. f. Reunión de muchos hilos de seda, lana, etc., atados por uno de sus extremos formando una bola o penacho. *[borla]* // Insignia que los doctores llevan encima del gorro. *[borla]*

borra. f. Parte más corta y basta de la lana. *[borra]* // Pelusa de ciertos vegetales. *[borra]*

borrachera. f. Embriaguez. *[borratxera]*

borracho, acha. adj. y s. Que se embriaga habitualmente. *[borratxo]*

borrador. m. Escrito de primera intención. *[esborrany]* // Libro en que hacen sus apuntes los comerciantes y hombres de negocios. *[esborrador]* // adj. Que borra o hace desapareceer lo escrito. *[esborrador]*

borrar. v. tr. Hacer desaparecer aquello que está escrito, etc. *[esborrar]*

borrasca. f. Tempestad de viento acompañado de lluvia, nieve, etc. *[borrasca]*

borrascoso, osa. adj. Que causa borrascas, propenso a borrascas. *[borrascós]* // Lleno de sucesos desordenados, violentos. *[borrascós]*

borrego, ega. m. y f. Cordero de uno a dos años. *[borrec]*

borrico. m. Asno, animal solípedo. *[ase, ruc]* // fig. adj. y s. Hombre muy necio. *[ase, burro]*

borrón. m. Mancha de tinta o de cualquier otra cosa. *[gargot]*

boscaje. m. Conjunto de árboles espesos, bosque. *[boscatge]* // En el siglo XIII y XIV, derecho del barón a percibir en especies o en metálico una parte de lo que se recogía en sus bosques. *[boscatge]*

boscoso, osa. adj. Muy poblado de bosques. *[boscós]*

bosque. m. Lugar poblado de árboles, especialmente de los que no producen frutos, ni de cultivo. *[bosc]*

bostezar. v. intr. Abrir la boca con un

movimiento espasmódico. *[badallar]*

bostezo. m. Acción de bostezar. *[badall]*

bota. f. Calzado que cubre el pie y parte de la pierna. *[bota]* // Recipiente de madera para fermentar el mosto, guardar licores, etc. *[bóta]* // Recipiente de cuero para el vino. *[bóta]*

botánica. f. Ciencia que estudia las plantas. *[botànica]*

botar. v. tr. e intr. Tr. Arrojar, echar fuera. *[llançar, tirar]* // Saltar un cuerpo elástico después de haber tocado tierra. *[botar]*

botarate. m. Hombre de poca formalidad. *[borinot]*

bote. m. Salto de la pelota al chocar en el suelo. *[bot]* // Salto. *[bot]* // Golpe que se da con la lanza o la pica. *[colp]*

bote. m. Embarcación pequeña sin cubierta con tablones transversales. *[bot]*

bote. m. Recipiente de hojalata, barro cocido, etc., generalmente cilíndrico, para guardar en él algo. *[pot]*

botella. f. Recipiente para contener líquidos. *[botella]*

botica. f. Tienda del boticario o farmacéutico. *[apotecaria]*

boticario, aria. m. y f. Quien ejerce en la farmacia. *[apotecari]*

botijo. m. Recipiente de barro cocido, de vientre abultado, generalmente con una asa en la parte superior y dos golletes de diferente grosor, para beber por el pico pequeño. *[botija]*

botijón. m. Tinaja de panza gruesa. *[bòtil]*

botín. m. Bienes tomados por los soldados vencedores al enemigo. *[botí]*

botiquín. m. Armario pequeño o estuche con medicamentos, gasas, para casos de urgencia. *[farmaciola]*

botón. m. Pieza de madera, hueso, nácar, etc., que se pone en los vestidos para abrocharlos. *[botó]* // Flor cerrada y cubierta de hojas. *[poncella]* // Yema de planta. *[borró]*

botonar. v. intr. Echar renuevos una planta. *[poncellar]*

bovaje. m. Uno de los derechos que cobraban los reyes al coronarse, y que se computaba sobre los pares de bueyes que los vasallos tenían, y solía ser de doce dineros por par. *[bovatge]*

bóveda. f. Obra de fábrica que sirve para cubrir el espacio comprendido entre dos muros o varios pilares. *[volta]*

bovedilla. f. Vuelta pequeña entre las vigas de un techo. *[revoltó]*

bóvido, óvida. adj. Aplicado a los animales de la familia de rumiantes a que pertenece el buey. *[bòvid]* // m. Un individuo de aquella familia. *[bòvid]* // m. pl. Familia de los rumiantes que comprende el buey, la cabra, etc. *[bòvid]*

bovino, ina. adj. Perteneciente al buey o a la vaca. *[boví]*

boxeador. m. Quien se dedica a boxear. *[boxejador]*

boxear. v. intr. Batirse a puñetazos con guantes adecuados. *[boxejar]*

boxeo. m. Lucha a puñetazos de acuerdo a unas reglas determinadas. *[boxeig, boxa]*

boya. f. Cuerpo flotante anclado para señalar un lugar peligroso. *[boia]*

boyerillo. m. Ave azul verdosa con el vientre gris. *[pinsà]*

bozal. m. Aparejo hecho de correas, etc., que se pone a los animales para que no muerdan, no dañen los sembrados, etc. *[boç]*

bracear. v. intr. Agitar, mover los brazos. *[bracejar]* // Nadar sacando los brazos fuera del agua. *[bracejar]*

bracero, era. m. y f. Persona que trabaja la tierra a jornal. *[bracer]*

bráctea. f. Hoja de la axila de la cual sale una flor o un eje floral. *[bràctea]*

braga. f. Pañal de los niños. *[braga]* // Prenda interior de las mujeres. *[bragues, braguetes]* // f. pl. Calzas medias anchas y largas, usadas antiguamente. *[bragues]*

bragado, ada. adj. Que tiene las entrepiernas de diferente color que el resto del cuerpo. *[bragat]* // Hombre enérgico y decidido. *[bragat]* // Especie de pato de la albufera. *[cullereta, bragat]*

braguero. m. Mamas de las vacas, cabras,

etc. *[braguer]* // Vendaje para contener las hernias. *[braguer]*

bragueta. f. Abertura en la parte delantera de los pantalones. *[bragueta]*

brahón. m. Parte del brazo comprendida entre la espalda y el codo. *[braó]* // Coraje, valor. *[braó]*

bramante. m. Hilo grueso o cordel fino hecho de cáñamo. *[fil d'empalomar]*

bramar. v. intr. Dar bramidos gritos de ira. *[bramar]* // Hacer ruido fuerte el mar, el agua impetuosa o la tempestad. *[bramar]*

bramido. m. Voz del toro y otros animales. *[bram]* // Grito fuerte. *[bram]* // Ruido grande producido por el viento, el mar, etc. *[bramul, bram]*

branquia. f. Órgano de la respiración de los peces. *[brànquia]*

brasa. f. Trozo de leña o carbón encendido. *[brasa]*

brasero. m. Recipiente de metal donde se ponen brasas para calentarse. *[braser]* // Hogar. *[braser]*

braveza. f. Calidad de bravo o feroz. *[bravesa]*

bravo, ava. adj. Valiente ante el peligro. *[brau]* // Aplicado a los animales, fiera salvaje. *[brau]* // Aplicado a las personas, enojado, enfurecido, bárbaro, rudo. *[brau]*

bravucón, ona. adj. y s. Que presume de valiente. jactancioso. *[bufó]*

braza. f. Distancia que hay desde el extremo de una mano al extremo de la otra con los brazos estirados. *[braça]* // Medida de longitud de 9 palmos, equivalente a 2 metros (2'0385). La braza inglesa o marina sólo es de 1'67 metros. *[braça]*

brazada. f. Cada uno de los movimientos violentos de los brazos. *[braçada]*

brazado. m. Cantidad de alguna cosa que cabe dentro de los brazos. *[braçada]*

brazalete. m. Ornamento en forma de anillo que rodea el brazo. *[braçalet]*

brazo. m. Miembro del cuerpo que va desde el hombro a la mano. *[braç]* // Parte alargada de una cosa que tiene analogía con un brazo. *[braç]* // Valor, poder. *[braç]* // Cada uno de los tres estamentos que tenían representación en las antiguas Cortes. *[braç]*

brea. f. Líquido viscoso obtenido por destilación de la madera, carbón mineral y otras materias de origen orgánico. *[brea]*

brebaje. m. Poción, bebida desagradable. *[beuratge]* // Refresco compuesto de salvado, sal y agua que se da al ganado como medicina. *[beuratge]* // En los buques, cualquier bebida para los marineros. *[beuratge]*

breca. m. Pez teleósteo plano de la familia del pagel, pero un poco más pequeño, de color plateado con reflejos dorados y con fajas oscuras verticales. *[mabre]*

brecha. f. Cualquier abertura hecha en un muro, etc. *[bretxa]* // Herida. *[ferida]*

brega. f. Disputa, combate, lucha. *[brega]*

bregar. v. intr. Luchar, reñir. *[breguejar]* // Trabajar con afán, luchar con dificultades. *[bregar]*

breña. f. Terreno abrupto y lleno de arbustos y maleza. *[breny]*

breva. f. Primer fruto anual de la higuera. *[bacora]*

breve. adj. De duración corta. *[breu]* // m. Cierto documento pontificio. *[breu]*

breviario. m. Libro que contiene las oraciones o lecturas eclesiásticas de todo el año. *[breviari]* // Compendio. *[compendi]*

brezo. m. Arbusto de hojas medicinales, de la familia de las ericáceas. *[bruc]*

briaga. f. Alfombra gruesa de esparto usada en la prensa. *[llata]*

brial. m. Saya de seda que usaban las mujeres. *[brial]* // Faldón de tela que llevaban los hombres de armas. *[brial]*

briba. f. Gentuza, chusma. *[briva]* // Vida relajada, holgazana. *[briva]*

bribón, ona. adj. y s. Pillo, mala persona, vagabundo. *[bergant, brivall]*

brida. f. Freno y rienda del caballo. *[brida]*

brigada. f. Cuadrilla, grupo de hombres que hacen un mismo trabajo. *[brigada]* // Unidad del ejército. *[brigada]* // Graduación militar. *[brigada]*

brillante. adj. Que brilla. *[brillant]* // m. Diamante. *[brillant]*

brillantez. f. Calidad de brillante. *[brillantor]*

brillar. v. intr. Despedir rayos de luz, por reflexión, el agua, las piedras preciosas, los metales, etc. *[llambrejar]*

brillo. m. Reflejos de lo que luce. *[lluïssor]* // Fama. *[fama]*

brincar. v. intr. Dar brincos o saltos. *[saltar, botar]*

brinco. m. Movimiento que se hace levantando del suelo los pies con ligereza. *[bot, salt]*

brindar. v. tr. e intr. Tr. Ofrecer voluntariamente alguna cosa. *[brindar]* // Intr. Beber a la salud de alguien. *[brindar]*

brío. m. Fuerza de coraje, energía. *[briu]*

brisa. f. Viento ligero. *[brisa]*

brisa. f. Residuo de la uva después de sacar el vino. *[brisa, orujo]*

brizna. f. Hebra, tallo delgado que arranca de la raíz de una planta. *[breny]* // Filamento o parte muy pequeña de una cosa. *[bri]* // Copo de nieve, miaja, hebra. *[volva]*

briznoso, osa. adj. Que tiene briznas. *[brinós]*

broca. f. Barrena de boca cónica. *[broca]* // Especie de huso con que los bordadores recogen el hilo. *[broca]* // Clavo de cabeza cuadrada con la que los zapateros aseguran la suela a la horma. *[broca]*

brocado, ada. adj. Se dice de la tela entretejida con oro o plata. *[brocat]* // m. Ropa de seda tejida con oro o plata. *[brocat]*

brocal. m. Baranda que forma la boca del pozo. *[brocal]* // Cerco de madera u otra materia que se pone alrededor de la boca de un utensilio. *[brocal]*

bróculi. m. Brécol, variedad de la col, que tiene las hojas muy esparcidas, estrechas y largas, de color más oscuro que la col común. *[bròquil]*

brocha. f. Pincel gordo para dar capas de color, en las paredes, etc. *[brotxa]* // Pincel para jabonar la barba al afeitarse. *[brotxa]* // Borla de pelos finísimos, que sirven para empolvar. *[bronja]*

broche. m. Conjunto de dos piezas de metal para enganchar una con la otra. *[gafet]* // Imperdible como adorno de joyería. *[joia, fermall]*

broma. f. Diversión, chanza. *[broma]*

bromear. v. intr. Hacer broma, chiste. *[bromejar]*

bronca. f. Riña, disputa. *[baralla, brega]*

bronce. m. Aleación del cobre con el estaño. *[bronze]* // Moneda de cobre. *[moneda de coure]* // Escultura de bronce. *[escultura de bronze]*

broncear. v. tr. Dar la apariencia de bronce. *[bronzejar]*

bronco, onca. adj. Tosco, sin desbastar, de genio y trato áspero. *[aspre, bast]*

bronquio. m. Cada uno de los dos conductos que resultan de la bifurcación de la tráquea. *[bronqui]*

bronquitis. f. Inflamación de la mucosa de los bronquios. *[bronquitis]*

brotar. v. intr. Nacer, germinar las plantas saliendo de tierra. *[borronar]* // Manar, salir el agua de los manantiales. *[brollar]*

brote. m. Ojo tierno de una planta. *[brot]* // Principio o primera manifestación de alguna cosa. *[brot]*

broza. f. Toda especie de hierba silvestre que se cría en los campos. *[brossa]* // Conjunto de hojas y ramillas vegetales esparcidas, apelotonadas, etc. *[brossa]* // Cosas inútiles que se hablan o escriben *[brossa]*

bruja. f. Hechicera, mujer a la que se le atribuye un poder especial para realizar cosas extraordinarias. *[bruixa]* // Mujer fea y anciana. *[bruixa]*

brujo. m. Hechicero a quien se atribuye tener pacto con el diablo. *[bruixot]*

brujería. f. Práctica supersticiosa que se atribuye a las brujas. *[bruixeria]*

brújula. f. Aguja imantada que gira alrededor de un eje vertical y señala el norte magnético. *[brúixola]*

bruma. f. Niebla, especialmente la que se forma sobre el mar. *[broma]*

brumoso, osa. adj. Nebuloso, cubierto niebla. *[bromós]* // Confuso, falto de claridad, de lucidez. *[boirós]*

bruno, una. adj. Gris oscuro tirando a negro. *[bru]*

bruñidor, ora. adj. y s. Que bruñe. *[brunyidor]* // m. Instrumento para bruñir. *[brunyidor]*

bruñir. v. tr. Dar lustre a las piedras, metales, etc. *[brunyir]*

brusco, usca. adj. De mal trato, descortés, grosero. *[bròfec]* // Que se hace con prontitud, de una manera inesperada y violenta. *[brusc]*

brusquedad. f. Calidad de brusco. *[brusquedat]* // Acción brusca. *[brusquedat]*

brutal. adj. De una violencia salvaje. *[brutal]* // Propio de una bestia. *[brutal]*

bruto, uta. adj. y s. Necio, irracional. *[brut]* // m. Animal irracional. *[brut]* // **en bruto.** loc. adv. Sin pulir, sin trabajar. *[en brut]*

bruza. f. Cepillo de pelos fuertes y espesos usado para limpiar los moldes de imprenta, las caballerías, etc. *[brossa]*

bruzar. v. tr. Limpiar con la bruza. *[brossar]*

buba. f. Pústula que se forma en la superficie de la piel. *[bua, buanya]*

bubón. m. Tumor grueso, postemoso. *[bubó]*

buboso, osa. adj. Que tiene bubas. *[buós]*

búcaro. m. Vasija hecha con una arcilla olorosa. *[búcar]*

bucle. m. Rizo de cabellos de forma cilíndrica. *[bucle]*

buche. m. Bolsa membranosa que tienen las aves en el cuello donde reciben la comida. *[pap]* // Porción de líquido que cabe en la boca. *[glopada]*

buen. adj. Apócope de *bueno* ante sustantivo. *[bon]*

bueno, ena. adj. Que tiene bondad. *[bo]* // Útil para alguna cosa. *[bo]* // Que se conserva sin haberse estropeado. *[bo]* // Interj. Para indicar aprobación o sorpresa agradable. *[bo]*

buey. m. Mamífero rumiante de la familia de los bóvidos, de cabeza gruesa, armado de cuernos. *[bou]*

búfalo. m. Mamífero rumiante parecido al toro. *[búfal]*

bufanda. f. Pieza de ropa larga que se usa como abrigo para el cuello y la boca. *[bufanda]*

bufar. v. intr. Resoplar con furor algunos animales. *[bufar]* // Manifestar enojo el hombre resoplando con fuerza. *[bufar]* // Soplar. *[bufar]*

bufido. m. Voz del animal que bufa. *[estufit]* // Demostración de ira. *[estufit]*

bufo, ufa. adj. Dicho de una obra de música, teatro, etc., de carácter exageradamente cómico, que raya en lo vulgar y grosero. *[buf]*

bufón. m. Juglar que servía para hacer reír en los palacios de los reyes y grandes señores. *[bufó]*

buho. m. Ave rapaz nocturna, de vuelo pausado y silencioso. *[mussol]*

buitre. m. Ave rapaz, que se alimenta principalmente de animales muertos. *[voltor]*

buitrón. m. Nombre de algunos aparejos de pescar hechos de malla de junco, caña o mimbre, en forma de jaula o cesto. *[nansa, bertrol]*

bujía. f. Candela de esperma o estearina. *[bugia]* // Unidad de medida de intensidad de la luz artificial. *[bugia]* // Pieza que sirve para hacer saltar la chispa que ha de inflamar la mezcla gaseosa en los motores de combustión interna. *[bugia]*

bula. f. Distintivo que llevaban colgando del cuello los hijos de los nobles de la Roma antigua. *[butla]* // Sello de plomo que colgaba de ciertos documentos pontificios. *[butla]* // Documento que lleva este sello. *[butla]* // Sumario de los privilegios e indulgencias de la Santa Cruzada, en una hoja impresa que los papas concedían a los que luchaban contra los infieles. *[butla]*

bulbo. m. Parte jugosa y redonda de la raíz de algunas plantas. *[bulb]* // Protuberancia redondeada que se encuentra en ciertos órganos. *[bulb]*

bulla. f. Bullicio, griterío, reunión de mucha gente. *[gresca]* // Originar gran confusión. *[gresca]*

bullicio. m. Ruido o movimiento grande y desusado. *[renou]*

bullicioso, osa. adj. Inquieto, propenso a armar ruido. *[revoltós]*

bullir. v. intr. Hervir el agua u otro líquido. *[bullir]* // Agitarse con movimiento alguna cosa o multiplicidad de cosas, gentes, etc. *[bellugar]*

buñolería. f. Lugar donde hacen y venden buñuelos. *[bunyoleria]*

buñuelo. m. Masa más o menos redonda, hecha de pasta de harina bien batida y frita con aceite. *[bunyol]* // Cosa mal hecha. *[bunyol]*

buque. m. Barco con cubierta, adecuado para navegaciones de importancia. *[buc]* // Capacidad. *[buc]*

burbuja. f. Glóbulo de aire u otro gas en el interior de un líquido o de un sólido transparente. *[bambolla]* // pl. Espumeo que hacen líquidos gasificados. *[bromerols]*

burdel. m. Casa de prostitución. *[bordell, lupanar]*

burdo, urda. adj. Poco fino, basto. *[groller]*

burgo. m. Villa libre, franca. *[burg]*

burgués, esa. adj. y s. Habitante de un burgo o ciudad. *[burgés]* // Persona acomodada que no vive del trabajo de cada día, que vive sin trabajar. *[burgés]* // Malévolamente aplicado al amo de un establecimiento industrial o comercial que ocupa obreros. *[burgés]*

buril. m. Instrumento para grabar metales u otras materias duras. *[burí]*

burla. f. Dicho o acción con que se pretende poner en ridículo a personas o cosas. *[burla]*

burlar. v. tr. Engañar, chasquear. *[enganyar]* // Frustrar, malograr. *[frustrar]* // **-se.** Hacer burla de personas o cosas. *[burlar-se]*

burlón, ona. adj. y s. Hombre, o mujer, muy dado a decir o hacer burlas. *[burleta]*

burocracia. f. Predominio o influencia excesiva de los funcionarios públicos. *[burocràcia]*

burro, urra. m. y f. Asno. *[burro]* // Aparato para sujetar la madera que hay que serrar. *[burro]* // Cierto juego de cartas en que sólo se hacen tres bazas. *[burro]* // fig. Hombre ignorante y de escasa aptitud. *[burro, neci]*

burujo. m. Grumo que se hace en la lana u otra materia comprimida. *[durulló]* // Nudo o grumo que se hace en los trapos. *[durulló]* // Tumor que se forma en el cuerpo. *[durulló]*

busca. f. Acción de buscar. *[recerca]*

buscar. v. tr. Hacer diligencias para encontrar alguna cosa. *[buscar]*

buscarruidos. m. y f. Propenso a mover disputas, pendenciero. *[bregós]*

busto. m. La parte superior del tronco del cuerpo humano. *[bust]* // Escultura de medio cuerpo, sin brazos. *[bust]*

butaca. f. Silla de brazos con respaldo, generalmente inclinado hacia atrás. *[butaca]*

butano. m. Hidrocarburo gaseoso inflamable. *[butà]*

buzo. m. Hombre que baja al fondo del mar, para hacer exploraciones, o ciertos trabajos. *[bus]*

buzón. m. Cajita de cuero o metal donde los correos antiguos llevaban la correspondencia, documentos, etc. *[bústia]* // Caja fijada a la pared de un estanco, a la puerta de una casa, en una oficina de correos, etc., que tiene una abertura estrecha donde se depositan las cartas para el correo. *[bústia]*

c c c c c c c C

c. f. Tercera letra del abecedario. *[c]*
cabal. adj. Ajustado a peso y medida. *[cabal]* // Dícese de lo que cabe a cada uno. *[cabal]* // Completo, perfecto. *[cabal]*
cábala. f. Entre los hebreos, doctrina religiosa conservada por tradición. *[càbala]* // Cálculo superticioso para adivinar algo. *[càbala]*
cabalgar. v. intr. Montar o ir a caballo. *[cavalcar]* // Andar el caballo. *[cavalcar]*
cabalgata. f. Carrera o desfile a caballo. *[cavalcada]*
caballa. f. Pez acantopterigio comestible, de color azulado con rayas negras. *[verat]*
caballería. f. Institución militar propia de la nobleza feudal. *[cavalleria]* // Cuerpo de soldados a caballo. *[cavalleria]* // Cabalgadura. *[cavalleria]*
caballeriza. f. Lugar cerrado, generalmente adherido a una casa, en el que se recogen los animales domésticos para comer y dormir. *[cort]*
caballero. m. El que va montado a caballo. *[cavaller]* // Individuo de alguna orden de caballería. *[cavaller]* // Persona distinguida. *[cavaller]*
caballeroso, osa. adj. Que obra como un caballero. *[cavallerós]*
caballete. m. Hilera de tejas en la parte superior del tejado. *[carena, cavalló]* // Nombre de diferentes objetos que sirven de soporte. *[cavallet]*
caballo. m. Mamífero solípedo, de crines largas y espesas, empleado para montar, tiro de carruajes, labores agrícolas, etc. *[cavall]*
caballón. m. Lomo de tierra entre surco y surco. *[carena, cavalló]*
cabaña. f. Caseta rústica para cobijarse los que tienen que pasar la noche fuera de la población. *[cabana, cabanya]* // Rebaño de animales de cabestro o de ovejas trashumantes. *[cabanya]*
cabe. prep. Cerca de, junto a. *[prop de]*
cabecear. v. intr. Mover la cabeza a uno y otro lado o hacia adelante en señal de negación, etc. *[cabotejar]* // Dar cabezadas o inclinar la cabeza hacia el pecho, cuando alguien, incorporado, se va durmiendo. *[becar]*
cabecera. f. Principio o parte principal de algunas cosas. *[capçal, capçalera]* // Franja de tierra que queda sin labrar en los extremos del campo y que se tiene que labrar al través. *[antara]* // Almohada de la cama. *[capçal]* // Parte de la cama donde se pone la almohada. *[capçal]* // Parte del cabezal de la cama para sostener las almohadas o para ornamento. *[capçalera]* // Nota preliminar con la que se encabeza un escrito. *[capçalera]*
cabecil. m. Rodillo de trapo que se pone en la cabeza para llevar peso. *[capçana]*
cabellera. f. Conjunto de los pelos de la cabeza. *[cabellera]* // Melena. *[crinera]* // Pelusa de las mazorcas. *[cabellera]*
cabello. m. Cada uno de los pelos de la cabeza. *[cabell]* // Pelo de ciertas plantas. *[cabellera]*
caber. v. intr. Poder ser contenida una cosa dentro de otra. *[cabre, caber]*
cabestrillo. m. Vendaje que se pasa por el cuello para sostener el brazo o la mano. *[cabestrell, xarpa]*
cabestro. m. Conjunto de correas que sujetan la cabeza del animal para tirar del carro. *[cabeçó]* // Cuerda que se ata a la cabeza de un animal de tiro, para

sujetarlo o dirigirlo. *[cabestre, cabeçó]* // Madera con clavos que sirven de brida a los bueyes que aran. *[cabestrell]*

cabeza. f. Parte superior del cuerpo. *[cap]* // Superior en alguna corporación o comunidad, jefe. *[cap, caporal]* // Capacidad, talento. *[cap]* // Extremo ensanchado de un clavo. *[cabota]* // Bulbo de las plantas; cabeza de ajos. *[cabeça, cabeça d'alls]*

cabezada. f. Movimiento de inclinación de la cabeza que hace quien se duerme sentado. *[becada]* // Golpe dado con la cabeza. *[carabassotada]* // Inclinación de cabeza en señal de cortesía. *[capcinada]*

cabezal. m. Almohada de la cama. *[capçal]* // Parte de la cama donde se pone la almohada. *[capçal]*

cabezazo. m. Cabezada, golpe dado con la cabeza. *[cabotada]*

cabezón, ona. adj. y s. Cabeza grande, cabezota. *[cabota]* // adj. Testarudo, terco, obstinado. *[cabota, cabut, tossut, testarrut]*

cabezota. f. Cabeza muy grande. *[cabota]* // adj. y s. Persona obstinada, testaruda, terca o tozuda. *[cabota, tossut, cabut, testarrut]*

cabezudo, uda. adj. Que tiene la cabeza grande. *[cabut]* // Testarudo, tozudo, terco, obstinado. *[cabut, testarrut, tossut]* // m. Mújol, pez de la familia de los pércidos. *[cabut]*

cabida. f. Espacio o capacidad de alguna cosa. *[cabuda]*

cabila. f. Tribu de beduinos o de bereberes. *[cabila]*

cabildo. m. Cuerpo de canónigos de una catedral. *[capítol]*

cabina. f. Sala muy pequeña. *[cabina]*

cable. m. Cuerda gruesa de cáñamo o alambre para asegurar la nave u otras cosas. *[cable]* // Medida de longitud equivalente a 185 metros. *[cable]*

cabo. m. Extremo de una cosa. *[cap]* // Punta de tierra que penetra en el mar. *[cap]* // Trozo de cuerda. *[cap]* // El que hace de jefe de un grupo, etc. *[caporal]*

cabotaje. m. Navegación comercial hecha a lo largo de la costa. *[cabotatge]*

cabra. f. Mamífero rumiante de la familia de los cavicornios, de pelo corto y áspero. *[cabra]*

cabrear. v. tr. y pron. Enfadar, molestar. *[enutjar]*

cabreo. m. Apuntamiento de un reconocimiento de derechos en una hacienda. *[capbreu]* // Acción y efecto de cabrear o cabrearse. *[enuig, empipament]*

cabrerizo. adj. Relativo a las cabras. *[cabrum]* // m. Cabrero, pastor de cabras. *[cabrer]*

cabrero. m. Pastor de cabras. *[cabrer]*

cabrestante. m. Máquina para subir o estirar pesos, árgano. *[cabrestant, argue]*

cabreve. m. Apuntamiento de un reconocimiento de derechos en una hacienda. *[capbreu]*

cabria. f. Máquina para levantar grandes pesos. *[càbria]*

cabrio. m. Viga mediana o pequeña que se atraviesa con las principales. *[cabiró]* // Vigueta. *[cabiró]*

cabrío, ía. adj. Perteneciente a las cabras. *[cabrum]*

cabriola. f. Salto realizado con mucha ligereza, especialmente cruzando los pies en el aire. *[cabriola]*

cabrón. m. Macho de la cabra. *[cabró]* // adj. y s. El marido que consiente el adulterio de su mujer. *[cabró]*

cabronada. f. El hecho de aguantar una cosa intolerable. *[cabronada]*

cacahuete. m. Planta papilionácea, de hojas compuestas, de dos pares de folíolos y flores en espigas axilares. *[cacau, cacaua, cacauera]* // Semilla de esta planta, de la que se extrae un aceite de usos culinarios e industriales, comestible después de tostada. *[cacau, cacaua]*

cacao. m. Árbol pequeño de grandes hojas persistentes y flores rojas, cuya semilla se usa para hacer chocolate. *[cacau]*

cacaotal. m. Campo sembrado de cacao. *[cacaotal]* // Campo sembrado de cacahuetes. *[cacauar]*

cacería. f. Partida de caza. *[caçada]* // Conjunto de animales muertos en la caza. *[cacera]* // Acto de cazar *[cacera]* // Abundancia de caza. *[cacera]*

cacique. m. Señor de vasallos, en pueblos indios. *[cacic]* // Persona importante de un pueblo que ejerce una influencia excesiva en asuntos políticos y administrativos. *[cacic]*

cacofonía. f. Repetición o encuentro de unos mismos sonidos que producen un efecto acústico desagradable. *[cacofonia]*

cacto. m. Nombre de diversas plantas espinosas. *[cactus]*

cacumen. m. Agudeza, ingenio. *[pesquis]*

cachalote. m. Cetáceo muy grande del que se extrae un aceite de buena calidad. *[catxalot]*

cacharro. m. Vasija tosca. *[atifell]*

cachaza. f. Lentitud, flema. *[lentitud]*

cachazudo, uda. adj. y s. Excesivamente calmoso, insensible a las prisas e impaciencias. *[flegmàtic]*

cachear. v. tr. Registrar a personas sospechosas. *[escorcollar]*

cachete. m. Golpe dado con la mano cerrada o abierta en la cabeza. *[calbot, carxot]*

cachiporra. f. Barra o garrote que en un extremo tiene una bola o abultamiento. *[casporra]*

cachivache. m. Utensilio, trasto inútil o que estorba. *[andròmina]*

cacho. m. Pedazo pequeño de alguna cosa. *[bocí]*

cachorro. m. Hijo pequeño de ciertos mamíferos. *[cadell]*

cachorrubio. m. Pez teleósteo de color rojizo. *[garneu]*

cada. adj. Aplicado para designar separadamente todos los individuos que forman parte de una colectividad. *[cada]*

cadalso. m. Plataforma de tablones, elevada, erigida en un lugar público para un espectáculo, etc. *[cadafal]*

cadáver. m. Cuerpo muerto. *[cadàver]*

cadena. f. Serie de eslabones enlazados. *[cadena]* // Serie o continuación de diversas cosas parecidas. *[cadena]* // Sujeción producida por una obligación o pasión violenta. *[cadena]*

cadencia. f. Repetición de sonidos o movimientos que se suceden de una manera regular. *[cadència]* // Distribución agradable de acentos y palabras. *[cadència]*

cadencioso, osa. adj. Que tiene cadencia. *[cadenciós]*

cadera. f. Cada una de las dos regiones salientes formadas por los huesos superiores de la pelvis. *[maluc]*

cadete. m. Alumno de una academia militar. *[cadet]*

cadí. m. Juez de causas civiles en los pueblos mahometanos. *[cadí]*

cadillo. m. Planta umbelífera, vulgarmente cola de caballo. *[serreig]*

cadozo. m. Agujero grande, donde se estancan las aguas de un río o barranco. *[gorg]* // Lugar hondo, profundo, de un río. *[gorga]*

caducar. v. intr. Estar próximo a caer, a desaparecer. *[caducar]* // Perder su fuerza, validez, etc., algún derecho, ley o costumbre. *[caducar]* // Chochear. *[caducar, caduquejar]*

caduco, uca. adj. Decrépito, muy viejo. *[caduc]* // De poca duración. *[caduc]*

caedizo, iza. adj. Que está en peligro de caer. *[primparat]*

caer. v. intr. Ir a parar a tierra algo. *[caure]* // Cometer alguna falta. *[caure]* // Cumplirse un término fijado. *[caure]* // Ceder a la acción de la gravedad un objeto suspendido. *[caure]* // Corresponder a alguien una cosa por suerte. *[caure, tocar]*

café. m. Árbol cultivado en los países tropicales. *[cafè]* // La semilla de este árbol. *[cafè]* // Bebida hecha por infusión de esta semilla tostada y molida. *[cafè]* // Establecimiento donde se sirve esta bebida. *[cafè]*

cafetera. f. Recipiente para hacer o servir el café. *[cafetera]*

cafetín. m. Establecimiento poco importante de café y otras bebidas. *[cafetí]*

cáfila. f. Conjunto de personas, animales o cosas. *[càfila]*

cafre. adj. y s. Indígena de África del Sur entre el Cabo y Natal. *[cafre]*

cagafierro. m. Escorias de hierro. *[cagaferro]*

cagajón. m. Cada una de las partes de que se compone el excremento de las caballerías. *[cagalló]*
cagandando. m. Hombre que es flojo de carácter y no hace nada de importancia, pero que se mueve mucho y aparenta energía. *[cagandanes]*
cagar. v. intr., tr. y pron. Intr. Evacuar el vientre. *[cagar]* // Tr. Echar a perder alguna cosa. *[cagar]*
cagarruta. f. Cada una de las partes de que se compone el excremento del ganado menor, y de ciervos, conejos, etc. *[cagalló, cagarulla, cagarrita]*
cagón, ona. adj. y s. El que caga muy a menudo. *[cagó]* // Persona muy cobarde, miedosa. *[cagó, cagacalces, caguetes]* // Niño o niña muy pequeño. *[cagó]*
cahíz. m. Medida de capacidad para granos que tiene doce barchillas y en el sistema valenciano equivale a 2'01 hectolitros. *[cafís]*
cahizada. f. La extensión de tierra que puede sembrarse con un cahíz de grano, equivale a seis hanegadas. *[cafissada]*
caída. f. Acción y efecto de caer. *[caiguda]* // Parte colgante de una prenda de ropa, etc. *[caiguda]*
caja. f. Recipiente de cartón, madera, etc., de un cierto tamaño, de forma rectangular, para guardar en él algo. *[caixa, capsa]* // Caja para poner un cadáver, ataúd. *[caixa, taüt]* // Hueco de la escalera. *[caixer]* // Hueco de la acequia. *[caixer]*
cajero, era. m. y f. El que hace cajas. *[capser]* // El encargado de la caja de una casa de comercio, etc. *[caixer]*
cajón. m. Caja pequeña de los armarios, mesas, etc. *[caixó]* // Cajón corredizo de un mueble. *[calaix]* // Cantidad de dinero que se recoge vendiendo al por menor en una unidad de tiempo. *[calaix]*
cal. f. Óxido de calcio, sustancia blanca, ligera, cáustica y alcalina, que se encuentra siempre, en estado natural, combinada con otra. *[calç]*
cala. f. Acción y efecto de calar un melón u otras frutas semejantes. *[cala]* // Entrada que hace el mar. *[cala]* // Supositorio que se pone en el recto para facilitar la evacuación. *[cala]*
calabacera. f. Planta cucurbitácea de origen americano que es cultivada por sus frutos. *[carabassera]*
calabacín. m. Calabaza vacía y seca, usada para poner vino, agua, etc., para trasegar líquido, etc. *[carabassí]* // Cabeza de poco juicio, hueca, cabeza de chorlito. *[carabassí]*
calabaza. f. Fruto de la calabacera. *[carabassa]* // fig. Persona inepta e ignorante. *[carabassa]*
calabozo. m. Lugar en una prisión, castillo, cuartel, etc., a veces lóbrego y subterráneo, donde se tienen presos incomunicados. *[calabós]*
calado. m. Labor hecha con aguja en una tela, sacando o juntando hilos. *[calat]* // Labor de taladro de papel, madera, etc., en forma de dibujo. *[trepat]* // Profundidad que alcanza en el agua la parte sumergida de un barco. *[calat]*
calador. m. El que cala. *[calador]* // Sonda del cirujano. *[calador]* // Herramienta de los calafates. *[calafat]*
calafate. m. Carpintero constructor de embarcaciones. *[calafat]* // Obrero que calafatea. *[calafat]*
calafatear. v. tr. Tapar las junturas de las tablas de una nave, de una cuba, etc., con estopa y alquitrán. *[calafatar]*
calaguala. f. Rizoma de un helecho peruano de uso medicinal. *[calaguala]* // Infusión de calaguala empleada contra la excitación nerviosa y otros usos caseros. *[calaguala]*
calamar. m. Molusco cefalópodo, comestible, que segrega un jugo negro. *[calamar]*
calamidad. f. Hechos adversos, infortunio, desgracia. *[calamitat]* // Persona molesta. *[calamitat]*
calamitoso, osa. adj. Que causa calamidades, fecundo en calamidades. *[calamitós]* // Infeliz, desdichado. *[calamitós]*
calandria. f. Pájaro de la misma familia que la alondra. *[calàndria]* // Máquina para prensar y satinar telas o papel. *[calandra]*

calar. adj. Calizo. *[calcari]* // m. Lugar donde abunda la caliza. *[calcinar]*

calar. v. tr. Atravesar, penetrar. *[calar]* // Medir la profundidad de un recipiente. *[calar]*

calavera. f. La cabeza del hombre o del animal reducida a sus huesos. *[calavera]* // Hombre libertino, de vida disipada. *[calavera]*

calcar. v. tr. Copiar un dibujo, etc. *[calcar]* // Imitar más o menos servilmente. *[calcar]*

calcáreo, área. adj. Que tiene cal. *[calcinós]*

calcetín. m. Media que cubre el pie y sólo sube hasta media pierna. *[calcetí, mitjó]*

calcinar. v. tr. Reducir a cal los minerales calcáreos. *[calcinar]*

calcio. m. Metal blanco que, combinado con el oxígeno, forma la cal. *[calci]*

calco. m. Acción y efecto de calcar. *[calc]*

calcomanía. f. Procedimiento de transportar una pintura hecha sobre papel a un objeto de vidrio, mármol, madera, etc. *[calcomania]*

calcular. v. tr. Hacer cálculos matemáticos o conjeturas. *[calcular]*

cálculo. m. Acción de calcular. *[càlcul]* // Concreción sólida formada en alguna parte del cuerpo, especialmente en el hígado, en los riñones y en la vejiga. *[càlcul]* // Conjetura. *[càlcul]*

calda. f. Acción de caldear. *[calda]*

caldear. v. tr. y pron. Calentar mucho, encandecer el hierro al fuego. *[caldejar]* // Calentar el sol la tierra, el ambiente. *[caldejar]*

caldera. f. Recipiente grande que sirve para hacer hervir agua, etc. *[caldera]*

calderilla. f. Moneda de valor inferior al de la unidad monetaria. *[xavalla]*

caldero. m. Recipiente de forma hemisférica para cocinar. *[perol]*

caldo. m. Líquido que resulta de cocer en agua la vianda. *[caldo, brou]* // Cualquier líquido extraído de vegetales alimenticios. *[caldo]*

caldoso, osa. adj. Que tiene mucho caldo. *[caldós, sucós]* // Anheloso, ansioso, deseoso. *[caldós]* // Que contiene caldo caliente, dicho especialmente del arroz guisado en una olla, sobre todo si el líquido no ha sido del todo absorbido. *[caldós]*

calefacción. f. Acción y efecto de calentar o de calentarse. *[calefacció]* // Conjunto de aparatos destinados a calentar un edificio, etc. *[calefacció]*

calenda. f. Lección del martirologio romano, que contiene los nombres y los hechos de los santos del día. *[calenda]* // pl. El primer día de cada mes según el calendario romano antiguo. *[calendas]*

calendario. m. Sistema de división del tiempo por años, meses y días. *[calendari]* // Tabla que expone la sucesión de los días y meses del año. *[calendari]*

calentar. v. tr. Dar o comunicar calor a algo, hacer que se vuelva caliente. *[calfar]* // **-se.** Calentarse, volverse caliente, tomar calor, hacer que se pase el frío. *[calfar-se]*

calenturiento, enta. adj. y s. Que tiene fiebre. *[febrós]*

calesa. f. Carruaje de dos ruedas, abierto por delante. *[calessa]*

caletre. m. Seso, conocimiento. *[senderi, seny]*

calibrar. v. tr. Reconocer el calibre de un arma, etc. *[calibrar]* // Dar a un alambre, a un proyectil, al alma de un arma, etc., el calibre que se quiere. *[calibrar]*

calibre. m. Diámetro interior de las armas de fuego, y diámetro de un proyectil. *[calibre]*

caliche. m. Piedra introducida por descuido en el ladrillo o teja y que se convierte en cal cuando se cuece. *[pinyol]*

calidad. f. Propiedad, carácter o circunstancia que distingue una cosa de las otras. *[qualitat]* // Aquello que constituye la naturaleza, estado o condiciones que son exigidas para ocupar un cargo. *[qualitat]* // Importancia de una cosa. *[qualitat]*

cálido, álida. adj. Habitualmente caluroso. *[càlid]* // Vivo, ardiente. *[càlid]*

calidoscopio. m. Instrumento con dos espejos dispuestos de manera que multiplican simétricamente las imágenes de los objetos que hay entre ellos. *[calidoscopi]*

calientasillas. m. y f. Persona que pasa muchas horas sentada. *[calfacadires]* // El que va de una casa a otra para conversar y pasar el tiempo. *[calfacadires]*

caliente. adj. Que tiene una temperatura elevada. *[calent]* // Que produce una sensación de calor. *[calent]*

califa. m. Soberano musulmán que reúne el poder político y el religioso. *[califa]*

calificación. f. Acción y efecto de calificar. *[qualificació]*

calificar. v. tr. Determinar las cualidades de una persona o cosa. *[qualificar]* // Aplicar a alguien la nota que corresponde a su capacidad. *[qualificar]*

calificativo, iva. adj. Que califica o sirve para calificar. *[qualificatiu]*

caligrafía. f. Arte de escribir con un bello carácter de letra. *[cal·ligrafia]*

calima. f. Vapor espeso como la niebla que suele formarse en el verano y que enturbia ligeramente la transparencia del aire. *[calitja, boira]*

cáliz. m. Copa sagrada en la que el sacerdote consagra el vino cuando celebra la misa. *[calze]* // Cubierta externa de las flores formada por los pétalos. *[calze]*

calma. f. Ausencia de agitación, de prisas, etc. *[calma]* // Tranquilidad del mar o de la atmósfera, falta de viento. *[calma]*

calmar. v. tr. y pron. Sosegar, adormecer, templar. *[calmar]* // Estar en calma o tender a ella. *[calmar]*

calmoso, osa. adj. Que está en calma y obra sin ninguna prisa. *[calmós, sorneguer]*

calor. m. Fuerza que se manifiesta dilatando los cuerpos y fundiendo los sólidos. *[calor]* // Sensación de un cuerpo cuando su temperatura es menor que la de aquel con el que está en contacto. *[calor]* // Calidad y sensación de lo que está caliente. *[calentor]* // Calor que hace o emite un cuerpo que está a una temperatura superior a la del medio que le rodea. *[calfor, calentor]*

caloría. f. La cantidad de calor requerida para elevar un grado la temperatura de un gramo de agua. *[caloria]*

calostro. m. Flor de la leche, primera leche de la hembra después de haber parido. *[calostre]*

calumnia. f. Acusación falsa. *[calúmnia]*

calumniar. v. tr. Acusar falsamente, decir una calumnia o calumnias contra alguien. *[calumniar]*

caluroso, osa. adj. Que hace sentir calor o que tiene calor. *[calorós]* // Que muestra, que manifiesta calor, hecho con calor. *[calorós]*

calvario. m. Lugar de la crucifixión y muerte de Jesucristo. *[calvari]* // Conjunto de penas y aflicciones. *[calvari]* // Camino con diversas estaciones o capillitas en memoria de los pasos de la subida de Jesucristo al Calvario. *[calvari]*

calvicie. f. Falta de cabellos, calidad de calvo. *[calvície, calbesa]*

calvo, alva. adj. y s. Dicho de aquel que ha perdido todo o parte del pelo de la cabeza. *[calb]*

calza. f. Media. *[calça]* // Cuña para calzar. *[falca]*

calzada. f. Camino empedrado. *[calçada]* // Parte central de una calle, etc. *[calçada]*

calzado. m. Todo objeto que, como los zapatos, botas, alpargatas, etc., sirven para cubrir y resguardar los pies. *[calcer, calçat]*

calzar. v. tr. Poner o llevar puesto un calzado, guantes, etc. *[calçar]* // Poner una cuña junto a la rueda de un vehículo, o bajo las patas de un mueble, para inmovilizarlos o equilibrarlos. *[falcar]*

calzón. m. Prenda de vestir que cubre separadamente las piernas. *[calçó]*

calzonazos. m. pl. Hombre débil, que se deja dominar por la mujer. *[sinagües]*

calzoncillos. m. pl. Calzones interiores. *[calçotets]*

callar. v. intr., pron. y tr. Intr. y pron. No hablar, no decir nada, guardar silencio. *[callar-se]* // Tr. Dejar de decir lo que se siente o se sabe, guardar silencio sobre algo. *[callar]*

calle. f. Camino bordeado de casas, árboles, etc. *[carrer]*

callejón. m. Calle estrecha. *[carreró]*

callizo. m. Calle o paso estrecho entre paredes o rocas. *[call, callís]*

callo. m. Dureza en alguna parte del cuerpo. *[call]*

cama. f. Mueble dispuesto para dormir y descansar formado por un armazón de hierro, madera, etc., donde se ponen uno o más colchones, sábanas, etc. *[llit]* // Sitio donde se echan los animales para su descanso. *[llit]*

camafeo. m. Figura trabajada en relieve en una piedra preciosa. *[camafeu]* // La misma piedra labrada. *[camafeu]*

camaleón. m. Saurio que, al hincharse, muestra, por transparencia, distintas coloraciones de la sangre. *[camaleó]*

camándula. f. Mentira, enredo, disparate. *[falòrnia, cançó]*

cámara. f. Habitación, pieza de una casa, departamento. *[cambra]* // Sala de reunión para deliberar. *[cambra]* // Cada uno de los cuerpos colegisladores de un país. *[cambra]*

camarada. m. y f. Aquel que trata a otras personas con amistad. *[camarada]*

camarero, era. m. y f. Persona que, en los hoteles, cuida de las habitaciones. *[cambrer]* // Persona que sirve la mesa en casa particular o establecimiento público. *[cambrer]* // Persona de gran dignidad como sirviente en las habitaciones reales. *[cambrer]*

camarín. m. Capilla pequeña de una imagen, elevada y accesible, situada detrás del altar. *[cambril]*

camarlengo. m. Uno de los dignatarios en las cortes reales. *[camarlenc]* // Cardenal que preside la cámara apostólica. *[camarlenc]*

camarón. m. Crustáceo comestible parecido al langostino. *[gamba]*

camarote. m. Dormitorio de un barco. *[cabina]*

camarroya. f. Planta urticácea, de flores verdosas, usada como emoliente. *[cama-roja]*

camastro. m. Lecho pobre y sin aliño. *[catre]*

cambiar. v. tr. e intr. Tr. Hacer cambios o permutas. *[canviar]* // Dar una cosa y recibir como equivalente otra, trocar. *[bescanviar, canviar]* // Intr. Volverse diferente, sufrir una transformación. *[canviar]* // Reemplazar una cosa por otra. *[canviar]*

cambio. m. Acción y efecto de cambiar. *[canvi]* // Valor relativo de las monedas. *[canvi]*

cambronera. f. Clase de espino que se utiliza para hacer vallas en las heredades. *[espinal]*

camelar. v. tr. Galantear, requebrar. *[galantejar]*

camelia. f. Arbusto de la familia de las rosáceas de flores muy apreciadas, aunque son inodoras. *[camelíera]* // Flor de este arbusto. *[camèlia]*

camello. m. Animal cuadrúpedo rumiante, con un cuello muy largo y dos jorobas en la espalda. *[camell]* // Depósitos de lastre, etc., para disminuir cuando convenga el calado de la nave. *[camell]*

camellón. m. Lomo de tierra entre dos surcos. *[cavalló]*

camerino. m. Cuarto pequeño de los actores en los teatros, para vestirse, reposar, etc. *[camerino]*

caminante. adj. y s. Persona que va de camino. *[caminant]*

caminar. v. intr. Ir a pie de un lugar a otro, andar. *[caminar]*

camino. m. Espacio a recorrer para ir de un sitio a otro. *[camí]* // Vía construida para ir de un lugar a otro. *[camí]* // Medio o manera de hacer algo. *[camí]* // Espacio que una persona o cosa recorre al moverse. *[camí]* // El que es estrecho y discurre entre los bancales de un huerto o jardín. *[caminal, camí]*

camión. m. Automóvil de carga. *[camió]*

camionero. m. El que conduce un camión. *[camioner]*

camisa. f. Prenda de vestir que se lleva sobre la piel o sobre la camiseta. *[camisa]* // Envoltura de alguna cosa. *[camisa]*

camisería. f. Tienda donde se venden las camisas. *[camiseria]*

camiseta. f. Prenda interior que se pone bajo la camisa directamente sobre el cuerpo. *[samarreta]*

camorra. f. Riña. *[baralla]*

campa. adj. Aplicado a la tierra destinada a la siembra de cereales, o a la tierra sin árboles. *[campa]*

campamento. m. Ejército acampado, y lugar que ocupa. *[campament]*

campana. f. Instrumento metálico que se hace sonar con un badajo. *[campana]* // Todo lo que tiene forma acampanada. *[campana]*

campanada. f. Golpe del badajo a la campana y sonido que produce. *[campanada]* // Escándalo o novedad. *[campanada]*

campanario. m. Torre o extremo superior de una iglesia donde se ponen las campanas. *[campanar]*

campanero, era. m. y f. El que hace campanas. *[campaner]* // El que tiene por oficio tocar las campanas. *[campaner]*

campanilla. f. Campana pequeña o de mano. *[campaneta]* // Úvula o velo del paladar. *[campaneta, gargamelló]*

campante. adj. Ufano, satisfecho. *[satisfet]*

campaña. f. Tiempo durante el cual el ejército está en operaciones. *[campanya]* // Serie de operaciones que se hacen dentro de un período determinado de tiempo. *[campanya]*

campar. v. intr. Sobresalir, aventajarse. *[excel·lir]* // Acampar. *[acampar]*

campeche. m. Árbol mejicano cuya madera tiene aplicación en tintorería. *[campetx]*

campeón, ona. m. y f. Aquel que entraba en campo cerrado para combatir por la causa de otro en las antiguas lizas. *[campió]* // El que se consagra a la defensa de una causa, de la fe, etc. *[campió]* // El que vence en el ejercicio de algún juego o deporte. *[campió]*

campeonato. m. Concurso en que se disputa el título de campeón. *[campionat]*

campesino, ina. adj. y s. Hombre o mujer del campo. *[pagés]* // El que se dedica al cultivo de la tierra, labrador. *[pagés]* // adj. Rústico, propio de la gente del campo. *[pagés]*

campestre. adj. Relativo o perteneciente al campo. *[campestre]*

campo. m. Extensión de tierra descubierta y allanada, especialmente dedicada al cultivo. *[camp]* // Lugar donde se libra una batalla, un duelo, etc. *[camp]* // El fondo liso de un objeto listado, enmarcado, etc. *[camper]* // Espacio encima del que se pone la divisa dentro del blasón. *[camper]*

can. m. Perro. *[ca, gos]*

cana. f. Cabello que se ha emblanquecido. *[cabell blanc]* // Medida de longitud de ocho palmos. En el sistema valenciano equivale a 1'812 metros, o sea, a dos varas, a cuatro anas, a ocho palmos o a seis pies. Equivale también a dos yardas, aproximadamente. *[cana]*

canal. m. y f. Conducto para dar paso al agua o a cualquier otro líquido. *[canal]* // Cada uno de los conductos que forman las tejas de un tejado, por donde se escurre el agua. *[canalera]*

canaleja. f. Canal pequeña. *[canaló]*

canalera. f. Cada uno de los canales que forman las tejas de un tejado, por donde se escurre el agua. *[canalera]*

canalón. m. Canal pequeña. *[canaló]*

canalla. f. Gente baja y ruin. *[patuleia]* // m. y f. Persona capaz de cometer los actos más reprobables. *[canalla]*

canana. f. Cartuchera que se lleva ceñida a la cintura. *[canana]*

canario, aria. adj. Natural o propio de las Islas Canarias. *[canari]* // m. y f. Pájaro granívoro originario de las Canarias, de canto muy apreciado. *[canari]*

canasta. f. Cesto de mimbre, ancho de boca. *[panera]*

cancel. m. Armazón de madera para evitar el aire y el ruido exterior en la entrada de ciertos edificios. *[cancell]*

cancela. f. Verja delante de algunas casas para impedir la entrada al público. *[cancell]*

cancelar. v. tr. Anular un documento legal, mediante pago, o inutilizándolo de una u otra manera. *[cancel·lar]* // Pagar una deuda. *[cancel·lar]* // Borrar de la memoria. *[cancel·lar]*

cáncer. m. Tumor maligno, especialmente el formado por células epiteliales. *[càncer]*

canciller. m. Secretario oficial del rey. *[canceller]* // Nombre dado a diferentes funcionarios importantes. *[canceller]*

canción. f. Composición para cantar. *[cançó]* // Género de poesía lírica sobre tema amoroso. *[cançó]*

candado. m. Cerradura que se introduce entre dos anillas para cerrar puertas, etc. *[cadenat]*

candeal. adj. Dícese de una especie de trigo que da harina y pan blancos, de calidad superior. *[candial]*

candela. f. Mecha de algodón envuelta de una capa de cera para quemar. *[candela]*

candelabro. m. Candelero grande de dos o más brazos. *[canelobre]*

candelero. m. Utensilio para mantener derecha la candela. *[candeler]*

candencia. f. Calidad de candente. *[roentor]*

candente. adj. Caliente hasta convertirse en luminoso. *[roent]*

candidato. m. El que pretende un cargo o dignidad, o es propuesto por los demás. *[candidat]*

cándido, ándida. adj. Lleno de candor, ingenuo. *[càndid]*

candil. m. Recipiente de metal, barro u hojalata, con pico y mango, donde se pone la candileja con el aceite y la mecha y sirve para alumbrar. *[cresol]*

candileja. f. Cazoleta de aceite en un candil. *[cresoleta]*

candor. m. Sencillez, pureza de espíritu, ausencia de malicia. *[candor]*

canela. f. Sustancia aromática extraída del canelo. *[canyella, canella]*

canelo. m. Arbusto de la familia de las lauráceas, cultivado en los países tropicales para la extracción de la canela. *[canyeller]*

cangilón. m. Especie de cántaro de barro o metal. *[búcar]* // Cada uno de los recipientes atados al libán de la noria. *[caduf, catúfol]*

cangrejo. m. Crustáceo comestible de mar o de río. *[cranc, carranc]*

canguelo. m. Miedo excesivo. *[paor, cerol]*

canguro. m. Mamífero marsupial herbívoro que anda a saltos sirviéndose de las patas posteriores y de la cola. *[cangur]*

caníbal. m. Antropófago. *[caníbal]*

canícula. f. Período que comprende una parte del mes de julio y gran parte del mes de agosto, durante el cual, suele hacer mucho calor. *[canícula]*

canilla. f. Parte anterior de la pierna sobre la arista de la tibia, y la parte inferior y más delgada de ésta. *[canella, canyella]* // Hueso delgado del antebrazo (canilla del brazo). *[canella]*

canoa. f. Embarcación ligera para paseo y deporte. *[canoa]*

canon. m. Decisión de un concilio eclesiástico. *[cànon]* // Regla o precepto. *[cànon]* // Parte de la misa. *[cànon]* // Lo que se paga en reconocimiento del dominio directo de un terreno, etc. *[cànon]*

canónigo. m. Miembro del cabildo de una iglesia catedral o colegiata. *[canonge]*

canonizar. v. tr. Inscribir en el canon o catálogo de los santos, hacer santo. *[canonitzar]* // Declarar canónico. *[canonitzar]*

canonjía. f. Prebenda y dignidad de canónigo. *[canongia]* // Cargo de poco trabajo y mucho provecho. *[canongia]*

canoso, osa. adj. Que tiene los cabellos blancos o algunos cabellos blancos. *[canós]*

cansado, ada. adj. Se dice de las cosas que declinan o decaen, y de las degeneradas o enervadas. *[cansat]* // Harto en extremo de algo que nos molesta, etc. *[cansat]*

cansancio. m. Disminución de fuerzas por exceso de trabajo o ejercicio. *[cansament]*

cansar. v. tr. y pron. Causar cansancio. *[cansar, lassar]* // Enfadar, fastidiar. *[cansar]*

cantal. m. Piedra de grosor variable, canto, guijarro. *[cantal]* // Trozo de piedra angulosa. *[cantal, cairell]*

cantalada. f. Golpe dado con una piedra. *[cudolada]*

cantar. v. intr. y tr. Producir sonidos con modulaciones melodiosas de la voz. *[cantar]*

cantarera. f. Banco de piedra o madera para poner los cántaros, generalmente en un entrante practicado en la pared de las casas. *[canterer]*

cántaro. m. Recipiente portátil de barro cocido, etc., para llevar agua u otros líquidos. *[cànter]* // Medida de vino, etc., que, en el sistema valenciano, equivale a unos diez litros (10'17). *[cànter]*

cantera. f. Lugar de donde se extrae piedra. *[pedrera]*

cantero. m. El que labra las piedras para la construcción. *[picapedrer]* // Cada uno de los extremos de un pan de forma alargada. *[crostó, cantell]*

cántico. m. Canto de alabanza. *[càntic]*

cantidad. f. Propiedad de lo que es susceptible de aumento o disminución y se puede medir o ser expresado por un número. *[quantitat]* // Porción mayor o menor de alguna cosa. *[quantitat]*

cantinela. f. Repetición insistente y molesta de algo. *[cançoneta]*

canto. m. Acción y efecto de cantar. *[cant, cantada]* // Composición musical destinada a ser cantada. *[cant]* // Cada una de las partes en que se divide un poema épico. *[cant]* // Arista de un ángulo poliédrico, extremo o borde de alguna cosa. *[caire, cantell]* // Trozo de piedra angulosa. *[cairell]*

cantón. m. Cada una de las partes en que se divide un territorio en ciertos países. *[cantó]*

cantor, ora. m. y f. El que canta, por afición o por oficio. *[cantor]*

canturía. f. Acto de cantar. *[cantarella]* // Conjunto de cantos. *[cantúria]*

canturrear. v. intr. Cantar a media voz. *[cantussejar]*

cánula. f. Tubo de metal o goma para desaguar líquidos del organismo. *[cànula]*

canutillo. m. Tubito de vidrio empleado en trabajos de pasamanería. *[canonet]*

canuto. m. Parte intermedia entre nudo y nudo de las cañas. *[canut]*

caña. f. Tallo de las plantas gramíneas. *[canya]* // Planta de tallo hueco que se cría en lugares húmedos. *[canya]* // Lengüeta de los instrumentos de madera. *[canya]* // Parte más delgada del remo. *[canya]*

cañada. f. Espacio estrecho de tierra entre dos alturas. *[congost]* // Camino para los ganados trashumantes. *[carrerada]*

cañaduz. f. Planta gramínea de zonas cálidas que hace unos carrizos gruesos y duros de los que se extrae el azúcar; cultivada en la zona valenciana de la Safor para las exportaciones valencianas de azúcar, fue trasplantada a Cuba. *[canyamel]*

cañaheja. f. Cañerla. *[canyaferla]*

cañal. m. Sitio plantado de cañas, cañaveral. *[canyar]*

cañamazo. m. Tela hecha con la estopa del cáñamo. *[canemàs]* // Tela clara de cáñamo o algodón para bordar encima de ella. *[canemàs]* // Fondo de una materia sobre el que se hacen desarrollos. *[canemàs]*

cáñamo. m. Planta cannabácea, de raíz robusta, tallo derecho y rígido, hojas recortadas en forma de dedos y flores verdosas. *[cànem]* // Fibra textil extraída de esta planta, usada para hacer cuerdas, cordeles, tejidos, etc. *[cànem]*

cañavera. f. Planta gramínea que vive en las orillas de los ríos, de tallo derecho de un metro de alto; carrizo. *[canyavera, canyot]*

cañaveral. m. Sitio plantado de cañas o cañaveras. *[canyar]*

cañería. f. Conducto hecho con tubos de hierro, etc. *[canonada]*

cañerla. f. Planta de la familia de las umbelíferas. *[canyaferla]*

cañete. m. Planta gramínea que vive en las orillas de los ríos, de tallo derecho de un metro de alto; carrizo, cañavera. *[canyot, canyavera]*

cañiza. f. Especie de cañas delgadas que crecen en lugares pantanosos. *[sisca]*

cañizada. f. Lecho de cañas en el que descansa el tejado. *[canyissada]*

cañizal. m. Pequeño cañaveral. *[canyaret]*
cañizo. m. Tejido enrejado hecho de cañas. *[canyís]*
caño. m. Nombre de diferentes objetos o partes de forma tubular. *[canó]*
cañón. m. Pieza de artillería destinada a lanzar proyectiles. *[canó]* // Pluma de pájaro cuando empieza a nacer. *[canó]*
cañonazo. m. Acción y efecto de disparar un cañón. *[canonada]*
cañonear. v. tr. Atacar a cañonazos. *[canonejar]*
cañonero, ra. adj. y s. Aplicado a las embarcaciones armadas con cañones. *[canoner]*
cañota. f. Gramínea común como mala hierba en tierras de cultivo. *[canyota]*
cañuto. m. Parte intermedia entre nudo y nudo de las cañas. *[canut]*
caoba. f. Árbol tropical americano, de madera muy apreciada. *[caoba]* // Madera de este árbol, de color rojo oscuro, muy apreciada en ebanistería. *[caoba]*
caolín. m. Arcilla blanca muy pura usada para hacer la pasta de la porcelana. *[caolí]*
caos. m. Estado de confusión de los elementos primitivos del mundo. *[caos]* // Confusión, desorden. *[caos]*
caótico, ótica. adj. Relativo o perteneciente al caos. *[caòtic]*
capa. f. Pieza de tela larga, abierta por delante, sin mangas. *[capa]* // Aquello con que se envuelven y cubren ciertas cosas. *[capa]* // Extensión uniforme de una sustancia que cubre algo. *[capa]* // Cada una de las diversas zonas superpuestas, en que se divide la superficie de la tierra. *[capa]*
capacear. v. tr. Llenar y vaciar capazos. *[cabassejar]* // Transportar con capazos la fruta recogida en el huerto hasta el margen o lugar donde se carga. *[cabassejar]* // Trasladar dentro de capazos, de un lugar a otro cualquier cosecha o materia. *[cabassejar]*
capacitar. v. tr. Hacer a alguien apto para realizar algo. *[capacitar]*
capacho. m. Espuerta de juncos o mimbres. *[cabàs]*
capar. v. tr. Extirpar los órganos genitales, castrar. *[capar]*
caparazón. m. Cubierta dura de ciertos animales como la tortuga, etc. *[closca]* // Cubierta de los moluscos. *[clotxa, closca]*
caparrosa. f. Sulfato de cobre, de hierro o de cinc. *[vidriol]* // Vitriolo. *[vidriol]*
capataz. m. El jefe de un grupo de trabajadores. *[capatàs]*
capaz. adj. Que tiene talento e instrucción. *[capaç]* // Espacioso. *[capaç]*
capazo. m. Espuerta grande de pleita o esparto, palma, etc., con un asa a cada lado. *[cabàs]*
capcioso, osa. adj. Artificioso, engañoso, que contiene razones especiosas calculadas arteramente para engañar. *[capciós]*
capear. v. tr. Resistir un temporal con adecuadas maniobras. *[capejar]* // Entretener con engaños y evasivas. *[capejar]*
capelo. m. Sombrero rojo de los cardenales. *[capel]* // Dignidad de cardenal. *[capel]*
capellán. m. Sacerdote. *[capellà]*
capeo. m. Acto y efecto de capear. *[capeig]*
capicúa. m. Dicho del número que representa el mismo valor si se invierte el orden de las cifras. *[cap-i-cua, cap-i-coa]*
capilar. adj. Semejante por su espesor a un cabello. *[capil·lar]* // Relativo a los tubos capilares. *[capil·lar]*
capilla. f. Departamento de una iglesia con advocación particular. *[capella]* // Iglesia pequeña. *[capella]* // Cuerpo de músicos de una iglesia. *[capella]*
capillita. f. Simulacro de capilla que llevan los ermitaños para la colecta. *[capelleta]* // fig. Reunión de personas que defienden y pregonan exclusivamente lo que forma parte de su círculo. *[capelleta]*
capillo. m. Cubierta protectora de forma oval que las larvas de muchos insectos, especialmente del gusano de seda, se

fabrican con un hilo que segregan y dentro de la cual se encierran, capullo. *[capell]*

capirotazo. m. Golpe dado con el dedo del medio sobre el pulgar, haciendo que suene. *[garguilot]*

capirote. m. Capucha pequeña. *[caputxó]*

capiscol. m. El que tiene el cargo de dirigir el canto del coro, chantre, sochantre. *[cabiscol]*

capital. m. Cantidad de dinero o bienes que alguien posee. *[capital, cabdal]* // Población que es cabeza de una nación, provincia, etc. *[capital]* // adj. Aplicado a los siete pecados que son origen de otros. *[capital]* // Principal o muy grande, eminente, primordial, que constituye la cabeza, la parte dominante o vital de una cosa. *[capital, cabdal]* // Que implica la pérdida de la cabeza, de la vida, mortal. *[capital]*

capitalismo. m. Régimen económico de producción, fundado en la propiedad individual de los capitales. *[capitalisme]*

capitalizar. v. tr. e intr. Tr. Convertir un valor en capital. *[capitalitzar]* // Computar qué capital representa una renta, etc. *[capitalitzar]* // Intr. Acumular capital. *[capitalitzar]*

capitán. m. Oficial del ejército. *[capità]* // Jefe de una banda. *[capità]*

capitel. m. Parte superior que corona la columna. *[capitell]*

capitoste. m. El que dirige y manda, especialmente jefe de un grupo, partido, ejército o banda. *[capitost]*

capitulación. f. Acción de capitular, especialmente acta en la que constan las condiciones de una rendición. *[capitulació]*

capitular. v. intr. y tr. Intr. Convenir los artículos de un tratado, especialmente con el enemigo, rendirse. *[capitular]* // Tr. Poner por capítulos, dividir en capítulos. *[capitular]*

capítulo. m. Junta de personas religiosas y de algunas otras corporaciones. *[capítol]* // División hecha para mayor claridad en los libros y escritos. *[capítol]*

capón. m. Pollo castrado. *[capó]* // Cadena que engancha el ancla por la argolla al lado de la nave. *[capó]*

caporal. m. El que hace de jefe de un grupo, etc. *[caporal]*

capota. f. Cubierta que llevan algunos carruajes. *[capota]*

capote. m. Capa con mangas y capuchón. *[capot, capota]*

capricho. m. Propósito repentino, sin motivación aparente, no sujeto a regla ni razón. *[capritx, caprici]*

caprichoso, osa. adj. Que obra por capricho, que tiene caprichos. *[capritxós]* // Hecho a capricho; que ofrece una cierta gracia extraña. *[capritxós]*

cápsula. f. Fruto seco que contiene las semillas. *[càpsula]* // Envoltura de materia insípida dentro de la cual se ponen ciertos medicamentos de mal sabor. *[càpsula]* // Cilindro metálico que contiene un fulminante en el fondo. *[càpsula]*

captura. f. Acción y efecto de capturar. *[captura]*

capturar. v. tr. Hacer preso a un delincuente. *[capturar]*

capucha. f. Prenda de vestir, generalmente de forma cónica y bastante ancha, para cubrir la cabeza. *[caputxa, cogulla]*

capuchón. m. Capucha pequeña. *[caputxó]*

capullo. m. Cubierta protectora de forma oval que las larvas de muchos insectos, especialmente del gusano de seda, se fabrican con un hilo que segregan y dentro de la cual se encierran. *[capell]* // La flor antes de abrirse. *[capoll]*

caqui. m. Árbol frutal, originario de Japón. *[caqui]* // Color de aceite agrisado. *[caqui]* // Tejido de dicho color. *[caqui]*

cara. f. Parte anterior de la cabeza del hombre y de los animales superiores. *[cara]* // Parte delantera de algo. *[cara]* // Cada uno de los lados de una cosa. *[cara]*

carabela. f. Embarcación antigua, larga y estrecha, de una sola cubierta, tres árboles sin cofas y velas latinas. *[caravella]*

carabina. f. Arma de fuego, más corta que el fusil. *[carabina]*

caracol. m. Molusco comestible de concha en espiral. *[caragol]* // Cualquier concha espiral. *[caragol]* // Una de las tres cavidades que forman el laberinto del oído. *[caragol]*

caracola. f. Caracol marino grande que, al soplar en el interior, hace un sonido como de bocina. *[corn]*

caracolada. f. Guiso de caracoles. *[caragolada]*

caracolear. v. intr. Hacer caracoles el caballo. *[giravoltar]*

carácter. m. Signo trazado o escrito. *[caràcter]* // Manera de ser peculiar de una persona, inclinación natural. *[caràcter]*

característica. f. Cualidad o propiedad por la que una cosa se distingue. *[característica]* // Parte entera de un logaritmo. *[característica]* // Nota distintiva en una escala diatónica. *[característica]* // La actriz que hace papeles de mujer de una cierta edad. *[característica]*

característico, ística. adj. Relativo o perteneciente al carácter. *[característic]*

caracterizar. v. tr. Poner de relieve el carácter de una persona o cosa. *[caracteritzar]* // Representar un personaje con bastante expresión. *[caracteritzar]*

caradura. m. y f. Desvergüenza, carencia de pudor. *[cotna, barrut]*

carajo. m. Miembro viril. *[penis]*

¡caramba! Interj. Denota extrañeza, admiración, impaciencia, enojo, etc. *[caram, carall]*

carambola. f. Jugada de billar que consiste en tocar con la bola que uno impulsa las otras dos. *[carambola]* // Casualidad, coincidencia inesperada. *[carambola]*

caramelo. m. Pasta de azúcar endurecida. *[caramel, caramelo]* // Pastilla, barrita, etc., hecha de pasta de caramelo a la que se ha añadido alguna esencia. *[caramel, caramelo]*

caramillo. m. Flauta rústica de sonidos muy agudos, flauta de pastor. *[flabiol, caramella]*

carantoñas. f. Halagos, caricias, mimos. *[carantoines]*

carátula. f. Careta postiza para disimular la verdadera fisonomía. *[caràtula]* // Señal que, como marca de fábrica, suelen poner los papeleros encima de cada resma. *[caràtula]*

caratulero, era. m. y f. El que hace o vende carátulas o caretas. *[carasser]*

caravana. f. Grupo de viajeros que se reúnen para hacer juntos un viaje a través del desierto o países de ambiente hostil. *[caravana]* // Conjunto de personas, animales o cosas. *[caravana, càfila]*

carbón. m. Materia que resulta de la combustión incompleta de la madera y otros cuerpos orgánicos. *[carbó]*

carbonato. m. Cualquier sal del ácido carbónico. *[carbonat]*

carbonera. f. Silo de carbón. *[carbonada]* // Pila de leña para hacer carbón. *[carbonera]* // Lugar donde se guarda carbón. *[carbonera]*

carbonizar. v. tr. Reducir un cuerpo orgánico a carbón. *[carbonitzar]*

carbono. m. Cuerpo simple que, en estado de pureza, constituye el diamante. *[carboni]*

carburar. v. tr. Impregnar de compuestos volátiles de carbono. *[carburar]*

carburo. m. Combinación del carbono con un radical simple o compuesto. *[carbur]*

carcaj. m. Caja para llevar las flechas, aljaba. *[carcaix, buirac]*

carcasa. f. Especie de bomba incendiaria. *[carcassa]* // Especie de cohete grande. *[carcassa]*

cárcel. f. Prisión, lugar donde están encerrados los presos. *[càrcer, presó]* // Estrangulador que utilizan los carpinteros. *[gat]*

carcelero, era. adj. y s. El que cuida de la cárcel. *[carceller]*

carcoma. f. Larva de diferentes insectos que roe la madera, los granos, etc. *[corc, corca, corcó]*

carcomer. v. tr. y pron. Roer la carcoma la madera, los granos, etc. *[corcar]* // Sufrir la acción de la carcoma. *[corcar]*

carda. f. Instrumento con púas de hierro para cardar el algodón o la lana. *[carda]* // Máquina de cardar. *[carda]*
cardar. v. tr. Peinar la lana o el algodón con la carda. *[carmenar]*
cardenal. m. Cada uno de los prelados que forman el consejo del papa. *[cardenal]* // Enquimosis, moradura. *[morat, blaüra]*
cardenillo. m. Mezcla venenosa de color verde o azulado, que se forma en la superficie de los objetos de cobre o sus aleaciones. *[verdet]*
cardinal. adj. De importancia fundamental. *[cardinal]* // Aplicado a los numerales que sirven para contar. *[cardinal]* // Aplicado a los puntos principales del horizonte. *[cardinal]*
cardo. m. Planta de hojas grandes que tiene una parte carnosa comestible, cuya flor y pelusa sirven para hacer cortar la leche. *[card]*
carecer. v. intr. Tener necesidad de una cosa. *[freturar]*
carenadura. f. Acción y efecto de carenar. *[carenada]*
carenar. v. tr. Reparar el casco de una nave. *[carenar]*
carencia. f. Falta o privación de algo. *[carència]*
carestía. f. Falta, escasez, de algo. *[carestia]* // Precio excesivamente elevado. *[carestia]*
careta. f. Cara postiza de tela o cartón con la que se tapan la cara en carnaval. *[careta, carasseta]* // Máscara grotesca para disfrazarse. *[carota]* // Red espesa de alambre que se ponen los colmeneros y los que hacen esgrima. *[careta]*
carey. m. Tortuga de mar. *[carei]* // Materia córnea que se extrae del caparazón de esta tortuga. *[carei]*
carga. f. Acción de cargar. *[càrrega]* // Aquello que se pone sobre algo para ser transportado. *[càrrega]* // Cantidad de pólvora, etc., que lleva una arma de fuego o bomba explosiva. *[càrrega]* // Tributo, gravamen. *[càrrega]*
cargadero. m. Lugar donde se cargan y descargan las mercancías que se han de embarcar. *[carregador]*
cargador, ora. m. y f. El que embarca mercancías para ser transportadas. *[carregador]* // El que tiene por oficio llevar cargas. *[carregador]* // m. Instrumento para cargar armas de fuego. *[carregador]* // adj. Que se puede cargar, que se ha de cargar. *[carregador]*
cargamento. m. Conjunto de mercancías que carga un barco, carro, etc. *[carregament]*
cargante. adj. Que constituye una carga; que causa molestia. *[carregós, molest]*
cargar. v. tr. e intr. Tr. Poner alguna cosa que hay que transportar sobre alguien o algo. *[carregar]* // Poner una cosa bajo el peso de otra. *[carregar]* // Introducir una carga en un horno, fusil, etc. *[carregar]* // Intr. Atacar al enemigo. *[carregar]* // Molestar, importunar. *[carregar]*
cargazón. f. Pesadez en la cabeza, etc. *[carregament]* // Aglomeración de nubes espesas. *[carregament]* // Abundancia de frutos en árboles y plantas. *[carregament]*
cargo. m. Función de la que alguien tiene la responsabilidad. *[càrrec]* // Aquello de lo que alguien o algo es cargado. *[càrrec]* // Acusación hecha contra alguien. *[càrrec]*
cariarse. v. pron. Padecer caries en un hueso. *[cariar-se, corcar-se]*
caricatura. f. Figura ridícula en que se deforman las facciones y el aspecto de una persona. *[caricatura]*
caricia. f. Demostración de afecto que se hace tocando suavemente con la mano. *[carícia]*
caridad. f. Virtud teologal que consiste en amar a Dios y al prójimo. *[caritat]* // Limosna. *[caritat]*
caries. f. Putrefacción de un hueso o diente. *[càries]*
carillón. m. Juego de campanas con una nota diferente para cada una. *[carilló]*
cariño. m. Inclinación afectuosa hacia una persona. *[afecte, estima]*
cariñoso, osa. adj. Bondadoso en el trato. *[agradós]*

carisma. f. Don extraordinario y transitorio concedido por el Espíritu Santo a una persona. *[carisma]*

caritativo, iva. adj. Que tiene la virtud de la caridad. *[caritatiu]*

cariz. m. Aspecto de la atmósfera. *[carés]* // Aspecto, marcha, de un asunto o negocio, etc. *[carés]*

carmañola. f. Gorra o sombrero de forma redonda. *[carmanyola]*

carmenar. v. tr. Esclarecer, peinar, los cabellos, la lana, etc. *[escarpir]*

carmesí. adj. y s. De color rojo oscuro, tirando a azul. *[carmesí]*

carmín. m. Materia colorante de un rojo purpúreo. *[carmí]*

carnal. adj. Relativo a la carne. *[carnal]* // Propio de la sexualidad, lujurioso. *[carnal]*

carnaval. m. Carnestolendas, los tres días que preceden al miércoles de ceniza, fiestas populares que se celebran en tales días. *[carnaval, carnestoltes]*

carnaza. f. Abundancia de carne. *[carnassa]*

carne. f. Los músculos del cuerpo del hombre y de los animales. *[carn]* // Parte blanda y tierna del cuerpo de los animales. *[carn]* // Uno de los tres enemigos del alma que inclina a la sexualidad. *[carn]*

carnero. m. El macho de la oveja castrado, estimado por su carne y por su lana. *[moltó]*

carnestolendas. f. Período de los tres días inmediatos anteriores al miércoles de ceniza, carnaval. *[carnestoltes, carnistoltes, carnaval]*

carnet. m. Libro de anotaciones que se acostumbra a llevar en el bolsillo. *[carnet]* // Contraseña acreditativa de algún cargo o profesión. *[carnet]*

carnicería. f. Lugar donde se vende la carne. *[carnisseria]* // Mortandad, destrozo, en una batalla. *[carnisseria]*

carnicero, era. adj. Que se alimenta de carne. *[carnisser]* // Cruel, que tiene el instinto de matar. *[carnisser]* // m. y f. El que vende carne. *[carnisser]*

carnívoro, ívora. adj. Que come carne. *[carnívor]*

carnoso, osa. adj. Que es de carne, que tiene carne. *[carnós]* // Maduro, llegado a la plenitud. *[assaonat]*

caro, ara. adj. Que tiene un precio elevado. *[car]* // Que inspira una gran ternura, afecto; estimado, querido. *[car]*

carpa. f. Pez teleósteo de agua dulce, comestible. *[carpa]* // Gajo, racimo pequeño de uva. *[cabrerot]*

carpeta. f. Cubiertas para guardar papeles, documentos, etc. *[carpeta]*

carpintería. f. Oficio y taller del carpintero. *[fusteria]*

carpintero. m. El que tiene por oficio trabajar y labrar madera. *[fuster]*

carraca. f. Embarcación de transporte usada antiguamente. *[carraca]* // Cosa vieja y pesada. *[carraca]* // Instrumento de madera, formado por una rueda dentada que al girar topa con una lengüeta produciendo así un sonido desagradable y que se utiliza para hacer ruido la noche de Navidad. *[carrau, carranc]*

carrasca. f. Encina, generalmente pequeña, o mata de ella. *[carrasca]*

carrascal. m. Sitio poblado de carrascas o, encinas. *[carrascar]*

carraspear. v. intr. Toser por un estorbo o irritación de las vías respiratorias. *[estossegar]*

carraspeo. m. Cada uno de los movimientos de expiración del que carraspea, golpe de tos. *[estossec]*

carrera. f. Acción de correr el hombre o un animal. *[correguda]* // Acción de correr en competición o sin competición. *[cursa]* // Camino vecinal que desemboca en una población. *[carrera]* // Camino del extrarradio de una población que forma calle y conduce a un lugar. *[carrera]* // Vuelta que sigue una procesión, cabalgata, etc. *[carrera]* // Camino que recorre un cuerpo en movimiento. *[carrera]* // Profesión donde hay grados a recorrer, honores, etc. *[carrera]* // Camino que uno hace durante su vida. *[carrera]*

carreta. f. Carruaje de transporte más bajo que el carro, largo y estrecho. *[carreta]*

carrete. m. Cilindro para devanar y mantener hilo, alambre, etc. *[bobina]*

carretear. v. tr. Transportar en carro o carreta. *[carrejar]*
carretera. f. Camino público, ancho y espacioso, por donde pueden transitar todo tipo de carruajes. *[carretera]*
carretero. m. El que hace carros. *[carreter]* // El que guía las caballerías o bueyes que tiran del carro o carreta. *[carreter]*
carretilla. f. Carro pequeño de mano con una sola rueda delante. *[carretó]*
carretón. m. Carro pequeño a manera de cajón abierto. *[carretó]*
carril. m. Raíl. *[carril]* // Señal que deja en la tierra la rueda de un carro. *[carrilada]*
carrillo. m. Parte de la cara que se extiende a cada lado desde los ojos hasta la barba. *[galta]*
carrizo. m. Planta gramínea, que vive en las orillas de los ríos, de tallo derecho de un metro de alto, cañavera. *[carrís, canyot, canyavera]*
carro. m. Vehículo de dos ruedas unidas por un eje para transportar carga. *[carro]*
carrocería. f. Caja de un coche, de un automóvil. *[carrosseria]*
carroña. f. Carne corrompida de animal muerto. *[carronya, carnús]*
carroza. f. Carruaje señorial de gran lujo, de cuatro ruedas y dos caballos. *[carrossa]*
carta. f. Comunicación escrita que una persona envía a otra. *[carta]* // Testimonio escrito de alguna operación o contrato. *[carta]*
cartabón. m. Instrumento en forma de triángulo rectángulo isósceles, usado en el dibujo lineal. *[cartabó]*
cartapacio. m. Cuaderno de papel rayado o pautado en el que los niños se ejercitan en trazar las letras. *[cartipàs]*
cartapel. m. Papel que contiene muchas cosas inútiles. *[cartapell]*
cartearse. v. pron. Corresponderse mutuamente por cartas. *[cartejar-se]*
cartel. m. Papel que se pone en lugar público para anunciar algo. *[cartell]*
cartela. f. Repisa para sostener algo. *[cartela]*
cartelera. f. Superficie adecuada para fijar carteles. *[cartellera]*
cartera. f. Bolsa de forma rectangular para guardar cartas, documentos, etc. *[cartera]* // Cargo de ministro. *[cartera]* // Tapa de un bolsillo. *[cartera]*
cartería. f. Oficio de cartero. *[carteria]* // Oficina de correos, donde reciben y despachan la correspondencia pública. *[carteria]*
carterista. m. y f. El que hurta carteras. *[carterista]*
cartero. m. Empleado del cuerpo de correos. *[correuer]* // El que reparte las cartas enviadas por correo. *[correuer]*
cartilla. f. Libreta donde se anotan ciertos datos referentes a una persona. *[cartilla]* // Librito que contiene los primeros rudimentos para aprender a leer. *[cartilla]*
cartón. m. Sustancia hecha con pasta de trapo y papel viejo que se presenta en hojas. *[cartó]*
cartuchera. f. Bolsa de cuero para llevar los cartuchos. *[cartutxera]*
cartucho. m. Envoltorio cilíndrico de cartón, metal, etc., que contiene una cantidad determinada de una sustancia explosiva. *[cartutx]* // Envoltorio cilíndrico de monedas. *[cartutx]* // Envoltorio para pastas dulces. *[cartutx]*
cartuja. f. La orden religiosa de san Bruno. *[cartoixa]* // Convento de cartujos. *[cartoixa]*
cartulina. f. Cartón delgado y fino. *[cartolina]*
casa. f. Nombre genérico de todo edificio destinado a servir de habitación humana. *[casa]* // La familia desde el punto de vista genealógico, linaje, etc. *[casa]*
casaca. f. Vestidura ceñida con faldones. *[casaca]*
casado, ada. m. y f. Unido en matrimonio. *[casat]*
casal. m. Casa de familia distinguida. *[casal]* // Casa grande. *[casal]*
casamata. f. Reducto con bóveda en el interior de un macizo de fortificación. *[casamata]*
casamiento. m. Acción y efecto de casar-

se. *[casament]* // La ceremonia de contraer matrimonio. *[casament]*

casar. v. tr. e intr. Tr. Unir en matrimonio. *[casar]* // Emparejar una cosa con otra. *[casar]* // Anular una sentencia o un privilegio con autoridad legal. *[cassar]* // Intr. Adaptarse bien una cosa a otra. *[casar]*

casca. f. Pasta fina hecha de azúcar, harina y otros ingredientes. *[casca]*

cascabel. m. Bolita de metal hueca con un pedacito de hierro o latón en el interior que suena al moverla. *[cascavell]*

cascada. f. Caída de una corriente de agua por un precipicio. *[cascada]*

cascado, ada. adj. Se dice de quien se halla muy cansado o gastado. *[cansat, vell]* // Se dice de la voz ronca. *[cascada]*

cascajo. m. Fragmentos de piedra, etc., mezclados con mortero con los que se rellenan los agujeros de una pared, etc. *[reble]*

cascanueces. m. Instrumento para partir nueces. *[trencanous]*

cáscara. f. Las pequeñas cortezas que cubren el grano. *[pallús]* // Cáscara del arroz. *[pallús de l'arròs]*

cascarrabias. m. y f. Persona irritable. *[rebec]*

casco. m. Cráneo. *[closca]* // Pieza de la armadura que cubre la cabeza, yelmo. *[casc, elm]* // Cuerpo de la nave, con exclusión de los árboles y jarcias. *[buc]* // Envase de líquidos. *[casc]* // Uña de las patas de las caballerías. *[pota, unglot]*

cascote. m. Derribo. *[runa]*

caserío. m. El conjunto de casas de una población. *[caseriu]* // Grupo de casas más pequeño que un pueblecito. *[caseriu]*

casero, era. adj. Que pertenece al interior de la casa, de la familia. *[casolà]* // Dueño o administrador de una casa alquilada. *[amo, majordom]*

caseta. f. Casa pequeña, especialmente la destinada a refugio de guardabosques, guardagujas. *[caseta]* // Casilla. *[casella]*

casi. adv. Con poca diferencia, aproximadamente, faltando poco. *[quasi]*

casilla. f. Cada una de las divisiones del papel cuadriculado, etc. *[casella]* // Caseta. *[caseta, casella]*

casino. m. Sociedad de recreo que tiene un local donde se reúnen los socios para conversar, leer, jugar, etc. *[casino]*

caso. m. Acontecimiento, suceso. *[cas]* // Relación que tienen unos con otros los elementos declinables de la oración. *[cas]*

caspa. f. Escamillas que se forman en la cabeza, en la raíz de los cabellos. *[caspa]*

casposo, osa. adj. Cubierto, lleno de caspa, que tiene caspa. *[caspós]*

casta. f. Generación, linaje, descendencia. *[casta]* // Clase o calidad, en los animales y, por extensión, en los frutos. *[casta]* // Conjunto de tribus o familias de ciertos pueblos antiguos. *[casta]*

castaña. f. Fruto del castaño. *[castanya]* // Conjunto del cabello de las mujeres en forma de castaña. *[castanya]*

castañero, era. m. y f. Vendedor de castañas. *[castanyero]*

castañetazo. m. Golpe dado a la cabeza con las manos juntas. *[castanya]*

castaño, aña. adj. De un color que recuerda al de la castaña. *[castany]* // m. Árbol de la familia de las fagáceas, de semilla comestible. *[castanyer]*

castañola. f. Pez plano, negruzco, de 20 a 70 centímetros de largo. *[castanyola]*

castañuelas. f. pl. Instrumento de dos piezas cóncavas para acompañar ciertas danzas. *[postisses, castanyetes, castanyoles]*

castellanizar. v. tr. Hacer adquirir costumbres de Castilla. *[castellanitzar]*

castellano, ana. adj. y s. Natural o propio de Castilla. *[castellà]* // m. La lengua castellana. *[castellà]* // Señor de un castillo. *[castellà]*

castellonense. adj. y s. Natural o propio de Castellón de la Plana. *[castelloner]*

castidad. f. Virtud opuesta al goce carnal ilícito. *[castedat]*

castigar. v. tr. Imponer a alguien un castigo. *[castigar]* // Mortificar, afligir. *[castigar]*

castigo. m. Pena impuesta a alguien para corregirlo o para el mantenimiento de la disciplina; punición. *[castic]*

castillo. m. Lugar fortificado rodeado de murallas, baluartes y fosos. *[castell]* // Parte alzada de la cubierta de las naves en popa. *[castell]*

castizo, iza. adj. De buen origen y casta. *[castís]* // Aplicado al lenguaje sin mezclas de palabras y giros extraños. *[castís]*

casto, asta. adj. Que se abstiene de todo placer sexual ilícito. *[cast]* // Conforme a la castidad. *[cast]*

castor. m. Mamífero roedor, de pelo muy fino. *[castor]* // La piel de este animal. *[castor]*

castrar. v. tr. Sacar de las colmenas los panales con la miel. *[crestar]* // Capar. *[crestar, capar]*

casual. adj. Que acontece sin estar previsto o ser esperado. *[casual]*

casualidad. f. Suceso o caso imprevisto. *[casualitat]*

casuística. f. Parte de la teología moral que trata de los casos de conciencia. *[casuística]*

casulla. f. Vestidura del sacerdote para celebrar el sacrificio de la misa. *[casulla]*

cata. m. Acción y efecto de probar. *[tast]* // Porción de una comida o bebida que se toma para saber si está en su punto; prueba. *[tast]*

cataclismo. m. Gran trastorno de la superficie de la tierra producido por una inundación, un terremoto, etc. *[cataclisme]*

catacumbas. f. pl. Cementerio subterráneo formado por galerías con tumbas a cada lado. *[catacumbes]*

catafalco. m. Túmulo funerario. *[cadafal]*

catalán, ana. adj. y s. Natural o propio de Cataluña. *[català]* // m. La lengua catalana. *[català]*

catalanismo. m. Vocablo catalán que ha penetrado en otra lengua. *[catalanisme]* // Devoción a las características típicas catalanas. *[catalanisme]*

catalanizar. v. tr. Hacer adquirir costumbres de Cataluña. *[catalanitzar]*

catalejo. m. Instrumento óptico para ver a larga distancia. *[allargavista]*

catálisis. f. Transformación química producida por la presencia de una sustancia que permanece aparentemente intacta. *[catàlisi]*

catalizar. v. tr. Intervenir como catalizador en una reacción. *[catalitzar]*

catalogar. v. tr. Formar un catálogo, registrar en catálogo. *[catalogar]*

catálogo. m. Lista ordenada de libros, artículos, etc. *[catàleg]*

cataplasma. f. Parche puesto como medicamento calmante o emoliente. *[cataplasma]*

catapulta. f. Máquina militar antigua para lanzar piedras, flechas, etc. *[catapulta]*

catar. v. tr. Probar alguna cosa para saber el gusto que tiene. *[tastar]* // Comer por primera vez una determinada cosa. *[tastar]*

catarata. f. Cascada o salto grande de agua. *[saltant]* // Enfermedad de los ojos debida a la opacidad del cristalino del ojo. *[cataracta]*

catarro. m. Afección inflamatoria de las membranas mucosas. *[catarro]*

catarroso, osa. adj. Que padece de catarro habitualmente. *[catarrós]*

catastro. m. Registro estadístico de las fincas urbanas y rústicas hecho por el estado. *[cadastre]*

catástrofe. f. Suceso funesto. *[catàstrofe]* // Desenlace funesto o doloroso. *[catàstrofe]*

catecismo. m. Libro que contiene la explicación de la doctrina cristiana. *[catecisme]*

catecúmeno, úmena. m. y f. El que es instruido en la doctrina y misterios de la fe católica, para recibir el bautismo. *[catecumen]*

cátedra. f. Silla, sitio o solio de un obispo, de un profesor o de una alta autoridad. *[càtedra]*

catedral. f. Iglesia principal de una diócesis. *[catedral]*

catedrático, ática. m. y f. Profesor que posee una cátedra. *[catedràtic]* // adj. Perteneciente o relativo a la cátedra. *[catedràtic]*

categoría. f. Cada una de las clases a las que pueden reducirse los objetos del conocimiento. *[categoria]* // Condición social de cada individuo respecto a los demás. *[categoria]*

catequizar. v. tr. Instruir en la doctrina católica. *[catequitzar]* // Persuadir. *[catequitzar]*

caterva. f. Multitud de personas o cosas sin orden ni concierto. *[caterva]*

católico, ólica. adj. Que profesa la religión católica. *[catòlic]* // Universal, especialmente perteneciente a la iglesia universal que reconoce como cabeza al papa. *[catòlic]* // Que es sano y perfecto. *[catòlic]*

catón. m. Libro para ejercitar en la lectura a los principiantes. *[cató]*

catorce. adj. Diez más cuatro. *[catorze]* // Decimocuarto. *[catorzé]* // Cifras con que se representa este número. *[catorze]*

catorceno, ena. adj. Que, en una serie, tiene trece delante de él. *[catorzé]*

catorzavo, ava. adj. Dicho de cada una de las catorce partes iguales en que se divide una cosa. *[catorzé]*

catre. m. Cama ligera, de tijera, para una sola persona. *[catre]*

cauce. m. Lecho de un río, de una acequia, etc. *[caixer]*

caucho. m. Sustancia sólida y flexible, extraída de algunos vegetales tropicales, y que tiene grandes aplicaciones industriales. *[cautxú]*

caudal. m. Cantidad de agua que lleva un río, etc. *[cabal]* // Hacienda, tesoro, cantidad de dinero. *[cabal, hisenda, béns, diners]*

caudaloso, osa. adj. De mucha agua. *[cabalós]* // Rico, acaudalado. *[cabalós]*

caudillo. m. El que va delante de un grupo, movimiento, etc. *[capdavanter]*

causa. f. Fundamento u origen de algo. *[causa]* // Proceso criminal. *[causa]* // Cuestión o negocio en el que se toma partido. *[causa]*

causar. v. tr. Producir la causa su efecto. *[causar]*

cáustico, áustica. adj. Dícese de lo que corroe y desorganiza los tejidos animales. *[càustic]*

cautela. f. Prudencia y circunspección ante un peligro probable. *[cautela]*

cautivar. v. tr. Hacer prisionero. *[captivar]* // Tener un fuerte ascendiente sobre otro, especialmente por algún atractivo. *[captivar]*

cautivo, iva. adj. y s. Caído en poder de alguien que lo priva de su libertad. *[captiu]*

cauto, auta. adj. Que obra con precaución. *[caut]*

cava. f. Zanja de mucha profundidad. *[cava]* // Nombre de la vena mayor del cuerpo. *[cava]* // Bodega. *[cava, celler]*

cavar. v. tr. Trabajar la tierra con la azada. *[cavar, tonyar]* // Hundir, hurgar, penetrar. *[cavar]*

caverna. f. Cavidad natural en la tierra o entre rocas. *[caverna]* // Excavación ulcerosa en algún órgano del cuerpo. *[caverna]*

cavidad. f. Espacio vacío en un cuerpo sólido. *[cavitat]*

cavilación. f. Acción y efecto de cavilar, preocupación, especialmente sin fundamento, quebradero de cabeza. *[cavil·lació, cabòria]*

cavilar. v. tr. Fijar la consideración en algo de manera excesiva. *[cavil·lar]*

caviloso, osa. adj. Que cavila. *[cavil·lós]* // Preocupado por alguna idea. *[cavil·lós]*

cayado. m. Bastón con el extremo curvado para apoyarse sobre él. *[crossa, gaiato]*

caza. f. Acción de cazar. *[caça]* // Animales cazados o que se trata de cazar. *[caça]*

cazador, ora. adj. Que se puede cazar. *[caçador]* // adj. y s. Que caza. *[caçador]* // El que caza por oficio o por entretenimiento. *[caçador]*

cazar. v. tr. Perseguir a los animales para apresarlos o matarlos. *[caçar]* // Sorprender a alguien. *[sorprendre]* // Poner firmes las velas para que se mantengan muy tirantes. *[caçar]*

cazcarrias. f. pl. Pella de excremento del ganado ovejuno, sirle. *[cascàrria]* // Lodo que se recoge en la parte baja de los vestidos. *[garró, brutícia]*

cazo. m. Recipiente a veces provisto de un mango que sirve para trasegar vino, lejía, etc. *[cossiol]*
cazoleta. f. Cazuela pequeña. *[cassoleta]* // Nombre de distintas piezas que tienen una forma parecida. *[cassoleta]*
cazuela. f. Recipiente redondo y de poca altura para cocinar. *[cassola]*
cazumbrar. v. tr. Tapar las junturas de las tablas de una nave, de una cuba, etc., con estopa y alquitrán. *[calafatar]*
cazurro, urra. adj. y s. Reservado, astuto. *[sorrut]*
cazuza. f. fam. Gana de comer. *[ganussa]*
ce. f. Nombre de la letra «c». *[ce]*
cebada. f. Planta gramínea parecida al trigo, de espigas formadas por espiguillas uniformes y grano aguzado en los extremos. *[ordi]*
cebar. v. tr. Dar o echar cebo a los animales para engordarlos o atraerlos. *[engreixar]* // Poner el cebo necesario a un arma de fuego. *[encebar]*
cebo. m. Incentivo de una pasión, causa u ocasión de una cosa. *[esca]* // Comida que se pone en el anzuelo o a otro aparejo de pesca o caza. *[esca]* // Materia o pólvora utilizada para comunicar a una carga explosiva. *[enceb]*
cebolla. f. Planta de la familia de las liliáceas cultivada por su bulbo comestible. *[ceba]*
cebollera. f. Especie de barraca pequeña muy larga y bien aireada, construida en el mismo campo, donde se ponen las cebollas de una cosecha hasta el momento de la exportación. *[cebera]*
cebolleta. f. Especie de cebolla, de bulbo pequeño y hojas comestibles en parte. *[cabeça]* // Bulbo de las plantas. *[cabeça]*
cebollino. m. Plantel de cebolla. *[ceballí]*
cebra. f. Mamífero équido de África, parecido al asno, de pelaje blanco amarillento con listas transversales, pardas o negras. *[zebra]*
cebú. m. Mamífero rumiante de la India, parecido al toro. *[zebú]*
ceca. f. Fábrica de moneda. *[seca]*
cecear. v. intr. Articular el fonema *s* con el sonido interdental *z*. *[farfallejar]*
ceceoso, osa. adj. Se dice del que cecea. *[farfallós]*
cedazo. m. Tela de cerdas que sirve para separar las partes sutiles de las gruesas en algunas cosas. *[sedàs]*
ceder. v. tr. e intr. Tr. Transferir, dar un derecho. *[cedir]* // Intr. Renunciar a hacer uso de su fuerza, razón, etc. *[cedir]* // Disminuir de intensidad. *[cedir]*
cedro. m. Árbol de la familia de las abietáceas, de madera olorosa. *[cedre]*
cédula. f. Papel escrito en el que se notifica o anota algo. *[cèdula]*
céfiro. m. Viento suave y apacible. *[zèfir]*
cegajoso, osa. adj. Casi ciego, de ojos llorosos. *[cegallós, cegall]*
cegar. v. intr. y tr. Intr. Perder enteramente la vista. *[encegar]* // Tr. Quitar la vista a uno. *[encegar]* // Cerrar tapar u obstruir algún hueco o conducto. *[tapiar, reblir, embussar]*
cegato, ata. adj. Muy corto de vista, casi ciego. *[llosc]*
ceguera. f. Privación de la vista. *[reguesa]* // Turbación, ofuscación del juicio. *[ceguesa]*
ceja. f. Parte cubierta de pelo sobre la cuenca del ojo. *[cella]* // Parte que sobresale de algunas cosas. *[cella]* // Nube arqueada y delgada. *[cella]*
cejar. v. intr. Retroceder, andar hacia atrás. *[recular, retrocedir]*
cejo. m. Niebla de los ríos al amanecer. *[boirina]*
celada. f. Parte de la armadura que protegía la cabeza. *[celada]* // Conjunto de hombres de armas que esperan a escondidas y cautelosamente la ocasión de sorprender al enemigo. *[celada]*
celar. v. tr. Observar para que un inferior o alguien cumpla con sus deberes u observe las leyes. *[zelar]*
celar. v. tr. Esconder, encubrir, ocultar. *[celar]*
celda. f. Cámara o habitación de un religioso, de un estudiante, de un preso, etc. *[cel·la]*
celdilla. f. Cada uno de los compartimentos de un panal, etc. *[cel·la]*

celebrar. v. tr. Alabar públicamente, enaltecer. *[celebrar]* // Hacer solemnemente alguna función, etc. *[celebrar]*

célebre. adj. Que tiene nombre y fama, famoso. *[cèlebre]*

celeste. adj. Relativo o perteneciente al cielo. *[celest]*

celestial. adj. Relativo al cielo. *[celestial]*

celibato. m. Estado de soltero. *[celibat]*

celo. m. Cuidado en el cumplimiento de los deberes. *[zel]* // Interés ardiente y activo por una causa o persona. *[zel]* // pl. Recelo de quien teme que la persona querida haya cambiado el objeto de su amor. *[gelosia]*

celosía. f. Enrejado de listones puestos en la ventana, etc., para poder ver sin ser visto. *[gelosia]*

celoso, osa. adj. Cumplidor, puntual. *[zelós]* // Que tiene celos. *[gelós]*

celta. m. y f. Individuo de un cierto pueblo de la Galia antigua. *[celta]*

celtíbero, íbera. adj. y s. Natural de la antigua Celtiberia. *[celtíber]*

célula. f. Elemento anatómico microscópico de los animales y vegetales. *[cèl·lula]* // Celdilla o cavidad pequeña. *[cèl·lula]*

celuloide. m. Sustancia química, que se prepara con nitrocelulosa y alcanfor, de muchas aplicaciones industriales. *[cel·luloide]*

celulosa. f. Sustancia sólida, insoluble en el agua, que forma las paredes de las células de los vegetales. *[cel·lulosa]*

cementerio. m. Lugar descubierto donde se entierra a los muertos. *[cementeri]*

cemento. m. Cal hidráulica. *[ciment]* // Materia mineral usada en la cimentación. *[ciment]* // Capa ósea que envuelve la raíz de los dientes. *[cement]*

cena. f. Comida que se toma por la noche. *[sopar]*

cenáculo. m. Sala donde Jesucristo celebró la última cena con los apóstoles. *[cenacle]* // Grupo literario, político o de otro orden. *[cenacle]*

cenacho. m. Zurrón de cazador. *[sarnatxo]*

cenar. v. tr. Tomar la cena. *[sopar]*

cenceño. adj. Seco de carnes, muy delgado. *[escardalenc, eixut]*

cencerrada. f. Alboroto que se hace con cencerros, etc., especialmente delante de la casa de un viudo o viuda que se casan. *[esquellots]*

cencerro. m. Campanilla cilíndrica, generalmente tosca, que se ata al pescuezo de las reses. *[esquellot]*

cencerrón. m. Racimo pequeño de uva que queda sin coger en la viña, por estar aún verde en el tiempo de la vendimia. *[cabrerot]*

cenefa. f. Banda o tira en los bordes de las cortinas, doseles, pañuelos, etc. *[sanefa]*

cenicero. m. Recipiente o lugar donde se deposita la ceniza. *[cendrer]* // Plato donde el fumador deja la ceniza. *[cendrer]*

cenit. m. Punto del hemisferio celeste superior al horizonte que corresponde a un lugar de la tierra. *[zenit]*

ceniza. f. Polvo que resulta de la combustión de un cuerpo. *[cendra]* // Residuos de un cadáver. *[cendra]*

cenobio. m. Casa donde viven en comunidad frailes o monjas, monasterio. *[cenobi]*

censar. v. tr. Hacer el censo de los habitantes de una población, comarca, etc. *[censar]*

censo. m. Lista de la población o de la riqueza de un país, etc. *[cens]* // Contrato por el que paga, un inmueble, un tributo anual. *[cens]*

censor. m. El que por orden gubernativa examina los escritos que se han de publicar para permitir su publicación o su divulgación. *[censor]* // El que en una comunidad, etc., tiene por encargo velar por el cumplimiento del reglamento y acuerdos. *[censor]*

censura. f. Oficio de censor. *[censura]* // Dictamen sobre una obra científica o literaria. *[censura]* // Corrección o reprobación de algo. *[censura]*

censurar. v. tr. Formar juicio de una obra o acción. *[censurar]* // Reprobar, condenar algo. *[censurar]*

centauro. m. Monstruo fabuloso, mitad hombre, mitad caballo. *[centaure]*

centella. f. Chispa de fuego que se desprende de un cuerpo. *[centella]*
centellear. v. intr. Brillar como si se lanzasen chispas. *[espurnar]*
centena. f. Conjunto de cien unidades. *[centena]*
centenario. adj. Que tiene alrededor de cien años. *[centenari]* // m. Fiesta que se celebra cada cien años. *[centenari]* // Día en que se cumplen una o más centenas de años. *[centenari]*
centeno. m. Gramínea parecida al trigo. *[sègol]*
centésimo, ésima. adj. Cada una de las cien partes en que se divide un todo. *[centèsim]* // Que ocupa el lugar cien. *[centèsim]*
centiárea. f. Medida de superficie equivalente a la centésima parte de un área. *[centiàrea]*
centilitro. m. Unidad de capacidad, igual a la centésima parte del litro. *[centilitre]*
centímetro. m. Unidad de longitud que equivale a la centésima parte del metro. *[centímetre]*
céntimo. m. Moneda real o imaginaria que vale la centésima parte de la unidad monetaria. *[cèntim]*
centinela. m. y f. Soldado armado que vigila un puesto. *[sentinella]* // Persona que observa o vigila alguna cosa. *[sentinella, guaita]*
central. adj. Perteneciente al centro. *[central]*
centralizar. v. tr. Reunir en un centro común todos los elementos de gobierno, etc. *[centralitzar]*
centrar. v. tr. Colocar una cosa en el centro de un cuerpo. *[centrar]*
centro. m. Punto del círculo o de la esfera equidistante de todos los puntos del contorno. *[centre]* // Lugar donde se reúnen los miembros de una sociedad o corporación. *[centre]* // Elemento principal. *[centre]*
centunviro. m. Miembro de un tribunal de la Roma antigua. *[centumvir]*
centuria. f. Espacio de cien años. *[centúria]* // Compañía de cien hombres de la milicia romana. *[centúria]*
centurión. m. Oficial del ejército romano que mandaba una centuria. *[centurió]*
ceñidor. m. Faja, correa, etc., que sirve para ceñir. *[cenyidor]*
ceñir. v. tr. Rodear una parte del cuerpo, especialmente la cintura, con una correa, etc. *[cenyir]*
ceño. m. Fruncimiento de la frente y de las cejas en señal de enojo. *[suny, arrufada de front]* // Aspecto amenazador. *[suny]*
cepa. f. Parte del tronco de un árbol inmediata a las raíces. *[rabassa]* // Planta que produce la uva. *[cep]*
cepillar. v. tr. Limpiar la ropa, etc., con el cepillo, desempolvar. *[espalmar]* // Trabajar una madera con el cepillo. *[planejar]*
cepillo. m. Cajita en forma de cofre para poner dinero, metales preciosos, joyas, valores, etc. *[bústia]* // Cajita de las ánimas para recoger dinero, limosnas. *[bústia]* // Bote de metal o madera para recoger dinero, donativos, etc. *[bústia]* // Herramienta de carpintero usada para cepillar la madera. *[ribot, plana]*
cepo. m. Instrumento para tener sujeto a alguien o a algo. *[cep]* // Pieza fijada en cruz en el extremo de la caña de un ancla. *[cep]*
cequia. f. Canal de irrigación. *[séquia]*
cequiaje. m. Contribución por las acequias de riego. *[sequiatge]*
cera. f. Sustancia amarillenta que segregan las abejas y con la que se hace el panal de las colmenas. *[cera]* // Conjunto de cirios de una procesión, etc. *[cera]* // Nombre de algunas sustancias parecidas a la cera. *[cera]*
cerámica. f. Arte de fabricar vasijas y otros objetos de barro, loza y porcelana. *[ceràmica]*
cerca. adv. A poca distancia en el espacio o en el tiempo. *[prop]* // Al lado, junto a. *[prop]* // Aproximadamente. *[prop]*
cercado. m. Terreno rodeado de paredes, rejas, cercas, etc. *[clos]* // Reja, estacada, cerca, etc., con que se circunda un espacio de terreno. *[tanca]*
cercanías. f. pl. División territorial determinada por límites naturales o políticos. *[contrada]*
cercano, ana. adj. Que está a la orilla, próximo. *[vorer]*

cercar. v. tr. Circundar, rodear. *[circuir]*
cercenar. v. tr. Cortar algo que sobre. *[retallar, escurçar]*
cerceta. f. Ave de marjal, especie de ánade pequeño, de color ceniciento moteado y plumas brillantes. *[xarxet]*
cerciorar. v. tr. y pron. Asegurar o confirmar la verdad de una cosa. *[encertir-se]*
cerco. m. Lo que ciñe o rodea. *[cércol]* // Círculo. *[cércol, cercle]* // Asedio. *[setge]*
cerda. f. Pelo grueso y áspero de los animales. *[cerra]*
cerdo, erda. m. y f. Mamífero doméstico, que se cría y ceba para aprovechar su carne y su grasa. *[porc, bacó]* // adj. Persona sucia. *[porc]*
cereal. adj. y s. Dicho de las plantas gramíneas de semillas farináceas. *[cereal]*
cerebelo. m. Parte del encéfalo situada debajo de la parte posterior del cerebro. *[cerebel]*
cerebral. adj. Relativo al cerebro. *[cerebral]*
cerebro. m. Parte superior y anterior del encéfalo. *[cervell]* // Sabiduría, juicio, prudencia. *[cervell]*
ceremonia. f. Acto exterior prescrito por ley o costumbre, de culto o reverencia. *[cerimònia]* // Acto formal de urbanidad, especialmente afectado. *[cerimònia]*
cerero. m. El que trabaja la cera y elabora, vende, etc., objetos de cera, cirios, etc. *[cerer, candeler]*
cereza. f. Fruto del cerezo. *[cirera]*
cerezo. m. Árbol de la familia de las rosáceas muy cultivado por sus frutos. *[cirerer]*
cerilla. f. Vela muy delgada y larga. *[cerilla, candela]* // Fósforo. *[misto]*
cernedero. m. Departamento o lugar de un molino donde se cierne la harina. *[cernedor]* // Delantal que se pone el que cierne la harina. *[cernedor]*
cernedor, ora. m. y f. Construcción de madera que sostiene el cedazo de cerner. *[cernedor]*
cerner. v. tr. e intr. Tr. Pasar por el cedazo una materia en polvo. *[cerndre]* // Intr. Lloviznar. *[ploviscar]* // **-se.** Sostenerse un pájaro en el aire aleteando sin avanzar. *[planar]*
cernícalo. m. Ave de rapiña, de la familia de los halcones. *[xoriguer]*
cero. m. Signo sin valor propio, que en la numeración arábiga ocupa los lugares donde no ha de haber guarismo. *[zero]*
cerote. m. Cera virgen mezclada con pez que usan los zapateros para encerar hilos. *[cerol]*
cerrado, ada. adj. Circuido, aislado completamente del exterior. *[tancat]* // Retraído, nada comunicativo. *[tancat]* // Dicho del tiempo cerrado: totalmente nublado como para empezar a llover, a nevar, etc. *[tancat]* // Se dice del ojo cerrado. *[tancat]*
cerradura. f. Cierre usado en las puertas, cajones, etc. *[pany]*
cerraja. f. Hierba compuesta de tronco fistuloso, hojas pinatífidas y flores amarillas, buena como aperitivo y alimento de los conejos y bestias. *[llicsó]*
cerrajero. m. Maestro que tiene por oficio hacer cerraduras y otros objetos de hierro. *[manyà]*
cerrar. v. tr. Privar la entrada en un lugar. *[tancar]* // Correr el pestillo de una cerradura. *[tancar]* // Tapar un conducto. *[tancar]* // Cubrir la abertura de una cosa de manera que el interior quede aislado del exterior. *[cloure]* // Terminar, acabar, concluir, acordar definitivamente. *[cloure]*
cerril. m. Dícese del terreno escabroso. *[escabrós, feréstec]* // Dícese de las caballerías y ganado vacuno indómitos. *[feréstec, esquerp]* // Grosero, tosco. *[grosser]*
cerro. m. Elevación de tierra aislada menor que el monte. *[alteró]*
cerrojo. m. Barrita de hierro con manija que cierra una puerta o ventana. *[forrellat]*
certamen. m. Concurso sobre materias científicas o literarias. *[certamen]* // Concurso público sobre un punto determinado. *[certamen]*
certeza. f. Conocimiento seguro, claro y evidente de las cosas. *[certesa]*
certificado. m. Documento de certificación. *[certificat]*

certificar. v. tr. Garantizar, dar una cosa por cierta. *[certificar]* // Obtener un certificado de una carta o paquete postal para acreditar que ha sido enviado. *[certificar]* // Enviar por correo con garantía especial. *[certificar]* // Hacer constar una cosa mediante instrumento público. *[certificar]*

cerumen. m. Humor grasiento que se produce en el conducto del oído. *[cera]*

cerval. adj. Relativo al ciervo. *[cerval]* // Aplicado al miedo extremo. *[cerval]*

cerveza. f. Bebida fermentada, hecha con cebada germinada y aromatizada con lúpulo. *[cervesa]*

cerviz. f. Parte posterior del cuello del hombre y de los animales. *[bascoll]*

césar. m. Título de dignidad de los emperadores romanos. *[cèsar]*

cesar. v. intr. No continuar, interrumpirse algo. *[cessar]*

cese. m. Acción y efecto de cesar. *[cessació, cessament]*

cesión. f. Renuncia que una persona hace en favor de otra. *[cessió]*

césped. m. Hierba corta y espesa que cubre el suelo. *[gespa]*

cesta. f. Recipiente portátil hecho de mimbres, juncos, etc., de figura cóncava, con un asa semicircular travesera en el medio y generalmente con dos tapaderas. *[cistella]* // La que sirve para hacer pasar por ella la pelota en el juego del baloncesto. *[cistella]*

cestita. f. Recipiente para poner cosas de coser. *[tabaquet]*

cesto. m. Recipiente cóncavo ovalado, con dos asas pequeñas, usado para el pan. *[panera]* // Recipiente de juncos, mimbres, cañas, etc., para la ropa u otros usos. *[panera]* // Cesta con asa baja y sin tapadera; canastilla. *[cistell, paner]*

ceta. f. Nombre de la letra «z». [zeta]

cetáceo. adj. y s. Se dice de los mamíferos pisciformes, como el delfín, la ballena, etc. *[cetaci]* // m. pl. Orden de estos animales. *[cetacis]*

cetrería. f. Arte de criar y amaestrar las aves que servían para la caza de volatería. *[falconeria]*

cetro. m. Vara de oro u otra materia preciosa que llevan el rey y otras dignidades. *[ceptre]*

cía. f. Cada uno de los huesos que forman los lados de la cadera en las personas y especialmente en los animales. *[maluc]*

cicatriz. f. Señal que queda después de curada una herida o llaga. *[cicatriu]*

cicatrizar. v. intr. y pron. Cerrar las heridas o llagas ya curadas. *[cicatritzar]*

ciclismo. m. Deporte de los aficionados a la bicicleta. *[ciclisme]*

ciclista. m. y f. Que va en bicicleta o practica el ciclismo. *[biciclista]*

ciclo. m. Período de tiempo en el que se cumplen una serie de acontecimientos hasta llegar a uno desde el que vuelven a producirse en el mismo orden. *[cicle]* // Conjunto de tradiciones épicas referentes a un período de tiempo o a un personaje. *[cicle]* // Cada una de las vueltas espirales formadas alrededor del tronco por los puntos de inserción de las hojas. *[cicle]*

ciclón. m. Viento de gran fuerza que forma remolino, huracán. *[cicló]*

cíclope. m. Cada uno de los gigantes que, según la mitología griega, eran hijos del cielo y la tierra. *[ciclop]*

cicuta. f. Planta de la familia de las umbelíferas, de zumo venenoso. *[cicuta]*

cidra. f. Fruto del cidro. *[poncem]*

cidro. m. Árbol de la familia de las rutáceas, de hojas perennes y flores rojas. *[poncemer]*

ciego, ega. adj. y s. Privado del sentido de la vista. *[cec]* // Dominado por alguna pasión vehemente. *[cec]* // Dicho de un agujero, etc., obstruido. *[cec]*

cielo. m. Parte del espacio que se nos muestra como una bóveda encima de nosotros, circunscrita por el horizonte. *[cel]* // Región superior que el hombre considera como estancia de Dios y de los bienaventurados. *[cel]* // Parte superior que sirve de cubierta a algunas cosas. *[cel]*

cien. adj. Reunión de diez decenas. *[cent]*

ciénaga. f. Lodo que deja la riada cuando se retiran las aguas de los campos inundados. *[llacada]*

ciencia. f. Conocimiento cierto de las cosas. *[ciència]* // Conjunto de conocimientos resultantes del estudio. *[ciència]*
científico, ífica. adj. Relativo o perteneciente a la ciencia. *[científic]* // Que conoce alguna ciencia. *[científic]*
ciento. adj. Diez veces diez. *[cent]*
cierre. m. Acción y efecto de cerrar o cerrarse. *[tancament]* // Pestillo con que se cierra una puerta, etc. *[tanca]*
cierto, erta. adj. Dicho de aquello que es verdad, indudable. *[cert]* // Aplicado a cosa o tiempo indeterminados. *[cert]*
ciervo, erva. m. y f. Mamífero rumiante, de pelo corto, áspero y de color rojo oscuro. *[cervo, cérvol]*
cierzo. m. Viento frío del nordeste. *[cerç]*
cifra. f. Cada uno de los signos con que se representa un número. *[xifra]* // Escritura de signos convencionales según una clave. *[xifra]*
cifrar. v. tr. Escribir en cifra o clave. *[xifrar]* // Compendiar, resumir. *[xifrar]*
cigala. f. Crustáceo macruro, de color claro y caparazón dura. *[cigala]*
cigarra. f. Insecto de unos cuatro centímetros de largo que en verano hace un ruido estridente y monótono. *[cigala]* // **cigarra de mar.** f. Crustáceo de color rojo oscuro. *[cigala]*
cigarrillo. m. Tabaco picado envuelto en papel de fumar. *[cigarret]*
cigüeña. f. Ave de paso, zancuda, de patas rojas, blanca con algunas plumas negras. *[cigonya]*
cigüeñal. m. Instrumento para sacar agua de pozos poco profundos. *[cigonya]* // Codo en un árbol o eje. *[cigonya]*
cilicio. m. Vestidura áspera de penitencia. *[cilici]* // Cinto de cuerdas o cadenillas de hierro que se lleva encima de la piel por mortificación. *[cilici]*
cilindro. m. Cuerpo limitado por una superficie cilíndrica y dos planos paralelos que cortan sus generatrices perpendicularmente. *[cilindre]* // Tubo dentro del cual se mueve el pistón de una máquina. *[cilindre]* // Rodillo que sirve para pisar, allanar o comprimir. *[corró]*
cillerero. m. En algunos monasterios, quien hace de tesorero o encargado de la custodia de los caudales. *[bosser]*
cima. f. El punto más elevado de una montaña. *[cim]* // El punto más elevado de una cosa. *[cim]*
cimbel. m. Lo que sirve para atraer. *[cimbell]* // Ave que sirve de reclamo para cazar. *[cimbell]*
cimborio o cimborrio. m. Cuerpo cilíndrico que sirve de base a la cúpula y descansa sobre los arcos torales. *[cimbori]*
cimbra. f. Curvatura cóncava de una bóveda. *[cintra]* // Andamio de madera que sostiene una bóveda o un arco en construcción, hasta que se pone la clave. *[cintra]*
cimbrear. v. intr. Oscilar como un cuerpo animado de un movimiento que lo hace vibrar. *[zumzejar]*
cimentar. v. tr. Poner los cimientos de un edificio. *[fonamentar]*
cimiento. m. Parte del edificio que está debajo de la tierra y sobre el que estriba toda la fábrica. *[fonament]*
cimitarra. f. Sable curvo que usan los turcos. *[simitarra]*
cincel. m. Instrumento para trabajar piedras y metales a golpes de martillo. *[cisell]*
cincelar. v. tr. Trabajar piedras o metales con el cincel. *[cisellar]*
cinco. adj. Cuatro y uno. *[cinc]* // Quinto. *[cinc]* // m. Guarismo. *[cinc]*
cincoavo, ava. adj. Dicho de cada una de las cinco partes iguales en que se divide una cosa. *[cinqué]*
cincuenta. adj. Cinco veces diez. *[cinquanta]* // Quincuagésimo. *[cinquanta]* // m. Guarismo del número. *[cinquanta]*
cincuentavo, ava. adj. Dicho de cada una de las cincuenta partes iguales en que se divide una cosa. *[cinquantè]*
cincha. f. Faja, cuerda o correa para asegurar la albarda o silla de las caballerías. *[cingla]*
cinchar. v. tr. Asegurar la albarda o la silla con la cincha. *[cinglar]*
cine. m. Cinema. *[cine]*
cinema. m. Cinematógrafo. *[cinema]*
cinematografía. f. Arte de reproducir el

movimiento por medio de la fotografía. *[cinematografia]*

cinematógrafo. m. Aparato que reproduce una acción por el paso sucesivo y rápido de imágenes fotográficas. *[cinematògraf]* // Local donde se proyectan películas cinematográficas. *[cinematògraf]*

cínico, ínica. adj. Aplicado al seguidor de la escuela de Antístenes. *[cínic]* // Impúdico, procaz. *[cínic]*

cinismo. m. Doctrina de los cínicos. *[cinisme]* // Calidad de cínico. *[cinisme]*

cinta. f. Tejido que forma una tira estrecha. *[cinta]* // Película cinematográfica. *[cinta]*

cintra. f. Curvatura cóncava de una bóveda. *[cintra]* // Andamio de madera que sostiene una bóveda o arco en construcción, hasta poner la clave. *[cintra]*

cintura. f. Parte más estrecha del cuerpo por encima de las nalgas. *[cintura]* // La parte de un vestido que corresponde a la cintura. *[cintura]*

cinturón. m. Banda de tela, cuero, etc., que sirve para ceñir el cuerpo. *[cinturó, cinyell]*

ciprés. m. Árbol alto, piramidal cónico, de hojas de un verde oscuro, cuyo fruto es una especie de piña como una nuez con escamas ásperas. *[xiprer, xiprer]*

circo. m. En la antigua Roma, lugar destinado a ciertos espectáculos. *[circ]* // Lugar con un espacio circular en el medio donde se ejecutan ejercicios gimnásticos, ecuestres, etc. *[circ]*

circuir. v. tr. Circundar, rodear, cercar. *[circuir]*

circuito. m. Terreno comprendido dentro de un perímetro. *[circuit]* // Conjunto del aparato productor de una corriente eléctrica, del que la recibe, y de los hilos conductores que van de uno a otro. *[circuit]*

circular. adj. Relativo o perteneciente al círculo. *[circular]* // f. Cartas iguales que se dirigen a diversas personas. *[circular]*

circular. v. intr. Andar o moverse en derredor. *[circular]* // Ir y venir en todos los sentidos. *[circular]* // Pasar una cosa de unas manos a otras. *[circular]*

círculo. m. La porción de un plano limitada por una circunferencia. *[cercle]* // La circunferencia misma. *[circumferència]* // Cerco. *[cércol, cercle]* // Asociación de personas que tienen un local para reunirse, conversar, etc. *[cercle]*

circuncidar. v. tr. Cortar circularmente una parte del prepucio. *[circumcidar]* // Cercenar, moderar alguna cosa. *[escurçar]*

circuncisión. f. Acción y efecto de circuncidar. *[circumcisió]*

circundar. v. tr. Rodear, cercar, poner alrededor. *[circumdar]*

circunferencia. f. Curva plana y cerrada, que tiene todos sus puntos equidistantes del centro. *[circumferència]*

circunflejo. adj. Aplicado a un signo o acento gráfico de forma angular que se usa para indicar en los versos una contracción. *[circumflex]*

circunloquio. m. Rodeo de palabras para expresar una idea. *[circumloqui]*

circunscribir. v. tr. Reducir una cosa a ciertos límites. *[circumscriure]*

circunstancia. f. Hecho secundario que acompaña a un acontecimiento. *[circumstància]*

circunstante. adj. Que está alrededor de una cosa. *[circumstant]* // m. y f. El que está presente en un hecho. *[circumstant]*

circunvalación. f. Acción de circunvalar. *[circumval·lació]* // Línea, camino o ronda que rodea una plaza o ciudad. *[circumval·lació]*

circunvalar. v. tr. Rodear, cercar. *[circumval·lar]*

cirial. m. Candelero alto que llevan los monaguillos en ciertos oficios religiosos. *[cirial]*

cirineo. m. El que ayuda a otro en un trabajo. *[cirineu]*

cirio. m. Candela grande de cera. *[ciri]*

ciruela. f. Fruto del ciruelo. *[pruna]*

ciruelo. m. Árbol de la familia de las rosáceas que produce un fruto comestible de piel muy lisa y fina. *[prunera]*

cirugía. f. Parte de la medicina que cura las enfermedades por medio de operaciones. *[cirurgia]*

cirujano. m. El que se dedica a la cirugía. *[cirurgià]*

cisma. m. División entre los individuos de una comunidad. *[cisma]* // Desavenencia, discordia. *[cisma]*

cisne. m. Ave palmípeda, acuática, de bello plumaje blanco o negro. *[cigne]*

cisquero. m. Saquito lleno de polvo de carbón, que sirve para estarcir. *[estergidor]*

cisterna. f. Depósito subterráneo donde se recoge y conserva el agua de lluvia. *[cisterna]*

cita. f. Señalamiento de tiempo y lugar para verse y hablarse dos o más personas. *[cita]* // Pasaje de un texto que se alega como prueba de lo que se dice. *[cita]*

citación. f. Acción de citar. *[citació]*

citar. v. tr. Convocar a alguien señalándole lugar, día y hora, para tratar de algún negocio. *[citar]* // Alegar algún texto como prueba o confirmación de lo que se dice. *[citar]*

cítara. f. Instrumento de cuerda, más pequeño que la guitarra, y que se toca con un plectro. *[citra, cítara]*

citerior. adj. Situado de la parte de aquí. *[citerior]*

cítola. f. Pieza curva que coge, engancha y deja un diente de una rueda impidiéndole que retroceda. *[cadell]*

ciudad. f. Población grande que antiguamente tenía más privilegios que las villas. *[ciutat]*

ciudadano, ana. adj. y s. Natural o vecino de una ciudad. *[ciutadà]*

ciudadela. f. Fortaleza construida para defender una ciudad. *[ciutadella]*

cívico, ívica. adj. Relativo al ciudadano en el orden político, al celo por los intereses e instituciones de la patria. *[cívic]*

civil. adj. Perteneciente o relativo a los ciudadanos. *[civil]* // Sociable, cortés. *[civil]*

civilización. f. Acción y efecto de civilizar. *[civilització]* // Avance de la humanidad en el orden intelectual, social, moral, etc. *[civilització]*

civilizar. v. tr. Sacar pueblos o personas del estado salvaje. *[civilitzar]*

civismo. m. Celo por los intereses y las instituciones de la patria. *[civisme]*

cizalla. f. Tijeras grandes para cortar metal o cartón. *[cisalla]* // Recortes de metal, cartón, etc. *[cisalla]*

cizaña. f. Planta graminácea que crece entre los cereales. *[zitzània]* // fig. Vicio que se mezcla entre las buenas costumbres. *[zitzània]*

clac. m. Vocablo onomatopéyico de un golpe seco. *[clac]* // Sombrero plegable, de copa o de tres picos. *[clac]*

clamar. v. intr. Quejarse a gritos pidiendo ayuda. *[clamar]* // Hablar de manera grave y solemne. *[clamar]*

clamor. m. Grito ruidoso, prolongado, especialmente de una multitud de personas. *[clamor, clam]* // Exclamación, voz lastimosa. *[clam]*

clamoroso, osa. adj. Que lanza clamores repetidos. *[clamorós]* // Lleno de clamor, ruidoso, turbulento. *[clamorós]*

clan. m. Grupo de personas unidas por un interés común. *[clan]*

clandestino, ina. adj. Oculto, hecho secretamente. *[clandestí]*

clara. f. Materia albuminosa que rodea la yema del huevo. *[clara]*

claraboya. f. Abertura con cristales, en el techo o parte alta de las paredes, para dar luz. *[claraboia]*

clarear. v. tr. e intr. Tr. Dar claridad. *[clarejar]* // Intr. Hacerse de día. *[clarejar]* // Traspasar la luz un cuerpo a causa de su delgadez. *[clarejar]*

claridad. f. Calidad de claro. *[claredat]* // Efecto de la luz al iluminar algún espacio. *[claredat, claror]* // Distinción con que percibimos las sensaciones y las ideas. *[claredat]*

clarificar. v. tr. Dar claridad. *[clarificar]* // Purificar un líquido quitándole el poso o las sustancias que lo enturbian. *[clarificar]*

clarín. m. Instrumento de viento parecido a la trompeta, pero de sonido más agudo. *[clarí]*

clarinete. m. Instrumento de madera y de viento. *[clarinet]* // Músico que toca el clarinete. *[clarinet]*

clarión. m. Barrita de yeso mate y greda que se usa para escribir en los encerados. *[guix, clarió]*

clarividencia. f. Calidad de clarividente. *[clarividència]*

clarividente. adj. Que comprende con claridad las cosas. *[clarivident]*

claro, ara. adj. Bañado de luz, transparente. *[clar]* // Aplicado a un líquido no espeso. *[clar]* // Aplicado al color poco subido de tono. *[clar]* // Fácil de comprender, evidente. *[clar]* // m. Espacio claro entre una extensión oscura o espesa. *[clariana, clarura]* // adv. De una manera clara. *[clar]*

claroscuro. m. Estilo pictórico que emplea sólo luz y sombra omitiendo los diversos colores. *[clar-obscur]* // Distribución de las luces y de las sombras en un dibujo o pintura. *[clar-obscur]*

clase. f. Orden de personas o cosas de un mismo grado o calidad. *[classe]* // Lección que da el maestro a sus discípulos. *[classe]* // Aula donde se explica. *[classe]* // Cada uno de los grupos o familias zoológicas afines. *[classe]*

clásico, ásica. adj. Dicho del autor o de la obra que se tiene como modelo digno de imitación en literatura, en arte, etc. *[clàssic]* // Relativo al arte o a la literatura de la antigüedad griega y latina. *[clàssic]*

clasificación. f. Acción y efecto de clasificar. *[classificació]*

clasificar. v. tr. Ordenar o disponer por clases o categorías. *[classificar]*

claudátor. m. Cada uno de los signos usados para incluir una cosa interpolada en un texto, etc. *[claudàtor]*

claudicación. f. Acción y efecto de claudicar. *[claudicació]*

claudicar. v. intr. Faltar a su deber o ceder en sus principios, propósitos, palabra dada, etc. *[claudicar]*

claustro. m. Pasaje cubierto que rodea el patio de un convento, iglesia u otro edificio grande. *[claustre]* // En las universidades, junta de profesores. *[claustre]* // Convento o monasterio. *[claustre]*

cláusula. f. Cada una de las disposiciones de un contrato, documento, etc. *[clàusula]* // Período de un escrito que tiene sentido acabado por sí solo. *[clàusula]*

clausura. f. Lugar cerrado o de retiro, especialmente en los conventos, donde no pueden entrar personas del otro sexo. *[clausura]* // Acción y efecto de clausurar. *[clausura]*

clausurar. v. tr. Dar por terminadas las tareas de una corporación, una tarea colectiva, etc. *[clausurar]*

clavar. v. tr. Introducir un clavo o cosa aguda en algún cuerpo. *[clavar]* // Fijar con clavos. *[clavar]*

clavaria. f. Mujer encargada de gobernar, dirigir o patrocinar una congregación, cofradía, junta, etc., femeninas, o unas fiestas religiosas, patronales, etc., presidiéndolas, manteniéndolas, etc. *[clavariessa]*

clavariesa. f. Clavaria. *[clavariessa]*

clavario, aria. m. Persona que ejerce el cargo de tesorero o mayordomo de una corporación. *[clavari]* // m. y f. Persona que tiene a su cargo las llaves de un lugar de confianza. *[clauer]*

clave. f. Principio que facilita el conocimiento de algo. *[clau]* // Signo escrito delante del pentagrama que determina el nombre de las notas. *[clau]* // La piedra que cierra el arco. *[clau]*

clavecín. m. Instrumento musical de teclas y cuerdas, antecesor del piano moderno. *[claveci]*

clavel. m. Planta que produce flores de diversos colores y olor fuerte usadas como ornamento. *[clavellina]* // Flor de la clavellina. *[clavell]*

clavellina. f. Planta que produce flores de diversos colores y olor fuerte usadas como ornamento. *[clavellina]*

clavero, era. m. y f. Persona que tiene a su cargo las llaves de un lugar de confianza. *[clauer]*

clavetear. v. tr. Poner clavos a una cosa, a una suela de zapato, a una caja de fruta, a un objeto cualquiera. *[clavetejar]* // Guarnecer con clavos. *[clavetejar]* // Fijar una cosa con clavos. *[clavetejar]*

clavícula. f. Cada uno de los dos huesos largos y delgados de los lados de la parte superior del pecho. *[clavícula]*

clavija. f. Trozo de madera, etc., en forma de llave que pasa por un agujero a fin de asegurar algo. *[clavilla]*

clavo. m. Pieza de hierro con cabeza y punta que sirve para fijar dos piezas, etc. *[clau]*

claxon. m. Bocina eléctrica de alta frecuencia. *[clàxon]*

clemencia. f. Virtud que modera el rigor de la justicia. *[clemència]*

cleptomanía. f. Propensión patológica a robar. *[cleptomania]*

clericato. m. Estado y honor de clérigo. *[clericat, clergat]* // Cuerpo de los eclesiásticos. *[clericat, clergat]*

clérigo. m. El que ha recibido las órdenes sagradas. *[clergue]*

clero. m. Clerecía, conjunto de clérigos. *[clero]*

cliente, enta. m. y f. Aquel que utiliza los servicios de una persona que ejerce una profesión. *[client]* // Aquel que está bajo la protección de otro. *[client]*

clientela. f. Conjunto de clientes. *[clientela]*

clima. m. Conjunto de condiciones atmosféricas que caracterizan una región. *[clima]* // Parte de la tierra comprendida entre dos paralelos determinados. *[clima]*

clínica. f. Parte práctica de la enseñanza de la medicina y lugar adecuado a tal enseñanza. *[clínica]* // Casa donde hay camas destinadas a los enfermos que van allí para someterse a un tratamiento médico. *[clínica]*

clínico, ínica. adj. Relativo o perteneciente a la clínica. *[clínic]*

clip. m. Alambre metálico o de otra materia que sirve para sujetar papeles, cabellos, ropa, etc. *[clip]*

clisé. m. Plancha matriz de un grabado; placa que contiene la prueba negativa con que el fotógrafo saca las positivas. *[clixé]*

clítoris. m. Cuerpo carnoso eréctil en la parte superior de la vulva. *[clítoris]*

cloaca. f. Conducto subterráneo por donde se escurren las aguas sucias y de lluvia de una ciudad. *[claveguera, androna]*

clóchina. f. Molusco acéfalo bivalvo comestible. *[cloïssa, clòtxina]*

cloquear. v. intr. Cantar la gallina, especialmente la clueca. *[cloquejar]*

clorar. v. tr. Adicionar cloro al agua a fin de esterilizarla. *[clorar]*

cloro. m. Cuerpo simple gaseoso, de olor sofocante y de gran fuerza tóxica. *[clor]*

cloroformo. m. Líquido volátil usado como anestésico. *[cloroform]*

club. m. Sociedad deportiva o de recreo. *[club]*

clueco, eca. adj. y s. Gallina u otras aves cuando están en período de empollar. *[lloca]*

coacción. f. Acción de constreñir la voluntad de alguien a decir o hacer algo. *[coacció]*

coaccionar. v. tr. Hacer coacción a alguien. *[coaccionar]*

coadjutor, ora. m. y f. Persona que ayuda a otra en ciertas cosas. *[coadjutor]* // m. Sacerdote ayudante del rector en las funciones de su ministerio. *[coadjutor]*

coadyuvar. v. intr. Contribuir en la consecución de algo, cooperar. *[coadjuvar]*

coagular. v. tr. Volver sólido un líquido. *[coagular]*

coágulo. m. Masa o grumo extraído de una sustancia coagulada. *[coàgul]* // Porción de leche o sangre cuajada. *[quall]*

coalición. f. Alianza temporal de personas o colectividades para un fin común. *[coalició]*

coartar. v. tr. Restringir, limitar. *[coartar]*

coautor, ora. m. y f. Cada uno de los autores conjuntos de una obra, etc. *[coautor]*

cobarde. adj. Que tiene miedo del peligro, miedoso. *[covard, caguetes]*

cobertizo. m. Tejado que sobresale de la pared, o lugar techado ligeramente, para resguardarse de la intemperie. *[riurau]*

cobertor. m. Pieza de tela que sirve para tapar algo. *[cobertor]*

cobertura. f. Cubierta. *[cobertura]* // Garantía. *[garantia]*

cobijar. v. pron. Cubrir o tapar. *[cobrir]* // Albergar. *[albergar, aixoplugar]*
cobijo. m. Acción y efecto de cobijar o cobijarse. *[aixopluc]* // Albergue. *[alberg]*
cobra. f. Serpiente muy venenosa de la India. *[cobra]*
cobradero, era. adj. Que se ha de cobrar o puede ser cobrado. *[cobrador]*
cobrador, ora. m. y f. El encargado de cobrar. *[cobrador]*
cobranza. f. Acción y efecto de cobrar. *[cobrança]* // Acción de cobrar las piezas que se matan. *[cobrança]*
cobrar. v. tr. Recibir uno la cantidad que otro le debe. *[cobrar]*
cobre. m. Metal de color rojo oscuro. *[coure]* // Conjunto de utensilios de este metal. *[coure]*
cobro. m. Acción y efecto de cobrar. *[cobrament, cobrança]*
cocaína. f. Alcaloide obtenido de las hojas de la coca, muy usado como anestésico y narcótico. *[cocaïna]*
coceador, ora. adj. Se dice de la caballería que da coces. *[guit]*
cocear. v. intr. Tirar coces. *[cocejar, guitar]*
cocer. v. tr. e intr. Tr. Preparar los alimentos por medio del fuego. *[coure]* // Someter ciertas cosas a la acción del fuego. *[coure]* // Intr. Hervir un líquido. *[bullir]*
cocido, ida. adj. Preparado o modificado profundamente por la acción del fuego o del calor intenso. *[cuit]* // Olla, vianda con garbanzos, carne, tocino, etc. *[olla]*
cociente. m. Resultado que se obtiene dividiendo una cantidad por otra. *[quocient]*
cocina. f. Pieza de la casa donde se hace la comida. *[cuina]* // El arte de preparar la comida. *[cuina]*
cocinar. v. tr. e intr. Tr. Cocer y preparar la comida. *[cuinar]* // Intr. Entremeterse en asuntos ajenos. *[tafanejar]*
cocinero, era. m. y f. Persona que guisa por oficio. *[cuiner]*
coco. m. Fruto del cocotero. *[coco]* // Cabeza, testa. *[coco]* // Fantasma imaginario para infundir miedo. *[moroti, butoni]*
cocodrilo. m. Reptil saurio, de cuatro o cinco metros de largo, cubierto de escamas durísimas, muy voraz y que vive en los ríos intertropicales. *[cocodril]*
cocotero. m. Árbol palmáceo de tallo alto y esbelto. *[cocoter]*
cochambre. m. Cosa puerca, grasienta y de mal olor. *[greixum]*
coche. m. Vehículo de cuatro ruedas para el transporte de personas. *[cotxe]*
cochinada. f. Dicho, o hecho, irracional o indecoroso. *[porcada]*
cochinilla. f. Crustáceo terrestre de color gris, semicilíndrico, que se puede enrollar formando una bolita. *[panerola]*
cochinillo. m. Cerdo muy joven. *[garrí]*
cochino, ina. adj. y s. El que es sucio física o moralmente. *[porc]* // m. y f. Cerdo. *[porc]*
codazo. m. Golpe dado con el codo. *[colzada]*
códice. m. Libro manuscrito en el que se conservan obras antiguas. *[còdex]*
codicia. f. Apetito desordenado de riquezas. *[cobdícia, gòmia]* // Acción y efecto de codiciar. *[cobejança]*
codiciar. v. tr. Desear con ansia riquezas u otros bienes. *[cobdiciar]*
codicilo. m. Documento en el que el testador modifica o aclara el testamento. *[codicil]*
codicioso, osa. adj. Que tiene codicia, excesivamente deseoso de riquezas. *[cobdiciós]*
codificar. v. tr. Reunir leyes, ordenanzas, costumbres, etc., en un código. *[codificar]*
código. m. Cuerpo de leyes, metódico y sistemático. *[codi]* // Recopilación de las leyes y estatutos de un país. *[codi]*
codo. m. Parte posterior y convexa de la articulación del brazo y del antebrazo. *[colze]* // Medida longitudinal antigua, tomada de la distancia entre el codo y el extremo de la mano. *[colzada]*
codorniz. f. Pájaro gallináceo migratorio, comestible parecido a la perdiz. *[guatla]*

coeficiente. adj. Que obra al mismo tiempo con otra cosa para producir un efecto. *[coeficient]* // m. En álgebra, número que hace de multiplicador de un monomio. *[coeficient]*

coercer. v. tr. Contener, reprimir. *[coercir]*

coetáneo, ánea. adj. Dicho de las personas o cosas que viven o coinciden en una misma época o tiempo. *[coetani]*

coexistir. v. tr. Existir simultáneamente personas o cosas. *[coexistir]*

cofa. f. Plataforma horizontal colocada en el cuello de un palo del barco. *[cofa]*

cofia. f. Gorra de mujer, ajustada a la cabeza. *[còfia]* // Red para recoger el caballo. *[ret]*

cofín. m. Capazo plano, de esparto, como el que se usa para poner la aceituna molida al tiempo de prensarla. *[cofí]*

cofrade. m. Persona que pertenece a una cofradía. *[confrare]*

cofradía. f. Asociación de personas unidas para un fin de piedad, de caridad o de defensa y ayuda mutuas. *[confraria]*

cofre. m. Caja grande para guardar en ella ropa, con tapa ordinariamente abombada. *[cofre]*

cogedizo, iza. adj. Que se puede coger fácilmente. *[agafós]*

coger. v. tr. Tomar una cosa con la mano. *[agarrar]* // Tomar una cosa fuertemente con las manos. *[agarrar]* // Atrapar. *[agarrar]*

cogida. f. Cosecha de frutos. *[collita]* // Acto de coger el toro a un torero. *[agafada]*

cogollo. m. Hojas interiores de la col y lechuga. *[cóp]*

cogotazo. m. Golpe dado con la mano en el cogote. *[carxot, bascollada]*

cogote. m. Parte posterior del cuello sobre la punta del espinazo. *[clatell]*

cogujón. m. Cada una de las dos bolsas de un serón. *[cornaló]* // Las puntas del extremo inferior del saco; las puntas de una manta de labrador, etc. *[cornaló]*

cogulla. f. Hábito exterior de diversas órdenes religiosas. *[cogulla]*

cohabitar. v. intr. Habitar junto con otros. *[cohabitar]* // Hacer vida marital. *[cohabitar]*

coherencia. f. Conexión de unas cosas con otras. *[coherència]*

cohesión. f. Atracción íntima entre las moléculas de un cuerpo. *[cohesió]* // Acción y efecto de unirse o concentrarse la cosas o personas. *[cohesió]*

cohesivo, iva. adj. que produce cohesión. *[cohesiu]*

cohete. m. Pequeño tubo lleno de sustancia explosiva sujeto a una vara delgado, y que, al encenderse, se eleva lanzando un chorro de partículas en ignición. *[coet]*

cohetero. m. El que hace o vende cohetes. *[coeter]*

cohibir. v. tr. Refrenar, reprimir. *[cohibir]*

cohombral. m. Sitio sembrado de cohombros. *[cogombrar]*

cohombro. m. Planta herbácea, de flores fasciculadas, con un cáliz peludo y fruto alargado, cilíndrico y comestible. *[alficossera]* // Fruto de esta planta. *[alficòs]*

cohonestar. v. tr. Dar apariencia de buena a una acción. *[cohonestar]*

cohorte. f. En el ejército romano, la décima parte de una legión. *[cohort]* // Grupo de combatientes o de otra gente que va junta. *[cohort]*

coincidencia. f. Acción y efecto de coincidir. *[coincidència]*

coincidir. v. intr. Acaecer dos o más cosas en un mismo tiempo. *[coincidir]* // Convenir una cosa con otra. *[coincidir]*

coito. m. Unión carnal del hombre con la mujer. *[coit]*

cojear. v. intr. Ir cojo. *[coixejar]*

cojera. f. Calidad de cojo. *[coixesa]*

cojín. m. Saco pequeño lleno de lana, algodón, pluma u otras materias que sirve para reposar la cabeza u otra parte del cuerpo. *[coixí]*

cojinete. m Pieza de metal o de madera sobre la que descansa directamente un eje de rotación, etc. *[coixinet]*

cojo, oja. adj. Aplicado a la persona o animal que cojea. *[coix]*

cojón. m. Testículo. *[colló]* // pl. **¡Cojones!** interj. Denota enojo, admiración, extrañeza, etc. *[collons!]*

col. f. Hortaliza de la familia de las crucíferas, de hojas anchas, comestible. *[col]*

cola. f. Extremo de la parte posterior de los peces, pájaros y otros animales, que forma un apéndice más o menos largo. *[coa, cua]* // Parte posterior o final de una cosa, extremo de ciertas cosas. *[coa]* // La parte de una cosa que se arrastra por tierra. *[ròssec, coa]* // La punta prolongada de las ropas que arrastran. *[ròssega, coa]* // Apéndice prolongado unido a alguna cosa. *[cua]* // Hilera de personas que esperan el turno. *[coa, cua]*

cola. m. y f. Pasta que, disuelta en agua caliente, sirve para pegar o ajustar madera, etc. *[aiguacuit, cola]*

colaborar. v. intr. Trabajar en común con alguien. *[col·laborar]*

colación. f. Acción de conferir un título, un privilegio, etc. *[col·lació]* // Comparación. *[col·lació]* // Comida ligera. *[col·lació]*

colada. f. Conjunto de ropa para limpiar, o ya limpia. *[bugada]*

coladero. m. Aparato para poner a escurrir alguna cosa. *[escorredora]*

colador. m. Cedazo pequeño, de trapo, etc., para colar un líquido. *[colador]*

colapsar. v. tr. Producir un colapso. *[col·lapsar]*

colapso. m. Depresión repentina y extrema de las fuerzas vitales. *[col·lapse]*

colar. v. tr. Pasar algún líquido por el colador. *[colar]*

colateral. adj. Situado lateralmente con relación a otra cosa. *[col·lateral]*

colcha. f. Cubrecama de abrigo y adorno, generalmente hecho de punto, vánova. *[vànova]*

colchón. m. Especie de saco cuadrilongo, relleno de lana, pluma, etc., para dormir sobre él. *[matalaf]*

colchonero, era. m. y f. Quien hace o remienda colchones. *[matalafer]*

colección. f. Acopio de cosas de una clase determinada. *[col·lecció]*

coleccionar. v. tr. Hacer colección de algo. *[col·leccionar]*

colecta. f. Acción de recoger donativos voluntarios. *[col·lecta]* // La cantidad recogida. *[col·lecta]* // Oración de la misa que se dice antes de la epístola. *[col·lecta]*

colectar. v. tr. Recaudar donativos. *[col·lectar]*

colectividad. f. Conjunto de personas asociadas para algún fin. *[col·lectivitat]*

colectivismo. m. Doctrina que defiende la supresión de la propiedad privada. *[col·lectivisme]*

colectivo, iva. adj. Dicho de una cosa que hacen diferentes personas conjuntamente, que afecta a todas ellas. *[col·lectiu]* // Aplicado al nombre que, estando en singular, representa una colección o agregado de individuos o cosas. *[col·lectiu]*

colega. m. Persona que es compañera de otra en la misma profesión, colegio, etc. *[col·lega]*

colegiata. f. Iglesia que sin ser catedral, tiene dignidades o canónigos seculares. *[col·legiata]*

colegio. m. Establecimiento de enseñanza. *[col·legi]* // Comunidad de personas sometidas a un reglamento común. *[col·legi]* // Corporación de personas de la misma profesión. *[col·legi]* // Conjunto de electores, y lugar donde se reunen para votar. *[col·legi]*

colegir. v. tr. Deducir una cosa de otra. *[col·legir]*

coleóptero. m. Grupo de insectos que tienen las alas anteriores duras y córneas. *[coleòpter]*

cólera. m. Gastroenteritis aguda, caracterizada por vómitos, diarrea, calambres y frialdad en las extremidades. *[còlera]* // f. Ira, enojo. *[còlera]*

coleta. f. Mechón largo de cabello en la parte posterior de la cabeza. *[coa, cua]*

colgadero. m. Utensilio que sirve para colgar. *[penjador]*

colgajo. m. Grupo de frutos o flores que cuelgan formando racimo. *[penjoll]* // Trozo de una cosa que cuelga. *[péntol]*

colgante. m. Joya u ornamento que una persona lleva colgando. *[penjoll]*

colgar. v. tr. Poner una cosa pendiente de otra sin que llegue al suelo. *[penjar]*

cólico, ólica. adj. Relativo o perteneciente al colon. *[còlic]* // m. Dolor agudo en el abdomen. *[còlic]*

coliflor. f. Variedad de col, con los brotes transformados en una masa carnosa, comestibles y de color blanquecino. *[col-i-flor]*

colilla. f. Resto del cigarro después de fumarlo. *[punta]*

colina. f. Elevación de terreno, menor que la montaña. *[puig, pujol]*

colisión. f. Golpe violento de dos cuerpos que chocan. *[col·lisió]*

colmar. v. tr. Llenar una medida de manera que el contenido sobrepase su capacidad (que en las medidas legales debe estar rasa) y forme un colmo que sobresale de los bordes. *[coromullar, caramullar]*

colmena. f. Cavidad en forma de campana o de pequeña columna, con un hueco interior que sirve de habitación a un enjambre de abejas. *[colmena, rusc]*

colmillo. m. Diente agudo y fuerte, colocado entre el último incisivo y la primera muela de cada lado. *[clau]* // Cada uno de los dos dientes largos de los elefantes. *[ullal]*

colmo. m. La porción de una sustancia sólida que sobresale de la medida al rasarla. *[coromull, caramull, curull]* // La porción superior de una sustancia sólida, etc., que por ventura sobresale de los bordes del recipiente. *[coromull, caramull, curull]* // El complemento final por exceso de una comida, fiesta, etc. *[coromull, caramull, curull]*

colocación. f. Acción y efecto de colocar o de colocarse. *[col·locació]* // Empleo o lugar que uno ocupa. *[col·locació]*

colocar. v. tr. Poner alguna cosa en un lugar determinado. *[col·locar]* // Poner a alguien en un estado o empleo. *[col·locar]* // Destinar a alguien a un servicio público. *[col·locar]*

colodrillo. m. Parte posterior de la cabeza en su unión con el cuello. *[tos]*

colofón. m. Anotación, al final de los libros, del nombre del impresor y de la fecha de impresión. *[colofó]*

colombicultor. m. El que cría y vende palomos. *[colombaire]*

colonia. f. Establecimiento fundado por un conjunto de personas que van de un país a otro para cultivarlo o para poblarlo. *[colònia]* // País o lugar donde se establecen estas personas. *[colònia]* // Territorio fuera de aquel donde reside el gobierno del primero. *[colònia]*

colonizar. v. tr. Establecer una colonia. *[colonitzar]*

colono. m. El que forma parte de una colonia. *[colon]* // Labrador arrendatario de una heredad y que suele vivir en ella. *[masover]*

coloquio. m. Conversación entre dos o más personas, especialmente de cierta importancia. *[col·loqui]*

color. m. Impresión que producen en la vista los rayos de luz reflejados en un cuerpo. *[color]* // Sustancia colorante, empleada para pintar o teñir. *[color]*

colorar. v. tr. Dar color o teñir alguna cosa. *[colorar, acolorir, colorir]*

colorear. v. tr. e intr. Tr. Dar color. *[colorar, acolorir, colorir]* // Cohonestar una mala acción. *[acolorar]* // Intr. Tomar color encarnado algunos frutos. *[acolorir-se]*

colorín. m. Color vivo. *[colorí]* // pl. Combinación de colores vivos y que no concuerdan entre ellos. *[coloraina]*

colosal. adj. De dimensiones gigantescas. *[colossal]*

coloso. m. Estatua de dimensiones gigantescas. *[colós]* // Hombre o animal de tamaño enorme. *[colós]* // Que tiene en grado extraordinario alguna cualidad. *[colós]*

columbrar. v. tr. Ver de lejos una cosa sin distinguirla bien. *[albirar]* // Conjeturar por indicios. *[afigurar-se]*

columna. f. Pilar que sirve de sostén y ornamento de edificios y muebles. *[columna]* // Cada una de las partes en que suelen dividirse de arriba abajo las páginas impresas. *[columna]* // Cuerpo de ejército de poco frente y mucho fondo. *[columna]*

columpio. m. Cuerda atada en alto por sus dos extremos y con un asiento para mecerse. *[engrunsadora]*

collado. m. Depresión pronunciada en la cresta de una sierra o de un contrafuerte. *[coll]* // Paso estrecho entre montañas debido a una depresión. *[coll]*

collar. m. Correa, cadena, etc., que se pone alrededor del cuello. *[collar]* // Ornamento femenino que se pone alrededor del cuello. *[collar]*

collarín. m. Ornamento femenino que se pone alrededor del cuello. *[collaret]*

collera. f. Guarnición del cuello de los animales de carga y de tiro para ornamento o defensa. *[collera]*

collerón. m. Collera pequeña. *[colleró]*

coma. f. Signo ortográfico usado para indicar la división de las frases y de sus miembros y también para separar en una fracción decimal la parte decimal de la parte entera. *[coma]* // Cada una de las cinco partes en que se divide el tono musical. *[coma]*

coma. m. Estado de profunda insensibilidad producido por una enfermedad, del que es difícil o imposible restablecerse. *[coma]*

comadre. f. Madrina de un niño o a la madre. *[comare]* // Dicho familiarmente de una vecina, amiga, o también de una mujer chismosa. *[comare]*

comadreja. f. Mamífero carnicero de piel morena rojiza que destruye las crías de las aves. *[mostela]*

comadrero, era. adj. y s. El que va de una casa a otra para conversar y pasar el tiempo. *[calfacadires]*

comadrón, ona. m. y f. Quien asiste a una mujer en el parto. *[llevador]*

comandancia. f. Cargo de comandante. *[comandància]* // Distrito jurisdiccional y oficina del comandante. *[comandància]*

comandante. m. Aquel que comanda, especialmente en el ejército y en la marina. *[comandant]* // Jefe militar del ejército español entre el capitán y el teniente coronel. *[comandant]*

comandar. v. tr. Dirigir, mandar tropas, etc. *[comandar]*

comarca. f. División territorial determinada por límites naturales o políticos. *[contrada]*

comarcal. adj. Perteneciente o relativo a la comarca. *[comarcal]*

combate. m. Acción de batirse, lucha entre personas o animales, entre dos bandos o ejércitos. *[combat]*

combatiente. m. Soldado de un ejército en lucha. *[combatent]*

combatir. v. intr. y tr. Intr. Pelear. *[combatre]* // Tr. Acometer, embestir. *[combatre]* // Contradecir, impugnar algún hecho o doctrina. *[combatre]*

combinación. f. Acción y efecto de combinar. *[combinació]*

combinar. v. tr. Poner de acuerdo diversas personas, cosas, quehaceres o circunstancias, de manera que vengan bien para el fin que se desea; componer, unir, arreglar, tramar. *[conjuminar]*

combustible. m. Que puede arder. *[combustible]* // Que arde fácilmente. *[combustible]*

combustión. f. Acción y efecto de arder o quemar. *[combustió]*

comedero, era. adj. Que se puede comer. *[menjable]* // m. Vasija donde se echa la comida a aves y otros animales. *[menjadora]*

comedia. f. Obra teatral de desenlace generalmente feliz. *[comèdia]*

comediógrafo, ógrafa. adj. y s. Autor de comedias. *[comediògraf]*

comedor, ora. adj. Que come, que habitualmente come mucho. *[menjador]* // m. Lugar de una casa destinado para comer. *[menjador]*

comensal. m. y f. Cada uno de los que comen en una misma mesa. *[comensal]*

comentar. v. tr. Hacer comentarios. *[comentar]*

comentario. m. Interpretación dada a algo. *[comentari]* // Conversación sobre personas o cosas. *[comentari]*

comenzar. v. tr. Dar principio a una cosa. *[començar]*

comer. v. tr. Masticar los alimentos y pasarlos al estómago. *[menjar]* // Consumir, corroer. *[menjar]*

comerciante. adj. y s. Que se dedica al comercio. *[comerciant]*

comerciar. v. intr. Negociar comprando y vendiendo o permutando mercancías. *[comerciar]*

comercio. m. Compra y venta, cambio, de productos naturales e industriales. *[comerç]* // Establecimiento comercial. *[comerç]*

comestible. adj. Que es bueno para comer. *[comestible]*

cometa. m. Astro con cerco o cola luminosos que describe una órbita excéntrica y alrededor del sol. *[cometa]* // f. Trozo de tela, papel, etc., mantenido extendido con cañas, sujeto con un hilo, que se eleva y se aguanta en el aire por la presión del viento. *[milotxa]*

cometer. v. tr. Caer en falta, culpa, etc. *[cometre]* // Encomendar alguna misión. *[confiar, encomanar]* // Emplear figuras retóricas o gramaticales. *[cometre]*

cometido. m. Encargo, misión. *[comesa]*

comezón. f. Picazón, escozor; molestia en la piel. *[picor]*

comicios. m. pl. Asamblea de los romanos para tratar de los asuntos públicos. *[comicis]* // Reuniones y actos electorales. *[comicis]*

cómico, ómica. adj. Relativo o perteneciente a la comedia. *[còmic]* // Que provoca la risa. *[còmic]* // m. y f. Comediante. *[còmic]*

comida. f. Alimento. *[menjar]* // Acción de comer. *[menjar]*

comidilla. f. Tema de murmuración. *[tema de murmuració]* // Afición particular de cada uno. *[fal·lera]*

comienzo. m. Principio de una cosa en el tiempo o en el espacio. *[començ, començament]*

comilona. f. Comida variada y abundante. *[tec]*

comillas. f. pl. Cada uno de los dos signos ortográficos (« ») que se colocan al principio y al final de un pasaje transcrito, o de una palabra o frase que se quiere hacer notar. *[cometes]*

comino. m. Planta oriental de la familia de las umbelíferas, cultivada por sus frutos aromáticos. *[comí]*

comisaría. f. Cargo y oficina del comisario. *[comissaria]*

comisariado. m. Comisaría. *[comissariat]*

comisario. m. Nombre que se da al que es delegado para ciertas funciones. *[comissari]*

comisión. f. Acción de cometer. *[comissió]* // Encargo dado a alguien de hacer algo. *[comissió]* // Reunión de personas delegadas para hacer una cosa. *[comissió]* // Tanto que cobra por las transacciones hechas un vendedor por encargo de otro. *[comissió]*

comisura. f. Cada uno de los dos extremos o ángulos laterales donde se unen los dos labios. *[queix]*

comité. m. Grupo de personas delegadas para resolver alguna cuestión. *[comité]*

comitiva. f. Reunión de personas que van juntas hacia algún lugar. *[comitiva]*

como. adv. De qué manera; de la misma manera que. *[com]* // conj. Pues que, ya que. *[com]* // m. Manera en que. *[com]*

cómoda. f. Mueble que contiene tres o más cajones que ocupan toda la longitud del mismo. *[còmoda]*

cómodo, ómoda. adj. Que se presta al uso que se hace de él sin ofrecer inconveniente ni molestia, adecuado, oportuno, fácil, proporcionado. *[còmode]*

comodoro. m. Capitán de nave que manda una división de más de tres buques. *[comodor]*

compacto, acta. adj. Que presenta una masa muy unida. *[compacte]*

compadecer. v. tr. Sentir compasión por alguien. *[compadir, complànyer]* // **-se.** Apiadarse, condolerse. *[compadir-se, apiadar-se, complànyer-se]* // Convenir una cosa con otra. *[convenir]*

compadre. m. El padrino de bautizo, con relación a la madrina o a los padres. *[compare]* // Amigo, compañero. *[compare]*

compaginar. v. tr. Ordenar en forma de páginas las galeradas de imprenta. *[compaginar]* // Ordenar unas cosas con otras. *[compaginar]*

companage. m. Lo que se come con el pan o además del pan. *[companatge]*

compañerismo. m. Armonía y solidaridad con los compañeros. *[companyonia]*

compañero, era. adj. Persona que acompaña a otra o está en la compañía de otra. *[company]* // m. y f. Cada individuo de una corporación, etc., en relación con los otros. *[company]*

compañía. f. Presencia de una persona junto a otra para que no esté sola. *[companyia]* // Sociedad de personas unidas para un fin común. *[companyia]* // Cuerpo de actores formado para representar en los teatros públicos. *[companyia]* // Cierto número de soldados a las órdenes de un capitán. *[companyia]*

comparación. f. Acción y efecto de comparar. *[comparació]*

comparar. v. tr. Examinar dos o más objetos a fin de determinar sus puntos de semejanza o diferencia. *[comparar]*

comparecencia. f. Acto de comparecer una persona ante el juez o superior. *[compareixença]*

comparecer. v. intr. Presentarse uno ante otro, en virtud de una llamada, etc. *[comparéixer]*

comparsa. m. y f. Persona que figura en el acompañamiento de una cabalgata, representación teatral, etc. *[comparsa]*

compartimiento. m. Acción y efecto de compartir. *[compartició, compartiment]* // Cada una de las partes en que se divide un edificio, etc. *[compartiment]*

compartir. v. tr. Distribuir en partes iguales o proporcionadas. *[compartir]* // Repartir una cosa proporcionadamente a otra. *[companejar]*

compás. m. Instrumento para trazar arcos de circunferencia, tomar distancias, etc. *[compàs]* // Cada uno de los períodos de tiempo de igual valor en que se divide un fragmento musical. *[compàs]*

compasión. f. Dolerse de la pena de otro, sentir lástima. *[compassió]*

compatible. adj. Capaz de coexistir en armonía con otro. *[compatible]*

compatriota. m. y f. El que es de la misma patria que otro. *[compatriota]*

compendiar. v. tr. Reducir a compendio. *[compendiar]*

compendio. m. Exposición sucinta de lo que contiene de más sustancial una obra, etc. *[compendi]*

compenetrarse. v. pron. Penetrar dos cuerpos uno dentro del otro. *[compenetrar-se]* // Avenirse perfectamente. *[compenetrar-se]*

compensación. f. Acción y efecto de compensar. *[compensació]* // Cambio mutuo de documentos entre deudores que lo eran el uno del otro. *[compensació]*

compensar. v. tr. Neutralizar el efecto de una cosa con el de otra. *[compensar]*

competencia. f. Incumbencia, pertenencia. *[competència]* // Rivalidad en el ejercicio de una profesión. *[competència]*

competer. v. intr. Incumbir, pertenecer. *[competir]*

competición. f. Acción de competir, sobre todo en deportes. *[competició]*

competir. v. intr. Luchar, esforzarse, dos o más personas, para conseguir el mismo objeto. *[competir]*

compilar. v. tr. Reunir en una obra materias de diversos libros o documentos. *[compilar]*

complacencia. f. Voluntad de complacer a alguien. *[complaença]* // Satisfacción que resulta de alguna cosa. *[complaença]*

complacer. v. tr. Acceder a los deseos de otro. *[complaure]* // **-se.** Hallar satisfacción en alguna cosa, alegrarse. *[complaure's]*

complejo, eja. adj. No simple, complicado. *[complex]* // m. Conjunto de cosas. *[complex]*

complementar. v. tr. Añadir el complemento a una cosa. *[complementar]*

complemento. m. Lo que hay que añadir a una cosa para que sea completa. *[complement]* // Palabra que completa el sentido de otra. *[complement]*

completar. v. tr. Terminar una cosa, hacerla completa y perfecta. *[completar]*

completas. f. pl. Última parte de las horas canónicas. *[completes]*

completo, eta. adj. Que contiene todos los elementos o partes de que ha de estar constituido. *[complet]*

complexión. f. Naturaleza y relación de los sistemas y aparatos orgánicos, constitución física. *[complexió]*

complicado, ada. adj. Que consta de partes combinadas o asociadas intrincadamente. *[complicat]*

complicar. v. tr. Hacer complicado, hacer difícil y embrollado. *[complicar]*

cómplice. m. y f. Que ayuda a alguien a cometer un delito. *[còmplice]*

complot. m. Confabulación de unas personas contra otra u otras. *[complot]*

componer. v. tr. Formar un todo reuniendo o combinando diversos elementos, partes, etc. *[compondre]* // Ordenar. *[endreçar]* // Adornar. *[adornar]* // Producir obras de arte o del entendimiento. *[compondre]* // En tipografía, formar los moldes de un impreso. *[compondre]*

comportar. v. tr. Sufrir, tolerar. *[comportar]* // **-se.** Portarse, conducirse. *[captenir-se, captindre's]*

composición. f. Acción y efecto de componer. *[composició]* // Obra literaria o musical. *[composició]* // En una obra de arte, disposición de las figuras, colores u otros elementos. *[composició]* // Parte de la música que enseña las reglas para componer. *[composició]*

compostura. m. fig. Construcción de un todo con la unión de varias partes. *[construcció]* // Reparación. *[reparació]* // Aseo. *[endreç]*

compota. f. Preparación de fruta cocida con azúcar. *[compota]*

compra. f. Acción y efecto de comprar. *[compra]* // Cualquier objeto comprado. *[compra]*

comprador, ora. adj. y s. Que compra. *[comprador]*

comprar. v. tr. Adquirir algo con dinero. *[comprar]* // Sobornar. *[comprar]*

comprender. v. tr. Abarcar. *[comprendre]* // Entender. *[comprendre]*

comprensión. f. Facultad, acto o proceso de comprender con el pensamiento. *[comprensió]* // Conjunto de cualidades que integran una idea. *[comprensió]*

compresa. f. Trozo de tela, gasa, algodón, etc. que se aplica debajo de una venda. *[compresa]*

compresión. f. Acción y efecto de comprimir. *[compressió]*

compresor, ora. adj. y s. Que comprime. *[compressor]*

comprimir. v. tr. Reducir el volumen de un cuerpo ejerciendo sobre él una presión. *[comprimir]* // Reprimir, contener, impedir la salida. *[comprimir]*

comprobar. v. tr. Asegurarse de que algo está de acuerdo con los hechos. *[comprovar]*

comprometedor, ora. adj. y s. Que compromete o puede comprometer a alguien. *[comprometedor]*

comprometer. v. tr. Poner a alguien en una situación crítica. *[comprometre]* // Prometer hacer algo. *[comprometre]*

compromisario, aria. adj. y s. Árbitro nombrado para decidir una cuestión litigiosa. *[compromissari]* // Elector a quien los demás han conferido poder para elegir. *[compromissari]*

compromiso. m. Convenio entre litigantes para adherirse al juicio de un árbitro. *[compromís]* // Obligación contraída por una promesa, palabra dada, etc. *[compromís]* // Situación crítica. *[compromís]*

compuerta. f. Puerta practicada en una presa, etc., para retener o dejar pasar el agua. *[comporta]* // Tabla o portillo para detener el agua de un reguero, acequia, etc. *[cadireta, comporta]*

compuesto, esta. adj. No simple. *[compost]* // m. Agregado de diversas cosas que forman un todo. *[compost]*

compulsar. v. tr. Comparar dos o más documentos. *[compulsar]*

compunción. f. Sentimiento o dolor de la falta cometida. *[compunció]*

compungir. v. tr. Mover a compunción.

[compungir] // **-se.** Arrepentirse. *[penedir-se]*
compungivo, iva. adj. Que compunge o causa dolor. *[punyent]*
computar. v. tr. Contar o calcular una cosa. *[computar]*
cómputo. m. Cuenta o cálculo. *[còmput]*
comulgante, anta. adj. y s. El que comulga. *[combregant]*
comulgar. v. intr. Recibir la Sagrada Comunión. *[combregar]*
común. adj. Compartido por dos o más a la vez. *[comú]* // Corriente, admitido generalmente. *[comú]* // Ordinario, vulgar, de condición inferior. *[comú]* // En gramática, aplicado al nombre que conviene a todos los objetos de una misma especie. *[comú]* // m. La gente que forma una ciudad, villa o pueblo. *[comú]*
comunicación. f. Acción y efecto de comunicar o de comunicarse. *[comunicació]* // Trato o correspondencia entre personas. *[comunicació]*
comunicar. v. tr. Hacer partícipe a otro de lo que alguien tiene. *[comunicar]* // Hacer saber, manifestar. *[comunicar]* // Intr. Consultar un asunto con alguien. *[comunicar]* // **-se.** Conversar, tratar con alguien. *[comunicar-se]* // Tener correspondencia o paso unas cosas con otras. *[comunicar-se]*
comunidad. f. Calidad de común. *[comunitat]* // Congregación de personas que viven juntas bajo ciertas reglas. *[comunitat]* // Conjunto de habitantes de una cuidad o pueblo. *[comunitat]*
comunión. f. Participación en las cosas comunes. *[comunió]* // Unión de personas que profesan la misma fe o los mismos ideales o sentimientos. *[comunió]* //. Participación en el sacramento de la Eucaristía. *[comunió]*
comunismo. m. Sistema que tiende a establecer la comunidad de bienes, y partido que propugna este sistema social. *[comunisme]*
comunista. adj. Relativo al comunismo. *[comunista]* // m. y f. Partidario del comunismo. *[comunista]*
con. prep. Denota el contacto, la concurrencia a una acción, el acompañante, el instrumento, el medio, etc. *[amb]*
conato. m. Intento. *[conat]* // Esfuerzo en la realización de algo. *[conat]*
concatenación. f. Acción y efecto de concatenar. *[concatenació]*
concatenar. v. tr. Encadenar unas cosas con otras. *[concatenar]*
concavidad. f. Calidad de cóncavo. *[concavitat]* // Parte cóncava. *[concavitat]*
cóncavo, óncava. adj. Que presenta una depresión esférica. *[còncau, concavat]*
concebir. v. tr. Dar dentro de sí, por la fecundación, existencia a un nuevo ser. *[concebre]* // Formarse idea de algo. *[concebre]* // Entender, comprender, ver la razón de las cosas. *[capir]*
conceder. v. tr. Dar, otorgar una cosa. *[concedir]* // Asentir. *[concedir]*
concejal, ala. m. y f. Individuo de un ayuntamiento. *[regidor]*
concejalía. f. Cargo de concejal. *[regidoria]*
concelebrar. v. intr. Celebrar la misa junto con otros presbíteros. *[concelebrar]*
concentración. f. Acción y efecto de concentrar o de concentrarse. *[concentració]*
concentrar. v. tr. Reunir en un punto común. *[concentrar]* // Aumentar la fuerza de algo evitando la dispersión. *[concentrar]* // **-se.** Fijar la atención o el pensamiento. *[concentrar-se]*
concepto. m. Idea que concibe el entendimiento. *[concepte]* // Pensamiento expresado con palabras. *[concepte]* // Opinión, juicio. *[concepte]*
conceptuar. v. tr. Formar concepto de una persona o cosa. *[conceptuar]*
concernir. v. intr. Corresponder, pertenecer. *[concernir]*
concertar. v. tr. Tratar del precio de una cosa que uno quiere comprar. *[concertar]* // Preparar la ejecución de una obra musical. *[concertar]* // Convenir, concordar. *[concertar]*
concesión. f. Acción y efecto de conceder. *[concessió]*
conciencia. f. Conocimiento inmediato y directo que el alma tiene de su propia existencia, condición, sensaciones, ac-

tos, etc. *[consciència]* // Conocimiento íntimo del bien que debemos hacer y del mal que debemos evitar. *[consciència]*

concierto. m. Acuerdo o convenio. *[concert]* // Disposición y buen orden de las cosas. *[concert]* // Sesión en que se interpretan obras musicales. *[concert]*

conciliar. v. tr. Poner de acuerdo sobre un punto en litigio. *[conciliar]* // Poner de acuerdo, hacer compatibles cosas contradictorias o diversas. *[conciliar]* // Ganarse la benevolencia de alguien, disponer favorablemente. *[conciliar]*

concilio. m. Asamblea de obispos para deliberar y decidir sobre cuestiones de doctrina o de disciplina eclesiástica. *[concili]*

concisión. f. Brevedad en la manera de exponer los conceptos. *[concisió]*

conciso, isa. adj. Que tiene concisión. *[concís]*

concitar. v. tr. Excitar, agitar. *[concitar]*

conclave o **cónclave.** m. Asamblea de cardenales para elegir papa. *[conclave]* // Lugar donde se reúnen. *[conclave]*

concluir. v. tr. Acabar una cosa, llegar a una solución definitiva. *[concloure]*

conclusión. f. Acción y efecto de concluir. *[conclusió]* // Deducción, juicio razonado. *[conclusió]* // Fin de una cosa. *[conclusió]*

concluyente. adj. Terminante, decisivo. *[concloent]*

concomerse. v. pron. Impacientarse vivamente por esperar una cosa que no viene, que habría de hacerse y no se hace, etc. *[frissar]*

concomitancia. f. Concurrencia de una cosa con otra. *[concomitància]*

concordancia. f. Relación de conformidad de una cosa con otra. *[concordança]* // Correspondencia de los accidentes gramaticales entre dos o más palabras variables. *[concordança]*

concordar. v. tr. e intr. Tr. Conciliar, poner de acuerdo. *[concordar]* // Intr. Estar conforme, una cosa con otra. *[concordar, confrontar]*

concordia. f. Estado de armonía que resulta del acuerdo de los sentimientos, de las ideas, etc., entre dos o más personas. *[concòrdia]* // Conformidad, unión. *[concòrdia]* // Acuerdo por estipulación o conveniencia. *[concòrdia]*

concreción. f. Acción y efecto de volverse concreto. *[concreció]* // Acumulación de partículas para formar masas sólidas. *[concreció]*

concretar. v. tr. Precisar. *[concretar]* // **-se.** Limitarse a hablar de una sola cosa. *[concretar-se]*

concreto, eta. adj. Aplicado a cualquier objeto considerado en sí mismo. *[concret]* // Aplicado al número que expresa cantidad de especie determinada. *[concret]*

concubina. f. Mujer que hace vida marital con un hombre. *[concubina]*

conculcar. v. tr. Pisotear, no respetar, solamente en sentido figurado. *[conculcar]*

concupiscencia. f. Apetito desordenado de los placeres sensuales. *[concupiscència]*

concurrencia. f. Acción y efecto de concurrir. *[concurrència]* // Reunión simultánea de personas, cosas o acontecimientos. *[concurrència]*

concurrir. v. intr. Encontrarse en un mismo lugar y tiempo diversas personas. *[concórrer]* // Tomar parte en un concurso. *[concórrer]* // Cooperar a un fin. *[concórrer]* // Coincidir o convertir en un mismo punto. *[concórrer]*

concursar. v. tr. e intr. Tr. Ordenar el juez que los bienes de una persona se pongan en concurso de acreedores. *[concursar]* // Intr. Tomar parte en un concurso. *[concursar]*

concurso. m. Concurrencia. *[concurs]* // Acción de contribuir con otros a un resultado. *[concurs]* // Oposición que se hace, por medio de ejercicios o alegación de méritos, a una cátedra, premio, etc. *[concurs]*

concha. f. Cubierta dura de ciertos animales como la tortuga, etc. *[closca]* // Cubierta de los moluscos. *[clotxa, closca]*

conchabar. v. tr. y pron. Unir, asociar, mezclar. *[associar]*

conde. m. Título nobiliario entre barón y marqués. *[comte]*
condecoración. f. Acción y efecto de condecorar. *[condecoració]* // Cruz u otra insignia de honor y distinción. *[condecoració]*
condecorar. v. tr. Dar o imponer una condecoración a alguien. *[condecorar]*
condena. f. Sentencia condenatoria y la pena que por ella se impone. *[condemna]*
condenar. v. tr. Declarar a alguien culpable por sentencia imponiéndole una pena. *[condemnar]* // Declarar alguna cosa reprensible. *[condemnar]*
condensar. v. tr. Hacer más denso. *[condensar]*
condesa. f. Mujer revestida de la dignidad de conde. *[comtessa]* // Mujer de un conde. *[comtessa]*
condescendencia. f. Acción y efecto de condescender. *[condescendència]* // Inclinación a condescender. *[condescendència]*
condescender. v. intr. Dignarse a conceder algo a alguien. *[condescendir]*
condestable. m. Antiguo oficial supremo del ejército. *[conestable]*
condición. f. Naturaleza o propiedad de las cosas. *[condició]* // Carácter o genio de las personas. *[condició]* // Estado o situación de una persona. *[condició]* // Circunstancia de un pacto. *[condició]*
condicional. adj. Que incluye una condición. *[condicional]* // m. Tiempo de la conjugación verbal que expresa una condición. *[condicional]*
condicionar. v. tr. Someter a condiciones. *[condicionar]* // Dar una cierta condición o cualidad. *[condicionar]*
condimentar. v. tr. Sazonar la comida, aderezar. *[condimentar, amanir]*
condimento. m. Lo que sirve para sazonar la comida y darle buen sabor. *[condiment]*
condolencia. f. Duelo. *[condolença]*
condolerse. v. pron. Dolerse con alguien de la pena que le aflige, de la desgracia que sufre, compadecerse. *[condoldre's, condolir-se]*
condonar. v. tr. Perdonar total o parcialmente una deuda, etc. *[condonar]*
cóndor. m. Ave de presa semejante al buitre. *[còndor]*
conducción. f. Acción y efecto de conducir. *[conducció]* // Serie de conductos. *[conducció]*
conducente. adj. Conveniente, oportuno, que conduce a un fin. *[expedient]*
conducir. v. tr. Llevar, guiar. *[menar]* // Impulsar la rueda de un torno, de una máquina, llevar un volante, un vehículo o máquina. *[menar]* // Guiar el ganado. *[conduir]* // Dirigir, indicar. *[conduir]* // Llevar a término, etc. *[conducir]*
conducta. f. Manera de conducirse, de obrar en el orden moral. *[conducta]* // Contrato por asistencia médica y remuneración consiguiente. *[conducta]*
conducto. m. Canal o tubo que da paso a las aguas y otras cosas. *[conducte]* // Persona por quien es dirigida una cuestión o pretensión. *[conducte]*
conductor, ora. adj. Que conduce. *[conductor]* // m. y f. El que conduce, guía, el que dirige la marcha de un vehículo. *[conductor, conduïdor]*
condumio. m. Lo que se come con el pan, o además del pan. *[companatge]*
conectar. v. tr. Establecer un lazo estrecho entre cosas de la misma naturaleza. *[connectar]* // Establecer contacto eléctrico. *[connectar]*
coneja. f. Hembra del conejo. *[conilla]*
conejo. m. Mamífero roedor, comestible, que vive en madrigueras y se domestica fácilmente. *[conill]*
conexión. f. Enlace, ligamiento, entre cosas de la misma especie. *[connexió]*
confabular. v. intr. Conversar, tratar familiarmente. *[confabular]* // **-se.** Ponerse de acuerdo dos o más personas sobre una cuestión en detrimento a un tercero. *[confabular-se]*
confección. f. Acción y efecto de confeccionar. *[confecció]*
confeccionar. v. tr. Componer, fabricar cualquier obra material. *[confeccionar]*
confederación. f. Acción y efecto de confederar. *[confederació]* // Conjunto de personas, corporaciones o estados confederados. *[confederació]*

confederar. v. tr. y pron. Reunir en confederación. *[confederar]*

conferencia. f. Reunión en la que se trata de un quehacer, de un tema, en común. *[conferència]* // Disertación en público sobre una materia cualquiera. *[conferència]*

conferenciar. v. intr. Tener una conferencia o conversación. *[conferenciar]*

conferir. v. tr. Conceder algo a alguien en virtud de nuestra autoridad. *[conferir]* // Confrontar una cosa con otra. *[conferir]*

confesar. v. tr. Manifestar uno lo que ha hecho, lo que piensa, lo que siente. *[confessar]* // Declarar. *[confessar]* // Proclamar uno su fe o ideales. *[confessar]* // **-se.** Declarar el penitente al confesor los pecados cometidos. *[confessar-se]*

confesión. f. Acción y efecto de confesar o de confesarse. *[confessió]* // Afirmación pública de la fe que uno profesa. *[confessió]*

confesionario. m. Asiento del sacerdote donde escucha las confesiones. *[confessionari]* // Libro para preparar a la confesión. *[confessionari]*

confesor, ora. m. y f. El que confiesa públicamente su fe. *[confessor]* // m. Sacerdote que confiesa a los penitentes. *[confessor]*

confianza. f. Seguridad firme en una persona o cosa. *[confiança]* // Familiaridad, franqueza. *[confiança]*

confiar. v. tr. e intr. Tr. Encargar a alguien un negocio, comisión, etc. *[confiar]* // Hacer saber en confianza. *[confiar]* // Intr. Esperar con firmeza y seguridad. *[confiar]*

confidencia. f. Revelación secreta, noticia reservada. *[confidència]*

configurar. v. tr. Dar a una cosa una figura determinada. *[configurar]*

confín. adj. Que confina o linda. *[confí]* // m. Término que divide las poblaciones, provincias, etc., y señala sus límites. *[confí]*

confinar. v. tr. e intr. Tr. Encerrar a alguien en un espacio determinado. *[confinar]* // Exiliar. *[confinar, exiliar]* // Intr. Tener dos países unos lindes comunes. *[confinar]*

confirmación. f. Acción y efecto de confirmar. *[confirmació]* // Sacramento de la iglesia católica, que confirma en la fe a aquel que lo recibe. *[confirmació]*

confirmar. v. tr. Corroborar, ratificar una cosa. *[confirmar]* // Administrar el sacramento de la confirmación. *[confirmar]*

confiscar. v. tr. Privar a alguien de sus bienes y adjudicarlos al fisco. *[confiscar]*

confitado. m. Muy dulce, cosa confitada. *[confitat]*

confitar. v. tr. Cocer frutas con azúcar. *[confitar]* // Poner frutas con algún jugo que sirve para conservarlas. *[confitar]*

confite. m. Pasta de azúcar en forma de bolas pequeñas. *[confit]*

confitura. f. Fruta u otra cosa confitada. *[confitura]*

conflagración. f. Incendio. *[conflagració]* // Perturbación violenta, especialmente a causa de guerra. *[conflagració]*

conflicto. m. Combate en su momento más violento. *[conflicte]* // Situación desgraciada y de salida difícil. *[conflicte]* // Lucha interior, desasosiego. *[conflicte]*

confluencia. f. Acción y efecto de confluir. *[confluència]* // Lugar donde confluyen ríos o caminos. *[confluència]*

confluir. v. intr. Juntarse dos o más ríos o caminos. *[confluir]*

conformar. v. tr. Hacer alguna cosa conforme a un modelo. *[conformar]* // **-se.** Resignarse. *[conformar-se]*

conforme. adj. Igual, conveniente, como es debido. *[conforme]* // De un mismo parecer, de acuerdo. *[conforme]* // Resignado. *[conforme]*

confortación. f. Acción y efecto de confortar. *[confortació]*

confortar. v. tr. Dar fuerza y ánimo. *[confortar]* // Consolar, animar. *[conhortar]*

confraternizar. v. intr. Tratarse como hermanos. *[confraternitzar]*

confrontar. v. tr. Comparar una cosa con otra. *[confrontar]*

confundir. v. tr. Mezclar desordenadamente unas cosas con otras. *[confondre]* // Equivocar, perturbar, desordenar algo. *[confondre]* // Desconcertar en la discusión dejando sin saber qué decir. *[confondre]* // Identificar falsamente. *[confondre]*

confusión. f. Falta de orden y de claridad. *[confusió]* // Perplejidad, turbación. *[confusió]* // Afrenta, vergüenza. *[confusió]*

congelar. v. tr. Hacer pasar un cuerpo del estado líquido al sólido. *[congelar]* // Endurecer el frío una fruta, una sustancia jugosa, una carne, etc., congelando el líquido que la embebe. *[congelar]*

congénere. adj. Del mismo género u origen. *[congènere]*

congeniar. v. intr. Avenirse alguien con otro, o dos personas entre ellas porque tienen el mismo genio, las mismas características o disposiciones morales. *[congeniar]*

congénito, énita. adj. Existente en el nacimiento o desde el nacimiento. *[congènit]*

congestión. f. Afluencia excesiva de sangre en los vasos de un órgano. *[congestió]* // Acumulación excesiva de cosas. *[congestió]*

congestionar. v. tr. Producir una congestión. *[congestionar]* // **-se.** Padecer congestión. *[congestionar-se]*

conglomerar. v. tr. Unir formando una masa compacta. *[conglomerar]*

conglutinar. v. tr. Unir o pegar una cosa con otra. *[conglutinar]*

congoja. f. Opresión, respiración fatigosa, ansiedad. *[angoixa]* // Bochorno. *[angoixa]* // Malestar debido a una depresión de la actividad del corazón. *[angúnia]* // Congoja, aflicción del espíritu. *[angúnia]*

congojoso, osa. adj. Que da angustia. *[angoixós]* // Que tiene angustia. *[angoixós]*

congraciar. v. tr. y pron. Captar, atraerse la benevolencia de alguien. *[congraciar-se]*

congratular. v. tr. Felicitar. *[congratular]* // **-se.** Alegrarse de la satisfacción de alguien. *[congratular-se]*

congregar. v. tr. Convocar, reunir en asamblea. *[congregar]*

congreso. m. Junta de muchas personas para deliberar sobre una cuestión. *[congrés]* // Cuerpo legislativo de un estado, y lugar donde celebra sus sesiones. *[congrés]*

congrio. m. Pez de mar comestible, largo y cilíndrico. *[congre]*

congruencia. f. Conveniencia, correspondencia. *[congruència]*

congruente. adj. Que conviene, que corresponde bien. *[congruent]*

cónico, ónica. adj. Relativo o perteneciente al cono. *[cònic]* // Que tiene forma de cono. *[cònic]*

conjetura. f. Opinión fundada en probabilidades o apariencias. *[conjectura]*

conjeturar. v. tr. Hacer conjeturas. *[conjecturar]*

conjugación. f. Acción y efecto de conjugar. *[conjugació]* // Serie de formas con que son expresados los accidentes del verbo. *[conjugació]* // Fusión de dos células para producir una nueva. *[conjugació]*

conjugar. v. tr. Formar la serie constitutiva de la conjugación de un verbo. *[conjugar]*

conjunción. f. Acción y efecto de juntarse o unirse. *[conjunció]* // Palabra o locución que sirve para enlazar dos palabras o dos proposiciones. *[conjunció]*

conjuntar. v. tr. Unir bien. *[conjuntar]*

conjuntivo, iva. adj. Que junta o une. *[conjuntiu]*

conjunto, unta. adj. Unido con otro. *[conjunt]* // m. Agregado de diversos elementos. *[conjunt, colla]* // Totalidad de una cosa, sin atender a sus partes. *[conjunt]*

conjura. f. Acuerdo secreto contra el estado o el soberano. *[conjura]*

conjuración. f. Conspiración premeditada contra el estado o contra una autoridad. *[conjuració]*

conjurado, ada. adj. y s. Que toma parte en una conjuración. *[conjurat]*

conjurar. v. tr. Decir los exorcismos contra los malos espíritus. *[conjurar]* // Alejar, como con un conjuro. *[conjurar]* // **se.** Hacer una conjuración, unirse para conspirar, sublevarse. *[conjurar-se, conjuminar-se]*

conjuro. m. Acción y efecto de conjurar. *[conjur]* // Súplica ferviente. *[conjur]*

conmemoración. f. Acción y efecto de conmemorar un acontecimiento, etc. *[commemoració]*

conmemorar. v. tr. Hacer memoria o conmemoración. *[commemorar]*

conmigo. Forma especial del pronombre personal *yo*, como término de la preposición *con*. *[amb mi]*

conminar. v. tr. Amenazar a alguien con una pena especialmente legal. *[comminar]*

conmiseración. f. Compasión, sentimiento de piedad por el mal de otro. *[commiseració]*

conmovedor, ora. adj. Que conmueve. *[commovedor]*

conmover. v. tr. Sacar repentinamente de un estado de reposo, de calma. *[commoure]* // Perturbar, alterar, mover fuertemente. *[commoure]* // Excitar algún afecto, especialmente el de la ternura y compasión. *[commoure]*

conmutador, ora. adj. Que conmuta. *[commutador]* // m. Aparato para invertir una corriente eléctrica. *[commutador]*

conmutar. v. tr. Cambiar una cosa por otra. *[commutar]*

connivencia. f. Tolerancia o disimulación en el superior sobre las faltas de los subordinados. *[connivència]* // Confabulación. *[confabulació, connivència]* // Complicidad. *[complicitat, connivència]*

connotar. v. tr. Hacer relación o referencia, indicar. *[connotar]*

cono. m. Cuerpo redondo y puntiagudo, limitado por un círculo. *[con]*

conocer. v. tr. Tener una idea más o menos completa de alguien o de algo. *[conéixer]* // Reconocer. *[conéixer]*

conocimiento. m. Idea más o menos completa que se tiene de algo. *[coneixença, coneiximent]* // Conjunto de personas conocidas, relaciones sociales. *[coneixença, coneiximent]* // Acción y efecto de conocer. *[coneiximent]* // Conciencia de la propia existencia. *[coneiximent]* // Examen judicial. *[coneiximent]*

conquista. f. Acción de conquistar. *[conquesta, conquista]* // El país conquistado. *[conquesta, conquista]* // Acción de hacer suya a una persona inspirándole amor. *[conquista]*

conquistar. v. tr. Adquirir algo por la fuerza de las armas. *[conquerir, conquistar]* // Ganar la voluntad de una persona. *[conquerir, conquistar]*

consagrar. v. tr. Hacer o declarar sagrada una cosa. *[consagrar]* // Dedicar una cosa a un fin determinado. *[consagrar]*

consanguinidad. f. Parentesco de los que descienden de un antepasado común. *[consanguinitat]*

consciente. adj. Dicho del que tiene conciencia de sí mismo, de su condición, etc. *[conscient]*

consecuencia. f. Hecho o acontecimiento que resulta de otro. *[conseqüència]* // Proposición que se deduce lógicamente de un principio dado. *[conseqüència]*

conseguir. v. tr. Obtener aquello que uno desea. *[aconseguir]*

conseja. f. Cuento popular. *[rondalla]*

consejero, era. m. y f. Persona que aconseja. *[conseller]* // Miembro de un consejo. *[conseller]*

consejo. m. Parecer que uno da a una persona sobre lo que ha de hacer. *[consell]* // Cuerpo consultivo o directivo. *[consell]* // Corporación municipal. *[consell]*

consenso. m. Consentimiento. *[consens]*

consentido, ida. adj. Permitido, tolerado. *[consentit]* // Dolorido de un miembro del cuerpo. *[consentit]* // Dicho del que todo lo consiente. *[consentit]*

consentimiento. m. Acción y efecto de consentir o permitir. *[consentiment]*

consentir. v. tr. e intr. Tr. Permitir, tolerar. *[consentir]* // Intr. Rendirse a un sentimiento, a una obligación, etc. *[consentir]*

conserje. m. Persona que tiene cuidado de la custodia, limpieza, etc., de un palacio, de un establecimiento público, etc. *[conserge]*

conserva. f. Cualquier comestible preparado convenientemente y cerrado herméticamente en un bote. *[conserva]*

conservar. v. tr. Guardar una cosa del peligro de desaparecer o de estropearse. *[conservar]* // Continuar la práctica de las costumbres, virtudes, etc. *[conservar]*

conservatorio, oria. adj. Que sirve para conservar. *[conservatori]* // m. Establecimiento público para la enseñanza de la música u otras artes. *[conservatori]*

considerar. v. tr. Meditar atentamente una cosa. *[considerar]* // Hacer caso de una persona por sus méritos, cualidades, etc. *[considerar]*

consigna. f. Orden que se da al que manda un lugar, a un centinela, guarda, etc. *[consigna]*

consignar. v. tr. Hacer mención de algo en un escrito. *[consignar]* // Entregar algo a un fin. *[consignar]*

consigo. Forma especial del pronombre reflexivo de tercera persona, como término de la preposición *con.*

consiguiente. adj. Que sigue como un resultado, efecto natural o deducción. *[conseqüent]*

consiliario. m. Consejero de una corporación, especialmente de carácter religioso. *[consiliari]*

consistencia. f. Coherencia entre las partes de una cosa; solidez. *[consistència]*

consistir. v. intr. Estar fundada o asentada una cosa en otra. *[consistir]* // Ser efecto de una causa. *[consistir]*

consistorio. m. Consejo del papa con los cardenales. *[consistori]* // Consejo municipal, ayuntamiento. *[consistori]*

consola. f. Mueble en forma de mesa que generalmente se pone arrimado a la pared. *[consola]*

consolar. v. tr. Dar consuelo, hacer disminuir la pena de alguien. *[consolar, aconsolar]* // **-se.** Conformarse. *[consolar-se]*

consolidar. v. tr. Dar solidez a una cosa. *[consolidar]* // Reunir o volver a juntar lo que antes se había partido o roto, a fin de que quede muy fuerte. *[consolidar]* // Asegurar del todo, fortalecer una cosa, como la amistad, la alianza, etc. *[consolidar]*

consonancia. f. Identidad de sonidos en la terminación de dos palabras desde la vocal tónica hasta el final. *[consonància]* // Acorde de sonidos más o menos perfecto. *[consonància]*

consonante. adj. Que forma consonancia, que rima de una manera perfecta. *[consonant]* // m. Palabra que forma consonancia con otra. *[consonant]* // f. Fonema que se pronuncia acompañado de una vocal. *[consonant]* // Letra que representa una consonante. *[consonant]*

consonar. v. intr. Formar consonancia. *[consonar]* // Tener algunas cosas conformidad entre sí. *[consonar]*

consorcio. m. Participación de varios en la misma suerte. *[consorci]* // Unión de personas, sociedades, etc., que tienen un interés común. *[consorci]*

consorte. m. y f. Compañero de otro en la misma suerte, especialmente cónyuge. *[consort]*

conspiración. f. Acción y efecto de conspirar. *[conspiració]*

conspirar. v. intr. Concurrir diversas cosas a un mismo fin. *[conspirar]* // Hacer conspiración. *[conspirar]*

constancia. f. Calidad de constante. *[constància]*

constante. adj. Que tiene constancia o es perseverante, firme. *[constant]* // No sujeto a cambio. *[constant]* // f. Cantidad constante, no variable. *[constant]*

constar. v. intr. Ser cierta y notoria una cosa. *[constar]* // Tener un todo partes determinadas. *[constar]*

constatar. v. tr. Comprobar con certeza, compulsar. *[constatar]*

constelación. f. Conjunto de estrellas fijas, bautizado con un nombre especial. *[constel·lació]*

consternar. v. tr. y pron. Conturbar fuertemente y abatir el espíritu. *[consternar]*

constipado. m. Resfriado, especialmente el caracterizado por la obstrucción de las vías respiratorias. *[constipat]*

constipar. v. tr. Causar constipado. *[constipar]* // **-se.** Coger un constipado. *[constipar-se]*

constitución. f. Acción y efecto de constituir. *[constitució]* // El conjunto de leyes fundamentales de la organización del estado. *[constitució]* // Complexión. *[constitució]*

constituir. v. tr. Establecer, formar una institución política, social, etc. *[constituir]* // Ser parte, elemento esencial de un todo, de un organismo. *[constituir]* // Establecer a alguien en una situación legal. *[constituir]*

constituyente. adj. Que constituye. *[constituent]*

constreñir. v. tr. Obligar a alguien a hacer algo contra su voluntad. *[constrényer]* // Estrechar, apretar, oprimir. *[constrényer]*

constricción. f. Acción y efecto de constreñir. *[constricció]*

construcción. f. Acción y efecto de construir. *[construcció]* // Forma de estar construida una cosa. *[construcció]* // La cosa construida. *[construcció]*

construir. v. tr. Fabricar, erigir, edificar. *[construir]* // Ordenar las palabras de acuerdo con las leyes de la construcción gramatical. *[construir]*

consuegro, egra. m. y f. El padre o la madre de uno de los cónyuges respecto al padre o la madre del otro. *[consogre]*

consuelo. m. Acción y efecto de consolar o de consolarse. *[conhort, consol]* // Lo que consuela. *[conhort, consol]*

cónsul. m. Magistrado de la Roma antigua, que ejercía la autoridad suprema. *[cònsol]* // Representante de un país encargado oficialmente de proteger los intereses de los compatriotas en el extranjero. *[cònsol]*

consulado. m. Dignidad, cargo y oficina del cónsul. *[consolat]* // Tiempo que duraba este cargo o dignidad. *[consolat]*

consular. adj. Relativo o perteneciente al cónsul. *[consular]*

consulta. f. Acción y efecto de consultar. *[consulta]* // Parecer o dictamen que se pide o se da. *[consulta]* // Conferencia para resolver un caso determinado. *[consulta]*

consultar. v. tr. Pedir parecer. *[consultar]* // Buscar información en algún libro, etc. *[consultar]*

consultorio. m. Establecimiento médico para la consulta de diversos tipos de enfermedades. *[consultori]*

consumar. v. tr. Llevar a término definitivo una cosa. *[consumar]*

consumero. m. Funcionario municipal encargado de cobrar los derechos de entrada de ciertos artículos. *[burot]*

consumir. v. tr. Destruir, extinguir. *[consumir]* // Gastar, agotar. *[consumir]* // Comulgar, el sacerdote, en la misa. *[consumir]*

consumo. m. Acción y efecto de consumir. *[consum]* // pl. Impuesto municipal sobre la entrada de ciertos artículos en una población. *[consums]*

consunción. f. Acción y efecto de consumir o de consumirse. *[consumpció]*

contabilidad. f. Calidad de contable. *[comptabilitat]* // Arte y manera de llevar las cuentas. *[comptabilitat]*

contable. adj. Que puede ser contado. *[comptable]* // m. Persona que tiene a su cargo las entradas y salidas de dinero, que presenta las cuentas. *[comptable]*

contacto. m. Acción y efecto de tocarse los cuerpos. *[contacte]*

contadero, era. adj. Que se puede o se debe contar. *[comptador]*

contador, ora. m. y f. El que en una gestión o administración lleva y ajusta las cuentas. *[comptador]* // m. Aparato que cuenta automáticamente el tiempo, la velocidad, etc. *[comptador]*

contagiar. v. tr. Transmitir una enfermedad por contagio. *[contagiar]*

contagio. m. Transmisión de una enfermedad de un individuo a otro. *[contagi]*

contaminar. v. tr. Infectar de una enfermedad contagiosa. *[contaminar]* // Impurificar, manchar. *[contaminar]*

contar. v. tr. Referir un suceso, narrar. *[contar]* // Determinar el número de objetos de un conjunto. *[comptar]* // Decir los números enteros según su orden. *[comptar]* // Calcular. *[comptar, calcular]* // **contar con.** Tener por seguro. *[comptar]*

contemplar. v. tr. Examinar atentamente. *[contemplar]* // Dar a alguien todas las satisfacciones. *[contemplar]* // Meditar las cosas divinas. *[contemplar]*

contemporáneo, ánea. adj. Que es de la misma época de otro. *[contemporani]*

contemporizar. v. intr. Acomodarse al gusto ajeno o a las circunstancias del tiempo. *[contemporitzar]*

contención. f. Acción y efecto de impedir que algo traspase su límite. *[contenció]*

contender. v. intr. Disputar, luchar, con otro. *[contendre, contendir]*

contener. v. tr. Tener, incluir, dentro de sí alguna cosa. *[contenir, contindre]* // Impedir que una cosa salga de sus límites. *[contenir, contindre]*

contentar. v. tr. Dar gusto a alguien satisfaciendo sus deseos. *[acontentar, contentar]* // **-se.** Darse por satisfecho. *[acontentar-se, contentar-se]*

contento, enta. adj. Que no desea nada más de lo que tiene. *[content]* // Alegre, satisfecho, que siente mucho gozo. *[content]*

contestación. f. Acción y efecto de contestar. *[contestació, contesta]*

contestar. v. tr. e intr. Tr. Decir o escribir algo a alguien en respuesta a lo que nos ha dicho o escrito. *[contestar]* // Intr. Decir palabras de disconformidad, oposición, etc. *[contestar]*

contexto. m. La parte de un texto que incluye, precede o sigue a una palabra o pasaje. *[context, contextura]*

contextura. f. Compaginación, unión de las partes que componen un todo. *[contextura]* // Configuración corporal del hombre. *[contextura]* // Contexto. *[contextura, context]*

contienda. f. Acción de contender, lucha, pelea. *[contesa]*

contigo. Forma del pronombre personal *ti* cuando es término de la preposición *con.*

contiguo, igua. adj. Que está tocando a otra cosa. *[contigu]*

continencia. f. Abstinencia de los deleites carnales. *[continència]* // Acción de contenerse en el comer, beber, etc. *[continència]*

continente. adj. Que observa la continencia. *[continent]* // m. Gran extensión de tierra firme. *[continent]* // Manera de proceder, de actuar, comportamiento, conducta. *[capteniment]*

contingencia. f. Calidad de contingente. *[contingència]* // Lo que es contingente. *[contingència]*

contingente. adj. Que puede suceder o no suceder. *[contingent]* // m. Parte que pone cada uno cuando son muchos los que contribuyen a un mismo fin. *[contingent]*

continuación. f. Acción y efecto de continuar, de obrar sin interrupción. *[continuació]*

continuar. v. tr. e intr. Tr. Proseguir lo que ha sido comenzado. *[continuar]* // Intr. Durar sin interrupción. *[continuar]*

continuidad. f. Calidad de continuo. *[continuïtat]*

continuo, inua. adj. Que obra sin interrupción. *[continu]* // Aplicado a las cosas que tienen unión entre ellas. *[continu]*

contorcerse. v. pron. Hacer contorsiones. *[contòrcer-se]*

contornar. v. tr. Dar vueltas alrededor de algo. *[contornar]*

contorno. m. Línea que limita exteriormente una superficie o un cuerpo. *[contorn]* // Alrededores, paraje que rodea un lugar determinado. *[contorn]*

contorsión. f. Contracción irregular y convulsiva de los músculos. *[contorsió]* // Actitud o postura forzada. *[contorsió]*

contorsionarse. v. pron. Hacer contorsiones. *[contòrcer-se]*

contra. prep. Denota oposición de una cosa con otra. *[contra]* // m. Concepto opuesto o contrario a otro. *[contra]* // f. Dificultad, inconveniente. *[contra]* // Pedal del órgano. *[contra]*

contraatacar. v. intr. Pasar bruscamente de la defensiva a la ofensiva. *[contraatacar]*

contraataque. m. Ataque que responde a otro del enemigo. *[contraatac]*

contrabandista. m. y f. El que hace el contrabando. *[contrabandista]*

contrabando. m. Introducción furtiva de mercancías prohibidas o que no han pagado los derechos de entrada. *[contraban]*

contracción. f. Acción y efecto de contraer. *[contracció]*

contradecir. v. tr. Decir lo contrario de lo que dice otro. *[contradir]*

contradicción. f. Acción y efecto de contradecir o de contradecirse. *[contradicció]* // Oposición, contrariedad. *[contradicció]*

contraer. v. tr. Establecer con alguien un lazo que implica obligaciones mutuas. *[contraure]* // Adquirir alguien una obligación, una enfermedad, etc. *[contraure]* // Reducir un cuerpo a un volumen menor sin reducir la masa. *[contraure]*

contraespionaje. m. Organización, métodos, etc., con que una potencia combate el espionaje de otras potencias. *[contraespionatge]*

contrafuero. m. Infracción del fuero. *[contrafur]*

contrafuerte. m. Refuerzo en el paramento de una pared. *[contrafort]* // Nombre de diferentes objetos que sirven para reforzar a otro. *[contrafort]*

contrahacer. v. tr. Imitar de una manera ilícita la obra de otro. *[contrafer]* // Imitar fraudulentamente un objeto que tiene un carácter auténtico. *[contrafer]* // Contravenir, obrar contra una ley, una orden, etc. *[contrafer]*

contrahecho, echa. adj. Deforme, falsificado. *[contrafet]*

contraindicar. v. tr. Indicar la inconveniencia o inutilidad del uso de un remedio, medicamento o tratamiento que, por otra parte, parecía conveniente. *[contraindicar]*

contralto. m. Voz entre la de soprano y tenor. *[contralt]* // m. y f. Hombre o mujer que poseen dicha voz. *[contralt]*

contraluz. m. Posición en la que el objeto recibe la luz del lado opuesto al lado por el que lo miramos. *[contrallum]*

contramaestre. m. Jefe de los oficiales y obreros de un taller o fábrica. *[contramestre]* // Oficial de mar que manda las maniobras de un barco. *[contramestre]*

contramuralla. f. Muro bajo construido delante de una muralla para su defensa. *[contramuralla]*

contraorden. f. Orden que revoca la dada anteriormente. *[contraorde]*

contrapared. f. Pared que refuerza otra pared, escarpa. *[contraparet, alambor]*

contrapartida. f. Asiento que compensa a otro en un libro de contabilidad. *[contrapartida]*

contrapelo. (a). loc. adv. En dirección contraria a la natural. *[a contrapèl]*

contrapesar. v. tr. Igualar con un contrapeso. *[contrapesar]* // Servir de contrapeso. *[contrapesar]*

contrapeso. m. Peso que actúa contra otro para equilibrarlo o moderarlo. *[contrapés]*

contrapié. m. Movimiento que uno inicia en sentido contrario al que acababa de insinuar. *[contrapeu]*

contraponer. v. tr. Oponer, confrontar, poner una cosa contra otra. *[contraposar]*

contrapunto. m. Concordancia armoniosa de voces contrapuestas. *[contrapunt]*

contrapuntarse. v. pron. Resentirse las personas, ponerse en rivalidad o competencia una con otra. *[contrapuntar-se]*

contrapunzón. m. Pieza para señalar en los metales el punto donde hay que agujerear. *[contrapunxó]*

contrariar. v. tr. Oponerse a una intención, propósito, deseo, etc., de alguien. *[contrariar]*

contrariedad. f. Oposición entre dos cosas. *[contrarietat]* // Lo que se opone a nuestras intenciones, etc. *[contrarietat]*

contrario, aria. adj. Opuesto a una cosa, opuesto a nuestros intereses o deseos.

[contrari] // m. y f. Antagonista, adversario. *[contrari]*

contrarréplica. f. Respuesta a una réplica. *[contraréplica]*

contrarrestar. v. tr. Anular los efectos de una acción, etc. *[contrarestar]*

contrarrevolución. f. Revolución en sentido contrario a otra. *[contrarevolució]*

contrasello. m. Segundo sello puesto en un documento cancilleresco. *[contrasegell]*

contrasentido. m. Interpretación contraria al sentido natural. *[contrasentit]* // Disparate. *[contrasentit]*

contraseña. f. Seña que se da a una persona para que, en un momento dado, sea reconocida o le sea permitida, etc., alguna cosa. *[contrasenya]*

contrastar. v. tr. e intr. Tr. Comprobar la ley de los objetos de plata y oro y señalarlos con la marca oficial. *[contrastar]* // Comprobar la exactitud de los pesos y medidas y acreditarla con una marca. *[contrastar]* // Intr. Mostrar disconformidad. *[contrastar]*

contraste. m. Acción y efecto de contrastar. *[contrastament]* // Oposición o diferencia notable entre personas o cosas. *[contrast]* // El que tiene el oficio público de contrastar. *[contrast]*

contratar. v. tr. Hacer contratos. *[contractar]*

contratiempo. m. Circunstancia imprevista que obra contra una acción o un intento. *[contratemps]*

contrato. m. Convenio o pacto entre dos o más personas. *[contracte]*

contravenir. v. tr. Obrar en contra de lo que está mandado. *[contravenir]*

contraventana. f. Puerta que sirve para tapar y resguardar los cristales de una ventana. *[contrafinestra]*

contrayente. adj. Que contrae matrimonio o algún otro vínculo. *[contraent]*

contribuir. v. tr. e intr. Pagar los impuestos. *[contribuir]* // Ayudar al logro de un fin con donaciones. *[contribuir]*

contribuyente. m. y f. El que contribuye. *[contribuent]*

contrición. f. Arrepentimiento, dolor de haber ofendido a Dios por ser quien es. *[contrició]*

contrincante. m. y f. El que pretende una cosa en competencia con otro. *[contrincant]*

contristar. v. tr. y pron. Afligir, entristecer. *[contristar]*

control. m. Acción y efecto de controlar. *[control]*

controlar. v. tr. Inspeccionar, someter a un examen minucioso. *[controlar]* // Dominar, mandar. *[controlar]*

controversia. f. Discusión larga y minuciosa. *[controvèrsia]*

controvertir. v. intr. y tr. Sostener una controversia. *[controvertir]*

contubernio. m. Habitación con otra persona. *[contuberni]* // Cohabitación ilícita. *[contuberni]* // fig. Confabulación. *[contuberni]*

contumacia. f. Tenacidad en el mantenimiento de un error. *[contumàcia]*

contumaz. adj. Tenaz en el sostenimiento de una cosa. *[contumaç]*

contundente. adj. Que produce contusión. *[contundent]* // Que produce gran impresión en el espíritu. *[contundent]*

conturbar. v. tr. Alterar el ánimo, el orden, etc. *[contorbar]*

contusión. f. Daño producido por un golpe que no causa herida exterior. *[contusió]*

contusionar. v. tr. Producir contusiones. *[contusionar]*

convalecencia. f. Acción y efecto de convalecer. *[convalescència]* // Estado del convaleciente. *[convalescència]* // Lugar donde convalecen los enfermos. *[convalescència]*

convalecer. v. intr. Recobrar las fuerzas perdidas por enfermedad. *[refer-se]*

convalidar. v. tr. Declarar nuevamente válido, confirmar. *[convalidar]*

convecino, ina. adj. y s. Cercano, próximo. *[conveí]* // El que con otro es vecino de un mismo pueblo. *[conveí]*

convencer. v. tr. Obligar con razones, con argumentos, al reconocimiento de algo o a un cambio de opinión. *[convéncer]* // **-se.** Adquirir la seguridad de que una cosa es verdadera. *[convéncer-se]*

convencimiento. m. Acción y efecto de convencer o de convencerse. *[convenciment]*

convención. f. Asamblea nacional reunida extraordinariamente para hacer una constitución o modificarla. *[convenció]* // Conformidad de una cosa con otra. *[convenció]* // Convenio, avenencia. *[convenció]*

convencional. adj. Que se establece por costumbre. *[convencional]* // Relativo al convenio. *[convencional]*

conveniencia. f. Conformidad entre dos cosas distintas. *[conveniència]* // Utilidad. *[conveniència]* // Convenio. *[convinença, conveniència]*

convenio. m. Pacto, ajuste. *[conveni]*

convenir. v. intr. Ir bien con lo que requiere el estado, la situación, etc., de alguien o de algo. *[convenir, convindre]* // Ser de un mismo parecer. *[convenir, convindre]*

convento. m. Casa donde vive una comunidad religiosa. *[convent]*

converger o **convergir.** v. intr. Dirigirse dos o más líneas a un mismo punto. *[convergir]* // Concurrir diversas opiniones o ideas a un mismo fin. *[convergir]*

conversación. f. Acción y efecto de conversar. *[conversa, conversació]*

conversar. v. intr. Hablar una o varias personas con otra u otras. *[conversar]*

conversión. f. Acción y efecto de convertir o de convertirse. *[conversió]*

converso, ersa. adj. Se dice de los moros y judíos convertidos a la religión católica. *[convers]*

convertir. v. tr. Cambiar una cosa en otra. *[convertir]* // Llevar a alguien a un cambio de religión o a la práctica de las buenas costumbres. *[convertir]*

convexidad. f. Calidad de convexo. *[convexitat]* // Parte convexa de una cosa. *[convexitat]*

convexo, exa. adj. Que tiene la superficie más prominente en el medio que en las orillas. *[convex]*

convicción. f. Convencimiento. *[convicció]*

convicto, icta. adj. Dicho del reo a quien se ha probado su delito. *[convicte]*

convidar. v. tr. Rogar una persona a otra que la acompañe a comer, a beber o a alguna fiesta, invitar. *[convidar, invitar]* // Estimular. *[convidar]*

convincente. adj. Que convence. *[convincent]*

convite. m. Acción de convidar. *[convit]* // Fiesta o comida con invitados. *[convit]*

convivencia. f. La acción de convivir. *[convivència]*

convivir. v. intr. Vivir en compañía de otro o de otros. *[conviure]*

convocación. f. Acción de convocar. *[convocació, crida]*

convocar. v. tr. Llamar a una reunión. *[convocar]*

convocatoria. f. Escrito con que se convoca a una reunión. *[convocatòria]*

convoy. m. Reunión de soldados, de barcos de guerra, etc., que escoltan o guardan acémilas, carruajes, naves, etc., cargados de víveres, municiones, etc.; la cosa escoltada, tren. *[comboi]*

convoyar. v. tr. Escoltar y custodiar lo que se conduce de un sitio a otro. *[comboiar]*

convulsión. f. Contracción espasmódica de los músculos. *[convulsió]*

convulso, ulsa. adj. Atacado de convulsiones. *[convuls]*

conyugal. adj. Perteneciente o relativo a los cónyuges. *[conjugal]*

cónyuge. m. y f. El marido o la mujer, uno respecto de otro. *[cònjuge]*

coñac. m. Licor obtenido con espíritu de vino, al que se le da color y olor poniéndolo en toneles de roble. *[conyac]*

coño. m. Vulva. *[cony]*

cooperar. v. intr. Obrar junto a otros para un mismo fin. *[cooperar]*

cooperativo, iva. adj. Que coopera. *[cooperatiu]* // Que se hace por cooperación. *[cooperatiu]* // f. Sociedad cooperativa. *[cooperativa]*

coordinar. v. tr. Ordenar cosas metódicamente. *[coordinar]*

copa. f. Vaso para beber, con pie; líquido que cabe en él. *[copa]* // Conjunto de ramas y hojas que forman la parte superior del árbol. *[copa, cop]* // Parte hueca y superior del sombrero. *[copa]* // pl. Uno de los cuatro palos de la baraja española. *[copes]*

copar. v. tr. Rodear a una fuerza enemiga, cortándole la retirada. *[copar]* //

Llevarse todos los puestos en una elección, etc. *[copar]* // En los juegos de azar, hacer una posta equivalente a todo el dinero de la banca. *[copar]*

copear. v. intr. Beber copas de vino o licor. *[copejar]*

copeo. m. Venta de vino por copas. *[copeig]*

copete. m. Cabello levantado sobre la frente. *[cupé]* // Penacho de las aves. *[cresta]* // Mechón de crin del caballo. *[serrell]* // Colmo que tienen los vasos. *[coromull, caramull]*

copia. f. Reproducción de un escrito, de una obra artística, etc. *[còpia]* // Gran cantidad, abundancia. *[còpia]*

copiar. v. tr. Reproducir el texto de un escrito, una obra de arte, etc. *[copiar]* // Imitar servilmente. *[copiar]*

copioso, osa. adj. Abundante, en gran cantidad. *[copiós]*

copista. m. y f. Persona que se dedica a copiar escritos de otro. *[copista]*

copla. f. Combinación métrica o estrofa. *[cobla]* // Composición poética breve, que generalmente sirve de letra en las canciones populares. *[cobla]*

copo. m. Porción de cáñamo, lino, algodón o lana, peinado y limpio, dispuesto para hilar; cerro, corrón. *[cop]* // Cada porción de nieve que cae. *[cop]* // Caña abierta por un extremo y sujetada de esta forma por un pequeño tejo y que sirve para alcanzar los frutos de la parte alta de los árboles, especialmente los higos. *[cóp]*

copón. m. Vaso de oro o de plata, en figura de una copa grande, donde es guardado el Santísimo Sacramento en el sagrario. *[copó]*

cópula. f. Unión o atadura. *[còpula]* // Acción de copular. *[còpula]* // Término que une el predicado con el sujeto. *[còpula]*

copular. v. tr. Juntar una cosa con otra. *[copular]* // **-se.** Unirse o juntarse carnalmente. *[copular-se]*

copulativo, iva. adj. Que liga, une, una cosa con otra. *[copulatiu]*

coqueta. adj. Dicho de la mujer a la que le place hacer buena cara o enamorar a diferentes galanteadores. *[coqueta, carassera]*

coraje. m. Firmeza del corazón ante el peligro, valor. *[coratge]*

coral. m. Secreción producida dentro del mar por ciertos zoófitos y empleada en joyería. *[corall, coral]*

coraza. f. Pieza de armadura que protege el busto. *[cuirassa]* // Revestimiento de planchas de hierro o de acero. *[cuirassa]*

corazón. m. Órgano central de la circulación de la sangre. *[cor]* // Valor, ánimo, coraje. *[cor]* // Voluntad, amor. *[cor]* // Parte central de algo. *[cor]*

corbata. f. Tira de seda, etc., que se lleva alrededor del cuello y anudada a la parte de delante. *[corbata]*

corcel. m. Caballo que servía para torneos y batallas. *[corser]*

corchete. m. Pieza de metal para juntar dos cosas. *[gafa]* // Gancho que sirve para abrochar. *[gafet]*

corcho. m. Corteza del alcornoque. *[suro]*

¡córcholis! interj. Denota enojo, admiración, extrañeza, etc. *[collons!]*

cordada. f. Conjunto de personas que van atadas a una cuerda. *[cordada]* // Diversión en la noche de una fiesta, que consiste en prender fuego a diversas salidas de ristras de cohetes que se desprenden encendidos de una cuerda colgada de parte a parte de una plaza o calle. *[cordada]*

cordel. m. Hilo grueso de esparto, cáñamo, etc., torcido a dos, tres o cuatro cabos. *[cordell]*

cordero. m. El hijo de la oveja hasta que tiene un año. *[corder, anyell]*

cordial. adj. Que sale del corazón, entrañable, afectuoso. *[cordial, coral]* // Que reconforta el corazón. *[cordial]* // m. Bebida que se da a los enfermos para confortarles. *[cordial]*

cordialidad. f. Calidad de cordial. *[cordialitat]*

cordilla. f. Trenza de tripas de carnero que se da de comer a los gatos. *[trenella]*

cordillera. f. Cadena de montañas. *[serralada]*

cordobán. m. Piel de cabra curtida. *[cordovà]*

cordón. m. Cordel de seda, lino, etc. *[cordó]* // Conjunto de soldados colocados en fila para vigilar un paso. *[cordó]*
cordura. f. Juicio, prudencia. *[enteniment]*
corear. v. tr. Cantar algo en coro. *[corejar]* // Acompañar con un coro una composición musical. *[corejar]* // Asentir repitiendo las mismas palabras que ha dicho alguien. *[corejar]*
coreografía. f. Arte de la danza; arte de componer danzas. *[coreografia]*
coriáceo, ácea. adj. Que tiene la consistencia del cuero. *[coriaci, corretjós]*
corifeo. m. El que dirigía el coro en las tragedias griegas y romanas. *[corifeu]* // Jefe de una secta o partido. *[corifeu]*
corista. m. y f. El que canta en un coro. *[corista]*
cormorán. m. Ave palmípeda, de cabeza y nuca negras, de un gris oscuro rojizo por encima, que vive en los lugares pantanosos de la costa y en lagunas. *[cabussó, cormorà]*
cornamusa. f. Instrumento compuesto de un saco que se llena de aire y varios tubos para paso del aire. *[cornamusa]*
córnea. f. Membrana transparente en forma de disco abombado, que se halla en la parte anterior del ojo. *[còrnia]*
cornear. v. tr. Acometer a golpes de cuerno. *[cornejar]*
cornejo. m. Arbusto muy ramoso, de madera muy dura y flores azules. *[corns]*
córneo, órnea. adj. De una textura semejante al cuerno. *[corni]* // f. Parte transparente de la envoltura del ojo que cubre el iris y la pupila. *[còrnia]*
córner. m. En el juego de fútbol, saque libre desde uno de los ángulos del campo más próximo a la puerta, saque de esquina. *[còrner]*
corneta. f. Instrumento músico de viento, de metal, propio de la milicia. *[corneta]* // m. El que toca este instrumento. *[corneta]*
cornijal. m. Extremo, punta de algo. *[cantó]*
cornisa. f. Ornamento saliente que corona una fachada, un pedestal, etc. *[cornisa]*
cornucopia. f. Cuerno de la abundancia. *[cornucòpia]* // Espejo de marco ornamentado y dorado con uno o más brazos para luces. *[cornucòpia]*
cornudo, uda. adj. Provisto de cuernos o astas. *[cornut]* // m. Marido engañado por la mujer. *[cornut]*
cornúpeta. adj. Dicho del animal que embiste con los cuernos. *[cornúpeta]*
coro. m. Conjunto de personas que cantan juntas. *[cor]* // Pieza de música destinada a ser cantada por un coro. *[cor]* // Parte de un templo donde se reúnen los sacerdotes o los cantores para cantar los oficios divinos. *[cor]*
corola. f. Cubierta interior de la flor completa, que protege los órganos de la reproducción. *[corol·la]*
corolario. m. Proposición que se deduce por sí sola de lo que ha sido demostrado anteriormente. *[corol·lari]*
corona. f. Ornamento honorífico que se ciñe a la cabeza. *[corona]* // Nombre de diferentes cosas que recuerdan a una corona. *[corona]* // Círculo luminoso que rodea a veces el disco del sol o de la luna. *[corona]* // Dignidad real. *[corona]*
coronar. v. tr. Poner a alguien una corona como insignia de dignidad. *[coronar]* // Completar una obra. *[coronar]*
coronel. m. Oficial que tiene a su cargo el mando de un regimiento. *[coronel]*
corpiño. m. Cuerpo de vestir, sin mangas, que utilizan las mujeres. *[cosset]*
corporación. f. Asociación de personas unidas entre ellas por una comunidad de reglas, de obligaciones, etc. *[corporació]*
corporal. adj. Que tiene cuerpo; que es material. *[corporal]* // Relativo al cuerpo. *[corporal]* // m. Paño blanco que se extiende encima del altar para poner la hostia y el cáliz. *[corporal]*
corpóreo, órea. adj. Que tiene cuerpo, corporal. *[corpori]*
corpulento, enta. adj. Que tiene el cuerpo grande. *[corpulent]*
corpus. m. Fiesta de la institución de la Eucaristía. *[corpus]* // Colección auténtica de leyes. *[corpus]*

corral. m. Lugar cerrado y descubierto destinado a recoger el ganado. *[corral]*

correa. f. Tira de cuero para atar o ceñir algo. *[corretja]* // fig. Paciencia para sufrir burlas, etc. *[corretja]*

corrección. f. Acción y efecto de corregir. *[correcció]* // Cambio resultante de una corrección. *[correcció]* // Calidad de correcto. *[correcció]*

correcto, ecta. adj. Libre de errores o defectos. *[correcte]* // De acuerdo con las buenas maneras y formas urbanas. *[correcte]*

corredizo, iza. adj. Que se desata con facilidad. *[corredís]* // Se dice del nudo o lazo que se corre y aprieta al tirar de él. *[corredís]*

corredor, ora. adj. y s. Que corre. *[corredor]* // m. El que por oficio interviene en compras y ventas de todo tipo. *[corredor]* // Pieza de paso, larga y estrecha, de un edificio, nave, etc. *[corredor]*

corregir. v. tr. Enmendar lo que está equivocado. *[corregir]* // Reprender, advertir. *[corregir]*

correhuela. f. Planta de flores acampanadas, blancas o rosadas. *[corretjola]*

correlación. f. Relación recíproca entre dos o más cosas. *[correlació]*

correligionario, aria. adj. y s. Que profesa la misma religión u opinión que otro. *[correligionari]*

correo. m. El que tiene por oficio llevar la correspondencia de un lugar a otro. *[correu]* // Servicio público para el transporte de cartas y otros efectos. *[correu]* // Conjunto de cartas, etc., que se envían o reciben por correo. *[correu]*

correoso, osa. adj. Que se doblega o se estira fácilmente sin romperse. *[corretjós]* // Dicho de una comida que, por estar mal cocida, no tiene la blandura que necesita. *[corretjós]*

correr. v. intr. y tr. Intr. Caminar velozmente. *[córrer]* // Estar expuesto a contingencias. *[córrer]* // Moverse los líquidos de un lado a otro. *[córrer]* // Transcurrir el tiempo. *[córrer]* // Tr. Recorrer un país, etc. *[córrer]* // Hacer correr una cosa sobre otra. *[córrer]*

correría. f. Acción de recorrer un país, con devastación y saqueo. *[correguda]*

correspondencia. f. Acción y efecto de corresponder o corresponderse. *[correspondència]*

corresponder. v. intr. Pagar con igualdad de afectos o beneficios. *[correspondre]* // Tener, una cosa, proporción o conformidad con otra. *[correspondre]* // Pertenecer a alguien algo. *[correspondre]*

corresponsal. adj. y s. Que tiene correspondencia con una persona o corporación. *[corresponsal]*

corrido, ida. adj. Avergonzado. *[avergonyit]* // Astuto. *[astut]* // Continuo. *[continu]* // f. Espectáculo de correr, torear y matar toros bravos. *[correguda]* // Carrera. *[carrera]*

corriente. adj. Que corre. *[corrent]* // Admitido por el uso y la costumbre. *[corrent]* // Llano, afable. *[corrent]* // f. Movimiento de las aguas de un río o del mar en una dirección determinada, o del aire en un local al abrir una puerta o ventana. *[corrent]* // Paso de la electricidad por un conductor. *[corrent]* // Opinión, tendencia de la mayoría. *[corrent]*

corro. m. Círculo formado por una serie de cosas, plantas, personas, etc. *[rogle]* // Cerco de gente para hablar, solazarse, etc. *[redona]*

corroborar. v. tr. Confirmar una opinión, un argumento, etc. *[corroborar]* // Vigorizar, dar más fuerza. *[corroborar]*

corroer. v. tr. Destruir lentamente una cosa, especialmente por una acción química. *[corroure]*

corromper. v. tr. y pron. Alterar una sustancia. *[corrompre]* // Sobornar. *[corrompre]* // Pervertir o seducir a una mujer. *[corrompre]* // Viciar, impurificar. *[corrompre]*

corrosión. f. Acción y efecto de corroer o de corroerse. *[corrosió]*

corrugar. v. tr. Formar arrugas en algo. *[corrugar]*

corrupción. f. Acción y efecto de corromper o de corromperse. *[corrupció]*

corrupto, upta. adj. Que se ha corrompido. *[corrupte]*

corsario, aria. m. y f. Barco armado en corso; y hombre que lo comanda o tripula. *[corsari]*

corsé. m. Prenda que usan las mujeres para ceñirse el cuerpo. *[corset]*

corso. m. Correría o campaña que hace un barco mercante con patente de su gobierno contra las naves enemigas. *[cors]*

cortadura. f. Acción y efecto de cortar. *[tallament]*

cortafrío. m. Instrumento de corte para cortar el hierro frío a golpes de martillo. *[tallaferro]*

cortante. adj. Que corta. *[tallant]* // m. Cuchilla. *[tallant]*

cortar. v. tr. Dividir una cosa con algún instrumento afilado. *[tallar, llescar]* // Interrumpir. *[tallar]* // **-se.** Separarse los componentes de la leche o de una salsa. *[triar-se, tallar-se]*

corte. m. Acción y efecto de cortar. *[tall]* // Filo del instrumento con que se corta. *[fil]*

corte. f. Población donde reside el soberano de un país. *[cort]* // Familia y séquito del monarca. *[cort]* // Los que rodean a alguien halagándolo. *[cort]* // Séquito de una reina de honor. *[cort]* // pl. Asamblea legislativa de los representantes del país. *[cort]*

cortedad. f. Calidad de corto. *[curtedat]*

cortejar. v. tr. Galantear, hablar entre sí los novios. *[festejar]*

cortejo. m. Acción de cortejar. *[festeig]* // Personas que forman el acompañamiento en una ceremonia. *[seguici]*

cortés. adj. Atento, afable, obsequioso. *[cortès]*

cortesanía. f. Comportamiento propio de un cortesano, calidad de cortesano. *[cortesania]* // Cortesía. *[cortesia, cortesania]*

cortesano, ana. adj. Perteneciente o relativo a la corte. *[cortesà]* // Cortés, muy urbano. *[cortesà]* // f. Prostituta. *[cortesana]*

cortesía. f. Calidad de cortés. *[cortesia]* // Cortesanía. *[cortesania]*

corteza. f. Capa exterior endurecida sobre una cosa blanda. *[crosta]* // Capa dura que queda en algunos males que se van curando. *[crosta]* // Piel gruesa y dura, especialmente la del tocino. *[cotna]*

cortina. f. Pieza de tela colgante con que se cubre una puerta, una ventana, etc. *[cortina]*

corto, orta. adj. De poca longitud. *[curt]* // De poco talento o instrucción. *[curt]*

corva. f. Parte de la pierna opuesta a la rodilla por donde se dobla. *[garreta]*

corvina. f. Pez de mar comestible, abundante en el Mediterráneo. *[reig]*

cosa. f. Todo lo que tiene entidad. *[cosa]* // Lo que puede ser poseído en contraposición a las personas. *[cosa]*

coscoja. f. Especie de encina pequeña. *[carrasca]*

coscojo. m. Árbol semejante a la encina, pero más pequeño y rechoncho. *[coscoll]*

coscorrón. m. Golpe dado a la cabeza. *[gínjol]*

cosecha. f. Conjunto de frutos recogidos de la tierra. *[collita]* // Temporada en la que se recogen. *[collita]*

cosechar. v. tr. Arrancar de la planta un fruto, una flor, etc. *[collir]* // Recoger los productos de la tierra. *[collir]*

cosechero, era. m. y f. El que tiene cosecha de alguna cosa. *[colliter]*

cosedor. m. Habitación o departamento donde trabajan las costureras. *[cosidor]* // Mesilla de coser. *[cosidor]*

coser. v. tr. Unir con el hilo enhebrado en la aguja dos pedazos de tela, cuero, etc. *[cosir]* // Hacer trabajo de aguja. *[cosir]*

cosmopolita. adj. Que considera todo el mundo como patria suya. *[cosmopolita]* // Que contiene gente de todo el mundo. *[cosmopolita]*

cosmos. m. El universo concebido como un todo ordenado (por oposición a *caos*). *[cosmos]*

cosquillas. f. pl. Sensación experimentada en ciertas partes del cuerpo al ser tocadas suave y repetidamente, y que provoca risa involuntaria. *[pessigolles, cosquerelles]*

costa. f. Orilla del mar y faja de tierra

que está cerca de ella. *[costa]* // pl. Gasto que ocasiona algo. *[costes]*

costado. m. La parte derecha o izquierda del tronco o del cuerpo del hombre o de un animal. *[costat]* // Parte derecha o izquierda de alguna cosa. *[costat]*

costanero, era. adj. Que hace cuesta o pendiente. *[coster, costerut]*

costar. v. intr. Ser comprada una cosa por un precio determinado. *[costar]* // Ocasionar, una cosa, trabajo o desazón. *[costar]*

coste. m. Lo que cuesta una cosa; precio, valor. *[cost]*

costear. v. tr. Pagar el coste de algo. *[costejar]* // Ir subiendo por una cuesta. *[costejar]* // Navegar siguiendo la costa. *[costejar]*

costero. m. Primero y último de los tablones aserrados de un tronco. *[coster]*

costilla. f. Cada uno de los huesos encorvados que forman la caja torácica. *[costella]* // Nombre dado familiarmente a la mujer propia. *[costella]*

costra. f. Capa exterior endurecida sobre una cosa blanda. *[crosta]* // Capa dura que queda en algunos males que se van curando. *[crosta]*

costumbre. f. Hábito adquirido por la repetición de actos análogos. *[costum]* // Práctica que ha adquirido fuerza de ley. *[costum]* // pl. Conjunto de cualidades que forman la manera de ser de una persona o de un pueblo. *[costums]*

costura. f. Arte de coser. *[costura]* // Unión de dos piezas cosidas. *[costura]*

costurería. f. Taller de coser. *[cosidor]*

costurero, era. adj. y s. Que cose. *[cosidor]* // Canastilla para el cosido. *[costura]*

cota. f. Armadura del cuerpo que se usaba antiguamente. *[cota]* // Número que en los planos topográficos indica la altura de un punto sobre un plano tomado por la base. *[cota]*

cotidiano o cuotidiano, ana. adj. De cada día. *[quotidià]*

cotización. f. Acción y efecto de cotizar. *[cotització]*

cotizar. v. tr. Publicar en voz alta en la bolsa el precio de los valores de curso público. *[cotitzar]* // Asignar precio a una cosa. *[cotitzar]*

cotorra. f. Pájaro americano semejante al papagayo. *[cotorra]*

cotufa. f. Rosa de maíz, blanda, muy blanca que sale del grano de maíz cuando se le hace crujir al fuego. *[monja, rosa, borla]*

coyunda. f. Cuerda para sujetar el yugo a los cuernos de los toros uncidos, justador. *[junyidor, juntera]*

coyuntura. f. Combinación fortuita de acontecimientos o circunstancias. *[conjuntura]*

coz. f. Movimiento violento de las piernas de detrás de un animal. *[coça, guitza]*

cráneo. m. Cavidad ósea que contiene el encéfalo. *[crani, closca]*

cráter. m. Boca o abertura de un volcán. *[cràter]*

creación. f. Acción y efecto de crear. *[creació]* // Conjunto de todas las cosas creadas. *[creació]* // Obra literaria o artística original y de un gran mérito. *[creació]*

creador, ora. m. y f. El que crea. *[creador]*

crear. v. tr. Hacer una cosa de la nada. *[crear]* // Instituir un nuevo cargo, etc. *[crear]* // Componer obras literarias, artísticas, etc. *[crear]*

crecer. v. intr. Aumentar, un organismo vivo, gradualmente en virtud de su fuerza vital. *[créixer]* // Aumentar de dimensiones. *[créixer]*

creces. f. pl. Aumento, exceso, ventaja, aquello que se añade a la cantidad convenida o debida. *[escreix]*

crecido, ida. adj. Que ha tomado más volumen o nuevas formas. *[revingut]*

creciente. adj. Que crece. *[creixent]* // f. Aumento del agua del mar por efecto de las mareas. *[creixent]* // Fase de la luna durante la que va aumentando la parte iluminada. *[creixent]*

crecimiento. m. Acción de crecer. *[creixença, creiximent]*

credencial. adj. Que acredita. *[credencial]* // f. Documento en uso para acreditar un cargo. *[credencial]*

crédito. m. Confianza que inspira la veracidad de alguien o de algo. *[crèdit]* // Derecho que uno tiene a recibir de otro algo. *[crèdit]* // Confianza que inspira la solvencia de alguien. *[crèdit]*
credo. m. El símbolo apostólico que contiene los artículos fundamentales de la fe católica. *[credo]* // Creencias y convicciones que uno tiene. *[credo]*
crédulo, édula. adj. Que cree demasiado fácilmente lo que otro dice. *[crèdul]*
creencia. f. El hecho de creer. *[creença]* // Lo que se cree. *[creença]*
creer. v. tr. e intr. Tr. Admitir algo como cierto. *[creure]* // Intr. Tener fe en la realidad, en la eficacia, etc., de una cosa. *[creure]*
crema. f. Nata de la leche. *[crema]* // Comida hecha de leche, huevos y azúcar. *[crema]* // Nombre de ciertas pastas usadas para untar la piel, lustrar el calzado, etc. *[crema]*
crencha. f. Raya que divide los cabellos. *[clenxa]*
crenchar. v. tr. Hacer la crencha, dividir los cabellos con la crencha. *[clenxar]*
crepitar. v. intr. Hacer ruidos análogos a los que hace la leña cuando arde. *[crepitar]*
crepúsculo. m. Claridad desde que raya el día hasta la salida del sol o desde la puesta del sol hasta que es de noche. *[crepuscle]* // Tiempo que dura esta claridad. *[crepuscle]*
crespo, espa. adj. Rizado, retorcido formando ondas muy pequeñas, dicho especialmente del cabello, hojas, etc. *[cresp]*
cresta. f. Excrecencia carnosa que tienen encima de la cabeza el gallo y otras gallináceas. *[cresta]* // Parte de ciertas cosas que recuerda por su forma y posición a la cresta del gallo. *[cresta]* // Lomo de las montañas; línea divisoria de dos vertientes en una montaña o cordillera. *[carena]*
crestar. v. intr. Sacar la cresta los animales de pluma. *[crestar]*
creta. f. Arcilla arenosa usada principalmente para quitar manchas. *[greda]*
cretinismo. m. Enfermedad caracterizada por una especie de embrutecimiento y por un cierto vicio de conformación del cuerpo. *[cretinisme]* // Idiotez, estupidez extrema. *[cretinisme]*
cretino, ina. adj. y s. Que padece de cretinismo. *[cretí]* // Idiota, estúpido. *[cretí]*
cría. f. Acción y efecto de procrear a los animales o a los hombres. *[cria]* // Conjunto de los hijos de un animal. *[cria]*
criadilla. f. Testículo de animal. *[turma]* // Patata. *[creïlla]* // **criadilla de tierra.** Seta carnosa comestible muy apreciada. *[trufa]*
criado, ada. m. y f. El que, mediante un salario, se emplea en el servicio doméstico. *[criat]*
crianza. f. Acción y efecto de criar a un niño. *[criança]* // Educación, cortesía, urbanidad. *[criança]*
criar. v. tr. Amamantar, alimentar a un niño, a un cachorro, etc. *[criar]* // Educar, instruir. *[criar]* // Producir, la tierra, etc. *[criar]* // Parir las bestias. *[criar]*
criatura. f. Toda cosa creada. *[criatura]* // Niño nacido hace poco. *[criatura]*
criba. f. Instrumento lleno de agujeros iguales que sirve para separar granos u otras materias de tamaño desigual. *[garbell, crivell]*
cribar. v. tr. Separar las impurezas del trigo, etc., con la criba. *[porgar, garbellar]*
cric. m. Máquina formada por un piñón y una cremallera para levantar pesos a poca altura. *[cric]* // Ruido de cosa que cruje. *[cric]*
crimen. m. Cualquier delito grave. *[crim]*
criminal. adj. Relativo al crimen. *[criminal]* // m. y f. Persona que ha cometido un crimen o crímenes. *[criminal]*
crin. f. Pelos ásperos y largos que algunos animales tienen en la cerviz y en la cola. *[crin]*
cripta. f. Lugar subterráneo que sirve de sepultura o de oratorio. *[cripta]*
crisálida. f. Estado de un insecto lepidóptero posterior al estado de larva. *[crisàlide]*
crisis. f. Cambio considerable y súbito de una enfermedad. *[crisi]* // Fase grave que atraviesa la política, la industria, el comercio, etc. *[crisi]*

crisma. m. y f. Aceite consagrado empleado para las unciones en ciertos sacramentos de la Iglesia. *[crisma]* // f. Parte superior de la cabeza. *[crisma]*

crisol. m. Recipiente cónico de arcilla refractaria, grafito, metal, etc., para fundir metales, vidrio u otras materias. *[cresol]*

crispación. f. Contracción súbita, espasmódica, de la masa muscular. *[crispació]*

crispar. v. tr. y pron. Causar una contracción espasmódica. *[crispar]*

cristal. m. Vidrio muy transparente que resulta de la fusión de la arena silícea, potasa y minio. *[cristall]* // Tela muy fina, con reflejos tornasolados. *[cristall]*

cristalería. f. Establecimiento donde fabrican o venden objetos de cristal. *[cristalleria]* // Conjunto de objetos de cristal. *[cristalleria]*

cristalino, ina. adj. Relativo o perteneciente al cristal, de la naturaleza del cristal. *[cristal·lí]*

cristalizar. v. tr. e intr. Tr. Hacer que una sustancia tome una forma cristalizada. *[cristal·litzar]* // Intr. Tomar una forma cristalina. *[cristal·litzar-se]*

cristiandad. f. Conjunto de los que profesan la religión cristiana. *[cristiandat]*

cristianizar. v. tr. Convertir al cristianismo. *[cristianitzar]*

cristiano, ana. adj. Relativo o perteneciente a la religión de Cristo. *[cristià]* // m. Persona, hombre en general. *[cristià]*

cristina. f. Especie de torta de pasta fina y dura. *[cristina]*

criterio. m. Norma para juzgar una cosa. *[criteri]* // Juicio o discernimiento. *[criteri]*

crítica. f. Juicio sobre las cualidades y los defectos de una obra literaria, artística, etc. *[crítica]* // Arte de juzgar el valor de las cosas. *[crítica]*

criticar. v. tr. Examinar o juzgar como crítico una obra literaria, artística, etc. *[criticar]* // Hacer notar los defectos de las personas, de las cosas. *[criticar]* // Censurar, vituperar las acciones, la conducta de alguien, etc. *[criticar]*

crítico, ítica. adj. Relativo o perteneciente a la crisis. *[crític]* // Perteneciente a la crítica. *[crític]* // Grave, peligroso. *[crític]* // m. Aquel que critica. *[crític]*

croar. v. intr. Chillar la rana. *[raucar]*

cromo. m. Estampa de medida pequeña destinada a ser coleccionada. *[cromo]* // Metal gris claro, quebradizo y duro. *[crom]*

crónica. f. Relación de hechos históricos en el orden del tiempo. *[crònica]* // En los periódicos, la parte consagrada a una determinada clase de noticias. *[crònica]* // Lo que se cuenta sobre personas o cosas. *[crònica]*

crónico, ónica. adj. Aplicado a los males o enfermedades habituales de larga duración. *[crònic]*

cronista. m. y f. Autor de una crónica. *[cronista]*

cronometrar. v. tr. Medir el tiempo de un suceso con gran precisión. *[cronometrar]*

cronómetro. m. Instrumento para medir el tiempo, especialmente reloj de gran precisión. *[cronòmetre]*

croquis. m. Dibujo ligero, hecho a ojo. *[croquis]*

cruce. m. Confluencia de dos caminos, etc. *[creuer, enforcall]*

crucero. m. La parte de la iglesia donde se cruzan la nave principal y la que atraviesa. *[creuer]* // Especie de barco de guerra. *[creuer]*

crucial. adj. En forma de cruz. *[crucial]* // Decisivo. *[crucial, decisiu]*

crucificar. v. tr. Clavar en cruz. *[crucificar]*

crucifijo. m. Imagen de Jesucristo crucificado. *[crucifix]*

crudo, uda. Dicho de la comida que no está cocida o que no lo está bastante. *[cru]* // Aplicado al tiempo muy frío. *[cru]* // Aplicado a ciertas telas no preparadas o teñidas. *[cru]*

cruel. adj. Que se complace en hacer sufrir. *[cruel]* // Que no se compadece de la desgracia de otro. *[cruel]*

crueldad. f. Calidad de cruel. *[crueltat]* // Acto propio de una persona cruel. *[crueltat]*

crujido. m. Acción y efecto de crujir. *[cruiximent]*

crujir. v. intr. Hacer un ruido agudo dos cosas que se rozan. *[cruixir]* // Hacer ruido algo que se rompe. *[cruixir]*

crustáceo, ácea. adj. Aplicado a los animales que respiran por branquias y están cubiertos de un caparazón duro. *[crustaci]*

cruz. f. Figura de dos palos que se cortan perpendicularmente. *[creu]* // Señal del cristiano, en memoria de la crucifixión de Jesucristo. *[creu]* // Pena, carga, aflicción. *[creu]*

cruzada. f. Expedición militar contra los infieles. *[croada]*

cruzado, ada. adj. y s. El que tomaba parte en una cruzada. *[croat]*

cruzamiento. m. Acción y efecto de cruzar o de cruzarse. *[encreuament]*

cruzar. v. tr. Atravesar un camino, calle, etc., pasando de un lado a otro. *[creuar]* // **-se.** Pasar dos personas o cosas en dirección opuesta. *[creuar-se]*

cu. f. Nombre de la letra *q. [cu]*

cuadernillo. m. La quinta parte de una mano de papel, conjunto de cinco hojas. *[quadern]*

cuaderno. m. Conjunto de pliegos de papel, doblados y cosidos en forma de libro. *[quadern]*

cuadra. f. Lugar cerrado de pared, generalmente adherido a una casa, en el que se recogen los animales domésticos para comer y dormir. *[cort]*

cuadrado, ada. adj. En forma de cuadrado. *[quadrat]* // m. Segunda potencia de una cantidad. *[quadrat]* // Cuadrilátero que tiene los cuatro lados iguales y ángulos rectos. *[quadrat]*

cuadragésimo, ésima. adj. Dícese de lo que ocupa el lugar número cuarenta. *[quaranté]*

cuadrangular. adj. Que tiene cuatro ángulos. *[quadrangular]*

cuadrante. m. Cuarta parte de una circunferencia. *[quadrant]* // Reloj solar trazado en un plano. *[quadrant]*

cuadrar. v. tr. e intr. Tr. Dar figura cuadrada a una cosa. *[quadrar]* // Elevar un número al cuadrado. *[quadrar]* // Intr. Ajustar o conformarse una cosa con otra. *[quadrar]* // **-se.** Erguirse juntando los talones. *[quadrar-se]*

cuadratura. f. Acción y efecto de cuadrar una figura. *[quadratura]*

cuadrícula. f. Conjunto de cuadrados que resultan de cortarse perpendicularmente dos series de rectas paralelas. *[quadrícula]*

cuadricular. v. tr. Trazar líneas que formen una cuadrícula. *[quadricular]*

cuadrienio. m. Espacio de cuatro años. *[quadrienni]*

cuadriga. f. Conjunto de cuatro caballos, enganchados de frente. *[quadriga]*

cuadrilátero, átera. adj. Que tiene cuatro lados. *[quadrilàter]*

cuadrilla. f. Reunión de diversas personas para algún fin. *[colla]* // Grupo, especialmente de toreros. *[quadrilla]*

cuadrillo. m. Saeta más corta que las ordinarias y de punta cuadrangular. *[cairell]*

cuadrivio. m. Lugar donde concurren cuatro caminos. *[quadrivi]* // Antiguamente, el conjunto de las cuatro artes liberales: geometría, aritmética, música y astrología. *[quadrivi]*

cuadro. m. Marco de forma rectangular. *[quadre]* // Cada parte de una obra de teatro. *[quadre]* // Tabla o tela donde hay pintada alguna cosa. *[quadre]*

cuadrumano, ana. adj. Que tiene cuatro manos. *[quadrumà]*

cuadrúpedo, úpeda. adj. Que tiene cuatro patas. *[quadrúpede]*

cuádruple. adj. Que consta de cuatro partes iguales. *[quàdruple]* // Que es cuatro veces mayor. *[quàdruple]*

cuadruplicar. v. tr. Multiplicar por cuatro. *[quadruplicar]*

cuádruplo, ádrupla. adj. Lo que resulta de multiplicar por cuatro. *[cuádruple]*

cuajar. v. tr. Volver sólido un líquido. *[coagular]*

cuajo. m. La parte cuajada de la leche. *[quall]*

cual. pron. Relativo que va siempre precedido del artículo definido formando la combinación *el cual, la cual,* etc., equivalente a *que. [qual]*

cualquier. pron. y adj. Cualquiera (antepuesto al nombre). *[qualsevol]*
cualquiera. pron. Una de entre diversas personas o cosas, sea la que sea, no importa cuál. *[qualsevol, qualsevulla]* // adj. indef. No escogido, de escasa importancia, vulgar. *[qualsevol, qualsevulla]* // **ser un cualquiera.** Ser una persona vulgar o despreciable. *[ser un qualsevol]*
cuando. adv. En un tiempo y ocasión determinados. *[quan]*
cuantía. f. Importancia o valor de alguna cosa. *[quantia]*
cuantitativo, iva. adj. Relativo o perteneciente a la cantidad. *[quantitatiu]*
cuanto, anta. adj., pron. y adv. Significación de cantidad indeterminada. *[quant]*
cuarenta. adj. Conjunto de cuatro decenas. *[quaranta]*
cuarentavo, ava. adj. Cada una de las partes de una cantidad dividida en cuarenta partes iguales. *[quaranté]*
cuarentena. f. Conjunto de cuarenta unidades. *[quarantena]* // Espacio de tiempo durante el que se priva de comunicación a los que proceden de lugares infectados o sospechosos de algún mal contagioso. *[quarantena]*
cuaresma. f. Período de tiempo entre el miércoles de ceniza y la pascua, y que la Iglesia dedica especialmente a la penitencia. *[quaresma]*
cuarta. f. Cada una de las cuatro partes iguales en que se divide un todo. *[quarta]*
cuartana. f. Fiebre que se repite cada cuatro días. *[quartana]*
cuartel. m. Cada una de las partes de un escudo, etc. *[quarter]* // Cada uno de los lugares donde se alojan las tropas. *[quarter]* // Distrito de una población. *[quarter]*
cuarterón. m. Cuarta parte de una arroba, equivalente a seis libras y media. *[quarteró]*
cuarterón, ona. adj. y s. Nacido de mestizo y blanca, o de blanco y mestiza. *[quarteró]*
cuarteta. f. Grupo de cuatro versos octosílabos. *[quarteta]*
cuarteto. m. Grupo de cuatro versos generalmente endecasílabos. *[quartet]* // Composición musical para cuatro voces o instrumentos. *[quartet]* // Conjunto de estas cuatro voces o instrumentos. *[quartet]*
cuartilla. f. Cuarta parte de una hoja de papel. *[quartella]* // Tendón de la parte inferior de la pierna de un cuadrúpedo. *[garró]*
cuartillo. m. Medida de capacidad para líquidos, especialmente para el vino, que es la dieciseisava parte del cántaro, y que en el sistema valenciano equivale a 0'673 litros. *[mitgeta]*
cuarto, arta. adj. Dícese de lo que ocupa el lugar cuarto en una seria ordenada. *[quart]* // Aplicado a cada una de las partes de una cantidad dividida en cuatro partes iguales. *[quart]* // m. La cuarta parte de una hora. *[quart]* // Menguante o creciente de la luna. *[quart]*
cuarzo. m. Óxido de silicio lustroso y muy duro. *[quars]*
cuaternario, aria. adj. y s. Que consta de cuatro unidades o elementos. *[quaternari]* // Dícese del período geológico actual. *[quaternari]*
cuatricromía. f. Estampación tipográfica hecha a cuatro colores. *[quatricromia]*
cuatrimestre. m. Espacio de cuatro meses. *[quatrimestre]*
cuatro. adj. Tres y uno. *[quatre]* // Cifra con que se representa este número. *[quatre]*
cuatrocientos, entas. adj. Cuatro veces cien. *[quatre-cents]*
cuba. f. Recipiente de madera para líquidos. *[bóta]*
cubicar. v. tr. Elevar al cubo o tercera potencia. *[cubicar]* // Determinar el volumen de un cuerpo o la capacidad de un espacio. *[cubicar]*
cúbico, úbica. adj. Relativo o perteneciente al cubo. *[cúbic]* // Que tiene forma de cubo. *[cúbic]*
cubierta. f. Lo que se pone encima de una cosa para taparla o resguardarla. *[coberta]*

cubierto. m. El servicio de mesa para cada uno de los que han de comer. *[cobert]* // Comida que dan en una fonda por un precio determinado. *[cobert]*

cubil. m. Paraje donde los animales se recogen para dormir. *[cau]* // Lugar donde alguien se refugia o se esconde. *[niu]*

cúbito. m. De los dos huesos del antebrazo, el más largo y grueso. *[cúbit]*

cubo. m. Hexaedro regular. *[cub]* // Tercera potencia de una cantidad. *[cub]*

cubo. m. Pieza central de una rueda donde encajan los rayos. *[botó]*

cubrecama. m. Pieza de tela que sirve para tapar algo. *[cobertor]* // Colcha. *[cobrellit]*

cubrir. v. tr. Esconder o tapar una cosa con otra. *[cobrir]* // Juntarse el macho con la hembra para fecundarla. *[cobrir]*

cucaña. f. Espectáculo de fiesta popular consistente en un palo untado de grasa o jabón por donde hay que trepar para coger un premio que hay en lo alto. *[cucanya]* // Gran abundancia de todo. *[cucanya]*

cucaracha. f. Insecto ortóptero, nocturno, corredor, que se esconde en los lugares húmedos y oscuros. *[panerola]*

cucurucho. m. Papel o cartón arrollado en forma cónica. *[cucurutxo, paperina]*

cuchara. f. Utensilio de metal o de madera, formado por una pala cóncava y un mango, para llevar la comida a la boca. *[cullera]* // Cualquier objeto que tiene esta misma forma. *[cullera]*

cucharón. m. Cuchara grande que sirve para repartir, en la mesa, la sopa, un jugo, etc. *[culler, cullerot]*

cucharro. m. Hoyo natural en una piedra, peña, etc., donde se conserva el agua de lluvia, de mar, de un río, formando un charco pequeño. *[cadolla]*

cuchichear. v. intr. Hablar en voz baja al oído de alguien. *[xiuxiuejar]*

cuchicheo. m. Acción de cuchichear. *[xiuxiueig]*

cuchilla. f. Nombre de diferentes instrumentos utilizados para cortar. *[tallant]*

cuchillo. m. Herramienta de filo, consistente en una hoja de acero relativamente corta y puesta en el extremo de un mango. *[coltell, ganivet]*

cuello. m. Parte del cuerpo del hombre o del animal, que une la cabeza con el tronco. *[coll]* // Parte más estrecha de muchos objetos. *[coll]* // Parte superior de ciertos vestidos próxima al cuello o que lo rodea. *[coll]*

cuenca. f. Trozo de tierra rodeado de montañas. *[conca]* // Conjunto de territorios cuyas aguas van a parar a un río. *[conca]*

cuenco. m. Recipiente grande de barro, de forma generalmente troncocónica invertida, usado para hacer la colada, bañarse, etc. *[cossi]*

cuenta. f. Acción y efecto de contar. *[compte]* // Cálculo u operación aritmética. *[compte]* // Cuidado, incumbencia, obligación. *[compte]*

cuentagotas. m. Utensilio para verter un líquido gota a gota. *[comptagotes]*

cuentahilos. m. Aparato con un vidrio multiplicador, para contar los hilos de un tejido. *[comptafils]*

cuento. m. Lo que se cuenta. *[contalla]* // Género literario de narración relativamente corto. *[conte, contalla]* // Relación de un suceso falso o de pura invención. *[conte]* // Cómputo. *[compte]*

cuerda. f. Conjunto torcido de hilos de cáñamo, esparto, etc. *[corda]* // En geometría, línea recta que une dos puntos de una curva. *[corda]* // Hilos de tripa o de metal para los instrumentos musicales. *[corda]* // Cada uno de los ligamentos de la laringe, capaces de producir vibraciones. *[corda]* // La parte propulsora del mecanismo de un reloj. *[corda]*

cuerno. m. Asta, excrecencia que tienen ciertos animales en la cabeza. *[banya]* // Instrumento de viento para hacer señales, etc., y por extensión, nombre de diferentes instrumentos de viento parecidos a un cuerno. *[corn]* // Cada una de las dos puntas o partes extremas que presentan algunas cosas. *[corn]*

cuero. m. Piel del toro y otros animales, curtida y preparada para diferentes usos. *[cuiro, cuir]* // **en cueros.** loc. adv. Desnudo, sin ropa. *[en conill]*

cuerpo. m. Agregado de todas las partes materiales que componen el organismo del hombre o del animal. *[cos]* // El tronco por oposición a la cabeza y a los miembros, y también toda la persona, excepto la cabeza. *[cos]* // Parte del vestido, del cuello a la cintura. *[cos]* // Espesor de ciertas cosas. *[cos]* // Tamaño de los caracteres de imprenta. *[cos]* // Sustancia material. *[cos]* // Conjunto de personas que forman como un organismo, que ejercen una misma función. *[cos]*

cuervo. m. Pájaro dentirrostro carnívoro, de plumaje negro con matices azulados. *[corb]*

cuesco. m. Hueso o pepita de la fruta. *[pinyol]* // Ventosidad evacuada por el ano con ruido. *[pet]*

cuesta. f. Terreno en pendiente. *[costa]* // Pendiente de un terreno montuoso. *[costera]*

cuestación. f. Recaudación, colecta, etc. *[col·lecta]*

cuestión. f. Punto que se quiere aclarar, discutir, tratar. *[qüestió]* // Riña, disputa. *[qüestió]*

cuestionar. v. tr. Discutir un punto dudoso. *[qüestionar]*

cuestionario. m. Lista de preguntas o cuestiones sobre una cosa determinada. *[qüestionari]*

cuestor. m. Magistrado romano encargado de diversas funciones civiles y militares. *[qüestor]*

cueva. f. Cavidad subterránea vasta y profunda. *[cova]* // Cavidad vacía por dentro que se forma en una roca, montaña, risco, terreno, etc., natural o artificial. *[cova]*

cuévano. m. Recipiente de esparto o mimbre, a modo de cesto bastante hondo, más ancho de boca que de fondo. *[corbo, corbet]*

cuezo. m. Recipiente grande de barro, de forma generalmente troncocónica invertida, usado para hacer la colada, bañarse, etc. *[cossi, gaveta]*

cuidado. m. Solicitud, diligencia para velar por el bien o por el buen estado de alguien o de algo. *[cura]*

cuidadoso, osa. adj. Que tiene cuidado o se preocupa. *[curós]*

cuidar. v. tr. Tener cuidado de una cosa. *[cuidar]*

culantrillo. m. Hierba que se cría en las bocas de los puentes y otros lugares húmedos. *[falzia]*

culata. f. Parte posterior de los cañones y otras armas de fuego. *[culata]*

culebra. f. Nombre que se da a los reptiles ofidios, especialmente a los de pequeño y mediano tamaño. *[colobra]*

culebrear. v. intr. Moverse serpenteando como una anguila o serpiente. *[anguilejar, serpejar]*

culero. m. Paño que se pone bajo el culito de los niños de pecho para recoger el excremento. *[culer, bragueta]*

culminar. v. intr. Llegar una cosa al punto más alto. *[culminar]*

culo. m. Parte carnosa de la persona o del animal desde el final del espinazo hasta el comienzo de los muslos. *[cul]* // Fondo, especialmente de un recipiente. *[cul]*

culpa. f. Falta más o menos grave, cometida voluntariamente. *[culpa]*

culpar. v. tr. Atribuir a alguien la culpa de una cosa. *[culpar]*

cultivar. v. tr. Someter la tierra a ciertos trabajos para hacerla fértil. *[conrear, cultivar]* // Frecuentar una amistad, una persona. *[cultivar, conrear]* // Fomentar el trato y la amistad. *[conrear, cultivar]* // Consagrar tiempo y cuidado especial a una cosa. *[cultivar, conrear]*

cultivo. m. Acción y efecto de cultivar. *[conreu]* // Tierra cultivada. *[conreu]*

culto, ulta. adj. Dotado de cultura. *[cult]* // Propio de la cultura. *[cult]* // m. Honor, homenaje religioso. *[cult]* // Admiración afectuosa, veneración profunda. *[cult]*

cultura. f. Conocimientos científicos o literarios que se tiene. *[cultura]*

cumbre. f. El punto más elevado de una montaña. *[cim]*

cumplido. m. Expresión de cortesía, respeto, etc. *[compliment]*

cumplimentar. v. tr. Poner en ejecución las órdenes superiores. *[complimentar]* // Dar la enhorabuena o felicitación. *[complimentar]*

cumplimiento. m. Acción y efecto de cumplir o cumplirse. *[compliment]*

cumplir. v. tr. e intr. Tr. Ejecutar, realizar. *[complir]* // Alcanzar una edad determinada. *[complir]* // Intr. Observar una ley o precepto. *[servar]* // Intr. y pron. Acabar un plazo. *[complir-se]*

cúmulo. m. Conjunto de muchas cosas, montón. *[cúmul]*

cuna. f. Cama para niños, con bordes altos, y que puede mecerse. *[bressol]*

cundido. m. Lo que se come con el pan o además del pan. *[companatge]*

cundir. v. intr. Extenderse hacia todas partes una cosa. *[créixer, estendre]*

cuña. f. Pieza de madera o metal terminada en ángulo diedro muy agudo. *[falca, tascó]*

cuñado, ada. m. y f. Hermano de un cónyuge respecto al otro. *[cunyat]*

cuño. m. Pieza grabada para sellar monedas o medallas. *[encuny]* // Impresión o sello que deja el acto de cuñar. *[encuny]*

cuota. f. Parte o porción fija proporcional. *[quota]*

cupo. m. Cuota. *[quota]*

cupón. m. Cada una de las divisiones de títulos de renta. *[cupó]*

cúpula. f. Parte del remate de algunos edificios monumentales, de base cilíndrica y cubierta de una bóveda hemisférica. *[cúpula]* // En botánica, involucro en forma de copa que cubre parcialmente el fruto en la encina y otras plantas. *[cúpula]*

cura. f. Acción de aplicar a un enfermo los remedios convenientes. *[cura]* // Recobramiento de la salud. *[cura]*

curación. f. Acción y efecto de curar o curarse. *[curació]*

curar. v. tr. e intr. Preparar carnes y pescados para su conservación. *[adobar]* // Curtir pieles para uso industrial. *[adobar]* // Aplicar remedios para una enfermedad o mal. *[guarir]* // Intr. y pron. Sanar. *[curar-se, sanar]*

curia. f. Entre los antiguos romanos, fracción de una tribu. *[cúria]* // Tribunal de negocios eclesiásticos. *[cúria]* // Conjunto de escribanos, abogados y procuradores de la administración de justicia. *[cúria]*

curiosear. v. tr. Ejercer alguien su curiosidad en cosas que no le importan. *[tafanejar]* // Tratar de enterarse de cosas que son ajenas a uno. *[tafanejar]*

curiosidad. f. Calidad de curioso. *[curiositat]* // Cosa extraña que despierta el deseo de verla. *[curiositat]*

curioso, osa. adj. Que tiene curiosidad o deseo de inquirir. *[curiós]* // Limpio, pulcro, aseado. *[curiós]* // Raro, singular. *[curiós]*

curruca. f. Pájaro canoro muy pequeño, de la familia de los sílvidos; insectívoro, de color ceniciento, con el pecho y el vientre más claro. *[busquereta]*

cursar. v. tr. Dar curso a una instancia, etc. *[cursar]* // Asistir a un curso de enseñanza. *[cursar]*

cursi. adj. y s. Ridículo por presunción. *[coent]*

cursilería. f. Calidad de cursi. *[coentor]*

cursivo, iva. adj. Dicho de la escritura manuscrita en la que las letras se unen unas con otras mediante prolongaciones y nexos. *[cursiu]* // f. La letra de imprenta un poco inclinada hacia la derecha como la escritura manuscrita. *[cursiva]*

curso. m. Camino que hace una cosa que se mueve de una manera progresiva. *[curs]* // Serie de lecciones que forman una enseñanza regular de una materia. *[curs]*

curtidor. m. Quien tiene por oficio curtir pieles. *[blanquer]*

curtiduría. f. Lugar donde se curten y trabajan las pieles. *[blanqueria]*

curtir. v. tr. Adobar las pieles quitándoles el pelo. *[assaonar, adobar]*

curva. f. Tramo curvo de una cosa. *[corba]* // Línea que no es recta ni formada por tramos rectos. *[corba]*

curvar. v. tr. Hacer curva una cosa, doblar. *[corbar]*

curvilíneo, ínea. adj. Que se compone de

líneas curvas. *[curvilini]* // Que sigue una línea curva. *[curvilini]*

curvo, urva. adj. Dicho de una línea que constantemente se va apartando de la dirección recta, sin formar ángulos. *[corb]*

cúspide. f. El punto más elevado de una cosa. *[cim]*

custodia. f. Acción y efecto de custodiar. *[custòdia]* // Receptáculo donde se expone el Santísimo Sacramento. *[custòdia]*

custodiar. v. tr. Guardar con mucho cuidado y vigilancia. *[custodiar]*

cutis. m. Piel del cuerpo humano. *[cutis]*

cuyo, uya. pron. rel. y pos. Precede al substantivo y expresa la cosa poseída por el antecedente. *[del qual]*

ch ch ch ch ch ch ch ch

ch. Cuarta letra del abecedario. *[tx, x]*
chabacano, ana. adj. De mal gusto, sin gracia, sin distinción. *[xaró]*
chabola. f. Caseta o choza. *[barraca]*
chacal. m. Mamífero carnicero parecido al lobo. *[xacal]*
cháchara. f. Abundancia de palabras inútiles. *[parloteig]*
chacharear. v. intr. Hablar mucho y sin sustancia. *[parlotejar]*
chafadura. f. Acción y efecto de chafar. *[xafada]*
chafar. v. tr. Aplastar. *[xafar]* // Vencer a uno en una conversación. *[xafar]*
chafarote. m. Alfanje corto y ancho. *[simitarra]*
chaflán. m. Cara que resulta de cortar un plano a lo largo de una arista. *[xamfrà]*
chal. m. Pieza cuadrangular de lana o seda que utilizan las mujeres para cubrirse la espalda y los hombros. *[xal]*
chalé o **chalet.** m. Casa de campo que recuerda los chalés suizos. *[xalet]*
chaleco. m. Prenda de vestir que cubre el pecho y la espalda, sin mangas, que se pone debajo de la americana; chupa, etc., guardapechos. *[jupetí]*
chalina. f. Corbata larga y ancha que se utiliza para abrigarse el cuello. *[xalina]*
chamba. f. Azar favorable. *[xamba]*
chambergo. m. Sombrero redondo de ala ancha levantada por un lado. *[xamberg]*
chambra. f. Blusa corta que se ponen las mujeres encima de la camisa para estar en casa. *[xambra]*
chamiza. m. Gramínea que crece en las orillas de los ríos, fuentes, ojos de manantial, etc., con un tronco largo de más de un metro de alto, hojas cenizas, dentadas y puntiagudas, y panícula violeta; cañizo. *[senill]*
champán. m. Vino blanco espumoso. *[xampany]*
champú. m. Loción para lavarse la cabeza. *[xampú]*
chamuscar. v. tr. y pron. Quemar superficialmente. *[socarrar]*
chamusquina. f. Acción y efecto de chamuscar o chamuscarse. *[socarrim]*
chancero, era. adj. Festivo. *[bromista]*
chanclo. m. Calzado de madera para preservar de la humedad y del lodo. *[xancle]*
chanfaina. f. Salsa hecha con trocitos de tomate, berenjena, etc. *[samfaina]*
chantaje. m. Coacción que se hace a alguien amenazándolo con difamarle para obtener dinero. *[xantatge]*
chantre. m. Dignidad eclesiástica, que en las iglesias catedrales ejerce el gobierno y dirección del canto en el coro y cuida de la capilla de música. *[xantre]*
chapa. f. Plancha delgada de metal o madera. *[xapa]*
chapado, ada. adj. Cubierto de azulejos. *[xapat]* // **chapado a la antigua.** Se dice de la persona de hábitos e ideas antiguas. *[fet a l'antiga]*
chapar. v. tr. Cubrir algo con chapa. *[xapar]*
chaparro, arra. adj. y s. Persona rechoncha, de poca estatura. *[xaparro]*
chaparrón. m. Lluvia fuerte y de poca duración, aguacero. *[devessall]*
chapín. m. Clase de sandalia que usaban las mujeres. *[xapí]*
chapinería. f. Oficio de chapinero. *[tapineria]* // Tienda o barrio donde vendían chapines. *[tapineria]*

chapinero, era. m. y f. El que hacía o vendía chapines. *[tapiner]*
chapotear. v. intr. Sonar el agua batida por los pies o las manos. *[xipollejar]*
chapucear. v. tr. Tratar de hacer cosas sin saberlas hacer. *[potinejar]*
chapucero, era. adj. y s. Quien trabaja o hace las cosas sin traza ni maña. *[potiner, manotes]*
chapurrear. v. intr. Hablar un lenguaje mezclado de dos o más lenguas. *[xampurrejar]*
chapurreo. m. Acción y efecto de chapurrear. *[xampurreig]*
chapuzar. v. tr. y pron. Meter a uno de cabeza en el agua. *[cabussar]*
chaqueta. f. Prenda exterior de vestir, con mangas, que se ajusta al cuerpo y llega hasta las caderas. *[jaca, jaqueta]*
charanga. f. Música militar que consta solamente de instrumentos de viento. *[xaranga]*
charca. f. Charco grande. *[bassa]*
charco. m. Agua estancada en una depresión del terreno. *[sot]*
charlar. v. intr. Hablar mucho y sin interés. *[xarrar]* // Conversar por mero pasatiempo. *[xarrar]*
charlatán. adj. y s. Que habla mucho y sin sustancia. *[xarlatà]* // El que charlando explota la credulidad de la gente. *[xarlatà]*
charnela. f. Bisagra o gozne. *[frontissa]*
charol. m. Barniz muy lustroso y permanente. *[xarol]* // Cuero con capa de este barniz. *[xarol]*
charpa. f. Especie de faja o petral para llevar armas de fuego. *[xarpa]*
chasco. m. Rechazo, menosprecio, etc., que nos deja en mal lugar, nos mortifica, etc; burla, engaño. *[miquel]*
chasis. m. Armazón que sostiene el motor y la carrocería de un automóvil. *[xassís]* // Bastimento en ciertos dispositivos. *[xassís]*
chasquear. v. tr. e intr. Tr. Dar chasco o broma. *[mocar]* // No cumplir lo prometido. *[boixar]* // Intr. Dar chasquidos. *[esclafir]*
chasquido. m. Ruido que se hace con el látigo, la honda, etc., cuando se sacuden violentamente en el aire. *[esclafit]*
chato, ata. adj. y s. Que tiene la nariz corta y aplastada. *[camús]*
chaza. f. Señal que se pone donde se paró la pelota. *[ratlla]*
chazador. m. Quien en el juego de pelota señala las chazas. *[marxador]*
che. f. Nombre de la letra «ch».
¡che! Interjección propia del país valenciano, utilizada para llamar la atención de alguien, y en otros casos; se usa en el trato familiar. *[xe!]*
checo, eca. adj. y s. Natural o propio de Checoslovaquia. *[txec]* // m. Lengua de Bohemia y Moravia. *[txec]*
checoslovaco, aca. adj. y s. Natural o propio de Checoslovaquia. *[txecoslovac]*
cheque. m. Documento en forma de orden de pago mediante el cual una persona puede retirar dinero. *[xec]*
chiclé. m. Goma perfumada extraída del árbol del mismo nombre, utilizada como goma de mascar. *[xiclet]*
chico, ica. adj. Corto de extensión, limitado, que no tiene las dimensiones ordinarias, pequeño. *[petit, menut]* // Insignificante, poca cosa. *[petit]* // m. y f. Niño, pequeño, chiquillo, chiquito. *[xic, xiquet, xicotet]*
chicuelo, ela. m. y f. Chico de pocos años. *[xicon]*
chichón. m. Protuberancia producida especialmente en alguna parte del cuerpo por una contusión. *[bony]*
chiflado, ada. adj. Lunático. *[boig]*
chifladura. f. Obsesión excesiva. *[bogeria]*
chiflar. v. tr. Hacer perder el entendimiento, el razonamiento. *[guillar]* // **-se.** Perder el entendimiento. *[guillar-se]*
chillar. v. intr. Producir con la boca chillidos, gritar. *[xisclar]*
chillido. m. Sonido inarticulado de la voz, agudo y desagradable. *[xisclet]*
chillón, ona. adj. Que chilla mucho. *[cridaner]* // Dicho de un color excesivamente vivo. *[llampant]*
chimenea. f. Conducto que da salida al humo de una cocina, horno, etc. *[fumeral, ximenera]*
chimpancé. m. Simio antropoide que vive en el centro de África. *[ximpanzé]*

chinche. f. Insecto hemíptero de color rojo oscuro, que chupa la sangre del hombre produciendo picaduras irritantes. *[xinxa]*

chinchero. m. Tejido hecho de mimbre o listones de madera, etc., que se ponían al lado de las camas para recoger las chinches. *[xinxer]*

chincheta. f. Clavo de cabeza circular y punta fina, que sirve para clavar el papel, etc. *[xinxeta]*

chinela. f. Zapato de suela ligera, sin talón, para estar en casa. *[xinel·la]*

chino, ina. adj. y s. Natural o propio de China. *[xinès]*

chiquillería. f. Conjunto de chiquillos. *[xicalla]*

chiquillo, illa. m. y f. Niño que no ha llegado a la pubertad. *[nin]*

chiquitín. m. Niño pequeño. *[patufet]*

chiquito, ita. adj. Muy pequeño. *[xicotet]*

chirimía. f. Instrumento de madera, de sonido agudo. *[xeremia]*

chirimoya. f. Fruto del chirimoyo. *[xirimoia]*

chirimoyo. m. Árbol de la familia de las anonáceas que produce las chirimoyas. *[xirimoier]*

chirivía. f. Planta umbelífera, de raíz fusiforme, utilizada com condimento y como medicina. *[xirivia]*

chirlo. m. Descalabradura en la cabeza, herida como de cuchillo. *[trinxet]*

chirriar. v. intr. Hacer ruidos un objeto inanimado. *[grinyolar]*

chirrido. m. Cualquier sonido agudo y desagradable. *[grinyol]*

chisgarabís. m. Hombre que es flojo de carácter y no hace nada de importancia, pero que se mueve mucho y aparenta energía *[manifasser, cagandanes]*

chismorrear. v. intr. Murmurar, cotillear, intrigar. *[xafardejar]*

chismoso, osa. adj. y s. Que le gusta chismorrear. *[xafarder]*

chispa. f. Partícula encendida que se desprende de un cuerpo en combustión o fuertemente frotado. *[purna]* // Penetración, viveza de ingenio. *[purna]* // Porción muy pequeña de una cosa. *[purna]*

chispear. v. intr. Lanzar chispas. *[guspirejar]*

chisporrotear. v. intr. Lanzar chispas. *[espurnejar]* // Producir una sucesión de sonidos la leña al quemarse. *[espetarregar]*

chisporroteo. m. Cada uno de los sonidos que hace la leña al chisporrotear. *[espetarrec]*

chistar. v. intr. Abrir la boca o hacer ademán de hablar. *[piular]* // Hablar, levantar la voz. *[piular]*

chiste. m. Broma o burla ingeniosa, agudeza. *[facècia]*

chito. m. Pieza corta de caña para jugar. *[canonet]* // Tubito de madera, metal, etc., empleado para diversos usos. *[canut]* // Juego que consiste en echar tejos al chito para derribarlo. *[canut]*

chivo, iva. m. y f. Cría de la cabra, desde que no mama hasta que llega a la edad de procrear. *[segall]*

choc. m. Suspensión repentina de la actividad del organismo, sin perder la conciencia, a causa de una fuerte impresión o de un golpe. *[xoc]*

chocante. adj. Que choca. *[xocant]*

chocar. v. intr. Encontrarse violentamente una cosa con otra. *[xocar]* // Sorprender. *[xocar]*

chocolate. m. Pasta compuesta de cacao, azúcar y canela, y bebida que se hace disolviendo e hirviendo dicha pasta. *[xocolate]*

chochear. v. intr. Obrar o hablar con poco juicio a causa de la mucha edad. *[caducar, caduquejar]*

chocho, ocha. adj. Que chochea. *[xaruc]*

chófer. m. Conductor de automóviles. *[xofer]*

chopo. m. Árbol muy grande que se cría en las orillas de los ríos y crece muy rápidamente. *[xop]*

choque. m. Encuentro violento de una cosa contra otra. *[xoc]* // Contienda, riña. *[contesa]*

chorizo. m. Embutido de carne de cerdo, picada y adobada. *[xoriç]*

chorlito. m. Ave de paso, zancuda, de pico largo y recto, de carne muy apreciada. *[xamerlí]*

chorreadura. f. Mancha que deja en alguna cosa un líquido que ha caído sobre ella chorreando. *[regall]*

chorrear. v. intr. Correr un líquido que deja un reguero o regato por donde se escurre. *[regallar]* // Caer gota a gota un líquido. *[regallar]* // Caer hilos de los cirios, candelas, etc., encendidos. *[regallar, regalimar]*

chorreo. m. Acción y efecto de chorrear. *[regall]*

chorrillo. m. Chorro pequeño. *[regalim, regallim]*

chorro. m. Porción de líquido que sale por una abertura estrecha. *[raig]*

choto, ota. m. y f. Cría de la cabra mientras mama. *[xot]*

chufa. f. Tubérculo dulce, producido por una especie de juncia, que sirve para preparar horchata. *[xufa]*

chulería. f. Dicho o hecho jactancioso. *[fatxenderia]*

chuleta. f. Costilla de cerdo, de cordero, de cabra o de vacuno, con una porción de carne adherida, que se come asada o frita. *[xulla]*

chulo, ula. adj. y s. Que hace y dice las cosas con chulería. *[pinxo]*

chupa. f. Parte del vestido hasta la cintura, con cuatro faldillas y mangas ajustadas. *[jupa]*

chupada. f. Cada una de las aspiraciones que se hacen para chupar, acción de chupar. *[xuplit]*

chupar. v. tr. Extraer con los labios el jugo o sustancia de una cosa. *[xuplar, xuclar]* // Absorber los vegetales el agua o la humedad. *[xuplar]*

churra. f. Clase de ovejas robustas y de clase grasienta, de lana basta especial para vestidos de abrigo. *[xurra]*

churro, urra. adj. y s. Dícese de los serranos de la zona del Guadarrama, por el vestido de lana de las ovejas churras del país; por extensión, serrano. *[xurro]* // Dicho de los serranos valencianos de habla castellana con rasgos aragoneses; por extensión, de todos los de habla castellana. *[xurro]* // Tozudo. *[xurro]* // f. Chica de servicio. *[xurra]*

chusma. f. Grupo de gente desvergonzada. *[xusma]*

chut. m. Golpe dado al balón con el pie, en el juego del fútbol. *[xut]*

chutar. v. intr. En el juego del fútbol, pegar con el pie al balón. *[xutar]*

d d d d d d d d

d. Quinta letra del abecedario. *[d]*
dable. adj. Hacedero, posible. *[possible, factible]*
dación. f. Acción y efecto de dar. *[dació]*
dactilar. adj. Perteneciente o relativo a los dedos. *[dactilar]*
dádiva. f. Regalo que se da graciosamente. *[do, regal, obsequi]*
dado. m. Pieza de juego en forma de cubo cuyas caras están marcadas con puntos del uno al seis. *[dau]* // Pieza cúbica de maquinaria que sirve de base a los ejes, tornillos, etc. *[dau, cub]* // Enlosado cuadrado de metro y medio a dos metros situado en un extremo del trinquete, donde se salta la pelota al sacar. *[dau]*
dador, ora. adj. y s. Que da o lleva una misiva. *[dador]* // m. Persona que firma una letra de cambio. *[dador]*
daga. f. Arma blanca parecida a la espada, de hoja corta. *[daga]*
dalia. f. Planta cultivada en jardinería, con corola de muchos pétalos y de colores variados. *[dàlia]*
dalla. f. Guadaña. *[dalla]*
dallar. v. tr. Segar con la guadaña. *[dallar]*
dalle. f. Utensilio formado por un mango largo y una hoja de forma curvilínea que se usa para segar hierba. *[dalla]*
dama. f. Señora noble o distinguida. *[dama]* // Sirvienta de honor de las grandes señoras. *[dama]* // Actriz principal. *[dama]* // Determinada pieza de ajedrez, llamada también reina. *[dama]*
damasco. m. Tejido de seda, etc., con dibujos del mismo color de la tela, brillantes o no, según el diferente hilado. *[domàs]*
damisela. f. Señorita de condición modesta, que presume de dama. *[damisella]* // Dama cortesana. *[cortesana]*
damnificar. v. tr. Causar daño, perjudicar. *[damnificar, danyar]*
danza. f. Acción de bailar o de danzar. *[dansa]* // El arte de danzar. *[dansa]*
danzar. v. intr. Bailar, ejecutar una serie de pasos con ritmo y cadencia. *[dansar]*
danzarín, ina. m. y f. Persona que danza con destreza. *[ballarí, dansarí]*
dañar. v. tr. Causar daño. *[danyar]*
daño. m. Pérdida o detrimento causado a una persona o cosa en sus intereses, salud, valor, estado. *[dany]*
dañoso, osa. adj. Que daña, nocivo. *[danyós]*
dar. v. tr. Ceder a alguien la posesión o propiedad de alguna cosa gratuitamente. *[donar]* // Poner alguna cosa a la disposición de alguien para que pueda servirse de ella. *[donar]* // Hacer sentir a alguien los efectos de una cosa o de una acción. *[donar]*
dardo. m. Arma pequeña y delgada, parecida a la lanza y que se arroja con la mano. *[dard]*
dársena. m. Lugar donde se construyen las embarcaciones. *[dàrsena]*
data. f. Indicación de lugar y tiempo en que se ha escrito o se ha dibujado. *[data]*
datar. v. tr. e intr. Tr. Inscribir la data a un escrito u otro documento. *[datar]* // Intr. Existir desde una cierta data o fecha. *[datar]*
dátil. m. Fruto de la palmera datilera. *[dàtil]*
datilero, era. adj. y s. Dícese de la palmera que da como fruto el dátil. *[da-*

tiler] // El que vende dátiles. *[datiler]*

dativo, iva. adj. Aplicado al tutor nombrado judicialmente y a la tutela que ejerce. *[datiu]* // m. Caso de la declinación que expresa el objeto indirecto de la acción. *[datiu]*

dato. m. Antecedente necesario para llegar al conocimiento exacto de una cosa. *[dada, clarícia]* // Hecho conocido o admitido como real. *[dada]*

de. f. Nombre de la letra «d». *[de]*

de. prep. Indica posesión o pertenencia, origen o procedencia, naturaleza o condición, materia de que está hecha una cosa, y otras diversas relaciones. *[de]*

dea. f. Deidad femenina. *[dea]*

deambular. v. intr. Caminar sin objeto, vagar, pasear, rondar. *[deambular]*

deán. m. El que preside el cabildo después del prelado. *[degà]*

debajo. adv. En lugar inferior, bajo. *[dessota, davall]* // En el extremo más bajo, en la parte inferior, al fondo de una cosa. *[capdavall]*

debate. m. Controversia sobre alguna cosa. *[debat]*

debatir. v. tr. Discutir ampliamente con uno o más interlocutores. *[debatre]* // Remover algún líquido. *[debatre, batre]*

debelar. v. tr. Vencer por las armas. *[debel·lar]*

deber. m. Aquello que la persona debe hacer por obligación moral. *[deure]*

deber. v. tr. Estar obligado a algo por ley moral o por necesidad física o lógica. *[deure]*

débil. adj. Falto de vigor, con poca fuerza física. *[dèbil]* // Falto de fuerza moral. *[dèbil]*

debilidad. f. Deficiencia de fuerza, de resolución, etc. *[debilitat, feblesa]*

debilitar. v. tr. Disminuir las fuerzas. *[debilitar, afeblir]*

débito. m. Deuda. *[dèbit, deute]* // Obligación recíproca de los cónyuges para la propagación de la especie. *[dèbit]*

debut. m. Primera presentación ante el público. *[debut]*

debutar. v. intr. Presentarse en público por primera vez. *[debutar]*

década. f. Serie de diez, especialmente días o años. *[dècada]* // Narración de hechos históricos por períodos de diez años. *[dècada]*

decadencia. f. El hecho de decaer. *[decadència]* // Principio de debilidad o ruina de algo. *[decadència]*

decaedro. m. Poliedro de diez caras. *[decàedre]*

decaer. v. intr. Perder fuerzas, valor o importancia. *[decaure]*

decágono. m. Polígono de diez lados. *[decàgon]*

decagramo. m. Peso de diez gramos. *[decagram]*

decaído, ída. adj. Débil, que se halla en decadencia. *[decaigut]*

decaimiento. m. Falta de fuerzas en el ánimo o en el cuerpo. *[decaïment]*

decalitro. m. Medida de diez litros. *[decalitre]*

decálogo. m. Conjunto de los diez mandamientos de la ley de Dios. *[decàleg]*

decámetro. m. Medida de diez metros. *[decàmetre]*

decanato. m. Dignidad y jurisdicción del decano. *[deganat]*

decano, ana. m. y f. El más antiguo de una corporación, el que la representa o preside. *[degà]*

decantación. f. Acción de decantar un líquido. *[decantació]*

decantar. v. tr. Inclinar suavemente una vasija para que caiga el líquido sin el poso. *[decantar]* // Inclinarse una persona hacia una ideología, opinión o actitud. *[decantar]* // Separar a un lado. *[decantar]*

decapitar. v. tr. Cortar la cabeza a alguien. *[escapçar, decapitar]*

decasílabo, ílaba. adj. y s. Que tiene diez sílabas. *[decasíl·lab]*

decena. f. Conjunto de diez unidades. *[dena, desena]*

decenario, aria. adj. Perteneciente o relativo al número diez. *[denari]* // m. Cada una de las partes en que se divide un rosario compuesto por diez avemarías. *[dena]* // Grano más grueso del ro-

sario que marca las divisones. *[dena]*
decencia. f. Dignidad en los actos y en las palabras. *[decència]* // Respeto exterior hacia las buenas costumbres, las conveniencias, la vista. *[decència]*
decenio. m. Espacio de diez años. *[decenni]*
decentar. v. tr. Cortar el primer trozo de una cosa. *[encetar]*
decente. adj. Que tiene decencia. *[decent]*
decenviro. m. Cada uno de los diez magistrados romanos que componían la Ley de las Doce Tablas. *[decemvir]* // Magistrado menor que servía de consejero a los pretores. *[decemvir]*
decepción. f. Desengaño, desilusión. *[decepció]*
decepcionar. v. tr. Causar decepción. *[decepcionar]*
deciárea. f. Medida superficial equivalente a la décima parte de un área. *[deciàrea]*
decidir. v. tr. Determinar, resolver, llevar a una conclusión definitiva una cuestión, controversia, combate, etc. *[decidir]*
decigramo. m. Décima parte de un gramo. *[decigram]*
decilitro. m. Décima parte de un litro. *[decilitre]*
décima. f. Cada una de las diez partes iguales en que está dividido un todo. *[dècima]* // Estrofa aconsonantada de diez versos octosílabos. *[dècima]*
decimal. adj. Aplicado a cada una de las diez partes iguales en que se divide una cantidad. *[decimal]* // Dícese del sistema de numeración cuya base es diez. *[decimal]*
decímetro. m. Medida equivalente a la décima parte de un metro lineal. *[decímetre]*
décimo, écima. adj. Que corresponde en orden al número diez. *[desé]* // Cada una de las partes de una cantidad dividida en diez partes iguales. *[desé]*
decimocuarto, arta. adj. Que en una serie tiene trece delante de él. *[catorzé]*
decimoquinto, inta. adj. Que hace quince en una serie. *[quinzé]*
decimosexto, exta. adj. Que hace dieciséis en una serie. *[setzé]*
decimotercero, era. adj. Que hace trece en una serie. *[tretzé]*
decir. v. tr. Manifestar con palabras el propio pensamiento. *[dir]* // Nombrar. *[dir]* // m. Manera de decir o proferir. *[dir]* // Lo que alguien dice. *[dir]*
decisión. f. Acción y efecto de decidir. *[decisió]* // Firmeza de carácter. *[decisió]*
decisivo, iva. adj. Que decide o resuelve. *[decisiu]*
declamación. f. Acción o arte de declamar. *[declamació]*
declamar. v. tr. Recitar marcando el sentido con la entonación conveniente. *[declamar]*
declaración. f. Acción y efecto de declarar o de declararse. *[declaració]*
declarar. v. tr. Manifestar el testigo o el acusado lo que sabe de un hecho. *[declarar]* // Manifestar abiertamente lo que se piensa. *[declarar]*
declinable. adj. Que puede ser declinado. *[declinable]*
declinación. f. Acción y efecto de declinar. *[declinació]* // Ángulo que forma la dirección de la brújula con la línea meridiana de cada lugar. *[declinació]* // Serie ordenada de los casos gramaticales. *[declinació]* // Decadencia. *[decadència]* // Rehusamiento. *[refús]*
declinar. v. tr. e intr. Tr. Recitar ordenadamente los casos gramaticales. *[declinar]* // Intr. Acercarse algo a su término, iniciar el declive. *[declinar]*
declive. m. Inclinación de un terreno, de una superficie, en relación a un plano horizontal. *[declivi]* // Pendiente de un terreno montuoso. *[costera]*
decomisar. v. tr. Comisar. *[decomissar, comissar]*
decomiso. m. Confiscación de mercancías ilegales. *[decomís]*
decoración. f. Acción y efecto de decorar. *[decoració]* // Lienzos pintados que, en el teatro, representan los lugares donde pasa la acción. *[decoració]*
decorar. v. tr. Adornar una casa o un lugar. *[decorar]*

decoro. m. Honor, respeto, reverencia. *[decòrum]*
decrecer. v. intr. Disminuir gradualmente. *[decréixer]*
decrepitar. v. intr. Crepitar por la acción del fuego. *[decrepitar]*
decrépito, épita. adj. Grado extremo de decadencia física debida a la vejez. *[decrèpit]*
decrepitud. f. Vejez extrema. *[decrepitud]* // Debilitación de las facultades mentales. *[decrepitud]*
decretar. v. tr. Ordenar por un decreto. *[decretar]*
decreto. m. Resolución del jefe del estado, de un juez o tribunal. *[decret]*
décuplo. adj. Que contiene diez veces una cantidad. *[dècuple]* // m. Cantidad equivalente a diez veces otra. *[dècuple]*
decuria. f. Conjunto de diez personas. *[decúria]* // La décima parte de una centuria. *[decúria]*
decurión. m. Jefe de una decuria. *[decurió]*
decurso. m. Sucesión o continuación del tiempo. *[decurs]*
dedada. f. Porción que, de un líquido espeso, se puede tomar con el dedo. *[ditada]*
dedal. m. Pieza tubular que sirve para proteger el dedo cuando se empuja la aguja de coser. *[didal]*
dédalo. m. Laberinto. *[dèdal]*
dedicación. f. Acción y efecto de dedicar alguna cosa al culto religioso, o a otro fin. *[dedicació]* // Inscripción recordatoria de la consagración de un templo, altar, etc. *[dedicació]*
dedicar. v. tr. Destinar una cosa al culto religioso o a otro fin. *[dedicar]* // Ofrecer un obsequio, homenaje, etc., a una persona. *[dedicar]* // Aplicar, utilizar con un fin determinado. *[dedicar]*
dedicatoria. f. Carta o nota dirigida a la persona a quien se dedica una obra. *[dedicatòria]*
dedo. m. Cada una de las cinco partes alargadas en que acaban la mano y el pie del hombre y de muchos animales. *[dit]* // La anchura de un dedo tomada como medida. *[dit]*
deducción. f. Acción y efecto de deducir. *[deducció]*
deducir. v. tr. Sacar consecuencias de un principio, proposición, etc. *[deduir]* // Rebajar una partida de una cantidad. *[deduir]*
defecar. v. tr. e intr. Tr. Clarificar un líquido quitando las heces. *[defecar]* // Intr. Expulsar los excrementos. *[defecar]*
defección. f. Acción de separarse deslealmente de una causa, de una persona. *[defecció]*
defectivo, iva. adj. Defectuoso. *[defectuós, defectiu]* // Dícese de la palabra cuya conjugación o declinación no tiene todas las formas de su paradigma morfológico. *[defectiu]*
defecto. m. Falta de cualidades propias de una cosa. *[defecte]* // Imperfección natural o moral. *[defecte]*
defectuoso, osa. adj. Que tiene algún defecto. *[defectuós]*
defender. v. tr. Ayudar a alguien contra aquello que le ataca. *[defensar]* // Sostener la inocencia de alguien contra los que le acusan. *[defensar]* // Amparar, proteger. *[defensar]*
defensa. f. Acción de defender. *[defensa]* // Aquello que se dice para defender a alguien o a algo. *[defensa]* // Lo que defiende o protege. *[defensa]*
defensiva. f. Situación del que se defiende. *[defensiva]*
defensivo, iva. adj. Que sirve para defender, reparar o resguardar. *[defensiu]*
defensor, ora. adj. Que defiende o protege. *[defensor]* // El que se dedica a defender el derecho de alguien. *[defensor]*
deferencia. f. Muestra de respeto y cortesía hacia los deseos o voluntad de otra persona. *[deferència]*
deficiencia. f. Estado o calidad de deficiente. *[deficiència]*
déficit. m. Exceso, en una cuenta, de los gastos sobre los ingresos. *[dèficit]*
definición. f. Explicación breve y clara de la esencia de alguna cosa. *[definició]* // Descripción de la realidad concreta designada por una palabra. *[definició]*
definir. v. tr. Fijar con claridad y preci-

sión el significado de una palabra o la naturaleza de una cosa. *[definir]*

definitivo, iva. adj. Que decide, resuelve o concluye sin apelación. *[definitiu]*

deflagrar. v. intr. Arder rápidamente con llama y sin explosión. *[deflagrar]*

deformación. f. Alteración de la forma. *[deformació]*

deformar. v. tr. Hacer deforme una cosa. *[deformar]* // Alterar una cosa en su forma. *[deformar]* // **-se.** Perder su forma. *[deformar-se]*

deforme. adj. Irregular en la forma, falto de conformidad o uniformidad en sus partes, disforme. *[diforme]*

defraudar. v. tr. Privar a alguien, con engaño, de lo que le corresponde por derecho. *[defraudar]* // No corresponder alguna cosa con lo que uno espera. *[defraudar]*

defunción. f. Muerte de una persona. *[defunció, decés]*

degeneración. f. Acción y efecto de degenerar. *[degeneració]*

degenerado, ada. adj. Decaído de la propia condición, calidad o virtud. *[rebordonit]*

degenerar. v. intr. Perder las buenas cualidades de su propia especie. *[degenerar]*

deglutir. v. tr. Tragar los alimentos. *[deglutir]*

degolladero. m. Lugar destinado para la degollación, especialmente de los animales. *[degollador]*

degollar. v. tr. Cortar el cuello, matar cortando el cuello. *[degollar]*

degradación. f. Acción y efecto de degradar o degradarse. *[degradació]*

degradar. v. tr. Destituir a una persona de su grado o dignidad. *[degradar]* // Humillar, envilecer. *[degradar]*

degüello. m. Acción de degollar. *[degolla]*

dehesa. f. Extensión de tierra, generalmente cercada, destinada a pastos. *[devesa]*

deicida. adj. Aplicado a los que dieron muerte a Jesucristo o que contribuyeron a ella. *[deïcida]*

deificar. v. tr. Considerar como dios, divinizar. *[deïficar]*

dejadez. f. Pereza, descuido, negligencia. *[deixadesa]*

dejar. v. tr. Desprenderse de una cosa. *[deixar]* // Hacer un legado. *[deixar]* // Permitir que se haga alguna cosa. *[deixar]* // Dar a alguien una cosa con obligación de devolverla. *[deixar, prestar]* // Abandonar. *[deixar]*

dejo. m. Particularidad en la manera de hablar o de realizar alguna cosa. *[deix]* // Regusto o sabor que se conserva de una cosa. *[deixat, regust]*

del. Contracción de la preposición *de* y el artículo *el.* *[del]*

delación. f. Acción de delatar o acusar. *[delació]*

delantal. m. Pieza de vestir que, atada a la cintura, cubre la falda o pantalones de una persona. *[davantal, manil, mandil]*

delante. adv. Con prioridad de lugar. *[davant]* // A la parte de la cara o del anverso, anterior. *[davant]* // Enfrente. *[davant, enfront]*

delantera. f. Conjunto de delanteros; vanguardia. *[davantera]*

delantero, era. adj. Que va o está delante. *[davanter]* // El que en algunos deportes juega en primera fila. *[davanter]*

delatar. v. tr. Revelar un delito a la autoridad acusando al autor. *[delatar]*

delator, ora. adj. y s. Denunciador, acusador. *[delator]*

deleble. adj. Que puede borrarse fácilmente. *[deleble]*

delegación. f. Acción y efecto de delegar. *[delegació]* // Cargo y oficina del delegado. *[delegació]*

delegar. v. tr. Dar una persona a otra sus atribuciones para que le represente, la jurisdicción para que actúe en su nombre, etc. *[delegar]*

deleitar. v. tr. Producir deleite. *[delectar]* // **-se.** Sentir deleite. *[delectar-se]*

deleite. m. Placer del alma o de los sentidos. *[delit]*

deletrear. v. tr. Pronunciar separadamente las letras de cada sílaba o las sílabas de cada palabra. *[confegir, lletrejar]* // Comprender o interpretar lo oscuro. *[interpretar]*

deleznable. adj. Que puede desaparecer, o fundirse fácilmente. *[fonedís]*

delfín. m. Mamífero cetáceo, de hocico delgado, de siete a trece palmos de largo, frecuente en el Mediterráneo. *[dofí]*

delgadez. f. Calidad de delgado. *[primor, primesa]*

delgado, ada. adj. Que tiene relativamente poco grosor. *[prim]* // De pocas carnes, flaco. *[flac, prim]*

delgaducho, ucha. adj. De cuerpo delgado, magro. *[esprimatxat]*

deliberar. v. intr. y tr. Intr. Sopesar las razones a favor o en contra antes de tomar una decisión. *[deliberar]* // Tr. Resolver una cosa premeditadamente. *[deliberar]*

delicadeza. f. Calidad de delicado. *[delicadesa]* // Miramiento, ternura. *[mirament, tendresa]*

delicado, ada. adj. Que es de una sensibilidad extrema. *[delicat]* // Débil, enfermizo. *[dèbil, malaltís]* // Que procede con gran cuidado. *[delicat, escrupolós]*

delicia. f. Placer muy intenso y cosa que lo causa. *[delícia]*

delimitar. v. tr. Fijar los límites de alguna cosa. *[delimitar]*

delincuente. m. y f. Que infringe las leyes o comete un delito. *[delinqüent]*

delinear. v. tr. Trazar las líneas de una figura. *[delinear]*

delinquir. v. intr. Infringir la ley, cometer un delito. *[delinquir]*

delirar. v. intr. Desvariar por enfermedad o pasión. *[delirar]* // Decir disparates. *[delirar]*

delirio. m. Acción o efecto de delirar. *[deliri]*

delito. m. Infracción de la ley. *[delicte]*

delta. f. Nombre de la cuarta letra del alfabeto griego. *[delta]* // m. Espacio de tierra de configuración más o menos triangular que se forma en la desembocadura de algunos ríos. *[delta]*

demagogia. f. Política consistente en halagar a la multitud. *[demagògia]* // Gobierno tiránico de la plebe. *[demagògia]*

demanda. f. Acción de pedir aquello que queremos obtener. *[demanda]* // Acción de dirigirse a los tribunales para obtener algo sobre lo que se pretende tener derecho. *[demanda]* // Cantidad de un artículo que los consumidores desean comprar. *[demanda]*

demandante. adj. y s. El que demanda. *[demandant]*

demandar. v. tr. Pedir, rogar. *[demanar]* // Exigir, reclamar. *[exigir]* // Entablar demanda judicial. *[demandar]*

demarcación. f. Acción y efecto de demarcar. *[demarcació]* // Terreno demarcado. *[demarcació]*

demarcar. v. tr. Señalar o marcar los límites de un país o terreno. *[demarcar]*

demás. pron. indef. Precedido de los artículos **lo, la, los** y **las,** lo otro, la otra, los otros o los restantes, las otras. *[les altres coses, els altres]* // adv. Además. *[a més]*

demasía. f. Exceso, atrevimiento. *[demesia]*

demasiado, ada. adj. Excesivo, que es en demasía. *[massa]* // adv. En demasía. *[massa]*

demencia. f. Perturbación parcial o total de las facultades mentales. *[demència]*

demente. adj. y s. Enfermo de demencia. *[dement]*

demérito. m. Lo que hace desmerecer. *[demèrit]*

democracia. f. Sistema de gobierno en el que el pueblo ejerce la soberanía. *[democràcia]*

demografía. f. Estudio estadístico de la población. *[demografia]*

demoler. v. tr. Destruir, echar a tierra. *[demolir, enderrocar]*

demoníaco, íaca. adj. Poseído por el espíritu maligno. *[demoníac]* // Extremadamente excitado. *[esperitat]*

demonio. m. Cada uno de los ángeles arrojados al abismo. *[dimoni]* // Persona muy astuta y sagaz. *[dimoni, diable]*

demora. f. Tardanza o dilación. *[dilació, demora]* // Distancia que separa una embarcación de un punto determinado a la vista. *[demora]*

demorar. v. tr. e intr. Tr. Retardar. *[demorar]* // Intr. Detenerse en un lugar. *[demorar]*

demostración. f. Razonamiento con que se demuestra o hace evidente alguna cosa. *[demostració]* // Manifestación exterior de sentimientos, intenciones, etc. *[demostració]*

demostrar. v. tr. Hacer evidente por medio de un razonamiento. *[demostrar]* // Manifestar, dar a conocer exteriormente. *[demostrar]*

demostrativo, iva. adj. Que demuestra o sirve para demostrar. *[demostratiu]* // Aplicado al adjetivo o pronombre que demuestra o señala. *[demostratiu]*

denario. m. Antigua moneda romana de plata que valía diez ases. *[diner]*

denegar. v. tr. No conceder aquello que se pide o solicita. *[denegar]*

denigrar. v. tr. Ofender el nombre o fama de una persona. *[denigrar]* // Hablar mal de alguien o de alguna cosa, difamar. *[bescantar]*

denodado, ada. adj. Valiente, atrevido, que tiene coraje. *[ardit]*

denominar. v. tr. Dar nombre a una persona o cosa. *[denominar]*

denostar. v. tr. Ofender gravemente de palabra. *[injuriar, insultar]*

denotar. v. tr. Indicar o significar. *[denotar]*

densidad. f. Calidad de denso. *[densitat]* // Relación entre la masa y el volumen de un cuerpo. *[densitat]*

denso, ensa. adj. Compacto, espeso, que contiene mucha materia en poco espacio. *[dens]*

dental. adj. Relativo a los dientes. *[dental]* // Dícese del sonido consonante articulado con la punta de la lengua en los dientes. *[dental]* // Tabla donde se encaja el arado. *[dental]*

dentar. v. tr. e intr. Tr. Hacer que una cosa forme dientes. *[dentar]* // Intr. Endentecer, salirle los dientes a un niño. *[dentar]*

dentífrico, ífrica. adj. y s. Dícese de las substancias que sirven para limpiar los dientes. *[dentifrici]* // m. Pasta para limpiar y mantener sana la dentadura. *[dentifrici]*

dentista. m. y f. El que por profesión se ocupa del cuidado de los dientes. *[dentista]*

dentro. adv. En la parte interior de un espacio o período de tiempo. *[dins]*

denuedo. m. Brío, esfuerzo, intrepidez. *[intrepidesa, bravura]*

denuesto. m. Injuria grave de palabra. *[injúria, deshonria]*

denuncia. f. Acción y efecto de denunciar. *[denúncia]*

denunciar. v. tr. Declarar oficialmente el estado ilegal de una cosa. *[denúncia]* // Dar parte a la autoridad de un hecho o daño. *[denunciar]* // Avisar, dar noticia, notificar. *[denunciar]*

deparar. v. tr. Suministrar, proporcionar, conceder. *[fornir, proporcionar]*

departamento. m. Cada una de las partes de un vehículo, caja, establecimiento, oficina, etc. *[departament]* // División territorial. *[departament]* // Ministerio o ramo de la administración pública. *[departament]*

departir. v. intr. Conversar, comunicarse mutuamente los pensamientos con las palabras. *[departir]*

depauperar. v. tr. Extenuar, debilitar. *[depauperar]*

depender. v. intr. Estar una persona o cosa subordinada a otra. *[dependre]*

dependiente. adj. Que depende de alguien o de algo. *[dependent]* // m. y f. El que presta sus servicios en una casa de comercio. *[dependent]*

depilar. v. tr. Hacer desaparecer el vello o pelo, arrancar los pelos o producir su caída por medio de medicamentos o sustancias externas, depilatorios, etc. *[depilar]*

deplorar. v. tr. Dolerse vivamente de un suceso. *[deplorar]*

deponente. adj. y s. Dícese de la persona que depone o declara. *[deponent]*

deponer. v. tr. Dejar, separar, apartar de sí. *[deposar]* // Destituir a una persona de su empleo u honor. *[deposar]* // Declarar ante el juez. *[deposar]*

deporte. m. Juego o ejercicio corporal en el que se hace fuerza de agilidad y destreza o de fuerza. *[esport]*

deportista. adj. y s. Persona que practica algún deporte. *[esportista]*

deportivo, iva. adj. Relativo o perteneciente al deporte. *[esportiu]*

deposición. f. Acción de deponer. *[deposició]*

depositar. v. tr. Poner una cosa en lugar seguro. *[depositar]*

depósito. m. Acción y efecto de depositar. *[depòsit]* // La cosa depositada. *[depòsit]* // Lugar donde se deposita una cosa. *[depòsit]*

depravar. v. tr. Viciar, corromper, pervertir. *[depravar]*

depreciar. v. tr. Rebajar o disminuir el precio o valor de una cosa. *[depreciar]*

depresión. f. Acción y efecto de deprimir o de deprimirse. *[depressió]*

depresivo, iva. adj. Que deprime. *[depressiu]*

deprimente. adj. Depresivo, que deprime o humilla. *[depriment]*

deprimir. v. tr. Disminuir el volumen de un cuerpo por la presión. *[deprimir]* // Producir una disminución de vitalidad o de actividad funcional. *[deprimir]*

depuración. f. Acción y efecto de depurar o de depurarse. *[depuració]*

depurar. v. tr. Purificar. *[depurar]* // Determinar por expediente la conducta política de un funcionario. *[depurar]*

derecha. f. Banda o lado correspondiente a aquel donde tenemos la mano derecha. *[dreta]* // Mano del lado derecho. *[dreta]*

derechera. f. Senda o camino que lleva derecho a algún sitio. *[drecera]*

derecho, echa. adj. Recto, sin torcer a un lado ni a otro. *[dret]* // Que cae o mira al lado de la mano derecha. *[dret]* // Que va en línea recta. *[dret]* // En posición vertical. *[dret]*

derecho. m. Aquello que es justo. *[dret]* // Facultad de exigir lo que nos es debido, de hacer aquello que la ley no prohíbe, etc. *[dret]* // Lo que el estado, una ciudad, etc., tienen derecho a cobrar. *[dret]* // Colección de preceptos a que están sometidos los hombres de una sociedad civil. *[dret]* // Facultad natural del hombre para hacer legítimamente lo que conduce a los fines de su vida. *[dret]*

deriva. f. Separación de la nave de su rumbo. *[deriva]*

derivado. adj. y s. Palabra derivada de otra. *[derivat]* // Cuerpo derivado de otro. *[derivat]*

derivar. v. intr. y tr. Intr. Tener su origen una cosa en otra, proceder. *[derivar]* // Formar una palabra a partir de otra. *[derivar]* // Desviarse una nave llevada por el viento o por una corriente, del rumbo que debía seguir. *[derivar]* // Tr. Conducir, llevar una cosa. *[conduir]*

derogar. v. tr. Revocar, abolir una ley. *[derogar]*

derrama. f. Repartimiento de un gasto eventual, especialmente de una contribución. *[derrama]*

derramar. v. tr. Esparcir, verter un líquido. *[escampar, vessar]* // Repartir un impuesto. *[derramar]* // Divulgar una noticia. *[escampar]*

derrame. m. Porción de un líquido o de un ácido que se desperdicia al medirlo o que se sale de un recipiente. *[vessament]*

derredor. m. Circuito, contorno de una cosa. *[entorn, voltant, contorn]*

derrengado, ada. adj. Que camina mal o torcido. *[ranc]*

derrengar. v. tr. Lastimar o maltratar el espinazo de una persona o animal. *[esllomar]* // Torcer, inclinar a un lado. *[tòrcer, inclinar]*

derribar. v. tr. Echar a tierra con un esfuerzo violento alguna cosa que se sostiene derecha. *[abatre]* // Vencer. *[abatre]* // Destruir, aniquilar. *[abismar]*

derribo. m. Acción y efecto de derribar. *[enderroc]* // Conjunto de materiales o escombros de la demolición de un edificio. *[enderroc]*

derrocamiento. m. Acción y efecto de derrocar. *[enderrocament]*

derrocar. v. tr. Echar a tierra, derribar. *[derrocar]*

derrota. f. Camino, vereda. *[vereda]* // Rumbo de una nave. *[rumb]* // Huida desordenada de un ejército vencido. *[derrota]*

derrotar. v. tr. Vencer al enemigo. *[derrotar]* // Variar el rumbo una nave. *[derivar]* // Destruir. *[destruir]*

derrubiar. v. tr. y pron. Erosionar el agua de los ríos la tierra de las riberas. *[garfullar]*

derruir. v. tr. Derribar, demoler un edificio. *[derruir]*

derrumbar. v. tr. y pron. Demoler. *[derruir]* // Precipitar. *[precipitar]*

desabastecer. v. tr. Privar del abastecimiento a una persona o un pueblo. *[desproveir]*

desabrido, ida. adj. Áspero en el trato. *[agrós, dessaborit]*

desabrigar. v. tr. Quitar abrigo. *[desabrigar]* // Desamparar. *[desabrigar]*

desabrir. v. tr. Dar mal gusto a un manjar. *[desllavassar]* // Desazonar un ánimo. *[neguitejar]*

desabrochar. v. tr. Desasir los broches, botones, etc. *[descordar, desengafetar]*

desacatar. v. tr. Faltar al respeto debido. *[desacatar]* // Desobedecer. *[desacatar]*

desacierto. m. El hecho de no acertar. *[desencert]*

desacordar. v. tr. Poner en desacuerdo. *[desacordar]*

desacostumbrar. v. tr. Hacer perder la costumbre a alguien. *[desacostumar]*

desacreditar. v. tr. Quitar o disminuir la reputación de una persona o el valor de una cosa. *[desacreditar]*

desacuerdo. m. El hecho de no estar de acuerdo, disconformidad. *[desacord]*

desadornar. v. tr. Quitar los adornos. *[desadornar]*

desafección. f. Falta de afección, mala voluntad. *[desafecció]* // Hecho de mostrarse contrario, particularmente a un régimen político. *[desafecció]*

desafectar. v. tr. Quitar la afectación. *[desafectar]* // Quitar el afecto. *[desafectar]*

desafecto, ecta. adj. Que no se siente afecto hacia alguien o hacia algo. *[desafecte]* // Carencia de afecto. *[desafecte]* // Malquerencia. *[desafecte]*

desaferrar. v. tr. Dejar de estar aferrado. *[desaferrar]*

desafiar. v. tr. Retar a un combate, a una lucha, a una competición. *[desafiar]* // Afrontar un peligro, no temer la lucha contra cosa alguna. *[desafiar]*

desaficionarse. v. tr. y pron. Hacer perder la afición a una persona o cosa. *[desaficcionar-se]*

desafinar. v. tr. Desviarse de la entonación perfecta. *[desafinar]*

desafío. m. Acto de desafiar y combate concertado al desafiarse. *[desafiament, porfia]*

desaforar. v. tr. Quebrantar los fueros o privilegios. *[excedir]*

desafuero. m. Acto violento contra la ley o las buenas costumbres. *[desafur]*

desagradable. adj. Que no es nada agradable. *[desagradable]*

desagradar. v. tr. Causar desagrado, disgustar, molestar. *[descomplaure]* // No complacer a alguien por no asentir a sus gustos, deseos, etc. *[descomplaure]*

desagradecer. v. tr. No agradecer el beneficio recibido. *[desagrair]*

desagradecido, ida. adj. y s. Que no agradece las cosas que se hacen por él, ingrato. *[desagraït]* // Dícese de los trabajos que dan poco rendimiento. *[desagraït]*

desagrado. m. Disgusto, descontento, desplacer. *[desgrat]*

desagraviar. v. tr. Reparar, compensar el daño causado a alguien. *[desagreujar]*

desagravio. m. Acción y efecto de desagraviar. *[desagravi]*

desaguadero, era. adj. Lugar dispuesto para que se escurra un líquido. *[escorredor]* // Aparato para escurrir la ropa. *[escorredor]*

desaguar. v. tr. e intr. Tr. Hacer salir el agua de un lugar. *[desaiguar]* // Intr. Desembocar. *[desaiguar]*

desagüe. m. Acción de desaguar. *[desguàs]* // Conducto para hacer salir el agua de un lugar. *[desguàs]*

desahogar. v. tr. Dar rienda suelta a un

sentimiento. *[desfogar]* // **-se.** Manifestar libremente los sentimientos o pasiones. *[desfogar-se]*

desahuciar. v. tr. Dar a un enfermo por incurable. *[desnonar]* // Despedir a un inquilino. *[desnonar]*

desahucio. m. Acción y efecto de hacer marchar a un inquilino del lugar que ocupa. *[comiat]*

desairar. v. tr. Ofender con menosprecio o indiferencia. *[desairar]*

desaire. m. Demostración de indiferencia o menosprecio. *[desaire]*

desajustar. v. tr. Desacoplar, separarse del ajuste convenido. *[desajustar]*

desajuste. m. Acción y efecto de desajustar o de desajustarse. *[desajust]*

desalabar. v. tr. Vituperar. *[deslloar]*

desalentar. v. tr. Hacer dificultoso el aliento por fatiga. *[descoratjar]* // Quitar el ánimo, desanimar. *[descoratjar]*

desaliento. m. Decaimiento del ánimo. *[descoratjament]*

desalinear. v. tr. Deshacer el alineamiento. *[desalinear]* // Deshacer la línea recta. *[desalinear]*

desaliñado, ada. adj. Desordenado, vestido desordenadamente. *[desfargat]*

desaliño. m. Falta de buen arreglo en alguna cosa. *[malendreç]*

desalojar. v. tr. Sacar de un lugar a una persona o cosa. *[desallotjar]* // Irse de un sitio voluntariamente. *[desallotjar]*

desalquilar. v. tr. Dejar de tener alquilado un local, etc. *[desllogar]*

desamor. m. Falta de amor. *[desamor]* // Indiferencia. *[desamor]*

desamortización. f. Acción y efecto de desamortizar. *[desamortització]*

desamortizar. v. tr. Librar bienes amortizados. *[desamortitzar]* // Poner el Estado en venta pública los bienes de las *manos muertas* (municipio, órdenes religiosas etc.). *[desamortitzar]*

desamparar. v. tr. Dejar sin amparo, abandonar. *[desemparar]*

desamparo. m. Acción y efecto de desamparar. *[desemparament]*

desangrar. v. tr. Quitar la sangre a una persona o animal. *[dessagnar]* // **-se.** Perder mucha sangre. *[dessagnar-se]*

desanimar. v. tr. Perder el ánimo, descorazonar, desalentar. *[desanimar]* // **-se.** Desalentarse, abatirse. *[desanimar-se]*

desánimo. m. Falta de ánimo, descorazonamiento. *[desànim]*

desaparecer. v. intr. Escapar a nuestra vista gradualmente o de golpe, ocultarse, ausentarse. *[desaparéixer]*

desaparejar. v. tr. Quitar los aparejos. *[desaparellar]*

desaparición. f. Acción de desaparecer. *[desaparició]*

desapasionar. v. tr. y pron. Quitar la pasión o preferencia. *[desapassionar]*

desapestar. v. tr. Desinfectar, quitar el mal olor a una cosa. *[desempudegar]*

desapiolar. v. tr. Quitar el lazo con que los cazadores atan las patas de la caza menor y los picos de las aves. *[desempiular]*

desaprensivo, iva. adj. Sin escrúpulos, inmoral. *[desaprensiu]*

desaprobación. f. Acción y efecto de desaprobar. *[desaprovació]*

desaprobar. v. tr. Estar en desacuerdo con algo, no aprobar. *[desaprovar]*

desapropiar. v. tr. Quitar, hacer perder a alguien la propiedad de una cosa. *[desapropiar]*

desaprovechar. v. tr. Que no usa adecuadamente una cosa, que no aprovecha. *[desaprofitar]*

desarmar. v. tr. Quitar o hacer quitar las armas a alguien. *[desarmar]* // Desunir las piezas que forman una cosa. *[desarmar]* // Aplacar la ira de alguien. *[desarmar]*

desarme. m. Acción y efecto de desarmar o desarmarse. *[desarmament]*

desarraigar. v. tr. Arrancar de raíz. *[desarrelar]* // Hacer desaparecer, extirpar un hábito, pasión, creencia, etc. *[desarrelar]*

desarreglar. v. tr. Desordenar, desbarajustar, desorganizar, revolver. *[desarreglar, desarranjar]*

desarreglo. m. Falta de regla, desorden. *[desarreglament]*

desarrendar. v. tr. Dejar o hacer dejar una finca que se tenía arrendada. *[desarrendar]*

desarrimar. v. tr. Separar una cosa de aquello a que está arrimada. *[desarrimar]*

desarrollar. v. tr. Desplegar lo que está enrollado. *[desenrotllar]* // Dar incremento, incrementar. *[desenrotllar]* // Explicar una tesis o teoría en toda su extensión. *[desenrotllar]*

desarrugar. v. tr. Quitar las arrugas. *[desarrugar]*

desarticular. v. tr. Separar lo que estaba articulado, descoyuntar, desacoplar. *[desarticular]*

desasir. v. tr. Desatar, desprender una cosa que está cogida a otra. *[desllepisar]* // **-se.** Librarse de una cosa dificultosa, deshacerse con esfuerzo de una cosa que está fuertemente adherida, poniendo mucho cuidado y afán. *[desllepissar-se]* // Escaparse hábilmente, zafarse. *[desllepissar-se]* // Escurrirse, evadirse. *[esllavissar-se, desllepissar-se]*

desasosegado, ada. adj. Que tiene o que produce desasosiego, malestar. *[desficiós]*

desasosiego. m. Agitación debida a un mal físico o moral que no nos deja estar tranquilos, a algo que nos impacienta fuertemente, a un deseo violento; malestar. *[desfici, desassossec]*

desastre. m. Gran desgracia, infortunio. *[desastre]*

desatacar. v. tr. Desatar una cosa soltando las agujetas, botones, etc. *[desatacar]*

desatar. v. tr. Soltar los vínculos materiales o morales. *[deslligar]*

desatención. f. Falta de atención. *[desatenció]*

desatender. v. tr. No prestar la atención debida a alguna persona o cosa. *[desatendre]* // Descuidar el cumplimiento de una obligación. *[desatendre]*

desatento, enta. adj. Que no es atento. *[desatent]*

desatinado, ada. adj. Que hace las cosas sin orden ni concierto. *[destarotat, esmeperdut]*

desatinar. v. tr. Desconcertar, hacer perder la serenidad de juicio. *[destarotar]*

desatino. m. Falta de tino. *[desesme]*

desautorización. f. Acción y efecto de desautorizar. *[desautorització]*

desautorizar. v. tr. Quitar autoridad a una persona. *[desautoritzar]* // Demostrar la falsedad de una afirmación, un texto, etc. *[desautoritzar]*

desavenido, ida. adj. No avenido, falta de avenencia o concordancia. *[desavingut]*

desavenir. v. tr. y pron. Desconcertar, poner en desacuerdo, no avenirse. *[desavenir-se]*

desayunar. v. tr., intr. y pron. Tomar el desayuno. *[desdejunar-se]*

desayuno. m. Alimento ligero que se suele tomar por la mañana. *[desdejuni]*

desazón. f. Inquietud, molestia, que da una fuerte excitación, una gran impaciencia, desasosiego. *[neguit]*

desazonar. v. tr. Quitar el sabor a una comida. *[dessaborir]* // fig. Causar alteración o sobresalto del ánimo una cosa extraordinaria o imprevista. *[esgarrifar]*

desbancar. v. tr. Ganar en el juego todo el dinero de la banca. *[desbancar]* // Suplantar. *[desbancar]*

desbandada. f. Acción y efecto de desbandarse. *[desbandada]*

desbandarse. v. pron. Dispersarse y huir en desorden. *[desbandar-se]*

desbarajuste. m. Desorden, confusión, desconcierto, zipizape, zaragata. *[desori]* // Estado de desorden y confusión. *[desori, desgavell]*

desbaratado, ada. adj. Que hace las cosas sin orden ni concierto. *[desbaratat]*

desbaratar. v. tr. e intr. Tr. Deshacer o arruinar una cosa. *[desbaratar]* // Intr. Disparatar. *[desbarrar]*

desbarbar. v. tr. Quitar las barbas o desigualdades de una cosa. *[desbarbar]*

desbarrar. v. tr. e intr. Tr. Quitar la barra, desatrancar. *[desbarrar]* // Dislocar las barras a alguien, desquijarar. *[desbarrar]* // Intr. Perder la contención, decir inconvenientes, desbocarse, disparatar. *[desbarrar]*

desbastar. v. tr. Quitar las partes más bastas de una cosa. *[desbastar]* // Educar a las personas rústicas. *[desbastar]*

desbaste. m. Acción y efecto de desbastar. *[desbast]*

desbocado, ada. adj. Dícese de un caballo que no obedece al freno. *[desbocat]* // fig. Inclinado a decir malas palabras, mal hablado. *[desbocat]*

desbocar. v. tr. Quitar o romper la boca a una cosa *[desbrocar]* // **-se.** Perder una caballería la obediencia al freno. *[desbocar-se]* // Irse de la lengua diciendo palabras inconvenientes. *[desbocar-se]*

desbordar. v. intr. y pron. Salirse las aguas del cauce de un río. *[desbordar]* // Exceder, sobrepasar un límite. *[desbordar]*

desbravar. v. tr. e intr. Amansar el ganado. *[desbravar]* // Intr. y pron. Desfogarse del impulso de la cólera o disminuir el impulso de una corriente. *[desbravar]*

desbrozar. v. tr. Limpiar de hierbas y de zarzas. *[estassar]*

descabalar. v. tr. Hacer perder a alguien sus cabales. *[descabalar]* // Empobrecer una cosa quitándole algo. *[descabalar]*

descabalgar. v. tr. Hacer bajar de una caballería o de otra cosa. *[desmuntar]*

descabellar. v. tr. Despeinar, desgreñar. *[descabellar]* // Matar al toro con un pinchazo certero en la cerviz con el estoque. *[descabellar]*

descabezar. v. tr. Quitar o cortar la cabeza a un hombre o animal. *[escapçar]*

descalabrar. v. tr. Herir en la cabeza. *[captrencar]*

descalabro. m. Desventura, contratiempo. *[catàstrofe, calamitat]*

descalificar. v. tr. Impedir legalmente a alguien ser o hacer alguna cosa. *[desqualificar]* // Quitar la calificación, incapacitar. *[desqualificar]*

descalzar. v. tr. Quitar el calzado. *[descalçar]* // Quitar la tierra que hay alrededor de una cosa. *[descalçar]*

descalzo, alza. adj. Que va con los pies desnudos. *[descalç]*

descaminar. v. tr. y pron. Apartar a alguien del camino que ha de seguir, o de un buen propósito. *[descaminar]*

descamisado, ada. adj. El que no tiene camisa. *[descamisat]* // adj. y s. Facineroso, perdulario. *[facinerós, perdulari]*

descansar. v. intr. y tr. Intr. Dejar de hacer un ejercicio, un trabajo, para que desaparezca el cansancio. *[descansar]* // Reposar, dormir. *[descansar]* // Yacer en el sepulcro. *[descansar]* // Dejar de estar atormentado por un mal, una preocupación, etc. *[descansar]* // Confiar plenamente en la ayuda de alguien. *[descansar]* // Apoyar de manera estable. *[descansar]* // Tr. Dejar de hacer trabajar alguna cosa. *[descansar]* // Ayudar a alguien en su trabajo. *[descansar]*

descansillo. m. Rellano pequeño. *[replanell]* // Rellano de una escalera, de una entrada, etc. *[replanell]*

descanso. m. El hecho de descansar. *[descans]* // Aquello en lo que se descansa. *[descans]*

descantillar. v. tr. y pron. Romper una cosa por el canto. *[desmorrellar]*

descapullar. v. tr. Sacar la seda de los capullos. *[descabdellar]*

descarado, ada. adj. Que habla sin vergüenza o respeto. *[descarat]* // Con la cara descubierta. *[descarat]*

descararse. v. pron. Hablar u obrar sin vergüenza. *[descarar-se]*

descargar. v. tr. Quitar la carga de algo (carro, vehículo, nave, vagón), o a alguien (persona, animal) que la soportaba. *[descarregar]* // Librar o aligerar de una carga, de una culpa, de una tensión eléctrica, etc. *[descarregar]*

descargo. m. El hecho de librarse de un cargo que pesa sobre uno mismo. *[descàrrec]* // Descuento con el que se satisface un recibo. *[descàrrec]*

descarnadura. f. Acción y efecto de descarnar o descarnarse. *[rascada]*

descarnar. v. tr. Quitar una cosa adherida a otra, como la carne del hueso, la suciedad de los dientes, aquello que obstruye un agujero, etc., limpiar. *[escarcatar, descarnar]*

descarriar. v. tr. Sacar del camino, hacer perder el buen camino. *[esgarriar]* // **-se.** Perder el camino, perderse, separándose del grupo, del rebaño, Iglesia, etc., del que forma parte. *[esgarriar-se]*

descarrilar. v. intr. Salirse fuera del carril. *[descarrilar]*

descartar. v. tr. Apartar de sí alguna cosa. *[descartar]* // **-se.** En ciertos juegos de cartas deshacerse el jugador de las que considera inútiles. *[descartar-se]*

descasar. v. tr. y pron. Declarar nulo un matrimonio. *[descasar]* // Hacer que cosas que casaban entre sí dejen de hacerlo. *[descasar]*

descastado, ada. adj. Dícese del que muestra poco afecto, o ninguno, a las personas de su familia o a aquellos que debería querer. *[descastat]*

descendencia. f. El conjunto de los que descienden de alguien. *[descendència]*

descendente. adj. Que desciende, que va de un lugar a otro más bajo. *[descendent]*

descender. v. intr. Bajar, ir de un sitio a otro más bajo. *[descendir]* // Proceder de un mismo principio o persona. *[descendir]* // Provenir una cosa de otra. *[descendir]*

descendiente. m. y f. Persona que desciende de otra. *[descendent]*

descenso. m. Acción de descender o bajar. *[descens]*

descentrar. v. tr. Sacar una cosa de su centro. *[descentrar]*

descepar. v. tr. Arrancar de cepa (o tronco) y raíz. *[dessocar]*

descerrajar. v. tr. Hacer saltar el cerrojo de una puerta, etc. *[espanyar]*

descifrar. v. tr. Interpretar lo que está obscuro. *[desxifrar]*

desclavar. v. tr. Arrancar los clavos. *[desclavar]* // Desprender una cosa de los clavos en que estaba clavada. *[desclavar]*

descolgar. v. tr. Bajar lo que está colgado. *[despenjar]*

descolmillar. v. tr. Quitar las muelas o dientes laterales. *[esqueixalar]*

descolocar. v. tr. y pron. Sacar a alguien o a alguna cosa del lugar donde estaba colocado. *[descol·locar]*

descolorar. v. tr. Quitar o rebajar el color a alguna cosa. *[descolorir]*

descomedido, ida. adj. Excesivo, desproporcionado, fuera de lo regular. *[desmesurat]* // Descortés. *[descortès]*

descomedimiento. m. Falta de miramiento. *[falta de mirament o de cortesia]*

descomponer. v. tr. Desordenar, desbaratar, estropear. *[descompondre]* // Separar las diversas partes de un todo. *[descompondre]*

descomposición. f. Acción y efecto de descomponer o descomponerse. *[descomposició]*

descompuesto, esta. adj. Que ha perdido, en las palabras o en los actos, la compostura, la serenidad. *[descompost]* // Dícese de aquello cuyas partes son incongruentes, carecen de toda ilación, etc. *[desballestat]*

descomunal. adj. De unas dimensiones extraordinarias, fuera de lo común. *[descomunal]*

desconcertado, ada. adj. Confundido, falto de serenidad, de juicio. *[destarotat]*

desconcertar. v. tr. Desbaratar el orden o concierto de alguna cosa. *[desconcertar]* // **se.** Desunirse o salirse los huesos de su sitio. *[desconcertar-se]*

desconcierto. m. El hecho de estar desconcertado. *[desconcert]* // Desorden en las partes de algún cuerpo o máquina. *[desconcert]*

desconcordia. f. Falta de concordia entre cosas que deberían estar concordes. *[desconcòrdia]*

desconectar. v. tr. Romper la conexión entre dos cosas. *[desconnectar]*

desconexión. f. Acción y efecto de desconectar. *[desconnexió]*

desconfiado, ada. adj. Inclinado a la desconfianza. *[desconfiat]*

desconfianza. f. Falta de confianza. *[desconfiança]*

desconfiar. v. intr. No confiar. *[desconfiar]* // Dejar de confiar. *[desconfiar]*

descongestión. f. Acción y efecto de descongestionar. *[descongestió]*

descongestionar. v. tr. Disminuir o quitar la congestión. *[descongestionar]*

desconjuntar. v. tr. Descoyuntar. *[desconjuntar]*

desconocer. v. tr. No conocer. *[desconéixer]* // Negar ser propia una cosa, o que la ha hecho. *[desconéixer]*

desconsiderado, ada. adj. Que no tiene consideración. *[desconsiderat]*
desconsiderar. v. tr. No guardar la consideración debida. *[desconsiderar]*
desconsolado, ada. adj. Privado de consuelo. *[desconsolat]*
desconsolar. v. tr. Privar de consuelo, afligir. *[desconhortar]* // **-se.** Perder el consuelo, sentir desconsuelo. *[desconhortar-se]*
desconsuelo. m. Estado del que está desconsolado. *[desconhort]* // Desconfortado. *[desconhortat]*
descontar. v. tr. Rebajar una cantidad en una cuenta. *[descomptar]* // Dar por descontado. *[descomptar]* // **-se.** Equivocarse en las cuentas. *[descomptar-se]*
descontentar. v. tr. Disgustar a alguien. *[descontentar]*
descontento, enta. adj. Que no está contento de alguien o de algo. *[descontent]* // Disgusto. *[descontentament]*
desconvenir. v. intr. No convenir en las opiniones, no concordar. *[desconvenir]*
descorazonar. v. tr. Hacer perder el coraje, abatir, desanimar. *[descoratjar]*
descorrer. v. tr. Hacer correr una cortina o velo de manera que deje de estar tirada. *[descórrer]*
descortés. adj. y s. Falto de cortesía. *[descortés]*
descortesía. f. Falta de cortesía. *[descortesia]*
descortezar. v. tr. Quitar la corteza a una cosa. *[descorfar]* // Descascarar. *[descorfar]*
descoser. v. tr. Soltar, cortar las puntadas de lo cosido. *[descosir]*
descostrar. v. tr. Erosionar, quitar la costra. *[escarbotar]*
descoyuntar. v. tr. y pron. Desencajar los huesos. *[desconjuntar]*
descrestar. v. tr. Quitar la cresta. *[escrestar]*
describir. v. tr. Representar alguna cosa con palabras escritas o dichas. *[descriure]* // Delinear, dibujar una cosa. *[descriure]*
descripción. f. Acción y efecto de describir. *[descripció]*
descuajar. v. tr. Arrancar una planta de raíz. *[arrabassar]*
descuaje. m. Acción y efecto de descuajar. *[arrabassament]*
descuartizar. v. tr. Dividir un cuerpo en cuatro partes o cuartos. *[esquarterar]* // Hacer a trozos alguna cosa, especialmente para repartirla. *[esquarterar]*
descubierto, erta. adj. No cubierto. *[descobert]*
descubrimiento. m. Acción de descubrir lo que estaba escondido. *[descobriment, descoberta]*
descubrir. v. tr. Destapar aquello que estaba tapado o cubierto. *[descobrir]* // Encontrar una cosa ignorada o escondida. *[descobrir]* // Divisar desde un lugar. *[descobrir]*
descuento. m. Acción y efecto de descontar. *[descompte]* // Cantidad descontada. *[descompte]*
descuidar. v. tr. No cuidar de las personas o de las cosas, o no atenderlas como es debido. *[descurar]* // **-se.** No acordarse de hacer alguna cosa. *[descuidar-se]*
descuido. m. El hecho de descuidarse de alguna cosa, olvido, negligencia. *[descuit]*
descular. v. tr. Romper el culo o fondo de una cosa. *[escular]*
desde. prep. Que denota el punto en el tiempo en que ha de empezar a contarse una cosa, o el punto en el espacio donde se origina una distancia. *[des de]* // **desde luego.** loc. adv. Así y todo, con todo, expresa que es lógico que una cosa ocurra, a pesar de lo que parecía oponerse. *[tanmateix]*
desdecir. v. intr. y tr. Intr. No corresponder una persona o cosa a su condición. *[desdir]* // Tr. Negar, decir lo contrario de lo que dice otro, desmentir. *[desdir]* // Rehusar, no aceptar hacer una cosa. *[refusar]* // **-se.** No mantener alguien aquello que dijo. *[desdir-se]*
desdén. m. Sentimiento que nos hace desdeñar a alguien o a alguna cosa. *[desdeny]*
desdentado, ada. adj. Que ha perdido los dientes. *[desdentat]* // m. Orden de mamíferos desprovistos de dientes. *[esdentat]*

desdentar. v. tr. Quitar o sacar los dientes. *[esdentar]*
desdeñar. v. tr. Tratar con desdén. *[desdenyar]* // Rehusar el hacer o decir alguna cosa. *[desdenyar]*
desdicha. f. Mala suerte, desgracia, infelicidad, adversidad. *[dissort]*
desdichado, ada. adj. Infortunado, desgraciado, desventurado. *[dissortat]*
desdoblar. v. tr. Hacer dos de uno, deshacer lo que es doble. *[desdoblar]* // Derivar en dos manifestaciones una causa. *[desdoblar]* // Extender lo que estaba doblado. *[desdoblar]*
desear. v. tr. Querer con vehemencia la posesión de algo agradable o útil. *[desitjar]*
desecar. v. tr. Quitar la humedad de alguna cosa. *[dessecar]*
desechamiento. m. Acción de rehusar, de desechar. *[rebuig]*
desechar. v. tr. No aceptar algo porque se considera de mala calidad, etc. *[rebutjar]*
desecho. m. Residuo que se desecha de una cosa, después de haber escogido lo mejor. *[rebuig]*
desembalar. v. tr. Quitar el embalaje. *[desembalar]*
desembarazado, ada. adj. Despejado, libre, sin impedimiento. *[desembarassat]* // Que obra con desenvoltura. *[desseixit]*
desembarazar. v. tr. Quitar los obstáculos. *[desembarassar]* // Evacuar, desocupar. *[desembarassar]* // **-se.** Deshacerse, librarse de una persona o cosa. *[desempallegar-se]*
desembarazo. m. Acción y efecto de desembarazar. *[desembaràs]*
desembarcar. v. tr. e intr. Tr. Sacar de una nave lo que estaba embarcado. *[desembarcar]* // Intr. Salir de una embarcación. *[desembarcar]*
desembarco. m. Desembarque, acción de desembarcar. *[desembarc]*
desembocadura. f. Lugar donde desemboca un río al mar, una calle en una plaza, etc. *[desembocadura]*
desembocar. v. intr. Salir por un sitio estrecho. *[desembocar]* // Entrar un río, etc., en otro río, en el mar, etc. *[desembocar]*
desembolsar. v. tr. Pagar, suministrar una cantidad de dinero. *[desembossar]*
desembolso. m. Entrega de dinero, dispendio, gasto, coste. *[desembós]*
desembozar. v. tr. Quitar el embozo. *[desemboçar]*
desembozo. m. Acción de desembozar. *[desemboçament]*
desembragar. v. tr. Aislar un mecanismo de su propulsor. *[desembragar]*
desembrague. m. Acción y efecto de desembragar. *[desembragament]*
desemejante. adj. Diferente, que no es semejante. *[dissemblant]*
desempachar. v. tr. Quitar el empacho, desahitar. *[desenfitar]*
desempalagar. v. tr. Quitar el empalago. *[desembafar]*
desempañar. v. tr. Limpiar lo que está empañado. *[desentelar]* // Quitar los pañales a un bebé. *[desbolcar]*
desempapelar. v. tr. Quitar el papel con el cual está empapelada una cosa. *[desempaperar]*
desempatar. v. tr. Deshacer la paridad o empate a puntos, votos, etc. *[desempatar]*
desempate. m. Acción de desempatar. *[desempat]*
desempeñar. v. tr. Sacar, liberar lo que estaba en garantía de un préstamo. *[desempenyorar]* // Cumplir uno aquello a lo que está obligado. *[acomplir]*
desemperezar. v. intr. y pron. Sacudir la pereza. *[desemperesir]*
desempleo. m. Falta de trabajo. *[atur]*
desempolvar. v. tr. Quitar el polvo. *[espolsar]*
desencadenar. v. tr. Quitar la cadena con la que una persona o cosa está atada. *[desencadenar]* // Romper un vínculo. *[desencadenar]*
desencajar. v. tr. Sacar una cosa de su sitio. *[desencaixar]* // **-se.** Descomponerse el rostro. *[desencaixar]*
desencallar. v. tr. e intr. Poner a flote una embarcación encallada. *[desencallar]*
desencaminar. v. tr. Apartar a alguien del buen camino, descarriar. *[desencaminar]*

desencantar. v. tr. Deshacer el encantamiento. *[desencantar]*
desencanto. m. Acción y efecto de desencantar o de desencantarse. *[desencant]*
desencaprichar. v. tr. y pron. Disuadir a uno de un capricho. *[desencapritxar]*
desencoger. v. tr. Dejar de estar encogido. *[desencollir]*
desencovar. v. tr. Sacar o hacer salir de la madriguera. *[desencauar]*
desencuadernar. v. tr. y pron. Deshacer la encuadernación de un libro. *[desenquadernar]*
desenderezar. v. tr. Dejar de estar enderezado. *[desendreçar]*
desenfadar. v. tr. y pron. Quitar o mitigar el enfado. *[desenfadar]*
desenfrenar. v. tr. Quitar el freno. *[desenfrenar]* // **-se.** Entregarse sin freno a pasiones y vicios. *[desenfrenar-se]*
desenfundar. v. tr. Quitar la funda a una cosa. *[desenfundar]*
desenfurecer. v. tr. Quitar la furia. *[desenfurir]* // **-se.** Dejar de estar enfurecido. *[desenfurir-se]*
desenganchar. v. tr. Separar una cosa que está enganchada. *[desenganxar]* // Despegar. *[desenganxar]*
desengañar. v. tr. y pron. Dar a conocer el engaño o error. *[desenganyar]*
desengaño. m. Acción y efecto de desengañar o de desengañarse. *[desengany]* // Cosa que desengaña. *[desengany]*
desenhebrar. v. tr. Sacar el hilo de la aguja de coser. *[desenfilar]* // **-se.** Salirse el hilo de la aguja de coser. *[desenfilar-se]*
desenjaular. v. tr. Sacar de la jaula. *[desengabiar]*
desenlace. m. La solución de la trama de un poema dramático o narrativo. *[desenllaç]*
desenlazar. v. tr. Deshacer el enlace. *[desenllaçar]* // Solucionar un problema. *[desenllaçar]*
desenmascarar. v. tr. Quitar la máscara o careta. *[desemmascarar]* // Dar a conocer a una persona tal y como es moralmente. *[desemmascarar]*
desenredar. v. tr. Quitar el enredo; aclarar una cuestión intrincada. *[desenredar]*
desensartar. v. tr. Quitar lo que está ensartado. *[desenfilar]*
desentenderse. v. pron. No volver a intervenir en alguna cosa. *[desentendre's]*
desenterrar. v. tr. Sacar a la luz lo que está enterrado. *[desenterrar]*
desentonar. v. intr. Alejarse del tono debido, no entonar. *[desentonar]*
desentono. m. Desproporción en el tono de la voz. *[desentonació]*
desentrañar. v. tr. Arrancar las entrañas. *[desentranyar]* // fig. Obtener con esfuerzo el conocimiento de una cosa. *[desentranyar]*
desentrenar. v. tr. Hacer perder el entrenamiento. *[desentrenar]* // **-se.** Perder el entrenamiento. *[desentrenar-se]*
desenvoltura. f. Desembarazo, desparpajo. *[desimboltura]* // Osadía, desvergüenza. *[desimboltura]*
desenvolver. v. tr. Quitar el envoltorio, desenrollar. *[desenvolupar]* // Desenredar. *[desenvolupar]*
desenvolvimiento. m. Acción de desenvolver o desplegar. *[desplegament]*
desenvuelto, elta. adj. Que actúa con desenvoltura, con desparpajo. *[desimbolt]* // Desembarazado. *[desimbolt]*
deseo. m. Movimiento del ánimo hacia el conocimiento, posesión o disfrute de una cosa. *[desig]*
deseoso, osa. adj. Que desea. *[desitjós]*
desequilibrado, ada. adj. Falto de equilibrio mental, perturbado. *[desequilibrat]*
desequilibrar. v. tr. y pron. Perder el equilibrio. *[desequilibrar]*
desequilibrio. m. Falta de equilibrio. *[desequilibri]*
deserción. f. Acción de desertar. *[deserció]*
desertar. v. tr. Abandonar un partido, una causa, etc. *[desertar]*
desertor, ora. adj. y s. Que deserta. *[desertor]*
desesperación. f. Estado del que no tiene esperanza. *[desesperació]*
desesperanza. f. Falta de esperanza. *[desesperança]*

desesperar. v. intr. y tr. Intr. No tener ninguna esperanza. *[desesperar]* // Tr. Causar desesperación. *[desesperar]*

desespero. m. Estado del que no tiene esperanza, desesperación. *[desesper]*

desestimar. v. tr. No apreciar una cosa, no tener la estimación debida hacia alguna cosa. *[desestimar]* // Denegar, rehusar. *[desestimar]*

desfalcar. v. tr. Malversar un caudal que se tenía en depósito. *[desfalcar]*

desfalco. m. Acción y efecto de desfalcar o sustraer fraudulentamente. *[desfalc]*

desfallecer. v. tr. Perder fuerzas, vitalidad, etc., por consunción gradual, enflaquecer. *[defallir, candir-se, colltòrcer]*

desfallecimiento. m. El hecho de perder las fuerzas físicas o morales. *[defallença]*

desfasar. v. tr. Producir un desfase. *[desfasar]*

desfase. m. Diferencia entre las fases de dos magnitudes periódicas de la misma frecuencia, en un momento dado. *[desfasament]* // fig. Desacuerdo en el tiempo entre dos hechos o dos situaciones. *[desfasament]*

desfigurar. v. tr. y pron. Alterar la figura de alguien o de algo; deformar. *[desfigurar]*

desfiladero. m. Paso estrecho entre montañas. *[congost]*

desfilar. v. intr. Pasar por delante de alguien ordenadamente en fila, uno detrás de otro. *[desfilar]* // Salir diversas personas de un lugar una detrás de otra. *[desfilar]* // Pasar en fila. *[desfilar]*

desfile. m. Acción de desfilar. *[desfilada]*

desflorar. v. tr. Quitar la flor a una planta. *[desflorar]* // Quitar la virginidad a una doncella. *[desflorar]*

desfogar. v. tr. y pron. Manifestar con vehemencia una pasión, dar una salida al fuego. *[desfogar]*

desfogue. m. Acción y efecto de desfogar. *[desfogament]*

desfondar. v. tr. y pron. Quitar o romper el fondo a un vaso, caja, etc. *[desfondar]*

desfonde. m. Acción y efecto de desfondar. *[desfonament]*

desgaire. m. Desaliño, desaire en el manejo del cuerpo. *[deixadesa, descurança]*

desgajar. v. tr. y pron. Arrancar una rama de un árbol, romper una cosa estirándola con los dientes, con las manos, etc. *[esqueixar]* // Rasgar. *[esqueixar]*// Arrancar trozos de un bacalao. *[espencar]*

desgalichado, ada. adj. Desaliñado, desgarbado. *[malfardat]*

desgana. f. Pérdida del apetito, inapetencia, abulia. *[desgana]*

desganado, ada. adj. Que sufre desgana. *[desganat]*

desganar. v. tr. Quitar el deseo, gusto o gana de hacer algo. *[desganar]* // **-se.** Perder las ganas de comer o la afición hacia alguna cosa. *[desmenjar-se, desganar-se]*

desgañitarse. v. pron. Echar a perder la garganta a fuerza de gritar. *[esgargamellar-se, escanyar-se]*

desgarrapatar. v. tr. Limpiar de garrapatas. *[escaparrar]*

desgarrar. v. tr. Rasgar. *[estripar]* // Herir vivamente los sentimientos. *[esquinçar]* // Desgajar la carne, un miembro, un cuerpo. *[esgarrar]*

desgarro. m. Efecto de desgarrar, rasguño *[esgarrall, estrip]*

desgastar. v. tr. Consumir una materia poco a poco. *[desgastar]*

desgaste. m. El hecho de desgastarse una cosa. *[desgast]*

desglosar. f. Quitar la nota o glosa a un escrito. *[desglossar]*

desglose. m. Acción y efecto de desglosar. *[desglossament]*

desgolletar. v. tr. Quitar el cuello a una botella o vasija. *[escollar]*

desgracia. f. Acontecimiento funesto que recae sobre alguien. *[desgràcia]*

desgraciado, ada. adj. Que tiene mala suerte o desgracia. *[desgraciat]* // Que no tiene gracia. *[desgraciat]*

desgraciar. v. tr. Quitar la gracia, el aspecto agradable y atractivo de una persona o cosa. *[desgraciar]* // tr. y pron. Malograr o impedir el desarrollo de una cosa. *[desgraciar]*

desgravar. v. tr. Librar de un impuesto o gravamen. *[desgravar]*

desgreñado, ada. adj. Que lleva el pelo desarreglado, en desorden. *[descabellonat]*

desgreñar. v. tr. y pron. Desordenar los cabellos, ponerlos en desorden, despeinar. *[escabellar]*

desguarnecer. v. tr. Quitar la guarnición o adorno; quitar la fuerza. *[desguarnir]*

desguazar. v. tr. Desbastar un madero. *[desbastar]* // Deshacer un buque total o parcialmente. *[desballestar]*

deshabitado, ada. adj. Que no está habitado. *[deshabitat]*

deshabitar. v. tr. Dejar de habitar un lugar o una casa. *[deshabitar]*

deshacer. v. tr. Destruir lo que está hecho. *[desfer]* // Desligar un nudo o un lazo. *[desfer]* // Desbaratar los intentos. *[burlar, frustrar]* // **-se.** Desapropiarse de una cosa. *[desfer-se]*

desharrapado, ada. m. y f. Miserable, pobre, indigente. *[poca-roba, esquinçat]*

deshebrar. v. tr. Separar las hebras o hilo, de una planta, de un tejido, etc. *[esbrinar, desfilar]*

deshechizar. v. tr. Dejar de estar hechizado. *[desencisar]* // **-se.** Desencantarse. *[desencisar-se]*

deshelar. v. tr. e intr. Tr. Licuar lo que está helado, fundir el hielo. *[desgelar, desglaçar]* // Intr. Fundirse el hielo, hacer tiempo de deshielo. *[desgelar]*

desheredar. v. tr. Excluir a alguien de la herencia. *[desheretar]*

desherrar. v. tr. Quitar los hierros de una cosa, las herraduras de un animal. *[desferrar]*

deshilar. v. tr. Sacar los hilos de un tejido. *[desfilar]*

deshilvanar. v. tr. y pron. Quitar los hilvanes. *[desembastar]*

deshojar. v. tr. y pron. Quitar las hojas de una planta, etc. *[desfullar]*

deshonesto, esta. adj. Falto de honestidad. *[deshonest]*

deshonor. m. Pérdida del honor. *[deshonor]*

deshonorar. v. tr. Quitar el honor, la dignidad o el cargo. *[deshonorar]*

deshonra. f. Pérdida de la honra. *[deshonra]*

deshonrado, ada. adj. Que ha perdido la honra. *[deshonrat]*

deshonrar. v. tr. Quitar la honra y buena reputación. *[deshonrar]* // Violar la honestidad de una mujer *[deshonrar]*

deshora. f. Tiempo inoportuno. *[deshora]* // **a deshora.** loc. adv. Fuera de tiempo, a una hora intempestiva. *[a deshora]*

desidia. f. Falta de actividad por negligencia o incuria. *[desídia]*

desierto, erta. adj. Despoblado, inhabitado. *[desert]* // m. Lugar deshabitado. *[desert]*

designar. v. tr. Destinar a una persona o cosa para un fin determinado. *[designar]*

designio. m. Plan ideado con algún propósito que cumplir. *[designi]*

desigual. adj. Que no es igual. *[desigual]*

desilusión. f. Pérdida de la ilusión. *[desil·lusió]*

desincrustar. v. tr. Quitar las incrustaciones. *[desincrustar]*

desinencia. f. Terminación de una palabra, especialmente la que expresa un accidente gramatical. *[desinència]*

desinfección. f. Acción y efecto de desinfectar. *[desinfecció]*

desinfectante. adj. Que desinfecta. *[desinfectant]* // m. Sustancia que sirve para desinfectar. *[desinfectant]*

desinfectar. v. tr. y pron. Quitar la infección. *[desinfectar]* // Limpiar alguna cosa de aquello que puede ser causa de infección. *[desinfectar]*

desinflar. v. tr. y pron. Dejar de estar inflado. *[desunflar]* // Deshinchar, quitar la hinchazón. *[desunflar]*

desintegración. f. Acción y efecto de desintegrar o de desintegrarse. *[desintegració]*

desintegrar. v. tr. y pron. Separar todos los elementos que componen una cosa. *[desintegrar]*

desinterés. m. Falta de interés por alguien o alguna cosa. *[desinterés]*

desinteresado, ada. adj. Que no tiene interés propio. *[desinteressat]*

desinteresarse. v. pron. Perder el interés en algo. *[desinteressar-se]*

desistir. v. intr. Apartarse de una empresa o intento. *[desistir]*

desjarretar. v. tr. Cortar las piernas por el jarrete. *[esbraonar]* // Hacer perder el brío, fatigar en alto grado. *[esbraonar]*

deslavazado, ada. adj. Demasiado claro, aguado. *[desllavassat]*

deslavazar. v. tr. Aclarar demasiado un guiso u otra comida por exceso de agua, aguar. *[desllavassar; esllavassar]* // Lavar excesivamente. *[esllavassar]* // **-se.** Perder la fruta la sustancia por la acción de las lluvias excesivas. *[esllavassar-se]*

desleal. adj. No leal, falto de lealtad. *[deslleial]*

deslealtad. f. Falta de lealtad. *[deslleialtat]*

deslendrar. v. tr. Quitar las liendres. *[desllemenar]*

desligar. v. tr. y pron. Desatar, soltar las ligaduras. *[deslligar]* // Absolver de las censuras eclesiásticas. *[deslligar]* // Eximir de una obligación. *[deslligar]* // **-se.** Separarse. *[deslligar-se]*

deslizar. v. intr. Dejar ir arrastrando por un suelo liso. *[esgolar]* // **-se.** Salir un líquido de un recipiente, etc., pasando por un agujero, canal, etc. *[escolar-se]* // Correr una cosa por encima de otra // Pasar, correr el tiempo, la vida, etc. *[escolar-se]*

deslucir. v. tr. Quitar el brillo. *[deslluir]* // Quitar la brillantez. *[deslluir]*

deslumbrar. v. tr. Ofuscar la vista con una luz demasiado viva. *[enlluernar]* // Alucinar con apariencias o razones. *[enlluernar]*

deslunado. m. Espacio cerrado por paredes pero sin techo. *[desllunat]*

desmán. m. Exceso contra alguien, abuso de fuerza, malos modos. *[excés]*

desmangado, ada. adj. Que no tiene mango. *[desmanegat]* // Mal compuesto o coordinado, destartalado. *[desmanegat]*

desmangar. v. tr. Quitar el mango de una herramienta, etc. *[desmanegar]*

desmarcar. v. tr. Quitar la marca a un objeto marcado. *[desmarcar]* // **-se.** En ciertos juegos evitar un jugador ser marcado por los jugadores contrarios. *[desmarcar-se]*

desmayado, ada. adj. Falto de ánimo o de fuerzas vitales. *[desmaiat]* // Poca viveza aplicado especialmente a los colores; poco vivo, desmayado, apagado. *[desmaiat]*

desmayar. v. intr. Perder el ánimo, decaer. *[desmaiar]* // **-se** Perder el sentido transitoriamente. *[desmaiar-se]*

desmayo. m. Desfallecimiento temporal del sentido. *[desmai]* // Clase de sauce de ramas colgantes (sauce llorón). *[desmai]*

desmedrado, ada. adj. Delgado, desvalido. *[escarransit]*

desmedrar. v. tr. y pron. Deteriorar. *[deteriorar, rebordonir]* // Intr. Decaer, ir a menos. *[decaure, candir-se]* // **-se.** Quedar una planta como parada en su desarrollo. *[rebordonir-se]*

desmejorar. v. tr. Hacer perder la calidad o perfección. *[desmillorar]* // Hacer que alguien o alguna cosa no esté tan bien, en tan buen estado como estaba. *[desmillorar]* // **-se.** Sufrir alguna merma en el buen estado de salud, buen aspecto, buena apariencia. *[desmillorar-se]*

desmemoriado, ada. adj. Falto de memoria. *[desmemoriat]*

desmentir. v. tr. Decir a alguien que miente. *[desmentir]* // Sostener la falsedad de un hecho o de un dicho. *[desmentir]*

desmenuzar. v. tr. Deshacer en migas, en trozos muy pequeños. *[esmicolar]*

desmerecer. v. intr. Perder una cosa parte de su mérito o valor. *[desmeréixer]* // Hacerse alguien menos digno de premio o alabanza. *[desmeréixer]* // Ser una persona o cosa inferior a otra. *[desmeréixer]*

desmesura. f. Falta de mesura en alguna cosa, falta de miramiento. *[desmesura]*

desmesurado, ada. adj. De dimensiones que exceden a lo normal, excesivo. *[desmesurat]*

desmesurar. v. tr. Desarreglar o descomponer. *[desmesurar]*
desmochar. v. tr. Quitar la parte superior de alguna cosa. *[escapçar]*
desmontar. v. tr. Desarmar una máquina. *[desmuntar]*
desmonte. m. Parte de un terreno en la que éste ha sido rebajado. *[desmunt]*
desmoralizar. v. tr. y pron. Corromper las costumbres, hacer perder la moral. *[desmoralitzar]*
desmoronar. v. tr. y pron. Hundir un edificio, un margen, etc. *[enderrocar]* // **-se.** Venir a menos. *[decaure]*
desmotar. v. tr. Quitar la borra a los trapos. *[esborrar]*
desnatar. v. tr. Quitar la nata o velo de la leche. *[desnatar]*
desnaturalizar. v. tr. Alterar una cosa haciéndole perder sus cualidades o características. *[desnaturalitzar]*
desnivel. m. Diferencia de alzada entre dos lugares. *[desnivell]* // Falta de nivel. *[desnivell]*
desnivelar. v. tr. y pron. Quitar el nivel. *[desnivellar]*
desnudar. v. tr. y pron. Quitar a alguien el vestido o la ropa. *[despullar]* // Privar a alguien de lo que le pertenece, despojar. *[despullar]* // Quitar a alguna cosa aquello que la cubre o adorna. *[despullar]* // **-se.** fig. Apartar de sí, rechazar una cosa. *[rebutjar]*
desnudo, uda. adj. No vestido. *[nu, nuet]* // No cubierto; sin ornamentos, sin vegetación. *[nu]*
desobedecer. v. tr. No hacer lo que está mandado. *[desobedir]*
desobediencia. f. Acción y efecto de desobedecer. *[desobediència]*
desobediente. adj. Que no obedece. *[malcregut]*
desocupado, ada. adj. Que no tiene trabajo. *[desenfaenat]*
desocupar. v. tr. Dejar vacía una cosa, sacando lo que hay dentro. *[desocupar]* // **-se.** Quedar libre de un negocio u ocupación. *[alliberar-se]*
desoír. v. tr. No hacer caso de un ruego, advertencia, etc. *[desoir]*
desojar. v. tr. Romper el ojo de una aguja. *[desullar]* // **-se.** Fatigar en extremo los ojos. *[desullar-se]*
desolación. f. Acción y efecto de desolar o desolarse. *[desolació]*
desolar. v. tr. Arruinar un país destruyendo todo lo que tiene. *[desolar]* // **-se.** Afligirse, angustiarse. *[desolar]*
desollar. v. tr. Quitar la piel o corteza. *[escorxar]*
desorbitado, ada. adj. Que está fuera de su órbita. *[desorbitat]*
desorbitar. v. tr. Sacar alguna cosa de su órbita. *[desorbitar]* // fig. Exagerar la importancia de algo. *[desorbitar]*
desorden. m. Desaseo, dejadez, falta de orden, arreglo o compostura. *[desorde, desendreç]*
desordenar. v. tr. Poner en desorden. *[desordenar]*
desorganizar. v. tr. Destruir la organización de alguna cosa. *[desorganitzar]*
desorientación. f. Pérdida de orientación. *[desorientació]*
desorientar. v. tr. Hacer perder la orientación. *[desorientar]*
desovar. v. intr. Soltar sus huevos las hembras de peces y anfibios. *[fresar]*
desovillar. v. tr. Deshacer un ovillo. *[descabdellar]*
despabilado, ada. adj. De entendimiento vivo, listo, despierto. *[espavilat]*
despabilar. v. tr. Quitar el pabilo de una lámpara. *[espavilar]* // Avivar el entendimiento o el ingenio de alguien. *[espavilar]* // Animar, avivar, despertar. *[espavilar]* // Cortar el moco de una luz. *[mocar, esmocar]*
despabiladeras. f. pl. Clase de tijeras o tenazas para espabilar la lámpara. *[espaviladores]*
despacio. adv. Poco a poco, lentamente. *[espai, xano-xano]*
despacioso, osa. adj. Calmoso. *[lent]*
despachador, ora. adj. y s. Que despacha mucho y con brevedad. *[despatxador]*
despachar. v. tr. Abreviar y concluir un negocio. *[despatxar]* // Resolver y decidir las causas y negocios. *[despatxar]* // Vender géneros o mercaderías. *[despatxar]* // Despedir a alguien. *[despatxar]*

despacho. m. Acción y efecto de despachar. *[despatx]* // Lugar destinado a despachar los negocios. *[despatx]* // Comunicación dirigida a alguien por telégrafo o teléfono. *[despatx]* // Nombramiento o título para algún empleo. *[despatx]*

despagado, ada. adj. Descontento, disgustado. *[despagat]*

despagar. v. tr. y pron. Disgustar, descontentar a alguien. *[despagar]*

despalmar. v. tr. Sacar el pulmón, matar. *[esfreixurar]* // Limpiar, alquitranar el fondo de las naves o embarcaciones. *[espalmar]*

despanochar. v. tr. Quitar las panochas. *[espellofar]*

desparejado, ada. adj. Que no tiene pareja, que queda suelto. *[escadusser]*

desparramar. v. tr. Esparcir cosas que estaban juntas. *[esbarriar]*

despasar. v. tr. Pasar una cosa en sentido inverso, sacándola del lugar o agujero por donde la habían pasado. *[despassar]* // Quitar el hilo a una aguja. *[despassar]*

despatarrar. v. tr. Poner despatarrado, con las extremidades extendidas. *[espaterrar]* // Maravillar, despavorir grandemente con alguna cosa extraordinaria, amenazadora. *[espaterrar]*

despavorir. v. intr. Llenar de pavor. *[espaordir]* // **-se.** Coger miedo. *[espaordir-se]*

despeado, ada. adj. Muy cansado y dolorido de los pies por haber caminado demasiado. *[despeuat]*

despearse. v. pron. Fatigarse los pies caminando. *[espeuar-se]*

despectivo, iva. adj. Que expresa o indica menosprecio. *[despectiu]*

despecho. m. Malquerencia nacida por desengaños sufridos. *[despit]*

despechugado, ada. adj. Con el pecho descubierto. *[espitralat]*

despedazar. v. tr. Hacer piezas o trozos de alguna cosa. *[espedaçar]*

despedida. f. Acción y efecto de separarse de alguien. *[comiat]*

despedir. v. tr. Enviar, decir a alguien que se puede ir, que no lo necesitamos más o no lo queremos más, quitarle el empleo, ocupación o cargo. *[despedir]* // Dejar marchar, soltar. *[despedir]* // Acompañar a alguien que se va para despedirle. *[despedir]* // **-se.** Separarse de alguien saludándolo. *[despedir-se]*

despedregar. v. tr. Limpiar la tierra de piedras. *[despedregar]*

despeinar. v. tr. y pron. Deshacer el peinado. *[despentinar]*

despejar. v. tr. Desembarazar un sitio o espacio. *[desembarassar]* // **-se.** Ponerse el cielo raso. *[arrasir-se]*

despejo. m. Acción y efecto de despejar. *[deseiximent, desembarassament]*

despender. v. tr. Gastar, utilizar dinero para procurarse alguna cosa. *[despendre]*

despensa. f. Lugar de una casa, de una nave, etc., donde se guardan los comestibles. *[rebost]*

despeñadero. m. Escarpado de roca que forma precipicio, en la cima o en la pendiente de una montaña. *[cingle]*

despeñar. v. tr. Lanzar hacia abajo de un lugar elevado. *[espenyar]*

desperdiciar. v. tr. Malbaratar una cosa o no aprovecharla debidamente. *[malgastar]*

desperdicio. m. Residuo de lo que no se puede o no es fácil aprovechar, o se deja de utilizar por descuido. *[malbaratament]*

desperezarse. v. pron. Estirar los brazos para desentumecerlos. *[esperesar-se]*

desperfecto. m. Deterioro o daño no grave. *[desperfecte]*

despertada. f. Acción de despertar. *[despertada]* // Toque de campana para despertar a la gente. *[despertada]* // Diana a la hora de despertada que inicia la fiesta del día, generalmente con música, tracas, etc. *[despertada]*

despertador, ora. adj. Que despierta. *[despertador]* // m. Reloj que a la hora deseada hace sonar un timbre para despertar. *[despertador]*

despertar. v. tr. Interrumpir el sueño. *[despertar]* // Espabilar. *[espavilar]*

despiadado, ada. adj. Falto de piedad, inhumano. *[despietat]*

despierto, erta. adj. No dormido. *[despert]* // Espabilado, vivo de entendimiento. *[despert]*
despiojar. v. tr. Quitar los piojos de un animal, etc., deslendrar. *[desllemenar]* // Limpiar de insectos, parásitos (piojo rojo, piojo negro), los árboles y las plantas. *[espollar]*
despistar. v. tr. Hacer perder la pista de lo que se busca. *[despistar]*
despiste. m. Acción y efecto de despistarse. *[despiste]*
desplacer. m. Pena, desazón, disgusto. *[desplaença]*
desplacer. v. tr. Disgustar, desagradar. *[desplaure]*
desplantar. v. tr. Quitar una cosa de donde estaba plantada. *[desplantar]*
desplazar. v. tr. Sacar una cosa de su sitio. *[desplaçar]*
desplegar. v. tr. Extender o deshacer lo que estaba doblado o plegado. *[desplegar]* // Poner plenamente en acción, en evidencia. *[desplegar]*
desplomar. v. tr. Hacer perder la posición vertical. *[desplomar]* // **-se.** Caerse una cosa de gran peso. *[desplomar]* // Caerse sin vida o sin conocimiento una persona. *[desplomar]*
despoblado, ada. adj. No poblado. *[despoblat]* // m. Fuera de poblado. *[despoblat]*
despoblar. v. tr. y pron. Disminuir total o parcialmente la población de un lugar. *[despoblar]*
despojar. v. tr. Privar a uno, generalmente con violencia, de lo que posee y tiene. *[despullar]*
despojo. m. Vientre, cabeza, patas, alas y entrañas del ganado muerto para la alimentación. *[despulla]* // Aquello que la persona ha perdido por el tiempo, por la muerte o por otros accidentes. *[despulla]* // Piel que deja la serpiente cuando cambia a la nueva. *[camisa, despulla]* // Lo que queda de una cosa destruida. *[desferra, despulles]*
desportillar. v. tr. y pron. Romper una cosa quitándole parte del canto o boca. *[esportellar]*
desposeer. v. tr. Privar a alguien de la posesión de alguna cosa. *[desposseir]* // **-se.** Desprenderse alguien de alguna cosa. *[deseixir-se]*
déspota. m. Monarca que gobierna arbitrariamente. *[dèspota]* // Aquél que trata despóticamente a sus súbditos. *[dèspota]*
despreciar. v. tr. Desestimar y tener por poco. *[menysprear]*
desprecio. m. Desestimación, menosprecio. *[menyspreu]*
desprender. v. tr. Separar lo que está unido. *[desprendre]* // **-se.** Renunciar a una cosa. *[desprendre's]*
desprendido, ida. adj. Separado de aquello a lo que estaba unido. *[després]* // Que se desprende con facilidad de lo que tiene, que es generoso. *[després]*
despreocupado, ada. adj. Que no se preocupa de nada, especialmente de las cosas espirituales o trascendentales. *[meninfot]*
despreocuparse. v. pron. Librarse de una preocupación, desentenderse de algo. *[despreocupar-se]*
desprestigiar. v. tr. y pron. Quitar el prestigio a alguien o hacer que lo pierda. *[desprestigiar]*
desprestigio. m. Acción y efecto de desprestigiar o de desprestigiarse. *[desprestigi]*
desproporción. f. Falta de la debida proporción. *[desproporció]*
despropósito. m. Palabra o acto fuera de lugar, sin sentido, inconveniente. *[despropòsit]*
desproveer. v. tr. Quitar a alguien aquello que necesita para su mantenimiento. *[desproveir]*
después. adv. Denota posterioridad de tiempo, lugar, situación, rango. *[després]*
despuntar. v. tr. Quitar la punta. *[espuntar]*
desquitar. v. tr. Restaurar lo perdido. *[rescabalar]* // **-se** Tomarse una venganza. *[revenjar-se]*
desquite. m. Acción y efecto de desquitar o desquitarse. *[revenja, rescabalament]*
desrabotar. v. tr. Cortar el rabo. *[descoar]*
destacamento. m. Grupo de tropa desta-

cada o separada del cuerpo principal. *[destacament]*

destacar. v. tr. y pron. Poner de relieve los méritos de alguien. *[posar en relleu, excel·lir]* // Separar del cuerpo principal una parte de la tropa. *[destacar]*

destajo. m. Trabajo que se ajusta por un tanto alzado. *[estall]*

destalonar. v. tr. Quitar, destruir o descomponer el talón al calzado. *[esgarronar]*

destapador, ora. m. y f. Que destapa. *[destapador]* // m. Instrumento de hierro a manera de barrina que sirve para destapar botellas; sacacorchos. *[destapador]*

destapar. v. tr. y pron. Descubrir alguna cosa quitando aquello que la tapaba. *[destapar]*

destelarañar. v. tr. Quitar las telarañas. *[desteranyinar]*

destello. m. Luz viva que dura un instante. *[llampec]*

destemplamiento. m. Acción y efecto de destemplar o destemplarse. *[destrempament]*

destemplar. v. tr. Dejar de estar templado. *[destrempar]*

desteñir. v. tr. Hacer perder el color a una cosa teñida. *[destenyir]*

desterrar. v. tr. Expulsar a uno de un país o lugar como castigo por divergencias políticas, exiliar. *[desterrar]*

desterronar. v. tr. Aplastar los terrones. *[esterrossar]*

destetar. v. tr. Quitar la teta, hacer que deje de mamar un niño o un animal. *[desmamar]*

destiempo. m. Tiempo inoportuno. *[destemps]* // **a destiempo.** loc. adv. Fuera de tiempo *[a destemps]*

destierro. m. Apartamiento, alejamiento. *[desterrament]*

destilación. f. Acción y efecto de destilar. *[destil·lació]*

destilar. v. tr. Separar una sustancia volátil de otras más fijas por calentamiento y enfriamiento sucesivos. *[destil·lar]* // Gotear. *[degotar]*

destinación. f. Acción y efecto de destinar. *[destinació]*

destinar. v. tr. Señalar a una persona o cosa para algún fin. *[destinar]* // Decidir o determinar de antemano. *[destinar]*

destinatario, aria. m. y f. Persona a quien va destinada una cosa que se envía. *[destinatari]*

destino. m. Potencia sobrehumana que, según los paganos, fijaba de antemano el curso de los acontecimientos. *[destí]* // Suerte reservada a cada uno. *[destí]*

destitución. f. Acción de destituir. *[destitució]*

destituir. v. tr. Desposeer a alguien de un cargo, de una colocación. *[destituir]*

destocar. v. tr. Quitar o deshacer el tocado. *[despentinar]* // **-se.** Quitarse lo que cubre la cabeza. *[descobrir-se]*

destorcer. v. tr. Enderezar lo que está torcido. *[destòrcer]*

destornillador. m. Instrumento para destornillar. *[tornavís]*

destornillar, desatornillar o **desentornillar.** v. tr. Desenroscar un tornillo. *[descaragolar]*

destreza. f. Condición de hábil, habilidad. *[destresa]*

destripar. v. tr. Sacar las tripas o el interior de alguna cosa. *[estripar]*

destripaterrones. m. Hombre rústico, campesino. *[esclafaterrossos]*

destrozar. v. tr. Romper y estropear una cosa dejándola inservible. *[destrossar]* // Derrotar al enemigo dejándolo maltrecho. *[destrossar]* // Dañar la salud, fortuna, etc. *[destrossar]*

destrozo. m. Acción y efecto de destrozar. *[destrossa]* // Derrota y matanza grande, carnicería. *[destrossa]*

destrucción. f. Acción y efecto de destruir. *[destrucció]*

destruir. v. tr. Deshacer lo que está construido. *[destruir]* // Poner fin a la existencia de alguna cosa. *[destruir]*

desudar. v. tr. Quitar, secar el sudor. *[dessuar]* // **-se.** Dejar de estar sudado, secarse, perder el sudor. *[dessuar-se]*

desuncir. v. tr. Quitar el yugo a los animales. *[desjunyir]* // Separar, dividir. *[desjunyir]*

desunión. f. Acción y efecto de desunir. *[desunió]*

desustanciar. v. tr. Quitar la sustancia. *[dessubstanciar]*
desvalido, ida. adj. Desamparado, abandonado. *[desvalgut]*
desván. m. Piso superior de una casa, debajo del tejado, utilizado como depósito de trastos, lugar de trabajo de los menestrales (terciopeleros, tejedores, etc.), depósito de materias diversas y que ahora suele habitarse. *[porxe]*
desvanecer. v. tr. Disgregar. *[esvair]* // **-se.** Desaparecer completamente. *[esvanir-se]* // Perder el conocimiento. *[esvanir-se]*
desvariar. v. intr. Decir cosas fuera del sentido común, tener desvaríos. *[desvariejar]*
desvarío. m. Acción de desvariar, delirio. *[desvari]* // Pensamiento absurdo. *[desvari]*
desvelar. v. tr. Despabilar, quitar el sueño. *[dessonillar]* // **-se.** Perder el sueño, no tener sueño. *[dessonillar-se]*
desventaja. f. Condición de inferioridad en cualquier cosa. *[desavantatge]* // Perjuicio. *[desavantatge]*
desventura. f. Desgracia, mala suerte, desdicha. *[desventura]*
desvergonzado, ada. adj. Que habla u obra con desvergüenza. *[desvergonyit]*
desvergüenza. f. Falta de vergüenza. *[desvergonyiment, poca-vergonya]* // Dicho o hecho insolente. *[desvergonyiment]*
desviación. f. Acción y efecto de desviar o desviarse. *[desviació]*
desviar. v. tr. Alejar, separar de su lugar o camino. *[desviar]*
desvío. m. Desviación. *[desviació]* // Desapego, indiferencia. *[indiferència]* // Camino que arranca de otro. *[desviació]*
desvirtuar. v. tr. Quitar la fuerza o virtud a una cosa. *[desvirtuar]*
desvivirse. v. pron. Sacrificarse, privarse del propio bienestar en beneficio de una persona o una cosa. *[desviure's]*
deszumar. v. tr. y pron. Quitar el zumo. *[dessucar]*
detallar. v. tr. Referir una cosa, etc., con todas las particularidades. *[detallar]*
detalle. m. Circunstancia o particularidad de un todo, minucia. *[detall]* // Relación o lista minuciosa. *[detall]* // **al detalle.** Al por menor. *[al detall]*
detectar. v. tr. Revelar la presencia de alguna cosa mediante un procedimiento físico. *[detectar]*
detective. m. El que se ocupa de hacer investigaciones sobre hechos escondidos y obscuros. *[detectiu]*
detención. f. Acción y efecto de detener. *[detenció]* // Arresto provisional. *[detenció]*
detener. v. tr. y pron. Impedir continuar un movimiento. *[aturar]* // Tr. Arrestar. *[arrestar]* // **-se.** Pararse a considerar una cosa. *[detenir-se]*
deteriorar. v. tr. Empeorar o menoscabar una cosa. *[deteriorar, desadobar]*
determinación. f. Acción y efecto de determinar o determinarse. *[determinació]*
determinar. v. tr. Fijar los términos de una cosa. *[determinar]* // Tomar una resolución. *[determinar]*
detestar. v. tr. Tener una aversión declarada hacia una cosa, aborrecer. *[detestar]*
detonante. adj. Que tiene la propiedad de detonar. *[detonant]*
detonar. v. intr. Hacer un ruido de repente como un estadillo. *[detonar]* // Producir una impresión de desacuerdo, de sorpresa, de intemperancia, etc. *[detonar]*
detrás. adv. Con posterioridad. *[darrere]* // **por detrás.** A espaldas de uno. *[per darrere]*
detrimento. m. Daño, perjuicio, material o moral, que se va operando lentamente. *[detriment]*
deuda. f. Obligación que uno tiene o contrae de pagar. *[deute]*
deudor, ora. adj. y s. Que debe o está obligado a satisfacer una deuda. *[deutor]*
devanar. v. tr. Enrollar el hilo formando un ovillo. *[debanar]* // Dar vueltas insistemente a una idea, recuerdo, etc. *[debanar]*
devastar. v. tr. Arrasar, asolar, destruir. *[devastar]*

devengar. v. tr. Adquirir derecho a retribución por trabajo, servicio, etc. *[acreditar]*

devoción. f. Veneración y fervor religiosos. *[devoció]* // Manifestación extrema de estos sentimientos. *[devoció]* // Inclinación, afección especial. *[devoció]*

devolución. f. Acción de retornar una cosa a la persona que la poseía primero. *[devolució]*

devolver. v. tr. Restituir o retornar a alguien lo que se le había quitado. *[retre]*

devorar. v. tr. Comer ávidamente. *[devorar]* // Consumir enteramente. *[devorar]*

devoto, ota. adj. y s. Que tiene devoción. *[devot]* // Que mueve a la devoción. *[devot]*

día. m. Tiempo que dura la claridad del sol sobre el horizonte. *[dia]* // Espacio de tiempo que necesita la tierra para dar una vuelta completa sobre su eje. *[dia]*

diabetes. f. Enfermedad caracterizada por una excesiva secreción de orina cargada de glucosa. *[diabetis]*

diabético, ética. adj. Relativo o perteneciente a la diabetes. *[diabètic]*

diablo. m. Espíritu del mal, demonio. *[diable]*

diablura. f. Travesura extraordinaria, acción temeraria. *[diableria]*

diabólico, ólica. adj. Relativo o perteneciente al diablo. *[diabòlic]*

diácono. m. Eclesiástico que ha recibido la segunda de las órdenes mayores. *[diaca]* // Clérigo que en las misas mayores canta el evangelio. *[diaca]*

diadema. f. Adorno de la cabeza, que consiste ordinariamente en un círculo de oro, piedras preciosas, etc. *[diadema]*

diáfano, áfana. Aplicado al cuerpo que deja pasar la luz a través suyo, transparente. *[diàfan]*

diafragma. m. Músculo que separa el vientre del pecho. *[diafragma]* // Disco perforado usado en instrumentos ópticos para regular el paso de la luz. *[diafragma]*

diagnosis. f. Conocimiento de los signos de una enfermedad. *[diagnosi]* // En botánica, descripción concisa de una planta. *[diagnosi]*

diagnosticar. v. tr. Hacer el diagnóstico de una enfermedad. *[diagnosticar]*

diagnóstico, óstica. adj. Relativo o perteneciente a la diagnosis. *[diagnòstic]* // m. Calificación que da el médico a la enfermedad según los signos que advierte. *[diagnòstic]*

diagrama. m. Dibujo que sirve para demostrar una proposición o resolver un problema. *[diagrama]*

dialectal. adj. Relativo a un dialecto. *[dialectal]*

dialecto. m. Cada una de las variedades lingüísticas de un país o comarca. *[dialecte]*

dialogar. v. tr. e intr. Tr. Escribir una cosa en forma de diálogo. *[dialogar]* // Intr. Conversar. *[dialogar]*

diálogo. m. Conversación entre dos o más personas. *[diàleg]*

diamante. m. Piedra preciosa formada de carbono puro cristalizado, notable por su dureza. *[diamant]*

diámetro. m. Cuerda de la circunferencia que pasa por el centro. *[diàmetre]* // Ancho de un cuerpo redondo medido de un lado a otro pasando por el medio. *[diàmetre]*

diana. f. Toque militar al apuntar el día. *[diana]* // Lucero del alba. *[l'estel de l'alba]*

diario, aria. adj. Que corresponde a cada día. *[diari]* // m. Periódico que se publica cada día. *[diari]* // Libro donde se anotan día a día las transacciones realizadas, etc. *[diari]*

diarrea. f. Evacuación frecuente de materias fecales líquidas. *[diarrea]*

diáspora. f. Dispersión, se dice especialmente de la de los judíos desde la cautividad de Babilonia. *[diàspora]*

diástole. f. Movimiento de dilatación del corazón y de las arterias cuando le entra la sangre. *[diàstole]* // Licencia poética que consiste en hacer larga una sílaba breve. *[diàstole]*

diatriba. f. Crítica violenta. *[diatriba]*

dibujante. m. y f. Persona que dibuja. *[dibuixant]*

dibujar. v. tr. Trazar sobre una superficie la imagen de un objeto con un lápiz, pincel, etc. *[dibuixar]*
dibujo. m. Arte de dibujar. *[dibuix]* // Delineación o figura ejecutada en claro y oscuro. *[dibuix]*
dicción. f. Manera de hablar, de escribir o de pronunciar. *[dicció]* // Palabra. *[dicció]*
diccionario. m. Libro donde se recogen todas las palabras de una lengua, los términos de una ciencia, etc. *[diccionari]*
diciembre. m. Duodécimo y último mes del año. *[desembre]*
dictado. m. Acción y efecto de dictar. *[dictat]*
dictador. m. Magistrado supremo revestido de una autoridad absoluta. *[dictador]*
dictadura. f. Dignidad y cargo de dictador. *[dictadura]* // Tiempo que dura este cargo. *[dictadura]* // Forma de gobierno sin derechos ni libertades garantizados. *[dictadura]*
dictamen. m. Opinión o juicio que se emite sobre una cosa. *[dictamen]*
dictaminar. v. intr. Dar un dictamen. *[dictaminar]*
dictar. v. tr. Decir una cosa para que otro la vaya escribiendo. *[dictar]* // Formular, imponer leyes, etc. *[dictar]*
dicterio. m. Ofensa, injuria. *[dicteri]*
dicha. f. Felicidad. *[benaurança]*
dicho, icha. adj. Nombrado, ya indicado por su nombre. *[dit]* // m. Ocurrencia chistosa y oportuna. *[dita]* // Lo que se manifiesta con palabras, principalmente si tiene carácter sentencioso, aforismo, etc. *[dita]*
diecinueve. adj. y s. Diez y nueve; nombre de este número. *[dinou]*
dieciocho. adj. y s. Diez y ocho; nombre de este número. *[divuit]*
dieciséis. adj. y s. Diez y seis; nombre de este número. *[setze]*
dieciseisavo, ava. adj. Cada una de las dieciséis partes iguales en que se divide una cantidad. *[setzé]*
diecisiete. adj. y s. Diez y siete; nombre de este número. *[disset]*
diente. m. Cada uno de los huesos engastados en las encías y que forman los órganos de la masticación. *[dent]* // Cada una de las puntas de ciertos objetos que recuerdan por su forma un diente. *[dent]*
diéresis. f. Signo ortográfico (¨) usado encima de la *u* en las sílabas *que, qui,* para indicar que esta vocal debe pronunciarse. *[dièresi]* // Licencia poética que consiste en pronunciar en dos sílabas las vocales de un diptongo. *[dièresi]*
diestro, estra. adj. Hábil, experto. *[destre]* // m. Torero. *[torero]*
dieta. f. Régimen en el comer y el beber. *[dieta]* // Nombre dado en diferentes estados a ciertas asambleas políticas. *[dieta]* // Sobresueldo diario que cobra un funcionario fuera de su residencia. *[dieta]*
dietario. m. Libro en donde se anotan los ingresos y gastos diarios de una casa, los acontecimientos notables, etc. *[dietari]*
diez. adj. y s. Nueve y uno; nombre de este número. *[deu]*
diezmar. v. tr. Separar uno de cada diez. *[delmar]* // Castigar uno de cada diez. *[delmar]* // Matar, como castigo, uno de cada diez. *[delmar]* // Causar gran mortandad en un país, una epidemia, la guerra, las enfermedades, el hambre o cualquier otra calamidad. *[delmar]*
diezmo. m. Décima parte de las cosechas que se pagaba a la Iglesia. *[delme]* // Impuesto del diez por ciento de las mercancías que se pagaba al rey y a otros señores. *[delme]*
difamar. v. tr. Hacer perder la buena fama, desacreditar. *[difamar]*
diferencia. f. Calidad de diferente. *[diferència]* // Diversidad entre cosas de una misma especie. *[diferència]* // Resultado de una sustracción. *[diferència]*
diferencial. adj. Relativo a la diferencia de las cosas. *[diferencial]* // m. Engranaje de ruedas dentadas con que se engendra la rotación de las diferentes marchas de un automóvil. *[diferencial]*
diferenciar. v. tr. Conocer la diversidad de las cosas, hacer distinción. *[diferen-*

ciar] // Formar la diferencial de una expresión o ecuación. *[diferenciar]* // **-se.** Volverse diferente. *[diferenciar-se]* // Ser diferente, diferir. *[diferenciar-se]*

diferente. adj. Que difiere en alguna cosa. *[diferent]*

diferir. v. tr. e intr. Tr. Alargar, retardar. *[diferir]* // Intr. Ser diferente una cosa de otra. *[diferir]*

difícil. adj. Que uno no puede entender, ejecutar o conseguir sin un gran esfuerzo y trabajo. *[difícil]*

dificultad. f. Calidad de difícil. *[dificultat]* // Lo que hace difícil una cosa. *[dificultat]*

dificultar. v. tr. Poner dificultades a una cosa, hacer difícil. *[dificultar]*

difluir. v. intr. Difundirse, derramarse por todas partes. *[difluir]*

difracción. f. Desviación de los rayos luminosos cuando pasan tocando los bordes de un cuerpo opaco. *[difracció]*

difteria. f. Enfermedad infecciosa caracterizada por la formación de falsas membranas en las mucosas. *[diftèria]*

difuminado. m. Conjunto de tonalidades de un mismo color dispuestas en gradación. *[esfuminat, escalat]*

difuminar. v. tr. Graduar los tonos de un dibujo con el difuminado. *[esfuminar]*

difundir. v. tr. Extender en todas las direcciones. *[difundir]* // Divulgar, propagar. *[difundir]*

difunto, unta. adj. y s. Muerto, falto de vida. *[difunt]*

difusión. f. Acción y efecto de difundir o difundirse. *[difusió]* // Calidad de difuso. *[difusió]*

difuso, usa. adj. Amplio, dilatado. *[difús]* // Excesivamente dilatado en palabras y expresiones. *[difús]*

difusor, ora. adj. y s. Que difunde. *[difusor]*

digerir. v. tr. Transformar, dentro del aparato digestivo, los alimentos en sustancia propia para la nutrición. *[digerir, coure]*

digestión. f. Acción y efecto de digerir. *[digestió]*

digestivo, iva. adj. Que ayuda o facilita la digestión. *[digestiu]*

dígito. adj. y s. Aplicado al número que se expresa con una sola cifra, es decir, que no llega a 10. *[dígit]*

dignarse. v. pron. Condescender a hacer alguna cosa. *[dignar-se]*

dignatario. m. Persona revestida de una gran autoridad. *[dignatari]*

dignidad. f. Calidad de digno. *[dignitat]* // Cargo honorífico y de autoridad. *[dignitat]*

dignificar. v. tr. Hacer digna una persona o cosa o presentarla como tal. *[dignificar]* // Investir de dignidad u honor, honorar una persona o cosa. *[dignificar]*

digno, igna. adj. Merecedor de alguna cosa. *[digne]* // Proporcionado al mérito, a la condición de una persona o cosa. *[digne]*

dígrafo. m. Grupo de dos letras que representan un sonido. *[dígraf]*

digresión. f. Parte de un discurso que se desvía del asunto principal. *[digressió]*

dije. m. Joya y ornamento que una persona lleva colgando. *[penjoll]*

dilación. f. Acción de diferir o prolongar alguna cosa. *[dilació]*

dilapidar. v. tr. Disipar los bienes propios o los que uno tiene a su cargo con gastos desordenados. *[dilapidar]* // Derrochar una fortuna. *[dilapidar]*

dilatación. f. Acción y efecto de dilatar o de dilatarse. *[dilatació]*

dilatar. v. tr. Hacer más grande el volumen de una cosa sin aumentar la masa. *[dilatar]* // Diferir, dejar para un tiempo posterior. *[dilatar]*

dilección. f. Estimación, amor reflexivo. *[dilecció]*

dilema. m. Argumento formado por dos proposiciones contradictorias, de tal manera que, si es concedida o negada una cualquiera, se llega siempre a la misma conclusión. *[dilema]* // Estado de cosas en que se ha de escoger forzosamente una de las dos propuestas. *[dilema]*

diligencia. f. Cuidado y eficacia en la

ejecución de algo. *[diligència]* // Prisa. Quehacer que exige un desplazamiento. *[diligència]* // Carruaje grande que realiza un servicio periódico de transporte. *[diligència]*

diligente. adj. Que muestra una activa perseverancia en el cumplimiento de una empresa, etc. *[diligent]*

dilucidar. v. tr. Aclarar y explicar una cosa, un asunto, una cuestión. *[dilucidar]*

diluir. v. tr. Deshacer o disolver una sustancia en un líquido. *[diluir]*

diluvio. m. Inundación causada por grandes lluvias. *[diluvi]* // Lluvia copiosa. *[diluvi]*

dimanar. v. intr. Provenir, tener origen. *[dimanar]*

dimensión. f. Medida según una línea: largo, alto, ancho de un cuerpo. *[dimensió]*

diminutivo, iva. adj. Que indica o expresa disminución. *[diminutiu]*

dimisión. f. Acción y efecto de dimitir. *[dimissió]*

dimitir. v. tr. Renunciar a un cargo. *[dimitir]*

dinámico, ámica. adj. Relativo o perteneciente a las fuerzas físicas o a la energía de las fuerzas produciendo un movimiento. *[dinàmic]* // f. Rama de la mecánica que estudia el movimiento. *[dinàmica]*

dinamita. f. Sustancia explosiva a base de nitroglicerina. *[dinamita]*

dinamo. f. Máquina usada para producir electricidad a través de la transformación de energía mecánica en energía eléctrica por inducción magnético-eléctrica. *[dinamo]*

dinastía. f. Serie de príncipes soberanos de una familia. *[dinastia]*

dineral. m. Gran cantidad de dinero. *[dineral]*

dinero. m. Moneda corriente. *[diner]* // Antigua moneda que en el sistema valenciano era la doceava parte del salario y análoga al penique inglés. *[diner]* // Moneda en general, suma de moneda de todas clases; riqueza en moneda. *[diner]*

dintel. m. Piedra que descansa sobre los montantes para formar la portada. *[llinda]*

diñar. v. tr. Dar. *[donar]* // **diñarla.** Morir. *[dinyar-la]*

diócesis. f. Distrito o territorio de la jurisdicción de un obispo. *[diòcesi]*

dioptría. f. Unidad de medida usada por los oculistas. *[diòptria]*

Dios. m. El Ser Supremo, existente por sí mismo, no creado y eterno, infinitamente perfecto, espíritu purísimo, creador y sostén del mundo, principio y fin de todas las cosas. *[Déu]* // Cada una de las tres personas de la Santísima Trinidad. *[Déu]* // Cada una de las falsas divinidades de los gentiles. *[déu]*

diosa. f. Divinidad femenina de los gentiles. *[deessa]* // Mujer de gran belleza. *[deessa]*

diploma. m. Título expedido para acreditar un grado académico, prerrogativa, premio, etc. *[diploma]*

diplomacia. f. Arte de conducir las negociaciones entre diferentes estados. *[diplomàcia]* // Habilidad, astucia, tacto para llevar a cabo una labor delicada. *[diplomàcia]*

diplomático, ática. adj. Relativo o perteneciente al diploma. *[diplomàtic]* // Relativo o perteneciente a la diplomacia. *[diplomàtic]* // m. y f. El que ejerce la diplomacia. *[diplomàtic]*

díptico. m. Dos tablas articuladas pintadas en bajo relieve, etc. *[díptic]*

diptongar. v. tr. Reducir a diptongo dos vocales. *[diftongar]*

diptongo. m. Grupo de dos vocales que forman una sola sílaba. *[diftong]*

diputación. f. Acción de diputar. *[diputació]* // Conjunto o corporación de diputados. *[diputació]* // Ejercicio del cargo de diputado y su duración. *[diputació]* // Comisión permanente de las cortes valencianas, con representantes de las tres corporaciones, eclesiástica, militar y popular. *[diputació]*

diputado, ada. m. y f. Persona nombrada para un cuerpo con el fin de representarlo. *[diputat]*

diputar. v. tr. Destinar, elegir para algún uso o ministerio. *[diputar]*

dique. m. Terraplén o muro construido en las orillas de un río, del mar, etc., para contener las aguas. *[dic]* // Parte de una dársena, etc., con compuertas que permiten mantenerla llena de agua o vaciarla, destinada a la recepción de naves, a limpieza, etc. *[dic]*

dirección. f. Acción y efecto de dirigir, guía. *[direcció]* // Camino de un cuerpo en su movimiento. *[direcció]* // Oficina del director o de la dirección. *[direcció]*

directo, ecta. adj. Que va derecho a su objeto o término. *[directe]* // Que va de un lugar a otro sin pararse en los puntos intermedios. *[directe]*

director, ora. m. y f. El que dirige. *[director]*

directriz. f. Línea que guía el movimiento de otra línea en la generación de una superficie curva. *[directriu]* // Línea que debe seguirse para alcanzar una meta o seguir un plan. *[directiu]*

dirigible. adj. Que puede ser dirigido. *[dirigible]* // m. Nave aérea de grandes dimensiones y formada por algunos globos concéntricos llenos de gas ligero. *[dirigible]*

dirigir. v. tr. Dirigir una cosa hacia su término. *[dirigir]* // Gobernar, encaminar, conducir. *[dirigir]*

dirimir. v. tr. Acabar o resolver una dificultad, una controversia. *[dirimir]*

discente. adj. Que aprende. *[discent]*

discernir. v. tr. Llegar al conocimiento de alguna cosa, difícil de penetrar o averiguar. *[discernir]*

disciplina. f. Regla de enseñanza impuesta por un maestro a sus alumnos. *[disciplina]* // Materia de estudio y enseñanza. *[disciplina]* // Regla, orden, método en la manera de vivir. *[disciplina]* // pl. Instrumento para azotarse. *[deixuplines]*

disciplinar. v. tr. Sujetar a la disciplina. *[disciplinar]* // Azotar con disciplinas. *[disciplinar, deixuplinar]*

discípulo, ípula. m. y f. Sujeto que recibe enseñanza de un maestro. *[deixeble]* // El que sigue la doctrina de alguien. *[deixeble]*

disco. m. Cuerpo cilíndrico cuya base es muy grande respecto a su altura. *[disc]* // Figura circular con que aparecen los astros a nuestra vista. *[disc]* // Lámina circular de materia plástica para el registro y reproducción fonográficos. *[disc]*

díscolo, íscola. adj. De mal gobierno, no corregible fácilmente. *[díscol]*

discordar. v. intr. No estar de acuerdo. *[discordar]*

discordia. f. Discusión abierta, oposición de voluntades. *[discòrdia]* // Diversidad y contrariedad de opiniones. *[discòrdia]*

discoteca. f. Lugar que contiene una colección de discos. *[discoteca]* // Colección de discos. *[discoteca]* // Sala de reuniones donde se puede bailar al son de la música gravada. *[discoteca]*

discreción. f. Rectitud para formar juicio y acierto en el hablar y en el obrar. *[discreció]* // Don para expresarse con agudeza, ingenio y oportunidad. *[discreció]*

discrepar. v. intr. Ser diferente una cosa de otra; disentir de un papel, opinión, etc. *[discrepar]*

discreto, eta. adj. Que tiene discreción. *[discret]* // Discontinuo. *[discret]*

discriminación. f. Acción y efecto de discriminar. *[discriminació]*

discriminar. v. tr. Marcar una distinción, diferenciar. *[discriminar]* // Distinguir, discernir. *[discriminar]*

disculpa. f. Razón alegada para excusarse de una culpa. *[disculpa]*

disculpar. v. tr. y pron. Dar razones que descarguen de una culpa. *[disculpar]* // tr. Admitir como buenas dichas razones. *[disculpar]*

discurrir. v. intr. Desarrollar una serie de ideas deduciendo unas de las otras. *[discòrrer]* // Reflexionar. *[discòrrer]*

discurso. m. Serie de palabras o cosas con que se manifiesta lo que se piensa o siente. *[discurs]* // Razonamiento extenso dirigido a una o a varias personas. *[discurs]*

discusión. f. Acción y efecto de discutir. *[discussió]*

discutir. v. tr. Examinar minuciosamente una materia. *[discutir]* // tr. e intr. Dar razones contra la opinión de otro. *[discutir]*

disecar. v. tr. Separar las partes de un animal o de una planta para examinarlas. *[dissecar]* // Preparar un animal muerto para conservarlo con apariencia de vivo. *[dissecar]*

disección. f. Operación de dividir en partes el cádaver de un animal. *[dissecció]*

diseminar. v. tr. Esparcir. *[disseminar]*

disensión. f. Oposición o desacuerdo en las opiniones. *[dissensió]*

disentir. v. tr. Diferir, ser de parecer o sentir diverso. *[dissentir]*

diseñar. v. tr. Hacer el dibujo de alguna cosa. *[dissenyar]*

diseño. m. Acción y efecto de diseñar, delineación de una figura. *[disseny]*

disertar. v. intr. Discurrir sobre alguna materia. *[dissertar]*

diserto, erta. adj. Que habla bien y con facilidad. *[disert]*

disfraz. f. Vestido de máscara. *[disfressa]*

disfrazar. v. tr. Desfigurar la forma natural de las personas o cosas. *[disfressar]*

disfrutar. v. tr. e intr. Tr. Poseer algún bien o alguna cosa, sacándole provecho, dignidad o ventaja. *[gaudir]* // Intr. Sentir placer, especialmente por la posesión de una cosa deseada, disfrutar. *[gaudir]*

disgregar. v. tr. Separar las partes integrantes de una cosa. *[disgregar]*

disgustar. v. tr. Causar disgusto, dar un fuerte displacer. *[disgustar]*

disgusto. m. Fuerte displacer que causa a alguien un acontecimiento o la conducta de alguien. *[disgust]*

disidente. adj. Que se separa de una doctrina o creencia. *[dissident]*

disimilación. f. Acción y efecto de disimilar o de disimilarse. *[dissimilació]* // Metabolismo destructivo. *[dissimilació]*

disimular. v. tr. Encubrir la intención o el afecto. *[dissimular]* // Desfigurar las cosas, disfrazarlas. *[dissimular]*

disipar. v. tr. Desvanecer o desaparecer las partes de una cosa. *[dissipar]* // Malbaratar la hacienda, derrochar los ahorros. *[dissipar]*

dislocar. v. tr. Sacar una cosa de su lugar, especialmente un hueso. *[dislocar]*

disminuir. v. tr. e intr. Tr. Hacer más pequeño. *[disminuir]* // Reducir a menos, reducir a alguien la paga, aquello que le es debido, etc. *[minvar]* // Intr. Volverse pequeño, reducir. *[disminuir]*

disociar. v. tr. Desunir, separar una cosa de otra a la que estaba unida. *[dissociar]*

disolución. f. Acción y efecto de disolver o disolverse. *[dissolució]*

disolver. v. tr. Deshacer en un cuerpo los lazos o cohesiones que mantienen unidas las partes que lo integran. *[dissoldre]*

disonar. v. intr. Sonar desagradablemente. *[dissonar]* // Discrepar. *[dissonar]*

disparar. v. tr. Hacer que un arma lance un proyectil. *[disparar]* // **-se.** Correr precipitadamente. *[disparar-se]*

disparatado, ada. adj. Que tiene poco fondo, absurdo, carece de entendimiento, desatinado. *[desficaciat]*

disparate. m. Cosa dicha o hecha fuera de razón o regla. *[disbarat]* // Cosa enorme y extraordinaria, casi absurda de tan anormal. *[disbarat]*

disparidad. f. Falta de paridad. *[disparitat]*

disparo. m. Acción y efecto de disparar. *[tret, tir]*

dispendio. m. Gasto excesivo, derroche. *[dispendi]*

dispensa. f. Privilegio, excepción concedida por gracia. *[dispensa]*

dispensar. v. tr. Conceder, distribuir. *[dispensar]* // Eximir a alguien de una obligación. *[dispensar]*

dispensario. m. Establecimiento hospitalario donde se recibe en consulta a los enfermos. *[dispensari]*

dispersar. v. tr. y pron. Separar y esparcir lo que estaba o debía estar reunido. *[dispersar]* // Espantar, ahuyentar a los animales, rebaños, pájaros, etc. *[escarotar]* // Vencer al enemigo haciéndole huir en completo desorden. *[dispersar]* // Desplegar una fuerza militar en orden abierto de guerrilla. *[dispersar]*

dispersión. f. Acción y efecto de dispersar o dispersarse. *[dispersió]*

disperso, ersa. adj. Que está dispersado, separado en diversas direcciones. *[dispers]*

displicente. adj. Se dice de lo que desagrada o disgusta. *[displicent]* // Descontentadizo. *[descontentadís]*

disponer. v. tr. e intr. Tr. Poner las cosas en orden. *[disposar]* // Preparar alguna cosa para una circunstancia. *[disposar]* // Intr. Hacer lo que se quiere de alguien o de algo. *[disposar]*

disposición. f. Acción y efecto de disponer o disponerse. *[disposició]* // Aptitud para algún fin. *[disposició]* // Orden, mandamiento. *[disposició]* // Distribución ordenada de las partes de alguna cosa. *[disposició]*

dispositivo, iva. adj. Que dispone. *[dispositiu]* // m. Cosa dispuesta de tal forma que la hace apta para un fin determinado. *[dispositiu]*

dispuesto, esta. adj. Que está en disposición, que tiene disposición. *[dispost]*

disputa. f. Acción y efecto de disputar. *[disputa]*

disputar. v. tr. e intr. Tr. Hacer de la posesión de una cosa un objeto de lucha. *[disputar]* // Intr. Defender una conclusión u opinión contra otro. *[disputar]*

distancia. f. Intervalo que hay entre dos cosas o dos acontecimientos. *[distància]*

distanciar. v. tr. Colocar a distancia, alejar. *[distanciar]*

distante. adj. Que dista, apartado, alejado. *[distant]*

distar. v. intr. Estar más o menos apartado en el tiempo o en el espacio. *[distar]*

distender. v. tr. Aumentar la extensión de un cuerpo elástico por una tensión que separa, sin ruptura, las partes que lo componen. *[distendre]*

distensión. f. Acción y efecto de distender o de distenderse. *[distensió]*

distinción. f. Acción y efecto de distinguir o de distinguirse. *[distinció]* // Elegancia y buenas maneras. *[distinció]* // Prerrogativa, honor concedido a alguien. *[distinció]*

distinguir. v. tr. Conocer la diferencia de las cosas. *[distingir]* // Ver claramente las cosas desde lejos. *[distingir]* // Hacer particular estimación de una persona con preferencia a otras. *[distingir]*

distinto, inta. adj. De diversa clase o calidad. *[distint]* // Que se percibe claramente. *[distint]*

distorsión. f. Deformación producida por una torsión. *[distorsió]*

distracción. f. Acción y efecto de distraer o distraerse. *[distracció]* // Olvido de una cosa importante. *[badada]*

distraer. v. tr. Dar a una cosa un uso diferente al que tenía asignado. *[distraure]* // Apartar la atención de una persona de aquello a lo que se aplica o debería aplicarse. *[distraure]* // Apartar una persona de aquello que le preocupa. *[distraure]* // Divertir, alegrar. *[distraure]*

distraído, ída. adj. Que suele distraerse. *[distret]* // Que distrae o divierte. *[distret]*

distribuidor, ora. adj. y s. Que distribuye. *[distribuïdor]*

distribuir. v. tr. Dividir una cosa entre diferentes personas, lugares, etc. *[distribuir]*

distributivo, iva. adj. Que tiene la virtud o facultad de distribuir. *[distributiu]*

distrito. m. Cada una de las demarcaciones de un territorio o población. *[districte]*

disuadir. v. tr. Inducir a alguien a cambiar de opinión o desistir de un propósito. *[dissuadir]*

disyunción. f. Acción y efecto de separar o de desunir. *[disjunció]* // Figura retórica que consiste, en una enumeración, en suprimir las partículas conjuntivas o en repetir las disyuntivas. *[disjunció]* // Separación en el discurso de dos palabras que deberían ir juntas. *[disjunció]*

ditirambo. m. Alabanza entusiasta exagerada. *[ditirambe]* // Poema lírico entusiasta. *[ditirambe]*

diurno, urna. adj. Relativo o perteneciente al día, por oposición a la noche. *[diürn]*

diva. f. Cantatriz de mucha fama. *[diva, deessa]*

divagar. v. intr. Irse de un lado para otro fuera del lugar donde debería estar. *[divagar]* // Dejar ir el pensamiento, el discurso, alejarse del asunto de que se trata. *[divagar]*

divergencia. f. Acción y efecto de divergir. *[divergència]* // Diversidad de opiniones. *[divergència]*

diversificar. v. tr. Hacer diverso, diferenciar, establecer distinción entre una cosa y otra. *[diversificar]*

diversión. f. Acción y efecto de divertir o de divertirse. *[diversió]*

diverso, ersa. adj. De diferente naturaleza o figura. *[divers]* // pl. Muchos, varios, diferentes. *[diversos]*

divertir. v. tr. y pron. Entretener agradablemente, recrear. *[divertir]* // Alejar una cosa de un lado haciéndola ir a otro lado. *[divertir]*

dividir. v. tr. Hacer dos o más partes de un todo. *[dividir]* // Distribuir, repartir. *[dividir]* // Separar un conjunto de personas o cosas. *[dividir]*

divinal. adj. Divino, relativo a Dios o a los dioses. *[divinal]*

divinidad. f. Naturaleza divina y esencia de Dios. *[divinitat]* // Cada uno de los seres considerados como divinos por los gentiles. *[divinitat]*

divinizar. v. tr. Revestir de carácter divino. *[divinitzar]*

divino, ina. adj. Relativo o perteneciente a Dios o a los dioses. *[diví]* // fig. Muy excelente, casi sobrenatural. *[diví]*

divisa. f. Señal exterior para distinguir personas o cosas. *[divisa]* // Lema de un escudo. *[divisa]*

divisar. v. tr. Proveer una divisa o señales distintivas. *[divisar]* // Ver de lejos o con dificultad. *[divisar]*

división. f. Acción y efecto de dividir. *[divisió]* // Cuerpo de tropa de formación variable que opera separadamente. *[divisió]*

divisor. m. En la división de una cantidad por otra, la segunda de estas cantidades. *[divisor]* // Submúltiplo. *[divisor]*

divo, iva. adj. Divino. *[diví]* // Cantante de sobresaliente mérito. *[estrella]*

divorcio. m. Disolución legal del matrimonio. *[divorç]* // Ruptura del lazo que unía una cosa con otra. *[divorç]*

divulgar. v. tr. Extender entre el público una cosa. *[divulgar]*

do. m. Primera nota de la escala musical. *[do]*

doblar. v. tr. e intr. Tr. Aumentar el doble. *[doblar]* // Duplicar. *[doblar]* // Pasar a otra lengua los diálogos de una película. *[doblar]* // Sustituir la voz de un actor. *[doblar]* // Intr. y pron. Tornarse doble. *[doblar-se]*

doble. adj. Que consta de dos. *[doble]* // Fuerte de miembros. *[doble]* // Simulado, hipócrita. *[doble]*

doblegar. v. tr. Aplicar una sobre otra las partes de una cosa flexible. *[doblegar]* // Torcer o encorvar. *[doblegar]* // Obligar a alguien a hacer lo que no quería. *[doblegar]* // Aflojar, ceder. *[afluixar, cedir]* // **-se.** Doblegarse. *[doblegar-se]*

doblez. m. Pliegue, parte por donde una cosa ha sido doblada. *[doblec, séc]* // Fingimiento, falsedad. *[falsia]*

doblilla. f. Moneda antigua de oro. *[dobleta]*

doblón. m. Moneda antigua de oro o de plata. *[dobla]*

doce. adj. Diez y dos; nombre de este número. *[dotze]*

docena. f. Conjunto de doce cosas. *[dotzena]*

docencia. f. Ejercicio del docente, labor de enseñante. *[docència]*

docente. adj. y s. Que enseña, que sirve para enseñar. *[docent]*

dócil. adj. Que fácilmente se deja instruir, conducir. *[dòcil]* // Que fácilmente obedece y se somete. *[dòcil]* // Dicho también de un material fácil de trabajar. *[dòcil]*

docto, octa. adj. Que tiene mucha ciencia o conocimientos extensos. *[docte]*

doctor, ora. m. y f. El que ha recibido el más alto grado académico en una facultad. *[doctor]*

doctorar. v. tr. y pron. Graduar de doctor a alguien. *[doctorar]*

doctrina. f. Aquello que es objeto de enseñanza. *[doctrina]* // Instrucción dada al pueblo sobre la fe y la moral del cristianismo. *[doctrina]*
documentar. v. tr. Probar con documentos. *[documentar]* // tr. y pron. Proveer a alguien de los documentos necesarios para un fin. *[documentar]*
documento. m. Escrito con el que alguien prueba o hace constar alguna cosa. *[document]*
dogal. m. Soga, lazo corredizo para colgar a los reos. *[dogal]* // Cuerda con un lazo para atar el ganado. *[dogal]*
dogma. m. Principio esencial e innegable de una ciencia. *[dogma]* // Verdad que la Iglesia propone a los fieles como revelada por Dios. *[dogma]*
doladera. adj. y s. Hacha utilizada por los toneleros. *[doladora]*
dolar. v. tr. Trabajar, pulir la madera, la piedra, etc., con la doladora o con otro instrumento de corte. *[dolar]*
dólar. m. Moneda de plata de los Estados Unidos de América. *[dòlar]*
doler. v. intr. Causar sentimiento. *[doldre]* // **-se.** Sentir aflicción, dolor; manifestarla, lamentarse. *[doldre's]*
doliente. adj. Que no se encuentra bien de salud, enfermizo. *[dolent]*
dolor. m. Sensación molesta y aflictiva, sufrimiento físico. *[dolor]* // Sentimiento que experimenta el alma causado por la pérdida de un ser querido, por un fuerte desengaño, etc. *[dolor]*
dolorido, ida. adj. Afligido, de dolor moral, de pena o sentimiento grave. *[adolorit, dolent]*
domador, ora. m. y f. El que doma animales. *[domador]*
domar. v. tr. Amansar y volver dócil un animal feroz o salvaje. *[domar]*
domesticar. v. tr. Hacer doméstico un animal salvaje. *[domesticar]* // Hacer perder a alguien la fiereza de carácter o de costumbres. *[domesticar]*
doméstico, éstica. adj. Relativo o perteneciente a la casa. *[domèstic]* // Aplicado al animal criado en casa. *[domèstic]* // adj. y s. Persona que está al servicio de una familia. *[domèstic]*
domiciliar. v. tr. Dar domicilio. *[domiciliar]* // **-se.** Establecer su domicilio en un lugar. *[domiciliar-se]*
domicilio. m. Lugar de residencia de un individuo o de una familia, de una entidad, etc. *[domicili]*
dominar. v. tr. e intr. Tr. Tener bajo su dominio a alguien o a alguna cosa. *[dominar]* // Poseer a fondo una ciencia, un arte, etc. *[dominar]* // Intr. Ser una cosa, la más aparente, la que tiene más fuerza entre otras. *[dominar]* // Tener alguien la supremacía, etc. *[dominar]*
domingo. m. Séptimo día de la semana. *[diumenge]*
dominguillo. m. Muñeco con un contrapeso en la base por lo que siempre queda derecho. *[saltamartí]*
domínica. f. El domingo, en lenguaje eclesiástico. *[domínica]* // Textos y lecciones de la Sagrada Escritura que en el oficio divino corresponden a cada domingo. *[domínica]*
dominio. m. Acción de dominar o dominarse. *[domini]* // Superioridad legítima sobre las personas. *[domini]* // Territorio que un gobierno o soberano tiene bajo su dominación. *[domini]*
dominó. m. Clase de juego de mesa y conjunto de las veintiocho fichas con que se hace. *[dòmino]*
don. m. Presente, obsequio, regalo. *[do]* // Habilidad para hacer una cosa. *[do]* // Tratamiento de cortesía. *[en]*
donación. f. Acción y efecto de dar. *[donació]*
donativo. m. Aquello que se da graciosamente. *[donatiu]*
doncel. m. Joven noble que todavía no ha sido armado caballero. *[donzell]* // Hombre joven. *[donzell]* // Mancebo. *[jovencell]*
doncella. f. Mujer que no ha conocido hombre, virgen. *[donzella]* // Pez teleósteo, rojo y pequeño, común en los mares de España. *[donzella]*
donde. adv. Lugar al cual, en el cual, o del cual, a donde. *[on]* // **dónde.** adv. interrog. A qué lugar, en qué lugar, etc. *[on]*

dondequiera. adv. En cualquier sitio. *[onsevulla]*

dondiego de día. m. Planta convolvulácea cuyas flores se abren con el día y se cierran a la puesta del sol. *[dompedrer]*

dondiego de noche. m. Planta nictaginácea cuyas flores se abren al caer el día y se cierran cuando sale el sol. *[dompedrer]*

donoso, osa. adj. Que tiene dones naturales, que tiene virtudes y gracias naturales, agradable. *[donós]*

doña. f. Forma femenina del título honorífico *don. [na]*

doquier. adv. Dondequiera, en cualquier lado. *[onsevol]*

dorada. f. Pez comestible de colores vivos con reflejos dorados. *[daurada]* // Pájaro de paso, negruzco e insectívoro. *[daurada, xamerlí]*

dorar. v. tr. Cubrir de oro la superficie de alguna cosa. *[daurar]* // Dar el color del oro. *[daurar]* // Tostar un poco. *[daurar]*

dormida. f. Acción de dormir y tiempo durante el que uno duerme; sueño. *[dormida]*

dormir. v. intr. Estar una persona o animal en el estado de reposo que consiste en la suspensión de los sentidos y de la voluntad. *[dormir]*

dormitar. v. intr. Dormir sin estar acostado, sentado en una silla, etc. *[becar]*

dormitorio. m. Habitación destinada para dormir. *[dormitori]*

dornajo. m. Recipiente pequeño para amasar o para dar de comer a los animales. *[gaveta]*

dorsal. adj. Perteneciente o relativo al dorso o espalda. *[dorsal]*

dorso. m. La espalda o el revés de una persona o cosa. *[dors]*

dos. adj. Uno y uno; nombre de este número. *[dos]*

dosel. m. Ornamento, generalmente de forma rectangular que se coloca formando techo sobre las camas de gran lujo, un sitial, un altar, etc. *[dosser]*

dosificar. v. tr. Establecer la dosis de un medicamento, etc. *[dosificar]* // Dividir en dosis. *[dosificar]*

dosis. f. Cantidad o porción de alguna cosa determinada que entra en la composición de otra. *[dosi]* // Cantidad de una medicina que se toma o se prescribe para ser tomada de una vez. *[dosi]*

dotación. f. Acción y efecto de dotar. *[dotació]* // Aquello con lo que una cosa está dotada. *[dotació]* // Conjunto de personas que forman la tripulación de un barco de guerra. *[dotació]*

dotar. v. tr. Dar o señalar dote a una mujer para tomar estado. *[dotar]* // Señalar renta a una fundación. *[dotar]* // Adornar la naturaleza con dotes o cualidades. *[dotar]*

dote. m. y f. Cantidad de dinero u otros bienes que la mujer aporta al matrimonio. *[dot, aixovar]* // Patrimonio que se entrega al convento al tomar estado religioso. *[dot, aixovar]* // f. pl. Excelencia, calidad apreciable de una persona. *[dot, do]*

dovela. f. Piedra trabajada en forma de cuña, que forma parte de un arco o bóveda. *[dovella]*

dozavo, ava. adj. Doceava parte de una hoja de papel. *[dotzé]* // Se aplica al formato de los libros. *[dotzau]*

dracma. f. Peso pequeño de diferentes valores entre los griegos antiguos. *[dracma]* // Unidad monetaria griega equivalente, aproximadamente, a una peseta. *[dracma]*

draconiano, ana. adj. De una severidad excesiva. *[draconià]*

draga. f. Aparato para ahondar y limpiar el fondo del agua. *[draga]*

dragar. v. tr. Ahondar y limpiar los puertos, ríos, etc., con la draga. *[dragar]*

dragón. m. Saurio de cuerpo escamoso, de color gris, con manchas oscuras, con ventosas en los dedos. *[dragó]* // Soldado que hace el servicio tanto a pie como a caballo. *[dragó]* // Árbol del cual se obtiene una resina medicinal llamada *sangre de dragón. [dragó]* // Animal fabuloso con figura de serpiente con pies y alas. *[drac]*

drama. m. Pieza de teatro de género mixto entre la tragedia y la comedia. *[drama]* // Suceso de la vida real capaz de conmover e interesar vivamente. *[drama]*

dramático, ática. adj. Relativo o perteneciente al drama. *[dramàtic]*

dramatizar. v. tr. Dar forma de drama. *[dramatitzar]*

drenar. v. tr. Dar salida a la humedad excesiva de la tierra por medio de canales, etc. *[drenar]* // Dejar abierto el orificio de una herida por donde pueda segregarse. *[drenar]*

droga. f. Cualquier sustancia utilizada como ingrediente en química, farmacia, etc. *[droga]* // Productos naturales o elaborados que, al ingerirse, alteran el funcionamiento sensitivo y mental con sensaciones de angustia, placer, alucinaciones, etc. *[droga]*

drogadicto, icta. adj. y s. Dícese del que está habituado a las drogas. *[drogadicte]*

drogado, ada. m. Acción y efecto de drogar o drogarse. *[drogat]*

drogar. v. tr. Administrar, hacer tomar droga. *[drogar]* // **-se.** Tomar droga. *[drogar-se]*

droguería. f. Comercio de drogas y tienda donde las venden. *[drogueria]*

dromedario. m. Animal parecido al camello, pero con una sola joroba. *[dromedari]*

drupa. f. Pericarpio carnoso de ciertos frutos. *[drupa]*

dual. adj. Relativo a dos personas o cosas. *[dual]*

dúctil. adj. Capaz de estirarse sin romperse. *[dúctil]* // fig. Dócil a la persuasión o a la instrucción. *[dúctil]*

ducha. f. Chorro de agua lanzado sobre alguna parte del cuerpo para efectos de limpieza, refrescantes o medicinales. *[dutxa]*

duchar. v. tr. Dar una ducha, aplicar una ducha. *[dutxar]*

ducho, ucha. adj. Diestro, experimentado. *[tret]*

dudar. v. tr. e intr. Tr. No acabar de creer que alguna cosa sea verdad. *[dubtar]* // Intr. Estar en duda, vacilar. *[dubtar]*

dudoso, osa. adj. Que ofrece dudas, que deja alguna duda. *[dubtós]* // Que está en la duda. *[dubtós]*

duela. f. Cada uno de los maderos que forman el cuerpo de una bota, barril, etc. *[doga]*

duelo. m. Aflicción o sentimiento por la muerte de alguien o por una gran desgracia. *[dol]* // Señal exterior de pena o dolor. *[dol]* // Luto. *[dol]* // Cortejo fúnebre. *[dol]*

duende. m. Espíritu malicioso familiar que la superstición imagina que habita ciertas casas y pozos; se le llama también *duende de pozo. [donyet, donyet de pou]*

dueña. f. Ama de casa. *[ama]*

dueño. m. El que tiene el dominio de algo. *[amo]* // El que tiene la potestad o el dominio sobre alguien; el cabeza de familia, el señor respecto del criado, el propietario de una industria o comercio respecto de sus obreros, etc. *[amo]*

dueto. m. Composición para dos voces o para dos instrumentos. *[duet]* // Pareja de artistas que se exiben cantando juntos, dúo. *[duet]*

dula. f. Conjunto de ganados de diversos vecinos, guardado por un pastor común. *[dula]*

dulce. adj. Que sabe como el azúcar o la miel. *[dolç]* // Afable, complaciente. *[dolç]* // m. Manjar compuesto de azúcar y miel. *[dolç]*

dulcificar. v. tr. Endulzar. *[dulcificar]* // Mitigar la acerbidad y agrura de una cosa. *[dulcificar]*

dulzaina. f. Instrumento musical de viento de notas agudas y vibrantes de carácter popular valenciano. *[dolçaina]*

dulzainero. m. El que toca la dulzaina *[dolçainer]*

dulzarrón, ona. adj. De una dulzura empalagadora. *[esdolceït, dolçàs]*

dulzor. m. Calidad de dulce, dulzura. *[dolçor]*

dulzura. f. Calidad de dulce. *[dolcesa]*

duna. f. Colina de arena acarreada por el viento en los desiertos y en las orillas del mar. *[duna]*

dúo. m. Composición vocal o instrumental para dos ejecutantes. *[duo]*

duodeno. m. Primera porción del intestino delgado, que se comunica directamente con el estómago. *[duodè]*

duplicado. m. Segundo ejemplar o copia de un documento. *[duplicat]*

duplicar. v. tr. Hacer doble una cosa, multiplicar por dos. *[duplicar]*

duplo, upla. adj. Que contiene un número dos veces exactamente, doble. *[duple]*

duque. m. Noble que ocupa el grado más elevado en la jerarquía de títulos nobiliarios. *[duc]*

duquesa. f. Mujer revestida de la dignidad de duque. *[duquessa]* // Mujer de un duque. *[duquessa]*

duración. f. Acción y efecto de durar. *[durada]*

duradero, era. adj. Que dura. *[durador]*

durante. prep. Dentro del espacio de tiempo que dura una cosa. *[durant]*

durar. v. intr. Continuar existiendo, resistir las causas de destrucción. *[durar]* // Prolongar, resistir una acción. *[durar]*

durazno. m. Albérchigo; en general las variedades de melocotón de tamaño más pequeño que el melocotón común. *[bresquilla]*

dureza. f. Calidad de duro. *[duresa]* // Parte endurecida de un cuerpo blando. *[durícia]* // Severidad, rigor. *[duresa]*

duro, ura. adj. Aplicado al cuerpo que se resiste a ser cortado, trabajado o desfigurado. *[dur]* // Insensible a los sentimientos de bondad, de humanidad. *[dur]* // Difícil de cumplir, que provoca un esfuerzo penoso. *[dur]* // m. Moneda española equivalente a cinco pesetas. *[duro]*

duunviro. m. Nombre de diferentes magistrados de la antigua Roma. *[duumvir]*

e e e e e e e e

e. Sexta letra del abecedario // Nombre de esta letra. *[e]*

e. conj. cop. Se usa en vez de *y* para evitar el hiato ante *i* o *hi. [i]*

¡ea! Interjección con que se incita a hacer algo, etc. *[au]*

ebanista. m. El que trabaja el ébano u otras maderas finas. *[ebenista]*

ébano. m. Árbol de madera compacta, lisa y negra en el centro. *[banús]* // Madera de este árbol. *[banús]*

ebrio, ebria. adj. y s. Borracho. *[ebri]* // Que se halla ofuscado por alguna pasión. *[embriac]*

ebullición. f. Acción de hervir. *[ebullició]*

eccema. m. Eczema. *[èczema]*

eclesiástico, ástica. adj. Relativo o perteneciente a la Iglesia. *[eclesiàstic]* // m. Clérigo. *[eclesiàstic]*

eclipsar. v. tr. Causar un astro el eclipse de otro. *[eclipsar]*

eclipse. m. Ocultación total o parcial de un astro, por interposición de otro. *[eclipsi]*

eclíptica. f. Círculo máximo de la esfera celeste que señala el curso aparente del sol. *[eclíptica]*

eclosión. f. Acción de abrirse principalmente las flores. *[eclosió]* // Acción de aparecer o de manifestarse. *[eclosió]*

eco. m. Repetición de un sonido producida por la reflexión de las ondas sonoras. *[eco]* // Persona o cosa que imita o repite aquello que otro ha dicho. *[eco]*

ecología. f. Ciencia que estudia las relaciones de los organismos con el medio donde viven. *[ecologia]*

economato. m. Cargo de ecónomo. *[economat]* // Almacén de artículos de primera necesidad donde se pueden comprar a mejor precio que en la tienda. *[economat]*

economía. f. Administración recta y prudente de bienes. *[economia]* // Buena distribución del tiempo y de otras cosas. *[economia]* // Aquello que el hombre ahorra. *[economia]*

económico, ómica. adj. Relativo o perteneciente a la economía. *[econòmic]* // Ahorrador. *[estalviador]*

economista. adj. y s. Entendido en economía política. *[economista]*

economizar. v. tr. Ahorrar dinero, trabajo, etc. *[estalviar]*

ecónomo. m. Sacerdote que rige una parroquia por la ausencia del rector. *[ecònom]* // El que está encargado de administrar, en ciertos establecimientos, casas importantes, etc. *[ecònom]*

ecuación. f. En matemáticas, igualdad con una incógnita, o más. *[equació]* // En astronomía, diferencia entre el lugar o movimiento medio y el verdadero o aparente de un astro. *[equació]*

ecuador. m. Círculo máximo, perpendicular al eje del mundo. *[equador]* // Paralelo de radio mayor en una superficie de revolución. *[equador]*

ecuestre. adj. Relativo al caballo. *[eqüestre]*

ecumenismo. m. Movimiento que intenta restaurar la unidad de todos los cristianos. *[ecumenisme]*

eczema. m. Enfermedad de la piel caracterizada por unas ampollas que, al secarse, producen costras. *[èczema]*

echar. v. tr. y pron. Lanzar. *[llançar, tirar]* // tr. Despedir. *[despatxar]* // Salir dientes, bigote, raíces, etc. *[eixir]* // Proyectar una película, etc. *[fer]* // **-se.** Acostarse. *[gitar-se]*

edad. f. Tiempo transcurrido desde que un hombre o un animal ha empezado a vivir. *[edat]*

edén. m. Paraíso terrestre. *[edén]* // Lugar muy deleitable. *[edén]*

edición. f. Impresión o publicación de una obra o escrito. *[edició]* // Conjunto de ejemplares de una obra publicada. *[edició]*

edicto. m. Mandamiento escrito promulgado por la autoridad. *[edicte]*

edificar. v. tr. Construir un edificio. *[edificar]* // Construir, formar sólidamente una doctrina, una entidad moral, una sociedad, etc. *[edificar]* // Infundir en los demás, con el buen ejemplo, sentimientos de piedad y de virtud. *[edificar]*

edificio. m. Obra construida para habitación u otros usos. *[edifici]*

editar. v. tr. Publicar por medio de la imprenta un libro, etc. *[editar]*

editor, ora. adj. y s. Que edita o publica una obra, etc. *[editor]*

editorial. adj. Relativo o perteneciente al editor. *[editorial]* // m. Artículo de fondo de una publicación. *[editorial]* // f. Casa o empresa donde se edita. *[editorial]*

educar. v. tr. Formar a un niño, etc., desarrollando y dirigiendo sus facultades físicas, morales e intelectuales. *[educar]*

efe. f. Nombre de la letra «f». *[efe]*

efectivo, iva. adj. Real, verdadero. *[efectiu]*

efecto. m. Aquello que resulta de la acción de una causa. *[efecte]* // Impresión producida sobre el ánimo por alguna cosa. *[efecte]*

efectuar. v. tr. Llevar a efecto, realizar. *[efectuar]*

efemérides. f. pl. Libro en que se refieren los hechos de cada día. *[efemèrides]*

efervescencia. f. Desprendimiento de burbujas de gas a través de un líquido. *[efervescència]* // Agitación emocional, acaloramiento. *[efervescència]*

efervescente. adj. Que está o puede estar en efervescencia. *[efervescent]*

eficacia. f. Fuerza y capacidad para obrar. *[eficàcia]* // Rendimiento, según las posibilidades de alguien o de algo. *[eficàcia]*

eficaz. adj. Que tiene eficacia. *[eficaç]*

eficiencia. f. Virtud o facultad para obtener un efecto determinado. *[eficiència]*

eficiente. adj. Que produce realmente un efecto. *[eficient]*

efigie. f. Imagen, figura de alguna cosa real. *[efigie]*

efímero, ímera. adj. Que sólo dura un día. *[efímer]* // De muy corta duración. *[efímer]*

eflorescencia. f. Comienzo de la floración. *[eflorescència]* // Conversión espontánea en polvo de diversas sales, al perder el agua de cristalización. *[eflorescència]*

efluvio. m. Emisión de partículas finísimas, exhalación muy sutil. *[efluvi]*

efusión. f. Acción de esparcir o esparcirse un líquido o un gas. *[efusió]* // Manifestación cálida de nuestros sentimientos afectuosos. *[efusió]*

efusivo, iva. adj. Que siente o manifiesta efusión. *[efusiu]*

egipcio, ipcia. adj. y s. Natural o propio de Egipto. *[egipci]*

égloga. f. Poema bucólico. *[ègloga]*

egoísmo. m. Excesivo amor de sí mismo en perjuicio del prójimo. *[egoisme]*

ególatra. adj. Afectado de egolatría. *[egòlatra]*

egolatría. f. Culto, amor excesivo de sí mismo. *[egolatria]*

egregio, egia. adj. Insigne, ilustre, distinguido por encima de los demás. *[egregi]*

eje. m. Pieza que pasa por el centro de un cuerpo giratorio y le sirve de sostén. *[eix]* // Línea central de un cuerpo sobre la que gira éste. *[eix]*

ejecución. f. Acción y efecto de ejecutar. *[execució]*

ejecutante. adj. Que ejecuta. *[executant]* // m. y f. El que toma parte en la ejecución de un programa musical. *[executant]*

ejecutar. v. tr. Dar efecto a una cosa mandada. *[executar]* // Ajusticiar, dar cumplimiento a una pena, a una sentencia, etc. *[executar]*

ejecutoria. f. Título en el cual consta la

nobleza de una persona o familia. *[executòria]*

ejemplar. m. Cada uno de los escritos, impresos, etc., sacados de un mismo original. *[exemplar]* // Cada uno de los objetos de una colección. *[exemplar]* // adj. Que puede servir de ejemplo. *[exemplar]*

ejemplificar. v. tr. Demostrar con ejemplos alguna cosa. *[exemplificar]* // Poner un ejemplo de alguna cosa, servir como ejemplo. *[exemplificar]*

ejemplo. m. Manera de obrar, de ser, de alguien que se considera digno de imitación. *[exemple]* // Hecho o texto citado para comprobar una afirmación. *[exemple]*

ejercer. v. tr. Practicar los actos propios de algún oficio, profesión, etc. *[exercir]*

ejercicio. m. Acción y efecto de ejercer. *[exercici]* // Trabajo que tiene por objeto la conservación de una facultad activa, de una aptitud, de una habilidad. *[exercici]* // Tiempo durante el cual es vigente un presupuesto. *[exercici]* // Conjunto de evoluciones y movimientos de la instrucción militar. *[exercici]*

ejercitar. v. tr. Hacer trabajar de una manera adecuada alguna cosa o alguna facultad activa para desarrollarla o conservarla. *[exercitar]* // Ejercer, poner en práctica una facultad, un derecho, un cargo, etc. *[exercitar]*

ejército. m. Conjunto de las fuerzas militares de un país. *[exèrcit]* // Gente de guerra que forma un cuerpo a las órdenes de un general. *[exèrcit]*

el. Artículo definido, masculino y singular. *[el]*

él. Pronombre personal de tercera persona, para el nominativo en masculino y singular. *[ell]*

elaborar. v. tr. Trabajar, preparar una obra. *[elaborar]*

elástico, ástica. adj. Aplicado al cuerpo que es capaz de contraerse, dilatarse, etc. *[elàstic]*

ele. f. Nombre de la letra «l». *[ele]*

elección. f. Acción y efecto de elegir. *[elecció, tria]*

electivo, iva. adj. Que se da o se hace por elección. *[electiu]*

elector, ora. adj. y s. Que elige o tiene derecho a elegir. *[elector]* // m. Cada uno de los príncipes alemanes a los que correspondía elegir al emperador. *[elector]*

electricidad. f. Agente natural muy poderoso, que se manifiesta por atracciones y repulsiones, por fenómenos luminosos, por conmociones en el organismo animal y por efectos químicos. *[electricitat]*

electricista. m. Experto en las aplicaciones de la electricidad. *[electricista]*

eléctrico, éctrica. adj. Relativo o perteneciente a la electricidad. *[elèctric]* // Que contiene o produce electricidad. *[elèctric]*

electrificar. v. tr. Hacer eléctrico. *[electrificar]* // Hacer funcionar una fábrica o ferrocarril por electricidad. *[electrificar]* // Aplicar la electricidad como fuerza motriz o de iluminación a una región, una masía, un inmueble, etc. *[electrificar]*

electrón. m. Cada una de las partículas que constituyen los rayos catódicos, etc., los cuales se supone que son los últimos constituyentes de todos los átomos. *[electró]*

electrónico, ónica. adj. Relativo o perteneciente a un electrón o electrones. *[electrònic]*

elefante, anta. m. y f. Mamífero paquidermo del grupo de los proboscídeos, el mayor de los animales terrestres. *[elefant]*

elegancia. f. Calidad de elegante, forma bella de expresar los sentimientos. *[elegància]*

elegante. adj. Dicho de las personas que presentan una distinción en las maneras, movimientos, manera de vestir, etc. *[elegant]*

elegía. f. Composición poética de asunto triste o plañidero. *[elegia]*

elegir. v. tr. Escoger. *[elegir, triar]*

elemental. adj. Relativo al elemento. *[elemental]* // Fundamental, primordial. *[elemental]*

elemento. m. Principio físico y químico que entra en la composición de los cuerpos. *[element]* // Parte integrante de una cosa. *[element]* // pl. Primeros principios de las ciencias y artes. *[elements]*

elevado, ada. adj. Alto, que alcanza una altura considerable, que ocupa una alta posición; noble, grande, sublime. *[elevat]*

elevar. v. tr. Alzar en alto, elevar. *[enlairar]* // Colocar en lugar elevado, ensalzar. *[enlairar]*

elidir. v. tr. Suprimir en la pronunciación o en la escritura un sonido o una letra. *[elidir]*

eliminación. f. Acción y efecto de eliminar. *[eliminació]*

eliminar. v. tr. Separar una cosa, excluir, hacer desaparecer. *[eliminar]*

elipse. f. Curva que resulta de cortar un cono por un plano que encuentra todas las generatrices en una misma banda del vértice. *[el·lipse]*

elipsis. f. Omisión de palabras que no afectan a la claridad de la proposición. *[el·lipsi]*

elisión. f. Acción y efecto de elidir. *[elisió]*

elixir. m. Licor compuesto de diferentes sustancias medicinales disueltas en alcohol. *[elixir]* // Sustancia que los alquimistas suponían capaz de transmutar los metales en oro, también de prolongar la vida indefinidamente. *[elixir]*

elocución. f. Elección y colocación de las palabras con las que se expresan los pensamientos. *[elocució]*

elocuencia. f. Facultad de hablar o escribir de una manera capaz de convencer y conmover. *[eloqüència]*

elogiar. v. tr. Hacer el elogio de alguna persona o cosa. *[elogiar]*

elogio. m. Alabanza, predicación de buenas cualidades. *[elogi]*

elucidar. v. tr. Poner en claro, explicar una cosa. *[elucidar]*

elucubrar. v. tr. Cavilar, examinar, razonar con insistencia sobre un tema. *[elucubrar]*

eludir. v. tr. Esquivar la dificultad. *[defugir]* // Hacer que una cosa no tenga efecto. *[defugir]*

ella. Pronombre personal de tercera persona para el nominativo, en femenino y singular. *[ella]*

elle. f. Nombre de la «ll». *[elle]*

ello. Pronombre personal de tercera persona, género neutro. *[això, allò]*

emanar. v. intr. Derivar, proceder. *[emanar]*

emancipación. f. Acción y efecto de emancipar o emanciparse. *[emancipació]*

emancipar. v. tr. y pron. Liberar de la patria potestad, de la servidumbre, etc. *[emancipar]*

embadurnar. v. tr. Untar de materia pastosa o de líquido espeso. *[empastifar]*

embajada. f. Residencia de un embajador. *[ambaixada]* // Misión que se confía a cualquier agente. *[ambaixada]*

embajador. m. Agente diplomático de primera clase, con misión permanente cerca de otro gobierno. *[ambaixador]*

embalaje. m. Acción y efecto de embalar. *[embalatge]* // Caja o cubierta con la que se embala un objeto. *[embalatge]*

embalar. v. tr. Poner en balas o cajas los objetos que tienen que transportarse. *[embalar]*

embaldosar. v. tr. Pavimentar de baldosas, enladrillar. *[entaulellar]*

embalsamar. v. tr. Llenar de bálsamos un cuerpo. *[embalsamar]* // Preparar con bálsamo un cuerpo para preservarlo de la corrupción. *[embalsamar]* // Esparcir bálsamos, aromatizar, perfumar con bálsamos. *[embalsamar]*

embalse. m. Agua estancada, que forma depósito. *[embassament]*

embarazada. f. Hembra preñada, que ha concebido. *[prenyada]*

embarazar. v. tr. Impedir o retrasar alguna cosa. *[embarassar]* // Poner encinta a una mujer. *[embarassar]*

embarazo. m. Aquello que embaraza, estorbo. *[embaràs]* // Preñado de la mujer. *[embaràs]* // Tiempo que dura éste. *[embaràs]*

embarcación. f. Nave. *[embarcació]*

embarcar. v. tr. Subir en una barca o en una nave. *[embarcar]* // Incluir a alguien en un negocio. *[embarcar]*

embargar. v. tr. Impedir. *[embargar]* // Enajenar los sentidos. *[encisar]* // Retener una cosa por mandamiento judicial. *[embargar]*

embargo. m. Acción de embargar o retener una cosa. *[embarg]*

embarque. m. Acción de embarcar o embarcarse. *[embarcament]*

embarrancar. v. intr. y tr. Intr. Encallarse una nave en un fondo de rocas, etc. *[embarrancar]* // Tr. Hacer encallar una nave en un fondo de rocas, etc. *[embarrancar]*

embaste. m. Efecto de embastar, costura larga con la que se señala o sujeta un poco la ropa, antes de coserla definitivamente. *[embast]*

embate. m. Golpe que da la ola a la orilla, a la nave, etc. *[embat]* // Impulso del viento. *[embat]* // Acometida impetuosa del viento o de la mar. *[flat]*

embaucar. v. tr. Llenar la cabeza de ilusiones, de ideas agradables, pero engañosas, engañar con buenas palabras, marear. *[entabanar]* // Inducir a hacer una cosa con promesas engañosas. *[entabanar]*

embeber. v. tr. Absorber un cuerpo sólido a otro en estado líquido. *[embeure]* // **-se.** Cortarse. *[embeure's]* // Encogerse. *[embeure's]*

embelesamiento. m. Efecto de embelesar o de embelesarse. *[embadaliment]*

embelesar. v. tr. Suspender el ánimo de alguien la contemplación de una cosa, arrebatar los sentidos. *[embadalir]*

embellecer. v. tr. Hacer bella a alguna persona o cosa. *[embellir]*

embestida. f. Acción y efecto de embestir. *[envestida]*

embestir. v. tr. Arrojarse con ímpetu sobre una persona o cosa. *[envestir]*

emblanquecer. v. tr. y pron. Poner blanca una cosa. *[emblanquir]*

emblema. m. Cualquier cosa que es representación simbólica de otra. *[emblema]*

embocadura. f. Parte de un instrumento de viento que se mete o se aplica a la boca. *[embocadura]* // Lugar por donde se entra a una calle, a un puerto, etc., especialmente la parte de un río por donde sus aguas desembocan en el mar. *[embocadura]*

embocar. v. tr. Meter por la boca una cosa. *[embocar]*

embojo. m. Enramada que se hace para que el gusano de seda se ponga a hilar el capullo. *[botja]*

embolia. f. Obstrucción de un vaso sanguíneo por un coágulo. *[embòlia]*

émbolo. m. Pistón de un cuerpo de bomba o de un cilindro de máquina. *[èmbol]*

embolsar. v. tr. y pron. Guardar dinero u otra cosa en la bolsa. *[embutxacar]*

emboñigar. v. tr. Ensuciar de boñigos. *[embonyegar]*

emborrachar. v. tr. y pron. Embriagar. *[emborratxar]*

emboscar. v. tr. y pron. Meter dentro de un bosque. *[emboscar]* // Ponerse al acecho para sorprender al enemigo. *[emboscar]*

embotar. v. tr. Hacer menos agudo, quitar agudeza al corte o a la punta de una herramienta. *[esmussar]* // Turbar o quedar insensible la cabeza, los oídos, por una acción externa, vapor, etc., o un ruido estridente, un golpe u otra cosa. *[entabuixar]*

embotellar. v. tr. Meter dentro de una botella. *[embotellar]*

embozalar. v. tr. Poner el bozal a un animal. *[emboçar]*

embozar. v. tr. y pron. Cubrir con la capa, etc., la parte inferior de la cara. *[emboçar]*

embragar. v. tr. Conectar un mecanismo con su propulsor. *[embragar]* // Atar un fardo con cuerdas. *[embragar]*

embrague. m. Acción de embragar. *[embragatge]* // Mecanismo que permite embragar y desembragar. *[embragatge]*

embravecer. v. tr. y pron. Enfurecer, irritar, infundir bravura o valentía. *[embravir, envalentir]*

embriagado, ada. adj. Que ha bebido mucho vino, borracho. *[bufat]*

embriagar. v. tr. Causar embriaguez. *[embriagar]*
embriaguez. f. Turbación producida por el exceso de bebida. *[embriaguesa]*
embrión. m. Germen o rudimento de un ser vivo. *[embrió]* // Principio, aún poco definido, de alguna cosa. *[embrió]*
embrollar. v. tr. y pron. Enredar, confundir las cosas. *[embrollar]*
embrollo. m. Lío, enredo. *[embroll]*
embrujar. v. tr. Someter a la influencia de un sortilegio. *[embruixar]* // Someter a una influencia extraña, inexplicable. *[embruixar]*
embrujo. m. Acción y efecto de embrujar, sortilegio. *[embruix]*
embrutecer. v. tr. y pron. Convertir, o asemejar a alguien con una bestia. *[embrutir]*
embuchar. v. tr. Meter carne en una tripa de animal. *[farcir]* // Meter comida en el buche de un ave. *[empapussar]* // fig. Meter la comida en la boca de un niño pequeño. *[empapussar]*
embudo. m. Instrumento de forma cónica para transvasar líquidos. *[embut]*
embuste. m. Engaño. *[embroll]*
embutido. m. Acción y efecto de embutir. *[embotit]* // Intestino relleno de carne triturada, etc. *[embotit]*
embutir. v. tr. Llenar alguna cosa con paja, borra, etc. *[embotir]* // Hacer embutidos. *[fer embotit]*
eme. f. Nombre de la letra «m». *[eme]*
emergencia. f. Acción y efecto de emerger. *[emergència]* // Acontecimiento que se prevé sin determinar cuándo. *[emergència]* // Situación difícil que pide una rápida actuación. *[emergència]*
emerger. v. intr. Brotar, salir del agua. *[emergir]*
emérito, érita. adj. Que goza de algún premio por sus buenos servicios. *[emèrit]*
emigrante. adj. y s. Que emigra. *[emigrant]*
emigración. f. Acción de emigrar. *[emigració]* // Conjunto de personas que han emigrado. *[emigració]*
emigrar. v. intr. Dejar su país para ir a vivir a otro. *[emigrar]*
eminencia. f. Calidad de eminente. *[eminència]* // Altura o elevación del terreno. *[eminència]* // Título de honor que se da a los cardenales. *[eminència]*
eminente. adj. Que sobresale entre los de su clase. *[eminent]*
emir. m. Príncipe árabe. *[emir]*
emisario, aria. m. y f. Agente encargado de una misión secreta, mensajero. *[emissari]*
emisión. f. Acción y efecto de emitir. *[emissió]*
emisora. f. Conjunto de aparatos e instalaciones que sirven para la transmisión a distancia de sonidos e imágenes. *[emissora]*
emitir. v. tr. Lanzar fuera de sí. *[emetre]* // Poner en circulación valores. *[emetre]*
emoción. f. Agitación del ánimo por un sentimiento de placer, pena, amor, etc. *[emoció]*
emocionar. v. tr. Producir emoción. *[emocionar]* // **-se.** Sentir emoción. *[emocionar-se]*
emolumento. m. Retribución de un funcionario, empleado, etc. *[emolument]*
emotivo, iva. adj. Relativo o perteneciente a la emoción. *[emotiu]* // Que implica emoción. *[emotiu]*
empachar. v. tr. y pron. Causar empacho o indigestión. *[empatxar]* // Poner obstáculos, impedir. *[empatxar]*
empacho. m. Obstáculo, impedimento. *[empatx]* // Indigestión. *[empatx]*
empadronar. v. tr. Inscribir en el padrón. *[empadronar]*
empalagar. v. tr. Una comida, embotar el apetito, hastiar, por demasiado dulce o grasa. *[embafar]* // Cansar, disgustar por el exceso o insistencia de una cosa. *[embafar]*
empalagoso, osa. adj. Que empalaga. *[embafós]*
empalar. v. tr. Empujar a uno en un palo. *[empalar]*
empalmar. v. tr. Juntar por sus extremos o cabezas dos cosas. *[empiular]* // Enlazar dos cosas inmateriales, dos acciones, dos acontecimientos, etc. *[empiular]*
empalomar. v. tr. Coser la relinga al grátil con hilo de cáñamo, grueso y fuerte. *[empalomar]*

empanada. f. Torta pequeña de harina en forma de media luna, rellena de un manjar. *[cocot, empanada]*
empantanar. v. tr. Detener el agua en un terreno convirtiéndolo en un pantano. *[empantanar]*
empañar. v. tr. Envolver a las criaturas en pañales. *[bolcar]* // tr. y pron. Quitar el brillo o diafanidad. *[embafar, entelar]* // Obscurecer o manchar el honor o la fama de alguien. *[tacar]*
empapar. v. tr. Poner en remojo algo hasta que el líquido lo penetre. *[amerar]* // Remojar, reblandecer con agua, un cuerpo reseco, sólido o terroso, para que el agua los penetre. *[amerar]* // fig. Penetrar en el alma un afecto, una idea, un sentimiento, etc. *[amerar]* // **-se.** Mojarse una persona o cosa por efecto de la lluvia o cualquier otro incidente. *[amerar-se, xopar-se]*
empapelar. v. tr. Envolver con un papel. *[empaperar]* // Recubrir de papel una pared. *[empaperar]*
empaquetar. v. tr. Formar paquetes. *[empaquetar]*
emparedar. v. tr. Encerrar entre cuatro paredes. *[aparedar]*
emparejar. v. tr. y pron. Poner al mismo nivel, formando pareja con otro. *[emparellar]*
emparentar. v. intr. Contraer parentesco por medio del matrimonio. *[emparentar]*
emparrado. m. Cobertizo hecho con barras, listones, etc., que sostienen una o más parras u otras plantas trepadoras. *[emparrat]*
emparrar. v. tr. Formar emparrados. *[emparrar]*
emparrillado. m. Conjunto de barras que forman una parrilla o reja. *[engraellat]* // Conjunto de morteretes dispuestos en líneas paralelas formando parrilla o reja. *[engraellat]*
empastar. v. tr. Cubrir de pasta alguna cosa. *[empastar]* // Convertir una sustancia pulverulenta en pasta añadiendo un líquido. *[empastar]*
empatar. v. tr., intr. y pron. Igualar en número de votos, puntos, etc. en una elección, juego, etc. *[empatar]*
empate. m. Acción y efecto de empatar. *[empat]*
empavesada. f. Reparo o defensa que hacía la tropa con los paveses o escudos. *[empavesada]* // Conjunto de banderas o gallardetes para adornar las embarcaciones en día de fiesta. *[empavesada]*
empavesar. v. tr. Formar empavesadas. *[empavesar]* // Adornar una embarcación, monumento, etc., con banderas y gallardetes. *[empavesar]*
empavonar. v. tr. Dar al hierro un color azul oscuro. *[empavonar]*
empedrar. v. tr. Cubrir el pavimento de piedras convenientemente cortadas y ajustadas. *[empedrar]*
empegadura. f. Emplasto de pez. *[pegot]*
empeguntar. v. tr. Untar con pez u otra materia pegajosa. *[empeguntar]*
empeine. m. Parte superior del pie, entre el tobillo y el comienzo de los dedos. *[empenya]*
empella. f. Parte del zapato que cubre el pie desde la punta hasta la mitad. *[empenya]*
empellón. m. Empujón. *[empenta]*
empeorar. v. tr. e intr. Tr. Poner en peor estado. *[empitjorar]* // Intr. y pron. Ponerse peor. *[empitjorar]*
empeñar. v. tr. y pron. Dar alguna cosa en prenda. *[empenyorar]* // **-se.** Obstinarse. *[entossudir-se]* // Endeudarse. *[endeutar-se]*
empeño. m. Estado del que se ha obstinado en alguna cosa. *[entestament]*
empequeñecer. v. tr. y pron. Hacer una cosa más pequeña. *[empoquir]*
emperador. m. Cabeza suprema de un imperio. *[emperador]*
emperatriz. f. Soberana de un imperio. *[emperadriu]* // Mujer del emperador. *[emperadriu]*
emperejilar. v. tr. y pron. Adornar con refinamiento. *[empiular]*
emperezar. v. intr. y pron. Dejarse dominar de la pereza. *[emmandrir-se]* // Tr. Dilatar, entorpecer una cosa. *[emmandrir]*
emperifollar. v. tr. Adornar con mechones, flecos, lazos, etc. *[enflocar]*
emperrarse. v. pron. Empeñarse, no ceder,

obstinarse. *[encabotar-se, entossudir-se]*

empezar. v. tr. e intr. Tr. Dar principio a una cosa. *[començar]* // Tener principio una cosa. *[començar]*

empinar. v. tr. Poner derecho y más alto que la posición normal. *[empinar]* // **-se.** Alzarse encima de las puntas de los pies. *[empinar-se]*

empíreo, írea. adj. y s. Aplicado a la estancia de los dichosos. *[empiri]* // Celestial. *[empiri]*

emplasto. m. Medicamento externo glutinoso extendido sobre un trapo, etc., que se adhiere a la parte sobre la cual se aplica. *[emplastre]*

emplazar. v. tr. Colocar, situar. *[emplaçar]* // Citar a alguien en un tiempo y lugar determinados. *[emplaçar]*

empleado, ada. m. y f. El que trabaja a sueldo en un servicio público o en un comercio. *[empleat]*

emplear. v. tr. Poner a alguien en un estado o empleo. *[col·locar]* // Destinar a alguien a un servicio público. *[col·locar]* // Hacer servir alguna cosa a un fin, usar. *[emprar]* // Invertir dinero en alguna cosa. *[esmerçar]* // Gastar, consumir. *[esmerçar]*

empleo. m. Acción de emplear, inversión, gasto. *[esmerç]* // Destino, oficio. *[ofici]*

emplumecer. v. intr. Echar plumas las aves. *[plomar]*

empobrecer. v. tr., intr. y pron. Hacer volver pobre. *[empobrir]*

empolvar. v. tr. Cubrir de polvo. *[empolsegar]*

empollar. v. tr. Calentar las aves los huevos para hacer salir a los polluelos. *[covar]*

emporio. m. Ciudad de un comercio extenso. *[empori]* // Centro comercial de un país. *[empori]*

emprender. v. tr. Comenzar, intentar alguna cosa. *[emprendre]* // Acometer a alguien para decirle alguna cosa. *[emprendre]*

empreñar. v. tr. Hacer concebir a una mujer o hembra. *[emprenyar]* // Hacerse preñada la hembra. *[emprenyar]*

empresa. f. Cosa que uno emprende. *[empresa]* // Sociedad industrial o mercantil. *[empresa]* // Enseña o divisa de un escudo o blasón. *[empresa]*

empresario, aria. m. y f. Persona que ejecuta una obra, que explota un servicio público, un espectáculo, etc. *[empresari]* // El que emplea obreros. *[empresari]*

empréstito. m. Acción de prestar. *[emprèstit]* // Cosa prestada. *[emprèstit]*

empujar. v. tr. Mover o tratar de mover a alguien o alguna cosa ejerciendo una presión. *[empényer]*

empujón. m. Presión más o menos brusca ejercida sobre alguna persona o cosa. *[espenta]*

empuñar. v. tr. Asir por el puño una cosa. *[empunyar]* // Coger una cosa apretándola con la mano. *[empunyar]*

emular. v. tr. Intentar igualar o superar a alguien en alguna cosa. *[emular]*

émulo, émula. adj. El que busca igualar o superar a alguien en alguna cosa. *[èmul]*

emulsión. f. Líquido que contiene en suspensión partículas diminutas de otro líquido. *[emulsió]*

emulsionar. v. tr. Mezclar formando una emulsión. *[emulsionar]*

en. prep. Indica el lugar o tiempo en que acontece alguna cosa. *[en, a]* // El punto de llegada, detrás de algunos verbos de movimientos. *[en, a]* // Diferentes circunstancias del verbo. *[en, a]*

enaguas. f. pl. Pieza de vestir interior que llevan las mujeres bajo las faldas. *[sinagües]*

enajenar. v. tr. Pasar a otro el dominio de una cosa. *[alienar]* // tr. y pron. Suspender a alguien el uso de los sentidos. *[alienar]*

enaltecer. v. tr. y pron. Ensalzar a alguien o alguna cosa. *[enaltir]*

enamorar. v. tr. Inspirar amor a alguien. *[enamorar]* // Excitar en otra persona la pasión amorosa. *[enamorar]* // **-se.** Inflamarse de amor por alguien. *[enamorar-se]*

enamoriscarse. v. pron. Enamorarse levemente. *[enamoriscar-se]*

enano, ana. adj. y s. Aplicado a lo que es extraordinariamente pequeño dentro de su especie. *[nan]*

enarbolar. v. tr. Levantar en alto una bandera, etc. *[enarborar]* // **-se.** Enfurecerse. *[enfurir-se]*

enarcar. v. tr. Dar figura de arco. *[enarcar]* // **-se.** Encogerse, sacar la espalda hacia afuera arqueando el espinazo. *[enarcar-se]*

enardecer. v. tr. y pron. Excitar el ánimo de alguien a la lucha, a la acción, etc. *[enardir, enrossinar-se]*

encabalgar. v. tr. Cabalgar. *[cavalcar]* // Poner una cosa encima de otra. *[encavallar]* // **-se.** Salir una cosa de su sitio sobreponiéndose en otra. *[encavallar-se]*

encabezar. v. tr. Iniciar una suscripción, etc. *[encapçalar]* // Poner el encabezamiento de un libro, etc. *[encapçalar]* // Capitanear, conducir. *[dirigir, presidir]*

encabriar. v. tr. Colocar las maderas para formar la cubierta de un edificio. *[engraellar]*

encabritarse. v. pron. Levantarse un caballo apoyándose sobre las patas traseras. *[encabritar-se]*

encadenar. v. tr. Atar, sujetar alguna cosa con cadenas. *[encadenar]*

encajada. f. Acto de encajar. *[encaixada]* // Acción de estrecharse las manos en señal de saludo. *[encaixada]*

encajar. v. intr. y tr. Intr. Entrar una cosa dentro de otra ajustadamente. *[encaixar]* // Adaptarse bien una cosa dentro de otra. *[encaixar]* // Estrechar la mano de otro en señal de amistad. *[encaixar]* // Tr. Hacer entrar una cosa dentro de otra. *[encaixar]* // Poner una cosa en cajas. *[encaixar]*

encaje. m. Acción y efecto de encajar. *[encaix]* // Obra de hilos entretejidos que sirve para guarnecer las prendas de ropa. *[punta]*

encajonar. v. tr. Meter dentro de un cajón. *[encaixonar]*

encalabrinar. v. tr. y pron. Turbar la cabeza por la acción de un vapor, humo, vaho o malos olores. *[entabuixar]*

encalar. v. tr. Dar de cal o blanquear una cosa. *[encalcinar]*

encalar. v. tr. Lanzar una cosa a un lugar alto de donde no cae por no tener fácil la salida ni es fácil conseguirla. *[encalar]*

encalmar. v. tr. Tranquilizar, serenar. *[encalmar]* // **-se.** Volverse la calma. *[encalmar-se]*

encalvecer. v. intr. Perder el pelo, quedar calvo. *[encalbir]*

encaminar. v. tr. Poner en camino, dirigir, enderezar. *[encaminar]* // **-se.** Ponerse en camino. *[encaminar-se]*

encanalar. v. tr. Conducir el agua por canales. *[encanalar]*

encandecer. v. tr. Hacer que se vuelva candente, ardiente una cosa. *[arroentar]*

encantamiento. m. Acción y efecto de encantar o de encantarse. *[encantament]*

encantar. v. tr. Obrar como ejerciendo un poder sobrenatural, fascinar, cautivar, producir un dulce arrebatamiento, placer en alto grado. *[encantar]* // Someter a una influencia irresistible. *[encantar]* // Embelesar. *[encantar]* // **-se.** Embelesarse. *[encantar-se]*

encanto. m. Poder de encantamiento. *[encant]* // La cosa que produce el encantamiento. *[encant]*

encañar. v. tr. Poner cañas para sostener alguna cosa. *[encanyar]*

encañizar. v. tr. Cubrir de cañas las vigas o bóvedas de una casa. *[encanyissar]*

encañonar. v. tr. Hacer pasar alguna cosa por un cañón. *[encanonar]* // Dirigir el cañón de un arma hacia un objeto. *[encanonar]* // Comenzar a sacar plumas las aves. *[encanonar]*

encapachar. v. tr. Meter dentro de un capazo. *[encabassar]*

encapricharse. v. pron. Obstinarse en conseguir su capricho. *[encapritxar-se]*

encapuchar. v. tr. y pron. Poner la capucha a alguien. *[encaputxar]*

encaramar. v. tr. y pron. Levantar algo o ponerlo sobre otra cosa. *[encimbellar]*

encarar. v. tr. e intr. Tr. Acercar a la mejilla un arma de fuego para apuntar. *[engaltar]* // Intr. y pron. Ponerse frente a frente. *[engaltar-se]*

encarcelar. v. tr. Meter en la prisión. *[empresonar]*

encarecer. v. tr. Aumentar el precio de

una cosa, hacerla cara. *[encarir]* // Alabar exageradamente, ponderar. *[encarir]* // **-se.** Volverse caro. *[encarir-se]*

encargado, ada. m. y f. El que tiene a su cargo alguna cosa. *[encarregat]*

encargar. v. tr. Encomendar alguna cosa a alguien. *[encarregar]*

encargo. m. Acción de encargar. *[comanda, encàrrec]*

encarnado, ada. adj. De color rojizo fuerte. *[roig]* // Color rojizo tirando a amarillo. *[roig]*

encarnar. v. pron. Hacerse hombre el Hijo de Dios. *[encarnar-se]* // tr. Personificar, simbolizar alguna idea, doctrina, etc. *[encarnar]*

encarrilar. v. tr. y pron. Disponer o conducir un vehículo por los carriles o camino trazado. *[encarrilar]* // Dirigir rectamente, encaminar. *[encarrilar]* // Dirigir por la vía más recta o siguiendo los trámites oportunos para llevar a término, un asunto o negocio que estaba atascado. *[encarrilar]* // Llevar a buen término a un sujeto que se separa del camino recto. *[encarrilar]*

encartar. v. tr. Proscribir. *[encartar]* // Procesar a uno. *[encartar]* // Incluir en un padrón. *[encartar]*

encartonar. v. tr. Poner cartones. *[encartonar]*

encasillar. v. tr. Poner o distribuir en casillas. *[encasellar]*

encausar. v. tr. Formar causa a alguien. *[encausar]*

encéfalo. m. Masa nerviosa contenida en el cráneo. *[encèfal]*

encelar. v. tr. Causar celos. *[engelosir]* // **-se.** Ponerse celoso. *[engelosir-se]* // Estar en celo los animales. *[tenir zel]*

encella. f. Recipiente o molde a modo de cesta pequeña para hacer quesos y requesones. *[formatgera]*

encendedor, ora. adj. Que enciende. *[encenedor]* // m. Aparato mecánico para encender. *[encenedor]*

encender. v. tr. Hacer que una cosa se queme. *[encendre]* // Incitar, enardecer. *[encendre]*

encendido, ida. adj. Que está en combustión. *[encés]* // fig. Se dice de las mejillas coloradas. *[encés]*

encerado. m. Tablero de ropa o madera barnizado, utilizado en las escuelas. *[encerat, pissarra]*

encerar. v. tr. Untar con cera. *[encerar]*

encerrar. v. tr. Meter a alguien o algo en un lugar de donde no pueda salir. *[tancar]* // Incluir, contener. *[encloure]*

encestar. v. tr. Meter dentro de una cesta. *[encistellar]* // En el juego de baloncesto, introducir la pelota dentro de la cesta. *[encistellar]*

encía. f. Carne que cubre la mandíbula y guarnece la dentadura. *[geniva]*

encíclica. f. Carta que el papa dirige a todos los obispos y fieles. *[encíclica]*

enciclopedia. f. Conjunto de todas las ciencias. *[enciclopèdia]* // Obra que trata muchas ciencias. *[enciclopèdia]*

encierro. m. Acción y efecto de encerrar. *[tancament]*

encima. adv. En lugar superior. *[damunt]* // Además. *[a més]*

encina. f. Árbol de la familia de las fagáceas, de hoja perenne y madera dura y compacta. *[alzina, carrasca]*

encinal. m. Sitio poblado de encinas. *[carrascar]*

encinta. f. Hembra preñada, que ha concebido. *[prenyada]*

encintar. v. tr. Adornar con cintas. *[encintar]*

enclaustrar. v. tr. Cerrar a alguien en un claustro o convento. *[enclaustrar]*

enclavadura. f. Hueco que se hace en una cosa para encajarle otra. *[mossa]*

enclavar. v. tr. Introducir una cosa dentro de otra. *[enclavar]* // Meter un clavo hasta la carne en el pie de un caballo, etc., herrarlo. *[enclavar]*

enclenque. adj. Persona raquítica, enfermiza. *[escarransit]*

encofrado. m. Andamio de madera a modo de cimbra. *[encofrat]*

encoger. v. tr. Recoger una cosa hacia atrás contrayéndola. *[arronsar, encollir]* // **-se.** Contraerse y apretar los músculos del cuerpo. *[arrupir-se]* // Acobardarse, acurrucarse. *[arronsar-se]*

encogido, ida. adj. y s. Que no tiene la

grandeza debida, corto de ánimo. *[esquifit]*

encojar. v. tr. Poner cojo a alguien. *[encoixir]* // **-se.** Ponerse cojo. *[encoixar-se]*

encolar. v. tr. Pegar alguna cosa con cola. *[encolar]*

encolerizar. v. tr. y pron. Poner colérico, irritar. *[encolerir]*

encomendar. v. tr. Encargar a alguien que haga alguna cosa. *[encomanar]*

encomiar. v. tr. Alabar calurosamente, elogiar. *[encomiar]*

encono. m. Rencor arraigado, mala voluntad. *[rancúnia]*

encontrar. v. tr., intr. y pron. Dar con alguien, salir al paso de alguien. *[encontrar, trobar]*

encorajar. v. tr. Dar coraje. *[encoratjar]* // **-se.** Encolerizarse. *[aïrar-se]*

encorajinar. v. tr. y pron. Irritar a alguien. *[encolerir-se]*

encordar. v. tr. Poner cuerdas a los instrumentos musicales. *[encordar]*

encordelar. v. tr. e intr. Tr. Atar con un cordel. *[cordellar]* // Intr. Hacer cordel o hacer cuerda. *[cordellar]*

encordonar. v. tr. Poner cordones. *[encordonar]* // Sujetar con cordones. *[encordonar]*

encorralar. v. tr. Poner el ganado en un corral. *[acorralar]*

encortinar. v. tr. Poner cortinas. *[encortinar]*

encorvar. v. tr. Poner curvo, doblar. *[encorbar]*

encostrar. v. tr., intr. y pron. Formar corteza o costra en un grano, llaga, herida; hacerse corteza. *[corfar, encrostar]*

encovar. v. tr. y pron. Esconder alguna cosa dentro de una guarida. *[encauar]*

encrespar. v. tr. Levantar olas en el mar. *[encrespar]* // **-se.** Exaltarse, enardecerse. *[encrespar-se]*

encrucijada. f. El lugar en el que se cruzan dos caminos. *[creuer, cruïlla]*

encrudecer. v. tr. Exacerbar, hacer más cruel. *[encrudir]*

encuadernador, ora. m. y f. El que encuaderna libros. *[enquadernador]*

encuadernar. v. tr. Juntar y coser diversos cuadernos y cubrir láminas y lomo con un trozo de piel, etc. *[enquadernar]*

encuadrar. v. tr. Dar figura de cuadrado. *[enquadrar]* // Encajar, ajustar. *[enquadrar]*

encubrir. v. tr. Ocultar una cosa, o no manifestarla. *[encobrir]*

encuentro. m. Acto de encontrarse dos o más personas o cosas. *[encontre]* // Hallazgo. *[trobada]* // Combate imprevisto. *[encontre]* // Competición deportiva. *[enfrontament]*

encuesta. f. Búsqueda para saber alguna cosa por interrogación, para recoger la opinión, etc., de diferentes personas sobre una cuestión. *[enquesta]*

encumbrar. v. tr. y pron. Levantar en alto. *[encimbellar-se]*

encuñar. v. tr. Acuñar monedas, medallas, etc. *[encunyar]*

enchufar. v. tr. Adaptar el mango al ojo de un instrumento. *[endollar]* // Juntar las bocas de dos cañones o tubos. *[endollar]*

enchufe. m. Acción y efecto de enchufar. *[endoll]* // Parte de un cañón o tubo que penetra en otro. *[endoll]*

endeble. adj. De poco grosor y consistencia, delgado, escaso. *[minso]*

endecasílabo, ílaba. adj. y s. De once sílabas. *[endecasíl·lab]*

enderezar. v. tr. y pron. Poner recto lo que está torcido o curvado. *[adreçar]* // Obligar a alguien a enmendarse. *[adreçar]*

endemoniado, ada. adj. Poseído del demonio. *[endimoniat]*

endeudar. v. pron. Llenarse de deudas. *[endeutar-se]* // Reconocerse obligado. *[sentir-se obligat]*

endiablado, ada. adj. Muy feo. *[lletgíssim]* // Perverso. *[endimoniat]*

endiablar. v. tr. y pron. Dañar, pervertir. *[endiablar]*

endilgar. v. tr. Encaminar, dirigir. *[encaminar]* // Endosar. *[endossar]* // Encajar, decir a otro algo desagradable o impertinente. *[endinyar]*

endosar. v. tr. Pasar a otro una cosa no apetecible. *[endossar]* // Ceder a otro un documento de crédito. *[endossar]*

endoso. m. Acción y efecto de endosar

una letra de cambio u otro documento de crédito. *[endós]*

endulzar. v. tr. y pron. Hacer dulce una cosa. *[endolcir]* // Suavizar. *[endolcir]*

endurecer. v. tr. Poner dura una cosa. *[endurir]* // Hacer más dura una cosa. *[endurir]*

ene. f. Nombre de la letra «n». *[ene]*

enea. f. Planta de la familia de las tifáceas, cuyas hojas se emplean para hacer asientos de sillas, etc. *[boga]*

enebrina. f. Fruto del enebro. *[ginebró]*

enebro. m. Arbusto conífero, con hojas blanquinosas del derecho y verdes del revés, y madera fuerte. *[ginebre]* // Enebro pequeño. *[ginebró]*

enemigo, iga. m. y f. Que es contrario a alguien. *[enemic]* // El que hace la guerra contra alguien. *[enemic]*

enemistar. v. tr. Causar enemistad. *[enemistar]* // **-se.** Perder la amistad. *[enemistar-se]*

energía. f. Potencia activa de un organismo. *[energia]* // Capacidad de obrar o de producir un efecto. *[energia]*

enérgico, érgica. adj. Que tiene energía. *[enèrgic]*

energúmeno, úmena. m. y f. Persona poseída del demonio o muy furiosa y alborotada. *[energumen]*

enero. m. El primer mes del año. *[gener]*

enervar. v. tr. y pron. Debilitar, quitar las fuerzas. *[enervar]* // Debilitar o invalidar las razones o argumentos. *[enervar]*

enfadar. v. tr. y pron. Enojar. *[enfadar]*

enfado. m. Impresión desagradable y molesta. *[enuig]* // Ira, enojo. *[enuig]*

enfadoso, osa. adj. Que causa enojo, enojoso. *[enfadós]*

enfajar. v. tr. y pron. Fajar, cubrir o envolver con una faja. *[enfaixar]*

enfangar. v. tr. y pron. Ensuciar de fango. *[enfangar]*

enfardar. v. tr. Envolver o reunir formando fardos. *[enfardar]*

énfasis. m. y f. Fuerza de expresión. *[èmfasi]* // Afectación en el tono y en el gesto. *[èmfasi]*

enfático, ática. adj. Que habla con énfasis. *[emfàtic]*

enfermar. v. intr. y tr. Intr. Contraer una enfermedad. *[emmalaltir]* // Tr. Causar enfermedad. *[emmalaltir]*

enfermedad. f. Alteración de la salud del cuerpo animal o vegetal. *[malaltia]*

enfermería. f. Casa o sala destinada a los enfermos. *[infermeria]*

enfermero, era. m. y f. Persona que cuida a los enfermos. *[infermer]*

enfermizo, iza. adj. Que tiene poca salud. *[malaltós]* // Propio de un enfermo. *[malaltís]*

enfermo, erma. adj. y s. Afectado de enfermedad, falto de salud. *[malalt]*

enfervorizar. v. tr. y pron. Infundir fervor. *[enfervorir]*

enfilar. v. tr. Poner en fila. *[afilerar]* // Dirigir en la misma dirección. *[enfilar]* // Ensartar. *[enfilar]*

enflaquecer. v. tr. Hacer volverse flaco. *[enflaquir]* // Intr. y pron. Volverse flaco. *[enflaquir-se]*

enfocar. v. tr. Hacer que la imagen de un objeto obtenido en un aparato óptico venga a producirse exactamente en un punto deseado. *[enfocar]*

enfranquecer. v. tr. Hacer franco, liberar. *[enfranquir]*

enfrentar. v. tr. y pron. Poner frente a frente. *[enfrontar]*

enfrente. adv. Delante, con la cara opuesta a alguien o a algo. *[enfront]*

enfriar. v. tr. y pron. Poner fría una cosa. *[enfredorir]*

enfurecer. v. tr. Provocar la furia, poner furioso. *[enfurir]* // **-se.** Volverse furioso. *[enfurir-se]*

engallar. v. tr. y pron. Levantar la cabeza, ponerse arrogante. *[engallir-se]*

enganchar. v. tr. Coger con un gancho u otra cosa puntiaguda. *[enganxar]* // Atar las caballerías a los carruajes. *[enganxar]* // Comprometer a alguien con habilidades. *[enganxar]*

enganche. m. Acción y efecto de enganchar. *[enganx]*

engañabobos. m. Quien engaña aprovechándose de la ignorancia de los otros. *[enganyabovos]*

engañar. v. tr. Hacer caer en error con una falsa apariencia. *[enganyar]* // Ha-

cer creer a uno aquello que no es. *[enganyar]*
engañifa. f. Engaño artificioso con apariencia de utilidad. *[enganyifa]*
engaño. m. Acción y efecto de engañar o de engañarse. *[engany]* // Falta de verdad. *[engany]*
engañoso, osa. adj. Que engaña o da ocasión de engañarse. *[enganyós]*
engarrotar. v. tr. y pron. Poner tieso como un garrote. *[engarrotar]*
engastar. v. tr. Encajar o embutir una cosa en otra. *[encastar]*
engaste. m. Acción y efecto de engastar. *[encast]* // Círculo de metal que asegura una gema, etc. *[encast]*
engatusar. v. tr. Engañar con buenas palabras. *[engalipar]*
engendrar. v. tr. Propagar la propia especie, procrear. *[engendrar]*
englobar. v. tr. Incluir dentro de un conjunto. *[englobar]*
engolosinar. v. tr. Atraer, excitar el deseo con algun atractivo. *[amelar]* // **-se.** Tomar gusto a algo, acostumbrarse. *[amelar-se]*
engomar. v. tr. Untar con goma. *[engomar]*
engordar. v. tr. e intr. Cebar. *[engordir]* // Ponerse gordo. *[engreixar-se]*
engranaje. m. Acción y efecto de engranar. *[engranatge]* // Conjunto de piezas que engranan. *[engranatge]*
engranar. v. intr. Enlazar, trabar. *[engranar]*
engrandecer. v. tr. Hacer más grande. *[engrandir]* // tr. y pron. Enaltecer. *[encimbellar]*
engrapar. v. tr. Coger fuertemente. *[engrapar]*
engrasar. v. tr. Dar sustancia y grasa a una cosa. *[engreixar]* // tr. y pron. Untar con grasa. *[engreixar]*
engreído, ída. adj. Envanecido. *[ufanós]*
engreír. v. tr. y pron. Envanecer. *[envanir]*
engrifar. v. tr. y pron. Hacer erizarse el pelo, las plumas, etc. *[estarrufar]*
engrosar. v. tr. e intr. Tr. Hacer más gruesa una cosa. *[engrossir]* // Intr. Aumentar. *[augmentar]*
engrudo. m. Pastas que sirven para unir y aferrar dos cosas. *[engrut]*
engullir. v. tr. Tragar la comida deprisa o sin mascarla bien. *[engolir]*
enharinar. v. tr. y pron. Llenar de harina. *[enfarinar]*
enhebrar. v. tr. Hacer pasar un hilo, etc., por el agujero de alguna cosa. *[enfilar]*
enhorabuena. f. Felicitación. *[enhorabona]*
enhorcar. v. tr. Coger con la horca el heno. *[enforcar]*
enhornar. v. tr. Meter en el horno para cocer. *[enfornar]*
enigma. m. Cosa difícil de interpretar o de comprender. *[enigma]*
enjalbegar. v. tr. Dar una capa de cal o yeso, diluidos en agua, a una pared, etc. *[emblanquinar]*
enjambre. m. Conjunto de abejas que vuelan juntas, en grupo, especialmente cuando emigran de una colmena siguiendo a una reina para formar una nueva colonia. *[eixam]* // Gran multitud de insectos, animales pequeños, etc. *[eixam]* // Multitud de animales, personas o cosas. *[eixam]*
enjardinar. v. tr. Adornar con jardines, convertir en jardín. *[enjardinar]*
enjaular. v. tr. Meter dentro de una jaula. *[engabiar]*
enjoyar. v. tr. Adornar con joyas. *[enjoiar]*
enjuagar. v. tr. Aclarar y limpiar con agua lo que se ha enjabonado, fregado, lavado, etc., sea ropa, vajilla o cualquier otra cosa. *[rentar]* // v. tr. y pron. Limpiar la boca y la dentadura con agua, vino u otro licor. *[rentar]*
enjubonar. v. tr. Abrigar, cubrir de jubón o ropa. *[englponar]*
enjugar. v. tr. Secar. *[eixugar]* // Limpiar la humedad que transpira el cuerpo. *[eixugar]* // Extinguir una deuda o déficit. *[cancel·lar]*
enjuiciar. v. tr. Someter a alguien o alguna cosa a juicio. *[enjudiciar]*
enlace. m. Acción de enlazar. *[enllaç]* // Unión de una cosa con otra. *[enllaç]* // Casamiento. *[casament]*

enladrillar. v. tr. Hacer pavimento con ladrillos. *[enrajolar]*
enlatar. v. tr. Meter algo en cajas de hojalata. *[enllandar]*
enlazar. v. tr. Atar, unir con un lazo. *[enllaçar]* // Establecer un enlace. *[enllaçar]*
enloquecer. v. tr. y pron. Hacer volver loco. *[enfollir]*
enlosar. v. tr. Cubrir con losas, pavimentar de losas. *[enllosar]*
enlucir. v. tr. Alisar con cemento las paredes. *[lluir]*
enlustrador, ora. m. y f. El que lustra, especialmente el que tiene por oficio enlustrecer el calzado. *[enllustrador]*
enlustrecer. v. tr. Poner limpia y lustrosa una cosa. *[enllustrar]*
enlutado, ada. adj. y s. Vestido de luto. *[endolat]*
enlutar. v. tr. y pron. Cubrir de luto, poner luto. *[endolar]*
enmadrarse. v. pron. Adquirir excesiva afección a la madre. *[emmarar-se]*
enmallarse. v. pron. Cogerse un pez a la malla de la red. *[emmallar-se]*
enmantar. v. tr. Cubrir con mantas. *[emmantar]*
enmarcar. v. tr. Poner dentro de un marco. *[emmarcar]* // Servir de marco. *[emmarcar]*
enmendar. v. tr. y pron. Tr. Corregir, quitar defectos. *[esmenar]* // Reparar una cosa mal hecha, mejorarla, quitándole las imperfecciones, defectos, errores. *[esmenar]*
enmienda. f. Acción y efecto de enmendar o de enmendarse, corrección de un error o defecto. *[esmena]*
enmohecer. v. tr. Cubrir de moho alguna cosa. *[rovellar]*
enmudecer. v. tr. e intr. Tr. Hacer callar. *[emmudir]* // Eludir un fonema. *[emmudir]* // Intr. Quedar mudo. *[emmudir]*
ennegrecer. v. tr. y pron. Hacer volver negro, teñir de negro. *[ennegrir]*
ennoblecer. v. tr. y pron. Hacer noble a alguien o dar carácter de nobleza. *[ennoblir]*
enojar. v. tr. y pron. Causar enojo. *[enutjar]*
enojo. m. Fuerte desplacer, contrariedad. *[enuig]* // Molestia, estorbo. *[enuig]*
enorgullecer. v. tr. y pron. Llenar de orgullo, hacer volver orgulloso. *[enorgullir]*
enorme. adj. Desmedido, excesivo. *[enorme]*
enormidad. f. Calidad de enorme. *[enormitat]* // Cosa desmesurada. *[enormitat]*
enrabiar. v. tr. y pron. Provocar un fuerte enojo, exasperar. *[enrabiar]*
enramar. v. tr. Adornar con ramos o ramas. *[enramar]* // Cubrir de ramaje. *[enramar]*
enranciar. v. tr. y pron. Hacer volver rancio. *[enrancir]*
enrarecer. v. tr. y pron. Hacer volver raro, escaso o menos denso. *[enrarir]*
enrasar. v. tr. Igualar dos cosas en alzada. *[enrasar]*
enredadera. f. Planta de flores acampanadas de colores variados que trepa mucho. *[campaneta]*
enredar. v. tr. Entrelazar, o entretejer intrincadamente una cosa de manera que no sea fácil separar las partes; embarullar. *[enredar]* // Meter a alguien en un lío, engañar, entrampar. *[enredar]*
enredo. m. Maraña producida en hilos o cosas flexibles. *[embull]* // Complicación de un negocio. *[embolic]* // Confusión engañosa. *[embolic]*
enrejado. m. Conjunto de barras o listones dispuestos como los de una reja. *[enreixat]*
enrejar. v. tr. Poner la reja en el dental del arado. *[enrellar]*
enrejar. v. tr. Cercar con rejas una superficie. *[enreixar]*
enrevesado, ada. adj. Que presenta complicaciones, dificultoso. *[enrevessat]*
enriquecer. v. tr. y pron. Hacer adquirir riqueza. *[enriquir]*
enristrar. v. tr. Hacer ristras con ajos, cebollas, etc. *[enforcar]*
enrocar. v. tr. y pron. En el juego del ajedrez, efectuar un cambio simultáneo del rey y la torre. *[enrocar-se]* // **-se.** Engancharse un anzuelo con las rocas del fondo. *[enrocar-se]*
enrojecer. v. tr. Pintar o teñir de rojo,

hacer rojo. *[envermellir]* // **-se.** Volverse rojo. *[envermellir-se]*

enrolar. v. tr. Inscribir en la lista de personas que forman parte de una embarcación. *[enrolar]*

enrollar. v. tr. Arrollar, retorcer un objeto flexible sobre él mismo en espiral. *[caragolar]*

enroque. m. Acción y efecto de enrocar en el juego del ajedrez. *[enroc]*

enroscar. v. tr. Retorcer un objeto flexible sobre él mismo en espiral. *[caragolar]* // Introducir una cosa a vuelta de rosca. *[caragolar]*

enrubiar. v. tr. y pron. Poner rubia una cosa. *[rossejar]*

ensacar. v. tr. Meter en sacos. *[ensacar]*

ensaimada. f. Pastel en forma de espiral hecho con flor de harina, huevo, azúcar y manteca. *[ensaïmada]*

ensalada. f. Hortalizas, u otros manjares, aderezadas con sal, aceite, etc. *[ensalada, amanida]*

ensalmo. m. Práctica supersticiosa para curar enfermedades. *[eixarm]*

ensalzar. v. tr. y pron. Poner en alto los méritos de alguien o de alguna cosa, alabar en alto grado. *[exalçar]*

ensamblar. v. tr. Ajustar piezas de madera. *[engalzar]*

ensanchar. v. tr. Hacer más ancho. *[eixamplar]*

ensanche. m. Aquello en que se ha ensanchado alguna cosa. *[eixample]*

ensartar. v. tr. Juntar diversas cosas pasándolas por un hilo. *[enfilar]*

ensayar. v. tr. Probar una cosa antes de usarla. *[assajar]* // Hacer la prueba de una obra teatral, concierto, etc. *[assajar]* // Probar la calidad de los minerales o la ley de los metales preciosos. *[assajar]*

ensayo. m. Acción y efecto de ensayar. *[assaig]* // Obra o escrito, generalmente breve, en que se trata de alguna materia sin el aparato ni la extensión propios de un tratado completo. *[assaig]* // Operación para averiguar la naturaleza y proporción del metal o metales que contiene la mena. *[assaig]* // Análisis de la moneda para descubrir su ley. *[assaig]* // **ensayo general.** Representación de una obra dramática antes de su estreno. *[assaig general]*

enseguida o **en seguida.** adv. Inmediatamente. *[tot seguit]*

ensenada. f. Entrada que hace el mar en la tierra. *[cala]*

enseña. f. Insignia, bandera, estandarte. *[ensenya]*

enseñanza. f. Acción y efecto de enseñar. *[ensenyament]* // Aquello que alguien enseña. *[ensenyament]*

enseñar. v. tr. Instruir en alguna ciencia o arte. *[ensenyar]* // Mostrar, indicar. *[ensenyar]*

ensillar. v. tr. Poner la silla a un caballo, etc. *[ensellar]*

ensimismarse. v. pron. Abstraerse, reconcentrarse. *[abstraure's]*

ensoberbecer. v. tr. Hacer volver soberbio. *[ensuperbir]* // **-se.** Volverse soberbio. *[ensuperbir-se]*

ensogar. v. tr. Atar una cosa con una soga, guarnecer de cuerda. *[encordar]*

ensordecer. v. tr. Causar sordera. *[ensordir]*

ensortijado, ada. adj. Rizado, dicho especialmente del cabello, hojas, etc. *[cresp]*

ensortijar. v. tr. y pron. Enroscar en espiral. *[arrissar]*

ensuciar. v. tr. y pron. Llenar de suciedad, quitar la limpieza. *[embrutar, sollar]*

entablar. v. tr. y pron. Iniciar una discusión, cuestión, combate, etc. *[entaular]* // tr. Poner las piezas de ciertos juegos en el tablero. *[entaular]* // Cercar con tablas. *[tancar]* // Entablillar. *[empostissar]*

entallar. v. tr. Tallar, esculpir o grabar en madera, bronce, etc. *[entallar]*

entapujar. v. tr. y pron. Tapar, cubrir. *[tapar, cobrir]*

entarimar. v. tr. Cubrir el suelo con tablas o tarimas. *[entarimar]*

ente. m. Aquello que existe o puede existir. *[ens]* // Institución, organismo. *[ens]*

entendedor, ora. m. y f. El que entiende alguna cosa o en alguna cosa. *[entenedor]*

entender. v. tr. Tener idea clara de una cosa. *[entendre]* // tr. y pron. Conocer.

[entendre] // Juzgar. *[entendre]* // **-se.** Mantener en secreto relaciones amorosas. *[entendre's]*

entendido, ida. adj. Que tiene conocimientos notables de una cosa. *[entés]*

entendimiento. m. Facultad del alma en virtud de la cual, concibe, compara, juzga, etc. *[enteniment]*

enterar. v. tr. y pron. Informar a uno de algo que no sabe. *[assabentar]*

enternecer. v. tr. y pron. Hacer volver tierna alguna cosa. *[entendrir]*

entero, era. adj. Íntegro, sin falta alguna. *[enter, sencer]* // Honrado. *[sencer]*

enterrador. m. El que entierra, sepulturero. *[enterrador]*

enterramiento. m. Acción y efecto de enterrar. *[enterrament]* // Ceremonia del enterramiento. *[enterrament]* // Sepultura. *[enterrament]*

enterrar. v. tr. Poner bajo tierra, enterrar. *[enterrar]* // Sepultar a un cadáver. *[enterrar]*

e•testar. v. tr. Juntar por los extremos dos piezas. *[entestar]*

entidad. f. Esencia de un ser. *[entitat]* // Colectividad considerada como una unidad. *[entitat]*

entierro. m. Acción y efecto de enterrar un cadáver. *[enterrament]* // Sepulcro. *[enterrament]* // Tesoro enterrado. *[enterrament]*

entoldado. m. Cubierta hecha con toldos. *[envelat]*

entoldar. v. tr. Cubrir con toldos para resguardar del sol, etc. *[envelar]*

entonado, ada. adj. Que canta ajustado al tono. *[entonat]* // Satisfecho de sí mismo. *[bufat]*

entonar. v. tr. Cantar ajustado al tono. *[entonar]* // Tonificar el organismo. *[entonar]* // Empezar a cantar para que los demás continúen en el mismo tono. *[entonar]*

entonces. adv. En aquel tiempo, en aquel momento. *[aleshores, llavors]* // En tal caso, con esa condición. *[aleshores]*

entontecer. v. tr. Poner a uno tonto. *[embajanir, estabornir]* // intr. y pron. Volverse tonto. *[embajanirse]*

entornar. v. tr. Poner una puerta, ventana, etc., en posición de cerrarlas pero sin pasar el cerrojo. *[ajustar]* // Juntar los párpados sin cerrarlos. *[entreclucar]*

entorpecer. v. tr. y pron. Impedir el progreso, turbar el funcionamiento de una cosa. *[entorpir]*

entortar. v. tr. Poner tuerto. *[entortir]*

entortijar. v. tr. Ensortijar. *[entortillar]*

entrada. f. Acceso en un lugar. *[entrada]* // Acción de entrar. *[entrada]*

entrante. adj. Que entra. *[entrant]*

entraña. f. Cada uno de los órganos situados en el interior de las cavidades principales del cuerpo. *[entranya]* // Aquello más profundo y escondido. *[entranya]*

entrar. v. tr. e intr. Tr. Hacer pasar de fuera a dentro alguna cosa. *[entrar]* // Intr. Pasar de fuera a dentro de un lugar. *[entrar]* // Ser admitido en una corporación, etc. *[entrar]*

entre. prep. Denota situación o estado en medio de dos o más personas o cosas. *[entre]*

entreabrir. v. tr. Abrir un poco, medio abrir. *[entreobrir]*

entreacto. m. Espacio de tiempo entre dos actos de un espectáculo. *[entreacte]*

entrecejo. m. Espacio que hay entre las cejas. *[entrecella]*

entredicho. m. Prohibición de hacer o decir alguna cosa. *[entredit]*

entredós. m. Tira bordada o de puntas, propia para ser cosida entre dos piezas de ropa. *[entredós]*

entregar. v. tr. Poner en manos o en poder de alguien a una persona o cosa. *[lliurar]* // **-se.** Dedicarse a alguna cosa con entusiasmo y apasionamiento. *[lliurar-se]*

entremés. m. Plato ligero que sirve de aperitivo. *[entremés]* // Pieza dramática ligera, jocosa, que sirve de entreacto. *[entremés]*

entremeter. v. tr. Meter una cosa entre otras. *[entremetre]* // **-se.** Meterse uno allí donde no le llaman. *[entremetre's]*

entremetido, ida. adj. y s. Que se mete

donde no le llaman. *[entremetedor, tafaner]*

entremezclar. v. tr. Mezclar unas cosas con otras. *[entremesclar]*

entrenamiento. m. Acción y efecto de entrenar o de entrenarse. *[entrenament]*

entrenar. v. tr. Preparar a alguien en un deporte o trabajo. *[entrenar]*

entreoír. v. tr. Oír a medias. *[entreoir]*

entrepechuga. f. Carne de la parte central del pecho de las aves. *[entrepit]*

entresijo. m. Prolongación del peritoneo, que cubre los intestinos por delante. *[entrevill]*

entresuelo. m. Piso a un nivel poco alto sobre el nivel del suelo. *[entresol]*

entretanto. adv. Entre tanto. *[entretant]*

entretela. f. Trozo de ropa que se coloca en el interior de los cuellos, puños, etc., para darles consistencia. *[entretela]*

entretener. v. tr. y pron. Hacer pasar el tiempo con promesas, etc. *[entretenir]* // Hacer pasar a alguien agradablemente el tiempo. *[entretenir]*

entretenimiento. m. Acción y efecto de entretener o de entretenerse. *[entreteniment]*

entrever. v. tr. Ver confusamente, vislumbrar. *[entreveure]*

entrevista. f. Reunión concertada entre personas. *[entrevista]*

entrevistar. v. tr. Conversar con una o más personas para informar al público de sus respuestas. *[entrevistar]* // **-se.** Tener una entrevista con una persona. *[entrevistar-se]*

entristecer. v. tr. Causar tristeza, poner triste. *[entristir]* // **-se.** Ponerse triste y melancólico. *[entristir-se]*

entrometido, ida. adj. Curioso, que se mete donde no le llaman; entremetido. *[entremetedor]*

entroncamiento. m. Acción y efecto de entroncar. *[entroncament]*

entroncar. v. tr. e intr. Tr. Establecer la genealogía de una persona. *[entroncar]* // Intr. Juntar dos caminos, calles, etc. *[entroncar]*

entronizar. v. tr. Elevar a alguien al trono, a la silla pontifical, etc. *[entronitzar]* // **-se.** Engreírse. *[envanir-se]*

entuerto. m. Daño causado a alguien, injuria. *[tort, greuge]*

entumecer. v. tr. y pron. Impedir el movimiento de un miembro. *[entumir]*

entumecido, ida. adj. Que ejecuta con dificultad los movimientos que le son propios. *[balb]*

enturbiar. v. tr. Poner turbia alguna cosa. *[enterbolir]*

entusiasmar. v. tr. Producir entusiasmo. *[entusiasmar]* // **-se.** Sentir entusiasmo. *[entusiasmar-se]*

entusiasmo. m. Exaltación del alma bajo la inspiración divina. *[entusiasme]* // Vehemencia o exaltación a causa de algo que se admira o cautiva. *[entusiasme]*

entusiasta. adj. y s. Que siente entusiasmo. *[entusiasta]*

enumeración. f. Acción y efecto de enumerar. *[enumeració]* // Cómputo. *[enumeració]* // Recapitulación breve de las razones expuestas. *[enumeració]*

enumerar. v. tr. Enunciar sucesiva y ordenadamente diversas cosas o partes de un todo. *[enumerar]*

enunciar. v. tr. Expresar una idea breve y sencillamente. *[enunciar]*

envanecer. v. tr. y pron. Causar o infundir vanidad. *[envanir]*

envarado, ada. adj. Rígido, falto de flexibilidad. *[encarcarat]*

envarar. v. tr. y pron. Hacer perder la flexibilidad. *[encarcarar]*

envasar. v. tr. Llenar de líquido un recipiente. *[envasar]* // Echar trigo, cacahuetes, etc., en los costales. *[envasar]*

envase. m. Acción y efecto de envasar. *[envasament]* // Recipiente dentro del cual se ponen artículos de comercio y otros efectos. *[envàs]*

envejecer. v. tr. e intr. Tr. Hacer volver viejo. *[envellir]* // Intr. y pron. Volverse viejo. *[envellir-se]*

envenenar. v. tr. y pron. Infeccionar con veneno. *[enverinar]*

envergadura. f. Ancho de una vela envergada. *[envergadura]* // Distancia entre las puntas de las alas extendidas de un pájaro. *[envergadura]*

envergar. v. tr. Sujetar o atar las velas a las vergas. *[envergar]*

enviado, ada. m. y f. Persona encargada de ir a un lugar determinado. *[enviat]*

enviar. v. tr. Encargar a una persona de ir a un sitio. *[enviar]*

enviciarse. v. pron. Contraer un vicio, un hábito, una afección excesiva a algo. *[aviciar-se]*

envidar. v. intr. Hacer envite en el juego. *[envidar]*

envidia. f. Deseo de aquello que otro posee. *[enveja]* // Pena que un hombre siente por la felicidad de otro. *[enveja]*

envidiar. v. tr. Tener envidia, sentir envidia. *[envejar]*

envigado. m. Conjunto de bigas de un techo. *[embigat]*

envilecer. v. tr. y pron. Hacer vil y menospreciable. *[envilir]*

envío. m. Acción y efecto de enviar. *[tramesa]* // La cosa enviada. *[tramesa]*

enviscar. v. tr. Untar con visco. *[enviscar]* // **-se.** Quedar cogido en el visco. *[enviscar-se]*

enviscar. v. tr. y pron. Irritar, enconar los ánimos. *[enviscar]*

envite. m. En ciertos juegos, apuesta hecha a una suerte determinada. *[envit]*

enviudar. v. intr. Quedar viuda o viudo. *[enviudar, envidUar]*

envoltorio. m. Conjunto de ropa, papeles u otros objetos envueltos y puestos dentro de una envoltura. *[bolic]*

envoltura. f. Capa exterior que cubre una cosa. *[embolcall]* // Pañales, mantillas. *[embolcall]*

envolver. v. tr. Cubrir una cosa ciñéndola con algo. *[embolicar]* // Vestir al niño con los pañales y mantillas. *[embolcar]* // Hacer un fardo con la ropa y otros objetos, empaquetar. *[trossar]*

enyesar. v. tr. Cubrir de yeso, poner yeso. *[enguixar]*

enzurronar. v. tr. Poner alguna cosa en un zurrón o zurrones. *[ensarronar]* // Poner a alguien un vestido que no le cae bien. *[ensarronar]*

eñe. f. Nombre de la letra «ñ». *[enye]*

epéntesis. f. Añadidura de una letra o sílaba dentro de una palabra. *[epèntesi]*

épica. f. Poesía épica. *[èpica]*

épico, épica. adj. Relativo o perteneciente a la epopeya o que tiene el cáracter de tal. *[èpic]*

epidemia. f. Enfermedad que acomete simultáneamente a un gran número de personas. *[epidèmia]* // Cosa mala y muy propagada. *[epidèmia]*

epidermis. f. Membrana exterior de la piel. *[epidermis]* // Película que recubre la superficie de las plantas. *[epidermis]*

epifanía. f. Festividad de la adoración de los Santos Reyes. *[epifania]* // Aparición, manifestación. *[epifania]*

epígrafe. m. Resumen, cita, sentencia que va delante de un capítulo, de una obra o de un escrito. *[epígraf]* // Escrito breve grabado en algún lugar para conservar la memoria de una persona o sucesos importantes. *[epígraf]*

epigrama. m. Breve composición poética, aguda, festiva o satírica. *[epigrama]*

epilogar. v. tr. Resumir, recapitular, aquello que se ha dicho. *[epilogar]*

epílogo. m. Recapitulación, conclusión, de un discurso, de una novela, etc. *[epíleg]*

episcopado. m. Dignidad y cargo de obispo. *[episcopat]* // Duración del gobierno de un obispo. *[episcopat]* // Conjunto de obispos de una nación o del orbe católico. *[episcopat]*

episodio. m. Acción secundaria de un poema épico o dramático, novela, etc. *[episodi]* // Acontecimiento enlazado con otros que forman un conjunto. *[episodi]*

epístola. f. Carta, en especial las de los apóstoles. *[epístola]* // Parte de la misa que se lee antes del gradual. *[epístola]*

epitafio. m. Inscripción sepulcral dedicada a un difunto. *[epitafi]*

epíteto. m. Adjetivo que expresa la cualidad del sustantivo al que se aplica. *[epítet]*

epítome. m. Compendio de una obra extensa donde se dan las nociones más elementales. *[epítom]*

época. f. Fecha memorable en que acaba un orden de hechos y comienza otro. *[època]* // Período de tiempo notable por alguna circunstancia. *[època]* // Temporada de una duración considerable. *[època]*

epónimo, ónima. adj. Que da su nombre a un pueblo, a una ciudad a una época. *[epònim]*

epopeya. f. Poema narrativo que hace referencia a acciones heroicas con frecuencia tradicionales. *[epopeia]* // Conjunto de poemas que constituyen la tradición épica de un pueblo. *[epopeia]*

equidad. f. Propensión a juzgar por los impulsos de la conciencia. *[equitat]* // Moderación en los precios, en las condiciones impuestas, etc. *[equitat]*

equidistar. v. intr. Ser igualmente distantes. *[equidistar]*

equilátero, átera. adj. Que tiene todos sus lados iguales. *[equilàter]*

equilibrar. v. tr. Poner una cosa en equilibrio. *[equilibrar]*

equilibrio. m. Estado de reposo de un cuerpo solicitado por fuerzas que se compensan. *[equilibri]* // Estado de un cuerpo que se mantiene derecho sobre su soporte sin caer de ningún lado. *[equilibri]* // Contrapeso, igualdad. *[equilibri]* // Distribución bien ponderada de las cosas. *[equilibri]*

equino, ina. adj. Relativo o perteneciente al caballo. *[equí]*

equipaje. m. Conjunto de cosas que se llevan en los viajes. *[equipatge]*

equipar. v. tr. y pron. Proveer a alguien o alguna cosa de todo aquello que es necesario para su objeto. *[equipar]*

equiparar. v. tr. Comparar una cosa con otra, considerándolas iguales entre ellas. *[equiparar]*

equipo. m. Acción y efecto de equipar. *[equip]* // Grupo de personas organizado para un objeto determinado. *[equip]*

equis. f. Nombre de la letra «x». *[ics]*

equivaler. v. intr. Ser una cosa igual a otra en la estimación o valor. *[equivaler]*

equivocación. f. Acción y efecto de equivocar o equivocarse. *[equivocació]*

equivocar. v. tr. Coger una cosa por otra. *[equivocar]* // **-se.** Errar en coger una cosa. *[equivocar-se]*

equívoco, ívoca. adj. Que se puede entender o interpretar de diversas maneras. *[equívoc]* // m. Palabra que puede ser entendida o interpretada de diversas maneras. *[equívoc]*

era. f. Época determinada desde la cual comienza a contarse una serie de años. *[era]* // Época, espacio de tiempo caracterizado por una serie de acontecimientos determinados. *[era]*

erario. m. Tesoro público de un país. *[erari]* // Lugar donde se guarda. *[erari]*

ere. f. Nombre de la letra «r» en su pronunciación suave.

erección. f. Acción y efecto de levantar, levantarse o ponerse rígida una cosa. *[erecció]* // Fundación. *[erecció]*

erecto, ecta. adj. En posición vertical, en erección. *[erecte]*

eremita. m. El que vive en soledad en un yermo. *[eremita]*

erguir. v. tr. Levantar y poner derecha una cosa. *[redreçar]* // **-se.** Ensoberbecerse. *[engallir-se]*

erigir. v. tr. Fundar, instituir o hacer construir. *[erigir]* // Alzar, poner derecho. *[erigir]*

erizado, ada. adj. Dicho de los cabellos o de los pelos rígidos o tiesos. *[esborrifat]*

erizar. v. tr. y pron. Alzar y poner derechos los pelos y cabellos como las púas de un erizo. *[eriçonar]* // Sembrar de obstáculos. *[obstaculitzar]*

erizo. m. Mamífero insectívoro que tiene el dorso y los lados cubiertos de púas agudas. *[eriçó]*

ermita. f. Capilla situada ordinariamente en despoblado, en un yermo. *[ermita]*

ermitaño. m. y f. Persona que tiene cuidado de una ermita. *[ermità]*

erosión. f. Depresión producida en la superficie de un cuerpo por el roce continuo de otro. *[erosió]*

erosionar. v. tr. Llevarse el agua tierras

de un terreno formando una depresión. *[erosionar]*

erótico, ótica. adj. Relativo o perteneciente al amor sexual. *[eròtic]*

erradicar. v. tr. Arrancar de raíz. *[eradicar]*

errar. v. tr. e intr. Tr. No acertar, equivocar. *[errar]* // Intr. Ir vagando de una parte a otra. *[errar]*

errata. f. Equivocación cometida en un impreso o manuscrito. *[errada]*

erre. f. Nombre de la letra «rr» en su pronunciación fuerte. *[erre]*

error. m. Concepto equivocado o juicio falso. *[erro]*

eructar. v. intr. Expeler ruidosamente los gases del estómago por la boca. *[reglotar, rotar, eructar]*

eructo. m. Expulsión violenta por la boca de los gases del estómago. *[rot]*

erudición. f. Conjunto de conocimientos sobre materias diversas. *[erudició]*

erupción. f. Proyección de materias por el cráter de un volcán. *[erupció]* // Aparición de granos, pústulas, etc. en la piel. *[erupció]*

esbelto, elta. adj. Bien formado y de estatura alta y airosa. *[esvelt]*

esbirro. m. El que tiene por oficio prender a las personas. *[esbirro]*

esbozar. v. tr. Hacer el esbozo de una obra de arte, etc. *[esbossar]*

esbozo. m. La primera forma imperfecta de una estatua, de una pintura, de una composición, etc. *[esbós]*

escabechar. v. tr. Adobar en escabeche. *[escabetxar]*

escabeche. m. Salsa de vinagre, laurel, y otros ingredientes para sazonar el pescado, etc. *[escabetx]* // Pescado escabechado. *[escabetx]*

escabel. m. Asiento pequeño de madera sin brazos ni respaldo. *[escambell]*

escabroso, osa. adj. Dificultoso, roto, desigual. *[escabrós]* // Áspero, duro, de mala clase. *[escabrós]* // Arriesgado desde el punto de vista de la decencia. *[escabrós]*

escabullirse. v. pron. Dejar una compañía sin que se den cuenta; salir de un encierro, enfermedad o peligro. *[escapolir-se]*

escafandra. f. Aparato herméticamente cerrado que permite a la persona que lo lleva permanecer y trabajar bajo el agua. *[escafandre]*

escala. f. Proporción entre las dimensiones de las partes de un dibujo y las correspondientes del objeto que se presenta. *[escala]* // Escalera. *[escala]*

escalada. f. Acción y efecto de escalar. *[escalada]*

escalafón. m. Lista de los individuos de una corporación, clasificados según su grado, antigüedad o mérito. *[escalafó]*

escalar. v. tr. Subir a un lugar alto por medio de escalas. *[escalar]* // Subir, trepar por una gran pendiente o a una gran altura. *[escalar]*

escaldar. v. tr. Someter alguna cosa a la acción del agua hirviendo. *[escaldar]* // Producir una inflamación cutánea el sudor, etc. *[escaldar]*

escaleno. adj. Dícese del triángulo que no tiene ningún lado igual. *[escalé]* // Dicho del cono, pirámide, etc., que tiene el eje oblicuo a la base. *[escalé]* // Aplicado a cada uno de los tres músculos que hay a ambos lados del cuello. *[escalé]*

escalera. f. Serie de peldaños para subir o bajar. *[escala]*

escalofrío. m. Temblor con sensación de frío que precede a un acceso de fiebre. *[esgarrifança]* // Estremecimiento causado por el frío. *[esgarrifança]* // Estremecimiento nervioso causado por una emoción. *[esgarrifança]*

escalón. m. Peldaño, especialmente cada uno de los travesaños de una escalera de mano. *[escaló]*

escalonar. v. tr. Situar ordenadamente personas o cosas de trecho en trecho. *[escalonar]* // Distribuir en tiempos sucesivos las partes de una serie. *[escalonar]*

escama. f. Cada una de las pequeñas placas, rígidas, imbricadas, que forman parte de la cubierta externa del cuerpo de ciertos peces y reptiles y de las patas de los pájaros. *[escama]*

escamar. v. tr. Quitar las escamas. *[escatar]* // tr. y pron. Hacer entrar en sospechas, recelo o desconfianza. *[escalivar]*

escamotear. v. tr. Hacer desaparecer alguna cosa sin que otro se de cuenta. *[escamotejar]*

escandalizar. v. tr. Causar escándalo, dar mal ejemplo. *[escandalitzar]* // **-se.** Enojarse, irritarse; indignarse por alguna cosa. *[escandalitzar-se]*

escándalo. m. Acción o palabra que ofende la moral pública, que infama al que la hace, mal ejemplo. *[escàndol]* // Ofensa causada a los sentimientos morales de la gente por una acción inmoral. *[escàndol]* // Ruido, tumulto. *[escàndol]*

escandallar. v. tr. Medir con el escandallo. *[escandallar]*

escandallo. m. Sonda marítima. *[escandall]* // Acción de escandallar, determinación del valor de una cosa cogiendo muestras y calculando sobre ellas. *[escandall]*

escaño. m. Banco largo con respaldo ancho. *[escó]* // Puesto o asiento de los parlamentarios en las cámaras. *[escó]*

escapar. v. intr. Huir de un peligro o de un lugar cerrado. *[escapar, campar]*

escaparate. m. Vitrina donde se exponen objetos para la venta. *[aparador]*

escape. m. Acción de escaparse, escapada, fuga. *[escap]* // Tubo por donde son expelidos los gases quemados de un motor de combustión interna. *[escapament]*

escapulario. m. Tira de tela que se lleva colgando sobre el pecho, por devoción, o como distintivo de ciertas órdenes religiosas, etc. *[escapulari]*

escarabajo. m. Insecto coleóptero, negro por encima, que suele criarse por los estercoleros. *[escarabat]*

escaramuza. f. Combate ligero, sostenido por las avanzadas de un ejército. *[escaramussa]* // Breve polémica o discusión, aunque fuerte. *[escaramussa]*

escarbadura. f. Acción y efecto de escarbar. *[furgada, gratada]*

escarbar. v. tr. Remover una cosa, la superficie de la tierra, de un estercolero, el fuego, etc., esparciendo las partes superficiales. *[escarbar, gratar]* // fig. Procurar saber u obtener una cosa secreta. *[escarbar, furgar]*

escarcela. f. Bolso de cuero o de tela que se llevaba colgando de la cintura. *[escarsella]* // Pieza de la armadura que cubría de la cintura hasta el muslo. *[escarsella]*

escarcha. f. Rocío blanco. *[rosada, gebre]*

escardar. v. tr. Arrancar los cardos y otras hierbas nocivas de los sembrados. *[birbar]*

escardillar. v. tr. Arrancar las hierbas de los sembrados, escardar, desherbar. *[eixarcolar]*

escarlata. f. Color carmesí. *[escarlata]* // Tela de este color. *[escarlata]*

escarlatina. f. Ropa de lana, de color escarlata. *[escarlatina]* // Enfermedad aguda contagiosa, caracterizada por una erupción cutánea de color escarlata. *[escarlatina]*

escarmenar. v. tr. Desenredar, limpiar la lana, la seda o el cabello. *[aclarir]*

escarmentar. v. tr. e intr. Tr. Castigar o reprender al que ha errado, para que se enmiende. *[escarmentar]* // Intr. y pron. Tomar enseñanza de aquello que uno ha visto y experimentado para no volver a hacerlo. *[escarmentar]*

escarmiento. m. Acción y efecto de escarmentar o de escarmentarse. *[escarment]*

escarnecer. v. tr. Hacer escarnio o burla malévola de alguien. *[escarnir]*

escarola. f. Planta comestible, compuesta de hojas recortadas, cultivada en los huertos. *[escarola, endívia]*

escarpa. f. Desnivel pronunciado de un terreno. *[escarpa]* // Inclinación de un muro, de un terraplén, etc. *[escarpa]*

escarpado, ada. adj. Que tiene pendiente. *[rost, escarpat]*

escarpelo. m. En una azada, etc., parte que se encuentra en el lado opuesto del hierro principal. *[escarpell]* // Instrumento del carpintero para limpiar y raspar. *[escarpell]*

escarpidor. m. Peine de púas claras y gruesas, para desenredar los cabellos. *[escarpidor]*
escarpín. m. Calzado de tela o de punto para abrigar el pie. *[peüc]*
escarzar. v. tr. Sacar de las colmenas los panales con la miel. *[crestar]*
escasear. v. intr. Ser escaso, corto, insuficiente. *[curtejar, escassejar, poquejar]*
escaso, asa. adj. En cantidad insuficiente. *[escàs]*
escatimar. v. tr. Evaluar, calcular minuciosamente los gastos que se hacen. *[escatimar]* // Estimar las existencias para desprenderlas con parsimonia. *[escatimar]* // Dar con mezquindad de aquello que escasea. *[escatimar]* // Rebajar los gastos. *[escatimar]*
escatoso, osa. adj. Que tiene escamas, escamoso. *[escatós]*
escayola. f. Yeso, alabastro cocido. *[escaiola]*
escena. f. Lugar del teatro donde se representa la acción dramática. *[escena]* // Cada una de las partes de un acto en la que intervienen los mismos personajes. *[escena]*
escenario. m. Parte del teatro donde se representa la acción dramática, etc. *[escenari]*
escenificar. v. tr. Poner en escena. *[escenificar]* // Adaptar a la forma escénica. *[escenificar]*
escenógrafo. m. Pintor de decoraciones escénicas. *[escenògraf]*
escepticismo. m. Doctrina filosófica que consiste en considerar la razón humana como incapaz de conocer la verdad. *[escepticisme]* // Calidad de escéptico. *[escepticisme]*
escéptico, éptica. adj. Que profesa el escepticismo. *[escèptic]* // Que no cree y duda respecto de una cosa o de todas las cosas. *[escèptic]*
escindir. v. tr. Separar por corte o ruptura, dividir. *[escindir]*
escisión. f. Acción y efecto de escindir, desavenencia, separación. *[escissió]*
esclarecer. v. tr. Dar claridad. *[clarificar]*
esclavitud. f. Calidad o condición de esclavo. *[esclavitud]*
esclavizar. v. tr. Reducir a la esclavitud, hacer esclavo. *[esclavitzar]*
esclavo, ava. adj. y s. El que no es de condición libre. *[esclau]*
esclusa. f. Muralla que se hace dentro de un río, canal, etc., para levantar el nivel del agua y llevarla a un lugar conveniente. *[resclosa]*
escoba. f. Manojo de branquillas, ramas, flexibles, etc., que sirven para barrer y limpiar el suelo. *[granera]*
escobajo. m. Raspa de la uva. *[raspa]*
escobar. v. tr. Limpiar el horno con la escoba. *[escombrar]* // Barrer, limpiar con la escoba. *[escombrar, agranar]*
escobazo. m. Golpe dado con una escoba. *[granerada]*
escobillón. m. Especie de cepillo cilíndrico, que sirve para limpiar los tubos. *[escovilló]*
escocer. v. tr. Producir escozor, comezón, algo. *[coure, pruir]*
escoda. f. Martillo de doble corte utilizado por los picapedreros. *[escoda]*
escodar. v. tr. Trabajar una cosa con la escoda. *[escodar]*
escofina. f. Lima áspera para desbastar. *[raspa]*
escoger. v. tr. Elegir una o varias cosas entre otras. *[escollir, triar]*
escogido, ida. adj. Selecto, sacado entre otros como mejor. *[escollit, triat]*
escolapio, apia. adj. Relativo o perteneciente a la orden de las Escuelas Pías. *[escolapi]* // m. y f. Miembro de la orden de las Escuelas Pías. *[escolapi]*
escolar. adj. Relativo o perteneciente a la escuela. *[escolar]* // m. y f. El que va a una escuela. *[escolar]*
escolarizar. v. tr. Proporcionar a alguien, especialmente a los niños, enseñanza en una escuela. *[escolaritzar]*
escolio. m. Nota puesta en un texto para explicarlo. *[escoli]*
escolta. f. Tropa que acompaña a alguien de un lugar a otro para cuidar de su seguridad, hacerle honor, etc. *[escorta]*
escoltar. v. tr. Hacer escolta a alguien. *[escortar]*
escollera. f. Obra hecha con gruesas pie-

dras o bloques echados al agua para formar un dique de defensa contra las olas. *[escullera]*

escollo. m. Roca a flor del agua o a muy poca distancia de la superficie del agua. *[escull]* // Obstáculo grave, peligroso. *[escull]*

escombro. m. Derribo. *[runa]* // Conjunto de materiales de arena, tierra, piedra, etc., de un edificio arruinado. *[runa]*

escomerse. v. pron. Irse gastando los metales, las piedras, los tejidos, etc., por desgaste natural del uso. *[esmerilar-se, esmolar-se]*

esconder. v. tr. Sustraer a la vista, poner en lugar escondido, oculto. *[amagar]* // **-se.** Ocultarse, guardarse de decir o hacer una cosa. *[amagar-se]*

escondrijo. m. Lugar oculto para esconder algo. *[amagatall]*

escopeta. f. Arma de fuego, usada generalmente para cazar. *[escopeta]*

escoria. f. Sustancia que sobrenada en el crisol de fundir metales. *[escòria]* // Materia que, al ser golpeada, suelta el hierro candente. *[escòria]* // Cosa vil, desechada. *[escòria]*

escorial. m. Sitio donde se echan las materias metalúrgicas. *[escorial]*

escorpina. f. Pez comestible, rojizo, que vive en las costas. *[polla, escórpora]*

escorpión. m. Arácnido de ocho patas y una cola provista, en la punta, de un aguijón venenoso. *[escorpí]*

escorzo. m. Reducción del largo de una figura, según las reglas de la perspectiva. *[escorç]*

escotar. v. tr. Quitar el cuello a una pieza de vestir. *[escollar]* // Pagar a partes iguales un gasto común. *[escotar]*

escote. m. Parte del busto que el escote del vestido deja al descubierto. *[escot]* // Parte que toca pagar a cada una de dos o más personas que han hecho un gasto en común. *[escot]*

escotilla. f. Cada una de las aberturas en la cubierta de una nave. *[escotilla]*

escozor. m. Sensación picante excitada por algún golpe, quemadura o herida. *[coentor]* // Sensación análoga a la que produce una quemadura. *[coïssor, coentor]*

escriba. m. Doctor e intérprete de la ley entre los hebreos. *[escriba]*

escribano. m. El que tiene por oficio hacer escrituras y otros documentos públicos y dar fe. *[escrivà]*

escribiente. m. Persona que tiene por oficio escribir por cuenta de otro. *[escrivent]*

escribir. v. tr. Representar las palabras o las ideas por letras u otros signos. *[escriure]* // Componer libros o escritos. *[escriure]*

escrito. m. Cosa escrita, aquello que es escrito en un papel, etc. *[escrit]* // Obra científica o literaria. *[escrit]*

escritor, ora. m. y f. Persona que escribe libros, que se dedica a la composición literaria. *[escriptor]*

escritorio. m. Sala de escribir. *[escriptori]* // Mueble con cajones para guardar papeles y los instrumentos de escribir. *[escriptori]*

escritura. f. Acción y efecto de escribir. *[escriptura]* // Instrumento público autorizado por el notario. *[escriptura]* // Documento escrito. *[escriptura]*

escriturar. v. tr. Hacer constar con escritura pública. *[escripturar]*

escroto. m. Bolsa de los testículos. *[escrot]*

escrupulear. v. intr. Tener escrúpulos, mirar fino. *[escrupolejar]*

escrúpulo. m. Duda o recelo que inquieta la conciencia. *[escrúpol]* // Vigésima parte de la onza, pesa dos óbolos, seis arvejas o 24 granos, o sea, 1'2 gramos. *[escrúpol]*

escrupulosidad. f. Calidad de escrupuloso, minuciosidad. *[escrupolositat]*

escrupuloso, osa. adj. Que tiene escrúpulos. *[escrupolós]* // Que hace las cosas con escrupulosidad. *[escrupolós]*

escrutar. v. tr. Hacer el escrutinio de una votación. *[escrutar]* // Escudriñar. *[escrutar]*

escrutinio. m. Investigación profunda y minuciosa. *[escrutini]* // Reconocimiento y recuento de los votos en una votación. *[escrutini]*

escuadra. f. Instrumento formado por dos reglas perpendiculares que forman un triángulo. *[escaire]* // Conjunto de barcos de guerra. *[esquadra]* // Porción de ejército. *[esquadra]*

escuadrar. v. tr. Poner a escuadra. *[esquadrar]*

escuadrón. m. Cada una de las partes en que se divide un regimiento de caballería. *[esquadró]* // Conjunto de gente armada y ordenada en batalla. *[esquadró]*

escuálido, álida. adj. Seco, muy magro. *[esquàlid]*

escucha. f. Persona destinada a escuchar o a espiar. *[escolta]* // Acción de escuchar. *[escoltar]*

escuchar. v. tr. Poner atención en aquello que dice alguien. *[escoltar]* // Hacer caso de aquello que nos dicen. *[escoltar]*

escudar. v. tr. Cubrir con el escudo. *[escudar]* // Resguardar de un peligro. *[escudar]* // **-se.** Valerse de una cosa como pretexto, defensa, etc. *[escudar-se]*

escudero. m. El que fabrica escudos. *[escuder]* // Noble joven no armado aún caballero. *[escuder]*

escudete. m. Pedazo de corteza de forma tubular que se separa de un árbol para hacer un injerto. *[canonet]*

escudilla. f. Recipiente en forma de casquete esférico para coger líquidos. *[escudella]* // Plato de arroz, pasta o legumbres cocidos con caldo o agua con algún condimento. *[escudella]*

escudillar. v. tr. Servir en escudillas caldo o manjares. *[escudellar]*

escudo. m. Arma defensiva consistente en una lámina de metal, etc., que se lleva en el brazo izquierdo. *[escut]* // Campo en forma de escudo donde se pintan los blasones de un reino, ciudad, etc. *[escut]* // Moneda de oro o plata de diferentes valores. *[escut]*

escudriñar. v. tr. Examinar minuciosa y atentamente. *[escodrinyar]*

escuela. f. Establecimiento de enseñanza. *[escola]* // Conjunto de profesores y alumnos de una misma enseñanza. *[escola]* // Doctrina, sistema de un autor. *[escola]*

escuerzo. m. Sapo, anfibio anuro, rechoncho, verdoso y lleno de verrugas. *[gripau]*

escueto, eta. adj. Descubierto, despejado. *[escarit]* // Sin adornos, sencillo, simple. *[escarit]*

esculpir. v. tr. Formar una estatua, ornamento o figura con relieve. *[esculpir]*

escultismo. m. Organización que se propone desarrollar, en contacto con la naturaleza, las cualidades físicas y morales de los adolescentes. *[escoltisme]*

escultor, ora. m. y f. El que profesa el arte de la escultura. *[escultor]*

escultura. f. Arte de esculpir. *[escultura]* // Obra hecha por el escultor. *[escultura]*

escultural. adj. Perteneciente o relativo a la escultura. *[escultural]* // Ajustado a las proporciones exigidas para la belleza de las estatuas. *[escultural]*

escupidera. f. Recipiente de cristal, loza, metal, etc., para escupir. *[escopidora]*

escupidura. f. Saliva, sangre o flema escupida. *[escopinada]* // Erupción vesicular que aparece en los labios. *[pansa]*

escupir. v. intr. y tr. Intr. Lanzar saliva de la boca. *[escopir]* // Tr. Lanzar afuera aquello que el hombre tiene en la boca. *[escopir]*

escurridera. f. Acequia por donde el agua sobrante del riego se va al río o al mar. *[escorrentia]*

escurridizo, iza. adj. Que se escurre o desliza fácilmente. *[escorredor]*

escurriduras. f. pl. Últimas gotas de un líquido que quedan en un recipiente. *[escorrialles]*

escurrir. v. tr. Hacer salir un líquido de donde está contenido hasta sus últimas gotas. *[escolar]* // Secar un recipiente por coladura. *[escolar]*

esdrújulo, újula. adj. Que tiene el acento sobre la antepenúltima sílaba. *[esdrúixol]*

ese. f. Nombre de la letra «s». *[esse]*

ese, esa, eso, esos, esas. Formas del pronombre demostrativo en los tres géneros y en ambos números que se aplican para señalar un objeto un poco distante de quien habla y lo que se acaba de mencionar. *[aqueix]*

esencia. f. Naturaleza de las cosas. *[essència]* // Sustancia volátil olorosa sacada de una planta por destilación, infusión, etc. *[essència]* // Gasolina. *[essència]*

esencial. adj. Perteneciente o relativo a la esencia. *[essencial]* // Sustancial, principal. *[essencial]*

esfera. f. Sólido terminado en una superficie cerrada cuyos puntos equidistan de un punto interior llamado centro. *[esfera]* // Espacio en el cual se ejerce la acción, la influencia, etc., de alguien o de alguna cosa. *[esfera]* // Rango, posición social. *[esfera]*

esférico, érica. adj. Relativo a la esfera o que tiene figura de esfera. *[esfèric]*

esfinge. f. Animal fabuloso con cabeza y pecho de mujer y con pies y cuerpo de león. *[esfinx]* // Persona de carácter enigmático. *[esfinx]*

esfínter. m. Músculo circular que abre y cierra un orificio del cuerpo. *[esfínter]*

esforzarse. v. pron. Hacer esfuerzos, desplegar alguien su fuerza física o moral para vencer una resistencia, dificultades, tropiezos. *[esforçar-se]*

esfuerzo. m. Acción y efecto de esforzarse física o moralmente. *[esforç]*

esfumar. v. tr. Extender un trazo de lápiz, etc., de manera que se vaya atenuando gradualmente. *[esfumar]* // **-se.** Irse atenuando. *[esfumar-se]*

esfumino. m. Difumino, trozo de piel suave o de papel estopado que sirve para difuminar los tonos de un dibujo. *[esfumí]*

esgrafiar. v. tr. Trazar dibujos con un estilete encima de una superficie dispuesta para eso. *[esgrafiar]*

esgrima. f. Arte de jugar y manejar las armas blancas. *[esgrima]*

esgrimir. v. tr. Manejar las armas blancas según el arte de la esgrima. *[esgrimir]* // Usar una cosa a modo de arma para atacar o defenderse. *[esgrimir]*

eslabón. m. Cada una de las anillas que forman una cadena. *[esclavó]* // Pieza de hierro, parecida a una anilla de cadena que sirve para sacar chispas al dar golpes sobre un pedernal. *[esclavó]*

esmalte. m. Barniz vítreo aplicado por fusión al metal, porcelana, etc. *[esmalt]* // Pieza o trabajo hecho con dicho barniz. *[esmalt]*

esmeralda. f. Piedra fina de color verde y de gran dureza. *[maragda]*

esmerar. v. tr. Pulir, limpiar. *[polir]* // **-se.** Aplicarse atentamente a hacer las cosas. *[esmerar-se, posar cura]*

esmeril. m. Piedra ferruginosa, de color oscuro, empleada por su dureza, para pulir metales, trabajar las piedras preciosas, etc. *[esmeril]*

esmerilar. v. tr. Pulir con esmeril. *[esmerilar]*

esmero. m. Sumo cuidado en hacer algo. *[cura, mirament]*

eso. pron. dem. neutro. Esa cosa. *[això]*

esófago. m. Conducto muscular por donde los alimentos pasan de la faringe al estómago. *[esòfag]*

esotérico, érica. adj. Oculto, reservado, incomprensible para los no iniciados. *[esotèric]*

espabilar. v. tr. Despabilar. *[espavilar]* // **-se.** Salir de la primera infancia. *[esbellussar-se]* // Llegar un pájaro, gato, etc., a la edad en que toma fuerzas y vigor. *[esbellussar-se]* // Darse maña para obtener alguna cosa difícil. *[esbellussar-se]*

espacial. adj. Relativo o perteneciente al espacio. *[espacial]*

espaciar. v. tr. Poner espacio entre las cosas. *[espaiar]* // Hacer menos frecuente. *[espaiar]*

espacio. m. Lugar donde se encuentran todos los objetos sensibles coexistentes. *[espai]* // Transcurso de tiempo. *[espai]* // Intervalo entre dos o más objetos. *[espai]*

espacioso, osa. adj. Que ofrece un buen espacio, amplio, dilatado. *[espaiós]*

espada. f. Arma blanca, recta, aguda y cortante. *[espasa]* // Persona apta para el manejo de la espada. *[espasa]* // Uno de los cuatro palos del juego de cartas. *[espasa]*

espalda. f. Parte posterior de la persona desde los hombros hasta la cintura. *[esquena]* // Parte superior del cuerpo de los animales desde el cuello hasta las nalgas. *[esquena]*

espantadizo, iza. adj. Que se espanta con facilidad. *[esveradís]*

espantajo. m. Aquello que infunde espanto. *[espantall]* // Muñeco de paja, etc., para espantar a los pájaros. *[espantall]*

espantapájaros. m. Espantajo. *[estaquirot]*

espantar. v. tr. Causar espanto. *[espantar, astorar]* // Hacer huir con amenazas. *[espantar, ahuixar]* // **-se.** Sentir espanto, asustarse. *[astorar-se]*

espanto. m. Miedo causado por la inminencia de un gran peligro. *[espant, esglai]*

espantoso, osa. adj. Que causa espanto. *[espantós]*

español, ola. adj. y s. Perteneciente o relativo a España o a sus naturales. *[espanyol]* // m. La lengua castellana según el uso de los extranjeros. *[espanyol]*

esparadrapo. m. Tejido cubierto de una capa emplástica. *[esparadrap]*

esparavel. m. Red de pescar de forma cónica. *[rall]*

esparcimiento. m. Acción y efecto de esparcir. *[esbargiment]*

esparcir. v. tr. Tender. *[escampar, espargir]* // Lanzar, extender una cosa, noticias, publicar defectos, etc. *[divulgar]*

esparraguera. f. Planta liliácea de tronco herbáceo, que en la primavera saca unos tallos con cabezuela comestible. *[esparreguera]*

esparrancarse. v. pron. Poner una pierna aquí y otra allá. *[acamallar, eixancar]* // Poner una pierna a cada lado del caballo o de otra cosa. *[acamallar]*

esparto. m. Planta gramínea, de hojas largas, filiformes, empleadas en la industria. *[espart]*

espasmo. m. Contracción involuntaria de los músculos. *[espasme]*

espátula. f. Paleta con bordes afilados y un mango largo. *[espàtula]*

especia. f. Cualquiera de las sustancias vegetales empleadas para sazonar las comidas. *[espècia]*

especial. adj. Relativo a una cosa simple o a una especie de cosas, particular, peculiar. *[especial]* // Que se distingue por alguna cualidad individual, no común. *[especial]*

especialidad. f. Calidad de especial, particularidad. *[especialitat]* // Aquello a lo que alguien se consagra de una manera especial. *[especialitat]*

especializar. v. intr. y pron. Cultivar con especialidad una rama del saber o del arte. *[especialitzar]*

especie. f. Conjunto de caracteres comunes por los cuales unas cosas se asemejan a otras. *[espècie]* // Imagen o idea de un objeto. *[espècie]* // Cada uno de los grupos en que se dividen los géneros de la historia natural y que se componen de individuos de caracteres esenciales idénticos. *[espècie]*

especificar. v. tr. Declarar de una manera explícita, explicar con detalle. *[especificar]*

específico, ífica. adj. Que caracteriza o distingue una especie de otra. *[específic]* // m. Medicamento a propósito para una enfermedad determinada. *[específic]*

espécimen. m. Parte de una cosa destinada a dar idea del resto; muestra, modelo. *[espècimen]*

espectáculo. m. Función y diversión pública. *[espectacle]* // Cosa notable que se ofrece a la vista. *[espectacle]*

espectador. m. y f. El que mira con atención una cosa. *[espectador]* // El que asiste a un espectáculo público. *[espectador]*

espectro. m. Imagen de un muerto que se aparece a los ojos de alguien. *[espectre]* // Imagen formada cuando un rayo de luz se sujeta a dispersión. *[espectre]*

especular. adj. Que refleja la luz como un espejo; transparante, diáfano. *[especular]*

especular. v. tr. e intr. Tr. Mirar con atención una cosa; meditar, reflexionar. *[especular]* // Intr. Comerciar aprovechándose de la fluctuación de los precios. *[especular]*

espejismo. m. Ilusión óptica. *[miratge]* // Cualquier ilusión óptica. *[miratge]*

espejo. m. Superficie lisa y pulida, en especial de cristal azogado donde se reflejan los objetos. *[espill]*

espeleología. f. Estudio científico de las cuevas y las simas. *[espeleologia]*

espeluznar. v. tr. y pron. Erizar o erizarse a alguien el cabello. *[esborronar]* // Aterrorizar. *[aterrir]*

espera. f. Acción y efecto de esperar. *[espera]* // Calma, paciencia. *[espera]*

esperanza. f. Confianza en conseguir una cosa. *[esperança]* // Una de las tres virtudes teologales. *[esperança]* // Persona o cosa que es objeto de la esperanza. *[esperança]*

esperanzar. v. tr. Hacer concebir esperanza a alguien. *[esperançar]*

esperar. v. tr. Creer que se ha de realizar aquello que se desea. *[esperar]* // Permanecer en un lugar hasta la llegada de alguien o de alguna cosa. *[esperar]*

esperma. m. Semen, producto de la secreción de los testículos. *[esperma]*

espesar. v. tr. Condensar. *[espessir]*

espeso, esa. adj. Muy condensado. *[espés]*

espesura. f. Calidad de espeso. *[espessor]* // Paraje muy poblado de árboles o matas. *[espessor]*

espetar. v. tr. Atravesar con el espetón. *[enastar]* // fig. Decir algo que molesta o sorprende. *[engegar, etzibar]*

espetera. f. Tabla con ganchos para colgar utensilios de cocina. *[perxa]*

espetón. m. Hierro largo utilizado como asador o para avivar el fuego. *[burxa]*

espía. m. y f. El que se encarga de espiar a aquellos de quienes queremos saber las intenciones. *[espia]*

espiar. v. tr. Observar cautelosamente; acechar. *[espiar]*

espiga. f. Conjunto de flores o frutos sostenidos por un eje común. *[espiga]* // Extremidad de una madera, en la que va disminuyendo el grosor para que encaje en un vacío. *[espiga]*

espigar. v. tr. e intr. Tr. Recoger las espigas que han quedado en un campo después de la siega. *[espigolar]* // Intr. Sacar espiga los cereales. *[espigar]* // **-se.** Crecer demasiado algunas hortalizas endureciéndose. *[espigar-se]* // Crecer notablemente una persona. *[espigar-se]*

espigón. m. Espiga donde hacen la semilla ciertas plantas. *[espigó]* // Macizo saliente para cambiar una corriente o defender un margen. *[espigó]* // Espiga, eje. *[espigó]*

espina. f. Cada uno de los apéndices duros y agudos que presentan algunas plantas. *[espina]* // Parte dura del pez, que hace el oficio del hueso. *[espina]*

espinaca. f. Planta salsolácea, de hojas radicales, comestibles, cocidas o en ensalada. *[espinac]*

espinal. adj. Relativo a la espina dorsal. *[espinal]*

espinazo. m. Espina dorsal del hombre y de los animales vertebrados. *[espinàs]*

espinel. m. Cuerda gruesa de donde cuelgan unas cuantas cuerdas pequeñas con anzuelos y que sirve para pescar. *[palangre]*

espingarda. f. Cañón de artillería utilizado antiguamente. *[espingarda]* // Escopeta muy larga. *[espingarda]*

espinilla. f. Hueso delantero de la pierna. *[canella]*

espinoso, osa. adj. Que tiene espinas. *[espinós]* // Que presenta dificultades, arduo, difícil. *[espinós]*

espionaje. m. Acción de espiar. *[espionatge]*

espira. f. Espiral, vuelta de una hélice. *[espira]*

espiral. m. Línea curva que da vueltas a un punto alejándose de éste cada vez más. *[espiral]*

espirar. v. tr. e intr. Tr. Exhalar buen o mal olor. *[espirar]* // Intr. Expeler el aire aspirado. *[respirar]* // Soplar el viento ligeramente. *[espirar]*

espiritismo. m. Creencia en la comunicación con los espíritus de los muertos. *[espiritisme]*

espíritu. m. Ser inmaterial dotado de razón. *[esperit]* // Sustancia sutil que se considera como el principio de vida. *[esperit]* // Emanación, sustancia que se escapa de ciertos cuerpos sometidos a la destilación. *[esperit]* // Ánimo, principio de nuestras resoluciones, valor, coraje. *[esperit]*

espiritual. adj. Perteneciente o relativo al espíritu. *[espiritual]*

espiritualizar. v. tr. Hacer espiritual a una persona por la gracia. *[espiritualitzar]* // Considerar como espíritu aquello que es corporal. *[espiritualitzar]*

espléndido, éndida. adj. Magnífico, ostentoso, resplandeciente, que brilla vivamente. *[esplèndid]*

esplendor. m. Lustro, nobleza. *[esplendor]* // Magnificencia, ostentación. *[esplendor]*

esplendoroso, osa. adj. Lleno de esplendor, muy brillante. *[esplendorós]*

espliego. m. Planta aromática, de la familia de las labiadas, de flores azuladas. *[espígol]* // La semilla de esta planta. *[espígol]*

espolear. v. tr. Pinchar al caballo con las espuelas. *[esperonar]* // Incitar, estimular. *[esperonar]*

espoleta. f. Aparato que hace explotar bombas. *[espoleta]*

espolio. m. Acción de espoliar. *[espoli]* // Conjunto de bienes que quedan de propiedad de la Iglesia a la muerte de los prelados. *[espoli]*

espolón. m. Apófisis ósea situada en la parte posterior del tarso de los machos de las gallináceas. *[esperó]*

esponja. f. Masa porosa marina, que sirve de habitáculo a unos zoofitos y que es empleado para diversos usos domésticos. *[esponja]*

esponjar. v. tr. Hacer más porosa, más blanda una cosa. *[esponjar]* // Secar con una esponja. *[esponjar]*

esponjoso, osa. adj. Elástico y poroso como una esponja. *[esponjós]*

espontáneo, ánea. adj. Que obra sin un estímulo externo. *[espontani]*

espora. f. Corpúsculo reproductor de las plantas criptógamas. *[espora]*

esporádico, ádica. adj. Ocasional. *[esporàdic]* // Dicho de las enfermedades no epidémicas. *[esporàdic]*

esportín. m. Capazo de esparto muy plano, especialmente pequeño. *[esportí]*

esposar. v. tr. Sujetar a uno con esposas. *[emmanillar]*

esposas. f. pl. Anillas de hierro para sujetar las muñecas de los presos. *[manilles]*

esposo, osa. m. y f. Persona unida en matrimonio a otra. *[espòs]*

espuela. f. Espiga de metal, con una rueda con puntas ajustada al talón para aguijar al caballo. *[esperó]*

espuerta. f. Cesta flexible de esparto o palma; cenacho. *[barja, senalla]*

espulgar. v. tr. Quitar las pulgas, piojos, etc., de la cabeza de un animal, de un lugar, etc. *[espulgar]*

espuma. f. Materia ligera que se levanta de un líquido. *[bromera]*

espumajo. m. Saliva que lanzan por la boca las personas y los animales. *[bromera]*

espumar. v. intr. Hacer espuma. *[bromejar]* // Quitar la espuma. *[escumar]*

espumarajo. m. Espumajo. *[bromera]*

espumeo. m. Acción de espumar. *[bromereig]*

espúreo, úrea. adj. Bastardo, no legítimo. *[espuri]*

espurriar. v. tr. Lanzar una bocanada de líquido. *[estufir]*

esqueje. m. Rama esquejada de una planta que se introduce en tierra para que forme otra. *[esqueix]*

esquela. f. Papel impreso en el que se hace una invitación o se comunica una nueva. *[esquela]*

esqueleto. m. Osamenta de cualquier animal vertebrado. *[esquelet]* // Armadura de una cosa cualquiera. *[esquelet]*

esquema. m. Representación o explicación de una teoría, etc., en líneas generales. *[esquema]*

esquematizar. v. tr. Poner en forma de esquema. *[esquematitzar]*

esquí. m. Cada uno de los listones de madera que se sujetan al pie y sirven para deslizarse por encima de la nieve. *[esquí]*

esquiador, ora. m. y f. El que va por la nieve calzado con esquíes. *[esquiador]*

esquiar. v. intr. Ir por encima de la nieve con esquíes. *[esquiar]*

esquila. f. Campana tosca que se suele colgar en el cuello de los animales que guían un ganado. *[esquella]*

esquilar. v. tr. Cortar a ras el pelo o la lana de los animales. *[esquilar, tondre]*

esquilimoso, osa. adj. Excesivamente remirado y escrupuloso. *[llepafils]*

esquilmar. v. tr. Recoger las cosechas de la tierra. *[espletar]* // Chupar con exceso las plantas el jugo de la tierra. *[xuclar]* // Empobrecer. *[empobrir]*

esquilón. m. Cencerro alargado y grande de sonido grave. *[esquellot]*

esquimal. adj. y s. Que forma parte de una raza que habita las regiones árticas. *[esquimal]*

esquina. f. Extremo o borde de algo, cornijal. *[cantell]* // Canto de un edificio o calle. *[cantonada, cantó]*

esquinado, ada. adj. Que tiene esquinas. *[cantellut]*

esquirol. m. Obrero que, cuando sus compañeros se declaran en huelga, continúa trabajando o reemplaza a un obrero en huelga. *[esquirol]*

esquivador, ora. adj. Que esquiva. *[esquivador]*

esquivar. v. tr. Evitar, eludir. *[esquivar]*

esquivo, iva. adj. Que esquiva el trato de la gente, áspero. *[esquiu]*

estabilizar. v. tr. Hacer estable, duradero. *[estabilitzar]*

estable. adj. Constante, permanente, que no se mueve de lugar o cambia de posición fácilmente, que tiende a perseverar en el mismo estado. *[estable]*

establecer. v. tr. Fundar de una manera estable, instituir. *[establir]* // Decretar, ordenar. *[establir]*

establecimiento. m. Acción y efecto de establecerse. *[establiment]* // La cosa establecida. *[establiment]* // Tienda. *[establiment]*

establo. m. Lugar cubierto donde se aloja el ganado. *[establia]*

estabular. v. tr. Criar y mantener el ganado en el establo. *[estabular]*

estaca. f. Palo con punta en un extremo para clavarlo en tierra, en una pared, etc. *[estaca]*

estación. f. Estado actual de una cosa. *[estació]* // Cada una de las cuatro partes o tiempos del año. *[estació]* // Acción de detenerse en uno de los lugares situados en el camino que el hombre recorre. *[estació]* // Lugar donde hacen parada los trenes para admitir pasajeros o carga. *[estació]*

estacionar. v. tr. Situar en un lugar, colocar. *[estacionar]* // **-se.** Detenerse un determinado tiempo en un lugar, hacerse estacionario. *[estacionar-se]*

estacionario, aria. adj. Que no cambia de estado, condición o situación. *[estacionari]*

estadio. m. Lugar público donde se practican carreras y otros deportes. *[estadi]*

estadista. m. y f. Hombre entendido en negocios de estado, persona experta en el arte de gobernar. *[estadista]*

estadística. f. Ciencia que tiene por objeto recoger, clasificar y contar todos los hechos del mismo orden. *[estadística]*

estado. m. Situación en que está una persona o cosa. *[estat]* // Cuerpo político de una nación o país. *[estat]* // Resumen de cuentas. *[estat]*

estafa. f. Acción y efecto de estafar. *[estafa]*

estafador, ora. m. y f. El que estafa. *[estafador]*

estafar. v. tr. Sacar de alguien dinero o cosas de valor con artificio y engaño, sin intención de pagar. *[estafar]*

estafermo. m. Muñeco de madera giratorio que un corredor hiere con una lanza y al girar da un golpe al corredor inhábil. *[estaferm]* // Babieca. *[estaferm]*

estafeta. f. Correo ordinario a caballo. *[estafeta]* // Correo especial para el servicio diplomático. *[estafeta]* // Oficina de correos. *[estafeta]*

estalactita. f. Concreción calcárea en forma de cono irregular, que cuelga del techo de las cuevas. *[estalactita]*

estalagmita. f. Estalactita invertida, que se forma en el suelo de las cuevas. *[estalagmita]*

estallar. v. intr. Reventar una cosa. *[esclatar]* // Manifestar violentamente una pasión o afecto. *[esclatar]* // Salir violenta o repentinamente las risas, el llanto, los sentimientos. *[esclatar]* // Abrirse con fuerza una cosa. *[esclatar]*

estallido. m. Acción y efecto de estallar. *[esclat]*

estambre. m. Hilo de lana peinada. *[estam]* // Órgano sexual masculino de las plantas de siembra. *[estam]*

estamento. m. Cada uno de los tres grupos sociales que tenían representación en las antiguas cortes. *[braç, estament]*

estampa. f. Imagen o figura impresa. *[estampa]* // Figura total de un hombre, de un animal, etc. *[estampa]*

estampación. f. Acto de estampar o imprimir. *[estampa, estampació]*

estampar. v. tr. Imprimir, sacar en estampas las figuras, dibujos o letras contenidos en un molde. *[estampar]*

estancamiento. m. Acción y efecto de estancar o estancarse. *[estancament]*

estancar. v. tr. y pron. Detener el curso de alguna cosa. *[estancar]* // Prohibir el curso libre de una mercancía, cuya venta se realiza en régimen de monopolio. *[estancar]*

estancia. f. Lugar donde se vive. *[sojorn]* // Tiempo que se vive en él. *[sojorn]* // Cada una de las partes habitables en que se divide una casa. *[estança, cambra]*

estanco. m. Prohibición del curso y venta libre de algunas mercancías. *[estancament]* // Establecimiento donde se venden artículos estancados. *[estanc]*

estandarte. m. Bandera o insignia de guerra de los cuerpos armados. *[estandard]* // Insignia de una corporación. *[estandard]*

estanque. m. Masa considerable de agua depositada en una depresión del terreno. *[estany]*

estanquero, era. m. y f. Persona que tiene a su cargo la venta pública de cosas estancadas. *[estanquer]*

estante. adj. Que se está o permanece en un lugar. *[estant]* // m. Anaquel. *[estant]*

estantería. f. Conjunto o juego de estantes. *[prestatgeria]*

estañar. v. tr. Recubrir de estaño. *[estanyar]* // Soldar con estaño. *[estanyar]*

estaño. m. Metal blanco brillante usado para hacer soldaduras. *[estany]*

estar. v. intr. Encontrarse en alguna condición o estado. *[estar, trobar-se]* // Vivir, habitar en algún lugar. *[residir, estar]*

estatua. f. Figura de bulto labrada a imitación del natural. *[estàtua]*

estatuir. v. tr. Establecer, ordenar. *[estatuir]*

estatura. f. Altura de una persona. *[estatura]*

estatuto. m. Establecimiento, regla que tiene fuerza de ley. *[estatut]*

estay. m. Cuerda que sujeta la cabeza de un árbol de nave al pie del que está más adelante. *[estai]*

este, esta, esto, estos, estas. Formas del pronombre demostrativo en sus tres géneros y en sus dos números. Se aplican al objeto más próximo del que habla. *[aquest]*

este. m. Punto del horizonte por donde sale el sol en los equinoccios. *[est]*

estelar. adj. Relativo o perteneciente a los astros o estrellas. *[estel·lar]*

estepa. f. Vasta llanura inculta o estéril de poca vegetación. *[estepa]*

estepa. f. Mata resinosa de la familia de las cistáceas, con ramas leñosas y erguidas, y hojas elípticas, agudas, de color verde oscuro. *[estepa]*

estepar. m. Lugar o barranco donde crecen muchas estepas. *[estepar]*

estera. f. Pieza hecha de esparto, junco o palma, para cubrir el pavimento de las habitaciones. *[estora]*

esterado. m. Conjunto de esteras. *[estorat]*

esterar. v. tr. Cubrir el pavimento con esteras. *[estorar]*

estercolar. v. tr. Beneficiar la tierra con estiércol. *[femar]*

estercolero. m. Lugar donde se almacena el estiércol. *[femer]*

estéril. adj. Que no da fruto o que no produce nada. *[estèril]*

esterilidad. f. Calidad de estéril. *[esterilitat]*

esterilización. f. Acción y efecto de esterilizar. *[esterilització]*

esterilizar. v. tr. Hacer estéril o improductivo. *[esterilitzar]* // Destruir los gérmenes que hay en alguna cosa. *[esterilitzar]*

esterilla. f. Estera redonda de paja de esparto para poner sobre ella los pies. *[maruà, pallet]*

estertor. m. Respiración fastidiosa, ronca y sibilante, que suelen tener los moribundos. *[ranera]*

esteta. f. El que en arte pone por encima de todo los principios estéticos. *[esteta]*

estética. f. Tratado de la belleza y de la teoría fundamental del arte. *[estètica]*

estético, ética. adj. Perteneciente o relativo a la estética. *[estètic]*

esteva. f. Pieza curva y posterior del arado por donde lo coge el agricultor. *[esteva]*

estevado, ada. adj. Dicho de la persona que tiene torcidas las piernas. *[estevat]*

estiba. f. Conjunto del lastre y la carga de una embarcación. *[estiba]* // Distribución y colocación de la carga en una nave. *[estiba]*

estibar. v. tr. Apilar, disponer mercaderías, etc., de manera que ocupen el menor espacio posible, especialmente la carga de una nave. *[estibar]*

estiércol. m. Excremento de animal. *[femta]* // Materias orgánicas podridas o excrementos que se destinan para abono. *[fem]*

estigma. m. Marca o señal indeleble, especialmente hecha con hierro candente. *[estigma]* // La parte del pistilo de la flor que recibe el polen. *[estigma]* // Órgano exterior de la respiración de los insectos. *[estigma]*

estigmatizar. v. tr. Marcar a alguien con hierro candente. *[estigmatitzar]* // Infamar, afrentar. *[estigmatitzar]*

estilar. v. intr., tr. y pron. Usar, acostumbrar, estar de moda. *[estilar-se]*

estilete. m. Puñal de hoja muy estrecha y puntiaguda. *[estilet]* // Sonda metálica que sirve para explorar ciertas heridas. *[estilet]*

estilista. m. y f. Escritor que se distingue por la elegancia de su estilo. *[estilista]*

estilizar. v. tr. Interpretar la forma de un objeto resaltando sus rasgos característicos. *[estilitzar]*

estilo. m. Punzón con el cual escribían los antiguos sobre tablas enceradas. *[estil]* // Manera peculiar de escribir, hablar o hacer. *[estil]* // Parte del pistilo que sostiene el estigma. *[estil]*

estilográfica. f. Pluma con mango hueco lleno de tinta. *[estilogràfica]*

estima. f. Buena opinión o aprecio que se tiene de alguien o alguna cosa. *[estima]* // Cálculo aproximativo de la situación de una nave en el mar. *[estima]*

estimación. f. Acción de estimar. *[estimació]* // Evaluación de una cosa. *[estima]*

estimar. v. tr. Tener estima o estimación. *[estimar]* // Determinar el valor de alguna cosa. *[estimar]* // Amar, tener amor a una persona. *[estimar]*

estimular. v. tr. Excitar a alguien, a la ejecución de una cosa, incitar. *[estimular]*

estímulo. m. Incitación. *[estímul]*

estío. m. La más calurosa de las estaciones del año, comprendida entre los meses de junio y septiembre. *[estiu]*

estipendio. m. Pago, retribución que se da a una persona por su trabajo. *[estipendi]*

estipular. v. tr. Convenir alguna cosa al hacer un contrato. *[estipular]*

estira. f. Cuchilla con que los zurradores raen las pieles para alisarlas. *[raedor]*

estirar. v. tr. Alargar excesivamente. *[allargassar]* // **-se.** Desplegar o mover los miembros para desentumecerlos. *[estirar-se]*

estirpe. f. Origen de una familia, linaje, raza, lengua, etc. *[estirp]*

estival. adj. Relativo o perteneciente al estío. *[estival]*

esto. pron. demostrativo neutro. *[açò]*

estoc. m. Cantidad de una mercadería que hay en un almacén o en el mercado. *[estoc]* // Conjunto de mercaderías. *[estoc]*

estofa. f. Tela o tejido de labores. *[estofa]* // Calidad, clase. *[estofa]*

estofado. m. Guiso de carne estofada. *[estofat]*

estofar. v. tr. Cocer a fuego lento y con olla cerrada. *[estofar]*

estoicismo. m. Escuela filosófica de la Grecia antigua que hace consistir la felicidad en seguir la sola razón y menospreciar el dolor. *[estoïcisme]* // Calidad de estoico. *[estoïcisme]*

estoico, oica. adj. Relativo o perteneciente al estoicismo. *[estoic]* // m. y f. El que profesa el estoicismo. *[estoic]*

estola. f. Ornamento sagrado que lleva el sacerdote al cuello en ciertas funciones litúrgicas. *[estola]*

estólido, ólida. adj. y s. Necio, falto de juicio, bobo. *[estòlid]*

estómago. m. Cavidad del cuerpo que recibe los alimentos y efectúa la quimificación. *[estómac]*

estopa. f. Parte basta que se separa del lino o del cáñamo al peinarlo. *[estopa]* // Trapo tejido con esta materia. *[estopa]*

estopar. v. tr. Poner estopa, principalmente para tapar agujeros. *[estopar]*

estopeño, eña. adj. Hecho de estopa. *[estopenc]*

estopín. m. Canutillo lleno de sustancia inflamable que sirve para prender fuego a un cohete. *[estopí]*

estoque. m. Espada estrecha y larga sin corte. *[estoc]*

estorbar. v. tr. Poner estorbos, trabas en la ejecución de alguna cosa. *[estorbar]*

estorbo. m. Acción y efecto de estorbar. *[estorb]* // Aquello que nos estorba. *[destorb]*

estornino. m. Pájaro de paso, de plumaje negro, con reflejos verdosos y pecado de blanco. *[estornell]*

estornudo. m. Acción de estornudar. *[esternut]*

estornudar. v. intr. Lanzar con estrépito por la nariz y por la boca el aire espirado. *[esternudar]*

estrabismo. m. Desviación de uno de los dos ojos. *[estrabisme]*

estrado. m. Parte de una sala en la que el suelo es más elevado que el del resto. *[estrada]*

estrafalario, aria. adj. y s. Extravagante, extraño hasta el ridículo. *[estrafolari]*

estrago. m. Gran daño, destrucción, mortandat, causada por la guerra, una epidemia, una calamidad, etc. *[estrall]*

estrambote. m. Conjunto de versos añadidos al final de una combinación métrica, y especialmente del soneto. *[estrambot]*

estrambótico, ótica. adj. Extravagante, excéntrico. *[estrambòtic]*

estrangular. v. tr. Interceptar la comunicación de un fluido por opresión del conducto. *[estrangular]* // Ahogar por compresión del cuello. *[estrangular]*

estraperlo. m. Negocio ilegal de cosas intervenidas por el estado, que se venden a precios abusivos. *[estraperlo]*

estratagema. f. Artificio empleado para engañar al enemigo. *[estratagema]*

estrategia. f. Arte de proyectar y dirigir grandes movimientos militares. *[estratègia]*

estrato. m. Cada una de las capas superpuestas de los terrenos. *[estrat]*

estratosfera. f. La capa superior de la atmósfera desde los 10 a los 100 kms. de altura. *[estratosfera]*

estraza. f. Trapo de ropa basta del que se hace una clase de papel. *[estrassa]*

estrechar. v. tr. Hacer más estrecho. *[estretir]*

estrechez. f. Calidad de estrecho. *[estretor]* // Escasez o necesidad de medios de vida. *[estretor]*

estrecho, echa. adj. Que tiene poca anchura. *[estret]* // m. Brazo de mar entre dos tierras. *[estret]*

estrella. f. Cada uno de los astros brillantes del cielo, menos el sol y la luna.

[estrela] // Figura con la que se representa una estrella formada por rayos que parten de un centro común. *[estrela]*

estrellar. v. tr. Sembrar o llenar de estrellas. *[estelar]* // Hacer pedazos una cosa lanzándola con violencia contra otra. *[estavellar]* // **-se.** Quedar malparado por efecto de un choque violento contra una superficie dura. *[estavellar-se]*

estremecer. v. tr. Causar, producir a alguien un temblor convulsivo por causa del miedo, fiebre, una emoción intensa, etc. *[esgarrifar]* // **-se.** Sobresaltarse. *[estremir-se]*

estrena. f. Regalo en señal de alegría o felicidad. *[estrena]*

estrenar. v. tr. Hacer uso por primera vez de una cosa. *[estrenar]* // Representar por primera vez una obra teatral. *[estrenar]*

estreno. m. Acción y efecto de estrenar o de estrenarse. *[estrena]* // Uso o exhibición de una cosa que se hace por primera vez. *[estrena]*

estrépito. m. Ruido muy fuerte. *[estrèpit]*

estrepitoso, osa. adj. Que hace estrépito o hecho con estrépito. *[estrepitós]*

estría. f. Canal o media caña en el cuerpo de una columna. *[estria]* // Surco pequeño en la superficie de una cosa. *[estria]*

estriar. v. tr. Hacer estrías. *[estriar]*

estribación. m. Rama pequeña de montañas que arranca de una cordillera. *[estrep]*

estribo. m. Cada una de las anillas donde descansan los pies del jinete. *[estrep]* // Escalón que sirve para subir y bajar de un coche. *[estrep]*

estribor. m. Lado derecho de la nave mirando de popa a proa. *[estribord]*

estricto, icta. adj. Riguroso, exacto, ajustado estrechamente a la ley. *[estricte]*

estridencia. f. Calidad de estridente, cosa estridente. *[estridència]*

estridente. adj. Se aplica al sonido agudo, chirriante. *[estrident]*

estrinque. m. Cadena de hierro que llevan los carros para frenar las ruedas. *[estrinquet]*

estrofa. f. Cada una de las partes regulares de ciertas composiciones poéticas. *[estrofa]* // En la poesía griega, primera parte de un canto lírico. *[estrofa]*

estropajo. m. Porción de esparto que sirve para fregar y limpiar. *[fregall]*

estropear. v. tr. y pron. Poner en mal estado, echar a perder. *[estropejar]*

estropicio. m. Destrozo, acción y efecto de estropear. *[estropici]*

estructura. f. Distribución y orden de las partes de un total. *[estructura]* // Conjunto de elementos que constituyen el lenguaje entendido como una unidad orgánica. *[estructura]*

estructurar. v. tr. Dar estructura a alguna cosa. *[estructurar]*

estruendo. m. Estrépito. *[terrabastall]*

estrujamiento. m. Acción y efecto de estrujar. *[rebrec]*

estrujar. v. tr. Quitar a una cosa el aspecto de nueva o su lozanía, con el uso, con el mal trato, manoseándola, etc. *[rebregar]*

estuario. m. Brazo estrecho de mar que viene a ser como la prolongación de la embocadura de un río. *[estuari]*

estucado. m. Operación de estucar. *[estucat]* // Revestimiento de estuco. *[estucat]*

estucar. v. tr. Revestir de estuco. *[estucar]*

estuco. m. Pasta de cal y mármol polvorizado que sirve para rebozar las paredes de las habitaciones. *[estuc]*

estuchar. v. tr. Meter dentro de un estuche. *[estojar]*

estuche. m. Caja para guardar objetos delicados. *[estoig]*

estudiante. m. y f. El que estudia en una universidad, escuela, etc. *[estudiant]*

estudiar. v. tr. Cursar algún estudio. *[estudiar]* // Ejercitar el conocimiento para llegar a comprender alguna cosa. *[estudiar]* // Examinar atentamente una cosa para determinar la naturaleza, el carácter, la significación, la solución, etc., para interpretarla, reproducirla, etc. *[estudiar]*

estudio. m. Acción de estudiar. *[estudi]* // Trabajo, disertación, ensayo. *[estudi]* //

Esbozo o fragmento de una obra de arte. *[estudi]* // Habitación donde el hombre estudia y trabaja con las artes liberales. *[estudi]* // pl. Ejercicios escolares graduados para la instrucción de la juventud. *[estudis]*

estudioso, osa. adj. Inclinado y aplicado al estudio. *[estudiós]*

estufa. f. Aparato para calentar una habitación. *[estufa]* // Aparato para desinfectar o secar por medio de calor. *[estufa]*

estulto, ulta. adj. Necio, falto de discernimiento. *[estult]*

estupefacción. f. Admiración que bordea el estupor. *[estupefacció]*

estupendo, enda. adj. Capaz de causar admiración por lo que tiene de maravilloso, bello, etc. *[estupend]*

estupidez. f. Calidad de estúpido. *[estupidesa]*

estúpido, úpida. adj. Muy rudo y estulto, muy corto de conocimiento. *[estúpid]*

estupor. m. y f. Disminución o suspensión de las funciones intelectuales. *[estupor]* // Espanto, por admiración o sorpresa muy grande. *[estupor]*

estupro. m. Acto de violar a una doncella virgen. *[estupre]*

esturión. m. Pez de mar, comestible, del cual se obtiene el caviar. *[esturió]*

etapa. f. Localidad donde hacen noche las tropas, etc., en marcha. *[etapa]* // Distancia que hay que recorrer para llegar a un lugar determinado. *[etapa]*

etcétera. loc. lat. Palabra que suple aquello que queda por decir. *[etcètera]*

éter. m. Sustancia sutil, imponderable y elástica, de la cual el hombre supone que está lleno el espacio. *[èter]* // Líquido volátil, móvil e inflamable, utilizado como disolvente de las grasas, resinas, etc., y como anestésico. *[èter]*

eternidad. f. Tiempo sin principio ni fin. *[eternitat]* // La vida futura. *[eternitat]* // Duración larga de siglos y edades. *[eternitat]*

eternizar. v. tr. Perpetuar la duración de una cosa. *[eternitzar]*

eterno, erna. adj. Que no tiene principio ni fin, de duración infinita. *[etern]*

ética. f. Tratado de la moral y de las obligaciones del hombre. *[ètica]*

ético, ética. adj. Relativo o perteneciente a la ética o a las costumbres. *[ètic]*

étimo. m. Forma originaria, palabra de donde otra procede. *[ètim]*

etimología. f. Origen e historia de las palabras. *[etimologia]*

etiqueta. f. Ceremonial que se tiene que observar en la corte y en los actos públicos solemnes. *[etiqueta]* // Formas ceremoniosas entre particulares. *[etiqueta]* // Indicación pegada a un objeto para dar a conocer el precio, etc. *[etiqueta]*

etiquetar. v. tr. Poner etiquetas a una cosa. *[etiquetar]*

etnia. f. Agrupación natural de individuos con unas características propias. *[ètnia]*

etnología. f. Estudio de las razas y de los pueblos, en todos sus aspectos y relaciones mutuas. *[etnologia]*

eucalipto. m. Árbol originario de Australia, cuyas hojas son utilizadas como febrífugo. *[eucaliptus]*

eucaristía. f. Sacramento de la comunión. *[eucaristia]* // Santísimo sacramento del altar. *[eucaristia]*

eufemismo. m. Manera de expresar decorosamente aquellas ideas, cuya expresión recta fuera dura o desagradable. *[eufemisme]*

eufonía. f. Grata armonía de los sonidos y de las palabras. *[eufonia]*

euforia. f. Sensación de bienestar de quien está perfectamente bien. *[eufòria]*

eunuco. m. Hombre castrado, destinado a guardar las mujeres del harén. *[eunuc]*

euritmia. f. Disposición armoniosa de las líneas, de los sonidos, de los movimientos. *[eurítmia]* // Regularidad del pulso. *[eurítmia]*

europeísmo. m. Calidad de europeo. *[europeisme]* // Afección, inclinación, a las cosas características de Europa. *[europeisme]* // Movimiento que tiende

a la creación de la unidad económica, política, etc., europea. *[europeisme]*
europeizar. v. tr. Habituar a las costumbres y cultura europeas. *[europeitzar]*
europeo, ea. adj. y s. Natural o propio de Europa. *[europeu]*
éuscaro, éuscara. adj. Relativo o perteneciente a la lengua vasca. *[èuscar]* // m. La lengua vasca. *[èuscar]*
eutanasia. f. Muerte dulce, sin dolor y, de manera restringida, la que se provoca voluntariamente. *[eutanàsia]*
eutrapelia. f. Virtud que modera las diversiones. *[eutrapèlia]*
evacuar. v. tr. Vaciar. *[evacuar]* // Desocupar alguna cosa. *[evacuar]* // Expulsar materias acumuladas en una parte del cuerpo. *[evacuar]*
evadir. v. tr. Evitar o esquivar un daño, peligro o dificultad. *[evadir]* // **-se.** Escaparse, huir. *[evadir-se]*
evaluar. v. tr. Determinar el valor de algo. *[avaluar, prear]*
evangelio. m. Doctrina y milagros de Jesucristo. *[evangeli]* // Cada uno de los libros en que se consignan la vida, doctrina y milagros de Jesucristo. *[evangeli]* // Pasaje de los evangelios que el sacerdote lee en la misa. *[evangeli]*
evangelizar. v. tr. Predicar el evangelio, la fe de Jesucristo. *[evangelitzar]*
evaporación. f. Acción y efecto de evaporar, o evaporarse. *[evaporació]*
evaporar. v. tr. y pron. Convertir en vapor un líquido o un sólido. *[evaporar]* // Hacer desaparecer, desvanecer. *[evaporar]*
evasión. f. Huída, fuga. *[evasió]*
evasiva. f. Medio empleado para eludir alguna dificultad. *[evasiva]*
evasivo, iva. adj. Que tiende a evadir o eludir una dificultad. *[evasiu]*
eventual. adj. Sujeto a cualquier contingencia o eventualidad. *[eventual]*
evidencia. f. Certeza clara y manifiesta de una cosa. *[evidència]* // Calidad de evidente. *[evidència]*
evidenciar. v. tr. Hacer evidente. Hacer manifiesta la certeza de una cosa. *[evidenciar]*
evidente. adj. Claro a la visión, claro al entendimiento, de tal modo que no puede dejar lugar a dudas. *[evident]*
evitar. v. tr. Impedir algún daño, peligro o encuentro. *[evitar]*
eviterno, erna. adj. Que tiene principio pero no fin. *[evitern]*
evocar. v. tr. Llamar o citar a los espíritus de los muertos. *[evocar]* // Llevar alguna cosa a la memoria. *[evocar]*
evolución. f. Desarrollo de las cosas por medio del cual pasan de un estado a otro. *[evolució]* // Movimiento de un conjunto de tropas, de personas, de una nave o conjunto de naves. *[evolució]*
evolucionar. v. intr. Hacer evoluciones la tropa o barcos. *[evolucionar]* // Sufrir una evolución, un cambio de conducta, de propósito o de actitud. *[evolucionar]*
ex. Preposición que forma parte de algunas locuciones latinas. *[ex]* // Prefijo que cuando precede a un nombre de dignidad o cargo, indica que ha dejado de ser o ejercer tal cargo o dignidad. *[ex]*
exabrupto. m. Cosa dicha bruscamente, sin preámbulo. *[exabrupte]*
exacción. f. Acción y efecto de exigir impuestos, multas, etc. *[exacció]* // Cobro injusto y violento. *[exacció]*
exacerbar. v. tr. y pron. Causar enojo, irritar. *[exacerbar]* // Agravar una enfermedad. *[exacerbar]*
exactitud. f. Calidad de exacto. *[exactitud]*
exacto, acta. adj. Riguroso, puntual, fiel. *[exacte]*
exagerar. v. tr. Dar proporciones excesivas a una cosa. *[exagerar]*
exaltar. v. tr. Elevar a mayor dignidad, etc. *[exaltar]* // Elevar un sentimiento a un alto grado de intensidad. *[exaltar]* // **-se.** Dejarse llevar por una pasión. *[exaltar-se]*
examen. m. Prueba escrita u oral a la que uno es sometido para probar su aptitud. *[examen]* // Acción de examinar. *[examen]*
examinando, anda. m. y f. Persona sometida a un examen para demostrar su capacidad. *[examinand]*

examinar. v. tr. Reconocer atentamente una cosa. *[examinar]* // Someter a un candidato a examen. *[examinar]*
exangüe. adj. Falto de sangre. *[exsangüe]* // Sin vida o sin fuerzas. *[exsangüe]* // De una palidez extrema. *[exsangüe]*
exánime. adj. Sin vida o sin señal de vida. *[exànime]*
exasperar. v. tr. y pron. Enfurecer, irritar a alguien. *[exasperar]* // Lastimar o excitar una parte dolorida. *[exasperar]*
excarcelar. v. tr. Sacar de la prisión. *[excarcerar]*
excavación. f. Acción y efecto de excavar. *[excavació]*
excavar. v. tr. Hacer cavidades en la tierra. *[excavar]*
excedencia. f. Calidad de excedente. *[excedència]* // Situación de excedente que la administración otorga a un funcionario. *[excedència]*
excedente. adj. Que excede, sobrante. *[excedent]*
exceder. v. tr. Ser una cosa más grande o abundante que otra con que se la compara. *[excedir]* // **-se.** Ir más allá de lo que es lícito o razonable. *[excedir-se]*
excelencia. f. Calidad de excelente. *[excel·lència]* // Tratamiento de gran respeto y cortesía. *[excel·lència]*
excelente. adj. Que sobresale, eminente, con buenas cualidades, etc. *[excel·lent]*
excelso, elsa. adj. De excelencia singular. *[excels]* // Eminente, muy elevado. *[excels]*
excentricidad. f. Calidad de excéntrico. *[excentricitat]* // Hecho propio de una persona excéntrica. *[excentricitat]* // Distancia del centro de la figura de un cuerpo al eje alrededor del cual gira. *[excentricitat]*
excéntrico, éntrica. adj. Que se desvía o se aleja del centro. *[excèntric]* // Que no tiene el mismo centro que otro. *[excèntric]* // Extravagante en su pensar o en su obrar. *[excèntric]*
excepción. f. Acción y efecto de exceptuar o excluir. *[excepció]* // Contradicción con que el demandado procura destruir o diferir la pretensión del demandante. *[excepció]*
excepcional. adj. Que hace excepción de la regla. *[excepcional]*
excepto. prep. Indica exclusión, etc. *[excepte]*
exceptuar. v. tr. Excluir de la generalidad o de la regla común. *[exceptuar]*
excesivo, iva. adj. Que excede los debidos términos. *[excessiu]*
exceso. m. Aquello en que una cosa excede a otra. *[excés]* // Lo que se sale de los límites, de lo permitido, etc. *[excés]*
excipiente. m. Sustancia que sirve para incorporar o disolver ciertos medicamentos. *[excipient]*
excitación. f. Acción y efecto de excitar o excitarse. *[excitació]*
excitar. v. tr. y pron. Provocar, hacer más vivo, un sentimiento, una actividad. *[excitar]*
exclamar. v. tr. Proferir exclamaciones. *[exclamar]*
exclaustrar. v. tr. Permitir u ordenar a un religioso que abandone el claustro. *[exclaustrar]*
excluir. v. tr. Sacar a una persona o cosa del lugar que ocupaba, negándole la admisión, la participación, etc. *[excloure]*
exclusión. f. Acción y efecto de excluir. *[exclusió]*
exclusiva. f. Privilegio por el cual una persona o corporación puede hacer una cosa que a los otros está prohibida. *[exclusiva]*
exclusivo, iva. adj. Que tiene la virtud de excluir. *[exclusiu]*
excomulgar. v. tr. Separar a alguien de la comunión de la Iglesia. *[excomunicar]*
excomunión. f. Acción y efecto de excomulgar. *[excomunió]*
excoriación. f. Acción y efecto de excoriar. *[excoriació]*
excoriar. v. tr. y pron. Quitar la piel de una parte del cuerpo. *[excoriar]*
excrecencia. f. Carnosidad que altera la superficie de un tejido animal o vegetal. *[excrescència]*
excremento. m. Materia que ciertos órganos lanzan fuera del cuerpo, mierda. *[excrement]*

excretar. v. tr. Expeler excrementos de la sangre o de los tejidos del cuerpo. *[excretar]*
exculpar. v. tr. Descargar a alguien de una culpa. *[exculpar]*
excursión. f. Viaje breve de placer, de instrucción o de exploración. *[excursió]*
excursionismo. m. El deporte de hacer excursiones. *[excursionisme]*
excusa. f. Acción y efecto de excusar o de excusarse. *[excusa]* // Descargo o excepción. *[excusa]*
excusar. v. tr. y pron. Exponer razones para disculpar a alguien. *[excusar]* // Rehusar hacer una cosa. *[excusar]*
execrable. adj. Digno de execración. *[execrable]*
execración. f. Acción y efecto de execrar. *[execració]*
execrar. v. tr. Condenar o maldecir. *[execrar]* // Aborrecer. *[execrar]*
exención. f. Acción y efecto de eximir. *[exempció]*
exento, enta. adj. Libre de una obligación, carga, cuidado, defecto, tributo, etc. *[exempt]*
exequias. f. pl. Ceremonias funerales. *[exèquies]*
exfoliar. v. tr. Dividir una cosa en láminas o escamas. *[exfoliar]*
exhalar. v. tr. Emitir gases o vapores. *[exhalar]* // Dejar salir suspiros, quejas, etc. *[exhalar]*
exhausto, austa. adj. Agotado, consumido. *[exhaust]*
exhibición. f. Acción y efecto de exhibir o de exhibirse. *[exhibició]*
exhibir. v. tr. Presentar una cosa delante de otra persona o un público adecuado. *[exhibir]*
exhortar. v. tr. Inducir con palabras persuasivas. *[exhortar]*
exhorto. m. Demanda que hace un juez a otro para que ordene el cumplimiento de aquello que le pide. *[exhort]*
exhumar. v. tr. Descubrir cosas perdidas u ocultas. *[exhumar]* // Desenterrar un muerto. *[exhumar]*
exigencia. f. Acción y efecto de exigir. *[exigència]*
exigir. v. tr. Pedir impetuosamente alguna cosa en virtud de un derecho, de una autoridad, etc. *[exigir]*
exigüidad. f. Calidad de exiguo. *[exigüitat]*
exiguo, igua. adj. Escaso, insuficiente a causa de su pequeñez. *[exigu]*
exiliar. v. tr. y pron. Desterrar, condenar a alguien al exilio. *[exiliar]*
exilio. m. Pena que consiste en expulsar a alguien de su patria o del lugar donde vive habitualmente, con la prohibición de volver. *[exili]* // Morada obligada fuera de la patria o lejos de un lugar. *[exili]*
eximio, imia. adj. Excelente en alto grado. *[eximi]*
eximir. v. tr. y pron. Liberar a alguien de una obligación, cargo, etc. *[eximir]*
existencia. f. El hecho de existir. *[existència]* // Vida, duración de un ser. *[existència]* // pl. Mercaderías que aún no han sido vendidas. *[existències]*
existir. v. intr. Tener una cosa ser real y verdadero. *[existir]* // Vivir, subsistir. *[existir]*
éxito. m. Fin y buena suerte de alguna empresa. *[èxit]*
éxodo. m. Emigración en masa. *[èxode]*
exógeno, ógena. adj. Que crece de dentro a fuera. *[exogen]*
exonerar. v. tr. Liberar de alguna cosa onerosa. *[exonerar]*
exorbitante. adj. Que excede de los límites, enorme. *[exorbitant]*
exorcismo. m. Conjuro contra el espíritu maligno. *[exorcisme]*
exorcizar. v. tr. Hacer exorcismos. *[exorcitzar]*
exordio. m. Principio, introducción, especialmente del discurso oratorio. *[exordi]*
exótico, ótica. adj. Introducido del extranjero, extraño. *[exòtic]*
expandir. v. tr. y pron. Causar la expansión de algo, difundir, esparcir. *[expandir]*
expansión. f. Acción de expandir o de expandirse. *[expansió]* // Desahogo del ánimo. *[expansió]* // Recreo, diversión. *[esplai]*

expansionarse. v. pron. Dar expansión a los propios sentimientos, desahogar. *[expansionar-se]*

expatriar. v. tr. Alejar a alguien de su patria. *[expatriar]*

expectación. f. Ansia con que se espera un suceso o cosa importante. *[expectació]*

expectativa. f. Cualquier esperanza de conseguir alguna cosa. *[expectativa]*

expectorar. v. tr. Lanzar por la boca las secreciones de los órganos respiratorios. *[expectorar]*

expedición. f. Acción y efecto de expedir. *[expedició]* // Aquello que el hombre expede o transmite. *[expedició]*

expedientar. v. tr. Someter a expediente. *[expedientar]*

expediente. m. Conjunto de todos los papeles referentes a un asunto o negocio. *[expedient]* // Medio empleado para resolver una dificultad. *[expedient]*

expedir. v. tr. Transmitir alguna cosa, especialmente mercaderías a una destinación. *[expedir]* // Despachar un documento, etc. *[expedir]*

expedito, ita. adj. Libre de todo estorbo, desembarazado. *[expedit]*

expeler. v. tr. Lanzar fuera, expulsar. *[expel·lir]*

expender. v. tr. Vender por encargo de otro. *[expendre]* // Esparcir moneda falsa u otra de comercio ilícito. *[expendre]*

expensas. f. pl. Gastos, costas. *[expenses]*

experiencia. f. Conjunto de conocimientos que el hombre adquiere por la práctica. *[experiència]* // Experimento, observación. *[experiència]*

experimentar. v. tr. e intr. Tr. Someter a la observación alguna cosa. *[experimentar]* // Sentir, sufrir. *[experimentar]*

experimento. m. Prueba hecha para confirmar alguna cosa dudosa, demostración práctica, ensayo. *[experiment]*

experto, erta. adj. y s. Entendido y hábil en una ciencia o arte. *[expert]* // Perito. *[expert]*

expiar. v. tr. Borrar las culpas por medio de un sacrificio. *[expiar]* // Padecer el delincuente la pena. *[expiar]*

expirar. v. tr. e intr. Tr. Expulsar de los pulmones el aire que ha servido para la respiración. *[expirar]* // Intr. Dar el último aliento, morir. *[expirar]* // Acabar, cesar. *[expirar]*

explanada. f. Espacio grande de terreno allanado. *[esplanissada]*

explanar. v. tr. Poner llano un terreno. *[esplanar]* // Hacer inteligible una cosa poco clara, explicar. *[explanar]*

explicación. f. Acción y efecto de explicar. *[explicació]*

explicaderas. f. Facilidad y manera de explicarse, de hablar. *[explicativa]*

explicar. v. tr. Exponer una doctrina difícil con palabras claras. *[explicar]* // Dar razón de un hecho. *[explicar]* // **-se.** Declarar alquien su pensamiento. *[explicar-se]* // Dar aclaraciones sobre acciones o palabras que exigen ser justificadas. *[explicar-se]*

exploración. f. Acción y efecto de explorar. *[exploració]*

explorador, ora. adj. Relativo o perteneciente a la exploración. *[escolta]* // m. y f. Chico o chica enrolados en la exploración. *[escolta]*

explorar. v. tr. Reconocer, inquirir, tratar de descubrir aquello que hay en alguna cosa. *[explorar]* // Recorrer un país o comarca reconociendo aquello que hay. *[explorar]*

explosión. f. Acción de estallar violenta y ruidosamente. *[explosió]*

explosivo, iva. adj. Relativo o perteneciente a la explosión. *[explosiu]*

explotar. v. tr. e intr. Tr. Extraer de las minas la riqueza que contienen. *[explotar]* // Abusar de alguien en provecho propio. *[explotar]* // Intr. Hacer explosión, estallar. *[explotar]*

expoliar. v. tr. Desposeer a alguien de aquello que le pertenece. *[espoliar]*

exponente. m. Aquello que sirve de ejemplo de una cosa. *[exponent]* // Número que indica el grado de una potencia. *[exponent]*

exponer. v. tr. Poner en un lugar alguna cosa con el fin de exhibirla. *[exposar]* // Explicar, manifestar. *[exposar]* // Hacer que una cosa sea accesible a un ataque, peligro, etc. *[exposar]*

exportar. v. tr. Transportar y vender en un país extranjero los productos nacionales. *[exportar]*

exposición. f. Acción y efecto de exponer o de exponerse. *[exposició]*

expósito, ósita. adj. y s. Dicho del niño dejado en un lugar público para que alguien lo recoja, o puesto en el torno de una casa de beneficencia. *[expòsit]*

expresar. v. tr. Manifestar el pensamiento, el sentimiento, etc., con la palabra o cualquier otro signo exterior. *[expressar]*

expresión. f. Acción y efecto de expresar o de expresarse. *[expressió]*

expreso, esa. adj. Manifestado explícita, formal y distintamente. *[exprés]* // m. Correo extraordinario. *[exprés]* // Tren que se detiene solamente en las estaciones principales del trayecto. *[exprés]*

exprimidera. f. Instrumento para exprimir. *[espremedora]*

exprimir. v. tr. Apretar una cosa para sacarle el jugo. *[esprémer]* // Sacar de una cosa todo el provecho posible. *[esprémer]*

expropiar. v. tr. Desposeer legalmente a alguien de la propiedad de un bien. *[expropiar]*

expulsar. v. tr. Sacar a alguien de un lugar donde se piensa que no debe estar. *[expulsar]*

expurgar. v. tr. Limpiar una cosa de lo que contiene de erróneo, nocivo, etc. *[expurgar]*

exquisito, ita. adj. De sabor buenísimo, que place por su finura o excelencia. *[exquisit]*

extasiado, ada. adj. Abstraído en la contemplación de alguna cosa. *[extasiat]*

extasiarse. v. pron. Arrobarse. *[extasiar-se]*

éxtasis. m. Estado de ánimo completamente dominado por un sentimiento de admiración, etc., que quita por un momento la conciencia de sí mismo. *[èxtasi]*

extemporaneidad. f. Calidad de extemporáneo. *[extemporaneïtat]*

extemporáneo, ánea. adj. Fuera de su tiempo. *[extemporani]*

extender. v. tr. Poner largo o plano aquello que está plegado, contraído, encogido. *[estendre]* // Desplegar una cosa. *[estendre]*

extensión. f. Acción y efecto de extender. *[extensió]* // Medida del espacio ocupado por un objeto. *[extensió]* // Conjunto de individuos comprendidos en una idea. *[extensió]*

extenso, ensa. adj. Que tiene extensión. *[extens]*

extenuar. v. tr. Agotar las fuerzas, debilitar. *[extenuar]*

exterior. adj. Que está por la parte de fuera. *[exterior]* // m. La porción de espacio que comienza donde un cuerpo acaba. *[exterior]* // La parte de un cuerpo que mira hacia afuera. *[exterior]*

exteriorizar. v. tr. Manifestar, descubrir, sacar al exterior. *[exterioritzar]*

exterminar. v. tr. Destruir totalmente, extirpar. *[exterminar]*

exterminio. m. Acción de exterminar, exterminación. *[extermini]*

externo, erna. adj. Situado fuera, que obra o se manifiesta por la parte exterior. *[extern]*

extinción. f. Acción y efecto de extinguir o de extinguirse. *[extinció]*

extinguir. v. tr. Hacer que una cosa cese o se acabe. *[extingir]*

extinto, inta. adj. Muerto, extinguido. *[extint]*

extintor, ora. adj. Que extingue. *[extintor]* // m. Aparato para extinguir incendios. *[extintor]*

extirpar. v. tr. Arrancar de raíz, exterminar. *[extirpar]*

extorsión. f. Acción y efecto de usurpar violentamente, con amenazas, etc. *[extorsió]* // Daño o perjuicio cualquiera. *[extorsió]*

extra. adj. De calidad superior. *[extra]* // m. Objeto de calidad superior. *[extra]* // Cosa de más de lo debido, esperado o acostumbrado. *[extra]* // Persona que trabaja accidentalmente como actor de cine. *[extra]* // Sobresueldo. *[extra]*

extracto. m. Efecto o producto de extraer

la parte más sustanciosa o importante de una cosa. *[extracte]* // Resumen de un escrito, un discurso, etc. *[extracte]*

extractor, ora. adj. Que extrae. *[extractor]* // Aparato para extraer alguna cosa. *[extractor]*

extradición. f. Acción de remitir a un reo, refugiado en un país extranjero, al gobierno de su país. *[extradició]*

extraer. v. tr. Sacar alguna cosa de una posición fija por tracción, succión, etc. *[extraure]* // Separar, sacar, de una sustancia sus elementos. *[extraure]* // Sacar de un escrito, libro, archivo, etc., un pasaje, texto, etc. *[extraure]*

extralimitarse. v. pron. Excederse en el uso de sus atribuciones. *[extralimitar-se]*

extramuros. adv. Fuera del recinto de una población. *[extramurs]*

extranjerizar. v. tr. Hacer adquirir costumbres extranjeras. *[estrangeritzar]*

extranjero, era. adj. y s. Natural de un país respecto a los naturales de otro. *[estranger]* // m. Conjunto de todos los países, excepto el nuestro. *[estranger]*

extrañar. v. tr. y pron. Causar extrañeza. *[estranyar]*

extrañeza. f. Calidad de extraño o raro. *[estranyesa]*

extraño, aña. adj. De un país, familia, etc., diferente del nuestro. *[estrany]* // Singular, no frecuente o usual. *[estrany]*

extraordinario, aria. adj. Que está fuera del orden o de la regla comúnmente seguida, no acostumbrado. *[extraordinari]* // m. Aquello que es extraordinario. *[extraordinari]*

extrarradio. m. Parte extrema de una ciudad, fuera del núcleo urbano. *[extraradi]*

extraterritorialidad. f. Privilegio por el que los domicilios de los agentes diplomáticos, etc., que están fuera de su nación, los barcos de guerra, etc., son considerados como si formasen parte del territorio de su nación. *[extraterritorialitat]*

extravagancia. f. Calidad de extravagante. *[extravagància]*

extravagante. adj. Que está fuera de ciertos límites. *[extravagant]*

extravasarse. v. pron. Salir un líquido de su conducto normal. *[extravasar-se]*

extraviar. v. tr. Hacer salir del camino. *[extraviar]* // Hacer perder el camino de la virtud. *[extraviar]* // **-se.** Perder el camino, perderse una cosa, abandonar el camino de la virtud. *[extraviar-se]*

extremado, ada. adj. Que lleva las cosas al último extremo. *[extremat]*

extremar. v. tr. Llevar alguna cosa al extremo. *[extremar]*

extremaunciar. v. tr. Olear, administrar los santos óleos a los enfermos. *[pernoliar]*

extremaunción. f. Sacramento que se administra a los enfermos en peligro de muerte, untándoles con aceite las diferentes partes del cuerpo. *[extremunció]*

extremidad. f. Calidad de extremo. *[extremitat]* // f. pl. Manos y pies del hombre. *[extremitats]* // Patas, cola, tentáculos, etc., de los animales. *[extremitats]*

extremo, ema. adj. Que en una dirección dada es el último de todo. *[extrem]* // m. Parte primera o última de una cosa. *[extrem]*

exuberancia. f. Calidad de exuberante. *[exuberància]*

exuberante. adj. Abundante y copioso en exceso. *[exuberant]*

exudar. v. intr. Salir al exterior un líquido a modo de sudor. *[exsudar]*

exulcerar. v. tr. Ulcerar ligeramente. *[exulcerar]*

exultante. adj. Que exulta. *[exultant]*

exultar. v. intr. Demostrar gran gozo o alegría. *[exultar]*

exvoto. m. Ofrenda hecha en cumplimiento de un voto, en recuerdo de un beneficio recibido, etc. *[ex-vot, presentalla]*

eyacular. v. tr. Expeler con fuerza un líquido. *[ejacular]*

f f f f f f f f

f. f. Séptima letra del abecedario. *[f]*
fa. m. Cuarta nota de la escala musical. *[fa]*
fábrica. f. Lugar donde fabrican alguna cosa. *[fàbrica]* // Cualquier construcción o parte de ella hecha con piedra o ladrillo y argamasa. *[fàbrica]*
fabricación. f. Acción y efecto de fabricar. *[fabricació]*
fabricante. m. El que fabrica mercaderías y otros productos. *[fabricant]* // Propietario de una fábrica. *[fabricant]*
fabricar. v. tr. Hacer una cosa con materias primas por medios mecánicos. *[fabricar]* // Hacer mercaderías y otros productos. *[fabricar]* // Construir un edificio, etc. *[fabricar]*
fabril. adj. Relativo a las fábricas o a sus obreros. *[fabril]*
fábula. f. Narración falsa, de pura invención. *[faula]* // Composición en verso en la que se da una enseñanza útil o moral por medio de una ficción alegórica. *[faula]* // Asunto de un poema o de una novela. *[faula]*
fabuloso, osa. adj. Falso, sin verdad histórica. *[fabulós]* // Muy exagerado, increíble. *[fabulós]*
facción. f. Parcialidad de gente amotinada o rebelada. *[facció]* // Acto del servicio militar. *[facció]* // pl. Rasgos de la fisonomía. *[faccions, faiçons]*
faceta. f. Cada una de las caras de una figura poliédrica. *[faceta]* // Cada uno de los aspectos que se pueden considerar en un asunto. *[faceta]*
facial. adj. Relativo o perteneciente a la faz o rostro. *[facial]*
fácil. adj. Que se hace con poco trabajo o esfuerzo. *[fàcil]*
facilidad. f. Calidad de fácil. *[facilitat]* // Facultad de hacer fácilmente una cosa. *[facilitat]*
facilitar. v. tr. Hacer fácil o posible. *[facilitar]* // Proporcionar, entregar, dar oportunidad de obtener. *[facilitar]*
facineroso, osa. adj. Delincuente, malvado, que comete habitualmente delitos. *[facinerós]*
facistol. m. Mueble que forma un plano inclinado donde se pone el libro, etc., para cantar en las iglesias. *[faristol]*
facsímil. m. Reproducción exacta de un escrito, dibujo, etc. *[facsímil]*
factible. adj. Que se puede hacer. *[factible]*
factor, ora. m. y f. El que hace alguna cosa. *[factor]* // El que en las estaciones de ferrocarril está encargado de la recepción, expedición y entrega de equipajes y mercaderías. *[factor]* // m. En matemáticas, cantidad que contribuye a formar un producto. *[factor]*
factoría. f. Cargo y oficio de factor. *[factoria]* // Oficina, establecimiento del factor. *[factoria]* // Establecimiento de comercio en país extranjero o colonial. *[factoria]*
factótum. m. El que en una casa ejerce todos los ministerios. *[factòtum]* // El que lo hace todo en un asunto o empresa, etc. *[factòtum]*
factura. f. Acción y efecto de hacer una cosa. *[factura]* // Forma que se da a las cosas. *[factura]* // Cuenta del coste de mercaderías o servicios realizados. *[factura]*
facturar. v. tr. Extender facturas de las ventas hechas. *[facturar]* // Registrar en las estaciones de ferrocarriles los equipajes, mercaderías, etc., con el fin de enviarlos a su destino. *[facturar]*

facultad. f. Poder, derecho de hacer alguna cosa. *[facultat]* // Poder natural de ejercer una función. *[facultat]* // Cuerpo de profesores de una ciencia en una universidad. *[facultat]*

facultar. v. tr. Conceder facultades a alguien para hacer alguna cosa. *[facultar]*

facultativo, iva. adj. Relativo o perteneciente a la facultad de hacer alguna cosa. *[facultatiu]* // m. y f. Quien profesa una facultad, especialmente médica. *[facultatiu]*

facundia. f. Abundancia y facilidad en el hablar. *[facúndia]*

facha. f. Traza, figura, aspecto. *[fatxa]* // Mamarracho, adefesio. *[fatxa]*

fachada. f. Parte anterior de un edificio. *[fatxada, façana]*

fachenda. f. Presunción, ostentación exagerada. *[fatxenda]*

fachendear. v. intr. Hacer fachenda, gallear, hacer ostentación vana y excesiva. *[fatxendejar]*

faena. f. Aquello que se ha de hacer, que se hace, trabajo o quehacer en el que uno se ocupa. *[faena, quefer]* // Trabajo, tarea. *[faena]*

fagot. m. Instrumento musical de viento, de voces bajas. *[fagot]*

faisán, ana. m. y f. Pájaro comestible con plumaje de colores brillantes. *[faisà]*

faja. f. Pieza de ropa para ceñir el cuerpo. *[faixa]* // Lista o tira más larga que ancha. *[faixa]* // Pieza de ropa roja o azul que se ciñen los jugadores de pelota valenciana a la cintura para diferenciar a los equipos. *[faixa]*

fajar. v. tr. Ceñir una faja. *[faixar]*

fajín. m. Ceñidor de seda, de diferentes colores, que usan como insignia ciertos funcionarios. *[faixí]*

fajina. f. Conjunto de haces de mies que se pone en las eras. *[erada]* // Leña delgada para encender. *[feixina, encenall]*

fajo. m. Haz. *[feix]*

falacia. f. Engaño con que se intenta dañar a otro. *[fal·làcia]*

falange. f. Cuerpo de infantería de los antiguos ejércitos griegos. *[falange]* // Cada uno de los huesos de los dedos. *[falange]*

falaz. adj. Que tiene el vicio de la falacia, embustero, falso. *[fal·laç]*

falca. f. Cuña u otro objeto empleado para falcar. *[falca]*

falcar. v. tr. Asegurar con falcas. *[falcar]*

falce. f. Clase de hoz pequeña, usada especialmente para cortar racimos. *[falçó]*

falda. f. Parte de la ropa de la cintura hacia abajo. *[falda]* // Parte inferior de las montañas. *[falda]* // Conjunto de los brotes de un árbol que se dirigen hacia tierra. *[falda]*

faldero, era. adj. Perteneciente o relativo a la falda. *[falder]* // adj. y s. Dicho del hombre aficionado a ir siempre detrás de las mujeres o con mujeres. *[falder]*

faldilla. f. Parte de la falda que cubre las piernas o parte de ellas. *[faldeta]*

faldón. m. Parte que cuelga, suelta, de alguna pieza el vestido. *[faldó]* // Parte inferior de la camisa. *[faldó]*

falible. adj. Capaz de equivocarse. *[fal·lible]*

faloria. f. Idea errónea, razón débil, predicción gratuita, etc., que se da como incontrovertible, como decisiva, como cosa segura, etc. *[falòria]*

falsear. v. tr. Alterar una cosa volviéndola falsa. *[falsejar]*

falsedad. f. Calidad de falso. *[falsedat]* // Afirmación falsa. *[falsedat]*

falsía. f. Engaño, falsedad, impostura, calidad del que afecta sentimientos que no tiene; el acto o palabra propios del hombre falso. *[falsia]*

falsificar. v. tr. Hacer una cosa falsa. *[falsificar]* // Alterar una cosa con tal de engañar. *[falsificar]* // Hacer una cosa que tenga la apariencia de otra. *[falsificar]*

falso, alsa. adj. Que no es verdadero por error o engaño. *[fals]* // Que toma la apariencia de una cosa con tal de engañar, no real, no auténtico. *[fals]*

falta. f. Defecto o privación de una cosa útil o necesaria. *[falta]* // El hecho de faltar a un deber, obligación, regla, etc.

[falta, fallida] // Caída de la pelota, o golpe que se le da, fuera de los límites señalados. *[falta]*

faltar. v. intr. Caer en falta. *[faltar]* // Hacer actos contrarios a alguna cosa. *[faltar]* // No tener la consideración debida a otro. *[faltar]*

falto, alta. adj. Que no tiene. *[falt]*

falúa. f. Clase de embarcación pequeña para el transporte de provisiones. *[falua]*

falucho. m. Embarcación costera con una vela latina. *[faldutx]*

falla. f. Rompimiento del terreno. *[falla]* // Falta de una cosa necesaria. *[falla]* // Monumento con figuras representativas, hecho para diversión popular y destinado al fuego. *[falla]*

fallar. v. tr. e intr. Tr. No acertar, errar. *[fallar]* // En el juego de cartas, ganar la baza con una carta de triunfo. *[fallar]* // Intr. No responder alguna cosa en el momento en que la necesitamos. *[fallar, fallir]* // Faltar alguien a algo que se esperaba de él. *[fallir]* // Caer en falta. *[fallir]*

falleba. f. Barrita de hierro que se pone en una puerta, etc., que, al hacerla girar con una manilla, se sujeta con la otra hoja o con un punto de la construcción. *[falleva]*

fallecer. v. intr. Morir. *[morir, finar]*

fallero, era. m. y f. El que hace la falla o forma parte de la comisión de una falla. *[faller]*

fallo. m. Acción de fallar. *[fallada]*

fama. f. Voz pública de alabanza, reputación favorable, renombre, notoriedad de una persona o cosa. *[fama]*

famélico, élica. adj. Que tiene mucha hambre. *[famolenc]*

familia. f. Conjunto de personas que viven en una casa bajo la autoridad del jefe de ella. *[família]* // Ascendencia, descendencia y parientes de alguien. *[família]* // Grupo de seres de una condición común. *[família]* // Grupo de animales o plantas que forman una categoría de clasificación entre el orden y el género. *[família]*

familiar. adj. Relativo o perteneciente a la familia. *[familiar]* // Aplicado a aquello que a uno le resulta muy conocido. *[familiar]* // m. Cada uno de los que componen una familia. *[familiar]* // Eclesiástico servidor y comensal de un obispo. *[familiar]*

familiarizar. v. tr. Hacer a alguien familiar con una persona o una cosa. *[familiaritzar]* // **-se.** Introducirse y acomodarse al trato familiar de uno. *[familiaritzar-se]*

famoso, osa. adj. Que tiene fama. *[famós]*

fámulo, ámula. m. y f. Siervo, criado de una comunidad o una casa. *[fàmul]*

fanal. m. Caja transparente con luz dentro. *[fanal]*

fanático, ática. adj. y s. Que se aferra con vehemencia e intolerancia a su creencia u opinión. *[fanàtic]*

fanatizar. v. tr. Hacer volver fanático. *[fanatitzar]*

fanega. f. Medida de grano, equivalente a ocho almudes. *[faneca]*

fanfarria. f. Jactancia, bravata, arrogancia vana. *[fanfàrria]*

fanfarrón, ona. adj. y s. Que presume de valiente, de sabio, de rico, etc., o de lo que no es. *[fanfarró]*

fanfarronada. f. Dicho o hecho propio de un fanfarrón. *[fanfarronada]*

fanfarronear. v. intr. Decir o hacer fanfarronadas. *[fanfarronejar]*

fango. m. Mezcla pastosa de tierra y agua. *[fang]*

fangoso, osa. adj. Lleno de barro, sucio de barro. *[fangós]*

fanguear. v. intr. Hacer barro, convertirse en barro. *[fanguejar]* // Ir por el barro. *[fanguejar]*

fantasear. v. intr. Dejar correr la fantasía. *[fantasiar, fantasiejar]*

fantasía. f. Potencia del alma que forma las imágenes de las cosas. *[fantasia]* // Imagen ilusoria, noción quimérica. *[fantasia]* // Ficción ingeniosa. *[fantasia]*

fantasma. m. Imagen ilusoria de un objeto. *[fantasma]* // Visión quimérica. *[fantasma]* // f. Figura extraña para dar miedo a las criaturas. *[fantasma]* // Persona que simula una aparición, un espectro. *[fantasma]*

fantasmal. adj. Propio de los fantasmas. *[fantasmal]*

fantástico, ástica. adj. Relativo o perteneciente a la fantasía. *[fantàstic]* // Que se deja llevar por la fantasía. *[fantàstic]*

fantoche. m. Títere, muñeco. *[fantotxe]* // Persona que es mucho menos de lo que aparenta. *[fantotxe]*

faquir. m. Asceta o mendicante mahometano, que hace cosas aparentemente milagrosas. *[faquir]*

faralá. m. Volante a modo de adorno cosido por arriba y suelto por la parte inferior de los vestidos femeninos. *[farbalà]*

farallón. m. Peñascos más o menos agudos que sobresalen en el mar o en tierra firme. *[faralló]*

faramalla. f. Cosa aparatosa y de poco fundamento. *[faramalla]*

farándula. f. Grupo de comediantes ambulantes. *[faràndula]*

faraón. m. Soberano del antiguo Egipto. *[faraó]*

fardo. m. Paquete gordo. *[fardell]*

farináceo, ácea. adj. De harina o que parece harina. *[farinós]*

faringe. f. Parte del tubo digestivo comprendida entre la boca y el esófago. *[faringe]*

fariseo. m. Miembro de una secta judía que aparentaba rigor y austeridad. *[fariseu]* // El que aparenta una piedad que no tiene, observando rigurosamente las prácticas exteriores de la religión. *[fariseu]*

farmacéutico, éutica. adj. Perteneciente a la farmacia. *[farmacèutic]* // m. y f. Quien ejerce en la farmacia. *[apotecari]*

farmacia. f. Arte y profesión de preparar los medicamentos. *[farmàcia]* // Oficina o tienda donde se preparan y despachan medicamentos. *[farmàcia]*

faro. m. Torre alta en las costas con luz en la parte superior que sirve para guiar de noche a los navegantes. *[far]*

farol. m. Caja transparente con luz dentro. *[fanal, farol]*

farolear. v. intr. Exhibirse para darse importancia. *[farolejar]*

farolillo. m. Tipo de planta campanulácea, de ornamento. *[farol]*

farra. f. Diversión bulliciosa, jarana. *[xerinola, tabola]*

fárrago. m. Mezcla de cosas desordenadas o inconexas. *[mescladissa]*

farruco, uca. adj. Valiente, retador. *[valent]*

farsa. f. Comedia burlesca. *[farsa]* // Cosa engañosa que se pretende hacer pasar por verdadera. *[farsa]*

farsante, anta. adj. y s. Comediante. *[farsant]* // Que finge cosas que pretende hacer pasar por verdaderas. *[farsant]*

fascículo. m. Cada una de las divisiones de un libro publicado en partes o cuadernos. *[fascicle]*

fascinar. v. tr. Cautivar irresistiblemente a alguien con la mirada, etc. *[fascinar]*

fascismo. m. Doctrina y sistema político implantado en Italia después de la primera guerra mundial. *[feixisme]*

fase. f. Cada uno de los diversos aspectos sucesivos de la luna y de otros planetas. *[fase]* // Cada uno de los diversos estados sucesivos de un fenómeno natural, doctrina, negocio, etc. *[fase]*

fastidiar. v. tr. Molestar mucho, enojar. *[emprenyar]* // **-se** Encolerizarse, enojarse. *[emprenyar-se]*

fastidio. m. Sensación de cansancio que produce en el ánimo una cosa de la que estamos saciados. *[fastig]*

fastidioso, osa. adj. Que causa fastidio. *[fastijós]*

fasto, asta. adj. Se dice del día, año, etc., feliz o venturoso. *[faust]*

fastuoso, osa. adj. Ostentoso, amigo del fausto. *[fastuós]*

fatal. adj. De graves consecuencias, desgraciado, funesto. *[fatal]*

fatalidad. f. Calidad de fatal. *[fatalitat]* // Adversidad, acontecimiento fatal. *[fatalitat]*

fatiga. f. Cansancio físico o moral. *[cansament]* // Molestia por la respiración frecuente y dificultosa. *[fatiga]*

fatigar. v. tr. Causar fatiga. *[fatigar]*

fatuidad. f. Calidad de fatuo. *[fatuïtat]* // Vanidad infundada. *[fatuïtat]*

fatuo, atua. adj. Lleno de presunción. *[fatu]*

fauces. f. pl. Parte posterior de la boca. *[gola]*
fauna. f. Conjunto de los animales de un país o de una región. *[fauna]*
fauno. m. Divinidad mitológica campestre. *[faune]*
fausto, austa. adj. Con suerte, afortunado. *[faust]* // m. Lujo extraordinario. *[fast]* // Ostentación de magnificencia. *[fast]*
favor. m. Socorro, ayuda, protección. *[favor]* // Honor, gracia, beneficio. *[favor]* // Parcialidad, afecto. *[favor]*
favorable. adj. Que está o va a favor de alguien. *[favorable]*
favorecer. v. tr. Obrar a favor de alguien. *[afavorir]* // Ayudar al desarrollo, al crecimiento, al éxito de alguna cosa. *[afavorir]*
favorito, ita. adj. Que es amado con preferencia. *[favorit]* // m. y f. Persona predilecta de un rey, de un personaje, etc. *[favorit]*
faz. f. Rostro o cara. *[faç, cara, rostre]*
fe. f. Creencia firme en la verdad, en la fidelidad, etc., de alguna cosa. *[fe]* // Una de las virtudes teologales. *[fe]* // Palabra dada, promesa hecha. *[fe]* // Certificación, testimonio. *[fe]*
fealdad. f. Calidad de feo. *[lletjor]*
febrero. m. Segundo mes del año. *[febrer]*
febril. adj. Relativo o perteneciente a la fiebre. *[febril]* // Que manifiesta una viva agitación. *[febril]* // Que tiene fiebre. *[febril, febrós]* // Ardoroso. *[febrós]*
fecal. adj. Relativo a los excrementos. *[fecal]*
fécula. f. Sustancia extraída de las semillas y raíces de ciertas plantas. *[fècula]*
fecundar. v. tr. Hacer fecunda una cosa. *[fecundar]*
fecundo, unda. adj. Que da fruto, especialmente no escaso, abundante. *[fecund]*
fecha. f. Indicación del tiempo en que un hecho se ha realizado o ha de realizarse. *[data]*
fechoría. f. Mala acción. *[malifeta]*
federación. f. Acción y efecto de federar. *[federació]* // Unión de estados que forman un estado soberano. *[federació]* // Unión de sociedades que tienen un fin común. *[federació]*
federalismo. m. Principio federal de organización nacional. *[federalisme]*
federar. v. tr. y pron. Constituir o reunir en federación. *[federar]*
fehaciente. adj. Que da fe, que es digno de fe. *[fefaent]*
felicidad. f. Estado de ánimo plenamente satisfecho. *[felicitat]* // Acontecimiento feliz. *[felicitat]*
felicitación. f. Acción de felicitar. *[felicitació]* // Escrito con el que se felicita a alguien. *[felicitació]*
felicitar. v. tr. Manifestar satisfacción a alguna persona por algún acontecimiento feliz para ella. *[felicitar]*
feligrés, esa. m. y f. Persona que pertenece a una parroquia determinada, parroquiano, fiel. *[feligrés]*
feliz. adj. Que goza de felicidad. *[feliç]* // Que ocasiona felicidad. *[feliç]* // Oportuno, acertado. *[feliç]* // Tranquilo, despreocupado. *[feliç]*
felonía. f. Deslealtad, traición, acción fea. *[traïdoria]*
felpa. f. Tejido que tiene pelo en una de sus caras. *[pelfa]* // Reprensión muy áspera. *[pelfa, reprensió]*
femenino, ina. adj. Propio de la mujer. *[femení]* // Relativo o perteneciente a este sexo. *[femení]* // adj. y s. Aplicado al género gramatical de los animales hembras. *[femení]*
feminidad. f. Calidad de aquello que es propio de la mujer. *[feminitat]*
feminismo. m. Doctrina social que concede a la mujer capacidad y derechos hasta ahora reservados a los hombres. *[feminisme]*
fémur. m. Hueso largo y robusto que va de arriba a abajo del muslo. *[fèmur]*
fenecer. v. tr. e intr. Tr. Poner fin a una cosa, concluirla. *[finir]* // Intr. Morir, fallecer. *[finar]*
fénix. m. Pájaro fabuloso que pasaba por ser único en su especie y renacer de sus propias cenizas. *[fènix]*

fenómeno. m. Cualquier apariencia o manifestación. *[fenomen]* // Cosa extraordinaria y sorprendente. *[fenomen]*
feo, ea. adj. Falto de belleza. *[lleig]* // Que causa aversión. *[lleig]*
feraz. adj. Muy fértil, de frutos abundantes. *[feraç]*
féretro. m. Caja o angarillas para llevar a los muertos a enterrar. *[fèretre]*
feria. f. Concurrencia de negociantes en un lugar público y en días señalados. *[fira]* // Fiestas que se celebran con esa ocasión. *[fira]*
feriante, anta. adj. y s. Quien acude a la feria a vender o comprar. *[feriant]*
feriar. v. tr. y pron. Comprar alguna cosa en la feria. *[firar]*
fermentación. f. Acción de fermentar. *[fermentació]*
fermentar. v. intr. y tr. Intr. Transformarse en un cuerpo orgánico por la acción de microorganismos. *[fermentar]* // Tr. Hacer o producir la fermentación. *[fermentar]*
ferocidad. f. Calidad de feroz. *[ferocitat]*
feroz. adj. Que obra con ferocidad. *[feroç]* // Cruel, propio de fieras. *[feroç]*
férreo, érrea. adj. De hierro, propio del hierro. *[ferreny, ferri]* // De complexión, aspecto, carácter, etc., fuerte, varonil. *[ferreny, ferri]*
ferretería. f. Comercio de objetos de hierro y otros metales. *[ferreteria]* // Tienda donde se venden estos objetos. *[ferreteria]*
ferrocarril. m. Camino con dos carriles de hierro paralelos por donde ruedan los trenes. *[ferrocarril]*
ferroso, osa. adj. Dicho de los compuestos de hierro. *[ferrós]*
ferroviario, aria. adj. Relativo o perteneciente a los ferrocarriles. *[ferroviari]* // m. y f. Empleado de los ferrocarriles. *[ferroviari]*
fértil. adj. Que produce mucho, fecundo. *[fèrtil]*
fertilidad. f. Calidad de fértil. *[fertilitat]*
fertilizar. v. tr. Hacer fértil o más fértil. *[fertilitzar]*
férula. f. Palmeta, caña o bastón con el que el maestro castiga a los alumnos. *[fèrula]* // Dominio, sujeción. *[fèrula]*
ferviente. adj. Lleno de fervor, celoso. *[fervent]*
fervor. m. Calor intenso. *[fervor]* // Devoción, piedad ardiente. *[fervor]* // Diligencia con que se hace algo. *[fervor]*
festejar. v. tr. Hacer festejos en obsequio de alguien; agasajar. *[festejar]* // Galantear. *[festejar]*
festejo. m. Acción y efecto de festejar. *[festeig]* // Galanteo. *[festeig]* // pl. Fiestas públicas. *[festes]*
festero, era. adj. Amigo de fiestas. *[fester]* // m. y f. El que es clavario de una fiesta, el que organiza y administra una fiesta pública. *[fester]*
festín. m. Fiesta, convite, diversión particular en honor de alguien. *[festí]*
festividad. f. Fiesta o solemnidad. *[festivitat]* // Día festivo. *[festivitat]*
festivo, iva. adj. Propio de fiesta. *[fester]* // Aplicado al día de fiesta. *[festiu]* // Propio de la fiesta. *[festiu]* // Alegre en el decir, en las maneras. *[festiu]*
festón. m. Ornamento en forma de guirnalda de flores, frutas y hojas. *[fistó]* // Cenefa bordada. *[fistó]*
festonear. v. tr. Adornar con festón. *[fistonar]*
fetiche. m. Objeto de culto supersticioso entre los negros. *[fetitxe]*
fétido, étida. adj. De olor repugnante, hediondo. *[fètid]*
feto. m. Producto de la concepción en los animales vivíparos desde que pasa el período embrionario hasta el parto. *[fetus]*
feudal. adj. Perteneciente o relativo al feudo o feudalismo. *[feudal]*
feudalismo. m. Sistema feudal de gobierno y organización de la propiedad. *[feudalisme]*
feudatario, aria. m. y f. El que era investido de un feudo. *[feudatari]*
feudo. m. Dominio del que un señor era investido por el soberano con obligaciones y derechos determinados. *[feu]*
fez. m. Especie de casquete de fieltro o ropa usada por los musulmanes. *[fes]*
fiable. adj. Que es de confianza. *[fiable]*

fiador, ora. m. y f. El que da fianza o seguridad. *[fiador]*

fiambrera. f. Recipiente usado para llevar comida. *[portaviandes]*

fianza. f. Acción de fiar o fiarse, confianza. *[fiança]* // Prenda que se da en seguridad de cumplir una obligación. *[fiança]* // Obligación de pagar en lugar de otro. *[fiança]* // Prenda, garantía de una cosa. *[fermança]*

fiar. v. tr. e intr. Tr. Dar alguna cosa a la fe de alguien contando con su fidelidad. *[fiar]* // Vender sin cobrar al contado. *[fiar]* // Contar con la fidelidad de alguien. *[fiar]* // Intr. Confiar. *[fiar]* // **-se.** Tener confianza en alguien o en alguna cosa. *[fiar-se]*

fibra. f. Cada uno de los filamentos de los tejidos orgánicos. *[fibra]* // Filamento elemental de las materias textiles. *[fibra]* // Vigor, energía, capacidad de resistencia física o moral. *[fibra]*

fibroso, osa. adj. Constituido por fibras, o que tiene muchas fibras. *[fibrós]*

ficción. f. Acción y efecto de fingir, cosa fingida. *[ficció]*

ficha. f. Cada una de las cédulas o papeletas donde constan las señas de una persona, etc. *[fitxa]* // Cada una de las piezas del juego de dominó, parchís, etc. *[fitxa]*

fichero. m. Mueble para poner las fichas. *[fitxer]*

fideicomiso. m. Disposición por la cual el testador deja bienes encomendados a alguien para que ejecute su voluntad. *[fideïcomís]*

fidelidad. f. Calidad de fiel. *[fidelitat]*

fideo. m. Cada uno de los cañoncitos finos de pasta de harina para sopa. *[fideu]*

fiebre. f. Elevación de la temperatura del cuerpo acompañada de una aceleración del pulso. *[febre, febra]* // Agitación viva y ardiente producida por alguna causa moral. *[febre, febra]*

fiel. adj. Que guarda la fe o la fidelidad. *[fidel]* // m. Cristiano que sigue las normas de la Iglesia. *[fidel]*

fielato. m. Oficina del consumero. *[burot]*

fieltro. m. Trapo de lana o piel sin trama. *[feltre]* // Sombrero u otra cosa hecha de este paño. *[feltre]*

fiemo. m. Excremento de cualquier animal, estiércol. *[fem]*

fiera. f. Animal carnicero, especialmente no domesticado. *[fera]*

fiereza. f. Calidad de fiero. *[feresa]*

fiero, era. adj. Dicho de una bestia salvaje, indómita. *[fer]*

fiesta. f. Solemnidad con que la Iglesia celebra la memoria de algún santo. *[festa]* // Día en el que no se trabaja o en el que los estudiantes no tienen escuela. *[festa]* // Halago, caricia para ganar la voluntad de alguien. *[festa]*

figura. f. Forma externa de un cuerpo. *[figura]* // Representación de una forma por el dibujo, la pintura, etc. *[figura]*

figurante, anta. m. y f. Quien en el teatro representa un personaje de comparsa. *[figurant]*

figurar. v. tr. e intr. Tr. Dar figura a alguna cosa. *[figurar]* // Aparentar, fingir. *[figurar]* // Intr. Tener representación, etc., en la sociedad. *[figurar]*

figurativo, iva. adj. Que sirve de representación o figura de otra cosa. *[figuratiu]*

figurín. m. Dibujo o modelo para los vestidos. *[figurí]*

fijador, ora. adj. Que fija. *[fixador]* // m. Aquello que sirve para fijar. *[fixador]*

fijar. v. tr. Clavar alguna cosa en otra para que no se pueda separar. *[fermar]* // Mirar de punta a punta; centrar la vista sobre una persona o cosa. *[fitar]* // Hacer una cosa fija o estable. *[fixar]*

fijeza. f. Calidad de fijo. *[fixedat]*

fijo, ija. adj. Firme, asegurado. *[fix]* // No expuesto a movimiento, cambio o alteración. *[fix]*

fila. f. Conjunto de personas que van una junto a otra formado una línea recta. *[fila]*

filamento. m. Cuerpo filiforme. *[filament]*

filántropo. m. Quien estima a sus semejantes, al género humano. *[filàntrop]*

filarmonía. f. Amor a la música. *[filharmonia]*

filarmónico, ónica. adj. Aficionado a la música. *[filharmònic]*

filatelia. f. Colección y estudio de los sellos postales. *[filatèlia]*

filete. m. Parte de la moldura, larga y estrecha. *[filet]* // Perfil de alguna cosa. *[filet]* // Pieza de metal que en las imprentas marca una raya, y su impresión. *[filet]* // Trozo delgado de carne sin huesos ni tendones. *[filet]*

filiación. f. Vínculo de parentesco que une un hijo a sus padres. *[filiació]*

filiar. v. tr. Tomar la filiación a alguien. *[filiar]*

filibustero. m. Nombre dado a los piratas del mar de las Antillas. *[filibuster]*

filigrana. f. Obra de una gran delicadeza. *[filigrana]* // Señal transparente hecha en el papel cuando lo fabrican. *[filigrana]*

filípica. f. Discurso violento contra alguien, invectiva, represión dura. *[filípica]*

filisteo, ea. adj. y s. Perteneciente a un pueblo antiguo que ocupaba la parte oriental de Palestina y que sostuvo largas guerras con los israelitas. *[filisteu]*

film. m. Película que se utiliza en fotografía y en cinematografía. *[film]*

filmar. v. tr. Impresionar un film. *[filmar]*

filo. m. Corte de un instrumento. *[fil]*

filología. f. Estudio de la transmisión, colación y adición de los textos. *[filologia]* // Estudio científico de la lengua y sus textos. *[filologia]*

filólogo, óloga. m. y f. Entendido en filología. *[filòleg]*

filón. m. Masa metalífera que llena la hendedura de las rocas de un terreno. *[filó]*

filosofar. v. intr. Razonar filosóficamente. *[filosofar]* // Reflexionar. *[filosofar]*

filosofía. f. Ciencia que trata de la esencia, propiedades, causas y efectos de todas las cosas a la luz de la razón. *[filosofia]* // Sabiduría de quien sabe soportar las vicisitudes de la vida. *[filosofia]*

filósofo, ósofa. m. y f. Entendido en filosofía. *[filòsof]* // Quien se toma la vida con filosofía, con sabiduría. *[filòsof]*

filoxera. f. Insecto hemíptero que ataca a las viñas y las destruye rápidamente. *[fil·loxera]* // Enfermedad de la viña causada por este insecto. *[fil·loxera]*

filtración. f. Acción y efecto de filtrar o de filtrarse. *[filtració]*

filtrar. v. tr. e intr. Tr. Hacer pasar un líquido o un gas por un filtro. *[filtrar]* // Intr. Pasar a través de un filtro, rezumar. *[filtrar]*

filtro. m. Cuerpo poroso a través del cual hacemos pasar un líquido para clarificarlo. *[filtre]* // Brebaje al que se atribuían propiedades misteriosas. *[filtre]*

fimosis. f. Estrechez del orificio del prepucio que no deja salir al glande. *[fimosi]*

fin. m. Término, remate o acabamiento de alguna cosa. *[fi]* // Finalidad, objeto, propósito o motivo de alguna cosa. *[fi]*

final. adj. Que concluye una cosa. *[final]* // m. Fin y remate de algo. *[final]*

finalidad. f. Objeto, propósito o motivo de alguna cosa. *[finalitat]*

finalizar. v. tr. e intr. Tr. Dar fin a una cosa. *[finalitzar]* // Intr. Tener fin una cosa. *[finalitzar]*

financiar. v. tr. Proveer el capital para una empresa. *[finançar]*

financiero, era. adj. Relativo o perteneciente a las finanzas. *[financer]* // m. y f. Quien se dedica a operaciones financieras. *[financer]*

finanzas. f. pl. Caudales, bienes, negocios, banca, asuntos monetarios. *[finança]*

finar. v. intr. Morir. *[finar]*

finca. f. Propiedad inmueble, rústica o urbana. *[finca]*

fincar. v. intr. y pron. Adquirir fincas. *[fincar-se]*

fineza. f. Calidad de fino. *[finesa]* // Frase o presente que demuestra amistad y benevolencia. *[finesa]*

fingir. v. tr. Simular aquello que no es cierto. *[fingir]*

fino, ina. adj. Delicado y de buena calidad. *[fi]* // De una pureza extrema. *[fi]* // Cortés. *[fi]*

finor. f. Calidad de fino. *[finor]*

firma. f. Acto de firmar. *[firma]* // Nombre de una persona que esta misma escribe al pie de un escrito, etc., para darle autenticidad. *[firma]*

firmamento. m. Bóveda del cielo, extensión inmensa donde se mueven las estrellas y los planetas. *[firmament]*

firmar. v. tr. Poner alguien su firma. *[firmar, signar]*

firme. adj. Que cede difícilmente a un esfuerzo exterior. *[ferm]* // m. Capa sólida de terreno. *[grava]*

firmeza. f. Calidad de firme, firmeza. *[fermesa, fermetat]*

fiscal. adj. Perteneciente o relativo al fisco. *[fiscal]* // m. Ministro encargado de promover los intereses del fisco. *[fiscal]*

fiscalizar. v. tr. Sujetar al control fiscal. *[fiscalitzar]* // Investigar y denunciar las acciones de otro. *[fiscalitzar]*

fisco. m. Tesoro público. *[fisc]* // Administración que recauda los impuestos. *[fisc]*

fiscorno. m. Instrumento de viento, parecido a la trompeta, pero de cuerpo más grueso. *[fiscorn]* // Músico que toca dicho instrumento. *[fiscorn]*

fisga. f. Horca de tres dientes, usada para pescar. *[fitora]* // Burla con palabras irónicas y acciones disimuladas. *[burla]*

fisgar. v. tr. e intr. Tr. Clavar la fisga. *[fitorar]* // Husmear indagando. *[tafanejar]* // Intr. y pron. Burlarse de uno diestra y disimuladamente. *[burlar-se]*

física. f. Estudio de los cuerpos, de sus propiedades y de los agentes naturales. *[física]*

físico, ísica. adj. Relativo o perteneciente a la constitución y naturaleza corpórea. *[físic]* // Relativo o perteneciente a la física. *[físic]* // m. Exterior de una persona. *[físic]* // m. y f. Quien se ocupa de la física. *[físic]*

fisiocracia. f. Doctrina que atribuye a la naturaleza el origen de la riqueza. *[fisiocràcia]*

fisiología. f. Estudio de las funciones de los seres orgánicos. *[fisiologia]*

fisión. f. Escisión del núcleo de un átomo con liberación de energía, tal como se produce mediante el bombardeo de dicho núcleo con neutrones. *[fissió]*

fisonomía. f. Conjunto de las facciones de una persona. *[fisonomia, fesomia]*

fisonomista. adj. y s. Que tiene facilidad para recordar la fisonomía de las personas. *[fisonomista]*

fístula. f. Conducto anormal ulcerado que se abre en la piel o en las membranas mucosas. *[fistula]*

fisura. f. Fractura longitudinal de un hueso. *[fissura]* // Hendedura en la masa mineral. *[fissura]*

flácido, ácida o **fláccido, áccida.** adj. Flaco, sin consistencia. *[flàccid]*

flaco, aca. adj. De pocas carnes, delgado, magro. *[flac]*

flagelar. v. tr. Golpear con azote, azotar. *[flagel·lar, assotar]*

flamear. v. intr. Lanzar llamaradas, hacer llama. *[flamejar]* // Agitarse en el aire una bandera, un gallardete. *[flamejar]*

flamenco, enca. adj. y s. Natural o propio de Flandes. *[flamenc]* // Desenvuelto y gitanesco. *[flamenc]* // m. Idioma germánico que se habla en Bélgica. *[flamenc]* // Ave palmípeda de cerca de un metro de altura. *[flamenc]*

flámula. f. Banderita estrecha y larga. *[flàmula]* // Llama minúscula. *[flàmula]*

flan. m. Pasta de huevo, leche y azúcar, cocida al baño de María. *[flam]*

flanco. m. Cada una de las dos partes laterales de un cuerpo considerado de frente. *[flanc]*

flanquear. v. tr. Proteger el flanco de una fuerza militar, etc. *[flanquejar]* // Estar colocado en el flanco de una cosa. *[flanquejar]*

flaón. m. Bizcocho relleno de crema. *[flaó]*

flaquear. v. intr. Ir perdiendo la fuerza, debilitarse. *[flaquejar]*

flaqueza. f. Calidad de flaco. *[flaquesa]* // Acción culpable cometida por debilidad, especialmente de la carne. *[flaquesa, flaquedat]*

flato. m. Acumulación molesta de gases en el tubo digestivo. *[flat]*

flatoso, osa. adj. Que produce gases en el tubo digestivo. *[flatós]* // Que padece de flato. *[flatós]*

flauta. f. Instrumento musical de viento, construido generalmente de madera, en forma de tubo. *[flauta]* // m. y f. Músico que toca la flauta. *[flauta]* // f. Flauta rústica, caramillo. *[flaüta]* // Clase de flauta con lengüeta que tocan las criaturas. *[flaüta]*

flautín. m. Flauta pequeña de sonidos agudos. *[flautí]*

flautista. m. y f. Persona que toca la flauta. *[flautista, flauta]*

fleco. m. Conjunto de hilos o cordeles entrelazados. *[floc]*

flecha. f. Arma arrojadiza formada por una barra delgada con una punta afilada de hierro. *[fletxa]* // Distancia del punto medio de un arco a la cuerda. *[fletxa]*

fleje. m. Aro de madera flexible u otro material con el que se sujetan o aprietan las duelas de una bota, las tallas de un embalaje, etc. *[fleix]*

flema. f. El más frío y húmedo de los cuatro humores del cuerpo, según los médicos antiguos. *[flegma]* // Temperamento calmoso, apático, calma excesiva. *[flegma]*

flemón. m. Inflamación purulenta del tejido celular. *[flegmó]*

flete. m. Precio estipulado para alquiler de una nave o de una parte de ella. *[noli, nòlit]*

flexibilidad. f. Calidad de flexible. *[flexibilitat]*

flexible. adj. Que puede ser doblado con facilidad. *[flexible]* // Que se acomoda fácilmente al dictamen de otro. *[flexible]*

flexión. f. Acción y efecto de doblar o de doblarse. *[flexió]* // Alteración que sufren las palabras conjugables y declinables. *[flexió]*

flojedad. f. Calidad de flojo. *[flonjor, fluixedat]*

flojel. m. Pelusa que hace la lana, el algodón, etc.; borra. *[borrissol]*

flojo, oja. adj. Poco tirante, que no aprieta fuerte. *[fluix]* // De poca actividad, fortaleza o vigor. *[fluix]* // Hueco y esponjoso, falto de dureza. *[flonjo]*

flor. f. Parte de una planta que consta de órganos reproductores y de las cubiertas protectoras de estos órganos. *[flor]* // La parte más seleccionada de una cosa. *[flor]* // Velo que se hace encima del vino y de otros líquidos. *[flor]*

flora. f. Conjunto de las plantas de un país o región. *[flora]* // Obra que trata de las flores de un país. *[flora]*

florar. v. intr. Florecer una planta. *[florejar, florir]*

florear. v. tr. e intr. Tr. Adornar con flores. *[florejar]* // Seleccionar la flor, la parte mejor de una cosa. *[florejar]* // Intr. Hacer vibrar la punta de la espada. *[florejar]* // Prosperar, estar en pleno vigor. *[florir]*

florecer. v. intr. Sacar flor las plantas. *[florir]*

floreo. m. Acción y efecto de florear. *[floreig]* // Vibración que se comunica en la punta de la espada. *[floreig]*

florete. m. Conjunto de personas o cosas seleccionadas entre las mejores. *[floret]* // Espada de esgrima. *[floret]*

florido, ida. adj. Que tiene flores. *[florit]* // Dicho del lenguaje, estilo, etc., muy adornado de galas retóricas. *[florit]*

florilegio. m. Colección de fragmentos literarios selectos. *[florilegi]*

florista. m. y f. Quien vende flores. *[florista]* // Quien hace y vende flores artificiales. *[florista]*

flota. f. Conjunto de naves. *[flota]*

flotar. v. intr. Sostenerse en la superficie de un líquido sin hundirse. *[flotar, surar]*

fluctuar. v. intr. Moverse como una ola. *[fluctuar]* // Vacilar en la resolución de alguna cosa. *[fluctuar]* // Oscilar las cotizaciones. *[fluctuar]*

fluidez. f. Calidad de fluido. *[fluïdesa]*

fluido, ida. adj. Que fluye. *[fluid]* // Aplicado al estilo o lenguaje corriente y fácil. *[fluid]*

fluir. v. intr. Correr un líquido. *[fluir]*

flujo. m. Movimiento de las cosas líquidas. *[fluix]* // Ascenso de la marea. *[flux]* // Hemorragia. *[fluix]*

fluorescencia. f. Propiedad que tienen ciertos cuerpos de emitir luz cuando están expuestos a ciertos rayos del espectro. *[fluorescència]*

fluvial. adj. Perteneciente o relativo a los ríos. *[fluvial]*

fobia. f. Aversión obsesiva, apasionada. *[fòbia]*

foca. f. Mamífero carnívoro, de cuerpo parecido al de un pez, que vive en las nieves polares y también en el Mediterráneo. *[foca]*

foco. m. Punto donde vienen a converger los rayos de luz, de calor, etc., después de reflejados o refractados. *[focus]*

fofo, ofa. adj. Hueco y de poca consistencia. *[fofo]*

fogata. f. Hoguera que levanta llama. *[fogata]*

fogón. m. Lugar donde se hace fuego para cocinar. *[fogó, foguer]* // Hornillo portátil. *[fogó, foguer]* // Lugar de la recámara de las armas de fuego que sirve para comunicar el fuego a la carga. *[fogó]*

fogonada. f. Porción de carbón que cabe en un fogón. *[fogonada]*

fogonazo. m. Llama que hace la pólvora al inflamarse. *[fogonada]*

fogoso, osa. adj. Ardiente, vivo en exceso, lleno de impulso vital. *[fogós]*

foguear. v. tr. Acostumbrarse al fuego de las armas. *[foguejar]* // Marcar o grabar con fuego. *[foguejar]*

fogueo. m. Acción de foguear. *[fogueig]*

folclore. m. Conjunto de tradiciones, creencias, leyendas y dichos populares; su estudio. *[folklore]*

foliar. v. tr. Numerar los folios de un libro. *[foliar]*

foliar. adj. Perteneciente o relativo a la hoja o las hojas. *[foliar]*

folio. m. Hoja de papel. *[foli]* // Página numerada de un libro comercial. *[foli]*

folletín. m. En un periódico, parte reservada para la publicación de novelas, etc. *[fulletó]*

folleto. m. Obra impresa de un número de páginas generalmente no superior a cincuenta. *[fullet]* // Libro de pocas hojas. *[opuscle]*

follón, ona. adj. y s. Flojo, perezoso. *[gandul]* // Arrogante, cobarde, vano. *[cagat]* // m. Alboroto, discusión tumultuosa. *[avalot]* // Ventosidad expelida sin ruido. *[bufa]*

fomentar. v. tr. Excitar, promover. *[fomentar]* // Aplicar un fomento. *[fomentar]*

fomento. m. Acción y efecto de fomentar. *[foment]* // Aplicación de medicamentos en la parte externa del cuerpo. *[foment]*

fonda. f. Casa de comidas, restaurante. *[fonda]*

fondear. v. tr. Reconocer el fondo del agua. *[examinar]* // Anclar. *[fondejar]*

fondo. m. Parte inferior de un recipiente, de una cavidad. *[fons]* // Superficie sólida sobre la que hay agua del mar, de un río, de un estanque, etc. *[fons]* // La parte más interna opuesta a la entrada. *[fons]* // El campo de una tela, etc., encima del cual resaltan los trabajos bordados, pintados, etc. *[fons]* // Índole, carácter. *[fons]*

fonema. m. Sonido articulado simple del lenguaje hablado. *[fonema]* // Unidad fonológica mínima del sistema de la lengua. *[fonema]*

fonética. f. Parte de la lingüística que estudia los sonidos. *[fonètica]* // Conjunto de sonidos de un lenguaje y estudio científico de aquellos. *[fonètica]*

fónico, ónica. adj. Relativo o perteneciente a la voz o al sonido. *[fònic]*

fontanela. f. Espacio membranoso entre huesos del cráneo de los niños. *[fontanella]*

fontanería. f. Arte de la conducción y distribución del agua de las fuentes. *[fontaneria]* // Conjunto de conductos por donde se dirige y distribuye el agua. *[fontaneria]*

fontanero. m. El que tiene cuidado de las fuentes y de la distribución del agua. *[fontaner]*

foral. adj. Perteneciente o relativo al fuero. *[foral]*

foráneo, ánea. adj. De fuera, extraño. *[forà]*

forastero, era. adj. y s. Que se encuentra accidentalmente en un pueblo, en una localidad, que no son los suyos. *[foraster]*

forcejear. v. intr. Hacer fuerza para vencer alguna cosa. *[forcejar]*

forcejeo. m. Acción de forcejear. *[forceig]*

forcejón. m. Esfuerzo violento. *[forçada]*

forja. f. Acción y efecto de forjar. *[forja]* // fig. Manera de estar hecho, de ser. *[forja]*

forjador, ora. adj. Que forja. *[forjador]* // m. El que forja. *[forjador]*
forjar. v. tr. Dar forma con el martillo a una pieza de metal. *[forjar]* // Imaginar, idear con el pensamiento y la fantasía. *[forjar]*
forma. f. Figura externa de un cuerpo. *[forma]* // Disposición de las partes de un total. *[forma]* // Manera de expresar el pensamiento. *[forma]* // Molde que sirve para dar una cierta figura. *[forma]* // Molde para imprimir lo puesto en la prensa. *[forma]* // Hostia para comulgar. *[forma]*
formación. f. Acción y efecto de formar. *[formació]* // Reunión ordenada de un cuerpo de ejército. *[formació]* // Conjunto de rocas con caracteres comunes. *[formació]*
formal. adj. Perteneciente o relativo a la forma. *[formal]* // Que tiene formalidad. *[formal]* // Formulado con precisión. *[formal]*
formalidad. f. Exactitud, puntualidad. *[formalitat]* // Seriedad, compostura en algún acto. *[formalitat]* // Cada una de las circunstancias de un acto que exigen cumplimiento. *[formalitat]*
formalizar. v. tr. Dar la debida forma a una cosa. *[formalitzar]* // Concretar, precisar. *[formalitzar]* // **-se.** Ponerse serio. *[formalitzar-se]*
formar. v. tr. Dar forma a una cosa. *[formar]* // Juntar personas o cosas de manera que formen un cuerpo. *[formar]* // Educar. *[formar]*
formato. m. Dimensión de un libro, periódico, etc. *[format]*
formón. m. Herramienta de carpintero parecida al escoplo. *[enformador]* // Sacabocados para cortar cosas de forma circular. *[tallador]*
fórmula. f. Forma prescrita de expresar, ejecutar o resolver alguna cosa con palabras determinadas. *[fórmula]* // En matemáticas, regla, principio, expresado con símbolos algebraicos. *[fórmula]* // En química, representación simbólica de la composición de un cuerpo. *[fórmula]* // Receta, prescripción facultativa. *[fórmula]*
formular. v. tr. Reducir una cosa a términos claros y precisos. *[formular]* // Expresar una cosa con la precisión de una fórmula. *[formular]*
fornicar. v. intr. Tener trato sexual fuera del matrimonio. *[fornicar]*
fornido, ida. adj. Robusto y de mucho hueso. *[fornit]*
foro. m. Plaza donde los romanos trataban los negocios públicos. *[fòrum]* // Todo lo referente al ejercicio de la abogacía y de la magistratura. *[fòrum]* // Parte del escenario opuesta a la boca. *[fòrum]*
forraje. m. Hierba que se da a los animales como alimento. *[farratge]*
forrar. v. tr. Cubrir alguna cosa con funda o forro. *[folrar]*
forro. m. Aquello con lo que se forra un objeto. *[folro]*
fortalecer. v. tr. Dar fuerza y vigor. *[enfortir]* // Hacer más fuerte o más duro. *[enfortir]*
fortaleza. f. Calidad de fuerte. *[fortalesa]* // Recinto fortificado. *[fortalesa]*
fortificación. f. Acción y efecto de fortificar. *[fortificació]* // Obra de defensa de un lugar. *[fortificació]*
fortificar. v. tr. Construir obras de defensa. *[fortificar]* // Fortalecer, hacer más fuerte. *[fortificar]*
fortín. m. Pequeño fuerte o fortaleza. *[fortí]*
fortuito, ita. adj. Casual, imprevisto. *[fortuït]*
fortuna. f. Divinidad mitológica que distribuía ciegamente los bienes y los males. *[fortuna]* // Patrimonio, bienes que uno posee. *[fortuna]* // Tempestad de mar. *[fortuna]*
forzado, ada. adj. Sometido, conquistado por la fuerza. *[forçat]* // Forzoso, exigido por obligación. *[forçat]* // m. Condenado a la pena de galeras. *[forçat]*
forzar. v. tr. Hacer fuerza o violencia. *[forçar]* // Hacer ceder a la fuerza, constreñir. *[forçar]* // Llevar a un grado excesivo, hacer un esfuerzo extremado. *[forçar]*
forzudo, uda. adj. Que tiene mucha fuerza muscular. *[forçut]*

fosa. f. Agujero hecho en tierra para enterrar un muerto. *[fossa]* // Nombre de algunas cavidades del cuerpo humano como fosas nasales, etc. *[fossa]*

fosforescer o **fosforecer.** v. intr. Emitir luz un cuerpo fosforescente, brillar como hace un cuerpo fosforescente en la oscuridad. *[fosforejar]*

fosforescencia. f. Propiedad que tienen ciertos cuerpos de emitir luz sin calor sensible como hace el fósforo. *[fosforescència]*

fósforo. m. Metaloide de aspecto como de cera, fosforescente, fácilmente inflamable y muy tóxico. *[fòsfor]*

fósil. adj. Sustancia de origen orgánico, petrificada, que se encuentra entre las capas terrestres. *[fòssil]* // Extraordinariamente antiguo. *[fòssil]*

foso. m. Hoyo. *[vall]*

foto. f. Fotografía. *[foto]*

fotocopia. f. Copia fotográfica de páginas impresas o manuscritas. *[fotocòpia]*

fotocopiar. v. tr. Obtener fotocopias de documentos, libros, etc. *[fotocopiar]*

fotograbado. m. Arte de grabar en planchas por medio de la luz. *[fotogravat]* // Grabado por este procedimiento. *[fotogravat]*

fotografía. f. Arte de fijar y reproducir, en superficies preparadas convenientemente, las imágenes de la cámara oscura. *[fotografia]* // Estampa obtenida por este medio. *[fotografia]* // Taller de fotógrafo. *[fotografia]*

fotografiar. v. tr. Reproducir la imagen de alguna cosa por medio de la fotografía. *[fotografiar]*

fotográfico, áfica. adj. Relativo o perteneciente a la fotografía. *[fotogràfic]*

fotógrafo, ógrafa. m. y f. Quien practica la fotografía. *[fotògraf]*

frac. m. Vestido de hombre para ir de etiqueta. *[frac]*

fracasar. v. intr. No tener éxito. *[fracassar]* // Frustrarse una idea o proyecto. *[fracassar]*

fracaso. m. Malogro de una cosa. *[fracàs]* // Acontecimiento imprevisto y funesto. *[fracàs]*

fracción. f. Acción de romper, de dividir en partes. *[fracció]* // Cada una de las partes en relación al total. *[fracció]* // En matemáticas, expresión de una división indicada. *[fracció]*

fraccionar. v. tr. Dividir en partes o fracciones. *[fraccionar]*

fraccionario, aria. adj. Relativo o perteneciente a las fracciones. *[fraccionari]*

fractura. f. Ruptura producida violentamente en un cuerpo sólido. *[fractura]*

fracturar. v. tr. y pron. Producir la fractura de alguna cosa. *[fracturar]*

fragancia. f. Calidad de fragante, bien oliente. *[fragància]* // Olor suave. *[fragància]*

fragata. f. Barco de vela de tres palos. *[fragata]*

frágil. adj. Que se rompe fácilmente. *[fràgil]* // Que cae fácilmente en la tentación. *[fràgil]*

fragmentar. v. tr. Dividir en fragmentos. *[fragmentar]*

fragmento. m. Trozo de una cosa rota. *[fragment]* // Parte de un escrito, etc. *[fragment]*

fragor. m. Ruido fuerte, estrépito. *[fragor]*

fragoso, osa. adj. Dicho de un terreno o camino lleno de maleza, rocas, etc., abrupto. *[fragós]*

fragua. f. Taller donde se trabajan los metales al fuego y con martillo. *[forja]* // Fogón donde se caldean los metales para forjarlos. *[fornal, farga]*

fraile. m. Nombre que se da a los religiosos de ciertas órdenes. *[frare]* // Doblez del vestido talar o de la hoja de un libro. *[frare]*

francalete. m. Pieza de carro que sirve para poner la galga con que se frenan las ruedas. *[francalet]*

francés, esa. adj. y s. Natural o propio de Francia. *[francès]* // m. Lengua francesa. *[francès]*

francmasón. m. Quien pertenece a la francmasonería. *[francmaçó]*

francmasonería. f. Asociación secreta de personas unidas para fines sólo conocidos por los altos cargos. *[francmaçoneria]*

franco, anca. adj. Libre, exento de ciertas cargas. *[franc]* // Gratuito, que se tiene sin pagar. *[franc]* // Que expresa abiertamente su pensamiento. *[franc]* // adj. y s. Relativo a los pueblos germanos de Franconia que conquistaron y dieron nombre a Francia. *[franc]* // m. Unidad monetaria de diversos países. *[franc]*

franela. f. Clase de tejido fino, de lana. *[franel·la]*

franja. f. Guarnición en forma de banda sobrepuesta. *[franja]* // Galón o fleco liso. *[franja]*

franquear. v. tr. Atravesar un paso. *[franquejar]* // Hacer franco. *[franquejar]* // Tratar con franqueza a alguien. *[franquejar]* // Pagar, mediante sellos, el porte de un objeto enviado por correo. *[franquejar]*

franqueo. m. Acción y efecto de franquear (una carta, etc.). *[franqueig]*

franqueza. f. Calidad de quien es franco y abierto de carácter, sinceridad. *[franquesa]*

franquicia. f. Exención en el pago de ciertos derechos o de ciertos servicios públicos. *[franquícia]*

frase. f. Conjunto de palabras con un sentido completo. *[frase]* // Período corto de una composición musical con individualidad rítmica. *[frase]*

frasear. v. tr. Formar frases. *[frasejar]*

fraterna. f. Reprensión o corrección áspera. *[escardussó]*

fraternidad. f. Unión entre hermanos, hermandad. *[fraternitat]*

fraternizar. v. intr. Tratarse como hermanos. *[fraternitzar]*

fraterno, erna. adj. Relativo o perteneciente a los hermanos. *[fratern]*

fratricida. adj. y s. Que mata a un hermano. *[fratricida]* // Propio del fratricidio. *[fratricida]*

fratricidio. m. Muerte violenta dada al hermano. *[fratricidi]*

fraude. m. Acción de engañar, con perjuicio, a alguien. *[frau]*

fraudulento, enta. adj. Que se hace con fraude, que emplea el fraude, engañoso. *[fraudulent]*

fray. m. Tratamiento dado a los frailes. *[fra]*

frazada. f. Pieza tejida de lana o de algodón que se usa como ropa de abrigo de la cama. *[flassada]*

frecuencia. f. Repetición reiterada y a cortos intervalos de un acto, de un acontecimiento. *[freqüència]*

frecuentar. v. tr. Repetir un acto a menudo. *[freqüentar]* // Visitar con frecuencia algún sitio. *[sovintejar]*

fregadero. m. Pila que tiene una cañería por donde se escurre el agua. *[aigüera]*

fregadura. m. Acción y efecto de fregar. *[frec]*

fregar. v. tr. Restregar, con fuerza, una cosa con otra. *[fregar]* // Limpiar o lavar el pavimento, los platos, etc. *[fregar]*

freír. v. tr. Cocer una comida con aceite, manteca, etc., hirvientes. *[fregir]*

frenar. v. tr. Detener el movimiento de un carruaje o máquina haciendo funcionar el freno. *[frenar]*

frenesí. m. Delirio furioso, exaltación violenta del espíritu. *[frenesí]*

frenillo. m. Pliegue membranoso que limita los movimientos de un órgano, como la lengua y el prepucio. *[fre]*

freno. m. Instrumento de hierro que se pone en la boca de los caballos para dominarlos. *[fre]* // Aparato para moderar y detener el movimiento. *[fre]*

frente. m. Parte superior de la cara, desde arriba de los ojos hasta el principio del cráneo. *[front]* // Parte anterior o más avanzada de alguna cosa. *[front]*

fresa. f. Fruto de la fresera. *[maduixa]*

fresa. f. Herramienta con una punta cónica de acero, con que se ensancha la entrada de un agujero en una madera, metal, etc. *[fresa]*

fresal. m. Terreno plantado de fresas. *[maduixerar]*

fresar. v. tr. Trabajar una pieza de metal con la fresa. *[fresar]*

fresco, esca. adj. Moderadamente frío. *[fresc]* // Acabado de hacer. *[fresc]* // De buen color y buenas carnes. *[fresc]* // Que no se inmuta fácilmente. *[fresc]* // m. Frío moderado, tiempo fresco. *[fresc]*

frescor. f. Frescura o fresco. *[fresca]*

frescura. m. Calidad de fresco. *[frescor]*

fresera. f. Planta rosácea de fruto ácido, oloroso y muy sabroso. *[maduixera]*
fresno. m. Árbol de la familia de las oleáceas, de madera blanca y elástica. *[freixe]*
freza. f. Desove. *[fresa]*
frezar. v. intr. Aovar los peces. *[fresar]* // Comer los gusanos de seda. *[fressar]*
frialdad. f. Calidad de frío. *[fredor]* // Indiferencia. *[fredor]*
fricativo, iva. adj. Dicho de los sonidos bucales producidos por la fricción del aire. *[fricatiu]*
fricción. f. Acción de frotar o hacer friegas. *[fricció]*
friccionar. v. tr. Hacer fricciones. *[friccionar]* // Someter a una fricción. *[friccionar]*
friega. f. Remedio que se hace fregando una parte del cuerpo con las manos, etc. *[frega]*
frígido, ígida. adj. Muy frío. *[frígid]*
frigorífico, ífica. adj. Que produce frío. *[frigorífic]* // m. Aparato, generalmente eléctrico, para la conservación de determinadas substancias a baja temperatura. *[frigorífic]*
frío, ía. adj. Que tiene una temperatura sensiblemente más baja que la del cuerpo humano. *[fred]* // Indiferente, que muestra poco interés. *[fred]*
friolero, era. adj. Muy sensible al frío. *[fredolic]*
frisar. v. tr. e intr. Alzar o cardar la piel de ciertos paños de lana. *[frisar]* // Intr. Congeniar, confortar. *[congeniar]* // fig. Acercarse. *[ranejar]*
friso. m. Parte del entablamento entre el arquitrabe y la cornisa. *[fris]* // Faja que suele pintarse en la parte inferior de las paredes. *[fris]*
frivolidad. f. Calidad de frívolo. *[frivolitat]*
frívolo, ívola. adj. Ligero, insustancial. *[frívol]*
fronda. f. Hoja. *[fronda]* // pl. Conjunto de hojas y ramas que forman espesor. *[fronda]*
frondoso, osa. adj. Abundante de hojas y ramas. *[frondós]*
frontera. f. Confín de un estado, límite de un territorio. *[frontera]* // Pared anterior de un edificio, fachada. *[frontera, façana]*
frontero, era. adj. Colocado enfrente. *[fronter]*
frontispicio. m. Fachada. *[frontis]* // La página de un libro en la que está el título. *[frontis]* // Ilustración que ocupa la página encarada con la del título. *[frontis]*
frontón. m. Pared contra la cual se lanza la pelota en el juego de pelota. *[frontó]* // Edificio dispuesto para jugar a pelota. *[frontó]* // En los trinquetes de pelota valenciana, muro de unos cuatro metros de altura que se corresponde con los dos lados más pequeños del rectángulo. *[frontó]* // Extremo triangular de una fachada. *[frontó]*
frotar. v. tr. Tocar, rozando, la superficie de una cosa. *[fregar]* // Limpiar los platos, el pavimento, etc. *[fregar]*
fructificar. v. intr. Dar fruto. *[fructificar]*
fructuoso, osa. adj. Fértil, que da fruto. *[fruitós]*
frugal. adj. Moderado en la comida. *[frugal]*
fruición. f. Acción de fruir, gozo que se siente del bien poseído. *[fruïció]*
fruir. v. intr. Sentir un vivo placer por la consecución de una cosa deseada, gozar, disfrutar. *[fruir]*
fruncir. v. tr. Hacer arrugas en alguna parte de la cara. *[arrufar]* // Recoger una tela haciendo en ella unas arrugas pequeñas. *[frunzir]*
fruslería. f. Cosa de poca importancia, bagatela. *[fotesa]*
frustración. f. Acción y efecto de frustrar. *[frustració]*
frustrar. v. tr. Privar a alguien de lo que esperaba. *[frustrar]* // tr. y prnl. Malograr un intento. *[frustrar]*
fruta. f. Fruto comestible de los árboles y plantas. *[fruita]*
frutero, era. adj. Que da fruto. *[fruiter]* // m. y f. Persona que vende fruta. *[fruiter]* // m. Recipiente para servir la fruta. *[fruitera]*
fruto. m. Producto de la fecundación de

las plantas, que contiene las semillas. *[fruit]* // Cualquier producto útil de la tierra. *[fruit]* // Provecho, utilidad que alguna cosa produce. *[fruit]*

fuego. m. Desprendimiento de calor y luz producido por la combustión de un cuerpo. *[foc]* // Materia en brasa o llama. *[foc]* // Descarga de un arma de fuego. *[foc]* // Ardor de las pasiones. *[foc]* // Incendio. *[foc]*

fuelle. m. Instrumento que sirve para hacer viento. *[manxa]* // Arruga que hace el vestido mal cortado que no se ajusta bien al cuerpo. *[botxa]*

fuente. f. Manantial de agua. *[font]* // Construcción de piedra, ladrillo, etc., con un grifo, canal, etc., por donde sale el agua. *[font]* // Plato grande para servir viandas. *[plata]* // Cantidad de vianda que cabe en una fuente. *[plata]* // fig. Principio u origen de una cosa. *[font]*

fuera. adv. En la parte exterior. *[fora]* // Antes o después de un período de tiempo. *[fora]*

fuero. m. Jurisdicción, poder. *[fur]* // Privilegio, exención. *[fur]* // Ley, estatuto o compilación de leyes. *[fur]*

fuerte. adj. Que tiene fuerza y resistencia. *[fort]* // m. La parte fuerte de una cosa o persona. *[fort]* // Defensa natural de un lugar. *[fort]*

fuerza. f. Vigor, capacidad para mover un peso o resistencia. *[força]* // Acto de obligar a alguien. *[força]* // Causa del movimiento mecánico. *[força]* // Gente de armas. *[força]*

fuga. f. Huida. *[fuga]* // En música composición fundada sobre un tema y su contrapunto. *[fuga]* // Escape de un gas o líquido por una abertura accidental. *[escapament]*

fugaz. adj. De muy poca duración. *[fugaç]*

fulano, ana. m. y f. Palabra que se usa para designar a una persona cuyo nombre no se conoce o no se quiere decir. *[tal]*

fulgente. adj. Fúlgido. *[fulgent]*

fúlgido, úlgida. adj. Brillante, resplandeciente, que fulge. *[fúlgid]*

fulgir. v. intr. Resplandecer, brillar. *[fulgir]*

fulgor. m. y f. Esplendor de un cuerpo luminoso. *[fulgor]* // Calidad de fúlgido. *[fulgidesa]*

fulguración. f. Estallido de luz viva e instantánea. *[llampada]*

fulgurar. v. intr. Despedir rayos de luz. *[fulgurar]*

fúlica. f. Pájaro de plumaje negro con una placa córnea en la frente, que vive en las orillas de los lagos. *[fotja]*

fulminar. v. tr. e intr. Tr. Hacer explotar una materia explosiva. *[fulminar]* // Lanzar una condena. *[fulminar]* // Intr. Lanzar rayos. *[fulminar]*

fumadero. m. Lugar destinado para fumar. *[fumador]*

fumador, ora. m. y f. Quien tiene costumbre de fumar. *[fumador]*

fumar. v. tr. Aspirar el humo del tabaco. *[fumar]*

fumigar. v. tr. Aplicar el humo o vapor de sustancias quemadas o calentadas a un objeto o lugar para desinfectarlo, para limpiar los árboles de parásitos, etc. *[fumigar]*

fumista. m. Quien tiene por oficio construir, poner, conservar, los aparatos de calefacción. *[fumista]*

funámbulo, ámbula. m. y f. Persona que hace ejercicios sobre una cuerda estirada. *[funàmbul]*

función. f. Acción propia de un órgano de un animal o de una planta. *[funció]* // Ejercicio de un cargo. *[funció]* // Ceremonia religiosa más o menos solemne. *[funció]* // Diversión o espectáculo. *[funció]*

funcionamiento. m. Acción y efecto de funcionar. *[funcionament]*

funcionar. v. tr. Cumplir su función o funciones. *[funcionar]*

funcionario, aria. m. y f. Quien ejerce una función pública. *[funcionari]*

funda. f. Cubierta de ropa, cuero, etc., que se usa para envolver o tener guardada una cosa. *[funda]*

fundación. f. Acción y efecto de fundar. *[fundació]* // La cosa fundada. *[fundació]*

fundamental. adj. Que sirve de fundamento o base. *[fonamental]*

fundamentar. v. tr. Poner los fundamentos de una cosa. *[fonamentar]*

fundamento. m. Cimiento sobre el que se funda un edificio u otra cosa. *[fonament]* // Razón o motivo de alguna cosa. *[fonament]*

fundar. v. tr. Crear una institución, etc. *[fundar]* // Defender o establecer con razones o motivos. *[fundar]*

fundición. f. Fábrica donde se funden metales. *[foneria]* // Acción y efecto de fundir o de fundirse. *[fosa]*

fundir. v. tr. Convertir en líquido o disolver por la acción del calor. *[fondre]* // Dar forma en moldes al metal en fusión. *[fondre]*

fúnebre. adj. Relativo a los muertos. *[fúnebre]* // Muy triste y luctuoso. *[fúnebre]*

funeral. adj. Relativo o perteneciente al entierro de un difunto. *[funeral]*

funesto, esta. adj. Que causa pena o maldad. *[funest]* // Que lleva la muerte o una gran desgracia. *[funest]*

fungible. adj. Que se consume por el uso. *[fungible]*

funicular. adj. Que funciona mediante una cuerda. *[funicular]* // m. Tranvía que sigue un camino pendiente sostenido por una cuerda, cable o cadena. *[funicular]*

furgón. m. Vagón especial que, en los trenes de pasajeros, lleva el equipaje. *[furgó]* // Carro largo y cubierto para transportes. *[furgó]*

furia. f. Cada una de las tres divinidades infernales del paganismo. *[fúria]* // Movimiento violento de ira, violencia, impetuosidad. *[fúria, furor]*

furibundo, unda. adj. Lleno de furia, movido de ira violenta. *[furibund]*

furor. m. Entusiasmo o exaltación por alguna cosa. *[furor]* // Ira exaltada. *[furor]*

furtivo, iva. adj. Hecho a escondidas o que obra a escondidas. *[furtiu]*

furúnculo. m. Tumor inflamatorio, duro y puntiagudo, que se forma en el grueso de la piel. *[furóncol]*

fusible. adj. Que se puede fundir. *[fusible]*

fusil. m. Arma de fuego destinada al uso de los soldados de infantería. *[fusell]*

fusilar. v. tr. Matar con una descarga de fusiles. *[afusellar]*

fusión. f. Acción y efecto de fundir o de fundirse. *[fusió]*

fusionar. v. tr. Fundir, unificar, hacer la fusión de cosas, antes distintas o separadas, en una sola cosa. *[fusionar]*

fuste. m. Nervio, sustancia o entidad. *[nervi, importància]* // Parte de la columna entre la base y el capitel. *[fust]*

fustigar. v. tr. Dar latizagos. *[fuetejar]*

fútbol. m. Juego de pelota con el pie que se practica en un campo rectangular. *[futbol]*

futbolista. m. y f. Jugador de fútbol. *[futbolista]*

fútil. adj. De poca importancia, aquello de lo que no vale la pena ocuparse. *[fútil]*

futilidad. f. Calidad de fútil. *[futilitat]*

futuro, ura. adj. y s. Que será. *[futur]* // Tiempo de un verbo que indica una acción que ha de venir. *[futur]*

g g g g g g g g

g. f. Octava letra del abecedario. *[g]*
gabán. m. Pieza de abrigo con mangas. *[gavany]*
gabardina. f. Pieza de abrigo ligera. *[gavardina]*
gabarra. f. Embarcación para transportar carga de las naves a tierra y viceversa. *[gavarra]*
gabarrón. m. Clavo corto de cabeza gruesa. *[gavarrot]*
gabela. f. Impuesto que se paga al estado. *[gabella]*
gabinete. m. Sala destinada al estudio, sala de trabajo de un abogado, médico, etc. *[gabinet]* // Cuerpo de ministros del gobierno. *[gabinet]*
gacela. f. Antílope pequeño, muy ágil, que vive en Irán, Arabia y el norte de África. *[gasela]*
gaceta. f. Publicación periódica que da noticias políticas, literarias, etc. *[gaseta]*
gacetilla. f. Parte de un periódico, destinada a la publicación de noticias cortas. *[gasetilla]* // Cada una de estas noticias. *[gasetilla]*
gachas. f. pl. Comida hecha con harina cocida, agua y sal. *[farinetes]*
gacho, acha. adj. Encorvado, inclinado hacia abajo. *[cot]*
gafa. f. Instrumento para armar la ballesta. *[gafa]* // f. pl. Anteojos con enganches para afianzarlos detrás de las orejas. *[ulleres]*
gafar. v. tr. Arrebatar una cosa con las uñas o con un instrumento corvo. *[gafar]*
gafarrón. m. Pájaro de plumaje verdoso con rayas negras, pardillo. *[gafarró]*
gafe. adj. Dícese de la persona aguafiestas o de mala sombra. *[malastruc]*
gaita. f. Instrumento musical de viento. *[gaita]*
gaitero, era. m. y f. Músico que toca la gaita. *[gaiter]*
gaje. m. Señal de aceptación de un desafío. *[gatge]* // Emolumento, salario. *[emolument, gatge]*
gajo. m. Cada una de las divisiones naturales interiores de la parte comestible de ciertos frutos. *[galló]* // Parte cuadrada del remo opuesto a la pala. *[galló]* // Úvula. *[galló]*
gala. f. Ostentación de pompa en una fiesta. *[gala]*
galán. m. Hombre de buen semblante y hermoso. *[galà]* // El que galantea a una mujer. *[galà]* // El que en el teatro hace alguno de los principales papeles serios. *[galà]*
galano, ana. adj. Elegante y agradable, que nos cautiva con sus gracias. *[galà]*
galante. adj. Atento, cortés, obsequioso, especialmente con las mujeres. *[galant]*
galantear. v. tr. Requebrar a una mujer. *[galantejar]*
galanteo. m. Acción de galantear. *[galanteig]*
galantería. f. Acción y expresión obsequiosa. *[galanteria]* // Calidad de galante. *[galanteria]*
galanura. f. Gracia, gentileza. *[galania]*
galardón. m. Premio o recompensa. *[guardó]*
galardonar. v. tr. Recompensar, dar galardones. *[guardonar]*
galbana. f. Pereza, desgana de trabajar o de moverse. *[galvana]*
galena. f. Sulfuro natural de plomo, gris y muy brillante. *[galena]*

galeón. m. Nave de vela de gran puerto. *[galió]* // Galera grande. *[galió]*

galera. f. Carro grande y cubierto. *[galera]* // Barco antiguo de vela y remo. *[galera]* // En las imprentas, plancha rectangular para poner las líneas de letras. *[galera]* // Crustáceo comestible parecido al langostino. *[galera]*

galería. f. Pieza larga, espaciosa y cubierta. *[galeria]* // Corredor descubierto o con vidrieras. *[galeria]* // Camino subterráneo, excavado en una mina, etc. *[galeria]*

galerna. f. Viento fuerte del nordeste en el Cantábrico. *[galerna]*

galga. f. Piedra tronco-cónica que gira alrededor del árbol del alfarje del trillo y estruja las aceitunas. *[rutló]*

galga. f. Barra que se coloca contra el cubo de la rueda y que sirve de freno. *[galga]*

gálibo. m. Arco de hierro que sirve para comprobar si los vagones del ferrocarril pueden pasar por los túneles y puentes. *[gàlib]* // Molde de madera o de hierro. *[gàlib]*

galicismo. m. Palabra o giro de origen francés empleado en otro idioma. *[gallicisme]*

galileo, ea. adj. y s. Natural o propio de Galilea. *[galileu]*

galimatías. m. Discurso, escrito, oscuro y confuso; lenguaje confuso. *[galimaties]*

galón. m. Tejido fuerte y estrecho, a manera de cinta, que sirve para guarnecer vestidos u otras cosas. *[galó]* // Distintivo que llevan en el brazo o en la bocamanga diferentes clases del ejército. *[galó]* // Medida inglesa de capacidad de unos cuatro litros y medio. *[galó]*

galopar. v. intr. Ir a galope. *[galopar]*

galope. m. Marcha rápida y a saltos de un caballo. *[galop]* // Especie de danza de movimiento muy rápido y vivo. *[galop]*

galopín, ina. adj. Persona hábil y astuta que obra con mala intención y poca vergüenza. *[guilopo]*

galvanizar. v. tr. Someter a la acción de la corriente eléctrica un animal vivo o muerto. *[galvanitzar]* // Recubrir de una ligera capa de zinc. *[galvanitzar]*

galladura. f. Pinta como de sangre que se encuentra en la yema del huevo fecundado. *[gallada]*

gallardear. v. intr. Mostrar gallardía. *[gallardejar]*

gallardete. m. Tira de volante larga y estrecha, acabada en punta, que se pone como señal u ornamento. *[gallardet]*

gallardo, arda. adj. Se dice de las personas que tienen buenas piernas que son altas, esbeltas y de movimientos apuestos, que las hacen de buen ver. *[garrit]* // Galán. *[garrit]*

gallarofa. f. Hoja de la mazorca del maíz. *[pellofa]*

gallear. v. tr. e intr. Tr. Cubrir el gallo a las gallinas. *[gallar]* // Intr. Hacer el valiente, alzar la voz con amenazas. *[gallejar]* // Hacer un adolescente cosas de un hombre mayor. *[pollastrejar]*

gallego, ega. adj. Natural o propio de Galicia. *[gallec]* // m. Lengua gallega. *[gallec]*

galleta. f. Especie de pasta de harina y azúcar cocida en el horno a trozos pequeños y moldeados. *[galleta]*

gallina. f. Hembra del gallo. *[gallina]* // Persona cobarde. *[gallina]*

gallinaza. f. Excremento de la gallina. *[gallinassa]*

gallinero, era. m. y f. Lugar donde se crían las gallinas. *[galliner]* // Quien compra o vende gallinas. *[galliner]*

gallo. m. Macho de una especie de pájaros de la orden de las gallináceas con cresta roja y plumaje abundante y lustroso. *[gall]* // Nota falsa o desafinada en un canto. *[gall]*

gallofa. f. Comida que se daba a los pobres en el camino de Santiago. *[gallofa]* // Libro en forma de calendario para uso de los eclesiásticos que indica el oficio de cada día. *[gallofa]* // Hoja o escrito del negociado de una oficina que contiene la relación de nombres personales y lugares de trabajo asignados en cada turno, su horario, las alternancias, etc., diariamente. *[gallofa]* // Escrito largo y falto de interés. *[gallofa]*

gallofo. m. Gandul, que no le gusta trabajar. *[gallòfol]*
gama. f. Hembra del gamo. *[daina]*
gama. f. Serie de notas musicales; escala musical. *[gamma]* // Serie de colores graduados. *[gamma]*
gamba. f. Crustáceo comestible parecido al langostino. *[gamba]*
gamberro, erra. adj. y s. Libertino, disoluto. *[lliberti, dissolut]* // Que comete actos de grosería o incivilidad. *[brètol]*
gambito. m. Sacrificio de un peón o pieza, que se hace al principio de una partida de ajedrez para conseguir una posición favorable. *[gambit]*
gamella. f. Pila de piedra que sirve para dar comida a los cerdos. *[conc]*
gamma. f. Tercera letra del alfabeto griego. *[gamma]*
gamo. m. Mamífero rumiante parecido al ciervo, pero más pequeño. *[daina]*
gana. f. Voluntad de hacer algo. *[gana]* // Deseo de comer, apetito. *[gana]*
ganadería. f. Cría y comercio de animales. *[ramaderia]*
ganado. m. Conjunto de bestias que se crían para servicio y utilidad del hombre. *[bestiar, ramat]* // Conjunto de bestias que van juntas. *[bestiar, ramat]*
ganador, ora. adj. y s. Que gana. *[guanyador]*
ganancia. f. Beneficios que se obtienen por un trato, negocio, comercio, etc. *[almerç]* // Acción y efecto de ganar, lo que se gana. *[guany]*
ganar. v. tr. Obtener un beneficio, una recompensa, etc., como resultado de un trabajo, una obra meritoria, etc. *[guanyar]*
ganchillo. m. Especie de aguja gruesa, con la punta en forma de gancho, para hacer trabajos de punto. *[ganxet]* // Trabajo hecho con este instrumento. *[ganxet]*
gancho. m. Instrumento curvado y puntiagudo que sirve para coger algo. *[ganxo]* // Simpatía atractiva. *[ganxo]*
gandul, ula. adj. y s. Despreciable por su mal comportamiento y cualidades. *[dropo]* // Holgazán astuto y con malas artes, pícaro. *[dropo]*
ganga. f. Pájaro parecido a la perdiz. *[ganga]* // Adquisición de una cosa a un precio mucho más inferior que el suyo. *[ganga]* // Sustancia terrosa que acompaña a un mineral metalífero. *[ganga]*
ganglio. m. Tumor que se forma en los tendones o músculos. *[gangli]* // Nudo que se encuentra en los nervios o en los vasos linfáticos. *[gangli]*
gangrena. f. Desorganización o privación de la vida de cualquier parte del cuerpo animal o vegetal. *[gangrena]*
gangrenarse. v. pron. Sufrir gangrena en una parte del cuerpo. *[gangrenar-se]*
gánguil. m. Embarcación con que se lleva lo que sacan las máquinas dragadoras. *[gànguil]*
ganzúa. f. Hierro largo, con la punta torcida, que sirve para abrir las puertas. *[rossinyol]*
gañido. m. Grito de dolor del perro y otros animales. *[guinyol, grinyol]*
gañir. v. intr. Ladrar los perros cuando rastrean la caza. *[clapir, grinyolar]*
garabato. m. Trazo imperfecto hecho por una mano poco habituada a escribir. *[gargot]*
garaje. m. Lugar destinado a guardar los automóviles. *[garatge]*
garantía. f. Acción y efecto de garantizar. *[garantia]*
garantir. v. tr. Dar garantía. *[garantir]*
garantizar. v. tr. Responder de alguna cosa contra un daño o perjuicio. *[garantir]*
garañón. m. Asno grande destinado a procrear. *[guarà]*
garbanzo. m. Planta leguminosa cultivada, que produce un fruto globuloso, redondeado, comestible y alimenticio. *[cigronera]* // Fruto o semilla de esta planta. *[cigró]*
garbear. v. intr. Llevar las gavillas del campo a la era. *[garbejar]*
garbillo. m. Instrumento lleno de agujeros iguales que sirve para separar granos u otras materias de tamaño desigual. *[garbell, crivell]*

garbino. m. Sudoeste y viento que viene del sudoeste. *[garbí]*
garbo. m. Manera de moverse, gracia en hacer las cosas. *[aire]*
garboso, osa. adj. Atractivo de movimientos y andares. *[xamós]*
gardenia. f. Arbusto de la familia de las rubáceas que hace una flor blanca y muy olorosa. *[gardènia]* // Flor de esta planta. *[gardènia]*
garduña. f. Mamífero carnicero de pelo oscuro con manchas negras. *[geneta]*
gargajear. v. intr. Escupir gargajos. *[gargallejar]*
gargajo. m. Flema de la garganta que se expulsa por la boca. *[gargall]*
garganchón. m. Laringe, nuez del cuello. *[garganxó]*
garganta. f. Parte superior de la tráquea. *[gargamell]* // Depresión pronunciada en la cresta de una sierra o de un contrafuerte. *[coll]* // Paso estrecho entre montañas debido a una depresión. *[coll]*
gárgara. f. Acción de mantener un líquido en la garganta agitándolo con la expulsión de aire de los pulmones. *[gàrgara]*
gárgola. f. Caño o canal por donde cae agua de los tejados. *[gàrgola]*
garita. f. Caseta con ventanas largas y estrechas que sirve de abrigo a un centinela o vigilante de alguna cosa. *[garita]*
garlopa. f. Cepillo grueso con un puño que sirve para igualar superficies de madera. *[garlopa]*
garnacha. f. Especie de cepa que hace la uva negra, dulce y de muy buen gusto. *[garnatxa]* // Nombre que se da al vino que se hace con esta uva. *[garnatxa]*
garra. f. Pata del animal de uñas curvas, fuertes y agudas. *[urpa]*
garrafa. f. Recipiente de vidrio, muy ancho, redondo, que se suele forrar de mimbre y sirve para contener líquidos. *[marraixa]*
garrapata. f. Arácnido traqueal que vive adherido a la piel de ciertos animales chupándoles la sangre. *[caparra]*
garrapiñar. v. tr. Hacer que un líquido se tome formando grumos. *[granissar]*
garrido, ida. adj, Gallardo, elegante. *[gallard]* // m. Pez azulado, de un palmo de largo. *[móra]*
garrocha. f. Vara provista de una punta de hierro en forma de arpón utilizada por los vaqueros para el acoso y derribo de las reses bravas. *[galotxa]* // Palo largo puntiagudo para picar a los toros. *[galotxa]*
garrón. m. Parte inferior de la pierna, pequeño tendón de la articulación del talón; extremidad del pie por la parte de detrás. *[garró]*
garrotazo. m. Golpe dado con un garrote o cayado. *[gaiatada]*
garrote. m. Bastón grueso. *[garrot]* // Suplicio con que el reo es estrangulado con una anilla de hierro. *[garrot]*
garrubia. f. Semilla de la algarroba. *[garrofí]* // Variedad de veza de semilla blanca. *[garrofí]*
garrucha. f. Polea, rueda móvil alrededor de un eje, que tiene un canal por donde pasa una cuerda o cadena con la que se hace subir o bajar algo. *[corriola]*
garrudo, uda. adj. Que tiene buenas garras. *[garrut]* // Que ha llegado al final de su crecimiento, garrido, mayor. *[garrut]*
garza. f. Nombre de diferentes pájaros pertenecientes a la familia de los ardeidos. *[agró]* // **garza real.** Pájaro de albufera y estanques, grande y bello. *[agró]*
gas. m. Cualquier fluido aeriforme a la temperatura y presión ordinarias. *[gas]* // Mezcla de productos gaseosos obtenidos por destilación del carbón y que se utiliza para alumbrar y para la calefacción. *[gas]*
gasa. f. Tela muy clara y sutil caracterizada por la separación con la que están colocados los hilos. *[gasa]*
gasear. v. tr. Aplicar un gas, saturar de gas. *[gasejar]*
gaseoso, osa. adj. Que es de la naturaleza de los gases. *[gasós]*
gasificar. v. tr. Convertir en gas un cuerpo. *[gasificar]*
gasolina. f. Líquido volátil inflamable procedente de la primera destilación del petróleo. *[gasolina]*

gastar. v. tr. Consumir, deteriorar con el uso. *[gastar]* // Usar habitualmente. *[gastar]* // Emplear el dinero en una cosa. *[gastar, despendre]*

gasto. m. Acción y efecto de gastar. *[gast, despesa]*

gástrico, ástrica. adj. Relativo o perteneciente al estómago. *[gàstric]*

gatillo. m. Pieza de las armas que sirve para disparar. *[gallet]*

gato, ata. m. y f. Mamífero carnicero doméstico. *[gat]* // Máquina destinada a levantar a poca altura grandes pesos. *[gat]*

gaudio. m. Movimiento del espíritu que se complace en la posesión o esperanza de algún bien; gozo, alegría. *[gaudi]*

gavilán. m. Pájaro de rapiña de la familia de los falcónidos. *[esparver]*

gavilla. f. Haz de espigas cortadas y atadas. *[garba]*

gaviota. f. Pájaro palmípedo de alas grandes y plumaje generalmente blanco, que vive en las costas y come principalmente peces. *[gavina]*

gayar. v. tr. Hacer listas de algo, adornar con listas de otro color. *[llistar]*

gayo, aya. adj. Que da alegría, alegre, vistoso. *[gai]*

gazapatón. m. Disparate o yerro en el hablar. *[gatada, disbarat]*

gazapera. f. Madriguera de conejos. *[catxa pera]*

gazapo. m. Conejo nuevo. *[catxap]*

gaznate. m. Parte interior del cuello entre el velo del paladar y el esófago. *[gola]*

gazpacho. m. Comida de montaña muy sustanciosa y nutritiva hecha a base de liebre o conejo de montaña y otras carnes en abundancia. *[gaspatxo]*

ge. f. Nombre de la letra «g». *[ge]* // m. Escrito con mayúscula, símbolo del germanio. *[Ge]*

géiser. m. Surtidor natural que lanza intermitentemente chorros de agua y de vapor. *[guèiser]*

gelatina. f. Sustancia sólida, incolora y transparente, sacada de los huesos y otras partes de los animales. *[gelatina]*

gélido, élida. adj. Helado o muy frío. *[gèlid]*

gema. f. Piedra preciosa, cortada y pulida. *[gemma]*

gemelo, ela. adj. Nacido de un mismo parto con otro u otros. *[bessó]* // Mellizo. *[bessó]* // Dicho de los frutos que han crecido pegados. *[bessó]*

gemido. m. Sonido y voz de lamento articulado cuando se siente pena, dolor, aflicción, etc. *[gemec]*

geminado, ada. adj. Partido, dividido. *[geminat]*

geminar. v. tr. Duplicar, repetir. *[geminar]* // Repetir un fonema especialmente en la producción de una consonante. *[geminar]*

gemir. v. intr. Emitir sonidos de dolor, lamento, etc. *[gemir, gemecar]*

genealogía. f. Serie de progenitores o ascendientes de un individuo. *[genealogia]*

generación. f. Acción y efecto de generar. *[generació]* // Sucesión de descendientes en línea recta. *[generació]* // Conjunto de todos los vivos que son coetáneos en un mismo período de tiempo. *[generació]*

generador, ora. adj. Que genera. *[generador]* // m. En las máquinas de vapor, caldera que lo produce. *[generador]*

general. adj. Que conviene a la gran mayoría de los casos. *[general]* // m. Prelado superior de una orden religiosa *[general]* // Quien manda un ejército. *[general]*

generalidad. f. Mayoría, muchedumbre o casi totalidad de los individuos u objetos que componen una clase o todo sin determinar persona o cosa particular. *[generalitat]* // Gobierno del País Valenciano o de Cataluña. *[Generalitat]*

generalizar. v. tr. Hacer pública o común una cosa. *[generalitzar]* // Aplicar lo que es cierto en algunos casos a todos los casos. *[generalitzar]*

generar. v. tr. Dar nacimiento a un ser parecido a uno mismo. *[generar]* // Producir, formar por medio de un proceso científico. *[generar]* // Procrear, engendrar. *[generar]*

genérico, érica. adj. Común a muchas especies. *[genèric]*

género. m. Grupo natural de seres que se parecen por ciertas características esenciales. *[gènere]* // En gramática, accidente que indica el sexo de las personas o animales o el que se le atribuye a las cosas. *[gènere]* // Cualquier mercancía. *[gènere]*

generosidad. f. Calidad de generoso y desinteresado. *[generositat]*

generoso, osa. adj. De nobles sentimientos, especialmente inclinado al perdón, a no abusar de la fuerza. *[generós]* // Que recompensa largamente. *[generós]*

génesis. f. Primer libro del Pentateuco de Moisés. *[gènesi]* // Origen o principio de una cosa. *[gènesi]* // Conjunto de fenómenos que dan por resultado un hecho. *[gènesi]*

genial. adj. Inspirado por el genio. *[genial]* // Sobresaliente, dotado de genio creador. *[genial]*

genialidad. f. Calidad de genial. *[genialitat]* // Singularidad propia del carácter de una persona. *[genialitat]*

genio. m. Deidad que, según los paganos, presidía el destino de una persona o lugar. *[geni]* // Carácter peculiar de cada uno. *[geni]* // Fuerza intelectual extraordinaria o facultad de inventar o crear grandes cosas. *[geni]* // Persona dotada de esta aptitud o virtud. *[geni]*

genitivo. m. Caso de la declinación que denota relación de propiedad, posesión o pertenencia. *[genitiu]*

genocidio. m. Destrucción premeditada de un grupo humano, racial, nacional, lingüístico, religioso, etc. *[genocidi]*

gente. f. Pluralidad de personas. *[gent]* // Nombre colectivo dado a cada una de las clases que se distinguen en la sociedad. *[gent]*

gentil. adj. Idólatra o pagano, no cristiano. *[gentil]* // De maneras delicadas, cortés, afectuoso. *[gentil]*

gentileza. f. Calidad de gentil. *[gentilesa]* // Acto o palabra propios de una persona gentil. *[gentilesa]*

gentilicio, icia. adj. Relativo o perteneciente a las gentes o pueblos. *[gentilici]*

gentío. m. Concurrencia de mucha gente. *[gentada]*

gentuza. f. Gente baja, despreciable. *[gentola]*

genuflexión. f. Acción de doblar la rodilla en señal de reverencia, adoración o sumisión. *[genuflexió]*

genuino, ina. adj. No falso, verdadero, legítimo. *[genuí]*

geografía. f. Ciencia que describe la tierra. *[geografia]*

geográfico, áfica. adj. Relativo o perteneciente a la geografía. *[geogràfic]*

geógrafo, ógrafa. m. y f. Entendido en geografía. *[geògraf]*

geología. f. Ciencia que trata de la historia de la tierra, del estado actual de los materiales que la componen y su formación. *[geologia]*

geólogo, óloga. m. y f. Que entiende de geología. *[geòleg]*

geometría. f. Tratado de las propiedades y medidas de la extensión. *[geometria]*

geométrico, étrica. adj. Perteneciente a la geometría. *[geomètric]*

geranio. m. Planta muy utilizada en los jardines por el color vivo de sus flores. *[gerani]*

gerencia. f. Cargo y oficina del gerente. *[gerència]*

gerente. m. Quien dirige los negocios y lleva la firma de una sociedad o empresa mercantil. *[gerent]*

germanía. f. Jerga o argot de gitanos y ladrones. *[caló]* // Cada una de las juntas formadas por los que, al principio del reinado de Carlos V, se levantaron en Valencia y Mallorca. *[germania]*

germánico, ánica. adj. Relativo o perteneciente a la Germania. *[germànic]* // m. Lenguaje indoeuropeo que hablaban los germánicos. *[germànic]*

germanio. m. Elemento químico, metal blanco grisáceo. *[germani]*

germen. m. Principio rudimentario de un nuevo ser orgánico. *[germen]* // Parte de la semilla de la que se forma la planta. *[germen]* // Principio u origen de una cosa material o moral. *[germen]*

germinar. v. intr. Brotar y comenzar a crecer las semillas o las plantas. *[grillar, germinar]*

gerundio. m. Forma verbal invariable del modo infinitivo. *[gerundi]*

gesta. f. Acción memorable. *[gesta]* // Narración de hechos memorables. *[gesta]*

gestar. v. tr. Llevar y sustentar la madre en sus entrañas el fruto vivo de la concepción hasta dar a luz. *[gestar]* // Elaborar una cosa por un proceso de gestación. *[gestar]*

gestero, era. adj. Que acostumbra a hacer gestos, muecas. *[carasser]*

gesticulador, ora. adj. Que acostumbra a hacer gestos, muecas. *[carasser]*

gesticular. v. intr. Hacer gestos, especialmente al hablar. *[gesticular]*

gestión. f. Acción de llevar o dirigir los asuntos de una sociedad, empresa, etc. *[gestió]* // Cada una de las diligencias que se hacen para conseguir algo. *[gestió]*

gestionar. v. tr. Hacer gestiones para conseguir algo. *[gestionar]*

gesto. m. Expresión del rostro, según los diversos sentimientos del espíritu. *[gest]*

gestor, ora. adj. y s. Quien gestiona o administra. *[gestor]*

giba. f. Protuberancia sobre la espalda o el pecho debido a una mala formación del esternón o la columna. *[gep, gepa]*

gibosidad. f. Protuberancia ósea de una parte de la columna vertebral. *[gibositat]*

giboso, osa. adj. Que tiene joroba o giba. *[geperut]*

gigante, anta. m. y f. Persona de una estatura fuera de lo normal, muy grande. *[gegant]*

gimnasia. f. Arte de desarrollar y dar flexibilidad al cuerpo por medio de ciertos ejercicios. *[gimnàstica]* // Conjunto de estos ejercicios. *[gimnàstica]*

gimnasio. m. Establecimiento donde se practica la gimnasia. *[gimnasi, gimnàs]*

gimnástica. f. Gimnasia. *[gimnàstica]*

ginebra. f. Licor alcohólico aromatizado con enebrones. *[ginebra]*

gineta. f. Mamífero carnicero de pelo oscuro con manchas negras. *[geneta]*

girar. v. intr. y tr. Intr. Moverse circularmente o en espiral alrededor de un eje. *[girar, voltar]* // Tr. Hacer pasar una cosa de una posición a otra por medio de un movimiento de rotación. *[girar]* // Expedir órdenes de pago, etc. *[girar]*

girasol. m. Planta de la familia de las compuestas, de flores amarillas. *[gira-sol]* // Variedad de ópalo. *[gira-sol]*

giro. m. Acción y efecto de girar. *[rodament]* // Estructura especial de una frase o manera de estar ordenadas las palabras para expresar un concepto. *[gir]* // Dirección que toma un negocio o cuestión. *[gir]* // Acción de girar una letra, talón, etc. *[gir]* // Movimiento de caudales por medio de libramientos, etc. *[gir]*

girola. f. Prolongación de las naves laterales de una iglesia por detrás del altar mayor. *[girola]*

gitano, ana. m. y f. Individuo de raza errante que procede de la India. *[gitano]*

glacial. adj. Perteneciente o relativo al hielo. *[glacial]* // Extremadamente frío. *[glacial]* // Que hace helar o helarse. *[glacial]* // Aplicado a las zonas polares. *[glacial]*

glaciar. f. Masa de hielo que se desliza de manera imperceptible por las montañas. *[glacera]*

gladiador. m. En la época romana quien combatía con otro o con una fiera para diversión del pueblo. *[gladiador]*

glándula. f. Cualquiera de los órganos que sirve para la secreción o excreción de los humores. *[glàndula]*

gleba. f. Pan de tierra que forma una masa compacta con las raíces de las hierbas. *[gleva]* // Terrón que se levanta con el arado. *[gleva]*

glicerina. f. Líquido incoloro, espeso y dulce, base de composición de los cuerpos grasos. *[glicerina]*

global. adj. En su conjunto, total, sin discriminación de las partes. *[global]*

globo. m. Cuerpo de forma esférica. *[globus]*

globular. adj. Compuesto de glóbulos.

[globular] // De forma esférica o esferoidal. *[globular]*

glóbulo. m. Cospúsculo de forma esférica o esferoidal. *[glòbul]*

globuloso, osa. adj. Formado de glóbulos, que tiene forma de glóbulo. *[globulós]*

gloria. f. Visión y posesión de Dios en el cielo; lugar de los bienaventurados. *[glòria]* // Honor, distinción, fama, acordados por un consentimiento general a una persona o cosa. *[glòria]* // Majestad, esplendor, magnificencia. *[glòria]*

gloriar. v. tr. Glorificar. *[glorificar]* // **-se.** Jactarse. *[gloriar-se]* // Complacerse, alegrarse. *[gloriar-se]*

glorificar. v. tr. Hacer glorioso, elevar a la gloria celestial. *[glorificar]* // Exaltar, dar gloria, conceder la gloria. *[glorificar]*

glorioso, osa. adj. Digno de honor y alabanza. *[gloriós]* // Relativo a la gloria o bienaventuranza. *[gloriós]* // Bienaventurado. *[gloriós]*

glosa. f. Explicación de una palabra o texto oscuro o difícil. *[glossa]* // Composición poética en que cada una de las estrofas acaba en un verso o grupo de versos de aquella estrofa. *[glossa]* // Ampliación o variación sobre un tema. *[glossa]* // Canción o composición en verso, generalmente corta o improvisada. *[glossa]*

glosar. v. tr. Aclarar con una glosa o comentario. *[glossar]*

glosario. m. Colección de glosas o explicaciones de palabras o pasajes oscuros de un autor o de una obra. *[glossari]*

glotis. f. Abertura superior de la laringe. *[glotis]*

glotón, ona. adj. Dominado por la gula, que come mucho. *[golafre]*

glucosa. f. Azúcar de la uva y otras frutas. *[glucosa]*

glutinoso, osa. adj. Viscoso, adhesivo, como gluten. *[glutinós]*

gnomo. m. Ser fabuloso, en figura de niño. *[gnom]*

gnomon. m. Estilo o punzón que por la posición de su sombra sirve como indicador. *[gnòmon]*

gobernador, ora. adj. Quien gobierna. *[governador]* // m. y f. Quien gobierna especialmente una provincia, una ciudad, etc., en nombre del soberano. *[governador]*

gobernante. adj. Que gobierna. *[governant]* // m. y f. El que gobierna. *[governant]*

gobernar. v. tr. e intr. Mandar con autoridad o regir una cosa. *[governar]* // Guiar o dirigir. *[governar]*

gobierno. m. Acción y efecto de gobernar o gobernarse. *[govern]* // Conjunto de los ministros que tienen la dirección política de un estado. *[govern]*

goce. m. Acción de gozar. *[gaudi, goig]*

godo, oda. adj. y s. Relativo a los individuos de un pueblo germánico que invadió algunos países del imperio romano y acabó estableciéndose en España e Italia. *[got]*

gofrar. v. tr. Grabar en relieve, dibujar sobre tejidos, pieles, etc. *[gofrar]*

gol. m. En fútbol, especie de puerta en los extremos del campo. *[gol]* // El acto de hacer pasar la pelota por la puerta o gol. *[gol]*

gola. f. Garganta de una persona. *[gola]*

goleta. f. Embarcación de bordes poco elevados con dos o tres palos. *[goleta]*

golf. m. Especie de juego de pelota de origen escocés. *[golf]*

golfo. m. Porción grande de mar que se mete dentro de la tierra. *[golf]*

golondrina. f. Pájaro insectívoro de plumaje negro lustroso y vientre blanco, rojizo en la cabeza y barbilla, alas puntiagudas y cola ahorquillada; viene de África en los meses de marzo y abril, emigra durante el otoño. *[oronella]*

golondrino. m. Infarto ganglionar. *[vèrtula]*

golosía. f. Calidad de goloso. *[llepolia]*

golosina. f. Manjar fino, delicado, hecho más para gozar y dar gusto al paladar que para alimentar. *[llaminadura, llepolia]*

golosinar. v. intr. Comer golosinas. *[llepolejar]*

goloso, osa. adj. Aficionado a las golosinas. *[llaminer]* // Que invita a comer por su delicadeza, y buen gusto. *[llaminer]*

golpe. m. Encuentro violento, brusco, de dos cuerpos. *[colp]* // Herida o contusión que resulta de una pedrada, etc. *[colp]* // Infortunio, desgracia. *[colp]*

golpear. v. tr. e intr. Dar repetidos golpes. *[esbatussar]*

gollería. f. Plato delicado, exquisito, que se hace para una persona desganada, para un invitado. *[requisit]*

goma. f. Sustancia viscosa que fluye de algunas plantas y tiene diversas aplicaciones. *[goma]*

gomoso, osa. adj. Que es de la naturaleza de la goma. *[gomós]*

góndola. f. Embarcación larga, estrecha, de poco fondo, usada principalmente en los canales de Venecia. *[gòndola]*

gordo, orda. adj. Abundante de carnes. *[gord]* // Voluminoso y corpulento. *[gord]* // Áspero, grueso, dicho de la tierra, materiales, etc. *[gord]*

gordura. f. Exceso de grasa, condición de grasoso. *[greixor]* // Abundancia de grasa. *[greixum]*

gorga. f. Remolino que se forma en una corriente de agua a causa de un profundo agujero. *[gorg]*

gorgojo. m. Larva de diferentes insectos que roe la madera, los granos, etc. *[corc, corca, corcó]*

gorgorito. m. Ornamento de notas ligeras y graciosas en el canto. *[refilet]*

gorigori. m. Voz con que hace referencia a los cantos funerarios. *[gori-gori]*

gorila. m. Simio africano antropomorfo, de color oscuro y altura como la del hombre, muy feroz. *[goril·la]*

gorjear. v. intr. Hacer gorgoritos, cantar ciertos pájaros, lanzar las notas de su canto. *[refilar]*

gorjeo. m. Ornamento de notas ligeras y graciosas en el canto. *[refilet]*

gorra. f. Pieza redonda de tela, piel o punto para cubrir la cabeza. *[gorra]* // Convite del que uno se aprovecha, pagándolo otro. *[gorra, anar de gorra]*

gorrada. f. Saludo hecho con la gorra. *[gorrada]* // Acto de procurarse un placer a expensas de otro, gratuitamente. *[gorrada]*

gorrión. m. Pájaro muy común en nuestros climas, de plumaje gris oscuro. *[pardal]*

gorro. m. Prenda de tela o punto para abrigar la cabeza. *[barret]*

gorullo. m. Grumo que se forma en un tejido, pasta, etc., por adhesión y mayor compacidad de sus componentes. *[gorrita]*

gota. f. Porción muy pequeña de un líquido. *[gota]* // Adorno cónico que imita una gota cuando se desprende. *[gota]* // Enfermedad que causa inflamación y dolores agudos en las articulaciones de los extremos del cuerpo. *[gota]*

gotear. v. intr. Caer un líquido gota a gota. *[repixar, gotejar]*

gotera. f. Grieta del techo por donde caen las gotas. *[gotera]*

gótico, ótica. adj. Relativo o perteneciente a los godos. *[gòtic]* // Dicho del estilo artístico que dominaba en Europa durante los últimos siglos de la Edad Media y que se distingue por usar el arco ojival. *[gòtic]*

gozar. v. tr. e intr. Tr. Poseer algún bien o cosa, sacándole provecho, dignidad o ventaja. *[gaudir]* // Intr. Sentir placer, especialmente por la posesión de una cosa deseada, disfrutar. *[gaudir]* // Sentir placer por la posesión de algo. *[gaudir]*

gozne. m. Conjunto de dos piezas de metal enlazadas por un espigón que sirve para sostener la hoja de una puerta, etc. *[golfo]*

gozo. m. Emoción causada por la contemplación de una cosa que nos place enormemente, por la adquisición del bien deseado. *[goig]* // pl. Composición poética alabando a la Virgen o a los santos. *[goigs]*

gozoso, osa. adj. Que siente gozo, lleno de satisfacción. *[gojós]* // Alegre. *[gojós]*

grabado, ada. adj. Acció de grabar. *[gravat]* // Arte de grabar. *[gravat]* // m. Estampa obtenida por medio de una plancha grabada. *[gravat]*

grabador, ora. m. y f. El que tiene la profesión de grabar. *[gravador]*

grabar. v. tr. Trazar una figura, una inscripción, etc., por medio del cincel, etc. *[gravar]* // Fijar en el ánimo una idea, un sentimiento. *[gravar]*

gracia. f. Lo que place y atrae. *[gràcia]* // Beneficio, favor. *[gràcia]* // Chiste. *[gràcia]* // Don de Dios para el ejercicio del bien y el alcance de la bienaventuranza. *[gràcia]* // pl. Palabras u otra manifestación de agradecimiento. *[gràcies]*

grácil. adj. Sutil y delicado, esbelto, delgado. *[gràcil]*

gracioso, osa. adj. Que tiene gracia o atractivo. *[graciós]* // Que tiene gracia o es franco. *[graciós]*

grada. f. Asiento colectivo, como un escalón muy largo. *[grada]*

grada. f. Instrumento de madera o de hierro, de figura casi cuadrada, a manera de unas parrillas grandes, con el cual se allana la tierra después de arada, para sembrarla. *[grada]*

gradación. f. Aumento o disminución por grados. *[gradació]*

gradería. f. Serie de gradas o escalones largos. *[graderia]*

grado. m. Título y honor concedido a quien revalida unos estudios. *[grau]* // Cada una de las generaciones que marcan la distancia de un pariente a otro. *[grau]* // Cada una de las 360 partes iguales en que se divide una circunferencia. *[grau]* // Unidad de temperatura. *[grau]*

graduación. f. Acción y efecto de graduar o de graduarse. *[graduació]* // División de una cosa en grados. *[graduació]*

gradual. adj. Que va de grado en grado. *[gradual]* // m. Parte de la misa comprendida entre la epístola y el evangelio. *[gradual]*

graduar. v. tr. Dar a una cosa el grado que le corresponde. *[graduar]* // Conceder un grado o título. *[graduar]* // Señalar en una cosa los grados en que se divide. *[graduar]* // **-se.** Dar el grado y título de bachiller, licenciado o doctor en una facultad. *[graduar-se]*

grafía. f. Escritura de un vocablo en relación a las letras de las que se compone. *[grafia]*

gráfico, áfica. adj. Aplicado a lo que representa alguna cosa por medio del dibujo. *[gràfic]* // m. Trazado, descrito por medio de un dibujo. *[gràfic]*

gragea. f. Confites muy menudos de varios colores. *[papabenet]* // Pequeña porción de materia medicamentosa. *[gragea]*

grajo. m. Pájaro parecido al cuervo, de plumaje negro y pies rojos. *[gralla]*

grama. m. Planta gramínea de campo, de olor muy agradable. *[gram]* // Planta herbácea que se cría en los campos sembrados y es muy tenaz y difícil de eliminar. *[gram]*

gramalla. f. Vestidura larga, hasta los pies, muy usada antiguamente. *[gramalla]*

gramática. f. Parte de la lingüística que estudia las clases de palabras, su composición y accidentes, y su función en la oración. *[gramàtica]*

gramatical. adj. Perteneciente a la gramática. *[gramatical]* // Que se ajusta a las reglas de la gramática. *[gramatical]*

gramático, ática. adj. Relativo o perteneciente a la gramática. *[gramàtic]* // m. y f. Entendido en gramática. *[gramàtic]*

gramíneo, ínea. adj. y s. Familia de plantas herbáceas con el pericarpio soldado en la semilla. *[gramínia]*

gramo. m. Unidad de peso; la milésima parte de un kilogramo. *[gram]*

gramófono. m. Instrumento que reproduce las vibraciones de la voz humana o de otros sonidos. *[gramòfon]*

gramola. f. Gramófono sin la trompa acústica. *[gramola]*

grana. f. Materia colorante sacada de ciertos animales. *[grana]* // El color de dicha materia. *[grana]*

granada. f. Explosivo que lanzan los granaderos o artificieros. *[granada]* // Fruto del granado. *[magrana]*

granado. m. Árbol de la familia de las punicáceas de hojas lustrosas y flores de un rojo oscuro. *[magraner]*

granado, ada. adj. Que tiene el grano bien formado, maduro. *[granat]* // Notable, ilustre, principal. *[granat]*

granar. v. tr. e intr. Tr. Reducir a granos. *[granar]* // Intr. Producir grano el cereal. *[granar]*

granate. m. Piedra fina compuesta de silicato doble de aluminio y de hierro, o de otro metal. *[granat]*

granazón. m. Acción y efecto de granar. *[granada]*

grande. adj. De dimensiones considerables, que pasan de la medida ordinaria o usual. *[gran]*

grandeza. f. Tamaño, magnitud de una cosa. *[grandesa]* // fig. Elevación moral, cosa propia de un hombre, de un pueblo, etc., relevantes. *[grandesa]* // Dignidad de grande de España. *[grandesa]*

grandilocuencia. f. Elocuencia grande y elevada. *[grandiloqüència]*

grandioso, osa. adj. Que impone por su grandeza; sobresaliente, magnífico. *[grandiós]*

grandor. f. Tamaño de las cosas. *[grandària]*

granear. v. tr. Convertir una masa en grano, reducir a granos, dar forma de grano. *[granejar]* // Sacar grano a una superficie lisa. *[granejar]*

granero. m. Habitación bajo el techo del tejado, donde se guardan las cosechas, los granos, las herramientas y utensilios, etc. *[algorfa, graner]*

granito. m. Roca compacta, dura, compuesta de feldespato, cuarzo y mica. *[granit]*

granívoro, ívora. adj. Que se alimenta de granos. *[granívor]*

granizada. f. El hecho de caer piedra o granizo. *[pedregada]*

granizado. m. Bebida a medio helar. *[granissat]*

granizar. v. intr. Caer piedra o granizo. *[pedregar, granissar, granissolar]*

granizo. m. Agua congelada ligera que cae de las nubes en forma de granos. *[granissol]*

granja. f. Casa de trabajo del campo, masía. *[granja]* // Establecimiento donde se venden leche, huevos, y sus productos. *[granja]*

granjero, era. adj. y s. Quien tiene cuidado de una granja. *[granger]*

grano. m. Fruto de los cereales. *[gra]* // Tumor pequeño que nace en alguna parte del cuerpo. *[gra]*

granuja. m. Uva desgranada y separada de los racimos. *[pellerenca]* // Persona poco recomendable. *[pellerenca]* // Muchacho vagabundo, pilluelo. *[bergant]*

granular. v. tr. Reducir a granos. *[granular]* // Cubrir de granos. *[granular]*

gránulo. m. Grano pequeño. *[grànul]* // Bolita de goma y azúcar con una pequeña dosis de medicamento. *[grànul]*

granzas. f. pl. Residuos de las semillas, paja, etc., cuando se acriban. *[garbelladures]*

grao. m. Playa que sirve de desembarcadero. *[grau]*

grapa. f. Pieza de hierro doblada en sus extremos para unir y asegurar dos cosas. *[grapa]*

grasa. f. Manteca, unto o sebo de un animal. *[greix]* // Mugre o suciedad que deja el sudor en los tejidos. *[greix]* // Obesidad. *[greix]* // Condición de grasoso. *[greixor]*

grasera. f. Utensilio de cocina propio para asar. *[greixonera]* // Recipiente donde se pone la grasa fundida para conservarla. *[greixonera]* // Cazuela donde se funde la grasa. *[greixonera]*

grasiento, enta. adj. Que es de naturaleza gruesa. *[greixós]* // Cubierto de manchas de grasa. *[greixós]*

graso, asa. adj. Que contiene grasa. *[gras]* // m. La parte grasa de la piel. *[gras]*

grasoso, osa. adj. Que es de naturaleza gruesa. *[greixós]*

grasura. f. Exceso de grasa, condición de grasoso, etc. *[greixor]*

gratificación. f. Recompensa extraordinaria a alguien por su buen comportamiento, etc. *[gratificació]*

gratificar. v. tr. Recompensar peculiarmente un trabajo, acción, etc. *[gratificar]*

gratinar. v. tr. Cocer una comida de manera que se forme alrededor de ella una capa. *[gratinar]*
gratis. adv. Gratuitamente, sin nada a cambio, sin pagar. *[gratis]*
gratitud. f. Sentimiento por el que nos consideramos obligados a querer el beneficio que hemos recibido y a corresponderlo. *[gratitut]*
grato, ata. adj. Conforme a nuestros gustos o sentimientos, agradable. *[grat]*
gratuito, ita. adj. Que se da por franco o por gracia. *[gratuït]* // No motivado, arbitrario. *[gratuït]*
gratulación. f. Acción y efecto de gratular o gratularse. *[gratulació]*
gratular. v. tr. Dar la enhorabuena a alguien. *[gratular]*
grava. f. Piedrecitas redondeadas de formación natural en las playas no arenosas, en las cuencas de los ríos o barrancos, en el subsuelo de ciertos terrenos, etc., usadas, frecuentemente, en las edificaciones. *[grava]* // Piedra reducida a trozos con la que se refuerzan caminos y carreteras. *[grava]*
gravamen. m. Carga impuesta sobre algunas cosas. *[gravamen]*
gravar. v. tr. Cargar, pesar sobre una persona o cosa. *[carregar]* // Imponer un gravamen. *[gravar]*
grave. adj. Pesado, molesto físicamente. *[greu]* // Se aplica al enfermo de cuidado. *[greu]* // Aplicado al acento inclinado de izquierda a derecha. *[greu]*
gravedad. f. Calidad de grave. *[gravetat]* // Seriedad, aspecto severo. *[gravetat]*
gravidez. f. Embarazo de la mujer. *[gravidesa]*
grávido, ávida. adj. Preñado, que lleva dentro de sí el ser que ha concebido. *[gràvid]* // Cargado, lleno, *[gràvid]*
gravitación. f. Acción y efecto de gravitar. *[gravitació]* // Efecto de la atracción universal de unos cuerpos sobre otros y origen de la gravedad. *[gravitació]*
gravitar. v. intr. Descansar o hacer fuerza un cuerpo sobre otro. *[gravitar]* // Obedecer a la gravitación. *[gravitar]*
gravoso, osa. adj. Que constituye una carga; que causa molestia. *[carregós]*
greca. f. Ornamento que consiste en una serie de líneas rectas que forman un trazo continuo de ángulos rectos. *[greca]*
greda. f. Arcilla arenosa usada principalmente para quitar manchas. *[greda]*
gregal. m. Viento del nordeste. *[gregal]*
gregario, aria. adj. Que vive en ganados. *[gregari]* // Que va junto con otros sin distinguirse. *[gregari]* // Falto de ideas o iniciativas propias. *[gregari]*
gremial. adj. Relativo o perteneciente al gremio. *[gremial]*
gremio. m. Reunión o cuerpo de personas del mismo oficio o profesión y regidos por las mismas ordenaciones. *[gremi]*
greña. f. Cabellera despeinada y enredada. *[grenya]* // Lo que está enredado. *[grenya]*
gres. m. Roca cuarzosa de textura granosa. *[gres]*
gresca. f. Alboroto, pelea. *[barrila]*
griego, ega. adj. Natural o propio de Grecia. *[grec]* // m. Lengua de los griegos. *[grec]*
grieta. f. Abertura larga y estrecha como las que se hacen en ciertos cuerpos al contraerse. *[clivella, clivell]*
grifo. m. Cañón de metal para dar salida al agua. *[grifó, aixeta]* // Tubo con el mecanismo de abrir y cerrar, para sacar líquidos con comodidad. *[aixeta]*
grillete. m Pieza de hierro en forma de arco para tener cogida una cadena al cuello, a la pierna, de un preso, etc. *[grilló]*
grillo. m. Insecto ortóptero de unos tres centímetros de largo, negro rojizo, caracterizado por su sonido agudo y monótono que hace el macho fregando entre sí sus élitros. *[grill]* // Brote que sacan algunas semillas, bulbos y tubérculos cuando fermentan. *[grill]*
grima. f. Desazón, horror que causa una cosa. *[feresa, basarda]*
gripal. adj. Relativo o perteneciente a la gripe. *[gripal]*
gripe. f. Catarro epidémico. *[grip]*
gris, isa. adj. De color intermedio entre el blanco y el negro. *[gris]* // m. El color gris. *[gris]*

gritar. v. intr. y tr. Intr. Dar gritos. *[cridar]* // Clamar, hacer oír un clamor. *[cridar]* // Tr. Levantar la voz, decir en voz alta. *[cridar]*

gritería. f. Gritos, alboroto. *[cridòria]*

grito. m. Sonido penetrante lanzado por el hombre o un animal. *[crit]* // Palabras pronunciadas en voz muy alta. *[crit]*

grosería. f. Calidad de grosero. *[grolleria]* // Dicho o hecho grosero. *[grolleria]*

grosero, era. adj. Poco fino, basto. *[groller]* // Descortés. *[grosser]*

grosor. m. Calidad de grueso, graso. *[grossària]* // Volumen. *[grossària]*

grotesco, esca. adj. Ridículo, extravagante, que hace reír por su extrañeza o fealdad. *[grotesc]*

grúa. f. Máquina para levantar cosas de mucho peso y cargarlas o descargarlas. *[grua]*

grueso, esa. adj. Que está grasoso. *[revingut]* // Que tiene un volumen considerable. *[gros]* // m. La parte principal y más fuerte de un conjunto. *[gros]* // f. Doce docenas. *[grossa]*

grulla. f. Pájaro muy largo, de plumaje gris ceniza. *[grua]*

grumete. m. Mozo de la marina. *[grumet]*

grumo. m. Pequeña masa de sustancia pulverulenta aglomerada o de materia líquida coagulada. *[grum]* // Parte del líquido que se coagula. *[grumoll]*

grumoso, osa. adj. Que forma o contiene grumos. *[grumós]*

gruñir. v. intr. Murmurar alguien manifestando su desagrado. *[rondinar]* // Hacer gruñidos o gritos el cerdo. *[grunyir]*

grupa. f. Parte posterior de la espalda de un cuadrúpedo. *[gropa]*

grupo. m. Conjunto de personas o cosas unidas. *[grup]*

gruta. f. Cueva entre rocas. *[gruta]* // Lugar subterráneo. *[gruta]*

guadaña. f. Utensilio formado por un mango largo y una hoja de forma curvilínea que se usa para segar la hierba. *[dalla]*

gualdrapa. f. Manta larga para cubrir y adornar la grupa de las caballerías. *[gualdrapa]*

guano. m. Sustancia muy rica en fosfato y nitrógeno usada como abono de tierras. *[guano]*

guante. m. Cubierta de la mano que se adapta a su forma. *[guant]*

guapo, apa. adj. Presumido, que pretende ser o parecer el mejor. *[pinxo]*

guarda. f. Acción de guardar, de observar y cumplir lo mandado. *[guarda]* // Hoja en blanco que va al principio y al final de los libros. *[guarda]* // m. Persona encargada de la vigilancia de alguna cosa. *[guarda]* // Quien vigila. *[guaita]*

guardabarros. m. Banda de vaqueta, hojalata, etc., colocada delante y encima de las ruedas de los carruajes para protegerlos de las salpicaduras del barro. *[parafang]*

guardacostas. m. Barco que se encarga de vigilar las costas. *[guardacostes]*

guardamano. m. Parte que protege la mano en el puño de una espada o daga. *[guardamà]* // Utensilio de trabajo para proteger la mano. *[guardamà]*

guardapolvo. m. Cualquier ropa puesta encima de otra cosa para guardarla o protegerla del polvo. *[guardapols]*

guardar. v. tr. Cuidar y custodiar algo, como dinero, joyas, vestidos, etc. *[guardar]* // Preservar, defender del daño o peligro. *[guardar]* // Vigilar, cuidar a alguien o a algo. *[guardar]* // Poner atención en algo. *[guardar]* // **-se.** Evitar. *[guardar-se]*

guardería. f. Lugar donde se guardan niños. *[guarderia]*

guardia. f. Acción de guardar o custodiar. *[guàrdia]* // Conjunto de soldados encargados de la custodia de una persona o cosa. *[guàrdia]* // Servicio de custodia. *[guàrdia]* // m. Individuo de una guardia. *[guàrdia]*

guarecer. v. tr. Poner algo o alguien a buen recaudo de un daño o peligro. *[redossar]* // **-se.** Refugiarse. *[refugiar-se]*

guarida. f. Lugar para recogerse o esconderse personas o animales. *[cau, catau]*

guarín. m. Último cerdo nacido de una cría. *[garrí]*

guarnecer. v. tr. Poner guarniciones o adornos a algo. *[guarnir]* // Abastecer de algo a las personas para su protección. *[guarnir]*

guarnición. f. Adorno que se pone a los vestidos, cortinas, etc. *[guarnició]* // Tropa de una plaza, castillo, etc. *[guarnició]* // pl. Conjunto de utensilios que se ponen a un caballo, etc. *[guarniment]*

guasa. f. Broma, burla. *[plagueria]*

guasón, ona. adj. y s. Dicho del que en todo encuentra un motivo de broma. *[plaga]*

gubernativo, iva. adj. Perteneciente al gobierno. *[governatiu]*

gubia. f. Herramienta de escultor. *[gúbia]* // Formón de media caña para tallar madera. *[gúbia]*

guedeja. f. Mechón de cabellos curvados en espiral. *[rínxol]*

guerra. f. Lucha a mano armada entre dos o más ejércitos. *[guerra]*

guerreador, ora. adj. y s. Que guerrea, belicoso. *[guerrejador]*

guerrear. v. intr. Hacer o tener la guerra. *[guerrejar]*

guerrera. f. Chaqueta que llevan los militares. *[guerrera]*

guerrero, era. adj. y s. Relativo o perteneciente a la guerra. *[guerrer]* // Inclinado a la guerra. *[guerrer]*

guerrilla. f. Escaramuza, pelea de poca importancia. *[guerrilla]* // Grupo de combatientes que luchan por medio del factor sorpresa. *[guerrilla]*

guía. m. y f. Persona que acompaña a alguien para enseñarle el camino. *[guia]* // f. Acción de guiar. *[guia, guiatge]* // Título dado a ciertos manuales con indicaciones para visitar la ciudad, etc. *[guia]* // Salvoconducto. *[guiatge]*

guiar. v. tr. Acompañar a alguien para enseñarle el camino. *[guiar]* // Dirigir, enseñar. *[guiar]*

guija. f. Planta leguminosa de flores moradas y blancas, y semillas comestibles. *[guixa]* // Semilla de esta planta. *[guixa]* // Piedra redondeada y muy lisa. *[palet]*

guijarro. m. Piedra alisada y redondeada por la acción de las aguas y el rodamiento. *[cudol, còdol]* // Fragmento de roca dura redondeada. *[cudol]*

guillotina. f. Máquina usada en Francia para decapitar a los condenados a muerte. *[guillotina]* // Instrumento análogo utilizado para cortar papel, cartón, etc. *[guillotina]*

guillotinar. v. tr. Cortar con la guillotina. *[guillotinar]*

guindilla. f. Especie de solanácea que hace unas bayas delgadas y largas, muy picantes; pimiento picante. *[vitet, vitxo, vit]*

guión. m. Bandera, estandarte pequeño, de una comunidad que sirve de guía o insignia. *[guió]* // Signo ortográfico consistente en una raya horizontal como el que se utiliza en los diálogos para separar lo que dice cada interlocutor. *[guió]* // La raya que se pone al final de una línea cuando se ha de cortar una palabra. *[guionet]*

guipar. v. tr. Distinguir de lejos, ver con esfuerzo algo. *[guipar]*

guirigay. m. Confusión de muchos que hablan al mismo tiempo. *[guirigall]*

guirnalda. f. Cadena de flores o de fullaje trenzado que se cuelga como adorno. *[garlanda]*

guisa. f. Manera, estilo, costumbre. *[guisa, faisó]*

guisadillo. m. Plato delicado, exquisito, que se hace para una persona desganada, para un convidado, etc. *[requisit]*

guisado. m. Comida cocinada. *[guisat]*

guisante. m. Planta leguminosa que hace unas semillas comestibles dentro de unas vainas. *[pésol, pesolera]* // Fruto de esta planta. *[pésol]*

guisar. v. tr. Preparar las comidas por medio del fuego. *[guisar]*

guitarra. f. Instrumento musical de cuerda compuesto por una caja de resonancia y seis cuerdas que vibran al pulsarlas. *[guitarra]*

guitarrillo. m. Guitarra pequeña de cuatro cuerdas. *[guitarró]*

gula. f. Apetito desordenado de comer y beber. *[gola]*

gumía. f. Daga larga y encorvada que usan los moros. *[gumia]*

gurripato. m. El pajarito último nacido de una nidada. *[caganiu]*

gusano. m. Nombre de muchas especies de animales invertebrados con el cuerpo blando, cilíndrico y anillado. *[cuc]* // Lombriz de tierra o intestinal. *[llombrígol]*

gustar. v. tr. Percibir el sabor de algo. *[gustar]*

gusto. m. Uno de los cinco sentidos corporales con el que percibimos los sabores. *[gust]* // Placer experimentado por cualquier motivo. *[gust]* // Capacidad de distinguir la belleza y la fealdad. *[gust]* // Manera de realizar la obra artística en un país o tiempo determinado. *[gust]* // Sentimiento de apreciación propio de cada uno. *[gust]*

gustoso, osa. adj. Sabroso, plácido al gusto. *[gustós]* // Que hace algo con gusto y placer. *[gustós]*

gutural. adj. Relativo o perteneciente a la garganta. *[gutural]*

h h h h h h h h

h. f. Novena letra del abecedario. *[h]*
haba. f. Fruto y semilla de la planta leguminosa del mismo nombre. *[fava]* // Planta leguminosa cultivada por las propiedades alimenticias de sus semillas y sus legumbres tiernas. *[favera]*
habano, ana. adj. y s. Natural o propio de La Habana. *[havà]*
haber. m. Hacienda, bienes, caudal, patrimonio, fortuna, recursos. *[haver]*
haber. v. tr. Poseer, tener una cosa. *[haver]* // Verbo auxiliar para la formación de los tiempos compuestos. *[haver]* // Impers. Acaecer, ocurrir, sobrevenir. *[haver]* // Ser necesario o conveniente. *[haver-se de]* // Hallarse o existir. *[haver]*
habichuela. f. Legumbre comestible de la planta del mismo nombre. *[fesol]* // Planta leguminosa trepadora de hojas trifoliadas, legumbre con vaina, cuyos frutos son las habichuelas. *[fesol]*
hábil. adj. Que tiene aptitudes para una cosa, capaz, inteligente, listo. *[hàbil]*
habilidad. f. Capacidad o disposición para hacer alguna cosa. *[habilitat]* // Destreza. *[habilitat]*
habilitación. f. Acción y efecto de habilitar. *[habilitació]* // Oficina de habilitación. *[habilitació]*
habilitado. m. Oficial encargado de recaudar los intereses de una agrupación, de pagar los sueldos, etc. *[habilitat]*
habilitar. v. tr. Capacitar o dar jurisdicción a una persona o cosa para algo. *[habilitar]*
habitación. f. Acción y efecto de habitar. *[habitació]* // Casa o parte de una casa habitada. *[habitació]*
habitáculo. m. Lugar donde se vive. *[habitacle]*
habitante. m. y f. Cada una de las personas que viven en un pueblo, casa, etc. *[habitant]*
habitar. v. tr. Vivir en una casa, pueblo, etc. *[habitar]*
hábito. m. Traje que denota una profesión o estado religioso. *[hàbit]* // Costumbre, habilidad adquirida por la repetición de un mismo acto. *[hàbit, habitud]*
habitual. adj. Que se hace por hábito. *[habitual]*
habituar. v. tr. y pron. Acostumbrar. *[habituar]*
habla. f. Acción de hablar, manera de pronunciar, de expresarse. *[parla]*
hablar. v. intr. Expresar lo que se piensa mediante el lenguaje articulado. *[parlar]* // Dirigir la palabra a alguien. *[parlar]*
habón. m. Haba más pequeña que la ordinaria y que sirve para alimento del ganado. *[favó]* // Hinchazón en la epidermis. *[fava]*
hacendoso, osa. adj. Solícito y diligente en la faena, aficionado a la faena. *[faener]*
hacer. v. tr. Dar existencia a alguna cosa, formar alguna cosa. *[fer]* // Realizar una acción, un movimiento, etc. *[fer]* // Ocasionar que una cosa acontezca. *[fer]* // **-se.** Acostumbrarse. *[fer-se]* // Transformarse. *[fer-se]*
hacia. prep. En dirección a. *[cap a]*
hacienda. f. Finca agrícola. *[hisenda]* // Conjunto de bienes y riquezas que alguien posee. *[hisenda]* // Ministerio de Hacienda. *[hisenda]*
hacina. f. Pila, montón de gavillas. *[garbera]*
hacinar. v. tr. Poner los haces unos sobre otros formando hacina. *[agarberar]*

hacha. f. Instrumento de filo usado para astillar leña, cortar árboles, formado por una hoja acerada provista de un mango de madera dentro del mismo plano de la hoja. *[destral, picota]*
hache. f. Nombre de la letra «h». *[hac]*
hachón. m. Astilla que se enciende para alumbrar. *[falla]*
hada. f. Ser fantástico representado en figura de mujer y al que se atribuye un poder sobrenatural. *[fada]*
hado. m. Destino ineludible. *[fat]*
hala. interj. Utilizada para alentar, animar o dar prisa. *[hala!]*
halagador, ora. adj. Que halaga o adula. *[falaguer]*
halagar. v. tr. Demostrar amor y afecto. *[afalagar]* // Afectar de una manera agradable. *[afalagar]* // Deleitar, agradar, causar placer. *[afalagar]*
halago. m. Muestra de afecto. *[afalac]*
halagüeño, eña. adj. Que atrae por las maneras agradables, corteses. *[falaguer]*
hálito. m. Aliento, viento suave. *[hàlit]*
hallador, ora. adj. y s. Que encuentra alguna cosa perdida. *[trobador]*
hallar. v. tr. Dar con una persona o cosa sin desearlo. *[trobar]* // Encontrar lo que se busca. *[trobar]* // Inventar. *[inventar]* // Averiguar. *[averiguar]*
hallazgo. m. Acción y efecto de hallar. *[trobament]* // Cosa encontrada. *[troballa]*
hamaca. f. Red o lona que se cuelga horizontalmente y sirve como cama. *[hamaca]*
hambre. f. Ganas de comer. *[fam]* // Deseo ardiente de una cosa. *[fam]* // Escasez de alimentos. *[fam]*
hambriento, enta. adj. Que tiene mucha hambre. *[famolenc]*
hanegada. f. Trozo de tierra que se puede sembrar con una fanega de grano. *[fanecada]* // Medida agraria valenciana de doscientas brazas, equivalente a 8'31 áreas. *[fanecada]*
haragán. m. Gandul, que no le gusta trabajar. *[gallòfol]*
haraganear. v. intr. Vivir ociosamente. *[dropejar]*
harapo. m. Andrajo, trozo de ropa vieja. *[pelligot, pendó]*
harén. m. Habitación de las mujeres musulmanas. *[harem]* // Conjunto formado por estas mujeres. *[harem]*
harina. f. Polvo que resulta de moler el trigo u otro grano. *[farina]*
harinoso, osa. adj. Que tiene mucha harina. *[farinós]* // Que parece harina. *[farinós]*
harnero. m. Instrumento lleno de agujeros iguales que sirve para separar granos u otras materias de tamaño desigual. *[garbell, crivell]*
harpía. f. Ave mitológica con cabeza y cuerpo de mujer y el resto del cuerpo de ave rapaz. *[harpia]*
hartar. v. intr. Comer en abundancia satisfaciendo con exceso el hambre. *[fartar]*
hartazgo. m. Acto y efecto de comer excesivamente. *[fartada]*
harto, arta. adj. Que ha comido hasta no poder más. *[fart]* // Satisfecho de una cosa hasta sentir asco. *[fart]*
hartura. f. Resultado de haber comido mucho. *[fartera]*
hasta. prep. Expresa el término de lugares, acciones o cantidades. *[fins]*
hastial. m. Pared lateral que en un edificio suele quedar al descubierto por no tener casas al lado. *[penal]*
hastiar. v. tr. Causar asco, molestar en extremo. *[fastiguejar]*
hastío. m. Sensación de cansancio que produce en el ánimo una cosa de la que estamos saciados. *[fastig]*
hato. m. Rebaño de ovejas, cabras, etc. *[rabera]*
haya. f. Árbol forestal de tronco liso y madera ligera y resistente. *[faig]*
haz. m. Reunión de varias cosas. *[gavell]* // Conjunto atado de mieses, leña, hierba, etc. *[feix]*
hazmerreír. f. Persona que por sus ridiculeces es objeto de burla y diversión. *[riota]*
hebilla. f. Pieza de metal u otra materia dura para sujetar los dos extremos de una correa. *[sivella]*
hebra. f. Porción de hilo que se pone en la aguja para coser, etc. *[aguller]* // Cada una de las fibras delgadas que arrancan de la raíz en las plantas como el trigo, el cáñamo, etc. *[bri]*

hebraico, aica. adj. Perteneciente o relativo a los hebreos. *[hebraic]*
hebreo, ea. adj. Hebraico. *[hebraic]* // m. y f. Judío, israelita. *[hebreu]* // m. Lengua hebraica. *[hebreu]*
hecatombe. f. Antiguamente, sacrificio de cien animales, que los paganos ofrecían a sus dioses. *[hecatombe]* // Gran matanza. *[hecatombe]*
hectárea. f. Medida de superficie equivalente a cien áreas. *[hectàrea]*
héctico, éctica. adj. Hético, caracterizado por una consunción progresiva. *[hèctic]* // Tísico. *[hèctic]*
hectogramo. m. Medida de peso equivalente a cien gramos. *[hectogram]*
hectolitro. m. Medida de capacidad equivalente a cien litros. *[hectolitre]*
hectómetro. m. Medida de longitud equivalente a cien metros. *[hectòmetre]*
hechizar. v. tr. Causar daño con prácticas supersticiosas. *[fetillar]* // Someter a alguien o a alguna cosa a la influencia de un maleficio, de un sortilegio; someter a hechizos. *[fetillar]*
hechizo. m. Acción y efecto de hechizar. *[encís]* // Aquello que hechiza en una persona o cosa. *[encís]*
hecho. m. Acción y efecto de hacer alguna cosa. *[fet]* // Caso acontecido. *[fet]*
hechura. f. Acción y efecto de hacer. *[faiçó]* // Forma dada a un objeto. *[faiçó, factura]*
heder. v. intr. Hacer mal olor. *[pudir]*
hediondez. f. Mal olor. *[pudentor]*
hediondo, onda. adj. Que hiede, que huele mal. *[pudent]*
hedor. m. Mal olor fuerte, olor muy desagradable. *[fetor]*
hegemonía. f. El que marcha a la cabeza. *[hegemonia]* // Supremacía, superioridad. *[hegemonia]*
hégira. f. Era de los mahometanos, que se inicia en el año 622 después de Jesucristo en que Mahoma huyó de la Meca. *[hègira]*
helado, ada. adj. Frío como el hielo. *[gelat]* // m. Bebida o comida helada. *[gelat]*
heladora. f. Aparato que sirve para helar bebidas. *[geladora]*
helar. v. tr. e intr. Tr. Coagular por la acción del frío algún líquido. *[gelar]* // Intr. Hacer mucho frío. *[gelar, glaçar]* // Solidificarse el agua de los estanques, charcos, etc., por el frío. *[glaçar]*
helecho. m. Planta polipodiácea de rizoma ramoso que produce frondas coriáceas de medio a dos metros de longitud. *[falguera]*
helenismo. m. Modismo propio de la lengua griega utilizado en otra lengua. *[hel·lenisme]* // Influencia de la cultura griega en la civilización moderna. *[hel·lenisme]*
helenizar. v. tr. Dar una forma, un carácter griego. *[hel·lenitzar]* // **-se.** Adoptar las costumbres, literatura y arte griegos. *[hel·lenitzar]*
helero. m. Lugar donde la nieve no se funde en todo el año. *[gelera]*
hélice. f. Curva que, al girar, forma ángulos iguales con todas ls generatrices. *[hèlice]* // Instrumento propulsor de naves, aviones, etc., formado por un eje con alas curvas de superficie helicoidal. *[hèlice]* // Orilla de la oreja externa. *[hèlix]*
helicoide. m. En forma de hélice. *[helicoide]*
helicóptero. m. Aparato que se sostiene en el aire gracias a unos rotores de eje vertical, que despega y aterriza verticalmente y puede mantenerse en vuelo estacionario. *[helicòpter]*
hematoma. m. Afección debida a la expansión sanguínea o fibrosa en los tejidos. *[hematoma]*
hembra. f. Animal de sexo femenino. *[femella]* // En las plantas de sexos distintos, la que da fruto. *[femella]*
hemeroteca. f. Lugar donde se guardan y coleccionan publicaciones periódicas. *[hemeroteca]*
hemiciclo. m. Lugar semicircular, rodeado de una gradería en forma de anfiteatro. *[hemicicle]*
hemisferio. m. Cada una de las dos partes de la esfera dividida por un plano que pasa por su centro. *[hemisferi]*
hemistiquio. m. Cada una de las dos par-

tes de un verso separadas por la cesura. *[hemistiqui]*

hemofilia. f. Predisposición a hemorragias abundantes. *[hemofília]*

hemoptisis. f. Expectoración de sangre debida a la hemorragia de los pulmones. *[hemoptisi]*

hemorragia. f. Fluido de sangre de cualquier parte del cuerpo. *[hemorràgia]*

hendedura. f. Grieta, hendidura. *[badall, fenedura]*

hender o **hendir.** v. tr. Abrir una hendidura. *[badar, clevillar]* // Cortar el aire, el agua, el viento, etc. *[fendre, tallar]*

hendido, ida. adj. Agrietado, abierto, sin rotura. *[consentit]*

hendidura. f. Grieta, abertura larga y muy estrecha. *[badall, clevill]*

henil. m. Lugar donde se guarda la paja. *[pallera, pallissa]*

heno. m. Planta gramínea de tallo ramoso y espiguitas pediceladas. *[fenàs]* // **heno blanco.** Planta gramínea de un metro de altura, de hojas largas, que nace en las orillas de los ríos. *[fenàs]* // Hierba anual de la familia de las papilonáceas cultivada como forraje. *[fenc]*

heñir. v. tr. Trabajar la masa en la artesa, amasándola con los puños y las manos o maquinaria de amasar el pan. *[fényer]*

hepatitis. f. Inflamación del hígado. *[hepatitis]*

heptaedro. m. Poliedro de siete caras. *[heptàedre]*

heptágono. m. Polígono de siete lados. *[heptàgon]*

heptasílabo, ílaba. adj. Que tiene siete sílabas. *[heptasíl·lab]*

heraldo. m. Individuo que en la Edad Media tenía la misión de llevar mensajes, ordenar las grandes ceremonias y llevar los registros de la nobleza. *[herald]* // fig. Mensajero, adalid. *[herald]*

herbáceo, ácea. adj. Que tiene la naturaleza de la hierba. *[herbaci]*

herbaje. m. Conjunto de hierbas de prados y dehesas. *[herbatge]* // Arancel exigido por el consumo de hierba de los prados. *[herbatge]*

herbajero, era. m. y f. El que tiene o da en arrendamiento la hierba de un prado, el que vende hierba y la reparte a domicilio. *[herbasser]*

herbero. m. Bebida hecha con hierbas. *[herber]*

herbicida. adj. Que destruye las hierbas. *[herbicida]* // m. Producto utilizado para destruir las malas hierbas. *[herbicida]*

herbolario, aria. m. y f. El que recoge y vende hierbas y plantas medicinales. *[herbolari]*

hércules. m. Hombre de extraordinaria fuerza física. *[hèrcules]*

heredad. f. Propiedad o finca rústica. *[heretat]*

heredar. v. tr. Suceder en la propiedad de los bienes, de los derechos, etc., de un difunto. *[heretar]* // Contraer los hijos las inclinaciones, aptitudes, etc., de los padres. *[heretar]*

heredero, era. m. y f. Persona a la cual pertenece una herencia. *[hereu]* // f. Mujer que hereda ella sola toda la herencia. *[pubilla]*

hereje. m. y f. Persona que defiende o sigue una herejía. *[heretge]*

herejía. f. Error contra el dogma católico, sostenido públicamente. *[heretgia]* // Opinión contra las verdades científicas inmutables. *[heretgia]*

herencia. f. Derecho de heredar. *[herència]* // Conjunto de bienes y haciendas. *[herència]* // Transmisión de ciertas particularidades físicas o psíquicas de los ascendientes a los descendientes. *[herència]* // Patrimonio. *[heretatge]*

herida. f. Lesión producida en la carne por un instrumento o por efecto de un choque. *[ferida, nafra]* // Aquello que aflige y atormenta el espíritu. *[ferida]*

heridor, ora. adj. Que hiere. *[feridor]* // m. El que hiere. *[feridor]*

herir. v. tr. Dar un golpe que daña al organismo. *[ferir]* // Ofender. *[ferir]* // Afectar violenta o dolorosamente. *[ferir]*

hermanar. v. tr. Unir, juntar, tomar alguna cualidad de hermano. *[agermanar]* // Formar una hermandad, unión fraterna. *[agermanar]*

hermanastro, astra. m. y f. Hijo de uno de los dos cónyuges respecto al hijo del otro. *[germanastre]*

hermandad. f. Conjunto de hermanos de una familia. *[germandat]* // Asociación para fines de piedad o beneficencia mutua. *[germandat]* // Unión entre hermanos, fraternidad. *[germanor]*

hermano, ana. m. y f. Persona o animal nacida de los mismos padres. *[germà]* // Persona que respecto a la otra tiene el mismo padre en sentido moral. *[germà]* // Cosa que respecto a otra le es parecida o de igual origen. *[germà]*

hermético, ética. adj. Dícese de una cosa cerrada y ajustada perfectamente. *[hermètic]*

hermoso, osa. adj. De formas bien hechas, bello de forma o formas. *[formós]*

hermosura. f. Calidad de hermoso, lindeza, gracia. *[bonicària]*

hernia. f. Tumor producido por la dislocación total o parcial de una víscera fuera de su cavidad. *[hèrnia]*

héroe, ína. m. y f. Semidiós, persona que se distingue por su gran coraje. *[heroi]* // Personaje principal de una leyenda, narración, etc. *[heroi]*

heroicidad. f. Calidad de heroico. *[heroïcitat]* // Acción heroica. *[heroïcitat]*

heroico, oica. adj. Relativo o perteneciente al héroe. *[heroic]*

heroína. f. Derivado de la morfina, cuyo consumo crea dependencia. *[heroïna]*

herrada. f. Utensilio compuesto de piezas de madera unidas y sujetas con aros de hierro. *[ferrada]* // Utensilio metálico de mayor diámetro que profundidad. *[ferrada]*

herrado, ada. adj. Guarnecido de hierro. *[ferrat]* // Sujetado con cadenas o grilletes. *[ferrat]*

herrador. m. El que tiene por oficio herrar caballerías. *[ferrer, ferrador]*

herradura. f. Hierro que clavan en las pezuñas de las caballerías. *[ferradura]*

herramienta. f. Conjunto de instrumentos de hierro o de acero. *[ferramenta]* // Utensilio mecánico. *[ferramenta]* // Instrumento manual para trabajos agrícolas o mecánicos de un oficio o profesión. *[aïna]*

herrar. v. tr. Guarnecer de hierro alguna cosa. *[ferrar]* // Sujetar con cadenas o grilletes. *[ferrar]* // Poner las herraduras a un caballo, etc. *[ferrar]*

herrén. m. Hierba que se da como alimento a los animales. *[farratge]*

herrería. f. Obrador de herrero. *[ferreria]*

herrero. m. El que trabaja el hierro. *[ferrer]* // Herrador. *[ferrer]*

herrumbre. m. Capa de óxido que se forma sobre el hierro y otros metales. *[rovell]*

hervir. v. intr. y tr. Intr. Moverse violentamente un líquido por elevación de la temperatura o fermentación. *[bullir]* // Tr. Hacer hervir. *[bullir]*

hervor. m. Agitación de un líquido que hierve o fermenta. *[bull]*

heterogéneo, énea. adj. De distinta naturaleza, no homogéneo. *[heterogeni]*

hexacordo. m. Instrumento musical de seis cuerdas. *[hexacord]* // Intervalo de sexta en la escala musical. *[hexacord]*

hexaedro. m. Poliedro de seis caras. *[hexàedre]*

hexágono. m. Polígono de seis lados. *[hexàgon]*

hexagramo. m. Figura formada por seis triángulos equiláteros trazados sobre seis lados de un hexágono regular. *[hexagram]* // Figura formada por seis rectas. *[hexagram]*

hexasílabo, ílaba. adj. Que tiene seis sílabas. *[hexasíl·lab]*

hez. f. Cosa menospreciable. *[excrement]* // pl. Excrementos. *[excrements]*

hiato. f. Encuentro de dos vocales que no forman diptongo. *[hiatus]*

híbrido, íbrida. adj. Resultado de la unión de dos especies distintas. *[híbrid]* // Formado por elementos de diferente origen. *[híbrid]*

hidalgo, alga. m. y f. Persona de noble o ilustre nacimiento. *[noble, cavaller]*

hidratar. v. tr. Combinar una sustancia con agua. *[hidratar]*

hidrato. m. Compuesto formado por la

unión del agua y otra sustancia. *[hidrat]*

hidráulica. f. Estudio del equilibrio y movimiento de los fluidos. *[hidràulica]* // Arte de conducir, contener y elevar el agua corriente. *[hidràulica]*

hidroavión. m. Avión provisto de flotadores que le permiten flotar en el agua. *[hidroavió]*

hidrocarburo. m. Cada uno de los compuestos del carbono con el hidrógeno. *[hidrocarbur]*

hidrofobia. f. Horror al agua. *[hidrofòbia]* // Enfermedad infecciosa que ataca principalmente a los perros. *[hidrofòbia]*

hidrogenar. v. tr. Combinar con hidrógeno. *[hidrogenar]*

hidrógeno. m. Gas incoloro e inodoro de gran ligereza y sutilidad. *[hidrogen]*

hidrosfera. f. Conjunto de las partes líquidas de la tierra que comprenden los océanos, mares, lagos, etc., y el vapor acuoso de la atmósfera. *[hidrosfera]*

hiedra. f. Planta de hojas coráceas y flores amarillentas que trepa por los árboles y las paredes. *[heura]*

hiel. f. Líquido amargo de color verdoso segregado por el hígado, bilis. *[fel]* // Sentimiento amargo. *[fel]*

hielo. m. Agua reducida al estado sólido por el frío. *[gel, glaç]*

hiena. f. Mamífero carnicero de piel áspera y gris que se alimenta especialmente de carroña. *[hiena]*

hierático, ática. adj. Que pertenece a las cosas sagradas. *[hieràtic]*

hierba. f. Nombre común de toda pequeña planta, de tallo tierno que muere después de dar simiente. *[herba]*

hierbabuena. f. Planta labiada de hojas arrugadas, muy aromática, que se usa como condimento. *[herba-sana]*

hierbaluisa. f. Verbeniácea leñosa muy aromática. *[marialluïsa]*

hierro. m. Metal blanco grisáceo, maleable, dúctil y muy tenaz. *[ferro]*

hígado. m. Órgano glandular que segrega la hiel y causa cambios importantes en algunas sustancias contenidas en la sangre que pasa por él. *[fetge]*

higiene. f. Ciencia de la preservación de la salud. *[higiene]* // Sistema de reglas y de principios para conservar la salud. *[higiene]*

higienizar. v. tr. Aplicar a alguna cosa los principios de la higiene. *[higienitzar]*

higo. m. Fruto de la higuera. *[figa]*

higuera. f. Árbol de la familia de las moráceas cultivado por sus frutos. *[figuera]*

hijastro, astra. m. y f. Hijo o hija de uno de los cónyuges, de un matrimonio anterior, respecto al otro. *[fillastre]*

hijo, ija. m. y f. Persona o animal respecto de su padre o de su madre. *[fill]* // Persona con relación a la nación, al pueblo, del que es natural. *[fill]*

hijuela. f. Ramal de una acequia para regar. *[fila]*

hila. f. Conjunto de hilos provenientes de deshilar un tejido que se utiliza especialmente para curar llagas, heridas, etc. *[desfila]*

hilachoso, osa. adj. Que tiene hilos, que hace hilos. *[filós]*

hilada. f. Serie de personas o cosas puestas en línea. *[filada]*

hilado. m. Resultado de la operación de hilar. *[filat]*

hilar. v. tr. Reducir cualquier fibra textil a hilo. *[filar]* // Sacar el gusano de seda u otros insectos el hilo para formar el capullo, tela, etc. *[filar]*

hilaridad. f. Risa escandalosa, jocosidad que excita aquello que se ve o siente. *[hilaritat]*

hilaza. f. Hilo grueso y desigual. *[desfila]* // Hila para las heridas. *[desfila]* // Mostrar un defecto que se ignoraba. *[desfila]*

hilera. f. Serie de personas o cosas dispuestas en línea recta. *[filera]* // Instrumento para reducir a hilo los metales por tracción. *[filera]*

hilo. m. Hebra de seda, lino o cáñamo para coser o tejer. *[fil]* // Metal estirado en forma de hilo. *[fil]* // Chorro muy fino. *[fil]* // Ilación entre las partes de un discurso, etc. *[fil]*

hilván. m. Punto largo con el que las costureras igualan la ropa para coserla bien. *[basta]*

himen. m. Repliegue membranoso que cierra en parte el orificio externo de la vagina en una mujer virgen. *[himen]*

himeneo. m. Boda. *[himeneu]*

himno. m. Composición poética o musical en alabanza a la divinidad, algún pueblo, ideal, etc. *[himne]*

hincapié. m. Insistir y mantenerse firme en la propia opinión o en la solicitud de una cosa. *[parapeu]*

hincar. v. tr. Hacer doblarse o curvarse poco a poco alguna cosa. *[flectir]*

hinchado, ada. adj. Que se hincha, aumenta de volumen por algo. *[bufat]*

hinchar. v. tr. y pron. Hacer que aumente el volumen de algo llenándolo de aire o de otra cosa. *[inflar, botinflar]* // fig. Envanecerse, engreírse, ensoberbecerse. *[envanir-se]*

hinchazón. f. Condición de hinchado. *[infladura]* // Efecto de hincharse. *[inflor]*

hindú. m. Miembro de una de las razas de la India, que profesa el hinduismo. *[hindú]*

hiniesta. f. Planta de la familia de las papilonáceas de ramas verdes y flexibles y flores amarillas. *[ginesta]*

hinojo. m. Planta umbelífera, de flores pequeñas y amarillas, aromática y dulce, usada como condimento. *[fenoll]*

hintero. m. Mesa para heñir o amasar el pan. *[fenyedor]*

hipar. v. intr. Tener hipo. *[sanglotar]*

hipérbaton. m. Figura de construcción que consiste en una alteración del orden gramatical de las palabras. *[hipèrbaton]*

hipérbole. f. Figura de dicción cuya expresión es una exageración evidente. *[hipèrbole]*

hípico, ípica. adj. Relativo o perteneciente al caballo. *[hípic]*

hipismo. m. Conjunto de conocimientos relativos a la cría y al adiestramiento de los caballos. *[hipisme]* // Conjunto de deportes en los cuales interviene el caballo como protagonista principal. *[hipisme]*

hipnosis. f. Sueño provocado por influencia psíquica y generalmente por sugestión. *[hipnosi]*

hipnotismo. m. Inducción a un estado parecido al sueño llamado hipnosis. *[hipnotisme]*

hipnotizar. v. tr. Producir el estado de hipnosis. *[hipnotitzar]*

hipo. m. Movimiento convulsivo del diafragma que produce una respiración interrumpida, violenta y con ruido. *[singlot]*

hipocresía. f. Fingimiento de cualidades y sentimientos que no se poseen, y especialmente de virtudes religiosas. *[hipocresia]*

hipócrita. adj. y s. Que finge lo que no es o no siente. *[hipòcrita]*

hipódromo. m. Lugar destinado a las carreras de caballos. *[hipòdrom]*

hipopótamo. m. Mamífero de piel gruesa que vive cerca de los grandes ríos de África. *[hipopòtam]*

hipoteca. f. Derecho dado por contrato a un acreedor sobre una propiedad del deudor. *[hipoteca]*

hipotecar. v. tr. Gravar una propiedad con una hipoteca. *[hipotecar]*

hipotenusa. f. El lado de un triángulo rectángulo opuesto al ángulo recto. *[hipotenusa]*

hipótesis. f. Suposición de la que se saca alguna consecuencia. *[hipòtesi]* // Teoría provisionalmente adoptada para explicar algún hecho. *[hipòtesi]*

hirsuto, uta. adj. Cubierto de pelos duros y ásperos, dícese del pelo duro y áspero. *[hirsut]*

hirviente. adj. Que hierve. *[bullent, cremant, ardent]*

hisopo. m. Planta labiada, muy olorosa, de flores azules o blanquecinas. *[hisop]* // Instrumento para rociar agua bendita. *[hisop]*

hispanismo. m. Idiotismo peculiar de la lengua castellana. *[hispanisme]* // Palabra o giro de esta lengua utilizado en otra lengua. *[hispanisme]*

hispano, ana. adj. Natural o propio de Hispania, español. *[hispà]* // Perteneciente o relativo a las naciones de Hispanoamérica. *[hispà]*

histeria. f. Enfermedad nerviosa que se caracteriza por una gran variedad de síntomas funcionales y ataques convulsivos. *[histèria]* // Estado pasajero de excitación nerviosa relacionada con una situación anómala. *[histèria]*

histerismo. m. Histeria. *[histerisme]*

historia. f. Narración y exposición de sucesos pasados. *[història]* // Los acontecimientos que forman el asunto de una historia. *[història]* // Cuento, relación fingida. *[història]*

historial. adj. Relativo a la historia. *[historial]* // m. Historia de una persona o de una institución. *[historial]*

historiar. v. tr. Escribir, contar la historia de alguien o de alguna cosa. *[historiar]*

histrión. m. Actor, especialmente en sentido peyorativo. *[histrió]*

hito. m. Mojón que sirve para señalar la dirección de los caminos , y los límites de un territorio. *[fita]* // Punto que se trata de tocar con un proyectil que se lanza. *[fitó]*

hocico. m. Morro saliente de ciertos mamíferos y peces en la boca y en el orificio de la nariz. *[musell]*

hocino. m. Clase de hoz pequeña, usada especialmente para cortar racimos. *[falçó]* // Paso estrecho entre montañas. *[congost]*

hogaño. adv. El año actual, este año. *[enguany]*

hogar. m. Sitio donde se coloca la lumbre en las cocinas, chimeneas, etc. *[llar]* // Casa donde uno habita con lo suyos. *[llar]*

hogaza. f. Pieza gruesa de pan. *[fogassa]*

hoguera. f. Porción de materias combustibles en llama. *[foguera, fogata]*

hoja. f. Parte plana y delgada que nace en los brotes de los vegetales. *[fulla]* // Pétalo. *[fulla]* // Lámina delgada de metal, especialmente de un arma o herramienta como la hoja de una espada, cuchillo, etc. *[fulla]* // Parte que corta en las armas y herramientas de cortar. *[fulla]* // En una puerta, ventana, etc., cada una de las partes móviles que abren o cierran. *[fulla]* // Trozo de papel que se fabrica de una vez en el molde. *[full]* // Cada una de las hojas de un libro o cuaderno. *[full]* // Lámina muy delgada que se levanta de los metales al acuñarlos. *[full]*

hojalata. f. Plancha de metal muy delgada. *[llanda]*

hojalatero. m. Quien hace toda clase de utensilios de hojalata. *[llanterner]*

hojarasca. f. Conjunto de hojas desprendidas de los árboles. *[fullaraca]*

hojear. v. tr. Pasar hojas de un libro, leyendo algún pasaje, anotación, etc. *[fullejar]*

hojoso, osa. adj. Que tiene hojas, que produce hojas. *[fullós]*

¡hola! Interjección usada como saludo familiar o de extrañeza. *[hola!]* // Interjección con la cual se llama la atención a alguien, o bien se hace preceder una rectificación, objeción, etc., a aquello que se acaba de decir. *[ei!]*

holgado, ada. adj. Dicho de una pieza que va floja dentro de otra que la contiene y no ajusta exactamente, o también de una pieza que envuelve o abraza de sobra sin ajustar como es necesario, como un calzado, una pieza de ropa, unas mangas, etc.; ancho y sobrado para aquello que ha de contener. *[balder]*

holgar. v. intr. Hacer fiesta, no trabajar. *[folgar]* // **-se.** Divertirse. *[folgar]*

holgazán, ana. adj. Poco amigo del trabajo, que no quiere trabajar. *[malfaener]* // Hombre perezoso. *[gos]*

holocausto. m. Sacrificio que hacían los hebreos a la divinidad. *[holocaust]*

hollar. v. tr. Poner el pie sobre la tierra o algo. *[calcigar]* // fig. Oprimir, humillar o menospreciar, con los pies, pisotear. *[calcigar]*

hollín. m. Sustancia negra que proviene de la combustión incompleta de las materias orgánicas y que se deposita en los tubos que conducen el humo. *[sutja]*

hombre. m. Animal racional. *[home]* // Individuo de la especie humana del sexo masculino. *[home]* // Hombre bueno, el que actúa de mediador. *[home bo]* // En el juego de pelota valenciana el que hace de juez de la partida. *[home bo]*

hombrear. v. intr. Hacer un niño de hombre, parecer hombre. *[homenejar]*

hombrecillo. m. Planta perenne, que se usa para dar aroma y amargor a la cerveza. *[llúpol]*

hombrera. f. Pieza de la armadura que cubría el hombro. *[musclera]*

hombrillo. m. Refuerzo que se pone en los vestidos en la parte correspondiente al hombro. *[musclera]*

hombro. m. Parte superior y lateral del cuerpo a cada lado del cuello, en la unión del brazo al tronco. *[muscle]*

homenaje. m. Acto de veneración, de sumisión, de respeto hacia una persona. *[homenatge]*

homenajear. v. tr. Rendir homenaje. *[homenatjar]*

homicida. adj. y s. Que causa la muerte de una persona. *[homicida]*

homicidio. m. Muerte causada a una persona por otra. *[homicidi]*

homilía. f. Comentario dirigido al pueblo para explicar las verdades de la religión. *[homilia]*

homófono, ófona. adj. Que tiene el mismo sonido, que se pronuncia de la misma forma. *[homòfon]*

homogeneizar. v. tr. Hacer homogéneo. *[homogeneïtzar]*

homogéneo, énea. adj. De la misma especie o naturaleza. *[homogeni]*

homologar. v. tr. Estar conforme con el contenido de una sentencia, especialmente arbitral *[homologar]* // Confirmar el juez lo que han acordado las partes. *[homologar]* // Dar validez oficial a una prueba deportiva. *[homologar]* // Controlar la calidad de un producto, según unas normas de fabricación previamente reglamentadas. *[homologar]*

homónimo, ónima. adj. Que tiene el mismo nombre. *[homònim]* // Dícese de las palabras que proceden de distinta raíz y se pronuncian igual aunque sus significados son diferentes. *[homònim]*

homosexual. adj. y s. Que siente inclinación sexual hacia los individuos del mismo sexo. *[homosexual]*

honda. f. Hondijo, cuerda o correa para arrojar algo. *[mandró, fona, bassetja]*

hondonada. m. Pequeña depresión que se encharca cuando llueve. *[sot]* // Valle pequeño. *[sot]*

hondo, onda. adj. Profundo. *[fondo, profund, pregon]*

hondura. f. Profundidad. *[fondària]*

honestidad. f. Calidad de honesto. *[honestedat]*

honesto, esta. adj. Que se conforma con lo que exige el pudor, la decencia. *[honest]* // Que no se opone a las buenas costumbres. *[honest]* // Probo, recto, honrado. *[honest]*

hongo. m. Planta talofita, formada por un casquete sostenido por un pie. *[bolet]* // Gorro de fieltro de forma abombada, bombín. *[bolet]*

honor. m. Cualidad moral que impone el cumplimiento de los deberes hacia los otros y con él mismo. *[honor]* // Distinción con que se trata a alguien. *[honor]*

honorario, aria. adj. Dícese del que no ejerciendo un cargo, etc., tiene los honores. *[honorari]* // m. pl. Remuneración de un trabajo, sueldo. *[honoraris]*

honra. f. Amor a la propia dignidad. *[honra]* // Buena opinión, fama adquirida por las virtudes de una persona. *[honra]*

honradez. f. Calidad de honrado. *[honradesa]* // Proceder recto, propio del hombre probo. *[honradesa]*

honrado, ada. adj. Enaltecido por honor. *[honrat]* // Que no hace acciones desleales, engaños, etc. *[honrat]* // Hecho con horadez. *[honrat]*

honrar. v. tr. Rendir honor a alguien o a alguna cosa, enaltecer, premiar su mérito. *[honrar]* // Ser motivo de honor, de orgullo, de gloria, para alguien. *[honrar]*

hora. f. Cada una de las veinticuatro partes en que está dividido el día natural. *[hora]*

horadar. v. tr. Hacer un agujero. *[foradar]*

horario, aria. adj. Relativo o perteneciente a las horas. *[horari]* // m. Conjunto y distribución de las horas del día. *[horari]* // Manecilla del reloj que señala las horas. *[horari]*

horca. f. Palo con púas para apilar, levantar y remover la paja y otros usos. *[forca]* // Aparato donde colgaban a los condenados a muerte. *[forca]*

horcadura. f. Parte del tronco de los árboles donde se divide en ramas. *[forcadura]* // Abertura en forma de horca. *[forcadura]*

horcajado, ada. adj. En forma de horca. *[forcat]*

horcajadura. f. Parte del tronco de los árboles donde se divide en ramas. *[forcat]* // Ángulo que forman los muslos en su comienzo. *[entrecuix]*

horcajo. m. Pieza de madera en forma de horca que se pone en el pescuezo de las caballerías. *[forcat, forcasset]* // Arado de un solo animal provisto de dos palos en forma de horca. *[forcat]*

horcazo. m. Golpe dado con una horca. *[forcada]*

horco. m. Trenza hecha con la ristra o paja de los ajos y de las cebollas, y que tiene dos brazos. *[forc, forcat]*

horconada. f. Golpe dado con el horcón. *[forcada]* // Porción de una cosa que se coge con la horca de una vez. *[forcada]*

horchata. f. Bebida de almendras, chufas, etc., machacadas en agua y azúcar. *[orxata]*

horda. f. Tribu nómada, errante. *[horda]* // Conjunto de guerreros que actúa sin disciplina ni moral. *[horda]*

horizontal. adj. Paralelo al horizonte. *[horitzontal]*

horizonte. m. Línea que limita la parte de superficie terrestre visible desde un punto. *[horitzó]*

hormiga. f. Insecto himenóptero, que vive en sociedad dentro de hormigueros subterráneos. *[formiga]*

hormigón. m. Mezcla de grava y mortero usada en las construcciones. *[formigó]*

hormiguear. v. intr. Experimentar en alguna parte del cuerpo una sensación de hormigueo. *[formiguejar]* // Moverse una gran multitud de personas o animales. *[formiguejar]*

hormigueo. m. Sensación molesta comparable a la producida por las hormigas al correr sobre la piel. *[formigueig, formigor]* // Acción y efecto de hormiguear. *[formigueig]* // Multitud de personas o animales en movimiento. *[formigueig]*

hormiguero. m. Madriguera de hormigas. *[formiguer]* // Gran movimiento o concurso de gente. *[formiguer]*

hormiguita. f. Persona que trabaja en una cosa incansable y porfiadamente. *[corcó]*

hormona. f. Sustancia formada por un órgano y llevada a otro en el cual existe un efecto estimulante. *[hormona]*

hornacina. f. Concavidad practicada en un muro para poner una estatua, etc. *[nínxol, ninxo]*

hornada. f. Cantidad de pan, pasteles, etc., que se cuecen de una vez en el horno. *[fornada]* // Conjunto de individuos que acaban a la vez una carrera o reciben un nombramiento. *[fornada]* // Porción de carbón que cabe en un fogón. *[fogonada]*

hornazo. m. Especie de torta que se suele hacer por pascua florida. *[mona]*

hornear. v. intr. y tr. Intr. Hacer de hornero. *[fornejar]* // Tr. Pasar por el horno, cocer al horno los higos, ciruelas, u otras cosas para acabarlas de secar. *[fornejar]*

hornero, era. m. y f. Quien hace o vende pan. *[forner]*

hornilla. f. Vacío hecho en el macizo del hogar, con un emparrillado para sostener el fuego y una abertura lateral para la combustión y para sacar la ceniza. *[foguer]*

horno. m. Obra de bóveda redonda para cocer pan y otras cosas. *[forn]* // Casa donde hay un horno público para cocer pan. *[forn]*

horóscopo. m. Observación del cielo que los astrólogos hacían el día del nacimiento de una persona cuya suerte futura querían adivinar. *[horòscop]*

horquilla. f. Bastón largo acabado en un extremo en dos puntas. *[forqueta]* // Ganchillo para sujetar el cabello de las mujeres. *[forquilla]*

horrible. adj. Que causa horror. *[horrible]*

horripilante. adj. Que estremece. *[esgarrifós]*

horripilar. v. tr. y pron. Hacer que se erice el cabello, espeluznar. *[horripilar]*

horror. m. Sensación producida por una cosa terrible y espantosa. *[horror]*

horrorizar. v. tr. Causar horror. *[horroritzar]* // **-se.** Sentir horror. *[horroritzar-se]*

hortaliza. f. Verduras y otras plantas comestibles que se cultivan en los huertos. *[hortalissa]*

hortelano, ana. m. y f. El que cultiva un huerto. *[hortolà]* // Pájaro de color tierra. *[hortolà]*

hortensia. f. Planta exótica de la familia de las saxifragáceas, con flores rosáceas o azuladas. *[hortènsia]*

horticultor, ora. m. y f. Persona que se dedica a la horticultura. *[horticultor]*

horticultura. f. Arte de cultivar los huertos y huertas. *[horticultura]*

hospedaje. m. Alojamiento y asistencia. *[dispesa]* // Cantidad que se paga por este servicio. *[dispesa]* // Casa donde prestan este servicio. *[dispesa]*

hospedero, era. m. y f. La persona que tiene un hostal o pensión. *[dispeser]*

hospicio. m. Casa donde se recoge y mantiene a los pobres o huérfanos. *[hospici]*

hospital. m. Establecimiento donde por caridad pública o privada son curados enfermos o heridos. *[hospital]*

hospitalidad. f. Virtud o acción de albergar gratuitamente pobres, enfermos, etc. *[hospitalitat]* // Buena acogida que se hace a los extraños. *[hospitalitat]*

hospitalizar. v. tr. Admitir a un enfermo en un hospital. *[hospitalitzar]*

hostal. m. Casa donde, mediante pago, dan comida y alojamiento. *[hostal]*

hostalero, era. m. y f. El que tiene un hostal. *[hostaler]*

hostia. f. Víctima ofrecida en sacrificio a Dios. *[hòstia]* // Oblea de pan ácimo que es consagrada por el sacerdote y ofrecida en el sacrificio de la misa. *[hòstia]* // Pasta fina de harina cocida con molde. *[neula]*

hostigar. v. tr. Azotar, castigar con látigo, etc. *[fustigar]* // Excitar a alguien a hacer algo. *[punxar]*

hostil. adj. Contrario o enemigo, propio de un enemigo. *[hostil]*

hostilizar. v. tr. Causar daño al enemigo. *[hostilitzar]* // Atacar, agredir, molestar a alguien con insistencia. *[hostilitzar]*

hotel. m. Establecimiento de lujo o de cierta categoría. *[hotel]*

hoy. adv. El día en que estamos. *[hui]* // En el tiempo presente, actualmente. *[hui]*

hoya. f. Hondonada entre montañas. *[foia]* // Valle redondo, de fondo más o menos plano. *[foia]*

hoyo. m. Concavidad hecha en algunas superficies sólidas. *[clot]* // Fosa para los muertos. *[clot]*

hoyuelo. m. Concavidad pequeña, hoyo de poca profundidad. *[clotxa]*

hoz. f. Instrumento con hoja de hierro acerado, curva y dentada para segar. *[falç, corbella]*

hozar. v. tr. Revolver escarbando la tierra con el morro, como el cerdo. *[grufar, fossar]*

hucha. f. Recipiente sin otra abertura que una pequeña rendija para meter las monedas sin que se puedan sacar. *[vidriola, guardiola]*

hueca. f. Regata en la punta del huso para enganchar el hilo. *[osca]*

hueco, eca. adj. Satisfecho y envanecido a la vez. *[buit]* // m. Vacío por dentro, que forma concavidades interiores, no macizo, nada firme. *[tou]* // Vacío, que no está lleno por dentro. *[tou]*

huelga. f. Cesación en el trabajo de los operarios para conseguir por tal medio alguna mejora. *[vaga]*

huella. f. Rastro o señal que deja impreso el pie u otra cosa. *[petja]*

huérfano, érfana. adj. y s. El que es menor de edad y ha perdido a sus padres o a alguno de los dos. *[orfe]*

huero, era. adj. Sin sustancia. *[buit]*

huerta. f. Terreno de regadío donde se cultivan legumbres, verduras y árboles frutales. *[horta]* // Tierra de huerta, de cultivo que se puede regar, por oposición al secano. *[horta]* // Gran extensión de tierras de huerta y nombre apelativo de ciertas comarcas valencianas, como la Huerta de Valencia, de Gandía, de Alicante, de Orihuela, etc. *[horta]*

huerto. m. Parcela de tierra en que se cultivan verduras, legumbres, y especialmente árboles frutales, de extensión limitada. *[hort]* // Extensión de tierra plantada de árboles frutales, especialmente de naranjos. *[hort]* // Jardín adyacente a una casa. *[hort]*

hueso. m. Parte interior y más compacta de algunas frutas, donde está la semilla. *[pinyol]* // Parte sólida y más dura del cuerpo animal. *[os]* // Cosa que es muy difícil, pesada y de poco lucimiento para el que la hace. *[os]*

huésped, éspeda. m. y f. Persona albergada en la casa de otro, admitida en hospitalidad, como de la propia familia. *[hoste]* // Persona que hospeda en su casa a uno. *[hostaler]*

hueste. f. Ejército en campaña. *[host]*

huevera. f. Ovario de las aves, madrecilla. *[ouera]* // Vaso de metal para servir y tomar los huevos hervidos. *[ouera]*

huevo. m. Cuerpo de figura redondeada que engendran las hembras de las aves para la reproducción de las especies. *[ou]* // El huevo usado como alimento. *[ou]*

huida. f. Acción de huir. *[fugida]*

huir. v. intr. Apartarse de un lugar, escaparse, para evitar un daño. *[fugir]* // Alejarse alguna cosa rápidamente. *[fugir]*

hule. m. Tela pintada al aceite y barnizada. *[hule]*

hulla. f. Carbón de piedra, cargado de sustancias bituminosas. *[hulla]*

¡hum! Interjección que expresa duda. *[hem!]*

humanidad. f. Naturaleza humana. *[humanitat]* // Conjunto de los seres humanos. *[humanitat]* // Compasión por las desgracias de otro. *[humanitat]*

humanismo. m. Dedicación y conocimiento de las letras humanas. *[humanisme]*

humanizar. v. tr. Hacer humano, afable. *[humanitzar]*

humano, ana. adj. Relativo o perteneciente al hombre o a la humanidad. *[humà]*

humareda. f. Humo abundante y espeso. *[fumaguera]* // Gran cantidad de humo. *[fumaguera]*

humear. v. intr. Desprender humo de un cuerpo en combustión, un líquido caliente, etc. *[fumar]* // Hacer humo. *[fumar, fumejar]*

humedad. f. Calidad de húmedo. *[humitat]*

humedecer. v. tr. Hacer sentir a alguna cosa el efecto del agua. *[humedecer]*

húmedo, úmeda. adj. Dícese de lo que está impregnado de agua. *[humit]*

humildad. f. Calidad de humilde. *[humilitat]*

humilde. adj. Sentimiento de la propia inferioridad. *[humil]* // Que se rebaja voluntariamente delante de los demás. *[humil]* // Que revela humildad. *[humil]* // De condición inferior. *[humil]*

humillación. f. Acción y efecto de humillarse. *[humiliació]*

humillar. v. tr. Inclinar una parte del cuerpo en señal de acatamiento. *[humiliar]* // Abatir el orgullo, la arrogancia de alguien, rebajar de una manera mortificante. *[humiliar]* // **-se.** Hacer actos de humildad. *[humiliar-se]*

humo. m. Producto gaseoso que se desprende de una cosa en combustión. *[fum]* // pl. Vanidad, presunción, altiveza. *[fums]*

humor. m. Cualquiera de los líquidos del cuerpo del animal. *[humor]* // Disposición buena o mala para hacer algo. *[humor]* // Ingenio, gracia, jovialidad. *[humor]*

humorismo. m. Presentación de las cosas destacando su aspecto cómico o ridículo. *[humorisme]*

humorista. m. y f. El que presenta las cosas destacando su aspecto jocoso, gracioso, cómico, ridículo o incongruente. *[humorista]*

humoso, osa. adj. Que produce humo abundante. *[fumós]*

hundir. v. tr. Hacer ir hacia el fondo. *[enfonsar]* // Hacer una abertura de fuera a dentro, de arriba a bajo. *[enfonsar]* // Destruir, aniquilar. *[abismar]* // Poner en el fondo, tirar al fondo. *[afonar]* // **-se.** Caer una cosa deshaciéndose sobre sus cimientos. *[afonar-se]* // Sumergirse una cosa en un líquido, hasta alcanzar el fondo. *[assorrar-se]*

hunos. m. pl. Pueblo nómada, probablemente de raza mongólica. *[huns]*

huracán. m. Viento de una gran violencia. *[huracà]*

huraño, aña. adj. Taciturno, áspero, cerril. *[murri]* // Aplicado a la persona adusta o que escapa del trato de la gente. *[esquerp]*

hurgar. v. tr. Remover alguna cosa metiendo la mano, etc. *[furgar]* // Herir con la fisga o tridente. *[afitorar]*

hurgón. m. Instrumento largo de hierro para mover o atizar el fuego. *[burxa, furgó]*

hurí. f. Mujer de belleza extraordinaria. *[hurí]* // Cada una de las mujeres bellísimas, siempre vírgenes, que moran en el paraíso musulmán. *[hurí]*

hurón. m. Mamífero carnívoro, de cuerpo largo, flexible, utilizado para cazar conejos. *[furó]* // Persona que procura inquirir y saber cosas de otro. *[furó]*

hurtar. v. tr. Quitar una cosa contra la voluntad de su amo. *[furtar]* // Apoderarse de una cosa de otro sin violencia ni intimidación. *[furtar]* // Apropiarse de las cosas o escritos de otro. *[furtar]*

hurto. m. Acción y efecto de hurtar. *[furt]* // La cosa hurtada. *[furt]*

húsar. m. Soldado de caballería, vestido a la húngara. *[hússar]*

husmear. v. tr. e intr. Tr. Rastrear con el olfato una cosa. *[ensumar]* // Andar indagando una cosa con arte y disimulo. *[furonejar]* // Intr. Hacer husmo, empezar a oler mal una cosa. *[ferumejar]*

husmo. m. Olor fuerte que hacen ciertos animales o la carne y otras sustancias cuando comienzan a pasarse. *[ferum]* // Olor fuerte. *[fortor]*

huso. m. Instrumento para hilar. *[fus]* // Instrumento para devanar la seda. *[fus]*

i i i i i i i i

i. f. Décima letra del abecedario. *[i]* // Nombre de la letra «i». *[i]*

ibérico, érica. adj. Propio o natural de Iberia. *[ibèric]* // m. Lengua de los antiguos iberos. *[ibèric]*

íbero, íbera o ibero, era. adj. Ibérico. *[iber]*

ibídem. adv. lat. Allí mismo, en el mismo lugar. *[ibídem]*

icono. m. Imagen venerada de la iglesia griega. *[icona]*

iconoclasta. adj. y s. Contrario al culto de las imágenes sagradas. *[iconoclasta]* // El que rechaza la autoridad de maestros y normas. *[iconoclasta]*

iconografía. f. Descripción de imágenes y pinturas. *[iconografia]* // Colección de éstas o de sus reproducciones. *[iconografia]*

icosaedro. m. Poliedro de veinte caras. *[icosàedre]*

icoságono. m. Polígono de veinte lados. *[icosàgon]*

ictericia. f. Enfermedad debida a la presencia de la materia colorante de la bilis en la sangre. *[icterícia]*

ictiofagia. f. Hábito de nutrirse de peces. *[ictiofàgia]*

ida. f. Acción de ir. *[anada]*

idea. f. Representación mental de una cosa real o imaginaria. *[idea]* // Propósito o intención de hacer alguna cosa. *[idea]*

ideal. adj. Relativo a la idea. *[ideal]* // m. Patrón de perfección, belleza, excelencia física o moral. *[ideal]*

idealismo. m. Convicción de los sistemas filosóficos que consideran la idea como principio del ser y del conocimiento. *[idealisme]* // Aptitud de la inteligencia para idealizar. *[idealisme]*

idealizar. v. tr. Atribuir a alguna cosa características y excelencias ideales. *[idealitzar]*

idear. v. tr. Formar idea de una cosa. *[idear]* // Concebir o inventar alguna cosa. *[idear]*

ídem. pron. lat. Vocablo que significa *el mismo* o *lo mismo* y se utiliza para repetir las citas de un mismo autor, o en las listas o cuentas para denotar diferentes partidas de una misma clase. *[ídem]*

idéntico, éntica. adj. Dícese de lo que en sustancia y accidentes es lo mismo que otra cosa con que se compara. *[idèntic]* // Muy parecido. *[idèntic]*

identidad. f. Calidad de idéntico. *[identitat]* // Hecho de ser una persona la misma que se supone o busca. *[identitat]*

identificar. v. tr. Probar o reconocer la identidad de una persona o cosa con otra. *[identificar]* // Reconocer que una persona o cosa es realmente la que se supone. *[identificar]* // **-se.** Coincidir exactamente en las ideas, gustos, propósitos, etc., de otro. *[identificar-se]*

ideología. f. Tratado del origen y clasificación de las ideas. *[ideologia]* // Sistema de las ideas de un autor o escuela. *[ideologia]*

idilio. m. Composición poética que tiene por asunto las cosas del campo, los amores de los pastores. *[idil·li]* // Episodio o incidente amoroso que podría ser el asunto de uno de aquellos poemas. *[idil·li]*

idiolatría. f. Amor exagerado de sí mismo. *[idiolatria]*

idioma. m. Lengua especialmente considerada como propia de una comunidad determinada. *[idioma]*

idiosincrasia. f. Temperamento y carácter peculiar de cada individuo. *[idiosincràsia]*

idiota. adj. y s. Falto de cordura a causa de una anormalidad cerebral. *[idiota]* // Que carece de instrucción; corto de entendimiento, tonto. *[idiota]*

idiotez. f. Calidad de idiota. *[idiotesa]* // Palabras o hechos propios de un idiota. *[idiotesa]*

idiotismo. m. Construcción o locución peculiar de una lengua. *[idiotisme]*

idolatrar. v. tr. Adorar ídolos. *[idolatrar]* // Estimar a alguna persona o cosa apasionadamente. *[idolatrar]*

idolatría. f. Adoración de ídolos, de falsas divinidades. *[idolatria]* // Culto, amor excesivo a una persona o cosa. *[idolatria]*

ídolo. m. Imagen de una falsa divinidad. *[ídol]* // Persona o cosa que es objeto de culto, excesivamente amado o estimado. *[ídol]*

idoneidad. f. Calidad de idóneo. *[idoneïtat]*

idóneo, ónea. adj. Que tiene las cualidades necesarias. *[idoni]*

iglesia. f. Congregación de fieles que siguen la religión de Jesucristo. *[església]* // Congregación de quienes profesan una misma religión cristiana. *[església]* // Edificio consagrado al culto católico, a un culto cristiano. *[església]*

ignominia. f. Menosprecio público. *[ignomínia]* // Conducta, hecho, que merece el menosprecio público. *[ignomínia]*

ignorancia. f. Calidad de ignorante. *[ignorància]*

ignorante. adj. Que ignora una cosa. *[ignorant]* // Que no sabe nada en general o en relación a una cosa. *[ignorant]*

ignorar. v. tr. No saber alguna cosa, no tener noticia de una cosa. *[ignorar]*

igual. adj. Que es de la misma naturaleza, cantidad o calidad que otra cosa. *[igual]* // No diferente. *[igual]* // Muy parecido. *[igual]* // Liso, que no tiene altos ni bajos. *[igual]* // m. Signo de igualdad. *[igual]*

iguala. f. Acción y efecto de igualar o igualarse. *[igualació]* // Cotización individual que los médicos rurales cobran con la finalidad de asistir a los enfermos. *[iguala]*

igualar. v. tr. Hacer igual una cosa a otra. *[igualar]* // Poner a nivel. *[igualar]*

igualdad. f. Condición de igual. *[igualtat]* // Correspondencia de muchas partes que uniformemente hacen un total. *[igualtat]* // En matemáticas, expresión de ser iguales dos cantidades. *[igualtat]*

ilegal. adj. Contrario o no conforme a la ley. *[il·legal]*

ilegible. adj. Que no puede leerse. *[il·legible]*

ilegítimo, ítima. adj. No legítimo. *[il·legítim]*

ileso, esa. adj. Que no ha recibido lesión o daño. *[il·lès]*

ilícito, ícita. adj. No lícito. *[il·lícit]*

ilimitado, ada. adj. Que no tiene límites. *[il·limitat]*

iluminación. f. Acción y efecto de iluminar. *[il·luminació]* // Ornamento y disposición ordenada de muchas luces. *[il·luminació]*

iluminar. v. tr. Dar luz o claridad. *[il·luminar]* // Adornar con luces. *[il·luminar]* // Dar color a las figuras, letras, etc. *[il·luminar]*

ilusión. f. Engaño debido a una falsa apariencia. *[il·lusió]* // Esperanza sin fundamento real. *[il·lusió]*

ilusionar. v. tr. Causar ilusión. *[il·lusionar]* // **-se.** Hacerse una ilusión o ilusiones. *[il·lusionar]*

ilusionismo. m. Doctrina que considera que el ser no tiene valor real ni moral. *[il·lusionisme]* // Arte del ilusionista. *[il·lusionisme]*

ilusionista. m. y f. Partidario del ilusionismo. *[il·lusionista]* // El que hace juegos de ilusión como espectáculo. *[il·lusionista]*

iluso, usa. adj. Que está engañado por una ilusión o ilusiones. *[il·lús]*

ilusorio, oria. adj. Capaz de engañar. *[il·lusori]* // Que no tiene valor o efecto, que es nulo. *[il·lusori]*

ilustración. f. Acción y efecto de ilustrar o de ilustrarse. *[il·lustració]* // Grabado, dibujo, etc., con el que se ilustra un libro, etc. *[il·lustració]*

ilustrar. v. tr. Dar luz al entendimiento. *[il·lustrar]* // Aclarar un punto o una materia. *[il·lustrar]* // Adornar un libro, etc., con láminas o grabados. *[il-lustrar]* // Ennoblecer, hacer ilustre. *[il-lustrar]* // **-se.** Instruirse. *[il·lustrar-se]*

ilustre. adj. De gran renombre por sus cualidades, sus actos, su origen. *[il·lustre]*

imagen. f. Apariencia visible de un objeto imitada por el dibujo, la pintura, la escultura, etc. *[imatge]* // Representación de alguna cosa en la mente o por medio del lenguaje. *[imatge]* // Semblanza de una cosa. *[imatge]*

imaginación. f. Facultad de formar imágenes mentales. *[imaginació]* // Aquello que el hombre imagina. *[imaginació]*

imaginar. v. tr. y pron. Formar la imagen mental de alguna cosa. *[imaginar]* // Sospechar. *[imaginar]*

imán. m. Variedad de magnetita que tiene la propiedad de atraer al hierro. *[imant]* // Trozo de hierro o de acero que ha adquirido artificialmente la propiedad de atraer al hierro. *[imant]* // Cosa que atrae fuertemente. *[imant]*

imantar. v. tr. Comunicar a un metal artificialmente la propiedad de atraer al hierro. *[imantar]*

imbécil. adj. Débil mental, estúpido. *[imbècil]* // Propio de débiles mentales. *[imbècil]*

imbecilidad. f. Calidad de imbécil. *[imbecil·litat]* // Dicho o hecho propio del imbécil. *[imbecil·litat]*

imbuir. v. tr. Infundir, persuadir. *[imbuir]*

imitación. f. Acción y efecto de imitar. *[imitació]*

imitar. v. tr. Hacer la misma cosa que otro. *[imitar]* // Tomar por modelo la obra de alguien. *[imitar]* // Presentar la apariencia de alguna cosa. *[imitar]*

impaciencia. f. Falta de paciencia. *[impaciència]*

impacientar. v. tr. Hacer volver impaciente. *[impacientar]* // **-se.** Perder la paciencia. *[impacientar-se]*

impacto. m. Choque de un proyectil en el blanco. *[impacte]* // Señal que deja. *[impacte]*

impar. adj. Que no es par. *[imparell]*

imparcial. adj. No parcial. *[imparcial]* // Que no es de ningún partido o parcialidad. *[imparcial]*

impartir. v. tr. Repartir, comunicar, dar. *[impartir]*

impasible. adj. Insensible al dolor físico o moral. *[impassible]* // Insensible a las emociones. *[impassible]*

impávido, ávida. adj. Sin miedo, impertérrito. *[impàvid]*

impecable. adj. Que no tiene falta, perfecto. *[impecable]*

impedimento. m. Acción de impedir, aquello que impide, obstáculo. *[impediment]*

impedir. v. tr. Estorbar la ejecución de alguna cosa. *[impedir]*

impeler. v. tr. Empujar, comunicar impulso o movimiento a alguna cosa. *[impel·lir]* // Incitar a alguien a hacer una cosa. *[impel·lir]*

impenetrable. adj. Que no puede ser penetrado. *[impenetrable]*

impensable. adj. Que no se puede pensar o concebir. *[impensable]*

imperar. v. intr. Ejercer la dignidad de emperador. *[imperar]* // Dominar, mandar. *[imperar]*

imperativo, iva. adj. y s. Que impera o manda. *[imperatiu]* // Aplicado al modo verbal, por el cual se ruega, manda, pide, exhorta, anima o disuade. *[imperatiu]*

imperceptible. adj. No perceptible, que no se puede percibir. *[imperceptible]*

imperdible. adj. Que no se puede perder. *[imperdible]* // m. Aguja ganchuda que, después de clavada, la punta se mete en una cavidad que hay en el otro extremo. *[imperdible]*

imperfección. f. Falta de perfección. *[imperfecció]* // Defecto ligero en lo moral. *[imperfecció]*

imperfecto, ecta. adj. No perfecto, imperfecto. *[imperfet]* // En gramática, dicho del tiempo de pretérito y de futuro no perfectos. *[imperfet]*

imperial. adj. Relativo o perteneciente al imperio. *[imperial]* // f. Sitio encima de la cubierta de un coche dispuesto para pasajeros. *[imperial]*

impericia. f. Falta de pericia. *[imperícia]*
imperio. m. Acción de imperar, de dar órdenes. *[imperi]* // Estar sometido a la autoridad de un emperador. *[imperi]*
impermeable. adj. Impenetrable al agua u otro líquido. *[impermeable]* // m. Sobretodo de ropa impermeable. *[impermeable]*
impersonal. adj. No personal. *[impersonal]* // Aplicado al verbo usado en las terceras personas del singular, cuando expresa una acción sin atribuirla a una persona determinada. *[impersonal]*
impertérrito, érrita. adj. Que no lo intimida nada. *[impertèrrit]*
impertinencia. f. Calidad de impertinente, importunidad molesta y enojosa. *[impertinència]*
impertinente. adj. No pertinente, fuera de propósito. *[impertinent]*
imperturbable. adj. Que no se perturba por nada. *[impertorbable]*
impetrar. v. tr. Solicitar una gracia con insistencia o encarecimiento. *[impetrar]*
ímpetu. m. Fuerza o violencia con que se mueve una persona o cosa. *[ímpetu]*
impetuoso, osa. adj. Que se mueve, se lanza con fuerza y violencia. *[impetuós]*
impío, ía. adj. Falto de religión o que la menosprecia. *[impiu]*
implacable. adj. Que no se puede aplacar. *[implacable]*
implantar. v. tr. Establecer una institución, una costumbre, etc. *[implantar]* // Plantar sólidamente alguna cosa en otra. *[implantar]*
implicación. f. Contradicción, oposición de términos. *[implicació]* // Acción y efecto de implicar. *[implicació]*
implicar. v. tr. Contener como consecuencia o inferencia natural, incluir en esencia aunque no dicho explícitamente. *[implicar]*
implícito, ícita. adj. Dicho de aquello que se entiende incluido sin ser expresado formalmente. *[implícit]*
implorar. v. tr. Pedir suplicando. *[implorar]*
impoluto, uta. adj. No manchado, inmaculado. *[impol·lut]*
imponente. adj. Que impone. *[imponent]*
imponer. v. tr. Poner alguna cosa encima de otra. *[imposar]* // Poner alguna obligación, pena o gravamen. *[imposar]* // Disponer convenientemente una forma de imprenta, etc. *[imposar]*
impopular. adj. Que no es grato al pueblo, a la multitud, no popular. *[impopular]*
importancia. f. Calidad de importante. *[importància]*
importante. adj. Que tiene importancia. *[important]* // De alta autoridad, posición o representación. *[important]*
importar. v. tr. e intr. Tr. Subir tal cantidad una cosa comprada o ajustada. *[importar]* // Introducir en un país géneros extranjeros. *[importar]* // Intr. Ser de importancia para alguien. *[importar]*
importe. m. Aquello que cuesta una cosa que se tiene que pagar. *[import]*
importunar. v. tr. Molestar con solicitaciones insistentes. *[importunar]*
imposibilitar. v. tr. Hacer imposible una cosa. *[impossibilitar]*
imposible. adj. Que no es posible. *[impossible]*
imposición. f. Acción y efecto de imponer o de imponerse. *[imposició]* // Cada una de las piezas rectangulares usadas en imprenta para separar las planas entre sí. *[imposició]* // **I. de manos.** Ceremonia litúrgica. *[imposició]*
impostor, ora. adj. y s. El que hace falsas imputaciones. *[impostor]* // Que finge con apariencia de verdad. *[impostor]*
impostura. f. Imputación falsa o maliciosa. *[impostura]* // Fingimiento o engaño con apariencia de verdad. *[impostura]*
impotencia. f. Calidad de impotente, carencia de poder. *[impotència]*
impotente. adj. Falto de potencia. *[impotent]* // Falto de poder de procreación. *[impotent]*
imprecar. v. tr. Pedir un daño o mal contra alguien. *[imprecar]*
impregnar. v. tr. Introducir entre las partículas de una sustancia, partículas de otra. *[impregnar]*

imprenta. f. Arte de imprimir. *[impremta]* // Establecimiento donde se imprime. *[impremta]*
imprescindible. adj. Aplicado a aquello de que no se puede prescindir. *[imprescindible]*
impresión. f. Acción y efecto de imprimir. *[impressió]* // Movimiento que las cosas causan en el espíritu. *[impressió]*
impresionar. v. tr. Producir una impresión en el ánimo. *[impressionar]* // Hacer que la luz obre sobre una placa fotográfica. *[impressionar]*
impresionismo. m. Sistema artístico que consiste en reproducir la naturaleza atendiendo más a la impresión que nos produce que a ella misma. *[impressionisme]*
impreso. m. Escrito estampado con imprenta. *[imprés]*
impresor. m. Dueño de una imprenta. *[impressor]* // Obrero que trabaja en una imprenta. *[impressor]*
imprevisión. f. Falta de previsión. *[imprevisió]*
imprevisto, ista. adj. y s. No previsto. *[imprevist]*
imprimir. v. tr. Señalar en el papel u otra materia las letras u otras características por medio de una prensa. *[imprimir]* // Comunicar un movimiento, una influencia, etc. *[imprimir]*
improbable. adj. No probable. *[improbable]*
ímprobo, ímproba. adj. Falto de probidad. *[ímprobe]* // Aplicado al trabajo excesivo y continuado. *[ímprobe]*
improcedente. adj. No procedente. *[improcedent]*
improductivo, iva. adj. Que no produce. *[improductiu]*
improperio. m. Injuria, reproche, ofensa de palabra. *[improperi]*
impropio, opia. adj. Falto de las cualidades convenientes según las circunstancias. *[impropi]* // Extraño a una persona, cosa o circunstancias. *[impropi]*
improvisación. f. Acción y efecto de improvisar. *[improvisació]*
improvisar. v. tr. Hacer alguna cosa de sorpresa sin previa preparación o estudio. *[improvisar]*
improviso, isa. adj. Que no es previsto o no está prevenido. *[improvís]*
imprudencia. f. Falta de prudencia, acto falto de prudencia. *[imprudència]*
imprudente. adj. Falto de prudencia. *[imprudent]*
impúdico, údica. adj. Falto de pudor, deshonesto. *[impúdic]*
impuesto. m. Parte del gasto público impuesto a cada ciudadano. *[impost]* // Tributo, carga. *[impost]*
impugnable. adj. Que se puede impugnar. *[impugnable]*
impugnar. v. tr. Combatir, contradecir, refutar. *[impugnar]*
impulsar. v. tr. Impeler, hacer mover empujando. *[impulsar]*
impulso. m. Acción y efecto de impulsar. *[impuls]* // Fuerza, señal, presión. *[impuls]* // Movimiento del ánimo que determina una acción exterior. *[impuls]*
impune. adj. Que queda sin castigo o sin venganza. *[impune]*
impureza. f. Calidad de impuro, falto de pureza o castidad. *[impuresa]*
impuro, ura. adj. Que no es puro material o moralmente. *[impur]*
imputable. adj. Que puede ser imputado. *[imputable]*
imputar. v. tr. Atribuir a alguien la responsabilidad, la culpa, de alguna cosa. *[imputar]* // Abonar en cuenta una partida. *[imputar]*
inacabable. adj. Que no se puede acabar. *[inacabable]*
inacabado, ada. adj. No acabado. *[inacabat]*
inaccesible. adj. No accesible. *[inaccessible]*
inaceptable. adj. Que no se puede aceptar. *[inacceptable]*
inactividad. f. Falta de actividad. *[inactivitat]*
inactivo, iva. adj. Sin acción o actividad, inerte, ocioso. *[inactiu]*
inadaptado, ada. adj. No adaptado. *[inadaptat]*

inadecuado, ada. adj. No adecuado. *[inadequat]*

inadmisible. adj. Que no se puede admitir. *[inadmissible]*

inalcanzable. adj. No alcanzable. *[inassolible]*

inalienable. adj. Que no se puede alinear. *[inalienable]*

inalterable. adj. Que no se puede alterar. *[inalterable]*

inamovible. adj. Que no es movible. *[inamovible]*

inanición. f. Decaimiento físico notable, por falta de alimentación o no asimilación de alimentos. *[inanició]*

inanimado, ada. adj. Que no tiene alma. *[inanimat]*

inapelable. adj. Que no admite apelación. *[inapel·lable]*

inapetencia. f. Falta de apetito. *[inapetència]*

inapetente. adj. Falto de apetito. *[inapetent]*

inapreciable. adj. No apreciable. *[inapreciable]*

inaudito, ita. adj. Increíble, extraordinario en alto grado. *[inaudit]*

inaugurar. v. tr. Dar comienzo a una cosa con cierta solemnidad. *[inaugurar]* // Dar por primera vez a la contemplación del público un edificio, monumento, etc. *[inaugurar]*

incandescencia. f. Condición de incandescente. *[incandescència]*

incandescente. adj. Vivamente luminoso a causa de su alta temperatura. *[incandescent]*

incansable. adj. Que no se cansa nunca. *[incansable]*

incapacitar. v. tr. Hacer o declarar incapaz. *[incapacitar]*

incapaz. adj. Que no tiene capacidad para una cosa. *[incapaç]*

incauto, auta. adj. Que no tiene cautela. *[incaut]*

incendiar. v. tr. y pron. Poner fuego a una cosa no destinada a arder; producir un incendio. *[incendiar]*

incendio. m. Fuego grande que quema una casa, un bosque, etc. *[incendi]*

incensar. v. tr. Dirigir con el incensario el humo del incienso hacia una persona o cosa. *[encensar]* // fig. Alabar excesivamente. *[encensar]*

incensario. m. Brasero suspendido con cadenas que sirve para quemar incienso. *[encenser]*

incentivo. m. Aquello que mueve o incita a una cosa. *[incentiu]*

incesto. m. Relación carnal entre parientes dentro de los grados en que está prohibido el matrimonio. *[incest]*

incestuoso, osa. adj. Que comete incesto. *[incestuós]* // Relativo o perteneciente al incesto. *[incestuós]*

incidencia. f. Aquello que sobreviene en el curso de un hecho, etc. *[incidència]* // Caída de una línea, de un plano, de un cuerpo o de un rayo de luz sobre un cuerpo, superficie, línea o punto. *[incidència]*

incidente. adj. Que sobreviene accesoriamente. *[incident]* // m. Aquello que sobreviene en el curso de un asunto o negocio. *[incident]*

incidir. v. intr. Caer o incurrir en una falta, error, etc. *[caure]* // Hacer incidencia una cosa encima de otra. *[incidir]*

incienso. m. Resina aromática que, seca y quemada, hace mucho olor. *[encens]*

incierto, erta. adj. No cierto o verdadero. *[incert]*

incinerar. v. tr. Reducir una cosa a cenizas. *[incinerar]*

incipiente. adj. Que comienza a ser, a mostrarse. *[incipient]*

incisión. f. Corte hecho en un cuerpo, con un instrumento cortante. *[incisió]*

incisivo, iva. adj. Que es a propósito para cortar. *[incisiu]*

inciso. m. Grupo de palabras que tienen sentido en sí, interpuesto en un período. *[incís]*

incitar. v. tr. Estimular a alguien para que haga alguna cosa. *[incitar]*

inclemencia. f. Falta de clemencia. *[inclemència]* // Rigor del tiempo. *[inclemència]*

inclinación. f. Acción y efecto de inclinar o de inclinarse. *[inclinació]* // Reverencia hecha con la cabeza o el cuerpo. *[inclinació]* // Amor o afecto a una persona o cosa. *[inclinació]*

inclinar. v. tr. Desviar alguna cosa de su posición o dirección. *[inclinar]* // Persuadir a alguien a obrar en algún sentido. *[inclinar]*

ínclito, ínclita. adj. Ilustre, famoso, glorioso. *[ínclit]*

incluir. v. tr. Poner una cosa dentro de otra. *[incloure]* // Contener una cosa a otra cosa. *[incloure]*

inclusa. f. Casa de beneficencia donde se recoge y cría a los niños expósitos. *[borderia]*

inclusión. f. Acción y efecto de incluir. *[inclusió]*

incluso, usa. adj. Comprendido dentro de otra cosa. *[inclús]* // Prep. y conj. Hasta, aún. *[inclús]*

incoar. v. tr. Comenzar una cosa, un expediente, etc., forense. *[incoar]*

incoativo, iva. adj. Que expresa el comienzo de una acción. *[incoatiu]*

incógnita. f. En matemáticas, cantidad desconocida que cabe determinar en un problema, etc. *[incògnita]* // Causa o razón oculta de un hecho. *[incògnita]*

incoherencia. f. Falta de coherencia, calidad de incoherente. *[incoherència]*

incoherente. adj. No coherente. *[incoherent]*

incomodar. v. tr. Causar incomodidad, molestar. *[incomodar]*

incómodo, ómoda. adj. Falto de comodidad. *[incòmode]*

incompetencia. f. Falta de competencia o jurisdicción. *[incompetència]*

incompetente. adj. No competente. *[incompetent]*

incomprensión. f. Falta de comprensión. *[incomprensió]*

incomunicar. v. tr. Privar de comunicación a personas o cosas. *[incomunicar]*

inconcebible. adj. Que no puede ser concebido o comprendido. *[inconcebible]*

incondicional. adj. No condicional. *[incondicional]* // m. y f. Persona adicta a alguien o a alguna cosa. *[incondicional]*

inconexión. f. Falta de conexión. *[inconnexió]*

incongruencia. f. Falta de congruencia. *[incongruència]*

inconsciencia. f. Estado del ánimo en que la persona no tiene conciencia de sus actos. *[inconsciència]*

inconsciente. adj. No consciente. *[inconscient]* // m. Lo que escapa enteramente a la conciencia. *[inconscient]*

inconsecuencia. f. Falta de consecuencia, calidad de inconsecuente. *[inconseqüència]*

inconsecuente. adj. Que no se sigue o deduce de otra cosa. *[inconseqüent]*

inconsistencia. f. Falta de consistencia. *[inconsistència]*

inconsistente. adj. Falto de consistencia. *[inconsistent]*

inconstancia. f. Falta de constancia. *[inconstància]*

inconstante. adj. No estable ni permanente. *[inconstant]*

inconveniencia. f. Calidad de inconveniente. *[inconveniència]* // Acto, palabra inconveniente. *[inconveniència]*

inconveniente. adj. No conveniente. *[inconvenient]* // m. Dificultad para hacer una cosa o daño que resulta de hacerla. *[inconvenient]*

incorporar. v. tr. Hacer entrar una cosa como parte dentro de un todo. *[incorporar]* // Levantar el cuerpo que estaba tendido. *[incorporar]*

incorrecto, ecta. adj. No correcto. *[incorrecte]*

incrédulo, édula. adj. Que no cree fácilmente. *[incrèdul]* // Falto de fe religiosa. *[incrèdul]*

increíble. adj. No creíble. *[increïble]*

incrementar. v. tr. Hacer experimentar un incremento. *[incrementar]*

incremento. m. Aumento en tamaño, cantidad, valor, etc. *[increment]*

increpar. v. tr. Reprender con dureza y severidad. *[increpar]*

incriminar. v. tr. Acusar de algún crimen, declarar culpable. *[incriminar]*

incrustar. v. tr. Embutir en una superficie lisa o dura, piedras, metales o maderas, formando dibujos ornamentales. *[incrustar]* // Formar como una costra en la superficie de una cosa. *[incrustar]*

incubar. v. tr. Calentar las aves los huevos para hacer salir a los polluelos. *[covar]* // Mantener latente hasta el momento de sacar a la luz, de estallar, etc. *[covar]*

inculcar. v. tr. Infundir en el ánimo una idea, un concepto, etc. *[inculcar]*

inculpar. v. tr. Acusar a alguien como culpable de una cosa. *[inculpar]*

inculto, ulta. adj. No cultivado. *[incult]* // Falto de cultura. *[incult]*

incultura. f. Falta de cultura o de cultivo. *[incultura]*

incumbir. v. intr. Estar alguna cosa a cargo y competencia de uno. *[incumbir]*

incunable. adj. y s. Que data de los principios de la imprenta. *[incunable]*

incurable. adj. Que no se puede curar. *[incurable]*

incuria. f. Falta de cuidado, negligencia. *[incúria]*

incurrir. v. intr. Caer en falta o error. *[incórrer]*

incursión. f. Entrada en un territorio con intención hostil. *[incursió]*

indagar. v. tr. Inquirir o buscar una cosa. *[indagar]*

indecencia. f. Falta de decencia, calidad de indecente. *[indecència]* // Expresión de mal gusto. *[indecència]*

indeciso, isa. adj. No decidido o resuelto. *[indecís]* // Dudoso o indeterminado. *[indecís]*

indefenso, ensa. adj. Sin defensa o sin medios de defensa. *[indefens]*

indefinido, ida. adj. No definido. *[indefinit]* // Que no se puede limitar. *[indefinit]*

indeleble. adj. Que no se puede borrar. *[indeleble]*

indemne. adj. Libre o exento de daño. *[indemne]*

indemnizar. v. tr. Resarcir a alguien de un daño o perjuicio. *[indemnitzar]*

independencia. f. Condición del que es independiente. *[independència]* // Entereza de carácter. *[independència]*

independiente. adj. No dependiente. *[independent]* // Aplicado a la persona que sostiene sus derechos, opiniones, etc., sin ceder al control de los otros. *[independent]*

independizar. v. tr. Conceder la independencia, hacer independiente. *[independitzar]* // **-se.** Independizarse, obtener independencia. *[independitzar-se]*

indescriptible. adj. Que no se puede describir. *[indescriptible]*

indicación. f. Acción y efecto de indicar. *[indicació]*

indicar. v. tr. Dar a entender o significar una cosa con indicios y señales, señalar. *[indicar]* // Advertir, enseñar, aconsejar. *[indicar]* // Ser signo o señal de alguna cosa. *[indicar]* // Exponer brevemente. *[indicar]*

indicativo, iva. adj. Que indica o sirve para indicar. *[indicatiu]* // adj. y s. Aplicado al modo del verbo con que se denota afirmación sencilla y absoluta. *[indicatiu]*

índice. m. El dedo de la mano más próximo al gordo o pulgar. *[índex]* // Lista o enumeración breve y ordenada de libros, capítulos, de los objetos de una colección, etc. *[índex]* // Nombre o letra indicador del grado de una raíz. *[índex]*

indicio. m. Acción o señal que da a conocer una cosa oculta. *[indici]*

indiferencia. f. Calidad de indiferente, falta de sentimiento a favor o en contra de alguna cosa. *[indiferència]*

indiferente. adj. No inclinado a una cosa más que a otra. *[indiferent]*

indígena. adj. y s. Nacido en el país donde vive o se encuentra. *[indígena]*

indigencia. f. Condición de indigente, necesidad, penuria. *[indigència]*

indigente. adj. y s. Falto de las cosas más necesarias para la vida. *[indigent]*

indigesto, esta. adj. Que no se digiere, o se digiere difícilmente. *[indigest]*

indigestarse. v. pron. Sufrir indigestión. *[indigestar-se]* // No ser digerido. *[indigestar-se]*

indigestión. f. Falta de digestión, digestión incompleta o anormal. *[indigestió]*

indignidad. f. Calidad de indigno. *[indignitat]* // Cosa indigna. *[indignitat]*
indigno, igna. adj. Que no es digno de alguna cosa o de alguien. *[indigne]* // Vil, ruin, falto de toda dignidad. *[indigne]*
índigo. m. Colorante azul obtenido del añil y de otras plantas. *[indi]*
indio, india. adj. y s. Natural o propio de la India. *[indi]* // Aborigen de las Indias occidentales, de América. *[indi]*
indirecto, ecta. adj. No directo. *[indirecte]* // Aplicado al complemento verbal que indica el complemento final de la acción. *[indirecte]* // f. Palabra, medio indirecto del que alguien se vale para dar a entender una cosa. *[indirecta]*
indiscreción. f. Falta de discreción. *[indiscreció]* // Acción o dicho indiscreto. *[indiscreció]*
indisoluble. adj. No disoluble, que no puede ser separado, destruido. *[indissoluble]*
indispensable. adj. Que no se puede dispensar ni excusar. *[indispensable]* // Que ha de suceder necesariamente. *[indispensable]*
indisponer. v. tr. y pron. Producir un ligero desarreglo en la salud de alguien. *[indisposar]* // Poner enemistad o desavenencia entre dos personas. *[indisposar]*
indisposición. f. Malestar o alteración pasajera de la salud. *[indisposició]* // Falta de disposición o preparación para una cosa. *[indisposició]*
indistinto, inta. adj. No distinto. *[indistint]*
individualizar. v. tr. Distinguir una cosa de otras por cualidades peculiares. *[individualitzar]*
individuo, idua. adj. Que no se puede dividir. *[individu]* // m. Cada ser organizado respecto a su especie. *[individu]* // m. y f. Vocablo con el que se designa una persona cuyo nombre o condición se ignora o no se quiere decir. *[individu]* // f. despect. Mujer despreciable. *[individua]*
indivisible. adj. No divisible. *[indivisible]*
indocumentado, ada. adj. Falto de documentación. *[indocumentat]* // Que no tiene o no lleva ningún documento oficial que identifique su personalidad. *[indocumentat]*
indochino, ina. adj. y s. Natural o propio de Indochina. *[indo-xinés]*
índole. f. Condición o inclinación natural propia de cada uno. *[índole]*
indolencia. f. Calidad de indolente. *[indolència]*
indolente. adj. Que no se afecta o conmueve por nada. *[indolent]* // Flojo, perezoso. *[peresós]* // Que no causa dolor. *[indolent]*
indomable. adj. Que no puede ser domado. *[indomable]*
indómito, ómita. adj. No domado. *[indòmit]* // Indomable. *[indòmit]* // Difícil de domar o sujetar. *[indòmit]*
inducción. f. Acción y efecto de inducir. *[inducció]* // Número de líneas de fuerza magnética por centímetro cuadrado. *[inducció]*
inducido, ida. adj. Producido por inducción. *[induït]*
inducir. v. tr. Instigar, persuadir a alguien. *[induir]*
inductor, ora. adj. y s. Que induce, que produce la inducción. *[inductor]*
indudable. adj. Que no se puede dudar. *[indubtable]*
indulgencia. f. Calidad de indulgente, facilidad de perdonar o disimular las culpas. *[indulgència]* // Remisión que hace la Iglesia de las penas debidas a los pecados. *[indulgència]*
indulgente. adj. Que fácilmente perdona o disimula las faltas o errores. *[indulgent]*
indultar. v. tr. Conceder un indulto. *[indultar]*
indulto. m. Remisión de una pena, de una obligación. *[indult]* // Poder acordado por el papa de conceder ciertos beneficios eclesiásticos. *[indult]*
indumentaria. f. Estudio de los vestidos antiguos. *[indumentària]* // El vestido que lleva la persona, vestidura. *[indumentària]*
industria. f. Destreza ingeniosa para ejecutar una cosa. *[indústria]* // Actividad

humana utilizada en la producción de riqueza. *[indústria]*

industrial. adj. Relativo o perteneciente a la industria. *[industrial]* // m. y f. El que se dedica a una industria. *[industrial]*

industrializar. v. tr. Hacer que una cosa sea objeto de industria o elaboración. *[industrialitzar]* // Potenciar y crear industria en un país. *[industrialitzar]*

inédito, édita. adj. Que se escribe y no se publica. *[inèdit]* // Que no se ha dado a conocer. *[inèdit]*

inefable. adj. Que no puede ser explicado con palabras. *[inefable]*

ineficacia. f. Calidad de ineficaz. *[ineficàcia]*

ineficaz. adj. Falto de eficacia. *[ineficaç]*

ineludible. adj. Que no se puede eludir. *[ineludible]*

ineptitud. f. Falta de aptitud para hacer una cosa. *[ineptitud]*

inepto, epta. adj. Que no es apto. *[inepte]*

inercia. f. Calidad de inerte. *[inèrcia]* // Falta de actividad de un órgano. *[inèrcia]*

inerme. adj. Sin armas o sin defensa. *[inerme]*

inerte, erta. adj. Que no manifiesta ninguna actividad. *[inert]* // Falto de poder para moverse por sí mismo. *[inert]*

inescrutable. adj. Que no se puede averiguar o saber. *[inescrutable]*

inesperado, ada. adj. Que sucede sin esperarlo. *[inesperat]*

inexactitud. adj. Falta de exactitud. *[inexactitud]*

inexacto, acta. adj. Que no es exacto. *[inexacte]*

inexcusable. adj. Que no se puede excusar. *[inexcusable]*

inexistente. adj. No existente. *[inexistent]*

inexorable. adj. Que no se deja vencer por los ruegos. *[inexorable]*

inexperto, erta. adj. Falto de experiencia. *[inexpert]*

infalible. adj. No falible. *[infal·lible]*

infamación. f. Acción y efecto de infamar. *[infamació]*

infamar. v. tr. Quitar la fama, la honra, el buen nombre, a una persona. *[infamar]*

infame. adj. Digno de infamia, detestable, notoriamente deshonroso. *[infame]*

infamia. f. Vileza, deshonra, maldad. *[infàmia]* // Acto que merece la censura pública. *[infàmia]*

infancia. f. Primer período de la vida de un ser humano. *[infància]* // Estado primitivo de una cosa. *[infància]*

infanta. f. Hija del rey. *[infanta]*

infante. m. Niño que está en los primeros años de vida. *[infant]* // Cada uno de los descendientes reales, después del primogénito. *[infant]*

infantería. f. Conjunto de soldados que van y combaten a pie. *[infanteria]*

infantil. adj. Relativo o perteneciente a la infancia. *[infantil]* // Propio de un infante. *[infantil]*

infarto. m. Obstrucción de un órgano o parte del cuerpo. *[infart]*

infección. f. Acción y efecto de infectar o de infectarse. *[infecció]*

infectar. v. tr. y pron. Contaminar alguna cosa con los gérmenes de una enfermedad. *[infectar]*

infecto, ecta. adj. Corrompido, infectado, pestilente, que exhala emanaciones malolientes, putrefactas. *[infecte]*

infecundo, unda. adj. No fecundo. *[infecund]*

infeliz. adj. No feliz, desolado. *[infeliç]* // Nada malicioso, bendito. *[infeliç]*

inferencia. adj. Acción y efecto de inferir. *[inferència]*

inferior. adj. Situado más abajo, más cerca del fondo, de la base. *[inferior]* // Que es menos que otra cosa en cantidad o calidad. *[inferior]*

inferir. v. tr. Deducir, sacar alguna consecuencia. *[inferir]* // Hacer o causar una ofensa, herida, etc. *[inferir]*

infernáculo. m. Juego en el que trazan en el suelo una serie de casillas numeradas, de donde se ha de sacar un tejo saltando sobre un pie. *[sambori]*

infestar. v. tr. Causar daño y estragos

con incursiones hostiles. *[infestar]* // Infeccionar. *[infestar]*

infidelidad. f. Falta de fidelidad. *[infidelitat]*

infiel. adj. Falto de fidelidad o lealtad. *[infidel]*

infierno. m. Lugar destinado al castigo eterno de los condenados. *[infern]*

infiltrar. v. tr. Introducir un líquido entre los poros de un cuerpo sólido. *[infiltrar]* // Infundir o imbuir, ideas, doctrinas, opiniones. *[infiltrar]*

ínfimo, ínfima. adj. Que está muy por debajo de cualquier otro en cuanto a mérito, importancia, etc. *[ínfim]*

infinidad. f. Calidad de infinito. *[infinitat]*

infinitivo. adj. y s. Aquella forma del verbo que simplemente nombra la acción. *[infinitiu]*

infinito, ita. adj. Que no tiene fin. *[infinit]*

inflación. f. Acción y efecto de inflar. *[inflació]* // Subida o alza de alguna especie. *[inflació]* // Incremento generalizado y persistente de los precios de las mercancías y servicios. *[inflació]*

inflamable. adj. Que se inflama fácilmente. *[inflamable]*

inflamación. f. Acción y efecto de inflamar o de inflamarse. *[inflamació]* // Alteración morbosa de una parte del organismo caracterizada por trastornos de la circulación de la sangre y con frecuencia por calor, hinchazón y dolor. *[inflamació]*

inflamar. v. tr. y pron. Encender una cosa que queme con llama. *[inflamar]* // fig. Encender el ánimo. *[inflamar]*

inflar. v. tr. Hinchar un cuerpo con aire o un gas cualquiera. *[inflar]* // Exagerar. *[inflar]* // **-se.** Ensoberbecerse, envanecerse. *[inflar-se]*

inflexible. adj. No flexible. *[inflexible]*

inflexión. f. Acción y efecto de doblar. *[inflexió]* // Modulación de la voz. *[inflexió]* // Cambio de curvatura de convexa a cóncava y viceversa. *[inflexió]*

infligir. v. tr. Aplicar una pena, un castigo. *[infligir]*

inflorescencia. f. Disposición de las flores sobre la planta. *[inflorescència]*

influencia. f. Acción y efecto de influir. *[influència]* // Valimiento o autoridad de una persona sobre otra. *[influència]*

influenciar. v. tr. Ejercer su influencia sobre alguien o alguna cosa. *[influenciar]*

influir. v. intr. Producir un efecto en alguien o alguna cosa de una manera insensible, indirecta. *[influir]*

infolio. m. Libro grueso en el que la hoja de impresión está doblada en dos. *[infoli]*

información. f. Acción y efecto de informar o de informarse. *[informació]* // La noticia o noticias que la persona trata de saber. *[informació]*

informar. v. tr. e intr. Tr. Dar noticia de alguna cosa. *[informar]* // Dar forma substancial a una cosa. *[informar]* // Intr. Emitir un informe. *[informar]*

informe. adj. Que no tiene la forma que le corresponde. *[informe]* // De forma imprecisa. *[informe]* // m. Exposición oral que hace un letrado o fiscal ante el tribunal que ha de fallar el proceso. *[informe]*

infortunio. m. Desdicha, mala suerte. *[malastrugança]*

infracción. f. Transgresión de una ley o pacto. *[infracció]*

infrascrito, ita. adj. y s. El que ha puesto su firma al pie de un escrito, abajo firmado. *[sotasignat, infrascrit]*

infringir. v. tr. Violar, romper un pacto, ley, etc. *[infringir]*

ínfulas. f. pl. Guarnición de lana blanca como una venda con tiras caídas a los lados, que llevaban los sacerdotes gentilicios. *[ínfules]* // Cintas que cuelgan de la mitra. *[ínfules]* // Presunción, vanidad. *[ínfules]*

infundir. v. tr. Comunicar Dios al alma una inspiración, don o conocimiento. *[infondre]* // Suscitar, producir en el cuerpo, en el ánimo un efecto físico, afectivo, moral. *[infondre]*

infusión. f. Acción y efecto de infundir. *[infusió]* // Acción de verter el agua sobre la cabeza del que se bautiza. *[infusió]* // Acción de extraer de las sustancias orgánicas las partes solubles en agua. *[infusió]* // Producto líquido obtenido de esta manera. *[infusió]*

ingeniar. v. tr. Inventar alguna cosa con ingenio. *[enginyar]* // **-se.** Proporcionarse los medios para conseguir alguna cosa. *[enginyar-se]*

ingeniería. f. Ciencia y arte propia del ingeniero. *[enginyeria]*

ingeniero. m. El que tiene por profesión proyectar y construir obras públicas, máquinas, etc. *[enginyer]*

ingenio. m. Habilidad, aptitud, para encontrar los medios de conseguir o de ejecutar alguna cosa. *[enginy]* // Sujeto dotado de esta habilidad. *[enginy]* // Intuición, entendimiento, facultades poéticas y creadoras. *[enginy]* // Máquina o artificio mecánico. *[artefacte]* // Finca que contiene una plantación de caña de azúcar en explotación. *[ingeni]*

ingenioso, osa. adj. Que tiene ingenio. *[enginyós]* // Que es hecho con ingenio. *[enginyós]*

ingénito, énita. adj. Que es connatural con uno mismo. *[ingènit]*

ingenuidad. f. Calidad de ingenuo. *[ingenuïtat]*

ingenuo, enua. adj. Sin mala fe, de una franqueza inocente. *[ingenu]*

ingerir. v. tr. Introducir una cosa en otra. *[ingerir]* // Introducir alguna cosa en el estómago. *[ingerir]*

ingestión. f. Acción y efecto de ingerir o introducir en el estómago. *[ingestió]*

ingle. f. Parte del cuerpo donde se juntan los muslos con el vientre. *[engonal]*

inglés, esa. adj. y s. Natural o propio de Inglaterra. *[anglès]* // m. Lengua inglesa. *[anglès]*

ingratitud. f. Olvido o menosprecio de los beneficios recibidos. *[ingratitud]*

ingrato, ata. adj. No grato. *[ingrat]* // Que menosprecia los beneficios recibidos, desagradecido. *[ingrat]*

ingrediente. m. Parte componente de una mezcla. *[ingredient]*

ingresar. v. intr. y tr. Intr. Ir uno adentro. *[ingressar]* // Entrar a formar parte de una corporación. *[ingressar]* // Tr. Meter, para su guarda, una cantidad de dinero en poder de alguien. *[ingressar]*

ingreso. m. Acción y efecto de ingresar o de entrar. *[ingrés]*

inhábil. adj. No hábil, inepto. *[inhàbil]*

inhabilitar. v. tr. Declarar a alguien inhábil para ejercer u obtener un cargo. *[inhabilitar]* // Imposibilitar para una cosa. *[inhabilitar]*

inhalación. f. Acción y efecto de inhalar. *[inhalació]*

inhalar. v. tr. Aspirar un vapor, un gas, etc. *[inhalar]*

inherente. adj. Unido de tal manera a otra cosa que no se puede separar. *[inherent]*

inhibir. v. tr. Impedir a alguien intervenir en alguna cosa. *[inhibir]* // **-se.** Abstenerse de intervenir en alguna cosa. *[inhibir-se]*

inhumación. f. Acción y efecto de inhumar. *[inhumació]*

inhumano, ana. adj. Falto de humanidad, cruel. *[inhumà]*

inhumar. v. tr. Enterrar a un muerto. *[inhumar]*

iniciación. f. Acción y efecto de iniciar o de iniciarse. *[iniciació]*

iniciar. v. tr. Comenzar una cosa. *[iniciar]* // Instruir a alguien en los rudimentos o principios de una ciencia, etc. *[iniciar]* // **-se.** Recibir las primeras órdenes menores los que siguen la carrera eclesiástica. *[iniciar-se]*

iniciativa. f. Acción del que es el primero en proponer, en organizar, alguna cosa. *[iniciativa]* // Derecho de hacer una propuesta. *[iniciativa]*

inicio. m. Comienzo, iniciación. *[inici]*

inicuo, icua. adj. Falto en absoluto de equidad, malvado, odioso. *[inic]*

iniquidad. f. Calidad de inicuo. *[iniquitat]* // Cosa inicua. *[iniquitat]*

injerto. m. Acción y efecto de injertar. *[empelt]* // La parte que se quita de un árbol para injertarlo en otro. *[empelt]* // Punto de inserción de los injertos. *[empelt]*

injuria. f. Afrenta, ultraje de obra o de palabra. *[injúria]* // Dicho o hecho contra razón y justicia. *[injúria]*

injuriar. v. tr. Hacer injuria a alguien, ofender. *[injuriar]*

injusticia. f. Acción contraria a la justicia, falta de justicia. *[injustícia]*

injusto, usta. adj. Que es contra razón y justicia. *[injust]*

inmaterial. adj. Que no es material. *[immaterial]*

inmediato, ata. adj. Contiguo, o muy próximo. *[immediat]*

inmemorial. adj. Tan antiguo que se ha perdido la memoria. *[immemorial]*

inmenso, ensa. adj. Tan grande que no se puede medir, muy grande. *[immens]*

inmergir. v. tr. Poner alguna cosa dentro de un líquido. *[immergir]*

inmersión. f. Acción y efecto de inmergir o de inmergirse. *[immersió]* // En astronomía, entrada de un astro en el cono de la sombra que proyecta otro. *[immersió]*

inmerso, ersa. adj. Que está dentro de un líquido. *[immers]*

inmigrante. adj. y s. Que inmigra. *[immigrant]*

inmigrar. v. tr. Establecerse en un país aquellos que estaban domiciliados en otro. *[immigrar]*

inminente. adj. Que amenaza o está por suceder inmediatamente. *[imminent]*

inmodestia. f. Falta de modestia. *[immodèstia]*

inmolar. v. tr. Ofrecer en sacrificio. *[immolar]* // Sacrificar. *[immolar]*

inmoral. adj. Opuesto a la moral. *[immoral]*

inmortal. adj. Que no puede morir. *[immortal]* // Que perdura en la memoria de los hombres. *[immortal]*

inmortalizar. v. tr. Hacer perpetua una cosa en la memoria de los hombres. *[immortalitzar]*

inmóvil. adj. Que no se mueve, que no puede ser movido. *[immòbil]*

inmovilizar. v. tr. Hacer volver inmóvil. *[immobilitzar]*

inmueble. adj. Inmóvil, especialmente dicho de los bienes que consisten en tierras y casas. *[immoble]*

inmundo, unda. adj. De una gran suciedad. *[immund]* // Impuro, de gran bajeza moral. *[immund]*

inmune. adj. No sujeto a una obligación, a una pena, a una autoridad. *[immune]* // Inatacable por ciertas enfermedades. *[immune]*

inmunizar. v. tr. Preservar el organismo contra una enfermedad. *[immunitzar]*

inmutar. v. tr. Alterar o variar una cosa. *[immutar]* // **-se.** Sentir una cierta conmoción que se manifiesta en la alteración del semblante o de la voz. *[immutar-se]*

innato, ata. adj. Que es connatural al individuo desde el nacimiento. *[innat]*

innegable. adj. Que no se puede negar. *[innegable]*

innoble. adj. Falto de nobleza o dignidad moral. *[innoble]*

innocuidad. f. Calidad de innocuo. *[innocuïtat]*

innocuo, ocua. adj. Que no causa daño, inofensivo. *[innocu]*

innovación. f. Acción y efecto de innovar. *[innovació]*

innovar. v. tr. Alterar las cosas introduciendo novedades. *[innovar]*

inocente. adj. y s. Que está libre de culpa. *[innocent]* // Ignora el mal. *[innocent]*

inocular. v. tr. Comunicar por medios artificiales un germen vivo o un virus cualquiera a un organismo. *[inocular]*

inoperante. adj. Que no produce efecto, que no obra. *[inoperant]*

inopia. f. Indigencia, escasez, pobreza. *[inòpia]*

inoportuno, una. adj. Que no es apropiado para alguna cosa. *[inoportú, desavinent]* // Fuera de tiempo. *[desavinent]*

inoxidable. adj. Que no se puede oxidar. *[inoxidable]*

inquietar. v. tr. y pron. Causar inquietud. *[inquietar]*

inquieto, eta. adj. Que se está quieto. *[inquiet]* // Desasosegado, agitado por anhelos, delirios, etc. *[inquiet]*

inquietud. f. Estado del que está inquieto. *[inquietud]*

inquilino, ina. m. y f. El que vive en una casa que no es suya pagando un alquiler. *[inquilí]*

inquirir. v. tr. Indagar, investigar, procurar saber. *[inquirir]*

inquisición. f. Acción y efecto de inquirir, de investigar. *[inquisició]* // Tribunal eclesiástico que servía para descubrir y castigar los delitos contra la fe. *[inquisició]*

insacular. v. tr. Poner en un saco, urna, etc., cédulas con nombres de personas o cosas con el fin de extraer alguna a la suerte. *[insacular]*

insaluble. adj. No salubre, malsano. *[insalubre]*

insania. f. Alienación mental. *[insània]*

insano, ana. adj. Loco, furioso, demente. *[insà]* // Malsano. *[malsà]*

inscribir. v. tr. Grabar o escribir una leyenda sobre piedra, metal, etc. *[inscriure]* // Apuntar el nombre de una persona en una lista, un registro. *[inscriure]*

inscripción. f. Acción y efecto de inscribir o inscribirse. *[inscripció]* // La cosa inscrita. *[inscripció]*

insecto. m. Animal invertebrado de respiración traqueal, con el cuerpo dividido en cabeza, tórax y abdomen. *[insecte]*

insensato, ata. adj. Que obra sin sensatez. *[insensat]*

insensible. adj. Que no siente los golpes por falta de sensibilidad, que no siente, duro de corazón. *[insensible]*

inseparable. adj. Que no puede ser separado. *[inseparable]*

insepulto, ulta. adj. Dícese del cádaver no sepultado. *[insepult]*

inserción. f. Acción y efecto de inserir. *[inserció]* // La unión de un órgano sobre otro. *[inserció]*

inserir. v. tr. Hacer que una cosa sea incluida dentro de otra. *[inserir]*

insertar. tr. Inserir. *[inserir]*

insidia. f. Cosa que se dice arteramente para hacer daño a alguien. *[insídia]*

insigne. adj. Célebre, famoso, de mucho mérito. *[insigne]*

insignia. f. Señal o divisa que sirve para indicar la dignidad, grado, rango, etc., de una persona. *[insígnia]*

insignificante. adj. Que no significa nada, sin importancia. *[insignificant]*

insinuar. v. tr. Infundir suavemente en el espíritu un afecto, vicio o virtud. *[insinuar]* // Dar a entender una cosa. *[insinuar]* // Presentar un instrumento público ante un juez competente para que interponga su autoridad. *[insinuar]*

insípido, ípida. adj. Falto de sabor. *[insípid]*

insistencia. f. Acción y efecto de insistir. *[insistència]*

insistir. v. intr. Instar, mantenerse firme en una cosa. *[insistir]*

insociable. adj. Intratable, esquivo hacia la sociedad. *[insociable]*

insolación. f. Exposición a los rayos del sol. *[insolació]* // Enfermedad cerebral causada por la excesiva exposición al sol. *[insolació]*

insolencia. f. Atrevimiento desvergonzado. *[insolència]* // Dicho o hecho insultante. *[insolència]*

insolente. adj. Que usa palabras no respetuosas. *[insolent]* // Orgulloso, desvergonzado. *[insolent]*

insólito, ólita. adj. No acostumbrado, extraordinario. *[insòlit]*

insolvente. adj. Que no tiene para pagar lo que debe. *[insolvent]*

insomnio. m. Falta de sueño, desvelamiento en la noche. *[insomni]*

inspección. f. Acción y efecto de inspeccionar. *[inspecció]* // Cargo de inspector. *[inspecció]*

inspector, ora. adj. y s. Persona que tiene a su cargo la inspección y vigilancia de una cosa. *[inspector]*

inspiración. f. Acción y efecto de inspirar. *[inspiració]* // Iluminación sobrenatural del espíritu. *[inspiració]*

inspirar. v. tr. Hacer entrar el aire en los pulmones. *[inspirar]* // Iluminar Dios el entendimiento de alguien. *[inspirar]* // Infundir ideas, afectos o designios. *[inspirar]*

instalación. f. Acción y efecto de instalar o de instalarse. *[instal·lació]* // Conjunto de cosas instaladas. *[instal·lació]*

instalar. v. tr. Colocar una cosa en su lugar conveniente. *[instal·lar]* // tr. y pron. Poner a alguien en posesión de un cargo. *[instal·lar]*

instancia. f. Acción y efecto de instar. *[instància]* // Solicitud escrita, demanda. *[instància]* // Cada uno de los grados jurisdiccionales que la ley establece para ventilar y sentenciar en los juicios y demás negocios de la justicia. *[instància]*

instante. adj. Que insta o urge. *[instant]* // m. Parte brevísima de tiempo. *[instant]*

instar. v. tr. Pedir insistentemente. *[instar]* // Impugnar la respuesta dada a un argumento. *[instar]*

instaurar. v. tr. Establecer de nuevo. *[instaurar]*

instigar. v. tr. Inducir a alguien a hacer alguna cosa. *[instigar]*

instilar. v. tr. Tirar gota a gota un líquido en una cosa. *[instil·lar]* // Infundir insensiblemente en el espíritu un afecto u opinión. *[instil·lar]*

instinto. m. Impulso interior natural que no depende de la razón ni de la voluntad. *[instint]*

institución. f. Acción y efecto de instituir. *[institució]* // Cosa instituida. *[institució]*

instituir. v. tr. Fundar, establecer, dar principio a una cosa que ha de durar. *[instituir]*

instituto. m. Regla que prescribe el método de vida de una orden religiosa constituida. *[institut]* // Orden instituida por esta regla. *[institut]* // Corporación científica, literaria, artística. *[institut]*

instrucción. f. Acción y efecto de instruir o de instruirse. *[instrucció]* // pl. Advertencias dadas a alguien sobre la manera de conducir o llevar un asunto. *[instrucció]*

instruir. v. tr. Dar a alguien conocimientos o información, especialmente de una forma metódica. *[instruir]* // Formalizar un proceso o expediente. *[instruir]*

instrumentar. v. tr. Escribir las partes de una composición musical. *[instrumentar]*

instrumento. m. Objeto fabricado (utensilio, etc.), que sirve para hacer una operación, producir un objeto, etc. *[instrument]* // Escritura, papel o documento con que se justifica o provoca alguna cosa. *[instrument]*

insubordinación. f. Falta de subordinación o disciplina. *[insubordinació]*

insubstancial. adj. De poca o ninguna substancia, insignificante. *[insubstancial]*

insuflar. v. tr. Introducir soplando un gas, vapor, etc., en una cavidad u órgano. *[insuflar]*

insular. adj. Isleño. *[insular]* // Perteneciente o relativo a una isla. *[insular]*

insulina. f. Hormona que disminuye la concentración de azúcar en la sangre. *[insulina]*

insulso, ulsa. adj. Insípido y falto de sabor. *[insuls, insípid]* // fig. Falto de gracia y viveza. *[insuls]*

insultar. v. tr. Ofender con actos o palabras ultrajantes. *[insultar]*

insulto. m. Acción y efecto de insultar. *[insult]*

insurrección. f. Alzamiento o sublevación de un pueblo, grupo de gente, etc. *[insurrecció]*

intacto, acta. adj. No tocado, entero, puro, que no ha sufrido ningún deterioro. *[intacte]*

integrar. v. tr. Formar parte de un todo. *[integrar]*

íntegro, íntegra. adj. Entero, sin faltarle nada, con todas sus partes, completo. *[íntegre]* // De una probidad perfecta, incorruptible. *[íntegre]*

intelecto. m. Facultad de pensar. *[intel·lecte]*

intelectual. adj. Relativo o perteneciente a la inteligencia. *[intel·lectual]* // m. y f. Persona dedicada al cultivo de las letras. *[intel·lectual]*

inteligencia. f. Facultad de entender o de conocer. *[intel·ligència]* // Acuerdo de sentimientos entre diferentes personas. *[intel·ligència]*

inteligente. adj. Dotado de inteligencia. *[intel·ligent]* // Experto. *[intel·ligent]*

inteligible. adj. De buen entender. *[intelligible]*

intemperie. f. Inclemencia o destemplanza de las condiciones atmosféricas. *[intempèrie]*

intención. f. Determinación de la voluntad hacia un fin, a obrar en un cierto sentido. *[intenció]*

intendencia. f. Dirección, cuidado y administración de una cosa. *[intendència]* // Cargo de intendente. *[intendència]* // Cuerpo militar que tiene a su cargo la administración y abastecimiento del ejército. *[intendència]*

intensidad. f. Calidad de intenso. *[intensitat]* // Grado de energía con que obra un agente natural o mecánico. *[intensitat]*

intensificar. v. tr. Hacer más intensa una cosa. *[intensificar]*

intensivo, iva. adj. Que tiene intensidad. *[intensiu]*

intenso, ensa. adj. Que tiene intensidad, que implica un esfuerzo, una actividad extrema. *[intens]*

intentar. v. tr. Obrar para alcanzar la consecución de un fin. *[intentar]*

intento. m. Propósito, intención, designio. *[intent]* // Cosa intentada. *[intent]*

intercalar. v. tr. Poner una cosa entre otras. *[intercalar]*

intercambio. m. Reciprocidad de consideraciones o servicios entre corporaciones o países diversos, cambio mutuo. *[intercanvi]*

interceder. v. tr. Mediar para que otro obtenga una gracia o privilegio. *[intercedir]*

interceptar. v. tr. Poner un obstáculo al paso de alguien o de alguna cosa. *[interceptar]*

intercesor, ora. adj. y s. Que intercede. *[intercessor]*

interdecir. v. tr. Prohibir. *[interdir]*

interdicto. m. Acción legal para pedir en juicio la efectividad de un derecho. *[interdicte]* // Entredicho, sentencia prohibitoria. *[interdicte]*

interés. m. Provecho, ganancia, utilidad. *[interés]* // Tendencia o inclinación del espíritu hacia una persona o cosa. *[interés]*

interesar. v. tr. e intr. Tr. Asociar a alguien en el provecho de un negocio. *[interessar]* // Intr. Ser útil, convenir. *[interessar]* // **-se.** Tomar interés. *[interessar-se]*

interferencia. f. Acción y efecto de interferir. *[interferència]* // Anulación mutua de dos rayos luminosos. *[interferència]*

ínterin. m. Interinidad. *[interinitat]* // adv. Entretanto, mientras. *[ínterim]*

interino, ina. adj. y s. Que suple, o sustituye, en su cargo o función a otra persona o cosa durante su ausencia o falta. *[interí]* // Dícese del funcionario que no ocupa un puesto en propiedad. *[interí]*

interior. adj. Que está en la parte de dentro de un cuerpo. *[interior]* // m. La parte de dentro de alguna cosa. *[interior]*

interjección. f. Expresión que por ella sola forma una proposición elíptica y expresa algún afecto súbito. *[interjecció]*

interlínea. f. Espacio entre dos líneas en un escrito. *[interlínea]* // Plancha metálica que sirve para separar las líneas de la composición de imprenta. *[interlínea]*

interlinear. v. tr. Escribir entre dos renglones. *[interlinear]* // Separar con interlíneas las líneas de una composición tipográfica. *[interlinear]*

interludio. m. Farsa, entretenimiento, pieza de música, etc., ejecutadas entre los actos de un misterio, de un drama, etc. *[interludi]*

intermediario, aria. adj. y s. Que interviene para arreglar una cuestión, etc. *[intermediari]*

intermedio, edia. adj. Que está entre dos términos. *[intermedi]* // m. Espacio de tiempo entre dos acontecimientos. *[intermedi]*

intermitente. adj. Que a intervalos cesa y comienza. *[intermitent]*

internacional. adj. Relativo o perteneciente a dos o más naciones. *[internacional]*

internacionalizar. v. tr. Dar a una cosa carácter internacional. *[internacionalitzar]*

internar. v. tr. Conducir a alguien o alguna cosa tierra adentro. *[internar]* // Obligar a alguien a residir en un sitio determinado. *[internar]* // Dejar instalado a un enfermo en un hospital o clínica, a un estudiante en un colegio, etc. *[internar]* // **-se.** Avanzar hacia dentro por tierra o mar. *[internar-se]*

interno, erna. adj. Que está en la parte de dentro, que obra en el interior. *[intern]* // m. y f. Alumno que vive en el establecimiento donde estudia. *[intern]*

interpelar. v. tr. Dirigir la palabra a alguien para pedirle alguna cosa, para que dé explicaciones sobre un hecho, sobre sus actos, etc. *[interpel·lar]*

interpolar. v. tr. Interponer una cosa entre otras. *[interpolar]*

interponer. v. tr. Poner una cosa entre otras. *[interposar]* // Formalizar un recurso legal por medio de una demanda. *[interposar]*

interpretar. v. tr. Buscar y explicar el sentido de una cosa. *[interpretar]* // Dar a una cosa tal o cual significación. *[interpretar]*

intérprete. m. y f. Persona que interpreta. *[intèrpret]* // Persona encargada de explicar a otras lo que otra les dice en una lengua que ellos no conocen. *[intèrpret]* // Aquello que sirve para dar a conocer los afectos, etc., del ánimo. *[intèrpret]*

interrogación. f. Acción y efecto de interrogar. *[interrogació]* // Interrogante. *[interrogació]*

interrogante. adj. y s. Que interroga. *[interrogant]* // Signo ortográfico de interrogación. *[interrogant]*

interrogar. v. tr. Preguntar a alguien. *[interrogar]*

interrumpir. v. tr. Suspender, impedir o estorbar la continuación de una cosa. *[interrompre]*

interruptor, ora. adj. Que interrumpe a alguien que habla. *[interruptor]* // m. Aparato destinado a interrumpir el paso de una corriente eléctrica. *[interruptor]*

intersección. f. El punto común a dos líneas que se cortan, la línea común a dos superficies que se cortan. *[intersecció]*

intersticio. m. Vacío, grieta o espacio pequeño entre dos cuerpos o entre las partes de un cuerpo. *[interstici]*

interurbano, ana. adj. Que va de una ciudad a otra. *[interurbà]*

intervalo. m. Espacio entre dos cosas. *[interval]* // Diferencia de tono entre dos sonidos musicales. *[interval]*

intervención. f. Acción y efecto de intervenir. *[intervenció]* // Oficina del interventor. *[intervenció]*

intervenir. v. tr. e intr. Tr. Examinar y censurar cuentas, etc. *[intervenir]* // Intr. Tomar parte en alguna cosa. *[intervenir]*

interventor, ora. adj. y s. Que interviene. *[interventor]* // m. Funcionario que fiscaliza ciertas operaciones para que se hagan con legalidad. *[interventor]*

intestino. adj. Interno, especialmente en el cuerpo social, civil, doméstico. *[intestí]* // m. Conducto que forma parte del aparato digestivo y que va del estómago al ano. *[intestí]*

intimar. v. tr. e intr. Tr. Hacer saber alguna cosa a alguien. *[intimar]* // Ordenar alguien autoritariamente. *[intimar]* // Intr. Introducirse íntimamente en el afecto de alguien. *[intimar]*

intimidar. v. tr. y pron. Producir o causar miedo. *[intimidar]*

íntimo, íntima. adj. Más interior o interno. *[íntim]* // Dícese de la amistad muy estrecha y del amigo de confianza. *[íntim]*

intolerancia. f. Falta de tolerancia. *[intolerància]*

intolerante. adj. Que no tiene tolerancia. *[intolerant]*

intoxicación. f. Acción y efecto de intoxicar o de intoxicarse. *[intoxicació]*

intoxicar. v. tr. y pron. Infeccionar con venenos. *[intoxicar]*

intranquilizar. v. tr. y pron. Causar intranquilidad. *[intranquil·litzar]*

intransigencia. f. Condición del que es intransigente. *[intransigència]*

intrépido, épida. adj. Que no teme los peligros. *[intrèpid]*

intriga. f. Manejo oculto y astuto para conseguir un fin. *[intriga]*

intrigante. adj. y s. Que intriga o suele intrigar. *[intrigant]*

intrigar. v. tr. e intr. Tr. Inspirar el deseo de averiguar algo. *[intrigar]* // Intr. Excitar en alguien una curiosidad inquieta. *[intrigar]*

intrincado, ada. adj. Con las partes confusas de manera que es difícil separarlas o distinguirlas. *[intricat]*

intríngulis. m. Intención solapada o razón oculta que se entrevé o supone en una persona o acción. *[entrellat]*

intrínseco, ínseca. adj. Perteneciente a la naturaleza esencial, a la constitución íntima de una cosa. *[intrínsec]*

introducción. f. Acción y efecto de introducir. *[introducció]* // Preparación o disposición para el fin propuesto. *[introducció]*

introducir. v. tr. Hacer entrar una cosa en otra. *[introduir]* // Hacer que uno sea admitido o recibido en algún lugar. *[introduir]*

intromisión. f. Acción y efecto de entrometerse. *[intromissió]*

introvertido, ida. adj. y s. Que tiende a retirarse en sí mismo. *[introvertit]*

intrusión. f. Acción de introducirse sin derecho en una sociedad, en una función. *[intrusió]*

intruso, usa. adj. Que se introduce sin derecho ni razón. *[intrús]*

intuición. f. Percepción o conocimiento claro, íntimo e instantáneo de una idea o principio, sin auxilio de la razón. *[intuïció]*

intuir. v. tr. Percibir claramente la verdad de una cosa como si se la tuviera a la vista. *[intuir]*

inundar. v. tr. y pron. Cubrir el agua un terreno. *[inundar]*

inútil. adj. No útil, que no da utilidad. *[inútil]*

inutilizar. v. tr. y pron. Hacer inútil una cosa. *[inutilitzar]*

invadir. v. tr. Entrar por fuerza en un lugar, una ciudad, un país, etc. *[envair]*

invalidar. v. tr. Hacer inválida, nula o ineficaz alguna cosa. *[invalidar]*

inválido, ada. adj. Que no tiene fuerza ni vigor. *[invàlid]* // No válido. *[invàlid]*

invasión. f. Acción y efecto de invadir. *[invasió]*

invasor, ora. adj. y s. Que invade. *[invasor]*

invectiva. f. Discurso, escrito violento contra una persona o cosa. *[invectiva]*

invencible. adj. Que no puede ser vencido. *[invencible]*

invención. f. Acción de inventar, de descubrir una cosa nueva o no conocida antes. *[invenció]* // La cosa inventada. *[invenció]* // Hallazgo. *[invenció]*

inventar. v. tr. Encontrar o descubrir alguna cosa no conocida de antes. *[inventar]* // Fingir hechos que se dan como reales. *[inventar]*

inventario. m. Enumeración de los bienes pertenecientes a una persona o sociedad. *[inventari]*

inventiva. f. Facultad y disposición para inventar. *[inventiva]*

invento. m. Invención, acción y efecto de inventar, cosa inventada. *[invent]*

invernáculo. m. Lugar cubierto para defender las plantas del frío. *[hivernacle]*

invernadero. m. Lugar con clima adecuado, creado artificialmente, para defender a las plantas del frío. *[hivernacle]* // Lugar adecuado para invernar. *[hivernacle]*

invernar. v. intr. Pasar el invierno en un lugar determinado. *[hivernar]*

inverosímil. adj. Que no parece cierto, que parece imposible. *[inversemblant]*

inversión. f. Acción y efecto de invertir. *[inversió]*

inverso, ersa. adj. Que está invertido o colocado al revés respecto a otra cosa. *[invers]* // Que obra en sentido contrario a otra cosa. *[invers]*

inversor, ora. adj. y s. Que invierte. *[inversor]* // m. Aparato que sirve para cambiar el sentido de una corriente eléctrica. *[inversor]*

invertir. v. tr. Colocar en un orden opuesto. *[invertir]* // Gastar dinero, tiempo, etc. en algo productivo. *[invertir]*

investigar. v. tr. Hacer diligencias para descubrir o conocer alguna cosa. *[in-*

vestigar] // Tratar de descubrir o conocer alguna cosa indagando y examinando atentamente todo vestigio, todo indicio, etc. *[investigar]* // Profundizar juiciosamente en algún género de estudios. *[investigar]*

investir. v. tr. Conferir una dignidad o cargo. *[investir]*

invicto, icta. adj. Siempre victorioso, jamás vencido. *[invicte]*

invierno. m. Estación del año que principia en el solsticio del otoño y termina en el equinoccio de primavera. *[hivern]*

invisible. adj. Incapaz de ser visto. *[invisible]*

invitación. f. Acción y efecto de invitar. *[invitació]* // Papeleta impresa con la que se invita. *[invitació]*

invitar. v. tr. Rogar a alguien que acuda a un lugar, una fiesta, etc. *[invitar]*

invocación. f. Acción y efecto de invocar. *[invocació]* // Las palabras con que se invoca. *[invocació]*

invocar. v. tr. Pedir con ruegos la protección de alguien. *[invocar]* // Apelar al testimonio de alguien. *[invocar]*

involución. f. En biología modificación regresiva de una parte del organismo o de todo. *[involució]* // Por extensión, el mismo proceso aplicado a hechos sociales, políticos, económicos, etc. *[involució]*

involucrar. v. tr. Introducir en un escrito discurso, etc., cuestiones extrañas a su objeto principal. *[involucrar]* // Complicar a alguien en un asunto, comprometiéndole en él. *[involucrar]*

inyección. f. Acción y efecto de inyectar. *[injecció]* // Substancia inyectada. *[injecció]*

inyectar. v. tr. Introducir un líquido en un cuerpo. *[injectar]*

ir. v. intr. Moverse pasando de un punto a otro. *[anar]* // Separarse de un lugar. *[anar]* // **-se.** Abandonar la vida, morir. *[anar-se'n]* // Escaparse un líquido del recipiente. *[anar-se'n]* // Evadirse. *[anar-se'n]*

ira. f. Violenta irritación contra alguien o alguna cosa. *[ira]*

iracundo, unda. adj. Propenso a la ira. *[iracund]*

irascible. adj. Propenso a irritarse, iracundo, que se irrita con facilidad. *[irascible]*

iris. m. Arco con los colores del espectro que se forman por reflexión y refracción de la luz del sol en las gotas de lluvia. *[iris]* // Disco de diversos colores que envuelve la pupila. *[iris]*

irisar. v. intr. Presentar un cuerpo reflejos de luz con los colores del arco iris. *[irisar]*

ironía. f. Figura retórica que consiste en decir lo contrario de lo que se quiere dar a entender. *[ironia]*

ironizar. v. tr. Hablar o escribir con ironía. *[ironitzar]*

irradiar. v. tr. Difundir un cuerpo rayos de luz o de calor en todas las direcciones sobre otros objetos. *[irradiar]*

irreal. adj. No real, falto de realidad. *[irreal]*

irreflexivo, iva. adj. Que no reflexiona. *[irreflexiu]* // Que se hace o dice sin reflexionar. *[irreflexiu]*

irrefutable. adj. Que no se puede refutar. *[irrefutable]*

irregular. adj. Que no sigue la regla, no regular. *[irregular]*

irremediable. adj. Que no tiene remedio. *[irremeiable]*

irresistible. adj. Que no se puede resistir. *[irresistible]*

irrespirable. adj. Que no se puede respirar. *[irrespirable]*

irrevocable. adj. Que no se puede revocar. *[irrevocable]*

irrigación. f. Acción de abastecer de agua a las tierras por medio de canales, acequias, etc. *[irrigació]*

irrigar. v. tr. Aplicar el riego a un terreno, regar. *[irrigar]*

irrisión. f. Acción de reírse de una persona o cosa. *[irrisió]*

irritación. f. Acción y efecto de irritar o de irritarse. *[irritació]*

irritante. adj. Que irrita o causa enojo. *[irritant]*

irritar. v. tr. Excitar en el ánimo de alguien un vivo sentimiento de indignación, enojo, etc. *[irritar]* // Producir una excitación morbosa en un órgano o parte del cuerpo. *[irritar]*

irrogar. v. tr. y pron. Causar un daño o perjuicio. *[irrogar]*

irrumpir. v. tr. Entrar súbita y violentamente en un lugar. *[irrompre]*

isla. f. Porción de tierra rodeada de agua por todos los lados. *[illa]*

Islam. m. Religión de los mahometanos. *[islam]* // Conjunto de todos los mahometanos. *[islam]*

isleño, eña. adj. y s. Perteneciente o natural de una isla. *[illenc]*

islote. m. Isla muy pequeña y despoblada. *[illot]*

istmo. m. Lengua de tierra que une dos continentes o una península con un continente. *[istme]*

italiano, ana. adj. y s. Natural o propio de Italia. *[italià]* // m. Lengua de los italianos. *[italià]*

ítem. adv. También, igualmente. Se usa para introducir cada artículo, capítulo, etc., en una escritura, en una enumeración. *[ítem]*

itinerario, aria. adj. Relativo o perteneciente a los caminos. *[itinerari]* // m. Indicación del camino a seguir, ruta. *[itinerari]*

izar. v. tr. Elevar algo tirando de una cuerda o cable del que está colgado. *[hissar]*

izquierda. f. Mano del lado izquierdo del cuerpo. *[esquerra]*

izquierdo, erda. adj. Que cae o mira a la parte de la mano izquierda. *[esquerre]*

j j j j j j j j

j. f. Undécima letra del abecedario. *[j]*
jabalí. m. Clase de cerdo salvaje de cabeza alargada, pelo oscuro muy espeso y fuerte, y colmillos gruesos y salientes. *[senglar]*
jabalina. f. Dardo largo y delgado. *[javelina]*
jábega. f. Red de cuerda muy larga y de mallas gruesas. *[xarxa, xàvega]*
jabón. m. Pasta obtenida por la combinación de ácidos grasos con un alcalino que se disuelve en agua y sirve para lavar. *[sabó]*
jabonar. v. tr. Impregnar con jabón. *[ensabonar]*
jaboncillo. m. Jabón fino aromatizado para uso del tocador. *[saboneta]* // El que utilizan los sastres para señalar sobre las telas. *[guix]*
jabonero, era. adj. y s. Que fabrica o vende jabón. *[saboner]* // f. Caja para guardar el jabón. *[sabonera]* // Planta herbácea que vive en tierras húmedas, cuyo jugo y raíz hace espuma con el agua y puede servir para lavar como el jabón. *[sabonera]*
jaca. f. Caballo vigoroso, cuya alzada no pasa de catorce decímetros. *[haca]*
jácena. f. Viga travesera sobre la cual se colocan las otras vigas. *[jàssena]*
jacinto. m. Planta liliácea de flores blancas, azules, rosadas o amarillas, muy olorosas. *[jacint]* // Flor de esta planta. *[jacint]*
jactancia. f. Acción de jactarse. *[jactància]*
jactarse. v. pron. Alabarse de alguna cosa, excesivamente. *[jactar-se]*
jaculatoria. f. Oración breve y fervorosa. *[jaculatòria]*
jadear. v. intr. Respirar agitadamente. *[pantaixar]*
jadeo. m. Respiración fatigosa. *[pantaix]*
jalea. f. Preparación alimentaria de consistencia blanda y elástica. *[gelea]*
jaleo. m. Alboroto, disputa con gritos, etc. *[canyaret, rebombori]*
jalifa. m. Autoridad suprema en la zona del protectorado español de Marruecos, dependiente del sultán. *[califa]* // Lugarteniente que sustituye a un funcionario. *[califa]*
jalón. m. Bastón que se clava en tierra para indicar una alineación o determinar una dirección. *[jaló]*
jalonar. v. tr. Clavar jalones para establecer una alineación en un terreno. *[jalonar]*
jaloque. m. Viento del sudeste. *[xaloc]*
jamba. f. Conjunto de las piezas del montante de los dos lados de un portal. *[brançal]*
jamón. m. Muslo de un animal, especialmente del cerdo. *[pernil]*
jamugas. f. pl. Silla para la monta. *[samuga]*
japonés, esa. adj. y s. Natural o propio del Japón. *[japonés]* // m. Idioma japonés. *[japonés]*
jaque. m. Acto de mover una pieza del juego de ajedrez, poniéndola en un cuadro desde donde puede matar al rey contrario en una sola jugada. *[escac]*
jaqueca. f. Dolor de cabeza de tipo nervioso que provoca frecuentes mareos. *[migranya]*
jara. f. Nombre de diferentes arbustos de la familia de la cistáceas, de hojas opuestas y corolas de cinco pétalos. *[estepa]*
jarabe. m. Bebida hecha de agua, azúcar

y jugos refrescantes o sustancias medicinales con consistencia de almíbar. *[xarop]*

jaramugo. m. Pescado muy pequeño. *[samaruc]*

jarana. f. El rumor que mueve un tumulto de gente. *[rebombori]*

jarcia. f. Aparejos de un buque. *[xàrcia]*

jardín. m. Terreno donde se cultivan plantas ornamentales. *[jardí]*

jarra. f. Vasija, generalmente de loza, con cuello ancho y una o más asas. *[gerro]*

jarro. m. Vasija de barro, loza, vidrio o metal, a manera de jarra y con una sola asa. *[pitxer, gerró]*

jarrón. m. Pieza arquitectónica en forma de jarro para poner flores o decorar. *[pitxer, gerró]*

jaspe. m. Piedra silícea, de grano fino, textura homogénea, opaca y de colores variados, que admite pulimento y lustre. *[jaspi]* // Mármol veteado. *[jaspi]*

jauja. f. País imaginario donde se tiene todo aquello que se desea. *[xauxa]*

jaula. f. Caja hecha con listones, hilo de alambre, etc., para encerrar a animales. *[gàbia]*

jazmín. m. Arbusto de la familia de las oleáceas, de flores blancas y olorosas. *[gesmil, gesmiler]* // La flor del jazmín. *[gesmil]*

jefe. m. Superior en alguna corporación o comunidad. *[cap, caporal]*

jeme. m. Distancia entre los extremos de los dedos pulgar e índice, colocados tan separados como sea posible, pero sin presionar la mano. *[eixem]* // Medida de longitud igual a medio pie, que en el sistema valenciano equivale a 15 centímetros (0'151 metros), y es la décima parte del paso, la sexta parte de la vara, la tercera parte de la alna o dos tercios del palmo, esto es, seis pulgadas. *[eixem]*

jerarca. m. Persona que desempeña un cargo importante dentro de una organización. *[jerarca]*

jerarquía. f. Orden entre los diferentes coros de ángeles. *[jerarquia]* // Orden y grados entre personas y cosas. *[jerarquia]*

jeremiada. f. Lamentación exagerada o importuna. *[jeremiada]*

jerez. m. Vino de Jerez. *[xerés]*

jergón. m. Colchón rústico de paja o esparto. *[màrfega]*

jerife. m. Príncipe árabe. *[xerif]* // Jefe superior de la ciudad de la Meca. *[xerif]*

jeringa. f. Instrumento para poner inyecciones. *[xeringa]*

jeroglífico, ífica. adj. Relativo o perteneciente a la escritura de los pueblos antiguos que no utilizaban signos fonéticos sino símbolos. *[jeroglífic]* // m. Cada uno de los caracteres o signos de estas escrituras. *[jeroglífic]*

jerpa. f. Sarmiento que nace en la parte inferior de la vid. *[rebrot]*

jersey. m. Pieza de vestir exterior de punto. *[jersei]*

jesuita. m. Religioso de la Compañía de Jesús, fundada por san Ignacio. *[jesuita]*

jibia. f. Molusco cefalópodo con diez tentáculos, al cual da consistencia una piedra caliza que tiene bajo la piel. *[sépia]*

jícara. f. Taza pequeña de barro o porcelana para chocolate, ungüento, aceite, etc. *[xicra]*

jilguero. m. Pájaro granívoro, cantor y de bellos colores. *[cadernera]*

jinete. m. Soldado de caballo que luchaba con una lanza. *[genet]* // Quien va a caballo. *[genet]*

jira. f. Pedazo algo grande y largo que se corta o rasga de una tela. *[esquinçall]* // Reunión que se hace al pie de una fuente para comer o divertirse. *[fontada]*

jirafa. f. Mamífero rumiante, de cuello muy largo y las patas delanteras más largas que las posteriores. *[girafa]*

jirón. m. Trozo de tela en forma triangular que se pone en el vestido para darle el vuelo necesario. *[gaia]* // Pedazo desgarrado del vestido o de otra ropa. *[esquinçall]*

jocoso, osa. adj. Gracioso, divertido, risueño. *[jocós]*

jocundo, unda. adj. Jovial, agradable, de una alegría plácida. *[jocund]*

joder. v. tr. Hacer el acto carnal. *[fotre]* // Engañar, sorprender desagradablemente. *[fotre]*
jolgorio. m. Diversión ruidosa, de muchas personas, especialmente en el campo. *[xala]*
joquey. m. Aquel que monta los caballos en las carreras hípicas. *[joquei]*
jornada. f. Día señalado en que se celebra una fiesta. *[diada]* // El día en cuanto se refiere al tiempo que hace o al trabajo que está asignado. *[jornada]*
jornal. m. Aquello que gana un trabajador por el trabajo de un día. *[jornal]* // Trabajo que hace o puede hacer un trabajador durante la jornada. *[jornal]* // Medida agraria equivalente a la extensión de tierra que se labra normalmente con una pareja de mulas. *[jornal]*
joroba. f. Protuberancia deformadora de la espalda o el pecho debida a una malformación del esternón o la columna. *[gep, gepa]*
jorobado, ada. adj. Que tiene joroba o giba. *[geperut]*
jota. f. Nombre de la letra «j». *[jota]* // Baile popular propio de Aragón, Valencia y Mallorca. *[jota]*
joven. adj. De poca edad, que está en su juventud. *[jove]* // m. y f. Persona que no ha llegado a la madurez. *[jove]*
jovial. adj. De carácter alegre. *[jovial]*
jovialidad. f. Calidad de jovial. *[jovialitat]*
joya. f. Pieza de oro, plata, etc., especialmente con una o más piedras preciosas, y que sirve de adorno a las personas. *[joia]*
joyel. m. Joya pequeña. *[joiell]*
joyería. f. Taller o tienda de joyas. *[joieria]*
joyero, era. m. y f. El que hace o vende joyas. *[joier]* // m. Estuche o caja para guardar joyas. *[joier]*
joyo. m. Planta que crece entre el trigo, con una espiga blanca y delgada. *[jull]*
juarda. f. Sustancia grasa excretada por los corderos, que impregna la lana. *[suarda]*
jubilación. f. Acción y efecto de jubilar o de jubilarse. *[jubilació]* // Pensión que disfruta la persona jubilada. *[jubilació]*
jubilar. v. tr. e intr. Tr. Eximir a una persona de un cargo por razón de ancianidad o imposibilidad física. *[jubilar]* // Intr. Experimentar una alegría viva, expansiva. // **-se.** Conseguir la jubilación. *[jubilar-se]*
jubileo. m. Fiesta pública que celebraban los hebreos cada cincuenta años, en la cual se devolvían a sus antiguos propietarios las cosas vendidas y se daba libertad a los esclavos. *[jubileu]* // Indulgencia plenaria concedida por el papa en ocasiones determinadas. *[jubileu]*
júbilo. m. Alegría manifestada con gestos. *[jubilació]*
jubón. m. Pieza de vestir que cubre el tronco desde los hombros hasta la cintura. *[gipó]*
judaico, aica. adj. Relativo o perteneciente a los judíos. *[judaic]*
judería. f. Antiguamente, barrio de judíos. *[call]* // Barrio o callejón habitado por los judíos. *[jueria]*
judía. f. Planta herbácea anual, de hojas grandes, flores blancas, y fruto en vainas aplastadas, terminadas en dos puntas y con varias semillas en forma de riñón. *[fesol]* // Fruto de esta planta. *[fesol, bajoca]*
judicial. adj. Relativo o perteneciente a la administración de justicia. *[judicial]*
judío, ía. m. y f. Persona de raza hebrea que profesa la religión de Moisés; israelita. *[jueu]* // adj. Relativo o perteneciente a Judea. *[jueu]*
juego. m. Acción de jugar. *[joc]* // Diversión, ejercicio recreativo en el cual el participante pierde o gana. *[joc]* // En ciertos juegos, cada una de las partes del partido. *[joc]* // Juguete. *[joguet, joguina]* // Disposición y movimiento de dos cosas unidas que se pueden mover sin separarse. *[joc]* // pl. Fiestas públicas literarias o deportivas. *[jocs]*
juera. m. Harnero de esparto o junco empleado en las eras para cribar el trigo. *[erer]*

juerga. f. Buen humor, alegría festiva. *[gorja]*

jueves. m. Cuarto día de la semana. *[dijous]*

juez, eza. m. y f. El que tiene autoridad y potestad para juzgar y sentenciar. *[jutge]* // El que es designado para resolver alguna duda o para dar veredicto en un concurso. *[jutge]*

jugador, ora. adj. y s. Que interviene en algún juego. *[jugador]* // Que quiere jugar mucho, deseoso de jugar. *[jugador]*

jugar. v. intr. y tr. Intr. Hacer alguna cosa por diversión o entretenimiento. *[jugar]* // Tomar parte en un juego. *[jugar]* // Hacer un jugador un acto propio del juego. *[jugar]* // Tr. Arriesgar una cantidad de dinero en el juego. *[jugar]* // Hacer uso de una pieza del juego. *[jugar]* // Manejar un arma, espada, sable, etc. *[jugar]*

juglar. m. Quien cantaba y recitaba canciones y versos de los trovadores. *[joglar]*

juglaresco, esca. adj. Perteneciente o relativo a los juglares. *[joglaresc]*

jugo. m. Parte líquida extraída de las sustancias animales y vegetales. *[suc]* // Salsa de los guisados. *[suc]* // Zumo. *[suc]*

juguete. m. Pequeño juego u objeto de juego, especialmente hecho para entretenerse los niños. *[joguet]*

juguetón. m. Que quiere jugar mucho, deseoso de jugar. *[jugador]*

juicio. m. Acción y efecto de juzgar. *[judici]* // Operación de la mente consistente en relacionar dos ideas. *[judici]* // Conocimiento de una causa en la cual el juez ha de pronunciar la sentencia. *[judici]*

julio. m. Séptimo mes del año. *[juliol]*

juncia. f. Planta herbácea medicinal que se cría en los lugares húmedos. *[castanyola]*

junco. m. Nombre de diversas plantas con muchos tallos, cilíndricos y flexibles, que se crían en sitios húmedos. *[jonc]* // Cada uno de los tallos largos y delgados de estas plantas. *[jonc]*

jungla. f. Selva muy espesa e impenetrable. *[jungla]*

junio. m. El sexto mes del año. *[juny]*

junta. f. Reunión de personas para tratar alguna cuestión. *[junta]* // Conjunto de personas nombradas para dirigir los asuntos de una colectividad. *[junta]*

juntar. v. tr. Rehacer una cosa rota uniendo las piezas. *[confegir]*

junto, unta. adj. Unido, inmediato, reunido, añadido. *[junt]*

juntura. f. Punto donde se unen dos piezas. *[juntura]*

jurado. m. Tribunal que determina y declara el hecho en los procesos penales sin tocar las cuestiones de derecho, y cada uno de los individuos que lo componen. *[jurat]* // Comisión encargada de adjudicar los premios en una exposición, concurso, etc. *[jurat]* // Cargo antiguo dentro de una corporación municipal. *[jurat]*

juramento. m. Acción y efecto de jurar. *[jurament]*

jurar. v. tr. Afirmar, prometer alguna cosa invocando a Dios. *[jurar]*

jurídico, ídica. adj. Que concierne al derecho, que se hace con justicia, según las formas legales. *[jurídic]*

jurisconsulto. m. Profesional, titulado en cuestiones de derecho. *[jurisconsult]*

jurisdicción. f. Poder para gobernar y hacer ejecutar las leyes. *[jurisdicció]* // Territorio en que la autoridad ejerce las facultades del cargo. *[jurisdicció]*

jurisperito. m. Versado en la ciencia del derecho. *[jurisperit]*

jurisprudencia. f. Ciencia del derecho. *[jurisprudència]* // Conjunto de sentencias que han dado los tribunales en cuestiones de derecho. *[jurisprudència]*

jurista. m. El que profesa la ciencia del derecho. *[jurista]*

justa. f. Juego o lucha de hombre a hombre, a caballo y con lanza. *[justa]*

justador. m. El que justa. *[justador]* // adj. y s. Que une o sirve para unir. *[junyidor]*

justar. v. intr. Luchar en una justa. *[justar]*

justicia. f. Virtud que consiste en dar a cada uno aquello que le pertenece.

[justícia] // Aquello que es justo y razonable. *[justícia]* // Aquello que se ha de hacer según derecho y razón, el poder de hacerlo y el ejercicio de este derecho. *[justícia]*

justificar. v. tr. Probar una cosa con razones convincentes. *[justificar]* // Hacer justa una cosa. *[justificar]*

justipreciar. v. tr. Determinar el valor de algo. *[avaluar, prear]*

justo, usta. adj. Conforme a la justicia y razón. *[just]* // Que obra según justicia. *[just]* // Exacto, sin faltar ni exceder. *[just]* // Que viene exacto. *[just]*

juvenil. adj. Perteneciente a la juventud. *[juvenil]*

juventud. f. Tiempo de la vida entre la infancia y la edad madura. *[joventut]* // Conjunto de gente joven. *[joventut]*

juzgado. m. Tribunal de un solo juez. *[jutjat]* // Lugar donde se juzga. *[jutjat]*

juzgar. v. tr. Pronunciar una decisión como juez sobre alguien o alguna cosa. *[jutjar]* // Emitir una opinión con que se aprueba o se rechaza alguna cosa. *[jutjar]*

k k k k k k k k

k. f. Duodécima letra del abecedario. *[k]*
ka. f. Nombre de la letra «k». *[ca]*
káiser. m. Título del emperador de Austria y de Alemania. *[kàiser]*
kantiano, ana. adj. Relativo o perteneciente a Kant. *[kantià]*
kantismo. m. Sistema de filosofía de Kant. *[kantisme]*
kárate. m. Arte de atacar de origen japonés. *[karate]*
karateka. m. y f. Persona que practica el kárate. *[karateca]*
kilogramo. m. Unidad de peso del sistema métrico decimal, equivalente a la masa o peso de un decímetro cúbico de agua destilada a una temperatura de cuatro grados centígrados. *[quilogram]*
kilolitro. m. Medida de capacidad que tiene mil litros, o sea, un metro cúbico. *[quilolitre]*
kilómetro. m. Medida de longitud, que tiene mil metros. *[quilòmetre]*
kirieleisón. m. Dícese familiarmente de los cantos de los enterramientos y de los oficios de los muertos. *[kyrieleison]*
knut. m. Látigo formado con tiras de cuero retorcidas con alambre, muy utilizado antes en Rusia como instrumento de suplicio. *[knut]*
krausismo. m. Sistema o doctrina filosófica del alemán Krause. *[krausisme]*
krausista. m. y f. Seguidor del krausismo. *[krausista]*

l

l. f. Decimotercia letra del abecedario. *[l]*
la. Artículo determinado femenino y singular. *[la]* // Forma de acusativo del pronombre de tercera persona. *[la]*
la. f. Sexta nota de la escala musical. *[la]*
laberinto. m. Pasillos cercados, dispuestos de tal manera que una vez dentro de ellos es difícil salir. *[laberint]* // fig. Cosa confusa. *[laberint]* // Parte más interna y esencial del oído. *[laberint]*
labial. adj. Relativo o perteneciente a los labios. *[labial]* // Dicho de la consonante articulada principalmente con los labios. *[labial]*
labio. m. Cada uno de los dos repliegues carnosos móviles que cierran la boca y tapan la dentadura. *[llavi]* // Orilla de algunas cosas. *[llavi]*
labor. f. Trabajo especialmente prolongado y el resultado de éste. *[labor]* // Obra de coser, bordar, etc., en que se ocupan las mujeres. *[labor]*
laborable. adj. Que se puede trabajar. *[laborable]*
laborar. v. intr. Trabajar prolongadamente en algo. *[laborar]*
laboratorio. m. Lugar donde se realizan experimentos científicos, donde se preparan productos, etc. *[laboratori]*
labrador, ora. m. y f. Quien labra o trabaja la tierra. *[llaurador, pagés]*
labrar. v. tr. Hacer surcos en la tierra con el arado o máquina de labrar. *[llaurar]*
labriego, ega. m. y f. El que se dedica al cultivo de la tierra, labrador. *[pagés]*
laca. f. Sustancia resinosa, roja, segregada por un insecto que vive en las ramas de diversos árboles de la India. *[laca]* // Barniz hecho con dicha sustancia. *[laca]*
lacayo. m. Criado cuya principal misión es acompañar a su amo. *[lacai]*
lacerar. v. tr. Romper, desmenuzar la carne o tejidos de animales o vegetales. *[llacerar]* // fig. Afligir con excesiva pena. *[llacerar]*
lacónico, ónica. adj. Que expresa el pensamiento con pocas palabras. *[lacònic]*
lacrar. v. tr. Sellar una cosa con lacre. *[lacrar]*
lacre. m. Pasta sólida compuesta de goma, laca y trementina que se funde y sirve para sellar documentos. *[lacre]*
lacrimoso, osa. adj. Que tiene lágrimas. *[lacrimós]* // Que mueve a llanto. *[lacrimós]*
lactancia. f. Acto de dar leche del seno materno. *[lactància]*
lactar. v. tr. Alimentar con leche, dar de mamar. *[lactar]*
lacustre. adj. Relativo o perteneciente a los lagos. *[lacustre]* // Que crece o vive en los lagos. *[lacustre]*
ladear. v. tr. Inclinar ligeramente. *[decantar]*
ladilla. f. Insecto hemíptero que vive en forma de parásito en las partes peludas del cuerpo humano. *[lladella]*
lado. m. Cada una de las caras opuestas de un objeto. *[costat]* // Cada una de las líneas que limitan una figura plana. *[costat]*
ladrar. v. intr. Hacer gritos cortos, fuertes y explosivos un perro amenazadoramente. *[lladrar]*
ladrido. m. Grito usual del perro cuando ladra. *[lladruc]*
ladrillería. f. Obrador o fábrica de ladrillos. *[rajolar]*
ladrillo. m. Masa de tierra cocida, usada

para hacer pavimentos, paredes, etc. *[rajola, cairó, totxo]*

ladrocinio. m. Latrocinio, acto del ladrón, robo, hurto. *[lladronici]*

ladrón, ona. m. y f. Persona que roba. *[lladre]*

ladronera. f. Madriguera de ladrones. *[lladrera]*

lagar. m. Recipiente donde se pisa la uva para obtener el mosto. *[cup]*

lagartija. f. Reptil que vive entre las piedras, de color verdoso por encima. *[sargantana]*

lagarto. m. Reptil saurio terrestre, de cuerpo alargado y cilíndrico, cola larga, de cuatro patas cortas y piel verdosa y recubierta de escamas. *[llangardaix, fardatxo]*

lago. m. Gran extensión de agua que ocupa una concavidad de la tierra. *[llac]*

lagotería. f. Halago con que se adula a alguien. *[llagot]*

lagotero, era. adj. Que halaga, que adula. *[llagoter]*

lágrima. f. Cada una de las gotas segregadas por la glándula lacrimal por causas físicas o morales. *[llàgrima]* // Cualquier cosa que tiene la forma de una lágrima. *[llàgrima]* // Gota de humor que destilan ciertos vegetales. *[llàgrima]*

lagrimal. m. Extremidad del ojo por donde caen las lágrimas cuando está obstruido el conducto lacrimal. *[llagrimall]*

lagrimear. v. intr. Derramar lágrimas aun sin llanto. *[llagrimejar]*

lagrimeo. m. Acción y efecto de lagrimear. *[llagrimeig]*

laguna. f. Extensión de agua de menores dimensiones que un lago. *[llacuna]* // Defecto o espacio vacío en un escrito o en una serie de cosas. *[llacuna]*

laicismo. m. Calidad de laico. *[laïcisme]*

laico, aica. adj. y s. Aplicado a todo lo que no es religioso. *[laic]*

lama. f. Cieno blando en el fondo de los ríos, mar, estanques, etc. *[llac]*

lama. m. Sacerdote budista del Tíbet y Mongolia. *[lama]*

lameculos. m. y f. Adulador, trata de agradar a alguien para ganarse su voluntad. *[besaculs]*

lamedor, ora. adj. Quien lame. *[llepó]*

lamentar. v. tr., intr. y pron. Dolerse de una cosa con llantos u otras manifestaciones de dolor. *[lamentar]*

lamento. m. Acción de lamentar o de lamentarse. *[lament]*

lamer. v. tr. Pasar la lengua por alguna cosa. *[llepar]* // Adular. *[llepar]*

lámina. f. Trozo de metal o de cualquier materia plana y muy delgada. *[làmina]* // Imagen o figura impresa. *[làmina]*

laminar. v. tr. Reducir un metal a láminas haciéndolo pasar entre dos cilindos. *[laminar]*

lámpara. f. Aparato donde se pone un líquido combustible y una mecha para producir luz. *[llàntia]* // Utensilio o aparato para sostener una o varias luces artificiales. *[llàntia]*

lamparón. m. Mancha que cae en la ropa y especialmente la de grasa. *[taca]* // Tumor que se hace en la garganta. *[porcellana, papera]*

lampazo. m. Planta herbácea de tallo grueso, hojas anchas y peludas y flores purpurinas. *[llapassa]*

lampiño, iña. adj. Que no tiene pelos en la cara. *[mec]*

lampista. m. y f. El que hace o vende aparatos de iluminación. *[lampista]*

lampuga. f. Pez de alta mar, acantopterigio, de cuerpo comprimido lateralmente, que mide de 30 cms. a un metro de largo. *[llampuga]*

lana. f. Pelo de las ovejas y corderos. *[llana]* // Fibra textil de dicho pelo. *[llana]* // Tejido hecho con esta fibra. *[llana]*

lance. m. Acción de tirar el hilado para pescar, y pesca que se saca. *[bol]* // Hilado de cuerda de mallas gruesas. *[bol]* // Acontecimiento notable en la vida de un hombre. *[pas]*

lancear. v. tr. Herir con lanza, dar lanzadas. *[llancejar]*

lancero. m. Quien fabrica o vende lanzas. *[llancer]* // Soldado armado de lanzas. *[llancer]*

lancha. f. Embarcación pequeña de remos sin ningún palo. *[llanxa]*

langosta. f. Insecto ortóptero, gris amarillento, que vive de vegetales y se multiplica mucho. *[llagosta]* // Crustáceo marino muy estimado como comestible. *[llagosta]* // Insecto ortóptero de color terroso rojizo y patas muy largas y potentes, que le permiten saltar a gran distancia. *[llagostí]*

languidecer. v. intr. Padecer de languidez. *[llanguir]* // Enflaquecer, perder el espíritu o el vigor. *[llanguir]*

languidez. f. Estado de decaimiento físico o moral. *[llangor, llanguiment]*

lánguido, ánguida. adj. Falto de energía, de vigor. *[lànguid]*

lanza. f. Arma ofensiva formada por un palo largo con un hierro puntiagudo en un extremo. *[llança]*

lanzacabos. m. Aparato para lanzar cabos de cuerda a gran distancia usado en casos de salvamento de náufragos. *[llançacaps]*

lanzallamas. m. Ingenio bélico que dispara un chorro de líquido inflamado y lo proyecta a distancias de treinta o más metros. *[llançaflames]*

lanzar. v. tr. Arrojar, dejar ir con fuerte impulso algo. *[llançar]* // Dirigir vivamente en una dirección determinada. *[llançar]*

lanzatorpedos. adj. y s. Aparato que sirve para lanzar torpedos. *[llançatorpedes]*

laña. f. Pieza de metal cuyos extremos, doblados, se clavan para unir y sujetar. *[gafa]*

lañar. v. tr. Trabajar y unir con grapas una cosa, poner grapas a los cuencos y barreños. *[gafar]*

lapicero. m. Instrumento donde se coloca la mina del lápiz para dibujar o escribir. *[llapissera]*

lápida. f. Piedra plana donde hay una inscripción o que está destinada a llevar una inscripción. *[làpida]*

lapidar. v. tr. Matar a alguien a pedradas. *[lapidar]*

lapidario, aria. adj. Relativo a las piedras o a las inscripciones grabadas en piedra. *[lapidari]* // m. Quien tiene por oficio tallar piedras preciosas. *[lapidari]*

lápiz. m. Sustancia mineral apta para escribir o dibujar. *[llapis]* // Barrita de grafito envuelta en madera u otro material que sirve para dibujar o escribir. *[llapis]*

lapo. m. Golpe dado con una cinta, bastón, etc. *[esplanissada]*

lapso, apsa. adj. Que ha caído en error. *[lapse]* // m. Porción de tiempo transcurrido. *[lapse]*

lapsus. m. Error por inadvertencia en el hablar o el escribir. *[lapsus]*

lar. m. Lugar de la casa donde se hace el fuego. *[llar]*

lardar. v. tr. Untar con manteca. *[enllardar]*

lardero, era. adj. Aplicado a los jueves anteriores a los domingos de carnaval. *[llarder]* // Mantecoso, gordo. *[llarder]*

lardo. m. Grasa que se saca de los animales. *[llard]*

largo, arga. adj. Que tiene una gran extensión de un extremo al otro. *[llarg]* // Listo para hacer algo. *[llarg]* // Longitud, largaria. *[llarg]*

larguirucho, ucha. adj. Muy largo con respecto a su anchura. *[llarguerut]*

largura. f. Dimensión en sentido longitudinal. *[llargària]*

laringe. f. Conducto que comunica la boca con la tráquea y que es el órgano de la voz. *[laringe]*

larva. f. Insecto salido del huevo antes de la metamorfosis. *[larva]*

lasarse. v. pron. Fatigarse mucho, cansarse. *[lassar-se]*

lascivia. f. Propensión a la lujuria. *[lascívia]*

lascivo, iva. adj. Inclinado a los deleites carnales. *[lasciu]*

laso, asa. adj. Cansado, abatido. *[las]*

lástima. f. Compasión, piedad, tristeza causada por la vista de los males de otro. *[llàstima]* // pl. Exclamaciones de tristeza. *[llàstimes]*

lastimar. v. tr. y pron. Herir o hacer daño, causar dolor físico o moral. *[llastimar]*

lastrar. v. tr. Poner arena dentro de una embarcación para darle estabilidad. *[assorrar]* // Afirmar una cosa añadiéndole un contrapeso. *[assorrar]*

lastre. m. Piedras, trozos de hierro, etc., que se ponen en el fondo de una nave para darle estabilidad. *[llast]* // Sacos de arena que sueltan los aeronautas cuando quieren elevarse. *[llast]* // fig. Lo que da estabilidad al carácter o a la conducta. *[llast]*

lata. f. Envase hecho de hojalata. *[llauna]* // Pieza de madera estrecha, travesera que se coloca en los tejados. *[llata]* // Discurso o conversación fastidiosa por su excesiva duración, pesadez y monotonía. *[llanda]*

latente. adj. Que existe sin manifestarse al exterior. *[latent]*

lateral. adj. Aplicado a todo aquello que está situado al lado de una cosa. *[lateral]*

látex. m. Líquido lechoso que se encuentra en algunos vegetales. *[làtex]*

latido. m. Cada uno de los golpes que da el corazón al palpitar. *[batec]*

latifundio. m. Finca rústica de una gran extensión. *[latifundi]*

látigo. m. Azote. *[fuet]*

latín. m. Lengua del Lacio hablada por los antiguos romanos y usada por la Iglesia católica, y de la cual se deriva la española. *[llatí]*

latinizar. v. tr. Dar forma latina a voces o giros de otra lengua. *[llatinitzar]* // **-se.** Adoptar las costumbres y maneras de los latinos. *[llatinitzar-se]*

latino, ina. adj. y s. Natural de la antigua región de Italia, Lacio. *[llatí]* // Propio del latín o perteneciente a él. *[llatí]* // Relativo a la Iglesia de Occidente. *[llatí]* // Relativo a los países donde se hablan los idomas derivados del latín. *[llatí]* // m. Lengua del Lacio. *[llatí]*

latir. v. intr. Ladrar el perro de una manera especial cuando ha husmeado una pieza de caza. *[lladrar]* // Existir, agitarse en el interior de alguna cosa, un sentimiento, un anhelo, un propósito, etc. *[bategar]* // Darle latidos a alguien el pulso. *[polsar]*

latitud. f. La más pequeña de las dos dimensiones de una superficie. *[latitud]* // Distancia que hay desde un punto cualquiera de la superficie terrestre hasta el ecuador, contando por los grados del meridiano. *[latitud]*

latón. m. Aleación de cobre y zinc de color amarillo pálido. *[llautó]*

latoso, osa. adj. Que se hace pesado y molesto. *[llandós]*

latría. f. Adoración, culto que sólo se debe a Dios. *[latria]*

latrocinio. m. Acción y efecto de robar. *[robatori]*

laúd. m. Embarcación larga y estrecha que tiene un palo con vela latina. *[llagut]* // Instrumento musical que se toca punteando sobre la cuerda, y cuya caja tiene forma ovalada. *[llagut]*

lauda. f. Piedra de una sepultura, generalmente con una inscripción o escudo. *[lauda]*

laudo. m. Decisión dictada por los árbitros o amigables componedores. *[laude]*

laurear. v. tr. Coronar con laurel, premiar. *[llorejar]*

laurel. m. Árbol de la familia de las lauráceas, de hojas persistentes. *[llorer]*

lava. m. Conjunto de materias en fusión que brotan del volcán. *[lava]*

lavabo. m. Mueble con un recipiente de agua propio para lavarse. *[lavabo]* // Cuarto dispuesto para este aseo. *[lavabo]*

lavadero. m. Lugar donde se lava, lugar público para lavar. *[llavador]*

lavador, ora. adj. y s. Que lava. *[llavador]* // m. Pila para lavar la ropa sucia. *[llavador]* // f. Aparato mecánico para lavar la ropa. *[llavadora]*

lavaplatos. m. Aparato mecánico que sirve para lavar la vajilla, cubertería, batería de cocina, etc. *[llavaplats]*

lavar. v. tr. y pron. Limpiar la ropa con agua y jabón. *[llavar]*

lavativa. f. Aparato que sirve para limpiar los intestinos. *[llavativa]*

laxante. adj. Aplicado a lo que laxa. *[laxant]* // m. Sustancia que facilita la evacuación de excrementos. *[laxant]*

laxar. v. tr. Aflojar, ablandar, suavizar. *[laxar]*

laxo, axa. adj. Falto de fuerza, flojo. *[las]* // Aplicado a la moral relajada, libre o poco sana. *[las]*

laya. f. Instrumento de hierro para remover la tierra en forma de tenedor. *[fanga]*

lazada. f. Lazo hecho de manera que se puede deshacer. *[llaçada]*

lazareto. m. Edificio fuera del poblado destinado a hacer cuarentena aquellas personas que vienen de lugares sospechosos de enfermedad infecciosa. *[llatzeret]*

lazo. m. Atadura o nudo en una cinta o cuerda. *[llaç]* // Vínculo. *[llaç]*

le. Dativo del pronombre personal de tercera persona, número singular y géneros masculino y femenino. *[li]* // Se usa también como acusativo del mismo pronombre en igual número y sólo género masculino. *[el, l', lo, 'l]*

leal. adj. Que guarda escrupulosamente la fidelidad debida. *[lleial]*

lealtad. f. Calidad de leal. *[lleialtat]*

lebeche. m. Viento del sudoeste. *[llebeig]*

lebrel, ela. adj. Se dice del perro que sirve para cazar liebres. *[llebrer]*

lebrillo. m. Recipiente de arcilla para fregar o lavar platos y otros usos. *[llibrell]*

lección. f. Lo que un alumno ha de aprender para recitarlo al maestro. *[lliçó]* // Enseñanza que da una vez el maestro a sus discípulos. *[lliçó]* // Cualquier amonestación o ejemplo que nos enseña la manera de portarnos. *[lliçó]*

lector, ora. adj. y s. Persona que lee. *[lector]* // m. y f. Profesor adjunto en ciertas universidades extranjeras. *[lector]*

lectura. f. Acción y efecto de leer. *[lectura]* // Obra o cosa leída. *[lectura]*

lechada. f. Masa muy fina de calcio con mezcla para enjalbegar. *[llacada]*

leche. f. Fluido blanco o amarillento que se forma en las mamas de las madres, que sirve para alimentar a sus hijos. *[llet]* // Zumo blanco que tienen algunas plantas y frutas. *[llet]*

lechecillas. f. pl. Tejidos blanquecinos de los músculos del cuello de los animales. *[lleterola]* // Cuerpo glanduloso blanquecino formado por el timo, páncreas, etc., de los animales. *[lleterola]*

lechería. f. Establecimiento donde se vende leche, manteca, queso, huevos, chocolate, etc. *[lleteria]*

lechetrezna. f. Planta euforbiácea cuyo jugo, lechoso y acre, se ha empleado en medicina. *[lleterola]*

lecho. m. Cama para descansar y dormir. *[llit]* // Fondo del carro, del mar, del río, etc. *[llit]* // Terreno por donde corren las aguas de un río, etc. *[llit]*

lechoso, osa. adj. Que contiene o segrega leche, abundoso en leche. *[lletós]* // Parecido a la leche. *[lletós]*

lechuga. f. Planta compuesta, de tronco ramoso, hojas derechas y blandas, de la que se cultivan diversas variedades y se come como ensalada. *[lletuga]*

leer. v. tr. Distinguir en un texto escrito o impreso los sonidos correspondientes a las letras, entendiendo lo que se dice o significa. *[llegir]* // Entender el significado de un texto literario o musical. *[llegir]*

legado. m. Persona que representa con poderes a otra, una corporación, etc. *[legat]* // Cosa dejada en testamento. *[llegat]*

legajo. m. Conjunto de cosas atadas conjuntamente. *[lligall]*

legal. adj. Conforme a la ley. *[legal]*

legalizar. v. tr. Certificar la legalidad de un documento, firma, etc. *[legalitzar]*

légamo. m. Fango verdoso que se hace en los recipientes y terrenos de agua estancada. *[llepó]* // Parte arcillosa de las tierras laborables. *[llepó]*

legaña. f. Humor que segregan los ojos y que se cuaja en las pestañas y los lagrimales. *[lleganya]*

legañoso, osa. adj. y s. Que tiene muchas legañas. *[lleganyós]* // fig. Se dice del cielo lleno de legañas. *[lleganyós]*

legar. v. tr. Dejar algo a alguien por disposición testamentaria. *[legar]*

legendario, aria. adj. Relativo o perteneciente a las leyendas. *[llegendari]* // m. Libro que contiene leyendas. *[llegendari]*

legión. f. Cuerpo de tropa de la antigua Roma, compuesto de infantería y caballería. *[legió]* // Grupo de individuos que persiguen un mismo fin. *[legió]*

legislador, ora. adj. y s. Que legisla. *[legislador]*

legítima. f. Porción de la herencia de la que el testador no puede disponer libremente, porque la ley la asigna a determinadas personas y especialmente a los hijos. *[llegítima]*

legitimar. v. tr. Hacer legítimo a un hijo que no lo es. *[legitimar]* // Dar valor legal a algo. *[legitimar]*

legítimo, ítima. adj. Que se ajusta a la ley, según las leyes. *[legítim]* // Genuino, no falso. *[llegítim]*

lego, ega. adj. Que no ha recibido órdenes clericales. *[llec]* // Falto de estudios, de conocimiento en una materia. *[llec]* // m. Religioso profeso, sin opción a recibir órdenes sagradas. *[llec]*

legón. m. Azada pequeña. *[llegó]*

legona. f. Azada de lámina fina y trapezoidal con una prolongación de hierro ligeramente curvado donde se mete el mango, usado para trabajos en la huerta, hacer surcos, etc. *[llegona]*

legua. f. Medida itineraria antigua, que para las distancias terrestres equivale a unos cuatro kilómetros, y para las marinas a 5.555 metros. *[llegua]*

legumbre. m. Fruto o semilla que se desarrolla dentro de una vaina. *[llegum]*

leguminoso, osa. adj. Relativo a las legumbres. *[lleguminós]*

leja. f. Estantería hecha de obra y adosada a una pared, a la campana de una chimenea, etc. *[lleixa]*

lejanía. f. Gran distancia entre dos puntos. *[llunyania]*

lejano, ana. adj. Apartado, situado a distancia. *[llunyà]*

lejía. f. Agua que tiene disueltas sales alcalinas y que sirve usualmente para lavar la ropa. *[lleixiu]*

lejos. adv. A una gran distancia en el espacio o el tiempo. *[lluny]*

lema. m. Argumento o tema de una composición, que se pone al principio como título o introducción. *[lema]* // Proposición que hay que demostrar antes de establecer otra. *[lema]* // Palabra o frase que sirve de contraseña en los certámenes de trabajos escritos. *[lema]*

lemosín, ina. adj. Natural de Limoges, ciudad francesa, de la antigua provincia francesa de su nombre, cuyo nombre ha sido utilizado equivocadamente por algunos para designar la lengua catalana, que no tiene nada que ver con dicha ciudad francesa. *[llemosí]*

lencería. f. Tienda de lencero. *[llenceria]* // Conjunto de piezas de ropa blanca. *[llenceria]*

lengua. f. Órgano situado en la boca que sirve para degustar, tragar y articular los sonidos de la voz. *[llengua]* // Manera de hablar de un pueblo o nación. *[llengua]*

lenguado. m. Pez blanco, muy apreciado por su carne, que mide entre 25 y 30 cms. de largo. *[llenguat]*

lenguaje. m. Lengua o idioma de un país. *[llenguatge]* // Capacidad propia de la especie humana para poder comunicarse por medio de una lengua. *[llenguatge]*

lenguaraz. adj. Que dice blasfemias o palabras indecorosas, deslenguado. *[malparlat]*

lengüeta. f. Nombre de diferentes objetos y apéndices que recuerdan la forma de la lengua. *[llengüeta]* // Lámina móvil de ciertos instrumentos de viento. *[llengüeta]* // Parte de la punta de un anzuelo, flecha, etc., para impedir que salga de donde ha entrado. *[llengüeta]*

lente. m. y f. Cristal con caras convexas o cóncavas que se emplea en varios instrumentos ópticos. *[lent]* // m. pl. Par de cristales, con armadura, para rectificar la visión defectuosa de los ojos. *[ulleres]*

lenteja. f. Planta leguminosa, cuya semilla es muy nutritiva. *[llentilla]* // Fruto de esta planta. *[llentilla]*

lentejuela. f. Trozo de hojalata pequeño y redondo que se usa especialmente para ornamentar el vestido. *[llanderol, lluentó]* // Pieza de metal de poco valor. *[llanderol]*

lentisco. m. Arbusto terebintáceo, de madera rojiza, dura y aromática. *[llentiscle]*

lentitud. f. Tardanza con que una cosa es ejecutada, calidad de lento. *[lentitud]*

lento, enta. adj. Que no va deprisa, que va poco a poco. *[lent]*

leña. f. Parte de los vegetales que, cortada a trozos, se destina al fuego. *[llenya]*

leñador. m. Quien corta leña en el bosque. *[llenyater]*

leñera. f. Lugar donde se guarda la leña. *[llenyera]*

leño. m. Trozo de árbol después de cortado y limpio de ramas. *[tronc]* // Embarcación antigua de vela y remo. *[lleny]*

leñoso, osa. adj. Parecido a la leña, propio de la leña. *[llenyós]* // Que consiste en madera. *[llenyós]*

león. m. Mamífero carnicero, de gran corpulencia, originario de África, de pelo entre rojo y amarillo. *[lleó]*

leona. f. Hembra del león. *[lleona]*

leonera. f. Lugar donde se encierran los leones. *[lleonera]* // Habitación desordenada donde se almacenan cosas. *[lleonera]*

leopardo. m. Mamífero carnicero con manchas negras formando anillos rotos, que vive en los bosques de Asia y África. *[lleopard]*

lepra. f. Enfermedad infecciosa caracterizada por módulos tuberculosos, ulcerosos, e insensibilidad en la piel. *[lepra]*

leproso, osa. adj. Que padece lepra. *[mesell]*

leridano, ana. adj. y s. Natural o propio de Lérida. *[lleidatà]*

lesión. f. Daño hecho en una parte del organismo. *[lesió]* // Daño que se hace a los derechos, a los intereses de alguien. *[lesió]*

lesionar. v. tr. Causar lesión. *[lesionar]*

letal. adj. Aplicado a todo lo que puede producir la muerte, mortífero. *[letal]*

letanía. f. Serie de invocaciones a la Virgen, a Jesucristo o a los santos. *[lletania]*

letargo. m. Sueño profundo y continuado, anormal, del que es difícil despertar y durante el cual uno parece muerto. *[letargia]*

letra. f. Cada uno de los signos que representan los sonidos de un lenguaje. *[lletra]* // Manera de escribir de cada uno. *[lletra]* // Pieza de metal que lleva grabado un signo de escritura y sirve para estamparlo. *[lletra]*

letrado, ada. adj. Versado en letras. *[lletrat]* // m. Abogado. *[lletrat]*

letrina. f. Lugar de las casas destinado para expulsar inmundicias y excrementos. *[latrina]*

leucemia. f. Enfermedad producida por un exceso de glóbulos blancos en la sangre. *[leucèmia]*

leucocito. m. Glóbulo blanco de la sangre. *[leucòcit]*

leva. f. Partida de las embarcaciones del puerto. *[lleva]* // Recluta de gente para el servicio de un estado. *[lleva]*

levadizo, iza. adj. Que se levanta o puede levantar con algún artificio. Se dice principalmente de puentes. *[llevadís]*

levadura. f. Harina amasada sin sal y fermentada. *[rent, llevat]*

levantar. v. tr. Poner en lugar más alto. *[alçar]* // Llevar a una condición o grado superior. *[alçar]* // Poner derecho a quien está agachado. *[alçar, aüssar]* // **-se.** Ponerse derecho. *[alçar-se]* // Levantarse de la cama. *[alçar-se]* // Sobresalir en relación a una cierta altura. *[alçar-se]*

levante. m. Punto del horizonte por donde sale el sol; este, oriente. *[llevant]* // Viento que viene del este. *[llevant]* // Países del Oriente Mediterráneo: Turquía, Siria, Líbano, Palestina, Chipre, Egipto, etc. *[llevant]*

levantino, ina. adj. Perteneciente a la parte oriental del Mediterráneo, a los países orientales, dicho de los griegos, turcos, etc. *[llevantí]* // m. Remero de las galeras turcas. *[llevantí]*

levar. v. tr. e intr. Tr. Quitar el ancla. *[salpar]* // Intr. Partir una nave, levar anclas, zarpar. *[salpar]*

leve. adj. De poca importancia. *[lleu]* // De poco peso. *[lleu]*

levita. m. Israelita de la tribu de Leví.

[levita] // f. Pieza de vestir ceñida al cuerpo, con mangas y con faldones largos. *[levita]*

léxico, éxica. adj. Relativo al vocabulario de una lengua. *[lèxic]* // m. Conjunto de las palabras de una lengua. *[lèxic]*

lexicografía. f. Arte de componer diccionarios o coleccionar palabras buscando el significado de cada una. *[lexicografia]*

lexicográfico, áfica. adj. Perteneciente o relativo a la lexicografía. *[lexicogràfic]*

lexicógrafo, ógrafa. m. y f. Colector de los vocablos de un léxico. *[lexicògraf]* // Persona versada en lexicografía. *[lexicògraf]*

ley. f. Regla de acción impuesta por una autoridad superior. *[llei]* // Regla universal a que se someten todos los fenómenos de la naturaleza. *[llei]* // Calidad, peso y medida que ha de tener un objeto según la ley. *[llei]*

leyenda. f. Relación de sucesos que tienen más de tradicionales o maravillosos que de históricos o verdaderos. *[llegenda]* // Inscripción grabada en una moneda, medalla, etc. *[llegenda]*

lezna. f. Instrumento que usan los zapateros o guarnicioneros para hacer los agujeros por donde se tiene que pasar el hilo de coser. *[alena]*

liar. v. tr. Atar y asegurar los fardos con sogas de esparto. *[lligar]* // Envolver una cosa sujetándola. *[lligar]* // Engañar a uno, envolverle en un compromiso. *[lligar]* // **-se.** Seguido de *a* e *infinitivo*, ponerse a ejecutar lo que éste significa. *[posar-se a]*

libán. m. Cuerda gruesa de esparto o cáñamo. *[llibant]*

libar. v. tr. Chupar suavemente el zumo de una cosa, beber un sorbito. *[libar]*

libelo. m. Escrito difamatorio contra alguna persona o cosa. *[libel]*

libélula. f. Nombre de unos insectos neurópteros que viven cerca del agua y tienen cuatro alas largas y estrechas. *[libèl·lula, cavallet]*

liberación. f. Acción y efecto de liberar. *[alliberació]*

liberal. adj. Que obra con liberalidad. *[liberal]* // Se dice de las artes o profesiones que requieren principalmente el ejercicio del entendimiento. *[lliberal]* // Franco, generoso, que obra con liberalidad. *[lliberal]* // adj. y s. Que profesa las doctrinas del liberalismo político. *[liberal]*

liberalismo. m. Principios y teorías de los partidarios de la libertad política. *[liberalisme]*

liberalizar. v. tr. Hacer liberal en el orden político a una persona o cosa. *[liberalitzar]*

liberar. v. tr. y pron. Dejar libre a algo o a alguien. *[alliberar]* // Eximir de una obligación o carga. *[alliberar]*

libertad. f. Estado o condición del que es libre. *[llibertat]* // Privilegio, prerrogativa. *[llibertat]*

libertar. v. tr. Hacer que alguien se convierta en una persona libre. *[alliberar]* // Preservar de males, peligros, etc. *[alliberar]*

libertinaje. m. Desenfreno en obras o palabras. *[llibertinatge]* // Falta de respeto a la religión. *[llibertinatge]*

libertino, ina. adj. Aplicado a la persona librada al libertinaje. *[lliberti]*

liberto, erta. m. y f. Esclavo liberado. *[llibert]*

libra. f. Unidad de peso de 12 onzas. En el sistema valenciano equivale a 355 gramos, o sea, un poco más que la libra romana clásica. Divisores: la libra tiene 12 onzas, la onza 16 arganzos y el arganzo 36 granos. *[lliura]* // Antigua moneda valenciana que valía 20 sueldos y cada sueldo 12 dineros. *[lliura]*

librador. m. Pala acanalada para coger grano, azúcar, etc., en cantidades pequeñas. *[llaurador]*

libramiento. m. Acción y efecto de librar o librarse. *[deslliurament]*

libranza. f. Libramiento u orden de pago. *[lliurança]*

librar. v. tr. y pron. Preservar a uno de un trabajo, peligro, mal, etc. *[lliurar]* // Poner o fundar la confianza en una persona o cosa. *[lliurar]* // Expedir letras de cambio, etc., a cargo de uno que tenga fondos a disposición del librador. *[lliurar]* // Dar o expedir una cosa como un decreto, una batalla, etc. *[lliurar]*

libre. adj. Que tiene facultad para obrar o no. *[lliure]* // Que no es ni esclavo ni preso. *[lliure]* // Que no ofrece obstáculos. *[lliure]*

librea. f. Vestido de uniforme, con distintivos, que llevan los sirvientes de los grandes señores. *[lliurea]*

librería. f. Tienda y comercio del librero. *[llibreria]*

librero, era. m. y f. El que vende libros. *[llibrer, llibreter]*

libreta. f. Cuaderno o libro pequeño que sirve para hacer anotaciones, etc. *[llibreta]*

libreto. m. Obra dramática escrita para que se le ponga música. *[llibret]*

libro. m. Reunión ordenada de hojas impresas, cosidas o ligadas. *[llibre]* // Obra científica o literaria de bastante extensión para formar un volumen. *[llibre]* // Cada una de las partes de ciertas obras. *[llibre]* // Tercera de las cuatro cavidades en que se divide el estómago de los rumiantes. *[llibret]*

licencia. f. Facultad o permiso para hacer una cosa. *[llicència]* // Documento en que consta este permiso. *[llicència]*

licenciado, ada. adj. Dícese de quien se precia de entendido. *[llicenciat]* // Dado por libre. *[llicenciat]* // m. Quien ha obtenido en la facultad el grado que habilita para ejercer o enseñar una ciencia. *[llicenciat]* // Soldado que ha recibido la licencia. *[llicenciat]*

licenciar. v. tr. Eximir a alguien del servicio que prestaba, especialmente el militar. *[llicenciar]* // Dar licencia o despedir. *[llicenciar]* // Graduar o conferir a alguien el grado de licenciado. *[llicenciar]* // **-se.** Tomar el grado de licenciado. *[llicenciar-se]*

licenciatura. f. Grado de licenciado. *[llicenciatura]* // Estudios necesarios para obtenerlo. *[llicenciatura]*

liceo. m. Lugar de Atenas donde Aristóteles tuvo su escuela de filosofía. *[liceu]* // Nombre que se da a instituciones culturales. *[liceu]*

licitar. v. tr. Ofrecer precio por una cosa en subasta o almoneda. *[licitar]*

lícito, ícita. adj. Aplicado a toda cosa justa, permitida por la ley y la razón. *[lícit]*

licor. m. Líquido espiritoso, obtenido por destilación, como el aguardiente, el coñac, etc. *[licor]* // Solución en agua de una sustancia medicinal. *[licor]*

licuación. f. Acción y efecto de licuar o licuarse. *[liquació]*

licuar. v. tr. Hacer líquida una cosa sólida o gaseosa. *[liquar]* // Separar por licuación. *[liquar]*

lid. f. Lucha, combate, disputa. *[lliça]*

líder. m. Jefe de un partido político, secta, etc. *[líder]*

lidia. f. Acción y efecto de lidiar. *[lluita]*

lidiar. v. intr. y tr. Intr. Batallar, pelear. *[lluitar]* // Tratar con personas enfadosas. *[lluitar]* // Tr. Correr, sortear al toro. *[torejar]*

liebre. f. Mamífero roedor salvaje, de pelo leonado, de color negruzco en la cabeza y el lomo, muy apreciado por su carne y como pieza de caza. *[llebre, llebra]*

liendre. f. Huevo del piojo, que se encuentra entre los pelos de los mamíferos. *[llémena]* // Huevo de abeja. *[llémena]*

lienza. f. Lista o tira estrecha de una tela. *[llença]*

lienzo. m. Tela de lino o cáñamo. *[llenç]* // Fachada o pared que se extiende de parte a parte de un edificio. *[llenç]*

liga. f. Asociación o alianza para hacer triunfar ciertos principios políticos, religiosos, etc. *[lliga]* // Cinta con que se aseguran las medias, etc., a la pierna. *[lligacama]* // Materia viscosa y pegajosa que se hace con el jugo fluido del muérdago, espesándolo con trementina y aceite, usada para enviscar mimbres, juncos, espartos, etc., para cazar pájaros. *[envisc]*

ligadura. f. Acción y efecto de ligar. *[lligada]* // Cuerda, cinta, etc., que sirve para ligar o fijar, unión, enlace, atadura de dos cosas. *[lligassa, nugassa]*

ligamento. m. Acción y efecto de ligar o

ligarse. *[lligament]* // Cuerda o cordón, etc., de fibras que une los huesos con las articulaciones o sostiene algún órgano del cuerpo. *[lligament]*

ligar. v. tr. e intr. Tr. Juntar, unir una cosa con otra, con atadura. *[lligar]* // Intr. Concordar, tener conexión. *[lligar]* // Unir diferentes personas por la amistad, liga, etc. *[lligar]* // **-se.** Confederarse, unirse para algún fin. *[lligar-se]*

ligereza. f. Calidad de ligero. *[lleugeresa]* // Dicho o hecho irreflexivamente, sin pensar. *[lleugeresa]*

ligero, era. adj. De poca importancia. *[lleu]* // Que pesa poco. *[lleu, lleuger]* // Delgado, de poco cuerpo. *[lleuger]*

lija. f. Pez grande de cuerpo cilíndrico, sin escamas, de piel dura y poca dentadura. *[escat]* // Piel de escama para alisar la madera y otros usos. *[escat]*

lijar. v. tr. Alisar rascando la superficie de una cosa. *[escatar]*

lila. f. Arbusto de flores olorosas moradas o blancas. *[lilà]* // adj. Color morado claro, como la flor de la lila. *[lila]*

lima. f. Instrumento de acero estriado, para pulir y alisar los cuerpos duros. *[llima]* // Corrección y rectificación de las obras del entendimiento. *[llima]*

limadura. f. Acción y efecto de limar. *[llimada, llimadura]* // pl. Partículas que se desprenden de una cosa cuando se lima. *[llimadures, llimalla]*

limar. v. tr. Alisar un metal, etc., con la lima. *[llimar]* // Retocar, pulir una obra. *[llimar]*

limbo. m. Lugar donde estaban las almas de los justos esperando la redención del género humano. *[llimbs]* // Lugar donde van las almas de los niños muertos sin bautizar. *[llimbs]* // Lámina de las hojas del sépalo o pétalo. *[limbe]* // Contorno aparente de un astro. *[limbe]*

liminar. adj. Situado en el límite. *[liminar]* // Puesto al principio de un libro. *[liminar]*

limitar. v. tr. Señalar el límite o límites de algo. *[limitar]*

límite. m. Término, final o separación de dos territorios, regiones, etc. *[límit]*

limítrofe. adj. Aplicado a la región o terreno que limita con otro, fronterizo. *[limítrof]*

limón. m. Fruto del limonero. *[llima]* // Limón más grueso y grande que el común, con mucha corteza y poco zumo. *[llimó]*

limonada. f. Bebida refrescante compuesta de agua, azúcar y zumo de limón. *[llimonada]*

limonero. m. Árbol de la familia de las rutáceas que produce limones. *[llimera, llimoner]*

limosna. f. Lo que se da al pobre en dinero, comida, etc. *[almoina]*

limpia. f. Acción y efecto de limpiar. *[neteja, escurada]*

limpiar. v. tr. Quitar la humedad, polvo, suciedad, etc., de una cosa pasándole un trapo, etc. *[torcar]* // Secar con un trapo, papel, etc., frotándolo. *[torcar, eixugar]* // Quitar imperfecciones o defectos. *[netejar]* // fig. Quitar a los árboles las ramas pequeñas que se dañan entre sí. *[netejar, esporgar]*

límpido, ímpida. adj. Claro, puro, de una transparencia perfecta. *[límpid]*

limpieza. f. Calidad de limpio. *[netedat]* // Acción de limpiar o de limpiarse. *[neteja]*

limpio, impia. adj. Exento de mancha o suciedad. *[net]* // Que no contiene ningún elemento extraño. *[net]*

linacero. m. Pájaro granívoro más grande que el gorrión, también llamado frailecillo, moscarete, aletillo. *[sit]*

linaje. m. Ascendencia o descendencia de una familia. *[llinatge]*

lince. m. Mamífero carnicero, parecido al gato, que los antiguos creían que tenía una vista extraordinariamente aguda y penetrante. *[linx]*

linchar. v. tr. Ejecutar a alguien sin formación de proceso acometiéndole tumultuosamente. *[linxar]*

lindar. v. intr. Estar contiguos dos países, terrenos, localidades, etc. *[afrontar]*

linde. f. Señal de límite o término. *[fita]*

lindo, inda. adj. Pequeño, gracioso. *[bufó]*

línea. f. Extensión continua de una sola dimensión. *[línia]* // Camino terrestre, marino o aéreo. *[línia]* // Serie de cosas dispuestas de una manera continua en una dirección determinada. *[línia]*

lineal. adj. Relativo o perteneciente a la línea. *[lineal]*

lingote. m. Barra de metal en bruto. *[lingot]*

lingual. adj. Relativo o perteneciente a la lengua. *[lingual]* // adj. y s. Dicho de las consonantes pronunciadas con la lengua. *[lingual]*

lingüista. m. y f. Versado en lingüística. *[lingüista]*

lingüística. f. Ciencia del lenguaje. *[lingüística]*

linimento. m. Preparación farmacéutica, menos espesa que el ungüento, para fricciones. *[liniment]*

lino. m. Planta herbácea con flores azules cuyas fibras se utilizan como materia textil. *[lli]* // Fibra textil procedente de esta planta. *[lli]*

linotipia. f. Máquina de componer que funde el metal en piezas que contienen las letras de una línea. *[linotípia]*

linterna. f. Farol o lámpara de mano. *[llanterna]*

linternero. m. Quien hace o vende linternas. *[llanterner]*

lío. m. Conjunto de cosas liadas, atadas conjuntamente. *[lligall]*

lipotimia. f. Desmayo, pérdida súbita y pasajera del sentido y del movimiento, con palidez del rostro y debilidad de la respiración y circulación. *[lipotímia]*

liquidar. v. tr. Reducir al estado de líquido, hacer líquida una cosa. *[liquidar]* // Hacer el ajuste formal de una cuenta; someter a una liquidación; pagar una deuda. *[liquidar]* // Poner fin a una cosa o estado de cosas. *[liquidar]*

líquido, íquida. adj. Aplicado a los cuerpos cuya cohesión molecular hace que se adapten fácilmente a cualquier recipiente, tendiendo siempre a ponerse a nivel. *[líquid]* // m. Sustancia líquida. *[líquid]* // Cantidad que resulta de la comparación del cargo con la fecha. *[líquid]*

lira. f. Instrumento musical compuesto de diversas cuerdas en tensión y un marco. *[lira]* // Combinación métrica de cinco versos heptasílabos y endecasílabos. *[lira]* // Unidad monetaria utilizada en Italia y en Turquía. *[lira]*

lírico, írica. adj. Relativo a la lira o a la poesía propia para el canto. *[líric]* // Destinado a ser cantado. *[líric]*

lirio. m. Planta liliácea bulbosa, de bellas flores blancas y olorosas; también se dice azucena o lirio blanco. *[llir, lliri]*

lirón. m. Mamífero roedor que vive en los árboles y se nutre de fruta; pasa todo el invierno oculto y adormecido. *[liró]* // Fruto del almez. *[lledó]*

lisiar. v. tr. Dañar algún miembro del cuerpo. *[espatlar]* // Producir alteraciones por traumatismo en alguna parte del cuerpo humano o de los animales superiores. *[espatlar]*

liso, isa. adj. Que tiene una superficie igualada, tanto que al tacto no se percibe ninguna aspereza. *[llis]* // Todo igual, simple, sin adornos, todo de un color. *[llis]*

lisonja. f. Halago con que se adula a alguien. *[llagot]*

lista. f. Raya o faja de diferente color o de diferente relieve en una tela. *[llista]* // Papel que contiene una serie de nombres de personas o cosas. *[llista]*

listado, ada. adj. Que forma listas. *[llistat]*

listar. v. tr. Hacer listas de algo, adornar con listas. *[llistar]*

listo, ista. adj. Diligente. *[llest]* // Se dice de una persona cuando está apercibida, preparada para hacer una cosa. *[llest]* // Sagaz, avisado. *[llest]*

listón. m. Tira estrecha de madera. *[llistó]*

litera. f. Vehículo antiguo, formado por una especie de silla con dos palos horizontales delante y dos detrás para poder llevarse en brazos o por dos caballos. *[llitera]* // Cada una de las camas estrechas y sencillas que se usan en barcos, trenes, cuarteles, dormitorios, etc., y que suelen colocarse una encima de otra por economía de espacio. *[llitera]*

literal. adj. Conforme a la letra de un texto. *[literal]*

literario, aria. adj. Relativo o perteneciente a la literatura. *[literari]*

literatura. f. Conjunto de producciones

literarias de un pueblo, de un período; conjunto de escritos sobre una materia. *[literatura]*

litigar. v. tr. Disputar un juicio sobre una cosa, pleitear. *[litigar]*

litigio. m. Pleito, discusión en juicio. *[litigi]*

litografía. f. Arte de reproducir caracteres, dibujos, etc., grabándolos sobre piedra convenientemente preparada. *[litografia]* // Obrador en que se ejerce este arte. *[litografia]*

litoral. adj. Relativo o perteneciente a la costa u orilla del mar. *[litoral]* // m. Región que está a la orilla del mar. *[litoral]*

litro. m. Medida de capacidad equivalente a un decímetro cúbico. *[litre]*

liturgia. f. Conjunto de ritos establecidos para celebrar los cultos religiosos. *[litúrgia]* // Ciencia que estudia los ritos religiosos. *[litúrgia]*

litúrgico, úrgica. adj. Relativo o perteneciente a la liturgia. *[litúrgic]*

lívido, ívida. adj. De un azul sucio, como el que toma la piel por contusión. *[lívid]*

liza. f. Campo cerrado donde se hacían las justas y los torneos. *[lliça]* // Pez de mar o de río, comestible, con escamas gruesas. *[llissa]*

lo. Artículo neutro. *[el]* // Pronombre de tercera persona en acusativo masculino o neutro, y singular. *[lo]*

loa. f. Acción y efecto de loar. *[lloa, lloança]* // Composición dramática breve que se representaba antes del poema teatral y servía para celebrar a una persona ilustre o un acontecimiento fausto. *[lloa]*

loar. v. tr. Alabar. *[lloar]*

lobanillo. m. Tumor superficial que se forma en algunas partes del cuerpo. *[llúpia]*

lobarro. m. Lubina. *[llobarro]*

lobo. m. Mamífero carnicero, salvaje, de pelo gris oscuro, cola larga y peluda y muy voraz. *[llop]*

lóbrego, óbrega. adj. Oscuro, tenebroso. *[llòbrec]*

lóbulo. m. Parte saliente con una forma redondeada. *[lòbul]*

local. adj. Relativo o perteneciente a un lugar determinado. *[local]* // m. Parte de un edificio que tiene un destino determinado. *[local]*

localidad. f. Punto o parte circunscrita de una región. *[localitat]* // Asiento de una sala de espectáculos. *[localitat]* // Propiedad de los seres finitos de ocupar un lugar en el espacio. *[localitat]*

localizar. v. tr. y pron. Circunscribir a un lugar determinado. *[localitzar]* // Averiguar el lugar donde se halla una persona o cosa. *[localitzar]*

loción. f. Preparación líquida para mojar el pelo o dar perfume. *[loció]*

loco, oca. adj. y s. Propio de personas faltas del uso de la razón. *[foll]* // Que obra irracionalmente contra el buen sentido. *[foll, boig]*

locomoción. f. Acción de moverse de un lugar a otro. *[locomoció]*

locomotora. f. Máquina de vapor o eléctrica destinada a remolcar vehículos ferroviarios. *[locomotora]*

locomotriz. adj. y f. Aplicado a la máquina locomotora. *[locomotriu]*

locuaz. adj. Que habla mucho y con facilidad. *[loquaç]*

locución. f. Forma particular de lenguaje. *[locució]* // Frase, conjunto de palabras que hacen la función de una sola. *[locució]*

locura. f. Privación del juicio o del uso de la razón. *[bogeria]* // Acto o palabra de loco. *[bogeria]*

locutor, ora. m. y f. Quien habla. *[locutor]* // Quien da las noticias, presenta las emisiones, etc., en la radio, en la televisión, etc. *[locutor]*

lodazal. m. Terreno húmedo o con agua, terreno fangoso. *[xapull]*

lodo. m. Fango mullido, blando que se forma donde hay aguas estancadas, o que resulta de las aguas de lluvia. *[llot]*

lodoño. m. Fruto del almez. *[lledó]*

logaritmo. m. Exponente de la potencia de un número fijo que iguala un número dado. *[logaritme]*

logia. f. Lugar donde celebran la reuniones los francmasones. *[lògia]* // Asamblea de francmasones. *[lògia]*

lógica. f. Ciencia de las leyes, maneras y formas de razonamiento. *[lògica]* // Manera rigurosa de razonar. *[lògica]*

lógico, ógica. adj. Relativo o perteneciente a la lógica. *[lògica]* // Aplicado a lo que es una consecuencia natural y legítima de los hechos o circunstancias. *[lògic]*

lograr. v. tr. Conseguir lo que se desea. *[aconseguir]* // Gozar o disfrutar de una cosa. *[aconseguir]* // **-se.** Llegar a su perfección una cosa. *[reeixir]*

logrero, era. m. y f. Quien presta con usura. *[llogrer]*

loma. f. Elevación del terreno, de pendiente no muy escarpada, sobre una tierra plana; cerro, otero, colina. *[tossal]*

lombriz. f. Gusano de tierra o intestinal. *[llombrígol]*

lomo. m. Parte del tronco del hombre y de los cuadrúpedos que se extiende a cada lado de la columna vertebral desde las falsas costillas hasta el hueso de los lados. *[llom]* // Parte del libro, opuesta a las hojas tomadas individualmente. *[llom]* // Carne de cerdo que cubre el lomo del animal. *[llomello]*

lona. f. Tela muy fuerte para velas de las naves, tiendas de campaña, etc. *[lona]*

loncha. f. Trozo de carne de cordero, etc., adherida a una falsa costilla. *[llonza, llenca]*

longaniza. f. Trozo de intestino largo y delgado, lleno de carne de cerdo picada y adobada con pimienta y otras especies. *[llonganissa]*

longitud. f. La mayor de las dos dimensiones de una superficie. *[longitud, llargària]* // Arco del ecuador comprendido entre los dos puntos en que se inserta por el meridiano de un lugar dado y el meridiano primero. *[longitud]*

lonja. f. Trozo de carne de cordero, etc., adherida a una falsa costilla. *[llonza]* // Lugar público donde se reúnen los comerciantes para hacer sus tratos. *[llotja]* // Parte de un edificio abierto de uno o más lados, donde hay pilares o columnas. *[llotja]* // Trozo largo y estrecho de alguna materia. *[llenca]*

lontananza. f. Lejanía, donde se ven las cosas neblinosas o incompletas. *[entrellum]*

loro. m. Pájaro de la América tropical, de plumaje de colores vivos que aprende a repetir palabras y frases. *[lloro]*

los. Artículo definido masculino plural. *[els]* // Plural del pronombre personal de tercera persona masculino en acusativo o complemento directo. *[los, els, 'ls]*

losa. f. Piedra plana rectangular, no muy gruesa. *[llosa]* // Trampa formada de losas pequeñas para coger pájaros o ratas. *[llosa]*

lote. m. Cada una de las partes en que se divide un todo y que se ha de repartir entre diversas personas. *[lot]*

lotería. f. Juego de azar. *[loteria]*

loza. f. Barro fino, cocido y barnizado, de que están hechos los platos, tazas, etc. *[pisa]* // Conjunto de platos, escudillas, ollas, etc., usados en la cocina o en el comedor. *[escurada]*

lozanía. f. Vigor y frondosidad en las plantas. *[ufana]*

lozano, ana. adj. Aplicado a las plantas que tienen lozanía y a la vegetación verde y frondosa. *[ufanós]*

lubina. f. Pez teleósteo, de medio a un metro de largo, de carne muy apreciada. *[llobarro]*

lubrificar. v. tr. Hacer deslizable, resbaladiza una cosa, especialmente aplicar un lubrificante. *[lubrificar]*

lucerna. f. Araña grande para alumbrar. *[llantoner]* // Abertura alta de una habitación que da ventilación y luz. *[lluerna]* // Pez teleósteo que salta por fuera del agua. *[lluerna]*

lucero. m. Cualquier astro grande y brillante. *[llumener]*

lucidez. f. Calidad de lúcido. *[lucidesa]*

lúcido, úcida. adj. Resplandeciente, claro. *[lúcid]* // Que comprende claramente las cosas. *[lúcid]*

luciérnaga. f. Insecto coleóptero cuya hembra no tiene alas y hace una luz fosforescente. *[lluerna]*

lucimiento. m. Acción y efecto de lucir o lucirse. *[lluïment]*

lucir. v. intr. y tr. Intr. Resplandecer, emitir luz. *[lluir]* // Hacerse notar alguna cosa como corresponde a su mérito, bondad, etc. *[lluir]* // Tr. Dar a conocer, mostrar a la vista de la gente algo. *[lluir]* // **-se.** Vestirse y adornarse con esmero; quedar bien, triunfar. *[lluir-se]*

lucrar. v. tr. y pron. Sacar provecho de una cosa, un encargo, etc. *[lucrar]*

luctuoso, osa. adj. Triste, fúnebre. *[luctuós]*

lucha. f. Combate, riña. *[lluita]* // Actividad forzada para satisfacer las necesidades morales y materiales de la vida. *[lluita]*

luchar. v. intr. Sostener una pugna con alguien o algo. *[lluitar]*

lucharniego, ega. adj. Perro adiestrado para cazar por la noche. *[xarnego]*

luego. adv. Prontamente, sin dilación. *[després]*

lugar. m. Paraje o sitio. *[lloc]* // Ocasión, oportunidad, motivo. *[lloc]* // Cargo, oficio que ocupa alguien. *[lloc]* // Población pequeña. *[llogaret]*

lugarteniente. m. Que tiene poder para sustituir a alguien en un cargo o ministerio. *[lloctinent]*

lujo. m. Adorno excesivo, ostentación. *[luxe]* // Riqueza manifestada sin restricción. *[luxe]*

lujoso, osa. adj. Relativo o perteneciente al lujo. *[luxós]*

lujuria. f. Vicio consistente en el uso ilícito o apetito desordenado de los placeres carnales. *[luxúria]*

lumbre. f. Fuego. *[foc]* // Materia combustible encendida. *[llum]*

lumbrera. f. Cuerpo que despide luz. *[cos lluminic, llumener]* // Abertura en la parte alta de un lugar para dejar pasar la luz. *[lluerna]*

luminaria. f. Disposición de muchas luces ordenadas. *[alimara]* // Luces puestas en los balcones y calles como señal de fiesta. *[lluminària]*

luminoso, osa. adj. Que da luz. *[lluminós]*

luna. f. Astro, satélite de la Tierra que la ilumina de noche. *[lluna]* // Placa de vidrio que forma un espejo. *[lluna]* // Variación del humor de las personas o en el estado del juicio. *[lluna]*

lunático, ática. adj. Que tiene o sufre a intervalos locura o accesos de mal humor. *[llunàtic]*

lunes. m. Primer día de la semana. *[dilluns]*

lupa. f. Lente biconvexa utilizada para ver más grandes los objetos. *[lupa]*

lupia. f. Tumor superficial que se forma en algunas partes del cuerpo. *[llúpia]*

lúpulo. m. Planta perenne trepadora que se usa para dar aroma y amargor a la cerveza. *[llúpol]*

lusco, usca. adj. Muy corto de vista, que no se ve, o que se ve muy poco. *[llosc]*

lustrar. v. tr. Dar lustre o brillo. *[enllustrar]*

lustre. m. Brillo del objeto pulido. *[llustre]* // Brillantez, esplendor. *[llustre]*

lustro. m. Espacio de cinco años. *[lustre]*

lustroso, osa. adj. Que tiene lustre. *[llustrós]*

luto. m. Duelo causado por la muerte de una persona. *[dol]*

luxación. f. Dislocación de un hueso. *[luxació]*

luz. f. Lo que ilumina los objetos y los hace visibles. *[llum]* // Imitación de la luz en una pintura. *[llum]* // Inspiración del entendimiento. *[llum]* // Anchura de una abertura entre muros o pilares. *[llum]* // Aparato de iluminar. *[llum]*

ll ll ll ll ll ll ll ll ll ll

ll. f. Decimocuarta letra del abecedario. *[ll]*

llaga. f. Enfermedad ulcerosa en la superficie de la piel. *[plaga, nafra]* // Plaga o enfermedad del cuerpo o del espíritu. *[nafra]*

llagar. v. tr. Causar llaga, herir. *[nafrar]*

llama. f. Masa gaseosa en forma de lengua luminosa que se desprende generalmente de un cuerpo en combustión. *[flama]* // Ardor apasionado. *[flama]*

llama. f. Mamífero parecido al camello y usado como tal, propio de América del Sur. *[llama]*

llamador, ora. m. y f. Persona que llama. *[cridador]* // m. Aldaba en forma de anilla, de martillo, etc., colgada en una puerta y que sirve para llamar. *[picaporta]*

llamar. v. tr. e intr. Tr. Pronunciar el nombre de alguien para hacerlo venir. *[cridar]* // Intr. Golpear la puerta. *[trucar]*

llamarada. f. Llama fugaz. *[flamerada]*

llana. f. Lámina triangular usada por los albañiles para enlucir. *[paleta]*

llano, ana. adj. Liso, raso, que no es escarpado. *[pla, planer]* // Plano, sencillo. *[pla, planer]* // Que no ofrece dificultades. *[planer]*

llanta. f. Círculo de hierro con que se envuelven las ruedas de los carruajes. *[llanta]* // Aro para sostener firme una cosa. *[cércol]*

llantén. m. Planta herbácea con flores verdosas común en los lugares húmedos. *[plantatge]*

llanto. m. Acción de llorar. *[plor]*

llanura. f. Posición extensa de terreno llano. *[plana, planura, planúria, planissa]*

llave. f. Instrumento que se acomoda a una cerradura para abrirla o cerrarla. *[clau]* // Disparador de las armas de fuego. *[pany]*

llavero. m. Anilla, bolsa, colgadero o cordón para llevar las llaves. *[clauer]*

llegar. v. intr. Venir a parar alguien o algo en un sitio. *[aplegar]* // Alcanzar hasta un punto en concreto. *[aplegar]* // Durar hasta cierto tiempo o época una persona o cosa. *[aplegar]* // Entrar en un lugar viniendo de otro. *[arribar]* // Venir el tiempo señalado para alguna cosa. *[arribar]* // Conseguir o lograr el fin que nos habíamos propuesto alcanzar. *[pervenir, pervindre]*

llenar. v. tr. y pron. Ocupar por completo la capacidad de un receptáculo, etc. *[omplir]*

lleno, ena. adj. Que contiene algo tanto como permite su capacidad. *[ple]* // m. Concurrencia que ocupa todas las localidades de un teatro, etc. *[ple]*

llevada. f. Acción y efecto de llevar. *[portada]*

llevador, ora. adj. y s. Que lleva. *[portador]*

llevar. v. tr. Ir con una cosa encima, como indumento u ornamento, dentro de sí o en el vestido o sosteniéndola. *[dur]* // Mover una cosa, llevarla hacia un sitio. *[dur, portar]* // Guiar, acompañar. *[dur]*

llorar. v. intr. y tr. Derramar lágrimas. *[plorar]* // Estar muy afligido por algo. *[plorar]*

llorera. f. Lloro fuerte y continuado. *[plorera]*

lloriquear. v. intr. Gemir medio llorando. *[ploricar, ploriquejar]*

lloro. m. Acción de llorar. *[plor]*

llorón, ona. adj. y s. Que llora mucho o muy fácilmente. *[plorador, ploraner]*

// m. Sauce llorón. *[salze plorador]*

lloroso, osa. adj. Que tiene señales de haber llorado. *[plorós]*

llover. v. intr. Caer el agua de las nubes en gotas. *[ploure]*

llovizna. f. Lluvia pequeña y suave. *[plugim, plovisqueig]*

lloviznar. v. intr. Llover gotas pequeñas. *[plovisquejar, ploviscar]*

lluvia. f. Agua que cae en gotas, provenientes de la condensación del agua de la atmósfera. *[pluja]*

lluvioso, osa. adj. Dicho del tiempo en que llueve frecuentemente, del país en que son frecuentes las lluvias; que trae lluvia, abundante en lluvia. *[plovedor, plujós]*

m m m m m m m m m

m. f. Decimoquinta letra del abecedario. *[m]*

macabro, abra. adj. Aplicado a la parte repulsiva y fea de la muerte. *[macabre]*

macadam. m. Pavimento formado por piedra machacada y aglomerada por rulos compresores. *[macadam]*

macanudo, uda. adj. Chocante por lo grande y extraordinario. *[extraordinari]*

macarrón. m. Pasta alimenticia hecha con harina y en forma de tubito más gordo que el fideo. *[macarró]*

macerar. v. tr. Ablandar una cosa estrujándola o manteniéndola por algún tiempo sumergida en un líquido. *[macerar]* // Mortificar el cuerpo con austeridades piadosas. *[macerar]*

macero. m. Quien lleva la maza en una procesión o ante las corporaciones en señal de dignidad. *[macer]*

maceta. f. Objeto de barro cocido, de boca más ancha que el fondo, el cual, lleno de tierra sirve para criar una planta. *[test]* // Tiesto. *[test]* // Martillo como el utilizado por los albañiles. *[maceta]*

macilento, enta. adj. Flaco, descolorido, triste, desnutrido. *[macilent]*

macizar. v. tr. Rellenar, hacer macizo, hacer más compacto. *[massissar]*

macizo, iza. adj. Que presenta una masa compacta. *[massís]* // m. Grupo espeso de árboles u otra cosa. *[massís]* // Prominencia del terreno, por lo común rocosa, o grupo de alturas o montañas. *[massís]*

macolla. f. Conjunto de flores o espigas que nacen de un mismo pie. *[mota]*

mácula. f. Mancha oscura en la superficie del suelo. *[màcula]* // Mancha vergonzosa o ignominiosa. *[màcula]*

macular. v. tr. Manchar, ensuciar. *[macular]*

machacar. v. tr. Magullar, golpear, herir, ajar, estrujar. *[matxucar]*

machete. m. Arma de filo más pequeña que la espada, muy pesada y que corta solamente por un lado. *[matxet]*

macho. m. Animal de sexo masculino. *[mascle]* // Nombre de ciertas piezas que se ponen en el agujero de otra. *[mascle]*

madeja. f. Hilo recogido en vueltas iguales para que se pueda devanar fácilmente. *[madeixa, troca]* // Mata de pelo. *[madeixa]*

madera. f. Parte sólida de los árboles bajo la corteza. *[fusta]*

madero. m. Tronco, trozo de madera. *[fust]*

madrastra. f. Mujer de alguien respecto a los hijos que éste tiene de un matrimonio anterior. *[madrastra]*

madre. f. Mujer o hembra respecto a sus hijos. *[mare]* // Título que se da a ciertas religiosas. *[mare]* // Terreno por donde corren las aguas de un río. *[mare]* // Poso del vino o vinagre. *[mare]* // Matriz. *[mare]*

madreselva. f. Planta caprifoliácea de tallos trepadores. *[xuclamel, mareselva, lligabosc]*

madrigal. m. Composición poética breve que incluye un pensamiento delicado o galante. *[madrigal]* // Composición musical vocal, sobre tema profano. *[madrigal]*

madriguera. f. Lugar donde alguien se refugia o se esconde. *[niu]*

madrina. f. Mujer que presenta a un niño al bautismo. *[padrina]* // La que asiste a una persona que recibe el sacramento de la confirmación, del matrimonio, de la ordenación, o a una persona que profesa en religión. *[padrina]* // La que protege a otro. *[padrina]*

madroño. m. Arbusto ericáceo, de fruto esférico y rojo, comestible. *[arboç]*

madrugada. f. Comienzo, inicio del día. *[matinada]*

madrugar. v. intr. Levantarse de buena mañana. *[matinejar]* // Ganar tiempo en una solicitud o empresa. *[matinejar]*

madrugón. m. Acción de madrugar. *[matinada]*

madurar. v. intr. y tr. Intr. Ir sazonándose los frutos. *[madurar]* // Tr. Dar sazón a los frutos. *[madurar]*

maduro, ura. adj. Que tiene el punto de sazón conveniente. *[madur]* // Aplicado a la persona de edad avanzada. *[madur]* // Prudente, juicioso. *[madur]*

maestría. f. Arte y destreza en la enseñanza o ejecución de alguna cosa. *[mestria]*

maestro, estra. m. y f. Quien enseña una ciencia, arte, etc., o tiene el título para hacerlo. *[mestre]* // Quien es práctico y diestro en una materia. *[mestre]* // Superior de alguna orden militar. *[mestre]*

magdalena. f. Pasta dulce hecha de harina, azúcar y huevo. *[magdalena]*

magia. f. Ciencia oculta que pretende producir efectos maravillosos con fuerzas secretas de la naturaleza. *[màgia]*

mágico, ágica. adj. Relativo o perteneciente a la magia, que produce efectos maravillosos. *[màgic]* // m. y f. Quien se dedica a la magia. *[màgic]*

magín. m. Imaginación, juicio, entendimiento. *[magí]*

magisterio. m. Cargo o profesión de maestro. *[magisteri]* // Conjunto de maestros de un país, región, etc. *[magisteri]*

magistrado. m. Superior en el orden civil. *[magistrat]* // Ministro de justicia. *[magistrat]*

magistral. adj. Hecho con maestría. *[magistral]* // Aplicado al canónigo que tiene la misión de predicar. *[magistral]*

magistratura. f. Cargo y dignidad de magistrado. *[magistratura]* // Tiempo que dura el ejercicio de este cargo. *[magistratura]* // Conjunto de los magistrados. *[magistratura]*

magnanimidad. f. Grandeza de ánimo. *[magnanimitat]*

magnate. m. Persona muy principal, importante por su cargo y poder. *[magnat]*

magnesia. f. Óxido de magnesio, que forma una sustancia terrosa y blanca, ligeramente alcalina y que es usada como purgante. *[magnèsia]* // Carbonato básico de magnesio, usado como catártico. *[magnèsia]*

magnesio. m. Metal blanco, maleable, que quema con una llama muy brillante. *[magnesi]*

magnético, ética. adj. Relativo o perteneciente al imán, o que tiene sus propiedades. *[magnètic]* // Relativo o perteneciente al magnetismo animal. *[magnètic]*

magnetismo. m. Fuerza atractiva de un imán. *[magnetisme]* // Conjunto de fenómenos producidos por cierta especie de corrientes eléctricas. *[magnetisme]* // Acción que una persona ejerce sobre el sistema nervioso de otra. *[magnetisme]*

magnetizar. v. tr. Comunicar a un cuerpo la propiedad magnética. *[magnetitzar]* // Someter a alguien a la influencia del magnetismo animal. *[magnetitzar]* // Ejercer sobre alguien una atracción irresistible. *[magnetitzar]*

magnetófono. m. Aparato de registro y reproducción de sonidos. *[magnetòfon]*

magnicidio. m. Asesinato de un alto personaje del estado. *[magnicidi]*

magnificar. v. tr. Exaltar la grandeza de alguien. *[magnificar]*

magnificencia. f. Calidad de magnífico; liberalidad llena de grandeza. *[magnificència]*

magnífico, ífica. adj. De una gran suntuosidad o esplendor. *[magnífic]* // Muy bello, admirable. *[magnífic]*

magnitud. f. Grandeza de un cuerpo.

[magnitud] // Excelencia o importancia de una cosa. *[magnitud]*

magnolio, olia. m. y f. Árbol originario de América, de hojas perennes y flores azuladas muy blancas y olorosas. *[magnolier]*

mago, aga. m. y f. Individuo de una casta religiosa de la antigua Persia. *[mag]* // Quien se dedica a la magia. *[mag]* // Aplicado a los tres reyes de Oriente que fueron a adorar al niño Jesús. *[mag]*

magro, agra. adj. Que tiene poca grasa, delgado, flaco. *[magre]* // m. Carne del lomo del cerdo sin grasa. *[magre]*

magullar. v. tr. Someter una cosa a presiones, roces continuos, etc., que tiendan a machucarla. *[masegar]*

mahometano, ana. adj. y s. Relativo o perteneciente a Mahoma y a su religión. *[mahometà]*

maíz. m. Planta gramínea que produce mazorcas con granos amarillo rojizos. *[moresc, dacsa]*

maizal. m. Campo de maíz. *[dacsar]*

majada. f. Lugar o recinto donde se recoge el ganado que pace en el campo o en la montaña. *[pleta]*

majestad. f. Dignidad o autoridad del poder soberano. *[majestat]* // Título honorífico dado a Dios y también a los emperadores y los reyes. *[majestat]*

majo, aja. m. y f. Presumido, que pretende ser o parecer el mejor. *[pinxo]*

majuelo. m. Viña joven, novel. *[mallol]* // Cepo plantado recientemente. *[mallol]*

mal. m. Negación de bien. *[mal]* // Daño material o moral. *[mal]* // Sufrimiento físico, enfermedad. *[mal]* // Apócope de «malo», antepuesto al substantivo masculino. *[mal]*

mal. adv. Nada bien, malamente, de mala manera. *[mal]*

malaconsejado, ada. adj. y s. Que llevado de malos consejos obra de manera desatinada. *[malaconsellat]*

malaconsejar. v. tr. Dar malos consejos. *[malaconsellar]*

malaria. f. Enfermedad febril debida a la presencia en la sangre de parásitos animales. *[malària]*

malbaratar. v. tr. Malgastar o destruir los bienes, malversar, derrochar, disipar. *[malbaratar]*

malcarado, ada. adj. Que tiene una cara repulsiva. *[malcarat]*

malcomer. v. tr. Comer escasamente, con poco gusto, o comida de mala calidad. *[malmenjar]*

malcriado, ada. adj. Falto de buena educación, de cortesía. *[malcriat]*

malcriar. v. tr. Criar o educar mal a los hijos por demasiada condescendencia. *[malcriar]*

maldad. f. Calidad de perverso. *[maldat]* // Acción perversa. *[maldat]*

maldecir. v. tr. Pedir la cólera divina o una desgracia, sobre alguien o alguna cosa. *[maleir]* // Condenar Dios a la reprobación eterna a alguien o alguna cosa. *[maleir]* // Hablar mal de alguien. *[maleir, bescantar]*

maldición. f. Acción y efecto de maldecir, palabras con que se maldice. *[maledicció]*

maldito, ita. adj. Perverso, de mala intención y costumbres. *[maleït]*

maleable. adj. Que puede ser extendido en planchas o láminas. *[mal·leable]*

malear. v. tr. y pron. Transformar en ruin, disminuir la bondad de alguien o de alguna cosa. *[malvar]*

maleficio. m. Daño causado por arte de brujería. *[maleficl]* // Sortilegio maléfico. *[maleficl]*

malentendido. m. La cosa no considerada o conceptuada como es. *[malentés]* // El hecho de no entenderse dos o más personas. *[malentés]*

maléolo. m. Protuberancia de cada uno de los huesos de la pierna en sus uniones con el pie. *[mal·lèol]*

malestar. m. Estado de quien se siente mal, indispuesto, enfermo; estado de aquel a quien no le van bien la cosas. *[malestar]*

maleta. f. Cofre de cuero u otra materia, con asa, destinado a llevar ropa y otros efectos. *[maleta]*

malevolencia. f. Que muestra mala voluntad hacia alguien. *[malvolença]*

maleza. f. Broza y hojarasca del bosque. *[brolla]*

malgastar. v. tr. Disipar el dinero gastándolo con cosas malas o inútiles, y, por extensión, el tiempo, la paciencia, etc. *[malgastar, balafiar]*

malhablado, ada. adj. Desvergonzado en el hablar. *[malparlat]*

malhadado, ada. adj. Que tiene desgracia, malaventurado. *[malastruc]*

malhechor, ora. adj. y s. Que comete actos criminales. *[malfactor]*

malhumorado, ada. adj. Que está de mal humor. *[malhumorat]*

malicia. f. Inclinación a hacer el mal. *[malícia]* // Propensión a pensar mal; destreza en hacer mal. *[malícia]* // Calidad de malicioso. *[malícia]*

maligno, igna. adj. y s. Propenso a hacer daño, de índole perversa. *[maligne]*

malilla. f. Especie de juego de cartas. *[manilla]*

malmeter. v. tr. Malgastar. *[malmetre]*

malo, ala. adj. Inclinado a hacer daño. *[dolent]* // Contrario a la ley moral. *[dolent]* // Dícese de alguna cosa que no tiene las cualidades deseadas. *[dolent]*

malogrado, ada. adj. No aprovechado; perdido antes de hora. *[malaguanyat]* // Muerto prematuramente. *[malaguanyat]*

malograr. v. tr. Perder, no aprovechar una cosa. *[frustrar]* // **-se.** Frustrarse lo que se pretendía conseguir. *[frustrar-se]*

malparar. v. tr. Maltratar, poner en mal estado. *[malmetre]*

malparto. m. Aborto, parto prematuro. *[malpart]*

malquerer. v. tr. Tener malevolencia. *[malvoler]*

malquistar. v. tr. Poner mal a una persona con otra u otras. *[engrinyar]* // **-se.** Hacerse de malquerer, enemistarse, desavenirse. *[enemistar-se]*

malsano, ana. adj. Dañino a la salud. *[malsà]*

malsonante. adj. Que suena mal, que ofende los sentimientos de las personas honestas. *[malsonant]*

malsonar. v. intr. Sonar mal una palabra o idea, ofender los sentimientos piadosos y honestos. *[malsonar]*

malsufrido, ida. adj. Que no sabe sufrir con resignación las contrariedades. *[malsofert]*

malta. f. Cebada germinada que se emplea en la fabricación de la cerveza. *[malt]*

maltraer. v. tr. Maltratar, lastimar, deteriorar, injuriar. *[malmenar]*

maltratar. v. tr. Dar mal trato. *[maltractar]*

maltrato. m. Acción y efecto de maltratar. *[maltracte]*

maltrecho, echa. adj. Maltratado, malparado. *[malparat]*

malva. f. Planta de la familia de las malváceas, usada en medicina como pectoral y sudorífico. *[malva]*

malvado, ada. adj. Perverso. *[malvat]*

malvarrosa. f. Malva rósea. *[malva-rosa]*

malvasía. f. Uva blanca y muy dulce, de la que se hace un vino de mucha graduación y aromático. *[malvasia]*

malvender. v. tr. Vender mal, a bajo precio. *[malvendre]*

malversar. v. tr. Invertir ilícitamente los caudales de otro. *[malversar]*

malvestir. v. tr. Vestir mal, de cualquier manera. *[malfardar]*

malvivir. v. intr. Vivir mal. *[malviure]* // m. El hecho de vivir mal, no como se debería, deshonrosamente. *[malviure]*

malla. f. Cada una de las aberturas formadas por cuerdas o hilos entrecruzados. *[malla]*

mallorquín, ina. adj. y s. Natural o propio de Mallorca. *[mallorquí]*

mama. f. Teta, ubre de los mamíferos. *[mama, mamella]* // Voz que usan los niños para llamar a sus madres. *[mare, mamà, mama]*

mamar. v. tr. Chupar la leche de las tetas. *[mamar]*

mamella. f. Cada uno de los apéndices largos y ovalados que cuelgan del cuello de algunos animales, especialmente las cabras. *[mamella]*

mamífero, ífera. adj. Que tiene mamas. *[mamífer]* // m. pl. Clase de vertebrados que nutren a sus hijos con leche. *[mamífers]*

mamón, ona. adj. y s. El niño de pocos

meses o animal que todavía mama. *[mamó]* // m. Ojo o rebrote que nace en medio del tronco de un árbol. *[mamó]*

mampara. f. Antipara, biombo. *[mampara]* // Contrapuerta. *[mampara]*

mamperlán. m. Barra o listón de madera que forma la arista del suelo del hogar, de la repisa de un balcón, de un escalón, etc. *[mamperlà]*

mampostear. v. tr. Repasar las juntas de una cosa. *[remuntar]*

maná. m. Alimento milagroso con que Dios alimentó al pueblo de Israel en el desierto. *[mannà]*

manada. f. Porción de una cosa que se puede coger con una mano. *[falcat, manat]* // Grupo, conjunto de animales. *[falcat, esbart]*

manantial. m. Lugar donde manan las aguas. *[ullal]*

manar. v. intr. Fluir o brotar un líquido. *[rajar]* // Salir un líquido de un orificio, canal, etc., en forma de chorro. *[rajar]*

manco, anca. adj. y s. Falto de una mano o un brazo. *[manc]*

mancomunar. v. tr. Unir caudales, personas, fuerzas, etc., para conseguir un fin. *[mancomunar]*

mancha. f. Señal sucia en la ropa. *[llanterna, taca]* // Suciedad, especialmente de aceite o grasa. *[llàntia]*

manchar. v. tr. Hacer manchas. *[tacar]* // Deslustrar la buena fama. *[tacar]*

manda. f. Oferta, porción de bienes legados en herencia. *[deixa, legat, llegat]*

mandamiento. m. Orden que un superior impone a sus inferiores. *[mandat]*

mandar. v. tr. Ejercer una autoridad sobre alguien. *[manar]* // Imponer un precepto, ordenar una cosa. *[manar]*

mandarina. f. Clase de naranja, más pequeña que la común y muy aromática. *[mandarina]*

mandato. m. Orden o precepto que un superior impone a los súbditos. *[mandat]* // Ceremonia de lavar el sacerdote los pies a doce pobres el jueves santo. *[mandat]* // Contrato por el que una persona da a otra el poder de obrar en su nombre. *[mandat]*

mandíbula. f. Hueso donde está encastada la dentadura. *[mandíbula]* // Barra o mandíbula inferior. *[mandíbula]*

mandil. m. Trapo de cocina, delantal, toalla para las manos. *[manil]*

mando. m. Acción de comandar. *[comandament]* // Facultad de comandar. *[comandament]*

manduca. f. Comida, alimento. *[papussa]*

manecilla. f. Nombre que se da, en muchos casos, a la pieza o parte de una máquina que sirve para manejarla, dirigirla o imprimirle un movimiento de rotación. *[maneta]* // Aguja de los relojes que señalan las horas. *[maneta]* // Manubrio. *[maneta]*

manejable. adj. Fácil de manejar. *[amanós]*

manejar. v. tr. e intr. Tr. Hacer funcionar un instrumento con las manos. *[manejar]* // Gobernar, dirigir negocios, etc. *[manejar]* // Intr. Mover las manos hablando. *[manejar]*

manejo. m. Acción y efecto de manejar. *[maneig]*

manera. f. Forma particular de hacer alguna cosa, de proceder, de ser. *[manera]*

manga. f. Tubo largo y flexible de lona, caucho, cuero, etc., para conducir líquidos. *[mànega]* // Columna de agua que se levanta en el mar o de un lago animado de un rápido movimiento giratorio. *[mànega]* // Anchura de una nave. *[mànega]* // Parte del vestido que cubre total o parcialmente el brazo. *[mànega, mànìga]* // Especie de red que sirve para pescar anguilas y peces pequeños. *[mornell]*

mango. m. Parte adaptada a un instrumento por donde se coge al servirse. *[mànec]*

mangonear. v. intr. Manejar arbitrariamente alguna cosa. *[manifassejar]* // Entremeterse. *[manifassejar]*

manía. f. Trastorno mental que hace fijar la atención en un solo objeto. *[mania]* // Deseo o afecto desordenado de alguna cosa. *[mania]*

manicomio. m. Centro de enfermos mentales. *[bogeria, manicomi]*

manifestación. f. Acción y efecto de manifestar o de manifestarse. *[manifestació]* // Reunión popular. *[manifestació]*

manifestar. v. tr. Declarar alguien sus pensamientos, sus propósitos. *[manifestar]* // Exponer el Santísimo Sacramento. *[manifestar]* // **-se.** Darse a conocer. *[manifestar-se]*

manifiesto, esta. adj. Evidente, patente, obvio. *[manifest]* // m. Escrito en que se proclama alguna cosa. *[manifest]*

manigua. f. Terreno cubierto de maleza. *[jungla, manigua]*

manilla. f. Anillo que llevan las mujeres alrededor del puño como ornamento. *[manilla]* // Pulsera. *[manilla]*

manillar. m. Mango giratorio de las bicicletas, motocicletas, etc., que sirve para darle la dirección debida. *[manillar]*

maniobra. f. Serie de movimientos con que la mano hace funcionar un instrumento, etc. *[maniobra]* // Movimiento o serie ordenada de movimientos de un cuerpo de tropa, de una escuadra, de un ferrocarril, etc. *[maniobra]*

maniobrar. v. tr. e intr. Tr. Hacer funcionar con la mano un instrumento, una máquina, etc. *[maniobrar]* // Intr. Hacer maniobras o una maniobra. *[maniobrar]*

manipulación. f. Acción y efecto de manipular. *[manipulació]*

manipular. v. tr. Operar con las manos. *[manipular]* // Manejar un aparato científico, un mecanismo telegráfico, etc. *[manipular]* // Manejar, seleccionándolas, mezclándolas, sustancias químicas, farmacéuticas, etc. *[manipular]*

maniquí. m. Figura de persona que los sastres o modistos visten para servir de modelo en la confección de los vestidos. *[maniquí]* // Persona que se deja gobernar por otros. *[maniquí]*

manirroto, ota. adj. Falto de destreza manual, inhábil, que hace las cosas sin cuidado. *[desmanotat]*

manjar. m. Cosa buena para comer. *[menja]*

mano. f. Parte del cuerpo unida a la extremidad del antebrazo. *[mà]* // Cada dirección lateral en cuanto está en relación con la mano derecha o izquierda de alguien. *[mà]* // Conjunto de veinticinco hojas de papel. *[mà]*

manojo. m. Haz de tallos, bastones, etc., que se puede coger y llevar con la mano. *[manoll, manat]*

manopla. f. Pieza de la armadura que protegía la mano. *[manyopla]* // Pieza de madera con la que los obreros toman algunos materiales que lastiman la carne y no pueden tomarse con la mano. *[manyopla]*

manosear. v. tr. Pasear la mano por encima de alguna cosa palpándola. *[palpejar]*

manotear. v. tr. Mover las manos. *[manotejar]*

mansalva (a). loc. adv. Sin ningún peligro. *[a mansalva]*

mansión. f. Casa, lugar donde se habita. *[mansió]*

manso, ansa. adj. De condición suave, dócil. *[mans]*

mansueto, eta. adj. De condición suave. *[mansuet]*

manta. f. Pieza tejida de lana o algodón, gruesa, usada como abrigo en la cama, y también como abrigo de viaje, de las caballerías, etc. *[manta]* // fig. m. Poco trabajador. *[manta]*

mantear. v. tr. Levantar en el aire a una persona, etc., puesta sobre una manta estirándola bruscamente. *[mantejar]*

manteca. f. Sustancia grasa que se obtiene de la leche o de ciertos frutos como el cacao. *[mantega, sagí]*

mantel. m. Trapo de lino o algodón que se extiende sobre la mesa al ponerla para servir la comida. *[tovalla, tovallola]*

mantenedor, ora. adj. y s. Que mantiene o sostiene. *[mantenidor]* // m. Cada uno de los que forman el jurado de un concurso literario. *[mantenidor]* // Cada uno de los caballeros que sostienen una lucha. *[mantenidor]*

mantener. v. tr. Conservar una cosa en su ser. *[mantenir]* // Defender una opinión o sistema. *[mantenir]* // Dar a alguien los medios necesarios para vivir. *[mantenir]*

manteo. m. Capa larga que llevaban los eclesiásticos sobre la sotana, y que en otro tiempo usaron los estudiantes. *[manteu]*

mantilla. f. Pieza de seda o de randa que usan las mujeres para cubrirse la cabeza. *[mantellina]*

manto. m. Vestidura en forma de capa sujeta a la cabeza y a los hombros. *[mantell]*

mantón. m. Pañuelo grande de abrigo. *[mantell]*

manual. adj. Que se hace con las manos. *[manual]* // m. Libro que contiene lo esencial de una matería. *[manual]*

manubrio. m. Empuñadura de algunas ruedas u otros mecanismos por medio de la cual giran. *[manubri]* // Piano con esta empuñadura. *[manubri]*

manufactura. f. Obra hecha a mano o con auxilio de máquina. *[manufactura]* // Lugar donde se fabrica alguna cosa. *[manufactura]*

manumitir. v. tr. Dar libertad a un esclavo. *[alforrar]*

manuscrito, ita. adj. Escrito con la mano. *[manuscrit]* // m. Papel o libro escrito a mano. *[manuscrit]*

manutención. f. Acción y efecto de mantener o mantenerse. *[manutenció]*

manzana. f. Fruto del manzano. *[poma]* // Conjunto aislado de casas contiguas. *[illa]*

manzanilla. f. Hierba de la familia de las compuestas, radiada, medicinal y muy olorosa, de un palmo de altura, de hojas pequeñas y flores blancas. *[camamirla]*

manzano. m. Árbol de la familia de las rosáceas, de flores blancas, cuyo fruto es la manzana. *[pomera, pomer]*

maña. f. Destreza, habilidad. *[manya]*

mañana. f. Espacio de tiempo desde que sale el sol hasta el mediodía. *[matí]*

mañoso, osa. adj. Que tiene maña o habilidad; ingenioso. *[manyós]*

mapa. m. Representación de la tierra, o de una porción de ella, sobre una superficie llana, según una escala dada. *[mapa]*

maqueta. f. Modelo esbozado de una escultura, edificio, etc. *[maqueta]*

maquiavelismo. m. Teoría política de maquiavelo. *[maquiavel·lisme]* // Manera de proceder con astucia y mala intención. *[maquiavel·lisme]*

maquillar. v. tr. y pron. Componer o pintar la cara para caracterización o embellecimiento. *[maquillar]*

máquina. f. Artificio para aprovechar, dirigir o regular alguna fuerza para hacer un trabajo. *[màquina]*

maquinar. v. tr. Tramar alguna cosa artificiosa y de manera oculta. *[maquinar]*

maquinaria. f. Conjunto de máquinas para hacer algo determinado. *[maquinària]* // Arte que enseña a fabricar máquinas. *[maquinària]*

mar. m. y f. Masa de agua salada que cubre la mayor parte de la superficie de la tierra. *[mar]* // Una parte de esta masa. *[mar]* // fig. Abundancia extraordinaria de alguna cosa. *[mar]*

marasmo. m. Extremado enflaquecimiento del cuerpo humano. *[marasme]* // Paralización, inmovilidad, en lo moral y en lo físico. *[marasme]*

maratón. m. y f. Carrera pedestre que se hace a lo largo de 42'195 kilómetros. *[marató]*

maravilla. f. Cosa o acontecimiento extraordinario que causa admiración. *[meravella]* // Planta que se cultiva en los jardines por sus flores de colores muy variados. *[meravella]*

maravillar. v. tr. y pron. Causar admiración o maravilla por su belleza, etc. *[meravellar]*

maravilloso, osa. adj. Que causa maravilla, admirable, extraordinario. *[meravellós]*

marca. f. Acción y efecto de marcar. *[marca]* // Señal que una cosa deja sobre otra. *[marca]* // Región o distrito fronterizo. *[marca]*

marcador, ora. adj. y s. Que marca. *[marcador]* // m. Operario encargado de ir poniendo las hojas de papel en la máquina de imprimir. *[marcador]* // Aparato que marca o señala los puntos ganados en el juego. *[marcador]*

marcar. v. tr. Poner una marca en alguna cosa. *[marcar]* // Señalar en alguien una cualidad digna de mención. *[marcar]* // En ciertos juegos, vigilar los movimientos de un jugador contrario, seguirlo de cerca para evitar la jugada del contrario. *[marcar]*

marco. m. Cerco que envuelve algunas cosas. *[marc]* // Límites que rodean un espacio. *[marc]* // Peso de media libra empleado para pesar oro y plata. *[marc]* // Unidad monetaria de diversos países. *[marc]*

marcha. f. Acción de marchar. *[marxa]* // Grado de celeridad con que camina un vehículo. *[marxa]* // Pieza de música destinada a regularizar el paso de un cuerpo de tropa, etc. *[marxa]* // Canto del resultado al final de cada quince, en el juego de la pelota valenciana. *[marxa]*

marchamo. m. Señal que se pone a los fardos en las aduanas en prueba de que están despachados o reconocidos; bolla. *[marxamo]*

marchar. v. intr. Caminar la tropa con un cierto paso, en cierto orden. *[marxar]* // Ir un coche, una nave, una máquina. *[marxar]* // intr. y pron. Ir o partir de un lugar. *[marxar]*

marchitar. v. tr. y pron. Hacer perder la frescura, la ufanía, a una flor, planta, fruto, etc. *[marcir]*

marchito, ita. adj. Mustio, enclenque, desmirriado por pérdida o disminución de la savia, zumo, vigor interno, etc. *[sem]*

marea. f. Movimiento alternativo de ascenso y de descenso de las aguas del mar. *[marea]*

marear. v. tr. Causar mareo. *[marejar]* // Gobernar o dirigir una embarcación. *[marejar]* // **-se.** Sufrir un mareo. *[marejar-se]*

marejada. f. Estado agitado del mar. *[maror]*

marejadilla. f. Marejada leve. *[marejol]*

mareo. m. Malestar con ganas de vomitar y vahído como el que produce el movimiento de una embarcación por las olas. *[mareig]* // Malestar producido por exceso de ruido, gritos, etc. *[mareig]*

marfil. m. Substancia blanca, dura, compacta, de la que están formados los dos grandes colmillos de los elefantes. *[vori]* // Parte dura de los dientes cubierta por el esmalte. *[vori]*

marga. f. Roca compuesta de arcilla y carbonato de calcio usada como abono de tierras. *[marga]*

margallón. m. Palmera autóctona litoral, de hojas palmatipartidas que se emplean para hacer escobas, esteras, etc. *[margalló]* // Brote tierno de esta planta. *[margalló]*

margarina. f. Sustancia que se extrae de la grasa y de ciertos aceites vegetales. *[margarina]*

margarita. f. Planta herbácea, compuesta de hojas oblongas fistoneadas y flores de color variable con centro amarillo. *[margarida]*

margen. m. Borde de una cosa. *[marge]* // Espacio en blanco en los dos lados de un página escrita o impresa. *[marge]* // Ribazo entre tierras de diferente plano. *[marge, espona]*

marginal. adj. Que está situado al margen de un escrito o impreso. *[marginal]*

maridar. v. intr. Contraer matrimonio. *[maridar]*

marido. m. Hombre casado respecto a su mujer. *[marit]*

marimorena. f. Alboroto, disputa de gritos, etc. *[canyaret]*

marina. f. Costa del mar. *[marina]* // Conjunto de barcos de un país o estado. *[marina]*

marinero, era. adj. Dicho de la nave que obedece bien a las maniobras. *[mariner]* // m. Hombre de mar que sirve en los barcos. *[mariner]*

marino, ina. adj. Relativo o perteneciente a la mar. *[marí]* // m. El que se dedica a navegar. *[marí]* // Profesional de la marina. *[marí]*

mariposa. f. Insecto lepidóptero de colores brillantes con cuatro alas tenidas verticalmente sobre el lomo cuando reposan. *[papallona, palometa]* // Insecto, especialmente el del gusano de la seda. *[paloma]* // Candelilla afianzada sobre una rodaja de corcho o cartón que flota sobre el aceite contenido en un vaso, para servir de luz o para las almas de los difuntos familiares. *[mineta]*

mariquita. f. Insecto coleóptero de la familia de los coccinélidos. *[gallineta]*

mariscal. m. Oficial general superior del ejército, en ciertos países. *[mariscal]*

marisco. m. Molusco de mar de cualquier especie, principalmente el comestible. *[marisc]*

marisma. f. Tierra baja y pantanosa que se inunda con las aguas del mar. *[mareny]*

marítimo, ítima. adj. Que tiene relación con el mar, perteneciente al mar. *[marítim]*

marjal. f. Terreno blando cubierto de agua y vegetación, prado blando o pantanoso. *[marjal]* // Tierras inundables dedicadas al cultivo del arroz. *[marjal]*

mármol. m. Piedra caliza de textura compacta y cristalina, suceptible de buen pulimento. *[marbre]* // Obra artística trabajada en dicha piedra. *[marbre]*

maroma. f. Cuerda muy gruesa. *[maroma]*

marqués, esa. adj. Título de honor y dignidad inferior al de duque y superior al de conde. *[marqués]* // f. Dama noble que ostenta este título por sí, o como consorte. *[marquesa]*

marquetería. f. Trabajo realizado con incrustaciones de piezas de madera, nácar, marfil, etc. *[marqueteria]*

marrón. m. De color castaño oscuro. *[marrò]*

marroquinería. f. Arte, comercio del cuero trabajado. *[marroquineria]*

martagón. adj. Astuto, reservado y difícil de engañar. *[samarro]*

martes. m. Segundo día de la semana. *[dimarts]*

martillar. v. tr. Golpear con un martillo. *[amartellar]*

martillear. v. tr. Dar golpes con el martillo. *[martellejar]*

martillo. m. Herramienta de presión compuesta de una cabeza de hierro o acero ajustada a un mango. *[martell]*

martingala. f. Trampa o engaño con astucia. *[martingala]*

mártir. m. y f. Quien padece tormento o la muerte por no renegar de la fe de Jesucristo. *[màrtir]* // Persona que sufre grandes penas y trabajos. *[màrtir]*

martirio. m. Acción de padecer tormentos o la muerte por no renegar de la fe de Jesucristo, de una idea, etc. *[martiri]* // Cualquier pena o sufrimiento intenso. *[martiri]*

martirizar. v. tr. Atormentar a alguien o quitarle la vida por su fe. *[martiritzar]* // tr. y pron. fig. Afligir, maltratar. *[martiritzar]*

marxismo. m. Teorías socialistas de Marx. *[marxisme]*

marzo. m. Tercer mes del año. *[març]*

más. Adverbio de comparación que denota superioridad en cantidad o calidad. *[més]* // m. Signo de la suma o adición. *[més]*

mas. conj. Pero. *[mes, però]*

masa. f. Agregación de partículas o cosas que forman un cuerpo. *[massa]* // Cantidad de materia que contiene un cuerpo. *[massa]* // Multitud, reunión considerable de personas o cosas. *[massa]*

masada. f. Casa donde vive el masero de una finca. *[masoverla]*

masadero, era. m. y f. Inquilino de una masia. *[masover]*

masaje. m. Procedimiento terapéutico que consiste en una serie de friegas, apretones, etc., principalmente sobre la masa muscular, con fines terapéuticos, deportivos, etc. *[massatge]*

mascar. v. tr. Desmenuzar la comida con los dientes. *[mastegar]*

máscara. f. Careta de madera, cuero, etc., forrada de metal, que los actores antiguos se ponían para representar. *[màscara]* // Persona que lleva la cara cubierta con una máscara, por el carnaval. *[màscara]*

mascarilla. f. Huella que se saca de la cara de alguien, especialmente de un cadáver. *[màscara]*

mascarón. m. Cara disforme o fantástica

que se usa como adorno en ciertas obras de arquitectura. *[mascaró]*

mascota. f. Persona o cosa que se considera portadora de suerte. *[mascota]*

masculino, ina. adj. Relativo o perteneciente al macho. *[masculí]* // Género gramatical que comprende todos o la mayoría de los nombres de animales machos. *[masculí]*

mascullar. v. tr. Hablar entre dientes. *[mastegar]*

masero, era. m. y f. Persona que vive en la masía. *[masover]*

masía. f. Casa de campo y de cultivo con sus tierras. *[masia]*

masilla. f. Almáciga usada para tapar agujeros o grietas. *[massilla]*

masón. m. Francmasón, perteneciente a la masonería. *[maçó]*

masoquismo. m. Perversión sexual en la que el sufrimiento y el dolor físico hacen llegar al orgasmo. *[masoquisme]*

mástil. m. Pieza de madera, vertical y ligeramente inclinada puesta en el centro de las embarcaciones. *[pal, arbre]*

mastodonte. m. Mamífero extinguido, parecido al elefante, pero mucho más grande. *[mastodont]*

mata. f. Planta de tronco corto que saca ramas cerca de tierra. *[mata]* // Metal producido en la primera fundición del mineral y que todavía no es puro. *[mata]*

matadero. m. Lugar destinado a matar el ganado. *[matador, escorxador]*

matador, ora. adj. y s. Que mata. *[matador]*

matanza. f. Acción y efecto de matar. *[matança]* // Mortandad causada en una batalla, en una guerra, etc. *[matança]* // Acción de matar los cerdos y operaciones subsiguientes. *[matança]*

matar. v. tr. y pron. Quitar la vida. *[matar]* // tr. Extinguir, quitar el brillo. *[matar]* // Jugar una carta superior a la que ha jugado el contrario. *[matar]*

matarife. m. Quien tiene el oficio de matar los animales. *[matador]*

mate. adj. Sin brillantez, amortecido. *[mat]* // m. Jugada del juego de ajedrez que mata al rey. *[mat]*

matemático, ática. adj. Relativo o perteneciente a las matemáticas. *[matemàtic]* // m. y f. Versado en matemáticas. *[matemàtic]*

materia. f. Sustancia de que una cosa está hecha; sustancia corpórea. *[matèria]* // Asunto de una obra científica o literaria. *[matèria]* // Cualquier asunto o negocio de que se trata. *[matèria]*

material. adj. Relativo o perteneciente a la materia. *[material]* // m. Conjunto de cosas empleadas en un trabajo. *[material]*

materializar. v. tr. Considerar como material una cosa que no lo es. *[materialitzar]* // fig. Efectuar, concretar un proyecto, una proposición, etc. *[materialitzar]* // **-se.** Ir imponiéndose en uno la materia sobre el espíritu. *[materialitzar-se]*

maternidad. f. Calidad de madre. *[maternitat]* // Establecimiento donde se atiende a las parturientas. *[maternitat]*

materno, erna. adj. Relativo o perteneciente a la madre. *[matern]*

matiz. m. Cada una de las gradaciones de un color o de un sonido. *[matís]* // Diferencia de grado casi insensible entre dos ideas muy cercanas. *[matís]*

matizar. v. tr. Hacer resaltar los matices que presenta una cosa. *[matisar]* // Pintar con colores que armonicen los unos con los otros. *[matisar]*

matón. m. Aquel que trata de imponerse por su valentía, infundiendo miedo. *[pinxo]*

matorral. m. Tierra yerma, sin trabajar, donde sale toda clase de matojos y hierbas. *[garriga]*

matraca. f. Instrumento de madera para sustituir las campanas el jueves y viernes santos. *[matraca]*

matraz. m. Receptáculo de vidrio de forma esférica y de cuello largo y estrecho. *[matràs]*

matriarcado. m. Forma de organización social que da la máxima importancia social y política a la madre. *[matriarcat]*

matricida. adj. y s. Persona que mata a su madre. *[matricida]*

matricidio. m. Delito de matar alguien a su madre. *[matricidi]*

matrícula. f. Inscripción en un registro de personas alistadas o inscritas para un fin particular. *[matrícula]* // El conjunto de la gente matriculada. *[matrícula]*

matricular. v. tr. Inscribir el nombre de alguien en una matrícula. *[matricular]*

matrimonio. m. Unión legítima de un hombre y una mujer. *[matrimoni]* // Conjunto de marido y mujer. *[matrimoni]* // Uno de los sacramentos de la Iglesia. *[matrimoni]*

matriz. f. Órgano de la hembra de los mamíferos donde es recluido el feto. *[matriu]* // Molde en que son fundidos los objetos de metal que han de ser idénticos. *[matriu]* // Escritura principal con que pueden comprobarse las copias. *[matriu]*

matrona. f. Señora de mucho respeto. *[matrona]*

matutino, ina. adj. Relativo o perteneciente a la mañana. *[matutí]*

maula. m. y f. Persona que sabe disimular sus intenciones. *[maula]* // f. Artificio engañoso. *[maula]* // Cosa inútil y despreciable. *[maula]*

maullar. v. intr. Hacer su grito el mochuelo y otros animales semejantes. *[maular]* // Hacer el gato su voz natural, especialmente fuerte. *[maular]*

maullido. m. Grito del gato. *[miol]*

mausoleo. m. Sepulcro suntuoso. *[mausoleu]*

maxilar. adj. Relativo a las barras o mandíbulas. *[maxil·lar]*

máxima. f. Verdad moral propuesta como regla de conducta. *[màxima]* // Sentencia que contiene un precepto moral o práctico. *[màxima]*

máximo, áxima. adj. Mayor que cualquier otro de su especie. *[màxim]*

máximum. m. Extremo superior a que puede llegar una cosa. *[màxim]*

mayal. m. Instrumento para desgranar el trigo u otro cereal. *[batolla]*

mayar. v. intr. Hacer maullidos, gritar el gato. *[miolar]*

mayo. m. El quinto mes del año. *[maig]*

mayólica. f. Loza con esmalte metálico. *[majòlica]*

mayonesa. f. Salsa hecha con huevo, aceite, sal y jugo de limón. *[maonesa]*

mayor. adj. Más grande. *[major]* // Que tiene la edad exigida por la ley para salir de la tutela. *[major]* // Superior, jefe, cabeza de ciertas comunidades, corporaciones, etc. *[major]*

mayoral, ala. m. y f. Cabeza de una cuadrilla. *[majoral]* // Administrador de ciertas cofradías. *[majoral]* // Cada uno de los festeros encargados de organizar la fiesta del patrón. *[majoral]*

mayordomo. m. Criado principal encargado de la dirección económica de una casa o heredad. *[majordom]* // En las cofradías el oficial nombrado para satisfacer los gastos, tener cuidado de las funciones, etc. *[majordom]*

mayoría. f. El más grande de dos o más números que se considera formando parte de un todo. *[majoria]* // Calidad de mayor. *[majoria]* // Fracción de una asamblea que reúne habitualmente el mayor número de votos. *[majoria]*

mayorista. m. y f. Comerciante al por mayor. *[majorista]*

mayúsculo, úscula. adj. Muy grande. *[majúscul]* // f. Letra más grande que las otras y frecuentemente de forma diferente. *[majúscula]*

maza. f. Martillo grande de madera. *[maça]* // Arma antigua contundente. *[maça]*

mazapán. m. Pieza de pasta hecha con almendras y azúcar. *[massapà]*

mazmorra. f. Prisión subterránea. *[masmorra]*

mazo. m. Martillo grande y pesado, de mango largo. *[mall]*

mazorca. f. Espiga del maíz. *[panolla]*

mazurca. f. Danza de origen polonés y música apropiada. *[masurca]*

me. Forma del pronombre de primera persona, singular, que hace de complemento directo o indirecto. *[me, em]*

mea. f. Acción o ganas de orinar, en lenguaje infantil. *[pix]*

meada. f. Orina que se expele de una vez. *[pixarrada]*

meado. m. Meada. *[pixum, pixat]*
meaja. f. Mancha que tienen algunos huevos sobre la yema, galladura. *[mealla]* // Antigua moneda de vellón que valía la sexta parte de un dinero o la mitad de un maravedí. *[mealla]*
mear. v. intr., tr. y pron. Expeler orina, orinar. *[pixar]*
mecánica. f. Ciencia del movimiento y de las fuerzas motrices. *[mecànica]* // Manera como funciona o actúa un mecanismo u otra cosa complicada. *[mecànica]*
mecánico, ánica. adj. Que se obtiene o se hace con máquina. *[mecànic]* // Relativo o perteneciente al trabajo manual. *[mecànic]* // adj. y s. Obrero dedicado al manejo y montaje de las máquinas. *[mecànic]*
mecanismo. m. Artificio o estructura de un cuerpo y combinación de sus partes constitutivas. *[mecanisme]*
mecanizar. v. tr. Implantar el uso de las máquinas. *[mecanitzar]* // Someter a elaboración mecánica. *[mecanitzar]*
mecanografía. f. Arte de escribir con máquina. *[mecanografia]*
mecedora. f. Silla para mecerse. *[engrunsadora]*
mecenas. m. Persona rica que patrocina generosamente las artes, las ciencias, una empresa cultural, un artista, etc. *[mecenes]*
mecer. v. tr. y pron. Imprimir un movimiento de vaivén a un cuerpo suspendido, etc. *[engrunsar]*
meconio. m. Excremento de las criaturas acabadas de nacer. *[carbonada]*
mecha. f. Cuerda preparada para quemar de una manera uniforme. *[metxa]* // Tubo de algodón, papel o trapo para dar fuego a una carga de pólvora. *[metxa]* // Haz de hilos. *[metxa]*
mechar. v. tr. Rellenar con tocino grueso las carnes que se van a asar o empanar. *[entatxonar]*
mechero. m. Cañón de los candelabros donde se coloca la vela. *[virolla]* // Pequeño aparato de encender con chispa o llama. *[encenedor]*
mechón. m. Porción separada de hilos, cabellos, etc., que pueden ser cogidos con la mano. *[manyoc]*
medalla. f. Pieza de metal con una figura o emblema. *[medalla]*
medallón. m. Joya circular u oval en la que se coloca un retrato, una reliquia, cabellos, etc. *[medalló]* // Bajorrelieve de forma circular u oval. *[medalló]*
media. f. Calzado de punto que cubre el pie y la pierna. *[mitja]*
mediacaña. f. Moldura cóncava de sección semicircular. *[mitjacanya]* // Hilillo de imprenta compuesto de doble raya, una de ellas más delgada que la otra. *[mitjacanya]*
mediación. f. Acción de intervenir entre dos o más personas para ponerlas de acuerdo. *[mediació]*
mediados, (a). loc. prep. Hacia la mitad de un tiempo determinado. *[a mitjan]*
medianero, era. adj. Aplicado a la cosa situada en medio de otras dos. *[mitger]*
medianía. f. Calidad de medio, mediocridad. *[mitjania]* // Término medio entre dos extremos. *[mitjania]*
mediano, ana. adj. A igual distancia de los dos extremos. *[mitjà]* // Medio. *[mig]*
medianoche. f. La mitad de la noche, las doce de la noche. *[mitjanit]*
mediante. prep. Por medio de, a condición de. *[mitjançant]*
mediar. v. intr. Llegar a la mitad. *[mitjanar]* // Intervenir o servir de mediador o intermediario. *[mitjançar]* // Suplicar, como mediador, por alguien. *[mitjançar]*
mediatizar. v. tr. Anejar un estado a otro su soberano conservando el título y ciertos derechos. *[mediatitzar]* // Intervenir impidiendo la libertad de acción de otro. *[mediatitzar]*
medicamento. m. Sustancia empleada como remedio interno o externo a un enfermo para sanarlo. *[medicament]*
medicar. v. tr. Administrar medicinas a un enfermo. *[medicar]*
medicina. f. Ciencia y arte de prevenir y curar las enfermedades del cuerpo humano. *[medicina]* // Medicamento. *[medicina]*

medicinal. adj. Que sirve para sanar. *[medicinal]*

medición. f. Acción y efecto de medir. *[mesurament, medició]*

médico, édica. adj. Relativo o perteneciente a la medicina. *[mèdic]* // m. y f. Quien tiene autorización para profesar y ejercer la medicina. *[metge]* // f. Mujer del médico. *[metgessa]*

medida. f. Acción y efecto de medir. *[mida]* // Unidad que se emplea para medir. *[mida]* // Cantidades convenidas que entran en la composición de un amasijo, de una mezcla, pastel, tarta, etc. *[mida]* // Dimensión que ha de tener una cosa para el uso a que está destinada. *[mida]*

mediero, era. m. y f. Quien va a medias con otro en la administración de tierras, etc. *[mitger]*

medieval. adj. Relativo o perteneciente a la edad media de la historia. *[medieval]*

medio, edia. adj. Que forma la mitad de un todo. *[mig]* // Dícese de lo que está entre dos extremos. *[mitjà]* // m. Aquello que sirve para llegar, conseguir un fin, etc. *[mitjà]* // Elemento en que vive o se mueve una persona, animal o cosa. *[medi]*

mediocre. adj. De calidad mediana. *[mediocre]*

mediodía. m. La hora en que el sol está en el punto más alto sobre el horizonte. *[migdia]* // Sur, punto del horizonte opuesto al norte. *[migdia]*

medir. v. tr. Evaluar la magnitud o extensión de alguna cosa. *[mesurar]* // Tener tal o tal dimensión. *[mesurar]* // Apreciar alguna cosa en su valor. *[mesurar]*

meditabundo, unda. adj. Que medita, cavila o reflexiona en silencio. *[meditabund]*

meditación. f. Acción y efecto de meditar. *[meditació]*

meditar. v. tr. Aplicar el pensamiento con profunda atención a la consideración de alguna cosa. *[meditar]*

mediterráneo, ánea. adj. Dicho de un mar rodeado de tierras. *[mediterrani]* // Relativo o perteneciente al mar Mediterráneo. *[mediterrani]*

medrar. v. intr. Progresar, mejorar. *[medrar]*

medroso, osa. adj. Que fácilmente toma miedo, que todo le da miedo, que tiene miedo, miedoso. *[poregós, poruc]*

medula. f. Sustancia grasa que hay dentro de los huesos de los animales. *[medul·la]* // Sustancia principal de una cosa no material. *[medul·la]*

medusa. f. Animal marino, con el cuerpo en forma de campana o de casquete esférico. *[medusa]*

megáfono. m. Aparato empleado para reforzar los sonidos, especialmente la voz. *[megàfon]*

megalomanía. f. Manía o delirio de grandeza. *[megalomania]*

mejilla. f. Parte de la cara que se extiende a cada lado desde los ojos hasta la barbilla. *[galta]*

mejillón. m. Molusco acéfalo bivalvo comestible y de color oscuro azulado. *[musclo, clòtxina]*

mejor. adj. Más bueno que otra cosa. *[millor]* // adv. Más bien. *[millor]*

mejora. f. El hecho de mejorar, aquello en que alguna cosa se hace mejor. *[millora]*

mejorar. v. tr. e intr. Tr. Hacer que sea mejor una cosa. *[millorar]* // Intr. y pron. Volverse mejor, aliviarse un enfermo de un mal. *[millorar]*

mejoría. f. Ventaja de una cosa respecto de otra. *[milloria]* // Alivio de una dolencia, padecimiento o enfermedad. *[milloria]*

melancolía. f. Tristeza vaga y duradera. *[malenconia]*

melar. v. intr. Fabricar las abejas el panal. *[brescar]*

melaza. f. Líquido consistente, oscuro y dulce, que queda como residuo de la cristalización del azúcar. *[melassa]*

melena. f. Cabellera suelta. *[cabellera]* // Cabellera de animal, crines. *[crinera]*

melindre. m. Fruta de sartén hecha con miel y harina. *[melindre]* // Dulce de pasta de mazapán. *[melindre]* // m. pl. Demostraciones afectadas de delicadeza. *[melindres]*

melocotón. m. Variedad de albérchigo

primerizo y muy sabroso. *[bresquilla, préssec]*

melocotonero. m. Árbol cuyo fruto es el melocotón. *[bresquillera, presseguer]*

melodía. f. Dulzor y suavidad de la música. *[melodia]*

melódico, ódica. adj. Relativo o perteneciente a la melodía. *[melòdic]*

melodrama. m. Drama que trata de conmover por la violencia de las situaciones o la exageración de los sentimientos. *[melodrama]*

melomanía. f. Pasión exagerada por la música. *[melomania]*

melón. m. Fruto comestible de una planta de la familia de las cucurbitáceas originaria de los países meridionales. *[meló]* // Melón de agua, sandía. *[síndria, meló d'Alger]* // Variedad de melón ovalado que se conserva muchos meses sin pudrirse. *[meló de tot l'any]*

melonera. f. Planta que hace melones. *[melonera]*

mella. f. Concavidad que queda en una cosa cuando se le quita una astilla. *[osca]* // Muesca en el corte de un instrumento. *[osca]*

membrana. f. Piel fina y flexible de tejido orgánico animal o vegetal. *[membrana]*

membrillero. m. Árbol de la familia de las rosáceas que produce un fruto astringente. *[codonyer]*

membrillo. m. Árbol de la familia de las rosáceas que produce un fruto astringente. *[codonyer]* // Fruto de este árbol. *[codony]* // Carne de membrillo, confitura de membrillo. *[codonyat]*

memorable. adj. Digno de memoria. *[memorable]*

memorándum. m. Nota destinada a recordar alguna cosa. *[memoràndum]* // Nota diplomática en la que se recuerdan los hechos o argumentos referentes a una cuestión. *[memoràndum]*

memoria. f. Facultad del alma por la que retenemos y recordamos las cosas pasadas. *[memòria]* // Recuerdo de las imágenes de las cosas aprendidas por los sentidos o el entendimiento. *[memòria]* // Relación de gastos o de hechos y motivos referentes a alguna cuestión. *[memòria]* // pl. Salutación afectuosa trasmitida a una persona por medio de otra. *[memòries]*

memorial. m. Registro donde son consignadas las cosas que se quiere recordar. *[memorial]* // Escrito donde se hace historia o recuerdo de hechos, para una demanda. *[memorial]*

mena. f. Mineral metalífero. *[mena]*

mención. f. Recuerdo o memoria que se hace de una persona o cosa. *[menció]*

mencionar. v. tr. Hacer mención, recordar. *[mencionar]*

mendigar. v. tr. Pedir humildemente un favor, limosna, etc. *[pidolar]*

mendigo, iga. m. y f. El que va pidiendo caridad de puerta en puerta. *[picaportes, captador]*

mendrugo. m. Pedazo de pan que se deja después de haberlo empezado a comer. *[rosegó]*

menear. v. tr. Mover de un lado al otro. *[menejar]* // **-se.** Hacer con prontitud una cosa, o andar de prisa. *[menejar-se]*

menester. m. Aquello que se necesita. *[menester]* // Ocupación, manera de obrar. *[menester]*

menestral, ala. adj. y s. Quien profesa un oficio o arte mecánico. *[menestral]*

mengua. f. Acción y efecto de menguar. *[minva]* // Pobreza, necesidad, escasez de una cosa. *[minva]* // Perjuicio moral, desprestigio. *[minva]*

menguante. adj. Que mengua. *[minvant]* // m. Mengua, disminución de las aguas de un río, etc. *[minvant]* // Cuarto menguante de la luna. *[minvant]*

menguar. v. intr. Disminuir una cosa. *[minvar]*

menisco. m. Vidrio que tiene una cara convexa y la otra còncava. *[menisc]* // Superficie libre, cóncava o convexa, del líquido contenido en un tubo muy estrecho. *[menisc]* // Cartílago en la articulación de la rodilla. *[menisc]*

menopausia. f. Período de cesación natural de la menstruación. *[menopàusia]*

menor. adj. y s. Más pequeño. *[menor]* // Que no ha conseguido la edad exigida por la ley a una persona para administrar

sus caudales, votos, derechos. *[menor]* // De más bajo grado o categoría. *[menor]*
menorquino, ina. adj. y s. Natural o propio de Menorca. *[menorquí]*
menos. Adverbio de comparación que indica la idea de falta, disminución, restricción o inferioridad. *[menys]* // m. Signo de la sustracción. *[menys]*
menospreciar. v. tr. Tratar desdeñosamente. *[menysprear]* // Estimar a alguien o alguna cosa en menos de lo que vale. *[menysprear]*
menosprecio. m. Poca estima o desdén. *[menyspreu]*
mensaje. m. Comunicación oral o escrita que una persona trasmite a otra. *[missatge]*
mensajero, era. adj. y s. Que lleva un mensaje. *[missatger]*
menstruación. f. Acción y efecto de menstruar. *[menstruació]*
menstruar. v. intr. Evacuar el menstruo. *[menstruar]*
menstruo. m. Sangre que cada mes evacuan naturalmente las mujeres y las hembras de ciertos animales. *[menstru]*
mensual. adj. Que sucede o aparece cada mes. *[mensual]* // Que dura un mes. *[mensual]*
mensualidad. f. Sueldo o salario correspondiente al mes. *[mensualitat]*
menta. f. Planta herbácea, muy olorosa, cultivada en los huertos y usada como condimento. *[menta]*
mental. adj. Relativo o perteneciente a la mente. *[mental]*
mentar. v. tr. Recordar, hacer mención. *[membrar]*
mente. f. Potencia intelectual del alma. *[ment]*
mentecato, ata. adj. y s. Bendito, necio, que no tiene juicio. *[poca-solta]*
mentir. v. intr. Hacer voluntariamente una aserción contraria a la verdad. *[mentir]* // Engañar, no expresar la verdad. *[mentir]*
mentira. f. Expresión o manifestación contraria a la verdad. *[mentira, mentida]*
mentiroso, osa. adj. y s. Que acostumbra a mentir. *[mentirós]* // Que miente. *[mentirós]*
mentón. m. Barbilla o prominencia de la mandíbula inferior situada bajo la boca. *[mentó]*
mentor. m. Quien hace de consejero o guía de alguien. *[mentor]*
menudear. v. tr. e intr. Tr. Hacer con frecuencia alguna cosa. *[sovintejar]* // Intr. Ocurrir con frecuencia una cosa. *[sovintejar]*
menudillos. m. pl. Entrañas, vientre, patas, de un animal. *[menuts]*
menudo, uda. adj. De poco volumen. *[menut]*
meñique. m. Dedo más pequeño de la mano. *[menovell]*
meollo. m. Sustancia blanda y grasosa que llena el interior de los huesos largos, dicho el meollo del hueso. *[moll]* // La parte más sustanciosa, más íntima, de una cosa. *[moll]*
mercadería. f. Cualquier artículo o género que puede ser objeto de trato o venta. *[mercaderia]*
mercado. m. Lugar público donde se hacen las transacciones comerciales. *[mercat]* // Reunión de vendedores en un lugar público. *[mercat]*
mercantil. adj. Relativo o perteneciente al comercio. *[mercantil]*
merced. f. Beneficio gracioso que se hace a alguien. *[mercé]* // Misericordia, perdón. *[mercé]* // Orden religiosa para la redención de los cautivos. *[mercé]*
mercedario, aria. adj. y s. Relativo o perteneciente a la orden religiosa de la Merced. *[mercenari]*
mercenario, aria. adj. y s. Soldado profesional que sirve por un sueldo. *[mercenari]* // Asalariado. *[mercenari]*
mercería. f. Comercio de cosas pequeñas como cintas, botones, agujas, etc. *[merceria]* // Tienda donde se venden. *[merceria]*
mercurio. m. Metal blanco plateado y brillante, muy pesado, líquido a la temperatura ordinaria. *[mercuri]*
merdoso, osa. adj. Sucio de inmundicia, asqueroso. *[merdós]*
merecer. v. tr. Hacerse digno de premio o de castigo. *[meréixer]*

merendar. v. intr. Comer a media tarde. *[berenar]*

meridiano, ana. adj. Relativo o perteneciente al mediodía. *[meridià]* // m. Plano vertical que pasa por el eje de la tierra. *[meridià]*

meridional. adj. Relativo o perteneciente al sur o mediodía. *[meridional]* // m. y f. Habitante del sur. *[meridional]*

merienda. m. Comida que se hace a media tarde entre la comida y la cena. *[berenar]*

merino, ina. adj. Dicho de una variedad de carneros, originarios de España, de lana muy fina y blanca. *[merí]* // Ropa que se teje de dicha lana. *[merí]*

mérito. m. Aquello que hace digno de recompensa, de estima. *[mèrit]* // Aquello que da valor a una cosa. *[mèrit]*

meritorio, oria. adj. Que constituye un mérito. *[meritori]* // m. y f. Quien trabaja sin sueldo y sólo por hacer méritos. *[meritori]*

merluza. f. Pez teleósteo de uno a dos pies de largo, de cuerpo redondo, negruzco por la espalda y blanco por el vientre, de carne muy apreciada. *[lluç]*

mermar. v. intr. y pron. Bajar o disminuirse una cosa o consumirse naturalmente una parte de ella. *[mermar]*

mermelada. f. Conserva de fruta con miel y azúcar. *[melmelada]*

mero. m. Pez teleósteo de más de dos pies de largo, de cuerpo oval oscuro y vientre blanco, de carne muy estimada. *[mero]*

mero, era. adj. Puro, sin mezcla. *[mer]* // Insignificante, sin importancia. *[insignificant]*

mes. m. Cada una de las doce partes en que se divide el año. *[mes]*

mesa. f. Mueble que consiste en una pieza lisa y plana sostenida por una o más patas, que sirve para comer, etc. *[taula]* // Conjunto de personas que presiden una asamblea. *[mesa]* // Comida. *[taula]*

meseta. f. Llano sobre una cima de montaña. *[calma]*

mesnada. f. Antigua compañía de gente de armas. *[mainada]*

mesura. f. Prudencia, moderación. *[mesura]* // Manera moderada de obrar. *[mesura]*

meta. f. Término final de una carrera. *[meta]* // Fin al que se dirigen las aspiraciones o los deseos de una persona. *[meta]*

metafísica. f. Ciencia de los principios primeros y universales. *[metafísica]* // Ciencia de la razón pura. *[metafísica]*

metáfora. f. Tropo que consiste en emplear una voz en sentido figurado por una relación de analogía. *[metàfora]*

metal. m. Nombre dado a un gran número de sustancias sólidas a la temperatura ordinaria que se distinguen por un brillo especial. *[metall]* // Conjunto de instrumentos de metal de una orquesta. *[metall]*

metálico, álica. adj. De metal o perteneciente a él. *[metàl·lic]* // Semejante al metal o que tiene sus propiedades. *[metàl·lic]*

metalizar. v. tr. y pron. Hacer que un cuerpo adquiera propiedades metálicas. *[metal·litzar]* // **-se.** Dejarse llevar uno excesivamente por el amor al dinero. *[metal·litzar]*

metalurgia. f. Arte de extraer los metales de los minerales que los contienen. *[metal·lúrgia]*

metalúrgico, úrgica. adj. Relativo o perteneciente a la metalurgia. *[metal·lúrgic]*

metamorfosis. f. Transformación o cambio por el que una cosa pierde su forma natural para tener otra. *[metamorfosi]* // Cambio que hace una persona de un estado a otro. *[metamorfosi]* // Cambio que experimentan los insectos y otros animales antes de llegar a su estado propio o perfecto. *[metamorfosi]*

metatarso. m. Parte del pie situada entre el tarso y los dedos. *[metatars]*

metátesis. f. Transposición de sonidos dentro de una palabra. *[metàtesi]*

meteoro. m. Fenómeno atmosférico. *[meteor]*

meteorología. f. Ciencia que estudia la atmósfera y los fenómenos atmosféricos. *[meteorologia]*

meter. v. tr. y pron. Hacer entrar alguna cosa dentro de otra. *[ficar]* // Cerrar, introducir o incluir una cosa dentro de otra, o en alguna parte. *[ficar]*

meticuloso, osa. adj. Excesivamente cuidadoso, esmerado. *[meticulós]*

metódico, ódica. adj. Hecho con método. *[metòdic]* // Aplicado a aquella persona que tiene método. *[metòdic]*

método. m. Camino que se sigue, manera ordenada de proceder, para llegar a un fin. *[mètode]*

metonimia. f. Figura de dicción que consiste en designar una cosa con el nombre de otra tomando el efecto por la causa, el contenido por el continente, etc., o viceversa. *[metonímia]*

metralla. f. Trozos pequeños de hierro, etc., con que se carga una pieza de artillería. *[metralla]*

metralleta. f. Arma de fuego automática y portátil que puede disparar a ráfagas o a tiros aislados. *[metralleta]*

métrica. f. Arte de la medida o estructura de los versos y de sus diversas combinaciones. *[mètrica]*

métrico, étrica. adj. Relativo o perteneciente al metro o a la medida. *[mètric]*

metro. m. Forma abreviada de la palabra «metropolitano». *[metro]*

metro. m. Número, naturaleza y disposición de los elementos de un verso. *[metre]* // Unidad de longitud, base del sistema métrico decimal. *[metre]*

metrópolis. f. Ciudad principal, cabeza de una provincia o reino. *[metròpoli]* // Ciudad que tiene la sede archiepiscopal. *[metròpoli]*

metropolitano, ana. adj. Relativo o perteneciente a la metrópolis. *[metropolità]*

mezcla. f. Acción y efecto de mezclar o de mezclarse. *[barreja, mescla]*

mezclar. v. tr. y pron. Juntar cosas diversas. *[barrejar]*

mezquindad. f. Calidad de mezquino. *[mesquinesa, mesquineria]*

mezquinear. v. intr. Mostrarse mezquino. *[mesquinejar]*

mezquino, ina. adj. Miserable, avaro. *[mesquí]*

mezquita. f. Casa de oración de los mahometanos. *[mesquita]*

mi. m. Tercera nota de la escala musical. *[mi]*

mi, mis. Adj. posesivo apócope de *mío, mía, míos, mías.* Se emplea antepuesto al sustantivo. *[mon, el meu]*

mí. Pronombre personal de primera persona, singular, con el que quien habla se designa a sí mismo. *[mi]*

miaja. f. Trozo muy pequeño de una cosa. *[engruna, mica]*

miasma. m. Partículas infecciosas que flotan en el aire. *[miasma]*

mica. f. Mineral formado de chapas brillantes, elásticas y muy delgadas, que forma parte de diferentes rocas. *[mica]*

micer. m. Título dado antiguamente a la gente de letras. *[misser]*

mico. m. Simio de cola larga. *[mico]*

microbio. m. Organismo microscópico. *[microbi]* // Bacteria, especialmente patogénica. *[microbi]*

microcosmos. m. Pequeño mundo, especialmente el hombre considerado como un resumen del universo exterior o gran mundo. *[microcosmos]*

microfilm. m. Fotografía sobre film, de dimensión reducida, utilizada sobre todo para reproducción de publicaciones y documentos. *[microfilm]*

micrófono. m. Aparato para aumentar la intensidad de los sonidos. *[micròfon]*

micrón. m. Medida de longitud equivalente a la milésima parte de un milímetro. *[micró]*

microscopio. m. Instrumento óptico para examinar objetos extremadamente pequeños. *[microscopi]*

miedo. m. Turbación del ánimo, producida por un peligro real o imaginario. *[por]*

miedoso, osa. adj. Que fácilmente tiene miedo. *[poregós, poruc]*

miel. f. Sustancia viscosa y muy dulce elaborada por las abejas. *[mel]*

miembro. m. Cualquiera de las extremidades del hombre y de los animales articuladas al tronco del cuerpo. *[membre]* // Órgano masculino de la generación. *[membre]* // Individuo que forma parte de una comunidad o corporación. *[membre]* // Parte de un total, unida a él. *[membre]*

mientras. adv. Durante el tiempo en que. *[mentre, mentres]*

miércoles. m. Tercer día de la semana. *[dimecres]*

mierda. f. Excrementos del hombre y de algunos animales. *[merda]* // Suciedad. *[merda]*

mies. f. Sembrado de plantas cereales maduras para la siega. *[messes]* // Tiempo de la siega. *[messes]*

miga. f. Parte blanda interior que tiene el pan dentro de la corteza. *[molla]* // pl. Pan deshecho, frito con aceite y sal. *[miques]*

migaja. f. Cantidad muy pequeña de alguna cosa. *[mica]* // Pequeña porción de pan o de otra cosa. *[mica]*

migrar. v. tr. Ir de un país a otro; pasar periódicamente de una región o clima a otro las aves y otros animales. *[migrar]*

miguelete. m. Nombre dado a los individuos de ciertas milicias. *[miquelet]* // Nombre del campanario de la catedral de Valencia. *[miquelet]*

mijo. m. Planta gramínea, originaria de la India, cuya semilla sirve de alimento a los pájaros. *[mill]*

mil. adj. Diez veces cien. *[mil]*

milagro. m. Hecho sobrenatural superior a las fuerzas humanas. *[miracle]* // Representación dramática que se hace en unos altares preparados en las calles de Valencia en la festividad de san Vicente Ferrer. *[miracle]*

milagroso, osa. adj. Producido por un milagro. *[miraculós]* // Que obra o hace milagros. *[miraculós]*

milano. m. Pájaro de presa diurna, de plumaje moreno rojizo. *[milà]* // Pez teleósteo que salta por fuera del agua. *[lluerna]*

milenio. m. Período de mil años. *[mil·leni]*

milésimo, ésima. adj. Dicho de cada una de las partes de una cantidad dividida en mil partes iguales. *[mil·lèsim]* // El que hace mil. *[mil·lèsim]*

milhojas. f. Planta de la familia de las compuestas, de propiedades tónicas y amargantes. *[milfulles]*

milicia. f. Ejercicio o profesión de las armas. *[milícia]* // Tropa o gente de guerra. *[milícia]*

miliciano, ana. adj. Relativo o perteneciente a la milicia. *[milicià]* // m. y f. Hombre o mujer que forma parte de una milicia. *[milicià]*

miligramo. m. Milésima parte de un gramo. *[mil·ligram]*

mililitro. m. Milésima parte de un litro. *[mil·lilitre]*

milímetro. m. Milésima parte de un metro. *[mil·límetre]*

militar. v. intr. Servir en la guerra. *[militar]* // Tomar parte activa en un partido político. *[militar]*

militar. adj. Relativo o perteneciente a la milicia. *[militar]* // m. Quien profesa la milicia. *[militar]*

militarizar. v. tr. Reducir a condición o sistema militar. *[militaritzar]*

miloca. f. Pájaro de rapiña nocturno de color rojo oscuro. *[miloca]*

milla. f. Medida itineraria, equivalente a la tercera parte de la legua. *[milla]*

millaca. f. Gramínea común como mala hierba en tierras de cultivo, cañota. *[canyota]*

millar. m. Conjunto de mil unidades. *[miller]*

millón. m. Mil miles. *[milió]*

millonario, aria. adj. y s. Que posee uno o más millones, muy rico. *[milionari]*

mimado, ada. adj. Dicho de los niños mal criados, consentidos. *[consentit]*

mimar. v. tr. Tener una condescendencia excesiva. *[aviciar]* // **-se.** Contraer un vicio, un hábito, una afección excesiva a algo. *[aviciar-se]*

mimbre. m. Rama de mimbrera. *[vim]*

mimesis. f. Imitación, mimetismo. *[mimesi]*

mimetismo. m. Propensión a imitar. *[mimetisme]* // Semejanza superficial que muestran algunos animales sobre los objetos entre los que viven. *[mimetisme]*

mímica. f. Arte de darse a entender por medio de gestos, actitudes. *[mímica]*

mimo. m. En la antigüedad, comedia familiar ligera y festiva. *[mim]* // Actor que representaba esta especie de comedias. *[mim]* // Caricia que se hace pasando la mano por la cara. *[moixaina]*

mina. f. Lugar donde abunda algún mineral. *[mina]* // Excavación hecha para sacar algún mineral. *[mina]* // Galería subterránea bajo una fortificación, etc., para hacerla volar con un explosivo. *[mina]*

mineral. m. Sustancia natural inorgánica. *[mineral]* // adj. Relativo o perteneciente a las sustancias inorgánicas. *[mineral]*

mineralizar. v. tr. y pron. Promover la formación de un mineral, una sustancia obrando sobre otra. *[mineralitzar]* // **-se.** Cargarse el agua de sustancias minerales. *[mineralitzar-se]*

minería. f. Arte de explotar las minas. *[mineria]*

miniatura. f. Pintura de pequeñas dimensiones. *[miniatura]*

mínimo, ínima. adj. El más pequeño. *[mínim]* // Dicho del religioso de una orden fundada por san Francisco de Padua. *[mínim]* // m. Límite inferior o extremo al que se puede reducir una cosa. *[mínim]*

minio. m. Óxido de plomo, de color rojizo, usado como pintura. *[mini]*

ministerio. m. Oficio, funciones, de quien tiene el deber de ejecutar alguna cosa noble y elevada. *[ministeri]* // Cuerpo de ministros de un estado. *[ministeri]* // Cada uno de los departamentos en que se divide la gobernación del estado. *[ministeri]*

ministro. m. Quien ejerce un ministerio. *[ministre]* // Cabeza suprema de cada uno de los departamentos de gobierno de un estado. *[ministre]* // Representante diplomático. *[ministre]*

minorar. v. tr. Hacer disminuir una cosa. *[minorar]*

minoría. f. El más pequeño de dos números que se consideran formando parte de un todo. *[minoria]* // Fracción de una asamblea que no forma parte de la mayoría. *[minoria]*

minucia. f. Detalle pequeño, cosa de una importancia mínima. *[minúcia]* // pl. Menudillos de gallina u otro animal. *[minúcies, menudències]*

minuendo. m. Cantidad de la que otra ha de ser restada. *[minuend]*

minúsculo, úscula. adj. Que es de dimensiones muy pequeñas. *[minúscul]* // adj. y s. Aplicado a la letra de un escrito o impreso, para diferenciarla de la mayúscula. *[minúscula]*

minuta. f. Esbozo, en sucio, de algún documento. *[minuta]* // Cuenta que los abogados y curiales presentan de sus honorarios. *[minuta]* // Lista de los platos de una comida en una fonda. *[minuta]*

minutero. m. Manecilla del reloj, que señala los minutos. *[minutera]*

minuto. m. Cada una de las sesenta partes iguales de una hora o de un grado de círculo. *[minut]*

mío, mía, míos, mías. Adjetivo y pronombre posesivos de primera persona. *[meu]*

miope. adj. y s. Quien por exceso de refracción de la luz en el ojo tiene necesidad de acercarse mucho a los objetos para verlos. *[miop]*

miopía. f. Defecto visual por el que alguien tiene necesidad de acercarse mucho a los objetos para verlos. *[miopia]*

miquelete. m. Miguelete. *[miquelet]*

mirada. f. Acción de mirar. *[mirada]*

miraguano. m. Materia extraída de una palmera de América o de Oceanía parecida al algodón, pero más fina, que se utiliza para llenar almohadas. *[miraguano]*

miramiento. m. Circunspección, respeto y atención que se tiene a alguien por consideración o interés. *[mirament]*

mirar. v. tr. e intr. Tr. Fijar la vista sobre un objeto. *[mirar]* // Observar con los ojos. *[mirar]* // Atender o estimar una cosa. *[mirar]* // Tener cuidado de alguien o alguna cosa. *[mirar]* // Intr. Dirigir la mirada hacia algún lugar. *[mirar]* // Estar situada una cosa frente a otra. *[mirar]*

miriagramo. m. Peso de diez mil gramos. *[miriagram]*

mirialitro. m. Medida de capacidad de diez mil litros. *[mirialitre]*

miriámetro. m. Medida de diez mil metros. *[miriàmetre]*

mirilla. f. Abertura hecha en una puerta, muro, etc., para mirar. *[espillera]* // Agujero de una colmena de abejas. *[espillera]*

miriñaque. m. Antiguo aparato que llevaban las mujeres para dar vuelo a las faldas. *[mirinyac]*

mirlo. m. Pájaro dentirrostro de canto suave melancólico. *[merla]*

mirón. m. Quien se distrae mirando cosas que le entretienen la atención. *[badoc]*

mirotear. v. intr. Distraerse, mirar sin fijeza. *[badoquejar]* // Hacer el tonto. *[badoquejar]*

mirra. f. Resina de color gris oscuro y amarillento, aromática y amarga. *[mirra]*

mirto. f. Arbusto de la familia de las mirtáceas, oloroso, cuyas hojas son de un verde vivo y lustroso. *[murta]*

misa. f. Sacrificio incruento del cuerpo y la sangre de Jesucristo que el sacerdote ofrece a Dios bajo las especies del pan y vino. *[missa]*

misal. m. Libro que contiene el orden y manera de celebrar la misa. *[missal]*

misántropo. m. Individuo que tiene aversión al trato con las personas. *[misàntrop]*

miscelánea. f. Mezcla de distintas cosas, especialmente reunión de escritos sobre distintos temas. *[miscel·lània]*

miserable. adj. Desgraciado, infeliz. *[miserable]* // Mezquino, avaro. *[miserable]*

miseria. f. Pobreza extrema. *[misèria]* // Cosa de poco valor. *[misèria]* // Desgracia, pena, desdicha. *[misèria]*

misericordia. f. Virtud que nos inclina a compadecernos de las penas y miserias de otros. *[misericòrdia]*

mísero, ísera. adj. Que sufre miseria. *[miseriós]*

misión. f. Acción de enviar. *[missió]* // Poder, facultad que se da a alguien de ir a desempeñar un cometido. *[missió]* // Cometido. *[missió]* // Peregrinación de los religiosos para predicar el evangelio. *[missió]* // Región que unos misioneros se dedican a evangelizar. *[missió]*

misionar. v. tr. e intr. Predicar en misión. *[missionar]*

misionero, era. adj. y s. Persona enviada en misión religiosa. *[missioner]*

misiva. f. Escrito que contiene un mensaje, carta que se envía a alguien. *[missiva]*

mismo, isma. adj. Demostrativo de identidad. *[mateix]* // Igual o semejante. *[mateix]* // adv. Incluso, hasta, por ejemplo, precisamente tal cosa. *[mateix]*

misógino, ógina. adj. Que tiene aversión a las mujeres. *[misogin]*

mistela. f. Mezcla de vino dulce con aguardiente. *[mistela]*

misterio. m. Cosa innaccesible a la razón y que ha de ser objeto de fe. *[misteri]* // Cada uno de los pasos de la vida, pasión y muerte de Jesucristo. *[misteri]* // Cosa secreta que no se puede comprender ni explicar. *[misteri]*

misterioso, osa. adj. Que implica o incluye misterio. *[misteriós]* // Que se complace en hacer misterio de las cosas. *[misteriós]*

mística. f. Tratado de la vida espiritual y contemplativa. *[mística]*

misticismo. m. Doctrina que pone la perfección en una especie de contemplación y de éxtasis que eleva al hombre a una unión misteriosa con Dios. *[misticisme]* // Calidad de místico. *[misticisme]*

místico, ística. adj. Relativo o perteneciente al misticismo. *[místic]*

mistificar. v. tr. Abusar de la credulidad de alguien para engañarle; falsear alguna cosa. *[mistificar]*

mistral. m. Viento del noroeste. *[mestral]* // Noroeste. *[mestral]*

mitad. f. Cada una de las dos partes iguales en que se divide una cosa. *[meitat]* // Punto de una cosa equidistante de sus extremos. *[meitat]*

mitificar. v. tr. y pron. Hacer de alguna persona o cosa un mito. *[mitificar]*

mitigar. v. tr. y pron. Hacer menos vivo. *[mitigar]*

mito. m. Tradición fabulosa sobre los dioses, héroes, orígenes de un pueblo, etc. *[mite]* // Narración fabulosa totalmente inventada. *[mite]* // Idea, figura, etc., presentada como intocable, incuestionable, absoluta. *[mite]*

mitología. f. Conjunto de mitos de un pueblo. *[mitologia]* // Historia fabulosa de los dioses de un pueblo. *[mitologia]*

mitra. f. Ornamento de la cabeza, que usaban los persas. *[mitra]* // Toca alta con que en las grandes solemnidades se cubren la cabeza los arzobispos, obispos y otros prelados. *[mitra]* // Dignidad de obispo o arzobispo. *[mitra]*

mixto, ixta. adj. Compuesto de partes, elementos, etc., diferentes. *[mixt]*

mixtura. f. Mezcla o incorporación de diversas cosas. *[mixtura]*

mízcalo. m. Seta comestible que suele aparecer por los lugares donde hay pinos. *[rovelló]*

mobiliario, aria. adj. Relativo o perteneciente a los efectos públicos al portador o transferibles por endoso. *[mobiliari]* // m. Conjunto de muebles de una casa. *[mobiliari]*

moblaje. m. Conjunto de muebles de una casa. *[moblatge]*

mocar. v. tr. y pron. Sacar, limpiar los mocos. *[mocar]*

mocarro. m. Moco que cuelga de la nariz. *[candela]*

mocedad. f. Época de la vida desde la pubertad hasta la edad adulta. *[minyonia]*

mocerío. m. Conjunto de mozos. *[fadrinalla]*

moción. f. Movimiento, agitación, acción y efecto de mover. *[moció]* // Proposición hecha en una asamblea deliberante. *[moció]*

moco. m. Humor espeso segregado por la nariz. *[moc]* // Pabilo de una luz encendida. *[moc]* // Nombre de diferentes cosas que cuelgan, como el moco de un pavo. *[moc]*

mocoso, osa. adj. Que tiene la nariz llena de mocos. *[mocós]* // Término despectivo, por infante, criatura. *[mocós]*

mochila. f. Saco de tela, cuero, etc., que se lleva a la espalda colgado por medio de correajes, cuando uno va de camino. *[motxilla]*

mochuelo. m. Ave de presa nocturna, pequeño, de ojos grandes y redondos. *[mussol]*

moda. f. Uso pasajero de la manera de vestirse, etc. *[moda]*

modelar. v. tr. Formar una figura con cera, arcilla u otra sustancia blanda. *[modelar]*

modelo. m. Aquello que ha de servir de objeto de imitación. *[model]* // Ejemplar digno de ser imitado. *[model]*

moderar. v. tr. y pron. Templar, ajustar una cosa evitando el exceso. *[moderar]*

modernismo. m. Apego excesivo a las tendencias, gustos, etc., modernos. *[modernisme]*

modernizar. v. tr. y pron. Dar forma o aspecto moderno. *[modernitzar]*

moderno, erna. adj. Que existe desde hace poco tiempo o que ha sucedido recientemente. *[modern]*

modestia. f. Virtud de quien no siente ni muestra ninguna alta opinión de sí mismo. *[modèstia]* // Calidad de modesto. *[modèstia]*

modesto, esta. adj. Que tiene modestia. *[modest]*

módico, ódica. adj. Moderado, poco considerable, escaso. *[mòdic]*

modificación. f. Acción y efecto de modificar o de modificarse. *[modificació]*

modificar. v. tr. y pron. Cambiar alguna cosa sin alterar la naturaleza esencial, cambiar alguna cualidad. *[modificar]*

modismo. m. Construcción o locución peculiar de una lengua. *[modisme]*

modisto, ista. m. y f. Persona que tiene por oficio hacer vestidos de señoras. *[modista]*

modo. m. Forma variable y determinada que puede recibir un ente. *[mode]* //

Forma o manera particular de ser y hacer una cosa. *[mode]* // En gramática, cada una de las maneras generales de manifestarse la significación de un verbo. *[mode]* // En música, disposición de los sonidos que forman una escala musical. *[mode]* // pl. Urbanidad, cortesanía o decencia en el porte o trato. *[modes]*

modular. v. tr. e intr. Tr. Regular la voz debidamente. *[modular]* // Intr. En música, pasar por progresión regular de una tonalidad o clave a otra. *[modular]*

módulo. m. Longitud del radio de la parte inferior de la columna tomada como unidad que regula las proporciones arquitectónicas. *[mòdul]* // En matemáticas, cantidad que sirve de tipo de comparación en ciertos cálculos. *[mòdul]*

mofa. f. Burla o befa que se hace a alguien. *[mofa]*

mofletudo, uda. adj. Que tiene las mejillas hinchadas. *[botifler]*

moharracho. m. Escultura, dibujo, caricaturas de un hombre, mujer, animal, etc. *[ninot]*

moho. m. Capa de vegetaciones criptogámicas que se cría en la superficie de los cuerpos. *[floridura]* // Dificultad de trabajar ocasionada por inacción prolongada, por falta de ejercicio, etc. *[rovell]*

mohoso, osa. adj. Que ha cogido moho, lleno de moho. *[florit]*

mojado, ada. adj. Empapado de humedad, de agua u otro líquido, convertido en tierno por la impregnación de un líquido. *[moll]*

mojador, ora. adj. Quien moja; dicho de quien gusta de mojar en el plato. *[mullador]* // m. La comida que se moja, cualquier comida jugosa que se puede comer mojando. *[mullador]*

mojama. f. Cecina de atún, atún secado al aire. *[moixama]*

mojar. v. tr. y pron. Reblandecer el pan en un líquido, bañar el pan en un líquido, en un mojador, etc. *[mullar]* // Humedecer alguna cosa con un líquido, bañar. *[mullar]*

mojarra. f. Pez teleósteo, ovalado, con manchas negras y ojos grandes. *[oblada]*

mojicón. m. Golpe dado con la mano a alguien, especialmente en la cara. *[morma]*

mojigato, ata. m. y f. El beato que hace escrúpulo de todo. *[mixorrer]*

mojón. m. Señal o poyo que sirve de hito, linde o término. *[molló, fita]*

mola. f. Masa carnosa que se produce dentro de la matriz y da la apariencia de una embarazada. *[mola]*

molde. m. Pieza que tiene en vacío la figura que alguien quiere dar en sólido a la materia fundida. *[motle]* // Cualquier instrumento que sirve para dar forma o cuerpo a una cosa. *[motle]* // Conjunto de tipos de imprenta dispuesto para imprimir alguna cosa. *[motle]*

moldura. f. Trabajo de perfil uniforme que sirve de ornamentación. *[motlura]*

mole. f. Cosa de gran volumen o apariencia. *[mola]*

molécula. f. Agrupación definitiva y ordenada de átomos, considerada como primer elemento inmediato de la composición de los cuerpos. *[molècula]* // Partícula muy pequeña. *[molècula]*

moler. v. tr. Reducir a polvo con la muela o el molinillo. *[moldre]*

molestia. f. Perturbación del bienestar material del cuerpo o de la tranquilidad del ánimo. *[molèstia]*

molesto, esta. adj. Que causa molestia. *[molest]*

molicie. f. Blandura. *[mol·lície]* // Afición a lo delicado y a los halagos excesivos. *[mol·lície]*

molido, ida. adj. Fatigado, extremadamente cansado. *[cruixit]*

molienda. f. Cantidad que se ha molido de una vez. *[mòlta]* // Acción de moler granos y otras cosas. *[mòlta]*

molinero, era. adj. Relativo o perteneciente a los molinos, al trabajo de moler. *[moliner]* // m. y f. Quien tiene a su cargo un molino, quien trabaja en un molino. *[moliner]*

molinete. m. Torno horizontal que hay

en la proa de las naves, y sirve para levar las anclas. *[molinet]* // Figura de baile en corro. *[molinet]* // Movimiento de esgrima circular y rápido. *[molinet]*

molinillo. m. Instrumento pequeño para moler. *[molinet]*

molino. m. Máquina de moler grano. *[molí]* // Casa o edificio donde hay una de esas máquinas. *[molí]*

moltura. f. Acción y efecto de moler. *[mòlta]* // Lo que se paga al molinero por moler. *[mòlta]*

molusco. m. Animal de cuerpo blando protegido o no por un caparazón calcáreo o silíceo como el caracol, el pulpo, etc. *[mol·lusc]*

mollar. adj. Fácil de partir; dicho especialmente de la fruta seca como las almendras, nueces, etc. *[mollar]*

molledo. m. Parte carnosa y blanda de un miembro. *[palpís]*

molleja. f. Segundo estómago de las aves, muy robusto en las granívoras. *[morella]*

momento. m. Espacio mínimo de tiempo. *[moment]* // Oportunidad que se ofrece para ejecutar una cosa. *[moment]*

momia. f. Cadáver que naturalmente o por preparación artificial se conserva seco sin pudrirse. *[mòmia]*

momificar. v. tr. y pron. Convertir un cadáver en momia. *[momificar]*

momio. m. Aquello que se da o se recibe sobre aquello que por ley le corresponde. *[moma]*

mona. f. Mamífero cuadrumano que se cría en África y se domestica fácilmente. *[mona]* // Persona que hace las cosas por espíritu de imitación. *[mona]*

monarca. m. Soberano de una monarquía. *[monarca]*

monarquía. f. Estado regido por un monarca. *[monarquia]* // Sistema de gobierno en el que el poder supremo reside en el príncipe soberano. *[monarquia]*

monasterio. m. Casa donde viven en comunidad frailes o monjas. *[monestir]*

monástico, ástica. adj. Relativo o perteneciente al monasterio o al estado monacal. *[monàstic]*

mondadura. f. Acción de pelar. *[pelada]*

mondar. v. tr. Limpiar una cosa quitándole lo extraño o superfluo. *[netejar]* // Limpiar el cauce de un río, canal, acequia, etc. *[escurar]* // Podar. *[esporgar]* // Quitar la cáscara o corteza a las frutas, tubérculos, etc. *[pelar]* // Quitar la piel a los granos de trigo, cebada, maíz o legumbres. *[fresar]*

moneda. f. Metal acuñado por la autoridad reconocida que sirve de medida común del precio de las cosas. *[moneda]*

monedero. m. Bolsita en cuyo interior se lleva dinero en metálico. *[portamonedes]* // Quien fabrica moneda. *[moneder]*

monetario, aria. adj. Relativo o perteneciente a la moneda. *[monetari]*

mongolismo. m. Afección congénita que se caracteriza por un aspecto especial de la cara que recuerda la de los individuos de raza mongólica. *[mongolisme]*

monitor. m. Quien asiste a los demás con sus advertencias y amonestaciones. *[monitor]* // Barco de guerra destinado principalmente a la defensa de las costas. *[monitor]*

monja. f. Mujer que ha hecho votos solemnes dentro de una orden religiosa. *[monja]*

monje. m. Religioso de ciertas órdenes monacales. *[monjo]*

mono, ona. adj. Pulido, delicado o gracioso. *[bufó]* // m. Nombre genérico con que se designa a cualquiera de los mamíferos cuadrumanos del suborden de los simios. *[mono]*

monógamo, ógama. adj. y s. Casado con una sola mujer. *[monògam]* // Que se ha casado una sola vez. *[monògam]* // Aplicado a los animales en que el macho se apareja solamente con una hembra. *[monògam]*

monografía. f. Escrito sobre un punto especial de historia, ciencia, etc. *[monografia]*

monolito. m. Monumento de piedra de una sola pieza. *[monòlit]*

monólogo. m. Soliloquio. *[monòleg]* // Obra dramática en que habla un solo personaje. *[monòleg]*

monomanía. f. Desvarío o manía sobre una sola idea o un orden único de ideas. *[monomania]*
monopolio. m. Explotación exclusiva de una industria o comercio. *[monopoli]*
monopolizar. v. tr. Adquirir el monopolio de alguna cosa. *[monopolitzar]*
monorritmo. m. Canto o sonido que se repite con ritmo igual. *[monoritme]*
monosilábico, ábica. adj. Que tiene una sola sílaba. *[monosil·làbic]*
monosílabo, ílaba. adj. y s. Que tiene una sola sílaba. *[monosíl·lab]*
monoteísmo. m. Doctrina de quienes reconocen un solo Dios. *[monoteisme]*
monotonía. f. Calidad de monótono. *[monotonia]*
monótono, ótona. adj. Que tiene siempre el mismo tono. *[monòton]* // Que cansa por la repetición de las mismas cosas. *[monòton]*
monseñor. m. Título dado a los prelados, y a otras personas de alta dignidad en diversos países. *[monsenyor]*
monstruo. m. Ser fabuloso o real que presenta una conformación contraria al orden natural. *[monstre]* // Cosa excesivamente grande. *[monstre]* // Persona muy fea. *[monstre]* // Persona muy cruel o perversa. *[monstre]*
montaje. m. Operación de montar una máquina, etc. *[muntatge]*
montante. m. Cada uno de los dos lados de una prensa. *[muntant]*
montaña. f. Elevación del terreno bastante alta. *[muntanya]* // Territorio montañoso de una comarca. *[muntanya]*
montañés, esa. adj. Relativo o perteneciente a la montaña. *[muntanyenc]*
montañoso, osa. adj. Que tiene muchas montañas. *[muntanyós]*
montar. v. tr. e intr. Tr. Ir a caballo. *[muntar]* // Cubrir el caballo, etc., a la hembra. *[muntar]* // Armar las piezas de un aparato o máquina. *[muntar]* // Intr. Subir. *[muntar]*
montaraz. adj. Que vive en el bosque. *[ferest]*
montazgo. m. Tributo pagado por el tránsito de los animales por una montaña. *[muntatge]*
monte. m. Montaña. *[mont]*
montículo. m. Montaña pequeña. *[monticle]*
montón. m. Pila de cosas unas sobre otras. *[munt]*
montura. f. Animal sobre el que se cabalga. *[muntura]* // Aquello sobre que está montada una joya u otra cosa. *[muntura]*
monumental. adj. Relativo o perteneciente a un monumento. *[monumental]*
monumento. m. Obra edificada para perpetuar el recuerdo de una persona o de una cosa memorable. *[monument]* // Edificio notable. *[monument]* // Altar que se dispone en las iglesias el día de jueves santo. *[monument]*
monzón. m. Viento periódico del Asia tropical y mares adyacentes que sopla seis meses en una dirección y otros seis en la dirección opuesta. *[monsó]*
moño. m. Círculo de cabellos envueltos, especialmente el que llevan las mujeres para tener la cabellera recogida. *[monyo]*
moqueta. f. Tejido velludo de lana, tramado de cáñamo, usado principalmente para alfombras. *[moqueta]*
mora. f. Infrutescencia de la morera. *[móra]* // Fruto comestible del cambrón. *[móra]*
morabetino. m. El dinero o moneda de oro de los almorávides. *[morabetí]* // Impuesto que se pagaba como monedaje cada siete años en el reino de Valencia. *[morabetí]*
morado, ada. adj. De color entre rojo y azul, como el jugo de las moras. *[morat]*
moradura. f. Mancha o taca lívida, azulada u oscura, de la piel producida por un golpe, una fuerte atadura, etc. *[blaüra]*
moral. m. Árbol de la familia de las moráceas, cuyo fruto es la mora. *[morera]*
moral. adj. Que pertenece a las costumbres, actos y pensamientos humanos respecto a su virtud o malicia. *[moral]* // f. Ciencia que trata del bien en general y de las acciones humanas, en cuanto a su virtud o malicia. *[moral]*
moraleja. f. Máxima o lección moral. *[moralitat]*

moralidad. f. Cáracter o calidad de moral. *[moralitat]*
moralizar. v. tr. y pron. Reformar o corregir las malas costumbres y enseñar las buenas. *[moralitzar]*
mórbido, órbida. adj. Propio de enfermedad. *[mòrbid]* // De una blandura delicada, suave. *[mòrbid]*
morboso, osa. adj. Que es indicio o efecto de enfermedad, malsano. *[morbós]*
morcilla. f. Tripa de intestino llena de carne de cerdo trinchada, de sangre cocida, etc., condimentada de diversa manera. *[botifarra]*
mordaz. adj. Que habla mal de la gente, con acritud, incisivo en el hablar. *[mordaç]*
mordaza. f. Instrumento a manera de tijeras que, puesto en la boca, impide morder o hablar. *[mordassa]*
mordedura. f. Acción de morder. *[mossegada]*
morder. v. tr. Coger y apretar con los dientes alguna cosa. *[mossegar]*
mordisco. m. Porción de una cosa que se quita de otra cosa mordiéndola. *[mos]*
morena. f. Pez de mar larguirucho, negro, con manchas amarillas. *[morena]*
moreno, ena. adj. De color oscuro que tira a negro, especialmente referido al color de la piel. *[moreno]*
morera. f. Árbol monoico de la familia de las moráceas cultivado por sus hojas que son alimento de los gusanos de seda. *[morera]*
morería. f. Tierra, barrio o calle de moros. *[moreria]*
morfema. m. Elemento formativo de un nombre que indica un accidente gramatical. *[morfema]*
morfología. f. Parte de la historia natural que trata de la forma de los seres orgánicos. *[morfologia]* // Parte de la lingüística, de la gramática, que trata de la forma de las palabras. *[morfologia]*
morga. f. Poso del aceite. *[morca]*
morganático, ática. adj. Dicho del matrimonio contraído por un príncipe con una mujer de rango inferior. *[morganàtic]*
moribundo, unda. adj. Que está a punto de morir. *[moribund]*
morigerar. v. tr. y pron. Moderar los excesos en las costumbres, etc. *[morigerar]*
morir. v. intr. y pron. Cesar de vivir. *[morir]* // Cesar alguna cosa en su curso o acción. *[morir]*
morisco, isca. adj. Propio de los moros. *[morisc]* // m. y f. Descendiente de los moros indígenas que estaba bautizado. *[morisc]* // m. Viento del sudoeste. *[morisc]*
morisma. f. Conjunto numeroso de moros. *[moreria]*
moro, ora. adj. y s. Nativo del África septentrional, de sangre árabe o beréber. *[moro]* // Mahometano. *[moro]* // Aplicado en la Edad Media a los no bautizados o a los no sometidos a las castas germánicas. *[moro]*
moroso, osa. adj. Lento, falto de actividad o puntualidad, especialmente para cumplir su obligación. *[morós]*
morueco. m. Macho semental de la oveja. *[mardà]*
morral. m. Bolsa que se cuelga en el hocico de los caballos, etc., para darles de comer. *[morral]* // adj. Dicho de las personas de trato brusco, burdo. *[morral]*
morralla. f. Pez pequeño que saca el boliche. *[morralla]*
morrión. m. Gorro militar de copa alta y con visera. *[morrió]* // Bozal. *[morrió]*
morro. m. Labio de los animales. *[morro]* // Labio grueso. *[morro]*
morsa. f. Mamífero marino carnívoro semejante a la foca. *[morsa]*
mortadela. f. Embutido grueso de carne de cerdo triturada. *[mortadel·la]*
mortaja. f. Vestidura con que se envuelve el cadáver. *[mortalla]*
mortal. adj. Que está sujeto a la muerte. *[mortal]*
mortandad. f. Multitud de muertes causadas por la guerra, una epidemia, etc. *[mortaldat]*
mortecino, ina. adj. Medio apagado, sin vigor, falto de vitalidad. *[somort]*
morterete. m. Cañón corto de hierro que sirve para disparar truenos muy ruidosos en las fiestas populares. *[masclet, morteret]* // Pieza pequeña de artillería

usada para hacer salvas. *[morteret]* // Pieza cilíndrica de hierro cerrada en el fondo que se carga de pólvora y se dispara en señal de fiesta. *[morteret, masclet]*

mortero. m. Recipiente de piedra, etc., para aplastar especias u otras sustancias. *[morter]* // Pieza de artillería corta, destinada a tirar bombas. *[morter]* // Mezcla de calcio, arena y agua que usan los albañiles. *[morter]*

mortificar. v. tr. y pron. Causar molestia o aflicción. *[mortificar]* // Castigar el cuerpo para dominar las pasiones. *[mortificar]*

mortuorio, oria. adj. Relativo o perteneciente al muerto o a las honras que se hacen por él. *[mortuori]*

mosaico. m. Decoración hecha con incrustación de trocitos de piedra, vidrio, etc., de diferentes colores. *[mosaic]* // Dibujo, obra o embaldosado hecho con ladrillos pequeños de diferentes colores. *[mosaic]*

mosca. f. Insecto díptero moreno oscuro, con alas transparentes y una trompa con la que chupa las sustancias de que se alimenta. *[mosca]*

moscarda. f. Especie de mosca grande que se alimenta de carne muerta. *[moscarda]*

moscatel. m. Variedad de uva de granos gruesos y ovalados, muy dulce, y el vino que produce. *[moscatell]*

mosén. m. Título dado a los clérigos. *[mossén]* // Título abreviado de monseñor que era dado antiguamente a personas de mucho respeto. *[mossén]*

mosquear. v. tr. Ahuyentar un animal las moscas. *[mosquejar]* // **-se.** Enojarse. *[picar-se]*

mosquerío. m. Multitud de moscas. *[mosquer]*

mosquero. m. Abanico para ahuyentar las moscas. *[mosquer]* // Haz de hierba que se suele colgar en el techo para coger moscas. *[mosquer]* // Manta o manto que se pone a los animales para preservarles de las moscas. *[mosquer]*

mosquetón. m. Especie de carabina corta. *[mosquetó]* // Pieza de hierro a manera de anilla de forma ovalada, que se abre y se cierra por medio de un muelle. *[mosquetó]*

mosquito. m. Insecto díptero de cuerpo cilíndrico, cuya hembra chupa la sangre de las personas y de los animales de piel fina. *[mosquit]* // Cualquiera de los insectos dípteros más o menos parecidos a los mosquitos ordinarios. *[mosquit, rantella]*

mostaza. f. Planta crucífera con las simientes negras y de un gusto picante usada en la medicina y como condimento. *[mostassa]*

mosto. m. Zumo de uva exprimido antes de fermentar y de formarse el vino. *[most]*

mostoso, osa. adj. Que suministra mosto; abundante de mosto. *[mostós]*

mostrador. m. Mesa estrecha y larga sobre la cual los vendedores muestran las mercancías. *[taulell]*

mostrar. v. tr. Exponer a la vista de otro alguna cosa. *[mostrar]* // Dar a conocer, manifestar. *[mostrar]*

mota. f. Eminencia de tierra natural o artificial. *[mota]* // Conjunto de pelos o filamentos en la superficie de un órgano. *[mota]*

moteado, ada. adj. Con manchas redondeadas de color, dicho especialmente de los pollos y gallinas. *[favat]*

motejar. v. tr. Poner a alguien sobrenombres, calificativos, etc. *[motejar]*

motete. m. Breve composición musical para cantar en las iglesias. *[motet]*

motín. m. Movimiento desordenado de una multitud contra la autoridad. *[motí]*

motivar. v. tr. Ser motivo de alguna cosa. *[motivar]*

motivo, iva. adj. Que mueve o tiene eficacia para mover. *[motiu]* // m. Causa o razón que mueve para una cosa. *[motiu]* // Tema que se desarrolla en una obra de arte. *[motiu]*

motocicleta. f. Bicicleta automóvil. *[moto]*

motonave. f. Barco propulsado por motor de combustión interna. *[motonau]*

motor, ora. adj. Que pone en movimiento alguna cosa. *[motor]* // m. Aparato generador de fuerza que pone en movimiento una máquina. *[motor]*

motorizar. v. tr. Proveer de un motor mecánico, dotar de medios de transporte automóvil. *[motoritzar]*

motriz. adj. Aplicado a una fuerza o materia motora. *[motriu]*

movedizo, iza. adj. Que se mueve o menea por no ajustarse bien. *[balder]*

mover. v. tr. Desplazar una cosa cambiándola de sitio ligeramente. *[bellugar, moure]* // **-se.** Dar pasos, hacer diligencias, etc., para conseguir alguna cosa. *[bellugar-se, moure's]*

móvil. adj. Que se puede mover o transportar, no fijo. *[mòbil]* // m. Motivo, causa o intención de una cosa. *[mòbil]*

movilizar. v. tr. y pron. Poner en activo o en movimiento. *[mobilitzar]*

movimiento. m. Acción y efecto de mover o moverse. *[moviment]* // Primera manifestación de un afecto, sentimiento. *[moviment]*

moyuelo. m. Harina gruesa, pero no tanto como el salvado. *[trit]*

moza. f. Muchacha. *[mossa]*

mozárabe. adj. y s. Cristiano que vivía entre los moros de España durante la dominación musulmana. *[mossàrab]* // adj. Dicho de la liturgia propia de los cristianos de la península ibérica antes de la introducción del rito romano, llamada también liturgia visigótica. *[mossàrab]* // Cada uno de los dialectos románicos hablados en la España musulmana. *[mossàrab]*

mozo, oza. m. y f. Hombre y mujer joven. *[mosso]* // Quien hace los trabajos más humildes de un establecimiento. *[mosso]*

mu. f. Sueño o acto de dormir las criaturas. *[nona]*

mucosidad. f. Calidad de mocoso. *[mucositat]* // Secreción viscosa de las membranas mucosas. *[mucositat]*

mucoso, osa. adj. Que contiene o produce mucosidad. *[mucós]*

muchacho, acha. m. y f. Hombre o mujer jóvenes. *[xicot]*

mucho, ucha. adj. En gran cantidad. *[molt]* // pron. Una cosa considerable. *[molt]* // adv. En grado considerable. *[molt]*

muda. f. Acción de mudar o de mudarse. *[muda]* // Conjunto de ropa blanca que uno se cambia de una vez. *[muda]* // Acción de mudar los pájaros sus plumas. *[muda]*

mudar. v. tr. e intr. Tr. Reemplazar una cosa por otra de la misma especie. *[mudar]* // Intr. Sufrir un cambio. *[mudar]* // **-se.** Cambiarse la ropa. *[mudar-se]* // Ponerse el vestido de fiesta. *[mudar-se]*

mudéjar. adj. y s. Relativo o perteneciente a los moros que se quedaban en España como vasallos de reyes cristianos. *[mudèjar]*

mudo, uda. adj. y s. Privado físicamente del uso de la palabra. *[mut]* // Que no dice palabra. *[mut]*

mueble. adj. Móvil, dicho especialmente de los bienes que se pueden transportar. *[moble]* // m. Objeto que sirve para adornar o guarnecer una casa. *[moble]*

mueca. f. Expresión fea de la cara, adoptada para dar miedo o provocar risa. *[carassa]* // Contracción del rostro, gesto burlesco. *[ganyota, carasseta]*

muela. f. Piedra de moler. *[mola]* // Piedra de afilar. *[mola]* // Loma elevada y de difícil acceso en forma de recazo. *[mola]*

muelle. adj. Delicado, blando o suave. *[moll]* // Inclinado a los placeres sensuales. *[voluptuós]* // m. Pieza elástica de metal que recobra su forma primera cuando cesa la fuerza que la comprimía, usada en muchos objetos e instrumentos. *[moll]*

muelle. m. Obra de piedra o de madera construida al borde del mar o de un río navegable, para facilitar el embarque y desembarque. *[moll]*

muérdago. m. Planta medicinal siempre verde, con flores amarillas y una baya llena de un líquido pegajoso, viscoso. *[vesc]*

muerte. f. Cese de la vida. *[mort]* // Destrucción, aniquilación. *[mort]*

muerto, erta. adj. Que se ha muerto, que ha estado muerto. *[mort]*
muesca. f. Corte o vacío en una cosa para engancharse a otra. *[osca]*
muestra. f. Acción y efecto de mostrar. *[mostra]* // Porción de una mercadería, etc., que se muestra para hacer ver la calidad. *[mostra]* // Ejemplar que se ha de imitar, de copiar. *[mostra]* // Primera señal del fruto que sacan las plantas. *[mostra]* // Parada que hace el perro cuando ve la caza. *[mostra]*
muestrario. m. Colección de muestras. *[mostrari]*
mugido. m. Grito de buey y animales afines. *[bramul]*
mugir. v. intr. Bramar, dar mugidos los animales bovinos o parecidos al toro. *[mugir]*
mugre. f. Suciedad que se va acumulando en los objetos, vestidos, etc. *[engrut]*
mugrón. m. Sarmiento largo que, sin cortarlo del cepo, se cuelga a tierra para que saque raíces antes de cortarlo. *[murgó]*
mujer. f. Persona del sexo femenino, especialmente cuando ha llegado a la pubertad. *[dona]* // La mujer respecto al marido. *[dona]* // La que ya no es niña. *[dona]*
mujerear. v. intr. Cuando una niña hace cosas de mujer mayor, parecer una mujer. *[donejar]*
mujeriego. m. Dicho del hombre que va siempre detrás de las mujeres o con mujeres. *[falder]*
mújol. m. Pez de mar o de río, comestible, con escamas gruesas. *[llissa]*
muladar. m. Lugar donde se arrojan o entierran los animales muertos. *[canyet]*
muleta. f. Pequeño bastón que lleva a lo largo colgado un trapo rojo y que sirve al torero para engañar al toro y hacerle bajar la cabeza cuando va a matarle con la espada. *[muleta]*
mulo, ula. m. y f. Cuadrúpedo nacido de asno y yegua, o de caballo y burra. *[mul]*
multa. f. Pena pecuniaria impuesta por una falta o contravención. *[multa]*
multar. v. tr. Imponer una multa. *[multar]*
múltiple. adj. Compuesto de diversas partes. *[múltiple]*
multiplicación. f. Acción y efecto de multiplicar o de multiplicarse. *[multiplicació]* // Operación de multiplicar. *[multiplicació]*
multiplicando. m. El factor que se ha de multiplicar por otro. *[multiplicand]*
multiplicar. v. tr. y pron. Aumentar considerablemente. *[multiplicar]* // tr. Encontrar o realizar el producto de dos factores. *[multiplicar]*
múltiplo, última. adj. y s. Que contiene exactamente un cierto número de veces el otro número o cantidad. *[múltiple]*
multitud. f. Número grande de personas o cosas. *[multitud]*
multitudinario, aria. adj. Propio de la multitud. *[multitudinari]*
mullido. m. Materia blanda con que se rellenan asientos, colchones, etc. *[tou]*
mullir. v. tr. y pron. Ahuecar, esponjar una cosa para que esté blanda y suave. *[estovar]*
mundano, ana. adj. Relativo o perteneciente al mundo. *[mundà]*
mundial. adj. Relativo o perteneciente a todo el mundo. *[mundial]*
mundo. m. Conjunto de todas las cosas creadas. *[món]* // El planeta que habitamos. *[món]* // Vida secular, por contraposición a la monástica. *[món]* // Uno de los tres enemigos del alma. *[món]* // Parte de la sociedad humana caracterizada por alguna cualidad común a todos sus individuos. *[món]*
munición. f. Conjunto de materiales de guerra, de medios de defensa y de subsistencia, necesarios para un cuerpo de tropas. *[munició]* // Carga de un arma de fuego. *[munició]*
municipal. adj. Relativo o perteneciente al municipio. *[municipal]*
municipalizar. v. tr. Asignar al municipio un servicio público, una propiedad, etc. *[municipalitzar]*
municipio. m. Circunscripción administrativa regida por un ayuntamiento. *[municipi]* // Consejo o corporación de gobierno municipal. *[municipi]*
muñeca. f. La parte más delgada del bra-

zo, inmediata a la mano. *[monyica]* // Figurilla de niña de trapo, cartón, etc., que sirve de juguete a las criaturas. *[nina]*

muñeco. m. Figura de hombre hecha de trapos, madera, cartón, cera, etc. *[ninot]* // Escultura, dibujo, caricaturas de un hombre, mujer, animal, etc. *[ninot]*

muñón. m. Parte de un miembro amputado que queda adherida al cuerpo. *[monyó]* // Pieza cilíndrica a cada lado de un cuerpo de máquina por donde descansa sobre el soporte. *[monyó]*

mural. adj. Relativo o perteneciente al muro. *[mural]*

muralla. f. Conjunto de muros que envuelven y defienden una plaza o lugar. *[muralla]*

murciélago. m. Mamífero de alas membranosas, insectívoro, que vuela a la puesta del sol o de noche. *[ratapenada]*

murmullo. m. Rumor suave, confuso, que hace el agua corriente, las hojas movidas por el viento, una conversación, etc. *[murmuri]*

murmuración. f. Acción y efecto de murmurar contra alguien. *[murmuració]*

murmurar. v. tr. Hacer un sonido suave el agua corriente u otros elementos de la naturaleza. *[murmurar]* // Razonar hablando mal de alguien. *[murmurar]*

muro. m. Pared. *[mur]* // Muralla. *[mur]*

murria. f. Taciturnidad producida por el mal humor. *[múrria]*

musa. f. En la mitología clásica, cada una de las divinidades del Parnaso. *[musa]* // Numen o inspiración del poeta. *[musa]*

muscular. adj. Relativo o perteneciente a los músculos. *[muscular]*

musculatura. f. Conjunto y disposición de los músculos. *[musculatura]*

museo. m. Lugar donde se guardan colecciones de obras de arte, de historia natural, de objetos de interés, de objetos históricos, curiosidades, etc. *[museu]*

musgaño. m. Mamífero insectívoro de piel fina y espesa que se alimenta de insectos. *[musaranya]*

musgo. m. Planta criptógama, que vive sobre las piedras, la corteza de los árboles o dentro del agua en lugares sombríos. *[molsa]*

música. f. Sucesión de sonidos modulados para deleite del oído. *[música]* // Obra musical. *[música]*

musical. adj. Relativo o perteneciente a la música. *[musical]*

músico, úsica. adj. Musical. *[músic]* // Que tiene instinto, sensibilidad musical. *[músic]* // m. Persona versada en el arte musical o que toca en un conjunto musical. *[músic]*

musitar. v. intr. Hablar muy bajo. *[mussitar]*

muslo. m. Parte de la pierna desde su articulación con el tronco hasta la rodilla. *[cuixa]*

mustiarse. v. pron. Perder fuerzas, debilitarse, decaer. *[neulir-se, decandir-se]*

musulmán, ana. adj. Relativo o perteneciente a Mahoma, mahometano. *[musulmà]*

mutación. f. Cambio, especialmente de decoración en el teatro. *[mutació]*

mutilar. v. tr. y pron. Cortar un miembro de un cuerpo o suprimir una parte de una cosa cualquiera. *[mutilar]*

mutis. m. Silencio, acto de callar. *[mutis]* // Acción de retirarse un actor de la escena. *[mutis]*

mutual. adj. Mutuo, recíproco. *[mutual]*

mutualidad. f. Sistema de solidaridad mutua. *[mutualitat]*

mutuo, utua. adj. Recíproco, recíprocamente dado y recibido entre dos o más personas. *[mutu]*

muy. adv. Denota grado sumo o superlativo. *[molt]*

n n n n n n n n

n. f. Decimosexta letra del abecedario. *[n]*
nabab. m. Príncipe musulmán de la India. *[nabab]* // Nombre dado a aquel que se ha enriquecido. *[nabab]*
nabicol. m. Planta crucífera, de raíces gruesas muy carnosas, empleada como alimento. *[nap-i-col]*
nabo. m. Planta crucífera de raíz carnosa y comestible. *[nap]*
nácar. m. Sustancia dura, blanca y brillante, que forma el interior de ciertas conchas. *[nacre]*
nacer. v. intr. Salir del vientre materno o del huevo, venir al mundo. *[nàixer]* // Por analogía, salir una planta de su semilla, el pelo, la pluma, el agua, etc. *[nàixer]*
nacimiento. m. Acción de nacer, de venir al mundo. *[naixença, naiximent]* // Comienzo de una cosa. *[naixença]* // Lugar donde mana un manantial. *[naixença]* // Representación del nacimiento de Jesucristo. *[naiximent]* // Lugar donde nace o toma su origen una cosa. *[naiximent]*
nación. f. Conjunto de habitantes de un país que constituye una unidad natural o política. *[nació]*
nacional. adj. Relativo o perteneciente a la nación. *[nacional]*
nacionalidad. f. Condición de un pueblo que constituye una nación. *[nacionalitat]*
nacionalismo. m. Devoción a la propia nación, a su unidad, a su autonomía. *[nacionalisme]* // Doctrina que exalta la personalidad nacional. *[nacionalisme]* // Aspiración a constituirse un pueblo en estado. *[nacionalisme]*
nada. f. El no ser o carencia absoluta de todo ser. *[no-res]* // pron. indef. Indica la ausencia total de una cosa. *[no-res]* // adv. neg. De ninguna manera, de ningún modo. *[gens]*
nadar. v. intr. Sostenerse y avanzar en el agua por medio de ciertos movimientos de los miembros. *[nadar]*
nafra. f. Herida, especialmente llaga, en un tejido orgánico producida por una herida o causa morbosa. *[nafra]*
nafta. f. Líquido volátil, más ligero que el agua, obtenido por destilación del petróleo. *[nafta]*
naftalina. f. Hidrocarburo sólido, procedente del alquitrán, muy usado como antiséptico y desinfectante. *[naftalina]*
naipe. m. Cada una de las cartas de la baraja. *[naip]*
nalga. f. Cada una de las dos partes posteriores del cuerpo entre la cintura y el muslo. *[anca]*
nao. f. Nave. *[nau]*
naranja. f. Fruto del naranjo. *[taronja]*
naranjero, era. adj. Relativo o perteneciente a los naranjos o al cultivo de las naranjas. *[taronger]*
naranjo. m. Árbol de la familia de las rutáceas, de hojas muy verdes y lustrosas, flores blancas y muy olorosas, y frutas comestibles. *[taronger]*
narcisismo. m. Satisfacción excesiva de sí mismo. *[narcissisme]*
narciso. m. Planta herbácea, exótica, de flores blancas o amarillas y raíz bulbosa. *[narcís, nadala]*
narcótico, ótica. adj. y s. Que produce sopor o adormecimiento. *[narcòtic]*
narcotizar. v. tr. y pron. Suministrar un narcótico. *[narcotitzar]*
nardo. m. Planta liliácea con flores blan-

cas y olorosas que se cultiva en los jardines. *[nard]*

nariz. f. Órgano del olfato que comunica con el aparato respiratorio. *[nas]*

narración. f. Acción y efecto de narrar. *[narració]*

narrar. v. tr. Contar una cosa que ha sucedido. *[narrar]*

narrativo, iva. adj. Relativo o perteneciente a la narración. *[narratiu]*

nasa. f. Nombre de algunos aparejos de pescar hechos de malla de junco, caña, mimbre, en forma de jaula o cesto. *[nansa]*

nasal. adj. Perteneciente o relativo a la nariz. *[nasal]*

nasalizar. v. tr. Dar a la voz un sonido nasal. *[nasalitzar]* // Transformar en sonido nasal. *[nasalitzar]*

nata. f. Sustancia grasienta de un blanco amarillento, que forma una capa encima de la leche. *[nata]*

natación. f. Acción y efecto de nadar. *[natació]* // Arte de nadar. *[natació]*

natalicio, icia. adj. Relativo o perteneciente al día del nacimiento. *[natalici]* // m. Día del nacimiento y cada uno de los aniversarios. *[natalici]*

nativo, iva. adj. Relativo o perteneciente al país o lugar donde uno ha nacido. *[nadiu]*

natura. f. Conjunto de las cosas creadas, de las fuerzas de la creación. *[natura]* // Esencia, atributos propios de un ser. *[natura]* // Partes genitales, especialmente de las hembras. *[natura]*

natural. adj. Relativo o perteneciente a la naturaleza. *[natural]* // Hijo de tal pueblo o país. *[nadiu]* // m. Genio, temperamento, de una persona. *[natural]*

naturaleza. f. Conjunto de las cosas creadas, de las fuerzas de la creación. *[naturalesa]* // Origen de una persona según el lugar de su nacimiento. *[naturalesa]*

naturalidad. f. Calidad de natural. *[naturalitat]* // Sencillez en el trato. *[naturalitat]*

naturalizar. v. tr. Dar a un extranjero el carácter y derechos de los naturales del país. *[naturalitzar]* // Hacer natural, menos artificial. *[naturalitzar]* // **-se.** Vivir en un país extranjero, adquirir los derechos de los naturales de un país. *[naturalitzar-se]*

naufragar. v. intr. Hundirse una embarcación o las personas que van en ella. *[naufragar]*

naufragio. m. El hecho de naufragar. *[naufragi]*

náufrago, áufraga. adj. y s. Que ha naufragado. *[nàufrag]*

náusea. f. Ganas de vomitar, basca. *[nàusea, ois]* // Repugnancia que produce algo, asco. *[nàusea, ois]*

nava. f. Depresión más o menos profunda y llana en terreno de montaña. *[coma]*

navaja. f. Cuchillo que se pliega metiéndose la hoja en una ranura que forma el mango. *[navalla, navaixa]*

nave. f. Embarcación grande. *[nau]* // Cada uno de los espacios que entre los muros se extienden a lo largo de una iglesia y otros edificios. *[nau]* // Cada una de las divisiones de un edificio entre jácena y jácena. *[navada]*

navegable. adj. Aplicado a un río o lago donde se puede navegar. *[navegable]*

navegar. v. intr. Viajar en una embarcación. *[navegar]* // Ir de una parte a otra. *[navegar]*

navidad. f. Fiesta conmemorativa del nacimiento de Jesucristo. *[nadal]*

navideña. f. Canción propia de la fiesta de navidad. *[nadala]*

navío. m. Barco grande, especialmente de guerra. *[navili]*

naya. f. Galería porticada del cobertizo. *[naia]*

nazareno, ena. adj. Natural de Nazaret. *[natzaré]* // m. Penitente que va a las procesiones de Semana Santa con hábito de penitencia. *[natzaré]*

nebulosa. f. Masa de materia cósmica que aparece formando una especie de niebla luminosa de la bóveda del cielo y situada fuera del sistema solar. *[nebulosa]*

nebuloso, osa. adj. Cubierto de niebla, con niebla. *[boirós]*

necedad. f. Calidad de necio. *[neciesa]* //

Dicho o hecho propios de un necio. *[neciesa]*

necesario, aria. adj. Que es indispensable para un fin. *[necessari]*

neceser. m. Caja o estuche con varios objetos de tocador. *[necesser]*

necesidad. f. Aquello de lo que no se puede prescindir. *[necessitat]* // Carencia de las cosas necesarias para vivir. *[necessitat]*

necesitar. v. tr. e intr. Tr. Tener necesidad de una persona o cosa. *[necessitar]* // Intr. Ser necesario, preciso, imprescindible. *[caldre, caler]*

necio, ecia. adj. y s. Que no sabe lo que debería saber. *[neci]* // Imprudente y falto de razón. *[neci]* // Persona sin formalidad, ignorante, incapaz. *[neci]* // Terco. *[neci]*

necrología. f. Noticia biográfica sobre una persona muerta hace poco. *[necrologia]*

necrologio. m. Libro o registro de los muertos. *[necrologi]*

necrópolis. f. Cementerio, especialmente antiguo. *[necròpolis]*

néctar. m. En la mitología clásica, bebida de los dioses. *[nèctar]* // Líquido azucarado segregado por los nectarios de una planta. *[nèctar]* // Bebida deliciosa. *[nèctar]*

nefando, anda. adj. Indigno, execrable, abominable. *[nefand]*

nefasto, asta. adj. Dicho de un día de luto, de desgracia, funesto. *[nefast]*

negación. f. Acción y efecto de negar. *[negació]* // En gramática, palabra que sirve para negar. *[negació]*

negado, ada. adj. Corto de inteligencia, inepto. *[negat]*

negar. v. tr. Decir que no es verdad lo que otro dice. *[negar]* // No conceder lo que se pide. *[negar]* // No confesar uno el delito que le imputan. *[negar]*

negativo, iva. Que incluye o contiene negación o contradicción. *[negatiu]* // Aplicado a la imagen fotográfica en la que los negros del modelo dan blancos y los blancos, negros. *[negatiu]* // f. Denegación o rechazo de lo que se pide. *[negativa]*

negligencia. f. Descuido, omisión. *[negligència]*

negligente. adj. Aplicado a la persona descuidada en sus cosas. *[negligent, deixat]*

negociado. m. Cada una de las divisiones en que, en ciertas oficinas, se clasifican los asuntos. *[negociat]*

negociar. v. tr. e intr. Tr. Convenir el traspaso de un efecto comercial. *[negociar]* // Intr. Hacer negocio comprando y vendiendo mercancías, valores, etc. *[negociar]*

negocio. m. Cualquier ocupación o trabajo. *[negoci]* // Todo lo que es objeto o materia de una ocupación lucrativa. *[negoci]* // Utilidad conseguida en un quehacer. *[negoci]*

negrear. v. intr. Tirar a negro. *[negrejar]* // Mostrarse negra una cosa. *[negrejar]*

negrero, era. adj. Relativo o perteneciente al antiguo trato y comercio con negros. *[negrer]* // m. El que hace la trata de negros. *[negrer]*

negro, egra. adj. De color oscuro, o sea, que no refleja la luz. *[negre]* // Privado totalmente de claridad. *[negre]* // De piel oscurecida, muy morena. *[negre]* // Desdichado, triste. *[negre]* // m. Materia colorante negra. *[negre]* // Persona de una raza que tiene la piel de un color oscuro. *[negre]*

negrura. f. Calidad de negro. *[negror]* // Cosa negra. *[negror]*

negruzco, uzca. adj. Que tira a negro. *[negrenc]*

nene, ena. m. y f. Niño, recién nacido, niño pequeño. *[nen]*

nenúfar. m. Planta acuática ninfácea, común en las aguas de poca corriente. *[nenúfar]*

neoclasicismo. m. Corriente literaria y artística en la Europa de la segunda mitad del siglo XVIII. *[neoclassicisme]*

neoclásico, ásica. adj. Relativo al neoclasicismo. *[neoclàssic]* // Partidario del neoclasicismo. *[neoclàssic]* // Dicho del estilo moderno que sigue al clásico grecorromano. *[neoclàssic]*

neófito, ófita. m. y f. El que se ha convertido recientemente a una religión, o que acaba de ser admitido en una corporación, etc. *[neòfit]*

neolatino, ina. adj. Dicho de las lenguas románicas como derivadas o representantes actuales de la lengua latina. *[neollatí]*

neologismo. m. Palabra o giro nuevo dentro de una lengua. *[neologisme]*

nervio. m. Cada uno de los órganos que, esparcidos por todas las partes del cuerpo, sirven para transmitir las sensaciones y los impulsos motrices. *[nervi]* // Haz fibroso a lo largo de las hojas de las plantas. *[nervi]* // Cada uno de los cordeles que se colocan al través en el lomo de un libro al encuadernarlo. *[nervi]* // Fuerza, vigor. *[vigor]* // Cabo que sirve para envergar las velas. *[nervi]*

nervioso, osa. adj. Relativo o perteneciente a los nervios. *[nerviós]* // Que tiene nervios. *[nerviós]* // Que tiene los nervios fácilmente excitables. *[nerviós]*

nervudo, uda. adj. Que tiene nervios robustos, vigoroso. *[nerviüt]*

nesga. f. Trozo de tela triangular que se pone en un vestido para darle el vuelo necesario. *[gaia]*

neto, eta. adj. Limpio, puro. *[net]* // Que resulta líquido del valor de una cosa, deducidas cargas o gastos. *[net]*

neumático, ática. adj. Movido por la presión del aire. *[pneumàtic]* // Dispuesto para contener aire comprimido. *[pneumàtic]* // m. Tubo de caucho, hinchado de aire, alrededor de una rueda para amortiguar los choques. *[pneumàtic]*

neumonía. f. Inflamación de los pulmones. *[pneumònia]*

neuralgia. f. Dolor vivo a lo largo de un nervio y de sus ramificaciones. *[neuràlgia]*

neurastenia. f. Debilidad nerviosa que produce una depresión de las fuerzas vitales. *[neurastènia]*

neurología. f. Tratado de los nervios. *[neurologia]*

neurosis. f. Enfermedad funcional nerviosa. *[neurosi]*

neutral. adj. Que no es ni de uno ni de otro de dos partidos contendientes. *[neutral]*

neutralizar. v. tr. y pron. Hacer neutral. *[neutralitzar]* // Destruir los efectos de algo contraponiendo una fuerza, etc., contraria. *[neutralitzar]*

neutro, eutra. adj. Que no tiene género gramatical determinado. *[neutre]* // Que no recibe o comunica acción. *[neutre]*

nevada. f. Cantidad de nieve que cae de una vez. *[nevada, nevassa]*

nevar. v. intr. Caer nieve. *[nevar]*

nevera. f. Lugar donde se guarda o conserva nieve. *[nevera]* // Apartamento helado, muy frío. *[nevera]* // Frigorífico. *[nevera, frigorífic]*

nevero. m. Pozo donde se guarda nieve para el verano. *[never]*

nexo. m. Conexión de una cosa con otra. *[nexe]*

ni. Conjunción de enlace de dos proposiciones o de dos términos negativos. *[ni]*

nicotina. f. Alcaloide que es el principio activo del tabaco. *[nicotina]*

nicho. m. Concavidad practicada en un muro para poner una estatua, etc. *[nínxol, ninxo]* // Concavidad de un cementerio que sirve de sepultura. *[nínxol, ninxo]*

nidal. m. Lugar donde la gallina u otra ave pone los huevos. *[covador]*

nido. m. Construcción a manera de lecho que se fabrican las aves u otros animales para sus crías. *[niu]* // fig. Lugar donde alguien se refugia o se esconde. *[niu]*

niebla. f. Vapor espeso que se forma en la atmósfera a poca altura del suelo. *[boira]*

nieto, eta. m. y f. Hijo o hija de un hijo o de una hija. *[nét]*

nieve. f. Agua congelada que cae de las nubes en copos muy pequeños. *[neu]*

nigromancia. f. Arte supersticioso de predecir el porvenir invocando y consultando a los muertos. *[nigromància]*

nihilismo. m. Doctrina que consiste en la negación de toda creencia o principio. *[nihilisme]*

nimbo. m. Corona de luz o de gloria. *[nimbe]* // Nube baja, compacta y oscura que señala mal tiempo. *[nimbus]*

nimio, imia. adj. Excesivo, prolijo, minucioso, que no tiene la importancia que se le concede. *[nimi]*

ninfa. f. Deidad fabulosa de los bosques y de las aguas. *[nimfa]* // Insecto que ha pasado del estado de larva. *[nimfa]*

ningún. adj. Apócope de ninguno. *[cap]*

ninguno, una. adj. indef. Ni uno solo. *[ningun, cap]* // pron. indef. Nadie. *[ningú]*

niño, iña. m. y f. Persona que está en los primeros años de la vida, en la niñez, persona de pocos años, recién nacido. *[infant, nin, xiquet]* // f. Pupila del ojo. *[nina, nineta]*

níquel. m. Metal de aspecto parecido a la plata. *[níquel]*

niquelar. v. tr. Cubrir con una capa de níquel otro metal. *[niquelar]*

níscalo. m. Seta comestible, que suele hacerse por los lugares donde hay pinos. *[rovelló]*

níspero. m. Árbol de la familia de las rosáceas, de flores blancas. *[nesprer]*

níspola. f. Fruto del níspero, comestible cuando está pasado. *[nespra]*

nítido, ítida. adj. De una gran limpieza y claridad, nada confuso. *[nítid]*

nitrato. m. Cualquier sal del ácido nítrico. *[nitrat]*

nítrico, ítrica. adj. Que contiene nitrógeno. *[nítric]*

nitrogenar. v. tr. Combinar con nitrógeno. *[nitrogenar]*

nitrógeno. m. Elemento gaseoso, incoloro, inodoro, insípido, que forma la mayor parte del aire atmosférico. *[nitrogen]*

nivel. m. Aparato para comprobar la horizontalidad de una línea o de un plano. *[nivell]* // Grado de elevación de una línea o plano horizontales. *[nivell]*

nivelar. v. tr. Poner un plano en posición horizontal perfecta. *[anivellar]* // Igualar diferencias de rango, condición, etc. *[anivellar]*

no. Adverbio de negación. *[no]*

noble. adj. Que por nacimiento o gracia del soberano pertenece a una clase social privilegiada. *[noble]* // Incapaz de sentimientos bajos. *[noble]*

nobleza. f. Calidad de noble. *[noblesa]* // Conjunto de los nobles de un país. *[noblesa]*

noción. f. Conocimiento elemental de una cosa. *[noció]*

nocivo, iva. adj. Que hace daño, dañoso. *[nociu]*

nocturno, urna. adj. Relativo o perteneciente a la noche o que se hace durante la noche. *[nocturn]*

noche. f. Parte del día natural comprendida entre la puesta y la salida del sol. *[nit]*

nodo. m. Cada uno de los dos puntos en que la órbita de un planeta corta la eclíptica. *[node]* // En un cuerpo en vibración, punto que no vibra. *[node]* // Tumor duro que se hace en los huesos, tendones y ligamentos y dificulta los juegos. *[node]*

nodriza. f. Mujer que cría a sus pechos al hijo de otra. *[nodrissa, dida]*

nódulo. m. Concreción de poco volumen. *[nòdul]*

nogal. m. Árbol de madera dura muy apreciada en la ebanistería. *[noguera, noguer, nouera]* // Madera de este árbol. *[noguera, noguer, nouera]*

nómada. adj. Que no tiene domicilio fijo en un territorio determinado. *[nòmada]*

nombrar. v. tr. Decir el nombre. *[nomenar]* // Designar a alguien para un cargo o ministerio. *[nomenar]*

nombre. m. Palabra con que una persona o cosa es conocida o designada. *[nom]*

nomenclátor. m. Lista o catálogo de nombres. *[nomenclàtor]*

nomenclatura. f. Conjunto de palabras técnicas propias de un orden de estudios. *[nomenclatura]*

nómina. f. Lista de nombres de personas o cosas, especialmente relación de los nombres de los individuos que en una oficina tienen que percibir sueldos. *[nòmina]*

nominativo, iva. adj. Aplicado a los títulos e inscripciones que han de ser extendidos precisamente a nombre de alguien. *[nominatiu]* // m. Caso de la declinación que designa el sujeto de la acción expresada por el verbo. *[nominatiu]*

nona. f. La última de las cuatro partes iguales en que los romanos dividían el día. *[nona]* // Última de las horas menores del oficio eclesiástico. *[nona]*

nonato, ata. adj. Que no ha nacido naturalmente sino sacado del claustro materno por una operación. *[nonat]*

nono, ona. adj. Que hace nueve en orden. *[nové]* // Cada una de las partes iguales de una cantidad dividida en nueve partes iguales. *[nové]*

nopal. m. Planta originaria de América que tiene el tronco formado por una serie de palas ovales y espinosas. *[figuera de pala]*

noria. f. Pozo del cual se extrae el agua mediante un sistema de dos ruedas engranadas, una vertical y la otra horizontal que elevan el agua a una alberca. *[sénia]*

norma. f. Regla que hay que seguir al hacer algo. *[norma]*

normal. adj. De acuerdo con una norma. *[normal]* // Que se encuentra en su estado natural. *[normal]*

normalizar. v. tr. y pron. Poner en estado normal. *[normalitzar]*

normativo, iva. adj. Que establece una norma o normas. *[normatiu]*

noroeste. m. Viento del noroeste. *[matamón, nord-oest]*

norte. m. Uno de los cuatro puntos cardinales, el que cae a la izquierda mirando a levante. *[nord]* // Lugar de la tierra, región que cae a la parte del norte. *[nord]*

norteamericano, ana. adj. y s. Natural o propio de América del Norte. *[nord-americà]*

nos. Forma del pronombre de primera persona plural, que funciona como complemento directo o indirecto. *[nos]* // Forma arcaica del pronombre de primera persona plural, que todavía se usa como plural mayestático. *[nós]*

nosotros, otras. Pronombre personal de primera persona del plural. *[nosaltres]*

nostalgia. f. Deseo obsesivo de retorno a la patria, al pueblo o al hogar familiar, añoranza. *[nostàlgia]* // Pena o dolor por la ausencia o la pérdida de alguna cosa o persona muy amada. *[enyorança]*

nostálgico, álgica. adj. Relativo o perteneciente a la nostalgia. *[nostàlgic]*

nota. f. Marca o señal. *[nota]* // Advertencia, observación o comentario a un libro o escrito. *[nota]* // Calificación de un tribunal de examen, de un maestro. *[nota]* // Indicación recogida escuchando una conferencia, etc. *[nota]* // Comunicación diplomática, etc. *[nota]* // Signo de un sonido musical. *[nota]*

notable. adj. Digno de atención, distinguido. *[notable]*

notar. v. tr. Señalar algo, hacer mención. *[notar]* // Poner nota, calificar. *[notar]*

notario. m. Funcionario público autorizado para dar fe de los contratos, etc. *[notari]*

noticia. f. Conocimiento que se tiene de alguna cosa. *[notícia]* // Nueva o acontecimiento que es comunicado. *[notícia, clarícia]*

noticiario. m. Sección de noticias de un periódico o revista, de una proyección cinematográfica o televisada, de una emisión radiofónica, etc. *[noticiari]*

notificar. v. tr. Hacer saber algo a alguien, darle conocimiento o noticia. *[notificar]*

notorio, oria. adj. Que es público o sabido, que no necesita ser notificado. *[notori]*

noval. adj. Aplicado a la tierra que se cultiva de nuevo. *[noval]*

novato, ata. adj. Falto de experiencia, principiante. *[novell, novençà]*

novecientos, entas. adj. Nueve veces cien. *[nou-cents]*

novedad. f. Hecho o nueva reciente. *[novetat]*

novel. adj. Falto de experiencia, principiante. *[novell]* // Nuevo, reciente, moderno. *[novell]*

novela. f. Narración ficticia en prosa, de longitud considerable. *[novel·la]* // Género literario constituido por dichas narraciones. *[novel·la]*

novena. f. Serie de nueve días dedicados a una devoción y culto. *[novena]* // Libro que contiene las oraciones propias de los nueve días. *[novena]*

novenario. m. Exequias celebradas generalmente el noveno día después de una defunción. *[novenari]* // El que se dedica al culto de un santo, con sermones y otros actos. *[novenari]*

noveno, ena. adj. Que hace nueve en orden. *[nové]* // Cada una de las partes iguales de una cantidad dividida en nueve partes iguales. *[nové]*

noventa. adj. Conjunto de nueve decenas. *[noranta]*

noventavo, ava. adj. Cada una de las partes de una cantidad dividida en noventa partes iguales. *[norantè]*

noventeno, ena. adj. Que hace noventa en orden. *[norantè]*

noviazgo. m. Condición de novio o novia y tiempo que dura. *[nuviatge]*

noviciado. m. Tiempo de prueba que pasa un religioso antes de la profesión. *[noviciat]* // Casa donde viven los novicios. *[noviciat]*

novicio, icia. adj. y s. Religioso que aún no ha profesado. *[novici]* // Novato, principiante en un oficio, cargo, etc. *[novici]*

noviembre. m. Undécimo mes del año. *[novembre]*

novilunio. m. Conjunción de la luna y el sol. *[noviluni]*

novillo, illa. m. y f. Toro o vaca joven, que no ha llegado al estado adulto. *[jònec]*

novio, ovia. m. y f. El que está a punto de casarse. *[nuvi]* // Recién casado. *[nuvi]*

nube. f. Masa de vapor acuoso que permanece suspendida en la atmósfera. *[núvol]*

nublado. m. Conjunto de nubes que amenazan tempestad. *[ennuvolat]*

nublar. v. tr. y pron. Llenar o cubrir de niebla. *[emboirar]* // fig. Turbar el entendimiento, el espíritu. *[emboirar]*

nuboso, osa. adj. Dicho del tiempo o del día nublado. *[núvol]* // Cubierto de nubes. *[nuvolós]*

nuca. f. Parte del cogote donde se une la columna vertebral con la cabeza. *[nuca]*

nuclear. adj. Relativo o perteneciente al núcleo. *[nuclear]*

núcleo. m. Parte o masa compacta que forma el centro de ciertas cosas; la parte más densa de algunas cosas. *[nucli]* // Elemento al que se añaden otros para formar un total. *[nucli]*

nudillo. m. Juntura de los huesos de los dedos. *[nuc del dit]*

nudo. m. Entrelazamiento estrecho de las partes de un cuerpo delgado y flexible que con dificultad se puede desatar. *[nuc]* // Lazo cerrado de tal manera que cuanto más lo estiran de un extremo, más estrecho queda. *[nuc]* // Protuberancia de los tendones, huesos o tejidos de una planta. *[nuc]* // **nudo en la garganta.** Impedimento en la garganta que dificulta tragar, hablar, respirar. *[nuc en la gola]* // Aflicción, angustia que dificulta el habla. *[nuc]* // Medida de velocidad de las naves que indica las millas por hora que hace. *[nuc]*

nuera. f. La mujer del hijo. *[nora]*

nuestro, estra, estros, estras. Adj. pos. de primera persona, que señala pluralidad de poseedores. *[nostre]*

nueva. f. Noticia que aún no había sido dicha u oída. *[nova]*

nueve. Adjetivo numeral y cifra que lo representa. *[nou]*

nuevo, eva. adj. Hecho hace poco. *[nou]* // Aplicado a lo que se ve u oye por primera vez. *[nou]* // Que aún no ha servido o ha servido poco. *[nou]*

nuez. f. Fruto del nogal, de cáscara dura y semilla aceitosa, comestible. *[nou, anou]* // Saliente de la laringe en la garganta. *[nou, anou]*

nulidad. f. Calidad de nulo. *[nul·litat]* // Persona que no vale nada *[nul·litat]*

nulo, ula. adj. Carente de valor legal. *[nul]* // Incapaz para una cosa. *[nul]*

numen. m. Deidad de los paganos. *[numen]* // Inspiración de un escritor, orador, etc. *[numen]*

numeración. f. Acción y efecto de numerar. *[numeració]* // Lista de los números. *[numeració]*

numeral. adj. Relativo o perteneciente al número. *[numeral]*

numerar. v. tr. Marcar con números las cosas de una serie. *[numerar]*

número. m. Expresión de la cantidad con relación a la unidad. *[nombre]* // Cantidad de personas o cosas de una especie determinada. *[nombre]* // En gramática, accidente gramatical con el que se denota si una palabra se refiere a una sola persona o cosa o a varias. *[nombre]*

numeroso, osa. adj. Que es en gran número. *[nombrós]*

numismática. f. Ciencia de las monedas y medallas. *[numismàtica]*

nunca. adv. En ningún tiempo, ninguna vez. *[mai]*

nuncio. m. Persona que lleva un aviso o nueva por encargo de otra. *[nunci]* // Representante diplomático del papa. *[nunci]*

nupcias. f. pl. Casamiento, acto de contraer matrimonio. *[núpcies]*

nutria. f. Mamífero carnicero, de pelo espeso y muy suave, que vive a la orilla de los ríos y se nutre de peces. *[llúdria]*

nutrición. f. Acción y efecto de nutrir o de nutrirse. *[nutrició]*

nutrir. v. tr. y pron. Dar a un organismo viviente las sustancias que son necesarias para su vida y crecimiento. *[nodrir]*

nutritivo, iva. adj. Relativo o perteneciente a la nutrición. *[nutritiu]* // Que sirve para nutrir. *[nutritiu]*

ñ ñ ñ ñ ñ ñ ñ ñ

ñ. f. Decimoséptima letra del abecedario *[ny]*

ñoñería. f. Acción o dicho de una persona ñoña. *[nyonyeria]*

ñoñez. f. Calidad de ñoño. *[nyonyeria]*

ñoño, oña. adj. Dícese de la persona sumamente apocada y de corte ingenuo. *[apocat]*

ñora. f. Pimiento muy picante. *[nyora]*

O

o. f. Decimoctava letra del abecedario. *[o]* // Nombre de la letra «o». *[o]*

oasis. m. Lugar lleno de vegetación en un desierto de arena. *[oasi]*

obcecar. v. tr. y pron. Ofuscar gravemente, cegar, obstinar. *[obcecar]*

obedecer. v. tr. Ejecutar lo que manda alguien, cumplir un mandamiento. *[obedir, creure]* // Ceder una cosa inanimada, al esfuerzo hecho para cambiarle la forma o el estado. *[obedir]*

obediencia. f. Acción de obedecer. *[obediència]*

obelisco. m. Monumento en forma de pilar cuadrangular muy estirado y acabado en una pirámide de poca alzada. *[obelisc]*

obertura. f. Pieza de orquesta, generalmente de corta duración, que da inicio a una ópera o un drama. *[obertura]*

obesidad. f. Calidad de obeso. *[obesitat]*

obeso, esa. adj. Aplicado a la persona excesivamente gruesa. *[obés]*

obispo. m. Dignatario de la Iglesia, cabeza de una diócesis. *[bisbe]*

óbito. m. Defunción de una persona y el certificado de la misma defunción. *[òbit]*

objeción. f. Razón o dificultad presentada en contra de una opinión o proposición. *[objecció]*

objetar. v. tr. Oponer una objeción. *[objectar]*

objetividad. f. Calidad de objetivo. *[objectivitat]*

objetivo, iva. adj. Relativo o perteneciente al objeto. *[objectiu]* // m. Finalidad a que se dirige una cosa. *[objectiu]* // Lente en los aparatos de óptica que se encuentra en la parte que mira los objetos. *[objectiu]*

objeto. m. Cosa material en tanto que se ofrece a nuestros sentidos. *[objecte]* // Aquello que sirve de material para el ejercicio de las facultades mentales. *[objecte]* // Lo que se toma como finalidad de una acción. *[objecte]* // En gramática, palabra o grupo de palabras que denota aquello sobre lo que recae la acción expresada por el verbo. *[objecte]*

oblea. f. Pastita fina de harina cocida con molde. *[neula]*

oblicuar. v. intr. Dar a una cosa dirección oblicua en relación a otras. *[obliquar]*

oblicuidad. f. Calidad de oblicuo. *[obliqüitat]* // Inclinación de una línea o plano respecto a otro. *[obliqüitat]*

oblicuo, icua. adj. Que no es perpendicular ni paralelo a un plano, a una recta, etc., determinadas. *[oblic]*

obligación. f. Vínculo que constriñe a ejecutar una acción. *[obligació]* // Correspondencia que se debe tener para con los bienes recibidos. *[obligació]* // Deber por razón de cargo o ministerio. *[obligació]* // Título que representa un servicio al estado o a una compañía. *[obligació]*

obligar. v. tr. Hacer que alguien haga algo utilizando la autoridad o la fuerza. *[obligar]* // Ganar la voluntad de alguien con favores, beneficios, etc. *[obligar]* // **-se.** Comprometerse a cumplir una cosa. *[obligar-se]*

obligatorio, oria. adj. Que obliga, que es de obligación. *[obligatori]*

oboe. m. Instrumento musical de viento, hecho de madera, con seis agujeros y varias llaves. *[oboé]*

óbolo. m. Peso y moneda de plata usada

en la antigua Grecia como sexta parte del dracma. *[òbol]* // Pequeña cantidad con la que se contribuye a un fin. *[òbol]*

obra. f. Cualquier cosa producida por un agente. *[obra]* // Acción moral en provecho o perjuicio de otro. *[obra]* // Trabajo realizado por un operario. *[obra]* // Edificio en construcción. *[obra]*

obrador. m. Tabla, oficina, taller o tienda donde se realiza un trabajo manual. *[obrador]*

obrar. v. tr. e intr. Tr. Dar cierta forma a una materia. *[obrar]* // Producir efecto una cosa. *[obrar]* // Intr. Trabajar en una cosa. *[obrar]*

obrero, era. m. y f. El que hace obras, albañil, nombre genérico de los maestros de obra, oficiales, jornaleros, etc. *[manobre, obrer]* // Trabajador. *[obrer]*

obscenidad. adj. Que ofende el pudor. *[obscenitat]*

obscurecer. v. tr., intr. y pron. Oscurecer, hacer oscuro. *[obscurir]*

obscuro, ura. adj. Falto de luz o claridad. *[obscur]* // Humilde, no conocido. *[obscur]* // loc. adv. A obscuras. *[a fosques]*

obsequiar. v. tr. Mostrar la deferencia hacia alguien con atenciones, halagos, haciéndole presentes, invitándole a fiestas, etc. *[obsequiar]*

obsequio. m. Acción de obsequiar. *[obsequi]* // Regalo o presente. *[obsequi]*

observación. f. Acción y efecto de observar lo que está prescrito. *[observació]* // Acción de observar o mirar con atención continuada. *[observació]* // Advertencia motivada por alguna cosa observada. *[observació]*

observar. v. tr. Mirar, examinar con atención. *[observar]* // Seguir exactamente lo que está prescrito. *[observar]* // Advertir, notar. *[observar]*

observatorio. m. Lugar apropiado para hacer observaciones, especialmente astronómicas o meteorológicas. *[observatori]*

obsesión. f. Idea pertinaz que influye en la voluntad del hombre. *[obsessió]*

obsesionar. v. tr. y pron. Producir obsesión. *[obsessionar]*

obsesivo, iva. adj. Relativo o perteneciente a la obsesión, que obsesiona. *[obsessiu]*

obstaculizar. v. tr. Poner obstáculos en el cumplimiento de alguna cosa. *[obstaculitzar]*

obstáculo. m. Lo que se opone al paso o al cumplimiento de un propósito. *[obstacle]*

obstante. adj. Que obsta. *[obstant]*

obstar. v. intr. Hacer obstáculo, estorbar, impedir. *[obstar]*

obstinación. f. Mantenimiento tenaz de una resolución, propósito, opinión, etc. *[obstinació]*

obstinado, ada. adj. Persona que se mantiene en su resolución sin dejarse convencer por nada, terco, tenaz. *[furgaestores, obstinat]*

obstinarse. v. pron. Mantenerse firme en una resolución, opinión, propósito, etc. *[obstinar-se]*

obstrucción. f. Acción y efecto de obstruir o de obstruirse. *[obstrucció]*

obstruible. adj. Que se puede obstruir. *[obstruïble]*

obstruir. v. tr. Estorbar el paso, saltar una cuerda. *[obstruir]*

obtención. f. Acción y efecto de obtener. *[obtenció]*

obtener. v. tr. Conseguir lo que uno merece, solicita o pretende. *[obtenir]*

obturar. v. tr. y pron. Tapar una abertura, un conducto. *[obturar]*

obtuso, usa. adj. Que no tiene punta. *[obtús]* // De entendimiento tardío para comprender. *[obtús]* // Aplicado al ángulo que mide más de 90 grados. *[obtús]*

obús. m. Cañón corto utilizado para lanzar granadas. *[obús]* // Explosivo que lanzan los artilleros. *[obús]*

obviar. v. intr. Rehuir, apartar, superar un obstáculo o impedimento; oponerse a algo. *[obviar]*

obvio, obvia. adj. Evidente, que se ve o comprende fácilmente. *[obvi]*

oc. Palabra usada en la expresión *Lengua de Oc* para designar la lengua occitana, o el occitano, o cualquiera de sus dialectos. *[gascó, llemosí, provençal,* *etc.]* // Es una lengua románica hablada en todo el sur de Francia. *[oc]*

oca. f. Ave palmípeda, de plumaje gris ceniza y vientre blanco, apreciada por su carne. *[oca]* // Juego que consiste en una serie de 63 casillas numeradas por donde cada jugador avanza su ficha, según la suerte de los dados. *[oca]*

ocasión. f. Circunstancia oportuna. *[ocasió]* // Circunstancia que determina una cosa. *[ocasió]*

ocasionar. v. tr. Ser la ocasión de alguna cosa, causar, producir. *[ocasionar]*

ocaso. m. Puesta de un astro. *[ocàs]* // Decadencia. *[ocàs]*

occidente. m. El punto del horizonte por donde se pone el sol. *[occident]* // La parte de la tierra que mira a poniente. *[occident]*

occisión. f. Muerte violenta. *[occisió]*

océano. m. La masa de agua que cubre la mayor parte de la tierra. *[oceà]*

ocio. m. El hecho de estar sin hacer nada. *[oci]*

ocioso, osa. adj. Que está sin hacer nada, desocupado. *[ociós]* // Que no da provecho ni fruto, inútil. *[ociós]*

oclusión. f. Cierre u obstrucción de una abertura o conducto natural. *[oclusió]*

oclusivo, iva. adj. Relativo o perteneciente a la oclusión. *[oclusiu]* // Que produce oclusión. *[oclusiu]*

ocre. m. Mineral de hierro, terroso, de color amarillo oscuro, usado en pintura. *[ocre]*

octava. f. Espacio de ocho días durante los cuales celebra la Iglesia una fiesta solemne. *[huitava]* // El último de dichos días. *[octava]* // Combinación métrica de ocho versos. *[octava]* // En música, intervalo que abarca ocho grados diatónicos, nota separada por dicho intervalo, etc. *[octava]*

octavario. m. Fiesta celebrada durante los ocho días de una octava. *[octavari]*

octavilla. f. Octava parte de una hoja de papel de marca ordinaria. *[octaveta]*

octavo, ava. adj. Que es el que hace ocho en una serie. *[huitè]* // Cada una de las partes de una cantidad dividida en ocho partes iguales. *[huitè]* // Octava parte de una hoja de papel de marca ordinaria. *[octau]*

octogésimo, ésima. Que es el que hace ochenta. *[huitantè]* // Dícese de cada una de las partes de una cantidad o de un todo divididos en ochenta partes iguales. *[huitantè]*

octógono. m. Octángulo, que tiene ocho ángulos. *[octògon, octàgon]*

octosílabo, ílaba. adj. y s. Que tiene ocho sílabas. *[octosíl·lab]*

octubre. m. El décimo mes del año. *[octubre]*

óctuplo, óctupla. adj. Que consta de ocho partes, repetido ocho veces. *[òctuple]* // Que contiene una cantidad ocho veces. *[òctuple]*

ocular. adj. Relativo o perteneciente al ojo. *[ocular]* // m. Lente o sistema de lentes por donde se mira en los aparatos ópticos. *[ocular]*

ocultar. v. tr. y pron. Esconder. *[ocultar]*

ocultismo. m. Ciencia de las cosas misteriosas u obtenidas por arte de magia. *[ocultisme]*

oculto, ulta. adj. Escondido, no manifiesto, a la vista, al entendimiento. *[ocult]*

ocupación. f. Acción y efecto de ocupar o de ocuparse. *[ocupació]* // Aquello en lo que uno está ocupado. *[ocupació]*

ocupar. v. tr. Tomar posesión de un cargo. *[ocupar]* // Llenar un lugar o espacio. *[ocupar]* // Emplear el tiempo haciendo alguna cosa. *[ocupar]*

ocurrencia. f. Acontecimiento casual. *[ocurrència]* // Idea o frase aguda y original, chiste. *[ocurrència]*

ocurrir. v. intr. Venir una idea a la mente. *[ocórrer]* // Suceder, devenir. *[ocórrer]*

ochenta. adj. El número 80. *[huitanta]* // Ocho veces diez. *[huitanta]* // Octogésimo, ordinal. *[huitantè]*

ochentavo, ava. adj. Cada una de las partes de una cantidad dividida en ochenta partes iguales. *[huitantè]*

ochenteno, ena. adj. Octogésimo, ordinal. *[huitantè]*

ocho. adj. Siete más uno. *[huit]* // Que hace ocho, octavo. *[huité]* // m. Signo o cifra que representa al número ocho. *[huit]*

ochocientos, entas. adj. Ocho veces cien. *[huit-cents]* // Octingentésimo, ordinal. *[huit-centé]*

oda. f. Composición poética del género lírico, y en general de gran elevación. *[oda]*

odalisca. f. Esclava concubina o turca. *[odalisca]*

odiar. v. tr. Sentir odio hacia alguien o alguna cosa. *[odiar]*

odio. m. Sentimiento profundo de malevolencia hacia alguien. *[odi]*

odisea. f. Largo caminar de unos lugares a otros antes de conseguir aquello que nos hemos propuesto. *[odissea]*

odre. m. Especie de saco de cuero que sirve para contener vino, aceite, etc. *[odre]* // Pellejo. *[odre]*

oeste. m. El punto del horizonte por donde se pone el sol en los equinoccios. *[oest]* // Viento que viene de este lado. *[oest]*

ofender. v. tr. Causar daño físico. *[ofendre]* // Ultrajar, injuriar. *[ofendre]*

ofensa. f. Acción y efecto de ofender. *[ofensa]* // Acto o palabra que ofende. *[ofensa]*

ofensiva. f. Situación del que trata de ofender o atacar. *[ofensiva]*

ofensivo, iva. adj. Que ofende o puede ofender. *[ofensiu]*

oferta. f. Acción y efecto de ofrecer o de ofrecerse. *[oferta]* // Presentación de mercancías para vender. *[oferta]*

oficial, ala. adj. Que es de oficio, no particular o privado. *[oficial]* // m. y f. Aquel que en un oficio manual ha acabado el aprendizaje. *[oficial]* // m. Militar con una de las graduaciones de alférez a capitán inclusivamente. *[oficial]*

oficina. f. Lugar donde se hace, ordena o trabaja alguna cosa. *[oficina]* // Departamento donde trabajan los empleados de asuntos públicos o privados. *[oficina]*

oficio. m. Ocupación habitual. *[ofici]* // Comunicado escrito referente a asuntos de oficina o corporación. *[ofici]* // Horas canónicas que los eclesiásticos han de decir cada día. *[ofici]* // Función sacra. *[ofici]*

ofrecer. v. tr. Poner alguna cosa a disposición de alguien. *[oferir]*

ofrenda. f. Don que se ofrece a Dios o a los santos. *[ofrena]* // Aquello que se ofrece a alguien. *[ofrena]*

ofuscar. v. tr. y pron. Deslumbrar. *[ofuscar]* // Trastornar, confundir las ideas. *[enterbolir]*

ogro. m. Gigante que, según la mitología de los pueblos del norte de Europa, se alimentaba de carne humana. *[ogre]*

oh! interj. Exclamación que sirve para invocar, manifestar alegría, dolor, sorpresa o maravilla, según el tono o manera de ser proferida. *[oh!]*

oído. m. Sentido que permite percibir los sonidos. *[oïda]* // Aparato de la audición. *[orella]*

oidor, ora. adj. y s. Que oye. *[oïdor]*

oír. v. tr. Percibir los sonidos por el sentido del oído. *[oir, sentir]* // Escuchar, poner atención a aquello que se puede percibir. *[oir]* // Escuchar la misa. *[oir missa]*

ojal. m. Corte hecho a una pieza de tela y adornado con puntadas de hilo para abotonarla. *[trau]*

ojeada. f. Mirada rápida. *[llambregada]*

ojeador. m. Cazador que espanta la caza para irla llevando al lugar donde están los otros cazadores. *[esquivador]*

ojear. v. tr. Mirar algo atentamente. *[ullar]*

ojeras. f. pl. Manchas amoratadas que bordean los párpados inferiores. *[ulleres]*

ojeriza. f. Aversión contra alguien. *[quimera]*

ojeroso, osa. adj. Con los ojos hundidos, turbios, cansados, como los que presentan los que tienen fiebre y los que están débiles. *[tresullat, ullerós]*

ojete. m. Especie de ojal redondo para meter un cordón o algo que sujete. *[ullet]*

ojo. m. Órgano de la visión. *[ull]* // Arco del puente. *[ull]* // Cavidad del pan, del queso y de otras sustancias esponjosas. *[ull]* // Agujero que tienen algunas cosas que recuerdan un ojo por su forma. *[ull]*

ola. f. Cada una de las elevaciones producidas en la superficie de un líquido agitado. *[ona]*

oleada. f. Ola de cierto tamaño. *[onada]* // Embate y golpe de la ola. *[onada]* // Movimiento impetuoso de una gran masa de gente. *[onada]*

olear. v. tr. Aceitar una ensalada u otro manjar *[oliar]* // Extremaunciar, administrar los santos óleos a los enfermos. *[pernoliar]*

oler. v. tr. Aspirar el aire por la nariz para sentir el olor de alguna cosa. *[olorar]* // Descubrir por algún indicio una cosa oculta. *[olorar]*

olfato. m. Sentido con el que se perciben los olores. *[olfacte]*

oligarquía. f. Forma de gobierno en que el poder queda en manos de unos pocos individuos. *[oligarquia]*

olimpiada u **olimpíada.** f. En la antigüedad griega, período de cuatro años comprendido entre dos celebraciones consecutivas de juegos olímpicos. *[olimpíada]* // Celebración de juegos olímpicos cada cuatro años en la edad moderna. *[olimpíada]*

olímpico, ímpica. adj. Perteneciente o relativo al Olimpo. *[olímpic]* // Relativo a Olimpia o a los juegos públicos que se celebraban en esta ciudad de la Grecia antigua y a los que se celebran actualmente. *[olímpic]*

oliscar. v. tr. e intr. Tr. Oler algo con cuidado y persistencia. *[ferumejar]* // Intr. Desprender olor, hacer mal olor, heder. *[tufejar]*

olivarda. f. Planta de flores amarillas, usada como astringente y también para cicatrizar. *[olivarda]*

olivo. m. Árbol de la familia de las oleáceas, cuyo fruto es la aceituna, de la que se extrae el aceite. *[olivera]*

olmo. m. Árbol de la familia de las ulmáceas, de tronco robusto y recto con hojas elípticas. *[om]*

olor. m. Impresión que los efluvios del cuerpo producen al olfato. *[olor]* // Sospecha de algo oculto o próximo a acontecer. *[olor]*

oloroso, osa. adj. Que hace olor, perfumado. *[flairós]*

olvidar. v. tr. Perder la memoria de alguna cosa, no recordarla, no tenerla presente en el espíritu. *[oblidar]* // No pensar en alguien o en alguna cosa por negligencia. *[oblidar]* // **-se.** No acordarse. *[oblidar-se]*

olvido. m. Acción y efecto de olvidar. *[oblit]* // Falta o cesación de memoria. *[oblit]*

olla. f. Recipiente redondo de metal, etc., de boca ancha, con asas, que se usa para cocer los alimentos. *[olla]* // Comida compuesta de carne, legumbres y verdura, todo cocido. *[olla]* // Cocido, puchero. *[olla]*

ombligo. m. Cicatriz que se forma en el medio del vientre, después de cortarse y secarse el cordón umbilical. *[melic]* // Cordón que va desde el vientre del feto a la placenta. *[melic]*

omisión. f. Acción y efecto de omitir. *[omissió]* // La cosa omitida. *[omissió]*

omiso, isa. adj. Dejado de lado, que comete omisión. *[omís]*

omitir. v. tr. Dejar de hacer o decir una cosa. *[ometre]*

ómnibus. m. Carruaje público muy grande para el transporte de personas en una población. *[òmnibus]*

omnipotencia. f. Poder omnímodo, atributo divino. *[omnipotència]* // Poder muy grande. *[omnipotència]*

omnipotente. adj. Atributo de Dios, que todo lo puede. *[omnipotent]* // fig. Que puede muchísimo. *[omnipotent]*

omóplato u **omoplato.** m. Hueso plano triangular que forma la parte posterior de la espalda y al que se articula el húmero. *[omòplat]*

once. adj. Diez y uno. *[onze]* // Undécimo. *[onzè]* // Signo o cifras que representan este número. *[onze]*

onda. f. Cada elevación que se forma al remover la superficie de un líquido. *[ona]* // Cada curva natural o artificial en algunas cosas flexibles. *[ona]*

ondear. intr. y tr. Intr. Hacer ondas un líquido, etc. *[onejar]* // Tr. Ondular. *[onejar]*

ondeo. m. Acción de ondear. *[oneig]*

ondular. v. tr. e intr. Tr. Hacer que los cabellos se vuelvan rizados, rizarlos. *[crespar]* // Intr. Moverse algo flexible haciendo ondas, como una bandera al viento, etc. *[ondular]*

oneroso, osa. adj. Que impone cargas, gastos. *[onerós]*

onza. f. Unidad de peso, la doceava parte de una libra romana. *[onça]* // Unidad de peso monetario, que era la octava parte del marco, siendo el marco el patrón ponderal usado para pesar monedas y metales: se divide en 8 onzas de 24 monedas, de 24 granos. *[onça]* // Moneda de oro que valía 80 ptas. de plata. *[onça]*

opaco, aca. adj. Que no permite el paso de la luz. *[opac]*

ópalo. m. Mineral silícico de lustre resinoso, duro y quebradizo. *[òpal]*

opción. f. Facultad de optar o elegir. *[opció]* // Elección de una cosa. *[opció]* // Derecho que uno tiene a un oficio, dignidad, etc. *[opció]*

ópera. f. Poema dramático musicado. *[òpera]* // Drama musical. *[òpera]*

operación. f. Acción y efecto de operar. *[operació]* // Ejecución de una cosa. *[operació]*

operar. v. tr. e intr. Tr. Cumplir un agente la obra que le es propia, obrar. *[operar]* // Someter a una operación. *[operar]* // Intr. Hacer una operación u operaciones. *[operar]*

operario, aria. m. y f. Trabajador manual. *[operari]*

opereta. f. Obra teatral ligera con fragmentos musicados. *[opereta]*

opimo, ima. adj. Rico, abundante, fértil, copioso. *[opim]*

opinar. v. intr. Tener opinión, enunciar su opinión. *[opinar]*

opinión. f. Concepto que uno tiene de una cosa, parecer. *[opinió]*

opio. m. Jugo extraído de la adormidera tierna dejada secar, y que se usa como narcótico. *[opi]*

oponer. v. tr. y pron. Poner una cosa delante de otra para obstaculizarla, combatirla, etc. *[oposar]*

oportunidad. f. Sazón, coyuntura, conveniencia de tiempo y lugar. *[oportunitat]*

oportuno, una. adj. Que viene a propósito, que sucede o actúa en el tiempo y ocasión convenientes. *[oportú]*

oposición. f. Acción y efecto de oponer o de oponerse. *[oposició]* // Contrariedad o repugnancia entre las cosas. *[oposició]* // Concurso de aspirantes a una cátedra, cargo, etc. *[oposició]*

opresión. f. Acción y efecto de oprimir. *[opressió]*

oprimir. v. tr. Ejercer presión sobre una cosa. *[oprimir]* // Tiranizar, causar vejación. *[oprimir]*

oprobio. m. Deshonor público, ignominia. *[oprobi]* // El que causa deshonor o ignominia. *[oprobi]*

optar. v. tr. e intr. Escoger entre cosas diferentes o caminos a seguir. *[optar]*

optativo, iva. adj. y s. Que pende de una opción, o la admite. *[optatiu]*

óptico, óptica. adj. Relativo o perteneciente a los fenómenos de la luz. *[òptic]* // m. y f. El que fabrica o vende aparatos ópticos. *[òptic]* // f. Estudio sobre los fenómenos de la luz. *[òptica]*

optimismo. m. Sistema filosófico que atribuye al mundo una gran perfección. *[optimisme]* // Propensión a ver y juzgar las cosas bajo el aspecto más favorable. *[optimisme]*

optimista. adj. Relativo o perteneciente al optimismo. *[optimista]* // m. y f. Que profesa optimismo. *[optimista]*

opuesto, esta. adj. Puesto frente a otro. *[oposat]*

opulencia. f. Abundancia de riquezas y bienes. *[opulència]* // Calidad de opulento. *[opulència]*

opulento, enta. adj. Que posee gran riqueza. *[opulent]*

opúsculo. m. Obra científica o literaria de poca extensión. *[opuscle]*

oración. f. Discurso, parlamento pronunciado en público. *[oració]* // Ruego, súplica que se hace a Dios o a los santos.

[oració] // En gramática, palabra o conjunto de palabras que son la expresión de un juicio. *[oració]*

oráculo. m. Respuesta de Dios, por sí o por sus representantes. *[oracle]* // Persona a quien se escucha con respeto por su mucha sabiduría. *[oracle]*

oraje. m. Tiempo de vientos fuertes, nieve, lluvia, etc. *[oratge, borrasca]* // Estado de la atmósfera. *[oratge]* // Viento del oeste, poniente (de tierra). *[oratge]*

oral. adj. Expresado con la boca. *[oral]* // Relativo a la boca o la palabra hablada. *[oral]*

orangután. m. Simio antropoide, de cuerpo robusto y brazos muy desarrollados. *[orangutà]*

orar. v. intr. Hablar en público intentando persuadir a los oyentes o mover su ánimo. *[orar]* // Hacer oración a Dios o a los santos. *[orar]*

oratoria. f. Arte de hablar con elocuencia para deleitar, persuadir o conmover por medio de la palabra. *[oratòria]*

oratorio, oria. adj. Relativo o perteneciente al orador o a la oratoria. *[oratori]* // m. Sitio destinado a la oración. *[oratori]* // Composición dramática y musical de tema religioso. *[oratori]*

orbe. m. Esfera celeste o terrestre. *[orbe]* // La redondez de la tierra, la tierra, el mundo. *[orbe]* // Conjunto de toda la creación. *[orbe]*

órbita. f. Camino seguido por un cuerpo celeste en su movimiento alrededor de un astro. *[òrbita]* // Cuenca del ojo. *[òrbita]*

orden. m. Concierto y buena disposición de las cosas. *[orde]* // Regla, método y manera de hacer las cosas. *[orde]* // Cada uno de los grupos en que se dividen las especies naturales. *[orde]* // En arquitectura, cada uno de los estilos de construcción. *[orde]* // f. Cada uno de los grados en el ministerio sacerdotal. *[orde]* // Instituto religioso aprobado por el papa. *[orde]* // Mandamiento que se ha de obedecer. *[orde]*

ordenación. f. Acción y efecto de ordenar o de ordenarse. *[ordenació]*

ordenado, ada. adj. Se dice de quien guarda orden y método en sus acciones. *[ordenat]*

ordenando. m. El que va a recibir las órdenes sagradas. *[ordenand]*

ordenanza. f. Método y orden en lo que se ejecuta. *[ordenança]* // m. Subalterno que tiene el cargo de llevar órdenes. *[ordenança]* // Conjunto de normas por las que se rige una colectividad. *[ordenança]*

ordenar. v. tr. Poner en orden. *[ordenar]* // Conferir órdenes sagradas. *[ordenar]* // Ordenar la ejecución de alguna cosa. *[ordenar]*

ordeñar. v. tr. Sacar la leche de una hembra apretando repetidamente la mama. *[munyir]*

ordinal. adj. y s. Que indica el lugar en un orden numérico. *[ordinal]*

ordinario, aria. adj. Falto de distinción. *[ordinari]* // Poco querido. *[ordinari]* // Que ocurre habitualmente. *[ordinari]* // m. Autoridad eclesiástica diocesana. *[ordinari]* // El que va y viene regularmente de una localidad a otra y hace los servicios que le encargan. *[ordinari]*

orégano. m. Planta herbácea aromática, usada como condimento. *[orenga]*

oreja. f. Órgano del oído. *[orella]* // Parte externa del oído. *[orella]* // Nombre de diferentes cosas parecidas a las orejas de un animal. *[orella]*

oreo. m. Viento suave y fresco. *[oreig, oratge]*

orfandad. f. Condición de huérfano. *[orfandat]* // Pensión que cobran algunos huérfanos. *[orfandat]*

orfebre. m. El que hace trabajos de orfebrería, platero. *[orfebre]*

orfebrería. f. Oficio de orfebre. *[orfebreria]* // Obra de orfebre. *[orfebreria]*

orfeón. m. Agrupación de canto coral. *[orfeó]*

orgánico, ánica. adj. Relativo o perteneciente a los órganos. *[orgànic]* // Relativo o perteneciente a una cosa constituida convenientemente. *[orgànic]*

organigrama. m. Esquema de la organización de una entidad, de una empresa, etc. *[organigrama]*

organismo. m. Conjunto de órganos que constituyen un ser vivo. *[organisme]* // Conjunto de personas organizado o constituido con una finalidad concreta. *[organisme]*

organizar. v. tr. y pron. Dar a alguna cosa una estructura orgánica, constituir alguna cosa de partes dependientes entre ellas destinada cada una a cumplir una función, acto, etc., especiales. *[organitzar]*

órgano. m. Cualquiera de las partes del cuerpo animal o vegetal que ejercen una función específica. *[òrgan]* // Conducto o medio que pone en comunicación dos cosas. *[òrgan]* // Instrumento o medio que sirve para realizar una acción. *[òrgan]* // Instrumento musical de muchos tubos y registros, y varios teclados. *[òrgan]*

orgasmo. m. El grado más alto de excitación, especialmente el sexual. *[orgasme]*

orgía. f. Festín donde se come y bebe desordenadamente y se cometen otros excesos. *[orgia]*

orgullo. m. Exceso de estimación propia, arrogancia y presunción. *[orgull]*

orientar. v. tr. Colocar alguna cosa en una posición determinada respecto a los puntos cardinales. *[orientar]* // Informar a alguien sobre un asunto. *[orientar]*

oriente. m. El punto del horizonte por donde sale el sol. *[orient]* // La parte de la tierra que mira a levante. *[orient]*

orificio. m. Abertura que forma la entrada de una cavidad. *[orifici]*

origen. m. Principio o causa de alguna cosa. *[origen]* // Punto de intersección de los ejes de las coordenadas. *[origen]*

original. adj. Relativo o perteneciente al origen. *[original]* // Que no se parece a los demás. *[original]* // No copiado, no imitado. *[original]* // m. Lo que sirve de modelo. *[original]*

originar. v. tr. Dar origen o comienzo a alguna cosa. *[originar]*

originario, aria. adj. Que tiene su origen en un lugar o cosa. *[originari]*

orilla. f. Extremidad, borde, margen, término de cualquier cosa. *[vora]* // Parte extrema de una pieza de ropa doblada y cosida. *[vora]*

orillar. v. tr. Ir por los bordes de un río, bosque, etc. *[vorejar]*

orín. m. Orina expelida. *[pixum]*

orín. m. Capa de óxido que se forma sobre el hierro y otros metales. *[rovell]*

orina. f. Líquido excrementicio amarillento, segregado por los riñones. *[orina]*

orinal. m. Utensilio para recoger la orina. *[orinal, cossiol]*

orinar. v. tr. y pron. Evacuar la orina, mear. *[pixar]*

oriundo, unda. adj. Originario. *[oriünd]*

orla. f. Orilla de los vestidos con algún adorno que los distingue. *[orla]* // Ornamento alrededor de un escrito impreso, etc. *[orla]* // Barandilla de la embarcación que por el lado ultrapasa la cubierta. *[orla]*

ornamentar. v. tr. Embellecer con ornamentos, adornar. *[ornamentar]*

ornamento. m. Lo que se añade a algo para embellecerlo o adornarlo. *[ornament]* // Vestiduras sagradas que usan los sacerdotes cuando celebran la santa misa. *[ornament]*

ornar. v. tr. y pron. Adornar. *[ornar]*

oro. m. Metal amarillo, muy pesado, sumamente dúctil y maleable. *[or]* // Dinero, riquezas. *[or]* // Carta de uno de los cuatro palos de la baraja. *[oro]*

orografía. f. Descripción de las montañas. *[orografia]* // Sistema montañoso de un país. *[orografia]*

orondo, onda. adj. Satisfecho y envanecido a la vez. *[cofoi]*

oropel. m. Hoja de latón muy fina que imita al oro. *[oripell]* // Cosa de poco valor y mucha apariencia. *[oripell]*

orquesta. f. Conjunto de músicos que tocan en un teatro o en un concierto. *[orquestra]* // Parte del teatro entre la escena y las butacas donde se colocan los músicos. *[orquestra]*

orquestar. v. tr. Componer o arreglar música para una orquesta. *[orquestrar]*

orquídea. f. Plantas herbáceas monocotiledóneas, cuyas flores tienen forma y color muy raros. *[orquídia]*

ortiga. f. Planta herbácea de la familia de las urticarias que crece en lugares abandonados y entre ruinas. *[ortiga]*
ortografía. f. Parte de la gramática que enseña a escribir correctamente las palabras y a utilizar debidamente los signos auxiliares. *[ortografia]*
ortografiar. v. tr. Escribir según las reglas de ortografía. *[ortografiar]*
ortopedia. f. Corrección de las deformidades del cuerpo a través de ciertos aparatos o tratamientos especiales. *[ortopèdia]*
oruga. f. Gusano de plantas cultivadas que se come sus hojas. *[gruga, eruga]*
orujo. m. Residuo de la aceituna después de la extracción del aceite. *[pinyol]*
orzuelo. m. Grano pequeño inflamatorio que nace en uno de los bordes de los párpados. *[mussol]*
os. Forma del pronombre de la segunda persona del plural que hace de complemento acusativo y dativo. *[vos]*
osa. f. Hembra del oso. *[óssa]* // Constelación del hemisferio boreal. *[óssa]*
osado, ada. adj. Ágil, resuelto, libre en la manera de presentarse o de caminar, bien plantado, gallardo. *[templat]* // Valiente, listo, resuelto. *[arriscat]*
osamenta. f. Esqueleto, conjunto de todos los huesos que forman el esqueleto. *[ossada, ossa]*
osar. v. intr. Emprender una cosa con audacia. *[gosar]* // Tener bastante valor para hacer una cosa. *[gosar]*
osario. m. Lugar donde se conservan los huesos humanos, sepultura, cementerio. *[ossera, carner, cementeri]*
oscilar. v. intr. Moverse alternativamente de un lado a otro. *[oscil·lar]* // Presentar alternativas con cierta regularidad. *[oscil·lar]*
oscurecer. v. tr. y pron. Hacer volver moreno o más oscuro. *[embrunir]*
oscuridad. f. Falta de luz o de claridad. *[fosca]* // Calidad de oscuro. *[foscor, foscúria, fosquedat]*
oscuro, ura. adj. Obscuro, falto de luz y claridad. *[fosc]* // **a oscuras.** loc. adv. Sin luz, sin claridad. *[a fosques]*
oso. m. Mamífero carnívoro, de abundante pelaje y rabo corto que vive en los bosques de las regiones frías. *[ós]*
ostensible. adj. Que puede mostrarse o manifestarse. *[ostensible]*
ostensión. f. Manifestación de una cosa. *[ostensió]*
ostentación. f. Acción y efecto de ostentar. *[ostentació]* // Jactancia y vanagloria. *[ostentació]*
ostentar. v. tr. Mostrar o manifestar algo. *[ostentar]*
ostentoso, osa. adj. Magnífico, suntuoso. *[ostentós]*
ostia. f. Ostra. *[ostra]* // Golpe dado con la mano plana. *[volea]* // Interj. Exclamación nada delicada que se confunde con el nombre «hostia». *[óstia]*
ostra. f. Molusco marino de doble concha irregular, muy apreciado como comestible. *[ostra]*
otero. m. Elevación escarpada del terreno, altozano, colina. *[turó]*
otoño. m. Estación del año que sigue al verano y precede al invierno. *[primavera d'hivern, tardor]*
otorgar. v. tr. Conceder algo a título de favor, o gracia. *[atorgar]* // Conceder algo que se pide. *[atorgar]* // Confesar, reconocer como verdadero. *[atorgar]*
otro, otra. adj. y pron. indef. Otra persona indeterminada, diferente de aquella de que se habla. *[altre, altri]*
ovación. f. Aplauso tributado atentamente a una persona o cosa. *[ovació]*
oval. adj. Aovado y curvilíneo. *[oval]* // Cualquier curva de esta clase, óvalo. *[oval]*
ovalado, ada. adj. Oval. *[ovalat]*
ovario. m. Órgano de reproducción femenino que contiene los óvulos. *[ovari]* // En las plantas la parte del pistilo que contiene los óvulos. *[ovari]*
oveja. f. Mamífero rumiante que se cría por su carne y su lana. *[ovella]*
ovillar. v. tr. Hacer ovillos. *[cabdellar]*
ovillo. m. Bola de hilo devanado. *[cabdell]*
ovíparo, ípara. adj. Dícese de los animales que se reproducen por huevos. *[ovípar]*

ovular. adj. Relativo o perteneciente al óvulo. *[ovular]*

óvulo. m. Producto del ovario que, fecundado, se convierte en el embrión de un nuevo ser. *[òvul]*

oxidar. v. tr. y pron. Transformar un cuerpo por la acción del oxígeno, combinar una substancia con oxígeno. *[oxidar]*

óxido. m. Cuerpo resultante de la combinación del oxígeno con un radical, y que puede formar sales por reacción con los ácidos. *[òxid]*

oxigenar. v. tr. y pron. Impregnar de oxígeno, tratar con oxígeno. *[oxigenar]*

oxígeno. m. Cuerpo simple gaseoso, incoloro, inodoro, insípido, que forma parte del aire y entra en la composición del agua. *[oxigen]*

oyente. adj. y s. Que escucha al que habla, canta, etc. *[oïdor]* // Dícese del que va a clase sin estar matriculado. *[oïdor]*

p p p p p p p p

p. f. Decimonona letra del abecedario. *[p]*

pabellón. m. Tienda de campaña de forma cónica. *[pavelló]* // Edificio aislado que forma parte de otro edificio. *[pavelló]* // Bandera nacional. *[pavelló]*

pábulo. m. Lo que fomenta algún afecto o pasión o mantiene alguna cosa viva. *[pàbul]*

paca. f. Fardo grande de alguna materia textil, prensado y atado. *[paca]*

pacer. v. tr. e intr. Tr. Apacentar, dar pasto a los ganados. *[pasturar]* // Intr. Comer el ganado la hierba de los campos. *[pasturar, péixer]*

paciencia. f. Virtud de sufrir con resignación todas las desgracias y obstáculos que se encuentran en la vida. *[paciència]* // Virtud cristiana opuesta a la ira. *[paciència]* // Espera sosegada de las cosas que uno desea. *[paciència]* // **pasta de paciencia** f. Galleta dulce, muy pequeña y dura. *[paciència]*

paciente. adj. Que tiene paciencia. *[pacient]* // m. y f. El que padece una enfermedad, etc. *[pacient]*

pacificación. f. Acción y efecto de pacificar. *[pacificació]*

pacificar. v. tr. Establecer la paz donde hay guerra o discordia. *[pacificar]* // Calmar, sosegar, apaciguar. *[pacificar]*

pactar. v. intr. Convenir. *[pactar]*

pacto. m. Convenio entre dos o más personas. *[pacte]*

padecer. v. tr. e intr. Tr. Recibir la acción de algo que nos causa un daño, dolor, etc. *[patir]* // Intr. Tener un mal o defecto habitual. *[patir]*

padrastro. m. El marido de la madre respecto a los hijos de ésta habidos en otro matrimonio. *[padrastre]* // Trocito de piel que se levanta junto a las uñas, repelón. *[padrastre]*

padre. m. Varón o macho respecto a sus hijos. *[pare]* // Título que se da a ciertos religiosos. *[pare]* // Creador de algo. *[pare]*

padrino. m. El que presenta a un niño al bautismo. *[padrí]* // El que asiste a una persona que recibe el sacramento de la confirmación, del matrimonio, de la ordenación, o a una persona que profesa en religión. *[padrí]* // El que protege a otro. *[padrí]*

padrón. m. Lista de habitantes de una población. *[padró]* // Cruz de término colocada en la entrada de un pueblo. *[peiró]*

paella. f. Dicho para el arroz «en paella», como denominación internacional del arroz cocinado «en paella» a la manera valenciana. *[paella]* // Sartén en que se hace. *[paella]*

paellero. m. Lugar donde se guardan «las paellas». *[paeller]* // Construcción en un patio, galería, etc., al raso, adecuada para cocer «el arroz en paella» con leña o gavillas. *[paeller]* // El que hace o prepara paellas. *[paeller]*

paga. f. Acción y efecto de pagar. *[paga]*

pagano, ana. adj. y s. Que adora a los falsos dioses. *[pagà]* // El que paga, o pagador, de quien otros abusan. *[pagà]*

pagar. v. tr. Satisfacer a alguien lo que se le debe. *[pagar]* // Satisfacer una deuda, el precio de una compra. *[pagar]* // **-se.** Enorgullecerse, dar mucha importancia de nuestro propio mérito, de un elogio, etc. *[pagar-se]*

pagaré. m. Documento con que uno se compromete a pagar una cantidad en un tiempo determinado. *[pagaré]*

pagel. m. Pez teleósteo de carne blanca y muy estimada como comestible. *[pagell]*

página. f. Cada una de las dos caras de la hoja de un libro o cuaderno. *[pàgina, plana]*

paginar. v. tr. Numerar las páginas de un libro, etc. *[paginar]*

pago. m. Acción de pagar lo que se debe. *[pagament]*

pagoda. f. Templo de algunas religiones orientales. *[pagoda]*

país. m. Territorio rural de una comarca, región, etc. *[país]*

paisaje. m. Vista de un paraje natural. *[paisatge]* // Pintura de un paisaje. *[paisatge]*

paisano, ana. adj. Que es del mismo país que otro. *[paisà]* // Que no es militar. *[paisà]*

paja. f. Tallo de trigo, cebada y otros granos, seca y separada del grano. *[palla]* // Lo que en un discurso, libro, etc., no tiene ningún valor ni sustancia. *[palla]*

pajar. m. Montón grande de paja. *[paller]* // Lugar donde se conserva la paja. *[paller, pallera]*

pájaro. m. Ave pequeña en general. *[pardal]* // Hombre astuto, que obra en provecho propio. *[pardal]*

paje. m. Criado joven de los grandes señores. *[patge]* // Joven, generalmente noble, que estaba al servicio de un príncipe, etc. *[patge]*

pajera. f. Horca que sirve para dar vuelta a la paja. *[pallera]* // Pajar pequeño. *[paller]*

pajita. f. Trozo de paja. *[palleta]* // Cada uno de los tallos de paja, tiras pequeñas de papel, etc., de diferentes longitudes que sirven para decidir algo al azar. *[palleta]*

pala. f. Instrumento con una hoja plana o trapecial adaptada a un mango, usada para enhornar y otros usos. *[pala]* // Parte ancha y delgada de diferentes instrumentos. *[pala]*

palabra. f. Aquello que es dicho. *[paraula]* // Promesa verbal. *[paraula]* // Vocablo en tanto que sirve para expresar el pensamiento. *[paraula]* // pl. Lo que se dice por oposición a lo que se hace. *[paraules]*

palacio. m. Edificio majestuoso y rico para habitación de un rey o un obispo; también de un gobierno del reino o de la ciudad. *[palau]* // Casa suntuosa y rica de un noble o magnate. *[palau]*

paladar. m. Parte superior de la cavidad bucal. *[paladar]* // Sabor que se encuentra en las comidas. *[paladar]* // Saborear el gusto de una cosa. *[paladejar]*

paladear. v. tr. y pron. Tomar poco a poco el gusto de una cosa. *[paladejar]* // Poner miel u otra cosa en el paladar de un recién nacido para que se aficione al pecho. *[enconar]*

paladial. adj. Sonido articulado en el paladar. *[palatal]*

paladín. m. Hombre valiente que se distingue por hechos de armas. *[paladí]* // Defensor a ultranza de una persona o cosa. *[paladí]*

palafito. m. Habitación construida en un lago sobre palos o estacas. *[palafit]*

palafrén. m. Caballo en el que va montado el criado que acompaña a su amo cuando va a caballo. *[palafré]*

palanca. f. Barra inflexible, con un punto de apoyo para levantar pesos. *[palanca]*

palangana. f. Utensilio o recipiente de barro cocido esmaltado o actualmente de porcelana, de gran diámetro y poca profundidad; jofaina. *[safa]*

palangre. m. Cuerda gruesa de donde cuelgan unas cuantas cuerdas pequeñas con anzuelos y que sirve para pescar. *[palangre]*

palanquear. v. tr. Operar con una palanca. *[palanquejar]*

palastro. m. Hierro laminado. *[palastre]*

palatal. adj. Relativo o perteneciente al paladar. *[palatal]* // Sonido articulado en el paladar. *[palatal]*

palatalizar. v. tr. Hacer palatal un sonido. *[palatalitzar]*

palco. m. Localidad independiente, con balcón, en las teatros y en otros lugares de recreo. *[palc]*
palear. v. tr. Remover con la pala el grano, un líquido, etc. *[palejar]* // Meter y sacar la pala en el horno. *[palejar]*
paleolítico, ítica. adj. Relativo o perteneciente a la primera cultura humana conocida. *[paleolític]*
paleozoico, oica. adj. Relativo o perteneciente al primer período geológico sedimentario, que es el segundo en el orden del tiempo. *[paleozoic]*
palestra. f. Lugar público donde se hacen las luchas, ejercicios gimnásticos, etc. *[palestra]* // Lugar público donde se celebran concursos literarios. *[palestra]*
paleta. f. Pala pequeña. *[paleta]* // Lámina delgada de madera, de forma generalmente ovalada, donde el pintor dispone los colores para pintar. *[paleta]*
paleto, eta. adj. y s. Persona inculta y rústica, patán, palurdo, babazorro. *[taujà]*
paliar. v. tr. Aliviar el efecto de ciertas enfermedades. *[pal·liar]* // Esconder, con excusas, la importancia de una falta. *[pal·liar]*
paliativo, iva. adj. y s. Que tiene virtud de paliar. *[pal·liatiu]*
palidecer. v. intr. Volverse pálido, amarillo o amarillento, tomar un color amarillento. *[esgroguelr-se]*
palidez. f. Calidad de pálido. *[pal·lidesa]*
pálido, álida. adj. Deficiente en color, en intensidad de color; no brillante. *[pàl·lid]* // Descolorido. *[pàl·lid]* // Desanimado, carente de expresión, hablando de obras literarias. *[pàl·lid]*
palio. m. Insignia pontifical que el papa da a los obispos como signo de jurisdicción. *[pal·li]* // Dosel sostenido con cuatro o más varas largas que se usa en las procesiones. *[pal·li]*
palique. m. Facilidad de palabra. *[verba, xerra, taba]*
paliza. f. Serie de golpes dados a alguien con la mano, con un bastón, etc. *[palissa]*
palma. f. Hoja o ramo de la palmera. *[palma]* // Nombre de varias plantas de los países cálidos. *[palma]* // Insignia de la victoria. *[palma]* // **palma de la mano.** Parte interna, ligeramente cóncava, de la mano. *[palmell, palma]*
palmada. f. Golpe dado con la mano plana. *[patacada]*
palmatoria. f. Lámpara de aceite con pie y asa. *[palmatòria]*
palmera. f. Árbol de la familia de las palmáceas, de hojas muy largas y que tiene por fruto el dátil. *[palmera]*
palmeta. f. Especie de paleta usada para dar, como castigo, golpes en la palma de la mano. *[palmeta]*
palmo. m. Distancia que hay entre la punta del dedo pulgar y la del dedo pequeño teniendo la mano abierta y los dedos extendidos. *[pam]* // Medida de longitud que, en el sistema valenciano, equivale a unos 22 centímetros y medio (226'5 mm.). *[pam]*
palo. m. Bastón largo y grueso. *[pal]* // Cada una de las cuatro clases de cartas de la baraja: oros, copas, espadas y bastos. *[coll]*
palomar. m. Lugar donde se recogen y crían las palomas. *[colomer]*
palomino. m. Palomo muy joven. *[colomí]*
palomo, oma. m. y f. Ave domesticada proveniente de la paloma torcaz. *[colom]*
palpar. v. tr. Tocar con las manos. *[palpar]* // Explorar, examinar, tocando con las manos. *[palpar]* // Tener conocimiento claro y tangible de algo. *[palpar]*
palpitar. v. intr. Contraerse o dilatarse alternativamente el corazón, latir, tener palpitaciones. *[palpitar]*
palpotear. v. tr. Pasear la mano por encima de alguna cosa palpándola. *[palpejar]*
paludismo. m. Enfermedad febril producida por mosquitos que habitan en lugares de aguas estancadas. *[paludisme]*
pámpana. f. Hoja de la vid, de la higuera, etc. *[pàmpol]*
pampanoso, osa. adj. Que tiene muchos pámpanos. *[pampolós]*

pan. m. Masa hecha de harina amasada con agua y cocida en el horno. *[pa]*

pana. f. Terciopelo o felpa con pelo de altura mediana. *[pana]*

panadería. f. Tienda u horno donde se vende el pan. *[fleca, forn]* // Casa donde hay un horno público para cocer pan. *[forn]*

panadero, era. m. y f. Quien hace o vende pan. *[forner]*

panadizo. m. Inflamación flemonosa subepidérmica en el extremo de los dedos. *[cercadits]*

panal. m. Conjunto de celdillas de cera que hacen las abejas para poner la miel. *[bresca]*

pancarta. f. Pergamino que contiene copiados varios documentos. *[pancarta]* // Cartel de tela, etc., sostenido por dos palos que se lleva en una manifestación, etc. *[pancarta]*

pandera. f. Pandero. *[pandero]*

pandereta. f. Instrumento músico con cascabeles o sonajas. *[pandereta]*

pandero. m. Instrumento de percusión, formado por una piel estirada sobre uno o dos arcos superpuestos y provisto de sonajas. *[pandero]*

panegírico. m. Discurso en elogio de una persona, de un santo. *[panegíric]*

panel. m. Cada uno de los compartimentos en que, para su ornamentación, se dividen los lienzos de pared, las hojas de puertas, etc. *[plafó]*

panfleto. m. Libro de muy pocas páginas, generalmente denigratorio. *[pamflet]*

pánico. m. Miedo excesivo, sin causa justificada. *[pànic]*

panícula. f. Espiga que tiene los ejes laterales ramificados. *[panolla]*

paniego, ega. adj. El que habitualmente come mucho pan. *[paner]*

panificar. v. tr. Transformar la harina en pan. *[panificar]*

panizo. m. Planta gramínea oriental, de tallo firme y hojas anchas. *[panís]* // Grano de esta planta, de color amarillo rojizo. *[panís]*

panoja. f. Espiga del maíz. *[panolla]*

panorama. m. Vista de un horizonte muy extenso. *[panorama]*

panquemado. m. Torta de harina, huevos, aceite, canela, azúcar y limón que se hace por las fiestas de pascua; hornazo. *[panou]*

pantalón. m. Pieza de vestir que cubre el tronco de la cintura hacia abajo y, separadamente, cada pierna hasta los pies. *[pantaló]*

pantalla. f. Lámina delgada de lienzo u otra materia para recoger la luz artificial, especialmente la proyección cinematográfica. *[pantalla]* // Superficie metálica para defender contra el fuego o una fuerte reverberación. *[pantalla]*

pantano. m. Depósito de agua en el fondo de un valle. *[pantà]*

panteón. m. En la antigüedad, templo consagrado a todos los dioses. *[panteó]* // Monumento funerario para el enterramiento de varios cadáveres. *[panteó]*

pantera. f. Leopardo con las manchas de la piel circulares y anilladas. *[pantera]*

pantomina. f. Pieza dramática en la que los personajes se expresan sólo con gestos. *[pantomima]*

pantufla. f. Zapato sin orejas ni talón, que se usa para ir por casa. *[plantofa]*

panza. f. Cavidad que contiene el estómago y los intestinos, vientre. *[panxa]* // Parte de una superficie que sale hacia fuera. *[panxa]*

panzudo, uda. adj. Que tiene mucha panza. *[panxut]*

pañal. m. Pieza de tela con la que se envuelve el cuerpo y las piernas de los niños de pecho. *[bolquer]*

pañero, era. adj. Perteneciente o relativo a los paños. *[draper]* // m. y f. Fabricante o vendedor de paños. *[draper]*

paño. m. Trozo de tela de lana, lino, etc. *[drap]* // Cualquier trozo de ropa para usos diversos. *[drap]*

pañuelo. m. Trozo de ropa cuadrado, de una sola pieza, que sirve para limpiarse el sudor y la nariz. *[mocador]* // Pieza grande de ropa que las mujeres llevan sobre los hombros. *[mocador]*

papa. m. Pontífice o jefe supremo de la Iglesia católica. *[papa]* // Voz infantil para llamar al padre. *[papà]* // Patata. *[patata]* // Sopas blandas que se dan a los niños. *[sopa]*

papagayo. m. Ave de plumaje de colores vivos, propia de los países tropicales. *[papagai]* // Persona muy charlatana. *[papagai]* // Pez teleósteo parecido al salmonete, pero más plano. *[raor]*

papanatas. m. Persona simple, crédula y de poca decisión. *[estaquirot]*

papar. v. tr. Engullirse algo sin masticar, tragar. *[papar]*

papel. m. Hoja delgada que se obtiene de una pasta hecha de trapos de hilo, de algodón o materia fibrosa, puesta en remojo y extendida en moldes. *[paper]* // Parte representada por un actor. *[paper]* // pl. Documentos que prueban la identidad, etc., de una persona. *[papers]*

papelear. v. intr. Manejar papeles. *[paperejar]*

papelera. f. Objeto para tener el papel de escribir, etc. *[paperera]* // Cesto donde se echan los papeles que no sirven. *[paperera]*

papelería. f. Fabricación o comercio del papel. *[papereria]* // Tienda donde se vende papel. *[papereria]*

papelero, era. adj. Relativo o perteneciente al papel. *[paperer]* // m. y f. Persona que fabrica o vende papel. *[paperer]*

papeleta. f. Hoja pequeña de papel en la que se notifica algo, etc., cédula. *[papereta]* // Asunto difícil de resolver. *[papereta]*

papelón. adj. y s. Se dice de la persona que aparenta más de lo que es. *[parencer]*

papera. f. Tumor que se produce en el cuello y mejillas. *[papera]*

papiro. m. Planta de la familia de las ciperáceas con cuyas fibras los antiguos fabricaban láminas para escribir sobre ellas. *[papir]* // Lámina formada con las fibras de esta planta. *[papir]*

papirote. m. Golpe dado con el dedo del medio sobre el pulgar haciendo que suene. *[garguilot]*

paquebote. m. Embarcación que lleva la correspondencia pública y también generalmente pasajeros. *[paquebot]*

paquete. m. Conjunto de cosas atadas y envueltas juntas. *[paquet]* // Envoltorio no muy grande. *[paquet]*

paquetería. f. Comercio de paquetes de hilo, algodón, etc. *[paqueteria]* // Conjunto de paquetes. *[paqueteria]*

paquidermo. adj. y m. Dicho de los animales de piel gruesa y dura, como elefantes, hipopótamos, cerdos, tapires, etc. *[paquiderm]]*

par. adj. Igual o semejante a otro. *[parell]* // Dicho del número que es divisible por dos. *[parell]* // m. Conjunto de dos cosas de la misma especie. *[parell]* // **a la par.** loc. adv. Expresión de igualdad entre el valor efectivo y el nominal de un título negociable. *[a la par]*

para. prep. Indica el destino, el objeto. *[per a]*

parábola. f. Narración que contiene una enseñanza moral. *[paràbola]* // En geometría, curva que resulta de cortar un cono por un plano paralelo a una de sus generatrices. *[paràbola]*

paracaídas. m. Aparato en forma de gran paraguas usado por los aviadores para limitar la velocidad del descenso. *[paracaigudes]*

parada. f. Acción y efecto de parar. *[parada]* // Lugar de venta. *[parada]* // Formación de tropas a las que se ha de pasar revista. *[parada]*

paradigma. m. Ejemplo, muestra completa de una cosa, especialmente de una conjugación o de una declinación. *[paradigma]*

paradoja. f. Especie insólita y aparentemente falsa. *[paradoxa]* // Aserción falsa o inexacta, que se presenta con apariencia de verdadera. *[paradoxa]*

parador. m. Lugar donde uno se para o va a parar. *[parador]*

parafernales. adj. pl. Bienes que aporta la mujer al matrimonio además de la dote, o los que adquiere durante el matrimonio por herencia o donación. *[parafernals]*

paráfrasis. f. Amplificación explicativa de un texto. *[paràfrasi]*

paragoge. f. Adición de una o más letras al final de una palabra. *[paragoge]*

paraguas. m. Utensilio que sirve para resguardarse de la lluvia, consistente en una tela cosida a unas varillas de acero articuladas. *[paraigua]*

paraíso. m. Jardín deleitoso en el que Dios puso al primer hombre. *[paradís]* // Estancia de los santos y bienaventurados. *[paradís]* // Cualquier lugar ameno y agradable. *[paradís]*

paraje. m. Lugar, sitio. *[paratge]* // Operación de disponer o arreglar una urdimbre. *[paratge]*

paralelo, ela. adj. Dicho de las líneas o planos que se mantienen constantemente equidistantes. *[paral·lel]* // m. Comparación de una cosa con otra. *[paral·lel]* // Cada uno de los círculos menores paralelos al ecuador y que sirven para determinar la latitud. *[paral·lel]*

parálisis. f. Pérdida parcial o total de la sensibilidad o del movimiento. *[paràlisi]*

paralizar. v. tr. y pron. Causar una parálisis. *[paralitzar]* // Impedir la acción o movimiento de una cosa. *[paralitzar]*

paramento. m. Aquello con que se atavía o adorna alguna cosa. *[parament]* // Cualquiera de las dos caras de una pared. *[parament]*

parámetro. m. Valor constante e invariable que entra en la ecuación de ciertas curvas. *[paràmetre]*

parangón. m. Comparación. *[parangó]*

parangonar. v. tr. Poner en comparación una cosa con otra. *[parangonar]* // En tipografía, justificar en una línea letras de cuerpos diferentes. *[parangonar]*

paraninfo. m. Sala de actos en algunas universidades. *[paranimf]* // El que hace el discurso de comienzo de curso en las universidades. *[paranimf]*

parapetar. v. tr. y pron. Defender con parapetos. *[parapetar]*

parapeto. m. Terraplén de defensa de las fortificaciones. *[parapet]* // Pared o baranda de defensa. *[parapet]*

parar. v. tr. e intr. Tr. Impedir la acción o movimiento. *[parar]* // Intr. y pron. Detenerse un vehículo, etc., en un punto determinado. *[parar]*

pararrayos. m. Aparato metálico que se coloca en la parte más alta de un campanario, de un edificio, etc., para protegerlos del rayo. *[parallamps]*

parasíntesis. f. Formación de palabras por derivación y composición a la vez. *[parasíntesi]*

parásito, ásita. adj. y s. Dicho de la planta o animal que vive a expensas de otro. *[paràsit]*

parasol. m. Sombrilla grande. *[para-sol]*

parca. f. Cada una de las tres deidades clásicas que hilan el hilo de la vida. *[parca]* // Nombre dado a la muerte. *[parca]*

parcela. f. Trozo reducido de terreno. *[parcel·la]*

parcelar. v. tr. Dividir en parcelas. *[parcel·lar]*

parcial. adj. Aplicado a una parte de un todo. *[parcial]* // Que procede con parcialidad. *[parcial]*

parco, arca. adj. Moderado en el uso de las cosas, en la comida, etc., sobrio. *[parc]*

parche. m. Trozo de tela cosido a un vestido para tapar un agujero. *[pedaç]* // Emplasto con ungüento o bálsamo, para ser aplicado en algún mal. *[pegat]*

parchís. m. Juego que se practica en un tablero con cuatro salidas y cuatro fichas por cada uno de los jugadores. *[parxís]*

pardillo. adj. y s. Aldeano, palurdo. *[rústic]* // m. Pájaro de lomo ceniciento y blanco de vientre. *[passerell]*

parecer. v. intr. Aparecer o dejarse ver alguna cosa. *[aparéixer]* // Opinar, creer. *[semblar, paréixer]* // Tener una apariencia o aspecto determinado, asemejar. *[paréixer]* // **-se.** Asemejarse. *[assemblar-se]*

parecido, ida. adj. Se dice del que se parece a otro. *[paregut, semblant]* // m. Semejanza, semblanza. *[esguard, retirança]*

pared. f. Obra de fábrica edificada para cerrar un espacio. *[paret]*

pareja. f. Conjunto de dos personas o cosas semejantes. *[parella]*

paremia. f. Sentencia breve, proverbio, refrán. *[parèmia]*

paréntesis. m. Oración incidental que rompe, sin alterarlo, el párrafo. *[parèn-*

tesi] // Cada uno de los signos ortográficos ( ) dentro de los que se puede introducir una oración incidental. *[parèntesi]*

paria. m. Miembro de una casta baja de la India. *[pària]* // Persona que es tenida por vil y excluida del trato común. *[pària]*

pariente, enta. adj. y s. Dicho del que es de la misma familia por razón de consanguinidad o afinidad. *[parent]*

parietaria. f. Planta urticácea de flores verdosas usada como emoliente. *[cama-roja]*

parir. v. tr. Expeler al tiempo debido, la hembra, el fruto de la concepción. *[parir]*

parlamentar. v. intr. Hablar o conversar unos con otros. *[parlamentar]* // Entrar en tratos intentando llegar a un acuerdo. *[parlamentar]*

parlamento. m. Discurso, razonamiento hablado. *[parlament]* // Asamblea legislativa de los estados constitucionales. *[parlament]* // Recitado largo de un actor en la representación teatral. *[parlament]*

parlar. v. intr. Hablar con desembarazo. *[parolejar]* // Hablar mucho y sin sustancia. *[barbollar]*

parnaso. m. Conjunto de poetas de un pueblo, de un tiempo, determinado. *[parnàs]*

paro. m. Acción y efecto de parar. *[atur]*

parodia. f. Imitación burlesca de una obra seria. *[paròdia]* // Lo que quiere parecer una cosa que no es. *[paròdia]*

parodiar. v. tr. Hacer una parodia, imitar grotescamente. *[parodiar]*

parónimo, ónima. adj. Aplicado a las palabras que tienen relaciones de forma, sonido, semejanza o etimología. *[parònim]*

paroxismo. m. Máximo de intensidad de un acceso. *[paroxisme]*

parpadear. v. intr. Mover los párpados reiteradamente. *[parpellejar]*

párpado. m. Membrana movible que cubre el ojo. *[parpella]*

parque. m. Extensión de terreno cercado con jardines, bosque, etc. *[parc]*

parra. f. Vid que se deja crecer y que se extiende en numerosas ramas. *[parra]*

párrafo. m. Cada una de las divisiones de un escrito o de un discurso. *[paràgraf]*

parricidio. m. Muerte violenta dada al padre o a la madre. *[parricidi]*

parrilla. f. Instrumento de hierro, con un mango para poder poner al fuego lo que hay que asar. *[graella]*

parriza. f. Parra silvestre y la uva que produce. *[parrús]*

parroquia. f. Iglesia o templo donde son administrados los sacramentos, y territorio de su jurisdicción territorial. *[parròquia]* // Clientela de un comerciante o industrial. *[parròquia]*

parte. f. Trozo o porción de algo. *[part]* // Lo que corresponde a cada uno cuando se distribuye una cosa. *[part]* // Lugar, sitio, lado. *[part]*

partear. v. tr. Asistir la matrona al parto, al alumbramiento del ser humano. *[llevar]*

parterre. m. Espacio de jardín adornado con flores, con sus senderos, etc. *[parterre]*

partición. f. Acción y efecto de partir o dividir. *[partició]* // Distribución de las partes de una cosa. *[partició]*

participar. v. tr. e intr. Tr. Dar noticia de algo. *[participar]* // Intr. Tomar, tener parte en algo. *[participar]*

partícipe. adj. y s. Que tiene parte en algo. *[partícip]*

participio. m. Adjetivo verbal que admite los adjuntos y la construcción del verbo del que deriva. *[participi]*

partícula. f. Parte muy pequeña de un cuerpo. *[partícula]* // En gramática, elemento del lenguaje que generalmente se une a otras palabras. *[partícula]*

particular. adj. Propio o privativo de una cosa. *[particular]* // m. Persona privada. *[particular]* // Singular, individual. *[particular]*

partida. f. Acción y efecto de partir o irse. *[partida]* // Asentamiento o registro de nacimiento, bautismo, matrimonio o defunción. *[partida]* // Cada uno de los artículos parciales que contiene una cuenta. *[partida]* // Cantidad de género. *[partida]* // Número de puntos necesario para ganar un juego. *[partida]* // Sesión de juego. *[partida]* // Conjunto de gente organizada para algún fin. *[partida]*

partidario, aria. adj. y s. Adicto a algún partido, a una persona o cosa. *[partidari]*

partido. m. Conjunto de personas que siguen o defienden una misma opinión, etc. *[partit]* // División territorial sujeta a una jurisdicción o administración. *[partit]* // En ciertas competiciones deportivas, serie de jugadas que duran hasta alcanzar un límite definido. *[partit]*

partidor, ora. m. y f. El que parte algo. *[partidor]* // m. Nombre de algunos instrumentos que sirven para partir. *[partidor]*

partir. v. tr. e intr. Tr. Romper por el medio, hender. *[partir]* // Dividir. *[partir, dividir]* // Intr. Irse. *[partir]* // Tomar un hecho, una fecha, etc., como base para un razonamiento, un cálculo, etc. *[partir]* // **-se.** Separarse. *[partir-se]*

partitivo, iva. adj. Que designa una parte de un todo. *[partitiu]*

partitura. f. Reunión conjunta de todas las partes de una composición musical. *[partitura]*

parto. m. Acción de parir. *[part]*

parva. f. Tendido de gavillas que se pone en la era. *[batuda]*

parvedad. f. Corta porción de alimento que se toma por la mañana los días de ayuno. *[parva]*

parvulario. m. Escuela de párvulos. *[parvulari]*

párvulo, árvula. m. y f. Niño, especialmente en el lenguaje escolar. *[pàrvul]*

pasa. f. Uva escaldada y desecada al sol. *[pansa]*

pasacalle. m. Acto de recorrer las calles del pueblo con la música antes de comenzar una función o fiesta. *[cercavila]*

pasadizo. m. Paso largo y estrecho. *[passadís]*

pasado. m. Aquello que ha tenido lugar en otro tiempo. *[passat]*

pasador, ora. adj. y s. Que puede pasar, tolerable. *[passador]* // Especie de aguja usada por las mujeres para sostener el peinado. *[passador]* // Colador con fondo de tela metálica. *[passador]* // m. Pieza de hierro corredera de una cerradura. *[pestell]*

pasaje. m. Acción de pasar. *[passatge]* // Precio que se paga por un viaje. *[passatge]* // Trozo de un libro, discurso, etc. *[passatge]*

pasajero, era. adj. y s. Que pasa de prisa, o que dura poco. *[passatger]* // Viajero. *[passatger, viatger]*

pasamano. m. Galón para ornamentar o guarnecer. *[passamà]* // Orilla de los balcones o barandillas. *[passamà]*

pasaporte. m. Documento en el que se da permiso de paso a un país extranjero. *[passaport]*

pasar. v. tr. e intr. Tr. Llevar una cosa de un lugar a otro. *[passar]* // Atravesar. *[travessar, passar]* // Secar una fruta u otra cosa al sol o con lejía. *[pansir]* // Intr. Transcurrir el tiempo. *[passar]* // Llegar más allá del límite señalado. *[passar]*

pasarela. f. Puente pequeño, tablón, etc., que permite atravesar un río o torrente. *[passarel·la]*

pasatiempo. m. Entretenimiento, cosa que nos ayuda a pasar el tiempo. *[passatemps]*

pascua. f. Fiesta que se celebra en recuerdo de la resurrección de Jesucristo. *[pasqua]* // Cualquiera de las fiestas de Navidad y Pentecostés. *[pasqua]*

pase. m. Contraseña de libre acceso. *[passe]*

pasear. v. intr. y tr. Intr. Ir de un lado a otro para tomar el aire, etc. *[passejar]* // Tr. Llevar a pasear. *[passejar]*

paseo. m. Acción de pasear. *[passeig]* // Lugar para pasear. *[passeig]*

pasera. f. Cada una de las piedras, etc., convenientemente colocadas para poder pasar un río, torrente, etc. *[passera]*

pasillo. m. Paso largo y estrecho. *[passadís]*

pasión. f. Cada parte del evangelio que describe la pasión de Jesucristo. *[passi, passió]* // Acción de padecer o sufrir, especialmente el suplicio de Jesucristo. *[passió]* // Inclinación viva, vehemente, hacia una persona o cosa. *[passió]* // Afecto desordenado del espíritu. *[passió]*

pasivo, iva. adj. Que recibe una acción. *[passiu]* // Que deja hacer a los otros sin él hacer nada. *[passiu]* // m. Conjunto de los débitos de una persona. *[passiu]*

pasmar. v. tr. y pron. Dejar estupefacto, atónito. *[esbalair, atabollar]*

pasmo. m. Espanto muy fuerte, miedo convulsivo. *[espasme]*

paso. m. Cada uno de los movimientos que hace el hombre cuando camina. *[pas, passa]* // Acción y efecto de pasar. *[pas]* // Representación plástica de algún momento de la pasión del Señor. *[pas]* // Medida de longitud del largo de un paso. *[passa]* // Cada parte del evangelio que describe la pasión de Jesucristo. *[passi]*

pasquín. m. Escrito anónimo fijado en un lugar público. *[pasquí]*

pasta. f. Mezcla de harina y agua o de otros alimentos que sirve para hacer pan, fideos y toda clase de pasteles. *[pasta]* // Preparación propia para la fabricación de papel o de otras materias. *[pasta]*

pastar. v. intr. Conducir el ganado al pasto. *[pasturar]* // Comer el ganado la hierba de los campos. *[pasturar, péixer]*

pastel. m. Masa de harina, azúcar y mantequilla u otros ingredientes, cocida al horno. *[pastís, pasta]*

pastelería. f. Lugar donde hacen o venden pasteles. *[pastisseria]* // Conjunto de pasteles. *[pastisseria]*

pastelero, era. m. y f. El que hace o vende pasteles. *[pastisser]*

pastilla. f. Porción pequeña de pasta cuadrangular o redonda de azúcar o medicinal. *[pastilla]*

pasto. m. Acción de pastar el ganado. *[pastura]* // El lugar donde pace. *[pastura]* // La hierba que pace. *[pastura]*

pastor, ora. m. y f. El que guarda y apacienta los ganados. *[pastor]* // m. Eclesiástico que cuida de las almas. *[pastor]* // Sacerdote protestante. *[pastor]*

pastoral. adj. Relativo o perteneciente a los pastores. *[pastoral]* // f. Escrito episcopal. *[pastoral]*

pastoril. adj. Relativo o perteneciente a los pastores. *[pastoral]*

pastoso, osa. adj. Que forma como una pasta. *[pastós]* // Parecido a la pasta. *[pastós]*

pata. f. Pie y pierna de los animales. *[pota, cama]* // Hembra del pato. *[ànega]*

pataca. f. Pan cocido que tiene forma de media luna. *[pataca]*

patada. f. Golpe dado con la pata o con el pie. *[potada, guitza, colp de peu]*

patata. f. Tubérculo comestible de la patatera solanácea de origen americano. *[creïlla, patata, pataca]*

patatera. f. Planta solanácea de rizoma tuberculoso y flores blancas y moradas. *[creïllera]*

patear. v. tr. Dar golpes con los pies. *[potejar]* // Dar muchos pasos para resolver un asunto. *[camejar]* // Protestar con golpes fuertes y repetidos de los pies ante un espectáculo o intervención de alguien que desagrada al público. *[picar de peus, rebentar]* // Tratar con poca consideración. *[maltractar]*

patena. f. Plato de oro o de plata donde el sacerdote pone la hostia durante la misa. *[patena]*

patentar. v. tr. Conceder o registrar una patente. *[patentar]*

patente. adj. Evidente, manifiesto. *[patent]* // f. Documento en el que es reconocido algún cargo, derecho o privilegio de invención. *[patent]*

patentizar. v. tr. Hacer patente algo, manifestar. *[palesar]*

paterno, erna. adj. Relativo o perteneciente al padre. *[patern]*

patíbulo. m. Lugar en que se ejecuta la pena de muerte. *[patíbul]*

patilla. f. Porción de pelo o barba que se deja crecer en cada mejilla. *[patilla]*

patín. m. Aparato que se fija a la suela del

calzado y que sirve para deslizarse sobre el hielo o una superficie lisa. *[patí]*
pátina. f. Capa verdosa que recubre los objetos de bronce por una larga exposición al aire. *[pàtina]* // Tono que con el tiempo toman las pinturas y demás objetos antiguos. *[pàtina]*
patinar. v. intr. Deslizarse con patines por cualquier superficie lisa. *[patinar]* // Resbalar un vehículo sin funcionar las ruedas. *[patinar]*
patio. m. Espacio cerrado y descubierto de los edificios. *[pati]*
patizambo, amba. adj. Que tiene las piernas arqueadas. *[garrell]*
pato. m. Ave palmípeda de pico más ancho en la punta que en la base, cuello y torso cortos y carne comestible. *[ànec]*
patología. f. Ciencia que trata de las enfermedades. *[patologia]* // Condición de un órgano, tejido, etc., producida por una enfermedad. *[patologia]*
patria. f. La tierra o país donde se ha nacido. *[pàtria]* // País al que se pertenece como ciudadano. *[pàtria]*
patriarca. m. Cabeza de familia. *[patriarca]* // Nombre dado a ciertos personajes del Antiguo Testamento. *[patriarca]* // Título de dignidad concedido a los obispos de algunas iglesias. *[patriarca]*
patricio, icia. m. y f. En la antigua Roma, el que pertenecía a la clase noble. *[patrici]* // Persona que sobresale por su origen o virtudes. *[patrici]*
patrimonio. m. Bienes heredados de los padres o adquiridos por cualquier título. *[patrimoni]*
patrio, atria. adj. Relativo o perteneciente a la patria. *[patri]* // Paterno. *[patern, patri]*
patriota. m. y f. El que ama su patria. *[patriota]*
patrocinar. v. tr. Defender, proteger una empresa, etc. *[patrocinar]*
patrocinio. m. Protección o sostenimiento otorgado a alguien o a algo. *[patrocini]*
patrón, ona. m. y f. Santo titular de una iglesia, una congregación, etc. *[patró]* // Muestra que sirve de modelo. *[patró]* // El que dirige una embarcación. *[patró]*
patronato. m. Derecho o título de patrono. *[patronat]* // Corporación formada por los patronos. *[patronat]*
patronímico, ímica. adj. Que se deriva del nombre de un antecesor. *[patronímic]*
patrono, ona. m. y f. Dueño de un establecimiento comercial, industrial, respecto de sus dependientes, obreros, etc. *[patró]* // El que tiene derecho de patronato en algo. *[patró]*
patrulla. f. Partida de soldados o gente armada, poco numerosa, que ronda para mantener el orden de una ciudad, campamento, etc. *[patrulla]*
patulea. f. Soldadesca en desorden. *[patuleia]* // Gente desbandada y de mala clase. *[patuleia]*
patullar. v. tr. Dar muchos pasos para resolver un asunto. *[camejar]*
pausa. f. Interrupción momentánea de la acción. *[pausa]*
pauta. f. Patrón, norma. *[pauta]* // Raya horizontal que sirve de guía; el conjunto de estas rayas. *[pauta]*
pavés. m. Escudo largo y oblongo que cubría casi todo el cuerpo. *[pavés]*
pavesa. f. Chispa que se desprende de un cuerpo en combustión. *[purna]*
pavimentar. v. tr. Revestir de pavimento. *[pavimentar]*
pavimento. m. Revestimiento del suelo para que sea sólido y uniforme. *[paviment]*
pavo, ava. m. Ave del orden de las gallináceas, de medio metro de largo y plumaje negruzco. *[titot, polit]* // f. Hembra del pavo. *[polida]*
pavón. m. Capa superficial de óxido abrillantado que se aplica a las piezas de acero para evitar su corrosión. *[pavó]*
pavonar. v. tr. Revestir con pavón la superficie de un metal ferroso. *[pavonar]*
pavonearse. v. pr. Hacerse el valiente, alzar la voz con amenaza. *[gallejar]*
pavor. f. Grima, temor, espanto que perturba el espíritu. *[basarda, feredat]*
payasada. f. Acto propio de un payaso. *[pallassada]*

payaso. m. Bufón que excita la risa con vestidos y gestos ridículos. *[pallasso]*

payés, esa. m. y f. Hombre, mujer, del campo. *[pagés]*

payesía. f. Conjunto de payeses. *[pagesia]*

paz. f. Estado de tranquilidad o quietud de un país o entre los miembros de una familia, etc. *[pau]* // Ceremonia de la misa cantada en la que el celebrante besa el altar y después abraza al diácono y éste al subdiácono. *[pau]* // Imagen o reliquia que dan a besar al pueblo durante la misa. *[pau]*

pe. f. Nombre de la letra «p». *[pe]*

peaje. m. Derecho que se paga para pasar un camino, puente, etc. *[peatge]*

peal. m. Calzado de tela o de punto para abrigar el pie. *[peüc]*

peana. f. Pedestal de una figura o de un altar. *[peanya]*

peatón. m. El que anda a pie. *[peó]*

pebete. m. Incensario sostenido con un pie. *[pevet]* // El mismo perfume que se quema en él. *[pevet]* // Pasta aromática que al quemarse produce un olor suavísimo. *[pevet]*

pebrina. f. Pimiento de la clase más picante y más corto que la guindilla. *[nyora, nyoreta]*

peca. f. Mancha oscura producida en la piel humana. *[piga]*

pecado. m. Transgresión de la ley de Dios o de un precepto de la Iglesia. *[pecat]*

pecar. v. intr. Cometer una falta contra la ley divina. *[pecar]* // Excederse en cualquier obligación. *[pecar]*

pécora. f. Oveja. *[pècora]* // Persona bestia, muy corta de entendimiento. *[pècora]*

pecoso, osa. adj. Que tiene pecas. *[pigat, pigallós, pigós]*

pectoral. adj. Relativo o perteneciente al pecho. *[pectoral]* // m. Cruz que como insignia pontifical llevan sobre el pecho los obispos y otros prelados. *[pectoral]*

peculiar. adj. Propio o privativo de una persona o cosa. *[peculiar]*

peculio. m. Dinero que particularmente tiene cada uno. *[peculi]*

pecha. f. Tributo que se pagaba al rey o al señor territorial por los bienes que se poseían. *[peita]*

pechera. f. La parte anterior del pecho. *[pitrera, pitera]* // El pecho de los animales. *[pitrera]* // El espacio entre el pecho y el abrigo que lo cubre, el seno. *[pitrera]*

pechero. m. Babero, trozo de tela, etc., que se pone a los niños pequeños delante del pecho para que no se ensucien al comer. *[pitet]*

pechina. f. Concha de molusco semicircular, de dos valvas. *[petxina]*

pecho. m. La parte ósea y la interior del tórax. *[pit]* // Parte del cuerpo humano que se extiende desde el cuello al vientre y contiene el corazón y los pulmones. *[pit]* // Parte anterior del tronco de los animales. *[pit]* // Cada una de las mamas de la mujer. *[pit]* // Coraje, valor. *[pit]*

pecho. m. Tributo que se pagaba al rey o al señor territorial por los bienes que se poseían. *[peita]*

pechuga. f. Pecho del ave. *[pit]* // Pecho del hombre o de la mujer. *[pit]*

pedagogía. f. Arte de enseñar y educar a los niños. *[pedagogia]* // Ciencia, principios y reglas de la enseñanza. *[pedagogia]*

pedal. m. Pieza que mueve un mecanismo apretándola con el pie. *[pedal]*

pedalear. v. intr. Mover los pedales. *[pedalejar]*

pedáneo, ánea. adj. Aplicado a la alcaldía de un pueblo o aldea que sólo puede resolver cuestiones de poca importancia. *[pedani]*

pedante. adj. Que tiene pedantería. *[pedant]* // m. y f. El que hace ostentación inoportuna de erudición o de saber. *[pedant]*

pedantería. f. Calidad de pedante. *[pedanteria]* // Acto propio de un pedante. *[pedanteria]*

pedazo. m. Harapo de tela que cuelga. *[péntol]* // Trozo de una cosa desgarrada. *[péntol]*

pedestal. m. Pie o soporte de una columna, estatua, etc. *[pedestal]*

pedestre. adj. Que va a pie o que se hace a pie. *[pedestre]* // fig. Vulgar, falto de elevación espiritual. *[pedestre]*

pediatría. f. Rama de la medicina que trata de las enfermedades de los niños. *[pediatria]*

pedir. v. tr. Expresar a alguien lo que se desea obtener de él. *[demanar, reclamar]* // Poner precio a una mercancía. *[demanar]* // Exigir. *[exigir]*

pedo. m. Ventosidad evacuada por el ano con ruido. *[pet]* // fig. Embriaguez. *[pet]*

pedrada. f. Golpe dado con una piedra. *[codolada]*

pedrea. f. Acción de apedrear o tirar piedras. *[pedrega, pedregada]* // Pelea o riña a pedradas. *[pedrega]*

pedrisco. m. Piedra o granizo que cae de las nubes. *[pedregada]* // Acción de apedrear o tirar piedras. *[pedrega]*

pedúnculo. m. En botánica, tallo que sostiene la hoja, la flor o el fruto. *[peduncle]*

peer. v. intr. y pron. Echar pedos, ventosidades ruidosas. *[petejar]*

pega. f. Sustancia negra o de color muy oscuro, extraordinariamente viscosa. *[pega, pegunta]*

pegadizo, iza. adj. Que se pega, que se coge con facilidad. *[apegalós]*

pegado. m. Emplasto con ungüento o bálsamo, para ser aplicado en algún mal. *[pegat]*

pegajoso, osa. adj. Que se pega, que se coge con facilidad. *[apegalós]* // Que se hace molesto por exceso de amabilidad, de familiaridad. *[apegalós]*

pegar. v. tr. y pron. Adherir o juntar una cosa con otra. *[apegar]* // Contagiar enfermedades, vicios, costumbres, opiniones, etc. *[apegar, contagiar]* // Dar un golpe, un empujón, etc. *[pegar]*

pegote. m. Emplasto de pez. *[pegot]* // Cosa que no hace ningún buen efecto en el lugar donde se ha colocado. *[pegot]*

peinador, ora. adj. y s. Que peina. *[pentinador]* // m. Cuerpo de tela ligera que se ponen las mujeres, especialmente para peinarse. *[pentinador]*

peinar. v. tr. y pron. Desenredar, limpiar o componer los cabellos. *[pentinar]*

peine. m. Utensilio que consiste en una lámina de madera, metal, marfil, cuerno, etc., u otra materia dura, con muchas púas paralelas espesas para desenredar, aclarar y peinar los cabellos. *[pinta]* // Pieza arqueada que llevan las mujeres en la cabeza para sujetar el cabello o como ornamento. *[pinta]*

pejesapo. m. Pez teleósteo comestible, de cabeza muy ancha y boca muy gruesa. *[rap]*

pejiguera. m. Cosa que nos produce trastorno o dificultad sin provecho. *[tripijoc]* // Enredo, maraña. *[tripijoc]*

pelada. f. Erosión en la piel. *[pelada]*

peladilla. f. Almendra azucarada. *[peladilla]* // Piedra lisa y redondeada de río. *[cinca]*

pelaje. m. El pelo de un animal. *[pelatge]*

pelar. v. tr. y pron. Quitar el pelo. *[pelar]* // Quitar la piel, corteza, etc. *[pelar]*

peldaño. m. Pieza que viene a cierta altura sobre otra. *[graó]*

pelear. v. intr. Batallar, combatir, reñir con o sin armas. *[batallar, renyir]* // **-se.** Reñir, desavenirse, enemistarse. *[renyir, barallar-se]*

pelícano. m. Ave acuática de plumaje blanco. *[pelicà]*

película. f. Piel o membrana muy delgada. *[pel·lícula]* // Tira de celuloide con una colección de imágenes fotográficas para ser reproducidas en el cinematógrafo. *[pel·lícula]* // Conjunto y argumento de dichas imágenes. *[pel·lícula]*

peligrar. v. intr. Estar en peligro. *[perillar]*

peligro. m. Posibilidad inminente de algún daño o pérdida. *[perill]*

pelirrojo. adj. y s. Dicho de la persona, etc., de pelo rojo. *[roig]*

pelo. m. Filamento que crece en la piel de la mayor parte de los mamíferos. *[pèl]* // Conjunto de estos filamentos. *[pèl]* // Cosa de poca importancia. *[pèl]*

pelota. f. Bola de goma o de otra materia usada para jugar. *[pilota]* // Masa de pan rallado, carne triturada, etc., que se suele añadir al cocido para hacerlo más sustancioso. *[pilota]*

pelotear. v. intr. Jugar a la pelota para calentarse antes de empezar la partida. *[pilotejar]*

peloteo. m. Acción de pelotear. *[piloteig]* // Movimientos de la pelota hasta hacer un punto del juego. *[piloteig]*

pelotero. m. Encargado de administrar el trinquete de jugar a la pelota y cobrar los derechos de las pelotas. *[trinqueter]*

pelotón. m. Montón de cosas en desorden. *[pilot]* // Masa unida de materias formando una bola. *[pilot]*

peluca. f. Cabellera postiza. *[peluca]*

peludo, uda. adj. Que tiene mucho pelo. *[pelut]* // m. Estera o alfombra de esparto con pelo. *[pelut]*

peluquero, era. m. y f. El que tiene por oficio cortar los cabellos, peinar la cabellera de las mujeres. *[peluquer]* // El que hace o vende pelucas. *[peluquer]*

pella. f. Masa unida de materias que forman una bola. *[pilot]*

pelleja. f. Trozo de piel arrancada del cuerpo de un animal. *[pelleringa]*

pellejo. m. Trozo de piel que se desprende del cuerpo de una persona o animal o de una fruta. *[pellerenca]* // Piel de una fruta o legumbre, perfolla. *[pellofa]* // Odre. *[cuiro, cuir]*

pelliza. f. Vestido de pieles o forrado de pieles. *[pellissa]*

pellizcar. v. tr. Apretar una porción de piel, carne, etc., de alguien o de algo entre el dedo pulgar y otro dedo. *[pessigar]* // Tomar con los dedos, la boca, etc., una pequeña cantidad de alguna cosa, unos granos de una fruta, etc. *[pessigar]*

pellizco. m. Apretón que se hace pellizcando. *[pessic]* // La señal que deja sobre la piel. *[pessic]* // Porción de algo que se toma con los dedos. *[pessic]*

pena. f. Sufrimiento, castigo impuesto por una falta o delito. *[pena]* // Dolor o aflicción grande. *[pena]* // Dificultad, trabajo. *[pena]* // En náutica, parte más delgada de la antena. *[pena]*

penacho. m. Conjunto de plumas usado como ornamento. *[plomall, plomer]* // Grupo de plumas que tienen ciertas aves sobre la cabeza. *[plomall, plomer]*

penal. adj. Relativo o perteneciente a la pena. *[penal]* // m. Lugar donde los penados cumplen penas superiores a las de arresto. *[penal]*

penar. v. tr. e intr. Tr. Imponer una pena a alguien. *[penar]* // Intr. Padecer un dolor, un trabajo, etc. *[penar]*

penca. f. Tira ancha y gruesa que se saca de algo. *[penca]* // Hoja, rama carnosa de ciertas plantas y hortalizas. *[penca]*

pender. v. intr. Estar una cosa sostenida por su parte superior. *[penjar]*

pendiente. adj. Que cuelga. *[pendent]* // Que está por resolver. *[pendent]* // Declive de un terreno. *[pendent]*

pendón. m. Bandera o estandarte que era usado como insignia de un caballero, de un regimiento, etc. *[penó, pendó]* // Mujer de mal vivir. *[pendanga]*

péndulo, éndula. adj. Que cuelga. *[pèndul]* // m. Cuerpo suspendido que puede oscilar colgado de un hilo o de una barrita. *[pèndol]*

pene. m. Miembro viril. *[penis]*

penetrante. adj. Que entra fácilmente. *[penetrant]* // m. Lugar por donde se entra dentro de una finca rústica. *[entrador]*

penetrar. v. tr. Entrar en una cosa. *[penetrar]*

penicilina. f. Sustancia obtenida de los cultivos de algunos hongos, que evita el crecimiento de múltiples microbios. *[penicil·lina]*

península. f. Tierra rodeada de agua unida a una extensión mayor de tierra por un istmo. *[península]*

penitencia. f. Arrepentimiento de haber pecado. *[penitència]* // Sacramento por el que son perdonados los pecados del pecador arrepentido. *[penitència]* // Pena que impone el confesor como satisfacción del pecado. *[penitència]*

penitente. adj. y s. Que se arrepiente de haber pecado. *[penitent]* // Que hace penitencia. *[penitent]*

pensamiento. m. Acción y efecto de pensar. *[pensament]* // Facultad de pensar. *[pensament, pensa]* // Ejercicio de la facultad de pensar. *[pensa]*
pensar. v. tr. e intr. Tr. Tener el propósito de hacer algo. *[pensar]* // Intr. Ejercer el espíritu la facultad de concebir, de juzgar, de inferir. *[pensar]*
pensativo, iva. adj. Caviloso, cabizbajo, absorbido por un pensamiento, preocupación, sentimiento, etc. *[consirós]*
pensión. f. Renta anual que produce un capital o finca. *[pensió]* // Cantidad concedida a alguien por servicios o méritos extraordinarios. *[pensió]* // Casa donde se da alojamiento y comida por un precio convenido. *[pensió]*
pentágono. m. Polígono de cinco lados. *[pentàgon]*
pentagrama. m. Las cinco rayas paralelas sobre las que se escriben las notas musicales. *[pentagrama, pauta]*
pentecostés. m. Pascua de Pentecostés, festividad de la llegada del Espíritu Santo sucedida cincuenta días después de la Pascua de Resurrección. *[pentecosta]*
penúltimo, última. adj. Inmediatamente antes del último o postrero. *[penúltim]*
penumbra. f. Sombra débil entre la luz y la oscuridad. *[penombra]*
penuria. f. Escasez o carencia de las cosas más necesarias. *[penúria]*
peña. f. Gran bloque o masa de piedra al descubierto. *[penya]* // Grupo de amigos que se reúnen a menudo en un mismo lugar. *[penya]*
peñasco. m. Peña, roca grande. *[quer]*
peñón. m. Peña grande y elevada. *[penyal]* // Peña aislada. *[penyal]*
peón. m. El que va a pie, especialmente soldado a pie. *[peó]* // Trabajador a jornal en aquellas cosas que no requieren ninguna habilidad especial. *[peó]* // Juguete de madera, de figura cónica y terminado en una púa de hierro, al que se le arrolla una cuerda para lanzarlo y hacerlo bailar. *[trompitxol]*
peonza. f. Peón de madera sin la púa de hierro al que se le hace bailar azotándolo con un látigo. *[baldufa]* // Trompo, trompa. *[trompellot]*
peor. adj. comp. de **malo.** *[pitjor]* // adv. comp. de **mal.** Más mal. *[pitjor]*
peoría. f. Calidad de peor. *[pitjoria, pitjora]*
pepinar. m. Lugar plantado de pepinos. *[cogombrar]*
pepino. m. Planta herbácea anual, cucurbitácea, de fruto comestible. *[cogombre]* // Fruto del pepino. *[cogombre]*
pepita. f. Simiente de algunas frutas, como melón, manzana, etc. *[llavor]* // Granito de oro u otro metal, sacada de la naturaleza. *[palleta]*
pequeñez. f. Calidad de pequeño. *[petitesa]* // Cosa de poca importancia, insignificante. *[petitesa]*
pequeño, eña. adj. Corto de extensión, limitado, que no tiene las dimensiones ordinarias, chico. *[petit, menut]* // Insignificante, poca cosa. *[petit]* // Niño, chico, chiquillo, chiquito. *[xic, xiquet, xicotet]*
pera. f. Fruto del peral. *[pera]*
peral. m. Árbol de la familia de las rosáceas, de flores blancas, cuyo fruto es la pera. *[perera, perer]*
peralte. m. En algunas bóvedas, arcos, etc., lo que excede al semicírculo. *[peralt]* // En una curva de carretera, vía férrea, etc., diferencia de elevación entre los lados. *[peralt]*
perborato. m. Sal producida por la oxidación del borato. *[perborat]*
percance. m. Provecho eventual sobre el sueldo. *[percaç]* // Contratiempo, incidente inesperado. *[percaç]*
percanzar. v. tr. Perseguir la consecución de algo, buscar con ardor. *[percaçar]*
percatar. v. intr. Advertir, considerar. *[adonar-se]* // **-se.** Darse cuenta clara de algo. *[adonar-se]*
percepción. f. Acción y efecto de percibir. *[percepció]* // Sensación interna, resultado de una impresión material. *[percepció]*
percibir. v. tr. Recibir las impresiones por medio de los sentidos. *[percebre]* // Recibir algo. *[percebre]*
percusión. f. Acción y efecto de percutir. *[percussió]*
percutir. v. tr. Dar un golpe, golpear una cosa. *[percudir]*

percha. f. Palo largo y estrecho. *[perxa]* // Pieza de madera con ganchos que sirve para colgar ropa, etc. *[perxa]*

perchar. v. tr. e intr. Tr. Afelpar los tejidos con la percha. *[perxar]* // Intr. Poner en movimiento una embarcación ejerciendo una presión en el fondo del agua mediante una pértiga. *[perxar]*

perdedizo, iza. adj. Que se pierde con facilidad. *[perdedís]* // Dicho de aquello o de aquel que se finge que se pierde. *[perdedís]*

perder. v. tr. Dejar de tener una cosa que se poseía. *[perdre]* // Ocasionar daño o ruina espiritual o temporal. *[perdre]* // Ser vencido en una contienda. *[perdre]* // **-se.** Errar el camino. *[perdre's]*

perdición. f. Ruina moral o espiritual. *[perdició]*

pérdida. f. Acción y efecto de perder. *[pèrdua]*

perdido, ida. adj. Que no tiene un destino determinado. *[perdut]* // Dicho de algo que está abandonado, desusado, viejo. *[rònec]* // m. Persona de mala conducta moral. *[perdut, perdis]*

perdigana. f. Perdiz joven. *[perdiganya]*

perdigón. m. Perdiz joven. *[perdiganya]* // Cada uno de los granos de plomo empleados como munición de caza. *[perdigó]* // El macho de la perdiz. *[perdigot]*

perdiguero, era. adj. Relativo o perteneciente a las perdices. *[perdiguer]* // Dicho del perro apropiado para cazar perdices. *[perdiguer]*

perdis. m. Perdulario, hombre perdido, de mala conducta moral. *[perdis]*

perdiz. f. Ave gallinácea de tamaño mediano cuya carne es muy apreciada como comestible. *[perdiu]*

perdón. m. Acción y efecto de perdonar. *[perdó]*

perdonar. v. tr. Conceder perdón. *[perdonar]* // Dejar pasar sin castigo una falta. *[perdonar]* // No guardar ningún rencor por una ofensa recibida. *[perdonar]* // Absolver a alguien de un castigo. *[perdonar]* // Excusar. *[perdonar]*

perdonavidas. m. Dicho del hombre fanfarrón que se vanagloria de valiente. *[perdonavides]*

perdulario, aria. adj. y s. Persona de mala conducta moral. *[perdut, perdis]* // Negligente en sus intereses o en su persona. *[perdulari]* // Muy vicioso. *[perdulari]*

perdurar. v. intr. Durar mucho tiempo. *[perdurar]*

perecer. v. intr. Dejar de existir. *[perir]*

peregrinar. v. intr. Viajar por tierras extrañas, de pueblo en pueblo. *[peregrinar, pelegrinar]*

peregrino, ina. adj. Raro, pocas veces visto. *[peregrí]* // adj. y s. El que por voto o devoción visita un santuario. *[pelegrí]*

perejil. m. Planta herbácea umbelífera usada como condimento. *[julivert]*

perennal. adj. Perenne. *[perennal]*

perenne. adj. Sin cese ni intermisión, que dura siempre. *[perenne]*

perentorio, oria. adj. Que no admite dilación. *[peremptori]*

pereza. f. Repugnancia al trabajo, a la acción. *[peresa]* // Lentitud en obrar. *[peresa]*

perfección. f. Calidad de perfecto. *[perfecció]* // Cosa perfecta. *[perfecció]*

perfeccionar. v. tr. y pron. Mejorar una cosa aproximándola tanto como se puede a la perfección. *[perfeccionar]*

perfecto, ecta. adj. Que no tiene el más pequeño defecto. *[perfecte]* // Aplicado a lo que no le falta nada para estar bien acabado. *[perfet]* // m. Tiempo del verbo que expresa una acción completamente cumplida en el momento al que uno se refiere. *[perfet]*

pérfido, érfida. adj. Traidor, desleal, hacia el que confía. *[pèrfid]*

perfil. m. Contorno de una figura plana, de la proyección de un cuerpo sobre la superficie, de la cara vista de lado, etc. *[perfil]* // Trazo fino, especialmente el que se hace con la pluma escribiendo o dibujando. *[perfil]*

perfilar. v. tr. Dibujar el contorno o perfil de una cosa. *[perfilar]* // **-se.** Ponerse de perfil, mostrarse limpiamente de perfil. *[perfilar-se]*

perfolla. f. Piel de una fruta o legumbre. *[pellofa]* // Pielecita de un cereal. *[pellorfa]*

perforar. v. tr. Horadar de parte a parte, atravesar horadando. *[perforar]*

perfumar. v. tr. Llenar, impregnar el aire de una habitación, de un lugar, etc., de un humo oloroso quemando una hierba o sustancia aromática. *[perfumar]* // Aromatizar una cosa quemando materias que perfuman. *[perfumar]* // Impregnar de un perfume. *[perfumar]* // Esparcir buen olor. *[perfumar]*

perfume. m. Olor agradable. *[perfum]* // Sustancia usada para perfumar. *[perfum]*

pergamino. m. Piel de cabra, oveja, becerro, etc., adobada y estirada. *[pergamí]* // Documento escrito en esta materia. *[pergamí]*

pérgola. f. Enrejado sostenido por pilastras, para que trepen por él plantas trepadoras, etc. *[pèrgola]*

pericarpio. m. Parte exterior del fruto que envuelve la semilla, que puede ser membranoso, carnoso, etc. *[pericarp]*

pericia. f. Habilidad y conocimientos en la práctica de un arte. *[perícia]*

periferia. f. Contorno de una figura curvilínea. *[perifèria]* // Parte externa de las cosas. *[perifèria]*

perifollo. m. Planta herbácea umbelífera cultivada por su hojas que se usan como condimento. *[cerfull]*

perífrasis. f. Frase usada como equivalente de una palabra, circunloquio. *[perífrasi]*

perilla. f. Recipiente de goma, etc., en forma de pera. *[pera]* // Mechón de pelo que se deja crecer en la punta de la barba. *[pera]*

perímetro. m. Contorno de una figura. *[perímetre]* // Ámbito, espacio ocupado por una figura. *[perímetre]*

perinola. f. Juguete al que se le imprime un rápido movimiento de rotación con el pulgar o el índice y baila como un trompo. *[ballaruga]*

periódico, ódica. adj. Relativo o perteneciente al período. *[periòdic]* // Que se repite a períodos de tiempo fijos o determinados. *[periòdic]* // m. Publicación que aparece en ciertos días o por tiempo determinado. *[periòdic]*

periodista. m. y f. Persona que compone un periódico, que escribe en él o lo edita. *[periodista]*

período. m. Porción de tiempo limitado y determinado por la ocurrencia de algún fenómeno. *[període]* // En gramática, conjunto de cláusulas con un sentido completo. *[període]* // En matemáticas, cifra o grupo de cifras que se repiten indefinidamente en los cocientes inexactos. *[període]*

periplo. m. Viaje de circunnavegación, u obra en la que es descrito. *[periple]*

periscopio. m. Aparato de visión que llevan los submarinos. *[periscopi]*

peritaje. m. Ejercicio o emolumentos del perito. *[peritatge]* // Carrera de perito. *[peritatge]*

peritar. v. tr. Someter a un peritaje. *[peritar]*

perito, ita. adj. y s. Experto, entendido en una materia determinada. *[perit]*

peritoneo. m. Membrana serosa que cubre la parte interna del vientre. *[peritoneu]*

perjudicar. v. tr. Causar perjuicio. *[perjudicar]*

perjuicio. m. Daño causado al buen estado, marcha, éxito de alguien o de algo. *[perjudici, perjuí]*

perjurar. v. intr. Jurar insistentemente. *[perjurar]* // Jurar en falso. *[perjurar]*

perjuro, ura. adj. y s. Que jura en falso. *[perjur]* // Que falta al juramento dado. *[perjur]*

perla. f. Concreción nacarada que se forma en el interior de la concha de algunos moluscos. *[perla]* // Cosa preciosa o exquisita comparable a una perla. *[perla]* // fig. Persona o cosa excelente. *[perla]*

permanecer. v. intr. Mantenerse en el mismo lugar, estado o condición. *[romandre]*

permanente. adj. Que se mantiene en el mismo estado sin cambio, sin moverse. *[permanent]*

permeable. adj. Que puede ser penetrado por un líquido. *[permeable]*

permiso. m. Consentimiento formal, licencia dada a alguien para hacer algo. *[permís]*

permitir. v. tr. Dar libertad, no impedir hacer algo. *[permetre]* // **-se.** Tomarse la libertad. *[permetre's]*

permuta. f. Cambio de una cosa que se posee, de un cargo, de un beneficio, por otro. *[permuta]*

permutar. v. tr. Cambiar una cosa por otra. *[permutar]*

pernear. v. tr. Mover, agitar las piernas, caminar continuamente, no parar de usar las piernas. *[camejar]* // Dar muchos pasos para resolver un asunto. *[camejar]*

pernera. f. Cada pierna de los pantalones. *[camal]*

pernil. m. Muslo de un animal, especialmente del cerdo. *[pernil, cuixot]*

perno. m. Pieza cilíndrica de hierro, etc., que sirve para fijar o afirmar una a otra dos o más piezas. *[pern]* // Eje que se pone para hacer girar una puerta, etc. *[pern]*

pernoctar. v. intr. Pasar la noche en un lugar cualquiera fuera del propio hogar. *[pernoctar]*

pero. conj. Marca la oposición entre los dos miembros que enlaza. *[però]* // m. Dificultad, defecto, objeción. *[però]*

perol. m. Recipiente de forma hemisférica para cocinar. *[perol]* // Recipiente de barro, como la olla, pero hemisférico. *[perol]*

peroné. m. Hueso largo y delgado de la pierna situado al lado externo de la tibia. *[peroné]*

perorar. v. intr. Hablar mucho y con gran énfasis. *[perorar]*

perpetrar. v. tr. Ejecutar un delito, etc. *[perpetrar]*

perpetuar. v. tr. y pron. Hacer perpetuo, hacer durar siempre. *[perpetuar]*

perpetuo, etua. adj. Que dura siempre o por tiempo indefinido. *[perpetu]*

perplejo, eja. adj. Que no sabe a qué parte, etc., inclinarse, indeciso, dudoso. *[perplex]*

perquirir. v. tr. Indagar, rebuscar, inquirir, investigar. *[perquerir]*

perquisición. f. Investigación judicial, acción de perquirir. *[perquisició]*

perrillo. m. Pieza de hierro semicircular con un borde dentado donde van unidas las riendas; se sujeta sobre el morro de una bestia de tiro, para que el animal se deje guiar. *[serretó]*

perro. m. Mamífero carnicero que sirve como animal doméstico. *[gos]* // Hombre perezoso. *[gos]*

persecución. f. Acción y efecto de perseguir. *[persecució]*

perseguir. v. tr. Seguir a alguien que huye para cogerlo. *[perseguir]* // Solicitar con insistencia. *[perseguir]* // Atacar en justicia. *[perseguir]* // Infligir penas a los adeptos a una creencia, etc. *[perseguir]*

perseverancia. f. Acción de perseverar. *[perseverança]* // Persistencia en algo emprendido. *[perseverança]*

perseverar. v. intr. Persistir en una manera de ser, de obrar. *[perseverar]*

persiana. f. Especie de celosía movible, hecha con planchitas de hierro, plástico o madera formando como una cortina. *[persiana]*

pérsico. m. Árbol de la familia de las rosáceas que produce un fruto comestible carnoso. *[presseguer]*

persignar. v. tr. Santiguar a alguien o a algo. *[persignar]* // **-se.** Hacer tres cruces con el dedo pulgar de la mano derecha, una en la frente, la otra en la boca y la tercera en el pecho. *[persignar-se]*

persistir. v. intr. Mantenerse firme en una cosa. *[persistir]* // Durar largo tiempo. *[persistir]*

persona. f. Individuo de la especie humana. *[persona]* // Accidente gramatical del verbo que indica la condición del sujeto de una proposición respecto a aquel que la formula. *[persona]*

personaje. m. Persona que ocupa una cierta situación. *[personatge]* // Cada uno de los seres que intervienen en la acción de una obra literaria. *[personatge]*

personal. adj. Relativo o perteneciente a la persona. *[personal]* // m. Conjunto de personas que trabajan en un mismo establecimiento. *[personal]*

personalidad. f. Lo que hace que un ser sea una persona y no una cosa o abstracción. *[personalitat]* // Lo que caracteriza a cada persona. *[personalitat]*

personalizar. v. tr. Referirse a una persona determinada. *[personalitzar]* // Hacer personal un verbo impersonal. *[personalitzar]*

personarse. v. pron. Ir en persona, presentarse. *[personar-se]*

personificar. v. tr. Atribuir acciones y cualidades propias de una persona a un ser irracional, a cosas inanimadas o abstractas. *[personificar]* // Realizar o representar alguien en su persona una cualidad, defecto, doctrina, opinión, sistema, etc. *[personificar]*

perspectiva. f. Arte de representar sobre una superficie llana o curva los objetos tal como aparecen a la vista. *[perspectiva]* // Vista de un conjunto de objetos que da una impresión de distancia. *[perspectiva]*

perspicacia. f. Agudeza del ingenio, calidad de perspicaz. *[perspicàcia]*

perspicaz. adj. De visión mental aguda. *[perspicaç]*

persuadir. v. tr. y pron. Convencer, inducir a creer, a hacer algo. *[persuadir]*

persuasión. f. Acción y efecto de persuadir. *[persuasió]*

pertenecer. v. intr. Ser una cosa propiedad de alguien. *[pertànyer]* // Formar parte de una cosa. *[pertànyer]* // Corresponder algo a alguien porque es él quien tiene obligación de hacerla. *[pertànyer]* // Corresponder algo a alguien en un reparto. *[pertocar]*

pertenencia. f. El hecho de pertenecer a alguien, a algo. *[pertinença, pertinència]*

pértiga. f. Palo largo y estrecho. *[perxa]*

pértigo. m. Lanza de un carro o de un arado. *[timó]*

pertinaz. adj. Obstinado en un propósito, persistente en una opinión. *[pertinaç]*

pertrechos. m. pl. Conjunto de instrumentos necesarios para una operación. *[pertret]*

perturbación. f. Acción y efecto de perturbar o de perturbarse. *[pertorbació]*

perturbar. v. tr. y pron. Trastornar el orden o el reposo de las cosas. *[pertorbar]*

perverso, ersa. adj. Que ama el mal, sumamente depravado. *[pervers]*

pervertir. v. tr. y pron. Desviar la rectitud, viciar. *[pervertir]*

pesa. f. Cosa pesada que se hace servir para equilibrar o sujetar algo. *[pes]*

pesadilla. f. Sueño intranquilo y angustioso. *[malson]* // Persona o cosa que es motivo de continuas penas, jadeos, etc. *[malson]*

pesado, ada. adj. Difícil de mover o de levantar a causa de su peso. *[feixuc]* // Que se mueve con dificultad, pesadamente. *[feixuc]* // Penoso y difícil de resistir. *[feixuc]*

pesadumbre. f. Calidad de pesado. *[pesadesa]* // Pena que sentimos por algo de lo que nos arrepentimos. *[pesar]*

pesar. m. Pena que sentimos por algo de lo que nos arrepentimos. *[pesar]*

pesar. v. tr. e intr. Tr. Medir el peso de un cuerpo. *[pesar]* // Intr. Tener peso. *[pesar]* // Saber mal, causar disgusto. *[pesar]*

pesca. f. Acción de pescar. *[pesca]* // El pez pescado. *[pesca]*

pescador, ora. adj. Relativo o perteneciente a la pesca. *[pescador]* // m. y f. Que pesca. *[pescador]*

pescar. v. tr. Coger peces sacándolos del agua. *[pescar]*

pescozón. m. Golpe dado con la mano en el pescuezo. *[bescollada]*

pescozudo, uda. adj. Que tiene el pescuezo grueso. *[clatellut]*

pescuezo. m. Parte posterior del cuello. *[bascoll]*

pesebre. m. Comedero en forma de cajón situado en el establo donde comen las bestias. *[pesebre]*

peseta. f. Moneda que constituye la unidad monetaria española. *[pesseta]*

pesillo. m. Balanzas pequeñas para pesar monedas. *[trabuquet]*

pesimismo. m. Propensión a ver y juzgar las cosas por su aspecto más desfavorable. *[pessimisme]* // Doctrina, según la cual, todo en la naturaleza tiende al mal. *[pessimisme]*

pésimo, ésima. adj. Extremadamente malo, malísimo. *[pèssim]*

peso. m. Acción y efecto de pesar. *[pes]* // Instrumento para pesar. *[pes]* // Lo que resulta de la acción de la gravedad sobre todas las moléculas de un cuerpo. *[pes]* // Carga, gravamen o molestia. *[pes]* // fig. Importancia, fuerza cualitativa de una persona o cosa. *[pes]*

pespuntar. v. tr. Pespuntear. *[repuntar]*

pespunte. m. Trabajo de costura de puntos unidos. *[repunt]*

pespuntear. v. tr. Hacer pespuntes en una tela. *[repuntar]*

pestaña. f. Cada uno de los pelos que nacen en los bordes de los párpados. *[pestanya]* // Reborde en la orilla de una cosa. *[pestanya]*

pestañear. v. intr. Mover los párpados reiteradamente. *[parpellejar]*

peste. f. Enfermedad contagiosa que causa gran mortandad. *[pesta]* // Abundancia excesiva de una cosa. *[pesta]* // Mal olor. *[pesta]* // Dicho de una persona, etc., que puede causar daño. *[pesta]*

pestilencia. f. Mal olor. *[pesta]*

pestillo. m. Pasador para cerrar una puerta, a modo de cerrojo. *[pestell]* // Pieza de hierro corredera de una cerradura. *[pestell]*

petaca. f. Estuche de cuero para llevar el tabaco. *[petaca]*

pétalo. m. Cada una de las hojas que forman la corola de una flor. *[pètal]*

petardo. m. Morterete destinado a producir una explosión. *[petard]*

petición. f. Acción de pedir. *[petició]* // Demanda escrita dirigida a una autoridad, etc., que tiene el poder de conceder. *[petició]*

petirrojo. m. Pájaro de un color verde aceituna, con el cuello y pecho rojo amarillento. *[pit-roig]*

petrificar. v. tr. y pron. Transformar algo en piedra. *[petrificar]*

petróleo. m. Líquido oleoso, inflamable, que se encuentra en los estratos subterráneos de la tierra. *[petroli]*

petrolero, era. adj. Relativo al petróleo. *[petroler]* // m. Barco para transportar petróleo. *[petroler]*

petulancia. f. Calidad de petulante. *[petulància]* // Insolencia, osadía. *[petulància]*

petulante. adj. Que tiene petulancia, de una inmodestia arrogante, insolente. *[petulant]*

petunia. f. Planta solanácea de jardín, que hace flores acampanadas de color blanco, morado o jaspeado. *[petúnia]*

peúco. m. Calzado de tela o de punto para abrigar el pie. *[peüc]*

peyorativo, iva. adj. Aplicado en el sentido peor o menos noble en el que puede ser tomado un vocablo o una frase. *[pejoratiu]*

pez. m. Animal vertebrado que vive exclusivamente en el agua. *[peix]* // Hombre astuto y sagaz, que se las sabe todas. *[peix]*

pez. f. Sustancia negra o de color muy oscuro, extraordinariamente viscosa. *[pega, pegunta]* // Excremento de los recién nacidos. *[carbonada]*

pezón. m. Capullo de fruta. *[peçó]* // Protuberancia central de la teta. *[peçó, mugró]* // Extremo del eje que sobresale del botón de la rueda de un vehículo. *[peçó]* // Cartílago de la oreja que resguarda el conducto auditivo. *[peçó]*

pezuña. f. Especie de uña en las patas y manos de los cuadrúpedos. *[ungla]*

pi. f. Nombre de la letra griega π equivalente a nuestra *p*, que se usa en matemáticas como símbolo de la relación de la circunferencia al diámetro: π = 3'141592...

piadoso, osa. adj. Inclinado a la piedad y a la conmiseración. *[piadós, pietós]* // Religioso, devoto. *[piadós, pietós]*

piano. m. Instrumento musical de teclado y percusión. *[piano]* // En voz baja, con sonido poco perceptible. *[piano]*

piar. v. intr. Gritar como hacen los polluelos de los pájaros, los de la gallina, etc. *[piular]*

piara. f. Rebaño de cerdos. *[porcada]*

pica. f. Lanza antigua, usada por la infantería. *[pica]* // Garrocha del picador de toros. *[pica]*

picado. m. Hoja de papel, de tela, de plancha metálica, etc., que está agujereado y sirve de pauta para la realización de un dibujo. *[trepa]*

picante. adj. Que escuece, que produce una sensación análoga a la de una quemadura. *[coent]* // Que produce escozor o picazón, excesivamente picante. *[coent]*

picapedrero. m. El que trabaja las piedras. *[pedrapiquer, picapedrer]*

picapleitos. m. Que mueve fácilmente pleitos y disputas. *[picaplets]* // Palabra con que se designa despectivamente a un abogado. *[picaplets]*

picaporte. m. Pieza de hierro colocada en la parte superior de una puerta y que, al levantarla y dejarla caer, sirve para llamar. *[pernet]*

picar. v. tr. Pinchar, herir con un instrumento punzante. *[picar]* // Morder las aves y algunos insectos. *[picar]* // Estimular vivamente. *[picar]* // Tener una cosa un precio muy alto. *[picar]* // Adiestrar un caballo. *[picar]* // Morder el pez el cebo del anzuelo. *[picar]* // Cortar a trozos pequeños, reducir una cosa a pedazos. *[picolar]* // Tomar una cosa en pequeñas cantidades. *[pellucar]* // Intr. Sentir comezón o picor. *[pruir]*

picardía. f. Condición de pícaro. *[picardia]* // Acto propio de una persona pícara. *[picardia]* // Acción engañosa. *[picardia]*

pícaro, ícara. adj. Persona hábil y astuta que obra con mala intención y poca vergüenza. *[guilopo]*

picazón. f. Calidad y efecto de aquello que está picante. *[coentor]* // Sensación análoga a la que produce una quemadura. *[coïssor]*

pico. m. Parte de las mandíbulas de las aves, compuesta de dos piezas córneas, que les sirve para coger los alimentos, etc. *[bec]* // Montaña de cumbre puntiaguda. *[pic]* // Boca de un cántaro o un botijo. *[gall, gallet]* // Parte que excede a un número redondo. *[escaig]* // Retal. *[escaig]*

picolete. m. Puente de cerradura o de falleba. *[banquet]*

picón. m. Grano de arroz medio partido. *[mitjà]*

picor. m. Molestia que da una cosa que pica, especialmente en la piel y que da ganas de rascarse. *[picor, pruïja]*

picota. f. Columna o palo donde se ataba al que era condenado a la vergüenza pública. *[costell]*

picotazo. m. Acción y efecto de picar un ave, reptil, insecto. *[becada, picada]*

picotear. v. tr. Herir con el pico las aves. *[becar]*

pictórico, órica. adj. Relativo o perteneciente a la pintura. *[pictòric]*

pichón. m. Palomo muy joven. *[colomí]*

pie. m. Parte terminal de las extremidades abdominales del hombre que comprende el tarso, el metatarso y los dedos. *[peu]* // Base sobre la que se mantiene un mueble u otro objeto. *[petge]* // Fundamento y sostenimiento de algo. *[petge]* // Grupo de sílabas que se toman como unidad métrica del verso. *[peu]* // Medida de la pasta de aceituna prensada en una vez. *[peu]* // Medida de longitud que equivale a veintiocho cm., y que en el sistema valenciano es la tercera parte de la vara, y corresponde al «foot» inglés que equivale a 0'302 metros. *[peu]*

piedad. f. Devoción a las cosas santas. *[pietat]* // Sentimiento de dolor que suscita la desgracia de los demás. *[pietat]*

piedra. f. Materia mineral dura y compacta, que no es ni terrosa ni de aspecto metálico. *[pedra]*

piel. f. Tejido exterior que cubre el cuerpo del hombre y de los animales. *[pell]* // Cuero curtido. *[pell, cuir]* // Cubierta exterior de ciertas frutas. *[pell]*

pienso. m. Ración de alimento seco que se da al ganado. *[pinso]*

pierna. f. Parte de cada uno de los miembros inferiores entre el pie y la rodilla. *[cama]*

pieza. f. Trozo o parte de una cosa. *[peça]* // Cada una de las cosas que forman una colección, etc. *[peça]* // Obra teatral. *[peça]* // Composición musical. *[peça]* // fig. Hombre astuto y sagaz, que se las sabe todas. *[peix]*

pifia. f. Golpe en falso, fallo, cosa desacertada. *[pífia]*

pifiar. v. tr. Fallar el golpe. *[espifiar]*
pigmento. m. Materia colorante de las sustancias orgánicas. *[pigment]*
pigmeo, ea. adj. y s. Persona de muy poca altura. *[pigmeu]*
pignorar. v. tr. Empeñar. *[pignorar]*
pijama. m. Prenda de dormir que consiste en una blusa corta y unos pantalones de tela fina. *[pijama]*
pijo. m. y f. Miembro viril. *[piu]*
pila. f. Pieza de piedra, etc., con una concavidad destinada a recibir agua u otro líquido. *[pica, pila]* // Reunión de objetos colocados regularmente unos sobre otros. *[pila, pilera]* // Recipiente donde se tiene el agua bendita. *[pila]*
pilar. m. Pilastra o columna que sirve de sostenimiento o señal. *[pilar]*
píldora. f. Medicamento mezclado con excipiente, en forma de bolita. *[píndola]*
pilón. m. Piedra grande para hacer peso sobre la viga de una prensa, etc. *[piló]* // Contrapeso de la romana. *[piló]*
piloso, osa. adj. Que tiene pelos, peludo. *[pilós]*
pilotar. v. tr. Hacer de piloto de una nave, de un aeroplano, etc. *[pilotar]*
piloto. m. El que dirige una nave en marcha. *[pilot]*
piltrafa. f. Trozo de piel que se desprende del cuerpo de una persona, de un animal o de una fruta. *[pellerenca]* // Trozo de piel arrancada del cuerpo de un animal. *[pelleringa]*
pillar. v. tr. Apoderarse violentamente de una cosa, hurtar, robar. *[pillar]*
pillastre. m. Que es de malos principios y mala intención. *[pillard]*
pillete. m. Pícaro, persona que obra con mala intención. *[pillet]*
pillín, ina. adj. fam. Pilluelo, golfo. *[guilopo]*
pillo, illa. m. y f. Pícaro. *[pillet, murri]*
pilluelo, ela. adj. y s. Chiquillo travieso. *[guilopo]*
pimentero. m. Planta cuyo fruto es la pimienta. *[pebrer]*
pimienta. f. Fruto del pimentero. *[pebre]*
pimiento. m. Planta solanácea cuyo fruto es el pimiento. *[pebroter]* // Fruto del pimiento, usado como condimento. *[pebrot]*
pimpollecer. v. intr. Echar renuevos una planta. *[poncellar]*
pimpollo. m. Árbol pequeño que ha de ser trasplantado. *[plançó, plantó]*
pinada. f. Lugar poblado de pinos. *[pinar]*
pinar. m. Lugar poblado de pinos. *[pinar, pineda]*
pincel. m. Haz de pelos fijado en el extremo de un mango de madera que sirve para pintar. *[pinzell]*
pincha. f. Punta muy aguda. *[punxa]* // Espina de las plantas. *[punxa]*
pinchar. v. tr. Herir con un pincho. *[punxar]*
pinchazo. m. Acción y efecto de pinchar o de pincharse. *[punxada]*
pincho. m. Punta muy aguda. *[punxa]* // Varita de hierro acabada en punta. *[burxa]*
pingajo. m. Remiendo, trapo viejo. *[pendó]*
pingüino. m. Ave acuática propia de las regiones polares. *[pingüí]*
pinito. m. pl. Primeros pasos que dan los niños o, por extensión, al empezar cualquier actividad o negocio. *[tentines]*
pino. m. Árbol conífero resinoso siempre verde, de hojas estrechas, cuyo fruto es la piña, y su semilla, el piñón. *[pi]*
pinta. f. Señal o muestra exterior con la que se conoce la calidad de las cosas. *[pinta]* // Mancha pequeña en la piel, pelo o plumaje de un animal o en la masa de un mineral. *[pinta]* // m. y f. Persona capaz de hacer fechorías o que las hace habitualmente. *[pinta]*
pintamonas. m. y f. Pintor de poca habilidad. *[pintamones]*
pintar. v. tr. Cubrir con una capa de color la superficie de los objetos. *[pintar]* // Representar algo en una superficie por medio de colores. *[pintar]* // Empezar a mostrarse la calidad de una cosa. *[pintar]*
pintarrajo. m. Pincelada mal dada. *[ganyada]*
pintor, ora. m. y f. El que se dedica al arte o profesión de la pintura. *[pintor]*

pintoresco, esca. adj. Que presenta una imagen vistosa y digna de ser pintada. *[pintoresc]* // Dicho del lenguaje, estilo, que pinta vivamente las cosas. *[pintoresc]*

pintura. f. Arte de pintar. *[pintura]* // Obra pintada. *[pintura]* // Materia colorante preparada para pintar. *[pintura]*

pinza. f. Pata anterior doble que tienen ciertos crustáceos y que les sirve como órgano de prensión. *[pinça]* // pl. Instrumento para coger cosas pequeñas. *[pinça]* // Pliegue cosido para estrechar ciertas partes de un vestido. *[pinça]*

pinzar. v. tr. Coger con las pinzas. *[pinçar]*

pinzón. m. Ave de color azul verdoso con el vientre gris. *[pinsà]*

piña. f. Fruto del pino. *[pinya]* // Fruto parecido de algún otro árbol. *[pinya]* // Conjunto de personas o cosas unidas estrechamente. *[pinya]*

piñata. f. Vasija, llena de dulces o monedas, que se cuelga para romperla a palos con los ojos vendados. *[pinyata]*

piñón. m. Semilla del pino. *[pinyó]* // Rueda pequeña de una máquina que engrana con otra más grande. *[pinyó]*

piojo. m. Insecto parásito de los mamíferos, de cuya sangre se alimenta. *[poll]*

piojoso, osa. adj. Lleno de piojos. *[pollós]*

piolet. m. Bastón que usan los alpinistas. *[piolet]*

pionero, era. adj. y s. Que va delante abriendo camino en el progreso, la ciencia, etc., líder. *[pioner]*

pipa. f. Instrumento para fumar tabaco en hoja. *[pipa]* // Bota de madera con cercos de hierro, más pequeña que la bota ordinaria. *[pipa]* // Medida de capacidad para líquidos, equivalente a cuarenta cántaros, o sea, unos 430 litros. *[pipa]*

pipar. v. intr. Chupar el humo de un cigarro, de una pipa. *[pipar]*

pipería. f. Conjunto de barriles, etc., destinados a llenarlos de agua, vino, etc. *[botam]*

pipi. m. Acción o ganas de orinar, en lenguaje infantil. *[pix]*

pipirela. f. Especie de tomillo de hoja ancha y sabor picante, muy aromática, usada en el adobo de las aceitunas. *[pebrella]*

pipitaña. f. El tubo de ciertos instrumentos de viento que se aplica a la boca. *[caramella]*

piqueta. f. Herramienta de albañilería, con mango de madera; el hierro acaba en corte horizontal por un extremo y en corte vertical por el otro. *[picola]*

piquete. m. Grupo poco numeroso de soldados. *[piquet]*

pira. f. Hoguera en la que antiguamente se quemaban los cadáveres y las víctimas de los sacrificios. *[pira]*

piragua. f. Embarcación larga y estrecha, generalmente de una sola pieza. *[piragua]*

pirámide. f. Poliedro que tiene por base un polígono cuyas caras laterales son triángulos que tienen un vértice común. *[piràmide]*

pirata. m. Ladrón de los mares. *[pirata]*

piratear. v. intr. Hacer el pirata. *[piratejar]*

pirenaico, aica. adj. Relativo o perteneciente a los Pirineos. *[pirenaic, pirinenc]*

piromanía. f. Monomanía incendiaria. *[piromania]*

pirómano, ómana. m. y f. El que padece de piromanía. *[piròman]*

piropo. m. Dicho con que se requiebra a una mujer. *[amoretes]*

pirotecnia. f. Arte de fabricar fuegos artificiales de espectáculo. *[pirotècnia]*

pirotécnico, écnica. adj. Perteneciente a la pirotecnia. *[pirotècnic]* // m. El que hace o vende cohetes. *[coeter]*

pisar. v. tr. Aplastar una cosa con el pie, pisotear. *[trepitjar]* // Poner el pie encima de alguna cosa. *[trepitjar]* // Despreciar el honor y la dignidad de alguna persona, tratar a alguien con el mayor desprecio. *[trepitjar]* // Pisotear. *[trepitjar]*

pisaverde. adj. Aplicado a la persona muy presumida. *[pixaví]*

piscina. f. Recipiente grande, con agua, para tomar baños. *[piscina]* // Estanque o vivero de peces. *[piscina]*

piso. m. Pavimento de una habitación. *[pis]* // Cada uno de los suelos en que se divide una casa. *[pis]* // Departamento que sirve de habitación a una familia. *[pis]*

pisón. m. Instrumento de madera, pesado y grueso, en forma de cono roto, para afirmar una capa de tierra, grava, etc. *[picó]*

pisotear. v. tr. Aplastar o apretar una cosa con el pie. *[calcigar]* // fig. Oprimir, humillar o menospreciar, con los pies. *[calcigar]*

pisoteo. m. Acción de pisar o poner los pies en tierra al caminar. *[trepig]* // Molino para moler la caña de azúcar. *[trepig]*

pisotón. m. Acción y efecto de poner el pie sobre alguna cosa. *[trepitjada]*

pista. f. Lugar allanado donde corren los caballos, etc. *[pista]* // Rastro o huella. *[pista]*

pistola. f. Arma de fuego corta que se apunta y dispara con una mano. *[pistola]*

pistolero. m. Terrorista armado de pistola. *[pistoler]*

pistón. m. Émbolo de bomba. *[pistó]* // Llave que llevan ciertos instrumentos musicales. *[pistó]* // Capsulita con pólvora que sirve para disparar las armas de fuego. *[pistó]*

pita. f. Planta originaria de México, de hojas radicales grandes, rígidas y carnosas. *[atzavara, pita, pitera]* // Fibra textil procedente de las hojas de esta planta. *[pita]*

pitanza. f. Ración de comida que se da en los establecimientos de beneficencia. *[pitança]*

pitón. m. Brote que nace en la parte inferior del árbol. *[rebrot]* // Nombre de diversas serpientes parecidas a la boa. *[pitó]*

pitonisa. f. Sacerdotisa de Apolo que daba los oráculos en el templo de Delfos. *[pitonissa]* // Mujer que predice el porvenir. *[pitonissa]*

pitral. m. Correa de la montura que pasa por el pecho de las bestias. *[pitral, pitrera]*

pituita. f. Humor viscoso que segregan algunos órganos, especialmente las membranas de la nariz. *[pituïta]*

pizarra. f. Mineral negruzco proveniente de la compresión de arcillas y otras rocas. *[pissarra]*

pizarrín. m. Barrita de pizarra que sirve para escribir sobre pizarra. *[pissarrí]*

pizca. f. Porción muy pequeña de una cosa. *[purna]*

pizcar. v. tr. Tomar una comida a migajitas, en pequeñas cantidades, pellizcar. *[piscar]*

placa. f. Lámina de metal u otra sustancia destinada a ser aplicada a una superficie llana. *[placa]*

placenta. f. En los mamíferos, masa carnosa, esponjosa, adherida al útero y de donde nace el cordón umbilical. *[placenta]* // Parte interna del ovario de la planta a la que están unidos los óvulos o semillas. *[placenta]*

placentero, era. adj. Alegre, apacible, que causa placer. *[xalest]*

placer. m. Viva satisfacción de los sentidos, del ánimo. *[plaer]*

placer. v. tr. Agradar, dar gusto. *[plaure]*

plácido, ácida. adj. Sin perturbación, sosegado, que está en calma, en paz. *[plàcid]*

placiente. adj. Que place, agradable. *[plaent]*

plaga. f. Enfermedad epidémica, especialmente de las plantas. *[malura]* // Abundancia de algo nocivo. *[plaga]*

plagiar. v. tr. Hacer pasar por propias obras, ideas, etc., de otro. *[plagiar]*

plagio. m. Acción y efecto de plagiar. *[plagi]*

plan. m. Cosa, proyecto, que se intenta realizar. *[pla]*

plana. f. Porción extensa de terreno llano. *[plana]* // Página de una hoja o libro. *[plana]*

plancton. m. Conjunto de microorganismos vegetales o animales que viven en suspensión en aguas dulces o marinas. *[plàncton]*

plancha. f. Lámina más o menos gruesa de metal. *[planxa]* // Instrumento de hierro o acero que sirve para planchar. *[planxa]* // Cosa que alguien hace o dice y lo deja en una situación ridícula. *[planxa]*

planchar. v. tr. Pasar la plancha caliente sobre la ropa para alisarla. *[planxar]* // Revestir de plancha. *[planxar]*

planear. v. tr. Hacer el plan de algo. *[planejar]* // Descender un avión en planeo. *[planar]*

planeta. m. Cada uno de los astros opacos que giran alrededor del Sol. *[planeta]*

planicie. f. Llanura, gran extensión de terreno llano. *[planícia, planissada]*

planificar. v. tr. Formar el plan o proyecto de una actividad o de un conjunto de actividades. *[planificar]*

planisferio. m. Carta donde es representada una porción de la esfera terrestre o celeste sobre un plano. *[planisferi]*

plano. m. Dibujo en el que se representa la forma, distribución, etc., de un edificio, máquina, etc., que se ha de construir. *[pla, plànol]* // Aplicado a un plano geométrico sin curvatura ni ondulaciones. *[plànol]*

planta. f. Nombre común de todos los vegetales. *[planta]* // Conjunto de los cimientos de un edificio. *[planta]* // Presencia de una persona. *[planta]* // La parte inferior del pie, desde el talón hasta los dedos. *[planta]*

plantación. f. Acción y efecto de plantar. *[plantació]* // Conjunto de lo que ha sido plantado. *[plantació]*

plantar. v. tr. Fijar en tierra una planta, pimpollo, esqueje, plantel, etc., para que arraigue. *[plantar]* // Fijar en tierra el extremo de un palo, etc., para que se mantenga recto. *[plantar]*

plantear. v. tr. Suscitar un problema, cuestión, etc., a resolver; ponerlo en condiciones de resolverlo. *[plantejar]*

plantel. m. Lugar donde se crían las plantas pequeñas destinadas a ser trasplantadas. *[planter]*

planteo. m. Acción y efecto de plantear. *[planteig]*

plantilla. f. La primera suela sobre la que los zapateros arman los zapatos. *[plantilla]* // Pieza que cubre interiormente la planta del calzado. *[plantilla]* // Pieza que tiene la forma que hay que dar a un objeto. *[plantilla]* // Plan que determina los diversos empleados de una oficina, etc. *[plantilla]*

planto. m. Llanto, lamento, lamentación. *[plant]*

plantón. m. Árbol pequeño que ha de ser trasplantado. *[planÇó]*

plañidero, era. adj. Dicho de una demostración de dolor que mueve a compasión. *[planyívol]* // f. Mujer contratada para llorar en los entierros. *[ploradora]*

plañir. v. intr. Llorar fuerte. *[plànyer]* // **-se.** Dolerse, quejarse. *[plànyer-se]*

plasma. m. Parte líquida de ciertos tejidos orgánicos y sobre todo de la sangre. *[plasma]*

plasmar. v. tr. Dar forma a una cosa o a una idea. *[plasmar]*

plástica. f. Arte de plasmar o formar cosas o imágenes en relieve. *[plàstica]*

plástico. m. Materia sintética susceptible de ser conformada por la acción conjunta de la presión y del calor. *[plàstic]* // Explosivo de consistencia blanda muy destructivo. *[plàstic]*

plástico, ástica. adj. Relativo o perteneciente a la plástica. *[plàstic]* // Dúctil, que se deja moldear. *[plàstic]*

plastificar. v. tr. Recubrir una superficie con plástico. *[plastificar]*

plata. f. Metal precioso, blanco, en barra, laminado, amonedado o trabajado artísticamente. *[plata, argent]*

plataforma. f. Superficie llana y horizontal más elevada que el suelo circundante. *[plataforma]* // Rellano que forma parte de un vehículo. *[plataforma]* // Pretexto, cosa que se hace servir para recaudar adhesiones. *[plataforma]*

plátano. m. Árbol ornamental de madera ligera, blanca y fibrosa. *[plàtan]* // Árbol musáceo de fruto comestible, que se hace en los países cálidos. *[plàtan]* // Fruto de este árbol. *[plàtan]*

platea. f. Planta baja de un teatro. *[platea]*
platear. v. tr. Cubrir de una capa o baño de plata. *[platejar, argentar]* // Comunicar a algo el color de la plata. *[platejar, argentar]* // Dar el brillo, la blancura de la plata. *[platejar, argentar]*
plateresco, esca. adj. Dicho de un estilo de ornamentación empleado por los plateros españoles del siglo XVI. *[plateresc]*
platero, era. m. y f. El que trabaja la plata o vende objetos de plata. *[plater, argenter]*
plática. f. Sermón corto para exponer un punto de doctrina religiosa. *[plàtica]*
platicar. v. intr. Hacer pláticas, conversar. *[platicar]*
platija. f. Pez de mar, allanado, comestible, de color oscuro, con manchas amarillas. *[palaia]*
platino. m. Metal precioso, del color de la plata, de extrema densidad. *[platí]*
plato. m. Recipiente, de fondo plano y elevado todo alrededor, que sirve para poner en él la comida. *[plat]* // Comida servida en este recipiente. *[plat]*
platónico, ónica. adj. Relativo o perteneciente a Platón, a su doctrina, a su escuela. *[platònic]* // Relativo o perteneciente al amor puro o no sexual. *[platònic]*
plausible. adj. Digno de ser aplaudido. *[plausible]*
playa. f. Ribera llana del mar o de un río grande, formada por un arenal. *[platja]*
plaza. f. Espacio de gran anchura dentro de un poblado. *[plaça]* // Lugar disponible, espacio vacío. *[plaça]*
plazo. m. Término o tiempo señalado para una cosa. *[pla, termini]*
pleamar. f. El mar cuando está al máximo de su crecimiento. *[plenamar]*
plebe. f. Gente socialmente inferior, clase baja del pueblo. *[plebs]*
plebiscito. m. Resolución que toma un pueblo por mayoría de votos. *[plebiscit]*
plectro. m. Púa con que los antiguos tocaban los instrumentos de cuerda. *[plectre]*
plegado, ada. adj. Junto uno con otro. *[plegat]*
plegadura. f. Operación de plegar una cosa. *[plegat]*
plegar. v. tr. Doblar o hacer pliegues. *[plegar]* // Dejar o suspender un trabajo, etc. *[plegar]*
plegaria. f. Acción de rogar. *[pregària]* // Oración a Dios o a los santos. *[pregària]*
pleita. f. Trozo de esparto, cáñamo, etc., en forma de trenza. *[llata]*
pleitear. v. tr. e intr. Disputar una cosa judicialmente. *[pledejar, pleitejar]*
pleito. m. Disputa o litigio judicial. *[plet, pleit]* // Contienda. *[contesa, plet, pleit]*
plenario, aria. adj. Lleno, completo, íntegro. *[plenari]*
plenipotenciario, aria. adj. y s. El que está revestido de plenos poderes de un estado cerca de una corte extranjera. *[plenipotenciari]*
plenitud. f. Calidad de lleno. *[plenitud]*
pleno. m. Reunión general de una corporación. *[ple]*
pleonasmo. m. Empleo de más palabras que las necesarias para expresar una idea. *[pleonasme]*
plepa. f. Dicho de una persona o cosa molesta. *[plepa]*
pleura. f. Cada una de las membranas serosas que recubren la cavidad torácica y los pulmones. *[pleura]*
pléyade. f. Grupo de personas ilustres. *[plèiade]*
plica. f. Pliego cerrado y sellado que hay que abrir en un tiempo determinado. *[plica]* // Enfermedad del cabello en la que éste se enreda y aglutina. *[plica]*
pliego. m. Hoja de papel doblada por el medio. *[plec]* // Conjunto de páginas de un libro impresas en una hoja de papel. *[plec]* // Documentos donde constan las condiciones de un contrato. *[plec]*
pliegue. m. Arruga o doblez en la tela o papel. *[plec]*
plioceno. m. Dicho del último período del terciario. *[pliocé]*
plisar. v. tr Hacer una serie de pliegues en la tela o en el papel. *[prisar]*

plomada. f. Pieza de plomo u otro metal, colgada en el extremo inferior de un cordel para señalar la línea vertical. *[plom, plomada]*
plomero. m. El que trabaja o comercia en cosas de plomo. *[plomer]*
plomo. m. Metal azulado y superficialmente gris, muy pesado y poco dúctil. *[plom]*
pluma. f. Pieza córnea del cuerpo de las aves. *[ploma]* // Pieza metálica para escribir. *[ploma]*
plumada. f. Porción de tinta que coge la pluma al mojarla. *[plomada]*
plumaje. m. Conjunto de plumas usado como ornamento. *[plomall, plomer]* // Conjunto de plumas que cubren el cuerpo de las aves. *[plomatge]*
plumar. v. tr. Salir las plumas a un ave. *[plomar]*
plumero. m. Manojo de plumas, con un mango que sirve para quitar el polvo. *[plomell]* // Penacho, plumaje. *[plomer, plomall]* // Caja donde se ponen las plumas de escribir. *[plomer]*
plumífero, ífera. adj. Que lleva plumas. *[plumífer]*
plural. adj. y s. Que se refiere a más de uno. *[plural]*
pluralizar. v. tr. Dar plural a un nombre que no lo tiene. *[pluralitzar]* // Atribuir a dos o más una cosa que es peculiar de una persona o cosa. *[pluralitzar]*
pluscuamperfecto. m. Tiempo del verbo que indica un tiempo anterior a otro también pasado. *[plusperfet, plusquamperfet]*
plusvalía. f. Aumento en el valor de una cosa por causas extrañas sin que se haya hecho ninguna mejora. *[plus-vàlua]*
plutocracia. f. Forma de gobierno en que el poder está en manos de los ricos. *[plutocràcia]*
plutonio. m. Elemento químico derivado del uranio. *[plutoni]*
población. f. Acción y efecto de poblar. *[població]* // Número de habitantes de un país, ciudad, villa, etc. *[població]* // Ciudad, villa o pueblo. *[població]*
poblado. m. Lugar donde hay casas y habitantes, población, ciudad, villa o lugar. *[poblat]*
poblar. v. tr. Proveer de habitantes. *[poblar]*
pobre. adj. Que carece de lo necesario para vivir. *[pobre]* // Escaso, insuficiente. *[pobre]* // m. y f. Persona carente de lo necesario para vivir, especialmente el mendigo. *[pobre]*
pobrear. v. intr. Ser más o menos pobre, comportarse como un pobre. *[pobrejar]*
pobreza. f. Calidad de pobre. *[pobresa]* // Escasez de lo que es necesario para vivir. *[pobresa]*
pocilga. f. Lugar donde encierran a los cerdos. *[porquera, porcatera, cort, soll]*
poco, oca. adj. En cantidad escasa. *[poc]* // m. Una pequeña cantidad. *[poc]* // adv. En pequeña cantidad. *[poc]* // **poco a poco.** loc. adv. Con gran precaución. *[a poc a poc]*
poda. f. Acción de podar. *[poda]*
podagra. f. Enfermedad de gota, que causa hinchazón y dolores agudos en las articulaciones de los extremos del cuerpo. *[poagre]*
podar. v. tr. Cortar las ramas superfluas, enfermas, muertas, etc., de un árbol para dejarlo en mejores condiciones de fructificar. *[podar]*
podazón. f. Tiempo en que se podan los árboles. *[poda]*
poder. v. tr. Tener facultad de realizar algo. *[poder]* // Ser posible que sea o suceda algo. *[poder]*
poder. m. Facultad para mandar o ejecutar algo. *[poder]* // Autoridad del que gobierna el estado. *[poder]* // Fuerza, vigor. *[poder]*
poderoso, osa. adj. Que tiene poder, que tiene fuerza para obrar. *[poderós]*
poema. m. Composición poética. *[poema]* // Obra en verso de una cierta extensión. *[poema]*
poesía. f. Arte de componer obras en verso. *[poesia]* // Expresión artística de la belleza mediante la palabra. *[poesia]*
poeta. m. El que hace poesías. *[poeta]* // El que está dotado para hacer poesías. *[poeta]*
poetizar. v. tr. e intr. Tr. Embellecer una

cosa con el encanto de la poesía. *[poetitzar]* // Intr. Hacer versos. *[poetitzar]*

polaco, aca. adj. y s. Natural o propio de Polonia. *[polonés]* // m. Lengua polaca. *[polonés]*

polaina. f. Media o calza de paño o cuero que cubre la pierna hasta la rodilla. *[polaina]*

polarización. f. Acción y efecto de polarizar o de polarizarse. *[polarització]*

polarizar. v. tr. y pron. Producir la polarización de la luz, etc. *[polaritzar]*

polca. f. Baile de parejas y música de este baile. *[polca]* // Pendiente con tres colgantes de perlas, que llevan las labradoras valencianas. *[polca]*

polea. f. Rueda móvil alrededor de un eje, que tiene un canal por donde pasa una cuerda o cadena con la que se hace subir o bajar algo. *[corriola, politja]*

polémica. f. Controversia, discusión, sobre todo la que se tiene por escrito sobre alguna materia. *[polèmica]*

polemizar. v. tr. e intr. Tr. Hacer objeto de polémica. *[polemitzar]* // Intr. Sostener una polémica. *[polemitzar]*

polen. m. Polvo fecundante contenido en la antera de las flores. *[pol·len]*

poleo. m. Planta herbácea anual, muy olorosa, usada en infusión como estomacal. *[poliol]*

poliarquía. f. Gobierno repartido entre muchos. *[poliarquia]*

policía. f. Organización y reglamentación internas de un estado. *[policia]* // Cuerpo de vigilancia encargado de mantener el orden público. *[policia]* // m. Agente de policía. *[policia]*

policíaco, íaca. adj. Relativo a la policía. *[policíac]*

policlínica. f. Consultorio médico de especialidades diversas. *[policlínica]*

policromar. v. tr. Pintar de varios colores. *[policromar]*

policromo, oma o **polícromo, ícroma.** adj. De varios colores. *[policrom]*

polichinela. f. Muñeco que se hace mover imitando los movimientos del hombre. *[putxinel·li]*

poliedro. adj. y s. Sólido limitado por caras planas. *[políedre]*

polifonía. f. Composición musical en la que se superponen partes melódicas independientes. *[polifonia]*

poligloto, ota. adj. Escrito o expresado en varias lenguas. *[poliglot]* // m. y f. El que habla varias lenguas. *[poliglot]*

polígono. m. Porción de plano limitado por líneas rectas. *[polígon]* // Lugar donde los artilleros se ejercitan en el tiro de cañón. *[polígon]*

poligrafía. f. Arte de escribir en escrituras secretas y el arte de descifrarlas. *[poligrafia]* // Ciencia del polígrafo. *[poligrafia]*

polígrafo, ígrafa. m. y f. Autor que escribe sobre materias diversas. *[polígraf]* // El que profesa la poligrafía. *[polígraf]*

polilla. f. Larva de un insecto lepidóptero que se come la ropa. *[arna]*

polinomio. m. Expresión algebraica que consta de más de un término. *[polinomi]*

pólipo. m. Animal gelatinoso que tiene los nervios dispuestos alrededor de un centro, y la boca rodeada de tentáculos. *[pòlip]* // Tumor pediculado que nace en las mucosas. *[pòlip]*

polisón. m. Pieza de tela abombada que se ponía bajo las faldas, en la parte de atrás, sobre las nalgas. *[polissó]*

política. f. Ciencia y arte de gobernar. *[política]* // Manera de conducir un asunto. *[política]*

político, ítica. adj. Relativo o perteneciente a la política. *[polític]* // m. y f. El que se ocupa de los asuntos políticos. *[polític]*

politiquear. v. intr. Meterse en cosas de política. *[politiquejar]*

póliza. f. Documento justificativo de un contrato de aseguramiento, suministro, etc. *[pòlissa]* // Sello con que se satisface el importe del timbre en determinados documentos. *[pòlissa]*

polizón. m. El que se embarca clandestinamente en un barco, etc. *[polissó]*

polo. m. Cada uno de los extremos del eje de rotación de una esfera. *[pol]* // Cualquiera de los dos puntos opuestos de un cuerpo donde se acumula en mayor cantidad la energía de un agente físico. *[pol]*

polonesa. f. Danza originaria de Polonia. *[polonesa]*

polución. f. Acción y efecto de contaminar. *[pol·lució]* // Emisión del semen, voluntaria o bien en sueños. *[pol·lució]*

polvareda. f. Gran cantidad de polvo, sobre todo el que se levanta movido por el viento. *[polseguera]* // fig. Desorden, fragor de discusiones, de conversaciones excitadas. *[polseguera]*

polvo. m. Masa de partículas de tierra seca y otras materias tan diminutas que pueden ser levantadas y llevadas por el viento. *[pols]* // Porción que se toma con los dedos de una sustancia muy desmenuzada. *[pols]*

pólvora. f. Mezcla de salitre, azufre y carbón, dotada de una gran fuerza explosiva. *[pólvora]*

polvoriento, enta. adj. Cubierto de polvo. *[pulverulent, polsós]*

polvorín. m. Pólvora muy fina para cargar armas de fuego. *[polvorí]* // Lugar donde se guarda la pólvora. *[polvorí]*

polvos. m. pl. Sustancia sólida reducida a partículas muy finas, a polvo. *[pólvora]*

polvoroso, osa. adj. Cubierto de polvo. *[polsós]*

polla. f. Gallina joven. *[polla]* // Mujer joven. *[polla]*

pollada. f. Conjunto de pollitos que nacen a la vez. *[llocada]*

pollera. f. Lugar donde se crían los pollos. *[pollera]* // Aparato de juncos, etc., con que los niños pequeños aprenden a andar. *[pollera]*

pollería. f. Toda clase de aves de corral. *[aviram]*

pollino, ina. m. y f. Asno, caballo o mulo joven. *[pollí]*

pollito. m. Cría de las aves, y especialmente de las gallinas. *[pollet]*

pollo. m. Gallo joven, desde que comienza a tener cresta hasta que es capaz de criar. *[pollastre]* // Cría que sale del huevo de las aves, y especialmente de las gallinas. *[poll, pollet]*

polluelo. m. Cría que sale del huevo de las aves, y especialmente de las gallinas. *[poll, pollet]*

pomada. f. Mezcla de una sustancia grasa y otros ingredientes usada para unturas. *[pomada]*

pomo. m. Ornamento en forma de bola que se pone en las barandas. *[pom]* // Frasco de vidrio para guardar perfumes. *[pom]*

pompa. f. Ostentación de magnificencia, aparato fastuoso. *[pompa]*

pómulo. m. Hueso de la mejilla. *[pòmul]* // pl. Pómulos. *[pòmuls]*

ponchera. f. Taza grande sin asas, olla hemisférica destinada a contener líquidos, enjuagarse los dedos, etc. *[bol]* // Su contenido. *[bol]*

ponderación. f. Acción y efecto de ponderar. *[ponderació]* // Equilibrio entre dos fuerzas. *[ponderació]* // Buen equilibrio entre las partes de una obra. *[ponderació]*

ponderar. v. tr. Decir, poniéndolas muy alto, exagerándolas, las cualidades de alguna cosa o persona. *[ponderar]*

ponedero. m. Lugar donde la gallina y otras aves domésticas ponen los huevos. *[ponedor, covador]*

ponedor, ora. adj. Que pone huevos. *[ponedor]*

ponencia. f. Cargo de ponente. *[ponència]* // Información dada por el ponente. *[ponència]* // Conjunto de personas encargadas de informar o dictaminar sobre algún asunto. *[ponència]*

ponente. adj. y s. Funcionario, miembro de una corporación, etc., que ha de hacer relación de un asunto. *[ponent]*

poner. v. tr. Colocar algo en algún lugar, situación o grado. *[posar]* // **-se.** Esconderse los astros debajo del horizonte. *[pondre's]*

poniente. m. Punto del horizonte por donde se pone el sol en los equinoccios, occidente. *[ponent]* // Viento que viene de dicha parte. *[ponent]*

pontificar. v. intr. Hablar u obrar con un tono de maestrazgo máximo o de gran autoridad. *[pontificar]*

pontífice. m. Ministro que presidía las

ceremonias religiosas en la antigua Roma. *[pontífex]* // Prelado supremo de la Iglesia, papa. *[pontífex]*

pontificio, icia. adj. Relativo o perteneciente al pontífice. *[pontifici]*

pontón. m. Embarcación de fondo plano para pasar los ríos o construir puentes. *[pontó, pontona]* // Puente de barcas o de tablones. *[pontó]*

ponzoñoso, osa. adj. Que contiene veneno. *[metzinós]*

popa. f. Parte posterior del casco de una nave. *[popa]*

populachero, era. adj. Perteneciente o relativo al populacho. *[populatxer]*

populacho. m. Gente de baja especie, condición. *[rampoina]*

popular. adj. Relativo o perteneciente al pueblo. *[popular]*

popularidad. f. Calidad de popular. *[popularitat]*

popularizar. v. tr. y pron. Hacer popular. *[popularitzar]*

populoso, osa. adj. Muy poblado. *[populós]*

por. prep. Indica las relaciones de causa o motivo, medio, lugar, tiempo, manera y autor. *[per]*

porcelana. f. Loza, muy fina y transparente, con que hacen objetos diversos. *[porcellana]*

porción. f. Parte de alguna cosa, separada o no del todo. *[porció]* // Cantidad considerable e indeterminada de personas o cosas. *[porció]*

pordiosero, era. adj. y s. El que va pidiendo caridad de puerta en puerta. *[picaportes, captador]*

porfía. f. Obstinación y tenacidad puesta en conseguir algo. *[porfídia]* // Disputa, discusión prolongada. *[porfídia]*

porfiar. v. intr. Esforzarse en obtener alguna cosa. *[maldar, porfidiejar]*

pornografía. f. Tratado sobre la prostitución. *[pornografia]* // Carácter obsceno de una obra literaria, artística, etc. *[pornografia]*

poro. m. Cada uno de los intersticios diminutos que presentan el tejido o la estructura de los cuerpos. *[porus]*

poroso, osa. adj. Que tiene poros. *[porós]*

porque. conj. causal. Sirve para introducir una proposición en la que se da la razón a lo que se ha dicho en la proposición anterior. *[car, perquè]*

porquería. f. Cosa propia de los cerdos. *[porqueria]* // Suciedad, cosas sucias. *[porqueria]* // Cosa de poco valor. *[porqueria]*

porra. f. Bastón que tiene el extremo grueso y redondo. *[porra]*

porrón. m. Recipiente de vidrio con cuello estrecho y un pico largo para beber vino. *[porró]* // Medida de líquidos igual a 94 centilitros. *[porró]*

portada. f. Primera plana de un libro, donde va el título, autor, etc. *[portada]* // Entrada grande de una casa o población. *[portalada, portada]*

portador, ora. adj. y s. Que lleva. *[portador]* // m. Persona que presenta, para cobrarlos, títulos de la deuda pública, billetes de banco u otros efectos comerciales, no nominativos. *[portador]*

portafirmas. m. Carpeta especial para llevar a firmar la correspondencia. *[portafirmes]*

portal. m. Puerta grande de un edificio o de una ciudad. *[portal]*

portamantas. m. Par de correas fijadas a un travesaño usado para llevar a la mano una manta. *[portamantes]*

portamonedas. m. Bolsa, carterita, para llevar dinero. *[portamonedes]*

portapaz. m. Lámina metálica con que en las iglesias se da la paz a los fieles. *[portapau]*

portar. v. tr. Llevar o traer una cosa. *[portar]* // Traer el perro al cazador la pieza cobrada. *[portar]*

portátil. adj. Fácil de transportar. *[portàtil]*

portaviandas. m. Recipiente usado para llevar la comida. *[portaviandes]*

portavoz. m. y f. El que, por su autoridad, lleva la voz de un partido, etc. *[portaveu]*

portazo. m. Golpe dado con la puerta, al cerrarla. *[portada]*

porte. m. Manera de llevar el cuerpo. *[port]* // pl. Precio pagado por llevar algo. *[ports]*

portento. m. Hecho extraordinario que causa maravilla. *[portent]*

portería. f. Cargo de portero. *[porteria]* // Lugar donde está instalado el portero. *[porteria]*

portero, era. m. y f. Persona encargada de guardar la puerta o entrada de una casa particular, etc. *[porter]*

pórtico. m. Espacio cubierto y con columnas, delante de cualquier edificio. *[pòrtic, porxe]* // Conjunto de pórticos, galería con arcadas sostenidas por columnas o pilares. *[porxada]*

portilla. f. Portezuela, puerta falsa o la que está inserta dentro de otra más grande. *[postic, portella]*

portillo. m. Puertecilla de una ventana. *[finestró, porticó]*

portugués, esa. adj. y s. Natural o propio de Portugal. *[portugués]* // m. Lengua portuguesa. *[portugués]*

porvenir. m. Suceso, situación o tiempo futuro. *[esdevenidor]*

posada. f. Lugar donde se posa o se alberga, especialmente casa donde se alberga la gente mediante pago. *[posada]*

posadero, era. m. y f. Dueño de un mesón o casa de huéspedes. *[fondista]*

posar. v. intr. Alojarse u hospedarse en posada o casa particular. *[posar]* // Descansar, reposar. *[posar]* // Servir de modelo a un pintor o escultor. *[posar]* // **-se.** Pararse un pájaro que volaba. *[posar-se]* // Aclararse un líquido dejando el poso en el fondo del recipiente. *[assolar-se]* // Formarse sedimento en el fondo de un líquido (aceite, etc.), depositándose las partículas sólidas, la parte más pesada, que estaba en suspensión en el fondo. *[assorrar-se]*

posdata. f. Lo que se añade a una carta después de firmada y fechada. *[postdata]*

pose. f. Actitud de aquel que sirve de modelo. *[posa]* // Actitud afectada. *[posa]*

poseedor, ora. adj. y s. Que posee. *[posseïdor]*

poseer. v. tr. Tener algo por derecho de propiedad. *[posseir]* // Tener conocimiento perfecto de algo. *[posseir]*

posesión. f. Acción de poseer. *[possessió]* // La cosa poseída. *[possessió]*

posesivo, iva. adj. Que denota posesión. *[possessiu]*

posibilidad. f. Calidad de posible. *[possibilitat]* // Lo que es posible. *[possibilitat]*

posibilismo. m. Manera de actuar dispuesta a ceder a cambio de obtener objetivos parciales. *[possibilisme]*

posibilitar. v. tr. Hacer posible algo. *[possibilitar]*

posible. adj. Que puede existir, suceder o ser ejecutado. *[possible]*

posición. f. Manera de estar puesta una persona o cosa. *[posició]* // Fortificación militar. *[posició]* // Condición social de cada persona. *[posició]*

positivo, iva. adj. Que se basa sobre algo seguro, real, verdadero. *[positiu]* // Afirmativo, constructivo. *[positiu]*

poso. m. Sedimento de un líquido. *[pòsit]*

posponer. v. tr. Poner a alguien o a algo detrás de otro en orden de preferencia o aprecio. *[posposar]*

posta. f. Conjunto de caballerías dispuestas para llevar el correo, y lugar donde paran. *[posta]*

postal. adj. Relativo o perteneciente a los correos. *[postal]*

postergar. v. tr. Hacer sufrir atraso a una cosa. *[postergar]* // Perjudicar a alguien dejando de darle una recompensa o ascenso para dárselo a otro. *[postergar]*

posteridad. f. Descendencia o generación venidera. *[posteritat]* // Fama póstuma. *[posteritat]*

posterior. adj. Que viene después o que queda atrás. *[posterior]*

postguerra. f. Período inmediatamente posterior a una guerra. *[postguerra]*

postifaz. m. Porción final del intestino recto que sale al exterior por relajación del esfínter. *[posterol]*

postigo. m. Puertecilla de una ventana. *[finestró, porticó]* // Portezuela, puerta falsa o la que está inserta dentro de otra más grande. *[postic, portella]*

postiza. f. Instrumento de madera o marfil formado por dos piezas cóncavas en forma de castaña para acompañar ciertas danzas. *[postissa, castanyetes, castanyoles]*

postizo, iza. adj. Que reemplaza artificialmente una cosa natural. *[postís]*

postración. f. Acción y efecto de postrar o de postrarse. *[postració]*

postrar. v. tr. Quitar las fuerzas, el vigor a alguien. *[postrar]* // **-se.** Arrodillarse a los pies de alguien en señal de reverencia o adoración. *[postrar-se]*

postrero, era. adj. Último en orden. *[postrem, darrer]*

postres. m. pl. Postrimerías consistentes en fruta, dulces, etc., que sirven para el final de una comida. *[postres]*

postrimerías. f. pl. Final de un espectáculo, etc. *[acaballes]* // Últimos momentos de la vida. *[acaballes]*

postulado. m. Proposición que sin ser evidente se admite como cierta sin demostrarla. *[postulat]*

postular. v. tr. Pedir con instancia cargos, beneficios, etc. *[postular]* // Colectar. *[postular, captar]* // Dar la autoridad eclesiástica la dispensa de un impedimento canónico para una elección. *[postular]*

póstumo, óstuma. adj. Nacido después de la muerte del padre. *[pòstum]* // Dicho también de la obra publicada después de la muerte del autor. *[pòstum]*

postura. f. Puja, precio que pone el comprador a aquello que se saca a la venta, arrendamiento o subasta. *[dita]*

postverbal. adj. Dicho del nombre sacado de un verbo sin la ayuda de un sufijo. *[postverbal]*

potable. adj. Que es bueno para beber. *[potable]*

potaje. m. Caldo de olla u otro guisado. *[potatge]*

potasa. f. Sustancia alcalina, construida por el carbonato de potasio. *[potassa]*

potasio. m. Metal de color argentino, muy alterable al aire y que arde al contacto con el agua. *[potassi]*

pote. m. Recipiente de hojalata, barro cocido, etc., generalmente cilíndrico, para guardar algo. *[pot]*

potencia. f. Facultad de hacer una cosa o producir un efecto. *[potència]* // El hecho de ser potente. *[potència]* // Virtud generativa. *[potència]* // El que posee fuerza para imponer su autoridad. *[potència]*

potenciar. v. tr. Hacer volverse más potente, fomentar, impulsar. *[potenciar]*

potentado, ada. m. y f. Persona opulenta y poderosa. *[potentat]*

potente. adj. Que tiene poder. *[potent]* // Poderoso. *[potent]*

potestad. f. Poder, facultad, que se tiene sobre algo. *[potestat]*

potra. f. Hernia escrotal, tumor hernioso. *[potra]*

potro, otra. m. y f. Caballo o yegua jóvenes. *[poltre]* // m. Aparato de madera donde se atormentaba a los reos para hacerles declarar lo que querían ocultar. *[poltre]*

potroso, osa. adj. Que padece de potra, herniado. *[potrós]* // Que se siente molesto. *[potrós]*

poya. f. Cantidad de pan que se paga al panadero por el trabajo y materiales. *[puja]*

pozal. m. Utensilio con que se saca el agua del pozo y para otros usos. *[poal]*

pozar. v. tr. Sacar agua de un pozo o de una fuente. *[poar]*

pozo. m. Hoyo hecho en la tierra hasta encontrar agua. *[pou]*

práctica. f. Ejercicio sistemático para instruirse en algo. *[pràctica]* // Experiencia adquirida. *[pràctica]*

practicante. adj. Que practica. *[practicant]* // m. y f. El que ejerce una profesión bajo la dirección de un maestro. *[practicant]* // El que tiene el título para el ejercicio de la cirugía menor. *[practicant]*

practicar. v. tr. Poner en práctica algo. *[practicar]* // Ejercer una profesión. *[practicar]*

práctico, áctica. adj. Experimentado, que tiene práctica en una cosa. *[pràctic]* // Que concierne a la práctica. *[pràctic]*

prado. m. Tierra en la que se cultiva hierba para pasto de los ganados. *[prat]*

pragmática. f. Decreto solemne emanado de la autoridad soberana. *[pragmàtica]*

pragmatismo. m. Doctrina, según la cual, al concebir algo, se han de tener solamente en cuenta sus consecuencias prácticas. *[pragmatisme]*

praxis. f. Práctica, en oposición a teoría o teórica. *[praxi]*

preámbulo. m. Exordio, prólogo, aquello que se dice antes de entrar en materia. *[preàmbul]*

prebenda. f. Renta anexa a una canonjía u otra dignidad eclesiástica. *[prebenda]* // Oficio o cargo lucrativo y de poco trabajo. *[prebenda]*

preboste. m. Jefe de una comunidad. *[prebost]*

precario, aria. adj. De poca estabilidad o duración. *[precari]* // Que sólo se posee como préstamo y a la voluntad del dueño. *[precari]*

precaución. f. Reserva, cautela para evitar o prevenir daños o inconvenientes. *[precaució]*

precedente. adj. Que precede. *[precedent]* // m. Hecho igual a otro y anterior a él. *[precedent]*

preceder. v. tr. Ir delante de alguien o de algo. *[precedir]*

precepto. m. Orden o mandato que se da como regla de acción o de conducta. *[precepte]* // Fórmula que enseña lo que se debe hacer. *[precepte]*

preceptuar. v. tr. Dictar o mandar como precepto. *[preceptuar]*

preciado, ada. adj. Precioso, de mucha estima. *[preat]*

preciar. v. tr. Poner precio, valorar. *[preuar, avaluar]*

precintar. v. tr. Poner precinto. *[precintar]*

precinto. m. Ligadura sellada puesta alrededor de un paquete, etc., para que no se pueda abrir, sino por quien corresponda. *[precinte]*

precio. m. Valor en que se estima un objeto cualquiera. *[preu]*

precioso, osa. adj. De gran precio o valor. *[preciós]*

precipicio. m. Terreno de superficie vertical o muy inclinado. *[precipici]*

precipitación. f. Acción y efecto de precipitar o de precipitarse. *[precipitació]*

precipitar. v. tr. y pron. Hacer caer de arriba abajo de un lugar elevado. *[precipitar]* // Producirse, en una disolución, una materia sólida que queda en el fondo del recipiente. *[precipitar]* // Acelerar, hacer ir impetuosamente. *[precipitar]* // **-se.** Arrojarse con imprudencia a ejecutar o decir algo. *[precipitar-se]*

precisar. v. tr. Determinar con precisión. *[precisar]*

precisión. f. Obligación o necesidad. *[precisió]* // Determinación exacta. *[precisió]* // Concisión y exactitud de lenguaje o estilo. *[precisió]*

preciso, isa. adj. Necesario, indispensable. *[precís]* // No equívoco ni vago. *[precís]*

preclaro, ara. adj. Ilustre, insigne. *[preclar]*

preconizar. v. tr. Alabar públicamente. *[preconitzar]* // Aprobar el papa la designación de una persona para una dignidad eclesiástica. *[preconitzar]*

precoz. adj. Que madura antes del tiempo ordinario. *[precoç]* // Aplicado a la persona que demuestra cualquier cualidad notable, desde su infancia. *[precoç]*

precursor, ora. adj. y s. Que precede o va delante de otro. *[precursor]*

predecir. v. tr. Anunciar algo que ha de suceder. *[predir]*

predestinar. v. tr. Destinar con antelación algo. *[predestinar]*

prédica. f. Sermón o plática. *[prèdica]*

predicado. m. Lo que se afirma del sujeto en una proposición gramatical. *[predicat]*

predicamento. m. Acción de predicar. *[predicament]* // Fama que uno ha alcanzado por sus méritos. *[predicament]*

predicar. v. tr. Anunciar, proclamar, enseñar la palabra de Dios. *[predicar]* // Hacer un sermón. *[predicar]*

predicativo, iva. adj. Que expresa predicación o afirmación. *[predicatiu]* // m. Complemento de ciertos verbos de predicación incompleta. *[predicatiu]*

predicción. f. Acción y efecto de predecir. *[predicció]*

predilección. f. Preferencia en el afecto, amor preferente. *[predilecció]*

predio. m. Heredad, hacienda o posesión inmueble, y especialmente la situada en el campo. *[predi]*

predisponer. v. tr. y pron. Disponer con anticipación el espíritu de las personas con un fin determinado. *[predisposar]*

predominar. v. intr. Ser superior en fuerza, autoridad, etc. *[predominar]*

predominio. m. Acción y efecto de predominar. *[predomini]*

predorso. m. La parte anterior del dorso de la lengua. *[predors]*

preeminente. adj. Superior en rango, posición, etc. *[preeminent]*

prefacio. m. Introducción, prólogo o discurso previo. *[prefaci]* // Parte de la misa que precede al canon. *[prefaci]*

prefecto. m. Persona encargada de hacer cumplir ciertos cargos. *[prefecte]*

prefectura. f. Cargo, dignidad de prefecto. *[prefectura]* // Territorio gobernado por un prefecto. *[prefectura]*

preferencia. f. Acción y efecto de preferir. *[preferència]* // La cosa preferida. *[preferència]* // Calidad de preferente. *[preferència]*

preferir. v. tr. Poner a alguien o a algo por encima de otro o de otros en estimación, favor, etc. *[preferir]*

prefijo. m. Elemento añadido delante de una palabra. *[prefix]*

pregón. m. Publicación de algo en voz alta y en los lugares públicos, para que llegue a conocimiento de toda la población. *[crida, pregó]*

pregonar. v. tr. Hacer el pregón en un pueblo. *[pregonar]* // fig. Divulgar, propagar, difundir una noticia. *[esbombar, pregonar]*

pregonero. m. Oficial encargado de hacer los pregones. *[nunci]*

pregunta. f. Interrogación hecha a fin de que otro diga lo que sabe de una cuestión. *[pregunta, preguntat]*

preguntar. v. tr. y pron. Hacer preguntas. *[preguntar]*

prehistoria. f. Historia de las épocas primitivas. *[prehistòria]*

prejuicio. m. Indicio u opinión preconcebidos. *[prejudici, prejuí]* // Predilección no razonada por algo. *[prejudici, prejuí]*

prejuzgar. v. tr. Juzgar antes de tener conocimiento completo de una cosa. *[prejutjar]*

prelado, ada. m. y f. Superior de un convento. *[prelat]* // m. Alto dignatario eclesiástico. *[prelat]*

preliminar. adj. Que sirve de preámbulo o proemio. *[preliminar]*

preludiar. v. intr. y tr. Intr. Servir como preludio. *[preludiar]* // Ensayar un instrumento o la voz, mediante escalas, arpegios, etc. *[preludiar]* // Tr. Preparar o iniciar una cosa. *[preludiar]*

preludio. m. Lo que sirve de entrada, preparación o principio de una cosa. *[preludi]*

prematuro, ura. adj. Que se presenta antes de tiempo, que aún no está en su punto. *[prematur]*

premeditar. v. tr. Pensar una cosa antes de ejecutarla. *[premeditar]*

premiar. v. tr. Conceder a alguien el premio que merece. *[premiar]*

premio. m. Recompensa o remuneración por un mérito o servicio. *[premi]* // Suerte de una rifa. *[premi]*

premisa. f. Cada una de las dos proposiciones de un silogismo de donde se deduce una conclusión. *[premissa]* // Señal o indicio, dado como cierto, que sirve de base a un argumento. *[premissa]*

premorir. v. intr. Morir primero que otro. *[premorir]*

prenda. f. Cosa mueble dada como garantía de una deuda o contrato. *[penyora]*

prender. v. tr. e intr. Tr. Asir una cosa. *[agarrar]* // Intr. Enraizar las plantas. *[arrelar]*

prenombre. m. Nombre que entre los romanos precedía al de familia. *[prenom]*

prensa. f. Máquina que sirve para comprimir. *[premsa]* // Máquina de imprimir. *[premsa]* // Conjunto de publicaciones impresas. *[premsa]*

prensar. v. tr. Comprimir un cuerpo entre otros dos. *[prémer]*

prensil. adj. Que sirve para coger rodeando. *[prènsil]*
preñada. f. Hembra embarazada, que ha concebido. *[prenyada]* // adj. Aplicado a la hembra embarazada. *[prenys]*
preñez. f. Estado de la hembra preñada y tiempo que dura, embarazo. *[prenyat, prenys]*
preocupación. f. Acción y efecto de preocupar o de preocuparse. *[preocupació]*
preocupar. v. tr. Ocupar antes que otro una cosa. *[preocupar]* // Ocupar el ánimo de alguien un temor, etc., que da ansia, etc. *[preocupar]*
preopinar. v. intr. Manifestar una opinión antes que otro. *[preopinar]*
prepalatal. adj. Que se articula en la parte anterior del paladar. *[prepalatal]*
preparar. v. tr. Poner alguna cosa en estado de ser usada. *[preparar]*
preparativo, iva. adj. Que prepara. *[preparatiu]* // m. Lo que se hace para preparar algo. *[preparatiu]*
preparatorio, oria. adj. Que prepara. *[preparatori]*
preponderar. v. intr. Prevalecer una opinión o una cosa respecto a otra con la que es comparada. *[preponderar]*
preponer. v. tr. Poner delante, preferir. *[preposar]*
preposición. f. Acción de preponer, de poner delante. *[preposició]* // En gramática, palabra que expresa el régimen o relación de dos términos. *[preposició]*
prepositivo, iva. adj. Que se pone delante. *[prepositiu]* // Que hace el oficio de una preposición. *[prepositiu]*
prepucio. m. Prolongación de la piel del miembro viril que cubre el bálano. *[prepuci]*
prerrogativa. f. Privilegio, gracia o exención anexa a una dignidad o cargo. *[prerrogativa]*
presa. f. Muralla que se hace dentro de un río, canal, etc., pera elevar el nivel del agua y llevarla a un lugar conveniente. *[resclosa, presa]*
presagio. m. Señal que anuncia un acontecimiento. *[presagi]*
presbiterio. m. Parte de la iglesia donde está el altar mayor, más elevada, en una o varias gradas, que el resto de la iglesia. *[presbiteri]* // Reunión de los presbíteros con el obispo. *[presbiteri]*
presbítero. m. Sacerdote o clérigo ordenado de misa. *[prevere]*
prescindir. v. intr. Hacer abstracción u omisión de una persona o cosa. *[prescindir]*
prescribir. v. tr. e intr. Tr. Ordenar, mandar en virtud de autoridad. *[prescriure]* // Intr. Adquirir por prescripción. *[prescriure]* // Extinguirse una carga u obligación por haber transcurrido un tiempo determinado. *[prescriure]*
prescripción. f. Acción y efecto de prescribir. *[prescripció]* // Manera de adquirir el dominio de una cosa por haberla poseído un cierto tiempo en ciertas condiciones. *[prescripció]*
prescrito. adj. Escrito antes. *[prescrit]* // Adquirido o cesado por prescripción. *[prescrit]* // m. Orden, mandato de autoridad. *[prescrit]*
presencia. f. Estado del que se encuentra presente. *[presència]* // Figura y disposición del cuerpo. *[presència]* // Serenidad de espíritu. *[presència]*
presenciar. v. tr. Estar presente en un acontecimiento, un hecho, etc. *[presenciar]*
presentar. v. tr. Poner algo delante de alguien para que lo vea, lo examine, etc. *[presentar]*
presente. adj. Aplicado al tiempo en que uno se encuentra cuando explica una cosa. *[present]* // Que está en presencia de uno. *[present]* // m. Tiempo del verbo que denota el tiempo en que estamos. *[present]*
presentir. v. tr. Tener la impresión o convicción de que ha de ocurrir algo. *[pressentir]*
preservar. v. tr. y pron. Guardar de un daño posible o probable. *[preservar]*
preservativo, iva. adj. Que sirve para preservar. *[preservatiu]* // m. Medicamento u objeto que preserva de algún peligro. *[preservatiu]*
presidencia. f. Cargo o dignidad de presidente. *[presidència]* // Acción de presi-

dir. *[presidència]* // Residencia del presidente. *[presidència]*

presidente, enta. m. y f. El que preside. *[president]*

presidio. m. Lugar donde cumplen condena los delincuentes penados por delitos graves. *[presidi]*

presidir. v. tr. Dirigir las deliberaciones, los trabajos, de una junta, tribunal, etc. *[presidir]*

presión. f. Acción y efecto de apretar o comprimir. *[pressió]* // fig. Acción que obliga o induce intensamente a hacer algo. *[pressió]*

presionar. v. tr. Hacer presión sobre alguien o algo. *[pressionar]*

preso, esa. adj. y s. Encerrado en prisión, privado de libertad. *[pres]*

préstamo. m. Acción y efecto de prestar. *[préstec]*

prestar. v. tr. Dejar una cosa a alguien con la obligación de devolverla. *[prestar]* // Poner a la disposición de alguien una cosa. *[prestar]*

prestidigitación. f. Arte y acción del prestidigitador. *[prestidigitació]*

prestidigitador, ora. m. y f. El que hace juegos de manos, de escamoteo. *[prestidigitador]*

prestigiar. v. tr. Dar prestigio. *[prestigiar]*

prestigio. m. Lo que impresiona el espíritu por lo que tiene de maravilloso. *[prestigi]* // Ascendente, influencia debida a éxitos anteriores, a la reputación adquirida. *[prestigi]*

presto, esta. adj. Dispuesto, preparado para ejecutar algo. *[prest]* // adv. Pronto, rápido. *[prest]*

presumido, ida. adj. Que presume o tiene vanidad, presuntuoso. *[presumit]*

presumir. v. tr. e intr. Tr. Sospechar algo, tener indicios. *[presumir]* // Intr. Creer y darlo a entender con sus palabras, etc., que se posee una cualidad, un mérito. *[presumir]*

presunción. f. Acción y efecto de presumir de algo. *[presumpció]* // Sospecha originada por algún indicio. *[presumpció]*

presunto, unta. adj. Que es objeto de suposición por indicios. *[presumpte]*

presuntuoso, osa. adj. Lleno de presunción. *[presumptuós]* // Que tiene pretensiones. *[pretensiós]*

presuponer. v. tr. Suponer anticipadamente una cosa. *[pressuposar]*

presupuesto. m. Cómputo anticipado de lo que costará una obra de hacer, de los gastos e ingresos de una entidad por un período de tiempo determinado. *[pressupost]*

pretender. v. tr. Solicitar algo. *[pretendre]* // Querer que algo sea reconocido como cierto. *[pretendre]* // Aspirar a la obtención de algo. *[pretendre]*

pretendiente. m. y f. El que pretende algo. *[pretendent]*

pretensión. f. Acción de pretender. *[pretensió]* // Derecho que uno cree que tiene sobre algo. *[pretensió]*

preterir. v. tr. Hacer omisión de una persona o cosa. *[preterir]*

pretérito, érita. adj. Que ya ha pasado, anterior al tiempo presente. *[pretèrit]* // m. Tiempo de un verbo que indica una acción pasada. *[pretèrit]*

pretextar. v. tr. Valerse de un pretexto, dar como razón aparente. *[pretextar]*

pretexto. m. Razón o motivo que se da para esconder la razón o motivo real de una acción. *[pretext]*

pretina. f. Tira de tela puesta en un chupetín, bragas, etc., para ajustarlas al cuerpo mediante las hebillas o botones. *[trinxa]*

pretor. m. Magistrado romano que ejercía jurisdicción en Roma o en las provincias. *[pretor]*

prevalecer. v. intr. Llevarse la victoria, la superioridad, etc., entre diferentes cosas concurrentes, en competencia, etc. *[prevaler]*

prevaricar. v. intr. Desviarse alguien de su deber, faltar a la obligación del cargo que ejerce. *[prevaricar]*

prevención. f. Acción y efecto de prevenir o prevenirse. *[prevenció]* // Disposición tomada anticipadamente. *[prevenció]* // Concepto desfavorable de una persona o cosa. *[prevenció]*

prevenir. v. tr. Prever una cosa para impedirla, evitar su efecto, etc. *[prevenir]*

// Advertir anticipadamente a alguien de algo. *[prevenir, previndre]*

preventorio. m. Establecimiento sanitario que tiene por finalidad prevenir las enfermedades. *[preventori]*

prever. v. tr. Ver con anticipación, adivinar una cosa que aún ha de venir. *[preveure]*

previo, evia. adj. Que va precediendo a algo, anterior. *[previ]*

previsión. f. Acción y efecto de prever. *[previsió]*

prima. f. Primera de las cuatro partes iguales en que los romanos dividen el día. *[prima]* // Primera hora canónica. *[prima]* // Cuerda más delgada de los instrumentos musicales de cuerda. *[prima]* // Cantidad que constituye una comisión, premio, etc. *[prima]*

primado. m. Primero y más preeminente de los obispos de un país. *[primat]*

primario, aria. adj. Que es primero en orden o grado. *[primari]*

primavera. f. Estación del año comprendida entre el equinoccio de marzo y el solsticio de junio. *[primavera]* // Planta primulácea, de flores amarillas en forma de parasol. *[primavera, prímula]*

primerizo, iza. adj. Que viene antes del tiempo regular. *[primerenc]*

primero, era. adj. Dicho del que, en una serie, precede a todos los demás. *[primer]* // adv. En primer lugar. *[primer]*

primicia. f. Fruto primero que da algo. *[primícia]* // Prestación de frutos o ganado que era pagado a la iglesia además del diezmo. *[primícia]*

primigenio, enia. adj. Primitivo, originario. *[primigeni]*

primitivo, iva. adj. Que es primero en su línea o no toma origen de otra cosa. *[primitiu]*

primo, ima. m. y f. Hijo o hija de un tío o tía. *[cosí]* // **primo hermano.** Primo carnal, hijo del hermano o hermana del padre o de la madre. *[cosí-germà]*

primogénito, énita. adj. y s. El hijo que nace primero. *[primogènit]*

primordial. adj. Primitivo, fundamental. *[primordial]*

princesa. f. Esposa de un príncipe. *[princesa]* // Mujer con dignidad de príncipe. *[princesa]*

principado. m. Dignidad del príncipe. *[principat]* // Territorio sujeto a la soberanía de un príncipe. *[principat]*

principal. adj. Que es el primero en autoridad, grado, importancia, etc. *[principal]*

príncipe. m. El hijo promogénito del rey y heredero de la corona. *[príncep]* // Individuo de la familia real o imperial. *[príncep]* // Soberano de un estado. *[príncep]*

principiar. v. tr. e intr. Tener principio una cosa, comenzar. *[principiar]*

principio. m. Comienzo. *[principi]* // Origen, razón fundamental. *[principi]* // Regla de conducta, norma para obrar. *[principi]* // Cada uno de los platos que, después de la sopa o cocido, se sirven en la mesa. *[entrant]*

pringar. v. tr. Untar con alguna sustancia pegajosa, viscosa, con un tinte. *[empastifar]* // **-se.** fig. Apoderarse o malversar el caudal que se maneja. *[sucar, engrutar-se]*

prior. m. Superior de un convento u orden militar. *[prior]*

priora. f. Prelada o superiora de una comunidad de religiosas. *[priora]*

priorato. m. Dignidad de prior o priora. *[priorat]* // Territorio en el que tiene jurisdicción un prior. *[priorat]*

priori, a. loc. adv. Con anterioridad. *[a priori]*

prioridad. f. El hecho de venir antes en el orden o en el tiempo. *[prioritat]*

prisa. f. Ansia de hacer una cosa rápidamente. *[pressa]*

prisión. f. El hecho de estar detenido, privado de libertad. *[presó]* // Casa donde están encerrados y guardados los presos. *[presó]*

prisionero, era. m. y f. Persona retenida como presa de guerra. *[presoner]*

prisma. f. Cuerpo limitado por dos polígonos paralelos e iguales, llamados bases, y por tantos paralelogramos como lados tienen las bases. *[prisma]*

privación. f. Acción y efecto de privar o

impedir. *[privació]* // Carencia de lo que uno necesita o desea. *[privació]*

privado, ada. adj. Que se ejecuta en la intimidad y sin ceremonia. *[privat]* // m. El que goza de privanza. *[privat]*

privanza. f. Primer lugar en la gracia y confianza de un príncipe o alto personaje. *[privadesa]*

privar. v. tr. e intr. Tr. Desposeer a alguien de algo. *[privar]* // Intr. Disfrutar de la privanza cerca de un personaje importante, etc. *[privadejar, privar]*

privilegiar. v. tr. Conceder un privilegio. *[privilegiar]*

privilegio. m. Ventaja excepcional concedida a alguien, librándolo de una carga, concediéndole una exención, etc. *[privilegi]*

pro. prep. A favor de. *[pro]* // m. Favor, provecho. *[pro]* // La parte favorable de algo. *[pro]*

proa. f. Parte delantera de una embarcación. *[proa]*

probable. adj. Que es fácil que suceda. *[probable]*

probar. v. tr. Someter a alguien o a algo a ciertas experiencias para apreciar el valor, etc. *[provar]* // Establecer la verdad de una cosa dando razones, aduciendo hechos, etc. *[provar]*

probatura. f. Prueba o ensayo. *[provatura]*

probeta. f. Tubo de vidrio destinado a recoger o medir líquidos o gases. *[proveta]*

probidad. f. Rectitud de intención, honradez. *[probitat]*

problema. m. Cuestión o dificultad que se trata de resolver. *[problema]*

procaz. adj. Desvergonzado, insolente, sobre todo en el hablar. *[procaç]*

procedencia. f. Principio u origen de donde nace o arranca una cosa. *[procedència]* // Fundamento legal, oportunidad, de una demanda, recurso, etc. *[procedència]*

proceder. v. intr. Originarse una cosa de otra. *[procedir]* // Poner una cosa en ejecución. *[procedir]* // Portarse uno bien o mal. *[procedir]*

procedimiento. m. Manera de proceder, de obrar, para conseguir un objeto. *[procediment]*

prócer. m. Persona de alta distinción. *[pròcer]* // adj. Distinguido, eminente, propio de personas de alta categoría. *[pròcer]*

procesar. v. tr. Someter a proceso, formar proceso. *[processar]*

procesión. f. Acto religioso de desfilar ordenada y solemnemente los fieles, precedidos de una o más cruces parroquiales y con la autoridad eclesiástica, llevando el Santísimo Sacramento o algunas reliquias o imágenes sagradas, para darles culto e implorar su auxilio. *[processó]*

proceso. m. Conjunto de escritos en cualquier causa civil o criminal. *[procés]* // Serie evolutiva por la que pasa una cosa. *[procés]*

proclama. f. Alocución militar o política hecha de viva voz o por escrito. *[proclama]*

proclamar. v. tr. Anunciar o publicar solemnemente una cosa. *[proclamar]*

proclive. adj. Propenso a algo. *[procliu]*

procrear. v. tr. Producir por el acto de la generación. *[procrear]*

procura. f. Poder dado legalmente por alguien a una persona para obrar en su nombre. *[procura]*

procurar. v. tr. Hacer diligencias para obtener algo. *[procurar]* // Ejercer la profesión de procurador. *[procurar]*

prodigar. v. tr. Disipar, gastar, dar con prodigalidad. *[prodigar]*

prodigio. m. Hecho que excede los límites naturales. *[prodigi]* // Persona o cosa extraordinaria. *[prodigi]*

pródigo, ódiga. adj. Disipador, malgastador. *[pròdig]* // Muy desprendido y generoso. *[pròdig]*

producción. f. Acción de producir. *[producció]* // Lo que es producido. *[producció]* // Conjunto de los productos de la tierra o de la industria. *[producció]*

producible. adj. Que se puede producir. *[produïble]*

producir. v. tr. Engendrar. *[produir]* // Dar fruto o rédito. *[produir]* // Ocasionar, causar. *[produir]*

producto. m. Cosa producida. *[producte]*

// Resultado de una multiplicación. *[producte]*

proemio. m. Parte de un discurso, etc., que sirve de introducción. *[proemi]*

proeza. f. Acción heroica o que incluye una gran valentía. *[proesa]*

profanar. v. tr. Hacer uso indigno de cosas respetables. *[profanar]*

profano, ana. adj. Que no es sagrado. *[profà]* // Contrario a la reverencia debida a las cosas sagradas. *[profà]* // Que no tiene conocimientos especiales de una determinada materia. *[profà]*

profecía. f. Predicción de lo que ha de suceder. *[profecia]*

proferir. v. tr. Pronunciar, decir algo. *[proferir]*

profesar. v. tr. Ejercer una profesión u oficio. // Enseñar públicamente una ciencia, etc. *[professar]* // Declarar abiertamente una creencia, opinión, etc. *[professar]* // Obligarse a cumplir los votos de un instituto religioso. *[professar]*

profesión. f. Acción y efecto de profesar. *[professió]* // Ocupación que se ejerce públicamente. *[professió]*

profesor, ora. m. y f. El que ejerce o enseña una ciencia, un arte, una disciplina. *[professor]*

profesorado. m. Cargo de profesor. *[professorat]* // Cuerpo de profesores. *[professorat]*

profeta. m. El que predice las cosas que han de suceder. *[profeta]*

profetizar. v. tr. e intr. Predecir las cosas que han de suceder. *[profetitzar]*

profilaxis. f. Preservación, higiene, tratamiento que preserva de la enfermedad. *[profilaxi]*

prófugo, ófuga. adj. y s. Que huye para escapar de la acción de la justicia, para no servir en el ejército. *[pròfug]*

profundidad. f. Calidad de profundo. *[profunditat, pregonesa]*

profundizar. v. tr. Hacer más profundo. *[aprofundir]*

profundo, unda. adj. Que tiene el fondo muy distante de la boca o borde de la cavidad. *[profund]*

profusión. f. Abundancia excesiva. *[profusió]*

progenie. f. Casta o familia de que desciende una persona. *[progènie]*

programa. m. Enunciación de lo que se piensa hacer. *[programa]* // Exposición de detalles, partes o condiciones de algo. *[programa]*

programación. f. Acción de formar un programa. *[programació]*

programar. v. tr. Establecer un programa, efectuar una programación. *[programar]*

progresar. v. intr. Hacer progresos en una materia. *[progressar]*

progreso. m. Acción de ir adelante, de avanzar de un grado a otro superior. *[progrés]*

prohibir. v. tr. Impedir el uso o ejecución de una cosa. *[prohibir]*

prohombre. m. Maestro que era elegido para dirigir un gremio. *[prohom]* // El que goza de especial consideración entre los de su clase. *[prohom]*

prójimo. m. Nuestros semejantes. *[proïsme]*

prole. f. Hijos o descendencia que se tiene. *[prole]*

prolegómeno. m. Escrito preliminar en el que se exponen los principios fundamentales de la materia que se va a tratar. *[prolegomen]*

proletario, aria. m. y f. Carente de bienes y que tiene que vivir de un sueldo modesto. *[proletari]* // adj. Perteneciente o relativo a los proletarios. *[proletari]*

proliferar. v. intr. Multiplicarse rápidamente. *[proliferar]*

prolífico, ífica. adj. Que tiene la virtud de producir fruto. *[prolífic]* // Que tiene la virtud de engendrar. *[prolífic]*

prolijo, ija. adj. Indebidamente largo, difuso, escribiendo o hablando. *[prolix]*

prologar. v. tr. Poner prólogo a una obra. *[prologar]*

prólogo. m. Discurso que precedía antiguamente al poema dramático. *[pròleg]* // Lo que sirve de exordio o principio al cuerpo de una obra. *[pròleg]*

prolongar. v. tr. Hacer más largo algo, añadiendo una pieza adicional. *[perllongar]*

promediar. v. tr. e intr. Tr. Repartir una

cosa en dos partes iguales. *[amitjanar]* // Intr. Servir de intermediario. *[mitjançar]* // Alcanzar la mitad de un período de tiempo determinado. *[mitjanar]*

promedio. m. Cantidad que resulta de dividir el producto de una suma por el número de sumandos. *[promedi]*

promesa. f. Acción y efecto de prometer. *[promesa, prometença]* // Palabra dada de hacer algo. *[prometença]*

prometer. v. tr. Obligarse a hacer, dar palabra de hacer algo. *[prometre]*

prometido, ida. m. y f. Persona que ha dado palabra de casamiento. *[promès]*

prominente. adj. Que se eleva sobre lo que tiene a su alrededor. *[prominent]*

promiscuar. v. intr. Mezclar cosas de diferente clase. *[promiscuar]*

promiscuidad. f. Calidad de promiscuo. *[promiscuïtat]* // Mezcla de cosas muy diversas entre ellas. *[promiscuïtat]*

promiscuo, iscua. adj. Que está mezclado de cosas diversas entre ellas. *[promiscu]* // Que tiene dos sentidos equivalentes. *[promiscu]*

promoción. f. Acción y efecto de promover. *[promoció]* // Conjunto de individuos que obtienen un grado o cargo al mismo tiempo. *[promoció]*

promontorio. m. Altura considerable de tierra, especialmente que avanza dentro del mar. *[promontori]*

promover. v. tr. Dar la primera impulsión a algo. *[promoure]* // Elevar a alguien a un grado, a una dignidad. *[promoure]*

promulgar. v. tr. Publicar una ley, un edicto, etc. *[promulgar]*

pronombre. m. En gramática, palabra que sirve para suplir al nombre. *[pronom]*

pronosticar. v. tr. Conjeturar por ciertos indicios lo que ha de suceder. *[pronosticar]*

pronóstico. m. Señal por la que se conjetura algo. *[pronòstic]* // Calendario en el que se pronostica el tiempo que hará en las distintas épocas del año. *[pronòstic]*

pronto, onta. adj. Dispuesto, preparado, para ejecutar algo. *[prest]* // Primer arranque del ánimo, impulso. *[rampell]* // adv. Dentro de poco tiempo. *[prompte, tost, aviat]*

prontuario. m. Compendio de las reglas principales de una ciencia o arte. *[promptuari]*

pronunciación. f. Acción y efecto de pronunciar. *[pronunciació]*

pronunciamiento. m. Declaración, condena o mandato del juez. *[pronunciament]* // Rebelión militar. *[pronunciament]*

pronunciar. v. tr. Articular sonidos para hablar. *[pronunciar]* // Determinar, decidir. *[pronunciar]* // **-se.** Rebelarse las tropas contra el gobierno constituido. *[pronunciar-se]*

propaganda. f. Acción y efecto de propagar. *[propaganda]* // Trabajos que se hacen para propagar algo. *[propaganda]*

propagar. v. tr. Multiplicar por reproducción, hacer crecer en número o en extensión. *[propagar]*

propalar. v. tr. Divulgar, hacer circular una noticia. *[propalar]*

propender. v. intr. Tener propensión a algo. *[propendir]*

propensión. f. Inclinación de alguien o de algo a lo que es de su gusto o naturaleza. *[propensió]*

propenso, ensa. adj. Que tiene propensión a algo. *[propens]*

propiciar. v. tr. Ablandar, aplacar, hacer propicio. *[propiciar]*

propicio, icia. adj. Bien dispuesto a favor de alguien, favorable. *[propici]*

propiedad. f. Lo que es propio de alguien. *[propietat]* // Dominio y derecho sobre algo que nos pertenece. *[propietat]* // Tributo o cualidad esencial de una persona o cosa. *[propietat]*

propietario, aria. m. y f. El que tiene la propiedad de algo. *[propietari]*

propina. f. Gratificación dada por un servicio. *[propina]*

propio, opia. adj. Que es de una persona o cosa con exclusión de toda otra. *[propi]* // Característico y peculiar de cada uno. *[propi]* // Conveniente para un fin determinado. *[propi]* // m. Persona enviada expresamente para un recado. *[propi]*

proponer. v. tr. Hacer una proposición. *[proposar]*

proporción. f. Relación de una parte con el todo. *[proporció]* // Oportunidad para algo. *[proporció]* // En matemáticas, igualdad de dos razones. *[proporció]*

proporcionar. v. tr. Hacer que una cosa tenga la debida proporción con otra. *[proporcionar]* // Poner a disposición de alguien lo que necesita o le conviene. *[proporcionar]*

proposición. f. Acción y efecto de proponer. *[proposició]* // Enunciación de un juicio. *[proposició]*

propósito. m. Acción de proponerse hacer algo, lo que uno se propone. *[propòsit]*

propuesta. f. Proposición o idea para un fin determinado. *[proposta]*

propugnar. v. tr. Defender combatiendo o discutiendo. *[propugnar]*

propulsar. v. tr. Impeler hacia adelante. *[propulsar]*

propulsión. f. Acción y efecto de propulsar. *[propulsió]*

prorrata. f. Cuota que corresponde por cabeza de una cantidad repartida entre muchos. *[prorrata]*

prorratear. v. tr. Distribuir algo proporcionalmente. *[prorratejar]*

prórroga. f. Continuación de una cosa por un tiempo determinado. *[pròrroga]*

prorrogar. v. tr. Alargar el tiempo acordado para hacer algo. *[prorrogar]* // Diferir, dejar para más adelante. *[prorrogar]*

prorrumpir. v. intr. Salir una cosa impetuosamente. *[prorrompre]*

prosa. f. Forma natural del lenguaje, no sujeta a la medida y al ritmo del verso. *[prosa]*

prosaico, aica. adj. Relativo a la prosa. *[prosaic]* // Carente de idealidad o elevación. *[prosaic]*

prosapia. f. Ascendencia o linaje de una persona, estirpe. *[prosàpia]*

proscenio. m. Parte del escenario más inmediata al público, en los teatros modernos. *[prosceni]*

proscribir. v. tr. Desterrar, expulsar. *[proscriure]* // Prohibir el uso de una cosa. *[proscriure]*

proseguir. v. tr. Continuar una cosa empezada, seguir haciendo. *[prosseguir]*

prosélito. m. Nuevo adepto de una religión, doctrina, partido, etc. *[prosèlit]*

prosodia. f. Parte de la gramática que trata de la pronunciación y de la acentuación de las sílabas y palabras. *[prosòdia]*

prosopopeya. f. Figura que consiste en atribuir cualidades personales, etc., a animales y cosas inanimadas. *[prosopopeia]* // Afectación de gravedad o esplendor. *[prosopopeia]*

prospección. f. Conjunto de operaciones destinadas a la localización de yacimientos, exploración. *[prospecció]*

prospecto. m. Exposición o anuncio breve de algo. *[prospecte]*

prosperar. v. tr. e intr. Tr. Hacer o dar prosperidad. *[prosperar]* // Intr. Tener prosperidad. *[prosperar]*

prosperidad. f. Curso favorable de las cosas. *[prosperitat]* // Que es próspero. *[prosperitat]*

próspero, óspera. adj. Que favorece el curso de las cosas, favorable. *[pròsper]* // En buen curso, en estado floreciente. *[pròsper]*

próstata. f. Glándula que tienen los machos de los mamíferos en el cuello de la vejiga. *[pròstata]*

prosternarse. v. pron. Inclinar el cuerpo, arrodillarse, delante de alguien en señal de respeto, de devoción. *[prosternar-se]*

próstesis o **prótesis.** f. Añadidura de una letra o de una sílaba al comienzo de una palabra. *[pròstesi]*

prostíbulo. m. Casa de prostitución. *[prostíbul]*

prostitución. f. Acción y efecto de prostituir o de prostituirse. *[prostitució]*

prostituidor, ora. adj. y s. Que prostituye. *[prostituïdor]*

prostituir. v. tr. y pron. Corromper a una mujer, entregarla a la pública deshonra. *[prostituir]*

prostituta. f. Mujer prostituida, que se

entrega, por dinero, al primero que llega. *[prostituta]*

protagonista. m. y f. Personaje principal de un drama, etc. *[protagonista]*

protagonizar. v. tr. Representar el papel de protagonista. *[protagonitzar]*

protección. f. Acción y efecto de proteger. *[protecció]*

proteger. v. tr. Defender a alguien o a algo contra una amenaza. *[protegir]* // Ayudar a la prosperidad de alguien o de algo. *[protegir]*

prótesis o **próstesis.** f. Adición al cuerpo humano de una pieza artificial que reemplaza un órgano que falta, un diente, una pierna, etc. *[pròtesi]*

protesta. f. Acción y efecto de protestar. *[protesta]*

protestante. adj. Que protesta. *[protestant]* // m. y f. Que pertenece a cualquiera de las diversas sectas cristianas no adeptas a la iglesia católica ni a la cismática griega. *[protestant]*

protestantismo. m. Doctrina de los protestantes. *[protestantisme]* // Conjunto de los protestantes. *[protestantisme]*

protestar. v. tr. e intr. Tr. Afirmar, testimoniar. *[protestar]* // Intr. Hacer una queja formal contra un acto o medida que se considera ilegítimo. *[protestar]*

protesto. m. Acción de protestar, de afirmar solemnemente. *[protest]* // Acción de protestar una letra. *[protest]* // Escrito que es testimonio de ello. *[protest]*

protocolizar. v. tr. Incorporar una escritura, etc., al protocolo correspondiente. *[protocol·litzar]*

protocolo. m. Serie de escrituras matrices y otros documentos que un notario custodia con ciertas formalidades. *[protocol]* // Memorándum preliminar en las resoluciones de una conferencia. *[protocol]* // Formulario de la etiqueta que se debe observar en las ceremonias oficiales. *[protocol]*

prototipo. m. El más perfecto ejemplar de una cosa. *[prototip]*

protuberancia. f. Prominencia en la superficie de un cuerpo. *[protuberància]*

provecto, ecta. adj. Avanzado en edad o en experiencia. *[provecte]*

provecho. m. Resultado práctico de una acción, de un esfuerzo. *[profit]* // Beneficio que se obtiene de algo. *[profit]* // Aprovechamiento en las ciencias, artes, virtudes, etc. *[profit]*

provechoso, osa. adj. Que causa provecho. *[profitós]*

proveedor, ora. adj. y s. Que provee. *[proveïdor]*

proveer. v. tr. y pron. Suministrar lo necesario. *[proveir]* // Acopiar lo necesario para un fin. *[proveir]* // Conferir una dignidad o empleo. *[proveir]*

proveído. m. Providencia judicial. *[proveït]*

provenir. v. intr. Originarse una cosa de otra. *[provenir, provindre]*

provenzal. adj. y s. Natural o propio de la Provenza. *[provençal]* // m. Lengua de los naturales de la Provenza. *[provençal]*

proverbio. m. Máxima, dicho, de uso popular, que tiene un carácter sentencioso o de enseñanza, refrán. *[proverbi]*

providencia. f. Disposición anticipada o prevención. *[providència]* // Determinación o disposición de Dios como regente del mundo. *[providència]*

provincia. f. Cada una de las divisiones de un territorio o estado sujeta comunmente a una autoridad administrativa. *[província]* // Conjunto de casas religiosas que dependen de un mismo superior. *[província]*

provisión. f. Acción y efecto de proveer, especialmente de reunir o recoger una cierta cantidad de una cosa. *[provisió]* // Mandamiento expedido por los tribunales. *[provisió]*

provisional. adj. No definitivo, ordenado por algún tiempo. *[provisional]*

provisto, ista. adj. No carente. *[proveït]*

provocador, ora. adj. Que provoca incidentes. *[amotinador]*

provocar. v. tr. Inducir a hacer una cosa, incitar. *[provocar]* // Suscitar una cosa, producirla. *[provocar]*

proxeneta. m. Alcahuete. *[proxeneta, alcavot]*

próximo, óxima. adj. Que dista poco. *[pròxim]* // Dicho de una cosa que es cercana o la más cercana a otra en el espacio, en el tiempo, en el orden lógico. *[pròxim, proper]*

proyectar. v. tr. Lanzar hacia adelante a distancia. *[projectar]* // Hacer el proyecto de algo. *[projectar]*

proyectil. m. Cualquier cuerpo que puede ser lanzado por la impulsión de una fuerza. *[projectil]* // Cuerpo lanzado por un arma de fuego o de tiro. *[projectil]*

proyecto. m. Designio o pensamiento de ejecutar algo. *[projecte]* // Estudio detallado de una cosa que se quiere realizar. *[projecte]*

proyector. m. Dispositivo para proyectar un rayo de luz. *[projector]*

prudencia. f. Calidad de prudente. *[prudència]* // Virtud de ser prudente. *[prudència]*

prudente. adj. El que tiene prudencia, que obra con circunspección. *[prudent]*

prueba. f. Acción y efecto de probar. *[prova, provatura]* // Operación para determinar la exactitud de otra. *[prova, provatura]* // Primera muestra de un trabajo tipográfico, etc. *[prova, provatura]*

prurito. m. Picor fuerte. *[pruïja]* // Deseo vehemente de hacer algo. *[pruïja]*

psicoanálisis. m. Examen de los desajustes emocionales y mentales de un enfermo. *[psicoanàlisi]*

psicología. f. Parte de la fisiología que trata del alma. *[psicologia]*

psicosis. f. Enfermedad mental, especialmente no debida a lesión orgánica o neurosis. *[psicosi]*

psiquiatría. f. Tratamiento o estudio de las enfermedades mentales. *[psiquiatria]*

psíquico, íquica. adj. Relativo o perteneciente al alma. *[psíquic]*

púa. f. Cuerpo delgado y rígido acabado en punta. *[pua]* // Huso de las máquinas de hilar. *[pua]*

púber. adj. Que ha llegado a la pubertad. *[púber]*

pubertad. f. Edad en que el hombre y la mujer se convierten en aptos para la reproducción. *[pubertat]*

publicación. f. Acción de publicar. *[publicació]* // La obra publicada. *[publicació]*

publicano. m. En la antigüedad romana, arrendador de los impuestos y rentas públicas. *[publicà]*

publicar. v. tr. Hacer público lo que era oculto, una obra literaria, etc. *[publicar]*

publicidad. f. Calidad de público. *[publicitat]* // Divulgación de algo para el público. *[publicitat]*

público, última. adj. Que no es privado o particular. *[públic]* // Relativo o perteneciente a todo el pueblo o a todos los vecinos. *[públic]* // m. La gente en general. *[públic]* // Los que asisten a un espectáculo. *[públic]*

puchero. m. Vasija de barro, o de hierro, con asiento pequeño, panza abultada, cuello ancho y una sola asa. *[olla]*

puches. m. pl. Comida hecha con harina cocida, agua y sal; gachas. *[farinetes]*

pudibundo, unda. adj. Que muestra un gran pudor. *[pudibund]*

púdico, údica. adj. Honesto, casto. *[púdic]* // Que respeta el pudor. *[púdic]*

pudor. m. Vergüenza, honestidad, modestia. *[pudor]*

pudrir. v. tr. Causar la putrefacción de algo, corromper. *[podrir]*

pueblerino, ina. adj. y s. Natural o habitante de un pueblo. *[pobletà]*

pueblo. m. Conjunto de habitantes de un reino o país unidos por vínculos naturales, sociales e históricos que forman una nacionalidad. *[poble]* // Conjunto de personas de un lugar, región o país. *[poble]* // Población pequeña. *[poble]*

puente. m. Construcción hecha sobre un río, foso, etc., que sirve para pasar de una parte a la otra. *[pont]* // Plataforma estrecha y con barandilla sobre la cubierta de una nave, desde donde vigila el oficial de guardia. *[pont]*

puerco, erca. m. y f. Mamífero ungulado, doméstico, de piel dura y cubierta de cerdas, muy apreciado como comestible. *[porc]* // adj. El que es sucio física o moralmente. *[porc]*

puericia. f. Edad entre la infancia y la adolescencia. *[puerícia]*

puericultura. f. Higiene infantil, arte de criar a las criaturas. *[puericultura]*

pueril. adj. Relativo o perteneciente al niño, o propio del estado de la puericia. *[pueril]*

puerro. m. Liliácea, cultivada por sus bulbos oblongos que son usados como condimento; ajo puerro. *[porro]*

puerta. f. Abertura hecha en una pared o cercado por donde se puede entrar y salir. *[porta]* // Armazón de madera u otra materia clavada con bisagras, que tapa la entrada o salida de algún lugar. *[porta]* // Entrada grande de una casa o población. *[portalada]*

puerto. m. Lugar de refugio, en las costas, para servir de resguardo a las naves y para las operaciones de trasiego y armamento. *[port]* // Paso entre montañas. *[port]*

pues. conj. causal. Sirve para introducir una proposición en la que se da la razón a lo que se ha dicho en la proposición anterior. *[car, puix]*

puesta. f. La cantidad que pone cada jugador en algunos juegos de cartas. *[posa, posta, posada]* // La suma de dinero que uno se juega en un juego. *[posta]* // Acción de poner o de ponerse. *[posta]*

puesto. m. Sitio o espacio que ocupa una persona o cosa. *[lloc, indret]* // Tiendecilla o paraje en que se vende al por menor. *[parada]* // Lugar ocupado por un cuerpo de tropas para una operación militar. *[post]* // Lugar donde uno se pone al acecho. *[posta]*

púgil. m. Gladiador que combatía a golpes de puño, boxeador. *[púgil]*

pugna. f. Riña, lucha. *[pugna]* // Oposición entre personas o cosas. *[pugna]*

pugnar. v. tr. Esforzarse insistentemente, combatir, luchar. *[pugnar]*

puja. f. Acción y efecto de pujar, los licitadores, el precio ofrecido para la venta o arrendamiento de una cosa. *[puja]* // Cantidad pujada. *[puja]*

pujante. adj. Que tiene pujanza, que sobresale en poder, fuerza, vigorosidad, riqueza. *[puixant]* // Llegada a un alto grado de prosperidad, floreciente. *[puixant]*

pujanza. f. Condición de pujante. *[puixança]*

pujar. v. tr. e intr. Tr. Hacer fuerza para pasar adelante. *[licitar]* // Aumentar los licitadores el precio puesto a una cosa que se arrienda o se vende. *[licitar]* // Intr. Tener dificultad para hablar. *[licitar]*

pujavante. m. Instrumento de hierro para cortar las pezuñas de las caballerías, que consiste en una pala de hierro acerado. *[llambroix]*

pulcritud. f. Calidad de pulcro. *[polidesa]*

pulcro, ulcra. adj. Dicho del que pone gran cuidado en la compostura de su personalidad, en ejecutar aseadamente, delicadamente, las cosas. *[pulcre]* // Dicho de una cosa hecha con pulcritud. *[pulcre]*

pulga. f. Insecto díptero de color negro rojizo, de patas largas y fuertes, que le permiten dar grandes saltos. *[puça]*

pulgada. f. Medida de longitud basada en la anchura del dedo pulgar, es la duodécima parte de un pie y equivale a 25 milímetros. *[polzada]*

pulgar. m. Dedo primero y más grueso de la mano. *[polze]*

pulgarada. f. Acción de tomar una porción de alguna sustancia con los dedos. *[polsada]*

pulgarcillo. m. Niño pequeño. *[patufet]*

pulgón. m. Insecto hemíptero, que vive parásito sobre ciertas plantas. *[pugó]*

pulidez. f. Calidad de pulido. *[polidesa]*

pulido, ida. adj. Limpio, pulcro. *[polit]*

pulimentar. v. tr. Dar pulimento. *[polimentar]*

pulimento. m. Acción y efecto de pulir. *[poliment]* // Compuesto hecho de resina y alcohol que sirve para lustrar la madera. *[poliment]*

pulir. v. tr. Hacer lisa y brillante alguna cosa frotándola. *[polir]* // Quitar la rusticidad a alguien. *[polir]*

pulmón. m. Órgano de la respiración del hombre y de los vertebrados que viven o pueden vivir fuera del agua. *[pulmó]*
pulmonía. f. Inflamación del pulmón. *[pulmonia]*
pulpa. f. Parte más blanda de la carne del hombre o de los animales. *[molla]* // Parte comestible de las frutas. *[molla]*
púlpito. m. Plataforma o tribuna en las iglesias que sirve para predicar. *[trona, púlpit]*
pulpo. m. Molusco cefalópodo con ocho tentáculos provistos de ventosas, muy voraz. *[polp]*
pulsación. f. Acción de pulsar. *[pulsar]* // Golpe o toque que se da en el teclado de la máquina de escribir, del piano, etc. *[polsament, pulsació]* // Cada uno de los latidos arteriales. *[pulsació]*
pulsar. v. tr. e intr. Tr. Tomar el pulso a alguien. *[polsar]* // Tocar, sonar un instrumento de cuerdas o de teclas. *[polsar]* // Intr. Latirle a alguien el pulso. *[polsar]*
pulsera. f. Cerco de metal o de otra materia que se lleva alrededor de la muñeca como ornamento. *[polsera]*
pulso. m. Latido intermitente de las arterias que se siente en diversas partes del cuerpo. *[pols]* // Seguridad de la mano para ejecutar bien una acción. *[pols]*
pulular. v. intr. Abundar en un paraje personas o cosas. *[pul·lular]* // Multiplicarse abundantemente. *[pul·lular]*
pulverizar. v. tr. Reducir a polvo. *[polvoritzar]*
pulverulento, enta. adj. Que es reducido a polvo. *[pulverulent]*
puma. m. Mamífero carnicero americano parecido al tigre. *[puma]*
punción. f. Acción de punzar. *[punció]* // Pinchazo que se da para evacuar el líquido formado en una cavidad del cuerpo. *[punció]*
pundonor. m. Estado en que, según el sentir común, consiste la honra u honor de uno. *[punt d'honor]*
punición. f. Acción de punir, castigo. *[punició]* // Pena con que se pune o castiga a alguien. *[punició]*
punir. v. tr. Castigar, imponer y ejecutar un castigo. *[punir]*
punta. f. Extremo agudo de una cosa. *[punta]* // Nombre de diferentes objetos terminados en punta. *[punta]* // Parte mínima de algo. *[punta]*
puntada. f. Golpe dado con la punta de una cosa. *[puntada]* // Cada uno de los agujeros hechos con una aguja para coser la tela. *[puntada]*
puntal. m. Palo, barra, tablón, etc., que se clava o apoya en el suelo y sirve para evitar que caiga algo. *[puntal]* // fig. Cosa o persona principal que sostiene una empresa, una institución, etc. *[puntal]*
puntapié. m. Golpe dado con la punta del pie. *[puntelló]*
puntear. v. tr e intr. Tr. Marcar puntos en una superficie. *[puntejar]* // Marcar los puntos de una danza. *[puntejar]* // Tocar las cuerdas de una guitarra, etc., hiriendo las cuerdas cada una con un dedo. *[puntejar]* // Intr. Mostrar la punta, empezar a dejarse ver. *[puntejar]*
puntería. f. Acción y efecto de apuntar un arma. *[punteria]* // Destreza en dirigir un arma al punto que queremos tocar. *[punteria]*
puntero, era. adj. Que acaba en punta. *[punter]*
puntiagudo, uda. adj. Que acaba en punta. *[punxegut]*
puntilla. f. Punta de hilo trabajada con aguja o tejida. *[randa]* // **de puntillas.** loc. adv. Tocando el suelo, solamente con las puntas de los pies. *[de puntelletes, de puntetes]*
puntillón. m. Golpe dado con la punta del pie. *[puntelló]*
puntilloso, osa. adj. Que tiene punto, que hace las cosas por punto. *[puntós]*
punto. m. Menor entidad o cantidad que podemos considerar. *[punt]* // Señal poco perceptible, hecha sobre una superficie. *[punt]* // Signo ortográfico (.) al final de una cláusula. *[punt]* // Unidad de cuenta en muchos juegos. *[punt]* // Paso de la aguja enhebrada por la tela. *[punt]* // Estado perfecto y

debido que llegan a tener las cosas. *[punt]* // Asunto o materia de que se trata. *[punt]* // Parte muy breve de tiempo. *[punt]* // Ligado de hilos que se entrelazan en tejidos y cosidos. *[punt]* // Tono conveniente de un instrumento musical. *[punt]* // Pundonor. *[punt d'honor]*

puntuación. f. Acción y efecto de puntuar. *[puntuació]* // Conjunto de todos los signos que sirven para puntuar. *[puntuació]*

puntual. adj. Formal, diligente, que hace las cosas a su tiempo. *[puntual]* // Cierto. *[cert]*

puntualidad. f. Calidad de puntual. *[puntualitat]*

puntualizar. v. tr. Observar bien cada uno de los puntos, circunstancias, etc., de algo. *[puntualitzar]*

puntuar. v. tr. e intr. Tr. Colocar convenientemente los signos de puntuación. *[puntuar]* // Intr. Obtener puntos en una competición. *[puntuar]*

puntura. f. Herida hecha con un objeto puntiagudo. *[puntura]* // Cada una de las puntas de hierro con que se fija la hoja de papel que ha de imprimirse. *[puntura]*

punzada. f. Acción y efecto de pinchar o de pincharse. *[punxada, punció]* // Pinchazo que se hace para evacuar el líquido formado en una cavidad del cuerpo. *[punció]* // Dolor fuerte y de corta duración. *[punxada]*

punzante. adj. Que pincha, puntiagudo. *[punxós]* // Que compunge o causa dolor. *[punyent]*

punzar. v. tr. Herir de punta. *[punxar]*

punzón. m. Instrumento acabado en punta para abrir agujeros y para otros usos. *[punxó]* // Lezna de zapatero recta y gruesa. *[punxó]*

puñado. m. Lo que cabe dentro de la mano cerrada. *[grapat, puny]*

puñal. m. Arma corta, de acero, que sólo hiere de punta. *[punyal]*

puñeta. f. Nombre genérico que en lenguaje grosero se da a lo que molesta o que no tiene utilidad. *[punyeta]*

puñetazo. m. Golpe violento, especialmente el que se da en agresión. *[nyespla]*

puño. m. Parte que une la mano con el antebrazo. *[puny]* // La mano cerrada. *[puny]* // Parte de la manga de la camisa que rodea parcialmente la mano. *[puny]* // Extremo de la guarnición de una espada, puñal, etc. *[pom]*

pupa. f. Mal, dolor físico, en lenguaje infantil. *[pupa]* // Erupción vesicular que aparece en los labios. *[pansa]*

pupila. f. Abertura del iris en su parte mediana. *[pupil·la, nineta, nina]*

pupilo, ila. m. y f. Huérfano menor respecto a su tutor. *[pupil]* // Persona que se hospeda en casa particular por precio ajustado. *[pupil]*

pupitre. m. Mueble de madera con la tapa formando un plano inclinado que sirve para escribir cómodamente. *[pupitre]*

pureza. f. Calidad de puro. *[puresa]*

purga. f. Acción de purgar. *[porga]* // Medicina que se toma para descargar el vientre. *[porga]*

purgar. v. tr. Quitar de una cosa lo que la ensucia, la impurifica, le es inútil. *[porgar]* // Dar, recetar, administrar, tomar, etc., una purga a un enfermo. *[porgar]* // Satisfacer o cumplir una pena, expiar una culpa. *[porgar]*

purgatorio. m. Lugar donde las almas de los que mueren en gracia acaban de purgar sus pecados antes de subir al cielo. *[purgatori]*

purificar. v. tr. y pron. Hacer puro, quitar la parte impura, librar de toda impureza, de todo elemento extraño o nocivo. *[purificar]*

purista. m. y f. Que escribe, habla u obra con pureza. *[purista]*

puritano, ana. adj. y s. Que practica o afecta una gran pureza en su comportamiento. *[purità]*

puro, ura. adj. Libre de mezcla. *[pur]* // Casto, inocente. *[pur]* // Exento de imperfecciones. *[pur]*

púrpura. f. Materia colorante roja. *[porpra]* // Vestido teñido de púrpura, especialmente el llevado como emblema de autoridad. *[porpra]* // Enfermedad caracterizada por manchas lívidas en las membranas mucosas. *[porpra]*

purpurina. f. Colorante rojo extraído de la raíz de la rubia. *[purpurina]* // Polvo de metales para dorar o platear objetos diversos. *[purpurina]*

purriela. f. Gente o cosa despreciable, de baja condición. *[rampoina, púrria]*

purulento, enta. adj. Que tiene pus. *[purulent]*

pus. m. Humor espeso segregado accidentalmente por los tejidos inflamados. *[pus]*

pusilánime. adj. De ánimo débil y tímido. *[pusil·lànime]*

pústula. f. Grano purulento. *[buanya]* // Corteza que se hace en las llagas cuando se secan. *[buanya]*

puta. f. Mujer de mal vivir. *[pendanga]*

putada. f. Acción propia de putas, de mujeres de mal vivir. *[putada]* // Acción indecente, desleal o carente de seriedad moral. *[putada]*

putear. v. intr. Darse al vicio de la lujuria con rameras. *[bagassejar, putejar]*

putrefacción. f. Acción y efecto de pudrir o de pudrirse. *[putrefacció]*

putrefacto, acta. adj. En estado de putrefacción, podrido. *[putrefacte]*

puya. f. Punta acerada en una extremidad de las varas o garrochas, para estimular o castigar a las reses. *[punta de pica]*

q q q q q q q q

q. f. Vigésima letra del abecedario. *[q]*
que. Pronombre relativo; introduce proposiciones adjetivas. *[qui, que]*
que. conj. Introduce proposiciones sustantivas. *[que]*
qué. pron. y adj. interrogativo y exclamativo. *[què, quin]*
quebradero. m. Tristeza causada por preocupación. *[migranya]*
quebrado. m. Fractura. *[trencat]* // Cantidad fraccionaria. *[fracció]*
quebradura. m. Acción y efecto de romper; rompimiento, especialmente de una muralla, muro, etc., para provocar una salida, etc. *[trenc]* // Grieta, solución de continuidad producida por contusión en un cuerpo duro. *[trenc]*
quebrantado, ada. adj. Fatigado extremadamente, cansado. *[cruixit]*
quebrantar. v. tr. Agrietar una cosa. *[trencar]* // Vencer algún estorbo o dificultad. *[trencar]*
queda. f. Hora de la noche o de descanso, señalada por una campana. *[queda]*
quedar. v. intr. Restar, no moverse del lugar, subsistir. *[quedar]* // Faltar alguna cosa por hacer. *[quedar]* // Permanecer en algún lugar. *[quedar]* // Convenir en una cosa. *[quedar]*
quehacer. m. Ocupación, trabajo, cosa por hacer. *[quefer]*
queja. f. Expresión de dolor, pena o sentimiento. *[queixa]* // Acción de quejarse. *[queixa]*
quejarse. v. pron. Expresar una queja o resentimiento. *[queixar-se]*
quejoso, osa. adj. Dicho de una demostración de dolor que mueve a compasión. *[planyívol, queixós]*
quema. f. Acción y efecto de quemar o de quemarse. *[crema]*
quemada. f. Acción y efecto de quemar. *[cremada]*
quemadero. m. Lugar destinado a quemar animales muertos y otros despojos. *[cremador]*
quemadura. f. Efecto del fuego o de una cosa muy caliente en un cuerpo. *[cremada]*
quemar. v. tr. e intr. Tr. Consumir una cosa por la acción del fuego. *[cremar]* // Intr. Estar muy caliente una cosa. *[cremar]* // **-se.** Sentir mucho calor. *[cremar-se]*
querella. f. Discordia recíproca. *[querella]* // Demanda judicial. *[querella]*
querelloso, osa. adj. Dicho de una demostración de dolor que mueve a compasión. *[planyívol, clamorós]*
querencia. f. Inclinación, estimación, voluntad hacia una cosa. *[volença]*
querer. v. tr. Tener la intención determinada de hacer alguna cosa. *[voler]* // Ejercer la potencia del espíritu que mueve a hacer o no hacer una cosa. *[voler]* // Tener deseo o voluntad de una cosa. *[voler]* // Amar, como expresión de voluntad hecha pasión vital humana. *[voler]*
querido, ida. adj. Que es estimado. *[benvolgut]*
querubín. m. Ángel, especialmente el que, en la jerarquía celeste, va después del serafín. *[querubí]*
queso. m. Masa alimenticia que se obtiene coagulando la leche. *[formatge]*
quicio. m. Eje sobre el que descansan y se mueven las puertas, ventanas, etc. *[polleguera]*
quid. m. Punto esencial de una cuestión. *[quid]*

quiebra. f. Rotura en un cuerpo sólido. *[trencadura, ruptura]* // Situación de un comerciante que deja de hacer sus pagos. *[fallida]*

quién. pron. interr. y excl. que representa una persona. *[qui]*

quien. pron. rel. en función de sujeto o de complemento preposicional. *[qui]*

quienquiera. pron. pers. indet. Cualquiera. *[quisvulla]*

quieto, eta. adj. Falto de movimiento. *[quiet]* // No excitado, pacífico. *[quiet]*

quietud. f. Ausencia de movimiento, de ruido, de agitación. *[quietud]* // Sosiego, reposo, descanso. *[quietud]*

quijada. f. Mandíbula. *[barra]*

quijote. m. Hombre caballeroso e idealista, defensor de causas ajenas. *[quixot]* // Pieza de la armadura que cubría el muslo. *[cuixot]*

quilate. m. Unidad de peso para las perlas y piedras preciosas, equivalente a 205 miligramos. *[quirat]*

quilo. m. Kilogramo. *[quilogram]*

quilogramo o **kilogramo.** m. Peso de mil gramos. *[quilogram]*

quilolitro o **kilolitro.** m. Medida de capacidad de mil litros. *[quilolitre]*

quilómetro o **kilómetro.** m. Medida de longitud de mil metros. *[quilòmetre]*

quilovatio. m. Unidad electromagnética equivalente a mil vatios. *[quilovat]*

quilla. f. Pieza que va de proa a popa por la parte inferior de la embarcación y que constituye el fundamento de la construcción. *[quilla]*

quimera. f. Monstruo fabuloso que se representa vomitando llamas, la cabeza de león, el cuerpo de cabra y la cola de dragón. *[quimera]* // Creación imaginaria del espíritu que se toma como una realidad. *[quimera]*

quimérico, érica. adj. Imaginario, falto de realidad. *[quimèric]*

química. f. Ciencia que estudia la composición íntima de las substancias y sus transformaciones recíprocas. *[química]*

químico, ímica. adj. Relativo o perteneciente a la química. *[químic]* // m. y f. El que practica la química. *[químic]*

quimono. m. Túnica que llevan los japoneses. *[quimono]*

quina. f. Corteza del quino, de la cual se extrae la quinina. *[quina]* // Junta de cinco personas de ciertas cofradías. *[quina]* // Cuaderno de cinco hojas. *[quina]* // Cara de cinco puntos de los dados de jugar. *[quina]*

quinal. m. Cabo grueso para ayudar a los obenques. *[cap, corda]*

quincalla. f. Objetos de metal de poco valor. *[quincalla]*

quince. adj. Numeral cardinal y cifra que lo representa. *[quinze]*

quinceavo, ava. adj. Cada una de las partes de una cantidad dividida en quince partes iguales. *[quinzé]*

quincena. f. Conjunto de quince unidades. *[quinzena]* // Espacio de quince días. *[quinzena]*

quincuagésimo, ésima. adj. El que hace cincuenta en una serie. *[cinquanté]*

quiniela. f. Apuesta mutua de fútbol. *[quiniela]*

quinina. f. Alcaloide procedente de la quina, se utiliza como medicamento. *[quinina]*

quinqué. m. Luz de candil, ordinariamente de petróleo, dotada de un depósito y un tubo de cristal. *[quinqué]*

quinquenio. m. Espacio de cinco años. *[quinqueni]*

quinta. f. Casa de recreo en el campo. *[xalet]* // En música, intervalo mayor formado por tres tonos y un semitono. *[quinta]* // Reclutamiento de gente para el servicio de un estado. *[quinta]*

quintaesencia. f. Lo más íntimo, refinado en sumo grado. *[quintaessència]*

quintaesenciar. v. tr. Reducir a la quinta esencia. *[quintaessenciar]* // Refinar en alto grado. *[quintaessenciar]*

quintal. m. Medida de peso, de cuatro arrobas que, en el sistema valenciano, equivale a 51'12 quilogramos. *[quintar]* // **quintal métrico.** Medida de peso de cien quilogramos. *[quintar mètric]*

quinteto. m. Composición musical para cinco voces o instrumentos. *[quintet]* // Conjunto de cinco voces o instrumentos. *[quintet]* // Estrofa de cinco versos de arte mayor aconsonantados. *[quintet]*

quinto, inta. adj. Que sigue en orden al cuarto. *[quint]* // m. Soldado que termina de incorporarse a la milicia. *[quint]*

quintuplicar. v. tr. Multiplicar por cinco. *[quintuplicar]*

quíntuplo, íntupla. adj. y s. Que contiene cinco veces un número. *[quíntuple]*

quiñonero, era. m. y f. El que tiene parte con otros en una heredad, negocio, etc. *[parcer]*

quiosco. m. Pabellón abierto que se construye en un jardín, etc. *[quiosc]* // Pabellón situado en un lugar público para venta de periódicos, flores, bebidas, etc. *[quiosc]*

quiquiriquí. m. Voz imitativa del canto del gallo. *[quiquiriquic]*

quirófano. m. Departamento de las clínicas dedicado a la práctica de las operaciones. *[quiròfan]*

quisquilloso, osa. adj. Que se desazona o enoja por cualquier cosa o pone razones desazonadas en dificultades o defectos sin importancia, vidriosos. *[primmirat]*

quitador. m. y f. Quien quita o saca. *[llevador]*

quitar. v. tr. Separar una cosa de entre varias, a las que estaba unida, o de un cierto lugar. *[llevar]* // Robar. *[llevar]* // Usurpar, desposeer, privar de una cosa. *[llevar]* // Librar a alguien de una pena, cargo, etc. *[llevar]*

quitasol. m. Sombrilla grande. *[para-sol]*

quizás. adv. Denota posibilidad de un hecho o acción. *[potser]*

quórum. m. Número mínimo de personas o de votos requeridos para llegar a un acuerdo en una asamblea deliberante. *[quòrum]*

r r r r r r r r

r. f. Vigésima primera letra del abecedario. *[r]*

rabadán. m. Ayudante de un pastor. *[rabadà]*

rabadilla. f. Extremidad inferior del espinazo formada por el sacro y el cóccix. *[copró]*

rabanillo. m. Planta herbácea muy común por los sembrados, parecido al rábano, de flores amarillas, blancas o lilas. *[raveníssia]*

rábano. m. Planta crucífera con raíz comestible. *[rave]* // Raíz de esta planta. *[rave]*

rabel. m. Instrumento musical pastoril de tres cuerdas. *[rabell]*

rabia. f. Ira, furia, enojo. *[ràbia]* // Enfermedad contagiosa que se transmite por medio del mordisco del perro o de otros animales que la padecen; hidrofobia. *[ràbia]*

rabiar. v. intr. Padecer la rabia, la hidrofobia. *[rabiar]* // Padecer un dolor fuerte que obliga a chillar, a estar rabioso. *[rabiar]*

rabillo. m. Pedúnculo que sostiene una fruta como una aceituna, pera, cereza, etc. *[peduncle, mànec]*

rabino. m. Entre los judíos, maestro, o doctor de la ley. *[rabí]*

rabioso, osa. adj. Que padece de rabia o hidrofobia. *[rabiós]* // Que se irrita, se enrabia fácilmente. *[rabiós]* // Manifiesta la rabia. *[rabiós]* // Propenso a la rabia, al enojo. *[rabiüt, rabut]*

rabo. m. Extremo de la parte posterior de los animales que forma un apéndice más o menos largo. *[coa]* // Trapo u otra cosa que cuelga, como burla, detrás del vestido. *[llufa]*

rabona. f. Reprensión muy áspera. *[pelfa]*

racial. adj. Relativo o perteneciente a la raza. *[racial]*

racimo. m. Fruto de la viña, formada por una gran multitud de frutas jugosas. *[raïm]*

raciocinar. v. intr. Hacer uso de la razón para conocer y juzgar. *[raciocinar]*

raciocinio. m. Facultad de raciocinar. *[raciocini]* // Acción y efecto de raciocinar. *[raciocini]*

ración. f. Porción de alimento que se da en cada comida a un animal o alguna persona. *[ració]*

racional. adj. Relativo o perteneciente a la razón. *[racional]*

racionalismo. m. Teoría filosófica basada en la omnipotencia de la razón humana. *[racionalisme]* // Sistema que se funda sólo sobre la razón en cuanto a cuestiones de creencias religiosas. *[racionalisme]*

racionalizar. v. tr. Hacer racional. *[racionalitzar]*

racionar. v. tr. Distribuir raciones. *[racionar]*

racismo. m. Teoría política eugenésica de un pueblo que quiere hacer prevalecer su raza sobre las demás. *[racisme]*

racha. f. Violencia momentánea del aire, aire agitado, ráfaga. *[ràfega]*

rada. f. Ensenada, bahía apta para las embarcaciones. *[rada]*

radiación. f. Acción y efecto de radiar, de emitir rayos de luz, calor, etc. *[radiació]*

radiactivo, iva. adj. Aplicado a los cuerpos que emiten radiaciones. *[radioactiu]*

radiador. m. Aparato metálico destinado a aumentar la superficie de radiación de un cuerpo con el fin de obtener mayor calor o enfriamiento, según los casos. *[radiador]*

radiante. adj. Brillante, resplandeciente como acabado de hacer, de estrenar. *[llampant]* // Fulgurante, resplandeciente. *[llampant]*

radiar. v. intr. y tr. Intr. Emitir rayos de luz, calor, etc. *[radiar]* // Tr. Transmitir sonidos por radio. *[radiar]*

radical. adj. Relativo a la raíz. *[radical]* // m. y f. Partidario de reformas extremas. *[radical]*

radicar. v. tr. e intr. Tr. Arraigar. *[radicar]* // Intr. Estar, ciertas cosas, en un lugar determinado. *[radicar]*

radio. m. Línea recta que va del centro a un punto de la circunferencia. *[radi]* // Metal intensamente radioactivo. *[radi]* // Hueso que, junto al cúbito, forma el antebrazo. *[radi]*

radio. f. Abreviación de la palabra «radiotelefonía». *[ràdio]* // Aparato radiotelefónico. *[ràdio]* // Radiograma, noticia radiotelegráfica. *[ràdio]*

radiodifusión. f. Difusión de sonidos, de noticias, etc., por radiotelefonía. *[radiodifusió]*

radiofonía. f. Tratado de la producción del sonido por energía radiante. *[radiofonia]*

radiografía. f. Imagen producida sobre una superficie sensible a los rayos X. *[radiografia]*

radiografiar. v. tr. Hacer la radiografía de una cosa. *[radiografiar]*

radiograma. m. Noticia, aviso transmitido por radiotelegrama. *[radiograma]*

radiotelefonía. f. Sistema de radiocomunicación para la transmisión de la palabra u otros sonidos. *[radiotelefonia]*

radioterapia. f. Tratamiento de las enfermedades por medio del radio o los rayos X. *[radioteràpia]*

raer. v. tr. Pasar un instrumento cortante por la superficie de algo para quitarle el pelo, la hierba que se ha hecho, las desigualdades, etc., dejar raso, rasar. *[raure]*

ráfaga. f. Violencia momentánea del aire. *[ràfega]* // Sucesión rápida de tiros de un arma automática. *[ràfega]*

rafia. f. Planta filamentosa con fibras muy resistentes, las cuales son usadas para hacer cestas, etc. *[ràfia]*

raído, ída. adj. Como mordido por las ratas. *[ratat]*

raigambre. m. Conjunto de raíces. *[arrelum, arrelam]*

raíz. f. Parte inferior de la planta, generalmente hundida en la tierra. *[arrel]* // Origen o principio de una cosa. *[arrel]* // Valor que resuelve una ecuación. *[arrel]* // **de raíz.** loc. adv. Enteramente. *[de soca-rel]*

rajar. v. tr. Astillar, partir, dividir una cosa en dos o más partes. *[fendre]* // **-se.** Abrirse una cosa por la acción de un golpe o algún fenómeno interno. *[badar-se]*

rallador. m. Instrumento de cocina para rallar pan, queso, etc. *[rall, ralladora]*

rallar. v. tr. Reducir a trozos pequeños con un rallador. *[rallar, ratllar]*

rama. f. Parte del tronco o tallo de las plantas. *[rama]* // Serie de personas con un mismo origen. *[rama]*

ramadán. m. Noveno mes del año de los mahometanos, durante el cual celebran su pascua y ayuno diurno cada día. *[ramadà]*

ramaje. m. Conjunto de ramas de un árbol. *[brancatge]*

ramal. m. Parte que arranca de la línea principal de un camino, acequia, sierra, etc. *[ramal]* // Cuerda atada a la cabeza de los animales para sujetarlos o guiarlos. *[ramal]*

rambla. f. Lecho de río o de torrente por donde corren las aguas de lluvia. *[rambla]*

rameado, ada. adj. Dicho de una tela o papel cuyo dibujo representa ramos. *[ramejat]*

ramificación. f. Acción y efecto de ramificar. *[ramificació]* // División y extensión de los vasos y nervios que nacen de un tronco común. *[ramificació]*

ramificarse. v. pron. Dividirse alguna cosa en diversas ramas. *[ramificar-se]*

ramilla. f. Rama joven que es la última ramificación del ramaje. *[branquilló]*

ramillete. m. Ramo de flores, frutos, etc. *[ramell, pomell]*

ramito. m. Brote que empieza a salir. *[brotó]*

ramo. m. Rama cortada de un árbol. *[ram]* // Manojo de flores. *[ram, ramell]* // Comienzo, principio de una enfermedad. *[ram]*

ramojo. m. Conjunto de ramas finas. *[ramulla]*

rampa. f. Terreno que tiene un desnivel hacia arriba. *[rampa]* // Plano inclinado por donde se sube y baja. *[rampa]* // Parálisis dolorosa y de poca duración de ciertos músculos. *[rampa]*

rana. f. Batracio comestible que tiene el lomo verde con manchas negras y tres rayas amarillas a lo largo, vive en agua dulce. *[granota]*

rancajo. m. Astilla que se clava en la carne. *[punxa]*

rancio, ancia. adj. Sustancia grasosa que se ha echado a perder por vieja. *[ranci]* // Dicho del vino envejecido que adquiere un gusto especial. *[ranci]*

ranchero. m. Quien hace el rancho para los soldados. *[ranxer]* // Quien gobierna un rancho. *[ranxer]*

rancho. m. Comida cocida para muchos y en común. *[ranxo]* // Lugar fuera de poblado donde viven diversas familias y se crían caballos, mulos, vacas, etc. *[ranxo]*

randa. f. Punta de hilo trabajada con aguja o tejida. *[randa]*

rango. m. Condición social, grado jerárquico. *[rang]*

ranura. f. Canal estrecho y largo que se abre en un madero, piedra u otro material. *[ranura]*

rapaz. adj. Ávido en coger la presa. *[rapaç]* // Dado a la rapiña. *[rapaç]*

rapazuelo. m. Muchacho de poca edad. *[brivall]*

rapidez. f. Velocidad impetuosa. *[rapidesa]*

rápido, ápida. adj. A gran velocidad. *[ràpid]* // m. Parte de un río donde las aguas se mueven con mucha velocidad. *[ràpid]*

rapiña. f. Acción y efecto de rapiñar. *[rapinya]*

rapiñar. v. tr. Robar con violencia algo, como arrancándolo. *[rapinyar]*

raposear. v. intr. Hacer cosas propias de la raposa, de la zorra. *[rabosejar]*

raposería. f. Astucia, acción propia de las zorras. *[raboseria]*

raposo, osa. m. y f. Animal mamífero, carnívoro, de hocico agudo y cola gruesa y larga. *[guineu, rabosot]*

rapsoda. m. Persona que recita o canta poemas. *[rapsode]*

rapsodia. f. Fragmento de un poema. *[rapsòdia]* // Pieza musical formada por fragmentos de cantos populares, fragmentos de otras obras, etc. *[rapsòdia]*

raptar. v. tr. Llevarse consigo por la violencia a alguien, por la seducción, etc. *[raptar]*

rapto. m. Acción de llevarse consigo por la violencia una persona. *[rapte]*

raqueta. f. Pala enrejada para el juego de tenis. *[raqueta]*

raquítico, ítica. adj. Relativo o perteneciente al raquitismo. *[raquític]*

raquitismo. m. Enfermedad caracterizada por una deficiencia de nutrición y el reblandecimiento y deformación de los huesos. *[raquitisme]*

rareza. f. Calidad de raro. *[raresa]* // Acción propia de una persona rara o extravagante. *[raresa]*

rarificar. v. tr. Enrarecer. *[rarificar]*

raro, ara. adj. Poco frecuente. *[rar]* // Extravagante, que hace las cosas de forma anormal. *[rar]*

rasante. adj. Que pasa raso. *[rasant]* // f. Línea recta que marca el nivel de un camino, calle, etc. *[rasant]*

rasar. v. tr. e intr. Tr. Arrasar algo. *[rasar]* // Intr. Pasar apenas rozando. *[rasar]*

rascacielos. m. Edificio de muchos pisos, de altura superior a la ordinaria. *[gratacel]*

rascadura. f. Acción de rascar. *[rascada]*

rascar. v. tr. Raer, rozar. *[rascar]* // Frotar algo con una cosa dura, especialmente con las uñas. *[rascar]*

rascón. m. Pájaro zancudo, de plumaje rojizo y verdoso en las partes superiores, y que vive en lugares pantanosos. *[rascló]*

rasero. m. Rasadora de medidas. *[raser]*

rasgar. v. tr. y pron. Desgarrar, hacer a trozos la ropa, el papel, etc. *[esquinçar]*

rasgo. m. Cualidad significativa, característica. *[tret]*

rasguño. m. Acción y efecto de arañar. *[esgarrany]*

raso. adj. y s. El plano de nivel que mantiene algo. *[ras]* // Cortado a nivel, casi tocando. *[ras]* // De superficie lisa. *[ras]* // Que no tiene ninguna distinción ni graduación. *[ras]* // Extensión plana en una sierra, sin árboles. *[ras]*

raspa. f. Espina de pescado. *[raspa]*

raspajo. m. La raspa de la uva. *[raspa]*

raspar. v. tr. Fregar ligeramente una cosa. *[raspar]*

rasposo, osa. adj. Áspero, desagradable al tacto, que tiene la superficie llena de asperezas. *[raspós]*

rastra. f. Cosa que se arrastra por el suelo. *[ròssec]* // La punta prolongada de las ropas que se arrastran. *[ròssega]*

rastrear. v. tr. Seguir el rastro. *[rastrejar]*

rastrillar. v. tr. Limpiar el lino, un mechón de fibras, etc. *[pentinar]*

rastrillo. m. Nombre de diferentes instrumentos utilizados para recoger hierba, la paja o para usos análogos. *[rascle]* // Rastro pequeño para igualar la tierra, etc. *[rasclet]* // Rastro pequeño. *[rascló]* // Barra, listón, etc., que tiene a lo largo toda una serie de púas o dientes. *[rastell]*

rastro. m. Nombre de diferentes instrumentos utilizados para recoger hierba, paja o para usos análogos. *[rascle]* // Pista, vestigio. *[rastre]*

rastrojera. f. El campo depués de segar. *[restoll]*

rastrojo. m. Residuo de cañas de la mies que quedan en el campo depués de segar. *[rastoll, restoll]*

rasurar. v. tr. y pron. Afeitar el pelo, rasar. *[rasurar]*

rata. f. Mamífero roedor que vive en las casas y hace daño por las cosas que roe y daña. *[rata]* // Nombre de otros roedores parecidos al anterior. *[rata]* // m. Avaro. *[rata]*

ratificar. v. tr. Confirmar una cosa que se ha dicho o hecho, hacerla valedera. *[ratificar]*

rato. m. Espacio de tiempo de alguna duración. *[estona]*

ratón. m. Mamífero roedor más pequeño que la rata, que vive normalmente en las casas, y también en el campo. *[ratolí]*

ratonado, ada. adj. Como mordido por las ratas. *[ratat]*

ratoncito. m. Ratón pequeño. *[ratolinet]*

ratonera. f. Trampa para cazar ratas. *[ratera]*

raudal. m. Abundancia de cosas en movimiento. *[roll, doll]*

raudo, auda. adj. Animado de un movimiento rápido. *[rabent]*

raya. f. Línea trazada sobre la superficie de algo. *[ralla]* // Límite de un lugar, un sitio, un país, etc. *[ralla]* // Serie de palabras en línea recta. *[ratlla, ralla]*

raya. f. Pez de mar comestible, de forma romboidal. *[rajada]*

rayar. v. tr. Producir rayas superficiales en algunas cosas lisas. *[arrapar, rallar]*

rayo. m. Resplandor de algún cuerpo luminoso. *[raig]* // Barra que va del botón a la circunferencia de una rueda. *[raig]* // Descarga eléctrica entre una nube y la tierra o entre dos nubes. *[llamp]*

rayón. m. Especie de pez selacio, llano y ancho. *[manta]*

raza. f. Casta o cualidad de origen o linaje. *[raça]* // Pueblo o nación como grupo étnico. *[raça]*

razia. f. Incursión en un territorio enemigo para robar o destruir. *[ràtzia]*

razón. f. Consideración que induce a una creencia, que la confirma, que mueve a una determinación. *[raó]* // Lo que se dice para explicar, para justificar algo. *[raó]* // Facultad de discurrir, de sacar la verdad. *[raó]* // En matemáticas, cociente entre dos cantidades homogéneas. *[raó]*

razonamiento. m. Acción de razonar. *[raonament]* // Serie de conceptos que sirven para demostrar o justificar algo. *[raonament]*

razonar. v. intr. y tr. Intr. Hacer uso de la razón. *[raonar]* // Hablar, conversar razonando. *[raonar]* // Tr. Someter al razonamiento algo, aducir razones. *[raonar]*

re. f. Nota musical, segunda de la clave de sol. *[re]* // Prefijo que fundamentalmente significa repetición, volver a; intensificación o énfasis, retroceso, dirección hacia atrás; acción en contra, rechazo, concentración; sustitución. *[re]*

reabsorber. v. tr. Volver a absorber. *[reabsorbir]*

reacción. f. Acción que un cuerpo, sometido a la acción de otro, ejerce en una dirección opuesta. *[reacció]*

reaccionar. v. intr. Ejercer, producir reacción, esforzarse en resistir una acción; responder a un estímulo, experimentar un cambio en la acción de un reactor. *[reaccionar]*

reaccionario, aria. adj. Que tiende a operar una reacción política. *[reaccionari]* // m. y f. Partidario de la reacción. *[reaccionari]*

reactancia. f. Modificación de la resistencia de un circuito de corriente alterna, debido a la autoinducción. *[reactància]*

reactivar. v. tr. Activar de nuevo. *[reactivar]*

reactivo, iva. adj. Que produce reacción. *[reactiu]* // m. Sustancia que produce reacción. *[reactiu]*

reactor. m. Bobina que presenta una autoinducción muy fuerte. *[reactor]*

readmitir. v. tr. Volver a admitir. *[readmetre]*

real. adj. Que tiene una existencia efectiva. *[real]* // Relativo o perteneciente al rey. *[reial]* // Moneda de plata de diferentes valores. *[real]* // sing. y pl. Campamento o conjunto de tiendas donde se aloja un ejército en campaña. *[real]*

realce. m. Acción y efecto de realzar, relieve. *[realç]*

realidad. f. Existencia real de una cosa. *[realitat]*

realismo. m. Sistema que considera como reales los seres abstractos. *[realisme]* // En arte y literatura, fidelidad a la naturaleza y a la vida real. *[realisme]*

realizar. v. tr. y pron. Hacer real una cosa. *[realitzar]*

realquilado, ada. m. y f. Quien vive en un apartamento de una casa de la que es inquilino otro, y que paga a éste un alquiler. *[rellogat]*

realzar. v. tr. Hacer que algo tenga un valor más alto que el que tenía. *[realçar]* // Hacer que aparezca bien manifiesto el valor de algo, que haga un efecto más intenso. *[realçar]*

reanimar. v. tr. y pron. Infundir ánimo a quien está abatido. *[reanimar]* // Restablecer las fuerzas. *[reanimar]*

reañadir. v. tr. Volver a añadir. *[reafegir]*

reaparecer. v. intr. Volver a aparecer. *[reaparéixer]*

reasumir. v. tr. Asumir de nuevo. *[reassumir]*

reavivar. v. tr. y pron. Volver a avivar, avivar intensamente. *[revivar]*

rebaba. f. Porción de materia que resalta en las orillas de un objeto. *[rebava]*

rebaja. f. Acción de rebajar el precio de una cosa. *[rebaixa]*

rebajar. v. tr. Quitar parte de algo. *[rellevar]* // Rebajar el precio a algo. *[rellevar]* // Disminuir la altura o volumen de una cosa. *[galzar]* // tr. y pron. Humillar, abatir. *[rebaixar]*

rebaje. m. Parte del borde de algo en que se ha rebajado el grosor, rebajo. *[rebaix]*

rebajo. m. Disminución que se hace a lo largo del borde o del canto de una pieza de madera, etc., para que unas piezas encagen con las otras. *[galze]*

rebalaje. m. Remolino del viento o del agua que retrocede. *[regolf]*

rebalsar. v. tr., intr. y pron. Embalsar, recoger el agua u otro líquido en un depósito. *[rebalsar]*

rebanada. f. Porción más o menos estrecha que se saca de un pan al cortarlo de parte a parte. *[llesca]*

rebanar. v. tr. Hacer rebanadas. *[llescar]*

rebaño. m. Reunión de cierto número de cabezas de animales. *[ramat]*

rebatir. v. tr. Repeler con fuerza. *[rebatre]* // Refutar una opinión. *[rebatre]*

rebeco. m. Gamuza, antílope del tamaño

de una cabra que habita en los Alpes y en los Pirineos. *[isard]*

rebelarse. v. pron. Rechazar la obediencia a una autoridad legítima. *[rebel·lar-se]*

rebelde. adj. y s. Que rechaza la obediencia de una autoridad legítima. *[rebel]* // Que se opone a la acción de la justicia. *[rebel]*

rebeldía. f. Calidad de rebelde. *[rebel·lia]*

rebelión. f. Acción y efecto de rebelarse. *[rebel·lió]*

rebelón, ona. adj. Dícese del caballo o yegua de mal domar o conducir, rebelde. *[repropi]*

reblandecer. v. tr. y pron. Hacer volverse blanda una cosa. *[reblanir]*

rebollo. m. Rebrote que sale del tronco del roble, la encina, etc. *[reboll]*

reborde. m. Porción de materia que resalta en las orillas de un objeto. *[rebava]*

rebosante. adj. Que rebosa. *[vessant]*

rebosar. v. tr. Derramar un líquido. *[bo-çar]*

rebotar. v. intr. Botar repetidamente. *[rebotar]* // Botar la pelota en la pared después de haber botado en el suelo. *[rebotar]*

rebote. m. Acción y efecto de rebotar. *[rebot]*

rebotica. f. Pieza o habitación detrás de la tienda. *[rebotiga]*

rebozar. v. tr. Tapar la cara con la capa o con otra prenda de abrigo. *[arrebossar]* // Cubrir la carne, pescado, etc., con una capa de harina. *[arrebossar]*

rebrotar. v. intr. Sacar brotes nuevos una planta. *[tanyar, rebrotar]*

rebujo. m. Fardo, envoltorio o paquete hecho groseramente. *[fardoll, fardell]*

rebusca. f. Acción y efecto de rebuscar. *[recerca]*

rebuscar. v. tr. Buscar repetida y minuciosamente. *[resseguir]*

rebuznar. v. intr. Hacer rebuznos, gritar los animales. *[bramar]*

rebuzno. m. Grito de asno y de otros animales. *[bram]*

recado. m. Mensaje o respuesta que se envía a otro de palabra. *[comanda]* // Recuerdo cortés del afecto que se tiene por alguien. *[memòries]* // Provisión de carne. *[recapte]*

recaer. v. intr. Volver a caer. *[recaure]* // Volver a ponerse enfermo. *[recaure]*

recaída. f. Acción y efecto de recaer. *[recaiguda]*

recalar. v. intr. y tr. Intr. Llegar una nave a la vista de un punto de la costa. *[recalar]* // Tr. y pron. Proveer una cosa de la humedad que la hace suave, impregnar poco a poco de humedad un cuerpo reseco. *[eixumorar]*

recalcar. v. tr. e intr. Tr. Decir una o dos palabras con gran fuerza de expresión, con lentitud, etc. *[recalcar]* // Apoyar mucho una cosa encima de otra. *[recalcar]* // Intr. Aumentar la escora de un buque. *[recalcar]*

recalcitrante. adj. Que se resiste obstinadamente a obedecer, a dejar de actuar. *[recalcitrant]*

recalentar. v. tr. Volver a calentar. *[recalfar]*

recalzar. v. tr. Amontonar tierra alrededor de una planta. *[recalçar]* // Reforzar los cimientos de una casa. *[recalçar]*

recámara. f. Pieza al lado de una habitación para guardar los vestidos, joyas, etc. *[recambra]* // Parte del cañón de algunas armas de fuego. *[recambra]*

recambiar. v. tr. Cambiar de nuevo. *[recanviar]*

recambio. m. Acción y efecto de cambiar. *[recanvi]*

recapacitar. v. tr. Meditar, considerar atentamente y con reflexión una cosa. *[rumiar, recogitar]*

recapitular. v. tr. Recordar sumariamente los principales puntos de un discurso, escrito, etc. *[recapitular]*

recargar. v. tr. Llenar demasiado y desordenadamente, especialmente de adornos, de accesorios, de elementos subordinados, etc. *[enfarfegar]*

recaudar. v. tr. Recoger caudales o efectos. *[recaptar]* // Conseguir algo a base de ruegos. *[recaptar]*

recaudo. m. Acción de recaudar. *[recaptament]* // Precaución, cuidado. *[precaució, cura]*

recazo. m. Parte del cuchillo opuesta al filo. *[planell]*

recelar. v. intr. Tener recato. *[recelar]*
recelo. m. Desconfianza, sospecha temerosa. *[recel]*
receloso, osa. adj. Que tiene recelo. *[recelós]*
recensión. f. Reseña o noticia crítica de un texto. *[recensió]*
recentadura. f. Porción de levadura que se reserva para fermentar en otra masa. *[rent, llevat]*
recental. adj. y s. Se dice de ciertos animales que maman todavía. *[nadó, recental]*
recepción. f. Acción y efecto de recibir, admitir o acoger. *[recepció]*
receptáculo. m. Cavidad que sirve para recibir y contener algo. *[receptacle]*
receptar. v. tr. Amparar contra un peligro, etc. *[receptar]*
receptivo, iva. adj. Que recibe o es capaz de recibir. *[receptiu]*
receptor, ora. adj. y s. Que recibe. *[receptor]* // m. Aparato cuyas señales eléctricas se convierten en sonidos o señales visibles. *[receptor]*
recesión. f. Acto de retroceder. *[recessió]* // Disminución de ventas, producción e inversiones. *[recessió]*
receta. f. Nota explicativa de la manera de hacer una cosa. *[recepta]* // Prescripción facultativa. *[recepta]*
recetar. v. tr. Prescribir un medicamento. *[receptar]*
recibidor. m. Pieza de la casa que da entrada a las diversas habitaciones de un piso. *[rebedor]*
recibir. v. tr. Tomar, aceptar lo que se nos da, se nos ofrece, etc., percibir. *[rebre]* // Admitir, acoger. *[rebre]*
recibo. m. Escrito firmado en donde se reconoce haber recibido de alguien dinero u otra cosa. *[rebut]*
reciente. adj. Que hace poco que se ha hecho, o que ha acontecido. *[recent]*
recinto. m. Espacio dentro de unos límites determinados. *[recinte]*
recio, ecia. adj. Fuerte, robusto. *[revingut]* // Grueso, gordo. *[revingut]*
recipiente. m. Depósito para recibir líquidos, etc. *[recipient]*
reciprocidad. f. Correspondencia mutua de una persona o cosa con otra. *[reciprocitat]*
recíproco, íproca. adj. Igual en la correspondencia mutua. *[recíproc]*
recital. m. Ejecución por una persona de una serie de piezas musicales. *[recital]*
recitar. m. Decir en voz alta un poema, etc. *[recitar]*
reclamación. f. Queja, alegación formal contra alguien. *[reclamació, clam]*
reclamar. v. tr. e intr. Tr. Exigir algo a lo que se tiene derecho. *[reclamar]* // Pedir insistentemente. *[reclamar]* // Intr. Protestar contra lo que creemos injusto. *[reclamar]*
reclamo. m. Anuncio de una cosa o producto. *[reclam]* // Elogio interesado de algo. *[reclam]* // Lo que atrae o incita. *[reclam]*
reclinar. v. tr. y pron. Decantar, apoyar una cosa encima de otra. *[reclinar]*
reclinatorio. m. Mueble dispuesto para arrodillarse y orar. *[reclinatori]*
recluir. v. tr. y pron. Cerrar o poner en reclusión. *[recloure]*
reclusión. f. Acción y efecto de recluir o de recluirse. *[reclusió]*
recluta. m. Hombre que se alista para el servicio militar. *[recluta]*
reclutamiento. m. Acción y efecto de reclutar. *[reclutament, recluta]*
reclutar. v. tr. Alistar reclutas. *[reclutar]*
recobrar. v. tr. Volver a adquirir lo que uno había perdido. *[recobrar]*
recobro. m. Recuperación de lo que se había perdido. *[represa, recobrament]*
recocer. v. tr. Volver a cocer. *[recoure]* // Cocer demasiado una cosa. *[recoure]*
recodo. m. Ángulo o desviación del camino, calle, etc. *[recolze]*
recogedor, ora. adj. y s. Que recoge o da acogida a uno o algo. *[recollidor, arreplegador]* // El que cosecha fruta. *[collidor]*
recoger. v. tr. Juntar personas o cosas dispersas. *[recollir]* // Acoger a alguien que tiene necesidad de protección. *[recollir]* // **-se.** Concentrarse, aislándose de las cosas exteriores. *[recollir-se]*
recogida. f. Acción y efecto de recoger. *[replega]*

recolección. f. Acción y efecto de recolectar. *[replega]*

recolectar. v. tr. Hacer la cosecha de algo. *[recol·lectar]*

recomendar. v. tr. Designar particularmente una persona a alguien para que la atienda. *[recomanar]* // Aconsejar alguna cosa a alguien. *[recomanar]*

recompensa. f. Acción y efecto de recompensar. *[recompensa]* // Aquello con lo que se recompensa a alguien. *[recompensa]*

recompensar. v. tr. Dar algo a alguien en pago de un servicio prestado. *[recompensar]* // Premiar un hecho exitoso, un mérito, una virtud, etc. *[recompensar]*

reconciliar. v. tr. y pron. Restablecer la concordia o la amistad. *[reconciliar]* // Restituir a alguien al seno de la iglesia. *[reconciliar]* // Tr. Bendecir un lugar sagrado que ha estado violado. *[reconciliar]*

reconducir. v. tr. Prorrogar un contrato de arrendamiento. *[reconduir]* // Conducir a alguien o algo al lugar de donde había salido. *[reconduir]*

reconfortar. v. tr. Reanimar a quien está abatido. *[reconfortar]*

reconocer. v. tr. Examinar cuidadosamente a una persona o cosa. *[reconéixer]* // Aceptar un hecho consumado. *[reconéixer]* // Admitir una cosa que está negada, que se dudaba, etc. *[reconéixer]*

reconquista. f. Acción y efecto de reconquistar. *[reconquesta, reconquista]*

reconquistar. v. tr. Volver a conquistar. *[reconquerir, reconquistar]*

reconstituir. v. tr. y pron. Constituir nuevamente; restablecer en su constitución primitiva. *[reconstituir]*

reconstituyente. adj. y s. Que reconstituye. *[reconstituent]*

reconstruir. v. tr. Construir de nuevo. *[reconstruir]*

reconvenir. v. tr. Hacer cargos a alguien. *[reconvenir]* // Hacer una demanda judicial contra quien te demandó. *[reconvenir, reconvindre]*

recoquín. m. Hombre pequeño y grueso. *[bòtil]*

récord. m. Resultado obtenido en una prueba deportiva mejor que todos los anteriores y debidamente registrado para ser recordado; plusmarca deportiva. *[rècord]*

recordar. v. tr. Llevar algo a la memoria. *[recordar]* // Hacer venir algo a la memoria de alguien. *[recordar]*

recordatorio. m. Aviso o comunicación que hace recordar algo. *[recordatori]* // Estampa religiosa con motivo de un fallecimiento, etc. *[recordatori]*

recorrer. v. tr. Ir de una parte a otra de un país, etc., hacer un trayecto determinado. *[recórrer]*

recortar. v. tr. Hacer retales. *[retallar]* // Cortar algo que sobra. *[retallar]*

recorte. m. Trozo que queda después de cortar algo. *[retall]*

recostar. v. tr. y pron. Descansar una cosa encima de otra. *[recolzar]* // Poner una cosa de manera que descanse sobre un soporte. *[recolzar]*

recoveco. m. Sinuosidad. *[giragonsa]*

recrear. v. tr. Crear de nuevo. *[recrear]* // tr. y pron. Divertir, deleitar la vista con algo agradable. *[recrear]*

recreo. m. Acción y efecto de recrear o de recrearse. *[recreu]*

recriar. v. tr. Continuar la cría de un animal nacido en un lugar diferente. *[recriar]*

recriminar. v. tr. Responder con cargos o acusaciones a quien antes los ha formulado. *[recriminar]*

recrudecer. v. intr. y pron. Tomar nuevo incremento un mal físico o moral. *[recruar]*

recrudescente. adj. Que recrudece. *[recrudescent]*

rectangular. adj. Que tiene la figura de un rectángulo. *[rectangular]*

rectángulo. m. Paralelogramo que tiene los cuatro ángulos rectos. *[rectangle]*

rectificar. v. tr. Hacer recto algo. *[rectificar]* // Liberar algo de los errores, falsedades, etc., que encierra. *[rectificar]* // Corregir los errores, falsedades, etc. *[rectificar]* // Purificar un líquido para una nueva destilación. *[rectificar]*

rectilíneo, ínea. adj. Formado por líneas rectas o que va en línea recta. *[rectilini]*
rectitud. f. Calidad de recto o justo. *[rectitud]*
recto, ecta. adj. Derecho, no curvado. *[recte]* // Justo y firme en sus dichos. *[recte]* // Aplicado al ángulo de 90 grados. *[recte]* // m. Última porción del intestino grueso entre el colon y el ano. *[recte]*
rector, ora. adj. y s. Que rige. *[rector]* // m. y f. Superior que tiene a su cargo el gobierno de una comunidad, parroquia, etc. *[rector]*
recua. f. Grupo de animales de carga que sirven para trajinar. *[rècua]*
recubrir. v. tr. Cubrir de nuevo. *[recobrir]*
recuerdo. m. El hecho de recordar algo pasado, la cosa que se recuerda. *[record]* // Acción de recordar. *[recordança]*
recular. v. intr. Caminar hacia atrás, retrocediendo. *[recular]*
recuperar. v. tr. y pron. Volver a entrar en posesión de algo, recobrar. *[recuperar]*
recurrente. adj. Que vuelve a su punto de origen. *[recurrent]* // m. y f. Persona que recurre, que dirige un recurso. *[recurrent]*
recurrir. v. intr. Acudir a pedir ayuda, información a alguien, etc. *[recórrer]*
recurso. m. Acción y efecto de recorrer. *[recurs]* // Solicitud o demanda por escrito. *[recurs]* // Medio de salida, especialmente de subsistencia. *[recurs]*
recusar. v. tr. No admitir o aceptar una cosa. *[recusar, refusar]*
rechazar. v. tr. No aceptar algo porque se considera de mala calidad. *[rebutjar]*
rechazo. m. Acción y efecto de rechazar. *[refús, retop]* // Retroceso de un cuerpo que se encuentra con otro de más resistencia. *[rebot]*
rechiflar. v. tr. Escarnecer a gritos, burlarse, mofarse en público con gritos y silbidos. *[ahucar]*
rechinar. v. intr. Hacer ruidos estridentes un objeto inanimado. *[grunyir, cruixir]*
rechoncho, oncha. adj. De mucho volumen y grueso respecto a su altura. *[rabassut]*
red. f. Conjunto de hilos entretejidos para un uso determinado. *[enfilat]* // Entretejido de cuerdas o hilos para cazar o pescar, hilado. *[ret]*
redacción. f. Acción y efecto de redactar. *[redacció]* // Conjunto de redactores de una publicación periódica. *[redacció]* // Oficina donde se redacta algo. *[redacció]*
redactar. v. tr. Poner por escrito algo de forma conveniente para su propósito. *[redactar]*
redactor, ora. adj. y s. Que redacta. *[redactor]* // Quien trabaja en la redacción de una publicación periódica. *[redactor]*
redaño. m. Prolongación del peritoneo que cubre por delante las tripas, entresijo, mesenterio. *[sagí]*
redecilla. f. Bolsa de malla que se pone en la cabeza para recoger los cabellos. *[ret]*
redención. f. Acción y efecto de redimir. *[redempció]*
redil. m. Lugar o recinto donde se recoge el ganado que pace en el campo o en la montaña. *[pleta]*
redimir. v. tr. y pron. Obtener la libertad de un cautivo pagando un precio. *[redimir]* // Volver a comprar una cosa que uno había poseído antes. *[redimir]*
rédito. m. Utilidad que da un capital. *[rèdit]*
redoblar. v. intr. Tocar el tambor, etc., batiendo rápidamente con los palillos. *[redoblar]*
redondear. v. tr. Hacer redonda una cosa. *[arredonir]* // Completar, dejar bien acabado. *[arredonir]*
redondel. m. Círculo contenido dentro de una circunferencia. *[redolí]*
redondo, onda. adj. Que tiene forma circular o esférica. *[redó]* // fig. Completo y exacto, sin que sobre ni falte nada. *[redó]*
redrojo. m. Pequeño racimo de uva que dejan atrás los vendimiadores. *[cabrerot]*

reducción. f. Acción y efecto de reducir o de reducirse. *[reducció]*

reducir. v. tr. Volver una cosa a estado o lugar anterior. *[reduir]* // Disminuir, estrechar. *[reducir]*

reducto. m. Obra de fortificación completamente cerrada. *[reducte]*

redundancia. f. Abundancia excesiva de palabras hablando o escribiendo. *[redundància]*

redundar. v. intr. Sobresalir algo de sus límites naturales. *[redundar]* // Ir a parar una cosa en beneficio o perjuicio de alguien. *[redundar]*

reeditar. v. tr. Editar de nuevo. *[reeditar]*

reelegir. v. tr. Volver a elegir. *[reelegir]*

reembolsable. adj. Que se puede reembolsar. *[reembossable]*

reembolsar. v. tr. Cobrar una cantidad el que había prestado. *[reembossar]* // Devolver una cantidad al que la había prestado. *[reembossar]*

reembolso. m. Acción y efecto de reembolsar. *[reembossament]*

reemplazar. v. tr. Ocupar la plaza o lugar que ocupa otro. *[reemplaçar]*

reemprender. v. tr. Volver a emprender. *[reemprendre]* // Continuar algo que se había interrumpido. *[reprendre]* // No ser bien recibido un alimento en el estómago. *[reprendre]*

reencontrar. v. tr. Volver a encontrar. *[retrobar]* // Encontrar una cualidad, etc., de alguien o de algo en otra. *[retrobar]*

reescoger. v. tr. Hacer una nueva elección, escoger con mucha atención. *[retriar]*

reexpedir. v. tr. Volver a expedir. *[reexpedir]*

refección. f. Alimento que se toma para reponer las fuerzas. *[refecció]*

refectorio. m. Comedor de las comunidades y colegios. *[refectori]*

referencia. f. Acción y efecto de referir o de referirse. *[referència]* // Informe o relación de alguna cosa. *[referència]*

referéndum. m. Plebiscito o consulta hecha al pueblo sobre una cuestión. *[referèndum]*

referente. adj. Que hace referencia, que se refiere. *[referent]*

referir. v. tr. Explicar o dar a conocer un hecho. *[referir]* // Atribuir una cosa a una causa, motivo, etc. *[referir]*

refinar. v. tr. Hacer más fino algo, quitándole aquello que lo impurifica. *[refinar]*

reflector, ora. adj. Que refleja. *[reflector]* // m. Aparato para reflejar la luz o el calor en una deteminada dirección. *[reflector]*

reflejar. v. tr. y pron. Hacer retroceder o cambiar de dirección la luz, el calor, el sonido al tropezar con una superficie que les impide el paso. *[reflectir, reflexar]* // Dejarse ver una cosa dentro de otra. *[reflectir]*

reflejo, eja. adj. Que ha sido reflejado. *[reflex]* // Dicho de los actos que obedecen a excitaciones no percebidas por la conciencia. *[reflex]* // m. Luz reflejada. *[reflex]*

reflexión. f. Acción y efecto de reflejar. *[reflexió]* // Acción de reflexionar. *[reflexió]*

reflexionar. v. tr. Considerar detenidamente una cosa. *[reflexionar]*

reflexivo, iva. adj. Que suele obrar o hablar reflexionando. *[reflexiu]* // Aplicado al verbo cuya acción recae sobre el sujeto que la produce. *[reflexiu]*

reflujo. m. Movimiento de descenso de la marea. *[reflux]*

reforma. f. Acción y efecto de reformar o de reformarse. *[reforma]*

reformar. v. tr. Volver a formar. *[reformar]* // Reparar, restaurar, restablecer. *[reformar]* // Restituir una orden religiosa a la disciplina primitiva. *[reformar]* // **-se.** Enmendarse. *[esmenar-se]*

reformatorio, oria. adj. Que reforma, arregla o corrige. *[reformatori]* // m. Establecimiento para reformar costumbres. *[reformatori]*

reforzar. v. tr. Hacer más fuerte. *[reforçar]* // Dar nuevas fuerzas, vigorizar. *[reforçar]*

refracción. f. Cambio de dirección de un rayo de luz, etc., que pasa oblicuamente de un medio a otro de densidad distinta. *[refracció]*

refractario, aria. adj. Que no se somete a una autoridad, dictamen o costumbre.

[refractari] // Que resiste el fuego sin fundirse ni sufrir descomposición. *[refractari]*

refrán. m. Sentencia breve, clara y popular que incluye un pensamiento o un consejo moral. *[adagi, refrany]*

refregar. v. tr. Echar en cara algo a alguien de manera insistente. *[refregar]* // Tr. y pron. Frotar una cosa con otra. *[refregar]*

refrenar. v. tr. Poner freno, contener. *[refrenar]* // **-se.** Contenerse. *[refrenar-se]*

refrescar. v. tr. e intr. Tr. y pron. Rebajar el calor. *[refrescar]* // Intr. y pron. Tomar una bebida refrescante. *[refrescar]*

refresco. m. Acción de refrescar. *[refresc]* // Bebida fresca. *[refresc]*

refriega. f. Acto de batirse dos o más, a golpes, pedradas, etc. *[batussa]*

refrigerar. v. tr. y pron. Refrescar. *[refrigerar]*

refrigerio. m. Aligeramiento que se siente con lo fresco. *[refrigeri]* // El poco alimento que se toma para reponer las fuerzas. *[refrigeri]*

refuerzo. m. Lo que sirve para reforzar. *[reforç]* // Cosa sobrepuesta a otra para aumentar la resistencia. *[reforç]*

refugiar. v. tr. Dar refugio a alguien. *[refugiar]* // **-se.** Ponerse en un lugar seguro, encontrar refugio. *[refugiar-se]*

refugio. m. Lugar donde uno se puede poner a salvo. *[refugi]*

refunfuñar. v. tr. Hablar entre dientes en señal de enojo, disgusto. *[remugar]*

refutar. v. tr. Impugnar con argumento o razones, rehusar. *[refutar]*

regadera. f. Recipiente portátil a propósito para regar. *[regadora, arruixadora]* // Acequia, reguera secundaria en el interior de un campo, hecha con la misma tierra. *[regadora]*

regadero. m. Canal por donde se conducen las aguas para regar. *[rec]*

regadío. m. Acción y efecto de regar. *[rec]*

regador, ora. adj. y s. Que riega. *[regador]* // m. El que tiene derecho al agua para regar las tierras. *[regador]* // Quien distribuye el agua de regar. *[regador]*

regajal. m. Señal que deja un líquido que chorrea. *[regall]*

regajo. m. Surco por donde pasa el agua para regar. *[regall, regadora]*

regalar. v. tr. Tratar generosamente. *[regalar]* // Hacer un regalo o presente. *[regalar]*

regaliz. f. Planta herbácea, de flores pequeñas y azules, con la raíz larga que tiene un zumo dulce. *[regalíssia]*

regalo. m. Presente que se hace a alguien. *[regal]* // Gusto dado a los sentidos. *[regal]*

regañadientes, a. loc. adv. Venciendo un sentimiento de repugnancia, de mala gana. *[a contracor]*

regañar. v. intr. Mostrar enojo, malhumor, aburrimiento, con palabras de fastidio, de reproche, etc. *[reguinyar]*

regaño. m. Gesto o palabra áspera dirigido a una persona en tono de reprensión. *[mormoló]*

regar. v. tr. Esparcir el agua sobre un terreno, sobre alguna cosa, lanzando en cantidad por encima. *[regar, arruixar]*

regata. f. Lucha deportiva entre embarcaciones. *[regata]* // Surco, canal pequeño. *[regata]*

regatear. v. tr. Discutir el comprador y el vendedor el precio de una cosa. *[regatejar]* // Hacer regatas en un objeto. *[regatejar]* // Escatimar. *[regatejar]*

regato. m. Señal que deja un líquido que chorrea. *[regall]* // Acequia o surco para conducir el agua, especialmente para regar. *[regueró]*

regencia. f. Acción de regir o gobernar. *[regència]* // Cargo de regente. *[regència]* // Gobierno de un estado durante la minoría de edad, ausencia o incapacidad del príncipe soberano. *[regència]*

regenerar. v. tr. y pron. Generar o producir de nuevo. *[regenerar]* // Renovar moralmente. *[regenerar]*

regente, enta. adj. y s. Quien rige o gobierna. *[regent]* // Que gobierna un estado durante la minoría de edad o ausencia del príncipe. *[regent]* // Aquel que dirige, sin ser el amo, una imprenta, etc. *[regent]*

regicidio. m. Asesinato de un rey o una reina. *[regidici]*

regidor, ora. adj. Que rige o gobierna. *[regidor]* // m. y f. Concejal de un ayuntamiento. *[regidor]*

régimen. m. Manera de regir una cosa. *[règim]* // Forma de gobierno. *[règim]* // Método de vida según el estado de la persona. *[règim]* // Estado y forma de gobierno. *[regiment]*

regimiento. m. Cuerpo de tropas a las órdenes de un coronel. *[regiment]*

regio, egia. adj. Relativo o perteneciente al rey o a la reina. *[regi]* // Suntuoso. *[regi]*

región. f. Trozo de una superficie terrestre de determinadas características. *[regió]* // Parte determinada del cuerpo de un hombre o animales superiores. *[regió]*

regional. adj. Relativo o perteneciente a una región. *[regional]*

regir. v. tr. Tener bajo su dirección, gobernar. *[regir]*

registrar. v. tr. Inscribir en un registro. *[registrar]*

registro. m. Acción de registrar. *[registre]* // Lista de nombres de las personas que tienen una condición determinada. *[registre]* // Oficina donde se registra. *[registre]* // Pieza de reloj para acelerar o retardar el movimiento. *[registre]* // Cada región de la gama de la voz humana o instrumento musical. *[registre]*

regla. f. Instrumento para dirigir el trazado de las rayas rectas. *[regle]* // Ley, ordenanza. *[regla]* // Principio, precepto. *[regla]* // Menstruación. *[regla]*

reglamentar. v. tr. Someter una institución a un reglamento. *[reglamentar]*

reglamento. m. Conjunto de reglas o disposiciones para un objeto determinado. *[reglament]*

reglar. v. tr. Trazar rayas con una regla. *[reglar]* // Someter a regla. *[reglar]*

reglón. m. Instrumento de madera, metal, plástico, etc., para dirigir el trazado de las rayas rectas. *[regle]*

regoldar. v. intr. Eructar los gases del estómago. *[rotar]*

regolfar. v. intr. y pron. Retroceder el agua contra su corriente. *[regolfar]* // Remolinar el viento. *[regolfar]*

regolfo. m. Remolino de viento o agua, etc., que retrocede. *[regolf]*

regraciar. v. tr. Expresar nuestra gratitud a alguien por un servicio recibido. *[regraciar]* // Dar gracias, mostrar agradecimiento. *[regraciar]*

regresar. v. intr. Volver al lugar de partida. *[regressar]*

regreso. m. Acción de regresar. *[regrés]*

regüeldo. m. Expulsión violenta, por la boca, de los gases del estómago. *[rot]*

reguera. f. Pequeño canal para el riego. *[regadora, regueró]*

reguero. m. Porción pequeña de un líquido que corre o cae por la superficie de un cuerpo. *[regall]*

regular. adj. De conformidad con una regla. *[regular]* // Dicho de la persona sometida a una orden religiosa. *[regular]* // Aplicado a la figura en que todos los elementos de la misma categoría son iguales entre ellos. *[regular]*

regular. v. tr. Medir o computar una cosa por comparación o deducción. *[regular]* // Someter a una regla. *[regular]*

regularidad. f. Calidad de regular. *[regularitat]* // Observación exacta de una regla. *[regularitat]*

regularizar. v. tr. Hacer regular. *[regularitzar]*

regusto. m. Sabor especial que deja en la boca una cosa, además de su sabor natural. *[regust]* // Dejo amargo o placentero de una experiencia pasada. *[regust]*

rehabilitar. v. tr. Restablecer una persona o cosa en su antiguo estado o estima. *[rehabilitar]*

rehacer. v. tr. Volver a hacer. *[refer]* // Añadir peso o cantidad. *[refer]*

rehecho, echa. adj. Que ha tomado más volumen o nuevas formas. *[revingut]*

rehén. m. sing. y pl. Persona o cosa dada al enemigo como fianza. *[rehens]*

rehervir. v. tr. e intr. Tr. Hervir de nuevo. *[rebullir]* // Intr. Agitarse la superficie del agua por una corriente, etc. *[rebullir]*

rehilete. m. Especie de flecha o bastón puntiagudo que los niños utilizan para jugar tirándola a las puertas, a los animales, etc. *[galotxa]*

rehogar. v. intr. Sazonar a fuego lento una vianda. *[ofegar]*

rehusamiento. m. Acción de rehusar, de desechar. *[rebuig]*

rehusar. v. tr. No aceptar o no querer una cosa. *[refusar, rebutjar]*

reimprimir. v. tr. Volver a imprimir. *[reimprimir]*

reina. f. Esposa del rey. *[reina, regina]* // La que asume el poder real por derecho propio. *[reina, regina]* // Persona, animal o cosa del género femenino que sobresale entre todas las de su clase, etc. *[reina]*

reinar. v. intr. Gobernar un reino, ser rey. *[regnar]*

reincidir. v. intr. Incurrir nuevamente en un error, falta, etc. *[reincidir]*

reingresar. v. intr. Volver a ingresar. *[reingressar]*

reino. m. Régimen jurídico propio e independiente de un territorio histórico. *[reialme]* // Territorio gobernado por un rey. *[regne, reialme]* // Cada uno de los tres grandes grupos en que se consideran divididos todos los seres naturales. *[regne]*

reintegrar. v. tr. Restituir íntegramente alguna cosa. *[reintegrar]* // Volver a poner a alguien en posesión de algo. *[reintegrar]*

reír. v. intr. Manifestar la alegría interior con movimientos en el rostro. *[riure]*

reiterar. v. tr. y pron. Repetir un acto, volver a hacer o decir. *[reiterar]*

reivindicar. v. tr. Reclamar alguien para sí aquello que le pertenece. *[reivindicar]*

reja. f. Cerca de barras de hierro o madera paralelas o entrelazadas que dejan unos espacios entre ellas. *[reixa]*

reja. f. Pieza de hierro tallada fijada al arado que sirve para abrir surcos. *[rella]* // Acción y efecto de aplicar la reja a un campo. *[rella]*

rejuntar. v. tr. y pron. Juntar. *[rejuntar]*

rejuvenecer. v. tr., intr. y pron. Devolver el vigor de la juventud. *[rejovenir]*

relación. f. Acción y efecto de relatar lo que uno ha oído, visto, etc. *[relació]* // Conexión, lazo, entre dos o más cosas. *[relació]* // Conocimiento o trato de una persona con otra. *[relació]*

relacionar. v. tr. y pron. Poner en relación personas o cosas. *[relacionar]*

relajar. v. tr. y pron. Hacer menos rigurosa la observancia de una regla. *[relaxar]* // Aflojar, disminuir la tensión. *[relaxar]*

relámpago. m. Resplandor vivo e instantáneo que se produce en las nubes por una descarga eléctrica. *[llamp, llampec]*

relampaguear. v. intr. Dar relámpagos. *[llampar]* // Brillar, lanzar luz. *[llampar, llampegar]*

relampagueo. m. Acción y efecto de relampaguear. *[llampegueig]*

relatar. v. tr. Referir de palabra o por escrito alguna cosa. *[relatar]*

relativo, iva. adj. Que hace relación a algo. *[relatiu]* // Que no es absoluto. *[relatiu]*

relato. m. Relación, cosa relatada, contada. *[relat]*

relegar. v. tr. Dejar de lado, arrinconar. *[relegar]*

relevar. v. tr. Poner de relieve una cosa. *[rellevar]* // Exonerar a alguien de un cargo, de una obligación, servicio, etc. *[rellevar]* // Exaltar o engrandecer a alguien o a alguna cosa. *[rellevar]*

relevo. m. Acción de relevar. *[relleu]*

relieve. m. Trabajo que sobresale de un plano. *[relleu]* // Volumen que aparentan algunas cosas. *[relleu]*

religión. f. Conjunto de creencias y prácticas que tienen como objetivo el culto a Dios. *[religió]* // Observación de estas creencias y prácticas. *[religió]*

religioso, osa. adj. Relativo o perteneciente a la religión o a los que la practican. *[religiós]*

relinchar. v. intr. Gritar el caballo. *[renillar]*

relincho. m. Grito de caballo. *[renill]*

reliquia. f. Vestigio de una cosa pasada. *[relíquia]* // Lo que queda del cuerpo de un santo, de su vestido, etc. *[relíquia]*

reloj. m. Instrumento que sirve para medir el tiempo y señalar las horas del día. *[rellotge]*

relojero, era. m. y f. Quien hace, vende o arregla relojes. *[rellotger]* // f. Caja donde se guarda un reloj. *[rellotgera]*

relucir. v. intr. Despedir luz una cosa, las aguas, los metales, las piedras preciosas, etc. *[llambrejar]*

rellano. m. Llano que interrumpe un terreno que hace pendiente. *[replà]* // En una escalera, cada una de las plataformas que hay al cabo de un tramo o serie de escalones. *[replà]*

rellenar. v. tr. Abarrotar, colmar, una cosa, un vacío, un cuerpo, etc. *[reblir]*

relleno. m. Materias alimenticias picadas con que se rellenan los embutidos. *[farciment]* // pl. Masa de ralladuras de pan, con clara de huevo, sangre de animales de pluma, conejo, etc., carne picada o deshecha, piñones o especias, en forma de bolas que se suele poner en la olla. *[pilotes, mondonguilles]* // Acción y efecto de rellenar o rellenarse. *[farciment]*

remachar. v. tr. Chafar la punta de un clavo, etc., para que aguante mejor. *[reblar]* // Hacer cabeza a una punta de hierro. *[reblonar]*

remache. m. Extremo de un clavo o de un hierro ensanchado por percusión. *[reble]*

remanente. adj. Que permanece, que queda. *[romanent]*

remanso. m. Detención de la corriente del agua de un río, torrente, etc. *[remels]*

remar. v. intr. Servirse de los remos para hacer avanzar una embarcación. *[remar]*

remarcar. v. tr. Volver a marcar. *[remarcar]*

rematar. v. tr. Poner fin a la vida de una persona o animal que se está muriendo. *[rematar]* // Acabar algo. *[rematar]*

remate. m. Última parte de una cosa. *[remat]*

remediar. v. tr. y pron. Poner remedio a algo. *[remeiar]*

remedio. m. Lo que sirve para curar o remediar una enfermedad, un mal. *[remei]* // Medio o manera de evitar o de hacer desaparecer un mal. *[remei]*

rememorar. v. tr. Recordar, hacer llegar a la memoria, evocar la memoria de una cosa. *[remembrar, rememorar]*

remendar. v. tr. Reparar, poner en buen estado una cosa rota, como por ejemplo la ropa, los muebles, las paredes, los tejados, barreños o cualquier objeto. *[adobar]*

remiendo. m. Pedazo de tela que se cose a lo que está roto *[pedaç]*

remilgarse. v. pron. Hacer ademanes, gestos o movimientos para gustar o impresionar. *[posturejar]*

reminiscencia. f. Recuerdo de una cosa casi olvidada. *[reminiscència]* // Lo que sobrevive de una cosa y sirve para recordarla. *[reminiscència]*

remirado, ada. adj. Excesivamente delicado en el trato. *[primmirat]*

remisión. f. Acción y efecto de remitir o remitirse. *[remissió]* // Indicación en un escrito del lugar del mismo o de otro escrito al que se remite al lector. *[remissió]*

remiso, isa. adj. Entretenido en la resolución de algo, perezoso, dejado. *[remís]*

remitir. v. tr. e intr. Tr. Perdonar una falta, una pena, etc. *[remetre]* // En un escrito dejar de explicar una cosa indicando al lector el lugar donde la cosa está explicada. *[remetre]* // Intr. Perder parte de intensidad la fiebre, etc. *[remetre]*

remo. m. Barra larga, de madera, en forma de pala en el extremo que sirve para hacer avanzar una embarcación. *[rem]*

remojado, ada. adj. Persona, animal o cosa, empapada de agua. *[remullat]*

remojar. v. tr. Poner en agua alguna cosa. *[remullar]* // Beber, para celebrar algo. *[remullar]*

remojo. m. Acción de remojar. *[remull]*

remolacha. f. Planta herbácea anual cultivada por su raíz fusiforme, muy gruesa y carnosa, de la que se extrae el azúcar. *[remolatxa]*

remolcar. v. tr. Conducir una embarcación o carruaje estirándola con una cuerda o cadena. *[remolcar]*

remolino. m. Movimiento giratorio muy rápido de aire, de agua, de humo, etc. *[remolí]*

remolón, ona. adj. Que pone poca actividad en algo. *[gansoner]*

remolque. m. Acción de remolcar. *[remolc]* // Vehículo que va remolcado. *[remolc]*

remonta. f. Acción y efecto de remontar. *[remunta]* // Compra, cría y cuidado de los caballos del ejército. *[remunta]* // Conjunto de los caballos del ejército. *[remunta]*

remontar. v. tr. Volver a subir. *[remuntar]* // Proveer de nuevos caballos una caballeriza, etc. *[remuntar]* // Volver a subir el vuelo un pájaro. *[remuntar]* // Recorrer un río, etc., en dirección a su origen. *[remuntar]*

rémora. f. Pez teleósteo con una placa oval encima de la cabeza, a modo de ventosa, con la que se adhiere a los objetos flotantes. *[rèmora]* // Obstáculo que se opone al avance de algo. *[rèmora]*

remordimiento. m. Pena que se siente por haber hecho una mala acción. *[remordiment]*

remoto, ota. adj. Lejano, apartado, distante. *[remot]*

remover. v. tr. Volver a mover. *[remoure]* // Mover una cosa de sitio. *[remoure]* // Separar a alguien de su cargo o comisión. *[remoure]*

remunerar. v. tr. Pagar a alguien el trabajo que ha hecho, recompensándolo. *[remunerar]*

renacer. v. intr. Volver a nacer. *[renàixer]* // fig. Adquirir la vida de la gracia por medio del bautismo. *[renàixer]*

renacimiento. m. Acción de renacer. *[renaixença, renaixement]* // Movimiento de transición entre el mundo medieval y el moderno. *[renaixement]*

renacuajo. m. Cría de la rana. *[renoc]*

renco, enca. adj. y s. Cojo que camina mal o torcido. *[ranc]*

rencor. m. Resentimiento tenaz, odio. *[rancor]*

rendija. f. Grieta, abertura larga y muy estrecha. *[fenella]*

rendir. v. tr. y pron. Vencer, sujetar, someter una cosa al dominio de uno. *[sotmetre]* // Restituir a alguien aquello de que se le había desposeído. *[retre]* // Cansar, fatigar en alto grado. *[rendir]* // Producir alguna cosa, beneficio o utilidad. *[rendir]*

renegar. v. tr. e intr. Tr. Negar con insistencia. *[renegar]* // Intr. Pasarse de una religión o culto a otro, apostatar. *[renegar]* // Decir baldones e injurias contra alguien. *[renegar]*

renglón. m. Cada una de las rayas paralelas de un papel para escribir. *[regló]* // Cada una de las líneas rectas escritas o impresas en un escrito o página. *[regló, ratlla]*

reno. m. Animal parecido al ciervo, propio de los países septentrionales. *[ren]*

renombre. m. Fama, nombradía. *[renom]*

renovación. f. Acción y efecto de renovar o de renovarse. *[renovació]*

renovar. v. tr. Hacer de nuevo algo. *[renovar]* // Dar nuevo vigor y vitalidad. *[renovar]* // Hacer revivir. *[renovellar]*

renquear. v. intr. Caminar cojeando. *[ranquejar]*

renta. f. Beneficio que produce periódicamente una cosa. *[renda]* // Dinero o frutos que paga el arrendatario. *[renda]*

renuevo. m. Brote que da el árbol después de podarlo. *[renou]*

renuncia. f. Acción de renunciar a un cargo o al derecho que uno posee. *[renúncia]*

renunciar. v. tr. Desposeerse voluntariamente de algo o de algún derecho. *[renunciar]* // No querer aceptar o admitir algo que nos ofrecen. *[renunciar]* // Abandonar definitivamente, dejar de pretender. *[renunciar]*

reñir. v. intr. y tr. Intr. Romper la amistad, las relaciones, etc., con alguien. *[renyir, barallar-se]* // Tr. Corregir por una falta cometida. *[renyar]*

reo, ea. adj. y s. Que ha cometido una culpa, culpable. *[reu]*

reordenar. v. tr. Ordenar de nuevo. *[reordenar]*

reorganizar. v. tr. Organizar de nuevo. *[reorganitzar]*

repantigarse. v. pron. Arrellanarse, sentarse con toda la comodidad. *[repantigar-se]*

reparación. f. Acción de reparar. *[reparació]*

reparar. v. tr. Volver a poner en buen estado lo que ha sufrido un daño. *[reparar]*

repartimiento. m. Acción de repartir. *[repartiment]*

repartir. v. tr. Hacer partes de algo atribuyendo a cada uno la parte que le corresponde, distribuir. *[repartir]*

repasar. v. tr. Volver a pasar por un lugar. *[repassar]* // Examinar algo para corregir las imperfecciones. *[repassar]*

repasata. f. Reprensión muy áspera. *[pelfa]*

repaso. m. Acción y efecto de repasar. *[repàs]*

repatriar. v. tr. Restituir a la patria o al país de origen. *[repatriar]* // **-se.** Volver a la patria. *[repatriar-se]*

repelar. v. tr. Pelar por segunda vez. *[repelar]*

repeler. v. tr. Resistir a una cosa obligándola a retroceder, alejarla violentamente de sí. *[repel·lir, rebutjar]*

repelo. m. Pelo que crece en sentido contrario. *[repèl]* // Lengüeta de alguna cosa que se levanta contra el orden natural. *[repèl]* // Fibra o conjunto de fibras que se levantan de la piel, de una madera, etc., y que no siguen la línea recta. *[repèl]*

repelón. m. Lengüeta de piel que queda levantada junto a la uña. *[repeló]*

repensar. v. tr. Volver a pensar con atención, reflexionar. *[repensar]*

repercutir. v. intr. y tr. Intr. Producir eco un sonido. *[repercutir]* // Hacer sentir su efecto en algo ulterior. *[repercutir]* // Tr. En medicina, repeler un humor, hacerlo retroceder. *[repercutir]*

repertorio. m. Índice, registro en el cual las materias están ordenadas de manera que puedan encontrarse fácilmente. *[repertori]* // Conjunto de las obras teatrales que una compañía tiene estudiadas y preparadas para representar o ejecutar. *[repertori]*

repetición. f. Acción y efecto de repetir o repetirse. *[repetició]*

repetir. v. tr. y pron. Volver a hacer o decir lo que ya estaba hecho o dicho. *[repetir]* // Decir lo que otro ha dicho. *[repetir]*

repicar. v. tr. Picar de nuevo. *[repicar]* // Tocar una campana, etc., con toques vivos y repetitivos en señal de fiesta. *[repica]* // En una escalera, tocar una serie de toques repetidos para indicar el piso correspondiente. *[repicar]*

repintar. v. tr. Pintar sobre lo ya pintado. *[repintar]* // Señalarse la letra de una página en otra por estar recién impresa. *[repintar]*

repique. m. Acción de repicar, el sonido producido cuando se repica. *[repic]*

repiquetear. v. tr. Repicar insistentemente. *[repiquejar]*

repisa. f. Base, pedestal. *[repeu]*

replantear. v. tr. Trazar la planta de una obra ya proyectada encima del plano de los cimientos. *[replantejar]*

replaza. f. Lugar espacioso que se forma al lado o detrás de una plaza o calle, placeta adjunta. *[replaça]*

replegar. v. tr. Recoger, volver a coger una cosa. *[arreplegar, replegar]*

repleto, eta. adj. Muy lleno. *[replé]*

réplica. f. Acción de replicar, palabras con las que se replica. *[rèplica]* // Reproducción de una pintura, una escultura, etc. *[rèplica]*

replicar. v. intr. Argüir contra una respuesta o argumento, contradecir. *[replicar]*

repoblar. v. tr. y pron. Poblar de nuevo. *[repoblar]*

repollo. m. La parte interior y más apretada de la col y otras hortalizas. *[cabdell]* // Variedad de col. *[col cabdellada]*

repolludo, uda. adj. Dícese de la planta que forma repollo. *[cabdellat]* Se dice de la persona de mucho volumen y gruesa respecto a su altura. *[rabassut]*

reponer. v. tr. Volver a poner. *[reposar]*

reportar. v. tr. Traer nuevamente. *[reportar]* // Reprimir una pasión, etc. *[reportar]* // Traer una noticia. *[reportar]*

reporte. m. Acción y efecto de reportar. *[report]* // Noticia de alguna cosa. *[report]*

reportero, era. adj. y s. Que trae reportajes o noticias. *[reporter]* // Quien se encarga de realizar las noticias. *[reporter]*

reposar. v. intr. Descansar del trabajo, etc. *[reposar]*

reposición. f. Acción y efecto de reponer o reponerse. *[reposició]*

reposo. m. Acción y efecto de reposar o descansar. *[repòs]*

reprender. v. tr. Corregir, amonestar a alguien por lo que ha dicho o hecho. *[reptar]*

reprensible. adj. Que merece reprensión. *[reprensible]*

reprensión. f. Acción de reprender. *[reprensió]*

represalia. f. Acción de devolver a alguien ojo por ojo. *[represàlia]*

representación. f. Acción y efecto de representar. *[representació]*

representar. v. tr. Hacer presente una cosa con palabras o figuras. *[representar]* // Recitar o ejecutar en público una obra dramàtica, etc. *[representar]*

represión. f. Acción de reprimir. *[repressió]*

reprimir. v. tr. y pron. Contener, refrenar. *[reprimir]*

reprobar. v. tr. Condenar un acto, etc., desaprobar. *[reprovar]*

réprobo, éproba. adj. y s. Condenado por Dios, reprobado. *[rèprobe]*

reprochar. v. tr. Reconvenir, censurar, echar en falta. *[reprotxar]*

reproche. m. Acción de reprochar, imputación de algo como falta. *[retret, reprotxe]*

reproducción. f. Acción y efecto de reproducir o de reproducirse. *[reproducció]*

reproducir. v. tr. y pron. Volver a producir o producir nuevamente. *[reproduir]*

reproductor, ora. adj. y s. Que reproduce. *[reproductor]*

repropio, opia. adj. Se dice de la caballería difícil de domar o conducir, rebelde. *[repropi]*

reptil. adj. Que camina arrastando el vientre por tierra. *[rèptil]* // m. pl. Grupo de animales vertebrados de sangre fría y respiración pulmonar que comprende las serpientes, etc. *[rèptil]*

república. f. Cuerpo político de una nación. *[república]* // Estado político gobernado sin monarca. *[república]*

republicano, ana. adj. Relativo o perteneciente a la república. *[republicà]* // m. y f. Partidario de este sistema de gobierno. *[republicà]*

repugnancia. f. Acción y efecto de repugnar. *[repugnància]* // Aversión a las personas o cosas. *[repugnància]*

repugnar. v. intr. Producir aversión. *[repugnar]* // Sentir una aversión invencible de hacer alguna cosa. *[repugnar]*

repujar. v. tr. Labrar con martillo, cincel y punzones, objetos de metal o cuero, haciendo en ellos figuras en relieve. *[repussar]*

repulsa. f. Desprecio, repulsión fuerte. *[repulsa]*

repulsión. f. Acción y efecto de repeler. *[repulsió]*

repunta. f. Punta o cabo de tierra. *[punta]*

reputación. f. Buena opinión, crédito o fama de alguien o de algo. *[reputació]*

reputar. v. tr. y pron. Juzgar sobre el estado o calidad de una persona o cosa. *[reputar]* // Apreciar o estimar el mérito de alguien. *[reputar]*

requemar. v. tr. Tostar excesivamente. *[recremar]* // Perder el zumo los frutos y las plantas. *[recremar]* // Secar las plantas a causa del sol o el frío. *[rostir]* // **-se.** Encenderse excesivamente la sangre del cuerpo humano. *[recremar-se]*

requerir. v. tr. Intimar, avisar o hacer saber una cosa con autoridad pública. *[requerir]*

requesón. m. Masa blanca y mantecosa que resulta de la coagulación de la leche. *[mató]*

requeté. m. Miembro de una agrupación tradicionalista. *[requeté]*

réquiem. m. Oración o misa de difuntos. *[rèquiem]*

requinto. m. Clarinete pequeño de tono más agudo que el ordinario. *[requint]*

requisa. f. Acción de requisar. *[requisa]*

requisar. v. tr. Embargar la autoridad, carruajes, animales, alimentos, etc., para el servicio militar en tiempo de guerra. *[requisar]*

requisito. m. Condición exigida o necesaria para una cosa. *[requisit]*

res. m. Animal vacuno, lanar, etc. *[res]*

resaca. f. Movimiento de retroceso del agua después de topar con un obstáculo. *[ressaca]*

resaltar. v. intr. Sobresalir una parte del cuerpo de algo. *[ressaltar]* // Distinguirse alguna cosa entre un conjunto. *[ressaltar]*

resarcir. v. tr. y pron. Compensar de un daño, etc. *[refer, restablir]*

resbaladizo, iza. adj. Dicho de una superficie sobre la cual es fácil resbalar, resbaladizo. *[esvarós]*

resbalar. v. intr. y pron. Escurrirse los pies encima de una superficie lisa, mojada, etc. *[relliscar, esvarar]*

rescatar. v. tr. Recobrar lo que había caído en manos de otro. *[rescatar]* // Liberar de una vejación. *[rescatar]*

rescate. m. Acción de rescatar. *[rescat]*

rescindir. v. tr. Invalidar un contrato u obligación. *[rescindir]*

rescisión. f. Acción y efecto de rescindir. *[rescissió]*

rescoldo. m. Ceniza caliente, con algunas brasas. *[caliu]*

rescripto. m. Respuesta escrita del papa o de cualquier soberano para resolver una consulta o responder a una petición. *[rescripte]*

resecar. v. tr. y pron. Hacer volver seco, secar del todo, dejar sin una gota de humedad o zumo. *[ressecar]*

reseco, eca. m. Muy seco. *[ressec]* // Conjunto de ramas secas de un árbol. *[secall]*

resentirse. v. pron. Ser afectado el buen estado, el buen funcionamiento de algo por la acción de otra cosa. *[ressentir-se]* // Quejarse de algún mal o pérdida. *[ressentir-se]*

reseña. f. Descripción breve de algo para darlo a conocer. *[ressenya]*

reseñar. v. tr. Hacer la reseña de alguna cosa. *[ressenyar]*

reserva. f. Acción y efecto de reservar. *[reserva]* // Cautela en no descubrir lo que se sabe o se piensa. *[reserva]* // Lo que es reservado. *[reserva]* // Parte del ejército de un país que no está en el servicio activo. *[reserva]*

reservado, ada. adj. Que guarda reserva. *[reservat]* // Lugar reservado a determinadas personas, etc. *[reservat]* // Cauteloso en el hablar. *[reservat]*

reservar. v. tr. Guardar algo para cuando sea necesario. *[reservar]* // Callar algo. *[reservar]*

resfriado. m. Inflamación de la mucosa de la nariz o de la garganta producida por un golpe de aire o por una interrupción de la transpiración. *[refredat]*

resfriarse. v. pron. Coger un resfriado. *[refredar-se]*

resguardar. v. tr. y pron. Poner algo o alguien a buen recaudo de un daño o peligro. *[redossar, resguardar]*

resguardo. m. Guardia y seguridad puesta en algo. *[resguard]* // Documento en que consta la seguridad de una deuda o contrato. *[resguard]* // Lugar donde no llega el viento o las inclemencias del tiempo. *[recés]*

residencia. f. Acción de residir. *[residència]* // Lugar donde uno reside. *[residència]* // Edificio donde una autoridad o corporación tiene su domicilio o ejerce sus funciones. *[residència]*

residir. v. intr. Habitar permanentemente o por un tiempo considerable en un lugar. *[residir]*

residuo. m. Parte que queda del conjunto de algo. *[residu]* // Lo que queda de un cuerpo por combustión o evaporación. *[residu]*

resignar. v. tr. Abandonar voluntariamente en favor de alguien un beneficio, cargo, etc. *[resignar]* // **-se.** Conformarse, someterse a la voluntad de Dios. *[resignar-se]* // Aceptar con resignación una desgracia, contrariedad, enfermedad, etc. *[resignar-se]*

resina. f. Sustancia sólida o pastosa que fluye de ciertas plantas y que también se obtiene por destilación de la trementina. *[resina]*

resinificar. v. tr. y pron. Convertir en resina. *[resinificar]*

resistencia. f. Acción y efecto de resistir o resistirse. *[resistència]* // Causa opuesta a la acción de una fuerza. *[resistència]*

resistero. m. Lugar donde bate el viento, la lluvia, el sol, etc. *[batent]*

resistir. v. intr. y tr. Intr. Oponerse a la acción de una fuerza. *[resistir]* // Tr. Aguantar, soportar sin ceder, sin flaquear, etc. *[resistir]*

resma. f. Conjunto de veinte manos de papel. *[raima]*

resolución. f. Acción y efecto de resolver o de resolverse. *[resolució]*

resolver. v. tr. Tomar una determinación. *[resoldre]* // Encontrar la solución de un problema. *[resoldre]*

resollar. v. intr. Respirar agitadamente. *[pantaixar]*

resonancia. f. Alargamiento de un sonido debido a la flexión o al hecho de ponerse en vibración algún cuerpo. *[ressonància]*

resonar. v. intr. Producir una resonancia. *[ressonar]* // Sonar mucho. *[ressonar]*

resoplido. m. Respiración fuerte, generalmente de fatiga, jadeante. *[bufec]*

resopón. m. Comida que se hace después de la cena, cuando uno vela. *[ressopó]*

resorte. m. Pieza elástica que sirve para dar impulsión a algo. *[ressort]* // Medio de que se vale para conseguir un objetivo. *[ressort]*

respaldo. m. Parte de una silla, etc., donde descansan las espaldas. *[respatler]*

respectivo, iva. adj. Que pertenece o se refiere a una persona o cosa determinada. *[respectiu]*

respecto. m. Relación de una cosa con otra. *[respecte]*

respetar. v. tr. e intr. Tr. Tener respeto hacia alguien o algo. *[respectar]* // Intr. Concernir. *[respectar]*

respeto. m. Veneración, consideración, miramiento. *[respecte]*

respigón. m. Trocito de piel que se levanta junto a las uñas, padrastro. *[padrastre]*

respiradero. m. Abertura por donde puede pasar y renovarse el aire de un lugar. *[espirall]*

respirar. v. intr. y tr. Intr. Absorber el aire los seres vivos para mantener la vitalidad de la sangre. *[respirar]* // Descansar de una pena, etc. *[respirar]* // Tr. Inhalar hacia los pulmones. *[respirar]*

respiro. m. Acción de respirar. *[respir]*

resplandecer. v. intr. Emitir rayos de luz, o lucir mucho. *[resplendir]*

resplandor. m. Luz que emite un cuerpo luminoso. *[resplendor]*

responder. v. tr. e intr. Tr. Satisfacer una pregunta. *[respondre]* // Contestar a quien nos llama, nos escribe. *[respondre]* // Replicar a una demanda o alegación. *[respondre]* // Intr. Mostrarse con relación a alguien o algo tal como era de esperar, corresponder. *[respondre]*

responsabilidad. f. Obligación de responder a una cosa. *[responsabilitat]*

responsable. adj. Obligado a responder, de algo. *[responsable]*

respuesta. f. Acción y efecto de responder, con lo que se responde a una pregunta, acusación, etc. *[resposta]*

resquebrajar. v. tr. y pron. Hacer grietas en alguna cosa. *[clivellar]*

resquemar. v. tr. Causar algunos alimentos y bebidas un calor picante en la lengua y paladar. *[coure, encoentar, picar]* // **-se.** Producirse en el ánimo una impresión molesta. *[encoentar-se]*

resquicio. m. Abertura incompleta. *[badall]*

resta. f. Operación de restar. *[resta]* // Resultado de la operación. *[resta]*

restablecer. v. tr. Volver a establecer o poner las cosas en su sitio anterior. *[restablir]* // **-se.** Rehacerse de una enfermedad. *[restablir-se]*

restallar. v. intr. Hacer un ruido seco una cosa que se rompe, se agrieta, estalla, etc. *[petar]*

restañar. v. tr. Hacer que cese el curso de

un líquido o humor, que cese de manar, de fluir, de colarse, un líquido. *[estroncar]*

restar. v. tr. De una cantidad quitar una parte. *[restar]*

restauración. f. Acción de reconstruir o restaurar. *[refecció]*

restaurante. adj. Que restaura. *[restaurant]* // m. Establecimiento donde se sirven comidas. *[restaurant]*

restaurar. v. tr. Volver a poner en buen estado un edificio, una obra de arte, etc. *[restaurar]*

restitución. f. Acción de devolverle a uno lo que le había prestado. *[retorn]*

restituible. adj. Que se puede restituir. *[restituïble]*

restituir. v. tr. Devolver una cosa a quien la tenía antes. *[restituir]* // Volver una cosa a su estado de origen. *[restituir]*

resto. m. Lo que queda de un todo. *[resta]*

restricción. f. Acción y efecto de restringir, de limitar. *[restricció]*

restringir. v. tr. Reducir a límites más estrechos. *[restringir]*

restriñir. v. tr. Causar restriñimiento. *[restrényer]* // Restringir. *[restrényer]*

resucitar. v. tr. e intr. Tr. Dar la vida a un muerto. *[ressuscitar]* // Intr. Volver a la vida. *[ressuscitar]*

resuello. m. Respiración fatigosa. *[pantaix]*

resultado. m. Lo que resulta de un hecho u operación. *[resultat]*

resultar. v. intr. Producirse como efecto o consecuencia de algo. *[resultar]*

resumen. m. Exposición resumida de un asunto, materia, etc. *[resum]*

resumir. v. tr. Reducir a términos breves lo que se está diciendo o escribiendo. *[resumir]*

resurrección. f. Acción de resucitar. *[resurrecció]*

retablo. m. Obra de arquitectura con escultura y pintura que componen el ornamento de un altar. *[retaule]*

retaguardia. f. Parte de un ejército que va detrás del cuerpo principal. *[reraguarda]*

retahíla. f. Grupo de cosas que van o suceden unas detrás de las otras. *[rècua]*

retal. m. Cualquier trozo sobrante que queda después de haber cortado algo. *[retall]*

retama. f. Planta de la familia de las papilonáceas de ramas verdes y flexibles y flores amarillas. *[ginesta]*

retar. v. tr. Desafiar. *[reptar]*

retardar. v. tr. y pron. Hacer que una cosa se tarde, alargar en el tiempo. *[retardar]*

retardo. m. El hecho de retardarse algo. *[retard]*

retazo. m. Trozo sobrante que queda después de haber cortado algo. *[retall]*

retención. f. Acción de retener o retenerse. *[retenció]*

retener. v. tr. No dejar que algo se nos escape. *[retenir]* // Conservar una cosa en la memoria. *[retenir]* // Dominar los impulsos. *[retenir]*

retentiva. f. Facultad de recordar, memoria. *[retentiva]*

reticencia. f. Efecto de no expresar completamente una cosa, dejándola, sin embargo, entendida. *[reticència]*

rético. m. La lengua de los romanches o réticos. *[romanx]*

retícula. f. Conjunto de dos o más hilos puestos en los focos de ciertos instrumentos ópticos, para precisar los visuales. *[retícula]*

retina. f. Membrana sensitiva situada en el fondo del ojo, que recibe las imágenes formadas por el cristalino y está en conexión con el cerebro por medio del nervio óptico. *[retina]*

retirar. v. tr. Separar o apartar a alguien o algo del lugar donde había estado. *[retirar]*

retiro. m. Acción de retirarse de la vida activa o mundana. *[retir]* // Lugar donde uno se retira. *[retir]*

reto. m. El hecho de provocar a alguien a realizar un combate. *[repte]*

retocar. v. tr. Corregir con retoques. *[retocar]* // Volver a tocar. *[retocar]*

retoñar. v. intr. Sacar brotes las plantas. *[rebrollar, rebrotar]*

retoño. m. Brote nuevo que saca una planta. *[lluc, rebrot]*

retoque. m. Cada una de las correcciones

que se hacen cuando se retoca una obra. *[retoc]*

retorcedura. m. Acción y efecto de retorcer. *[retorciment]*

retorcer. v. tr. y pron. Torcer mucho una cosa. *[retòrcer]*

retorcido, ida. adj. Se dice de la persona de intención sinuosa. *[retorçut]*

retorcijón. m. Retortijón. *[retorçó]*

retorcimiento. m. Acción y efecto de retorcer. *[retorciment]*

retórica. f. Arte de bien decir. *[retòrica]* // pl. Razones que no son del caso. *[retòriques]*

retornar. v. intr. Volver al sitio de donde se ha ido. *[retornar]*

retorno. m. Acción de volver. *[retorn]* // Acción de devolverle a uno lo que se le había prestado. *[retorn]*

retorsión. f. Acción y efecto de retorcer. *[retorçó]* // fig. ret. Devolución de las razones utilizadas por alguien, contra el autor de las mismas. *[retorsió]*

retortijón. m. Retorcimiento. *[retorçó]* // Dolor agudo y breve de los intestinos. *[torçó, retorçó]*

retozar. v. intr. Saltar y correr como los niños, alegremente. *[guimbar]*

retractar. v. tr. y pron. Retirar lo que uno había hecho o dicho, arrepentirse. *[retractar]*

retracto. m. Derecho que tiene alguien de quedarse por el mismo precio la cosa vendida a otra persona. *[retracte]*

retraer. v. tr. Volver a traer, retractar. *[retraure]* // Encoger o retirar un miembro del cuerpo. *[retraure]* // **-se.** Aislarse, no relacionarse con otros por timidez o precaución. *[retraure's]*

retranca. f. Correa ancha. *[tafarra]* // Galga, freno de los carros. *[galga]*

retransmisor, ora. adj. Que retransmite. *[retransmissor]* // m. Repetidor. *[retransmissor]*

retransmitir. v. tr. Volver a transmitir. *[retransmetre]*

retraso. m. El hecho de retardarse algo. *[retard]*

retratar. v. tr. y pron. Sacar la imagen de una persona o cosa. *[retratar]*

retrato. m. Representación gráfica de una persona o cosa. *[retrat]* // Descripción muy precisa o exacta de una persona o cosa. *[retrat]*

retrechero, era. adj. Que trata de eludir algo con artificios mañosos. *[romancer]* // Que tiene mucho atractivo. *[agradós]*

retreta. f. Toque militar para señalar la retirada o la hora de recogerse. *[retreta]* // Fiesta o cabalgada militar. *[retreta]*

retrete. m. Habitación pequeña y apartada de una casa, destinada a diferentes usos. *[retret]*

retribución. f. Acción y efecto de retribuir. *[retribució]* // Lo que se retribuye. *[retribució]*

retribuir. v. tr. Pagar o recompensar una cosa recibida a cambio de otras. *[retribuir]*

retroceder. v. intr. Volver atrás, recular. *[retrocedir]*

retroceso. m. Acción y efecto de retroceder. *[retrocés]*

retrógrado, ógrada. adj. Que va o se mueve hacia atrás. *[retrògrad]* // Que va contra el progreso. *[retrògrad]*

retronar. v. intr. Hacer un gran ruido que resuena como un trueno. *[retronar]*

retrotraer. v. tr. Fingir que algo ha pasado en un tiempo anterior a aquel en que acontece. *[retrotraure]*

retrovender. v. tr. Devolver la cosa comprada al vendedor por el mismo precio de venta. *[retrovendre]*

retroverter. v. tr. Llevar hacia atrás. *[retrovertir]*

retrucar. v. intr. Hacer un retruque. *[retrucar]* // En el juego del truque, volver a trucar. *[retrucar]* // Replicar, contradecir. *[retrucar]*

retruque. m. Acción de retrucar. *[retruc]* // Golpe repetido. *[retruc]*

retumbar. v. intr. Hacer un gran ruido que resuena como un trueno. *[retronar, retrunyir]*

retumbo. m. Repercusión del trueno. *[retrò]* // Eco comparable a un trueno. *[retrò]*

reuma o **reúma.** m. Fluxión de humor en alguna parte del cuerpo. *[reuma]*

reumático, ática. adj. y s. Que padece reuma. *[reumàtic]*
reumatismo. m. Enfermedad caracterizada por inflamaciones dolorosas en los músculos y fibras del cuerpo. *[reumatisme]*
reunión. f. Acción y efecto de reunir o de reunirse. *[reunió]* // Conjunto de personas reunidas. *[reunió]*
reunir. v. tr. y pron. Volver a unir, agrupar, juntar, congregar. *[reunir]*
revacunar. v. tr. y pron. Vacunar nuevamente. *[revacunar]*
reválida. f. Acción de ratificar la validez de algo. *[revàlida]*
revalidar. v. tr. Ratificar la validez de algo. *[revalidar]* // Ser recibido en una facultad delante de un tribunal superior. *[revalidar]*
revelador, ora. adj. y s. Que revela. *[revelador]* // m. Líquido con que se revela la imagen impresa en una placa fotográfica. *[revelador]*
revelar. v. tr. Descubrir o manifestar un secreto. *[revelar]* // Dar a conocer Dios algo a los hombres por una inspiración sobrenatural. *[revelar]* // Hacer visible la imagen de una placa fotográfica. *[revelar]*
revender. v. tr. Vender lo que se ha comprado. *[revendre]*
revenir. v. intr. Retornar una cosa a su estado propio. *[revenir]*
reventa. f. Acción y efecto de revender. *[revenda]*
reventar. v. tr. e intr. Tr. Hacer que algo se rompa a causa de la presión que se ejerce sobre ello. *[esclatar, rebentar]* // Intr. y pron. Abrirse algo, cediendo a una presión interna. *[esclatar, rebentar]*
reverberar. v. intr. y tr. Intr. Reflejarse la luz o el calor en una superficie. *[reverberar]* // Tr. Reflejar una superficie la luz, etc. *[reverberar]*
reverdecer. v. intr. y tr. Volver a ser verde. *[reverdir]*
reverencia. f. Respeto profundo y afectuoso. *[reverència]* // Acatamiento o inclinación del cuerpo en señal de respeto. *[reverència]* // Tratamiento que se da a ciertos religiosos. *[reverència]*
reverendo, enda. adj. Tratamiento aplicado a los eclesiásticos o religiosos. *[reverend]*
reverente. adj. Que muestra reverencia. *[reverent]*
reverso. m. Cara opuesta al anverso. *[revers]* // Dorso de una moneda. *[revers]*
revertir. v. intr. Devolver una cosa a la propiedad de quien la tuvo antes. *[revertir]*
revés. m. Parte opuesta al derecho. *[revés]* // Parte de una cosa opuesta a la que uno tiene a la vista. *[revés]*
revestir. v. tr. Poner a alguien un vestido especial. *[revestir]* // Cubrir una superficie con una capa de algo. *[revestir]*
revisar. v. tr. Examinar cuidadosamente, comprobar. *[revisar]*
revista. f. Acción de examinar de nuevo con todo cuidado. *[revista]* // Inspección que hace un jefe de servicio de las personas o cosas sometidas a su autoridad. *[revista]* // Formación de tropas para que un jefe las inspeccione. *[revista]* // Publicación periódica de cuadernos con varios escritos. *[revista]* // Espectáculo teatral que consiste en una serie de cuadros sueltos. *[revista]*
revivificar. v. tr. Reavivar. *[revifar]*
revivir. v. intr. Volver a la vida, resucitar. *[reviure]* // Renovarse una cosa, volver a su primera vivacidad. *[reviure]*
reviviscencia. f. Acción y efecto de revivir. *[reviviscència]*
revocar. v. tr. Dejar sin efecto lo que estaba concedido o mandado. *[revocar]* // Cubrir las paredes con una capa de mortero, yeso, etc. *[arrebossar]*
revolar. v. intr. Hacer un segundo vuelo o volar insistentemente. *[revolar]*
revolcar. v. tr. Hacer dar tumbos por el suelo a alguien. *[rebolcar]* // Vencer al adversario en una controversia. *[rebolcar]* // **-se.** Echarse por el suelo, etc., dando tumbos. *[rebolcar-se]*
revolcón. m. Acción de revolcarse. *[rebolcó]*
revolotear. v. intr. Volar dando vueltas en poco espacio. *[revolar, voletejar]*
revoltijo. m. Acción y efecto de revol-

car. *[revolica]* // Desorden introducido en una cosa ordenada. *[revolica]*

revoltoso, osa. adj. y s. Que está en revuelta. *[revoltós]* // Pronto a revolverse. *[revoltós]*

revolución. f. Acción y efecto de trastornar o revolver. *[revolució]* // Cambio fundamental en las estructuras políticas de un estado. *[revolució]* // Alzamiento encaminado a conseguir este cambio. *[revolució]*

revolucionar. v. tr. Producir una transformación radical. *[revolucionar]* // Provocar en un pueblo, etc., un movimiento revolucionario. *[revolucionar]*

revolucionario, aria. adj. Relativo o perteneciente a la revolución. *[revolucionari]* // m. y f. Partidario de la revolución. *[revolucionari]*

revolver. v. tr. Desordenar, desajustar una cosa moviendo y separando sus elementos, sus partes. *[revolicar, regirar]*

revólver. m. Pistola de uno o dos cañones y cilindro giratorio, con diversas cámaras. *[revòlver]*

revuelco. m. Acción de revolcar o revolcarse. *[rebolcó]*

revuelo. m. Desorden introducido en una cosa ordenada. *[revolica, revolada]*

revuelta. f. Sinuosidad, que da mucha vuelta y rodeo. *[giragonsa]*

revuelto, elta. adj. Agitado, desordenado. *[revolt]* // f. Giro, cambio de dirección de un camino, carretera, etc. *[revolt, revolta]* // Revolución, rebelión. *[revolta]*

revulsión. f. Producción forzada de congestiones en la superficie de la piel como medio terapéutico. *[revulsió]*

revulsivo, iva. adj. Que produce una revulsión. *[revulsiu]*

rey. m. Monarca o príncipe soberano de un reino. *[rei]*

rezagarse. v. pron. Quedar detrás en una marcha. *[ressagar-se]*

rezago. m. Residuo o cosa que queda rezagada. *[ròssec]* // Paga o renta vencida y no cobrada. *[ròssega]*

rezar. v. tr. Decir una oración. *[resar]* // Decir oraciones. *[resar]*

rezo. m. Acción de rezar. *[rés]* // Oficio eclesiástico que se dice diariamente. *[rés]*

rezongar. v. intr. Murmurar alguien manifestando su desagrado. *[rondinar, remugar]*

rezongón. fig. Persona que habla mucho y confusamente. *[rosegó]*

rezumar. v. tr. e intr. Tr. Dejar pasar un cuerpo a través de sus poros gotitas del líquido que contiene. *[repixar]* // Intr. Salirse el líquido de un recipiente a través de los poros, quedando húmeda la pared exterior. *[sumar]*

ría. f. Parte del río próxima a su entrada en el mar hasta donde llegan las mareas. *[ria]*

ribaldo, alda. adj. Bribón, tunante, vagabundo, bergante. *[ribald]*

ribazo. m. Margen, risco. *[riba]*

ribera. f. Tierra próxima a un río, al mar o a otra gran extensión de agua. *[ribera, riba]*

ribete. m. Cinta o dobladillo que se pone en la orilla de una pieza de vestir como ornamento o refuerzo. *[rivet]*

ribetear. v. tr. Hacer orillas, poner ribetes. *[voretar]* // Hacer las orillas en las piezas de costura, orillar. *[voretar]*

ricino. m. Planta de la familia de las euforbiáceas, de cuyas semillas se extrae aceite utilizado como purgante. *[ricí]*

rico, ica. adj. Que tiene mucho dinero, que posee grandes bienes. *[ric]* // Suntuoso, de materiales costosos. *[ric]*

rictus. m. Gesto del rostro que corresponde al acto de abrir la boca. *[rictus]*

ridiculizar. v. tr. Poner en ridículo. *[ridiculitzar]*

ridículo, ícula. adj. Que mueve a reírse por grotesco, extravagante, etc. *[ridícul]* // Escaso, corto, de poco valor y estima. *[ridícul]* // m. Situación que hace reír. *[ridícul]*

riego. m. Acción de proveer de agua a las tierras. *[reg]*

riel. m. Barra pequeña de metal en bruto. *[riell]*

rienda. f. Correa atada al freno del caballo para poder dirigirlo. *[regna]*

riesgo. m. Contingencia a la que está expuesto alguien o algo. *[risc]*

rifa. f. Acción de rifar un objeto. *[rifa]*

rifar. v. tr. Sortear. *[rifar]*

rifle. m. Fusil acanalado para que el proyectil tome un movimiento de rotación. *[rifle]*
rígido, ígida. adj. No flexible, riguroso. *[rígid]*
rigor. m. Severidad inflexible, exactitud extrema. *[rigor]* // Crudeza o inclemencia del tiempo. *[rigor]*
riguroso, osa. adj. Que tiene rigor. *[rigorós]*
rima. f. Entre dos o más palabras, identidad fonética de sus terminaciones a partir de la vocal acentuada. *[rima]* // Consonancia de los versos de la misma rima. *[rima]* // pl. Composición en versos rimados. *[rimes]*
rimar. v. tr. e intr. Tr. Hacer rimar una palabra con otra. *[rimar]* // Intr. Componer un verso. *[rimar]*
rimero. m. Conjunto de cosas puestas las unas sobre las otras. *[rima, rimera]* // Montón de tierra o piedra al pie de una montaña, etc. *[rimall]*
rincón. m. Ángulo entrante formado por dos superficies. *[racó]* // Escondite, lugar poco conocido. *[racó]*
rinconera. f. Estantería de superficie triangular que se coloca en un rincón de la habitación. *[raconera]*
ringlera. f. Conjunto de cosas puestas en fila, una al lado de la otra. *[rastellera, rastrera]*
rinoceronte. m. Mamífero paquidermo muy grueso que vive en la zona ecuatorial de Asia y África. *[rinoceront]*
riña. f. Pelea, disputa. *[gresca, baralla]*
riñón. m. Cada uno de los dos cuerpos glandulosos que segregan y filtran la orina. *[ronyó]* // Centro o parte interior de una cosa o territorio. *[ronyó]*
río. m. Corriente natural de agua que va a parar al mar o a otro río. *[riu]*
ripia. f. Tira estrecha de madera desigual y sin pulir. *[llistó]*
ripio. m. Palabra o frase inútil puesta como relleno de un verso o para darle la rima correspondiente. *[reble]*
riqueza. f. Abundar en caudales y bienes. *[riquesa]*
risa. f. Acción de reír. *[rialla]*
risco. f. Terreno áspero, trincado, escabroso, de mala huella o pisada. *[cingle, garrotxa]*
risible. adj. Capaz de reír. *[risible]* // Que causa risa. *[risible]*
risotada. f. Risa estrepitosa. *[riallada]*
ristra. f. Hilera de cosas. *[rest]*
ristre. m. Pieza de hierro de la armadura antigua, donde encajaba el cabo de la manija de la lanza. *[rest]*
ritmo. m. Armoniosa combinación y sucesión de palabras, cláusulas y pausas en el lenguaje. *[ritme]* // En música, proporción debida entre dos tiempos de dos movimientos. *[ritme]*
rito. m. Ceremonias de un culto. *[ritu]*
ritual. adj. Relativo o perteneciente al rito. *[ritual]* // m. Libro que enseña los ritos de un culto. *[ritual]*
rival. adj. Competidor, contendiente que aspira a igualar o ultrapasar a alguien. *[rival]*
rivalizar. v. tr. Ser rival, emular. *[rivalitzar]*
rizado, ada. adj. Ensortijado, retorcido formando ondas muy pequeñas; dicho especialmente del cabello, hojas, etc. *[cresp]*
rizar. v. tr. y pron. Enrollar, ondular. *[arrissar]*
rizo, iza. adj. Ensortijado. *[ris, rull]* // m. Mechón de pelo en forma de bucle. *[ris]*
rizoma. m. Tronco horizontal subterráneo, del que brotan pimpollos con hojas por la superficie superior y raíces por la inferior. *[rizoma]*
róbalo o **robalo.** m. Pez teleósteo, de medio a un metro de largo, de carne muy apreciada. *[llobarro]*
robar. v. tr. Hurtar con violencia. *[robar]* // Apropiarse de algo indebidamente. *[robar]* // En el juego de cartas tomar de la baza una más. *[robar]*
robladura. f. Redobladura de la punta de un clavo, perno o cosa semejante. *[rebló, rebladura]*
roble. m. Árbol de la familia de las cupulíferas, de tronco grueso y hojas perennes. *[roure]*
roblón. m. Clavo con cabeza en un extremo, que, al remacharlo, forma otra cabeza en el extremo opuesto. *[rebló]*

robo. m. Acción y efecto de robar. *[robatori]*
robot. m. Máquina que produce automáticamente diversos trabajos. *[robot]*
robusto, usta. adj. Que tiene una constitución fuerte y vigorosa. *[robust]*
roca. f. Piedra que forma parte de la corteza terrestre. *[roca]* // Cosa muy dura y firme. *[roca]*
rocalla. f. Trozo que salta de la piedra cuando la trabajan. *[esquerda]*
roce. m. Acción y efecto de pasar una cosa frotando con otra. *[fregadís]*
rociada. f. Acto de rociar. *[estufit]*
rociar. v. tr. Lanzar un líquido de manera que caiga dividido en gotas. *[ruixar]* // Lanzar un chorro de agua encima de alguien o algo. *[ruixar]*
rocín. m. Caballo de trabajo, especialmente de mala clase. *[rossí]*
rocío. m. Humedad de la atmósfera que se condensa en forma de gotas en la superficie de los cuerpos fríos. *[rosada]*
rococó. m. Estilo de ornamentación, evolución del barroco, que estuvo muy de moda en Francia y Alemania en el siglo XVIII. *[rococó]*
rodada. f. Señal que deja en la tierra la rueda de un carro. *[carrilada]*
rodaja. f. Pieza circular de cualquier materia. *[rodanxa]*
rodamiento. m. Acción y efecto de rodar. *[rodament]*
rodapié. m. Cenefa o friso de color diferente que se pinta en la parte baja de las paredes enlucidas. *[entornet]*
rodar. v. intr. Caer por un plano inclinado dando vueltas sobre sí mismo. *[redolar]* // Funcionar un mecanismo. *[rutlar]* // Hacer su curso una cosa. *[rutlar]*
rodear. v. tr. Poner una cosa alrededor de algo o alquien rodeándolo, envolviéndolo. *[rodejar]*
rodeo. m. Acción y efecto de rodear. *[rodeig]* // Manera de decir una cosa utilizando más palabras de las necesarias. *[rodeig]*
rodete. m. Peinado del cabello de las mujeres en forma de castaña. *[castanya]*
rodilla. f. Articulación de la pierna con el muslo en su parte anterior. *[genoll]*
rodillera. f. Cualquier cosa que se ponga para proteger la rodilla. *[genollera]* // Convexidad que se forma en los pantalones en la parte que cae justo encima de la rodilla. *[genollera]*
rodillo. m. Cilindro que sirve para pisar, allanar o comprimir. *[corró]*
rodrigón. m. Palo que sostiene los árboles tiernos o plantas enredaderas. *[aspre]*
roedor, ora. adj. Que roe. *[rosegador]*
roer. v. tr. Cortar con los dientes algo duro. *[rosegar]* // Descarnar los huesos con los dientes. *[rosegar]* // Morder las ratas algo. *[ratar]*
rogar. v. tr. Instar algo con sumisión y ruegos. *[pregar]*
rogativas. f. pl. Serie de oraciones públicas hechas a Dios en un tiempo de calamidad. *[rogatives]*
rojez. f. Calidad de rojo. *[vermellor]*
rojizo, iza. adj. Que tira a rojo. *[rogenc]*
rojo, oja. adj. Uno de los siete colores del prisma, que es el de la sangre, etc., y tiene varias gradaciones de tono. *[roig]*
rolde. m. Círculo que forman algunas cosas. *[rotlle, rogle, rotllo]*
rollo. m. Cualquier cosa enrollada. *[rotlle, rotllo]*
romana. f. Balanza de brazos desiguales en que el cuerpo que se pesa se equilibra con un peso que hace correr a lo largo del brazo mayor. *[romana]*
romance. m. Lengua románica. *[romanç]* // Composición en verso con asonancia en los pares. *[romanç]* // Narración de las aventuras de un héroe. *[romanç]*
romanche. m. La lengua de los romanches o réticos. *[romanx]*
románico, ánica. adj. Relativo o perteneciente a los pueblos conquistados por los romanos. *[romànic]* // Relativo o perteneciente a cada una de las lenguas derivadas del latín. *[romànic]*
romanística. f. Ciencia que estudia la lengua y la literatura románicas. *[romanística]*
romanizar. v. tr. y pron. Latinizar, di-

fundir en un país la civilización, leyes, costumbres de los romanos. *[romanitzar]*

romano, ana. adj. y s. Natural o propio de Roma. *[romà]*

romanticismo. m. Escuela literaria de la primera mitad del s. XIX, que no se ajusta a las reglas y normas clásicas. *[romanticisme]*

romántico, ántica. adj. Dado a la exaltación del sentimiento, de la fantasía. *[romàntic]* // Relativo al romanticismo. *[romàntic]* // m. Partidario del romanticismo. *[romàntic]*

romanza. f. Aria, generalmente de carácter sencillo y tierno. *[romança]* // Composición lírica y música apropiada. *[romança]*

rombo. m. Paralelogramo que tiene los lados iguales, dos a dos, y dos ángulos oblicuos. *[rombo]*

romería. f. Peregrinación, especialmente la que se hace por devoción, a un santuario. *[romiatge]*

romero. m. Mata de la familia de las labiadas, de flores azules y muy aromáticas, usada como medicinal. *[romaní]*

romo, oma. adj. Truncado, con la punta rota, falto de agudeza. *[rom]*

rompecabezas. m. Problema o adivinanza difícil de resolver. *[trencaclosques]*

rompedera. f. Instrumento que sirve para taladrar el hierro candente. *[estampidor]*

romper. v. tr. y pron. Dividir, destruir, una cosa en partes o fragmentos por la acción de la fuerza. *[rompre]* // Separar por una fuerza la unión o continuación de un cuerpo. *[rompre]* // Deshacerse las olas del mar contra la costa. *[rompre]*

roncar. v. intr. Que respira fuertemente, haciendo un sonido ronco cuando duerme. *[roncar]*

roncear. v. intr. Ir difiriendo la ejecución de algo que se hace de mala gana. *[ronsejar]*

roncero. m. y f. Que roncea. *[ronsa]*

ronco, onca. adj. Que tiene ronquera. *[ronc]* // Que tiene un sonido áspero, grave. *[ronc]*

ronda. f. Acción de rondar. *[ronda]* // Grupo de personas que rondan. *[ronda]* // Camino de circunvalación de un pueblo. *[ronda]* // Vuelta o sucesión de todos los jugadores en el juego de cartas. *[ronda]* // Conjunto de dos cartas de la misma figura en ciertos juegos. *[ronda]* // Distribución de copas, etc., a un conjunto de personas. *[ronda]*

rondalla. f. Cuento popular. *[rondalla]* // Grupo de jóvenes que hacen la ronda de noche para divertirse. *[rondalla]*

rondar. v. intr. y tr. Intr. Ir corriendo las calles de una población con el fin de ejercer la vigilancia. *[rondar]* // Tr. Dar vuelta alrededor de algo o alguien. *[rondar]*

ronquera. f. Afección de la laringe que hace tener una voz ronca. *[ronquera]*

ronzal. m. Cuerda atada a la cabeza de los animales para sujetarlos o guiarlos. *[ramal]*

roña. f. Enfermedad cutánea contagiosa, común en el hombre y en diferentes animales. *[ronya]* // Suciedad pegada fuertemente al cuerpo. *[ronya]*

roñoso, osa. adj. Cubierto de suciedad. *[ronyós]* // Mezquino, avaro, miserable. *[ronyós]*

ropa. f. Cualquier trapo o tela que sirve para confeccionar vestidos o para otros usos. *[roba]*

ropero, era. m. y f. Vendedor de ropa, sobre todo el ambulante. *[rober]* // m. Mueble o lugar donde se guarda la ropa. *[rober]* // Gran cantidad de ropa. *[rober]*

roqueda. f. Lugar abundante en rocas. *[roquissar]*

rosa. f. Flor del rosal. *[rosa]* // Nombre de diferentes objetos en forma de rosa. *[rosa]* // Color rojo claro como el de la rosa. *[rosa]*

rosado, ada. adj. De color rosa. *[rosat]* // Compuesto de rosas. *[rosat]*

rosal. m. Arbusto de la familia de las rosáceas, con tallos llenos de espinas y flores muy olorosas. *[roser]*

rosario. m. Acto de devoción en que se conmemoran los quince misterios de la Virgen María. *[rosari]*

rosca. f. Vuelta circular o espiral de una

cosa. *[rosca]* // Trozo de pasta seca a la que se ha dado una forma circular. *[rosca]* // Cada una de las vueltas de una cosa enrollada en espiral. *[rosca]*

roséola. f. Erupción cutánea caracterizada por la aparición de manchas rosáceas. *[rosa]*

rosetón. m. Ventana circular, generalmente vidriada de colores, en las iglesias. *[rosetó]*

rosquilleta. f. Especie de panecillo delgado y alargado, a menudo mezclado con semillas de anís. *[rosquilleta]*

rostro. m. Cara de las personas. *[rostre]* // Pico del pájaro. *[rostre]*

rotación. f. Acción de rodar alrededor de un punto central del mismo objeto. *[rotació]*

rotativo, iva. adj. Que rueda. *[rotatiu]* // m. Periódico impreso con una máquina rotativa. *[rotatiu]*

roto, ota. adj. y s. Andrajoso. *[trencat, romput]* // Dícese del individuo y sus costumbres. *[romput]*

rótula. f. Hueso plano, delgado, móvil, que forma la parte anterior de la rodilla. *[ròtula]*

rotular. v. tr. Poner título o rótulo a una cosa. *[retolar]*

rótulo. m. Cartel o inscripción en un lugar público para aviso o anuncio de algo. *[rètol]* // Etiqueta que se pone a un objeto. *[rètol]*

rotundo, unda. adj. Claro, preciso, terminante. *[rotund]* // Aplicado al lenguaje lleno, fluido. *[rotund]*

rotura. f. Quebradura o abertura de alguna cosa rota. *[trencadura]* // Fractura. *[trencadura]*

roya. f. Nombre de algunas enfermedades de los cereales. *[rovell]*

rozar. v. tr. e intr. Tr. Limpiar la tierra de hierbas inútiles. *[raure]* // Intr. Moverse dos superficies en contacto. *[fregar]*

rubescente. adj. Que enrojece o empieza a enrojecer. *[rubescent]*

rubí. m. Mineral cristalizado muy duro, rojo y brillante que constituye una piedra preciosa muy estimada. *[robí]*

rubio, ubia. adj. De color entre castaño dorado y rojo claro. *[ros]*

rubor. m. y f. Color rojizo que la vergüenza, confusión o modestia, hace aparecer en las mejillas. *[rubor]*

ruborizar. v. tr. Producir rubor. *[ruboritzar]* // **-se.** Volverse alguien colorado de vergüenza. *[ruboritzar-se]*

rúbrica. f. Trazo o conjunto de trazos que uno pone en su firma. *[rúbrica]* // Título o epígrafe de los libros de derecho civil o canónico. *[rúbrica]* // Cada una de las reglas o aclaraciones de las ceremonias o ritos litúrgicos. *[rúbrica]*

rubricar. v. tr. Poner su firma. *[rubricar]* // Dar testimonio de algo. *[rubricar]*

ruda. f. Planta de la familia de las rutáceas, con flores amarillas, usada en medicina. *[ruda]*

rudimento. m. Primera noción o estudio de un arte, ciencia o profesión. *[rudiment]* // Embrión o estado primordial de un ser orgánico. *[rudiment]*

rudo, uda. adj. Tosco, sin pulir. *[rude]* // Descortés, áspero, grosero. *[rude]* // Que tiene dificultad de entender las cosas o de aprenderlas. *[rude]*

rueca. f. Instrumento formado por una caña, en la parte superior de la cual se enrolla la materia que se está hilando. *[filosa]*

rueda. f. Pieza circular y de poco grosor que puede girar alrededor de un eje. *[roda]* // Círculo de personas o cosas. *[roda]*

ruedo. m. Cualquier cosa de forma circular. *[rotlle, rotllo]*

ruego. m. Acción de rogar. *[prec]*

rufián. m. Corruptor de menores. *[rufià]* // Hombre perverso, sin honor. *[rufià]*

rugido. m. Mugido, grito fuerte. *[bruel]* // Ruido muy fuerte del viento o del mar. *[bramul]*

rugir. v. intr. Hacer rugidos, bramar. *[bramular]* // Gritar el león. *[rugir]*

rugoso, osa. adj. Que hace arrugas o está arrugado. *[rugós]*

ruido. m. Sonido inarticulado confuso al oído. *[soroll]* // Bullicio, estrépito. *[soroll]*

ruidoso, osa. adj. Que hace ruido. *[sorollós]* // Lleno de ruido. *[sorollós]*
ruin. adj. De baja calidad, menospreciable, vil. *[roí, roín]*
ruina. f. El hecho de caer, de deshacerse, una construcción. *[ruïna]* // Pérdida importante de los bienes materiales. *[ruïna]*
ruiseñor. m. Pájaro moreno rojizo, con la espalda y el vientre blancuzco, notable por su bello canto. *[rossinyol]*
ruleta. f. Juego de azar en el que se lanza una bola pequeña sobre una rueda horizontal que gira en sentido contrario. *[ruleta]*
rulo. m. Bola gruesa que rueda fácilmente. *[curra]*
rumano, ana. adj. y s. Natural o propio de Rumania. *[romanés]* // m. Lengua románica hablada en Rumania. *[romanés]*
rumbo. m. Dirección considerada en el plano del horizonte. *[rumb]* // Camino o dirección que uno toma. *[rumb]* // Dirección que toma una nave. *[rumb]* // Agujero que atraviesa de parte a parte la obra viva del buque de una embarcación a proa o a popa. *[rumb]* // Pompa, ostentación. *[rumb]*
rumboso, osa. adj. Que en lo que hace es espléndido, generoso, ostentoso. *[rumbós]*
rumiante. adj. Que rumia. *[remugant]* // m. pl. Grupo de mamíferos que rumian los alimentos, como el toro, la vaca, la oveja, etc. *[remugants]*
rumiar. v. tr. Volver a masticar los alimentos, los animales herbívoros. *[remugar]* // Meditar, considerar atentamente y con reflexión una cosa. *[rumiar]*
rumor. m. Noticia que corre de boca en boca. *[rumor, remor]* // Ruido confuso como el que se levanta de una tempestad, del mar, etc. *[remor]*
rumorearse. v. impers. Correr un rumor entre la gente. *[dir-se]*
rupestre. adj. Dibujado o pintado sobre la roca. *[rupestre]*
ruptura. f. Acción de romper o de romperse. *[ruptura]*
rural. adj. Relativo o perteneciente al campo. *[rural]*
ruso, usa. adj. y s. Natural o propio de Rusia. *[rus]* // m. Lengua rusa. *[rus]*
rústico, ústica. adj. Áspero al tacto, no pulido. *[rústec]* // Propio de las personas o cosas del campo. *[rústic]* // Dicho de un trabajo hecho con piedras, madera, etc., no pulidas etc. *[rústic]*
ruta. f. Camino, dirección o itinerario de un viaje o excursión. *[ruta]*
rutilar. v. intr. Lanzar rayos de luz. *[rutilar]* // Brillar como el oro. *[rutilar]*
rutina. f. Costumbre tomada de hacer algo de una manera determinada. *[rutina]*

s S S S S S S S S

s. f. Vigésima segunda letra del abecedario. *[s]*
sábado. m. El sexto día de la semana. *[dissabte]*
sábana. f. Pieza de lienzo que se pone en la cama como abrigo inmediato del cuerpo. *[llençol]*
sabañón. m. Inflamación producida por el frío, principalmente en las manos, en los pies y en las orejas. *[prunyó]*
sabedor, ora. adj. Que tiene conocimiento de una cosa. *[sabedor]*
sabelotodo. m. y f. Que presume de saber mucho. *[set-ciències]*
saber. v. tr. e intr. Tr. Tener conocimiento o noticia de una cosa. *[saber]* // Poseer la ciencia, el arte etc., de alguna cosa. *[saber]* // Intr. Tener tal o cual saber. *[saber]*
saber. m. Conjunto de conocimientos adquiridos por estudios. *[saber]*
sabiduría. f. Conocimiento profundo de alguna rama del saber. *[saviesa]* // Prudencia, cordura, sensatez. *[saviesa]*
sabihondo, onda. adj. Que se da aires de sabio. *[saberut]*
sabina. f. Arbusto de la familia de las cupresáceas, siempre verde y de madera roja y olorosa. *[savina]*
sabio, abia. adj. Aplicado a lo que contiene sabiduría. *[savi]* // m. y f. Persona que posee el don de la sabiduría. *[savi]*
sable. m. Arma blanca parecida a la espada, de un solo filo y un poco curva. *[sabre]*
sabor. m. Gusto que percibe el paladar de las cosas. *[sabor]* // Gusto del espíritu por alguna cosa. *[sabor]*
saborear. v. tr. Probar lentamente una comida, una bebida para sentir bien su sabor. *[assaborir]*
sabroso, osa. adj. De sabor agradable. *[saborós]* // Sazonado y grato al sentido del gusto. *[saborós]*
sacacorchos. m. Instrumento o herramienta que sirve para quitar el tapón de una botella. *[obridor]*
sacar. v. tr. Poner una cosa fuera de otra en la que estaba metida. *[traure]* // Hacer salir una cosa del lugar donde estaba metida. *[traure]* // Obtener dinero, favores, etc., de alguien o de alguna cosa. *[traure]* // Hacer salir para algún fin. *[traure]* // Expeler, extraer fuera de sí. *[traure]* // Hacer salir por una abertura, hacer salir al exterior. *[traure]* // En el juego de pelota valenciana, comenzar cada quince impulsando la pelota con un fuerte golpe de mano. *[traure]*
sacarina. f. Sustancia blanca, cristalina, notable por su dulzor, obtenida por la transformación de ciertos productos de la brea. *[sacarina]*
sacerdotal. adj. Relativo o perteneciente al sacerdote. *[sacerdotal]*
sacerdote. m. Hombre consagrado a celebrar y ofrecer sacrificios a Dios. *[sacerdot]* // Hombre consagrado a Dios, ungido y ordenado para celebrar el sacrificio de la misa. *[sacerdot]*
saciar. v. tr. y pron. Satisfacer plenamente el hambre o la sed. *[assaciar]* // Satisfacer plenamente el deseo. *[assaciar]*
saciedad. f. Estado del que está saciado, satisfecho. *[sacietat]*
saco. m. Receptáculo de tela, papel, plástico, etc., para contener alguna cosa. *[sac]*
sacramentar. v. tr. Administrar los últimos sacramentos a un enfermo. *[sagramentar]*
sacramento. m. Signo sensible de un

efecto que obra Dios en las almas. *[sagrament]* // Cristo sacramentado en la hostia consagrada. *[sagrament]*

sacrificar. v. tr. Ofrecer o hacer sacrificios. *[sacrificar]*

sacrificio. m. Ofrecimiento a una deidad en señal de homenaje o de expiación. *[sacrifici]* // Acción de abnegación inspirada por la fuerza del afecto. *[sacrifici]*

sacrilegio. m. Profanación de una cosa sagrada. *[sacrilegi]*

sacristán. m. Hombre o niño que asiste a los ministros del altar. *[escolà]* // El que tiene cuidado de la sacristía y del arreglo de la iglesia. *[sagristà]*

sacristía. f. Lugar en las iglesias donde se custodian los ornamentos y se revisten los sacerdotes. *[sagristia]*

sacro, acra. adj. Sagrado. *[sacre, sagrat]*

sacudida. f. Cambio brusco, movimiento violento. *[batzegada, sotrac]*

sacudidor, ora. adj. Que sirve para sacudir. *[sacsejador]* // m. Instrumento con un mango y tiras de trapo, piel, etc., para sacudir. *[espolsador]*

sacudir. v. tr. Agitar violentamente una vara flexible, herir con un objeto flexible. *[fiblar]* // Agitar violentamente las alas de un pájaro, sin volar por eso. *[esbategar]* // Palpitar. *[esbategar]* // Desplegar la ropa cuando se lava, tendiéndola y esparciéndola sobre la tabla de madera o sobre el agua para enjuagarla. *[esbandir]* // **-se.** Quitarse de encima, deshacerse de un compromiso. *[despellugar-se]*

sachar. v. tr. Entresacar las malezas de los sembrados. *[herbejar]*

sádico, ádica. adj. Perteneciente o relativo al sadismo. *[sàdic]*

sadismo. m. Perversión sexual acompañada de crueldad y violencia. *[sadisme]*

saeta. f. Arma ofensiva que alguien lanza con un arco o ballesta, flecha. *[sageta]*

sagaz. adj. Astuto para descubrir las cosas. *[sagaç]*

sagrario. m. Parte interior del templo donde guardan las cosas sagradas. *[sagrari]* // Lugar donde se pone y guarda Cristo sacramentado. *[sagrari]*

saín. m. Grasa de cualquier animal. *[sagí]*

sainete. m. Obra teatral generalmente de un solo acto, de estilo jocoso. *[sainet]*

sajón, ona. adj. y s. Individuo de un antiguo pueblo germánico. *[saxó]* // Que es de Sajonia o que se refiere a Sajonia. *[saxó]*

sal. f. Sustancia blanca, formada por cloruro de sodio. *[sal]* // Gracia e ingenio en el hablar. *[sal]*

sala. f. Pieza principal de una casa donde se reciben las visitas. *[sala]* // Estancia donde se constituye un tribunal de justicia para recibir audiencia y dar veredictos. *[sala]*

salabre. m. Instrumento para pescar que consiste en una bolsa de red fijada en el extremo de una caña o palo. *[salabre]*

salado, ada. adj. Impregnado de sal, que contiene sal, que contiene demasiada sal. *[salat]*

salamandra. f. Batracio urodelo, de cuerpo blando y piel lisa, negra, con manchas amarillas. *[salamandra]* // Estufa en la que se suele quemar antracita. *[salamandra]*

salar. v. tr. Adobar las comidas con sal. *[salar]* // Impregnar de sal la carne, etc., para conservarla. *[salar]*

salario. m. Sueldo, jornal del trabajador. *[salari]*

salchicha. f. Tipo de morcilla pequeña de tripa delgada. *[salsitxa]*

saldar. v. tr. Satisfacer lo que queda de una cuenta. *[saldar]* // Vender una mercancía para agotarla. *[saldar]*

saldo. m. Diferencia en una cuenta a favor o en contra. *[saldo]* // Lo que queda de una mercancía y se vende rebajada para acabarla. *[saldo]*

saledizo. m. Parte del tejado que sobresale fuera de la fachada. *[ràfec, ràfol]*

salfumán. m. Solución acuosa de ácido clorhídrico. *[salfumant]*

salida. f. Acción y efecto de salir. *[eixida]* // Patio al aire libre que sirve de esparcimiento. *[eixida]*

saliente. adj. Que sale. *[ixent]* // Naciente, aplicado al sol cuando nace. *[ixent]*

salir. v. intr. Emanar con fuerza el agua de un sitio, de un nacimiento. *[sortir, eixir]* // Salir violentamente la sangre de una herida. *[sortir]* // Salir un cuerpo rápidamente del lugar donde estaba. *[sortir]* // Expresar una palabra, un suspiro, un sentimiento, un pensamiento, etc., con la boca, pecho, corazón, conocimiento, etc. *[sortir]* // Ir de dentro a fuera de un recinto, habitación o lugar en general. *[eixir]* // **-se.** Escaparse un líquido del recipiente que lo contiene. *[eixir-se'n]*

saliva. f. Líquido segregado por unas glándulas bucales, que sirve para humedecer la membrana mucosa y ablandar los alimentos para engullirlos. *[saliva]*

salival. adj. Relativo o perteneciente a la saliva. *[salival]*

salivazo. m. Saliva escupida. *[escopinyada]*

salmo. m. Composición o cántico de alabanza a Dios. *[salm]*

salmodia. f. Canto de los salmos. *[salmòdia]*

salmón. m. Pez teleósteo de carne muy sabrosa que vive cerca de las costas y remonta los ríos. *[salmó]*

salmonete. m. Pez rojizo, de escamas gruesas, muy estimado como comestible por su gusto delicado. *[moll]*

salmuera. f. Agua saturada de sal. *[salmorra]*

salnitre. m. Nitrato de potasio que se utiliza en la fabricación de pólvora y otros explosivos. *[salnitre]*

salobre. m. Capa de sal que deja sobre la superficie de un cuerpo la evaporación del agua salada; eflorescencia salina. *[salobre]* // adj. Que tiene sal. *[salobre]*

salón. m. Sala grande de algunas sociedades, teatros, etc. *[saló]*

salpicadura. f. Chorro de un líquido que salta impensadamente. *[esguit]* // Gota o pequeña porción de un líquido que salta. *[esguit]*

salpicar. v. tr. e intr. Tr. Lanzar gotas a distancia un líquido agitado, golpeado, removido, prensado, etc., o partículas de una masa pastosa o semilíquida, etc. *[esguitar]* // Intr. Lanzar gotas a distancia el aceite caliente de una paella o cazuela cuando se fríe una cosa. *[esguitar]*

salpullido. m. Conjunto de granos pequeñísimos que salen en la piel. *[borradura]*

salsa. f. Mezcla líquida o pastosa de diferentes ingredientes comestibles que se añaden a ciertas comidas para hacerlas más sabrosas. *[salsa]* // pl. Especias. *[espècies]*

salsero, era. adj. Entremetido. *[xafarder]* // m. Salpicadura de mar. *[esguit]* // f. Tacita de la salsa. *[salsera]*

saltabarranco. m. Persona que se mueve mucho. *[gambirot]*

saltamontes. m. Insecto ortóptero, gris amarillento, que vive de vegetales y se multiplica rápidamente. *[llagosta]* // Insecto ortóptero, de color terroso rojizo y patas largas y potentes, que le permite saltar a gran distancia. *[llagostí]*

saltar. v. tr. e intr. Tr. Salvar un obstáculo dando un salto. *[saltar]* // Intr. Echarse desde un plano superior a otro inferior. *[saltar]*

saltear. v. tr. Asaltar, robar a un viandante saliéndole al camino. *[saltejar]*

salterio. m. Colección de salmos, especialmente de los 150 que contiene el libro de los salmos del Antiguo Testamento. *[salteri]* // Parte del breviario que contiene las horas canónicas de toda la semana, excepto las lecciones y oraciones. *[salteri]* // Rosario de la Virgen María que se compone de 150 avemarías. *[salteri]* // Instrumento de cuerda semejante a la cítara que se tocaba con un plectro. *[salteri]*

saltimbanqui. m. Aquel que se gana la vida haciendo juegos de gimnasia ante el público. *[saltimbanqui]*

salto. m. Acción de saltar. *[salt]* // Emoción repentina. *[salt]* // Movimiento rápido para pasar de un punto a otro.

[salt] // Caída de un caudal considerable de agua. *[salt]*

salubre. adj. Favorable para la salud, saludable. *[salubre]*

salud. f. Estado del organismo, libre de enfermedades, que ejerce normalmente todas sus funciones. *[salut]*

saludar. v. tr. Dirigir a alguien palabras, gestos, etc., convenidos por costumbre, que expresan afecto, respeto, etc. *[saludar]*

salutación. f. Saludo, acción de saludar. *[salutació]*

salva. f. Descarga de armas de fuego en señal de fiesta o saludo. *[salva]*

salvadera. f. Caja o recipiente destinado a tener en él la arena para secar el escrito. *[polsera]*

salvado. m. Piel del trigo molido. *[segó]*

salvaguardar. v. tr. Defender, proteger. *[salvaguardar]*

salvaguardia. m. Guarda para la custodia de una cosa. *[salvaguarda]*

salvajada. f. Acto propio de una persona salvaje. *[salvatjada]*

salvaje. adj. Que vive fuera de las sociedades civilizadas. *[salvatge]* // Brutal, rudo. *[salvatge]*

salvar. v. tr. y pron. Librar de un peligro. *[salvar]* // Dar Dios la gloria eterna. *[salvar]* // Evitar un inconveniente o dificultad. *[salvar]* // Guardar de la muerte o de otro peligro. *[salvar, campar]*

salvavidas. m. Aparato con el que puede salvarse un náufrago. *[salvavides]*

salve. f. Oración de salutación a la Virgen María. *[salve]* // Exclamación utilizada para saludar enfáticamente. *[salve]*

salvia. f. Planta de la familia de las labiadas, de hojas muy aromáticas, propia de terrenos áridos. *[sàlvia]*

salvo, alva. adj. Que ha escapado de un peligro. *[salv]*

salvoconducto. m. Documento librado por una autoridad y que permite circular sin estorbo por un lugar señalado. *[salconduit]*

sanar. v. tr. e intr. Tr. Restituir la salud. *[sanar]* // Intr. Recobrar la salud. *[sanar]*

sanatorio. m. Establecimiento donde los enfermos son sometidos a un régimen curativo basado principalmente en las condiciones de la localidad y el clima. *[sanatori]*

sanción. f. Autorización o aprobación que se da a un acto, uso o costumbre. *[sanció]* // Pena que la ley establece para aquel que la infringe. *[sanció]*

sancionar. v. tr. Dar la sanción a una ley. *[sancionar]* // Dar la autorización o la aprobación a un acto, uso, costumbre. *[sancionar]* // Penar. *[sancionar]*

sandalia. f. Calzado que tiene una suela sujeta al pie con correas, cuerdas, etc. *[sandàlia]*

sándalo. m. Árbol parecido al nogal, de madera olorosa, utilizada en ebanistería. *[sàndal]*

sandez. f. Acción propia de un bobo, necio. *[bajanada]*

sandía. f. Planta de la familia de las cucurbitáceas, de tronco rastrero, flores amarillas, fruto grueso comestible. *[meló d'Alger]* // Fruto de esta planta. *[síndria]*

sandio, andia. adj. y s. Bobo, simple. *[ximple]*

sanear. v. tr. Dar condiciones saludables a una cosa. *[sanejar]*

sangradera. f. Cada una de las aberturas que hay en una acequia madre o principal de donde arrancan acequias secundarias. *[fesa]*

sangradura. f. Abertura que se hace a una acequia, presa, etc., para sacar agua de ella. *[fibla]*

sangrar. v. tr. e intr. Tr. Sacar sangre a alguien abriéndole una vena. *[sagnar]* // Punzar una bota para sacar de ella un poco de vino. *[fiblar]* // Intr. Perder sangre. *[sagnar]*

sangre. f. Líquido rojo que circula por las arterias y venas del cuerpo. *[sang]*

sangría. f. Efecto de sangrar. *[sagnia]* // El hecho de dar salida a un líquido contenido en un receptáculo, vena, etc. *[sagnia]*

sangriento, enta. adj. Sanguíneo, que sangra, sucio de sangre. *[sangós]*

sanguijuela. f. Insecto anélido, de cuerpo aplanado, que se alimenta de la sangre que chupa de los animales a los que se adhiere. *[sangonera]* // Persona que vive, que se enriquece a expensas de otro. *[sangonera]* // Cosa que agota. *[sangonella, sangonera]*

sanguina. f. Lápiz rojo, hecho ordinariamente de hematites roja. *[sanguina]* // Dibujo hecho con este lápiz. *[sanguina]* // Variedad de naranja. *[sanguina]*

sanguíneo, ínea. adj. Relativo a la sangre, que contiene sangre. *[sanguini]*

sanidad. f. Calidad de sano o salubre. *[sanitat]* // Conjunto de servicios que tienen por objeto la preservación y restauración de la salud pública o de una comunidad. *[sanitat]*

sanitario, aria. adj. Relativo o perteneciente a la sanidad. *[sanitari]* // m. Individuo del cuerpo de sanidad militar. *[sanitari]*

sano, ana. adj. Que tiene salud. *[sa]* // Bueno para la salud. *[sa]*

santidad. f. Calidad de santo. *[santedat]* // Tratamiento dado al papa. *[santedat]*

santificar. v. tr. Declarar santo, hacer santo. *[santificar]* // Celebrar como consagrado a Dios. *[santificar]*

santiguar. v. tr. y pron. Hacer la señal de la cruz sobre alguna cosa. *[senyar]*

santo, anta. adj. Se aplica a Dios y a todo lo que se consagra o dedica a Dios. *[sant]* // Que por algún motivo de religión es venerado. *[sant]* // Que implica perfección espiritual. *[sant]* // Perfecto y limpio de culpa. *[sant]* // m. y f. Persona canonizada por la Iglesia. *[sant]*

santoral. m. Libro que contiene vidas de santos. *[santoral]* // Lista de santos. *[santoral]*

santuario. m. La parte más santa de un templo. *[santuari]* // Iglesia donde se venera la imagen o reliquia de un santo. *[santuari]*

sañudo, uda. adj. Propenso a la rabia, al enojo. *[rabut]*

sapiencia. f. Sabiduría. *[sapiència, saviesa]* // Libro bíblico de la Sabiduría. *[Llibre de la sapiència, saviesa]*

sapo. m. Anfibio anuro, rechoncho, verdoso y lleno de verrugas. *[renoc, gripau]*

saque. m. Hombre que saca. *[traedor]* // Instrumento para sacar alguna cosa. *[traedor]*

saquear. v. tr. Entrar en un sitio robando todo lo que hay de valor. *[saquejar]*

sarampión. m. Enfermedad febril que se manifiesta singularmente por multitud de pequeñas manchas rojas. *[xarampió, pallola]*

sarao. m. Reunión de personas que se divierten bailando. *[sarau]* // Peleas, riñas, marimorena. *[sarau]*

sarcasmo. m. Ironía mordaz. *[sarcasme]*

sarcófago. m. Sepulcro. *[sarcòfag, sepulcre]*

sarcoma. m. Tumor maligno que nace en los tejidos musculares y crece muy deprisa. *[sarcoma]*

sardana. f. Danza tradicional catalana que se baila cogidos por las manos y formando un círculo. *[sardana]*

sardina. f. Pez teleósteo comestible, negro y azul por encima y plateado por el vientre. *[sardina]*

sardónico, ónica. adj. Relativo o perteneciente al gesto como de risa que produce la convulsión y la contracción de los músculos de la cara. *[sardònic]*

sarga. f. Tela de seda o algodón, cuyo tejido hace un cordoncito. *[sarja]*

sargento. m. Individuo de la clase de tropa que tiene a su cargo el orden de una compañía o parte de una compañía. *[sergent]*

sargo. m. Pez roquero de la familia de los espáridos, y especialmente el más pequeño. *[esparralló]* // Persona muy magra. *[esparralló]*

sarmiento. m. Rama de la vid. *[eixarment, sarment]*

sarna. f. Enfermedad cutánea contagiosa, común en el hombre y diferentes animales, roña. *[sarna]*

sarnoso, osa. adj. Que tiene suciedad. *[ronyós]*

sarraceno, ena. adj. y s. Moro descendiente de Arabia. *[sarraí]*

sarrio. m. Gamuza, antílope parecido a

la cabra que vive en los Pirineos, Alpes, etc. *[isard]*

sarta. f. Hilera, ristra, serie de cosas unidas y puestas en fila. *[carrell]*

sartén. f. Utensilio culinario de hierro que sirve para cocer y freír. *[paella]*

sastre. m. El que tiene por oficio hacer trajes de hombre. *[sastre]*

satélite. m. Cuerpo celeste que gira alrededor de un planeta. *[satèl·lit]* // Persona que depende de otra y la acompaña siempre. *[satèl·lit]*

satén. m. Ropa fina con lustre sedoso. *[setí]* // Madera de noguera americana. *[setí]*

satinado, ada. adj. Liso y fino como el satén. *[setinat]*

satinar. v. tr. Dar al papel o a la tela el aspecto y la consistencia del satén. *[setinar]*

sátira. f. Discurso, obra, etc., en la que el autor censura y ridiculiza los defectos de los hombres. *[sàtira]*

sátiro. m. Monstruo ideado por los gentiles, medio hombre y medio macho cabrío, dado a la lascivia. *[sàtir]* // Hombre morboso, de instintos lujuriosos. *[sàtir]*

satisfacción. f. Acción y efecto de satisfacer o satisfacerse. *[satisfacció]* // Acto por el cual se obtiene la reparación de una ofensa. *[satisfacció]*

satisfacer, v. tr. Saciar una pasión o deseo. *[satisfer]* // Pagar aquello que se debe. *[satisfer]* // Deshacer un agravio u ofensa hecha a alguien. *[satisfer]* // Dar solución a una deuda o dificultad. *[satisfer]*

satisfecho, echa. adj. Saciado. *[satisfet]* // Pagado de sí mismo, orgulloso. *[satisfet]*

sátrapa. m. Gobernador de una provincia en la antigua Persia. *[sàtrapa]* // Hombre astuto, sagaz. *[sàtrapa]*

saturar. v. tr. Hacer que alguna cosa se impregne completamente de otra. *[saturar]* // Saciar. *[saturar]*

sauce. m. Árbol de ramas rectas y flexibles, y hojas con pelos sedosos, que crece en las orillas de los ríos. *[salze]*

saúco. m. Arbusto de médula blanca y abundante, de flores blancas olorosas, usadas como medicamento. *[saüc]*

sauna. f. Baño de vapor. *[sauna]*

saurel. m. Pez teleósteo que tiene una sierra de espinas en cada lado de la cola. *[sorell]* // Jurel, chicharro. *[sorell]*

saurio, auria. adj. y s. Dícese de los reptiles parecidos al lagarto. *[sauri]* // m. pl. Orden de los reptiles al cual pertenece el lagarto. *[sauri]*

savia. f. Líquido que nutre las plantas. *[saba]* // fig. Lo que da vida, zumo vital. *[saba]*

saxófono. m. Instrumento musical de viento con embocadura de madera y caña. *[saxofó]*

sayón. m. Alguacil que en otro tiempo hacía las citaciones y ejecutaba las penas. *[saig]*

sazón. f. El estado de perfección o madurez de las cosas. *[saó]* // Ocasión o tiempo oportuno. *[saó]* // Estado de la tierra, resultado de la lluvia o del riego que la hace apta para trabajarla, tempero. *[saó]*

sazonar. v. tr. Adobar las carnes, las pieles, los cueros, etc. *[adobar]* // Dar a algo el punto correspondiente. *[assaonar]* // Hacer sabrosa la comida. *[assaonar]* // Amasar, pastar la harina. *[assaonar]*

se. pron. Forma del pronombre reflexivo de tercera persona. *[es, se]*

sea. conj. Indica alternativa. *[sia]*

sebo. m. Grasa sólida y dura que se extrae de los animales herbívoros y que sirve para hacer jabón, etc. *[sèu]*

secadero. m. Lugar destinado para secar frutas, almijar. *[sequer]*

secador, ora. adj. y s. Que seca. *[eixugador]* // Trapo para secar. *[eixugador]*

secano. m. Tierra que sólo recibe agua cuando llueve. *[secà]*

secante. adj. Aplicado a la línea o superficie que corta a otra. *[secant]* // f. Dicha línea o superficie. *[secant]* // Papel poroso que sirve para absorber la tinta. *[secant]*

secar. v. tr. y pron. Dejar o quedar algo sin humedad, sin agua, jugo, savia, etc. *[eixugar, dessecar, assecar]* // **-se.** Perder una planta su lozanía. *[assecar-se]*

sección. f. Acción de cortar o separar. *[secció]* // Cada una de las partes en que se considera dividida una cosa. *[secció]* // Figura que resulta del corte de un cuerpo por un plano imaginario. *[secció]*

seccionar. v. tr. Dividir una cosa en secciones. *[seccionar]*

secesión. f. Acción de separarse de una agrupación, especialmente de una nación una parte de su pueblo. *[secessió]*

seco, eca. adj. Falto de humedad, sin zumo. *[sec]* // Magro, de pocas carnes. *[sec]* // Poco afectuoso. *[sec]* // Aplicado al tiempo en que no llueve. *[sec]*

secreción. f. Acción y efecto de segregar. *[secreció]*

secretar. v. tr. Elaborar y emitir ciertos órganos de los animales y de las plantas determinadas sustancias. *[secretar]*

secretaría. f. Cargo y oficina del secretario. *[secretaria]*

secretario, aria. m. y f. Escribiente a las órdenes de otra persona. *[secretari]* // Aquel que está encargado de extender las actas, dar fe de los acuerdos, etc., de una corporación, etc. *[secretari]*

secreto, eta. adj. Que queda ignorado de la gente. *[secret]* // m. Lo que se reserva u oculta. *[secret]*

secta. f. Conjunto de personas que profesan una doctrina particular religiosa, filosófica, etc. *[secta]*

sectario, aria. adj. y s. Que pertenece a una secta. *[sectari]* // Intolerante, fanático, intransigente, que no admite críticas a las ideas que profesa. *[sectari]*

sectarismo. m. Celo del sectario. *[sectarisme]*

sector. m. Parte del círculo comprendida entre dos radios. *[sector]* // Parte de alguna cosa. *[sector]*

secuaz. m. Partidario de las teorías de otro. *[sequaç]*

secuela. f. Consecuencia de una cosa, o cosa que sigue o resulta. *[seqüela]*

secuencia. f. Texto que se dice en ciertas misas después del gradual. *[seqüència]*

secuestrar. v. tr. Apoderarse de una persona contra su voluntad. *[segrestar]* // Depositar judicialmente una persona u objeto en poder de un tercero hasta que se haya decidido a quién ha de pertenecer. *[segrestar]*

secuestro. m. Acción y efecto de secuestrar. *[segrest]* // Cosa secuestrada. *[segrest]*

secular. adj. Que sucede una vez cada siglo. *[secular]* // Que tiene una duración de un siglo o de más de un siglo. *[secular]* // Que vive en el siglo, dicho especialmente del clero, por oposición al que vive en clausura. *[secular]*

secularizar. v. tr. Hacer secular lo que era eclesiástico. *[secularitzar]* // Autorizar a un religioso para que pueda vivir fuera del claustro. *[secularitzar]*

secundar. v. tr. Ayudar a alguien en el cumplimiento de una empresa, trabajo, etc. *[secundar]*

secundario, aria. adj. Que ocupa un segundo lugar en orden de importancia o categoría. *[secundari]*

sed. f. Ganas y necesidad de beber. *[set]* // Deseo ardiente de alguna cosa. *[set]* // Necesidad de agua que tiene la tierra. *[set]*

seda. f. Fibra lustrosa y flexible con la que ciertos gusanos forman su capullo. *[seda]* // Hilo hecho con dicha fibra. *[seda]* // Tela tejida con dicho hilo. *[seda]*

sedalina. f. Algodón mercerizado, y el tejido fabricado con este algodón. *[sedalina]*

sedante. adj. Que calma. *[sedant]* // m. Medicamento que modera la acción de un órgano. *[sedant]*

sedar. v. tr. Calmar. *[apaivagar]*

sedativo, iva. adj. Que tiene la virtud de calmar los dolores. *[sedatiu]*

sede. f. El centro de un poder o autoridad. *[sede]* // Jurisdicción y potestad del Santo Padre. *[sede]*

sedentario, aria. adj. Oficio o vida de poco movimiento o acción. *[sedentari]*

sedición. f. Alzamiento del pueblo contra la autoridad. *[sedició]*

sediento, enta. adj. Que tiene sed. *[assedegat]*

sedimentar. v. tr. Formar sedimento un líquido. *[sedimentar]*

sedimento. m. Poso, residuo, materia

que un líquido llevaba en suspensión y que se ha depositado en el fondo. *[sediment]*

seducción. f. Acción y efecto de seducir. *[seducció]*

seducir. v. tr. Ejercer una fuerte influencia por medio de un atractivo físico o moral. *[seduir]* // Conducir suave y engañosamente hacia el mal. *[seduir]*

segadera. f. Variedad de hoz, de hoja curva en plano distinto del mango, usada especialmente para segar hierba y trabajo de huerta. *[corbella]*

segar. v. tr. Cortar con la hoz o instrumento parecido las mieses, etc. *[segar]*

segazón. f. Siega, acción y efecto de segar. *[segada, sega]* // Tiempo en que se siega. *[segada, sega]*

seglar. adj. Relativo al siglo, a la vida laica. *[seglar]*

segmentar. v. tr. Separar en segmentos. *[segmentar]*

segmento. m. Trozo cortado de una cosa. *[segment]* // Parte del círculo comprendido entre un arco y su cuerda. *[segment]*

segregar. v. tr. Separar una cosa de las otras. *[segregar]*

seguido, ida. adj. Continuo, sin interrupción. *[seguit]*

seguimiento. m. Acto de seguir. *[seguiment]*

seguir. v. tr. Ir detrás de alguien. *[seguir]* // Ir por un camino sin dejarlo. *[seguir]* // Guardar una dirección, una línea de conducta. *[seguir]*

según. prep. y conj. De conformidad con una cosa determinada. *[segons]*

segundo, unda. Que sigue inmediatamente al primero. *[segon]* // m. La sesentava parte de un minuto. *[segon]*

seguridad. f. Certeza, garantía. *[seguretat]* // Acción o efecto de asegurar o asegurarse. *[assegurança]*

seguro. m. Contrato con que se aseguran los bienes o efectos que pueden perderse por un accidente. *[assegurança]*

seis. adj. Numeral y cifra que lo representa. *[sis]*

seisavo, ava. adj. Cada una de las partes de una cantidad dividida en seis partes iguales. *[sisé]*

seiscientos, entas. adj. Seis veces cien. *[sis-cents]*

seisén. m. Moneda antigua de Aragón que valía seis dineros. *[sisó]*

selección. f. Acción de escoger lo mejor de un conjunto de cosas. *[selecció]*

seleccionar. v. tr. Escoger lo mejor de un conjunto de cosas. *[seleccionar]*

selecto, ecta. adj. Dícese de las mejores cosas entre las de su especie. *[selecte]* // f. Colección de obras selectas. *[selecta]*

selva. f. Vasta extensión de terreno sin labrar y muy poblada de árboles. *[selva]*

sellar. v. tr. Estampar un sello o marca para garantizar la validez o autenticidad de un documento, para cerrar o precintar un pliego, etc. *[segellar]* // Comunicar un determinado carácter a una obra. *[segellar]*

sello. m. Instrumento de metal o caucho para estampar sobre el papel, etc., cifras o marcas. *[segell]* // Trozo de papel con timbre oficial. *[segell]* // Carácter distintivo de alguna cosa. *[segell]*

semáforo. m. Telégrafo óptico de la costa para el intercambio de comunicaciones con las naves. *[semàfor]* // Señalizador del paso en los cruces de las calles. *[semàfor]*

semana. f. Período de siete días naturales que acaba en día festivo. *[setmana]*

semanal. adj. Que dura una semana. *[setmanal]* // Que sucede cada semana. *[setmanal]*

semanario. m. Periódico semanal. *[setmanari]*

semántica. f. Ciencia que estudia el significado de las palabras. *[semàntica]*

semblante. m. Aspecto exterior de una persona o cosa. *[parença]*

sembrar. v. tr. Esparcir la semilla en la tierra preparada para que germine. *[sembrar]*

semejanza. f. Calidad de parecido. *[semblança]* // Esbozo biográfico. *[semblança]*

semejar. v. intr. Tener una persona o cosa, conformidad, similitud, afinidad con otra, o su apariencia. *[semblar]*

semen. m. Sustancia que tienen los animales machos para su reproducción. *[semen]*

semental. adj. Relativo o perteneciente a la siembra. *[semental]* // adj. y s. Aplicado al animal macho destinado a la reproducción. *[semental]*

sementera. f. Siembra. *[sementera]*

semestral. adj. Que tiene lugar cada semestre. *[semestral]* // Que dura un semestre. *[semestral]*

semestre. m. Espacio de seis meses. *[semestre]*

semicircunferencia. f. Cada una de las mitades de una circunferencia. *[semicircumferència]*

semiconsonante. f. Sonido vocálico débil que forma diptongo con otra vocal fuerte. *[semiconsonant]*

semidiós, osa. m. y f. Héroe que por sus grandes hechos era considerado digno de ser puesto entre los dioses. *[semidéu]*

semifinal. f. Dícese de los partidos de la penúltima ronda en una competición por eliminación, cuyos vencedores serán los que jugarán el partido final. *[semifinal]*

semilla. f. Grano de la planta, que se reproduce en condiciones adecuadas. *[llavor]* // Cualquier cosa que es causa u origen de otra. *[llavor]*

seminario. m. Instituto eclesiástico donde se instruyen los que estudian para sacerdote. *[seminari]* // Institución universitaria donde se realizan estudios bajo la dirección de un maestro. *[seminari]*

semivocal. f. Sonido intermedio entre una vocal y una consonante. *[semivocal]*

sémola. f. Pasta de harina hecha granitos muy pequeños, usada para hacer sopa. *[sèmola]*

sempiterno, erna. adj. De duración infinita. *[sempitern]*

senado. m. Asamblea de patricios que formaba el consejo supremo de la antigua Roma. *[senat]* // Uno de los cuerpos legisladores de ciertos estados modernos. *[senat]*

sencillez. f. Calidad de sencillo. *[senzillesa]*

sencillo, illa. adj. Que no es complicado, fácil. *[senzill]* // Que se capta con naturalidad, sin artificios, ostentación, etc. *[senzill]* // Que no es doble. *[senzill]* // Sincero en el trato. *[senzill]*

senda. f. Camino estrecho para los viandantes. *[senda]* // El espacio que retorciendo la cuerda recorre el cordelero. *[senda]*

sendero. m. Vereda, vericueto, senda. *[corriol]*

sendos, endas. adj. pl. Uno para cada una de dos o más personas o cosas. *[sengles]*

senectud. f. Edad de la vejez. *[senectut]*

senescal. m. Mayordomo mayor de la casa real. *[senescal]*

senil. adj. Relativo o perteneciente a los viejos o a la vejez. *[senil]*

seno. m. Concavidad o vacío de una cosa encorvada. *[si]* // Parte anterior del pecho. *[si]*

sensación. f. Impresión que las cosas producen por medio de los sentidos. *[sensació]* // Emoción producida por un acontecimiento o noticia importante. *[sensació]*

sensato, ata. adj. Que tiene buen sentido, con sensatez, prudente. *[sensat]*

sensibilidad. f. Facultad de sentir. *[sensibilitat]* // Facilidad para ser afectado de las mínimas impresiones físicas o morales. *[sensibilitat]* // Calidad de las cosas sensibles. *[sensibilitat]*

sensibilizar. v. tr. Hacer sensible. *[sensibilitzar]*

sensible. adj. Que puede ser percibido por los sentidos. *[sensible]* // Dotado de sensibilidad. *[sensible]*

sensitivo, iva. adj. Relativo o perteneciente a los sentidos corporales. *[sensitiu]* // Que tiene facultad de sentir. *[sensitiu]*

sensorio, oria. adj. Relativo o perteneciente a los sentidos. *[sensori]* // m. Parte del cerebro que se supone ser el centro de las sensaciones. *[sensori]*

sensual. adj. Relativo o perteneciente a los placeres de los sentidos. *[sensual]*

sensualidad. f. Calidad de sensual. *[sensualitat]*

sentar. v. tr. Poner a alguien en alguna

silla, banco, etc., apoyado sobre las nalgas. *[asseure]* // **-se.** Ponerse alguien en una posición determinada de manera que su peso repose sobre sus nalgas. *[asseure's, assentar-se]*

sentencia. f. Dicho breve sobre una verdad de índole moral. *[sentència]* // Decisión formulada por el juez de una causa. *[sentència]*

sentenciar. v. tr. Dar una sentencia en un juicio, prescribir la pena. *[sentenciar]*

sentido. m. Cada una de las facultades de los animales para recibir impresiones. *[sentit]* // Facultad de discernir. *[sentit]* // El sentimiento de sí mismo. *[sentit]* // Significación, forma de entender una cosa. *[sentit]* // Dirección. *[sentit]*

sentido, ida. adj. Que se ofende con mucha facilidad por desconsideraciones, etc. *[sentit]* // Que se nota la sal. *[sentit]* // Sensible. *[sentit]*

sentimiento. m. Estado del ánimo afligido por un acontecimiento triste, doloroso. *[sentiment]* // Impulso del alma producido por causas espirituales. *[sentiment]*

sentina. f. Conjunto de cosas podridas, corrompidas o muy sucias. *[podrimer]*

sentir. v. tr. Percibir con los sentidos las impresiones de los objetos. *[sentir]* // Sufrir un daño físico. *[sentir]* // Tener compasión, dolerse. *[sentir]* // Percibir a través de la oreja u oído. *[sentir]*

seña. f. Nota o indicio para dar a entender una cosa. *[senya]* // Signo convenido entre dos o más personas para entenderse. *[senya]* // pl. Indicación del lugar donde vive uno. *[adreça]*

señal. m. Marca, cicatriz, vestigio o impresión que queda de alguna cosa. *[senyal]* // Parte de un precio que se avanza como garantía. *[senyal]* // Signo. *[senyal]*

señalar. v. tr. Poner señal. *[assenyalar]* // Determinar, fijar un tiempo. *[assenyalar]* // **-se.** Hacerse notar, distinguirse. *[assenyalar-se]*

señalizar. v. tr. Proveer una pista, un camino, etc., de un conjunto de señales o indicaciones para orientación de los que transitan. *[senyalitzar]*

señera. f. Bandera, enseña, pendón, etc., que sirve de enseña de un rey, de una corporación. *[senyera]*

señor, ora. adj. y s. Amo de una cosa. *[senyor]* // El que tiene autoridad sobre un territorio, sobre una persona. *[senyor]* // Término de cortesía que se aplica a cualquier persona. *[senyor]*

señoría. f. Autoridad, dominio del señor. *[senyoria]* // Tratamiento honorífico dado a ciertas personas de alto rango. *[senyoria]*

señorito, ita. m. y f. Hijo de un señor o persona de representación. *[senyoret]* // f. Término de cortesía aplicado a la mujer soltera. *[senyoreta]* // Libélula. *[senyoreta]* // Pez de roca común en los mares de España. *[senyoret]*

señuelo. m. Lo que sirve para atraer. *[cimbell]*

seo. f. Iglesia catedral. *[seu]*

separar. v. tr. Poner una persona o cosa fuera del contacto o proximidad de otra. *[separar]* // Elegir. *[separar]* // Dividir. *[separar]*

sepelio. m. Inhumación, enterramiento de los muertos en tierra sagrada. *[sepeli]*

sepia. f. Jibia. *[sèpia]* // Materia colorante extraída de la sepia, usada en pintura. *[sèpia]*

septenio. m. Espacio de siete años. *[septenni]*

septentrión. m. Constelación de siete estrellas, llamada también osa mayor. *[septentrió]* // Norte de la tierra. *[septentrió]*

septiembre. m. El noveno mes del año. *[setembre]*

séptimo, éptima. adj. Que hace siete en una serie. *[seté]*

septuagésimo, ésima. adj. Que hace setenta en una serie. *[setanté]*

séptuplo, éptupla. adj. y s. Siete veces tanto como otra cantidad. *[sèptuple]*

sepulcro. m. Cavidad para sepultar un muerto. *[sepulcre]*

sepultar. v. tr. Enterrar. *[soterrar]* // Dar sepultura a un cuerpo. *[soterrar]*

sepultura. f. Acción de enterrar un muerto. *[sepultura]* // Lugar donde un muerto es enterrado. *[sepultura]*

sequedad. f. Calidad de seco. *[eixutor]* // Sequedad en la tierra por falta de agua. *[eixutor]*
sequía. f. Sequedad en la tierra por falta de lluvia. *[secada]*
séquito. m. Conjunto de personas que en calidad de compañía u obsequio acompañan a otra. *[seguici]*
ser. m. Esencia o naturaleza. *[ser, ésser]* // Cualquier cosa creada. *[ser, ésser]*
ser. v. cop. Atribuye al sujeto lo que significa el predicado nominal. *[ser, ésser]* // Intr. Haber, existir. *[ser]* // Servir, aprovechar. *[ser]* // Auxiliar para la voz pasiva. *[ser]*
serafín. m. Cada uno de los ángeles del segundo coro de espíritus bienaventurados, caracterizados por la fuerza de su amor a Dios. *[serafí]* // Persona de gran belleza. *[serafí]*
serena. f. Sereno. *[serena]*
serenata. f. Música al aire libre durante la noche para festejar a una persona. *[serenata]*
serenero. m. Pieza de ropa con que las mujeres se tapan la cabeza para defenderse de la humedad de la noche. *[mocador]*
serenidad. f. Calidad de sereno o exento de turbación. *[serenitat]*
sereno, ena. adj. Dícese del cielo sin nubes. *[seré]* // Tranquilo, sosegado, sin turbación. *[seré]* // m. Humedad nocturna. *[serena]* // Guarda nocturno que ronda las calles para seguridad del vecindario. *[sereno]*
serie. f. Conjunto de cosas que se suceden unas a otras relacionadas de alguna manera. *[sèrie]*
serijo. m. Capazo plano, de esparto, como el que se usa para poner la aceituna molida al tiempo de prensarla. *[cofí]*
serio, eria. adj. Que obra con reflexión o conocimiento. *[seriós]* // Importante, de consideración, que es para preocuparse. *[seriós]*
sermón. m. Discurso pronunciado en público por un sacerdote, para instrucción religiosa o edificación de los asistentes. *[sermó]* // Exhortación, amonestación insistente. *[sermó]*
sermonear. v. tr. e intr. Tr. Reprender con palabras. *[sermonar]* // Intr. Hacer sermones, predicar. *[sermonar]*
serón. m. Pieza de esparto más larga que ancha, que se pone a las caballerías y sirve para transportar una carga. *[sàrria, sària]*
serpentear. v. intr. Ir moviéndose de un lado a otro como hacen las serpientes. *[serpejar]*
serpentino, ina. adj. Relativo a la serpiente. *[serpentí]* // Que serpentea. *[serpentí]* // m. Caño que va serpenteando en el alambique. *[serpentí]* // Pieza de la llave de un arcabuz de mecha. *[serpentí]* // f. Tira estrecha y muy larga de papel enrollado que se desenrolla cuando se lanza. *[serpentina]*
serpiente. f. Nombre común de los reptiles sin patas, que constituyen el grupo de los reptiles. *[serp]*
serpollo. m. Brote que da el árbol después de podarlo. *[renou]*
serrallo. m. Lugar cerrado donde los musulmanes tienen sus mujeres y concubinas. *[serrall]*
serrano, ana. adj. Relativo o perteneciente a la sierra. *[serrà]* // m. y f. Natural o propio de la comarca valenciana de los Serranos. *[serrà]*
serrar. v. tr. Cortar madera u otras materias con la sierra. *[serrar]*
serrín. m. Conjunto de partículas desprendidas de la madera cuando se sierra. *[serradures]*
servicial. adj. Dispuesto a complacer y servir a los demás. *[servicial]*
servicio. m. Acción de servir o ser útil a alguien o a algún uso. *[servici]* // Conjunto de deberes de alguien hacia su señor. *[servici]* // Conjunto de trabajos, utensilios, etc., que tienen un uso determinado. *[servici]*
servidor, ora. m. y f. El que está al servicio de alguien. *[servidor]*
servidumbre. f. Condición de siervo, sujeción a un amo. *[servitud]* // Derecho o uso que una cosa o heredad tiene sobre otra. *[servitud]* // Censo que paga un inquilino. *[peita]*
servil. adj. Perteneciente o relativo al

siervo, al esclavo. *[servil]* // De baja intención. *[servil]*

servir. v. tr. e intr. Tr. Cumplir los deberes que se tienen hacia alguien. *[servir]* // Intr. Ser útil a alguien. *[servir]* // Ser apto o propio a un uso. *[servir]*

sesenta. adj. Conjunto de seis decenas. *[seixanta]*

sesgar. v. tr. e intr. Tr. Cortar al sesgo. *[esbiaixar]* // Intr. Ir, atravesar de sesgo. *[esbiaixar]*

sesgo. m. Inclinación, desviación de la verticalidad. *[alambor]* // Dirección oblicua en que está, se mueve, es cortada, alguna cosa. *[biaix]*

sesión. f. Cada una de las reuniones de los miembros de una junta, corporación, etc. *[sessió]* // Conferencia o consulta entre diversas personas. *[sessió]*

seso. m. fam. Juicio, discernimiento. *[senderi]*

sestear. v. intr. Hacer la siesta. *[sestejar]*

setecientos, entas. adj. Siete veces cien. *[set-cents]*

setenta. adj. Conjunto de siete decenas. *[setanta]*

setentavo. adj. Cada una de las partes de una cantidad dividida en setenta partes iguales. *[setanté]*

seudónimo, ónima. adj. Dicho del autor que oculta su nombre bajo un nombre falso. *[pseudònim]* // m. Nombre falso que uno usa en lugar del suyo. *[pseudònim]*

severo, era. adj. Exacto y rígido en el cumplimiento de una ley, riguroso. *[sever]*

sevicia. f. Crueldad excesiva. *[sevícia]* // Acto de brutalidad hacia alguien. *[sevícia]*

sexagésimo, ésima. adj. Que hace sesenta en una serie. *[seixanté]* // Cada una de las partes de una cantidad dividida en sesenta partes iguales. *[seixanté]*

sexenio. m. Espacio de seis años. *[sexenni]*

sexo. m. Condición orgánica que distingue al macho de la hembra. *[sexe]* // Conjunto de individuos de uno u otro sexo. *[sexe]*

sexta. f. Tercera parte de las cuatro en que los romanos dividían el día. *[sexta]* // Una de las horas menores del oficio eclesiástico, que sigue a la tercia. *[sexta]* // Intervalo de una nota a la sexta de la escala ascendente o descendente. *[sexta]*

sexto, exta. adj. Que hace seis en una serie. *[sisé]*

séxtuplo, éxtupla. adj. y s. Seis veces tanto como otra cantidad. *[sèxtuple]*

sexual. adj. Relativo o perteneciente al sexo. *[sexual]* // Que tiene sexo, que es macho o hembra. *[sexual]*

si. m. La séptima nota de la escala musical. *[si]*

si. conj. Indicación de una condición o suposición en virtud de la cual un concepto depende de otro. *[si]* // Indicación de circunstancia dudosa. *[si]*

sí. adv. Afirmación que uno hace respondiendo a una pregunta. *[sí]* // m. Permiso o consentimiento. *[sí]* // Conceder lo solicitado. *[sí]*

sí. Forma reflexiva del pronombre de tercera persona. *[si, ell]*

sibarita. adj. y s. Persona muy dada a los placeres. *[sibarita]*

sibila. f. En la antigüedad, mujer a la que se atribuía el don de la profecía. *[sibilla]*

sibilante. adj. Silbante, dicho especialmente de los sonidos que se pronuncian con una especie de silbido. *[sibilant]*

sic. adv. Indicación de exactitud y fidelidad en la transcripción de una palabra o frase. *[sic]*

sideral. adj. Relativo o perteneciente a los astros. *[sideral]*

siderurgia. f. Arte de extraer el hierro y de cortarlo. *[siderúrgia]*

sidra. f. Bebida alcohólica, obtenida del zumo de las manzanas. *[sidra]*

siega. f. Acción de segar y tiempo en que se efectúa. *[sega]*

siembra. f. Acción de sembrar. *[sembra]* // Tiempo en que se realiza esta operación. *[sembra]*

siempre. adv. En todo tiempo u ocasión. *[sempre]*

siempreviva. f. Planta perenne, de la familia de las crasuláceas, con hojas planas, gruesas y jugosas, y flores con escamas carnosas. *[sempreviva]*

sien. f. La parte de la cara situada entre el ojo y la oreja, donde se siente el latido arterial. *[pols]*

sierra. f. Hoja de acero larga y estrecha con dientes inclinados para dividir o cortar la madera u otros materiales. *[serra]* // Cadena de montañas. *[serra]*

siervo, erva. m. y f. El que no tiene condición de libre. *[serf]* // Aquel sobre el cual tenía ciertos derechos el señor feudal. *[serf]*

sieso. m. Parte inferior del intestino recto, culo. *[ses]*

siesta. f. Primera hora después del mediodía. *[sesta]* // Sueño que se echa después de comer. *[sesta]*

siete. adj. Numeral y cifra que lo representa. *[set]* // Desgarrón en forma de ángulo hecho en una pieza de vestir u otra ropa. *[set]*

sietemesino, ina. adj. y s. Dícese de la persona nacida a los siete meses de engendrada. *[setmesó]*

sieteavo, ava. adj. Cada una de las partes de una cantidad dividida en siete partes iguales. *[setè]*

sífilis. f. Enfermedad venérea transmisible, caracterizada por diferentes lesiones estructurales. *[sífilis]*

sifón. m. Caño encorvado que sirve para extraer líquido de un depósito, pasándolo a un nivel más bajo. *[sifó]* // Canal cerrado para hacer pasar el agua de un extremo a otro por un lugar inferior. *[sifó]*

sigilar. v. tr. Sellar, imprimir con sello. *[sigil·lar, segellar]*

sigla. f. Letra o letras iniciales de una o más palabras, u otro signo usado como abreviatura. *[sigla]*

siglo. m. Espacio de tiempo de cien años. *[segle]* // La vida del mundo, por oposición a la vida religiosa. *[segle]*

signante. m. y f. El que signa o firma un documento. *[signant]*

signatario, aria. adj. y s. Firmante, especialmente de un contrato o escrito colectivo. *[signatari]*

signatura. f. Señal que se pone en un libro, etc., para indicar su colocación en una biblioteca o archivo. *[signatura]* // Señal que se pone al pie de la primera página de cada pliego de un libro para indicar su orden al encuadernador. *[signatura]*

significación. f. Acción y efecto de significar. *[significació]* // Sentido de una palabra o frase. *[significació]* // Valor, importancia. *[significació]*

significar. v. tr. Tener significación o sentido. *[significar]* // Ser una cosa señal de otra. *[significar]*

signo. m. Nota o señal con que se representa alguna cosa. *[signe]* // Cada una de las doce partes en que se divide el zodíaco. *[signe]* // Movimiento, gesto, etc., con que señalamos un objeto, expresamos un pensamiento, etc. *[signe]*

siguiente. adj. Que sigue o viene después de otro u otra cosa. *[següent]*

sílaba. f. Letra vocal o conjunto de letras pronunciadas con un solo impulso de voz. *[síl·laba]*

silabario. m. Libro para aprender las letras. *[beceroles]*

silabear. v. tr. Pronunciar separadamente las letras de cada sílaba y las sílabas de cada palabra y luego unirlas. *[confegir]*

silbar. v. intr. Producir un sonido o una serie de sonidos musicales expulsando el aire con fuerza por la boca, o mediante algún objeto. *[xiular]* // fig. Mostrar desagrado el público. *[xiular]*

silbato. m. Instrumento para silbar. *[xiulet]*

silbido. m. Sonido que se produce silbando. *[xiulit]*

silbón. m. Pájaro de color terroso, blanquecino en el vientre. *[piula]* // Pájaro acuático. *[piuló]*

silenciar. v. tr. No manifestar, callar. *[silenciar]*

silencio. m. El hecho de no hablar. *[silenci]* // Falta de ruido. *[silenci]*

sílex. m. Piedra muy dura constituida especialmente por sílice. *[sílex]*

sílfide. f. Ser imaginario, espíritu elemental del aire. *[sílfide]*
sílice. f. Combinación del silicio con el oxígeno. *[sílice]*
silo. m. Lugar bajo tierra para guardar trigo y otros granos. *[sitja]* // Pila de carbonero. *[sitja]*
silueta. f. Dibujo hecho siguiendo el contorno de la sombra. *[silueta]* // Forma que presenta a la vista la masa de un objeto lejano. *[silueta]*
silva. f. Composición poética en la que se alternan versos de diferentes medidas. *[silva]*
silvestre. adj. Aplicado a las plantas salvajes o sin cultivar. *[silvestre]*
silla. f. Asiento con respaldo para una sola persona. *[cadira]* // **silla de la reina.** Asiento formado por las manos enlazadas de dos personas. *[cadireta]*
sillar. m. Cada una de las piedras labradas que sirven para una construcción. *[carreu]*
sillarejo. m. Piedra grande y plana. *[llamborda]*
sillero, era. m. y f. El que hace o vende sillas. *[cadirer]*
sillín. m. Asiento de bicicleta. *[selló]*
sillón. m. Silla de brazos, mayor y más cómoda que la normal. *[poltrona]*
sima. f. Abertura natural de la tierra formada por una cavidad subterránea más o menos profunda. *[avenc]*
simbiosis. f. El hecho de vivir dos animales o plantas diferentes asociados o unidos más o menos íntimamente. *[simbiosi]*
simbolizar. v. tr. Representar una cosa simbólicamente. *[simbolitzar]*
símbolo. m. Expresión por medios sensibles, de una cosa moral o intelectual. *[símbol]*
simetría. f. Proporción debida de las diferentes partes de una cosa entre ellas y en conjunto. *[simetria]* // Correspondencia regular de posición, forma y dimensiones de las partes de un cuerpo. *[simetria]*
simiente. f. Grano de la planta con el cual se puede reproducir en condiciones adecuadas. *[llavor]* // Cualquier cosa que sea la causa o el origen de otra. *[llavor]*
símil. m. Comparación de una cosa con otra para hacer resaltar el carácter de una de ellas. *[símil]*
similitud. f. Calidad de similar, parecido. *[similitud]*
simio. m. Nombre común a todos los mamíferos cuadrumanos, mono. *[simi]*
simpatía. f. Conveniencia de afectos o inclinación mutua entre dos personas. *[simpatia]* // Tendencia de dos cosas a unirse o actuar una sobre otra. *[simpatia]*
simpático, ática. adj. Que inspira simpatía. *[simpàtic]* // Aplicado a la tinta invisible, pero que se puede hacer visible por la acción de un reactivo. *[simpàtic]*
simpatizar. v. intr. Tener simpatía con alguien o alguna cosa. *[simpatitzar]*
simple. adj. Que no tiene partes, no compuesto. *[simple]* // Exento de complejidad, no complicado, sin artificios. *[simple]* // adj. y s. Cándido, apacible. *[ximple]* // Necio. *[ximple]*
simplificar. v. tr. Hacer más sencilla o menos complicada alguna cosa. *[simplificar]*
simplista. adj. Aplicado a la persona dada a considerar las cosas más simples de lo que son. *[simplista]*
simposio. m. Convención, reunión de profesionaless para estudiar y discutir diversos aspectos relacionados con su campo de trabajo. *[simposi]*
simulación. f. Acción de simular. *[simulació]*
simular. v. tr. Fingir lo que no es. *[simular]*
simultáneo, ánea. adj. Que sucede al mismo tiempo que otra cosa. *[simultani]*
simún. m. Viento muy caliente, que viene de los desiertos de África y de Arabia. *[simun]*
sin. prep. Denota exclusión, falta, privación absoluta. *[sense]*
sinagoga. f. Asamblea religiosa de los judíos, y lugar donde se celebra. *[sinagoga]*

sinalefa. f. Fusión en una sola sílaba de las vocales de dos sílabas puestas en contacto. *[sinalefa]*

sincero, era. adj. Exento de simulación, no falso. *[sincer]*

síncopa. f. En música, que empieza al final de un movimiento y continúa al principio del siguiente. *[síncope]*

síncope. f. Supresión de alguna letra en medio de una palabra. *[síncope]* // Suspensión repentina y momentánea del ritmo del corazón. *[síncope]*

sincronía. f. Estudio de los fenómenos sincrónicos. *[sincronia]*

sincrónico, ónica. adj. Aplicado a los hechos que tienen lugar al mismo tiempo. *[sincrònic]*

sincronizar. v. tr. Hacer que dos o más hechos acontezcan al mismo tiempo. *[sincronitzar]*

sindéresis. f. Capacidad natural para juzgar rectamente. *[sindèresi]*

sindicar. v. tr. y pron. Organizar en forma de sindicato. *[sindicar]* // Hacer alguien un sindicato. *[sindicar]*

sindicato. m. Asociación formada para la defensa de intereses económicos comunes a todos los asociados. *[sindicat]* // Junta de síndicos. *[sindicat]* // Cargo de síndico. *[sindicat]*

síndico. m. El encargado de los intereses de una reunión de acreedores, de una corporación, etc. *[síndic]*

síndrome. m. Conjunto de síntomas de un enfermedad. *[síndrome]*

sinéresis. f. Diptongación de vocales pertenecientes a sílabas distintas. *[sinèresi]*

sinergia. f. Acción combinada de diferentes órganos para realizar una función. *[sinèrgia]*

sinfonía. f. Composición musical en forma de sonata escrita para orquesta. *[simfonia]*

singular. adj. Que se refiere solamente a uno. *[singular]* // Que se distingue por alguna cosa inusitada. *[singular]*

singularizar. v. tr. Hacer alguna cosa singular. *[singularitzar]* // Distinguir o particularizar una cosa entre otras. *[singularitzar]* // **-se.** Distinguirse, apartarse de la regla común. *[singularitzar-se]*

siniestro, estra. adj. Izquierdo. *[sinistre]* // Funesto, que lleva o presagia desgracia. *[sinistre]* // Mal intencionado. *[sinistre]* // m. Daño grave o pérdida. *[sinistre]*

sino. m. Hado, destino. *[fat, destí]*

sino. conj. Indicación de excepción. *[sinó]* // Solamente, no otra cosa. *[sinó]*

sínodo. m. Reunión de sacerdotes para tratar asuntos eclesiásticos. *[sínode]* // En astronomía, conjunción. *[sínode]*

sinónimo, ónima. adj. Aplicado a las palabras que tienen el mismo significado. *[sinònim]*

sinopsis. f. Resumen de conocimientos en forma breve y clara. *[sinopsi]* // Esquema. *[sinopsi]*

sintaxis. f. Coordinación de las palabras para expresar los conceptos. *[sintaxi]*

síntesis. f. Unión de partes para formar un total. *[síntesi]* // Suma o compendio de una materia o cosa. *[síntesi]*

sintético, ética. adj. Relativo o perteneciente a la síntesis; obtenido por síntesis. *[sintètic]*

sintetizar. v. tr. Hacer la síntesis de una materia, etc. *[sintetitzar]* // Producir sintéticamente. *[sintetitzar]*

síntoma. m. Señal o indicio de alguna cosa. *[símptoma]* // Fenómeno propio de una enfermedad. *[símptoma]*

sintonía. f. El hecho de estar ajustadas a una misma longitud de onda un aparato emisor de oscilaciones eléctricas y otro aparato receptor. *[sintonía]*

sintonizar. v. tr. Poner un aparato en sintonía con otro. *[sintonitzar]*

sinuoso, osa. adj. Lleno de cavidades y revueltas. *[sinuós]*

sinvergüenza. adj. y s. Deshonesto, indecente, descarado, insolente, granuja. *[deshonrat]*

sirena. f. Ninfa marina con medio cuerpo de mujer y medio de pez, que, según las leyendas, atrae a los navegantes con la dulzura de sus cantos. *[sirena]* // Silbato de vapor, etc., para hacer señales. *[sirena]*

sirle. m. Excremento de conejo. *[fallega]*

siroco. m. Viento cálido y seco. *[xaloc]*
sirviente, enta. m. y f. Persona dedicada al servicio doméstico. *[servent]* // Persona sierva, esclava. *[servent]*
sisa. f. Acción y efecto de sisar. *[cisa]*
sisar. v. tr. Cortar tela, metal, etc., de las orillas de una pieza, para que tenga la forma y dimensiones indispensables para un ajuste perfecto. *[cisar]* // **hacer sisa.** Quitar fraudulentamente una parte del peso o de la medida de las cosas que se venden. *[cisar]* // Quitar fraudulentamente una parte de una cantidad del fin al que está destinada. *[cisar]*
sismógrafo. m. Instrumento que durante los terremotos señala la dirección y amplitud de las oscilaciones. *[sismògraf]*
sisón. m. Ave zancuda, de plumaje oscuro con rayas negras y vientre blanco. *[sisó]*
sistema. m. Conjunto de principios relativos a una materia enlazados entre sí. *[sistema]* // Conjunto de cosas ordenadas y relacionadas que contribuyen a un objetivo. *[sistema]*
sistematizar. v. tr. Reducir a sistema. *[sistematitzar]*
sístole. f. Uso de una sílaba larga como breve en los versos griegos y latinos. *[sístole]* // Movimiento de contracción del corazón y de las arterias que da impulso a la sangre. *[sístole]*
sitial. m. Asiento de ceremonia. *[setial, sitial]*
sitiar. v. tr. Aislar e incomunicar. *[assetjar]*
sitio. m. Lugar que una persona o cosa ocupa. *[siti]* // Puesto militar. *[siti]*
situación. f. Acción y efecto de situar. *[situació]* // Estado que tienen las personas o cosas. *[situació]*
situar. v. tr. Poner una persona o cosa en situación, en un lugar. *[situar]*
sobaco. m. Parte inferior de la juntura del brazo con el cuerpo. *[aixella]*
sobajar. v. tr. Quitar a una cosa el aspecto de nueva o su lozanía, con el uso, con el mal trato, manoseándola, etc. *[rebregar]*
sobar. v. tr. Sobajar. *[rebregar]* // Palpar, manosear a una persona. *[palpar]*
soberanía. f. Calidad de soberano. *[sobirania]* // Autoridad soberana. *[sobirania]*
soberano, ana. adj. y s. Que tiene la autoridad suprema. *[sobirà]*
soberbia. f. Excesiva estima de sí mismo con menosprecio hacia los demás. *[supèrbia]* // Deseo inmoderado de la propia exaltación. *[supèrbia]*
soberbio, erbia. adj. De una magnificencia, de una belleza que impone. *[superb]* // Que tiene o manifiesta soberbia. *[superb]*
soberbioso, osa. adj. De gran soberbia. *[superbiós]*
sobornar. v. tr. Inducir a alguien con una recompensa a hacer alguna cosa contraria a su deber. *[subornar]*
soborno. f. Acción de sobornar. *[suborn]*
sobra. f. Lo que sobra, que no es necesario. *[sobra]*
sobrante. adj. Que sobra. *[sobrant]* // m. Aquello que sobra. *[sobrant]*
sobrar. v. tr. e intr. Tr. Sobrepujar. *[sobrar]* // Intr. Estar de más de lo que es necesario. *[sobrar]* // Estar de más en un sitio. *[sobrar]*
sobrasada. f. Embutido de carne de cerdo picada, adobada con sal y pimentón. *[sobrassada]*
sobre. m. Cubierta de papel para poner una carta, etc. *[sobre]*
sobre. prep. y adv. Encima, a la parte superior de una cosa. *[sobre]* // A propósito de, referente a, tocando a. *[sobre]*
sobrecubierta. f. Segunda cubierta, que se coloca sobre una primera. *[sobrecoberta]* // Cubierta alta de un barco. *[sobrecoberta]*
sobredicho, icha. adj. Dicho o nombrado más arriba. *[sobredit]*
sobreentender. v. tr. Entender una cosa no expresada. *[sobreentendre]*
sobremesa. f. Tiempo que los comensales se quedan en la mesa después de comer. *[sobretaula]*
sobrenatural. adj. Que excede las leyes de la naturaleza. *[sobrenatural]*

sobrenombre. m. Nombre añadido al nombre de una persona con el fin de distinguirla de otras del mismo nombre. *[sobrenom]*

sobrepasar. v. tr. y pron. Ir más lejos de un límite. *[ultrapassar]*

sobrepelliz. f. Vestidura eclesiástica blanca, con mangas muy anchas y larga hasta la cintura. *[sobrepellís]*

sobreponer. v. tr. Poner una cosa encima de otra. *[sobreposar]* // Afectar, una persona, superioridad sobre otra. *[sobreposar]* // **-se.** Dominar los propios impulsos o las adversidades, etc. *[sobreposar-se]*

sobrepujar. v. tr. Ser superior a alguien o a alguna cosa en algún concepto, dominar. *[sobrepujar]*

sobrero, era. adj. Que sobra, sobrante. *[sobrer]*

sobresalir. v. intr. Salir por encima. *[sobreeixir]* // Derramarse un líquido por los bordes del recipiente que lo puede contener. *[sobreeixir]* // Rebosar. *[sobreeixir]*

sobresaltar. v. tr. Asustar, alterar a uno repentinamente. *[sobresaltar]* // **-se.** Ser preso de espanto. *[esglaiar-se]*

sobresalto. m. Conmoción brusca producida por una impresión repentina. *[sobresalt]*

sobresaturar. v. tr. Hacer que una solución contenga una cantidad de cuerpo disuelto, superior a la necesaria para saturarla. *[sobresaturar]*

sobresueldo. m. Sueldo especial que se añade al ordinario. *[sobresou]*

sobretodo. m. Pieza de vestir larga y con mangas que se pone sobre el vestido ordinario. *[sobretot]*

sobrevenir. v. intr. Suceder de improviso. *[sobrevenir]*

sobrevivir. v. intr. Permanecer vivo después de la muerte de otro, después de un hecho cualquiera. *[sobreviure]*

sobrino, ina. m. y f. Hijo o hija de un hermano o hermana, y también hijo o hija de un primo o de una prima. *[nebot]*

socarrar. v. tr. Chamuscar ligeramente. *[socarrimar]*

socarrina. f. Quemadura de alguna cosa quemada superficialmente. *[socarrim]*

socavar. v. tr. Excavar por debajo una cosa dejándola en falso. *[socavar]*

social. adj. Relativo o perteneciente a la sociedad. *[social]*

socializar. v. tr. Transferir al estado u otro órgano colectivo las propiedades o industrias particulares. *[socialitzar]*

sociedad. f. Reunión de personas unidas para perseguir un fin común. *[societat]* // Compañía o comunidad de personas o pueblos. *[societat]*

socio, ocia. m. y f. Persona asociada con otras para algún fin. *[soci]* // El que forma parte de una asociación. *[soci]*

sociología. f. Ciencia que trata de la constitución y desarrollo de las sociedades humanas. *[sociologia]*

socorrer. v. tr. Remediar alguna necesidad, ayudar y auxiliar a alguien en un peligro o necesidad. *[socórrer]*

socorro. m. Acción y efecto de socorrer. *[socors]* // Ayuda prestada a alguien en un peligro, en una necesidad. *[socors]*

sochantre. m. El que tiene el cargo de dirigir el canto del coro, chantre, capiscol. *[xantre, cabiscol]*

soda. f. Bebida refrescante a base de jarabe de frutas y agua carbónica. *[soda]*

sodio. m. Metal blanco plateado muy ligero que se extrae de la sosa. *[sodi]*

sodomía. f. Copulación carnal contra el orden natural. *[sodomia]*

sofá. m. Asiento para dos o más personas, con respaldo y brazos, sobre todo si es acolchado. *[sofà]*

sofisma. m. Argumento aparente en defensa de una cosa falsa. *[sofisma]*

sofisticación. f. Acto de sofisticar, de adulterar. *[matràfola]*

sofisticar. v. tr. e intr. Tr. Adulterar dando apariencia de cosa buena. *[sofisticar]* // Intr. Usar sofismas. *[sofisticar]*

soflama. f. Discurso exaltado, más retórico que sólido de conceptos. *[soflama]*

sofocar. v. tr. Impedir la respiración a alguien. *[sufocar]* // Hacer salir los colores a alguien avergonzándolo. *[sufocar]* // Apagar, extinguir. *[sufocar]* // Reprimir un sentimiento, una exaltación pasional, etc. *[sufocar]*

sofreír. v. tr. Freír ligeramente. *[sofregir]*

sofrenada. f. Represión fuerte de la caballería por parte del jinete. *[sobarbada]*

soga. f. Cuerda gruesa. *[soga]*

soguero. m. Cordelero. *[soguer]*

sol. m. Astro luminoso alrededor del cual gira la tierra. *[sol]* // Luz de este astro. *[sol]*

sol. m. Quinta nota de la escala musical. *[sol]*

solamente. adv. Sólo, únicamente. *[només]*

solana. f. Sol fuerte y ardiente que calienta mucho, solazo. *[soleguera]* // Tiempo en que se ha tomado fuertemente el sol. *[soleguera]* // Lugar donde da el sol. *[cara-sol]*

solapa. f. Parte del vestido que se dobla hacia afuera sobre el pecho. *[solapa]* // Madera que forma la parte superior del lado de un buque. *[solapa]*

solar. m. Lugar libre o desocupado. *[pati]*

solar. v. tr. Revestir el pavimento con ladrillos, losas, etc. *[solar]*

solariego, ega. adj. y s. Relativo al solar de antigüedad y nobleza. *[pairal]*

solaz. m. Alivio de una pena o quehacer, divertimiento, entrenimiento agradable. *[solaç]*

solazar. v. tr. y pron. Dar solaz. *[solaçar]*

soldado. m. El que sirve en un ejército a sueldo de un príncipe, de un gobierno, militar, especialmente el que no tiene graduación. *[soldat]*

soleada. f. Calor y ardor directo del sol. *[solejada]*

solear. v. tr. y pron. Poner al sol. *[assolanar]* // Exponer a la acción del sol. *[assolejar]*

solecismo. m. Falta contra las reglas de la sintaxis de una lengua. *[solecisme]*

soledad. f. Falta de compañía. *[soledat]* // Paraje solitario. *[soledat]*

solemne. adj. Celebrado con gran pompa y ceremonia. *[solemne]* // Majestuoso. *[solemne]* // De una seriedad que impone. *[solemne]*

solemnidad. f. Calidad de solemne. *[solemnitat]* // Fiesta solemne. *[solemnitat]*

solemnizar. v. tr. Celebrar con solemnidad. *[solemnitzar]*

soler. v. intr. Ser frecuente una cosa. *[soler]*

solera. f. Pieza puesta horizontalmente para sostener otras piezas verticales, inclinadas, etc., dintel. *[solera]* // Muela inferior de un molino. *[solera]* // Suelo de un horno, etc. *[solera]* // Techo plano, sin bovedillas. *[solera]*

solfear. v. tr. Cantar el solfeo escrito. *[solfejar]*

solfeo. f. Arte de leer y entonar los signos de la música. *[solfa]* // Conjunto de signos musicales. *[solfa]*

solicitar. v. tr. Tratar de obtener alguna cosa pidiéndola, haciendo las diligencias necesarias. *[sol·licitar]* // Instar, incitar a alguien a hacer alguna cosa. *[sol·licitar]*

solícito, ícita. adj. Deseoso de servir, diligente. *[sol·lícit]*

solicitud. f. Calidad de solícito. *[sol·licitud]* // Documento en el que se solicita una cosa. *[sol·licitud]*

solidaridad. f. Adhesión a la causa o empresa de otro. *[solidaritat]*

solidario, aria. adj. Que tiene los mismos derechos y deberes que otros en un asunto. *[solidari]* // Atado a otros por un pacto de solidaridad. *[solidari]*

solidarizar. v. tr. y pron. Hacer solidario. *[solidaritzar]*

solideo. m. Casco que llevan los eclesiásticos para tapar la coronilla. *[solideu]*

solidificar. v. tr. y pron. Hacer sólido un fluido. *[solidificar]*

sólido, ólida. adj. Firme, macizo, fuerte. *[sòlid]* // Aplicado al cuerpo que tiene gran poder de cohesión. *[sòlid]* // m. Cuerpo geométrico. *[sòlid]*

soliloquio. m. El hecho de hablar solo, sin interlocutores monólogo. *[soliloqui]*

solio. m. Silla con dosel y trono. *[soli]*

solípedo. adj. Que tiene un solo dedo ungulado en cada pie. *[solípede]*

solitario, aria. adj. y s. Amante de la soledad o que vive en soledad. *[solitari]* // m. Diamante montado él solo en una joya. *[solitari]* // Juego de cartas en el que juega una sola persona. *[solitari]*

solo, ola. adj. Dicho de algo que está solo, sin ninguna clase de compañía. *[rònec]* // m. Composición musical que toca o canta una persona sola. *[solo]* // Juego de cartas en que un jugador juega contra otros dos. *[solo]*

sólo. adv. Solamente, únicamente. *[només, solament, sols]*

solsticio. m. Época en que el sol se encuentra en uno de los dos trópicos. *[solstici]*

soltar. v. tr. Dejar ir aquello que estaba detenido. *[amollar]* // Hacer que una cosa comience a ir, a funcionar, a correr, disparar, lanzar. *[engegar]*

soltero, era. adj. Suelto, libre. *[solter]* // Dícese del palomo y otros pájaros cuando no forman pareja. *[solter]* // Mozo que no ha contraído matrimonio. *[solter, fadrí]*

solterón, ona. adj. y s. Soltero de una cierta edad. *[conco]*

soltura. f. Acción y efecto de soltar. *[soltesa]*

soluble. adj. Que se puede disolver en un líquido. *[soluble]* // Que puede ser resuelto. *[soluble]*

solución. f. Acción y efecto de disolver una sustancia en un líquido. *[solució]* // Respuesta satisfactoria a una duda, una cuestión, etc. *[solució]*

solucionar. v. tr. Dar solución, resolver. *[solucionar]*

solvencia. f. Calidad de solvente. *[solvència]*

solvente. adj. Que paga sus deudas o es capaz de hacerlo. *[solvent]*

sollamar. v. tr. y pron. Chamuscar, especialmente la piel o el plumaje de un animal. *[soflimar]*

sollozar. v. tr. Llorar con sollozos. *[sanglotar]*

sollozo. m. Tipo de gemido espasmódico que interrumpe y acompaña al lloro. *[sanglot, singlot]*

somatén. m. Cuerpo de gente armada que se reúne en un momento dado para perseguir a los criminales o defenderse de los enemigos. *[sometent]*

sombra. f. Oscuridad producida por la falta de luz. *[ombra]* // Color oscuro con el que se señala el relieve de los objetos. *[ombra]* // Sitio donde no da el sol, umbría. *[ombria]*

sombrear. v. tr. Hacer o producir sombra. *[ombrejar]* // Representar las sombras de una pintura. *[ombrejar]*

sombrero. m. Prenda de vestir que sirve para cubrir la cabeza. *[capell]*

sombrilla. f. Parasol pequeño de señora. *[ombrel·la]*

sombrío, ía. adj. Aplicado al lugar que tiene poca luz, o bien donde hay sombra. *[ombrívol]* // fig. Falta de alegría, de animación. *[ombrívol]*

someter. v. tr. y pron. Poner a alguien o alguna cosa bajo la autoridad de uno mismo o de otro. *[sotmetre]*

somier. m. Tela metálica elástica que se pone debajo de los colchones de la cama. *[somier]*

somnolencia. f. Pesadez de los sentidos causada por el sueño. *[somnolència]*

somormujo. m. Pato de la albufera. *[escabussó]*

sonajero. m. Conjunto de dos planchas de metal pasadas por un alambre que suenan cuando se mueven. *[sonall]* // Juguete para los niños pequeños que contiene bolitas o granitos y que, al sacudirlo, produce un ruido insistente. *[sonall]*

sonámbulo, ámbula. adj. y s. Persona que, estando dormida, camina y hace actos propios de una persona despierta. *[somnàmbul]*

sonar. v. tr. e intr. Tr. Hacer sonar un instrumento. *[sonar]* // Intr. Producir un sonido. *[sonar]*

sonata. f. Pieza de música instrumental, con fragmentos de diverso carácter y movimiento. *[sonata]*

sonda. f. Cuerda con un peso en el extremo inferior para explorar la profundidad del agua. *[sonda]* // Instrumento de cirugía para explorar cavidades y conductos naturales, la profundidad y dirección de las heridas, etc. *[sonda]*

sondar. v. tr. Explorar con la sonda. *[sondar]*

sondear. v. tr. Inquirir una cosa cautelosamente. *[sondejar]* // Sondar. *[sondejar]*
soneto. m. Composición poética de catorce versos, distribuidos en dos cuartetos y dos tercetos. *[sonet]*
sonido. m. Sensación producida en el oído por el movimiento vibratorio de los cuerpos. *[so]*
sonorizar. v. tr. Pronunciar como sonora una articulación sorda. *[sonoritzar]*
sonoro, ora. adj. Que suena o puede sonar. *[sonor]* // Que suena agradablemente. *[sonor]* // Que facilita la propagación del sonido. *[sonor]* // En gramática dícese de un fonema en cuya producción vibran las cuerdas vocales. *[sonor]*
sonreír. v. intr. y pron. Reír ligeramente, sin ruido, con un simple movimiento de labios. *[somriure]*
sonrisa. m. Acción de sonreír. *[somriure]*
sonrojar. v. tr. y pron. Hacer salir los colores al rostro de alguien con dichos o hechos que causen vergüenza. *[enrojolar, ruboritzar]*
sonsonete. m. Entonación especial del hablar o del leer. *[cançoneta, cantarella]*
soñar. v. tr. e intr. Tr. Ver en sueños alguna cosa. *[somiar]* // Imaginar como posible y realizable alguna cosa de muy difícil realización o que no es de esperar. *[somiar]* // Intr. Tener un sueño o sueños. *[somiar]*
soñera. f. Ganas irresistibles de dormir. *[soneguera]*
sopa. f. Pedazo de pan empapado en un líquido. *[sopa]* // Plato hecho con pan cortado a trozos, hervido o escaldado con leche, etc. *[sopa]*
sopapo. m. Bofetada. *[galleta]*
sopera. f. Olla en la que se sirve la sopa a la mesa. *[sopera]*
sopero, era. adj. Aplicado al plato más hondo que los ordinarios, sirve para comer sopa. *[soper]*
sopesar. v. tr. Alzar una cosa para comprobar su peso. *[sospesar]* // Tener en cuenta el peso o valor de un idea o argumento. *[sospesar]*
soplar. v. tr. e intr. Tr. Dirigir el soplo sobre alguna cosa. *[bufar]* // Intr. Correr el viento haciéndose sentir. *[bufar]*
soplete. m. En los hornos de vidrio la caña por donde sopla el mozo. *[caramell]*
soplo. m. Acción y efecto de soplar. *[buf]* // Instante o tiempo brevísimo. *[buf]* // Delación. *[delació]*
sopor. m. Sueño muy pesado. *[sopor]*
soportal. m. Conjunto de pórticos, galería con arcadas sostenidas por columnas o pilares. *[porxada]* // Lugar cubierto con columnas o pilares de sostenimiento. *[porxe]*
soportar. v. tr. Recibir el peso, el esfuerzo de una cosa sin ceder. *[suportar]* // Sufrir, tolerar. *[suportar]*
soporte. m. Pieza de sostenimiento. *[suport]* // Cosa que sostiene a otra. *[suport]* // Sostén. *[suport]*
sor. f. Título equivalente al de hermana, muy usado precediendo al nombre de las religiosas. *[sor]*
sorber. v. tr. Absorber, penetrarse de un líquido. *[beure]*
sorbo. m. Porción de líquido que se bebe de una vez. *[glop]* // Cantidad de líquido que cabe dentro de la boca o que se bebe de una vez. *[glopada]*
sordear. v. intr. Ser más o menos sordo; ser duro de oído. *[sordejar]*
sordera. f. Privación o disminución de la facultad de oír. *[sordària]*
sordez. f. Calidad de sordo, sordera. *[sordesa]*
sórdido, órdida. adj. Mísero, avaro, mezquino. *[sòrdid]* // Sucio, dejado. *[sòrdid]*
sordina. f. Pieza que se ajusta a un instrumento musical para disminuir el sonido. *[sordina]* // fig. Mitigación del sonido de la voz, de la expresión. *[sordina]*
sordo, orda. adj. Privado total o parcialmente del sentido del oído. *[sord]* // Que tiene un sonido apagado. *[sord]* // En gramática, dícese de un fonema en cuya pronunciación no vibran las cuerdas vocales. *[sord]*
sordomudo, uda. adj. y s. Falto de la pala-

bra por ser sordo de nacimiento. *[sordmut]*

sorgo. m. Planta gramínea cuya simiente se usa para alimento de aves y para hacer pan. *[sorgo]* // Semilla de esta planta. *[sorgo]* // Zahína. *[sorgo]*

sorna. f. Ironía malévola, burla. *[sorna]*

sorra. f. Arena algo gruesa que proviene de la disgregación de las rocas. *[sorra]*

sorprender. v. tr. Coger desprevenido, sobresaltar. *[sorprendre]* // Conmover con alguna novedad o rareza. *[sorprendre]* // Causar sorpresa. *[sorprendre]*

sorpresa. f. Acción y efecto de sorprender o sorprenderse. *[sorpresa]* // Cosa que sorprende. *[sorpresa]*

sorregar. v. tr. Regar accidentalmente un trozo de bancal, el agua que cae de otro, de una acequia, etc. *[sorregar]*

sortear. v. tr. Someter personas o cosas al resultado de la suerte. *[sortejar]* // Clarificar en suertes o clases una mercancía *[sortejar]*

sorteo. m. Acción de sortear. *[sorteig]*

sortija. f. Anillo. *[aliança]*

sortilegio. m. Adivinación supersticiosa por medio de suertes. *[sortilegi]*

sosegar. v. tr. y pron. Tranquilizar, calmar, poner en paz. *[assossegar]*

soso, osa. adj. Insulso, sin viveza ni gracia. *[molx]*

sospecha. f. Desconfianza, temor o recelo de un engaño. *[sospita]* // Apariencia, indicio, que hace sospechar alguna cosa. *[sospita]*

sospechar. v. intr. Tener sospecha, recelar, desconfiar. *[sospitar]*

sostenedor, ora. adj. y s. Que sostiene. *[sostenidor]*

sostener. v. tr. y pron. Mantener una cosa en un determinado estado o posición. *[sostindre, servar]*

sostén. m. Acción de sostener. *[sosteniment]* // Tipo de faja para ceñirse el pecho las mujeres. *[sostenidor]* // fig. Apoyo moral, protección. *[sosteniment]*

sota. f. Décima carta de cada palo de la baraja. *[sota]* // Mujer desvergonzada. *[sota]*

sotana. f. Vestidura talar propia de los eclesiásticos y que usaron también los universitarios. *[sotana]*

sótano. m. Pieza subterránea entre los cimientos de un edificio. *[soterrani]*

sotavento. m. Lado opuesto a aquel de donde viene el viento. *[sotavent]*

soterrar. v. tr. Poner algo dentro de un hoyo y cubrirlo con la tierra, ceniza, etc. *[colgar]*

su. adj. pos. m. de tercera pers. del sing. y del plural. *[son, el seu, llur]*

suave. adj. Blando al tacto. *[suau]* // Agradable a los sentidos. *[suau]* // Que obra moderadamente. *[suau]*

suavizar. v. tr. Hacer suave. *[suavitzar]*

subarrendar. v. tr. Tomar en arrendamiento una cosa del que es arrendatario. *[sots-arrendar]* // Arrendar una cosa un arrendatario a un tercero. *[sots-arrendar]*

subasta. f. Venta pública al mejor postor. *[subhasta]* // Adjudicación de una obra, etc., al concurrente que ofrece mejores condiciones. *[subhasta]*

subastar. v. tr. Vender, adjudicar en subasta. *[subhastar]*

subcomisión. f. Grupo de individuos de una comisión que tienen un cometido especial dentro de la misma. *[subcomissió]*

subconsciente. m. Conjunto de procesos mentales que pasan desapercibidos al campo de la conciencia y que influyen en el estado y evolución de la vida mental de las personas. *[subconscient]*

subdelegar. v. tr. Trasladar un delegado su jurisdicción a otra persona. *[subdelegar]*

súbdito, úbdita. adj. y s. Sometido a una autoridad soberana. *[súbdit]*

subdividir. v. tr. y pron. Dividir una parte de aquellas en que una cosa ya estaba dividida. *[subdividir]*

subdivisión. f. Acción y efecto de subdividir o de subdividirse. *[subdivisió]*

subestimar. v. tr. y pron. Estimar en menos de lo que vale. *[subestimar]*

subgénero. m. Categoría de una clasificación comprendida entre el género y la especie. *[subgènere]*

subgrupo. m. Subdivisión de un grupo, grupo subordinado. *[subgrup]*
subida. f. Acción de subir. *[pujada]* // Camino que va subiendo. *[pujada]*
subir. v. intr. y Tr. Intr. Ir de un punto a otro situado a un nivel más alto. *[pujar]* // Tr. Aumentar el precio de las cosas. *[pujar]* // Aumentar la altura de una cosa que se construye. *[pujar]*
súbitamente. adv. Que se produce de imprevisto, en seguida. *[de sobte]*
subjetivo, iva. adj. Relativo o perteneciente al sujeto. *[subjectiu]*
subjuntivo, iva. adj. y s. Aplicado al modo del verbo que generalmente ha de depender de otro verbo para tener una significación determinada. *[subjuntiu]*
sublevar. v. tr. y pron. Alzar contra una autoridad, contra un poder. *[sublevar]*
sublimar. v. tr. y pron. Engrandecer, exaltar, enaltecer. *[sublimar]* // Hacer pasar un cuerpo sólido al estado de gas o a la inversa. *[sublimar]*
sublime. adj. Que despierta una emoción anunciada por su altísima belleza, grandeza, bondad, etc. *[sublim]*
submarino, ina. adj. Que está o va bajo la superficie del mar. *[submarí]* // m. Nave que puede navegar bajo la superficie del agua. *[submarí]*
subordinado, ada. adj. y s. El que está bajo la dependencia jerárquica de alguien. *[subordinat]*
subordinar. v. tr. Sujetar personas o cosas a la dependencia de otras. *[subordinar]* // Clasificar como de orden inferior. *[subordinar]*
subrayar. v. tr. Señalar una letra, palabra o frase con una raya por debajo. *[subratllar]*
subrepción. f. Ocultación de un hecho o circunstancia como estratagema en la práctica forense. *[subrepció]*
subrogar. v. tr. y pron. Poner una persona en lugar de otra. *[subrogar]*
subscribir. v. tr. Firmar al final de un escrito. *[subscriure]*
subscripción. f. Acción y efecto de subscribir o de subscribirse. *[subscripció]*
subsidio. m. Dinero dado para socorrer o auxiliar a alguien o alguna cosa. *[subsidi]*
subsistencia. f. El hecho de subsistir. *[subsistència]* // Lo que es necesario para el sustento de la vida humana. *[subsistència]*
subsistir. v. intr. Permanecer alguna cosa o conservarse. *[subsistir]*
substituir. v. tr. Poner una persona o cosa en lugar de otra, reemplazar. *[substituir]*
subsuelo. m. Capa de terreno bajo la capa de tierra laborable. *[subsòl]*
subterfugio. m. Excusa artificiosa. *[subterfugi]*
subterráneo, ánea. adj. Que está bajo tierra. *[subterrani]*
suburbio. m. Arrabal de una ciudad, barrio exterior de una ciudad o villa. *[suburbi]*
subvención. f. Acción y efecto de subvenir. *[subvenció]* // Cantidad con que una cosa es subvenida. *[subvenció]*
subvencionar. v. tr. Gratificar con una subvención. *[subvencionar]*
subvenir. v. intr. Ayudar, socorrer. *[subvenir]*
subversión. f. Acción y efecto de subvertir. *[subversió]*
subvertir. v. tr. Trastornar, trastocar. *[subvertir]*
subyacente. adj. Situado debajo, más abajo. *[subjacent]*
subyugar. v. tr. y pron. Conquistar por la fuerza, dominar violentamente. *[subjugar]*
succión. f. Acción de sorber. *[succió]*
sucedáneo, ánea. adj. Dícese de una cosa que se usa en lugar de otra. *[succedani]*
suceder. v. intr. Entrar una persona o cosa en lugar de otra en un cargo, dignidad, etc., en la posesión de alguna cosa. *[succeir]* // Acontecer un hecho. *[succeir]*
sucesión. f. Acción y efecto de suceder. *[successió]* // Descendencia directa de un tronco familiar. *[successió]*
sucesivo, iva. adj. Dícese de las cosas que se suceden unas a otras. *[successiu]*
suceso. m. Acontecimiento, sobre todo si es de cierta importancia o fuera del caso ordinario. *[succés]*

suciedad. f. Aquello que quita la limpieza, la pureza de algo, cosa sucia. *[brutícia, porqueria]*

sucio, ucia. adj. Que contiene sustancias impuras. *[brut]* // Que es dejado, poco limpio. *[brut]*

sucoso, osa. adj. Que tiene jugo, jugoso. *[sucós]*

suculento, enta. adj. Jugoso, nutritivo, sustancioso. *[suculent]*

sucumbir. v. intr. Ceder a una cosa a la que ya no se puede resistir más. *[sucumbir]*

sucursal. adj. y s. f. Dícese del establecimiento que depende de otro. *[sucursal]*

sudar. v. tr. e intr. Tr. Excretar sudor por los poros de la piel. *[suar]* // Ganar con el sudor del trabajo, procurar alguna cosa. *[suar]* // Intr. Expeler el sudor. *[suar]*

sudario. m. Lienzo con que se envuelve un muerto. *[sudari]*

sudeste. m. Punto del horizonte a igual distancia del sur que del este. *[sud-est]*

sudoeste. m. Punto del horizonte a igual distancia del sur que del oeste. *[sud-oest]*

sudor. m. Líquido segregado por las glándulas sudoríparas del cuerpo del animal y que se compone principalmente de agua, urea, grasa y ácido carbónico. *[suor]*

suegro, egra. m. y f. El padre, la madre, del marido o de la mujer respecto al otro cónyuge. *[sogre]*

suela. f. Parte del calzado, correspondiente a la planta del pie. *[sola]* // Piel de toro adobada. *[sola]* // Cara inferior de un pan. *[sola]*

sueldo. m. Moneda antigua de diferente valor, según el tiempo y los países; en el sistema valenciano valía doce denarios y era la veinteava parte de una libra. *[sou]* // Estipendio, salario, paga. *[sou]*

suelo. m. Superficie de terreno u otra cosa sobre la que se camina. *[sòl]* // El terreno considerado en relación al cultivo. *[sòl]* // Superficie inferior o fondo de algunas cosas. *[sòl]*

suelto, elta. adj. Desligado de otras cosas parecidas, libre. *[solt]* // Expedito en la ejecución de una cosa. *[solt]* // Que no hace juego o no se aparea con otra cosa. *[solt]*

sueño. m. Serie de pensamientos, imágenes, emociones, que ocurren durante el sueño. *[somni]* // Imaginación vana de cosas imposibles. *[somni]*

suero. m. Parte acuosa de la sangre y otros líquidos animales que queda después de la coagulación. *[sèrum]* // Suero de la sangre preparado para inmunizar por inoculación el organismo contra determinadas enfermedades. *[sèrum]* // Suero de la leche. *[xerigot]*

suerte. f. Encadenamiento casual de sucesos. *[sort]* // Azar a que se confía la solución de alguna cosa. *[sort]* // Trozo de tierra pequeña. *[sort]*

suficiencia. f. Calidad de suficiente. *[suficiència]* // Confianza en sí mismo. *[suficiència]*

suficiente. adj. Que tiene suficiencia. *[suficient]* // Que basta para lo que se necesita. *[suficient]*

sufijar. v. tr. Añadir un sufijo a una palabra o a su radical. *[sufixar]*

sufijo, ija. adj. Elemento que se añade al final de una palabra. *[sufix]*

sufragar. v. tr. Prestar ayuda. *[sufragar]* // tr. y pron. Costear. *[costejar]*

sufragio. m. Ayuda, favor o socorro. *[sufragi]* // Obra buena que se aplica en favor de las almas del purgatorio. *[sufragi]* Voto de un elector. *[sufragi]*

sufrido, ida. adj. Que sabe sufrir con resignación. *[sofert]* // fig. Que se conserva largo tiempo, resistente. *[sofert]*

sufrimiento. m. El hecho de experimentar un dolor físico o moral más o menos prolongado. *[sofriment]*

sufrir. v. tr. e intr. Tr. Soportar, tolerar. *[sofrir]* // Someterse a una prueba. *[sofrir]* // Intr. Sentir un daño físico o moral. *[sofrir]*

sugerencia. f. Acción de sugerir. *[suggerència]*

sugerir. v. tr. Insinuar o hacer recordar una cosa. *[suggerir]* // Inspirar a alguien lo que ha de decir o hacer. *[suggerir]*

sugestión. f. Acción de sugerir. *[suggestió]* // Acción y efecto de sugestionar. *[suggestió]*

sugestionar. v. tr. Producir en alguien una sugestión. *[suggestionar]*

suicida. s. y adj. El que se mata a sí mismo. *[suïcida]*

suicidarse. v. pron. Quitarse la vida, matarse a sí mismo. *[suïcidar-se]*

suicidio. m. Acción y efecto de suicidarse. *[suïcidi]*

suizo, iza. adj. y s. Natural o propio de Suiza. *[suís]*

sujeción. f. Acción y efecto de sujetar. *[subjecció]* // Servidumbre, dependencia. *[subjecció]*

sujetar. v. tr. y pron. Tener sujeto a alguien o alguna cosa. *[subjectar]*

sujeto, eta. adj. Dícese de una cosa sometida a la acción de otra que la priva de separarse. *[subjecte]* // m. Materia sobre la que uno habla o escribe. *[subjecte]* // Cualquier persona indeterminada. *[subjecte]* // En gramática, la palabra o grupo de palabras sobre el cual se hace una afirmación. *[subjecte]*

sulfurar. v. tr. Combinar un cuerpo con el azufre. *[sulfurar]* // tr. y pron. Irritar. *[sulfurar]*

sultán. m. Soberano de un estado mahometano. *[sultà, soldà]*

suma. f. Agregado de muchas cosas. *[suma]* // Acción y efecto de sumar. *[suma]* // Recopilación de todas las partes de una ciencia. *[summa]*

sumando. m. Cada una de las cantidades de una suma. *[sumand]*

sumar. v. tr. Reunir diversas cantidades en una sola. *[sumar]*

sumario, aria. adj. Reducido a compendio breve, sucinto. *[sumari]* // m. Conjunto de actuaciones judiciales encaminadas a preparar un juicio. *[sumari]*

sumergir. v. tr. y pron. Poner alguna cosa bajo un líquido. *[submergir]*

sumersión. f. Acción y efecto de sumergir o de sumergirse. *[submersió]*

sumidero. m. Agujero que empieza un conducto de desagüe, como el de las aceras de las calles, de un lavadero, de una piscina, de un bebedor, una pila, etc. *[albelló]*

suministrar. v. tr. Proveer a alguien de lo que necesita. *[subministrar]*

sumisión. f. Acción y efecto de someter o de someterse. *[submissió]* // Obediencia, docilidad hacia el superior. *[submissió]*

sumiso, isa. adj. Que muestra sumisión. *[submís]*

súmmum. m. El grado más alto al cual llega alguna cosa. *[súmmum]*

suntuoso, osa. adj. Que es de gran magnificencia, muy lujuso. *[sumptuós]*

supeditar. v. tr. Hacer depender una cosa de otra. *[supeditar]*

superar. v. tr. Vencer un obstáculo, dificultad, etc. *[superar]*

superávit. m. Exceso de los ingresos sobre los gastos. *[superàvit]*

superficie. f. La parte externa de un cuerpo que le limita por todos los lados. *[superfície]* // La cara superior de una masa líquida. *[superfície]*

superior, ora. adj. Situado más arriba. *[superior]* // m. El que tiene autoridad sobre otro. *[superior]*

superioridad. f. Calidad de superior. *[superioritat]* // Persona o conjunto de personas de autoridad superior. *[superioritat]*

superlativo, iva. adj. Muy grande y excelente entre los de su especie. *[superlatiu]* // Aplicado al adjetivo que expresa el grado supremo de una cualidad. *[superlatiu]*

superponer. v. tr. y pron. Poner una cosa sobre otra. *[superposar]*

superstición. f. Creencia que no es de fe y va contra la razón. *[superstició]*

supervivencia. f. Acción y efecto de sobrevivir. *[supervivència]* // Donación estipulada a favor del que sobrevive. *[supervivència]*

supino, ina. adj. Tendido boca arriba, de espaldas. *[de sobines, supí]*

suplantar. v. tr. Ocupar con malas artes el lugar de otra persona. *[suplantar]*

suplemento. m. Aquello que se añade a

una cosa para hacerla más completa. *[suplement]*

súplica. f. Acción de suplicar. *[súplica]* // Escrito en el que se suplica alguna cosa. *[súplica]*

suplicar. v. tr. Pedir con sumisión y humildad. *[suplicar]*

suplicio. m. Pena corporal grave. *[suplici]* // Sufrimiento atroz. *[suplici]*

suplir. v. tr. Proveer con una cosa la falta de otra. *[suplir]* // Ponerse en el lugar de otro. *[suplir]*

suponer. v. tr. Admitir como cierto o real lo que se imagina como tal. *[suposar]* // Sobreentender alguna cosa no expresada. *[suposar]*

suposición. f. Acción y efecto de suponer. *[suposició]*

supositorio. m. Cilindro o cono de una sustancia medicamentosa que se aplica por vía rectal. *[supositori]*

supremo, ema. adj. Superior a todos los demás, que alcanza el grado máximo. *[suprem]* // Último en la vida de alguien. *[suprem]*

supresión. f. Acción y efecto de suprimir. *[supressió]*

suprimir. v. tr. Hacer desaparecer, abolir, extinguir. *[suprimir]*

supuesto. m. Aquello que se supone o admite como real o cierto. *[supòsit]* // Suposición. *[suposició]*

supurar. v. intr. Producir pus, secretar pus. *[supurar]*

sur. m. Punto cardinal opuesto al norte. *[sud]* // Parte de la tierra, región situada en la parte sur. *[sud]*

surcar. v. tr. Hacer surcos en la tierra. *[solcar]* // Hacer o formar rayas a manera de surcos. *[solcar]*

surco. m. Señal que deja el arado en la tierra. *[solc]* // Señal que deja una cosa al pasar sobre otra. *[solc]*

surgir. v. intr. Aparecer, manifestarse. *[sorgir]* // Anclar, fondear. *[sorgir]*

surtir. v. tr. y pron. Proveer a alguien de algo. *[assortir]*

suscitar. v. tr. y pron. Promover, hacer surgir. *[suscitar]*

suscribir. v. tr. Firmar al pie de un escrito. *[subscriure]* // Convenir con el dictamen de otro. *[subscriure]* // **-se.** Contribuir con otros al pago de una cantidad para una obra. *[subscriure's]* // Abonarse a una publicación. *[subscriure's]*

susodicho, icha. adj. Dicho anteriormente, nombrado más arriba. *[susdit]*

suspender. v. tr. Tener alguna cosa en el aire, de manera que cuelgue. *[suspendre]* // Parar una obra o acción temporalmente. *[suspendre]* // Privar a alguien de su cargo o de su sueldo. *[suspendre]* // Negar la aprobación a un examinando. *[suspendre]*

suspensión. f. Acción y efecto de suspender. *[suspensió]* // En música, prolongación de una nota de un acorde sobre el acorde siguiente. *[suspensió]*

suspenso, ensa. adj. Que se suspende. *[suspens]* // Nota de desaprobación de un examen. *[suspens]*

suspicaz. adj. Propenso a la desconfianza. *[suspicaç]*

suspirar. v. intr. Hacer suspiros. *[sospirar]*

suspiro. m. Aspiración prolongada en demostración de pena, ansia, fatiga, etc. *[sospir]*

sustancia. f. Caldo extraído de ciertos alimentos. *[substància]* // Parte esencial de una cosa. *[substància]* // Esencia, naturaleza de las cosas. *[substància]*

sustanciar. v. tr. Establecer la verdad de una cosa con pruebas. *[substanciar]* // Hacer real o existente. *[substanciar]*

sustancioso, osa. adj. Que tiene mucha sustancia. *[substanciós]*

sustantivar. v. tr. y pron. Convertir en sustantivo otra parte de la oración. *[substantivar]*

sustantivo, iva. adj. Que tiene existencia real independiente. *[substantiu]* // Aplicado al nombre con el que se dan a conocer las personas o cosas por su sustancia o esencia. *[substantiu]*

sustentar. v. tr. y pron. Defender una tesis o dictamen. *[sustentar]* // Mantener, dar alimento. *[sustentar]*

sustitución. f. Acción y efecto de sustituir. *[substitució]*

sustracción. f. Acción y efecto de sustraer o de sustraerse. *[sostracció]*

sustraendo. m. Cantidad que hay que restar a otra. *[subtrahend]*

sustraer. v. tr. Sacar parte de una cosa para que disminuya la cantidad. *[sostraure]* // Guardarse una cosa de otro para que no pueda servirse o ejercer una acción. *[sostraure]* // Quitar una cosa fraudulentamente. *[sostraure]* // **-se.** No cumplir una obligación o promesa, etc. *[sostraure's]*

sustrato. m. Sustancia considerada como el soporte de los accidentes o atributos. *[substrat]* // Elementos pertenecientes a una lengua desaparecida y que se conservan en la lengua sobrevenida. *[substrat]*

susurrar. v. intr. Hablar en voz baja y produciendo un rumor sordo. *[zumzejar]*

sutil. adj. De una tenuidad extrema. *[subtil]* // Que revela una gran agudeza mental. *[subtil]*

sutilizar. v. tr. e intr. Tr. Volverse sutil. *[subtilitzar]* // Intr. Hacer distinciones, observaciones. *[subtilitzar]*

sutura. f. Costura, especialmente la que se hace para unir los labios de una herida. *[sutura]* // Línea de unión de los huesos del cráneo. *[sutura]* // En botánica línea de unión de dos márgenes adyacentes. *[sutura]*

suyo, uya. adj. o pron. posesivo de tercera persona. *[seu]*

t t t t t t t t

t. f. Vigésima tercera letra del abecedario. *[t]*

taba. f. Astrágalo, uno de los huesos del talón. *[taba]* // Juego infantil que se juega con este hueso. *[taba]* // Conversación insistente sobre un tema incoherente. *[taba]* // Pliego de las condiciones de una venta, arrendamiento, etc. *[taba]*

tabaco. m. Planta solanácea, de origen americano, de fuerte olor, narcótica, cuyas hojas se usan para fumar. *[tabac]*

tábano. m. Insecto díptero, parecido a la mosca, provisto de un aguijón que le permite atravesar la piel y chupar la sangre de los animales. *[tave]*

tabaola. f. Batahola, zambra, broma, acción de divertirse ruidosamente. *[tabola]*

tabaque. m. Canastilla, especialmente para poner pan, fruta, flores, hilos y utensilios de costura, etc. *[tabac]*

tabarra. f. fig. Cosa enojosa por su excesiva longitud, pesadez y monotonía. *[llanda]*

taberna. f. Establecimiento o tienda donde se vende, al detalle, vino y otras bebidas y licores. *[taverna]*

tabernáculo. m. Sagrario del altar donde se guarda el Santísimo. *[tabernacle]* // Lugar donde los hebreos guardaban el Arca de la Alianza. *[tabernacle]*

tabicar. v. tr. Tapar con una pared una puerta, ventana, etc. *[aparedar]*

tabique. m. Pared hecha de ladrillos puestos de lado y que separa dos habitaciones. *[barandat]*

tabla. f. Pieza de madera de cierta longitud más ancha que gruesa, de sección rectangular. *[post]*

tablado. m. Cadalso de maderas para representaciones teatrales, conciertos, bailes u otros espectáculos. *[entaulat]*

tablero. m. Conjunto de piezas de madera que forman una superficie llana, y atravesadas por barrotes en el otro lado, formando una sola pieza. *[post]*

tablón. m. Tabla gruesa. *[tauló]*

tabú. m. Interdicción supersticiosa sobre el uso de ciertas cosas o palabras o el cumplimiento de ciertas acciones. *[tabú]*

tabular. adj. Que presenta una superficie plana. *[tabular]* // Dispuesto formando una mesa, que figura en una mesa. *[tabular]*

tacañería. f. Calidad de tacaño. *[gasiveria]*

tacaño, aña. adj. Extraordinariamente cuidadoso en los gastos, mezquino, roñoso. *[misериós, gasiu]*

tácito, ácita. adj. Que se deja adivinar sin expresarse. *[tàcit]* // Silencioso. *[silenciós]*

taciturno, urna. adj. Caviloso, cabizbajo, absorbido por un pensamiento, preocupación o sentimiento. *[consirós]*

taco. m. Trozo de madera o cuero que se ajusta a algún agujero. *[tac]* // fam. Voto, juramento, palabrota. *[renec, jurament]*

tacón. m. Talón de los zapatos. *[tacó]*

táctica. f. Conjunto de reglas que rigen las operaciones militares. *[tàctica]* // fig. Camino más o menos hábil, procedimiento usado para un resultado determinado. *[tàctica]*

tacto. m. Sentido con el que se percibe la suavidad o espesor de las cosas. *[tacte]*

tacha. f. Nota desfavorable. *[titla]*

tachuela. f. Clavo corto de cabeza gruesa. *[gavarrot]*

tafetán. m. Tela delgada de seda, muy tupida. *[tafetà]*
tafilete. m. Cuero bruñido y lustroso, más delgado que el cordobán. *[tafilet]*
tahalí. m. Tira de cuero que, cruzada desde el hombro derecho hasta el lado izquierdo de la cintura, sostiene la espalda. *[xarpa]*
tahona. f. Molino de harina cuya rueda se mueve con caballería. *[molí]* // Casa donde se cuece y vende el pan. *[fleca, forn]*
tahonero, era. m. y f. Quien hace o vende pan. *[forner]*
tahúr. m. El que frecuenta las casas de juego, jugador de oficio. *[tafur]*
taifa. f. Bandería, multitud indisciplinada, partido subversivo, conjunto despreciable. *[taifa]*
taimado. m. Reptil parecido a la víbora, muy venenoso, con una pinta negra en el lomo. *[sacre]*
taimado, ada. adj. y s. Bellaco, astuto, disimulado. *[astut, sorneguer]*
taina. f. Danza popular valenciana que se baila acompañada del timbal y la dulzaina. *[taina]*
tajada. f. Trozo de carne sin hueso. *[palpís, tallada]*
tajar. v. tr. Dividir una cosa en dos o más partes con un instrumento cortante. *[tallar]* // Cortar una pluma de manera que pueda servir para escribir. *[trempar, temprar]*
tajo. m. Corte hecho con un instrumento. *[tall]* // Filo o corte. *[tall]* // Lugar donde siega, etc., un grupo de trabajadores. *[tall]* // Trozo de madera grande donde se corta la carne. *[piló]*
tal. adj. Parecido. *[tal]*
tala. f. Acción y efecto de talar. *[tala]*
talabarte. m. Cinturón del que se lleva colgando la espada o el sable. *[talabart]*
talabartería. f. Tienda o taller de talabartero. *[talabarteria]*
talabartero. m. Guarnicionero que hace talabartes y otros correajes. *[talabarter]*
tálamo. m. Habitación y cama nupciales. *[tàlem]* // Dilatación terminal de un pedúnculo que sostiene los verticales florales. *[tàlem]* // Dosel para cubrir a alguien y defenderlo del sol. *[tàlem]*
talante. m. Manera de proceder, carácter. *[tarannà]*
talar. v. tr. Cortar a ras de tierra una arboleda. *[talar]* // Arrasar poblados, campos, etc. *[talar]*
talco. m. Mineral suave al tacto, constituido por silicato magnésico. *[talc]*
talega. f. Medida de cuatro barchillas. *[taleca]* // Saco donde caben cuatro barchillas. *[taleca]* // Saco o bolsa ancha, de tela basta para llevar el pan y otras cosas. *[taleca]*
talento. m. Antigua unidad de peso, usada especialmente como múltiplo monetario. Entre los griegos valía 60 minas o 6.000 dracmas. En el sistema valenciano valía 72 libras, equivalentes a 6.912 dracmas de dos adarmes cada uno; era el peso de dos arrobas, esto es, 25,56 kgs. *[talent]* // Capacidad natural o adquirida para ciertas cosas. *[talent]*
talión. m. Pena que consiste en hacer sufrir al delincuente un daño igual al que él ha causado. *[talió]*
talisman. m. Piedra, anillo, etc., a que se atribuye una virtud sobrenatural. *[talismà]*
talón. m. La parte posterior del pie, y parte del calzado que la cubre. *[taló]* // Documento formado por la página de un libro donde queda la matriz al arrancarlo. *[taló]*
talonario. m. Libro que contiene talones para recibos, libranzas en otros documentos. *[talonari]*
talud. m. Inclinación del paramento de un muro, de un cortante del terreno etc. *[talús]*
talla. f. Estatura o alzada de un hombre. *[talla]* // Acción y efecto de tallar, según una forma determinada. *[talla]* // Obra de escultura en madera. *[talla]* // Repartición de un tributo o impuesto. *[talla]*
tallar. adj. Que puede ser talado o cortado. *[tallar]*
tallar. v. tr. Hacer cortes o incisiones, cortar. *[tallar]* // Hacer obras de talla.

[tallar] // En el juego de pelota valenciana, acción de pegar a la pelota de forma que pase muy fuerte y ajustada a la cuerda. *[tallar]* // Medir la estatura. *[tallar]*

talle. m. Disposición del cuerpo humano. *[cossatge, cintura]* // Cintura y parte del vestido que le corresponde. *[cintura]*

taller. m. Lugar donde se realiza un trabajo manual. *[taller]*

tallo. m. Órgano de las plantas que sirve de sustento a las hojas, flores y frutas. *[tija]*

támara. f. Cosa para encender, leña menuda y hojarasca seca. *[encenall]*

tamariz. m. Arbusto de la familia de las tamaricáceas, de hojas escamosas que vive en las orillas de los ríos. *[tamariu]*

tambalear. v. intr. y pron. Moverse una persona o cosa de un lado a otro como cayéndose por falta de fuerza o de equilibrio. *[trontollar, tentinejar]*

también. adv. De la misma manera, igualmente, además. *[també]*

tambor. m. Timbal, y persona que lo toca. *[tambor]* // Círculo de madera sobre el que se extiende la ropa para bordarla. *[tambor]* // Tímpano del oído. *[timpà]*

tamboril. m. Tambor pequeño colgado del brazo izquierdo, que se toca con un solo palillo. *[tamborí]* // En el juego de pelota valenciana, chaflán de pocos centímetros de altura que, tanto en la banda del resto como en la del dado, mata el ángulo que hacen los frontones con el suelo del trinquete. *[tamborí]*

tamborilada. f. Golpe dado con la mano en la cabeza. *[calbot]*

tamborilero. m. El que toca el timbal. *[tabaler]* // El que fabrica timbales. *[tabaler]*

tamborinada. f. Golpe o sonido de tamboril. *[tamborinada]*

tamiz. m. Cedazo muy fino, generalmente de seda. *[tamís]*

tamizar. v. tr. Pasar por el tamiz. *[tamisar]*

tamo. m. Pelusa que se forma debajo de los muebles, borra. *[borró]*

tampoco. adv. Negación de una cosa después de haber negado otra. *[tampoc]*

tampón. m. Filtro impregnado de tinta con el que se unta la superficie de un sello, etc. *[tampó]*

tan. adv. Apócope de «tanto». Indicación de equivalencia o igualdad, usada ante un adjetivo o adverbio. *[tan]*

tanda. f. Alternativa o turno. *[tanda]* // Cada uno de los grupos de personas que alternan en un trabajo. *[tanda]* // Serie de hechos análogos que ocurren durante un período de tiempo. *[tongada, tanda]*

tándem. m. Bicicleta para dos o más personas. *[tàndem]* // Tiro de caballos puestos uno detrás de otro. *[tàndem]*

tángano. m. Pieza corta de caña para jugar, chito. *[canonet]*

tangente. adj. Que toca en un solo punto a una línea, a una superficie. *[tangent]* // f. Recta que tiene algún punto en común con una curva o una superficie sin cortarla. *[tangent]*

tangible. adj. Que se puede tocar. *[tangible]* // Perceptible al tacto. *[tangible]*

tanque. m. Automóvil acorazado y artillado. *[tanc]* // Recipiente metálico destinado para contener gran cantidad de líquido. *[tanc]*

tantear. v. tr. Hacer indagaciones o exploraciones, hacer pruebas antes de emprender la ejecución de una cosa. *[temptejar]*

tanteo. m. Acción de tantear. *[tempteig]*

tanto, anta. adj., pron. y adv. En gran cantidad. *[tant]* // m. Cantidad determinada de una cosa. *[tant]* // En el juego de pelota valenciana, cada uno de los puntos que se ganan en una partida. *[tanto]*

tañer. v. tr. Tocar un instrumento. *[tocar, repicar]*

tapa. f. Pieza que cierra por la parte superior una caja, etc. *[tapa]* // Cubierta córnea de la pezuña de un caballo. *[tapa]* // Cada una de las piezas de suela que componen el talón del zapato. *[tapa]*

tapador, ora. adj. Que tapa. *[tapador]* // m. y f. Pieza para tapar que encaja la boca o abertura; tapa; tapadera; *[tapa-*

dor] // f. Pieza que se aplica a la boca de una olla, cazuela, perol, etc. *[tapadora]*

tapar. v. tr. Poner el tapón a una botella, etc. *[tapar]* // Poner en un agujero o cavidad alguna cosa para taparlo, cerrarlo, obstruirlo, impedir la comunicación. *[tapar]* // Poner alguna cosa encima de la otra, abrigándola, defendiéndola del polvo, etc. *[tapar]* // Interceptar la vista de alguna cosa un cuerpo opaco. *[tapar]*

tapete. m. Pieza de tela, etc., con la que se cubre la mesa; cubremesa. *[sobretaula]*

tapia. f. Trozo de pared hecha de tierra amasada y prensada, secada al aire. *[tàpia]* // Pared delgada que cierra un espacio descubierto. *[tàpia]*

tapiar. v. tr. Cerrar con una tapia. *[tapiar]* // Cerrar una abertura con una pared o tabique. *[tapiar]*

tapicería. f. Juego de tapices. *[tapisseria]* // Arte, obra y tienda de tapicero. *[tapisseria]*

tapicero, era. m. y f. El que tiene por oficio tejer, aderezar o componer tapices. *[tapisser]*

tapioca. f. Fécula blanca en grano que se extrae de la raíz de la mandioca. *[tapioca]*

tapiz. m. Paño con grandes dibujos, que sirve para adornar las paredes de las habitaciones. *[tapís]*

tapizar. v. tr. Cubrir con tapices. *[entapissar]* // Guarnecer de tapices, adornar. *[entapissar]*

tapón. m. Pieza de corcho, etc., para tapar una abertura. *[tap]* // Dificultad, inconveniente. *[tap]*

taponar. v. tr. Obstruir con un tapón. *[taponar]*

taponero, era. adj. Relativo o perteneciente a la fabricación de tapones. *[taper]* // m. El que hace tapones. *[taper]*

taquigrafía. f. Arte de escribir por medio de signos abreviados. *[taquigrafia]*

taquígrafo, ígrafa. m. y f. El que practica la taquigrafía. *[taquígraf]*

taquilla. f. Lugar donde se despachan los billetes, para un ferrocarril o un espectáculo, ventanilla. *[taquilla]*

tara. f. Parte del peso rebajado de las mercancías por razón del embalaje. *[tara]* // Imperfección que disminuye el valor de una cosa. *[tara]*

tarabilla. f. Pieza curva que coge, engancha y deja un diente de una rueda impidiéndole que retroceda. *[cadell]*

tarambana. adj. y s. Que obra sin sentido, sin preocupación por la seriedad o formalidad. *[tarambana]*

tarara. f. Nombre de una canción y baile propio de los días de Pascua que se baila cogiéndose de las manos y dando vueltas muy rápidas. *[tarara]*

tararear. v. tr. Cantar sin decir palabras. *[taral·lejar]*

tarascada. f. Golpe, mordedura, etc. *[espenta, colp, mossegada]* // Respuesta áspera. *[estufit]*

tardar. v. intr. Llegar tarde. *[tardar]* // Ponerse a hacer una cosa con retraso. *[tardar, trigar]*

tarde. f. Parte del día comprendida entre el mediodía y el atardecer. *[vesprada]* // adv. A una hora avanzada. *[tard]* // Pasado el tiempo oportuno. *[tard]*

tardear. v. intr. Ser más o menos tarde o tardío. *[tardejar]*

tardío, ía. adj. Que tarda en hacer cualquier cosa. *[tardà]*

tardo, arda. adj. Que hace las cosas demasiado lenta o perezosamente. *[tardaner, palpó]*

tarea. f. Trabajo que ha de realizarse en un tiempo determinado. *[tasca]* // Trabajo que alguien tiene la obligación de hacer, que es su trabajo habitual. *[tasca]*

tarifa. f. Lista de los precios o impuestos que hay que pagar por las cosas o trabajos. *[tarifa]*

tarima. f. Entablado movible que forma una plataforma un poco más elevada que el pavimento de una sala. *[tarima]*

tarja. f. Escudo militar medieval de forma rectangular que cubría todo el cuerpo. *[tarja]* // Placa rectangular donde se anota un nombre, una indicación. *[tarja]* // Tarjeta. *[tarja]*

tarjeta. f. Trozo rectangular de cartulina que lleva impreso o escrito los nombres de una persona, dirección etc. *[targeta]*

tarquín. m. Barro depositado por las aguas en el lecho de ríos, acequias, etc. *[tarquim, llac]* // Lodo que deja la riada cuando se retiran las aguas de los campos inundados. *[llacada]*

tarraconense. adj. y s. Natural o propio de Tarragona. *[tarragoní]*

tarro. m. Recipiente de hojalata, barro cocido, etc., generalmente cilíndrico, para guardar algo. *[pot]*

tarso. m. Parte posterior del pie entre el metatarso y la pierna. *[tars]*

tartamudear. v. intr. Hablar pronunciándo unas letras por otras o articulando defectuosamente. *[farfallejar, quequejar]*

tartamudo, uda. adj. y s. Que tartamudea. *[quec]*

tartana. f. Embarcación de cabotaje de vela latina y de un solo palo. *[tartana]* // Carruaje de dos ruedas cubierto con un toldo, que inicialmente hacía el servicio de la ciudad al Grao de Valencia, conducido por los primeros tartaneros valencianos que eran pescadores viejos retirados de la pesca. *[tartana]*

tártaro, ártara. adj. y s. Relativo o perteneciente a Tartaria. *[tàrtar]* // m. Sustancia que el mosto deposita en el fondo y las paredes del cubo, botas, etc. *[tàrtar]*

tas. m. Pieza de hierro que sirve de molde para dar forma a objetos metálicos. *[tas]*

tasa. f. Acción y efecto de tasar. *[taxa]* // Precio fijo puesto por la autoridad a las cosas que son objeto de venta. *[taxa]* // Medida. *[taxa]*

tasajo. m. Trozo de carne seca. *[tassall]* // Cosa hecha a trozos. *[tassall]*

tasar. v. tr. Acción y efecto de tasar. *[taxar]*

tatarabuelo, ela. m. y f. El padre o la madre del bisabuelo o bisabuela. *[rebesavi]*

tato. m. El hijo pequeño de un matrimonio. *[caganiu]*

tatuar. v. tr. y pron. Grabar dibujos indelebles en la piel humana. *[tatuar]*

taumaturgo. m. Hacedor de milagros, de cosas prodigiosas. *[taumaturg]*

taxi. m. Automóvil provisto de un taxímetro. *[taxi]*

taxímetro. m. Aparato que marca la distancia recorrida por un vehículo, y la cantidad devengada en un automóvil de alquiler. *[taxímetre]*

taza. f. Recipiente de diferentes materias para tomar café, té, etc. *[tassa]* // El contenido de una taza. *[tassa]*

tazón. m. Taza de barro cocido, porcelana, etc., más grande que la taza ordinaria, con o sin asas; escudilla. *[tassó]*

te. f. Nombre de la letra «t». *[te]*

te. Forma del pronombre de la segunda persona, singular, que hace de complemento directo o indirecto. *[te]*

té. m. Planta de la familia de las teáceas. *[te]* // Infusión que se obtiene de las hojas de este arbusto con agua hirviendo. *[te]* // Reunión de personas durante la cual se sirve esta infusión. *[te]*

tea. f. Madera resinosa del pino, que se quema con mucha facilidad. *[teia]* // Astilla de esta madera. *[teia]*

teatro. m. Lugar destinado a la representación de espectáculos escénicos. *[teatre]* // Literatura destinada a ser representada. *[teatre]* // Lugar donde acontece un hecho. *[teatre]*

tecla. f. En un piano, órgano, etc., cada una de las barritas de madera y marfil que, pulsadas por los dedos del ejecutante, producen los sonidos. *[tecla]*

teclear. v. intr. Mover las teclas de un instrumento pulsándolas con los dedos. *[teclejar]*

técnica. f. Conjunto de conocimientos y reglas de un arte o ciencia. *[tècnica]*

técnico, écnica. adj. Relativo o perteneciente a las aplicaciones de las ciencias y las artes. *[tècnic]* // Aplicado a las palabras propias de un arte, ciencia u oficio. *[tècnic]* // m. y f. Versado en una técnica. *[tècnic]*

techo. m. Parte interior y superior de un edificio o de una habitación. *[sostre]*

tedero. m. Pieza de hierro que se llena

de teas y leña para hacer luz. *[teiera, fester]*

tedio. m. Molestia causada por la continuidad o repetición de una cosa que no nos interesa. *[tedi]*

tedioso, osa. adj. Que da tedio. *[tediós]*

teja. f. Pieza de barro cocido en forma de canal, un poco más ancha de un lado que de otro. *[teula]*

tejado. f. Cubierta hecha con tejas puestas ordenadamente. *[teulada]*

tejar. m. Tejería, fábrica de tejas. *[teular]*

tejar. v. tr. Cubrir un edificio con tejas. *[teular]*

tejer. v. tr. Pasar la trama entre los hilos de la urdimbre, con el fin de formar la pieza de tela. *[teixir]* // Enlazar o entrelazar hilos con cordones. *[teixir]*

tejido. m. Entrelazado de hilo o hilos que forman una tela o trabajo análogo. *[teixit]* // Cada uno de los diferentes elementos anatómicos que forman las partes sólidas de los cuerpos organizados. *[teixit]*

tejo. m. Pedazo redondo de teja, tiesto u otra materia parecida con que juegan los niños. *[tella]* // Cualquier fragmento de materia sólida caída desde lo alto, de un tejado, etc., o lanzado violentamente contra alguien. *[tella]*

tejón. m. Mamífero carnicero muy apreciado por su piel y pelo, de los cuales se hacen pinceles y brochas. *[teixó]*

tela. f. Trabajo hecho con hilos entrelazados. *[tela]* // Telaraña. *[teranyina]*

telar. m. Máquina para tejer. *[teler]*

telaraña. f. Tejido que forma la araña. *[teranyina]*

telefonear. v. tr. Hablar o comunicar por teléfono. *[telefonar]*

telefónico, ónica. adj. Relativo o perteneciente al teléfono. *[telefònic]*

teléfono. m. Instrumento para transmitir a distancia los sonidos. *[telèfon]*

telegrafía. f. Arte de construir, instalar y manejar telégrafos. *[telegrafia]*

telegrafiar. v. tr. Transmitir por telégrafo. *[telegrafiar]*

telegráfico, áfica. adj. Relativo o perteneciente a la telegrafía. *[telegràfic]*

telégrafo. m. Sistema de transmisión y recepción de signos, señales o escritos, por hilos mediante dispositivos electromagnéticos. *[telègraf]* // Aparato de un determinado sistema telegráfico. *[telègraf]* // pl. Administración u oficina de telegrafía. *[telègraf]*

telegrama. m. Comunicación transmitida por telégrafo. *[telegrama]*

teleósteo. adj. Aplicado a los peces de esqueleto óseo. *[teleosti]*

telepatía. f. Percepción de un fenómeno que no está al alcance de los sentidos. *[telepatia]*

telescopio. m. Instrumento óptico, usado para observar los astros. *[telescopi]*

teletipo. m. Aparato de telegrafia rápida, con recepción simultánea en el receptor, y que tiene un teclado como el de las máquinas de escribir. *[teletip]*

televisar. v. tr. Difundir por televisión. *[televisar]*

televisión. f. Radiodifusión simultánea de imágenes y sonidos. *[televisió]*

televisor. m. Aparato receptor de los sonidos y las imágenes emitidas por televisión. *[televisor]*

telón. m. Tela pintada que sirve de cortina en un escenario o como fondo de un decorado. *[teló]*

tema. m. Proposición o texto que se toma como argumento o materia de un discurso, de un escrito, etc. *[tema]* // Motivo melódico de una composición musical. *[tema]* // Palabra desprovista de su desinencia o flexión. *[tema]* // Porfía, idea fija, obsesiva. *[tema]*

temática. f. Conjunto de temas literarios, artísticos, históricos, etc. *[temàtica]*

temblar. v. intr. Agitarse con movimientos frecuentes. *[tremolar]* // fig. Tener mucho miedo de alguna cosa. *[tremolar]*

temblor. m. Serie de pequeñas oscilaciones que agitan un cuerpo o una parte del cuerpo. *[tremolor]*

temblorcillo. m. Ligero temblor. *[tremolí]*

tembloroso, osa. adj. Que tiembla. *[trement, tremolós]*

temer. v. tr. e intr. Tr. Tener amor o respeto por alguien o por alguna cosa. *[témer]* // Intr. Sentir temor. *[témer]*

temerario, aria. adj. Que se expone al peligro de forma audaz; imprudente; arriesgado, osado. *[temerari]*

temeroso, osa. adj. Lleno de temor, que se hace con temor. *[temerós]*

temor. m. Movimiento del ánimo del que teme a alguien o a alguna cosa, el hecho de temer. *[temor]*

temperamento. m. Disposición para obviar dificultades o arreglar alguna cosa. *[temperament]* // Constitución particular de cada individuo. *[temperament]*

temperar. v. tr. y pron. Moderar, suavizar. *[temperar]*

temperatura. f. Grado de calor de cuerpos. *[temperatura]* // Estado sensible del aire. *[temperatura]*

tempero. m. Buena disposición que adquiere la tierra de labranza con el agua de lluvia. *[tempir]*

tempestad. f. Perturbación de la atmósfera acompañada de viento, lluvia, relámpagos y truenos. *[tempesta]* // Fuerte agitación del mar causada por la violencia de los vientos. *[tempesta]*

templanza. f. Sujeción de los sentidos y apetitos a la razón. *[templança]* // Moderación, sobriedad. *[templança]*

templar. v. tr. Dar a una materia el punto de dureza o elasticidad que necesita. *[temprar]* // Disponer un instrumento musical en condiciones de producir sus sonidos propios. *[temprar]*

templario. m. Individuo de una orden religiosa y militar, establecida en el s. XII para proteger el Santo Sepulcro y a los peregrinos. *[templer]*

temple. m. Punto de dureza y elasticidad que se da a una materia. *[tremp]* // Firmeza de carácter; temperamento. *[tremp]*

templo. m. Edificio destinado al culto religioso. *[temple]*

temporada. f. Espacio de tiempo de cierta duración. *[temporada]*

temporal. adj. Que pasa con el tiempo. *[temporal]* // Relativo o perteneciente al tiempo. *[temporal]* // Perteneciente o relativo a las sienes o pulsos. *[temporal]* // m. Tempestad, lluvia o nevada producida por una depresión de gran amplitud que tarda unos días en pasar. *[temporal]*

temporalizar. v. tr. Hacer temporal lo que es eterno. *[temporalitzar]*

tempranero, era. adj. Que viene antes del tiempo regular. *[primerenc]*

temprano, ana. adj. Adelantado, anticipado o que es antes del tiempo ordinario. *[primerenc]* // adv. De buena mañana, a una hora no avanzada del día, de mañana. *[enjorn]* // Antes de ponerse el sol, no demasiado tarde, opuesto a tarde refiriéndose al final de la jornada solar de trabajo, pronto. *[enjorn]*

tenacear. v. tr. Coger con tenazas. *[estenallar]*

tenaz. adj. Que pone mucha resistencia a una cosa. *[tenaç]*

tenazas. f. pl. Instrumento de metal formado por dos brazos que pueden abrirse y cerrarse. *[estenalles]*

tenca. f. Pez teleósteo que vive en balsas y estanques. *[tenca]*

tendalera. f. Desorden de las cosas que se dejan tendidas por el suelo. *[estesa]*

tendedero. m. Lugar donde se tiende alguna cosa para que se seque. *[estenedor]*

tendel. m. Cuerda que utilizan los albañiles colocándola horizontalmente estirada que sirve para construir recta una pared. *[llença]*

tendencia. f. Inclinación a un fin determinado. *[tendència]*

tender. v. tr. e intr. Tr. Poner la ropa a secar. *[estendre]* // Desdoblar, extender lo que está doblado, arrugado, etc. *[estendre]* // Intr. Tener una tendencia consciente o inconsciente. *[tendir]*

tendero, era. m. y f. Quien tiene tienda de venta. *[botiguer]*

tendón. m. Haz de fibras, blanco y brillante que une los músculos a los huesos y otros órganos. *[tendó]*

tenebroso, osa. adj. Cubierto, lleno de tinieblas. *[tenebrós]*

tenedor. m. Instrumento de cocina y mesa de madera o de metal, en forma de horca pequeña que sirve para coger la comida. *[forqueta, forquilla]*

tenencia. f. Acción de tener o poseer una cosa. *[tinença]* // Territorio tenido en feudo. *[tinença]*

tener. v. tr. Poseer, fruir. *[tenir]* // Ocupar un espacio. *[tenir]* // Coger o sujetar una cosa. *[tenir]* // Guardar. *[tenir]*

tenería. f. Oficio de curtidor. *[blanqueria]*

tenia. f. Gusano intestinal blancuzco, de cabeza muy pequeña y cuerpo formado por anillos planos. *[tènia]*

teniente. m. Grado del ejército inmediatamente inferior al de capitán. *[tinent]*

tenis. m. Juego de pelota que se juega en una pista rectangular entre dos o cuatro personas y con raqueta. *[tennis]*

tenor. m. Carácter general, tendencia de un discurso escrito, etc. *[tenor]* // En música, voz más alta propia del hombre, cantante que tiene esta voz. *[tenor]*

tensión. f. Acción y efecto de estirar hasta la rigidez. *[tensió]* // Intensidad de la fuerza expansiva de los gases. *[tensió]* // Tendencia de una carga eléctrica a descargarse. *[tensió]*

tenso, ensa. adj. Que tensa; aplicado a un cuerpo flexible que se ha vuelto rígido por la acción de fuerzas que le estiran; tirante. *[tibant]* // Dícese de las relaciones de amistad, etc., que están a punto de romperse. *[tibant]*

tentación. f. Acción de tentar, aquello que nos tienta. *[temptació]*

tentáculo. m. Apéndice móvil de ciertos animales que les sirve como órgano del tacto y de presión. *[tentacle]*

tentar. v. tr. Poner a prueba. *[temptar]* // Instigar, inducir o tratar de inducir a alguien hacia alguna cosa. *[temptar]*

tentativa. f. Acción de tentar alguna cosa. *[temptativa]* // Principio de ejecución de un delito que no se ha realizado. *[temptativa]*

tenue. adj. De una fineza, primura, pequeñez extremas. *[tènue]* // Muy rarificado. *[tènue]*

teñir. v. tr. y pron. Dar a una tela un color diferente del que tenía. *[tenyir]*

teología. f. Ciencia que trata de Dios y de la fe y vida cristianas. *[teologia]*

teorema. m. Proposición que afirma una verdad demostrable. *[teorema]*

teoría. f. Conocimiento especulativo, principios generales de un arte, materia. *[teoria]* // Serie de leyes que relacionan todo un orden de hechos. *[teoria]*

teórico, órica. adj. Relativo o perteneciente a la teoría. *[teòric]* // m. y f. Entendido en la teoría de algún arte, etc. *[teòric]*

tepe. m. Pan de tierra que forma una masa compacta con las raíces de las hierbas. *[gleva]*

tercero, era. adj. Que ocupa el lugar que hace tres en una serie ordenada. *[tercer]* // Cada una de las tres partes iguales en que se divide un todo // m. Mediador entre dos. *[tercer]* // Que no es ninguna de las dos personas que intervienen en un negocio. *[tercer]*

terceto. m. Composición musical para tres instrumentos o voces. *[tercet]* // Conjunto de estos tres instrumentos o voces. *[tercet]* // Estrofa de tres versos. *[tercet]*

tercia. f. Tercera parte de un todo. *[terça]* // Peso de una libra aplicado a la carne. *[terça]* // Segunda de las cuatro partes en que dividían el día los romanos. *[tèrcia]*

terciana. f. Fiebre que se repite al cabo de tres días. *[terçana]*

tercio, ercia. adj. Tercero. *[tercer]* // m. Cada una de las tres partes iguales en que se divide un todo. *[terç]*

terciopelero. m. Tejedor o fabricante de terciopelo. *[velluter]*

terciopelo. m. Ropa peluda de seda, o de otra clase de hilo; velludo. *[vellut]*

terco, erca. adj. Dicho de una persona difícil de dominar por su genio, cabezonería. *[rebec]*

tergiversar. v. tr. Contar deformados los hechos, las palabras, etc. *[tergiversar]*

terminación. f. Acción y efecto de terminar o terminarse. *[terminació]* // La última de las partes en que se considera dividida alguna cosa. *[terminació]*

terminal. adj. Que pone término o fin. *[terminal]*

terminar. v. tr. e intr. Tr. Poner término a alguna cosa. *[terminar]* // Intr. Tener término. *[terminar]*

término. m. Límite o fin de alguna cosa. *[terme]* // Cada uno de los hitos que señalan los límites de una propiedad, etc. *[terme]* // Tiempo determinado fijado para alguna cosa. *[terme]* // Dicción. *[terme]* // pl. Manera de proceder en un trato. *[térmens]*

terna. f. Conjunto de tres personas propuestas a la superioridad para que designe a una de ellas para el ejercicio de un cargo. *[terna]*

ternero, era. m. y f. Cría de la vaca. *[vedell]*

ternura. f. Calidad de tierno, blandura. *[tendresa]*

terrado. m. Cubierta llana de un edificio destinado a poder caminar. *[terrat]*

terraplén. m. Plataforma hecha con tierra sobrepuesta. *[terraplé]*

terraplenar. v. tr. Formar un terraplén. *[terraplenar]*

terraza. f. Espacio de terreno llano y elevado en un jardín, etc. *[terrassa]*

terremoto. m. Temblor de la superficie de la tierra ocasionado por las fuerzas de su interior. *[terratrèmol]*

terreno. m. Extensión de tierra. *[terreny]* // Esfera de acción dentro de la cual ciertas cualidades se muestran con mayor eficacia. *[terreny]* // Territorio o comarca. *[terreny]*

terrero. m. Montón de tierra sacada de un lado, de una limpieza. *[terrer]* // Depósito de tierra acumulada por las aguas. *[terrer]*

terrestre. adj. Relativo o perteneciente a la tierra o esfera terráquea. *[terrestre]*

terrible. adj. Que causa terror o es capaz de causarlo. *[terrible]* // Muy grande, excesivo. *[terrible]*

territorio. m. Extensión de tierra que forma una circunscripción política. *[territori]* // Distrito. *[territori]*

terrón. m. Pan de tierra que forma una masa compacta con las raíces de las hierbas. *[gleva]* // Propiedad de un trozo de tierra. *[gleva]*

terror. m. Miedo extremo, que hace temblar. *[terror]*

terrorismo. m. Régimen de intimidación por medio de actos de violencia, etc. *[terrorisme]*

terroso, osa. adj. Que es de la naturaleza de la tierra. *[terrós]* // Que contiene tierra. *[terrós]*

terruño. m. Tierra o país donde uno vive o se ha criado. *[terrer]*

tertulia. f. Reunión habitual de personas para conversar o pasar el tiempo. *[tertúlia]*

tesina. f. Trabajo de final de carrera que en algunas facultades universitarias se exige para la obtención del grado de licenciado. *[tesina]*

tesis. f. Proposición o afirmación que uno defiende. *[tesi]*

tesitura. f. En música, extensión propia de cada voz humana o instrumento. *[tesitura]*

tesorero, era. m. y f. El que guarda caudales en una entidad o corporación. *[tesorer]*

tesoro. m. Conjunto de dinero o de objetos preciosos. *[tesor]*

test. m. Conjunto de pruebas, ejercicios etc., que muestran el carácter real de una persona o cosa en un punto determinado, prueba o ejercicio psicotécnico. *[test]*

testa. f. Cavidad ósea del cráneo; cabeza de una persona. *[testa]* // Cada una de las dos puntas o extremos de una tabla, etc. *[testa]*

testador, ora. m. y f. El que hace testamento. *[testador]*

testaferro. m. El que deja poner su nombre en el contrato o negocio de otro. *[testaferro]*

testamento. m. Declaración de la última voluntad que hace una persona respecto a sus bienes. *[testament]* // Documento donde consta esta voluntad. *[testament]* // Cada una de las dos grandes partes en que se divide la Biblia. *[testament]*

testar. v. intr. Hacer testamento. *[testar]*

testarazo. m. Cabezazo, golpe dado con la cabeza. *[cabotada]*

testarudo, uda. adj. Porfidioso, tozudo, terco. *[testarrut]*

testículo. m. Cada una de las dos glándulas genitales del hombre, y gran número de animales, secretorias de semen. *[testicle]*
testificar. v. tr. Probar una cosa con testigos o documentos auténticos. *[testificar]* // Declarar como testimonio. *[testificar]*
testigo. m. Persona que declara lo que ha oído o visto, o que comparece para certificar alguna cosa. *[testimoni]* // Persona que ha oído o visto alguna cosa. *[testimoni]*
testimonio. m. Declaración del testigo. *[testimoni]* // Justificación o prueba de la certeza de una cosa. *[testimoni]*
testuz. m. y f. Cabeza o frente de algunos animales como el toro. *[tòs)]*
tétanos. m. Enfermedad infecciosa caracterizada por la contracción convulsiva permanente de los músculos voluntarios. *[tètan]*
tetrarca. m. Gobernador de la cuarta parte de un territorio. *[tetrarca]*
textil. adj. y s. Propio para ser tejido. *[tèxtil]* // Relativo a la textura. *[tèxtil]*
texto. m. Cosa original dicha o escrita. *[text]* // Pasaje citado de una obra literaria. *[text]*
textura. f. Disposición de los hilos de una pieza de tela. *[textura]* // Manera como están dispuestas las partículas de un cuerpo o sustancia. *[textura]*
tez. f. Superficie, especialmente la del rostro humano. *[rostre, cara]*
tía. f. Hermana del padre o de la madre. *[tia]* // Prima del padre o de la madre y, en general, parienta transversal superior en algún grado. *[tia]*
tiara. f. Gorro alto que usaban los antiguos persas. *[tiara]* // Mitra alta ceñida por tres coronas y con una cruz encima que llevaba el papa. *[tiara]*
tibia. f. Hueso principal y anterior de la pierna. *[tíbia]*
tibio, ibia. adj. Ni frío ni caliente. *[tebi]* // Moderadamente caliente. *(tebi]*
tiburón. m. Pez selacio, de seis a ocho metros de largo, muy rápido y extremadamente voraz. *[tauró]*
tic. m. Movimiento convulsivo habitual de ciertos músculos, especialmente de la cara y las manos. *[tic]*
tictac. m. Ruido acompasado de un mecanismo de relojería. *[tic-tac]*
tiempo. m. Estado de la atmósfera. *[temps]* // Duración de los seres sujetos a mutaciones en su naturaleza. *[temps]* // Época en la que sucede alguna cosa. *[temps]* // Espacio de tiempo destinado a hacer alguna cosa. *[temps]* // Variación de la conjugación verbal, según el momento en que transcurre la acción. *[temps]*
tienda. f. Pieza o porción de terreno que da a la calle, donde se venden al pormenor uno o más artículos de comercio. *[botiga]* // Establecimiento mercantil para la venta directa al pormenor. *[botiga]*
tierno, erna. adj. Blando, delicado, que se deja abrir, masticar, etc., fácilmente. *[tendre]* // Novel, fresco. *[tendre]* // Que cede fácilmente a las impresiones, o sentimientos afectuosos. *[tendre]*
tierra. f. El planeta donde vivimos y su parte superficial no ocupada por el mar. *[terra]* // El material más blando de los que forman la corteza terrestre. *[terra]* // Región o país. *[terra]*
tieso, esa. adj. Rígido, tenso. *[tes]* // Que se mantiene derecho y tenso. *[tes]*
tiesto. m. Pedazo de un objeto roto, de barro cocido. *[test]* // Tejoleta. *[test]*
tifón. m. Ciclón en los mares de China. *[tifó]*
tifus. m. Enfermedad infecciosa grave, con fiebre aguda y trastornos de la mayoría de las funciones corporales. *[tifus]*
tigre. m. y f. Mamífero carnicero de la India, de pelaje blanco en el vientre y amarillento con rayas negras en el hombro y cola. *[tigre]*
tigresa. f. Tigre hembra. *[tigressa]*
tijera. f. s. y pl. Cada una de las hojas de unas tijeras. *[tisora]*
tila. f. Flor del tilo. *[til·la]* // Infusión que se prepara con esta flor. *[til·la]*
tildar. v. tr. Poner una tilde sobre una letra. *[titlar]* // Señalar a alguien con una nota denigrante, desfavorable. *[titlar]*
tilde. f. Rayita puesta sobre una letra pa-

ra indicar una abreviatura o marcar un acento. *[titla]*

tilo. m. Árbol de la familia de las tiliáceas, que puede llegar hasta 20 metros de altura, de flores blancas o amarillas, olorosas y medicinales. *[tília, til·ler]*

timba. f. Casa de juego. *[timba]*

timbal. m. Instrumento musical de percusión; bombo. *[timbal]*

timbrar. v. tr. Poner un timbre, un sello. *[timbrar]*

timbre. m. Insignia puesta sobre el escudo de armas para distinguir el grado de nobleza. *[timbre]* // Sello que se estampa en algún documento en calidad de derechos o impuestos. *[timbre]* // Aparato para avisar o llamar a alguien. *[timbre]* // Manera propia y característica de sonar la voz de una persona o de un instrumento musical. *[timbre]*

tímido, ímida. adj. Temeroso, poco animoso, nada atrevido por falta de confianza en sí mismo. *[tímid]*

timón. m. Pieza de madera o metal puesta en el extremo de popa de una embarcación que gira a derecha o izquierda y sirve para gobernarla. *[timó]*

timonero, era. adj. Perteneciente o relativo al timón. *[timoner]* // m. El que dirige el timón de una embarcación. *[timoner]*

tímpano. m. Membrana tensa que separa el conducto auditivo del oído medio. *[timpà]*

tina. f. Recipiente donde caen los racimos aplastados cuando se hace el vino. *[cup]* // Recipiente para bañarse. *[banyera]*

tinaja. f. Recipiente grande de barro, más ancho del medio que del fondo y la boca, para tener aceite y otros líquidos. *[gerra]*

tiniebla. f. Obscuridad profunda. *[tenebra]* // Maitines de los tres días de la Semana Santa. *[tenebres]*

tinillo. m. Receptáculo hecho de fábrica donde se recoge el mosto que sale de la uva pisada. *[llac]*

tino. m. Aptitud para hacer instintivamente, maquinalmente, alguna cosa. *[esme]*

tinta. f. Sustancia fluida o viscosa de diferentes colores, usada para escribir, dibujar o imprimir. *[tinta]* // Color dominante de una pintura. *[tinta]* // Secreción protectora negra de un cefalópodo. *[tinta]*

tintar. v. tr. Poner tinta a un rodillo de estampar. *[tintar]* // Teñir. *[tenyir]*

tinte. m. Acción y efecto de teñir. *[tint]* // Color con que se tiñe, tintura. *[tint]*

tintero. m. Recipiente para la tinta de escribir. *[tinter]*

tintineo. m. Ruido que se produce al chocar objetos de vidrio o metal; retintín. *[dring]*

tintorero, era. m. y f. Persona cuyo oficio es el de teñir. *[tintorer]*

tintura. f. Solución de una sustancia colorada en agua, alcohol, etc. *[tintura]*

tiña. f. Erupción de la piel de la cabeza que va royendo o criando costras. *[tinya]*

tiñoso, osa. adj. Que tiene tiña. *[tinyós]*

tío. m. Hermano del padre o de la madre. *[oncle, conco]*

típico, ípica. adj. Que tiene representación o carácter propio. *[típic]*

tiple. m. y f. Soprano, la voz humana más aguda. *[tiple]*

tipo. m. Modelo, muestra ejemplar. *[tipus]* // Letra de imprenta y cada una de sus formas o caracteres. *[tipus]* // Cada uno de los grandes grupos en que se consideran divididos los reinos de la naturaleza. *[tipus]*

tipógrafo, ógrafa. m. y f. El que ejerce el arte de la imprenta. *[tipògraf]*

tira. f. Trozo largo y estrecho de alguna materia. *[llenca]*

tirabuzón. m. Mechón de cabellos curvados en espiral. *[rínxol]*

tirada. f. Acción y efecto de tirar. *[tirada]* // Distancia de un lugar a otro. *[tirada]*

tiraje. m. Acción y efecto de tirar un trabajo de imprenta; tirada. *[tiratge]* // Número de ejemplares de una edición, tirada. *[tiratge]*

tiralíneas. m. Instrumento de metal en forma de pinzas, de abertura graduable, para trazar líneas de tinta. *[tiralínies]*

tiranía. f. Gobierno despótico. *[tirania]* // Abuso de fuerza o superioridad. *[tirania]*

tirano, ana. m. y f. Aquel que abusa de su poder o superioridad. *[tirà]*

tirante. adj. Tenso. *[tibant]* // m. pl. Cuerdas o correas para tirar del carruaje. *[tiranys]* // Tiras que, pasando por los hombros, sotienen los pantalones, falda, etc. *[elàstics, tirants]*

tirantez. f. Calidad de tirante, tensión. *[tibantor]*

tirar. v. tr. e intr. Tr. Hacer fuerza un hombre, caballo, etc., para mover alguna cosa en la misma dirección que se mueve él. *[tirar]* // Dejar ir con cierto impulso alguna cosa. *[tirar]* // Estampar. *[tirar]* // Intr. Tomar una dirección determinada. *[tirar]* // Permitir la aspiración de un fluido a través de un conducto. *[tirar]*

tirilla. f. Tira estrecha. *[tireta]* // Tira pespuntada que sirve de cuello de camisa. *[tireta]*

tiro. m. Acción y efecto de tirar. *[tir]* // Señal que queda por efecto de tirar. *[tir]* // Cantidad de munición para cargar una vez una arma de fuego. *[tir]* // Conjunto de caballos, mulos, etc., que mueven un carruaje. *[tir]* // Corriente de aire que se establece a lo largo de un conducto. *[tir]* // Descarga de un arma de fuego. *[tret, tir]*

tirria. f. Manía o quimera contra alguien o alguna o cosa; inquina. *[tírria]*

tisana. f. Cocción de sustancias medicinales en agua para servir de bebida. *[tisana]*

tisis. f. Enfermedad en la que hay consumición de un tejido, especialmente tuberculosis pulmonar. *[tisi]*

titán. m. Hombre de gran potencia física o intelectual. *[tità]*

títere. m. Muñeco que se hace mover imitando los movimientos del hombre. *[putxinel·li]*

titilar. v. intr. Agitarse con un leve temblor. *[titil·lar]*

titubear. v. intr. Vacilar, estar o caminar oscilante como si se fuera a caer. *[titubar]* // Mostrarse dudoso en la ejecución de alguna cosa. *[titubar]* // Vacilar en la elección de las palabras, en su pronunciación. *[titubar]*

titular. v. tr. Poner título a alguna cosa, proveer de título. *[titular]*

título. m. Designación distintiva de una obra escrita o impresa. *[títol]* // Designación honorífica que expresa una dignidad o distinción hereditaria o adquirida. *[títol]* // Documento que establece un derecho, que da fe de un crédito hacia el estado, etc. *[títol]*

tiza. f. Trozo de arcilla terrosa, usada para escribir sobre una pizarra y otros objetos. *[guix]*

tiznar. v. tr. y pron. Ensuciar de tizne. *[mascarar]*

tizne. m. Humo u hollín que se pega a las sartenes. *[màscara]* // Tizón. *[negrelló]*

tiznón. m. Mancha, hollín. *[mascara]*

tizón. m. Leño, tronco de leña que está empezando a quemarse. *[tió]* // Roya del trigo. *[neula]*

toalla. f. Pieza rectangular de tela que se usa para secarse las manos y la cara. *[tovallola]*

tobillo. m. Protuberancia ósea a los lados del cuello de las piernas. *[turmell]* // Parte inferior de la pierna. *[turmell]*

tobogán. m. Trineo largo a propósito para deslizarse por una bajada. *[tobogan]*

toca. f. Pieza de tela para adornar y cubrir la cabeza de las mujeres. *[toca]*

tocado, ada. adj. Medio loco. *[tocat]* // Prenda con que se cubre la cabeza. *[lligadura]* // Peinado. *[pentinat]*

tocador, ora. adj. y s. Que toca. *[tocador]* // m. Mueble con mesita y espejo para peinarse y arreglarse. *[tocador]*

tocar. v. tr. e intr. Tr. Ejercitar el sentido del tacto. *[tocar]* // Tropezar ligeramente una cosa con otra. *[tocar]* // Tratar ligeramente un punto o materia. *[tocar]* // Hacer sonar un instrumento musical. *[tocar]* // Intr. Estar una cosa en contacto con otra. *[tocar]* // Pertenecer a alguien algo por derecho, etc. *[tocar]* // Corresponder a alguien una cosa por suerte. *[tocar, caure]*

tocata. f. Composición breve para órgano, piano, etc. *[tocata]* // Cada una de las piezas de música que componen un programa musical. *[tocata]*

tocinería. f. Tienda de tocinero. *[cansaladeria]*

tocino. m. Grasa de cerdo, comprendida entre la piel y la carne. *[cansalada]*

todavía. adv. Denota que en un momento determinado sigue produciéndose algo, o que no se ha producido lo que se espera. *[encara]*

todo, oda. adj. y pron. Que se considera sin exceptuársele nada. *[tot]* // Conjunto de partes integrantes. *[tot]*

todopoderoso, osa. adj. Que todo lo puede. *[totpoderós]*

toga. f. Vestidura exterior que se ponían los romanos sobre la túnica. *[toga]* // Vestidura larga hasta los pies, de tela negra que se ponen los magistrados, abogados, catedráticos, etc. *[toga]*

toisón. m. Orden de caballería e insignia de esta orden. *[toisó]*

tolerar. v. tr. Soportar en los demás alguna cosa que desaprobamos, no prohibiéndola o impidiéndola. *[tolerar]* // Permitir, dejar pasar, etc., sin consentimiento. *[tolerar]*

tolva. f. Caja en forma de pirámide truncada invertida, puesta sobre el molino por donde cae el grano. *[tremuja]*

tollo. m. Charco, hoyo lleno de agua. *[toll]*

tollo. m. Pescado saláceo muy voraz. *[gat]*

toma. f. Acción de tomar. *[presa]* // Cantidad de un medicamento, etc., que se toma de una vez. *[presa]*

tomar. v. tr. Coger o asir algo. *[prendre]* // Comer o beber. *[prendre]* // Adoptar una determinación o estado. *[prendre]*

tomate. m. Fruto comestible de la tomatera, globuloso, jugoso y rojo. *[tomaca]*

tomatera. f. Planta herbácea, originaria de América del sur, cultivada en los huertos por su fruto que es el tomate. *[tomaquera]*

tómbola. f. Rifa de objetos en que, a cada número, le corresponde un objeto previamente numerado. *[tómbola]*

tomillo. m. Mata muy olorosa, usada como condimento y como medicamento. *[farigola, frígola, timó]*

tomo. m. Cada una de las partes con paginación propia en que se divide una obra voluminosa, volumen. *[tom]*

tonada. f. Melodía de una canción o de un habla. *[tonada]*

tonalidad. f. Sistema de sonidos que sirve de fundamento a una composición musical. *[tonalitat]* // Relación de tonos en una pintura. *[tonalitat]*

tonel. m. Bota grande de madera para contener líquidos. *[tonell]*

tonelada. f. Peso de mil kilos. *[tona]* // Unidad para medir la capacidad interna de una nave, equivalente a 2,83 m. cúbicos o 100 pies cúbicos. *[tona]*

tónico, ónica. adj. y m. Que vigoriza al organismo. *[tònic]* // adj. y f. Dícese de la vocal o de la sílaba de una palabra pronunciada con mayor intensidad. *[tònic]* // Primera nota de una escala musical. *[tònica]*

tonificar. v. tr. Dar tensión y vigor, fortificar el organismo. *[tonificar]*

tonillo. m. Modulación de la voz al hablar, sonsonete. *[cantarella]*

tono. m. Grado de elevación de un sonido, producido por la frecuencia de las vibraciones. *[to]* // Grado de intensidad de un color. *[to]* // Timbre de voz. *[to]* // En música, intervalo entre dos notas contiguas de la escala diatónica. *[to]* // En medicina, estado del cuerpo o de una parte del cuerpo cuando cumple sus funciones con el debido vigor. *[to]*

tonsura. f. Acción y efecto de tonsurar. *[tonsura]* // Ceremonia por la cual el obispo confiere a alguien el grado preparatorio del estado clerical. *[tonsura]*

tonsurar. v. tr. Cortar el pelo o la lana a personas o animales. *[tondre]* // Dar el grado de tonsura clerical. *[tonsurar]*

tontería. f. Condición de tonto. *[ximpleria]*

tonto, onta. adj. y s. Tocho, de entendimiento obtuso, tosco, necio. *[totxo]*

topacio. m. Piedra fina de color amarillo, que es un fluosilicato de aluminio. *[topazi]*

topada. f. Acción de topar, de toparse. *[topada]*

topar. v. intr. y tr. Intr. Tropezar una cosa con otra. *[topar]* // Tr. Encontrar a alguien o algo por azar. *[topar]*

tope. m. Parte por donde una cosa puede topar con otra. *[topall]* // Saliente de un vagón, carruaje, etc., provisto de un muelle para poder topar con otro vehículo. *[topall]*

topetada. f. Golpe violento en la cabeza; testerada; tozalada. *[tossoló]*

tópico, ópica. adj. Relativo o perteneciente a un lugar determinado. *[tòpic]* // m. Argumento general que se aplica a todos los casos análogos. *[tòpic]* // Medicamento externo. *[tòpic]*

topo. m. Mamífero insectívoro, parecido a una rata. *[talp]*

topografía. f. Descripción y delineación de un lugar. *[topografia]* // Conjunto de particularidades que presenta la superficie de un lugar. *[topografia]*

toponimia. f. Conjunto de los nombres propios de un lugar. *[toponimia]*

topónimo. m. Nombre de lugar. *[topònim]*

toque. m. Acción y efecto de tocar o palpar. *[toc]* // El hecho de tocar ciertos instrumentos como las campanas, cornetas, etc. *[toc]*

tórax. m. Pecho. *[tòrax]*

torbellino. m. Remolino producido por el viento, ventisca. *[torb]* // Desconcierto, confusión, turbación. *[torb]*

torcer. v. tr. Dar vueltas a una cosa sobre ella misma de manera que tome forma helicoidal. *[tòrcer]* // Girar, desviar la dirección o el sentido. *[tòrcer]*

torcida. f. Mecha, pabilo. *[metxa, ble]*

tordo. m. Pájaro de paso, de tono gris y vientre blanco amarillento, que se alimenta principalmente de aceitunas. *[tord]*

torear. v. tr. e intr. Luchar con toros reales en la plaza, esquivando, librando sus acometidas, según las reglas de la tauromaquia. *[torejar]*

toreo. m. Acción de torear. *[toreig]*

torero. m. El que torea por oficio. *[torero]*

torga. f. Bastón que se cuelga al cuello de un animal para que no pueda bajar la cabeza. *[trava]*

tormenta. f. Perturbación de la atmósfera con agua, truenos, relámpagos, etc. *[tempesta]*

tormento. m. Acción y efecto de atormentar o atormentarse. *[turment]* // Gran pena o sufrimiento corporal o moral. *[turment]*

tormo. m. Peñasco aislado. *[tormo]*

torna. f. Abertura al principio de un surco o a la orilla de una acequia para encaminar el agua. *[trenc]*

tornar. v. tr. Devolver. *[tornar]*

tornasol. m. Cambios o reflejos que efectúa la luz en ciertas materias. *[tornassol]* // Viso. *[tornassol]* // Colorante azul vegetal cuya tintura sirve de reactivo para reconocer los ácidos. *[tornassol]*

tornasolado, ada. adj. Que hace reflejos de tornasol. *[tornassolat]*

tornavoz. m. Dispositivo que refracta la voz del que habla, permitiendo oírlo mejor. *[tornaveu]*

tornear. v. tr. Labrar alguna cosa al torno. *[tornejar]*

torneo. m. Fiesta en la que combaten con armas cortas dos grupos de caballeros. *[torneig]*

tornillo. m. Pieza cilíndrica de hierro, etc., que sirve para fijar o afirmar una a otra dos o más piezas. *[pern, caragol]*

torniquete. m. Tipo de torno horizontal en forma de cruz que sirve para guardar las puertas por donde las personas han de entrar de una en una. *[torniquet]* // Instrumento quirúrgico para contener la hemorragia de las extremidades. *[torniquet]*

torno. m. Máquina simple, construida por un cilindro giratorio que actúa sobre la resistencia por medio de una cuerda enrollada al cilindro. *[torn]* // Cualquier máquina construida esencialmente por una cuerda que se mueve sobre su eje y sirve para usos diversos como hilar, pasar harina etc. *[torn]*

toro. m. Mamífero rumiante, de cabeza

gruesa, provisto de fuertes cuernos, y de carácter bravo, no castrado; toro bravo. *[toro]*

torpe. adj. Grosero, estúpido, zafio. *[taboll]*

torpedo. m. Pez marino de cuerpo aplanado que tiene dos órganos eléctricos entre la cabeza y las aletas pectorales. *[torpede]* // Proyectil submarino formado por un recipiente metálico cargado de sustancia explosiva, usado por la marina de guerra como elemento de ataque. *[torpede]* // Mina submarina. *[torpede]*

torpor. m. Torpeza o debilitamiento de la destreza en los movimientos o de la sensibilidad en el organismo. *[torpor]*

torre. f. Construcción cilíndrica o prismática para defensa contra los enemigos. *[torre]* // Pieza del juego de ajedrez que se coloca en los extremos de la tabla al comenzar y se mueve vertical u horizontalmente en todas direcciones. *[torre]* // Cubierta acorazada que se coloca sobre la cubierta de un barco de guerra guarnecido con cañones. *[torre]*

torrente. m. Corriente de agua impetuosa. *[torrent]* // Larga depresión del terreno por donde, en tiempo de lluvias, pasa una corriente de agua. *[torrent]*

torreón. m. Torre pequeña. *[torrelló]* // Gran cúmulo, nube compacta y amenazante. *[torrelló]*

tórrido, órrida. adj. Muy caliente, abrasador. *[tòrrid]*

torsión. f. Acción y efecto de torcer o torcerse. *[torsió]*

torso. m. Tronco, o cuerpo, de una estatua o figura humana. *[tors]*

torta. f. Pasta de harina y diversos ingredientes, cocida con poco fuego y generalmente achatada y ovalada o redonda. *[coca]*

tortazo. m. Golpe violento, puñetazo. *[tave]*

torticolis. f. Dolor de músculos del cuello que obliga a tenerlo torcido. *[torticoli]*

tortilla. f. Alimento hecho con huevos batidos y fritos con otras sustancias, y que queda con el aspecto de una torta. *[truita]*

tórtola. f. Pájaro parecido al palomo, de plumaje gris rojizo. *[tórtora]*

tortuga. f. Reptil terrestre o acuático que tiene el tronco cerrado en un caparazón convexo por arriba y plano por debajo. *[tortuga]*

tortura. f. Acción de infligir un sufrimiento cruel a alguien. *[tortura]* // Sufrimiento físico o moral intolerable. *[tortura]*

torturar. v. tr. y pron. Dar o causar tortura. *[torturar]*

torvisco. m. Mata de hojas persistentes y correosas, cuya corteza sirve para cauterios. *[tell]* // Tilo. *[tell, tília]*

tos. f. Expulsión violenta y ruidosa del aire del pecho. *[tos]*

toscar. v. tr. Fregar con una piedra tosca. *[toscar]*

tosco, osca. adj. De escasa inteligencia, obtuso. *[toix]*

toser. v. intr. Expeler de una manera violenta y ruidosa el aire de los pulmones. *[tossir]*

tósigo. m. Veneno, sustancia que tiene cualidades mortíferas o perjudiciales para la salud. *[túixec, metzina]*

tosigoso, osa. adj. Que tose o estornuda con frecuencia. *[tossegós]*

tosquedad. f. Calidad de tosco. *[tosquedat]*

tostado. m. Tueste, efecto de tostar. *[torrat]* // Garbanzos tostados. *[torrat]*

tostadora. f. Bandeja de hojalata que sirve para cocer al horno cosas: pastas, cacao, almendras, etc. *[llanda]*

tostar. v. tr. Quemar superficialmente una sustancia orgánica. *[torrar]* // Poner alguna cosa al fuego para que se vaya cociendo hasta tomar color. *[torrar]*

total. adj. y m. Que comprende todas las partes de un todo. *[total]*

totalidad. f. Reunión total de las partes de un conjunto. *[totalitat]*

totalitario, aria. adj. Perteneciente o relativo al totalitarismo. *[totalitari]* // Dícese del régimen político basado en el totalitarismo. *[totalitari]*

totalitarismo. m. Sistema político en el que el estado asume todos los poderes sin adaptarse a la voluntad popular. *[totalitarisme]*

totalizar. v. tr. Formar un total, reunir en un conjunto total. *[totalitzar]*

tótem. m. Clase de fenómenos que algunos suponen existen entre algún animal u objeto y un grupo de hombres, los cuales en razón de aquellos fenómenos no pueden comer o destruir aquel animal u objeto. *[tòtem]* // Símbolo o representación de un tótem. *[tòtem]*

tóxico, óxica. adj. Aplicado a las substancias venenosas. *[tòxic]* // m. Veneno, cosa venenosa. *[tòxic]*

toxina. f. Substancia tóxica segregada por un organismo animal o vegetal. *[toxina]*

tozudería. f. Hecho propio de un tozudo. *[tossuderia]*

tozudez. f. Calidad de tozudo. *[tossuderia]*

tozudo, uda. adj. Dicho de una persona difícil de gobernar por su genio, cabezonería. *[rebec, cabota, cabut]*

traba. f. Intrumento con el que se junta una cosa con otra. *[trava]* // Barra para retardar el movimiento de las ruedas de los carruajes en las bajadas. *[trava]* // Tira de tela que une las dos partes del escapulario. *[trava]*

trabada. f. Acción y efecto de trabar. *[travada]*

trabajador, ora. adj. Que trabaja. *[treballador]* // m. y f. El que trabaja. *[treballador]*

trabajar. v. intr. y tr. Intr. Ocuparse física o mentalmente con un esfuerzo largo y penoso en el ejercicio de alguna cosa hecha por obligación, por necesidad, o por recompensa, etc. *[treballar]* // Ocuparse en algún ejercicio u obra. *[treballar]* // Tr. Someter una cosa a manipulación. *[treballar]*

trabajo. m. Acción y efecto de trabajar. *[treball]* // Esfuerzo mantenido. *[treball]* // Aquello en lo que se trabaja. *[treball]*

trabar. v. tr. Unir o ajustar una cosa con otra. *[travar]* // Poner trabas a las caballerías, etc. *[travar]*

trabilla. f. Tira de tela, etc., que pasa por debajo del pie y mantiene los pantalones estirados. *[traveta]*

trabuca. f. Receptáculo de papel lleno de pólvora que hace explosión al quemarse la mecha que lleva. *[tro]*

trabucar. v. tr. Girar lo de arriba abajo o lo de un lado a otro. *[trabucar]* // Alterar, confundir. *[trabucar]* // **-se.** Equivocarse al hablar, diciendo unas palabras o letras por otras. *[trabucar-se]*

trabuco. m. Arma de fuego portátil, de cañón corto y ancho, y de boca acampanada. *[trabuc]* // Máquina antigua de guerra que servía para lanzar piedras gruesas. *[trabuc]*

traca. f. Serie de truenos que van explotando uno detrás de otro colocados a lo largo de una cuerda. *[traca]*

tracción. f. Acción de tirar o arrastrar por un sitio determinado. *[tracció]*

tractor. m. Máquina u otro instrumento que produce tracción. *[tractor]*

tradición. f. Transmisión por generaciones sucesivas de hechos históricos, creencias, etc. *[tradició]*

tradicional. adj. Relativo o perteneciente a la tradición. *[tradicional]*

traducción. f. Acción y efecto de traducir. *[traducció]* // Obra traducida. *[traducció]*

traducir. v. tr. Expresar en un lenguaje lo que está expresado en otro. *[traduir]*

traductor, ora. m. y f. El que traduce. *[traductor]*

traer. v. tr. Conducir al lugar en donde se habla o de que se habla. *[dur]*

traficar. v. intr. Hacer tratos comerciales. *[traficar]*

tráfico. m. Movimiento y densidad de comercio y negocio entre los individuos, etc. *[tràfic]*

tragar. v. tr. Hacer pasar algo de la boca al estómago. *[engolir]* // Comer vorazmente. *[engolir]*

tragedia. f. Obra dramática de desenlace funesto y conmovedor. *[tragèdia]* // Acontecimiento funesto. *[tragèdia]*

trágico, ágica. adj. Relativo o perteneciente a la tragedia. *[tràgic]* // m. y f. Autor o actor de tragedias. *[tràgic]*

trago. m. Porción de líquido que se bebe de una vez. *[glop]* // Cantidad de líquido que se bebe de un sorbo, que cabe dentro de la boca. *[glopada]*

tragón, ona. adj. Que come mucho. *[fartó, fart]*

traguear. v. intr. Beber a sorbos. *[traguejar]*

traición. f. Acción de traicionar, violación de la fidelidad o lealtad debidas. *[traició]*

traicionar. v. tr. Hacer traición, violar la fidelidad que debemos a alguien o a alguna cosa. *[trair]*

traidor, ora. adj. y s. Que traiciona. *[traïdor]*

traidoría. f. Cautela para asegurarse la impunidad de una mala acción, traición. *[traïdoria]*

traílla. f. Recogedor o cajón que sirve para igualar las tierras flojas. *[tragella]*

traje. m. Vestido completo de una persona, especialmente de hombre. *[tratge]*

trajín. m. Acción de trajinar. *[tragí]* // Transporte. *[tragí, transport]* // Trabajo extraordinario en una casa, etc., que exige mover los muebles, etc. *[tragí]*

trajinar. v. tr. e intr. Tr. Transportar mercancías de un lugar a otro, acarrear. *[traginar]* // Intr. Ocuparse activamente de un trabajo. *[trafegar]*

trajinero. m. El que tiene por oficio trajinar con mercancías. *[traginer]* // Arriero. *[traginer]*

tralla. f. Látigo largo con una trenza de cuerda por encima. *[tralla]*

trama. f. Conjunto de hilos que, cruzados con los de la urdimbre, forman una tela. *[trama]* // Disposición o ligadura entre las partes de una cosa. *[trama]* // Maquinación secreta, intriga. *[trama]*

tramar. v. tr. Disponer la trama de un tejido. *[tramar]* // Maquinar, procurar una cosa por medios ocultos o fraudulentos. *[tramar]*

tramitar. v. tr. Pasar unos asuntos por sus trámites. *[tramitar]*

trámite. m. Paso de una cosa a otra. *[tràmit]* // Diligencia que exige un asunto para que avance hasta su conclusión. *[tràmit]*

tramo. m. Parte de una escalera comprendida entre dos rellanos. *[tram]*

tramontana. f. Norte. *[nord]* // Viento del norte. *[tramuntana, nord]*

tramontano, ana. adj. De la otra parte de las montañas. *[tramuntà]*

tramoya. f. Medios o conjunto de medios mecánicos que tienen los teatros para transformaciones de escena. *[tramoia]* // Enredo tramado con ingenio. *[tramoia]*

trampa. f. Artificio o ingenio para cazar animales. *[trampa]* // Cosa ingeniada para engañar a alguien. *[trampa]*

trampear. v. intr. Hacer trampas. *[trampejar]*

trampolín. m. Poste flexible que da impulso para hacer saltos de altura. *[trampolí]*

tramposo, osa. adj. Que hace trampas. *[trampós]*

trancazo. m. Golpe dado con una barra. *[barrada]*

tranchete. m. Cuchillo pequeño. *[trinxet]*

tranquilidad. f. Calidad de tranquilo. *[tranquil·litat]*

tranquilizar. v. tr. y pron. Quitar la inquietud, sosegar. *[tranquil·litzar]*

tranquilo, ila. adj. Libre de inquietud. *[tranquil]* // Sosegado, no agitado. *[tranquil]*

trans-, tras-. En el castellano actual se usa ordinariamente la forma *tras-* de este prefijo en vez de *trans-*.

transacción. f. Acción y efecto de transigir. *[transacció]* // Trato, especialmente de compra y venta. *[transacció]*

transbordar. v. tr. Trasladar personas o cosas de una embarcación a otra. *[transbordar]*

transbordo. m. Acción de transbordar. *[transbord]*

transcribir. v. tr. Escribir una copia de un texto. *[transcriure]* // Arreglar para unos instrumentos la música escrita para otro u otros. *[transcriure]*

transcripción. f. Acción y efecto de transcribir. *[transcripció]*

transcurrir. v. tr. Pasar, dicho especialmente del tiempo. *[transcórrer]*
transcurso. m. Paso o curso del tiempo. *[transcurs]*
transeúnte. adj. Aplicado a la persona que pasa o está de paso. *[transeünt]* // m. y f. El que transita o va por la vía pública. *[transeünt]*
transferencia. f. Acción y efecto de transferir. *[transferència]*
transferir. v. tr. Trasladar la sede, el domicilio, etc., de un lugar a otro. *[transferir]* // Destinar una cantidad de un presupuesto, etc., a otro, con un fin distinto de aquel al que estaba destinada. *[transferir]*
transfigurar. v. tr. y pron. Hacer cambiar de figura a una persona o cosa. *[transfigurar]*
transformar. v. tr. y pron. Hacer pasar alguna cosa de una forma a otra. *[transformar]*
tránsfuga. m. y f. El que abandona su partido para pasar al partido contrario. *[trànsfuga]*
transfundir. v. tr. Hacer pasar la sangre de una persona o animal a otro. *[transfondre]*
transfusión. f. Acción y efecto de transfundir o de transfundirse. *[transfusió]*
transgredir. v. tr. Violar una ley, precepto, etc. *[transgredir]*
transición. f. Acción de pasar más o menos rápidamente de un estado a otro o de una idea a otra. *[transició]*
transido, ida. adj. Consumido, especialmente por una pena o dolor. *[transit]*
transigir. v. intr. Hacer concesiones de lo que es objeto de litigio, etc., con el fin de llegar a un acuerdo. *[transigir]*
transir. v. intr. Pasar de esta vida a otra. *[transir]* // **-se.** Consumirse de pena. *[transir-se]*
transistor. m. Aparato que se utiliza para amplificar oscilaciones eléctricas. *[transistor]*
transitar. v. intr. y tr. Intr. Ir por una vía pública. *[transitar]* // Tr. Recorrer paseando de un sitio a otro, viajar. *[transitar]*
transitivo, iva. adj. Que pasa o se transfiere de uno a otro. *[transitiu]* // Dícese de los verbos activos que rigen complemento directo, y de las oraciones que llevan dichos verbos. *[transitiu]*
tránsito. m. Acción de pasar por un sitio, por una vía pública, y el ir y venir de las personas y vehículos. *[trànsit]* // Paso o cambio de un estado a otro. *[trànsit]*
translación. f. Acción y efecto de trasladar. *[translació]* // Metáfora. *[translació]*
translúcido, úcida. adj. Que, sin ser transparente, deja pasar la luz a su través. *[translúcid]*
transmigración. f. Acción y efecto de transmigrar. *[transmigració]* // Supuesto paso del alma de un cuerpo a otro. *[transmigració]*
transmigrar. v. intr. Pasar un pueblo del país que habitaba a otro. *[transmigrar]* // Pasar un alma de un cuerpo a otro. *[transmigrar]*
transmisión. f. Acción y efecto de transmitir. *[transmissió]*
transmisor, ora. adj. y s. Que transmite o sirve para transmitir. *[transmissor]*
transmitir. v. tr. Dejar pasar a su través. *[transmetre]* // Transferir. *[transmetre]*
transoceánico, ánica. adj. Que pasa de un lado a otro del océano. *[transoceànic]*
transparentar. v. tr. y pron. Dejar un cuerpo pasar la luz a través suyo. *[transparentar]*
transparente. adj. Aplicado al cuerpo a través del cual podemos ver los objetos. *[transparent]* // Trozo de tela, etc., puesta en el hueco de una ventana, que sirve para temperar la luz. *[transparent]*
transpirar. v. intr. y pron. Pasar los humores del cuerpo, al exterior a través de la piel. *[transpirar]*
transplantar. v. tr. Cambiar una planta del sitio donde estaba a otro. *[trasplantar]*
transponer. v. tr. Invertir el orden de unas cosas respecto a otras. *[transposar]* // Cambiar el orden gramatical de los miembros de una proposición. *[transposar]*

transportar. v. tr. Llevar una cosa de un sitio a otro. *[transportar]* // Poner fuera de sí, hacer perder la razón. *[transportar]*

transporte. m. Acción y efecto de transportar. *[transport]* // Movimiento del alma que nos transporta. *[transport]*

transubstanciación. f. Conversión total de una sustancia en otra. *[transsubstanciació]*

transubstanciar. v. tr. y pron. Convertir totalmente una substancia en otra, especialmente el pan y el vino en cuerpo y sangre de Jesucristo en la Eucaristía. *[transsubstanciar]*

transvasar. v. tr. y pron. Hacer pasar un líquido de un vaso o recipiente a otro. *[transvasar]*

transverso, ersa. adj. Colocado a través, oblicuo, inclinado. *[transvers]*

tranvía. m. Coche de servicio público sobre vías, por el interior de las poblaciones o por caminos carreteros. *[tramvia]*

trapa. f. Puerta que cierra una abertura practicada en un techo. *[trapa]* // La misma abertura. *[trapa]* // Abertura de un albañal u otra conducción subterránea, y el cierre de hierro, etc., de dicha abertura. *[trapa]*

trápala. f. Ganas de charlar, el hecho mismo de charlar mucho. *[xarrera]*

trapecio. m. Barra horizontal, colgada con dos cuerdas del techo para hacer ejercicios gimnásticos. *[trapezi]* // Cuadrilátero con un solo par de lados paralelos. *[trapezi]* // Uno de los huesos del carpo. *[trapezi]* // Cada uno de los dos músculos de la parte posterior del cuello y superior de la espalda del hombre. *[trapezi]*

trapero. m. El que arregla o compra trapos viejos. *[draper]*

trapo. m. Trozo de tela de saldo. *[drap]*

tráquea. f. Conducto cilíndrico y cartilaginoso que, continuando en la laringe, se bifurca en su extremo inferior formando los dos bronquios. *[tràquea]*

traquear. v. intr. Traquetear. *[sotraguejar]*

traquetear. v. intr. Moverse con un rápido movimiento de vaivén, oscilar, traquear. *[trontollar]*

traqueteo. m. Movimiento de una cosa que oscila. *[trontoll]*

trascendental. adj. Que se comunica o extiende a otras cosas. *[transcendental]* // Que tiene mucha importancia, fundamental. *[transcendental]*

trascender. v. intr. Comenzar a ser conocida una cosa que no lo era. *[transcendir]*

trascolar. v. tr. y pron. Pasar un líquido a través de una tela, etc. *[colar]*

trasegar. v. tr. Mudar de un sitio a otro; trasladar. *[transmudar, trascolar]*

trashumancia. f. Acción de trashumar. *[transhumància]*

trashumar. v. intr. Pasar el rebaño, etc., de una tierra a otra. *[transhumar]*

trasiego. m. Acción y efecto de trasegar o transvasar. *[trasbals]* // Acción de cambiar las cosas de sitio; tráfago. *[trasbals]*

trasladar. v. tr. y pron. Llevar de un sitio a otro. *[traslladar]* // tr. Sacar una copia exacta de un documento. *[traslladar]*

traslado. m. Acción y efecto de trasladar. *[trasllat]* // Comunicación a una de las partes litigantes de las pretensiones de la otra. *[trasllat]* // Copia sacada fielmente de un original. *[trasllat]*

trasluz. m. Claros de luz que deja pasar un cuerpo translúcido. *[besllum]*

trasmudar. v. tr. y pron. Hacer cambiar una persona o cosa de manera que parezca otra. *[transmudar]*

trasnochar. v. intr. Pasar la noche o gran parte de la noche sin ir a dormir. *[tranuitar]*

traspasar. v. tr. e intr. Tr. Pasar de una parte a otra. *[traspassar]* // Intr. Pasar de esta vida a otra, morir. *[traspassar]*

traspaso. m. Acción de traspasar. *[traspàs]*

trasplantar. v. tr. Cambiar una planta del sitio donde está plantada a otro sitio. *[trasplantar]*

trasquilador. m. El que trasquila las ovejas. *[tonedor]*

traste. m. Cada una de las divisiones o distancias de una cosa. *[trast]* // Las faenas de una casa. *[trast]*

trastear. v. tr. e intr. Tr. Trasladar, transportar, remover las cosas, especialmente muebles, objetos, etc., de un sitio a otro. *[trastejar]* // Dotar o abastecer una embarcación de trastos o bancos de remeros. *[trastear]* // Intr. Ir faenando de un sitio a otro. *[trastear]*

trasto. m. Muebles o utensilios inservibles que hay en una casa. *[trast]* // Banco de los remeros. *[trast]*

trastocar. v. tr. Poner las cosas de manera diferente a como estaban. *[trastocar]* // Trastornar la cabeza, volver loco, enloquecer. *[trastocar]*

trastornar. v. tr. Invertir el orden natural o regular de las cosas. *[trastornar]* // Tr. y pron. Perturbar el ánimo de alguien una aflicción, etc. *[trastornar]*

trastorno. m. Perturbación intensa de la calma, de la quietud, del estado normal. *[trasbals]*

trasudar. v. tr. Pasar un líquido a través de los poros de un cuerpo. *[transsudar]*

tratado. m. Convenio que cierra un trato o discusión. *[tractat]* // Obra que trata de una materia determinada. *[tractat]*

tratamiento. m. Trato o manera de tratar. *[tractament]* // Título de cortesía que se da a una persona. *[tractament]*

tratante. m. El que trata o comercia en alguna cosa. *[tractant]*

tratar. v. tr. e intr. Tr. Someter a un sistema curativo. *[tractar]* // Dar a alguien un título de cortesía. *[tractar]* // Proceder hacia alguien de cierta manera. *[tractar]* // Intr. Concluir con alguien un convenio político, comercial, etc. *[tractar]* // Tomar algunas cosas como objeto de estudio, discusión, etc. *[tractar]* // Comerciar. *[tractar]*

trato. m. Acción y efecto de tratar o de tratarse. *[tracte]*

trauma. m. Herida, lesión interna o externa determinada por acto de violencia exterior. *[trauma]*

través. m. Dirección que se desvía de la buena. *[través]*

travesaño. m. Barra que va de una banda a otra trabando dos cosas. *[travesser]*

travesero, era. adj. Puesto de través. *[travesser]*

travesía. f. Camino o calle transversal entre otras dos. *[travessa]*

travesura. f. Acción mala ejecutada con destreza, malicia. *[malesa]*

traviesa. f. Cada una de las barras de madera o de otro material sobre las que se asientan las vías del ferrocarril. *[travessa]* // Camino travesero o que une de través otros dos caminos. *[travessera]*

travieso, esa. adj. Inquieto, propenso a hacer ruido. *[revoltós]*

trayecto. m. Camino que recorre alguien al ir de un punto a otro. *[trajecte]*

trayectoria. f. Curva que describe en el espacio un punto que se mueve. *[trajectòria]* // Dirección que se despliega en una actividad. *[trajectòria]*

traza. f. Maquinación, estratagema. *[giny]*

trazado. m. Acción y efecto de trazar. *[traçat]*

trazar. v. tr. Señalar sobre una superficie una línea. *[traçar]* // Dibujar las líneas de una figura. *[traçar]* // Hacer trazos o rayas. *[traçar]*

trazo. m. Señal o perfil de un dibujo. *[traç]*

trébedes. m. Trípode, círculo o triángulo de hierro que sirve para poner al fuego cacerolas, paellas, etc. *[trespeus]*

trebejo. m. Recipiente cóncavo de capacidad para diferentes usos, o bien de cocina, como ollas, aceiteras, etc., utensilio. *[tifell]*

trébol. m. Planta herbácea anual, de hojas redondas de tres en tres y flores blancas o moradas, muy apreciada como forraje. *[trévol]*

trece. Adjetivo numeral cardinal y cifra que le representa. *[tretze]*

treceavo, ava. adj. Cada una de las tres partes de una cantidad dividida en trece partes iguales. *[tretzé]*

trecho. m. Distancia que separa dos puntos. *[tret]*

tregua. f. Suspensión de hostilidades por cierto tiempo. *[treva]*

treinta. adj. Conjunto de tres decenas. *[trenta]*

treintavo, ava. adj. Cada una de las partes de una cantidad dividida en treinta partes iguales. *[trenté]*

tremebundo, unda. adj. Que hace temblar de miedo. *[tremebund]*

tremendo, enda. adj. Que da miedo, que maravilla por su magnitud, violencia, etc., formidable, terrible. *[tremend]*

tremolina. f. Ruido que mueve un grupo de personas que chillan, corren, etc. *[rebombori]*

trémulo, émula. adj. Tembloroso, que tiembla. *[trèmul]*

tren. m. Serie de carruajes, enganchados y dispuestos para el transporte de personas y mercancías. *[tren]* // Conjunto de instrumentos que se utilizan para una operación. *[tren]* // Manera de vivir con más o menos lujo. *[tren]*

trencilla. f. Galón de seda, etc., que sirve como adorno de pasamanería. *[trenella]* // Cuerda delgada hecha a manera de trenza. *[trenella]*

trenza. f. Enlace de dos o más ramales entretejidos. *[trena]* // Pelo largo y entretejido de la mujer. *[trena]*

trenzar. v. tr. Hacer trenzas. *[trenzar]*

trepa. f. Cada uno de los trozos de tela de diferente color puestos como adorno en los vestidos. *[trepa]*

trepador, ora. adj. Que trepa. *[enfilador]* // m. Instrumento para trepar o perforar. *[trepador]*

trepar. v. intr. y tr. Subir a un lugar alto. *[enfilar-se]* // Subir una planta enroscándose alrededor de un tronco, de un árbol o cosa elevada. *[enfilar-se]*

trepar. tr. Taladrar. *[trepar]*

trepe. f. Reprensión muy áspera. *[pelfa]*

trepidar. v. intr. Estremecerse con movimientos cortos, rápidos y repetidos. *[trepidar]*

tres. Adjetivo numeral y cifra que lo representa. *[tres]*

tresnal. m. Haz de diez a dieciséis gavillas. *[cavalló, garbera]*

triangular. adj. Que tiene figura de triángulo. *[triangular]*

triángulo. m. Figura formada por tres líneas que se interceptan mutuamente. *[triangle]* // Instrumento musical que consiste en una barrita de metal doblada en forma triangular. *[triangle]*

triba. f. Barrena gruesa de carpintero, de almadreñero, de guarnicionero, etc. *[triba]*

tribu. f. Cada una de las agrupaciones en que estaban divididos algunos pueblos antiguos. *[tribu]* // Conjunto de familias nómadas mandadas por un jefe. *[tribu]*

tribuna. f. Sitio elevado con pretil desde donde los oradores hablan en una asamblea deliberando, etc. *[tribuna]* // Galería destinada a los espectáculos en una asamblea. *[tribuna]*

tribunal. m. Lugar destinado a los jueces para administrar justicia. *[tribunal]* // Conjunto de los que juzgan una causa, examen o concurso. *[tribunal]*

tribuno. m. En la antigüedad romana, jefe o representante de una tribu; después, nombre de ciertos oficiales o magistrados. *[tribú]* // Orador político, especialmente popular. *[tribú]*

tributar. v. tr. Pagar tributo. *[tributar]*

tributo. m. Contribución que una nación paga a otra, según convenio. *[tribut]* // Impuesto, tributo. *[tribut]*

triciclo. m. Vehículo de tres ruedas. *[tricicle]*

triclinio. m. Cama con capacidad para tres personas donde los romanos se inclinaban para comer y que se extendía alrededor de tres lados de la mesa. *[triclinl]* // Comedor de los antiguos romanos. *[triclini]*

tricornio. m. Sombrero originariamente de base triangular usado por la guardia civil española. *[tricorni]*

tricromía. f. Estampación tipográfica hecha con tres colores superpuestos. *[tricromia]*

tridente. m. Horca de tres dientes, usada para pescar. *[fitora]*

triduo. m. Ejercicio religioso que dura tres días. *[tridu]*

trienio. m. Espacio de tres años. *[trienni]*

trifulca. f. Situación penosa. *[trifulga]* // Situación de desorden, de alboroto, zaragata. *[trifulga, gresca]*

trifurcarse. v. pron. Dividir en tres ramas o ramales. *[trifurcar-se]*

trigésimo, ésima. adj. Que hace treinta en una serie. *[trenté]*

trigo. m. Planta gramínea cultivada para la elaboración de pan. *[blat]* // Trigo candeal. *[blat candial, forment]* // Trigo, en tanto que se considera como materia de molida, de producción de harina, de alimento, en el molino, en la tahona, etc. *[forment, blat]*

trilogía. f. Conjunto de tres obras dramáticas con una unidad de pensamiento o enlace sucesivo. *[trilogia]*

trilla. f. Acción de batir los cereales o legumbres. *[batuda]*

trillar. v. tr. Desgranar los cereales y legumbres. *[batre]* // Frecuentar a menudo un camino, un terreno. *[fressar]*

trillo. m. Pieza tronco-cónica, que sirve para estrujar, aplastar las espigas encima de la era y separar el grano de la paja. *[rutló]*

trimestre. m. Espacio de tres meses. *[trimestre]*

trinca. f. Conjunto de tres cosas o personas de la misma naturaleza. *[trinca]* // Conjunto de tres personas designadas para contender entre ellas en unas oposiciones. *[trinca]* // Cuerda que sirve para sujetar alguna cosa. *[trinca]* // **nuevo de trinca.** Flamante, completamente nuevo, acabado de hacer. *[nou de trinca]*

trinchante. m. El que trincha. *[trinxant]* // El que servía y trinchaba la carne en la mesa de un señor. *[trinxant]* // Tenedor grande con el que se sujeta la comida que se corta. *[trinxant]* // Mueble de comedor, donde se pone la comida que se ha de trinchar o preparar antes de servirlos en la mesa. *[trinxant]*

trinchar. v. tr. Trocear la comida para servirla. *[trinxar]* // Desmenuzar, trocear, hacer a trozos pequeños una cosa. *[trinxar]*

trinchera. f. Defensa militar abierta en la tierra. *[trinxera]* // Gabardina del tipo que usaban los militares en la primera guerra mundial. *[trinxera]*

trineo. m. Vehículo sin ruedas, preparado para ir por encima del hielo o de la nieve. *[trineu]*

trinidad. f. Unión de las tres personas divinas en una sola esencia. *[trinitat]* // Conjunto de tres personas o cosas. *[trinitat]*

trino. m. Ornamento de notas ligeras y graciosas en el canto. *[refilet]*

trinquete. m. Sitio cerrado para jugar a la pelota, de forma rectangular y medidas variables. *[trinquet]* // En una nave de dos o más palos, el más cercano a la proa. *[trinquet]*

trío. m. Composición musical para tres voces o instrumentos. *[trio]* // Conjunto de tres cosas de igual valor. *[trio]* // Grupo de tres. *[trio]*

tripa. f. Intestino. *[tripa]* // Vientre de animal. *[tripa]*

tripero, era. m. y f. Quien vende tripas. *[budeller]*

triple. adj. Que vale tres veces una cantidad dada. *[triple]*

triplicar. v. tr. y pron. Hacer triple, multiplicar por tres. *[triplicar]*

trípode. m. Soporte de tres patas. *[trípode]* // Mesa, banco, etc., de tres pies o patas. *[trípode]*

tríptico. m. Pintura dividida en tres compartimentos de los cuales los dos laterales pueden plegarse sobre el central. *[tríptic]*

triptongo. m. Grupo de tres vocales que forman una sola sílaba. *[triftong]*

tripulación. f. Personal que sirve y maniobra una embarcación. *[tripulació]*

tripular. v. tr. Proveer de tripulación una nave. *[tripular]* // Ir a bordo de una nave como tripulante. *[tripular]*

triquina. f. Gusano que, en estado de larva, vive parásito en los músculos de los animales vertebrados. *[triquina]*

triquitraque. m. Alboroto, confusión. *[tripijoc]*

trisagio. m. Himno o ejercicio piadoso en el cual se repite tres veces la palabra «santo» en honor de la Santísima Trinidad. *[trisagi]*

triscar. v. intr. Ir y venir de las abejas a las plantas para hacer la miel. *[trescar]* // Ir y venir sin concierto. *[trescar]* // Caminar, trasegar, hacer cosas, trabajar afanosamente, con vigor, alborotadamente. *[trescar]*

trisílabo, ílaba. adj. De tres sílabas. *[trisíllab]*
triste. adj. Falto de alegría. *[trist]* // Nada alegre. *[trist]* // Doloroso, enojoso. *[trist]*
tristeza. f. Calidad o condición de triste. *[tristesa]*
tritón. m. Deidad marina representada en una figura que es hombre de la cintura hacia arriba y pez de la cintura hacia abajo. *[tritó]* // Batracio parecido a la salamandra. *[tritó]*
triturado, ada. adj. Desmenuzado, molido. *[trit]*
triturar. v. tr. Reducir una sustancia sólida a trozos pequeñísimos. *[triturar]*
triunfar. v. tr. e intr. Tr. Obtener un triunfo. *[triumfar]* // Intr. Vivir ostentosamente, en abundancia y con mucho gasto. *[triumfar]*
triunfo. m. Éxito. *[triomf]* // Cada una de las cartas del palo que domina el juego. *[trumfo]*
triunvirato. m. Asociación de tres para gobernar. *[triumvirat]*
triunviro. m. Cada uno de los magistrados de un triunvirato. *[triumvir]*
trivial. adj. Que se trifurca en tres caminos. *[trivial]* // Vulgar, conocido de todos. *[trivial]*
triza. f. Trozo de una cosa que cuelga. *[péntol]*
trocar. v. tr. Dar una cosa y recibir otra en equivalencia. *[bescanviar]* // Dar y recibir, entregar y coger, enviarse recíprocamente. *[trocar, canviar]*
trocear. v. tr. Cortar en trozos. *[capolar, trossejar]*
trofeo. m Insignia o señal de victoria. *[trofeu]*
troglodita. adj. y s. Que vive en cuevas. *[troglodita]*
trola. f. Mentira grande. *[plepa]*
trole. m. Clase de carrito que se hace pasar por encima de la tierra de arroz para llevar la tierra y hundir bien el abono. *[tròlec]* // adj. De poco conocimiento; sin seso. *[tròlec]*
tromba. f. Manga de agua. *[tromba]*
trombón. m. Instrumento musical de metal de tubo largo y doblado, de tono grave. *[trombó]* // El músico que toca el trombón. *[trombó]*
trompa. f. Instrumento musical de viento formado por un tubo de metal enrollado. *[trompa]* // Prolongación muscular de la nariz de algunos animales como el elefante. *[trompa]* // Aparato chupador contráctil de algunos insectos. *[trompa]* // Trozo de madera torneado que se hace rodar con los dedos. *[trompitxol]* // Músico que toca este instrumento. *[trompa]* // m. y f. Persona inepta o de poca sustancia. *[trompa]*
trompazo. m. Golpe fuerte dado con la mano. *[tamborinada]*
trompeta. f. Instrumento musical de viento formado por un tubo largo de metal. *[trompeta]* // Persona que toca la trompeta. *[trompeta]* // Persona que todo lo divulga. *[trompeta]*
trompo. m. Trozo de madera de forma cónica que los niños hacen bailar con un cordel. *[baldufa, trompitxol]*
tronada. f. Tempestad de truenos. *[tronada]*
tronado, ada. adj. Estropeado por el uso. *[tronat]* // Arruinado, pobre. *[tronat]*
tronador, ora. adj. Que truena. *[tronador]* // Pastel dulce en forma de cohete tronador. *[tronador]*
tronar. v. intr. Hacer truenos. *[tronar]*
tronco. m. La parte de un árbol o arbusto comprendida entre las raíces y las ramas. *[tronc]* // Cuerpo del hombre o del animal con excepción de la cabeza y las extremidades. *[tronc]* // Cuerpo principal de una columna. *[tronc]* // Pareja de caballerías de tiro enganchadas de lado a un carruaje. *[tronc]*
troncho. m. Tronco de las hortalizas. *[tronxo]*
tronera. f. Abertura practicada en la pared de una fortificación por donde pueden dispararse los cañones, etc., a cubierto del fuego enemigo. *[tronera]* // Persona alborotadora y de poco conocimiento. *[tabola]*
trono. m. Asiento con gradas y dosel para los soberanos o personas de alta dignidad en las reuniones solemnes. *[tron]*
tropa. f. Conjunto de gente de armas. *[tropa]*

tropel. m. Movimiento acelerado de diferentes personas o cosas. *[tropell]*
tropezar. v. intr. Topar involuntariamente con el pie contra un obstáculo. *[ensopegar]*
trópico. m. Cada uno de los círculos menores de la esfera celeste o de la esfera terrestre paralelas al ecuador. *[tròpic]*
tropiezo. m. Aquello en que se tropieza. *[entrebanc]*
troquel. m. Molde empleado en la acuñación de monedas, medallas, etc. *[encuny]*
trotar. v. intr. Ir un caballo, etc., al trote. *[trotar]* // Cabalgar en un caballo, etc., que va al trote. *[trotar]*
trote. m. Manera rápida de caminar el caballo y otros cuadrúpedos consistente en mover a la vez la pata de delante y la contrapuesta de detrás. *[trot]*
trovador. m. Poeta medieval de lengua provenzal. *[trobador]*
trovar. v. intr. Versificar. *[trobar]*
trozo. m. Parte de una cosa separada del total, pedazo. *[tros]* // Distancia de un lugar a otro, trecho. *[tros]*
trucaje. m. Acción de dar a un objeto moderno la apariencia de antiguo; utilización de trucos; impostura. *[trucatge]*
trucar. v. intr. Hacer el primer envite en el juego del truque. *[trucar]*
truco. m. Recurso ingenioso. *[truc]*
truculento, enta. adj. Atroz, que expresa gran crueldad, que produce horror. *[truculent]*
trucha. f. Pez teleósteo, comestible, de agua dulce, de cuerpo fusiforme y de color oscuro. *[truita]*
trueno. m. Ruido que sigue al relámpago. *[tro]* // Ruido fuerte producido por una explosión, estallido. *[tro]*
trueque. m. Cambio de una cosa por otra. *[canvi, barata]*
trufa. f. Criadilla; tipo de seta que se forma bajo tierra y es muy sabrosa. *[tòfona]* // Burla, engaño. *[trufa]*
truhán, ana. adj. y s. Hombre engañador, de malas artes. *[truà]* // Hombre pagado para hacer reír, bufón. *[truà]*
trujal. m. Molino o prensa de aceite o de vino. *[trull]*
trujamán. m. Intérprete que sirve de intermediario entre personas que hablan lenguas diferentes. *[torsimany]*
truncar. v. tr. Cortar una cosa separando una parte. *[truncar]*
truque. m. Golpe, especialmente el que una bola da a otra con la que tropieza. *[truc]* // Clase de juego de cartas con envite. *[truc]*
trust. m. Unión de comerciantes o industriales para monopolizar un negocio. *[trust]*
tú. Pronombre personal de la segunda persona del singular. *[tu]*
tu. Adj. posesivo de segunda persona. *[ton, el teu]*
tubérculo. m. Parte gruesa y feculenta de la raíz de ciertas plantas. *[tubercle]* // Producto morboso de color amarillento que, al ablandarse, adquiere la consistencia del pus. *[tubercle]*
tuberculosis. f. Enfermedad consistente en la tuberculización de los tejidos u órganos. *[tuberculosi]*
tuberculoso, osa. adj. Relativo o perteneciente al tubérculo. *[tuberculós]* // Que tiene tubérculo o sufre tuberculosis. *[tuberculós]*
tubo. m. Nombre de diferentes objetos o partes de forma tubular. *[canó]*
tubular. adj. Relativo o perteneciente al tubo. *[tubular]*
tuerca. f. Pieza que tiene un agujero por donde se introduce y encaja otra. *[femella]*
tuerto, erta. adj. Falto de un ojo. *[borni, tort]*
tufo. m. Humo o vapor que se desprende de alguna cosa. *[tuf]* // Olor desagradable. *[tuf]* // Mechón de pelo en las orejas o en la frente. *[tofa de cabells]*
tugurio. m. Habitación pequeña y pobre. *[tuguri]*
tul. m. Ropa que forma malla trenzada usada para piezas de vestir. *[tul]*
tulipa. f. Pantalla de luz que tiene la forma de tulipán. *[tulipa]*
tulipán. f. Planta herbácea de la familia de las liliáceas, de flor única, grande y globosa. *[tulipà]* // Flor de esta planta. *[tulipà]*

tullido, ida. adj. Baldado, falto de uso o movimiento del cuerpo o de algún miembro, paralizado. *[tollit, baldat]*

tullir. v. tr. Dejar baldado, dejar paralizado un miembro o parte del cuerpo sin poderlo utilizar, dejar impedido o inútil. *[baldar]* // **-se.** Perder el uso y movimiento del cuerpo o de alguno de sus miembros. *[tollir-se]*

tumba. f. Lugar de sepultura de uno o más muertos. *[tomba]*

tumbar. v. tr. Hacer caer a alguien a tierra. *[tombar]* // **-se.** Tenderse, echarse a dormir. *[ajeure's]*

tumbo. m. Media vuelta, vuelta, giro, voltereta. *[tomb]*

tumefacción. f. Hinchazón morbosa producida en alguna parte del cuerpo. *[tumefacció]*

tumor. m. Hinchazón voluminosa que se forma en alguna parte del organismo. *[tumor]*

túmulo. m. Montañita de tierra que se ponía en el lugar donde se enterraba una persona. *[túmul]* // Monumento sepulcral. *[túmul]* // En una ceremonia funeraria, cadalso cubierto de trapos de luto. *[túmul]*

tumulto. m. Alboroto, confusión producida por una reunión de personas. *[tumult]*

tundidor, ora. m. y f. Esquilador, que esquila. *[tonedor]*

tundir. v. tr. Pelar, trasquilar, quitar el pelo a la ropa de lana. *[tondre]*

tundra. f. Extensión de terreno, en las regiones árticas, cubierta de liquen y musgo. *[tundra]*

túnel. m. Paso subterráneo que establece una comunicación. *[túnel]*

túnica. f. Vestido interior que llevaban los antiguos, y que servía de camisa. *[túnica]* // Membrana o capa de tejido envolvente. *[túnica]* // Película que envuelve una semilla. *[túnica]*

tupir. v. tr. y pron. Apretar, espesar, comprimir una cosa, una tela, cedazo, disminuyendo o haciendo desaparecer los intersticios, rellenar. *[tapir]*

turba. f. Multitud confusa y desordenada de gente. *[turba]*

turbación. f. Acción y efecto de turbar o turbarse. *[torba]* // Desorden del curso natural de una cosa. *[torbament]*

turbante. m. Adorno de la cabeza propio de los países orientales. *[turbant]*

turbar. v. tr. Alterar el orden o el estado natural de una cosa. *[torbar]* // Causar inquietud o confusión. *[torbar]* // **-se.** Quedarse confuso, sin poder hablar. *[torbar-se]*

turbina. f. Rueda movida por la fuerza del agua corriente. *[turbina]*

turbio, urbia. adj. Que tiene alguna cosa que le quita claridad y transparencia natural. *[tèrbol]* // Poco claro, confuso, difícil de entender. *[tèrbol]*

turbión. m. Aluvión, inundación, afluencia fuerte y brusca de agua. *[devessall]*

turbulento, enta. adj. Agitado violentamente. *[turbulent]* // Inclinado a turbar el orden, a la insubordinación. *[turbulent]*

turgente. adj. Dícese del humor que hincha alguna parte del cuerpo. *[turgent]* // Hinchado de tan lleno. *[turgent]*

turismo. m. Afición a viajar por recreación. *[turisme]*

turista. m. y f. El que viaja por recreo. *[turista]*

turístico, ística. adj. Perteneciente o relativo al turismo. *[turístic]*

turno. m. Momento en que le toca a una persona o grupo hacer una cosa. *[torn]*

turrón. m. Masa tostada hecha de almendras, avellanas, piñones o nueces, con miel o azúcar, clara de huevo, etc., y cocida hasta un punto variable de consistencia. *[torró]*

tute. m. Juego de cartas de origen italiano, en el que puede ganar la partida aquel que llega a reunir los cuatro reyes o los cuatro caballos. *[tuti]* // Reunión de los cuatro reyes o de los cuatro caballos de las cartas. *[tuti]*

tutear. v. tr. Tratar de tú. *[tutejar]*

tutela. f. Cargo de tutor. *[tutela]* // Defensa, protección. *[tutela]*

tutelar. adj. Que tiene a alguien bajo su tutela. *[tutelar]*

tutor, ora. m. y f. Persona encargada de la tutela de alguien. *[tutor]*

tuyo, uya. Adj. y pron. posesivo de segunda persona. *[teu]*

u u u u u u u u

u. f. Vigésima cuarta letra del abecedario. *[u]*
ubérrimo, érrima. adj. Muy fértil. *[ubèrrim]*
ubicuidad. f. El hecho de estar presente en todo lugar. *[ubiqüitat]*
ufano, ana. adj. Satisfecho de sí mismo, ostentoso, soberbio. *[ufà]*
ujier. m. Portero u ordenanza de un palacio, de un tribunal, etc. *[uixer]*
úlcera. f. Lesión en la piel o mucosa de un órgano, con destrucción de tejidos. *[úlcera]*
ulcerar. v. tr. y pron. Causar una úlcera. *[ulcerar]*
ulterior. adj. Que está en la parte de allá. *[ulterior]* // Que se dice, sucede o realiza después de otra cosa. *[ulterior]*
ultimar. v. tr. Terminar, rematar algo que estaba a punto de acabarse. *[ultimar]*
ultimátum. m. Intimidación o resolución terminante y definitiva. *[ultimàtum]*
último, última. adj. Posterior a todos. *[darrer]* // Dícese del que está detrás de todos dentro de un orden. *[darrer]*
ultra. prep. Además de. *[ultra]*
ultrajar. v. tr. Hacer un ultraje. *[ultratjar]*
ultraje. m. Injuria grave de obra o de palabra. *[ultratge]*
ultramar. m. Conjunto de territorios al otro lado del mar. *[ultramar]*
ultrapasar. v. tr. Trascender. *[ultrapassar]*
ultratumba. f. Más allá de la tumba o de la muerte. *[ultratumba]*
umbela. f. Conjunto de flores o de frutos que nacen de un mismo punto del tallo y se elevan a igual altura. *[umbel·la]*
umbráculo. m. Cobertizo para dar sombra. *[umbracle]*
umbral. m. Parte inferior de la abertura de una puerta, especialmente la de la entrada a una casa, templo, etc., formada por una piedra atravesada. *[llindar]*
un, una, uno. adj. Numeral cardinal que indica singularidad. *[un]* // Artículo indefinido. *[un]*
unánime. adj. Dícese de las personas que tienen la misma opinión o sentimiento compartido por todos. *[unànim]*
uncida. f. Acción y efecto de uncir. *[junyida]*
unción. f. Acción de ungir. *[unció]* // Gracia y consolación divinas que mueven al alma a la virtud y a la perfección. *[unció]*
undécimo, écima. adj. Que hace once en orden. *[onzé]* // Cada una de las partes de una cantidad dividida en once partes iguales, onceavo. *[onzé]*
ungir. v. tr. Signar con óleo sagrado a una persona. *[ungir]* // Untar con una materia grasa. *[ungir]*
ungüento. m. Medicamento utilizado como untura, más compacto que un linimento. *[ungüent]*
único, única. adj. Solo, sin ningún otro. *[únic]* // Especial, excelente por encima de todos los demás de una especie. *[únic]*
unidad. f. Calidad de lo que es uno o indiviso. *[unitat]* // Calidad de aquello que es único. *[unitat]* // Unión o conformidad. *[unitat]* // Cantidad que sirve como término de comparación para medir las demás cosas de su especie. *[unitat]* // Porción de un ejército, grupo, etc., que puede actuar independientemente, bajo las órdenes de un jefe. *[unitat]*

unificar. v. tr. y pron. Unir, igualar. *[unificar]*

uniformar. v. tr. y pron. Hacer uniformes dos o más cosas. *[uniformar]* // tr. Dar un traje igual a todos los que componen una comunidad o cuerpo. *[uniformar]*

uniforme. adj. Que tiene la misma forma en toda su extensión. *[uniforme]* // Aplicado a cosas semejantes o que tienen la misma forma. *[uniforme]* // m. Vestido peculiar o distintivo de un cuerpo. *[uniforme]*

unión. f. Acción y efecto de unir o de unirse. *[unió]*

unipersonal. adj. Que consta de una sola persona. *[unipersonal]*

unir. v. tr. y pron. Formar con dos o más cosas un todo. *[unir]* // Atar, enlazar. *[unir]*

unísono, ísona. adj. Dícese de dos sonidos que tienen el mismo tono. *[unison]*

unitario, aria. adj. Relativo o perteneciente a la unidad. *[unitari]* // m. y f. Partidario de un sistema unitario. *[unitari]*

universal. adj. Relativo o perteneciente al universo. *[universal]* // Dícese de una máquina, etc., adaptable a todos los usos, formas y tamaños. *[universal]*

universalizar. v. tr. Hacer universal una cosa. *[universalitzar]*

universidad. f. Centro de enseñanza superior con facultad para conferir grados. *[universitat]* // Edificio destinado a una universidad. *[universitat]*

universitario, aria. adj. Relativo o perteneciente a la universidad. *[universitari]* // m. y f. Persona que estudia o ha estudiado en la universidad. *[universitari]*

universo. m. El conjunto de todas las cosas creadas. *[univers]*

uno, una. adj. Numeral ordinal con que se designa un término de una serie numerada. *[u]*

untar. v. tr. Extender una materia grasa sobre la superficie de algo. *[untar]* // Corromper o sobornar con dinero, regalos, etc. *[untar]*

untura. f. Acción y efecto de untar. *[untura]* // La cosa con la cual se unta. *[untura]*

uña. f. Parte córnea en el extremo de los dedos del hombre y de los animales. *[ungla]* // Nombre de algunas cosas que recuerdan más o menos la uña. *[ungla]* // Punta de cada brazo del áncora. *[ungla]*

uranio. m. Metal duro, pesado, de un color blanco níquel. *[urani]*

urbanidad. f. Educación, cortesía, discreción en el trato. *[urbanitat]*

urbanizar. v. tr. Dotar a un terreno de las obras y servicios urbanos necesarios para ser habitado. *[urbanitzar]* // tr. y pron. Educar. *[urbanitzar]*

urbano, ana. adj. Relativo o perteneciente a la ciudad, a la urbe. *[urbà]* // Civilmente cortés. *[urbà]* // m. Guardia de la ciudad. *[urbà]*

urbe. f. Ciudad grande. *[urbs]*

urdir. v. tr. Arrollar los hilos paralelamente en la urdidera que ha de pasar al telar. *[ordir]*

urea. f. Sustancia nitrogenada que constituye la mayor parte de la materia orgánica de la orina. *[urea]*

uretra. f. Conducto para expeler la orina. *[uretra]*

urgencia. f. Que corre prisa. *[urgència]* // Necesidad urgente. *[urgència]*

urgente. adj. Que urge. *[urgent]*

urgir. v. intr. Correr prisa una cosa, ser necesaria una rápida ejecución. *[urgir]*

urna. f. Caja de metal, piedra, barro u otra materia donde antiguamente se guardaban diversas cosas, especialmente las cenizas de un muerto después de la incineración. *[urna]* // Caja para depositar las papeletas de una votación, las bolas de una rifa, etc. *[urna]*

urticaria. f. Erupción cutánea, con comezón. *[urticària]*

usanza. f. Práctica habitual de una cosa, uso, costumbre. *[usança]*

usar. v. tr. Servirse de una cosa. *[usar]*

uso. m. Acción y efecto de usar. *[ús]* // Utilización habitual de una cosa. *[ús]*

usted. Pron. de segunda persona utilizado cuando nos dirigimos a alguien a quien no tratamos de tú o de vos. *[vosté]*

usual. adj. Que sirve para ser usado, para practicar. *[usual]* // De uso común, frecuente. *[usual]*

usuario, aria. adj. y s. Que usa de una cosa ajena, por derecho o concesión. *[usuari]*

usufructo. m. Derecho de usar y explotar una cosa ajena sin deteriorarla. *[usdefruit]* // Provecho o producto que se saca de una cosa. *[usdefruit]*

usura. f. Interés excesivo de un préstamo. *[usura]*

usurero, era. m. y f. Persona que da préstamos a un interés excesivo. *[usurer]*

usurpar. v. tr. Apoderarse, por la fuerza o por otros medios, de lo que legítimamente corresponde a otros. *[usurpar]*

utensilio. m. Útil o instrumento que sirve para uso manual y frecuente. *[utensili]*

útero. m. En las hembras de los mamíferos, órgano destinado a contener el feto hasta el momento del parto. *[úter]*

útil. adj. Que puede servir para un fin o un objeto. *[útil]*

útil. m. Herramienta, o utensilio en general, que sirve para un uso determinado. *[arreu]*

utilidad. f. Calidad de útil. *[utilitat]* // Provecho o beneficio que produce una cosa. *[utilitat]*

utilitario, aria. adj. Que antepone la utilidad a todo. *[utilitari]*

utilizar. v. tr. Usar, servirse de una cosa. *[utilitzar]*

utopía. f. Concepción de un ideal irrealizable. *[utopia]*

utópico, ópica. adj. Relativo o perteneciente a la utopía. *[utòpic]*

uva. f. Fruto de la vid. *[raïm]*

úvula. f. Apéndice carnoso que cuelga de la parte posterior del velo del paladar. *[úvula]*

¡uy! Interjección que expresa dolor, o gran sorpresa. *[ui!]*

V

v. f. Vigésima quinta letra del abecedario. *[v]*
vaca. f. Hembra del buey. *[vaca]*
vacación. f. Estado de un cargo o una plaza vacantes. *[vacança]* // pl. Tiempo de reposo durante el cual cesan los trabajos de un tribunal, los estudios de una escuela, etc., o tiempo de reposo concedido a un funcionario, a un empleado, a un trabajador. *[vacances]*
vacante. f. Cargo que está por proveer. *[vacant]* // adj. Que vaca. *[vacant]*
vacar. v. tr. Quedar un cargo, una plaza, una dignidad, sin persona que la ocupe. *[vacar]*
vaciar. v. tr. y pron. Dejar vacío un recipiente o un lugar. *[buidar]* // tr. Hacer vacíos en alguna cosa. *[buidar]*
vaciedad. f. Calidad de vacío. *[buidor]*
vacilación. f. Acción de vacilar. *[vacil·lació]*
vacilar. v. intr. Moverse indeterminadamente una cosa. *[vacil·lar]* // Estar perplejo. *[vacil·lar]*
vacío, ía. adj. Falto de contenido. *[buit]* // m. Espacio sin aire ni otro gas. *[buit]* // Intervalo de lugar o espacio. *[buit]*
vacuna. f. Toda sustancia que, inoculada a un individuo, lo inmuniza contra una enfermedad determinada. *[vacuna]*
vacunar. v. tr. Inocular una vacuna. *[vacunar]*
vacuo, acua. adj. Vacío, sin contenido. *[vacu]*
vado. m. Paraje de un río de poca profundidad que puede pasar a pie el caminante. *[gual]* // Parte rebajada de una acera para facilitar la entrada de los vehículos a los garajes y almacenes. *[gual]*
vagabundo, unda. adj. Que va errante de un lado a otro. *[vagabund]* // Vago, ocioso. *[vagabund]*
vagancia. f. El hecho de no estar ocupado en nada. *[vagància]*
vagar. v. intr. Errar a la aventura. *[vagar]* // Vacar, no estar ocupado. *[vagar]*
vagido. m. Gemido o llanto de un niño recién nacido. *[vagit]*
vagina. f. Canal que va del útero a la vulva en las hembras de los mamíferos. *[vagina]*
vago, aga. adj. No claramente definido. *[vague]* // Errante, dado a la vagancia. *[vague, malfaener]*
vagón. m. Vehículo de pasajeros o de mercancías de ferrocarril. *[vagó]*
vaharera. f. Erupción que les sale a los niños pequeños en los ángulos de la boca. *[bocatge]*
vaho. m. Vapor que se desprende de un cuerpo. *[baf]*
vaina. f. Funda para guardar armas o instrumentos. *[beina]* // Doblete de la ropa por donde pasa una cinta. *[beina]* // Jareta. *[beina]* // Cáscara alargada de las plantas leguminosas que contiene la semilla, especialmente de las leguminosas. *[baina, bajoca]* // Estuche de la hoja de una espada, daga, puñal, cuchilla, etc., y otras armas blancas, y de ciertos instrumentos cortantes o punzantes como tijeras, punzones, etc. *[baina]*
vainilla. f. Planta de la familia de las orquídeas, de cápsulas aromáticas usada como condimento. *[vainilla]*
vaivén. m. Movimiento alternativo en dos sentidos opuestos a una misma línea. *[vaivé]*
vajilla. f. Conjunto de platos, tazas, jarrones, jarras, etc., destinados al servicio de mesa. *[vaixella]*

vale. m. Papel donde consta el derecho que se tiene a recibir dinero u otro beneficio. *[val]* // Contabilidad del juego de pelota valenciana a la cual se llega cuando un equipo tiene tres quinces. *[val]*

valedero, era. adj. Que es firme y subsistente, que da derecho. *[valedor]* // m. y f. Valedor, persona que protege a otra. *[valedor]*

valencianizar. v. tr. y pron. Tomar costumbres valencianas. *[valencianitzar]*

valenciano, ana. adj. y s. Natural o propio de Valencia. *[valencià]* // m. Habla de los valencianos. *[valencià]*

valer. v. intr. Tener alguna persona o cosa una cualidad o conjunto de cualidades que la hacen ser apreciada. *[valer]* // Ser amado a cierto precio. *[valer]* // Conjunto de cualidades que hacen que alguien o algo sea bueno. *[valer]*

valí. m. Gobernador de una ciudad o de una demarcación sarracena. *[valí]*

valía. f. Valor, precio o estima de una persona o cosa. *[vàlua]*

validez. f. Calidad de válido. *[validesa]*

válido, álida. adj. Que tiene plena eficacia lógica o legal. *[vàlid]* // Que tiene íntegras las fuerzas. *[vàlid]*

valiente. adj. y s. Que tiene valor, coraje. *[valent]*

valija. f. Bolso de mano cerrado con llave donde llevan la correspondencia los correos. *[valisa]*

valimiento. m. Favor, buena acogida. *[valiment, privadesa]*

valioso, osa. adj. Que tiene mucha valía. *[valuós]*

valor. m. Cualidad que hace que una persona o cosa sea apreciada, valga; el grado de esta cualidad; alcance de la significación de una cosa. *[valor]* // Coraje para superar los peligros sin miedo. *[valor]* // En música, duración relativa de una nota. *[valor]* // pl. Signos representativos de una porción de riqueza negociable. *[valor]*

valorar. v. tr. Evaluar, determinar el valor de una cosa. *[valorar]*

vals. m. Baile de parejas en movimiento giratorio y de traslación. *[vals]*

valuar. v. tr. Determinar la valía de algo. *[avaluar]*

valva. f. Cada una de las dos piezas que forman la concha de los moluscos. *[valva]* // Cada una de las partes susceptibles de abrirse en los frutos secos de ciertas plantas. *[valva]*

válvula. f. Pieza colocada en la abertura de un instrumento o máquina para interrumpir o permitir el paso. *[vàlvula]*

valle. m. Extensión de terreno llano entre dos montes. *[vall]* // Cuenca de un río. *[vall]*

vallico. m. Planta gramínea de uno o dos palmos, con espiga parecida a la cebada, frecuente en los bordes de las paredes, caminos, campos, etc. *[margall]*

¡vamos!. interj. Para excitar a ejecutar alguna cosa. *[apa!]*

vampiro. m. Espectro que, según una leyenda supersticiosa popular, durante la noche chupa la sangre de los vivos. *[vampir]* // Especie de murciélago americano que chupa la sangre de las personas y animales mientras duermen. *[vampir]*

vanagloria. f. Gloria más aparente que real, jactancia del propio valer. *[vanaglòria]*

vanagloriarse. v. pron. Envanecerse, alabarse de alguna cosa, gloriarse. *[vanarse]*

vándalo, ándala. m. y f. Individuo de un pueblo germano, destacado por el furor con que destruía los monumentos de la civilización. *[vàndal]* // fig. Persona que, por el gusto de hacer daño, destruye o estropea cosas bellas del arte o de la naturaleza. *[vàndal]*

vanguardia. f. Parte de un ejército que va delante del cuerpo principal. *[avantguarda]*

vanidad. f. Calidad de vanidoso. *[vanitat]* // Orgullo inspirado por un alto concepto de las propias cualidades. *[vanitat]* // Presunción, pompa vana, ostentación. *[vanitat]*

vanidoso, osa. adj. Que tiene mucha vanidad. *[vanitós]*

vano, ana. adj. Falto de realidad. *[va]* // Inútil, ineficaz. *[va]*

vapor. m. Gas en que se convierten ciertos cuerpos por la acción del calor. *[vapor]* // Barco movido por la fuerza de este gas. *[vapor]* // pl. Trastornos producidos por excesos histéricos. *[vapors]*

vaporizar. v. tr. y pron. Convertir en vapor. *[vaporitzar]*

vaporoso, osa. adj. Que lanza o emite vapores. *[vaporós]* // Muy tenue, ligero, por parecido con el vapor. *[vaporós]*

vaquería. f. Lugar donde se tienen las vacas. *[vaqueria]*

vaquero, era. m. y f. Pastor de vacas. *[vaquer]* // El que tiene una vaquería. *[vaquer]*

vara. f. Rama recia, delgada, larga, limpia de hojas, usada como bastón. *[vara]* // Bastón usado como insignia de autoridad, sobre todo por los funcionarios civiles. *[vara]*

varal. m. Vara o bastón muy largo y grueso. *[varal]* // Barra horizontal dentro de la que van colocadas las cabezas superiores de las estacas de la baranda del carro. *[varal]*

varar. v. tr. Poner en el mar una nave, poner en el mar el buque de una nave en construcción. *[varar]*

varear. v. tr. Batir los cereales o legumbres con los mayales. *[batellar]* // Hacer caer el fruto de los árboles. *[batre]*

variable. adj. Que varía con frecuencia, que puede variar. *[variable]*

variación. f. Acción y efecto de variar, cambio parcial en la forma, posición, estado o cualidades de una cosa. *[variació]*

variado, ada. adj. Que tiene variedad. *[variat]*

variante. adj. Que varía. *[variant]* // f. Variedad que hay entre las diferentes copias de un mismo texto, etc. *[variant]*

variar. v. tr. e intr. Tr. Hacer que una cosa sea diferente a como era antes. *[variar]* // Modificar. *[variar]* // Someter un orden de hechos a cambios sucesivos. *[variar]* // Diversificar. *[variar]* // Intr. Sufrir un cambio parcial, ser una cosa diferente, modificarse. *[variar]*

varice. f. Dilatación permanente de una vena, generalmente en la pierna, producida por la acumulación de sangre. *[variça]*

varicela. f. Enfermedad contagiosa parecida a la viruela, pero sin supuración. *[varicel·la]*

variedad. f. Calidad de vario en sí respecto a otros. *[varietat]* // Cada uno de los grupos que se pueden formar con los animales o plantas de una misma especie. *[varietat]*

varilla. f. Barrita larga y delgada que sostiene alguna cosa, vástago. *[tija]*

vario, aria. adj. Que se muestra diferente de un tiempo a otro. *[vari]* // Mudable, distinto. *[vari]* // Que es variado. *[vari]*

variz. f. Varice. *[variça]*

varón. m. Persona del sexo masculino. *[home]* // Hombre de edad viril. *[home]*

varonil. adj. Viril o relativo al hombre hecho. *[baronívol]* // Valiente, con coraje. *[baronívol]*

vasallaje. m. Condición de vasallo, servidumbre. *[vassallatge]*

vasallo, alla. m. y f. Aquel que dependía de un señor a causa de un hecho. *[vassall]* // Súbdito. *[vassall]*

vasar. m. Estantería hecha de obra y adosada a una pared, a la campana de una chimenea, etc. *[lleixa]*

vasco, asca. adj. y s. Natural o propio de Basconia. *[basc]*

vascuence. adj. y s. Lengua hablada en una gran parte del País Vasco y parte de Navarra y País Vasco-Francés. *[basc]*

vaselina. f. Sustancia translúcida, extraída de la parafina y aceites densos del petróleo. *[vaselina]*

vasija. f. Recipiente para líquidos, especialmente los grandes como cueros para el vino, aceite, botas grandes, jarras grandes. *[vaixell]* // Vasijo. *[vaixell]*

vaso. m. Recipiente de vidrio, sin pie, que sirve para beber. *[got]* // Sepulcro, tumba. *[vas]* // Cualquiera de los conductos por donde circula la sangre u otro fluido de los seres orgánicos. *[vas]*

vástago. m. Rama tierna de un árbol o planta. *[verdanc, rebrot]*

vasto, asta. adj. De gran extensión. *[vast]*
vaticano, ana. adj. Perteneciente o relativo a la corte pontificia o al papa. *[vaticà]* // m. La corte del papa. *[vaticà]*
vaticinar. v. tr. Hacer vaticinios, pronosticar lo que va a suceder. *[vaticinar]*
vaticinio. m. Pronóstico, predicción. *[vaticini]*
vatio. m. Unidad de potencia capaz de hacer un trabajo de un julio en un segundo. *[vat]*
vecero, era. adj. y s. Que da fruto solamente un año por otro. *[anyívol]*
vecindario. m. Conjunto de vecinos de un pueblo, de un barrio, etc. *[veïnat]*
vecino, ina. adj. Que está situado cerca. *[veí]* // m. y f. El que habita en un mismo pueblo, barrio o casa que otro. *[veí]*
vectigal. m. Tributo impuesto sobre el transporte de mercancías. *[vectigal]*
vector. adj. Aplicado a una línea recta que va desde un punto de referencia a un punto variable. *[vector]* // m. Recta que señala una dirección. *[vector]*
veda. f. Acción de vedar o prohibir. *[veda]* // Tiempo durante el cual está prohibida la caza o la pesca. *[veda]*
vedar. v. tr. Prohibir alguna cosa, especialmente por ley o mandamiento. *[vedar]*
vedija. f. Cualquier fibra textil en su estado natural. *[floca]*
vegetación. f. Conjunto de plantas que crecen en un lugar o comarca. *[vegetació]* // En medicina, excrescencia morbosa exuberante que se forma en una parte del cuerpo. *[vegetació]*
vegetal. adj. Relativo o perteneciente a las plantas. *[vegetal]* // m. Ser orgánico que vive y crece, pero carece de movimiento voluntario, planta. *[vegetal]*
vegetar. v. intr. Crecer a la manera de las plantas. *[vegetar]* // Pasar una vida tranquila sin trabajar ni preocuparse. *[vegetar]*
vegetariano, ana. adj. y s. Dícese de la persona que se alimenta exclusivamente de vegetales. *[vegetarià]*
veguer. m. Juez ordinario territorial que había antiguamente. *[veguer]*
vehículo. m. Aquello que sirve para transportar personas o cosas de un sitio a otro. *[vehicle]* // Lo que sirve para transmitir. *[vehicle]*
veinte. adj. Conjunto de dos decenas. *[vint]*
veinteavo o **veintavo, ava.** adj. Cada una de las partes de una cantidad dividida en veinte partes. *[vinté]*
vejar. v. tr. Mortificar gravemente por abuso de poder, etc., maltratar. *[vexar]*
vejez. f. Calidad de viejo, edad avanzada. *[vellesa]*
vejiga. f. Bolsa membranosa que contiene líquido o gas. *[bufa, bufeta]* // Órgano donde se va depositando la orina que segregan los riñones. *[bufeta]*
vela. f. Trozo de lona o tela fuerte que, atada al árbol y desdoblada al viento, da impulso a la embarcación. *[vela]* // Cubierta de lona o tela fuerte que se coloca para que haga sombra. *[vela]* // Toldo. *[vela]*
vela. f. Acción de velar y tiempo en que se practica. *[vetla]* // Vigilia. *[vetla]* // Cirio. *[candela]*
velada. f. Reunión que se hace durante la vela. *[vetlada]* // Acción y efecto de velar. *[vetlada]*
velar. v. intr. y tr. Intr. Estar sin dormir por la noche. *[vetlar]* // Cuidar solícitamente de una cosa. *[vetlar]* // Tr. Hacer centinela o guardia por la noche. *[vetlar]* // Cuidar a un enfermo o a un difunto por la noche. *[vetlar]*
velar. v. tr. y pron. Cubrir con un velo. *[velar]* // Oscurecer la claridad, el brillo, la sonoridad, etc. *[velar]*
velar. adj. Relativo o perteneciente al sonido de la voz en la producción del cual interviene el velo del paladar. *[velar]*
velarizar. v. tr. y pron. Transformar el sonido de la voz en velar. *[velaritzar]*
veleidad. f. Voluntad débil, inconstancia. *[vel·leïtat]*
velero, era. adj. Que navega a vela. *[veler]* // m. y f. El que hace velas para las embarcaciones. *[veler]* // Tejedor de seda a mano. *[veler]* // Embarcación de vela. *[veler]*
veleta. f. Pieza giratoria colocada en lu-

gares elevados para señalar la dirección del viento. *[penell]*

velo. m. Trozo de tela que tapa alguna cosa. *[vel]* // Tela muy fina con la que las mujeres se cubren la cabeza y la cara. *[vel]* // Parte del vestido de las religiosas que cubre la cabeza. *[vel]* // Aquello que quita la visión clara de una cosa. *[vel]*

velocidad. f. Rapidez en el movimiento. *[velocitat]* // Relación entre el espacio recorrido y el tiempo utilizado en recorrerlo. *[velocitat]*

velocípedo. m. Vehículo ligero de dos o tres ruedas que funciona movido por los pies del que lo monta. *[velocípede]*

velódromo. m. Lugar destinado a las carreras de velocípedos. *[velòdrom]*

veloz. adj. Animal de una velocidad considerable. *[veloç]*

vellón. m. Aleación de plata y cobre con la que se hacían monedas. *[velló]*

vellón. m. Conjunto de lana de un animal. *[borrall]* // Montoncito de lana separado del vellón. *[borralló]*

velludo, uda. adj. Que tiene mucho vello. *[vellut]*

vena. f. Cada uno de los vasos que llevan la sangre al corazón. *[vena]* // Filo o veta de un metal. *[vena]* // Nervio de las plantas. *[vena]* // Hilo de agua subterránea. *[vena]* // Veta o lista de color de ciertas piedras. *[vena]* // Inspiración. *[vena]*

vencedor, ora. adj. y s. Que vence. *[vencedor]*

vencejo. m. Ligamen de alguna cosa, especialmente el que sirve para haces de trigo y otras plantas. *[vencill]* // Tramojo. *[vencill]* // Pájaro insectívoro de plumaje negro, cuello blanco, alas largas y arqueadas, parecido a la golondrina. *[falzia]*

vencer. v. tr. e intr. Tr. Retener o sujetar al enemigo. *[véncer]* // Superar algún obstáculo o dificultad. *[véncer]* // Sujetar los afectos o pasiones a la razón. *[véncer]* // Intr. Cumplirse un plazo previamente fijado. *[véncer]*

venda. f. Tira de ropa aplicada a sujetar los apósitos o a atar o envolver un miembro. *[bena]*

vendaval. m. Viento muy fuerte. *[vendaval]*

vendedor, ora. adj. y s. Que vende. *[venedor]*

vender. v. tr. Transferir una cosa a otro por un precio convenido. *[vendre]* // Traicionar a alguien. *[vendre]*

vendido, ida. adj. Desorientado, falto de experiencia en una cuestión. *[venut]*

vendimia. f. Recolección de la uva y tiempo durante el que se realiza. *[verema]*

vendimiar. v. tr. Recolectar las uvas. *[veremar]*

veneno. m. Substancia que, introducida o aplicada al cuerpo en poca cantidad, causa la muerte o graves perturbaciones en la salud. *[verí]* // Ponzoña. *[verí]*

venenoso, osa. adj. Que tiene o lleva veneno. *[verinós]* // Que tiene mal genio, carácter irritable y áspero. *[verinós]*

venerar. v. tr. Dar culto a Dios, a los santos o a las cosas sagradas. *[venerar]* // Respetar con gran reverencia a una persona. *[venerar]*

venéreo, érea. adj. Aplicado al comercio sexual y a las enfermedades de que es causa. *[veneri]* // Se dice de la enfermedad que se contagia con el trato carnal. *[veneri]*

venganza. f. Punición, ultraje, agravio, etc., causado para satisfacer un resentimiento, por un daño, agravio, ofensa, etc., inferido. *[venjança]*

vengar. v. tr. y pron. Tomar venganza de una ofensa, daño, etc. *[venjar]*

venia. f. Licencia o permiso para ejecutar alguna cosa. *[vènia]* // Perdón de una culpa. *[vènia]*

venial. adj. Que infringe ligeramente la ley. *[venial]* // Fácil de perdonar. *[venial]*

venida. f. Acción de venir. *[vinguda]* // Cada vez que la leche de un pecho acude abundosamente al pezón. *[vinguda]*

venidero, era. adj. Que ha de acontecer en el futuro. *[esdevenidor]*

venir. v. intr. Ir o llegar hacia la parte de acá. *[venir]* // Suceder, presentarse la ocasión. *[venir]* // Proceder, tener origen. *[venir]*

venta. f. Acción y efecto de vender. *[venda]*

ventaja. m. Acción y efecto de pasar delante de alguien. *[avantatge]* // Lo que da una superioridad en cualquier cosa. *[avantatge]*

ventalle. m. Aventador, instrumento que sirve para hacer aire o espantar las moscas. *[ventall]*

ventana. f. Abertura elevada sobre el suelo practicada en la pared de una construcción para dar entrada a la luz y al aire. *[finestra]*

ventanal. m. Ventana grande. *[finestral]*

ventanilla. f. Abertura pequeña para el despacho de billetes, documentos, etc., al público. *[finestreta]* // Ventana pequeña. *[finestró]*

ventear. v. tr. e intr. Tr. Hacer artificialmente viento que vaya a chocar contra alguien o alguna cosa. *[ventar]* // Tirar al aire el grano para separarlo de la paja. *[ventar]* // Jugar con mucha potencia la pelota. *[ventar]* // Intr. Hacer viento, soplar el viento. *[ventar]*

ventilar. v. tr. y pron. Hacer correr el aire por algún sitio. *[ventilar]* // tr. Renovar el aire de un sitio cerrado. *[ventilar]* // Examinar, someter a discusión una cuestión, una duda. *[ventilar]*

ventisquero. m. Lugar donde la nieve no se funde en todo el año. *[gelera]*

ventolera. f. Viento fuerte que dura poco. *[airada]*

ventosa. f. Órgano que poseen ciertos animales para adherirse fuertemente a un objeto. *[ventosa]* // Vaso en forma de campana que se aplica a una parte del cuerpo para producir una succión. *[ventosa]*

ventosear. v. intr. y pron. Expulsar pedos o ventosidades una persona o animal. *[petar]*

ventosidad. f. Calidad de ventoso o flatulento. *[ventositat]* // Gas producido en los intestinos. *[ventositat]* // Pedo. *[ventositat]*

ventoso, osa. adj. Que contiene viento o aire. *[ventós]* // Aplicado a los días de viento fuerte. *[ventós]* // Flatulento. *[ventós]*

ventrera. f. Faja que mantiene el vientre bien ceñido. *[ventrera]* // Pieza de la armadura que cubría el vientre. *[ventrera]*

ventrílocuo, ílocua. adj. y s. Dícese de la persona que sabe modificar la voz de manera que parece que venga de otro. *[ventríloc]*

ventura. f. Buena suerte, caso favorable. *[ventura]* // Contingencia, casualidad, suerte. *[ventura]*

venusto, usta. adj. De una gran belleza. *[venust]*

ver. v. tr. Percibir los objetos puestos a la acción de la luz. *[veure]* // Observar o considerar alguna cosa. *[veure]* // Reconocer con atención. *[veure]* // Visitar a alguien o alguna cosa. *[veure]*

vera. f. Orilla. *[vora]* // Proximidad, al lado. *[a la vora, al costat]*

veraneante. m. y f. El que veranea. *[estiuejant]*

veranear. v. intr. Pasar el verano en algún lugar distinto de la residencia habitual. *[estiuejar]*

veraneo. m. Acción de veranear. *[estiueig]*

verbal. adj. Relativo o perteneciente al verbo. *[verbal]* // Relativo o perteneciente a la palabra. *[verbal]*

verbena. f. Planta herbácea, de flores de diversos colores y aplicaciones medicinales. *[verbena]* // Velada de baile, feria y otras diversiones. *[revetla]*

verbo. m. Segunda persona de la Santísima Trinidad. *[verb]* // Parte variable de la oración que designa esencia, acción, pasión o estado con indicación de modo, tiempo, número y persona. *[verb]*

verdad. f. Conformidad con aquello que es, ha sido o será. *[veritat]* // Proposición que no se puede negar racionalmente. *[veritat]*

verdadero, era. adj. Conforme a la verdad, que expresa la verdad. *[ver, vertader]* // fig. De buena calidad, hablando de árboles o plantas. *[ver]*

verdaula. m. Pájaro gris oscuro, ceniciento por encima, que en verano se establece en nuestro litoral. *[corriol]*

verde. adj. Del color de la hierba tierna, resultado de la mezcla de los colores fundamentales azul y amarillo. *[verd]* // Que no está maduro. *[verd]* // Dícese de los árboles, leña, etc., que aún no se han secado. *[verd]* // m. Hierba fresca que se da al ganado. *[verd]* // Sustancia colorante verde. *[verd]*

verdear. v. intr. Tirar a verde. *[verdejar]* // Comenzar a cubrirse las plantas de hojas. *[verdejar]*

verdecillo. m. Pájaro de plumaje verdoso con rayas negras. *[gafarró]*

verderón. m. Ave canora de plumaje verdoso. *[verderol]* // Hongo comestible de color amarillo verdoso o amarillo ceniza por encima. *[verderol]*

verdín. m. Color verde que se forma en las aguas estancadas y en las paredes y sitios húmedos por la acción de hongos y musgos verdes, cardenillo. *[verdum]*

verdino. m. Sabor verde que tiene una fruta, etc., todavía verde. *[verdum]*

verdiseco, seca. adj. Dícese de un fruto, rama, etc., a medio secarse. *[secallós]* // Dícese de un árbol que tiene muchas ramas resecas o que está muy reseco. *[secallós]*

verdolaga. f. Planta herbácea de flores amarillas cultivada como verdura. *[verdolaga]*

verdugo. m. Cardenal, señal que deja en el cuerpo una contusión. *[verduc]* // El que ejecuta las penas de muerte y otras penas corporales. *[botxí]* // Persona muy cruel. *[botxí]*

verdugón. m. Roncha, señal que deja en el cuerpo un golpe de vara. *[verdanc]*

verdura. f. Hortaliza, especialmente la que se come cocida. *[verdura]* // Follaje de las plantas. *[verdura]*

vereda. f. Camino estrecho. *[carrerany, senderó]*

veredicto. m. Papel, juicio, etc., emitido por un jurado. *[veredicte]*

verga. f. Vara, rama delgada sin hojas y lisa. *[verga]* // Barra de madera donde se asegura la vela, colgada en cualquiera de los árboles. *[verga]* // Miembro genital de los mamíferos. *[verga]*

vergajo. m. Verdugón, verga delgada para pegar a los animales. *[flingant, verga de bou]*

vergel. m. Huerto con variedad de flores y árboles frutales. *[verger]*

vergonzoso, osa. adj. Que causa vergüenza. *[vergonyós]* // Que siente vergüenza. *[vergonyós]*

vergüenza. f. Turbación del espíritu por una falta cometida, por una humillación recibida. *[vergonya]* // Estimación de la propia honra. *[vergonya]* // Rubor, pudor. *[vergonya]* // pl. Órganos genitales. *[vergonyes]*

verídico, ídica. adj. Que es amigo de la verdad o que la incluye. *[verídic]*

verificar. v. tr. Provocar o comprobar la verdad o exactitud de una cosa. *[verificar]*

vermut. m. Licor aperitivo hecho con vino blanco, aromatizado con ajenjo y otras hierbas. *[vermut]*

vernáculo, ácula. adj. Relativo o perteneciente a nuestro país natal, se dice generalmente del lenguaje. *[vernacle]*

verónica. f. Planta herbácea propia de sitios húmedos y altos. *[verònica]* // Tipo de lance con que el torero espera la embestida del toro con la capa extendida. *[verònica]*

verosímil. adj. Que tiene la apariencia de verdadero. *[versemblant]*

verosimilitud. f. Calidad de verosímil. *[versemblança]*

verraco. m. Puerco macho destinado a la reproducción. *[verro]*

verruga. f. Dureza que se hace en la piel. *[berruga]* // Abolladura que se hace en los árboles. *[berruga]*

verrugoso, osa. adj. Lleno de verrugas. *[berrugós]*

versal. adj. Aplicado a la letra mayúscula, en términos de tipografía. *[versal]*

versalita. adj. Dícese de la letra de imprenta mayúscula del mismo tamaño que la minúscula correspondiente. *[versaleta]*

versar. v. intr. Tratar o hablar de una materia. *[versar]* // Versificar. *[versejar]*

versículo. m. Cada una de las breves divisiones de ciertos libros, especialmente de las Sagradas Escrituras. *[versicle]* // Parte del responso que se dice ordinariamente antes de la oración. *[versicle]*

versificar. v. tr. e intr. Tr. Poner en verso. *[versificar]* // Intr. Hacer versos. *[versificar]*

versión. f. Traducción. *[versió]* // Manera que tiene cada uno de referir un suceso determinado. *[versió]* // En medicina, operación para cambiar la posición del feto que se presenta mal. *[versió]*

verso. m. Conjunto de palabras sujetas a medida y ritmo determinado. *[vers]*

vértebra. f. Cada uno de los huesos que componen la columna vertebral o espinada. *[vèrtebra]*

vertebral. adj. Relativo o perteneciente a las vértebras. *[vertebral]*

vertebrar. v. tr. y pron. Articular unas cosas con otras. *[vertebrar]*

verter. v. tr. y pron. Vaciar un recipiente. *[abocar]*

vertical. adj. Perpendicular al plano del horizonte. *[vertical]*

vértice. m. Punto donde concurren los dos lados de un ángulo. *[vèrtex]* // Punto de concurrencia de tres o más planos. *[vèrtex]* // Cima o punto más alto de una montaña u otra cosa. *[vèrtex]*

vertiente. adj. Que vierte. *[vessant]* // f. Pendiente por donde se escurren las aguas. *[aiguavessant]*

vértigo. m. Mareo con sensación de que todo da vueltas, vahído. *[vertigen]*

vesania. f. Alienación mental, furia. *[vesània]*

vesícula. f. Ampolla pequeña en la piel, que contiene un líquido acuoso. *[vesícula]* // Vejiga pequeña. *[vesícula]*

vesta. f. Túnica larga, usada como vestido de penitencia. *[vesta]*

vestíbulo. m. Entrada o atrio de un edificio. *[vestíbul]* // Pieza de una casa situada a la entrada y que da acceso a las piezas interiores. *[vestíbul]* // Cavidad central del laberinto óseo del oído interno. *[vestíbul]*

vestido. m. Pieza o piezas de ropa que sirven para cubrir el cuerpo con exclusión de la ropa interior. *[vestit]*

vestigio. m. Señal o indicio que queda de alguna cosa. *[vestigi]*

vestir. v. tr. Cubrir el cuerpo con el vestido. *[vestir]* // tr. y pron. Poner el vestido. *[vestir]* // Cubrir. *[vestir]*

vestuario. m. Conjunto de los vestidos que posee una persona. *[vestuari]* // Lugar destinado a guardar los vestidos de una comunidad. *[vestuari]*

veta. f. Vena, porción de una cosa de color o forma distinta del resto, como vena de sangre, de tocino, de madera, de terreno, etc. *[vinça]*

veterano, ana. adj. Antiguo en una profesión, ejercicio, etc. *[veterà]*

veterinaria. f. Ciencia y arte de curar las enfermedades de los animales. *[veterinària]*

veterinario, aria. m. y f. El que profesa la veterinaria. *[veterinari]*

veto. m. Derecho que tiene una persona de impedir una cosa no sancionándola. *[vet]*

vetusto, usta. adj. Muy viejo o antiguo. *[xaruc]*

vez. f. Tiempo u ocasión en que se ejecuta una cosa. *[vegada]*

vía. f. Porción de terreno transitable de cierta anchura, camino. *[via]* // Espacio entre dos vías del camino de un ferrocarril. *[via]* // Calidad del estado o ejercicio que cada uno elige para su vida. *[via]* // Manera general de proceder en una operación o juicio. *[via]* // Dirección determinada que han de seguir los correos. *[via]* // Lista, raya o veta que representa alguna cosa. *[via]* // Camino, dirección. *[via]*

viacrucis. m. Ejercicio religioso que consiste en recorrer rezando las catorce estaciones de la pasión de Jesucristo. *[viacrucis]*

viaducto. m. Puente elevado para el paso de un camino sobre una hondonada. *[viaducte]*

viajante. m. Agente comercial que visita a los clientes para negociar ventas. *[viatjant]*

viajar. v. intr. Ir de viaje, hacer un viaje. *[viatjar]*

viaje. m. Ida de un sitio a otro por tierra, mar o aire. *[viatge]*

viajero, era. m. y f. El que viaja. *[viatger]*

vianda. f. Nombre genérico de todo lo que se come, víveres, comida. *[vianda]*

viandante. m. y f. Caminante, el que hace camino por una vía. *[vianant]*

viaticar. v. tr. Administrar el sacramento de la Eucaristía a los enfermos. *[combregar]*

viático. m. Subvención o provisión para un viaje. *[viàtic]* // Sacramento de la Eucaristía que se administra a los enfermos en peligro de muerte. *[viàtic]*

víbora. f. Serpiente muy venenosa, de color gris con manchas negras. *[escurçó]* // Persona maligna. *[escurçó]*

vibración. f. Movimiento vibratorio de un cuerpo, y especialmente de una partícula durante un período. *[vibració]*

vibrar. v. intr. Estar un cuerpo en vibración. *[vibrar]* // Producir un sonido en el cual se percibe como un temblor. *[vibrar]*

vicario. m. Persona que asiste a un superior en sus funciones, que le sustituye en caso de ausencia, etc. *[vicari]*

vicealmirante. m. Cargo de la armada inmediatamente inferior al almirante. *[vice-almirall]*

vicecanciller. m. El que sustituye al canciller. *[vice-canceller]*

vicecónsul. m. El que sustituye al cónsul. *[vice-cònsol]*

vicepresidente, enta. m. y f. El que sustituye al presidente o presidenta. *[vice-president]*

vicerrector. m. Suplente del rector. *[vice-rector]*

vicesecretario, aria. m. y f. Suplente del secretario. *[vice-secretari]*

viceversa. adv. Invirtiendo el orden de dos términos. *[viceversa]*

viciar. v. tr. Volver vicioso. *[viciar]* // Hacer adquirir un vicio, una imperfección que altera la esencia de una cosa y le quita la validez o fuerza. *[viciar]* // Corromper, alterar, deteriorar. *[viciar]* // **-se.** Darse a los vicios. *[viciar-se]*

vicio. m. Hábito de obrar mal. *[vici]* // Gusto excesivo que lleva al abuso de alguna cosa. *[vici]* // Torcimiento o declinación de la línea recta de las cosas. *[vici]*

víctima. f. Persona o animal ofrecido en sacrificio a la divinidad. *[víctima]* // Persona que sacrifica voluntariamente su vida, su felicidad, por alguien o alguna cosa. *[víctima]* // Persona sacrificada al odio, a la venganza de alguien. *[víctima]*

víctor. m. e interj. Grito de alegría con que se aclama a alguien. *[vítol]*

victoria. f. Superioridad y ventaja sobre el contrario, que alguien obtiene de una lucha o disputa. *[victòria]* // Personificación de la victoria. *[victòria]*

vid. f. Planta que produce la uva. *[cep]*

vida. f. Estado de actividad de los seres orgánicos. *[vida]* // Estado de unión del alma y el cuerpo. *[vida]* // Tiempo que pasa desde el nacimiento de un ser orgánico hasta su muerte. *[vida]* // Duración de las cosas. *[vida]* // Manera de vivir en orden a las circunstancias, ocupación, carácter, etc. *[vida]* // Medios de subsistencia. *[vida]*

vidente. adj. Que ve. *[vident]* // m. y f. Profeta. *[vident, profeta]*

vidriero, era. adj. Relativo o perteneciente al vidrio. *[vidrier]* // m. y f. El que hace objetos de vidrio. *[vidrier]*

vidrio. m. Sustancia transparente, dura y frágil, formada por piedra de sílice, potasa, sosa y otras materias, cocidas a altas temperaturas. *[vidre]* // Objeto de vidrio. *[vidre]*

viejo, eja. adj. De mucha edad. *[vell]* // Que no es nuevo. *[vell]* // Antiguo, del tiempo pasado. *[vell]* // Deslucido por el uso. *[vell]*

viento. m. Corriente de aire debida a causas naturales o artificiales. *[vent]* // Cuerda atada a un palo, etc., que sirve para evitar que caiga, que se decante hacia un lado. *[vent]*

vientre. m. Cavidad del cuerpo que contiene el estómago y los intestinos. *[ventre]* // Parte más ancha y convexa de una botella u otra cosa. *[ventre]*

viernes. m. El quinto día de la semana. *[divendres]*

viga. f. Barra larga y gruesa, de madera, de hierro o acero usada principalmente en la construcción de techos y cubiertas. *[biga]*

vigencia. f. Calidad de vigente. *[vigència]*

vigente. adj. Aplicado a las leyes y costumbres que están en vigor. *[vigent]*

vigésimo, ésima. adj. Que hace veinte en una serie. *[vinté]*

vigía. m. Quien vigila. *[guaita]*

vigilancia. f. Acción de vigilar. *[vigilància]*

vigilante. adj. Que vigila. *[vigilant]* // m. y f. Persona encargada de vigilar. *[vigilant]*

vigilar. v. intr. y tr. Ejercer una vigilancia. *[vigilar]*

vigilia. f. Tarde, día inmediatamente anterior al de una fiesta. *[vigília]* // Oficio litúrgico que se celebra la noche antes de una festividad. *[vigília]* // Ayuno que se hace el día antes de una fiesta. *[vigília]* // Acción de estar despierto por falta de sueño. *[vigília]*

vigor. m. y f. Fuerza activa del cuerpo, del espíritu. *[vigor]*

vigorizar. v. tr. y pron. Dar vigor. *[vigoritzar]*

vigorosidad. f. Gran vigor. *[vigoria]*

vigoroso, osa. adj. Que tiene vigor. *[vigorós]*

vigueta. f. Viga mediana o pequeña que se atraviesa con las principales. *[cabiró]*

vil. adj. De muy baja condición, despreciable, infame. *[vil]*

vileza. f. Calidad de vil. *[vilesa]* // Acción propia de una persona vil. *[vilesa]*

vilipendiar. v. tr. Desaprobar, censurar, vituperar, hablar desfavorablemente. *[blasmar]*

vilipendio. m. Menosprecio de que es objeto una persona o cosa. *[vilipendi]*

vilorta. f. Anilla hecha de una rama verde de un árbol que, después de seca, es usada como vencejo en el extremo de una cuerda o de la cincha. *[capcingle]* // **vilorta de cincha.** Anilla de madera o hierro del extremo de la cincha. *[capcingle]*

villa. f. Quinta, casa de recreo en el campo. *[vil·la]* // Población con ciertos privilegios especiales que le dan una distinción entre los otros pueblos de una comarca. *[vila]*

villancico. m. Canción propia de la fiesta de navidad. *[nadala]*

vinagre. m. Líquido que proviene de la fermentación acética del vino. *[vinagre]*

vinagrera. f. Planta comestible y antiescorbútica, de gusto ácido, que se usa en medicina. *[agrella]*

vinajeras. f. pl. Pieza de metal, etc., que lleva dos aceiteras, una para el aceite y otra para el vinagre. *[setrilleres]*

vinatero, era. adj. Perteneciente o relativo al vino. *[vinader]* // m. y f. Que vende vino. *[vinader]*

vincular. v. tr. y pron. Sujetar con un vínculo legal o moral. *[vincular]*

vínculo. m. Unión o atadura de una cosa con otra. *[vincle]*

vindicar. v. tr. y pron. Defender a alguien contra una imputación falsa, contra un agravio, contra una ofensa. *[vindicar]* // Hacer valer a alguien su derecho a una cosa. *[vindicar]*

vino. m. Zumo de la uva fermentada. *[vi]*

viña. f. Conjunto de cepas plantadas y trozo de tierra plantada de cepas. *[vinya]*

viñeta. f. Dibujo estampado como adorno en el encabezamiento de un capítulo, en los lados de una hoja, etc. *[vinyeta]*

viola. f. Instrumento de cuerda de la familia del violín, intermedio entre el violín y el violonchelo. *[viola]*

violación. f. Acción y efecto de violar. *[violació]*

violar. v. tr. Transgredir una ley o precepto. *[violar]* // Gozar, por fuerza, de una mujer. *[violar]* // Profanar un lugar sagrado. *[violar]*

violencia. f. Fuerza o energía desplegada violentamente. *[violència]*

violento, enta. adj. Que tiene o implica violencia. *[violent]*

violeta. f. Planta herbácea de la familia de las violáceas con flores de color morado claro. *[violeta]*

violín. m. Instrumento de cuerda y arco, que es más pequeño y de voces más agudas entre los de su clase. *[violí]*

violón. m. Contrabajo, el bajo de los instrumentos de la familia del violín. *[violó]*

violonchelo. m. Instrumento musical de cuerda parecido al violín. *[violoncel]*

virada. f. Acción y efecto de virar. *[virada]*

viraje. m. Virada que se hace a un coche. *[viratge]* // Lugar de un camino donde es conveniente hacer una virada. *[viratge]*

virar. v. tr. e intr. Intr. Cambiar de rumbo. *[virar]* // Tr. Cambiar el color de una cosa por la acción de un agente. *[virar]* // Poner viras a los zapatos. *[virar]*

virgen. f. Mujer que no ha tenido trato carnal con ningún hombre. *[verge]* // adj. Aplicado a la tierra no cultivada. *[verge]* // Producido naturalmente o sin artificio. *[verge]*

virginidad. f. Estado de una persona que es virgen. *[virginitat]*

viril. adj. Aplicado a cosa propia del hombre o varón. *[viril]* // Que tiene energía varonil. *[viril]*

virola. f. Pieza de metal que se coloca en la punta de un bastón, etc., para mayor firmeza y seguridad. *[virolla]*

virote. m. Trozo de trapo, de papel o de cualquier cosa, que cuelga, como burla, detrás del vestido. *[llufa]*

virreina. f. Mujer del virrey o mujer que ejerce el oficio de virrey. *[virreina]*

virrey. m. Aquel que gobierna en nombre y con la autoridad del rey. *[virrei]*

virtual. adj. Que no es sino en potencia. *[virtual]*

virtud. f. Capacidad de producir un efecto dado, potencia, eficacia. *[virtut]* // Práctica habitual del bien, manera recta de proceder. *[virtut]* // Potestad de obrar. *[virtut]*

virtuosidad. f. Habilidad extraordinaria en la técnica de su arte. *[virtuositat]*

virtuoso, osa. adj. Que practica la virtud. *[virtuós]* // m. y f. El que domina de manera extraordinaria el ejercicio de su arte. *[virtuós]*

viruela. f. Enfermedad contagiosa constitucional, febril, caracterizada por una erupción cutánea de pústulas que hacen costras, que, cuando se caen, dejan generalmente un hoyo. *[pigota]*

virulento, enta. adj. Que contiene virus extremadamente venenosos o dañinos. *[virulent]*

virus. m. Desarrollo de los microbios que son causa de enfermedades. *[virus]* // Humor maligno. *[virus]*

viruta. f. Lámina muy fina de madera. *[borumballa]*

visado. m. Fórmula de conformidad puesta en documentos públicos u oficiales por un funcionario competente. *[visat]*

visar. v. tr. Reconocer o examinar un documento, etc. *[visar]* // Poner la conformidad a un certificado. *[visar]*

víscera. f. Cada uno de los órganos contenidos en las cavidades principales del cuerpo. *[víscera]*

visco. m. Planta lorantacia, parásita de los árboles, cuyas bayas son usadas para hacer liga. *[visc]* // Muérdago, liga, visco. *[visc]*

viscosidad. f. Calidad de viscoso, materia viscosa. *[viscós]*

viscoso, osa. adj. Pegajoso, contagioso. *[mostós]*

visera. f. Parte anterior del yelmo que cubría la cara. *[visera]* // Ala de la gorra para proteger la vista. *[visera]*

visible. adj. Que puede ser visto. *[visible]* // Perceptible para la vista. *[visible]*

visigodo, oda. adj. y s. Relativo o perteneciente a los individuos de un pueblo germánico que en la época de las invasiones, se estableció en España donde fundó una monarquía germánica. *[visigot]*

visión. f. Acción y efecto de ver. *[visió]* // Ilusión de la fantasía o imaginación. *[visió]*

visir. m. Ministro de un soberano musulmán. *[visir]*
visita. f. Acción y efecto de visitar. *[visita]* // Persona que visita. *[visita]*
visitante. adj. Que visita. *[visitant]* // m. y f. Persona que hace la visita. *[visitant]*
visitar. v. tr. Hacer una visita a alguien o a alguna cosa. *[visitar]*
vislumbrar. v. tr. Ver de lejos una cosa sin distinguirla bien. *[albirar]* // Imaginar cómo es una cosa, cómo puede ejecutarse, etc. *[albirar]* // Pensar, considerar. *[albirar]*
vislumbre. f. Reflejo de luz, o claridad tenue. *[entreclaror]*
víspera. f. Día que precede inmediatamente a otro determinado, día anterior a una fiesta determinada, vigilia. *[vespra]* // pl. Una de las horas canónicas que se dicen después de la nona. *[vespres]*
vista. f. Sentido o facultad de ver. *[vista]* // Lo que se ve desde un punto. *[vista]* // Representación pictórica, gráfica, de un lugar. *[vista]* // m. Funcionario de aduanas que tiene a su cargo el registro de los géneros. *[vista]*
vistoso, osa. adj. De bello aspecto. *[vistós]* // Que da gozo el verlo, que atrae la mirada por su bello aspecto, color, etc. *[vistós]*
visual. adj. Relativo o perteneciente a la visión. *[visual]* // Línea recta que va desde el ojo del que mira hasta el punto que se mira. *[visual]*
vital. adj. Relativo o perteneciente a la vida. *[vital]* // Que es de una gran transcendencia. *[vital]*
vitalidad. f. Calidad de vital. *[vitalitat]* // Fuerza vital. *[vitalitat]*
vitalizar. v. tr. Dar vida, vitalidad. *[vitalitzar]*
vitamina. f. Nombre de ciertas sustancias a las que se atribuye la virtud de prevenir algunas enfermedades. *[vitamina]*
vitela. f. Piel de vaca o ternero adobada y preparada para poder escribir o pintar. *[vitel·la]*
vitorear. v. tr. Aclamar con vítores a una persona o acción. *[victorejar]*
vitrificar. v. tr. y pron. Convertir en vidrio o en substancia que tiene la apariencia del vidrio. *[vitrificar]*
vitrina. f. Armario con tapas de vidrio para tener en exposición algún objeto. *[vitrina]*
vitualla. f. Alimento necesario, especialmente en los ejércitos. *[vitualla]*
vituperar. v. tr. Hablar mal de una persona, blasfemar. *[vituperar]*
vituperio. m. Palabra o frase injuriosa. *[vituperi]*
viudez. f. Estado de viudo. *[viduïtat]*
viudo, uda. adj. y s. Hombre o mujer que ha perdido, por muerte, a su marido o a su mujer. *[viudo, vidu]*
vivaque. m. Campamento al raso de un cuerpo militar. *[bivac]*
vivaz. adj. Que tiene gran vitalidad. *[vivaç]*
víveres. m. pl. Aquello que es necesario para el alimento de las personas. *[queviures]*
vivero. m. Lugar destinado a la cría de peces u otros animales. *[viver]*
viveza. f. Calidad de vivo en sentido figurado. *[vivor]*
vividor. adj. De vida duradera. *[vividor]* // m. y f. El que vive a costa de otros. *[vividor]*
viviente. adj. Que vive, con vida. *[vivent]*
vivificar. v. tr. Dotar de vida. *[vivificar]* // Hacer más vivo, más animado. *[vivificar]*
vivir. v. intr. Tener vida. *[viure]* // Seguir un método de vida en orden a la razón. *[viure]* // Habitar en algún sitio. *[viure]*
vivo, iva. adj. Que tiene vida. *[viu]* // Agudo, ingenioso. *[viu]* // Aplicado a la piedra o roca profundamente arraigada en la tierra. *[viu]* // Dícese de una cosa hecha con calor e ímpetu. *[viu]* // m. Orilla o canto de alguna cosa. *[viu]* // Cordoncillo o ribete que se pone en las orillas de una pieza de vestir o de calzado como adorno. *[viu]*
vizcaíno, ína. adj. y s. Natural o propio de Vizcaya. *[biscaí]*
vizconde. m. Título de honor y dignidad inferior al de conde. *[vescomte]*

vizcondesa. f. Mujer con el título de vizconde. *[vescomtessa]* // La mujer del vizconde. *[vescomtessa]*

vocablo. m. Palabra. *[vocable]*

vocabulario. m. Colección de vocablos dispuestos en orden alfabético y con definición, traducción o explicación de ellos. *[vocabulari]* // Conjunto de vocablos de un lenguaje de una ciencia, etc. *[vocabulari]*

vocación. f. Inclinación a un estado o profesión. *[vocació]*

vocal. adj. Relativo o perteneciente a la voz. *[vocal]* // Aplicado al sonido que se pronuncia con una mera expiración que hace vibrar las cuerdas vocales. *[vocal]* // m. y f. Persona que pertenece a una junta y que no tiene un cargo especial. *[vocal]*

vocalizar. v. tr. Pronunciar con claridad lo que se habla o se canta. *[vocalitzar]* // Intr. Proferir sonidos vocales, especialmente cantando. *[vocalitzar]* // **-se.** Transformarse una consonante en vocal. *[vocalitzar-se]*

vocativo. m. Caso de la declinación que sirve para invocar o llamar a alguien. *[vocatiu]*

vocear. v. intr. Llamar a grito descompasado, alborotadamente. *[baladrejar]*

vocerio. m. Gritos, alboroto. *[cridòria]*

vociferar. v. intr. Dar gritos a alguien regañándolo, etc. *[escridassar]* // Desgañitarse gritando. *[escridassar-se]*

vocinglero, era. adj. y s. Que vocea, que habla a gritos o que grita inmoderadamente. *[baladrer]*

volada. f. Acción de volar a corta distancia. *[volada]*

volandera. f. Piedra troncocónica que rueda encima del aforje del trillo y estruja las aceitunas. *[rutló]*

volandero, era. adj. Que se mueve en el aire. *[volander]* // Que va de un sitio a otro sin hacer una parada larga en ningún lugar. *[volander]*

volante. adj. Volandero. *[volant]* // m. Pieza fruncida sobrepuesta al vestido femenino. *[volant]* // Rueda con que se controla la dirección de los automóviles. *[volant]* // Aviso que se transmite a alguien por escrito. *[volant]* // Hoja de papel que sirve para apuntes breves. *[volant]*

volar. v. intr. Correr rápidamente. *[volar]* // Desaparecer una cosa del sitio donde se había colocado. *[volar]* // Alzarse una cosa en el aire y sostenerse poco o mucho. *[volar]* // Sostenerse y moverse en el aire un animal alado. *[volar]*

volatería. f. Toda clase de pájaros de corral. *[aviram]*

volátil. adj. Que vuela o puede volar. *[volàtil]* // Voluble, inconstante. *[volàtil]* // Que se volatiliza. *[volàtil]*

volatilizar. v. tr. y pron. Transformar un cuerpo sólido o líquido en vapor o gas. *[volatilitzar]*

volcán. m. Abertura de la tierra que vomita o puede vomitar llamas o substancias incandescentes. *[volcà]*

volcar. v. tr. e intr. Tumbar a un lado un vehículo, etc. *[bolcar]*

volea. f. Golpe que el jugador da a la pelota sin esperar que toque tierra. *[volea]* // Golpe violento con la mano. *[volea]*

voltear. v. tr. e intr. Tr. Hacer mover alguna cosa con un movimiento de rotación. *[vogir]* // Tener como medida la circunferencia. *[vogir]* // Hacer sonar las campanas dándoles vueltas. *[voltejar]* // Hacer dar la vuelta a alguna cosa. *[voltejar]* // Intr. Dar vueltas. *[voltejar]*

voltereta. f. Poner las manos en tierra y piernas hacia arriba. *[figuereta, tombarella]*

voltio. m. Unidad de fuerza electromotriz, la fuerza electromotriz. *[volt]*

volumen. m. Corpulencia o bulto de una cosa. *[embalum]* // Espacio ocupado por un cuerpo. *[volum]* // Cuerpo material de un libro. *[volum]* // Plenitud o cantidad de voz. *[volum]*

voluntad. f. Potencia del alma que nos mueve a hacer o no hacer una cosa. *[voluntat]* // Acto de esta potencia. *[voluntat]* // Afecto, inclinación. *[voluntat]*

voluntario, aria. adj. Que nace de la voluntad. *[voluntari]* // m. Soldado que se alista en el ejército por voluntad propia. *[voluntari]*

voluptuosidad. f. Complacencia en los placeres sensuales. *[voluptat]* // Placer del alma. *[voluptat]*

volver. v. tr. e intr. Tr. Hacer pasar de nuevo alguna cosa al lugar de antes. *[tornar]* // Intr. Ir al lugar de donde se había salido. *[tornar]* // Hacer o suceder de nuevo alguna cosa. *[tornar]*

vomitar. v. tr. Sacar convulsivamente por la boca, las materias contenidas en el estómago. *[vomitar]*

vomitivo, iva. adj. Dícese de un medicamento que provoca el vómito. *[vomitiu]*

vómito. m. Acción y efecto de vomitar. *[vòmit]*

vomitorio, oria. adj. y s. Vomitivo. *[vomitori]* // m. Puerta para acceder a las gradas de los estadios, circos, teatros, etc. *[vomitori]*

voraz. adj. Que come desmesuradamente. *[voraç]*

vos. pron. Tratamiento de respeto dado a una persona a quien no tuteamos, pero que no damos el tratamiento más ceremonioso y enfático de usted. *[vós]* // En las oraciones también el tratamiento tradicional con el que nos dirigimos a Dios, la Virgen y los santos. *[vós]*

vosotros. pron. personal de la segunda persona del plural. *[vosaltres]*

votación. f. Acción y efecto de votar. *[votació]* // Conjunto de votos emitidos en unas elecciones. *[votació]*

votar. v. tr. e intr. Hacer un voto o promesa a Dios. *[votar]* // Dar su voto. *[votar]* // intr. Echar votos o juramentos. *[renegar]*

voto. m. Promesa hecha a Dios o a un santo. *[vot]* // Parecer que alguien expresa en una junta o colectividad para elecciones u otro objeto. *[vot]*

voz. f. Sonido que forma el aire, expelido por los pulmones, al pasar por la laringe. *[veu]* // Músico cantante. *[veu]* // Facultad de hablar en una asamblea. *[veu]* // Rumor. *[veu]* // Accidente gramatical que expresa si el sujeto del verbo es agente o paciente. *[veu]*

vuelco. m. Acción y efecto de volcar. *[trabuc]*

vuelo. m. Acción de volar de un punto a otro. *[vol]*

vuelta. f. Acto de girar. *[gira]* // Ropa sobrepuesta a las mangas o a otras partes de las piezas de los vestidos. *[gira]* // Vuelta de la sábana por la parte que toca la cara. *[gira]* // Cambio que experimenta en su marcha alguna cosa. *[tomb]* // Paseo corto volviendo al punto de partida. *[tomb]* // Cambio de dinero en compensación de la moneda de mayor valor que uno da. *[torna]* // Movimiento de una cosa alrededor de otra. *[volta]* // Recodo de una línea o del camino recto. *[volta]* // Bóveda del techo, arqueada. *[volta]* // Vez. *[volta]*

vuestro, estra. adj. Posesivo de segunda persona, señalando pluralidad de poseedores. *[vostre]*

vulgar. adj. Que pertenece al común de los hombres, que es admitido por el común de los hombres. *[vulgar]* // Común, falto de distinción. *[vulgar]*

vulgaridad. f. Calidad de vulgar. *[vulgaritat]* // Dicho que carece de novedad o importancia. *[vulgaritat]*

vulgarizar. v. tr. Hacer vulgar una cosa. *[vulgaritzar]* // Traducir en lengua vulgar. *[vulgaritzar]* // Hacer accesible una cosa a lo vulgar. *[vulgaritzar]*

vulgo. m. El común de la gente popular. *[multitud]*

vulnerar. v. tr. Herir, dañar, perjudicar. *[vulnerar]*

vulva. f. Partes externas de los órganos genitales de las hembras. *[vulva]*

W

w. f. Vigésima sexta letra del abecedario. *[w]*
wagneriano, ana. adj. Perteneciente o relativo al músico Ricardo Wagner y a sus obras. *[wagnerià]*
washingtoniano, ana. adj. Natural o relativo a Washington. *[washingtonià]*
wáter. m. Palabra inglesa que se usa para designar los retretes que tienen depósito de agua. *[wàter]*
whisky. m. Licor alcohólico que se fabrica en Escocia, Irlanda, Estados Unidos, etc., y que se saca del grano de algunas plantas. *[güisqui, wiski]*

X

x. f. Vigésima séptima letra del abecedario. *[x]*

xenofobia. f. Odio a los extranjeros. *[xenofòbia]*

xilografía. f. Arte de grabar en madera. *[xilografia]*

xerocopia. f. Copia obtenida por xerografía. *[xerocòpia]*

xerografía. f. Procedimiento de impresión sin contacto entre la matriz y el papel. *[xerografia]*

y y y y y y y y

y. f. Vigésima octava letra del abecedario. *[y]*
ya. adv. Desde antes de un tiempo determinado. *[ja]* // conj. Tiene valor distributivo. *[ja]*
yacer. v. intr. Estar alguien o algún animal tendido en tierra, en una cama, sobre un soporte cualquiera. *[jaure]* // Estar acostado. *[jaure]* // Estar un cadáver en la fosa, o sepulcro. *[jaure]*
yacija. f. Camastro, lecho improvisado. *[jaç]*
yacimiento. m. Lugar en que se halla una masa natural de mineral, un fósil. *[jaciment]*
yegua. f. Hembra del caballo. *[egua]*
yelmo. m. Parte de la armadura antigua que cubría la cabeza. *[elm]*
yema. f. Botón floral. *[gema]* // La parte central, amarilla de huevo. *[gema, rovell]* // Dulce compuesto de azúcar y la yema del huevo. *[gema]*
yermo, erma. adj. No cultivado. *[erm]* // m. Lugar no cultivado, lugar desierto, deshabitado. *[erm]*
yerno. m. Marido de la hija. *[gendre]*
yerro. m. Error, equivocación. *[erro]*
yerto, erta. adj. Derecho, rígido, tieso, envarado. *[ert]*
yesal. m. Cantera de yeso. *[algepsar]*
yesar. m. Terreno donde abunda el yeso. *[algepsar]*
yesca. f. Materia seca y muy inflamable preparada para que se encienda fácilmente con una simple chispa. *[esca]*
yesera. f. Cantera de yeso. *[algepsar]*
yeso. m. Sulfato de calcio hidratado y que, deshidratado parcialmente por la calcinación, da una sustancia blanca, que, al hacerse pasta con el agua, se endurece rápidamente. *[algeps]*
yesón. m. Cascote de yeso que se aprovecha para una nueva elaboración. *[algepsó]*
yo. Pronombre personal de primera persona del singular. *[jo]* // m. Precedido de artículo, la persona que tiene conciencia de ella misma. *[jo]*
yodo. m. Metaloide de contextura laminar, de color gris oscuro, que se volatiliza fácilmente. *[iode]*
yoga. m. Disciplina de origen hindú que tiene por objeto asumir el dominio del cuerpo y del espíritu. *[ioga]*
yogourt. m. Substancia parecida al quefir, preparada con leche fermentada. *[iogurt]*
yuca. f. Planta liliácea de hojas rígidas y flores blancas en panícula. *[iuca]*
yugada. f. Superficie de terreno que puede arar una pareja de bueyes en un día. *[jovada]*
yugo. m. Pieza de madera para enyugar dos animales al carro, etc. *[jou]* // Ley y dominio superior que obliga a la obediencia. *[jou]* // Carga, cosa pesada, atadura. *[jou]* // Pieza de madera, que refuerza la popa por la parte de dentro. *[jou]*
yugular. adj. Relativo o perteneciente al cuello o a la garganta. *[jugular]* // f. Vena a cada lado del cuello. *[jugular]*
yunque. m. Instrumento sobre el que se trabajan los metales con el martillo. *[enclusa]*
yunta. f. Pareja de toros para labrar. *[jova]*
yute. m. Fibra textil procedente de diversas plantas cultivadas en la India. *[jute]* // Hilado o tejido de esta materia. *[jute]*
yuxtaponer. v. tr. y pron. Poner una cosa junto a otra. *[juxtaposar]*

z z z Z Z Z Z Z

z. f. Vigésima novena letra del abecedario. *[z]*

zafar. v. tr. y pron. Desembarazar, quitar los estorbos. *[desempalagar]*

zafariche. m. Banco de piedra o madera para poner los cántaros, generalmente en un entrante practicado en la pared de las casas, cantarero. *[canterer]*

zafarrancho. m. Acción de desocupar una parte de la embarcación con el fin de dejarla a punto para el combate, maniobra u otro trabajo. *[xafarranxo]*

zafio, afia. adj. Tosco, ignorante y de escasa aptitud. *[gamarús]*

zafiro. m. Piedra preciosa, variedad azul del corindón. *[safir]*

zaga. f. Parte posterior de algunas cosas. *[saga]*

zagal, ala. m. Muchacho adolescente, mozo. *[sagal]*

zaguán. m. Lugar cubierto que hay en la entrada de una casa, inmediato a la puerta de la calle. *[vestíbul]*

zahorí. m. Aquel que, con una vara en la mano u otro medio, adivina o pretende adivinar la existencia de aguas subterráneas u otra cosa oculta bajo tierra. *[saurí]*

zalamero, era. adj. Adulador. *[llepó]*

zamarra. f. Vestido de pieles o forrado de pieles. *[pellissa]*

zamarrilla. f. Planta herbácea anual, muy olorosa, usada en infusión como estomacal. *[poliol]*

zambomba. f. Instrumento musical que consiste en una piel tirante y una caña sujeta en medio de la piel, la dicha caña se frota con la mano húmeda para que suene. *[simbomba]*

zambullida. m. y f. El hecho de zambullirse dentro del agua. *[escabussó]*

zambullir. v. tr. y pron. Hundir de cabeza en el agua. *[cabussar]*

zanahoria. f. Planta umbelífera cultivada, cuya raíz es de color rosado y sirve para la alimentación de los animales. *[safanòria]*

zancadilla. f. Acción de poner el pie entre las piernas de alguien para hacerlo caer. *[traveta]*

zancajoso, osa. adj. Que camina cojeando. *[rancallós]*

zanco. m. Cada uno de los dos palos altos, con salientes para los pies, sobre los que se anda. *[xanca]*

zancudo. m. Pájaro zanquilargo de patas rojas, dorso negro y vientre blanco. *[cadell]*

zángano. m. Abeja macho. *[abegot]*

zanja. f. Excavación larga y estrecha para plantar los cimientos y otras cosas. *[vall]* // Foso. *[vall]*

zapa. f. Pala de corte afilado. *[sapa]* // Excavación que se hace bajo una construcción. *[sapa]*

zapapico. m. Herramienta de albañil, cuyos extremos son, respectivamente, uno plano y el otro agudo. *[picot]*

zapata. f. Calzado que llega a media pierna. *[sabata]*

zapatero, era. m. y f. El que hace o vende zapatos. *[sabater]*

zapatilla. f. Zapato ligero, de suela muy delgada que se suele llevar por casa. *[sabatilla, xinel·la]*

zapato. m. Calzado para el pie hecho de piel adobada. *[sabata]*

zaquizamí. m. Piso superior de una casa, debajo del tejado, utilizado como depósito de trastos, lugar de trabajo de los menestrales, terciopeleros, tejedores, etc., depósito de materias diversas y que ahora suele habitarse. *[porxe]*

zar. m. Título que daban al emperador de Rusia o Bulgaria. *[tsar]*

zarabanda. f. Ruido que mueve un grupo de personas que chillan, corren, etc. *[rebombori]*

zaragüelles. m. pl. Greguescos; calzones anchos y con pliegues que no llegan más abajo de las rodillas. *[saragüells]*

zarandaja. f. Cosa de poco valor, inservible. *[rampoina]*

zarandear. v. tr. y pron. Agitar bruscamente alguna cosa. *[sacsejar]*

zarapito. m. Ave zancuda, de plumaje moreno oscuro, con el vientre blanco manchado de gris. *[polit]*

zarcillo. m. Pendiente, anilla de metal con el que las mujeres se adornan la oreja. *[orellal]*

zarevich. m. Hijo primogénito de un zar. *[tsarevitx]*

zarpa. f. Mano provista de garras o uñas curvas, de ciertos animales, como el león, el tigre, el gato, etc. *[sarpa]*

zarpazo. m. Golpe dado con la zarpa. *[sarpada]*

zarrapastroso, osa. adj. y s. Persona desastrada. *[pendó]*

zarza. f. Arbusto espinoso de la familia de las rosáceas con troncos sarmentosos y prismáticos. *[esbarzer]*

zarzuela. f. Obra teatral en la que alguien declama y canta alternativamente. *[sarsuela]* // Plato de pescado variado con crustáceos y moluscos. *[sarsuela]*

zigzag. m. Línea quebrada en forma de z. *[zig-zag]*

zinc. m. Metal de color gris azulado bastante poroso y de estructura laminar. *[zinc]*

zocalada. f. Basamento o zócalo amplio de alguna cosa. *[socolada]*

zócalo. m. Cuerpo inferior de un edificio o de un pedestal. *[sòcol]*

zodíaco. m. Zona de la esfera terrestre a ambos lados de la eclíptica. *[zodíac]*

zona. f. Extensión de tierra, demarcación territorial. *[zona]* // Cada una de las cinco divisiones de la superficie de la tierra. *[zona]* // Parte de superficie entre dos planos paralelos. *[zona]*

zonzo, onza. adj. Aplicado a la persona lenta e indiferente para reaccionar, poco atenta y advertida, que se sustrae a las cosas exteriores y hace poco caso a lo que le dicen. *[sompo]* // Falto de viveza y gracia. *[sompo]* // Soso. *[sompo]*

zoófito. m. Animal que tiene aspecto de planta como los corales, esponjas, etc. *[zoòfit]*

zoología. f. Parte de las ciencias naturales que estudia los animales. *[zoologia]*

zoológico, ógica. adj. Relativo o perteneciente a la zoología. *[zoològic]*

zoquete. m. Persona muy ignorante e incapaz de aprender. *[cudol]* // Persona corta de entendimiento. *[codony]*

zorra. f. Hembra del zorro. *[guilla, guineu]*

zorrería. f. Astucia y cautela propias de las zorras. *[raboseria]*

zorro, orra. adj. Falso, engañador, que afecta tontería y candidez pérfidamente. *[moix]*

zorro. m. Macho de la zorra, animal mamífero carnívoro, de hocico agudo y cola gruesa y larga. *[rabosot]*

zozobrar. v. intr. Caerse una nave de lado dando media vuelta. *[sotsobrar]*

zueco. m. Calzado formado por un solo trozo de madera vaciado para que se pueda poner el pie. *[soc]*

zullarse. v. pron. Hacer uno sus necesidades. *[cagar, embrutar-se]* // Expulsar ventosidades sin ruido. *[llufar-se]*

zumacaya. f. Zumaya. *[gamarús]*

zumaya. f. Pájaro de presa nocturno. *[gamarús]*

zumbar. v. intr. Producir un ruido sordo y persistente. *[zumzejar, brunzir]*

zumbido. m. Sucesión confusa de sonidos, rumor, alboroto. *[brogit, bonior]*

zurcir. v. tr. Rehacer con la aguja el tejido de un tela, consumida o rota. *[solsir]* // **-se.** Gastarse, estropearse la ropa, los tejidos, las paredes, los terrenos, márgenes, etc. *[solsir-se]*

zurdo, urda. adj. y s. Que usa más la mano izquierda que la derecha. *[esquerrà]*

zuro. m. Panocha de maíz después de desgranada. *[espigó]*

zurrar. v. tr. Castigar con azotes o golpes. *[apallissar]*

zurriaga. f. Látigo para pegar a las bestias. *[xurriaques]*

zurrón. m. Bolsa de piel para poner las perdices muertas. *[perdiguer]*

APÉNDICE VERBAL

Verbos auxiliares

(Verbo auxiliar) **HABER**

INFINITIVO	GERUNDIO	PARTICIPIO	
Simple: haber *Compuesto:* haber habido	*Simple:* habiendo *Compuesto:* habiendo habido	habido	
INDICATIVO		**SUBJUNTIVO**	
Presente	**Pretérito perfecto**	**Presente**	**Pretérito perfecto**
yo he tú has él ha (hay) nos. hemos vos. habéis ellos han	yo he habido tú has habido él ha habido nos. hemos habido vos. habéis habido ellos han habido	yo haya tú hayas él haya nos. hayamos vos. hayáis ellos hayan	yo **haya habido** tú **hayas habido** él **haya habido** nos. **hayamos habido** vos. **hayáis habido** ellos **hayan habido**
Pretérito imperfecto	**Pret. pluscuamperfecto**	**Pretérito imperfecto**	
yo había tú habías él había nos. habíamos vos. habíais ellos habían	yo había habido tú habías habido él había habido nos. habíamos habido vos. habíais habido ellos habían habido	yo hubiera/hubiese tú hubieras/hubieses él hubiera/hubiese nos. hubiéramos/hubiésemos vos. hubierais/hubieseis ellos hubieran/hubiesen	
Pret. perfecto simple	**Pretérito anterior**	**Pretérito pluscuamperfecto**	
yo hube tú hubiste él hubo nos. hubimos vos. hubisteis ellos hubieron	yo hube habido tú hubiste habido él hubo habido nos. hubimos habido vos. hubisteis habido ellos hubieron habido	yo hubiera/hubiese habido tú hubieras/hubieses habido él hubiera/hubiese habido nos. hubiéramos/hubiésemos habido vos. hubierais/hubieseis habido ellos hubieran/hubiesen habido	
Futuro imperfecto	**Futuro perfecto**	**Futuro imperfecto**	
yo habré tú habrás él habrá nos. habremos vos. habréis ellos habrán	yo habré habido tú habrás habido él habrá habido nos. habremos habido vos. habréis habido ellos habrán habido	yo hubiere tú hubieres él hubiere nos. hubiéremos vos. hubiereis ellos hubieren	
Condicional simple	**Condicional compuesto**	**Futuro perfecto**	
yo habría tú habrías él habría nos. habríamos vos. habríais ellos habrían	yo habría habido tú habrías habido él habría habido nos. habríamos habido vos. habríais habido ellos habrían habido	yo hubiere habido tú hubieres habido él hubiere habido nos. hubiéremos habido vos. hubiereis habido ellos hubieren habido	
IMPERATIVO	he tú, haya él, hayamos nosotros, habed vosotros, hayan ellos.		

SER (Verbo auxiliar)

INFINITIVO	GERUNDIO	PARTICIPIO
Simple: ser *Compuesto:* haber sido	*Simple:* siendo *Compuesto:* habiendo sido	sido

INDICATIVO		SUBJUNTIVO	
Presente	**Pretérito perfecto**	**Presente**	**Pretérito perfecto**
yo soy tú eres él es nos. somos vos. sois ellos son	yo he sido tú has sido él ha sido nos. hemos sido vos. habéis sido ellos han sido	yo sea tú seas él sea nos. seamos vos. seáis ellos sean	yo haya sido tú hayas sido él haya sido nos. hayamos sido vos. hayáis sido ellos hayan sido
Pretérito imperfecto	**Pret. pluscuamperfecto**	**Pretérito imperfecto**	
yo era tú eras él era nos. éramos vos. erais ellos eran	yo había sido tú habías sido él había sido nos. habíamos sido vos. habíais sido ellos habían sido	yo fuera/fuese tú fueras/fueses él fuera/fuese nos. fuéramos/fuésemos vos. fuerais/fueseis ellos fueran/fuesen	
Pret. perfecto simple	**Pretérito anterior**	**Pretérito pluscuamperfecto**	
yo fui tú fuiste él fue nos. fuimos vos. fuisteis ellos fueron	yo hube sido tú hubiste sido él hubo sido nos. hubimos sido vos. hubisteis sido ellos hubieron sido	yo hubiera/hubiese sido tú hubieras/hubieses sido él hubiera/hubiese sido nos. hubiéramos/hubiésemos sido vos. hubierais/hubieseis sido ellos hubieran/hubiesen sido	
Futuro imperfecto	**Futuro perfecto**	**Futuro imperfecto**	
yo seré tú serás él será nos. seremos vos. seréis ellos serán	yo habré sido tú habrás sido él habrá sido nos. habremos sido vos. habréis sido ellos habrán sido	yo fuere tú fueres él fuere nos. fuéremos vos. fuereis ellos fueren	
Condicional simple	**Condicional compuesto**	**Futuro perfecto**	
yo sería tú serías él sería nos. seríamos vos. seríais ellos serían	yo habría sido tú habrías sido él habría sido nos. habríamos sido vos. habríais sido ellos habrían sido	yo hubiere sido tú hubieres sido él hubiere sido nos. hubiéremos sido vos. hubiereis sido ellos hubieren sido	

IMPERATIVO	
	se tú, sea él, seamos nosotros, sed vosotros, sean ellos.

Verbos regulares

(Primera conjugación) **CANTAR**

INFINITIVO	GERUNDIO	PARTICIPIO
Simple: cantar *Compuesto:* haber cantado	*Simple:* cantando *Compuesto:* habiendo cantado	cantado

INDICATIVO		SUBJUNTIVO	
Presente	**Pretérito perfecto**	**Presente**	**Pretérito perfecto**
yo canto	yo he cantado	yo cante	yo haya cantado
tú cantas	tú has cantado	tú cantes	tú hayas cantado
él canta	él ha cantado	él cante	él haya cantado
nos. cantamos	nos. hemos cantado	nos. cantemos	nos. hayamos cantado
vos. cantáis	vos. habéis cantado	vos. cantéis	vos. hayáis cantado
ellos cantan	ellos han cantado	ellos canten	ellos hayan cantado

Pretérito imperfecto	**Pret. pluscuamperfecto**	**Pretérito imperfecto**
yo cantaba	yo había cantado	yo cantara/cantase
tú cantabas	tú habías cantado	tú cantaras/cantases
él cantaba	él había cantado	él cantara/cantase
nos. cantábamos	nos. habíamos cantado	nos. cantáramos/cantásemos
vos. cantabais	vos. habíais cantado	vos. cantarais/cantaseis
ellos cantaban	ellos habían cantado	ellos cantaran/cantasen
Pret. perfecto simple	**Pretérito anterior**	**Pretérito pluscuamperfecto**
yo canté	yo hube cantado	yo hubiera/hubiese cantado
tú cantaste	tú hubiste cantado	tú hubieras/hubieses cantado
él cantó	él hubo cantado	él hubiera/hubiese cantado
nos. cantamos	nos. hubimos cantado	nos. hubiéramos/hubiésemos cantado
vos. cantasteis	vos. hubisteis cantado	vos. hubierais/hubieseis cantado
ellos cantaron	ellos hubieron cantado	ellos hubieran/hubiesen cantado
Futuro imperfecto	**Futuro perfecto**	**Futuro imperfecto**
yo cantaré	yo habré cantado	yo cantare
tú cantarás	tú habrás cantado	tú cantares
él cantará	él habrá cantado	él cantare
nos. cantaremos	nos. habremos cantado	nos. cantáremos
vos. cantaréis	vos. habréis cantado	vos. cantareis
ellos cantarán	ellos habrán cantado	ellos cantaren
Condicional simple	**Condicional compuesto**	**Futuro perfecto**
yo cantaría	yo habría cantado	yo hubiere cantado
tú cantarías	tú habrías cantado	tú hubieres cantado
él cantaría	él habría cantado	él hubiere cantado
nos. cantaríamos	nos. habríamos cantado	nos. hubiéremos cantado
vos. cantaríais	vos. habríais cantado	vos. hubiereis cantado
ellos cantarían	ellos habrían cantado	ellos hubieren cantado

IMPERATIVO	
	canta tú, cante él, cantemos nosotros, cantad vosotros, canten ellos.

TEMER

(Segunda conjugación)

INFINITIVO	GERUNDIO	PARTICIPIO
Simple: temer *Compuesto:* haber temido	*Simple:* temiendo *Compuesto:* habiendo temido	temido

INDICATIVO		SUBJUNTIVO	
Presente	**Pretérito perfecto**	**Presente**	**Pretérito perfecto**
yo temo	yo he temido	yo tema	yo haya temido
tú temes	tú has temido	tú temas	tú hayas temido
él teme	él ha temido	él tema	él haya temido
nos. tememos	nos. hemos temido	nos. temamos	nos. hayamos temido
vos. teméis	vos. habéis temido	vos. temáis	vos. hayáis temido
ellos temen	ellos han temido	ellos teman	ellos hayan temido
Pretérito imperfecto	**Pret. pluscuamperfecto**	**Pretérito imperfecto**	
yo temía	yo había temido	yo temiera/temiese	
tú temías	tú habías temido	tú temieras/temieses	
él temía	él había temido	él temiera/temiese	
nos. temíamos	nos. habíamos temido	nos. temiéramos/temiésemos	
vos. temíais	vos. habíais temido	vos. temierais/temieseis	
ellos temían	ellos habían temido	ellos temieran/temiesen	
Pret. perfecto simple	**Pretérito anterior**	**Pretérito pluscuamperfecto**	
yo temí	yo hube temido	yo hubiera/hubiese temido	
tú temiste	tú hubiste temido	tú hubieras/hubieses temido	
él temió	él hubo temido	él hubiera/hubiese temido	
nos. temimos	nos. hubimos temido	nos. hubiéramos/hubiésemos temido	
vos. temisteis	vos. hubisteis temido	vos. hubierais/hubieseis temido	
ellos temieron	ellos hubieron temido	ellos hubieran/hubiesen temido	
Futuro imperfecto	**Futuro perfecto**	**Futuro imperfecto**	
yo temeré	yo habré temido	yo temiere	
tú temerás	tú habrás temido	tú temieres	
él temerá	él habrá temido	él temiere	
nos. temeremos	nos. habremos temido	nos. temiéremos	
vos. temeréis	vos. habréis temido	vos. temiereis	
ellos temerán	ellos habrán temido	ellos temieren	
Condicional simple	**Condicional compuesto**	**Futuro perfecto**	
yo temería	yo habría temido	yo hubiere temido	
tú temerías	tú habrías temido	tú hubieres temido	
él temería	él habría temido	él hubiere temido	
nos. temeríamos	nos. habríamos temido	nos. hubiéremos temido	
vos. temeríais	vos. habríais temido	vos. hubiereis temido	
ellos temerían	ellos habrían temido	ellos hubieren temido	

IMPERATIVO	
	teme tú, tema él, temamos nosotros, temed vosotros, teman ellos.

(Tercera conjugación) **PARTIR**

INFINITIVO	GERUNDIO	PARTICIPIO
Simple: partir *Compuesto:* haber partido	*Simple:* partiendo *Compuesto:* habiendo partido	partido

INDICATIVO		SUBJUNTIVO	
Presente	**Pretérito perfecto**	**Presente**	**Pretérito perfecto**
yo parto	yo he partido	yo parta	yo haya partido
tú partes	tú has partido	tú partas	tú hayas partido
él parte	él ha partido	él parta	él haya partido
nos. partimos	nos. hemos partido	nos. partamos	nos. hayamos partido
vos. partís	vos. habéis partido	vos. partáis	vos. hayáis partido
ellos parten	ellos han partido	ellos partan	ellos hayan partido

INDICATIVO		SUBJUNTIVO
Pretérito imperfecto	**Pret. pluscuamperfecto**	**Pretérito imperfecto**
yo partía	yo había partido	yo partiera/partiese
tú partías	tú habías partido	tú partieras/partieses
él partía	él había partido	él partiera/partiese
nos. partíamos	nos. habíamos partido	nos. partiéramos/partiésemos
vos. partíais	vos. habíais partido	vos. partierais/partieseis
ellos partían	ellos habían partido	ellos partieran/partiesen
Pret. perfecto simple	**Pretérito anterior**	**Pretérito pluscuamperfecto**
yo partí	yo hube partido	yo hubiera/hubiese partido
tú partiste	tú hubiste partido	tú hubieras/hubieses partido
él partió	él hubo partido	él hubiera/hubiese partido
nos. partimos	nos. hubimos partido	nos. hubiéramos/hubiésemos partido
vos. partisteis	vos. hubisteis partido	vos. hubierais/hubieseis partido
ellos partieron	ellos hubieron partido	ellos hubieran/hubiesen partido
Futuro imperfecto	**Futuro perfecto**	**Futuro imperfecto**
yo partiré	yo habré partido	yo partiere
tú partirás	tú habrás partido	tú partieres
él partirá	él habrá partido	él partiere
nos. partiremos	nos. habremos partido	nos. partiéremos
vos. partiréis	vos. habréis partido	vos. partiereis
ellos partirán	ellos habrán partido	ellos partieren
Condicional simple	**Condicional compuesto**	**Futuro perfecto**
yo partiría	yo habría partido	yo hubiere partido
tú partirías	tú habrías partido	tú hubieres partido
él partiría	él habría partido	él hubiere partido
nos. partiríamos	nos. habríamos partido	nos. hubiéremos partido
vos. partiríais	vos. habríais partido	vos. hubiereis partido
ellos partirían	ellos habrían partido	ellos hubieren partido

IMPERATIVO	
	parte tú, parta él, partamos nosotros, partid vosotros, partan ellos.

OBRES DE L'AUTOR
13 - XII - 1918 / 11 - VII - 2000

Diccionari de la Rima. València, 1956. Un volum. (Exhaurit).
Vocabulari Valencià-Castellà. València, 1960. (Exhaurit).
Vocabulari Valencià-Castellà. València, 1967. (Exhaurit).
Vocabulari Castellà-Valencià. València, 1967. (Exhaurit).
Vocabulari Castellà-Valencià. Valencià-Castellà. València, 1968, 1969, 1970, 1971, 1972, 1973, 1975, 1977, 1978, 1979, 1980, 1981, 1982, 1983, 1984, 1985, 1987, 1990, 1992, 1993, 1994, 1995, 1997, 1999 i 2000 (15ª edició).
Lliçons d'ortografia. València, 1973 i 1994.
Gramàtica Valenciana. Paiporta (l'Horta), 1994.
Diccionari de la Rima. 2.ª edició (considerablement augmentada). València, 1980. Dos volums.
Diccionari General. València, 1985, 1992, 1993 i 1994 (4ª edició).
Diccionari Valencià Escolar. València, 1987, 1990, 1992, 1993, 1994, 1995, 1996, 1997 i 1999 (7ª edició).
Diccionari Escolar Valencià-Castellà. Castellà-Valencià. València, 1994, 1995, 1996, 1997, 1999 i 2001 (5ª edició).

COL·LECCIÓ TÈCNICA

Normes de correció d'originals i proves d'impremta. Paiporta (l'Horta), 1994.

COL·LECCIÓ INFANTIL

Contaralles de la meua terra
Per què el rei Gaspar té els cabells blancs? València, 1993.
Car all, car all, carall. Paiporta (l'Horta), 1995.
Els gossos i la prevenció d'accidents. Paiporta (l'Horta), 1994.
«Sòcrates», una de burros. Paiporta (l'Horta), 1994.
El suc de cervell i la dona. Paiporta (l'Horta), 1994.
L'abella baralladissa. Paiporta (l'Horta), 1994.
I a eixe, Samaruc, València, 1990 i 1995.

EDICIONS DE LA CAIXA D'ESTALVIS DE TORRENT

(No destinades a la venda)
Vocabulari Castellà-Valencià. València, 1975.
Vocabulari Valencià-Castellà. València, 1977.

EN PREPARACIÓ:

Diccionari de refranys.

S'acabà d'imprimir
aquesta catorzena edició del
DICCIONARI VALENCIÀ ESCOLAR
VALENCIÀ - CASTELLÀ
CASTELLÀ - VALENCIÀ
als tallers de GRAFISOM
de Paiporta

DESEMBRE DE 2008